EL EQUIPO DE CORE

LA ECONOMÍA

ECONOMÍA PARA UN MUNDO EN TRANSFORMACIÓN

EL EQUIPO DE CORE

LA ECONOMÍA

Antoni Bosch ◯ editor

Antoni Bosch ◯ editor

Antoni Bosch editor, S.A.U.
Manacor, 3, 08023, Barcelona
Tel. (+) 932060730
info@antonibosch.com
www.antonibosch.com

Título original de la obra: *The Economy*
© The CORE Project team, 2017, 2020
© de esta edición, Antoni Bosch editor, 2020
ISBN 978-84-121765-0-6
Depósito legal: B. 12994-2020

Maquetación y diseño: Electric Book Works
Impresión: Akoma
Impreso en España
Printed in Spain

CONTENIDO

PREFACIO

En 2014, cuando publicamos la primera versión beta en línea de *La Economía*, Camila Cea proporcionó un prefacio. En ese momento, ella era recién graduada de economía, pero era ya una veterana exitosa del movimiento de protestas de Chile que estaba abogando por políticas para avanzar en la justicia económica. Ella y sus compañeros de la Universidad de Chile se sorprendieron al descubrir que sus cursos de economía no abordaban ninguna de sus preocupaciones sobre los problemas de la economía de su país, así que exigieron cambios en el currículo. El director de la Escuela de Economía y Negocios en ese entonces, Oscar Landerretche, dio respuesta a sus demandas. Camila y Oscar ahora son Fideicomisarios de CORE Economics Education.

Desde entonces, se han diseñado cursos basados en el texto de CORE como una introducción estándar a la economía en University College London, Sciences Po (París), Toulouse School of Economics, Azim Premji University (Bangalore), Humboldt University (Berlín), Lahore University of Management Sciences y muchas otras universidades alrededor del mundo. En julio de 2017, mientras escribimos esto, 3000 profesores de economía de 89 países se han registrado para tener acceso a nuestros materiales de enseñanza complementarios.

La perspectiva de Camila sobre El Proyecto CORE al comienzo de nuestro viaje captura la motivación que continúa inspirándonos. Ella escribió:

> Queremos cambiar la manera en la que se está enseñando la economía. Tanto estudiantes como maestros nos comentan que está muy retrasada. Cuando el *Financial Times*, en el Reino Unido, escribió acerca de CORE en noviembre de 2013, provocó un debate en línea sobre la enseñanza y el aprendizaje de la economía, que atrajo 1214

Camila Cea

> publicaciones en 48 horas. Estudiantes de economía de todo el mundo estaban preguntando, al igual que yo unos años antes: «¿Por qué el tema de la economía se ha separado de nuestra experiencia de la vida real?»

> Nataly Grisales, una estudiante de economía de América Latina como yo, escribió recientemente en su blog acerca del aprendizaje en economía: «Antes de elegir economía, un profesor mencionó que esta disciplina me daría una manera de describir y predecir el comportamiento humano a través de herramientas matemáticas. Esa posibilidad todavía me parece fantástica. Sin embargo, después de semestres de estudio, tenía muchas

herramientas matemáticas, pero todas las personas cuyo comportamiento quería estudiar, habían desaparecido de la escena».

Como Nataly, recuerdo preguntarme si mis clases de Economía alguna vez podrían abordar las preguntas que me motivaron a estudiarla en primer lugar.

Y esta es la razón por la cual mis colegas en el equipo de CORE crearon el libro. Este me ha hecho volver a creer que estudiar Economía puede ayudar a entender los desafíos económicos del mundo real, y prepararnos para hacerles frente.

Por favor, únasenos.

Camila y Nataly no obtuvieron lo mejor que la economía tenía para ofrecer. La misión de CORE es introducir a los estudiantes a lo que los economistas hacemos ahora, y lo que sabemos. Hoy, la Economía es un tema empírico que usa modelos para dar sentido a los datos. Estos modelos guían al gobierno, las empresas y muchas otras organizaciones sobre las disyuntivas o *trade-offs* que enfrentan al diseñar políticas.

La Economía puede proveer herramientas, conceptos y maneras de entender al mundo que aborda los desafíos que impulsan a estudiantes como Nataly y Camila al tema. Lamentablemente, a menudo no son una gran parte de los cursos que toman miles de estudiantes.

En los cuatro años que El Proyecto CORE ha estado funcionando, hemos probado un experimento en las aulas de todo el mundo. Les preguntamos a los estudiantes: «¿Cuál es el problema más apremiante que los economistas deben abordar?» La siguiente nube de palabras muestra la respuesta que los estudiantes de la Universidad de Humboldt nos dieron el primer día de

su primera clase de Economía. El tamaño de la palabra es proporcional a la frecuencia con la que mencionaron la palabra o frase.

Las nubes de palabras de los estudiantes en Sídney y Bogotá apenas se distinguen de esta (puede verlas en nuestro sitio web en www.core-econ.org). Más notable aún, cuando en 2016 preguntamos a las nuevas personas contratadas en el Banco de Inglaterra, en su mayoría recién graduadas en Economía, y luego a los economistas profesionales y otro personal del Tesoro y el Banco de la Reserva de Nueva Zelanda, ambos respondieron de la misma manera: la desigualdad era la palabra más común que tenían en mente.

Los problemas sociales locales y globales están siempre en la mente de los nuevos estudiantes. En Francia, cuando intentamos el mismo experimento, el desempleo se presentó con mayor frecuencia. El cambio climático y los problemas ambientales, la automatización y la inestabilidad financiera se mencionaron repetidamente en todo el mundo.

Nuestro enfoque en estos problemas del mundo real explica por qué llamamos a este libro *La Economía* en lugar de *Ciencias Económicas*, que es el título estándar de los textos introductorios. La economía (con minúscula) es un fenómeno en el mundo real. Gobierna cómo interactuamos entre nosotros y con nuestros entornos naturales en la producción de los bienes y servicios en los que vivimos. En contraste, ciencia económica (entendida como *economics* o denotada como Economía con mayúscula en este libro) es una manera de entender esa economía, basada en hechos, conceptos y modelos.

La Economía es un curso en la ciencia económica. En todos los casos, comenzamos con una pregunta o un problema sobre economía (por qué la llegada del

Los problemas más apremiantes que los economistas deberían abordar, de acuerdo con los estudiantes de la Universidad de Humboldt.

capitalismo se asocia con un fuerte aumento en el nivel de vida promedio, por ejemplo) y luego enseñamos las herramientas de la ciencia económica que contribuyen a una respuesta.

Para cada pregunta, el material está en la misma secuencia. Comenzamos con un problema histórico o actual, incluso si es uno complejo, y luego utilizamos los modelos para dilucidarlo. La pedagogía de CORE invierte la convención en los textos de Economía. Tradicionalmente, los modelos se derivan primero. Quizás, la introducción a los modelos incluye una aplicación simple, como al consumo, y una promesa de que el modelo se aplicará a problemas económicos en el mundo real, ya sea más adelante en el curso, o más probablemente en cursos posteriores.

Debido a que CORE empieza con grandes problemas, preguntas de la historia y asuntos actuales, los modelos y explicaciones que usamos necesitan tener en cuenta los fenómenos del mundo real. Por ejemplo, los actores nunca tienen información completa sobre todo lo relevante para las decisiones que toman, los motivos que no sean el interés propio también son importantes, y el ejercicio del poder en el comportamiento estratégico a menudo tiene que ser parte de la explicación del resultado observado.

Recientes avances en Economía nos dan las herramientas para hacer esto. Y debido a que aplicamos modelos económicos a importantes, complejos y difíciles problemas, los estudiantes de CORE aprenden inmediatamente tanto las ideas obtenidas del modelado, como las inevitables deficiencias de los modelos.

UN COMPROMISO GLOBAL

CORE es un proyecto global de dos maneras. Su desarrollo abarca a todo el mundo y está abierto a cualquier persona, en cualquier lugar, que quiera usarlo.

Gran parte de nuestro diseño y características interactivas se iniciaron en Bangalore. La plataforma de código abierto para nuestro texto y materiales en línea se produjo en Ciudad del Cabo. La versión del libro impreso del material es publicada por Oxford University Press. Se están preparando traducciones y localizaciones de *La Economía* en francés, italiano, farsi, español, hindi, kannada, ruso y otros idiomas. CORE ahora también está desarrollando materiales para cursos de secundaria.

Nuestros materiales en línea utilizan una licencia Creative Commons que permite el uso gratuito no comercial en todo el mundo. El material ha sido aportado, editado y revisado por, literalmente, cientos de académicos. Los principales autores de nuestras unidades, todos ellos aportando su experiencia de forma gratuita, son de 13 países.

Somos una cooperativa de productores de conocimiento, comprometidos con el acceso digital gratuito a *La Economía* para ayudar a construir una ciudadanía global empoderada por el lenguaje, los hechos y conceptos de la Economía. Queremos que tantas personas como sea posible puedan razonar al respecto, y actuar para abordar los desafíos de la economía, la sociedad y la biosfera del siglo XXI. Nuestra esperanza es que lo mejor de la Economía pueda convertirse en parte de cómo todos los ciudadanos entienden y buscan abordar los problemas que enfrentamos.

Actualmente, la Economía tiene una reputación entre el público, los medios y los estudiantes potenciales como un tema abstracto que no está comprometido con el mundo real. Pero durante la mayor parte de su historia, la Economía se ha tratado de comprender y cambiar la forma en que funciona el mundo, y queremos continuar con esa tradición. Los primeros economistas —los mercantilistas en los siglos XVI y XVII, por ejemplo, o los fisiócratas en los años previos a la Revolución Francesa— fueron asesores de los gobernantes de su tiempo. Lo mismo puede decirse de importantes precursores de la Economía como Ibn Khaldun en el siglo XIV. Hoy, los hacedores de política macroeconómica, los economistas del sector privado que crean plataformas para la economía en línea, asesores de desarrollo económico y expertos de think-tank continúan este compromiso de hacer del mundo real un lugar mejor. Todos los economistas pueden esperar que su tema ayude a aliviar la pobreza y asegurar las condiciones en que las personas puedan prosperar. Este es el llamado más inspirador y el mayor desafío de la disciplina.

Si usted es un estudiante o un profesor, y tiene curiosidad acerca de nuestra aproximación a la Economía y su inspiración en los desarrollos recientes de la disciplina, puede encontrar más en el artículo titulado «Mirando hacia la Economía después de CORE», que encontrará al final del libro.

El lanzamiento de nuestro libro completo en línea, y la publicación del mismo material como un libro impreso en sociedad con Antoni Bosch Editor, son dos hitos satisfactorios para nosotros. Pero son solo el comienzo. CORE no es solo un libro o un curso. Es una comunidad global creciente de maestros y alumnos, y agradecemos su curiosidad, comentarios, sugerencias y mejoras en www.core-econ.org.

Así, como dijo Camila hace cuatro años: ¡únasenos!

El equipo de CORE
Julio de 2017

UNA NOTA A LOS PROFESORES

Las numerosas maneras de enseñar y aprender de *La Economía*

La Economía ha sido probado en el aula en una variedad de entornos que van desde escuelas secundarias hasta cursos de posgrado. Puede encontrar más información sobre los muchos usos del material de CORE en www.core-econ.org.

ESTRUCTURADO PARA LA FLEXIBILIDAD
Varias características hacen que nuestro texto sea particularmente flexible y adaptable.

Capítulos finales
Los capítulos 17 a 22 pueden enseñarse como capítulos independientes al final de un curso, lo que permite un horario que dedica tiempo adicional a temas de especial interés estudiantil o experiencia del profesor. Los temas de las capítulos finales se han abordado en pasajes anteriores del texto, en la mayoría de los casos comenzando con el capítulo 1. Las capítulos finales utilizan herramientas conceptuales y empíricas que se han desarrollado en capítulos anteriores, por lo que, aunque son modulares entre sí, no pueden enseñarse, a menos que se haya cubierto el material anterior.

Aprendizaje acumulativo de conceptos básicos
Las capítulos 1 a 16 brindan un aprendizaje acumulativo de conceptos y herramientas.

Temas codificados por colores
Los temas de las capítulos finales aparecen en los 22 capítulos completos para que los profesores que deseen centrarse en los temas de uno o más de los capítulos finales puedan identificar fácilmente en la tabla de contenido las secciones que serán de especial relevancia para sus alumnos.

TEMAS Y CAPÍTULOS INTEGRADORES

- 17: Historia, inestabilidad y crecimiento
- 18: Economía global
- 19: Desigualdad
- 20: Medioambiente
- 21: Innovación
- 22: Política y políticas públicas

ENTENDIENDO EN QUE ES DIFERENTE *LA ECONOMÍA* DE CORE

El texto se centra en la evidencia sobre economía, de todo el mundo y de la historia. Está motivado por preguntas: ¿cómo podemos explicar lo que vemos? El método es hacer preguntas interesantes primero y luego presentar modelos que ayuden a responderlas. Las herramientas estándar, como la optimización restringida, se enseñan mostrando cómo dan una idea de los problemas del mundo real. La Economía, como disciplina, se establece en un contexto social, político y ético en el que las instituciones importan.

CORE les enseña a los estudiantes a ser economistas:

- Comienza con una pregunta y revisa la evidencia.
- Construye un modelo que le ayuda a entender lo que ve.
- Evalúa críticamente el modelo: ¿proporciona información sobre la pregunta y explica la evidencia?

La figura A proporciona una manera de comprender la estructura del texto, comparándolo con los libros de texto de principios estándar.

Mirando más de cerca las ocho partes en el lado derecho de la figura A, resumimos los conceptos centrales de cada capítulo.

- *La economía*
  Capítulo 1 *La gran imagen*: Acerca de cómo la economía global llegó a verse como se ve hoy.
- *Toma de decisiones económicas (un solo actor)*
  Capítulo 2 *Elección de una tecnología, dados los precios de los factores*: haciendo lo mejor que se puede: incentivos, rentas de innovación. Equilibrio.
  Capítulo 3 *Horas de trabajo*: Hacer lo mejor que se pueda dentro de un conjunto factible: curvas de indiferencia, frontera factible, TMS = TMT
- *Relaciones e interacciones económicas*
  Capítulo 4 *Interacciones estratégicas*: hacer lo mejor que se pueda, dado lo que otros hacen: dilemas sociales, interés propio, interés social, altruismo, bienes públicos, efectos externos
  Capítulo 5 *Comercio bilateral*: hacer lo mejor que se pueda, dado lo que hacen los demás, y las reglas del juego: instituciones, poder de negociación, eficiencia de Pareto, equidad
  Capítulo 6 *Relación laboral*: Hacer lo mejor que se pueda, dado lo que hacen los demás y las reglas del juego, cuando los contratos están incompletos
- *Mercados*
  Capítulo 7 *Empresa que produce un bien diferenciado, fijando el precio*: maximización de beneficios (demanda más curvas de isobeneficio); costos, competencia, falla del mercado
  Capítulo 8 *Oferta y demanda; toma de precios y mercados competitivos*: precios como mensajes. Equilibrio competitivo; empresas de toma de precios y eficiencia de Pareto.
  Capítulo 9 *Mercado laboral*: de la fijación de salarios (capítulo 6) y la fijación de precios (capítulo 7) a toda la economía
  Capítulo 10 *Mercado de crédito*: suavización del consumo; empréstitos y préstamos; contratos incompletos; dinero y bancos

Texto de principios estándar	CORE *La Economía*
Parte 1. ¿Qué es la Economía?	Capítulo 1. Las grandes preguntas sobre la Economía
Parte 2. Oferta y demanda	Capítulos 2–3. Toma de decisiones económicas
Parte 3. La decisión de producción y los mercados de factores	Capítulos 4–6. Relaciones e interacciones económicas.
Parte 4. Más allá de la competencia perfecta	Capítulos 7–10. Mercados
Parte 5. Microeconomía y políticas públicas.	Capítulos 11–12. Dinámica del mercado, cómo funcionan y no funcionan los mercados
Parte 6. Crecimiento a largo plazo	Capítulos 13–15. La economía agregada a corto y mediano plazo
Parte 7. Fluctuaciones a corto plazo y política de estabilización	Capítulo 16. La economía agregada a largo plazo
Parte 8. Aplicaciones macroeconómicas	Capítulos finales/capstone 17–22

Figura A Principios estándar de los libros de texto, en comparación con *La Economía*.

- **Dinámicas del mercado, cómo funcionan o pueden no funcionar los mercados**
  Capítulo 11 *Búsqueda de rentas, fijación de precios y dinámica del mercado*: rentas y el logro del equilibrio a corto y largo plazo. Precios como mensajes. Burbujas. Mercados que no se vacían.
  Capítulo 12 *Mercados, eficiencia y políticas públicas*: derechos de propiedad, contratos incompletos, externalidades.
- **La economía agregada a corto y mediano plazo**
  Capítulo 13 *Fluctuaciones económicas y demanda agregada*: suavización del consumo y sus límites, volatilidad de la inversión como un problema de coordinación, medición de la economía agregada
  Capítulo 14 *Política fiscal y empleo*: componentes de la demanda agregada, multiplicador, shocks de demanda, finanzas públicas, política fiscal
  Capítulo 15 *Política monetaria, desempleo e inflación*: curva de Phillips, expectativas y choques de oferta, metas de inflación, mecanismos de transmisión, incluido el tipo de cambio
- **La economía agregada a largo plazo**
  Capítulo 16 *Cambio tecnológico y empleo*: función de producción agregada y crecimiento de la productividad. Destrucción y creación de empleo. Instituciones y desempeño económico comparativo.
- **Capítulos integradores de CORE: aplicaciones de modelos centradas en temas**
  Capítulo 17 *Cien años de historia económica desde la Gran Depresión hasta la crisis financiera mundial*
  Capítulo 18 *Globalización: comercio, migración e inversión*
  Capítulo 19 *Desigualdad*
  Capítulo 20 *Sostenibilidad ambiental y colapso*
  Capítulo 21 *Innovación, propiedad intelectual y economía en red*
  Capítulo 22 *Política, economía y política pública*

OPCIONES PARA LA ESTRUCTURA DEL CURSO

Este libro ha sido la base de muchos tipos diferentes de cursos. En nuestro sitio web, puede encontrar casos de estudio de profesores que han adaptado *La Economía* a necesidades específicas.

Un primer curso (un año)

La Economía puede enseñarse como un primer curso de economía de un año, como se ha hecho con versiones anteriores de este material en University College London (UCL), Birkbeck, University of London, Azim Premji University (Bangalore) y en otros lugares. Un curso típico de un año enseñaría los primeros 16 capítulos y concluiría con cualquiera: desde uno hasta

todos las capítulos finales (dedicando dos o más semanas a cada uno, si el tiempo lo permite). Pasar tres o cuatro semanas en uno de las capítulos finales es una oportunidad para traer materiales adicionales, investigaciones de estudiantes o informes.

Una introducción a la microeconomía (un semestre)

La Escuela de Economía de Toulouse (Toulouse School of Economics) y la Universidad de Ciencias Administrativas de Lahore (Lahore University of Management Sciences) utilizan *La Economía* como su introducción a la microeconomía. Este curso podría enseñar el capítulo 1 y los capítulos 3 a 12, con las semanas restantes del curso dedicadas a una combinación del capítulo 2 con el capítulo integrador 21 o con los capítulos integradores 17 a 20.

Una introducción a la macroeconomía (un semestre)

Un semestre de introducción a la macroeconomía basado en el texto de CORE ha sido enseñado en Sciences Po, Paris y Middlebury College, Vermont, Estados Unidos. Una posible configuración de dicho curso son las capítulos 1 y 2; revisión de conjuntos factibles y curvas de indiferencia del capítulo 3; 6 (fijación de salarios); 7 (fijación de precios); 9 y 10, y 13 a 17, además de una selección de capítulos integradores 18–22, posiblemente incluyendo el material sobre dinámica de desequilibrio del capítulo 11.

Introducción a la Economía (un semestre)

Se ha impartido un curso con este sentido en la Universidad Humboldt (Berlín), la Universidad de Sídney y la Universidad de Bristol. Proporcionar los conceptos básicos de la disciplina en un solo semestre es un desafío, pero se puede hacer (en 14 semanas) utilizando los capítulos 1, 3 a 10, más 12 a 16, terminando el curso con el capítulo 17 (una aplicación de macroeconomía) o uno de los otros capítulos integradores, enfatizando las aplicaciones microeconómicas.

Cursos de maestría en políticas públicas

Este texto se ha utilizado en la Escuela de Asuntos Internacionales y Públicos de la Universidad de Columbia, la Escuela de Políticas Públicas de la Universidad de Europa Central y la Escuela de Políticas Públicas de Sol Price, en la Universidad del Sur de California, entre otros. Los cursos han implementado variantes de las estructuras de cursos anteriores, haciendo uso de la profundidad de la cobertura de los problemas de política en las capítulos finales.

Cursos de secundaria

Las escuelas, incluidas la escuela St Paul's School, Londres y Melville Senior High School, Australia occidental, han utilizado partes del texto para actividades de extensión para estudiantes de nivel superior.

OPCIONES DE PEDAGOGÍA

La Economía también facilita una variedad de enfoques de enseñanza, en línea con los desarrollos recientes en los métodos pedagógicos.

Enseñanza tradicional

El material puede enseñarse en la manera tradicional, con la teoría sustantiva en cada capítulo impartida a través de lecciones, y reforzada y elaborada en clases con problemas y ejercicios.

Juegos de aula y experimentos

El énfasis empírico de gran parte del material en *La Economía*, y la amplia integración de la teoría de juegos, alientan un enfoque más activo para el aprendizaje de los estudiantes mediante el uso de juegos y experimentos en el aula, y el aprendizaje orientado a problemas utilizando datos reales. Los conjuntos de datos e ideas para los juegos en el aula se proporcionan en la parte de Instructores de nuestro sitio web, para ayudar a los maestros a incorporar estos métodos en su enseñanza.

Invertir el aula

El aprendizaje activo en el aula puede fomentarse mediante el uso selectivo de enfoques "invertidos", en los que las clases tradicionales se reemplazan por sesiones interactivas basadas en problemas, juegos o debates. En estos enfoques de enseñanza, a los estudiantes se les asigna material (como lecturas, cuestionarios o videos) antes de la clase, que luego se usa como base para la discusión y la actividad en las clases. El software de encuestas en el aula (o los sistemas de respuesta de los alumnos) se puede utilizar para evaluar el compromiso de los alumnos con las tareas asignadas a través de cuestionarios, y los juegos y el trabajo de datos se pueden utilizar para profundizar y reforzar la comprensión. *La Economía* se presta bien para este enfoque, porque los capítulos progresan desde estudios de casos y narrativas reales hasta la selección y el uso de herramientas teóricas apropiadas para comprender estos estudios de casos, y luego a la teoría subyacente detallada.

Un enfoque para cambiar el aula es alentar a los estudiantes a leer las narrativas y los estudios de casos históricos fuera de clase, y pensar en las herramientas económicas que pueden ayudar a explicar estos casos. El uso detallado y la comprensión de la teoría se pueden desarrollar dentro de la clase mediante el uso de trabajo de datos orientados a problemas y juegos en el aula. La experiencia en muchas aulas con las versiones beta de *La Economía* sugiere que los estudiantes se involucran más fácilmente en la lectura del libro electrónico interactivo antes de la clase que en los cursos introductorios anteriores. El hábito de leer antes de la clase puede iniciarse con un proyecto grupal multimedia utilizado en varias universidades piloto de CORE (https://tinyco.re/6576000).

PRODUCCIÓN DE *LA ECONOMÍA*

La Economía corresponde a la traducción al español del libro original en inglés *The Economy* redactado por un grupo de autores –equipo de CORE– de la mano con expertos en educación y aprendizaje, investigadores, revisores, profesores, estudiantes en las universidades piloto; además, editores, diseñadores y desarrolladores web.

La traducción del texto cuenta además con la colaboración de múltiples equipos de profesores, estudiantes, editores y revisores académicos mediante un proceso de coordinación internacional. Las personas que contribuyen a este libro residen en Colombia, España, Chile, Perú, Uruguay, Argentina, Venezuela, Estados Unidos y Sudáfrica. A continuación, se muestra la lista de colaboradores en la versión en inglés (*The Economy*) y se describe el proceso de traducción para la versión en español (*La Economía*).

EQUIPO DE CORE – *THE ECONOMY*

Los contenidos fueron producidos por el equipo de autores de CORE coordinados por Samuel Bowles, Wendy Carlin y Margaret Stevens. Los escritores principales de cada unidad se mencionan a continuación.

Unit 1 Samuel Bowles, Wendy Carlin, Arjun Jayadev, Margaret Stevens; **Unit 2** Kevin O'Rourke, Samuel Bowles, Wendy Carlin, Margaret Stevens; **Unit 3** Margaret Stevens, Samuel Bowles, Robin Naylor, David Hope; **Unit 4** Antonio Cabrales, Daniel Hojman, Samuel Bowles, Wendy Carlin, Margaret Stevens; **Unit 5** Samuel Bowles, Wendy Carlin, Margaret Stevens; **Unit 6** Samuel Bowles, Wendy Carlin, Margaret Stevens; **Unit 7** Margaret Stevens, Samuel Bowles, Wendy Carlin; **Unit 8** Margaret Stevens, Samuel Bowles, Wendy Carlin; **Unit 9** Samuel Bowles, Wendy Carlin, Margaret Stevens; **Unit 10** Wendy Carlin, Paul Segal, Samuel Bowles; **Unit 11** Rajiv Sethi, Samuel Bowles, Wendy Carlin, Margaret Stevens; **Unit 12** Margaret Stevens, Samuel Bowles, Rajiv Sethi; **Unit 13** Yann Algan, Wendy Carlin, Paul Segal; **Unit 14** Yann Algan, Wendy Carlin, Paul Segal; **Unit 15** Yann Algan, Wendy Carlin, Paul Segal; **Unit 16** Yann Algan, Wendy Carlin, Samuel Bowles, Paul Segal; **Unit 17** Wendy Carlin, Samuel Bowles, Paul Segal; **Unit 18** Kevin O'Rourke, Samuel Bowles, Wendy Carlin, David Hope, Paul Segal; **Unit 19** Suresh Naidu, Samuel Bowles, Wendy Carlin, Paul Segal; **Unit 20** Juan Camilo Cárdenas, Marion Dumas, Cameron Hepburn, Begüm Özkaynak, Alexander Teytelboym, Samuel Bowles, Wendy Carlin; **Unit 21** Diane Coyle, Georg von Graevenitz, Samuel Bowles, Wendy Carlin; **Unit 22** Suresh Naidu, Samuel Bowles, Wendy Carlin, Timothy Besley. The Leibniz supplements were provided by Malcolm Pemberton and Nicholas Rau. Rajiv Sethi is editor of CORE's 'Great economists' features.

COMITÉ EDUCATIVO Y DE APRENDIZAJE – *THE ECONOMY*

Yann Algan (Sciences Po, Paris), Alvin Birdi (Chair of CORE's Teaching and Learning Committee, University of Bristol), Parama Chaudhury (UCL), Kenjiro Hori (Birkbeck University of London), Peter Howells (University of the West of England), Arjun Jayadev (Azim Premji University), Ashley Lait (The Economics Network), Christian Spielmann (UCL), Margaret Stevens (University of Oxford), Andrew Sykes (St Paul's School, London).

Yann Algan
Sciences Po, Paris

Timothy Besley
LSE

Samuel Bowles
Santa Fe Institute

Antonio Cabrales
UCL

**Juan Camilo
Cárdenas**
Universidad de
los Andes

Wendy Carlin
UCL

Diane Coyle
University of
Manchester

Marion Dumas
Santa Fe
Institute; LSE

**Cameron
Hepburn**
University of
Oxford

Daniel Hojman
University of
Chile; Harvard
University

David Hope
King's College
London

Arjun Jayadev
Azim Premji
University

Suresh Naidu
Columbia
University

Robin Naylor
University of
Warwick

Kevin O'Rourke
University of
Oxford

Begüm Özkaynak
Boğaziçi
University

**Malcolm
Pemberton**
UCL

Nicholas Rau
UCL

Paul Segal
King's College
London

Rajiv Sethi
Barnard College,
Columbia
University

Margaret Stevens
University of
Oxford

**Alexander
Teytelboym**
University of
Oxford

**Georg von
Graevenitz**
Queen Mary
University of
London

INVESTIGADORES DE CORE Y PASANTES — *THE ECONOMY*

Maria Balgova (University of Oxford), Jack Blundell (Stanford University and University of Oxford), Clemens Blab (UCL), Stefan Gitman (UCL), David Goll (UCL), Zoe Helding (University of Oxford), Stanislas Lalanne (University of Oxford), Becky McCann (University of Oxford), Ali Merali (UCL), Victoria Monro (UCL), Adam Nadzri (UCL), Karl Overdick (UCL), Valeria Rueda (University of Oxford), Alvaro Salamanca (University of Oxford), Shiva Sethi (University of North Carolina), Shreya Singh (UCL).

EQUIPO DE PRODUCCIÓN — *THE ECONOMY*

Luka Crnjakovic (project manager), Aashika Doshi (executive assistant), Davide Melcangi (economist), Tim Phillips (editor), Eileen Tipoe (economist)
Editorial, design and software-development: Arthur Attwell, Steve Barnett, Jennifer Jacobs, David Le Page, Karen Lilje, Craig Mason-Jones, Dione Mentis, Christina Tromp, Derika van Biljon

VIDEOS «ECONOMISTA EN ACCIÓN» — *THE ECONOMY*

Anat Admati (Stanford University), Robert Allen (University of Oxford), Juan Camilo Cardenas (Universidad de los Andes), Arin Dube (University of Massachusetts Amherst), Esther Duflo (MIT), Barry Eichengreen (University of California Berkeley), Richard Freeman (Harvard University), Kathryn Graddy (Brandeis University), James Heckman (University of Chicago), Petra Moser (New York University), Suresh Naidu (Columbia University), Thomas Piketty (Paris School of Economics), Dani Rodrik (Harvard University), Alvin Roth (Stanford University), F. M. Scherer (Harvard University), Juliet Schor (Boston College), John Van Reenen (MIT), Joseph Stiglitz (Columbia University). Directed by Bob Denham (Econ Films)

COLABORADORES — *THE ECONOMY*

Philippe Aghion, Manuel Agosin, Karishma Ajmera, David Alary, Philippe Alby, Gerhard Altmann, Alberto Andrade, Simon Angus, Hannes Ansorg, Rhys Ap Gwilym, Belinda Archibong, Janine Aron, the late Kenneth Arrow, the late Tony Atkinson, Orazio Attanasio, Rob Axtell, Peter Backus, Dani Ball, Faisal Bari, Abigail Barr, Kaushik Basu, Ralf Becker, Wilfred Beckerman, Anurag Behar, Eric Beinhocker, Alan Bennett, Richard Berg, Christoph Berger, Erik Berglof, V. Bhaskar, Rhian Bilclough, Neal Bobba, Olivier Blanchard, Jo Blanden, Nick Bloom, Richard Blundell, Eric Bottorff, Danielle Boudville, Sinéad Boultwood,

Clara Bowyer, James Boyce, Andrei Bremzen, Stephen Broadberry, Clair Brown, Claudia Buch, Michael Burda, Gabriel Burdin, Aisha Burke, Esther Carlin, Sarah Caro, Andrea Carvallo, Jennifer Case, John Cassidy, Allan Castro, Camila Cea, Oscar Cervantes, Jagjit Chadha, Kah Kit Chan, Bruce Chapman, Axelle Charpentier, Ali Cheema, Syngjoo Choi, Adam Cockburn, Mihai Codreanu, Maeve Cohen, Chris Colvin, Ed Conway, Ian Corrick, Nicolas Courdacier, Nicholas Crafts, Kenneth Creamer, Martin Cripps, Edward Crutchley, Martha Curtis, Reza Daniels, Massimo D'Antoni, Richard Davies, Rahul De, David de Meza, Simon DeDeo, Marc Defosse, Richard Dietz, Andrew Dilnot, Ngan Dinh, Edgaras Dockus, Manfred Doll, Michael Dorsch, Peter Dougherty, Mirco Draca, Arnaud Dyevre, Ben Dyson, Joe Earle, Fabian Eckert, The Economics Network, Pinar Ertor, Husnain Fateh, Rana Fayez, Raphael Fischer, Stuart Foster, Matthew Furnell, David Garber, Nicolas Garrido, Maximilian Gerstenkorn, Bunt Ghosh, Abigail Gibson, Daniele Girardi, Jonathan Glyn, Ian Goldin, Christian Gollier, Mariusz Górski, Andrew Graham, Liam Graham, John Greenwood, Joe Grice, Arthur Grimes, Florian Grosset, Caterina Guidi, Marco Gundermann, Bishnupriya Gupta, Sergei Guriev, Andrew Gurney, Andrew Haldane, Simon Halliday, Gill Hammond, Emily Hanchett, Matthew Harding, Tim Harford, Colm Harmon, Pippa Harries, Roby Harrington, Ben Hartridge, Jerry Hausman, Teresa Healy, David Hendry, Frederic Henwood, Josh Hillman, William Hines, Carinna Hockham, Richard Holcroft, Sam Huby, Jimena Hurtado, Will Hutton, Zoulfikar Issop, David James, Cloda Jenkins, Colin Jennings, Sajaad Jetha, Rob Johnson, Noah Johnson, Anatole Kaletsky, Girol Karacaoglu, Alexei Karas, John Kay, Jeong Hoon Keem, Lyyla Khalid, Bilal Khan, Julie Kilcoyne, Alan Kirman, Paul Klemperer, Amairisa Kouki, Pradeep Kumar, Oscar Landerretche, Philip Lane, Manfred Laubichler, Samuel Law, Jonathan Leape, Valerie Lechene, Howon Lee, Margaret Meyer, Murray Leibbrandt, Rob Levy, Peter Lindert, Bao Linh Le, Jose Lobo, Philipp Lohan, Deborah Mabbett, Stephen Machin, Rod Maddock, Lisa Magnani, Kamil Majczak, Alan Manning, Cecile Markarian, Jaime Marshall, Peter Matthews, Patrick McKenna, John McLaughlin, Hugh McLean, Rashid Memon, Atif Mian, Tom Michl, Branko Milanovic, Jennifer Miller, Catherine Mole, Bruno Momont, Alejandro Moyano, John Muellbauer, Anand Murugesan, Houda Nait El Barj, Venu Narayan, Andy Norman, Paul Novosad, Thomas O'Sullivan, Martha Olney, Jeremy Oppenheim, Andrew Oswald, Emily Pal, Stefania Paredes Fuentes, Jung Hoon Park, Marii Paskov, Bhavin Patel, Sean Payne, PEPS-Economie, Jonathan Pincus, Ashby Plant,

Laura Povoledo, Ian Preston, Stefan Pricopie, Tim Prizeman, Stefan Prochnow, Louis Putterman, John Raiss, Ranjita Rajan, Wolfgang Reinicke, Derek Rice, Rebecca Riley, Federico Rocchi, Max Roser, Andy Ross, Alessandra Rossi, Jannie Rossouw, Robert Rowthorn, Phil Ruder, Tripti Rungta, Steve Russell, Michael Rybarczyk, Cristina Santos, Mark Schaffer, Philipp Schmidt, Monika Schnitzer, Paul Seabright, Anil Shamdasani, Eddie Shore, Gordon Shukwit, Jason Shure, Adrian Slack, Beatrice Smith, Stephen Smith, Neil Smith, Dennis Snower, Robert Solow, Daniel Sonnenstuhl, George Soros, David Soskice, Teresa Steininger, Nicholas Stern, Lucy Stewart, Joseph Stiglitz, Bob Sutcliffe, Peter Temin, Stefan Thewissen, Caroline Thomas, Sarah Thomas, Leith Thompson, Keith Thomson, Ahmet Tonak, Kautuk Trivedi, David Tuckett, Adair Turner, Burak Unveren, Romesh Vaitilingam, Imran Valodia, Philippe Van Parijs, Samo Varsik, Julia Veglesi, Andres Velasco, Paul Vertier, Nirusha Vigi, Charles Vincent, David Vines, Snjezana Voloscuk, Victoria Waldersee, Ian Walker, Danielle Walker Palmour, James Watson, Christopher Webb, Jorgen Weibull, Stephen Whelan, Ryan Wilson, Glenn Withers, Martin Wittenberg, Martin Wolf, Nikolaus Wolf, Cornelia Woll, Renbin Woo, Meredith Woo, Elisabeth Wood, Chris Wood, Ingrid Woolard, Stephen Wright, Kiichiro Yagi, Peyton Young, Homa Zarghamee.

TRADUCCIÓN DE LOS CAPÍTULOS – *LA ECONOMÍA*

Inicialmente, los textos fueron traducidos capítulo por capítulo. En ocasiones, más de una persona trabajó en el mismo grupo de textos. A continuación, se muestran las contribuciones a la traducción del cuerpo del libro.

Camila Cea
*Traducción
capítulos 1 a 10*

Oscar Landerretche
*Traducción
capítulos 1 a 10*

Douglas Newball Ramírez
*Traducción
capítulo 11*

Álvaro La Parra Pérez
*Traducción
capítulo 12*

Humberto Beltrán Nova
*Traducción
capítulos 13, 14 e
índice temático*

Andrés Octavio Dávila Ospina
*Traducción
capítulo 15*

Luis Cáceres Artía
*Traducción
capítulo 16*

Mauricio De Rosa
*Traducción
capítulo 16*

Gonzalo Paz Pardo
*Traducción
capítulo 17*

Sandra Polanía Reyes
*Traducción
capítulo 18*

Jose Ignacio Távara Martín
*Traducción
capítulo 19*

Rodrigo Ceni
*Traducción
capítulo 20*

Pablo Galaso
*Traducción
capítulo 21*

Juan Carlos Martínez Coll
*Traducción
capítulo 22*

Gustavo Andrés Barbarán
*Traducción
Leibnizes*

Jesús Pérez Mayo
*Traducción
Leibnizes*

REVISIÓN DE TEXTOS Y TRADUCCIÓN DE FIGURAS – *LA ECONOMÍA*

Una vez los capítulos fueron traducidos, se ejecutó un proceso meticuloso de revisión. Así, se garantizó que los textos estaban completos. *La Economía* cuenta con varios tipos de contenido; entre estos se encuentran preguntas, ejercicios, definiciones, figuras, videos, etc. Para la traducción del contenido interno de las figuras y para la revisión del texto se contó con dos equipos. A continuación, se mencionan sus integrantes.

De izquierda a derecha en la fila posterior: Catalina María Bernal Murcia (revisión de textos), Santiago Neira Hernández (revisión de textos), Douglas Newball Ramírez (traducción), Juan Camilo Cárdenas Campo (supervisión), Humberto Beltrán Nova (traducción y edición). De izquierda a derecha de pie, en la segunda fila: Juan Pablo Correa Puerta (traducción de figuras), Santiago Ferreira Campos (traducción de figuras), Andrés Octavio Dávila Ospina (traducción), Natalia Estefanía Moreno Mier (revisión de textos y traducción de figuras), Lorena Catalina Rodríguez Moreno (revisión de textos y traducción de figuras). De izquierda a derecha en la fila frontal: Sara Catalina Serrano Robayo (revisión de textos y traducción de figuras), Alfredo Eleazar Orozco Quesada (dirección y revisión académica), Valentina Muñoz Pantoja (traducción de figuras).

Además,

Jorge Enrique Caputo Leyva	Revisión de textos
John Edwin López Suárez	Traducción de figuras
Cristian Camilo Roa Rojas	Traducción de figuras
Tatiana Mojica Urueña	Traducción de figuras
Laura Victoria Rivera Jaimes	Traducción de figuras
Cristian Javier Poveda González	Traducción de figuras
Diana Katerine Pérez López	Traducción de figuras
Maryan Raquel Porras Barrera	Traducción de figuras

EQUIPO EDITORIAL – *LA ECONOMÍA*

A la revisión inicial seguía una serie de lecturas editoriales. Para las diferentes etapas se contó con un equipo concreto que velaba por que en las traducciones se interpretaran rigurosamente los textos originales al español.

Además,

Alfredo Eleazar Orozco Quesada	Lectura académica económica de capítulos 1 a 9
Gonzalo Paz Pardo	Lectura académica económica de capítulos 10 a 22
Humberto Beltrán Nova	Lectura de prueba profesional para publicación

Sofía Meléndez Jiménez
Revisión de texto

Alberto Enrique Delgado Abello
Traducción de figuras y revisión de texto

Matías Reyes Labbé
Revisión del índice temático

Francesc Trillas Jané
Revisión del glosario de conceptos

Helena Álvarez de la Miyar
Edición profesional de voz y estilo general

EQUIPO DE SUPERVISIÓN, DIRECCIÓN Y PRODUCCIÓN — *LA ECONOMÍA*

La implementación y coordinación del proyecto de traducción al español se atribuye a las siguientes personas:

Luka Crnjakovic
Dirección general del proyecto

Juan Camilo Cárdenas
Dirección y supervisión en Colombia

Alfredo Eleazar Orozco Quesada
Dirección general de los procesos de traducción y edición

Christina Tromp
Dirección de la producción técnica desde Electric Book Works

Arthur Attwell
Equipo técnico de producción en Electric Book Works

Lauren Ellwood
Equipo técnico de producción en Electric Book Works

Louise Steward
Equipo técnico de producción en Electric Book Works

FINANCIACIÓN — *LA ECONOMÍA*

INTERNATIONAL ECONOMIC ASSOCIATION

La traducción al español de *La Economía* recibió financiación por parte de la Asociación Económica Internacional (*International Economic Association - IEA*). Las posiciones expresadas en el texto corresponden a los autores y no necesariamente a la IEA. Visite www.iea-world.org.

Universitat Pompeu Fabra *Barcelona*

La traducción también recibió financiación de un proyecto PlaCLIK de la Universitat Pompeu Fabra. Visite www.upf.edu.

CAPÍTULO 1
LA REVOLUCIÓN CAPITALISTA

CÓMO EL CAPITALISMO HA REVOLUCIONADO LA FORMA EN QUE VIVIMOS, Y CÓMO LA ECONOMÍA INTENTA ENTENDER ESTE Y OTROS SISTEMAS ECONÓMICOS

- Desde el siglo XVIII en adelante, la mejora en los niveles de vida se ha vuelto una característica permanente de la realidad económica en muchos países.
- Este proceso vino de la mano de la aparición de un sistema económico nuevo llamado capitalismo, en el que juegan un papel fundamental la propiedad privada, las empresas y los mercados.
- Bajo este nuevo sistema de organización económica, los avances tecnológicos, así como la especialización en productos y tareas, aumentaron las cantidades que era posible producir en una jornada laboral.
- Este proceso, que llamamos revolución capitalista, ha venido acompañado de crecientes amenazas para el medioambiente, e incrementos sin precedentes en las desigualdades económicas a nivel global.
- La Economía es una disciplina que estudia cómo las personas interactúan entre sí y con su entorno natural durante el proceso de ganarse la vida.

En el siglo XIV, el erudito marroquí Ibn Battuta describió la región de Bengala, en la India, como «un país de gran extensión, en el cual el arroz es extremadamente abundante. En efecto, no he visto ninguna otra región en la tierra en la cual las provisiones sean tan abundantes».

Él opinaba de ese modo tras haber visto buena parte del mundo, habiendo viajado a China, África occidental, Oriente Medio y Europa. Trescientos años después, en el siglo XVII, el comerciante de diamantes francés Jean Baptiste Tavernier observó algo similar:

Jean Baptiste Tavernier, *Travels in India* (1676).

«Incluso en las aldeas más pequeñas, el arroz, la harina, la mantequilla, la leche, las legumbres y otros vegetales, el azúcar y las golosinas, un sinfín de productos tanto secos como líquidos, pueden conseguirse en abundancia…»

En el tiempo de los viajes de Ibn Battuta, la India no era mucho más rica que otras partes del mundo, pero tampoco era mucho más pobre. Un observador de la época habría constatado que, en promedio, la gente vivía mejor en Italia, China e Inglaterra que en Japón o la India. Ahora bien, las grandes diferencias entre ricos y pobres que el viajero habría podido observar dondequiera que fuera, habrían sido mucho más impactantes que las diferencias entre regiones. Los ricos y los pobres solían tener estatus sociales distintos: en algunos lugares se trataba de señores feudales y siervos; en otros había realeza y súbditos, esclavistas y esclavos, o comerciantes y marinos que transportaban sus mercancías. Por aquel entonces –al igual que hoy en día– sus expectativas de vida dependían del lugar que ocuparan sus padres en la pirámide económica, y de si usted era hombre o mujer. La diferencia entre el siglo XIV y la actualidad es que en el pasado era mucho menos importante en qué parte del mundo hubiera nacido.

Ibn Battuta (1304–1368) fue un viajero y comerciante marroquí. Sus viajes, que realizó durante 30 años, lo llevaron a recorrer el norte y el oeste de África, Europa del este, Oriente Medio, y el sur y centro de Asia, además de China.

Si avanzamos rápido en el tiempo hasta llegar al día de hoy, veremos que los habitantes de la India están mucho mejor de lo que estaban hace siete siglos, medido en términos de su acceso a alimentos, atención médica y vivienda, y el grado de satisfacción de sus necesidades vitales. No obstante, de acuerdo con los estándares internacionales actuales, la mayoría es pobre.

La figura 1.1a nos cuenta parte de la historia. Para comparar los niveles de vida de cada país, usamos una medida denominada Producto Interno Bruto (PIB) per cápita. El PIB es el valor total de todo lo que se produce en un periodo de tiempo determinado, por ejemplo, en un año. Por ende, el PIB per cápita corresponde al promedio anual de ingresos. Por este motivo,

Vea datos recientes en OWiD
https://tinyco.re/3290463

Jutta Bolt and Jan Juiten van Zanden. 2013. 'The First Update of the Maddison Project Re-Estimating Growth Before 1820'. Maddison-Project Working Paper WP-4 (January). Stephen Broadberry. 2013. Accounting for the great divergence. 1 November. Conference Board, The. 2015. Total Economy Database.

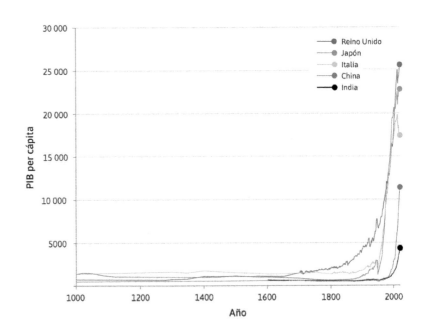

Figura 1.1a El palo de *hockey* de la historia: Producto Interno Bruto per cápita en cinco países (1000–2015).

también se utiliza Ingreso Interno Bruto como término equivalente a PIB. En la figura 1.1a, la altura de cada línea corresponde a una estimación del promedio de ingresos en la fecha indicada en el eje horizontal.

En promedio, según esta medida, los habitantes de Reino Unido están en una posición seis veces mejor que los de la India. Por otra parte, los japoneses son tan ricos como los británicos (como en el siglo XIV) pero ahora, el nivel de vida de los estadounidenses supera al de los japoneses, y los noruegos están en una situación todavía mejor.

Podemos elaborar la figura 1.1a gracias al trabajo de Angus Maddison, que dedicó una vida de investigación a encontrar y recopilar la escasa información disponible que permite realizar comparaciones útiles sobre cómo han vivido las personas a lo largo de los últimos 1000 años (su trabajo continúa a través del Maddison Project. En este curso veremos cómo este tipo de información sobre las regiones del mundo y sus habitantes es el punto de partida del estudio de la Economía. En el video que puede encontrar en la versión online de este libro, James Heckman, premio Nobel, y Thomas Piketty, economista, nos explican por qué reunir datos ha sido fundamental para su trabajo sobre la desigualdad y las políticas orientadas a reducirla.

Thomas Piketty y James Heckman explican por qué los datos son fundamentales para su trabajo
https://tinyco.re/6056324

1.1 DESIGUALDAD DE INGRESOS

Hace mil años el mundo era plano, desde un punto de vista económico. Había diferencias entre regiones del mundo, pero, tal como puede ver en la figura 1.1a, las diferencias eran pequeñas, en comparación con lo que ocurriría después.

Hoy nadie cree que el mundo sea plano desde el punto de vista de los ingresos.

La figura 1.2 muestra la distribución de los ingresos entre los países y dentro de estos. Los países están ordenados de acuerdo con su PIB per cápita, desde el más pobre en el extremo izquierdo del diagrama (Liberia), hasta el más rico en el extremo de la derecha (Singapur). El ancho de las barras de cada país representa su población.

Para cada país hay diez barras que representan los diez deciles de ingresos de su población. La altura de cada barra representa el ingreso promedio en dólares del año 2005 de cada 10% de la población, empezando por el 10% más pobre en la parte delantera del diagrama, y terminando con el 10% más rico al fondo. Cabe anotar que no nos referimos al «10% más rico de las personas que obtienen ingresos», sino al 10% más rico de todas las personas, asumiendo que a cada persona que forma parte de un hogar, incluyendo los niños, le corresponde igual proporción de los ingresos de ese hogar.

Los rascacielos (las barras más altas) en la parte trasera y derecha de la figura, representan los ingresos del 10% más rico de los países más ricos. El rascacielos más alto de todos corresponde al 10% más rico de Singapur. En el año 2014, este exclusivo grupo tenía unos ingresos per cápita de más de 67 000 dólares. Noruega, el segundo país con PIB per cápita más elevado del mundo, no tiene ningún rascacielos particularmente alto (se encuentra oculto tras los rascacielos de Singapur y del tercer país más rico, Estados Unidos) porque el ingreso se encuentra distribuido de forma más homogénea en Noruega que en otros países ricos.

El análisis de la figura 1.2 nos muestra cómo ha ido cambiando la distribución de los ingresos desde el año 1980 en adelante.

GCIP 2015. Global Consumption and Income Project. Bob Sutcliffe diseñó la representación de la desigualdad global en la Figura 1.2. Se publicó una primera versión en: Robert, B Sutcliffe. 2001. *100 Ways of Seeing an Unequal World.* London: Zed Books. Vea la versión interactiva de este gráfico (https://tinyco.re/7434364).

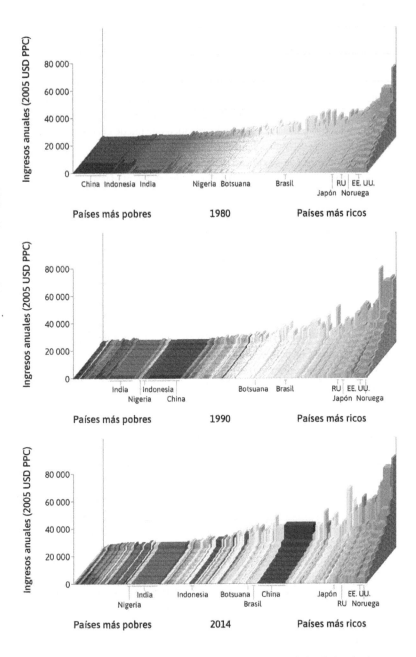

Figura 1.2 Los países se clasifican de menor a mayor PIB per cápita de izquierda a derecha. Para cada país, la altura de las barras muestra el promedio de ingresos para los diferentes deciles de la población, desde el 10% más pobre al frente, hasta el 10% más rico al fondo. El ancho de la barra indica la población del país.

La distribución de los ingresos ha empeorado en muchos de los países más ricos; es decir, han aparecido algunos rascacielos muy altos. Entre los países de ingresos medios, se ha producido asimismo un gran salto en la parte posterior de la figura: los ingresos del 10% más rico ahora son altos en relación con resto de la población.

Hay dos observaciones que se desprenden con toda claridad de la distribución de 2014. Primero, en cada país, los ricos tienen mucho más que los pobres. Una medida útil de la desigualdad dentro de un país es la llamada razón 90/10, que corresponde a la división entre el ingreso promedio del 10% más rico y el ingreso promedio del 10% más pobre. Otra forma de medir lo mismo es calcular la división entre el ingreso del percentil 90 y el percentil 10. Incluso en un país relativamente igualitario como Noruega, la razón 90/10 es 5,4; en Estados Unidos es 16 y en Botsuana y el sur del continente africano es 145. La desigualdad dentro de los países más pobres es difícil de ver en la figura, pero ahí está: la razón 90/10 es 22 en Nigeria y 20 en la India.

El segundo aspecto que llama la atención en la figura 1.2 es la enorme diferencia de ingresos entre países. El promedio de ingresos en Noruega es 19 veces el promedio de Nigeria. Más aún, el 10% más pobre de Noruega obtiene el doble de ingresos que el 10% más rico de Nigeria.

1. Los más ricos y los más pobres
En Singapur, el país más rico que se encuentra en el extremo derecho del gráfico, el promedio de ingresos del 10% más rico y el 10% más pobre es de 67 436 dólares y 3652 dólares, respectivamente. En Liberia, el país en el extremo izquierdo, los ingresos correspondientes al 10% superior e inferior son 994 dólares y 17 dólares, respectivamente.

2. Rascacielos
Las barras de rascacielos en el extremo posterior derecho del gráfico corresponden al 10% más rico de algunos de los países más ricos.

3. Distribución mundial de los ingresos en 1980
En 1980, el ranking de países por PIB era diferente. Los países más pobres, de color rojo oscuro, eran Lesoto y China; los más ricos (verde oscuro) eran Suiza, Finlandia y Estados Unidos. Por aquel entonces, los rascacielos no eran tan altos: la diferencia entre el 10% más rico y el resto de la población de un país no era tan pronunciada.

4. Distribución de los ingresos en 1990
Puede observar, tal y como indican los colores en el gráfico, que la posición de algunos países en el ranking ha cambiado entre 1980 y 1990. China (rojo oscuro) es hoy más rico; Uganda (también rojo oscuro), está en la mitad de la distribución, entre los países de color amarillo. Además, han aparecido algunos rascacielos más altos: la desigualdad aumentó en muchos países durante la década de 1980.

5. Distribución de los ingresos en 2014
Para 2014, la posición en el ranking de muchos países ha cambiado: China ha crecido a un ritmo acelerado desde 1990 pero, por otro lado, los países que eran más ricos en 1980 (verde oscuro) aún se encuentran entre los de ingresos más altos en 2014.

6. Desigualdad creciente dentro de los países
Las distribuciones de ingresos se han vuelto más desiguales en muchos de los países más ricos; es decir, han aparecido algunos rascacielos muy altos. También en los países de ingresos medios hay un aumento en la parte posterior de la figura: los ingresos del 10% más rico ahora son altos en relación con el resto de la población.

Imagine los viajes de Ibn Battuta recorriendo las diferentes regiones del mundo en el siglo xiv y piense cómo podría haber representado él sus observaciones en un diagrama como el de la figura 1.2. Por supuesto, habría notado que, donde quiera que viajase, había diferencias entre los grupos más ricos y más pobres de la población. Además, a su regreso también habría reportado que las diferencias de ingresos entre los países del mundo eran relativamente menores.

Podemos comenzar a entender el origen de las enormes diferencias de ingresos entre países en el mundo contemporáneo volviendo a la figura 1.1a. Los países que despegaron económicamente antes del año 1900 –el Reino Unido, Japón e Italia– hoy son ricos. Estos países (y otros similares) están en la sección de los rascacielos de la figura 1.2. Los países que han despegado recientemente, o que no lo han hecho, en cambio, se encuentran en la planicie en lo que a crecimiento de ingresos respecta.

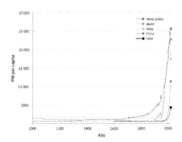

Los países cuyas economías despegaron antes de 1900 (figura 1.1a) están en la sección de los «rascacielos» de la Figura 1.2.

EJERCICIO 1.1 DESIGUALDAD EN EL SIGLO XIV
¿Cómo cree que hubiera sido una gráfica tipo «rascacielos» como la figura 1.2 en los tiempos de Ibn Battuta (primera mitad del siglo xiv)?

EJERCICIO 1.2 TRABAJO EMPÍRICO CON DATOS DE INGRESOS
Revise el gráfico interactivo y descargue la base de datos que hemos usado para crear la figura 1.2. Escoja cinco países que le llamen la atención.

1. Para cada uno calcule la razón 90/10 para los años 1980, 1990 y 2014.
2. Describa las diferencias entre dichos países y los cambios que observa a lo largo del tiempo.
3. ¿Puede encontrar explicaciones para las diferentes trayectorias de esos países?

1.2 MEDIR INGRESOS Y NIVELES DE VIDA

La estimación del nivel de vida que hemos usado en la figura 1.1a (página 2) (PIB per cápita) es una medida del total de bienes y servicios producidos en un país (llamado **Producto Interno Bruto**, **PIB**) que luego dividimos entre la población total del país.

El PIB es una medida del producto total de una economía en un periodo determinado, por ejemplo, un año. Diane Coyle, economista, dice que este indicador «agrega todo, desde clavos hasta cepillos de dientes, tractores, zapatos, cortes de pelo, consultorías de gestión, limpieza de las calles, clases de yoga, vajillas, vendajes, libros y los millones de otros servicios y productos que se generan en la economía».

Sumar estos millones de servicios y productos implica encontrar una medida que permita comparar el valor de una clase de yoga con el valor de un cepillo de dientes. Los economistas deben decidir, en primer lugar, qué servicios y productos incluir en la medición; pero también deben establecer cómo asignar valor a cada cosa. En la práctica, la forma más fácil de hacer esto es usando sus precios. Cuando aplicamos ese criterio, el valor del PIB corresponde a los ingresos totales de toda la población de un país.

Al dividir entre la población tenemos una medida del PIB per cápita, es decir, el promedio de ingresos de las personas que habitan en un país. Pero,

Producto Interno Bruto (PIB)
Medida del valor de mercado de todo lo que produce la economía en un determinado periodo.

Diane Coyle. 2014. *GDP: A Brief but Affectionate History*. Princeton, NJ: Princeton University Press.

Puede escuchar a Diane Coyle hablando sobre los beneficios y las limitaciones de medir el PIB (https://tinyco.re/1216717).

usted se podrá preguntar: ¿Es esta la mejor forma de medir el nivel de vida de las personas o su bienestar?

Ingresos disponibles

El PIB per cápita no es lo mismo que los **ingresos disponibles** de una persona.

Los ingresos disponibles de una persona es el total de salarios, ganancias, rentas o alquileres, intereses y transferencias del gobierno (por ejemplo, prestaciones por desempleo o discapacidad) o de otras personas (por ejemplo, regalos) durante un periodo determinado, por ejemplo, un año, menos cualquier transferencia hecha por la persona a otras (incluyendo los impuestos pagados al gobierno). Se considera que los ingresos disponibles son una buena medida para evaluar los niveles de vida porque representan el monto máximo de comida, vivienda, vestuario y otros bienes y servicios que una persona puede comprar sin tener que pedir prestado, es decir, sin tener que endeudarse o vender sus posesiones.

> **ingresos disponibles** Ingresos que se pueden disponer luego de pagar impuestos o recibir transferencias o subsidios del gobierno. *También conocidos como: rentas disponibles.*

¿Son los ingresos disponibles una buena medida de nuestro bienestar?

Los ingresos tienen un efecto muy relevante sobre nuestro bienestar porque nos permiten comprar los bienes y servicios que necesitamos o disfrutamos. No obstante, este concepto es insuficiente porque muchos aspectos de nuestro bienestar no están relacionados con lo que podemos comprar.

Por ejemplo, los ingresos disponibles no consideran:

Jennifer Robinson. 2011. 'Happiness is Love - and $75,000'. Gallup Business Journal. Actualizado 17 de noviembre de 2011.

- La calidad de nuestro entorno social y físico, que incluye nociones como las amistades o el aire limpio.
- El tiempo libre del que disponemos para relajarnos o estar con amigos y familiares.
- Bienes y servicios que no compramos, como la salud y la educación, en caso de que el gobierno nos los proporcione.
- Bienes y servicios que se producen dentro del hogar, como las comidas o el cuidado de los niños (proporcionados principalmente por las mujeres).

Ingresos medios disponibles y bienestar medio

¿Son los ingresos medios disponibles una buena medida del bienestar de un grupo de personas al cual podamos pertenecer (por ejemplo, una nación o un grupo étnico)? Consideremos un grupo de personas en el que inicialmente cada una tiene unos ingresos disponibles de 5000 dólares al mes, e imaginemos que, sin ningún cambio en los precios, esos ingresos aumentan para cada individuo del grupo. En ese caso, diríamos que el bienestar medio o típico ha aumentado.

Pero pensemos ahora en una comparación diferente. En un segundo grupo, los ingresos mensuales disponibles de la mitad de las personas son de 10 000 dólares. La otra mitad dispone tan solo de 500 dólares por persona para gastar mensualmente. Los ingresos medios en este segundo grupo (5250 dólares) es mayor que en el primero (en el que era de 5000 dólares antes de que aumentaran los ingresos) pero, ¿podemos decir que el bienestar del segundo grupo es mayor que el bienestar del primer grupo, en el que todos tienen 5000 dólares al mes? Es poco probable que un aumento de los ingresos para la totalidad del segundo grupo sea significativo para las personas ricas, pero las personas pobres probablemente sientan que su pobreza es una privación grave.

Los ingresos en términos absolutos son importantes para el bienestar, pero existen estudios que demuestran que a las personas también les importa su posición relativa en la distribución de los ingresos. Los estudios también evidencian un menor bienestar cuando las personas perciben que sus ingresos son inferiores a los de otros dentro de su grupo.

Dado que la distribución de los ingresos afecta al bienestar y que los mismos ingresos medios pueden ser resultado de distintas distribuciones de ingresos entre ricos y pobres dentro de un grupo, los ingresos medios pueden ser insuficientes para medir y reflejar hasta qué punto es mejor la situación de un grupo de personas en comparación con otro.

Valorizar los bienes y servicios del gobierno

El PIB incluye los bienes y servicios producidos por el gobierno, como la educación, la defensa nacional y la garantía del cumplimiento de la ley. Estos contribuyen al bienestar, pero no están incluidos en los ingresos disponibles. En este sentido, el PIB per cápita es una mejor medida de los niveles de vida que los ingresos disponibles.

Pero los servicios del gobierno son difíciles de valorizar, resulta incluso más complejo que dar un valor a servicios como cortes de pelo y clases de yoga. Para los bienes y servicios comprados por las personas se toma el precio como medida aproximada de su valor (si se diera el caso de que usted valore el corte de pelo menos que su precio, simplemente dejaría que su pelo creciera). Pero los bienes y servicios producidos por el gobierno generalmente no están a la venta, y la única medida que tenemos de su valor es el costo de su producción.

La brecha entre aquello a lo que nos referimos como bienestar y lo que medimos con el PIB debería hacernos más cautelosos frente al uso literal del PIB per cápita para medir hasta qué punto están las personas en una posición acomodada.

Sin embargo, cuando los cambios a través del tiempo o las diferencias entre países con respecto a este indicador son tan grandes como las presentadas en la figura 1.1a (página 2) (y en las figuras 1.1b, 1.9 y 1.10 que se usarán más adelante en este capítulo), el PIB per cápita está indudablemente diciéndonos algo significativo sobre las diferencias en la disponibilidad de bienes y servicios.

En el Einstein que hay al final de esta sección, analizamos con más detalle la forma de calcular el PIB, de manera que pueda ser comparado a lo largo del tiempo y entre países (muchos capítulos tienen secciones Einstein que le mostrarán cómo calcular la mayoría de las estadísticas que utilizamos). Con estos métodos, podemos utilizar el PIB per cápita para comunicar claramente ideas como «hoy las personas en Japón son, en promedio, mucho más ricas que doscientos años atrás y mucho más ricas que las personas que viven en la India actualmente».

'Quality of Life Indicators – Measuring Quality of Life'. Eurostat. Actualizado 5 de noviembre del 2015.

EJERCICIO 1.3 ¿QUÉ DEBERÍAMOS MEDIR?

Durante su campaña para la presidencia de Estados Unidos, el 18 de marzo de 1968, el senador Robert Kennedy dio un famoso discurso cuestionando «la sola acumulación de objetos materiales» en la sociedad estadounidense, preguntándose por qué la contaminación del aire, la publicidad del tabaco y las cárceles –entre otras cosas– se tenían en cuenta en la medición del nivel de vida de Estados Unidos y, en cambio, la salud, la educación o el patriotismo no. Kennedy concluía: «en resumen, medimos todo, excepto aquello que hace que la vida valga la pena».

Lea su discurso completo o escuche la grabación.

1. En el discurso, ¿qué bienes menciona que están incluidos en el cálculo del PIB?
2. ¿Piensa que esos bienes deberían incluirse? ¿Por qué?
3. ¿Qué bienes menciona en el discurso que no están incluidos en este cálculo?
4. ¿Piensa que deberían incluirse? ¿Por qué?

PREGUNTA 1.1 ESCOJA LA(S) RESPUESTA(S) CORRECTA(S)

¿Qué mide el PIB per cápita del Reino Unido?

☐ El producto total de la economía de Londres
☐ El ingreso promedio disponible de un ciudadano británico
☐ El producto total de los ciudadanos británicos, dividido por el número total de ellos
☐ El producto total de la economía británica, dividido por la población de ese país.

EINSTEIN

Comparar los ingresos en distintos periodos y en diferentes países

La Organización de las Naciones Unidas recaba y publica estimaciones del PIB que le proporcionan agencias dedicadas al diseño de estadísticas de todo el mundo. Estas estimaciones, junto a las realizadas por los historiadores económicos, nos permiten construir gráficos como la figura 1.1a (página 2), que comparan los niveles de vida entre países en diferentes periodos de tiempo, y averiguar si la brecha entre países ricos y pobres ha disminuido o ha aumentado a lo largo del tiempo. Antes hacer una afirmación como «en promedio, los italianos son más ricos que los chinos, pero la brecha entre unos y otros se está acortando», estadísticos y economistas deben resolver los siguientes problemas:

- Necesitamos separar aquello que queremos medir –cambios o diferencias en cantidades de bienes y servicios– de aquello que no es relevante para la comparación, especialmente cambios o diferencias en los precios de esos bienes y servicios.

- Cuando comparemos el producto de un país en dos momentos distintos en el tiempo, es necesario tener en cuenta las diferencias de precios entre esos dos momentos.
- Cuando comparemos el producto entre dos países en un mismo momento en el tiempo, es necesario tener en cuenta las diferencias de precios entre ambos países.

Conviene subrayar lo similares que son los dos últimos enunciados. Medir cambios en el producto en distintos momentos en el tiempo presenta el mismo reto a que nos enfrentamos cuando tratamos de comparar países midiendo diferencias en producto para el mismo periodo. El reto es encontrar un conjunto de precios que podamos utilizar en este cálculo que nos permita identificar cambios o diferencias en el producto, sin cometer el error de asumir que, si el precio de algo aumenta en un país, pero no en otro, entonces el producto ha aumentado en el primero.

El punto de partida: el PIB nominal

Cuando se estima el valor de mercado del producto de la economía como un todo para un periodo dado, los estadísticos utilizan el precio al cual los bienes y servicios se vendieron en el mercado. Multiplicando las cantidades de la gran variedad de diferentes bienes y servicios que se producen en la economía por sus correspondientes precios, todos esos bienes pueden expresarse en términos monetarios o nominales. Una vez que todo está medido en una unidad común expresada en términos nominales (o dinero), es posible sumar todo. El PIB nominal se escribe así:

(precio de una lección de yoga)× (número de lecciones de yoga)
+ (precio de un libro) × (número de libros) + ...
+ (precio) × (cantidad) para todos los otros bienes y servicios

En general, representamos lo anterior como:

$$\text{PIB nominal} = \sum_i p_i q_i$$

Donde p_i es el precio del bien i, q_i es la cantidad del bien i, y Σ indica la suma de multiplicaciones de precio por cantidad para todos los bienes y servicios que consideramos en el cálculo.

Tener en cuenta los cambios de precio a lo largo del tiempo: PIB real

Para evaluar si la economía está creciendo o contrayéndose, necesitamos una medida de la cantidad de bienes y servicios comprados. Esto se llama PIB real. Si comparamos la economía en dos años diferentes, y todas las cantidades se quedan igual, pero los precios suben, digamos que un 2% de un año al otro, entonces el PIB nominal aumenta en un 2%, pero el PIB real no presenta ningún cambio. La economía no ha crecido.

Debido a que no podemos agregar el número de computadoras, zapatos, cenas en restaurantes, vuelos, camiones de escombros, etc., no es posible medir el PIB real de manera directa. Por el contrario: para poder estimar el PIB real, necesitamos empezar con el PIB nominal tal como se definió anteriormente.

En el lado derecho de la ecuación del PIB nominal se encuentran los precios de cada artículo de ventas finales, multiplicado por su cantidad.

Para observar qué ha pasado con el PIB real, empezamos seleccionando un año base: por ejemplo, el año 2010. Luego definimos el PIB real a precios de 2010 como equivalente al PIB nominal de ese año. El año siguiente, el PIB nominal de 2011 se calcula como siempre, utilizando los precios actuales de 2011. Luego, podemos ver qué es lo que ha pasado con el PIB real multiplicando las cantidades del 2011 por los precios del 2010. Si, tras usar los precios del año base, se observa que el PIB ha subido, podemos inferir que el PIB real ha aumentado.

Si utilizando este método, el resultado al que llegamos es que, una vez hecho el cálculo con los precios del 2010, el PIB del 2011 es el mismo que el del 2010, podemos inferir que, aunque pueda haber existido un cambio en la composición del producto para ese año (por ejemplo, se han tomado menos vuelos, pero se han vendido más computadoras), la cantidad general de producción de bienes y servicios no ha cambiado. La conclusión sería que el PIB real, también denominado PIB a **precios constantes**, se ha mantenido. En este caso, la tasa de crecimiento de la economía en términos reales es cero.

Tener en cuenta las diferencias de precios entre países: precios internacionales y poder de compra

Para comparar países, necesitamos elegir un conjunto de precios común y aplicarlo al conjunto de bienes de ambos países.

Para empezar, imaginemos una economía simple que produce un solo producto. Para este ejemplo, elegimos un café capuchino normal porque podemos encontrar fácilmente el precio de este producto estándar en distintas partes del mundo. Además, escogemos dos economías que son bastante distintas en su nivel de desarrollo: Suecia e Indonesia.

En el momento en que se escribió este libro y convirtiendo los precios a dólares estadounidenses utilizando el tipo de cambio de mercado, un capuchino normal costaba 3,76 dólares en Estocolmo y 2,17 dólares en Yakarta. No obstante, limitarse sencillamente a expresar los capuchinos en una moneda común no es suficiente, debido a que el tipo de cambio internacional que hemos utilizado para obtener estos números no es una medida muy buena de cuánto puede adquirirse con una rupia en Yakarta y cuánto puede comprar una corona en Estocolmo.

Es por esto que cuando comparamos niveles de vida entre países, utilizamos estimaciones del PIB per cápita utilizando un conjunto de precios común llamado precios de **paridad de poder de compra** (PPC). Como su nombre lo indica, la idea es alcanzar la paridad (igualdad) en el poder adquisitivo o poder de compra real.

precios constantes Precios corregidos para incorporar sus aumentos (inflación) o caídas (deflación), de modo que una unidad de dinero represente el mismo poder de compra en diferentes periodos históricos. *Ver también: paridad de poder de compra.*

Si desea ver estadísticas actualizadas, consulte un sitio web llamado Numbeo que muestra comparaciones del costo de vida.

paridad de poder de compra (PPC o PPP, por su sigla en inglés) Corrección estadística que permite comparar el poder adquisitivo, es decir, lo que las personas pueden comprar en países que tienen diferentes monedas. *Ver también: precios constantes.*

En general, suele ser cierto que los precios son más altos en países más ricos, como en nuestro ejemplo. Una razón para que así sea es que los salarios son más altos, lo que se traduce en precios más altos. Debido a que los precios de los capuchinos, las cenas en restaurantes, los cortes de pelo, la mayoría de los alimentos, el transporte, los alquileres y la mayor parte del resto de bienes y servicios son más altos en Suecia que en Indonesia, una vez que se aplica un conjunto común de precios, la diferencia entre el PIB per cápita de Suecia e Indonesia medido en términos de PPC es menor que si la comparación se realiza a tasas de cambio corriente.

Con base en la tasa de cambio corriente, el PIB per cápita de Indonesia es solo un 6% del de Suecia. En términos de PPC, cuando la comparación se realiza utilizando precios internacionales, el PIB per cápita de Indonesia es un 21% del de Suecia.

Lo que nos muestra esta comparación es que el poder de compra de la rupia indonesia, comparada con la corona sueca, es más del triple de lo que indicaría el tipo de cambio entre las dos monedas.

Examinaremos la medición del PIB (y otras medidas de toda la economía en su totalidad) con más detalle en el capítulo 13.

●●●●●

1.3 EL PALO DE *HOCKEY* DE LA HISTORIA: EL CRECIMIENTO DE LOS INGRESOS

Otra manera de leer los datos de la figura 1.1a (página 2) es usando una escala que muestre que el PIB se duplica a medida que se asciende por el eje vertical (empieza en 250 dólares per cápita, luego pasa a 500 dólares, posteriormente pasa a 1000 dólares, y así sucesivamente). Este tipo de escalas se conoce como escala semilogarítmica y se muestra en la figura 1.1b (página 14). La escala semilogarítmica es útil para comparar tasas de crecimiento.

Cuando decimos tasa de crecimiento del PIB, o de cualquier otra medida como la población, nos referimos a la tasa de cambio:

$$\text{tasa de crecimiento} = \frac{\text{cambio en el PIB}}{\text{nivel original del PIB}}$$

Si el nivel del PIB per cápita en el año 2000 es de 21 046 dólares, como lo era para Reino Unido en la figura 1.1a (página 2), y 21 567 dólares en el año 2001, entonces podemos calcular la tasa de crecimiento así:

$$
\begin{aligned}
\text{tasa de crecimiento} &= \frac{\text{cambio en el PIB}}{\text{nivel original del PIB}} \\
&= \frac{y_{2001} - y_{2000}}{y_{2000}} \\
&= \frac{21567 - 21046}{21046} \\
&= 0,025 \\
&= 2,5\%
\end{aligned}
$$

La decisión de comparar niveles o tasas de crecimiento depende de las preguntas que nos estemos haciendo. La figura 1.1a (página 2) hace más fácil comparar niveles de PIB per cápita entre países y en distintos momentos históricos. La figura 1.1.b (página 14) utiliza una escala semilogarítmica que hace posible comparar las tasas de crecimiento entre

Si nunca ha visto un palo de *hockey* sobre hielo (o jugado a *hockey* sobre hielo) esta forma es la razón por la que llamamos a estas figuras: «curvas de palo de *hockey*».

países y entre distintos periodos de tiempo. Cuando usamos una escala semilogarítmica, una serie que crece a tasa constante se ve como una línea recta. Esto ocurre porque el porcentaje (o la tasa de crecimiento proporcional) es constante. Una línea de mayor pendiente en el gráfico de escala semilogarítmica significa una tasa de crecimiento más rápida.

Para ver lo anterior, pensemos en una tasa de crecimiento del 100%: esto significa que el nivel se duplica. En la figura 1.1b (página 14), con la escala semilogarítmica, podemos comprobar que, si el PIB per cápita se duplicó en un periodo de cien años, pasando de un nivel de 500 dólares a 1000 dólares, la línea tendrá la misma pendiente que si se hubiera pasado de 2000 dólares a 4000 dólares, o de 16 000 dólares a 32 000 dólares en cien años. Si en vez de duplicarse el nivel, se hubiera cuadruplicado (digamos, de 500 dólares a 2000 dólares en cien años), la línea tendría una pendiente dos veces mayor, reflejando una tasa de crecimiento dos veces más alta.

En algunas economías no hubo mejoras sustanciales en el nivel de vida de las personas hasta que lograron independizarse de los regímenes coloniales o librarse de la interferencia de parte de las naciones europeas:

- *India:* según Angus Deaton, un economista especializado en el análisis de la pobreza, en 1947, al terminar los 300 años de dominio británico en la India, «es posible que la privación durante la infancia… fuera tan severa en el caso de los indios como la de cualquier otro gran grupo a lo largo de la historia». En los últimos años del dominio británico, un niño nacido en la India podía esperar vivir 27 años. Cincuenta años después, la expectativa de vida en la India había aumentado a 65 años.
- *China:* en su momento fue más rica que el Reino Unido, pero a mediados del siglo xx, el PIB per cápita de China era una quinceava parte del de Reino Unido.
- *América Latina:* ni durante el dominio español de América Latina ni en el periodo posterior a la independencia de la mayor parte de las naciones latinoamericanas a principios del siglo xix, se produjo un cambio en el nivel de vida, similar a la curva con forma de palo de *hockey* que han experimentado los países de las figuras 1.1a (página 2) y 1.1b.

Podemos aprender dos cosas de las figuras 1.1a (página 2) y 1.1b:

- Durante mucho tiempo, los niveles de vida no crecieron de manera sostenible.
- Cuando empezó a producirse un crecimiento sostenido, este tuvo lugar en distintos periodos para diferentes países, lo que generó grandes diferencias en los niveles de vida observables alrededor del mundo.

Entender cómo ocurrió esto ha sido una de las preguntas más importantes que se han hecho los economistas, empezando por el fundador de la disciplina, Adam Smith, quien tituló su libro más importante *Una investigación sobre la naturaleza y las causas de la riqueza de las naciones.*

El entretenido video en la BBC (https://tinyco.re/3761488) de Hans Rosling, un estadístico, muestra cómo algunos países se hicieron más ricos y más prósperos mucho antes que otros.

Vea datos recientes en OWiD
https://tinyco.re/3125412

Jutta Bolt y Jan Juiten van Zanden. 2013.
'The First Update of the Maddison
Project Re-Estimating Growth Before
1820'. Maddison-Project Working Paper
WP-4 (Enero). Stephen Broadberry. 2013.
Accounting for the great divergence. 1
de noviembre. Conference Board, The.
2015. Total Economy Database.

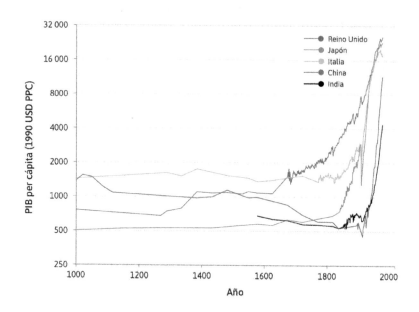

Figura 1.1b El palo de *hockey* de la historia: niveles de vida en cinco países
(1000–2015) usando la escala semilogarítmica.

1. Antes de 1800 tenemos menos datos
Para el período previo a 1800 tenemos
menos información sobre el PIB per
cápita, lo que explica que haya menos
puntos de datos en esa parte de la
figura.

**2. Se dibuja una línea a través de los
puntos de datos**
Se han unido con líneas rectas los
puntos de datos de cada país que se
mostraban en el paso anterior. Antes
de 1800 no podemos ver cómo
cambian los niveles de vida de un año
a otro.

3. Reino Unido
El quiebre del palo de *hockey* es menos
marcado en el caso de Reino Unido en
donde el crecimiento se aceleró hacia
1650.

4. Japón
En Japón, el quiebre del palo de
hockey es más marcado y ocurre
alrededor de 1870.

5. China e India
El quiebre para China e India ocurrió
en la segunda mitad del siglo XX. El PIB
per cápita cayó en la India durante la
era colonial británica. Puede verse
además que esto también es cierto en
el caso de China durante el mismo
periodo, en el que las naciones
europeas lograron dominar la política y
la economía chinas.

**6. Comparación de las tasas de
crecimiento de China y Japón**
La escala semilogarítmica hace posible
observar que las tasas de crecimiento
de Japón y China en años recientes
fueron superiores a las de los otros
países de la figura.

GRANDES ECONOMISTAS

Adam Smith

Adam Smith (1723–1790), considerado por muchos el padre de la Economía, fue criado por su madre viuda en Escocia. Estudió filosofía en la Universidad de Glasgow, y posteriormente en Oxford, donde escribió: «la mayor parte de los… catedráticos han… renunciado completamente a siquiera fingir que enseñan».

Viajó por Europa, visitando Toulouse, en Francia, lugar en el cual, según sus propias palabras, «tenía poco que hacer», por lo que «empezó a escribir un libro para pasar el tiempo». Ese libro se acabaría convirtiendo en el más famoso de Economía.

En *Una investigación sobre la naturaleza y las causas de la riqueza de las naciones*, publicado en 1776, Smith se pregunta: ¿Cómo es posible que la sociedad coordine las actividades independientes de un gran número de actores económicos –productores, transportistas, vendedores, consumidores– que no suelen conocerse entre sí y se encuentran totalmente dispersos por el mundo entero? Su radical respuesta fue que la coordinación entre todos estos actores puede surgir de manera espontánea, sin que ninguna persona o institución intente conscientemente crearla o mantenerla. Esta idea cuestionaba nociones previas de organización política y económica, conforme a las cuales las autoridades imponían orden sobre sus súbditos.

Incluso más radical fue su idea de que este proceso podía producirse como resultado de que los individuos buscaran su propio interés: «No es la benevolencia del carnicero, el cervecero o el panadero lo que nos procura nuestra cena, sino el empeño que ponen en obtener su propio beneficio», escribió.

En otra parte de *La riqueza de las naciones*, Smith introdujo una de las metáforas más poderosas y duraderas de la historia de la Economía, la de la mano invisible. Según escribió: el empresario «solo persigue su ganancia personal y por ello en este, como en muchos otros casos, está dirigido por una mano invisible que lo conduce a promover un objetivo que no era parte de sus propósitos, y no es peor para la sociedad que no lo fuera. Al perseguir sus propios intereses, con frecuencia el individuo tiende a promover los de la sociedad de un modo más eficaz que cuando realmente tiene la intención de promoverlos».

Entre sus mayores aportes al pensamiento económico se encuentra la idea de que una fuente muy significativa de progreso es la división del trabajo o especialización y que esta, a su vez, se encuentra constreñida por la «extensión del mercado». Smith ilustró esta idea en un famoso ejemplo de una fábrica de alfileres al observar que diez trabajadores, cada uno completamente especializado en una o dos de 18 operaciones productivas diferentes, podían producir alrededor de 50 000 alfileres al día. Pero «si cada uno de ellos producía alfileres de forma separada e

Adam Smith. 1961. *Indagación sobre la naturaleza y las causas de la riqueza de las naciones*. Madrid: Aguilar.

independiente… con certeza no alcanzarían a hacer veinte o quizás ni siquiera un alfiler al día».

Pero una cantidad tan enorme de alfileres solo podría venderse si se encontraran compradores a gran distancia de su lugar de producción. En consecuencia, lo que fomentaba la especialización era la construcción de canales navegables y la expansión del comercio internacional. La prosperidad resultante, a su vez, «expandía el mercado», generando un circulo virtuoso de expansión económica.

Ahora bien, Smith no pensaba que la búsqueda del interés propio fuese lo que guiara única y exclusivamente el comportamiento de las personas. Diecisiete años antes de *La riqueza de las naciones*, Smith escribió un libro sobre comportamiento ético llamado *La teoría de los sentimientos morales*.

Adam Smith. 2013. *La teoría de los sentimientos morales*. Madrid: Alianza Editorial.

También entendía que el sistema de mercado presentaba algunas fallas, especialmente si los vendedores en los mercados se organizaban para evitar competir entre sí. «Las personas que participan de un mismo negocio rara vez se reúnen –escribía– ni siquiera para divertirse y festejar, pero, si lo hacen, la conversación termina inevitablemente en una conspiración contra el público o en alguna estratagema para subir los precios».

Smith atacaba específicamente a los monopolios bajo protección de los gobiernos, como la British East India Company, que no solo controlaba el comercio entre la India y Reino Unido, sino que además administraba buena parte de la colonia británica en la India.

Por otra parte, estuvo de acuerdo con sus contemporáneos en que el gobierno debía proteger a la nación de los enemigos externos y asegurar la justicia a través de la policía y el sistema judicial. También promovió la inversión gubernamental en educación y en infraestructuras públicas, como puentes, carreteras y canales.

Con frecuencia se suele asociar a Smith con la idea de que la prosperidad económica se logra exclusivamente a través de la búsqueda del interés individual en condiciones de mercado libre. Sin embargo, su pensamiento es muchísimo más complejo de lo que se le suele reconocer.

EJERCICIO 1.4 LAS VENTAJAS DE LAS ESCALAS SEMILOGARÍTMICAS
La figura 1.1a (página 2) usa una escala convencional en el eje vertical, la figura 1.1b, en cambio, usa una escala semilogarítmica.

1. Identifique un periodo en que la tasa de crecimiento del Reino Unido haya estado aumentando y otro en que su tasa media de crecimiento haya sido constante. ¿Qué figura usó y por qué?
2. Identifique un periodo en el que el PIB per cápita del Reino Unido se haya estado reduciendo (una tasa de crecimiento negativa) más que el de la India. ¿Qué figura usó y por qué?

PREGUNTA 1.2 ESCOJA LA(S) RESPUESTA(S) CORRECTA(S)

El PIB per cápita de Grecia fue de 22 494 dólares en 2012 y 21 966 dólares en 2013. Con base en estas cifras, la tasa de crecimiento del PIB per cápita (con dos decimales) fue

☐ −2,40%
☐ 2,35%
☐ −2,35%
☐ −0,24%

PREGUNTA 1.3 ESCOJA LA(S) RESPUESTA(S) CORRECTA(S)

Suponga que el PIB per cápita de un país se duplica cada 100 años. Se le pide que dibuje gráficos en escala lineal y semilogarítmica que muestren el PIB per cápita en el eje vertical y el año en el eje horizontal. ¿Cuál será la forma de las curvas?

	Gráfico de escala lineal	**Gráfico de escala semilogarítmica**
☐	Una curva con pendiente positiva cuya pendiente incrementa (convexa)	Una línea recta con pendiente positiva
☐	Una línea recta con pendiente positiva	Una línea recta horizontal
☐	Una línea recta con pendiente positiva	Una curva creciente con pendiente decreciente (cóncava).
☐	Una curva creciente convexa	Una curva creciente convexa.

Nota: los gráficos de escala lineal son gráficos «normales» en los cuales la diferencia en la altura entre 1 y 2, y la diferencia entre 2 y 3 es la misma en el eje vertical.

●◌

1.4 LA REVOLUCIÓN TECNOLÓGICA PERMANENTE

La acción de la serie de ciencia ficción *Star Trek* se desarrolla en el año 2264, imaginando un futuro en el que los seres humanos viajan por la galaxia en compañía de alienígenas amigos con la ayuda de computadoras con inteligencia artificial, a velocidades superiores a la de la luz y ayudados por replicadores que generan comida y medicinas cuando se requieran. Ya sea que esta serie nos parezca tonta o inspiradora, la mayoría de nosotros, en momentos de optimismo, puede al menos considerar la idea de que el desarrollo tecnológico transformará el futuro en términos éticos, sociales y materiales.

No había ningún futuro tipo *Star Trek* para los nietos de un campesino del año 1250. Los siguientes 500 años pasarían sin grandes cambios en el nivel de vida del típico miembro de la clase trabajadora. El género literario de la ciencia ficción surgió en el siglo XVII (uno de los primeros libros clasificados como tal fue *La nueva Atlántida* de Francis Bacon, publicado en 1627); sin embargo, solo fue hasta el siglo XVIII cuando empezó a considerarse normal la idea de que cada generación podía aspirar a una vida muy diferente a la de la anterior, gracias al cambio tecnológico.

Una enorme cantidad de avances científicos y tecnológicos ocurrieron casi simultáneamente alrededor de la época en que se produjo el quiebre ascendente en el palo de *hockey* para el Reino Unido, es decir, hacia mediados del siglo XVIII.

Ese fue el momento en que se introdujeron importantes nuevas tecnologías en las industrias de textiles, de energía y de transporte. El carácter acumulativo de este proceso hizo que acabara por conocerse como la **Revolución Industrial**. Las técnicas tradicionales del trabajo artesanal basadas en habilidades heredadas que pasaban de una generación a la siguiente se seguían utilizando en la mayoría de los procesos productivos, incluso en fechas tan tardías como 1800. La nueva era trajo consigo nuevas ideas, nuevos descubrimientos, nuevos métodos y nuevas máquinas, haciendo que las ideas y herramientas antiguas quedaran obsoletas. Estas nuevas formas quedaron a su vez obsoletas frente a otras aún más nuevas que las sucedieron.

Por lo general, cuando hablamos de «tecnología», nos solemos referir a maquinaria, equipamientos y dispositivos vinculados al desarrollo científico. En términos económicos, la **tecnología** es un proceso que usa un conjunto de materiales e insumos –incluyendo el trabajo de las personas y la maquinaria– para crear un producto. Por ejemplo, una tecnología para producir un pastel puede describirse por medio de la receta que especifica la combinación de insumos (ingredientes como la harina, y actividades laborales como revolver) necesarias para crear el producto (el pastel). Otra tecnología para hacer pasteles puede utilizar maquinaria a gran escala, ingredientes y fuerza de trabajo (operarios de maquinaria).

Antes de la Revolución Industrial, la tecnología de la economía, y también las habilidades necesarias para seguir las recetas, se actualizaban lentamente y pasaban de generación en generación. A medida que el **progreso tecnológico** revolucionó la producción, el tiempo necesario para producir un par de zapatos se redujo a la mitad en solo unas pocas décadas. Lo mismo puede decirse del hilado y el tejido, y de la producción industrial de pasteles. Esto marcó el inicio de una revolución tecnológica permanente, ya que la cantidad de tiempo necesario para producir la mayoría de los productos se fue reduciendo, de una generación a la otra.

El cambio tecnológico en el campo de la iluminación

Para hacernos una idea de la velocidad sin precedentes del cambio tecnológico, consideremos la manera en la que producimos luz. La mayor parte de la historia de la humanidad muestra un progreso tecnológico lento en materia de iluminación. Nuestros ancestros lejanos no solían contar con nada más luminoso que la fogata que encendían por las noches. De haber existido la receta para producir luz, habría dicho algo así: reúna un montón de leña, consiga una antorcha de algún otro lugar donde se mantenga vivo un fuego, y encienda y mantenga la llama.

El primer gran avance tecnológico en alumbrado se produjo hace 40 000 años cuando empezaron a usarse lámparas que quemaban aceite animal o vegetal. Medimos el progreso tecnológico en iluminación en términos del número de unidades de brillo, denominadas lúmenes, que pueden generarse con una hora de trabajo. Un lumen es aproximadamente el brillo que hay en un metro cuadrado de luz de luna. Un lumen-hora (lm/h) representa esa cantidad de brillo durante una hora. Por ejemplo, generar luz con una

Revolución Industrial Ola de avances tecnológicos y cambios organizacionales que comenzó en Gran Bretaña en el siglo XVII y transformó su economía basada en la agricultura y la artesanía, a una economía industrial y comercial.
tecnología Proceso que toma un conjunto de materiales y otros insumos, incluyendo el trabajo de personas y máquinas para generar productos.
progreso tecnológico Cambio en la tecnología que reduce la cantidad de recursos (trabajo, máquinas, tierra, energía, tiempo) necesarios para producir una cantidad determinada de producto final.

fogata requiere cerca de una hora de trabajo para producir 17 lm/h, pero las lámparas de grasa animal producían 20 lm/h por la misma cantidad de trabajo. En tiempos de la antigua Babilonia (1750 a.C.) se inventó una lámpara mejor a base a aceite de sésamo, con la que se consiguió que una hora de trabajo produjera 24 lm/h. El progreso tecnológico era lento: esta modesta mejora tardó 7000 años en producirse.

Tres milenios más tarde, a principios del siglo xix, las formas más eficientes de iluminación (utilizando velas de sebo) proporcionaban cerca de nueve veces más luz por hora de trabajo que las lámparas de grasa animal del pasado. Desde entonces, la iluminación se ha vuelto cada vez más eficiente con el desarrollo de lámparas de gas en las ciudades, lámparas de keroseno, bombillas de filamento incandescente, tubos fluorescentes y otras formas de iluminación. Los tubos fluorescentes compactos introducidos en 1992 son cerca 45 mil veces más eficientes, en términos de tiempo de trabajo, que la iluminación de hace 200 años. Hoy en día, la productividad del trabajo necesario para producir iluminación es cerca de un millón de veces mayor que la que alcanzaran nuestros ancestros alrededor de una fogata.

La figura 1.3 ilustra este notable crecimiento en la eficiencia en la iluminación, utilizando la escala semilogarítmica que introdujimos en la figura 1.1b (página 14). Esta gráfica también parece un palo de *hockey*.

El proceso de innovación no terminó con la Revolución Industrial, tal y como nos muestra el caso de la productividad del trabajo en la generación de iluminación. La innovación ha continuado con la aplicación de nuevas tecnologías en muchos sectores, como la máquina de vapor, la electricidad, el transporte (canales, trenes, automóviles) y, más recientemente, la revolución en el procesamiento de la información y las comunicaciones. Estas innovaciones tecnológicas de amplia aplicabilidad le proporcionan un impulso particularmente fuerte al crecimiento en niveles de vida, pues cambian aspectos cruciales del funcionamiento de la economía.

Todavía hoy se siguen produciendo cambios tecnológicos intensamente transformadores. Hans Rosling sostiene que deberíamos decir «gracias industrialización» por haber creado la lavadora, un aparato que cambió la calidad de vida de millones de mujeres.

Vea datos recientes en OWiD
https://tinyco.re/7246817

William Nordhaus. 1998. 'Do Real Output and Real Wage Measures Capture Reality? The History of Lighting Suggests Not. Cowles Foundation For Research in Economics. Paper 1078.

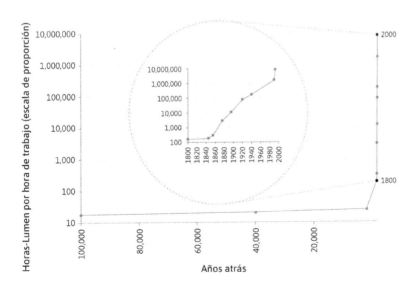

Figura 1.3 La productividad del trabajo en la producción de luz.

David S. Landes. 2003. *The Unbound Prometheus: Technological Change and Industrial Development in Western Europe from 1750 to the Present.* Cambridge: Cambridge University Press.

Al reducir la cantidad de tiempo de trabajo necesario para producir las cosas que necesitamos, los cambios tecnológicos permitieron incrementos significativos en los niveles de vida. El historiador económico David Landes escribió que la Revolución Industrial fue «una sucesión interrelacionada de cambios tecnológicos» que transformaron las sociedades en las cuales tuvieron lugar esos cambios.

Un mundo conectado

En julio de 2012 tuvo lugar el lanzamiento del hit coreano *Gangnam Style*. A finales del mismo año, ese tema se había convertido en la canción más vendida en 33 países, incluyendo Australia, Rusia, Canadá, Francia, España y Reino Unido. A mediados de 2014, *Gangam Style* se convirtió además en el video más visto en YouTube con 2000 millones de visitas. La revolución tecnológica permanente ha producido un mundo conectado.

Todos somos parte de él. Los materiales que forman este curso de introducción a la economía fueron escritos por equipos de economistas, diseñadores, programadores y editores que han trabajado juntos –a veces, de manera simultánea– desde computadores ubicados en Reino Unido, la India, Estados Unidos, Rusia, Colombia, Sudáfrica, Chile, Turquía, Francia y muchos otros países. Estando conectados a internet, parte de la transmisión de información ocurre a la velocidad de la luz. La mayoría de los bienes con los que se comercia por todo el globo siguen moviéndose a la velocidad de un buque de carga, que es alrededor de 33 km por hora, mientras que las transacciones financieras internacionales se llevan a cabo en menos tiempo del que le llevó leer esta oración.

La velocidad a la que viaja la información hace que resulte evidente lo novedoso de la permanente revolución tecnológica a la que asistimos. Comparando la fecha de un evento histórico con la fecha en la que se tuvo conocimiento de ese evento en otros lugares (a través de diarios, revistas o periódicos), podemos determinar la velocidad a la cual viajan las noticias. Por ejemplo, cuando Abraham Lincoln fue elegido Presidente de Estados Unidos en 1860, el mensaje que informaba de su elección se envió por telégrafo de Washington a Fort Kearny, que era el punto más occidental de la línea telegráfica en aquel momento. Desde allí, un relevo de jinetes llevó las noticias a caballo –el servicio postal conocido como el Pony Express– cubriendo 2030 km hasta Fort Churchill, en Nevada, desde donde el mensaje fue transmitido a California por telégrafo. El proceso tomó siete días y 17 horas en total. En el tramo del Pony Express de la ruta, las noticias viajaron a 7 millas (11 km) por hora. Transportar una carta de 14 gramos por esta ruta costaba 5 dólares, el equivalente a cinco días de salario.

Realizando cálculos similares, podemos saber que las noticias viajaban a 1 milla (1,6 km) por hora entre la antigua Roma y Egipto, y que, 1500 años después, el trayecto entre Venecia y otras ciudades del Mediterráneo era, en todo caso, ligeramente más lento. Sin embargo, unos pocos siglos después, tal como muestra la figura 1.4, el ritmo empezó a acelerarse. La noticia de un motín en las tropas indias en contra del régimen británico en 1857 tardó «solo» 46 días en llegar a Londres, y los lectores del periódico *The Times* de Londres supieron del asesinato de Lincoln apenas 13 días después de que tuviera lugar el hecho. Un año después de la muerte de Lincoln, un cable transatlántico redujo el tiempo de transmisión de noticias entre Nueva York y Londres a cuestión de minutos.

1.5 LA ECONOMÍA Y EL MEDIOAMBIENTE

Los seres humanos siempre han dependido del medioambiente para obtener los recursos que necesitan para vivir y ganarse la vida. El medioambiente físico y la biosfera, que es el conjunto de todas las formas de vida sobre la faz de la tierra, ofrecen los elementos esenciales para la vida, como son el aire, el agua y los alimentos. El medioambiente también nos provee las materias primas –como la madera, los metales y el petróleo– que usamos, a su vez, para producir otros bienes.

La figura 1.5 muestra una forma en la que podemos concebir la economía: como parte de un sistema mucho mayor que, a su vez, es parte de la biosfera. Las personas interactúan entre sí, pero también con la naturaleza durante el proceso de ganarse el sustento.

A lo largo de gran parte de la historia, los seres humanos han creído que los recursos naturales son ilimitados y se puede disponer de ellos libremente (excepto por los costos de extracción). No obstante, a medida que se ha disparado la producción (ver figuras 1.1a y 1.1b), también se han disparado el uso de los recursos naturales y la degradación del medioambiente. Elementos del sistema ecológico como el aire, el agua, el suelo y el clima han sido alterados por los humanos de forma más radical de lo que nunca antes había ocurrido en otras épocas de la historia de la humanidad.

Un ejemplo dramático de esto es el cambio climático. Las figuras 1.6a y 1.6b presentan evidencia de que nuestro uso de los combustibles fósiles –carbón, petróleo y gas– han afectado profundamente al medioambiente. Después de haber permanecido relativamente constantes durante muchos siglos, los niveles de dióxido de carbono (CO_2) en la atmósfera han aumentado debido al incremento de las emisiones de CO_2 durante el siglo xx (figura 1.6a). Asimismo, las emisiones de CO_2 han causado incrementos perceptibles en las temperaturas medias del hemisferio norte (figura 1.6b). La figura 1.6a también muestra que las emisiones de CO_2 debidas al consumo de combustibles fósiles han aumentado de forma dramática desde 1800 en adelante.

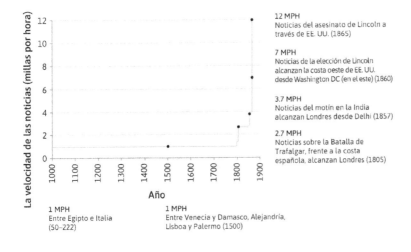

Tables 15.2 and 15.3 from Gregory Clark. 2007. *A Farewell to Alms: A Brief Economic History of the World*. Princeton, NJ: Princeton University Press.

Figura 1.4 La velocidad con que viajaba la información (1000–1865).

La figura 1.6b nos muestra que la temperatura media de la Tierra fluctúa de década en década. Existen muchos factores que causan estas fluctuaciones, incluyendo los eventos volcánicos como la erupción del monte Tambora en Indonesia, en 1815. El monte Tambora expulsó tanta ceniza que la temperatura de la Tierra se redujo, y 1816 fue llamado «el año sin verano».

Desde 1900, las temperaturas promedio han aumentado en respuesta a niveles crecientes de concentración de gases de efecto invernadero. Estos niveles son el resultado de las emisiones de CO_2 asociadas a la quema de combustibles fósiles.

La realidad del fenómeno del cambio climático y sus causas de origen humano ya no tienen discusión en la comunidad científica. El alcance de las consecuencias probables del calentamiento global es muy amplio: derretimiento de los casquetes polares, aumento del nivel del mar que podría sumergir amplias zonas costeras y posibles cambios en los patrones del clima y la lluvia que podrían destruir grandes áreas de cultivo de

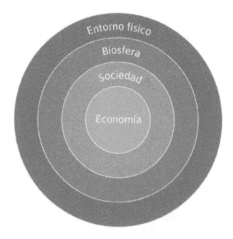

Figura 1.5 La economía es parte de la sociedad, que a su vez es parte de la biosfera.

alimentos por todo el mundo. Las consecuencias físicas y económicas a largo plazo de estos cambios y las políticas apropiadas que deben adoptar los países para hacerles frente se tratan en un capítulo posterior de este libro, titulado La economía del medioambiente.

El cambio climático es un fenómeno global; sin embargo, muchos de los impactos ambientales por la quema de combustibles fósiles son locales como, por ejemplo, cuando los residentes de las ciudades sufren enfermedades respiratorias o de otro tipo, debido a elevados niveles de emisiones procedentes de centrales eléctricas, vehículos y otras fuentes. Las comunidades rurales se ven asimismo impactadas por la deforestación (otra causa del cambio climático) y por el agotamiento de las fuentes de agua potable y las poblaciones de peces.

Todos estos efectos –desde el cambio climático al agotamiento de los recursos naturales– son resultado de la expansión de la economía (ilustrada por el crecimiento del producto total) y de la forma en que la economía está organizada (por ejemplo, qué cosas se valoran y se conservan). La relación entre la economía y el medioambiente que se muestra en la figura 1.5 es bidireccional: usamos los recursos naturales para producir, lo que a su vez puede afectar el medioambiente en el que vivimos y su capacidad para sostener la producción futura.

Sin embargo, la revolución tecnológica permanente –que trajo, entre otras cosas, nuestra dependencia de los combustibles fósiles– puede ser también parte de la solución a nuestros problemas ambientales actuales.

Observe de nuevo la figura 1.3 (página 19) que muestra la productividad del trabajo en la producción de iluminación. Los enormes incrementos que se ven a lo largo de la historia, y en particular desde mediados del siglo xix,

La máxima autoridad en investigación y recolección de datos sobre el cambio climático es el Intergovernmetal Panel on Climate Change (Grupo Intergubernamental de Expertos sobre el Cambio Climático).

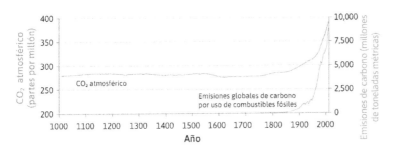

Años 1010–1975: David M. Etheridge, L. Paul Steele, Roger J. Francey y Ray L. Langenfelds. 2012. 'Historical Record from the Law Dome DE08, DE08-2, and DSS Ice Cores'. Division of Atmospheric Research, CSIRO, Aspendale, Victoria, Australia. Años 1976–2010: Datos del observatorio Mauna Loa. T. A. Boden, G. Marland y Robert J. Andres. 2010. 'Global, Regional and National Fossil-Fuel CO2 Emissions'. Carbon Dioxide Information Analysis Center (CDIAC) Datasets.

Figura 1.6a Dióxido de carbono en la atmósfera (1010–2010) y emisiones globales de carbono por uso de combustibles fósiles (1750–2010).

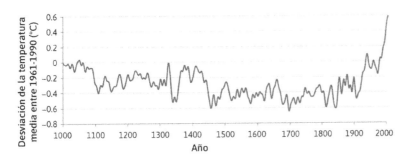

Vea datos recientes en OWiD
https://tinyco.re/8926412

Michael E. Mann, Zhihua Zhang, Malcolm K. Hughes, Raymond S. Bradley, Sonya K. Miller, Scott Rutherford y Fenbiao Ni. 2008. 'Proxy-based reconstructions of hemispheric and global surface temperature variations over the past two millennia'. Proceedings of the National Academy of Sciences 105 (36): pp. 13252–13257.

Figura 1.6b Temperaturas en el hemisferio norte a largo plazo (1000–2006).

han ocurrido principalmente porque la cantidad de luz producida por unidad de calor (por ejemplo, de una fogata, una vela o un foco) ha aumentado de manera sustancial.

Con respecto a la iluminación, la revolución tecnológica permanente nos ha proporcionado más luz con menos calor, lo que ayuda a conservar los recursos naturales –desde la leña hasta los combustibles fósiles– utilizados para generar calor. Los avances tecnológicos que se están produciendo hoy pueden posibilitar que dependamos más del viento, el sol y otras fuentes de energía renovables.

PREGUNTA 1.4 ESCOJA LA(S) RESPUESTA(S) CORRECTA(S)
¿Cuáles de las siguientes variables han seguido la trayectoria que hemos llamado «palo de hockey», esto es, poco o ningún crecimiento durante la mayor parte de la historia seguido por una aceleración marcada y repentina hacia tasas de crecimiento positivas?

☐ PIB per cápita
☐ Productividad laboral
☐ Desigualdad
☐ CO_2 atmosférico

1.6 DEFINIR EL CAPITALISMO: PROPIEDAD PRIVADA, MERCADOS Y EMPRESAS

Revisando las figuras 1.1a a 1.6, vemos que el giro ascendente en las curvas que hace que se asemejen a la gráfica del palo de *hockey* se repite para:

- El Producto Interno Bruto per cápita
- La productividad del trabajo (iluminación por hora de trabajo)
- La conectividad entre diversas partes del mundo (la velocidad a la cual viajan las noticias)
- El impacto de la economía en el medioambiente global (emisiones de carbono, CO_2 atmosférico y cambio climático)

¿Cómo podemos explicar el cambio en el cual hemos pasado de un mundo en el que las condiciones de vida fluctuaban poco, a menos que hubiera una epidemia o una guerra, a una situación en la que la situación de cada generación es notable y previsiblemente mejor que la de la anterior?

Una parte muy significativa de la respuesta es que eso se debe a lo que llamamos la revolución capitalista: la aparición en el siglo XVIII y la eventual difusión global de una forma de organizar la economía que hoy denominamos capitalismo. De hecho, el término «capitalismo» –que definiremos a continuación– no se usaba mucho en tiempos tan recientes como hace un siglo; sin embargo, y como se observa en la figura 1.7, su uso se ha disparado desde entonces. La gráfica muestra la fracción de todos los artículos aparecidos en el *New York Times* (excluyendo la sección de Deportes) que incluyen el término «capitalismo».

El **capitalismo** es un **sistema económico** caracterizado por una combinación específica de **instituciones**. Un sistema económico es una forma de organizar la producción y distribución de bienes y servicios en el conjunto de una economía. Y, cuando hablamos de instituciones, nos referimos a los distintos conjuntos de leyes y costumbres sociales que regulan las diferentes formas de producción y distribución en familias, negocios privados y organismos gubernamentales.

En algunas economías del pasado, las instituciones económicas clave eran la **propiedad privada** (personas que son dueñas de cosas), los mercados (donde esas cosas podían comprarse y venderse) y las familias, ya que la producción tenía lugar por lo general en el seno de las familias y no en las empresas.

En otras sociedades, el gobierno ha sido la institución que ha controlado la producción y ha decidido sobre cómo y a quién se distribuían los bienes producidos. Esto se denomina sistema económico de planificación central. Por ejemplo, este sistema existió en la Unión Soviética, en Alemania Oriental y en otros países de Europa Oriental hasta el fin de los gobiernos comunistas a principios de la década de 1990.

Si bien tanto los gobiernos como las familias son partes esenciales del funcionamiento de cualquier economía, hoy en día, la mayoría de las economías son capitalistas. Dado que la mayoría de nosotros vive en economías capitalistas, es fácil olvidar la importancia de las instituciones, que son fundamentales para que el capitalismo funcione bien: nos resultan tan familiares que difícilmente reparamos en ellas. Antes de estudiar cómo la propiedad privada, los mercados y las empresas se combinan en el sistema económico capitalista, necesitamos definir estos conceptos.

> **capitalismo** Sistema económico en que la propiedad privada, los mercados y las empresas desempeñan un papel preponderante.
> **sistema económico** Instituciones que organizan la producción y distribución de bienes y servicios para una economía completa.
> **instituciones** Leyes y costumbres sociales que gobiernan la forma en que interactúan las personas de una sociedad.
> **propiedad privada** Derecho y expectativa de poder disfrutar de las posesiones propias en las formas que se elija poder excluir a otros de su uso y disponer de ellas por obsequio o venta a otros que luego se convierten en sus propietarios.

PROPIEDAD PRIVADA

Significa que uno puede:

- Dar uso a sus posesiones en la forma en que escoja
- Excluir a otros de usarlas si es que así lo desea
- Disponer de ellas para regalarlas o venderlas a otra persona…

…que a su vez se convierte en el propietario de esas posesiones

---

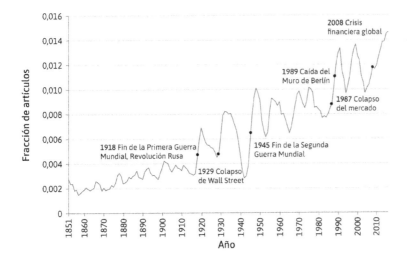

Vea datos recientes en OWiD
https://tinyco.re/2871984

Cálculos realizados por Simon DeDeo, Santa Fe Institute, y aparecidos en el *New York Times*. 2016. 'Archivo de artículos del NYT'.

Figura 1.7 Mención de la palabra «capitalismo» en artículos del *New York Times* (1851–2015).

A lo largo de la historia de la humanidad, el alcance de la propiedad privada ha ido variando. En algunas sociedades, como la de los cazadores y recolectores, que son nuestros ancestros lejanos, casi nada, excepto los adornos personales y la ropa, eran realmente propiedad de los individuos. En otras, los cultivos y los animales eran propiedad privada, pero no la tierra. El derecho a usar la tierra se otorgaba a las familias, gracias al consenso entre los miembros de un grupo, o siguiendo el dictado de un líder, y las familias no podían vender sus terrenos.

En otros sistemas económicos, algunas personas –los esclavos– eran propiedad privada.

En una economía capitalista, un importante tipo de propiedad privada consiste en los equipamientos, los edificios, las materias primas, así como otros insumos duraderos utilizados en la producción de bienes y servicios. Todos estos, en su conjunto, se denominan **bienes de capital o bienes de equipo**.

La propiedad privada puede estar asociada a un individuo, una familia, una empresa o alguna otra entidad diferente del gobierno. Por otro lado, algunas cosas que más valoramos no son propiedad privada: por ejemplo, el aire que respiramos y la mayor parte de los conocimientos que usamos no pueden ser propiedad privada ni pueden ser comprados ni vendidos.

> **bienes de capital o equipo**
> Equipos, instalaciones y otros insumos duraderos usados para producir bienes y servicios, incluyendo (cuando sea aplicable al caso) patentes u otras formas de propiedad intelectual que se utilicen.

PREGUNTA 1.5 ESCOJA LA(S) RESPUESTA(S) CORRECTA(S)
¿Cuál de los siguientes son un ejemplo de propiedad privada?

- ☐ Los computadores de su universidad
- ☐ La tierra de un campesino en la Rusia Soviética
- ☐ Las acciones de una compañía
- ☐ Las habilidades de un trabajador

> **MERCADOS**
> Los mercados son:
> - Una forma de relacionar personas que pueden beneficiarse mutuamente...
> - Intercambiando bienes y servicios...
> - A través de un proceso de compra y venta.

Los mercados son una forma de transferencia de bienes y servicios de una persona a otra. Existen otras formas, como el robo, un regalo o una orden gubernamental. Los **mercados** difieren de estas y otras formas en las cuales pueden transferirse bienes y servicios de una persona a otra en tres aspectos:

Son recíprocos: en un mercado, a diferencia de lo que ocurre con los regalos y el robo, la transferencia de un bien o servicio de una persona a otra se corresponde de manera recíproca, ya sea con otro bien o servicio como parte de un trueque, o con dinero, o con la promesa de una transferencia posterior de fondos, como cuando se compra con crédito. Son voluntarios: ambas transferencias –la del comprador y la del vendedor– son voluntarias, dado que los artículos intercambiados son propiedad privada. Por ende, el intercambio, para que se produzca, debe ser beneficioso para ambas partes. En este sentido, los mercados se diferencian del robo, y también de las transferencias de bienes y servicios en una economía de planificación central.

Además, en la mayoría de los mercados hay competencia. Un vendedor que cobre muy caro, por ejemplo, encontrará que sus compradores van a preferir comprar a otros vendedores que compiten con él.

EJERCICIO 1.6 LA CASA DE CAMPO DEL HOMBRE MÁS POBRE

«El hombre más pobre en su casa de campo puede desafiar a todas las fuerzas de la Corona. Puede que sea frágil, que su techo esté suelto y que lo atraviese el viento cuando sople, quizá las tormentas puedan colarse, puede que entre la lluvia, pero el Rey de Inglaterra no puede entrar; ni todas sus fuerzas osan cruzar el umbral de esa casona en ruinas.» Discurso de William Pitt, Primer conde de Chatam, ante el Parlamento Británico en 1763.

1. ¿Qué nos dice esto respecto al significado de la propiedad privada?
2. ¿Puede aplicarse esto a los hogares de su país?

EJERCICIO 1.7 MERCADOS Y REDES SOCIALES

Piense sobre una red social que use, por ejemplo, Facebook. Ahora vuelva a leer nuestra definición de mercado.

¿Cuáles son las similitudes y diferencias entre una red social y un mercado?

PREGUNTA 1.6 ESCOJA LA(S) RESPUESTA(S) CORRECTA(S)

¿Cuál de los siguientes es un ejemplo de un mercado?

- ☐ El racionamiento de comida en tiempos de guerra
- ☐ Sitios de subasta como eBay
- ☐ Revendedores de boletas a la entrada de un concierto
- ☐ La venta ilegal de armas

Ahora bien, la propiedad privada y los mercados por sí solos no definen al capitalismo. En muchos lugares, ambas instituciones fueron importantes mucho antes de que se instaurara el capitalismo. El más reciente de los tres componentes que forman la economía capitalista es **la empresa**.

Los tipos de empresas que forman una economía capitalista incluyen restaurantes, bancos, grandes granjas que pagan a otras personas para que trabajen en ellas, establecimientos industriales, supermercados, proveedores de servicios de internet y muchos más. Otras organizaciones productivas que no son empresas y que desempeñan un papel menor en una economía capitalista incluyen negocios familiares, en los que la mayoría o todos los trabajadores son familiares; organizaciones sin ánimo de lucro; cooperativas cuyos dueños son los trabajadores y entidades que son propiedad del gobierno (como ocurre en algunos países con las líneas ferroviarias y las compañías de energía o agua). Estas no son empresas, ya sea porque no generan ganancias o porque los propietarios no son individuos que ostentan la propiedad de los activos de la empresa y emplean a otros para trabajar en ella. Nótese que una empresa paga salarios o remuneraciones a los empleados, pero si emplea estudiantes en prácticas no remuneradas, sigue siendo una **empresa o firma**.

FIRMA O EMPRESA

Una empresa o firma es una forma de organizar la producción que tiene las siguientes características:

- Uno o más individuos son dueños de un conjunto de bienes de capital que son usados en la producción.
- Contratan empleados a los que les pagan un salario.
- Dirigen a los empleados (a través de gerentes que también se contratan) en la producción de bienes y servicios.
- Los bienes y servicios les pertenecen a los propietarios de la empresa.
- Los propietarios venden esos bienes y servicios en mercados con intención de obtener una ganancia.

empresa o firma Organización comercial que paga salarios para emplear personas y compra insumos para producir bienes de mercado y servicios con la intención de obtener ganancias.

mercado del trabajo O mercado laboral, en este mercado, los empleadores ofrecen salarios a individuos que acceden a trabajar para ellos. Los economistas hablan de que los empleadores están en el lado de la demanda de este mercado, mientras que los empleados están en el lado de la oferta. *Ver también: fuerza laboral.*

lado de la demanda Lado de un mercado en el que los participantes están ofreciendo dinero a cambio de algún bien o servicio (por ejemplo, quienes compran pan).
lado de la oferta Lado de un mercado en el que los que participan están ofreciendo algo a cambio de dinero (por ejemplo, quienes venden pan).

Las empresas ya existían, desempeñando un papel menor en otros sistemas económicos, mucho antes de que se volvieran las organizaciones predominantes para la producción de bienes y servicios, como lo son hoy en una economía capitalista. El avance de la empresa provocó un auge en otro tipo de mercado que había desempeñado un papel limitado en los sistemas económicos anteriores: el **mercado del trabajo** (o mercado laboral). Los propietarios de las empresas (o sus administradores) –en tanto que empleadores– ofrecen trabajos a cambio de remuneraciones o salarios que sean lo suficientemente altos como para atraer a personas que estén buscando trabajo.

En el lenguaje económico, los empleadores son el **lado de la demanda** (se usa el anglicismo *demand side*) en el mercado laboral («demandan» empleados) mientras que los trabajadores son el **lado de la oferta**, (se usa el anglicismo *supply side*), pues se ofrecen para trabajar bajo la dirección de los propietarios y administradores que los contratan.

Una característica llamativa de las empresas, que las distingue de las familias y los gobiernos, es lo rápido que pueden nacer, expandirse, contraerse y morir. En unos pocos años, una empresa de éxito puede crecer, pasando de unos pocos empleados a convertirse en una compañía global con cientos de miles de clientes y que emplea a miles de personas. Las empresas pueden crecer así porque son capaces de contratar más empleados en el mercado del trabajo y pueden captar los fondos que necesitan para financiar la compra de bienes de capital con los que expandir la producción.

Las empresas también pueden morir en pocos años. Esto se debe a que una empresa que no genere ganancias no tendrá dinero suficiente (y no será capaz de conseguir financiación) para continuar generando empleo y produciendo. La empresa mengua y algunas de las personas que trabajan en ella pierden sus puestos de trabajo.

Contrastemos esta situación con una granja familiar exitosa. Puede ser que la familia se encuentre en mejor situación que sus vecinos, pero, a menos que convierta la granja en una empresa y emplee a otras personas para trabajar en esta, su expansión será limitada. Si, en cambio, la familia no se desempeña bien en la granja, solo se encontrará en peor situación que sus vecinos. El jefe del hogar no puede sencillamente despedir a sus hijos. Mientras la familia sea capaz de alimentarse por sí misma, no existe un mecanismo equivalente al fracaso de una empresa que la deje automáticamente sin negocio.

Los organismos gubernamentales tienden a enfrentarse a más limitaciones a la hora de expandirse, si tienen éxito y, por lo general, están protegidos del fracaso si obtienen malos resultados.

Definir el capitalismo con precisión

En el lenguaje coloquial, la palabra «capitalismo» se usa de diferentes formas. Esto se debe en parte a que la gente tiene opiniones contundentes sobre este sistema económico. Dentro de la economía, en cambio, tratamos de usar el término de forma precisa para facilitar nuestra comunicación: definimos al capitalismo como un sistema económico que combina tres instituciones, lo que requiere, a su vez, definiciones de cada una de ellas.

Esto implica que el «capitalismo», en realidad, no es un solo sistema económico, sino una clase de sistemas que tienen en común el contener estas características. La forma en que las tres instituciones del capitalismo –propiedad privada, mercados y empresas– se combinan entre sí y con familias, gobiernos y otras instituciones, varía mucho de unos países a otros. Del mismo modo que el hielo y el vapor son «agua» (definida químicamente como una molécula que combina dos átomos de hidrógeno y uno de oxígeno), tanto Estados Unidos como China son economías capitalistas. Ahora bien, difieren en la medida en que el gobierno influye en los asuntos económicos y en muchos otros aspectos. Como se puede ver, muchas veces las definiciones que proponemos en las ciencias sociales no pueden ser tan precisas como las de las ciencias naturales.

Hay quien podría afirmar que «el hielo no es realmente agua» y objetar que la definición no refleja el «verdadero significado» de la palabra. En cualquier caso, a veces los debates sobre el «verdadero significado» de algo (especialmente cuando se refiere a ideas complejas y abstractas como capitalismo o democracia) olvidan cuál es el valor de las definiciones. Piense en la definición del agua, o del capitalismo, no como algo que captura el significado verdadero de lo definido, sino como un mecanismo que tiene valor porque sirve para facilitar la comunicación.

En las ciencias sociales, las definiciones no suelen ser tan precisas como lo son en las ciencias naturales. A diferencia del agua, no podemos identificar una economía capitalista con medidas físicas fáciles del medir.

1.7 EL CAPITALISMO COMO SISTEMA ECONÓMICO

La figura 1.8 nos muestra que las tres partes de la definición de un sistema económico capitalista son conceptos estrechamente vinculados entre sí. El círculo del lado izquierdo describe a una economía de familias aisladas que son propietarias de los bienes de capital y los bienes que producen, pero tienen poco o nada de intercambio con otros.

En un sistema capitalista, la producción corre principalmente a cargo de las empresas. Los mercados y la propiedad privada son elementos esenciales para el funcionamiento de las empresas por dos razones:

- *Los insumos y los productos son propiedad privada:* los edificios de la empresa, los equipos, patentes y otros insumos utilizados en la producción, así como los productos resultantes, son propiedad de los dueños de la empresa.
- *Las empresas usan los mercados para vender sus productos:* las ganancias de los dueños dependen de mercados en los que los clientes pueden voluntariamente comprar los productos a precios que, además de cubrir los costos de producción, dejen un excedente.

A lo largo de la historia, han existido economías como la del círculo izquierdo de la gráfica, pero han sido mucho menos importantes que los sistemas que combinan mercados y propiedad privada (el círculo del medio). La propiedad privada es una condición esencial para que los mercados puedan operar: los compradores no pagarán por los bienes, a menos que estén seguros de que podrán detentar la propiedad de estos, una vez pagados. En el círculo del centro, la mayor parte de la producción la realizan individuos (zapateros o herreros, por ejemplo) o familias (en nuestro ejemplo, esto es lo que sucedía en una granja). Antes de 1600, una gran cantidad de las economías del mundo eran así.

La característica distintiva del sistema económico capitalista es la **propiedad privada** de **bienes de capital**, que se organizan para su uso por parte de las empresas. Otros sistemas económicos se distinguen, por ejemplo, por la existencia de propiedad privada de la tierra o de esclavos, o

---

EJERCICIO 1.8 CAPITALISMO

Revise la figura 1.7 (página 25).

1. ¿Puede sugerir una explicación de por qué el uso del término capitalismo es alto precisamente en los momentos en que lo es?

2. ¿Por qué cree que se ha mantenido tan alto el uso de este término desde fines de la década de 1980?

Paul Seabright. 2010. *The Company of Strangers: A Natural History of Economic Life* (Edición revisada). Princeton, NJ: Princeton University Press.

por la propiedad estatal de los bienes de capital o el papel limitado de las empresas. A su vez, las economías capitalistas difieren de sistemas económicos anteriores en la magnitud del uso de los bienes de capital en el proceso productivo. Unos enormes telares mecánicos han sustituido a los telares manuales, y ahora unos tractores tiran de enormes arados donde antes eran un campesino y sus bueyes quienes tiraban del arado.

El capitalismo es un sistema económico que combina la descentralización con la centralización. Por un lado, concentra el poder en las manos de los propietarios y administradores de empresas, de modo que estos puedan garantizar la cooperación de grandes cantidades de empleados en el proceso productivo. Pero, por otro lado, limita el poder de los empresarios y otros individuos al exponerlos a la competencia cuando venden y compran en el mercado.

Cuando la dueña o el dueño de una empresa interactúa con un empleado, su papel es el de «jefe». Pero cuando esa misma persona interactúa con un potencial cliente, es simplemente una persona más que trata de cerrar una venta en competencia con otras empresas. Es esta particular combinación de competencia entre empresas, y concentración de poder con cooperación dentro de ellas la que explica buena parte del éxito del capitalismo como sistema económico.

¿Cómo pudo el capitalismo generar un cambio en el nivel de vida?

Dos grandes cambios acompañaron el surgimiento del capitalismo. Ambos incrementaron significativamente la productividad del trabajo y los trabajadores.

La tecnología

Como ya hemos visto, la revolución tecnológica permanente coincidió con la transición hacia un contexto en el que las empresas se convirtieron en el sistema predominante de organización de la producción. Esto no significa que las empresas necesariamente fueron las causantes de ese cambio tecnológico, pero sí es cierto que eran muchos los incentivos que alentaban a las empresas que competían entre sí en los mercados a adoptar y desarrollar nuevas tecnologías que aumentaran su productividad y, por ende, a invertir en bienes de capital que habrían resultado inaccesibles para una empresa familiar de pequeña escala.

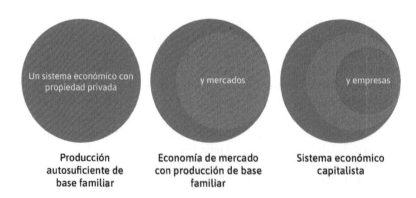

Figura 1.8 Capitalismo: Propiedad privada, mercados y empresas.

La especialización

El crecimiento de las empresas que empleaban gran cantidad de trabajadores –y la expansión de los mercados que conectaron al mundo entero a un mismo proceso de intercambio– permitieron niveles de especialización productiva y laboral sin precedentes en la historia de la humanidad. En la siguiente sección, veremos cómo esta especialización puede elevar la productividad del trabajo y, a su vez, los niveles de vida.

EJERCICIO 1.9 ¿ES O NO ES UNA EMPRESA?

Usando la definición que hemos dado, explique cuáles de las siguientes entidades corresponden a una empresa, investigando para ello si poseen las características necesarias. Si no conoce las entidades lo suficiente, investíguelas en internet.

1. John Lewis Partnership (Reino Unido)
2. Una granja familiar en Vietnam
3. El consultorio de su médico de la familia
4. Walmart (Estados Unidos)
5. Un barco pirata del siglo XVIII (vea nuestra descripción de *The Royal Rover* en el capítulo 5)
6. Google (Estados Unidos)
7. Manchester United plc (Reino Unido)
8. Wikipedia

1.8 LAS GANANCIAS RESULTANTES DE LA ESPECIALIZACIÓN

Capitalismo y especialización

Mire a su alrededor y fíjese en los objetos que hay en su lugar de trabajo. ¿Conoce a las personas que los fabricaron? ¿Y su ropa? ¿Y qué dice de todos los objetos que puede ver desde donde está sentado o sentada?

Ahora imagine que es 1776, el año en que Adam Smith escribió *La riqueza de las naciones*. Esas mismas preguntas, planteadas en cualquier lugar del mundo, habrían recibido otra respuesta.

En esos tiempos, las familias producían una amplia variedad de productos para su propio consumo, incluyendo diversos cultivos, carne, ropa e incluso herramientas. Muchas de las cosas que habría visto por ahí en tiempos de Adam Smith habrían sido elaboradas por algún miembro de su familia o alguien de su pueblo. Algunas las habría fabricado usted mismo, otras habrían sido elaboradas localmente y las habría comprado en el mercado de su pueblo.

Uno de los cambios que estaban ocurriendo en tiempos de Adam Smith, y que desde entonces se ha acelerado enormemente, es la especialización en la producción de bienes y servicios. Tal y como explica el propio Smith, nos hacemos mejores en la producción de bienes cuando cada uno de nosotros se concentra en un rango limitado de actividades. Esto es cierto por tres razones:

- *Aprender haciendo:* adquirimos destrezas y habilidades cuando producimos cosas y así practicamos nuestras habilidades (se suele usar para esto el anglicismo *learning by doing*).

- *Diferencias en el nivel de habilidad:* debido a diferencias en las capacidades innatas o a ventajas medioambientales, como la calidad del suelo, algunas personas se desempeñan mejor que otras en ciertas cosas.
- **Economías de escala**: muchas veces, producir un número grande de unidades de un producto es más barato que producir pocas. Esto lo investigamos con más detalle en el capítulo 7.

> **economías de escala** Se producen cuando, por ejemplo, duplicamos los insumos introducidos en un proceso productivo y la producción resultante crece más del doble. La forma de la curva de costo medio a largo plazo de una empresa depende tanto de los rendimientos de escala en la producción como del efecto de esa escala sobre los precios que la empresa paga por sus insumos. *También se usa el término: rendimientos crecientes a escala. Ver también: deseconomías de escala.*

Estas son las ventajas de trabajar en un número limitado de tareas o productos. Las personas normalmente no producen el rango completo de bienes y servicios que ellos mismos consumen en su vida diaria. En vez de eso nos especializamos: unos producen un bien, otros producen otros, algunos trabajan como soldadores, otros como profesores o agricultores.

Ahora bien, las personas no se especializarán a menos que sepan que existe una forma de adquirir los demás bienes y servicios que necesitan.

Es por esto que la especialización –la división del trabajo– plantea un problema social: ¿Cómo deben distribuirse los bienes y servicios entre productor y usuario final? A lo largo de la historia, esto ha ocurrido de diferentes modos, desde la requisición y redistribución directa realizada por el gobierno, como ocurrió en Estados Unidos y otros países durante la Segunda Guerra Mundial, hasta los regalos y mecanismos para compartir voluntariamente, como pasa en las familias hoy en día, y que se pusieron en práctica en algunos periodos y lugares entre individuos que no estaban emparentados, como es el caso de las comunidades de cazadores y recolectores. El capitalismo aumentó la posibilidad de especialización al expandir la importancia económica de los mercados y las empresas.

La especialización existe dentro de los gobiernos y también en las familias, donde las tareas del hogar muchas veces están asociadas a determinada edad y género. Aquí vamos a analizar la división del trabajo que se produce en empresas y mercados.

La división del trabajo en las empresas

Adam Smith comienza *La riqueza de las naciones* con la siguiente frase:

> Adam Smith. 1961. *Indagación sobre la naturaleza y las causas de la riqueza de las naciones.* Madrid: Aguilar.

> «El mayor progreso de la capacidad productiva del trabajo, y la mayor parte de la habilidad, destreza y juicio con que ha sido dirigido o aplicado, parecen haber sido los efectos de la división del trabajo.»

Luego procede a describir una fábrica de alfileres en la que la especialización en determinadas tareas entre los trabajadores permitía un nivel de productividad –alfileres producidos por día– que le parecía extraordinario. Las empresas pueden llegar a emplear a miles o incluso cientos de miles de personas, la mayor parte de ellos trabajando en tareas especializadas bajo la dirección de los dueños o los gerentes de la compañía.

Esa descripción de la empresa usualmente enfatiza su naturaleza jerárquica de arriba a abajo. Ahora bien, también puede pensar en la empresa como un mecanismo para que un gran número de personas, cada una con diferentes habilidades y competencias, contribuya a la consecución de un objetivo común, el producto. Así es como la empresa facilita un tipo de cooperación entre productores especializados que aumenta la productividad.

En el capítulo 6 volveremos al planteamiento de quién hace qué dentro de la empresa y por qué.

Mercados, especialización y ventaja comparativa

En el capítulo 3 de *La riqueza de las naciones* titulado «La división del trabajo está limitada por la extensión del mercado», Smith explica:

> «Cuando el mercado es muy pequeño, ninguna persona puede tener el incentivo para dedicarse completamente a un único trabajo, por falta de capacidad para intercambiar todo el excedente del producto de su propio trabajo, lo que le sobra tras realizar su propio consumo, por los excedentes correspondientes al trabajo de otros cuando se dé la ocasión».

Adam Smith. 1961. *Indagación sobre la naturaleza y las causas de la riqueza de las naciones.* Madrid: Aguilar.

Cuando oye la palabra «mercado», ¿qué otra palabra se le viene a la mente? Seguramente lo que pensó fue «competencia». Y efectivamente tiene razón al asociar ambas palabras.

Pero también se le podría haber ocurrido la palabra «cooperación». ¿Por qué? Porque los mercados permiten que cada uno de nosotros, mientras satisfacemos nuestros intereses individuales, trabajemos juntos produciendo y distribuyendo bienes y servicios en un modo que, si bien está lejos de ser perfecto, es en muchos casos mejor que las alternativas.

Los mercados generan un resultado extraordinario: cooperación involuntaria a nivel global. Las personas que produjeron el teléfono que tiene encima de la mesa no lo conocen ni les importa. Lo produjeron ellos en vez de hacerlo usted porque producen teléfonos mejor que usted, y el aparato ha acabado en sus manos porque les pagó por él, lo que les permitió, a su vez, comprar los bienes y servicios que ellos necesitan y que han producido unos individuos que ellos tampoco conocen.

Hay un ejemplo sencillo que ilustra cómo los mercados permiten la especialización cuando las personas tienen distintas habilidades para producir diferentes bienes. Es un ejemplo que nos muestra algo sorprendente: todos los productores pueden beneficiarse de la especialización y el intercambio de bienes, incluso cuando esto implique que un productor se especialice en un bien que otro podría confeccionar a un costo menor.

Imagine un mundo donde solo hay dos individuos (Greta y Carlos) que solamente necesitan dos bienes para vivir: manzanas y trigo. Difieren, eso sí, en sus niveles de productividad a la hora de producir manzanas y trigo. Si Greta dedicara todo su tiempo disponible, digamos 2000 horas al año, a la producción de manzanas, produciría 1250. En cambio, si se dedicara al trigo, produciría 50 T al año. Supongamos que Carlos tiene una tierra menos fértil que la de Greta para la producción de cualquier tipo de cultivo: si dedica todas sus horas disponibles (supongamos que son las mismas que Greta) al cultivo de manzanas, produciría 1000 al año, y si se dedicara solamente al trigo, produciría 20 T. Puede consultarse un resumen en la figura 1.9a.

Aunque la tierra de Carlos sea peor para la producción de cualquiera de los dos cultivos, su desventaja es menor, cuando se le compara con Greta, en el caso de las manzanas. Greta puede producir 2 veces y media más trigo que Carlos, pero solamente un 25% más de manzanas.

Los economistas distinguen quién es mejor produciendo conforme a dos criterios: la ventaja absoluta y la ventaja comparativa.

ventaja absoluta Una persona o país la tiene en la producción de un bien si los insumos que usa para producirlo son menores a los de otra persona o país. *Véase también: ventaja comparativa.*

ventaja comparativa Una persona o país la tiene en la producción de un bien en concreto si el costo de producir una unidad adicional de ese bien, comparado con el costo de producir otro bien, es menor que para otra persona o país. *Véase también: ventaja absoluta.*

Greta tiene una **ventaja absoluta** en ambos cultivos. Carlos tiene una desventaja absoluta. Ella puede producir más que él de cualquiera de los dos cultivos.

Greta tiene una ventaja comparativa en la producción de trigo; Carlos tiene una **ventaja comparativa** en la producción de manzanas. Aunque ella es mejor, Carlos tiene menos desventaja en la producción de manzanas. Greta tiene una ventaja comparativa a la hora de producir trigo.

En un primer momento, vamos a suponer que Carlos y Greta no pueden comerciar entre sí. Esto implica que, para sobrevivir, ambos deben ser autosuficientes, o sea, consumir exactamente lo que producen, de modo que los dos producirán ambos bienes para sobrevivir. A este régimen de producción se le suele llamar autarquía.

Greta escoge usar el 40% de su tiempo en la producción de manzanas y dedicar el resto al trigo. La primera columna de la figura 1.9b muestra que ella produce y consume 500 manzanas y 30 T de trigo. También se muestra el consumo de Carlos, que dedica el 30% de su tiempo a producir manzanas y el otro 70% al trigo.

Ahora supongamos que existen mercados donde pueden venderse y comprarse manzanas y trigo, y que en ellos se pueden comprar 40 manzanas por el precio de 1 T de trigo. Si Greta se especializa y solamente produce trigo, producirá 50 T de trigo y ninguna manzana, y mientras tanto Carlos se puede especializar en manzanas y producir 1000: la producción total de ambos cultivos será mayor que lo era cuando había autarquía (columna dos de la gráfica). Luego ellos pueden acudir al mercado, vender una parte de lo que produjeron y comprar la cantidad que necesiten del otro bien.

Por ejemplo, si Greta vende 15 T de trigo (columna tres) para comprar 600 manzanas, podrá consumir más manzanas y más trigo que antes (columna cuatro). La tabla muestra que comprar las 15 T de trigo producidas por Greta a cambio de 600 manzanas, también le permite a Carlos consumir más de los dos productos de lo que le resultaba posible cuando no había especialización e intercambio.

Al crear este ejemplo asumimos precios de mercado tales que 1 T de trigo podía intercambiarse por 40 manzanas. Más adelante volveremos al tema del funcionamiento de los mercados, en los capítulos 7 y 12 de este libro, pero el ejercicio 1.10 muestra que este supuesto no es crítico. Hay otros precios a los que el intercambio puede resultar beneficioso para Carlos y Greta.

	Producción si el 100% del tiempo se dedica a producir un bien
Greta	1250 manzanas o 50 toneladas de trigo
Carlos	1000 manzanas o 20 toneladas de trigo

Figura 1.9a Ventaja absoluta y ventaja comparativa en la producción de manzanas y trigo.

La oportunidad de comerciar –es decir, la existencia de un mercado de manzanas y otro de trigo– ha beneficiado tanto a Greta como a Carlos, y esto fue posible porque la especialización en la producción de un solo bien aumentó el producto total disponible de cada uno de ellos, de 800 manzanas a 1000 y de 44 T de trigo a 50 T. El elemento sorprendente que mencionamos más arriba es que Greta terminó comprándole 600 manzanas a Carlos, a pesar de que ella podría haber producido esas manzanas a menor costo (valorado en unidades de tiempo). Esta especialización era una mejor forma de usar su tiempo porque, si bien Greta tenía una ventaja absoluta en la producción de ambos bienes, Carlos tenía una ventaja comparativa en la producción de manzanas.

Los mercados contribuyen al aumento en la productividad del trabajo –y pueden, por tanto, ayudar a explicar el palo de *hockey* histórico– al permitir que las personas se especialicen en aquellos productos en los que tienen ventaja comparativa, ¡Es decir, aquello que –en términos relativos– se les da menos mal!

EJERCICIO 1.10 MANZANAS Y TRIGO

Suponga que los precios de estos dos mercados son tales que se pueden comprar 35 manzanas con 1 tonelada de trigo.

1. Si Greta vendiera 16 T de trigo, ¿todavía sería cierto que ella y Carlos están mejor que en una situación de autarquía?
2. ¿Qué pasaría si solo se pudieran comprar 20 manzanas por el precio de 1 T de trigo?

		Autosuficiencia	Especialización completa e intercambio		
			Producción	Comercio	Consumo
		1	2	3	4
Greta	Manzanas	500	0		600
	Trigo	30	50 =	15 +	35
Carlos	Manzanas	300	1000 =	600 +	400
	Trigo	14	0		15
Total	Manzanas	800	1000	600	1000
	Trigo	44	50	15	50

Figura 1.9b Comparar autosuficiencia y especialización. En un sistema de autosuficiencia, ambos consumen exactamente lo que producen. Si hay especialización completa, Greta produce solo trigo y Carlos produce solo manzanas, y los dos comercian con el excedente de su producción más allá de lo que consumen.

●●●

1.9 CAPITALISMO, CAUSALIDAD Y EL PALO DE *HOCKEY* DE LA HISTORIA

Hemos visto que las instituciones asociadas con el capitalismo tienen el potencial de mejorar los niveles de vida al proporcionar oportunidades para una mayor especialización y la introducción de nuevas tecnologías. Hemos visto también que el inicio de la revolución tecnológica permanente coincide con la emergencia del capitalismo. ¿Podemos entonces concluir que el capitalismo fue el causante del quiebre ascendente del palo de *hockey*?

Deberíamos ser escépticos cuando alguien nos asegure que algo complejo (como el capitalismo) «causa» otra cosa (mayores niveles de vida, mejoras tecnológicas, un mundo conectado o desafíos ambientales).

En las ciencias, respaldamos la afirmación de que X causa Y comprendiendo la relación entre causa (X) y efecto (Y), y además realizamos experimentos para recabar pruebas que evidencien esa relación, midiendo X y Y.

Nuestra intención es realizar afirmaciones **causales** en el ámbito de la Economía, para así entender por qué ocurren algunos fenómenos, o bien para diseñar formas de cambiar las cosas para que la economía funcione mejor. Esto implica realizar una afirmación causal de que la política X probablemente cause un cambio Y. Por ejemplo, un economista podría decir: «Si el banco central baja la tasa de interés, habrá más personas que compren viviendas y automóviles».

Ahora bien, una economía está compuesta por las interacciones de millones de personas. No podemos medir y entenderlas todas y, más aún, no siempre es posible recabar evidencia por la vía de la realización de experimentos (aunque en el capítulo 4 mostraremos ejemplos de experimentos en un área de la economía). Entonces, ¿cómo hacen ciencia los economistas? El ejemplo siguiente muestra cómo las cosas que observamos en el mundo nos pueden ayudar a investigar causas y efectos.

> **causalidad** Dirección entre causa y efecto que establece que un cambio en una variable produce un cambio en otra. Una correlación en cambio es simplemente la constatación de que dos cosas se han movido de forma conjunta. La causalidad implica un mecanismo que dé cuenta de la asociación y, por ende, es un concepto más restrictivo. *Ver también: experimento natural, correlación.*

CÓMO APRENDEN LOS ECONOMISTAS DE LOS HECHOS

¿Son importantes las instituciones para el crecimiento de los ingresos?

Podemos observar que el capitalismo surgió al mismo tiempo que, o justo antes de, la Revolución Industrial y el giro hacia arriba que experimentaron nuestros palos de *hockey*. A su vez, todo esto parece ser consistente con la hipótesis de que las instituciones capitalistas se encontraban entre las causas de la era de crecimiento continuo en la productividad. No obstante, el surgimiento de un entorno cultural librepensador conocido como la Ilustración también precedió o coincidió con el giro ascendente en los palos de *hockey*. Entonces, ¿fueron las instituciones, la cultura, ambas, o algún otro conjunto de causas las que provocaron esta era de crecimiento continuo en la productividad? Como verá en el capítulo 2 (cuando nos preguntemos: «¿Cuáles fueron las causas de la Revolución Industrial?»), los economistas e historiadores discrepan sobre este punto.

Los investigadores de distintas disciplinas tratan de reducir el rango de cuestiones en las que no están de acuerdo utilizando datos. Para preguntas económicas complicadas como «¿Son las instituciones relevantes para el funcionamiento de la economía?», los datos pueden proporcionar suficiente información como para llegar a una conclusión.

Uno de los métodos con el que se puede responder a este tipo de pregunta se conoce como **experimento natural**. Se trata de una situación en la que existen diferencias en alguna cuestión de interés –un cambio en las instituciones, por ejemplo– que no están asociadas con diferencias en otras causas posibles.

La división de Alemania al final de la Segunda Guerra Mundial en dos sistemas económicos separados –uno de planificación central en la parte oriental y otro capitalista en la occidental– supone un experimento natural. Lo que el primer ministro británico Winston Churchill llamó el "Telón de acero" o "Cortina de hierro", dividió y separó a dos poblaciones que compartían idioma, cultura e historia reciente como economías capitalistas.

En 1936, antes de la Segunda Guerra Mundial, el nivel de vida en las que posteriormente se convertirían en Alemania Oriental y Alemania Occidental era el mismo, lo que las convierte en un escenario propicio para utilizar el método del experimento natural. Antes de la guerra, las empresas de Sajonia y Turingia eran líderes mundiales en la producción de automóviles y aeronaves, productos químicos, equipamiento óptico e ingeniería de precisión.

Con la introducción de la planificación central en Alemania Oriental, la propiedad privada, los mercados y las empresas prácticamente desaparecieron. Las decisiones sobre qué producir, cuánto y en qué plantas, oficinas, minas y granjas ya no las tomaban los individuos a nivel privado, sino los funcionarios del gobierno. Los funcionarios estatales que administraban estas organizaciones económicas no necesitaban seguir el principio del capitalismo y producir bienes y servicios que los consumidores estuvieran dispuestos a comprar a un precio que cubriera sus costos.

Alemania Occidental continuó siendo una economía capitalista.

El Partido Comunista de Alemania Oriental proyectaba en 1958 que el bienestar material del país excedería el nivel del de Alemania Occidental para 1961. El fracaso de esta predicción fue una de las razones por las que en 1961 se construyó el Muro de Berlín, que separaba oriente y occidente. Para cuando cayó el Muro de Berlín en 1989 y se abandonó la planificación central en Alemania Oriental, su PIB per cápita era menos de la mitad del de la Alemania Occidental capitalista. La figura 1.10 muestra los diferentes caminos tomados por estas y otras dos economías desde 1950. El gráfico utiliza una escala semilogarítmica.

experimento natural Estudio empírico que explota la ocurrencia natural de controles estadísticos en que los investigadores no tienen la capacidad de asignar participantes a grupos de tratamiento y control, como ocurre en los experimentos convencionales. En cambio, las diferencias en las leyes, la política, el clima u otros eventos pueden ofrecer la oportunidad de analizar determinadas poblaciones como si hubieran sido parte de un experimento. La validez de esos estudios depende de la premisa de que se pueda considerar plausible que la asignación de los sujetos a los grupos de control y tratamiento que se han formado naturalmente haya sido aleatoria.

Más detalles relativos al discurso 'Telón de acero' de Winston Churchill.

Debido a que no es posible cambiar el pasado y a lo poco factible que resulta realizar experimentos en poblaciones enteras, los experimentos naturales nos resultan útiles. El biólogo Jared Diamond y el politólogo James Robinson lo explican en una entrevista para Harvard Magazine.

Vea datos recientes en OWiD
https://tinyco.re/6997062

Conference Board, The. 2015. Total Economy Database. Angus Maddison. 2001. 'The World Economy: A Millennial Perspective' [La economía mundial: una perspectiva milenaria]. Development Centre Studies. Paris: OECD.

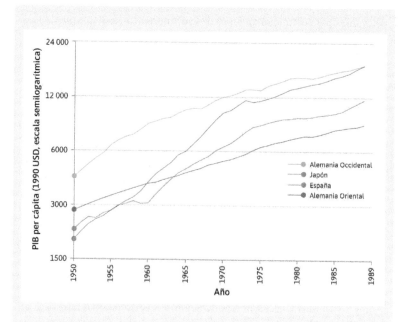

Figura 1.10 Las dos Alemanias: Planificación central y capitalismo (1950–1989).

Hartmut Berghoff y Uta Balbier. 2013. 'From Centrally Planned Economy to Capitalist Avant-Garde? The Creation, Collapse, and Transformation of a Socialist Economy.' En *The East German Economy, 1945–2010 Falling behind or Catching Up?*, publicado por German Historical Institute, editado por Hartmut Berghoff y Uta Andrea Balbier. Cambridge: Cambridge University Press.

Es importante anotar, como se muestra en la figura 1.10, que el punto de partida de Alemania Oriental era menos ventajoso que el de Alemania Occidental en 1950. Sin embargo, en 1936, antes de que empezara la guerra, ambas partes de Alemania tenían virtualmente el mismo nivel de vida. Ambas regiones habían culminado con éxito su proceso de industrialización. La debilidad relativa de Alemania Oriental en 1950 no se debe principalmente a diferencias en el nivel de equipamiento de capital ni guarda relación alguna con las habilidades disponibles per cápita, sino que es atribuible al hecho de que la estructura industrial de Alemania Oriental se viera más afectada que la de Alemania Occidental por la división del país tras la guerra.

A diferencia de otras economías capitalistas que tenían unos ingresos per cápita incluso más bajos en 1950, Alemania Oriental no alcanzó a los líderes mundiales, entre los que se encontraba Alemania Occidental. En 1989, la economía japonesa (que también sufrió pérdidas con la guerra), con su propia combinación particular de propiedad privada, mercados y empresas junto con un fuerte papel coordinador del gobierno, ya había alcanzado a Alemania Occidental, y España había cerrado parte de la brecha.

Con base en el experimento natural alemán, no podemos concluir que el capitalismo siempre promueva el crecimiento rápido y que la planificación central sea una receta segura para el estancamiento. Más bien, lo que podemos inferir es más limitado: durante la segunda mitad del siglo xx, la divergencia en las instituciones económicas tuvo un impacto significativo en los medios de vida del pueblo alemán.

1.10 VARIEDADES DE CAPITALISMO: LAS INSTITUCIONES, EL GOBIERNO Y LA ECONOMÍA

No todos los países capitalistas han cumplido con la historia de éxito que ilustra la figura 1.1a (página 2) primero en Reino Unido, posteriormente en Japón y los otros países que los alcanzaron. La figura 1.11 muestra las trayectorias del PIB per cápita de una selección de países de todo el mundo durante el siglo xx. En ella se nos muestra que, por ejemplo, en África, el éxito de Botsuana al alcanzar un crecimiento sostenido contrasta fuertemente con el fracaso relativo de Nigeria. Ambos son países ricos en recursos naturales (diamantes en Botsuana, petróleo en Nigeria), pero las diferencias en la calidad de sus instituciones –el grado de corrupción y la mala utilización de los fondos del gobierno, por ejemplo– ayudan a explicar sus trayectorias divergentes.

Corea del Sur muestra una evolución sobresaliente en la figura 1.11. En 1950, su PIB per cápita era el mismo que el de Nigeria; en 2013, el país era 10 veces más rico, según esa misma medida.

El despegue de Corea del Sur se produjo en un contexto caracterizado por instituciones y políticas públicas marcadamente diferentes de las que predominaban en el Reino Unido de los siglos xviii y xix. La diferencia más importante es que el gobierno de Corea del Sur (junto con unas cuantas grandes corporaciones) desempeñó un papel de liderazgo en la dirección del proceso de desarrollo, promoviendo explícitamente algunas industrias, requiriendo que las empresas compitieran en mercados extranjeros y proporcionando asimismo una educación de alta calidad para su fuerza laboral. El término **estado desarrollista** se ha utilizado para caracterizar el papel de liderazgo que asumió el gobierno de Corea del Sur en el despegue económico del país, y en la actualidad se refiere a cualquier gobierno que desempeñe ese papel en la economía. Japón y China son otros ejemplos de estados desarrollistas.

En la figura 1.11 podemos ver también que, en 1928, cuando se introdujo el primer plan económico quinquenal en la Unión Soviética, su PIB per cápita era un décimo del de Argentina, similar al de Brasil y considerablemente más alto que el de Corea del Sur. La planificación central en la Unión Soviética produjo un crecimiento sostenido, pero poco espectacular durante cerca de 50 años. El PIB per cápita de la Unión Soviética superó al de Brasil por un amplio margen e incluso sobrepasó al de Argentina durante un corto tiempo, justo antes de que el régimen del Partido Comunista terminara en 1990.

El contraste entre Alemania Occidental y Alemania Oriental demuestra que una de las razones por las que se abandonó la planificación central como sistema económico fue su fracaso en el último cuarto del siglo xx a la hora de lograr las mejoras en los niveles de vida que sí alcanzaron algunas economías capitalistas. Sin embargo, las variedades de capitalismo que han remplazado a la planificación central en los países que en otro tiempo conformaron la Unión Soviética tampoco han funcionado tan bien. Esto es evidente si consideramos la pronunciada caída en el PIB per cápita de la antigua Unión Soviética después de 1990, como se muestra en la figura 1.11.

¿Cuándo es dinámico el capitalismo?

El ritmo rezagado de evolución de algunas economías capitalistas que muestra la figura 1.11, en las que el crecimiento fue lento o dispar, muestra cómo la existencia de instituciones capitalistas no es suficiente, por sí sola,

estado desarrollista Gobierno que adopta un papel de liderazgo en la promoción del proceso de desarrollo económico a través de sus inversiones públicas, subvenciones a industrias concretas, educación y otras políticas públicas.

Banco Mundial. 1993. *El milagro de Asia Oriental: el crecimiento económico y las políticas oficiales.* Washington D.C.: Banco Mundial.

Algunos investigadores cuestionan la validez de estimaciones históricas del PIB fuera de Europa debido a que las economías de estos países eran radicalmente diferentes en cuanto a su estructura.

para crear una economía dinámica, o sea, una economía que genere un crecimiento sostenido del nivel de vida de su población. Hay dos conjuntos de condiciones que contribuyen al dinamismo del sistema económico capitalista. Unas son económicas, las otras son políticas y tienen que ver con el gobierno y la forma en que este funciona.

Condiciones económicas

Cuando el capitalismo es menos dinámico, es posible que:

- *La propiedad privada no esté garantizada*: hay un estado de derecho frágil, inseguridad contractual o probabilidades de expropiación, ya sea por parte de organizaciones criminales o de órganos del gobierno.
- *Los mercados no sean competitivos*: no logran ofrecer ni los palos ni las zanahorias necesarios para llenar de dinamismo a una economía capitalista.
- *Las empresas sean propiedad y estén dirigidas por gente que sobrevive gracias a sus conexiones con el gobierno o sus privilegios de cuna*: no se convirtieron en propietarios o en gerentes porque eran buenos para producir bienes y servicios de alta calidad a un precio competitivo. Las dos fallas anteriores harían más probable que se diera esta tercera.

Distintas combinaciones de fallas en las tres instituciones básicas del capitalismo pueden conducir a la posibilidad de que ciertos individuos o grupos puedan ganar más al ocupar su tiempo y recursos en ejercer presión a través del cabildeo (*lobbying*), en actividades delictivas y en otras acciones que les permitan cambiar la distribución de los ingresos a su favor, en vez de ocupar su tiempo y recursos en la creación de valor.

El capitalismo es el primer sistema económico en la historia de la humanidad en el que la pertenencia a la élite con frecuencia depende de los logros económicos. Como empresario, si falla, ya no es parte del club. Nadie lo echa porque no es necesario: simplemente se va a la quiebra. Un aspecto importante de la disciplina del mercado –producir productos buenos de

János Kornai. 2013. *Dynamism, Rivalry, and the Surplus Economy: Two Essays on the nature of Capitalism*. Oxford: Oxford University Press.

Dolores Augustine. 2013. 'Innovation and Ideology: Werner Hartmann and the Failure of the East German Electronics Industry.' En *The East German Economy, 1945–2010: Falling behind or Catching Up?*, publicado por German Historical Institute, editado por Hartmut Berghoff y Uta Andrea Balbier. Cambridge: Cambridge University Press.

Daron Acemoglu and James A. Robinson. 2012. *Por qué fracasan los países: los orígenes del poder, la prosperidad y la pobreza*. Ciudad de México: Crítica.

Vea datos recientes en OWiD
https://tinyco.re/2023925

Jutta Bolt y Jan Juiten van Zanden. 2013. 'The First Update of the Maddison Project Re-Estimating Growth Before 1820'. Maddison-Project Working Paper WP-4 (Enero).

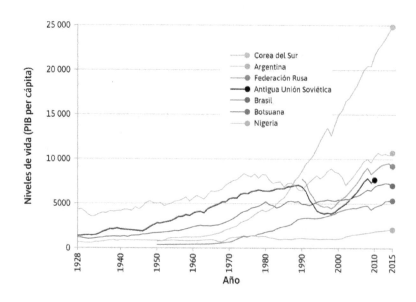

Figura 1.11 Divergencias en el PIB per cápita entre países que han llegado rezagados a la revolución capitalista (1928–2015).

manera rentable o fracasar– es que, donde funciona bien, es automática porque tener amigos poderosos no garantiza que vaya a poder sostener su negocio. La misma disciplina es aplicable a las empresas y a los individuos dentro de las empresas: los perdedores pierden. La competencia de mercado proporciona un mecanismo para depurar o eliminar a los que se desenvuelven peor.

Piense en lo diferente que es este sistema económico de otros. Un señor feudal que gestionaba mal su feudo era, simplemente, un señor feudal pobre. Pero, en cambio, el dueño de una empresa que no logra producir bienes que la gente quiera comprar a precios que cubran los costos y dejen un excedente, se va a la quiebra, y un empresario en la quiebra es un exempresario.

Obviamente, si en un primer momento disponían de mucha riqueza o contactos políticos, los empresarios y gerentes de las empresas capitalistas pueden sobrevivir e incluso esas empresas pueden sostenerse a pesar de sus fallos, algunas veces durante largos periodos o incluso generaciones. En ocasiones, los perdedores sobreviven. Pero no hay garantías: para estar a la cabeza en términos de competencia, hay que innovar constantemente.

Condiciones políticas

El gobierno también importa. Hemos visto que, en algunas economías –por ejemplo, Corea del Sur– los gobiernos han desempeñado un papel clave en la revolución capitalista. En casi todas las economías capitalistas modernas vemos que los gobiernos son una parte significativa de la economía, en algunos casos más de la mitad del PIB. Pero incluso donde el papel del gobierno es más limitado, como ocurría en el Reino Unido en los tiempos de su despegue, siguen siendo los gobiernos los que establecen, hacen valer y cambian leyes y regulaciones que influyen de modo decisivo en cómo funciona la economía. Tanto los mercados, como la propiedad privada y las empresas están regulados por leyes y políticas.

Para que los innovadores estén dispuestos a correr el riesgo de introducir un nuevo producto o proceso productivo, debe existir un sistema legal que funcione adecuadamente y proteja su propiedad sobre los beneficios resultantes de un potencial robo o una eventual expropiación. Para que los mercados funcionen, los gobiernos deben dirimir y resolver disputas sobre cuestiones de propiedad y hacer valer los derechos de propiedad.

Tal como advirtió Adam Smith que ocurriría, al crear o permitir **monopolios** como la Compañía de Indias Orientales, los gobiernos pueden estar «desafilando» los dientes de la competencia. Si una gran empresa logra establecer un monopolio por la vía de excluir a todos sus competidores del mercado, o un grupo de empresas se pone de acuerdo para mantener el precio alto, los incentivos para la innovación y la disciplina ante el posible fracaso se verán opacados. Esto sigue siendo cierto en las economías modernas cuando existen bancos u otro tipo de empresas que son consideradas **demasiado grandes para dejarlas quebrar** (se usa el anglicismo *too big to fail*) y, por ende, son rescatadas financieramente por los gobiernos cuando quizás debiesen haber quebrado.

Más allá de su labor de apoyo a las instituciones del sistema económico capitalista, el gobierno provee además bienes y servicios esenciales como la infraestructura física, la educación y la defensa nacional. En capítulos posteriores investigaremos por qué puede ser buena idea en el sentido económico que se pongan en práctica políticas gubernamentales en áreas como el mantenimiento de la competencia, los impuestos y las subvenciones medioambientales, que a su vez tienen un efecto sobre la

monopolio Empresa que es la única proveedora de un producto que no tiene sustitutos cercanos. También se refiere a un mercado con un solo vendedor. *Ver también: poder monopolístico, monopolio natural.*

demasiado grandes para dejarlos quebrar (*too big to fail*) Característica de los bancos de gran tamaño, cuya importancia fundamental en la economía les asegura que serán rescatados por el gobierno si llegan a tener dificultades financieras. El banco, por tanto, no asume todas las consecuencias de sus actividades y probablemente terminará corriendo mayores riesgos. Ver también: riesgo moral.

distribución de los ingresos, la creación de riqueza y los niveles de empleo e inflación.

En resumen, el capitalismo puede ser un sistema económico dinámico cuando combina:

- *Incentivos privados para fomentar innovaciones que reduzcan costos*: estos se derivan de la competencia en los mercados y la protección de la propiedad privada.
- *Empresas dirigidas por aquellos con capacidad demostrada para producir bienes a bajo costo.*
- *Políticas públicas que apoyan estas condiciones*: también políticas públicas que ofrezcan bienes y servicios esenciales que no serían suministrados por la empresa privada.
- *Una sociedad, un entorno biofísico y una base de recursos estables*: tal como se ilustra en las figuras 1.5 y 1.12.

revolución capitalista Mejoras aceleradas en la tecnología combinadas con el surgimiento de un nuevo sistema económico.

Estas son las condiciones que en conjunto constituyen lo que hemos denominado la **revolución capitalista** que, primero en el Reino Unido y luego en otras economías, transformó la forma en que las personas interactúan entre sí y con la naturaleza a la hora de ganarse la vida.

Sistemas políticos

sistema político Un sistema político determina cómo son escogidos los gobiernos y cómo estos toman decisiones que afectan a la población y las aplican a través de políticas públicas.

democracia Sistema político que, en términos ideales, otorga a todos los ciudadanos el mismo poder político. Este poder viene definido por un conjunto de derechos indi-viduales como la libertad de expresión, la libertad de reunión y la libertad de prensa. Además, para que haya democracia, se requiere la existencia de un sistema de elecciones justo en el que prácticamente todos los adultos puedan votar, y en el que el gobierno abandone el poder si pierde.

Una de las razones de porqué el capitalismo adopta tantas formas diferentes es que, a lo largo de la historia y también hoy, las economías capitalistas han coexistido con muchos sistemas políticos. Un **sistema político**, como la **democracia** o la dictadura, determina cómo se escogen los gobiernos y cómo esos gobiernos tomarán decisiones y aplicarán las políticas resultantes, que a su vez afectarán a la población del país.

El capitalismo surgió en el Reino Unido, los Países Bajos y la mayoría de los países que hoy poseen ingresos altos, mucho antes que la democracia. Hasta el siglo XIX, no había ningún país en el que la mayoría de los adultos tuvieran derecho al voto (Nueva Zelanda fue el primero). Incluso en el pasado reciente, el capitalismo ha convivido con regímenes no democráticos, como en Chile de 1973 a 1990, en Brasil desde 1964 hasta 1985 y en Japón hasta 1945. La China contemporánea tiene una variante del sistema económico capitalista, pero su sistema de gobierno no es una democracia según nuestra definición. En la mayoría de los países actuales, sin embargo, capitalismo y democracia van de la mano, y cada uno de esos dos sistemas influye en el funcionamiento del otro.

Tal como ocurre con el capitalismo, la democracia puede adoptar muchas variantes. En algunas, el jefe de Estado es elegido de manera directa por los votantes. En otras, es un órgano electo, por ejemplo, un parlamento, el que elige al jefe de Estado. En algunas democracias existen límites estrictos sobre las maneras en que los individuos pueden influir sobre las elecciones o en políticas públicas con sus contribuciones financieras. En otras, el dinero privado ejerce una gran influencia a través de las contribuciones a las campañas electorales, el cabildeo o incluso las contribuciones ilícitas, como pueden ser los sobornos.

Estas diferencias, incluso entre democracias, son parte de la explicación de porqué la preponderancia del gobierno en la economía capitalista difiere tanto de unas naciones a otras. En Japón y Corea del Sur, por ejemplo, los gobiernos desempeñan un papel importante a la hora de establecer la dirección que seguirán sus economías. Pero, por otro lado, el total de impuestos recaudados por esos gobiernos (tanto a nivel nacional como local) es relativamente bajo si se compara con países del norte de Europa donde supone casi la mitad del PIB. En el capítulo 19 veremos que, en Suecia y Dinamarca, la desigualdad en términos de ingresos disponibles (una de las medidas de desigualdad más comunes) se reduce aproximadamente a la mitad tras tomar en cuenta el pago de impuestos y cobro de subsidios. En Japón y Corea del Sur, los impuestos y transferencias del gobierno también reducen la desigualdad en los ingresos disponibles, pero en un grado mucho menor.

PREGUNTA 1.7 ESCOJA LA(S) RESPUESTA(S) CORRECTA(S)
Analice nuevamente la figura 1.10 (página 38) que muestra el PIB per cápita de Alemania Occidental y Oriental, Japón y España entre los años 1950 y 1990. ¿Cuál de las siguientes afirmaciones es correcta?

☐ La principal razón por la que la evolución de Alemania Oriental fue peor es haber iniciado su proceso de crecimiento desde un nivel más bajo en 1950.
☐ El hecho de que Japón y Alemania Occidental tuvieran el mayor PIB per cápita en 1990 implica que encontraron el sistema económico óptimo.
☐ España fue capaz de crecer a una tasa mayor que Alemania entre 1950 y 1990.
☐ La diferencia en la evolución de Alemania Oriental y Alemania Occidental demuestra que el capitalismo siempre promueve un rápido crecimiento económico, mientras que la planificación central es receta segura para el estancamiento.

PREGUNTA 1.8 ESCOJA LA(S) RESPUESTA(S) CORRECTA(S)
Analice nuevamente la figura 1.11 (página 40). ¿Cuál de las siguientes conclusiones sugiere el gráfico?

☐ Hasta 1990, el gobierno del Partido Comunista en la Unión Soviética fue un fracaso completo.
☐ La comparación de los resultados obtenidos por Botsuana y Nigeria muestra que la existencia de abundantes recursos naturales no es condición suficiente para garantizar un mayor crecimiento económico, sino que además se requieren instituciones (gobiernos, mercados y empresas) de calidad.
☐ La impresionante evolución de la economía de Corea del Sur indica que los demás países deberían copiar su sistema económico.
☐ La evidencia disponible sobre el desarrollo económico de la Federación Rusa y la antigua Unión Soviética después de 1990 muestra que el remplazo de un sistema de planificación central por el capitalismo generó crecimiento económico inmediato.

1.11 LAS CIENCIAS ECONÓMICAS Y LA ECONOMÍA

Las **ciencias económicas** o la Economía con mayúscula consisten en el estudio de la forma en que las personas interactúan entre sí y con el entorno para ganarse la vida, y cómo esto va cambiando a lo largo del tiempo. Por tanto se trata de:

ciencias económicas Estudio de cómo interactúan las personas entre sí y con su entorno para ganarse la vida y cómo esto va cambiando a lo largo del tiempo.

- *Cómo llegamos a adquirir las cosas que forman nuestros medios de subsistencia:* tales como comida, vestimenta, abrigo, tiempo libre.
- *Cómo interactuamos con los demás:* ya sea como compradores y vendedores, empleados o empleadores, ciudadanos y servidores públicos, padres, hijos y otros miembros de una familia.
- *Cómo interactuamos con nuestro entorno:* desde respirar hasta extraer materias primas de la tierra.
- *Cómo todo lo anterior cambia a lo largo del tiempo.*

En la figura 1.5 (página 22) mostramos que la economía es parte de la sociedad, que a su vez es parte de la biosfera. La figura 1.12 muestra la posición de las empresas y las familias en la economía y los flujos que se producen dentro de la economía y entre la economía y la biosfera. Las empresas combinan trabajo con estructuras y equipamiento para producir bienes y servicios que a su vez usan los hogares y otras empresas.

La producción de bienes y servicios también ocurre en los hogares, aunque, a diferencia de las empresas, los hogares no suelen vender sus productos en el mercado.

Además de producir bienes y servicios, los hogares también producen personas: la siguiente generación de la fuerza laboral. El trabajo de padres, cuidadores y otros se combina con estructuras (por ejemplo, su casa) y equipamiento (por ejemplo, el horno de su casa) para reproducirse y criar a la futura fuerza laboral que irá a las empresas a trabajar, y a las personas que trabajarán y se reproducirán en los hogares del futuro.

Todo esto ocurre como parte de un sistema biológico y físico en el que tanto empresas como hogares utilizan nuestros medios y recursos naturales, desde la energía de combustibles fósiles hasta el aire que respiramos. En el transcurso de este proceso, los hogares y las empresas transforman la naturaleza utilizando sus recursos, pero también aportando insumos a la naturaleza. En la actualidad, uno de esos insumos considerado como de los más importantes son los gases de efecto invernadero, que inciden en los problemas causados por el cambio climático que hemos visto en la sección 1.5.

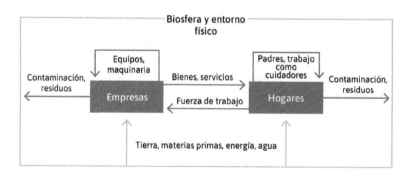

Figura 1.12 Un modelo de la economía: hogares y empresas.

EJERCICIO 11.1 ¿DÓNDE Y CUÁNDO HABRÍA ESCOGIDO NACER?
Imagine que pudiera escoger cuándo y dónde nacer de entre todas las alternativas que aparecen en las figuras 1.1a, 1.10 o 1.11, pero que sabe que siempre pertenecerá al 10% más pobre de la población.

1. ¿En qué país escogería nacer?
2. Ahora, en vez de lo anterior, suponga que sabe que inicialmente estaría entre el 10% más pobre de la población, pero que tiene una probabilidad del 50% de ascender al 10% más rico de la población si trabaja mucho. ¿En qué país escogería nacer ahora?
3. Ahora suponga que solo puede decidir el país y el momento de su nacimiento. No sabe si nacerá en la ciudad o el campo, tampoco si será hombre o mujer, rico o pobre. ¿Cuándo y dónde escogería nacer?
4. Para el escenario (3) ¿cuándo y dónde menos desearía nacer?

Use lo que ha aprendido en este capítulo para explicar sus decisiones.

1.12 CONCLUSIONES

Durante la mayor parte de la historia de la humanidad, los niveles de vida fueron similares en todo el mundo y cambiaban poco a medida que pasaban los siglos. Desde 1700 en adelante, en cambio, han subido rápidamente en algunos países. Este ascenso coincide con un desarrollo tecnológico muy rápido y con la aparición de un nuevo sistema económico llamado capitalismo, en el que la propiedad privada, los mercados y las empresas desempeñan un papel preponderante. El sistema económico capitalista proporcionó incentivos y oportunidades para la innovación tecnológica, y ganancias resultantes de la especialización.

Los países difieren en lo que se refiere a la eficacia de sus instituciones y las políticas de gobierno: no todas las economías capitalistas han experimentado un crecimiento sostenido. Hoy en día, existen enormes desigualdades en los ingresos de distintos países y entre los más ricos y los más pobres dentro de cada país. Asimismo, el incremento de la productividad ha venido acompañado del agotamiento de los recursos naturales y un perjuicio para el medioambiente, incluyendo el fenómeno del cambio climático.

Conceptos del capítulo 1
Antes de seguir, revise estas definiciones:

- Economía
- Revolución industrial
- Tecnología
- Sistema económico
- Capitalismo
- Instituciones
- Propiedad privada
- Mercados
- Empresas
- Revolución capitalista
- Democracia

1.13 REFERENCIAS BIBLIOGRÁFICAS

Acemoglu, Daron, y James A. Robinson. 2012. *Por qué fracasan los países: los orígenes del poder, la prosperidad y la pobreza*, Ciudad de México: Crítica, 2013.

Augustine, Dolores. 2013. 'Innovation and Ideology: Werner Hartmann and the Failure of the East German Electronics Industry.' En *The East German Economy, 1945–2010: Falling behind or Catching Up?*, publicado por German Historical Institute, editado por Hartmut Berghoff y Uta Andrea Balbier. Cambridge: Cambridge University Press.

Banco Mundial. 1993. *El milagro de Asia Oriental: el crecimiento económico y las políticas oficiales*. Washington D.C.: Banco Mundial.

Berghoff, Hartmut y Uta Andrea Balbier. 2013. 'From Centrally Planned Economy to Capitalist Avant-Garde? The Creation, Collapse, and Transformation of a Socialist Economy.' En *The East German Economy, 1945–2010 Falling behind or Catching Up?*, publicado por German Historical Institute, editado por Hartmut Berghoff y Uta Andrea Balbier. Cambridge: Cambridge University Press.

Coyle, Diane. 2014. *GDP: A Brief but Affectionate History*. Princeton, NJ: Princeton University Press.

Diamond, Jared y James Robinson. 2014. *Natural Experiments of History*. Cambridge, MA: Belknap Press of Harvard University Press.

Eurostat. 2015. 'Quality of Life Indicators - Measuring Quality of Life.' (https://tinyco.re/8771109). Actualizado 5 de noviembre del 2015.

Kornai, János. 2013. *Dynamism, Rivalry, and the Surplus Economy: Two Essays on the Nature of Capitalism*. Oxford: Oxford University Press.

Landes, David S. 2003. *The Unbound Prometheus: Technological Change and Industrial Development in Western Europe from 1750 to the Present*. Cambridge: Cambridge University Press.

Robison, Jennifer. 2011. 'Happiness Is Love - and $75,000' (https://tinyco.re/6313076). Gallup Business Journal. Actualizado 17 de noviembre de 2011.

Seabright, Paul. 2010. *The Company of Strangers: A Natural History of Economic Life* (Edición revisada). Princeton, NJ: Princeton University Press.

Smith, Adam. 1961. *Indagación sobre la naturaleza y las causas de la riqueza de las naciones*. Madrid: Aguilar.

Smith, Adam. 2013. *La teoría de los sentimientos morales* (https://tinyco.re/6582039). Versión española y estudio preliminar de Carlos Rodríguez Braun. Madrid: Alianza Editorial.

Sutcliffe, Robert B. 2001. *100 Ways of Seeing an Unequal World*. London: Zed Books.

CAPÍTULO 2

TECNOLOGÍA, POBLACIÓN Y CRECIMIENTO

CÓMO OCURREN LAS MEJORAS TECNOLÓGICAS Y CÓMO ESTAS SOSTIENEN EL CRECIMIENTO DE LOS NIVELES DE VIDA

- Los modelos económicos nos ayudan a explicar la Revolución Industrial y por qué comenzó en Reino Unido.
- Los salarios, el costo de la maquinaria y otros precios, todos importan cuando la gente toma decisiones económicas.
- En una economía capitalista, la innovación crea recompensas temporales para quien innova, y esto incentiva a encontrar mejoras tecnológicas que reduzcan costos.
- La competencia acaba eliminando estas recompensas a medida que la innovación se difunde a través de la economía.
- El tamaño de la población, la productividad del trabajo y los niveles de vida pueden interactuar entre sí para producir un círculo vicioso de estancamiento económico.
- La revolución tecnológica permanente asociada con el capitalismo ha permitido a algunos países lograr una transición hacia un crecimiento sostenido en los niveles de vida.

En 1845 apareció por primera vez en Irlanda una misteriosa enfermedad que hacía que las patatas se pudrieran en la tierra. Cuando se descubría que la planta estaba infectada, ya era demasiado tarde para salvarla. La plaga de la patata, como se conoció, acabó con los suministros de comida en Irlanda durante el resto de la década. Y se propagó la hambruna (https://tinyco.re/3164384). Para cuando por fin terminó la hambruna irlandesa, habían fallecido cerca de un millón de personas de una población total inicial de 8,5 millones, es decir, una fracción equivalente a la mortalidad sufrida por la población alemana en la Segunda Guerra Mundial.

La hambruna irlandesa desencadenó una oleada de ayuda internacional. Los donativos llegaban de fuentes tan dispares como antiguos esclavos en el Caribe, convictos de la prisión de Sing Sing, en Nueva York, bengalíes ricos y pobres, y nativos americanos Choctaw (https://tinyco.re/0083498); y también de personalidades como el sultán otomano Abdulmecid y el papa Pío IX. Tal como ocurre en nuestros días, la gente común y corriente se solidarizó con quienes estaban sufriendo y actuó en consecuencia.

No obstante, muchos economistas adoptaron un enfoque más duro. Uno de los más conocidos fue Nassau Senior, quien se opuso consistentemente a la ayuda contra la hambruna por parte del gobierno británico, y un horrorizado colega de la Universidad de Oxford lo acusó de haber dicho que «temía que la hambruna de 1848 en Irlanda no mataría a más de un millón de personas, cantidad insuficiente para producir efectos beneficiosos».

Los puntos de vista de Senior son repulsivos a nivel moral, pero no reflejaban un deseo genocida de ver morir a los irlandeses. Más bien fueron consecuencia de una de las doctrinas económicas más influyentes de principios del siglo XIX, el maltusianismo. Esta teoría fue desarrollada por Thomas Robert Malthus, clérigo inglés, en su *Ensayo sobre el principio de la población*, publicado en 1798.

Malthus sostenía que un crecimiento sostenido de los ingresos per cápita sería imposible.

Su lógica era que, si se daban mejoras tecnológicas que incrementaran la productividad del trabajo, tan pronto como las personas percibieran un aumento en sus ingresos, tendrían mayor número de hijos. Entonces, el crecimiento de la población continuaría hasta que los niveles de vida cayesen lo suficiente como para detener el incremento de la población. El círculo vicioso de la pobreza de Malthus fue ampliamente aceptado como inevitable.

Existe evidencia de que los administradores coloniales de la época victoriana en Inglaterra pensaban que las hambrunas eran la respuesta de la naturaleza a la sobrepoblación. Mike Davis argumenta que ese tipo de actitudes causaron una extinción masiva sin precedentes que hubiera sido completamente evitable y que él denomina «genocidio cultural».

Esta teoría daba una explicación del mundo en el que Malthus vivió, donde los ingresos podían fluctuar de un año a otro o incluso de un siglo a otro, pero no presentaban una tendencia al alza. Este había sido el caso en muchos países durante al menos 700 años antes de que Malthus publicara su ensayo, tal como vimos en la figura 1.1a (página 2).

A diferencia de Adam Smith, cuyo libro *La riqueza de las naciones* había aparecido solo 22 años antes, el libro de Malthus no ofrecía una visión optimista del progreso económico, al menos en lo que concernía a trabajadores y agricultores. Incluso si la gente tenía éxito a la hora de mejorar la tecnología actual, a largo plazo, la inmensa mayoría de la población solo ganaría con sus trabajos o granjas lo suficiente como para sobrevivir y no más.

Sin embargo, en el transcurso de la vida de Malthus se produjeron importantes acontecimientos a su alrededor, cambios que pronto permitirían a Reino Unido escapar del círculo vicioso de crecimiento de la población y estancamiento de los ingresos que él había descrito. La transformación que permitió a Reino Unido evitar la trampa maltusiana, y que surtiría más adelante el mismo efecto en otros muchos países en los cien años que siguieron, es conocida como la **Revolución Industrial**: un

Thomas R. Malthus. 1798. *Un ensayo sobre el crecimiento de la población*. Madrid: Akal, D.L. 1990.

Mike Davis. 2000. *Los holocaustos de la era victoriana tardía: el Niño, las hambrunas y la formación del tercer mundo*. Valencia: Publicación de la Universitat de València, 2006.

Revolución Industrial Ola de avances tecnológicos y cambios organizacionales que comenzó en Gran Bretaña en el siglo XVII y transformó su economía basada en la agricultura y la artesanía, a una economía industrial y comercial.

florecimiento extraordinario de inventos radicales que permitieron obtener la misma cantidad de producto con menos trabajo.

En la industria textil, las invenciones más famosas estuvieron vinculadas con el hilado (tradicionalmente realizado por mujeres), y la tejeduría (actividad tradicionalmente realizada por hombres). En 1733, John Kay inventó la lanzadera volante, que incrementó enormemente la cantidad de tejido que se podía producir por hora. Esta invención aumentó la demanda del hilo que se usaba para tejer hasta tal punto que se volvió difícil para las hilanderas producir cantidades suficientes con la tecnología de la rueca que había disponible en aquella época. La máquina hiladora (https://tinyco.re/5440669) Jenny, inventada por James Hargreaves en 1764, fue una respuesta a este problema.

Las mejoras tecnológicas en otras áreas fueron igualmente impactantes. La máquina de vapor de James Watt, inventada en la misma época en que Adam Smith publicaba *La riqueza de las naciones*, es otro ejemplo típico. Estas máquinas fueron mejorándose gradualmente con el tiempo, hasta que acabaron por utilizarse en todos los ámbitos de la economía: no solo en la minería, donde la primera máquina de vapor proporcionaba energía para accionar bombas de agua, sino también en la industria textil, las manufacturas industriales de todo tipo, el ferrocarril y el barco de vapor. Todos estos son ejemplos de lo que se conoce como **innovación o tecnología de uso general**. En décadas recientes, su equivalente más obvio es la computadora.

El carbón jugó un papel central en este proceso y Reino Unido disponía de una gran cantidad de este recurso. Antes de la Revolución Industrial, la mayor parte de la energía utilizada en la economía la producían, en última instancia, plantas comestibles que convertían la luz solar en alimento para animales y personas; o árboles cuya madera podía quemarse o transformarse en carbón vegetal. Al cambiar al carbón mineral, los seres humanos fueron capaces de explotar una gran reserva de este recurso que, a fin de cuentas, no es sino energía solar almacenada. El costo de este cambio ha sido el impacto medioambiental de la quema de combustibles fósiles, como vimos en el capítulo 1 y volveremos a ver en el capítulo 20.

Estos inventos, junto con otras innovaciones de la Revolución Industrial, rompieron con el círculo vicioso de Malthus. Los avances tecnológicos incrementaron la cantidad que una persona podía producir en un determinado tiempo (productividad). Estos avances permitieron que los ingresos aumentaran, incluso a medida que la población también iba creciendo. Siempre y cuando la tecnología continuara mejorando con la suficiente rapidez, estas otras mejoras podrían exceder el crecimiento de la población, resultado de las mejoras en los ingresos. En consecuencia, los niveles de vida podrían subir. Al cabo de bastante tiempo, la gente empezaría a preferir familias más pequeñas, incluso cuando ganasen lo suficiente como para permitirse alimentar a muchos niños. Esto fue lo que ocurrió en Reino Unido y después en muchas partes del mundo.

La figura 2.1 muestra un **índice** del **salario real** promedio (de cada año, expresado en dinero y ajustado para incorporar cambios en los precios) de los artesanos cualificados de Londres entre los años 1264 y 2001, junto con la población de Reino Unido durante el mismo periodo. Hay un periodo durante el cual los niveles de vida estaban atrapados en la lógica maltusiana, al que siguió otro marcado por un incremento sustancial de estos, que ocurrió después de 1830. Puede observar que, en esos tiempos, ambas variables crecieron.

tecnologías de uso general Avances tecnológicos que pueden aplicarse a muchos sectores e impulsar innovaciones posteriores. Las tecnologías de la información y las comunicaciones (TIC) y la electricidad son dos ejemplos típicos.

índice Medida de la cantidad de algo en un periodo de tiempo, comparado a la cantidad de la misma cosa en un periodo diferente de tiempo, llamado periodo de referencia, o periodo base. Es común fijar su valor a 100 en el periodo de referencia.
salario real Salario nominal ajustado para tener en cuenta los cambios en los precios entre diferentes periodos de tiempo. Mide la cantidad de bienes y servicios que el trabajador puede comprar. *Ver también: salario nominal.*

ÍNDICE DE SALARIOS REALES

El término «índice» hace referencia al valor de alguna cantidad cuantitativa en relación con su valor en algún otro momento (periodo de referencia), que suele normalizarse por lo general considerándolo con el nivel de 100.

El término «real» denota que el salario en términos monetarios (por ejemplo, seis chelines por hora en su época) de cada año ha sido ajustado para determinar los cambios en los precios que se hayan producido en ese periodo. El resultado representa el poder adquisitivo real del dinero que los trabajadores ganan.

El año de referencia es 1850 en este caso, pero la curva tendría la misma forma si se hubiera seleccionado cualquier otro año: se ubicaría más arriba o más abajo, pero igualmente tendría la forma del conocido palo de jockey.

PREGUNTA 2.1 ESCOJA LA(S) RESPUESTA(S) CORRECTA(S)

La figura 2.1 muestra un índice de salarios reales de los trabajadores cualificados de Londres entre 1264 y 2001. ¿Qué se puede concluir de este gráfico?

☐ A los trabajadores cualificados se les pagaba alrededor de £100 en 1408.

☐ El salario promedio en 1850 era prácticamente el mismo que el correspondiente a 1408 en términos nominales (libras).

☐ El salario promedio real fue más o menos constante entre 1264 y 1850.

☐ El salario promedio real aumentó alrededor de un 600% entre 1850 y 2001.

¿Por qué aparecieron y se difundieron por toda la economía la hiladora Jenny, la máquina de vapor y un sinnúmero de otras invenciones en la Reino Unido en esa época? Esta es una de las preguntas más importantes de la historia económica y los historiadores continúan discutiendo las posibles respuestas.

En este capítulo ofrecemos una explicación de cómo se producen las mejoras tecnológicas y por qué tuvieron lugar por primera vez en Reino Unido, y precisamente en el siglo xviii. También explicaremos por qué resultó tan difícil escapar a la sección plana del «palo de *hockey*» de la figura 2.1, no solo para Reino Unido, sino también en el resto del mundo, durante los 200 años que siguieron. Explicaremos todo esto por medio de la construcción de modelos, es decir, representaciones simplificadas que nos ayudan a entender lo que ocurre porque enfocan nuestra atención en lo importante. Los modelos nos ayudarán a entender tanto la larga sección plana del palo de *hockey*, como también su punto de inflexión.

Robert C. Allen. 2001. 'The Great Divergence in European Wages and Prices from the Middle Ages to the First World War' [La gran divergencia en salarios y precios en Europa desde la Edad Media hasta la Primera Guerra Mundial]. *Explorations in Economic History* [Investigaciones de la historia económica] 38 (4): pp. 411–447; Stephen Broadberry, Bruce Campbell, Alexander Klein, Mark Overton y Bas van Leeuwen. 2015. *British Economic Growth* [Crecimiento económico británico], 1270–1870, Cambridge University Press.

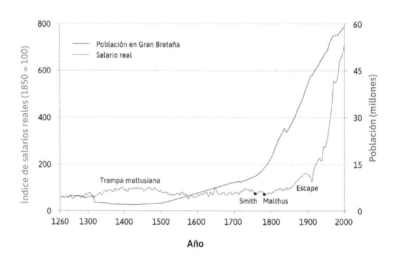

Figura 2.1 Salarios reales a lo largo de siete siglos: salarios de los artesanos (trabajadores cualificados) en Londres (1264–2001) y población de Reino Unido.

2.1 ECONOMISTAS, HISTORIADORES Y LA REVOLUCIÓN INDUSTRIAL

¿Por qué se inició la Revolución Industrial en el siglo XVIII en una isla frente a las costas de Europa?

Las secciones siguientes de este capítulo presentan un modelo para explicar el repentino y sustancial incremento en los niveles de vida que tuvo lugar en el siglo XVIII en Reino Unido. Con base en argumentos proporcionados por Robert Allen, historiador económico, este modelo otorga un papel fundamental a dos características de la economía británica de aquellos tiempos. Según los argumentos que propone, el alto costo relativo del trabajo, sumado al bajo costo de las fuentes de energía local, impulsaron los cambios estructurales de la Revolución Industrial.

Lo que llamamos Revolución Industrial es algo más que romper el ciclo maltusiano: fue una combinación compleja e interrelacionada de cambios intelectuales, tecnológicos, sociales, económicos y éticos. Hay desacuerdo entre los historiadores económicos sobre la importancia relativa de cada uno de estos elementos, y se han debatido en profundidad todo tipo de explicaciones de la supremacía de Reino Unido y Europa desde que comenzó esa revolución. La explicación de Allen no es en absoluto la única.

> Robert C. Allen. 2013. *Historia económica mundial: una breve introducción*. Madrid: Alianza Editorial.

- Joel Mokyr, quien ha realizado un extenso trabajo sobre la historia de la tecnología, argumenta que las verdaderas fuentes del cambio tecnológico que se produjo se encuentran en una revolución científica que se propagó por Europa y cuyo detonante fue la Ilustración del siglo anterior. Según Mokyr, este periodo trajo el desarrollo de nuevas formas de transferir y transformar el conocimiento científico avanzado en instrucciones prácticas y herramientas para ingenieros y artesanos cualificados, que las usaron para construir las máquinas de esa época. Mokyr argumenta que, si bien los salarios y precios de la energía podían influir en la dirección que adoptaran las innovaciones científicas, estas son más el «volante» que el «motor» del progreso tecnológico.

> Joel Mokyr. 2004. *Los dones de Atenea: los orígenes históricos de la economía del conocimiento*. Madrid: Marcial Pons, Historia, 2008.

- David Landes, historiador, enfatiza las características políticas y culturales de los países en su conjunto (Mokyr, en cambio, se enfoca en artesanos y empresarios). Landes plantea que los países europeos se adelantaron a China debido a que el Estado chino era demasiado poderoso y tendía a sofocar la innovación, y además porque la cultura china de esos tiempos favorecía la estabilidad por encima del cambio.

> David S. Landes. 2006. 'Why Europe and the West? Why not China?'. En *Journal of Economic Perspectives* 20 (2) (Junio): pp. 3–22.

- El historiador económico Gregory Clark también atribuye el despegue británico a la cultura. Sin embargo, para Clark, la clave del éxito fue un conjunto de atributos culturales como la ética del trabajo y el ahorro, que se fueron pasando de generación en generación. El argumento de Clark sigue una larga tradición que incluye al sociólogo Max Weber, que consideraba que los países protestantes del norte de Europa, donde comenzó la Revolución Industrial, estaban particularmente dotados de virtudes asociadas con el «espíritu del capitalismo».

> Gregory Clark. 2007. *Adiós a la sopa de pan, hola al sushi: breve historia económica mundial*. Valencia: Publicación de la Universitat de València, 2014.

- El historiador Kenneth Pomeranz argumenta que la superioridad del crecimiento europeo a partir de 1800 tuvo más que ver con la abundancia de carbón en Reino Unido que con diferencias culturales o institucionales con otros países. Pomeranz también argumenta que el acceso británico a la producción agrícola de sus colonias del Nuevo Mundo (especialmente al azúcar y sus derivados) impulsó la expansión de las clases de trabajadores industriales, ayudándolas a escapar de la trampa maltusiana.

> Kenneth L. Pomeranz. 2000. *The Great Divergence: Europe, China, and the Making of the Modern World Economy*. Princeton, NJ: Princeton University Press.

Los académicos probablemente nunca van ponerse de acuerdo sobre las causas de la Revolución Industrial. Uno de los problemas es que este cambio ocurrió solo una vez, lo que hace mucho más difícil que los científicos sociales logren encontrarle explicaciones. Además, con toda probabilidad, el despegue europeo fue resultado de una combinación de factores científicos, demográficos, políticos, geográficos y militares. Varios académicos han argumentado que también fue resultado de las interacciones entre Europa y el resto del mundo, y no solamente de los cambios que tuvieron lugar en el interior de Europa.

Historiadores como Pomeranz tienden a enfocarse en las particularidades de cada época y lugar. Es más probable que estos lleguen a la conclusión de que fenómenos como la Revolución Industrial se debieron a una combinación única de circunstancias favorables (aunque puede que no estén de acuerdo entre sí sobre cuáles fueron dichas circunstancias exactamente).

Economistas como Allen tienden a buscar mecanismos generales que expliquen el éxito o fracaso económico a lo largo del tiempo y en diferentes lugares.

Los economistas tienen mucho que aprender de los historiadores, pero suele ser cierto que los argumentos ideados por los historiadores no son lo suficientemente precisos como para ser verificables a través de un modelo (el enfoque que usaremos en este capítulo). Por otro lado, los historiadores podrían considerar que los modelos de los economistas son simplistas y no tienen en cuenta hechos históricos importantes. Esta tensión creativa es la que hace que la historia económica sea tan fascinante.

En tiempos recientes, los historiadores económicos han logrado avances significativos en la cuantificación del crecimiento económico de muy largo plazo. Su trabajo nos ayuda a clarificar qué fue lo que ocurrió y nos facilita la reflexión sobre las causas. Parte de su trabajo implica la comparación de los salarios reales en diferentes países a lo largo del tiempo y a largo plazo. Esto ha implicado recabar datos sobre salarios y precios de los bienes (https://tinyco.re/5317537) consumidos por los trabajadores. Hay toda una serie de proyectos académicos aún más ambiciosos que han calculado el PIB per cápita remontándose hasta llegar incluso a la Edad Media (https://tinyco.re/5690207).

Nosotros nos centraremos en las condiciones económicas que contribuyeron al despegue británico, pero es importante tener presente que todas las economías que lograron dejar atrás la trampa maltusiana lo hicieron tomando una ruta de escape distinta. Las trayectorias nacionales de los primeros seguidores de Inglaterra estuvieron influidas en parte por el papel predominante que llegó a tener la economía británica en la economía mundial. Alemania, por ejemplo, no podía competir con los británicos en el sector textil pero, en cambio, el gobierno y los grandes bancos desempeñaron un papel muy importante en la creación del sector del acero y otras industrias pesadas. Japón logró ser competitivo en algunos mercados textiles asiáticos, incluso en comparación con Inglaterra, gracias a haberse beneficiado de su aislamiento y la enorme distancia geográfica (que en esos días se contaba en semanas de viaje) que los separaba de los primeros países que adoptaron la revolución industrial.

Si quiere conocer la percepción mutua del trabajo de los demás que tienen estos investigadores entre sí, busque el 'comentario de Joel Mokyr sobre Gregory Clark' (https://tinyco.re/6957763) o el 'comentario de Robert Allen sobre Gregory Clark' (https://tinyco.re/4009062)

Japón copió tecnologías e instituciones de manera selectiva a medida que introducía el sistema económico capitalista y, por otro lado, se esforzó por retener muchas instituciones tradicionales japonesas, incluido su sistema imperial que perduraría hasta su derrota en la Segunda Guerra Mundial.

La India y China presentan contrastes aún más grandes. China experimentó una revolución capitalista liderada por el propio Partido Comunista, apartándose de la economía de planificación central –la antítesis del capitalismo– que ese mismo partido había puesto en práctica. La India, en cambio, es la primera gran economía de la historia que adoptó la democracia, incluyendo el voto universal, antes de su revolución capitalista.

Como vimos en el capítulo 1, la Revolución Industrial no condujo al crecimiento económico en todas partes. Debido a que se originó en Reino Unido y luego se propagó al resto del mundo, pero lentamente, la implicación fue un enorme incremento de la desigualdad de ingresos entre países. Observando las tendencias de crecimiento económico por todo el mundo en los siglos xix y xx, David Landes alguna vez se preguntaba: ¿por qué somos tan ricos y ellos tan pobres?

Con «nosotros» se refería a las sociedades ricas de Europa y Norteamérica y con «ellos» aludía a las sociedades pobres de África, Asia y América Latina. Landes sugería, con algo de sarcasmo, que había dos posibles respuestas a esta pregunta, en definitiva:

> «Una respuesta posible sería que nosotros somos tan ricos y ellos tan pobres porque nosotros somos muy buenos y ellos muy malos; es decir, nosotros somos trabajadores, cultos, educados, bien gobernados, eficaces y productivos, mientras que ellos son lo contrario. La otra posible respuesta explica que somos tan ricos y ellos tan pobres porque nosotros somos muy malos y ellos muy buenos; es decir, somos codiciosos, despiadados, explotadores y agresivos, mientras que ellos son débiles, inocentes, virtuosos, víctimas de abusos y vulnerables.»

Si cree que la Revolución Industrial tuvo lugar en Europa debido a la Reforma Protestante, o al Renacimiento, o a la Revolución Científica, o al desarrollo de un sistema superior de propiedad privada, o debido a unas políticas gubernamentales favorables, entonces tiende a inclinarse por la primera respuesta. Si cree que tuvo lugar gracias al colonialismo, o a la esclavitud, o a las demandas constantes de la guerra, tiende a estar más del lado de la segunda respuesta.

Habrá notado que todas estas son fuerzas no económicas que, según argumentan muchos académicos, tienen consecuencias económicas importantes. Es probable que también vea que la cuestión de cuál de las dos respuestas propuestas por Landes es correcta podría tener una carga ideológica, a pesar de que, como el mismo Landes ha apuntado, «no está claro… que una línea de argumentación domine necesariamente a la otra.»

David S. Landes. 1990. 'Why are We So Rich and They So Poor?' (https://tinyco.re/5958995). *American Economic Review* 80 (Mayo): pp. 1–13.

2.2 MODELOS ECONÓMICOS: CÓMO VER MÁS MIRANDO MENOS

Lo que sucede en la economía depende de la actividad de millones de personas, y de los efectos que sus decisiones tengan sobre el comportamiento de los demás. Sería imposible entender la economía describiendo hasta el último detalle de lo que hacen y cómo interactúan todos los individuos. Necesitamos ser capaces de tomar distancia para tener una visión general. Para eso usamos modelos.

Para crear un modelo eficaz es necesario distinguir entre las características esenciales de la economía que son relevantes a la pregunta que queremos responder, y que, por tanto, deberían ser incorporadas en el modelo, y los detalles sin importancia que pueden dejarse de lado.

Los modelos pueden adoptar muchas formas; ya hemos visto tres de ellos en las figuras 1.5 (página 22), 1.8 (página 30) y 1.12 (página 44) en el primer capítulo. Por ejemplo, la figura 1.12 (página 44) ilustra cómo las interacciones de la economía implican **flujos** de bienes (por ejemplo, cuando compra una lavadora), de servicios (cuando paga por cortes de pelo o viajes en bus), y también de personas (como cuando pasa un día trabajando para un empleador).

La figura 1.12 (página 44) es un modelo esquemático que ilustra los flujos que se producen dentro de la economía y entre la economía y la biosfera. El modelo no es «realista» –la economía y la biosfera no son para nada como se representan–, pero ilustra las relaciones entre ellas. El hecho de que el modelo omita muchos detalles –siendo en este sentido poco realista– es una característica de este, no una falla.

La explicación de Malthus sobre por qué las mejoras tecnológicas no podrían incrementar los niveles de vida, también se basaba en un modelo: una descripción simple de la relación entre ingresos y población.

Algunos economistas han usado modelos físicos para ilustrar y explorar cómo funciona la economía. Para su tesis doctoral en la Universidad de Yale, en 1891, Irving Fisher diseñó un aparato hidráulico (figura 2.2) para representar los flujos en la economía. El modelo consistía en una serie de palancas interconectadas y cisternas flotantes de agua que ilustraban cómo los precios de los bienes dependen de la cantidad de cada bien que se oferte, de los ingresos de los consumidores y de cómo valoren estos cada bien. Todo el montaje se detenía cuando el agua de las cisternas estaba al mismo nivel que la del tanque que las rodeaba. Cuando se alcanzaba el equilibrio, la posición de un tabique en cada una de las cisternas se correspondía con el precio de cada bien. Durante los siguientes 25 años, Fisher usaría este aparato para enseñar a sus alumnos cómo funcionaban los mercados.

Los modelos pueden adoptar muchas formas, y ya hemos visto tres de ellos en las figuras 1.5, 1.8 y 1.12 en el primer capítulo.

flujo Cantidad medida por unidad de tiempo, como la renta anual o el salario por hora.

Cómo se usan los modelos en la Economía

El estudio que hace Fisher de la economía ilustra cómo se usan los modelos:

1. Primero construyó un modelo para mostrar los elementos de la economía que pensaba que importaban a la hora de determinar los precios.
2. Luego, utilizó el modelo para mostrar cómo las interacciones entre esos elementos podían generar un conjunto de precios que no cambiarían.
3. Finalmente, realizó experimentos con el modelo para descubrir los efectos de los cambios en las condiciones de la economía. Por ejemplo, si la oferta de uno de los bienes se incrementaba, ¿qué ocurriría con su precio? ¿Qué sucedería con los precios de todos los otros bienes?

No crea que Irving Fisher era una especie de inventor loco, solo porque su disertación doctoral representaba la economía en un gran tanque de agua. Todo lo contrario, su máquina fue descrita por el mismísimo Paul Samuelson, uno de los economistas más importantes del siglo XX, como «la mejor tesis doctoral de economía jamás escrita». Fisher llegó a convertirse en uno de los economistas más respetados del siglo XX, y sus contribuciones sentaron las bases de las teorías modernas sobre endeudamiento y préstamos, que describiremos en el capítulo 10.

La máquina de Fisher ilustra un importante concepto económico. El **equilibrio** es una situación que se perpetúa a sí misma, es decir, algo que no cambia hasta que se introduce una fuerza externa de cambio desde afuera que altera la descripción que hace el modelo de la situación. El aparato hidráulico de Fisher representaba un equilibrio en su modelo económico al igualar los niveles de agua, que representaban precios constantes.

Usaremos el concepto de equilibrio para explicar los precios en los siguientes capítulos, pero también lo aplicaremos al modelo maltusiano. Un **nivel salarial de subsistencia** constituye un equilibrio porque, tal como ocurre con las diferencias en los niveles de agua de las distintas cisternas del aparato de Fisher, los movimientos que desvían los salarios del nivel de subsistencia se autocorrigen: vuelven automáticamente al nivel de subsistencia a medida que crece la población.

Cabe resaltar que encontrarse en un punto de equilibrio significa que una o más cosas del modelo son constantes, pero no implica necesariamente que nada cambie. Por ejemplo, un equilibrio en el que el PIB o el nivel de precios estén aumentando, pero a una tasa constante.

Aunque es poco probable que ninguno de ustedes construya un modelo hidráulico, sí es probable que en algún momento trabaje con muchos de los modelos existentes, ya sea en papel o en una pantalla, y a veces creará sus propios modelos económicos.

equilibrio Resultado autosostenible de un modelo. En este caso, algo de interés no cambia, a menos que se introduzca una fuerza externa que altere la descripción de la situación que proporciona el modelo.

nivel de subsistencia Nivel de vida (medido en términos del consumo o el ingreso) al que la población no crece ni decrece.

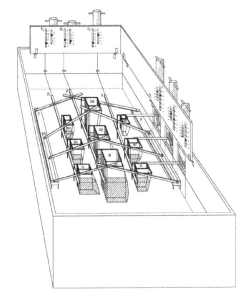

William C. Brainard y Herbert E. Scarf. 2005. 'How to Compute Equilibrium Prices in 1891' [Cómo computar precios de equilibrio en 1891]. *American Journal of Economics and Sociology* [Revista americana de Economía y Sociología] 64 (1): pp. 57–83.

Figura 2.2 Boceto obra de Irving Fisher de su modelo hidráulico sobre el equilibrio económico (1891).

Cuando creamos un modelo, el proceso sigue los siguientes pasos:

1. Construimos una descripción simplificada de las condiciones bajo las cuales la gente actúa.
2. Luego describimos en términos simples qué determina las acciones de la gente.
3. Determinamos cómo cada una de estas acciones afectan a los demás.
4. Determinamos el resultado de estas acciones. A veces es un equilibrio (algo es constante).
5. Finalmente tratamos de entender un poco más lo que ocurre estudiando el comportamiento de algunas variables cuando las condiciones cambian.

Con frecuencia, los modelos económicos usan ecuaciones matemáticas y gráficos, además de palabras y diagramas.

Las matemáticas son parte del lenguaje de la Economía y pueden ayudarnos a hacer que nuestras aseveraciones sean precisas y fáciles de entender para los demás. No obstante, gran parte del conocimiento de la economía no puede expresarse pura y simplemente en términos matemáticos, sino que se requieren también descripciones claras, usando definiciones estándar de los conceptos.

Nosotros utilizaremos las matemáticas y las palabras para describir los modelos, por lo general en forma de gráficos. Si quiere, también podrá estudiar algunas de las ecuaciones que hay detrás de los gráficos: no tiene más que buscar en las notas al margen del texto las referencias a nuestros «suplementos de Leibniz».

Un modelo empieza con algunos supuestos o hipótesis acerca de cómo se comporta la gente y, por lo general, proporciona predicciones acerca de lo que observamos en la economía. Reunir datos de la economía y compararlos con lo que el modelo predice nos ayuda a decidir si los supuestos que establecimos cuando construimos el modelo –lo que incluimos y lo que hemos dejado fuera– se justifican.

Gobiernos, bancos centrales, corporaciones, sindicatos y cualquiera que desarrolle políticas o realice predicciones sobre el futuro usan algún tipo de modelo simplificado.

Los modelos malos a veces terminan en políticas desastrosas, como veremos más adelante. Para tener confianza en los modelos, necesitamos comprobar si son consistentes con la evidencia.

Veremos que nuestros modelos económicos sobre el círculo vicioso de los niveles de vida de subsistencia que propugnaba Malthus y los que hemos confeccionado sobre la revolución tecnológica permanente pasan esta prueba, incluso a pesar de que dejen muchas preguntas sin respuesta.

MODELOS ECONÓMICOS

Un buen modelo tiene cuatro características:

- *Es claro*: nos ayuda a entender mejor algo importante.
- *Predice con precisión*: sus predicciones son coherentes con la evidencia.
- *Mejora la comunicación*: nos ayuda a entender mejor en qué estamos de acuerdo (o en desacuerdo).
- *Es útil*: podemos usarlo para encontrar formas de mejorar el funcionamiento de la economía.

Presentamos los Leibnizes
(https://tinyco.re/2934123)

EJERCICIO 2.1 DISEÑAR UN MODELO

Para un país o una ciudad de su elección, busque un mapa del ferrocarril o del transporte público.

De manera similar a como ocurre con los modelos económicos, los mapas son representaciones simplificadas de la realidad: incluyen información relevante, al tiempo que se abstraen de los detalles irrelevantes.

1. ¿Cómo cree que seleccionó el diseñador qué características de la realidad incluir en el mapa que escogió?
2. ¿En qué se diferencia un mapa de un modelo económico?

2.3 CONCEPTOS BÁSICOS: PRECIOS, COSTOS Y RENTAS DE LA INNOVACIÓN

En esta sección construiremos un modelo económico que nos ayude a explicar las circunstancias en las que se eligen nuevas tecnologías, tanto en el pasado como en economías contemporáneas. Construiremos nuestro modelo utilizando las cuatro ideas claves del modelo económico:

- *Ceteris paribus* y otras simplificaciones nos ayudan a pensar con claridad. Podremos ver más mirando menos cosas.
- Los **incentivos** importan, porque afectan los beneficios y los costos de realizar una acción, en comparación con realizar otra.
- Los **precios relativos** nos ayudan a comparar alternativas.
- Las **renta económica** son la base de cómo realizamos nuestras elecciones.

Parte del proceso de aprender Economía implica aprender un idioma nuevo. Los términos que usaremos a continuación serán empleados frecuentemente en los capítulos sucesivos y es importante aprender a utilizarlos con precisión y certeza.

Ceteris paribus *y la simplificación*

Tal como ocurre en la investigación científica, los economistas a menudo simplifican el análisis al dejar fuera cosas que consideramos que son de menor importancia. Para ello usan la frase «manteniéndose todo lo demás constante» o, aún más frecuentemente, usando la expresión en latín *ceteris paribus*, que significa «(permaneciendo) las otras cosas iguales». Por ejemplo, más adelante en este curso, simplificamos nuestro análisis sobre lo que las personas eligen comprar al enfocarnos solamente en observar el efecto del cambio en un precio, pero sin tener en cuenta los demás factores que influyen en nuestro comportamiento, como la lealtad a una marca, o lo que otros pudiesen pensar sobre nuestras decisiones. Nos preguntamos: qué pasaría si cambiara el precio, pero todo lo demás que influye en la decisión se mantuviera constante. Estos supuestos *ceteris paribus*, bien usados, pueden clarificar nuestro objeto de estudio sin distorsionar los datos claves.

Cuando estudiemos la forma en que el sistema económico capitalista promueve las mejoras tecnológicas, analizaremos cómo los cambios en los salarios afectan las decisiones tecnológicas de las empresas. Para lograr el modelo más simple posible, «mantenemos constantes» los demás factores que afectan a la empresa. En otras palabras, asumimos que:

- Los precios de todos los insumos son los mismos para todas las empresas.
- Todas las empresas conocen las tecnologías que usan otras empresas.
- Las actitudes ante el riesgo de los propietarios de las empresas son similares.

ceteris paribus Los economistas suelen simplificar el análisis dejando de lado aspectos que se consideran de menor importancia para la pregunta de interés. El significado literal de esta expresión en latín es «(permaneciendo) todo lo demás constante». En un modelo económico, esto significa que un análisis «mantiene otras cosas constantes».

incentivo Recompensa o castigo económico que influye en los beneficios y costos de cursos de acción alternativos.

precio relativo Precio de un bien o servicio comparado con otro (por lo general, expresado como una razón). *Ver también: opción de reserva.*

renta económica Pago u otro beneficio recibido por encima y más allá de lo que el individuo hubiera recibido en su siguiente mejor alternativa (u opción de reserva). *Ver también: opción de reserva.*

> **EJERCICIO 2.2 USAR EL SUPUESTO CETERIS PARIBUS**
>
> Suponga que construye un modelo para un mercado de paraguas en el que el número de paraguas que una tienda predice que va a vender depende del color y el precio de estos, *ceteris paribus*.
>
> 1. El color y el precio son variables que se usan para predecir ventas. ¿Qué otras variables se mantienen constantes?
>
> ¿Cuál de las siguientes preguntas piensa que podría responder este modelo? En cada caso, sugiera mejoras al modelo que podrían ayudar a responder la pregunta.
>
> 2. ¿Por qué las ventas anuales de paraguas son mayores en la capital que en otros lugares?
> 3. ¿Por qué las ventas anuales de paraguas son mayores en algunas tiendas de la ciudad capital que en otras?
> 4. ¿Por qué han aumentado las ventas semanales de paraguas en la capital en los últimos seis meses?

Los incentivos importan

¿Por qué se movía el agua en la máquina hidráulica del modelo económico de Fisher cuando cambiaba la cantidad de «oferta» o «demanda» para uno o más bienes, de modo que los precios ya no estuviesen en equilibrio?

- La gravedad actúa sobre el agua de manera que esta siempre tiende a encontrar el nivel más bajo.
- Los canales permiten al agua encontrar el nivel más bajo, pero restringen la forma en que puede fluir.

Todos los modelos económicos tienen algo equivalente a la gravedad y una descripción de los tipos de movimientos que son posibles. El equivalente a la gravedad en los modelos económicos es la suposición de que, a la hora de decidir sobre qué curso de acción seguir, la gente está tratando de obtener el máximo beneficio posible (según algún estándar).

La analogía con el libre movimiento del agua en la máquina de Fisher es que la gente tiene libertad para elegir diferentes caminos a la hora de actuar, en vez de que simplemente se les diga cuál de todos deben tomar. Aquí es donde los incentivos económicos afectan las decisiones que tomamos. Ahora bien, no podemos tampoco hacer todo lo que quisiéramos, pues no todos los canales están abiertos para nosotros.

Como ocurre con muchos otros modelos económicos, el que nosotros usamos para explicar la revolución tecnológica permanente está basado en la idea de que la gente y las empresas responden a incentivos económicos. Como veremos en el capítulo 4, a la gente no solo la motiva el deseo de ganancia material, sino también el amor, el odio, el sentido del deber y el deseo de obtener la aprobación de los demás. No obstante, el bienestar material es, sin duda, un motivo importante, y los incentivos económicos apelan a esa motivación.

Cuando los propietarios o gerentes de empresa deciden cuántos trabajadores contratar, o cuando los vendedores deciden qué y cuánto comprar, los precios son un factor importante en su decisión. Si los precios son mucho más baratos en un supermercado que en la tienda de la esquina, y el supermercado tampoco está muy lejos, entonces, esta será una buena razón para comprar en el supermercado en vez de en la tienda.

Precios relativos

Una tercera característica de muchos modelos económicos es que frecuentemente lo que nos interesa es la proporción o razón existente entre las cosas, y no su nivel absoluto. Esto se debe a que la economía enfoca su atención en las alternativas y las opciones entre las que podemos escoger. Por ejemplo, cuando decidimos dónde comprar, no es el nivel de precios en una tienda lo que importa, sino el nivel de precios en esa tienda comparado con el supermercado y con el costo de llegar a ese supermercado. Si todos estos niveles de precios y costos subieran un 5%, es probable que su decisión no cambie.

El precio relativo es simplemente el precio de una opción en términos relativos al de otra. Por lo general, expresamos el precio relativo como la razón entre dos precios. Veremos que estos son muy importantes para explicar no solo lo que los consumidores deciden comprar, sino también por qué las empresas toman las decisiones que toman. Cuando estudiemos la Revolución Industrial, veremos que el precio de la energía (el precio del carbón, por ejemplo, para hacer funcionar una máquina de vapor) relativo a los salarios (el precio de una hora del tiempo de un trabajador) desempeña un papel importante en toda esta historia.

Posiciones de reserva e ingresos

Suponga que ha descubierto una nueva forma de reproducir sonido de alta calidad. Su invención es mucho más barata que las alternativas existentes. Sus competidores no pueden copiarse porque no han descubierto cómo hacerlo o porque ha patentado el proceso (y, por tanto, sería ilegal que lo copiaran, incluso si pudiesen). Suponga que ellos continúan ofreciendo sus servicios a un precio mucho más alto que sus costos.

Si iguala sus precios o los rebaja solo un poco, venderá todo lo que sea capaz de producir, con lo cual puede cobrar el mismo precio y obtener beneficios mucho mayores que los de sus competidores. En este caso, decimos que está obteniendo rentas de innovación. Las rentas de innovación son una forma de renta económica. Las rentas económicas ocurren en toda la economía y son una de las razones por las que el capitalismo puede ser un sistema tan dinámico.

Usaremos el concepto de rentas de innovación para explicar algunos de los factores que contribuyeron a la Revolución Industrial. Ahora bien, la **renta económica**, por su parte, es un concepto general que ayuda a explicar otros aspectos de la economía capitalista.

Si realizar alguna acción (que llamaremos acción A) le reporta un beneficio mayor que si hubiese elegido la segunda mejor alternativa, entonces podemos decir que ha recibido una renta económica.

Renta económica = beneficio de la opción escogida − beneficio de la segunda mejor opción

En algunos países el término se puede confundir fácilmente con el uso más habitual de la palabra «renta» para designar el cobro de una cantidad en concepto de alquiler a cambio del uso temporal de un apartamento o un terreno. Para evitar esta confusión, cuando hablemos de renta económica, haremos énfasis en la palabra «económica». Recuerde: una renta económica es algo que le gustaría conseguir, no algo que tiene que pagar.

La acción alternativa (acción B), la que tiene el siguiente beneficio neto más grande, es comúnmente conocida como la «siguiente mejor alternativa», su «posición de reserva» o el término que usaremos: la **opción de reserva**. Usted está «en reserva» en caso de que no elija A. O si está disfrutando de A, pero luego alguien le prohíbe seguir haciéndolo; su opción de reserva es su plan B. Esta es la razón por la que también se conoce como «opción colchón o de último recurso».

La renta económica nos proporciona una regla de decisión simple:

- *Si la acción A genera una renta económica (y nadie sufre en el proceso)*: ¡Hágalo!
- *Si ya está haciendo la acción A y le proporciona una renta económica*: ¡Continúe haciéndolo!

Esta regla de decisión es la que subyace a nuestra explicación de porqué una empresa puede decidir innovar cambiando de una tecnología a otra. Comenzamos la siguiente sección comparando tecnologías.

> **PREGUNTA 2.2 ESCOJA LA(S) RESPUESTA(S) CORRECTA(S)**
> ¿Cuál de las siguientes es una renta económica?
>
> ☐ La cantidad que percibe un propietario por ceder el uso de un apartamento de su propiedad a otra persona.
> ☐ La cantidad que recibe un propietario por ceder el uso de un terreno de su propiedad a otra persona.
> ☐ Las ganancias extra que un innovador exitoso consigue al crear un nuevo producto y lanzarlo al mercado antes que sus competidores.
> ☐ Las ganancias extra que una empresa obtiene cuando duplica su tamaño y no hay cambios en los costos ni en el precio unitario de su producto.

2.4 CREAR UN MODELO PARA UNA ECONOMÍA DINÁMICA: TECNOLOGÍA Y COSTOS

Intentaremos ahora aplicar las ideas sobre creación de modelos para explicar el progreso tecnológico. Para ello consideraremos:

1. ¿Qué es una tecnología?
2. ¿Cómo evalúa una empresa el costo de diferentes tecnologías?

¿Qué es una tecnología?

Supongamos que le pedimos a un ingeniero que indique las tecnologías disponibles para producir 100 metros de paño, siendo los insumos el trabajo (número de trabajadores, asumiendo que cada trabajador emplea un día laboral estándar, digamos ocho horas) y la energía (toneladas de carbón). Su respuesta puede representarse en el diagrama y tabla de la figura 2.3. Los cinco puntos (A-E) que aparecen en la tabla representan cinco tecnologías diferentes. Por ejemplo, la tecnología E utiliza diez trabajadores y una tonelada de carbón para producir 100 metros de paño.

Siga los pasos de la figura 2.3 para entender las cinco tecnologías.

opción de reserva La siguiente mejor alternativa que tiene una persona de entre todas las opciones existentes para una transacción particular. Ver también: *precio de reserva*.

Describimos la tecnología E como intensiva en trabajo y la tecnología A como intensiva en energía. Si una economía que usaba la tecnología E se cambia a la tecnología A o B, diríamos que ha adoptado una tecnología que ahorra trabajo, porque la cantidad de trabajo que se usa para producir cien metros de paño con esas dos tecnologías es menor que la utilizada con la tecnología E. Esto fue lo que ocurrió durante la Revolución Industrial.

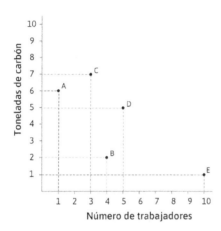

Tecnología	Número de trabajadores	Carbón requerido (toneladas)
A	1	6
B	4	2
C	3	7
D	5	5
E	10	1

Figura 2.3 Diferentes tecnologías para producir 100 metros de paño.

1. Comparación de cinco tecnologías para producir 100 metros de paño
La tabla describe cinco tecnologías a las que nos referiremos en el resto de la sección. Estas tecnologías emplean diferentes cantidades de trabajadores y carbón como insumos para producir 100 metros de paño.

2. Tecnología A: intensiva en energía
La tecnología A es la tecnología más intensiva en energía, pues emplea un trabajador y 6 toneladas de carbón.

3. Tecnología B
La tecnología B emplea 4 trabajadores y 2 toneladas de carbón: es más intensiva en trabajo que la tecnología A.

4. Tecnología C
La tecnología C emplea 3 trabajadores y 7 toneladas de carbón.

5. Tecnología D
La tecnología D emplea 5 trabajadores y 5 toneladas de carbón.

6. Tecnología E: Intensiva en trabajo
Finalmente, la tecnología E emplea 10 trabajadores y 1 tonelada de carbón. Esta es la más intensiva en trabajo de las cinco tecnologías.

dominado/a Describimos un resultado de esta manera si se puede conseguir más de algo que se valora positivamente sin tener que contentarse con menos de algo más que también se valora positivamente. En resumen: un resultado recibe el calificativo de dominado si hay una alternativa en la que todos ganarían.

¿Qué tecnología elegirá la empresa? El primer paso es descartar las tecnologías que son obviamente inferiores. Empezamos en la figura 2.4 con la tecnología A y buscamos aquellas alternativas tecnológicas que utilicen al menos la misma cantidad de trabajo y carbón. La tecnología C es inferior a la A: para producir 100 metros de paño emplea más trabajadores (tres en vez de uno) y más carbón (siete toneladas en vez de seis). Así pues, decimos que la tecnología C está **dominada** por la tecnología A: si asumimos que todos los insumos deben ser pagados, ninguna empresa utilizará la tecnología C estando disponible la tecnología A. Los pasos de la figura 2.4 le muestran cómo se puede verificar qué tecnologías están dominadas y cuáles son dominantes.

Usando solamente la información de ingeniería sobre los insumos, hemos reducido la elección: nunca se escogerían las tecnologías C o D. Pero, ¿cómo elegirá la empresa entre A, B y E? Esto requiere adoptar un determinado supuesto sobre qué es lo que la empresa está tratando de hacer. Asumimos que su objetivo es obtener la mayor cantidad de beneficio posible, lo que significa producir tela al menor costo posible.

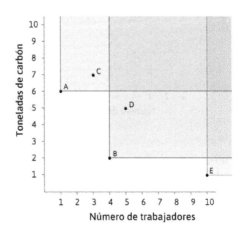

Figura 2.4 La tecnología A domina a la C; la tecnología B domina a la D.

1. ¿Qué tecnologías dominan a las demás?
Representamos las cinco tecnologías para producir 100 metros de paño con los puntos A, B, C, D y E. Podemos usar esta gráfica para mostrar qué tecnologías dominan a las demás.

2. A domina a C
Claramente, la tecnología A domina a la tecnología C: la misma cantidad de paño puede producirse usando A con menos insumos de trabajo y energía. Esto significa que, siempre que A esté disponible, nunca debería usarse C.

3. B domina a D
La tecnología B domina a la tecnología D: la misma cantidad de paño puede producirse usando B con menos insumos de trabajo y energía. Nótese que B dominaría a cualquier otra tecnología que se encuentre en el área sombreada por encima y a la derecha del punto B.

4. E no domina
La tecnología A domina a C; la tecnología B domina a D. La tecnología E no domina a ninguna de las otras tecnologías disponibles. Sabemos esto porque ninguna de las otras cuatro tecnologías está en el área por encima y a la derecha de E.

Para tomar una decisión acerca de la tecnología, también se requiere información económica sobre los precios relativos: el costo de contratar a un trabajador y de la compra de una tonelada de carbón. Por intuición, ya se ve que la tecnología intensiva en trabajo E sería la elegida si el trabajo fuese muy barato en relación con el costo de carbón; la tecnología A, intensiva en energía, sería preferible en caso de que el carbón fuera relativamente barato. Un modelo económico nos ayuda a ser más precisos.

¿Cómo evalúa una empresa el costo de producción que implica el uso de diferentes tecnologías?

La empresa puede calcular el costo de cualquier combinación de insumos que decida usar multiplicando el número de trabajadores por el salario y las toneladas de carbón por el precio del carbón. Usamos el símbolo w para el salario, L para el número de trabajadores, p para el precio del carbón y R para las toneladas de carbón:

$$\text{costo} = (\text{salario} \times \text{trabajadores}) + (\text{precio tonelada de carbón} \times \text{número de toneladas})$$
$$= (w \times L) + (p \times R)$$

Suponga que el salario es de 10 libras esterlinas y que el precio del carbón es de 20 libras esterlinas por tonelada. En la tabla de la figura 2.5 hemos calculado el costo de producir 100 metros de paño empleando dos trabajadores y 3 T de carbón, lo que cuesta 80 libras esterlinas. Este costo corresponde a la combinación P_1 en el diagrama. Si la empresa decidiera emplear más trabajadores –por ejemplo seis–, pero reducir el uso de carbón a 1 T (punto P_2), esa opción también costaría 80 libras esterlinas. Siga los pasos de la figura 2.5 para ver cómo construimos las **líneas de isocosto** para comparar los costos de todas las combinaciones posibles de insumos.

Las líneas de isocosto conectan todas las combinaciones de trabajadores y carbón que cuestan la misma cantidad de dinero. Las podemos usar para comparar los costos de las tres tecnologías que aún son relevantes para la decisión (esto es, que no son dominadas): A, B y E.

La tabla de la figura 2.6 muestra el costo de producir 100 m de paño con cada una de esas tres tecnologías si el salario es de 10 libras esterlinas y el precio del carbón es de 20 libras esterlinas. Claramente, la tecnología B permite a la empresa producir tela a un costo más bajo.

En el diagrama hemos dibujado la línea de isocosto que pasa por el punto que representa a la tecnología B. Esto nos muestra de inmediato que, con esos precios para los insumos (recuerde que el salario es el «precio» del trabajo), las otras dos tecnologías son más costosas.

Podemos ver en la figura 2.6 que B es la tecnología menos costosa cuando $w = 10$ y $p = 20$. Las otras tecnologías disponibles no serán escogidas a esos precios para los insumos. Fíjese en que lo que importa es el precio relativo y no los precios absolutos: si ambos precios se duplicaran, el diagrama tendría un aspecto casi igual: la línea de isocosto que pasa por B tendría la misma pendiente, aunque el costo sería de 160 libras esterlinas.

Ahora podemos representar las líneas de isocosto para cualquier salario w y cualquier precio p por medio de una ecuación. Para hacer esto, escribimos la fórmula de c, el costo de producción:

$$c = (w \times L) + (p \times R)$$

isocosto Línea que representa todas las combinaciones que cuestan una cantidad total determinada.

Esto es:

$$c = wL + pR$$

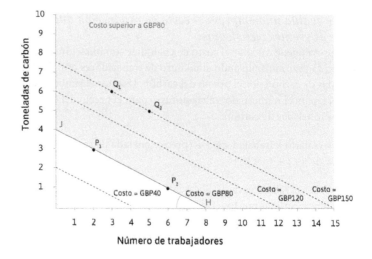

Figura 2.5 Líneas de isocosto cuando el salario es de 10 libras esterlinas y el precio del carbón es de 20 libras esterlinas.

1. El costo total en P_1
El costo total de emplear a 2 trabajadores con 3 toneladas de carbón es $(2 \times 10) + (3 \times 20) = 80$ libras esterlinas.

2. P_2 también cuesta 80 libras esterlinas
Si el número de trabajadores se incrementa a 6, lo que supone un costo de 60 libras esterlinas, y el insumo de carbón se reduce a 1 tonelada, el costo total será de 80 libras esterlinas.

3. La línea de isocosto para 80 libras esterlinas
La línea recta que pasa por P_1 y P_2 conecta todos los puntos donde el costo total es de 80 libras esterlinas. Llamamos a esta una **línea de isocosto**: *iso* es la palabra griega para «mismo». Al dibujar la línea, podemos simplificar asumiendo que se pueden comprar fracciones de trabajadores y carbón.

4. Una línea de isocosto superior
En el punto Q_1 (3 trabajadores, 6 toneladas de carbón) el costo total es de 150 libras esterlinas. Para encontrar la línea de isocosto de 150 libras esterlinas, se busca otro punto que cueste 150 libras esterlinas: si se emplea a 2 trabajadores más, el insumo de carbón debe reducirse a 1 tonelada para mantener el costo en 150 libras esterlinas. Este es el punto Q_2.

5. Más líneas de isocosto
Podríamos dibujar líneas de isocosto a través de cualquier otro conjunto de puntos en el diagrama. Si los precios de los insumos son fijos, las líneas de isocosto son paralelas. Una forma sencilla de dibujar cualquier línea es encontrar los extremos: por ejemplo, la línea de 80 libras esterlinas une los puntos J (4 toneladas de carbón y ningún trabajador) y H (8 trabajadores y nada de carbón).

6. La pendiente de toda línea de isocosto es: $-(w/p)$
La pendiente de las líneas de isocosto es negativa (están inclinadas hacia abajo). En este caso, la pendiente es $-0{,}5$, porque en cada punto, si se contratara un trabajador adicional, que costaría 10 libras esterlinas, y se redujera la cantidad de carbón en 0,5 toneladas, con lo que se ahorraría 10 libras esterlinas, el costo total no cambiaría. La pendiente es igual a $-(w/p)$, el salario dividido por el precio del carbón.

7. Los puntos por encima de una línea de isocosto cuestan más
Si consideramos una línea de isocosto —la de 80 libras esterlinas—, podemos ver que todos los puntos que quedan por encima de la línea cuestan más de 80 libras esterlinas, y todos los puntos por debajo cuestan menos.

Esta es una forma de escribir la ecuación de la línea de isocosto para cualquier valor de c.

Para dibujar la línea de isocosto, puede resultar útil expresarla de la siguiente forma:

$$y = a + bx$$

donde a, que es una constante, representa la intersección con el eje vertical, y b, la pendiente de la línea. En nuestro modelo, las toneladas de carbón, R, están sobre el eje vertical; el número de trabajadores, L, está sobre el eje horizontal. Podemos ver que la pendiente de la línea es el salario relativo al precio del carbón, $-(w/p)$. La línea de isocosto tiene una inclinación descendente, es decir, la pendiente de la ecuación $-(w/p)$ es negativa.

La ecuación:

$$c = wL + pR$$

puede expresarse como:

$$pR = c - wL$$

y reordenada como:

$$R = \frac{c}{p} - \frac{w}{p}L$$

Por tanto, cuando $w = 10$ y $p = 20$, la línea de isocosto para $c = 80$ corta al eje vertical en $80/20 = 4$ y tiene una pendiente negativa de $-(w/p) = -1/2$. Esta pendiente es el precio relativo del trabajo.

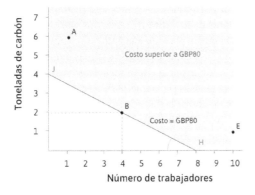

Tecnología	Número de trabajadores	Carbón requerido (toneladas)	Costo (GBP)
B	4	2	80
A	1	6	130
E	10	1	120

Salario 10 libras esterlinas, costo del carbón por tonelada 20 libras esterlinas

Figura 2.6 El costo de usar diferentes tecnologías para producir 100 metros de paño: bajo costo relativo del trabajo.

EJERCICIO 2.3 LÍNEAS DE ISOCOSTO

Suponga que el salario es de 10 libras esterlinas, pero el precio del carbón es de tan solo 5 libras esterlinas.

1. ¿Cuál es el precio relativo del trabajo?
2. Usando el método descrito en el texto, escriba la ecuación de la línea de isocosto para c = 60 GBP, y luego reescríbala en la forma estándar y = a + bx.
3. Escriba las ecuaciones para las líneas de isocosto de 30 libras esterlinas y 90 libras esterlinas, también en la forma estándar. Luego dibuje las tres líneas en un diagrama. ¿Cómo queda este conjunto de líneas de isocosto para estos precios de insumos, en comparación con las líneas para w = 10 y p = 20?

2.5 CREAR UN MODELO PARA UNA ECONOMÍA DINÁMICA: INNOVACIÓN Y BENEFICIO

Hemos visto que cuando el salario es de 10 libras esterlinas y el precio del carbón es de 20 libras esterlinas, la tecnología B resulta ser la de menor costo.

Cualquier cambio en el precio relativo de estos dos insumos cambiará la pendiente de las líneas de isocosto. Si observamos las posiciones de las tres tecnologías en la figura 2.7, podemos imaginar que la línea de isocosto se vuelve lo suficientemente empinada (si el salario aumenta con relación al costo del carbón), B dejará de ser la tecnología más económica y, por tanto, la empresa se cambiará a la tecnología A. Esto fue lo que ocurrió en Inglaterra en el siglo XVIII.

Analicemos cómo una variación en los precios relativos puede provocar un cambio así. Supongamos que el precio del carbón se reduce hasta 5 libras esterlinas, mientras que el salario se mantiene en 10 libras esterlinas.

Si miramos la tabla de la figura 2.7, veremos que con los nuevos precios la tecnología A es la que le permite a la empresa producir 100 m de tela al mínimo costo. El hecho de que el carbón sea más barato, hace que todos los métodos de producción experimenten una reducción de costos, pero es la tecnología intensiva en energía la que se convierte en la más barata.

Recuerde que para dibujar la línea de isocosto que pasa por cualquier punto, por ejemplo A, debemos calcular el costo en A (40 libras esterlinas) y luego buscar otros puntos con el mismo costo. La forma más fácil es encontrar los puntos extremos F y G. Por ejemplo, si no se usara carbón, se podrían contratar cuatro trabajadores por 40 libras esterlinas. Este es el punto F.

Puede ver en la figura 2.7 que, con los nuevos precios relativos, la tecnología A se sitúa sobre la línea de isocosto de 40 libras esterlinas y que las otras dos tecnologías disponibles están por encima, con lo cual no resultarán escogidas siempre que la tecnología A esté disponible.

¿Cómo aumentan los beneficios de una empresa, dada una innovación que reduce costos?

El siguiente paso consiste en calcular las ganancias de la primera empresa que adopte la tecnología de menor costo (A) cuando suba el precio del trabajo con relación al del carbón. Al igual que sus competidores, en un primer momento, la empresa usa la tecnología B y así minimiza sus costos, tal y como se muestra en la figura 2.8 con la línea discontinua de isocosto que pasa por B (puntos extremos H y J).

Cuando cambian los precios relativos, la nueva línea de isocosto que pasa por la tecnología B es más empinada y el costo de producción sube a 50 libras esterlinas. Al cambiarse a la tecnología A (que es más intensiva en energía y menos intensiva en trabajo), la empresa logra reducir el costo de producir 100 m de paño a 40 libras esterlinas. Siga los pasos de la figura 2.8 para ver cómo cambian las líneas de isocosto con los nuevos precios relativos.

Los beneficios de la empresa son los ingresos que esta obtiene por la venta de sus productos menos sus costos.

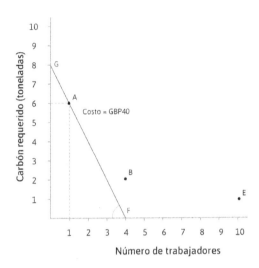

Tecnología	Número de trabajadores	Carbón requerido (toneladas)	Costo (GBP)
B	4	2	50
A	1	6	40
E	10	1	105

Salario 10 libras esterlinas, costo del carbón por tonelada 5 libras esterlinas

Figura 2.7 El costo de usar tecnologías diferentes para producir 100 metros de paño: alto costo relativo del trabajo.

1. La tecnología A cuesta lo mínimo cuando el carbón está relativamente barato
Cuando el salario es de 10 libras esterlinas y el precio del carbón es de 5 libras esterlinas, la tabla muestra que la tecnología A, que es más intensiva en energía que las otras, puede producir 100 metros de paño a un costo menor que B o E.

2. La curva de isocosto de 40 libras esterlinas cuando $w = 10$ y $p = 5$
La tecnología A está en la línea de isocosto FG. En cualquier punto en esta línea el costo total de los insumos es de 40 libras esterlinas. Las tecnologías B y E están por encima de esta línea, ya que sus costos son mayores.

3. Pendiente de la línea de isocosto
La pendiente de la línea de isocosto puede encontrarse calculando el precio relativo del trabajo, que es igual a $-(10/5) = -2$. Si se gastara 10 libras esterlinas adicionales en trabajo al contratar un trabajador adicional, se podría reducir el carbón en 2 toneladas y mantener el costo total en 40 libras esterlinas.

Cualquiera que sea la tecnología que se use (tanto la antigua como la nueva), se deben pagar los mismos precios por el trabajo y el carbón y, además, se recibirá el mismo precio por vender los 100 m de paño. El cambio en el beneficio es, por tanto, igual a la reducción de costos asociada a la adopción de la nueva tecnología, con lo cual el beneficio por la venta de los 100 m de paño aumenta en 10 libras esterlinas:

$$\text{ganancias} = \text{ingresos} - \text{costos}$$
$$\text{cambio en ganancias}$$
$$\text{por cambiar a } A = \text{cambio en ingresos} - \text{cambio en costos}$$
$$= 0 - (40 - 50)$$
$$= 10$$

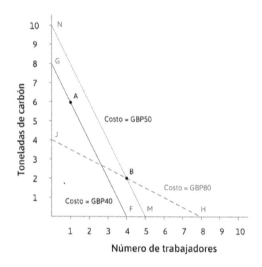

Tecnología	Número de trabajadores	Carbón requerido (toneladas)	Costo (GBP)
Salario 10 GBP, Costo del carbón por tonelada 20 GBP			
B	4	2	80
Salario 10 GBP, Costo del carbón por tonelada 5 GBP			
B	4	2	50
A	1	6	40

Figura 2.8 Costo de usar diferentes tecnologías para producir 100 metros de paño.

1. Con el precio relativo original, B es la tecnología menos costosa
Cuando el salario es de 10 libras esterlinas y el precio del carbón está relativamente alto en 20 libras esterlinas, el costo de producir 100 metros de paño usando la tecnología B queda en 80 libras esterlinas: escoger la tecnología B coloca a la empresa en la curva de isocosto HJ.

2. El precio del carbón cae a 5 libras esterlinas
Si el precio del carbón cae en términos relativos respecto del salario, como se muestra en la curva de isocosto FG, entonces usar la tecnología A, que es más intensiva en energía que B, cuesta 40 libras esterlinas. En la tabla podemos ver que, con estos precios relativos, A es ahora la tecnología menos costosa.

3. Ahora B cuesta más que A
Con los nuevos precios relativos, la tecnología B está en la línea de iso-costo MN, donde el costo es de 50 libras esterlinas. Cambiar a la tecnología A será menos costoso.

En este caso, la renta económica para la empresa que se cambie de B a A serán de 10 libras esterlinas por los 100 m de paño, lo que corresponde a la reducción de costos que hace posible la nueva tecnología. La regla de decisión (si la renta económicas es positiva, ¡hágalo!) indica a la empresa que debe innovar.

En nuestro ejemplo, la tecnología A se encontraba disponible, pero sin usar hasta que la primera empresa en adoptarla reaccionó al incentivo creado por el aumento en el precio relativo del trabajo. Por lo general, al primero en adoptar las tecnologías lo llamamos **emprendedor**. Cuando describimos a una persona o empresa como «emprendedora», lo habitual es que nos estemos refiriendo a su disponibilidad para probar nuevas tecnologías y poner en marcha nuevos negocios.

El economista Joseph Schumpeter (véase más adelante) hizo de la adopción de cambios tecnológicos por parte de los emprendedores una pieza central de su explicación del dinamismo del capitalismo. Esta es la razón por la cual las rentas de innovación son comúnmente llamadas rentas schumpeterianos.

Las rentas por innovación no duran para siempre. Otras empresas, al notar que los emprendedores están consiguiendo una renta económica, aplicarán también la nueva tecnología. Ellos también verán reducidos sus costos y sus beneficios se incrementarán.

En este caso, con mayores beneficios por cada 100 metros de paño, las empresas con menores costos prosperarán e incrementarán su producción de paño. En la medida en que más empresas apliquen la nueva tecnología, la oferta de paño en el mercado se incrementará y su precio comenzará a caer. Este proceso continuará hasta que todos estén utilizando la nueva tecnología, momento en que los precios de venta habrán caído hasta el punto en que ya nadie gane rentas por innovación. Las empresas que se quedaron con la antigua tecnología B, serán incapaces de cubrir sus costos al ser el nuevo precio de venta del paño más bajo y, por lo tanto, quebrarán. Joseph Schumpeter llamó a este proceso **destrucción creativa**.

> **emprendedor** Persona que crea o es un adoptador temprano de tecnologías, formas organizativas y otras oportunidades nuevas.

> **destrucción creativa** Nombre que asigna Joseph Schumpeter al proceso por el cual las tecnologías antiguas y las empresas que no se adaptan se ven relegadas por las nuevas por no poder competir en el mercado. Desde su punto de vista, el fracaso de una empresa improductiva es creativo porque libera trabajo y bienes de capital para su uso en nuevas combinaciones.

PREGUNTA 2.3 ESCOJA LA(S) RESPUESTA(S) CORRECTA(S)
La figura 2.3 (página 61) muestra diferentes tecnologías para producir 100 metros de paño.

Con base en el gráfico, ¿qué se puede concluir?

☐ La tecnología D es más intensiva en energía que la tecnología C.
☐ La tecnología B domina a la tecnología D.
☐ La tecnología A es la que minimiza el costo para todos los precios de carbón y todos los niveles salariales.
☐ La tecnología C puede en ocasiones ser una tecnología menos costosa que la A.

PREGUNTA 2.4 ESCOJA LA(S) RESPUESTA(S) CORRECTA(S)
Analice las tres líneas de isocosto de la figura 2.8.

Con base en esta información, ¿qué puede concluir?

☐ Cuando el salario es de 10 libras esterlinas y el precio del carbón es de 5 libras esterlinas, la combinación de insumos en el punto N es más costosa que los insumos en el punto B.
☐ Las líneas de isocosto MN y FG representan la misma razón de precios (salario/precio del carbón), pero diferentes costos totales de producción.
☐ La línea de isocosto HJ representa una razón salario/precio del carbón mayor que la línea de isocosto FG.
☐ La línea de isocosto HJ representa todos los puntos que pueden producir 100 metros de paño a una razón de precios en particular.

GRANDES ECONOMISTAS

Lynne Kiesling, historiadora del pensamiento económico, habla sobre Joseph Schumpeter
https://tinyco.re/1519059

Joseph Schumpeter

Joseph Schumpeter (1883–1950) desarrolló uno de los conceptos más importantes de la economía moderna: la **destrucción creativa**.

Schumpeter trajo a la economía la idea de que el emprendedor es el actor principal en el sistema económico capitalista. El emprendedor es el agente de cambio que introduce nuevos productos y métodos de producción, y abre nuevos mercados. Los imitadores lo siguen y la innovación se difunde a través de la economía. Un nuevo emprendedor y una nueva innovación provocarán el siguiente auge económico.

Para Schumpeter, la destrucción creativa era un aspecto esencial del capitalismo: las antiguas tecnologías y las empresas que no se adaptan se ven desplazadas por las nuevas porque aquellas no pueden competir en el mercado, vendiendo bienes a precios que cubran sus costos de producción. La caída de las empresas poco productivas libera trabajo y capital para dedicarlos a nuevas combinaciones.

Este proceso descentralizado genera una mejora continua en la productividad, lo que a su vez nos lleva a un mayor crecimiento, por lo que Schumpeter lo calificó como virtuoso. Tanto la destrucción de antiguas empresas como la creación de nuevas son procesos que llevan tiempo. La lentitud de este proceso crea auges y caídas en la economía. La rama del pensamiento económico, conocida como **economía evolutiva**, tiene claramente sus orígenes en el trabajo de Schumpeter (puede leer artículos sobre la materia en el *Journal of Evolutionary Economics* (https://tinyco.re/0746014)), así como en la mayoría de los modelos económicos modernos que estudian el emprendimiento y la innovación. Lea sobre las ideas y opiniones de Schumpeter en sus propias palabras, consultando los ensayos sobre su trabajo.

Schumpeter nació en el Imperio Austrohúngaro pero emigró a Estados Unidos cuando los nazis ganaron las elecciones de 1932, lo que propició el advenimiento del Tercer Reich en 1933. Schumpeter también vivió la Primera Guerra Mundial y la depresión de 1930, y murió mientras escribía un ensayo titulado «La marcha hacia el socialismo», en el que recogía sus preocupaciones acerca del creciente papel del gobierno en la economía y la resultante «migración de los asuntos económicos de la gente de la esfera privada a la pública». Como joven catedrático, todavía en Austria, se batió y venció en duelo al bibliotecario de la universidad para garantizar que los estudiantes tuvieran acceso a los libros. También contaba que en su juventud tenía tres ambiciones para su vida: convertirse en el mejor economista del mundo, el mejor amante del mundo y el mejor jinete del mundo, y añadió que solo el declive de la caballería le había impedido tener éxito en las tres.

> **economía evolutiva** Enfoque que estudia el proceso del cambio económico, incluyendo la innovación tecnológica, la difusión de nuevas normas sociales y el surgimiento de instituciones.

Joseph A. Schumpeter. 1949. 'Science and Ideology'. *The American Economic Review* 39 (Marzo): pp. 345–59.

Joseph A. Schumpeter. 1994. *Diez grandes economistas*. Madrid: Alianza, Ediciones del Prado.

Joseph A. Schumpeter. 1962. *Capitalismo, socialismo y democracia*. Barcelona: Página Indómita, 2015.

2.6 LA REVOLUCIÓN INDUSTRIAL BRITÁNICA Y LOS INCENTIVOS A LAS NUEVAS TECNOLOGÍAS

Antes de la Revolución Industrial, el hilado, el tejido y la confección de ropa para el hogar eran actividades que demandaban tiempo para la mayoría de las mujeres. Las solteras eran conocidas en inglés como *spinsters* (hiladoras) justamente porque el hilado (*spinning*) era una de sus principales ocupaciones.

¿Cuál fue el efecto de invenciones como la máquina hiladora Jenny? La primera hiladora Jenny tenía ocho husos, con lo que una máquina operada por una sola persona remplazaba a ocho hilanderas que trabajaban con sendas ruecas. Hacia fines del siglo XIX, una sola hiladora (también conocida como *spinning-mule* o mula de hilar), operada por un pequeño número de personas, podía remplazar a más de 1000 hilanderas. Estas máquinas no dependían de la energía humana, sino que eran accionadas por molinos de agua y posteriormente por motores a vapor alimentados con carbón. La figura 2.9 (página 72) resume estos cambios que tuvieron lugar durante la Revolución Industrial.

El modelo de la sección anterior ofrece una hipótesis (explicación potencial) acerca de porqué se animaría alguien a inventar una tecnología y por qué iba nadie a querer usarla. En este modelo, los productores de paño elegían entre distintas tecnologías en las que se utilizaban solo dos insumos: energía y trabajo. Esto es una simplificación pero permite destacar el papel de los cambios en los precios relativos de los insumos cuando elegimos una tecnología. Cuando el costo del trabajo se

Eve Fisher, una historiadora, calculó que, en esa época, elaborar una camisa requería 500 horas de hilado, y 579 horas de trabajo en total (https://tinyco.re/2933051) y habría costado 4197,25 dólares si calculamos su costo de producción con base en el salario mínimo estadounidense actual.

incrementó en términos relativos al costo de la energía, les surgió la oportunidad de obtener rentas de innovación cambiándose a una tecnología más intensiva en energía.

Esto es solo una hipótesis. ¿Fue lo que realmente ocurrió? Observar cómo los precios relativos diferían entre países y cómo estos cambiaron con el tiempo, nos puede ayudar a entender por qué las tecnologías de la Revolución Industrial se inventaron en Reino Unido antes que en otros países, y por qué en el siglo XVIII y no antes.

La figura 2.10 muestra el precio del trabajo en relación con el precio de la energía en varias ciudades a principios del siglo XVIII, más concretamente, los salarios de los trabajadores de la construcción divididos por el precio de un millón de Unidades Térmicas Británicas (British Thermal Units o BTU), una unidad de energía equivalente a algo más de 1000 julios). En esta gráfica se puede ver que el trabajo era más costoso con respecto al precio de la energía en Inglaterra y los Países Bajos que en Francia (París y Estrasburgo), y mucho más que en China.

Tecnología antigua	Tecnología nueva
Muchos trabajadores	Pocos trabajadores
Poca maquinaria (rueca)	Muchos bienes de capital (mulas de hilado, instalaciones fabriles, ruedas hidráulicas o motores a vapor)
… que requiere solo energía humana	… que requiere energía (carbón)
Intensiva en trabajo	Ahorradora en trabajo
Ahorradora en capital	Intensiva en capital
Ahorradora en energía	Intensiva en energía

Figura 2.9 El cambio en la tecnología del hilado durante la Revolución Industrial.

Ver estos datos en OWiD
https://tinyco.re/2761827

Página 140 de Robert C. Allen. 2008. *The British Industrial Revolution in Global Perspective* [La Revolución Industrial inglesa desde una perspectiva global]. Cambridge: Cambridge University Press.

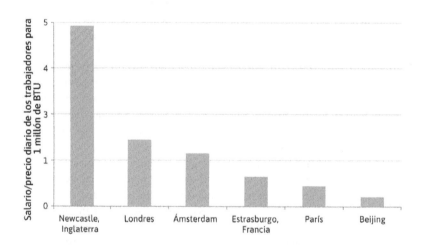

Figura 2.10 Salarios relativos al precio de la energía (principios del siglo XVIII).

Los salarios eran altos en Inglaterra en relación con el costo de la energía, debido a que los salarios ingleses eran más altos que en otras partes y porque el carbón era más barato en una Inglaterra rica en este mineral que en cualquier otro país de la figura 2.10.

La figura 2.11 muestra la tendencia del costo del trabajo en relación con el costo de los bienes de capital en Inglaterra y Francia desde finales del siglo XVI hasta principios del XIX. Lo que muestra esta gráfica son los salarios de los trabajadores de la construcción, divididos por el costo de usar bienes de capital. Este costo se calcula a partir de los precios del metal, la madera y el ladrillo, y el costo de endeudarse, y toma en cuenta la tasa a la que los bienes de capital se gastan o deprecian.

Como puede verse, los salarios relativos al costo de los bienes de capital eran más o menos iguales en Inglaterra y Francia a mediados del siglo XVII pero, a partir de ahí, en Inglaterra –y no en Francia– la mano de obra se fue haciendo cada vez más costosa en relación con los bienes de capital. En otras palabras, el incentivo a remplazar a los trabajadores por máquinas iba incrementando en esos tiempos en Inglaterra, a diferencia de en Francia. En el país galo, el incentivo a ahorrar trabajo a través de la innovación había sido más fuerte a fines del siglo XVI que 200 años más tarde, momento en el que la Revolución Industrial empezó a transformar Reino Unido.

Con el modelo de la sección anterior aprendimos que la tecnología elegida depende de los precios relativos de los insumos. Si combinamos las predicciones del modelo con los datos históricos, obtenemos una explicación para el momento y la ubicación de la Revolución Industrial (https://tinyco.re/1905856):

- Los salarios relativos al costo de la energía y los bienes de capital aumentaron en el siglo XVIII en Reino Unido. Esto no había ocurrido en periodos históricos previos.
- Los salarios relativos al costo de la energía y los bienes de capital fueron más altos en Reino Unido durante el siglo XVIII que en cualquier otro lugar.

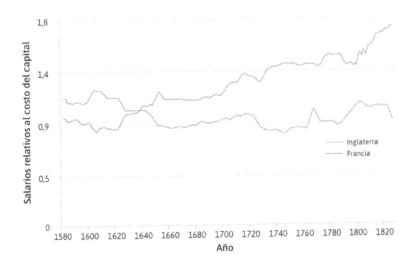

Ver estos datos en OWiD
https://tinyco.re/7417234

Página 138 de Robert C. Allen. 2008. *The British Industrial Revolution in Global Perspective* [La Revolución Industrial inglesa desde una perspectiva global]. Cambridge: Cambridge University Press.

Figura 2.11 Salarios relacionados con el costo de los bienes de capital (finales del siglo XVI y comienzos del XIX).

Sin duda, también influyó el hecho de que Reino Unido fuera un país tan innovador donde había muchos trabajadores cualificados, ingenieros y fabricantes de maquinaria que podían construir las máquinas que los innovadores diseñaban.

El historiador económico Bob Allen aborda la pregunta de porqué se industrializó el Reino Unido y otros países no. https://tinyco.re/7830352

EJERCICIO 2.4 EN REINO UNIDO Y NO EN FRANCIA

Vea nuestro vídeo (https://tinyco.re/7830352) en el que Bob Allen, historiador económico, explica su teoría sobre por qué la Revolución Industrial ocurrió cuándo y dónde.

1. Resuma la propuesta de Allen utilizando el concepto de la renta económica. ¿Qué supuestos *ceteris paribus* está considerando?
2. ¿Qué otros factores importantes podrían explicar el aumento de las tecnologías intensivas en energía en Reino Unido durante el siglo XVIII?

Inglaterra era un país de salarios altos, pero energía y bienes de capital relativamente baratos. Tiene sentido, por tanto, que las tecnologías de la Revolución Industrial –intensivas en energía y bienes de capital, y que permitían ahorrar trabajo– se adoptaran en este país en primer lugar y avanzaran luego con mayor velocidad allí que en el continente europeo, e incluso más rápidamente que en Asia.

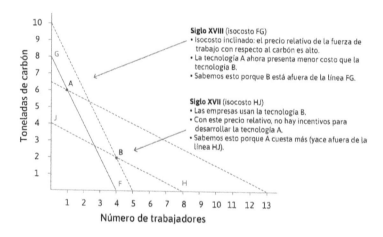

Figura 2.12 Costo de usar diferentes tecnologías para producir 100 metros de paño en Reino Unido en los siglos XVII y XVIII.

1. La tecnología en el siglo XVII

En el siglo XVII, los precios relativos se muestran en la línea de isocosto HJ. Se usaba la tecnología B y, con estos precios relativos, no había incentivo a desarrollar una tecnología como A, situada por encima de la línea de iso-costo HJ.

2. Tecnología en el siglo XVIII

En el siglo XVIII, las líneas de isocosto como FG eran mucho más inclinadas porque el precio relativo del trabajo relativo al carbón era más alto. El costo relativo era suficientemente alto como para hacer que la tecnología A tuviera costos menores que la tecnología B.

3. ¿Por qué la tecnología A tiene menor costo?

Sabemos que cuando el precio relativo del trabajo es alto, la tecnología A es menos costosa porque la tecnología B se sitúa por encima de la línea de iso-costo FG.

¿Qué explica la eventual adopción de estas nuevas tecnologías en países como Francia, Alemania, y en última instancia, en China y la India? Nuestra respuesta es que el avance del progreso tecnológico lleva a que se desarrolle una tecnología nueva que logra dominar a la tecnología existente en uso. El progreso tecnológico implicaría que cada vez se utilizaran menores cantidades de insumos para producir los mismos 100 metros de paño. Podemos usar un modelo para ilustrar esto. En la figura 2.13, el progreso tecnológico conduce a la invención de una tecnología superior intensiva en energía que llamaremos A′. El análisis de la gráfica muestra que una vez que A′ está disponible, será la tecnología preferida tanto en los países que usan A como en los que usan B.

Un segundo factor que promovió la difusión a través del mundo de las nuevas tecnologías fue el aumento de los salarios y la caída de los costos de energía (debido, por ejemplo, a menores costos de transporte, lo que permitió a los países importar energía barata del exterior). Esto hizo que aumentara la pendiente de la línea de isocosto en los países pobres, generando nuevamente un incentivo para cambiarse a tecnologías que ahorraran trabajo.

Robert C. Allen. 2009. 'The Industrial Revolution in Miniature: The Spinning Jenny in Britain, France, and India'. En *The Journal of Economic History* 69 (04) (Noviembre): p. 901.

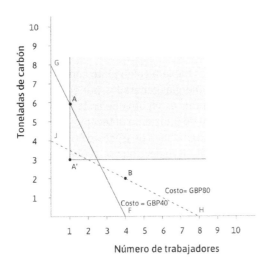

Figura 2.13 Costo de usar diferentes tecnologías para producir 100 metros de paño.

1. ¿Intensiva en energía o en trabajo?
Cuando el precio relativo del trabajo es alto, se escoge la tecnología intensiva en energía, A. Cuando el precio relativo del trabajo es bajo, se escoge la tecnología intensiva en trabajo, B.

2. Una mejora en la tecnología
Se producen mejoras en la tecnología de fabricación de paño, esto crea una nueva tecnología llamada A′. Esta tecnología usa solo la mitad de energía por trabajador para producir 100 metros de paño. La nueva tecnología domina a la tecnología A.

3. A′ es la menos costosa
La tecnología A′ es más barata que ambas A y B tanto en países donde los salarios son relativamente altos (línea de isocosto FG) como en economías de salarios bajos y energía costosa (línea de isocosto HJ). La nueva tecnología, A′, que ahorra trabajo y energía, queda por debajo tanto de FG como de HJ, así que será adoptada en ambas economías.

David S. Landes. 2003. *The Unbound Prometheus: Technological Change and Industrial Development in Western Europe from 1750 to the Present.* Cambridge: Cambridge University Press.

De cualquier forma, las nuevas tecnologías empezaron a difundirse y la divergencia en tecnologías y niveles de vida al final fue remplazada por su convergencia, al menos entre aquellos países en los que había comenzado la revolución capitalista.

Sin embargo, en algunos países todavía hoy podemos observar el uso de tecnologías que en Reino Unido fueron remplazadas por otras durante la Revolución Industrial. El modelo predice que en estas situaciones el precio relativo del trabajo ha de ser muy bajo, haciendo que la línea de isocosto sea muy plana. Por lo tanto, la tecnología B de la figura 2.13 podría todavía ser la preferida, incluso estando disponible la tecnología A', si la línea de isocosto es aún más plana que HJ, de manera que pase por el punto B, pero por debajo de A'.

PREGUNTA 2.5 ESCOJA LA(S) RESPUESTA(S) CORRECTA(S)

Analice de nuevo la figura 2.12 que representa las líneas de isocosto para los siglos XVII y XVIII en Reino Unido.

¿Cuál de las siguientes afirmaciones es cierta?

☐ La curva de isocosto más plana HJ de Reino Unido en el siglo XVII indica mayores salarios relativos al precio del carbón.

☐ La subida de los salarios relativos al costo de energía en el siglo XVIII se representa con el desplazamiento hacia afuera de la línea de isocosto, desde HJ hasta la línea de isocosto paralela que atraviesa A.

☐ Si el nivel de salarios hubiera caído junto con unos costos decrecientes de la energía (generados, por ejemplo, por transportes menos costosos), entonces seguro que en la Reino Unido del siglo XVIII se habría seguido utilizando la tecnología B.

☐ La comparación entre la línea de isocosto FG y la línea de isocosto paralela que pasa por B sugiere que se generó una renta de innovación en la Reino Unido del siglo XVIII cuando las empresas cambiaron de la tecnología B a la A.

EJERCICIO 2.5 ¿POR QUÉ LA REVOLUCIÓN INDUSTRIAL NO OCURRIÓ EN ASIA?

Lea la respuesta de David Landes a esta pregunta (https://tinyco.re/5958995), y este resumen de investigación sobre la gran divergencia (https://tinyco.re/6223568) para debatir por qué la Revolución Industrial ocurrió en Europa en lugar de en Asia, y en Reino Unido en lugar de en la Europa continental.

1. ¿Qué argumentos encuentra más persuasivos, y por qué?
2. ¿Qué argumentos encuentra menos persuasivos, y por qué?

2.7 ECONOMÍA MALTUSIANA: PRODUCTIVIDAD MARGINAL DECRECIENTE DEL TRABAJO

La evidencia histórica respalda nuestro modelo sobre cómo los precios relativos y las los rentas de la innovación pueden ofrecer una explicación simple tanto del surgimiento como de la difusión geográfica de la revolución tecnológica permanente.

Este modelo permite comprender la inflexión ascendente del palo de *hockey*. Sin embargo, explicar la parte plana del palo de *hockey* es otra historia que requiere un modelo diferente.

Malthus ofrece un modelo de la economía que predice un patrón de desarrollo económico consistente con la parte plana del palo de *hockey* del PIB per cápita de la figura 1.1a (página 2) que vimos en el capítulo 1. Su modelo introduce conceptos que se usan mucho en el ámbito de la Economía. Uno de estos conceptos, de gran importancia en la Economía, es la idea de que la productividad marginal de un factor de producción es decreciente.

Productividad marginal decreciente del trabajo

Para entender lo que esto significa, imagine una economía agrícola que produzca solo un bien: grano. Suponga que la producción de grano es muy sencilla, pues solo implica mano de obra agrícola que trabaje la tierra. En otras palabras, no tenga en cuenta el hecho de que la producción de alimentos, en la realidad, también requiere palas, cosechadoras, gallineros, elevadores de grano, silos y varios tipos de construcción y equipamiento.

El trabajo y la tierra (y los otros insumos que hemos dejado de lado por ahora) se denominan **factores de producción** porque son insumos dentro del proceso productivo. En el modelo de cambio tecnológico presentado más arriba, los factores de producción son energía y trabajo.

Usaremos un supuesto *ceteris paribus* adicional para simplificar aún más. Asumiremos que la cantidad de tierra es fija y que esta tiene la misma calidad en cualquier parte. Suponga que la tierra se divide en 800 granjas, cada una trabajada por un solo agricultor. Cada granjero trabajará la misma cantidad de horas totales durante el año. Juntos, estos 800 agricultores producen un total de 500 000 kg de grano. La **productividad media** del trabajo de un agricultor es:

$$\text{productividad media del trabajo} = \frac{\text{producto total}}{\text{número de granjeros totales}}$$

$$= \frac{500\,000 \text{ kg}}{800 \text{ granjeros}}$$

$$= 625 \text{ kg por granjero}$$

Gregory Clark, historiador económico, argumenta que el mundo entero fue maltusiano desde la prehistoria hasta el siglo XVIII. Gregory Clark. 2007. *Adiós a la sopa de pan, hola al sushi: breve historia económica mundial.* Valencia: Publicación de la Universitat de València, 2014. James Lee y Wang Feng hablan de las formas en que el sistema demográfico de China era diferente del de Europa y cuestionan la hipótesis maltusiana de que la pobreza china se debía al crecimiento de la población. James Lee y Wang Feng. 1999. 'Malthusian models and Chinese realities: The Chinese demographic system 1700–2000'. *Population and Development Review* 25 (1) (Marzo): pp. 33–65.

factores de producción El trabajo, la maquinaria y el equipo (generalmente conocidos como capital), la tierra y otros insumos del proceso productivo.

productividad media Producto total dividido por un insumo particular, por ejemplo, por trabajador (dividido por el número de trabajadores) o por trabajador por hora (producto total dividido por el número total de horas de trabajo empleadas).

FUNCIÓN DE PRODUCCIÓN
Esta describe la relación entre la cantidad de producto generado y las cantidades de insumos utilizadas para producirlo.

función de producción Expresión gráfica o matemática que describe la cantidad de producto que puede generarse con cualquier cantidad o combinación dada de insumo(s). La función describe tecnologías diferenciadas capaces de producir lo mismo.

Leibniz: Economía maltusiana: Productividad marginal decreciente del trabajo (https://tinyco.re/2009145)

Para entender lo que sucederá si la población crece, de modo que haya más agricultores para el mismo espacio limitado de tierra cultivable, necesitamos algo que los economistas llaman la **función de producción** de la agricultura. Esta indica la cantidad de producto que resultará de que un determinado número de granjeros trabaje en una cantidad determinada de tierra. En este caso, mantendremos constantes todos los otros insumos, incluyendo la tierra, de modo que solamente consideraremos cómo varía la producción según la cantidad de trabajo empleado.

En secciones previas ya ha podido ver algunas funciones de producción muy simples que indicaban las cantidades de trabajo y energía necesarias para producir 100 metros de paño. Por ejemplo, en la figura 2.3 (página 61), la función de producción de la tecnología B indicaba que si se sumaban 4 trabajadores y 2 toneladas de carbón en el proceso productivo, el producto final serían 100 metros de paño. En el caso de la tecnología A, la función de producción nos ofrece otra aseveración distinta del tipo «si… entonces»: si se utiliza 1 trabajador y 6 toneladas de carbón para producir, entonces el resultado será 100 metros de paño. La función de producción de grano es una aseveración similar del tipo «si… entonces» que, en este caso, indica que X labradores cosecharán una cantidad Y de grano.

La figura 2.14a contiene una lista de diferentes cantidades del insumo de trabajo y las correspondientes producciones de grano. En la tercera columna hemos calculado la productividad media del trabajo. En la figura 2.14b dibujamos la función, asumiendo que la relación se mantiene constante para todos valores de número de labradores empleados y producción total de grano que se encuentren en los intervalos entre los valores mostrados en la tabla.

Llamamos a esto una función de producción porque una función es una relación entre dos cantidades (insumos y producto en este caso), expresada matemáticamente como:

$$Y = f(X)$$

Decimos que «Y es una función de X». X en este caso es la cantidad de trabajo dedicado a la agricultura. Y, a su vez, es el producto en grano que resulta de este insumo. La función f(X) describe la relación entre los dos, representada por la curva de la gráfica.

> **EJERCICIO 2.6 LA FUNCIÓN DE PRODUCCIÓN DE UN AGRICULTOR**
> En el capítulo 1 explicamos que la economía es parte de la biosfera. Piense en la agricultura de un modo biológico.
>
> 1. Investigue cuántas calorías quema un agricultor y cuántas calorías hay en 1 kilo de grano.
> 2. ¿Genera la agricultura un excedente de calorías –más calorías en el producto de las que se utilizan en el insumo trabajo– usando la función de producción de la figura 2.14b?

Nuestra función de producción de granos es hipotética, pero tiene dos características que constituyen supuestos plausibles sobre cómo el producto depende del número de agricultores.

El trabajo combinado con la tierra es productivo. Eso no resulta sorprendente. Cuantos más agricultores haya, más grano se producirá, por lo menos hasta cierto punto (3000 agricultores, en este caso).

A medida que se van sumando más agricultores que trabajan en una cantidad fija de tierra, la productividad media del trabajo va cayendo. Esta **productividad marginal decreciente del trabajo** es una de las dos bases del modelo maltusiano.

Recuerde que la productividad media del trabajo es la producción total de grano dividida por la cantidad de trabajo empleado. En la función de producción de la figura 2.14b o a través de la tabla de la figura 2.14a (que muestra la misma información) vemos que un insumo anual de 800 agricultores trabajando la tierra producirá un promedio de 625 kg de grano por agricultor; ahora bien, si se incrementa el insumo de trabajo a 1600 agricultores, se producirá un promedio de grano por agricultor de 458 kg. La productividad media del trabajo cae a medida que se utiliza más fuerza de trabajo en la producción. Esto es lo que preocupaba a Malthus.

Para ver por qué le preocupaba, suponga que, solo una generación después, cada agricultor hubiera tenido muchos hijos, de modo que en lugar de un agricultor, ahora hubiese dos trabajando la tierra en cada granja. El total de insumo de trabajo inicial era de 800, pero ahora son 1600. Además, en vez de cosechar 625 kg de grano por agricultor, la cosecha media ahora es solo de 458 kg por agricultor.

Podría argumentarse que, en el mundo real, a medida que la población crece, se usa más tierra para la agricultura. Sin embargo, Malthus señaló que la primera generación de agricultores ya habría tomado la mejor tierra, por lo que cualquier terreno nuevo sería de peor calidad, lo que también reduce la productividad media del trabajo.

> **productividad marginal decreciente del trabajo** Situación en la cual, a medida que se emplea más trabajo en un determinado proceso productivo, la productividad media del trabajo por lo general cae.

Insumo de trabajo (número de trabajadores)	Producción de grano (kg)	Productividad media del trabajo (kg/trabajador)
200	200 000	1000
400	330 000	825
600	420 000	700
800	500 000	625
1000	570 000	570
1200	630 000	525
1400	684 000	490
1600	732 000	458
1800	774 000	430
2000	810 000	405
2200	840 000	382
2400	864 000	360
2600	882 000	340
2800	894 000	319
3000	900 000	300

Figura 2.14a Valores registrados de la función de producción de un agricultor: productividad marginal decreciente del trabajo.

Esto significa que la productividad marginal decreciente del trabajo puede deberse a que:

- Se dedica más trabajo a una cantidad fija de tierra
- Se usa más tierra (de calidad inferior) para el cultivo

Dado que la productividad media del trabajo cae a medida que se dedica más fuerza de trabajo al cultivo de la tierra, entonces, a medida que la gente trabaje más horas, sus ingresos inevitablemente caerán.

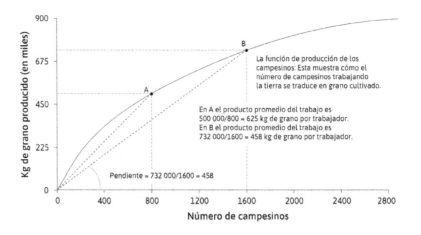

Figura 2.14b La función de producción de un agricultor: productividad marginal decreciente del trabajo.

1. La función de producción de un agricultor

La función de producción muestra cómo el número de agricultores que trabajan la tierra se traduce en grano producido al final de la estación de cultivo.

2. Producto cuando hay 800 agricultores

El punto A de la función de producción muestra el producto o cantidad de grano producido por 800 agricultores.

3. Producto cuando hay 1600 agricultores

El punto B de la función muestra la cantidad de grano producida por 1600 agricultores.

4. La productividad media decrece

En el punto A, la productividad media del trabajo es 500 000 ÷ 800 = 625 kg de grano por agricultor. En el punto B, la productividad media del trabajo es de 732 000 ÷ 1600 = 458 kg de grano por trabajador.

5. La pendiente del rayo es la productividad media

La pendiente del rayo que va desde el origen al punto B en la función de producción muestra la productividad media del trabajo en el punto B. La pendiente es 458, lo que significa que la productividad media es de 458 kg por agricultor cuando 1600 agricultores trabajan la tierra.

6. El rayo A tiene más inclinación que el rayo B

La pendiente del rayo que va al punto A es más inclinada que la que va al punto B. Cuando solo 800 agricultores trabajan la tierra, hay una productividad media del trabajo más alta. La pendiente es 625, luego la productividad media es de 625 kg por agricultor, tal y como calculamos previamente.

PREGUNTA 2.6 ESCOJA LA(S) RESPUESTA(S) CORRECTA(S)
Analice de nuevo la figura 2.14b que representa la función de producción de grano para los agricultores bajo condiciones medias de crecimiento con la tecnología disponible en la actualidad.

Se puede afirmar que:

☐ En un año con condiciones excepcionalmente buenas de clima, la curva de la función de producción será mayor y paralela a la curva que aparece arriba.
☐ El descubrimiento de unas semillas de cultivo de alto rendimiento inclinaría más la curva de la función de producción, rotándola en sentido contrario a las manecillas del reloj respecto al origen.
☐ En un año de sequía, la curva de producción puede inclinarse hacia abajo para un gran número de agricultores.
☐ Si se establece un límite superior a la cantidad de grano que puede producirse, entonces la curva terminará horizontal para una elevada cantidad de agricultores.

2.8 ECONOMÍA MALTUSIANA: LA POBLACIÓN CRECE CUANDO SE INCREMENTAN LOS NIVELES DE VIDA

Por sí sola, la productividad marginal decreciente del trabajo no logra explicar la parte larga y plana del palo de *hockey*. Todo lo que ese concepto dice es que los estándares de vida dependen de la cantidad de población, pero no dice nada acerca de porqué, considerando periodos largos de tiempo, los niveles de vida y la cantidad de población no varían demasiado. Para esto necesitamos la otra parte del modelo de Malthus: su argumento de que una subida del nivel de vida provoca un crecimiento de la población.

Malthus no fue la primera persona en tener esta idea. Años antes de que Malthus desarrollara sus teorías, Richard Cantillon, un economista irlandés, había aseverado que «los hombres se multiplican como ratones en un granero sí poseen medios ilimitados de subsistencia.»

La teoría maltusiana, en esencia, consideraba a la gente como seres no muy diferentes de otros animales:

> «Aunque el hombre se encuentra por encima de los otros animales en cuanto a sus facultades intelectuales, no debería suponerse por ello que las leyes físicas a las que esté sujeto hayan de ser esencialmente diferentes de aquellas que prevalecen en otras secciones del reino animal.»

Thomas Robert Malthus. 1830. *A Summary View on the Principle of Population*. London: J. Murray.

Así pues, las dos ideas centrales del modelo de Malthus son:

- La ley de la productividad marginal decreciente del trabajo
- La población se expande si los niveles de vida aumentan

Imagine una manada de antílopes en una vasta llanura desierta. Suponga también que no tienen depredadores que les compliquen la vida (o nuestro análisis). Cuando estos antílopes están mejor alimentados, viven más y tienen más descendencia. Cuando la manada es pequeña, los antílopes pueden comer todo lo que quieran y la manada crece.

Al final, la manada será tan grande con relación al tamaño de la llanura que los antílopes ya no podrán comer todo lo que quieran. A medida que la superficie de tierra por animal vaya disminuyendo, sus niveles de vida comenzarán a caer. Esta reducción de los niveles de vida continuará en la medida en que la manada siga aumentando su tamaño.

Dado que cada animal tiene menos comida, los antílopes tendrán menos descendencia y morirán más jóvenes; el crecimiento de la población disminuirá. Al final, los niveles de vida caerán hasta el punto en que el tamaño de la manada ya no aumente. Los antílopes habrán llenado la llanura. En este momento, cada animal se alimentará de una cantidad de comida que denominaremos **nivel de subsistencia**. Cuando los niveles de vida de los animales se ven forzados al nivel de subsistencia como resultado del crecimiento de la población, la manada ya no crece.

Si los antílopes comen menos que su nivel de subsistencia, la manada comenzará a reducirse. Y, como ya hemos visto, cuando el consumo exceda el nivel de subsistencia, la manada crecerá.

La misma lógica habría que aplicar, razonó Malthus, si se considera una población humana que viva en un país con una oferta fija de tierra de cultivo. En la medida que la gente tenga acceso a buena alimentación se multiplicarán como los ratones en el granero de Cantillon, pero al final llenarán el país y, a partir de ahí, los crecimientos adicionales de la población harán que los ingresos de la mayoría de la gente se reduzcan como resultado de la productividad marginal decreciente del trabajo. La caída de los niveles de vida hará que el crecimiento de la población vaya haciéndose menor a medida que la tasa de mortalidad vaya en aumento y la tasa de natalidad caiga; y así, finalmente, los ingresos se establecerán al nivel de subsistencia.

El modelo de Malthus genera un **equilibrio** en el cual hay un nivel de ingresos suficiente para permitir un nivel de consumo de subsistencia. Las variables que permanecen constantes en este equilibrio son:

- La población
- El nivel de ingresos de las personas

Si las condiciones cambian, la población y los ingresos también pueden cambiar, pero eventualmente la economía volverá a un equilibrio con los ingresos al nivel de subsistencia.

EJERCICIO 2.7 ¿SON REALMENTE LAS PERSONAS COMO OTROS ANIMALES?

Malthus escribió: «No debería suponerse por ello que las leyes físicas a las que está sujeta [la humanidad] hayan de ser esencialmente diferentes de aquellas que prevalecen en otras secciones del reino animal»

¿Está de acuerdo? Explique su razonamiento.

Economía maltusiana: el efecto de las mejoras tecnológicas
Sabemos que durante los siglos anteriores a la Revolución Industrial se dieron mejoras tecnológicas en muchas regiones del mundo, incluyendo Reino Unido y, sin embargo, los niveles de vida permanecieron constantes. ¿Puede el modelo de Malthus explicar esto?

En la figura 2.15 (página 83) ilustramos cómo la combinación de la productividad marginal decreciente del trabajo y el efecto de unos ingresos más altos sobre crecimiento de la población implica que, en el muy largo plazo, los ingresos de los agricultores no se elevarán como consecuencia de las mejoras tecnológicas. En esta gráfica se muestran a la izquierda las causas de lo que aparece a la derecha.

Si comenzamos en una situación de equilibrio, en los ingresos del nivel de subsistencia, una tecnología nueva, como por ejemplo semillas mejoradas, logra incrementar los ingresos por persona que se producen trabajando la cantidad fija de tierra existente. Los mayores niveles de vida conducen a un incremento en la población. A medida que más personas ocupan la tierra, cae la productividad media del trabajo, lo que redunda en una caída de los ingresos por persona. Al final, los ingresos vuelven a los niveles de subsistencia, con una población mayor.

¿Por qué es mayor la población en el nuevo equilibrio? La producción por agricultor ahora es mayor para cada número de campesinos. La población no vuelve a su nivel original porque el ingreso subiría por encima del nivel de subsistencia. Una tecnología mejor puede ofrecer unos ingresos de nivel de subsistencia a una población mayor.

El Einstein al final de esta sección muestra cómo representar el modelo de Malthus en forma gráfica y cómo usarlo para investigar los efectos de una nueva tecnología.

El modelo maltusiano predice que las mejoras en la tecnología no aumentarán los estándares de vida si:

- la productividad media del trabajo disminuye a medida que se aplique más fuerza de trabajo a una cantidad fija de tierra
- la población crece en respuesta a incrementos en los salarios reales

En consecuencia, a largo plazo, un incremento en la productividad generará una población mayor, pero no salarios más altos. Esta deprimente conclusión alguna vez se consideró tan universal e ineludible que se le denominó Ley de Malthus.

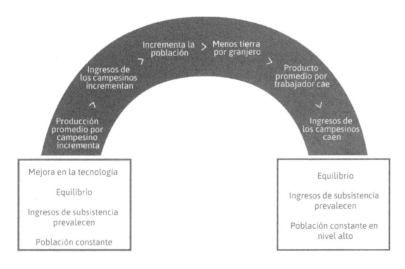

Figura 2.15 El modelo de Malthus: el efecto de una mejora tecnológica.

EINSTEIN

Crear modelos para Malthus

El argumento de Malthus se resume en la figura 2.16 mediante dos diagramas.

La línea de pendiente negativa del lado izquierdo de la gráfica muestra que, a medida que aumenta la población, se reducen los salarios debido a la productividad marginal decreciente del trabajo. La línea ascendente del lado derecho muestra la relación entre salarios y crecimiento de la población. Cuando los salarios son altos, la población crece debido a que unos niveles de vida más altos generan más nacimientos y menos fallecimientos.

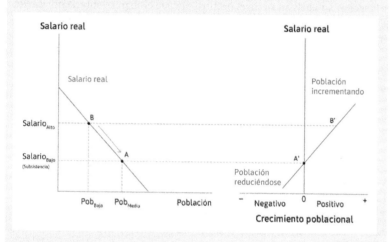

Figura 2.16 Una economía maltusiana.

1. Diagrama de la izquierda: cómo los salarios dependen del nivel de la población

A un nivel medio de población, el salario de las personas que trabajan la tierra se sitúa en su nivel de subsistencia (punto A). El salario es mayor en el punto B, donde la población es más pequeña, porque la productividad media del trabajo es mayor.

2. Diagrama de la derecha: cómo el crecimiento de la población depende de los niveles de vida

La línea del diagrama de la derecha es ascendente, mostrando que cuando los salarios (en el eje vertical) son altos, el crecimiento de la población (en el eje horizontal) es positivo (así que la población aumenta). Cuando los salarios son bajos, el crecimiento de la población es negativo (la población disminuye).

3. Conexión entre los dos diagramas

En el punto A, a la izquierda, la población es de tamaño medio y el salario está en su nivel de subsistencia. Ahora vayamos al diagrama del otro lado, al punto A', a la derecha, que muestra el punto en que el crecimiento de la población es igual a cero. Así, si la economía está en el punto A, se encuentra en equilibrio: la población permanece constante y los salarios permanecen en su nivel de subsistencia.

4. Una población menor

Suponga que la economía está en B, con un salario superior y una población menor. El punto B', a la derecha, muestra que la población crece.

5. La economía regresa al equilibrio

A medida que la población se incrementa, la economía se mueve hacia abajo en la línea del diagrama de la izquierda: los salarios caen hasta que alcanzan el equilibrio en A.

Juntos, los dos diagramas explican la trampa de la población de Malthus. La población se mantendrá constante cuando el salario se encuentre al nivel de subsistencia, subirá cuando el salario esté por encima del nivel de subsistencia y caerá cuando el salario esté por debajo del nivel de subsistencia.

La figura 2.17 muestra cómo el modelo maltusiano predice que, aunque aumente la productividad, los niveles de vida no lo harán a largo plazo.

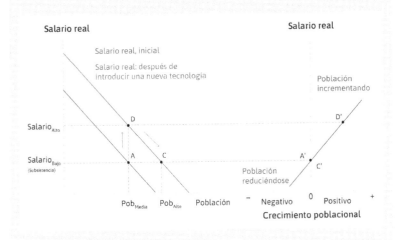

Figura 2.17 Introducción de una nueva tecnología en una economía maltusiana.

1. Inicialmente la economía se encuentra en equilibrio

La economía comienza en el punto A, con una población de tamaño medio y el salario en su nivel de subsistencia.

2. Un avance en la tecnología – incremento de los salarios

Una mejora tecnológica (por ejemplo, mejores semillas) incrementa la productividad media del trabajo, con lo cual el salario es más alto para cualquier nivel de población. La línea de salario real se desplaza hacia arriba. En el nivel inicial de población, el salario sube y la economía se mueve al punto D.

3. La población comienza a incrementarse

En el punto D, el salario se ha elevado sobre el nivel de subsistencia y, por lo tanto, la población comienza a crecer (punto D').

4. Aumenta la población

A medida que la población aumenta, el salario cae por causa de la productividad marginal decreciente del trabajo. La economía desciende por la curva de salario real desde D.

5. C es el equilibrio con la nueva tecnología

En C, el salario ha alcanzado el nivel de subsistencia nuevamente. La población permanece constante (punto C'). La población es mayor en el equilibrio C de lo que era en el equilibrio A.

EJERCICIO 2.8 NIVELES DE VIDA EN EL MUNDO MALTUSIANO

Suponga que la curva de crecimiento poblacional en el panel derecho de la figura 2.16 se desplaza hacia la izquierda (menos nacimientos, o más defunciones para cualquier nivel de salarios). Explique qué pasaría con los niveles de vida, describiendo la transición al nuevo equilibrio.

2.9 LA TRAMPA MALTUSIANA Y EL ESTANCAMIENTO ECONÓMICO A LARGO PLAZO

En el mundo de Malthus, a largo plazo, el principal impacto de una mejor tecnología es el incremento de la población. El escritor H. G. Wells, autor de *La guerra de los mundos*, escribió en 1905 que la humanidad «tan rápidamente como obtuvo los grandes avances de la ciencia, los desperdició en la mera multiplicación insensata de la vida».

Así pues, ahora tenemos una posible explicación de la sección larga y plana del palo de *hockey*. Con cierta periodicidad, los seres humanos inventan mejores maneras de hacer las cosas, tanto en la agricultura como en la industria, y esto lleva a los consiguientes aumentos de los ingresos de agricultores y empleados por encima del nivel de subsistencia. La interpretación de Malthus es que unos salarios reales más altos inducían a las parejas jóvenes a casarse antes y tener más hijos, y también llevaban a menores tasas de mortalidad. Esto provocaba un crecimiento de la población, que al final obligaba a lo salarios reales a volver a los niveles de subsistencia, lo cual podría explicar por qué China y la India, que en su momento tenían unas economías relativamente sofisticadas, acabaron teniendo poblaciones muy altas, pero –hasta hace poco– con ingresos muy bajos.

Al igual que con nuestro modelo sobre rentas de la innovación, precios relativos y mejoras tecnológicas, tenemos que preguntarnos: ¿podemos encontrar evidencia que sustente la predicción fundamental del modelo maltusiano de que los ingresos volverán al nivel de subsistencia?

La figura 2.18 es consistente con lo que predijo Malthus. Desde finales del siglo XIII hasta principios de siglo XVII, Reino Unido alternó periodos de salarios altos que conducían a crecimientos de población, con periodos de salarios bajos y poblaciones más pequeñas, seguido por periodos de salarios altos… y así sucesivamente, en un círculo vicioso.

La figura 2.18 nos ofrece una visión diferente del mismo círculo vicioso si nos enfocamos en el periodo que va de 1340 a 1600, que se muestra en la figura 2.19. La plaga bubónica, conocida como la Peste Negra (https://tinyco.re/8267483), causó la muerte de entre un cuarto y un tercio de la población de Europa durante el periodo de 1349 a 1351. El diagrama de la parte inferior de la gráfica muestra los encadenamientos causales que condujeron a los efectos que vemos en la parte superior del gráfico.

La disminución del número de personas que trabajaban en la agricultura durante la Peste Negra hizo que aumentara la productividad agrícola siguiendo el principio de productividad marginal decreciente del trabajo. Los agricultores accedieron a un nivel de vida mejor, tanto si eran propietarios de la tierra que trabajaban como si pagaban una renta fija a un terrateniente. En las ciudades, los empleadores también tuvieron que ofrecer salarios más altos para poder atraer a los trabajadores de las zonas agrícolas.

Las conexiones causales que muestra la figura 2.19 combinan las dos características del modelo maltusiano con el papel que desempeñaron los acontecimientos políticos, tanto respondiendo a cambios en la economía, como causándolos. Cuando, en 1349 y 1351, el rey Eduardo III de Inglaterra aprobó leyes que trataban de restringir las subidas salariales, la economía (debido a la escasa oferta de trabajo) ganó a la política: los salarios continuaron subiendo y los campesinos comenzaron a ejercer su creciente poder, en particular exigiendo más libertades y menos impuestos en una rebelión que se produjo en 1381, conocida como La Revuelta de los Campesinos o Rebelión de Wat Tyler.

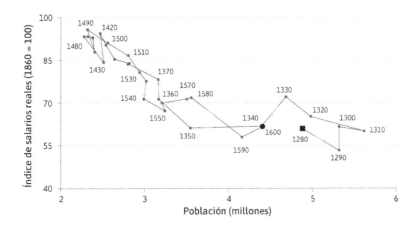

Ver estos datos en OWiD
https://tinyco.re/7264218

Robert C. Allen. 2001. 'The Great Divergence in European Wages and Prices from the Middle Ages to the First World War' [La gran divergencia de salarios y precios en Europa desde la Edad Media hasta la Primera Guerra Mundial]. *Explorations in Economic History* [Investigaciones de Historia económica] 38 (4): pp. 411–447.

Figura 2.18 La trampa maltusiana: salarios y población (década 1280–década 1600).

Robert C. Allen. 2001. 'The Great Divergence in European Wages and Prices from the Middle Ages to the First World War'[La gran divergencia en salarios y precios en Europa desde la Edad Media hasta la Primera Guerra Mundial]. *Explorations in Economic History* [Investigaciones de Historia económica] 38 (4): pp. 411–447.

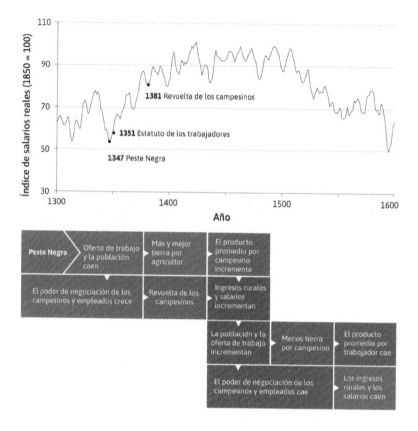

Figura 2.19 La Peste Negra, oferta de trabajo, política y salarios: una economía maltusiana.

1. Una economía maltusiana en Inglaterra (1300 – 1600)

En esta figura, examinamos la economía maltusiana que existió en Inglaterra entre los años 1300 y 1600, resaltados en la parte superior.

2. La Peste Negra (1348–1350)

La plaga bubónica de 1348–1350, también conocida como la Peste Negra, mató a 1,5 millones de personas de una población estimada de 4 millones, provocando una caída dramática de la oferta de trabajo.

3. Los salarios subieron después de la peste

Esta disminución en la población tuvo un beneficio económico para los agricultores y trabajadores que sobrevivieron: los agricultores pasaron a tener más y mejor tierra, y los trabajadores pudieron exigir salarios más altos. Los ingresos se fueron elevando a medida que la peste disminuía.

4. Agricultores y trabajadores hicieron uso de su poder

En 1351, el rey Eduardo III de Inglaterra trató de limitar los aumentos salariales por medio de una ley, lo que desencadenó en un periodo de rebeliones contra la autoridad, en particular la revuelta de los campesinos de 1381. A pesar de las acciones del rey, los ingresos siguieron aumentando.

5. La población aumentó en el siglo XVI

Para mediados del siglo XV, los salarios reales de los trabajadores de la construcción de Inglaterra se habían duplicado. Los salarios más altos ayudaron a la población a recuperarse en el siglo XVI, pero la ley de Malthus se impuso: a medida que la población aumentaba, los ingresos fueron cayendo.

6. Estancamiento maltusiano (1350–1600)

Para 1600, los salarios reales habían caído al nivel en el que estaban 300 años antes.

7. Causa y efecto en la economía maltusiana

Nuestro modelo de economía maltusiana ayuda a explicar el incremento y caída de los ingresos entre 1300 y 1600 en Inglaterra.

Sin embargo, cuando en el siglo XVI la población se recuperó, la oferta de trabajo aumentó, lo cual hizo disminuir el nivel salarial. Basándonos en esta evidencia, cabe concluir que la explicación de Malthus es consistente con la historia de Inglaterra para ese periodo.

EJERCICIO 2.9 ¿QUÉ AGREGARÍA?
El diagrama de causa-efecto que hemos creado en la figura 2.19 hace uso de muchos supuestos *ceteris paribus*.

1. ¿Cómo simplifica este modelo la realidad?
2. ¿Qué deja por fuera?
3. Trate de redibujar la gráfica para que incluya otros factores que le parezcan importantes.

PREGUNTA 2.7 ESCOJA LA(S) RESPUESTA(S) CORRECTA(S)
Observe de nuevo las figuras 2.1 (página 50) y 2.19 que muestran gráficos de salarios reales en Inglaterra entre 1300 y 2000.

También le comunican los siguientes hechos:

Durante la Plaga Bubónica de 1348 y 1351, entre un cuarto y un tercio de la población de Europa murió.

En los siglos XVII y XVIII, los salarios de los trabajadores no cualificados, en relación con los ingresos de terratenientes, representaban solo un quinto de lo que habían sido en el siglo XVI.

¿Qué puede concluir de esta información?

☐ Según el modelo maltusiano, la disminución de la población provocada por la peste debió llevar a un incremento en la productividad media de los trabajadores, causando el incremento observado en el salario real posterior a la plaga.
☐ La duplicación y reducción a la mitad del índice de salarios reales correspondientes a lo largo de 250 años hacia 1350 contradicen el modelo maltusiano.
☐ La reducción de la participación relativa de los trabajadores no cualificados en el producto total durante los siglos XVII y XVIII se debió a la disminución de la productividad media de su trabajo.
☐ La caída en los salarios relativos de los trabajadores no cualificados durante los siglos XVII y XVIII fue uno de los factores que condujeron al eventual repunte de los salarios reales en el siglo XIX que hemos visto en el gráfico.

William H. McNeill. 1976. *Plagas y pueblos*. Tres Cantos, Madrid: Siglo XX de España, 2016.

Nos hemos centrado en agricultores y trabajadores que perciben un salario, pero no necesariamente todos en la economía están atrapados en la trampa de Malthus. En la medida en que la población continúe creciendo, la demanda de alimentos también crece y, por lo tanto, la limitada cantidad de tierra disponible para producir alimentos debería volverse cada vez más valiosa. En el mundo de Malthus, el crecimiento de la población debería conducir a una mejora en la posición económica relativa de los terratenientes.

Esto fue lo que ocurrió en Inglaterra: la figura 2.19 muestra que los salarios reales no se incrementaron en el muy largo plazo (no eran más altos en 1800 de lo que lo eran en 1450) pero, sin embargo, la brecha entre terratenientes y trabajadores aumentó. En los siglos XVII y XVIII, los salarios de los trabajadores británicos no cualificados, con relación a los ingresos de los terratenientes, representaban solo una quinta parte de lo que habían sido en el siglo XVI.

No obstante, y pese a que los salarios eran bajos comparados con los ingresos de los terratenientes, otra comparación de precios relativos fue la clave para explicar cómo Inglaterra escapó a la trampa de Malthus: tal y como hemos visto, los salarios se mantuvieron altos, en comparación con el precio del carbón (figura 2.10 (página 72)) e incluso se incrementaron con respecto al costo de usar bienes de capital (figura 2.11 (página 73)).

2.10 ESCAPAR DE LA TRAMPA MALTUSIANA

Nassau Senior, el economista que lamentaba que el número de fallecidos durante la hambruna irlandesa no fuera suficiente como para servir de algo, no parece compasivo. Ahora bien, él y Malthus estaban en lo correcto al pensar que el crecimiento de la población y la productividad marginal decreciente del trabajo podían crear un círculo vicioso de estancamiento económico y pobreza. Sin embargo, el gráfico de palo de *hockey* de los niveles de vida muestra que estaban equivocados al creer que esta situación nunca cambiaría.

No consideraron la posibilidad de que las mejoras en la tecnología podían llegar a producirse a una tasa mayor que el crecimiento de la población, anulando el efecto la productividad marginal decreciente del trabajo.

Resulta que la revolución tecnológica permanente implica que el modelo maltusiano ya no es una descripción razonable del mundo. El nivel de vida promedio aumentó de forma acelerada y con efectos permanentes después de la revolución capitalista.

La figura 2.20 muestra los salarios reales y niveles de población desde la década de 1280 hasta la de 1860. Como vimos en la figura 2.18, desde el siglo XIII hasta el siglo XVI había una clara relación negativa entre la población y los salarios reales: cuando la primera aumentaba, los segundos bajaban, tal como la teoría de Malthus sugería.

Entre finales del siglo XVI y principios del siglo XVIII, a pesar de que los salarios se incrementaron, en términos relativos, hubo muy poco crecimiento de la población. Alrededor de 1740, podemos ver otra vez la relación de Malthus, etiquetada en la gráfica como «Siglo XVIII». Luego, alrededor de 1800, la economía se movió hacia lo que parece ser un régimen completamente nuevo, con un crecimiento simultáneo de la población y de los salarios reales que aparece indicado como «Escape».

La figura 2.21 amplía esa sección del «gran escape» en los datos salariales.

La historia de la revolución tecnológica permanente demuestra que hay dos factores que influyen sobre los salarios:

- *Cuánto se produce*: podemos pensar en este factor como el tamaño del pastel a dividir entre trabajadores y propietarios de otros insumos (tierra o máquinas).
- *La porción que reciben los trabajadores*: esto depende de su poder de negociación, que a su vez depende de los mecanismos que determinan los salarios (a nivel individual o colectivo, por ejemplo, a través de negociaciones lideradas por los sindicatos) y de la oferta y demanda de trabajadores. Si muchos trabajadores están compitiendo por el mismo trabajo, los salarios probablemente serán bajos.

Después de 1830, el pastel continuó creciendo y la participación de los trabajadores creció con él.

Reino Unido había escapado a la trampa maltusiana. Pronto se repetiría este proceso en otros países, tal como mostramos en las figuras 1.1a (página 2) y 1.1b (página 14).

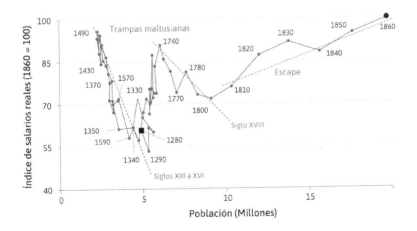

Ver estos datos en OWiD
https://tinyco.re/1902874

Robert C. Allen. 2001. The Great Divergence in European Wages and Prices from the Middle Ages to the First World War [La gran divergencia en salarios y precios en Europa desde la Edad Media hasta la Primera Guerra Mundial]. *Explorations in Economic History* [Investigaciones de la historia económica] 38 (4): pp. 411–447.

Figura 2.20 Escapar a la trampa maltusiana. Nota: la productividad del trabajo y los salarios reales son promedios móviles quinquenales.

Robert C. Allen. 2001. The Great Divergence in European Wages and Prices from the Middle Ages to the First World War [La gran divergencia en salarios y precios en Europa desde la Edad Media hasta la Primera Guerra Mundial]. *Explorations in Economic History* [Investigaciones de la historia económica] 38 (4): pp. 411–447.

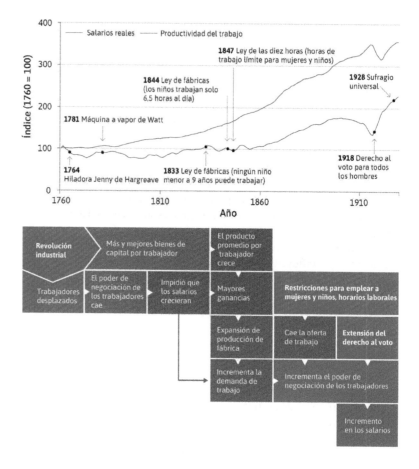

Figura 2.21 Escapar a la trampa maltusiana. Nota: la productividad del trabajo y los salarios reales son promedios móviles quinquenales.

1. Escapar a la trampa maltusiana

En el siglo XVIII, la relación maltusiana persistía. En el siglo XIX, la economía parece haberse convertido en un régimen no maltusiano con los salarios reales, incrementándose mientras la población crecía.

2. La revolución tecnológica permanente

La historia comienza con mejoras tecnológicas como la hiladora Jenny y la máquina a vapor, que incrementaron el producto por trabajador. La innovación continuó a medida que la revolución tecnológica se iba haciendo permanente, desplazando a miles de hiladores, tejedores y agricultores.

3. Desempleo urbano

La pérdida del empleo redujo el poder de negociación de los trabajadores, haciendo que los salarios se mantuvieran bajos, como puede observarse en la línea plana que presenta el gráfico entre 1750 y 1830. El tamaño del pastel se estaba incrementando, pero la porción de los trabajadores no.

4. Nuevas oportunidades

En la década de 1830, una mayor productividad y unos salarios más bajos llevaron a un aumento de los beneficios. Los beneficios, la competencia y la tecnología impulsaron la expansión de los negocios. La demanda de trabajo subió. La gente dejó la agricultura para dedicarse a trabajar en las nuevas fábricas.

5. El poder de negociación de los trabajadores

La oferta de trabajo cayó cuando se prohibió a los empresarios emplear a niños. La combinación de una mayor demanda y una menor oferta de mano de obra mejoró el poder de negociación de los trabajadores.

6. Escapar del maltusianismo

El poder de los trabajadores aumentó al obtener el derecho al voto y formar sindicatos. Estos trabajadores fueron capaces de exigir una parte constante o creciente de los aumentos de productividad generados por la revolución tecnológica permanente.

PREGUNTA 2.8 ESCOJA LA(S) RESPUESTA(S) CORRECTA(S)
Observe de nuevo la figura 2.20, que muestra los salarios reales de la población de Inglaterra desde la década de 1280 hasta la de 1860.

Según Malthus, en un contexto de productividad marginal decreciente del trabajo en la producción y crecimiento poblacional en respuesta a incrementos en los salarios reales, a largo plazo, un aumento de productividad provoca un crecimiento de población, pero no salarios reales más altos. Con base en esta información, ¿cuál de las siguientes afirmaciones es correcta?

☐ Entre la década de 1800 y la de 1860, la población crece a medida que los salarios reales aumentan, un hecho que coincide plenamente con la descripción de Malthus del crecimiento económico.
☐ Hay evidencia clara de una persistente y continua trampa maltusiana entre la década de 1280 y la de 1800.
☐ Las trampas maltusianas parecen producirse en ciclos de 60 años.
☐ El modelo maltusiano no toma en cuenta la posibilidad de un choque tecnológico positivo que pueda compensar la productividad marginal decreciente del trabajo.

En nuestro vídeo «Economista en acción», Suresh Naidu, historiador económico, explica cómo el crecimiento de la población, el desarrollo tecnológico y los acontecimientos políticos interactuaron para producir el palo de jockey de salarios reales.
https://tinyco.re/4539763

EJERCICIO 2.11 LAS INSTITUCIONES BÁSICAS DEL CAPITALISMO
El escape de la trampa maltusiana, consistente en que el progreso tecnológico superó los efectos del crecimiento de la población, se produjo tras el surgimiento del capitalismo. Considere las tres instituciones básicas del capitalismo:

1. ¿Por qué es la propiedad privada importante para que el progreso tecnológico ocurra?
2. Explique cómo los mercados pueden ofrecer tanto «zanahoria» como «garrote» para promover la innovación.
3. ¿Cómo puede la producción en las empresas, en lugar de en las familias, contribuir al aumento de los niveles de vida?

2.11 CONCLUSIÓN

Hemos introducido un modelo económico en el que la elección de tecnologías de producción por parte de las empresas depende de los precios relativos de los insumos, y la renta económica resultante de adoptar una nueva tecnología incentiva la innovación en las empresas. Al contrastar este modelo con la evidencia histórica disponible, hemos visto que podría ayudar a explicar por qué la Revolución Industrial tuvo lugar en Reino Unido en el siglo XVIII.

También hemos mostrado cómo el modelo económico de Malthus, que describe un círculo vicioso en el que el crecimiento de la población neutraliza los aumentos temporales del nivel de ingresos, podría explicar el estancamiento en los niveles de vida que se prolongó durante siglos antes de la Revolución Industrial, hasta que el comienzo de la revolución tecnológica permanente proporcionó una vía de escape gracias a las mejoras tecnológicas.

Conceptos del capítulo 2
Antes de seguir, revise estas definiciones:

- Equilibrio
- *Ceteris paribus*
- Precios relativos
- Incentivos
- Productividad marginal decreciente del trabajo
- Opción de reserva
- Renta económica
- Línea de isocosto
- Rentas de innovación

2.12 REFERENCIAS BIBLIOGRÁFICAS

Allen, Robert C. 2009. 'The Industrial Revolution in Miniature: The Spinning Jenny in Britain, France, and India'. En *The Journal of Economic History* 69 (04) (Noviembre): p. 901.

Allen, Robert C. 2013. *Historia económica mundial: una breve introducción.* Madrid: Alianza Editorial.

Clark, Gregory. 2007. *Adiós a la sopa de pan, hola al sushi: breve historia económica mundial.* Valencia: Publicación de la Universitat de València, 2014.

Davis, Mike. 2000. *Los holocaustos de la era victoriana tardía: el Niño, las hambrunas y la formación del tercer mundo.* Valencia: Publicación de la Universitat de València, 2006.

Landes, David S. 1990. 'Why are We So Rich and They So Poor?' (https://tinyco.re/5958995). *American Economic Review* 80 (Mayo): pp. 1–13.

Landes, David S. 2003. *The Unbound Prometheus: Technological Change and Industrial Development in Western Europe from 1750 to the Present.* Cambridge: Cambridge University Press.

Landes, David S. 2006. 'Why Europe and the West? Why not China?'. En *Journal of Economic Perspectives* 20 (2) (Junio): pp. 3–22.

Lee, James, y Wang Feng. 1999. 'Malthusian models and Chinese realities: The Chinese demographic system 1700–2000'. *Population and Development Review* 25 (1) (Marzo): pp. 33–65.

Malthus, Thomas R. 1798. *Un ensayo sobre el crecimiento de la población.* Madrid: Akal, D.L. 1990.

Malthus, Thomas R. 1830. *A Summary View on the Principle of Population.* London: J. Murray.

McNeill, William Hardy H. 1976. *Plagas y pueblos.* Tres Cantos, Madrid: Siglo xx de España, 2016.

Mokyr, Joel. 2004. *Los dones de Atenea: los orígenes históricos de la economía del conocimiento.* Madrid: Marcial Pons, Historia, 2008.

Pomeranz, Kenneth L. 2000. *The Great Divergence: Europe, China, and the Making of the Modern World Economy.* Princeton, NJ: Princeton University Press.

Schumpeter, Joseph A. 1949. 'Science and Ideology'. *The American Economic Review* 39 (Marzo): pp. 345–59.

Schumpeter, Joseph A. 1962. *Capitalismo, socialismo y democracia.* Barcelona: Página Indómita, 2015.

Schumpeter, Joseph A. 1994. *Diez grandes economistas*. Madrid: Alianza, Ediciones del Prado.

Skidelsky, Robert. 2012. 'Robert Skidelsky—portrait: Joseph Schumpeter'. Actualizdo 1 de diciembre de 2007.

CAPÍTULO 3
ESCASEZ, TRABAJO Y ELECCIÓN

CÓMO LOS INDIVIDUOS TOMAN LA MEJOR DECISIÓN A SU ALCANCE, DADAS LAS RESTRICCIONES QUE ENFRENTAN, Y CÓMO RESUELVEN SU DISYUNTIVA (*TRADE-OFF*) ENTRE INGRESOS Y TIEMPO LIBRE

- La toma de decisiones en situación de escasez es un problema común porque solemos tener medios limitados para alcanzar nuestros objetivos.
- Los economistas modelan estas situaciones: primero, definiendo todas las posibles acciones, y luego, evaluando cuál de estas acciones es la mejor, dados los objetivos.
- El costo de oportunidad describe las disyuntivas inevitables debido a la presencia de la escasez. Por lo tanto, satisfacer más un objetivo significa satisfacer menos otros objetivos.
- Este modelo puede aplicarse a la pregunta sobre cuánto tiempo dedicar al trabajo cuando nos enfrentamos a la disyuntiva de disponer de más tiempo libre o más ingresos.
- Este modelo también ayuda a explicar las diferencias en las horas que la gente trabaja en diferentes países, así como los cambios en nuestro horario de trabajo a lo largo de la historia.

Imagine que está trabajando en Nueva York y le están pagando 15 dólares la hora por una semana laboral de 40 horas, así que está ganando 600 dólares por semana. Una semana tiene 168 horas, por lo que, después de 40 horas de trabajo, quedan 128 horas de tiempo libre para todas las actividades no laborales, incluyendo el tiempo de ocio y de sueño.

TEMAS Y CAPÍTULOS INTEGRADORES

- 17: Historia, inestabilidad y crecimiento
- 18: Economía global
- 21: Innovación
- 22: Política y políticas públicas

Suponga que, gracias a un feliz golpe de suerte, le ofrecen un trabajo con un salario mucho mayor (6 veces más alto). Sus nuevos ingresos por hora ascienden a 90 dólares. Además, su nuevo empleador le permite escoger cuántas horas trabajar cada semana.

¿Seguirá trabajando 40 horas por semana? Si lo hace, su paga semanal será seis veces más alta que antes: 3600 dólares. ¿O decidirá que está satisfecho con los bienes que puede comprar con sus ingresos semanales de 600 dólares? En ese caso, ahora puede ganar esa cantidad reduciendo sus horas de trabajo semanales a solo 6 horas y 50 minutos (¡con lo que dispondrá de un fin de semana de 6 días!). Si esta fuera su decisión, disfrutaría de 33 horas y 20 minutos (alrededor de un 26%) más tiempo libre que antes. ¿O preferiría usar este incremento en su salario por hora para aumentar sus ingresos semanales y su tiempo libre de forma equilibrada?

La idea de recibir, de repente, un incremento salarial que multiplique por 6 la paga por hora y ser capaz de elegir sus propias horas de trabajo puede no parecer muy realista. Ahora bien, ya vimos en el capítulo 2 que el progreso tecnológico que se ha ido produciendo desde la Revolución Industrial ha venido acompañado por un sustancial aumento en los salarios. De hecho, el promedio de los ingresos reales por hora de los trabajadores estadounidenses se multiplicó por 6 durante el siglo xx. Y, aunque por lo general los empleados no pueden simplemente decirles a sus empleadores cuántas horas quieren trabajar, a lo largo del tiempo sí han cambiado los horarios y la cantidad de horas que es habitual trabajar. En parte, esto es una respuesta a cuánto preferimos trabajar. A título individual, podemos elegir un trabajo a tiempo parcial, aunque tal vez esto restrinja nuestras posibilidades laborales. Los partidos políticos también responden a las preferencias de los votantes, de ahí que se hayan producido cambios en el horario laboral típico de muchos países como resultado de legislaciones que imponen un límite máximo a las horas de trabajo.

Entonces, ¿las personas han usado el progreso económico para consumir más bienes, para disfrutar de más tiempo libre o para ambas cosas? La respuesta es que, para ambas, pero en diferente proporción en diferentes países. Si bien los ingresos por hora se incrementaron por un factor de más de 6 para los estadounidenses durante el siglo xx, el promedio anual de horas trabajadas se redujo un poco más de un tercio. Por lo tanto, al final del siglo pasado dicha población había visto cómo sus ingresos anuales se cuadruplicaban, dinero con el que obviamente podrían comprar más bienes y servicios, pero, en cambio, el incremento de su tiempo libre –algo menos de un quinto– fue mucho menor. (El aumento porcentual del tiempo libre sería mayor si se sustrajera la parte proporcional del tiempo dedicado a dormir, pero aun así, sería muy pequeño en relación con el incremento en los ingresos). ¿Cómo compararíamos esto con la decisión que tomó usted cuando el empleador de nuestro ejemplo hipotético le concedió un aumento de sueldo que multiplicaba por seis su salario?

La figura 3.1 muestra tendencias en ingresos y horas de trabajo desde 1870 en 3 países.

Como vimos en el capítulo 1 (página 1), los ingresos se miden como PIB per cápita en dólares estadounidenses. No es lo mismo que el promedio de las ganancias, pero nos da una aproximación útil a los ingresos promedio con el fin de realizar comparaciones entre países y a lo largo del tiempo. A fines del siglo xix y comienzos del xx, el ingreso promedio casi que se triplicó, y las horas de trabajo se redujeron en forma sustancial. Durante el resto del siglo XX, el ingreso per cápita se cuadruplicó.

Las horas trabajadas han seguido reduciéndose en los Países Bajos y Francia (aunque más lentamente), pero se estabilizaron en Estados Unidos, donde ha habido pocos cambios desde 1960.

Aunque muchos países han experimentado tendencias similares, todavía hay diferencias en los resultados. La figura 3.2 ilustra las amplias disparidades entre países en 2013. Aquí hemos calculado el tiempo libre sustrayéndole el promedio de horas trabajadas anualmente al número de horas en un año. Puede verse que los países de ingresos altos parecen tener menos horas de trabajo y más tiempo libre, pero hay algunas diferencias llamativas. Por ejemplo, los trabajadores de los Países Bajos y Estados Unidos tienen niveles similares de ingresos, pero los primeros disfrutan de mucho más tiempo libre. Por otra parte, en Estados Unidos y Turquía tienen cantidades similares de tiempo libre, pero hay una gran diferencia de ingresos.

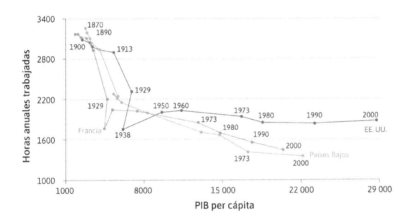

Ver estos datos en OWiD
https://tinyco.re/0762342

Maddison Project. 2013. '2013 Edition' (https://tinyco.re/2251229). Huberman, Michael y Chris Minns. 2007. 'The Times They Are Not Changin': Days and Hours of Work in Old and New Worlds, 1870–2000' (https://tinyco.re/2758271). [Los tiempos no están cambiando: días y horas de trabajo en el Viejo y el Nuevo Mundo 1870–2000] *Explorations in Economic History* [Investigaciones en materia de Historia económica] 44 (4) pp. 538-567. El PIB se mide en términos de PPC (paridad de poder de compra) en dólares de 1990, según la valoración internacional Geary-Khamis.

Figura 3.1 Horas anuales de trabajo e ingresos (1870–2000)

Ver estos datos en OWiD
https://tinyco.re/2903745

OCDE. 2015. 'Level of GDP per Capita and Productivity' (https://tinyco.re/1840501). [Nivel de PIB per cápita y productividad] Accessed June [Última consulta: septiembre 2019]. OCDE. 2015. 'Average Annual Hours Actually Worked per Worker' (https://tinyco.re/6892498). [Media de horas anuales reales laboradas por trabajador] [Última consulta: septiembre 2019]. Los datos para Corea del Sur hacen referencia a 2012.

Figura 3.2 Horas anuales de tiempo libre por trabajador e ingresos (2013).

En muchos países ha habido un enorme incremento en los niveles de vida desde 1870. Ahora bien, en algunos lugares, la gente ha seguido trabajando tan arduamente como antes, pero han aumentado su consumo mientras que, en otros países, la gente ahora tiene mucho más tiempo libre. ¿Por qué ha ocurrido esto? Daremos algunas respuestas a esta pregunta cuando estudiemos un problema económico básico –la escasez–, y cómo tomamos decisiones cuando no podemos tener todo lo que quisiéramos, tanto en términos de bienes como de tiempo libre.

¡Estudie con atención el modelo de toma de decisiones que usamos! Lo utilizaremos repetidamente a lo largo del libro porque nos aporta una comprensión profunda de un amplio abanico de problemas económicos.

PREGUNTA 3.1 ESCOJA LA(S) RESPUESTA(S) CORRECTA(S)

Suponga que trabaja actualmente 40 horas a la semana con un salario de 20 libras esterlinas por hora. Su tiempo libre se define como el número de horas semanales no empleadas en trabajar, en este caso 24 horas x 7 días – 40 horas = 128 horas a la semana. Suponga ahora que su salario se ha incrementado un 25%. Si se conforma con mantener su salario semanal total constante, entonces:

- ☐ Su número total de horas trabajadas a la semana se reducirá un 25%.
- ☐ Su número total de horas trabajadas a la semana será 30 horas.
- ☐ Su número total de horas libres a la semana se incrementará un 25%.
- ☐ Su número total de horas libres a la semana se incrementará un 6,25%.

PREGUNTA 3.2 ESCOJA LA(S) RESPUESTA(S) CORRECTA(S)

Revise la figura 3.1, que representa el número anual de horas trabajadas con relación al PIB per cápita de EE.UU., Francia y Países Bajos, entre 1870 y 2000. ¿Cuál de los siguientes enunciados es correcto?

- ☐ Un incremento del PIB per cápita provoca una reducción en el número de horas trabajadas.
- ☐ El PIB per cápita en los Países Bajos es menor que en EE.UU. porque los holandeses trabajan menos horas.
- ☐ Entre 1870 y 2000, los franceses han logrado incrementar su PIB per cápita más de diez veces, al tiempo que han reducido en más de la mitad sus horas de trabajo.
- ☐ Se puede concluir con base en la evidencia que proporciona el gráfico que, algún día, los franceses serán capaces de producir un PIB per cápita de más de 30 000 dólares con menos de 1000 horas trabajadas.

3.1 TRABAJO Y PRODUCCIÓN

En el capítulo 2 vimos que el trabajo puede pensarse como un insumo en la producción de bienes y servicios. En el ejemplo del capítulo 1 sobre la preparación de un pastel, el trabajo consiste en revolver, mezclar y preparar los ingredientes. En caso de estar fabricando un auto, el trabajo consiste en soldar, montar y hacer pruebas. La actividad laboral suele ser difícil de medir y esto es algo que será importante en capítulos posteriores porque a los empleadores les resulta difícil determinar la cantidad de trabajo que están realizando sus empleados. Tampoco podemos medir el esfuerzo que requieren diferentes actividades de una manera comparable (comparar lo que implica hornear un pastel respecto a fabricar un auto); por lo tanto, los economistas suelen medir el trabajo simplemente como el número de horas trabajadas por los individuos involucrados en la producción y asumen que, a medida que aumente el número de horas trabajadas, la cantidad de bienes producidos también aumentará.

Como estudiante, usted toma una decisión todos los días: cuántas horas dedicar al estudio. Puede haber muchos factores que influyan en su decisión: cuánto disfruta del estudio, lo difícil que le parezca, cuánto esfuerzo le dedican sus amigos, etc. Quizás parte de la motivación que le lleva a dedicar tiempo a estudiar venga de creer que, cuanto más tiempo le dedique, mejores calificaciones obtendrá al final de curso. En este capítulo, vamos a confeccionar un modelo sencillo de la decisión de un estudiante de cuántas horas trabajar, basado en el supuesto de que, si se dedica más tiempo a trabajar (estudiar en este caso), se obtendrá una mejor nota.

Asumimos que esto es cierto, pero, ¿existe evidencia que respalde esa suposición? Un grupo de psicólogos educativos analizó el comportamiento de estudio de 84 estudiantes de la Universidad Estatal de Florida (Florida State University) para identificar los factores que afectaban su rendimiento académico.

A primera vista parecería que tan solo existe una relación débil entre el número promedio de horas por semana que el estudiante ha dedicado a estudiar y su nota media final (PGA) al final del semestre. Esto se muestra en la figura 3.3.

Los 84 estudiantes han sido divididos en 2 grupos, según sus horas de estudio. El PGA promedio para aquellos con muchas horas de estudio es 3,43, solo un poco por encima del PGA de aquellos con pocas horas de estudio.

Cuando miramos más de cerca, descubrimos que esta es una interesante ilustración de porqué deberíamos ser cuidadosos cuando realizamos suposiciones *ceteris paribus* (recuerde el capítulo 2 donde explicamos que esta expresión significa «mantener todas las demás cosas constantes»). Dentro de cada grupo de 42 estudiantes hay muchas diferencias potencialmente importantes. Las condiciones en las cuales estudian sería una diferencia obvia a considerar: una hora trabajando en una habitación concurrida y ruidosa puede no ser tan útil como una hora en la biblioteca.

En la figura 3.4 vemos que los estudiantes que estudian en ambientes inadecuados son más propensos a estudiar durante más tiempo. De estos 42 estudiantes, 31 de ellos estudia una gran cantidad de horas, comparado con solo 11 de los que cuentan con un ambiente favorable. Quizás esto se deba a que se distraen con el resto de personas que tienen alrededor, motivo por el que les lleva más tiempo completar sus tareas que a los estudiantes que trabajan en la biblioteca.

Elizabeth Ashby Plant, Karl Anders Ericsson, Len Hill y Kia Asberg. 2005. 'Why study time does not predict grade point average across college students: Implications of deliberate practice for academic performance'. *Contemporary Educational Psychology* 30 (1): pp. 96–116.

Ahora observe el promedio de PGA en la fila superior: si el ambiente es favorable, a aquellos que estudian durante más tiempo les va mejor; también puede verse en la fila inferior que una gran cantidad de horas de estudio produce asimismo resultados positivos para aquellos que trabajan en ambientes desfavorables. Esta relación no estaba tan clara cuando no considerábamos el efecto del ambiente de estudio.

Por lo tanto, después de tener en cuenta el ambiente y otros factores relevantes (incluyendo las notas previas de los estudiantes y las horas que dedicaron a trabajos remunerados o a ir de fiesta), los psicólogos estimaron que una hora adicional de tiempo de estudio subía las notas de los estudiantes al final del semestre en un promedio de 0,24. Si consideramos 2 estudiantes que son iguales en todos los aspectos, excepto en el tiempo de estudio, predecimos que el que estudie más tendrá un promedio de notas 0,24 puntos más alto por cada hora extra. En otras palabras: el tiempo de estudio aumenta el promedio de las notas 0,24 puntos por hora, *ceteris paribus*.

EJERCICIO 3.1 SUPUESTO CETERIS PARIBUS

Suponga que le han pedido que realice un estudio en su universidad igual al de la Universidad Estatal de Florida.

1. Además del ambiente de estudio, ¿qué factores cree que deberían mantenerse constantes en un modelo sobre la relación entre las horas de estudio y la calificación final?
2. ¿Qué otra información sobre los estudiantes, además de la nota media o PGA, horas de estudio y ambiente de estudio, le gustaría recopilar?

Elizabeth Ashby Plant, Karl Anders Ericsson, Len Hill y Kia Asberg. 2005. 'Why study time does not predict grade point average across college students: Implications of deliberate practice for academic performance' (https://tinyco.re/7875663). [Por qué el tiempo dedicado al estudio no predice la nota media final entre los estudiantes universitarios: implicaciones de la práctica deliberada para el rendimiento académico] *Contemporary Educational Psychology* [Psicología educacional contemporánea] 30 (1): pp. 96–116. Ashby Plant, Florida State University, realizó cálculos adicionales en junio de 2015.

	Amplio tiempo de estudio (42 estudiantes)	Reducido tiempo de estudio (42 estudiantes)
Promedio (PGA)	3,43	3,36

Figura 3.3 Tiempo de estudio y calificaciones

Plant et al. 'Why study time does not predict grade point average across college students' (https://tinyco.re/7875663) [Por qué el tiempo de estudio no predice la nota media final entre los estudiantes universitarios], ibíd.

	Amplio tiempo de estudio	Reducido tiempo de estudio
Ambiente favorable	3,63 (11 estudiantes)	3,43 (31 estudiantes)
Ambiente inadecuado	3,36 (31 estudiantes)	3,17 (11 estudiantes)

Figura 3.4 PGA promedio en ambientes de estudio buenos e inadecuados

Ahora imagine a un estudiante, que llamaremos Alexei, que puede variar el número de horas que dedica al estudio. Asumiremos que, como en el estudio de la Florida State University, a medida que aumente el número de horas de estudio a lo largo del semestre, también aumentará su nota porcentual, *ceteris paribus*. Esta relación entre las horas que Alexei dedica al estudio a lo largo del semestre y la calificación porcentual que obtendrá al final se ilustra en la tabla de la figura 3.5. En este modelo, el tiempo de estudio se refiere a todo el tiempo que Alexei pasa aprendiendo, ya sea en clases o individualmente, medido por día (no por semana, como en el caso de los estudiantes de la Florida State University). La tabla muestra cómo cambia su nota si varían sus horas de estudio, siempre que todos los otros factores –su vida social, por ejemplo– se mantengan constantes.

En otras palabras, esta es la **función de producción** de Alexei: muestra cómo el número de horas por día dedicadas al estudio (su insumo de trabajo) se traduce en una calificación porcentual (su producción). En realidad, la calificación final podría también podría verse afectada por acontecimientos imprevisibles (normalmente agrupamos el efecto de todas estas cosas juntas y lo llamamos "suerte"). Puede usted pensar en la función de producción como aquella que nos informa de qué conseguiría Alexei (si no tuvieran ni buena ni mala suerte).

Si graficamos la relación, obtenemos la curva de la figura 3.5. Alexei puede obtener una calificación más alta si estudia más, por lo que la pendiente de la curva es positiva. A las 15 horas de estudio por día, Alexei obtiene las calificaciones más altas de las que es capaz: 90%. Cualquier tiempo dedicado al estudio más allá de ese punto no afecta los resultados de su examen (de hecho, si sigue, acaba llegando a un punto de la curva donde estará tan cansado que no conseguirá nada estudiando más), y la curva se vuelve plana.

Podemos calcular el producto promedio de Alexei tal como lo hicimos para los agricultores en el capítulo 2. Si trabaja cuatro horas por día logrará una nota de 50. El **producto promedio** –la cantidad promedio de nota por hora de estudio– es 50/4 = 12,5. En la figura 3.5, es la pendiente de un rayo que va del origen a la curva al nivel de cuatro horas de estudio por día:

$$\text{pendiente} = \frac{\text{distancia vertical}}{\text{distancia horizontal}} = \frac{50}{4} = 12,5$$

El **producto marginal** de Alexei es el aumento en su nota que resultará de aumentar su tiempo de estudio en una hora. Siga los pasos de la figura 3.5 para entender cómo calcular el producto marginal y compararlo con el producto promedio.

En cada punto de la función de producción, el producto marginal es el incremento en la nota que se logra por estudiar una hora más. El producto marginal corresponde a la pendiente de la función de producción.

La función de producción de Alexei de la figura 3.5 se va volviendo más plana a medida que estudia más horas, de modo que el producto marginal de una hora adicional de estudio cae a medida que nos movemos por la curva. El producto marginal es **decreciente**. Este modelo capta la idea de que una hora adicional de estudio es de gran ayuda cuando uno no está estudiando demasiado, pero no tanta cuando uno ya está estudiando bastante.

función de producción Expresión gráfica o matemática que describe la cantidad de producto que puede generarse con cualquier cantidad o combinación dada de insumo(s). La función describe tecnologías diferenciadas capaces de producir lo mismo.

producto promedio Producto total dividido entre un insumo particular, por ejemplo, por trabajador (dividido entre el número de trabajadores) o por trabajador por hora (producto total dividido entre el número total de horas de trabajo dedicadas).

producto marginal Cantidad adicional de producto que se genera si un insumo particular se incrementa en una unidad, mientras se mantienen constantes las cantidades de todos los demás insumos.

Leibniz: Productividad marginal y productividad media (https://tinyco.re/3881234)

rendimientos decrecientes Situación en la cual el uso de una unidad adicional de un insumo de producción resulta en un menor incremento en el producto, respecto al incremento anterior. *También se conoce como: rendimientos marginales decrecientes de la producción.*

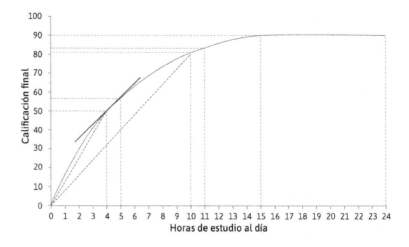

Horas de estudio	0	1	2	3	4	5	6	7	8	9	10	11	12	13	14	15 o más
Calificación	0	20	33	42	50	57	63	69	74	78	81	84	86	88	89	90

Figura 3.5 ¿Cómo incide en sus calificaciones la cantidad de tiempo que Alexei estudia?

1. La función de producción de Alexei
La curva es la función de producción de Alexei. Muestra cómo un insumo de horas de estudio genera una producción, la calificación final.

2. Cuatro horas de estudio al día
Si Alexei estudia cuatro horas, su calificación será de 50.

3. Diez horas de estudio al día
… y si estudia 10 horas, alcanzará una calificación de 81.

4. La calificación máxima de Alexei
En 15 horas de estudio al día, Alexei logra su máxima calificación posible, 90. Después de esto, horas adicionales no harán diferencia en el resultado: la curva es plana.

5. Incrementar el tiempo de estudio de 4 a 5 horas
Incrementar el tiempo de estudio de 4 a 5 horas incrementa la calificación de Alexei de 50 a 57. Por lo tanto, en cuatro horas de estudio, el producto marginal de una hora adicional es 7.

6. Incrementar el tiempo de estudio de 10 a 11 horas
Incrementar el tiempo de estudio de 10 a 11 horas incrementa la calificación final de Alexei de 81 a 84. En 10 horas de estudio, el producto marginal de una hora adicional es 3. A medida que nos movemos a lo largo de la curva, la pendiente de la curva cae, así que el producto marginal de una hora extra cae. El producto marginal es decreciente.

7. El producto promedio de una hora dedicada a estudiar
Cuando Alexei estudia por cuatro horas al día, su producto promedio es 50/4 = 12,5 puntos porcentuales, el cual es la pendiente del rayo desde ese punto al origen.

8. El producto marginal es menor que el producto promedio
En 4 horas al día, el producto promedio es 12,5. En 10 horas al día, este es menor (81/10=8,1). El producto promedio cae a medida que nos movemos a lo largo de la curva. En cada punto el producto marginal (la pendiente de la curva) es menor que el producto promedio (la pendiente del rayo).

9. El producto marginal es la pendiente de la tangente
El producto marginal en cuatro horas de estudio es aproximadamente 7, que es el incremento en la calificación por una hora adicional de estudio. Más aún, el producto marginal es la pendiente de la tangente en ese punto, que es un poco mayor que 7.

En la figura 3.5 el producto aumenta a medida que el insumo aumenta, pero el producto marginal cae, es decir, la función de producción se va volviendo cada vez más plana. Una función de producción con esta forma se describe como **cóncava**.

Si comparamos los productos marginales y medios en cualquier punto de la función de producción de Alexei, encontraremos que el producto marginal está siempre por debajo del producto promedio. Por ejemplo, cuando trabaja cuatro horas, su producto promedio es 50/4 = 12,5 puntos por hora, pero una hora adicional de trabajo sube su nota de 50 a 57, de modo que su producto marginal es 7. Esto se debe a que el producto marginal es decreciente: cada hora adicional de estudio es menos productiva que las anteriores, lo que implica que el producto promedio también es decreciente: cada hora adicional de estudio por día disminuye el producto promedio de todo su tiempo de estudio considerado en su conjunto.

Este es otro ejemplo del producto promedio decreciente del trabajo que vimos en el capítulo 2. En ese caso, el producto promedio del trabajo en la producción de alimentos (la cantidad de alimentos producida por trabajador) caía a medida que más trabajadores cultivaban una cantidad fija de tierra.

Por último, observe que, si Alexei estudiara 15 horas al día, el producto marginal de una hora adicional sería cero. Estudiar más, en este caso, no haría que sus notas mejoraran. Usted mismo debe saber por propia experiencia que la falta de sueño o de tiempo de descanso podría incluso hacer que las notas de Alexei bajaran si trabaja y estudia más de 15 horas al día. Si este fuera el caso, su función de producción empezaría a tener una pendiente descendiente y el producto marginal de Alexei se volvería negativo.

La variación marginal es un concepto importante y muy usado en Economía. Por lo general, lo verá usted marcado como una pendiente en un diagrama. Con una función de producción como la de la figura 3.5, la pendiente cambia continuamente a medida que nos movemos a lo largo de la curva. Hemos dicho que cuando Alexei estudia 4 horas al día, el producto marginal es 7; este es el incremento en la calificación que consigue con una hora más de estudio. Como la pendiente de la curva cambia entre 4 y 5 horas en el eje horizontal, esta es una aproximación al producto marginal. Más concretamente, el producto marginal es la tasa a la cual la calificación aumenta por hora adicional de estudio. En la figura 3.5, el verdadero producto marginal es la pendiente de la **tangente** de la curva en 4 horas. En este capítulo vamos a usar aproximaciones para poder trabajar con números enteros, pero notará que a veces estos números no se corresponden exactamente con las pendientes.

Leibniz: Productividad marginal decreciente (https://tinyco.re/8931232)

función cóncava Función de dos variables para la cual el segmento de línea entre dos puntos cualesquiera de la función se sitúa completamente bajo la curva que representa a la función (la función es convexa cuando el segmento de línea se sitúa por encima de la función).

Leibniz: Funciones cóncavas y convexas (https://tinyco.re/8934109)

tangencia Cuando dos curvas comparten un punto, pero no se cruzan. La tangente a una curva en un punto determinado es una línea recta que toca la curva en ese punto, pero no la cruza.

EJERCICIO 3.2 FUNCIONES DE PRODUCCIÓN
1. Dibuje un gráfico para mostrar una función de producción que, a diferencia de la de Alexei, se haga más inclinada a medida que los insumos incrementan.
2. ¿Se le ocurre un ejemplo de un proceso productivo que pueda tener esta forma? ¿Por qué se inclinaría más la pendiente?
3. ¿Qué puede decir acerca del producto marginal y del producto promedio en este caso?

PRODUCTO MARGINAL

El producto marginal es la tasa de cambio de la calificación a las 4 horas de estudio. Suponga que Alexei ha estado estudiando 4 horas al día, y que empieza a estudiar 1 minuto más al día (un total de 4,016667 horas). Entonces, según el gráfico, su nota subirá un poco (alrededor de 0,124 puntos). Una estimación más precisa del producto marginal (la tasa de cambio) sería:

$$\frac{0,124}{0,016667} = 7,44$$

Si consideráramos cambios incluso más pequeños en el tiempo de estudio (por ejemplo, el aumento en las calificaciones por segundo adicional de estudio al día), nos aproximaríamos más al verdadero producto marginal, que corresponde a la pendiente de la tangente a la curva en 4 horas de estudio.

preferencias Descripción del beneficio o costo que asociamos a cada producto posible.

utilidad Indicador numérico de valor que uno asigna a un resultado, de modo que se escojan resultados más valorados por encima de otros menos valorados cuando ambos sean factibles.

PREGUNTA 3.3 ESCOJA LA(S) RESPUESTA(S) CORRECTA(S)

La figura 3.5 muestra la función de producción de Alexei, relacionando la calificación final (el producto) con el número de horas dedicadas al estudio (el insumo).

¿Cuál de los siguientes enunciados es verdadero?

☐ El producto marginal y el producto promedio son aproximadamente iguales para la hora inicial.
☐ Tanto el producto marginal como el producto promedio son constantes por encima de las 15 horas.
☐ La función de producción horizontal sobre 15 horas significa que estudiar más de 15 horas es contraproducente para el desempeño de Alexei.
☐ Tanto el producto marginal como el producto promedio en 20 horas se sitúan en 4,5.

3.2 PREFERENCIAS

Si Alexei tiene la función de producción que muestra la figura 3.5, ¿cuántas horas al día decidirá estudiar? La decisión depende de sus **preferencias**, es decir, de las cosas que le importan. Si a Alexei solo le preocuparan sus calificaciones, debería estudiar 15 horas al día. No obstante, en el mundo real, a Alexei también le importa su tiempo libre –también le gusta dormir, salir o ver televisión–, así que se enfrenta a una disyuntiva: ¿a cuántos puntos porcentuales está dispuesto a renunciar para hacer otras cosas cuando podría estar estudiando?

Ilustramos sus preferencias usando la figura 3.6, representando el tiempo libre en el eje horizontal y la calificación final en el eje vertical. El tiempo libre se define como todo el tiempo que no dedica al estudio. Cada punto del diagrama representa una combinación diferente de tiempo libre y calificación final. Dada la función de producción, no todas las combinaciones que Alexei querría serán posibles, pero por el momento solo consideraremos las combinaciones que Alexei preferiría.

Podemos asumir que:

- Para una calificación dada, prefiere una combinación con más tiempo libre que una con menos tiempo libre. Por lo tanto, aun cuando tanto A como B corresponden a una calificación de 84 en la figura 3.6, Alexei prefiere A porque le da más tiempo libre.
- De manera similar, si dos combinaciones tienen 20 horas de tiempo libre, prefiere la que le da la mayor calificación.
- Pero comparemos los puntos A y D en la tabla. ¿Alexei preferiría D (calificación baja, abundante tiempo libre) o A (calificación alta, menos tiempo libre)? Una forma de averiguarlo sería preguntarle.

Supongamos que dice que le resulta indiferente optar entre A y D, lo que significa que estaría igual de satisfecho con ambos resultados. Decimos que estos 2 resultados darían a Alexei la misma **utilidad**. Y sabemos que prefiere A a B, por lo que concluimos que B le proporciona una utilidad menor que A o D.

Una forma sistemática de graficar sus preferencias sería empezar buscando todas las combinaciones que le dan la misma utilidad que A y D. Podríamos hacerle a Alexei otra pregunta: «Suponga que pudiera tener la combinación A (15 horas de tiempo libre, 84 puntos). ¿Cuántos puntos estaría dispuesto a sacrificar por una hora extra de tiempo libre?» Supongamos que –después de la debida consideración– respondiera «nueve». Sabríamos que le resulta indiferente la elección entre A y E (16 horas, 75 puntos). Luego, podríamos hacer la misma pregunta sobre la combinación E, y así sucesivamente, hasta llegar al punto D. Al final, podríamos elaborar un cuadro como el de la figura 3.6. A Alexei le resulta indiferente optar entre A y E, entre E y F, y así sucesivamente; eso significa que le resultan indiferentes todas estas combinaciones.

Las combinaciones en la tabla están graficadas en la figura 3.6, y unidas para formar una curva con pendiente decreciente, llamada **curva de indiferencia**. La curva de indiferencia une todas las combinaciones que proporcionan igual utilidad o «satisfacción».

> **curva de indiferencia** Curva de puntos que indica las combinaciones de bienes que brindan un nivel dado de utilidad al individuo.

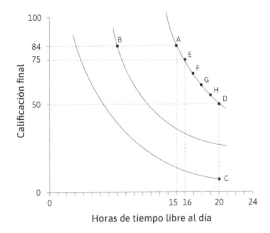

	A	E	F	G	H	D
Horas de tiempo libre	15	16	17	18	19	20
Calificación final	84	75	67	60	54	50

Figura 3.6 Mapa de las preferencias de Alexei

1. Alexei prefiere tener más tiempo libre que menos tiempo libre
Ambas combinaciones, A y B, arrojan una calificación de 84, pero Alexei preferirá A porque tiene más tiempo libre.

2. Alexei prefiere una calificación alta en lugar de una baja
En las combinaciones C y D Alexei tiene 20 horas de tiempo libre al día, pero prefiere D porque le da una calificación más alta.

3. Indiferencia
... pero no sabemos si Alexei prefiere A o E, así que le preguntamos: dice que le resulta indiferente.

4. Más combinaciones que dan la misma utilidad
Alexei dice que F es otra combinación que le daría la misma utilidad que A y E.

5. Construir la curva de indiferencia
Haciendo más preguntas, descubrimos que a Alexei le resultan indiferentes todas las combinaciones entre A y D.

6. Construir la curva de indiferencia
Uniendo todos estos puntos, se forma una curva de indiferencia.

7. Otras curvas de indiferencia
Se pueden dibujar curvas de indiferencia que atraviesen cualquier punto en el diagrama, para mostrar los otros puntos que dan la misma utilidad que ese punto. Podemos construir otras curvas que comiencen en B o en C de la misma manera que antes, encontrando las combinaciones que ofrecen la misma cantidad de utilidad.

Si consideramos las tres curvas que dibujamos en la figura 3.6, se puede ver que la que pasa por A da una utilidad mayor que la que atraviesa B. La curva que atraviesa C da la utilidad más baja de las tres. Para describir preferencias no necesitamos conocer la utilidad exacta de cada opción; solo necesitamos saber qué combinación ofrece más o menos utilidad que las otras.

Las curvas que hemos dibujado muestran nuestros supuestos típicos sobre las preferencias de la gente entre 2 bienes. En otros modelos, estos por lo general serán **bienes de consumo**, como comida o ropa, y nos referimos a la persona como un consumidor. En nuestro modelo estamos analizando las preferencias de un estudiante, y los bienes son «calificaciones» y «tiempo libre». Cabe anotar que:

> **bien de consumo** Bien o servicio que satisface las necesidades de los consumidores a lo largo de un periodo corto de tiempo.

- *Las curvas de indiferencia tienen pendiente negativa que refleja las disyuntivas que implican una cierta renuncia*: si hay dos combinaciones ante las que nos mostramos indiferentes, necesariamente eso implica que la que tenga más de un bien tendrá menos del otro bien.
- *Unas curvas de indiferencia más altas se corresponden a niveles de utilidad más altos*: a medida que nos movemos hacia arriba y a la derecha en el diagrama, más lejos del origen, nos movemos a combinaciones que tienen más de ambos bienes.
- *Las curvas de indiferencia son suaves por lo general*: cambios pequeños en la cantidad de bienes no causan grandes saltos en la utilidad.
- *Las curvas de indiferencia no se cruzan*: ¿Por qué? Ver el ejercicio 3.3
- *A medida que te mueves hacia la derecha a lo largo de una curva de indiferencia, esta se vuelve más plana.*

Para entender la última característica de la lista, observe las curvas de indiferencia de Alexei, que se vuelven a mostrar en la figura 3.7. Si está en A, con 15 horas de tiempo libre y una calificación de 84, estaría dispuesto a sacrificar 9 puntos porcentuales por una hora extra de tiempo libre, lo que lo llevaría a E (recuerde que se muestra indiferente entre A y E). Decimos que su **tasa marginal de sustitución (TMS)** entre la puntuación obtenida y el tiempo libre en A es nueve; es la reducción en puntos de la calificación que mantendría la utilidad de Alexei constante tras un incremento de una hora de tiempo libre.

> **tasa marginal de sustitución (TMS)** Disyuntiva que una persona está dispuesta a enfrentar a la hora de elegir entre dos bienes. En cualquier punto dado, esa trata de la pendiente de la curva de indiferencia. *Ver también: tasa marginal de transformación.*

Hemos dibujado unas curvas de indiferencia que van volviéndose gradualmente cada vez más planas porque parece razonable asumir que cuanto más tiempo libre tenga Alexei, y menor sea su calificación, menos dispuesto estará a sacrificar más puntos porcentuales a cambio de tiempo libre, de modo que su TMS será más baja. En la figura 3.7 hemos calculado la TMS para cada combinación a lo largo de la curva de indiferencia. En ella puede verse que cuando Alexei tiene más tiempo libre y una calificación más baja, la TMS –el número de puntos porcentuales a los cuales renunciaría para obtener una hora extra de tiempo libre– cae gradualmente.

La TMS es sencillamente la pendiente de la curva de indiferencia, y se reduce a medida que nos movemos a lo largo de esta hacia la derecha. Si considera la posibilidad de moverse de un punto a otro en la figura 3.7, verá que la curva de indiferencia se vuelve más plana si aumenta la cantidad de tiempo libre y más empinada si aumenta la nota. Cuando el tiempo libre es escaso en relación con la calificación en puntos, Alexei está menos dispuesto a sacrificar una hora a cambio de sacar más nota: su TMS es alta y su curva de indiferencia es empinada.

Tal y como muestra el análisis de la figura 3.7, si se mueve hacia arriba en la vertical de las 15 horas, la curva de indiferencia se hace más empinada: la TMS aumenta. Para una cantidad fija de tiempo libre, Alexei está dispuesto a sacrificar más puntos de nota por una hora adicional cuando tiene muchos puntos que cuando tiene pocos (por ejemplo, si estuviera en riesgo de no aprobar el curso). Cuando se alcanza el punto A, donde su nota es 84, la TMS es alta; los puntos de nota son tan abundantes que está dispuesto sacrificar hasta nueve puntos por una hora adicional de tiempo libre.

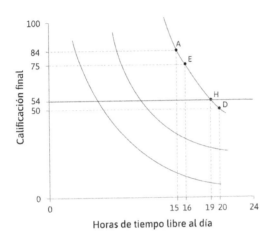

Figura 3.7 Tasa marginal de sustitución

1. Curvas de indiferencia de Alexei
El diagrama muestra tres curvas de indiferencia para Alexei. La curva situada más a la izquierda muestra la satisfacción más baja.

2. Punto A
En A, tiene 15 horas de tiempo libre y su calificación es de 84.

3. Alexei se muestra indiferente entre A y E
Alexei estaría dispuesto a moverse de A a E, renunciando a 9 puntos porcentuales a cambio de una hora extra de su tiempo libre. Su tasa marginal de sustitución es 9. La curva de indiferencia tiene mucha pendiente en A.

4. Alexei se muestra indiferente entre H y D
En H, solo está dispuesto a renunciar a 4 puntos a cambio de una hora extra de su tiempo. Su TMS es 4. A medida que nos deslizamos por la curva de indiferencia, la TMS se reduce porque los puntos se hacen más escasos en relación con el tiempo libre. La curva de indiferencia se hace más plana.

5. Todas las combinaciones con 15 horas de tiempo libre
Considere las combinaciones posibles con 15 horas de tiempo libre. En la curva inferior la calificación es baja, y la TMS es pequeña. Alexei estaría dispuesto a renunciar a tan solo unos pocos puntos a cambio de una hora de tiempo libre. A medida que subimos por la línea vertical, las curvas de indiferencia tienen más pendiente: la TMS aumenta.

6. Todas las combinaciones con una calificación de 54
Ahora considere todas las combinaciones con una calificación de 54. En la curva más a la izquierda, el tiempo libre es escaso, y la TMS es alta. A medida que nos movemos a la derecha a lo largo de la línea roja, Alexei está menos dispuesto a renunciar a puntos a cambio de tiempo libre. La TMS decrece, las curvas de indiferencia se hacen más planas.

Leibniz: Curvas de indiferencia y la tasa marginal de sustitución (https://tinyco.re/0901635)

Puede usted observar el mismo efecto si fijamos la nota y vamos variando la cantidad de tiempo libre. Si nos movemos hacia la derecha a lo largo de la línea horizontal para una nota de 54, la TMS va bajando en todas las curvas de indiferencia. A medida que el tiempo libre se hace más abundante, Alexei se muestra cada vez menos dispuesto a sacrificar puntos de su nota a cambio de tiempo.

EJERCICIO 3.3 POR QUÉ LAS CURVAS DE INDIFERENCIA NUNCA SE CRUZAN

En el diagrama que se muestra a continuación, CI_1 es una curva de indiferencia que agrupa todas las combinaciones asociadas al mismo nivel de utilidad que se obtiene en A. La combinación B no está en CI_1.

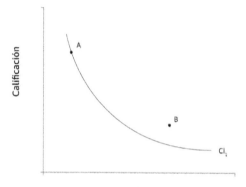

Horas de tiempo libre al día

1. ¿Resulta la combinación B en menor o mayor utilidad que la combinación A? ¿Cómo lo sabe?
2. ¿Dibuje un boceto del diagrama y agregue otra curva de indiferencia, CI_2, que pase por B y atraviese CI_1. Nombre el punto en que se cruzan las curvas como C.
3. Las combinaciones B y C están ambas en CI_2. ¿Qué implica esto en relación con sus niveles de utilidad?
4. Las combinaciones C y A están ambas en CI_1. ¿Qué implica esto en relación con sus niveles de utilidad?
5. De acuerdo con sus respuestas en (3) y (4), ¿cómo se comparan los niveles de utilidad en las combinaciones A y B?
6. Ahora compare sus respuestas en (1) y (5), y explique cómo sabe que las curvas de indiferencia nunca se cruzan.

EJERCICIO 3.4 SU TASA MARGINAL DE SUSTITUCIÓN

Imagine que le ofrecen un trabajo al terminar sus estudios en la universidad con un salario por hora (después de impuestos) de 12,50 libras. Su futuro empleador le indica que trabajará 40 horas a la semana, lo que le dejaría 128 horas de tiempo libre a la semana. Le cuenta usted a su amigo que «con ese salario, 40 horas es exactamente la cantidad de trabajo que quisiera.»

1. Dibuje un diagrama con el tiempo libre en el eje horizontal y el pago semanal en el eje vertical. Represente en el gráfico la combinación de horas y salario correspondiente a su oferta de trabajo, llámela A. Asuma que necesita alrededor de 10 horas al día para dormir y comer, así puede ser conveniente dibujar el eje horizontal con 70 horas en el origen.
2. Ahora dibuje una curva de indiferencia tal que A represente las horas que usted hubiera escogido.
3. Ahora, suponga que le ofrecieran otro trabajo en el que le pidieran trabajar 45 horas a la semana. Use la curva de indiferencia que dibujó para estimar el nivel de pago semanal que haría que le resultara indiferente elegir esta o la oferta inicial.
4. Haga lo mismo para otro trabajo que requiera 35 horas de trabajo a la semana. ¿Qué nivel de pago semanal haría que le resultara indiferente elegir esta o la oferta inicial?
5. Use su diagrama para estimar su tasa marginal de sustitución entre paga y tiempo libre en A.

PREGUNTA 3.4 ESCOJA LA(S) RESPUESTA(S) CORRECTA(S)

La figura 3.6 (página 107) muestra las curvas de indiferencia de Alexei para tiempo libre y calificación final. ¿Cuál de las siguientes opciones es correcta?:

☐ Alexei prefiere C que B porque en C tiene más tiempo libre.
☐ Alexei se muestra indiferente entre la calificación de 84 con 15 horas de tiempo libre, y la calificación de 50 con 20 horas de tiempo libre.
☐ Alexei prefiere D en lugar de C, porque en D tiene la misma calificación y más tiempo libre.
☐ En G, Alexei está dispuesto a renunciar a 2 horas de tiempo libre por 10 puntos adicionales de calificación.

PREGUNTA 3.5 ESCOJA LA(S) RESPUESTA(S) CORRECTA(S)

¿Qué es la tasa marginal de sustitución (TMS)?

☐ La proporción de cantidades de los dos bienes en un punto de la curva de indiferencia.
☐ La cantidad de un bien que el consumidor está dispuesto a intercambiar por una unidad del otro.
☐ El cambio en la utilidad del consumidor cuando un bien sustituye a otro.
☐ La pendiente de la curva de indiferencia.

3.3 COSTOS DE OPORTUNIDAD

costo de oportunidad Asumir una acción implica dejar de tomar la siguiente mejor alternativa. Este costo es el beneficio neto de la alternativa que se dejó de tomar.

Alexei se enfrenta a un dilema: sabemos, al analizar sus preferencias, que quiere maximizar tanto sus calificaciones como su tiempo libre en la medida de lo posible. No obstante, y dada su función de producción, no puede incrementarse su tiempo libre sin que eso implique obtener una calificación más baja en el examen. Otra forma de expresar esto es decir que el tiempo libre tiene un **costo de oportunidad**: para obtener más tiempo libre, Alexei tiene que dejar ir la oportunidad de obtener una calificación más alta.

En Economía, los costos de oportunidad son relevantes siempre que estudiamos las elecciones que realizan los individuos entre cursos de acción alternativos y excluyentes. Cuando consideramos el costo de tomar la acción A, incluimos el hecho de que, si hacemos A, no podemos hacer B. Así que «no hacer B» se vuelve una parte del costo de hacer A. A esto se le llama un costo de oportunidad, porque hacer A significa dejar ir la oportunidad de hacer B.

Imagine que se les ha pedido a un contador y a un economista que informen sobre el costo de ir a un concierto A, en un teatro, con una entrada cuyo costo asciende a 25 dólares. En un parque cercano hay un concierto B, que es gratuito, pero que se celebra al mismo tiempo.

CONTADOR: el costo del concierto A es el costo entendido como «lo que sale de su bolsillo»: usted ha pagado 25 dólares por una entrada, por lo tanto, el costo es 25 dólares.

ECONOMISTA: ¿Pero a qué tiene que renunciar para ir al concierto A? Usted ha dado 25 dólares, más el disfrute del concierto gratuito en el parque. Así que el costo del concierto para usted es el costo en términos de lo que sale de su bolsillo más el costo de oportunidad.

Suponga que lo máximo que hubiera estado dispuesto a pagar para asistir al concierto gratuito en el parque (si no fuera gratuito) fueran 15 dólares. Entonces su beneficio, si es que eligiera su siguiente mejor alternativa al concierto A, sería de 15 dólares de disfrute en el parque. Este es el costo de oportunidad de ir al concierto A.

costo económico Costo de bolsillo de una acción, más el costo de oportunidad.

Así que el **costo económico** total del concierto A es 25 dólares + 15 dólares = 40 dólares. Si anticipa que el goce que experimentará por ir al concierto A es 50 dólares, dejará pasar el concierto B y comprará la entrada para el teatro, porque 50 dólares es más que 40 dólares. Por otro lado, si anticipa que el goce que experimentará en el concierto A es 35 dólares, entonces el costo económico de 40 dólares indica que no escogerá ir al teatro. En términos simples: dado que tiene que pagar 25 dólares por la entrada, optará por el concierto B y se guardará los 25 dólares para gastarlos en otras cosas y disfrutar así de un beneficio valorado en 15 dólares resultante de ir al concierto gratuito en el parque.

¿Por qué no piensan de esta forma los contadores? Porque no es su trabajo. A los contadores se les paga para llevar registros del dinero, no para proveer reglas de decisión sobre cómo escoger entre alternativas, algunas de las cuales ni siquiera tienen un precio explícito. Pero tomar decisiones inteligentes y predecir cómo la gente razonable tomará decisiones va más allá de llevar un registro del dinero. Un contador podría argumentar que el concierto en el parque es irrelevante:

CONTADOR: el que haya o no un concierto gratuito en el parque no afecta el costo de ir al concierto A. Ese costo es siempre 25 dólares para usted.

ECONOMISTA: pero saber o no de la existencia del concierto gratuito en el parque puede influir en su decisión de ir o no ir al concierto A porque cambia el conjunto de opciones disponibles. Si el concierto A le proporciona un disfrute de 35 dólares y su siguiente mejor alternativa es quedarse en casa, lo cual le supone un disfrute de 0 dólares, decidirá ir al concierto A. Sin embargo, si tiene disponible la alternativa de ir al concierto B, lo escogerá en vez de ir al concierto A.

En el capítulo 2 dijimos que, si una acción trae un beneficio neto mayor que la siguiente mejor alternativa, entonces produce unas **rentas económicas** y, por tanto, se realizará. Otra forma de decir esto es que se reciben unas rentas económicas al realizar una acción cuando esta resulta en un beneficio mayor que su costo económico (esto es, tanto el costo que sale del bolsillo como el de oportunidad).

La tabla de la figura 3.8 resume el ejemplo de su decisión de a qué concierto asistir.

renta económica Pago u otro beneficio recibido por encima y más allá de lo que el individuo hubiera recibido en su siguiente mejor alternativa (u opción de reserva). *Ver también: opción de reserva.*

> **PREGUNTA 3.6 ESCOJA LA(S) RESPUESTA(S) CORRECTA(S)**
> Suponga que es un conductor de taxi en Melbourne que gana 50 dólares australianos por un día de trabajo. Le han ofrecido una entrada de un día al Australian Open que cuesta 40 dólares australianos. Como aficionado al tenis que es, valora la experiencia en 100 dólares australianos. Con esta información, ¿qué podemos decir?
>
> ☐ El costo de oportunidad del día en el Open es de 40 dólares australianos.
> ☐ El costo económico del día en el Open es de 40 dólares australianos.
> ☐ La renta económica del día en el Open es 10 dólares australianos.
> ☐ Hubiera pagado hasta 100 dólares australianos por la entrada.

	Valor alto en elegir ir al teatro (A)	Valor bajo en elegir ir al teatro (B)
Costo de bolsillo (precio de la entrada para A)	25 USD	25 USD
Costo de oportunidad (Disfrute de B al que se renunció, concierto en el parque)	15 USD	15 USD
Costo económico (suma de los costos de bolsillo y el costo de oportunidad)	40 USD	40 USD
Disfrute del concierto en el teatro (A)	50 USD	35 USD
Renta económica (disfrute menos costo económico)	10 USD	–5 USD
Decisión	A: Ir al concierto en el teatro	B: Ir al concierto en el parque

Figura 3.8 Costos de oportunidad y rentas económicas: ¿Qué concierto escogería?

3.4 EL CONJUNTO FACTIBLE

Ahora volvamos al problema que se le plantea a Alexei de elegir entre sus calificaciones y su tiempo libre. Hemos mostrado que el tiempo libre tiene un costo de oportunidad en forma de puntos perdidos en su calificación (de manera equivalente, podríamos decir que los puntos de nota tienen un costo de oportunidad en forma de tiempo libre al que Alexei tiene que renunciar para obtenerlos). Pero, antes de poder describir cómo Alexei resuelve su dilema, necesitamos determinar –precisamente– qué alternativas tiene disponibles en realidad.

Para responder esta pregunta, resulta útil considerar de nuevo la función de producción. Esta vez mostraremos la relación entre la calificación final y el tiempo libre, en vez de entre la calificación final y el tiempo de estudio. El día tiene 24 horas. Alexei debe dividir este tiempo entre estudiar (todas las horas dedicadas a aprender) y su tiempo libre (todo el tiempo restante). La figura 3.9 muestra la relación entre su calificación final y las horas de tiempo libre al día (la figura 3.5 (página 104) invertida). Si Alexei estudiara sin descanso durante 24 horas, eso implicaría cero horas de tiempo libre y una calificación final de 90. Si escoge 24 horas de tiempo libre al día, asumimos que no obtendrá ningún punto.

En la figura 3.9, los ejes son la calificación final y el tiempo libre, los dos bienes que le dan utilidad a Alexei. Suponiendo que escogerá consumir una combinación de estos dos bienes, la línea curva de la figura 3.9 representa la **frontera factible**: la calificación más alta que podrá obtener según la cantidad de tiempo libre que se tome. Siga los pasos de la figura 3.9 para ver qué combinaciones de notas y tiempo libre son factibles, cuáles no lo son y cómo la pendiente de la frontera representa el costo de oportunidad del tiempo libre.

Cualquier combinación de tiempo libre y calificación final que se sitúe dentro de la frontera es factible. Las combinaciones fuera de la frontera factible se califican como no factibles, dadas las capacidades y condiciones de estudio de Alexei. Por otro lado, aunque una combinación situada dentro de la frontera sea factible, siempre implicará que Alexei ha desechado de manera ostensible algo que valora. Si estudiara 14 horas al día, entonces, según el modelo, podría garantizarse una calificación de 89. Pero también podría obtener una calificación menor (digamos 70), si simplemente dejara de escribir antes de terminar el examen. Sería absurdo tirar a la basura los puntos de su nota de esta forma sin ninguna razón, pero sería posible. Otra forma de obtener una combinación situada en el interior de la frontera sería sentarse en la biblioteca y no hacer nada: Alexei estaría disfrutando de menos tiempo libre del que tiene disponible, lo que nuevamente no tiene sentido.

frontera factible Curva de puntos que define la máxima cantidad factible de un bien para una cantidad dada de otro. *Ver también: conjunto factible.*

conjunto factible Todas las combinaciones de cosas en consideración entre las que podría escoger quien toma las decisiones, dadas las restricciones económicas, físicas o de cualquier otro tipo a las que se enfrenta. *Ver también: frontera factible.*

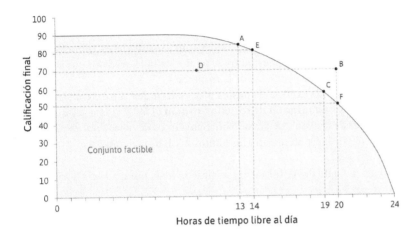

Figura 3.9 ¿Cómo afecta la elección de Alexei en cuanto a su tiempo libre su calificación final?

1. La frontera factible
Esta curva se llama la frontera factible y muestra la calificación final más alta que Alexei puede alcanzar, dada la cantidad de tiempo libre que se toma. Con 24 horas de tiempo libre, su calificación sería cero. Reduciendo su tiempo libre, Alexei puede alcanzar una calificación más alta.

2. Una combinación factible
Si Alexei escoge 13 horas de tiempo libre al día, puede alcanzar una calificación de 84.

3. Combinaciones no factibles
Dadas las habilidades de Alexei y las condiciones de estudio, en condiciones normales, no puede tomarse 20 horas de tiempo libre y esperar una calificación de 70 (recuerde, estamos asumiendo que la suerte no participa en este supuesto caso). Por lo tanto, B es una combinación no factible de horas de tiempo libre y calificación final.

4. Una combinación factible
La calificación máxima que Alexei puede alcanzar con 19 horas de tiempo libre al día es 57.

5. Dentro de la frontera
La combinación D es factible, pero Alexei está desperdiciando tiempo o puntos en el examen, pues podría conseguir una calificación más alta con las mismas horas de estudio al día o tener más tiempo libre y aun así lograr una calificación de 70.

6. El conjunto factible
El área dentro de la frontera, junto con la frontera misma, se llama **conjunto factible**. (Un conjunto es una colección de cosas; en ese caso, todas las posibles combinaciones de tiempo libre y calificación).

7. El costo de oportunidad del tiempo libre
En la combinación A, Alexei podría obtener una hora extra de tiempo libre renunciando a 3 puntos en el examen. El costo de oportunidad de una hora de tiempo libre en el punto A es de 3 puntos.

8. El costo de oportunidad varía
Cuanto más tiempo libre se tome, mayor será el producto marginal de estudiar y, por lo tanto, el costo de oportunidad del tiempo libre se incrementa. En C, el costo de oportunidad de una hora de tiempo libre es mayor que en A: Alexei tendría que renunciar a 7 puntos.

9. La pendiente de la frontera factible
El costo de oportunidad del tiempo libre en C es 7 puntos, correspondientes a la pendiente de la frontera factible en ese punto. En C, Alexei tendría que renunciar a 7 puntos (la variación vertical es de −7) para incrementar su tiempo libre en 1 hora (la variación horizontal es de 1). La pendiente es −7.

Al escoger una combinación situada dentro de la frontera, Alexei estaría renunciando a algo que está disponible de forma gratuita, algo que no tiene costo de oportunidad: podría obtener una calificación mayor sin sacrificar nada de tiempo libre, o tener más tiempo sin reducir su calificación.

La frontera factible es una restricción a las opciones entre las que puede elegir Alexei, pues representa la relación costo-beneficio (las potenciales soluciones a la disyuntiva) que debe asumir entre calificaciones y tiempo libre. En cualquier punto de la frontera, tomarse más tiempo libre tiene un costo de oportunidad en términos de puntos de nota perdidos que se corresponde con la pendiente de la frontera.

Otra forma de expresar la misma idea es decir que la frontera factible muestra la **tasa marginal de transformación (TMT)**: la tasa a la que Alexei puede transformar tiempo libre en puntos de nota. Considere la pendiente de la frontera entre los puntos A y E de la figura 3.9.

- La pendiente de AE (distancia vertical dividida por distancia horizontal) es −3.
- En el punto A, Alexei podría obtener una unidad más de tiempo libre sacrificando hasta tres puntos de su nota. El costo de oportunidad de 1 una unidad de tiempo libre es 3.
- En el punto E, Alexei podría transformar una unidad de tiempo en tres puntos de nota. La tasa marginal a la que puede transformar tiempo libre en puntos de nota es 3.

Cabe resaltar que la pendiente de AE es solo una aproximación a la pendiente de la frontera. Más concretamente: la pendiente en cualquier punto es la pendiente de la tangente que representa tanto la TMT como el costo de oportunidad en ese punto.

Fíjese que hemos identificado dos disyuntivas:

- *La tasa marginal de sustitución (TMS)*: en la sección anterior, vimos que esta mide la disyuntiva que Alexei está dispuesto a asumir entre puntuación en el examen y tiempo libre.
- *La tasa marginal de transformación (TMT)*: en cambio, esta mide la disyuntiva que la frontera factible obliga al estudiante a asumir.

Como veremos en la siguiente sección, la elección que realice Alexei entre su calificación y su tiempo libre logrará una posición de equilibrio entre estas disyuntivas.

<aside>
tasa marginal de transformación (TMT) Cantidad de algún bien que debe sacrificarse para adquirir una unidad adicional de otro bien. En cualquier punto, es la pendiente de la frontera factible. *Ver también: tasa marginal de sustitución.*
</aside>

<aside>
Leibniz: Tasas marginales de sustitución y transformación (https://tinyco.re/8831422)
</aside>

PREGUNTA 3.7 ESCOJA LA(S) RESPUESTA(S) CORRECTA(S)

Revise la figura 3.5 (página 104) que muestra la función de producción de Alexei: ¿De qué manera depende la calificación final (producto) del número de horas invertidas estudiando (el insumo)?

El tiempo libre al día se define como las 24 horas del día menos las horas de estudio por día. Considere el conjunto factible de combinaciones de calificaciones y horas de tiempo libre al día de Alexei. ¿Qué podemos concluir?

☐ Para identificar el conjunto factible se necesita saber el número de horas que Alexei duerme por día.

☐ La frontera factible es una imagen en espejo de la función de producción de arriba.

☐ La frontera factible es horizontal entre 0 y 10 horas de tiempo libre al día.

☐ El producto marginal del trabajo para 10 horas de estudio es igual a la tasa marginal de transformación para 14 horas de tiempo libre.

3.5 TOMA DE DECISIONES Y ESCASEZ

El paso final en este proceso de toma de decisiones es buscar la combinación de calificación y tiempo libre que Alexei va a escoger. La figura 3.10a reúne su frontera factible (figura 3.9) y sus curvas de indiferencia (figura 3.6 (página 107)). Recuerde que las curvas de indiferencia indican lo que Alexei prefiere y sus pendientes muestran las disyuntivas que está dispuesto a asumir; en cambio, la frontera factible es la restricción a su elección y su pendiente muestra las disyuntivas a las que está obligado.

La figura 3.10a muestra cuatro curvas de indiferencia, etiquetadas de CI_1 a CI_4. CI_4 representa el nivel más alto de utilidad, porque es la que se encuentra más alejada del origen. Ninguna combinación de calificación y tiempo libre sobre CI_4 es factible; toda esta curva de indiferencia se encuentra fuera del conjunto factible. Suponga que Alexei considera elegir una combinación que se sitúe en algún lugar en el conjunto factible a lo largo de CI_1. Siguiendo los pasos de la figura 3.10a podrá ver que puede incrementar su utilidad moviéndose a puntos en curvas de indiferencias más altas, hasta que alcance una elección factible que maximice su utilidad.

Alexei maximiza su utilidad en el punto E, en el que su curva de indiferencia es tangente a la frontera factible. Este modelo predice que Alexei va a:

- Escoger dedicar 5 horas cada día al estudio y destinar 19 horas cada día a hacer otras actividades
- Obtener una calificación de 57 como resultado

Podemos ver en la figura 3.10a que, en E, la frontera factible y la curva de indiferencia más alta alcanzable CI_3 son tangentes entre sí (se tocan, pero no se cruzan). En E la pendiente de la curva de indiferencia es la misma que la pendiente de la frontera factible. Ahora bien, recuerde que las pendientes representan las dos soluciones de compromiso a las que enfrenta Alexei:

- *La pendiente de la curva de indiferencia es la TMS*, que corresponde a la disyuntiva que está dispuesto a asumir entre tiempo libre y puntos porcentuales.
- *La pendiente de la frontera es la TMT*, que es la disyuntiva que está restringido a asumir porque no es posible ir más allá de la frontera factible.

Alexei alcanza la utilidad más alta posible allí donde las dos soluciones de compromiso se equilibran (E). La combinación óptima de calificación y tiempo libre para Alexei se sitúa en el punto en el que la tasa marginal de transformación es igual a la tasa marginal de sustitución.

La figura 3.10b muestra la TMS (la pendiente de la curva de indiferencia) y la TMT (la pendiente de la frontera factible) en los puntos que se muestran en la figura 3.10a. En B y D, el número de puntos que Alexei está dispuesto a ceder por una hora de tiempo libre (TMS) es mayor que el costo de oportunidad de esa hora (TMT), lo que implica que Alexei prefiere incrementar su tiempo libre. En A, la TMT es mayor que la TMS, así que prefiere disminuir su tiempo libre. Y, tal y como cabía esperar, en E, la TMS y la TMT son iguales.

Leibniz: Asignación óptima de tiempo libre: la TMT se encuentra con la TMS (https://tinyco.re/9893321)

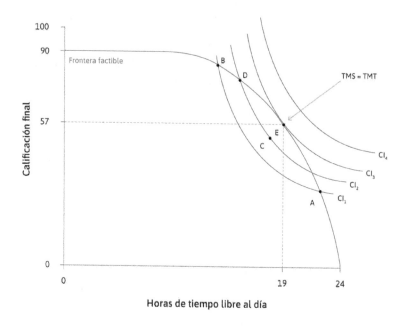

Figura 3.10a ¿Cuántas horas decide estudiar Alexei?

1. ¿Qué punto escogerá Alexei?
El diagrama reúne las curvas de indiferencia de Alexei y su frontera factible.

2. Combinaciones factibles
En la curva de indiferencia CI_1, todas las combinaciones entre A y B son factibles porque se encuentran dentro del conjunto factible. Suponga que Alexei escoge uno de estos puntos.

3. Podría mejorar
Todas las combinaciones en el área con forma de lente situada entre CI_1 y la frontera factible son factibles y ofrecen una utilidad mayor que las combinaciones a lo largo de CI_1. Por ejemplo, un desplazamiento hasta C incrementaría la utilidad de Alexei.

4. Podría mejorar
Al moverse de CI_1 al punto C de CI_2, se incrementa la utilidad de Alexei. Cambiar de B a D elevaría su utilidad en una cantidad equivalente.

5. La mejor relación costo-beneficio factible
Pero, de nuevo, Alexei puede incrementar su utilidad al moverse al área con forma de lente por sobre IC_2. Él puede continuar para encontrar combinaciones factibles en las curvas de indiferencia superiores hasta que alcance E.

6. La mejor solución mediada de costo-beneficio factible
En E, Alexei tiene 19 horas de tiempo libre al día y una calificación de 57; es decir, que maximiza su utilidad: está en la curva de indiferencia más alta que puede obtenerse, dada la frontera factible.

7. TMS = TMT
En E, la curva de indiferencia es tangente a la frontera factible. La tasa marginal de sustitución (la pendiente de la curva de indiferencia) es igual a la tasa marginal de transformación (la pendiente de la frontera).

Hemos hecho un modelo de la decisión del estudiante sobre cuántas horas estudiar con lo que denominamos un **problema de elección restringida**: alguien que toma decisiones (Alexei) persigue un objetivo (en este caso, maximizar su utilidad) sujeto a una restricción (su frontera factible).

En nuestro ejemplo, tanto el tiempo libre como los puntos en el examen son escasos para Alexei porque:

- *Tanto el tiempo libre como las calificaciones son bienes*: Alexei los valora a ambos.
- *Cada uno de esos bienes tiene un costo de oportunidad*: más de uno significa menos del otro.

En problemas de elección restringida, la solución es la elección óptima del individuo. Si asumimos que la maximización de su utilidad es la meta de Alexei, la combinación óptima de calificación y tiempo libre es un punto en la frontera factible en el cual:

$$TMS = TMT$$

La tabla de la figura 3.11 resume las disyuntivas de Alexei.

> **EJERCICIO 3.6 EXPLORAR LA ESCASEZ**
> Describa una situación en la que la calificación de Alexei y el tiempo libre no serían escasos. Recuerde, la escasez depende tanto de sus preferencias como de la función de producción.

problema de elección restringida
Este problema gira en torno a cómo podemos hacer lo mejor para nosotros, dadas nuestras preferencias y restricciones, y cuando las cosas que valoramos son escasas. *Véase también: problema de optimización restringida.*

	B	D	E	A
Tiempo libre	13	15	19	22
Calificación	84	78	57	33
TMT	2	4	7	9
TMS	20	15	7	3

Figura 3.10b ¿Cuántas horas decide estudiar Alexei?

	La disyuntiva	Donde se encuentra en el diagrama	Es igual a ...
TMS	*Tasa marginal de sustitución*: el número de puntos porcentuales que Alexei está dispuesto a ceder a cambio de una hora de tiempo libre.	La pendiente de la curva de indiferencia	
TMT, o costo de oportunidad del tiempo libre	*Tasa marginal de transformación*: El número de puntos porcentuales que Alexei ganaría (o perdería) al renunciar a (o tomarse) una hora adicional de tiempo libre	La pendiente de la frontera factible	El producto marginal del trabajo

Figura 3.11 Las disyuntivas de Alexei

PREGUNTA 3.8 ESCOJA LA(S) RESPUESTA(S) CORRECTA(S)

La figura 3.10a muestra la frontera factible de Alexei y sus curvas de indiferencia para la calificación final y las horas de tiempo libre diario. Suponga que todos los estudiantes tienen la misma frontera factible pero sus curvas de indiferencia pueden diferir en forma y pendiente, dependiendo de sus preferencias.

Use el diagrama para decidir cuál o cuáles de los siguientes enunciados es correcto.

☐ Alexei escogerá un punto donde la tasa marginal de sustitución sea igual a la tasa marginal de transformación.

☐ C está por debajo de la frontera factible, pero D está en la frontera factible. Por lo tanto, Alexei podría seleccionar el punto D como su elección óptima.

☐ Todos los estudiantes con curvas de indiferencia descendentes, cualquiera que sea la pendiente de estas, escogerían el punto E.

☐ En E, Alexei tiene la tasa más alta de calificación final por hora de tiempo libre al día.

3.6 HORAS DE TRABAJO Y CRECIMIENTO ECONÓMICO

John Maynard Keynes. 1963. 'Economic Possibilities for our Grandchildren' (https://tinyco.re/8213530). En *Essays in Persuasion*, New York, NY: W. W. Norton & Co.

En 1930, el economista británico John Maynard Keynes publicó un ensayo titulado *Las posibilidades económicas de nuestros nietos* (https://tinyco.re/8213530) en el que planteaba que, en los 100 años siguientes, el progreso tecnológico nos haría lograr un nivel de vida ocho veces superior al de dicha época. Lo que él llamaba «el problema económico, la lucha por la subsistencia» se resolvería y no tendríamos que trabajar más que, digamos, 15 horas a la semana para satisfacer nuestras necesidades económicas. La pregunta que se hacía Keynes era: ¿qué íbamos a hacer con todo ese tiempo libre adicional disponible?

La predicción de Keynes para la tasa de progreso tecnológico en países como el Reino Unido y Estados Unidos ha resultado ser más o menos correcta, y también ha resultado ser cierto que las horas trabajadas han disminuido, aunque mucho menos de lo que él esperaba (parece muy improbable que el horario de trabajo promedio para el año 2030 sea de 15 horas semanales). Un artículo de Tim Hartford en la columna titulada «The Undercover Economist» [Economista infiltrado] del *Financial Times* examina por qué Keynes estaba equivocado con esta predicción.

Tim Harford. 2015. 'The rewards for working hard are too big for Keynes's vision' (https://tinyco.re/5829245). The Undercover Economist. Publicado por primera vez en *The Financial Times*. Actualizado 3 agosto 2015.

Como vimos en el capítulo 2, las nuevas tecnologías aumentan la productividad del trabajo. Ahora tenemos las herramientas para analizar el efecto de una mayor productividad en los niveles de vida, más concretamente en los ingresos y en el tiempo libre de los trabajadores.

Hasta este momento hemos analizado la elección de Alexei, un estudiante, entre estudio y tiempo libre. Ahora usaremos nuestro modelo de elección restringida para analizar a Ángela, una agricultora autosuficiente que elige cuántas horas trabajar. Asumimos que Ángela produce grano para comer y no lo vende a nadie más. Si produce muy poco grano, pasará hambre.

¿Qué le impide producir la mayor cantidad de grano posible? Al igual que el estudiante, Ángela también valora el tiempo libre y, por lo tanto, obtiene utilidad tanto del tiempo libre como del consumo de grano.

No obstante, su elección está restringida: solo se puede consumir el grano que se produce, producción que requiere tiempo de trabajo, y cada hora de trabajo significa que Ángela renuncia a una hora de tiempo libre. La hora de tiempo libre sacrificada es el costo de oportunidad del grano producido. Al igual que Alexei, Ángela enfrenta un problema de escasez: tiene que elegir entre su consumo de grano y su consumo de tiempo libre.

Para entender su decisión y cómo se ve afectada por el cambio tecnológico, necesitamos hacer un modelo de su función de producción y sus preferencias.

La figura 3.12 muestra la función de producción inicial anterior al cambio tecnológico: la relación entre el número de horas trabajadas y la cantidad de grano producida. Fíjese que el gráfico tiene una forma cóncava, similar a la función de producción de Alexei: el producto marginal de una hora adicional de trabajo, descrita por la pendiente, disminuye a medida que el número de horas aumenta.

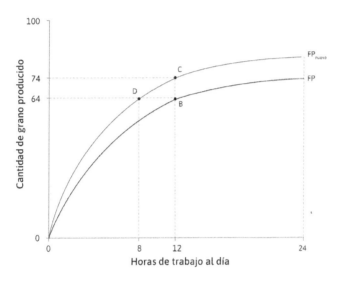

Horas trabajadas	0	1	2	3	4	5	6	7	8	9	10	11	12	13	18	24
Grano	0	9	18	26	33	40	46	51	55	58	60	62	64	66	69	72

Figura 3.12 Cómo afecta el cambio tecnológico la función de producción

1. La tecnología inicial
La tabla muestra cómo la cantidad de grano producida depende del número de horas trabajadas al día. Por ejemplo: si Ángela trabaja 12 horas al día, producirá 64 unidades de grano. Este es el punto B en el gráfico.

2. Una mejora tecnológica
Una mejora en la tecnología significa que se produce más grano en un número dado de horas de trabajo. La función de producción se desplaza hacia arriba, de FP a FP$_{nueva}$.

3. Más grano para la misma cantidad de trabajo
Ahora, si Ángela trabaja 12 horas al día, puede producir 74 unidades de grano (punto C).

4. O la misma cantidad de grano, pero con menos trabajo
Otra alternativa sería que, trabajando 8 horas al día, puede producir 64 unidades de grano (punto D), cantidad que antes producía en 12 horas.

Una mejora tecnológica, como podría ser la introducción de semillas con mayor rendimiento o equipos que aceleren la cosecha, va a incrementar la cantidad de grano producido en un periodo determinado de horas. El análisis de la figura 3.12 ilustra el efecto que esto tiene sobre la función de producción.

Cabe resaltar que la nueva función de producción tiene más pendiente que la original para cada número de horas. La nueva tecnología ha aumentado el producto marginal del trabajo de Ángela: en cada punto de la curva, la hora adicional de trabajo produce más grano del que se lograba producir con la antigua tecnología.

Leibniz: Modelo del cambio tecnológico (https://tinyco.re/ 8931112)

La figura 3.13 muestra la frontera factible de Ángela, que es simplemente la imagen en espejo de la función de producción, tanto para la tecnología original (FF) como para la nueva (FF$_{nueva}$).

Como antes, lo que denominamos tiempo libre corresponde a todo el tiempo que no se dedique a trabajar para producir grano, incluido el tiempo para comer, dormir y todo lo demás que se hace y que no consideramos como trabajo de granja, así como también el ocio. La frontera factible muestra cuánto grano puede consumirse a cada nivel posible de tiempo libre. Los puntos B, C y D representan las mismas combinaciones de tiempo libre y granos que mostrábamos en la figura 3.12. La pendiente de la frontera representa la TMT (la tasa marginal a la que el tiempo libre puede transformarse en grano) o, de manera equivalente, el costo de oportunidad del tiempo libre. Puede observarse que el progreso tecnológico expande el conjunto factible: ofrece a Ángela un abanico más amplio de combinaciones posibles de grano y tiempo libre.

Ahora para descubrir cuál es la combinación perteneciente al conjunto factible que es la mejor para Ángela, añadimos sus curvas de indiferencia al diagrama y así representamos sus preferencias de tiempo libre y consumo de grano. La figura 3.14 muestra que su decisión óptima con la tecnología original es trabajar ocho horas al día, lo que le deja 16 horas de tiempo libre y le proporciona 55 unidades de grano. Este es el punto de tangencia donde las dos disyuntivas se equilibran: su tasa marginal de sustitución o TMS

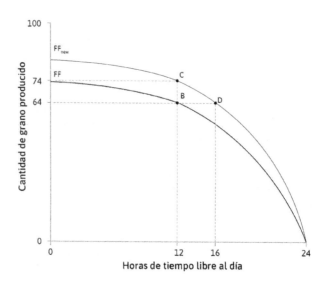

Figura 3.13 Una mejora en tecnología expande el conjunto factible de Ángela.

entre grano y tiempo libre (la pendiente de su curva de indiferencia) es igual a la tasa marginal de transformación o TMT (la pendiente de la frontera factible). Podemos considerar la combinación de tiempo libre y grano del punto A como una medida de su nivel de vida.

Siga los pasos de la figura 3.14 para ver cómo su decisión cambia como resultado del progreso tecnológico.

Los cambios tecnológicos suben el nivel de vida de Ángela: le permiten lograr niveles superiores de utilidad. Nótese que, en la figura 3.14, logra incrementar su consumo de grano y su tiempo libre al mismo tiempo.

Es importante darse cuenta de que este es solo uno de muchos resultados posibles. Si hubiésemos dibujado las curvas de indiferencia o la frontera de forma diferente, las soluciones de compromiso a que se enfrenta Ángela habrían sido diferentes. Podemos constatar que las mejoras tecnológicas definitivamente hacen que resulte factible que Ángela consuma más grano y además tenga más tiempo libre. No obstante, el que finalmente ella decida o no tener más de ambos va a depender de sus preferencias entre los dos bienes y de su predisposición a sustituir uno por otro.

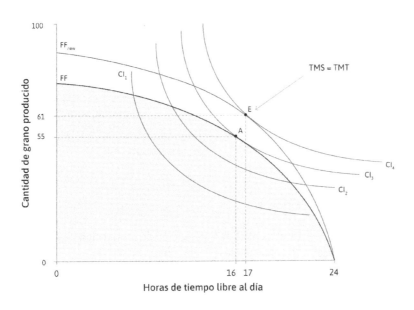

Figura 3.14 La elección de Ángela entre tiempo libre y grano

1. Maximizar la utilidad con la tecnología original
El diagrama muestra el conjunto factible con la función de producción original y las curvas de indiferencia de Ángela para combinaciones de grano y tiempo libre. La curva de indiferencia más alta que puede alcanzar es CI₃, en el punto A.

2. TMS = TMT para la máxima utilidad
Su elección óptima es el punto A situado en la frontera factible, en el que disfruta de 16 horas de tiempo libre al día y consume 55 unidades de grano. En A, su TMS es igual a la TMT.

3. Progreso tecnológico
Una mejora en la tecnología expande el conjunto factible. Ahora tiene a su alcance una situación mejor que A.

4. La nueva tecnología óptima de Ángela
Cuando la tecnología agrícola mejora, la elección óptima de Ángela es el punto E, donde FF_nueva es tangente a la curva de indiferencia CI₄. Ahora Ángela tiene más tiempo libre y más grano que antes.

Para entender por qué ocurre esto, recuerde que el cambio tecnológico incrementa la pendiente de la función de producción: aumenta el producto marginal del trabajo de Ángela. Esto significa que el costo de oportunidad de su tiempo libre es más alto, lo que la incentiva más a trabajar, pero, al mismo tiempo, ahora que puede tener más grano para cada cantidad de tiempo libre, puede que esté más dispuesta a sacrificar algo de ese grano a cambio de más tiempo libre (es decir, a cambio de poder reducir sus horas de trabajo).

Estos dos efectos del progreso tecnológico funcionan en direcciones opuestas. En la figura 3.14, el segundo efecto domina y Ángela escoge el punto E, donde cuenta con más tiempo libre y más grano. En la siguiente sección, analizaremos con más detalle estos dos efectos opuestos usando un ejemplo diferente para distinguirlos.

PREGUNTA 3.9 ESCOJA LA(S) RESPUESTA(S) CORRECTA(S)

Las figuras muestran la función de producción de Alexei y sus correspondientes fronteras factibles para las variables de calificación final y horas de tiempo libre al día. En estas figuras se aprecia el efecto de una mejora en su técnica de estudio, representada por el hecho de que se incremente la inclinación hacia arriba de ambas curvas.

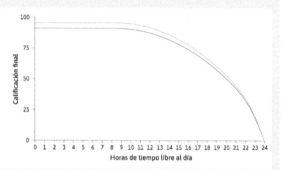

Considere ahora dos casos de potenciales cambios futuros en el ambiente de estudio de Alexei:

Caso A. De repente, Alexei necesita dedicar 4 horas al día a cuidar a un miembro de su familia. (Podría usted asumir que el producto marginal del trabajo de Alexei no se ve afectado por las horas que estudia).

Caso B. Por razones de salud, su producto marginal del trabajo para todas las horas se reduce en un 10%.

Entonces:

☐ Para el caso A, la función de producción de Alexei se desplaza a la derecha.
☐ Para el caso A, la frontera factible de Alexei se desplaza a la izquierda.
☐ Para el caso B, la función de producción de Alexei se desplaza hacia abajo de forma paralela.
☐ Para el caso B, la frontera factible de Alexei rota hacia abajo, pivoteando alrededor de la intersección con el eje horizontal.

EJERCICIO 3.7 SU FUNCIÓN DE PRODUCCIÓN

1. ¿Qué podría provocar una mejora tecnológica de su función de producción y la de sus compañeros de estudio?
2. Dibuje un diagrama para ilustrar cómo esta mejora afectaría a su conjunto factible de calificaciones y horas de estudio.
3. Analice lo que podría pasar con su elección de horas de estudio, y las posibles elecciones de sus compañeros en este ámbito.

3.7 EFECTO INGRESO Y EFECTO SUSTITUCIÓN SOBRE LAS HORAS TRABAJADAS Y EL TIEMPO LIBRE

Suponga que acaba de salir de la universidad y está buscando un trabajo. Su expectativa es ser capaz de ganar un salario de 15 dólares por hora. Los trabajos son diferentes dependiendo del número de horas que haya que trabajar, así que, ¿cuál sería su número ideal de horas? Tanto el salario como las horas de trabajo van a determinar cuántas horas de tiempo libre va a tener y sus ingresos totales.

Como hicimos con Ángela, trabajaremos en términos de promedios diarios de tiempo libre y consumo. Asumiremos que su gasto –es decir, su consumo promedio de comida, alojamiento y otros bienes y servicios– no puede exceder sus ingresos (por ejemplo, no puede pedir dinero prestado para incrementar su consumo). Si gana usted un salario w y tiene t horas de tiempo libre por día, entonces trabaja $(24 - t)$ horas y su nivel máximo de consumo, c, viene dado por la ecuación:

$$c = w(24 - t)$$

Vamos a denominar a esta cantidad como su **restricción presupuestal**, porque muestra lo que se puede permitir comprar.

En la tabla de la figura 3.15 hemos calculado su tiempo libre por horas de trabajo (variando estas entre 0 y 16 horas al día) y su consumo máximo, cuando su salario es $w = 15$ dólares.

La figura 3.15 muestra los dos bienes a los que nos referimos en este problema: horas de tiempo libre (t) en el eje horizontal, y consumo (c) en el eje vertical. Cuando mostramos en el gráfico los puntos mostrados en la tabla, obtenemos una línea recta descendente (con pendiente negativa): este es el gráfico de la restricción presupuestal. La ecuación de la restricción presupuestal es:

$$c = 15(24 - t)$$

La pendiente de la restricción presupuestal corresponde al salario: por cada hora adicional de tiempo libre, el consumo debe disminuir en 15 dólares. El área bajo la restricción presupuestal es su conjunto factible; su problema es bastante similar al problema de Ángela, con la excepción de que su frontera factible es una línea recta. Recuerde que para Ángela la pendiente de la frontera factible es tanto la TMT (la tasa a la cual el tiempo libre puede ser transformado en grano) como el costo de oportunidad de una hora de tiempo libre (el grano que se deja de producir). Estas dos cantidades varían porque el producto marginal de Ángela cambia con sus horas de trabajo. Para usted, la tasa marginal a la cual puede transformar tiempo libre en consumo y el costo de oportunidad del tiempo libre, es constante e igual a su salario: es 15 dólares para su primera hora de trabajo y sigue siendo 15 dólares para todas las horas siguientes.

¿Cuál sería su trabajo ideal? Su elección preferida de tiempo libre y consumo será la combinación más alta posible de la frontera factible que se sitúe también en la curva de indiferencia más alta posible. Analice la figura 3.15 para encontrar la elección óptima.

restricción presupuestal Ecuación que representa todas las combinaciones de bienes y servicios que se podrían adquirir, que agoten exactamente los recursos propios presupuestados.

Si sus curvas de indiferencia son como las de la figura 3.15, escogería usted el punto A, con 18 horas de tiempo libre. En este punto, su TMS –la tasa a la cual está dispuesto a cambiar consumo por tiempo– es igual a su salario (15 dólares, el costo de oportunidad del tiempo). A usted le gustaría encontrar un trabajo en el que pudiera trabajar 6 horas al día y sus ingresos diarios fueran 90 dólares.

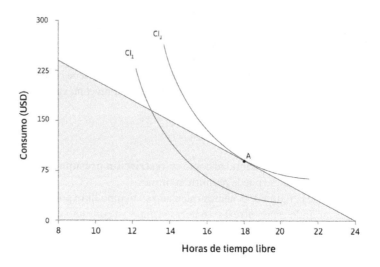

Horas de trabajo	0	2	4	6	8	10	12	14	16
Tiempo libre, t	24	22	20	18	16	14	12	10	8
Consumo, c	0	30 USD	60 USD	90 USD	120 USD	150 USD	180 USD	210 USD	240 USD

La ecuación de la restricción presupuestal es $c = w(24 − t)$
El salario es $w = 15$ USD, así que la restricción presupuestal es $c = 15(24 − t)$

Figura 3.15 Su elección preferida de tiempo libre y consumo.

1. La restricción presupuestal
La línea recta es su restricción presupuestal: muestra la máxima cantidad de consumo que puede usted tener para cada nivel de tiempo libre.

2. La pendiente de la restricción presupuestal
La pendiente de la restricción presupuestal es igual al salario, 15 dólares (en valor absoluto). Esta es su TMT (la tasa a la cual puede transformar el tiempo en consumo), y también es el costo de oportunidad del tiempo libre.

3. El conjunto factible
La restricción presupuestal es su frontera factible y el área que queda bajo esta es el conjunto factible.

4. Su trabajo ideal
Sus curvas de indiferencia muestran que su trabajo ideal estaría en el punto A, con 18 horas de tiempo libre y ganancias diarias de 90 dólares. En este punto, su TMS es igual a la pendiente de la restricción presupuestal, que corresponde al salario (15 dólares).

Como el estudiante, está equilibrando dos disyuntivas:

La disyuntiva	Dónde está en el diagrama
TMS *Tasa marginal de sustitución*: la cantidad de consumo que está dispuesto a intercambiar por una hora extra de tiempo libre.	La pendiente de la curva de indiferencia.
TMT *Tasa marginal de transformación*: La cantidad de consumo que puede ganar al renunciar a una hora de tiempo libre, que coincide con el salario, w.	La pendiente de la restricción presupuestal (la frontera factible) la cual es igual al salario.

Figura 3.16 Sus dos soluciones de compromiso.

Su combinación óptima de consumo y tiempo libre es el punto en la restricción presupuestal donde:

$$TMS = TMT = w$$

Mientras considera esta decisión, recibe un email: un benefactor misterioso quiere darle unos ingresos de 50 dólares diarios de por vida. Todo lo que usted tiene que hacer es proporcionar sus detalles bancarios. Se da cuenta de inmediato de que esto va a afectar su elección de trabajo. La nueva situación se muestra en la figura 3.17: para cada nivel de tiempo libre, sus ingresos totales –tus ingresos más el regalo misterioso– son 50 dólares más altos que antes. Así que la restricción presupuestal se desplaza hacia arriba 50 dólares: el conjunto factible se ha expandido. Su restricción presupuestal ahora es:

$$c = 15(24 - t) + 50$$

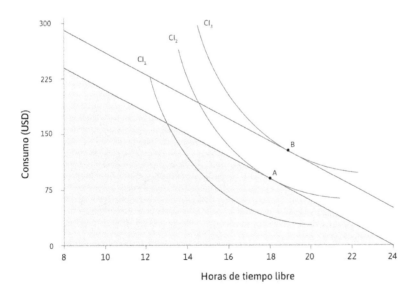

Figura 3.17 El efecto de ingresos adicionales sobre su elección de tiempo libre y consumo.

Note que el ingreso extra de 50 dólares no cambia su costo de oportunidad del tiempo: cada hora de tiempo libre aún reduce su consumo en 15 dólares (su salario). Su nuevo trabajo ideal se sitúa en B, con 19,5 horas de tiempo libre. B es el punto sobre CI$_3$ donde la TMS es igual a 15 dólares. Con las curvas de indiferencia que se muestran en este diagrama, su respuesta al ingreso extra no es simplemente gastar los 50 dólares; más bien, lo que ocurre es que usted incrementa su consumo en menos que 50 dólares y se toma algo de tiempo libre adicional. Alguien con preferencias diferentes podría no elegir incrementar su tiempo libre: la figura 3.18 muestra un caso en el que la TMS para cada valor de tiempo libre es el mismo tanto en CI$_2$ como en la curva de indiferencia más alta CI$_3$. Esta persona escoge mantener su tiempo libre igual y consumir 50 dólares más.

El efecto de unos ingresos adicionales (no ganados trabajando) sobre la elección de tiempo libre se denomina **efecto ingreso**. Su efecto ingreso, tal y como se muestra en la figura 3.17, es positivo: es decir, unos ingresos extra aumentan su elección de tiempo libre. Para la persona cuyas elecciones se muestran en la figura 3.18, el efecto ingreso es cero. Asumimos que, para la mayoría de los bienes, el efecto ingreso será positivo o cero, pero no negativo: si su ingreso aumentara, no elegiría tener menos de algo que valora.

De repente, se da usted cuenta de que podría no ser aconsejable darle al desconocido misterioso los datos de acceso a su cuenta bancaria (quizás es una estafa), así que, arrepentido, vuelve al plan original y encuentra un trabajo que requiere 6 horas al día. Un año más tarde, su suerte mejora: su empleador le ofrece un aumento de sueldo de 10 dólares por hora y la oportunidad de renegociar sus horas. Ahora su restricción presupuestal es:

$$c = 25(24 - t)$$

En la figura 3.19a puede ver cómo cambia la restricción presupuestal cuando el salario aumenta. Con 24 horas de tiempo libre (y sin trabajo) su consumo sería de 0 fuera cual fuera el salario. Ahora bien, por cada hora de

> **efecto ingreso** Efecto que los ingresos adicionales tendrían si no hubiera cambio en el precio o en el costo de oportunidad.

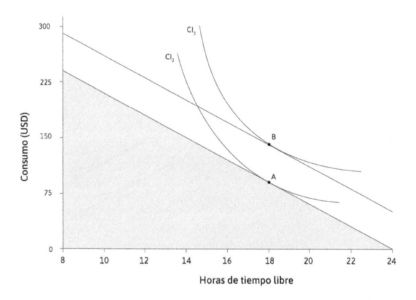

Figura 3.18 El efecto de ingresos adicionales para alguien cuya TMS no cambia cuando el consumo se incrementa.

tiempo libre a la que renuncie, su consumo podrá ir aumentando en 25 dólares en vez de 15 dólares. Así pues, su nueva restricción presupuestal es una línea recta con más pendiente que pasa por (24, 0), con una pendiente igual a 25 dólares. Su conjunto factible se ha expandido y ahora puede alcanzar el nivel de utilidad más alto representado en el punto D, con solo 17 horas de tiempo libre, así que le pregunta usted a su empleador si puede trabajar más horas: una jornada de 7 horas.

Compare los resultados en las figuras 3.17 y 3.19a con un incremento en los ingresos no ganados. Lo que usted quiere es trabajar menos horas, mientras que el incremento en el salario de la figura 3.19a le lleva a decidir aumentar sus horas de trabajo. ¿Por qué ocurre esto? Porque hay dos efectos resultantes de un aumento de los ingresos:

- *Más ingreso por cada hora trabajada*: para cada nivel de tiempo libre puede consumir más y su TMS es más alta: ahora está más dispuesto a sacrificar consumo a cambio de tiempo libre extra. Este es el efecto ingreso que vimos en la figura 3.17: responde a un ingreso adicional tomándose más tiempo libre, así como aumentando su consumo.
- *La restricción presupuestal es más pronunciada*: por otro lado, ahora el costo de oportunidad de este tiempo libre es mayor. En otras palabras, la tasa marginal a la cual puede transformar tiempo en ingresos (la TMT) ha aumentado. Esto significa que tiene más incentivos a trabajar: a disminuir su tiempo libre. Esto se denomina **efecto sustitución**.

efecto sustitución Efecto que se da únicamente por cambios en el precio o el costo de oportunidad, dado el nuevo nivel de utilidad.

El efecto sustitución capta la idea de que cuando un bien se vuelve más caro en relación con otro bien, se escoge sustituir algo del otro bien por este. Es el efecto que tendría un cambio en el costo de oportunidad por sí solo, para determinado nivel dado de utilidad.

Podemos mostrar ambos efectos en el diagrama. Antes del aumento salarial, usted está en A sobre CI_2. El salario más alto le permite alcanzar el punto D sobre CI_4. La figura 3.19b muestra cómo podemos descomponer el cambio de A a D en dos partes correspondientes a los dos efectos.

Leibniz: Matemáticas de los efectos ingreso y sustitución (https://tinyco.re/0724105)

Puede ver en la figura 3.19b que, con curvas de indiferencia con esta forma típica, el efecto sustitución siempre será negativo: con un costo de oportunidad del tiempo libre más alto, usted elige un punto en la curva de indiferencia con una TMS más alta, y eso significa situarse en un punto con menos tiempo libre (y más consumo). El efecto total de un aumento salarial depende de la suma del efecto ingreso y el efecto sustitución. En la figura 3.19b, el efecto sustitución negativo es mayor que el efecto ingreso positivo, por lo que el tiempo libre disminuye.

EFECTO SUSTITUCIÓN Y EFECTO INGRESO

Un incremento salarial:
- Incrementa sus ingresos para cada nivel de tiempo libre, aumentando así el nivel de utilidad que puede alcanzar.
- Incrementa el costo de oportunidad del tiempo libre.

Así pues, tiene dos efectos sobre su elección de tiempo libre.
- *El efecto ingreso* (dado por el desplazamiento hacia afuera de la restricción presupuestal): el efecto que tendrían unos ingresos adicionales si no hubiera cambios en el costo de oportunidad.
- *El efecto sustitución* (dado por el incremento en la pendiente de la restricción presupuestal, la TMT): el efecto del cambio en el costo de oportunidad, dado el nuevo nivel de utilidad.

Progreso tecnológico

Si revisa la sección 3.6, podrá ver que la respuesta de Ángela a un aumento en la productividad también venía determinada por estos dos efectos opuestos: un mayor incentivo a trabajar provocado por el aumento en el costo de oportunidad del tiempo libre, y un mayor deseo de tiempo libre cuando sus ingresos aumentan.

Utilizamos el modelo de la agricultora autosuficiente para ver cómo puede afectar el cambio tecnológico las horas de trabajo. Ángela puede responder directamente al incremento en su productividad provocado por la introducción de una nueva tecnología. Los empleados también se vuelven más productivos como resultado de los cambios tecnológicos y esto puede llevar a un aumento en el salario si es que tienen suficiente poder de negociación. El modelo en esta sección sugiere que, si eso ocurre, el progreso tecnológico también ocasionará un cambio en la cantidad de tiempo que los empleados desean gastar trabajando.

El efecto ingreso de un salario más alto hace que los trabajadores quieran más tiempo libre, mientras que el efecto sustitución proporciona un incentivo para trabajar más horas. Si el efecto ingreso supera al efecto sustitución, los trabajadores preferirán trabajar menos horas.

PREGUNTA 3.10 ESCOJA LA(S) RESPUESTA(S) CORRECTA(S)
La figura 3.15 (página 126) representa su restricción presupuestal cuando el salario por hora es de 15 dólares.

¿Cuál o cuáles de los siguientes enunciados es verdadero?

☐ La pendiente de la restricción presupuestal es el negativo de la tasa salarial (-15).
☐ La restricción presupuestal es una frontera factible con una tasa marginal de transformación constante.
☐ Un incremento en el salario causaría un desplazamiento paralelo hacia arriba en la restricción presupuestal.
☐ Un obsequio de 60 dólares haría que la pendiente de la restricción presupuestal aumentara, incrementándose el nivel de intersección con el eje vertical a 300 dólares.

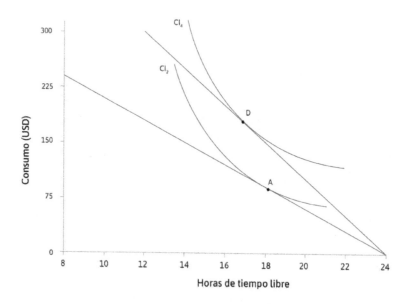

Figura 3.19a El efecto de un incremento en el salario sobre su elección de tiempo libre y consumo.

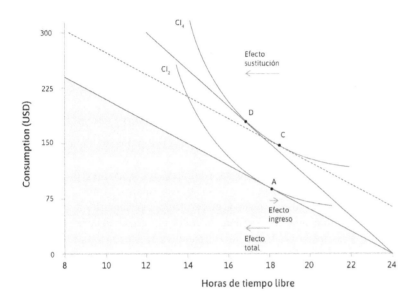

Figura 3.19b El efecto de un incremento en el salario sobre su elección de tiempo libre y consumo.

1. Un incremento en salarios
Cuando el salario es de 15 dólares, su mejor combinación de horas y consumo es el punto A. La línea más inclinada muestra su nueva restricción presupuestal cuando el salario incrementa a 25 dólares. Su conjunto factible se ha expandido.

2. Ahora puede alcanzar una curva de indiferencia superior
El punto D en IC4 le proporciona la máxima utilidad. En el punto D, su TMS es igual al nuevo salario de 25 dólares. Solo tiene 17 horas de tiempo libre pero su consumo se ha elevado a 175 dólares.

3. Si no hubiera cambios en el costo de oportunidad del tiempo libre
La línea punteada muestra qué pasaría si tuviera suficientes ingresos como para alcanzar IC4 sin un cambio en el costo de oportunidad del tiempo libre. En ese caso, escogería C, con más tiempo libre.

4. El efecto ingreso
El cambio de A a C se conoce como efecto ingreso del incremento salarial. Por sí solo, este efecto haría que usted escogiera tener más tiempo libre.

5. El efecto sustitución
El incremento en el costo de oportunidad del tiempo libre hace que aumente la pendiente de la restricción presupuestal. Esto hace que escoja usted D en lugar de C: es decir, un punto con menos tiempo libre. A esto se le llama efecto sustitución del incremento salarial.

6. La suma del efecto ingreso y el efecto sustitución
El efecto general del incremento salarial depende de la suma del efecto ingreso y el efecto sustitución. En este caso, el efecto sustitución es mayor, así que, con un salario más alto, elige usted menos tiempo libre.

3.8 ¿ES ESTE UN BUEN MODELO?

Hemos analizado tres contextos diferentes en los que la gente decide cuánto trabajar: un estudiante (Alexei), una agricultora (Ángela) y un empleado asalariado. En cada caso hemos hecho un modelo de sus preferencias y conjuntos factibles y el modelo nos dice que su mejor elección (maximizadora de su utilidad) es el nivel de horas laborales en el que la pendiente de la frontera factible es igual a la pendiente de la curva de indiferencia.

No obstante, usted puede haber estado pensando: ¡esto no es lo que hace la gente!

Miles de millones de personas organizan sus vidas laborales sin saber nada sobre la TMS ni la TMT (si efectivamente tomaran decisiones de esa forma, quizás deberíamos sustraer las horas que gastarían haciendo cálculos). Y, aún si se tomaran estas decisiones usando las matemáticas, la mayoría de nosotros no puede simplemente irse del trabajo cuando quiere. Así pues, ¿de qué modo puede ser útil este modelo?

Recuerde el capítulo 2 en el que el vimos que el modelo nos ayuda a «ver más analizando menos». La falta de realismo es un aspecto intencionado de este modelo, no un defecto.

El método de prueba y error sustituye los cálculos

¿Puede un modelo que ignora la forma en que pensamos ser un buen modelo de cómo elegimos?

Milton Friedman, un economista, explicaba que cuando los economistas usan los modelos de esta forma no están por ello asumiendo que efectivamente pensemos a través de estos cálculos (igualando TMS y TMT) cada vez que tomamos una decisión. En vez de eso, cada uno de nosotros prueba varias opciones (algunas veces ni siquiera de manera intencional) y tendemos a adoptar hábitos o reglas generales de decisión que nos hagan sentir satisfechos con nuestras decisiones y no arrepentidos de haberlas tomado.

En su libro *Ensayos sobre economía positiva*, lo describe como algo similar a jugar billar (*pool*):

> «Considere el problema de predecir las tacadas de un jugador de billar experto. No parece en absoluto descabellado que puedan realizarse excelentes predicciones con base en la hipótesis de que el jugador de billar realizara sus tacadas como si conociera las complicadas fórmulas matemáticas que determinarían las trayectorias óptimas, como si fuera capaz de estimar a ojo con toda precisión los ángulos, etc., describiendo la ubicación de las bolas, como si pudiera hacer cálculos rápidos a partir de las fórmulas y, en consecuencia, pudiese hacer que las bolas se desplazaran en la dirección que indican las fórmulas.
>
> Nuestra confianza en esta hipótesis no se basa en la creencia de que los jugadores de billar, aun los expertos, puedan seguir o sigan el proceso descrito, sino que se deriva más bien de la creencia de que, a menos que de una u otra forma fueran capaces de alcanzar esencialmente el mismo resultado, no serían de hecho expertos jugadores de billar.»

Milton Friedman. 1953. *Ensayos sobre economía positiva*. Chicago: Madrid: Gredos, 1967.

De manera similar, si vemos que una persona elige regularmente ir a la biblioteca después de clases en vez de salir, o que no invierte mucho esfuerzo en su granja, o que pide turnos más largos después de un aumento salarial, no debemos necesariamente suponer que esta persona ha realizado los cálculos que hemos propuesto. Si, más adelante, esa persona se arrepintiera de su decisión, la próxima vez podría salir un poco más, trabajar más arduamente en la granja o recortar su jornada laboral y volver a sus horas habituales. A fin de cuentas, podríamos especular que terminará tomando una decisión en cuanto al tiempo de trabajo que estará próxima al resultado de nuestros cálculos.

Es por esto que la teoría económica puede ayudar a explicar, o algunas veces incluso predecir, lo que la gente hace, aun cuando no esté realizando los cálculos matemáticos que los economistas desarrollan en sus modelos.

La influencia de la cultura y la política

Un segundo aspecto poco realista del modelo: por lo general, son los empleadores los que eligen las horas de trabajo, no los trabajadores a título individual, y los empleadores suelen además imponer una jornada laboral más larga de lo que los trabajadores querrían. El resultado de todo esto es que para mucha gente los horarios de trabajo están reguladas por ley, y eso implica que, sobrepasado determinado nivel máximo, ni el empleado ni el empleador pueden elegir trabajar más. En estos casos, el gobierno ha limitado el conjunto factible de horas y bienes.

Aunque los trabajadores individuales por lo general tengan poca libertad para elegir sus horas de trabajo, puede sin embargo darse el caso de que los cambios en horas de trabajo a lo largo del tiempo, y las diferencias entre países, reflejen parcialmente las preferencias de los trabajadores. Si en una democracia muchos trabajadores individuales desean reducir sus horas, pueden «elegir» esto indirectamente como votantes, si no individualmente como trabajadores. Como miembros de un sindicato, pueden negociar contratos que exijan a los empleadores el pago de las horas extraordinarias a tasas salariales más altas.

Esta explicación enfatiza la cultura (es decir, cambios en preferencias o diferencias en preferencias entre países) y la política (es decir, diferencias en leyes o en la fuerza y objetivos de los sindicatos). En efecto, la una y la otra ayudan a explicar las diferencias en horas de trabajo entre países:

Las diferentes culturas suelen presentar diferencias. Algunas culturas del norte de Europa dan gran valor a sus periodos de vacaciones, mientras que Corea del Sur es famosa por la gran cantidad de horas que trabajan los empleados. Los límites legales a las horas de trabajo difieren. En Bélgica y Francia la semana normal de trabajo está limitada a 35-39 horas, mientras que en México el límite es 48 horas y en Kenia es aún más.

Pero, incluso a nivel individual, podemos influir en el número de horas que trabajamos. Por ejemplo, los empleadores que ofrecen trabajos con horarios laborales que prefiere la mayoría de la gente podrían encontrarse con que tienen más candidatos que aquellos que ofrecen muchas (o muy pocas) horas.

Recuerde que también juzgamos la calidad de un modelo con base en si ofrece una explicación en profundidad de algo que queremos entender. En la próxima sección, analizaremos si nuestro modelo de elección de horas de trabajo puede ayudarnos a entender por qué las horas laborales difieren tanto entre países y por qué, como vimos en la introducción, han ido cambiando a lo largo del tiempo.

Lionel Robbins. *Ensayo sobre la naturaleza y significación de la Ciencia Económica.* Fondo de Cultura Económica, 1944.

EJERCICIO 3.8 UNA DEFINICIÓN MÁS DE ECONOMÍA

Lionel Robbins, un economista, escribió en 1932 que: «La Economía es la ciencia que estudia el comportamiento humano como una relación entre unos fines dados y unos medios escasos que tienen usos alternativos.»

1. Dé un ejemplo extraído de este capítulo para ilustrar la forma en que la ciencia económica estudia el comportamiento humano como una relación entre «fines dados y medios escasos con usos alternativos».
2. ¿Son los «fines» de la actividad económica, es decir, las cosas que deseamos, fijos? Use ejemplos de esta unidad (tiempo de estudio y calificaciones, o tiempo de trabajo y consumo) para ilustrar su respuesta.
3. El tema al que se refiere Robbins –hacer lo mejor que pueda en una situación dada– es una parte esencial de la disciplina económica. ¿Pero se limita el estudio económico al análisis de «medios escasos que tienen usos alternativos»? Para responder a esta pregunta, incluya una comparación entre la definición de Robbins y la mencionada en el capítulo 1, y tenga en cuenta que Robbins escribió su definición en un tiempo en el que el 15% de la fuerza de trabajo británica estaba desempleada.

3.9 EXPLICACIÓN DE NUESTRAS HORAS DE TRABAJO: CAMBIOS EN EL TIEMPO

En el año 1600, el trabajador británico medio trabajaba 266 días al año. Esta estadística no cambió mucho hasta la Revolución Industrial. Y a partir de entonces, como ya hemos mencionado en el capítulo anterior, los salarios comenzaron a subir y el horario de trabajo también se extendió: hasta los 318 días en 1870.

Robert Whaples. 2001. 'Hours of work in U.S. History' (https://tinyco.re/1660378). EH.Net Encyclopedia.

Mientras tanto, en Estados Unidos, aumentaron las horas de trabajo para muchos trabajadores que pasaron de la agricultura a las labores industriales. En 1865, Estados Unidos abolió la esclavitud y los antiguos esclavos usaron su libertad para trabajar mucho menos. En muchos países, desde fines del siglo XIX hasta mediados del siglo XX, las horas de trabajo se redujeron gradualmente. La figura 3.1 (página 99) que mostramos al comienzo de este capítulo ilustraba cómo las horas trabajadas anualmente han disminuido desde 1870 en Estados Unidos y Francia.

Los modelos sencillos que hemos construido no nos pueden contar la historia completa. Recuerde que el supuesto *ceteris paribus* puede omitir importantes detalles: las cosas que hemos mantenido constantes en los modelos pueden variar en la vida real.

Como explicamos en la sección anterior, nuestro modelo ha omitido dos importantes explicaciones que denominamos cultura y política. Nuestro modelo provee otra explicación: la economía.

Observe los dos puntos de la figura 3.20 que muestran las estimaciones de cantidad promedio de tiempo libre diario y bienes por día para los empleados de Estados Unidos en 1900 y 2013. Las pendientes de las restricciones presupuestales que pasan por A y D son los salarios reales (bienes por hora) en 1900 y en 2013. Esto nos muestra los conjuntos factibles de tiempo libre y bienes que habrían hecho estos puntos posibles. Luego consideramos las curvas de indiferencia de los trabajadores que los habrían llevado a optar por las horas que eligieron. No podemos medir las curvas de indiferencia directamente, sino que para ello debemos conjeturar lo mejor que podamos sobre cuáles habrían sido las preferencias de los trabajadores, en vista de cuáles acabaron siendo sus acciones.

¿Cómo explica nuestro modelo cómo llegar del punto A al punto D? Usted ya sabe, con base en lo que se muestra en la figura 3.19b (página 131), que el incremento en salarios habría traído consigo tanto un efecto ingreso como un efecto sustitución. En este caso, el efecto ingreso pesa más que el efecto sustitución, así que tanto el tiempo libre como los bienes consumidos por día aumentan. La figura 3.20 es, por lo tanto, simplemente un ejercicio de aplicación histórica del modelo ilustrado en la figura 3.19b (página 131). Analice los pasos que ilustra para ver el efecto ingreso y el efecto sustitución.

¿Cómo podría este tipo de racionamiento ayudarnos a entender los otros datos históricos que tenemos?

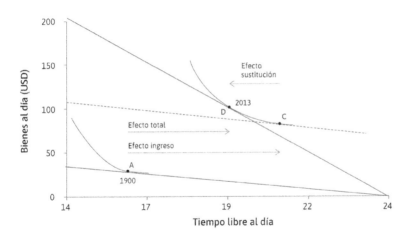

OCDE. Average annual hours actually worked per worker (https://tinyco.re/6892498) [Media de horas anuales reales laboradas por trabajador]. Consulta de septiembre de 2019. Michael Huberman y Chris Minns. 2007. 'The times they are not changin': Days and hours of work in Old and New Worlds, 1870–2000' (https://tinyco.re/2758271) [Los tiempos no están cambiando: días y horas de trabajo en el Viejo y el Nuevo Mundo, 1870–2000]. *Explorations in Economic History* [Investigaciones en materia de Historia económica] 44 (4): pp. 538–567.

Figura 3.20 Aplicación histórica del modelo: aumento de bienes y tiempo libre en EE.UU. (1900–2013).

1. Usar el modelo para explicar un cambio histórico
Podemos usar nuestro modelo para interpretar el cambio que se ha producido entre 1900 y 2013 en términos de tiempo libre diario y bienes por día de que disponen los empleados de EE.UU. Las líneas continuas del gráfico muestran los conjuntos factibles para las variables tiempo libre y bienes, tanto en 1900 como en 2013, coincidiendo la pendiente de cada restricción presupuestal con el salario real.

2. Curvas de indiferencia
Asumiendo que los trabajadores escogieron las horas que trabajaron, podemos inferir la forma aproximada de sus curvas de indiferencia.

3. El efecto ingreso
El desplazamiento de A hasta C es el efecto ingreso del salario real que, por sí solo, provocaría que los trabajadores en EE.UU. se tomaran más tiempo libre.

4. El efecto sustitución
El incremento en el costo de oportunidad del tiempo libre hizo que los trabajadores de EE.UU. escogieran D –con menos tiempo libre– en lugar de C.

5. Efecto ingreso y efecto sustitución
El efecto general del aumento salarial depende de la suma del efecto ingreso y el efecto sustitución. En este caso, el efecto ingreso es mayor, así que, con salarios más altos, los trabajadores en EE.UU. se toman más tiempo libre y acceden a mayor cantidad de bienes.

Primero, considere el periodo antes de 1870 en Reino Unido, cuando las horas de trabajo y los salarios aumentaron:

- *Efecto ingreso*: al nivel relativamente bajo de consumo del periodo previo a 1870, la predisposición de los trabajadores a sustituir tiempo libre por bienes no se incrementó mucho cuando la subida salarial hizo posible un mayor consumo.
- *Efecto sustitución*: pero los trabajadores se hicieron más productivos y empezaron a recibir una mejor remuneración, por lo que cada hora de trabajo llegó acompañada de una mayor recompensa que antes en forma de bienes, incrementándose así los incentivos a trabajar largas jornadas.
- *Efecto sustitución dominado*: por lo tanto, antes de 1870, el efecto sustitución negativo (reducción del tiempo libre) era mayor que el efecto ingreso positivo (aumento del tiempo libre), por lo que las horas de trabajo aumentaron.

Durante el siglo xx asistimos a aumentos salariales y un descenso en las horas trabajadas. Nuestro modelo da cuenta de este cambio de la siguiente forma:

- *Efecto ingreso*: para fines del siglo xix, los trabajadores habían alcanzado un nivel de consumo más alto y valoraban más el tiempo en términos relativos –su tasa marginal de sustitución era mayor–, por lo que el efecto ingreso de un incremento salarial era mayor.
- *Efecto sustitución*: este fue consistente con lo observado en el periodo previo a 1870.
- *Ahora domina el efecto ingreso*: cuando el efecto ingreso comenzó a pesar más que el efecto sustitución, las horas de trabajo disminuyeron.

El término «consumo conspicuo» fue acuñado por Thorstin Veblen (1857–1929), economista, en su libro *Teoría de la clase ociosa*. En su momento, Veblen estaba describiendo los hábitos de la clase superior exclusivamente, pero, al incrementarse el nivel de ingresos disponibles durante el siglo XX, el término ha pasado a aplicarse ahora a cualquiera que ostentosamente consuma bienes y servicios costosos como muestra pública de riqueza.

Thorstein Veblen. (1899) 2007. *Theory of the Leisure Class*. Oxford: Oxford University Press.

consumo conspicuo Compra de bienes o servicios para mostrar públicamente el propio estatus social y económico.

Deberíamos considerar también la posibilidad de que las preferencias cambien a lo largo del tiempo. Si miramos con cuidado la figura 3.1 (página 99), podemos observar que, en la última parte del siglo XX, subieron las horas de trabajo en Estados Unidos, pese a que los salarios casi no aumentaron. Las horas de trabajo subieron en Suecia también durante este periodo.

¿Por qué? Quizás en esos años los suecos y los estadounidenses pasaron a valorar más el consumo en términos relativos. En otras palabras, sus preferencias cambiaron de modo que su TMS cayó (se volvieron más parecidos a los trabajadores actuales de Corea del Sur). Esto puede haber ocurrido debido a que, tanto en Suecia como en Estados Unidos, la proporción de ingresos obtenidos por los muy ricos aumentó con-siderablemente y los ostentosos hábitos de consumo de los ricos acabaron marcando un estándar más alto para todo el mundo. Como resultado, mucha gente con menos medios intentó imitar los hábitos de consumo de los ricos, más concretamente un hábito conocido como **consumo conspicuo**. Según esta explicación, los suecos y los estadounidenses estaban constantemente «preocupados por no ser menos que el vecino». Y, como los vecinos se enriquecieron, eso provocó cambios en las preferencias de todos los demás.

La combinación de influencias políticas, culturales y económicas que afectan a nuestras elecciones puede producir algunas tendencias sorprendentes. En el video de nuestra serie «Economista en acción», Juliet Schor, una socióloga y economista que ha escrito sobre la paradoja de que muchas de las personas más ricas del mundo estén trabajando más, a pesar de las mejoras en la tecnología, se pregunta qué significa esto para nuestra calidad de vida y para el medioambiente.

PREGUNTA 3.11 ESCOJA LA(S) RESPUESTA(S) CORRECTA(S)
La figura 3.20 representa un modelo de oferta de trabajo y consumo para EE.UU. en 1900 y 2013. En este gráfico se muestra que el salario ha incrementado de uno año a otro.

¿Cuál o cuáles de los siguientes enunciados es verdadero?

☐ El efecto sustitución corresponde al aumento en la inclinación de la restricción presupuestal y viene representado por el movimiento del punto A al punto D.
☐ El efecto ingreso corresponde al desplazamiento paralelo de la restricción presupuestal hacia afuera para unos ingresos mayores. Esto se muestra en el movimiento del punto A al C.
☐ Tal como se muestra, el efecto ingreso domina al efecto sustitución, lo que conduce a una reducción en las horas de trabajo.
☐ Si los estadounidenses hubieran tenido preferencias distintas, podrían haber reaccionado a su subida salarial reduciendo su tiempo libre.

Juliet Schor: ¿Por qué trabajamos tanto? https://tinyco.re/8362335

¿Y qué pasará en el futuro? Las economías de ingresos altos continuarán experimentando un proceso de transformación significativo: el papel decreciente del trabajo en nuestras vidas. Ahora comenzamos a trabajar más tarde y dejamos de trabajar antes, y eso con una mayor expectativa de vida. Además, pasamos menos horas en el trabajo durante nuestros años activos. El historiador económico Robert Fogel estimó el total de tiempo trabajado en el pasado, incluyendo los viajes desde y hacia el trabajo y el trabajo doméstico, y elaboró proyecciones para el año 2040, definiendo lo que llamó tiempo discrecional como 24 horas al día menos la cantidad de tiempo que necesitamos para mantenimiento biológico (dormir, comer e higiene personal). Fogel calculó el tiempo de ocio como el tiempo discrecional menos el tiempo de trabajo.

Robert William Fogel. 2000. *The Fourth Great Awakening and the Future of Egalitarianism*. Chicago: University of Chicago Press.

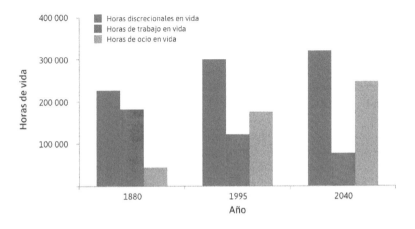

Figura 3.21 Tiempo de vida estimado en horas de trabajo y ocio (1880, 1995, 2040)

Robert William Fogel. 2000. *The Fourth Great Awakening and the Future of Egalitarianism* [El cuarto gran despertar y el futuro del igualitarismo]. Chicago: University of Chicago Press.

Fogel estimó que, en 1880, el tiempo de ocio de toda una vida representaba aproximadamente un cuarto del tiempo de trabajo. Para 1995, el tiempo de ocio excedería al tiempo de trabajo a lo largo de la vida de una persona. De hecho, predijo que el tiempo de ocio sería el triple del tiempo de trabajo hacia el año 2040. Sus estimaciones se representan en la figura 3.21.

No sabemos aún si Fogel sobrestimó la reducción futura del tiempo de trabajo tal como hiciera Keynes en su momento, pero sin duda tiene razón cuando enfatiza que uno de los grandes cambios provocados por la revolución tecnológica es la fuerte reducción del papel del trabajo en la vida del ciudadano medio.

EJERCICIO 3.9 ESCASEZ Y ELECCIÓN

1. ¿Proveen nuestros modelos de escasez y elección una explicación plausible de las tendencias observadas en las horas de trabajo durante el siglo xx?
2. ¿Qué otros factores, no incluidos en el modelo, podrían ser importantes al explicar lo que pasó?
3. Recuerde la predicción de Keynes de que las horas de trabajo se reducirían a 15 horas semanales en el siglo a partir de 1930. ¿Por qué cree que las horas de trabajo no han cambiado como se esperaba? ¿Han cambiado las preferencias de las personas? El modelo se concentra en el número de horas que los trabajadores escogerían, así que, ¿es posible que muchos empleados estén trabajando más de lo que les gustaría?
4. En su ensayo, Keynes afirmó que la gente tiene dos tipos de necesidades o deseos económicos: necesidades absolutas que no dependen de la situación o de otros humanos cercanos, y necesidades relativas, que él denominó «deseo de superioridad». La frase «preocupados por no ser menos que el vecino» capta una idea similar que indica que nuestras preferencias podrían verse afectadas por el consumo que vemos que realizan otros. ¿Podrían las necesidades relativas explicar por qué Keynes estaba tan equivocado sobre las horas de trabajo?

3.10 EXPLICACIÓN DE NUESTRAS HORAS DE TRABAJO: DIFERENCIAS ENTRE PAÍSES

La figura 3.2 (página 99) mostraba que en países con ingresos más altos (PIB per cápita), los trabajadores tienden a tener más tiempo libre, pero también que hay grandes diferencias en las horas anuales de tiempo libre entre países con niveles similares de ingresos. Para analizar estas diferencias usando nuestro modelo, necesitamos una forma diferente de medir los ingresos que se acerque más a los ingresos del trabajo. La tabla de la figura 3.22 muestra las horas trabajadas en 5 países distintos, junto con los ingresos disponibles de un empleado medio (con base en los impuestos y subsidios para una persona soltera sin hijos).

A partir de estas figuras, hemos calculado el total anual de tiempo libre y el salario medio (dividiendo los ingresos anuales por las horas anuales trabajadas). Finalmente, el tiempo libre por día y el consumo diario se calculan dividiendo el tiempo libre anual y los ingresos por 365.

La figura 3.23 muestra cómo podríamos usar estos datos junto con el modelo de la sección 3.7 para entender las diferencias entre países. A partir de los datos de la figura 3.22 hemos representado gráficamente el consumo diario y el tiempo libre de un trabajador típico de cada país, con la correspondiente restricción presupuestal (como hicimos antes, hemos usando una línea que pasa por (24, 0) con pendiente igual al salario). No tenemos información acerca de las preferencias de los trabajadores en cada país y no sabemos si las combinaciones del diagrama pueden interpretarse como una elección de los trabajadores, pero si asumimos que efectivamente reflejan las horas que los trabajadores eligen laborar, podemos considerar lo que los datos nos cuentan sobre las preferencias de los trabajadores en diferentes países.

De la figura 3.23 se desprende que el tiempo libre promedio en México y Corea del Sur es prácticamente igual, aunque el salario es mucho más alto en Corea del Sur que en México. Los surcoreanos, estadounidenses y holandeses tienen aproximadamente la misma cantidad para gastar al día, pero los surcoreanos tienen tres horas menos de tiempo libre. ¿Cabe la posibilidad de que los surcoreanos tengan las mismas preferencias que los estadounidenses, de modo que si los salarios se incrementan en Corea del Sur tomarán las mismas decisiones? Parece poco probable: el efecto sustitución los llevaría a consumir más bienes y a tomarse menos tiempo libre, y no es plausible suponer que el efecto ingreso de un aumento salarial los llevaría a consumir menos bienes. Es más plausible la hipótesis de que los surcoreanos y los estadounidenses (en promedio) tienen preferencias diferentes. Siga los pasos de la figura 3.23 para ver algunas curvas de indiferencia hipotéticas que podrían explicar las diferencias entre países. Fíjese en que las curvas de indiferencia para Estados Unidos y Corea del Sur se cruzan. Esto significa que los surcoreanos y los estadounidenses deben tener diferentes preferencias.

El punto Q en el último paso de la figura es el punto de intersección de las dos curvas de indiferencia de Corea del Sur y Estados Unidos. En este punto, la curva de indiferencia de Estados Unidos tiene más pendiente que la de Corea del Sur. Esto significa que el estadounidense medio está dispuesto a renunciar a más unidades de bienes diarios a cambio de una hora de tiempo libre (esto es la TMS) que el surcoreano medio, lo que resulta consistente con la idea de que los surcoreanos trabajan de manera excepcionalmente ardua. Por tanto, puede ser importante tomar en cuenta las diferencias entre países o entre individuos en cuanto a sus preferencias.

País	Promedio de horas trabajadas al año por empleado	Promedio de ingresos disponibles anuales (persona sola, sin hijos)	Promedio de tiempo libre anual	Salario (ingresos disponibles por hora trabajada)	Tiempo libre al día	Consumo al día
EE. UU.	1789	36 737	6971	20,54	19,10	100,65
Corea del Sur	2163	39 686	6597	18,35	18,07	108,73
Países Bajos	1383	40 171	7377	29,05	20,21	110,06
Turquía	1855	17 118	6905	9,23	18,92	46,90
México	2226	11 046	6534	4,96	17,90	30,26

Figura 3.22 Tiempo libre y consumo al día para varios países (2013)

OCDE. Average annual hours actually worked per worker (https://tinyco.re/6892498) [Media de horas anuales reales laboradas por trabajador]. Última consulta: septiembre 2019. Ingresos netos después de impuestos calculados en dólares estadounidenses utilizando tipos de cambio en paridad de poder de compra.

EJERCICIO 3.10 PREFERENCIAS Y CULTURA

Suponga que los puntos representados en la figura 3.23 reflejan las elecciones de tiempo libre y consumo que realizan los trabajadores en estos cinco países de acuerdo con nuestro modelo.

1. ¿Es posible que los turcos y los estadounidenses tengan las mismas preferencias? Si así fuera, ¿cómo afectaría un incremento en salarios en Turquía a los niveles de consumo y tiempo libre? ¿Cuáles son las implicaciones de todo esto para el efecto ingreso y el efecto sustitución?
2. Suponga que los turcos y los surcoreanos tiene las mismas preferencias. En ese caso, ¿qué puede decir sobre el efecto ingreso y el efecto sustitución de un incremento salarial?
3. Si los salarios en Corea del Sur incrementaran, ¿esperaría usted que el consumo fuera mayor o menor que en los Países Bajos? ¿Por qué?

OCDE. Average annual hours actually worked per worker (https://tinyco.re/6892498) [Media de horas anuales reales trabajadas por trabajador]. Última consulta: septiembre 2019. Ingresos netos después de impuestos calculados en dólares estadounidenses utilizando tipos de cambio en paridad de poder de compra.

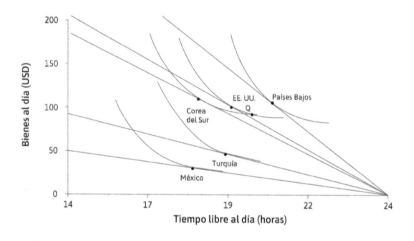

Figura 3.23 Uso del modelo para explicar el tiempo libre y el consumo diario en distintos países (2013).

1. Diferencias entre países
Podemos usar nuestro modelo y los datos de la figura 3.22 para entender las diferencias entre países. Las líneas muestran los conjuntos factibles de tiempo libre y bienes para los cinco países de la figura 3.22.

2. Curvas de indiferencia de los trabajadores
Usamos el modelo para explicar el tiempo libre y consumo diario en distintos países (2013).

3. EE.UU. y Corea del Sur
El punto Q está en la intersección de las curvas de indiferencia de EE.UU. y Corea del Sur. En este punto, los estadounidenses están dispuestos a renunciar a más unidades de bienes diarios por una hora adicional de tiempo libre que los surcoreanos.

EJERCICIO 3.11 HORAS DE TRABAJO A LO LARGO DEL TIEMPO EN VARIOS PAÍSES

La siguiente figura ilustra lo que ha pasado con las horas de trabajo en muchos países durante el siglo XX (Reino Unido está en ambas gráficas para facilitar la comparación).

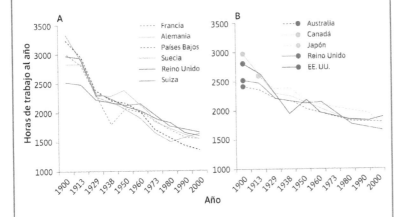

Michael Huberman y Chris Minns. 2007. 'The times they are not changin': Days and hours of work in Old and New Worlds, 1870–2000' (https://tinyco.re/2758271) [Los tiempos no están cambiando: días y horas de trabajo en el Viejo y el Nuevo Mundo, 1870–2000]. *Explorations in Economic History* [Investigaciones en materia de Historia económica] 44 (4): pp. 538–567.

1. ¿Cómo describiría lo que ha pasado?
2. ¿En qué se diferencian los países del Panel A de la figura de los del Panel B?
3. ¿Qué posibles explicaciones puede usted sugerir para el hecho de que la reducción en horas de trabajo haya sido mayor en unos países que en otros?
4. ¿Por qué cree que la reducción en horas de trabajo es más rápida en la mayoría de países en la primera mitad del siglo?
5. En años recientes, ¿hay algún país en el que las horas de trabajo se hayan incrementado? ¿Por qué cree que pasa esto?

3.11 CONCLUSIONES

Hemos usado un modelo de toma de decisiones en situación de escasez para analizar las opciones relativas a las horas de trabajo y para entender por qué las horas de trabajo se han reducido a lo largo del último siglo. Las preferencias de las personas en relación con bienes y tiempo libre se describen con las curvas de indiferencia, mientras que su función de producción (o restricción presupuestal) describe su conjunto factible. La opción que maximiza la utilidad es un punto sobre la frontera factible donde la tasa marginal de sustitución (TMS) entre bienes y tiempo libre se iguala con la tasa marginal de transformación (TMT).

Un aumento en la productividad o en los salarios altera la TMT, subiendo el costo de oportunidad del tiempo libre. Esto genera incentivos para trabajar más horas (efecto sustitución). Sin embargo, el alza en los ingresos puede aumentar el deseo de tener más tiempo libre (efecto ingreso). El cambio neto en horas de trabajo depende de cuál de estos dos efectos sea mayor.

Conceptos introducidos en el capítulo 3
Antes de continuar, repase estas definiciones:

- Problema de elección restringida
- Escasez
- Costo de oportunidad
- Producto marginal
- Curva de indiferencia
- Tasa marginal de sustitución (TMS)
- Tasa marginal de transformación (TMT)
- Conjunto factible
- Restricción presupuestal
- Efecto ingreso
- Efecto sustitución

3.12 REFERENCIAS BIBLIOGRÁFICAS

Fogel, Robert William. 2000. *The Fourth Great Awakening and the Future of Egalitarianism*. Chicago: University of Chicago Press.

Friedman, Milton. 1953. *Ensayos sobre economía positiva*. Chicago: Madrid: Gredos, 1967.

Harford, Tim. 2015. 'The rewards for working hard are too big for Keynes's vision' (https://tinyco.re/5829245). The Undercover Economist. Publicado por primera vez en *The Financial Times*. Actualizado 3 agosto 2015.

Keynes, John Maynard. 1963. 'Economic Possibilities for our Grandchildren' (https://tinyco.re/8213530). En *Essays in Persuasion*, New York, NY: W. W. Norton & Co.

Plant, E. Ashby, K. Anders Ericsson, Len Hill y Kia Asberg. 2005. 'Why study time does not predict grade point average across college students: Implications of deliberate practice for academic performance'. *Contemporary Educational Psychology* 30 (1): pp. 96–116.

Robbins, Lionel. *Ensayo sobre la naturaleza y significación de la Ciencia Económica*. Fondo de Cultura Económica, 1944.

Schor, Juliet B. *La excesiva jornada laboral en Estados Unidos: la inesperada disminución del tiempo de ocio*. Madrid: Centro de Publicaciones, Ministerio de Trabajo y Seguridad Social, 1994.

Veblen, Thorstein. 2007. *Teoría de la clase ociosa*. Madrid: Alianza Editorial, 2014.

Whaples, Robert. 2001. 'Hours of work in U.S. History' (https://tinyco.re/1660378). EH.Net Encyclopedia.

CAPÍTULO 4
INTERACCIONES SOCIALES

UNA COMBINACIÓN DE INTERÉS PROPIO, PREOCUPACIÓN POR EL BIENESTAR DE LOS DEMÁS E INSTITUCIONES APROPIADAS PUEDEN PROPORCIONAR RESULTADOS SOCIALES DESEABLES CUANDO LAS PERSONAS INTERACTÚAN

- La Teoría de Juegos es una forma de entender cómo interactúan las personas basándose en las restricciones que limitan su actuar, sus motivaciones y sus creencias sobre el comportamiento de otras personas.
- Experimentos y otros tipos de evidencia muestran que el interés propio, la preocupación por los demás y las consideraciones de justicia son motivaciones importantes que explican la manera en la que las personas interactúan.
- En la mayoría de las interacciones existe algún tipo de conflicto de interés entre las personas, pero también oportunidades para el beneficio mutuo.
- La búsqueda del interés propio puede llevar a resultados que todos los participantes consideren como buenos, pero también, en ocasiones, a resultados que ninguno de los involucrados preferiría.
- El interés propio puede canalizarse para alcanzar el bien común en los mercados si los gobiernos limitan las acciones de los individuos, y si entre pares se impone algún tipo de castigo a las acciones individuales que lleven a malos resultados sociales.
- La preocupación por los demás y por la justicia nos permite internalizar los efectos que nuestras acciones causan sobre otros, y así contribuir a unos buenos resultados sociales.

TEMAS Y CAPÍTULOS INTEGRADORES

- 18: Economía global
- 19: Desigualdad
- 20: Medioambiente
- 21: Innovación
- 22: Política y políticas públicas

Nicholas Stern. 2007. *The Economics of Climate Change: The Stern Review*. Cambridge: Cambridge University Press. Resumen ejecutivo (https://tinyco.re/5785938)

IPCC. 2014. 'Cambio Climático 2014: Informe de síntesis'. Ginebra, Suiza: IPCC, 2015.

«La evidencia científica ya es abrumadora: el cambio climático trae consigo serios riesgos globales que exigen una respuesta global urgente».

Este es el contundente inicio del resumen ejecutivo de un documento llamado el Informe Stern, publicado en 2006. El ministro de finanzas británico (llamado Chanchellor of the Exchequer) encargó a un grupo de economistas, dirigidos por el execonomista jefe del Banco Mundial, Sir Nicholas (hoy Lord) Stern, evaluar la evidencia disponible del cambio climático y tratar de entender sus implicaciones económicas. El informe Stern predice que los beneficios de una acción temprana para contener el cambio climático son mayores que los costos asociados a ignorar el fenómeno.

Así concuerda el Quinto Informe de Evaluación del Grupo Intergubernamental de Expertos sobre el Cambio Climático (Intergovernmental Panel on Climate Change, IPCC en inglés). Una acción temprana implicaría una reducción significativa de las emisiones de gases de efecto invernadero, lo que requeriría una reducción en la cantidad de bienes intensivos en energía que consumimos, sustituir las actuales tecnologías energéticas por otras, la consiguiente reducción del impacto de la agricultura y los cambios en el uso de la tierra, y además una mejora en la eficiencia de las tecnologías actuales.

Pero nada de esto sucederá si seguimos en lo que Stern denomina «*business as usual*», que quiere decir «seguir como siempre» (recuerde esta frase, la utilizaremos nuevamente al final de este capítulo): un escenario en el que las personas, los gobiernos y las empresas son libres de buscar su interés propio (placeres, política y beneficios económicos) sin tomar en cuenta de manera adecuada el efecto de sus acciones sobre los demás, incluyendo a las generaciones futuras.

Diferentes gobiernos discrepan respecto a las políticas que deben adoptarse. Muchas naciones del mundo desarrollado presionan para que haya unos controles globales estrictos sobre las emisiones de carbono, mientras que otros países cuya convergencia económica se ha basado en tecnologías dependientes de la quema de carbón, se resisten a estas medidas.

El problema del cambio climático no es en absoluto algo único. Se trata más bien de un ejemplo de lo que se denomina **dilema social**. Los dilemas sociales –como el cambio climático– ocurren cuando las personas no toman suficientemente en cuenta los efectos –ya sea positivos o negativos– de sus decisiones sobre los demás.

Los dilemas sociales se presentan de manera frecuente en nuestras vidas. La congestión del tráfico ocurre cuando nuestra elección de método de desplazamiento –por ejemplo, usar un auto solo para usted en vez de compartir y llevar pasajeros– no considera nuestra contribución a la congestión. Hacemos un uso abusivo de los antibióticos para enfermedades menores: el enfermo que toma antibióticos se recupera más rápido, pero el uso excesivo de estos medicamentos lleva a la aparición de bacterias resistentes a los antibióticos que tienen un efecto mucho más nocivo sobre muchos otros.

dilema social Situación en la que las acciones realizadas de manera independiente por individuos en busca de sus propios objetivos personales conducen a un resultado que es inferior a otro resultado factible que podría haberse dado si las personas hubieran actuado de manera conjunta en lugar de como individuos.

La tragedia de los comunes

En 1968, el biólogo Garrett Hardin publicó en la revista *Science* un artículo sobre los dilemas sociales, titulado «La tragedia de los (bienes) comunes» (The Tragedy of the Commons). Hardin observó que los recursos que no son propiedad de nadie (que a veces son llamados propiedad o bienes comunes), como la atmósfera o las poblaciones de peces, pueden ser fácilmente sobreexplotados, a menos que el acceso a ellos se controle de alguna forma. Los pescadores como grupo se encontrarían en mejor situación si no pescaran tanto atún, y los consumidores, como un todo, estarían mejor si decidieran no comerlo. La humanidad estaría mejor emitiendo menos contaminantes, pero si usted como individuo decide limitar su consumo, su huella de carbono o la cantidad de atún que captura, su sacrificio apenas contribuirá a la reducción del problema global.

Estamos rodeados de ejemplos de las llamadas tragedias de Hardin y de otros dilemas sociales: si vive en un apartamento compartido o en familia, sabrá lo difícil que es mantener una cocina o un baño limpios. Cuando una persona hace aseo, todo el mundo se beneficia, pero cuesta trabajo. Quien sea que limpie, carga con los costos. A los demás se les suele llamar ***free riders*** (a veces también llamados polizones). Si alguna vez en su vida de estudiante ha tenido que hacer un trabajo grupal, entenderá que los costos del esfuerzo (reunir evidencia, escribir los resultados o pensar sobre el problema) son individuales y, sin embargo, los beneficios (una mejor nota, un mejor ranking en el curso o simplemente la admiración de los compañeros de curso) son para todo el grupo.

Resolución de dilemas sociales

No hay nada nuevo en los dilemas sociales, hemos estado enfrentándolos desde la prehistoria.

Hace más de 2500 años, el escritor griego Esopo escribió sobre un dilema social en su fábula *El gato y los ratones*, en la que un grupo de ratones necesitan que uno de los suyos ponga un cascabel en el cuello de un gato. Una vez que el cascabel esté puesto, el gato no podrá cazar ni comer más ratones. Ahora bien, el resultado podría no ser tan positivo para el ratón que tenga que hacer el trabajo. Existe un sinnúmero de episodios de guerras o catástrofes naturales que suponen ejemplos perfectos de individuos que sacrifican sus vidas por otros que no son miembros de sus familias e incluso por completos extraños. Estas acciones se denominan **altruistas**.

El sacrificio altruista no es la forma más importante que la sociedad tiene para resolver dilemas sociales y disminuir el *free riding*. A veces los problemas pueden resolverse con políticas gubernamentales. Por ejemplo, los gobiernos han impuesto, de manera exitosa, cuotas para la prevención de la sobreexplotación de la población de bacalao en el Atlántico Norte. En el Reino Unido, la cantidad de desechos que acaba en los vertederos, en vez de reciclarse, se ha reducido drásticamente gracias a un impuesto a los vertederos (https://tinyco.re/8403762).

Las comunidades locales también crean instituciones para regular comportamientos. Las comunidades de riego necesitan que haya gente que trabaje en el mantenimiento de los canales que benefician a toda la comunidad. Los individuos también tienen que utilizar con moderación la escasa agua de manera que otros cultivos puedan florecer, aunque esto lleve a cultivos más pequeños por individuo. En Valencia, España, las comunidades de agricultores llevan siglos utilizado un conjunto de reglas tradicionales para regular las tareas comunales y evitar el uso excesivo del agua. Desde la Edad

Garrett Hardin. 1968. 'The Tragedy of the Commons (https://tinyco.re/4834967)'. *Science* 162 (3859): pp. 1243–1248.

polizón o viajar gratis (*free ride*) Beneficiarse de las contribuciones de otros a un proyecto cooperativo sin aportar nada.

Elinor Ostrom. 2008. 'The Challenge of Common-Pool Resources (https://tinyco.re/0296632)'. *Environment: Science and Policy for Sustainable Development* 50 (4): pp. 8–21.

altruismo Disponibilidad a asumir un costo para beneficiar a otro.

Esopo. 'Belling the Cat'. En *Fables*, rescatado por Joseph Jacobs. XVII, (1). The Harvard Classics. New York: P. F. Collier & Son, 1909–14; Bartleby.com (https://tinyco.re/6827567), 2001.

Media han tenido un tribunal de arbitraje llamado Tribunal de las Aguas (https://tinyco.re/8410208) que resuelve los conflictos entre agricultores respecto a la aplicación de las reglas. Las resoluciones del tribunal no pueden hacerse cumplir por ley. Su poder solo depende del respeto de la comunidad y, sin embargo, sus decisiones se acatan de manera casi universal.

Incluso algunos de los actuales problemas ambientales se han abordado en ocasiones de manera eficaz. El Protocolo de Montreal (https://tinyco.re/8364376) ha cosechado un notable éxito. Fue creado para eliminar de forma progresiva y, con el tiempo, prohibir los clorofluorocarbonos (CFC) que amenazan con destruir la capa de ozono que nos protege de los peligros de la radiación ultravioleta.

En este capítulo usaremos las herramientas de la **Teoría de Juegos** para hacer modelos de **interacciones sociales** en las que las decisiones de los individuos afectan a los demás y a sí mismos. Analizaremos situaciones que conducen a dilemas sociales y cómo, en ocasiones, las personas pueden resolverlos (aunque a veces no lo logren –al menos por ahora– como ocurre en el caso del cambio climático).

Pero no todas las interacciones sociales conducen a dilemas sociales, aun cuando los individuos estén actuando en busca de su interés personal. Comenzaremos la siguiente sección con un ejemplo en el que la «mano invisible» del mercado, como la describió Adam Smith, canaliza el interés propio de los individuos que actúan en forma independiente para, al final, alcanzar un resultado final mutuamente beneficioso.

Teoría de Juegos Rama de las matemáticas que estudia las interacciones estratégicas, es decir, situaciones en las que cada actor sabe que los beneficios que recibe dependen de las acciones tomadas por todos. *Ver también: juego.*
interacciones sociales Situaciones en las cuales las acciones de cada persona afectan los resultados de otras, así como a los propios.

EJERCICIO 4.1 DILEMAS SOCIALES

Usando los titulares de las noticias de la semana pasada:

1. Identifique dos dilemas sociales que hayan sido reportados (trate de usar ejemplos no discutidos arriba).
2. Para cada uno, especifique cómo encaja en la definición de **dilema social**.

4.1 INTERACCIONES SOCIALES: TEORÍA DE JUEGOS

¿Por qué lado de la carretera debería conducir? Si vive en Japón, el Reino Unido o Indonesia, debería conducir por la izquierda. Si vive en Corea del Sur, Francia o Estados Unidos, debería conducir por la derecha. Si usted creció en Suecia, ha debido de haber conducido por la izquierda hasta las 5:00 p.m. del 3 de septiembre de 1967, cuando la ley cambió. Después de esta fecha, se debía conducir por la derecha. El gobierno fija una regla y nosotros la seguimos.

Pero suponga que simplemente dejamos que los conductores elijan con base en su interés propio un lado u otro de la carretera. Si todo el mundo está ya conduciendo por la derecha, el interés propio (evitar un accidente) debería ser suficiente para motivar a un conductor a conducir también por la derecha. La preocupación por el resto de conductores o el deseo de obedecer la ley no serían necesarios.

Elaborar políticas para promover el bienestar de las personas requiere entender la diferencia entre las situaciones en las que el interés propio puede promover el bienestar general y situaciones en las que puede llevar a resultados indeseables. Para poder comprender todo esto, introduciremos la Teoría de Juegos, una forma de representar las interacciones entre personas.

En el capítulo 3 (página 97) vimos cómo, frente a un conjunto de opciones factibles, un estudiante decide cuánto estudiar y una agricultora decide cuánto trabajar. Estas personas toman decisiones para obtener el mejor resultado posible. En ambos casos, los resultados posibles vienen determinados por una función de producción que especifica una relación entre el monto de trabajo realizado y el resultado. Ahora bien, en los modelos que hemos estudiado hasta ahora, el resultado no depende de lo que otros hagan. El estudiante y la agricultora no están involucrados en una interacción social.

Interacciones sociales y estratégicas

En este capítulo consideraremos estas interacciones sociales, entendidas como situaciones en las que hay muchas personas y las acciones de cada persona afectan tanto a sus propios resultados como a los resultados de las otras personas. Por ejemplo, la elección que cada persona realiza sobre cómo calentar su vivienda, afectará la manera en que experimentaremos el cambio climático global.

Utilizamos cuatro términos:

- Llamamos **interacción estratégica** a una situación en la que hay personas involucradas en una interacción social y esas personas son conscientes de cómo sus acciones afectan a los demás y viceversa.
- Una **estrategia** se define como una acción (o un curso de acción) que puede adoptar una persona cuando es consciente de la dependencia mutua de los resultados para sí misma y para los demás. Los resultados finales no solamente dependen de sus acciones sino también de las de los demás.
- Los modelos de interacción estratégica se denominan **juegos**.
- La Teoría de Juegos es un conjunto de modelos de interacciones estratégicas. Es ampliamente utilizada en economía y en otras ciencias sociales.

Para ver cómo la Teoría de Juegos puede clarificar las interacciones estratégicas, imagine a dos agricultores que llamaremos Anil y Bala. Ambos se enfrentan a un problema: ¿cultivar arroz o cultivar mandioca? Ambos pueden cultivar cualquiera de los dos, pero asumiremos que no es posible para ninguno de los dos cultivar ambos a la vez.

La tierra de Anil se adapta mejor al cultivo de la mandioca, mientras que la de Bala se adapta mejor al del arroz. Los dos agricultores tienen que decidir sobre lo que se conoce como **división del trabajo**, o sea, quién se especializará en cada cultivo. Ambos toman esta decisión de forma independiente. Es decir, no existe un acuerdo sobre un curso de acción conjunto.

(La condición de independencia puede parecer extraña en el caso de un par de agricultores, pero posteriormente aplicaremos la misma lógica a situaciones como el cambio climático, en donde cientos o incluso millones de personas interactúan, siendo la mayor parte de ellos perfectos desconocidos. De ahí que asumir que Anil y Bala no poseen ningún tipo de acuerdo común nos resulta útil.)

Ambos venden en el mercado de una aldea cercana lo que cada uno produce. El día de la venta, si llevan menos arroz al mercado, su precio será mayor. Lo mismo ocurre con el precio de la mandioca. La figura 4.1

interacción estratégica Interacción social en la cual los participantes son conscientes de las formas en las que sus acciones afectan a los demás (y de las formas en que las acciones de los demás les afectan).
estrategia Acción (o curso de acción) que una persona podría tomar cuando es consciente de la dependencia mutua de resultados para los demás y para sí misma. Los resultados dependen no solo de las acciones de esa persona, sino de las acciones de los demás.
juego Modelo de interacción estratégica que describe a los jugadores, las estrategias factibles, la información que tienen los jugadores y los pagos que obtienen. *Ver también: teoría de juegos.*
división del trabajo Especialización de los productores para desarrollar diferentes tareas en el proceso productivo. *También conocida como: especialización.*

describe su interacción, lo que llamaremos un juego. Expliquemos qué significa la figura 4.1, ya que verá el mismo tipo de figura muchas veces en adelante.

Las elecciones de Anil se encuentran en las filas de la tabla; las de Bala, en las columnas. Llamaremos a Anil el jugador de las filas y a Bala el jugador de las columnas.

Cuando representamos una interacción en una tabla como la de la figura 4.1, es importante pensar en cada entrada como el resultado de una situación hipotética. Por ejemplo, leamos la celda superior izquierda como:

> Supongamos (por el motivo que sea) que Anil plantara arroz y Bala también. ¿Qué resultado veríamos?

En este caso, existen cuatro posibles situaciones hipotéticas. La figura 4.1 resume todas las situaciones posibles que podrían ocurrir.

Para simplificar el modelo hemos asumido que:

- No hay otras personas involucradas o afectadas de ninguna forma.
- La única decisión que Anil y Bala toman es definir qué cultivar en su tierra.
- De momento asumiremos que Anil y Bala interactúan solo una vez (esto se llama un juego de una partida o no repetido).
- Deciden simultáneamente. Cuando un jugador toma una decisión, no sabe cuál es la decisión que tomó el otro jugador.

> **JUEGO**
> Una descripción de una interacción social que especifica:
> - Los jugadores: quién interactúa con quién.
> - *Las estrategias factibles*: qué acciones están disponibles para los jugadores.
> - La información: lo que cada jugador sabe al tomar su decisión.
> - *Los pagos*: cuáles serán los resultados para cada una de las posibles combinaciones de acciones.

		Bala	
		Arroz	**Mandioca**
Anil	**Arroz**	Ambos producen arroz: hay un exceso de arroz en el mercado (precio bajo) Hay escasez de mandioca Anil no produce mandioca, que es lo que está mejor capacitado para producir	No hay exceso de ningún producto en el mercado Precios altos para ambos cultivos Ambos agricultores producen el cultivo para el que están menos capacitados
	Mandioca	No hay exceso de ningún producto en el mercado Precios altos para ambos cultivos Ambos agricultores producen el cultivo para el que están más capacitados	Ambos producen mandioca: hay un exceso de mandioca en el mercado (precio bajo) Hay escasez de arroz Bala no produce arroz, que es lo que está mejor capacitado para producir

Figura 4.1 Interacciones sociales en el juego de la mano invisible.

En la figura 4.2a mostramos **pagos** para Anil y Bala en cada una de las cuatro situaciones hipotéticas, es decir, los ingresos que recibirían si se realizaran las acciones descritas en cada columna y fila hipotéticas. Debido que sus ingresos dependen de los precios del mercado, que a su vez dependen de sus decisiones, tenemos lo que se conoce como un juego de «mano invisible».

pago Beneficio para cada jugador asociado a las acciones conjuntas de todos los jugadores.

- Dado que el precio de mercado cae cuando este se inunda con un solo cultivo, ambos podrían estar mejor si se especializaran, en vez de producir el mismo bien.
- En caso de producir bienes distintos, lo mejor que podrían hacer es especializarse en el cultivo para el que su tierra se adapta mejor.

PREGUNTA 4.1 ESCOJA LA(S) RESPUESTA(S) CORRECTA(S)
En un juego simultáneo sin repetición:

☐ Un jugador observa lo que hacen los demás antes de decidir cómo actuar.
☐ Un jugador decide sus acciones teniendo en cuenta lo que otros jugadores podrían hacer después de conocer su movimiento.
☐ Los jugadores se coordinan para encontrar las acciones que conducen al resultado óptimo para la sociedad.
☐ Un jugador escoge una acción teniendo en cuenta las posibles acciones que otros jugadores puedan realizar.

	Bala	
	Arroz	**Mandioca**
Anil — Arroz	Anil obtiene 1 Bala obtiene 3	Ambos obtienen 2
Anil — Mandioca	Ambos obtienen 4	Anil obtiene 3 Bala obtiene 1

Figura 4.2a Los pagos en el juego de la mano invisible.

4.2 EQUILIBRIO EN EL JUEGO DE LA MANO INVISIBLE

La Teoría de Juegos describe interacciones sociales, pero también suele darnos predicciones sobre resultados. Para predecir un resultado, necesitamos otro concepto: la **mejor respuesta**. Esta es la estrategia que ofrece la mayor recompensa a un jugador, dadas las estrategias seleccionadas por los otros jugadores.

En la figura 4.2b representamos los pagos que reporta el juego de la mano invisible a Anil y Bala, usando un formato estándar conocido como matriz de pagos. Una matriz es, simplemente, un despliegue rectangular (en este caso cuadrado) de números. El primer número en cada celda es el premio que recibe el jugador de las filas (cuyo nombre comienza con una A, para recordarle que su pago es el primero). El segundo número es el pago del jugador de las columnas.

Piense sobre cuáles son las mejores respuestas en el juego de la mano invisible. Suponga que usted es Anil y que está considerando el caso hipotético en el que Bala ha elegido cultivar arroz. ¿Qué respuesta le ofrece el máximo pago? Cultivaría mandioca (en este caso, usted –Anil– obtendría 4; en cambio, solo recibiría un pago de 1 si, en vez de cultivar mandioca, cultivara arroz).

Recorra los pasos de la figura 4.2b para ver que cultivar mandioca es también la mejor respuesta de Anil, en caso de que Bala escoja la mandioca.

La mandioca es, por tanto, la **estrategia dominante** de Anil: le dará el mayor retorno para cualquier decisión tomada por Bala. También podrá observar que en este juego Bala tiene, a su vez, una estrategia dominante. El análisis también le sugiere un método útil para llevar un registro de las mejores respuestas colocando puntos y círculos sobre la matriz pagos.

Debido a que ambos jugadores tienen una estrategia dominante, tenemos una predicción simple sobre lo que hará cada uno: jugar su estrategia dominante. Anil cultivará mandioca y Bala cultivará arroz.

Este par de estrategias constituye un **equilibrio de estrategias dominantes** para este juego.

Recuerde que en el capítulo 2 (página 47) vimos que un equilibrio es una situación que se perpetúa a sí misma donde algún aspecto de interés no cambia. En este caso, cuando Anil cultiva mandioca y Bala cultiva arroz, se produce un equilibrio porque ninguno de ellos quisiera cambiar su decisión una vez que observa el comportamiento del otro.

Si encontramos que ambos jugadores de un juego entre dos tienen estrategias dominantes, el juego tiene un equilibrio de estrategias dominantes. Como veremos más adelante, esto no siempre ocurre. Pero cuando sí se da el caso, predecimos que estas estrategias serán las que se implementen.

Debido a que tanto Anil como Bala tienen estrategias dominantes, su opción de cultivo no se ve afectada por lo que ellos esperen que la otra persona vaya a decidir. Es algo similar a lo que mostraban los modelos del capítulo 3 (página 97) en que la decisión de horas de estudio de Alexei o la decisión de horas de trabajo de Ángela no dependían de las decisiones de los demás. Sin embargo, en este caso, aunque la decisión no dependa de lo que hagan los otros, el pago sí. Por ejemplo, si Anil está jugando su estrategia dominante (mandioca) obtendrá un mayor pago tanto si Bala juega arroz como si Bala juega mandioca.

mejor respuesta En la Teoría de juegos, estrategia que ofrecerá el pago más alto a un jugador, dadas las estrategias que los demás jugadores adopten.

estrategia dominante Acción que resulta en los mayores pagos para un jugador, sin importar lo que los otros jugadores hagan.

equilibrio de estrategias dominantes Resultado de un juego en el cual todo jugador toma su estrategia dominante.

En el equilibrio de estrategias dominantes, tanto Anil como Bala se han especializado en la producción del bien que mejor se da en su tierra. Al seguir su interés propio individual –escogiendo la estrategia que les reporte el mayor pago– han llegado a un resultado que:

- Es el mejor de los cuatro resultados posibles para cada jugador
- Es la estrategia que ofrece el mayor pago agregado para la suma de los dos jugadores

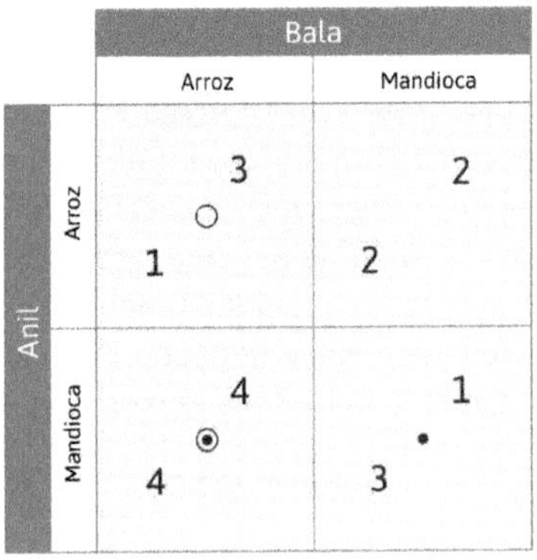

Figura 4.2b La matriz de pagos en el juego de la mano invisible.

1. Encontrar las mejores respuestas
Comience con el jugador de fila (Anil) y pregunte: «¿Cuál sería su mejor respuesta a que el jugador de las columnas (Bala) juegue apostando por el arroz?»

2. La mejor respuesta de Anil si Bala cultiva arroz
Si Bala escoge arroz, la mejor respuesta de Anil es escoger mandioca, que le ofrece 4, en lugar de 1. Coloque un punto en la celda inferior izquierda. Un punto en una celda significa que esta es la mejor respuesta del jugador de las filas.

3. La mejor respuesta de Anil si Bala cultiva mandioca
Si Bala escoge la mandioca, la mejor respuesta de Anil es escoger mandioca también, que le proporciona en un pago de 3, en lugar de 2. Ubique un punto en la celda inferior derecha.

4. Anil tiene una estrategia dominante
Ambos puntos están en la fila inferior. Sin importar la elección de Bala, la mejor respuesta de Anil es escoger mandioca. Cultivar mandioca es una estrategia dominante para Anil.

5. Ahora, encuentre las mejores respuestas del jugador de las columnas
Si Anil escoge arroz, la mejor respuesta de Bala es escoger arroz (obtendrá 3 en lugar de 2). Los círculos representan las mejores respuestas del jugador de las columnas. Ubique un círculo en la celda superior izquierda.

6. Bala también tiene una estrategia dominante
Si Anil escoge mandioca, la mejor respuesta de Bala es, de nuevo, escoger arroz (él gana 4 en lugar de 3). Coloque un círculo en la celda inferior izquierda. El arroz es la estrategia dominante de Bala (ambos círculos están en la misma columna).

7. Ambos jugadores jugarán sus estrategias dominantes
Predecimos que Anil escogerá mandioca y Bala escogerá arroz porque estas son sus estrategias dominantes. Donde el punto y el círculo coinciden, ambos jugadores están adoptando su mejor respuesta entre sí.

En este ejemplo, el equilibrio de estrategias dominantes es el resultado que cada uno habría escogido si tuvieran un mecanismo para coordinar sus decisiones. A pesar de que cada uno de ellos siguió su interés individual, fueron guiados «como por una mano invisible» hacia el resultado que era mejor para ambos.

En el mundo real, los problemas económicos nunca son así de simples, pero la lógica básica es la misma. A veces, perseguir el interés individual, sin tener en cuenta a los demás, se considera como algo malo desde un punto de vista ético, pero el estudio de la Economía ha permitido identificar casos en los que ese comportamiento puede conducir a resultados que son socialmente deseables. Hay otros casos, sin embargo, en los que la búsqueda del interés individual conduce a resultados que no son los óptimos para ninguno de los jugadores. El juego del dilema del prisionero, que estudiamos a continuación, es uno de estos casos.

PREGUNTA 4.2 ESCOJA LA(S) RESPUESTA(S) CORRECTA(S)

A Brian le gusta ir al cine más que ir a ver fútbol. Ana, por otro lado, prefiere ver fútbol en lugar de ir al cine. De cualquier manera, ambos prefieren estar juntos en lugar de pasar la tarde solos. La siguiente tabla representa los niveles de felicidad (pagos) de Ana y Brian, dependiendo de la actividad que elijan (el primer número es el nivel de felicidad de Brian, mientras que el segundo número corresponde a la de Ana).

		Ana	
		Fútbol	Cine
Brian	Fútbol	5 / 3	1 / 1
Brian	Cine	3 / 4	2 / 6

Basándose en la información de arriba, podemos concluir que:

☐ La estrategia dominante para ambos jugadores es el fútbol.
☐ No hay equilibrio de estrategias dominantes.
☐ El equilibrio de estrategias dominantes resulta en la máxima felicidad posible para ambos.
☐ Ningún jugador querría desviarse del equilibrio de estrategias dominantes.

CUANDO LOS ECONOMISTAS NO SE PONEN DE ACUERDO

Cuestionar al homo economicus: *¿son las personas completamente egoístas?*

Durante siglos, los economistas y todo el mundo en general han estado debatiendo sobre si las personas son completamente egoístas (anteponen el interés propio al ajeno) o si, por el contrario, a veces están dispuestas a ayudar a otros, incluso cuando les cueste algo hacerlo. El *homo economicus* (el hombre económico) es el apodo que tiene ese personaje egoísta y calculador que puede encontrarse en los libros de texto de Economía. ¿Están en lo cierto los economistas cuando imaginan al *homo economicus* como el único actor en el escenario económico?

En el mismo libro en el que Adam Smith utilizó por primera vez la frase «mano invisible», también dejó en claro que no creía que fuéramos *homo economicus*: «Por muy egoísta que podamos suponer al hombre, evidentemente hay algunos principios en su naturaleza que lo hacen interesarse por la fortuna de los demás, y considerar su felicidad necesaria para sí, aunque no derive nada de ella, excepto el placer de verla.» Adam Smith, *La teoría de los sentimientos morales* (1759)

Pero, la mayoría de los economistas desde Smith no han estado de acuerdo con él. En 1881, Francis Edgeworth, uno de los fundadores de la economía moderna, lo dejó perfectamente claro en su libro *Psicología matemática*: «el primer principio de la economía es que cada agente actúa solo por interés propio».

Sin embargo, todos hemos experimentado, y ocasionalmente incluso realizado, grandes actos de amabilidad o valor por el bien de otros, en situaciones en las que había escasa probabilidad de obtener una recompensa. La pregunta para los economistas es: ¿debería el evidente desinterés en uno mismo presente en estos actos ser parte de la manera en la que razonamos con respecto al comportamiento?

Algunos dicen «no»: muchos actos aparentemente generosos se entienden mejor como intentos de ganarse una reputación favorable de la que se beneficiará la persona en el futuro.

Quizás ayudar a los demás y respetar las normas sociales es simplemente interés propio con un horizonte temporal más a largo plazo. Esta es la opinión del ensayista H.L. Mencken: «La conciencia es la voz interior que advierte de que alguien podría estar mirando».

Desde la década de 1990, en un intento por resolver el debate sobre una base empírica, los economistas han realizado cientos de experimentos por todo el mundo usando juegos económicos en los que puede observarse el comportamiento de determinados individuos (estudiantes, agricultores, cazadores de ballenas, trabajadores de almacén y directores generales de empresas) a la hora de tomar decisiones reales sobre compartir.

En estos experimentos, casi siempre vemos algo de comportamiento guiado por el interés propio. Pero también observamos **altruismo**, **reciprocidad**, **aversión a la desigualdad** y otras preferencias que son distintas al interés propio. En muchos experimentos, el *homo economicus* se encuentra en minoría. Esto es cierto incluso cuando los montos a compartir (o acaparados para uno mismo) se acercan al salario de muchos días de trabajo.

Francis Ysidro Edgeworth. 2003. *Psicología matemática*. Madrid: Pirámide, 1999.

H. L. Mencken. 2006. *A Little Book in C Major*. Nueva York, NY: Kessinger Publishing.

reciprocidad Preferencia por ser amable o ayudar a otros que son amables o brindan apoyo, y por evitar ayudar y ser amables con quienes no son amables o no dan su apoyo.
aversión a la desigualdad Rechazo a resultados en los que algunos individuos reciben más que otros.

¿Se ha resuelto el debate? Muchos economistas piensan que sí y ahora consideran, además del *homo economicus*, a personas que a veces son altruistas, a veces muestran aversión a la desigualdad y a veces priman la reciprocidad en su comportamiento. Estos autores hacen notar que el supuesto del interés propio es apropiado para muchos escenarios económicos, como salir de compras y la forma en la que las firmas usan la tecnología para maximizar beneficios, pero no describe apropiadamente otros escenarios, como el pago de impuestos o por qué trabajamos mucho.

4.3 EL DILEMA DEL PRISIONERO

Suponga que ahora Anil y Bala se enfrentan a un problema distinto. Cada uno está decidiendo cómo lidiar con las plagas de insectos que destruyen los cultivos de sus respectivos campos, que se encuentran uno al lado del otro. Cada uno puede seguir dos estrategias posibles:

- La primera es utilizar un producto químico barato llamado Exterminador, que mata todo insecto viviente a varios kilómetros a la redonda, pero también se filtra a las fuentes de agua que Anil y Bala usan.
- La segunda es aplicar el control integrado de plagas (CIP) en vez de un producto químico. Un agricultor que aplica el CIP introduce insectos beneficiosos para el cultivo. Estos insectos beneficiosos se comen a los insectos causantes de la plaga.

	Bala	
	CIP	**Exterminador**
Anil — CIP	Insectos benignos se dispersan por ambos campos, eliminando las plagas No hay contaminación del agua	Los productos químicos de Bala se dispersan por los campos de Anil y matan a sus insectos benignos Contaminación limitada del agua
Anil — Exterminador	Los productos químicos de Anil se dispersan por los campos de Bala y matan a sus insectos benignos Contaminación limitada del agua	Se eliminan todas las plaga Contaminación intensa de agua Requiere sistema de filtración costoso

Figura 4.3a Interacciones sociales en el juego de control de plagas.

Si solo uno de ellos elige usar Exterminador, el daño es bastante limitado. Si ambos lo utilizan, la contaminación del agua se convierte en un problema serio, lo que hace necesario comprar un costoso sistema de filtración. Las figuras 4.3a y 4.3b describen la interacción.

Tanto Anil como Bala son conscientes de estas consecuencias y, por tanto, saben que sus pagos (la cantidad de dinero que ganarán en tiempos de cosecha y los costos de su estrategia de control de plagas y de la instalación de filtración de aguas, si fuera necesaria) dependerán no solo de su propia elección, sino también de la elección del otro. Se trata de una interacción estratégica.

¿Cómo actuarán en este juego? Para averiguarlo, utilizaremos el mismo método que en la sección anterior (dibuje usted mismo los puntos y círculos en la matriz de pagos).

Las mejores respuestas de Anil:

- *Si Bala usa el CIP*: Exterminador (eliminación barata de las plagas con poca contaminación de aguas).
- *Si Bala usa el Exterminador*: Exterminador (el CIP es más caro y no funciona, dado que las sustancias químicas usadas por Bala eliminan los insectos beneficiosos).

La estrategia dominante de Anil es, por tanto, usar Exterminador.

Puede verificar, de manera similar, que Exterminador también es la estrategia dominante para Bala.

Teniendo en cuenta que Exterminador es la estrategia dominante para ambos, predecimos que ambos lo usarán. El equilibrio de estrategias dominantes del juego implica que ambos jugadores usen insecticida.

Tanto Anil como Bala reciben un pago de 2. No obstante, ambos estarían mucho mejor si hubieran usado el CIP. El resultado predicho, en consecuencia, no es el mejor resultado posible. El juego de control de plagas es un caso particular de un tipo de juego llamado **dilema del prisionero**.

dilema del prisionero Juego en el que los pagos en el equilibrio de estrategias dominantes son inferiores para cada jugador y también inferiores en total, en comparación con el caso de que ninguno de los dos jugadores hubiera adoptado la estrategia dominante.

	Bala	
	CIP	Exterminador
Anil — CIP	3 3	4 1
Anil — Exterminador	1 4	2 2

Figura 4.3b Matriz de pagos para el juego de control de plagas.

El dilema del prisionero

El nombre de este juego viene de una historia sobre dos prisioneras (las llamaremos Thelma y Louise), cuyas estrategias son «Acusar» (implicar) a la otra de un crimen que las prisioneras pudieron haber cometido juntas, o «Negar» que la otra prisionera haya estado involucrada.

Si tanto Thelma como Louise «niegan», las ponen en libertad al cabo de unos días de interrogatorio.

Si una persona acusa a la otra, mientras que la otra lo niega, la que acusa queda libre de inmediato (una sentencia de cero años), mientras que la otra persona es sentenciada a una larga condena de cárcel (10 años).

Finalmente, si tanto Thelma como Louise deciden «acusar» (es decir, cada una relaciona a la otra con el crimen), ambas son condenadas a una pena de cárcel. Esta sentencia se reduce de 10 a 5 años por su cooperación con la policía. Los pagos del juego se muestran en la figura 4.4.

		Louise	
		Negar	Acusar
Thelma	**Negar**	1 / 1	0 / 10
	Acusar	10 / 0	5 / 5

Figura 4.4 Dilema del prisionero (los pagos son años en la cárcel).

(Los pagos están escritos en términos de años en prisión, así que Louise y Thelma prefieren números menores.)

En un dilema del prisionero, ambos jugadores tienen una estrategia dominante (en este ejemplo, Acusar) que, cuando la adoptan ambos, genera un resultado que es peor para los dos, en comparación con haber adoptado una estrategia diferente (en este caso, Negar).

Nuestra historia sobre Thelma y Louise es hipotética, pero este juego es aplicable a muchos problemas reales. Por ejemplo, vea este video de un programa de televisión llamado *Golden Balls* (https://tinyco.re/7018789) y comprobará cómo una persona común y corriente puede resolver de manera ingeniosa el dilema del prisionero.

En ejemplos económicos, la estrategia mutuamente beneficiosa (Negar) por lo general se denomina Cooperar, mientras que la estrategia dominante (Acusar) se suele llamar Traicionar. Cooperar no significa que los jugadores se reúnan y discutan qué hacer. Las reglas del juego son siempre que cada jugador escoge de manera independiente una estrategia.

Una solución al dilema del prisionero en el programa de televisión *Golden Balls*
https://tinyco.re/7018789

El contraste entre el juego de la mano invisible y el juego del dilema del prisionero muestra cómo el interés individual puede conducir a resultados favorables, pero también a resultados que no agradan a nadie. Este tipo de ejemplos nos sirve para entender con mayor precisión cómo los mercados pueden usar el interés individual para mejorar el funcionamiento de la economía, pero también los límites que tienen esos mercados.

Son tres los aspectos de la interacción entre Anil y Bala que nos han llevado a predecir un resultado desafortunado en el juego del dilema del prisionero:

- Anil y Bala no les dan valor a los pagos que recibe el otro, por lo que no internalizan (no consideran) los costos que sus acciones causan a los demás.
- No hay forma de que Anil, Bala o alguien consiga que el granjero que use el insecticida pague por el daño causado.
- Anil y Bala no tienen capacidad de negociar un acuerdo sobre lo que cada uno debe hacer. De haber podido hacerlo, podrían simplemente haber acordado utilizar CIP o prohibir el uso de Exterminador.

Si fuera posible superar uno o más de estos problemas, entonces en ocasiones se alcanzaría el resultado preferido por ambos. Así pues, vamos a dedicar el resto de este capítulo a explicar cómo hacer precisamente eso.

PREGUNTA 4.3 ESCOJA LA(S) RESPUESTA(S) CORRECTA(S)

Dimitrios y Ameera trabajan para un banco de inversiones internacionales como agentes de cambio de divisas. La policía les pregunta sobre su supuesta implicación en una serie de transacciones de manipulación del mercado. La siguiente tabla muestra el costo de cada estrategia (en términos de la duración de sentencias en años de cárcel), según si cada uno acusa o niega el crimen. El primer número es el pago a Dimitrios, mientras que el segundo número es el pago a Ameera (los números negativos significan pérdidas). Asuma que el juego es simultáneo en una sola partida.

		Ameera	
		Negar	Acusar
Dimitrios	Negar	−2, −2	0, −15
	Acusar	−15, 0	−8, −8

Con la información anterior, se puede concluir que:

- ☐ Ambos agentes resistirán y negarán su relación con el crimen.
- ☐ Ambos agentes se acusarán mutuamente, aunque terminen así yendo a la cárcel ocho años.
- ☐ Ameera acusará, sin importar lo que crea que vaya a hacer Dimitrios.
- ☐ Hay una pequeña posibilidad de que ambos comerciantes acaben librándose con una sentencia de tan solo dos años cada uno.

EJERCICIO 4.2 PUBLICIDAD POLÍTICA

Muchas personas consideran que la publicidad política (publicidad de campaña) es un ejemplo clásico de dilema del prisionero.

1. Usando ejemplos de una campaña política reciente con la cual se sienta familiarizado, explique si esto se cumple.
2. Escriba un ejemplo de matriz de pagos para este caso.

4.4 PREFERENCIAS SOCIALES: ALTRUISMO

Cuando se pone a un grupo de estudiantes a jugar al dilema del prisionero de una partida durante una clase o en un experimento de laboratorio –a veces con sumas sustanciales de dinero real–, es común observar que más de la mitad de los participantes optan por la estrategia de cooperar en vez de no cooperar, a pesar de que la defección mutua es la estrategia dominante para los jugadores que se preocupen solo por sus propios pagos monetarios. Una interpretación de estos resultados es que los jugadores son altruistas.

Por ejemplo, si Anil se preocupara lo suficiente sobre el daño que podría causar a Bala usando el Exterminador cuando Bala está usando CIP, entonces CIP hubiera sido la mejor respuesta de Anil al CIP de Bala. Y si Bala se preocupara de la misma manera, entonces CIP hubiera sido una mejor respuesta mutua y ya no se enfrentarían a un dilema del prisionero.

Se dice que una persona que está dispuesta a asumir un costo a cambio de ayudar a otra persona es una persona con preferencias altruistas. En el ejemplo que acabamos de dar, Anil estaba dispuesto a ceder 1 unidad de ganancia porque, para obtenerla, impondría 2 unidades de pérdida a Bala. Su costo de oportunidad de elegir CIP cuando Bala escoge CIP es de 1, y le entrega un beneficio de 2 a Bala, lo que significa que Anil ha actuado de manera altruista.

En el capítulo 3 (página 97) usamos modelos económicos que asumían preferencias egoístas: Alexei, el estudiante, y Ángela, la agricultora, valoraban su propio tiempo libre y su propio nivel de consumo (o calificaciones). Pero a las personas, en general, no les importa solamente lo que les ocurre a ellos sino también lo que les pase a los demás. Cuando este es el caso, decimos que los individuos tienen **preferencias sociales**. El altruismo es un ejemplo de preferencia social. El rencor y la envidia también son preferencias sociales.

preferencias sociales Preferencias que asignan un valor a lo que les ocurre a otras personas, aun si esto implica menores pagos para el individuo.

Las preferencias altruistas como curvas de indiferencia

En capítulos anteriores usamos curvas de indiferencia y conjuntos factibles para hacer un modelo del comportamiento de Alexei y Ángela. Podemos hacer lo mismo para estudiar cómo interactúan las personas cuando las preferencias sociales forman parte de su estructura de motivaciones.

Suponga la siguiente situación. A Anil se le entregan unos cuantos boletos de la lotería nacional y uno de ellos gana un premio de 10 000 rupias. Anil podría, por supuesto, quedarse con todo el dinero, pero también podría compartir algo con su vecino Bala. La figura 4.5 muestra gráficamente la situación. El eje horizontal representa el monto de dinero que Anil se queda para sí mismo en miles de rupias, y el eje vertical el monto que le cede a Bala. Cada punto (x, y) representa una combinación de montos de dinero para Anil (x) y Bala (y) en miles de rupias. El triángulo sombreado representa las opciones factibles para Anil. En la esquina (10, 0) del eje horizontal, Anil se queda con todo. En la otra esquina (0, 10) en el eje vertical, Anil le da todo el dinero a Bala. El conjunto factible de Anil es el área sombreada.

El límite del área sombreada es la frontera factible. Si Anil divide el dinero del premio entre Bala y él, elige un punto en la frontera (estar por debajo de la frontera significaría desperdiciar parte del dinero). La elección entre puntos en la frontera factible se llama **juego de suma cero** porque, al elegir el punto B en vez del punto A en la figura 4.5, la suma de las pérdidas de Anil y las ganancias de Bala es cero (por ejemplo, Anil tiene 3000 rupias menos en B que en A, y Bala tiene 3000 rupias en B y nada en A).

Las preferencias de Anil pueden representarse con curvas de indiferencia, que muestran las combinaciones de montos para Anil y Bala que Anil prefiere en la misma medida. En la figura 4.5 puede observar dos casos. En el primero, Anil tiene preferencias egoístas, en cuyo caso, las curvas de indiferencia son líneas rectas verticales; en el segundo, es relativamente altruista –se preocupa por Bala– y sus curvas de indiferencia tienen pendiente negativa.

juego de suma cero Juego en el cual las ganancias y pérdidas de todos los individuos suman cero, para todas las combinaciones de estrategias que podrían asumir.

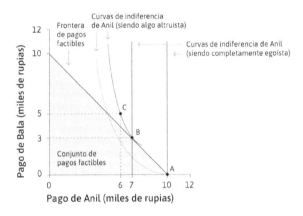

Figura 4.5 La manera en que Anil escoja distribuir sus ganancias de la lotería dependerá de lo egoísta o altruista que sea.

1. Pagos factibles
Cada punto (x, y) en la figura representa una combinación de cantidades de dinero para Anil (x) y Bala (y), en miles de rupias. El triángulo sombreado representa las elecciones factibles para Anil.

2. Curvas de indiferencia cuando Anil es egoísta
Si a Anil no le importa lo que obtenga Bala, sus curvas de indiferencia son líneas rectas verticales. Le es indiferente si Bala obtiene mucho o nada. Eso sí, él prefiere curvas más a la derecha, ya que le generan más ganancias.

3. La mejor opción de Anil
Dado su conjunto factible, la mejor opción de Anil es A, donde él se queda con todo el dinero.

4. ¿Y si Anil se preocupa por Bala?
Pero Anil podría preocuparse por su vecino Bala. En tal caso, sería más feliz si Bala fuera más rico; es decir, Anil deriva utilidad del consumo de Bala. Para esta situación, tiene curvas de indiferencia con pendiente descendente.

5. Las curvas de indiferencia de Anil, siendo algo altruista
La preferencia de Anil por los puntos B y C es la misma y así, que Anil obtenga 7 y Bala obtenga 3, está igual de bien como que Anil obtenga 6 y Bala 5. Su mejor opción factible es el punto B.

Si Anil es egoísta, la mejor opción, dado su conjunto factible, es A, quedándose con todo el dinero. Si, en cambio, deriva utilidad del consumo de Bala, entonces tiene curvas de indiferencia con pendiente negativa y puede preferir una situación en la que Bala obtenga parte del dinero.

Con las curvas de indiferencia específicas presentadas en la figura 4.5, la mejor opción posible para Anil es el punto B (7, 3) en el que Anil se queda con 7000 rupias y le da 3000 a Bala. Anil prefiere darle 3000 rupias a Bala, a pesar del costo de 3000 rupias para él. Este es un ejemplo de altruismo: Anil está dispuesto a asumir el costo de beneficiar a alguien más.

Leibniz: Encontrar la distribución óptima con preferencias altruistas (https://tinyco.re/4501294)

EJERCICIO 4.3 ALTRUISMO Y AUTOESTIMA

Usando los mismos ejes de la figura 4.5:

1. ¿Cómo se verían las curvas de indiferencia de Anil si se preocupara tanto por el consumo de Bala como por el suyo propio?
2. ¿Cómo se verían si derivara utilidad solo del total de su consumo y el de Bala?
3. ¿Cómo se verían si derivara utilidad solo del consumo de Bala?
4. Para cada caso, sugiera una situación de la vida real en la que Anil podría tener estas preferencias, asegurándose de especificar cómo Anil y Bala derivarían sus pagos.

PREGUNTA 4.4 ESCOJA LA(S) RESPUESTA(S) CORRECTA(S)

En la figura 4.5 a Anil acaba de tocarle la lotería y considera cuánto (si es que algo) de esa suma le gustaría compartir con su amigo Bala. Antes de decidir cómo compartir sus ganancias, Anil paga 3000 rupias de impuestos por sus ganancias de la lotería. En base a esta información, ¿cuál de las siguientes afirmaciones es cierta?

- ☐ Bala recibirá 3000 rupias si Anil es un poco altruista.
- ☐ Si Anil fuera un poco altruista y se hubiera quedado con 7000 rupias antes del impuesto, seguirá quedándose 7000 rupias después del impuesto, volviéndose completamente egoísta.
- ☐ Anil estará en una curva de indiferencia inferior después del impuesto.
- ☐ Si Anil hubiera sido tan extremadamente altruista que solo le hubiera importado la parte de Bala, entonces Bala hubiera recibido los mismos ingresos antes y después del impuesto.

4.5 LAS PREFERENCIAS ALTRUISTAS EN EL DILEMA DEL PRISIONERO

Cuando Anil y Bala se propusieron eliminar las plagas (sección 4.3), se encontraron con que tenían que enfrentarse a un dilema del prisionero. Una razón para este desafortunado resultado era que ninguno de los dos estaba considerando los costos que sus acciones imponían al otro. Decidir controlar las plagas con un insecticida implicaba ser polizón (*free ride*) del esfuerzo del otro por mantener el agua limpia.

Si Anil se preocupa del bienestar de Bala, así como del propio, el resultado puede ser diferente.

En la figura 4.6 los dos ejes representan ahora los pagos de Anil y Bala. Sin embargo, aquí hay solo cuatro resultados posibles en el conjunto factible. Hemos acortado los nombres de las estrategias por comodidad: Exterminador es E, CIP es C. Nótese que con movimientos hacia arriba y hacia la derecha desde (E, E) hasta (C, C) ambos ganan (es una situación *win-win*): ambos obtienen pagos superiores. Por otro lado, moverse hacia arriba y a la izquierda, o hacia abajo y a la derecha –desde (C, E) hasta E, C) o viceversa– supone cambios en que uno gana y el otro pierde (*win-lose*). Esto significa que Bala obtiene un mejor resultado a costa de Anil, o viceversa.

Como en el caso de dividir la ganancia de la lotería, podemos ver dos opciones: si Anil no se preocupa del bienestar de Bala, sus curvas de indiferencia son líneas verticales; si, por el contrario, sí se preocupa, entonces sus curvas de indiferencia tienen pendiente negativa. Recorra los pasos de la figura 4.6 para ver qué sucederá en cada caso.

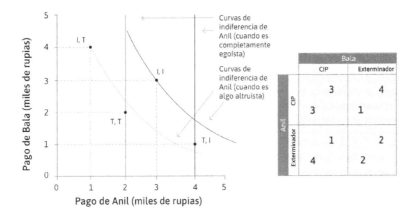

Figura 4.6 La decisión de Anil sobre usar CPI (I) o Exterminador (T) como su estrategia de administración de cultivo depende de si es completamente egoísta o algo altruista.

1. Los pagos de Anil y Bala
Los dos ejes de la figura representan los pagos de Anil y Bala. Los cuatro puntos son los resultados factibles asociados a las estrategias.

2. Curvas de indiferencia de Anil cuando no se preocupa por Bala
Si a Anil no le importa el bienestar de Bala, sus curvas de indiferencia son verticales, así (T, I) es su resultado preferido. Anil prefiere (T, I) a (I, I), así que debería escoger T si Bala escoge I. Si Anil es completamente egoísta, T es indudablemente su mejor opción.

3. Curvas de indiferencia de Anil cuando se preocupa por Bala
Cuando a Anil le importa el bienestar de Bala, sus curvas de indiferencia tienen pendiente decreciente e (I, I) es su resultado preferido. Si Bala escoge I, Anil debería escoger I. Anil debería escoger también I si Bala escoge T, dado que prefiere (I, T) a (T, T).

La figura 4.6 demuestra que, cuando Anil es completamente egoísta, su estrategia dominante es utilizar Exterminador (como vimos antes). Si, en cambio, a Anil le importa lo suficiente el bienestar de Bala, su estrategia dominante es CIP. Si Bala tiene preferencias similares, entonces ambos escogerían CIP lográndose el resultado que ambos prefieren.

La lección principal aquí es que, si las personas se preocupan las unas por las otras, los dilemas sociales son más sencillos de resolver. Esto nos ayuda a entender los ejemplos históricos en los que las personas cooperan –en un proyecto de irrigación o para hacer cumplir el Protocolo de Montreal para proteger la capa de ozono– en contraste con el comportamiento de polizón respecto de la cooperación de otros.

PREGUNTA 4.5 ESCOJA LA(S) RESPUESTA(S) CORRECTA(S)

La figura 4.6 muestra las preferencias de Anil cuando es completamente egoísta y también cuando es algo altruista, cuando él y Bala participan en el dilema del prisionero.

En base al gráfico, podemos decir que:

☐ Cuando Anil es completamente egoísta, usar el Exterminador es su estrategia dominante.

☐ Cuando Anil es algo altruista, usar el Exterminador es su estrategia dominante.

☐ Cuando Anil es completamente egoísta, (T, T) es el equilibrio de estrategias dominantes, aun estando en una curva de indiferencia menor para él que (T, I).

☐ Si Anil es algo altruista y las preferencias de Bala son las mismas que las de Anil, se alcanza (I, I) como equilibrio de estrategias dominantes.

EJERCICIO 4.4 EGOÍSMO AMORAL

Imagine una sociedad en la cual todos fueran completamente egoístas (se preocuparan solo por su propia riqueza) y amorales (no siguieran reglas éticas que interfirieran con el objetivo de obtener mayor riqueza). ¿Cómo se diferenciaría esa sociedad de aquella en la que vive? Considere lo siguiente:

- Familias
- Lugares de trabajo
- Barrios o vecindarios
- Tráfico
- Actividad política (¿votarían las personas?)

4.6 BIENES PÚBLICOS, POLIZONES E INTERACCIONES REPETIDAS

Ahora analicemos la segunda razón por la que se produce un resultado desafortunado en el dilema del prisionero: no hay forma de que Anil o Bala (o cualquier otra persona) puedan hacer pagar por el daño causado a quien use insecticida.

Los problemas de Anil y Bala son hipotéticos, pero representan dilemas reales de comportamiento de polizón o *free rider* a los que se enfrentan muchas personas por todo el mundo. Por ejemplo, tal y como ocurre en España, muchos agricultores en el sudeste asiático dependen de una infraestructura de riego compartida para producir sus cosechas. El sistema requiere mantenimiento constante y nuevas inversiones. Cada agricultor se enfrenta a la decisión de cuánto contribuir a estas actividades. Estas actividades benefician a toda la comunidad y, si un agricultor no contribuye voluntariamente, otros podrían decidir hacer el trabajo de todos modos.

Suponga que hay cuatro agricultores que están decidiendo si contribuir o no al mantenimiento de un proyecto de riego.

Para cada agricultor, el costo de contribuir al proyecto es de 10 dólares. Ahora bien, cuando un agricultor contribuye, los cuatro se benefician del incremento en la producción de los cultivos que el sistema de riego hace posible, por lo que todos ganarán 8 dólares. La contribución al proyecto de riego es lo que se llama un **bien público**: cuando un individuo asume un costo para proveer un bien por el cual todos reciben un beneficio.

Ahora consideremos la decisión que enfrenta Kim, una de los cuatro agricultores. La figura 4.7 nos muestra que su decisión depende de sus ingresos totales, pero también del número de otros agricultores que decidan contribuir al proyecto de riego.

Por ejemplo, si dos de los otros contribuyen, Kim recibirá un beneficio de 8 dólares procedente de cada una de esas contribuciones con lo cual, si ella misma no contribuye con nada, su pago total, mostrado en rojo, es de 16 dólares. Si Kim decide contribuir, recibirá un beneficio adicional de 8 dólares (y también los otros tres granjeros), pero incurrirá en un costo de 10 dólares, por lo que su pago o recompensa total será de 14 dólares, como se ve en la figura 4.7, y se calcula en la figura 4.8.

Las figuras 4.7 y 4.8 ilustran el dilema social. Independientemente de lo que decidan hacer los otros agricultores, Kim obtiene más dinero si decide no contribuir en lugar de hacerlo. No contribuir es una estrategia dominante. Kim puede aprovecharse de la contribución de otros en beneficio propio –colgarse de la contribución del otro– o sea, seguir una estrategia de *free rider*.

Este juego de bienes públicos es un dilema del prisionero en el cual hay más de dos jugadores. Si los agricultores se preocupan solo de sus propios pagos monetarios, nadie contribuye y todos reciben un pago de cero. Por otro lado, si todos contribuyen, cada uno de ellos recibe 22 dólares. Todos se benefician de la cooperación mutua, pero, independientemente de lo que hagan los demás, cada uno de ellos por separado estaría mejor si actúa como *free rider* contra todos los demás.

bien público Bien cuyo uso por parte de una persona no reduce su disponibilidad para los demás. *También conocido como: bien no rival. Ver también: bien público no excluible, bien artificialmente escaso.*

El altruismo podría ayudar a resolver el problema del polizón o *free rider*: si a Kim le importaran los demás agricultores, quizás estaría dispuesta a contribuir al proyecto de irrigación. Pero, si la cantidad de personas involucradas en un juego de bienes públicos es muy grande, entonces se reduce la probabilidad de que el altruismo sea suficiente como para sostener un resultado mutuamente beneficioso.

A pesar de ello, hay muchos casos por todo el mundo de agricultores y pescadores reales que han enfrentado con éxito situaciones de bienes públicos. La evidencia recabada por la politóloga Elinor Ostrom y otros investigadores sobre proyectos de irrigación comunales en la India, Nepal y otros países, muestra que el grado de cooperación varía. En algunas comunidades, un historial de confianza incentiva la cooperación. En otras, la cooperación no se produce. En el sur de la India, por ejemplo, en las aldeas con grandes desigualdades en términos de propiedad de la tierra y casta tuvieron más conflictos en torno al uso de agua. En cambio, en aldeas con menos desigualdades pudieron mantener mejores sistemas de irrigación: les resultaba más fácil sostener la cooperación.

Elinor Ostrom. 2000. 'Collective Action and the Evolution of Social Norms'. En *Journal of Economic Perspectives* 14 (3): pp. 137–58.

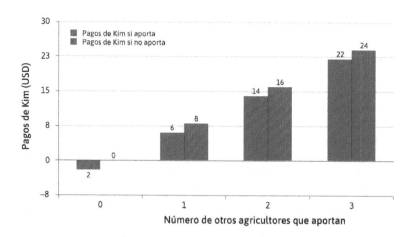

Figura 4.7 Los pagos de Kim en el juego de los bienes públicos.

Beneficio de aportar a otros	16
Más el beneficio de su propio aporte	+ 8
Menos el costo de su propio aporte	− 10
Total	**$14**

Figura 4.8 Ejemplo: cuando los otros dos contribuyen, el pago de Kim es menor si ella contribuye también.

GRANDES ECONOMISTAS

Elinor Ostrom

La elección de Elinor Ostrom (1933–2012), politóloga, como una de las galardonadas con el premio Nobel de Economía de 2009, sorprendió a muchos economistas. Por ejemplo, Steven Levitt, profesor de la Universidad de Chicago, admitió que no sabía nada de su trabajo, y que «no recordaba haber visto ni oído mencionar su nombre a ningún economista».

Algunos, si embargo, la defendieron de manera férrea. Vernon Smith, economista experimental, a quien ya se le había otorgado el Nobel, felicitó al comité del Nobel por reconocer su originalidad, su «sentido común científico» y su voluntad de escuchar «cuidadosamente a los datos».

La carrera académica completa de Ostrom se enfocó en un concepto que juega un papel fundamental en la Economía, pero que pocas veces se analiza con mucho detalle: la propiedad. Ronald Coase había establecido la importancia de determinar claramente los derechos de propiedad cuando las acciones de una persona afectan el bienestar de las demás, pero la preocupación principal de Coase era el límite entre el individuo y el Estado en la regulación de tales acciones. Ostrom exploró el espacio intermedio donde las comunidades, más que los individuos o los gobiernos formales, detentaban derechos de propiedad.

El pensamiento convencional de la época era que la propiedad colectiva informal de los recursos llevaría a una «tragedia de los comunes». Es decir: los economistas pensaban que los recursos no podían usarse de manera eficiente y sostenible bajo un régimen de propiedad comunitaria. Gracias a Elinor Ostrom, esta visión ya no es el consenso predominante.

En primer lugar, Ostrom hizo una distinción entre los recursos en un régimen de propiedad comunitaria y los sujetos a un acceso abierto:

- La *propiedad comunitaria* implica una comunidad bien definida de usuarios que son capaces –en la práctica si no gracias a la ley– de evitar que individuos externos a la comunidad exploten el recurso; por ejemplo: la pesca costera, los campos de pastoreo o las áreas forestales.
- Los *recursos de acceso abierto* como la pesca en mar abierto y el uso de la atmósfera como sumidero de carbono, pueden explotarse sin más restricciones que las impuestas por los estados actuando unilateralmente o a través de acuerdos internacionales.

Ostrom no fue la única en hacer notar esta distinción, pero construyó una combinación única de casos de estudio, métodos estadísticos, modelos de Teoría de Juegos con ingredientes no ortodoxos y experimentos de laboratorio para tratar de entender cómo se puede evitar la tragedia de los comunes.

Ostrom descubrió una gran diversidad en la administración de los bienes de propiedad común. Algunas comunidades eran capaces de diseñar reglas y basarse en **normas sociales** para garantizar el uso sostenible de los recursos, mientras que otras no lo lograban. De hecho, gran parte de su carrera la dedicó a tratar de identificar los criterios de éxito y empleó la teoría para entender por qué ciertos arreglos funcionaban bien y otros no.

Muchos economistas creían que la diversidad de resultados podía entenderse usando la Teoría de Juegos repetidos, que predice que, incluso cuando todos los individuos se preocupan solo por sí mismos, si las interacciones se repiten con una probabilidad lo suficientemente alta y los individuos son lo suficientemente pacientes, entonces es posible mantener los resultados cooperativos de manera indefinida.

No obstante, para Ostrom esta explicación no era satisfactoria, en parte porque la misma idea predice que cualquier resultado, incluyendo el agotamiento rápido de recursos, puede producirse también.

Más importante aún, era el hecho de que Ostrom sabía que el uso sostenible solía conseguirse por vía de acciones que se desviaban claramente de la hipótesis del interés personal. En particular, los individuos podían incurrir de manera voluntaria en costos considerables para castigar a los violadores de reglas o normas. Tal y como lo expresa el economista Paul Romer, Ostrom supo reconocer la necesidad de «expandir los modelos de preferencias humanas para incluir un gusto contingente por castigar a los demás».

Ostrom desarrolló modelos simples de Teoría de Juegos en los que los individuos tienen preferencias no ortodoxas, preocupándose directamente de la confianza y la reciprocidad. Además, intentó identificar las formas en las que las personas que se enfrentan a un dilema social evitaban la tragedia cambiando las reglas de tal manera que la naturaleza estratégica de la interacción se transformara.

Ostrom trabajó con economistas para realizar una serie pionera de experimentos, confirmando el uso extendido de costosos castigos en respuesta a la extracción excesiva de recursos, y también demostró el poder de la comunicación y el papel fundamental de los acuerdos informales para apoyar la cooperación. Thomas Hobbes, un filósofo del siglo XVII, afirmaba que compete a los gobiernos hacer cumplir los acuerdos, ya que «los pactos sin espadas no son más que palabras». Ostrom no estaba de acuerdo; por el contrario, como escribió en el título de un influyente artículo, era de la opinión de que los pactos –incluso sin espada– hacen posible el autogobierno.

Las preferencias sociales explican en parte por qué estas comunidades logran evitar la tragedia de los comunes de Garrett Hardin, pero también es posible que contribuyan a encontrar maneras de desincentivar el comportamiento de *free rider*.

> **norma social** Entendimiento que es común a la mayoría de miembros de una sociedad sobre lo que las personas deberían hacer en una situación dada, cuando sus acciones afectan a los demás.

Elinor Ostrom, James Walker y Roy Gardner. 1992. 'Covenants With and Without a Sword: Self-Governance is Possible'. *The American Political Science Review* 86 (2).

Juegos repetidos

La estrategia de *free riding* frente a las contribuciones de otros al día de hoy puede tener consecuencias desagradables para el *free rider* en el futuro, bien sea mañana o al cabo de varios años. Las relaciones de mediano y largo plazo son una característica importante de las interacciones sociales que no captan los modelos que hemos analizado hasta el momento: la vida no es un juego de una única partida.

La interacción entre Anil y Bala en nuestro modelo era un juego de una partida, pero, como dueños de terrenos contiguos, se puede representar a Anil y Bala de manera más realista en un juego repetido.

Imagine cuánto cambiarían las cosas si representamos su interacción como un juego que se repite cada temporada. Suponga que Bala adopta el CIP, ¿cuál sería la mejor respuesta de Anil? Su razonamiento sería el siguiente:

ANIL: si juego a CIP, entonces Bala quizás continúe jugando a CIP, pero, si uso Exterminador –lo que aumentaría mis ganancias esta temporada– Bala usará Exterminador el próximo año. Así que, a menos que esté extremadamente impaciente por ingresar hoy, mejor me mantengo en CIP y priorizo las ganancias de cooperación futuras.

Bala podría razonar exactamente de la misma manera. El resultado sería que ambos sigan jugando a CIP para siempre.

En la siguiente sección analizaremos la evidencia experimental existente sobre el comportamiento de las personas cuando se repite un juego de bienes públicos.

PREGUNTA 4.6 ESCOJA LA(S) RESPUESTA(S) CORRECTA(S)

Cuatro agricultores están decidiendo si contribuir al mantenimiento de un proyecto de irrigación. Para cada agricultor, el costo de contribuir al proyecto es de 10 dólares. Ahora bien, por cada campesino que contribuya, los cuatro se beneficiarán de un incremento en sus campos de cultivo, así que cada uno obtendrá 8 dólares.

¿Cuál de las siguientes afirmaciones es correcta?

☐ Si todos los agricultores son egoístas, ninguno de ellos contribuirá.
☐ Si uno de los agricultores, Kim, se preocupa por su vecino Jim tanto como por sí misma, contribuirá con 10 dólares.
☐ Si Kim es altruista y aporta 10 dólares, los otros podrían contribuir también, aun siendo egoístas.
☐ Si los agricultores tienen que reconsiderar su decisión cada año, podrían escoger contribuir al proyecto, aun siendo egoístas.

4.7 CONTRIBUCIONES A BIENES PÚBLICOS Y CASTIGOS ENTRE PARES

Los experimentos demuestran que las personas logran sostener altos niveles de cooperación en juegos de bienes públicos siempre que dispongan de oportunidades para castigar a los *free riders*, una vez que descubren quiénes están contribuyendo menos de lo establecido y acordado en las normas.

La figura 4.9a muestra los resultados de experimentos de laboratorio que imitan los costos y beneficios de las contribuciones a un bien público en el mundo real. Los experimentos se hicieron en ciudades de todo el mundo. En cada experimento, los participantes jugaban 10 partidas de un juego de bienes públicos, similar al que involucraba a Kim y otros agricultores y que acabamos de describir. En cada partida del experimento se le entregan 20 dólares a cada persona (a las que llamaremos sujetos). Se organizaba a los sujetos aleatoriamente en grupos pequeños, por lo general de cuatro personas, que no se conocían entre sí. Se les pedía que dedicaran parte de sus 20 dólares a contribuir a un fondo común de dinero. El fondo era un bien público: por cada dólar contribuido, cada persona del grupo, incluyendo el contribuyente, recibía 0,40 dólares.

Suponga que está jugando, y espera que los otros miembros del grupo contribuyan con 10 dólares de tal forma que, si usted no contribuye, recibirá 32 dólares (tres retornos de 4 dólares de sus contribuciones, más los 20 dólares iniciales). Los otros han pagado 10 dólares, por lo que solo reciben 32 USD – 10 USD = 22 USD cada uno. Por otro lado, si usted también contribuye 10 dólares, entonces todo el mundo, incluyéndolo, recibirá 22 USD + 4 USD = 26 USD. Por desgracia para el grupo, usted estaría mejor si no contribuye; la recompensa de la estrategia *free riding* (32 dólares) es superior a la de contribuir (26 dólares). Y, por desgracia para usted, lo mismo puede decirse de los otros miembros.

Después de cada partida, los participantes pueden ver los montos aportados por los demás miembros de su grupo. En la figura 4.9a, cada línea representa la evolución a lo largo del tiempo de las contribuciones promedio en diferentes ciudades de todo el mundo. Tal y como ocurría en el caso del dilema del prisionero, las personas en definitiva, no son únicamente egoístas.

Ver estos datos en OWiD
https://tinyco.re/3562457

Benedikt Herrmann, Christian Thoni y Simon Gachter. 2008. 'Antisocial Punishment Across Societies'. *Science* 319 (5868): pp. 1362–67.

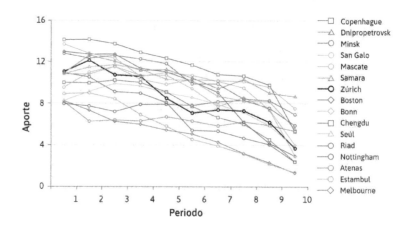

Figura 4.9a Experimentos de bienes públicos a nivel mundial: aportes a lo largo de 10 periodos.

Como se puede ver en la figura, los jugadores de Chengdu contribuyeron con 10 dólares en la primera partida, tal como describimos arriba. En cada población en la que se realizó el juego, las contribuciones al bien público son altas en el primer periodo, aunque mucho más en ciertas ciudades (Copenhague) que en otras (Melbourne). Esto no deja de ser digno de resaltar ya que, si se preocupa solamente por su propio pago, la estrategia dominante es no contribuir con nada. Estas contribuciones inicialmente altas podrían haber ocurrido porque los participantes en el experimento valoraron su contribución a los pagos que el resto recibe (fueron altruistas). Pero la dificultad (o, como lo describiría Hardin, la tragedia) es obvia: en todas partes, las contribuciones al bien público decrecieron a lo largo del tiempo.

Sin embargo, los resultados también muestran que, a pesar de haber gran disparidad entre las distintas sociedades, en la mayoría de los casos todavía se siguen dando altos niveles de contribución al final del experimento.

La explicación más plausible de este patrón no es el altruismo. Es probable que los participantes redujeran su nivel de cooperación si observaban que los otros estaban contribuyendo menos de lo esperado y, por ende, se estaban comportando como *free riders*. Pareciera que aquellas personas que contribuyeron más de la media quisieron castigar a los que contribuían poco por actuar de una manera que suponía una injusticia o por violar la norma social que regulaba las contribuciones. Como los pagos para los polizones dependen de la contribución total al bien público, la única forma de castigar a los *free riders* en este experimento es dejar de contribuir. Esta es la tragedia de los comunes.

Muchas personas estarán felices de contribuir siempre que los demás contribuyan recíprocamente. Una esperanza frustrada de reciprocidad es una de las razones más convincentes por las que las contribuciones caen de manera tan regular en las últimas partidas del juego.

Para probar esto, los investigadores modificaron el experimento del bien público que muestra la figura 4.9a, introduciendo una opción de castigo. Tras observar las contribuciones de su grupo, los jugadores individuales podían decidir castigar a los demás jugadores con una multa de 3 dólares. Quienes administraban el castigo mantenían el anonimato, pero debían pagar 1 dólar por jugador castigado. El efecto se muestra en la figura 4.9b.

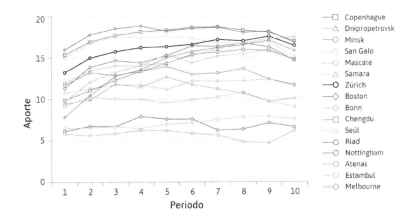

Benedikt Herrmann, Christian Thoni y Simon Gachter. 2008. 'Antisocial Punishment Across Societies (https://tinyco.re/8968832)'. *Science* 319 (5868): pp. 1362–67.

Figura 4.9b Experimentos de bienes públicos a nivel mundial con oportunidades de castigo entre pares.

En el caso de la mayoría de los sujetos, incluyendo los de China, Corea del Sur, el norte de Europa y el mundo angloparlante, las contribuciones aumentaron al introducir la oportunidad de castigar a los polizones.

Las personas que consideran que los otros han sido injustos o han violado una norma social pueden tomar represalias, incluso si el costo para sí mismos es alto. El castigo a otros es una forma de altruismo porque ayudar a disuadir de un comportamiento aprovechado que es dañino para el bienestar de la mayor parte de los miembros del grupo implica un costo personal.

Este experimento ilustra cómo, incluso en grupos grandes de personas, una combinación de interacciones repetidas y una serie de preferencias sociales pueden hacer posibles niveles altos de contribución al bien público.

El juego de los bienes públicos, al igual que el dilema del prisionero, es una situación en la que involucrarse con otros en un proyecto común como el control de plagas, el mantenimiento de un sistema de riego o el control de las emisiones de carbono, trae beneficios para todos. No obstante, también hay algo que perder cuando los demás actúan como *free riders*, o sea, cuando se comportan como polizones y se aprovechan de las contribuciones de los demás.

4.8 EXPERIMENTOS DE COMPORTAMIENTO EN EL LABORATORIO Y EN EL TERRENO

Para entender el comportamiento económico necesitamos conocer las preferencias de las personas. En el capítulo anterior, por ejemplo, los estudiantes y los agricultores valoraban el tiempo libre. Saber cuánto lo valoraban era parte de la información que necesitábamos para predecir cuánto tiempo se pasarían estudiando o trabajando.

En el pasado, los economistas han aprendido sobre las preferencias a partir de:

preferencias reveladas Forma de estudiar las preferencias aplicando ingeniería inversa a los motivos de un individuo (sus preferencias) a partir de observaciones sobre sus acciones.

- *Preguntas de encuestas*: para determinar preferencias políticas, lealtad a una marca, grado de confianza en otros u orientación religiosa.
- *Estudios estadísticos del comportamiento económico*: por ejemplo, compras de uno o más bienes cuando los precios relativos varían (para determinar preferencias por lo bienes en cuestión). Una estrategia es hacer ingeniería inversa sobre cuáles podrían haber sido las preferencias, con base en lo revelado por las compras. Esto se denomina **preferencias reveladas**.

Las encuestas tienen un problema: si le pregunta a alguien si le gusta el helado, probablemente obtendrá una respuesta sincera, pero la respuesta a la pregunta «¿qué tan altruista es usted?» puede ser una mezcla de verdad, autopromoción y pensamiento ilusorio. Los estudios estadísticos no pueden controlar el ambiente en el que se revelan las preferencias, por lo que se vuelve difícil comparar entre distintos grupos.

Es por esto que los economistas ocasionalmente usan experimentos, de modo que el comportamiento de las personas pueda ser observado bajo condiciones controladas.

CÓMO LOS ECONOMISTAS APRENDEN DE LOS HECHOS

Experimentos de laboratorio

Los experimentos de comportamiento se han convertido en una herramienta muy importante para el estudio empírico de las preferencias. En parte, la razón de hacer estos experimentos es que la comprensión de las motivaciones de las personas (altruismo, reciprocidad, aversión a la desigualdad y también egoísmo) puede ser esencial a la hora de predecir sus comportamientos como trabajadores, miembros de una familia, guardianes del medioambiente y ciudadanos.

Los experimentos no miden lo que las personas dicen, sino lo que hacen. Los experimentos están diseñados para ser tan realistas como sea posible, al tiempo que se controla la situación:

- *Las decisiones tienen consecuencias*: las decisiones en el experimento pueden determinar cuánto dinero gana el individuo por participar. A veces lo que está en juego puede ser tanto como un mes de salario.
- *Instrucciones, incentivos y reglas comunes para todos los sujetos*: también existe un tratamiento común. Esto significa que, si queremos comparar dos grupos, la única diferencia entre los grupos de tratamiento y control es el tratamiento mismo, de tal manera que los efectos puedan identificarse.
- *Los experimentos pueden replicarse*: están diseñados para aplicarse a otros grupos de participantes.
- *Quienes realizan el experimento intentan ejercer un control en relación con otras explicaciones posibles*: las otras variables se mantienen constantes, tanto como sea posible, pues podrían afectar el comportamiento que queremos medir.

Esto significa que cuando las personas actúan de distintas maneras en el experimento, seguramente se debe a diferencias en sus preferencias, no en la situación a que cada persona se enfrenta.

Los economistas han estudiado ampliamente los bienes públicos a través de experimentos de laboratorio en los que se les ha pedido a los sujetos que tomen decisiones sobre cuánto contribuir a un bien público. En algunos casos, los economistas han diseñado experimentos que imitan con gran exactitud los dilemas sociales del mundo real. El trabajo de Juan Camilo Cárdenas, economista de la Universidad de los Andes en Bogotá, Colombia, es un ejemplo de ello. Cárdenas realiza experimentos sobre dilemas sociales con personas que se enfrentan a problemas similares en su vida real, como la sobreexplotación de un bosque o de una población de peces. En nuestro video, «Economista en acción», nos describe cómo usa la economía experimental en situaciones de la vida real y cómo esto nos ayuda a entender por qué cooperan las personas, incluso cuando existen aparentes incentivos para no hacerlo.

Los economistas han descubierto que la manera en la que las personas se comportan en los experimentos puede utilizarse para predecir cómo reaccionarán en otras situaciones. Por ejemplo, los pescadores brasileños que actuaban de manera más cooperativa en un juego experimental, también practicaban la pesca de modos más sostenibles que los pescadores que eran menos cooperativos en el experimento.

En nuestro video «Economista en acción», Juan Camilo Cárdenas habla sobre su innovador uso de la economía experimental en situaciones de la vida real.
https://tinyco.re/8347533

Colin Camerer and Ernst Fehr. 2004. 'Measuring Social Norms and Preferences Using Experimental Games: A Guide for Social Scientists'. En *Foundations of Human Sociality: Economic Experiments and Ethnographic Evidence from Fifteen Small-Scale Societies*, eds. Joseph Henrich, Robert Boyd, Samuel Bowles, Colin Camerer y Herbert Gintis. Oxford: Oxford University Press.

Armin Falk y James J. Heckman. 2009. 'Lab Experiments Are a Major Source of Knowledge in the Social Sciences'. *Science* 326 (5952): pp. 535–538.

Joseph Henrich, Richard McElreath, Abigail Barr, Jean Ensminger, Clark Barrett, Alexander Bolyanatz, Juan Camilo Cardenas, Michael Gurven, Edwins Gwako, Natalie Henrich, Carolyn Lesorogol, Frank Marlowe, David Tracer y John Ziker. 2006. 'Costly Punishment Across Human Societies'. *Science* 312 (5781): pp. 1767–1770.

Steven D. Levitt y John A. List. 2007. 'What Do Laboratory Experiments Measuring Social Preferences Reveal About the Real World?' (https://tinyco.re/9601240) *Journal of Economic Perspectives* 21 (2): pp. 153–174.

Para consultar un resumen sobre el tipo de experimentos que se han realizado, sus resultados principales y si el comportamiento en el laboratorio experimental predice el comportamiento en otras áreas, lea la investigación realizada por algunos de los economistas que se han especializado en la economía experimental, como por ejemplo, Colin Camerer y Ernst Fehr, Armin Falk y James Heckman, o los experimentos realizados por Joseph Heinrich y un equipo muy grande de colaboradores repartidos por todo el mundo.

En el ejercicio 4.5, sin embargo, Stephen Levitt y John List cuestionan si las personas verdaderamente se comportarían en la calle de la misma manera que en el laboratorio.

PREGUNTA 4.7 ESCOJA LA(S) RESPUESTA(S) CORRECTA(S)
Según el video «Economista en acción» de Juan Camilo Cárdenas, ¿cuál de los siguientes descubrimientos han sido realizados a través de experimentos en los que se simulan situaciones reales relacionadas con bienes públicos?

☐ A veces, la imposición de regulación externa mina la disposición de los participantes a cooperar.
☐ Las poblaciones con mayor desigualdad presentan una tendencia mayor a cooperar.
☐ Una vez que se usa efectivo real, en lugar de fichas de valor figurado, la gente deja de actuar cooperativamente.
☐ Con frecuencia, las personas están dispuestas a cooperar en lugar de viajar gratis (*free ride*).

EJERCICIO 4.5 ¿SON SIEMPRE VÁLIDOS LOS EXPERIMENTOS DE LABORATORIO?
En 2007, Steven Levitt y John List publicaron un documento titulado «What Do Laboratory Experiments Measuring Social Preferences Reveal About The Real World?» (https://tinyco.re/9601240). Lea el documento para responder a las siguientes dos preguntas:

1. Según el documento de Levitt y List, ¿cómo y por qué podría variar el comportamiento de las personas en la vida real respecto de lo observado en experimentos de laboratorio?
2. Usando el ejemplo del experimento de bienes públicos de esta sección, explique por qué podrían producirse diferencias sistemáticas entre las observaciones registradas en las figuras 4.9a (página 168) y 4.9b (página 169) y lo que podría pasar en la vida real.

A veces es posible realizar experimentos «de campo», es decir, cambiar deliberadamente las condiciones económicas en las que las personas toman decisiones y observar cómo varía su comportamiento. Un experimento realizado en Israel en 1998 demostró que las preferencias sociales pueden ser muy sensibles al contexto en el que se tomen las decisiones.

Es muy común que los padres y madres de familia vayan a la carrera a recoger a sus niños al jardín infantil. Algunas veces llegan tarde a recogerlos, obligando a los profesores a hacer horas extra. ¿Qué haría para disuadir a los padres y madres de familia de llegar tarde? Dos economistas hicieron un experimento en el que introdujeron multas en algunos jardines infantiles, pero no en otros (que se usaron como controles). El «precio del retraso» variaba entre cero y diez shekels israelíes (como 3 dólares de la época). Sorprendentemente, tras la introducida la multa, la frecuencia de los retrasos se duplicó. La línea superior de la figura 4.10 ilustra este fenómeno.

¿Por qué imponer una multa a la tardanza fue contraproducente?

Una explicación posible es que, antes de que se impusiera la multa, la mayoría de los padres o madres trataban de ser puntuales porque consideraban que era lo correcto. En otras palabras, llegaban a la hora porque sentían una obligación moral de evitar causar molestias a los trabajadores del jardín infantil. Quizás sentían una preocupación altruista por los profesores o consideraban que llegar a la hora a recoger a los niños constituía una responsabilidad recíproca en el cuidado compartido del menor. Sin embargo, la imposición de las multas lo que hizo fue enviar el mensaje de que la situación era más bien una compra. La tardanza tenía un precio y, por ende, podía comprarse, como si se tratara de verduras o helados.

El uso de un incentivo de mercado –el precio del retraso– había proporcionado lo que los psicólogos llaman un nuevo «marco» de decisión, convirtiéndola en una en la que el interés individual –en vez de la preocupación por los demás– era aceptable. Cuando las multas y los precios tienen este tipo de efectos indeseados, decimos que los incentivos han desplazado (**crowded out**) a las preferencias sociales. Peor aún, puede ver también en la figura 4.10 que cuando la multa se eliminó, los padres y madres continuaron llegando tarde a buscar a sus niños.

Samuel Bowles. 2016. *The Moral Economy: Why Good Incentives Are No Substitute for Good Citizens*. New Haven, CT: Yale University Press.

crowding out (desplazamiento) Existen dos usos del término claramente distintos. Uno hace referencia al efecto negativo observado cuando los incentivos económicos desplazan las motivaciones éticas —o de otro tipo— de las personas. En estudios de comportamiento individual, los incentivos pueden tener un efecto de desplazamiento (crowding out effect) sobre las preferencias sociales. Un segundo uso del término se refiere al efecto de un incremento en el gasto del gobierno en la reducción del gasto privado, tal y como se esperaría, por ejemplo, en una economía funcionando a plena capacidad completa, o cuando una expansión fiscal está asociada a un incremento en la tasa de interés.

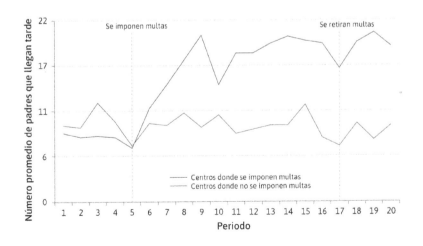

Uri Gneezy y Aldo Rustichini. 2000. 'A Fine Is a Price (https://tinyco.re/3450861)'. *The Journal of Legal Studies* 29 (January): pp. 1–17.

Figura 4.10 Número promedio de padres que llegan tarde a la semana.

PREGUNTA 4.8 ESCOJA LA(S) RESPUESTA(S) CORRECTA(S)

La figura 4.10 representa el número promedio de padres que llegan tarde a la semana en guarderías, habiéndose instaurado una multa en algunos centros y en otros no. Al final, las multas se eliminaron, tal y como se muestra en el gráfico.

Con base en esta información, ¿cuál de las siguientes afirmaciones es correcta?

☐ La introducción de la multa tuvo éxito a la hora de reducir el número de padres que llegaban tarde.
☐ La multa se puede considerar como el «precio» por recoger a un niño.
☐ El gráfico sugiere que el experimento pudo haber incrementado de manera permanente la tendencia de los padres a llegar tarde.
☐ El desplazamiento (*crowding out*) de las preferencias sociales no ocurrió hasta que se eliminaron las multas.

EJERCICIO 4.6 CROWDING OUT (DESPLAZAMIENTO)

Suponga que usted es el alcalde de una pequeña ciudad y desea motivar a los ciudadanos a involucrarse en el «Día de la Ciudad Bella», en el que las personas dedican un día a limpiar parques y calles.

¿Cómo diseñaría el día para motivar a los ciudadanos a participar?

4.9 COOPERACIÓN, NEGOCIACIÓN, CONFLICTOS DE INTERÉS Y NORMAS SOCIALES

cooperar Participar en un proyecto común que está pensado para generar beneficios mutuos.

Cooperar significa participar en un proyecto común de tal manera que se produzca un beneficio mutuo. La cooperación no necesita basarse en un acuerdo. Hemos visto ejemplos en los que los jugadores, actuando independientemente, pueden aun así alcanzar resultados cooperativos:

- *La mano invisible*: Anil y Bala escogen sus cultivos buscando proteger sus propios intereses. La participación en el mercado de la aldea facilita una división del trabajo beneficiosa para ambos.
- *El dilema del prisionero repetido*: pueden evitar usar Exterminador para el control de plagas, simplemente reconociendo las pérdidas futuras que sufrirían como resultado de abandonar el CIP.
- *El juego de los bienes públicos*: en muchos países existen experiencias de niveles elevados y sostenidos de cooperación, sin necesidad de acuerdos y sustentados por la predisposición de los jugadores a castigar a los polizones.

En otros casos, como el dilema del prisionero estático (jugado solo una vez) las decisiones conducen a un resultado desafortunado. En este caso, los jugadores podrían llegar a un mejor resultado si pudiesen alcanzar un acuerdo.

Las personas suelen depender de la negociación para resolver sus problemas económicos y sociales. Por ejemplo, la negociación internacional que resultó en el Protocolo de Montreal en el que los países acordaron eliminar el uso de clorofluorocarbonos (los CFC) para evitar un resultado dañino (la destrucción de la capa de ozono).

No obstante, las negociaciones no siempre tienen éxito: algunas veces se debe a conflictos de interés existentes sobre cómo repartir las ganancias mutuas de la cooperación. El éxito del Protocolo de Montreal contrasta con el fracaso relativo del Protocolo de Kioto (https://tinyco.re/2975858) a la hora de reducir las emisiones de carbono causantes del calentamiento global. Las razones son, en parte, de origen científico. Las tecnologías alternativas a las intensivas en los CFC se encontraban bien desarrolladas y reportaban beneficios importantes –en comparación con los costos a que se enfrentarían los grandes países industrializados como Estados Unidos–, mucho más evidentes y mayores que en el caso de las emisiones de gases de efecto invernadero. Pero uno de los obstáculos para llegar a un acuerdo en la Cumbre de Copenhague en 2009 sobre el cambio climático fue cómo compartir los costos y los beneficios de limitar las emisiones entre los países desarrollados y en desarrollo.

Veamos un ejemplo más sencillo de conflicto de interés: un profesor que puede estar dispuesto a contratar a un estudiante como asistente de investigación durante el verano. En principio, ambos tienen algo que ganar de la relación, ya que esta puede ser una buena oportunidad para que el estudiante gane algo de dinero y aprenda. A pesar del potencial de beneficio mutuo, existe también cierto espacio para el conflicto. El profesor podría querer pagar menos y guardar la mayor parte de sus recursos para investigación para comprar un computador nuevo, o es posible que necesite que el trabajo se haga rápido, lo que significa que el estudiante no puede tomarse tiempo libre. Tras negociar, pueden llegar a un acuerdo y determinar que el estudiante reciba un salario bajo, pero con la posibilidad de trabajar desde la playa. O quizás la negociación fracase.

Existen muchas situaciones similares a esta en Economía. La negociación (en ocasiones denominada regateo) es también parte integral de la política, las relaciones exteriores, la ley, la vida social e incluso las dinámicas familiares. Un padre puede darle a un niño un teléfono inteligente para que juegue, a cambio de pasar una tarde tranquila; un país puede considerar entregar territorio a cambio de paz; un gobierno puede estar dispuesto a negociar con estudiantes que realicen protestas para evitar la inestabilidad política. Al igual que en el ejemplo del estudiante y el profesor, cada una de estas negociaciones puede fallar si las partes no están dispuestas a realizar los sacrificios necesarios para llegar a un acuerdo.

Negociación: compartir las ganancias mutuas

Para que le resulte más fácil ver qué es lo que hace que una negociación funcione, considere la siguiente situación: suponga que va caminando por la calle con un amigo y usted se encuentra un billete de 100 dólares en el suelo. ¿Cómo se van a repartir la ganancia que implica este afortunado descubrimiento? Si dividen de manera igualitaria el monto, eso podría describirse como el reflejo de una norma social en su comunidad que dice que aquello que se obtiene gracias a la suerte, debería repartirse 50–50.

Dividir algo de valor en montos iguales (la regla del 50–50) es una norma social en muchas comunidades, como lo es hacer regalos a miembros de la familia y amigos por su cumpleaños. Las normas sociales son comunes para todo un grupo de personas (casi todas las siguen) y le indican a una persona qué es lo que debe hacerse a ojos de la mayoría de los miembros de una comunidad.

En el contexto de la disciplina de la Economía, pensamos que las personas toman sus decisiones de acuerdo con sus preferencias, término con el que nos referimos a las cosas que les gustan y las que no, sus actitudes, sus sentimientos y las creencias que los motivan. Así pues, las preferencias de cada uno son individuales. Puede que se vean afectadas por las normas sociales, pero reflejan lo que las personas quieren hacer y también lo que piensan que deben hacer.

Cabría esperar que, incluso si hubiera una norma del 50–50 en una comunidad, algunos individuos podrían no respetar la norma de manera exacta. Puede que algunas personas actúen de manera más egoísta de lo que la norma requiere, y otras de manera más generosa. Lo que suceda luego dependerá tanto de la norma social (un hecho sobre el mundo que refleja actitudes hacia el concepto de justicia que evolucionan a lo largo de periodos largos de tiempo), como de las preferencias de los individuos involucrados.

Suponga que la persona que vio primero el dinero es quien lo recoge. Existen al menos tres razones por las que esta persona podría dar parte del dinero a un amigo:

> **equidad** Forma de evaluar una asignación basándose en la concepción propia de justicia.

- **Altruismo**: ya hemos considerado la primera razón en el caso de Anil y Bala. Esta persona puede ser altruista y preocuparse sobre la felicidad de los demás o sobre algún otro aspecto del bienestar de otros.
- **Equidad**: o puede que la persona que recoge el dinero piense que la regla del 50–50 es justa. En este caso, la persona está motivada por la equidad o lo que los economistas denominan **aversión a la desigualdad**.
- **Reciprocidad**: el amigo pudo haber sido amable con el afortunado que encontró el dinero en el pasado, o amable con otras personas, y por eso merece ser tratado generosamente. En este caso, decimos que la persona que encontró el dinero tiene preferencias recíprocas.

Todas estas preferencias sociales influyen en nuestro comportamiento y, a veces, funcionan en direcciones opuestas. Este puede ser el caso cuando el que encuentra el dinero tiene fuertes preferencias a favor de la equidad, pero sabe que su amigo es completamente egoísta. La preferencia por la equidad llevaría al primero a compartir; ante alguien egoísta, las preferencias en pos de la reciprocidad lo empujan a quedarse con el dinero.

PREGUNTA 4.9 ESCOJA LA(S) PREGUNTA(S) CORRECTA(S)
El pasatiempo favorito de Anastasia y Belinda es ir a detectar metales. En una ocasión, Anastasia encuentra cuatro monedas romanas, mientras que Belinda no encuentra nada. Ambas tienen preferencias recíprocas. Con base en esta información, podemos decir que:

☐ Si ambas son altruistas, seguro que compartirán el hallazgo 50-50.
☐ Si Anastasia es altruista y Belinda es egoísta, entonces Anastasia podría no compartir su hallazgo.
☐ Si Anastasia es egoísta y Belinda es altruista, entonces Anastasia definitivamente no compartirá su hallazgo.
☐ Si Anastasia es altruista y Belinda cree en la equidad, podrían –o no– compartir su hallazgo 50-50.

4.10 REPARTIR LA TORTA (O DEJARLA SOBRE LA MESA)

Una de las herramientas más comunes para estudiar las preferencias sociales es el juego de una partida entre dos personas conocido como el juego del ultimátum. Este juego se ha usado por todo el mundo con diferentes tipos de personas, como estudiantes, agricultores, trabajadores de almacén y cazadores-recolectores. Observando las elecciones de los participantes en experimentos con este juego, podemos investigar las preferencias y motivaciones individuales como el puro interés propio, el altruismo, la aversión a la desigualdad y la reciprocidad.

En el experimento, se invita a un grupo de personas (los sujetos del experimento) a participar de un juego del que ganarán algo de dinero. Cuánto dinero ganen dependerá de cómo jueguen tanto ellos como los demás. El dinero real es necesario en juegos experimentales como este ya que, si no hay algo en juego, no podemos estar seguros de que las respuestas de los sujetos a preguntas hipotéticas reflejen sus acciones en la vida real.

Las reglas del juego se explican a los jugadores. Existen dos roles en el juego, un proponente y un receptor, asignados aleatoriamente por parejas. Los sujetos no se conocen entre sí, pero saben que el otro jugador ha sido reclutado para el experimento de la misma manera que ellos. Los sujetos se mantienen en el anonimato.

El proponente recibe de manera provisional un monto de dinero, digamos 100 dólares, de parte de quien realiza el experimento, que instruye al proponente para que ofrezca una parte de esa cantidad. Cualquier reparto está permitido, incluyendo quedarse con todo o entregarlo todo. Llamaremos a este monto la «torta», porque el objetivo del experimento es precisamente ver cómo se va a repartir.

El reparto adopta el formato «x para mí, y para usted», donde $x + y = 100$ USD. El receptor sabe que el proponente tiene 100 dólares para repartir. Después de observar la oferta, el receptor acepta o rechaza. Si la oferta es rechazada, ambos individuos obtienen cero. De otro modo, si la oferta es aceptada, se aplica el reparto: el proponente obtiene x y el receptor y. Por ejemplo, si el proponente ofrece 35 dólares y el receptor acepta la oferta, el proponente obtiene 65 dólares y el receptor 35 dólares. Si el receptor rechaza la oferta, ninguno de los dos recibe nada.

A esto lo llamamos una oferta «tómelo o déjelo» (*take it or leave it*). Es el ultimátum que da nombre al juego. El receptor se enfrenta a una elección: aceptar 35 dólares o no recibir nada.

Este es un juego sobre el reparto de las **rentas económicas** que surgen de una interacción. Un emprendedor que busque introducir una nueva tecnología podría decidir compartir los ingresos –la mayor utilidad disponible que resulta del remplazo de la tecnología actual– con sus empleados, si estos cooperan en la introducción de la nueva tecnología. En este caso, los ingresos surgen porque el economista experimental le entrega provisionalmente unos ingresos al proponente para que los reparta. Si la negociación resulta (el receptor acepta), ambos jugadores reciben unos ingresos (una parte de la torta); la siguiente mejor alternativa es no recibir nada (se bota la torta a la basura).

renta económica Pago u otro beneficio recibido por encima y más allá de lo que el individuo hubiera recibido en su siguiente mejor alternativa (u opción de reserva). *Ver también: opción de reserva.*

En el ejemplo del juego del ultimátum que hemos descrito en los párrafos anteriores, si el receptor acepta la propuesta del proponente, entonces el proponente obtiene unos ingresos de 65 dólares y el receptor obtiene 35 dólares. Para el receptor, decir no entraña un costo: pierde los ingresos que podría haber recibido. La oferta del proponente de 35 dólares es, por tanto, el costo de oportunidad de rechazar la oferta.

La figura 4.11 muestra un esquema simplificado del juego del ultimátum que se conoce como «árbol de decisión». En el diagrama se representan las opciones del proponente son una «oferta justa» con una división igualitaria o una «oferta injusta» de 20 dólares (guardándose 80 dólares para sí mismo). Luego el receptor tiene la elección de aceptar o rechazar. Los pagos se muestran en la última fila.

juego secuencial Juego en el que no todos los jugadores escogen sus estrategias al mismo tiempo, y los jugadores que escogen más tarde pueden ver las estrategias que han escogido los otros jugadores; por ejemplo, el juego de ultimátum. *Ver también: juego simultáneo.*

juego simultáneo Juego en el que los jugadores escogen sus estrategias simultáneamente, por ejemplo, el dilema del prisionero. *Ver también: juego secuencial.*

El árbol de decisión es una forma útil de representar las interacciones sociales porque clarifica quién hace qué, cuándo y cuáles son los resultados. Vemos que, en el juego del ultimátum, en primer lugar, uno de los jugadores (el proponente) escoge su estrategia y luego le sigue el receptor. Esto se conoce como **juego secuencial**, que es distinto a los juegos que analizamos anteriormente, conocidos como **juegos simultáneos**.

Lo que el proponente obtenga, dependerá de lo que el receptor haga, por lo que el proponente tiene que pensar cuál es la posible respuesta del otro jugador. Esto es lo que se conoce como una interacción estratégica. El proponente no puede tratar de entregar una oferta baja para ver lo que pasa, pues solo tiene una oportunidad para hacer la oferta.

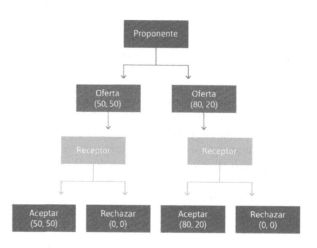

Figura 4.11 Árbol de decisión del juego del ultimátum.

Póngase en el lugar del receptor de este juego. ¿Aceptaría (50,50)? ¿Está dispuesto a aceptar (80,20)? Ahora cambie de rol. Suponga que es el proponente. ¿Qué reparto ofrecería al receptor? ¿Depende su respuesta de si la otra persona es un amigo, un desconocido, una persona necesitada o un competidor? Un receptor que piense que la oferta del proponente ha violado una norma social de justicia, o que por alguna otra razón piense que la oferta es insultantemente baja, puede estar dispuesto a sacrificar su pago para castigar al proponente.

Ahora vuelva al caso general en el que el proponente puede ofrecer cualquier monto entre 0 dólares y 100 dólares. Si usted fuera el receptor, ¿cuál es el monto mínimo que estaría dispuesto a recibir? Si usted fuera el proponente, ¿qué ofrecería?

Si realiza los ejercicios de la sección Einstein de este capítulo y trabaja el ejercicio 4.7 (página 180) que la sigue, podrá ver cómo calcular una **oferta mínima aceptable**, teniendo en cuenta tanto la norma social como la actitud del individuo ante la reciprocidad. La mínima oferta aceptable es aquella en la que el beneficio de obtener el dinero es igual a la satisfacción de rechazar la oferta y no obtener dinero, pero castigar al proponente por violar la norma social del 50–50. Si usted es el receptor y su mínima oferta aceptable es 35 dólares (de la torta total de 100 dólares), entonces, si el proponente le ofrece 36 dólares, puede que a este no le agrade mucho que digamos. Ahora bien, esta violación de la norma del 50–50 no le llevará a castigar al proponente rechazando la oferta. Si la rechazara, se iría a casa con una satisfacción que vale 35 dólares y nada de dinero, cuando podrías haber recibido 36 dólares en efectivo.

> **oferta mínima aceptable** En el juego de ultimátum, la oferta más pequeña por el proponente que no será rechazada por el receptor. Generalmente aplicada en situaciones de negociación para referirse a la oferta menos favorable que sería aceptada.

EINSTEIN

¿Cuándo se aceptará la oferta del juego del ultimátum?
Suponga que hay 100 dólares a repartir y que existe una norma de justicia del 50–50. Cuando la propuesta es de 50 dólares o más ($y \geq 50$), el receptor experimenta una predisposición positiva hacia el proponente y aceptará naturalmente la propuesta, ya que rechazarla implicaría perjudicarse a sí mismo y a alguien a quien aprecia, habida cuenta de que respeta o incluso es más generoso que la norma social. Pero, si la oferta es inferior a 50 dólares ($y < 50$), entonces el receptor sentirá que no se está respetando la norma del 50–50 y podría querer castigar al proponente por su incumplimiento. Si rechaza la oferta, esto tiene un costo para el receptor: su rechazo significa que ambos se quedan sin nada.

Supongamos que la rabia del receptor a causa del incumplimiento de la norma social depende de la envergadura de ese incumplimiento: si el proponente no ofrece nada, entonces estará furioso, pero podría estar más confundido que molesto ante una oferta de 49,50 dólares, en vez de la oferta de 50 dólares que podría haber esperado si la norma se siguiera. Por este motivo, la satisfacción que podría derivar de castigar una oferta baja por parte del proponente depende de dos cosas: su motivación de reciprocidad privada (R) y la ganancia de aceptar la oferta (y).R es un número que indica lo fuerte que es su motivación privada por la reciprocidad; si R es un número alto, entonces se preocupa mucho de si el proponente está actuando de manera generosa y justa o no; en cambio, si $R = 0$, entonces no le preocupan para nada los motivos del proponente. Así pues, la satisfacción de rechazar una oferta baja es $R(50 - y)$. La ganancia por aceptar la oferta es la oferta misma o y.

La decisión de aceptar o rechazar depende simplemente de cuál de estas dos cantidades sea mayor. Podemos expresar esto como «se rechaza la oferta si $y < R(50 - y)$». Esta ecuación dice que se rechaza una oferta de menos de 50 dólares según cuánto menor de 50 dólares sea la oferta (medida según $(50 - y)$), multiplicado por su actitud privada ante la reciprocidad, R).

Para calcular su mínima oferta aceptable, podemos reordenar esta ecuación de rechazo de esta manera:

$$y < R(50 - y)$$
$$y < 50R - Ry$$
$$y + Ry < 50R$$
$$y(1 + R) < 50R$$
$$y < \frac{50R}{1 + R}$$

$R = 1$ indica que el receptor valora en igual medida la reciprocidad y la norma social. Si $R = 1$, entonces $y < 25$ y rechazará cualquier oferta de menos de 25 dólares. El punto de corte de 25 dólares es aquel donde sus dos motivaciones –la de obtener una ganancia monetaria y la de castigar al proponente– se equilibran exactamente: si rechaza la oferta de 25 dólares, pierde 25 dólares, pero por otro lado obtiene una satisfacción valorada en 25 dólares resultante de castigar al proponente, de modo que su pago total es de 0 dólares.

Cuanto más le importe la reciprocidad al receptor, mayor tendrá que ser la oferta del proponente. Para $R = 0{,}5$, por ejemplo, las ofertas del proponente por debajo de 16,67 dólares serán rechazadas ($y < 16{,}67$), pero si $R = 2$, entonces el receptor rechazará cualquier oferta menor de 33,33 dólares.

EJERCICIO 4.7 OFERTAS ACEPTABLES

1. ¿Cómo podría la oferta mínima aceptable depender del método que el proponente utilizó para conseguir los 100 dólares (por ejemplo: se los encontró en la calle, los ganó en la lotería, los recibió como herencia, etc.)?

2. Suponga que la norma de equidad en la sociedad es 50–50. ¿Puede imaginarse a alguien ofreciendo más del 50% en esa sociedad? Si es así, ¿por qué?

4.11 ¿AGRICULTORES JUSTOS, ESTUDIANTES EGOÍSTAS?

Si usted es un receptor en el juego del ultimátum que se preocupa solo por su propio interés, debería aceptar cualquier oferta positiva, ya que tener algo, por poco que sea, es siempre mejor que no tener nada. Por tanto, en un mundo en el que solo haya individuos egoístas, el proponente podría anticipar que el receptor aceptaría cualquier oferta y, por tal razón, ofrecería entonces el mínimo monto posible –un centavo– sabiendo que este lo aceptaría.

¿Concuerda esta predicción con los datos experimentales? No, no concuerda. Tal como ocurría con el dilema del prisionero, no vemos que se produzca el resultado que anticiparíamos si la gente fuera completamente egoísta. Se rechazan ofertas de un centavo.

Para ver cómo jugaron este juego los agricultores en Kenia y los estudiantes en Estados Unidos, observe la figura 4.12. La altura de cada barra indica la fracción de receptores que estuvieron dispuestos a aceptar la oferta indicada en el eje horizontal. Las ofertas de más de la mitad de la torta eran aceptables para todos los sujetos en ambos países, como cabía esperar.

Nótese que los agricultores kenianos no están dispuestos a aceptar ofertas bajas, presumiblemente porque las consideran injustas, mientras que los estudiantes de Estados Unidos están mucho más dispuestos a aceptar ofertas bajas. Por ejemplo, casi todos (90%) los agricultores dirían no a una oferta de un quinto de la torta (caso en que el proponente se quedaría con el 80%), mientras que, entre los estudiantes, un 63% estaría dispuesto a aceptar una oferta así de baja. Más de la mitad de los estudiantes aceptarían una oferta de solo un 10% de la torta, pero casi ninguno de los agricultores lo haría.

Aunque los resultados en la figura 4.12 indican que las actitudes con respecto a lo que es justo y a la importancia de la equidad difieren, ningún participante en los experimentos realizados en Kenia y Estados Unidos estuvo dispuesto a aceptar una oferta de cero, incluso considerando que al rechazarla, ellos también recibirían cero.

Esto no siempre ocurre. En experimentos en Papúa Nueva Guinea las ofertas de más de la mitad de la torta eran comúnmente rechazadas por los receptores que preferían no recibir nada en lugar de participar en un resultado muy desigual, incluso si este resultado favorecía al receptor, o incurrir en la deuda social de haber recibido un gran obsequio que podría ser difícil de corresponder. Los individuos eran reacios a la desigualdad, aun si la desigualdad en cuestión los beneficiaba.

Joseph Henrich, Robert Boyd, Samuel Bowles, Colin Camerer y Herbert Gintis (editores). 2004. *Foundations of Human Sociality: Economic Experiments and Ethnographic Evidence from Fifteen Small-Scale Societies*. Oxford: Oxford University Press.

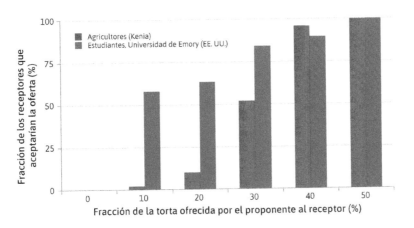

Adaptado de Joseph Henrich, Richard McElreath, Abigail Barr, Jean Ensminger, Clark Barrett, Alexander Bolyanatz, Juan Camilo Cárdenas, Michael Gurven, Edwins Gwako, Natalie Henrich, Carolyn Lesorogol, Frank Marlowe, David Tracer y John Ziker. 2006. 'Costly Punishment Across Human Societies (https://tinyco.re/2043845)'. *Science* 312 (5781): pp. 1767–1770.

Figura 4.12 Ofertas aceptables en el juego del ultimátum.

EJERCICIO 4.8 PREFERENCIAS SOCIALES

Considere el experimento descrito en la figura 4.12:

1. ¿Cuál de las preferencias sociales mencionadas arriba cree que motivó la predisposición de los sujetos a rechazar ofertas bajas, aun a riesgo de no recibir ningún pago si lo hacían?
2. ¿Por qué cree que los resultados para los agricultores en Kenia y los estudiantes de Estados Unidos fueron distintos?
3. ¿Qué respuestas esperaría si jugara a este juego con dos conjuntos diferentes de personas: sus compañeros de clase y su familia? Explique si espera o no que los resultados varíen de un grupo a otro. Si es posible, juegue con sus compañeros y con su familia. Comente si los resultados observados son coherentes con sus predicciones.

La altura total de cada barra en la figura 4.13 indica el porcentaje de los proponentes kenianos y estadounidenses que realizaron la oferta que se muestra en el eje horizontal. Por ejemplo, la mitad de los agricultores hicieron propuestas del 40%. Otro 10% ofreció una distribución equitativa. Entre los estudiantes (en azul), solo un 11% hicieron ofertas tan generosas.

Adaptado de Joseph Henrich, Richard McElreath, Abigail Barr, Jean Ensminger, Clark Barrett, Alexander Bolyanatz, Juan Camilo Cárdenas, Michael Gurven, Edwins Gwako, Natalie Henrich, Carolyn Lesorogol, Frank Marlowe, David Tracer y John Ziker. 2006. 'Costly Punishment Across Human Societies'. *Science* 312 (5781): pp. 1767–1770.

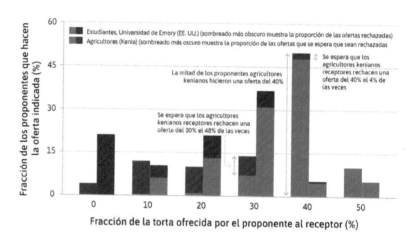

Figura 4.13 Ofertas reales y rechazos esperados en el juego del ultimátum.

1. ¿Qué muestran las barras?
La altura completa de cada barra en la figura indica el porcentaje de proponentes estadounidenses y kenianos que hicieron la oferta mostrada en el eje horizontal.

2. Lectura la figura
Por ejemplo: para los agricultores kenianos, el 50% en el eje vertical y el 40% en el eje horizontal significan que la mitad de los proponentes kenianos hicieron una oferta del 40%.

3. El área coloreada en oscuro muestra los rechazos
Si los agricultores kenianos hicieran una oferta del 30%, casi la mitad de los receptores la rechazarían. (La parte oscura de la barra es casi tan grande como la clara).

4. Mejores ofertas, menos rechazos
El tamaño relativo del área oscura es menor para ofertas mayores: por ejemplo, los agricultores kenianos receptores rechazaron ofertas del 40% solo un 4% de las veces.

¿Pero fueron realmente generosos los agricultores? Para responder, tiene que pensar no solo en cuánto están ofreciendo, sino también en lo que debieron haber razonado cuando consideraron si el receptor aceptaría la oferta. Si mira la figura 4.13 y se concentra en los agricultores kenianos, verá que muy pocos propusieron quedarse con la torta completa ofreciendo cero (solo 4% de ellos, según muestra la barra del extremo izquierdo), y todas esas ofertas fueron rechazadas (la barra es completamente oscura).

Por otro lado, si nos fijamos en el extremo derecho de la figura, vemos que, en el caso de los agricultores kenianos, hacer una oferta de la mitad de la torta asegura una tasa de aceptación del 100% (la barra completa es de color claro). Aquellos que ofrecieron el 30%, se enfrentaron a igual probabilidad de ver su oferta rechazada o aceptada (la parte oscura de la barra es casi tan grande como la clara).

Un proponente que quiera ganar tanto como sea posible elegirá alguna opción que se sitúe entre la opción de un extremo de tratar de quedárselo todo y la de dividirlo en forma igualitaria. Los agricultores que ofrecieron el 40% tenían una alta probabilidad de que su oferta se aceptara y quedarse con el 60% de la torta. En el experimento, la mitad de los agricultores eligen una oferta del 40%. Esperaríamos que la oferta se rechazara solo un 4% de las veces, como puede observarse considerando la parte sombreada de la barra en la oferta de 40% de la figura 4.13.

Ahora suponga que es usted un agricultor keniano y todo lo que le preocupa es su propio pago.

Ofrecer no darle nada al receptor no entra siquiera dentro de las opciones posibles porque con eso sí garantizaría no obtener nada cuando se rechace su oferta. Por otro lado, si ofrece la mitad, en cambio, puede estar seguro de que obtendrá la mitad, ya que el receptor sin duda aceptará.

No obstante, usted sospecha que puede obtener algo mejor.

Un proponente que se preocupe solo de sus propios pagos, comparará lo que denominamos los pagos esperados de las dos ofertas: es decir, el pago que uno puede esperar, habida cuenta de lo que la otra persona probablemente hará (aceptar o rechazar) en caso de que se haga determinada oferta. Su pago esperado es el pago que obtendrá si la oferta se acepta, multiplicado por la probabilidad de que sea aceptada (recuerde que, si la oferta es rechazada, el proponente no obtiene nada). Esta es la manera en la que el proponente calcula los pagos esperados de ofrecer el 40 o el 30%:

Expectativa de pago por ofrecer 40%:
= 96% de probabilidad de quedarse con 60% de la torta
= $0,96 \times 0,60$
= 58

Expectativa de pago por ofrecer 30%:
= 52% de probabilidad de quedarse con 70% de la torta
= $0,52 \times 0,70$
= 36

No podemos saber si los agricultores efectivamente hicieron estos cálculos. Ahora bien, si lo hicieron, habrán descubierto que ofrecer el 40% maximiza sus pagos esperados. Esta motivación contrasta con el caso de ofertas aceptables en las que consideraciones de aversión a la desigualdad, reciprocidad o deseo de mantener una norma social estén en aparente funcionamiento. A diferencia de los receptores, muchos de los proponentes podrían haber estado tratando de obtener tanto dinero como fuera posible en el experimento y haber adivinado correctamente lo que harían los receptores.

Cálculos similares indican que, entre los estudiantes, la oferta que maximizaba los pagos era el 30%, siendo esta la oferta más común entre ellos. Las ofertas más bajas de los estudiantes podrían darse porque anticiparon correctamente que unas ofertas demasiado bajas (incluso tan bajas como las de un 10%) serían aceptadas en algunas ocasiones. Podrían haber estado tratando de maximizar sus pagos y esperar poder salirse con la suya haciendo ofertas bajas.

EJERCICIO 4.9 OFERTAS EN EL JUEGO DEL ULTIMÁTUM

1. ¿Por qué cree que algunos de los agricultores ofrecieron más del 40%? ¿Por qué ofrecieron algunos de los estudiantes más del 30%?
2. ¿Por qué ofrecieron algunos menos del 40% (agricultores) y 30% (estudiantes)?
3. A partir de las preferencias sociales que ha estudiado, ¿cuáles podrían ayudar a explicar los resultados expuestos?

¿Cómo difieren las dos poblaciones? Aunque muchos de los agricultores y los estudiantes ofrecieron un monto que maximizaría sus pagos esperados, la similitud se acaba ahí. Los agricultores kenianos tienen mayor probabilidad de rechazar ofertas bajas. ¿Es esta una diferencia ente kenianos y estadounidenses, o entre agricultores y estudiantes? ¿O se debe a causas que no están para nada relacionadas con la nacionalidad o la ocupación, sino que se trata de un reflejo de una norma social local? Los experimentos por sí solos no pueden responder estas interesantes preguntas, pero antes de concluir que los kenianos son más reacios a la desigualdad que los estadounidenses, cuando se realizó el mismo experimento con habitantes de zonas rurales de Missouri, en Estados Unidos, el resultado fue una probabilidad de rechazar las ofertas bajas incluso mayor que la de los kenianos. Casi todos los proponentes de Missouri ofrecieron la mitad de la torta.

PREGUNTA 4.10 ESCOJA LA(S) RESPUESTA(S) CORRECTA(S)
Considere un juego del ultimátum en el que el proponente ofrezca 100 dólares al receptor, oferta que este puede aceptar o rechazar. Si el receptor la acepta, tanto el receptor como el proponente se quedan con las cantidades acordadas, mientras que, si el receptor la rechaza, entonces ambos reciben cero. La figura 4.12 (página 181) muestra el resultado de un estudio que compara las respuestas de estudiantes estadounidenses y agricultores kenianos.

De esta información podemos concluir que:

☐ Los kenianos son más propensos a rechazar ofertas que los estadounidenses.
☐ Poco más del 50% de los agricultores kenianos rechazaron la oferta del proponente en la que este se quedaba el 30%.
☐ Ambos grupos de receptores se comportan de manera indiferentes a la hora de rechazar o aceptar una oferta que implique recibir cero.
☐ Los agricultores kenianos asignan mayor importancia a la equidad que los estudiantes estadounidenses.

PREGUNTA 4.11 ESCOJA LA(S) RESPUESTA(S) CORRECTA(S)
La siguiente tabla muestra el porcentaje de receptores que rechazaron la cantidad ofrecida por los proponentes en el juego del ultimátum jugado por agricultores kenianos y estudiantes universitarios de Estados Unidos. La torta es de USD100.

Cantidad ofrecida		$0	$10	$20	$30	$40	$50
Proporción rechazada	Agricultores kenianos	100%	100%	90%	48%	4%	0%
	Estudiantes estadounidenses	100%	40%	35%	15%	10%	0%

Basándonos en esta información, podemos decir que:

- ☐ El pago esperado de ofrecer USD30 es USD4,50 para los estudiantes estadounidenses.
- ☐ El pago esperado de ofrecer USD40 es USD6 para los estudiantes estadounidenses.
- ☐ El pago esperado de ofrecer USD20 es USD8 para los agricultores kenianos.
- ☐ El pago esperado de ofrecer USD10 es mayor para los agricultores kenianos que para los estudiantes estadounidenses.

EJERCICIO 4.10 LAS HUELGAS Y EL JUEGO DEL ULTIMÁTUM
Una huelga sobre las condiciones de pago o de trabajo puede considerarse un ejemplo de un juego del ultimátum.

1. Si se hace un modelo de una huelga como un juego del ultimátum, ¿quién es el proponente y quién es el receptor?
2. Dibuje un árbol de decisión para ilustrar la situación entre estas dos partes.
3. Investigue sobre una huelga famosa y explique cómo satisface la definición del juego del ultimátum.
4. En esta sección, se le han presentado datos experimentales sobre cómo juegan las personas al juego del ultimátum. ¿Cómo podría usar esta información para sugerir qué tipo de situaciones podrían conducir a una huelga?

4.12 COMPETENCIA EN EL JUEGO DEL ULTIMÁTUM

Los experimentos con el juego del ultimátum entre dos jugadores nos sugieren una explicación sobre cómo las personas pueden llegar a decidir compartir los ingresos que surgen de una interacción económica. Ahora bien, el resultado de una negociación puede ser diferente si esta se ve afectada por la competencia. Por ejemplo, el profesor que busca un ayudante de investigación podría considerar varios postulantes y no solo uno.

Para considerar las implicaciones del incremento de la competencia, imagine un nuevo juego del ultimátum en el que el proponente ofrezca una partición de 100 dólares a dos receptores en lugar de solo a uno. En esta versión del juego, si cualquiera de los receptores acepta, pero el otro no, el receptor y el proponente se reparten el dinero, y el otro receptor no obtiene nada. Si ninguno acepta, nadie obtiene nada, incluyendo al proponente. Si ambos aceptan, se elige uno aleatoriamente, que será el que reciba la parte del receptor.

Si fuera usted uno de los receptores, ¿cuál es la oferta mínima que aceptaría? ¿Hay algún aspecto en el que sus respuestas sean distintas, en comparación con el juego del ultimátum original con un solo receptor? Quizás. Si supiera que la norma del 50–50 influye fuertemente en mi competidor, mi respuesta no sería muy diferente. Pero, ¿qué pasa si sospecho que mi competidor tiene mucho interés en obtener la recompensa, o que no le importa mucho si la oferta es justa?

Ahora, suponga que es usted el proponente. ¿Qué distribución ofrecería?

La figura 4.14 proporciona pruebas de laboratorio de los resultados que se producen en el juego del ultimátum cuando existen dos receptores jugando rondas múltiples. Los proponentes y receptores se emparejan de forma aleatoria en cada partida.

Adaptado de la figura 6 en Urs Fischbacher, Christina M. Fong yErnst Fehr. 2009. 'Fairness, Errors and the Power of Competition'. *Journal of Economic Behavior & Organization* 72 (1): pp. 527–45.

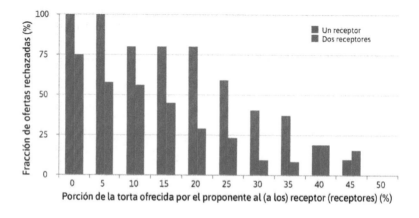

Figura 4.14 Fracción de ofertas rechazadas en el juego de ultimátum, según el tamaño de la oferta y el número de receptores.

Las barras rojas muestran la fracción de ofertas que son rechazadas cuando existe un solo receptor. Las barras azules muestran lo que ocurre en experimentos con dos receptores. Cuando hay competencia, los receptores son menos propensos a rechazar ofertas bajas. Su comportamiento se parece más a lo que se esperaría de individuos egoístas que están sobre todo preocupados por sus propios pagos monetarios.

Para que se explique este fenómeno, piense en lo que ocurre cuando un receptor rechaza una oferta baja. Esto significa obtener un pago de cero. A diferencia de la situación en la que existe un solo receptor, el receptor en una situación competitiva no puede asegurarse de que el proponente sea castigado, puesto que el otro receptor puede aceptar la oferta baja (no todo el mundo tiene las mismas normas con respecto a estas propuestas, ni se encuentra en el mismo estado de necesidad).

En consecuencia, incluso las personas que priman la equidad aceptarán ofertas bajas para evitar estar en la peor situación posible de ambos mundos. Ni qué decir que los proponentes también saben esto, por lo que realizarán ofertas más bajas que los receptores aceptarán de todos modos. Nótese cómo pequeños cambios en las reglas o la situación pueden tener un efecto enorme en los resultados. Como en el juego de los bienes públicos, donde la inclusión adicional de la opción de castigar a los polizones (*free riders*) incrementaba ampliamente los niveles de contribución, los cambios en las reglas del juego importan.

EJERCICIO 4.11 UN DILEMA DEL PRISIONERO SECUENCIAL

Vuelva al dilema del prisionero sobre control de plagas que Anil y Bala jugaron en la figura 4.3b (página 155), pero ahora suponga que se juega de manera secuencial en el juego del ultimátum. Un jugador (seleccionado aleatoriamente) es el primero en escoger una estrategia (el que mueve primero), y luego mueve el segundo (el segundo en mover).

1. Suponga que usted es el primero que mueve y que sabe que el segundo en mover da muestra de fuertes preferencias hacia la reciprocidad. Es decir, el segundo actuará de manera amable frente a alguien que respete las normas sociales de no contaminar, y que, en cambio, actuará de manera poco amable frente a alguien que viole esa norma. ¿Qué haría usted?
2. Suponga que la persona con preferencias hacia la reciprocidad es ahora la primera que mueve, e interactúa con otra persona que sabe que es completamente egoísta. ¿Cuál cree que sería el resultado del juego?

4.13 INTERACCIONES SOCIALES: CONFLICTOS EN LA ELECCIÓN ENTRE EQUILIBRIOS DE NASH

En los juegos de la mano invisible, el dilema del prisionero y los bienes públicos, la acción que le ofrecía los mayores pagos a un jugador no dependía de lo que hiciera el otro jugador. Existía una estrategia dominante para cada jugador y, por tanto, un equilibrio de estrategias dominantes único.

Pero este no suele ser el caso.

Ya hemos mencionado una situación en la que esto es definitivamente falso: manejar por la derecha o por la izquierda. Si los demás manejan por la derecha, tu mejor respuesta es también manejar por la derecha. Si ellos manejan por la izquierda, tu mejor respuesta es manejar por la izquierda.

En Estados Unidos, el que todas las personas manejen por la derecha es un equilibrio, en el sentido de que nadie consideraría que va en su propio interés cambiar su estrategia, habida cuenta de lo que están haciendo los demás. En la teoría juegos, si todos están jugando su mejor respuesta a las estrategias de los demás, denominamos a esas estrategias **equilibrio de Nash**.

En Japón, sin embargo, manejar por la izquierda es un equilibrio de Nash. El «juego» del conductor tiene dos equilibrios de Nash.

Existen muchas interacciones económicas en las que no hay equilibrios de estrategias dominantes, pero, si logramos encontrar un equilibrio de Nash, entonces disponemos de una predicción sobre lo que debiéramos observar en la realidad. Deberíamos esperar que todos los jugadores hicieran lo mejor para ellos, dados los comportamientos de los demás.

Pueden existir múltiples equilibrios de Nash, incluso en problemas económicos simples (como el juego del conductor). Suponga que cuando Bala y Anil escogen sus cultivos, los pagos son los mostrados en la figura 4.15. Es una situación diferente a la del juego de la mano invisible. Si los dos agricultores producen el mismo cultivo, eso provoca una caída tan grande en el precio que es mejor para cada uno de ellos especializarse, aunque sea en el cultivo que es de menor productividad en su tierra. Siga los pasos de la figura 4.15 para encontrar los dos equilibrios.

Las situaciones con dos equilibrios de Nash nos llevan a hacernos dos preguntas:

- ¿Cuál es el equilibrio que esperaríamos ver en el mundo real?
- ¿Existe un conflicto de intereses, dado que hay algunos jugadores que prefieren un equilibrio, pero hay otros que no?

Manejar por la derecha o por la izquierda no supone un conflicto en sí mismo, siempre y cuando todos los que manejen en sentido contrario hayan tomado la misma decisión que usted. No podemos decir que manejar por la izquierda sea mejor que manejar por la derecha.

En el juego de la división del trabajo a que se enfrentaban Anil y Bala, a diferencia del juego del conductor, es claro que ambos granjeros prefieren el equilibrio de Nash en el que Anil escoge mandioca y Bala arroz (especializándose cada uno en el cultivo que le es más conveniente), respecto del otro equilibrio de Nash para ambos granjeros.

equilibrio de Nash Conjunto de estrategias, una para cada jugador del juego, tal que la estrategia de cada jugador sea su mejor respuesta a las estrategias escogidas por todos los demás.

¿Podemos decir, entonces, que esperaríamos ver a Anil y Bala adoptar una división del trabajo «correcta»? No necesariamente. Recuerde que estamos asumiendo que toman sus decisiones de manera independiente, sin coordinarse entre sí. Imagine que el padre de Bala fue especialmente hábil cultivando mandioca (a diferencia de su hijo), y que por tanto, la tierra (aunque mejor adaptada al arroz) se ha mantenido dedicada a la mandioca. En respuesta a esto, Anil sabe que el arroz es su mejor respuesta a la mandioca de Bala y, por consiguiente, escogería cultivar arroz. Bala no tendría incentivo alguno que lo animara a cambiarse al cultivo que mejor se le da: el arroz.

El ejemplo destaca una cuestión importante: si existe más de un equilibrio de Nash y si las personas eligen sus acciones de manera independiente, entonces una economía puede quedarse «atascada» en un equilibrio de Nash en el que todos están peor de lo que estarían en otro equilibrio distinto.

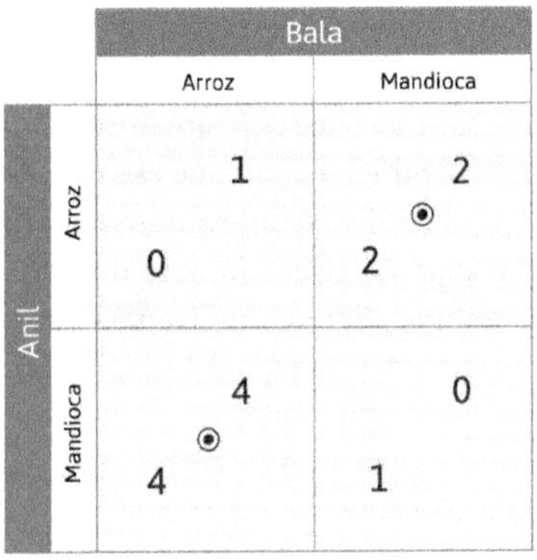

Figura 4.15 Un problema de división del trabajo con más de un equilibrio de Nash

1. La mejor respuesta de Anil a la estrategia Arroz
Si Bala va a escoger Arroz, la mejor respuesta de Anil es escoger Mandioca. Colocamos un punto en la celda inferior izquierda.

2. La mejor respuesta de Anil a Mandioca
Si Bala va a escoger Mandioca, la mejor respuesta de Anil es escoger Arroz. Coloque un punto en la celda superior derecha. Fíjese que Anil no tiene una estrategia dominante.

3. Las mejores respuestas de Bala
Si Anil escoge Arroz, la mejor respuesta de Bala es escoger Mandioca, pero si Anil escogiera Mandioca, entonces él escogería Arroz. Los círculos muestran las mejores respuestas de Bala. Vemos que no tiene una estrategia dominante tampoco.

4. (Mandioca, Arroz) es un equilibrio de Nash
Si Anil escoge Mandioca y Bala escoge Arroz, ambos están jugando optando por sus mejores respuestas (el punto y el círculo coinciden). Así pues, estamos ante un equilibrio de Nash.

5. (Arroz, Mandioca) también es un equilibrio de Nash
Si Anil escoge arroz y Bala escoge mandioca, ambos están jugando optando por sus mejores respuestas, así que este también es un equilibrio de Nash, pero los pagos son mayores en el otro equilibrio.

GRANDES ECONOMISTAS

John Nash

John Nash (1928–2015) finalizó su tesis doctoral en la Universidad de Princeton a los 21 años. Solo tenía 27 páginas (https://tinyco.re/8462257) y, sin embargo, le dio un impulso a la Teoría de Juegos –en esa época una rama poco conocida de las matemáticas– de un modo que condujo a una transformación sustancial de la economía. Nash proporcionó una respuesta a la pregunta: cuando las personas interactúan estratégicamente, ¿qué

cabe esperar que hagan? Su respuesta, ahora conocida como **equilibrio de Nash**, es una colección de estrategias, una para cada jugador, tales que, si estas estrategias se develaran públicamente, ninguno de esos jugadores se arrepentiría de su decisión. Es decir: si todos los jugadores escogen estrategias que son consistentes con un equilibrio de Nash, entonces nadie puede ganar decidiendo unilateralmente cambiarse a una estrategia distinta.

Nash hizo mucho más que simplemente limitarse a introducir su concepto de equilibrio: también probó que ese tipo de equilibrios existe bajo condiciones muy generales, siempre y cuando los jugadores puedan aleatorizar (escoger al azar) entre el conjunto de estrategias que tienen a su disposición. Para comprender la importancia que esto tiene, considere el clásico juego de niños de piedra, papel y tijera. Si cada jugador escoge una de las tres estrategias con certeza, entonces por lo menos uno de los jugadores perdería seguro y, por tanto, le habría ido mucho mejor escoger otra estrategia. Sin embargo, si ambos jugadores escogen todas las estrategias posibles con la misma probabilidad, ninguno de ellos puede mejorar su resultado esperable aleatorizando sus estrategias de una forma diferente. En consecuencia, se trata de un equilibrio de Nash.

Lo que Nash consiguió probar es que cualquier juego con un número finito de jugadores, cada uno con un número finito de estrategias, debe tener al menos un equilibrio, siempre que los jugadores tengan la libertad de aleatorizar. Este resultado es útil porque las estrategias pueden ser objetos bastante complicados que especifican un plan completo que determina qué acción debe emprenderse en cualquier situación posible que pudiera surgir. El número de estrategias distintas en el ajedrez, por ejemplo, es mayor que el número de átomos que existen en el universo conocido. Sin embargo, sabemos que el ajedrez tiene un equilibrio de Nash, aunque sigue siendo incierto si el equilibrio implica una victoria para las blancas, para las negras o un empate garantizado.

Lo que hace más notorio el logro de Nash de demostrar la existencia de estos equilibrios es que algunos de los matemáticos más distinguidos del siglo xx, como Emile Borel y John von Neumann, habían intentado resolver este problema sin conseguir avanzar demasiado. Fueron capaces de demostrar la existencia de un equilibrio solo para algunos juegos de suma cero; aquellos en los que la ganancia para un jugador es igual a la pérdida para los demás. Esto claramente limitaba el alcance de su teoría de sus aplicaciones económicas. Nash hizo posible una clase de juegos mucho más generales en los que los jugadores podían tener cualquier tipo de metas. Por ejemplo, podían ser egoístas, altruistas o mostrar una inclinación al rencor o a la justicia.

Es casi imposible encontrar una parte de la disciplina económica que no haya sido completamente transformada por la Teoría de Juegos y esa transformación habría sido imposible sin el concepto de equilibrio de Nash y su prueba de existencia. Aunque parezca increíble, esta no fue la única contribución determinante de Nash a la Economía, sino que también realizó una contribución de original brillantez a la teoría de la negociación o regateo. Además, realizó asimismo contribuciones pioneras a otras áreas de las matemáticas, que le valieron el prestigioso Premio Abel.

Nash llegaría a ganar un premio Nobel conjunto por su trabajo. Roger Myerson, economista y también ganador de un premio Nobel, describió el equilibrio de Nash como «una de las contribuciones más importantes a la historia del pensamiento económico».

En un primer momento, Nash quería ser ingeniero electrónico como su padre, y estudió matemáticas en su pregrado en Carnegie-Tech (en la actualidad la Universidad Carnegie-Mellon). Un curso optativo de Economía Internacional hizo que despertara su interés en las interacciones estratégicas, lo que, a la postre, lo llevaría a realizar sus innovadoras contribuciones.

Durante gran parte de su vida, Nash padecía de trastornos mentales que requerían hospitalización: sufría alucinaciones causadas por la esquizofrenia que empezaron en 1959, aunque después de lo que describiría como «25 años de pensamiento parcialmente engañoso» (https://tinyco.re/6775628), continuó enseñando e investigando en Princeton. La historia de sus ideas y su enfermedad se cuenta en el libro (convertido en una película, protagonizada por Russell Crowe) *Una mente maravillosa* (*A beautiful mind*).

Sylvia Nasar. 2012. *Una mente prodigiosa*. Barcelona: Debolsillo.

Resolver conflictos

Puede producirse un conflicto de intereses entre jugadores de un juego que prefieren diferentes equilibrios de Nash.

Para verlo, tomemos un ejemplo distinto: consideremos el caso de Astrid y Bettina, dos ingenieras de software que trabajan en un proyecto por el cual se les va a pagar. Su primera decisión es si el código debería estar escrito en Java o en C++ (suponga que ambos lenguajes de programación son igualmente útiles y que es posible escribir en un lenguaje una parte de la aplicación y otra parte en el otro lenguaje). Cada una tiene que elegir entre uno y otro, y Astrid quiere programar en Java porque se le facilita más escribiendo en ese código. Si bien este es un proyecto conjunto en el que colabora con Bettina, su remuneración se basará (en parte) en cuántas líneas de código escriba ella. Por desgracia, Bettina prefiere C++ por las mismas razones. Así pues, hay dos estrategias que llamaremos Java y C++.

Su interacción se describe en la figura 4.16a, y los pagos en la figura 4.16b.

De la figura 4.16a pueden extraerse tres mensajes:

- Ambas funcionan mejor en conjunto si trabajan en el mismo lenguaje.
- A Astrid le va mejor si ese lenguaje es Java, mientras que lo contrario sucede con Bettina.
- Su pago total es mayor si eligen C++.

¿Cómo podemos predecir el resultado de este juego?

		Bettina	
		Java	C++
Astrid	Java	Ambas trabajan en el mismo lenguaje Astrid se beneficia más: se le facilita más programar en Java	Cada una está trabajando en el lenguaje que más se le facilita Pero trabajar en diferentes lenguajes es menos productivo que si ambas trabajaran en el mismo lenguaje
	C++	Cada una está trabajando en el lenguaje que menos se le facilita y, por lo tanto, ninguna trabaja rápido Trabajar en diferentes lenguajes es menos productivo	Ambas trabajan en el mismo lenguaje Bettina se beneficia más: se le facilita más programar en C++

Figura 4.16a Interacciones en la elección de lenguaje de programación

		Bettina	
		Java	C++
Astrid	Java	3 / 4	2 / 2
	C++	0 / 0	6 / 3

Figura 4.16b Pagos (miles de dólares para completar el proyecto) según el lenguaje de programación seleccionado.

Si usa el método del punto y el círculo, descubrirá que la mejor respuesta de las dos jugadoras es escoger el mismo lenguaje de programación que la otra jugadora. Así que hay dos equilibrios de Nash. En uno, ambas escogen Java. En el otro, ambas escogen C++.

¿Podemos decir cuál de estos dos equilibrios tiene más probabilidades de producirse? Obviamente, Astrid prefiere que ambas opten por Java, mientras que Bettina prefiere que ambas escojan usar C++. Con la información que tenemos sobre cómo interactúan las dos, no podemos predecir lo que ocurrirá. El Ejercicio 4.12 da algunos ejemplos del tipo de información que podría ayudar a clarificar lo que observaríamos.

EJERCICIO 4.12 CONFLICTO ENTRE ASTRID Y BETTINA

¿Cuál es el resultado probable del juego en la figura 4.16b si:

1. Astrid puede escoger qué lenguaje usará primero, y comprometerse con ese lenguaje (como el proponente en el juego del ultimátum, que se compromete a realizar una oferta, antes de que el receptor responda si la acepta o no)?
2. Las dos pueden llegar un acuerdo sobre qué lenguaje usar y cuánto efectivo puede transferirse de una a otra?
3. Llevan trabajando juntas varios años y en el pasado han usado Java en sus proyectos conjuntos?

EJERCICIO 4.13 CONFLICTO EN LOS NEGOCIOS

En la década de 1990, Microsoft se enfrentó a Netscape en una lucha por maximizar la participación de mercado de sus respectivos navegadores web, llamados Internet Explorer y Navigator. En la década de 2000, Google y Yahoo se enfrentaron en una pugna similar por ser la compañía con el buscador más popular. En el sector del entretenimiento, se libró una batalla similar, conocida como «la guerra de los formatos», entre Blu-ray y HD-DVD.

Use uno de estos ejemplos para analizar si hay múltiples equilibrios y, si es así, por qué un equilibrio podría preferirse a otro.

PREGUNTA 4.12 ESCOJA LA(S) RESPUESTA(S) CORRECTA(S)

Esta tabla muestra la matriz de pagos para un juego simultáneo en una sola partida (sin repetición), en el que Anil y Bala escogen sus cultivos.

	Bala	
	Arroz	Mandioca
Anil Arroz	0 — 1	2 — 2
Anil Mandioca	4 — 4	0 — 1

Podemos concluir que:

☐ Hay dos euilibrios de Nash: (Mandioca, Arroz) y (Arroz, Mandioca).
☐ La elección de mndioca es una estrategia dominante para Anil.
☐ La elección de arroz es una estrategia dominante para Anil.
☐ Hay dos equilibrios de estrategias dominantes: (Mandioca, Arroz) y (Arroz, Mandioca).

EJERCICIO 4.14 EQUILIBRIOS DE NASH Y CAMBIO CLIMÁTICO

Piense en el problema del cambio climático como un juego entre dos países llamados China y Estados Unidos, que consideraremos como si cada uno fuera un único individuo. Cada país tiene dos posibles estrategias para abordar la cuestión de las emisiones globales de carbono: Restringir (tomando medidas para reducir las emisiones, por ejemplo, estableciendo

impuestos que graven el uso de combustibles fósiles) y BAU (*business as usual*, o sea, que todo siga como siempre, tal y como describe esta opción el reporte Stern). La figura 4.17 describe los resultados (arriba) y pagos hipotéticos (abajo), en una escala que va de lo mejor, pasando por bueno y malo, hasta lo peor. Esta escala se conoce como escala ordinal (porque lo único que importa es el orden: si un resultado es mejor que el otro, y no por cuánto es mejor).

	Estados Unidos	
	Restringir	**BAU**
China — **Restringir**	Reducción en emisiones suficiente para moderar el cambio climático	Estados Unidos se aprovecha (va de polizón o free rides) de los recortes en las emisiones de China
China — **BAU**	China se vuelve polizón de las reducciones en las emisiones de Estados Unidos	No hay reducción en las emisiones

	Estados Unidos	
	Restringir	BAU
China — Restringir	BIEN / BIEN	MEJOR / PEOR
China — BAU	PEOR / MEJOR	MAL / MAL

	Estados Unidos	
	Restringir	BAU
China — Restringir	MEJOR / MEJOR	BIEN / PEOR
China — BAU	PEOR / BIEN	MAL / MAL

Figura 4.17 Política de cambio climático como un dilema del prisionero (arriba). Pagos para una política de cambio climático como un dilema del prisionero (abajo a la izquierda), y pagos con aversión a la desigualdad y reciprocidad (abajo a la derecha).

1. Muestre que ambos países tienen una estrategia dominante. ¿Cuál es el equilibrio de estrategias dominantes?

2. El resultado sería mejor para ambos países si pudieran negociar un tratado vinculante para restringir las emisiones. ¿Por qué podría ser difícil lograr esto?

3. Explique cómo los pagos en la parte inferior derecha de la figura 4.17 podría representar la situación si ambos países tuvieran aversión a la desigualdad y les motivara la reciprocidad. Muestre que hay dos equilibrios de Nash. ¿Sería más difícil negociar un tratado en este caso?

4. Describa los cambios en las preferencias o en algún otro aspecto del problema que convertiría el juego en uno en el que (como en el juego de la mano invisible) el hecho de que ambos países escojan Restringir es un equilibrio de estrategias dominantes.

4.14 CONCLUSIONES

Hemos usado la Teoría de Juegos para hacer un modelo de interacciones sociales. El juego de la mano invisible ilustra cómo los mercados pueden canalizar el egoísmo individual para lograr beneficios mutuos, pero el equilibrio de estrategias dominantes del juego del dilema del prisionero muestra cómo podrían enfrentarse a un dilema social unos individuos que actúan de forma independiente.

La evidencia sugiere que a los individuos no les motiva solamente el propio interés. El altruismo, los castigos entre pares y los acuerdos negociados, todos contribuyen a la resolución de dilemas sociales. Pueden existir conflictos de intereses en torno al reparto de las ganancias mutuas resultantes de un acuerdo o, también pueden surgir porque los individuos prefieran diferentes equilibrios, pero las preferencias sociales y normas como la justicia pueden ayudar a facilitar los acuerdos.

Conceptos introducidos en el capítulo 4
Antes de continuar, repase las siguientes definiciones:

- Juego
- Mejor respuesta
- Equilibrio de estrategias dominantes
- Dilema social
- Altruismo
- Reciprocidad
- Aversión a la desigualdad
- Equilibrio de Nash
- Bien público
- Dilema del prisionero

4.15 REFERENCIAS BIBLIOGRÁFICAS

Bowles, Samuel. 2016. *The Moral Economy: Why Good Incentives Are No Substitute for Good Citizens*. New Haven, CT: Yale University Press.

Camerer, Colin y Ernst Fehr. 2004. 'Measuring Social Norms and Preferences Using Experimental Games: A Guide for Social Scientists'. En *Foundations of Human Sociality: Economic Experiments and Ethnographic Evidence from Fifteen Small-Scale Societies*, eds. Joseph Henrich, Robert Boyd, Samuel Bowles, Colin Camerer y Herbert Gintis. Oxford: Oxford University Press.

Edgeworth, Francis Ysidro. 2003. *Psicología matemática*. Madrid: Pirámide, 1999.

Esopo. 'Belling the Cat'. En *Fables*, rescatado por Joseph Jacobs. XVII, (1). The Harvard Classics. New York: P. F. Collier & Son, 1909–14; Bartleby.com (https://tinyco.re/6827567), 2001.

Falk, Armin y James J. Heckman. 2009. 'Lab Experiments Are a Major Source of Knowledge in the Social Sciences'. *Science* 326 (5952): pp. 535–538.

Hardin, Garrett. 1968. 'The Tragedy of the Commons (https://tinyco.re/4834967)'. *Science* 162 (3859): pp. 1243–1248.

Henrich, Joseph, Richard McElreath, Abigail Barr, Jean Ensminger, Clark Barrett, Alexander Bolyanatz, Juan Camilo Cardenas, Michael Gurven, Edwins Gwako, Natalie Henrich, Carolyn Lesorogol, Frank

Marlowe, David Tracer y John Ziker. 2006. 'Costly Punishment Across Human Societies'. *Science* 312 (5781): pp. 1767–1770.

Henrich, Joseph, Robert Boyd, Samuel Bowles, Colin Camerer y Herbert Gintis (editores). 2004. *Foundations of Human Sociality: Economic Experiments and Ethnographic Evidence from Fifteen Small-Scale Societies*. Oxford: Oxford University Press.

IPCC. 2014. 'Cambio Climático 2014: Informe de síntesis'. Ginebra, Suiza: IPCC, 2015.

Levitt, Steven D. y John A. List. 2007. 'What Do Laboratory Experiments Measuring Social Preferences Reveal About the Real World?' (https://tinyco.re/9601240) *Journal of Economic Perspectives* 21 (2): pp. 153–174.

Mencken, H. L. 2006. *A Little Book in C Major*. Nueva York, NY: Kessinger Publishing.

Nasar, Sylvia. 2012. *Una mente prodigiosa*. Barcelona: Debolsillo.

Ostrom, Elinor. 2000. 'Collective Action and the Evolution of Social Norms'. En *Journal of Economic Perspectives* 14 (3): pp. 137–58.

Ostrom, Elinor. 2008. 'The Challenge of Common-Pool Resources (https://tinyco.re/0296632)'. *Environment: Science and Policy for Sustainable Development* 50 (4): pp. 8–21.

Ostrom, Elinor, James Walker y Roy Gardner. 1992. 'Covenants With and Without a Sword: Self-Governance is Possible'. *The American Political Science Review* 86 (2).

Stern, Nicholas. 2007. *The Economics of Climate Change: The Stern Review*. Cambridge: Cambridge University Press. Resumen ejecutivo (https://tinyco.re/5785938)

CAPÍTULO 5

PROPIEDAD Y PODER: GANANCIAS MUTUAS Y CONFLICTOS

CÓMO LAS INSTITUCIONES INFLUYEN EN LOS EQUILIBRIOS DE PODER EN LAS INTERACCIONES ENTRE LOS ACTORES ECONÓMICOS, Y CÓMO ESTO AFECTA A LA JUSTICIA Y A LA EFICIENCIA EN LAS ASIGNACIONES RESULTANTES

- La tecnología, la biología, las instituciones económicas y las preferencias de las personas son importantes factores determinantes de los resultados económicos
- El poder es la capacidad para hacer y conseguir las cosas que queremos, en contraposición a las intenciones de los demás.
- Las interacciones entre actores económicos pueden conducir a ganancias mutuas, pero también a conflictos sobre la distribución de las ganancias.
- Las instituciones ejercen su influencia sobre el poder y las ventajas de negociación de los actores.
- Los criterios de eficiencia y justicia pueden servir para evaluar las instituciones económicas y los resultados de las interacciones económicas.

TEMAS Y CAPÍTULOS INTEGRADORES

- 17: Historia, inestabilidad y crecimiento
- 19: Desigualdad
- 22: Política y políticas públicas

Tal vez uno de sus antepasados lejanos haya considerado que la mejor manera de conseguir dinero era unirse a la tripulación de algún pirata como Barba Negra o el Capitán Kidd. Si alguno de sus antepasados se hubiera embarcado en el barco pirata Royal Rover, del capitán Bartholomew Roberts, habría tenido que aceptar, como todos los demás miembros de la tripulación, la constitución escrita de la nave. Este documento (conocido como *The Royal Rover's Articles,* los *Artículos del Royal Rover*) garantizaba, entre otras cosas, que:

> *Artículo I*
> Todos los hombres tienen derecho a voto en los asuntos del momento; todos tienen igual derecho a provisiones frescas...

Peter T. Leeson. 2007. 'An–arrgh–chy: The Law and Economics of Pirate Organization'. *Journal of Political Economy* 115 (6): pp. 1049–94.

Artículo III

Nadie jugará a las cartas o los dados apostando dinero.

Artículo IV

Las luces y las velas deben apagarse a las ocho en punto de la noche; si alguien de la tripulación quisiera seguir bebiendo a esa hora, deberá hacerlo en cubierta...

Artículo X

El Capitán y el Oficial de Intendencia recibirán dos partes de recompensa (el botín de un barco capturado); el Maestre, el Contramaestre y el Artillero, una parte y media; y los demás oficiales, una y un cuarto. (Todos los demás reciben una parte llamada Dividendo.)

Artículo XI

Los músicos descansan el día del *Sabbath*, pero en los otros seis días y noches no podrán hacerlo, salvo con permiso especial.

El *Royal Rover* y sus *Artículos* no son inusuales. Durante el apogeo de la piratería europea, a finales del siglo XVII y comienzos del siglo XVIII, la mayoría de los barcos piratas contaban con constituciones escritas que garantizaban aún más poderes a los miembros de la tripulación. Sus capitanes eran democráticamente elegidos («se accedía al rango de capitán por sufragio de la mayoría»). Muchos capitanes eran destituidos de su cargo por diferentes motivos, entre ellos, en al menos un caso, por cobardía durante la batalla. La tripulación también elegía al oficial de intendencia, quien, mientras la nave no estuviera en medio de una batalla, podía contravenir las órdenes del capitán.

Si alguno de sus antepasados hubiera ocupado el puesto de vigía y hubiera sido el primero en avistar un barco que luego hubiera sido capturado, habría obtenido como recompensa «el mejor par de pistolas a bordo, además de su dividendo». Si hubiera sido gravemente herido en batalla, los artículos le garantizaban la reparación del daño (más por la pérdida del brazo derecho o la pierna derecha que por las extremidades del lado izquierdo). Su antepasado habría trabajado como miembro de una tripulación multirracial y multiétnica en la que, probablemente, cerca de una cuarta parte de sus integrantes habrían sido de origen africano y, el resto, sobre todo descendientes de europeos y estadounidenses.

Como resultado, una tripulación pirata era a menudo un grupo muy unido. Un observador de la época se lamentaba de que los piratas fueran un grupo «perversamente unido y bien articulado». Los marineros de los buques mercantes asaltados a menudo se unían felizmente a la «pícara Mancomunidad» de sus piratas captores.

Otro observador infeliz comentaba: «Estos hombres a quienes llamamos... el Escándalo de la Naturaleza humana, que se han abandonado a todos los vicios... ejercían estrictamente la justicia entre ellos». De acuerdo con esta descripción, si hubieran sido receptores en el juego del ultimátum (explicado en la sección 4.10 del capítulo 4) de la sección anterior ¡habrían rechazado cualquier oferta de menos de la mitad de la torta!

5.1 INSTITUCIONES Y PODER

A finales del siglo XVII y principios del XVIII, no había ningún otro lugar del mundo donde los trabajadores comunes y corrientes tuvieran derecho al voto, derecho a recibir compensación en caso de lesiones laborales o disfrutaran de protección frente al uso abusivo de la autoridad. Todo esto se daba por sentado en el *Royal Rover*. Los artículos del *Royal Rover* establecían por escrito un acuerdo entre piratas sobre sus condiciones de trabajo. Además, los artículos definían quién debía hacer qué abordo, y cuánto se pagaría a cada uno por su trabajo. Por ejemplo: establecían el dividendo de un timonel comparado con el de un artillero. Existían, también, reglas informales no escritas sobre cuál era el comportamiento apropiado según las circunstancias que los piratas seguían por costumbre, para evitar las críticas de sus compañeros de no hacerlo.

Estas reglas (escritas y no escritas) eran las **instituciones** que gobernaban las interacciones entre los tripulantes del *Royal Rover*.

Las instituciones proveen tanto las restricciones (no beber después de las 8 p.m., a menos que sea en la cubierta) como los **incentivos** (quien divisa una embarcación que sea tomada más adelante, gana el mejor par de pistolas). En la terminología de la Teoría de Juegos que vimos en el capítulo anterior, diríamos que son las «reglas del juego» que especifican, tal como ocurría en el juego del ultimátum de la Sección 4.10, quién puede hacer qué, cuándo puede hacerlo y cómo determinan las decisiones de los jugadores los pagos que reciben.

En este capítulo usamos los términos instituciones y reglas del juego indistintamente.

Como vimos a través de los experimentos del capítulo 4, las reglas del juego afectan:

- cómo se juega el juego
- la cantidad total de pagos disponible para los participantes
- cómo se divide ese total

Por ejemplo, las reglas (instituciones) del juego del ultimátum determinan el tamaño de la torta, quién es el Proponente, lo que el Proponente puede hacer (ofrecer una parte de la torta), lo que el Receptor puede hacer (aceptar o rechazar) y lo que recibe cada cual como resultado.

También vimos que cambiar las reglas cambia el resultado. Si hay 2 Receptores en el juego del ultimátum, en lugar de uno, el Proponente sabe que es probable que al menos uno de los Receptores acepte una oferta baja. En este caso, los Receptores tienden a aceptar ofertas bajas, que habrían rechazado por injustas si hubieran sido el único Receptor, debido a que no están seguros de qué hará el otro. Esto significa que el Proponente puede hacer una oferta más baja y obtener un mayor pago del juego.

Debido a que las instituciones determinan quién puede hacer qué y cómo se reparten los pagos, estas son a fin de cuentas las que determinan también el poder que tienen los individuos para obtener lo que quieren en sus interacciones con los demás.

El poder económico toma dos formas principales:

- *Puede fijar los términos de un intercambio*: si se plantea una oferta de «o lo toma o lo deja» (como en el juego del ultimátum).
- *Puede imponer o amenazar con imponer fuertes costos*: a menos que el otro jugador actúe en una forma que beneficia a la persona con poder.

INSTITUCIONES

Las instituciones son reglas escritas y no escritas que rigen:
- Qué hacen las personas cuando interactúan en un proyecto común
- La distribución de los productos resultantes de su esfuerzo conjunto

instituciones Leyes y costumbres sociales que gobiernan la forma en que interactúan las personas de una sociedad.

incentivo Recompensa o castigo económico que influye en los beneficios y costos de cursos de acción alternativos.

PODER

La capacidad de hacer y obtener las cosas que queremos, en contraposición con las intenciones de los demás.

poder de negociación Ventaja que tiene una persona para asegurar una mayor parte de las rentas económicas posibles como resultado de una interacción.

Las reglas del juego del ultimátum determinan la habilidad de los jugadores para obtener un pago elevado –la envergadura de su ventaja a la hora de dividir la torta– que es una forma de poder que se conoce como **poder de negociación**. La posibilidad de hacer ofertas «o lo tomas o lo dejas» da al Proponente más poder de negociación que al Receptor y, por lo general suelen resultar en que el Proponente obtenga más de la mitad de la torta. Aun así, el poder de negociación del Proponente se encuentra limitado porque el Receptor siempre tiene la posibilidad de rechazar. Si hay dos Receptores, el poder de rechazar es más débil, luego el poder de negociación del Proponente aumenta.

En los experimentos, la asignación del rol de Proponente o Receptor y, por ende, la asignación del poder de negociación se suele hacer de forma aleatoria (por sorteo). En las economías reales, la asignación de poder no es en absoluto aleatoria.

En el mercado del trabajo, el poder para fijar los términos del intercambio lo suelen detentar aquellos que son propietarios de fábricas o negocios: son ellos los que proponen el salario y los otros términos de la relación laboral. Las personas que buscan empleo son similares a los Receptores y, como por lo general siempre hay más de una persona postulándose para un mismo trabajo, su poder de negociación puede ser bajo, tal como ocurre en el juego del ultimátum cuando hay más de un Receptor. Además, como el lugar en que ocurre la prestación de servicios laborales es la propiedad privada del empleador, este tiene la posibilidad de excluir al trabajador despidiéndolo si su trabajo no satisface los estándares establecidos por el empleador.

Recuerde que en los capítulos 1 y 2 vimos que la productividad del trabajo comenzó a aumentar en Reino Unido alrededor de mediados del siglo XVII. No obstante, solo fue hasta mediados del siglo XIX cuando una combinación de desplazamientos de la oferta y demanda de trabajo y la aparición de nuevas instituciones, como los sindicatos y el derecho al voto de los trabajadores, se combinaron para otorgar a los asalariados el poder de negociación necesario para conseguir aumentos sustanciales en sus remuneraciones.

En el siguiente capítulo veremos cómo el mercado del trabajo, junto con otras instituciones, confiere ambos tipos de poder a los empleadores. En el capítulo 7 explicaremos cómo algunas empresas tienen poder para fijar altos precios por sus productos, y en el capítulo 10 explicaremos cómo el mercado de crédito otorga a los bancos y otros prestamistas poder sobre las personas que buscan créditos e hipotecas.

El poder de decir no

Suponga que permitimos al Proponente dividir la torta de cualquier forma, sin ningún rol para el Receptor, excepto el de aceptar lo que le den (si es que le dan algo). Según estas reglas, el Proponente tiene todo el poder de negociación y el Receptor ninguno. Existe un juego experimental con estas características y se conoce con el nombre de (como quizás adivinó) el juego del dictador.

El pasado, e incluso el presente, ofrecen cantidades de ejemplos de instituciones económicas idénticas al juego del dictador donde no existe la opción de decir no. Es el caso de las dictaduras políticas que perduran en la actualidad, como la República Popular Democrática de Corea (Corea del Norte), y la esclavitud tal como existió en Estados Unidos hasta el final de la Guerra Civil en 1865. El crimen organizado ligado a las drogas y al tráfico de personas son otros ejemplos modernos de cómo el poder puede adoptar la forma de la coacción física o las amenazas de violencia.

En las economías capitalistas de sociedades democráticas existen instituciones que protegen a las personas de la violencia y la coacción para garantizar que la mayor parte de las interacciones económicas se produzcan de forma voluntaria. Más adelante en este capítulo estudiaremos el resultado de una interacción que incluía coacción y cómo cambió con el poder decir «no».

5.2 EVALUAR INSTITUCIONES Y RESULTADOS: EL CRITERIO DE PARETO

Ya se trate de pescadores tratando de ganarse la vida sin agotar los bancos de pesca, agricultores que mantienen los canales de un sistema de riego o dos personas dividiendo una torta, queremos ser capaces de describir lo que ocurre y también de evaluarlo: ¿es la solución a cada caso mejor o peor que otros resultados posibles? Describir implica analizar los hechos, evaluar requiere analizar valores.

Llamamos **asignación** al resultado de una interacción económica.

En el juego del ultimátum, por ejemplo, la asignación describe la división de la torta propuesta por el Proponente, si esa propuesta ha sido rechazada o aceptada, y los pagos recibidos por los dos jugadores.

Ahora suponga que queremos comparar dos asignaciones posibles, A y B, que pueden resultar de una interacción económica. ¿Podemos decir cuál es mejor? Suponga que averiguamos que todas las personas que participan en la interacción preferirían la asignación A. Esto es, que todas las personas estarían de acuerdo en que A es una asignación mejor que B. Este criterio para juzgar las asignaciones A y B se denomina **criterio de Pareto** en honor al economista y sociólogo italiano Vilfredo Pareto.

Note que cuando decimos que una asignación hace que la situación de alguien «mejore», en realidad queremos decir que la prefiere, lo que no necesariamente significa que obtenga más dinero.

asignación Descripción de quién hace qué, las consecuencias de sus acciones y quién obtiene qué como resultado.

dominancia de Pareto La asignación A domina a la asignación B en términos de Pareto, si al menos una de las partes estaría mejor con A que B y nadie estaría peor. *Ver también: eficiencia de Pareto.*

EL CRITERIO DE PARETO

Según el criterio de Pareto, la asignación A prevalece sobre la asignación B si al menos una de las partes estaría mejor con A que con B y nadie estaría peor.

En este caso, decimos que A domina a B en términos de Pareto, o sea, que en A se da una **dominancia de Pareto** respecto a B.

criterio de Pareto De acuerdo con el criterio de Pareto, un atributo deseable de una asignación es que sea eficiente en términos de Pareto. *Ver también: dominancia de Pareto.*

GRANDES ECONOMISTAS

Vilfredo Pareto

Vilfredo Pareto (1848–1923), fue un economista y sociólogo italiano. Obtuvo el título en ingeniería por su investigación sobre el concepto de equilibrio en Física. Es recordado principalmente por el concepto de eficiencia que lleva su nombre. Pareto quería que la economía y la sociología fueran ciencias basadas en hechos, de modo similar a las ciencias físicas que estudió cuando era más joven.

Sus investigaciones empíricas lo llevaron a cuestionar la idea de que la distribución de la riqueza se asemeje a la conocida curva con forma de campana con unos pocos ricos y unos pocos pobres en las colas de la distribución, y una gran mayoría de clase media en el centro. En su lugar, propuso lo que se llamó la ley de Pareto, según la cual, a lo largo de las distintas épocas y en tipos diferentes de economía, lo que se observa es que hay muy pocas personas ricas y una gran cantidad de personas pobres.

Su regla del 80–20, derivada de la ley de Pareto, afirmaba que el 20% más rico de una población generalmente poseía el 80% de la riqueza. Si Pareto hubiera vivido en Estados Unidos en 2015, habría tenido que revisar la regla al constatar que el 90% de la riqueza está en manos del 20% más rico, lo que sugiere que su ley no es tan universal como él había pensado.

Desde el punto de vista de Pareto, el juego económico se jugaba apostando fuerte, con el consiguiente resultado de grandes ganadores y grandes perdedores también. No debe sorprendernos, en consecuencia, que insistiera en que los economistas estudiaran los conflictos en la distribución de bienes, y que pensara que el tiempo y recursos dedicados a esos conflictos forman parte de lo que la economía debe estudiar. En su libro más famoso, *Manual de Economía Política* (1906), escribió que: «Los esfuerzos de los hombres se utilizan de dos maneras distintas: o bien se dirigen a la producción o la transformación de bienes económicos, o bien se orientan a la apropiación de bienes producidos por otros».

Vilfredo Pareto. (1906) 1946. *Manual de Economía Política.* Buenos Aires: Atalaya.

La figura 5.1 compara las cuatro asignaciones del juego de control de plagas del capítulo 4, de acuerdo con el criterio de Pareto (usando un método similar al que usamos para comparar tecnologías en el capítulo 2). Asumimos que Anil y Bala se rigen por su propio interés, es decir, que prefieren las asignaciones que impliquen mayores pagos para ellos.

El rectángulo azul con su esquina en la asignación (T, T) muestra que (I, I) domina en términos de Pareto a (T, T). Siga los pasos de la figura 5.1 para ver más comparaciones.

Este ejemplo sirve para ver cómo el criterio de Pareto tiene ciertos límites en su utilidad a la hora de comparar asignaciones. En este caso, solo nos sirve para establecer que (I, I) es mejor que (T, T).

El diagrama también sirve para mostrar que tres de las cuatro asignaciones no están dominadas en términos de Pareto por ninguna otra. Una asignación con esta propiedad se conoce como **eficiente en términos de Pareto**.

Si una asignación es eficiente en términos de Pareto, entonces no existe una asignación alternativa en la que por lo menos uno de los participantes pueda mejorar sin que nadie empeore. El concepto de eficiencia de Pareto se usa mucho en Economía y, claro está, en principio parece algo bueno, pero se debe ser cauto cuando manejemos esta noción:

eficiencia de Pareto Asignación con la propiedad de que no existe una asignación alternativa técnicamente factible en la que, al menos una persona estaría mejor y nadie peor.

EFICIENCIA DE PARETO
Una asignación que no está dominada por ninguna otra asignación en términos de Pareto se describe como eficiente en términos de Pareto.

- *En muchas ocasiones existe más de una asignación eficiente en términos de Pareto*: en el juego de control de plagas había tres.
- *El **criterio de Pareto** no nos dice cuál de las asignaciones eficientes en términos de Pareto es mejor*: no nos permite ordenar de mejor a peor las asignaciones (I, I), (I, T) y (T, I).
- *Que una asignación sea eficiente en términos de Pareto no implica que debamos estar de acuerdo con ella*: que Anil use CPI mientras Bala opta por un comportamiento de polizón y usa Exterminador es eficiente en términos de Pareto, pero podríamos pensar (como Anil) que es injusto. La eficiencia de Pareto no tiene nada que ver con justicia.
- *La asignación (T, I) es eficiente en términos de Pareto, mientras que (T, T) no lo es (es ineficiente en términos de Pareto)*: pero el criterio de Pareto NO nos dice cuál de las dos es mejor.

Hay muchas asignaciones eficientes en términos de Pareto que podríamos valorar desfavorablemente. En la figura 4.5 (página 159) podíamos ver que cualquier reparto de los premios de lotería que haga Anil (incluyendo no dar nada a Bala) es eficiente en términos de Pareto (para ver esto, elija cualquier punto en el límite del conjunto de resultados factibles y dibuje un rectángulo con su esquina en ese punto: no hay puntos factibles por encima y a la derecha). Sin embargo, algunas de estas asignaciones parecerían muy injustas. Del mismo modo, en el juego del ultimátum, una asignación de un centavo al Receptor y 99,99 dólares al Proponente es eficiente en términos de Pareto. No hay forma de lograr que el Receptor esté mejor sin que el Proponente esté en peores condiciones.

Lo mismo es cierto ante problemas como la asignación de alimentos. Si hay personas que disponen de comida más que suficiente, mientras que otras se están muriendo de hambre, en términos coloquiales podríamos decir que: «Esta no es una forma sensata de repartir los alimentos. Está claro que es ineficiente.» Pero el caso es que la eficiencia de Pareto tiene otro significado. Una distribución muy desigual de alimentos puede ser eficiente en términos de Pareto, siempre que los consuma alguien que los disfrute siquiera un poco.

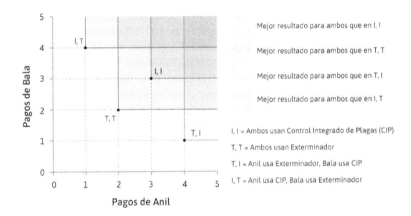

Figura 5.1 Asignaciones eficientes en términos de Pareto. Todas las asignaciones, a excepción del uso de pesticida por parte de ambos (T, T), son eficientes en términos de Pareto.

1. El dilema del prisionero de Anil y Bala
El diagrama muestra las asignaciones del dilema del prisionero jugado por Anil y Bala.

2. Una comparación de Pareto
(I, I) se encuentra en el rectángulo por encima y a la derecha de (T, T), por lo que un resultado en el que Anil y Bala usan CIP, domina en términos de Pareto al resultado donde ambos usen Exterminador.

3. Comparar (T, T) y (T, I)
Si Anil usa Exterminador y Bala CIP, entonces Anil está mejor, pero Bala está peor que cuando ambos usan Exterminador. El criterio de Pareto no puede decir cuál de estas asignaciones es mejor.

4. Ninguna asignación domina a (I, I) en términos de Pareto
Ninguna de las otras asignaciones se encuentra al noreste de (I, I), por lo que no está dominada en términos de Pareto.

5. ¿Qué podemos decir de (I, T) y (T, I)?
Ninguna de estas asignaciones domina en términos de Pareto, pero tampoco las domina ninguna otra asignación.

PREGUNTA 5.1 ESCOJA LA(S) RESPUESTA(S) CORRECTA(S)
¿Cuál de las siguientes afirmaciones sobre el resultado de una interacción económica es correcta?

☐ Si la asignación es eficiente en términos de Pareto, eso significa que no se puede mejorar la situación de nadie sin empeorar la de otra persona.
☐ Todos los participantes están contentos con lo que obtienen si la asignación es eficiente en términos de Pareto.
☐ No puede haber más de un resultado eficiente en términos de Pareto.
☐ Según el criterio de Pareto, un resultado eficiente en términos de Pareto siempre es mejor que uno ineficiente.

5.3 EVALUAR INSTITUCIONES Y RESULTADOS: JUSTICIA

Aunque el criterio de Pareto nos ayude a evaluar asignaciones, vamos a querer usar también otro criterio: la justicia. Así pues, plantearemos la pregunta: ¿es esto justo?

Suponga que en nuestro juego del ultimátum el Proponente realiza una oferta de un centavo de un total a repartir de 100 dólares. Como vimos en el capítulo 4, en el juego del ultimátum los jugadores suelen rechazan este tipo de ofertas, aparentemente porque las consideran injustas. Esta sería la reacción de muchos de nosotros si en lugar de ser parte de un experimento de laboratorio, fuéramos testigos de cómo dos amigas, An y Bai, van caminando por la calle y se encuentran un billete de 100 dólares; An lo recoge del suelo y reclama el derecho a repartir el dinero, ofreciéndole 1 centavo a su amiga Bai y declarando que quiere quedarse el resto del dinero.

Podría parecernos indignante, pero también podríamos aplicar un estándar diferente de justicia si supiéramos que, pese a que tanto An como Bai han trabajado mucho durante toda su vida, la primera se acaba de quedar sin trabajo y tampoco tiene casa, mientras que Bai disfruta de una posición acomodada. Permitir que An se quede con 99,99 dólares podría parecer una opción justa en este caso. Así pues, puede darse el caso en que apliquemos un estándar diferente de justicia al resultado del juego tras conocer todos los hechos.

Podríamos aplicar un estándar de justicia no solo al *resultado* del juego, sino también a las mismas *reglas del juego*. Suponga que An hubiera propuesto una distribución justa y hubiera asignado 50 dólares a Bai. ¡Bien por An!, diría usted, ya que parece un resultado justo. Pero si ese resultado se debió a que Bai apuntó con un arma a An y la amenazó con que, si no le ofrecía un reparto justo, le dispararía, entonces seguramente podríamos considerar que el resultado es injusto.

Este ejemplo permite ilustrar un aspecto clave sobre cómo evaluamos qué es justo. Las asignaciones pueden considerarse injustas por dos motivos:

- *Por lo desiguales que sean:* medimos la desigualdad en alguna dimensión (como los ingresos o el bienestar subjetivo). En este caso, hablamos de **juicios sustantivos de la justicia** (substantive judgements, en inglés).
- *Por cómo se generen:* pueden ocurrir por la fuerza o ser resultado de la competencia en igualdad de condiciones, por ejemplo. Estos, por su parte, se conocen como **juicios procedimentales de la justicia**.

Juicios sustantivos y procedimentales

Para emitir un juicio sustantivo sobre la justicia solo necesitamos conocer la asignación en sí misma. Para emitir juicios procedimentales, en cambio, necesitamos conocer las reglas del juego y otros aspectos que nos permitan entender por qué se produjo la asignación en cuestión.

Cuando dos personas realizan juicios sustantivos sobre la justicia, no tienen por qué estar de acuerdo. Por ejemplo, pueden estar en desacuerdo si la justicia debe evaluarse en términos de ingresos o de felicidad. Si medimos la justicia conforme a un criterio de felicidad, una persona con una discapacidad física o mental grave puede necesitar mayores ingresos que una persona sin tales discapacidades para estar igualmente satisfecha con su vida.

Juicios sustantivos

Se fundamentan en la desigualdad en algún aspecto de la asignación, tal como:

- *Ingresos:* la recompensa en dinero o alguna medida equivalente que determina la cantidad de bienes y servicios valorados al alcance del individuo.
- *Felicidad:* medida a través de indicadores de bienestar subjetivo, como los introducidos en el capítulo 1.
- *Libertad:* el grado en que uno puede hacer (o ser) lo que uno elige sin límites impuestos socialmente.

---

juicios sustantivos de la justicia Juicios basados en las características de la asignación en sí, no en cómo se llegó a ella. *Ver también: juicios procedimentales de la justicia.*

juicios procedimentales de la justicia Evaluación de un resultado basada en cómo se produjo la asignación y no en las características del resultado en sí mismo (por ejemplo, hasta qué punto es desigual). *Ver también: juicios sustantivos de la justicia.*

Andrew Clark y Andrew Oswald. 2002. 'A Simple Statistical Method for Measuring How Life Events Affect Happiness'. *International Journal of Epidemiology* 31 (6): pp. 1139–1144.

EJERCICIO 5.1 JUSTICIA SUSTANTIVA

Considere la sociedad en la que vive u otra sociedad que le sea familiar.

1. Para hacer que la sociedad en cuestión sea más justa, ¿le gustaría ver mayor igualdad en los ingresos, la felicidad o la libertad? ¿Por qué? ¿Cree que hay una disyuntiva entre estos aspectos?
2. ¿Hay otras cosas que deberían ser más equitativas para alcanzar mayor equidad en esta sociedad?

Juicios procedimentales

Los criterios para evaluar el procedimiento se basan en una evaluación de las reglas del juego que generan una determinada asignación. Estos incluyen:

- *El intercambio voluntario de la propiedad privada adquirida por medios legítimos:* ¿fueron las acciones que produjeron la asignación consecuencia de decisiones libremente desarrolladas por los individuos que participaron, como, por ejemplo, que las personas compraran y vendieran cosas que poseen por herencia, por compra o como resultado de su propio trabajo? ¿O hubo en la adquisición fraude o fuerza de algún tipo?
- *La igualdad de oportunidades para obtener una ventaja económica:* ¿tuvieron todas las personas las mismas oportunidades de adquirir una porción grande del total a repartir? ¿O más bien se les sometió a algún tipo de discriminación u otra desventaja debido a su raza, preferencia sexual, género, o debido a quienes fueron sus padres?
- *Mérito:* Las reglas del juego que determinan cuánto corresponde a cada uno, ¿están en consonancia con el esfuerzo laboral de cada uno o con el respeto mostrado por las normas socialmente aceptadas?

EJERCICIO 5.2 JUSTICIA PROCEDIMENTAL

Considere la sociedad en la que vive o alguna que le sea familiar. ¿Hasta qué punto es justa esta sociedad si se le aplican los juicios procedimentales de justicia mencionados anteriormente?

Podemos usar estos dos tipos de criterios para evaluar el resultado en el juego del ultimátum. Las reglas del juego se consideran procedimentalmente justas para la mayoría de las personas, siempre y cuando:

- Los proponentes se elijan aleatoriamente.
- El juego se juegue de manera anónima.
- No haya discriminación en la elección.
- Todas las acciones sean voluntarias. El receptor podría rechazar o aceptar la oferta, y el proponente es libre de proponer cualquier cantidad.

Los juicios sustantivos son evaluaciones de la asignación misma: cómo se repartió la torta. Con base en los resultados de diversos experimentos de comportamiento realizados, sabemos que muchas personas juzgarían en una asignación en la que el proponente se queda con el 90% de la torta como injusta.

Evaluar la justicia

Las reglas del juego en la economía real están muy lejos de los procedimientos justos del juego del ultimátum. Como veremos en el capítulo 19 (desigualdad económica), los juicios procedimentales sobre la injusticia son realmente importantes para muchas personas.

Los valores de las personas acerca de lo que es justo difieren. Algunos, por ejemplo, consideran cualquier cantidad de desigualdad como justa, siempre y cuando las reglas del juego que determinan la asignación sean procedimentalmente justas. Otros juzgan una asignación como injusta si hay personas que no tienen cubiertas sus necesidades básicas, mientras otras consumen bienes de lujo.

El filósofo John Rawls (1921–2002) plantea una forma de aclarar estas discrepancias. Su perspectiva puede clarificar los respectivos argumentos e incluso ayudarnos a encontrar terreno común en cuestión de valores. Seguimos tres pasos:

1. *Adoptamos el principio de que la justicia se aplica a todas las personas:* Por ejemplo, si sustituyéramos las posiciones de An y Bai en el ejemplo anterior, de tal forma que fuera Bai, y no An, quien recogiera los 100 dólares, aplicaríamos el mismo estándar de justicia para evaluar el resultado.

2. *Imaginamos un velo de la ignorancia:* debido que la justicia se aplica a todos, incluidos nosotros mismos, Rawls nos propone imaginar que nos encontramos bajo lo que él llama un velo de ignorancia, es decir, desconocemos la posición que vamos a ocupar en la sociedad que estamos analizando. Podríamos ser mujer u hombre, estar enfermos o sanos, ser ricos o pobres (o tener padres ricos o pobres), pertenecer a un grupo étnico dominante o a uno minoritario… etc. En el juego de los 100 dólares encontrados en la calle, no sabríamos si somos la persona que recoge el dinero o la persona que responde a la oferta.

3. *Bajo el velo de la ignorancia, podemos emitir un juicio:* por ejemplo, la elección de un conjunto de instituciones, imaginando que pasaremos a formar parte de la sociedad que estamos respaldando, con igual probabilidad de ocupar las diferentes posiciones individuales que existan en esa sociedad.

El velo de la ignorancia nos invita a emitir un juicio sobre la justicia poniéndonos en el lugar de otros que son diferentes a uno. De este modo, argumenta Rawls, podemos ser capaces de evaluar las constituciones, leyes, prácticas en torno a las herencias y otras instituciones de una sociedad, como si fuéramos un extranjero imparcial.

EJERCICIO 5.3 REPARTO DE GANANCIAS EN UNA ASOCIACIÓN

Suponga que usted y un socio están comenzando un negocio en el que los dos venden una nueva aplicación al público. Usted está decidiendo cómo dividir las ganancias y, en este sentido, está considerando cuatro alternativas. Las ganancias podrían dividirse:

- En partes iguales
- En proporción a cuántas ventas de la aplicación logre cada uno
- En proporción inversa a la cantidad de ingresos que cada uno de ustedes tiene de otras fuentes (por ejemplo, si uno de ustedes tiene el doble de ingresos que el otro, las ganancias podrían dividirse concediendo un tercio al primero y dos tercios al segundo)
- En proporción a la cantidad de horas que cada uno de ustedes ha dedicado a vender

Ordene estas alternativas de acuerdo con su preferencia y presente argumentos basados en los conceptos de justicia presentados en esta sección. Si el orden depende de otros argumentos relacionados con este proyecto conjunto, diga qué otros hechos necesitaría conocer.

Ni la filosofía ni la economía ni ninguna otra ciencia pueden eliminar los desacuerdos en torno a cuestiones de valoración. Pero la economía puede aportar claridad sobre:

- *Cómo las dimensiones de injusticia pueden estar conectadas:* por ejemplo, cómo las reglas del juego que dan ventajas especiales a unos u otros grupos pueden afectar al grado de desigualdad.
- *Las disyuntivas entre las diferentes dimensiones de justicia:* por ejemplo, ¿tenemos que hacer concesiones en relación con la igualdad de ingresos si también queremos justicia como igualdad de oportunidades?
- *Cómo las políticas públicas deben abordar cuestiones relativas a la injusticia:* y también sobre si esas políticas comprometen otros objetivos.

5.4 UN MODELO EN TORNO A LA ELECCIÓN Y EL CONFLICTO

En el resto del capítulo exploraremos situaciones en las cuales describiremos quién produce qué, quién gana en este proceso y qué es lo que gana cada uno. Al igual que en los experimentos del capítulo 4, veremos qué tanto la cooperación como el conflicto están presentes. Como en los experimentos, y en la historia, constataremos que las reglas importan.

Para realizar este análisis, recuerde el modelo del capítulo 3 en el que una agricultora llamada Ángela se dedicaba a un determinado cultivo. Desarrollaremos un modelo económico simple a través de una secuencia de escenarios en la que participarán dos personajes:

1. En un primer momento, Ángela trabaja la tierra por su cuenta y obtiene todo lo que produce.
2. A continuación, se introduce una segunda persona que no cultiva la tierra, pero que también quiere recibir parte de la cosecha. Esa persona es Bruno.
3. Inicialmente, Bruno puede obligar a Ángela a trabajar para él. Si quiere sobrevivir, tendrá que hacer lo que él diga.
4. Posteriormente, las reglas cambian: el estado de derecho sustituye a la ley del más fuerte. Bruno ya no puede obligar a Ángela a trabajar. No obstante, él es el dueño de la tierra; si Ángela quiere cultivar, debe acceder, por ejemplo, a pagarle con una parte de la cosecha.
5. Con el tiempo, las reglas del juego cambian de nuevo en favor de Ángela: ella y sus compañeros agricultores tienen ahora derecho a votar y se aprueba una legislación que incrementa la proporción de la cosecha con la que se puede quedar Ángela.

Para cada uno de esto pasos, usaremos un modelo económico para analizar los cambios desde el punto de vista de la eficiencia y de la distribución del ingreso entre Ángela y Bruno. Recuerde que:

- Podemos determinar objetivamente si un resultado es o no eficiente en términos de Pareto.
- Pero determinar si el resultado es justo, dependerá del análisis propio del problema que haga usted utilizando los conceptos de justicia sustantiva y procedimental.

Como ocurría antes, la cosecha de Ángela depende de la cantidad de horas de trabajo dedicadas a la agricultura, de acuerdo con su función de producción. Ángela trabaja la tierra y disfruta del resto del día como tiempo libre. En el capítulo 3 vimos que consumía el grano que producía de su actividad agrícola. Recuerde también que la pendiente de la frontera de consumo factible es la **tasa marginal de transformación (TMT)** entre el tiempo libre y el grano.

Ángela valora tanto la producción de grano como su tiempo libre. Una vez más, representamos estas valoraciones como lo hicimos en el capítulo 3, con curvas de indiferencia que muestran todas las combinaciones de cantidades de grano y tiempo libre que Ángela valora por igual. Recuerde que la pendiente de la curva de indiferencia se llama **tasa marginal de sustitución (TMS)** entre el tiempo libre y el grano.

Ángela cultiva la tierra por su cuenta

La figura 5.2 muestra las curvas de indiferencia de Ángela y su frontera factible. Cuanto más inclinada sea su curva de indiferencia, más valorará Ángela su tiempo libre frente a la producción de grano que pueda obtener. Puede ver que cuando incrementa su tiempo libre (desplazándose a la derecha), la curva se hace más plana; es decir, Ángela valora menos su tiempo libre.

En este capítulo realizamos un supuesto particular sobre las preferencias de Ángela (llamado cuasilinealidad) que se refleja en la forma de sus curvas de indiferencia. A medida que consigue más grano, la tasa marginal de sustitución no cambia. Puede usted ver en esta figura que las curvas tienen la misma pendiente cuando ascendemos en vertical en las 16 horas de tiempo libre: una mayor cantidad de grano no cambia la valoración que hace Ángela de su tiempo libre en relación con el grano.

¿Qué explicación podría darse sobre por qué es este el caso? Quizás se deba a que Ángela no se come todo el grano, sino que vende una parte y utiliza lo que gana con esa venta para comprar otras cosas que necesita. Esto es solo una simplificación (llamada cuasilinealidad) que hace que nuestro modelo sea más fácil de entender. Recuerde: cuando dibujemos las curvas de indiferencia para el modelo que explicamos en este capítulo, basta con desplazarlas hacia arriba o hacia abajo, manteniendo constante la TMS para una cantidad dada de tiempo libre.

Ángela es libre de elegir sus horas habituales de trabajo para alcanzar su combinación preferida de tiempo libre y grano. Recorra los pasos de la figura 5.2 para determinar la asignación final.

La figura 5.2 muestra que lo mejor que Ángela puede hacer, dados los límites establecidos por la frontera factible, es trabajar 8 horas, lo que le deja 16 horas de tiempo libre y una producción y consumo de 9 fanegas de grano. Este es el número de horas de trabajo para el cual la tasa marginal de sustitución es igual a la tasa marginal de transformación. ¡Es la mejor opción de asignación a la que puede aspirar Ángela! (Si no está usted seguro de porqué, consulte el capítulo 3 y verifíquelo).

tasa marginal de transformación (TMT) Cantidad de algún bien que debe sacrificarse para adquirir una unidad adicional de otro bien. En cualquier punto, es la pendiente de la frontera factible. *Ver también: tasa marginal de sustitución.*

tasa marginal de sustitución (TMS) Disyuntiva que una persona está dispuesta a enfrentar a la hora de elegir entre dos bienes. En cualquier punto dado, esa trata de la pendiente de la curva de indiferencia. *Ver también: tasa marginal de transformación.*

Leibniz: Preferencias cuasilineales (https://tinyco.re/3782087)

Leibniz: La elección de horas de trabajo de Ángela (https://tinyco.re/5896213)

Aparece un personaje nuevo

Pero ahora Ángela tiene compañía. La otra persona, Bruno, no es agricultor, pero reclamará para sí una parte de la cosecha de Ángela. Estudiaremos distintas reglas del juego que explican cuánto produce Ángela y cómo esta producción se reparte entre ella y Bruno. Por ejemplo, en uno de los escenarios que se presentan, Bruno es el propietario de la tierra y Ángela le paga con grano en calidad de arriendo a cambio de poder usar la tierra.

La figura 5.3 muestra la frontera factible combinada de Ángela y Bruno. La frontera indica cuántas fanegas de grano puede producir Ángela para determinada cantidad de tiempo libre. Por ejemplo, si Ángela toma 12 horas de tiempo libre y trabaja otras 12 horas, entonces produce 10,5 fanegas de grano. Un resultado posible de la interacción entre Ángela y Bruno es que 5,25 fanegas vayan a Bruno y Ángela conserve las otras 5,25 fanegas para consumo propio.

Revise los pasos de la figura 5.3 para entender cómo se puede representar cada asignación posible en el diagrama, mostrando cuánto trabajó Ángela y cuánto grano obtuvieron respectivamente ella y Bruno.

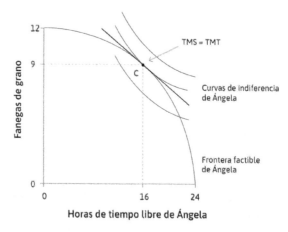

Figura 5.2 La frontera factible de la granjera independiente Ángela, la mejor curva de indiferencia factible y la elección de horas de trabajo.

1. Frontera factible
El diagrama muestra la frontera factible de Ángela determinada por su función de producción.

2. Lo mejor que puede hacer Ángela
Lo mejor que puede hacer Ángela, dados los límites establecidos por la frontera factible, es trabajar 8 horas y tomarse 16 horas de tiempo libre y producir 9 fanegas de grano. En este punto C, la tasa marginal de sustitución (TMS) es igual a la tasa marginal de transformación (TMT).

3. TMT = TMS
La TMS es la pendiente de la curva de indiferencia: la disyuntiva que Ángela está dispuesta a aceptar entre grano y tiempo libre. La TMT es la pendiente de la frontera factible: la disyuntiva que está obligada a asumir. En el punto C, las dos disyuntivas se equilibran.

¿Qué asignaciones tienen más probabilidades de producirse? No todas son posibles. Por ejemplo, el punto H es una asignación en la cual Ángela trabaja 12 horas al día y no recibe nada (Bruno se queda con toda la cosecha), luego Ángela no podría sobrevivir. De las asignaciones que son posibles, lo que ocurra dependerá de las reglas del juego.

EJERCICIO 5.4 USO DE LAS CURVAS DE INDIFERENCIA

En la figura 5.3, el punto F muestra una asignación en la que Ángela trabaja más y obtiene menos que en el punto E, y el punto G muestra el caso en el que trabaja más y obtiene más.

Dibujando para ello las curvas de indiferencia de Ángela, averigüe qué puede decir sobre sus preferencias a la hora de escoger entre E, F y G, y cómo todo ello depende de la pendiente de las curvas.

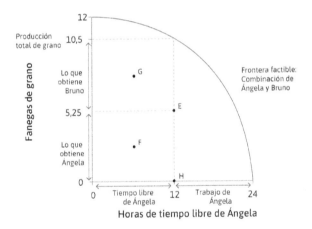

Figura 5.3 Resultados factibles de la interacción entre Ángela y Bruno

1. La frontera factible combinada
La frontera factible muestra la cantidad máxima de grano disponible para Ángela y Bruno juntos, dada la cantidad de tiempo libre de Ángela. Si Ángela se toma 12 horas de tiempo libre y trabaja 12 horas, produce 10,5 fanegas de grano.

2. Una asignación factible
El punto E es un posible resultado de la interacción entre Ángela y Bruno.

3. La distribución en el punto E
En el punto E, Ángela trabaja 12 horas y produce 10,5 fanegas de grano. La distribución del grano es tal que 5,25 fanegas son para Bruno y Ángela se queda con las otras 5,25 fanegas para su propio consumo.

4. Otras asignaciones factibles
El punto F muestra una asignación en la que Ángela trabaja más que en el punto E y obtiene menos grano, y el punto G muestra el caso en el que trabaja más y obtiene más grano.

5. Una asignación imposible
Un resultado en H, en el que Ángela trabaja 12 horas al día, Bruno consume toda la cantidad producida y Ángela no consume nada, no sería posible: ella se moriría de hambre.

PREGUNTA 5.2 ESCOJA LA(S) RESPUESTA(S) CORRECTA(S)

La figura 5.3 muestra el conjunto factible combinado de Ángela y Bruno y cuatro asignaciones que podrían resultar de una interacción entre ellos.

Con base en la figura, se puede concluir que:

☐ Si Ángela tiene curvas de indiferencia muy planas, puede que prefiera G a las otras tres asignaciones.
☐ Si Ángela tiene curvas de indiferencia con pendiente muy pronunciada, puede que prefiera F a las otras tres asignaciones.
☐ La asignación G es la mejor de las cuatro para Bruno.
☐ Es posible que a Ángela le sea indiferente optar por G o por E.

5.5 ASIGNACIONES TÉCNICAMENTE FACTIBLES

Inicialmente, Ángela podía consumir (o vender) cualquier cosa que produjera. Pero luego llegó Bruno, y vino armado. Bruno tiene el poder de aplicar cualquier asignación que él elija. Es incluso más poderoso que el dictador del juego del dictador (en el cual el Proponente dicta cómo se reparte la torta). ¿Por qué? Porque Bruno puede determinar el tamaño de la torta también, así como lo grande que será su porción y la que reciba Ángela.

A diferencia de los sujetos del experimento de laboratorio que vimos en el capítulo 4, en este modelo Bruno y Ángela se guían por su propio interés. Bruno solo quiere maximizar la cantidad de grano que puede obtener de Ángela. Vamos a asumir que, de modo similar, Ángela está únicamente interesada en maximizar su tiempo libre y el grano que obtiene para sí (como ilustran sus curvas de indiferencia).

Ahora vamos a realizar otro supuesto importante. Si Ángela no trabaja la tierra de Bruno, él no obtiene nada (no hay otros agricultores a quienes pueda explotar). Esto significa que la opción de reserva de Bruno (lo que obtiene si Ángela no trabaja para él) es cero. En consecuencia, Bruno piensa en el futuro y decide no quedarse con tanto grano como para que Ángela muera: se trata de establecer un reparto que la mantenga con vida.

Primero, vamos a trabajar con el conjunto de combinaciones **técnicamente factibles** de horas de trabajo de Ángela y cantidad de grano que recibe: esto es, todas las combinaciones que son posibles dentro de los límites de la tecnología (la función de producción) y la biología (la necesidad de Ángela debe contar con suficientes alimentos como para poder trabajar y sobrevivir).

La figura 5.4 muestra cómo encontrar el conjunto técnicamente factible. Ya sabemos que la función de producción determina la frontera factible. Este es el límite tecnológico del potencial consumo total de Bruno y Ángela, que a su vez depende de las horas que Ángela haya trabajado. La restricción de supervivencia biológica de Ángela muestra la cantidad mínima de grano que ella necesita por cada cantidad de trabajo que realiza. Los puntos por debajo de esta línea la dejarían tan desnutrida y cansada que no podría trabajar. Esta restricción muestra lo que es **biológicamente factible**. Note que, si Ángela gasta más energía trabajando, necesita más comida; esta es la razón por la que, a medida que sus horas de trabajo aumentan, la curva asciende de derecha a izquierda desde el punto Z. La pendiente de la restricción de supervivencia biológica es la tasa marginal de sustitución entre tiempo libre y grano cuando se asegura la supervivencia de Ángela.

técnicamente factible Asignación dentro de los límites establecidos por la tecnología y la biología.

biológicamente factible Una asignación que sea capaz de mantener la supervivencia de los implicados es biológicamente factible.

Note que hay una cantidad máxima de trabajo que apenas permitiría a Ángela sobrevivir (debido a las calorías que quema trabajando). Como vimos en el capítulo 2, a lo largo de la historia de la humanidad, las personas han cruzado el umbral de supervivencia cuando la población ha crecido más que la oferta de alimentos. Esta es la lógica de la trampa de población maltusiana. La productividad del trabajo ponía límite al tamaño que podía alcanzar la población.

El hecho de que la supervivencia de Ángela pueda estar en peligro no es un ejemplo hipotético. Durante la Revolución Industrial, la expectativa de vida en Liverpool, Reino Unido, se redujo a 25 años: levemente mayor a la mitad de lo que es hoy en los países más pobres del mundo. En muchas partes del mundo hoy, la capacidad de los agricultores y trabajadores para hacer sus trabajos está limitada por su consumo de calorías.

Figura 5.4 Asignaciones técnicamente factibles.

1. La restricción de supervivencia biológica
Si Ángela no trabaja en absoluto, necesita 2,5 fanegas de grano para sobrevivir (punto Z). Si sacrifica algo de tiempo libre y gasta energía trabajando, necesita más comida, por lo que la curva es más alta cuando tiene menos tiempo libre. Esta es la restricción de supervivencia biológica.

2. Puntos biológicamente no factibles y técnicamente no factibles
Los puntos por debajo de la restricción de supervivencia biológica son biológicamente no factibles, mientras que los puntos por encima de la frontera factible son técnicamente no factibles.

3. Máxima jornada laboral de Ángela
Dada la frontera factible, hay una cantidad máxima de trabajo por encima de la cual Ángela no podría sobrevivir, incluso si pudiera consumir todo lo que produjera.

4. El conjunto técnicamente factible
Las asignaciones técnicamente factibles son los puntos situados dentro del área en forma de lente delimitada por la frontera factible y la restricción de supervivencia biológica (incluidos los puntos en la frontera).

En el caso de Ángela, sin embargo, no se trata solo de la limitada productividad de su trabajo, que podría poner en peligro su supervivencia, sino también de cuánto de lo que produce puede llevarse Bruno. Si Ángela pudiera consumir todo lo que produce (la altura de la frontera factible) y elegir sus horas de trabajo, su supervivencia no estaría en peligro, ya que la restricción biológica de supervivencia está por debajo de la frontera factible para una gran cantidad de combinaciones de horas de trabajo y tiempo libre que ella podría elegir. El problema de la factibilidad biológica se origina a raíz de lo que Bruno extrae de la producción de Ángela.

En la figura 5.4 los límites de las soluciones factibles al problema de la asignación vienen determinados por la frontera factible y la restricción de supervivencia biológica. Esta área sombreada en forma de lente proporciona los resultados técnicamente factibles. Podemos ahora preguntarnos: ¿qué ocurre realmente? ¿Qué asignación resulta y cómo depende esta de las instituciones que gobiernen la forma en que interactúan Bruno y Ángela?

5.6 ASIGNACIONES IMPUESTAS POR LA FUERZA

Con ayuda de su arma, Bruno puede elegir cualquier punto en el conjunto de asignaciones técnicamente factibles del área en forma de lente. Pero, ¿cuál elegirá?

Bruno razona de la siguiente manera:

BRUNO: Para cualquier número de horas que ordene trabajar a Ángela, ella producirá una cantidad determinada por la frontera factible de la función de producción. Por otro lado, para cada cantidad de trabajo tendré que darle, como mínimo, la cantidad de grano que muestra la restricción de supervivencia biológica, para así poder seguir explotándola. Yo me quedo con la diferencia entre lo que produce y la cantidad que debo darle. Por lo tanto, lo que me interesa es encontrar la cantidad de horas de trabajo para las que se maximice la distancia vertical entre la frontera factible y la restricción de supervivencia biológica (figura 5.5).

Recuerde que la cantidad que Bruno obtendrá si implementa esta estrategia son sus **rentas económicas**, es decir, la cantidad que obtiene en comparación con la que obtendría si Ángela no fuera su esclava (que en este modelo fijamos en cero).

Bruno primero considera dejar que Ángela siga trabajando 8 horas al día y produciendo 9 fanegas, tal como lo hacía cuando podía acceder libremente a la tierra. Si trabaja 8 horas, Ángela necesita 3,5 fanegas de grano para sobrevivir, con lo cual Bruno podría quedarse con 5,5 fanegas sin poner en peligro sus oportunidades futuras de beneficiarse del trabajo de Ángela.

Bruno está estudiando la figura 5.5 y le pide su ayuda. Usted ha calculado que la TMS en la restricción de supervivencia biológica es menor que la TMT en el punto de 8 horas de trabajo:

USTED: Bruno, su plan no puede estar bien. Si la obligara a trabajar un poco más, no tendrá que darle mucho más grano, ya que la restricción de supervivencia biológica es relativamente plana en el punto de 8 horas de trabajo. Sin embargo, la frontera factible tiene mucha pendiente, lo que indica que produciría mucho más si le impusiera más horas de trabajo.

Usted le demuestra este argumento a Bruno usando el análisis de la figura 5.5, que indica que la distancia vertical entre la frontera factible y la restricción de supervivencia biológica alcanza su máximo cuando Ángela trabaja 11 horas. Si Bruno ordena a Ángela trabajar 11 horas, ella producirá 10 fanegas y Bruno se quedará con 6 de esas fanegas. Podemos utilizar la figura 5.5 para encontrar cuántas fanegas de grano obtiene Bruno para cualquier asignación técnicamente factible.

> **renta económica** Pago u otro beneficio recibido por encima y más allá de lo que el individuo hubiera recibido en su siguiente mejor alternativa (u opción de reserva). *Ver también: opción de reserva.*

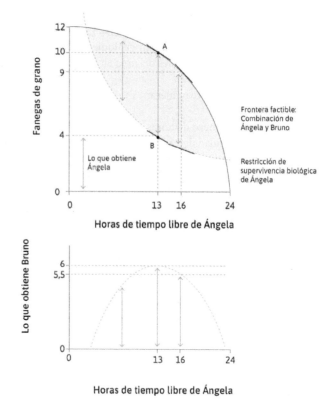

Figura 5.5 Coacción: la transferencia máxima técnicamente factible de Ángela a Bruno.

1. Bruno puede ordenarle a Ángela que trabaje
Bruno puede elegir cualquier asignación del conjunto técnicamente factible. Bruno considera dejar que Ángela siga trabajando 8 horas al día y produciendo 9 fanegas.

2. Cuando Ángela trabaja 8 horas
Entonces Bruno podría llevarse 5,5 fanegas sin poner en peligro las oportunidades futuras de beneficiarse del trabajo de Ángela. Esto se mide por la distancia vertical entre la frontera factible y la restricción de supervivencia.

3. La distancia máxima entre fronteras
La distancia vertical entre la frontera factible y la restricción de supervivencia biológica alcanza su máximo cuando Ángela trabaja durante 11 horas (13 horas de tiempo libre).

4. Asignación y distribución en la distancia máxima
Si Bruno le ordena a Ángela que trabaje 11 horas, esta producirá 10 fanegas y necesitará 4 para sobrevivir. En este caso, Bruno se quedará con 6 fanegas (la distancia AB).

5. La pendiente de la frontera de supervivencia aumenta a medida que las horas de trabajo se incrementan
Si Bruno hace que Ángela trabaje más de 11 horas, la cantidad de fanegas que Bruno puede quedarse disminuye a medida que aumentan las horas de trabajo de Ángela.

6. La mejor opción para Bruno
Bruno obtiene la máxima cantidad de fanegas de grano eligiendo la asignación B, donde el tiempo de trabajo de Ángela es tal que la pendiente de la frontera factible es igual a la pendiente de la restricción de supervivencia biológica: TMT = TMS.

7. Lo que obtiene Bruno
Si unimos los puntos, podemos ver que la cantidad que obtiene Bruno queda reflejada en una curva que tiene forma de joroba y alcanza su punto máximo en las 11 horas de trabajo (13 horas de tiempo libre).

El panel inferior en el último paso de la figura 5.5 muestra cómo el monto con el que se puede quedar Bruno varía en función de la cantidad de tiempo libre de Ángela. El gráfico tiene forma de joroba con un máximo en las 13 horas de tiempo libre y 11 horas de trabajo. Bruno maximiza la cantidad de grano que percibe en la asignación B, es decir, ordenando a Ángela que trabaje 11 horas.

Nótese cómo las pendientes de la frontera factible y de la restricción de supervivencia (la TMT y la TMS) nos ayudan a encontrar el número de horas con el que Bruno puede obtener la máxima cantidad de grano. A la derecha de las 13 horas de tiempo libre (es decir, si Ángela trabaja menos de 11 horas) la restricción de supervivencia biológica es más plana que la frontera factible (TMS < TMT). Esto significa que trabajar más horas (desplazarse hacia la izquierda) podría producir más grano del que necesita Ángela para trabajar ese tiempo adicional. A la izquierda de las 13 horas de tiempo libre (si Ángela trabaja más) ocurre lo contrario: TMS > TMT. Las rentas económicas de Bruno alcanza su máximo en el número de horas de trabajo donde las pendientes de las dos fronteras se igualan.

Es decir:

TMT de horas de trabajo a producción de grano
= TMS de horas de trabajo a necesidad de subsistencia

PREGUNTA 5.4 ELIJA LA(S) RESPUESTA(S) CORRECTA(S)

La figura 5.5 muestra la frontera factible de Bruno y Ángela, y la restricción de supervivencia biológica de Ángela.

Si Bruno pudiera imponer la asignación:

☐ Elegiría la asignación técnicamente factible en la que Ángela produce la mayor cantidad de grano posible.
☐ Su elección preferida sería aquella donde la tasa marginal de transformación (TMT) en la frontera factible sea igual a la tasa marginal de sustitución (TMS) en la restricción de supervivencia biológica.
☐ Bruno no elegiría las 8 horas de trabajo porque la TMS entre las horas de trabajo de Ángela y los requisitos de subsistencia excede la TMT entre las horas de trabajo y producción de grano.
☐ Bruno elegiría las 13 horas de tiempo libre para Ángela y consumiría 10 fanegas de grano.

Nuevas instituciones: la ley y la propiedad privada

La interacción económica descrita en esta sección ocurre en un entorno donde Bruno tiene el poder para esclavizar a Ángela. Si nos trasladamos de este escenario de coacción, a uno en el que existe un sistema legal que prohíbe la esclavitud y protege la **propiedad privada** y los derechos de terratenientes y trabajadores, cabe esperar que el resultado de la interacción cambie.

En el capítulo 1 definimos la propiedad privada como el derecho al uso, a excluir a otros del uso de algo y el derecho a venderlo (o transferir esos derechos a otros). De ahora en adelante, vamos a asumir que Bruno es propietario de la tierra y puede excluir a Ángela, si así lo decide. La cantidad de grano que obtendrá como resultado de poseer la propiedad privada de la tierra dependerá del alcance del **poder** que ejerza sobre Ángela en esta nueva situación.

propiedad privada Derecho y expectativa de poder disfrutar de las posesiones propias en las formas que se elija poder excluir a otros de su uso y disponer de ellas por obsequio o venta a otros que luego se convierten en sus propietarios.
poder Capacidad de hacer (y obtener) las cosas que uno quiere, en oposición a las intenciones de los demás, normalmente por imposición o amenazando con sanciones.

ganancias del intercambio
Beneficios que cada parte obtiene de una transacción en comparación con cómo les hubiera ido sin el intercambio. *También se conoce como ganancias del comercio. Ver también: renta económica.*

excedente conjunto Suma de las rentas económicas de todos los involucrados en una interacción. *También se conoce como: ganancias totales del intercambio o del comercio.*

Cuando las personas participan voluntariamente en una interacción, lo hacen porque esperan que el resultado sea mejor que su opción de reserva (la siguiente mejor alternativa). En otras palabras: lo hacen persiguiendo **rentas económicas**. Las rentas económicas a veces se denominan **ganancias del intercambio** porque representan cuánto gana una persona al realizar un intercambio, comparado con no hacerlo.

La suma de las rentas económicas se denomina excedente (a veces, incluso **excedente conjunto** para enfatizar que incluye todas las rentas). Cuánta renta obtendrá cada uno –cómo se repartirán el excedente– depende de su **poder de negociación**. Y eso, como sabemos, depende de las instituciones que gobiernen la interacción.

En el ejemplo anterior, Ángela fue obligada a participar y Bruno escogió las horas de trabajo para ella de modo que maximizara sus propias rentas económicas. A continuación, consideramos la situación en la que, sencillamente, ella puede decir que no: Ángela ya no es una esclava, pero Bruno todavía tiene poder para hacer una oferta de tipo «o lo toma o lo deja», igual que el Proponente en el juego del ultimátum.

5.7 ASIGNACIONES ECONÓMICAMENTE FACTIBLES Y EL EXCEDENTE

Volvemos a ver qué pasa con Ángela y Bruno y enseguida nos damos cuenta de que ahora Bruno va vestido de traje y ya no va armado: de hecho, explica que llevar armas ya no es necesario porque hay un gobierno con leyes administradas por los tribunales y profesionales encargados de hacer cumplir la ley, llamados policías. Ahora Bruno es dueño de la tierra y Ángela necesita tener permiso para utilizar esa propiedad. Bruno le puede ofrecer un contrato en virtud del cual ella puede cultivar la tierra a cambio de darle a él una parte de la cosecha. En cualquier caso, la ley exige que el intercambio sea voluntario: Ángela puede rechazar la oferta.

BRUNO: Esto solía ser un asunto de poder, pero ahora tanto Ángela como yo tenemos derechos de propiedad: yo soy el dueño de la tierra y ella es dueña de su propio trabajo. Las nuevas reglas del juego implican que ya no puedo obligar a Ángela a trabajar. Ella tiene que estar de acuerdo con la asignación que le proponga.

USTED: ¿Y si no lo está?

BRUNO: Entonces no hay trato. Si ella no trabaja mi tierra, yo no obtengo nada y ella recibe apenas lo suficiente para sobrevivir del gobierno.

USTED: Entonces, ¿usted y Ángela tienen la misma cantidad de poder?

BRUNO: ¡Claramente no! Yo soy el que hace la oferta de tipo «o lo toma o lo deja». Soy como el Proponente del juego del ultimátum, con la salvedad de que esto no es un juego: si rechaza mi oferta, pasará hambre.

USTED: Pero si ella rechaza su oferta, ¿usted no recibe nada?

BRUNO: Eso no ocurrirá nunca.

¿Y eso cómo lo sabe? Bruno sabe que Ángela, a diferencia de los sujetos de los experimentos del juego del ultimátum, solo se preocupa por su propio interés (no castiga una oferta injusta). Si Bruno hace una oferta que sea tan solo un poco mejor para Ángela que no trabajar en absoluto y arreglarse a base de raciones de supervivencia, ella la aceptará.

Ahora Bruno le hace a usted una pregunta similar a la que planteó anteriormente:

BRUNO: En este caso, ¿cuál debería ser mi oferta de tipo «o lo toma o lo deja»?

Antes usted respondió mostrando la restricción de supervivencia biológica. Ahora la limitante no es la supervivencia de Ángela, sino que ella esté de acuerdo. Usted sabe que ella valora su tiempo libre, de modo que cuantas más horas de trabajo le ofrezca Bruno, más va a tener que pagarle.

USTED: ¿Por qué no se limita simplemente a observar la curva de indiferencia de Ángela que pasa por el punto en el que ella no trabaja en absoluto y apenas sobrevive? Esa curva le indicará el mínimo que puede pagarle por cada hora de tiempo libre a la que ella renuncie para trabajar con usted.

El Punto Z en la figura 5.6 es la asignación en la cual Ángela no trabaja y recibe solo unas raciones mínimas de alimento para su supervivencia (del gobierno o quizás de su familia). Esta es su **opción de reserva**: si rechaza la oferta de Bruno, tiene esta opción de reserva. Siga los pasos de la figura 5.6 para ver la **curva de indiferencia de reserva** de Ángela: la curva que contiene todas las asignaciones que Ángela valora como equivalentes a su opción de reserva. Por debajo o a la izquierda de la curva de indiferencia de reserva, Ángela está peor que en su opción de reserva. Por encima o a la derecha está mejor.

El conjunto de puntos limitados por la curva de indiferencia de reserva y la frontera factible es el conjunto de todas las asignaciones económicamente factibles, una vez Ángela acepte la propuesta que Bruno le haga. Bruno le agradecerá mucho a usted por haberle proporcionado esta nueva herramienta para determinar lo máximo que puede obtener de Ángela.

La restricción biológica de supervivencia y la curva de indiferencia de reserva tienen un punto común (Z): en ese punto, Ángela no trabaja y recibe un mínimo de alimentos del gobierno o de su familia. Más allá de eso, las dos curvas difieren: la curva de indiferencia de reserva se sitúa de manera uniforme por encima de la restricción biológica de supervivencia. La razón, tal y como le explica usted a Bruno, reside en que por muy esforzadamente que Ángela trabaje a lo largo de esa restricción de supervivencia, apenas logra sobrevivir; además, cuanto más trabaja, menos tiempo libre tiene, por lo que es más infeliz. A lo largo de la curva de indiferencia de reserva, por el contrario, está tan bien como en su opción de reserva, lo que significa que poder quedarse con más grano del que produce le compensa exactamente su pérdida de tiempo libre.

opción de reserva La siguiente mejor alternativa que tiene una persona de entre todas las opciones existentes para una transacción particular. *Ver también: precio de reserva.*
curva de indiferencia de reserva Curva que indica asignaciones (combinaciones) que un individuo valora tanto como su opción de reserva.

EJERCICIO 5.6 FACTIBILIDAD BIOLÓGICA Y ECONÓMICA
Usando la figura 5.6:

1. Explique por qué un punto en la restricción de supervivencia biológica está situado más arriba (se requiere más grano) cuando Ángela tiene menos horas de tiempo libre. ¿Por qué también aumenta la pendiente de la curva cuando Ángela trabaja más?
2. Explique por qué el conjunto biológicamente factible no es igual al conjunto económicamente factible.
3. Explique (desplazando las curvas) qué sucede si Ángela pasa a tener a su disposición un tipo de grano más nutritivo para cultivarlo y consumirlo.

Vemos que Ángela y Bruno pueden beneficiarse si llegan a un acuerdo. La razón es que su intercambio –permitirle a ella usar la tierra de él (es decir, que Bruno no utilice su derecho de propiedad para excluirla) a cambio de que ella comparta parte de lo que produce– hace posible que ambos estén en mejores condiciones que si no hubiesen llegado a ese trato. Ambos se benefician del intercambio:

- En la medida que Bruno reciba parte de la cosecha, estará mejor que si no llega a ningún acuerdo.
- En la medida que lo que Ángela reciba la ponga en una situación mejor que su opción de reserva, tomando en cuenta sus horas de trabajo, ella también se beneficiará.

Esta potencial ganancia mutua explica que su intercambio no tenga que realizarse a punta de pistola, sino que pueda venir motivado por el deseo de ambos de estar mejor.

Todas las asignaciones económicamente factibles que representan ganancias mutuas están incluidas en el conjunto de opciones económicamente factibles que se muestra en el último paso de la figura 5.6. Cada una de estas asignaciones domina en términos de Pareto a la asignación que ocurriría si no hubiera trato. En otras palabras, Bruno y Ángela pueden lograr una **mejora de Pareto**.

> **mejora de Pareto** Cambio que beneficia al menos a una persona sin empeorar por ello la situación de nadie más. *Ver también: dominancia de Pareto.*

Figura 5.6 Asignaciones económicamente factibles cuando el intercambio es voluntario.

1. Opción de reserva de Ángela
El punto Z, la asignación en la que Ángela no trabaja y solo obtiene raciones de supervivencia del gobierno, se conoce como su **opción de reserva**.

2. Curva de indiferencia de reserva de Ángela
La curva que muestra todas las asignaciones que Ángela valora tanto como la opción de reserva se llama **curva de indiferencia de reserva**.

3. El conjunto económicamente factible
Los puntos en el área delimitada por la curva de indiferencia de reserva y la frontera factible (incluidos los puntos en las fronteras) definen el conjunto de todas las asignaciones económicamente factibles.

Desde luego, el hecho de que sea posible obtener ganancias mutuas no significa que Ángela y Bruno se beneficiarán de la misma manera. Todo depende de las instituciones existentes: si, de hecho, estas otorgan a Bruno poder de hacer una oferta del tipo «o lo toma o lo deja», sujeta solamente a que Ángela esté de acuerdo, Bruno puede capturar la totalidad del excedente (menos la pequeña parte necesaria para que Ángela esté de acuerdo). Esto Bruno ya lo sabe.

Una vez que le haya explicado usted a Bruno la curva de indiferencia de reserva, él sabrá qué asignación quiere. Bruno maximiza la cantidad de grano que puede obtener en el punto más alto de la región en forma de lente, situada entre la curva de indiferencia de reserva de Ángela y su frontera factible. Ese punto será aquel donde la TMT de la frontera factible sea igual a la TMS de la curva de indiferencia de Ángela. La figura 5.7a muestra que esta asignación requiere que Ángela trabaje menos horas que cuando lo hacía bajo coacción.

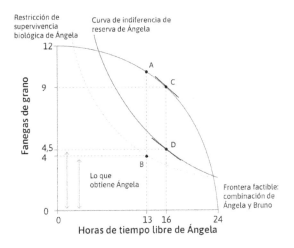

Figura 5.7a La propuesta de «o lo toma o lo deja» de Bruno cuando Ángela puede negarse.

1. El mejor resultado de Bruno usando la coacción
Utilizando la coacción, Bruno eligió la asignación B y le ordenó a Ángela que trabajara 11 horas, por lo que Bruno recibió una cantidad de grano equivalente a la distancia AB. La TMT en A es igual a la TMS en B en la restricción de supervivencia biológica de Ángela.

2. Cuando Ángela puede decir que no
Con el intercambio voluntario, la asignación B no está disponible. La mejor asignación a la que puede aspirar Bruno es la D, donde Ángela trabaja 8 horas y le entrega una cantidad de fanegas de grano igual a la distancia CD.

3. TMS = TMT otra vez
Cuando Ángela trabaja 8 horas, la TMT es igual a la TMS en la curva de indiferencia de reserva de Ángela, tal como muestran las pendientes.

A Bruno le gustaría que Ángela trabajara 8 horas y le entregara 4,5 fanegas de grano (asignación D). ¿Cómo puede poner en práctica esta asignación? Lo que tiene que hacer es ofrecerle a Ángela un contrato del tipo de «o lo toma o lo deja», que le permitiría trabajar la tierra a cambio de un alquiler de 4,5 fanegas por día. (Se trataría de un contrato de aparcería, en el que el terrateniente permite a un agricultor usar la tierra a cambio de una participación en la cosecha). Si Ángela tiene que pagar 4,5 fanegas (CD en la figura 5.7a), entonces *elegirá* producir en el punto C, donde trabaja 8 horas. Puede usted ver esto en la figura. Por otra parte, si produjera en cualquier otro punto de la frontera factible y luego entregara a Bruno 4,5 fanegas, obtendría una utilidad menor; es decir, se situaría por debajo de su curva de indiferencia de reserva. Ahora bien, puede lograr su utilidad de reserva trabajando 8 horas, de modo que aceptará el contrato.

EJERCICIO 5.7 ¿POR QUÉ TRABAJA ÁNGELA 8 HORAS?

El ingreso de Ángela es la cantidad de fanegas de grano que produce menos el alquiler que le paga a Bruno por la tierra.

1. Con base en la figura 5.7a, suponga que Ángela trabaja 11 horas. ¿Serían sus ingresos (después de pagar el alquiler de la tierra) mayores o menores que al trabajar 8 horas? Suponga, en cambio, que trabaja 6 horas, ¿cómo se compararía su ingreso con el de 8 horas?
2. Explique con sus propias palabras por qué elegirá trabajar 8 horas.

Como Ángela está en su curva de indiferencia de reserva, el único que se beneficia de este intercambio es Bruno, que se lleva el excedente completo. Sus rentas económicas (equivalentes al alquiler que ella le paga por la tierra) es el excedente.

Recuerde que cuando Ángela trabajaba la tierra por su cuenta, escogía la asignación C. Observe que Ángela elige las mismas horas de trabajo cuando tiene que pagar alquiler por la tierra. ¿Por qué ocurre esto? Independientemente de la cantidad de alquiler que tenga que pagar, elegirá sus horas de trabajo intentando maximizar su utilidad, de modo que producirá en el punto de la frontera factible donde la TMT sea igual a la TMS. Sabemos que sus preferencias son tales que su TMS no cambia con la cantidad de grano que consume, por lo que no se verá afectada por el alquiler. Esto significa que si puede elegir cuántas horas trabaja, elegirá trabajar 8 horas, independiente del alquiler que pague por la tierra (siempre y cuando obtenga al menos su utilidad de reserva).

La figura 5.7b muestra como varía el excedente (que obtiene Bruno) en función de cuántas horas trabaja Ángela. Podemos ver que la cantidad de grano que Bruno obtiene cae cuando Ángela trabaja más o menos de 8 horas. Al igual que los ingresos de Bruno en el caso de existir coacción que vimos antes, la curva tiene forma de joroba. No obstante, el pico máximo queda más abajo cuando Bruno necesita que Ángela acceda a su propuesta.

Leibniz: La elección de horas de trabajo de Ángela cuando paga alquiler (https://tinyco.re/2086883)

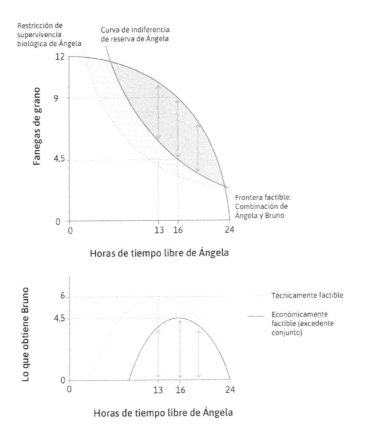

Figura 5.7b La propuesta de tipo «o lo toma o lo deja» de Bruno cuando Ángela puede rechazarla

1. Horas de trabajo de Ángela cuando estaba coaccionada
Usando la coacción, Bruno obligó a Ángela a trabajar 11 horas. La TMT era igual a la TMS sobre la restricción de supervivencia biológica de Ángela.

2. La mejor oferta del tipo «o lo toma o lo deja» de Bruno
Si Bruno no puede obligar a Ángela a trabajar, debería ofrecerle un contrato en el que Ángela le pagara 4,5 fanegas en calidad de alquiler del terreno. Ángela trabaja 8 horas, punto en el que la TMT es igual a la TMS en su curva de indiferencia de reserva.

3. El excedente máximo
Si Ángela trabaja más o menos de 8 horas, el excedente conjunto es menor que 4,5 fanegas de grano.

4. El grano de Bruno
Aunque Bruno no puede obligar a Ángela, sí puede obtener todo el excedente.

5. Comparación de los máximos técnica y económicamente factibles
En comparación con el caso en el que Bruno puede ordenarle a Ángela que trabaje, el pico máximo de la joroba es más bajo cuando Ángela puede negarse.

225

EJERCICIO 5.8 ¿O LO TOMA O LO DEJA?

1. ¿Por qué es Bruno, y no Ángela, quien tiene el poder de tomar o dejar la oferta?
2. ¿Puede usted imaginar una situación en la que el granjero, y no el terrateniente, pueda tener este poder?

PREGUNTA 5.5 SELECCIONE LA(S) RESPUESTA(S) CORRECTA(S)

La figura 5.6 (página 222) muestra la frontera factible de Ángela y Bruno, la restricción de supervivencia biológica de Ángela y su curva de indiferencia de reserva.

Con base en esta figura, ¿cuál de los siguientes enunciados es correcto?

☐ El conjunto económicamente factible coincide con el conjunto técnicamente factible.
☐ Para cualquier número de horas de tiempo libre, la tasa marginal de sustitución en la curva de indiferencia de reserva es menor que la de la restricción de supervivencia biológica.
☐ Algunos puntos son económicamente factibles, pero no técnicamente factibles.
☐ Si la ración que Ángela obtiene del gobierno aumenta de 2 a 3 fanegas de grano, su curva de indiferencia de reserva estará por encima de su restricción de supervivencia biológica, independientemente de sus horas de trabajo.

PREGUNTA 5.6 SELECCIONE LA(S) RESPUESTA(S) CORRECTA(S)

La figura 5.7a (página 223) muestra la frontera factible de Ángela y Bruno, la restricción de supervivencia biológica de Ángela y su curva de indiferencia de reserva. B es el resultado bajo coacción, mientras que D es el resultado si el intercambio es voluntario, o sea, cuando Bruno hace una oferta del tipo «o lo toma o lo deja».

Considerando este gráfico, podemos concluir que:

☐ Con una oferta del tipo «o lo toma o lo deja», la renta económica de Bruno es igual al excedente conjunto.
☐ Tanto Bruno como Ángela están mejor con un intercambio voluntario que en el caso de coacción.
☐ Cuando Bruno hace una oferta del tipo «o lo toma o lo deja», Ángela acepta porque recibe una renta económica.
☐ Ángela trabaja más horas cuando el intercambio es voluntario que bajo coacción.

5.8 LA CURVA DE EFICIENCIA DE PARETO Y LA DISTRIBUCIÓN DEL EXCEDENTE

Recuerde que Ángela escogió trabajar 8 horas produciendo 9 fanegas de grano, tanto cuando tenía que pagar un alquiler por la tierra como cuando no. En ambos casos, hay un excedente de 4,5 fanegas: la diferencia entre la cantidad de grano producida y la cantidad que le daría a Ángela su utilidad de reserva.

La diferencia entre los dos casos es quién obtiene el excedente: cuando Ángela tenía que pagarle un alquiler a Bruno, él recibía el excedente completo, pero, cuando ella podía trabajar la tierra por su cuenta, ella recibía el excedente completo. Ambas asignaciones poseen dos propiedades importantes:

- Todo el grano producido se reparte entre Ángela y Bruno.
- La TMT sobre la frontera factible es igual a la TMS sobre la curva de indiferencia de Ángela.

Esto significa que ambas asignaciones son eficientes en términos de Pareto.

Para entender por qué, recuerde que la eficiencia en términos de Pareto significa que no hay una mejora de Pareto posible: es imposible cambiar la asignación para que una de las partes esté mejor sin perjudicar a la otra.

La primera propiedad es sencilla: significa que no se puede alcanzar una mejora de Pareto simplemente cambiando los montos de grano que cada uno consume. Si alguno consume más, el otro tendrá que consumir menos. Por otro lado, si hubiera una parte del grano producido que no se estuviera consumiendo, entonces su consumo mejoraría el bienestar de uno de los individuos o de ambos.

La segunda propiedad, TMS = TMT, significa que no se puede alcanzar una mejora de Pareto cambiando las horas de trabajo de Ángela y, por ende, la cantidad de grano producido.

Si las TMS y TMT no fueran iguales, sería posible mejorar el bienestar de ambos. Por ejemplo, si TMT > TMS, Ángela podría transformar una hora de su tiempo en más grano del que necesitaría para obtener la misma utilidad que antes, de modo que ese grano extra podría mejorar el bienestar de ambos. Pero si TMS = TMT, entonces cualquier cambio en la cantidad de grano producido sería exactamente lo que se necesita para mantener la utilidad de Ángela en el mismo nivel que antes, dado el cambio en sus horas de trabajo.

La figura 5.8 muestra que, además de estas dos asignaciones, hay otras muchas que son igualmente eficientes en términos de Pareto. El punto C es el resultado en el que Ángela es una agricultora independiente. Compare el análisis en la figura 5.8 con la oferta del tipo «o lo toma o lo deja» de Bruno, y localice otras asignaciones eficientes en términos de Pareto.

> **EFICIENCIA DE PARETO Y LA CURVA DE EFICIENCIA DE PARETO**
>
> - Una asignación **eficiente en términos de Pareto** tiene la propiedad de que no existe una asignación alternativa técnicamente factible en la que al menos una persona estaría mejor y nadie peor.
> - El conjunto de todas estas asignaciones es la **curva de eficiencia de Pareto**, también conocida como la curva de contrato.

curva de eficiencia de Pareto
Conjunto de todas las asignaciones que son eficientes en términos de Pareto. A menudo se denomina curva de contrato, incluso en interacciones sociales en las que no hay contrato, por lo que evitamos el término. *Ver también: eficiencia de Pareto.*

La figura 5.8 muestra que, además de las dos asignaciones eficientes en términos de Pareto que hemos observado (C y D), cada punto entre C y D representa una asignación eficiente en términos de Pareto. CD se denomina **curva de eficiencia de Pareto**: une todos los puntos del conjunto factible donde se cumple que TMT = TMS (también se le suele llamar a esta curva la curva de contrato, incluso en situaciones en que no hay contrato, razón por la que preferimos usar el término –más descriptivo– curva de eficiencia de Pareto).

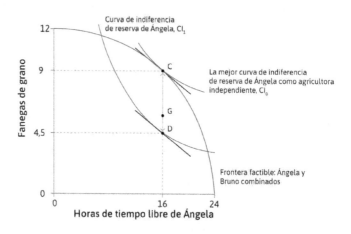

Figura 5.8 Asignaciones eficientes en términos de Pareto y la distribución del excedente

1. La asignación en C
Como agricultora independiente, Ángela eligió el punto C, donde TMT = TMS. En ese punto, consumió 9 fanegas de grano; 4,5 fanegas habrían bastado para colocarla sobre su curva de indiferencia de reserva en el punto D, pero obtuvo el excedente completo CD: 4,5 fanegas adicionales.

2. La asignación en D
Cuando Bruno era dueño de la tierra e hizo una oferta del tipo «o lo toma o lo deja», eligió un contrato en el que el alquiler de la tierra era CD (4,5 fanegas). Ángela aceptó y trabajó 8 horas. La asignación fue D y, una vez más, TMT = TMS. El excedente seguía siendo CD pero, en este caso, Bruno se lo llevó todo.

3. Las preferencias de Ángela
Recuerde que la TMS de Ángela no cambia a medida que consume más fanegadas de grano. En cualquier punto a lo largo de la línea CD, como G, hay una curva de indiferencia con la misma pendiente. Así pues, TMS = TMT en todos estos puntos.

4. Una asignación hipotética
El punto G es una asignación hipotética, en la cual TMS = TMT. Ángela trabaja durante 8 horas y se producen 9 fanegas de grano. Bruno obtiene CG de grano, y Ángela obtiene todo lo demás. La asignación G es eficiente en términos de Pareto.

5. La curva de eficiencia de Pareto
Todos los puntos que forman la línea entre C y D son asignaciones eficientes en términos de Pareto en las que TMS = TMT. El excedente de 4,5 fanegas (CD) se comparte entre Ángela y Bruno.

En cada asignación de la curva de eficiencia de Pareto, Ángela trabaja ocho horas y hay un excedente de 4,5 fanegas, pero la distribución del excedente varía: del punto D, donde Ángela no recibe nada, al punto C, donde se queda con todo. En la asignación hipotética G, ambos reciben unas rentas económicas: las rentas de Ángela son GD, las rentas de Bruno son GC y la suma de sus rentas es igual al excedente.

Leibniz: la curva de eficiencia de Pareto (https://tinyco.re/0084819)

PREGUNTA 5.7 ELIJA LA(S) RESPUESTA(S) CORRECTA(S)
La figura 5.8 muestra la curva de eficiencia de Pareto CD para la interacción entre Ángela y Bruno.

¿Cuál de las siguientes afirmaciones es correcta?

☐ La asignación en C domina en términos de Pareto a la de D.
☐ La tasa marginal de sustitución de Ángela es igual a la tasa marginal de transformación en todos los puntos de la curva de eficiencia de Pareto.
☐ El punto intermedio de CD es la asignación más eficiente en términos de Pareto.
☐ Ángela y Bruno se muestran indiferentes a la hora de escoger entre todos los puntos en CD porque todos son eficientes en términos de Pareto.

5.9 POLÍTICA: COMPARTIR EL EXCEDENTE

Bruno piensa que las nuevas reglas, según las cuales él hace una oferta que Ángela no rechazará, no son tan malas después de todo. Ángela también está mejor que cuando apenas tenía suficiente para sobrevivir. Pero a Ángela le gustaría recibir una parte del excedente.

Ella y sus compañeros trabajadores agrícolas presionan para lograr la aprobación de una nueva ley que limite el tiempo de trabajo diario a 4 horas y establezca un pago total de al menos 4,5 fanegas. Amenazan con no trabajar, a menos que se apruebe la ley.

BRUNO: Ángela, usted y sus colegas tratan de engañarme.
ÁNGELA: No, en absoluto: ¡no estaríamos peor con nuestra opción de reserva que bajo su contrato, trabajando las horas y recibiendo la pequeña fracción de la cosecha que usted nos impone!

Ángela y sus compañeros de trabajo ganan y la nueva ley limita la jornada laboral a 4 horas.

¿Cómo ocurrió todo?

Antes de que se adoptara la ley que limita la jornada laboral, Ángela trabajaba 8 horas y recibía 4,5 fanegas de grano. Este es el punto D en la figura 5.9. La nueva ley aplica la asignación en la que Ángela y sus amigos trabajan 4 horas, obteniendo 20 horas de tiempo libre por la misma cantidad de fanegas. Dado que consiguen la misma cantidad de grano y 4 horas más de tiempo libre, ellos están mejor. La figura 5.9 muestra que ahora se encuentran en una curva de indiferencia superior.

La nueva ley ha incrementado el poder de negociación de Ángela, y Bruno está peor que antes. Puede usted comprobar que ella está mejor en F que en D. También se encuentra en una situación mejor que su opción de reserva, lo que implica que ahora Ángela está recibiendo unas rentas económicas.

Los ingresos de Ángela se pueden medir en fanegas de grano, como la distancia vertical entre su curva de indiferencia de reserva (CI_1 en la figura 5.9) y la curva de indiferencia que ella logra, una vez en que entra en vigor la nueva legislación (CI_2). Podemos pensar en las rentas económicas como:

- La máxima cantidad anual de grano que Ángela ofrecería a cambio de vivir conforme a la nueva ley, en vez de en la situación en que se encontraba antes de que la ley se aprobara.
- O (debido a que Ángela obviamente tiene convicciones políticas) el monto que estaría dispuesta a pagar para que se apruebe la nueva ley, por ejemplo, haciendo presión en el Parlamento o dando contribuciones a campañas electorales.

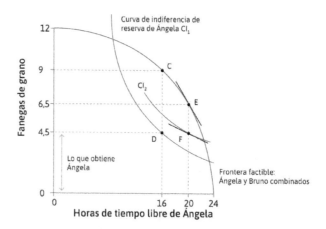

Figura 5.9 Efecto de un aumento en el poder de negociación de Ángela a través de la legislación.

1. Antes de la legislación que limita la jornada laboral
Bruno plantea una oferta del tipo «o lo toma o lo deja» y obtiene una cantidad de grano igual a CD y Ángela trabaja 8 horas. Ángela se sitúa en su curva de indiferencia de reserva en D y TMT = TMS

2. Los que percibe Ángela antes de la legislación
Ángela percibe 4,5 fanegas de grano: se muestra indiferente a la hora de elegir entre trabajar 8 horas y su opción de reserva.

3. El efecto de la legislación
Con una legislación que reduce la jornada laboral a 4 horas al tiempo que mantiene la cantidad de grano que recibe Ángela, esta se sitúa en una curva de indiferencia más alta en F. El grano que percibe Bruno baja de CD a EF (2 fanegas).

4. TMT > TMS
Cuando Ángela trabaja 4 horas, la TMT es mayor que la TMS en la nueva curva de indiferencia.

PREGUNTA 5.8 ELIJA LA(S) RESPUESTA(S) CORRECTA(S)

En la figura 5.9, D y F son los resultados antes y después de la introducción de una nueva ley que limita el tiempo de trabajo de Ángela a 4 horas al día, y estipula un pago mínimo de 4,5 fanegas. Con base en esta información, ¿cuál de las siguientes afirmaciones es correcta?

☐ El cambio de D a F es una mejora en términos de Pareto.

☐ El nuevo resultado F es eficiente en términos de Pareto.

☐ Tanto Ángela como Bruno reciben rentas económicas en F.

☐ Como resultado de la nueva ley, Bruno tiene menos poder de negociación.

5.10 NEGOCIAR UN REPARTO EFICIENTE DEL EXCEDENTE, EN TÉRMINOS DE PARETO

Ángela y sus amigos están satisfechos con el éxito logrado. Ella le pregunta a usted qué piensa de la nueva política.

USTED: Felicitaciones, pero su política está lejos de ser la mejor posible.
ÁNGELA: ¿Por qué?
USTED: ¡Porque no están ustedes en la **curva eficiencia de Pareto**! De conformidad con la nueva ley, Bruno está recibiendo dos fanegas y no puede hacer que usted trabaje más de cuatro horas, así que ¿por qué no ofrecerle continuar pagándole esa misma cantidad de fanegas a cambio de que les permita a ustedes quedarse con todo aquello que se produzca por encima de la cantidad que le dan? Con base en estas condiciones, ustedes pueden elegir el número de horas que trabajan.

La letra pequeña de la ley permite una jornada laboral más larga si ambas partes están de acuerdo, siempre y cuando la jornada laboral de 4 horas sea la opción de reserva de los trabajadores si no se alcanza un acuerdo.

USTED: Ahora vuelva a dibujar la figura 5.9 y use los conceptos de excedente y curva de eficiencia de Pareto que se muestra en la figura 5.9, para mostrarle a Ángela cómo puede conseguir incluso un mejor acuerdo.
USTED: Vea la figura 5.10. El excedente es mayor a las 8 horas de trabajo. Cuando usted trabaja cuatro horas, el excedente es menor y le entrega la mayor parte de este a Bruno. Pero, si usted incrementa el excedente, puede pagarle la misma cantidad a él, mientras que el suyo aumentará, y de esta forma estará usted en una situación mejor. Siga los pasos de la figura 5.10 para ver cómo funciona todo esto.

Pasar del punto D (en el cual Bruno tiene todo el poder de negociación y percibe todas las ganancias del intercambio) a un punto como H donde Ángela está mejor, es un movimiento que consta de dos pasos distintos:

1. De D a F, el resultado viene impuesto por la legislación y definitivamente no fue una ganancia mutua: Bruno perdió porque sus rentas económicas en F son menores que la máxima renta factible que alcanzaría en D; Ángela, en cambio, se benefició.
2. Una vez aplicada la legislación con su consiguiente resultado, se abren muchas posibilidades de ganancia mutua para ellos. Todas esas posibilidades se muestran en el segmento GH de la curva de eficiencia de Pareto. Por definición, tienen que ser posibles alternativas la

asignación en F que proporcionen ganancias mutuas, porque F no era eficiente en términos de Pareto.

Bruno quiere negociar. Él no está feliz con la propuesta de Ángela en H.

BRUNO: No estoy mejor bajo este nuevo plan de lo que estaría si aceptara la legislación que los agricultores lograron que se aprobara.

USTED: Pero Bruno, es que ahora Ángela también tiene poder de negociación. La legislación hizo que cambiara su opción de reserva, que ya no es de 24 horas de tiempo libre con raciones de supervivencia. Ahora su opción de reserva es la asignación legislada en el punto F. Le sugiero que le haga una contraoferta.

BRUNO: Ángela, voy a permitir que trabajes la tierra las horas que tú quieras si me pagas media fanega más que EF.

Ambos se dan la mano para cerrar el trato.

Como Ángela es libre de elegir cuántas horas trabaja, siempre y cuando le page media fanega adicional a Bruno, trabajará 8 horas donde TMT = TMS. Como el trato los sitúa en un punto entre G y H, es una mejora de Pareto con respecto a F. Más aún: dado que este acuerdo se encuentra en la

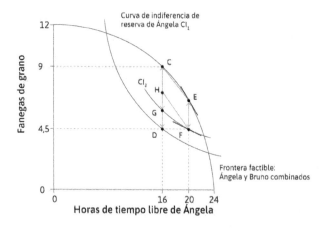

Figura 5.10 Negociación para restaurar la eficiencia de Pareto.

1. El máximo excedente conjunto
El excedente que se dividirá entre Ángela y Bruno se maximiza donde TMT = TMS, a las 8 horas de trabajo.

2. Ángela prefiere F a D
Pero Ángela prefiere el punto F impuesto por la legislación, porque le da la misma cantidad de grano, pero más tiempo libre que D.

3. Ángela también podría mejorar respecto de su situación en F
En comparación con F, ella preferiría cualquier asignación en la curva de eficiencia de Pareto entre C y G.

4. Ángela puede proponer H
En la asignación H, Bruno obtiene la misma cantidad de grano: CH = EF. Ángela está mejor que en F. Ella trabaja más horas, pero tiene grano más que suficiente para compensar la pérdida de tiempo libre.

5. Un acuerdo de beneficio mutuo al pasar a una asignación entre G y H
F no es eficiente en términos de Pareto porque TMT > TMS. Si se mueven a un punto en la curva de eficiencia de Pareto entre G y H, Ángela y Bruno pueden estar los dos mejor.

curva de eficiencia de Pareto CD, sabemos que no son posibles mejoras adicionales. Esto es cierto para todas las asignaciones en GH: se diferencian solo en la distribución de las ganancias mutuas, ya que algunas favorecieron a Ángela y otras a Bruno. Donde terminarán finalmente dependerá de su respectivo poder de negociación.

PREGUNTA 5.9 ELIJA LA(S) RESPUESTA(S) CORRECTA(S)
En la figura 5.10, Ángela y Bruno están en la asignación F, donde ella recibe 4,5 fanegas de grano por 4 horas de trabajo.

Con base en la figura, se puede concluir que:

☐ Todos los puntos en EF son eficientes en términos de Pareto.
☐ Cualquier punto en el área entre G, H y F sería una mejora en términos de Pareto.
☐ Cualquier punto entre G y D sería una mejora en términos de Pareto.
☐ Ambos se mostrarían indiferentes a la hora de escoger entre todos los puntos en GH.

●●●
5.11 ÁNGELA Y BRUNO: LA MORALEJA DE LA HISTORIA

Las habilidades agrícolas de Ángela y la propiedad de la tierra de Bruno proporcionaban una oportunidad de obtener ganancias mutuas a través del intercambio.

Lo mismo ocurre cuando las personas intercambian directamente, o bien compran y venden bienes por dinero. Suponga que tiene usted más manzanas de las que puede consumir, y que su vecino tiene peras en abundancia. Las manzanas valen menos para usted que para su vecino, y las peras valen más para usted. En consecuencia, ha de ser posible alcanzar una mejora de Pareto intercambiando unas cuantas peras y manzanas.

Cuando personas con diferentes necesidades, propiedades y capacidades se encuentran, se producen oportunidades de ganancia para todos ellos. Este es el motivo por el que las personas se reúnen en mercados, plazas virtuales o barcos piratas. Las ganancias mutuas son la torta (que nosotros hemos llamado excedente).

Las asignaciones que observamos a lo largo de la historia son fundamentalmente el resultado de las instituciones −incluidos los derechos de propiedad y el poder de negociación− presentes en la economía. La figura 5.11 resume lo que hemos aprendido sobre la determinación de resultados económicos con base en la sucesión de escenarios en que hemos visto a Ángela y Bruno.

• La tecnología y la biología determinan si ambos pueden beneficiarse mutuamente y cuál es el conjunto técnicamente factible de asignaciones (sección 5.5). Si la tierra de Bruno hubiera sido tan poco productiva que el trabajo de Ángela no hubiese logrado producir lo suficiente como para mantenerla con vida, entonces no habría habido espacio para llegar a ningún trato.
• Para que las asignaciones sean económicamente factibles, deben ser mejoras de Pareto en comparación con las opciones de reserva de las partes, circunstancia que puede depender de las instituciones (como, por

ejemplo, las raciones de supervivencia del gobierno que Ángela recibía (sección 5.7) o la legislación sobre horas de trabajo (sección 5.10)).
- El resultado de una interacción depende de las preferencias de las personas (lo que quieren) y de las instituciones que les proporcionan su poder de negociación (la capacidad de conseguirlo) y, por ende, de cómo se distribuye el excedente (sección 5.10).

La historia de Ángela y Bruno nos enseña tres lecciones fundamentales sobre eficiencia y justicia, ilustradas en la figura 5.10, a las que volveremos en capítulos posteriores.

- Cuando una persona o grupo tiene poder para dictaminar la asignación, sujeto solamente a no dejar la otra parte en una posición peor que su opción de reserva, entonces logrará hacerse con la totalidad del excedente. Una vez logrado esto, no habrá forma alguna de mejorar la situación de uno sin empeorar la del otro (punto D de la figura). ¡Luego esta debe ser una asignación eficiente en términos de Pareto!
- Aquellos que consideran que están siendo tratados injustamente, suelen disponer de algún poder para influir en el resultado a través de legislaciones u otros métodos políticos, y el resultado puede terminar siendo una distribución más justa a sus ojos o a los nuestros, pero no necesariamente una asignación eficiente en términos de Pareto (punto F). Las sociedades podrían tener que enfrentarse a disyuntivas entre resultados eficientes pero injustos en términos de Pareto, y resultados ineficientes pero justos en términos de Pareto.
- Si tenemos instituciones en las que las personas pueden, de manera conjunta, deliberar, acordar e implementar asignaciones alternativas, entonces podría llegar a ser posible evitar la disyuntiva mencionada anteriormente y lograr tanto eficiencia como justicia. Esto es, por ejemplo, lo que hicieron Ángela y Bruno por medio de una combinación de legislación y negociación entre ellos (punto H).

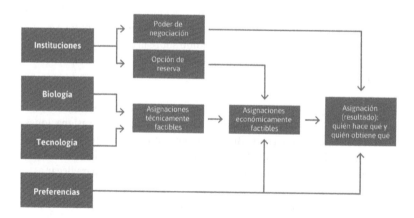

Figura 5.11 Los determinantes fundamentales de los resultados económicos.

5.12 MEDIR LA DESIGUALDAD ECONÓMICA

En nuestro análisis de la interacción entre Ángela y Bruno hemos considerado las asignaciones en términos de eficiencia de Pareto. Hemos visto que ellos (o al menos uno de ellos) puede mejorar su situación si logra negociar un movimiento para pasar de una asignación ineficiente en términos de Pareto, a otra que se sitúe sobre la curva de eficiencia de Pareto.

Otro criterio importante para evaluar una asignación es el de justicia. Sabemos que las asignaciones eficientes en términos de Pareto pueden llegar a ser altamente desiguales. En el caso de Ángela y Bruno, la desigualdad resultaba directamente de las diferencias en poder de negociación y también de las diferencias en sus *dotaciones*; es decir, lo que cada uno de ellos poseía antes de la interacción (su riqueza inicial). Bruno poseía tierra, mientras que Ángela tenía solamente tiempo y la capacidad de trabajar. Las diferencias en las dotaciones, así como las instituciones, pueden, a su vez, afectar el poder de negociación.

Es fácil evaluar la distribución entre dos personas, pero, ¿cómo podemos evaluar las desigualdades en grupos más grandes o incluso en toda una sociedad? Una herramienta que resulta útil para representar y comparar distribuciones de ingreso y riqueza y que nos permite representar el alcance de la desigualdad es la **curva de Lorenz** (inventada en 1905 por el economista estadounidense Max Lorenz (1876–1959) cuando aún era un estudiante). Esta curva indica cuánta disparidad de ingresos o de cualquier otra variable hay en una población determinada.

La curva de Lorenz muestra a la población completa alineada sobre el eje horizontal, desde el más pobre hasta el más rico. La altura de la curva en cada punto del eje horizontal indica la fracción del ingreso total recibido por la fracción de la población acumulada hasta ese punto del eje horizontal.

Para ver cómo funciona, imagine una aldea en la que hay 10 terratenientes, cada uno propietario de 10 hectáreas y 90 personas más que trabajan la tierra como aparceros, pero que no son propietarios de la tierra que trabajan (como Ángela). La curva de Lorenz es la línea azul de la figura 5.12. Ordenando a la población en función de la propiedad de la tierra, el primer 90% de la población no posee nada de modo que la curva es plana. El 10% restante posee 10 hectáreas cada uno, de modo que la «curva» sube en línea recta hasta alcanzar el punto en que el 100% de las personas es propietaria del 100% de la tierra.

Si, en cambio, la situación fuera tal que cada persona de esta población fuera propietaria de 1 hectárea de tierra –completa igualdad en la propiedad de tierra– entonces la curva de Lorenz sería una línea con una pendiente de 45° que indicaría que el 10% más «pobre» es propietario del 10% de la tierra, y así sucesivamente (aunque, en este caso, todos son igualmente pobres e igualmente ricos).

La curva de Lorenz nos permite ver cuánto se aparta la distribución de esta línea de igualdad perfecta. La figura 5.13 muestra la distribución de los ingresos que habría resultado del sistema de reparto de recompensas descrito en los artículos del barco pirata *Royal Rover* que comentamos en la introducción de este capítulo. La curva de Lorenz está muy cerca de la línea de 45°, lo que muestra cómo las instituciones de la piratería permitían a los miembros ordinarios de una tripulación una alta participación en los ingresos.

curva de Lorenz Representación gráfica de la desigualdad en la cantidad que se tenga de alguna variable, como la riqueza o los ingresos. Los individuos se organizan en orden ascendente según cuánta cantidad tengan, y luego la participación acumulada sobre el total se representa gráficamente junto con la participación acumulada en el total de la población. Por ejemplo, una igualdad total de ingresos estaría representada por una línea recta con una pendiente de uno. La medida en que la curva cae por debajo de esta línea de igualdad perfecta es una medida de la desigualdad. *Ver también: coeficiente Gini.*

Max O. Lorenz. 1905. 'Methods of Measuring the Concentration of Wealth'. *Publications of the American Statistical Association* 9 (70).

En contraste con lo anterior, cuando las naves de la armada real británica *Favourite* y *Active* capturaron el barco español *La Hermione*, la división del botín en los dos barcos británicos fue mucho menos igualitaria. La curva de Lorenz muestra que los miembros ordinarios de la tripulación recibieron alrededor de un cuarto de los ingresos totales, mientras que el resto se lo repartieron entre un pequeño número de oficiales y el capitán. Puede usted ver que en el *Favourite* el reparto fue más desigual que en el *Active*, siendo la proporción del botín asignada a cada miembro de la tripulación menor en aquel que en este. Para lo que solía ser habitual en aquellos tiempos, los piratas eran inusualmente democráticos y justos en los tratos que hacían entre ellos.

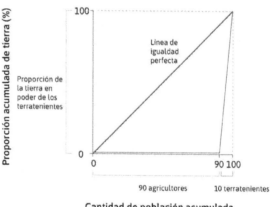

Figura 5.12 Curva de Lorenz para la propiedad de la riqueza.

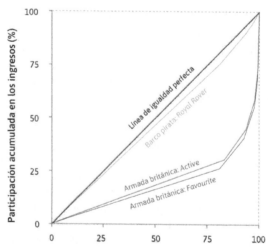

Figura 5.13 La distribución del botín: los piratas y la Royal Navy.

El coeficiente de Gini

La curva de Lorenz nos da una imagen de la desigualdad de ingresos en toda una población, pero puede ser útil tener una medida simple del grado de desigualdad. Puede usted ver que las distribuciones más desiguales presentan un área entre la curva de Lorenz y la línea de 45°. El **coeficiente de Gini** (o razón de Gini) que debe su nombre al estadístico italiano Corrado Gini (https://tinyco.re/8561031) (1884–1965) se calcula como la razón entre esa área y el área total del triángulo que queda por debajo de la línea de 45°.

Si todo el mundo tiene el mismo ingreso, de modo que no haya desigualdad de ingresos, el valor del coeficiente de Gini es cero. Si un solo individuo recibe todo el ingreso, el coeficiente de Gini alcanza su máximo valor, que es uno. Podemos calcular el coeficiente Gini para la propiedad de la tierra en la figura 5.14a como el área A entre la curva de Lorenz y la línea de perfecta igualdad, expresado como una proporción del área (A + B), o sea, el triángulo debajo de la línea 45°:

$$\text{Gini} = \frac{A}{A+B}$$

La figura 5.14b muestra el coeficiente de Gini para cada una de las curvas de Lorenz que hemos dibujado hasta el momento.

> **coeficiente Gini** Medida de desigualdad de cualquier cantidad, como el ingreso o la riqueza, que va de cero (si no hay desigualdad) a uno (si un individuo lo recibe todo).

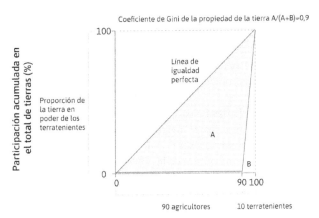

Figura 5.14a Curva de Lorenz y el coeficiente de Gini de la riqueza.

Distribución	Gini
Barco pirata *Royal Rover*	0,06
Barco de la armada británica *Active*	0,59
Barco de la armada británica *Favourite*	0,6
El pueblo con aparceros y terratenientes	0,9

Figura 5.14b Comparación de coeficientes de Gini

En términos estrictos, este método para calcular el Gini solo proporciona una aproximación. El Gini se define con más precisión como una medida de la diferencia media del nivel de ingresos entre cada par de individuos de la población, tal y como se explica en el Einstein de esta sección. El método del área solamente nos da una aproximación precisamente cuando la población es grande.

Comparación de distribuciones de ingresos y desigualdad en el mundo

Para medir la desigualdad de ingresos dentro de un país, podemos considerar el total de ingresos del mercado (todo lo ganado con el empleo por cuenta propia y ajena, el ahorro y las inversiones) o utilizar los **ingresos disponibles** que captan mucho mejor los niveles de vida. Los ingresos disponibles son lo que un hogar puede gastar luego de pagar sus impuestos y recibir transferencias del gobierno (como prestaciones por desempleo, subsidios asistenciales y pensiones).

> **ingresos disponibles** Ingresos que se pueden disponer luego de pagar impuestos o recibir transferencias o subsidios del gobierno. *También conocidos como: rentas disponibles.*

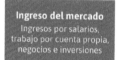

En el capítulo 1 comparamos la desigualdad en la distribución del ingreso en distintos países usando la razón 90/10. Las curvas de Lorenz nos dan una imagen más completa de cómo varían las distribuciones. La figura 5.15 muestra la distribución del ingreso del mercado en los Países Bajos en 2010. El coeficiente de Gini es = 0,47, por ende, de acuerdo con esta medida, hay más desigualdad que en el *Royal Rover*, pero menos que en los barcos de la armada británica. El análisis de la figura 5.15 nos muestra cómo las políticas redistributivas de los gobiernos logran una distribución más equitativa del ingreso disponible.

Fíjese que, en los Países Bajos, casi un quinto de los hogares tiene prácticamente cero ingresos de mercado, pero la mayoría tiene suficiente ingreso disponible como para sobrevivir o incluso vivir con algo de comodidad: el quinto más pobre de la población recibe alrededor del 10% de todo el ingreso disponible.

Existen muchas formas diferentes de medir la desigualdad de ingresos, además del Gini y la razón 90/10, pero estas dos se utilizan con mucha frecuencia. La figura 5.16 compara los coeficientes de Gini para ingreso de mercado e ingreso disponible para una muestra muy amplia de países, ordenados de izquierda a derecha desde el país menos desigual, medido en términos de ingreso disponible. La principal razón de las significativas diferencias entre países con respecto a la desigualdad de ingreso disponible, es hasta qué punto son capaces los gobiernos de cobrar impuestos a las familias más adineradas y transferir esos ingresos a los menos favorecidos.

Nótese que:

- Las diferencias entre países en términos de desigualdad de ingreso disponible (el nivel de las barras inferiores) son mucho mayores que las diferencias en desigualdad de ingresos de mercado (el nivel alcanzado por las barras superiores).

- Estados Unidos y el Reino Unido están entre los países de ingresos altos más desiguales.
- Los pocos países pobres y de ingresos medios para los que existen datos disponibles son aún más desiguales que los Estados Unidos, pero…
- …(con la excepción de Sudáfrica) esto es principalmente consecuencia del bajo nivel de redistribución del ingreso de los ricos a los pobres, más que resultado de una desigualdad inusualmente alta en el ingreso de mercado.

En el capítulo 19 (Desigualdad) estudiaremos con más detalle la redistribución de ingresos que realizan los gobiernos.

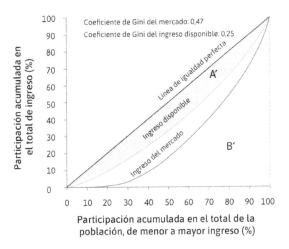

LIS. *Cross National Data Center* (https://tinyco.re/0525655). Stefan Thewissen (Universidad de Oxford) realizó los cálculos en abril de 2015.

Figura 5.15 Distribución de los ingresos del mercado y el ingreso disponible en los Países Bajos (2010).

1. Curva de Lorenz para el ingreso del mercado.
La curva indica que el 10% más pobre de la población (10 en el eje horizontal) recibe solo el 0,1% del ingreso total (0,1 en el eje vertical) y que la mitad de la población con ingresos más bajos tiene menos del 20% del ingreso.

2. Gini para el ingreso del mercado.
El coeficiente de Gini es la relación entre el área de A (entre la curva de ingresos del mercado y la línea de igualdad perfecta) y el área A + B (toda el área por debajo de la línea de igualdad perfecta), que es 0,47.

3. Ingreso disponible
La magnitud de la desigualdad en el ingreso disponible es mucho menor que la desigualdad en el ingreso del mercado. Las políticas redistributivas tienen un efecto mayor hacia la parte más baja de la distribución. El 10% más pobre tiene el 4% del ingreso total disponible.

4. Coeficiente de Gini para el ingreso disponible
El coeficiente de Gini para el ingreso disponible es menor: la proporción del área A′ (entre la curva de ingreso disponible y la línea de igualdad perfecta) y A′ + B′ (toda el área por debajo de la línea de perfecta igualdad) es 0,25.

PREGUNTA 5.10 ESCOJA LA(S) RESPUESTA(S) CORRECTA(S)
La figura 5.15 muestra la curva de Lorenz para el ingreso del mercado en los Países Bajos en 2010.

¿Cuál de las siguientes afirmaciones es verdadera?

☐ Si el área A incrementa, disminuye la desigualdad en el ingreso.
☐ El coeficiente de Gini se puede calcular como la proporción entre el área A y el área A + B.
☐ Los países con coeficientes de Gini más bajos tienen distribuciones de ingresos menos igualitarias.
☐ El coeficiente de Gini toma el valor 1 cuando todos tienen el mismo ingreso.

EJERCICIO 5.9 COMPARACIÓN DE LA DISTRIBUCIÓN DE LA RIQUEZA
La tabla muestra tres distribuciones alternativas de la propiedad de la tierra en un pueblo con 100 personas y 100 hectáreas de tierra. Dibuje las curvas de Lorenz para cada caso. Para los casos I y III, calcule el Gini. Para el caso II, muestre en el diagrama de la curva de Lorenz cómo se puede calcular el coeficiente de Gini.

I	80 personas no poseen nada	20 personas poseen 5 hectáreas cada una	
II	40 personas no poseen nada	40 personas poseen 1 hectárea cada una	20 personas poseen 3 hectáreas cada una
III	100 personas poseen 1 hectárea cada una		

Ver estos datos en OWiD
https://tinyco.re/1122864

LIS. *Cross National Data Center*
(https://tinyco.re/0525655). Stefan Thewissen (Universidad de Oxford) realizó los cálculos en abril de 2015.

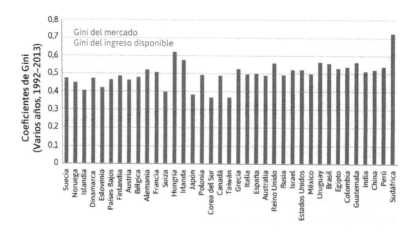

Figura 5.16 Desigualdad en el ingreso del mercado y en el ingreso disponible en el mundo.

EINSTEIN

Desigualdades como diferencias entre personas
El coeficiente de Gini es una medida de desigualdad definida de forma precisa como:

g = la mitad de la diferencia media relativa de ingreso
entre todas las parejas de individuos de la población

Para calcular g, usted debe conocer los ingresos de cada miembro de la población:

1. Calcule la diferencia de ingresos entre cada par posible de la población.
2. Calcule la media de estas diferencias.
3. Divida este número entre el ingreso medio de la población para obtener la diferencia media relativa
4. g = diferencia media relativa dividida por dos.

Ejemplos:
   Hay solo dos individuos en la población y uno tiene todo el ingreso. Asuma que sus ingresos son cero y uno.

1. La diferencia entre ingresos de la pareja = 1.
2. Esta es la media de diferencias por haber solo una pareja.
3. El ingreso medio = 0,5 por lo que la diferencia media relativa = 1/0,5 = 2.
4. g = 2/2 = 1 (perfecta desigualdad, como cabía esperar)

Dos personas se dividen una torta: una tiene el 20% y la otra el 80%.

1. La diferencia es 60% (0,60).
2. Esta es la media de diferencias por haber solo una pareja, como antes.
3. El ingreso medio es 50% o 0,50. La diferencia media relativa es 0,6/0,5 = 1,2.
4. g = 0,60.

El coeficiente Gini es una medida de lo desiguales que son de sus respectivas porciones de la torta. Como ejercicio, confirme que, si el tamaño de la rebanada más pequeña es σ, g = 1-2σ.
   Hay tres personas, y una acapara todo el ingreso, que asumimos es igual a 1 unidad.

1. Las diferencias para las tres parejas posibles son 1, 1 y 0.
2. La diferencia media = 2/3.
3. La diferencia media relativa = (2/3)(1/3) = 2.
4. g = 2/2 = 1.

Aproximación al coeficiente de Gini usando la curva de Lorenz
Si la población es grande, obtenemos una buena aproximación al coeficiente de Gini usando las áreas del diagrama de Lorenz:
$g \approx A/(A + B)$.

Pero con números más pequeños de población, esta aproximación no es exacta.

Puede comprobarlo usted mismo si piensa en el caso de «desigualdad perfecta» en el que uno de los individuos tiene el 100% del ingreso, caso en que el verdadero Gini es uno, sea cual fuere el tamaño de la población (los hemos calculado para poblaciones de 2 y 3 en los ejemplos anteriores). La curva de Lorenz es horizontal en cero hasta el último individuo, donde se dispara hasta el 100%. Intente dibujar las curvas de Lorenz cuando el tamaño de la población, N, es 2, 3, 10 y 20.

- Cuando $N = 2$, $A/(A + B) = 0,5$: una aproximación pobre al verdadero valor $g = 1$.
- Cuando N es grande, el área A no es tan grande como el área A + B, pero la razón es casi uno.

Existe una fórmula que calcula correctamente el coeficiente de Gini a partir del diagrama de Lorenz:

$$g = \frac{N}{N-1}\frac{A}{A+B}$$

(Verifique usted mismo que funciona en el caso de desigualdad perfecta cuando $N = 2$).

5.13 UNA POLÍTICA PARA REDISTRIBUIR EL EXCEDENTE E INCREMENTAR LA EFICIENCIA

Ángela y Bruno viven en el mundo hipotético de un modelo económico, pero los agricultores y propietarios del mundo real se enfrentan a problemas similares.

En el estado indio de Bengala Occidental, donde viven más personas que en toda Alemania, muchos agricultores sin tierra trabajan en régimen de aparcería: toman en arriendo la tierra a los terratenientes, entregando una parte del grano que obtienen como pago. Un agricultor que trabaje con este tipo de contrato, recibe el nombre de aparcero (*bargadar* en bengalí).

Los acuerdos contractuales varían poco de un poblado a otro en esta extensa región y prácticamente todos los habitantes trabajan como aparceros y entregan la mitad de su grano a los propietarios de la tierra después de cada cosecha. Esta ha sido la norma desde por lo menos el siglo XVIII.

Pero a partir de la segunda mitad del siglo XX, a muchos –al igual que a Ángela en el ejemplo– empezó a parecerles que era un trato injusto, habida cuenta de los niveles de pobreza extrema entre los *bargadars*. En 1973, el 73% de la población rural vivía en la pobreza, una de las tasas de pobreza más altas de la India. En 1978, el gobierno del Frente de Izquierda, recientemente elegido en Bengala Occidental, adoptó toda una serie de nuevas medidas legislativas, conocidas en su conjunto como Operación Barga.

En estas leyes se establecía que:

- Los *bargadars* podrían conservar para sí hasta tres cuartas partes de su cosecha.
- Se protegía a los *bargadars* de un potencial desalojo a manos de los propietarios, siempre y cuando cumplieran con el pago del 25%

Estas dos disposiciones de la Operación Barga se justificaron como una forma de aumentar la eficiencia productiva. Desde luego, había razones para prever que el tamaño de la torta aumentaría, así como los ingresos de los agricultores:

- *Los bargardars pasaban a tener un gran incentivo para trabajar mucho y bien:* al corresponderles ahora una porción mayor, su recompensa también sería mayor si producían más grano.
- *Los bargardars pasaban a tener incentivos para invertir en la mejora de la tierra:* confiaban en seguir cultivando la misma tierra en el futuro, luego esperaban beneficiarse de su inversión.

Como resultado, Bengala Occidental experimentó un espectacular aumento de su producción agrícola por unidad de tierra, así como de los ingresos agrícolas. Comparando la producción de explotaciones agrícolas antes y después de la implementación de la Operación Barga, los economistas concluyeron que se habían producido ambos efectos: una mejora en la motivación tanto para trabajar como para invertir. Un estudio realizado sugiere que la operación Barga fue responsable de aproximadamente un 28% del crecimiento de la productividad agrícola en la región. Además, el empoderamiento de los *bargadars* también tuvo efectos indirectos positivos en la medida que los gobiernos locales se volvieron más receptivos a las necesidades de los agricultores pobres.

Abhijit V. Banerjee, Paul J. Gertler y Maitreesh Ghatak. 2002. 'Empowerment and Efficiency: Tenancy Reform in West Bengal'. *Journal of Political Economy* 110 (2): pp. 239–80.

Eficiencia y justicia

Así, el Banco Mundial referencia a la Operación Barga como ejemplo de una buena política para el desarrollo económico.

La figura 5.17 resume los conceptos desarrollados en este capítulo y que podemos usar para juzgar el impacto de una política económica. Tras haber recabado evidencia para describir la asignación resultante, nos preguntamos: ¿es eficiente en términos de Pareto? ¿Y justa? ¿Es mejor que la asignación original juzgando con base en estos mismos criterios?

La evidencia de que la Operación Barga aumentó los ingresos indica que la torta creció y que los más pobres obtuvieron una porción mayor.

En principio, el aumento de la torta significa que las reformas podrían generar ganancias mutuas y que mejorara la situación tanto de campesinos como de terratenientes.

Sin embargo, el cambio de política no resultó en una mejora de Pareto, ya que los ingresos de algunos terratenientes se redujeron como resultado de la caída en la proporción de los cultivos que recibían. Ahora bien, como aumentó el ingreso de las personas más pobres de Bengala Occidental, sí que podríamos juzgar que la Operación Barga fue justa. Y, además, podemos asumir, que muchas personas en Bengala Occidental pensaron lo mismo porque continuaron votando por el Frente de Izquierda. Esta coalición se mantuvo en el poder desde 1977 hasta 2011.

Ajitava Raychaudhuri. 2004. *Lessons from the Land Reform Movement in West Bengal, India.* Washington, DC: Banco Mundial.

No tenemos información detallada sobre la Operación Barga, pero podemos ilustrar el efecto de una reforma agraria sobre la distribución del ingreso en la aldea ficticia que mencionábamos en la sección anterior, donde vivían 90 apareceros y 10 terratenientes. La figura 5.18 muestra las curvas de Lorenz. Inicialmente, los agricultores pagan una renta del 50% de sus cultivos a los terratenientes. La Operación Barga sube la participación de los agricultores a 75%, moviendo la curva de Lorenz hacia la línea de 45°. Como resultado, el coeficiente de Gini de ingreso se reduce de 0,4 (similar a Estados Unidos) a 0,15 (muy por debajo de las más igualitarias de las economías más ricas, como Dinamarca). El Einstein al final de esta sección muestra cómo el coeficiente de Gini depende de la proporción de agricultores y de su participación en los cultivos.

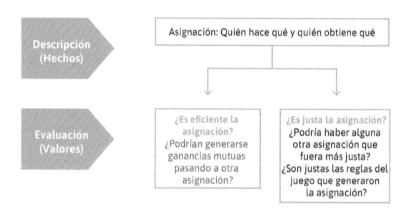

Figura 5.17 Eficiencia y justicia.

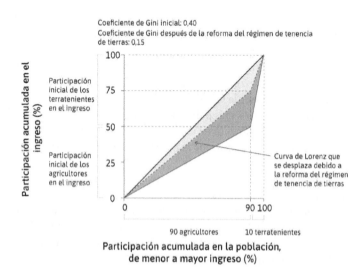

Figura 5.18 Negociación en la práctica: cómo una reforma del régimen de tenencia de tierras en Bengala Occidental redujo el coeficiente de Gini.

EINSTEIN

La curva de Lorenz y el coeficiente de Gini en una economía con división de clases y una población grande

Considere una población de 100 personas en la que una fracción, n, es responsable directa de generar la producción y el resto son empleadores (o terratenientes u otro tipo de agentes que no sean productores directos).

Tome como ejemplo los agricultores y terratenientes que analizamos en el texto (en Bengala Occidental). Cada uno de los $n \times 100$ agricultores produce q y recibe una fracción s de esa producción; es decir, cada agricultor ingresa sq. En cuanto a los $(1 - n) \times 100$ empleadores, cada uno recibe un ingreso de $(1 - s)q$.

La siguiente figura muestra la curva de Lorenz y la línea de igualdad perfecta, de manera similar a la figura 5.18 del texto.

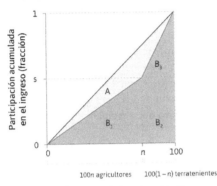

Figura 5.19 La curva de Lorenz y la línea de igualdad perfecta.

La pendiente de la línea que separa el área A de B_1 es s/n (la fracción del producto total que cada agricultor recibe), y la pendiente de la línea que separa el área A de B_3 es $(1 - s)/(1 - n)$, la fracción del producto total que reciben los terratenientes. Podemos realizar una aproximación al coeficiente Gini que expresamos como $A/(A + B)$, donde en la figura $B = B_1 + B_2 + B_3$.

Así que podemos expresar el coeficiente Gini en términos de los triángulos y rectángulos de esta figura. Para ver cómo, tenga presente que el área del cuadrado completo es uno, mientras que el área $(A + B)$, es decir, del triángulo por debajo de la línea de igualdad perfecta es $1/2$. El área A es $(1/2) - B$. Entonces podemos escribir el coeficiente Gini como:

$$g = \frac{(0,5) - (B_1 + B_2 + B_3)}{0,5} = 1 - 2(B_1 + B_2 + B_3)$$

En la figura podemos ver que

$$B_1 = \frac{ns}{2}$$
$$B_2 = (1-n)s$$
$$B_3 = \frac{(1-n)(1-s)}{2}$$

Entonces

$$g = 1 - 2\left(\frac{ns}{2} + (1-n)s + \frac{(1-n)(1-s)}{2}\right)$$
$$= 1 - (ns + 2s - 2ns + 1 - s + n + ns)$$
$$= n - s$$

Esto significa que, en este caso sencillo, el coeficiente de Gini se corresponde a la fracción de la población total que produce (los agricultores) menos la fracción del ingreso que reciben.

La desigualdad aumentará en este modelo si:

- La fracción de productores de la economía aumenta, pero la fracción total del producto que reciben no cambia. Este sería el caso si algunos de los terratenientes se convirtieran en agricultores arrendatarios, recibiendo cada uno una fracción s de lo que produjeran.
- La fracción del cultivo que perciben por los productores se reduce.

5.14 CONCLUSIONES

Las interacciones económicas están regidas por las instituciones, que son las que establecen las reglas del juego. Para comprender los resultados posibles, primero debemos considerar cuáles son las asignaciones técnicamente factibles, dados los límites impuestos por la biología y la tecnología. Luego, si la participación es voluntaria, buscamos asignaciones económicamente factibles: aquellas que proporcionan ganancias mutuas (un excedente) y que son, por ende, mejoras de Pareto respecto de las posiciones de reserva de las partes implicadas.

Cuál de las asignaciones factibles terminará materializándose es algo que depende del poder de negociación de cada parte, lo que determina cómo se repartirá un excedente y, a su vez, depende de las instituciones que gobiernan la interacción. Podemos evaluar y comparar asignaciones usando dos criterios importantes a la hora de juzgar las interacciones económicas: la justicia y la eficiencia en términos de Pareto.

Conceptos introducidos en el capítulo 5
Antes de continuar, revise las siguientes definiciones:

- Instituciones
- Poder
- Poder de negociación
- Asignación
- Criterio de Pareto, dominio en términos de Pareto y mejora de Pareto
- Eficiencia en términos de Pareto
- Curva de eficiencia de Pareto
- Conceptos sustantivo y procedimental de la justicia
- Rentas económicas (en comparación con la renta por alquiler del suelo)
- Excedente conjunto
- Curva de Lorenz y coeficiente de Gini

5.15 REFERENCIAS BIBLIOGRÁFICAS

Banerjee, Abhijit V., Paul J. Gertler y Maitreesh Ghatak. 2002. 'Empowerment and Efficiency: Tenancy Reform in West Bengal'. *Journal of Political Economy* 110 (2): pp. 239–280.

Clark, Andrew E. y Andrew J. Oswald. 2002. 'A Simple Statistical Method for Measuring How Life Events Affect Happiness' (https://tinyco.re/7872100). *International Journal of Epidemiology* 31(6): pp. 1139–1144.

Leeson, Peter T. 2007. 'An–arrgh–chy: The Law and Economics of Pirate Organization'. *Journal of Political Economy* 115 (6): pp. 1049–94.

Lorenz, Max O. 1905. 'Methods of Measuring the Concentration of Wealth'. *Publications of the American Statistical Association* 9 (70).

Pareto, Vilfredo. 1946. *Manual de Economía Política*. Buenos Aires: Atalaya.

Raychaudhuri, Ajitava. 2004. *Lessons from the Land Reform Movement in West Bengal, India*. Washington, DC: Banco Mundial.

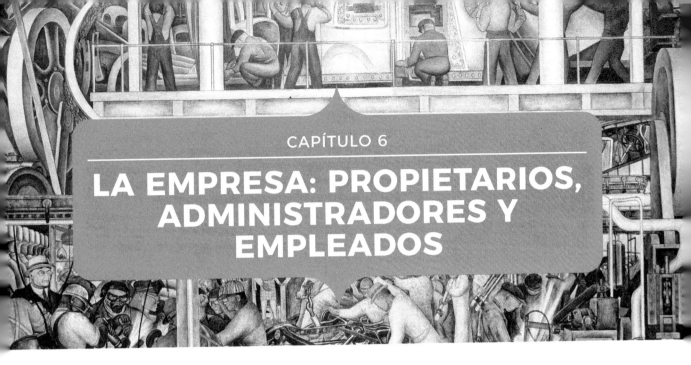

CAPÍTULO 6

LA EMPRESA: PROPIETARIOS, ADMINISTRADORES Y EMPLEADOS

CÓMO AFECTAN LAS INTERACCIONES ENTRE LOS PROPIETARIOS DE LA FIRMA, SUS ADMINISTRADORES Y LOS EMPLEADOS A LOS SALARIOS, AL TRABAJO Y A LA RENTABILIDAD DEL NEGOCIO; Y CÓMO AFECTA ESTO A TODA LA ECONOMÍA

TEMAS Y CAPÍTULOS INTEGRADORES

- 18: Economía global
- 19: Desigualdad
- 21: Innovación
- 22: Política y políticas públicas

- Las empresas son a la vez protagonistas de la economía capitalista, y un escenario en el que se desarrollan toda una serie de interacciones entre sus empleados, administradores y propietarios.
- Contratar trabajo es diferente a comprar otros bienes y servicios, y el contrato entre empleador y empleado es incompleto, ya que no cubre lo que más le importa al empleador: el esfuerzo y dedicación que el empleado pone en su trabajo.
- Los contratos incompletos se producen cuando la información relevante, como por ejemplo el esfuerzo del empleado, es asimétrica y no verificable.
- En Economía, el empleo se modela como un principal (el empleador) interactuando con un agente (el empleado).
- Se puede usar el modelo principal-agente para estudiar otras relaciones con contratos incompletos, como es el caso de la interacción entre un prestamista y un prestatario.
- Las empresas no pagan el menor salario posible. Fijan los salarios para que los empleados puedan obtener rentas económicas y tenerlos así motivados para que trabajen con eficacia y permanezcan en la empresa.
- En las empresas, la colaboración trae como resultado ganancias mutuas: rentabilidad para los dueños y rentas económicas para administradores y empleados. Ahora bien, los ingresos también generan desempleo involuntario en la economía.

El iPhone y iPad de Apple son productos icónicos de la alta tecnología estadounidense, aunque ninguno de los dos se ensambla en Estados Unidos. Hasta 2011, solo una única compañía, Foxconn, producía todos los iPhone y iPad en fábricas ubicadas en China, básicamente para aprovechar los bajos costos, incluidos los salariales.

La mayor parte de los componentes del iPhone y el iPad no provienen de China, sino de distintos lugares de todo el mundo. Varias compañías como Toshiba y Sharp fabrican en Japón muchos de los componentes, como la memoria flash, el módulo del monitor y la pantalla táctil, entre otros. Los microprocesadores los fabrica Samsung en Corea del Sur; y otros componentes los hace la firma Infineon en Alemania. Tal y como ocurre con otras empresas, Apple obtiene beneficios económicos trabajando con el proveedor que pueda ofrecer los insumos al menor costo posible, sin importar si el insumo es un componente o es trabajo, o el lugar del mundo en el que esté ubicado el proveedor.

El costo de ensamblar los componentes en China para obtener el producto final es bajo –supone el 4% del costo total– comparado con el costo de los componentes procedentes de economías de salarios altos como Alemania y Japón. Casi la mitad de los empleados de Apple en Estados Unidos se dedican a vender los productos Apple, no a fabricarlos, mientras que otras empresas compiten a nivel global para hacerse con el lucrativo negocio de suministrar a Apple los componentes que necesita. El costo de producir el iPhone es mucho menor que el precio que Apple cobra por él: en 2009, cuando la fabricación del iPhone 3G costaba 178 dólares, en Estados Unidos se vendía a un precio minorista de 499 dólares.

deslocalización Reubicación de parte de las actividades de una empresa fuera de los límites nacionales en los que opera. Puede tener lugar dentro de una empresa multinacional o implicar externalizar la producción a otras empresas subcontratadas.

Apple no es la única empresa que subcontrata (o **deslocaliza**) su producción a países que no son el mercado principal de sus productos finales. En la mayoría de las industrias manufactureras, las empresas con sede en países ricos han transferido una proporción significativa de su producción –realizada por empleados locales con anterioridad– a países más pobres donde los salarios son más bajos. Pero lo que Apple y otras empresas están buscando es más que únicamente una fuerza de trabajo barata. En algunos de los países que proveen a Apple, los salarios son más altos que en Estados Unidos (como en Alemania, por ejemplo).

Otros sectores, en particular la fabricación de prendas de vestir, en gran medida se han reubicado en economías de salarios bajos. Más del 97% de las prendas de vestir y el 98% del calzado que marcas y minoristas estadounidenses venden en Estados Unidos se fabrica en el extranjero. En la actualidad, China, Bangladesh, Camboya, Indonesia y Vietnam se han convertido en los principales exportadores de productos textiles y prendas de vestir. En los tiempos de la Revolución Industrial, el mayor exportador textil del mundo era Reino Unido.

Además, en los países en desarrollo, otros costos de negocio adicionales como los vinculados a las normas sanitarias y de seguridad y la regulación medioambiental, son mucho menores.

empresa o firma Organización comercial que paga salarios para emplear personas y compra insumos para producir bienes de mercado y servicios con la intención de obtener ganancias.

Apple, Samsung y Toshiba son organizaciones empresariales conocidas como **firmas o empresas**. Pero no todo el mundo es empleado de una empresa. Por ejemplo, muchos agricultores, carpinteros, desarrolladores de software o entrenadores personales trabajan de forma independiente; en estos casos, no existe ni empleado ni empleador; y otros, por su parte, trabajan para organizaciones gubernamentales u organizaciones sin ánimo de lucro. Ahora bien, la mayoría de la población de las naciones ricas del mundo se gana la vida trabajando en una empresa.

Las empresas son actores fundamentales en la economía y en este y el siguiente capítulo explicaremos cómo funcionan. A menudo se habla de ellas como si fueran una persona: hablamos sobre «el precio que cobra Apple».

Pero, si bien las empresas son actores –y en algunos sistemas legales se las trata como si fueran individuos–, también son el escenario en el que la gente que forma parte de la empresa (empleados, administradores y propietarios) opera en beneficio de sus respectivos intereses, a veces comunes, a veces en conflicto. En el video del economista especializado en temas laborales, Richard Freeman, se explican algunas de las consecuencias de la externalización para estos actores.

Para entender a la firma, utilizaremos un modelo que muestra cómo esta fija los salarios y cómo los empleados reaccionan a estos. En los capítulos anteriores ya hemos visto la importancia que tienen el trabajo y las empresas en la economía:

Richard Freeman: No puedes externalizar la responsabilidad
https://tinyco.re/0004374

- El trabajo es la forma en que las personas se ganan la vida. En el proceso de decidir cuánto tiempo gastar trabajando, las personas se enfrentan a una disyuntiva entre tiempo libre y los bienes que pueden producir, o el ingreso y salario que pueden obtener.
- Si un proceso productivo requiere combinar trabajo con otros insumos –como el trabajo de Ángela y la tierra de Bruno– entonces la distribución del excedente resultante de la interacción puede venir determinada por un contrato entre las partes que reflejará su respectivo poder de negociación.
- El que los individuos se especialicen en las tareas para las que tienen una ventaja comparativa puede reportar beneficios potenciales (a todas las partes implicadas).
- La división del trabajo puede coordinarse a través de un intercambio de mercado. En el primer capítulo, la especialización en grano o manzanas se coordinaba a través de la compraventa de grano y manzanas. En el capítulo cinco, la interacción entre Ángela y Bruno se coordinaba por medio de un contrato que permitía el intercambio del uso de la tierra por una parte de la cosecha.
- No obstante, en ocasiones, los individuos necesitan colaborar para generar algo que los beneficie a todos. Su éxito dependerá de sus preferencias y las estrategias que implementen para desalentar los comportamientos de polizones (*free riders*).
- Otra forma en la que el trabajo se puede coordinar y combinar con otros insumos es a través de la organización de una empresa o firma. Las empresas que vimos en el capítulo 2 producían tela, decidiendo cuánto carbón comprar y cuántos trabajadores contratar.

Hemos ilustrado cada una de estas conclusiones haciendo uso de modelos que arrojan luces sobre ciertos aspectos de la economía, al tiempo que dejan otros a un lado. En el capítulo 2, no consideramos cómo se determinaba la duración del día de trabajo mientras la economía crecía. En el capítulo 3 no planteamos un modelo sobre cómo se determinaba el salario o la tasa marginal de transformación de tiempo libre en bienes cuando analizábamos una decisión sobre horas laborales. En el capítulo 2 contamos una historia sobre intereses contrapuestos y salarios, pero no elaboramos un modelo de la interacción estratégica y la negociación hasta que llegamos a los capítulos 4 y 5. Y en el capítulo 5 usamos la historia de tan solo dos personas (imaginarias), llamadas Bruno y Ángela, para hacer un modelo de cómo la negociación puede afectar la eficiencia de Pareto y la justicia de las asignaciones económicas.

En este capítulo estudiaremos cómo se produce la coordinación del trabajo dentro de las empresas en una economía capitalista moderna.

Propondremos un modelo sobre cómo se determinan los salarios cuándo hay conflicto de intereses entre empleadores y empleados; y analizaremos qué implica eso para el proceso de reparto de las ganancias mutuas resultantes de la cooperación dentro de una empresa.

En el capítulo 7 analizaremos la empresa como actor que se relaciona con otras empresas y sus clientes.

6.1 EMPRESAS, MERCADOS Y LA DIVISIÓN DEL TRABAJO

La economía se compone de personas que hacen diferentes cosas: algunos producen los módulos del monitor de Apple y otros fabrican ropa para exportar. Producir módulos de monitor también involucra muchas tareas distintas, hechas por empleados diferentes dentro de Toshiba o Sharp, que los fabrican para Apple.

Dejando a un lado el trabajo que se realiza en las familias, en una economía capitalista, la **división del trabajo** se coordina principalmente de dos formas: a través de las empresas o de los mercados.

- En las empresas, distintas personas producen los componentes de los bienes en diferentes departamentos de la empresa, o incluso en diferentes empresas, y luego se ensamblan para, en última instancia, fabricar una camisa o un iPhone.
- O bien los componentes producidos por grupos de trabajadores en diferentes empresas pueden combinarse a través de interacciones de mercado entre esas empresas.
- A través de la compraventa de productos en el mercado, el iPhone llega del productor al bolsillo del consumidor y, al final, alguien acaba poniéndose la camisa de American Apparel.

Así pues, en este capítulo estudiaremos empresas, y en los capítulos que siguen estudiaremos mercados. El economista Herbert Simon imaginó el panorama que tendría un marciano para explicar por qué es importante estudiar ambos.

> **división del trabajo**
> Especialización de los productores para desarrollar diferentes tareas en el proceso productivo. *También conocida como: especialización.*

Entre las instituciones de las economías capitalistas modernas, la empresa rivaliza con el gobierno en importancia. John Micklethwait y Adrian Wooldridge explican cómo llegó a ser ese el caso. John Micklethwait y Adrian Wooldridge. 2003. *The Company: A Short History of a Revolutionary Idea.* Nueva York, NY: Modern Library. (trad. al castellano: *La empresa: historia de una idea revolucionaria.* Barcelona: Mondadori, 2003)

¿Por qué funcionan las empresas como lo hacen? Por ejemplo, ¿por qué son los propietarios de la empresa los que contratan a los trabajadores y no al revés? Randall Kroszner y Louis Putterman resumen este campo de la economía. Randall S. Kroszner y Louis Putterman (editors). 2009. *The Economic Nature of the Firm: A Reader.* Cambridge: Cambridge University Press. (trad. al castellano: *La naturaleza económica de la empresa.* Madrid: Alianza Editorial, 1994)

GRANDES ECONOMISTAS

Herbert Simon

Herbert «Herb» Simon (1916–2001) proponía a sus lectores imaginar un visitante de Marte equipado con un telescopio con capacidad de revelar la estructura social. Si se mirara la Tierra desde Marte, ¿qué es lo que nuestro visitante vería? Las compañías podrían verse como campos verdes, sugirió, con las divisiones y departamentos delimitados por tenues contornos en su interior. Conectando estos campos, habría líneas rojas de compra y venta. En el interior de los campos habría líneas azules de autoridad que conectarían a jefe y empleado, capataz y trabajador de línea de ensamblaje, mentor y pupilo.

Tradicionalmente, los economistas se han enfocado en el mercado y en el establecimiento competitivo de los precios. Pero Simon sugirió que para un visitante de Marte:

> «Las organizaciones serían la característica dominante del paisaje. Un mensaje enviado de vuelta a casa, describiendo la escena, hablaría de "amplias zonas verdes interconectadas por líneas rojas". Sería poco probable que hablase de "una red de líneas rojas conectando puntos verdes".» Herbert Simon, Organizaciones y Mercados (1991)

Herbert A. Simon. 1991. 'Organizations and Markets' (https://tinyco.re/2460377). *Journal of Economic Perspectives* 5 (2): pp. 25–44.

Con formación en ciencias políticas, el deseo de Simon por entender la sociedad lo llevó a estudiar ambas instituciones (organizaciones y mercados), así como también la mente humana: para abrir la «caja negra» de las motivaciones que los economistas habían dado por sentadas. Simon obtuvo reconocimiento en el ámbito de distintas disciplinas, como las ciencias de la computación, la psicología y, por supuesto, la economía, llegando incluso a ganar el premio Nobel en 1978.

Una empresa, señaló, no es simplemente un agente que actúa para que oferta y demanda coincidan. Se trata de una organización compuesta por individuos, cuyas necesidades y deseos podrían entrar en conflicto. ¿Cómo podrían resolverse estas diferencias? Simon se preguntó en qué circunstancias los trabajadores pasarían de una relación contractual (la «venta» de una tarea particular y predefinida) a una relación laboral (en la que el jefe dicta la tarea una vez firmado el contrato, es decir, después de la «venta»: la relación laboral fundamental en una empresa).

Simon explicó que, cuando la tarea deseada es fácil de especificar en un contrato, esta relación la podemos ver simplemente como una de pago-por-trabajo. Sin embargo, un contexto de alta incertidumbre (por ejemplo, si el empleador no sabe de antemano qué es lo que se necesita hacer) podría hacer imposible especificar contractualmente qué es lo que el trabajador tiene que hacer exactamente y, en ese caso, el resultado sería una relación empleador-empleado, la típica dentro de las empresas.

Herbert A. Simon. 1951. 'A Formal Theory of the Employment Relationship' (https://tinyco.re/0460792). *Econometrica* 19 (3).

En estos primeros trabajos ya pueden identificarse dos de los intereses permanentes de Simon: la complejidad de las relaciones económicas, pudiendo darse el caso de que alguien venda obligaciones descritas de manera incompleta en el correspondiente contrato, y el rol de la incertidumbre en el cambio de la naturaleza de la toma de decisiones. Su argumento mostró la aparición del «jefe».

Entender cómo una relación contractual se convierte en una relación laboral solamente implica que conocemos una relación en particular entre dos miembros de una organización, pero aún queda por explicar la empresa como un todo: los campos verdes del marciano.

¿Qué hace que una organización sea buena? Esta es una pregunta tanto para psicólogos como para economistas, ya que sabemos que los incentivos que vinculan las recompensas individuales con el éxito de la organización parecen tener efectos limitados.

La carrera intelectual de Simon puede compararse con la de otro gran economista, Friedrich Hayek, cuyas ideas examinaremos en detalle en el capítulo 11. Ambos estaban interesados en cómo pueden prosperar las sociedades en un contexto de incertidumbre y agentes imperfectos. Para Hayek, el mecanismo de precios lo era todo: un dispositivo para recabar y procesar grandes cantidades de información y sincronizar sistemas de diferentes tamaños arbitrarios.

Para Simon, sin embargo, el mecanismo de precios tenía que complementarse –incluso suplantarse– con instituciones y gobiernos mejor preparados para gestionar la incertidumbre y los cambios rápidos. Estos «mecanismos de autoridad» alternativos se basan en aspectos solo de la psique humana que únicamente se comprenden en parte: la lealtad, la identificación con el grupo y la satisfacción creativa.

Poco antes de su muerte en 2001, Simon había visto cómo muchas de sus ideas se habían incorporado en el pensamiento económico dominante. La economía del comportamiento (behavioural economics, en inglés) radica en sus intentos de construir teorías económicas que reflejen los datos empíricos. La visión de Simon desde Marte muestra que la economía no puede ser una ciencia independiente y autónoma: un economista necesita ser un matemático que trabaje con conjuntos de decisiones y utilidades, pero también un psicólogo social que analice las motivaciones en las relaciones humanas.

La coordinación del trabajo

La forma en que el trabajo se coordina dentro de las empresas es diferente a la forma en que se coordina en los mercados:

- *Las empresas representan una concentración de poder económico:* este poder se pone en manos de dueños y administradores que imparten órdenes a diario, con la expectativa de que sus empleados las cumplan. Una «orden» en una empresa es de obligado cumplimiento.
- *Los mercados se caracterizan por descentralizar el poder:* las compras y las ventas que se realizan en el mercado son el resultado de las decisiones autónomas de compradores y vendedores. Una «orden» en un mercado es una solicitud de compra que puede ser rechazada por el vendedor, si así lo estima conveniente.

Los precios que motivan y limitan las acciones de las personas en un mercado son resultado de las acciones de miles o millones de individuos, y no una decisión de alguien con autoridad. El concepto de la propiedad privada limita de manera específica lo que un gobierno o cualquier otra persona puede hacer con sus posesiones.

En cambio, en una empresa, los propietarios o sus administradores dirigen las actividades de sus empleados, que pueden llegar a ser miles o incluso millones. Los administradores de Walmart, el minorista más grande del mundo, gestionan las actividades de 2,2 millones de empleados, un contingente de personas mayor que cualquier ejército en el mundo antes del siglo XIX. Walmart es una empresa excepcionalmente grande, pero lo que no es excepcional es el hecho de reunir a un gran número de personas para que trabajen juntas de forma coordinada (por los administradores) para lograr beneficios económicos.

Las empresas no se forman espontáneamente ni desaparecen luego como si fueran *flashmobs*. Como cualquier organización, las empresas tienen una estructura de toma de decisiones y formas de imponer dichas decisiones a las personas que la conforman. Cuando decimos que «Apple externalizó su producción de componentes» o que «una empresa fijó un precio de 10,75 dólares», lo que queremos decir es que un proceso de toma de decisiones dentro de la empresa condujo a estas acciones.

La figura 6.1 es una imagen simplificada de los actores presentes en una empresa y de la estructura de toma de decisiones.

Las flechas punteadas ascendentes de la figura representan un problema de **información asimétrica** entre los diferentes niveles jerárquicos de las empresas (propietarios y administradores, administradores y trabajadores). Como los dueños y administradores no siempre saben lo que saben sus subordinados, no todas sus órdenes e instrucciones (flechas grises hacia abajo) se ejecutan necesariamente.

Esta relación entre la empresa y sus empleados contrasta con la relación de la firma con sus clientes, que estudiaremos en el siguiente capítulo. Una panadería no puede escribirles a sus clientes para decirles que «aparezcan a las 8 a.m. y compren dos panes a un precio de 1 euro cada uno». Sí podría tentar a sus clientes con una oferta especial, pero, a diferencia del empleador con sus empleados, no puede exigirles que aparezcan. Cuando compra o vende algo, generalmente lo hace de forma voluntaria. Al comprar o vender, responde a los precios, no a órdenes.

Estos dos libros describen los derechos de propiedad, las estructuras de autoridad y las interacciones de mercado que caracterizan a la empresa capitalista moderna.

Henry Hansmann. 2000. *The Ownership of Enterprise.* Cambridge, MA: Belknap Press.

Oliver E. Williamson. 1985. *The Economic Institutions of Capitalism.* Nueva York, NY: Collier Macmillan.

> **información asimétrica**
> Información relevante para las partes en una interacción económica, pero que unos conocen y otros no. *Ver también: selección adversa, riesgo moral.*

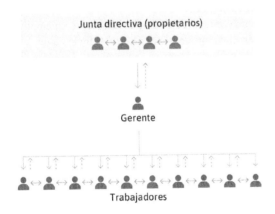

Figura 6.1 Los actores de la empresa y la toma de decisiones y estructuras de información en el seno de esta.

1. Los propietarios deciden las estrategias a largo plazo
Los propietarios, a través de su junta directiva, deciden las estrategias a largo plazo de la empresa con respecto a cómo, qué y dónde producir, y luego ordenan a los gerentes que pongan en práctica esas decisiones.

2. Los gerentes asignan trabajadores a las diferentes tareas
Cada gerente asigna a los trabajadores las tareas necesarias para que esas decisiones se pongan en práctica e intenta garantizar que las tareas se lleven a cabo.

3. Flujos de información
Las flechas verdes representan flujos de información. Las flechas verdes ascendentes tienen líneas discontinuas porque, a menudo, los trabajadores saben cosas que los gerentes ignoran y los gerentes saben cosas que los propietarios ignoran.

La empresa es diferente: se define por tener una estructura de toma de decisiones en la que algunas personas tienen poder sobre otras. Ronald Coase, el economista que instauró el estudio de la empresa como escenario y actor, escribió:

Ronald H. Coase. 1937. 'The Nature of the Firm' (https://tinyco.re/4250905). *Economica* 4 (16): pp. 386–405.

«Si un trabajador pasa del departamento Y al departamento X, no lo hace porque hayan cambiado los precios, sino porque se le ordena que lo haga … El rasgo característico de la empresa es la supresión del mecanismo de precios.» Ronald H. Coase, «The Nature of the Firm» [La naturaleza de la empresa] (1937)

Ronald H. Coase. 1992. 'The Institutional Structure of Production' (https://tinyco.re/1636715). *American Economic Review* 82 (4): pp. 713–19.

Coase señaló que, en una economía capitalista, la empresa es una economía en miniatura, de propiedad privada y planificada centralmente. Su estructura vertical de toma de decisiones se asemeja a la dirección centralizada de la producción de las economías de muchos países comunistas (al igual que Estados Unidos y el Reino Unido durante la Segunda Guerra Mundial).

Contratos y relaciones

Las diferencias entre mercados y empresas son claras cuando consideramos los diferentes tipos de **contratos** que forman la base del intercambio.

Un contrato de venta de un automóvil transfiere la propiedad, lo que significa que el nuevo propietario pasa a poder usar el automóvil y excluir a otros de su uso. Un contrato de arrendamiento de un departamento no transfiere la propiedad del departamento (que incluiría el derecho a venderlo); ahora bien, sí que concede al arrendatario que lo ocupa un conjunto limitado de derechos sobre él, incluyendo el derecho a excluir a otros (incluso al dueño) de su uso.

contrato Documento legal o entendimiento que especifica un conjunto de acciones que las partes del contrato deben emprender.

Con base en un contrato de **trabajo asalariado**, un empleado otorga al empleador el derecho a ordenarle estar en el trabajo en unos horarios específicos y, durante ese tiempo, se compromete a aceptar la autoridad del empleador sobre el uso de su tiempo mientras esté en el trabajo.

El empleador no se convierte en el propietario del empleado como resultado del contrato. Si así fuera, el empleado sería en realidad un esclavo. Podríamos decir que el empleador ha «arrendado» al empleado durante una parte del día. En resumidas cuentas:

trabajo asalariado Sistema en el que a los productores se les paga por el tiempo que trabajan para sus empleadores.

- Los contratos en relación con bienes vendidos en los mercados, transfieren la *propiedad* del bien del vendedor al comprador.
- Los contratos de trabajo suponen que el empleado otorga temporalmente *autoridad* al administrador o propietario para que dirija sus actividades.

Las empresas difieren de los mercados en otro sentido también: las interacciones sociales en el interior de las firmas pueden llegar a extenderse a veces durante décadas, incluso durante toda la vida. En los mercados, en cambio, realizamos compras en distintos lugares y, por tanto, nuestras interacciones son por lo general de corta duración, es decir, no se repiten. Una de las razones que explican esta diferencia es que trabajar en una empresa –como administrador o como empleado– supone adquirir una red de socios que son esenciales para poder hacer un buen trabajo. Algunos de nuestros compañeros de trabajo se convertirán en nuestros amigos.

Además, administradores y empleados también adquieren habilidades técnicas y sociales que son específicas de la empresa en la que trabajan.

Oliver Williamson, un economista, denominó a estas habilidades como redes y a las amistades las bautizó como **activos específicos de empresa** o **de relación** porque solo conservan su valor mientras el empleado sigue en la empresa. Cuando los empleados se marchan de esta, esos activos pierden su valor. Piense en cómo se diferencia esto de las interacciones sociales que se dan en el mercado: pese a que, por lo general, usted conoce el rostro o incluso el nombre de la persona a quien le compra o le vende algo, la relación suele ser temporal y, por lo tanto, ese conocimiento a menudo tiene muy poco valor.

Este hecho social cobra importancia económica cuando los cambios económicos afectan las interacciones sociales.

Imagine cómo cambiaría su vida como comprador si su supermercado local cerrara mañana. Tendría que encontrar un nuevo lugar doóde comprar y le podría llevar unos minutos aprender dónde están ubicados los distintos productos.

Ahora suponga qué cambiaría si la compañía en la que trabaja cerrara sus puertas mañana. Perdería usted su red de compañeros de trabajo, sus amistades del trabajo y de un día para otro, sus habilidades sociales y técnicas específicamente vinculadas a la empresa se convertirían en conocimiento inútil. Podría tener que mudarse a otra ciudad: sus hijos tendrían que cambiar de escuela, con lo cual perderían sus amistades también.

Así pues, las personas que constituyen la empresa –propietarios, administradores y empleados– están unidos por el interés común del éxito de la empresa, porque todos se verían afectados si fracasa. Sin embargo, al mismo tiempo se da una situación de intereses en conflicto en cuanto a cómo distribuyen los excedentes entre ellos (salarios de los trabajadores, sueldos de los administradores y beneficios de los propietarios), y también pueden tener desacuerdos sobre otras políticas de la empresa, como las condiciones de trabajo, los privilegios de los administradores o quién toma las decisiones clave (por ejemplo, si Apple debería ensamblar los iPhones en China o en Estados Unidos).

> **activos específicos de firma** Algo que una persona posee o puede hacer que tiene más valor en la empresa en la que trabaja actualmente que en su siguiente mejor alternativa.

EJERCICIO 6.1 LA ESTRUCTURA DE UNA ORGANIZACIÓN
En la figura 6.1 mostramos los actores y la estructura de toma de decisiones de una empresa típica.

1. ¿Cómo se compararía esa empresa típica con los actores y la estructura de toma de decisiones de estas tres organizaciones: Google (https://tinyco.re/0428409), Wikipedia (https://tinyco.re/6233386) y una granja familiar?
2. Dibuje un diagrama de estructura organizacional al estilo de la figura 6.1 para representar cada una de estas entidades.

PREGUNTA 6.1 ESCOJA LA(S) RESPUESTA(S) CORRECTA(S)
¿Cuál de las siguientes afirmaciones es correcta?

☐ Un contrato laboral transfiere la propiedad del empleado al empleador.
☐ La oficina donde trabaja el empleado es un activo específico de relación porque el empleado no puede usarlo después de dejar la empresa.
☐ En un contrato laboral, una de las partes contratantes tiene el poder de dar órdenes a la otra parte, pero ese poder no se da en un contrato de compraventa.
☐ Una empresa es una estructura que implica la descentralización del poder hacia los empleados.

6.2 EL DINERO DE LOS DEMÁS: SEPARACIÓN ENTRE PROPIEDAD Y CONTROL

Los beneficios de la empresa pertenecen legalmente a las personas propietarias de los activos de la misma, entre los que están incluidos los bienes de capital. Los propietarios dirigen a otros miembros de la empresa para que actúen de un modo que contribuya a los beneficios de esta. Esto, a su vez, incrementará el valor de los activos y aumentará la riqueza de los propietarios.

Los dueños se llevan todo lo que queda después de que los ingresos (que provienen de la venta de los productos) se utilicen para pagar a empleados, administradores, proveedores, acreedores e impuestos. El beneficio es *residual*: es lo que queda de los ingresos después de estos pagos. Los propietarios reclaman para sí este beneficio, razón por la cual son también llamados **beneficiarios residuales**. Los administradores (a menos que sean también propietarios) no son beneficiarios residuales, ni tampoco lo son los empleados.

Este reparto de los ingresos tiene implicaciones importantes. Un trabajo bien hecho, realizado por un administrador o un empleado, que haga que los ingresos de la empresa aumenten, beneficiará a los propietarios pero, a menos que resulte en un ascenso, un bono o un aumento salarial, *no beneficiará a los administradores ni a los empleadores*. Esta es una razón por la que consideramos que la empresa es un escenario; uno en el que no todos los actores tienen los mismos intereses.

En las empresas pequeñas, los propietarios son también comúnmente los administradores a cargo de las decisiones operativas y estratégicas. Por ejemplo, piense en un restaurante propiedad de un solo dueño que es quien decide tanto el menú como las horas de funcionamiento, las estrategias de marketing, la elección de los proveedores, la cantidad de personal y los salarios. En la mayoría de los casos, el propietario intentará maximizar los beneficios de la empresa ofreciendo a los clientes el tipo de comida y ambiente que quieren a precios competitivos. Y, a diferencia de Apple, el propietario no puede externalizar el lavado de platos o el servicio de mesa a un lugar que tenga salarios bajos.

> **beneficiario residual** Persona que recibe los ingresos restantes de una empresa u otro proyecto después del pago de todos los costos contractuales (por ejemplo, el costo de contratar trabajadores y pagar impuestos).

Las grandes corporaciones, por lo general, tienen muchos propietarios. La mayoría de ellos no desempeñan ningún papel en la administración. Los dueños de la empresa pueden ser individuos y/o también instituciones como fondos de pensiones, que son propietarios de las **acciones** emitidas por la firma. Emitiendo acciones destinadas al público general, una compañía puede incrementar su capital con el fin de financiar su crecimiento, dejando las decisiones estratégicas y operativas en manos de un grupo relativamente pequeño de administradores especializados.

Estas decisiones incluyen: qué, dónde y cómo fabricar el producto, o cuánto pagarles a los empleados y administradores. La alta dirección de una empresa también es responsable de decidir cuánto de los beneficios de la firma distribuir a los accionistas en forma de dividendos, y cuánto conservar para poder financiar el crecimiento de la compañía. Por supuesto, los propietarios también se benefician del crecimiento de la empresa, ya que lo que poseen es parte del valor de esta, que se incrementa cuando crece.

Cuando los administradores deciden sobre el uso de los fondos de otras personas estamos ante una **separación entre propiedad y control**.

La separación entre propiedad y control también puede llevar a un potencial conflicto de interés.

Las decisiones de los administradores afectan los beneficios, y los beneficios determinan los ingresos de los propietarios. Sin embargo, el interés de los administradores no siempre es maximizar los beneficios. En vez de eso, los administradores podrían realizar acciones que los beneficien a ellos, aunque vayan en detrimento de los intereses de los propietarios, como por ejemplo, gastar lo máximo posible con las tarjetas de crédito de la compañía o buscar incrementar su propio poder y prestigio, incluso si esto no es del interés de los accionistas.

Aun las empresas con propietario único, no necesariamente *están obligadas* a maximizar sus beneficios. Los dueños de restaurantes podrían elegir un menú que les guste a ellos o contratar camareros que sean sus amigos. Ahora bien, a diferencia de los administradores, cuando eso resulte en una pérdida de beneficios para la compañía, el costo lo pagarán directamente de su bolsillo.

En el siglo XVIII, Adam Smith observó la tendencia de la alta dirección de las empresas a satisfacer más sus propios intereses que los de los accionistas. Esto le llevó a decir lo siguiente sobre los administradores de las compañías:

«De los directores de tales compañías, sin embargo, siendo los administradores del dinero de otros y no del suyo propio, no puede esperarse que lo vigilen con la misma ansiosa diligencia con la que los socios partícipes en una sociedad privada frecuentemente vigilan el suyo propio … La negligencia y la profusión, por lo tanto, siempre prevalecerán, menos o más, en la administración de los negocios de tales compañías». Adam Smith, *La riqueza de las naciones* (1776)

acciones Parte de los activos de una empresa que puede comprarse y venderse. Una acción da a su titular derecho a recibir una proporción de las ganancias de la empresa y a beneficiarse cuando los activos de esta aumenten de valor. *También se conocen como: acciones comunes.*

separación entre propiedad y control Característica de algunas empresas en la que los gerentes son un grupo separado de los propietarios.

polizón o viajar gratis (*free ride*)
Beneficiarse de las contribuciones de otros a un proyecto cooperativo sin aportar nada.

Smith no conocía la empresa moderna, pero entendió los problemas que surgen de la separación entre propiedad y control. Los propietarios tienen dos formas de incentivar a los administradores para que sirvan a sus intereses. Pueden estructurar los contratos de modo que sus ingresos dependan de la evolución de la cotización de las acciones de la compañía. Además, los propietarios cuentan también con la junta directiva de la empresa, que vigila constantemente el desempeño de la administración y representa a los accionistas, por lo general a través de algunos miembros con participación significativa en la propiedad de la empresa (como, por ejemplo, un representante de un fondo de pensiones). La junta tiene autoridad para despedir administradores, y los accionistas, a su vez, tienen derecho a remplazar a los miembros de la junta. Los dueños de grandes compañías con muchos accionistas raramente ejercen esta autoridad, en parte porque los accionistas son un grupo grande y diverso al que le cuesta coordinarse y reunirse para tomar decisiones. En ocasiones, sin embargo, este problema del ***free-rider* o polizón** se supera, y un accionista con una participación considerable en la compañía puede liderar al resto de los accionistas en una revuelta de accionistas para de cambiar o influir en la alta dirección.

Cuando suponemos que las empresas siempre maximizan sus beneficios, estamos haciendo una simplificación, pero una razonable en la mayoría de los casos:

- *Los propietarios tienen un gran interés en la maximización de los beneficios:* porque es la base de su riqueza.
- *La competencia de mercado que se genera entre las empresas penaliza e incluso elimina a aquellas que no logran beneficios significativos para sus propietarios:* Observamos este proceso en los capítulos 1 y 2 como parte de la explicación de la revolución tecnológica permanente, y también se aplica para todos los aspectos de la toma de decisiones de la empresa.

PREGUNTA 6.2 ESCOJA LA(S) RESPUESTA(S) CORRECTA(S)
¿Cuál de las siguientes afirmaciones sobre la separación entre propiedad y control es verdadera?

☐ Cuando la propiedad y el control de una firma se separan, los gerentes se convierten en los beneficiarios residuales.

☐ Los gerentes siempre trabajan con el objetivo de maximizar las ganancias de la empresa.

☐ Una forma de abordar el problema asociado con la separación de la propiedad y el control es pagarles a los gerentes un salario que dependa de la evolución del precio de las acciones de la empresa.

☐ Resulta eficaz para los accionistas realizar un seguimiento del desempeño de la gerencia en una empresa que sea propiedad de un gran número de accionistas.

6.3 EL TRABAJO AJENO

La empresa no administra solamente, como dijo Smith, «el dinero de otros». Aquellos que toman decisiones en una empresa también deciden acerca del uso del trabajo ajeno: los esfuerzos de sus empleados. Las personas participan en las empresas porque están mejor siendo parte de ellas. Como en todas las interacciones económicas voluntarias, existen beneficios mutuos. Y al igual que surgen conflictos entre los propietarios y los administradores, generalmente también habrá diferencias entre los propietarios y administradores, por un lado, y empleados, por el otro, con relación a cómo usará la empresa la fuerza, la creatividad y el resto de habilidades de sus empleados.

Los beneficios de una compañía dependen (antes del pago de impuestos) de tres cosas:

- los costos de adquirir los insumos necesarios para el proceso productivo
- el volumen de producción (cuánto pueden producir con estos insumos)
- los ingresos por ventas obtenidos vendiendo bienes o servicios

En el capítulo 2 vimos cómo una compañía podía aumentar su producción sin incrementar sus costos al adoptar una nueva tecnología. En el capítulo 7 estudiaremos cómo decide una empresa qué precio cobrar. Ahora estudiaremos cómo las empresas minimizan los costos de adquirir la mano de obra necesaria para producir los bienes y servicios que venden.

Contratar empleados es diferente a comprar otros bienes y servicios. Cuando compramos una camisa o le pagamos a alguien para que corte el césped, está claro lo que obtenemos a cambio del pago realizado. Si no lo obtenemos, no lo pagamos. Si ya habíamos pagado, podemos demandar judicialmente y exigir nuestro dinero de vuelta.

Pero una firma no puede redactar un contrato de trabajo exigible que especifique las tareas exactas que los empleados tienen que realizar para que les paguen. Esto es así por tres razones:

- Cuando una empresa redacta el contrato que regula la relación laboral con un trabajador, no puede saber exactamente qué necesitará que haga el empleado porque esto vendrá determinado por eventos futuros imprevistos.
- Sería impracticable o demasiado costoso para la empresa observar exactamente el esfuerzo que ponen en el trabajo todos y cada uno de los empleados.
- Incluso si la empresa obtuviera de algún modo toda esa información, esta no podría servir de base para un contrato cuyo cumplimiento sea factible exigir.

Para entender este último punto, considere a la dueña de un restaurante, a quien le gustaría que su personal ofreciera un servicio amable a los clientes. Imagine lo difícil que sería para un juzgado decidir si el propietario puede negarle el salario a una camarera porque no sonrió lo suficiente.

Un contrato de trabajo omite cuestiones que les importan tanto a los empleados como a los dueños del negocio: cuánto y qué tan bien trabajarán los empleados, y cuánto tiempo se quedarán. A causa de esta **falta de completitud contractual**, pagar el menor salario posible casi nunca es la estrategia elegida por la empresa para minimizar los costos de adquirir el trabajo que necesita.

contrato incompleto Contrato que no especifica, de manera ejecutable, todos los aspectos del intercambio que afecten los intereses de todas las partes involucradas (u otros).

EJERCICIO 6.2 CONTRATOS INCOMPLETOS

Piense en dos o tres trabajos con los que está familiarizado, tal vez un maestro, un trabajador de la distribución minorista, un enfermero o un oficial de policía.

En cada caso, indique por qué el contrato de trabajo es necesariamente incompleto. ¿Qué partes importantes del trabajo de la persona –cosas que el empleador quisiera ver al empleado hacer o no hacer– no pueden cubrirse en un contrato o, si se cubren, no se pueden hacer cumplir?

GRANDES ECONOMISTAS

Karl Marx

Adam Smith, que escribió en la época del nacimiento del capitalismo en el siglo XVIII, se convirtió en su más famoso defensor. Karl Marx (1818–1883), que vio cómo el capitalismo maduraba en las ciudades industriales de Inglaterra, se convirtió en su crítico más famoso.

Nacido en Prusia (ahora parte de Alemania), se distinguió como alumno de un colegio jesuita por su rebeldía. En 1842 se convirtió en escritor y editor de la *Rheinische Zeitung*, un periódico liberal que el gobierno acabó cerrando. Después se mudó a París, donde conoció a Friedrich Engels, con quien colaboró para escribir *El manifiesto comunista* (1848). Luego se mudó a Londres en 1849. Al principio, Marx y su esposa Jenny vivieron en la pobreza. Luego empezó a ganarse algo de dinero, escribiendo para el *New York Tribune* sobre los acontecimientos políticos que se producían en Europa.

Marx veía al capitalismo tan solo como el más reciente orden económico en una sucesión de muchos en el que las personas vivían desde la prehistoria. La desigualdad no era propia del capitalismo únicamente, observaba Marx –la esclavitud, el feudalismo y muchos otros sistemas económicos han compartido esta característica–, pero el capitalismo también generaba cambios continuos y crecimiento constante de la producción.

Marx fue el primer economista en entender por qué la economía capitalista era el sistema económico más dinámico de la historia de la humanidad. El cambio perpetuo surge, dice Marx, porque los capitalistas solo pueden sobrevivir introduciendo nuevas tecnologías y productos, buscando maneras de disminuir los costos y reinvirtiendo sus beneficios en negocios que crezcan a perpetuidad.

Esto, afirma Marx, inevitablemente causa conflictos entre empleadores y trabajadores. La compraventa de bienes en un mercado es una transacción entre iguales: nadie está en posición de obligar a nadie a comprar o vender. En el mercado laboral, en el que los dueños del capital son compradores y los trabajadores son vendedores, las apariencias de libertad e igualdad son, para Marx, ilusiones.

Karl Marx. (1848) 2010. *El manifiesto comunista*. Barcelona: Ediciones Península, 2019.

Los empleadores no compran el trabajo de los empleados porque, como hemos visto en este capítulo, este no puede comprarse. En lugar de eso, el salario permite al empleador «alquilar» a los trabajadores y dirigirlos dentro de la compañía. Los trabajadores no son propensos a la desobediencia porque podrían perder su trabajo e ingresar en lo que se conoce, según la frase que usó Marx en *El Capital* (1867), como el «ejército industrial de reserva» de los desempleados. Marx pensaba que el poder que ejercían los empleadores sobre los trabajadores era un defecto intrínseco del capitalismo.

Igualmente influyentes fueron las perspectivas de Marx en otros ámbitos como la historia, la política y la sociología. Él pensaba que la historia estaba condicionada de manera decisiva por la interacción de la escasez económica, el progreso tecnológico y las instituciones económicas, y que los conflictos políticos surgían a raíz de conflictos en torno a cómo se distribuye el ingreso y cómo se organizan esas instituciones. También pensaba que el capitalismo, al organizar la producción y la distribución de dicha producción en mercados anónimos, creaba individuos atomizados más que comunidades integradas.

En años recientes, los economistas han vuelto a los temas planteados en el trabajo de Marx para intentar explicar las crisis económicas. Entre estos temas figuran: la empresa como un escenario de conflicto y de ejercicio del poder (este capítulo), el papel del progreso tecnológico (capítulos 1 y 2) y los problemas creados por la desigualdad (capítulo 19).

Karl Marx. (1848) 2010. *El manifiesto comunista.* Barcelona: Ediciones Península, 2019. Karl Marx. 1906. *El capital.* Llinars del Vallès, Barcelona: Iberlibro, 2008.

El Capital es extenso y aborda varios temas, pero usted pude usar un archivo de búsqueda (https://tinyco.re/9166776) para encontrar las citas que necesite.

¿Por qué no es posible para las empresas sencillamente pagar a los empleados en función de su productividad? Por ejemplo, pagar a los empleados de una fábrica de ropa 2 dólares por cada prenda que terminen. Este método de pago conocido como **salario por pieza**, ofrece a los empleados un incentivo para esforzarse: cuantas más prendas fabriquen, más dinero se llevarán a casa.

A fines del siglo XIX, el salario de más de la mitad de los trabajadores de la industria manufacturera estadounidense se basaba en planes de salario por pieza, o a destajo. Sin embargo, en la economía moderna el salario por pieza no está muy extendido. A comienzos del siglo XXI, menos del 5% de los trabajadores de la industria manufacturera estadounidense cobraban con base en un sistema de salario por pieza y, fuera del sector manufacturero, este tipo de salario es aún menos frecuente.

¿Por qué en la actualidad las empresas no usan este método sencillo para animar a sus empleados a esforzarse más?

salario por pieza Tipo de empleo en el que se paga al trabajador una cantidad fija por cada unidad de producto fabricada.

Susan Helper, Morris Kleiner y Yingchun Wang. 2010. 'Analyzing Compensation Methods in Manufacturing: Piece Rates, Time Rates, or Gain-Sharing?' (https://tinyco.re/4437027). NBER Working Papers No. 16540, National Bureau of Economic Research, Inc.

- Es muy difícil medir la producción de un empleado en las economías modernas basadas en los servicios y el conocimiento (piense en un oficinista o en alguien que preste servicios de cuidado en el hogar a un adulto mayor).
- Los empleados pocas veces trabajan solos, por lo tanto, medir la contribución individual de cada trabajador es difícil (piense en un equipo de una compañía de marketing que está trabajando en una campaña publicitaria o en el personal de cocina de un restaurante).

Si los salarios por pieza no son prácticos, entonces ¿qué otro método podría usar la empresa para lograr que los trabajadores se esfuercen más? ¿Cómo podría la compañía plantear un incentivo que anime a hacer bien el trabajo, incluso en caso de que al trabajador se le page por tiempo y no por producción? De igual modo que los dueños de la empresa protegen sus propios intereses cuando vinculan el sueldo de los administradores de la empresa a la cotización de la acción, el administrador usa incentivos para que los empleados trabajen de manera más eficiente.

PREGUNTA 6.3 ESCOJA LA(S) RESPUESTA(S) CORRECTA(S)
¿Cuáles de las siguientes afirmaciones son razones válidas para explicar por qué los contratos de trabajo son incompletos?

☐ La empresa no puede obligar por contrato a un empleado a no marcharse.
☐ La empresa no puede especificar cada eventualidad en un contrato.
☐ La empresa no puede observar exactamente cómo está cumpliendo el contrato un empleado.
☐ El contrato está sin terminar.

6.4 RENTAS DEL TRABAJO

Hay muchas razones por las cuales la gente trabaja bien. Para muchas personas trabajar bien es ya en sí una recompensa: no hacerlo, iría en contra de su ética del trabajo. Incluso aquellos que no se motivan intrínsecamente por esforzarse en el trabajo y hacerlo bien, muchas veces experimentan sentimientos de responsabilidad hacia los otros empleados o hacia su empleador, que suponen una fuerte motivación para trabajar.

Para algunos, esforzarse en el trabajo es una forma de responder a un sentimiento de gratitud hacia el empleador por un trabajo que les proporciona buenas condiciones laborales. En otros casos, las empresas identifican equipos de trabajadores cuyo producto es fácilmente medible –por ejemplo, el porcentaje de salidas a tiempo, en el caso del personal de aeropuerto de una aerolínea– y pagan una recompensa a todo el grupo, que se divide entre sus miembros a partes iguales.

Pero, en el fondo, existe otra razón para querer hacer un buen trabajo: el temor a ser despedido o a perder la oportunidad de ser ascendido a un puesto que ofrezca mejor salario y mayor estabilidad laboral.

Tanto las leyes como las prácticas habituales en cuanto a la finalización justificada de una relación laboral (es decir, debida a una calidad del trabajo inadecuada o excesivamente baja, no provocada por una demanda insuficiente del producto que comercializa la compañía) varían de unos países a otros. En algunos, los dueños de la empresa tienen el derecho a despedir a los trabajadores cuando quieran; en otros, el despido es difícil y costoso. Pero incluso en estos casos, un empleado se enfrenta a la incertidumbre asociada a las consecuencias de no lograr los estándares exigidos y deseados por el empleador. Un trabajador que no cumpla esos estándares, por ejemplo, difícilmente podrá alcanzar un puesto dentro de la empresa que le permita conservar el trabajo en caso de que decaiga la demanda de los productos que comercializa la empresa y eso provoque despidos.

¿Les importa a los trabajadores perder su empleo?

Si las empresas les pagaran a los empleados el salario mínimo que estos estuvieran dispuestos a aceptar, entonces la respuesta sería no. Un salario como ese haría que los trabajadores se mostraran indiferentes a la hora de elegir entre conservar el trabajo o perderlo. Sin embargo, en la práctica, a los trabajadores les importa mucho conservar su empleo. Hay una diferencia entre el valor de un trabajo (considerando la totalidad de los beneficios y costos que lleva aparejados) y el valor de la siguiente mejor opción (que consiste en estar desempleado y tener que buscar un nuevo trabajo). En otras palabras, existe una **renta del empleo**.

La renta del empleo puede beneficiar a dueños y administradores de dos formas:

- *Es más probable que los empleados se queden en la empresa*: Si renunciaran a su empleo, la empresa tendría que gastar en el reclutamiento y formación de quien los remplazara.
- *Pueden amenazar con despedir al trabajador*: los dueños y los administradores tienen poder sobre los empleados porque estos tienen algo que perder. La amenaza puede ser implícita o explícita, pero servirá para hacer que el empleado rinda hasta un punto que no se daría en otro caso.

Podemos usar el mismo tipo de razonamiento para la contratación de administradores y gerentes por parte de los dueños de la empresa. La principal razón por la que los dueños tienen poder sobre los administradores es que pueden despedirlos y, por esa vía, eliminar su renta del empleo gerencial.

renta del empleo Renta económica que recibe un trabajador cuando el valor neto de su trabajo excede el valor neto de su siguiente mejor alternativa (es decir, estar desempleado). *También conocida como: costo de la pérdida del empleo.*

CÓMO APRENDEN LOS ECONOMISTAS DE LOS HECHOS

Los gerentes ejercen el poder
Estos ejemplos muestran el efecto del poder que gerentes y dueños ejercen.

- Los economistas laborales Alan Krueger y Alexandre Mas develan el misterio sobre por qué la banda de rodadura de las llantas Bridgestone (Firestone) se separaba, poniendo en peligro a los conductores y reduciendo las ganancias de la empresa.
- Barbara Ehrenreich trabajó de incógnito a cambio del salario mínimo en restaurantes y moteles para ver cómo viven los pobres estadounidenses.
- La periodista británica Polly Toynbee había hecho lo mismo en el Reino Unido en 2003, trabajando en centros de atención telefónica y como empleada doméstica.
- Harry Braverman elaboró una historia de lo que él llama el proceso de «pérdida de cualificación», y sugiere la posibilidad de que los trabajos que reducen las capacidades cognitivas pueden ser parte de una estrategia de maximización de las ganancias por parte del empleador.

Alan B. Krueger y Alexandre Mas. 2004. 'Strikes, Scabs, and Tread Separations: Labor Strife and the Production of Defective Bridgestone/Firestone Tires'. *Journal of Political Economy* 112 (2): pp. 253–89.

Barbara Ehrenreich. 2014. *Por cuatro duro$: cómo (no) apañárselas en Estados Unidos.* Madrid: Capitán Swing.

Polly Toynbee. 2003. *Hard Work: Life in Low-pay Britain.* Londres: Bloomsbury Publishing.

Harry Braverman y Paul M. Sweezy. 1975. *Labor and Monopoly Capital: The Degradation of Work in the Twentieth Century.* 2nd ed. Nueva York, NY: Monthly Review Press.

CUANDO LOS ECONOMISTAS ESTÁN DE ACUERDO

Coase y Marx sobre la empresa y sus empleados
El escritor George Bernard Shaw (1856–1950) bromeaba con que «Si se colocara a todos los economistas en fila uno al lado de otro, nunca llegarían a una conclusión.»

Esto es divertido, pero no del todo cierto.

Por ejemplo, los dos economistas más importantes de principio del siglo XIX –Ricardo y Malthus– eran contrincantes políticos. Ricardo solía estar a favor de los empresarios, apoyando por ejemplo

265

importaciones de grano sujeto a aranceles menores para reducir el precio de los alimentos y hacer así posibles unos salarios más bajos. Malthus se oponía a él y apoyaba las Leyes de los Cereales o Leyes de Granos (https://tinyco.re/6855467) que restringían la importación de grano, una política apoyada por los terratenientes. Y, pese a ello, ambos economistas desarrollaron de manera independiente la misma teoría de rentas de la tierra que seguimos usando en la actualidad.

Más impactante aún es que dos economistas de diferentes siglos y orientaciones políticas lleguen a formas similares de entender la empresa y sus empleados.

En el siglo XIX, Marx contrastó la forma en que compradores y vendedores interactúan en un mercado, participando voluntariamente en el comercio, con la forma en que la empresa se organiza de manera vertical, de modo que los empleadores dan órdenes y los trabajadores las siguen. Marx llamó a los mercados «un verdadero Edén de los derechos innatos del hombre», pero describió a las empresas como «explotadoras en grado máximo de la fuerza de trabajo».

Cuando Ronald Coase murió en 2013, la revista *Forbes* lo describió como «el más grande de los muchos grandes economistas de la Universidad de Chicago» (https://tinyco.re/6800200). El lema de la revista *Forbes* es «La herramienta capitalista» y la Universidad de Chicago tiene la reputación de ser el gran centro neurálgico del pensamiento económico conservador.

Aun así, al igual que Marx, Coase recalcó el papel fundamental que cumple la autoridad en las relaciones contractuales en la empresa:

> «Observe el carácter del contrato que [un empleado] firma si es contratado por una empresa … A cambio de cierta remuneración [el empleado] acuerda obedecer las instrucciones del empresario.»—Ronald H. Coase, The nature of the firm [La naturaleza de la empresa] (1937)

Recordemos que Coase también ha definido a la empresa con base en su estructura política: «Si un trabajador se cambia del departamento Y al departamento X, no lo hace porque hayan cambiado los precios, sino porque se le ordenó hacerlo.» Coase se propuso entender por qué existen las empresas en primer lugar, citando a su contemporáneo D.H. Robertson que se refería a ellas como «islas de poder consciente en este océano de cooperación inconsciente.»

Tanto Marx como Coase basaron su pensamiento en una observación empírica cuidadosa y llegaron a un entendimiento similar de la jerarquía de la empresa. Sin embargo, discreparon en las consecuencias de lo que observaron: Coase llegó a la conclusión de que la jerarquía de la empresa era una forma de hacer negocio reduciendo costos. Marx, por su parte, era de la opinión de que la autoridad coercitiva del jefe sobre el trabajador limitaba la libertad del empleado. Como Malthus y Ricardo, Coase y Marx discreparon. Pero, al igual que Malthus y Ricardo, también hicieron progresar el pensamiento económico gracias a una idea común.

Cuantificación del costo de perder el empleo

Recordemos que unas rentas económicas miden el valor de una situación –por ejemplo, tener el trabajo con que usted cuenta actualmente– en comparación con lo que obtendría si la situación actual ya no fuera posible.

Para calcular la renta del empleo –en otras palabras, el costo neto de perder el empleo–, necesitamos sumar todos los beneficios y costos asociados a un trabajo, y compararlos con el caso de estar desempleado y buscando un trabajo.

Entre los costos de trabajar están:

* *La desutilidad del trabajo:* Los empleados deben dedicar tiempo a hacer cosas que preferirían no hacer.
* *El costo de viajar al trabajo cada día.*

Sin embargo, hay muchos beneficios que podrían perderse si se pierde el trabajo:

* *Ingreso salarial*: puede ser parcialmente sustituido por un seguro de desempleo o, en países más pobres, por la posibilidad de autoemplearse y trabajar por cuenta propia con una remuneración más baja, o de trabajar en la granja familiar.
* *Activos específicamente ligados a la empresa*: por ejemplo, sus amigos del trabajo o tal vez la cercanía del actual lugar de trabajo al hogar.
* *Seguros médicos*: en algunos países, los empleadores pagan por los servicios médicos y de salud de los empleados.
* *El estatus social de estar empleado:* en el capítulo 13 veremos que el estigma de encontrarse desempleado equivale a un costo financiero significativo para la mayoría las personas.

Incluso concentrando nuestra atención únicamente en la sola pérdida del salario, el costo es alto. ¿Pero cómo medimos hasta qué punto lo es?

CÓMO APRENDEN LOS ECONOMISTAS DE LOS HECHOS

¿Qué nivel alcanza la renta del empleo?

Dejando de lado el indudablemente grande –pero difícil de medir– costo social y psicológico de perder el trabajo, estimar el costo de la pérdida del trabajo (el nivel de la renta del empleo) no es simple.

¿Podemos comparar la situación económica de los trabajadores actualmente empleados con la de los que están desempleados? No, porque los desempleados son personas diferentes, con habilidades y destrezas diferentes. Incluso si estuvieran trabajando, probablemente (en promedio) estarían ganando menos que las personas que actualmente tienen empleo.

experimento natural Estudio empírico que explota la ocurrencia natural de controles estadísticos en que los investigadores no tienen la capacidad de asignar participantes a grupos de tratamiento y control, como ocurre en los experimentos convencionales. En cambio, las diferencias en las leyes, la política, el clima u otros eventos pueden ofrecer la oportunidad de analizar determinadas poblaciones como si hubieran sido parte de un experimento. La validez de esos estudios depende de la premisa de que se pueda considerar plausible que la asignación de los sujetos a los grupos de control y tratamiento que se han formado naturalmente haya sido aleatoria.

Lori G. Kletzer. 1998. 'Job Displacement' (https://tinyco.re/8577746). *Journal of Economic Perspectives* 12 (1): pp. 115–36.

Kenneth A. Couch y Dana W. Placzek. 2010. 'Earnings Losses of Displaced Workers Revisited'. *American Economic Review* 100 (1): pp. 572–89.

Louis Jacobson, Robert J. Lalonde y Daniel G. Sullivan. 1993. 'Earnings Losses of Displaced Workers'. *The American Economic Review* 83 (4): pp. 685–709.

El cierre de toda una empresa o un despido masivo de trabajadores suponen en sí un **experimento natural** que puede ayudar a responder esta pregunta. Podemos observar los ingresos de los trabajadores antes y después de que pierdan sus trabajos debido a un recorte masivo en el empleo. Cuando una fábrica cierra porque la casa matriz ha decidido reubicar la producción a otra parte del mundo, prácticamente todos los trabajadores pierden sus puestos, y no solo aquellos con mayor probabilidad de perder su trabajo por tener mal rendimiento.

Louis Jacobson, Robert Lalonde y Daniel Sullivan usaron un experimento natural para estimar el costo de perder el trabajo: estudiaron a un colectivo de trabajadores a tiempo completo ya experimentados (no contratados recientemente) afectados por los despidos masivos que se produjeron en el estado de Pennsylvania en Estados Unidos en 1982. En dólares de 2014, esos trabajadores habían estado ganando una media de 50 000 dólares anuales en 1979. Los que tuvieron la gran suerte de encontrar un trabajo en un plazo de tres meses aceptaron empleos que pagaban mucho menos: 35 000 dólares en promedio: es decir, sus ingresos se redujeron en 15 000 dólares por haber sido despedidos.

Cuatro años más tarde, aún seguían ganando 13 300 dólares menos que otros trabajadores parecidos que ganaban el mismo salario inicial, pero en empresas que no despidieron a sus trabajadores. En los cinco años que siguieron a su despido, perdieron el equivalente a todo un año de ingresos.

Muchos, por supuesto, no volvieron a encontrar trabajo. Estos sufrieron pérdidas todavía mayores.

1982 no fue un buen año para buscar trabajo en Pennsylvania, pero existen estimaciones similares (por ejemplo, del estado de Connecticut, en Estados Unidos, entre 1993 y 2004) que sugieren que incluso en épocas mejores, la renta del empleo sigue siendo lo bastante grande como para que a los trabajadores les preocupe perderlas.

PREGUNTA 6.4 ESCOJA LA(S) RESPUESTA(S) CORRECTA(S)
¿En cuál de las siguientes situaciones laborales, manteniendo lo demás constante (ceteris paribus), sería alta la renta del empleo?

☐ En un trabajo que ofrezca muchas prestaciones complementarias como vivienda y seguro médico.
☐ En un momento de auge económico, cuando la razón entre solicitantes de empleo y vacantes es baja.
☐ Cuando al trabajador o trabajadora se le paga un salario alto porque posee una certificación oficial de contador y hay escasez de contadores con capacidades de nivel profesional.
☐ Cuando el trabajador o trabajadora recibe un salario alto porque los clientes de la empresa lo conocen y confían en él o ella.

6.5 LOS DETERMINANTES DE LA RENTA DEL EMPLEO

Para construir un modelo de cómo puede utilizarse la renta del empleo para incentivar el esfuerzo a los trabajadores, consideramos a María, una empleada que gana 12 dólares por hora y tiene una jornada laboral de 35 horas a la semana. Para determinar sus rentas económicas, necesitamos pensar en cómo evaluaría ella dos aspectos de su trabajo:

- *El pago que recibe*: algo que ella obviamente valora.
- *Cuánto se esfuerza en el trabajo*: no le gustaría trabajar más de lo necesario.

Usando el concepto de **utilidad** que introdujimos en el capítulo 3, podemos decir que la utilidad de María aumenta con los bienes y servicios que puede comprar con su salario, pero que se reduce por el desagrado que le genera ir a trabajar y esforzarse durante todo el día, es decir, la desutilidad del trabajo.

La desutilidad del trabajo para María dependerá de cuánto esfuerzo realiza a lo largo de su jornada laboral. Suponga que María se pasa la mitad de su jornada trabajando y la otra mitad haciendo otras cosas como mirar Facebook. Podemos representar este supuesto como un nivel de esfuerzo de 0,5. Este nivel de esfuerzo equivale a un costo de 2 dólares por hora para María. Para calcular su renta del empleo, necesitamos primero calcular la utilidad neta de su trabajo, considerando su salario de 12 dólares por hora y comparándolo con el caso de estar desempleado y, por tanto, no ganando nada.

> **utilidad** Indicador numérico de valor que uno asigna a un resultado, de modo que se escojan resultados más valorados por encima de otros menos valorados cuando ambos sean factibles.

$$\text{utilidad neta por hora} = \text{salario} - \text{desutilidad de su esfuerzo por hora}$$
$$= \$10$$

Estos es su renta del empleo *por hora*. Su renta del empleo total (o costo de perder el empleo) depende de cuánto tiempo anticipe que permanecerá desempleada. Vamos a suponer que, si pierde su empleo, María puede esperar tardar unas 44 semanas (en las que permanecerá desempleada) en encontrar un nuevo trabajo. El análisis de la figura 6.2 muestra cómo calcular la renta.

Su renta total del empleo es la renta del empleo por hora multiplicada por el número de horas de trabajo que perdería si se quedara sin empleo, lo que corresponde al área sombreada en el último panel de la figura.

$$\text{renta total del empleo} = \text{renta total del empleo por hora} \times \text{pérdida esperada de horas de trabajo}$$
$$= 10 \text{ USD por hora} \times 1540 \text{ horas}$$
$$= 15\,400 \text{ USD}$$

Las personas que pierden su trabajo, por lo general pueden esperar recibir ayuda de su familia y amigos mientras no estén trabajando. En muchas economías, las personas que pierden su trabajo reciben del gobierno una **prestación por desempleo** o asistencia financiera. En economías más pobres, estas personas pueden ganarse una pequeña cantidad de dinero trabajando por cuenta propia de manera informal.

> **subsidio o prestación de desempleo** Transferencia del gobierno recibida por una persona desempleada.

salario de reserva Lo que un empleado obtendría en un empleo alternativo, como prestación por desempleo o en calidad de cualquier otro tipo de apoyo, si no tuviera su trabajo actual.

Si María percibe un seguro de desempleo o algún tipo de ingreso a través de alguna de estas fuentes, eso le servirá para compensar parcialmente su ingreso salarial perdido. Supongamos que, mientras está desempleada, María recibirá una prestación equivalente a que le paguen 6 dólares por hora por una jornada de 35 horas semanales. Este será su **salario de reserva**; si siempre lo tiene disponible, le resultaría indiferente tener un trabajo en el que le paguen 6 dólares por hora o no trabajar. En la figura 6.2 (sin seguro de desempleo), su salario de reserva era cero. La figura 6.3 muestra cómo afecta esto a la renta del empleo de María, asumiendo que su esfuerzo y desutilidad del trabajo permanecen constantes.

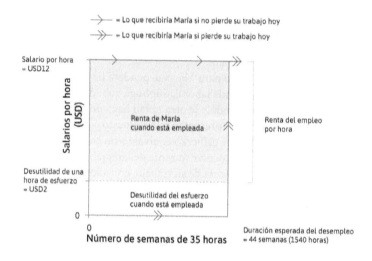

Figura 6.2 Renta del empleo de María, para un esfuerzo determinado y un salario de 12 dólares por hora en una economía sin prestación por desempleo.

1. El salario de María

El salario por hora de María después de impuestos y otras deducciones es de 12 dólares. Yendo hacia adelante en el tiempo a partir de ahora (que consideramos el punto de partida 0), María continuará recibiendo este salario en el futuro si conserva su trabajo. Este salario se representa con la línea horizontal en la parte superior de la figura.

2. La desutilidad de trabajar

El nivel de esfuerzo actual de María es de 0,5: realiza actividades no laborales la mitad del tiempo que pasa en el trabajo. Para María trabajar con ese nivel de esfuerzo tiene un costo equivalente a 2 dólares por hora.

3. El beneficio neto de trabajar

La diferencia entre su salario y la desutilidad que le supone el esfuerzo son las rentas económicas por hora que ella percibe mientras está empleada.

4. Si María pierde el trabajo

Ahora bien, si María perdiera su trabajo en el momento 0, ya no recibiría su salario. Este desafortunado estado de cosas persistiría mientras permaneciera desempleada. En el gráfico, este supuesto lo representa la línea horizontal en la parte inferior.

5. La duración de la situación de desempleo

La duración esperada de la situación de desempleo es de 44 semanas en las que habría trabajado 35 horas por semana si tuviera trabajo. Ese es el tiempo que permanecerá sin recibir ingresos (y sin que sufra tampoco la desutilidad de trabajar).

6. María encuentra un trabajo

María espera encontrar otro trabajo con el mismo salario después de 44 semanas.

7. Renta del empleo de María

El área sombreada es su costo total de pérdida del empleo en el que incurre durante el periodo de desempleo, es decir, su renta económica del empleo.

Nuestro cálculo de la renta económica del empleo debería considerar el salario de reserva:

renta del empleo por hora = salario − salario de reserva − desutilidad del esfuerzo
= salario − seguro de desempleo − desutilidad del esfuerzo
= 12 USD − 6 USD − 2 USD
= 4 USD

Y si consideramos la duración esperada de la situación de desempleo, entonces:

renta total del empleo = renta del empleo por hora × pérdida esperada de horas de trabajo
= 4 USD por hora × 1540 horas
= 6160 USD

Por lo general, las ayudas por estar en situación de desempleo necesariamente se agotan en algún momento: la familia y los amigos no serán capaces de ayudar por siempre, y las prestaciones por desempleo del gobierno suelen estar limitadas en el tiempo. Si María solo tuviera derecho a recibir la prestación por desempleo de 6 dólares solo durante 13 semanas, su salario de reserva no sería 6 dólares: no se mostraría indiferente a la hora de escoger entre un trabajo que paga 6 dólares por hora y el desempleo. La renta del empleo sería mayor y su salario de reserva menor porque el promedio de prestaciones que anticiparía para el periodo de 44 semanas de desempleo sería mucho menor que 6 dólares por hora.

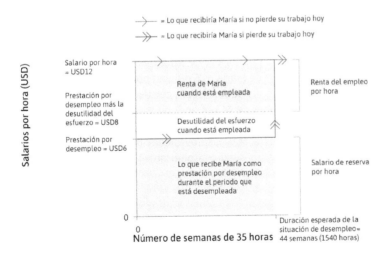

Figura 6.3 La renta de María para un esfuerzo determinado y un salario de 12 dólares en una economía con prestación por desempleo de 6 dólares de duración ilimitada.

EJERCICIO 6.3 SUPUESTOS DEL MODELO

Como en todos los modelos económicos, nuestra representación simplificada de la renta económica del empleo de María ha omitido deliberadamente algunos aspectos del problema que podrían ser importantes. Por ejemplo, hemos asumido que:

- María encuentra un trabajo con el mismo salario que el anterior tras pasar un tiempo desempleada.
- María no experimenta ningún costo psicológico o social por estar desempleada.

Vuelva a dibujar la figura 6.2 para mostrar cómo se alteraría la renta del empleo si se relajaran estas suposiciones. Más concretamente, suponga que:

- María solo logra encontrar un trabajo con un salario más bajo de 6 dólares por hora después de su periodo de desempleo.
- María experimenta un costo psicológico de estar desempleada de 1 dólar por hora. Cuando está desempleada, gana 2 dólares por hora porque ya no existe la desutilidad de trabajar, luego, la ganancia neta es de 1 dólar.

Lo siguiente que haremos es estudiar la interacción social entre el empleador (que fija el salario, sabiendo que afecta a la renta del empleo de María) y María misma, cuya decisión sobre lo mucho o poco que se va a esforzar en el trabajo se ve influida por los ingresos.

PREGUNTA 6.5 ESCOJA LA(S) RESPUESTA(S) CORRECTA(S)

María gana 12 dólares por hora en su trabajo actual y trabaja 35 horas a la semana. Su desutilidad del esfuerzo es equivalente a un costo de 2 dólares por hora de trabajo. Si pierde su trabajo, recibirá un beneficio por desempleo equivalente a 6 dólares por hora. Además, estar desempleado tiene costos psicológicos y sociales equivalentes a 1 dólar por hora. Entonces:

- ☐ La renta del empleo por hora es de 3 dólares.
- ☐ El salario de reserva de María es 6 dólares por hora.
- ☐ La renta del empleo de María, si logra conseguir otro trabajo con el mismo salario después de 44 semanas de estar desempleada, es de 6160 dólares.
- ☐ La renta del empleo de María, si solo puede conseguir un trabajo con una tasa salarial más baja después de 44 semanas de estar desempleada, es más de 7700 dólares.

6.6 TRABAJO Y SALARIOS: EL MODELO DE DISCIPLINA LABORAL

Cuando el costo de perder el empleo (la renta del empleo) es grande, los trabajadores estarán dispuestos a esforzarse más para reducir la probabilidad de perder su trabajo. Manteniendo constante las demás formas en que la empresa puede influir en la renta del empleo, esta puede aumentar el costo de la pérdida de un trabajo y, por ende, el esfuerzo de sus trabajadores, subiendo los salarios.

Ahora podemos representar esta interacción social dentro de la empresa como un juego entre los propietarios de la compañía (representados por los administradores) y sus empleados.

Recuerde que un juego es una descripción de una interacción social que incluye:

- una lista de los jugadores
- las estrategias que pueden adoptar
- el orden en el que los jugadores eligen sus movimientos
- la información de que disponen cuando eligen
- los resultados para cada uno de los jugadores (sus beneficios) para todas las estrategias que pueden elegirse potencialmente

Tal como ocurre en otros modelos, ignoramos algunos aspectos de sus interacciones para enfocarnos en lo que es importante, continuando con nuestro lema de «ver más, mirando menos».

En el escenario de la empresa, el elenco de personajes, por ahora, solo lo forman el propietario (el empleador), y una sola trabajadora, María. El juego que describe sus interacciones es secuencial (uno de ellos elige primero, al igual que en el juego del ultimátum que estudiamos en la sección 10 del capítulo 4), y ese juego se repite en cada periodo de empleo. Este es el orden del juego:

1. *El empleador elige un salario*: Para ello, se basa en su conocimiento de cómo reaccionarán empleados como María a salarios mayores o menores, e informa a María que será empleada en los subsiguientes periodos con el mismo salario, siempre y cuando trabaje y ponga el suficiente esfuerzo en el trabajo.
2. *María elige entonces un nivel de esfuerzo laboral*: esto es en respuesta al salario ofrecido y considerando los costos asociados a perder su trabajo si no se esfuerza lo suficiente.

En el caso del empleador, el pago son sus ganancias. Cuanto mayor sea el esfuerzo que haga María, más bienes o servicios producirá esta, y mayor será el beneficio para el empleador. Para María, el pago es su valoración neta del salario que ya recibe, considerando el esfuerzo que ha invertido.

Si María escoge su nivel de esfuerzo en el trabajo como su mejor respuesta a la oferta del empleador, y el empleador escoge el salario que maximiza su beneficio, considerando que María responde como lo hace, sus estrategias se situarán en un **equilibrio de Nash**.

Los empleadores suelen contratar a supervisores e instalan equipos de auditoría para tener vigilados a sus empleados, incrementándose así la probabilidad de que el administrador descubra si un trabajador no se está esforzando lo suficiente. Por ahora, no tendremos en cuenta estos costos adicionales y solo asumiremos que el empleador ocasionalmente obtiene

equilibrio de Nash Conjunto de estrategias, una para cada jugador del juego, tal que la estrategia de cada jugador sea su mejor respuesta a las estrategias escogidas por todos los demás.

cierta información sobre cuánto esfuerzo realiza un empleado en el trabajo o lo bien que trabaja. Esto no es lo suficiente como para aplicar un contrato de salario por pieza, pero sí más que suficiente para despedir a un trabajador si la información recogida no es buena. María sabe que la probabilidad de que al empleador le lleguen malas noticias sobre su desempeño, decrecerá cuanto mejor trabaje.

Para decidir qué salario fijar, el empleador necesita saber cómo responderá el empleado, en términos de esfuerzo laboral, a salarios más altos. Así pues, consideraremos primero la decisión de María.

La mejor respuesta del empleado

El esfuerzo de María puede variar entre cero y uno. Podemos pensar en este índice como la proporción de cada hora que ella dedica a trabajar con diligencia (el resto del tiempo no trabaja). Un nivel de esfuerzo de 0,5 indica que emplea la mitad de su jornada en actividades que no están relacionadas con el trabajo, como mirar Facebook, comprar por Internet o simplemente mirar por la ventana.

Vamos a asumir que el salario de reserva de María es de 6 dólares. Incluso si no se esforzara en absoluto (y, por tanto, no asumiera ninguna desutilidad por el esfuerzo, si se pasara todo el día en Facebook o soñando despierta), un trabajo con un salario de 6 dólares la hora no sería mucho mejor que estar desempleada. En consecuencia, no le importaría mucho si la despidieran. Su mejor respuesta a un salario de 6 dólares es hacer cero esfuerzo.

¿Y si le pagaran más?

El esfuerzo tiene un costo para María –la desutilidad de trabajo– y un beneficio: aumenta la probabilidad de que mantenga su empleo y la renta del empleo. En su decisión sobre el nivel de esfuerzo, necesita encontrar un equilibrio entre estos dos factores.

Un salario más alto aumenta la renta del empleo y, por ende, el beneficio del esfuerzo, por lo que inducirá a que María escoja un mayor nivel de esfuerzo. La mejor respuesta de María (el esfuerzo que escoge) aumentará con el nivel de salario fijado por el empleador.

La figura 6.4 muestra el esfuerzo que María escoge para cada nivel de salario. Esta función se conoce como **curva de mejor respuesta** o **función de mejor respuesta** (también como función de reacción). Tal como ocurre con las funciones de producción del capítulo 3, esta curva muestra cómo una variable, en este caso el esfuerzo, depende de otra, el salario.

El punto J de la figura 6.4 representa la situación de la figura 6.3 (página 271) que comentábamos al final de la sección anterior. El salario de reserva de María es 6 dólares, le pagan 12 dólares y escoge un esfuerzo de 0,5.

La curva de mejor respuesta es cóncava. Se hace más plana a medida que el salario y el nivel de esfuerzo aumentan. Esto es porque a medida que el nivel de esfuerzo se acerca al nivel máximo posible, la desutilidad del esfuerzo crece. En este caso se necesita una mayor renta del empleo (y, por ende, un mejor salario) para conseguir un esfuerzo adicional del empleado.

Desde el punto de vista del dueño o el empleador, la curva de mejor respuesta muestra que pagar mayores salarios puede redundar en mayores esfuerzos, pero con rendimientos marginales decrecientes. En otras palabras, a medida que el salario inicial es mayor, menor será el aumento del esfuerzo y de la producción que el empleador conseguirá por cada dólar por hora adicional de salario.

La curva de mejor respuesta es la frontera del conjunto factible de combinaciones de salario y esfuerzo que la empresa puede obtener de sus

función de mejor respuesta del trabajador (al salario) Cantidad óptima de trabajo que un trabajador decide realizar para cada nivel de salario que el empleador le ofrezca.

empleados y la pendiente de la frontera es la tasa marginal de transformación de salarios en esfuerzo.

El salario más bajo que la empresa podría fijar para María sería su salario de reserva de 6 dólares, que es donde la curva de mejor respuesta cruza el eje horizontal con un esfuerzo de cero. Así pues, vemos que la empresa nunca ofrecería el salario más bajo posible, porque María no trabajaría.

Hemos dibujado la función de mejor respuesta en la figura 6.4 trabajando con el supuesto de que la duración esperada del periodo de desempleo es de 44 semanas. Si la expectativa de duración del periodo de desempleo cambiara, la función de mejor respuesta cambiaría también. Si las condiciones económicas empeoraran, aumentándose la duración del periodo de desempleo, la renta del empleo de María sería mayor y, para cualquier salario, su mejor respuesta consistiría en realizar un esfuerzo mayor.

Leibniz: La función de mejor respuesta del trabajador (https://tinyco.re/8332424)

Figura 6.4 La mejor respuesta de María al salario. El punto J hace referencia a la información de la figura 6.3 (salario = 12 dólares, esfuerzo = 0,5 y duración esperada del desempleo si ella perdiera su trabajo = 44 semanas).

1. Esfuerzo por hora
El esfuerzo por hora, medido en el eje vertical, varía entre cero y uno.

2. La relación entre esfuerzo y salario
Si a María le pagan 6 dólares, no le importa si pierde su trabajo, porque 6 dólares es su salario de reserva. Por eso no hace ningún esfuerzo con un salario de 6 dólares. Si le pagan más, se esforzará más.

3. La mejor respuesta del trabajador
La curva de pendiente ascendente muestra cuánto esfuerzo realiza María para cada valor del salario por hora en el eje horizontal.

4. El efecto de un aumento salarial cuando el esfuerzo es bajo
Cuando el salario es bajo, la curva de mejor respuesta tiene mucha pendiente: un pequeño aumento salarial aumenta el esfuerzo en una cantidad sustancial.

5. Rendimientos marginales decrecientes
Sin embargo, a niveles salariales más altos, los aumentos salariales tienen un efecto menor en el esfuerzo.

6. El conjunto factible del empleador
La curva de mejor respuesta es la frontera del conjunto factible de combinaciones de salarios y esfuerzo que el empleador obtiene de sus empleados.

7. La TMT del empleador
La pendiente de la curva de mejor respuesta es la tasa marginal de transformación de salarios más altos con un mayor esfuerzo de los trabajadores para el empleador.

PREGUNTA 6.6 ESCOJA LA(S) RESPUESTA(S) CORRECTA(S)
La figura 6.4 representa la curva de mejor respuesta de María cuando la duración esperada del periodo de desempleo es de 44 semanas. ¿Cuál de las siguientes afirmaciones es correcta?

☐ Si la duración esperada del periodo de desempleo aumentara a 50 semanas, la mejor respuesta de María a un salario de 12 dólares sería un nivel de esfuerzo superior a 0,5.

☐ Si se redujera la prestación por desempleo, el salario de reserva de María sería superior a 6 dólares.

☐ A lo largo del rango de salarios que se muestra en la figura, María nunca realizaría el máximo esfuerzo posible por hora.

☐ Incrementar el esfuerzo de 0,5 a 0,6 requiere un aumento salarial mayor que aumentar el esfuerzo de 0,8 a 0,9.

6.7 SALARIOS, ESFUERZO Y BENEFICIOS EN EL MODELO DE DISCIPLINA LABORAL

María no está en la situación a la que se enfrentaba Ángela cuando Bruno podía obligarla a trabajar a punta de pistola. María tiene poder negociador porque siempre puede elegir marcharse, una opción que Ángela, inicialmente, no tenía.

María elige cuánto se esfuerza en el trabajo. Como mucho, lo que puede hacer el propietario es fijar las condiciones en las que ella toma esta decisión. Los dueños y administradores saben que no pueden obligar a María a esforzarse más que lo que venga determinado por la curva de mejor respuesta de la figura 6.4. El hecho de que la curva de mejor respuesta tenga pendiente positiva, significa que los empleadores se enfrentan a una disyuntiva: para obtener un mayor esfuerzo, deben pagar salarios más altos.

Como vimos en el capítulo 2, para maximizar beneficios, las empresas buscan minimizar los costos de producción. Más concretamente, buscan pagar el menor precio posible por sus insumos. Una compañía que compra petróleo para su proceso de producción, buscará el proveedor que pueda vendérselo al menor precio posible por litro o, lo que es lo mismo, que le suministre la mayor cantidad de petróleo por dólar. De modo parecido, María es proveedora de un insumo de producción, y su empleador quisiera comprarlo al menor precio posible, pero eso no significa pagar el salario más bajo concebible. Ya sabemos que, si se les paga el salario de reserva, puede que los trabajadores acudan al trabajo (les sería indiferente hacerlo ir o no), pero no trabajen durante la jornada.

El salario w es el costo para el empleador de una hora del tiempo del trabajador. Ahora bien, lo que importa de cara a la producción no es cuántas horas sino cuántas unidades de esfuerzo suministra María: el esfuerzo es el insumo necesario para el proceso de producción. Si María escoge suministrar 0,5 unidades de esfuerzo por hora y su salario por hora es w, el costo para el empleador de una unidad de esfuerzo completa es $2w$. En general, si ella provee e unidades de esfuerzo por hora, el costo de una unidad de esfuerzo será w/e.

Entonces, para maximizar sus ganancias, el empleador debería encontrar una combinación factible de esfuerzo y salarios que minimice el costo por hora del esfuerzo, w/e.

Dicho de otra manera: el empleador debería maximizar el número de unidades de esfuerzo (a veces llamadas unidades de eficiencia) que consigue por cada dólar de costos salariales, e/w.

La línea recta de pendiente positiva en la figura 6.5 une a un conjunto de puntos que tienen la misma razón esfuerzo a salarios, w/e. Si el salario es de 10 dólares por hora y el trabajador provee 0,45 unidades de esfuerzo por hora, el empleador obtiene 0,045 unidades de eficiencia por dólar. De forma equivalente, una unidad de esfuerzo cuesta 10 USD/0,45 = 22,2 USD. Al empleador le resultaría indiferente elegir entre esta situación y una en la que el salario sea de 20 dólares con un esfuerzo de 0,9: el costo del esfuerzo es exactamente el mismo en todos los puntos de la línea. Esto es lo que se conoce como una línea de isocosto del esfuerzo. De manera similar a lo que ocurría con las líneas de isocosto del capítulo 2, estas líneas unen puntos que tienen efectos idénticos sobre los costos del empleador. También podemos pensar en estas líneas como curvas de indiferencia para el empleador.

Para minimizar costos, el empleador buscará alcanzar la línea de isocosto más empinada, que es la que tiene el menor costo de una unidad de esfuerzo, pero, como no puede imponer el nivel de esfuerzo, tiene que escoger algún punto sobre la curva de mejor respuesta de María.

Lo máximo que puede hacer es fijar el salario en 12 dólares en la recta de isocosto que es tangente a la curva de mejor respuesta de María (punto A). Use el análisis de la figura 6.6 para ver cómo fija el salario el empleador.

En la figura 6.6, el empleador elegirá el punto A, ofreciendo un salario de 12 dólares por hora para contratar a María, que realizará un esfuerzo de 0,5. No hay mejor opción para el empleador que este punto: cualquier punto con costos menores, como podría ser el punto B, no será factible.

El empleador minimiza costos y maximiza beneficios en el punto donde su TMS (la pendiente de su curva de indiferencia o línea de isocosto) se iguale a la TMT (la pendiente de la curva de mejor respuesta, que es su frontera factible). El empleador equilibra la respuesta a la disyuntiva salarios-esfuerzo que está dispuesto a aceptar con la respuesta a la disyuntiva a la que está obligado por la respuesta de María.

Estamos ante un problema de optimización restringida, similar al que vimos en el capítulo 3. En ese caso, los individuos que maximizaban su utilidad escogían horas de trabajo del punto donde TMT = TMS: la pendiente de la curva de indiferencia se igualaba a la pendiente de la frontera factible determinada por la tecnología de producción.

Cuando los salarios se fijan de este modo, también se conocen como **salarios de eficiencia** porque el empleador reconoce que lo que importa para efectos de los beneficios es e/w, las unidades de esfuerzo (llamadas unidades de eficiencia) por cada dólar de costos salariales, más que cuánto cueste una hora de trabajo.

Leibniz: Encontrar el salario que maximiza beneficios (https://tinyco.re/3314131)

salario de eficiencia Pago que realiza un empleador, que es más alto que el salario de reserva de un empleado, con el fin de motivar al empleado a esforzarse más en el trabajo de lo que de otro modo elegiría hacer. *Véase también: modelo de disciplina laboral, renta del empleo.*

modelo de disciplina laboral
Modelo que explica cómo fijan los salarios los empleadores de manera que los empleados reciban una renta económica (llamada renta del empleo) que ofrezca a los trabajadores un incentivo para esforzarse en el trabajo y evitar así el despido. *Véase también: renta del empleo, salario de eficiencia.*

¿Qué nos ha mostrado el **modelo de disciplina laboral**?

- *Equilibrio*: En el juego propietario-empleado, el empleador ofrece un salario y María responde suministrando un determinado nivel de esfuerzo. La asignación (resultado) es un equilibrio de Nash.
- *Renta*: En esta asignación, María suministra esfuerzo porque recibe una renta del empleo que podría perder si malgasta el tiempo en el trabajo.
- *Poder*: Como María teme perder esa renta, el empleador puede ejercer poder sobre ella, consiguiendo que actúe de manera distinta a como lo habría hecho en ausencia de la amenaza de perder su trabajo. Esto contribuye a los beneficios del empleador.

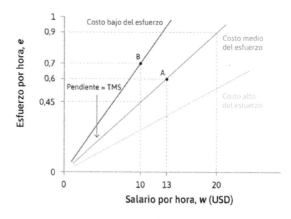

Figura 6.5 Curvas de indiferencia del empleador: Curvas de isocosto del esfuerzo

1. Una línea de isocosto del esfuerzo
Si w = 10 USD y e = 0,45, e/w = 0,045. En cada punto de esta línea la relación esfuerzo/salario es la misma. El costo de una unidad de esfuerzo es w/e = 22,22 USD.

2. La pendiente de la línea de isocosto
La línea presenta una pendiente ascendente porque un nivel de esfuerzo más alto debe ir acompañado de un salario más alto para que la razón e/w no cambie. La pendiente es igual a e/w = 0,045, el número de unidades de esfuerzo por dólar.

3. Otras líneas de isocosto
En una línea de isocosto, la pendiente es e/w, pero el costo del esfuerzo es w/e. La línea con más pendiente tiene un menor costo del esfuerzo, y la línea más plana tiene un mayor costo del esfuerzo.

4. Algunas líneas son mejores que otras para el empleador
Una línea más pronunciada significa un menor costo del esfuerzo y, por lo tanto, mayores ganancias para el empleador. En la línea de isocosto con más pendiente, obtiene 0,7 unidades de esfuerzo por un salario de 10 dólares (en B), por lo que el costo del esfuerzo es de 10 USD/0,7 = 14,29 USD por unidad. En la línea intermedia, solo obtiene 0,45 unidades de esfuerzo con ese salario, por lo que el costo del esfuerzo es de 22,22 dólares y obtiene menos beneficios.

5. La pendiente es la TMS
El empleador se muestra indiferente en lo que respecta a los puntos de una línea de isocosto. Al igual que otras curvas de indiferencia, la pendiente de la línea de isocosto del esfuerzo es la tasa marginal de sustitución: la tasa a la que el empleador está dispuesto a aumentar los salarios para obtener un mayor esfuerzo.

Desempleo involuntario

Cuando pensamos en las implicaciones que tiene el modelo de disciplina laboral para toda la economía, descubrimos algo que puede resultar sorprendente en un principio:

Siempre tiene que haber **desempleo involuntario**.

Estar desempleado de forma involuntaria significa no tener un trabajo, a pesar de estar dispuesto a trabajar al salario que reciben otros trabajadores similares que sí tienen trabajo.

Cuando desarrollamos el modelo, asumimos que cabía esperar que María pasara 44 semanas desempleada, antes de recibir otra oferta salarial al mismo nivel que la actual. El modelo implica que *debe haber* un periodo dilatado de desempleo.

> **desempleo involuntario** Estar sin trabajo, pero preferir tener un trabajo con los salarios y las condiciones laborales que tienen otros empleados idénticos que sí trabajan. *Ver también: desempleo.*

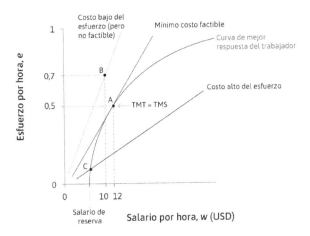

Figura 6.6 El empleador establece el salario para minimizar el costo del esfuerzo.

1. Minimización del costo del esfuerzo
Para maximizar las ganancias, el propietario quiere obtener esfuerzo al menor costo y, por tanto, tratará de llegar a la línea de isocosto con más pendiente posible. Debido a que no puede imponer el nivel de esfuerzo, tiene que elegir algún punto en la curva de mejor respuesta del trabajador.

2. C no es la mejor opción para el empleador
¿Podría tratarse de un punto como C? No. Está claro que, al pagar más, el propietario se beneficiará de una razón salario-esfuerzo menor.

3. El punto A es la mejor opción para el empleador
Su mejor opción es la línea de isocosto que justo toca (es tangente a) la curva de mejor respuesta del trabajador.

4. TMS = TMT
En este punto, la tasa marginal de sustitución (la pendiente de la línea de isocosto del esfuerzo) es igual a la tasa marginal de transformación de salarios más altos en un mayor esfuerzo (la pendiente de la función de mejor respuesta).

5. Punto B
Los puntos de la línea de isocosto con más pendiente, como el punto B, tendrían costos más bajos para el empleador, pero no son factibles.

6. Costos mínimos factibles
Por lo tanto, 12 dólares es el salario por hora que el empleador debe establecer para minimizar los costos y maximizar beneficios.

Para entender por qué, intente imaginar un equilibrio en el juego entre María y su empleador en que él le paga a ella un salario de 12 dólares por hora y, si ella perdiera el trabajo, podría encontrar inmediatamente otro con el mismo salario. En este caso, la renta del empleo de María sería cero: le resultaría indiferente conservar el trabajo o perderlo. Así pues, su mejor respuesta sería un nivel de esfuerzo de cero. Pero esto no es un equilibrio: el empleador no pagaría 12 dólares por hora a alguien que no hiciera el menor esfuerzo en el trabajo.

Una situación de abundancia de empleos disponibles en la economía a un salario de 12 dólares por hora, sin desempleo, no podría durar mucho. Los empleadores ofrecerían mayores salarios para asegurarse de que sus trabajadores tuvieran algo que perder y, por ende, un incentivo para esforzarse. Pero, si pagaran salarios más altos, no podrían ofrecer el mismo número de puestos de trabajo. Los trabajadores que perdieran sus empleos no podrían encontrar nuevos puestos de trabajo tan fácilmente como antes. Los trabajos serían escasos y un trabajador desempleado podría tardar semanas o meses en encontrar un nuevo empleo. La economía se habría movido a un equilibrio con mayores salarios y desempleo involuntario. Los trabajadores, por ejemplo, estarían ganando 16 dólares por hora y los que perdieran sus trabajos estarían dispuestos a aceptar un nuevo empleo a 16 dólares, pero no podrían encontrar un trabajo de forma inmediata.

En equilibrio, tanto los salarios como el desempleo involuntario deben ser suficientemente altos como para garantizar que haya suficiente renta del empleo como para que los trabajadores realicen un esfuerzo.

El desempleo es una preocupación importante para los votantes y los políticos que los representan. Podemos usar este modelo para entender cómo las políticas aplicadas por los gobiernos, dirigidas a cambiar el nivel de desempleo o proporcionar un ingreso a los trabajadores desempleados, pueden afectar a los beneficios de las empresas y al nivel de esfuerzo realizado por sus trabajadores.

EJERCICIO 6.4 EL EMPLEADOR ESTABLECE EL SALARIO

¿Cree que alguna de las circunstancias descritas a continuación afectaría a la curva de mejor respuesta de María o a las líneas de isocosto de la empresa para esfuerzo figura 6.6? Si es así, explique cómo.

1. El gobierno decide aumentar las prestaciones por paternidad para madres y padres que trabajan, pero no para los desempleados. Suponga que María tiene un hijo y puede optar a recibir esta prestación.
2. La demanda de producción de la empresa aumenta a medida que las celebridades respaldan el bien.
3. Una tecnología más avanzada facilita el trabajo de María.

PREGUNTA 6.7 ESCOJA LA(S) RESPUESTA(S) CORRECTA(S)

La figura 6.6 representa el salario de eficiencia de equilibrio entre trabajador y empresa. Según esta figura:

☐ A lo largo de la línea de isocosto tangente a la curva de mejor respuesta, duplicar el esfuerzo por hora de 0,45 a 0,90 conduciría a un aumento de las ganancias para la empresa.

☐ La pendiente de cada línea de isocosto es el número de unidades de esfuerzo por dólar.

☐ En el punto de equilibrio, la tasa marginal de transformación en la línea de isocosto es igual a la tasa marginal de sustitución en la curva de mejor respuesta del trabajador.

☐ Los puntos A y C representan equilibrios de Nash porque están en la curva de mejor respuesta.

6.8 PONER EL MODELO A TRABAJAR: PROPIETARIOS, EMPLEADOS Y LA ECONOMÍA

Hasta ahora hemos hablado de cómo el empleador selecciona algún punto sobre la función de mejor respuesta. Pero cambios en las condiciones económicas o algunas políticas públicas pueden desplazar toda la función de mejor respuesta, moviéndola hacia la derecha (o arriba) o hacia la izquierda (o abajo).

El incentivo del empleado a escoger un nivel elevado de esfuerzo depende de cuánto pueda perder (la renta del empleo) y de la probabilidad de perder su empleo. La posición de la función de mejor respuesta depende de:

- La utilidad para el empleado de las cosas que pueden comprarse con el salario
- La desutilidad del esfuerzo
- El salario de reserva del trabajador
- La probabilidad de ser despedido a cada nivel de esfuerzo

Si hay cambios en alguno de estos puntos, la curva de mejor respuesta se desplazará.

En primer lugar, imagine cómo afectará un cambio en la tasa de desempleo a la posición de la curva de mejor respuesta. Cuando el desempleo es alto, los trabajadores que pierden sus empleos pueden anticipar que el periodo que pasen desempleados sea más largo. Recuerde que las prestaciones por desempleo, incluidos el apoyo familiar y de los amigos, tienen un límite, por lo que, cuanto más dure el periodo de desempleo, menor será la prestación por desempleo por hora (o por semana). Por lo tanto, un aumento en la duración del periodo de desempleo tiene dos efectos:

- *Reduce el salario de reserva:* luego aumenta la renta del empleo por hora.
- *Extiende el periodo de tiempo de trabajo perdido*: luego aumenta la renta del empleo total (el costo de perder el trabajo).

La figura 6.7 muestra los efectos sobre la curva de mejor respuesta de un aumento en el desempleo, y también de un aumento en las prestaciones por desempleo.

Un aumento del nivel de desempleo desplaza la curva de mejor respuesta a la izquierda:

- Para un salario determinado, por ejemplo 18 dólares, la cantidad de esfuerzo que los trabajadores van a realizar aumenta, lo cual mejora las condiciones para generar beneficios para el empleador.
- El salario que tendría que pagar el empleador para un nivel determinado de esfuerzo, por ejemplo 0,6, disminuye.

Un incremento en las prestaciones por desempleo desplaza la curva a la derecha, así que tiene el efecto contrario.

Las políticas económicas pueden alterar tanto el nivel de la prestación por desempleo como el nivel de desempleo (y, por lo tanto, la duración del periodo de desempleo). Estas políticas son a menudo controvertidas debido a que desplazan la función de mejor respuesta del empleado, ya sea hacia la derecha (favoreciendo a los empleados, que se esforzarán menos para cualquier nivel dado de salario) o hacia la izquierda (favoreciendo a los propietarios, que como resultado obtendrán el esfuerzo de sus empleados a un menor costo, aumentando así sus beneficios).

Figura 6.7 La curva de mejor respuesta depende del nivel de desempleo y de la prestación por desempleo.

1. Statu quo
La posición de la curva de mejor respuesta depende del salario de reserva. Cruza el eje horizontal en este punto.

2. El efecto de las prestaciones por desempleo
Un incremento en las prestaciones por desempleo aumenta el salario de reserva y desplaza la curva de mejor respuesta del trabajador hacia la derecha.

3. Un aumento del nivel de desempleo
Si el desempleo aumenta, la duración esperada del periodo de desempleo aumenta también. Así que el salario de reserva del trabajador cae y la curva de mejor respuesta se desplaza hacia la izquierda.

4. El esfuerzo cambia para cada salario
Para un salario por hora determinado, por ejemplo 18 dólares, los trabajadores alcanzan diferentes niveles de esfuerzo cuando cambian los niveles de desempleo o las prestaciones por desempleo.

EJERCICIO 6.5 ESFUERZO Y SALARIOS

Suponga que, con la curva de mejor respuesta del *statu quo* que se muestra en la figura 6.7, la empresa escoge el salario que minimiza el costo del esfuerzo, y la mejor respuesta del trabajador es un nivel de esfuerzo de 0,6. Si el desempleo aumentara:

1. ¿El esfuerzo sería mayor o menor que 0,6 si la empresa no cambiara el salario?
2. ¿Cómo cambiaría la empresa el salario si quisiera mantener el nivel de esfuerzo en 0,6?
3. ¿Cómo cambiaría el salario si la empresa minimizara el costo del esfuerzo en el nuevo nivel de desempleo?

CÓMO APRENDEN LOS ECONOMISTAS DE LOS HECHOS

Los trabajadores aceleran cuando la economía desacelera

Un estudio de Edward Lazear (asesor económico del expresidente de Estados Unidos, George W. Bush) y otros autores ilustra la idea de que la renta del empleo es un incentivo al esfuerzo de los empleados. Los autores analizan una única empresa durante la crisis financiera mundial para ver cómo reaccionaron gerentes y trabajadores a las condiciones económicas turbulentas de esa época. Se trata de una empresa especializada en servicios tecnológicos, como el procesamiento de reclamaciones de seguros, la calificación de exámenes por ordenador, y los centros telefónicos técnicos de atención al público, con operaciones en 12 estados de Estados Unidos. La naturaleza del trabajo facilitaba la vigilancia de la productividad de los trabajadores (que es una medida del esfuerzo de los empleados) por parte de los administradores de la empresa.

También fue posible que Lazear y sus colegas usaran los datos de la empresa para el periodo 2006–2010, para analizar el efecto sobre la productividad de los trabajadores de la peor recesión económica desde la Gran Depresión.

Al incrementar el desempleo, los trabajadores anticiparon que estarían más tiempo desempleados si perdían su trabajo. Las empresas no usaron su mayor poder de negociación para bajar los salarios, como quizá podrían haberlo hecho, temiendo la reacción de sus empleados.

Lazear y sus autores colaboradores descubrieron que, en esta empresa, la productividad aumentó sustancialmente a medida que subía el desempleo durante la crisis financiera. Una explicación posible es que la productividad promedio aumentó porque la empresa despidió a los miembros menos productivos de su fuerza de trabajo. Sin embargo, Lazear descubrió que el efecto se debía más a que habían aumentado los niveles de esfuerzo por parte de los trabajadores. La gravedad de la recesión hizo que aumentara la renta del empleo de los trabajadores a cualquier nivel salarial y, por tanto, los trabajadores estaban dispuestos a ofrecer mayores niveles de esfuerzo. En nuestro modelo habríamos predicho que la curva de mejor respuesta se desplazaría hacia la derecha como resultado de la recesión. Esto implica que (a menos que se bajaran los salarios de los

Edward P. Lazear, Kathryn L. Shaw y Christopher Stanton. 2016. 'Making Do with Less: Working Harder during Recessions'. *Journal of Labor Economics* 34 (S1 Part 2): pp. 333-360.

trabajadores de forma sustantiva) los empleados se esforzarían mucho más. Aparentemente esto fue lo que ocurrió.

Nuestro modelo muestra que los empleadores podrían haber reducido los salarios manteniendo una renta del empleo suficiente como para motivar un nivel apropiado de esfuerzo. Una recesión anterior nos ofrece una explicación de su reticencia a reducir salarios en medio de la crisis. El economista Truman Bewley confesó haberse sentido confundido cuando observó que muy pocas empresas del noreste de Estados Unidos recortaron salarios durante la recesión de principios de los años noventa. La mayoría de las empresas, tal como ocurrió con la que estudió el equipo de Lazear, no recortaron los salarios.

Bewley entrevistó a más de 300 empleadores, líderes sindicales, consultores de negocios y asesores laborales en el noreste de los Estados Unidos y descubrió que los empleadores escogieron no recortar los salarios porque pensaron que, si lo hacían, sería un duro golpe para la moral de los empleados, reduciéndose por tanto la productividad, lo que provocaría problemas de contratación y retención de trabajadores. Pensaron, por tanto, que al final una reducción salarial terminaría costando al empleador más que el dinero que pudiera ahorrar en salarios.

Truman F. Bewley. 1999. *Why Wages Don't Fall during a Recession*. Cambridge, MA: Harvard University Press.

EJERCICIO 6.6 LOS RESULTADOS DE LAZEAR

Utilice el diagrama de mejor respuesta para representar los resultados obtenidos por Lazear y sus coautores en su estudio de una empresa durante la crisis financiera mundial.

1. Dibuje una curva de mejor respuesta para cada uno de los años siguientes y explique lo que ilustra:
   (a) El periodo anterior a la crisis (2006)
   (b) Los años de crisis (2007–8)
   (c) El año posterior a la crisis (2009)
   Suponga que el empleador no ajusta los salarios.
2. ¿Hay alguna razón por la cual una empresa podría no recortar los salarios durante una recesión? Piense en la investigación de Truman Bewley y la evidencia experimental sobre la reciprocidad que vimos en el capítulo 4.

EJERCICIO 6.7 LA EXTERNALIZACIÓN VUELVE A CASA

Al comienzo de este capítulo hablábamos de la decisión de muchas empresas de confección de subcontratar la producción en Bangladesh y otras economías con salarios bajos. Muestre los resultados en un único diagrama.

1. Dibuje la curva de mejor respuesta de los trabajadores en el país local con salarios altos en ausencia de externalización (con el salario en el eje horizontal y el esfuerzo en el eje vertical).
2. En el mismo diagrama, muestre la curva de mejor respuesta de los trabajadores en el país extranjero de salarios bajos en ausencia de externalización. (Suponga que los salarios se miden en dólares en ambos casos).
3. Muestre en su diagrama lo que el empleador del país local pagará a los trabajadores de su propio país, si la externalización no es posible.
4. Muestre en su diagrama lo que el empleador del país local pagará a los trabajadores del país extranjero de salarios bajos si traslada su producción allí (no tenga en cuenta los costos de traslado de la producción).
5. Ahora suponga que la externalización es posible y muchas empresas del sector de la confección la practican frecuentemente. Muestre la función de mejor respuesta para los trabajadores del país local en estas condiciones. Explique por qué sus resultados son diferentes con respecto a su respuesta a la pregunta 1. Dibuje estos resultados en un diagrama.

PREGUNTA 6.8 ESCOJA LA(S) RESPUESTA(S) CORRECTA(S)

¿Cuáles de las siguientes afirmaciones son verdaderas?

☐ Si se incrementan las prestaciones por desempleo, el costo mínimo de una unidad de esfuerzo para el empleador aumentará.
☐ Si el salario no cambia, los empleados trabajarán más duro en periodos de alto desempleo.
☐ Si los trabajadores siguen recibiendo prestaciones independientemente de cuánto tiempo permanezcan desempleados, un aumento en el nivel de desempleo no tendrá ningún efecto en la curva de mejor respuesta.
☐ Si la desutilidad del esfuerzo de un trabajador aumenta, el salario de reserva aumentará.

6.9 OTRO TIPO DE ORGANIZACIÓN EMPRESARIAL

Incluso en economías capitalistas, algunas organizaciones empresariales tienen una estructura completamente diferente a la que hemos estado analizando: los trabajadores son los propietarios de los bienes de capital y de otros activos de la compañía, y son ellos quienes seleccionan a los administradores que gestionan la compañía en el día a día. Esta forma de organización empresarial tiene el nombre de sociedad **cooperativa o cooperativa de trabajadores**.

Un ejemplo bien conocido es la importante empresa británica de la distribución minorista John Lewis Partnership (https://tinyco.re/2414644), fundada en 1864 y que es propiedad de sus empleados desde 1950. Los empleados son socios y existen unos consejos de empleados que elijen a cinco de los siete miembros del comité de dirección de la empresa. Las prestaciones para los empleados (pensión, vacaciones pagadas, años sabáticos para quienes tienen en su haber muchos años de servicio, actividades sociales) son generosas; y los beneficios que obtiene la empresa se reparten cada año en forma de bono calculado como porcentaje del salario de cada persona. El bono normalmente se encuentra entre un 10% y un 20% del salario, a pesar de que una cantidad significativa de los beneficios se retienen para inversiones futuras. John Lewis es una de las empresas más rentables y que ha cosechado un éxito más consistente dentro del sector del *retail* de su país.

Las cooperativas propiedad de los trabajadores están organizadas jerárquicamente, como las firmas convencionales, pero las directrices emitidas desde la cúpula jerárquica vienen de personas que deben sus trabajos a los socios propietarios de la cooperativa. La diferencia principal entre las empresas convencionales y las cooperativas es que las cooperativas necesitan menos supervisores y menos personal administrativo para asegurarse de que los trabajadores se esfuercen lo suficiente. Los compañeros de trabajo no tolerarán a un trabajador que no cumpla con su deber porque ese comportamiento provocará una reducción de los beneficios de los otros trabajadores. La necesidad de una menor supervisión de los trabajadores es una de las razones por las que las cooperativas producen al menos tanto como sus contrapartes convencionales, si no más.

Las desigualdades de sueldos y salarios dentro de una compañía –por ejemplo, entre los directivos y los trabajadores de la planta de producción– son también por lo general menores en las cooperativas que en las empresas convencionales. Estas cooperativas tienden también a no despedir a los trabajadores cuando la economía entra en recesión, ofreciendo así a sus dueños-socios-trabajadores una especie de seguro (a menudo reducen las horas de trabajo de todos los trabajadores, en vez de despedir a algunos).

Existen estudios de caso que muestran que, en las poco habituales compañías que son principalmente propiedad de los trabajadores, se trabaja más intensamente y con menor supervisión. Han existido muchos intentos de establecer otros tipos de organizaciones empresariales a lo largo de la historia reciente, pero obtener los préstamos para financiar la puesta en marcha y el mantenimiento de estas compañías propiedad de los trabajadores suele ser difícil, como veremos en el capítulo 10, ya que los bancos son a menudo reacios a proporcionar financiación (excepto a tasas de interés muy altas) a personas que no son ricas.

---

sociedad cooperativa Empresa que, en su mayor parte o en su totalidad, es propiedad de sus trabajadores, que son quienes contratan y despiden a los administradores.

Durante el siglo XX, las productoras de madera contrachapada, propiedad de los trabajadores, compitieron con éxito con las empresas capitalistas tradicionales en EE.UU. John Pencavel. 2002. *Worker Participation: Lessons from the Worker Co-ops of the Pacific Northwest*. New York, NY: Russell Sage Foundation Publications.

La economía basada en el conocimiento está creando nuevas formas de empresas que no son ni capitalistas ni sociedades laborales. Tim O'Reilly y Eric S. Raymond. 2001. *The Cathedral & the Bazaar: Musings on Linux and Open Source by an Accidental Revolutionary*. Sebastopol, CA: O'Reilly.

El filósofo francés Charles Fourier (1772–1837) imaginó un mundo utópico en el que la gente viviría en comunidades de entre 1600 y 1800 personas llamadas «falanges». Fourier planteaba que los miembros de estas realizarían toda la actividad industrial, artesanal y agrícola y se esforzarían en el trabajo porque harían el trabajo que les gustara. ¿Y quién limpiaría las alcantarillas y los baños o abonaría los jardines? ¡Fourier sugirió que estos trabajos podían dársele a niños a los que les gustara jugar con la tierra! Existieron decenas de falanges a mediados del siglo XIX, más de 40 solo en Estados Unidos.

EJERCICIO 6.8 UNA COOPERATIVA PROPIEDAD DE LOS TRABAJADORES
En la figura 6.1 (página 255) se muestran los actores y la estructura de la toma de decisiones de una empresa típica.

1. ¿En qué se diferencian los actores y la estructura de toma de decisiones de John Lewis Partnership (https://tinyco.re/7059886) con respecto a la de una empresa típica?
2. Vuelva a dibujar la figura 6.1 para mostrarlo.

GRANDES ECONOMISTAS

John Stuart Mill

John Stuart Mill (1806–1873) fue uno de los filósofos y economistas más importantes del siglo XIX. Su libro *De la libertad* (1859) se compara con *La riqueza de las naciones*, de Adam Smith, en su defensa en favor de establecer límites a los poderes gubernamentales, y sigue proporcionando un argumento influyente en favor de la libertad y propiedad individual.

Mill pensó que la estructura de la empresa típica era una afrenta a la libertad y la autonomía individuales. En *Principios de economía política* (1848), Mill describió la relación entre los dueños de la empresa y los trabajadores como antinatural: «Trabajar a las órdenes y para beneficio de otro, sin tener ningún interés en el trabajo … no es, incluso cuando los salarios son altos, un estado satisfactorio para los seres humanos de inteligencia educada» escribió.

Además, Mill, atribuyendo la relación convencional empleador-empleado a la educación deficiente de la clase trabajadora, predijo que la propagación de la educación y el empoderamiento político de la clase trabajadora cambiarían esta situación:

> «La relación de jefes y trabajadores será gradualmente sustituida por una asociación … incluso, al final de todo, por una asociación de obreros entre sí.»—John Stuart Mill, *Principios de economía política* (1848)

John Stuart Mill. 2002. *De la libertad*. Barcelona: Acantilado, 2013.

John Stuart Mill. 1994. *Principios de Economía Política*. Madrid: Síntesis, 2008.

EJERCICIO 6.9 ¿SE EQUIVOCÓ MILL?
¿Por qué cree que la visión de Mill de una economía poscapitalista de cooperativas propiedad de los trabajadores aún no se ha producido?

6.10 PRINCIPALES Y AGENTES: INTERACCIONES CON BASE EN CONTRATOS INCOMPLETOS

En la relación entre María y su empleador, a ambas partes les importa el nivel de esfuerzo que realice ella, pero el contrato de empleo no cubre este aspecto. Esto es lo que hace que exista una renta del empleo. Si hubiera sido posible redactar un contrato completo, la situación habría sido muy diferente. El empleador habría ofrecido a María un contrato exigible que especificara tanto el salario como el nivel exacto de esfuerzo que ella debería proporcionar. Si esas condiciones hubieran sido aceptables para ella, habría aceptado y trabajado como se requería. Para maximizar sus beneficios, el empleador habría escogido un contrato que fuera apenas aceptable, de modo que María no habría ganado renta alguna.

Nuestro ejemplo no es poco habitual. En la práctica, todas las relaciones laborales se rigen por contratos incompletos. Más aún: muchas veces, los contratos laborales ni siquiera mencionan que el trabajador debería trabajar bien y esforzarse. Además existen muchas otras formas de interacción social basadas en contratos incompletos:

- Los bancos y las personas prestan dinero a cambio de una promesa de devolución del monto prestado más un interés estipulado. Sin embargo, esto puede no ser exigible si el deudor no puede pagar.
- Los dueños de las empresas quieren que los administradores y gerentes maximicen el valor de los activos de los dueños, pero los administradores tienen sus propios objetivos (viajes en primera clase, oficinas lujosas) y los contratos de gestión muchas veces fallan a la hora exigir el cumplimiento del objetivo de maximización de la riqueza de los dueños.
- Los contratos que firman los arrendatarios de apartamentos pueden incluir cláusulas en las que se les obliga a mantener el valor de la propiedad pero, salvo en casos de grave negligencia, la obligación de mantener la propiedad suele ser difícil de hacer cumplir.
- Los contratos de seguro requieren (pero típicamente no logran obligar a cumplir) que las personas que contratan esos seguros se comporten prudentemente y traten de no asumir demasiados riesgos.
- Las familias asignan una fracción considerable de sus presupuestos a la compra de servicios educativos y de salud, cuya calidad rara vez se especifica por contrato (y sería difícil de hacer cumplir ese requisito si se especificara).
- Los padres y madres de familia cuidan a sus niños con la esperanza, pero sin la seguridad contractual, de que estos a su vez, en justa reciprocidad, cuidarán de ellos cuando sean viejos y no puedan trabajar.

Para estos y otros muchos intercambios, parece tener validez la frase de Emile Durkheim (1858–1917), el fundador de la sociología moderna, cuando observaba que «no todo lo que hay en un contrato es contractual». Como ocurre en los casos anteriores, por lo general, suele haber algo que importa por lo menos a una de las partes y que no puede ponerse por escrito en un contrato de modo que su cumplimiento sea exigible.

¿Por qué son incompletos los contratos?

Si pensamos en algunos ejemplos de interacciones económicas, veremos que hay varias razones que explican por qué no hay contratos completos:

- *La información no es verificable:* Para que un contrato sea exigible, hay un conjunto de información que tiene que poder ser observable para ambas partes, pero también *verificable* por terceros, como por ejemplo los tribunales de justicia. Los tribunales deben poder dirimir si los requisitos del contrato se han cumplido. A veces no hay información verificable disponible: por ejemplo, puede ser imposible probar si las malas condiciones de un departamento arrendado se deben al desgaste natural o a la negligencia del arrendatario.
- *Tiempo e incertidumbre:* Un contrato se suele ejecutar a lo largo de un periodo de tiempo; por ejemplo, especificando que la parte A hace X ahora y la parte B hace Y luego. Sin embargo, lo que B haga luego puede depender de factores que son desconocidos en el momento en que se redacta el contrato. Es poco probable que las personas sean capaces de anticipar todos y cada uno de los posibles eventos que puedan acontecer en el futuro; e intentar hacerlo puede terminar no siendo muy eficaz en términos de costo.
- *Medición:* Muchos bienes y servicios son inherentemente difíciles de medir o describir con suficiente precisión como para especificarse en un contrato. ¿Cómo podría el dueño de un restaurante describir la amabilidad de sus camareros cuando interactúan con sus clientes?
- *Ausencia de sistema judicial:* para algunas transacciones no existen instituciones judiciales (tribunales u otros actores institucionales) con capacidad de hacer cumplir los contratos. Muchas transacciones internacionales pertenecen a esta categoría.
- *Preferencias:* Incluso cuando la naturaleza de los bienes o servicios a intercambiar permita un contrato más completo, puede ocurrir que se prefiera un contrato menos completo. La vigilancia invasiva de los trabajadores por parte de sus empleadores puede terminar teniendo consecuencias indeseadas si provoca el enojo de los trabajadores y conduce a un desempeño laboral menos satisfactorio. Otro ejemplo sería el de un concierto: podría no estar interesado en saber la calidad exacta del espectáculo en el momento de comprar la entrada, ya que descubrirla podría precisamente ser parte de la experiencia.

Modelos principal-agente

Muchas relaciones contractuales pueden modelarse de este modo: juego entre dos jugadores que denominamos el principal y el agente, que se enfrentan a un conflicto de intereses. Es lo que se conoce como **problemas principal-agente**. En el caso de María y su empleador, el empleador es el principal. A él le gustaría ofrecer a María, la agente, un contrato de empleo; ella quiere el empleo, pero la cantidad esfuerzo que ofrecerá no se puede especificar en el contrato por no ser verificable. Esto es un problema porque siempre hay un conflicto de intereses: él preferiría que ella trabajara mucho, mientras que María preferiría darse buena vida.

> **relación principal-agente** Relación que existe cuando una parte (el principal) desea que otra parte (el agente) actúe de determinada manera o tenga algún atributo que sea de interés para el principal, y que no se pueda hacer cumplir o garantizar en un contrato vinculante. *Véase también: contrato incompleto. También se conoce como: problema principal-agente.*

Nuestro modelo de empleo para María es un ejemplo de una clase general de modelos principal-agente- en la que la acción que realiza el agente se encuentra «oculta» o es «inobservable» por el principal.

- La agente puede decidir realizar alguna acción (como esforzarse),
- el principal se beneficia de esta acción,
- pero realizar la acción es algo que la agente no decidiría voluntariamente hacer, quizá porque es costoso o desagradable (en esto consiste el conflicto de interés),
- y, debido a que la información sobre la acción no se encuentra disponible para el principal o no es verificable,
- no hay manera de que el principal pueda valerse de un contrato exigible para garantizar que la acción se realice.

> **acción oculta (problema de la)**
> Situación que se da cuando una parte no conoce o no puede verificar alguna acción emprendida por otra parte en un intercambio. Por ejemplo, el empleador no puede saber (o no puede verificar) en qué medida el trabajador que ha contratado está trabajando en realidad. *También conocido como: riesgo moral. Véase también: características ocultas (problema de las).*

En resumen, estamos ante un **problema de acción oculta** que se produce cuando hay un conflicto de interés entre el principal y el agente en torno a alguna acción que pueda potencialmente realizar el agente, y esta acción no pueda recogerse en un contrato completo. En este tipo de problemas, la información sobre la acción es *asimétrica* (la agente sabe lo que ocurrió, pero el principal no) o no es *verificable* (no puede usarse ante los tribunales para hacer cumplir un contrato).

La tabla de la figura 6.8 identifica los principales y agentes en los ejemplos de esta sección.

Estudiaremos el modelo principal-agente para un banquero y un deudor en el capítulo 10. En el capítulo 12 vamos a introducir una segunda clase de modelos principal-agente en la que lo que no se puede recoger en el contrato (acción oculta) no es la acción de la agente sino una característica de la agente misma que el principal desconoce (atributo oculto).

Principal	Agente	Acción oculta y no cubierta en el contrato
Empleador	Empleado	Calidad y cantidad del trabajo
Banquero	Prestatario	Devolución de préstamo, conducta prudente
Propietario	Gerente	Maximización de los beneficios del propietario
Terrateniente	Arrendatario	Cuidado de la propiedad
Compañía aseguradora	Asegurado	Comportamiento prudente
Padres	Profesor/ doctor	Calidad de la enseñanza y de la atención
Padres	Niños	Cuidado en la tercera edad

Figura 6.8 Problemas de acción oculta.

EJERCICIO 6.10 RELACIÓN PRINCIPAL-AGENTE

Para cada uno de los siguientes ejemplos, explique quién es el principal, quién es el agente y qué aspectos de su interacción son de interés para el otro y no están contemplados en un contrato completo.

1. Una compañía contrata un guarda de seguridad para proteger sus instalaciones por la noche.
2. Una organización benéfica quiere encargar una investigación para averiguar cuanto sea posible sobre un nuevo virus.

INFORMACIÓN VERIFICABLE, INFORMACIÓN ASIMÉTRICA

La información es verificable si se puede usar ante un tribunal para hacer cumplir un contrato. La información no verificable, como los rumores, no se puede utilizar para hacer cumplir los contratos.

La información que una parte conoce, pero la otra parte no, es asimétrica.

6.11 CONCLUSIÓN

El producto del trabajo de las personas puede transferirse a otros en los mercados o dentro de empresas a través de contratos laborales. Para entender el papel de la empresa, la analizamos no solamente como un actor, sino también como un escenario en el que tres tipos de actores (dueños, administradores y empleados) interactúan. Los modelos principal-agente nos ayudan a entender cómo funcionan las empresas, al identificar las consecuencias de los conflictos de interés entre los actores que no pueden resolverse en virtud de contratos completos.

Los contratos laborales son incompletos: pueden contemplar las horas de trabajo y algunas condiciones laborales, pero no el nivel de esfuerzo que realiza el empleado, que no es verificable. Los empleadores fijan salarios que son más altos que los salarios de reserva de los trabajadores. Los trabajadores reciben una renta del empleo que los motiva a realizar un esfuerzo y los desincentiva a dejar el trabajo. Cuando los empleadores fijan salarios de este modo, existirá desempleo involuntario en la economía. Políticas públicas como el establecimiento de seguros de desempleo cambian los salarios de reserva y las curvas de mejor respuesta de los trabajadores y, por esa vía, afectan el proceso de determinación de salarios.

Conceptos introducidos en el capítulo 6

Antes de continuar, repase las siguientes definiciones:

- División del trabajo
- Separación entre propiedad y control
- Activos específicamente vinculados a la empresa
- Contrato incompleto
- Renta del empleo
- Salario de reserva
- Función de mejor respuesta de los trabajadores
- Desempleo involuntario
- Información asimétrica
- Información verificable
- Relación principal-agente

6.12 REFERENCIAS BIBLIOGRÁFICAS

Bewley, T. F. 1999. *Why Wages Don't Fall during a Recession*. Cambridge, MA: Harvard University Press.

Braverman, Harry y Paul M. Sweezy. 1975. *Labor and Monopoly Capital: The Degradation of Work in the Twentieth Century*, 2ª ed. Nueva York, NY: Monthly Review Press.

Coase, Ronald H. 1937. 'The Nature of the Firm' (https://tinyco.re/4250905). *Economica* 4 (16): pp. 386–405.

Coase, Ronald H. 1992. 'The Institutional Structure of Production' (https://tinyco.re/1636715). *American Economic Review* 82 (4): pp. 713–19.

Couch, Kenneth A. y Dana W. Placzek. 2010. 'Earnings Losses of Displaced Workers Revisited'. *American Economic Review* 100 (1): pp. 572–589.

Ehrenreich, Barbara. 2014. *Por cuatro duro$: cómo (no) apañárselas en Estados Unidos*. Madrid: Capitán Swing.

Hansmann, Henry. 2000. *The Ownership of Enterprise*. Cambridge, MA: Belknap Press.

Helper, Susan, Morris Kleiner, and Yingchun Wang. 2010. 'Analyzing Compensation Methods in Manufacturing: Piece Rates, Time Rates, or Gain-Sharing?' (https://tinyco.re/4437027). NBER Working Papers No. 16540, National Bureau of Economic Research, Inc.

Jacobson, Louis, Robert J. Lalonde y Daniel G. Sullivan. 1993. 'Earnings Losses of Displaced Workers'. *The American Economic Review* 83 (4): pp. 685–709.

Kletzer, Lori G. 1998. 'Job Displacement' (https://tinyco.re/8577746). *Journal of Economic Perspectives* 12 (1): pp. 115–136.

Kroszner, Randall S. y Louis Putterman (editors). 2009. *The Economic Nature of the Firm: A Reader*, 3rd ed. Cambridge: Cambridge University Press. (trad. al castellano: *La naturaleza económica de la empresa*. Madrid: Alianza Editorial, 1994)

Krueger, Alan B. y Alexandre Mas. 2004. 'Strikes, Scabs, and Tread Separations: Labor Strife and the Production of Defective Bridgestone/Firestone Tires'. *Journal of Political Economy* 112 (2): pp. 253–289.

Lazear, Edward P., Kathryn L. Shaw, and Christopher Stanton. 2016. 'Making Do with Less: Working Harder during Recessions'. *Journal of Labor Economics* 34 (S1 Parte 2): pp. 333–360.

Marx, Karl. 1906. *El capital*. Llinars del Vallès, Barcelona: Iberlibro, 2008.

Marx, Karl. 2010. *El manifiesto comunista*. Barcelona: Ediciones Península, 2019.

Micklethwait, John y Adrian Wooldridge. 2003. *La empresa: historia de una idea revolucionaria*. Barcelona: Mondadori, 2003.

Mill, John Stuart. 1994. *Principios de Economía Política*. Madrid: Síntesis, 2008.

Mill, John Stuart. 2002. *De la libertad*. Barcelona: Acantilado, 2013.

O'Reilly, Tim y Eric S. Raymond. 2001. *The Cathedral & the Bazaar: Musings on Linux and Open Source by an Accidental Revolutionary*. Sebastopol, CA: O'Reilly.

Pencavel, John. 2002. *Worker Participation: Lessons from the Worker Co-ops of the Pacific Northwest*. Nueva York, NY: Russell Sage Foundation Publications.

Simon, Herbert A. 1951. 'A Formal Theory of the Employment Relationship' (https://tinyco.re/0460792). *Econometrica* 19 (3).

Simon, Herbert A. 1991. 'Organizations and Markets' (https://tinyco.re/
2460377). *Journal of Economic Perspectives* 5 (2): pp. 25–44.

Toynbee, Polly. 2003. *Hard Work: Life in Low-pay Britain*. Londres:
Bloomsbury Publishing.

Williamson, Oliver E. 1985. *The Economic Institutions of Capitalism*. Nueva
York, NY: Collier Macmillan.

CAPÍTULO 7
LA EMPRESA Y SUS CLIENTES

CÓMO INTERACTÚA CON SUS CLIENTES UNA EMPRESA QUE MAXIMIZA LOS BENEFICIOS DE PRODUCIR UN BIEN DIFERENCIADO

- Las empresas que producen bienes diferenciados escogen los precios y las cantidades para maximizar sus beneficios, considerando la curva de demanda de sus productos y su función de costos.
- Las ventajas tecnológicas y de costos asociadas a la producción a gran escala favorecen la existencia de grandes empresas.
- La sensibilidad de los consumidores a los cambios de precios se mide por la elasticidad de la demanda, que afecta el precio de la empresa y su margen comercial.
- Las ganancias del intercambio comercial se reparten entre consumidores y dueños de las empresas, pero los precios por encima del costo marginal provocan fallas del mercado y pérdida de eficiencia.
- Las empresas pueden aumentar sus beneficios a través de la selección de productos y la publicidad. Aquellas que tengan menos competidores pueden lograr mayores márgenes comerciales y rentas monopolísticas.
- Los diseñadores de políticas públicas usan las elasticidades de la demanda para diseñar políticas tributarias y reducir el poder de mercado de las empresas a través de la política de competencia.

TEMAS Y CAPÍTULOS INTEGRADORES

- 21: Innovación
- 22: Política y políticas públicas

El libro *Lo pequeño es hermoso*, de Ernst F. Schumacher, publicado en 1973, abogaba por la producción a pequeña escala realizada por individuos y grupos en un sistema económico diseñado para enfatizar la felicidad en lugar de los beneficios económicos. En el año en que el libro se publicó, las firmas Intel y FedEx tenían cada una solo unas cuantas personas empleadas en Estado Unidos. Cuarenta años después, Intel empleaba a cerca de 108 000, y FedEx a más de 300 000 personas. En 1973, Walmart empleaba a 3500 personas; en 2016 a 2,3 millones.

La mayoría de las empresas estadounidenses son mucho más pequeñas, pero en todas las economías ricas la mayoría de la gente trabaja para empresas

Ernst F. Schumacher. 1973. *Lo pequeño es hermoso*. Madrid: Tursen/Hermann Blume, 1994.

grandes. En Estados Unidos, el 52% de los trabajadores del sector privado laboran en compañías con un mínimo de 500 empleados. La razón principal es que los dueños generan más dinero si pueden ampliar el tamaño de la empresa, y los accionistas obtienen mayores rendimientos de las acciones de empresas más grandes. Los empleados también reciben mejores remuneraciones en las empresas de gran tamaño. La figura 7.1 muestra el crecimiento de un grupo altamente exitoso de empresas estadounidenses.

¿Qué estrategias pueden usar las empresas para prosperar y crecer como las de la figura 7.1? La historia del minorista británico Tesco, fundado en 1919 por Jack Cohen, sugiere una respuesta.

Jack Cohen, el fundador de Tesco, comenzó como un comerciante en el mercado de calle del East End de Londres. Los comerciantes del mercado se reunían al amanecer cada día y, en cuanto se daba la señal, corrían a su puesto favorito, conocido como «terreno de juego». Cohen perfeccionó la técnica de lanzar su gorra para reclamar el terreno de juego más deseable. En la década de 1950, Cohen comenzó a abrir supermercados siguiendo el modelo estadounidense, adaptándose rápidamente a este nuevo estilo de operación. Tesco se convirtió en el líder del mercado del Reino Unido en 1995, y ahora emplea a casi medio millón de personas en Europa y Asia.

Hoy, la estrategia de precios de Tesco tiene como objetivo atraer a todos los segmentos del mercado, etiquetando algunos de sus productos de marca propia como Finest (Máxima calidad) y otros como Value (Mejor precio). El Programa Money de la BBC resumía los tres mandamientos de Tesco como «estar en todas partes», «vender de todo» y «vender a todos».

«Apile alto y venda barato» era el lema de Jack Cohen. Él empezó como vendedor ambulante y abrió su primera tienda 10 años después. Hoy en día, una de cada siete libras gastadas en el Reino Unido se gasta en una tienda Tesco, compañía que se expandió al mundo en la década de los 1990. En 2014, Tesco tuvo más beneficios que cualquier otro minorista en el mundo excepto por Walmart. Mantener los precios bajos, como Cohen recomendaba, es una de las posibles estrategias para una empresa que busque maximizar sus beneficios: el beneficio por cada artículo es pequeño, pero los precios bajos pueden atraer tantos clientes que el beneficio total sea alto.

Otras empresas pueden adoptar estrategias bastante diferentes. Apple fija precios altos para sus iPhones y iPads, incrementando sus ganancias al cobrar un sobreprecio, en vez de bajar sus precios para llegar a más clientes. Por ejemplo, entre abril de 2010 y marzo de 2012, el beneficio por unidad de los iPhones de Apple se situó entre el 49 y el 58% del precio. Durante el mismo periodo, los beneficios de las operaciones de Tesco por unidad fueron entre 6,0 y 6,5%.

El éxito de las empresas no depende únicamente de tener el precio adecuado. La elección de los productos también importa, así como la

Ver estos datos en OWiD
https://tinyco.re/8927352

Erzo G. J. Luttmer. 2011. 'On the Mechanics of Firm Growth'. The Review of Economic Studies 78 (3): pp. 1042–68.

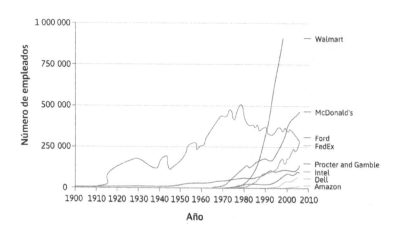

Figura 7.1 Tamaño de las empresas en Estados Unidos: número de empleados (1900–2006).

capacidad de atraer clientes, producir a costos más bajos y con mejor calidad que los competidores. Las empresas necesitan ser capaces de reclutar y retener empleados que puedan hacer que todas estas cosas ocurran.

La figura 7.2 ilustra las decisiones clave que toman las empresas. En este capítulo nos concentraremos particularmente en cómo determina una empresa el precio de un producto y la cantidad a producir. Esto va a depender de la demanda a que se enfrente –es decir, de la predisposición de los clientes potenciales a pagar por sus productos– y de los costos de producción.

La demanda del producto depende de su precio, y los costos de producción dependen de cuántas unidades se fabriquen. Ahora bien, una empresa puede influir activamente, tanto en la demanda de los consumidores como en los costos, de más formas que solo a través de los precios y las cantidades producidas. Como vimos en el capítulo 2, la innovación puede llevar a nuevos y atractivos productos, o a costos de producción más bajos. Si la empresa es capaz de innovar con éxito, puede obtener rentas económicas gracias a ello, al menos en el corto plazo hasta que otros la alcancen. Eso sí, podría ser necesario seguir innovando para mantener la delantera. La publicidad también incrementa la demanda. Además, y como ya vimos en el capítulo 6, la empresa fija el salario, que es un importante componente de sus costos. Como veremos en los capítulos siguientes, la empresa también gasta para ejercer su influencia en materia de impuestos y regulaciones medioambientales, con el objetivo de bajar sus costos.

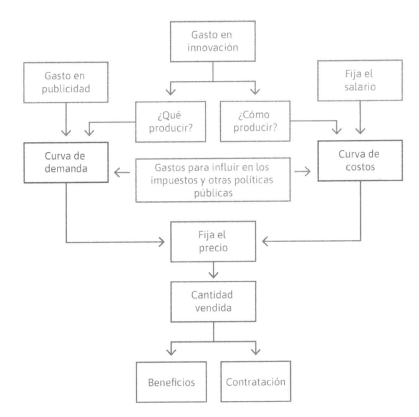

Figura 7.2 Las decisiones de la empresa.

7.1 CEREAL DE DESAYUNO: ESCOGER UN PRECIO

curva de demanda Curva que muestra la cantidad que los consumidores comprarán para cada precio posible.

Para decidir el precio a cobrar, las empresas necesitan información sobre la demanda: cuánto están dispuestos a pagar los potenciales consumidores por sus productos. La figura 7.3 muestra la **curva de demanda** para los cereales Cheerios de manzana y canela (Cheerios es una marca estadounidense de cereales de desayuno que lanzó al mercado la compañía General Mills en 1989). En 1996, el economista Jerry Hausman usó datos de ventas semanales de cereales de desayuno en distintas ciudades estadounidenses para estimar cómo variaría la cantidad de cereales que los consumidores desearían comprar semanalmente si variaba el precio por libra (2,2 equivalen a 1 kilo). Puede ver en la figura 7.3 que si el precio fuera de 3 dólares, por ejemplo, los consumidores demandarían 25 000 libras de Cheerios de manzana y canela. Para la mayoría de los productos, cuanto más bajo el precio, más quieren comprar los clientes.

CÓMO APRENDEN LOS ECONOMISTAS DE LOS HECHOS

Estimar curvas de demanda a partir de encuestas
Jerry Hausman usó datos de compra de cereales para estimar la curva de demanda de los Cheerios de manzana y canela. Otro método, que para las empresas que introducen nuevos productos resulta muy útil, es usar encuestas al consumidor. Suponga que está investigando la demanda potencial para el turismo espacial. Podría intentar preguntarles a los consumidores potenciales:

«¿Cuánto estaría dispuesto a pagar por un vuelo de 10 minutos al espacio?»

Sin embargo, es posible que para los encuestados les sea difícil responder, o peor, pueden mentir si es que piensan que su respuesta va a afectar el precio que eventualmente se cobrará. Una mejor forma de averiguar cuál es su verdadera disposición a pagar, podría ser preguntar:

«¿Estaría dispuesto a pagar 1000 dólares por un vuelo de 10 minutos al espacio?»

Adaptación de la figura 5.2 en Jerry A. Hausman. 1996. 'Valuation of New Goods under Perfect and Imperfect Competition' (https://tinyco.re/1626988). In *The Economics of New Goods*, pp. 207–248. Chicago, IL: University of Chicago Press.

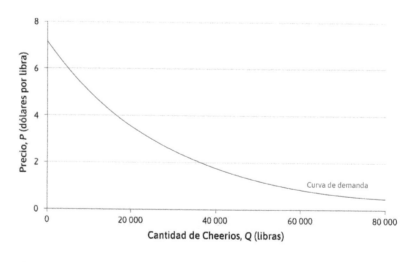

Figura 7.3 Demanda estimada para los Cheerios de manzana y canela.

En 2011 alguien planteó esta pregunta, razón por la que sabemos cuál es la demanda de viajes al espacio por parte de los consumidores.

Cualquiera que sea el producto –cereales o viajes al espacio– el método es el mismo. Si cambia usted los precios de la pregunta y se la plantea a un gran número de consumidores, podrá estimar la proporción de las personas dispuestas a pagar cada precio y así estimar la curva de demanda completa.

«Willingness to Pay for a Flight in Space» (https://tinyco.re/7817145). Statista. Actualización: 20 de diciembre de 2019.

Si fuera usted el gerente en General Mills, ¿cómo elegiría el precio para los Cheerios de manzana y canela en esta ciudad, y cuántas libras de cereales produciría?

Necesita considerar cómo va a afectar la decisión sus ganancias o beneficios (la diferencia entre los ingresos por venta y los costos de producción). Suponga que el costo unitario de los Cheerios de manzana y canela -el costo de producir cada libra- es de 2 dólares. Para maximizar sus beneficios, debería producir la cantidad que espera vender y nada más. De esta forma, los ingresos por venta, los costos y los beneficios vienen dados por:

$$\text{costo total} = \text{costo unitario} \times \text{cantidad}$$
$$= 2 \times Q$$
$$\text{ingreso total} = \text{precio} \times \text{cantidad}$$
$$= P \times Q$$
$$\text{ganancia} = \text{ingreso total} - \text{costo total}$$
$$= P \times Q - 2 \times Q$$

Así tenemos una fórmula para los beneficios:

$$\text{beneficios} = (P - 2) \times Q$$

Usando esta fórmula, usted puede calcular los ingresos para cualquier elección de precio y cantidad, y así dibujar las curvas de isobeneficio, como en la figura 7.4. Al igual que las curvas de indiferencia unen puntos en un diagrama que dan el mismo nivel de utilidad, las curvas de isobeneficio unen puntos con el mismo nivel de beneficio total. Podemos pensar en las curvas de isobeneficio como las curvas de indiferencia de la empresa: a la empresa le resulta indiferente escoger entre combinaciones de precio y cantidad que le dan los mismos beneficios.

PREGUNTA 7.1 ESCOJA LA(S) RESPUESTA(S) CORRECTA(S)
El costo de producción de una empresa es de 12 libras esterlinas por unidad de producto. Si P es el precio del bien y Q es la cantidad de unidades producidas, ¿cuál de las siguientes afirmaciones es correcta?

☐ El punto $(Q, P) = (2000, 20)$ está sobre la curva de isobeneficio y representa un nivel de beneficios de 20 000 libras.
☐ El punto $(Q, P) = (2000, 20)$ está en una curva de isobeneficios más baja que el punto $(Q, P) = (1200, 24)$.
☐ Los puntos $(Q, P) = (2000, 20)$ y $(Q, P) = (4000, 16)$ están en la misma curva de isobeneficio.
☐ El punto $(Q, P) = (5000, 12)$ no está sobre una curva de isobeneficio.

PREGUNTA 7.2 ESCOJA LA(S) RESPUESTA(S) CORRECTA(S)

Considere una empresa cuyo costo unitario (el costo de producir una unidad del bien) es el mismo para todos los niveles de producción. ¿Cuáles de las siguientes afirmaciones son correctas?

☐ Cada curva de isobeneficio representa las ganancias de la firma para diferentes volúmenes de producción a un precio dado del bien producido.

☐ Las curvas de isobeneficio pueden presentar una pendiente ascendente cuando se sitúan en altos niveles de beneficio.

☐ Cada combinación precio-cantidad se encuentra sobre una curva de isobeneficio.

☐ Cuando el precio está por encima del costo unitario, las curvas de isobeneficio se inclinan hacia abajo.

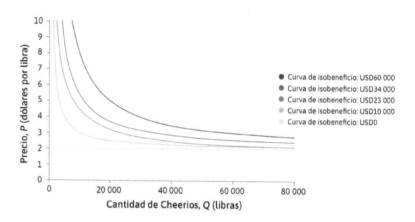

Figura 7.4 Curvas de isobeneficio para la producción de Cheerios de manzana y canela. Nota: Los datos de isobeneficio son únicamente ilustrativos y no reflejan el beneficio del producto en el mundo real.

1. Curvas de isobeneficio
La gráfica muestra toda una serie de curvas de isobeneficio para los Cheerios.

2. Curva de isobeneficio: 60 000 dólares
Usted puede generar un beneficio de 60 000 dólares vendiendo 60 000 libras a un precio de 3 dólares, o 20 000 libras a 5 dólares, o 10 000 libras a 8 dólares, o de muchas otras formas. La curva muestra todas las posibles formas de obtener 60 000 dólares de ganancias o beneficio.

3. Curva de isobeneficio: 34 000 dólares
La curva de isobeneficio de 34 000 dólares muestra todas las combinaciones de P y Q para las cuales el beneficio es igual a 34 000 dólares.

4. Curva de isobeneficio: 23 000 dólares
Las curvas de isobeneficio más cercanas al origen corresponden a niveles más bajos de beneficios.

5. Curva de isobeneficio: 10 000 dólares
El costo de cada libra de Cheerios es de 2 dólares, así que el beneficio = $(P - 2) \times Q$. Esto significa que las curvas de isobeneficio tienen pendiente negativa. Para generar un beneficio de 10 000 dólares, P tendría que ser muy alto si Q fuese menos de 8000. Pero si $Q = 80\,000$, entonces usted puede generar ese beneficio con un P más bajo.

6. Cero beneficio
La línea horizontal muestra las combinaciones de precios y cantidades en las cuales el beneficio es cero: si usted fijara un precio de 2 dólares estaría vendiendo cada libra de cereal exactamente a su costo.

Para lograr beneficios altos, usted preferiría que tanto los precios como las cantidades fueran tan altas como fuese posible. Sin embargo, está usted sometido a las restricciones que plantea la curva de demanda. Si escoge un precio alto va a poder vender solo una pequeña cantidad; y si quiere vender una gran cantidad, debe elegir un precio bajo.

La curva de demanda determina lo que es factible. La figura 7.5a muestra las curvas de isobeneficio y la curva de demanda juntas. Usted se enfrenta un problema similar al de Alexei, el estudiante del capítulo 3, que quería elegir el punto en su conjunto factible donde su utilidad se maximizara. Lo que usted busca es escoger una combinación factible de precio y cantidad que maximice sus ingresos.

Su mejor estrategia es elegir el punto E en la figura 7.5a: debería producir 14 000 libras de cereales y venderlos a un precio de 4,40 dólares por libra, generando 34 000 dólares de ingresos. Al igual que en el caso de Alexei en el capítulo 3, la combinación óptima de precio y cantidad implica resolver dos disyuntivas. Como gerente, lo que a usted le preocupa (lo que hemos asumido que le preocupa) son los beneficios, más que cualquier combinación particular de precio y cantidad.

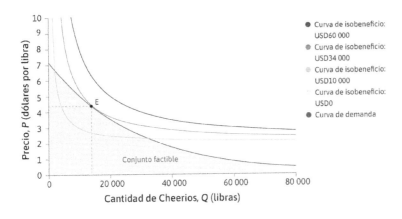

Demand curve data from Jerry A. Hausman. 1996. 'Valuation of New Goods under Perfect and Imperfect Competition' (https://tinyco.re/1626988). In *The Economics of New Goods*, pp. 207–248. Chicago, IL: University of Chicago Press.

Figura 7.5a La elección de precio y cantidad que maximiza las ganancias de Cheerios de manzana y canela.

1. La opción que maximiza el beneficio
El gerente desea elegir una combinación de P y Q en la curva de isobeneficio más alta posible en el conjunto factible.

2. Cero beneficios
La línea horizontal muestra las combinaciones de precio y cantidad donde el beneficio es cero: si usted fijara un precio de 2 dólares, estaría vendiendo cada libra de cereales exactamente a su costo.

3. Opciones de maximización de beneficio
El gerente elegiría un precio y una cantidad correspondientes a un punto en la curva de demanda. Cualquier punto por debajo de la curva de demanda sería factible, como vender 8000 libras de cereal a un precio de 3 dólares, pero obtendría más ganancias si elevara el precio.

4. Maximización de las ganancias en E
Puede usted alcanzar la curva de isobeneficio más alta posible y al mismo tiempo permanecer en el conjunto factible, eligiendo el punto E, donde la curva de demanda es tangente a una curva de isobeneficio. El gerente debería elegir $P = 4,40$ dólares y $Q = 14\ 000$ libras.

tasa marginal de sustitución (TMS)
Disyuntiva que una persona está dispuesta a enfrentar a la hora de elegir entre dos bienes. En cualquier punto dado, esa trata de la pendiente de la curva de indiferencia. *Ver también: tasa marginal de transformación.*

tasa marginal de transformación (TMT) Cantidad de algún bien que debe sacrificarse para adquirir una unidad adicional de otro bien. En cualquier punto, es la pendiente de la frontera factible. *Ver también: tasa marginal de sustitución.*

- La curva de isobeneficio es su curva de indiferencia, y su pendiente en cualquier punto representa las soluciones a la disyuntiva que está usted *dispuesto* a asumir entre *P* y *Q* – su **TMS**: estaría dispuesto a sustituir un mayor precio por una menor cantidad si obtiene el mismo beneficio.
- La pendiente de la curva de demanda refleja las soluciones a la disyuntiva entre precio y cantidad a las que está usted *sujeto* – su **TMT**, o la tasa a la cual la curva de demanda le permite «transformar» cantidad en precio. No puede subir el precio sin disminuir la cantidad porque habrá una cantidad menor de consumidores que compren un producto más costoso.

Estas dos disyuntivas se equilibran en la elección de *P* y *Q* que maximice el beneficio.

El gerente de General Mills probablemente no tomó la decisión razonando de esta manera.

Quizás el precio se fijó siguiendo más bien una lógica de prueba y error, a partir de experiencias pasadas y con base en investigaciones de mercado. Sin embargo, esperamos que una empresa siempre llegará, de algún modo, a encontrar el precio y cantidad que maximicen sus beneficios. El propósito de nuestro análisis económico no es hacer un modelo del proceso mental del gerente, sino entender el resultado y cómo se relaciona con los costos de la empresa y la demanda del consumidor.

Aun desde el punto de vista del economista, existen otras maneras de concebir la maximización de beneficios. El panel inferior de la figura 7.5b muestra cuánto beneficio se producirá en cada punto de la curva de demanda.

El panel inferior de este mismo gráfico corresponde a la función de beneficio: muestra el beneficio que alcanzaría usted si decide producir una cantidad *Q*. A partir de la función de demanda, puede fijar el precio más alto que le permitiría vender esa cantidad. La función de beneficio estima que alcanzaría un máximo beneficio de 34 000 dólares con *Q* = 14 000 libras de cereal.

PREGUNTA 7.3 ESCOJA LA(S) RESPUESTA(S) CORRECTA(S)
La tabla representa la demanda de mercado *Q* para un bien a diferentes precios *P*.

Q	100	200	300	400	500	600	700	800	900	1000
P	GBP 270	GBP 240	GBP 210	GBP 180	GBP 150	GBP 120	GBP 90	GBP 60	GBP 30	GBP 0

El costo unitario de producción de la empresa es 60 libras esterlinas. Con base en esta información, ¿cuál de las siguientes afirmaciones es correcta?

☐ En Q = 100, el beneficio de la firma es 20 000 libras.
☐ La cantidad de producción que maximiza el beneficio es Q = 400.
☐ El máximo beneficio que se puede alcanzar es 50 000 libras.
☐ La empresa tendrá pérdidas si produce 800 o más libras del bien.

EJERCICIO 7.1 CAMBIOS EN EL MERCADO

Dibuje diagramas para mostrar cómo cambiarían las curvas en la figura 7.5a en cada uno de los siguientes casos:

1. Una compañía rival que produce una marca similar reduce sus precios.
2. El costo de producir los Cheerios de manzana y canela aumenta a 3 dólares por libra.

3. Un estudio gubernamental muy conocido muestra que los productos de General Mills son más saludables que otros cereales para el desayuno.

Para facilitar el dibujo de las curvas, suponga que la curva de demanda es lineal. En cada caso, ¿puede decir qué pasaría con el precio y el beneficio?

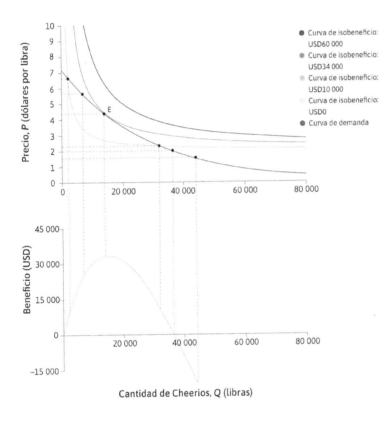

Datos sobre la curva de demanda de Jerry A. Hausman. 1996. 'Valuation of New Goods under Perfect and Imperfect Competition' (https://tinyco.re/1626988). En *The Economics of New Goods*, pp. 207–248. Chicago, IL: University of Chicago Press.

Figura 7.5b La elección de precio y cantidad para maximizar los beneficios de los Cheerios de manzana y canela.

1. La función de beneficio
La empresa puede calcular su beneficio en cada punto de la curva de demanda.

2. Beneficio con cantidades bajas
Cuando la cantidad es baja, también lo es el beneficio.

3. Incremento de beneficios
A medida que la cantidad aumenta, el beneficio aumenta hasta...

4. Máximo beneficio
... que el beneficio alcanza su máximo en E.

5. Beneficio decreciente
Más allá de E, el beneficio cae.

6. Cero beneficios
Los beneficios caen a cero cuando el precio es igual al costo unitario, 2 dólares.

7. Beneficios negativos
Para vender una cantidad muy alta, el precio tiene que ser más bajo que el costo unitario, por lo tanto, el beneficio es negativo.

7.2 ECONOMÍAS DE ESCALA Y LA VENTAJA EN COSTOS DE LA PRODUCCIÓN A GRAN ESCALA

¿Por qué las empresas como Walmart, Intel y FedEx se han hecho tan grandes? Una razón importante por la que una empresa grande puede ser más rentable que una pequeña es que la primera produce sus productos a un costo unitario menor. Esto ocurre, entre otras razones, debido a:

- *Ventajas tecnológicas*: La producción a gran escala normalmente usa menos insumos por unidad de producto final.
- *Ventajas en costos*: En empresas grandes, los costos fijos como la publicidad tienen un menor efecto sobre el costo por unidad. Las empresas grandes pueden, además, comprar sus insumos a un costo más bajo porque cuentan con más poder de negociación frente a sus proveedores.

economías de escala Se producen cuando, por ejemplo, duplicamos los insumos introducidos en un proceso productivo y la producción resultante crece más del doble. La forma de la curva de costo medio a largo plazo de una empresa depende tanto de los rendimientos de escala en la producción como del efecto de esa escala sobre los precios que la empresa paga por sus insumos. *También se usa el término: rendimientos crecientes a escala. Ver también: deseconomías de escala.*

deseconomías de escala Se producen cuando, al duplicar los insumos de un proceso de producción, se obtiene menos del doble de producto. *También conocidas como: rendimientos a escala decrecientes. Véase también: economías de escala.*

rendimientos a escala constantes Se producen cuando, al duplicar los insumos de un proceso de producción, se duplica la cantidad de producto. La forma de la curva de costo promedio a largo plazo de una empresa depende tanto de los rendimientos a escala en la producción como del efecto de la escala en los precios que se pagan por los insumos. *Véase también: rendimientos crecientes a escala, rendimientos a escala decrecientes.*

ECONOMÍAS Y DESECONOMÍAS DE ESCALA

Si incrementamos todos los insumos en una proporción determinada, y esto:

- aumenta la producción más que proporcionalmente, se dice que la tecnología muestra **rendimientos a escala crecientes** en la producción o **economías de escala**,
- aumenta la producción menos que proporcionalmente, la tecnología muestra **rendimientos a escala decrecientes** en la producción o **deseconomías de escala**,
- aumenta la producción proporcionalmente, la tecnología muestra **rendimientos a escala constantes** en la producción.

Los economistas usan el término **economías de escala** o **rendimientos a escala crecientes** para describir las ventajas tecnológicas de la producción a gran escala. Por ejemplo, si al duplicar la cantidad de cada insumo que utiliza la empresa, se triplica la producción final, eso es señal de que la empresa obtiene retornos crecientes a escala.

Las economías de escala pueden ser producto de la especialización dentro de la empresa que permita que los empleados realicen las tareas que mejor se les den, minimizando así el tiempo de formación al requerir de los empleados un conjunto más limitado de habilidades. Las economías de escala también pueden producirse por razones puramente relativas a la ingeniería. Por ejemplo, trasladar una mayor cantidad de líquido requiere una tubería más grande, pero duplicar la capacidad de la tubería requiere incrementar su diámetro (y el material necesario para construirla) por mucho menos que un factor de dos. Para consultar la demostración de que esto es así, revise *El tamaño y el costo de una tubería* en el Einstein del final de esta sección.

Ahora bien, también hay **deseconomías de escala** intrínsecas. Piense en los dueños de la empresa, gerentes, supervisores y trabajadores de producción. Suponga que cada supervisor dirige a 10 trabajadores de producción, mientras que cada gerente dirige a 10 supervisores, y así sucesivamente. Si la empresa emplea a 10 trabajadores de producción, entonces el dueño puede realizar la administración y la supervisión. Si emplea a 100 trabajadores de producción, necesitará agregar un segmento de 10 supervisores y, si crece a 1000 trabajadores, necesitará reclutar a otro segmento más de gerencia para supervisar a la primera capa de supervisores. Si este es el caso, entonces supervisar trabajadores de producción requiere un aumento más que proporcional en los insumos de supervisores. La única manera en que la firma podría incrementar todos sus insumos proporcionalmente sería reduciendo la intensidad de la supervisión, con las pérdidas asociadas en productividad. Llamemos a esta deseconomía de escala *Ley de Dilbert de la jerarquía de la empresa*, (con base en una tira cómica (https://tinyco.re/8720977)). Vea la sección Einstein para averiguar cómo calcular el tamaño de la deseconomía de escala que implica nuestra Ley de Dilbert.

Ventajas en costos

El costo por unidad también puede ir cayendo a medida que la empresa fabrica más productos, aun si hay rendimientos a escala constantes o incluso decrecientes. Esto ocurrirá si hay un costo fijo que no depende del número de unidades producidas: es el mismo, tanto si la empresa produce una unidad, como si son muchas. Un ejemplo sería el costo de **investigación & desarrollo** (I&D) y diseño de producto, o adquirir una licencia para poder comenzar la producción, u obtener una patente para una técnica particular. Los gastos de marketing, como la publicidad, son otro costo fijo. En 2014, un anuncio de 30 segundos durante la retransmisión televisiva del partido de fútbol americano de la final del *Super Bowl* estadounidense costaba 4 millones de dólares, un costo que sería solo justificable si se vendieran un gran número de unidades del producto como resultado.

Para una empresa, el costo de intentar obtener un trato favorable por parte del gobierno por medio del cabildeo (*lobbying*), de contribuciones a campañas electorales y de gastos en relaciones públicas, también constituye en su conjunto un tipo de costo fijo, pues se incurre en estos gastos más o menos independientemente del nivel de producción de la empresa.

Además, como hemos visto, las compañías grandes también logran comprar sus insumos en condiciones más favorables porque tienen más poder de negociación que las empresas pequeñas cuando negocian con proveedores.

Ventajas de demanda

Tener un tamaño grande también puede beneficiar a una empresa a la hora de vender sus productos, no solo al producirlos. Esto ocurre cuando las personas tienden a comprar un producto o un servicio que ya tiene muchos usuarios. Por ejemplo, una aplicación de software es más útil cuando todos están usando una versión compatible. Estas economías de escala del lado de la demanda se conocen como **economías de escala de red**, y hay muchos ejemplos de ellas en mercados relacionados con la tecnología.

Dado que producir grandes cantidades crea economías de escala, reduce los costos e incrementa la demanda, la producción a gran escala influye poderosamente sobre el tamaño de la empresa. Por lo general, la producción que genera un grupo pequeño de personas resulta demasiado costosa para competir contra las grandes empresas.

Hemos visto en el capítulo 6 que las empresas pueden externalizar la producción de componentes. Ahora bien, por más que las pequeñas empresas se enfrenten al dilema de crecer o cerrar, su crecimiento tiene un límite. Por una parte, porque a veces es más barato comprar partes del producto que fabricarlas. Apple sería gigante si decidiera que los empleados de Apple produjeran las pantallas táctiles, los chips y otros componentes que se utilizan en el iPhone y el iPad, en vez de comprar esas partes a Toshiba, Samsung y otros proveedores. La estrategia de externalización de

investigación y desarrollo Lo que gasta una entidad pública o privada para crear nuevos métodos de producción, productos u otro nuevo conocimiento económicamente relevante.

economías de escala de red Existen cuando un aumento en el número de usuarios de un producto de una empresa implica un aumento en el valor del producto para cada uno de ellos, porque están conectados entre sí.

Apple limita el tamaño de la empresa e incrementa el tamaño de Toshiba, Samsung y otras firmas que producen los componentes de Apple.

En la siguiente sección, vamos a analizar cómo hacer un modelo de la forma en que los costos de una empresa dependen de sus economías de escala.

PREGUNTA 7.4 ESCOJA LA(S) RESPUESTA(S) CORRECTA(S)
¿Cuál de las siguientes afirmaciones es correcta?

☐ Si la tecnología de una empresa presenta rendimientos a escala constantes, duplicar los insumos lleva a duplicar el nivel de producción.
☐ Si la tecnología de una empresa presenta rendimientos a escala decrecientes, duplicar los insumos aumenta el nivel de producción en más del doble.
☐ Si la tecnología de una empresa presenta economías de escala, los costos por unidad disminuyen a medida que la empresa expande su producción.
☐ Si la tecnología de una empresa presenta deseconomías de escala, duplicar los insumos aumenta el nivel de producción en menos del doble.

EINSTEIN

El tamaño y costo de una tubería
Podemos usar matemáticas simples para calcular cuánto aumentaría el costo cuando el tamaño de la tubería se duplica. La fórmula para el área de un círculo es:

$$\text{área de un círculo} = \pi \times (\text{radio del círculo})^2$$

Asumamos que el área de la tubería era originalmente de 10 cm², y que luego se duplicó su tamaño a 20 cm². Podemos usar la ecuación anterior para encontrar el radio de la tubería en cada caso.

Cuando el área de la tubería es 10:

$$\text{radio} = \sqrt{\frac{10}{\pi}} = 1,78 \text{ cm}$$

Cuando el área de la tubería es 20:

$$\text{radio} = \sqrt{\frac{20}{\pi}} = 2,52 \text{ cm}$$

El costo del material usado para hacer una tubería de determinado largo es proporcional a su circunferencia. La fórmula para la circunferencia del círculo es:

$$\text{circunferencia} = 2 \times \pi \times \text{radio del círculo}$$

Cuando el área de la tubería es 10:

$$\text{circunferencia} = 2 \times \pi \times 1,78 = 11,18 \text{ cm}$$

Cuando el área de la tubería es 20:

$$\text{circumferencia} = 2 \times \pi \times 2,52 = 15,83 \text{ cm}$$

La tubería ha duplicado su capacidad, pero la circunferencia y, por lo tanto, el costo de la tubería, ha incrementado solo en un factor de:

$$\frac{15,83}{11,18} = 1,42$$

Por consiguiente, podemos ver claramente que la empresa se ha beneficiado de economías de escala.

Deseconomías de escala: la ley Dilbert de CORE de la jerarquía de la empresa

Si por cada diez empleados de un determinado nivel se debe tener un supervisor en un nivel inmediatamente superior, entonces una empresa que tenga 10^x obreros (el nivel más bajo del escalafón) va a tener x niveles de gestión, 10^{x-1} supervisores en el nivel más bajo, 10^{x-2} en el segundo nivel, y así sucesivamente.

Una empresa con un millón (10^6) de trabajadores va a tener, por lo tanto, 100 000 ($10^5 = 10^{6-1}$) supervisores del nivel más bajo. No fue Dilbert quien inventó la ley –el supervisor lo vigila demasiado de cerca como para tener tiempo para eso–, fue el equipo CORE el que lo hizo.

7.3 PRODUCCIÓN: LA FUNCIÓN DE COSTOS DE AUTOS HERMOSOS

Para fijar el precio y el nivel de producción para los Cheerios de manzana y canela, el gerente necesitaba conocer la función de demanda y los costos de producción. Dado que asumíamos que el costo de producir cada libra de Cheerios era el mismo, la escala de la producción venía determinada por la demanda del bien. En esta sección y en la siguiente, examinaremos un ejemplo diferente, en el cual los costos varían con el nivel de la producción.

Considere una empresa que produce autos. Comparada con Ford, que fabrica alrededor de 6,6 millones de vehículos al año, esta empresa, en cambio, produce autos exclusivos y resultará ser bastante pequeña, por lo que la llamaremos Autos Hermosos.

Piense en los costos de producir y vender autos. La firma necesita instalaciones –una fábrica– equipadas con máquinas para fundición, forja, soldadura y montaje de carrocerías de automóviles. Puede arrendar esas instalaciones a otra empresa o aumentar el capital financiero para invertir en instalaciones y equipamiento propio. Luego, además debe comprar la materia prima y los componentes, así como pagar a los trabajadores de la línea de producción para que operen la maquinaria. Más aún: se van a necesitar otros trabajadores para gestionar el proceso de producción, diseñar el marketing y vender los autos terminados.

Los dueños de la empresa –los accionistas– no estarían dispuestos a invertir en la firma si pudieran hacer mejor uso de su dinero, invirtiéndolo y obteniendo beneficios en algún otro lugar. Lo que podrían recibir si lo invirtieran en otro lado, por dólar invertido, es otro ejemplo del **costo de oportunidad** que abordamos en el capítulo 3, que en este caso podemos llamar **costo de oportunidad del capital**. Un componente del costo de

costo de oportunidad Asumir una acción implica dejar de tomar la siguiente mejor alternativa. Este costo es el beneficio neto de la alternativa que se dejó de tomar.
costo de oportunidad del capital Cantidad de ingresos que un inversor podría haber recibido invirtiendo la unidad de capital en otro lugar.

producir automóviles es la cantidad que debe pagarse a los accionistas para cubrir el costo de oportunidad del capital; es decir, para inducirlos a continuar invirtiendo en los activos que la empresa necesita para fabricar autos.

costos fijos Costos de producción que no varían con el número de unidades producidas.

Cuantas más unidades produzca Autos Hermosos, más alto será el costo total. El panel superior de la figura 7.6 muestra cómo el costo total podría depender de la cantidad de autos, Q, producidos por día. Esta es la función de costos de la firma, $C(Q)$. A partir de la función de costos, hemos obtenido el costo medio de un auto y cómo cambia con Q. La curva de costo medio (CM) se muestra en el panel inferior de la misma figura.

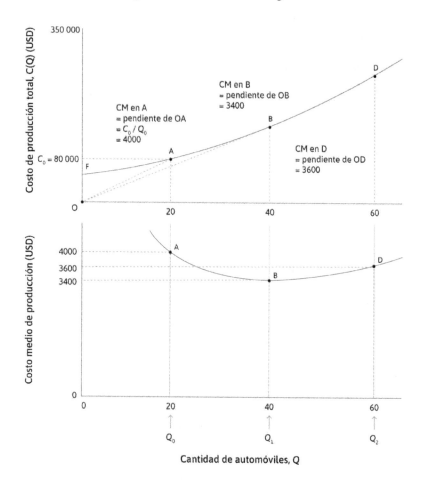

Figura 7.6 Autos Hermosos: Función de costos y costo medio

1. La función de costos
El panel superior muestra la función de costos, $C(Q)$, que refleja el costo total para cada nivel de producción Q.

2. Costos fijos
Algunos costos no varían con el número de autos. Por ejemplo, una vez la empresa ha decidido el tamaño de su fábrica y ha invertido en equipos, esos costos serán los mismos, independientemente de la producción. Estos se denominan **costos fijos**. Entonces, cuando $Q = 0$, los únicos costos son los costos fijos, F.

3. Los costos totales están aumentando
A medida que aumenta Q, los costos totales aumentan y la empresa necesita emplear más trabajadores en la producción. En el punto A, se producen 20 autos (lo llamamos Q_0) con un costo de 80 000 dólares (que llamamos C_0).

4. Costo medio
Si la empresa produce 20 automóviles por día, el costo promedio de un automóvil es C_0 dividido por Q_0, que se muestra como la pendiente de la línea que va desde el origen hasta A. El costo promedio ahora es de 80 000/20 = 4000 dólares. Hemos señalado el costo promedio en el punto A en el panel inferior.

5. Costo medio decreciente
A medida que la producción aumenta por encima de A, los costos fijos se comparten entre más automóviles. El costo promedio cae. En el punto B, el costo total es de 136 000 dólares y el costo promedio es de 3400 dólares.

6. Costo medio creciente
El costo promedio es más bajo en el punto B. Cuando la producción aumenta más allá de B, la pendiente de la línea que va hasta el origen va aumentando gradualmente. En D, el costo promedio ha aumentado a 3600 dólares.

7. La curva de costo medio
Podemos calcular el costo medio para cada valor de Q y dibujar así la curva de costo medio (CM) en el panel inferior.

Podemos ver en la figura 7.6 que los Autos Hermosos tienen costos medios decrecientes para niveles bajos de producción: la curva CM tiene pendiente negativa. En niveles altos de producción, el costo medio aumenta, por lo que la pendiente de la curva CM se vuelve positiva. Esto podría ocurrir porque la empresa tenga que incrementar el número de turnos diarios en la línea de ensamblaje, o quizás tenga que pagar horas extras y la maquinaria se averíe con más frecuencia cuando la línea de producción esté trabajando durante más tiempo.

La figura 7.7 muestra cómo encontrar el **costo marginal** de un automóvil: es decir, el costo de producir un automóvil más. En el capítulo 3 vimos que, para una función de producción determinada, el producto marginal era el producto adicional producido cuando el insumo se incrementaba en una unidad, y que correspondía a la pendiente de la función de producción. La figura 7.7 muestra que el costo marginal (CMg) corresponde a la pendiente de la función de costos.

Al calcular el costo marginal para cada valor de Q, hemos dibujado la totalidad de la curva de costos marginales en el panel inferior de la figura 7.7. Como el CMg es la pendiente de la función de costos, y la curva de costos se vuelve más pronunciada a medida que Q aumenta, el gráfico del costo marginal es una línea con pendiente positiva. En otras palabras: Autos Hermosos tiene costos marginales crecientes para la producción de automóviles. Es el costo marginal creciente el que finalmente causa que los costos medios aumenten.

Note que en la figura 7.7 calculamos el CMg encontrando el cambio en los costos, ΔC, por hacer un auto más. Algunas veces es más conveniente considerar otro aumento diferente de la cantidad. Si sabemos que los costos se incrementan en ΔC = 12 000 cuando se producen cinco automóviles adicionales, entonces podemos calcular $\Delta C / \Delta Q$, donde ΔQ = 5 para obtener una estimación del costo medio unitario de 2400 dólares por auto. En general, cuando la función de costos es curva, un menor ΔQ proporciona una estimación más exacta.

Ahora considere la forma de las curvas CM y CMg que se muestran nuevamente en la figura 7.8. Puede usted ver que, para valores de Q donde el CM sea mayor que el CMg, la pendiente de la curva de CM es negativa y, en cambio, es positiva donde CM es menor que CMg. Esto no es solo una simple coincidencia, sino que ocurre sea cual sea la forma de la función de costos totales. Trabaje con los pasos de la figura 7.8 para ver por qué ocurre esto.

COSTO MARGINAL
En cada punto de la función de costo, el costo marginal (CMg) es el costo adicional de producir una unidad más de producto, y se corresponde con la pendiente de la función de costo. Si el costo aumenta en ΔC cuando la cantidad aumenta en ΔQ, el costo marginal se puede estimar de la siguiente manera:

$$CMg = \frac{\Delta C}{\Delta Q}$$

costo marginal Efecto sobre el costo total de producir una unidad adicional de producto. Corresponde a la pendiente de la función de costo total en cada punto.

Leibniz: Funciones de costo medio y marginal (https://tinyco.re/3962616)

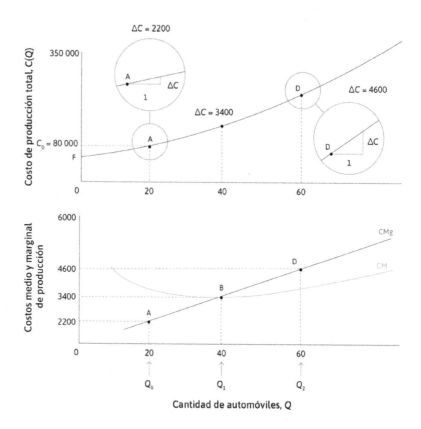

Figura 7.7 El costo marginal de un automóvil.

1. Costo total, costo promedio y costo marginal

El panel superior muestra la función de costo (también llamada curva de costo total). El panel inferior muestra la curva de costo medio. También mostraremos los costos marginales en el panel inferior.

2. Costo total

Suponga que la empresa está produciendo 20 autos en el punto A. El costo total es de 80 000 dólares.

3. Costo marginal

El costo marginal es el costo de aumentar la producción de 20 a 21. Esto incrementaría los costos totales en una cantidad que llamamos ΔC, igual a 2200 dólares. El triángulo dibujado en A muestra que el costo marginal es igual a la pendiente de la función de costo en ese punto.

4. Costo marginal en A

Hemos señalado el costo marginal en el punto A en el panel inferior.

5. Costo marginal en D

En el punto D, donde $Q = 60$, la función de costos tiene mucha más pendiente. El costo marginal de producir un automóvil adicional es mayor: $\Delta C = 4600$ dólares.

6. Costo marginal en B

En el punto B, la curva tiene más pendiente que en A, pero es más plana que en D: CMg = 3400 dólares.

7. La función de costos

Mire la forma de toda la función de costos. Cuando $Q = 0$ es bastante plana, luego el costo marginal es bajo. A medida que aumenta Q, la función de costos va teniendo más pendiente y el costo marginal aumenta gradualmente.

8. La curva de costo marginal

Si calculamos el costo marginal en cada punto de la función de costos, podemos dibujar la curva del costo marginal.

PREGUNTA 7.5 ESCOJA LA(S) RESPUESTA(S) CORRECTA(S)

Considere una empresa con costos fijos de producción. ¿Cuál de las siguientes afirmaciones sobre su costo medio (CM) y costo marginal (CMg) es correcta?

☐ Cuando CM = CMg, la curva CM tiene una pendiente de cero.
☐ Cuando CM > CMg, la curva CMg tiene pendiente negativa.
☐ Cuando CM < CMg, la curva CM tiene pendiente negativa.
☐ La curva CMg no puede ser horizontal.

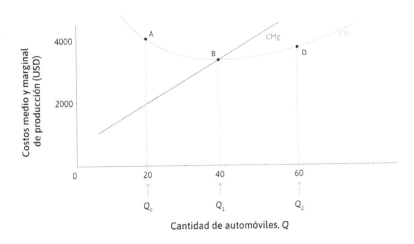

Figura 7.8 Curvas de costo medio y marginal.

1. Costo medio y marginal
El diagrama muestra tanto la curva de costo medio como la de costo marginal.

2. CMg < CM cuando Q = 20
Mire el punto A en la curva CM. Cuando Q = 20, el costo medio es de 4000 dólares, pero el costo marginal es de tan solo 2000. Así pues, si se producen 21 autos en lugar de 20, eso reducirá el costo medio. El costo medio es menor en Q = 21

3. La curva de costo medio se inclina hacia abajo cuando CM > CMg
En cualquier punto, como el punto A, donde CM > CMg, el costo medio caerá si se produce un automóvil más, por lo que la curva de CM es decreciente.

4. La curva de costo medio es ascendente cuando CM < CMg
En el punto D donde Q = 60, el costo medio es de 3600 dólares, pero el costo de producir el auto 61 es de 4600. Por lo tanto, el costo promedio de un automóvil aumentará si se producen 61 automóviles. Cuando CM < CMg, la curva de costo medio es ascendente.

5. Cuando CM = CMg
En el punto B, donde el costo medio alcanza su mínimo, el costo medio y el costo marginal son iguales. Las dos curvas se cruzan. Cuando CM = CMg, la curva CM no asciende ni desciende: es plana (la pendiente es cero).

PREGUNTA 7.6 ESCOJA LA(S) RESPUESTA(S) CORRECTA(S)

Suponga que el costo unitario de producir una libra de cereal es de 2 dólares, independientemente del nivel de producción. (Esto significa que no hay costos fijos, es decir, costos en que se incurra para cualquier nivel de producción, incluido cero). ¿Cuál de las siguientes afirmaciones es correcta?

☐ La curva de costo total es una línea recta horizontal.
☐ La curva de costo medio tiene pendiente negativa.
☐ La curva de costo marginal tiene pendiente positiva
☐ Las curvas de costo medio y de costo marginal coinciden.

EJERCICIO 7.2 LA FUNCIÓN DE COSTOS PARA LOS CHEERIOS DE MANZANA Y CANELA

Claramente, las funciones de costo pueden tener formas diferentes a la que dibujamos para Autos Hermosos. Para los Cheerios de manzana y canela, asumimos que el costo medio era constante, de modo que el costo unitario de una libra de cereal era igual a 2 dólares, independientemente de la cantidad producida.

1. Dibuje la función de costo (también llamada curva de costo total) para este caso.
2. ¿Qué aspecto tienen las funciones de costo marginal y promedio?
3. Ahora suponga que el costo marginal de producir una libra de Cheerios era de 2 dólares, independientemente de la cantidad, pero que también había algunos costos fijos de producción. Dibuje las curvas de costo total, costo marginal y costo medio en este caso.

---

economías de alcance Ahorro de costos que tiene lugar cuando dos o más productos se producen conjuntamente en una sola empresa, en lugar de producirse en empresas separadas.

Rajindar K. Koshal y Manjulika Koshal. 1999. 'Economies of Scale and Scope in Higher Education: A Case of Comprehensive Universities' (https://tinyco.re/8137580). *Economics of Education Review* 18 (2): pp. 269–77.

Economías de escala y alcance (https://tinyco.re/7593630). *The Economist*. Actualizado el 20 de diciembre de 2019.

George J. Stigler. 1987. *La teoría de los precios*. Madrid: Revista de Derecho Privado, 1968.

Los economistas Rajindar y Manjulika Koshal estudiaron la función de costos de las universidades en Estados Unidos. Lo que hicieron fue estimar el costo marginal y el costo medio de educar a alumnos de grado y posgrado en 171 universidades públicas en el año académico 1990–91. Como podrá comprobar en el ejercicio 7.3, se encontraron con que los costos medios eran decrecientes. También descubrieron que las universidades se benefician de lo que se denomina **economías de alcance**: es decir, que se producía un ahorro de costos gracias a la producción de varios productos —en este caso, la educación de grado, la educación de posgrado y la investigación— juntos.

Si quiere saber más sobre costos, el economista George Stigler escribió un libro al respecto, en cuyo capítulo 7 plantea un interesante debate.

EJERCICIO 7.3 FUNCIONES DE COSTO PARA LA EDUCACIÓN UNIVERSITARIA

A continuación, puede usted ver los costos medio y marginal por alumno para el año 1990–91 que calcularon Koshal y Koshal a partir de su investigación.

	Alumnos	CMg (USD)	CM (USD)	Costo total (USD)
	2750	7259	7659	21 062 250
	5500	6548	7348	40 414 000
Grado	8250	5838	7038	
	11 000	5125	6727	73 997 000
	13 750	4417	6417	88 233 750
	16 500	3706	6106	100 749 000
	Alumnos	**CMg (USD)**	**CM (USD)**	**Costo total (USD)**
	550	6541	12 140	6 677 000
	1100	6821	9454	10 339 400
Postgrado	1650	7102	8672	
	2200	7383	8365	18 403 000
	2750	7664	8249	22 684 750
	3300	7945	8228	27 152 400

1. ¿Cómo cambian los costos medios a medida que aumenta el número de alumnos?
2. Usando los datos sobre costos medios, complete las cifras que faltan en la columna de costo total.
3. Dibuje las curvas de costo marginal y costo medio para la educación de grado en un gráfico, con los costos en el eje vertical y el número de estudiantes en el eje horizontal. En un diagrama separado, dibuje los gráficos equivalentes para el caso de los graduados que cursan posgrados.
4. ¿Cuáles son las formas de las funciones de costo total para alumnos universitarios de pregrado y para graduados que cursan posgrados? (Puede dibujarlas basándose en lo que sabe sobre los costos marginal y medio). Represéntelos en un solo gráfico, usando los números de la columna de costo total.
5. ¿Cuáles son las principales diferencias entre las estructuras de costos de las universidades para estudiantes universitarios de pregrado y de posgrado?
6. ¿Se le ocurre alguna explicación para las formas de los gráficos que ha dibujado?

7.4 CURVAS DE DEMANDA Y DE ISOBENEFICIO: AUTOS HERMOSOS

No todos los autos son iguales. Los autos son **productos diferenciados**. Cada marca y modelo lo produce una única empresa, y tiene algunas características únicas de diseño y rendimiento que lo diferencian de los autos de otras empresas.

productos diferenciados Producto confeccionado por una sola empresa y que posee ciertas características únicas en comparación con productos similares de otras empresas.

Esperamos que una compañía que venda productos diferenciados se enfrente a una curva de demanda con pendiente negativa. Ya hemos visto un ejemplo empírico en el caso de los Cheerios de manzana y canela (otro producto diferenciado). Si el precio de un Auto Hermoso es alto, la demanda será baja porque los únicos consumidores que lo compren serán aquellos que tengan una fuerte preferencia por los Autos Hermosos por encima de todas las otras marcas. A medida que el precio caiga, más consumidores –que podrían haber comprado un Ford o un Volvo– se interesarán por un Auto Hermoso.

La curva de demanda

Para cualquier producto que los consumidores puedan desear comprar, la curva de demanda del producto es una relación que le indica el número de artículos (la cantidad) que comprarán a cada posible precio. Para un modelo simple de demanda de Autos Hermosos, imagine que hay 100 consumidores potenciales que comprarían un Auto Hermoso cada uno hoy mismo si el precio fuera suficientemente bajo.

disposición a pagar (DAP) Indicador de cuánto valora una persona un bien, medido por la cantidad máxima que pagaría para adquirir una unidad de ese bien. *Véase también: disposición a aceptar.*

Cada consumidor tiene una **disposición a pagar (DAP)** por un Auto Hermoso, que depende de cuánto lo valora personalmente (por supuesto, suponiendo que este tiene los recursos para comprarlo). Un consumidor comprará un auto si el precio es menor o igual a su DAP. Suponga que ponemos en fila a los consumidores según su DAP, de más a menos, y realizamos un gráfico para mostrar cómo va variando la DAP a lo largo de la fila (figura 7.9). Si elegimos cualquier precio, digamos $P = 3200$ dólares, el gráfico muestra el número de consumidores cuya DAP es mayor o igual a P. En este caso, hay 60 consumidores dispuestos a pagar 3200 o más, por lo que la demanda de autos a un precio de 3200 dólares es 60.

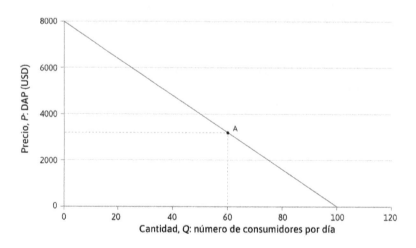

Figura 7.9 Demanda de automóviles (por día).

Si *P* es más bajo, hay un mayor número de consumidores dispuestos a comprar, por lo que la demanda es más alta. Las curvas de demanda se suelen dibujar como líneas rectas, como en este ejemplo, aunque en realidad no hay razón para esperar que sean rectas: ya vimos que la curva de demanda para los Cheerios de manzana y canela no era recta. Ahora bien, lo que sí esperamos es que las curvas de demanda tengan pendiente negativa: a medida que el precio aumenta, la cantidad demandada por los consumidores cae. En cambio, en sentido contrario, cuando la cantidad disponible es baja, puede venderse a un precio alto. Esta relación entre precio y cantidad se conoce a veces como la Ley de la Demanda.

La Ley de la Demanda se remonta al siglo XVII y se atribuye a Gregory King (1648–1712) y Charles Davenant (1656–1714). King fue heraldo de armas en el Colegio de Armas de Londres y produjo estimaciones detalladas de la población y la riqueza de Inglaterra. Davenant, que era político, publicó la Ley de la Demanda de Davenant-King en 1699, utilizando los datos de King para describir cómo cambiaría el precio del maíz, dependiendo del tamaño de la cosecha. Por ejemplo, calculó que un «defecto», o déficit, de una décima parte (10%) aumentaría el precio en un 30%.

PREGUNTA 7.7 ESCOJA LA(S) RESPUESTA(S) CORRECTA(S)
El diagrama muestra dos curvas de demanda alternativas, D y D′, para un producto. Según este gráfico, ¿cuáles de las siguientes afirmaciones son correctas?

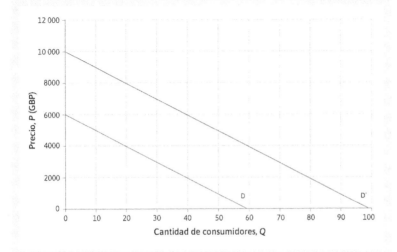

☐ En la curva de demanda D, cuando el precio es de 5000 libras esterlinas, la empresa puede vender 15 unidades del producto.
☐ En la curva de demanda D′, la empresa puede vender 70 unidades a un precio de 3000 libras.
☐ A un precio de 1000 libras, la empresa puede vender 40 unidades más del producto en D′ que en D.
☐ Con una producción de 30 unidades, la empresa puede cobrar 2000 libras más en D′ que en D.

Como los productores de Cheerios de manzana y canela, Autos Hermosos va a elegir el precio *P* y la cantidad *Q* tomando en cuenta su curva de demanda y sus costos de producción. La curva de demanda determina el conjunto factible de combinaciones de *P* y *Q*. Para encontrar el punto en el que se maximiza el beneficio, vamos a dibujar las curvas de isobeneficio y buscar el punto de tangencia, tal y como ya lo hicimos.

Las curvas de isobeneficio

El beneficio o utilidad de la empresa es la diferencia entre sus ingresos (el precio multiplicado por la cantidad vendida) y sus costos totales, $C(Q)$:

$$\text{utilidad} = \text{ingreso total} - \text{costo total}$$
$$= PQ - C(Q)$$

beneficios económicos o ganancias económicas Ingresos de una empresa menos sus costos totales (incluido el costo de oportunidad del capital).

beneficios o ganancias normales Se corresponden con un beneficio económico de cero, lo que significa que la tasa de beneficio es igual al costo de oportunidad del capital. *Véase también: beneficios económicos o ganancias económicas, costo de oportunidad del capital.*

Este cálculo nos da lo que se conoce como beneficio económico o **utilidad económica**. Recuerde que la función de costos incluye el costo de oportunidad del capital, es decir, lo que hay que pagar a los propietarios para inducirlos a conservar sus acciones, que es lo que se conoce como beneficios normales o **utilidades normales**. Las ganancias económicas son el beneficio adicional por encima del rendimiento mínimo exigido por los accionistas.

De igual manera, las ganancias son el número de unidades producidas multiplicado por el beneficio por unidad, que es la diferencia entre el precio y el costo medio:

$$\text{beneficio} = Q\left(P - \frac{C(Q)}{Q}\right)$$
$$= Q(P - \text{CM})$$

A partir de esta ecuación, puede ver que la forma de las curvas de isobeneficio dependerá de la forma de la curva de costo medio. Recuerde que, para los Autos Hermosos, la pendiente de la curva de costo medio es negativa hasta $Q = 40$, y luego se vuelve positiva. La figura 7.10 muestra las curvas de isobeneficio correspondientes. Son parecidas a las de los Cheerios de la figura 7.3 (página 298), pero hay algunas diferencias porque la función de costo medio tiene una forma diferente. La curva más baja (azul claro) es la curva de beneficio económico cero: las combinaciones de precio y cantidad para las que el beneficio económico es igual a cero porque el precio es exactamente igual al costo medio para cada cantidad.

Note que en la figura 7.10:

- Las curvas de isobeneficio tienen pendiente negativa en los puntos donde $P > \text{CMg}$.
- Las curvas de isobeneficio tienen pendiente positiva en los puntos donde $P < \text{CMg}$.

margen de beneficio Diferencia entre el precio y el costo marginal.

La diferencia entre el precio y el costo marginal se denomina **margen de beneficio** o **margen comercial** o simplemente **margen**. En cualquier punto sobre una curva de isobeneficio, la pendiente vendrá dada por:

$$\text{pendiente de la curva de isobeneficio} = -\frac{(P - \text{CMg})}{Q}$$
$$= -\frac{\text{margen de ganancia}}{\text{cantidad}}$$

Para entender por qué ocurre esto, considere de nuevo el punto G en la figura 7.10, en el que $Q = 23$, y el precio es mucho más alto que el costo marginal. Si usted:

1. Incrementa Q en 1
2. Reduce P en $(P - \text{CMg})/Q$

Luego su beneficio va a ser el mismo porque el beneficio extra de $(P - CMg)$ del auto 24 se va a ver compensado por una caída en los ingresos de $(P - CMg)$ en los otros 23 autos.

Este mismo tipo de razonamiento es aplicable a cada punto donde $P > CMg$. El margen de beneficio es positivo, luego la pendiente es negativa. También se aplica cuando $P < CMg$, pero en este caso el margen de beneficio es negativo, de modo que se hace necesario un *incremento* en el precio para mantener constante el beneficio cuando la cantidad suba en una unidad: la curva de isobeneficio tiene pendiente positiva.

Leibniz: Curvas de isobeneficio y sus pendientes (https://tinyco.re/4547545)

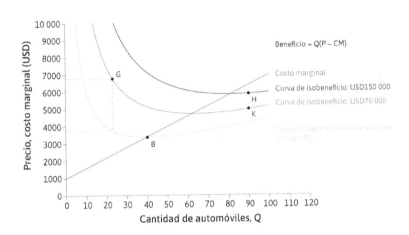

Figura 7.10 Curvas de isobeneficio para Autos Hermosos.

1. La curva de beneficio económico cero

La curva azul más clara es la curva de costo medio de la empresa. Si $P = CM$, el beneficio económico de la empresa es cero. Entonces, la curva CM es también la curva de beneficio cero: muestra todas las combinaciones de P y Q que dan un beneficio económico cero.

2. La forma de la curva de beneficio económico cero

Autos Hermosos tiene un CM decreciente cuando $Q < 40$, y un CM creciente cuando $Q > 40$. Cuando Q es baja, hace falta un precio alto para alcanzar el punto de equilibrio. Si $Q = 40$, podría alcanzar el punto de equilibrio con un precio de 3400 dólares. Para $Q > 40$, se necesitaría elevar el precio nuevamente para evitar una pérdida.

3. CM y CMg

Autos Hermosos tiene costos marginales crecientes: la línea de pendiente ascendente. Recuerde que la curva CM desciende si CM > CMg, y asciende si CM < CMg. Las dos curvas se cruzan en B, donde se sitúa el CM mínimo.

4. Curvas de isobeneficio

Las curvas azules más oscuras muestran las combinaciones de P y Q que dan mayores niveles de beneficio; los puntos G y K están en la misma curva, luego dan el mismo beneficio.

5. Beneficio = Q(P - CM)

En G, donde la empresa fabrica 23 automóviles, el precio es de 6820 dólares y el costo medio es de 3777 dólares. La empresa obtiene un beneficio de 3043 dólares con cada automóvil y su beneficio total es de 70 000 dólares.

6. A precios más altos, mayores beneficios

El beneficio es mayor en las curvas más cercanas a la esquina superior derecha del diagrama. En el punto H la cantidad es la misma que en K, por lo que el costo medio es el mismo, pero el precio es más alto en H.

PREGUNTA 7.8 ESCOJA LA(S) RESPUESTA(S) CORRECTA(S)

El diagrama representa la curva de costo marginal (CMg), la curva de costo medio (CM) y las curvas de isobeneficio de una empresa. ¿Qué podemos deducir de la información que vemos en el diagrama?

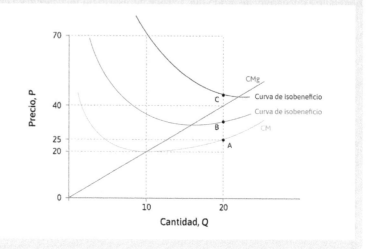

☐ El nivel de beneficios en A es 500.
☐ El nivel de beneficios en B es 150.
☐ El precio en C es 50.
☐ El precio en B es 36.

EJECICIO 7.4 OBSERVACIÓN DE CURVAS DE ISOBENEFICIO

Las curvas de isobeneficio para los Cheerios tienen pendiente descendente mientras que, para los Autos Hermosos, tienen pendiente descendente cuando la cantidad Q es baja y ascendente cuando Q es alta.

1. En ambos casos, las curvas de isobeneficio más altas se acercan a la curva de costo medio a medida que la cantidad aumenta. ¿Por qué?
2. ¿Cuál es la razón que explica la diferencia en la forma de las curvas de isobeneficio entre las dos empresas?

7.5 FIJAR EL PRECIO Y LA CANTIDAD PARA MAXIMIZAR EL BENEFICIO.

En la figura 7.11 hemos mostrado tanto la curva de demanda como la curva de isobeneficio para Autos Hermosos. ¿Cuál es la mejor elección de precio y cantidad para el fabricante?

Las únicas elecciones factibles son los puntos situados en la curva de demanda o por debajo de esta, que corresponden al área sombreada en el diagrama. Para maximizar los beneficios, la empresa debería elegir el punto de tangencia E, donde se alcanza la curva de isobeneficio más alta posible.

El precio y cantidad que maximizan el beneficio son $P^* = 5440$ dólares y $Q^* = 32$, y el beneficio correspondiente es de 63 360 dólares. Como en el caso de los Cheerios, la combinación óptima de precio y cantidad equilibra la solución a la disyuntiva entre precio y cantidad que la empresa estaría dispuesta a adoptar (para determinado nivel de beneficio) con la solución a esa disyuntiva que la empresa está obligada a adoptar con base en la curva de demanda.

La empresa maximiza su beneficio en el punto de tangencia donde la pendiente de la curva de demanda es igual a la pendiente de la curva de isobeneficio, de modo que las dos disyuntivas entre precio y cantidad coinciden, produciéndose un equilibrio:

- La curva de demanda es la frontera factible y su pendiente es la **tasa marginal de transformación (TMT)** de precios más bajos en mayores cantidades vendidas.
- La curva de isobeneficio es la curva de indiferencia y su pendiente es la **tasa marginal de sustitución (TMS)** en la creación de beneficios, entre vender más y cobrar más.

En el punto E, el punto de máximo beneficio, TMT = TMS.

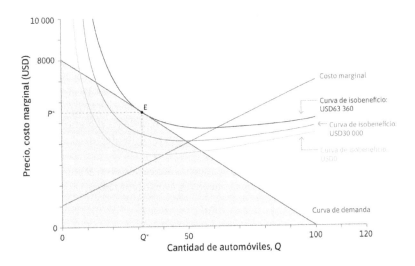

Figura 7.11 La elección de precio y cantidad para maximizar los beneficios de Autos Hermosos.

Leibniz: El precio que maximiza el beneficio (https://tinyco.re/7861387)

En comparación con las gigantes multinacionales de la industria automovilística, Autos Hermosos es una empresa pequeña: elige producir solo 32 autos al día. En términos de sus niveles de producción (pero no en sus precios), se asemeja a las marcas de lujo como Aston-Martin, Rolls Royce o Lamborghini (https://tinyco.re/4286636), cada una de las cuales produce menos de 5000 autos al año. El tamaño de Autos Hermosos viene determinado, en parte, por su función de demanda: tiene tan solo 100 compradores potenciales por día, a cualquier precio. A más largo plazo, la empresa podría incrementar su demanda a través de la publicidad, con la que atraería la atención de más consumidores hacia sus productos, y los convencería de las cualidades deseables de estos. Pero, si la empresa quiere expandir su producción, también necesita considerar su estructura de costos, como en la figura 7.7 (página 310). En la actualidad tiene costos marginales rápidamente crecientes, lo que implica rendimientos a escala decrecientes cuando el producto por día excede 40 unidades. Con sus instalaciones y equipos actuales, es difícil producir más de 40 automóviles. La inversión en nuevo equipamiento puede ayudar a reducir el costo marginal y podría hacer posible la expansión.

Optimización restringida

El problema de maximización del beneficio es otro **problema de elección restringida** como los que hemos estudiado en capítulos anteriores: la elección de tiempo de estudio de Alexei, la elección del horario de trabajo de usted y el de Ángela, y la decisión sobre el salario por parte del empleador de María.

Todos estos problemas tienen la misma estructura:

- Quien toma las decisiones quiere escoger los valores de una o más variables para lograr un objetivo o meta. Para Autos Hermosos, las variables son precio y cantidad.
- El objetivo es *optimizar* algo: maximizar la utilidad, minimizar los costos o maximizar los beneficios.
- Quien toma las decisiones se enfrenta a una *restricción*, que limita lo que es factible: la función de producción de Ángela, la restricción presupuestaria de usted mismo, la curva de mejor respuesta de María, la curva de demanda de Autos Hermosos.

> **problema de elección restringida**
> Este problema gira en torno a cómo podemos hacer lo mejor para nosotros, dadas nuestras preferencias y restricciones, y cuando las cosas que valoramos son escasas. *Véase también: problema de optimización restringida.*

En cada uno de estos casos, hemos representado la elección de quien toma las decisiones en forma gráfica, mostrando las curvas de indiferencia que se relacionan con el objetivo (isoutilidad, isocosto o isobeneficio) y el conjunto de resultados factibles, que viene determinado por la restricción. Además, hemos identificado que la solución al problema se sitúa en el punto de tangencia donde la TMS (la pendiente de la curva de indiferencia) es igual a la TMT (la pendiente de la restricción).

La optimización restringida tiene muchas aplicaciones en el ámbito de la Economía; este tipo de problemas puede resolverse tanto matemática como gráficamente.

> **OPTIMIZACIÓN RESTRINGIDA**
> Quien toma decisiones escoge el valor de una o más variables
> - ... para lograr un objetivo
> - ... sujeto a una restricción que determina el conjunto factible

PREGUNTA 7.9 ESCOJA LA(S) RESPUESTA(S) CORRECTA(S)

La figura 7.11 muestra la curva de demanda de Autos Hermosos junto con las curvas de costo marginal e isobeneficio. La combinación cantidad-precio en el punto E es $(Q^*, P^*) = (32, 5440)$. El costo promedio de producir 50 automóviles es el mismo que el costo promedio de producir 32. Suponga que la empresa mantiene el precio en $P = 5440$ dólares, pero ahora produce 50 automóviles en lugar de 32. ¿Cuál de las siguientes afirmaciones es correcta?

☐ La empresa venderá los 50 autos a 5440 dólares.
☐ El beneficio de la empresa aumentará.
☐ El beneficio de la empresa permanece igual.
☐ El beneficio de la empresa se reduce.

PREGUNTA 7.10 ESCOJA LA(S) RESPUESTA(S) CORRECTA(S)

La figura 7.11 muestra la curva de demanda de Autos Hermosos, junto con las curvas de costo marginal e isobeneficio. En el punto E, la combinación de cantidad y precio es $(Q^*, P^*) = (32, 5440)$ y el beneficio es de 63 360 dólares.

Suponga que la empresa elige producir $Q = 32$ automóviles y establece el precio en $P = 5400$ dólares. ¿Cuál de las siguientes afirmaciones es correcta?

☐ El beneficio se mantiene constante en 63 360 dólares
☐ El beneficio se reduce a 62 080 dólares.
☐ El costo medio de producción es de 3400 dólares
☐ La empresa no es capaz de vender todos los autos.

PREGUNTA 7.11 ESCOJA LA(S) RESPUESTA(S) CORRECTA(S)

La figura 7.11 muestra la curva de demanda de Autos Hermosos, junto con las curvas de costo marginal e isobeneficio.

Suponga que la empresa decide pasar de $P^* = 5440$ dólares y $Q^* = 32$ a un precio más alto, y elige el nivel de producción que maximiza el beneficio al nuevo precio. ¿Cuál de las siguientes afirmaciones es correcta?

☐ La cantidad de autos producidos se reduce.
☐ El costo marginal de producir un auto adicional es mayor.
☐ El costo total de producción es mayor.
☐ El beneficio aumenta debido al nuevo precio.

7.6 OBSERVACIÓN DE LA MAXIMIZACIÓN DE BENEFICIO COMO INGRESO MARGINAL Y COSTO MARGINAL

En la sección anterior mostramos que la elección que maximiza los beneficios para Autos Hermosos era el punto donde la curva de demanda era tangente a la curva de isobeneficio. Para maximizar los beneficios, debería producir $Q = 32$ autos y venderlos a un precio $P = 5440$ dólares.

Ahora analicemos un método diferente para encontrar el punto que maximiza el beneficio (sin usar curvas de isobeneficio), sino que usamos la curva de ingresos marginales. Recuerde que si Q autos se venden a un precio P, los ingresos I vienen dados por $I = P \times Q$. El **ingreso marginal**, IM, es el incremento en el ingreso obtenido al incrementar la cantidad de Q a $Q + 1$.

La figura 7.12a muestra cómo calcular el ingreso marginal cuando $Q = 20$. Esto es, el incremento en el ingreso si la cantidad aumenta en una unidad.

La figura 7.12a muestra que los ingresos de la empresa se corresponden con el área del rectángulo dibujado bajo de la curva de demanda. Cuando Q aumenta de 20 a 21, los ingresos cambian por dos razones. Se vende un auto adicional a un nuevo precio pero, dado que el precio es más bajo cuando $Q = 21$, también hay una pérdida de 80 dólares en los otros 20 autos. El ingreso marginal es la combinación de estos dos cambios.

La figura 7.12b muestra la curva de ingreso marginal, que se usa para encontrar el punto de ingresos máximos. El panel superior muestra la curva de demanda, y el panel central muestra la curva de costo marginal. El análisis de la figura 7.12b muestra cómo calcular y representar la curva de ingresos marginales, que se obtiene calculando el IM en cada punto a lo largo de la curva de demanda. Cuando P es alto y Q es baja, el IM es alto: el ingreso de vender un auto más es mucho mayor que la pérdida total sobre el número menor del resto de autos. A medida que nos movemos hacia abajo por la curva de demanda, P cae –y, por tanto, el ingreso del último auto vendido se vuelve más pequeño– y Q aumenta –por lo que la pérdida total para el resto de autos es mayor– de modo que el IM cae y al final se vuelve negativo.

La curva de ingreso marginal es, por lo general (aunque no necesariamente) una línea con pendiente negativa. Los dos paneles inferiores de la figura 7.12b demuestran que el punto que maximiza el beneficio es aquel donde la curva de IM se cruza con la curva de CMg. Para entender por qué, recuerde que el beneficio es la diferencia entre los ingresos y los costos, así que, para cualquier valor de Q, el cambio en el beneficio si Q se incrementara en una unidad –el beneficio marginal– sería la diferencia entre la variación en los ingresos y la variación en los costos:

$$\text{beneficio} = \text{ingreso total} - \text{costos total}$$
$$\text{beneficio marginal} = \text{IM} - \text{CMg}$$

Por lo tanto:

- IM > CMg: La firma podría incrementar sus beneficios aumentando Q.
- IM < CMg: El beneficio marginal es negativo. Sería mejor disminuir Q.

ingreso marginal Aumento en los ingresos que se obtiene al aumentar la cantidad de Q a $Q + 1$.

Leibniz: Ingreso marginal y costo marginal (https://tinyco.re/9304867)

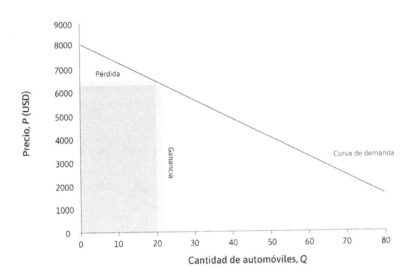

Ingreso, $I = P \times Q$

$Q = 20$	$P = 6400$ USD	$I = 128\ 000$ USD
$Q = 21$	$P = 6320$ USD	$I = 132\ 720$ USD
$\triangle Q = 1$	$\triangle P = 80$ USD	$IM = \triangle I/\triangle Q =$ 4720 USD

Ganancia en ingresos (Auto 21)	6320 USD
Pérdidas en ingresos (80 dólares en cada auto para los otros 20 autos)	−1600 USD
Ingreso Marginal	4720 USD

Figura 7.12a Cálculo del ingreso marginal.

1. Ingreso cuando $Q = 20$
Cuando $Q = 20$, el precio es de 6400 dólares y los ingresos = 6400 × 20, el área del rectángulo.

2. Ingreso cuando $Q = 21$
Si la cantidad se incrementa a 21, el precio cae a 6320 dólares. El cambio en el precio es $\triangle P = -80$ dólares. El ingreso en $Q = 21$ se muestra como el área del nuevo rectángulo, que es 6320 × 21 dólares.

3. Ingreso marginal cuando $Q = 20$
El ingreso marginal en $Q = 20$ es la diferencia entre las dos áreas. La tabla muestra que el área del rectángulo es mayor cuando $Q = 21$. El ingreso marginal es de 4720 dólares.

4. ¿Por qué es el IM > 0?
El aumento en los ingresos ocurre porque la empresa gana 6320 dólares en el auto 21, y esta ganancia es mayor que la pérdida de 20 × 80 dólares provocada por la venta de los otros 20 autos a un precio más bajo.

5. Cálculo del ingreso marginal
La tabla muestra que los ingresos marginales también pueden calcularse como la diferencia entre la ganancia de 6320 dólares y la pérdida de 1600 dólares.

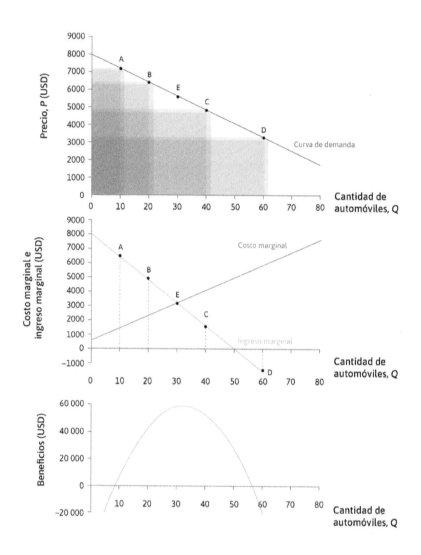

Figura 7.12b Ingreso marginal, costo marginal y beneficios.

1. Curvas de demanda y costos marginales
El panel superior muestra la curva de demanda y el panel central muestra la curva de costo marginal. En el punto A, $Q = 10$, $P = 7200$ dólares y los ingresos son de 72 000 dólares.

2. Ingreso marginal
El ingreso marginal (panel central) en A es la diferencia entre las áreas de los dos rectángulos: IM = 6320 dólares.

3. Ingreso marginal cuando $Q = 20$
Los ingresos marginales cuando $Q = 20$ y $P = 6400$ dólares son 4880 dólares.

4. Bajar por la curva de demanda
A medida que avanzamos por la curva de demanda, P se reduce y MR se reduce todavía más. La ganancia por la venta del auto adicional se hace más pequeña y la pérdida en los otros autos se hace mayor.

5. IM < 0
En el punto D, la ganancia por la venta del auto adicional se ve superada por la pérdida en los otros, por lo que el ingreso marginal es negativo

6. La curva de ingreso marginal
Uniendo los puntos en el panel de la mitad se puede trazar la curva de ingreso marginal.

Puede usted ver cómo cambian los beneficios con las variaciones de Q en el panel inferior de la figura 7.12b. Al igual que el costo marginal es la pendiente de la función de costos, el beneficio marginal es la pendiente de la función de beneficio. En este caso:

- Cuando $Q < 32$, IM > CMg: El beneficio marginal es positivo, por lo que el beneficio aumenta con Q.
- Cuando $Q > 32$, IM < CMg: El beneficio marginal es negativo; el beneficio se reduce cuando aumenta Q.
- Cuando $Q = 32$, IM = CMg: El beneficio alcanza un máximo.

PREGUNTA 7.12 ESCOJA LA(S) RESPUESTA(S) CORRECTA(S)
Esta figura muestra las curvas de costo marginal e ingreso marginal para Autos Hermosos. ¿Cuál de las siguientes afirmaciones es correcta, según la información que se muestra?

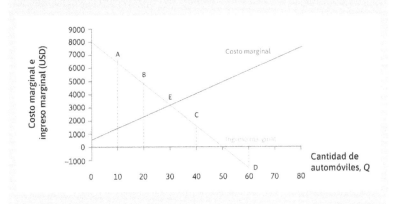

- ☐ Cuando $Q = 40$, el costo marginal es mayor que el ingreso marginal, por lo que el beneficio de la firma debe ser negativo.
- ☐ El ingreso es mayor cuando $Q = 10$ que cuando $Q = 20$.
- ☐ La empresa no escogería producir en el punto E porque el ingreso marginal es cero.
- ☐ El beneficio es mayor cuando $Q = 20$ que cuando $Q = 10$.

7. IM > CMg
IM y CMg se cruzan en el punto E, donde $Q = 32$. IM > CMg en cualquier valor de Q por debajo de 32: los ingresos por la venta de un automóvil adicional son mayores que el costo de fabricarlo, por lo que sería mejor aumentar la producción.

8. IM < CMg
Cuando $Q > 32$, IM < CMg: si la empresa fabricara más de 32 automóviles, perdería beneficios si fabricara un automóvil adicional y aumentaría los beneficios si fabricara menos automóviles.

9. El beneficio de la empresa
En el panel inferior, hemos trazado el beneficio de la empresa en cada punto de la curva de demanda. En este gráfico puede verse que, cuando $Q < 32$, IM > CMg y los beneficios aumentan si Q aumenta. Cuando $Q = 32$, el beneficio se maximiza. Cuando $Q > 32$, IM < CMg y el beneficio cae si Q aumenta.

7.7 LAS GANANCIAS DEL INTERCAMBIO COMERCIAL

Recuerde cómo en el capítulo 5 las personas participaban en interacciones económicas voluntarias porque les convenía: podían obtener un superávit llamado **renta económica**. El excedente total para las partes involucradas es una medida de las **ganancias del intercambio** o ganancias del comercio. Podemos analizar el resultado de las interacciones económicas entre los consumidores y una empresa en términos de eficiencia y equidad, como lo hicimos con Ángela y Bruno en el capítulo 5. Evaluamos el excedente total y la forma en que se distribuye en términos de **eficiencia de Pareto** y justicia.

Hemos asumido que las reglas del juego para distribuir Cheerios y autos entre los consumidores son:

1. Una empresa decide cuántos artículos producir y fija un precio.
2. Luego los consumidores individuales deciden si compran.

Estas reglas reflejan instituciones de mercado típicas para la asignación de bienes de consumo, aunque podríamos imaginar otras alternativas: quizás un grupo de gente que quisiera autos podría reunirse para producir una especificación y luego invitar a los productores a licitar para que se les adjudicara el contrato.

En la interacción entre una empresa como Autos Hermosos y sus consumidores, hay ganancias potenciales para ambos, siempre y cuando la empresa sea capaz de elaborar un auto a un costo menor que el valor del auto para un consumidor. Recuerde que la curva de demanda muestra la disposición a pagar (DAP) de cada uno de los potenciales consumidores. Un consumidor cuya DAP sea mayor que el precio, va a comprar el bien y recibir un excedente: el valor de su auto es más de lo que tiene que pagar por él.

De manera similar, la curva de costo marginal muestra cuánto cuesta producir cada auto adicional. (Si se empieza en $Q = 0$, la curva de costo marginal muestra cuánto cuesta producir el primer auto, luego el segundo, y así sucesivamente). Y si el costo marginal es menor que el precio, la firma también recibe un excedente. La figura 7.13 muestra cómo encontrar el excedente total –recuerde que a veces también se conoce como ganancias del comercio o ganancias del intercambio– para la empresa y sus consumidores, cuando Autos Hermosos fija el precio con el objetivo de maximizar sus ganancias.

En la figura 7.13, el área sombreada por encima de P^* mide el **excedente del consumidor** y el área sombreada por debajo de P^* es el **excedente del productor**. A partir del tamaño relativo de las dos áreas en la figura 7.13, vemos que en este mercado la empresa obtiene una participación mayor del excedente.

Al igual que en el caso del contrato de intercambio voluntario entre Ángela y Bruno en el capítulo 5, ambas partes ganan en el mercado de Autos Hermosos y el reparto de las ganancias viene determinado por el poder de negociación. En este caso, la empresa tiene más poder de negociación que los consumidores porque es el único vendedor de Autos Hermosos. Esto significa que puede fijar un precio alto y obtener una proporción alta de las ganancias, a sabiendas de que los consumidores que atribuyan un valor alto

---

renta económica Pago u otro beneficio recibido por encima y más allá de lo que el individuo hubiera recibido en su siguiente mejor alternativa (u opción de reserva). *Ver también: opción de reserva.*

ganancias del intercambio Beneficios que cada parte obtiene de una transacción en comparación con cómo les hubiera ido sin el intercambio. *También se conoce como ganancias del comercio. Ver también: renta económica.*

eficiencia de Pareto Asignación con la propiedad de que no existe una asignación alternativa técnicamente factible en la que, al menos una persona estaría mejor y nadie peor.

EXCEDENTE DEL CONSUMIDOR, EXCEDENTE DEL PRODUCTOR, BENEFICIO

- El excedente del consumidor es una medida de los beneficios de la participación en el mercado para los consumidores.
- El excedente del productor está estrechamente relacionado con las ganancias de la empresa, pero no es exactamente lo mismo. El excedente del productor es la diferencia entre los ingresos de la empresa y los costos marginales de cada unidad, pero no incluye los costos fijos en los que se incurre incluso cuando $Q = 0$.
- El beneficio es el excedente del productor menos los costos fijos.
- El **excedente total** derivado del comercio en este mercado, para la empresa y los consumidores en conjunto, es la suma del excedente del consumidor y el excedente del productor.

al auto no tienen más alternativa que aceptar. Un consumidor individual no tiene poder de negociación para tratar de obtener un acuerdo mejor porque la empresa tiene muchos otros potenciales consumidores.

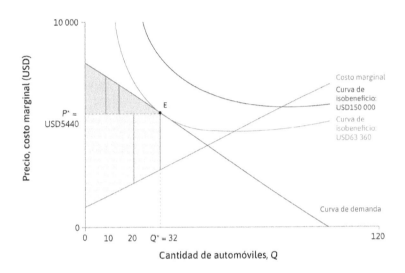

Figura 7.13 Ganancias del comercio.

1. Ganancias del comercio
Cuando la empresa establece su precio de maximización de beneficios $P^* = 5440$ dólares y vende $Q^* = 32$ automóviles por día, el consumidor número 32, cuya DAP es de 5440 dólares, se muestra indiferente entre comprar y no comprar un automóvil, con lo cual el excedente de ese comprador en particular es igual a cero.

2. Una DAP más alta
Otros compradores estaban dispuestos a pagar más. El décimo consumidor, cuya DAP es de 7200 dólares, genera un excedente de 1760 dólares, que se muestra en la línea vertical en la cantidad 10.

3. ¿Qué habría estado dispuesto a pagar el decimoquinto cliente?
El decimoquinto consumidor tiene una DAP de 6800 dólares y, por lo tanto, un excedente de 1360 dólares.

4. El excedente del consumidor
Para encontrar el excedente total obtenido por los consumidores, sumamos el excedente de cada comprador. Esto se muestra mediante el triángulo sombreado entre la curva de demanda y la línea donde el precio es P^*. Esta medida de las ganancias de los consumidores como resultado del comercio es el **excedente del consumidor**.

5. El excedente del productor para el vigésimo auto
Del mismo modo, la empresa obtiene un excedente del productor en cada automóvil vendido. El costo marginal del auto número 20 es de 2000 dólares. Al venderlo por 5440 dólares, la empresa gana 3440 dólares, que se muestran en la línea vertical que une P^* y la curva de costo marginal en el diagrama.

6. Excedente total del productor
Para encontrar el **excedente total del productor**, sumamos el excedente de cada automóvil producido: esta es el área sombreada de color púrpura.

7. El automóvil marginal
La empresa obtiene un excedente del automóvil marginal: el automóvil 32 y último se vende a un precio mayor que el costo marginal.

Eficiencia de Pareto

mejora de Pareto Cambio que beneficia al menos a una persona sin empeorar por ello la situación de nadie más. *Ver también: dominancia de Pareto.*

eficiencia de Pareto Asignación con la propiedad de que no existe una asignación alternativa técnicamente factible en la que, al menos una persona estaría mejor y nadie peor.

¿Es la asignación de autos en este mercado **eficiente en términos de Pareto**? La respuesta es no, porque hay algunos consumidores que no compran autos al precio elegido por la empresa pero que, sin embargo, estarían dispuestos a pagar más de lo que le costaría a la firma producirlos. En la figura 7.13 vimos que Autos Hermosos obtiene un excedente por *el auto marginal*, esto es decir, el auto 32. El precio es mayor que el costo marginal. Podría producir otro auto y venderlo al consumidor número 33 a un precio menor de 5440 dólares pero mayor que el costo de producción. Esto sería una **mejora de Pareto**: tanto la empresa como el consumidor 33 estarían mejor. En otras palabras: las potenciales ganancias del comercio en el mercado para este tipo de auto no se han agotado en E.

Suponga que la empresa hubiera escogido el punto F, donde la curva de costo marginal se cruza con la curva de demanda. Este punto representa un resultado eficiente en términos de Pareto, sin que existan potenciales mejoras de Pareto adicionales: si se produjera otro auto, costaría más de lo que cualquiera de los consumidores restantes estaría dispuesto a pagar por él. La figura 7.14 explica por qué el excedente total, que podemos concebir como la torta total a repartir entre la empresa y sus clientes, sería mayor en F.

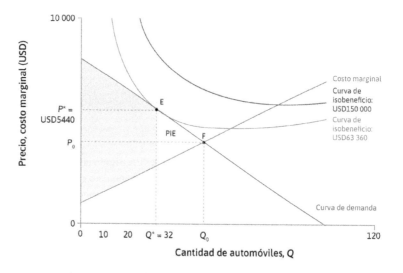

Figura 7.14 Pérdida de eficiencia.

1. Ganancias del comercio no aprovechadas
El precio y la cantidad que maximizan las ganancias de la empresa se encuentran en el punto E, pero hay ganancias no aprovechadas del comercio. La empresa podría fabricar un automóvil más y venderlo al consumidor 33 por más de lo que costaría producirlo.

2. Una asignación eficiente en términos de Pareto
Supongamos que la empresa elige F en lugar de E, con lo que vende Q_0 autos a un precio P_0 igual al costo marginal. Esta asignación es eficiente en términos de Pareto: fabricar otro automóvil costaría más de P_0 y ya no hay más consumidores dispuestos a pagar tanto.

3. Un mayor excedente del consumidor
El excedente del consumidor es mayor en F que en E.

4. Un mayor excedente total
El excedente del productor es menor en F que en E, pero el excedente total es mayor.

5. Pérdida de eficiencia
En E, hay una pérdida de eficiencia igual al área del triángulo blanco entre $Q = 32$, la curva de demanda y la curva CMg.

El excedente del consumidor sería más alto en el punto eficiente en términos de Pareto (F) que en E. El excedente del consumidor sería mayor porque aquellos que están dispuestos a comprar a un precio más alto se beneficiarían del precio menor, y los consumidores adicionales también obtendrían un excedente. No obstante, Autos Hermosos no escogerá F porque el excedente del productor es más bajo en ese punto (y puede usted ver que está en una curva de isobeneficio más baja).

Como la empresa escoge E, se da una pérdida de excedente potencial que se conoce como **pérdida de eficiencia**. En el diagrama es el área triangular entre $Q = 32$, la curva de demanda y la curva de costo marginal.

pérdida de eficiencia (o pérdida irrecuperable de eficiencia) Pérdida de excedente total en relación a una asignación eficiente en términos de Pareto.

Puede parecer confuso que la empresa escoja E cuando hemos dicho que en este punto sería posible para consumidores y para la empresa plantearse moverse a otro en el que estarían mejor. Eso es verdad, pero solo si los autos pudieran venderse a otros consumidores a un precio más bajo que a los primeros 32 consumidores. La firma escoge E porque eso es lo mejor que puede hacer, dadas las reglas del juego (fijar un único precio para todos los consumidores). La asignación que resulta de la fijación de precios por parte del fabricante de un producto diferenciado como los Autos Hermosos es ineficiente en términos de Pareto. La compañía usa su poder de negociación para fijar un precio que es mayor que el costo marginal de un auto. Más aún, mantiene el precio alto produciendo una cantidad que es demasiado baja, en comparación con la asignación eficiente en términos de Pareto.

Como experimento mental, imagine que las reglas del juego fueran diferentes y la empresa pudiera cobrar precios diferenciados a cada comprador, justo por debajo de la disposición a pagar de cada uno de ellos. En este caso, definitivamente la firma vendería a cualquier comprador potencial cuya disposición a pagar excediera el costo marginal y, en consecuencia, se producirían todos los intercambios mutuamente beneficiosos. La empresa fabricaría una cantidad de automóviles eficiente en términos de Pareto.

Para realizar de esta forma una fijación de precios individuales (conocida como discriminación de precios), la empresa necesitaría saber la disposición a pagar de cada comprador. En este caso hipotético, la pérdida de eficiencia desaparecería. La empresa captaría todo el excedente: habría excedente de productor, pero no excedente de consumidor. Puede que pensemos que esto es injusto, pero la asignación de mercado resultante sería eficiente en términos de Pareto.

EJERCICIO 7.5 CAMBIAR LAS REGLAS DEL JUEGO

1. Suponga que Autos Hermosos tiene suficiente información y tanto poder de negociación que podría cobrar a cada consumidor, por separado, el máximo que este estaría dispuesto a pagar. Dibuje las curvas de demanda y costo marginal (como en la figura 7.14) e indique en su diagrama:
   (a) la cantidad de autos vendidos
   (b) el precio más alto pagado por cualquier consumidor
   (c) el precio más bajo pagado
   (d) el excedente del consumidor y del productor
2. ¿Puede pensar en algún ejemplo de bienes que se vendan de esta manera?

3. ¿Por qué no es esta una práctica común?
4. Algunas empresas cobran precios diferentes a diferentes grupos de consumidores; por ejemplo, las aerolíneas pueden cobrar tarifas más altas para los viajeros de último minuto. ¿Por qué harían esto y qué efecto tendría sobre el excedente del consumidor y del productor?
5. Supongamos que una política de competencia ha cambiado las reglas del juego. ¿Cómo podría dar esto más poder de negociación a los consumidores?
6. Bajo estas reglas, ¿cuántos autos se venderían?
7. Bajo estas reglas, ¿cuáles serían los excedentes del productor y del consumidor?

7.8 LA ELASTICIDAD DE LA DEMANDA

La empresa maximiza beneficios al escoger el punto donde la pendiente de la curva de isobeneficio (TMS) es igual a la pendiente de la curva de demanda (TMT), que representa la solución a la disyuntiva entre precio y cantidad que la firma está obligada a aceptar.

Así pues, la decisión de la empresa depende de cuánta pendiente tenga la curva de demanda: en otras palabras, cuánto cambiará la demanda de un bien por parte de los consumidores si cambia el precio. La **elasticidad de la demanda ante los precios** es una medida de la sensibilidad de un consumidor a un cambio de precios: se define como el cambio porcentual en la demanda que ocurriría en respuesta a un incremento de un 1% en el precio. Por ejemplo, suponga que cuando el precio de un producto incrementa un 10%, observamos una caída del 5% en la cantidad vendida. Podemos calcular la elasticidad ε de la siguiente forma:

> **elasticidad de la demanda ante los precios** Cambio porcentual en la demanda que ocurriría en respuesta a un aumento del precio del 1%. Lo expresamos como un número positivo. La demanda es elástica si esta cifra es mayor que 1 e inelástica si la cifra es menor que 1.

$$\varepsilon = -\frac{\text{cambio \% de la demanda}}{\text{cambio \% del precio}}$$

ε es la letra griega épsilon, que es la que habitualmente se utiliza para la elasticidad. En una curva de demanda, la cantidad cae cuando el precio aumenta y, por lo tanto, el cambio en la demanda es negativo si el cambio en precio es positivo y viceversa. El signo negativo en la fórmula para la elasticidad asegura que obtengamos un número positivo como nuestra medida de sensibilidad. Así, en este ejemplo, obtenemos:

$$\varepsilon = -\frac{-5}{10}$$
$$= 0,5$$

La elasticidad de la demanda ante los precios está relacionada con la pendiente de la curva de demanda: si la curva de demanda es bastante plana, la cantidad cambia significativamente en respuesta a un cambio en el precio, así que la elasticidad es alta. De manera inversa, una curva de demanda con una pendiente más pronunciada corresponde a una menor elasticidad. Ahora bien, la pendiente de la curva de demanda y su elasticidad no son lo mismo. Es importante reparar en que la elasticidad cambia a medida que nos movemos a lo largo de la curva de demanda, incluso si la pendiente no lo hace.

La figura 7.15 muestra (una vez más) la curva de demanda de autos, que tiene una pendiente constante: es una línea recta. En cada punto, si la cantidad se incrementa en uno ($\Delta Q = 1$), el precio cae 80 dólares ($\Delta P = -80$ dólares):

$$\text{pendiente de la curva de demanda} = -\frac{\Delta P}{\Delta Q}$$
$$= -80$$

Como $\Delta P = -80$ dólares cuando $\Delta Q = 1$ sobre cada punto de la curva de demanda, es fácil calcular la elasticidad en cualquier punto. En el punto A, por ejemplo, $Q = 20$ y $P = 6400$ dólares, por lo que:

$$\text{cambio \% en } Q = 100(\frac{\Delta Q}{Q}) = 100(\frac{1}{20}) = 5\%$$
$$\text{cambio \% en } P = 100(\frac{\Delta P}{P}) = 100(\frac{-80}{6400}) = -1,25\%$$

Y así:

$$\varepsilon = -\frac{5}{-1,25}$$
$$= 4$$

La tabla de la figura 7.15 muestra los cálculos de elasticidad en diversos puntos de la curva de demanda. Siga los pasos del análisis de la figurara para ver cómo, a medida que descendemos por la curva de demanda, los mismos cambios en P y Q conducen a mayores cambios porcentuales en P y menores cambios porcentuales en Q, de modo que la elasticidad cae.

Decimos que una demanda es elástica si la elasticidad es mayor que 1, e inelástica si es menor que 1. Observe en la figura 7.15 que el ingreso marginal es positivo en puntos donde la demanda es elástica, y negativo donde es inelástica. ¿Por qué ocurre esto? Cuando la demanda es altamente elástica, el precio sólo caerá un poco si la firma aumenta la cantidad. En ese caso, al producir un automóvil adicional, la empresa puede obtener ingresos con el auto adicional vendido sin perder mucho en la venta de los otros autos, subiendo entonces el ingreso total. En otras palabras, el IM > 0. En el caso contrario, cuando la demanda es inelástica, la firma no puede aumentar Q sin sufrir una fuerte caída en P, por lo cual IM < 0. En el Einstein al final de esta sección, demostramos que esta relación se cumple para todas las curvas de demanda posibles.

PREGUNTA 7.14 ESCOJA LA(S) RESPUESTA(S) CORRECTA(S)
Una tienda vende 20 sombreros por semana a 10 dólares cada uno. Cuando aumenta el precio a 12 dólares, la cantidad de sombreros vendidos cae a 15 por semana. ¿Cuáles de las siguientes afirmaciones son correctas?

☐ Cuando el precio aumenta de 10 a 12 dólares, la demanda aumenta un 25%.
☐ Un incremento del 20% en el precio causa que la demanda disminuya un 25%
☐ La demanda de sombreros es inelástica.
☐ La elasticidad de la demanda es aproximadamente 1,25.

¿Cómo afecta la elasticidad de demanda las decisiones de la empresa? Recuerde que la cantidad que maximiza las ganancias para el productor de automóviles es = 32. Observe en la figura 7.15 que ese punto se encuentra en la parte elástica de la curva de demanda. La empresa nunca escogería un punto como D, donde la curva de demanda es inelástica, porque allí el ingreso marginal es negativo; siempre sería mejor disminuir la cantidad,

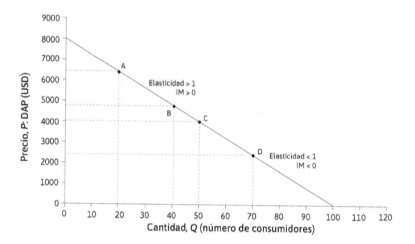

Elasticidad = – % Cambio en Q / % Cambio en P

	A	B	C	D
Q	20	40	50	70
P	6400 USD	4800 USD	4000 USD	2400 USD
ΔQ	1	1	1	1
ΔP	−80 USD	−80 USD	−80 USD	−80 USD
Cambio % en Q	5,00	2,50	2,00	1,43
Cambio % en P	−1,25	−1,67	−2,00	−3,33
Elasticidad	4,00	1,50	1,00	0,43
IM	4880 USD	1680 USD	80 USD	−3120 USD

Figura 7.15 Elasticidad de la demanda de automóviles.

1. Esta curva de demanda es una línea recta.
En cada punto de la curva de demanda, si Q aumenta en 1, P varía en $\Delta P = -80$ dólares.

2. Elasticidad en A
En el punto A, si $\Delta Q = 1$, el cambio porcentual en Q es $100 \times 1/20 = 5\%$. Dado que $\Delta P = -80$ dólares, el cambio porcentual en el precio es $100 \times (-80)/6400 = -1,25\%$. La elasticidad es 4,0.

3. La elasticidad es menor en B que en A
En B, Q es mayor, con lo cual el cambio porcentual cuando $\Delta P = 1$ es menor. De manera similar, P es menor y el cambio porcentual en P es mayor. Así, la elasticidad en B es menor que en A. La tabla muestra que se sitúa en 1,50.

4. A medida que Q se incrementa, la elasticidad decrece
La elasticidad es igual a 1 en C, y menor que 1 en D.

5. El ingreso marginal
La tabla también muestra el ingreso marginal en cada punto. Cuando la elasticidad es mayor que 1, IM > 0. Cuando la elasticidad está por debajo de 1, IM < 0.

pues con ello se incrementaría el ingreso y se reducirían los costos. Por consiguiente, la empresa siempre escoge un punto donde la elasticidad es mayor que uno.

En segundo lugar, el **margen de beneficio** de la empresa (la diferencia entre el precio y el costo marginal de producción) está estrechamente relacionado con la elasticidad de la demanda. La figura 7.16 representa una situación de demanda altamente elástica. La curva de demanda es bastante plana, por lo que pequeños cambios en los precios marcan una gran diferencia en ventas. La elección que maximiza el beneficio es el punto E. Puede usted ver que el margen de beneficio es relativamente pequeño. Esto significa que la cantidad de autos que la empresa elige fabricar no está tan por debajo de la cantidad eficiente en términos de Pareto, en el punto F.

La figura 7.17 muestra la decisión de una empresa con los mismos costos de producción de autos, pero una demanda menos elástica para sus productos. En este caso, el margen de beneficio es alto y la cantidad es baja. Cuando el precio aumenta, muchos consumidores están todavía dispuestos a pagar. La empresa maximiza los beneficios aprovechando esta situación para obtener una proporción mayor del excedente, pero el resultado es que se venden menos autos y las ganancias del comercio no aprovechadas, representadas por la pérdida de eficiencia, son altas.

Estos ejemplos ilustran que, cuanto menor sea la elasticidad de demanda, tanto más aumentará el precio la empresa por encima del costo marginal para obtener un alto margen de beneficio. Cuando la elasticidad de la demanda es baja, la empresa tiene el poder de aumentar el precio sin perder muchos consumidores y el **sobreprecio** (se usa también el anglicismo *markup*), que es el margen de beneficio como proporción del precio, será alto. El Einstein del final de esta sección muestra que el sobreprecio es inversamente proporcional a la elasticidad de la demanda.

Leibniz: La elasticidad de la demanda (https://tinyco.re/6832689)

> **sobreprecio** El precio menos el costo marginal dividido por el precio. Es inversamente proporcional a la elasticidad de la demanda de este bien.

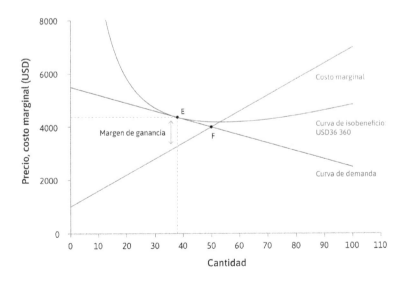

Figura 7.16 Una empresa que se enfrenta a una demanda altamente elástica.

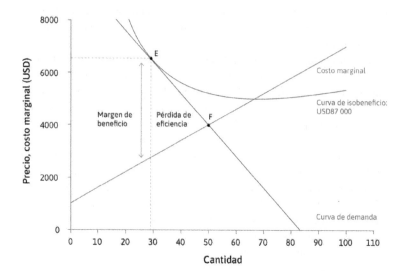

Figura 7.17 Una empresa que se enfrenta a una demanda menos elástica.

PREGUNTA 7.15 ESCOJA LA(S) RESPUESTA(S) CORRECTA(S)
La figura representa dos curvas de demanda, D_1 y D_2:

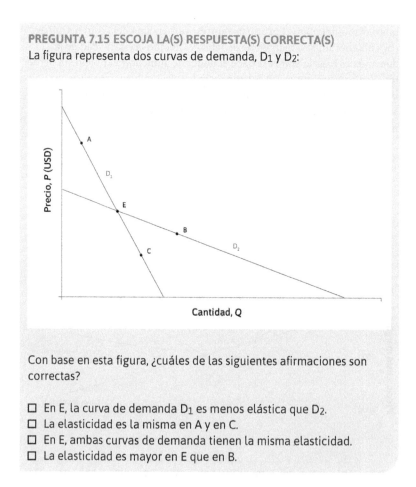

Con base en esta figura, ¿cuáles de las siguientes afirmaciones son correctas?

☐ En E, la curva de demanda D_1 es menos elástica que D_2.
☐ La elasticidad es la misma en A y en C.
☐ En E, ambas curvas de demanda tienen la misma elasticidad.
☐ La elasticidad es mayor en E que en B.

EINSTEIN

La elasticidad de demanda y el ingreso marginal
El diagrama muestra cómo obtener una fórmula general para la
elasticidad en cada punto (Q, P) sobre la curva de demanda.

También muestra cómo la elasticidad está relacionada a la pendiente
de la curva de demanda. Una curva de demanda más plana tiene una
menor pendiente y, por lo tanto, una mayor elasticidad.

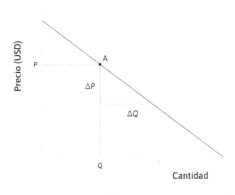

Figura 7.18 La elasticidad de la demanda y el ingreso marginal.

En el punto A, el precio es P y la cantidad es Q. Si la cantidad aumenta en
ΔQ, el precio cae: experimenta una variación de ΔP que es negativa.

$$\text{cambio \% en } P = 100 \times \Delta P / P$$
$$\text{cambio \% en } Q = 100 \times \Delta Q / Q$$
$$\text{Elasticidad en A} = -\frac{\text{cambio \% en } Q}{\text{cambio \% en } P}$$
$$= -\frac{\Delta Q / Q}{\Delta P / P}$$
$$= -\frac{P}{Q} \times \frac{\Delta Q}{\Delta P}$$
$$\text{pendiente de la curva de demanda} = \frac{\Delta P}{\Delta Q}$$
$$\text{Elasticidad} = -\frac{P}{Q} \times \frac{1}{pendiente}$$

Suponga que la curva de demanda es elástica en A. Entonces la
elasticidad es mayor que uno:

$$-\frac{P\Delta Q}{Q\Delta P} > 1$$

Multiplicando por $-Q\Delta P$ (que es positivo):

$$P\Delta Q > -Q\Delta P$$

Que reordenando nos da:

$$P\Delta Q + Q\Delta P > 0$$

Considera el caso especial en que $\Delta Q = 1$. La desigualdad es ahora:

$$P + Q\Delta P > 0$$

Ahora recuerde que el ingreso marginal en el punto A es el cambio en el ingreso que se produce cuando Q se incrementa en una unidad. Este cambio consiste en la ganancia en términos de ingreso por unidad adicional, que es P, y la pérdida en las otras unidades, que es $Q\Delta P$. Por lo tanto, esta desigualdad nos indica que el ingreso marginal es positivo.

Hemos mostrado que, si la curva de demanda es elástica, IM > 0. De manera similar, si la curva de demanda es inelástica, IM < 0.

El tamaño del sobreprecio que escoge la firma

Podemos encontrar una fórmula que muestra que el sobreprecio es alto cuando la elasticidad de la demanda es baja.

Sabemos que la empresa escoge un punto donde la pendiente de la curva de isobeneficio se iguala a la pendiente de la curva de demanda, y también que la pendiente de la curva de demanda se relaciona con la elasticidad de la demanda ante los precios:

$$\varepsilon = -\frac{P}{Q} \times \frac{1}{\text{pendiente}}$$

Reordenando esta fórmula:

$$\text{pendiente de la curva de demanda} = -\frac{P}{Q} \times \frac{1}{\text{elasticidad}}$$

También sabemos gracias a la sección 7.4 que:

$$\text{pendiente de la curva de isobeneficio} = -\frac{(P - \text{CMg})}{Q}$$

Cuando las dos pendientes se igualan:

$$\frac{(P - \text{CMg})}{Q} = \frac{P}{Q} \times \frac{1}{\text{elasticidad}}$$

Reordenando, obtenemos:

$$\frac{(P - \text{CMg})}{P} = \frac{1}{\text{elasticidad}}$$

A la izquierda tenemos el margen de beneficio como proporción del precio, que es lo que llamamos sobreprecio. Por ende:

El sobreprecio de una empresa es inversamente proporcional a la elasticidad la demanda.

7.9 USO DE LAS ELASTICIDADES DE LA DEMANDA EN LAS POLÍTICAS GUBERNAMENTALES

Medir elasticidades de demanda también es útil para quienes elaboran las políticas públicas. Si el gobierno establece un impuesto sobre un bien particular, ese gravamen hará que aumente el precio que pagan los consumidores, por lo que el efecto del impuesto dependerá de la elasticidad de la demanda.

- *Si la demanda es altamente elástica*: Un impuesto reduce las ventas. Eso puede ser precisamente lo que el gobierno intenta hacer: por ejemplo, el gobierno usa los impuestos sobre el tabaco para desincentivar el consumo de tabaco porque es dañino para la salud.
- *Si un impuesto causa una importante caída en las ventas:* También reduce los ingresos potenciales del impuesto.

En consecuencia, un gobierno que desee recaudar fondos a través de los impuestos debe escoger impuestos a productos con demandas inelásticas.

Muchos países, como México y Francia, han introducido recientemente impuestos orientados a reducir el consumo de comidas y bebidas que no son sanas. Un estudio internacional del 2014 develaba preocupantes incrementos en la obesidad de adultos y niños desde 1980. En 2013, el 37% de los hombres y 38% de las mujeres del mundo eran obesos o tenían sobrepeso. En Norteamérica, las cifras ascendían a 70 y 61%, respectivamente. No obstante, la epidemia de obesidad no afecta solo a los países más ricos: los niveles alcanzados en Oriente Medio y el Norte de África eran del 59 y 66%, respectivamente.

Categoría	Tipo	Calorías por porción	Precio por 100 g (USD)	Gasto típico por semana (USD)	Elasticidad de la demanda ante los precios
1	Frutas y vegetales	660	0,38	2,00	1,128
2	Frutas y vegetales	140	0,36	3,44	0,830
15	Granos, pasta, pan	1540	0,38	2,96	0,845
17	Granos, pasta, pan	960	0,53	2,64	0,292
28	Pasabocas, dulces	433	1,13	4,88	0,270
29	Pasabocas, dulces	1727	0,68	7,60	0,295
30	Leche	2052	0,09	2,32	1,793
31	Leche	874	0,15	1,44	1,972

Matthew Harding y Michael Lovenheim. 2013. 'The Effect of Prices on Nutrition: Comparing the Impact of Product- and Nutrient-Specific Taxes' (https://tinyco.re/9374751). SIEPR Discussion Paper No. 13-023.

Figura 7.19 Elasticidades en el precio de la demanda para diferentes tipos de alimentos. Observe las Calorías por porción para comparar grupos de alto y bajo contenido calórico para cada tipo de alimento.

Para investigar los efectos de los impuestos sobre los alimentos, Matthew Harding y Michael Lovenheim usaron datos detallados sobre las compras de alimentos por parte de los consumidores estadounidenses con el objetivo de estimar las elasticidades de demanda para distintos tipos de alimentos. Así pues, dividieron los productos alimenticios en 33 categorías y usaron un modelo de toma de decisiones del consumidor para examinar cómo afectaban los cambios en los precios a la participación de cada categoría en el gasto total en alimentos de los consumidores –y, por lo tanto, en la composición nutricional de la dieta– teniendo en cuenta que el cambio en el precio de cualquier producto afectaría su demanda y la de otros productos también. La figura 7.19 muestra los precios y elasticidades para algunas de las categorías.

Puede ver que la demanda de productos lácteos con bajas calorías (categoría 31) es la más sensible al precio. Si su precio se incrementara un 10%, la cantidad comprada caería un 19,72%. La demanda de pasabocas y dulces es bastante inelástica, lo que sugiere que puede resultar difícil disuadir a los consumidores de comprarlos.

Para obtener información adicional, este blog ilustra una reacción a la investigación de Matthew Harding y Michael Lovenheim: *The Huffington Post*. 2014. 'There's An Easy Way To Fight Obesity, But Conservatives Will HATE It' (https://tinyco.re/0950519).

EJERCICIO 7.6 ELASTICIDAD Y GASTO

La figura 7.19 muestra el gasto semanal en cada categoría de un consumidor estadounidense cuyo gasto total en alimentos es de 80 dólares por semana, y que presenta patrones de gasto típicos en todas las categorías de alimentos. Supongamos que el precio de la categoría 30, los productos lácteos con alto contenido calórico, aumentó un 10%:

1. ¿En qué porcentaje disminuiría su demanda de productos lácteos con alto contenido calórico?
2. Calcule la cantidad que consume en gramos, antes y después del cambio en el precio.
3. Calcule su gasto total en productos lácteos de alto contenido calórico, antes y después del cambio en el precio. Debería encontrar que el gasto cae.
4. Ahora elija una categoría para la cual la elasticidad del precio sea inferior a 1 y repita los cálculos. En este caso, debe encontrar que el gasto aumenta.

Matthew Harding y Michael Lovenheim. 2013. 'The Effect of Prices on Nutrition: Comparing the Impact of Product- and Nutrient-Specific Taxes' (https://tinyco.re/9374751). SIEPR Discussion Paper No. 13-023.

Harding y Lovenheim examinaron los efectos de un impuesto de 20% sobre el azúcar, la grasa y la sal. Un impuesto del 20% sobre el azúcar, por ejemplo, incrementaría el precio de un producto que contiene un 50% azúcar en 10%. Estos investigadores descubrieron que un impuesto al azúcar era lo que tenía el mayor efecto positivo sobre la nutrición, pues reduciría el consumo de azúcar en 16%, el de grasa en 12%, el de sal en 10% y el consumo de calorías en 19%.

EJERCICIO 7.7 IMPUESTOS ALIMENTARIOS Y SALUD

Los impuestos a los alimentos cuyo objetivo es cambiar el consumo para redirigirlo hacia una dieta más saludable son controvertidos. Hay quien piensa que las personas deberían poder tomar sus propias decisiones y, si prefieren consumir productos poco saludables, el gobierno no debería interferir. Ahora bien, en vista de que quienes enfermen recibirán unos cuidados que entrañarán algún gasto público, otros argumentan que el gobierno tiene que desempeñar un papel tratando de mantener a las personas saludables.

Con sus propias palabras, presente argumentos a favor o en contra de los impuestos a los alimentos diseñados para fomentar una alimentación saludable.

7.10 FIJACIÓN DE PRECIOS, COMPETENCIA Y PODER DE MERCADO

Nuestro análisis de las decisiones de fijación de precios de la empresa podría aplicarse a cualquier firma que produzca y venda un producto que sea diferente de algún modo de los de cualquier otra empresa. En el siglo XIX, el economista francés Augustin Cournot llevó a cabo un análisis similar usando el ejemplo del agua embotellada de «un manantial de agua mineral que se ha descubierto recientemente que posee propiedades benéficas para la salud que ningún otro posee». Cournot se refirió a esto como un caso de **monopolio** –un mercado en el que hay un solo vendedor– y mostró, como hemos hecho nosotros, que la empresa fijaría un precio mayor al costo marginal de la producción.

monopolio Empresa que es la única proveedora de un producto que no tiene sustitutos cercanos. También se refiere a un mercado con un solo vendedor. *Ver también: poder monopolístico, monopolio natural.*

Augustin Cournot y Irving Fischer. 1971. *Investigaciones acerca de los principios matemáticos de la Teoría de las riquezas.* Madrid: Alianza Editorial, 1969.

GRANDES ECONOMISTAS

Augustin Cournot

Augustin Cournot (1801–1877) fue un economista francés, en la actualidad conocido sobre todo por su modelo de oligopolio (un mercado con un pequeño número de empresas). El libro de 1838 titulado *Investigaciones acerca de los principios matemáticos de la teoría de las riquezas*, Cournot introdujo un nuevo enfoque matemático de la Economía, aunque temía que «le acarrearía… la condena de los teóricos de reputación». El trabajo de Cournot influyó en otros economistas del siglo XIX, como Marshall y Walras, y sentó los principios básicos que aún utilizamos cuando pensamos sobre el comportamiento de las empresas. Aunque utilizó el álgebra en lugar de diagramas, el análisis de la demanda y la maximización de beneficios de Cournot es muy similar al nuestro.

Vimos en la sección 7.6 que cuando el productor de un bien diferenciado fija el precio por encima del costo marginal de producción, el equilibrio del mercado no es eficiente en términos de Pareto. Cuando el intercambio en un mercado resulta en una asignación ineficiente en términos de Pareto, decimos que se trata de un caso de falla del mercado.

La **pérdida de eficiencia** nos da una medida de las consecuencias de la falla del mercado: el tamaño de las ganancias del intercambio no aprovechadas. Como vimos en la sección 7.7, la pérdida de eficiencia que resulta de fijar un precio por encima del costo marginal es alta cuando la elasticidad de la demanda es baja.

Entonces, ¿qué determina la elasticidad de la demanda de un producto? Y ¿por qué algunas empresas se enfrentan a demandas más elásticas que otras? Para responder a esta pregunta, necesitamos reconsiderar el comportamiento de los consumidores.

Los mercados con productos diferenciados reflejan las diferencias en las preferencias de los consumidores. Las personas que quieren comprar un auto buscan diferentes combinaciones de características. La disposición a pagar de un consumidor por un modelo en particular dependerá no solamente de sus características, sino también de las características y precios de automóviles similares vendidos por otras empresas.

Por ejemplo, la figura 7.20 muestra los precios de compra de un auto de tres puertas con espacio de carga para el equipaje, en el Reino Unido en enero de 2014, que un consumidor podría encontrar en una página web de comparación de precios.

Aunque los cuatro autos son similares en sus características principales, la página web los compara con base en otras 75 características, muchas de las cuales difieren entre sí.

Cuando los consumidores pueden elegir entre varios autos bastante similares, es probable que la demanda de cada uno de estos sea bastante elástica. Si el precio del Ford Fiesta, por ejemplo, aumentara, la demanda caería porque la gente escogería comprar uno de las otras marcas en vez de este modelo. En sentido contrario, si el precio del Ford Fiesta disminuyera, la demanda aumentaría porque los consumidores se verían atraídos por la rebaja de precio en detrimento de los otros autos. Cuanto más se parezcan los otros autos al Ford Fiesta, más sensibles serán los consumidores a las diferencias de precio. Solo aquellos con la máxima fidelidad a la marca Ford y los que tengan una fuerte preferencia por una característica específica del Ford que los otros autos no posean, no responderían como vimos en la sección anterior. Una demanda altamente elástica implica que la empresa tendrá un precio y un margen de beneficio relativamente bajos.

> **FALLA DE MERCADO**
>
> Las fallas de mercado ocurren cuando los mercados asignan recursos de formas ineficientes según el criterio de Pareto.

	Precio (GBP)
Ford Fiesta	11 917
Vauxhall Corsa	11 283
Peugeot 208	10 384
Toyota IQ	11 254

Figura 7.20 Precios de compra de automóviles en el Reino Unido (enero de 2014, (Autotrader.com)).

En contraste con lo anterior, los fabricantes de un tipo de auto muy especializado, bastante diferente de cualquier otra marca del mercado, se enfrentan a poca competencia y, por lo tanto, a una demanda menos elástica. Ellos sí pueden fijar un precio muy por encima del costo marginal sin perder clientes. Este tipo de empresa está ganando **rentas monopólicas** (beneficios económicos por encima de sus costos de producción) que resultan de su posición como el único proveedor de este tipo de auto (de modo parecido, una empresa innovadora obtiene rentas mientras es la única firma que usa una nueva tecnología: ver capítulo 2).

Por lo tanto, una empresa estará en una posición fuerte si hay pocas empresas produciendo **sustitutos** cercanos de su marca, porque en ese caso se enfrentará a poca competencia de otras empresas. En este caso, su elasticidad de la demanda va a ser relativamente baja. Decimos que una empresa así tiene **poder de mercado**: tendrá suficiente poder de mercado en su relación con sus clientes para fijar un precio alto sin perderlos frente a la competencia.

Política de competencia

Este debate ayuda a explicar por qué a los diseñadores de políticas públicas pueden preocuparles las empresas que tienen pocos competidores, pues estas cuentan con un poder de mercado que les permite fijar altos precios y generar grandes beneficios a costa de los consumidores. El potencial excedente del consumidor se pierde porque pocos consumidores compran y porque aquellos que lo hacen pagan un alto precio. Los dueños de la empresa se benefician, pero a nivel general hay una pérdida de eficiencia.

Una empresa que vende un producto de nicho orientado a las preferencias de un número pequeño de consumidores (como un Auto Hermoso o uno de una marca de lujo como un Lamborghini) es poco probable que atraiga la atención de los diseñadores de políticas públicas, a pesar de la pérdida de excedente del consumidor. Pero si una empresa se vuelve dominante en un mercado grande, los gobiernos pueden intervenir para promover la competencia. En el 2000, la Comisión Europea impidió la fusión propuesta de Volvo y Scania con el argumento de que la empresa resultante de la fusión tendría una posición dominante en el mercado de camiones pesados en Irlanda y en los países nórdicos, particularmente en Suecia, donde la cuota de mercado combinada de las dos firmas era del 90%. La empresa fusionada habría tenido prácticamente un monopolio: el caso extremo de una firma que no tiene ningún competidor.

Una causa particular de preocupación es que, cuando solo hay unas pocas empresas en el mercado, estas pueden formar un **cártel**: un grupo de empresas que actúan en connivencia para mantener el precio alto. Al trabajar conjuntamente, comportándose como un monopolio, en vez de competir entre sí, pueden incrementar sus beneficios. Un ejemplo bien conocido es la OPEP, una asociación de países productores de petróleo. Los miembros de la OPEP acuerdan de manera conjunta fijar los niveles de producción para controlar el precio global del petróleo. Las acciones del cártel de la OPEP tuvieron un papel importante a la hora de mantener los precios del petróleo altos a nivel mundial después del acusado incremento de precios del petróleo en 1973 y de nuevo en 1979. Volveremos a estudiar las causas de las fluctuaciones de los precios del petróleo en el capítulo 11 y el efecto de los sobresaltos debidos a las variaciones de los precios del petróleo sobre la inflación y el desempleo en el capítulo 15.

rentas monopólicas Forma de beneficio económico que surge debido a la competencia restringida en la venta del producto de una empresa. *Véase también: beneficios económicos o ganancias económicas.*

sustitutos Dos bienes para los cuales un aumento en el precio de uno lleva a un aumento en la cantidad demandada del otro. *Ver también: complementos.*

poder de mercado Atributo de una firma que puede vender su producto a toda una gama de precios factibles, de modo que pueda beneficiarse de actuar como un agente que establece precios (en lugar de uno que adopta los precios que fijan otros).

cártel Grupo de empresas que actúan en connivencia para aumentar sus ganancias conjuntas.

políticas de competencia Políticas y leyes gubernamentales tendentes a limitar el poder de monopolio y evitar los cárteles. *También conocidas como: políticas antitrust.*

Richard J. Gilbert y Michael L. Katz. 2001. 'An Economist's Guide to US v. Microsoft' (https://tinyco.re/7683758). *Journal of Economic Perspectives* 15 (2): pp. 25–44.

Markus Krajewski. 2014. 'The Great Lightbulb Conspiracy' (https://tinyco.re/3479245). *IEEE Spectrum*. Actualizado 25 de septiembre.

Emek Basker. 2007. 'The Causes and Consequences of Wal-Mart's Growth' (https://tinyco.re/6525636). *Journal of Economic Perspectives* 21 (3): pp. 177–198.

John Vickers. 1996. 'Market Power and Inefficiency: A Contracts Perspective'. *Oxford Review of Economic Policy* 12 (4): pp. 11–26.

Por más que los cárteles entre empresas privadas son ilegales en muchos países, las compañías por lo general encuentran maneras de cooperar en la fijación de precios para maximizar sus beneficios. Las políticas que limitan el poder de mercado de las empresas e impiden los cárteles son conocidas como **políticas de competencia**, o políticas de defensa de la libre competencia en Estados Unidos (a menudo se usa el anglicismo *antitrust*).

Las empresas dominantes pueden explotar su posición mediante estrategias diferentes a los precios altos. En un famoso caso antimonopolios, el Departamento de Justicia de Estados Unidos acusó a Microsoft de comportarse de forma contraria a la competencia por «emparejar» Explorer, su buscador de Internet, con su sistema operativo Windows. En la década de 1920, un grupo internacional de compañías fabricantes de bombillas, entre las que se encontraban Philips, Osram y General Electric, formaron un cártel que acordó una política de «obsolescencia programada»: para reducir el tiempo de vida de sus bombillas a 1000 horas, de tal forma que los consumidores tuvieran que remplazarlas más rápidamente. El crecimiento de Walmart ha sido controvertido, pues, a pesar de que las tiendas prometen «siempre precios bajos», algunas personas acusan a Walmart de usar su poder de maneras que consideran injustas, por ejemplo para reducir el nivel salarial en las áreas en torno a donde están ubicadas sus tiendas, o para hacer quebrar a los vendedores minoristas, o para reducir las beneficios de sus proveedores mayoristas hasta niveles insostenibles. Un artículo de John Vickers examina la base económica de estos reclamos.

EJERCICIO 7.8 ¿MULTINACIONALES O MINORISTAS INDEPENDIENTES?
Imagine que es un político en una ciudad pequeña donde una multinacional está planeando construir un nuevo supermercado. Se monta una campaña local de protesta que denuncia que la multinacional empujará a los pequeños minoristas independientes a la bancarrota y, por lo tanto, reducirá la capacidad de elección del consumidor y cambiará el carácter de la zona. Los partidarios del plan, en cambio, argumentan a su vez que esto solo sucederá si los consumidores prefieren el supermercado.
¿Usted, de qué lado está?

PREGUNTA 7.16 ESCOJA LA(S) RESPUESTA(S) CORRECTA(S)
Supongamos que una multinacional planea construir un nuevo supermercado en un pueblo. ¿Cuál de los siguientes argumentos podría ser correcto?

☐ Los manifestantes locales argumentan que la alta sustituibilidad entre la multinacional y los minoristas existentes para algunos de los bienes que ambos venden significa que la multinacional enfrenta una demanda inelástica de esos bienes, lo que le otorga un poder de mercado excesivo.

☐ La multinacional argumenta que la alta sustituibilidad de algunos de los bienes implica una alta elasticidad de la demanda, lo que lleva a una competencia saludable y precios más bajos para los consumidores.

☐ Los manifestantes locales argumentan que una vez que los minoristas locales sean expulsados del mercado, no habrá competencia, lo que le dará a la multinacional más poder de mercado y elevará los precios.

☐ El nuevo minorista argumenta que la mayoría de los productos vendidos por los minoristas locales están muy bien diferenciados de sus propios productos como para que su elasticidad de demanda sea lo suficientemente alta para proteger los beneficios de los minoristas locales.

7.11 SELECCIÓN DE PRODUCTOS, INNOVACIÓN Y PUBLICIDAD

Los beneficios que una empresa puede alcanzar dependen de la curva de demanda de sus productos, la que, a su vez, depende de las preferencias de los consumidores y de la competencia con otras empresas. Pero la empresa puede ser capaz de mover la curva de demanda para incrementar sus beneficios cambiando su selección de productos, o a través de la publicidad.

En el momento de decidir qué bienes producir, la empresa, en un mundo ideal, preferiría encontrar un producto que sea atractivo para los consumidores y que tenga características diferentes a las de los productos que venden otras empresas. En ese caso, la demanda del producto sería alta –muchos consumidores desearían comprarlo a cada precio– y la elasticidad baja. Pero, por supuesto, es poco probable que esto ocurra fácilmente: una empresa que desea fabricar un nuevo tipo de cereal para el desayuno, o un nuevo tipo de auto, sabe que ya hay muchas marcas en el mercado. No obstante, la innovación tecnológica puede ofrecer oportunidades para adelantarse a los competidores. Después de que Toyota desarrollara el primer auto híbrido producido en masa, el Prius, en 1997, durante algunos años hubo pocos autos comparables disponibles. Toyota, efectivamente, monopolizó el mercado de los híbridos. Para 2013 ya había varias marcas competidoras, pero el Prius se mantuvo como el líder de mercado, con más del 50% de las ventas de híbridos.

Si una empresa ha inventado o creado un producto nuevo, podría evitar la competencia, alegando derechos exclusivos para producirlo, o recurriendo a patentes o leyes de derechos de autor. Irónicamente, en la década de 1970, una compañía llamada Parker Brothers se embarcó en una batalla legal que duró años para proteger el monopolio que tenía sobre un rentable juego de mesa llamado *Monopoly* (precisamente: monopolio). Este tipo de protección legal del monopolio puede ayudar a incentivar la investigación y el desarrollo de nuevos productos, pero al mismo tiempo limita las ganancias derivadas del comercio. En el capítulo 21 analizamos los derechos de propiedad intelectual con mayor detalle.

La publicidad es otra estrategia que las firmas pueden usar para influir en la demanda y la utilizan de manera generalizada tanto los fabricantes de autos como los productores de cereales de desayuno. Cuando los productos están diferenciados, la empresa puede usar la publicidad para informar a los consumidores sobre su existencia y las características que los distinguen del resto, para atraerlos, apartándolos de sus competidores, y para crear fidelidad a la marca.

Según Schonfeld y Asociados, una firma de analistas de mercado, la publicidad de cereales de desayuno en Estados Unidos supone cerca del 5,5% del total de ingresos por ventas: casi de 3,5 veces más que el promedio para productos manufacturados. Los datos en la figura 7.21 corresponden a las 35 marcas de cereales de desayuno con mayores ventas en el área de Chicago en 1991 y 1992. El gráfico muestra la relación entre la cuota de mercado y los gastos trimestrales en publicidad. Si usted investigara el mercado de cereales de desayuno más de cerca, vería que la cuota de mercado no está estrechamente relacionada con el precio. Ahora bien, a juzgar por la figura 7.21, resulta evidente que las marcas con la mayor cuota de mercado son también las que invierten más en publicidad. El economista Matthew Shum analizó las compras de cereales en Chicago utilizando estos datos y demostró que la publicidad era más efectiva que los descuentos en

John Kay. 'The Structure of Strategy' (reimpreso de *Business Strategy Review* 1993).

En 1935, Parker Brothers comercializó por primera vez un juego de mesa llamado *Monopoly*, en el que se negociaban propiedades inmobiliarias. Ya en la década de 1970, esta compañía intentó evitar con toda una serie de demandas judiciales que un catedrático de economía llamado Ralph Anspach vendiera un juego denominado *Anti-Monopoly*. Anspach afirmaba que Parker Brothers no tenía los derechos exclusivos para vender *Monopoly*, ya que la compañía no lo había inventado originalmente.

Después de que el tribunal fallara a favor de Anspach, aparecieron en el mercado muchas versiones competidoras de *Monopoly*.

Más adelante, y gracias a un cambio en la legislación, Parker Brothers estableció su derecho a la marca registrada *Monopoly* en 1984, con lo cual ahora *Monopoly* es de nuevo un monopolio.

Matthew Shum. 2004. 'Does Advertising Overcome Brand Loyalty? Evidence from the Breakfast-Cereals Market' (https://tinyco.re/3909324). *Journal of Economics & Management Strategy* 13 (2): pp. 241–72.

precio a la hora de estimular la demanda de una marca. Dado que las marcas más conocidas eran también las que invertían más en publicidad, Shum concluyó que la principal función de esta no era informar a los consumidores acerca de los productos, sino que incrementar la fidelidad a la marca y alentar a los consumidores de productos de la competencia a cambiar de marca.

7.12 PRECIOS, COSTOS Y FALLAS DEL MERCADO

La falla del mercado ocurre cuando la asignación de mercado de un bien es ineficiente en términos de Pareto. En este capítulo hemos visto una causa de la falla del mercado (veremos otras en capítulos posteriores): cuando las empresas fijan precios por encima del costo marginal de producción de los bienes.

Las empresas fijan precios por encima de los costos marginales cuando los bienes que producen, como autos o cereales de desayuno, se diferencian de los que producen otras empresas, de modo que sirven a consumidores con preferencias diferentes y se enfrentan a una competencia limitada (o ninguna competencia, como el caso de un monopolista que produce un bien único). Las empresas pueden beneficiarse de estrategias que reduzcan la competencia, pero sin competencia, la pérdida de eficiencia puede ser alta, por lo cual los diseñadores de políticas públicas tratan de reducir la pérdida a través de políticas de competencia.

La diferenciación de los productos no es la única razón para que un precio se sitúe por encima del costo marginal. Una segunda e importante razón es la existencia de costos medios decrecientes, quizás debido a la existencia de economías de escala en la producción, costos fijos o precios de insumos que bajan a medida que la empresa compra mayores cantidades. En estos casos, el costo medio de producción es mayor que el costo marginal de cada unidad, y la curva de costo medio tiene pendiente negativa. El precio que fije la empresa debe ser como mínimo igual al costo medio porque, si no, incurrirá en pérdidas, y esto implica que el precio debe estar por encima del costo marginal.

Figure 1 in Matthew Shum. 2004. 'Does Advertising Overcome Brand Loyalty? Evidence from the Breakfast-Cereals Market'. Journal of Economics & Management Strategy 13 (2): pp. 241–72.

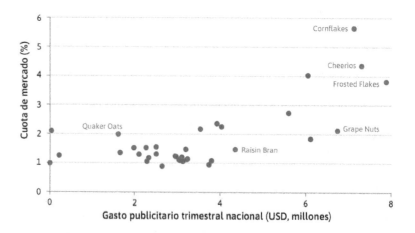

Figura 7.21 Gasto publicitario y cuota de mercado de cereales de desayuno en Chicago (1991–92).

Por supuesto, los costos medios decrecientes implican que las empresas pueden producir a un menor costo por unidad cuando operan a gran escala. En servicios públicos como el agua potable, la electricidad y el gas, suele haber altos costos fijos asociados a proporcionar la red de distribución que no dependen de la cantidad demandada por los consumidores. Los servicios públicos tienen, típicamente, rendimientos a escala crecientes. El costo medio de producir una unidad de agua potable, electricidad o gas será muy alto, a menos que la empresa opere a gran escala. Si una sola empresa puede proveer a todo un mercado a un costo medio menor del que lograrían dos empresas, se dice que el sector es un **monopolio natural**.

En el caso de un monopolio natural, los diseñadores de políticas públicas podrían no ser capaces de inducir a las empresas a bajar sus precios por la vía de fomentar la competencia, ya que los costos medios subirían si entraran más empresas al mercado. Así pues, la alternativa sería regular las actividades de la empresa, limitando su discrecionalidad sobre los precios con el objetivo de incrementar el excedente del consumidor. Otra alternativa es la propiedad pública. La mayoría de las compañías de agua potable del mundo son propiedad del Estado, aunque en Inglaterra y Gales en 1989, y en Chile en la década de 1990, se privatizó la totalidad del sector del agua potable, si bien permanece regulado por una agencia pública.

Un ejemplo diferente nos lo da el caso de una productora de películas. La compañía gasta muchísimo en la contratación de actores, técnicos de filmación, director, derechos de uso del guion y publicidad de la película. Todos estos son costos fijos (a veces llamados costos de primera copia). El costo de hacer copias adicionales de la película (el costo marginal) es, por lo general, muy bajo: le resulta muy barato reproducir la primera copia. Los costos marginales de esta empresa estarán por debajo de sus costos medios (incluyendo la tasa normal de beneficio). Si fijara el precio al nivel del costo marginal, quebraría.

El precio de un bien diferenciado se encuentra por encima del costo marginal como resultado directo de la respuesta de la empresa a la ausencia de competencia y la insensibilidad a los precios de sus consumidores. La fuente del problema en el caso de los servicios públicos y las películas es la estructura de costos más que la falta de competencia per se. La electricidad no suele ser un producto diferenciado y, por lo tanto, los compradores de electricidad pueden ser muy sensibles al precio, y la industria del cine es altamente competitiva. No obstante, el precio debe ser mayor que el costo marginal para que las firmas sobrevivan.

Sin embargo, los dos problemas –competencia limitada y costos medios decrecientes– suelen estar muy relacionados porque la competencia entre empresas con curvas de costos medios decrecientes tiende a ser del tipo «el ganador se lleva todo». La primera empresa que aprovecha las ventajas de costo asociadas al tamaño elimina a las otras empresas y, como resultado, también elimina a la competencia.

Cualquiera que sea la razón subyacente, el precio por encima del costo marginal genera una falla del mercado. Se compra demasiado poco: hay algunos compradores potenciales cuya disposición a pagar excede el costo marginal, pero no alcanza el precio de mercado, así que no compran el bien y habrá una pérdida de eficiencia.

monopolio natural Proceso de producción en el que la curva de costo medio a largo plazo tiene una pendiente suficientemente descendente como para que sea imposible mantener la competencia entre las empresas en este mercado.

7.13 CONCLUSIÓN

Hemos estudiado cómo las empresas que producen bienes diferenciados escogen el precio y la cantidad de su producto para maximizar sus beneficios. Estas decisiones dependen de la curva de demanda del producto –especialmente la elasticidad de la demanda– y de la estructura de costos de producción. Las empresas escogerán un precio por encima del costo marginal de producción, más aún cuando la competencia sea limitada y la elasticidad de la demanda baja.

Los rendimientos crecientes en la producción y otras ventajas de costo favorecen a las empresas que operan a gran escala, en las que el costo unitario es bajo. La innovación también puede reducir costos e incrementar beneficios.

Cuando el precio de mercado se encuentra por encima del costo marginal de producción, hay una falla del mercado: la asignación del bien es ineficiente en términos de Pareto. Las empresas logran beneficios económicos, pero el excedente del consumidor es menor de lo que sería si el precio fuera igual al costo marginal y, por tanto, hay pérdida de eficiencia y bienestar. Por ende, los diseñadores de políticas públicas suelen preocuparse cuando las firmas logran una posición dominante en un mercado y pueden servirse de políticas de competencia y de la regulación para limitar el ejercicio de ese poder de mercado.

Conceptos introducidos en la capítulo 7
Antes de continuar, revise estas definiciones:

- Producto diferenciado
- Economías de escala
- Función de costo
- Disposición a pagar
- Curva de demanda
- Fijación de precios
- Excedente del consumidor
- Excedente del productor
- Pérdida de eficiencia
- Fallas del mercado
- Elasticidad de la demanda
- Margen de beneficio

7.14 REFERENCIAS BIBLIOGRÁFICAS

Basker, Emek. 2007. 'The Causes and Consequences of Wal-Mart's Growth'. *Journal of Economic Perspectives* 21 (3): pp. 177–198.

Cournot, Augustin, y Irving Fischer. 1971. *Investigaciones acerca de los principios matemáticos de la Teoría de las riquezas.* Madrid: Alianza Editorial, 1969.

Gilbert, Richard J. y Michael L. Katz. 2001. 'An Economist's Guide to US v. Microsoft'. *Journal of Economic Perspectives* 15 (2): pp. 25–44.

Harding, Matthew y Michael Lovenheim. 2013. 'The Effect of Prices on Nutrition: Comparing the Impact of Product- and Nutrient-Specific Taxes'. SIEPR Discussion Paper No. 13–023.

Kay, John. 'The Structure of Strategy' (reimpreso de *Business Strategy Review* 1993).

Koshal, Rajindar K. y Manjulika Koshal. 1999. 'Economies of Scale and Scope in Higher Education: A Case of Comprehensive Universities'. *Economics of Education Review* 18 (2): pp. 269–277.

Krajewski, Markus. 2014. 'The Great Lightbulb Conspiracy'. *IEEE Spectrum*. Actualizado 25 de septiembre.

Schumacher, Ernst F. 1973. *Lo pequeño es hermoso*. Madrid: Tursen/ Hermann Blume, 1994.

Shum, Matthew. 2004. 'Does Advertising Overcome Brand Loyalty? Evidence from the Breakfast-Cereals Market'. *Journal of Economics & Management Strategy* 13 (2): pp. 241–272.

Statista. 2011. 'Willingness to pay for a flight in space'. Actualizado el 20 de diciembre de 2019.

Stigler, George J. 1987. *La teoría de los precios*. Madrid: Revista de Derecho Privado, 1968.

The Economist. 2008. 'Economies of Scale and Scope'. Actualizado el 20 de diciembre de 2019.

Vickers, John. 1996. 'Market Power and Inefficiency: A Contracts Perspective'. *Oxford Review of Economic Policy* 12 (4): pp. 11–26.

CAPÍTULO 8

OFERTA Y DEMANDA: TOMADORES DE PRECIOS Y MERCADOS COMPETITIVOS

CÓMO OPERAN LOS MERCADOS CUANDO TODOS LOS COMPRADORES Y VENDEDORES SON TOMADORES DE PRECIOS

- La competencia puede hacer que compradores y vendedores sean tomadores de precios.
- La interacción entre oferta y demanda determina un equilibrio de mercado donde, tanto compradores como vendedores son tomadores de precios, llamado equilibrio competitivo.
- En el equilibrio competitivo, precio y cantidad cambian en respuesta a *shocks* de oferta y demanda, en el corto y largo plazo.
- Un comportamiento tomador de precios asegura que todas las ganancias del comercio en el mercado se agoten en el equilibrio competitivo.
- El modelo de competencia perfecta describe las condiciones ideales bajo las cuales todos los compradores y vendedores son tomadores de precios.
- En el mundo real, los mercados no suelen ser perfectamente competitivos, pero se pueden analizar algunos problemas de política pública usando este modelo de oferta y demanda.
- Similitudes y diferencias entre empresas tomadoras y fijadoras de precios.

TEMAS Y CAPÍTULOS INTEGRADORES

- 17: Historia, inestabilidad y crecimiento
- 18: Economía global
- 22: Política y políticas públicas

Los estudiantes de historia de Estados Unidos aprenden que la derrota de los estados Confederados del Sur en la Guerra Civil puso fin al uso de la esclavitud en la producción de algodón y otros cultivos en esa región. Esta historia también enseña una lección económica.

Al estallar la guerra el 12 de abril de 1861, el presidente Abraham Lincoln ordena a la marina estadounidense que bloquee los puertos de los estados Confederados, que se habían declarado independientes de Estados Unidos para así mantener la esclavitud.

Como resultado del bloqueo naval, la exportación del algodón no procesado de Estados Unidos a las fábricas textiles de Lancashire, en Inglaterra, básicamente se paralizó, desapareciendo así de un plumazo tres cuartos de la oferta total de esta materia prima fundamental. Navegando de noche, unos pocos barcos lograron evadir el bloqueo impuesto por las patrullas de Lincoln, pero otros 1500 fueron destruidos o capturados.

En este capítulo veremos que el precio de mercado de un bien como el algodón viene determinado por la interacción de oferta y demanda. En el caso del algodón, las pequeñas cantidades que llegaban a Inglaterra como resultado del bloqueo provocaron una drástica reducción de la oferta. Se produjo, por tanto, un gran **exceso de demanda**. Esto significa que, al precio predominante, la cantidad de algodón demandado excedía la oferta disponible. En consecuencia, algunos vendedores notaron que podían beneficiarse aumentando el precio. Al final, el algodón empezó a venderse a un precio seis veces más alto que antes de la guerra, con lo que los afortunados que lograban escapar al bloqueo pudieron seguir haciendo negocio. En su conjunto, el consumo de algodón quedó reducido a la mitad del nivel de antes de la guerra, motivo por el que se quedaron sin trabajo cientos de miles de personas empleadas en fábricas de tejidos de algodón.

Los propietarios de las fábricas respondieron. Para ellos el incremento de precios de la materia prima suponía un aumento de sus costos. Algunas empresas se hundieron y abandonaron el sector por culpa de la acusada reducción de sus ganancias. Los propietarios de las fábricas buscaron en India una alternativa al algodón de Estados Unidos, incrementándose así la demanda del algodón procedente de este país asiático. El exceso de demanda en los mercados de algodón de la India dio a los vendedores indios la oportunidad de beneficiarse subiendo los precios, lo que se tradujo en un incremento del precio del algodón indio, que subió tan rápido hasta prácticamente alcanzar el precio del estadounidense.

Respondiendo al hecho de que ahora se podían obtener mayores ingresos cultivando algodón, los agricultores indios abandonaron otros cultivos y se dedicaron al algodón. Lo mismo ocurrió en cualquier lugar donde pudiera cultivarse algodón, incluido Brasil. En Egipto, a los agricultores les faltó tiempo para ampliar la producción de algodón en respuesta a los elevados precios que estaba alcanzando esa materia prima, y comenzaron a emplear esclavos para cultivarlo. Esos esclavos, al igual que los que Lincoln luchaba para liberar en Estados Unidos, eran capturados en el África subsahariana.

Pero había un problema: la única fuente de suministro de algodón que podía llegar a compensar la escasez provocada por la situación en Estados Unidos era la India, pero el algodón indio es diferente al algodón estadounidense y requiere un tipo de procesamiento completamente distinto. En cuestión de meses, se desarrollaron nuevas maquinarias para procesarlo.

Sabemos que, a medida que la demanda por el nuevo tipo de equipos se disparó, también fueron incrementando los beneficios de firmas como Dobson y Barlow, un gran fabricante de maquinaria textil. Lo sabemos porque los registros detallados de las ventas de esta firma han sobrevivido y en ellos puede constatarse que la empresa respondió incrementando la producción de esta nueva maquinaria y otros equipamientos. Ninguna fábrica textil podía permitirse el lujo de quedarse atrás en la carrera por cambiar sus equipos ya que, si no se hacía el cambio, no se podría utilizar la nueva materia prima. En palabras de Douglas Farnie, un historiador

exceso de demanda Situación en la que la cantidad demandada de un bien es mayor que la cantidad ofertada a al precio actual. *Véase también: exceso de oferta.*

especializado en la historia del algodón, el resultado fue «una inversión tan amplia de capital que casi puede equipararse a la creación de un nuevo sector industrial».

La lección para los economistas es esta: Lincoln ordenó el bloqueo, pero luego los agricultores y los vendedores incrementaron el precio del algodón sin responder a ninguna orden. Tampoco obedecían órdenes los propietarios de las fábricas que interrumpieron la producción de textiles y despidieron a sus trabajadores, mientras por otro lado buscaban desesperadamente nuevas fuentes de materia prima. Luego, al invertir en maquinaria nueva, los propietarios de las fábricas provocaron un auge de la inversión y, en consecuencia, se crearon nuevos puestos de trabajo.

Todas esas decisiones las tomaron en cuestión de meses millones de personas, muchas de los cuales no se conocían, pero todos tratando de aprovechar al máximo una situación económica totalmente nueva. El algodón estadounidense se había vuelto más escaso y la gente respondió, de los campos de algodón en Maharashtra, India, al delta del Nilo, pasando por Brasil y las fábricas de tejidos de algodón de Lancashire.

Para entender cómo el cambio en el precio del algodón transformó su producción a nivel mundial y el sistema de producción textil, piense en los precios que se establecen en los mercados como si fueran mensajes. El incremento del precio del algodón estadounidense le estaba diciendo a gritos al mundo entero: «Encuentren otras fuentes de suministro y encuentren nuevas tecnologías apropiadas para su uso». De modo parecido, cuando el precio del petróleo aumenta, el mensaje que le llega al conductor de autos es: «Tome el tren». Y luego, este mensaje se transmite a la empresa de ferrocarriles: «Se puede ganar más ofreciendo más servicios de tren». Cuando el precio de la electricidad sube, el mensaje para empresas y familias es: «Piensen en instalar placas fotovoltaicas en el tejado».

En muchos casos, como con la sucesión de acontecimientos que se iniciara en el escritorio de Lincoln el 12 de abril de 1861, los mensajes no tienen sentido solamente para las empresas y las familias a título individual, sino también para la sociedad en su conjunto: si algo empieza a ser más costoso, es probable que muchas personas estén demandándolo, o que el costo de producirlo haya aumentado, o ambas cosas. Al encontrar una alternativa, el individuo ahorra dinero y, al hacerlo, está conservando los recursos de la sociedad. Esto es así porque, en determinadas circunstancias, los precios sirven para calibrar la escasez de bienes o servicios.

En economías planificadas, como las que operaban en la Unión Soviética y otros países de Europa Central y Oriental antes de 1990 (lo comentamos en el capítulo 1), son expertos del gobierno los que envían deliberadamente los mensajes que guían la producción. Esto también puede decirse, como vimos en el capítulo 6, en grandes empresas como General Motors, donde son los gerentes (y no los precios) los que determinan quién hace qué.

Lo sorprendente de los precios determinados en los mercados es que no son los individuos los que envían los mensajes, sino que los precios resultan de la interacción anónima de incluso millones de personas y, cuando las condiciones cambian (por ejemplo, se encuentra una forma más barata de producir pan), nadie tiene que cambiar el mensaje («esta noche, sirve pan en lugar de papas a la hora de la cena»). Un cambio en los precios es el resultado de un cambio en los costos de la empresa. El menor precio del pan lo dice todo.

Esto se explica en mayor detalle en «Who's in Charge?» (https://tinyco.re/9867111), el primer capítulo del libro de Paul Seabright sobre cómo las economías de mercado logran organizar transacciones complejas entre desconocidos (Siga el enlace para acceder al capítulo 1 en formato pdf). Paul Seabright. 2010. *The Company of Strangers: A Natural History of Economic Life* (Edición revisada). Princeton, NJ: Princeton University Press.

8.1 COMPRAR Y VENDER: DEMANDA Y OFERTA

En el capítulo 7 consideramos el caso de un bien producido y vendido únicamente por una firma. Había solo un vendedor y muchos compradores en el mercado para ese producto. En este capítulo examinaremos mercados donde interactúan muchos compradores y vendedores, y mostramos cómo el precio de mercado competitivo viene determinado tanto por las preferencias de los consumidores como por los costos de los oferentes. Cuando hay muchas empresas que producen el mismo producto, las decisiones de cada firma se ven influenciadas tanto por el comportamiento de sus competidoras como por el de los consumidores.

> **disposición a pagar (DAP)**
> Indicador de cuánto valora una persona un bien, medido por la cantidad máxima que pagaría para adquirir una unidad de ese bien. *Véase también: disposición a aceptar.*

A menudo, cuando usted compra algo, no necesita pensar en su disposición a pagar exactamente, sino que simplemente decide si pagar el precio de venta o no. Ahora bien, la DAP sí es un concepto útil para los compradores en subastas en línea como eBay.

Si desea pujar por un artículo, una forma de hacerlo es determinar una oferta máxima igual a su DAP, que no revelará a los otros postores: este artículo explica cómo hacerlo en eBay (https://tinyco.re/0107311). eBay hará las pujas automáticamente en su nombre hasta que sea usted el mejor postor o hasta que se alcance su máximo. Usted ganará la subasta si, y solo si, la oferta más alta es menor o igual a su DAP.

Para un modelo simple de un mercado con muchos compradores y vendedores, piense en el potencial comercial de las copias de segunda mano de un libro de texto recomendado para un curso de Economía de la universidad. La demanda de este libro viene de los estudiantes que están a punto de comenzar el curso, y estos serán diferentes entre sí en lo que respecta a su **disposición a pagar (DAP)**. Nadie pagará más del precio de una copia nueva en la librería del campus. Además, la DAP de los estudiantes puede depender de cuánto se esfuercen, de lo importante que piensen que es el libro y de los recursos que tengan disponibles para comprar libros.

La figura 8.1 muestra la curva de demanda. Como en el capítulo 7, alineamos a todos los consumidores en orden de su disposición a pagar, de más a menos disposición. El primer estudiante está dispuesto a pagar 20 dólares, el vigésimo estudiante pagaría 10 dólares, etc. Para cualquier precio P el gráfico nos muestra cuántos estudiantes estarían dispuestos a comprar: este el número de estudiantes cuya DAP es igual o mayor que P.

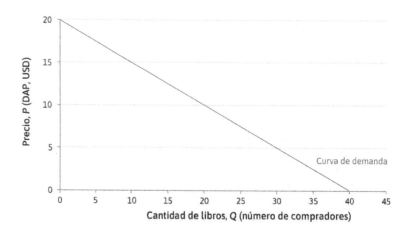

Figura 8.1 Curva de demanda de mercado de libros.

La curva de demanda representa la DAP de los compradores. De forma análoga, la oferta depende de la **disposición a aceptar (DAA)** dinero a cambio de los libros que muestren los vendedores.

La oferta de libros de segunda mano proviene de estudiantes que ya han completado el curso previamente y que difieren en cuanto a la cantidad que están dispuestos a aceptar, es decir, en su **precio de reserva**. Recordemos lo que vimos en el capítulo 5: Ángela solo estaba dispuesta a firmar un contrato con Bruno si eso le proporcionaba al menos tanta utilidad como su opción de reserva (no trabajar y arreglárselas con raciones de supervivencia). Aquí, el precio de reserva de un vendedor potencial representa el valor que atribuye a conservar el libro, luego estará dispuesto a vender a un precio que por lo menos sea tan alto como ese valor. Los estudiantes más pobres (que están dispuestos a vender, puesto que así pueden permitirse otros libros) y los que ya no están estudiando Economía pueden tener precios de reserva más bajos. Una subasta en línea como eBay permite a los vendedores especificar su DAA.

Podemos dibujar la **curva de oferta** ordenando a los vendedores con base en sus precios de reserva (sus DAA): véase figura 8.2. Mostramos primero a los vendedores que estén más dispuestos a vender –aquellos que tienen precios de reserva más bajos–, luego el gráfico de los precios de reserva tiene pendiente positiva.

Para cada precio la curva de oferta muestra el número de estudiantes dispuestos a vender a ese precio, es decir, el número de libros que se ofrecerá en el mercado a ese precio. Fíjese que, para simplificar, dibujamos las curvas de oferta y demanda como líneas rectas. En la práctica lo más probable es que sean curvas y con una forma exacta que dependerá de las distintas valoraciones de los estudiantes.

disposición a aceptar (DAA) Precio de reserva de un vendedor potencial, que estará dispuesto a vender una unidad sólo por un precio por lo menos así de alto. *Véase también: disposición a pagar.*

precio de reserva Precio mínimo al que alguien está dispuesto a vender un bien (conservar el bien es la opción de reserva del vendedor potencial). *Véase también: opción de reserva.*

Si usted vende un artículo en eBay, puede establecer un precio de reserva, que no se revelará a los postores. Este artículo explica los precios de reserva de eBay (https://tinyco.re/9324100). Usted le está diciendo a eBay que el artículo no debe venderse a menos que haya una oferta a ese precio (o superior). Así pues, el precio de reserva debe coincidir con su DAA. Si nadie ofrece su DAA, el artículo no se venderá.

curva de oferta Curva que muestra el número de unidades que se producirían a cualquier precio dado. Para un mercado, muestra la cantidad total que todas las empresas producirían en conjunto a un determinado precio.

PREGUNTA 8.1 ESCOJA LA(S) RESPUESTA(S) CORRECTA(S)

Suponga que, como representante de los estudiantes, uno de sus cometidos es organizar un mercado de libros de texto de segunda mano entre estudiantes actuales y pasados de primer año. Después de realizar una encuesta, usted estima que las curvas de oferta y demanda son las que se muestran en las figuras 8.1 y 8.2. Por ejemplo: estima si se fijara el precio del libro en 7 dólares la correspondiente oferta sería de 20 libros, mientras que la demanda sería de 26 libros. ¿Cuál de las siguientes afirmaciones es correcta?

- ☐ Un rumor de que el libro de texto podría hacer falta nuevamente en el segundo curso cambiaría la curva de oferta, desplazándola hacia arriba.
- ☐ Duplicar el precio a 14 dólares duplicaría también la oferta.
- ☐ Un rumor de que el libro de texto ya no está en la lista de lecturas obligatorias para los estudiantes de primer año cambiaría la curva de demanda, desplazándola hacia arriba.
- ☐ La demanda se duplicaría si el precio bajara suficientemente.

EJERCICIO 8.1 ESTRATEGIAS DE VENTA Y PRECIOS DE RESERVA

Considere tres posibles métodos para vender un automóvil del que usted es propietario

- Poner un anuncio en un periódico local.
- Llevarlo a una subasta de automóviles.
- Ofrecerlo a un concesionario de autos de segunda mano.

1. ¿Su precio de reserva sería el mismo en todos los casos? ¿Por qué?
2. Si utilizara el primer método, ¿lo anunciaría a su precio de reserva?
3. ¿Qué metodo cree que resultaría en el precio de venta más alto?
4. ¿Qué método elegiría?

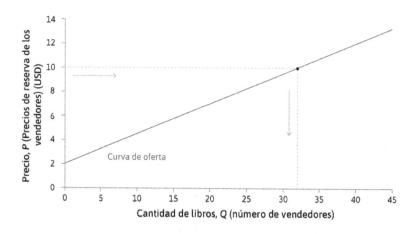

Figura 8.2 Curva de oferta de libros.

1. El precio de reserva
El primer vendedor tiene un precio de reserva de 2 dólares y venderá a cualquier precio por encima de ese.

2. El vendedor número 20
El vendedor número 20 solo aceptará 7 dólares...

3. El vendedor número 40
... y el precio de reserva del vendedor número 40 es 12 dólares.

4. Las curvas de oferta tienen pendiente positiva
Si elige un precio en particular, digamos 10 dólares, el gráfico le muestra cuántos libros se ofrecerían (Q) a ese precio: en este caso, 32. La curva de oferta tiene pendiente positiva: cuanto mayor sea el precio, más estudiantes estarán dispuestos a vender.

8.2 EL MERCADO Y EL PRECIO DE EQUILIBRIO

¿Qué esperaría usted que ocurriera en el mercado de este libro de texto? Eso dependerá de las instituciones de mercado que relacionan a compradores y vendedores. Si los estudiantes tienen que confiar en lo que se dice, entonces cuando un comprador encuentre a un vendedor, ambos pueden tratar de negociar un acuerdo que satisfaga a ambos. Ahora bien, a todos los compradores les gustaría encontrar un vendedor con un precio de reserva bajo y a todos los vendedors les gustaría encontrar un comprador con una disposición a pagar alta. Antes de llegar a un acuerdo con un socio comercial, a ambas partes les gustaría conocer qué otras oportunidades comerciales tienen.

Las instituciones de mercado tradicionales con frecuencia agrupan a muchos compradores y vendedores en un mismo lugar. Un buen número de las más grandes ciudades del mundo crecieron alrededor de mercados y bazares situados a lo largo de antiguas rutas de comercio, tal como la Ruta de la Seda entre China y el Mediterráneo. En el Gran Bazar de Estambul, una de los más grandes y antiguos mercados cubiertos del mundo, los puestos de venta de alfombras, oro, cuero y tejidos se agrupan en diferentes zonas. En los centros y ciudades medievales era común que los fabricantes y vendedores de bienes concretos establecieran sus tiendas cerca los unos de los otros, para que los clientes supieran dónde encontrarlos. La ciudad de Londres es ahora un centro financiero, pero aún perdura la evidencia de las actividades que se llevaron a cabo allí en otro tiempo, en los nombres de sus calles: Pudding Lane (Callejuela del Pudín), Bread Street (Calle del Pan), Milk Street (Calle de la Leche), Poultry Street (Calle de Aves de Corral) y Silk Street (Calle de la Seda).

Gracias a las comunicaciones modernas, los vendedores pueden anunciar los bienes que ofertan y los compradores pueden encontrar más fácilmente qué está disponible y dónde. No obstante, en algunos casos, todavía resulta conveniente que compradores y vendedores tengan encuentros presenciales. Las grandes ciudades tienen mercados para la carne, el pescado, las verduras o las flores, donde los compradores pueden inspeccionar y comparar la calidad de los productos. En el pasado, en los mercados de bienes de segunda mano solían operar comerciantes especializados, pero en la actualidad los vendedores pueden contactar directamente con los compradores a través de los mercados en línea como eBay. Retomando el ejemplo de los libros de texto de segunda mano, ahora los sitios web ayudan a los estudiantes a vender sus libros a otros estudiantes de su Universidad.

A finales del siglo XIX, el economista Alfred Marshall presentó su modelo de oferta y demanda con un ejemplo que es muy similar al nuestro de los libros de texto de segunda mano. La mayoría de las ciudades y pueblos de Inglaterra tenían un Mercado del Maíz (también conocidos como mercado de grano), un edificio donde los agricultores se encontraban con los comerciantes para vender su grano. Marshall describió cómo la curva de oferta de grano estaría determinada por los precios que los agricultores estuvieran dispuestos a aceptar y, a su vez, la curva de demanda se definiría en función de la disposición a pagar de los comerciantes. Y luego argumentó que, aunque el precio «pueda ir dando bandazos de acá para allá igual que un volante de bádminton», a lo largo del proceso de «regateo y negociación» que se desarrolla en el mercado, el precio nunca andará muy lejos del precio concreto en el que la cantidad demandada por los comerciantes sea igual a la cantidad que los agricultores ofrecerían.

exceso de oferta Situación en la que la cantidad ofertada de un bien es mayor que la cantidad demandada al nivel de precios actual. *Véase también: exceso de demanda.*

equilibrio de Nash Conjunto de estrategias, una para cada jugador del juego, tal que la estrategia de cada jugador sea su mejor respuesta a las estrategias escogidas por todos los demás.

equilibrio (de un mercado) Estado de un mercado en el que ni las cantidades vendidas o compradas ni el precio de mercado tienden a cambiar, a menos que haya un cambio en los costos subyacentes, las preferencias u otros determinantes del comportamiento de los participantes en el mercado.

costo marginal Efecto sobre el costo total de producir una unidad adicional de producto. Corresponde a la pendiente de la función de costo total en cada punto.

utilidad marginal Utilidad adicional que resulta de un aumento en una unidad de una determinada variable.

Alfred Marshall. *Principios de economía.* 1ª ed. Madrid: Síntesis, 2005.

Marshall llamó al precio que iguala la oferta y la demanda *precio de equilibrio*. Si el precio está por encima del de equilibrio, los agricultores querrán vender grandes cantidades de grano. No obstante, en este caso pocos comerciantes estarán dispuestos a comprar y, por tanto, habrá un **exceso de oferta**. Más adelante, incluso los comerciantes que estaban dispuestos a pagar esa cantidad no tardarían en darse cuenta de que los agricultores tendrían que bajar el precio al final y esperarían hasta que eso sucediera. De igual forma, si el precio estuviera por debajo del de equilibrio, los vendedores esperarían en lugar de vender a ese precio. Si, al precio vigente, la cantidad ofertada no fuera igual a la cantidad demandada, Marshall razonaba que algunos compradores y vendedores podrían beneficiarse de cobrar algún otro precio (usando la terminología moderna diríamos que el precio vigente no sería un **equilibrio de Nash**). Así pues, el precio tendría que situarse en un nivel de **equilibrio** donde la demanda y la oferta estuvieran igualadas.

El argumento de Marshall se basaba en el supuesto de que todo el grano tenía la misma calidad. Su modelo de oferta y demanda puede aplicarse a mercados en los que todos los vendedores estén vendiendo bienes idénticos y, por tanto, los compradores estén dispuestos comprar a cualquier vendedor. Si los agricultores tuvieran grano de distintas calidades, se parecerían más a los vendedores de productos diferenciados del capítulo 7, que fijaban sus propios precios.

GRANDES ECONOMISTAS

Alfred Marshal

Alfred Marshall (1842–1924) fue el fundador –junto con Léon Walras– de lo que conocemos como la escuela neoclásica de Economía. Su libro *Principios de economía*, publicado por primera vez en 1890, fue el libro de texto estándar de introducción a la Economía para los estudiantes de habla inglesa durante 50 años. Marshall, que era un excelente matemático, propuso nuevos fundamentos para el análisis de la oferta y la demanda, utilizando el cálculo para la formulación del funcionamiento de mercados y empresas, y para expresar conceptos clave como **costos marginales** y **utilidad marginal**. Los conceptos de excedente del productor y excedente del consumidor se los debemos a Marshall. Su concepción de la economía entendida como un intento de «entender las influencias que ejerce la forma en que se gana la vida un hombre en la calidad y el tono de su vida…» está cerca de nuestra propia definición de este campo del conocimiento.

Por desgracia, los seguidores de Marshall rara vez han enseñado la mayor parte de la sabiduría que contiene su texto. Marshall centró la atención a los hechos. Su observación de que las grandes empresas podrían producir a costos unitarios más bajos que las pequeñas constituyó una parte fundamental de su pensamiento, si bien este concepto nunca encontró un lugar en la escuela neoclásica. Tal vez se deba a que, si la curva de costo medio tiene pendiente negativa incluso cuando las empresas son muy grandes, habrá una especie de competencia del tipo «el ganador se lleva todo», en la que unas pocas empresas grandes emerjan como ganadoras con poder para fijar precios, en lugar de aceptar el precio vigente como algo que viene dado. Volveremos a este problema en los capítulos 12 y 21.

A Marshall también le hubiera preocupado que el *homo economicus* (cuya existencia analizamos en el capítulo 4) se convirtiera en el principal protagonista de los libros de texto escritos por los seguidores de la escuela neoclásica. Marshall insistía en que:

> «Las fuerzas éticas se encuentran entre aquellas que los economistas tienen que tener en cuenta. Se han hecho intentos por construir una ciencia abstracta con respecto a las acciones de un hombre económico que no está sujeto a influencias éticas y persigue una ganancia pecuniaria… de manera egoísta. Pero no han tenido éxito» — Alfred Marshall, *Principios de economía* (1890)

Además de contribuir al avance del uso de las matemáticas en la Economía, Marshall también alertó sobre su mal uso. En una carta a A. L. Bowley, un colega economista con mucha inclinación a las matemáticas, explicaba sus propias «reglas» de la siguiente manera:

1. Use las matemáticas como un lenguaje abreviado, una especie de taquigrafía, en lugar de como motor de investigación
2. Séales fiel. Siga utilizándolas hasta el final
3. Traduzca al inglés (al español, en nuestro caso)
4. Ilustre con ejemplos que sean importantes en la vida real
5. Queme las matemáticas
6. Si no consigue tener éxito en el punto 4, queme el 3. «Yo lo hago a menudo»

Marshall fue catedrático de Economía política en la Universidad de Cambridge entre 1885 y 1908. En 1896 hizo circular un panfleto dirigido a la rectoría de la universidad, el llamado University Senate, oponiéndose a una propuesta de que se les concedieran títulos universitarios a las mujeres. Marshall se impuso y las mujeres tuvieron que esperar hasta 1948 para poder acceder a una posición académica en pie de igualdad con los hombres en Cambridge.

No obstante, su trabajo estuvo motivado por el deseo de mejorar las condiciones materiales de los trabajadores. Tal y como podemos leer en los *Principios de economía*, no cabe duda sobre la que consideraba que era la principal tarea de la Economía:

> «Ahora, por fin, estamos cuestionándonos seriamente si es necesaria en absoluto la existencia de las llamadas clases bajas: es decir, si es necesario que un gran número de personas estén condenadas desde su nacimiento al trabajo duro con el fin de proporcionar a otros una vida refinada y culta, mientras a ellos su pobreza y su trabajo duro precisamente les impide poder participar de esa vida… La respuesta depende en gran medida de

hechos e inferencias, que son competencia de la Economía; y esto es lo que confiere a los estudios económicos su principal y mayor interés.» (*Principios de economía*,1890)

¿Estaría hoy Marshall satisfecho con la contribución que la Economía moderna ha hecho para crear una economía más justa?

Para aplicar el modelo de oferta y demanda al mercado de libros de texto, asumimos que todos los libros son iguales (aunque en la práctica algunos pueden estar en mejores condiciones que otros) y que un vendedor potencial puede anunciar un libro que esté en venta publicando su precio en un sitio web local. Como en el mercado de grano, cabría esperar que la mayor parte de los intercambios se produjeran a precios similares. Los compradores y vendedores pueden observar fácilmente todos los precios publicados, por lo que si algún libro se anunciara a 10 dólares y otros a 5 dólares, los compradores en seguida estarían haciendo cola para comprar el de 5 dólares, y esos vendedores se darían cuenta rápidamente de que podían cobrar más, mientras que, por otro lado, nadie querría pagar 10 dólares, esos vendedores tendrán que bajar su precio.

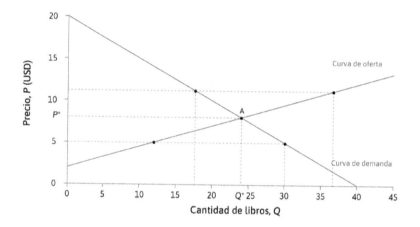

Figura 8.3 Equilibrio en el mercado de libros de segunda mano.

1. Oferta y demanda
Encontramos el equilibrio al dibujar las curvas de oferta y demanda en el mismo diagrama.

2. El precio al que se agota el mercado o precio de equilibrio
Al precio $P^* = 8$ dólares, la cantidad ofrecida es igual a la cantidad demandada: $Q^* = 24$. El mercado está en equilibrio. Decimos que se agota el mercado (en el sentido de que se agotan las existencias porque se vende/compra todo) a un precio de 8 dólares.

3. Un precio por encima del precio de equilibrio
A un precio de más de 8 dólares habría más estudiantes dispuestos a vender pero no todos encontrarían compradores. Habría exceso de oferta, por lo que los vendedores tendrían que bajar su precio.

4. Un precio por debajo del precio de equilibrio
A un precio de menos de 8 dólares, habría más compradores que vendedores –exceso de demanda–, por lo que los vendedores podrían subir sus precios. Solo a un precio de 8 dólares no habrá tendencia al cambio.

Podemos encontrar el precio de equilibrio dibujando las curvas de oferta y demanda en un diagrama, como hacemos en la figura 8.3. A un precio $P^* = 8$ dólares, la oferta de libros es igual a la demanda: 24 compradores están dispuestos a pagar 8 dólares y 24 vendedores están dispuestos a vender a ese precio. La cantidad de equilibrio es $Q^* = 24$.

El **precio al que se agota el mercado** es 8 dólares: esto es, la oferta y la demanda se igualan a ese precio y, por tanto, todos los compradores que quieren comprar y todos los vendedores que quieren vender pueden hacerlo. El mercado está en equilibrio. En lenguaje cotidiano, algo está en equilibrio y permanece estable si las fuerzas que actúan sobre este están equilibradas. Recuerde el modelo hidráulico de fijación de precios de Fisher que vimos en el capítulo 2: los cambios en la economía causaban que el agua fluyera por el aparato hidráulico de Fisher hasta que se alcanzaba un equilibrio en el que los precios ya no presentaban ninguna tendencia al cambio. Decimos que un mercado está en **equilibrio** si las acciones de compradores y vendedores no tienden a cambiar el precio ni las cantidades compradas y vendidas, siempre y cuando no se produzca un cambio en las condiciones de mercado, como el número de vendedores y compradores potenciales, o cuánto valoran estos el bien transado. En el precio de equilibrio para los libros de texto, todos aquellos que deseen comprar o vender pueden hacerlo y, por tal razón, no hay una tendencia al cambio.

precio al que se agota el mercado A este precio, no hay exceso de oferta ni exceso de demanda. *Véase también: equilibrio.*

equilibrio Resultado autosostenible de un modelo. En este caso, algo de interés no cambia, a menos que se introduzca una fuerza externa que altere la descripción de la situación que proporciona el modelo.

No todos los mercados en línea para libros de texto están en equilibrio competitivo. En un caso en el que no se cumplían las condiciones para el equilibrio, los algoritmos automáticos de fijación de precios hicieron que el precio de un libro ascendiera hasta 23 millones de dólares. El biólogo Michael Eisen reparó en que un texto clásico pero agotado, *The Making of a Fly*, estaba en venta en Amazon donde aparecía como ofrecido por dos vendedores debidamente acreditados, con precios que comenzaban en 1 730 045,91 dólares (+ 3,99 dólares de gastos de envío). Durante la semana siguiente, Eisen vio cómo los precios subían rápidamente, llegando a un máximo de 23 698 655,93 dólares, antes de caer en picada hasta los 106,23 dólares. Eisen explica por qué en su blog (https://tinyco.re/0044329).

Toma de precios

¿Estará el mercado siempre en equilibrio? Como hemos visto, Marshall argumentó que los precios no se desviarían demasiado de los niveles de equilibrio porque la gente querría cambiar el precio en caso de haber un exceso de oferta o de demanda. Con un precio alto, por ejemplo, habría un exceso de oferta y los vendedores podrían obtener mayores ventas bajando sus precios. En este capítulo estudiamos equilibrios de mercado competitivo. En el capítulo 11 veremos cuándo y cómo cambian los precios cuando el mercado no está en equilibrio.

En el mercado de libros de texto que hemos descrito, los estudiantes individuales tienen que aceptar el precio predominante en el mercado, que viene determinado por las curvas de oferta y demanda. Nadie podría realizar una transacción con un estudiante pidiendo un precio más alto ni ofreciendo uno más bajo, porque cualquiera que quisiera comerciar, encontraría otro comprador o vendedor en su lugar. Los participantes en este mercado son **tomadores de precios** porque hay suficiente competencia de otros compradores y vendedores como para que lo mejor que puedan hacer unos y otros sea comerciar al mismo precio. Cualquier comprador o vendedor es libre de elegir un precio diferente, pero no obtendrá ningún beneficio de esa manera.

tomador de precios Característica de productores y consumidores que no pueden beneficiarse de ofrecer o pedir cualquier precio que no sea el precio de mercado en el punto de equilibrio de un mercado competitivo. No tienen poder para influir en el precio de mercado.

Hemos visto otros ejemplos donde los participantes en el mercado no se comportan como tomadores de precios: el fabricante de un producto completamente diferenciado puede fijar su propio precio porque no tiene competidores cercanos. En el capítulo 6 vimos que, dado que los contratos son incompletos, podría ser que un empleador no buscara pagar el precio más bajo posible al trabajador, sino que optase por pagar un salario más alto. Nótese, sin embargo que, aunque los *vendedores* de productos diferenciados son fijadores de precios, los *compradores* de los modelos del capítulo 7 eran tomadores de precios: hay tantos consumidores individuales que desean comprar cereales para el desayuno que un consumidor individual no tiene poder para negociar un acuerdo más ventajoso y, por tanto, sencillamente tiene que aceptar el precio que todos los demás consumidores estén pagando.

En este capítulo estudiamos equilibrios de mercado donde tanto compradores como vendedores son tomadores de precios. Donde hay muchos vendedores ofreciendo bienes idénticos y muchos compradores deseando comprarlos, lo que esperamos es que ni uno ni otro lado del mercado tengan capacidad de influir en los precios. Los vendedores se ven obligados a ser tomadores de precios debido a la presencia de otros vendedores, así como de compradores que siempre eligen al vendedor con el precio más bajo. Si el vendedor tratara de fijar un precio más alto, los compradores simplemente comprarán en otro lado.

De igual forma, los compradores son tomadores de precios cuando hay muchos otros compradores y, además, los vendedores están dispuestos a vender a quien sea que page el precio más alto. En ambos lados del mercado, la competencia elimina el poder de negociación. Describiremos el equilibrio en un mercado, así como un **equilibrio competitivo**.

Un equilibro de mercado competitivo es un equilibrio de Nash porque, habida cuenta de lo que están haciendo todos los demás participantes en el mercado (comerciando al precio de equilibrio), ningún participante puede beneficiarse haciendo algo distinto a lo que ya está haciendo (comerciar, igual que todos, al precio de equilibrio).

> **equilibrio competitivo** Resultado de mercado en el que todos los compradores y vendedores son tomadores de precios y, al precio de mercado vigente, la cantidad ofrecida es igual a la cantidad demandada.

EJERCICIO 8.2 TOMADORES DE PRECIO

Piense en algunos de los bienes que compra: tal vez en diferentes tipos de comida, ropa, boletos de transporte o aparatos electrónicos.

1. ¿Hay muchos vendedores de estos productos?
2. ¿Siempre busca usted el precio más bajo en todos los casos?
3. Si no es así, ¿por qué no?
4. ¿Para qué productos el precio será su principal criterio?
5. Use sus respuestas para decidir qué vendedores son tomadores de precio. ¿Hay bienes para los que usted, como comprador, no sea tomador de precios?

PREGUNTA 8.2 ESCOJA LA(S) RESPUESTA(S) CORRECTA(S).
El diagrama muestra las curvas de oferta y demanda de un libro de texto. Las curvas se intersecan en $(Q, P) = (24, 8)$. ¿Cuál de las siguientes afirmaciones es correcta?

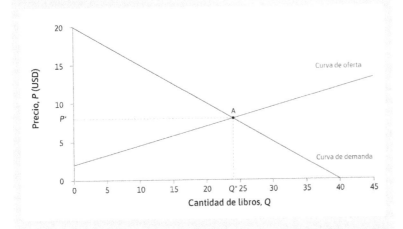

☐ Al precio de 10 dólares, hay un exceso de demanda del libro de texto.
☐ A 8 dólares, algunos vendedores tienen un incentivo para subir su precio de venta a 9 dólares.
☐ A 8 dólares, el mercado se agota.
☐ Se venderán 40 libros en total.

8.3 EMPRESAS TOMADORAS DE PRECIO

En el ejemplo de los libros de segunda mano, tanto vendedores como compradores son consumidores individuales. Ahora observaremos mercados donde los vendedores son empresas. Sabemos por lo visto en el capítulo 7, cómo eligen sus precios y cantidades las empresas cuando producen bienes diferenciados; además vimos que, si otras firmas hacen productos similares, eso restringe el abanico de su elección de precio (la curva de demanda de su propio producto será casi plana) porque un aumento del precio podría provocar que los consumidores se cambien a otras marcas similares.

Si hay muchas empresas produciendo productos idénticos y los consumidores pueden cambiarse fácilmente de una a otra, entonces las empresas serán tomadoras de precios en equilibrio y no les será posible obtener beneficios de intentar comerciar a un precio diferente al precio predominante en el mercado.

Para entender el comportamiento de las empresas tomadoras de precios, considere una ciudad donde muchas panaderías pequeñas producen pan y lo venden directamente al consumidor. La figura 8.4 muestra cómo podría ser la curva de demanda de mercado (la demanda diaria total de todos los consumidores de la ciudad): tiene pendiente negativa, como es habitual, porque a precios más altos, pocos consumidores están dispuestos a comprar.

Suponga que es el propietario de una pequeña panadería. Cada mañana, debe decidir qué precio cobrar y cuántas barras de pan producir. Asuma que las panaderías del barrio están vendiendo panes idénticos al suyo a 2,35 euros. Este es el precio predominante en el mercado y no conseguirá vender barras de pan a un precio más alto que el de las otras panaderías, porque nadie le compraría: es usted un tomador de precios.

Sus costos marginales incrementan con su producción de pan. Cuando la cantidad es pequeña, el costo marginal es bajo, cercano a 1 euro: tras instalar mezcladoras, hornos y otras máquinas, y contratar a un panadero, el costo adicional de producir una barra de pan es relativamente pequeño, pero el costo medio de una barra de pan es alto. A medida que el número de barras de pan por día incrementa, el costo medio cae, pero el costo marginal comienza a aumentar gradualmente, pues tiene usted que empezar a contratar personal adicional y a hacer un uso más intensivo de la maquinaria. Para cantidades más grandes, el costo marginal está por encima del costo medio; entonces el costo medio aumenta de nuevo.

Las curvas de costo marginal y costo medio están representadas en la figura 8.5. Como en el capítulo 7, los costos incluyen los costos de oportunidad del capital. Si el precio fuera igual al costo medio ($P = CM$), su beneficio económico sería cero. Usted, el propietario, obtendría un rendimiento normal del capital. Por consiguiente, la curva de costo medio (en la figura 8.5, la que está más a la izquierda) es la curva de beneficio económico cero. Las curvas de isobeneficio muestran combinaciones de precio y cantidad en las que usted obtiene mayores beneficios. Como explicamos en el capítulo 7, las curvas de isobeneficio son decrecientes cuando el precio está por encima del costo marginal, y crecientes cuando el precio está por debajo del costo marginal; por lo tanto, la curva de costo marginal interseca cada curva de isobeneficio en su punto más bajo. Si el precio está por encima del costo marginal, los beneficios totales se mantienen solo si se vende más cantidad a un precio más bajo. De forma similar, si el precio está por debajo del costo marginal, los beneficios totales se mantienen solo si se vende más cantidad a un precio más alto.

La figura 8.5 muestra cómo tomar esta decisión. Al igual que las empresas del capítulo 7, se enfrenta usted a un problema de optimización con restricciones y quiere encontrar el punto de máximo beneficio en su conjunto factible.

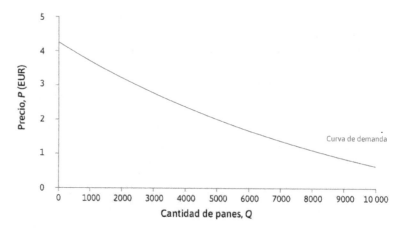

Figura 8.4 La curva de demanda de pan.

Debido a que es usted tomador de precios, su conjunto factible son todos los puntos donde el precio es menor o igual a 2,35 euros, el precio de mercado. Su elección óptima es $P^* = 2,35$ euros, $Q^* = 120$, donde la curva de isobeneficio es tangente al conjunto factible. El problema parece similar al de Autos Hermosos en el capítulo 7, excepto que, para un tomador de precios, la curva de demanda es completamente plana. Para su panadería, la curva de demanda de *mercado* de la figura 8.4 no es lo que afecta a la demanda a la que usted se enfrenta, sino el precio que cobran tus competidores. Este es el motivo por el que se considera que la línea horizontal en P^* en la figura 8.5 es la curva de demanda de la empresa. Si cobra más que P^*, su demanda será cero, mientras que en P^* o a un precio menor, puede vender tanto pan como quiera.

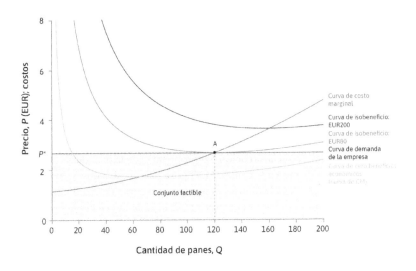

Figura 8.5 El precio y la cantidad que maximizan beneficios para una panadería.

1. Costo marginal y curvas de isobeneficio
La panadería tiene una curva de costo marginal (CMg) creciente. En la curva CM, el beneficio es cero. Cuando CMg > CM, la curva CM tiene pendiente positiva. Las otras curvas de isobeneficio representan niveles más altos de ganancias, y el CMg pasa por los puntos más bajos de todas las curvas de isobeneficio.

2. Toma de precios
La panadería es tomadora de precios. El precio de mercado es $P^* = 2,35$ euros. Si elige un precio más alto, los clientes irán a otras panaderías. Su conjunto factible de precios y cantidades es el área que queda debajo de la línea horizontal en P^*.

3. El precio que maximiza beneficios
El punto de mayor beneficio en el conjunto factible es el punto A, donde la curva de isobeneficio de 80 euros es tangente al conjunto factible. Debe hacer 120 panes por día y venderlos al precio de mercado, 2,35 euros cada uno. Obtendrá 80 euros de ganancia por día además de las ganancias normales.

4. La cantidad que maximiza beneficios
Su cantidad de maximización de ganancias, $Q^* = 120$, se encuentra en el punto donde $P^* =$ CMg: el costo marginal de la 120ª barra es igual al precio de mercado.

La figura 8.5 ilustra una característica muy importante de las empresas tomadoras de precios: que eligen producir una cantidad para la que el costo marginal es igual al precio de mercado (CMg = P^*). Esto es siempre cierto. Para una firma tomadora de precios, la curva de demanda de su propia producción es una línea horizontal en el precio de mercado, luego el máximo beneficio se alcanza en un punto en la curva de demanda donde la curva de isobeneficio es horizontal. Y, además, sabemos por lo visto en el capítulo 7 que donde la curva de beneficios es horizontal, el precio es igual al costo marginal.

Otra forma de entender por qué una empresa tomadora de precios produce a un nivel de producto donde CMg = P^* es pensar qué ocurriría con los beneficios si se desviara de este punto. Si la empresa aumentara su producción a un nivel donde CMg > P^*, fabricar la última unidad cuesta más que P^*, por lo que la empresa perdería en esa unidad y, por tanto, optaría por reducir la producción para aumentar sus beneficios. Por otro lado, si produjera donde el CMg < P^*, podría producir al menos una unidad más y venderla con algún beneficio. En consecuencia, debería aumentar la producción hasta el punto donde CMg = P^*, es decir, donde se maximizan los beneficios.

Este es un resultado importante que usted debería recordar, pero hay que tener cuidado con él. Cuando hacemos afirmaciones como «para una empresa tomadora de precios, el precio es igual al costo marginal», no queremos decir que la empresa elija un precio igual al costo marginal, sino que significa lo contrario: es un tomador de precios, por lo tanto, acepta el precio de mercado y elige la cantidad de modo que el costo marginal sea igual al precio.

Póngase de nuevo en la situación del propietario de la panadería. ¿Qué haría si el precio de mercado cambia? La figura 8.6 muestra que, si los precios cambiaran, elegiría diferentes puntos de la curva de costo marginal.

Para una empresa tomadora de precios, *la curva de costo marginal es su curva de oferta*: para cada precio muestra la cantidad que maximiza el beneficio, esto es, la cantidad que la firma elegirá ofrecer.

Sin embargo, note que si el precio cae por debajo de 1,52 euros, estaría incurriendo en pérdidas. La curva de oferta muestra cuántos panes debería producir para maximizar el beneficio pero, cuando el precio es tan bajo, el beneficio es negativo y la curva de oferta le mostraría los puntos que minimizan sus pérdidas. Si esto ocurre, tendría que decidir si vale la pena continuar produciendo pan. Su decisión dependerá de lo que espera que ocurra en el futuro:

- Si espera que las condiciones del mercado continúen siendo malas, podría ser mejor vender el negocio y dejar el mercado: podría obtener un mejor rendimiento para su capital en otra parte.
- Si espera que el precio aumente de nuevo, puede estar usted dispuesto a asumir algunas pérdidas a corto plazo y podría valer la pena continuar produciendo pan si los ingresos ayudan a cubrir los costos de mantener las instalaciones y retener al personal.

EMPRESA TOMADORA DE PRECIOS
Una empresa tomadora de precios maximiza su beneficio al escoger una cantidad donde el costo marginal sea igual al precio de mercado (CMg = P^*) y vende al precio de mercado P^*.

PREGUNTA 8.3 ESCOJA LA(S) RESPUESTA(S) CORRECTA(S).

La figura 8.5 muestra las curvas de costo marginal y costo medio de una panadería tomadora de precios y sus curvas de isobeneficio. El precio de mercado del pan es $P^* = 2{,}35$ euros. ¿Cuál de las siguientes afirmaciones es correcta?

☐ La curva de oferta de la empresa es horizontal.
☐ Al precio de mercado de 2,35 euros, la empresa suministrará 62 panes, en el punto en que la empresa obtiene beneficio cero.
☐ A cualquier precio de mercado, la oferta de la empresa viene dada por el punto correspondiente en la curva de costo medio.
☐ La curva de costo marginal es la curva de oferta de la empresa.

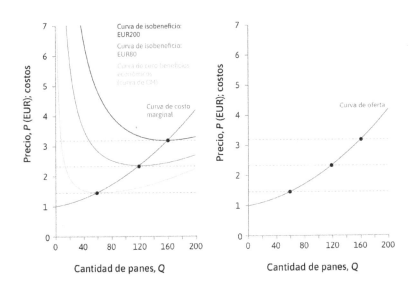

Figura 8.6 La curva de oferta de la empresa.

1. Un cambio en el precio
Cuando el precio de mercado es de 2,35 euros, usted suministra 120 panes. ¿Qué haría si el precio cambiara?

2. Si el precio sube
Si P^* aumentara a 3,20 euros, podría alcanzar una curva de isobeneficio más alta. Para maximizar las ganancias, debe producir 163 panes por día.

3. Si el precio cae
Si el precio cae a 1,52 euros, solo podría alcanzar la curva azul más clara. Su mejor opción sería producir 66 panes y su beneficio económico sería cero.

4. La curva de costo marginal es la curva de oferta
En cada caso, usted elige el punto de su curva de costo marginal donde CMg = precio de mercado. Su curva de costo marginal es su curva de oferta.

8.4 OFERTA DE MERCADO Y EQUILIBRIO

El mercado del pan de la ciudad tiene muchos consumidores y muchas panaderías. Supongamos que hay 50 panaderías. Cada una tiene una curva de oferta correspondiente a su propia curva de costo marginal y, por tanto, sabemos cuánto se oferta a cada precio de mercado. Para encontrar la curva de oferta de mercado, simplemente sumamos la cantidad total que, a cada precio, ofertan todas las panaderías en conjunto.

La figura 8.7 muestra cómo funciona esto si todas las panaderías tienen las mismas funciones de costos. Mostramos cuánto ofrecería una panadería a un precio dado, luego multiplicamos por 50 y así calculamos la oferta total de mercado a ese precio.

La curva de oferta de mercado muestra la cantidad total que produce el conjunto de panaderías a un precio dado. Además, esa curva representa también el costo marginal de producir un pan, tal como lo hace la curva de oferta de la empresa. Por ejemplo, si el precio de mercado es 2,75 euros, la oferta total del mercado es 7000 panes. Para todas las panaderías, el costo marginal –el costo de producir un pan más– es de 2,75 euros. Esto significa que el costo de producir el pan número 7001 del mercado es 2,75 euros, sea cual sea la empresa que lo produzca, por lo que la curva de oferta de mercado es la curva de costo marginal del mercado.

Leibniz: Curva de oferta de mercado (https://tinyco.re/5926394)

Ahora conocemos tanto la curva de demanda (figura 8.4 (página 362)), como la curva de oferta (figura 8.7) para el mercado de pan en su conjunto. La figura 8.8 muestra que el precio de equilibrio es exactamente 2,00 euros. A este precio, decimos que el mercado se agota: los consumidores demandan 5000 panes por día y las empresas ofrecen 5000 panes al día.

Leibniz: Equilibrio de mercado (https://tinyco.re/3468743)

En el equilibrio de mercado, cada panadería está produciendo en su curva de costo marginal, en el punto donde su costo marginal es 2,00 euros. Si usted regresa a la curva de isobeneficio de la figura 8.6, verá que la empresa está por encima de su curva de costo medio (la curva de isobeneficio donde los beneficios económicos son cero). Por lo tanto, los dueños de panaderías están recibiendo rentas económicas (beneficios que exceden el beneficio normal). Cada vez que hay rentas económicas, existe una oportunidad para que los participantes del mercado puedan beneficiarse actuando. En este caso, podemos esperar que las rentas económicas atraigan a otras panaderías al mercado. Ahora veremos cómo afectaría esto al equilibrio de mercado.

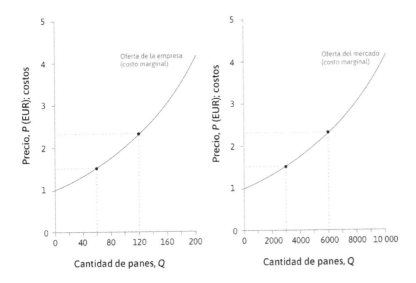

Figura 8.7 Las curvas de oferta de la empresa y oferta de mercado.

1. La curva de oferta de la empresa
Hay 50 panaderías, todas con las mismas funciones de costo. Si el precio de mercado es de 2,35 euros, cada panadería producirá 120 panes.

2. La curva de oferta de mercado
Cuando P = 2,35 euros, cada panadería suministra 120 panes y la oferta de mercado es de 50×120 = 6000 panes.

3. Las curvas de oferta de la empresa y del mercado son similares
A un precio de 1,52 euros, cada panadería suministra 66 panes y la oferta de todo el mercado asciende a 3300. La curva de oferta de mercado se parece a la curva de oferta de la empresa, pero la escala en el eje horizontal es diferente.

4. ¿Qué pasa si diferentes empresas tienen diferentes costos?
Si las panaderías tuvieran diferentes funciones de costo, entonces –a un precio de 2,35 euros– algunas panaderías producirían más panes que otras, pero aun así, podríamos sumarlas todas para obtener la oferta total del mercado.

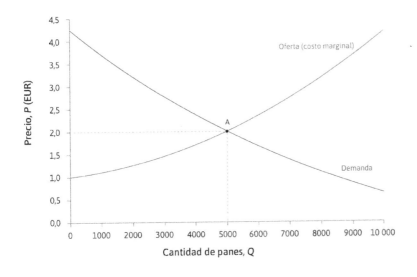

Figura 8.8 Equilibrio en el mercado de pan.

PREGUNTA 8.4 ESCOJA LA(S) RESPUESTA(S) CORRECTA(S)
Hay dos tipos diferentes de productores de un bien en un sector en el que las empresas son tomadoras de precios. A continuación se muestran las curvas de costo marginal de los dos tipos de empresa:

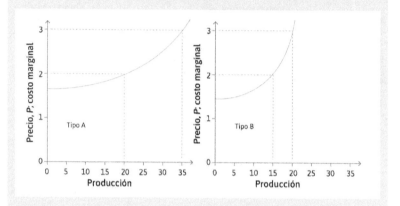

El tipo A es más eficiente que el tipo B: por ejemplo, tal y como se muestra, para una producción de 20 unidades, las empresas del tipo A tienen un costo marginal de 2 dólares, que se compara con un costo marginal de 3 dólares para las empresas del tipo B. Hay 10 empresas del tipo A y 8 empresas del tipo B en el mercado. ¿Cuál de las siguientes afirmaciones es correcta?

- ☐ A un precio de 2 dólares, la oferta de mercado es 450 unidades.
- ☐ El mercado ofrecerá 510 unidades a un precio de 3 dólares.
- ☐ A un precio de 2 dólares, el costo marginal de mercado de suministrar una unidad adicional del bien dependerá del tipo de empresa que lo produzca.
- ☐ Con diferentes tipos de empresa, no podemos determinar la curva de costo marginal para el mercado.

8.5 EQUILIBRIO COMPETITIVO: GANANCIAS DEL COMERCIO, ASIGNACIÓN Y DISTRIBUCIÓN

Los compradores y vendedores de pan comercian voluntariamente, puesto que ambos se benefician. Los beneficios mutuos de la asignación de equilibrio pueden medirse por medio de los excedentes del consumidor y del productor, introducidos en el capítulo 7. Cualquier comprador cuya disposición a pagar por un bien sea más alta que el precio de mercado, recibe un excedente: la diferencia entre la DAP y el precio pagado. De igual forma, si el costo marginal de producir un bien es inferior al precio de mercado, el productor recibe un excedente. La figura 8.9a muestra cómo calcular el excedente total (las ganancias del intercambio) en el equilibrio competitivo del mercado del pan, tal como lo vimos en el capítulo 7.

Cuando el mercado de pan está en equilibrio –la cantidad de panes ofrecidos es igual a la cantidad demandada–, el excedente total es el área que queda por debajo de la curva de demanda y por encima de la curva de oferta.

Fíjese cómo la asignación de equilibrio en este mercado se diferencia de la asignación de un producto diferenciado como los Autos Hermosos del capítulo 7. La cantidad de equilibrio de pan se encuentra en el punto en el que la curva de oferta de mercado, que también es la curva de costo marginal, se cruza con la demanda de mercado, y el excedente total es toda el área que se encuentra entre las dos curvas. La figura 7.13 (página 327) mostraba que, en el mercado de los Autos Hermosos, el fabricante escoge producir una cantidad menor al del punto en que la curva de costo marginal se cruza con la curva de demanda y, por ende, el excedente total es menor al que se obtendría en este punto.

La asignación de pan que corresponde al equilibrio competitivo tiene la propiedad de *maximizar el excedente total*. La figura 8.9b muestra que el excedente sería menor si se produjeran menos de 5000 panes: habría consumidores sin pan que estarían dispuestos a pagar más que el costo de producir un pan adicional, por lo que existirían ganancias del comercio sin explotar. El total de ganancias del comercio en el mercado sería menor. Decimos que habría una **pérdida de eficiencia** equivalente al área de forma triangular (PDE). Los productores estarían perdiéndose ganancias potenciales y algunos consumidores no podrían obtener el pan que estarían dispuestos a pagar.

pérdida de eficiencia (o pérdida irrecuperable de eficiencia) Pérdida de excedente total en relación a una asignación eficiente en términos de Pareto.

Leibniz: Ganancias del comercio (https://tinyco.re/5494218)

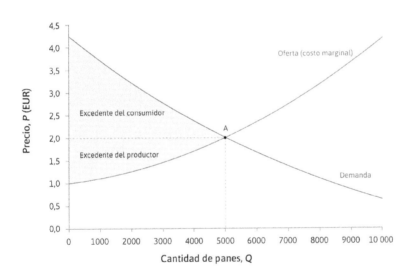

Figura 8.9a Equilibrio en el mercado de panes: ganancias del comercio.

1. El excedente del consumidor
Al precio de equilibrio de 2 euros en el mercado del pan, un consumidor que esté dispuesto a pagar 3,50 euros obtiene un excedente de 1,50 euros.

2. Excedente total del consumidor
El área sombreada por encima de 2 euros muestra el excedente total del consumidor, la suma de las ganancias del comercio obtenidas por todos los compradores.

3. El excedente del productor
Recuerde que, como vimos en el capítulo 7, el excedente del productor en una unidad de producción es la diferencia entre el precio al que se vende esa unidad y el costo marginal de producirla. El costo marginal del pan número 2000 es de 1,25 euros; como se vende por 2 euros, el productor obtiene un excedente de 0,75 euros.

4. Excedente total del productor
El área sombreada por debajo de 2 euros es la suma de los excedentes que obtienen todas las panaderías con cada pan que producen. En su conjunto, el área sombreada muestra la suma de todas las ganancias del comercio en este mercado, el decir, lo que se conoce como excedente total.

Y si se produjeran más de 5000 panes, el excedente de los panes adicionales sería negativo: producirlos costaría más que lo que los consumidores estarían dispuestos a pagar por ellos. (¿Es el intercambio de regalos en Navidad un caso similar de pérdida de eficiencia?)

El economista Joel Waldfogel le dio bastante mal nombre a su disciplina al sugerir que hacerse regalos en Navidad puede llevar a una pérdida de eficiencia. Si usted recibe un regalo que valora menos de lo que le costó a la persona que se lo compró, podría argumentar que el excedente de la transacción es negativo. ¿Está de acuerdo?

Joel Waldfogel. 1993. 'The Deadweight Loss of Christmas' (https://tinyco.re/0182759). *American Economic Review* 83 (5).

'Is Santa a Deadweight Loss?' (https://tinyco.re/7728778). *The Economist.* Actualizado el 12 de enero de 2020.

En el punto de equilibrio, todas las ganancias potenciales del comercio se aprovechan, lo que implica que no hay pérdida de eficiencia. Esta propiedad –que el excedente combinado del consumidor y el productor se maximice en el punto donde la oferta iguala la demanda– se cumple en general si: tanto compradores como vendedores son tomadores de precios, la asignación de equilibrio maximiza la suma de las ganancias logradas por comerciar en el mercado, en términos relativos a la asignación original. Demostramos este resultado en el Einstein del final de esta sección.

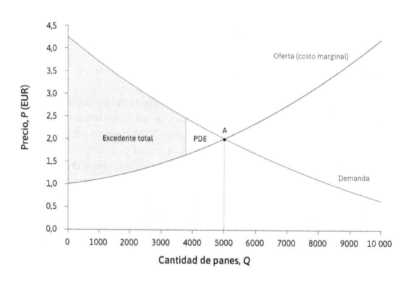

Figura 8.9b Pérdida de eficiencia.

Eficiencia en términos de Pareto

En la asignación de equilibrio competitivo en el mercado del pan no es posible hacer que alguno de los consumidores o de las empresas mejore (es decir, incrementar el excedente de ninguno de los individuos del mercado, ya sea consumidores o empresas) sin hacer que la situación de al menos otro de ellos empeore. Asumiendo que lo que ocurre en este mercado no afecta a nadie más que a los compradores y vendedores participantes en él, podemos decir que la asignación de equilibrio es **eficiente en términos de Pareto**.

La eficiencia en términos de Pareto se da en nuestro mercado del pan debido a que asumimos el cumplimiento de tres condiciones.

> **eficiencia de Pareto** Asignación con la propiedad de que no existe una asignación alternativa técnicamente factible en la que, al menos una persona estaría mejor y nadie peor.

Toma de precios

Los participantes son tomadores de precios: No tienen poder en el mercado. Cuando un comprador en particular intercambia con un vendedor en particular, cada uno de ellos sabe que el otro puede encontrar otra contraparte comercial alternativa dispuesta a realizar un intercambio al precio de mercado. Los vendedores no pueden subir el precio debido a la competencia de otros vendedores, y la competencia entre compradores evita que estos lo bajen. En consecuencia, los oferentes elegirán su nivel de producción de manera que el costo marginal (el costo de la última unidad producida) es igual al precio de mercado.

En contraste con lo anterior, una empresa que fabrique un producto diferenciado sí tiene poder de negociación porque se enfrenta a menos competencia: nadie produce un bien idéntico. La empresa usa su poder para mantener el precio alto, aumentando así su propia participación en los excedentes, pero reduciendo el excedente total. El precio es mayor que el costo marginal, por lo que la asignación es ineficiente en términos de Pareto.

Un contrato completo

El intercambio de un pan por dinero se rige por un contrato completo entre un comprador y un vendedor: Si al llegar a casa, usted no encuentra el pan en la bolsa identificada con la palabra «pan», puede pedir que le devuelvan el dinero. Compare esto con un contrato de trabajo incompleto, como vimos en el capítulo 6, en el que la empresa puede «comprar» el tiempo del trabajador, pero no puede estar segura de qué nivel de esfuerzo le va a dedicar este al trabajo. En el capítulo 9 veremos cómo esto conduce a asignaciones ineficientes en términos de Pareto en el mercado del trabajo.

Ningún efecto sobre los demás

Hemos asumido implícitamente que lo que pasa en este mercado no afecta a nadie más que a los compradores y vendedores que operan en él. Para evaluar la eficiencia en términos de Pareto, necesitamos considerar a todos los afectados por la asignación. Pero si, por ejemplo, las actividades de primeras horas de la mañana en las panaderías interrumpen el sueño de los vecinos, entonces se están produciendo costos adicionales en la producción de pan que también deberíamos considerar. Podríamos concluir que, al final, la asignación de equilibrio no es eficiente en términos de Pareto. Vamos a investigar este tipo de problema en el capítulo 12.

Justicia

Recuerde que, en el capítulo 5, vimos que hay dos criterios para evaluar una asignación: eficiencia y justicia. Aunque creamos que la asignación de mercado es eficiente en términos de Pareto, no necesariamente deberíamos concluir que sea deseable. ¿Qué decir sobre la justicia en el caso del mercado del pan? Podríamos estudiar la distribución de las ganancias del comercio entre productores y consumidores: la figura 8.9 muestra que tanto consumidores como empresas obtienen un excedente y, en este ejemplo, el excedente del consumidor es ligeramente superior al excedente del productor. Puede usted ver que esto ocurre porque la curva de demanda tiene una pendiente relativamente alta en comparación con la curva de oferta. Recordemos que, según vimos en el capítulo 7, una curva de demanda con mucha pendiente corresponde a una baja elasticidad de la demanda. Del mismo modo, la pendiente de la curva de oferta corresponde a la elasticidad de la oferta: en la figura 8.9 la demanda es menos elástica que la oferta.

En general, *la distribución del excedente total entre consumidores y productores depende de las elasticidades relativas de la oferta y la demanda.*

Maurice Stucke. 2013. 'Is Competition Always Good?'. *OUPblog*. Actualizado el 12 de enero de 2020.

Podríamos querer tomar en cuenta también el nivel de vida de los participantes en el mercado. Por ejemplo, si un estudiante pobre comprara un libro de un estudiante rico, podríamos pensar que un resultado en el que el comprador paga un precio inferior al de mercado (un precio más cercano al precio de reserva del vendedor) sería mejor, pues sería más justo. O, si los consumidores del mercado de pan fueran excepcionalmente pobres, podríamos decidir que sería mejor promulgar una ley que fijara el precio máximo del pan en 2,00 euros para lograr así un resultado final más justo, aunque ineficiente en términos de Pareto. En el capítulo 11 vamos a ver el efecto de regular los mercados de esta manera.

Con frecuencia, la eficiencia en términos de Pareto de las asignaciones de equilibrio en mercados competitivos se interpreta como un poderoso argumento a favor de los mercados como mecanismo de asignación de recursos. Sin embargo, necesitamos tener cuidado para no sobrestimar el valor de este resultado:

- *La asignación puede no ser eficiente en términos de Pareto*: puede que no hayamos considerado todos los elementos relevantes.
- *Hay otras consideraciones importantes*: la justicia, por ejemplo.
- *Los tomadores de precios son difíciles de encontrar en la vida real*: no es tan fácil como se podría pensar encontrar un comportamiento consistente con nuestro sencillo modelo del mercado del pan (como veremos en la sección 8.9).

EJERCICIO 8.3 MAXIMIZAR EL EXCEDENTE

Considere un mercado de entradas para un partido de fútbol. A seis hinchas del equipo Azul les gustaría comprar entradas; sus valoraciones respectivas de una entrada (sus **DAP**) son 8, 7, 6, 5, 4 y 3. El siguiente diagrama muestra la 'curva' de demanda. Por otro lado, hay seis hinchas del equipo Rojo que ya tienen entradas, para los cuales sus precios de reserva (**DAA**) son 2, 3, 4, 5, 6 y 7.

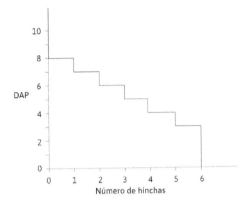

1. Dibuje las «curvas» de oferta y demanda en un solo diagrama (Sugerencia: la curva de oferta también es una función escalonada, como la curva de demanda).
2. Demuestre que cuatro intercambios tienen lugar en equilibrio.
3. ¿Cuál es el precio de equilibrio?
4. Calcule el excedente del consumidor (comprador) sumando los excedentes de los cuatro compradores que comercian.
5. De manera similar, calcule el excedente del productor (o vendedor).
6. Luego, encuentre el excedente total en equilibrio.
7. Supongamos que el mercado opera a través de negociaciones entre compradores y vendedores individuales. Encuentre una manera de hacer coincidir a compradores y vendedores para que se produzcan más de cuatro intercambios. (Sugerencia: suponga que el comprador con la DAP más alta le compra al vendedor con la DAA más alta).
8. En este caso, calcule el excedente de cada operación.
9. ¿Cómo es el excedente total en este caso en comparación con el excedente de equilibrio?
10. A partir de la asignación de entradas que obtuvo a través de la negociación, en la que por lo menos cinco entradas son propiedad de los hinchas del equipo Azul, ¿hay alguna forma de realizar más intercambios para mejorar la situación de uno de los seguidores sin empeorar la de ningún otro?

EJERCICIO 8.4 EXCEDENTE Y PÉRDIDA DE EFICIENCIA

1. Dibuje un diagrama para ilustrar el mercado competitivo del pan, mostrando el equilibrio en el que se venden 5000 panes a un precio de 2,00 euros cada uno.
2. Supongamos que las panaderías se unen para formar un cartel y acuerdan subir el precio a 2,70 euros y reducir la producción total para suministrar la cantidad de panes que los consumidores demandan a ese precio. Sombree las áreas relevantes de su diagrama para mostrar el excedente del consumidor, el excedente del productor y la pérdida de eficiencia provocada por el cartel.
3. ¿Para qué tipo de bienes esperaría usted que la curva de oferta sea altamente elástica?
4. Dibuje diagramas para ilustrar cómo la proporción de las ganancias del comercio que obtienen los productores depende de la elasticidad de la curva de oferta.

PREGUNTA 8.5 ESCOJA LA(S) RESPUESTA(S) CORRECTA(S)
En la figura 8.9a (página 369) se muestra que el nivel de producción correspondiente al equilibrio de mercado y el precio de mercado del pan correspondiente se sitúan en $(Q, P^*) = (5000, 2$ euros$)$. Supongamos que el alcalde decreta que las panaderías deben vender tanto pan como los consumidores quieran a un precio de 1,50 euros. ¿Cuál de las siguientes afirmaciones son correctas?

☐ Los excedentes de consumidores y productores aumentan.
☐ El excedente del productor aumenta, pero el excedente del consumidor disminuye.
☐ El excedente del consumidor aumenta, pero el excedente del productor disminuye.
☐ El excedente total es menor que el del equilibrio de mercado.

PREGUNTA 8.6 ESCOJA LA(S) RESPUESTA(S) CORRECTA(S)
¿Cuáles de las siguientes afirmaciones sobre una asignación de equilibrio competitivo son correctas?

☐ Es la mejor asignación posible.
☐ No se puede aumentar el excedente de ningún comprador o vendedor sin reducir el excedente de otra persona.
☐ La asignación debe ser eficiente en términos de Pareto.
☐ El excedente total del comercio se maximiza.

EINSTEIN

Excedente total y DAP

Sea como sea que funcione el mercado o qué precios se estén pagando, podemos calcular el excedente del consumidor sumando las diferencias entre la DAP y el precio pagado para todas las personas que compran. Para el excedente del productor, se trataría de sumar las diferencias entre el precio recibido y el costo marginal unitario de todas las unidades de producto:

excedente del consumidor = suma de DAP − suma de precios pagados

excedente del productor = suma de precios recibidos
− suma de CMg de cada unidad

Entonces calculamos el excedente total, los precios pagados y recibidos se anulan:

excedente total = suma de DAP − suma de CMg de cada unidad

Cuando compradores y vendedores son tomadores de precios y el precio iguala oferta y demanda, el excedente total es el más alto posible, ya que los consumidores con las disposiciones a pagar más altas compran el producto, y las unidades de producto con los costos marginales más bajos se venden. Cada intercambio implica que hay un comprador con una DAP mayor que el valor de reserva del vendedor y, por lo tanto, el excedente cae si no se realiza cualquiera de esos intercambios. Y, por otro lado, si intentáramos incluir más unidades de producto en este cálculo, el excedente se reduciría porque las DAP serían menores que los CMg.

8.6 CAMBIOS EN LA OFERTA Y LA DEMANDA

La quinua es un cereal que se cultiva en el altiplano andino, una meseta alta y árida en los Andes, en América del Sur. Se trata de un alimento básico tradicional en Perú y Bolivia y, en años recientes, a medida que sus propiedades nutricionales se han ido dando a conocer, se ha producido un enorme incremento en la demanda de quinua por parte de consumidores europeos y norteamericanos ricos y preocupados por cuidar la salud. Las figuras 8.10a-c muestran cómo ha cambiado este mercado. En las figuras 8.10a y 8.10b se puede ver que, entre 2001 y 2011, el precio de la quinua se triplicó y su producción casi se duplicó. La figura 8.10c muestra la intensidad del aumento de la demanda: el gasto en importaciones de quinua aumentó, pasando de tan solo 2,4 millones de dólares a 43,7 millones de dólares en 10 años.

Para los países productores, esos cambios son un arma de doble filo. Si bien este alimento básico se ha encarecido para los consumidores más pobres, los agricultores –que se encuentran entre los más pobres también– se están beneficiando del auge en las ventas para exportación. Otros países están ahora investigando si la quinua puede cultivarse en diferentes climas, y tanto Francia como Estados Unidos se han convertido en importantes productores.

¿Cómo podemos explicar el rápido aumento del precio de la quinua? En esta sección y en la siguiente, analizaremos los efectos de los cambios en la oferta y la demanda a través de ejemplos sencillos para el caso de los libros y el pan. Al final de la sección 8.7 aplicaremos el análisis al mundo real del mercado de la quinua.

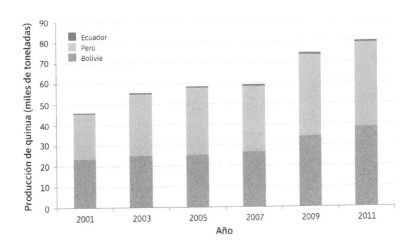

José Daniel Reyes y Julia Oliver. 'Quinoa: The Little Cereal That Could' (https://tinyco.re/9266629). *The Trade Post*. 22 de noviembre de 2013. Datos subyacentes de la FAO de la Organización de las Naciones Unidas. *FAOSTAT Database* (https://tinyco.re/4368803).

Figura 8.10a Producción de quinua.

Un aumento de la demanda

En el mercado de libros de segunda mano, la demanda viene de los estudiantes nuevos que se inscriban en el curso, y la oferta de los estudiantes de años anteriores. En la figura 8.11 hemos representado la oferta y la demanda de libros, manteniendo el número de estudiantes que se inscriben en el curso en 40 por año. El precio de equilibrio es 8 dólares y se venden 24 libros, como se muestra en el punto A. Suponga que, en un año, el curso se hace más popular. La figura 8.11 muestra lo que ocurriría.

El incremento en la demanda conduce a un nuevo equilibrio en el que se venden 32 libros a 10 dólares cada uno. Al precio original habrá un exceso de demanda y los vendedores querrán aumentar sus precios. En el nuevo equilibrio, tanto precios como cantidades son más altos. Algunos estudiantes que no habrían vendido sus libros a 8 dólares, ahora los venderán a un precio más alto. Fíjese que, sin embargo, por más que la

José Daniel Reyes y Julia Oliver. 'Quinoa: The Little Cereal That Could' (https://tinyco.re/9266629). *The Trade Post.* 22 de noviembre de 2013. Datos subyacentes de la FAO de la Organización de las Naciones Unidas. *FAOSTAT Database* (https://tinyco.re/4368803).

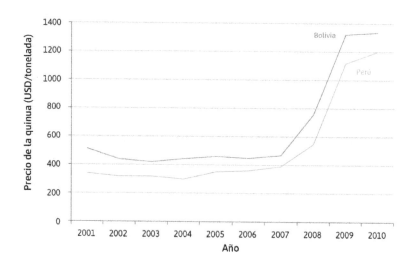

Figura 8.10b Precios de los productores de quinua.

José Daniel Reyes y Julia Oliver. 'Quinoa: The Little Cereal That Could' (https://tinyco.re/9266629). *The Trade Post.* 22 de noviembre de 2013. Datos subyacentes de la FAO de la Organización de las Naciones Unidas. *FAOSTAT Database* (https://tinyco.re/4368803).

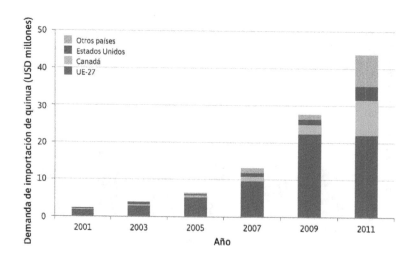

Figura 8.10c Demanda de importación global de quinua.

demanda haya aumentado, no todos los estudiantes que hubieran comprado el libro a 8 dólares comprarán en el nuevo punto equilibrio: aquellos con una DAP entre 8 y 10 dólares ya no querrán comprar.

Cuando decimos que «se incrementa la demanda» es importante tener cuidado con qué queremos decir exactamente:

- La demanda es mayor *a todos y cada uno de los precios posibles*, con lo que la curva de demanda se desplaza.
- En respuesta al desplazamiento, hay un cambio en el precio.
- Esto conduce a un incremento en la cantidad ofrecida.
- Este cambio es un movimiento *a lo largo* de la curva de oferta.
- Pero la curva de oferta en sí *no se ha desplazado* (el número de vendedores y sus precios de reserva no han cambiado); por lo tanto, no llamamos a esto «un incremento en la oferta».

Luego de un aumento en la demanda, la cantidad equilibrio aumenta y también el precio. Puede ver en la figura 8.11 que cuanto más empinada (más inelástica) la curva de oferta, tanto más subirá el precio y menos aumentará la cantidad. Si la curva de oferta es lo suficientemente plana (elástica) entonces el alza del precio será menor y la cantidad vendida será más sensible al cambio de la demanda.

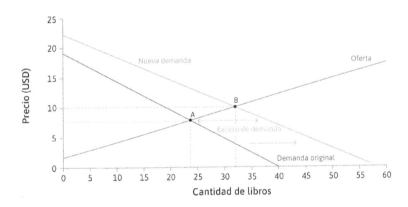

Figura 8.11 Un incremento en la demanda de libros.

1. El punto de equilibrio inicial
A los niveles originales de demanda y oferta, el equilibrio está en el punto A. El precio es de 8 dólares y se venden 24 libros.

2. Un aumento de la demanda
Si en un año se matricularan más estudiantes, habría más estudiantes que querrían comprar el libro a cada precio posible. La curva de demanda se desplazaría hacia la derecha.

3. Exceso de demanda cuando el precio es de 8 dólares
Si el precio se mantuviera en 8 dólares, habría un exceso de demanda de libros, es decir, más compradores que vendedores.

4. Un nuevo punto de equilibrio
Hay un nuevo equilibrio en el punto B, a un precio de 10 dólares en el que se venden 32 libros. El aumento de la demanda ha llevado a un aumento en la cantidad y el precio de equilibrio.

Un aumento en la oferta por una mejora en la productividad

En contraste con lo anterior, como ejemplo de un incremento en la oferta, piense en el mercado de pan de una ciudad. Recuerde que la curva de oferta representa el costo marginal de producir pan. Suponga que las panaderías descubren una técnica que permite que cada trabajador elabore más pan más rápidamente. Eso lleva a una disminución del costo marginal para cada unidad de producto. En otras palabras: la curva de costo marginal de todas las panaderías se desplaza hacia abajo.

La figura 8.12 muestra las curvas de oferta y demanda originales para las panaderías. Cuando la curva de CMg cae, también lo hace la curva de oferta de mercado. Mire la figura 8.12 para ver qué ocurre después.

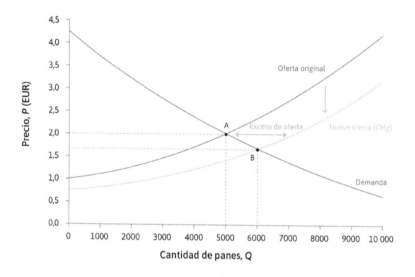

Figura 8.12 Un aumento en la oferta de pan: una disminución del CMg.

1. El punto de equilibrio inicial
Las panaderías de la ciudad comienzan en el punto A, produciendo 5000 panes y vendiéndolos a 2 euros cada uno.

2. Una disminución de los costos marginales
Luego la curva de oferta de mercado cambia debido a una reducción de los costos marginales de las panaderías. La curva de oferta se desplaza hacia abajo porque, para cada nivel de producción, el costo marginal –y, por lo tanto, el precio al que están dispuestos a suministrar pan– es menor.

3. Un aumento en la oferta
La curva de oferta se ha desplazado hacia abajo. No obstante, otra forma de entender este cambio en la oferta es decir que la curva de oferta se ha desplazado hacia la derecha. Como los costos han disminuido, la cantidad que las panaderías suministrarán a cada precio es mayor: un aumento en la oferta.

4. Exceso de oferta cuando el precio es de 2 euros
El efecto de la reducción del costo marginal es un aumento en la oferta de mercado. Al precio original, hay más pan del que los compradores quieren (exceso de oferta). Las panaderías querrían bajar sus precios.

5. El nuevo punto de equilibrio
El nuevo equilibrio de mercado está en el punto B, donde se vende más pan y el precio es más bajo. La curva de demanda no ha cambiado, pero la caída del precio ha llevado a un aumento en la cantidad de pan demandado, a lo largo de la curva de demanda.

La mejora en la tecnología de producción de pan conduce a:

- un incremento en la oferta
- una caída en el precio del pan
- un aumento en la cantidad vendida

Al igual que en el ejemplo de un incremento de la demanda, es necesario un ajuste en los precios para devolver el mercado al equilibrio. Con frecuencia nos referimos a esos cambios en la oferta y la demanda como **shocks** (perturbaciones) en el análisis económico. Comenzamos por definir específicamente un modelo económico y encontramos el equilibrio. Entonces observamos cómo cambia el equilibrio cuando ocurre algo; cuando el modelo experimenta un *shock*. El *shock* o perturbación se califica como **exógeno** porque nuestro modelo no explica por qué ocurre: el modelo muestra las consecuencias, no las causas.

Un aumento en la oferta: entran más panaderías en el mercado

Otra razón que puede explicar un cambio en la oferta en un mercado es la entrada de más empresas o la salida de empresas ya existentes. Hasta ahora, en nuestro análisis del equilibrio en el mercado del pan habíamos asumido que hay 50 panaderías. Recuerde que, tal y como dijimos en la sección 8.4, al precio de equilibrio de 2 euros, cada panadería se sitúa sobre una curva de isobeneficio por encima de la curva de costos medios. Si los beneficios económicos son superiores a cero, las empresas están obteniendo una renta económica, por lo que otras empresas quizás se interesen en invertir en el negocio de las panaderías.

Como hay posibilidades de generar un beneficio superior al normal vendiendo pan en la ciudad, es probable que aparezcan nuevos panaderos que decidan entrar al mercado. Habrá algunos **costos de entrada** como, por ejemplo, la adquisición y equipamiento de instalaciones, pero si estos no son demasiado elevados (o si las instalaciones y equipos pueden venderse fácilmente si la empresa no resulta), puede que valga la pena.

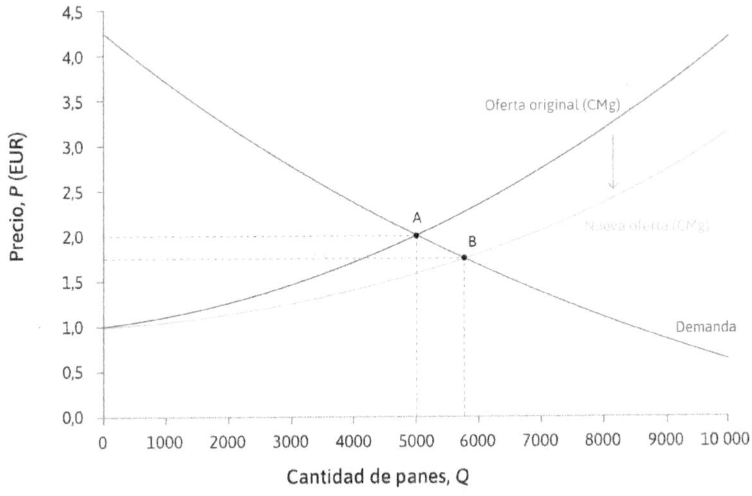

Leibniz: Cambios en demanda y oferta (https://tinyco.re/1198236)

shock Cambio exógeno en algunos de los datos fundamentales utilizados en un modelo.
exógeno Procedente del exterior del modelo en lugar de producirse debido al funcionamiento del modelo en sí. *Véase también: endógeno.*

costos de entrada Costos iniciales en que incurriría un vendedor al entrar en un mercado o sector industrial. Por lo general, incluirían el costo de adquirir y equipar nuevas instalaciones, los costos de investigación y desarrollo, las patentes necesarias y el costo de encontrar y contratar personal.

Figura 8.13 Un incremento en la demanda de pan: entran más empresas.

Recuerde que podemos calcular la curva de oferta de mercado sumando la cantidad de pan ofrecido por cada una de las empresas a cada precio. Cuantas más panaderías entren en el mercado, más pan se ofrecerá a cada nivel de precios. Aunque la razón del incremento en la oferta es diferente a la del caso anterior, el efecto sobre el equilibrio de mercado es el mismo: una caída en el precio y un aumento en las ventas de pan. La figura 8.13 muestra el efecto sobre el equilibrio. En este caso también, las panaderías comienzan en el punto A vendiendo 5000 panes a 2 euros. La entrada de nuevas empresas desplaza la curva de oferta hacia fuera. Hay más pan a la venta a cada precio, por lo que, al precio original, existiría exceso de oferta. El nuevo equilibrio se encuentra en el punto B, a un precio más bajo y con un nivel de ventas de pan más alto.

Es improbable que las panaderías existentes vean con buenos ojos la entrada de nuevas empresas en el mercado. Los costos no han cambiado, pero el precio ha caído hasta situarse en 1,75 euros, así que debe de haber menos ganancias que antes. Como veremos en el capítulo 11, la entrada de nuevas empresas puede, en última instancia, reducir las ganancias económicas a cero, eliminando completamente las rentas.

EJERCICIO 8.5 EL MERCADO DE LA QUINUA

Considere nuevamente el mercado de la quinua. Los cambios que se muestran en las figuras 8.10a–c (página 375) pueden analizarse como cambios en la demanda y la oferta.

1. Supongamos que hubo un aumento inesperado de la demanda de quinua a principios de la década de 2000 (un desplazamiento de la curva de demanda). ¿Qué esperaría que sucediera con el precio y la cantidad en un primer momento?
2. Si asumimos que la demanda continuó creciendo en los siguientes años, ¿cómo cree que respondieron los agricultores?
3. ¿Por qué se mantuvo el precio constante hasta 2007?
4. ¿Cómo podría explicar el rápido aumento de precios en 2008 y 2009?
5. ¿Esperaría que el precio acabara bajando de vuelta a su nivel original?

EJERCICIO 8.6 PRECIOS, SHOCKS Y REVOLUCIONES

Los historiadores suelen atribuir la ola de revoluciones que se produjeron en Europa en 1848 a factores socioeconómicos a largo plazo y un aumento de las ideas radicales. Ahora bien, la mala cosecha de trigo de 1845 provocó una escasez de alimentos y una fuerte subida de precios, lo que puede haber contribuido a estos cambios repentinos.

La tabla muestra los precios medios y el precio máximo del trigo de 1838 a 1845, en relación con la plata. Hay tres grupos de países: aquellos donde se produjeron revoluciones violentas, aquellos donde se produjo un cambio constitucional sin violencia generalizada y aquellos donde no se produjo una revolución.

1. Explique, utilizando las curvas de oferta y demanda, cómo una mala cosecha de trigo podría conducir a subidas de precios y escasez de alimentos.
2. Encuentre una manera de presentar los datos para mostrar que la envergadura del *shock* de precios, más que el nivel de precios en sí, va asociado con la probabilidad de una revolución.
3. ¿Cree que esta es una explicación plausible para las revoluciones que se produjeron?
4. Un periodista plantea que unos factores similares desempeñaron un papel importante en la Primavera Árabe de 2010 (https://tinyco.re/8936018). Lea la publicación. ¿Qué opina de esta hipótesis?

		Precio medio. 1838–45	Precio máx. 1845–48
	Austria	52,9	104,0
	Baden	77,0	136,6
	Bavaria	70,0	127,3
	Bohemia	61,5	101,2
	Francia	93,8	149,2
	Hamburgo	67,1	108,7
	Hessedarmstadt	76,7	119,7
Revolución violenta 1848	Hungría	39,0	92,3
	Lombardía	88,3	119,9
	Mecklenburgschwerin	72,9	110,9
	Estados papales	74,0	105,1
	Prusia	71,2	110,7
	Sajonia	73,3	125,2
	Suiza	87,9	146,7
	Württemberg	75,9	128,7
	Bélgica	93,8	140,1
	Bremen	76,1	109,5
	Brunswick	62,3	100,3
Cambio constitucional inmediato 1848	Dinamarca	66,3	81,5
	Países Bajos	82,6	136,0
	Oldenburg	52,1	79,3
	Inglaterra	115,3	134,7
	Finlandia	73,6	73,7
	Noruega	89,3	119,7
No revolución 1848	Rusia	50,7	44,1
	España	105,3	141,3
	Suecia	75,8	81,4

Berger, Helge y Mark Spoerer. 2001. 'Economic Crises and the European Revolutions of 1848.' *The Journal of Economic History* 61 (2): pp. 293–326.

PREGUNTA 8.7 ESCOJA LA(S) RESPUESTA(S) CORRECTA(S)

La figura 8.8 (página 367) muestra que el equilibrio de mercado del pan es de 5000 panes por día a un precio de 2 euros. Un año después, nos encontramos con que el precio de equilibrio de mercado ha caído a 1,50 euros. ¿Qué podemos concluir?

☐ La caída del precio debe haber sido consecuencia de un desplazamiento descendente de la curva de demanda.

☐ La caída del precio debe haber sido consecuencia de un desplazamiento descendente de la curva de oferta.

☐ La caída del precio podría haber sido consecuencia de un desplazamiento de cualquiera de las curvas.

☐ A un precio de 1,50 euros, habrá un exceso de demanda de pan.

PREGUNTA 8.8 ESCOJA LA(S) RESPUESTA(S) CORRECTA(S)
¿Cuáles de las siguientes afirmaciones son correctas?

☐ Una bajada de la tasa de interés hipotecario elevaría la curva de demanda de casas nuevas.
☐ El lanzamiento de un nuevo teléfono inteligente de la marca Sony elevaría la curva de demanda de los iPhones existentes.
☐ Una caída en el precio del petróleo desplazaría hacia arriba la curva de demanda del petróleo.
☐ Una caída en el precio del petróleo desplazaría la curva de oferta de los plásticos hacia abajo.

8.7. EL EFECTO DE LOS IMPUESTOS

Los gobiernos pueden utilizar los impuestos para incrementar sus ingresos (para financiar el gasto del gobierno o redistribuir recursos) o para influir en la asignación de bienes y servicios de otras maneras: tal vez, por ejemplo, porque el gobierno considera que un bien particular es dañino. El modelo de oferta y demanda es una herramienta útil para analizar el efecto de los impuestos.

Usar los impuestos para generar ingresos

El recaudo de ingresos a través de los impuestos tiene una larga historia (véase el capítulo 22). Considere, por ejemplo el impuesto a la sal: durante la mayor parte de la historia de la sal, esta se ha utilizado como conservante en todo el mundo, permitiendo que los alimentos se almacenaran y transportaran y se pudiera comerciar con ellos. En la Antigüedad, en China se defendía la idea de cobrar un impuesto a la sal, ya que las personas la necesitaban, independientemente de qué tan alto fuera su precio. El impuesto a la sal fue una herramienta de la que se valieron las clases dirigentes de la India en la Antigüedad, así como los monarcas de la Europa medieval; era una herramienta eficaz, pero que solía tener muy mala acogida entre quienes la soportaban. El resentimiento generado por los elevados impuestos a la sal jugó un papel importante en la Revolución Francesa y en las protestas lideradas por Gandhi contra el impuesto a la sal establecido por los británicos en la India.

La figura 8.14 ilustra cómo funciona un impuesto a la sal. En un primer momento, el mercado está en equilibrio en el punto A: el precio es P^* y la cantidad de sal con la que se comercia es Q^*. Suponga que se establece un impuesto a la sal del 30%, a pagar al gobierno por los productores de sal. Si estos pagan un 30% de impuestos, el costo marginal de cada unidad de sal se incrementa un 30% y, por lo tanto, la curva de oferta se desplaza: se sitúa un 30% más arriba para cada cantidad.

El nuevo equilibrio está en el punto B, donde se intercambia una cantidad más baja de sal. Aunque el precio que paga el consumidor ha aumentado, fíjese que ese precio no es un 30% más alto que antes. El precio pagado por los consumidores, P_1, es un 30% más alto que el precio recibido por los ofertantes, neto de los impuestos, que es P_0. Los oferentes reciben un precio más bajo que antes, producen menos, y sus beneficios son más bajos. Esto ilustra una importante característica de los impuestos: no necesariamente quien paga el impuesto es el que más siente el efecto. En este caso, aunque el

incidencia del impuesto Efecto de un impuesto sobre el bienestar de compradores, vendedores o ambos.

impuesto lo pagan los oferentes, la **incidencia del impuesto** recae en parte en los consumidores y en parte en los productores.

La figura 8.15 muestra el efecto de un impuesto en los excedentes del productor y el consumidor:

- *El excedente del consumidor disminuye*: los consumidores pagan un precio más alto y compran menos sal.
- *El excedente del productor disminuye*: producen menos y les pagan un precio neto más bajo.
- *El excedente total es menor*: incluso teniendo en cuenta los ingresos que le generan los impuestos al gobierno, los impuestos causan una pérdida de eficiencia.

Cuando se establece un impuesto a la sal, el excedente total del comercio en el mercado de la sal se calcula así:

excedente total = excedente del consumidor + excedente del productor + recaudo del gobierno

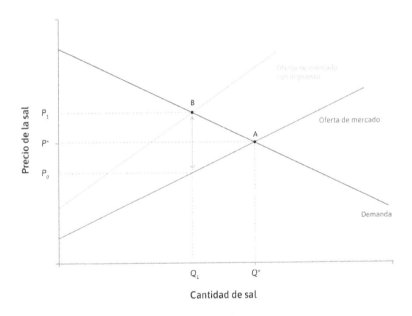

Figura 8.14 Efecto de un impuesto a la sal del 30%.

1. El equilibrio inicial
Inicialmente, el equilibrio de mercado está en el punto A. El precio es P^* y la cantidad de sal vendida es Q^*.

2. Un impuesto del 30%
Se somete a los proveedores a un impuesto del 30%. Sus costos marginales pasan a ser, por tanto, un 30% más altos para todas las cantidades ofertadas. La curva de oferta se desplaza.

3. El nuevo equilibrio
El nuevo equilibrio está en B. El precio pagado por los consumidores ha subido a P_1 y la cantidad ha caído a Q_1.

4. El impuesto pagado al gobierno
El precio que reciben los proveedores (después de pagar el impuesto) es P_0. La flecha de doble punta muestra el impuesto pagado al gobierno por cada unidad de sal vendida.

Como la cantidad de sal transada ya no se sitúa en el nivel que maximiza las ganancias del comercio, el impuesto ha generado una pérdida de eficiencia.

En general, los impuestos cambian los precios. Los precios cambian las decisiones de compradores y vendedores, lo que puede causar una pérdida de eficiencia. Para aumentar sus ingresos tanto como sea posible, el gobierno preferiría gravar un bien cuya demanda no fuera muy sensible a los precios, de manera que la caída en la cantidad intercambiada sea bastante pequeña, es decir, un bien con una baja elasticidad de demanda. Este es el motivo por el que, en la Antigüedad, los chinos recomendaban establecer un impuesto a la sal.

Podemos pensar que esos tres componentes del excedente total conjunto son una medida del bienestar de toda la sociedad (aunque eso depende de si los ingresos fiscales se van a utilizar para beneficio de la sociedad), por lo que existe una segunda razón por la que un gobierno preocupado por el bienestar social preferiría gravar bienes con una baja

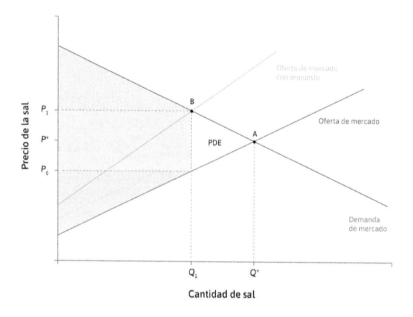

Figura 8.15 Impuestos y pérdida de eficiencia.

1. Ganancias máximas del comercio
Antes de que se imponga el impuesto, la asignación de equilibrio en A maximiza las ganancias del comercio. En el panel superior, el triángulo rojo es el excedente del consumidor y el triángulo azul es el excedente del productor.

2. Un impuesto reduce el excedente del consumidor
El impuesto reduce la cantidad que se intercambia a Q_1 y eleva el precio que paga el consumidor de P^* a P_1. El excedente del consumidor disminuye.

3. Un impuesto reduce el excedente del productor
Los proveedores venden una cantidad menor y el precio que reciben cae de P^* a P_0. El excedente del productor disminuye.

4. Ingresos fiscales y pérdida de eficiencia
Se paga un impuesto igual a $(P_1 - P_0)$ por cada una de las unidades de sal Q_1 que se venden. El área rectangular verde es el ingreso fiscal total. Hay una pérdida de eficiencia igual al área del triángulo blanco.

elasticidad de demanda: la pérdida del excedente total es más baja. El efecto total del impuesto dependerá de lo que el gobierno haga con los impuestos que cobre:

- *Si el gobierno gasta los ingresos fiscales en la provisión de bienes y servicios básicos que mejoran el bienestar de la población*: entonces los impuestos y el gasto resultante pueden llevar a una mejora del bienestar público, incluso a pesar de la reducción del excedente del consumidor en el mercado concreto que se grava.
- *Si el gobierno gasta los ingresos fiscales en alguna actividad que no contribuya al bienestar de los ciudadanos*: entonces la pérdida de excedente del consumidor sencillamente supone una reducción en el nivel de vida de la población.

Por lo tanto, los impuestos pueden aumentar o reducir el bienestar general. Lo que podemos decir, sin lugar a dudas, es que gravar un bien cuya demanda es inelástica es una forma eficiente de trasferir el excedente del consumidor al gobierno.

El poder que tiene el gobierno para establecer impuestos es en cierto modo similar a la capacidad de fijar precios que posee una empresa que vende un bien diferenciado: la firma utiliza su poder de mercado para aumentar el precio en búsqueda de mayor renta económica; el gobierno utiliza su poder para, a través del impuesto, elevar el precio y obtener ingresos. Ambos tienen el efecto de reducir la cantidad vendida. El poder del gobierno para recaudar impuestos depende de las instituciones que pueda usar para hacer obligar a su pago y gestionar el recaudo.

Una de las razones para gravar la sal en épocas anteriores es que era relativamente fácil para un gobernante hacerse con el control total de la producción de sal, en algunos casos como monopolista. En el caso sobradamente conocido del impuesto a la sal en Francia, la monarquía no solo controlaba toda la producción de sal, sino que también obligaba a sus súbditos a comprar hasta 7 kg de sal cada uno al año.

En marzo y abril de 1930, el artificialmente elevado precio de la sal en la colonia británica de la India provocó uno de los momentos decisivos del movimiento de independencia de la India: la marcha de la sal de Mahatma Gandhi (https://tinyco.re/6239641) para obtener sal del océano Índico. Del mismo modo, en lo que recibió el nombre de Motín del Té de Boston en 1773 (en inglés, *Boston Tea Party*, literalmente la «fiesta del té»), los colonos de Estados Unidos que se oponían a un impuesto sobre el té establecido por la corona británica tiraron al mar un cargamento de té en el puerto de Boston.

La resistencia a los impuestos sobre los bienes de demanda inelástica surge por la misma razón por la que se gravan esos impuestos precisamente sobre esos productos: ¡es difícil escapar de ellos!

En muchas economías modernas, las instituciones recaudadoras de impuestos están bien establecidas y, por lo general, cuentan con el consentimiento democrático de la sociedad. Siempre que los ciudadanos perciban que los impuestos se establecen de manera justa, se aceptará su uso para aumentar los ingresos del gobierno, considerándolos una parte necesaria de la política social y económica. Ahora vamos a ver otra razón por la que los gobiernos podrían decidir recaudar impuestos.

Jørgen Dejgård Jensen y Sinne Smed. 2013. 'The Danish tax on saturated fat: Short run effects on consumption, substitution patterns and consumer prices of fats'. *Food Policy* 42: pp. 18–31.

Usar los impuestos para cambiar el comportamiento

En muchos países, a los responsables del diseño de políticas públicas les interesa la idea de utilizar los impuestos para disuadir del consumo de alimentos poco saludables, con el objetivo de mejorar la salud pública y luchar contra la epidemia de la obesidad. En el capítulo 7, analizamos algunos datos y estimaciones de las elasticidades de demanda de diversos productos alimenticios en Estados Unidos que ayudan a predecir cómo unos precios más altos podrían afectar la dieta de las personas. Algunos países ya han establecido impuestos sobre determinados alimentos. Finlandia tiene un «impuesto al dulce» sobre dulces, refrescos y helados. Varios países, entre ellos Francia, Noruega, México, Samoa y Fiji tienen impuestos sobre las bebidas azucaradas. Hungría ha establecido un «impuesto a las frituras» dirigido a productos que conllevan riesgos para la salud, particularmente aquellos con un alto contenido en azúcar o sal. En 2011, el gobierno danés introdujo un impuesto a los productos con alto contenido en grasas saturadas.

El nivel del impuesto danés es de 16 coronas danesas (DKK) por kilogramo de grasa saturada, correspondiente a 10,4 coronas por kg de mantequilla. Fíjese que este es un *impuesto específico* establecido como una cantidad fija por unidad de mantequilla. Un impuesto como el de la sal que hemos analizado anteriormente, que se grava un porcentaje sobre el precio, se conoce como *impuesto ad valorem*. Según un estudio del impuesto danés sobre la grasa, este supone aproximadamente el 22% del precio medio de la mantequilla en el año anterior al impuesto. Este estudio develó que el consumo de mantequilla y productos relacionados (mezclas de mantequilla, margarina y aceite) se había reducido entre el 15 y el 20%. Podemos ilustrar los efectos de este impuesto de la misma manera que lo hicimos para el ejemplo de la sal, usando el modelo de oferta y demanda. (Estamos asumiendo que los comerciantes minoristas que venden la mantequilla son tomadores de precios).

La figura 8.16 muestra la curva de demanda de mantequilla, medida en kilogramos por persona por año. Los números corresponden aproximadamente a la experiencia de Dinamarca. Hemos dibujado una curva de oferta de mantequilla casi plana, suponiendo que el costo marginal de la mantequilla para los distribuidores minoristas no cambia mucho cuando la cantidad varía. El equilibrio inicial es el punto A, donde el precio de la mantequilla es 45 coronas por kg, y cada persona consume 2 kg de mantequilla por año.

Un impuesto de 10 coronas por kg desplaza la curva de oferta hacia arriba y conduce a un aumento en el precio hasta situarse en 54 coronas, y a una reducción del consumo a 1,6 kg. El precio que paga el consumidor subió 9 coronas –casi el importe total del impuesto– y los ingresos netos de los distribuidores por kilo de mantequilla se redujeron hasta las 44 coronas. En este caso, aunque el impuesto lo pagan los distribuidores, la incidencia del impuesto la sienten principalmente los consumidores. Del impuesto de 10 coronas por kg, en realidad el consumidor paga 9 coronas, mientras el comerciante paga 1 corona. Así pues, el precio recibido por los distribuidores minoristas, neto de impuestos, solamente se ha reducido en 1 corona.

La figura 8.17 muestra qué ocurre con los excedentes del consumidor y del productor como resultado del impuesto a la grasa.

En este caso también, los excedentes del consumidor y el productor se reducen. El área del rectángulo verde representa el ingreso generado por los impuestos. Con un impuesto de 10 coronas por kg y unas ventas de equilibrio de 1,6 kg por persona, los ingresos generados por los impuestos son 10 × 1,6 = 16 coronas por persona por año.

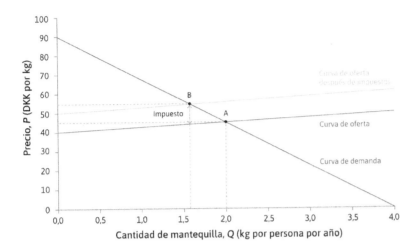

Figura 8.16 Efecto de un impuesto a la grasa en el mercado minorista de mantequilla.

1. Equilibrio en el mercado de mantequilla
Inicialmente, el mercado de mantequilla está en equilibrio. El precio de la mantequilla es de 45 coronas por kg, y el consumo de mantequilla en Dinamarca es de 2 kg por persona por año.

2. El efecto de un impuesto
Aplicar un impuesto de 10 coronas por kg a los proveedores de mantequilla aumenta sus costos marginales en 10 coronas para todas las cantidades. La curva de oferta se desplaza hacia arriba en 10 coronas.

3. Un nuevo equilibrio
El nuevo equilibrio está en el punto B. El precio ha aumentado a 54 coronas. El consumo anual de mantequilla de cada persona se ha reducido a 1,6 kg.

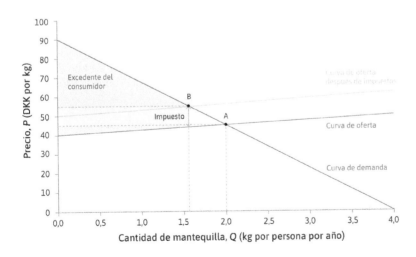

Figura 8.17 Efecto de un impuesto a la grasa sobre el excedente del consumidor y el productor de mantequilla.

¿Qué tan efectiva es una política de impuestos a la grasa? Para responder a esa pregunta, hemos simplificado el análisis, enfocándonos en el mercado de la mantequilla. Como ya comentamos en el capítulo 7, para evaluar el efecto de un impuesto en la salud es necesario tener en cuenta los efectos cruzados de precios, o sea, los cambios en el consumo de otros bienes causados por el impuesto. El estudio del impuesto danés también consideraba la posibilidad de que algunos distribuidores no fueran tomadores de precios, sino que tuvieran poder de mercado, así como el efecto conjunto –sobre todo en los productos relacionados con la mantequilla gravados a diferentes niveles, dependiendo del contenido de grasa saturada–, pero no tenía en cuenta los cambios en el resto de la dieta. Más allá de estas consideraciones, las figuras 8.16 y 8.17 ilustran algunas implicaciones importantes de los impuestos:

- *El consumo de productos con mantequilla se redujo*: en este caso, en un 20%. Puede observar esto en la figura 8.16. En este sentido, la política fue exitosa.
- *Hubo una fuerte caída del excedente, especialmente el del consumidor*: puede observarse esto en la figura 8.19 (página 396). Ahora bien, hemos de recordar que el objetivo del gobierno al poner en práctica la política de establecer un impuesto a la grasa no era aumentar los ingresos, sino reducir la cantidad de mantequilla consumida. La caída en el excedente del consumidor era por tanto inevitable. La pérdida de excedente causada por un impuesto es una pérdida de eficiencia, lo que parece negativo. No obstante, en este caso, quien toma las decisiones podría pensar que esta pérdida es en realidad una ganancia si el «bien» mantequilla se considera un «mal» para los consumidores.

Un aspecto de estos impuestos que no se ilustra en nuestro análisis de oferta y demanda es el costo asociado con su recaudo. Aunque el impuesto danés a la grasa tuvo éxito a la hora de reducir el consumo de grasa, el gobierno lo abolió 15 meses después porque imponía una elevada carga administrativa a las empresas. Cualquier sistema impositivo requiere mecanismos eficaces de recaudo de los impuestos, y diseñar impuestos que sean fáciles de administrar (y difíciles de evadir) es un objetivo importante de cualquier política tributaria. Los diseñadores de políticas que quieran establecer impuestos a los alimentos tendrán que encontrar formas de minimizar los costos administrativos. Ahora bien, como los costos no se eliminan, también habrá que considerar si la ganancia en términos de salud (y la reducción de los costos ligados a la mala salud) serán suficientes para compensarlos.

EJERCICIO 8.7 LA PÉRDIDA DE EFICIENCIA DEL IMPUESTO A LA MANTEQUILLA

Los impuestos alimentarios como los que hemos comentado aquí y en el capítulo 7 suelen establecerse con la intención de cambiar los hábitos de consumo para dirigirlos hacia una dieta más saludable, pero dan lugar a una pérdida de eficiencia.

¿Por qué cree que un legislador y un consumidor podrían interpretar esta pérdida de eficiencia de manera diferente?

PREGUNTA 8.9 ESCOJA LA(S) RESPUESTA(S) CORRECTA(S)

La figura 8.14 (página 383) muestra las curvas de demanda y oferta de la sal, y el desplazamiento de la curva de oferta debido a la aplicación de un impuesto del 30% sobre el precio de la sal. ¿Cuáles de las siguientes afirmaciones son correctas?

☐ En el equilibrio después de impuestos, los consumidores pagan P_1 y los productores reciben P^*.
☐ Los ingresos por impuestos del gobierno vienen dados por (P^* – P_0)Q_1.
☐ La pérdida de eficiencia viene dada por $(1/2)(P_1 - P_0)(Q - Q_1)$.
☐ Como resultado del impuesto, el excedente del consumidor se reduce en $(1/2)(Q_1 + Q)(P_1 - P^*)$.

PREGUNTA 8.10 ESCOJA LA(S) RESPUESTA(S) CORRECTA(S)

La figura 8.17 muestra el efecto de un impuesto destinado a reducir el consumo de mantequilla. El equilibrio antes de impuestos está en A = (2,0 kg, 45 coronas) y el equilibrio después de impuestos está en B = (1,6 kg, 54 coronas). El impuesto es de 10 coronas por kg de mantequilla. ¿Cuál de las siguientes afirmaciones es correcta?

☐ Los productores reciben 45 coronas por kg de mantequilla.
☐ La política fiscal sería más efectiva si la curva de oferta fuera menos elástica.
☐ La curva de oferta muy elástica implica que la incidencia del impuesto recae principalmente en los consumidores.
☐ La pérdida del excedente del consumidor debida a los impuestos es $(1/2) \times 10 \times (2,0 - 1,6) = 2,0$.

8.8 EL MODELO DE COMPETENCIA PERFECTA

Para aplicar el modelo de oferta y demanda, hemos asumido a lo largo de este capítulo que compradores y vendedores son tomadores de precios. ¿En qué tipo de mercados esperaríamos ver tomadores de precios en ambos bandos? Para generar competencia entre vendedores y forzarlos a actuar como tomadores de precios, necesitamos:

- *Muchos vendedores no diferenciados*: tal como apuntó Marshall cuando introdujo el modelo de oferta y demanda, debe haber muchos vendedores, todos vendiendo bienes idénticos. Si sus bienes estuvieran diferenciados, entonces cada uno tendría cierto poder de mercado.
- *Vendedores actuando independientemente*: si, por ejemplo, actúan como un cartel, entonces no serán tomadores de precios; es decir, pueden determinar de forma conjunta el precio que quieren.
- *Muchos compradores queriendo comprar el bien*: cada uno de los cuales elegirá al vendedor que tenga el precio más bajo.
- *Los compradores conocen los precios de los diferentes vendedores*: si no lo supieran, no podrían elegir el más barato.

> **COMPETENCIA PERFECTA**
> Un mercado hipotético en el que:
> - El bien o servicio que se intercambia es homogéneo (no difiere de un vendedor a otro).
> - Hay un gran número de compradores y vendedores potenciales del bien, cada uno actuando independientemente de los demás.
> - Los compradores y vendedores pueden saber fácilmente los precios a los que otros compradores y vendedores están intercambiando el bien.

De la misma manera, para que los compradores sean tomadores de precios:

- *Debe haber muchos otros compradores compitiendo entre sí*: entonces, no hay razón para que los vendedores vendan a alguien que pague menos que los demás.

Un mercado con todas estas propiedades se designa como **perfectamente competitivo**. Podemos predecir que el equilibrio en un mercado así será un equilibrio competitivo y que, por lo tanto, cumplirá las siguientes características:

- *Todas las transacciones ocurren a un solo precio*: esta circunstancia se conoce como **ley del precio único**.
- *A este precio, la cantidad ofertada es igual a la cantidad demandada*: el mercado se agota.
- Ni compradores ni vendedores pueden beneficiarse por alterar los precios de lo que están demandando u ofreciendo. Son todos **tomadores de precios**.
- *Todas las **ganancias del comercio** se realizan*.

Léon Walras, un economista francés del siglo XIX, construyó un modelo matemático de una economía en la que todos los compradores y vendedores son tomadores de precios. Este modelo ha influido mucho en la forma en que los economistas piensan acerca de los mercados.

GRANDES ECONOMISTAS

Léon Walras

Léon Walras (1834–1910) fue uno de los fundadores de la escuela neoclásica de Economía. Era un estudiante que no llamaba la atención, de hecho reprobó dos veces el examen de ingreso a la École Polytechnique en París (la famosa Escuela politécnica), una de las universidades más prestigiosas de su Francia natal. Así pues, optó por estudiar ingeniería en la Escuela de Minas. Finalmente, su padre, que era economista, lo convenció para que asumiera el desafío de convertir la Economía en una ciencia.

La ciencia económica pura a la que aspiraba era el estudio de las relaciones entre cosas, no personas, y logró un notable éxito a la hora de eliminar las relaciones humanas de su modelado. «La teoría pura de la Economía» –escribió–, «se parece a las ciencias físico-matemáticas en todos los aspectos».

Su método para simplificar la economía de modo que pudiera expresarse matemáticamente era representar las interacciones entre los agentes económicos como si fueran relaciones entre insumos y productos, y centrarse por completo en la economía en equilibrio. En ese proceso, el empresario, un actor clave en la creación de riqueza desde

---

equilibrio perfectamente competitivo Equilibrio que ocurre en un modelo en el que todos los compradores y vendedores son tomadores de precios. En este equilibrio, todas las transacciones tienen lugar a un precio único. Esto se conoce como la ley del precio único. A ese precio, la cantidad ofrecida es igual a la cantidad demandada: el mercado se agota. Ningún comprador o vendedor puede beneficiarse alterando el precio que están exigiendo u ofreciendo. Ambos son tomadores de precios. Todas las ganancias potenciales del comercio se realizan. *Véase también: ley del precio único.*

ley del precio único Entra en funcionamiento cuando un bien se comercializa al mismo precio por todos los compradores y vendedores. Si un bien se vendiera a diferentes precios en diferentes lugares, un comerciante podría comprarlo a bajo precio en un lugar y venderlo a un precio más alto en otro. *Véase también: arbitraje.*

tomador de precios Característica de productores y consumidores que no pueden beneficiarse de ofrecer o pedir cualquier precio que no sea el precio de mercado en el punto de equilibrio de un mercado competitivo. No tienen poder para influir en el precio de mercado.

ganancias del comercio Beneficios que cada parte obtiene de una transacción, en comparación con la situación en que hubiera estado sin el intercambio. *Véase también: renta económica.*

la Revolución Industrial hasta nuestros días, simplemente desapareció de la Economía walrasiana:

> Asumiendo una situación de equilibrio, podemos llegar incluso a abstraernos de los empresarios y simplemente considerar que los servicios productivos, en cierto sentido, se intercambian en forma directa entre sí ... (*Elementos de la economía política pura*, 1874)

Léon Walras. 1874. *Elementos de economía política pura o Teoría de la riqueza social*. Madrid: Alianza Editorial, 1987.

Walras representó las relaciones económicas básicas como ecuaciones, que utilizó para estudiar el funcionamiento de toda una economía compuesta por muchos mercados interconectados. Antes de Walras, la mayoría de los economistas habían considerado estos mercados de forma aislada: habrían estudiado, por ejemplo, cómo se determinaba el precio de los productos textiles en el mercado de telas o cómo se establecían los alquileres en el mercado de tierras.

Un siglo antes de Walras, un grupo de economistas franceses, llamados fisiócratas, habían estudiado la circulación de bienes en toda la economía, considerando el flujo de bienes de un sector a otro en la economía como algo comparable con la circulación de la sangre en el cuerpo humano (uno de los principales fisiócratas era médico). Pero el modelo de los fisiócratas era poco más que una metáfora que llamaba la atención sobre la interconexión de los mercados.

Walras usó las matemáticas, en lugar de las analogías médicas, para crear lo que en la actualidad se conoce como teoría del equilibrio general: un modelo matemático de una economía completa en la que todos los compradores y vendedores actúan como tomadores de precios y la oferta es igual a la demanda en todos los mercados. El trabajo de Walras fue la base de la demostración, mucho más tarde, del teorema de la mano invisible, proporcionando las condiciones bajo las cuales ese equilibrio es eficiente en términos de Pareto. El juego de la mano invisible que vimos en el capítulo 4 es un ejemplo de las condiciones en las que la búsqueda del interés personal puede beneficiar a todos.

Walras había defendido el derecho a la propiedad privada, pero para ayudar a los trabajadores pobres también abogó por la nacionalización de la tierra y la eliminación de los impuestos sobre los salarios.

Siete años después de su muerte, el modelo del equilibrio general desempeñaría un papel importante en el debate sobre la viabilidad y conveniencia de la planificación económica centralizada, en comparación con una economía de mercado. En 1917, la revolución bolchevique en Rusia puso sobre la mesa de muchos economistas la cuestión del modelo económico del socialismo y la planificación centralizada pero, sorprendentemente, fueron los defensores de la planificación centralizada –no los defensores del mercado– quienes utilizaron las ideas de Walras para expresar sus argumentos.

Friedrich Hayek y otros defensores del capitalismo, criticaron el modelo del equilibrio general walrasiano sirviéndose del siguiente argumento: al ignorar deliberadamente el hecho de que una economía capitalista cambia de manera constante y, por lo tanto, sin tener en cuenta la contribución del emprendimiento y la creatividad en la competencia que se da en el mercado, Walras había pasado por alto las verdaderas virtudes del mercado.

El modelo de competencia perfecta describe una estructura de mercado idealizada en la que podemos estar seguros de que el supuesto de que todos los participantes son tomadores de precios que subyace al modelo de oferta y demanda, se cumple. Los mercados para productos agrícolas como el trigo, el arroz, el café o los tomates se acercan a este ideal, aunque los bienes no son realmente idénticos, y es poco probable que todo el mundo sea consciente de todos los precios a los que se transa en el mercado. Sin embargo, queda claro que los participantes en el mercado tienen poco o ningún poder para influir en el precio: son tomadores de precios.

En otros casos –por ejemplo, en mercados donde exista alguna diferencia en la calidad de los bienes– todavía podría haber suficiente competencia como para asumir que los participantes siguen aun así siendo tomadores de precios, con el fin de obtener un modelo simple de cómo funciona el mercado. Un modelo simplificado puede ofrecer predicciones útiles cuando los supuestos subyacentes son solo aproximadamente ciertos. Juzgar cuándo es apropiado sacar conclusiones acerca del mundo real con base en un modelo simplificado es una habilidad importante para el análisis económico.

Por ejemplo, sabemos que los mercados no son perfectamente competitivos cuando los productos están diferenciados. Las preferencias de los consumidores difieren y ya vimos en el capítulo 7 que las empresas tienen un incentivo para diferenciar sus productos siempre que puedan, en lugar de ofrecer un producto similar o idéntico al de los demás. Sin embargo, el modelo de oferta y demanda puede ser una aproximación útil para ayudarnos a entender cómo se comportan algunos mercados para productos no idénticos.

La figura 8.18 muestra el mercado de un producto imaginario que hemos llamado Choccos, que tiene sustitutos cercanos, pues existen muchos productos similares que compiten en el mercado más amplio de las tabletas de chocolate. Debido a la competencia de otras tabletas de chocolate, la curva de demanda es casi plana. El rango de precios factibles para Choccos es estrecho y la empresa que los comercializa elige un precio y una cantidad donde el costo marginal es cercano al precio. Así pues, la empresa se encuentra en una situación similar a la de una firma que opere en un mercado perfectamente competitivo. Este es el precio de equilibrio en el mercado más amplio de tabletas de chocolate que determina los precios factibles para Choccos: tiene que venderse a un precio similar al de las otras tabletas de chocolate.

El estrecho rango de precios factibles para esta empresa viene determinado por el comportamiento de sus competidores y, por tanto, la principal influencia sobre el precio de Choccos no la ejerce la firma, sino el mercado de tabletas de chocolate en su conjunto. Dado que todas las otras firmas están produciendo a precios similares, que serán cercanos a su costo marginal, perdemos poco por ignorar las diferencias entre y suponer que la curva de oferta de cada empresa es su curva de costo marginal, para luego encontrar el equilibrio en el mercado más amplio de tabletas de chocolate.

Ya hemos adoptado este enfoque cuando analizamos el mercado de la mantequilla en Dinamarca. En la práctica, es probable que algunos vendedores minoristas de mantequilla tengan cierto poder para fijar precios. Una tienda local puede ser capaz de establecer un precio que sea más alto que el precio de la mantequilla en otro lugar, sabiendo que a algunos compradores les parecerá bien comprar ahí en vez de andar buscando algún otro lugar con un precio más bajo. Sin embargo, es razonable suponer que no tienen mucho margen de maniobra para fijar los precios y están fuertemente influenciados por el precio de mercado predominante. Así pues, asumir que los participantes en el mercado son tomadores de precios es una buena aproximación para este mercado, lo suficientemente buena, por lo menos, para que el modelo de oferta y demanda pueda ayudarnos a entender el impacto de un impuesto sobre la grasa.

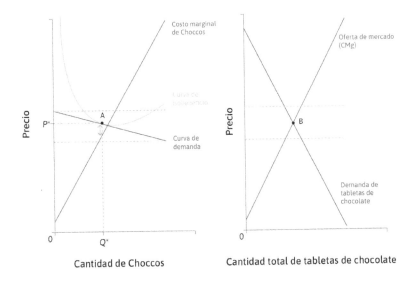

Figura 8.18 El mercado de Choccos y de las tabletas de chocolate.

1. El mercado de Choccos
El panel de la izquierda muestra el mercado de Choccos, que es el producto concreto de una empresa. Hay muchos sustitutos cercanos en el mercado más amplio de las tabletas de chocolate.

2. La curva de demanda de Choccos
Debido a la competencia que suponen otras tabletas de chocolate similares, la curva de demanda de Choccos es casi plana. El rango de precios factibles es estrecho.

3. El precio de Choccos
La empresa elige un precio P^* similar al de sus competidores, y una cantidad donde el CMg esté cerca de P^*. Sea cual sea el precio de sus competidores, producirá cerca de su curva de costo marginal. Por tanto, la curva CMg de la empresa es aproximadamente su curva de oferta.

4. La curva de oferta de mercado para las tabletas de chocolate
Podemos construir la curva de oferta de mercado para las tabletas de chocolate en el panel de la derecha agregando las cantidades de las curvas de costo marginal de todos los productores de tabletas de chocolate.

5. La curva de demanda de mercado para las tabletas de chocolate
Si la mayoría de los consumidores no tienen fuertes preferencias por el producto de una empresa, podemos trazar una curva de demanda de mercado para las tabletas de chocolate.

6. La curva de demanda de Choccos
El precio de equilibrio en el mercado de tabletas de chocolate (panel de la derecha) determina el estrecho rango de precios entre los que puede elegir la empresa que fabrica Choccos (panel de la izquierda): tendrá que establecer un precio bastante cercano al de las otras tabletas de chocolate.

EJERCICIO 8.8 FIJACIÓN DE PRECIOS

Hemos utilizado las tabletas de chocolate como un ejemplo hipotético de un mercado aproximadamente competitivo. Pero, en los últimos años, los productores de las tabletas de chocolate más vendidas en todo el mundo han sido acusados de colusión por mantener los precios altos. Use la información de este artículo (https://tinyco.re/9016236) para explicar:

1. ¿De qué maneras el mercado de las tabletas de chocolate no satisface las condiciones para una competencia perfecta?
2. Cada marca de tableta de chocolate se enfrenta a la competencia de muchas otras marcas similares. ¿Por qué, a pesar de esto, algunos productores tienen un poder de mercado considerable?
3. ¿En qué condiciones del mercado cree que es más probable que se dé la fijación de precios y por qué?

PREGUNTA 8.11 ESCOJA LA(S) RESPUESTA(S) CORRECTA(S)

Mire nuevamente la Figura 8.18 que muestra el mercado de Choccos y de todas las tabletas de chocolate. Según los dos diagramas, ¿cuál de las siguientes afirmaciones es correcta?

☐ La empresa que fabrica Choccos elige producir en la parte inferior de la curva de isobeneficio en forma de U.
☐ Todas las tabletas de chocolate se venderán al mismo precio P^*.
☐ La existencia de muchos competidores significa que la empresa es tomadora de precios.
☐ La curva de costo marginal de mercado (CMg) es aproximadamente la suma de las curvas de CMg de todos los productores de tabletas de chocolate.

8.9 EN BUSCA DE EQUILIBRIOS COMPETITIVOS

Si observamos un mercado en el que las condiciones parezcan favorecer la competencia perfecta –muchos compradores y vendedores de bienes idénticos, actuando de forma independiente–, ¿cómo podemos saber si ese mercado cumple las condiciones para que se produzca un equilibrio competitivo? Los economistas usan dos pruebas:

1. ¿Tienen lugar todas las transacciones al mismo precio?
2. ¿Están las empresas vendiendo bienes a un precio igual al costo marginal?

La dificultad con la segunda prueba es que con frecuencia es difícil medir el costo marginal. No obstante, el economista Lawrence Ausubel lo hizo para el mercado de las tarjetas de crédito de los bancos de Estado Unidos en los años ochenta. Por aquel entonces, había 4000 bancos vendiendo un producto idéntico: préstamos de tarjetas de crédito. Las tarjetas eran principalmente Visa o MasterCard, pero cada banco decidía a título individual el precio de sus préstamos: es decir, la tasa de interés. El costo de los fondos del banco –el costo de oportunidad del dinero prestado a los titulares de las tarjetas de crédito de los bancos– podía deducirse con base en otras tasas de interés del mercado financiero. Aunque había otros componentes del costo marginal, el costo de los fondos fue el único que variaba sustancialmente a lo largo del tiempo. Si el mercado de tarjetas de crédito fuera competitivo, esperaríamos ver que la tasa de interés de los préstamos de tarjetas de crédito aumentara y disminuyera con el costo de los fondos.

Comparando la tasa de interés de las tarjetas de crédito con el costo de los fondos a lo largo de un periodo de ocho años, Ausubel encontró evidencia de que esto no había ocurrido. Cuando el costo de los fondos cayó de un 15% a menos de 7%, aparentemente eso no tuvo ningún efecto sobre el precio de los préstamos de las tarjetas de crédito.

¿Por qué los bancos no redujeron su tasa de interés cuando sus costos se redujeron? Ausubel sugirió dos respuestas posibles:

Lawrence M. Ausubel. 1991. 'The Failure of Competition in the Credit Card Market'. *American Economic Review* 81 (1): pp. 50–81.

- *Puede que a los consumidores les resulte difícil cambiar de proveedor de tarjeta de crédito*: en ese caso, los bancos no están obligados a competir entre sí, por eso mantienen los precios altos, aunque los costos bajen.
- *Los bancos pueden no ser capaces de decidir cuáles de sus clientes suponen un riesgo muy alto*: esto sería un problema en este mercado, porque los participantes vinculados a riesgos muy altos son muy sensibles a los precios. Los bancos no quieren bajar sus precios por temor a atraer la atención del tipo equivocado de cliente.

La competencia perfecta requiere que los consumidores sean lo suficientemente sensibles a los precios como para obligar a las empresas a competir, y este puede no ser el caso de cualquier mercado donde los consumidores tengan que buscar los productos. Si verificar precios e inspeccionar productos supone tiempo y esfuerzo, puede que los consumidores decidan comprar tan pronto como se encuentre algo adecuado, en vez de continuar la búsqueda del más barato. Cuando internet hizo posible comprar en línea, muchos economistas aventuraron que eso haría que los mercados minoristas se volvieran mucho más competitivos: los consumidores podrían verificar fácilmente los precios de muchos vendedores antes de decidir qué comprar.

Sin embargo, los consumidores a menudo no son muy sensibles a los precios, ni siquiera en este tipo de entorno. Puede poner a prueba el cumplimiento de la ley del precio único en el comercio al por menor en línea, revisando para ello los precios de un producto en particular, que sea idéntico independientemente de dónde lo compre –un libro, un DVD o un electrodoméstico, por ejemplo–, para luego compararlos. En la figura 8.19 mostramos los precios de los minoristas en línea del Reino Unido para un DVD en particular en marzo de 2014. El rango de precios es alto: el vendedor más caro está cobrando 66% más que el más barato.

Glenn Ellison y Sara Fisher Ellison. 2005. 'Lessons About Markets from the Internet'. *Journal of Economic Perspectives* 19 (2) (Junio): p. 139.

Desde principios del siglo xix la producción de los pescadores en el Atlántico que llegaba al puerto de Nueva York se vendía en el mercado de pescado de Fulton en Manhattan (reubicado en el año 2005 al Bronx) a restaurantes y pescaderías. A día de hoy, Fulton sigue siendo el mayor mercado de pescado fresco de Estados Unidos aunque, en la actualidad, el pescado llega por tierra o por aire. Los vendedores no anuncian sus precios. En vez de eso, los clientes inspeccionan la pesca y sugieren un precio antes de tomar su decisión, lo que hace que este mercado parezca una institución que promueve la competencia.

Kathryn Graddy. 2006. 'Markets: The Fulton Fish Market'. *Journal of Economic Perspectives* 20 (2): pp. 207–220.

Kathryn Graddy. 1995. 'Testing for Imperfect Competition at the Fulton Fish Market'. *The RAND Journal of Economics* 26 (1): pp. 75–92.

En teoría, el acceso fácil a la información sobre precios en todo el mercado debería haber permitido a todos los compradores encontrar rápidamente precios muy similares pero, en la práctica, Graddy observó que rara vez se negociaba el precio, y solo con compradores de grandes cantidades.

Kathryn Graddy, una economista especializada en cómo se fijan los precios, estudió el mercado de pescado de Fulton en Manhattan, una institución que parecía incentivar la competencia. Había cerca de 35 distribuidores, con los puestos situados muy cerca unos de otros, luego los clientes podían observar fácilmente la cantidad y calidad del pescado disponible y preguntar a varios distribuidores por el precio. Graddy registró los detalles de 3357 operaciones de venta de pescadilla realizadas por un mismo distribuidor, incluyendo precios, cantidades y calidad del pescado, y las características de los compradores.

Por supuesto, los precios no fueron los mismos para todas las transacciones: la calidad variaba y la oferta de pescado cambiaba de un día a otro. Ahora bien, el sorprendente resultado del estudio fue que los compradores asiáticos pagaban un 7% menos por libra de pescado que los compradores blancos (todos los distribuidores eran blancos). Y el hecho era que no parecía haber diferencias en las transacciones entre compradores blancos y asiáticos que pudieran explicar las diferencias en los precios.

¿Cómo podía ser que pasara eso? Si un distribuidor estaba fijando precios altos para los compradores blancos, ¿por qué otros distribuidores no trataban de atraerlos a sus puestos de venta ofreciéndoles un mejor precio? Vea nuestra entrevista a Graddy para aprender más sobre cómo recabó los datos y lo que descubrió sobre el modelo de competencia perfecta.

Graddy observó que los vendedores sabían que, en la práctica, los compradores blancos estaban dispuestos a pagar precios más altos que los compradores asiáticos. Los vendedores sabían esto sin necesidad de entrar en ningún tipo de colusión para fijar los precios.

El Hobbit: un viaje inesperado

Proveedor	Precio, incluyendo gastos de envío (GBP)
Game	14,99
Amazon UK	15,00
Tesco	15,00
Asda	15,00
Base.com	16,99
Play.com	17,79
Savvi	17,95
The HUT	18,25
I want one of those	18,25
Hive.com	21,11
MovieMail.com	21,49
Blackwell	24,99

Figura 8.19 Precios diferentes para el mismo DVD, de minoristas en línea del Reino Unido (marzo de 2014).

Los ejemplos presentados en esta sección sugieren que es difícil encontrar evidencia de una competencia perfecta. Sin embargo, hemos visto que el modelo de competencia perfecta puede ser una aproximación útil que nos ayude a entender cómo se comportan algunos mercados en los que los productos no son idénticos. Incluso si las condiciones de competencia perfecta no se satisfacen, el modelo de oferta y demanda que hemos desarrollado en este capítulo es una herramienta muy útil para el análisis económico, aplicable cuando existe un nivel de competencia suficiente como para que sea razonable asumir un comportamiento de toma de precios.

Kathryn Graddy: La pesca de la competencia perfecta
https://tinyco.re/7406838

EJERCICIO 8.9 DISPERSIÓN DE PRECIOS
Elija cualquier libro de texto publicado que haya estado usando en su curso. Vaya a internet y encuentre el precio por el que puede comprar este libro a diferentes proveedores (Amazon, eBay, su librería local, etc.).
   ¿Hay dispersión en los precios y, de ser así, cómo se explica?

EJERCICIO 8.10 EL MERCADO DE PESCADO FULTON
Vea el video de Kathryn Graddy (https://tinyco.re/7406838).

1. ¿Cómo explica Graddy su evidencia de que la ley del precio único no se mantuviera en el mercado de pescado?
2. ¿Por qué los compradores y vendedores no buscaron mejores ofertas?
3. ¿Por qué no entraron en el mercado nuevos distribuidores en busca de rentas económicas?

8.10 EMPRESAS FIJADORAS DE PRECIOS Y EMPRESAS TOMADORAS DE PRECIOS

Disponemos ahora de dos modelos diferentes del comportamiento de las empresas. En el modelo del capítulo 7, la empresa fabrica un producto que es diferente del de las otras empresas, lo que le da poder de mercado: el poder de fijar su propio precio. Este modelo es aplicable en el caso extremo de un monopolista que no tiene competencia alguna, como ocurre con las empresas de agua potable y las aerolíneas nacionales a las que los gobiernos conceden derechos exclusivos para operar en rutas nacionales. El modelo del capítulo 7 es aplicable, también a una empresa que produzca bienes diferenciados como cereales, autos o tabletas de chocolate, que sean similares pero no idénticos, a los de sus competidores. En estos casos, la empresa sigue conservando algún poder para fijar su precio. Ahora bien, si tiene competidores cercanos, la demanda será bastante elástica y el rango de precios factibles será estrecho.

En el modelo de oferta y demanda desarrollado en este capítulo, las empresas son tomadoras de precios. La competencia de otras firmas que producen bienes idénticos implica que no poseen poder para fijar sus propios precios. Este modelo puede ser útil como descripción aproximada de mercados en los que hay muchas empresas vendiendo productos similares, aunque las condiciones idealizadas de un mercado competitivo perfecto no se cumplan.

En la práctica, las economías son una mezcla de mercados más o menos competitivos. En cierto modo, las empresas actúan del mismo modo, ya sean el único vendedor de un bien o uno de muchos competidores: todas las empresas deciden cuánto producir, qué tecnologías usar, cuánta gente contratar y cuánto pagarles para maximizar sus ganancias.

Sin embargo, hay diferencias importantes. Repase las decisiones que tomaban las empresas que fijaban precios para maximizar sus beneficios (figura 7.2 (página 297)). Las empresas que operan en mercados más competitivos carecen del incentivo o la oportunidad para hacer lo mismo.

bien público Bien cuyo uso por parte de una persona no reduce su disponibilidad para los demás. *También conocido como: bien no rival. Ver también: bien público no excluible, bien artificialmente escaso.*

Una firma con un producto único hará publicidad (¡Compra Nike!) para desplazar la curva de demanda de su producto hacia la derecha. Pero, ¿por qué habría de hacer publicidad una sola empresa competitiva determinada (¡Bebe leche!)? Esto desplazaría la curva de demanda de todas las empresas del sector. La publicidad en un mercado competitivo es un **bien público**: los beneficios van a todas las empresas del sector. Si ve un mensaje como «¡Bebe leche!», probablemente lo haya pagado una asociación de productores lácteos, no una empresa en particular.

Lo mismo puede decirse de los gastos para influenciar a los diseñadores de políticas públicas. Si una gran empresa con poder de mercado tiene éxito, por ejemplo, a la hora de conseguir que se flexibilice la regulación medioambiental, entonces esta se beneficiará directamente. Sin embargo, la actividad de los grupos de presión, hacer contribuciones a campañas electorales y otros gastos de este tipo, resultarán poco atractivos para empresas en situación de competencia con muchas otras porque el resultado (una política más favorable al beneficio económico) es un bien público.

Del mismo modo, es probable que la inversión en el desarrollo de nuevas tecnologías la lleven a cabo empresas que se enfrentan a poca competencia, ya que, si tienen éxito a la hora de encontrar innovaciones rentables, no compartirán los beneficios resultantes con otras empresas del sector. Los beneficios adicionales resultantes de la innovación exitosa tendrán menor probabilidad de acabar siendo neutralizados por la competencia generada por quienes copian al innovador. Ahora bien, una manera en la que pueden surgir empresas grandes y exitosas es apartándose de lo que esté haciendo la competencia para innovar con un nuevo producto. La productora de leche orgánica más grande del Reino Unido, Yeo Valley, alguna vez fue una granja común y corriente que vendía leche, como tantos miles de granjas. Pero luego, en 1994, crearon una marca orgánica con nuevos productos por los que podían cobrar precios elevados y, con la ayuda de unas creativas campañas de marketing, se convirtieron en una compañía de 1800 empleados y un 65% de cuota del mercado orgánico del Reino Unido.

La tabla de la figura 8.20 resume las diferencias entre las empresas fijadoras de precios y las tomadoras de precios.

Empresa fijadora de precios o monopolio	Empresa en un mercado perfectamente competitivo
Establece el precio y la cantidad para maximizar las ganancias ('fijadora de precios')	Toma el precio determinado por el mercado como dado y elige la cantidad para maximizar las ganancias ('tomadora de precios')
Elige un nivel de producción en el que el costo marginal es menor que el precio	Elige un nivel de producción en el que el costo marginal es igual al precio
Pérdidas de eficiencia (ineficiente en términos de Pareto)	No hay pérdidas de eficiencia para consumidores ni empresas (puede ser eficiente en términos de Pareto si nadie más en la economía se ve afectado)
Los propietarios reciben rentas económicas (ganancias mayores que las ganancias normales)	Si los propietarios reciben rentas económicas, es probable que estas desaparezcan a medida que entren más empresas en el mercado
Las empresas anuncian su producto, que es único	Poca publicidad: la paga la empresa pero beneficia a todas las empresas (es un bien público)
Las empresas pueden gastar dinero para influir en las elecciones, la legislación y la regulación	Poco gasto de empresas individuales en esto (lo mismo que con la publicidad)
Las empresas invierten en investigación e innovación; tratar de evitar que les copien	Poco incentivo a innovar; otros les copiarán (a menos que la empresa logre diferenciar su producto y escapar del mercado competitivo)

Figura 8.20 Empresas fijadoras y tomadoras de precios.

8.11 CONCLUSIONES

Los compradores y vendedores que tienen poca influencia sobre los precios de mercado debido a la existencia de mucha competencia se conocen como tomadores de precios. Un mercado se encuentra en un equilibrio competitivo si todos los compradores y vendedores son tomadores de precios y si, al precio de mercado predominante, la cantidad ofrecida es igual a la cantidad demanda (se agota el mercado).

Las empresas tomadoras de precio escogen la cantidad que venden de modo que el costo marginal se iguale al precio de mercado. La asignación de equilibrio explota todas las ganancias del comercio posibles.

El modelo de competencia perfecta describe un conjunto idealizado de condiciones de mercado en el que esperaríamos que se produjera un equilibrio competitivo. Los mercados reales no se ajustan exactamente al modelo. No obstante, la toma de precios puede ser una aproximación útil que nos permita usar curvas de oferta y demanda como una herramienta para entender los resultados del mercado o, por ejemplo, los efectos de un impuesto, o de una perturbación o *shock* de demanda.

Conceptos introducidos en la capítulo 8
Antes de continuar, revise estas definiciones:

- Empresas tomadoras de precio
- Equilibrio competitivo
- *Shocks* exógenos
- Impuestos
- Modelo de competencia perfecta

8.12 REFERENCIAS BIBLIOGRÁFICAS

Ausubel, Lawrence M. 1991. 'The Failure of Competition in the Credit Card Market'. *American Economic Review* 81 (1): pp. 50–81.

Berger, Helge y Mark Spoerer. 2001. 'Economic Crises and the European Revolutions of 1848'. *The Journal of Economic History* 61 (2): pp. 293–326.

Eisen, Michael. 2011. 'Amazon's $23,698,655.93 book about flies'. *It is NOT junk*. Actualizado el 12 de enero de 2020.

Ellison, Glenn y Sara Fisher Ellison. 2005. 'Lessons About Markets from the Internet'. *Journal of Economic Perspectives* 19 (2) (Junio): p. 139.

Graddy, Kathryn. 1995. 'Testing for Imperfect Competition at the Fulton Fish Market'. *The RAND Journal of Economics* 26 (1): pp. 75–92.

Graddy, Kathryn. 2006. 'Markets: The Fulton Fish Market'. *Journal of Economic Perspectives* 20 (2): pp. 207–220.

Jensen, Jørgen Dejgård y Sinne Smed. 2013. 'The Danish tax on saturated fat: Short run effects on consumption, substitution patterns and consumer prices of fats'. *Food Policy* 42: pp. 18–31.

Marshall, Alfred. *Principios de economía*. 1ª ed. Madrid: Síntesis, 2005.

Reyes, Jose Daniel y Julia Oliver. 2013. 'Quinoa: The Little Cereal That Could'. *The Trade Post*. 22 de noviembre de 2013.

Seabright, Paul. 2010. *The Company of Strangers: A Natural History of Economic Life* (Edición revisada). Princeton, NJ: Princeton University Press.

Stucke, Maurice. 2013. 'Is Competition Always Good?'. *OUPblog*. Actualizado el 12 de enero de 2020.

The Economist. 2001. 'Is Santa a Deadweight Loss?'. Actualizado el 12 de enero de 2020.

Waldfogel, Joel. 1993. 'The Deadweight Loss of Christmas'. *American Economic Review* 83 (5).

Walras, Léon. 1874. *Elementos de economía política pura o Teoría de la riqueza social*. Madrid: Alianza Editorial, 1987.

CAPÍTULO 9

EL MERCADO DEL TRABAJO: SALARIOS, GANANCIAS Y DESEMPLEO

CÓMO EL MERCADO LABORAL DE TODA LA ECONOMÍA DETERMINA SALARIOS, EMPLEO Y LA DISTRIBUCIÓN DEL INGRESO

- El mercado laboral funciona de un modo diferente al mercado del pan descrito en el capítulo anterior porque las empresas no pueden comprar directamente el trabajo de sus empleados, sino únicamente arrendar su tiempo.
- Como vimos en el capítulo 6, el modelo principal-agente se usa para explicar el conflicto de interés entre empleador y empleado en cuanto al nivel de esfuerzo que se invierte en el trabajo y por qué no es posible resolver este asunto a través de un contrato.
- El resultado del proceso de fijación salarial en el conjunto de todas las empresas de una economía es la curva de fijación de salarios, que muestra el nivel salarial asociado con cada tasa de desempleo.
- Los precios que las empresas cobran por sus productos están influenciados por la demanda de sus bienes y el costo del trabajo: el salario.
- El resultado del proceso de fijación de precios en el conjunto de todas las empresas es la curva de fijación de precios, que indica el valor del salario real que es consistente con el margen de maximización de beneficios de una firma por sobre los costos de producción.
- El exceso de oferta de trabajo (desempleo involuntario) es una característica de los mercados de trabajo, incluso en equilibrio.
- Si la demanda total de bienes y servicios de una economía es demasiado baja, el desempleo será más alto que su nivel de equilibrio y puede que persista.
- Los sindicatos y las políticas públicas pueden afectar al equilibrio del mercado laboral.

Como ocurre en muchas partes del mundo, la minería era una forma de vida para Doug Grey (https://tinyco.re/9964603), que trabajaba como

TEMAS Y CAPÍTULOS INTEGRADORES
- 17: Historia, inestabilidad y crecimiento
- 18: Economía global
- 19: Desigualdad
- 22: Política y políticas públicas

operador de grúas gigantes en el Territorio del Norte de Australia. En la década de 1990, Grey participó en la construcción de la mina de zinc MacArthur River, ubicada precisamente cerca de la desembocadura del río MacArthur y una de las más grandes del mundo, donde su hijo Rob consiguió su primer trabajo. «Terminé manejando camiones de mineral» –recordaba Rob–, «fue una oportunidad increíble.»

En aquel momento, parecía que Rob había nacido en el momento preciso: había entrado al mercado laboral justo en el momento en que comenzaba a despegar el auge global de los recursos naturales como resultado de la demanda generada por el acelerado crecimiento de la economía china. Rob vivió un tiempo en Tailandia, gastando poco y yendo en avión a su trabajo en Borroloola.

Aproximadamente en la misma época en que Rob comenzó a trabajar, Doug (el Grey padre) consiguió un trabajo en la mina de mineral de hierro de Pilbara en Australia Occidental, donde cobraba un salario equivalente al doble del ingreso medio de las familias australianas en esa época. Tanto el padre como el hijo estaban ahorrando grandes cantidades de dinero.

Sin embargo, para 2015, el auge de los recursos naturales era solo un recuerdo y el precio del hierro y el zinc estaba en caída libre. Rob y sus compañeros de trabajo estaban preocupados. «Todos sabíamos que la recesión económica y los precios de las materias primas eran un problema. Lo teníamos presente todo el tiempo en un rincón de la mente.» Su economía de ensueño no podía durar. «Era... obvio... que aquello se acababa», decía Doug.

Y así fue. A fines del año 2015, Rob recibió la mala noticia: «En mi segundo día de descanso, me llamó el gerente para decirme: 'gracias por sus servicios; le agradecemos mucho, pero ya no lo vamos a necesitar'». A su padre también lo despidieron.

La pasión de Rob es manejar camiones de mineral y aún alberga la esperanza de volver a estar al volante de uno de esos camiones, pero eso ya no va a ocurrir, o por lo menos no en la mina Pilbara donde antes trabajaba su padre. Ante una demanda que no dejaba de disminuir, la compañía minera recortó la producción e intentó reducir drásticamente sus costos. Como parte de este proceso, remplazaron la fuerza de trabajo humana por máquinas donde fuera posible. En Pilbara, *nadie* está al volante de sus camiones «robot» gigantes de mineral que ahora «manejan» estudiantes universitarios con *joysticks* desde Perth, a 1200 km de distancia (volveremos al proceso de automatización y sus efectos sobre el mercado laboral en los capítulos 16 y 19).

El ascenso y declive de las fortunas económicas de la familia Grey está estrechamente ligado con el funcionamiento del mercado laboral en los sectores de la minería y la construcción en Australia Occidental y el Territorio del Norte. La figura 9.1 muestra que su experiencia no fue en absoluto algo poco habitual. El auge en los precios del mineral (en la figura de superior) hizo que la minería resultara bastante rentable, lo que generó una fuerte demanda de trabajadores que, al final, agotó la mano de obra de operadores de grúa y choferes desempleados. A las empresas mineras no les quedó más remedio que pagar salarios extraordinariamente altos, si bien, mientras duró el auge de la minería, estas empresas permanecieron altamente rentables.

La caída de los precios de las materias primas o *commodities* comenzó a mediados de 2011 y empezó a aumentar también el desempleo. La buena estrella de la familia Grey duró otros cuatro años.

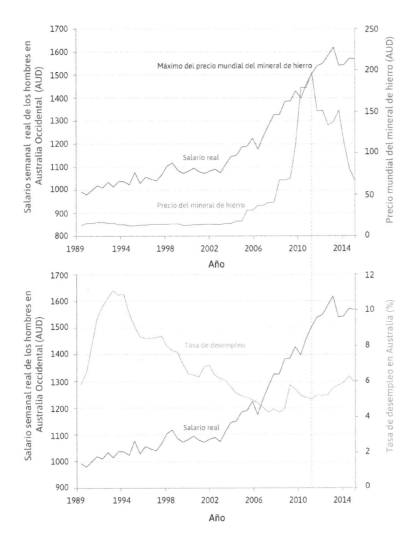

Oficina Australiana de Estadística y Fondo Monetario Internacional. Nota: Las tasas de desempleo están ajustadas estacionalmente.

Figura 9.1 Ingresos semanales reales de los hombres en Australia Occidental (eje izquierdo), precio mundial del mineral de hierro y tasa de desempleo en Australia (eje derecho), (1989–2015).

1. Ingresos semanales
La figura muestra los ingresos semanales reales de los hombres en Australia Occidental junto con el precio mundial del mineral de hierro en el gráfico superior, y la tasa de desempleo en Australia en el gráfico inferior.

2. El crecimiento se desacelera, el desempleo aumenta
Después del máximo en los precios del mineral de hierro, el crecimiento de los salarios reales se desaceleró y el desempleo comenzó a aumentar.

desempleo involuntario Estar sin trabajo, pero preferir tener un trabajo con los salarios y las condiciones laborales que tienen otros empleados idénticos que sí trabajan. *Ver también: desempleo.*

En este capítulo describiremos cómo funciona el mercado laboral y por qué, incluso en equilibrio, la oferta de trabajo (número de personas que buscan empleo) excede a la demanda de trabajo (número de empleos ofrecidos). En esta situación, los que no tienen trabajo se denominan **desempleados involuntarios** (para distinguirlos de quienes están desempleados por decisión propia, pero que buscan trabajo).

9.1 LA CURVA DE FIJACIÓN DE SALARIOS, LA CURVA DE FIJACIÓN DE PRECIOS Y EL MERCADO LABORAL

En capítulos anteriores hemos analizado mercados concretos –por ejemplo, el mercado del pan– y algunas veces en una única empresa. Ahora vamos a intentar hacer un modelo del mercado laboral de una economía completa, que determina la cantidad de desempleo que existirá en toda la población. Consideramos empresas que fijan precios, pues venden bienes diferenciados (como las que describimos en el capítulo 7) y una gran cantidad de trabajadores idénticos que las empresas pueden emplear a cambio del mismo salario, fijado por esas empresas (como estudiamos en el capítulo 6).

salario nominal Cantidad que realmente se recibe en pago al trabajo realizado en una moneda en particular. *También conocido como: salario monetario. Véase también: salario real.*

Consideramos el caso simple en que el único insumo de producción es el trabajo, de modo que el único costo es el salario y las ganancias vienen determinadas por tan solo tres elementos: el **salario nominal** (la cantidad realmente recibida en una moneda en particular), el precio al que la empresa vende sus productos y el producto medio producido por un trabajador en una unidad determinada de tiempo, por ejemplo una hora.

El mercado laboral

El mercado laboral nos permite reunir dos temas tratados anteriormente: la empresa y sus empleados (capítulo 6) y la empresa y sus clientes (capítulo 7). Hay dos cosas que usted ya ha aprendido y que serán fundamentales para entender cómo funciona el mercado laboral.

Las empresas y sus empleados

renta del empleo Renta económica que recibe un trabajador cuando el valor neto de su trabajo excede el valor neto de su siguiente mejor alternativa (es decir, estar desempleado). *También conocida como: costo de la pérdida del empleo.*

Con el fin de motivar a los empleados para que trabajen mucho y de manera responsable, las empresas deben fijar un salario lo suficientemente alto para que el trabajador o la trabajadora reciba una **renta del empleo**. Esto implica que perder el empleo le supondrá al trabajador un costo: su situación será mejor si conserva el empleo, en vez de ser objeto de despido debido a un nivel inadecuado de esfuerzo. Si la probabilidad de que el trabajador o trabajadora encuentre un trabajo alternativo si le despiden es muy alta, lo que tenderá a ser cierto si el nivel de empleo en una economía es alto, necesitará un salario más alto para motivarse a trabajar duro. Piense en la fijación de salarios como una tarea del departamento de recursos humanos (RRHH) de la empresa.

Las empresas y sus clientes

En el proceso de fijar los precios a los que venden sus bienes, las empresas se encuentran ante una disyuntiva (*trade-off*) entre vender más bienes o fijar un precio más alto, debido a la curva de demanda a la que se enfrentan. Para determinar el precio a fijar, la empresa calcula el margen de beneficio (*markup*) o margen a aplicar a su nivel de costos de producción, de manera que se equilibren las ganancias resultantes de un precio más alto con las pérdidas resultantes de vender menos, de modo que se maximicen las ganancias. Este margen de maximización de beneficios determina la división entre ganancias y salarios que hace la empresa de sus ingresos. Piense en la fijación de precios como una tarea del departamento de marketing (DM) de la empresa.

Salarios y empleo

Queremos saber cómo se determinan los niveles de salarios reales y de empleo en la economía en su conjunto. Tenga presente que el **salario real** es el salario nominal dividido por el nivel de precios de una canasta típica de bienes y servicios de consumo, luego viene determinado tanto por los precios fijados por las empresas como por los salarios que estas pagan. Imagine este proceso en dos fases:

- Primero, cada empresa decide qué salario pagar, qué precio cobrar por sus productos y cuántas personas contratar.
- Luego, sumando todas estas decisiones de todas las empresas, obtenemos el empleo total de la economía y el salario real.

Así es como la primera fase (la elección de salario, precio y nivel de empleo) se produce en cada empresa:

- *El departamento de recursos humanos determina cuál es el salario más bajo que puede pagar*: no debe impactar negativamente sobre la motivación de los trabajadores y debe considerar los precios que fijan otras empresas para los productos que venden, los salarios que las demás empresas pagan y el nivel de desempleo de la economía. Este será el salario nominal fijado por la empresa. A continuación, comunicará este análisis al departamento de marketing.
- *El departamento de marketing fija el precio*: para ello se basa en el nivel de salario nominal y en la forma y posición de la curva de demanda a la que se enfrenta la empresa. Por ejemplo, si la demanda es elástica, lo que indica un alto nivel de competencia de otras empresas, fijará un precio más bajo. Fijar el precio es lo mismo que fijar el tamaño del margen de beneficio a cobrar por encima de los costos de contratar a sus trabajadores. Tomando en cuenta la posición de la curva de demanda, que indica el nivel de demanda de la economía en su conjunto, el departamento de marketing determina la cantidad de producción de la empresa que se pondrá a la venta. A continuación comunicará este análisis al departamento de producción (DP).
- Entonces, el departamento de producción calculará cuántos trabajadores deben emplearse para fabricar el producto determinado por el departamento de marketing, con base en la función de producción de la empresa.

La segunda fase –considerar el resultado de sumar las decisiones de todas las empresas– es más complicada, por más que la idea central sea sencilla. Una vez que todas las empresas de la economía hayan tomado sus decisiones en cuanto a salarios y precios (*markup*), el producto por trabajador de la economía se divide entre el salario real que recibirán los trabajadores y las ganancias reales que recibirán los dueños. Si todas las empresas están cobrando el mismo precio y fijando el mismo nivel de salario nominal, entonces un salario real (W/P) más alto implica un menor margen de beneficio ($1 - (W/P)$). Para entender cómo se determinan el

salario real Salario nominal ajustado para tener en cuenta los cambios en los precios entre diferentes periodos de tiempo. Mide la cantidad de bienes y servicios que el trabajador puede comprar. *Ver también: salario nominal.*

curva de fijación de salarios Curva que indica el salario real necesario en cada nivel de empleo en toda la economía para ofrecer a los trabajadores incentivos a que trabajen mucho y bien.

curva de fijación de precios Curva que indica el salario real pagado cuando las empresas eligen el precio al que maximizan beneficios.

salario real y el empleo conjuntamente en el mercado laboral, necesitamos dos conceptos básicos:

- La **curva de fijación de salarios**: que nos indica el salario real necesario, a cada nivel de empleo de toda la economía, para incentivar a los trabajadores a que trabajen duro y bien.
- La **curva de fijación de precios**: que nos indica el salario real pagado cuando las empresas escogen el precio que maximiza sus ganancias.

En la siguiente sección analizaremos cómo se miden el empleo y el desempleo. Después de eso, introduciremos la curva de fijación de salarios usando el modelo de fijación de salarios del capítulo seis. Y luego describiremos cómo determina una empresa su nivel de empleo usando el modelo de fijación de precios del capítulo siete, lo que nos dará la razón por la que la curva de fijación de precios es tan importante para entender el funcionamiento de un mercado laboral completo de una economía. Después mostraremos cómo las dos curvas determinan conjuntamente el nivel de empleo de equilibrio, el salario real y la distribución del ingreso entre salarios y ganancias. Finalmente, usaremos este modelo para explorar los efectos que tienen los cambios en las políticas públicas como es el caso de los impuestos con que se graven las ganancias de las empresas o los salarios de los trabajadores, los subsidios al empleo y variaciones en los niveles de prestaciones de los seguros de desempleo recibidos por quienes no pueden trabajar, y cambios en el grado de competencia que se dé entre empresas.

PREGUNTA 9.1 ESCOJA LA(S) RESPUESTA(S) CORRECTA(S)
¿Cuál de las siguientes afirmaciones es correcta?

☐ Para maximizar las ganancias, las empresas establecen el salario en el nivel donde a los trabajadores les resulta indiferente trabajar o no trabajar.

☐ Las empresas aspiran a establecer el precio más alto posible.

☐ En equilibrio, el salario agota al mercado laboral, por lo que no hay desempleo.

☐ Si todas las empresas fijan el mismo precio y pagan el mismo salario nominal, entonces cuanto más alto sea el salario real que paguen, más bajo será el margen de beneficio o *markup* sobre costos.

9.2 MEDIR LA ECONOMÍA: EMPLEO Y DESEMPLEO

Según la definición estandarizada que ofrece la Organización Internacional del Trabajo (OIT) (https://tinyco.re/8208329), los **desempleados** son personas que:

> **desempleo** Situación en la que una persona que puede y está dispuesta a trabajar no está empleada.

- se encontraban sin trabajo durante un cierto periodo de referencia (por lo general, cuatro semanas), lo que significa que no tenían un empleo pagado ni eran trabajadores por cuenta propia
- estaban dispuestos a trabajar
- estaban buscando trabajo, lo que significa que habían dado pasos específicos durante ese periodo para encontrar empleo pagado o establecerse como trabajadores por cuenta propia

La figura 9.2 ofrece un esquema general del mercado laboral y nos muestra cómo encajan todos estos componentes. Empezamos al lado izquierdo con la población; la siguiente caja nos muestra la **población en edad de trabajar**, que consiste en la población total menos los niños y aquellos que han superado la edad de jubilación. Esta se divide luego en dos partes: la **fuerza laboral** y aquellos fuera de la fuerza laboral (denominados **inactivos**). Las personas que están fuera de la fuerza laboral son quienes no están empleados ni buscando trabajo como, por ejemplo, las personas que no pueden trabajar debido a enfermedad o incapacidad, o padres y madres de familia que se quedan en casa a cuidar y educar a sus hijos. Solo los miembros de la fuerza laboral pueden ser considerados como empleados o desempleados.

> **población en edad de trabajar** Convención estadística. En muchos países, son todas las personas con edades comprendidas entre 15 y 64 años.
>
> **fuerza laboral** Número de personas de la población en edad de trabajar que están, o desean estar, trabajando fuera de su hogar. Pueden estar empleados (incluidos los autónomos) o desempleados. *Véase también: tasa de desempleo, tasa de empleo, tasa de participación.*
>
> **población inactiva** Personas de la población en edad de trabajar que no están empleadas ni buscan trabajo remunerado activamente. Aquellos que trabajan en el hogar criando niños, por ejemplo, no se consideran parte de la fuerza laboral y, por lo tanto, se clasifican de esta manera.

Hay varias estadísticas que resultan útiles para evaluar el desempeño del mercado laboral de un país, y también para compararlo con los mercados laborales de otros países. Las estadísticas dependen de los tamaños relativos de las cajas que se muestran en la figura 9.2. La primera es la **tasa de participación**, que muestra la proporción de la población en edad de trabajar que se encuentra en el mercado laboral. Se calcula del siguiente modo:

> **tasa de participación** Razón o ratio entre el número de personas en la fuerza laboral y la población en edad de trabajar. *Véase también: fuerza laboral, población en edad de trabajar.*

$$\text{tasa de participación} = \frac{\text{fuerza de trabajo}}{\text{población en edad de trabajar}}$$
$$= \frac{\text{empleados} + \text{desempleados}}{\text{población en edad de trabajar}}$$

Además, está la estadística laboral más usada y mencionada: la **tasa de desempleo**. Esta muestra la proporción de la fuerza laboral que se encuentra desempleada. Se calcula de la siguiente manera:

> **tasa de desempleo** Razón entre el número de desempleados y la fuerza laboral total. (Tenga en cuenta que la tasa de empleo y la tasa de desempleo no suman 100%, ya que tienen diferentes denominadores). *Véase también: fuerza laboral, tasa de empleo.*

$$\text{tasa de desempleo} = \frac{\text{desempleados}}{\text{fuerza de trabajo}}$$

tasa de empleo Razón entre el número de empleados y la población en edad de trabajar. *Véase también: población en edad de trabajar.*

Finalmente llegamos a la **tasa de empleo**, que muestra la proporción de la población en edad de trabajar que tiene un empleo remunerado o trabaja por cuenta propia. Se calcula así:

$$\text{tasa de empleo} = \frac{\text{empleados}}{\text{población en edad de trabajar}}$$

Es importante notar que el denominador (el dato estadístico que se encuentra en la parte inferior de la fracción) que se utiliza para calcular la tasa de desempleo y la tasa de empleo es diferente. Por ende, dos países con la misma tasa de desempleo pueden tener tasas de empleo diferentes si uno tiene una tasa de participación alta y la del otro es baja.

La tabla de la figura 9.3 ilustra la situación de los mercados laborales de Noruega y España en el periodo de 2000 a 2015, y compara las estadísticas laborales de ambos países. La tabla también nos muestra cómo la estructura de los mercados laborales de los dos países difiere enormemente. Podemos ver que el mercado laboral noruego funcionó mejor que el mercado laboral español durante esos 15 años: Noruega tuvo una tasa de empleo más alta y menor tasa de desempleo. Noruega tuvo, asimismo, una mayor tasa de participación, lo cual es un reflejo de una mayor proporción de mujeres en su fuerza laboral.

Figura 9.2 El mercado laboral.

International Labour Association. 2015. *ILOSTAT Database* (https://tinyco.re/2173706).

	Noruega	España
Número de personas, millones		
Población en edad de trabajar	3,5	37,6
Fuerza laboral	2,5	21,6
Fuera de la fuerza laboral (inactivos)	1,0	16,0
Empleados	2,4	18,1
Desempleados	0,1	3,5
Tasas (%)		
Tasa de participación	2,5/3,5 = 71%	21,6/37,6 = 58%
Tasa de empleo	2,4/3,5 = 69%	18,1/37,6 = 48%
Tasa de desempleo	0,1/2,5 = 4%	3,5/21,6 = 16%

Figura 9.3 Estadísticas del mercado laboral para Noruega y España (promedios durante el periodo 2000–2015).

Noruega y España son ejemplos de dos casos frecuentes. Noruega es una economía de bajo desempleo y alto empleo (otros países escandinavos como Suecia, Dinamarca y Finlandia son similares) y España es una economía de alto desempleo y bajo empleo (otras economías del sur de Europa, como Portugal, Italia y Grecia son similares). Ahora bien, hay otras combinaciones posibles: Corea del Sur es un ejemplo de una economía que tiene, al mismo tiempo, bajas tasas de desempleo y empleo.

EJERCICIO 9.1 EMPLEO, DESEMPLEO Y PARTICIPACIÓN

1. Visite el sitio web de la OIT y use la base de datos ILOSTAT (https://tinyco.re/2173706) para calcular las tasas de empleo, desempleo y participación para dos economías de su elección.
2. Describa las diferencias en los datos de estos dos países y compárelos con España y Noruega. Elija una representación visual de los datos (por ejemplo, la que puede obtener utilizando la función gráfica del software de hoja de cálculo que tenga en su computador) y explique su elección.
3. Después de estudiar esta unidad, utilice el modelo del mercado laboral para sugerir posibles razones que expliquen las diferencias en las tasas de desempleo que se dan entre estos dos países. Es posible que necesite obtener más información sobre los mercados laborales de los dos países.

PREGUNTA 9.2 ESCOJA LA(S) RESPUESTA(S) CORRECTA(S)
¿Cuál de las siguientes afirmaciones es correcta?

☐ tasa de participación = empleados ÷ fuerza laboral
☐ tasa de desempleo = desempleados ÷ población en edad de trabajar
☐ tasa de empleo = empleados ÷ población en edad de trabajar
☐ tasa de empleo + tasa de desempleo = 1

9.3 LA CURVA DE FIJACIÓN DE SALARIOS: EMPLEO Y SALARIOS REALES

Ahora construiremos un modelo del mercado laboral que nos puede servir para explicar las diferencias en las tasas de desempleo de distintos países y sus cambios a lo largo del tiempo dentro de cada país en particular. Para ello vamos a ampliar el alcance de nuestra mirada, pasando de la empresa individual que usamos en el capítulo 6 a la economía completa, y nos preguntaremos cómo afectan los cambios en la tasa de desempleo a la fijación de salarios por parte de los empleadores.

En la figura 9.4, el eje horizontal representa la proporción de la población en edad de trabajar y, por ende, llega hasta el valor uno. El eje vertical es el salario medio de toda la economía.

- *La fuerza laboral es la línea vertical más a la derecha*: tiene un valor menor a uno que depende de la tasa de participación.
- *Los trabajadores inactivos* se encuentran a la derecha de la línea de la fuerza laboral.

- *La tasa de empleo* es la línea vertical a la izquierda de la fuerza laboral, que indica la proporción de la población que está trabajando.
- *La tasa de desempleo es la proporción de aquellos en la fuerza laboral que no están empleados*: es decir, aquellos trabajadores entre la línea de la tasa de desempleo y la línea de la fuerza laboral.

> **equilibrio de Nash** Conjunto de estrategias, una para cada jugador del juego, tal que la estrategia de cada jugador sea su mejor respuesta a las estrategias escogidas por todos los demás.

La curva con pendiente positiva se denomina **curva de fijación de salarios**. Tal como ocurre con la función de mejor respuesta del empleado en la que se basa, la curva de fijación de salarios es la versión matemática de una afirmación del tipo «si..., entonces»: si la tasa de empleo es x, entonces el salario de **equilibrio de Nash** será igual a w. Esto significa que, para la tasa de empleo x, el salario w es el resultado de los esfuerzos de empleadores y empleados por hacerlo lo mejor posible a la hora de fijar salarios y responder a ese salario con un determinado nivel de esfuerzo, respectivamente.

Esta afirmación es cierta porque la curva de fijación de salarios para toda la economía se basa directamente en la decisión de fijación salarial del empleador y la decisión de esfuerzo a realizar del empleado en una economía compuesta por muchas empresas, como la que modelamos en el capítulo 6.

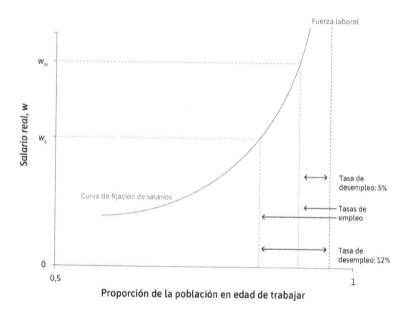

Figura 9.4 La curva de fijación de salarios: esfuerzo laboral y desempleo en la economía en su conjunto.

1. La curva de fijación de salarios
La curva con pendiente positiva se denomina **curva de fijación de salarios**.

2. El salario que maximiza las ganancias cuando el desempleo es alto
A una tasa de desempleo del 12% en la economía, el **salario de reserva** del empleado es bajo y el trabajador se esforzará mucho a cambio de un salario relativamente bajo. El salario de maximización de beneficios de la empresa es, por lo tanto, bajo.

3. El salario que maximiza las ganancias cuando el desempleo es bajo
A una tasa de desempleo del 5% en la economía, el salario de reserva del empleado es alto, y este no se esforzará mucho a menos que el salario sea alto. El salario que maximiza los beneficios de la empresa es, por lo tanto, más alto.

Mostramos cómo se hace esto en la figura 9.5 en la que combinamos la figura 9.4 (la curva de fijación de salarios de toda una economía) y la figura 6.6 (página 279) (cómo fija la empresa el salario). El panel superior de la figura 9.5 muestra la curva de mejor respuesta del empleado a dos niveles de tasa de desempleo, 12 y 5%. Como vimos en el capítulo 6, una tasa de desempleo más alta reduce el salario de reserva debido a que el trabajador se enfrenta a un periodo esperado de desempleo más largo si pierde su empleo. Esto debilita el poder de negociación de los trabajadores y desplaza la curva de mejor respuesta hacia la izquierda. Con una tasa de desempleo del 12%, el salario de reserva se sitúa en el punto F. La elección que maximiza el beneficio del empleador es el punto A con el salario bajo (w_L).

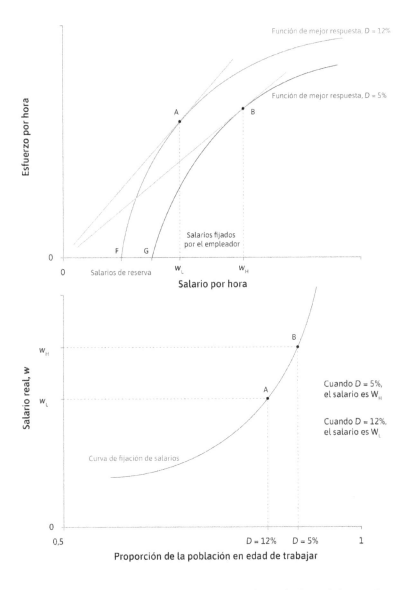

Figura 9.5 Obtención de la curva de fijación de salarios: variaciones de la tasa de desempleo en la economía.

En el panel inferior, mostramos nuevamente el punto A. La línea punteada desde el nivel de tasa de desempleo de 12% indica que el salario se fija en w_L. Asumimos ahora un tamaño fijo de la fuerza laboral de modo que el eje horizontal nos da el número de trabajadores empleados, N. A medida que aumenta el empleo hacia la derecha, la tasa de desempleo cae.

Usando exactamente el mismo tipo de razonamiento, podemos encontrar el salario que maximiza el beneficio cuando la tasa de desempleo se encuentra a un nivel mucho más bajo de 5%. Como se muestra en el punto B, tanto el salario de reserva como el salario que fija el empleador son más altos. Así obtenemos un segundo punto sobre la curva de fijación de salarios del panel inferior.

Hemos obtenido la curva de fijación de salarios como parte del modelo de esfuerzo laboral diseñado para ilustrar cómo empleados y dueños de empresa (y sus gerentes) interactúan cuando fijan salarios y determinan el nivel de esfuerzo laboral. Vamos a usar el mismo modelo más adelante para describir políticas que buscan alterar el nivel de desempleo de la economía en su conjunto. Más adelante en este mismo capítulo y en los capítulos 16 y 17 analizaremos las formas en las que los sindicatos pueden influir en el proceso de fijación de salarios y así alterar el funcionamiento de los mercados laborales.

Se han realizado estimaciones de las curvas de fijación de precios para muchas economías. Lea sobre cómo se realizan en un artículo de David Blanchflower y Andrew Oswald (https://tinyco.re/9574365).

La figura 9.6 es la curva de fijación de salarios estimada a partir de datos de Estados Unidos. Note que, en la figura 9.6, el eje horizontal muestra la tasa de desempleo explícitamente, que va disminuyendo de izquierda a derecha. Los economistas pueden estimar y graficar la curva de fijación de salarios de una economía en concreto, usando datos sobre tasas de desempleo y salarios en áreas locales.

Estimaciones de Stephen Machin (UCL, 2015) a partir de microdatos de la *Current Population Survey* (https://tinyco.re/5638236) (Estudio de Población Actual) para los grupos de rotación salientes para el periodo entre 1979 y 2013.

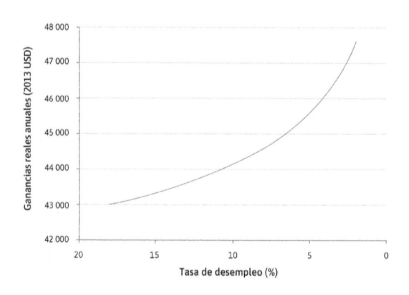

Figura 9.6 Curva de fijación de salarios estimada para la economía estadounidense (1979–2013).

9.4 LA DECISIÓN DE CONTRATACIÓN DE LA EMPRESA

Para poder comprender el segundo componente del modelo del mercado laboral –la curva de fijación de precios– necesitamos analizar con más detenimiento las decisiones de las empresas sobre cuántas personas contratar y cómo esto depende de la cantidad que se decida producir. La cantidad producida depende de lo que la firma cree que puede vender lo que, a su vez, depende del precio que cobre.

La decisión de la empresa es resultado de la interacción de los tres departamentos de los que hemos hablado anteriormente. Recuerde que eran: Recursos Humanos (RRHH), departamento de marketing (DM) y departamento de producción (DP). Recuerde que hemos asumido que la firma tiene solo un insumo –trabajo– de modo que el salario es el único costo. Y para simplificar las cosas aún más, hemos asumido también que una hora de trabajo produce una unidad de producto (productividad media del trabajo = $\lambda = 1$). Así pues, el salario que paga la empresa (W) es el costo de una unidad de producto (en la moneda que corresponda). Nótese que hemos denominado W al salario nominal y w al salario real.

El proceso se resume en la tabla de la figura 9.7.

Una vez que RRHH ha fijado un nivel salarial suficientemente alto como para motivar a la fuerza de trabajo, el departamento de marketing actúa dando dos pasos. Recuerde que la empresa puede fijar el precio, pero no la cantidad que será capaz de vender (la cantidad vendida depende de la cantidad demandada a cada precio sobre la curva de demanda a que se enfrenta esta empresa). Así que, en primer lugar, tal como ocurría en el capítulo 7, el departamento de marketing se pregunta: ¿qué combinaciones de p y q son factibles? Estas combinaciones se representan en la curva de demanda que, a su vez, dependerá de las cantidades que otras empresas estén produciendo, los precios que estén fijando y los salarios que estén pagando, así como otras variables que puedan influir sobre el nivel total de demanda de bienes en esta economía.

El segundo paso es escoger un punto sobre la curva de demanda, de modo que el departamento de marketing analiza la figura 9.8 para determinar lo rentable que sería cada combinación de precio y cantidad. Usando el valor de W escogido por RRHH, el departamento de marketing construye las curvas de isobeneficio que se muestran en el gráfico. Recuerde que cada curva es el conjunto de todas las combinaciones de precio y cantidad que proporcionarán el mismo nivel de beneficio a una empresa, dado un nivel salarial determinado. Las curvas más alejadas del origen (mayor precio y mayor cantidad) indican beneficios más altos. Recuerde que:

$$\text{pendiente de la curva de isobeneficio} = \text{tasa marginal de sustitución}$$
$$= \frac{(p - W)}{q}$$

Tal como ocurría en el capítulo 7, la maximización de beneficios ocurre en el punto B, allí donde la curva de demanda es tangente a una curva de isobeneficio. Así pues, el departamento de marketing fija un precio p^* y calcula que podrá vender q^* unidades del bien.

Cuando la firma vende q^* bienes al precio p^*, su ingreso total es p^*q^*. Observe en la figura cómo, una vez que la empresa ha fijado el precio, ha establecido también la división del ingreso total entre ganancias y salarios. Esto se basa en el margen de beneficio (*markup*) $(p - W)/p$ (o $1 - (W/p)$). Como recordará del capítulo 7, el *markup* es mayor cuando la curva de demanda es menos elástica, lo que indica que la competencia es menos intensa.

El DP sabe que cada hora de un trabajador (trabajando con el nivel de intensidad y esfuerzo que la renta del empleo y la amenaza de despido le incentivan a aplicar) resulta en la producción de una sola unidad del bien, luego se contratan n^* horas de trabajo, donde $n^* = q^*$. Esta es la (muy simple) función de producción de la empresa.

productividad laboral Producción total dividida por el número de horas o alguna otra medida del insumo de trabajo.

Departamento	... conoce	... y con base en eso establece el
Recursos humanos	Precios, salarios y empleo en otras empresas	Salario nominal, W
Marketing	Todas las anteriores y la función de demanda de la empresa	Precio del producto, p
Producción	Todas las anteriores, más la **productividad laboral** y la cantidad de producto que la empresa puede vender	Empleo, n

Figura 9.7 Los tres departamentos que determinan la contratación de la empresa.

En la siguiente sección, nos ayudará pensar un poco sobre cómo explica el modelo lo que haría la empresa si se encontrara en un punto como A. El departamento de marketing vería que la empresa está obteniendo menos beneficio porque la curva de isobeneficio en A está más abajo que en el punto B. El departamento de marketing incrementaría, por tanto, el precio e informaría al DP que debería producir menos. De modo similar, si la firma se encontrara en el punto C, el departamento de marketing bajaría sus precios y el DP recibiría el mensaje de incrementar los niveles de producción para satisfacer las mayores ventas a un menor precio.

PREGUNTA 9.4 ESCOJA LA(S) RESPUESTA(S) CORRECTA(S)
La figura 9.8 muestra la curva de demanda del mercado y las curvas de isobeneficio de la empresa. Con base en esta información, ¿cuál de las siguientes afirmaciones es correcta?

☐ La pendiente de la curva de demanda es la tasa marginal de sustitución de la empresa.
☐ Entre los puntos A y C, la empresa preferiría el punto A, ya que la producción es mayor.
☐ Habiendo elegido su precio de maximización de beneficio p^*, la empresa establecería su nivel de salario nominal.
☐ Si la empresa se encuentra produciendo en el punto C, puede aumentar sus beneficios vendiendo más unidades a un precio más bajo.

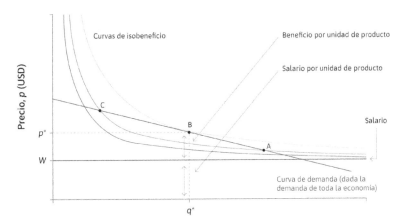

Figura 9.8 La elección de precio, cantidad y empleo que maximizan los beneficios de la empresa.

1. Máximo beneficio
El máximo beneficio se produce en el punto B, donde la curva de demanda de la empresa es tangente a una curva de isobeneficio.

2. Decisión de la empresa en cuanto a precio
Esta decisión determina el reparto del ingreso total entre ganancias y salarios.

9.5 LA CURVA DE FIJACIÓN DE PRECIOS: SALARIOS Y BENEFICIOS EN LA ECONOMÍA EN SU CONJUNTO

En la figura 9.8 hemos visto que, cuando la empresa fija el precio como un *markup* sobre su costo laboral, eso implica que el precio por unidad de producto se divide entre el beneficio por unidad y el costo laboral por unidad (figura 9.8). Para la economía en su conjunto, cuando todas las empresas fijan sus precios de este modo, el producto por trabajador (productividad laboral o, de modo equivalente, el producto medio del trabajo, llamado lambda, λ) se divide entre la ganancia o beneficio real por trabajador Π/P y el salario real W/P (figura 9.9).

La figura 9.9 muestra el resultado de las decisiones de fijación de precios de las empresas en toda la economía y, por tanto, usamos P para representar el nivel de precios promedio de toda la economía. La línea horizontal superior muestra los ingresos reales por trabajador que obtienen las empresas: el producto promedio del trabajo. Lo que llamamos la curva de fijación de precios no es, en realidad, una curva: es un número que indica el valor del salario real que es consistente con el margen de beneficio aplicado sobre los costos, cuando todas las empresas fijan los precios para maximizar sus beneficios. El valor del salario real consistente con el *markup* no depende del nivel de empleo de la economía, por lo que aparece en la figura 9.9 como una línea horizontal a la altura de w^{PS}.

El punto B que muestran las figuras 9.9 y 9.10 sobre la curva de fijación de precios indica el resultado del comportamiento de fijación de precios para maximizar las utilidades por parte de las empresas en el conjunto de la economía.

Ahora considere el punto A de la figura 9.10, que corresponde al punto A de la figura 9.8. Siga los pasos de la figura 9.10 para ver por qué la empresa subirá su precio para optar por obtener mayores beneficios en el punto B. La subida del precio y la reducción del empleo se indican con la flecha del punto A en la figura 9.10, que apunta hacia abajo y hacia la izquierda. La fecha apunta hacia abajo porque la subida de precios implica una caída del salario real, es decir, el salario nominal dividido por el precio. Además, la señal apunta hacia la izquierda porque una subida del precio implica una caída en el producto y el empleo.

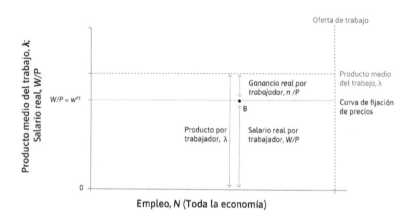

Figura 9.9 Curva de fijación de precios.

En la figura 9.9, por encima de la curva de fijación de precios, como el punto A, las empresas suben sus precios y reducen el empleo. Por debajo de la curva de fijación de precios, en un punto como C, las empresas bajan precios y contratan a más personas. Dado el nivel de demanda de la economía en su conjunto, el comportamiento de fijación de precios y contratación por parte de las empresas empujará a la economía a un punto sobre la curva de fijación de precios, tal que el empleo y el salario real se encuentran en los niveles de un punto como B.

¿Qué determinará la altura de la curva de fijación de precios? Existen muchos factores que potencialmente pueden influir y que saltan a la vista si consideramos el impacto de las políticas públicas (como veremos más adelante en este capítulo), pero hay dos aspectos principales que ejercen una influencia significativa sobre la curva de fijación de precios, incluso en ausencia de la intervención gubernamental:

- *Competencia*: la intensidad de la competencia en una economía determina hasta qué punto las empresas podrán cobrar un precio por encima de sus costos, es decir, hasta dónde puede llegar su *markup*. Cuanta menos competencia haya, mayor es el margen de beneficio o *markup*. En la figura 9.8, una curva de demanda con más pendiente, que refleja una menor competencia entre las empresas, llevará a un mayor margen de beneficio e incrementos en la ganancia por trabajador.

EJERCICIO 9.3 LA CURVA DE FIJACIÓN DE PRECIOS
Con sus propias palabras y usando un gráfico como el de la figura 9.8, explique por qué los precios caerían y el empleo aumentaría si la economía estuviera en el punto C de la figura 9.10 (lo contrario de lo que sucede en el punto A).

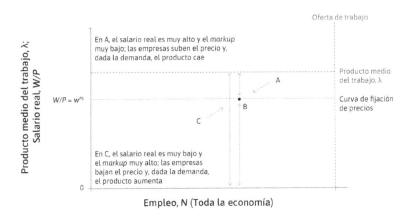

Figura 9.10 La curva de fijación de precios.

1. Punto A
El punto A está por encima de la curva de fijación de precios, lo que significa que el salario real es más alto de lo que es consistente con el *markup* de maximización de beneficios por parte de una empresa. Si el salario real es demasiado alto, eso significa que el margen de beneficio es demasiado bajo.

2. Punto B
La empresa subirá el precio para optar a mayores beneficios en el punto B. El aumento del precio hará que se vendan menos bienes y, como es el caso para todas las empresas, el empleo total cae.

3. Punto C
Por debajo de la curva de fijación de precios, en un punto como C, las empresas bajan sus precios y contratan a más personas.

4. El precio que maximiza el beneficio
El punto B es el precio de maximización de beneficios y el margen de beneficio de la empresa. Dada la demanda de toda la economía, las ganancias totales son más bajas en A y C para las empresas que se enfrentan a la curva de demanda de la figura 9.8.

Como esto hace que suban los precios en toda la economía, implica menores salarios reales, lo que empuja hacia abajo la curva de fijación de precios.

- *Productividad laboral*: para cualquier *markup*, el nivel de productividad laboral –cuánto produce un trabajador en una hora– determina el salario real. A mayor nivel de productividad laboral (λ), mayor salario real consistente con determinado margen de beneficio. En la figura 9.8 (página 415), una mayor productividad laboral desplaza la línea punteada hacia arriba y, a *markup* constante, la curva de fijación de precios se desplaza hacia arriba, subiendo así el salario real.

Para entender mejor el funcionamiento de la curva de fijación de precios, lea el Einstein del final de esta sección.

PREGUNTA 9.5 ESCOJA LA(S) RESPUESTA(S) CORRECTA(S):
El siguiente gráfico muestra la curva de fijación de precios. Con base en esta información, ¿cuál de las siguientes afirmaciones es correcta?

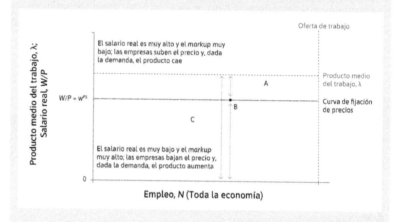

☐ En el punto A, el *markup* es demasiado alto y, por lo tanto, la empresa subirá su precio. Esto lleva a una menor demanda del bien y, en consecuencia, a un menor empleo, es decir un desplazamiento hacia B.

☐ En el punto C, el salario real es demasiado bajo y el *markup* es demasiado alto. Por lo tanto, la empresa puede aumentar las ganancias bajando los precios y contratando a más trabajadores.

☐ Una mayor competencia implica una curva de fijación de precios más baja.

☐ Para cualquier *markup* determinado, una mayor productividad laboral implica una curva de fijación de precios más baja, lo que significa un salario real más bajo.

EINSTEIN

La curva de fijación de precios

Existen varios pasos que debemos seguir para mostrar cómo la curva de fijación de precios para la economía en su conjunto resulta de las decisiones de las empresas individuales.

Paso 1: La empresa fija su precio

Para concentrarnos en lo esencial, asumiremos que los únicos costos de la empresa son los salarios que paga. (Estamos obviando el costo de oportunidad de los bienes de capital usados por los trabajadores en el proceso productivo de la empresa). Asumimos que, en promedio, un trabajador produce λ unidades de producto, y que esa media no cambia en función del número de trabajadores empleados. Usamos la letra griega lambda (λ) para referirnos a la productividad laboral. La empresa paga al trabajador un salario W en dólares. Tanto la productividad laboral como los salarios pueden medirse por hora, por día o por año. En nuestros ejemplos numéricos, solemos utilizar los salarios por hora y la productividad por hora.

El costo laboral unitario es el salario pagado para contratar la cantidad de trabajo necesario para producir una unidad del bien. Esto se define como:

$$\text{costo laboral unitario} = \frac{\text{salario nominal}}{\text{productividad laboral}}$$
$$= \frac{W}{\lambda}$$

Por ejemplo: si $W = 30$ dólares y $\lambda = 10$, entonces el costo laboral unitario será 3 dólares, es decir, 30/10 unidades = 3 dólares por unidad.

Recuerde que, como veíamos en el capítulo 7, la empresa escoge su precio de tal forma que el *markup* sea inversamente proporcional a la elasticidad de la demanda a que se enfrenta:

$$\frac{(\text{precio} - \text{costo marginal})}{\text{precio}} = \frac{1}{\text{elasticidad}}$$

O, debido a que hemos asumido que los costos marginales y medios son iguales, o sea: CMg = CMe, podemos decir que el margen de beneficio o *markup* es la fracción del precio de un bien que se convierte en beneficio de la empresa. La elasticidad de la curva de demanda de la empresa es mayor cuanta más competencia tenga esta de otras empresas, así que, a mayor elasticidad, menor el precio de la empresa y su *markup*. Denominamos al *markup* μ (la letra griega mu):

$$\mu = \frac{1}{\text{elasticidad}} = \frac{P - C}{P} = \frac{\text{Ganancias por unidad}}{\text{Precio por unidad}}$$

Asumiendo nuestro supuesto de que los costos marginales (y medios) de la empresa son iguales a su costo laboral (W/λ), podemos decir que esta fija su precio tal que:

$$\mu = \frac{p - (\frac{W}{\lambda})}{p}$$

$$= 1 - \frac{\frac{W}{p}}{\lambda}$$

Reordenando y multiplicando cada lado por λ obtenemos:

$$\frac{\frac{W}{p}}{\lambda} = 1 - \mu$$

$$\frac{W}{p} = \lambda(1 - \mu)$$

$$= \lambda - \lambda\mu$$

En palabras, esta fórmula nos dice que:

salario real = producto por trabajador(λ)

— utilidad real por trabajador($\lambda\mu$)

Cuando la empresa fija el precio que maximiza su beneficio, está dividiendo el producto por trabajador entre la parte que llega a los empleados como salarios y la parte que llega a los propietarios de la empresa como beneficios.

Paso 2: *El nivel de precios de la economía en su conjunto y el salario real*

Desde el punto de vista del empleado, el salario real mide cuánto de su consumo típico puede comprar con el salario de una hora de trabajo. Como compra muchos bienes y servicios diferentes, lo que pueda comprar dependerá de los precios que fijen las empresas a lo largo y ancho de toda la economía, y no solamente los que fije la empresa en la que trabaja. Llamaremos al nivel medio de precios de los bienes y servicios consumidos por el trabajador, P, que es un promedio de los diferentes niveles de p fijados por las distintas empresas a lo largo y ancho de la economía.

El salario real es el salario nominal dividido por el nivel de precios promedio de toda la economía, P.

$$\text{salario real} = \frac{\text{salario nominal}}{\text{nivel de precios}}$$

$$w = \frac{W}{P}$$

Paso 3: Beneficios, salarios y la curva de fijación de precios
Hemos asumido que la economía en su conjunto se compone de
empresas que se enfrentan a condiciones de competencia similares a la
empresa individual que acabamos de estudiar. Esto significa que el
problema de fijación de precios del paso 1 se aplica a todas las empresas
de la economía, por lo que podemos usar la ecuación de precios para
determinar el salario en toda la economía.

$$\text{Curva de precios} : \frac{W}{P} = \lambda(1 - \mu)$$

Esto se traduce en palabras como:

$$\text{salario real}(\frac{W}{P}) = \text{producto por trabajador}(\lambda) - $$
$$\text{utilidad real por trabajador}(\lambda\mu)$$

Este es el salario que indica la curva de fijación de precios.

9.6 SALARIOS, BENEFICIOS Y DESEMPLEO EN LA ECONOMÍA EN SU CONJUNTO

Al combinar la curva de fijación de salarios y la curva de fijación de precios
en la figura 9.11, podemos construir una imagen de ambos lados del
mercado laboral.

Todos los puntos en el área sombreada ubicada por debajo de la curva de
fijación de salarios se denominan «no se trabaja» porque corresponden a
una zona donde el salario real es insuficiente como para motivar a los
trabajadores. En esta situación, no se trabaja ni se generan beneficios, no se
contrata a nadie: el único resultado posible a largo plazo si el salario real se
encuentra por debajo de la curva de fijación de salarios es una situación de
empleo cero. Estos puntos sombreados no son factibles.

El equilibrio del mercado laboral se produce donde se cruzan las curvas
de fijación de salarios y precios. Este punto corresponde a un **equilibrio de
Nash** porque todas las partes están optando por sus mejores respuestas,
dado el comportamiento de todos los demás. Todas las empresas están
fijando el salario nominal donde la curva de isocosto es tangente a la
función de reacción o de mejor respuesta (capítulo 6), y está estableciendo el
precio que maximice su beneficio (capítulo 7). Tomando la economía como
un todo, en la intersección de las curvas de fijación de salarios y precios
(punto X):

- Las empresas están ofreciendo salarios que garanticen el trabajo eficaz
  por parte de sus empleados al mínimo costo posible (es decir, se está
  situando sobre la curva de fijación de salarios). RRHH no puede
  recomendar una política alternativa que proporcione mayores
  beneficios.
- El empleo se encuentra en el nivel más alto posible (sobre la curva de
  fijación de precios) dado el nivel salarial ofrecido. El departamento de
  marketing no puede recomendar un cambio en el precio o en el nivel
  de producción.
- Los que tienen trabajo no pueden mejorar su situación cambiando su
  comportamiento. Si decidieran dedicar menos esfuerzo a sus trabajos,

correrían el riesgo de ser despedidos, y si decidiesen pedir más sueldo, su empleador les negaría el aumento y contrataría a otra persona.

- Los que no encuentran trabajo preferirían estar trabajando, pero no hay forma de que lo consigan, ni siquiera ofreciéndose a trabajar a un salario menor que los otros.

El desempleo como una característica del equilibrio del mercado laboral

Hemos mostrado que el desempleo puede existir en el equilibrio de Nash del mercado laboral.

> **equilibrio del mercado laboral** Combinación del salario real y el nivel de empleo determinado por la intersección de las curvas de fijación de salarios y fijación de precios. Este es el equilibrio de Nash del mercado laboral porque ni los empleadores ni los trabajadores podrían mejorar su situación cambiando su comportamiento. *Véase también: desempleo de equilibrio, tasa de desempleo estabilizadora de la inflación.*
>
> **desempleo de equilibrio** Corresponde al número de personas que buscan trabajo pero no tienen trabajo, que viene determinado por la intersección de las curvas de fijación de salarios y fijación de precios. Es el equilibrio de Nash del mercado laboral donde ni los empleadores ni los trabajadores podrían mejorar su situación cambiando su comportamiento. *Véase también: desempleo involuntario, desempleo cíclico, curva de fijación de salarios, curva de fijación de precios, tasa de desempleo estabilizadora de la inflación.*
>
> **exceso de oferta** Situación en la que la cantidad ofertada de un bien es mayor que la cantidad demandada al nivel de precios actual. *Véase también: exceso de demanda.*

Ahora mostraremos por qué *siempre* habrá desempleo en el **equilibrio del mercado laboral** usando el argumento del capítulo 6. Esto se conoce como **desempleo de equilibrio**.

El desempleo implica que hay personas buscando trabajo sin encontrarlo. A esto también se le denomina **exceso de oferta** laboral, lo que significa que la demanda de trabajo a determinado salario es menor que la cantidad de trabajadores disponibles para trabajar a ese salario. Para entender por qué siempre habrá desempleo en el mercado laboral en equilibrio, consideremos la curva de oferta laboral.

En nuestro modelo, asumimos que la oferta laboral es vertical, lo que significa que salarios más altos no implican que más personas ofrezcan horas adicionales de trabajo. A mayores salarios, algunas personas buscan (y encuentran) más horas de trabajo y otras buscan (y encuentran) menos horas. Usted ya sabe por el capítulo 3 que el efecto sustitución de un incremento salarial (que lleva a escoger más horas de trabajo y menos tiempo libre) puede verse más que compensado por el efecto ingreso. Para simplificar, dibujamos una curva de oferta tal que el salario no tenga efecto sobre la oferta laboral. Pero esto no es crucial. El modelo no sería diferente

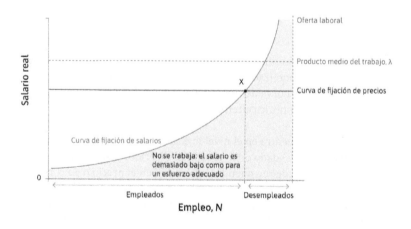

Figura 9.11 Equilibrio en el mercado laboral.

si unos salarios más altos involucraran a más o menos personas buscando trabajo. Para ver esto, puede experimentar con curvas de oferta laboral con diferentes formas en la figura 9.11.

¿Por qué siempre habrá algo de desempleo involuntario en un equilibrio del mercado laboral?

- *Si no hubiera desempleo:* el costo de perder el empleo sería cero (no hay renta del empleo) porque un trabajador que pierde su trabajo puede conseguir otro, al mismo salario, inmediatamente.
- *Por ende, es necesario algo de desempleo:* significa que el empleador puede motivar a los trabajadores de modo que pongan un cierto nivel de esfuerzo en sus trabajos.
- *Por ende, la curva de fijación de salarios siempre se encontrará a la izquierda de la curva de oferta laboral.*
- *En consecuencia, en cualquier equilibrio donde se crucen las curvas de fijación de precios y salarios, debe de haber personas desempleadas:* esto se representa por la brecha entre la curva de fijación de salarios y la curva de oferta laboral.

Otra forma de ver esto es considerar de nuevo la figura 9.11. Note que la pendiente de la curva de salario aumenta sustancialmente cuando se acerca a la línea de oferta laboral, superando tanto a la curva de fijación de precios como a la curva de productividad laboral. Esta característica de nuestro modelo pone de manifiesto un límite importante a las políticas para la reducción del desempleo. De acuerdo con nuestro modelo, cualquier política que se acerque a eliminar enteramente el desempleo colocaría a los empleadores en una posición en la que lo mejor que podrían hacer sería pagar salarios tan altos que eliminarían los beneficios de los empleadores y el incentivo para que las empresas siguieran operando.

EJERCICIO 9.4 ¿ES REALMENTE UN EQUILIBRIO DE NASH?
En este modelo, los desempleados no son diferentes de los empleados (excepto por su mala suerte). Suponga que es un empleador, y uno de los desempleados acude a usted y le promete trabajar al mismo nivel de esfuerzo que sus trabajadores actuales, pero con un salario ligeramente más bajo.

1. ¿Qué le respondería a este trabajador?
2. ¿Su respuesta ayuda a explicar por qué debe existir desempleo en un equilibrio de Nash?

PREGUNTA 9.6 ESCOJA LA(S) RESPUESTA(S) CORRECTA(S)
La figura 9.11 representa el modelo del mercado laboral. Considere ahora una reducción en el grado de competencia al que se enfrentan las empresas. ¿Cuál de las siguientes afirmaciones es correcta con respecto a los efectos de una competencia reducida?

- ☐ La curva de fijación de precios se desplaza hacia arriba.
- ☐ La curva de fijación de salarios se desplaza hacia abajo.
- ☐ El salario real de equilibrio cae.
- ☐ El nivel de desempleo cae.

PREGUNTA 9.7 ESCOJA LA(S) RESPUESTA(S) CORRECTA(S)
¿Cuál de las siguientes afirmaciones respecto a los efectos de un aumento en el salario real sobre la oferta laboral de un trabajador es correcta?

☐ El efecto ingreso implica que el trabajador aumentará su oferta laboral.

☐ El efecto sustitución hace que el trabajador aumente su consumo de tiempo libre.

☐ Los efectos ingreso y sustitución siempre se potencian mutuamente, lo que conlleva a una mayor oferta laboral.

☐ A niveles salariales altos, el efecto ingreso domina al efecto sustitución, lo que lleva a una menor oferta de trabajo.

9.7 CÓMO LOS CAMBIOS EN LA DEMANDA DE BIENES Y SERVICIOS AFECTAN EL DESEMPLEO

Al principio de este capítulo leyó sobre el padre y el hijo que trabajaban en el sector minero australiano (Doug y Rob Grey). El ascenso y declive en sus vidas personales reflejaban cambios en las condiciones económicas de la economía australiana en su conjunto. El auge de la minería había hecho que se construyeran inmensas instalaciones mineras a gran escala en Australia Occidental, Queensland y el Territorio del Norte. Más adelante, cuando terminaban los proyectos de construcción existentes, se produjo un colapso del precio del hierro, lo que hizo que se iniciaran menos proyectos de nuevas minas, puertos e instalaciones de procesamiento. En la figura 9.1 (página 403) se muestra cómo el desempleo empezó a subir a medida que el precio del hierro se hundía a nivel global.

El desempleo aumentó porque la demanda de trabajo en la minería y sus servicios relacionados se contrajo. No solamente cayó la demanda de minerales, sino también la demanda de los bienes y servicios que la familia Grey y otras como ellos habrían comprado si hubieran conservado sus trabajos. Como resultado, la demanda de bienes y servicios se redujo a lo largo y ancho de toda la economía, lo que, a su vez, acarreó consecuencias para la demanda de trabajo. Cuando decimos «demanda derivada de trabajo», nos referimos a que la demanda de trabajo de las empresas depende de la demanda que exista de sus bienes y servicios.

Los economistas usan la palabra *agregado* –que significa sumado para poder medir el todo, no solo las partes– para describir variables o hechos que afecten a toda una economía. La demanda agregada, por ejemplo, es la suma de la demanda de todos los bienes y servicios producidos en la economía, procedente tanto de consumidores como de empresas, el gobierno o compradores de otros países. El incremento en el desempleo causado por una caída en la demanda agregada se denomina desempleo «por insuficiencia de demanda» o, como estudiaremos en el capítulo 13, **desempleo cíclico**.

¿Cómo aparece este desempleo por insuficiencia de demanda en nuestro modelo del mercado laboral y cómo se relaciona con el desempleo del equilibrio de Nash del mercado laboral?

desempleo cíclico Aumento del desempleo por encima del desempleo de equilibrio causado por una caída en la demanda agregada asociada con el ciclo económico. *También conocido como: desempleo por insuficiencia de demanda. Véase también: desempleo de equilibrio.*

Siga los pasos de la figura 9.12 para comparar el desempleo del mercado laboral en equilibrio (en X) con el desempleo causado por un bajo nivel de demanda agregada (en B). Una persona desempleada en X se encuentra **desempleada involuntariamente** porque esa persona aceptaría un trabajo al salario real que indica la intersección de las curvas de fijación de salarios y precios.

Una persona desempleada en el punto B también se encuentra desempleada involuntariamente. Es más, esa persona estaría dispuesta a aceptar un trabajo con un salario menor al indicado en B y aun así estaría dispuesta a esforzarse en el trabajo.

Denominamos el nivel de falta de puestos de trabajo del punto X como desempleo de equilibrio; pero, ¿qué ocurre con el punto B? ¿Puede ser un alto desempleo por insuficiencia de demanda un resultado a largo plazo? ¿Podrá el comportamiento de empresas y trabajadores terminar haciendo desaparecer el desempleo causado por una demanda agregada insuficiente?

Constatamos que B no es un equilibrio de Nash. En este punto, el departamento de RRHH –al notar la alta tasa de desempleo– sin duda diría: «¡Con un desempleo tan alto, podríamos pagar a nuestros trabajadores mucho menos y todavía estarían dispuestos a trabajar!». Debido a que la empresa podría aumentar sus beneficios bajando los salarios, siempre que se sitúe por encima de la curva de fijación de salarios, B no estará en un equilibrio de Nash.

> **desempleo involuntario** Estar sin trabajo, pero preferir tener un trabajo con los salarios y las condiciones laborales que tienen otros empleados idénticos que sí trabajan. *Ver también: desempleo.*

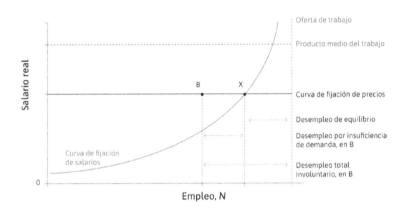

Figura 9.12 Equilibrio y desempleo por insuficiencia de demanda (cíclico).

1. Punto X
En X, el desempleo se encuentra en su nivel correspondiente al equilibrio en el mercado laboral. Si alguien perdiera su trabajo en X, no se mostraría indiferente entre tener o no tener trabajo porque experimentaría un costo en caso de perder el trabajo.

2. Punto B
En B, hay personas adicionales buscando trabajo que también están desempleadas involuntariamente. El desempleo adicional en B se debe a la baja demanda agregada y se llama desempleo por insuficiencia de demanda o desempleo cíclico.

3. Equilibrio de Nash
En el punto B, el desempleo involuntario total viene dado por la suma del desempleo cíclico y el desempleo de equilibrio. El punto X es el equilibrio de Nash del mercado laboral, lo que significa que todos los actores están haciendo lo mejor que pueden, dadas las acciones de los otros actores. Ningún trabajador o empresa puede mejorar su situación cambiando sus acciones.

Pero, aun así, un resultado como B podría persistir durante un largo tiempo si no existen políticas públicas dirigidas a expandir el empleo.

Para entender por qué, primero necesitamos comprender cómo una decisión de reducción salarial por parte de los departamentos de RRHH en toda la economía podría (en las circunstancias apropiadas) llevar a la desaparición del desempleo cíclico. Suponga que la economía se encuentra en el punto B (con todas las empresas en puntos similares al punto B de la figura 9.8 (página 415)). Entonces tendría lugar la siguiente secuencia iniciada por los departamentos de RRHH:

- Menores salarios reducirían los costos.
- El grado de competencia al que se enfrenta la empresa no ha cambiado, luego esta querría fijar un precio que restaure su *markup* de maximización de los beneficios.
- Dado que los costos son menores, las empresas reducirían sus precios.
- Debido a que la curva de demanda a la que se enfrentan las empresas tiene pendiente negativa, estas venderían más, expandiéndose así producto y empleo.

La figura 9.13 muestra el proceso de ajuste de la empresa. La rebaja salarial se produce por recomendación del departamento de RRHH y, dados los menores costos, el departamento de marketing baja el precio para maximizar los beneficios. Las empresas se moverían hacia la derecha a lo largo de la curva de demanda. El producto y el empleo aumentan.

Para ver dónde se detendrá el proceso de recorte de precios de la empresa, considere las nuevas curvas de isobeneficio que aparecen una vez que el costo de contratar trabajadores se ha reducido. Recuerde lo que vimos en el capítulo 7: como el costo (C) ha bajado, cada punto de la curva de isobeneficio corresponde ahora a un nivel de beneficio superior que antes de la caída de los salarios.

Es importante tener en cuenta también que la curva de isobeneficio tendrá más pendiente que antes. Recuerde que la pendiente de la curva de isobeneficio es $(p - C)/q$, de modo que en el punto B (q^*, p^*), por ejemplo, la pendiente de la curva de isobeneficio con el salario más alto será mayor.

Siga los pasos de la figura 9.13 para ver dónde fijará la empresa su precio al final.

¿Qué podría salir mal?

Este proceso explica cómo el recorte de salarios y precios podría llevar a la economía de B a X pero, en la vida real, las economías no funcionan con tanta soltura. ¿Qué podría fallar?

Resistencia de los trabajadores a una reducción del salario nominal

El departamento de RRHH debería saber que rebajar el salario nominal de sus empleados no es un asunto simple, porque implica que la cantidad monetaria que en realidad reciban todos sus trabajadores se recorta. Como vimos en el capítulo 6, las empresas prefieren evitar rebajar los salarios nominales porque es una medida que puede afectar la motivación de los trabajadores o provocar conflictos con los empleados. Las huelgas y otras medidas de resistencia de los trabajadores, como por ejemplo, tácticas de trabajo lento, podrían perturbar el proceso productivo. Por estas razones, los departamentos de RRHH podrían titubear antes de imponer recortes salariales a sus trabajadores.

T. Bewley. 2007. 'Fairness, Reciprocity and Wage Rigidity'. *Behavioral Economics and its Applications*, edición a cargo de Peter Diamond y Hannu Vartiainen, pp. 157–188. Princeton, NJ: Princeton University Press.

C. M. Campbell y K. S. Kamlani. 1997. 'The Reasons For Wage Rigidity: Evidence From a Survey of Firms'. *The Quarterly Journal of Economics* 112 (3) (Agosto): pp. 759–789.

Las reducciones en salarios y precios podrían no conducir a un aumento de las ventas y el empleo

Para que se dé el ajuste de B a X, se debe producir un ajuste de salarios y precios a la baja en todas las empresas de la economía y, en respuesta a ese movimiento, empresas y hogares deben incrementar su demanda de bienes y servicios lo suficiente para restablecer la demanda de toda la economía (o demanda agregada) al nivel correspondiente al punto X. Para una empresa a título individual, una caída en los precios genera más ventas. Ahora bien, una caída de precios en toda la economía puede provocar recortes en el gasto, lo que a su vez puede terminar desplazando hacia la izquierda las curvas de demanda a que se enfrentan las empresas. Es posible que la caída en los niveles de precios lleve a los hogares a posponer su gasto a la espera de precios mejores (más bajos) todavía. Este comportamiento podría exacerbar la brecha en el gasto. Más aún: a medida que caen los salarios, los hogares pueden decidir gastar menos, reduciéndose aún más la demanda.

En consecuencia, cuando la demanda agregada es insuficiente, las decisiones habituales de las empresas en busca de la maximización del beneficio y las respuestas de los consumidores, cuando se agregan para toda la economía, no van a mover a la economía necesariamente desde B hasta el equilibrio de Nash en X.

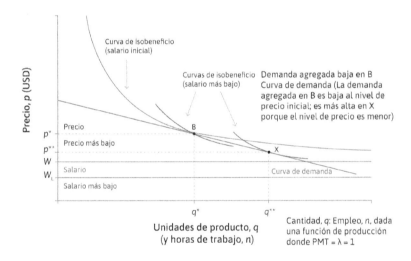

Figura 9.13 Una empresa aumenta la producción y el empleo tras un recorte en los salarios.

1. La nueva curva de isobeneficio
La nueva curva de isobeneficio (para salarios más bajos) que pasa por el punto B original ahora tiene más pendiente que la curva de demanda, por lo que la empresa puede obtener mejores resultados bajando su precio y desplazándose así hacia abajo a lo largo de la curva de demanda, con lo que venderá más.

2. Maximización de beneficios
La empresa continuará haciendo esto hasta que llegue a un punto en la curva de demanda donde una de las nuevas curvas de isobeneficio de color azul oscuro sea tangente a la curva de demanda. La empresa maximiza las ganancias en el punto X.

El papel de las políticas de gobierno

Afortunadamente, hay otra forma de llegar de B al equilibrio de Nash. El gobierno puede adoptar políticas para incrementar su gasto y expandir la demanda a la que se enfrentan las empresas. En este caso, en el punto B, las empresas se encontrarían con que están produciendo menos de la cantidad maximizadora de beneficios y decidirían contratar a más personas en vez de reducir los salarios. Las políticas que afectan la demanda agregada de la economía se tratan en los capítulos 13 al 17.

La figura 9.14 ilustra este caso. Como antes, la economía comienza (tras la caída de la demanda total) en el punto B. El gobierno, en vez de esperar a que se produzca un resurgimiento de la demanda agregada (por ejemplo, a través de una recuperación de la demanda global de minerales) o a que el proceso de reducción de salarios y precios se extienda por toda la economía, podría incrementar el nivel de demanda agregada.

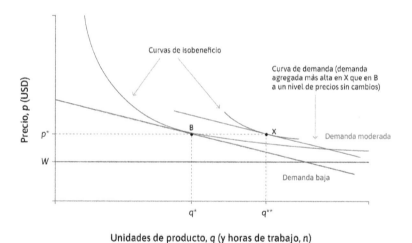

Figura 9.14 Una empresa aumenta la producción y el empleo tras un aumento de la demanda como resultado de la política monetaria o fiscal.

1. Antes del aumento de la demanda
Como antes, la firma comienza en el punto B.

2. La curva de demanda se desplaza hacia la derecha
Recuerde que las curvas de isobeneficio no se desplazan cuando la curva de demanda se desplaza. La empresa pasa a una nueva curva de isobeneficio de mayor rentabilidad (más alta) si la demanda aumenta como resultado de una mayor demanda en toda la economía, resultante de acciones de política monetaria o fiscal.

Un método para conseguirlo es que el banco central abarate el crédito reduciendo las tasas de interés. En este caso, el objetivo es incentivar a las personas a que adelanten alguna de sus decisiones de gasto, particularmente en aquellos artículos que suelen comprarse a crédito, como la vivienda y los automóviles. Analizamos en detalle la **política monetaria** en el capítulo 10 (Bancos, dinero y el mercado de crédito) y en el capítulo 15 (Inflación, desempleo y política monetaria). Otros métodos consisten en incrementar el gasto gubernamental o reducir las tasas impositivas. Estas **políticas fiscales** son la materia del capítulo 14 (Desempleo y política fiscal).

Podemos resumir lo que hemos aprendido en las figuras 9.15 a-c. Cuando la demanda agregada de la economía es demasiado baja, el desempleo es más alto que en el equilibrio de Nash. El gobierno o el banco central pueden eliminar ese desempleo por insuficiencia de demanda a través de políticas fiscales y monetarias. Estas políticas seguramente constituirán un mecanismo más rápido para reducir el desempleo, que limitarse a esperar a que se produzca la combinación de ajustes a la baja de precios y salarios por parte de las empresas en toda la economía, y un aumento de la demanda de bienes y servicios por parte de los hogares y las empresas.

El ajuste a través de la política fiscal o monetaria se muestra en la figura 9.15a, el ajuste a través de recortes de salarios y precios se muestra la figura 9.15b, y el mercado laboral agregado se muestra en la figura 9.15c.

> **política monetaria** Acciones del banco central (o del gobierno) destinadas a influir en la actividad económica mediante el cambio de las tasas de interés o los precios de los activos financieros. *Véase también: flexibilización cuantitativa (QE, por sus siglas en inglés).*
>
> **política fiscal** Cambios en los impuestos o en el gasto público para estabilizar la economía. *Véase también: estímulo fiscal, multiplicador fiscal, demanda agregada.*

EJERCICIO 9.5 SALARIOS Y DEMANDA AGREGADA

Vimos que, si una economía tiene una demanda agregada baja con un alto desempleo cíclico, entonces el ajuste automático de vuelta al equilibrio podría producirse a través de un proceso de recortes salariales y de precios. Suponga que es un trabajador y ve que muchos trabajadores han perdido sus empleos, mientras que a otros trabajadores se les está reduciendo el salario.

1. ¿Cómo podría afectar esto sus decisiones de gasto y ahorro?
2. ¿Cómo podría esto afectar el ajuste de vuelta al equilibrio?

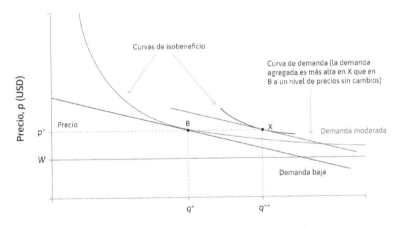

Figura 9.15a La empresa: Ajuste al desempleo de equilibrio en X a través de la política fiscal o monetaria.

PREGUNTA 9.8 ESCOJA LA(S) RESPUESTA(S) CORRECTA(S)
La figura 9.12 (página 425) muestra el mercado laboral cuando ha habido un *shock* negativo de la demanda agregada. Según esta información, ¿cuál de las siguientes afirmaciones es correcta?

☐ El nuevo equilibrio B es un equilibrio de Nash.
☐ En B, el desempleo es puramente cíclico.
☐ En B, las empresas pueden obtener mayores beneficios reduciendo los salarios.
☐ El ajuste de vuelta al equilibrio de B a X es inmediato.

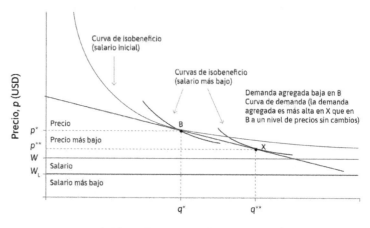

Figura 9.15b La firma: Ajuste al desempleo de equilibrio en X a través de recortes salariales y de precios.

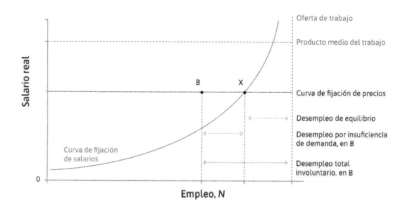

Figura 9.15c Mercado laboral agregado: desempleo cíclico y desempleo de equilibrio.

9.8 EL EQUILIBRIO EN EL MERCADO LABORAL Y LA DISTRIBUCIÓN DEL INGRESO

Como hemos visto, el modelo del mercado laboral no solo determina los niveles de empleo, desempleo y salarios, sino también el reparto del producto de la economía entre trabajadores (empleados o desempleados) y empleadores. Así pues, el modelo del mercado laboral es también un modelo de distribución del ingreso en una economía sencilla en la que solo hay estas dos clases sociales (empleadores, que son los dueños de las empresas y trabajadores), y donde algunos miembros de esta última clase no tienen trabajo.

Tal como hicimos en el capítulo 5, podemos construir la curva de Lorenz y calcular el coeficiente de Gini para la economía de este modelo. Puede consultar el Einstein del capítulo 5 sobre la curva de Lorenz y el Einstein al final de esta sección, que explica cómo calcular el coeficiente de Gini con diferentes tipos de información sobre una población.

En el panel izquierdo de la figura 9.16 mostramos el mercado laboral de una economía con 80 empleados idénticos de 10 empresas idénticas. Como puede ver, hay 10 personas desempleadas. Cada empresa tiene solo un dueño. La economía se encuentra en equilibrio en el punto A, donde el salario real es suficiente para motivar a los trabajadores y consistente con una política de margen de beneficio de la empresa que maximiza sus ganancias ($w = 0,6$ en este caso).

El panel de la derecha muestra la curva de Lorenz para el ingreso de esta economía. Debido a que las personas desempleadas no reciben ingresos, si no hay prestaciones por desempleo, la curva de Lorenz (la línea continua de color azul) comienza en el eje horizontal de la esquina izquierda. La curva de fijación de precios en el panel izquierdo indica que los trabajadores reciben un 60% del total del producto y los empleadores el resto. Esto se representa en el panel de la derecha con un segundo «quiebre» en la curva de Lorenz, donde vemos que las 90 personas más pobres de la población (los 10 trabajadores desempleados y los 80 empleados, mostrados en el eje horizontal) reciben un 60% del producto total (en el eje vertical).

El tamaño del área sombreada muestra la extensión de la desigualdad y el coeficiente de Gini es 0,36. Para aprender a calcular el coeficiente de Gini con información como esta, consulte el Einstein del final de esta sección.

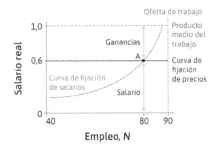

Figura 9.16 La distribución del ingreso en el equilibrio del mercado laboral.

La curva de Lorenz está compuesta por tres segmentos o tramos lineales, comenzando en el punto de coordenadas (0, 0) y terminando en el punto (1, 1). El primer quiebre en la curva ocurre cuando hemos contado todas las personas desempleadas.

El segundo se sitúa en un punto interior, cuyas coordenadas (fracción del total de población económicamente activa, fracción del producto total recibida en forma de salarios) se calculan del siguiente modo. La fracción del producto recibido en forma de salarios, denominada participación del salario en el ingreso total, *s*, es:

$$s = \text{participación de los salarios}$$
$$= \frac{\text{salario real diario por trabajador}}{\text{producto diario por trabajador}}$$
$$= \frac{w}{\lambda}$$

Por lo tanto, el área sombreada de la figura –por ende, la desigualdad medida a través del coeficiente de Gini– aumenta si:

- *Una fracción mayor de los trabajadores están desempleados (una tasa de desempleo más alta):* el primer quiebre de la línea continua se desplaza a la derecha.
- *El salario real cae (o lo que es lo mismo, el* markup *o margen de beneficio sube) y nada más cambia:* el segundo quiebre se desplaza hacia abajo.
- *La productividad sube y nada más cambia (los salarios reales no suben):* esto implica que el *margen de beneficio* sube y, por tanto, el segundo quiebre se desplaza hacia abajo.

Factores que afectan el equilibrio del mercado laboral: desempleo y desigualdad

¿Qué puede cambiar el nivel de empleo y la distribución del ingreso entre beneficios y salarios en el punto de equilibrio? Siga los pasos de la figura 9.17 para ver qué ocurriría si el grado de competencia al que se enfrentan las empresas aumentara como resultado, por ejemplo, de la eliminación de las barreras para que empresas de otros países compitan en los mercados de esta economía.

El margen de beneficio caería y el salario real que muestra la curva de fijación de precios aumentaría, lo que llevaría a un nuevo punto de equilibrio en B con salarios reales más altos y un mayor nivel de empleo. La fracción del producto destinada a las ganancias empresariales bajaría y la fracción destinada a los salarios subiría.

PREGUNTA 9.9 ESCOJA LA(S) RESPUESTA(S) CORRECTA(S)

La figura 9.16 es la curva de Lorenz asociada con un equilibrio particular del mercado laboral. En una población de 100 personas, hay 10 empresas, cada una con un solo propietario, 80 trabajadores empleados y 10 trabajadores desempleados. Los trabajadores empleados reciben el 60% del ingreso total como salario. El coeficiente de Gini es 0,36. ¿En cuál de los siguientes casos aumentaría el coeficiente de Gini, manteniendo los demás factores sin cambios?

☐ Un aumento en la tasa de desempleo.
☐ Un aumento en el salario real.
☐ Un aumento en la productividad de los trabajadores, mientras que el salario real no cambie.
☐ Un aumento en el grado de competencia entre empresas.

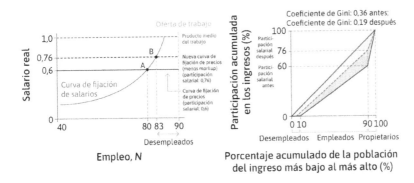

Figura 9.17 Efecto de un aumento en el grado de competencia entre empresas: la curva de fijación de precios se desplaza hacia arriba y disminuye la desigualdad.

1. El equilibrio inicial
Se parte del equilibrio en A con un coeficiente de Gini de 0,36. Suponga que aumenta el grado de competencia entre empresas.

2. Un nuevo equilibrio
El margen de beneficio o *markup* que aplican las empresas en el mercado disminuirá, por lo que la curva de fijación de precios estará más alta. El nuevo equilibrio está en B.

3. Un nuevo coeficiente de Gini
En el nuevo equilibrio hay un salario más alto y un mayor nivel de empleo. Una competencia más fuerte significa que las empresas tienen menos poder de mercado: la participación de las ganancias empresariales en el ingreso total cae y la participación de los salarios aumenta. La desigualdad cae: el nuevo coeficiente de Gini es 0,19.

EINSTEIN

La curva de Lorenz y el coeficiente de Gini en una economía con desempleados, empleados y empleadores (dueños)

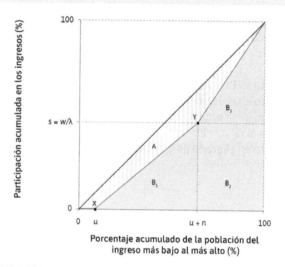

Ahora usaremos la figura para establecer una ecuación para el valor del coeficiente de Gini en términos de las siguientes variables:

- u, la fracción de la población que se encuentra desempleada
- n, la fracción de la población que se encuentra empleada
- w, el salario real
- q, el producto por trabajador empleado
- $s = w/q$, la fracción salarial recibida por los trabajadores

Recuerde que el coeficiente de Gini es igual al área A dividida por el área que queda debajo de la línea de 45 grados y, por ende, es igual a $A/0,5 = 2A$. Calculamos A como $0,5 - B$ donde $B = B_1 + B_2 + B_3$:

$$B_1 = \frac{1}{2}ns$$
$$B_2 = (1 - u - n)s$$
$$B_3 = \frac{1}{2}(1 - u - n)(1 - s)$$

Reordenando estas variables, obtenemos:

$$\begin{aligned} B &= B_1 + B_2 + B_3 \\ &= \frac{1}{2}ns + (1 - u - n)s + \frac{1}{2}(1 - u - n)(1 - s) \\ &= \frac{1}{2}(1 - u - n) + \frac{1}{2}(1 - u)s \end{aligned}$$

Esto implica que el coeficiente de Gini es:

$$g = 2A$$
$$= 1 - (1 - u - n) - (1 - u)s$$
$$= u + n - (1 - u)s$$

Recuerde que $s = w/q$. ¿Qué podemos aprender de la expresión:

$$g = u + n - (1 - u)\frac{w}{q}?$$

- *Si la clase social de los empleadores se hace relativamente más pequeña*: entonces $u + n$ sube. Esto implica que g sube y que el punto Y de la curva de Lorenz se desplaza hacia la derecha: sube la desigualdad. Esto ocurre porque las mismas ganancias se dividen, ahora, entre menos personas, de modo que estas son más ricas que antes. Esto podría representar la evolución temprana del capitalismo, pasando de una economía de empresas manufactureras familiares relativamente pequeñas, cada una con unos cuantos empleados, a una economía moderna de riqueza concentrada.
- *Un incremento en la participación del salario w/q en el ingreso total, *ceteris paribus, reduce el coeficiente de Gini**: esto desplaza el punto Y hacia arriba.
- *Si todas las empresas son cooperativas*: si no hay empleadores y los trabajadores se quedan con todo lo que producen ($w/q = 1$), el coeficiente de Gini cae hacia $g = 2u + n - 1$ y el punto Y se desplaza hacia la esquina superior derecha. Si, además no hay desempleo, entonces $u = 0$ y $n = 1$, de modo que $g = 0$: hay completa equidad porque todo el mundo es un trabajador que recibe un salario idéntico. En este caso, se asume que la productividad no varía con el cambio de propiedad.
- *Como vimos en el Einstein del capítulo 5, este cálculo no resulta si la población es muy pequeña*: en este caso, la fórmula que hemos deducido para el coeficiente de Gini no nos da un valor 1 (como debería) cuando una sola persona recibe todo el ingreso. Para ilustrarlo, suponga que $w = 0$, de modo que todo el ingreso va a los empleadores. De acuerdo con nuestra fórmula $g = u + n$. Ahora suponga que hay 10 personas en la población, solo una de las cuales es un empleador. Entonces, según la fórmula, $g = 0,9$ cuando en realidad el Gini es 1. Esto ilustra el sesgo de población pequeña que presenta este coeficiente. Si calcula el coeficiente de Gini midiendo las diferencias entre parejas de personas en la población, el resultado que obtendrá para g no estará sujeto a este sesgo de población pequeña. Otra alternativa es multiplicar el g calculado más arriba por $N/(N-1)$ para corregir el sesgo, donde N es el tamaño total de la población: multiplicando $0,9$ por $10/9$ da como resultado $g = 1$.

9.9 OFERTA DE TRABAJO, DEMANDA DE TRABAJO Y PODER DE NEGOCIACIÓN

A pesar de que la oferta de trabajo debe siempre exceder la demanda de trabajo en el equilibrio del mercado laboral (siempre hay algún nivel de desempleo involuntario), la oferta de trabajo sigue siendo uno de los determinantes más importantes de este equilibrio de Nash. Analicemos esto imaginando que hay inmigración de personas buscando empleo (asuma que estos inmigrantes son potenciales empleados y no personas que tienen la intención de establecer nuevos negocios) o que las personas dedicadas a la crianza de los niños o que se encuentran jubiladas regresan al mercado de trabajo y, por tanto, vuelven a formar parte de la fuerza laboral.

¿Qué efecto tendría esto? Veamos primero lo que ocurre con la curva de fijación de salarios tras un aumento en la oferta laboral:

- nuevos buscadores de empleo pasarían a formar parte de la población desempleada
- lo que aumentaría la duración esperada del periodo de desempleo entre trabajos
- al aumentar el costo de perder el trabajo, aumentan la renta del empleo de los trabajadores empleados al nivel actual de salario y empleo
- pero entonces las empresas estarían pagando más de lo necesario para asegurarse la motivación de los trabajadores en sus empleos …
- … por ende, las empresas acabarían disminuyendo los salarios que ofrecen

Este proceso se puede dar en cualquier punto sobre la curva de fijación de salarios, por lo que debe ser cierto para toda la curva en su conjunto. En consecuencia, el efecto de un incremento en la oferta de trabajo desplaza la curva de fijación de salarios completa hacia abajo.

Cambios en la oferta laboral: Los efectos de la inmigración

Usamos el incremento en la oferta laboral que resulta de una inmigración como ejemplo. La curva de oferta laboral se desplaza a la derecha, como se muestra en la figura 9.18.

En esta historia, el impacto de corto plazo de la inmigración es perjudicial para los trabajadores existentes en el país: los salarios caen y la duración esperada del desempleo aumenta. En el largo plazo, sin embargo, el aumento en la rentabilidad de las empresas conduce a una expansión del empleo que finalmente (si no ocurren otros cambios) restaura el salario real y devuelve a la economía a su nivel inicial de desempleo. Como resultado, la situación de los trabajadores originales de la economía no empeora. En cuanto a los inmigrantes, probablemente se encontrarán en mejor situación también desde un punto de vista económico, sobre todo si las razones para dejar su país de origen fueron de esa índole.

Resumimos los efectos de un incremento en la oferta laboral sobre el mercado laboral:

- El desplazamiento hacia abajo de la curva de fijación de salarios al nivel inicial de empleo baja el salario (a B).
- La reducción en el salario genera una caída en los costos marginales de las empresas lo que, si no hay otros cambios en las condiciones de demanda de las empresas, induce a estas a contratar más trabajadores.

- Como resultado de lo anterior, el empleo se expande de modo que, una vez más, la economía se encuentra en la intersección de la curva de fijación de precios y la nueva curva de fijación de salarios, con un mayor nivel de empleo.
- El incremento en la oferta laboral conduce a un nuevo equilibrio con un mayor nivel de empleo porque desplaza la curva de fijación de salarios hacia abajo. Las nuevas contrataciones se detienen cuando el salario retorna al nivel determinado por la intersección con la curva de fijación de precios (en C). En el nuevo equilibrio, el empleo es más alto y el salario real es el mismo que al principio.

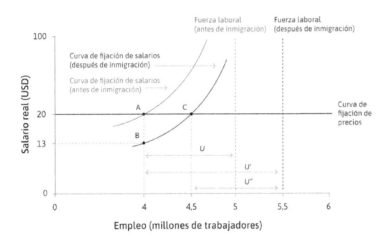

Figura 9.18 Efecto de la inmigración en el desempleo.

1. La situación inicial
La economía comienza en el punto A y emplea a 4 millones de trabajadores con un salario de 20 dólares por hora y una fuerza laboral de 5 millones.

2. Un millón de trabajadores están desempleados
Esto se muestra por la distancia U.

3. Los trabajadores inmigrantes se unen a la fuerza laboral
Esto aumenta la fuerza laboral de 5 millones a 5,5 millones de trabajadores.

4. La curva de fijación de salarios se desplaza hacia abajo
En cualquier nivel de empleo, ahora hay más trabajadores desempleados. El aumento del desempleo a 1,5 millones se muestra por la distancia U'. La amenaza de pérdida de empleo es mayor y las empresas pueden asegurarse el esfuerzo de la fuerza laboral con un salario más bajo.

5. Las empresas bajan el salario
El salario se establece ahora en el punto B en la curva de fijación de salarios en la figura, con el salario en 13 dólares por hora y el empleo aún en 4 millones.

6. Los beneficios aumentan
Esto hace que las empresas contraten más trabajadores, lo que requiere un aumento de los salarios en la curva de fijación de salarios. El mercado laboral se mueve del punto B al punto C.

7. El empleo y los salarios aumentan
Empleo y salario suben hasta alcanzar la curva de fijación de precios, lo que significa que los beneficios vuelven a ser consistentes con la competencia en el mercado. En el punto C, el empleo es de 4,5 millones de trabajadores, el salario es de 20 dólares y el desempleo se ha reducido a 1 millón de trabajadores, como muestra la distancia U''.

EJERCICIO 9.6 INMIGRACIÓN DE EMPRENDEDORES
Suponga que algunos de los inmigrantes llegados al país deciden montar negocios en lugar de convertirse en empleados. Explique cómo espera que afecte esto la curva de fijación de salarios, la curva de fijación de precios y el equilibrio del mercado laboral.

PREGUNTA 9.10 ESCOJA LA(S) RESPUESTA(S) CORRECTA(S)
La figura 9.16 (página 431) representa el modelo de un mercado laboral donde hay 90 millones de trabajadores. El equilibrio actual del mercado laboral está en A. Ahora considere el caso en que la oferta laboral total se incrementa a 100 millones. Con base en esta información, ¿cuáles de las siguientes afirmaciones son correctas con respecto al proceso de ajuste en el mercado laboral?

☐ Inicialmente el desempleo se duplica.
☐ Un mayor desempleo resulta en una reducción en la renta laboral de los trabajadores empleados con el salario actual.
☐ Las empresas deben aumentar los salarios para incentivas a los trabajadores a esforzarse.
☐ La curva de fijación de salarios se desplaza hacia abajo.

● ○ ○

9.10 SINDICATOS: SALARIOS NEGOCIADOS Y EL EFECTO DE LA VOZ SINDICAL

sindicato Organización compuesta principalmente por empleados, cuyas actividades principales incluyen la negociación de niveles de paga y condiciones laborales para sus miembros.

El mercado laboral que hemos presentado hasta el momento se reduce a empresas y trabajadores individuales. Sin embargo, en muchos países, los sindicatos juegan un papel importante en el funcionamiento del mercado laboral. Un **sindicato** es una organización que puede representar los intereses de un grupo de trabajadores en negociaciones con los empleadores sobre toda una variedad de temas: salarios, condiciones de trabajo y horarios. El contrato resultante (contrato colectivo) lo suscriben la empresa u organización que representa a los empleadores y el sindicato.

Como puede observar en la figura 9.19, la fracción de la fuerza laboral empleada de conformidad con contratos resultantes de la negociación colectiva de los sindicatos varía enormemente de unos países a otros: de niveles elevados donde casi todos los trabajadores negocian colectivamente como en Francia y otros países del norte de Europa, hasta el caso de otros lugares donde casi nadie negocia colectivamente, como Estados Unidos y Corea del Sur.

Sunny Freeman. 2015. 'What Canada can learn from Sweden's unionized retail workers'. *Huffington Post Canada Business*. Actualizado el 16 de enero de 2020.

Barry T. Hirsch. 2008. 'Sluggish institutions in a dynamic world: Can unions and industrial competition coexist?'. *Journal of Economic Perspectives* 22 (1) (Febrero): pp. 153–176.

Los sindicatos y la curva de fijación de salarios negociada

En donde los trabajadores se encuentran organizados en sindicatos, el salario no lo fija RRHH, sino que se determina a través de un proceso de negociación entre el sindicato y la empresa. Aunque el salario debe siempre alcanzar al menos el nivel indicado por la curva de fijación de salarios para cada nivel de desempleo, el salario negociado puede encontrarse por encima de la curva de fijación de salarios. La razón es que, ahora, la amenaza por parte del empleador de despedir al trabajador no constituye el único ejercicio de poder posible. El sindicato puede amenazar con «despedir» al empleador (al menos temporalmente) convocando una huelga, es decir, retirando a los empleados de la empresa con lo que queda suspendido su trabajo.

Podemos imaginar una «curva de negociación salarial» que se encuentra por encima de la curva de fijación de salarios e indica el salario que resultará del proceso de negociación entre sindicatos y empleadores para cada nivel de empleo.

El poder de negociación relativo del sindicato y el empleador determina cuánto por encima de la curva de fijación de salarios se encuentra la curva de negociación salarial. El poder del sindicato depende de su capacidad de retirar a los trabajadores de la empresa, con lo cual su poder de negociación será mayor si puede asegurarse de que, durante una huelga, no sea factible que otros trabajadores puedan ofrecer sus servicios a la empresa. Este y otros determinantes del poder de negociación dependen de las leyes y normas sociales que rigen en una economía. En muchos países, por ejemplo, buscar trabajo en una empresa en la que hay trabajadores en huelga constituye una grave violación de las normas sociales entre trabajadores.

Ahora bien, un sindicato poderoso podría no optar por negociar una subida del salario, aunque tenga poder para hacerlo. Esto ocurre porque, incluso un sindicato muy poderoso, únicamente puede influir a la hora de fijar el salario, pero no sobre cuánta gente emplea la empresa. Un salario demasiado alto podría reducir las ganancias de esta lo suficiente como para que la empresa decida cerrar sus puertas o reducir significativamente el nivel de empleo.

Los sindicatos pueden escoger contener el uso de su poder de negociación. Si su influencia en la fijación de salarios cubre una proporción sustantiva de la economía, considerarán los efectos de sus decisiones salariales sobre los salarios y el empleo de los trabajadores de toda la economía en su conjunto.

Para ver el efecto de un sindicato, observemos cómo funcionaría el mercado laboral si, en vez de tener a un empleador que fija salarios a los que los trabajadores responden individualmente, tuviéramos un proceso que funcionara del siguiente modo:

1. El sindicato establece el salario.
2. El empleador informa a los trabajadores que unos niveles de esfuerzo insuficientes generarán despidos.
3. Los trabajadores responden al salario y a las probabilidades de despido escogiendo su nivel de esfuerzo.

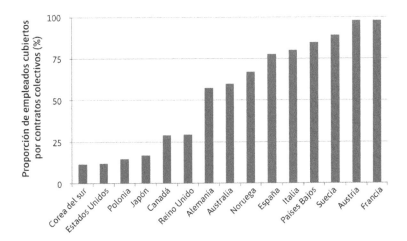

Ver estos datos en OWiD
https://tinyco.re/8246237

Jelle Visser. 2015. 'ICTWSS Data base.
version 5.0.' (https://tinyco.re/3654275).
Amsterdam: Amsterdam Institute for
Advanced Labour Studies AIAS.
Actualización en octubre de 2015.

Figura 9.19 Proporción de empleados cuyos salarios están cubiertos por convenios colectivos (principios de la década de 2010).

En este caso, el empleador ya no fija en nivel de salario que maximiza sus ganancias (el punto de tangencia entre la línea de isocosto del esfuerzo y la curva de mejor respuesta, situado en el punto A de la figura 9.20). Siga los pasos de la figura 9.20 para ver qué es lo que ocurre cuando es el sindicato el que fija salarios en vez de la empresa.

Como nos muestra la figura, el salario será más alto que el preferido por el empleador. Los empleados trabajarán ahora realizando un mayor esfuerzo, pero los salarios aumentarán más que la productividad, por lo que las empresas recibirán menos esfuerzo por cada dólar gastado en salarios. La consecuencia es que las ganancias serán más bajas que cuando no hay sindicato: es decir, se encontrarán sobre la línea de isocosto más plana que pasa por el punto C.

Trasladando la figura 9.20 al modelo del mercado laboral de la figura 9.21, vemos que la curva de negociación salarial se encuentra por encima de la curva de fijación de salarios. Si observamos el equilibrio donde se cruzan la curva de negociación salarial con la curva de fijación de precios, observamos que el salario ha variado, pero el nivel de empleo es menor.

Paradójicamente, pareciera que el éxito de una negociación sindical podría perjudicar a los trabajadores, dado que el salario real no ha cambiado y hay más desempleo. No obstante, si observamos los datos de cobertura con negociación colectiva y desempleo en la figura 9.22, no parece ser cierto que el desempleo sea mayor en países donde la negociación sindical sea más importante en el proceso de fijación salarial.

En Austria, donde casi todos los empleados se encuentran cubiertos por negociaciones colectivas, se tiene una tasa de desempleo más baja (promedio

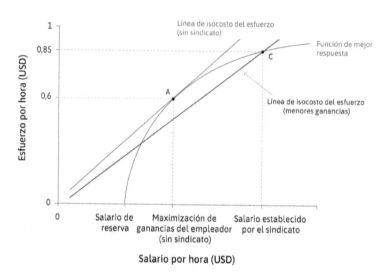

Figura 9.20 El sindicato establece el salario de la empresa.

1. El empleador establece el salario
En el punto A, el empleador establece el salario que maximiza sus ganancias en el punto tangente de la línea de isocosto y la función de mejor respuesta.

2. El sindicato establece el salario en lugar del empleador
Si el sindicato establece el salario, este será más alto que el preferido por el empleador y los niveles de esfuerzo proporcionalmente más altos ...

3. Mayor esfuerzo pero menores ganancias
... Pero las ganancias serán menores (tal como indica la línea de isocosto más plana que pasa por C).

durante el periodo 2000–2014) que en Estados Unidos, donde los contratos colectivos cubren a menos de uno de cada cinco trabajadores. España y Polonia tienen ambos altísimos niveles de desempleo en este periodo y, sin embargo, la cobertura sindical es muy alta en España y muy baja en Polonia.

Parecería, por tanto, que el hecho de que los sindicatos puedan empujar la curva de fijación de salarios hacia la curva de negociación salarial, no debe ser el único aspecto a considerar en esta historia.

El efecto de voz sindical

Suponga que, a lo largo del tiempo, los empleadores y sindicatos hubieran desarrollado una relación de trabajo constructiva, por ejemplo, resolviendo problemas que van surgiendo en formas que benefician tanto a empleadores como a trabajadores. Los empleados podrían interpretar el reconocimiento del empleador a la organización sindical y su disposición a llegar a acuerdos con esta, en relación con un salario más alto como un signo de buena fe.

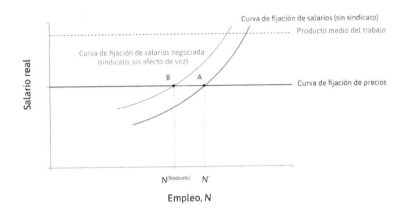

Figura 9.21 La curva de fijación de salarios negociada cuando no hay efecto de voz sindical.

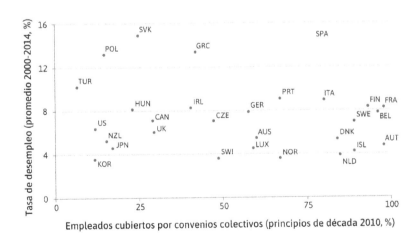

Ver estos datos en OWiD
https://tinyco.re/2742500

Jelle Visser. 2015. 'ICTWSS Data base, version 5.0.' (https://tinyco.re/3654275). Amsterdam: Amsterdam Institute for Advanced Labour Studies AIAS. Actualización el 16 de enero de 2020.

Figura 9.22 Cobertura de negociación salarial colectiva y desempleo en la OCDE.

Como resultado, los empleados podrían aumentar los niveles de identificación con su empresa y experimentar el esfuerzo que realizan en el trabajo como una carga menos pesada que antes, lo que desplaza su curva de mejor respuesta de la figura 9.23 hacia arriba.

El resultado del mayor poder de negociación de los trabajadores y la reacción recíproca de la compañía con políticas amistosas hacia estos, se representa en el punto D de la figura 9.23. El salario es el mismo que antes pero, debido a que el esfuerzo de los trabajadores es mayor, aumentan las ganancias de la empresa. Nótese que, en el ejemplo que se muestra, aun así la empresa sigue encontrándose en una situación peor a la que tendría en ausencia de un sindicato.

Con la nueva función de mejor respuesta, hay por supuesto un resultado para la empresa que fija salarios que es incluso mejor que D, donde la curva de isocosto le es tangente (no se muestra). Sin embargo, esto no es factible. Los trabajadores no aplicarán ese nivel de mayor esfuerzo en ausencia de negociaciones sobre salarios y condiciones laborales que se hacen posibles con el papel sindical en el proceso de fijación salarial.

Hemos mostrado dos efectos de la presencia de un sindicato, que podemos ahora representar en nuestro gráfico del mercado laboral:

- Es posible que un sindicato logre que la empresa pague un salario mayor que el mínimo necesario para incentivar a los trabajadores a esforzarse (la curva de negociación salarial se encuentra por encima de la curva de fijación de salarios).
- Ofrecer a los empleados reconocimiento al tiempo que se les da voz en los procesos de decisión puede disminuir la desutilidad del esfuerzo y, por esa vía, reducir el salario mínimo necesario para motivar a los trabajadores para que trabajen con eficacia.

Ambos efectos se plasman en la figura 9.24. En esa figura mostramos el caso en el que el nivel de equilibrio del empleo es mayor y el desempleo menor con un sindicato (punto Y) que sin él (punto X). Esto ocurre porque el segundo efecto (que denominamos el efecto de voz sindical) desplaza la curva de fijación de salarios hacia abajo más de lo que la desplaza hacia arriba el poder de negociación salarial.

Sin embargo, podría haber ocurrido al revés. El efecto de negociación salarial puede ser mayor que el efecto de voz sindical, en cuyo caso, el efecto de los sindicatos sería el de reducción en nivel de empleo del equilibrio del mercado laboral.

Esta es la razón por la que los datos de la figura 9.22 no muestran una correlación clara (positiva o negativa) entre el alcance de los contratos colectivos y el nivel de desempleo.

Los sindicatos pueden afectar también a la productividad promedio del trabajo, lo que desplazará la curva de fijación de precios. Si las organizaciones sindicales promueven la cooperación con las gerencias empresariales en la resolución de problemas productivos, subirá la productividad media y la curva de fijación de precios se desplazará hacia arriba (generando salarios más altos y menos desempleo). Si las organizaciones sindicales resisten las mejoras de productividad como, por ejemplo, las que resultan de la introducción de nuevas tecnologías o determinados cambios en las reglas de trabajo, entonces el efecto irá en la dirección opuesta.

PREGUNTA 9.11 ESCOJA LA(S) RESPUESTA(S) CORRECTA(S)

La figura 9.20 muestra el efecto de la participación sindical en la fijación de salarios. ¿Qué podemos concluir en vista de esta figura?

☐ En comparación con A, en C el esfuerzo por hora es mayor y, por lo tanto, el beneficio de la empresa es mayor.

☐ La curva de fijación de salarios negociada resultante estará por encima de la curva de fijación de salarios sin sindicato.

☐ El efecto de un sindicato fuerte siempre será aumentar el desempleo.

☐ En una situación de participación sindical en la fijación de salarios, la empresa todavía establece el salario que maximiza sus ganancias.

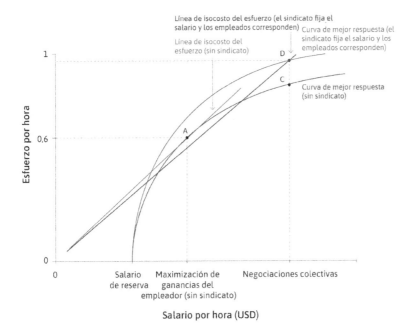

Figura 9.23 El sindicato establece el salario de la empresa y los empleados corresponden.

1. El empleador establece el salario
En el punto A, el empleador establece el salario que maximiza las ganancias en el punto de tangencia de la línea de isocosto y la curva de mejor respuesta.

2. El empleador reconoce a un sindicato
Si los empleados interpretan el reconocimiento del sindicato por parte del empleador y su disposición a comprometerse con este a pagar un salario más alto como un signo de buena voluntad, la curva de mejor respuesta asciende.

3. El efecto de una política favorable al trabajador
El resultado del mayor poder de negociación de los trabajadores y la reciprocidad con que responden a la política favorable a los trabajadores de la empresa se muestra en el punto D.

443

9.11 POLÍTICAS DEL MERCADO LABORAL PARA ABORDAR EL DESEMPLEO Y LA DESIGUALDAD

Del mismo modo que cuando estudiamos el efecto de los impuestos sobre los precios y las cantidades de los bienes en el capítulo 8, ahora podemos usar el modelo del mercado laboral que hemos construido (las dos curvas) para ver cómo los cambios a nivel de políticas pueden desplazar una o ambas curvas. El efecto de una política vendrá determinado por cómo cambia el punto de intersección de ambas curvas.

Los objetivos de las políticas orientadas a incidir en el mercado laboral suelen incluir la reducción del desempleo y el incremento de los salarios (en particular de los niveles salariales más bajos). Más adelante (en los capítulos 13-16) veremos que otros objetivos de una política pueden ser la reducción de la vulnerabilidad económica a la que están expuestas las familias como resultado de largos periodos de exposición al desempleo.

Los efectos de políticas que desplazan la curva de fijación de precios

Educación y entrenamiento

Suponga que hay un aumento en la calidad de la educación y en la formación que reciben los futuros empleados, lo cual genera un aumento de la productividad laboral. ¿Cuál es el efecto de este aumento de productividad sobre los salarios reales y el empleo de equilibrio?

El *markup* o margen de beneficio escogido por la empresa cuando fija su precio para maximizar sus ganancias viene determinado por el nivel de competencia al que se enfrenta esa empresa, así pues, no se ve afectado por el aumento de productividad.

El *markup* determina la distribución de los ingresos de la empresa entre sus empleados y sus dueños; por ende, esto tampoco cambia: los salarios mantienen la misma participación en el ingreso total. Ahora bien, dado que el producto por trabajador de la empresa ha aumentado, los salarios reales y la curva de fijación de precios también han de subir. El resultado es un aumento simultáneo en el nivel de empleo y en el salario real de equilibrio.

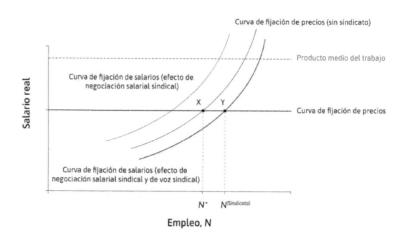

Figura 9.24 La curva de fijación de salarios negociada y el equilibrio del mercado laboral cuando hay un efecto de voz sindical.

Un subsidio salarial

Una política que se propone con frecuencia como fórmula para aumentar el empleo es un subsidio a las empresas que sea proporcional a los salarios que pagan a sus trabajadores. Por ejemplo, supongamos que contratar a un trabajador para que labore una hora cuesta 40 dólares de salario, pero se recibe un subsidio del 10% de ese monto del gobierno, es decir, 4 dólares. El costo neto del salario será entonces 36 dólares.

¿Cómo afectará esto la curva de fijación de precios? Los costos de la empresa habrán disminuido pero, como ocurría antes, el *markup* óptimo que aplicará la empresa para determinar su precio no ha cambiado, por lo que la empresa bajará su precio para restaurar el antiguo nivel de *markup* o margen de beneficio. Cuando todas las empresas hacen esto, el precio de los bienes que adquiere el consumidor cae y, por tanto, sube el salario real.

El efecto, como antes, es un desplazamiento hacia arriba de la curva de fijación de precios. En ambos casos –educación y formación o subsidios salariales– el efecto consiste en desplazar el equilibrio del mercado del trabajo hacia arriba a lo largo de la curva de fijación de salarios hasta un nuevo nivel donde los salarios son mayores y, además, hay más empleo en la economía en su conjunto.

El efecto completo de cada una de estas políticas debería considerar cómo se financian esos mayores niveles de educación y formación o esos subsidios salariales pero, para proporcionar una ilustración simple del funcionamiento del modelo, asumimos que los fondos necesarios para estos programas pueden recaudarse sin que ello afecte al mercado laboral.

Los efectos de políticas que desplazan la curva de fijación de salarios

La figura 9.25 muestra un ejemplo de políticas económicas que afectan la curva de fijación de salarios. A lo largo este ejemplo, la tasa de desempleo se mantiene constante en un nivel de 12% y variamos el nivel de prestaciones (o subsidios) por desempleo a los que tiene derecho el trabajador. Un nivel superior de prestaciones por desempleo aumenta el salario de reserva y desplaza la curva de mejor respuesta hacia la derecha: el salario de reserva más alto con mayor nivel de prestaciones por desempleo se representa en el punto G. El empleador fija, entonces, un salario más alto (punto C). Recorra los pasos del gráfico para ver qué pasa con la curva de fijación de salarios y el desempleo.

Existen políticas que podrían afectar la tercera curva de la figura (la curva de la oferta laboral). Ya hemos visto cómo las políticas de inmigración podrían afectar la oferta de trabajo y, por ende, al funcionamiento del mercado laboral. Otras políticas que pueden afectar la oferta de trabajo incluyen las políticas para aumentar las oportunidades laborales para las mujeres (como las ayudas al cuidado infantil) o políticas para reducir de la discriminación laboral contra minorías desfavorecidas. En un primer momento, estas políticas aumentan la cantidad de personas sin trabajo y, por tanto, desplazan hacia abajo la curva de fijación salarial, del mismo modo que ocurre con la inmigración.

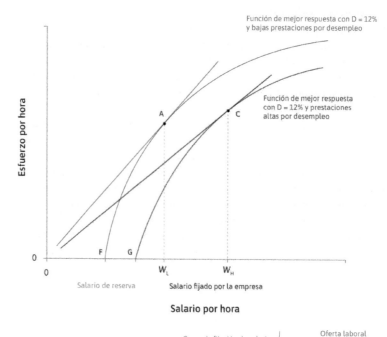

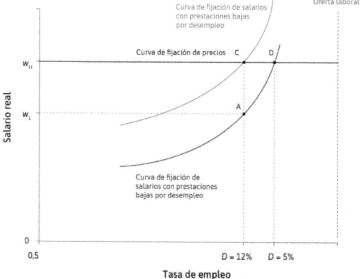

Figura 9.25 Deducción de la curva de fijación de salarios: variaciones del nivel de prestaciones por desempleo en la economía.

1. La empresa fija el salario
A una tasa de desempleo del 12% y con prestaciones bajas por desempleo, la empresa establece el salario en el punto A del panel superior, que corresponde al punto A en el panel inferior.

2. Una prestación por desempleo alta
Hay una nueva curva de fijación de salarios que pasa por el punto C.

3. La curva de fijación de precios
Introducimos la curva de fijación de precios para encontrar el equilibrio del mercado laboral. Con prestaciones por desempleo bajas, la tasa de desempleo de equilibrio es del 5% en D, pero con prestaciones por desempleo más altas, la tasa aumenta al 12% en C.

9.12 RECAPITULANDO: *BARISTAS* Y MERCADOS DE PAN

Hemos dedicado un capítulo completo al funcionamiento del mercado laboral por dos razones:

- Su funcionamiento es muy importante para determinar cómo sirve la economía a los intereses de su población.
- Es suficientemente diferente en su funcionamiento de otros mercados que es esencial conocer estas diferencias para entender cómo funciona la economía.

Una buena forma de revisar estas diferencias es comparar el mercado de pan que usamos para ilustrar el modelo de equilibrio competitivo de tomadores de precios en el capítulo anterior con otro mercado como, por ejemplo, el de *baristas* (que, para los lectores que no estén familiarizados con los cafés de inspiración italiana, son los que elaboran todo tipo de bebidas basadas en el café *espresso*).

Tomar un precio, fijar un precio

Recuerde que, en el equilibrio del mercado del pan, no era posible para los consumidores de pan ni para los panaderos beneficiarse ofreciéndose a comprar o vender pan a un precio diferente de aquel vigente en otras transacciones en el mercado. Los vendedores y compradores eran tomadores de precios en este equilibrio:

- *Ningún comprador podía beneficiarse ofreciendo pagar un precio inferior al predominante en el mercado*: ningún panadero aceptaría vender en esas condiciones.
- *Ningún comprador podría beneficiarse ofreciendo pagar un precio superior al predominante en el mercado*: esto simplemente sería desperdiciar el dinero. Los compradores del mercado de pan son tomadores de precios porque quieren comprar pan al menor precio posible.
- *Ningún vendedor (panadero) podría beneficiarse de fijar un precio más alto*: no tendría clientes.
- *Ningún vendedor podría beneficiarse de ofrecer un precio más bajo*: estaría desperdiciando dinero. Pueden tener todos los clientes que quieran al precio existente.

Ahora considere el comprador en el mercado laboral: es un empleador que contrata el tiempo del empleado. El precio es el salario. Un empleador que actuara como un comprador de pan, ofrecería al empleado el salario más bajo posible al que este esté dispuesto a aceptar la oferta laboral. Este nivel salarial mínimo es el **salario de reserva**.

Sabemos por lo que hemos visto en el capítulo 6 que un empleador que hiciera esto sufriría una decepción. Al trabajador al que se le paga solamente el salario de reserva no le preocupa la posibilidad de perder su trabajo y, en consecuencia, tiene muy poco incentivo a esforzarse en el desempeño de su puesto. En vez de eso, vimos que los empleadores escogen un salario que equilibre sus costos salariales y los efectos positivos que un incremento salarial tiene sobre la motivación para trabajar y esforzarse de sus empleados.

salario de reserva Lo que un empleado obtendría en un empleo alternativo, como prestación por desempleo o en calidad de cualquier otro tipo de apoyo, si no tuviera su trabajo actual.

Contratos completos e incompletos

En el mercado del pan, los contratos de venta entre compradores y vendedores son para pan; si compra pan, obtiene lo que quiere. Es un contrato completo (recuerde, un contrato no necesariamente tiene que estar escrito ni firmado para tener validez: su recibo es suficiente para recibir un reembolso si al abrir la bolsa que dice «pan fresco» en su casa resultara que contenía una hogaza de pan duro de la semana anterior).

En cambio, en el mercado de trabajo, el contrato laboral por lo general se centra en el tiempo de trabajo del empleado, y no tanto en el trabajo en sí. Debido a que es el trabajo del empleado el que produce los bienes de la empresa y, por consiguiente, es esencial para la generación de los beneficios de esta, decimos que es un **contrato incompleto**: algo que importa mucho a una de las partes del intercambio no está cubierto en el contrato.

Esto implica que, a diferencia del mercado del pan, para un comprador en el mercado laboral, pagar más de lo necesario para comprar el tiempo del empleado no es un desperdicio de dinero, sino que es la forma en que los empleadores obtienen lo que quieren (esfuerzo y trabajo) y logran así sus ganancias. Además, debido a que están decidiendo sobre el precio (o sea, el salario) que ofrecerán al trabajador, se convierten en fijadores de precios y no en tomadores de precios. Es por este motivo por lo que el modelo que vimos en el capítulo 8 de equilibrio competitivo entre tomadores de precios no sirve para el mercado laboral.

Eficiencia en términos de Pareto y oportunidades de ganancia mutua sin explotar

En el capítulo 4 se encontró usted con muchas situaciones en las que el equilibrio de Nash de alguna interacción social no era eficiente en términos de Pareto. Algunos ejemplos de ese tipo de situación incluyen el dilema del prisionero y el juego de bienes públicos.

- *Usamos el equilibrio de Nash*: este concepto nos ayuda a predecir los resultados que observaremos cuando interactúen las personas.
- *Usamos la eficiencia en términos de Pareto*: este concepto evalúa si existe algún otro resultado en que todas las partes podrían estar en mejor situación (o al menos quedarse igual).

Recuerde en el capítulo 8 que, en el modelo que ilustramos con el mercado del pan no había oportunidades desaprovechadas de ganancia mutua en el equilibrio competitivo (donde las curvas de oferta y demanda se cruzan). En esa situación, no es posible mejorar el bienestar de compradores o vendedores –por ejemplo, haciendo que uno de ellos comercie más o menos con sus contrapartes comerciales– sin empeorar el bienestar de otro. El resultado era, por tanto, eficiente en términos de Pareto.

Este no es el caso en el mercado laboral. La competencia entre muchos compradores (empresas que contratan empleados) y vendedores (personas que buscan trabajo) conduce a un resultado de equilibrio –un salario w^* y un nivel de empleo N^*– que no es eficiente en términos de Pareto. Esto significa que hay algún *otro* resultado –otra combinación de salario y nivel de empleo factible dados los recursos y tecnologías disponibles– que tanto trabajadores como empleadores preferirían.

Para ver esto, suponga que estamos en el equilibrio del mercado laboral y una trabajadora desempleada (idéntica a aquellos con empleo) visita a un empleador y le dice: «Deme una oportunidad. Me voy a

contrato incompleto Contrato que no especifica, de manera ejecutable, todos los aspectos del intercambio que afecten los intereses de todas las partes involucradas (u otros).

esforzar tanto en el trabajo como el resto de sus empleados, pero me puede pagar un poco menos».

El empleador piensa: «Si le pago un salario más bajo y ella va a esforzarse tanto como el resto, mis ganancias van a subir».

Para la trabajadora desempleada es enormemente importante conseguir un empleo. Ahora ella está recibiendo una renta de empleo, que mide cuánto mejor es para ella tener un empleo que no tenerlo. El trato le conviene, a pesar de que la renta que percibe es levemente inferior a la percibida por los demás trabajadores (porque su salario es levemente menor).

Este pequeño ejemplo muestra que existe otro resultado técnicamente factible –emplear $N^* + 1$ trabajadores al salario w^* para los primeros N^* y w^* menos un poco para la última trabajadora contratada– que constituiría una mejoría tanto para la trabajadora desempleada como para el empleador. En consecuencia, el resultado (N^*, w^*) es ineficiente en términos de Pareto.

Pero, si este es el caso, ¿por qué no contrata el empleador a esta trabajadora desempleada? La respuesta es que el trato, aunque sea técnicamente factible, no es factible desde un punto de vista económico. Esto ocurre porque no hay una forma creíble de asegurarse de que la trabajadora desempleada efectivamente trabaje tan duro como los demás a cambio de un salario un poco menor. Recuerde que el salario w^* situado sobre la curva de fijación de salarios es el mínimo que la empresa puede pagar a trabajadores idénticos para asegurar los niveles de esfuerzo adecuados. El problema, por ende, radica en el hecho esencial que caracteriza la relación entre la empresa y sus empleados: el contrato es incompleto en el sentido de que no puede garantizar un nivel de esfuerzo concreto por parte de los trabajadores. El equilibrio de Nash del mercado laboral es ineficiente en términos de Pareto.

La política y la sociología de los mercados

Hay otra diferencia entre el mercado del pan y el de los *baristas*: el panadero probablemente no sabe el nombre de la persona que compra su pan, ni tampoco están al tanto de ninguna otra información sobre ese cliente, excepto que está ofreciendo pagar el precio correcto por la barra de pan. Al comprador, con toda probabilidad, tampoco le importa demasiado saber gran cosa del panadero, excepto la calidad y sabor del pan que produce.

Ahora considere a una *barista*. ¿Qué probabilidades hay de que no sepa el nombre de su supervisor inmediato? ¿Y viceversa?

¿Por qué se da esta diferencia? El del pan tiende a ser un mercado en el que se producen interacciones esporádicas (en ocasiones, únicas) entre desconocidos, mientras que el mercado laboral gira en torno a interacciones permanentes entre personas que no solamente conocen sus respectivos nombres, sino que se preocupan y les importa múltiples características de la otra persona.

Al supervisor de la *barista* le importa cómo es esta porque su personalidad, lealtad a la marca y respeto por normas sociales como la honestidad y el trabajo duro van a influir en la calidad y cantidad de esfuerzo con que ella contribuirá al trabajo. Al comprador del pan le importan menos estos aspectos del panadero y sí le importa, en cambio, la calidad de la barra de pan –que podrá determinar con facilidad– y, si esta no es suficiente, podrá cambiarse de panadería.

Otra diferencia fundamental es que el supervisor dirige lo que hace la *barista* –vestirse de determinada manera, llegar a la hora al trabajo y no perder el tiempo durante la jornada laboral– y lo hace albergando la esperanza de que ella cumplirá sus órdenes. Como la empleada recibe una renta del empleo que perdería si la despiden, el empleador puede ejercer cierto poder sobre ella, obligándola a hacer cosas que quizá no estaría dispuesta a hacer sin la amenaza de despido.

Este no es el caso del mercado del pan. Si el comprador se queja por la vestimenta del panadero probablemente este le invitara a comprar en otro lugar. La diferencia es que ninguno de los dos participantes en la transacción, comprador y vendedor de pan, está recibiendo una renta. Para cada uno de ellos, la transacción que están realizando les proporciona beneficios prácticamente idénticos a la siguiente mejor alternativa de cada uno de ellos. Cuando ambos pueden abandonar la transacción prácticamente sin incurrir en costos, ninguno de los dos puede ejercer poder sobre el otro.

Estas son algunas de las diferencias –económicas, pero también políticas y sociológicas– entre el mercado del pan y el mercado de *baristas*. Estas son también las razones por las que el modelo del mercado del pan, con compradores y vendedores que son tomadores de precios y un mercado que se agota en el punto de equilibrio, no sirve para el mercado laboral. La tabla de la figura 9.26 resume las diferencias.

Mercado	Pan: un mercado de tomadores de precios que se agota en el equilibrio	Baristas: fijación de precios por parte de los empleadores y desempleo de equilibrio
Compradores	Consumidores individuales	Empresas (empleadores)
Vendedores	Empresas (tiendas)	Trabajadores individuales
¿Qué se vende?	Una barra de pan	El tiempo del trabajador
¿Qué quiere el comprador?	Una barra de pan	El esfuerzo de empleado en el trabajo; no el tiempo del trabajador
¿Hay competencia entre vendedores?	Sí: Hay muchas panaderías compitiendo por vender pan.	Sí: Hay muchos baristas en la actualidad o que aspiran a ser en el futuro que compiten por vender su tiempo.
¿El contrato está completo?	Sí: Si la bolsa está etiquetada como pan y no contiene pan, le devuelven su dinero al comprador.	No: Las ganancias de la empresa dependen del esfuerzo del trabajador por hora / semana / mes trabajado, pero el esfuerzo no está en el contrato.
¿Los compradores son tomadores de precios?	Sí: Los compradores individuales no pueden negociar un precio más bajo que el que otros están dispuestos a pagar (y no quieren pagar más).	No: El comprador (la empresa) fija el precio para minimizar el costo de hacer que el trabajador labore. No se puede beneficiar al ofrecer el salario más pequeño al que el trabajador (el vendedor) aceptaría el trabajo.
¿Hay un exceso de oferta o demanda en equilibrio?	No: El mercado se agota. Las venta se realizan al precio más bajo que el vendedor aceptaría.	Sí: Las firmas ofrecen un salario mayor al salario de reserva de los trabajadores (el mínimo precio al que el vendedor aceptaría) para maximizar sus ganancias.

Figura 9.26 Diferencias entre el mercado laboral y los mercados de bienes competitivos.

PREGUNTA 9.12 ESCOJA LA(S) RESPUESTA(S) CORRECTA(S)
¿Cuál de las siguientes afirmaciones es correcta?

☐ Los contratos son completos tanto en mercados de bienes competitivos como en mercados laborales.

☐ En un mercado competitivo de bienes, los compradores son tomadores de precios, mientras que, en un mercado laboral, los compradores de empleo (las empresas) son los que establecen los precios.

☐ No hay renta económica ni para los compradores ni para los vendedores en mercados de bienes competitivos. En contraste, en los mercados laborales, los vendedores reciben rentas económicas.

☐ Las normas sociales no afectan los resultados ni en los mercados de bienes ni en los mercados laborales.

9.13 CONCLUSIONES

El modelo del mercado laboral es bastante distinto del modelo de equilibrio entre compradores y vendedores tomadores de precios del capítulo 8. La diferencia más obvia es que el mercado laboral no se agota, ni tan siquiera en equilibrio.

El desempleo involuntario en el equilibrio del mercado laboral es inevitable debido a que:

- *Los empleadores y trabajadores tienen un conflicto de interés*: un conflicto en torno a cuánto esfuerzo realizan los empleados en sus trabajos.
- *Los empleadores no pueden acordar un contrato completo con sus empleados*: no pueden especificar la calidad y cantidad de esfuerzo laboral que recibirán.

El tamaño del desempleo de equilibrio se ve afectado por las regulaciones laborales y de otros mercados que establecen los gobiernos. En los capítulos 16 y 17 veremos cómo estas políticas y el comportamiento de sindicatos y empleadores han afectado a la experiencia del desempleo en diferentes países durante las últimas décadas.

El desempleo puede ser más alto que su nivel de equilibrio como resultado de una caída en la demanda agregada de bienes y servicios. En el ejemplo de la familia Grey de Australia, esto se debe a movimientos globales en la demanda de materias primas o *commodities*, pero hay otros muchos casos de fluctuaciones de la demanda agregada que se estudiarán en los capítulos siguientes.

Cuando el desempleo se incrementa por encima del nivel de equilibrio por falta de demanda agregada, los gobiernos y los bancos centrales pueden reaccionar usando la política fiscal o monetaria para contrarrestar esa subida. Es probable que esto funcione mejor que simplemente esperar a que las empresas recorten salarios y precios, y los hogares y empresas respondan a la reducción de esos salarios y precios incrementando sus compras.

El **modelo principal-agente** entre empleador y empleado que hemos usado en este capítulo reaparecerá en un contexto diferente en el siguiente capítulo: el mercado de crédito. Mientras que, en el mercado laboral, el principal es el empleador y el agente es el trabajador, en el mercado de crédito, el principal es el prestamista y el agente es el prestatario. Hemos visto en este capítulo que en el equilibrio del mercado laboral habrá algunas personas desempleadas involuntariamente, que buscan trabajo a pesar de

relación principal-agente Relación que existe cuando una parte (el principal) desea que otra parte (el agente) actúe de determinada manera o tenga algún atributo que sea de interés para el principal, y que no se pueda hacer cumplir o garantizar en un contrato vinculante. *Véase también: contrato incompleto. También se conoce como: problema principal-agente.*

estar disponibles para trabajar al salario de equilibrio. Asimismo veremos que, en el mercado de crédito, habrá personas que busquen préstamos y que estén dispuestas a pagar la tasa de interés de equilibrio, pero que no consiguen crédito.

Conceptos introducidos en el capítulo 9
Antes de continuar, repase las siguientes definiciones:

- Curva de fijación de salarios, curva de fijación de precios
- Fuerza laboral, población inactiva, tasa de participación
- Tasa de empleo, tasa de desempleo
- Desempleo involuntario
- Desempleo de equilibrio
- Desempleo cíclico
- Salario nominal, salario real
- Productividad del trabajo
- Política monetaria, política fiscal
- Sindicato

9.14 REFERENCIAS BIBLIOGRÁFICAS

Bewley, T. 2007. 'Fairness, Reciprocity and Wage Rigidity'. *Behavioral Economics and its Applications*, edición a cargo de Peter Diamond y Hannu Vartiainen, pp. 157–188. Princeton, NJ: Princeton University Press.

Campbell, C. M. y K. S. Kamlani. 1997. 'The Reasons For Wage Rigidity: Evidence From a Survey of Firms'. *The Quarterly Journal of Economics* 112 (3) (Agosto): pp. 759–789.

Carlin, Wendy y David Soskice. 2015. *Macroeconomics: Institutions, Instability, and the Financial System*. Oxford: Oxford University Press. Capítulos 2 y 15.

Council of Economic Advisers Issue Brief. 2016. *Labor Market Monopsony: Trends, Consequences, and Policy Responses*.

Freeman, Sunny. 2015. 'What Canada can learn from Sweden's unionized retail workers'. *Huffington Post Canada Business*. Actualizado el 16 de enero de 2020.

Hirsch, Barry T. 2008. 'Sluggish institutions in a dynamic world: Can unions and industrial competition coexist?'. *Journal of Economic Perspectives* 22 (1) (Febrero): pp. 153–176.

CAPÍTULO 10

LOS BANCOS, EL DINERO Y EL MERCADO DE CRÉDITO

CÓMO EL CRÉDITO, EL DINERO Y LOS BANCOS EXPANDEN LAS OPORTUNIDADES DE BENEFICIO MUTUO Y QUÉ FACTORES LIMITAN SU CAPACIDAD DE LOGRARLO

- La gente puede reorganizar el momento en que gasta a través del endeudamiento, los préstamos, las inversiones y el ahorro.
- A pesar de que existen beneficios mutuos que motivan las transacciones en el mercado de crédito, se da también un conflicto de intereses entre prestatarios y prestamistas en relación con las tasas de interés, el uso prudente de los fondos prestados y su devolución.
- Tomar prestado y prestar son acciones que implican una relación principal-agente, en la que el prestamista (el principal) no puede garantizar la devolución del crédito por parte del prestatario (el agente) por medio de un contrato de obligado cumplimiento.
- Para resolver este problema, se suele dar el caso de que los prestamistas requieran que los prestatarios contribuyan con parte de sus propios fondos al proyecto.
- El dinero es un medio de intercambio que incluye billetes y depósitos bancarios, o cualquier otra cosa que pueda utilizarse para comprar bienes y servicios, y cuenta con aceptación general como pago porque los demás también pueden usarlo con el mismo propósito.
- Los bancos son empresas que buscan maximizar sus beneficios y que crean dinero en forma de depósitos bancarios durante el proceso de suministro de crédito.
- El banco central de un país crea un tipo especial de dinero que se denomina «de curso legal» y presta a los bancos a una tasa de interés oficial que él mismo fija.
- La tasa de interés que cobran los bancos a los prestatarios (empresas y hogares) viene determinada en gran medida por la tasa de interés oficial que escoge el banco central.

TEMAS Y CAPÍTULOS INTEGRADORES

- 17: Historia, inestabilidad y crecimiento
- 18: Economía global
- 19: Desigualdad
- 22: Política y políticas públicas

Irfan Aleem. 1990. 'Imperfect information, screening, and the costs of informal lending: A study of a rural credit market in Pakistan' (https://tinyco.re/4382174). *The World Bank Economic Review* 4 (3): pp. 329–349.

garantía Activo que un prestatario promete a un prestamista para asegurar la devolución de un préstamo. Si el prestatario no puede hacer frente a los plazos de devolución del préstamo según lo prometido, el prestamista se convierte en el propietario del activo.

Jessica Silver-Greenberg. 2014. 'New York Prosecutors Charge Payday Loan Firms with Usury' (https://tinyco.re/8917188). DealBook.

La ciudad de mercado de Chambar, en el sudeste de Pakistán, sirve como centro financiero para los 2400 agricultores de las aldeas cercanas. En abril, al principio de la temporada de siembra conocida como *kharif* (en época del monzón), cuando plantan algodón y otros cultivos comerciales, los agricultores compran fertilizantes y otros insumos. Han pasado varios meses desde la venta de su última cosecha, por lo que la única forma que tienen de comprar insumos es endeudarse, prometiendo pagar cuando cobren la siguiente cosecha. Otros se endeudan para pagar medicamentos o médicos. Ahora bien, pocos han cruzado las resplandecientes puertas de vidrio y acero del Banco JS de la calle Hyderabad. En su lugar, optan por los servicios de alguno de los aproximadamente 60 prestamistas que hay en la ciudad.

Si es la primera vez que piden un préstamo, posiblemente el prestamista los interrogará a fondo, pedirá referencias a otros agricultores y, en muchos casos, les concederá un pequeño préstamo de prueba para verificar su solvencia y responsabilidad. Más aún: probablemente, el prestamista visitará la tierra del agricultor para inspeccionar las condiciones de su granja, sus animales y sus equipos.

Tienen razón los prestamistas cuando dudan antes de conceder el crédito. Si los cultivos fallan por falta de dedicación del agricultor, ellos perderán dinero. A diferencia de lo que ocurre en muchas instituciones financieras, los prestamistas no suelen exigir al agricultor que aporte alguna propiedad o bienes (lo que se conoce como **garantía**) que le sirvan de compensación si el agricultor no paga el crédito, como podrían ser unas joyas de oro.

Si el posible prestatario primerizo parece suficientemente confiable, recibirá un préstamo. En Chambar, los préstamos se conceden a una tasa de interés promedio anual del 78%. Si el prestamista debe pagar su crédito en cuatro meses (el periodo de crecimiento del cultivo antes de la cosecha), entonces un crédito de 100 rupias solicitado antes de plantar generará un pago de 126 rupias. Como el prestatario sabe que más de la mitad de las solicitudes de crédito se rechazan, aun con ese costo, se considera afortunado de haber conseguido el crédito.

Y es muy posible que, en realidad, lo sea; al menos, comparado con algunas personas que a 12 000 km de distancia, en Nueva York, solicitan créditos a corto plazo pagaderos al recibir su siguiente sueldo. Estos préstamos «*payday*» (día de la paga) o préstamos rápidos cobran tasas de interés que se sitúan en un rango del 350% al 650% anual, mucho más alto que la tasa de interés máxima legal de Nueva York (25%). En el 2014, el «*payday syndicate*», el consorcio que ofrecía este tipo de préstamos rápidos, fue condenado por un delito de usura en primer grado.

Con estas tasas de interés, ¿es probable que prestar en Chambar resulte ser excepcionalmente rentable? Los datos muestran que no. Parte de los fondos que se prestan a los agricultores se obtienen, a su vez, vía crédito concedido por bancos comerciales como el Banco JS a tasas de interés medias del 32% anual, lo cual evidentemente supone un costo para los prestamistas. Además, los costos de investigar a los potenciales prestatarios y del cobro de deudas reducen aún más las ganancias de los prestamistas.

Así pues, y en parte como resultado de las cuidadosas decisiones que toman los prestamistas, hay pocos casos de impago: menos de uno de cada treinta prestamistas no paga su crédito. En cambio, las tasas de incumplimiento en el caso de los préstamos que conceden los bancos comerciales suelen ser mucho más altas: uno de cada tres. El éxito de los prestamistas a la hora de evitar impagos se basa en su capacidad de evaluar con precisión la fiabilidad de sus clientes.

El dinero y la confianza están mucho más relacionados de lo que se podría pensar.

El 4 de mayo de 1970 apareció una noticia en el diario *Irish Independent* de la República de Irlanda con el siguiente titular «Cierre de los Bancos». Decía así:

> Como resultado de la huelga declarada por la Asociación Irlandesa de Funcionarios Bancarios … lamentamos que estos bancos se vean en la obligación de anunciar el cierre de sus oficinas en la República de Irlanda … A partir del 1 de mayo y hasta nuevo aviso.

Los bancos de Irlanda no volvieron a abrir hasta el 18 de noviembre, seis meses y medio después.

¿Sufrió Irlanda una grave crisis financiera? Para sorpresa de muchos, en vez de colapsar, la economía irlandesa continuó creciendo a tasas similares a las que venía registrando. La explicación que se ha dado sobre cómo fue posible se reduce a dos palabras: *pubs* irlandeses. El economista Andrew Graham, que visitó Irlanda durante la huelga bancaria, reportaba fascinado:

> Como todos los habitantes del pueblo iban al *pub* y el dueño del *pub* los conocía a todos, acordaron aceptar pagos diferidos en forma de cheques, a pesar de que no se contaba con cobrarlos en un banco en un futuro cercano. Pronto los *pubs* se encontraron intercambiando los pagos diferidos de una persona por los de otra, convirtiéndose así en intermediarios financieros *de facto*. Ahora bien, obviamente, en ocasiones se tomaron decisiones equivocadas y algunos bares sufrieron las consecuencias. Mi segunda experiencia consistió en realizar un pago con un cheque de un banco inglés (una libra esterlina equivalía a una libra irlandesa o *punt* irlandés de la época) y, luego, al regresar Inglaterra y para satisfacer mi curiosidad, llamar al banco (en esos tiempos uno podía llamar a alguien conocido en el banco), que me contó que el cheque se había cobrado, pero que en su reverso había varias firmas. En otras palabras, había pasado de mano en mano muchas veces, tal y como sucede con el dinero.

El cierre de los bancos irlandeses ofrece una clara ilustración de la definición de dinero: dinero es cualquier cosa que se acepte como forma de pago. En aquellos tiempos, los billetes y monedas suponían alrededor de un tercio del dinero de la economía irlandesa: los otros dos tercios eran depósitos bancarios. La mayoría de las transacciones se realizaban con cheques, pero pagar con un cheque requiere que haya bancos que aseguren que las personas tienen fondos para respaldar esos pagos en papel.

En un sistema bancario en funcionamiento, el cheque se cobra al final del día y el banco ingresa los fondos en la cuenta corriente de la tienda. Si la persona que firmó el cheque no tiene suficiente dinero para cubrir el monto, el banco rechaza el cheque y el dueño de la tienda sabe inmediatamente que debe recuperar su dinero de otro modo. Este es el motivo por el que las personas, en general, evitan extender cheques sin fondos.

En los tiempos del cierre de los bancos irlandeses, todavía no se había generalizado el uso de las tarjetas de crédito o débito. Hoy en día, una tarjeta de débito sirve para verificar instantáneamente el saldo de su cuenta bancaria y descontar de ella el monto a pagar. Si usted recibe un crédito para comprar un automóvil, el banco deposita la cantidad en su cuenta corriente y entonces usted puede usar un cheque, una tarjeta de crédito o débito o una transferencia para pagar al vendedor del auto. Así funciona el dinero en una economía moderna.

¿Qué ocurre entonces si los bancos cierran sus puertas y todos saben que los cheques no serán rechazados por nadie, aunque el que los firme no tenga fondos? ¿Aceptará alguien un cheque? ¿Qué evita en este caso que la gente extienda un cheque, a pesar de no tener suficiente dinero en su cuenta corriente o en su línea de crédito? Si empezara usted a pensar de este modo, terminará no confiando en alguien que le ofrezca un cheque a cambio de bienes y servicios, e insistirá en que le pague en efectivo. Pero el problema es que no habría suficiente efectivo en circulación para financiar todas las transacciones que la gente necesita realizar. Todo el mundo tendría que hacer menos transacciones de las deseadas y la economía sufriría.

¿Cómo evitó Irlanda que pasara precisamente eso? Como hemos visto, ocurrió en los *pubs*. Se aceptaban los cheques como pago en efectivo debido a la confianza que generaban los dueños de los *pubs*. Los dueños de los *pubs* suelen pasar largas horas charlando con los clientes y escuchándolos, y estaban dispuestos a aceptar como pago cheques –que no podían cobrarse en el sistema bancario hasta nueva orden– de aquellos a quienes ellos juzgaban confiables. Durante los seis meses de cierre del sistema bancario, se pagaron alrededor de 5000 millones de libras esterlinas en cheques extendidos por individuos y negocios, que no fueron procesados ni cobrados en los bancos. Sin duda supuso una gran ayuda que en Irlanda, en aquellos tiempos, hubiera un *pub* por cada 190 adultos. Gracias a la ayuda de los dueños de *pubs* y otras tiendas que conocían a sus clientes, se logró que los cheques circularan como dinero. Como el dinero depositado en cuentas bancarias era inaccesible, los ciudadanos de Irlanda crearon la cantidad de dinero nuevo necesaria para mantener la economía funcionando y creciendo durante el cierre bancario.

Posiblemente los dueños de los *pubs* irlandeses y los prestamistas de Chambar se sorprenderían de constatar que, entre las muchas cosas que tienen en común, ambos estaban creando dinero y que, al hacerlo, estaban proporcionando un servicio esencial para el funcionamiento de sus economías.

Por cierto, no todo el mundo pasa la prueba de fiabilidad de los dueños de *pubs* y los prestamistas de dinero; por eso, tanto en Chambar como en Nueva York, hay quienes pagan tasas de interés más altas que otros.

Felix Martin. 2013. *Money: The Unauthorised Biography*. London: The Bodley Head, 2013.

Antoin E. Murphy. 1978. 'Money in an Economy without Banks: The Case of Ireland'. *The Manchester School* 46 (1) (Marzo): pp. 41–50.

Jonathan Morduch. 1999. 'The Microfinance Promise' (https://tinyco.re/7650659). *Journal of Economic Literature* 37 (4) (Diciembre): pp. 1569–1614.

10.1 DINERO Y RIQUEZA

Tomar prestado y prestar dinero, así como la confianza que lo hace posible, se basan en el desplazamiento de consumo y producción a lo largo del tiempo. El prestamista ofrece fondos al agricultor para comprar fertilizante hoy y el agricultor le devolverá el dinero después de la cosecha, siempre y cuando no la haya destruido una sequía. El trabajador que recibe un préstamo *payday* o préstamo rápido, cobrará su sueldo a fin de mes pero necesita comprar comida hoy, necesita traer parte de su poder de compra futuro al presente.

El paso del tiempo es parte esencial de conceptos como dinero, ingreso, riqueza, consumo, ahorros e inversión.

Dinero

El **dinero** es un medio de intercambio que incluye billetes de banco, depósitos bancarios o cualquier otra cosa que pueda usarse para comprar bienes y servicios, siempre y cuando sea aceptado por otros como pago porque saben que lo pueden usar con el mismo fin. Esta condición final es importante, ya que nos permite distinguir entre el intercambio facilitado por el dinero y el trueque. En una economía de trueque, yo podría intercambiar mis manzanas por tus naranjas porque quiero unas naranjas, no porque tenga la intención de usar las naranjas para pagarme el alquiler. El dinero hace posibles muchos más intercambios porque no es difícil encontrar a alguien dispuesto a recibir tu dinero (a cambio de algo), mientras que deshacerse a través del trueque de una gran cantidad de manzanas puede resultar difícil. Es por este motivo que el trueque tiene un papel limitado en casi todas las economías modernas.

Para que el dinero pueda funcionar, casi todos deben creer que, si aceptan dinero a cambio de algún bien o servicio, podrán, a su vez, usar ese dinero para comprar algo más. En otras palabras, deben confiar en que otros aceptarán el dinero como pago. Los gobiernos y los bancos suelen ser quienes proporcionan esa confianza. Ahora bien, el caso del cierre de los bancos irlandeses muestra cómo, cuando hay suficiente confianza entre hogares y negocios, el dinero puede funcionar incluso en ausencia de los bancos. Los dueños de los *pubs* y tiendas aceptaban los cheques como pago, a pesar de que sabían que no se podrían cobrar en un banco en el futuro inmediato. A medida que la disputa bancaria se alargaba, el cheque presentado en el *pub* o negocio dependía de una cadena cada vez más larga de cheques sin cobrar, recibidos por la persona o negocio que presentaba el cheque. Algunos cheques circulaban muchas veces, endosados al reverso por el dueño del *pub* o la tienda, haciendo así las veces de billetes.

Esta es la característica fundamental del dinero. Es un medio de intercambio.

El dinero permite transferir poder comprador entre personas para que estas puedan intercambiar bienes y servicios, aun cuando el pago, de hecho, tenga lugar en una fecha posterior (por ejemplo, a través del cobro de un cheque o la liquidación de una tarjeta de crédito o de los saldos de créditos de comercio). Por ende, el dinero requiere confianza para funcionar.

dinero Es algo que facilita el intercambio (conocido por tanto como medio de intercambio) que consiste en billetes de banco y depósitos bancarios, o cualquier otra cosa que se pueda usar para comprar bienes y servicios y sea generalmente aceptado por los demás como pago porque pueden a su vez usarlo para ese mismo fin. Este último «porque» es importante y distingue el intercambio facilitado por el dinero del intercambio a través del trueque en el que los bienes se intercambian directamente sin que el dinero cambie de manos.

David Graeber. 'The Myth of Barter' (https://tinyco.re/6552964). En *Debt: The First 5,000 years*. Brooklyn, NY: Melville House Publishing, 2012 (trad. al castellano: *Deuda: una historia alternativa de la economía*. Barcelona: Ariel, 2014).

riqueza Existencias de bienes en propiedad o valor de esas existencias. Incluye el valor en el mercado de casas, automóviles, cualquier terreno, edificio, maquinaria u otros bienes de capital que una persona pueda poseer y cualquier activo financiero como acciones o bonos. Las deudas se restan: por ejemplo, la hipoteca que se debe al banco. Las deudas que otros han contraído con la persona se suman.

capital humano Existencias de conocimiento, habilidades, atributos de comportamiento y características personales que determinan la productividad laboral o los ingresos laborales de un individuo. La inversión en este capital a través de la educación, la capacitación y la socialización puede aumentar esas existencias, y dicha inversión es una de las fuentes de crecimiento económico. Parte de la dotación con que cuenta un individuo. *Véase también: dotación.*

ingreso Cantidad de beneficio, intereses, alquileres, rentas del trabajo y otros pagos (incluidas las transferencias del gobierno) recibida, neta de impuestos pagados, medida durante un periodo de tiempo como por ejemplo un año. La cantidad máxima que podría consumir sin que su riqueza experimentara cambios. *También conocido como: ingresos disponibles. Véase también: ingreso bruto.*

ganancias Salarios, sueldos y otros ingresos del trabajo.

variable de flujo Cantidad medida por unidad de tiempo, como el ingreso anual o el salario por hora.

variable de *stock* Cantidad medida en un punto en el tiempo. Sus unidades no dependen del tiempo. *Véase también: flujo.*

depreciación Pérdida de valor de una forma de riqueza que se produce con el uso (desgaste) o con el paso del tiempo (obsolescencia).

ingreso neto Ingreso bruto menos depreciación. *Ver también: ingreso, ingreso bruto, depreciación.*

Riqueza

Una forma de entender la **riqueza** es como la cantidad máxima que podría usted consumir sin pedir prestado, una vez haya pagado todas sus deudas y cobrado todo lo que le deben: por ejemplo, si vende su casa, su auto y todo lo que posee.

El término riqueza se usa a veces en un sentido más amplio para incluir aspectos inmateriales como su salud, destrezas y habilidad necesaria para ganarse la vida (su **capital humano**). En este capítulo usaremos la definición más restringida de riqueza.

Ingreso

El **ingreso** es la cantidad de dinero que recibe usted durante un período de tiempo determinado, ya sea procedente de remuneraciones, **ganancias** del mercado, inversiones o subsidios gubernamentales.

Como se mide a lo largo de un periodo de tiempo (por ejemplo, una semana o un año), es una **variable de flujo**. La riqueza es una **variable de stock** (o existencias) ya que no tiene una dimensión temporal, sino un determinado valor en cualquier momento del tiempo. En este capítulo solamente consideraremos el ingreso después de pagar impuestos, lo que se conoce como ingreso disponible.

Para recordar la diferencia entre riqueza e ingreso, imagine que está llenando una bañera, como en la figura 10.1. La riqueza es la cantidad (*stock*) de agua dentro de la bañera mientras que el ingreso es el flujo de agua que entra a la bañera. El flujo de entrada se mide en litros (o galones) por minuto; el *stock* de agua se mide en litros (o galones) en cada momento en el tiempo.

Como hemos visto, la riqueza con frecuencia adopta una forma física como una casa, un auto, una oficina o una fábrica. El valor de esta riqueza tiende a disminuir como resultado de su uso o por el simple paso del tiempo.

La reducción en el valor del *stock* de riqueza a lo largo del tiempo se conoce como **depreciación**. En la analogía de la bañera, la depreciación podría ser la cantidad de agua que se evapora. Al igual que el ingreso, es un flujo (se mediría en litros por año), pero en este caso es un flujo negativo. Considerar la depreciación implica distinguir entre ingreso neto e ingreso bruto. El ingreso bruto es el flujo de entrada en la bañera (recuerde que al decir ingreso, nos referimos a ingreso disponible o después de impuestos), mientras que el **ingreso neto** es este flujo menos la depreciación. El ingreso neto es el monto máximo que podría usted consumir sin que cambiara su riqueza.

Gasto

La bañera también tiene una tubería de salida o desagüe. El flujo de desagüe se llama **consumo** y tiende a reducir la riqueza de modo similar a como el ingreso neto la incrementa.

Un individuo (u hogar) ahorra cuando su consumo es menor que el ingreso neto que obtiene. En este caso, aumenta su riqueza. La riqueza es, por tanto, la acumulación del ahorro pasado y presente. Una de las formas que puede adoptar el **ahorro** es la compra de activos financieros, como acciones de compañías o bonos del gobierno. A pesar de que en el lenguaje coloquial de cada día llamamos a estas compras «inversiones», en términos económicos, una **inversión** es un gasto en bienes de capital, como maquinaria o edificios.

La distinción entre la inversión y la compra de acciones o bonos se ilustra en el caso de una empresa que tiene un único propietario. Al final del año, el dueño decide qué va a hacer con su ingreso. Una parte la usará para sus gastos de consumo de ese año y el resto lo ahorrará. Por defecto, puede que el ahorro tome forma de depósitos bancarios, dado que su ingreso se depositará en una cuenta de banco. Ahora bien, con esos ahorros también podría comprar activos financieros como acciones y bonos, que sirven para proporcionar fondos a otras empresas o Estados. O, alternativamente, puede decidir comprar nuevos activos para expandir su empresa, lo que se consideraría una inversión.

consumo (C) Gasto en bienes de consumo, incluidos bienes y servicios de corta duración y bienes de larga duración, que se denominan bienes de consumo duraderos.

ahorro Cuando el gasto en consumo es menor que el ingreso neto, se produce un ahorro y aumenta la riqueza. *Véase también: riqueza.*

inversión (I) Gasto en bienes de capital de reciente producción (maquinaria y equipos) y edificios, incluidas las viviendas nuevas.

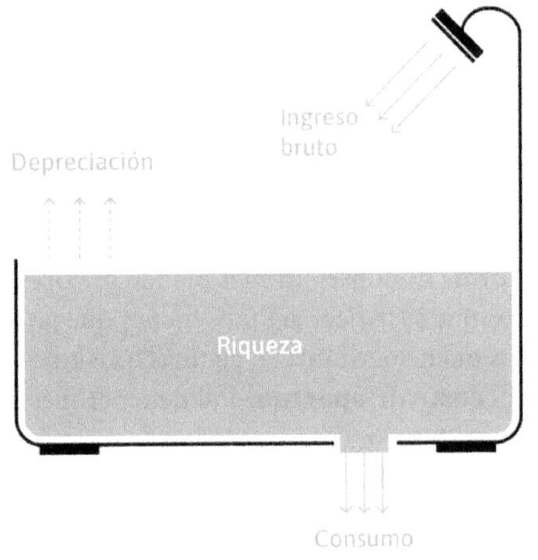

Figura 10.1 Riqueza, ingresos, depreciación y consumo: la analogía de la bañera.

PREGUNTA 10.1 ESCOJA LA(S) RESPUESTA(S) CORRECTA(S)
¿Cuál de las siguientes afirmaciones es correcta?

☐ Su riqueza material es la cantidad máxima que puede usted consumir sin pedir prestado y, por tanto, incluye el valor de su casa, automóvil, sus ahorros financieros y su capital humano.
☐ El ingreso es la cantidad máxima que usted puede consumir sin que su riqueza cambie.
☐ En Economía, inversión significa ahorro en activos financieros, como acciones y bonos.
☐ La depreciación es la pérdida de sus ahorros financieros debido a movimientos desfavorables en el mercado.

PREGUNTA 10.2 ESCOJA LA(S) RESPUESTA(S) CORRECTA(S)
El señor Bond tiene una riqueza de 500 000 libras esterlinas y un ingreso de mercado de 40 000 libras esterlinas al año, sobre el cual se le grava un 30% en calidad de impuestos. La riqueza del señor Bond incluye algunos equipos, que se deprecian en 5000 libras cada año. Según esta información, ¿cuál de las siguientes afirmaciones es correcta?

☐ El ingreso disponible del señor Bond es de 40 000 libras esterlinas.
☐ El ingreso neto del señor Bond es de 28 000 libras esterlinas.
☐ La cantidad máxima de gasto de consumo posible para el señor Bond es de 23 000 libras esterlinas.
☐ Si el señor Bond decide gastar el 60% de su ingreso neto en consumo y el resto en inversión, entonces su inversión es de 9200 libras esterlinas.

10.2 EL ENDEUDAMIENTO: ADELANTAR EL CONSUMO EN EL TIEMPO

Para entender el endeudamiento y el crédito usaremos conjuntos factibles y curvas de indiferencia. En los capítulos 3 y 5 estudiamos cómo Alexei y Ángela tomaban decisiones en las que escogían entre objetivos opuestos como tiempo libre y buenas notas o fanegas de grano. Tomaban decisiones a partir del conjunto factible, basándose en preferencias descritas por curvas de indiferencia que representaban cuánto valoraban un objetivo con relación al otro.

Aquí verá que el mismo tipo de análisis basado en conjuntos factibles y curvas de indiferencia se puede aplicar a la decisión entre tener algo hoy o tener algo más adelante. En capítulos anteriores vimos que sacrificar tiempo libre es una forma de conseguir más bienes, mejores notas o más grano. Ahora veremos que sacrificar algunos bienes que podrían consumirse ahora nos puede permitir, en algunas ocasiones, tener más bienes en el futuro. El **costo de oportunidad** de tener más bienes hoy es tener menos bienes en el futuro.

El poder tomar prestado o prestar nos permite reordenar nuestra capacidad de comprar bienes y servicios a lo largo del tiempo. Endeudarnos nos permite comprar más hoy, pero implica comprar menos más adelante. Para ver cómo funciona esto, considere a Julia, que necesita consumir hoy pero no tiene dinero. Ahora bien, Julia sabe que el próximo periodo (más

costo de oportunidad Asumir una acción implica dejar de tomar la siguiente mejor alternativa. Este costo es el beneficio neto de la alternativa que se dejó de tomar.

adelante) tendrá 100 dólares de su salario o de su cosecha. La situación de Julia se muestra en la figura 10.2. Cada punto en la curva muestra una combinación de entre las posibilidades de que dispone Julia para consumir cosas ahora y en el futuro. Asumimos que se gasta todo lo que tiene en estos dos periodos, de modo que cada punto de la figura indica su consumo ahora (medido en el eje horizontal) y después (medido en el eje vertical).

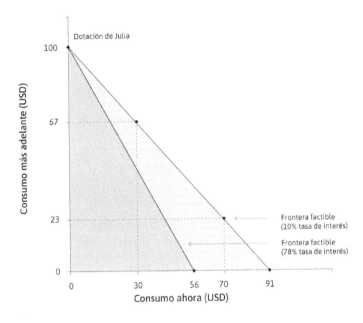

Figura 10.2 El endeudamiento, la tasa de interés y el conjunto factible.

1. Julia no tiene nada
Julia no tiene dinero ahora, pero sabe que en el próximo periodo tendrá 100 dólares.

2. Traer ingresos futuros al presente
Julia podría, por ejemplo, pedir prestados 91 dólares ahora y prometerle al prestamista los 100 dólares que tendrá más adelante. La tasa de interés sería del 10%.

3. Pedir prestado menos
A la misma tasa de interés (10%), también podría pedir prestados 70 dólares para gastar ahora y pagar 77 dólares al final del año. En ese caso, tendría 23 dólares para gastar el próximo año.

4. Pedir prestado aún menos
A la misma tasa de interés (10%), también podría pedir prestados 30 dólares para gastar ahora y pagar 33 dólares al final del año. En ese caso, tendría 67 dólares para gastar el próximo año.

5. El conjunto factible de Julia
El límite del conjunto factible de Julia es su frontera factible, que se muestra para una tasa de interés del 10%.

6. La frontera factible de Julia
Julia puede pedir prestado ahora y elegir cualquier combinación en su frontera factible.

7. Una tasa de interés más alta
Si, en lugar del 10%, la tasa de interés es del 78%, Julia solo puede pedir prestado un máximo de 56 dólares ahora.

8. El conjunto factible
El conjunto factible con una tasa de interés del 78% es el área sombreada oscura, mientras que el conjunto factible con una tasa de interés del 10% es el área sombreada oscura más el área sombreada clara.

Inicialmente, Julia se encuentra en el punto designado como «dotación de Julia» en la figura 10.2. Para poder consumir, Julia considera la posibilidad de solicitar un préstamo rápido o *payday* pagadero cuando reciba su salario (o bien podría ser una agricultora que pide un crédito para financiar su consumo antes de la cosecha y la correspondiente venta de esta).

Julia podría, por ejemplo, pedir un crédito de 91 dólares ahora y prometer un pago de 100 dólares al prestamista más adelante. Su pago final de 100 dólares incluye el principal (la cantidad que pidió prestada) más la tasa de interés r cobrada:

$$\text{devolución} = \text{principal} + \text{interés}$$
$$= 91 + 91r$$
$$= 91(1 + r)$$
$$= \$100$$

Y si «más adelante» significa en un año, entonces la **tasa de interés** anual, r, será:

$$\text{tasa de interés} = \frac{\text{devolución}}{\text{principal}} - 1$$
$$= \frac{100}{91} - 1$$
$$= 0,1 = 10\%$$

> **tasa de interés** Precio de adelantar parte de nuestro poder de compra en el tiempo. *Véase también: tasa de interés nominal, tasa de interés real.*

Puede pensarse en la tasa de interés como el precio de adelantar parte de nuestro poder de compra en el tiempo.

A la misma tasa de interés (10%), Julia podría pedir prestados 70 dólares para gastar hoy y devolver 77 dólares al final del año, es decir:

$$\text{devolución} = 70 + 70r$$
$$= 70(1 + r)$$
$$= \$77$$

En este caso, tendría 23 dólares para gastar el próximo año. Otra posible combinación consiste en pedir prestado y gastar solo 30 dólares ahora, lo que dejaría a Julia con 67 dólares para gastar el próximo año, una vez devuelto el préstamo.

Todas sus combinaciones posibles de consumo repartido entre ahora y más adelante ((91, 0), (70, 23), (30, 67), y así sucesivamente) generan la frontera factible que se muestra en la figura 10.2, que es el límite del conjunto factible cuando la tasa de interés es 10%.

El hecho de que Julia pueda pedir dinero prestado implica que no está obligada a consumir solamente en el siguiente periodo: puede endeudarse ahora y escoger cualquier combinación sobre la frontera factible. Sin embargo, cuanto más consuma hoy, menos podrá consumir en el futuro. Con una tasa de interés de $r = 10\%$, el costo de oportunidad de gastar un dólar ahora es que Julia tendrá que gastar $1,10 = 1 + r$ dólares menos en el futuro.

La tasa marginal de transformación de bienes del futuro al presente es 1 más la tasa de interés $(1 + r)$, porque para tener una unidad del bien hoy hay que sacrificar $1 + r$ bienes en el futuro. Este es el mismo concepto de tasa marginal de transformación de bienes, grano o notas en tiempo libre con el que nos encontramos en los capítulos 3 y 5.

Ahora suponga que, en vez de 10%, la tasa de interés es 78%, o sea, la tasa media pagada por los agricultores en Chambar. A esta tasa de interés, ahora Julia puede pedir solamente un máximo de 56 dólares prestados porque, al 78%, el pago de los intereses de su crédito de 56 dólares asciende a 44 dólares, lo que agota la totalidad de su ingreso futuro de 100 dólares. Su frontera factible, como consecuencia, pivota hacia dentro y su conjunto factible se hace más pequeño. Debido a que el precio de anticipar poder de compra en el tiempo se ha incrementado, la capacidad de consumir en el presente ha caído, tal como caería la capacidad de consumir grano cuando su precio sube (asumiendo que no se es productor de grano).

Por cierto, siempre que el crédito le sea devuelto, al prestamista le convendrá una tasa de interés lo más elevada posible, por lo que hay un conflicto de intereses entre el prestatario y el prestamista.

10.3 LA IMPACIENCIA Y LOS RETORNOS MARGINALES DECRECIENTES DEL CONSUMO

Dadas las oportunidades de las que dispone Julia para anticipar consumo, que se describen en el conjunto factible, ¿qué escogerá ella? La cantidad de consumo que decidirá adelantar dependerá de lo impaciente que sea. Julia podría ser impaciente por dos razones:

- Prefiere estabilizar su patrón de consumo, en vez de consumir todo en el futuro y nada ahora.
- Puede ser una persona impaciente por naturaleza.

Estabilización

A Julia le gustaría estabilizar su consumo porque disfruta más de una unidad adicional de algo cuando no ha consumido mucho de ello. Piense en la comida: los primeros bocados de un plato, probablemente, le sabrán mucho mejor que los de su segunda ración. Esta es una realidad psicológica fundamental que algunas veces se denomina ley de la saciedad del deseo.

En términos más generales, para un individuo, el valor de una unidad adicional de consumo en un periodo determinado disminuye a medida que aumenta la cantidad consumida: es lo que se conoce como los **retornos marginales decrecientes del consumo**. Ya se ha encontrado usted con fenómenos similares en el capítulo 3, donde Alexei experimentaba retornos marginales decrecientes para el tiempo libre. Manteniendo su nota constante, cuanto más tiempo libre tuviera, menos valía para él la unidad adicional de tiempo de descanso en relación con el valor de su nota.

Consulte el análisis de la figura 10.3a para ver cómo Julia puede escoger su consumo de hoy y mañana, así como la representación de sus preferencias a través de curvas de indiferencia. Los retornos marginales decrecientes del consumo en cada periodo implican que Julia preferiría estabilizar su consumo, o sea, evitar consumir mucho en un periodo y poco en otro.

Impaciencia pura o cuán impaciente eres como persona

Si Julia supiera que puede comer dos veces mañana, pero no tiene nada para comer hoy, hemos visto que los retornos marginales decrecientes del consumo podrían explicar por qué quizá preferiría, en vez de dos comidas mañana, una hoy y otra mañana. Repare en que Julia no opta por la comida hoy porque sea una persona impaciente, sino porque no espera tener hambre en el futuro: prefiere estabilizar su consumo de comida.

retornos marginales decrecientes del consumo El valor que tiene para un individuo una unidad adicional de consumo disminuye cuanto más consume. *Conocidos también como: utilidad marginal decreciente.*

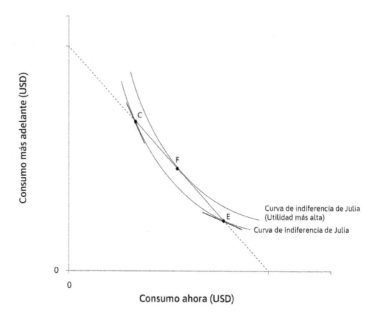

Figura 10.3a Estabilizar el consumo: Retornos marginales decrecientes del consumo.

1. Las posibles elecciones de Julia
La línea discontinua muestra las combinaciones de consumo ahora y consumo después entre las cuales puede elegir Julia.

2. Retornos marginales decrecientes del consumo
La curva de indiferencia de Julia se inclina hacia el origen como consecuencia de la existencia de rendimientos marginales decrecientes del consumo en cada periodo: cuantos más bienes tenga en el presente, menos valorará un bien adicional ahora en relación con tener más bienes en el futuro. La pendiente de la curva de indiferencia es la tasa marginal de sustitución (TMS) entre el consumo actual y el consumo futuro.

3. ¿Qué elecciones realizaría Julia?
La TMS en C es alta (su curva de indiferencia tiene mucha pendiente): Julia tiene poco consumo ahora y mucho después, así que unos retornos marginales decrecientes implican que le gustaría trasladar parte del consumo futuro al presente. La TMS en E es baja: tiene mucho consumo ahora y menos más adelante, por lo que los rendimientos marginales decrecientes, en este caso, significan que le gustaría trasladar parte del consumo al futuro. Así pues, elegirá un punto entre C y E.

4. La TMS cae
Podemos ver que la TMS va cayendo a medida que avanzamos a lo largo de la curva de indiferencia de C a E: la pendiente es más pronunciada en C que en E.

5. Decisión óptima de Julia
Dadas las opciones que muestra la línea CE, Julia elegirá el punto F, que está en la curva de indiferencia más alta posible. Julia prefiere estabilizar el consumo entre ahora y más adelante.

No obstante, hay otra razón para preferir el consumo hoy que denominamos **impaciencia pura**. Para saber si una persona es impaciente, le preguntamos si, teniendo el mismo poder de compra en dos periodos, valora más un bien hoy o en el futuro. Hay dos razones para la impaciencia pura:

- *Miopía (ser corto de vista)*: las personas experimentan la satisfacción inmediata del hambre u otro deseo con mayor fuerza de que lo que imaginan sería esa misma satisfacción en una fecha futura.
- *Prudencia*: las personas saben que pueden no estar presentes en el futuro y, por ende, consideran que preferir el consumo presente es una buena idea.

Para ver lo que significa la impaciencia pura, comparamos dos puntos sobre la misma curva de indiferencia de la figura 10.3b. En el punto A Julia tiene 50 dólares hoy y 50 dólares mañana. Nos preguntamos cuánto consumo adicional necesitaría realizar mañana para compensar por la pérdida de 1 dólar hoy. El punto B sobre la misma curva de indiferencia nos entrega la respuesta: si tuviera solamente 49 dólares hoy, necesitaría 51,50 dólares más adelante para mantenerse sobre la misma curva de indiferencia y estar igualmente satisfecha. Por ende, necesita 1,50 dólares en el futuro que le compense el perder 1 dólar hoy. Julia tiene impaciencia pura porque, en vez de preferir estabilizar su consumo de manera perfecta, atribuye más valor a una unidad adicional de consumo hoy que en el futuro.

La pendiente de la curva de indiferencia en el punto A de la figura 10.3b es 1,5: esto significa que Julia valora cada unidad de consumo de hoy 1,5 veces lo que valora 1 unidad de consumo adicional el futuro.

> **impaciencia pura** Característica de una persona que valora una unidad de consumo adicional ahora por encima de una unidad adicional más adelante, cuando la cantidad de consumo es la misma ahora y más adelante. Surge cuando una persona está impaciente por consumir más ahora porque le da menos valor al consumo en el futuro por razones de miopía, falta de voluntad u otras razones.

> **IMPACIENCIA**
> Cualquier preferencia por mover el consumo del futuro al presente. Esta preferencia puede derivarse de:
> - Impaciencia pura
> - Rendimientos marginales decrecientes del consumo

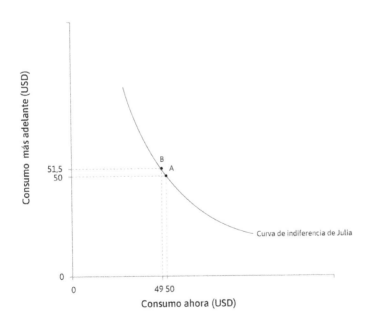

Figura 10.3b Impaciencia pura.

EJERCICIO 10.1 LAS CONSECUENCIAS DE LA IMPACIENCIA PURA

1. Dibuje las curvas de indiferencia de una persona que es más impaciente que Julia en la figura 10.3b, para cualquier nivel de consumo ahora y más adelante.
2. Dibuje un conjunto de curvas de indiferencia para Julia si esta no experimentara retornos marginales decrecientes del consumo, pero sí tuviera impaciencia pura. ¿Querría estabilizar su consumo?
3. Dibuje un conjunto de curvas de indiferencia para Julia si ella no experimentara retornos marginales decrecientes del consumo y no tuviera impaciencia pura.

PREGUNTA 10.3 ESCOJA LA(S) RESPUESTA(S) CORRECTA(S)

La figura 10.3a muestra las curvas de indiferencia de Julia para el consumo en los periodos 1 (ahora) y 2 (más adelante). Según esta información, ¿cuál de las siguientes afirmaciones es correcta?

☐ La pendiente de la curva de indiferencia es la tasa marginal de sustitución entre el consumo de los dos periodos.

☐ El retorno marginal del consumo en el periodo 1 es mayor en E que en C.

☐ El consumo de Julia está más igualado (es más estable) en C que en E. Por lo tanto, prefiere la opción de consumo C a la E.

☐ Consumir exactamente la misma cantidad en los dos periodos es la opción preferida de Julia.

10.4 EL ENDEUDAMIENTO PERMITE ESTABILIZAR AL ADELANTAR EL CONSUMO AL PRESENTE

TASA DE DESCUENTO DE UNA PERSONA

La **tasa de descuento** de una persona, ρ, es una medida de su impaciencia: cuánto valora una unidad de consumo adicional ahora por encima de una unidad de consumo adicional más adelante. Se calcula como la pendiente de su curva de indiferencia entre el consumo actual y el consumo futuro, menos 1.

Su tasa de descuento depende de dos factores:

- *Su deseo de estabilizar el consumo:* se ve afectado por la situación en la que se encuentre (la distribución actual del consumo entre actual y futuro).
- *Su impaciencia pura como persona:* también se conoce a veces como su tasa de descuento subjetiva porque se basa en parte en su psicología.

¿Cuánto pedirá prestado Julia? Podemos obtener la respuesta combinando las figuras 10.2 (página 461) y 10.3a. Tal y como ocurre en otros ejemplos de conjuntos factibles y curvas de indiferencia, Julia desea alcanzar la curva de indiferencia más alta posible, pero se ve limitada por la frontera factible. La curva de indiferencia más alta factible cuando la tasa de interés es 10% será la que es tangente a la frontera factible, representada en el punto E de la figura 10.4.

En este caso, escoge pedir un crédito de tal manera que consume 58 dólares en el presente y devuelve 64 dólares en el futuro, lo que le deja 36 dólares para su consumo en el siguiente periodo. Sabemos que, en este punto de tangencia, la pendiente de la curva de indiferencia es igual a la pendiente de la frontera factible (de otro modo, las curvas se cruzarían). Definimos la **tasa de descuento** ρ (letra griega ro) como la pendiente de la curva de indiferencia menos 1, que es una medida de cuánto valora Julia una unidad adicional de consumo hoy, en relación con una unidad adicional de consumo en el futuro.

Por ejemplo, en la figura 10.3b, ρ = 50% en el punto A porque 1 unidad adicional de consumo hoy vale 1,5 unidades adicionales en el futuro. Esto significa que Julia pide prestado justo lo suficiente como para que se cumpla:

pendiente de la curva de indiferencia (TMS)= pendiente de la frontera factible (TMT)

Sabemos que:

$$TMS = 1 + \rho$$
$$TMT = 1 + r$$

Por tanto:

$$TMS = TMT$$
$$1 + \rho = 1 + r$$

Si restamos uno de ambos lados de la ecuación, obtenemos:

$$\rho = r$$
tasa de descuento $=$ tasa de interés

Su tasa de descuento ρ depende tanto de su deseo de suavizar el consumo, como de su grado de impaciencia pura.

Use el análisis de la figura 10.4 para ver cómo escogerá Julia su consumo cuando la tasa de interés sea 10% y cuando sea 78%.

EJERCICIO 10.2 EFECTO INGRESO Y EFECTO SUSTITUCIÓN

1. Use la figura 10.4 para mostrar que la diferencia en el consumo actual entre la tasa de interés más baja y más alta (en E y G), a saber, 23 dólares, se compone de un efecto ingreso y un efecto sustitución. Le resultará útil revisar los conceptos de efecto ingreso y efecto sustitución del capítulo 3 antes de hacer este ejercicio.

2. ¿Por qué funcionan los efectos ingreso y sustitución en la misma dirección en este ejemplo?

PREGUNTA 10.4 ESCOJA LA(S) RESPUESTA(S) CORRECTA(S)

La figura 10.4 muestra la elección de niveles de consumo que realiza Julia en los periodos 1 y 2: en el período 1 (ahora) no tiene ingresos, pero tiene un ingreso de 100 dólares en el periodo 2 (más adelante). La tasa de interés actual es del 10%. Según esta información, ¿cuál de las siguientes afirmaciones es correcta?

☐ En F, la tasa de interés excede la tasa de descuento de Julia (grado de impaciencia).

☐ En E, Julia está en la curva de indiferencia más alta posible, dado su conjunto factible.

☐ E es la opción óptima de Julia, ya que puede estabilizar completamente su consumo a lo largo de los dos periodos y consumir la misma cantidad.

☐ G no es una opción factible para Julia.

10.5 PRESTAR Y ALMACENAR: ESTABILIZAR Y MOVER CONSUMO AL FUTURO

Ahora considere a Marco, un individuo que se enfrenta a una situación diferente a la de Julia, que estaba considerando solicitar un préstamo *payday*, o la de un agricultor en Chambar, que busca un préstamo hasta que llegue la cosecha. Mientras que Julia está decidiendo cuánto debe pedir prestado, Marco ya dispone de bienes o fondos por valor de 100 dólares, pero cuenta con no tener ningún ingreso en el futuro. Al final, tanto Julia como Marco obtendrán 100 dólares, pero el factor tiempo genera diferencias: la riqueza de Marco, en su definición estricta, asciende a 100 dólares. La riqueza de Julia es cero.

Vimos que Julia, que obtendrá 100 dólares en el futuro, querrá pedir un préstamo. La situación en la que se encuentra le genera un gran deseo de estabilizar su consumo a través de un crédito. Imagine cómo sería la curva

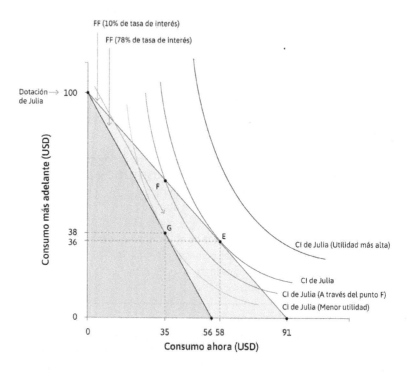

Figura 10.4 Mover el consumo a lo largo del tiempo mediante préstamos.

1. Frontera factible (FF) de Julia
Julia desea llegar a la curva de indiferencia más alta posible, pero se ve limitada por su frontera factible.

2. La mejor opción de Julia
Cuando la tasa de interés es del 10%, la curva de indiferencia más alta posible será la que sea tangente a la frontera factible que se muestra como el punto E.

3. TMS = TMT
En este punto, TMS = TMT.

4. La decisión de pedir prestado
En el punto F, su tasa de descuento, ρ, excede a r, la tasa de interés, por lo que le gustaría adelantar el consumo en el tiempo. Un razonamiento similar elimina todos los puntos en la frontera factible excepto E.

5. Un aumento en la tasa de interés
Si la tasa de interés a la que puede pedir prestado aumenta, el conjunto factible se reduce.

6. El efecto de una tasa de interés más alta
Lo mejor que puede hacer Julia ahora es pedir prestado menos (35 dólares en lugar de 58 dólares), como se muestra en el punto G.

de indiferencia de Julia que pasa por su punto de dotación. Como se muestra en la figura 10.5, se trata de una curva con mucha pendiente. Esto ocurre porque inicialmente no tiene nada, por lo que presentará una fuerte preferencia por aumentar su consumo actual.

Denominaremos a esta curva la **curva de indiferencia de reserva** de Julia porque está compuesta por todos los puntos en los que Julia experimentaría igual bienestar que en su posición de reserva que, en este caso, es su dotación inicial sin endeudarse ni pedir prestado (las curvas de indiferencia de reserva y dotación inicial de Julia son similares a las de Ángela, la agricultora del capítulo 5).

Observe la curva de indiferencia de Marco cuando pasa por su punto de dotación, que es 100 dólares hoy y nada mañana. Tal y como muestra la figura 10.5, es una curva muy plana ahora, lo que implica que está buscando una forma de transferir parte de su consumo al futuro.

Las curvas de interferencia de Marco y Julia son similares; por tanto, también serán similares sus niveles de impaciencia pura. Se distinguen por sus circunstancias, no por sus preferencias. Julia se endeuda porque es pobre en la actualidad, a diferencia de Marco. Esta es la razón por la cual es impaciente: necesita estabilizar su consumo.

Marco tiene 100 dólares en grano recién cosechado y ninguna deuda que pagar. Podría consumirlo todo ahora pero, como hemos visto, probablemente no sería su mejor opción, dadas sus circunstancias:

- Hemos asumido que su ingreso en el futuro será cero.
- Al igual que Julia, obtiene retornos marginales decrecientes del consumo de grano.

Con el objeto de equilibrar el reparto de su consumo, Marco querría trasladar parte de sus bienes al futuro: podría almacenar el grano pero, si lo

> **curva de indiferencia de reserva**
> Curva que indica asignaciones (combinaciones) que un individuo valora tanto como su opción de reserva.

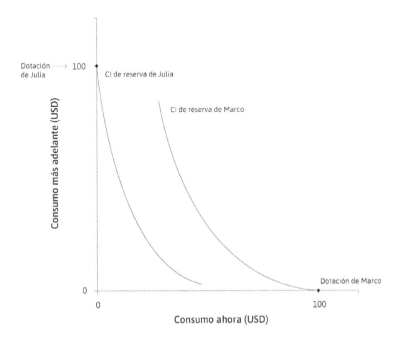

Figura 10.5 Curvas de indiferencia de reserva y dotaciones.

hiciera, los ratones se comerían una parte. Los ratones son una forma de depreciación. El grano que se comen representa la reducción en la riqueza de Marco que resulta del paso del tiempo. Por tanto, tomando en consideración el efecto de los ratones, si decidiera no consumir nada durante el primer periodo, solo tendría 80 dólares en grano al cabo de un año. Esto significa que el costo de mover grano del presente al futuro es 20% por año.

En la figura 10.6 vemos que la dotación de Marco se encuentra sobre el eje horizontal debido a que tiene 100 dólares hoy. La línea oscura muestra la frontera factible de Marco si opta por almacenar grano, y el área sombreada oscura presenta su conjunto factible. Si esta fuese la única opción y si sus curvas de indiferencia fueran las indicadas, probablemente almacenaría parte de su grano. En la figura 10.6, una parte de su frontera factible se encuentra por encima la curva de indiferencia de dotación, por lo que puede mejorar su situación almacenando algo de grano.

¿Pero cuánto? Al igual que Julia, Marco identificará la cantidad de almacenaje que lo ubica en la curva de indiferencia factible más alta posible,

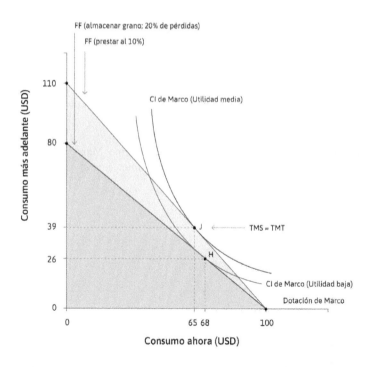

Figura 10.6 Estabilizar el consumo mediante el almacenamiento y el préstamo.

1. Marcos tiene riqueza hoy
Marco tiene 100 dólares de grano disponible ahora.

2. Frontera factible de Marco
La línea oscura muestra la frontera factible de Marco si usa el almacenamiento y el área sombreada muestra su conjunto factible.

3. Preferencias de Marco
La curva de indiferencia de reserva de Marco pasa por su dotación.

4. La decisión de Marco de almacenar
El punto H en la curva de indiferencia de Marco indica la cantidad que elegirá almacenar.

5. Decisión de Marco de prestar
La línea clara muestra la frontera factible cuando Marco presta al 10%.

6. El efecto de la decisión de prestar
Ahora Marco puede alcanzar una curva de indiferencia más alta.

encontrando el punto de tangencia entre la curva de indiferencia y la frontera factible. Se trata del punto H, donde consume 68 dólares de grano hoy y 26 dólares en el futuro (los ratones devoran 6 dólares de grano). En el punto H, Marco ha igualado su TMS entre consumo presente y futuro a la TMT que representa el costo de mover bienes del presente al futuro.

Marco podría evitar los efectos de los ratones, vendiendo el grano almacenado y guardando los 100 dólares debajo del colchón. Su frontera factible sería entonces una línea recta (que no se muestra) entre consumir hoy los 100 dólares y consumir en el futuro los 100 dólares. Estamos asumiendo que no le robarán su billete de 100 dólares y que podrá comprar la misma cantidad de grano que hoy con 100 dólares en el futuro porque no hay inflación (explicaremos la inflación y sus efectos en el capítulo 13). Bajo estos supuestos, guardar dinero debajo del colchón es, sin lugar a dudas, mejor que almacenar grano donde hay ratones.

Un plan mejor, si Marco pudiera encontrar un prestatario confiable, sería prestar el dinero. Si lo hiciera y estuviera seguro de que le devolverían $(1 + r)$ dólares por cada dólar prestado, entonces dispondría de un consumo factible por valor de $100 \times (1 + r)$ más adelante, o bien cualquiera de las combinaciones a lo largo de su nueva línea de consumo factible. La línea clara de la figura 10.6 muestra la frontera factible cuando Marco presta a una tasa del 10%. Como puede ver en la figura, comparado con almacenar el grano o guardar el dinero debajo del colchón, su conjunto factible se expande gracias a la oportunidad de prestar dinero con intereses. Marco logra alcanzar una curva de indiferencia más alta.

Como hemos visto, en una economía contemporánea existe toda una variedad de instrumentos financieros que Marco puede usar para trasladar el consumo hacia el futuro a través del préstamo, como depósitos a plazo y valores emitidos por empresas o por el gobierno.

Si Marco se enfrentara a una oportunidad de inversión que implicase poder invertir su activo hoy con el objetivo de que valiera más en un año –por ejemplo, si fuera propietario de tierras donde pudiera usar el grano como semilla y plantar más (y, por tanto, cultivar más) grano– eso también expandiría su conjunto factible.

10.6 INVERTIR: OTRA FORMA DE MOVER CONSUMO AL FUTURO

Si Marco posee tierras podría mejorar su resultado aún más. Podría invertir su grano (plantarlo o usarlo para alimentar a sus animales para que le ayuden a cultivar sus tierras hasta la cosecha). Esta oportunidad para invertir expandirá su conjunto factible. Suponga que, tal como muestra la figura 10.7, si invirtiera la totalidad de su grano, obtendría una cosecha de 150 dólares más adelante. Así pues, invertiría 100 dólares, cosecharía 150 dólares y obtendría una ganancia de 150 − 100 = 50 dólares, o bien una tasa de retorno (ganancias divididas por la inversión requerida) del 50/100 = 50%. La pendiente de la línea roja es −1,5, donde el valor absoluto (1,5) corresponde a la tasa marginal de transformación de la inversión en retornos, que es equivalente a 1 más la tasa de retorno de la inversión.

Si Marco pudiese obtener un préstamo a una tasa de 10%, se daría cuenta rápidamente de que podría mejorar su situación en forma considerable con un plan completamente nuevo: invertir todo lo que tiene, con una cosecha de 150 dólares dentro de un año, y pedir prestado ahora sabiendo que tendrá esos 150 dólares en el futuro. Esto le permitiría consumir más tanto en el presente como en el futuro. Este plan de «invertirlo todo» se muestra en la figura 10.8. El plan desplaza la frontera factible de Marco aún más hacia afuera, tal como muestra la línea punteada roja. Marco termina consumiendo en un nuevo punto, L, una cantidad mayor tanto en el presente como en el futuro.

La figura 10.9 resume cómo funciona el plan de «invertirlo todo y pedir prestado», en comparación con otras opciones.

Los conjuntos factibles para todas las opciones disponibles para Marco se muestran en la figura 10.10.

Volvamos a considerar en qué se diferencia Marco de Julia. Compare los conjuntos factibles de Julia, mostrados en la figura 10.4 (página 468), y los de Marco, ilustrados en la figura 10.10.

Hay tres diferencias entre Marco y Julia que explican la disparidad en sus resultados.

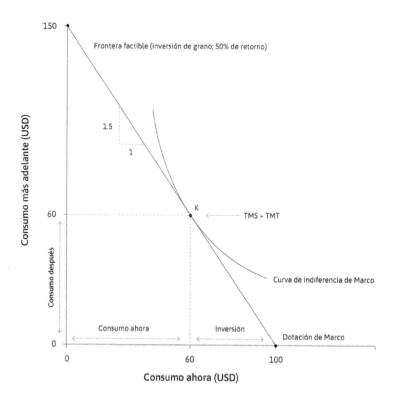

Figura 10.7 Inversión en un proyecto de alto rendimiento.

1. El retorno de la inversión.
Si Marco invirtiera todo su grano, podría cosechar 150 dólares en grano más tarde.

2. El retorno de la inversión
La pendiente de la línea roja es −1,5, donde el valor absoluto (1,5) es 1 más la tasa de retorno de la inversión.

3. La elección óptima de Marco
Marco elige consumir 60 dólares ahora y 60 dólares más tarde, como se muestra en el punto K. En este punto, la frontera factible es tangente a una curva de indiferencia.

- *Marco comienza con un activo mientras que Julia comienza sin nada*: Julia tiene la expectativa de tener un activo similar más adelante, pero esta diferencia los ubica en lados opuestos del mercado de crédito.
- *Marco tiene una oportunidad de inversión productiva mientras que Julia no.*
- *Marco y Julia podrían enfrentarse a tasas de interés diferentes*: la diferencia que resulta menos obvia es que si Marco (luego de invertir su activo completo a un retorno del 50%) quiere mover su poder de compra hacia el presente, podrá pedir prestado con la garantía de su ingreso futuro, a una tasa del 10%. Julia, que carece de activos en el presente, tal como les ocurre a los agricultores pobres de Chambar, podría no disponer de más alternativa que endeudarse a la elevada tasa del 78%. La paradoja es que Marco puede endeudarse a una tasa de interés menor, justamente *porque no necesita endeudarse*.

En resumen, pedir prestado, prestar, almacenar o invertir son formas de mover el consumo hacia adelante o adelantarlo (hacia el presente) o hacia atrás o retrasarlo (hacia el futuro) en el tiempo.

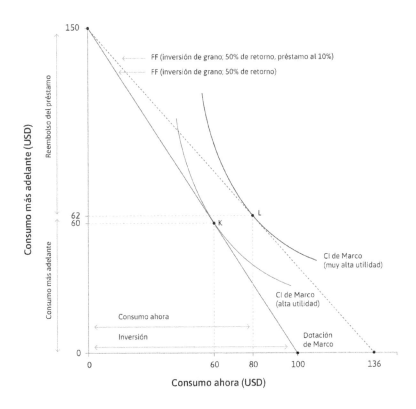

Figura 10.8 Endeudarse para invertir en un proyecto de alto rendimiento.

1. La elección óptima de Marco cuando puede invertir.
Su elección óptima cuando puede invertir es el punto K.

2. Marco obtiene un préstamo
Si Marco pudiera obtener un préstamo al 10%, estaría mejor invirtiendo todo lo que tiene: así expande su conjunto factible, como lo muestra la línea roja punteada.

3. Opción óptima después de obtener un préstamo.
Marco termina consumiendo en el punto L, con 80 dólares ahora y 62 dólares en el futuro.

Las personas realizan estas operaciones debido a que:

- *Pueden aumentar su utilidad al estabilizar el consumo*: o, si tienen impaciencia pura, al mover el consumo hacia el presente.
- *Pueden aumentar su consumo en ambos periodos*: prestando o invirtiendo.

Plan (puntos en las figuras 10.6 y 10.8)	Tasa de retorno o interés	Consumo ahora, consumo más adelante	Inversión	Clasificación por utilidad (o consumo combinado)
Almacenar (H)	–20% (pérdida)	USD68, USD26	n/a	Peor (USD94)
Solo prestar (J)	10%	USD65, USD39	n/a	Tercero mejor (USD104)
Solo invertir (K)	50%	USD60, USD60	USD40	Segundo mejor (USD120)
Invertir y pedir prestado (L)	50% (inversión), –10% (prestar)	USD80, USD62	USD100	Mejor (USD142)

Figura 10.9 Almacenar, prestar, invertir y tomar prestado proporcionan a Marco muchos conjuntos factibles.

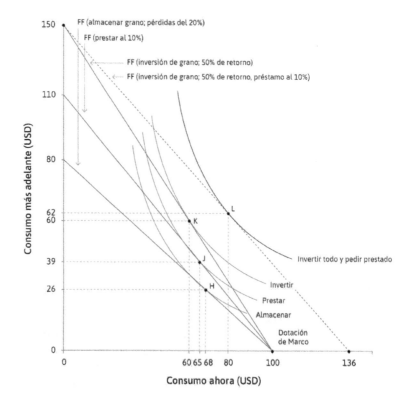

Figura 10.10 Opciones para el individuo (Marco) que comienza con activos.

Las personas difieren en cuál de estas operaciones realizan (algunos se endeudan mientras que otros prestan) debido a que:

- *Hay diferencias en sus situaciones personales*: por ejemplo, el que dispongan de ingresos ahora o más adelante afectará sus tasas de descuento y sus oportunidades. Asimismo, algunos dispondrán de oportunidades de inversión (como Marco), mientras que otros no las tendrán.
- *Pueden diferir en sus niveles de impaciencia pura.*

EJERCICIO 10.3 UN INCREMENTO EN LA TASA DE INTERÉS

1. Use un diagrama como el de la figura 10.4 (página 468) para mostrar el efecto ingreso y el efecto sustitución de un aumento en la tasa de interés para Marco, que recibe su dotación hoy.
2. Compare estos efectos con los de Julia en el ejercicio 10.2 y explique sus resultados.

EJERCICIO 10.4 INGRESOS A LO LARGO DE LA VIDA

Considere los ingresos de una persona a lo largo de su vida, desde que se gradúa en la universidad hasta la jubilación. Explique cómo un individuo puede pasar de una situación como la de Julia a una como la de Marco a lo largo de su vida (suponga que su impaciencia pura no cambia durante su vida).

PREGUNTA 10.5 ESCOJA LA(S) RESPUESTA(S) CORRECTA(S)

La figura 10.6 (página 470) muestra la elección de consumo de Marco en los periodos 1 (ahora) y 2 (más adelante). Tiene 100 dólares en grano en el periodo 1 y no tiene ingresos en el periodo 2. Marco tiene dos opciones. En el esquema 1, puede almacenar el grano que no consume en el periodo 1. Esto da como resultado una pérdida del 20% del grano debido a plagas y podredumbre. En el esquema 2, puede vender el grano que no consume y prestar el dinero al 10%. Según esta información, ¿cuál de las siguientes afirmaciones es correcta?

- ☐ Con el esquema 1, si Marco consume grano por valor de 68 dólares en el periodo 1, puede consumir grano por valor de 32 dólares en el periodo 2.
- ☐ Con el esquema 2, si Marco consume granos por valor de 68 dólares en el periodo 1, puede consumir granos por valor de 35 dólares en el periodo 2.
- ☐ La tasa marginal de transformación es mayor en el esquema 1 que en el esquema 2.
- ☐ Marco siempre estará en una curva de indiferencia más alta con el esquema 2 que con el esquema 1.

PREGUNTA 10.6 ESCOJA LA(S) RESPUESTA(S) CORRECTA(S)

La figura 10.10 muestra cuatro posibles fronteras factibles para Marco, que tiene 100 dólares en grano en el periodo 1 (ahora) y no tiene ingresos en el periodo 2 (más adelante). En el esquema 1, puede almacenar el grano que no consume en el periodo 1. Esto genera una pérdida del 20% del grano debido a plagas y podredumbre. En el esquema 2, puede vender el grano que no consume y prestar el dinero al 10%. En el esquema 3, puede invertir el grano restante (por ejemplo, al plantarlo como semilla) para obtener un retorno del 50%. Finalmente, en el esquema 4, puede invertir la cantidad total de grano y pedir prestado contra sus ingresos futuros al 10%. Según esta información, ¿cuál de las siguientes afirmaciones es correcta?

☐ La depreciación del 20% en caso de almacenamiento significa que Marco está peor en H que en su dotación inicial de consumir la totalidad de los 100 dólares en grano en el periodo 1.
☐ La elección de consumo J solo puede lograrse bajo el esquema 2.
☐ Si la tasa de interés a la que presta dinero aumenta, la frontera factible para el esquema 2 se inclina hacia adentro, pivotando sobre el punto 100 en el eje horizontal (se vuelve más plana).
☐ Si la tasa de interés a la que pide dinero aumenta, la frontera factible para el esquema 4 se inclina hacia adentro, pivotando sobre el punto 150 en el eje vertical (se vuelve más empinada).

10.7 ACTIVOS, PASIVOS Y PATRIMONIO NETO

Veremos cómo la riqueza de una persona resulta ser un aspecto importante de su situación en el proceso de endeudarse, prestar dinero e invertir. Por lo general, los que tienen más riqueza, como Marco, disponen de oportunidades que no están al alcance de quienes poseen menos riqueza, como Julia. Los **balances generales** (o estados de situación) son una herramienta esencial que nos permite entender cómo cambia la riqueza cuando un individuo o empresa se endeuda o presta dinero.

Un balance general resume lo que un hogar o empresa posee y lo que debe a otros. Lo que posee (incluyendo lo que otros le deben) se denomina **activos**, mientras que lo que debe se denomina **pasivos**. La diferencia entre activos y pasivos se denomina **patrimonio neto o valor patrimonial neto**. La relación entre activos, pasivos y patrimonio neto se muestra en la figura 10.11.

Cuando los componentes de una ecuación son tales que, por definición, el lado izquierdo es igual al lado derecho, se denomina una identidad contable, o simplemente una identidad. La identidad del balance general establece que:

$$\text{activos} \equiv \text{pasivos} + \text{patrimonio neto}$$

El patrimonio neto es la acumulación de ahorro a lo largo del tiempo. También podemos darle la vuelta a la identidad, restando los pasivos de ambos lados de la ecuación, de modo que:

$$\begin{aligned}\text{patrimonio neto} &\equiv \text{activos} - \text{pasivos} \\ &\equiv \text{lo que el hogar posee o se le debe} \\ &\quad - \text{lo que el hogar debe a otros}\end{aligned}$$

balance general Registro de los activos, pasivos y patrimonio neto de un actor económico, como puede ser un hogar, banco, empresa o gobierno.

activo Cualquier cosa de valor que se posea. *Véase también: balance general, pasivo.*
pasivo Cualquier cosa de valor que se deba. *Véase también: balance general, activo.*
patrimonio neto Activos menos pasivos. También conocido como valor patrimonial neto. *Véase también: balance general, capital propio.*

En la analogía de la bañera, el agua contenida representa la riqueza como ahorros acumulados y se corresponde con el patrimonio neto. Como vimos, el patrimonio neto o riqueza aumenta con el ingreso y cae con el consumo y la depreciación. Para un hogar, el ingreso aumenta sus depósitos bancarios, mientras que su consumo se paga con esos mismos depósitos. Debido a que los depósitos bancarios son un activo para su dueño, estas operaciones afectan el lado del activo del balance general del hogar.

Sin embargo, su riqueza o patrimonio neto no cambia cuando presta usted dinero o contrae deudas porque un préstamo genera apuntes en el activo y el pasivo en el balance general: si pide dinero prestado, recibe efectivo como un activo y al mismo tiempo contrae la correspondiente deuda que se registra en el pasivo.

Julia comienza sin activos o pasivos, es decir, con un patrimonio neto de cero. Sin embargo, con base en los ingresos futuros que se espera que obtenga, logra pedir prestados 58 dólares cuando la tasa de interés es del 10% (punto E en la figura 10.4 (página 468)). En este momento, su activo son los 58 dólares que tiene en efectivo, mientras que su pasivo es el préstamo que debe devolver en el futuro. Registramos el valor del crédito como 58 dólares ahora, ya que eso es lo que ha recibido en efectivo cuando ha asumido la deuda (su pasivo únicamente ascenderá a 64 dólares cuando se hayan incluido los intereses). Este es el motivo por el que endeudarse no tiene ningún efecto sobre su patrimonio neto actual. El pasivo y el activo son iguales, por lo que su patrimonio sigue siendo cero. En la figura 10.12 esto se registra en el balance general con el asiento «Ahora (antes de consumir)».

Luego Julia consume los 58 dólares que, siguiendo la analogía anterior del desagüe de la bañera, básicamente salen por el desagüe. Como aún tiene el pasivo de 58 dólares, su patrimonio neto cae a −58 dólares. Esto se registra la figura 10.12 en el balance general con el asiento «Ahora (después de consumir)».

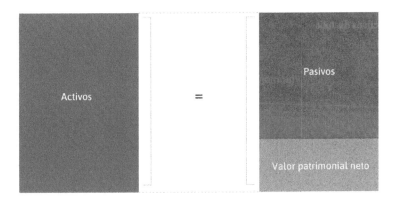

Figura 10.11 Balance general.

Más adelante recibe un ingreso de 100 dólares (un flujo de entrada en la bañera). Además, debido al interés acumulado, el valor del crédito ha subido a 64 dólares. Por lo tanto, su patrimonio neto es ahora $100 - 64 = 36$ dólares. Nuevamente suponemos que se consume los 36 dólares, lo que la deja con 64 dólares de efectivo que le sirven para pagar su deuda de 64 dólares. Ahora su patrimonio neto vuelve a caer a cero. Los balances generales que corresponden a estas operaciones se muestran en la figura 10.12:

Ahora – antes de consumir

Activos de Julia		Pasivos de Julia	
Efectivo	USD58	Préstamo	USD58

Patrimonio neto = USD58 – USD58 = USD0

Ahora – después de consumir

Activos de Julia		Pasivos de Julia	
Efectivo	0	Préstamo	USD58

Patrimonio neto = –USD58

Más adelante – antes de consumir

Activos de Julia		Pasivos de Julia	
Efectivo	USD100	Préstamo	USD64

Patrimonio neto = USD100 – USD64 = USD36

Más adelante – después de consumir

Activos de Julia		Pasivos de Julia	
Efectivo	USD64	Préstamo	USD64

Patrimonio neto = 0

Figura 10.12 Balances generales de Julia.

PREGUNTA 10.7 ESCOJA LA(S) RESPUESTA(S) CORRECTA(S)

El siguiente diagrama muestra la elección de consumo que realiza Julia en los periodos 1 (ahora) y 2 (más adelante) cuando la tasa de interés es del 78%. Julia no tiene ingresos en el periodo 1 y un ingreso de 100 dólares en el periodo 2. Su elección es la opción de consumo G. Con base en esta información, ¿cuál de las siguientes afirmaciones sobre el balance de Julia es correcta?

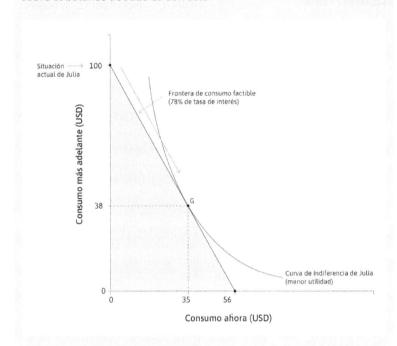

☐ El activo después del préstamo, pero antes del consumo en el periodo 1, es igual a 56.

☐ El valor patrimonial neto después del consumo en el periodo 1 es 0.

☐ El pasivo antes del consumo en el periodo 2 es de 35.

☐ El activo después del consumo, pero antes de pagar el préstamo en el periodo 2, es igual a 62.

10.8 BANCOS, DINERO Y EL BANCO CENTRAL

La rentabilidad del negocio de los prestamistas de Chambar depende de:

- el costo de su endeudamiento
- la tasa de impago de los préstamos que han concedido a los agricultores
- la tasa de interés que fijen

El cierre de los bancos irlandeses durante un periodo de seis meses reveló cómo se puede crear el dinero en una economía y cómo este depende de la confianza.

Estos casos de estudio, junto con el modelo de dos periodos, nos proporcionan mucho de lo que necesitamos para entender el papel del sistema financiero en la economía, pero todavía necesitamos introducir dos actores adicionales al escenario económico: los bancos y el banco central.

banco Empresa que crea dinero en forma de depósitos bancarios en el proceso de suministrar crédito.
banco central Único banco que puede crear dinero base. Por lo general, parte del sector público. Los bancos comerciales tienen cuentas en este banco, donde se encuentra depositado el dinero base o base monetaria.

Un **banco** es una firma que obtiene beneficios a través de sus actividades de endeudamiento y concesión de préstamos. Los términos en los que un banco presta dinero a hogares y empresas difieren de sus términos de endeudamiento. La tasa de interés que pagan por los depósitos es menor a la tasa de interés que cobran cuando conceden préstamos, lo que permite a los bancos obtener un beneficio.

Para explicar este proceso necesitamos empezar por explorar de forma más detallada el concepto de dinero.

Hemos visto cómo cualquier cosa que sea aceptada como medio de pago puede considerarse dinero. No obstante, el dinero, en este sentido, es diferente de lo que se conoce como dinero de curso legal, que también se denomina **base monetaria** o dinero de alta potencia. A diferencia de los depósitos bancarios o cheques, el dinero de curso legal debe ser recibido como medio de pago por ley. Se compone del efectivo (billetes y monedas) y los depósitos que tienen los bancos comerciales en el **banco central**, conocidos como reservas de la banca comercial. Las reservas son equivalentes al efectivo porque los bancos comerciales siempre pueden retirar del banco central esas reservas como efectivo y el banco central siempre puede imprimir más efectivo si fuera necesario. Como veremos, este no es el caso de las cuentas que tienen los hogares y las empresas en los bancos comerciales: los bancos comerciales no tienen necesariamente el efectivo para satisfacer todos los requerimientos posibles de sus clientes.

La mayoría de lo que contamos como dinero no es dinero de curso legal emitido por bancos centrales, sino dinero creado por los bancos comerciales cuando conceden crédito. A continuación, lo explicamos usando los balances de los bancos.

TIPOS DE DINERO

El **dinero** puede adoptar la forma de billetes de banco, depósitos bancarios o cualquier otra cosa con la que se compren cosas.

- *Dinero base (base monetaria)*: efectivo en manos de hogares, empresas y bancos, y los saldos mantenidos por los bancos comerciales en sus cuentas en el banco central, conocidos como reservas. El dinero base es el pasivo del banco central.
- *Dinero bancario*: dinero en forma de depósitos bancarios creados por bancos comerciales cuando conceden crédito a empresas y hogares. El dinero bancario es el pasivo de los bancos comerciales.
- *Dinero en sentido amplio*: la cantidad de dinero en sentido amplio que hay en la economía se mide a través de las existencias de dinero en circulación. Así pues, se define como la suma del dinero bancario y el dinero base que está en manos del público no perteneciente al sector bancario.

Nuestro hipotético banco Abacus no tiene relación alguna con el Abacus Federal Savings Bank de la vida real, que tuvo un papel interesante en la crisis financiera de 2008 (https://tinyco.re/7436450).

A diferencia de nuestro ejemplo anterior, en el que un depósito bancario surge de un préstamo, supongamos que Marco tiene 100 dólares en efectivo que deposita en una cuenta bancaria del Banco Abacus. El Banco Abacus guardará el efectivo en una caja fuerte o lo depositará en su cuenta del banco central. El balance general del Banco Abacus gana 100 dólares de base monetaria como un activo, y un pasivo de 100 dólares que se pagarían a Marco si es que este así lo requiere, como se muestra en la figura 10.13a.

Marco quiere darle 20 dólares al tendero del barrio, Gino, para pagar sus compras en la tienda, así que da orden al Banco Abacus de que realice una

Activos del banco Abacus		Pasivos del banco Abacus	
Base monetaria	USD100	Pagadero a Marco según lo requiera	USD100

Figura 10.13a Marco deposita 100 dólares en el Banco Abacus.

transferencia de dinero a la cuenta de Gino, en el Banco Bonus (lo que puede hacer simplemente pagando a Gino con una tarjeta de débito). Esta operación se refleja en los balances generales de los dos bancos en la figura 10.13b: los activos y pasivos del Banco Abacus bajan en 20 dólares, mientras que los activos del Banco Bonus suben en 20 dólares de base monetaria adicional y sus pasivos aumentan en 20 dólares pagaderos a la vista a Gino.

Esto ilustra los servicios de pago que ofrecen los bancos. Hasta el momento solo hemos considerado transacciones que usan base monetaria o dinero de curso legal. Ahora mostraremos cómo crean dinero los bancos con el proceso de conceder créditos.

Suponga que Gino pide 100 dólares de préstamo al Banco Bonus. El Banco Bonus le presta el dinero depositando 100 dólares en su cuenta bancaria, por lo que ahora a Gino se le deben 120 dólares, pero él, a su vez, le debe 100 dólares al banco. Como consecuencia, el balance general del Banco Bonus se ha expandido. Sus activos han crecido en los 100 dólares que son propiedad de Gino y sus pasivos han crecido en los 100 dólares depositados en esa cuenta corriente. Esto se muestra en la figura 10.13c.

El Banco Bonus ha expandido la oferta monetaria: Gino puede hacer pagos por un máximo de 120 dólares, lo que implica que la oferta de dinero ha crecido en 100 dólares a pesar de que la base monetaria no haya crecido. El dinero creado por este banco se denomina **dinero bancario**.

La base monetaria continúa siendo esencial, en parte porque los clientes del banco a veces retiran efectivo, pero también porque cuando Gino quiere gastar su préstamo necesita que el banco transfiera base monetaria. Supongamos que Gino contrata a Marco para trabajar en su tienda y le paga 10 dólares: el Banco Bonus tendrá que transferir 10 dólares de base monetaria desde la cuenta bancaria de Gino a la cuenta bancaria de Marco en el Banco Abacus. Esta transacción se muestra la figura 10.13d.

En la práctica, los bancos hacen muchas transacciones entre ellos cada día, y muchas de ellas se compensan entre sí; las posiciones netas se saldan al final del día. Así pues, al final del día, cada banco realizará una transferencia o recibirá un giro por el monto neto de transacciones que han

Activos del banco Abacus		Pasivos del banco Abacus	
Base monetaria	USD80	Pagadero a Marco según lo requiera	USD80

Activos del banco Bonus		Pasivos del banco Bonus	
Base monetaria	USD20	Pagadero a Gino según lo requiera	USD20

Figura 10.13b Marco paga 20 dólares a Gino.

Activos del banco Bonus		Pasivos del banco Bonus	
Base monetaria	USD20		
Préstamo bancario	USD100	Pagadero a Gino según lo requiera	USD120
Total	**$120**		

Figura 10.13c El banco Bonus le concede a Gino un préstamo de 100 dólares.

procesado. Esto significa que no necesitan disponer de dinero de curso legal para cubrir la totalidad de las transacciones o la demanda de efectivo.

Fíjese que si Marco y Gino fueran clientes del mismo banco, no habría pérdida de base monetaria para el banco. Esta es una las razones por las que los bancos compiten entre sí por acaparar una mayor proporción del mercado de depósitos.

Como muestra la figura 10.13e, el resultado del préstamo es que el «dinero» total en el sistema bancario ha aumentado.

Puede parecer que la creación de dinero es una forma fácil de generar ganancias, pero el dinero que crean los bancos es un pasivo, no un activo, porque debe pagarse al deudor en el momento en que este lo pida. El crédito correspondiente es el activo del banco. En consecuencia, si el Banco Bonus le presta a Gino los 100 dólares a una tasa de interés del 10%, entonces los pasivos del banco se habrán reducido en 10 dólares (la tasa de interés que se paga por el préstamo, que en definitiva supone una reducción del depósito de Gino). Este ingreso aumenta las ganancias acumuladas del banco y, por lo tanto, su patrimonio neto en 10 dólares. Dado que el patrimonio neto es igual al valor de los activos menos el valor de los pasivos, este tipo de operaciones permite a los bancos crear patrimonio neto positivo.

La base monetaria (excluyendo el dinero de curso legal que mantienen los bancos en reserva) más el dinero bancario se denomina **dinero en sentido amplio**, también conocido como dinero circulante. El dinero en sentido amplio es el dinero que está en manos del público no perteneciente al sector bancario.

La razón entre base monetaria y dinero en sentido amplio varía de unos países a otros y a lo largo del tiempo. Por ejemplo, antes de la crisis financiera, la base monetaria representaba alrededor del 3–4% del dinero en sentido amplio en el Reino Unido, 6–8% en Sudáfrica y 8–10% en China.

Activos del banco Abacus		Pasivos del banco Abacus	
Base monetaria	USD90	Pagadero a Marco según lo requiera	USD90

Activos del banco Bonus		Pasivos del banco Bonus	
Base monetaria	USD10		
Préstamo bancario	USD100	Pagadero a Gino según lo requiera	USD110
Total	**USD110**		

Figura 10.13d Gino paga a Marco 10 dólares.

Activos de los Abacus y Bonus		Pasivos de los Abacus y Bonus	
Base monetaria	USD100		
Préstamo bancario	USD100	Pagadero según petición	USD200
Total	**USD200**		

Figura 10.13e El dinero total en el sistema bancario ha aumentado.

Al aceptar depósitos y realizar préstamos, los bancos proporcionan a la economía el servicio de **transformación de los vencimientos**. Los depositantes bancarios (individuos o empresas) pueden retirar su dinero del banco cuando quieran. En cambio, cuando los bancos prestan, establecen una fecha fija en la que debe devolverse el préstamo que, en el caso de un **crédito hipotecario** para la compra de una casa, puede ser un plazo de hasta 30 años. Los bancos no pueden obligar al deudor a pagar antes, lo que permite a quienes reciben estos créditos realizar una planificación a largo plazo. Esto es lo que se conoce como transformación de los vencimientos porque la duración de un crédito se conoce como su periodo de vencimiento y, en este caso, el banco se encuentra endeudándose a corto plazo y prestando a largo plazo. También se denomina transformación de liquidez: los depósitos de los depositantes bancarios (los prestamistas) son líquidos (pueden salir del banco libremente en cualquier momento de acuerdo con las demandas de sus dueños), mientras que los préstamos bancarios a los deudores no tienen liquidez.

La transformación de los vencimientos es un servicio esencial en cualquier economía, pero, asimismo, expone al banco a un nuevo tipo de riesgo (llamado **riesgo de liquidez**), que se suma a la posibilidad de que el préstamo no se devuelva (llamado **riesgo de impago**).

Los bancos crean dinero cuando prestan mucho más de lo que guardan en dinero de curso legal porque confían en que los depositantes no necesitarán todos sus fondos al mismo tiempo. El riesgo a que se enfrentan es que todos esos depositantes decidan retirar su dinero de forma instantánea y simultánea, en cuyo caso no dispondrán de las reservas suficientes para responder. En la figura 10.13e, el sistema bancario debe 200 dólares pero solo guarda 100 dólares de base monetaria. Si todos los clientes del banco retiraran su dinero al mismo tiempo, los bancos no podrían pagar. Esto se conoce como **pánico bancario**. Si se produce un pánico, el banco tendrá problemas. El riesgo de liquidez es una causa frecuente de las quiebras bancarias.

---

transformación de los vencimientos Práctica de pedir prestado dinero a corto plazo y prestarlo a largo plazo. Por ejemplo, un banco acepta depósitos, que promete devolver a corto plazo o sin previo aviso, y otorga préstamos a largo plazo (que pueden devolverse durante muchos años). *También conocida como: transformación de liquidez.*

crédito hipotecario Préstamo contratado por hogares y empresas para comprar una propiedad inmobiliaria sin pagar el valor total de una sola vez. Durante un periodo de muchos años, el prestatario va devolviendo el préstamo, más los intereses. La deuda está garantizada por la propiedad inmobiliaria en sí, que se denomina garantía o activo subyacente. *Véase también: garantía.*

riesgo de liquidez Riesgo de que un activo no se pueda intercambiar por efectivo lo suficientemente rápido como para evitar una pérdida financiera.

riesgo de impago Riesgo de que el crédito otorgado como préstamos no se reembolse.

pánico bancario Situación en la que los depositantes retiran fondos de un banco porque temen que pueda declararse en quiebra y no cumplir con sus obligaciones (es decir, no reembolsar los fondos adeudados a los depositantes).

Cuando las personas temen que un banco esté experimentando una escasez de liquidez, les entra prisa por ser el primero en retirar sus depósitos. Si todos intentan retirar sus depósitos a la vez, el banco no podrá satisfacer todas las demandas al mismo tiempo porque ha concedido préstamos a largo plazo que no pueden solicitarse a corto plazo, tal y como explica un artículo en *The Economist* (https://tinyco.re/6787148).

Como ocurre con cualquier otra empresa en un sistema capitalista, los bancos pueden cometer errores al realizar malas inversiones: por ejemplo, concediendo créditos que no se devuelven. Sin embargo, en algunos casos, los bancos son tan grandes y tan importantes para el conjunto del sistema financiero que los gobiernos deciden rescatarlos si se enfrentan a un riesgo de quiebra. Esto es así porque, a diferencia de lo que ocurre cuando quiebra cualquier otro tipo de empresa, una crisis bancaria puede hacer caer el sistema financiero por completo y, por tanto, amenaza el bienestar de las personas en toda la economía en su conjunto. En el capítulo 17 veremos cómo las quiebras bancarias supusieron una parte importante de la crisis financiera global del año 2008.

PREGUNTA 10.8 ESCOJA LA(S) RESPUESTA(S) CORRECTA(S)
¿Cuál de las siguientes afirmaciones es correcta?

☐ El dinero es el efectivo (monedas y billetes) utilizado como medio de intercambio para comprar bienes y servicios.
☐ El dinero bancario es el total de dinero que hay en las cuentas de depósito de los ahorradores en el banco.
☐ El dinero base es el dinero en sentido amplio o dinero circulante menos el dinero bancario.
☐ La transformación de liquidez ocurre cuando los bancos transforman depósitos sin liquidez en préstamos líquidos.

10.9 EL BANCO CENTRAL, EL MERCADO DE DINERO Y LAS TASAS DE INTERÉS

tasa de interés de corto plazo
Precio de tomar prestado dinero base.

Los bancos comerciales generan beneficios como resultado de ofrecer servicios bancarios y créditos, pero para desarrollar esas actividades empresariales necesitan poder hacer transacciones, para lo cual es esencial la base monetaria. No hay una relación automática entre la cantidad de base monetaria que requieren y la cantidad de créditos que darán; más bien necesitan la cantidad de base monetaria que cubra las transacciones netas diarias que realicen. El precio de pedir prestada base monetaria es la **tasa de interés a corto plazo**.

Suponga que, en el ejemplo de más arriba, Gino quiere pagar 50 dólares a Marco (y no hay más transacciones ese día). Tal como se representa en la figura 10.13f, el banco de Gino, el Banco Bonus, no tiene suficiente base monetaria para hacer esa transferencia al Banco Abacus.

Así pues, el Banco Bonus tendrá que endeudarse por 30 dólares de base monetaria para realizar el pago. Los bancos suelen tomar préstamos entre sí en el mercado de dinero, ya que, en cualquier momento dado, algunos

Activos del banco Bonus		Pasivos del banco Bonus	
Base monetaria	USD20		
Préstamo bancario	USD100	Pagadero a Gino según lo requiera	USD120
Total	**USD120**		

Figura 10.13f Bonus Bank no tiene suficiente base monetaria para pagar 50 dólares a Abacus Bank.

bancos tendrán excedentes de dinero en sus cuentas bancarias, y otros no tendrán suficiente base monetaria. Otra solución sería que intentaran persuadir a alguien de que depositara el dinero adicional necesario en otra cuenta bancaria, pero los depósitos también implican costos como, por ejemplo, pagos de intereses, costos de marketing y costos de mantenimiento de sucursales bancarias. En consecuencia, los depósitos de efectivo son solo una parte de las finanzas bancarias.

¿Qué determina el precio de los préstamos en el mercado monetario (la tasa de interés)? Podemos pensar en términos de oferta y demanda para explicarlo:

- La demanda de base monetaria depende de cuántas transacciones comerciales necesiten hacer los bancos.
- La oferta de base monetaria es, simplemente, una decisión del banco central.

Como el banco central controla la oferta de base monetaria, puede decidir también sobre la tasa de interés. El banco central interviene en el mercado de dinero declarando su disponibilidad a prestar cualquier cantidad de base monetaria demandada a una tasa de interés (i) que él mismo escoge.

Los detalles técnicos sobre cómo el banco central aplica la tasa de interés oficial que escoge varían de unos bancos centrales a otros en diferentes países. Estos detalles se pueden consultar en los sitios web de cada uno de esos bancos centrales.

Los bancos que operan en el mercado monetario respetarán ese precio: ningún banco se endeudará a una tasa de interés superior o prestará a una tasa inferior, dado que siempre pueden endeudarse a una tasa i con el banco central. Esta tasa i del banco central también se denomina tasa de base, tasa de interés de intervención o (más frecuentemente) **tasa de interés oficial**.

La tasa de interés oficial se aplica a los bancos cuando se prestan dinero entre sí y también cuando operan con el banco central. Sin embargo, tiene gran importancia para el resto de la economía por sus efectos sobre las demás tasas de interés. La tasa de interés media cobrada por bancos comerciales a empresas y hogares se denomina **tasa de interés bancaria**. Por lo general, esta tasa se encuentra por encima de la tasa oficial para garantizar que los bancos obtengan un beneficio (como ya lo comentábamos, también será más alta para deudores que los bancos perciban como arriesgados). La diferencia entre la tasa de interés bancaria y la tasa oficial se denomina margen de beneficio, *markup* o *spread* bancario.

Por ejemplo, en el Reino Unido, en 2014 la tasa oficial del Banco de Inglaterra era del 0,5%, pero pocos bancos prestaban a menos del 3%. Esta brecha o diferencia entre tasas de interés suele ser bastante grande en economías emergentes como resultado, fundamentalmente, de la incertidumbre de su situación económica. En Brasil, por ejemplo, la tasa oficial para 2014 era del 11%, pero la tasa bancaria llegaba al 32%.

El Banco Central no controla este *markup*, pero las tasas bancarias normalmente suben y bajan en función de lo que hagan las tasas oficiales, de manera similar a como las empresas cambian sus precios de acuerdo con la evolución de sus costos.

tasa (de interés) oficial Tasa de interés establecida por el banco central, que se aplica a los bancos que toman prestado dinero base entre sí y del banco central. *También conocida como: tasa de base, tasa de intervención. Véase también: tasa de interés real, tasa de interés nominal.*

tasa de interés bancaria Tasa de interés media cobrada por los bancos comerciales a empresas y hogares. Por lo general, esta tasa estará por encima de la tasa de interés oficial: la diferencia es el margen de beneficio, diferencial o *spread* de los préstamos comerciales. *También se conoce como: tasa de interés del mercado. Véase también: tasa de interés, tasa oficial.*

bono del Estado Instrumento financiero emitido por gobiernos que promete pagar flujos de dinero a intervalos específicos.

rendimiento Tasa de rendimiento implícita que el comprador obtiene de su dinero cuando compra un bono a su precio de mercado.

valor presente o actual Valor actual de un flujo de ingresos futuros u otros beneficios, cuando estos se descuentan utilizando una tasa de interés o la tasa de descuento propia de la persona. *Véase también: valor presente neto.*

La figura 10.14 simplifica notablemente el sistema financiero. En este modelo, los ahorradores solo tienen dos opciones: depositar dinero en una cuenta corriente bancaria, que asumimos que no paga interés, o comprar **bonos del Estado o bonos soberanos** (emitidos por el gobierno) en el mercado de dinero. La tasa de interés que pagan los bonos soberanos se denomina **rendimiento (de la deuda pública o soberana)** (*yield* en inglés). Lea el Einstein del final de esta sección para conocer una explicación sobre estos bonos y por qué el *yield* o rendimiento de los bonos soberanos está cercano a la tasa oficial. También ofrecemos en este Einstein una explicación sobre los cálculos del **valor presente**, que son esenciales para que se entienda cómo se fijan los precios de activos como los bonos.

Ya hemos visto un modelo de cómo el banco central fija la tasa oficial y cómo afecta esta, a su vez, a la tasa bancaria. ¿Pero cuál es la finalidad de que el banco central fije una tasa oficial? Para entender el papel del banco central, debemos hacernos dos preguntas:

- *¿Cómo afecta la tasa de interés bancaria al gasto en una economía?* Responderemos esta pregunta en la sección 10.11.
- *¿Por qué quiere el banco central influir en el gasto cambiando la tasa de interés (como se menciona en la figura 10.14)?* Esta es una pregunta de mayor envergadura, a la que responderemos en los capítulos 13–15, cuando expliquemos las fluctuaciones en el empleo y la inflación de la economía como un todo, y ahondemos en las razones por las que se les suele asignar a los bancos centrales la responsabilidad de moderar esas fluctuaciones mediante variaciones de la tasa de interés.

Adaptación de la Figura 5.12 del capítulo 5 de Wendy Carlin y David Soskice. *Macroeconomics, Instability, and the Financial System*. Oxford: Oxford University Press, 2015.

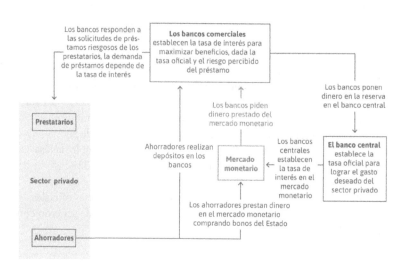

Figura 10.14 Los bancos, el banco central, prestatarios y ahorradores.

EJERCICIO 10.5 MARGEN DE LA TASA DE INTERÉS

Use los sitios web de dos bancos centrales de su elección para recopilar datos sobre la tasa de interés mensual oficial y la tasa de interés hipotecario entre 2000 y el año más reciente disponible.

1. Represente los datos en un diagrama con la fecha en el eje horizontal y la tasa de interés en el eje vertical.
2. Compare el margen bancario (margen de la tasa de interés) entre los dos países.
3. ¿Cambian los márgenes bancarios con el tiempo? Sugiera posibles razones para explicar lo que observe.

EINSTEIN

Valor Presente (VP)

Los activos, por ejemplo, las acciones de las compañías, los créditos bancarios o los bonos, suelen proporcionar un flujo de ingresos en el futuro. Como esos activos se compran y venden, nos podemos hacer la siguiente pregunta: ¿cómo valoramos un flujo de pagos futuros? La respuesta es el valor presente (VP), también conocido como valor actual (VA), del ingreso futuro esperado.

Para realizar este cálculo, debemos asumir que las personas que participan en el mercado comprando y vendiendo activos tienen la capacidad de ahorrar y endeudarse a una cierta tasa de interés. Así pues, suponga que se enfrenta a una tasa de interés del 6% y que se le ofrece un contrato financiero que estipula que recibirá un pago de 100 euros en un año. Este contrato es un activo. ¿Cuánto estaría dispuesto a pagar por este hoy?

No pagaría 100 euros por el contrato porque si tuviera 100 euros hoy, los podría depositar en el banco y obtener 106 euros en un año, que sería mejor que comprar el activo.

Suponga que le ofrecen el activo por 90 euros hoy. En este caso, aceptaría comprarlo porque podría pedir un préstamo de 90 euros al banco hoy a una tasa del 6%, con lo cual, en un año, pagaría 95,40 euros, al tiempo que recibiría 100 euros del activo, con lo cual obtendría un beneficio de 4,60 euros.

El precio máximo o precio de equilibrio (en inglés *break-even price*) para este contrato es aquel que le deje indiferente entre comprarlo o no comprarlo. Debe ser, por lo tanto, igual a la cantidad de dinero que le proporcionaría 100 euros en un año, si la depositara en el banco hoy. A una tasa de interés del 6% ese monto es:

$$VP = \frac{100}{1 + 6\%} = \frac{100}{1,06} = 94,34$$

94,34 euros de hoy valen lo mismo que 100 euros en un año porque si usted depositara 94,34 euros en el banco, tendría 100 euros en un año. De manera equivalente, si hoy pide al banco un crédito de 94 euros para comprar el activo, tendría que devolver 100 euros en un año, que es exactamente lo que le pagaría el activo.

Decimos que el ingreso del próximo año se descuenta a la tasa de interés: una tasa de interés positiva hace que el ingreso futuro valga menos que el ingreso hoy.

La misma lógica puede aplicarse si nos enfocamos más adelante en el futuro y aplicamos una fórmula de interés compuesto a lo largo del tiempo. Si usted recibe 100 euros dentro de t años, el valor de esos 100 euros para usted al día de hoy será:

$$VP = \frac{100}{1,06^t}$$

Ahora suponga que un activo genera un pago anual durante T años, pagando X_t en el año t, comenzando el próximo año que denominamos año 1. Entonces cada pago X_t debe descontarse según lo lejos que esté en el futuro. Así pues, con una tasa de interés i, el VP del activo es:

$$VP = \frac{X_1}{(1+i)^1} + \frac{X_2}{(1+i)^2} + ... + \frac{X_T}{(1+i)^T}$$

El valor presente de estos pagos claramente depende de los montos de los pagos mismos, pero también depende de la tasa de interés: si la tasa de interés aumenta, el VP cae porque los pagos futuros se descuentan (sus VP se reducen) por más. Fíjese que es relativamente sencillo ajustar las fórmulas del valor presente para considerar la posibilidad de que haya tasas de interés preferentes en los años 1, 2, y así sucesivamente.

Valor presente neto (VPN)

Esta lógica se puede aplicar a cualquier activo que genere un ingreso en el futuro. Por ende, si una empresa está valorando si realizar o no una inversión, debe comparar el costo de esa inversión con el valor presente de los beneficios que espera que le proporcione esa inversión en el futuro. En estos casos, calculamos el valor presente neto (VPN), que toma en consideración el costo de realizar la inversión, así como los beneficios esperados. Si el costo es c y el valor actual de los beneficios esperados es VP, entonces el VPN de la inversión es:

$$VPN = VP - c$$

Si este valor es positivo, entonces vale la pena realizar la inversión porque las ganancias esperadas valen más que el costo (y viceversa).

Precios de bonos y rendimientos o yields

Un bono es un tipo particular de activo en el que el emisor promete pagar un monto determinado a lo largo del tiempo a quien posea el documento (bonista). Emitir o vender bonos equivale a pedir prestado porque el emisor recibe efectivo hoy y promete devolver efectivo en el futuro. Del otro lado se encuentra el bonista, que es un prestamista o ahorrador, porque entrega efectivo hoy esperando que se le devuelva en el futuro. Las empresas y los gobiernos suelen endeudarse emitiendo bonos. Los hogares compran bonos como mecanismo de ahorro, tanto de forma directa como indirectamente a través de sus fondos de pensiones.

Los bonos suelen durar un tiempo predeterminado, que se conoce como periodo de vencimiento, y ofrecen dos tipos de pago: el valor nominal F (*face value* en inglés) que es el monto que se paga cuando el bono vence, y un cupón o pago fijo a realizar en cada periodo (por ejemplo, cada año o cada tres meses) hasta el vencimiento. En el pasado, los bonos eran papeles físicos que tenían cupones recortables y, cada vez que se cobraba uno de esos pagos fijos, se recortaba físicamente el correspondiente cupón. Este es el motivo por el que los pagos fijos de los bonos se conocen como cupones y se designan con la letra C.

Como vimos al calcular el VP, la cantidad máxima que un prestamista estará dispuesto a pagar por un bono corresponde a su valor presente, que depende del valor nominal del bono, la serie de pagos de cupones, y también de la tasa de interés. Nadie comprará un bono por un precio mayor a su valor presente porque le saldría más a cuenta colocar su dinero en el banco. Y tampoco nadie venderá un bono por menos de su valor presente, porque le saldría más a cuenta endeudarse con el banco. Así pues:

precio del bono = valor presente del flujo descontado de cupones
+ valor presente del valor
nominal al vencimiento

O bien, para un bono con vencimiento en T años:

$$P = \underbrace{\frac{C}{(1+i)^1} + \frac{C}{(1+i)^2} + ... + \frac{C}{(1+i)^T}}_{\text{cupones}} + \underbrace{\frac{F}{(1+i)^T}}_{\text{valor nominal}}$$

Una característica importante de los bonos es su rendimiento (*yield*), que es la tasa de retorno implícita que obtiene un comprador de su inversión inicial cuando compra el bono a precio de mercado. Calculamos el rendimiento usando la misma ecuación de VP. El rendimiento y resuelve la siguiente ecuación:

$$P = \underbrace{\frac{C}{(1+y)^1} + \frac{C}{(1+y)^2} + ... + \frac{C}{(1+y)^T}}_{\text{cupones}} + \underbrace{\frac{F}{(1+y)^T}}_{\text{valor nominal}}$$

Si la tasa de interés se mantiene constante, como hemos asumido, el rendimiento será igual que la tasa de interés. Sin embargo, en la vida real no podemos saber cómo irán cambiando las tasas de interés a lo largo del tiempo. En cambio, sí sabemos el precio de un bono, sus cupones y su valor nominal, por lo que siempre podemos calcular el rendimiento del bono. Comprar un bono con rendimiento y equivale a ahorrar el dinero a una tasa de interés constante garantizada de $i = y$.

arbitraje Práctica de comprar un bien a un precio bajo en un mercado para venderlo a un precio más alto en otro. Los comerciantes que participan en el arbitraje aprovechan la diferencia de precio para el mismo bien entre dos países o regiones. Mientras los costos comerciales sean más bajos que la diferencia de precios, obtendrán ganancias. *Véase también: brecha de precio.*

Dado que un ahorrador (un prestamista) puede escoger entre comprar un bono del Estado, prestar el dinero en el mercado de dinero o colocarlo en una cuenta bancaria, el rendimiento del bono del Estado está muy cerca de la tasa de interés del mercado monetario. Si no fuese así, los especuladores moverían el dinero rápidamente de un activo a otro hasta que las tasas de rendimiento de todas las opciones se igualasen, lo que constituye una estrategia que se denomina **arbitraje**.

Consideremos un ejemplo numérico: un bono del Estado con un valor nominal de 100 euros, cupón anual de cinco euros y vencimiento de cuatro años. La tasa de interés nominal del mercado monetario es 3%. Usamos esta tasa para descontar los flujos de pagos que recibimos.

Por tanto, el precio del bono es:

$$P = \frac{5}{(1,03)^1} + \frac{5}{(1,03)^2} + \frac{5}{(1,03)^3} + \frac{5}{(1,03)^4} + \frac{100}{(1,03)^4}$$
$$= 4,85 + 4,71 + 4,58 + 4,44 + 88,85$$
$$= 107,43$$

Hoy estaríamos dispuestos a pagar, a lo sumo, 107,43 euros por este bono, a pesar de que genera un total de 120 euros de ingresos durante los cuatro años siguientes. El rendimiento es igual a la tasa de interés del 3%. Como consecuencia, si el banco central sube su tasa oficial, eso reducirá el precio de mercado del bono, aumentando el rendimiento en línea con el aumento de la tasa de interés.

10.10 EL NEGOCIO DE LA BANCA Y LOS BALANCES GENERALES BANCARIOS

Para entender el negocio de la banca a un nivel más detallado, podemos analizar los costos e ingresos bancarios:

- *Los costos operativos del banco*: estos incluyen los costos de administración del proceso de generación de préstamos. Por ejemplo, los salarios de los ejecutivos bancarios que evalúan las solicitudes de crédito o los costos de arriendo y mantenimiento de la red de sucursales y los centros de llamadas desde donde se contacta con clientes (actuales y potenciales) para ofrecer servicios bancarios.
- *Los costos de intereses del banco*: los bancos deben pagar intereses por sus pasivos, incluyendo depósitos y otros tipos de endeudamiento en que incurran.
- *Los ingresos bancarios*: estos son los intereses de los préstamos concedidos y la devolución de esos créditos que ha concedido a sus clientes.
- *El rendimiento esperado del banco*: este es el rendimiento que el banco obtiene de los créditos que concede, teniendo en cuenta que no todos los clientes van a pagar sus deudas.

De manera similar a como ocurre con los prestamistas, si el riesgo de los créditos (la tasa de impagos) es más alta, habrá una mayor diferencia (*spread* o *markup*) entre la tasa de interés cobrada por los bancos por los créditos que conceden y el costo al cual se endeudan.

La rentabilidad del negocio depende de la diferencia entre el costo de endeudarse y el rendimiento de prestar, tomando en cuenta la tasa de impago y los costos operativos de analizar los créditos y gestionar el banco.

Una buena forma de entender un banco es analizar su balance general completo, que resume su negocio principal de prestar y endeudarse. Los bancos se endeudan y prestan dinero para generar beneficios:

- *El endeudamiento del banco se muestra en el pasivo:* los depósitos y el endeudamiento (garantizado y no garantizado) se registran como pasivos.
- *Los préstamos de los bancos están en el activo.*

Tal y como ya vimos más arriba:

$$\text{patrimonio neto} \equiv \text{activos} - \text{pasivos}$$

Activos (propiedad del banco o adeudado a él)		% del balance	Pasivos (lo que el banco les debe a los hogares		% del balance
Saldos de reserva de efectivo en el banco central (A1)	Propiedad del banco: fondos inmediatamente accesibles	2	Depósitos (P1)	Propiedad de hogares y empresas	50
Activos financieros, algunos de los cuales (bonos del Estado) pueden usarse como garantía para pedir prestado (A2)	Propiedad del banco	30	Préstamo garantizado (se proporciona garantía) (P2)	Incluye préstamos de otros bancos a través del mercado monetario	30
Préstamos a otros bancos (A3)	Por medio del mercado monetario	11	Préstamos no garantizados (sin garantía) (P3)		16
Préstamos a hogares (A4)		55			
Activos fijos como edificios y equipos (A5)	Propiedad del banco	2			
Total de activos		100	Total de pasivos		96
Patrimonio neto = total de activos – total de pasivos = capital propio (P4)					4

Figura 10.15 Un balance bancario simplificado.

Adaptado de la figura 5.9 en el capítulo 5 de Wendy Carlin y David Soskice. *Macroeconomics, Instability, and the Financial System.* Oxford: Oxford University Press. 2015

insolvencia Una entidad se encuentra en esta situación si el valor de sus activos es menor que el valor de sus pasivos. *Véase también: solvencia.*

liquidez Facilidad para comprar o vender un activo financiero a un precio predecible.

Otra forma de decirlo es definir el patrimonio neto de una empresa, o un banco, como lo que se les debe a los accionistas o los dueños. Esto explica por qué el patrimonio neto se registra en el lado de los pasivos del balance general. Si el valor de los activos de un banco es menor que el valor de lo que el banco les debe a otros, entonces tendrá patrimonio neto negativo y el banco se encontrará en una situación de **insolvencia**.

Consideremos el lado de los activos del balance general del banco:

- (A1) *Efectivo y reservas en el banco central*: el primer ítem en el balance general corresponde al efectivo que mantiene el banco más el saldo en su cuenta en el banco central, que se denomina balance de reservas. El efectivo y las reservas en el banco central corresponden a los fondos a los que el banco puede acceder fácilmente, es decir, los fondos más **líquidos**. Se trata de la base monetaria, y suele explicar una fracción pequeña del balance general del banco: solo un 2% en nuestro ejemplo de un banco típico contemporáneo. Como vimos más arriba, el dinero creado por el banco central es una proporción muy pequeña del dinero en sentido amplio que circula en la economía (el circulante).
- (A2) *Los activos financieros propios del banco:* estos activos pueden usarse como garantías cuando el banco se endeuda en el mercado de dinero. Como ya comentamos, se endeudan para reponer sus balances de efectivo (ítem 1, figura 10.15) cuando sus depositantes retiran (o transfieren) más fondos de los que el banco tiene disponibles.
- (A3) *Préstamos a otros bancos*: un banco también tendrá contabilizados en su balance general los créditos concedidos a otros bancos.
- (A4) *Préstamos a hogares y empresas*: las actividades de concesión de préstamos del banco casi siempre constituyen el ítem más grande del lado de los activos. Los créditos concedidos por el banco a hogares y empresas representan más del 55% del balance general en la figura 10.15. Este es el negocio principal del banco. Parte de estos préstamos estarán garantizados. Un préstamo está garantizado si el deudor proporciona algún tipo de garantía. En el caso de créditos para la compra de vivienda, que se conocen como hipotecarios, el valor de la casa es la garantía. Otros créditos bancarios no están garantizados, como ocurre con las líneas de crédito, los saldos de las tarjetas de crédito y los créditos al consumo.
- (A5) *Activos del banco* como edificios y equipos se registran en el lado de los activos del balance general.

En el lado de los pasivos del balance general encontramos tres tipos de endeudamiento bancario que se muestran en la figura 10.15:

- (P1) El más cuantioso corresponde a los *depósitos bancarios*, que constituyen el 50% del balance general bancario en este ejemplo. El banco debe estos montos a hogares y empresas. Como parte de sus decisiones de maximización de beneficios, el banco emite un juicio sobre la posible demanda de depósitos generada por decisiones de retirada o transferencia de fondos por parte de los depositantes. Los depósitos y las retiradas de fondos se están produciendo continuamente por todo el sistema bancario, por lo que cuando las transacciones interbancarias se saldan, la mayoría se compensan entre sí. Todo banco debe asegurarse de disponer de efectivo y reservas en el banco central que le permitan satisfacer las demandas de los depositantes que deseen retirar sus fondos y las peticiones de transferencias netas que puedan haberse realizado ese día. Evidentemente, mantener efectivo y reservas para este propósito tiene un costo de oportunidad, porque esos fondos podrían haberse prestado en el mercado monetario con el correspondiente cobro de intereses; por lo tanto, los bancos buscan mantener niveles mínimos pero prudentes de efectivo y reservas.

- (P2) y (P3) en el lado de los pasivos del balance general corresponden a lo que el banco ha tomado prestado de hogares, empresas y otros bancos en el mercado monetario. Una parte de esa cantidad es *endeudamiento garantizado*: el banco aporta garantías en forma de sus activos financieros (que aparecen en el lado izquierdo del balance general en el ítem (P2)). Otra parte es *endeudamiento no garantizado*.

- El ítem (P4) en el balance general corresponde al **patrimonio neto** del banco, es decir, el **capital propio** del banco, que está compuesto por las acciones emitidas por el banco y la acumulación de ganancias que no hayan sido repartidas como dividendos a los accionistas a lo largo de los años. En un banco típico el capital suele ser un porcentaje muy pequeño de su balance general. Un banco es, por lo general, una empresa muy intensiva en deuda.

> **capital propio** Inversión de un individuo en un proyecto. Esto se registra en el balance de una empresa o individuo como patrimonio neto. *Véase también: patrimonio neto. Un uso completamente diferente del término en inglés (equity) sería como sinónimo de equidad o justicia.*

Podemos verlo en los ejemplos de la vida real que se ilustran en las figuras 10.16 y 10.17.

La figura 10.16 muestra el balance general simplificado del Barclays Bank (justo antes de la crisis financiera) y la figura 10.17 muestra el balance general simplificado de una compañía del sector no financiero: Honda.

Activos		Pasivos	
Saldos de reservas de efectivo en el banco central	7345	Depósitos	336 316
Reserva mayorista de préstamos repo concedidos	174 090	Préstamos repo al por mayor con garantía recibidos	136 956
Préstamos (por ejemplo, hipotecas)	313 226	Préstamos recibidos sin garantía	111 137
Activos fijos (por ejemplo, edificios, equipos)	2492	*Pasivos de cartera de negociación*	71 874
Activos de cartera de negociación	177 867	*Instrumentos financieros derivados*	140 697
Instrumentos financieros derivados	138 353	*Otros pasivos*	172 417
Otros activos	183 414		
Total activos	996 787	Total pasivos	969 397
		Patrimonio neto	
		Capital propio	27 390

Partida pro memoria: Tasa de apalancamiento (activos totales/ patrimonio neto) 996 787/27 390 = 36,4

Figura 10.16 Balance de Barclays Bank en 2006 (millones de libras esterlinas).

Barclays Bank. 2006. *Informe anual de Barclays Bank PLC* (https://tinyco.re/6435688). También se presenta como la figura 5.10 en el capítulo 5 de Wendy Carlin y David Soskice. *Macroeconomics, Instability, and the Financial System.* Oxford: Oxford University Press, 2015.

El activo circulante corresponde a efectivo, inventarios y otros activos a corto plazo. El pasivo circulante corresponde a deudas a corto plazo y otros pagos pendientes inminentes.

Una forma de describir la dependencia de la deuda de una compañía es calcular su **tasa o ratio de apalancamiento** (en inglés *leverage* o *gearing*).

Desafortunadamente, suelen utilizarse definiciones diferentes de la *tasa de apalancamiento* para empresas financieras y no financieras (ambas definiciones se muestran en las figuras 10.16 y 10.17). Nosotros aquí calculamos el apalancamiento para Barclays y Honda usando la definición típica para bancos: total de activos dividido por patrimonio neto. Los activos totales de Barclays son 36 veces su patrimonio neto. Esto significa que, dado el tamaño de sus pasivos (su deuda) un cambio muy pequeño en el valor de sus activos ($1/36 \approx 3\%$) sería suficiente para eliminar completamente su patrimonio neto y llevar al banco a la insolvencia. En cambio, si usamos la misma definición, vemos que el apalancamiento de Honda es inferior a tres. Comparado con Barclays, el capital de Honda es mucho mayor en relación con sus activos. Otra forma de decir lo mismo sería que Honda financia sus activos con una combinación de deuda (62%) y capital (38%), mientras que Barclays financia sus activos con un 97% de deuda y un 3% de capital.

> **tasa de apalancamiento (para bancos u hogares)** Valor de los activos dividido por la participación accionarial en esos activos.

Honda Motor Co. 2013. Informe anual (https://tinyco.re/0428289).

Activos		Pasivos	
Activos circulante	5 323 053	Pasivos circulante	4 096 685
Financiación de filiales por cobrar, neto	2 788 135	Deuda a largo plazo	2 710 845
Inversiones	668 790	Otros pasivos	1 630 085
Inmuebles en arrendamientos operativos	1 843 132		
Inmuebles, planta y equipo	2 399 530		
Otros activos	612 717		
Total de activos	13 635 357	Total de pasivos	8 437 615
		Patrimonio neto	
		Capital propio	5 197 742
Partida pro memoria: Tasa de apalancamiento definida para los bancos (activos totales/patrimonio neto)			13 635 357/ 5 197 742 = 2,62
Partida pro memoria: Tasa de apalancamiento definida para entidades no bancarias (pasivos totales/activos totales)			8 437 615/ 13 635 357 = 61,9%

Figura 10.17 Balance de Honda Motor Company en 2013 (millones de yenes).

PREGUNTA 10.9 ESCOJA LA(S) RESPUESTA(S) CORRECTA(S)

El siguiente ejemplo es un balance simplificado de un banco comercial, representado en libras esterlinas. Según esta información, ¿cuál de las siguientes afirmaciones es correcta?

Activos		Pasivos	
Efectivo y reservas	GBP2m	Depósitos	GBP45m
Activos financieros	GBP27m	Préstamos garantizados	GBP32m
Préstamos a otros bancos	GBP10m	Préstamos no garantizados	GBP20m
Préstamos a hogares y empresas	GBP55m		
Activos fijos	GBP6m		
Total activos	GBP100m	Total pasivos	GBP97m

☐ La base monetaria del banco consiste en efectivo y reservas y activos financieros.

☐ Los préstamos garantizados son préstamos sin riesgo de incumplimiento.

☐ El patrimonio neto del banco es su efectivo y reservas de 2 millones de libras esterlinas.

☐ El apalancamiento del banco es 33,3.

APALANCAMIENTO PARA ENTIDADES NO BANCARIAS

Se define de manera diferente al apalancamiento para los bancos. Para las empresas, la tasa de apalancamiento se define como el valor de los pasivos totales dividido por los activos totales. Para ver un ejemplo del uso de la definición de apalancamiento para entidades no bancarias, consulte: Marina-Eliza Spaliara. 2009. 'Do Financial Factors Affect the Capital–Labour Ratio? Evidence from UK Firm-Level Data' [¿Afectan los factores financieros la relación capital-trabajo? Evidencia de datos a nivel de empresa del Reino Unido]. *Journal of Banking & Finance* 33 (10) (Octubre): págs. 1932–1947.

10.11 LA TASA DE INTERÉS OFICIAL DEL BANCO CENTRAL PUEDE AFECTAR EL GASTO

Los hogares y las empresas se endeudan con objeto de gastar: cuanto más les cueste endeudarse (cuanto más altas sean las tasas de interés), menos gastarán hoy. Esto permite que el banco central influya en el gasto de la economía, lo que, a su vez, afecta las decisiones de las empresas sobre cuántas personas contratar y qué precios fijar. De esta forma, el banco central puede incidir en los niveles de desempleo e inflación (aumento de precios), como veremos en los capítulos 13 y 15.

Para ver el efecto de una tasa de interés más baja sobre el gasto en consumo, podemos volver al ejemplo de Julia, que no tenía riqueza, pero esperaba recibir 100 dólares en un año. Use el análisis de la figura 10.18 para ver cómo afectan las tasas de interés su decisión de cuánto gastar hoy.

En muchos países desarrollados, la razón por la que la mayoría de las personas suelen pedir un crédito es para un vehículo o una casa (las hipotecas para comprar vivienda son menos habituales en países donde los mercados financieros tienen menor grado de desarrollo). Los préstamos para estos fines están disponibles para todo tipo de personas –incluso quienes tienen unos recursos limitados– porque, a diferencia de lo que ocurre con los créditos al consumo para comprar comida o artículos de uso diario, las hipotecas para comprar una casa o la financiación de la compra de un auto pueden contener cláusulas en las que se establezca que se aportan esos activos como garantía. Así el banco se protege del riesgo de impago. Este es el motivo por el que uno de los canales más importantes a través de los que la tasa de interés afecta al gasto interno en los países desarrollados es a través de su efecto sobre las compras de vivienda y de bienes de consumo duradero. Las tasas de interés fijadas por el banco central pueden ayudar a moderar las subidas y bajadas en el gasto en vivienda y consumo duradero y, por esa vía, suavizar las fluctuaciones de la economía en su conjunto.

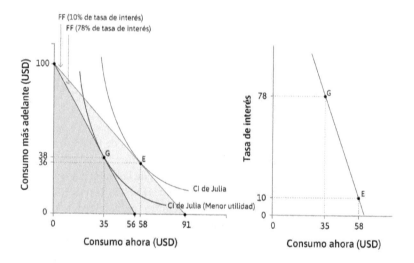

Figura 10.18 Tasas de interés y gasto en consumo.

1. Julia no tiene riqueza ahora
Espera recibir 100 dólares en un año.

2. La tasa de interés del prestamista
Con una tasa de interés del prestamista del 78%, Julia pidió prestado para gastar 35 dólares ahora (punto G).

3. Una tasa de interés más baja
Con una tasa de interés del 10%, Julia pediría prestado y gastaría 58 dólares ahora (punto E).

4. A medida que la tasa de interés cae...
El panel derecho de la figura muestra el gasto de consumo de Julia ahora a medida que cae la tasa de interés, correspondiendo G y E a los mismos puntos en el panel de la izquierda.

5. Curva de demanda de Julia
La línea de pendiente descendente es la demanda de préstamos de Julia, que también muestra sus gastos ahora.

PREGUNTA 10.10 ESCOJA LA(S) RESPUESTA(S) CORRECTA(S)

El siguiente diagrama muestra las elecciones de consumo de Julia en los periodos 1 (ahora) y 2 (más adelante) con diferentes tasas de interés. Julia no tiene ingresos en el periodo 1, pero sí un ingreso en el periodo 2, sobre el cual puede pedir prestado. Según esta información, ¿cuál de las siguientes afirmaciones es correcta?

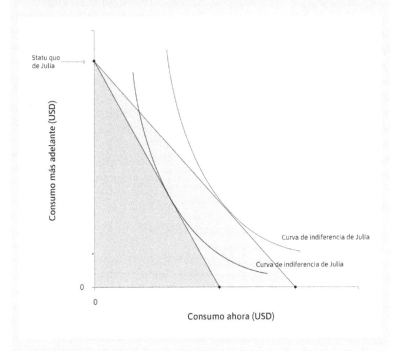

- ☐ Un recorte en la tasa de interés aumenta la tasa marginal de transformación del consumo del periodo 2 al periodo 1.
- ☐ Julia aumentará inequívocamente su consumo en el periodo 1 después de un recorte de la tasa de interés.
- ☐ Julia disminuirá inequívocamente su consumo en el periodo 2 después de un recorte de la tasa de interés.
- ☐ El gráfico de la tasa de interés (eje vertical) vs el consumo del periodo 1 (eje horizontal) tiene pendiente negativa.

EJERCICIO 10.6 TASAS DE INTERÉS Y GASTO EN CONSUMO

Piense en los efectos ingreso y sustitución de un aumento en la tasa de interés, tal y como se analizó en los ejercicios 10.2 y 10.3. Comente si se espera que un aumento en la tasa de interés reduzca el gasto de consumo en una economía en la que una parte de los hogares están en la situación de Julia y otra parte es como Marco.

10.12 RESTRICCIONES DEL MERCADO DE CRÉDITO: UN PROBLEMA PRINCIPAL-AGENTE

Prestar dinero entraña un riesgo. Un crédito se concede hoy y se devuelve en el futuro y, hasta entonces, pueden ocurrir acontecimientos imposibles de anticipar que se encuentran más allá del control del prestamista. Si el clima o las plagas destruyen las cosechas en Chambar, Pakistán, a los prestamistas no les devolverán los préstamos realizados, por más que trabajen los agricultores. La posible obsolescencia de unas competencias en las que usted haya invertido a través de un crédito educativo es un riesgo inevitable que podría implicar que ese crédito no se devuelva. La tasa de interés fijada por un banco o un prestamista será mayor cuanto más alto sea el riesgo de impago asociado a acontecimientos inevitables.

Ahora bien, los prestamistas se enfrentan a dos problemas adicionales. Cuando se piden créditos para financiar proyectos de inversión, el prestamista no puede estar seguro de que el deudor vaya a invertir suficiente esfuerzo en asegurarse de que el proyecto sea un éxito. Más aún: muchas veces el deudor tiene más información que el prestamista sobre la calidad del proyecto y la probabilidad de éxito de este. Ambos problemas surgen de la diferencia en la información disponible para el deudor y el prestamista sobre el proyecto del deudor y las acciones que este vaya a realizar.

Esto genera un conflicto de intereses. Si el proyecto no tiene éxito porque el deudor invirtió demasiado poco esfuerzo o simplemente porque no era un buen proyecto, el prestamista perderá dinero. Si el deudor estuviera usando su propio dinero, es probable que tuviera una actitud más responsable hacia el proyecto o que lo hubiera descartado.

La relación entre el prestamista y el deudor o prestatario es un **problema principal-agente**. El prestamista es el «principal» y el deudor o prestatario es el «agente». El problema principal-agente entre prestatario y prestamista es similar al problema del «dinero de otros» que comentamos en el capítulo 6. En ese caso, el gerente de una empresa (el agente) toma decisiones sobre el uso de los fondos aportados por los inversionistas (los principales), pero estos no se encuentran en una posición que les permita asegurarse de que el gerente actúe en una forma que maximice su riqueza (de los inversionistas) en vez de perseguir sus propios objetivos personales.

En el caso de endeudarse y prestar dinero, muchas veces no resulta posible para el prestamista (el principal) redactar un contrato que garantice que el deudor (el agente) devolverá el crédito. La razón es que es imposible para el prestamista asegurarse a través de un contrato de que el deudor usará los fondos de un modo prudente que permita el reembolso conforme a los términos del crédito.

La tabla de la figura 10.19 compara dos problemas principal-agente.

Una posible respuesta para el prestamista ante este conflicto de intereses es exigir al prestatario que comprometa algo de su riqueza en el proyecto (lo que denominaríamos **capital propio** o *equity* en inglés). Cuanto más capital propio tenga invertido el deudor o prestatario en el proyecto, más alineados estarán sus intereses con los del prestamista. Otra respuesta común, tanto si los prestatarios son compradores de casas de Nueva Zelanda como si se trata de compradores de autos de Nueva Orleans, es que se les exija apartar alguna propiedad que será transferida al prestamista en caso de que el crédito no se devuelva (es lo que llamamos una **garantía**).

relación principal-agente Relación que existe cuando una parte (el principal) desea que otra parte (el agente) actúe de determinada manera o tenga algún atributo que sea de interés para el principal, y que no se pueda hacer cumplir o garantizar en un contrato vinculante. *Véase también: contrato incompleto. También se conoce como: problema principal-agente.*

El capital propio o las garantías reducen el conflicto de intereses entre el prestamista y el prestatario porque cuando este se juega algo de su dinero (sea como garantía o como capital propio):

- *Tiene más interés en hacer un esfuerzo*: Se esforzará más por tomar decisiones de negocio prudentes que aseguren el éxito del proyecto.
- *Lanza una señal al prestamista*: El mensaje que se comunica es que el prestatario piensa que el proyecto tiene una calidad suficientemente buena como para tener éxito.

Pero hay un problema: si el prestatario tuviera dinero, podría usar su riqueza como garantía o como capital propio en el proyecto, o tal vez preferiría colocarse al otro lado del mercado como prestamista de dinero. Por lo general, la razón por la que el prestatario solicita un préstamo es que no es adinerado. Como resultado, puede que no le resulte posible ofrecer suficiente capital propio o garantías como para reducir satisfactoriamente el conflicto de intereses y, por lo tanto, el riesgo al que se enfrenta el prestamista. Esto puede llevar a que se le niegue el crédito.

Es lo que se conoce como **racionamiento del crédito**: aquellos con menos riqueza se endeudan en condiciones menos favorables que los que sí la tienen, o incluso se les niega por completo el acceso al crédito.

A los prestatarios cuyo bajo nivel de riqueza hace que les resulte imposible el acceso al crédito a cualquier tasa de interés, los denominamos **excluidos del crédito**. A aquellos que sí consiguen endeudarse, pero en condiciones poco favorables, los denominamos **restringidos en el crédito**. En ocasiones, tanto de unos como otros se dice que se encuentran restringidos por la riqueza, lo que significa que su riqueza limita las oportunidades de las que disponen en el mercado

Quienes buscan préstamos para comprar un automóvil a menudo deben permitir que se instale en el vehículo un dispositivo controlado por el banco que bloqueará el encendido si no se realizan los pagos del préstamo según lo convenido, como lo muestra este video del *New York Times*. Esta práctica ha hecho que los prestamistas no gocen de buena popularidad. https://tinyco.re/2009482

racionamiento de crédito Proceso por el cual aquellos con menos riqueza se endeudan en términos desfavorables, en comparación con aquellos con más riqueza.

excluidos del crédito Descripción de las personas que no pueden pedir prestado en ningún término. *Ver también: restringidos en el crédito.*

restringidos en el crédito Descripción de las personas que pueden pedir prestado solo en términos desfavorables. *Ver también: excluidos del crédito.*

	Actores	Conflicto de intereses sobre	Coberturas contractuales exigibles	Excluido contrato (o no ejecutable)	Resultado
Mercado laboral (capítulos 6 y 9)	Empleador Empleado	Salarios, trabajo (calidad y cantidad)	Salarios, tiempo, condiciones	Trabajo (calidad y cantidad), duración del empleo	Esfuerzo insuficiente; desempleo
Mercado de crédito (capítulos 10 y 12)	Prestamista Prestatario	Tasa de interés, realización del proyecto (esfuerzo, prudencia)	Tasa de interés	Esfuerzo, prudencia, reembolso	Demasiado riesgo, restricción crediticia

Figura 10.19 Problemas principal-agente: el mercado crediticio y el mercado laboral.

de crédito. Adam Smith tenía el racionamiento de crédito en mente cuando escribió:

Adam Smith. 1776. 'De las ganancias de los fondos'. En *Indagación acerca de la naturaleza y las causas de la riqueza de las naciones*. Madrid: Aguilar, 1961.

> «Como dice el refrán, el dinero llama al dinero. Cuando tienes un poco, suele ser fácil obtener un poco más. La mayor dificultad consiste en conseguir ese poco.» (*Indagación sobre la naturaleza y las causas de la riqueza de las naciones*, 1776.)

La relación entre riqueza y crédito se resume en la figura 10.20.

La exclusión de aquellos sin riqueza de los mercados de crédito o su acceso a ellos únicamente en condiciones muy desfavorables resulta evidente en los siguientes hechos observados:

- *Según una encuesta, a una de cada ocho familias de Estados Unidos le ha sido rechazada una solicitud de crédito a una institución financiera*: los activos de estas familias «restringidas» en el crédito estaban un 63% por debajo de los de otras familias sin restricción al crédito. Los «prestatarios desalentados» (aquellos que ni siquiera solicitaron un crédito porque esperaban ser rechazados) tienen aún menos riqueza que los solicitantes rechazados.

David Gross y Nicholas Souleles. 2002. 'Do Liquidity Constraints and Interest Rates Matter for Consumer Behavior? Evidence from Credit Card Data'. *The Quarterly Journal of Economics* 117 (1) (Febrero): pp. 149–185.

- *Los límites al endeudamiento a través de tarjetas de crédito con frecuencia se incrementan de forma automática*: si el endeudamiento aumenta en respuesta a un cambio automático en el límite del endeudamiento, podemos inferir que el individuo se encontraba restringido en el crédito. Los autores de este estudio plantean que aproximadamente dos tercios de las familias de Estados Unidos se encuentran restringidas en el crédito o excluidas de este.

- *Las herencias suelen inducir a los trabajadores por cuenta propia a aumentar la escala de sus operaciones*: una herencia de 5000 libras esterlinas en 1981 (alrededor de 24 000 dólares hoy) duplicaba la probabilidad de que un joven británico montara un negocio.

- *Quien posee una casa puede utilizarla como garantía*: un aumento del 10% en el valor de los activos inmobiliarios que pueden usarse como garantía para conseguir un crédito en el Reino Unido, aumenta el número de nuevos negocios (*startups*) en un 5%.

- *En Estados Unidos, es frecuente que las personas con pocos activos pidan créditos rápidos o créditos «payday» a corto plazo*: en el estado de Illinois, el deudor a corto plazo típico es una mujer de ingresos bajos, de entre 30 y 40 años de edad (con unos ingresos anuales de 24 104 dólares), que vive de alquiler, tomando prestados entre 100 y 200 dólares, y pagando una tasa anual media de interés del 486%.

Samuel Bowles. *Microeconomics: Behavior, Institutions, and Evolution (the Roundtable Series in Behavioral Economics)*. Princeton, NJ: Princeton University Press, 2006.

- *En la India, los agricultores pobres o de ingresos medios podrían aumentar sustancialmente sus ingresos si no se enfrentaran a restricciones en el crédito*: no solamente suelen invertir por debajo de lo que corresponde en activos productivos, sino que, frecuentemente, su inversión presenta un sesgo en favor de los activos que puedan vender en tiempos de necesidad (terneros) en detrimento de equipos de alta rentabilidad productiva (bombas de riego) que tienen precios de reventa bajos.

PREGUNTA 10.11 ESCOJA LA(S) RESPUESTA(S) CORRECTA(S)

¿Cuáles de las siguientes afirmaciones son correctas con respecto al problema principal-agente?

☐ Existe un problema principal-agente en los préstamos debido a que se da la posibilidad positiva de que el principal no se reembolse.

☐ El problema principal-agente puede resolverse redactando un contrato vinculante para garantizar que el prestatario se esfuerce al máximo.

☐ Una solución para el problema principal-agente en los préstamos es que el prestatario aporte capital propio.

☐ El problema principal-agente conduce al racionamiento del crédito en el mercado de préstamos.

EJERCICIO 10.7 MICROFINANZAS Y PRÉSTAMOS A LOS POBRES

Lea el documento 'The Microfinance Promise' (https://tinyco.re/2004502). El Grameen Bank de Bangladesh ofrece préstamos a grupos de personas que solicitan juntos préstamos individuales, con la condición de que los préstamos a los miembros del grupo se renovarán en el futuro si (y solo si) todos los miembros del grupo han devuelto el préstamo a tiempo.

Explique cómo cree que un acuerdo así afectaría la decisión del prestatario sobre en qué gastar el dinero, y cuánto cree que se esforzaría para asegurarse de que el reembolso sea posible.

Jonathan Morduch. 1999. 'The Microfinance Promise' (https://tinyco.re/2004502). *Journal of Economic Literature* 37 (4) (Diciembre): pp. 1569–1614.

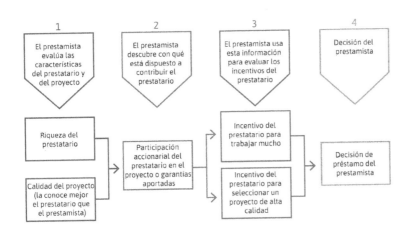

Figura 10.20 Riqueza, calidad del proyecto y crédito.

10.13 DESIGUALDAD: PRESTAMISTAS, PRESTATARIOS Y EXCLUIDOS DEL MERCADO DE CRÉDITO

Mucho antes de que existieran los empleadores, empleados y desempleados que estudiamos en el capítulo anterior, ya existían prestamistas y prestatarios. Algunos de los primeros registros históricos escritos de cualquier tipo que se conservan, de hecho, corresponden a registros de deudas. Las diferencias de ingresos entre los que prestan (personas como Marco) y los que se endeudan (personas como Julia) continúan siendo una fuente considerable de desigualdad económica hoy en día.

Podemos analizar las desigualdades entre prestamistas y prestatarios (y entre diferentes individuos dentro de la clase de los prestatarios) usando el mismo modelo de la curva de Lorenz y coeficiente de Gini que utilizamos para estudiar desigualdad entre empleados y empleadores.

Un ejemplo: una economía compuesta por 90 agricultores que piden préstamos a 10 prestamistas y usan esos fondos para financiar la siembra y cuidado de sus cultivos. La cosecha (en promedio) se vende por un monto mayor que el préstamo que recibe el agricultor, de modo que por cada euro que pide prestado e invierte, el agricultor obtiene un ingreso de $1 + \Pi$, donde Π es la tasa de rentabilidad o rendimiento.

Después de la cosecha, los agricultores pagan sus deudas con interés a una tasa i. Simplificamos asumiendo que todos los créditos se devuelven y que todos los prestamistas prestan la misma cantidad a los agricultores, a la misma tasa de interés.

Dado que cada euro invertido produce un ingreso total de $1 + \Pi$, todos los agricultores producen cada uno un beneficio (ingreso menos costo) de Π. Pero este beneficio se divide entre el prestamista, que recibe un ingreso de i por cada euro prestado, y el prestatario, que recibe el resto, es decir, $\Pi - i$. Por tanto, el prestamista recibe una porción de i/Π del producto total y el prestatario recibe una porción de $1 - (i/\Pi)$.

Por ende, si $i = 0,10$ y $\Pi = 0,15$, la participación de los prestamistas en el ingreso total será de 2/3 y la de los prestatarios de 1/3.

La desigualdad en esta economía se representa en la figura 10.21. El coeficiente de Gini es 0,57.

En las secciones anteriores mostramos cómo algunos prestatarios potenciales (aquellos que no pueden aportar garantías o carecen de fondos propios para financiar un proyecto) podrían quedar completamente excluidos del endeudamiento, aunque estén dispuestos a pagar la tasa de interés. ¿Cómo afecta esto la curva de Lorenz y el coeficiente de Gini?

Para explorar ese caso, imaginemos que 40 de los prestatarios potenciales se encuentran excluidos del crédito (y, como no pueden pedir dinero prestado, no reciben ingresos de ningún tipo) y que nada más cambia en la situación original (no cambian ni i ni Π).

La línea punteada en la figura 10.21 representa la nueva situación. El nuevo coeficiente de Gini es 0,70, lo que muestra un incremento en la desigualdad como resultado de la exclusión de los pobres del mercado de crédito.

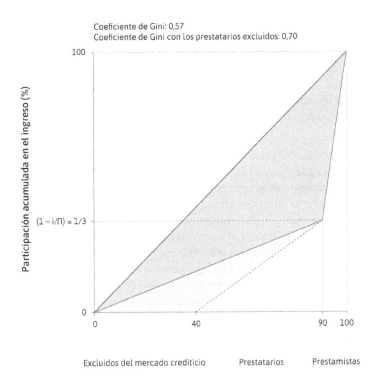

Figura 10.21 Desigualdad en una economía de prestamistas y prestatarios. Nota: El coeficiente de Gini cuando no hay prestatarios excluidos es 0,57; cuando se excluye a 40 prestatarios es 0,70.

1. Un modelo de economía de prestamistas y prestatarios.
Una economía está compuesta por 90 agricultores que toman prestado de 10 prestamistas. Como $i = 0,10$ y $\Pi = 0,15$, la participación del prestamista en el ingreso total es 2/3 y la de los prestatarios es 1/3. El coeficiente de Gini es 0,57.

2. Algunos prestatarios están excluidos del mercado crediticio
Suponga ahora que 40 de los posibles prestatarios están excluidos del mercado de crédito. Como no pueden pedir prestado, no reciben ningún ingreso.

3. La desigualdad aumenta
Cuando se excluye a algunos posibles prestatarios, el coeficiente de Gini aumenta a 0,70.

PREGUNTA 10.12 ESCOJA LA(S) RESPUESTA(S) CORRECTA(S)

En una economía con una población de 100 habitantes, hay 80 agricultores y 20 prestamistas. Los agricultores usan los fondos para financiar la siembra y el cuidado de sus cultivos. La tasa de beneficio para la cosecha es del 12,5%, mientras que la tasa de interés que se cobra es del 10%. Compare los siguientes dos casos:

1. Caso A: Todos los agricultores pueden pedir prestado.
2. Caso B: Solo 50 agricultores pueden pedir prestado.

Según esta información, ¿cuál de las siguientes afirmaciones es correcta?

- ☐ La proporción del producto total recibida por los agricultores que pueden pedir prestado es del 25%.
- ☐ El coeficiente de Gini para el caso A es 0,5.
- ☐ El coeficiente de Gini para el caso B es 0,6.
- ☐ Hay un aumento del 10% en el coeficiente de Gini en el caso B en comparación con el caso A.

Este ejemplo ilustra cómo una de las causas de la desigualdad en la economía es que algunas personas (como Marco) se encuentran en una posición que les permite sacar beneficio prestando dinero a otros, de manera similar a cómo otros (como Bruno en el capítulo 5) están en una posición para sacar beneficio empleando a otros.

Es probable que Bruno y Marco no sean las personas más queridas en sus respectivas economías. De igual manera, los bancos no suelen ser las instituciones más apreciadas ni las que generan los mayores niveles de confianza. En Estados Unidos, por ejemplo, un 73% de las personas expresaban «mucha» o «bastante» confianza en las fuerzas armadas en 2016, el mismo nivel de una década antes. En contraste con lo anterior, en ese año, solo un 27% expresaba algún grado de confianza hacia los bancos, mucho menos que el 49% de una década antes. Las encuestas muestran que los ciudadanos de Alemania, España y otros muchos países no aprecian a sus bancos, en particular desde la crisis financiera del 2008.

A veces se dice que las personas ricas prestan en condiciones que las enriquecen aún más, mientras que las personas pobres se endeudan en condiciones que las empobrecen todavía más. Nuestro ejemplo de Julia y Marco mostraba cómo la visión que se tiene de la tasa de interés –un costo para Julia y una fuente de ingresos para Marco– depende de la riqueza de la que se disponga. Las personas con una riqueza limitada se enfrentarán a una restricción en el crédito, lo que a su vez limitará su habilidad para beneficiarse de oportunidades de inversión que sí estarán al alcance de quienes tengan más activos.

También es cierto que, al determinar la tasa de interés a la que se le prestará a un individuo, el prestamista dispondrá de un poder de negociación superior y podrá, por tanto, fijar una tasa que le permita captar la mayoría de las ganancias mutuas que genere la transacción.

Pero, ¿significa esto que los bancos y el sistema financiero son la causa de que algunas personas sean pobres y otras ricas? Para responder a esta pregunta, compare los bancos con otras empresas maximizadoras de beneficios. Ambas son propiedad de personas adineradas, que obtienen beneficio de los negocios que hacen con personas con menos ingresos. Más aún, suelen realizar transacciones en términos (tasas de interés, salarios) que perpetúan la carencia de riqueza de prestatarios y empleados.

> **EJERCICIO 10.8 BANCOS IMPOPULARES**
> ¿Por qué cree que los bancos tienden a ser más impopulares que otras empresas con fines de lucro (Honda o Microsoft, por ejemplo)?

Pero ni siquiera aquellos a quienes no les gustan los bancos piensan que los más pobres estarían mejor si los bancos no existieran, como tampoco piensan que los más pobres se beneficiarían si las empresas dejaran de contratar trabajadores. Los bancos, el crédito y el dinero son elementos esenciales de una economía moderna –también para las oportunidades económicas de los menos pudientes– porque ofrecen oportunidades de ganancia mutua que se producen cuando las personas pueden beneficiarse de mover su poder de compra de un periodo a otro, ya sea endeudándose (moviéndolo hacia el presente) o prestando (lo opuesto).

> **EJERCICIO 10.9 LÍMITES AL PRÉSTAMO**
> Muchos países tienen políticas que limitan cuánto interés puede cobrar un prestamista.
>
> 1. ¿Cree que estos límites son una buena idea?
> 2. ¿Quién se beneficia de estas leyes y quién pierde como resultado?
> 3. ¿Cuáles son los efectos a largo plazo de estas leyes?
> 4. Compare este enfoque para ayudar a los pobres a acceder a préstamos con el Grameen Bank del ejercicio 10.7.

10.14 CONCLUSIÓN

Como nos muestra el caso del cierre de los bancos irlandeses, el dinero y el crédito son tan fundamentales para las interacciones económicas que la gente encuentra formas de recrear el dinero incluso cuando han fallado las instituciones formalmente encargadas de esa tarea. De hecho, los arqueólogos han descubierto pruebas de la existencia del crédito y el uso del dinero para denominar deudas y facilitar el intercambio en épocas muy anteriores a la existencia de los bancos o los gobiernos. Esto se debe a las sustanciales ganancias mutuas que posibilita el que un grupo de personas desarrolle suficiente confianza mutua y también confianza en un medio de intercambio particular.

En las economías modernas, la creación de dinero se encuentra inextricablemente ligada a la creación de crédito o el proceso de concesión de crédito por parte de los bancos comerciales, cuya actuación se encuentra regulada por los gobiernos y gestionada por el banco central. Endeudarse y prestar dinero permiten a las personas estabilizar su consumo cuando se enfrentan a ingresos irregulares, satisfacer su impaciencia o financiar inversiones que pueden aumentar sus posibilidades de consumo futuro. El mercado de crédito produce ganancias mutuas para prestamistas y prestatarios pero, como ocurre con muchas transacciones económicas, la distribución de esas ganancias a través de las tasas de interés supone un conflicto de intereses.

Conceptos introducidos en el capítulo 10
Antes de continuar, repase las siguientes definiciones:

- Dinero, dinero en sentido amplio, dinero base, dinero bancario
- Riqueza
- Ingresos
- Rendimientos marginales decrecientes del consumo
- Tasa de descuento de una persona
- Impaciencia pura
- Garantías
- Balance general, activos, pasivos, patrimonio neto, capital propio o equity, solvencia
- Ratio de apalancamiento
- Restringidos en el crédito, excluidos del crédito
- La tasa de interés oficial del banco central

10.15 REFERENCIAS BIBLIOGRÁFICAS

Aleem, Irfan. 1990. 'Imperfect information, screening, and the costs of informal lending: A study of a rural credit market in Pakistan'. *The World Bank Economic Review* 4 (3): pp. 329–349.

Bowles, Samuel. 2006. *Microeconomics: Behavior, institutions, and evolution (the roundtable series in behavioral economics)*. Princeton, NJ: Princeton University Press.

Carlin, Wendy y David Soskice. *Macroeconomics: Institutions, Instability, and the Financial System*. Oxford: Oxford University Press, 2015. Capítulos 5 y 6.

Graeber, David. 'The Myth of Barter'. In *Debt: The First 5,000 years*. Brooklyn, NY: Melville House Publishing, 2012 (trad. al castellano: *Deuda: una historia alternativa de la economía*. Barcelona: Ariel, 2014).

Gross, David y Nicholas Souleles. 2002. 'Do Liquidity Constraints and Interest Rates Matter for Consumer Behavior? Evidence from Credit Card Data'. *The Quarterly Journal of Economics* 117 (1) (Febrero): pp. 149–185.

Martin, Felix. 2013. *Money: The Unauthorised Biography*. London: The Bodley Head.

Morduch, Jonathan. 1999. 'The Microfinance Promise'. *Journal of Economic Literature* 37 (4) (Diciembre): pp. 1569–1614.

Murphy, Antoin E. 1978. 'Money in an Economy Without Banks: The Case of Ireland'. *The Manchester School* 46 (1) (Marzo): pp. 41–50.

Silver-Greenberg, Jessica. 2014. 'New York Prosecutors Charge Payday Loan Firms with Usury'. DealBook.

Spaliara, Marina-Eliza. 2009. 'Do Financial Factors Affect the Capital–labour Ratio? Evidence from UK Firm-level Data'. *Journal of Banking & Finance* 33 (10) (Octubre): pp. 1932–1947.

The Economist. 2012. 'The Fear Factor'. Actualizado 29 de enero de 2020.

CAPÍTULO 11

BÚSQUEDA DE RENTAS, FIJACIÓN DE PRECIOS Y DINÁMICAS DE MERCADO

LA BÚSQUEDA DE RENTAS EXPLICA POR QUÉ LOS PRECIOS CAMBIAN (Y POR QUÉ A VECES NO) Y CÓMO FUNCIONAN LOS MERCADOS (A VECES PARA MEJOR, A VECES PARA PEOR)

- Los precios son mensajes sobre las condiciones que se dan en la economía y motivan a los agentes para actuar con base en la información que proporcionan.
- Las personas aprovechan oportunidades para buscar rentas cuando los mercados competitivos no se encuentran en equilibrio, a menudo obteniendo ganancias de fijar un precio distinto al que fijan los demás.
- Este proceso de búsqueda de rentas al final puede igualar la oferta y la demanda.
- En los mercados financieros, los precios se determinan a través de mecanismos comerciales y pueden cambiar minuto a minuto en respuesta a nueva información y cambios en las creencias.
- Es posible que se den burbujas de precios, por ejemplo en mercados de activos financieros.
- Los gobiernos y las empresas a veces fijan precios o adoptan otras políticas que hacen que los mercados no alcancen un equilibrio.
- Las rentas económicas ayudan a explicar cómo funcionan los mercados.

TEMAS Y CAPÍTULOS INTEGRADORES

- 17: Historia, inestabilidad y crecimiento
- 18: Economía global
- 19: Desigualdad
- 21: Innovación
- 22: Política y políticas públicas

El pescado y la pesca son parte fundamental de la vida de los habitantes de Kerala, en la India. La mayoría de ellos consumen pescado al menos una vez al día, y más de un millón de personas forman parte de algún modo del sector de la pesca. No obstante, antes de 1997, los precios eran altos y los beneficios de la pesca limitados a causa del desperdicio y de la capacidad o poder de negociación de los comerciantes de pescado, que compraban la producción de los pescadores y la vendían a los consumidores.

Al volver a los puertos para vender su producción diaria de sardinas a los comerciantes de pescado, muchos pescadores se encontraban con que los comerciantes ya tenían el pescado que necesitaban ese día. Así pues, los pescadores se veían obligados a tirar su captura –ahora sin valor– de vuelta al mar. Unos pocos afortunados regresaban al puerto correcto en el momento correcto, cuando la demanda excedía a la oferta, y se veían recompensados con precios extraordinariamente altos.

El 14 de enero de 1997, por ejemplo, 11 botes cargados de pescado llegaron al mercado del pueblo de Badagara y se encontraron con que ya había un exceso de oferta, por lo que tuvieron que deshacerse de su carga. Había un exceso de oferta equivalente a la carga de once botes de pesca. Sin embargo, en los mercados de pescado a 15 km de Badagara, había exceso de demanda: 15 compradores se habían marchado del mercado de Chombala sin haber podido comprar pescado a ningún precio. La suerte, o la falta de ella, de los pescadores que regresan a los puertos a lo largo de la costa Kerala se ilustra en la figura 11.1.

Solo siete de los 15 mercados no sufrieron ni exceso ni escasez de oferta. En estos siete pueblos, los precios (en la línea vertical) se situaron entre 4 rupias por kg y más de 7 rupias por kg. Este es un ejemplo de cómo **la ley de precio único** –una característica del equilibro en un mercado competitivo– es a veces una mala guía de cómo funcionan los mercados reales.

Cuando los pescadores tienen poder de negociación porque hay exceso de demanda, se les paga con precios mucho más altos. En mercados sin exceso de demanda ni exceso de oferta, el precio promedio fue 5,9 rupias por kg, representado por la línea punteada horizontal. En mercados con exceso de demanda, el precio promedio fue de 9,3 rupias por kg. Los pescadores lo suficientemente afortunados como para entrar en estos mercados obtuvieron beneficios extraordinarios, si es que suponemos que el precio en los mercados sin exceso de oferta o demanda era lo suficientemente alto como para generar beneficios económicos. Pero, claro, puede que al día siguiente estos pescadores se convirtiesen en los desafortunados que no encontraron ni un comprador y que, por lo tanto, tuvieron que arrojar su pesca al mar.

> **ley del precio único** Entra en funcionamiento cuando un bien se comercializa al mismo precio por todos los compradores y vendedores. Si un bien se vendiera a diferentes precios en diferentes lugares, un comerciante podría comprarlo a bajo precio en un lugar y venderlo a un precio más alto en otro. *Véase también: arbitraje.*

Jensen, Robert. 2007. 'The Digital Provide: Information (Technology), Market Performance, and Welfare in the South Indian Fisheries Sector.' *The Quarterly Journal of Economics* 122 (3): 879–924.

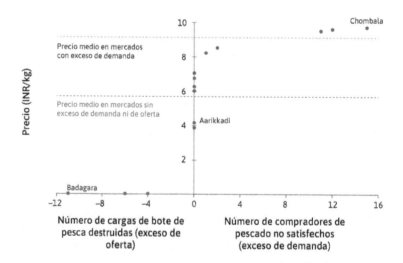

Figura 11.1 Capacidad de negociación y precios en el mercado mayorista de pescado de Kerala (14 de enero de 1997). (Nota: Dos mercados tuvieron el mismo resultado, con un precio de 6,2 rupias por kg).

Todo esto cambió cuando los pescadores se compraron teléfonos móviles. Estando en el mar, podían llamar a los mercados costeros de pescado y escoger aquel que tuviera los precios más altos ese día. Si se dirigían a un mercado con precios altos, podían ganar una renta económica (es decir, un ingreso adicional, en comparación con su segunda mejor alternativa, que sería dirigirse a un mercado sin exceso de demanda o incluso a uno con exceso de oferta).

Al poder acceder a información del mercado sobre los precios relativos del pescado en tiempo real, los pescadores pudieron ajustar su patrón de producción (cuánto pescar) y distribución (a qué mercado dirigirse) para asegurar el máximo rendimiento posible.

Un estudio de 15 mercados costeros a lo largo de 225 km de la costa norte de Kerala reveló que, una vez que los pescadores empezaron a usar los teléfonos móviles, las diferencias en los precios diarios entre los distintos mercados costeros se redujeron a un cuarto de su nivel anterior. Ningún bote tuvo que deshacerse de sus capturas. La reducción en el desperdicio y la eliminación de la capacidad de negociación de los comerciantes aumentó las ganancias de los pescadores un 8% al tiempo que los precios para los consumidores caían un 4%.

Los teléfonos móviles permitieron que los pescadores se convirtieran en buscadores de renta muy eficaces, y sus actividades de búsqueda de renta cambiaron el funcionamiento de los mercados de pescado de Kerala: se acercaron mucho a poner en práctica la ley de precio único, eliminando así prácticamente los excesos de oferta y demanda periódicos, y ello para beneficio de pescadores y consumidores (pero no de los comerciantes de pescado, que actuaban como intermediarios).

Esto sucedió porque los pescadores de sardina de Kerala pudieron responder a la información proporcionada por los precios en los distintos mercados costeros. Este es otro ejemplo de la idea que introdujimos en el capítulo 8 para explicar el efecto de la Guerra Civil de Estados Unidos sobre los mercados de algodón: que *los precios pueden ser mensajes*. Para el economista Friedrich Hayek, este concepto era crucial para entender los mercados.

GRANDES ECONOMISTAS

Friedrich Hayek

La Gran Depresión de la década de 1930 fue devastadora para las economías capitalistas de Europa y América del Norte, enviando al paro a un cuarto de la fuerza laboral de Estados Unidos. Durante la misma época, la economía de planificación centralizada de la Unión Soviética continuó creciendo rápidamente como resultado de una sucesión de planes quinquenales. Incluso el archirrival del socialismo, Joseph Schumpeter, admitió que:

«¿Puede funcionar el socialismo? Claro que puede… No hay nada malo con la teoría pura del socialismo».

Friedrich A. Hayek. 1994. *Camino de servidumbre*. Madrid: Alianza, 2011.

Friedrich Hayek (1899–1992) no estaba de acuerdo. Nacido en Viena, fue un economista y filósofo austriaco (posteriormente británico) que creía que el gobierno debía desempeñar un papel mínimo en el funcionamiento de la sociedad. Hayek estaba en contra de los esfuerzos por redistribuir el ingreso en nombre de la justicia social. También se oponía a las políticas promovidas por John Maynard Keynes, diseñadas para moderar la inestabilidad de la economía y la inseguridad del empleo.

Hayek escribió el libro *Camino de servidumbre* en el contexto de la Segunda Guerra Mundial, periodo en el que la planificación económica estaba siendo utilizada tanto por los gobiernos fascistas de Alemania y Japón, como por las autoridades comunistas soviéticas y los gobiernos de Reino Unido y Estados Unidos. Su argumento en este libro era que la planificación bienintencionada llevaría inevitablemente a un desenlace totalitario.

Su teoría principal sobre la economía revolucionó la manera en que los economistas concebían los mercados. La idea era que *los precios son mensajes*. Los precios comunican información valiosa sobre lo escaso que es un bien; no obstante, esa información solo está disponible si los precios los determinan de manera libre la oferta y la demanda, y no son fruto de las decisiones de un planificador. Hayek incluso escribió un cómic (https://tinyco.re/9802258), distribuido por General Motors para explicar por qué este mecanismo era superior a la planificación.

Sin embargo, Hayek no tuvo muy en cuenta la teoría del equilibrio competitivo que explicamos en el capítulo 8, en la que todos los compradores y vendedores son tomadores de precios. «La teoría moderna del equilibro competitivo –escribió–, *asume* la existencia de una situación que en realidad debería explicarse como el resultado del proceso competitivo».

Desde la perspectiva de Hayek, suponer un estado de equilibrio (como lo hizo Walras al desarrollar la teoría del equilibrio general) nos impide analizar seriamente la competencia. Hayek definió la competencia como «el acto de esforzarse por ganar lo que otro se esfuerza por ganar al mismo tiempo». Hayek lo explicaba así:

> Ahora bien, ¿cuántos de los instrumentos adoptados en la vida diaria para tal fin [ganar lo que otro se esfuerza por ganar también] tendrá todavía disponibles un vendedor en un mercado en el que prevalece la llamada «competencia perfecta»? Yo creo que la respuesta es que exactamente ninguno. La publicidad, las rebajas y la mejora («diferenciación») de los bienes o servicios producidos quedan todos excluidos por definición: competencia «perfecta» significa, de hecho, la ausencia de todas las actividades competitivas (*The Meaning of Competition* (https://tinyco.re/1712601), 1946).

Para Hayek, la ventaja del capitalismo es que provee la información correcta a la gente correcta. En 1945, escribió:

> Saber cuál de estos sistemas [planificación central o competencia] puede resultar ser más eficaz depende principalmente en la pregunta de cuál de estos dos sistemas cabe esperar que [haga el uso más completo] del conocimiento existente. Esto, a su vez, depende de si es más probable que tengamos éxito poniendo a disposición de una autoridad central todo el conocimiento que debe usarse, pero que en principio se encuentra disperso entre muchos individuos distintos, o transmitiendo a los individuos el conocimiento adicional necesario para adaptar sus planes en función de los de los demás (*The Use of Knowledge in Society* (https://tinyco.re/3958172), 1945).

Las desafiantes ideas de Hayek y sus aplicaciones todavía se debaten ferozmente en la actualidad.

'Keynes and Hayek: Prophets for Today'. *The Economist*. Última actualización, 14 de marzo de 2014.

En el capítulo 8 presentamos el concepto de equilibrio de mercado competitivo, una situación en la cual las acciones de los compradores y los vendedores de un bien *no presentan tendencia a cambiar el precio o la cantidad transada*, y el mercado se sitúa en un equilibrio. Vimos que cambios externos, denominados *shocks* **exógenos**, como un incremento en la demanda por el pan o un nuevo impuesto, cambian el precio y la cantidad de equilibrio.

Lo opuesto a exógeno es **endógeno**, cuyo significado es «que viene del interior» y que resulta de las dinámicas mismas del modelo. En este capítulo estudiaremos cómo cambian precios y cantidades a través de respuestas endógenas a *shocks* exógenos y a través de la competencia del mundo real, de la que se quejaba Hayek estaba ausente en el modelo de equilibrio competitivo. Veremos que los comportamientos de búsqueda de renta por parte de los participantes del mercado pueden conducir a un equilibrio de mercado, mover los mercados a distintos equilibrios a largo plazo, causar burbujas y el estallido de estas (*crashes*: caída brusca, profunda y rápida de los precios de mercado), o llevar al desarrollo de mercados secundarios en respuesta a los controles de precios.

exógeno Procedente del exterior del modelo en lugar de producirse debido al funcionamiento del modelo en sí. *Véase también: endógeno.*

endógeno Producido por el funcionamiento de un modelo en lugar de proceder del exterior del modelo. *Véase también: exógeno.*

PREGUNTA 11.1 ESCOJA LA(S) RESPUESTA(S) CORRECTA(S)
La figura 11.1 muestra cómo afectó la capacidad de negociación los precios en los mercados costeros de Kerala el 14 de enero de 1997. Con base en esta información, ¿qué podemos concluir?

☐ A mayor exceso de oferta, menor el precio del pescado.
☐ El precio del pescado en todos los mercados con exceso de demanda es 9,3.
☐ Los datos satisfacen la ley de precio único.
☐ Los datos muestran que los compradores tienen capacidad de negociación cuando hay exceso de oferta.

11.1 CÓMO EL QUE LA GENTE CAMBIE LOS PRECIOS PARA OBTENER RENTAS PUEDE LLEVAR A UN EQUILIBRIO DE MERCADO

Cuando la decisión de Lincoln de bloquear los puertos del sur llevó a una drástica escasez de algodón en el mercado mundial (capítulo 8), la gente vio la oportunidad de beneficiarse cambiando los precios. A su vez, estos cambios en los precios enviaron un mensaje a los productores y consumidores de todo el mundo para que cambiaran su comportamiento.

El bloqueo fue un *shock* exógeno que cambió el equilibrio de mercado. En un equilibrio competitivo, todos los intercambios se dan al mismo precio (el precio de equilibrio del mercado), y tanto compradores como vendedores son tomadores de precios. Un cambio exógeno en la oferta o la demanda implica que el precio debe cambiar para que el mercado alcance un nuevo equilibrio. El siguiente ejemplo ilustra cómo puede suceder esto.

La figura 11.2 muestra el equilibrio competitivo en un mercado de sombreros. En el punto A, el precio de equilibrio, se igualan el número de sombreros demandados por los consumidores y el número producido y vendido por los vendedores de sombreros. En este punto, nadie puede obtener beneficio alguno ofreciendo o cobrando un precio distinto, dado el precio que todos los demás están ofreciendo o cobrando: se trata de un equilibrio de Nash. Sigue los pasos en la figura 11.2 para ver cómo un incremento en la demanda de sombreros brinda una oportunidad de beneficio para los vendedores de sombreros.

En el punto original de equilibrio competitivo (A) el precio era 8 dólares, y todos los compradores y vendedores actuaban como tomadores de precios. Cuando la demanda se incrementa, ni los compradores ni los vendedores saben inmediatamente que el precio ha aumentado a 10 dólares. Si todos permanecieran como tomadores de precios, *el precio no cambiaría*. Pero cuando la demanda se desplaza, algunos de los compradores o de los vendedores se dan cuenta de que se pueden beneficiar de ser fijadores de precios (lo opuesto a ser tomador de precios), y deciden cobrar un precio distinto al que están cobrando o pagando los demás.

Por ejemplo, cuando una vendedora de sombreros nota que cada día llegan compradores deseando comprar sombreros, incluso después de que su estantería haya quedado vacía, se da cuenta de que algunos compradores habrían estado encantados de pagar más del precio actual para conseguir un sombrero, y que algunos de los que pagaron el precio actual por su sombrero habrían estado dispuestos a pagar más. Así pues, la vendedora incrementa los precios el día siguiente: ser tomadora de precios ya no es su mejor estrategia y se vuelve fijadora de precios. Ella no sabe exactamente dónde se sitúa la nueva curva de demanda, pero no se le escapa que la gente que quiere comprar sombreros vuelve a casa decepcionada.

Al incrementar el precio, la sombrerera incrementa su tasa de beneficio y gana una renta económica (al menos en forma temporal): es decir, obtiene beneficios mayores de los estrictamente necesarios para mantener su negocio de sombreros. Además, como su precio pasa a exceder su costo marginal, producirá y venderá más sombreros. Lo mismo sería cierto para otros vendedores de sombreros que experimentaran con precios y producciones mayores.

Como resultado de la búsqueda de rentas por parte de los vendedores de sombreros, el sector se ajusta a un nuevo equilibrio en el punto C de la figura 11.2. En este punto, el mercado se sitúa en un equilibrio nuevo donde la oferta se iguala a la demanda, y ninguno de los vendedores o de los compradores se puede beneficiar de cobrar u ofrecer un precio distinto a 10 dólares. Todos vuelven a ser tomadores de precios, hasta que llegue el siguiente cambio en la oferta o la demanda.

Cuando un mercado no está en equilibrio, los compradores y vendedores pueden actuar como fijadores de precios, realizando transacciones a un precio distinto al anterior precio de equilibrio. Si partimos del equilibrio original y tomamos el caso opuesto de una caída en la demanda de sombreros, habrá exceso de oferta al precio actual de 8 dólares. Un comprador que entre en la tienda de sombreros le dirá al vendedor: «Veo que tienes un montón de sombreros sin vender apilándose en tu estantería. Estaría encantado de comprarte uno de esos por 7 dólares». Para el comprador, sería llevarse una ganga, pero también es un buen acuerdo para el vendedor, pues, dado el bajo nivel de ventas, 7 dólares todavía está por encima del costo marginal del vendedor para producir el sombrero.

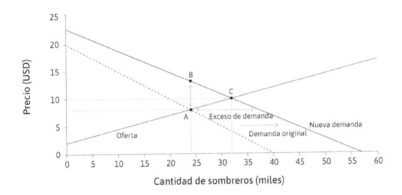

Figura 11.2 Un incremento de demanda en un mercado competitivo: oportunidades para la búsqueda de rentas.

1. Equilibrio
En el punto A, el mercado está en equilibrio a un precio de 8 dólares. La curva de oferta es la curva de costo marginal, así que el costo marginal de producir un sombrero es 8 dólares.

2. Un *shock* exógeno de demanda
El *shock* desplaza la curva de demanda a la derecha.

3. Exceso de demanda
Al precio actual, el número de sombreros demandado excede el número ofertado (punto D).

4. Incremento del precio
Cuando la demanda se incrementa, una vendedora de sombreros que observa la llegada de más compradores se dará cuenta de que puede obtener mayores ganancias subiendo el precio: podrá vender la misma cantidad de sombreros a cualquier precio que se encuentre entre los puntos A y B.

5. Incremento de la cantidad
Si vende la misma cantidad que antes a un precio mayor, el precio excede el costo marginal de un sombrero, lo que implica que obtiene una renta económica. Ahora bien, podrá mejorar todavía más su situación si además incrementa la cantidad.

6. Un nuevo equilibrio
Como resultado del comportamiento de búsqueda de rentas de los vendedores de sombreros, el sector de la sombrerería se ajusta. Los precios y las cantidades se incrementan hasta que se alcanza un nuevo equilibrio en el punto C.

Equilibrio de mercado a través de la búsqueda de rentas

El ejemplo de los sombreros ilustra cómo los mercados se ajustan y alcanzan el equilibrio a través de la búsqueda de **rentas económicas de mercado en desequilibrio**:

renta de desequilibrio Renta económica que surge cuando un mercado no está en equilibrio, por ejemplo, cuando hay exceso de demanda o exceso de oferta en un mercado de algún bien o servicio. En cambio, las rentas que surgen en equilibrio se llaman rentas de equilibrio.

- *Cuando un mercado se encuentra en equilibrio competitivo*: si hay un cambio exógeno en la demanda o en la oferta, habrá exceso de oferta o exceso de demanda al precio original.
- Por lo tanto, hay *rentas potenciales*: algunos compradores estarán dispuestos a pagar precios que son distintos al precio original, pero mayores que el costo marginal del vendedor.
- *Mientras el mercado está en desequilibrio*: compradores y vendedores pueden obtener esas rentas realizando transacciones a precios diferentes. Se convierten en *fijadores de precios*.
- Este proceso continúa *hasta que hay un nuevo equilibrio competitivo*: en este punto no hay exceso de oferta ni de demanda, y los compradores y vendedores son tomadores de precios de nuevo.

rentas de innovación Ganancias por sobre el costo de oportunidad del capital que un innovador recibe por introducir una nueva tecnología, forma organizacional o estrategia de marketing. *También conocidas como: rentas schumpeterianas.*

Fíjese cómo alcanzar el equilibrio de mercado a través de la búsqueda de rentas se parece al proceso de mejora tecnológica a través de la búsqueda de rentas que se modeló en el capítulo 2. En ese caso, el cambio exógeno era la posibilidad de adoptar una nueva tecnología. La primera empresa en hacerlo obtenía **rentas de innovación**: beneficios mayores que la tasa de beneficio normal. Este proceso se daba hasta que la innovación se había difundido ampliamente por todo el sector y los precios se habían ajustado de manera que no quedaran más rentas de innovación que obtener.

EINSTEIN

Equilibrio de mercado a través de la búsqueda de rentas en un mercado experimental

Los economistas han estudiado el comportamiento de compradores y vendedores en experimentos de laboratorio para evaluar si se ajustan los precios en realidad para igualar oferta y demanda. En el primero de estos experimentos, realizado en 1948, Edward Chamberlain le entregó a cada uno de los miembros de un grupo de estudiantes de Harvard una tarjeta que los designaba como «compradores» o «vendedores» y les asignaba una disposición a pagar (si era comprador) o un precio de reserva (si era vendedor) en dólares. Así los estudiantes pudieron negociar entre sí, mientras Edward registraba las transacciones que se daban: encontró que los precios tendían a ser menores y el número de intercambios mayores que los niveles de equilibrio. Chamberlain repitió el experimento cada año. Uno de los estudiantes que participó en el proyecto en 1952, Vernon Smith, llevaría a cabo después sus propios experimentos que le valieron un premio Nobel de Economía.

Vernon modificó las reglas del juego de manera que los participantes tenían más información de lo que estaba pasando: compradores y vendedores declaraban los precios que estaban dispuestos a ofrecer o aceptar. Cuando alguien aceptaba alguna propuesta, se producía una venta y los dos participantes se retiraban del mercado. Su segunda modificación fue repetir el juego varias veces, con los participantes manteniendo la misma tarjeta en todas las rondas.

La figura 11.3 muestra sus resultados. Había 11 vendedores con precios de reserva entre 0,75 dólares y 3,25 dólares, y 11 compradores con una disposición a pagar (DAP) en el mismo rango. El diagrama muestra las funciones de oferta y demanda correspondientes. Puede ver que, en equilibrio, se llevan a cabo seis intercambios a un precio de 2 dólares. Ahora bien, en principio los participantes eso no lo sabían, dado que no conocían los precios escritos en las tarjetas de los demás. La parte derecha del diagrama muestra el precio para cada venta realizada. En la primera ronda hubo cinco intercambios, todos a un precio por debajo de 2 dólares. Sin embargo, para la quinta ronda la mayoría de los precios estaban muy cerca de los 2 dólares y el número de intercambios era igual a la cantidad de intercambios de equilibrio.

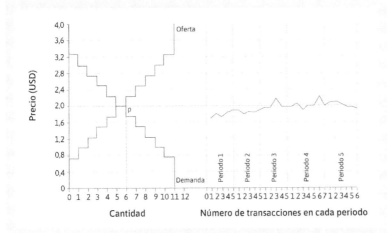

Vernon L. Smith. 1962. 'An Experimental Study of Competitive Market Behavior' (https://tinyco.re/3095861). *Journal of Political Economy* 70 (3) (Enero): p. 322.

Figura 11.3 Resultados experimentales de Vernon Smith.

El experimento de Smith proporciona un cierto respaldo a la aplicación del modelo de equilibrio competitivo para describir mercados en los que los bienes son idénticos: hay suficientes compradores y vendedores y están bien informados sobre los intercambios que realizan los demás. El resultado de estos estudios fue cercano al equilibrio, incluso en la primera ronda y convergió rápidamente hacia este en periodos posteriores, a medida que los participantes aprendían más sobre oferta y demanda. El modelo competitivo no captura el comportamiento de búsqueda de rentas que se produce en las rondas de ajuste del experimento, pero predice correctamente que el resultado final será el equilibrio en el que todos son tomadores de precios.

EJERCICIO 11.1 UN SHOCK DE DEMANDA Y EL AJUSTE A UN NUEVO MERCADO

Considere un mercado en el que las panaderías ofrecen pan a los restaurantes. Aparece una nueva tecnología para los panaderos, desplazando la curva de oferta, como se muestra en la figura.

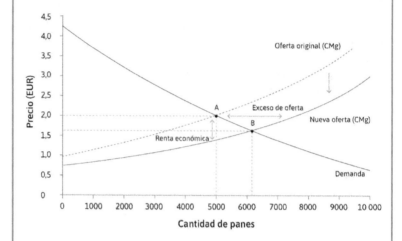

1. Explique por qué las panaderías querrían incrementar las ventas. ¿Por qué no lo hacen al precio original?
2. Describa cómo las acciones de los panaderos pueden llevar al sector a un nuevo equilibrio.
3. ¿Es siempre el vendedor el que se beneficia de las rentas económicas que aparecen cuando el mercado está en desequilibrio?
4. ¿Qué acción puede que tomen los restaurantes mientras el mercado no esté en equilibrio?

EJERCICIO 11.2 PRECIOS DEL ALGODÓN Y LA GUERRA CIVIL ESTADOUNIDENSE

Lea la introducción del capítulo y el recuadro titulado «Grandes economistas» sobre Friedrich Hayek, que también se incluye en este capítulo. Use el modelo de oferta y demanda para representar:

1. El incremento en el precio del algodón en bruto en EE.UU. (muestre el mercado para el algodón en bruto de EE.UU., un mercado con muchos productores y vendedores).
2. El incremento en el precio del algodón de la India (muestre el mercado para el algodón bruto de la India, un mercado con muchos productores y vendedores).
3. La reducción del producto textil en una fábrica inglesa (muestre una única empresa en un mercado competitivo).

En cada caso, indique qué curva(s) se desplazan y explique el resultado.

PREGUNTA 11.2 ESCOJA LA(S) RESPUESTA(S) CORRECTA(S)

La figura 11.2 (página 513) muestra el mercado de sombreros antes y después de un desplazamiento en la demanda. Con base en esta información, ¿cuál(es) de las siguientes afirmaciones es (son) correctas?

☐ Después del incremento en la demanda, los vendedores inicialmente venderán más sombreros a un precio de 8 dólares.

☐ El ajuste al nuevo equilibrio viene dado por el comportamiento de búsqueda de rentas por parte de compradores y vendedores.

☐ Mientras que el mercado se ajusta, puede que algunos compradores paguen más por un sombrero que otros.

☐ El nuevo precio de equilibrio estará en cualquier lugar entre A y B.

11.2 ¿CÓMO PUEDE LA ORGANIZACIÓN DE MERCADO INFLUIR EN LOS PRECIOS?

Las interacciones sociales y la organización de mercado pueden tener un efecto importante sobre los precios. Hay datos de mercados de pescado (que son buenos para realizar comparaciones porque el pescado es un producto relativamente homogéneo) que muestran hasta qué punto influyen estos dos elementos.

En la costa del este de Italia, la lonja de pescado de Ancona (https://tinyco.re/5538756) usa un sistema de subasta holandesa. Cada vez que una carga de pescado avanza por una cinta transportadora, una pantalla muestra su precio inicial. Ese precio va bajando hasta que algún vendedor presione el botón correspondiente para comprar la carga. En las tres cintas transportadoras en funcionamiento en este mercado se producen transacciones cada cuatro segundos y se vende pescado por valor de 25 millones de euros al año. Un subastador decide el precio inicial y los compradores, que representan a supermercados y restaurantes, compiten entre sí para determinar el precio final.

La lonja de pescado de Marsella usa un sistema distinto. Los vendedores acuerdan un precio con cada comprador que se acerca a su puesto. A esto se le llama comercio «por pares» o «en parejas» (*pairwise trading*). Si Paul es un vendedor y el comprador George se acerca a su puesto a comprar una caja de sardinas, Paul le ofrece un precio. Ese precio puede que sea distinto al precio que Paul le vaya a ofrecer a su siguiente comprador. Hay poco regateo pero George es libre de rechazar el precio y buscar otro vendedor.

Algunos vendedores del mercado de Marsella cambian el precio del mismo pescado a diferentes consumidores hasta un 30%. Un comprador puede terminar pagando cantidades muy diferentes por diferentes transacciones con el mismo pescado. A pesar de esto, existe la relación típica de pendiente negativa entre el precio y la cantidad en el mercado agregado.

Alan Kirman usó datos sobre la lealtad de los compradores para explicar este tipo de **discriminación de precios**. El mercado de Marsella está compuesto por aproximadamente 45 vendedores y 500 compradores, muchos de los cuales son minoristas como los de Ancona. Algunos compradores son extremadamente fieles a ciertas pescaderías, mientras que otros cambian más a menudo. Los compradores más fieles pagan precios ligeramente superiores a los que pagan los compradores no tan fieles. Los datos de Kirman revelan que este sistema ha llevado a mayores ganancias para los vendedores y mayores beneficios para el 90% de los compradores fieles.

discriminación de precios
Estrategia de venta en la que se establecen diferentes precios para diferentes compradores o grupos de compradores, o los precios varían según la cantidad de unidades compradas.

¿Cómo se explica esto? La recompensa de los compradores viene del precio y de la satisfacción de la demanda. Suponga que es un comprador. En su primer día en el mercado de Marsella, existe la misma probabilidad de que le compre a cualquier pescadero. Le compra bacalao a Sara y su supermercado saca beneficios, lo que incrementa la probabilidad de que vuelva a Sara al día siguiente. En este sentido, sus experiencias pasadas influyen en sus decisiones actuales.

Después de seguir comprándole a Sara durante un tiempo, esta empieza a venderle bacalao antes que a sus otros compradores como recompensa a su lealtad. Así pues, usted sigue comprándole porque es más probable que consiga todo el pescado que necesita de ella. Los beneficios de ser un comprador fiel son especialmente visibles cuando el clima limita la cantidad de pescado disponible.

Ahora imagine que es usted el pescadero. La recompensa de los vendedores viene de los beneficios y de la satisfacción de su oferta. Al incrementar el número de compradores fieles que tenga, sus ingresos se volverán más estables y seguros, y sus previsiones de demanda serán cada vez más precisas.

Si les da prioridad a sus compradores fieles antes que a los otros —tal vez vendiéndoles primero a ellos— está mejorando la experiencia de estos cuando le compran a usted, haciendo así que sea más probable que vuelvan. Con el tiempo, estos compradores se volverán tan fieles que se quedarán incluso a pesar de pequeños incrementos en los precios que les cobre.

De esta manera, las relaciones individuales y las experiencias pasadas influyen en los precios. La estructura de comercio por pares permite que la lealtad de los compradores ejerza una fuerte influencia sobre los precios del mercado de Marsella.

Sorprendentemente, en Ancona sucede algo parecido, que ha sido estudiado por Mauro Gallegati y sus coautores. La figura 11.4 muestra que algunos compradores del mercado presentan relaciones precio-cantidad bastante atípicas. No obstante, tal y como se muestra en la figura 11.5, la relación precio-cantidad agregada es estándar. Incluso sin una interacción *cara a cara*, la fidelidad de los compradores está presente y es más probable que algunos compradores les compren a ciertos barcos. A diferencia del mercado de Marsella, sin embargo, muchos de estos fieles compradores pagan precios *más bajos* que los compradores no tan fieles. Esto es desconcertante, dado que no hay contacto *cara a cara* entre compradores y vendedores. Los autores creen que se debe a un proceso de aprendizaje complejo.

Otro hecho notable sobre el mercado de Ancona es que los precios caen a lo largo del día. En este caso, ¿por qué no se limitan los compradores simplemente a esperar los precios mejores de final de la jornada? Una vez más, debemos considerar una disyuntiva o *trade-off*: si los compradores esperan hasta más tarde en el día, es más probable que no logren comprar la cantidad de pescado que desean. Es posible que muchos compradores no estén dispuestos a aceptar el riesgo y, por tanto, pagarán precios más altos para garantizar que logran quedarse con el pescado que necesitan. De modo consistente con esta explicación, los precios suben bruscamente al final del día cuando la oferta total es baja.

En última instancia, los precios vienen determinados por los intereses y las relaciones entre compradores y vendedores. La organización del mercado determina precisamente cómo influyen estas relaciones en los precios.

11.3 EQUILIBRIOS DE CORTO Y LARGO PLAZO

Cuando hicimos un modelo del equilibrio en el mercado de pan en el capítulo 8, supusimos que había un número fijo de panaderías (50) en la ciudad. Calculamos la curva de oferta del sector sumando las cantidades de pan que cada panadería ofrecería a cada precio, y después encontramos la cantidad y precio de equilibrio.

Pero también vimos que, al precio de equilibrio, las panaderías estaban obteniendo rentas positivas (sus beneficios económicos eran mayores de cero), lo cual daba oportunidad a otras empresas de beneficiarse de entrar en el mercado. La entrada de nuevas empresas desplazaría la oferta de mercado, conduciendo a un nuevo equilibrio. Este es un ejemplo de cómo la búsqueda de renta puede llevar un mercado a un equilibrio distinto en el largo plazo.

El punto A en el panel derecho de la figura 11.6 muestra el equilibrio del mercado del pan cuando hay 50 panaderías: se venden 5000 panes a 2 euros cada uno. El panel izquierdo muestra las curvas de isobeneficio y la curva de costo marginal para cada panadería (suponiendo que son idénticas) y el

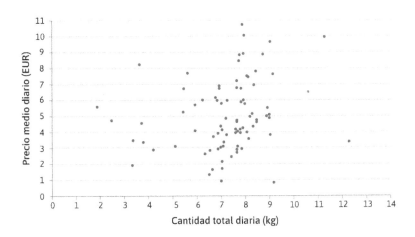

Mauro Gallegati, Gianfranco Giulioni, Alan Kirman y Antonio Palestrini. 2011. 'What's that got to do with the price of fish? Buyers behavior on the Ancona fish market' (https://tinyco.re/6460122). *Journal of Economic Behavior & Organization* 80 (1) (Septiembre): pp. 20–33.

Figura 11.4 Relación precio-cantidad para un único comprador en la lonja de pescado de Ancona.

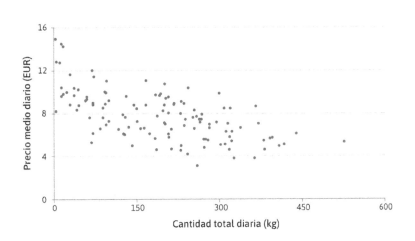

Mauro Gallegati, Gianfranco Giulioni, Alan Kirman y Antonio Palestrini. 2011. 'What's that got to do with the price of fish? Buyers behavior on the Ancona fish market'. *Journal of Economic Behavior & Organization* 80 (1) (Septiembre): pp. 20–33.

Figura 11.5 Relación precio-cantidad agregada en la lonja de mercado de Ancona.

punto en el que producen cuando el precio es 2 euros: producen 100 panes cada una (donde el precio es igual al costo marginal). Podemos ver que la panadería en el punto A está por encima de la curva de costo medio, de manera que obtiene un beneficio económico positivo.

El equilibrio de mercado en el punto A se describe como un **equilibrio a corto plazo**. La frase «corto plazo» se usa para indicar que estamos manteniendo algo constante por ahora, aunque puede cambiar en el futuro. En este caso, queremos decir que el punto A es el equilibrio *mientras el número de empresas en el mercado permanezca constante*. Pero, como las empresas están obteniendo rentas, no esperamos que esta situación dure. Siga los pasos para ver qué pasa en el largo plazo.

Cuando se alcanza el **equilibrio de largo plazo** en el punto C, el precio del pan es igual al costo medio y el costo marginal (P = CMg = CM), y el beneficio económico de todas las panaderías es cero.

A largo plazo, los beneficios que se pueden obtener en el mercado del pan no son superiores a los beneficios que los potenciales propietarios de panaderías podrían conseguir usando sus recursos en cualquier otro lugar. Y, si algún propietario pudiera estar en mejor situación dando a sus locales un uso distinto (o vendiéndolos e invirtiendo en un negocio distinto), esperaríamos que lo hiciera. Aunque ninguno estaría ganando más que los beneficios normales, tampoco nadie debería estar ganando menos.

Podemos usar la figura 11.6 para calcular cuantas panaderías habrá en el equilibrio a largo plazo. El panel izquierdo muestra que el precio debe ser 1,52 euros, porque ese es el punto en el que la curva de oferta de la empresa donde esta obtiene beneficios normales (P = CMg = CM), y cada panadería produce 66 panes. De la curva de demanda en el panel derecho podemos deducir que, a este precio, la cantidad de pan vendido serán 6500 unidades. Así pues, el número de panaderías en el mercado debe ser 6500/66 = 98.

Nótese cómo los equilibrios a corto y largo plazo son distintos. A corto plazo, el número de empresas es *exógeno* (se supone que permanece constante en 50). A largo plazo, el número de panaderías puede cambiar en función de respuestas endógenas de búsqueda de rentas por parte de las empresas. El número de empresas en el equilibro a largo plazo es *endógeno*: está determinado por el modelo.

Los conceptos de equilibrios a corto y largo plazo no tienen mucho que ver con periodos específicos de tiempo, excepto con que algunas variables (como el precio de mercado y la cantidad producida por las empresas a título individual) pueden ajustarse más rápido que otras (como el número de empresas que participan en el mercado). Así que lo que queremos decir con corto y largo plazo depende del modelo. El equilibrio a corto plazo se alcanza cuando todo el mundo lo ha hecho lo mejor que ha podido al ajustar las variables fácilmente ajustables, mientras que las demás permanecen constantes. El equilibrio a largo plazo sucede cuando estas otras variables se han ajustado también.

Elasticidades a corto y largo plazo

Recuerde que en el capítulo 8 vimos que, cuando la demanda de un bien se incrementa, el aumento de la cantidad vendida depende de la elasticidad de la curva de oferta (es decir, la curva de costo marginal). Así pues, si la demanda de pan aumenta, una curva de oferta con mucha pendiente (inelástica) quiere decir que el precio del pan aumenta mucho a corto plazo, mientras que el número de panaderías permanece fijo, por lo que se produce un incremento relativamente pequeño de la cantidad. Pero, a largo plazo, esto llevará a que

equilibrio a corto plazo Equilibrio que prevalecerá mientras ciertas variables (por ejemplo, el número de empresas en un mercado) permanezcan constantes, pero donde esperamos que estas variables cambien cuando las personas tengan tiempo de responder a la situación.

equilibrio a largo plazo Equilibrio que se alcanza cuando las variables que se mantenían constantes en el corto plazo (por ejemplo, el número de empresas en un mercado) se ajustan, a medida que la gente tiene tiempo para responder a la situación.

muchas más panaderías entren en el mercado, de manera que el precio caerá y la cantidad aumentará más. Decimos que, por la posibilidad de entrada y salida de empresas, la oferta de pan es *más elástica a largo plazo*.

La distinción entre el corto y largo plazo es aplicable a varios modelos económicos. Además del número de empresas en el sector, hay muchas otras variables económicas que se ajustan lentamente y es útil distinguir entre lo que pasa antes y después de que se ajusten.

En la siguiente sección veremos otro ejemplo: tanto la oferta como la demanda de petróleo son más elásticas a largo plazo porque los productores pueden en última instancia perforar nuevos pozos y los consumidores pueden optar por distintos combustibles para automóviles o calefacción. Lo que queremos decir cuando hablamos del corto plazo en este caso es el periodo durante el cual las empresas están limitadas por su capacidad de producción y los consumidores por los automóviles o los tipos de calefacción que poseen.

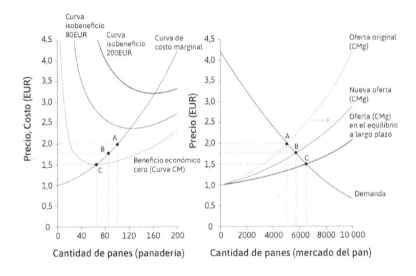

Figura 11.6 El mercado del pan a corto y largo plazo.

1. El equilibrio a corto plazo
Al principio hay 50 panaderías. El mercado está en el equilibrio a corto plazo en el punto A. El precio de un pan es de 2 euros y los beneficios de las panaderías están por encima del nivel normal: están ganando rentas, así que habrá más panaderías que deseen entrar en el mercado.

2. Entran más empresas
Cuando entran empresas nuevas, la curva de oferta se desplaza hacia la derecha. El nuevo equilibrio es en el punto B. El precio ha caído a 1,75 euros. Ahora hay más panaderías vendiendo más pan en total, pero cada una está produciendo menos que antes y obteniendo menores beneficios.

3. El precio todavía sigue por encima del costo medio
En B, el precio aún está por encima del costo medio: las panaderías están obteniendo beneficios superiores a lo normal. Este es solo un equilibrio a corto plazo porque querrán entrar más empresas.

4. El equilibrio a largo plazo
Entrarán más panaderías, con lo que bajará el precio de mercado hasta que se iguale al costo medio de un pan y las panaderías obtengan beneficios normales. El equilibrio a largo plazo está en el punto C.

PREGUNTA 11.3 ESCOJA LA(S) RESPUESTA(S) CORRECTA(S)

La figura 11.6 muestra el mercado del pan a corto plazo, con 50 panaderías, y a largo plazo, cuando pueden entrar más panaderías. Todas las panaderías son idénticas. ¿Cuál de las siguientes afirmaciones es correcta?

☐ La curva de oferta de cada panadería se desplaza a medida que entran más panaderías en el mercado.

☐ A y B no pueden ser equilibrios a largo plazo, dado que las panaderías están obteniendo rentas económicas positivas.

☐ Habrá más panaderías que querrán entrar al mercado cuando se alcance el punto C.

☐ Las panaderías querrán salir del mercado cuando se alcance C porque no se obtendrá ningún beneficio.

11.4 PRECIOS, BÚSQUEDA DE RENTAS Y DINÁMICAS DE MERCADO EN ACCIÓN: PRECIOS DEL PETRÓLEO

La figura 11.7 representa el precio real del petróleo en los mercados mundiales (en dólares estadounidenses constantes del 2014) y la cantidad total consumida globalmente desde 1865 hasta 2014. Para entender qué genera las grandes fluctuaciones que se observan en el precio del petróleo, podemos usar nuestro modelo de oferta y demanda, distinguiendo entre el corto y el largo plazo.

Sabemos que los precios reflejan escasez. Si un bien se hace escaso o más costoso de producir, la oferta caerá y el precio tenderá a subir. Durante más de 60 años, los analistas del sector del petróleo han predicho que la demanda no tardaría en superar a la oferta: la producción llegaría a un tope y entonces los precios empezarían a aumentar a medida que las reservas mundiales de petróleo comenzaran a caer. En función de la figura 11.7, no resulta evidente que se haya alcanzado un «pico máximo del petróleo». Una razón de que esto sea así es que subir los precios genera incentivos para una mayor exploración. Entre 1981 y 2014, se extrajeron y consumieron más de 1 billón de barriles y, sin embargo, las reservas mundiales de petróleo se multiplicaron a más del doble: de aproximadamente 680 000 millones de barriles a 1,7 billones de barriles.

Los precios han subido mucho en el siglo XXI y un creciente número de analistas están prediciendo que al menos el petróleo convencional ha alcanzado un pico máximo. Ahora bien, ahora se están explotando otros recursos no convencionales, como el petróleo de esquisto. Tal vez sean políticas que se deban más al cambio climático que a un agotamiento de los recursos las que finalmente limiten el consumo de petróleo.

Lo que hace que los mensajes de los precios en la figura 11.7 sean difíciles de leer son los cambios bruscos de máximos a mínimos y viceversa en cortos periodos de tiempo. Estas fluctuaciones no pueden explicarse cuantificando las reservas de petróleo, porque se deben más bien a escasez a corto plazo. Tanto la oferta como la demanda son inelásticas a corto plazo.

Oferta y demanda a corto plazo

Del lado de la demanda, el principal uso de productos derivados del petróleo es en servicios de transporte (por aire, por carretera y por mar). La demanda es inelástica a corto plazo debido a las pocas posibilidades de sustitución de estos productos por otras alternativas. Por ejemplo, incluso si

R. G. Miller y S. R. Sorrell. 2013. 'The Future of Oil Supply'. *Philosophical Transactions of the Royal Society A: Mathematical, Physical and Engineering Sciences* 372 (2006) (Diciembre).

Nick A. Owen, Oliver R. Inderwildi y David A. King. 2010. 'The status of conventional world oil Reserves— Hype or cause for concern?' *Energy Policy* 38 (8) (Agosto): pp. 4743–4749.

los precios del petróleo crecen sustancialmente, a corto plazo la mayoría de los trabajadores seguirán usando sus autos para ir al trabajo debido a las alternativas limitadas que tienen disponibles en el momento. Así pues, la curva de demanda a corto plazo tiene mucha pendiente.

La tecnología tradicional de extracción de petróleo se caracteriza por una gran inversión inicial en costosos pozos de petróleo que se pueden tardar meses o incluso años en construir y que, una vez construidos, seguirán bombeando hasta que el pozo se agote o no se pueda seguir extrayendo petróleo de manera rentable. Una vez se ha perforado el pozo, el costo de extraer petróleo es relativamente bajo, pero el ritmo al que se bombea o extrae se enfrenta a restricciones de capacidad: los productores solo pueden obtener determinado número de barriles por día de un pozo. Esto significa que, tomando la capacidad existente como fija a corto plazo, deberíamos dibujar una curva de oferta a corto plazo que sea baja y plana al principio, y que después se incline mucho hacia arriba cuando se alcancen las restricciones de capacidad. También debemos asumir la estructura **oligopolística** del mercado mundial de crudo. La Organización de Países Exportadores de Petróleo (OPEP) es un organismo con una docena de países miembros que actualmente representan alrededor del 40% de la producción de petróleo mundial. La OPEP establece cuotas de producción a sus miembros. Podemos representar esto en nuestro diagrama de oferta y demanda como una línea de costo marginal plana que se detiene en la cuota de producción total de la OPEP. En ese punto, la línea se vuelve vertical. Esto no se debe a restricciones de capacidad, sino a que los productores de la OPEP no quieren vender más petróleo.

La figura 11.8 construye la curva de oferta de mercado sumando la cuota de producción de la OPEP a las curvas de oferta de aquellos que no pertenecen a la OPEP (recuerde que obtenemos la curva de oferta del mercado al sumar las cantidades ofertadas por cada productor a cada precio) y la combina con la curva de demanda para determinar el precio mundial del petróleo.

> **oligopolio** Mercado con un número pequeño de vendedores, lo que concede a cada vendedor un cierto poder de mercado.

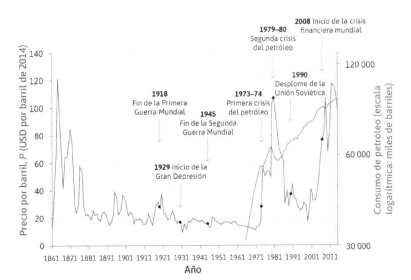

BP. (2015) *BP Statistical Review of World Energy.* Junio 2015.

Figura 11.7 Precios mundiales del petróleo expresados en precios constantes (1865–2014) y el consumo mundial de petróleo (1965–2014).

Los shocks de precios del petróleo de la década de 1970

En 1973 y 1974, los países de la OPEP impusieron un embargo parcial al petróleo en respuesta a la guerra en Medio Oriente y, en 1979 y 1980, la producción de Irán e Irak cayó de manera dramática debido a las interrupciones en la oferta generadas por la revolución iraní y el estallido de la guerra entre ambos países. Estos acontecimientos están representados en la figura 11.9 por un desplazamiento hacia la izquierda de la curva de oferta mundial de petróleo Oferta$_{mundial}$, impulsado por una reducción en el volumen de la producción de la OPEP a Q'_{OPEP}. La producción y consumo total caen, pero debido a que la demanda es muy inelástica respecto al precio, el incremento porcentual en el precio es mucho mayor que la caída porcentual en la cantidad. Esto es lo que observamos en los datos de la figura 11.7. El precio del petróleo (en dólares estadounidenses constantes del 2014)

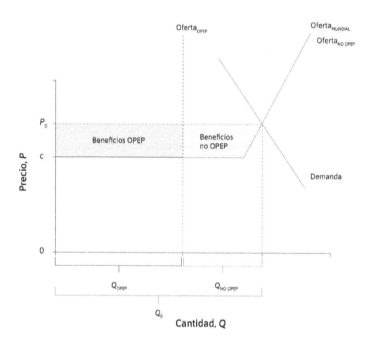

Figura 11.8 El mercado mundial del petróleo.

1. Oferta de la OPEP

Los miembros de la OPEP pueden incrementar fácilmente su producción dentro de su actual capacidad productiva, sin incrementar el costo marginal c. Las cuotas de la OPEP limitan su producción total a Q_{OPEP}.

2. Oferta de los no-OPEP

Los países que no pertenecen a la OPEP pueden producir petróleo al mismo costo marginal c hasta que se acercan a su capacidad máxima, punto en el que el costo marginal crece abruptamente.

3. Curva de oferta mundial

La oferta mundial total es la suma de la producción de la OPEP más la de otros países a cada precio.

4. El precio de equilibrio del petróleo

La curva de demanda tiene mucha pendiente: la demanda mundial es inelástica a corto plazo. En equilibrio, el precio es P_0 y el consumo total de petróleo Q_0 es igual a $Q_{OPEP} + Q_{no-OPEP}$.

5. Beneficio

El beneficio de la OPEP es $(P_0 - c) \times Q_{OPEP}$, el área del rectángulo que queda por debajo de P_0. El beneficio de los países no pertenecientes a la OPEP es el resto del área sombreada que está situado por debajo de P_0.

pasa de 18 dólares por barril en 1973 a 56 dólares en 1974, y después a 106 dólares en 1980. Sin embargo, las caídas en el consumo mundial del petróleo después de estos *shocks* de precios son pequeñas en comparación (−2% entre 1973 y 1975, y −10% entre 1979 y 1983).

El shock del precio del petróleo en los años 2000–2008

Los años 2000 a 2008 fueron de rápido crecimiento económico en los países en proceso de industrialización, especialmente en China y la India. La **elasticidad ingreso de la demanda** de petróleo y derivados del petróleo es mayor en estos países que en economías de mercado desarrolladas, y la demanda generada por la propiedad de automóviles y por los viajes turísticos por aire crece relativamente rápido a medida que estos países se vuelven más ricos. Este incremento en el ingreso desplaza la curva de demanda hacia la derecha, como se muestra en la figura 11.10. En este caso, es la oferta inelástica de petróleo a corto plazo la que explica el gran aumento en el precio acompañado de un incremento únicamente modesto en el consumo mundial de petróleo. La abrupta caída en el precio en 2009 tiene la misma explicación pero, en cambio, la crisis financiera de 2008–09 fue un *shock* de demanda negativo que desplazó la curva de demanda hacia la izquierda, de manera que el consumo mundial cayó aproximadamente un 3%, y el precio del crudo cayó de más de 100 dólares por barril en el verano del 2008 a 40–50 dólares al principio de 2009.

> **elasticidad del ingreso de la demanda** Cambio porcentual en la demanda que ocurriría en respuesta a un aumento del 1% en el ingreso del individuo.

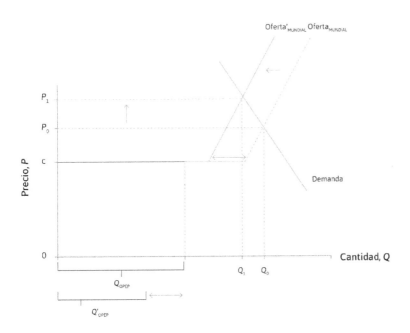

Figura 11.9 Los *shocks* del precio del petróleo de la OPEP en la década de 1970: la OPEP reduce su producción.

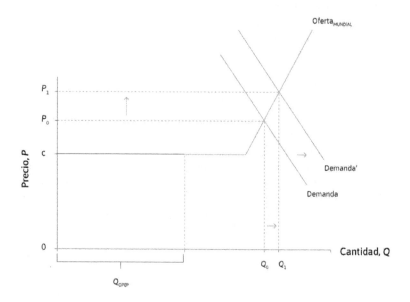

Figura 11.10 *Shocks* del precio del petróleo de los años 2000 a 2008: el crecimiento económico incrementa la demanda mundial.

EJERCICIO 11.3 EL MERCADO MUNDIAL DEL PETRÓLEO

Usando el diagrama de oferta y demanda:

1. Ilustre qué sucede cuando el crecimiento económico aumenta la demanda mundial
   (a) A corto plazo
   (b) A largo plazo, cuando los productores invierten en nuevos pozos de petróleo.
   (c) A largo plazo, cuando los consumidores encuentran sustitutos al petróleo.
2. De modo similar, describa las consecuencias a corto y largo plazo de un *shock* negativo de la oferta, similar al *shock* de la década de 1970.
3. Si observara un incremento en el precio del petróleo, ¿cómo podría saber en principio si fue impulsado por desarrollos del lado de la oferta o desarrollos del lado de la demanda?
4. ¿De qué modo serían distintos el diagrama y las respuestas a los *shocks* si hubiera ...
   (a) ... un mercado competitivo integrado por muchos productores?
   (b) ... un único monopolio productor de petróleo?
   (c) ... un cartel como la OPEP controlando el 100% de la producción mundial del petróleo y buscando maximizar el beneficio conjunto total de sus miembros?
5. ¿Por qué tendrían los países individuales miembros de la OPEP un incentivo para producir más de la cuota que se les asigne?
6. ¿Puede aplicarse esta lógica a la situación del mundo real donde también hay productores no pertenecientes a la OPEP?

EJERCICIO 11.4 LA REVOLUCIÓN DEL PETRÓLEO DE ESQUISTO

Un desarrollo importante de los últimos 10 años ha sido el resurgimiento de EE.UU. como un importante productor de petróleo a través de la «revolución del petróleo de esquisto». El petróleo de esquisto se extrae usando la tecnología de fractura hidráulica o «*fracking*»: inyectar fluido en el suelo a alta presión para fracturar la roca y permitir la extracción. En el discurso titulado *The New Economics of Oil* (https://tinyco.re/9345243) en octubre del 2015, Spencer Dale, economista jefe de grupo del productor de petróleo BP pcl., explicó en qué se diferencia la producción del petróleo de esquisto de la extracción tradicional.

1. Según Dale, ¿cómo ha afectado la revolución de petróleo de esquisto al mercado mundial del petróleo?
2. ¿De qué manera será distinto el mercado mundial en el futuro?
3. Explique cómo debería modificarse nuestro diagrama de oferta y demanda si su análisis es correcto.

11.5 EL VALOR DE UN ACTIVO: CONCEPTOS BÁSICOS

Las personas compran pescado, sombreros y combustibles considerando su valor de consumo: es decir, para comer, para usar o para quemar (respectivamente). Los mercados de **activos** pueden funcionar de maneras distintas porque en ellos los compradores tienen un segundo motivo: no solo beneficiarse de algún modo mientras poseen el activo, sino poder también venderlo después. Por tanto, ¿qué determina el valor de un activo, ya sean bienes raíces, una obra de arte o un activo financiero como las acciones de una empresa?

Recuerde que en el capítulo 6 ya hablamos de cómo los beneficios de una empresa pertenecen a sus accionistas en proporción directa al número de acciones que cada uno posea. Estos beneficios suelen dividirse entre dividendos pagados directamente a los accionistas y ganancias retenidas para mantener y expandir la capacidad de la empresa para generar ingresos. No obstante, dado que el futuro es tan incierto, ¿cómo deberían valorarse estas acciones?

Dos determinantes importantes del valor de los activos financieros (llamados también *títulos valor*) son el tamaño de los flujos de efectivo que se espera que generen y la incertidumbre en los pronósticos de esos flujos de efectivo.

Bonos

Es más fácil empezar con un activo que promete un flujo fijo de pagos en fechas específicas durante un periodo finito. Suponga que los inversores confían completamente en que los pagos prometidos se harán. El mejor ejemplo de esto es un **bono del Estado** emitido por un país con una probabilidad insignificante de impago, como EE.UU. o Suiza (este caso se analizó en el Einstein del capítulo 10).

Los inversores estarán dispuestos a comprar y poseer el activo solo si su tasa de rendimiento –los pagos futuros en términos relativos al precio al que puede comprarse o venderse– sale bien parada en la comparación con las tasas de interés de activos similares en cualquier otro lugar de la economía. El flujo prometido de pagos es fijo así que, cuanto menor sea el precio del activo, mayor será la tasa de interés que le genera a un

activo Cualquier cosa de valor que se posea. *Véase también: balance general, pasivo.*

bono del Estado Instrumento financiero emitido por gobiernos que promete pagar flujos de dinero a intervalos específicos.

bono Tipo de activo financiero por el cual el emisor se compromete a pagar un monto determinado a lo largo del tiempo al tenedor. *También conocido como: bonos de empresa.*

acciones Parte de los activos de una empresa que puede comprarse y venderse. Una acción da a su titular derecho a recibir una proporción de las ganancias de la empresa y a beneficiarse cuando los activos de esta aumenten de valor. *También se conocen como: acciones comunes.*

riesgo sistemático Riesgo que afecta a todos los activos en el mercado, por lo que no es posible que los inversores reduzcan su exposición al riesgo detentando una combinación de diferentes activos. *También conocido como: riesgo no diversificable.*

riesgo idiosincrático Riesgo que solo afecta a un pequeño número de activos a la vez. Los inversores pueden prácticamente eliminar su exposición a este tipo de riesgo manteniendo una cartera diversificada de activos afectados por diferentes niveles de riesgo. *También conocido como: riesgo diversificable.*

riesgo sistémico Un riesgo que amenaza el sistema financiero en sí.

Esta idea fue desarrollada por William Sharpe, John Lintner y otros en la década de 1960, basándose en el trabajo previo de Harry Markowitz.

comprador. En otras palabras: el precio del activo estará inversamente relacionado con la tasa de interés que el activo genere. Si otras tasas de interés de la economía suben, la tasa de interés de los bonos tendrá que subir también, y por tanto el precio de los bonos caerá.

Ahora considere los **bonos u obligaciones de empresa**, que no están exentos de riesgo. A mayor riesgo de impago, mayor será la tasa de interés que los inversores demandarán para mantener el activo. Si dos bonos prometen exactamente el mismo flujo de pagos, el que parezca entrañar más riesgo tendrá un precio menor. Los inversores obtendrán una mayor tasa de interés si compran el bono con más riesgo y no se produce el impago, pero se enfrentan a un mayor riesgo de que no se materialicen todos los pagos prometidos.

Acciones

Las **acciones** se diferencian de los bonos en dos aspectos importantes: no se promete un flujo específico de pagos y tiempo durante el que se producirán los pagos no es fijo. Las empresas que se espera que generen mayores ingresos netos tendrán mayores valoraciones y, si las expectativas cambian, también lo hará la cotización de las acciones. Ahora bien, al igual que los bonos, su valor también dependerá de las tasas de interés en el resto de la economía y de lo arriesgado que se considere poder obtener las ganancias.

Riesgo

Pero, ¿cómo se debe evaluar el riesgo de un activo? Responder esta pregunta requiere que entendamos la diferencia entre **riesgo sistemático** y **riesgo idiosincrático**. Las ganancias de una empresa pueden acabar situándose por encima o por debajo de lo esperado por varias razones. Algunos acontecimientos, como cambios en la política comercial, las tasas de interés o la demanda de bienes y servicios en toda la economía, afectan simultáneamente una amplia variedad de activos financieros. Otros acontecimientos, como un resultado positivo en la prueba clínica de un medicamento o una demanda alegando problemas de seguridad de un vehículo, afectan únicamente a las empresas en concreto a las que esos acontecimientos pueden hacer ganar o perder dinero. La primera fuente de riesgo se conoce como sistemática o **no diversificable**, la segunda se conoce como idiosincrática o **diversificable**.

Un tercer tipo de riesgo, el **riesgo sistémico**, se refiere en general a riesgos que amenazan al propio sistema financiero. En el capítulo 17 examinaremos ejemplos de riesgo sistémico, como por ejemplo la crisis financiera de 2008.

Una observación importante es que el riesgo diversificable es esencialmente irrelevante en la valoración de los activos financieros, porque los inversores pueden eliminarlo casi por completo si definen carteras que contengan un gran número de activos, cada uno con un peso muy pequeño. En cualquier periodo, algunas de las empresas incluidas en la cartera experimentarán *shocks* positivos y algunas *shocks* negativos, pero mientras estos *shocks* sean verdaderamente idiosincráticos, tenderán a compensarse entre sí y la cartera en sí misma prácticamente no se verá afectada.

El riesgo sistemático es distinto. Surge de *shocks* que afectan simultáneamente a una gran variedad de títulos valor y no es posible eliminarlo a través de la diversificación. El nivel de riesgo sistemático al que están expuestas distintas empresas varía dependiendo del grado en que sus ganancias estén correlacionadas con las del mercado en su conjunto. Por ejemplo, las ganancias de Ford o Chrysler son altamente dependientes de las condiciones económicas de la economía en general porque la gente aplaza la decisión de compra de un automóvil durante las recesiones económicas. En cambio, las empresas que proporcionan suministros básicos como el gas y la electricidad a clientes residenciales están protegidas de esos riesgos, ya que el consumo de energía no es muy sensible a las condiciones económicas.

Los inversores exigirán mayores rendimientos promedio de las acciones de empresas con altos niveles de riesgo sistemático, dado que sus ganancias tenderán a ser volátiles en maneras que no son fáciles de diversificar. La tasa de rendimiento que llevará a los inversores a comprar acciones de una empresa se conoce a veces como la tasa de rendimiento requerida o la **tasa de capitalización de mercado**. *Ceteris paribus*, esta tasa será mayor para empresas expuestas a un mayor riesgo sistemático. Así pues, dadas unas determinadas creencias sobre las ganancias futuras, la cotización de las acciones será más alta para aquellas empresas que tengan menores tasas de capitalización.

Estrategias de negociación

El precio de las acciones calculado con base en estas consideraciones –ganancias futuras anticipadas y el nivel de riesgo sistemático– se conoce en ocasiones como el **valor fundamental de una acción** o título. Muchos inversores institucionales, incluidos los fondos mutuos administrados activamente y algunos fondos de cobertura, adoptan estrategias de compraventa basadas en comprar activos que perciben que están cotizando por debajo de sus valores fundamentales, y en vender aquellos que están cotizando por encima.

Sin embargo, hay otras estrategias de compraventa que no están en absoluto basadas en la evaluación del valor fundamental. Por ejemplo, algunos agentes buscan evidencia de *inercia o impulso* (*momentum*) en la cotización de los activos y compran aquellos que parecen tenerla porque esperan que la cotización suba más o, en sentido contrario, venden porque creen que la cotización caerá. Una inversora podría estar dispuesta a pagar más que el valor fundamental de un título si cree que la cotización subirá por encima de ese valor. En este caso, la compradora podría obtener una ganancia si compra a un precio bajo y vende a un precio más alto, incluso si el valor fundamental del título no hubiera cambiado.

Comprar y vender activos basándose en la evaluación de sus valores fundamentales es una forma de **especulación**, motivada por la creencia de que los precios pronto volverán a sus valores fundamentales. Comprar y vender basándose en la inercia o el impulso percibido de la cotización es, asimismo, un ejemplo de especulación, motivada en este caso por la creencia de que las tendencias a corto plazo poseen un cierto grado de persistencia. Estas estrategias y muchas otras están presentes en los mercados financieros modernos y determinan el comportamiento de las cotizaciones y la posibilidad de burbujas y crisis financieras (como veremos en las siguientes secciones).

tasa de capitalización de mercado Tasa de rendimiento que es lo suficientemente alta como para inducir a los inversores a poseer acciones de una empresa en particular. Será alta si la empresa está sujeta a un nivel alto de riesgo sistemático.

valor fundamental de una acción Cotización de la acción con base en las ganancias futuras anticipadas y el nivel de riesgo.

especulación Comprar y vender activos para beneficiarse de un cambio esperado en su cotización.

CÓMO APRENDEN LOS ECONOMISTAS DE LOS HECHOS

La sabiduría de las masas: El peso del ganado (bueyes) y el valor de los títulos

¿Cuál es el precio correcto de, digamos, una acción en Facebook? ¿Sería mejor que el precio lo establecieran expertos en economía, en vez de definirse en el mercado en base a las acciones de millones de personas, pocas de las cuales tienen un conocimiento experto de la economía o las perspectivas de la compañía?

Los economistas están lejos de entender los detalles de cómo funciona realmente este mecanismo, pero cuentan con una fuente inusual de observaciones profundas y perspicaces al respecto: un juego de adivinanzas que se jugó en 1907 en una feria agrícola en Plymouth, Inglaterra. A los asistentes a la feria se les mostró un buey vivo y, por una moneda de seis peniques antiguos (2,5p actuales), podían adivinar el peso «en canal» del buey, es decir, la cantidad de carne que podía sacarse del buey. El participante cuya respuesta escrita en un boleto se acercará más a la verdadera, ganaba el premio.

Al cabo del tiempo, el erudito Francis Galton se hizo con los boletos del concurso y descubrió que un jugador escogido al azar se había equivocado, *de media*, en 40 libras pero que lo que él llamó la «*vox populi*», la «voz de la gente» –el *valor promedio* de todas las conjeturas– se había quedado impresionantemente cerca del valor verdadero, desviándose por tan solo 9 libras (menos del 1%).

La observación que resulta relevante a efectos económicos es que el valor promedio de una gran cantidad de personas no muy bien informadas es a menudo extremadamente preciso, tal vez más preciso que la estimación de un veterinario experimentado o un criador de bueyes.

El uso que hizo Galton de la media para agregar las conjeturas de todos los participantes implicaba que la *vox populi* era la voz del jugador (supuestamente) mejor informado, pero era a través de las conjeturas de todos los demás como se llegaba a la de este jugador supuestamente mejor informado de todos. La *vox populi* se obtenía a partir de toda la información disponible, incluyendo las corazonadas y las fantasías que generaron valores atípicamente altos o bajos.

El resultado de Galton es un ejemplo de «la sabiduría de las masas». Este concepto es particularmente interesante para los economistas porque contiene, en un formato estilizado, muchos de los ingredientes que componen un buen mecanismo de fijación de precios.

Tal y como el mismo Galton constató, el juego de adivinar poseía toda una serie de características que contribuían al éxito de la *vox populi*. La cuota que había que pagar para participar era pequeña pero no nula, lo que permitía participar a muchos, pero disuadía a los bromistas. Las conjeturas se escribieron y entregaron en privado, y el juicio de los participantes no se vio influido «por la oratoria y la pasión». La promesa de una recompensa había enfocado la atención de los participantes.

Aunque muchos participantes estaban bien informados, muchos otros no lo estaban tanto y, como Galton hizo notar, se guiaron por las opiniones de otros asistentes a la feria y por su imaginación. La elección del valor promedio por parte de Galton reduciría (pero no eliminaría) la influencia de estos participantes menos informados, evitando que conjeturas *salvajes* o *extremas* (digamos, 10 veces el verdadero valor) alejaran la *vox populi* de las creencias del grupo en su conjunto.

El mercado bursátil es otra expresión de la *vox populi* donde las personas adivinan el valor de una compañía, a menudo –pero no siempre– realizando un seguimiento bastante preciso de los cambios en la calidad de la gestión, la tecnología o las oportunidades de mercado.

La sabiduría de las masas también explica el éxito de los mercados de predicción. Los mercados electrónicos de Iowa, los Iowa Electronic Markets (https://tinyco.re/0124936), que gestiona la Universidad de Iowa, permiten a los individuos comprar y vender contratos que rinden en función de quién gane las próximas elecciones. Los precios de estos activos aglutinan la información, las corazonadas y las conjeturas de una gran cantidad de participantes. Estos mercados de predicción (también conocidos como mercados de valores para el ámbito político) pueden generar con meses de antelación pronósticos increíblemente precisos de los resultados de las elecciones, a veces mejores que las encuestas e incluso que los agregadores de resultados de encuestas. Otros mercados de predicción permiten que miles de personas realicen apuestas para distintos eventos como, por ejemplo, quién será la ganadora del Óscar a la mejor protagonista femenina. Incluso se ha llegado a proponer que se creara un mercado de predicciones para el siguiente ataque terrorista en EE.UU.

PREGUNTA 11.4 ESCOJA LA(S) RESPUESTA(S) CORRECTA(S)
¿Cuál de las siguientes afirmaciones es correcta?

- ☐ El valor fundamental de las acciones de una empresa se determina en función de los beneficios futuros esperados y el riesgo sistemático.
- ☐ Si no hay información nueva respecto a la rentabilidad futura o el riesgo sistemático de una empresa, pero el precio de sus acciones sigue subiendo, debe ser que el valor fundamental también se está incrementando.
- ☐ Comprar una acción a un precio por encima de su valor fundamental con la esperanza de que alguien se la vaya a comprar a un precio incluso mayor es una pérdida de dinero garantizada.
- ☐ Todos los inversores están siempre de acuerdo en cuál es el valor fundamental de las acciones de una empresa.

11.6 OFERTA Y DEMANDA CAMBIANTES DE ACTIVOS FINANCIEROS

bolsa de valores Mercado financiero donde se intercambian acciones (o títulos) y otros activos financieros. Cuenta con una lista de compañías cuyas acciones se intercambian allí.

Los precios en los mercados financieros están cambiando constantemente. La gráfica de la figura 11.11 muestra cómo fluctuó el precio de las acciones de News Corp (NWS) en la **bolsa de valores** Nasdaq a lo largo de un día en mayo de 2014 y, en el panel inferior, el número de acciones que se intercambian en cada punto. Poco después de que el mercado abriera a las 9:30 a.m., el precio era de 16,66 dólares por acción. A medida que los inversores fueron comprando y vendiendo acciones a lo largo del día, el precio alcanzó un mínimo de 16,45 dólares tanto a las 10 a.m. como a las 2 p.m. En el momento en el que el mercado cerró, con el precio de la acción en 16,54 dólares, se habían negociado cerca de 556 000 acciones.

En cualquier momento en que el mercado de acciones de News Corp esté abierto, cada uno de los accionistas tiene un precio de reserva, es decir, el precio mínimo al que el accionista estaría dispuesto a vender. Otros individuos están en el mercado para comprar en la medida en que puedan encontrar un precio aceptable. A medida que las creencias de los agentes participantes en el mercado sobre la rentabilidad de News Corp cambian, también cambia su predisposición a comprar y vender. Para ver cómo se ven afectados los precios de los activos financieros por esos desplazamientos de la oferta y la demanda, siga los pasos de la figura 11.12.

Bloomberg L.P. (https://tinyco.re/9335006), consulta de 28 de mayo de 2014.

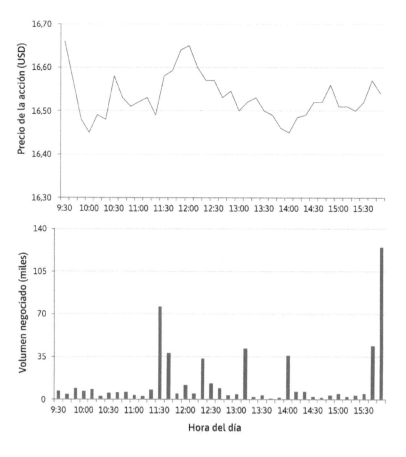

Figura 11.11 Precio de las acciones de News Corp y volumen negociado (7 de mayo de 2014).

Las curvas muestran el volumen por horas de las acciones que se ofertarían y demandarían a cada precio.

En la práctica, las bolsas de valores no operan en periodos de tiempo fijos, como una hora. El intercambio se da continuamente y los precios siempre están cambiando a través de un mecanismo de intercambio conocido como *subasta doble continua*.

Cualquier persona que quiera comprar puede plantear una combinación de precio y cantidad que se conoce como **orden limitada u orden a precio límite**. Por ejemplo, la orden limitada de comprar 100 acciones en News Corp a un precio de 16,50 dólares por acción indica que el comprador se compromete a comprar 100 acciones siempre y cuando estas puedan adquirirse a un precio no mayor de 16,50 dólares por acción. Este es el precio de reserva del comprador. De manera similar, una orden limitada de venta indica un compromiso de vender una cantidad dada de acciones, siempre y cuando el precio no sea menor de la cantidad especificada (el precio de reserva del vendedor).

orden limitada u orden a precio límite Combinación anunciada de precio y cantidad para un activo, ya sea para venderlo o comprarlo.

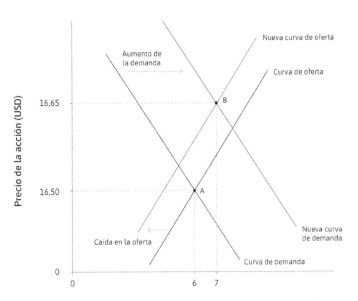

Figura 11.12 Buenas noticias sobre la rentabilidad.

1. El equilibrio inicial
Inicialmente, el mercado está en equilibrio en el punto A: se venden 6000 acciones cada hora a un precio de 16,50 dólares.

2. Buenas noticias sobre la rentabilidad
Buenas noticias sobre la rentabilidad futura de News Corp desplazan simultáneamente la curva de demanda ...

3. Buenas noticias sobre la rentabilidad
... y la curva de oferta.

4. Un nuevo equilibrio
El nuevo equilibrio temporal del mercado se sitúa en B. El precio ha subido de 16,50 dólares a 16,65 dólares. En este ejemplo, la demanda varía más que la oferta, de manera que el volumen también se incrementa.

libro de órdenes Registro de órdenes limitadas por parte de compradores y vendedores a las que aún no se ha respondido.

Cuando se establece una orden limitada de compra, hay dos alternativas sobre qué puede pasar: si existe una orden limitada de venta anteriormente establecida a la que aún no se ha dado respuesta y se ofrece el número establecido de acciones a un precio que es igual o menor al precio indicado por el comprador, se produce una transacción. Si no existe una orden de venta disponible, entonces la orden limitada de compra se ubica en lo que se conoce como **libro de órdenes** (que en realidad es solo un registro electrónico), y queda disponible para ser emparejada con las nuevas órdenes de venta que lleguen.

A las órdenes de compra se les llaman *pujas* (*bids* en inglés), y a las órdenes de venta se las conoce como *solicitudes* (*asks* en inglés). El libro de órdenes dispone las pujas en orden decreciente en función del precio y las solicitudes en orden creciente. La parte superior del libro de órdenes de NWS alrededor de mediodía del 8 de mayo de 2014 presentaba un aspecto similar al de la tabla de la figura 11.13.

En esta situación, una orden de compra de 100 acciones a un precio de 16,57 dólares permanecerá insatisfecha y entrará en el libro de órdenes en la parte superior de la columna de pujas. Sin embargo, una puja de 600 acciones a un precio de 16,60 dólares será satisfecha inmediatamente, dado que puede emparejarse con órdenes limitadas de venta ya existentes. Se intercambiarían 500 acciones a 16,59 dólares cada una y 100 acciones a 16,60 dólares. Si se responde a una orden de compra de manera inmediata, se producirá una transacción al mejor precio posible para el comprador (el precio de solicitud). De manera similar, si se establece una orden de venta e inmediatamente obtiene respuesta en virtud de órdenes existentes, la transacción se producirá al mejor precio posible para el vendedor (el precio de puja).

Ahora podemos ver cómo cambian los precios en un mercado así a lo largo del tiempo. Alguien que recibe noticias negativas sobre News Corp, como por ejemplo un rumor de que un miembro del consejo está a punto de dimitir, y cree que esta información aún no se ha incorporado en el precio, puede que plantee una gran orden de venta a un precio menor a 16,56 dólares, que será inmediatamente emparejada con las pujas existentes. A medida que se vayan produciendo estas transacciones, las pujas se eliminan del libro de órdenes y el precio de las acciones cae. De manera similar, en respuesta a buenas noticias, habrá órdenes de compra a precios por encima de la solicitud más baja, que se emparejarán con las órdenes de venta existentes. Las transacciones se producirán a precios que se irán incrementando sucesivamente.

Vea nuestro video en el que Rajiv Sethi, uno de los autores de este capítulo, explica cómo se procesan las órdenes en una subasta doble continua. https://tinyco.re/3679850

Yahoo Finance (https://tinyco.re/6764389), consulta de 8 de mayo de 2014

Puja		Solicitud	
Precio (USD)	Cantidad	Precio (USD)	Cantidad
16,56	400	16,59	500
16,55	400	16,60	700
16,54	400	16,61	800
16,53	600	16,62	500
16,52	200	16,63	500

Figura 11.13 Libro de órdenes de una subasta doble continua: Precios de pujas y solicitudes por las acciones de News Corp (NWS).

Como el precio fluctúa, no es fácil pensar que este mercado esté en equilibrio pero, sin embargo, es cierto que el precio siempre se está ajustando para conciliar oferta y demanda y, por tanto, alcanzar un equilibrio de mercado.

Los activos financieros proporcionan otro ejemplo de mercados que se equilibran por medio de la búsqueda de rentas económicas:

- Aquellos que creen que se beneficiarán de comprar acciones de News Corp a un precio concreto presentan una puja a ese precio.
- Aquellos que creen que se beneficiarán de vender presentan una solicitud a un precio en particular.
- El precio en un momento dado refleja el resultado agregado de un comportamiento de búsqueda de rentas por parte de todos los participantes en el mercado, incluyendo aquellos que simplemente están conservando sus acciones.

EJERCICIO 11.5 CURVAS DE OFERTA Y DEMANDA

1. Use los datos del libro de órdenes de NWS en la figura 11.13 para representar las curvas de oferta y demanda de las acciones.
2. Explique por qué las dos curvas no se cruzan.

PREGUNTA 11.5 ESCOJA LA(S) RESPUESTA(S) CORRECTA(S)

La figura muestra un libro de órdenes para las acciones de News Corp. ¿Cuál(es) de las siguientes afirmaciones sobre este libro de órdenes es(son) correcta(s)?

Puja		**Solicitud**	
Precio (USD)	Cantidad	Precio (USD)	Cantidad
16,56	400	16,59	500
16,55	400	16,60	700
16,54	400	16,61	800
16,53	600	16,62	500
16,52	200	16,63	500

☐ Un comprador quiere 500 acciones a un precio de 16,59 dólares.
☐ Una orden limitada de compra a 16,56 dólares quiere decir que el comprador pagará al menos 16,56 por acción.
☐ Una orden limitada de venta de 100 acciones a 16,58 dólares no encontrará respuesta.
☐ Una orden limitada de compra de 600 acciones a 16,59 dólares se satisfará con 500 acciones compradas a 16,59 dólares y las 100 restantes a 16,60 dólares.

11.7 BURBUJAS EN EL MERCADO DE ACTIVOS

La flexibilidad mostrada por los precios de las acciones de News Corp es común en los mercados de otros activos financieros, como los bonos del Estado, monedas o divisas con tipos de cambio flotantes, **bienes primarios** (*commodities*) como el oro, el crudo o el maíz, y activos físicos como casas u obras de arte.

No obstante, los precios de las acciones no son únicamente volátiles de hora en hora o día en día, sino que también pueden presentar grandes oscilaciones generalmente conocidas **como burbujas**. La figura 11.14 muestra el valor del Índice Compuesto Nasdaq entre 1995 y 2004. Este índice es un promedio de precios para un conjunto de títulos en el que el peso asignado a cada empresa es proporcional a su capitalización de mercado. El Índice Compuesto Nasdaq, en ese momento, incluía muchas empresas del sector tecnológico de rápido crecimiento y difíciles de valorar.

El índice empezó el periodo en menos de 750 y creció en cinco años hasta situarse en más de 5000, con una notable tasa de retorno anualizada de alrededor del 45%. A continuación, el índice perdió después dos tercios de su valor en menos de un año y finalmente tocó fondo a un nivel de alrededor de 1100, casi un 80% por debajo de su máximo histórico. Este episodio se ha dado en llamar la *burbuja tecnológica*.

Información, incertidumbre y creencias

El término **burbuja** hace referencia a un alejamiento sostenido y significativo del precio de un activo (financiero o de cualquier otro tipo) de su valor fundamental.

A veces, nueva información sobre el valor fundamental de un activo se expresa de forma rápida y confiable en los mercados. Los cambios en las creencias sobre el potencial de crecimiento futuro de las ganancias de una empresa generan ajustes prácticamente instantáneos en el precio de sus acciones. Tanto las buenas como las malas noticias sobre patentes concedidas o demandas judiciales interpuestas, la enfermedad o la renuncia de personal importante, ganancias inesperadas o fusiones y adquisiciones pueden resultar en un intercambio activo de títulos y en consiguientes variaciones rápidas de los precios.

commodities Bienes físicos comercializados de manera similar a los títulos valor, por ejemplo, metales como el oro y la plata, productos agrícolas como el café y el azúcar o combustibles como el petróleo y el gas. En ocasiones, el término se utiliza de manera más genérica para designar cualquier mercancía producida para la venta.

burbuja del precio de los activos Aumento sostenido y significativo del precio de un activo alimentado por las expectativas de futuros aumentos de precios.

Yahoo Finance (https://tinyco.re/6764389), consulta del 14 de enero de 2014.

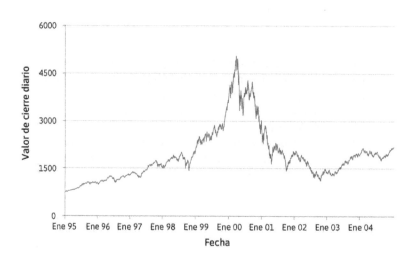

Figura 11.14 La burbuja tecnológica: Índice Compuesto Nasdaq (1995–2004).

Debido a que las variaciones en los precios de las acciones a menudo reflejan información importante sobre la salud financiera de una empresa, los agentes que no poseen tal información pueden tratar de deducirla a partir de los movimientos de los precios. Usando el lenguaje de Hayek, puede decirse que los cambios en los precios son mensajes que contienen información. Para que los mercados funcionen bien, los agentes deben responder a estos mensajes. Ahora bien, cuando interpretan una subida del precio como una señal de futuros incrementos en el precio (estrategias de **intercambio por *momentum* o con base en el impulso**), el resultado pueden ser ciclos de incrementos de los precios que se retroalimentan, resultando en burbujas de precios de activos, seguidas de caídas repentinas en los precios, llamadas cracs, desplomes financieros o crisis económicas.

> **intercambio por *momentum* o impulso** Estrategia de intercambio de acciones basada en la idea de que la información nueva no se incorpora en los precios al instante, por lo que los precios presentan una correlación positiva en periodos cortos.

Tres características diferenciadas, pero relacionadas entre sí, de los mercados pueden dar lugar a burbujas:

- *Valor de reventa*: La demanda de activos nace tanto del beneficio para su dueño (por ejemplo, el flujo de dividendos de una acción o el disfrute de tener una pintura de un artista reconocido en tu sala de estar) como del hecho de que ofrecen una oportunidad de especular en función de los cambios en su precio. De manera similar, un propietario puede comprar una casa pensando tanto en el ingreso que puede generar alquilándola como en consideración a la ganancia de capital resultante de poseer un activo durante un periodo de tiempo y después venderlo. Las creencias sobre qué pasará con los precios de los activos varían de persona a persona y cambian a medida que se recibe nueva información o si se cree que los otros están respondiendo a nueva información.
- *Facilidad de intercambio*: En los mercados financieros, la facilidad para comerciar significa que puedes pasar fácilmente de comprador a vendedor si cambias de opinión sobre si el precio subirá o caerá. Pasar indistintamente de comprar a vender no es posible en mercados de bienes y servicios ordinarios, donde los vendedores son empresas con bienes de capital especializados y trabajadores cualificados y los compradores son otro tipo de empresas u hogares.
- *Facilidad para pedir préstamos para financiar compras*: Si los participantes en el mercado pueden pedir préstamos para incrementar su demanda de un activo cuyo precio creen que va a subir, eso hace posible que el aumento de los precios continúe, creando la posibilidad de una burbuja y un posterior desplome financiero.

CUANDO LOS ECONOMISTAS NO SE PONEN DE ACUERDO

¿Existen las burbujas?

Los movimientos de precios que se muestran en la figura 11.14 (y en la figura 11.20 (página 546) de la siguiente sección), dan la impresión de que los precios de los activos pueden moverse en un rango amplio, y que esos movimientos guardan poca relación con el flujo de ingresos que sería razonable esperar como consecuencia de poseerlos.

Pero, ¿existen las burbujas en realidad o son tan solo una ilusión basada únicamente en un análisis retrospectivo? Dicho de otro modo: ¿es posible saber que un mercado está experimentando una burbuja antes de que se desplome? Tal vez de modo sorprendente, la verdad es que algunos economistas prominentes que han trabajado con datos de mercados financieros no están de acuerdo ni siquiera con plantear esta pregunta. Entre ellos se encuentran nada menos que Eugene Fama y Robert Shiller, dos de los tres galardonados con el Nobel de Economía de 2013.

Fama niega que el término «burbuja» tenga siquiera algún significado útil:

Eugene Fama, citado en 'Interview with Eugene Fama', *The New Yorker*. (2010).

> Estas palabras se han vuelto populares, pero no creo que tengan sentido alguno… Es fácil decir que los precios cayeron y debe de haber sido por una burbuja, después de producido el hecho. Pienso que la mayoría de las burbujas se ven perfectamente en retrospectiva. Ahora, después del hecho, siempre encuentras personas que dijeron antes que los precios son demasiado altos. La gente siempre está diciendo que los precios están muy altos. Cuando resulta que estaban en lo cierto, los idolatramos. Cuando resulta que estaban equivocados, los ignoramos. Por lo general, aciertan en la mitad de las ocasiones, y en la otra mitad no.

Tim Harford. 2012. 'Still Think You Can Beat the Market?'. *The Undercover Economist*. Actualizado el 24 de noviembre de 2012.

Este es un ejemplo de lo que los economistas llaman *hipótesis del mercado eficiente*, que establece que toda la información disponible sobre los valores fundamentales se incorpora a los precios de manera virtualmente instantánea. Robert Lucas –otro galardonado con el Nobel de Economía, firmemente alineado con Fama– explicaba así la lógica de este argumento en 2009, en la mitad de la crisis financiera:

Si la hipótesis del mercado eficiente es correcta, ¿cómo es posible que se haya producido la crisis financiera de 2008? Robert Lucas sobre la hipótesis del mercado eficiente de Fama: Robert Lucas. 2009. 'In Defence of the Dismal Science'. *The Economist*. Actualizado el 6 de agosto de 2009.

> Una cosa que no tendremos, ni ahora ni nunca, es un conjunto de modelos que predigan caídas repentinas y estrepitosas en el valor de los activos financieros, como las que se dieron después de la quiebra de Lehman Brothers en septiembre. Esto no es nada nuevo, sino que se sabe desde hace más de 40 años y es una de las implicaciones principales de la hipótesis del mercado eficiente de Eugene Fama… Si un economista tuviera una fórmula que pudiera predecir de manera segura las crisis con una semana de antelación, pongamos por caso, esa fórmula sería parte de la información general disponible y los precios caerían una semana antes.

Respondiendo a Lucas, Markus Brunnermeier explica por qué este argumento es discutible:

> Por supuesto, tal y como señala Bob Lucas, cuando es de conocimiento general entre todos los inversores que estallará una burbuja la próxima semana, lo que ocurrirá es que la 'pincharán' hoy. Sin embargo, en la práctica, cada inversor no sabe cuándo empezarán los otros inversores a operar en contra de la burbuja. Esta incertidumbre pone nervioso a cada inversor al plantearse si puede estar fuera del mercado (o en corto) el suficiente tiempo hasta que estalle la burbuja. De esta manera, a título individual, los inversores son reacios a ir a contracorriente. De hecho, puede que los inversores prefieran permanecer en una burbuja durante un largo tiempo, de manera que las correcciones de precios solo se acaban dando con mucho retraso y, a menudo, abruptamente. La investigación empírica disponible sobre la predictibilidad de los precios de las acciones respalda este punto de vista. Además, dado que las fricciones de financiación limitan el arbitraje, que no se pueda hacer dinero no implica necesariamente que el «precio sea el correcto».
>
> Esta manera de pensar sugiere un enfoque radicalmente distinto de cara a la arquitectura financiera futura. Los bancos centrales y los reguladores financieros tienen que estar atentos e identificar burbujas, y deberían ayudar a los inversores a sincronizar sus esfuerzos para nadar en contra de las burbujas en los precios de los activos. Tal y como ha mostrado el actual episodio, no es suficiente con limpiar o intentar arreglar los daños después de que haya estallado una burbuja, sino que, en primer lugar, es esencial actuar para evitar que la burbuja llegue a formarse.

Shiller ha argumentado que pueden utilizarse unas cuantas estadísticas públicas relativamente sencillas –como la ratio entre el precio de la acción y el beneficio por acción– para identificar las burbujas a medida que se vayan formando. Nadar a contracorriente, comprando activos baratos con base en este criterio y vendiendo los caros, puede generar pérdidas a corto plazo, pero también ganancias a largo plazo que, en opinión de Shiller, exceden los retornos que se hubieran obtenido invirtiendo únicamente en una cartera diversificada de títulos con perfiles de riesgo similares.

En colaboración con Barclays Bank, Shiller ha lanzado al mercado un producto llamado nota negociable (*Exchange-traded note*, ETN) que puede utilizarse para invertir de acuerdo con esta teoría. Este activo está vinculado al valor de la razón precio-beneficio ajustada cíclicamente (*cyclically adjusted price-to-earnings*, CAPE), que Shiller considera predictivo de los precios futuros a lo largo de periodos dilatados. Así pues, Shiller es un economista que se ha la jugado personalmente: puede observar la fluctuación del índice de Shiller en el sitio web de Barclays Bank (https://tinyco.re/7309155).

Brunnermeier aduce que Lucas tenía razón cuando hacía hincapié en que las fricciones en el mercado financiero son un argumento en contra de la hipótesis del mercado eficiente: Markus Brunnermeier. 2009. 'Lucas Roundtable: Mind the Frictions'. *The Economist*. Actualizado el 6 de agosto de 2009.

Robert J. Shiller. 2003. 'From Efficient Markets Theory to Behavioral Finance'. *Journal of Economic Perspectives* 17 (1) (Marzo): pp. 83–104.

Burton G. Malkiel. 2003. 'The Efficient Market Hypothesis and Its Critics'. *Journal of Economic Perspectives* 17 (1) (Marzo): pp. 59–82.

El análisis clásico de las burbujas es el que hace John Maynard Keynes en el capítulo 12 de su *Teoría general*. John Maynard Keynes. 1936. *Teoría general de la ocupación, el interés y el dinero*. Barcelona: Ciro, 2011.

Así pues, en la figura 11.14 (página 536) se dan dos interpretaciones muy distintas del episodio de la «burbuja tecnológica»:

John Cassidy. 2010. 'Interview with Eugene Fama'. *The New Yorker*. Actualizado el 13 de enero de 2010.

- *Perspectiva de Fama*: los precios de los activos durante el episodio se basaron en la mejor información disponible en el momento y fluctuaron porque la información sobre las perspectivas de las empresas estaba cambiando abruptamente. En la entrevista que Fama concedió a John Cassidy para *The New Yorker* en 2010, este describe muchos de los argumentos en favor de la existencia de las burbujas como «muy flojos».

Robert J. Shiller. 2015. 'The Stock Market in Historical Perspective'. En *Irrational Exuberance*. Princeton, NJ: Princeton University Press.

- *Perspectiva de Shiller*: los precios de finales de la década de 1990 subieron sencillamente porque había expectativas de que subirían todavía más. Shiller llamó a este fenómeno **«exuberancia irracional»** entre los inversores. En el primer capítulo de su libro, precisamente titulado *Exuberancia irracional* explica la idea.

exuberancia irracional Proceso en virtud del cual los activos se sobrevaloran. La expresión fue utilizada por primera vez por Alan Greenspan, entonces presidente de la Reserva Federal de Estados Unidos, en 1996. El economista Robert Shiller la popularizó como un concepto económico.

EJERCICIO 11.6 EL MERCADO DE PIEDRAS PRECIOSAS

Un artículo del *New York Times* (https://tinyco.re/6343875) describe cómo los mercados mundiales de ópalos, zafiros y esmeraldas se ven afectados por descubrimientos de nuevas fuentes de piedras preciosas.

1. Explique, a través del análisis de la oferta y la demanda, por qué los comerciantes australianos estaban descontentos con el descubrimiento de ópalos en Etiopía.
2. ¿Qué determina la disposición a pagar por las piedras preciosas? ¿Por qué los zafiros de Madagascar tienen precios más bajos que los zafiros asiáticos?
3. Explique por qué la reputación de las piedras preciosas de determinadas fuentes en particular puede importar al consumidor. ¿No debería más bien el comprador de una piedra preciosa juzgar lo que está dispuesto a pagar por ella de acuerdo con lo que le guste?
4. ¿Cree que la gran reputación de las piedras preciosas de determinados orígenes en particular, necesariamente refleja verdaderas diferencias de calidad?
5. ¿Podríamos llegar a observar burbujas en el mercado de las piedras preciosas?

PREGUNTA 11.6 ESCOJA LA(S) RESPUESTA(S) CORRECTA(S)

¿Cuál(es) de la(s) siguientes afirmaciones sobre las burbujas es(son) correcta(s)?

- ☐ Una burbuja se produce cuando el valor fundamental de una acción crece muy rápido.
- ☐ Una burbuja es menos probable en un mercado donde las personas pueden fácilmente pasar de compradores a vendedores, y viceversa.
- ☐ Las estrategias de intercambio por *momentum* hacen que las burbujas sean más probables.
- ☐ Las burbujas solo pueden ocurrir en los mercados financieros.

11.8 MODELOS DE BURBUJAS Y DESPLOMES DE MERCADO

Hemos visto que pueden producirse burbujas en los mercados de activos financieros porque la demanda depende, en parte, de las expectativas sobre los precios a los que se revenderán esos activos en el futuro. Este argumento puede aplicarse también a bienes duraderos como casas, pinturas o artículos de «coleccionista» como autos antiguos o estampillas. ¿Podemos aplicar nuestro modelo de compradores y vendedores tomadores de precios a mercados de este estilo?

La figura 11.15 muestra la oferta y la demanda de acciones en una (por ahora) hipotética empresa llamada Flying Car Corporation (FCC). Inicialmente, el precio por acción es de 50 dólares en la curva de demanda más baja. Cuando los agentes e inversores potenciales reciben buenas noticias sobre la rentabilidad futura esperada, la curva de demanda se desplaza hacia la derecha y el precio incrementa a 60 dólares (para simplificar, suponemos que la curva de oferta no se desplaza).

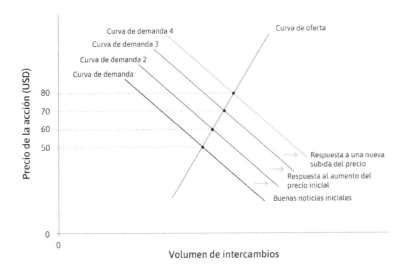

Figura 11.15 El inicio de una burbuja para las acciones de FCC.

1. El precio inicial
Inicialmente, el precio de una acción de la empresa Flying Car Corporation (FCC) es de 50 dólares en la curva de demanda más baja.

2. La respuesta a buenas noticias
Cuando agentes e inversores potenciales reciben buenas noticias sobre la rentabilidad futura esperada, la curva de demanda se desplaza a la derecha y el precio sube a 60 dólares.

3. El efecto de un incremento en el precio
Al observar el incremento en el precio, los compradores potenciales lo interpretan como otra buena noticia. La curva de demanda se desplaza hacia arriba, simplemente porque el precio se ha incrementado y el precio sube nuevamente a 70 dólares.

4. El inicio de una burbuja
Este incremento adicional del precio puede conducir a otro desplazamiento en la demanda, con lo cual el proceso continúa.

retroalimentación positiva (proceso) Proceso en el que un cambio inicial pone en marcha un proceso que magnifica el cambio inicial. *Véase también: retroalimentación negativa (proceso).*

Inicialmente, el incremento exógeno de la demanda tiene el mismo efecto que en los mercados de pan y sombreros. Siga los pasos en la figura 11.15 para ver qué pasa después.

La secuencia de acontecimientos que se muestra en la figura 11.15 puede producirse si los individuos interpretan un incremento en el precio como que otras personas han recibido buenas noticias que ellos no han oído, y ajustan sus propias expectativas al alza. O también pueden pensar que hay una oportunidad para especular: comprar acciones ahora para venderlas a otros compradores después a un precio más alto, generándose así unas ganancias. En cualquier caso, el incremento inicial de la demanda genera una **retroalimentación positiva**, llevando a más incrementos en la demanda.

Esto no sucede en el mercado del pan. Las personas no responden a un incremento en el precio del pan comprando más y llenando el congelador de pan. Para hacer modelos de mercados de activos como las acciones, las pinturas o las casas, debemos tomar en cuenta los efectos adicionales derivados de las creencias sobre los precios futuros. La figura 11.16 contrasta dos escenarios alternativos tras un *shock* exógeno de buenas noticias sobre las ganancias futuras de FCC que incrementa la cotización de 50 dólares a 60 dólares, como en la figura 11.15.

En el panel izquierdo, las creencias suponen un freno a los incrementos en los precios: algunos participantes del mercado responden al incremento inicial del precio con escepticismo sobre si el valor fundamental de FCC será verdaderamente 60 dólares, así que venden sus acciones, obteniendo los beneficios derivados de vender a un precio mayor al que les costaron. Este comportamiento reduce el precio y finalmente la cotización cae a un valor un poco por encima de su nivel inicial, donde se estabiliza. Las noticias han sido incorporadas en un precio entre 50 dólares y 60 dólares, reflejándose así las creencias agregadas del mercado sobre el valor fundamental de FCC.

En contraste con lo anterior, en el panel de la derecha las creencias amplifican los incrementos de los precios. Cuando la demanda aumenta, otros inversores creen que el incremento inicial del precio indica que el precio seguirá creciendo en el futuro. Estas creencias generan a su vez un aumento de la demanda de acciones de FCC. Otros agentes que operan en

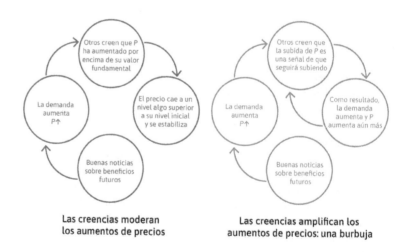

Figura 11.16 Retroalimentación positiva y negativa.

el mercado observan que aquellos que compraron acciones de FCC obtuvieron un beneficio derivado de la subida del precio, por lo que siguen su ejemplo. Así es como se establece un ciclo de subida de precios y mayor demanda que se retroalimenta a sí mismo.

Si las creencias hacen que se moderen los cambios en los precios y se restablezca el equilibrio original del mercado tras un *shock* de precios, podemos decir que el equilibrio es **estable**. La figura 11.17 muestra cómo podemos hacer un modelo del proceso de ajuste de precios en el caso de un equilibrio estable. El panel de la izquierda muestra las curvas de oferta y demanda de acciones de FCC, con un precio de equilibrio de P_0 que corresponde a su valor fundamental. El panel derecho muestra la relación entre precios en periodos de tiempo sucesivos, que es lo que se conoce como la *curva de dinámicas de precio* (CDP). Si P_t, el precio en el periodo t, es igual a P_0, entonces el precio en el siguiente periodo, P_{t+1}, será el mismo, porque en equilibrio no hay tendencia al cambio. Pero si el actual precio P_t no está en equilibrio, la CDP muestra cómo será el precio en el siguiente periodo. Siga los pasos en la figura 11.17 para ver cómo, con una CDP como la mostrada aquí, el mercado volverá al equilibrio después de un *shock*.

En la figura 11.17, la CDP es más plana que la línea de 45°, así que, cuando el precio esté por encima del precio de equilibrio, se ajustará a la baja hasta alcanzar nuevamente el equilibrio original. Esta CDP representa

> **equilibrio estable** Equilibrio en el que existe una tendencia a que el equilibrio se restablezca después de verse perturbado por un pequeño shock.

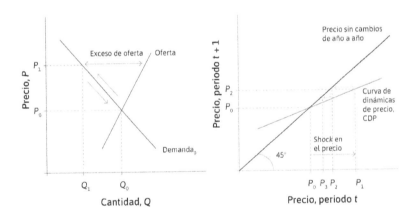

Figura 11.17 Un equilibrio estable en el mercado de acciones de FCC.

1. El precio de equilibrio
El panel izquierdo muestra las curvas de oferta y demanda en un mercado en que el precio de equilibrio es P_0. La línea de 45° del panel derecho muestra que cuando el precio en el periodo t es P_0, el precio en el periodo $t + 1$ será el mismo. No hay tendencia al cambio.

2. Un *shock* en el precio
Suponga que, tras una irregularidad transitoria en la demanda de acciones, el precio en este mercado es P_1. Hay exceso de oferta.

3. El precio se ajusta
La CDP muestra que si el precio de este periodo es P_1, entonces será P_2 en el siguiente periodo.

4. Las creencias moderan las subidas de precios
Dado que la CDP es más plana que la línea de 45°, P_2 está más cerca del equilibrio que P_1. Los inversores están influenciados por sus creencias sobre el valor fundamental de FCC, que es P_0.

5. Regresa al equilibrio
Los precios se empiezan a acercar a P_0. El proceso continúa hasta que se llega de vuelta al equilibrio.

el caso en el que las creencias sobre los valores fundamentales del activo dominan cualquier tendencia a interpretar el incremento del precio como señal de futuros incrementos en los precios.

Ahora supongamos que, tras el incremento inicial del precio de las acciones P_1, la demanda *crece*: las acciones de FCC se perciben ahora como una inversión mejor. Incluso si todo el mundo sabe que el valor fundamental de las acciones es aún P_0, hay quien cree que el precio seguirá subiendo durante un tiempo. Si se consolida la convicción de que el precio crecerá más todavía, entonces tener más acciones es una buena estrategia. Como las acciones podrán venderse más adelante por precios mayores a los pagados para adquirirlas, generarán ganancias de capital.

En este caso, como se muestra en el panel izquierdo de la figura 11.18, un precio más alto desplaza la curva de demanda hacia la derecha. En el panel derecho, la CDP tiene más pendiente que la línea de 45°. Esto nos indica que el precio del siguiente periodo estará más lejos del equilibrio en P_0 que el precio en este periodo. Esta CDP representa el caso de un **equilibrio inestable**.

En el siguiente periodo, el precio se incrementa nuevamente. En una burbuja que se retroalimenta a sí misma, este proceso puede continuar de manera indefinida, o al menos hasta que pase algo que cambie la expectativa de que los precios seguirán creciendo de manera continuada (y de una desviación creciente del precio de su valor fundamental).

La inestabilidad generada por unas expectativas de precios que se retroalimentan a sí mismas puede pasar únicamente en mercados de bienes que pueden revenderse, como los activos financieros o los bienes duraderos. En cambio, no tiene sentido comprar más verduras, pescado o artículos de moda con la esperanza de obtener de ellos ganancias de capital, porque el pescado y las verduras se pudrirán y la moda cambiará. Sin embargo, en los mercados de bulbos de tulipán en el siglo XVII, de espacio para las oficinas en el Tokio de finales de la década de 1980 y de casas en Las Vegas en la década de 2000 (véase Ejercicio 11.10), la gente siguió comprando mientras los precios seguían subiendo, acelerándose así aún más el incremento de los precios, porque esperaban beneficiarse al revender los activos.

En el capítulo 17 usaremos un modelo con una curva de dinámicas de precio para analizar el papel del mercado inmobiliario en la crisis financiera de 2008. En el capítulo 20, un modelo similar ayuda a explicar cómo

> **equilibrio inestable** Equilibrio tal que, si un shock perturba el equilibrio, existe una tendencia posterior a alejarse aún más del equilibrio.

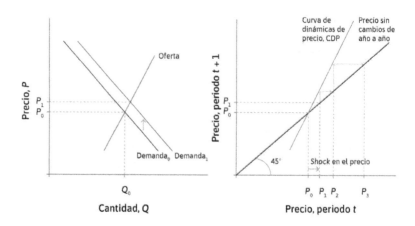

Figura 11.18 Un equilibrio inestable.

interactúan los humanos con el entorno natural y por qué en algunas situaciones observamos tanto procesos de estabilización como círculos viciosos de colapso medioambiental descontrolado.

Leibniz: Burbujas de precios
(https://tinyco.re/8613908)

¿Cómo se acaban las burbujas?

Una burbuja estalla cuando algunos participantes del mercado perciben un riesgo de que el precio caiga: entonces los que iban a ser compradores se abstienen de comprar y los que poseen los activos tratarán de deshacerse de ellos, por lo que el proceso que muestra la figura 11.15 (página 541) se invierte. En la figura 11.19 se usa el modelo de oferta y demanda para ilustrar lo que sucede. En lo más alto de la burbuja, las acciones se intercambian a un precio de 80 dólares. Tanto la oferta como la demanda se desplazan cuando la burbuja estalla y el precio se derrumba, pasando de 80 dólares a 54 dólares, dejando así a quienes que poseían acciones cuando el precio era de 80 dólares con grandes pérdidas.

Si la evolución del precio de un activo se ha debido solamente a la creencia de que seguiría incrementándose, debería haber oportunidades para aquellos agentes que están bien informados de beneficiarse de la mayor información que poseen. Así pues, si el incremento en el índice Nasdaq de la figura 11.14 (página 536) fue en efecto una burbuja, ¿por qué aquellos que la identificaron como una burbuja no lograron obtener ingentes ganancias apostando de manera significativa por una gran caída en el precio?

De hecho, muchos grandes inversores «nadaron a contracorriente» al apostar por el estallido de la burbuja, incluyendo algunos gestores de fondos conocidos de Wall Street. Lo hicieron al **vender en corto** (del inglés *selling short* o *shorting*): pidiendo prestadas acciones al alto precio actual e inmediatamente vendiéndolas, con la intención de comprarlas de vuelta más baratas (para devolvérselas al dueño) después de que el precio se hubiera derrumbado. Ahora bien, esta es una estrategia extremadamente arriesgada, pues requiere precisión a la hora de estimar el momento del derrumbe de

venta en corto Venta de un activo que el vendedor ha tomado prestado, con la intención de volver a comprarlo a un precio más bajo. Esta estrategia es la que adoptan los inversores que esperan que disminuya el valor de un activo. *También conocida como: venta al descubierto.*

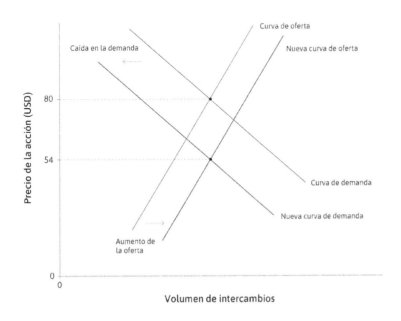

Figura 11.19 El derrumbe del precio de las acciones de FCC.

precios ya que, si los precios siguen subiendo, las pérdidas pueden volverse insostenibles. Incluso si alguien está en lo cierto sobre la burbuja, si estima mal los tiempos puede incurrir en pérdidas o incluso no ser capaz de devolver el préstamo. Esto sucede porque puede que, cuando se cumpla el plazo en el que tiene que comprar las acciones de vuelta y devolvérselas al dueño, el precio sea mayor que aquel al que inicialmente las vendió.

Efectivamente, muchos de los que compran un activo puede que estén también convencidos de un futuro derrumbe del precio, pero esperan salir del mercado antes de que eso ocurra. Este fue el caso durante la burbuja tecnológica, cuando Stanley Druckenmilller, gerente del fondo Quantum Fund, con activos por valor de 8000 millones de dólares, conservó acciones de compañías tecnológicas que sabía perfectamente que estaban sobrevaloradas. Después de que los precios se desplomaran generando pérdidas significativas al fondo, Druckenmilller usó una metáfora del béisbol para describir su error: «creímos que era la octava entrada, pero era la novena –explicó–, y básicamente me pasé de frenada».

Coindesk.com. 2015. *Bitcoin News, Prices, Charts, Guides y Analysis* (https://tinyco.re/8792662) y Bitcoincharts (https://tinyco.re/4434190). Se accedió a ambos en agosto de 2016.

EJERCICIO 11.7 ¿CUÁL ES EL VALOR FUNDAMENTAL DEL BITCOIN?

Puede que haya habido una burbuja en el mercado de la moneda electrónica llamada bitcoin. Un grupo de desarrolladores de software fueron los responsables de la creación del bitcoin en el 2009. Donde se acepta, puede transferirse de una persona a otra en pago por bienes y servicios.

A diferencia de otras monedas, el bitcoin no está controlado por una única entidad como un banco central. En vez de eso, hay individuos que «minan» la moneda, prestando su poder computacional para verificar y registrar las transacciones de bitcoin en un libro de contabilidad público. A principios del 2013, un bitcoin podía comprarse a un precio de aproximadamente 13 dólares. El 4 de diciembre de 2013 estaba a 1147 dólares y, tras ese pico máximo, perdió más del doble de su valor en dos semanas. Este y otros cambios subsiguientes de precios se muestran en la figura 11.20.

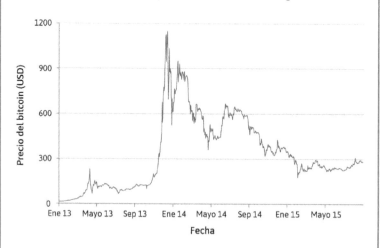

Figura 11.20 El valor del bitcoin (2013–2015).

Use los modelos que se han explicado en esta sección y los argumentos a favor y en contra de las burbujas para ofrecer una explicación de los datos de la figura 11.20.

EJERCICIO 11.8 LAS DIEZ MAYORES BURBUJAS DE PRECIOS DE ACTIVOS DE LOS ÚLTIMOS 400 AÑOS

Según el historiador económico Charles Kindleberger, las burbujas de precios de activos se han producido en diferentes países y en diversos periodos de la historia. Las burbujas de los últimos 100 años se han centrado principalmente en los bienes raíces, los títulos y la inversión extranjera.

- 1636: La burbuja holandesa de los tulipanes.
- 1720: La compañía del Mar del Sur.
- 1720: El plan de explotación de la Compañía del Mississippi.
- 1927–29: La burbuja de valores de la década de 1920.
- Década de 1970: Aumento de los préstamos a México y otras economías en desarrollo.
- 1985–89: La burbuja japonesa de bienes raíces y títulos valor.
- 1985–89: La burbuja de bienes raíces y títulos valor en Finlandia, Noruega y Suecia.
- Década de 1990: La burbuja de bienes raíces y títulos valor en Tailandia, Malasia, Indonesia y otros países asiáticos entre 1992 y 1997, y el aumento en la inversión extranjera en México en el periodo 1990–99.
- 1995–2000: La burbuja de los títulos valor del mercado secundario extrabursátil (*over-the-counter*) en EE.UU.
- 2002–07: La burbuja de bienes raíces en EE.UU., Reino Unido, España, Irlanda e Islandia.

Escoja una de estas burbujas de los precios de los activos, investíguela y:

1. Cuente la historia de esta burbuja usando los modelos de esta sección.
2. Explique la importancia para su historia, en caso de que sean aplicables, de los argumentos que aparecen en el recuadro titulado '¿Existen las burbujas?' de la sección 11.7 sobre la existencia de las burbujas.

Charles P. Kindleberger. 2005. *Manías, pánicos y cracs: historia de las crisis financieras*. Barcelona: Editorial Ariel, 2012.

PREGUNTA 11.7 ESCOJA LA(S) RESPUESTA(S) CORRECTA(S)

¿Cuál(es) de las siguientes afirmaciones sobre los precios de los activos es(son) correcta(s)?

☐ Una burbuja tiene lugar cuando las creencias sobre los precios futuros amplifican una subida del precio.

☐ Cuando se produce una retroalimentación positiva, el mercado vuelve rápidamente al equilibrio.

☐ La retroalimentación negativa se produce cuando los precios proporcionan a los agentes información incorrecta sobre el valor fundamental.

☐ Cuando las creencias hacen que se moderen las subidas de los precios, el equilibrio de mercado es estable.

PREGUNTA 11.8 ESCOJA LA(S) RESPUESTA(S) CORRECTA(S)
¿Cuál(es) de las siguientes afirmaciones sobre la venta en corto es(son) correcta(s)?

☐ La venta en corto se usa para beneficiarse de una caída en el precio.
☐ La venta en corto implica vender acciones que se poseen en la actualidad.
☐ La pérdida máxima en la que puede incurrir un agente posicionándose en corto es el precio que recibe por la venta de las acciones.
☐ La venta en corto es una manera segura de beneficiarse de una posible burbuja.

11.9 MERCADOS QUE NO TIENDEN AL EQUILIBRIO: RACIONAMIENTO, COLAS Y MERCADOS SECUNDARIOS

Las entradas de la gira mundial de Beyoncé de 2013 se agotaron en 15 minutos para el concierto de Auckland, en Nueva Zelanda, en 12 minutos para los tres conciertos de la gira en Reino Unido, y en menos de un minuto para el de Washington D.C. en EE.UU. Cuando el cantante estadounidense Billy Joel anunció un concierto sorpresa en su natal Long Island, Nueva York, en octubre de 2013, todas las entradas disponibles se agotaron en minutos. En ambos casos podemos decir, sin miedo a equivocarnos, que hubo muchos compradores decepcionados que habrían pagado un precio muy superior al de la entrada para asistir a uno de esos conciertos. Al precio escogido por los organizadores del concierto, la demanda excedió a la oferta.

Vemos que también se produce un exceso de demanda de entradas para eventos deportivos. El comité organizador de los Juegos Olímpicos de Londres en 2010 recibió 22 millones de solicitudes para 7 millones de entradas. La figura 11.21 es una representación estilizada de la situación para un evento olímpico.

El número de entradas disponibles, 40 000, es fijo debido a la capacidad del estadio. El precio por entrada al que se igualan oferta y demanda es de 225 libras esterlinas. El comité organizador no selecciona este precio, sino un precio menor de 100 libras. A este precio, se demandan 70 000 entradas. Hay un exceso de demanda de 30 000 entradas.

Puede haber gente que compre entradas para un evento popular y que luego tenga la tentación de venderlas en vez de usarlas. En la figura 11.21 se muestra que cualquiera que compre una entrada por 100 libras esterlinas con la intención de revenderla, podría hacerlo por al menos 225 libras, obteniendo una renta de 125 libras (comparada con la siguiente mejor alternativa de no comprar una entrada).

La posibilidad de obtener rentas podría crear un mercado paralelo o secundario. En el caso de entradas para conciertos y eventos deportivos, parte de la demanda inicial viene de especuladores: gente que planea revender para obtener ganancias. Las entradas aparecen casi que instantáneamente en plataformas de comercio entre iguales (*peer-to-peer*) tales como StubHub (https://tinyco.re/6667216) o Ticketmaster (https://tinyco.re/0560780), a precios que pueden llegar a ser varias veces lo que fue originalmente se pagó por ellas. En los últimos días de los Juegos Olímpicos de Invierno del 2014 en Sochi, las entradas para el Parque

Olímpico con un valor nominal oficial de 200 rublos se vendieron fuera del Parque por casi 4000 rublos.

En el mercado secundario, los precios se establecen en el punto en que se igualan oferta y demanda, y las entradas se asignan por tanto a aquellos con la mayor disposición a pagar. Asumir que este precio en el que el mercado alcanza un equilibrio será mucho mayor que el precio oficial es lo que motiva, al menos en parte, la frenética demanda inicial de entradas. No obstante, algunos individuos que compran a los precios más bajos iniciales se quedan con su entrada para ir al evento, que en caso contrario no habrían podido pagar.

Los organizadores de los eventos pueden tratar de evitar la reventa. En Sochi, se suponía que los responsables de seguridad deberían haber intervenido. No obstante, la prevención es cada vez más difícil, dado que las ventas en línea generan nuevas oportunidades de reventa a gran escala usando «bots de entradas» ('ticket-bots'): un *software* que automáticamente compra entradas momentos después de que salgan a la venta. El *New York Times* estimó que los revendedores sacaron 15,5 millones (https://tinyco.re/8299453) de ganancias de tan solo 100 representaciones del musical *Hamilton* en Broadway en el verano de 2016.

En el caso de los Juegos Olímpicos de Londres, el comité organizador estableció el precio y las entradas se asignaron por sorteo. Este es un ejemplo de bienes **racionados** en vez de asignarse con base en el precio. Los organizadores pudieron haber escogido un precio mucho mayor (225 libras para el evento de la figura 11.21), que podría haber llevado a un equilibrio en el mercado, pero eso habría significado que personas con una

> **bienes racionados** Bienes que se asignan a los compradores mediante un proceso que no sea el del precio (como haciendo cola o por sorteo).

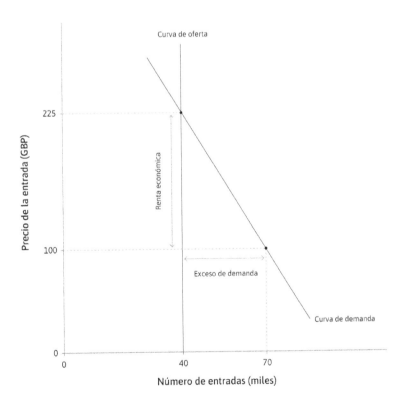

Figura 11.21 Exceso de demanda de entradas.

disposición a pagar menor de 225 libras no habrían podido asistir al evento. Al asignar las entradas por sorteo, algunas personas con menor disponibilidad a pagar (tal vez por tener recursos limitados) tienen así oportunidad de asistir a los Juegos también.

Hubo mucho debate público sobre el proceso, que llegó incluso a provocar que se desataran las iras de unos cuantos, pero el presidente del Comité Olímpico Internacional (COI) Jacques Rogge defendió el sistema como «abierto, transparente y justo».

Existen otros casos donde el productor de un bien decide operar con un exceso de demanda persistente. En Nueva York, el restaurante Momofuku Ko ofrece un menú de degustación de 16 platos a la hora del almuerzo por 175 dólares, y tiene espacio para tan solo 12 comensales. Las reservas en línea se pueden hacer con una semana de antelación: se abren a las 10 a.m. diariamente y, por lo general, se agotan en tres segundos. En el 2008, el propietario David Chang vendió una reserva en una subasta para obras de caridad por 2870 dólares. Incluso teniendo en cuenta la disposición de los individuos a pagar más por un artículo cuando las ganancias se destinan a obras de caridad, esto sugiere que existe un considerable exceso de demanda de las reservas, pero Chang aún no ha subido su precio.

EJERCICIO 11.9 LA POLÍTICA DEL COI

1. ¿Cree que la política del COI de usar un sistema de sorteo es justa?
2. ¿Es eficiente en términos de Pareto? Explique por qué sí o por qué no.
3. Usando los criterios de justicia y eficiencia en términos de Pareto, ¿cómo valoraría la ampliamente criticada práctica de especular o revender entradas?
4. ¿Puede pensar en otros argumentos a favor o en contra de la reventa?

EJERCICIO 11.10 EL PRECIO DE UNA ENTRADA

Explique por qué el vendedor de un bien con una oferta fija (como las entradas de un concierto o las reservas de un restaurante) puede conscientemente decidir fijar un precio más bajo que el de equilibrio de mercado.

PREGUNTA 11.9 ESCOJA LA(S) RESPUESTA(S) CORRECTA(S)

La figura 11.21 es una representación estilizada del mercado para un evento en los Juegos Olímpicos de Londres del 2012. Se sortearon 40 000 entradas, por las que se cobraron 100 libras esterlinas por entrada.

Suponga que los compradores pueden revender sus entradas en un mercado secundario. ¿Cuál(es) de las siguientes afirmaciones es(son) correcta(s)?

☐ El mercado se situó en un equilibrio al precio de 100 libras esterlinas.

☐ La probabilidad de obtener una entrada era de 4/7.

☐ La renta económica obtenida por aquellos que vendieron en el mercado secundario fue de 100 libras.

☐ Los organizadores del sorteo deberían haber fijado un precio de 225 libras.

11.10 MERCADOS CON PRECIOS CONTROLADOS

En diciembre de 2013, un sábado particularmente frío y nevado en la ciudad de Nueva York, la demanda de servicios de taxi se incrementó notablemente. Los familiares taxis amarillos y verdes tradicionales, que operan con una tarifa fija (sujeta a pequeños ajustes para las horas pico y nocturnas), eran difíciles de encontrar. Quienes buscaban un taxi, por tanto, se enfrentaban a una situación de racionamiento o a largos periodos de espera.

Pero había una alternativa disponible –otro ejemplo de un mercado secundario–: un servicio de taxi bajo pedido a través de una aplicación llamada Uber (https://tinyco.re/5528809), que para marzo de 2017 ya estaría operando en 81 países. Este participante recién llegado al mercado de transporte local usa un algoritmo secreto que responde rápidamente a las condiciones cambiantes de oferta y demanda.

Las tarifas de taxi normales no cambian con el clima, pero los precios de Uber pueden cambiar sustancialmente. En una noche de diciembre, el algoritmo de aumento de precios de Uber resultó en tarifas que multiplicaban más de siete veces las tarifas estándar de Uber. Esa subida dramática de los precios estranguló la demanda en cierta medida, pero también llevó a una mayor oferta, dado que conductores que habrían dejado de trabajar a cierta hora permanecieron en las calles y se unieron a otros.

Las autoridades de la ciudad a menudo regulan las tarifas de taxi como parte de su política de transporte, por ejemplo, para mantener unos estándares de seguridad y minimizar la congestión del tráfico. En algunos países, el gobierno local o nacional también controla los alquileres de viviendas. En ocasiones esto se hace para proteger a los inquilinos, que pueden llegar a tener muy poco poder de negociación en sus relaciones con los propietarios, o a veces es porque, de no regularlos, los alquileres urbanos serían demasiado altos para grupos clave de trabajadores.

La figura 11.22 muestra una situación en la que el gobierno local podría decidir controlar los alquileres de vivienda en una ciudad (nos referimos al pago que le hace el inquilino al propietario por el uso del lugar). Inicialmente, el mercado está en equilibrio, con 8000 arrendamientos a un alquiler de 500 euros: en ese punto, el mercado está en equilibrio. Ahora suponga que hay un incremento en la demanda de arrendamientos. Los alquileres subirán porque la oferta de viviendas para alquilar es inelástica, al menos en el corto plazo: llevaría un tiempo construir nuevas casas, de modo que los nuevos arrendamientos solo pueden ofrecerse de manera inmediata si algunos de los que viven en casas o apartamentos de su propiedad decidieran convertirse en arrendadores, empezar a alquilar su propiedad e irse a vivir en otro lugar.

Suponga que a las autoridades de la ciudad les preocupa que ese aumento de los alquileres no lo puedan costear muchas familias, así que imponen un **techo al alquiler** de 500 euros. Siga los pasos en la figura 11.22 para ver qué sucede.

techo al alquiler Precio legal máximo que un arrendador puede cobrar por un alquiler.

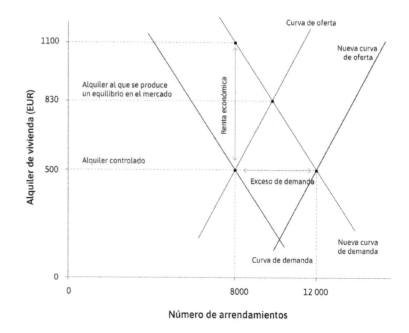

Figura 11.22 Alquileres inmobiliarios y rentas económicas.

1. El mercado se sitúa en un equilibrio
Inicialmente el mercado alcanza un equilibrio con 8000 arrendamientos a un alquiler de 500 euros.

2. Un incremento en la demanda
Ahora suponga que hay un incremento en la demanda de arrendamientos.

3. El alquiler sube
La oferta de viviendas para arrendar es inelástica, al menos a corto plazo. El nuevo alquiler para el que el mercado alcanza un equilibrio es de 830 euros, mucho mayor.

4. ¿Un techo al alquiler?
Suponga que las autoridades de la ciudad imponen un techo al alquiler de 500 euros. Los propietarios seguirán ofreciendo 8000 arrendamientos, así que habrá exceso de demanda.

5. El lado corto del mercado
Cuando el precio está por debajo del precio al que el mercado alcanza un equilibrio, los ofertantes están en el lado corto del mercado. Ellos, y no los demandantes, determinan el número de arrendamientos.

6. Algunas personas pagarían mucho más
Hay 12 000 personas en el lado largo del mercado. Solo 8000 consiguen un arrendamiento. Hay 8000 personas dispuestas a pagar 1100 euros o más, pero los arrendamientos no se asignan necesariamente a las personas con la mayor disposición a pagar.

7. Un mercado secundario
Si fuera legal, algunos inquilinos podrían subarrendar sus alojamientos a cambio de un alquiler de 1100 euros y obtendrían una renta de 600 euros (la diferencia entre 1100 euros y el alquiler regulado de 500 euros).

8. El equilibrio a largo plazo
La solución a largo plazo para hacer que haya más arrendamientos disponibles a cambio de un alquiler razonable es que las autoridades de la ciudad incentiven la construcción de casas, de manera tal que se desplace la curva de oferta.

Con un precio controlado de 500 euros, hay exceso de demanda. En general, un precio controlado no colocará el mercado en un equilibrio y las transacciones se darán en el **lado corto** del mercado: es decir, la cantidad intercambiada será la que sea menor de la ofertada y demandada. En la figura 11.22, el precio es bajo y los ofertantes están en el lado corto. Si el precio fuera alto (por encima del precio que en el que el mercado alcanza un equilibrio), los demandantes estarían en el lado corto.

Cuando el alquiler es de 500 euros, el número de arrendamientos será 8000. De las 12 000 personas en el lado largo del mercado, 8000 pagarían 1100 euros o más, pero la asignación de arrendamientos no se hace con base en quiénes tienen la mayor disposición a pagar. Los afortunados que consigan un contrato de arrendamiento se situarán en algún lugar de la nueva curva de demanda, por encima de 500 euros.

La política de control de alquileres le da más importancia a mantener un nivel de alquiler que se considere justo y asequible para los inquilinos existentes, quienes de otro modo se verían obligados a mudarse, y atribuye menos importancia a la eficiencia en términos de Pareto. La escasez de alojamientos en alquiler genera una potencial renta económica: si fuera legal (generalmente no lo es) algunos inquilinos subarrendarían su alojamiento, obteniendo así una renta económica de 600 euros (la diferencia entre 1100 euros y 500 euros).

Si el incremento de la demanda resulta ser permanente, la solución a largo plazo para las autoridades de la ciudad puede ser aplicar políticas que incentiven la construcción de casas, desplazando así hacia la derecha la curva de oferta de manera que haya disponibles más arrendamientos a cambio de un alquiler razonable.

> **lado corto (de un mercado)** Lado (oferta o demanda) en el que el número de transacciones deseadas es menor (por ejemplo, los empleadores están en el lado corto del mercado laboral porque generalmente hay más trabajadores que buscan trabajo que puestos de trabajo vacantes). Lo opuesto al lado corto es el lado largo. *Véase también: lado de la oferta, lado de la demanda.*

Este breve análisis económico del control de los alquileres en París resalta los efectos contraproducentes: Jean Bosvieux y Oliver Waine. 2012. 'Rent Control: A Miracle Solution to the Housing Crisis?' (https://tinyco.re/0599316). *Metropolitics*. Actualizado el 21 de noviembre de 2012.

Richar Arnott, por otra parte, argumenta que los economistas deberían reconsiderar su tradicional oposición al control de los alquileres: Richard Arnott. 1995. 'Time for Revisionism on Rent Control?' (https://tinyco.re/7410213). *Journal of Economic Perspectives* 9 (1) (febrero): pp. 99–120.

EJERCICIO 11.11 ¿POR QUÉ NO INCREMENTAR EL PRECIO?

Analice la siguiente afirmación: 'El abrupto incremento en las tarifas de taxi en un día de fuertes nevadas en Nueva York hizo que Uber se convirtiera en el blanco de críticas muy duras en las redes sociales, pero en cambio un incremento abrupto en el precio del oro no tiene tal efecto'.

PREGUNTA 11.10 ESCOJA LA(S) RESPUESTA(S) CORRECTA(S)

La figura 11.22 ilustra el mercado de casas en alquiler. Inicialmente, el mercado alcanza un equilibrio a 500 euros, con 8000 arrendamientos. Después hay un desplazamiento de la curva de demanda hacia la derecha, tal y como se muestra en el diagrama. Como respuesta, las autoridades de la ciudad imponen una renta techo de 500 euros y prohíbe el subarrendamiento. Según esta información, ¿cuál(es) de las siguientes afirmaciones es(son) correcta(s)?

☐ Hay 4000 inquilinos potenciales que se quedan sin casa.
☐ El mercado alcanzaría un equilibrio a 1100 euros.
☐ Si el subarrendamiento fuera posible, entonces los que arrendaran podrían obtener una renta económica de 330 euros.
☐ A largo plazo, el exceso de demanda podría eliminarse construyendo más casas.

11.11 EL PAPEL DE LAS RENTAS ECONÓMICAS

Una renta económica es un pago u otro beneficio que alguien recibe y que es superior a su siguiente mejor alternativa. A lo largo de este capítulo hemos visto cómo las rentas económicas juegan un papel importante en los cambios que se dan en la economía.

- En el caso real del pescador de Kerala y el mercado hipotético de sombreros, la búsqueda de rentas por parte de compradores o vendedores en respuesta a una situación de exceso de oferta o demanda trajo consigo un equilibrio en el que los mercados alcanzaron un equilibrio.
- En el modelo del mercado del pan, las rentas (beneficios económicos) pueden darse en un equilibrio a corto plazo en el que el número de empresas es fijo. A largo plazo, otras panaderías entran al mercado en búsqueda de estas rentas.
- En el mercado mundial del petróleo, las rentas para los productores del petróleo nacen de las restricciones que afrontan productores y consumidores, y que hacen que las curvas de oferta y demanda sean inelásticas a corto plazo, pero a su vez, generan incentivos para construir nuevos pozos de extracción.
- En los mercados de activos, las rentas surgen cuando el precio se desvía del valor fundamental del activo, generando oportunidades de especulación y creando potenciales burbujas.
- En mercados que no están en equilibrio porque los precios están controlados, el exceso de demanda da cabida a una potencial renta económica que lleva (a menos que lo evite la regulación) al nacimiento de un mercado secundario que se equilibra.
- Otro ejemplo, del capítulo 2, es la renta de innovación obtenida por los primeros innovadores, que genera el incentivo a adoptar una nueva tecnología.

renta de desequilibrio Renta económica que surge cuando un mercado no está en equilibrio, por ejemplo, cuando hay exceso de demanda o exceso de oferta en un mercado de algún bien o servicio. En cambio, las rentas que surgen en equilibrio se llaman rentas de equilibrio.

renta de equilibrio Renta en un mercado que está en equilibrio. *También conocida como: renta estacionaria o persistente.*

En cada uno de estos ejemplos, las rentas surgen por algún tipo de desequilibrio o restricción de corto plazo: las llamamos rentas *dinámicas* o **rentas de desequilibrio**. Estas ponen en marcha un proceso –la búsqueda de rentas– que en última instancia crea un equilibrio en el que este tipo de rentas ya no existen. Por otro lado, también hemos visto ejemplos de *rentas persistentes* o *estacionarias*. Los principales ejemplos se muestran en la tabla de la figura 11.23.

En los modelos estudiados en esta unidad hemos visto que, si los mercados no alcanzan un equilibrio, hay rentas de desequilibrio que generan incentivos que llevan a las personas a cambiar los precios o cantidades de las transacciones, de manera que se acaba llegando a un equilibrio de mercado. El mercado laboral (véase el capítulo 9) es diferente, pues no alcanza un equilibrio. Los empleados, por lo tanto, reciben una renta –la diferencia entre el salario y su opción de reserva–, pero en este caso es una renta persistente o **renta de equilibrio**: como es difícil obligar al complimiento de un contrato que impusiera la exigencia de esforzarse mucho en el trabajo, no hay forma de que algún comprador (el empleador) o vendedor (el trabajador) pueda beneficiarse de cambiar su precio o cantidad.

Las rentas económicas y los buscadores de rentas generalmente tienen mala reputación en la economía. Las personas las desaprueban porque cuando piensan en rentas, tienen en mente las que nacen de los monopolios creados por el gobierno (licencias de taxi o derechos de propiedad intelectual) o monopolios creados de manera privada. Estas rentas indican que el bien o servicio será vendido a un precio que excede su costo marginal, de modo que los mercados de estos bienes no son eficientes en términos de Pareto.

No obstante, ahora hemos visto la utilidad de algunas rentas económicas: motivan la innovación, incentivan a los empleados a esforzarse en el trabajo, motivan a empresas nuevas a entrar en el mercado y, de ese modo, acaban disminuyendo los precios para los consumidores y se puede ir de un mercado en desequilibrio a un mercado en equilibrio y eficiente en términos de Pareto.

PREGUNTA 11.11 ESCOJA LA(S) RESPUESTA(S) CORRECTA(S)
¿Cuál(es) de las siguientes es(son) renta(s) estacionaria(s)?

☐ Renta de innovación cuando las empresas sacan beneficios económicos positivos de una nueva invención.
☐ Renta de empleo cuando el salario es alto para inducir a los trabajadores a trabajar duro.
☐ Renta de monopolio cuando las empresas obtienen beneficios mayores debido a la competencia limitada.
☐ Renta especulativa cuando los beneficios se obtienen por apostar y acertar en cuanto a cuáles serán los cambios de precios en una burbuja.

Tipo	Descripción	Capítulo
Negociación	En una situación de negociación, en cuánto excede el resultado a la opción de reserva (la siguiente mejor alternativa)	4,5
Empleo	Salarios y condiciones por encima de la opción de reserva del empleado, lo que proporciona un incentivo a esforzarse en el trabajo	6,9
Monopolio	Beneficios por encima de los beneficios económicos que son posibles gracias a la competencia limitada	7
Inducidas por el gobierno	Pagos (rentas) por encima de la siguiente mejor alternativa del agente que no haya sido eliminada del entorno competitivo por las regulaciones gubernamentales (por ejemplo, control de alquileres, derechos de propiedad intelectual)	9

Figura 11.23 Ejemplos de rentas estacionarias.

11.12 CONCLUSIÓN

Los precios son mensajes sobre las condiciones en una economía de mercado. En situaciones donde el mercado está en desequilibrio o en un equilibrio a corto plazo debido a restricciones temporales, las personas actúan según los mensajes de los precios, si pueden, en búsqueda de rentas económicas. En mercados de bienes esto generalmente lleva en el largo plazo a que el mercado termine por alcanzar un equilibrio y desaparezcan las rentas.

Los activos se compran pensando en parte en su valor de reventa. En mercados de activos financieros, la oferta y la demanda se desplazan rápidamente a medida que los agentes que operan en el mercado van recibiendo nueva información. El precio se ajusta en una subasta doble continua para igualar oferta y demanda. Los precios en los mercados de activos envían mensajes a los agentes sobre los precios futuros, que pueden hacer que el precio se desvíe del valor fundamental del activo. En este caso, la búsqueda de rentas puede crear una burbuja o un derrumbe.

A veces los ofertantes o los reguladores deciden anular los mensajes de los precios, lo que lleva a un exceso de oferta o de demanda, por ejemplo, de entradas para conciertos, taxis o alquileres de viviendas. En estos casos, las rentas económicas podrían persistir, a menos que se permita que surja un mercado secundario.

Conceptos presentados en el capítulo 11
Antes de continuar, repase estas definiciones:

- Equilibrio de mercado a través de la búsqueda de rentas
- Equilibrios a corto y largo plazo
- Valor fundamental de un activo
- Subasta doble continua
- Libro de órdenes
- Burbuja de precios
- Equilibrios estables e inestables
- Mercado secundario
- Rentas económicas dinámicas y estacionarias

11.13 REFERENCIAS BIBLIOGRÁFICAS

Arnott, Richard. 1995. 'Time for Revisionism on Rent Control?' (https://tinyco.re/7410213). *Journal of Economic Perspectives* 9 (1) (febrero): pp. 99–120.

Bosvieux, Jean y Oliver Waine. 2012. 'Rent Control: A Miracle Solution to the Housing Crisis?' (https://tinyco.re/0599316). *Metropolitics*. Actualizado el 21 de noviembre de 2012.

Brunnermeier, Markus. 2009. 'Lucas Roundtable: Mind the frictions' (https://tinyco.re/0136751). *The Economist*. Actualizado el 6 de agosto de 2009.

Cassidy, John. 2010. 'Interview with Eugene Fama' (https://tinyco.re/4647447). *The New Yorker*. Actualizado el 13 de enero de 2010.

Harford, Tim. 2012. 'Still Think You Can Beat the Market?' (https://tinyco.re/7063932). *The Undercover Economist*. Actualizado el 24 de noviembre de 2012.

Hayek, Friedrich A. 1994. *Camino de servidumbre*. Madrid: Alianza, 2011.

Keynes, John Maynard. 1936. *The General Theory of Employment, Interest and Money* (https://tinyco.re/6855346). London: Palgrave Macmillan (trad. al castellano: *Teoría general de la ocupación, el interés y el dinero*. Barcelona: Ciro, 2011).

Kindleberger, Charles P. 2005. Manias, Panics, and Crashes: A History of Financial Crises (Wiley Investment Classics) (https://tinyco.re/9848004). Hoboken, NJ: Wiley, John & Sons (trad. al castellano: *Manías, pánicos y cracs: historia de las crisis financieras*. Barcelona: Editorial Ariel, 2012).

Lucas, Robert. 2009. 'In defence of the dismal science' (https://tinyco.re/6052194). *The Economist*. Actualizado el 6 de agosto de 2009.

Malkiel, Burton G. 2003. 'The Efficient Market Hypothesis and Its Critics' (https://tinyco.re/4628706). *Journal of Economic Perspectives* 17 (1) (marzo): pp. 59–82.

Miller, R. G. y S. R. Sorrell. 2013. 'The Future of Oil Supply' (https://tinyco.re/6167443). *Philosophical Transactions of the Royal Society A: Mathematical, Physical and Engineering Sciences* 372 (2006) (diciembre).

Owen, Nick A., Oliver R. Inderwildi y David A. King. 2010. 'The Status of Conventional World Oil Reserves—Hype or Cause for Concern?' (https://tinyco.re/9394545). *Energy Policy* 38 (8) (Agosto): pp. 4743–4749.

Shiller, Robert J. 2003. 'From Efficient Markets Theory to Behavioral Finance' (https://tinyco.re/3989503). *Journal of Economic Perspectives* 17 (1) (marzo): pp. 83–104.

Shiller, Robert J. 2015. 'The Stock Market in Historical Perspective' (https://tinyco.re/4263463). En *Irrational Exuberance*. Princeton, NJ: Princeton University Press.

The Economist. 2014. 'Keynes and Hayek: Prophets for Today' (https://tinyco.re/0417474). Actualizado el 14 de marzo de 2014.

CAPÍTULO 12

MERCADOS, EFICIENCIA Y POLÍTICAS PÚBLICAS

CUANDO LOS PRECIOS DETERMINADOS POR EL MERCADO INDUCEN A LAS PERSONAS A CONSIDERAR TODOS LOS EFECTOS DE SUS ACCIONES SOBRE LOS DEMÁS, LOS RESULTADOS SON EFICIENTES. CUANDO LOS PRECIOS NO CAPTURAN EFECTOS SIGNIFICATIVOS, LOS MERCADOS FALLAN Y SE NECESITAN OTRAS ALTERNATIVAS

- Estas externalidades surgen cuando los derechos de propiedad y los contratos legales no cubren algunos de los efectos de las acciones de quienes toman las decisiones. Por ejemplo, los fumadores pasivos no pueden demandar a los fumadores por los daños que les ocasionan.
- No es factible ejercitar los derechos de propiedad o ejecutar contratos que recompensarían a los agentes por las externalidades positivas que generan sobre los demás (o que los harían responsables de pagar por los daños de los efectos negativos) cuando la información necesaria no está disponible para una o más de las partes o no se puede utilizar en los tribunales.
- Hay políticas que pueden remediar los fallos del mercado al inducir a los actores a interiorizar estos efectos. Por ejemplo, subvencionando el gasto en I+D de una empresa cuando esa inversión beneficia a otras empresas, o a través de impuestos que eleven el precio de los bienes cuya producción o uso es destructivo para el medioambiente.
- Otras políticas pueden regular directamente las acciones de las empresas y de los hogares. Por ejemplo, prohibir el uso de productos químicos como los pesticidas, que imponen costos a otros.
- La negociación privada entre las partes implicadas a veces puede imponer a los actores ciertos límites a fin de que tengan en cuenta el efecto de sus acciones sobre otros. Por ejemplo, una fusión entre una empresa que emite sustancias contaminantes y una empresa que sufre daños como consecuencia de las emisiones.

- Por razones morales y políticas, algunos bienes y servicios –como nuestros órganos vitales, la atención médica de emergencia o nuestros votos– no se comercializan en los mercados, sino que se asignan por otros medios.

La lógica de la famosa afirmación de Adam Smith de que «una mano invisible» dirige al empresario que persigue su propio interés para promover los intereses de la sociedad es la base del modelo económico para un mercado perfectamente competitivo (véase el capítulo 8). Las empresas y los consumidores aceptadores de precios, cada uno persiguiendo sus propios objetivos privados, llevan con su comportamiento a unos resultados en el mercado que son eficientes en términos de Pareto.

Friedrich Hayek explicó cómo podría funcionar la mano invisible de Smith (véase el capítulo 11). Los precios envían mensajes sobre la escasez real de bienes y servicios que motivan a las personas a producir, consumir, invertir e innovar en las mejores opciones de maneras que optimizan el uso del potencial productivo de una economía.

Este proceso permite que el sistema de mercado –varios mercados interconectados– coordine la división del trabajo a través del intercambio de bienes entre desconocidos y a través de todo el mundo, sin ninguna coordinación central.

Paul Seabright. 2010. 'Who's in Charge?'. En *The Company of Strangers: A Natural History of Economic Life* (https://tinyco.re/ 2891054). Princeton, NJ: Princeton University Press. pp. 9–10.

Hayek sugirió que pensemos en el mercado como una gigantesca máquina de procesamiento de información que produce precios. Los precios proporcionan la información que guía la economía, generalmente en direcciones deseables. Lo sorprendente de este dispositivo de cálculo masivo es que, en realidad, no es una máquina. Nadie lo diseñó y nadie controla los mandos. Cuando funciona bien, usamos frases como «la magia del mercado».

Pero, a veces, la magia falla. La feliz coincidencia de intereses particulares y resultados valorados socialmente que se resume en la famosa expresión de Smith sobre la «mano invisible» es en realidad una característica de un modelo –y uno muy útil en muchos contextos–, pero no una descripción de cómo suelen funcionar los mercados reales y, en consecuencia, no es una buena guía para las políticas públicas.

En este capítulo consideraremos situaciones en las que los precios envían mensajes incorrectos. Smith explicó que, en áreas como la educación y el sistema legal, se necesitan políticas gubernamentales para promover el bienestar social y garantizar que los mercados funcionen bien. Smith también tenía claro que había cosas que no debían comprarse y venderse en los mercados. Algunos ejemplos modernos serían riñones humanos, votos, una buena escuela o la atención médica para situaciones críticas.

Los siguientes son dos casos en los que la lógica de Hayek y Smith falla:

1. *Pesticidas*: el pesticida clordecona contra el gorgojo se usó en las plantaciones de plátanos de las islas caribeñas francesas de Guadalupe y Martinica. La sustancia era legal y, para los propietarios de las plantaciones, suponía una forma eficaz de reducir costos y aumentar los beneficios de las plantaciones.

   Por desgracia, a medida que la sustancia química se filtró de la tierra a los ríos que fluían hacia la costa, fue contaminando las piscifactorías de gambas de agua dulce, los manglares donde se capturaban los cangrejos y lo que habían sido unas ricas pesquerías costeras de langosta espinosa. En consecuencia, las comunidades de pescadores vieron cómo se destruía su medio de subsistencia y los consumidores de pescado contaminado enfermaron.

El grave peligro del pesticida para los seres humanos se conocía desde su introducción, cuando los trabajadores estadounidenses que lo producían habían informado de daños neurológicos que llevaron a la prohibición del producto en 1976. El gobierno francés recibió informes sobre la contaminación en Guadalupe unos años más tarde, pero esperó hasta 1990 para prohibir la sustancia, y los propietarios de las plantaciones de plátanos presionaron para que se les otorgara una exención hasta 1993.

Veinte años más tarde, en protesta por la lentitud de la ayuda del gobierno francés para mitigar las consecuencias de la contaminación, los pescadores se manifestaron por las calles de Fort-de-France (la ciudad más grande de Martinica) y levantaron barricadas en el puerto. Reflexionando sobre el episodio, Franck Nétri, un pescador guadalupeño, se preguntaba con preocupación: «Yo llevo comiendo pesticidas 30 años, pero ¿qué les pasará a mis nietos?».

Tenía motivos para preocuparse. En 2012, el porcentaje de hombres de Martinica que padecían cáncer de próstata era el más alto del mundo (y casi el doble que el segundo porcentaje más alto a nivel mundial), y la tasa de mortalidad estaba más de cuatro veces por encima del promedio mundial. También se ha documentado el daño neurológico en niños, incluyendo el deterioro en su rendimiento cognitivo.

2. *Antibióticos*: desde el descubrimiento de la penicilina en 1928, el desarrollo de antibióticos ha sido enormemente beneficioso para la humanidad. Enfermedades que antes eran mortales, ahora se tratan fácilmente con medicamentos cuya producción es barata. No obstante, la Organización Mundial de la Salud ha advertido recientemente que nos dirigimos a una «era posantibióticos» (https://tinyco.re/4578245) ya que muchas bacterias se están volviendo resistentes: «A menos que tomemos medidas significativas para … cambiar la forma en que producimos, recetamos y usamos los antibióticos, el mundo cada vez perderá más de estos bienes de salud pública mundial y las consecuencias serán devastadoras».

El abuso de antibióticos es un ejemplo de un **dilema social** (véase el capítulo 4), en el que la búsqueda no regulada del interés propio conduce a resultados que son ineficientes en términos de Pareto. Las bacterias se vuelven resistentes a los antibióticos cuando los usamos con demasiada frecuencia, en la dosis incorrecta o para afecciones que no son causadas por bacterias. En la India, por ejemplo, los antibióticos se obtienen fácilmente sin receta en las farmacias.

Los médicos reconocen que dejar la asignación de antibióticos al mercado tiene consecuencias perjudiciales. En ocasiones, siguiendo los consejos de médicos privados sin titulación oficial, muchas personas usan antibióticos cuando habría tratamientos mejores. Para ahorrarse dinero, los pacientes a menudo abandonan los antibióticos cuando se sienten un poco mejor. Este comportamiento es el que produce patógenos resistentes a los antibióticos. Pero, para el paciente, el tratamiento funcionó y el negocio del médico sin licencia seguirá prosperando.

dilema social Situación en la que las acciones realizadas de manera independiente por individuos en busca de sus propios objetivos personales conducen a un resultado que es inferior a otro resultado factible que podría haberse dado si las personas hubieran actuado de manera conjunta en lugar de como individuos.

La contaminación por pesticidas y la creación de superbacterias son problemas bastante similares. Pensemos en estos temas como lo haría un médico.

Primero, diagnosticamos el problema. En el caso de la clordecona, el problema es que las acciones de los propietarios de las plantaciones de plátanos ponen en peligro el sustento y la salud de los pescadores, pero estos costos de usar el pesticida se ignoran en los cálculos de beneficios y pérdidas de los propietarios y en el precio de los pesticidas. El uso excesivo de antibióticos tiene lugar porque el usuario no tiene en cuenta los costos que soportarán los demás cuando proliferen las superbacterias resistentes a los antibióticos.

Nuestro diagnóstico: los agentes económicos no tienen en cuenta los costos que sus decisiones imponen a los demás.

A continuación, idearemos un tratamiento. En algunos casos, el tratamiento es obvio. La clordecona se prohibió en Francia y Estados Unidos, y su uso podría haberse reducido enormemente si los propietarios de las plantaciones hubieran sido obligados (por ley o en virtud de un acuerdo privado con los afectados) a pagar los daños que su uso infligió a las comunidades pesqueras y otros colectivos.

En otros casos, como el uso indebido de los antibióticos por parte de los pacientes y los médicos, los tratamientos efectivos son más difíciles y pueden requerir una apelación ética al sentido de la responsabilidad hacia los demás.

Nuestro tratamiento sugerido: bien sea regular directamente las acciones que imponen costos a otros o bien obligar a quienes toman las decisiones a asumir estos costos.

fallo de mercado Cuando los mercados asignan productos de modo ineficiente en términos de Pareto

propiedad privada Derecho y expectativa de poder disfrutar de las posesiones propias en las formas que se elija poder excluir a otros de su uso y disponer de ellas por obsequio o venta a otros que luego se convierten en sus propietarios.

derecho de propiedad Protección legal de la propiedad, incluyendo el derecho a excluir a otros y a beneficiarse o vender la propiedad que se posee.

contrato Documento legal o entendimiento que especifica un conjunto de acciones que las partes del contrato deben emprender.

norma social Entendimiento que es común a la mayoría de miembros de una sociedad sobre lo que las personas deberían hacer en una situación dada, cuando sus acciones afectan a los demás.

Para comprender por qué los **mercados fallan** en estos casos, es útil recordar las condiciones necesarias para el correcto funcionamiento de los mercados. Como vimos en el capítulo 1, la **propiedad privada** es un requisito clave para un sistema de mercado. Si algo va a comprarse y venderse, se debe poder reclamar el derecho a poseerlo. Una compra es simplemente una transferencia de derechos de propiedad del vendedor al comprador. Un comprador dudaría en pagar por algo si no está seguro de que otros reconocerán (y, de ser necesario, protegerán) su derecho a conservarlo.

Por lo tanto, para que un mercado funcione de manera eficaz (o incluso para que exista), se requieren otras instituciones y toda una serie de normas sociales. Los gobiernos proporcionan un sistema de leyes y de aplicación de estas que garantiza los **derechos de propiedad** y hace cumplir los **contratos**. Las **normas sociales** establecen que deben respetarse los derechos de propiedad de otros, incluso cuando su ejecución sea improbable o imposible.

Cuando se acuerda con un vendedor pagar una cierta cantidad de dinero a cambio de un bien (por ejemplo, un par de zapatos) se entra implícitamente en un contrato con el vendedor. Bajo la protección de un sistema legal, uno puede esperar que se cumpla el contrato. Al llegar a casa y abrir la caja, los zapatos estarán allí dentro. Si se rompen a los pocos días, se recibirá un reembolso. El gobierno es el que determina las reglas del juego según las cuales se llevan a cabo las transacciones mercantiles. Por descontado, la acción de un tribunal rara vez es necesaria debido a las normas sociales que motivan a los compradores y vendedores a respetar las reglas del juego, incluso en aquellos casos en que no existe un contrato real o la transferencia de un título de propiedad.

Las transacciones más complejas requieren contratos escritos y explícitos que pueden usarse en los tribunales como evidencia de que las partes acordaron una transferencia de la propiedad. Por ejemplo, un autor puede firmar un contrato que otorga a un editor el derecho exclusivo para publicar un libro. Los contratos rigen las relaciones que deben mantenerse durante un tiempo, especialmente el empleo. En el mercado laboral, un tribunal confirma el derecho del trabajador a laborar un número de horas no superior a las contratadas y a recibir el pago acordado.

Las leyes y las tradiciones legales también pueden ayudar a que los mercados funcionen cuando brindan una compensación a las personas perjudicadas por las acciones de otros. Las leyes que regulan la responsabilidad legal, por ejemplo, garantizan que, si una empresa vende un automóvil con un fallo de diseño que provoca lesiones a alguien, la empresa debe pagar por los daños ocasionados. Los empleadores generalmente tienen el deber de cuidar a sus trabajadores y se les exige que proporcionen un entorno de trabajo seguro. Si no lo hacen, incurrirán en multas u otras sanciones.

Muchos de los problemas que investigamos en esta unidad surgen debido a las dificultades para garantizar los derechos de propiedad o redactar los contratos apropiados. Hay bienes –como los ríos limpios– que son importantes para las personas, pero que no se pueden comprar y vender fácilmente. Comenzamos centrándonos en el diagnóstico y tratamiento en el caso de los pesticidas en Martinica y Guadalupe.

Douglass North argumentó que las instituciones no solo eran necesarias para el buen funcionamiento de la economía, sino también la causa fundamental del crecimiento a largo plazo: Douglass C. North. 1993. *Institutions, Institutional Change and Economic Performance. Cambridge: Cambridge University Press* (trad. al castellano: *Instituciones, cambio institucional y desempeño económico.* Ciudad de México: Fondo de Cultura Económica)

Daron Acemoglu, Simon Johnson y James Robinson argumentan que las instituciones son fundamentales para el crecimiento. También proporcionan evidencia basada en la historia colonial europea y la división de Corea: Acemoglu, Daron, Simon Johnson y James A. Robinson. 2005. «Institutions as a Fundamental Cause of Long-Run Growth» (https://tinyco.re/2662186). En *Handbook of Economic Growth*, Volumen 1A., Editado por Philippe Aghion y Steven N. Durlauf, North Holland. Daron Acemoglu y James A. Robinson. 2012. *Por qué fracasan los países: los orígenes del poder, la prosperidad y la pobreza.* Ciudad de México: Crítica, 2013.

Marcel Fafchamps y Bart Minten. 1999. 'Relationships and Traders in Madagascar'. *Journal of Development Studies* 35 (6) (Agosto): págs. 1–35.

EJERCICIO 12.1 DERECHOS DE PROPIEDAD Y CONTRATOS EN MADAGASCAR

En 1997, Marcel Fafchamps y Bart Minten estudiaron los mercados de grano en Madagascar, un lugar donde las instituciones legales encargadas del cumplimiento de los derechos de propiedad y los contratos eran débiles. A pesar de ello, descubrieron que el robo y el incumplimiento de contrato no eran frecuentes. Los comerciantes evitaban el robo manteniendo sus existencias muy bajas y, de ser necesario, durmiendo en sus comercios. Además, no empleaban a otros trabajadores por temor a que les robaran. A la hora de transportar sus bienes, pagaban para proteger la mercancía y viajaban en convoy. La mayoría de las transacciones eran operaciones sencillas de pago al contado y entrega inmediata. La confianza se establecía a través de la interacción repetida con los mismos comerciantes.

1. ¿Sugieren estos hallazgos que no son necesarias unas instituciones legales sólidas para que los mercados funcionen?
2. Piense en algunas transacciones de mercado en las que haya participado. ¿Podrían funcionar esos mercados en ausencia de un marco legal? De ser así, ¿cómo cambiarían?
3. ¿Se le ocurren algunos ejemplos en los que la interacción en repetidas ocasiones ayude a facilitar las transacciones mercantiles?
4. ¿Por qué una interacción reiterada puede ser importante incluso cuando existe un marco legal?

12.1 FALLO DE MERCADO: EXTERNALIDADES DE LA CONTAMINACIÓN

Los **fallos de mercado** son situaciones en las que los mercados asignan los recursos de manera ineficiente en el sentido de Pareto. Ya vimos una causa de falla de mercado en el capítulo 7: las empresas que fabrican un producto diferenciado (como un automóvil) y que eligen su precio y nivel de producción de manera que el precio sea mayor que el costo marginal. En el capítulo 8, por el contrario, aprendimos que la asignación competitiva del mercado maximiza el excedente total de productores y consumidores y es eficiente en términos de Pareto, siempre y cuando nadie más se vea afectado por la producción y el consumo del bien.

En realidad, si productores y consumidores ignoran los efectos que sus decisiones tienen sobre otros, es poco probable que la asignación de mercado sea eficiente en términos de Pareto. Esta es otra razón por la que los mercados fallan. En estos casos, cuando analizamos las ganancias resultantes del comercio, debemos considerar no solo los excedentes del consumidor y del productor, sino también los costos o beneficios experimentados por otros al margen de compradores y vendedores. Por ejemplo, la superbacteria que surge como resultado de la venta y el uso excesivo de un antibiótico, puede matar a alguien que no participó en la compraventa del medicamento.

Analicemos los beneficios del comercio en un caso en el que la producción de un bien crea una **externalidad negativa**: la contaminación. Nuestro ejemplo se basa en el caso real del uso de la clordecona para controlar el gorgojo del plátano, tal y como vimos anteriormente.

Para ver por qué se utiliza el término «externalidad» **(o efecto externo)**, imaginemos por un minuto que la misma compañía posee las plantaciones de plátanos y las pesquerías, y que contrata a pescadores y vende lo que capturan con fines de lucro. En este caso hipotético, los propietarios de la empresa decidirían el nivel de pesticida teniendo en cuenta sus efectos sobre la pesca. Es decir, sopesarían las ganancias del negocio platanero contra las pérdidas en el pesquero.

Esto no fue lo que ocurrió en Martinica y Guadalupe. Las plantaciones obtenían los beneficios de la producción de plátanos, que aumentaron con el uso de pesticidas. El pescador «poseía u obtenía» las pérdidas en la pesca. El efecto de la contaminación por causa del pesticida fue externo a las personas que lo usaron. La propiedad conjunta de las plantaciones y las pesquerías habría internalizado este efecto, pero las plantaciones y las pesquerías tenían propietarios distintos.

Para hacer un modelo de las implicaciones de este tipo de externalidad, la figura 12.1 muestra los costos marginales del cultivo de plátanos en una isla imaginaria del Caribe donde se usa un pesticida (ficticio) llamado Weevokil. El costo marginal de producir plátanos se denomina **costo marginal privado (CMP)**. El CMP tiene pendiente positiva (ascendente) porque el costo de una tonelada adicional de plátanos aumenta a medida que la tierra se usa más intensivamente y requiere más Weevokil. Utilice el análisis en la figura 12.1 para comparar el CMP con el **costo marginal social (CMS)**, que incluye los costos incurridos por los pescadores cuyas aguas se ven contaminadas por el Weevokil.

En la figura 12.1 se observa que el costo marginal social de la producción de plátanos es más alto que el costo marginal privado. Para centrarnos en lo esencial, consideremos un caso en el que el mercado de plátanos sea competitivo y el precio de mercado se fije en 400 dólares por tonelada. Si los propietarios de las plantaciones de plátanos desean maximizar sus ganancias, elegirán su producción de manera que el precio sea igual al costo marginal, es decir, el costo marginal privado. La figura 12.2 muestra que su producción total será de 80 000 toneladas de plátanos (punto A). Pese a que un volumen de 80 000 toneladas maximiza las ganancias para los productores de plátanos, no incluye el costo impuesto a la industria pesquera, por lo que no es un resultado eficiente en términos de Pareto.

Para entender lo anterior, piense en lo que sucedería si las plantaciones produjeran menos. Los pescadores se beneficiarían, pero los propietarios de las plantaciones saldrían perdiendo. Por lo tanto, a primera vista, parece que la producción de 80 000 toneladas debe ser eficiente en términos de Pareto. Pero imaginemos que los pescadores persuadieran a los propietarios de las plantaciones para que produjeran una tonelada menos. Los pescadores ganarían 270 dólares, pues ya no sufrirían la pérdida de ingresos de la pesca causada por la producción de la tonelada número 80 000 de plátanos. Las plantaciones no perderían casi nada. Sus ingresos se reducirían en 400 dólares, pero sus costos se reducirían casi exactamente en esta cantidad porque, cuando producen 80 000 toneladas, el costo marginal privado es igual al precio (400 dólares).

externalidad negativa Efecto negativo de la producción, consumo u otra decisión económica, que no se especifica como una responsabilidad en un contrato. *También conocido como: costo externo, deseconomía externa. Véase también: externalidad.*

externalidad Efecto positivo o negativo de una producción, consumo u otra decisión económica sobre otra persona o personas, que no se especifica como un beneficio o responsabilidad en un contrato. Se llama externalidad o efecto externo porque el efecto en cuestión está fuera del contrato. *También conocido como: efecto externo. Véase también: contrato incompleto, fallo de mercado, beneficio externo, costo externo.*

costo marginal privado (CMP) Costo para el productor de producir una unidad adicional de un bien, sin tener en cuenta los costos que su producción impone a otros. *Véase también: costo marginal externo (CME), costo marginal social (CMS).*

costo marginal social (CMS) Costo de producir una unidad adicional de un bien, teniendo en cuenta tanto el costo para el productor como los costos incurridos por otros afectados por la producción del bien. El costo marginal social es la suma del costo marginal privado y el costo marginal externo.

Por consiguiente, si los pescadores pagaran a los propietarios de las plantaciones una cantidad entre cero y 270 dólares, *ambos grupos saldrían ganando si se pasara a una producción de* 79 999 toneladas de plátanos.

¿Sería posible otro pago que satisfaga a ambas partes para que las plantaciones produzcan 79 998 toneladas en lugar de 79 999? Dado que el costo marginal externo impuesto a los pescadores por la tonelada número 79,999 todavía es mucho mayor que el excedente recibido por las plantaciones por esa tonelada (la diferencia entre el precio y el CMP), dicho pago también satisfaría a ambas partes.

¿Hasta dónde podrían persuadir los pescadores a las plantaciones para reducir la producción? Observe el punto en la figura 12.2 en el que el precio de los plátanos es igual al costo marginal social. En este punto se producen 38 000 toneladas de plátanos. Si los pagos de los pescadores a las plantaciones hicieran que se produjeran solo 38 000 toneladas, más allá de ese punto los pescadores ya no podrían beneficiarse al hacer pagos adicionales para reducir la producción aún más. Por debajo de 38 000 toneladas, la pérdida para las plantaciones (la diferencia entre precio y costo marginal privado) es mayor

costo marginal externo (CME)
Costo de producir una unidad adicional de un bien en el que incurra cualquier persona que no sea el productor del bien. *Véase también: costo marginal privado (CMP), costo marginal social (CMS).*

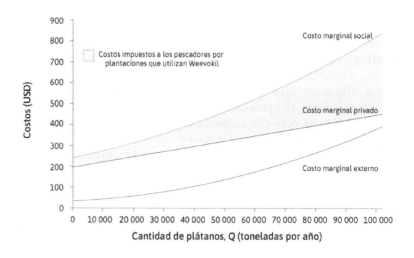

Figura 12.1 Costo marginal de la producción de plátano usando Weevokil.

1. El costo marginal privado
La línea púrpura es el costo marginal para los productores: el **costo marginal privado (CMP)** de la producción de plátanos. Tiene pendiente positiva (ascendente) porque el costo de producir una tonelada adicional aumenta a medida que la tierra se usa más intensamente, lo que requiere más Weevokil.

2. El costo marginal externo
La línea naranja muestra el costo marginal impuesto por los productores de plátano a los pescadores, el **costo marginal externo (CME)**. Este es el costo de la reducción en la cantidad y calidad del pescado causada por cada tonelada adicional de plátanos.

3. El costo marginal social
Sumando el CMP y el CME, obtenemos el costo marginal total de la producción de plátano: el **costo marginal social (CMS)**. Esta es la línea verde en el diagrama.

4. La externalidad negativa total
El área sombreada en la figura muestra los costos totales impuestos a los pescadores por las plantaciones que usan Weevokil. Es la suma de las diferencias entre el costo marginal social y el costo marginal privado para cada nivel de producción.

que la ganancia para los pescadores al reducir la producción (la diferencia entre costo privado y social que se ha sombreado). Es decir, para cualquier cantidad por debajo de 38 000 toneladas, el pago máximo que los pescadores estarían dispuestos a realizar no sería suficiente como para inducir a las plantaciones a reducir aún más la producción. Por lo tanto, 38 000 toneladas es el nivel eficiente de producción de plátanos en términos de Pareto.

En resumen:

- *Las plantaciones producen 80 000 toneladas de plátanos*: en este punto, el precio es igual al CMP.
- *El nivel de producción eficiente en términos de Pareto es 38 000 toneladas de plátanos*: el precio es igual al CMS.
- *Cuando la producción es de 38 000 toneladas, no es posible que tanto las plantaciones como los pescadores mejoren su situación con un cambio.*
- *Si una sola empresa fuera propietaria tanto de las plantaciones plataneras como de las pesquerías*: esta empresa elegiría producir 38 000 toneladas porque, para el propietario único, el precio sería igual al CMP al nivel de 38 000 toneladas.

En general, los contaminantes como Weevokil tienen externalidades negativas que a veces se conocen como efectos medioambientales indirectos. Estos productos ofrecen beneficios privados a quienes deciden utilizarlos pero, al dañar el medioambiente (en este caso, los recursos hídricos) imponen externalidades negativas a otras empresas u hogares que dependen de los recursos ambientales. Para la sociedad en su conjunto, esto es un fallo de mercado: en comparación con la asignación eficiente en términos de Pareto, se hace un uso excesivo del contaminante y se produce demasiada cantidad del bien (en nuestro ejemplo, plátanos).

Las características de este ejemplo de fallo de mercado se resumen en la figura 12.3. En las siguientes secciones, presentaremos otros ejemplos de fallos de mercado en una tabla similar. Al final de la unidad, se recopilarán todos los ejemplos en la figura 12.13 (página 603) para compararlos.

Leibniz: Externalidades de la contaminación (https://tinyco.re/6028559)

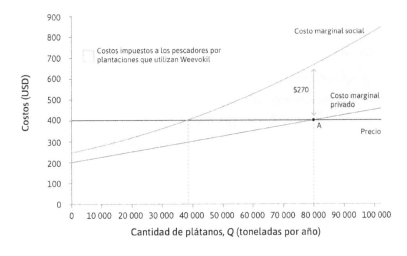

Figura 12.2 Elección de nivel de producción de plátanos por parte de las plantaciones.

Decisión	Cómo afecta a otros	Costo o beneficio	Fallo de mercado (mala asignación de recursos)	Términos aplicables a este fallo de mercado
Una empresa utiliza un pesticida que se filtra en las vías fluviales	Daño aguas abajo	Beneficio privado, externalidad negativa	Uso excesivo de pesticida y sobreproducción del cultivo para el que se utiliza	Externalidad negativa, efecto medioambiental indirecto (*environmental spillover*).

Figura 12.3 Fallo de mercado: Contaminación del agua.

PREGUNTA 12.1 ESCOJA LA(S) RESPUESTA(S) CORRECTA(S)
Una fábrica está situada junto a un dormitorio para enfermeras que trabajan en turnos de noche. La fábrica produce 120 robots al día. El proceso de producción es bastante ruidoso y las enfermeras a menudo se quejan de que perturba su sueño. Según esta información, ¿cuál de las siguientes afirmaciones es correcta?

☐ El costo marginal privado es el costo total en que incurre la fábrica para producir 120 robots al día.
☐ El costo marginal social es el costo del ruido sufrido por las enfermeras, provocado por la producción de un robot adicional.
☐ El costo marginal externo es el costo para la fábrica más el costo del ruido sufrido por las enfermeras en que se incurre al producir un robot adicional.
☐ El costo externo total es el costo total por día que la fábrica impone a las enfermeras.

12.2 EXTERNALIDADES Y NEGOCIACIÓN

Para demostrar que la asignación de mercado de plátanos (las 80 000 toneladas usando Weevokil) no es eficiente en términos de Pareto, hemos demostrado que los pescadores podrían pagar a los propietarios de las plantaciones para que produjeran menos y que ambos grupos mejorarían su situación.

¿Puede aplicarse esta solución para el fallo de mercado en la vida real?

Se puede. Los pescadores y los propietarios de las plantaciones podrían negociar para llegar a un acuerdo privado. Las soluciones de este tipo a menudo se denominan negociación coasiana, en honor a Ronald Coase, pionero en la idea de que la negociación privada podría ser preferible a la intervención gubernamental para lidiar con las externalidades. Coase sostenía que las partes participantes en un intercambio a menudo disponen de más información que el gobierno para alcanzar el resultado eficiente.

GRANDES ECONOMISTAS

Ronald Coase

Ya nos hemos encontrado con Ronald Coase (1910–2013) antes. Apareció en el capítulo 6 por su caracterización de la empresa como una organización política. También es conocido por su idea de que la negociación privada podría utilizarse para solucionar los fallos de mercado.

Coase explicó que cuando una de las partes participa en una actividad que tiene el efecto adicional de causar daños a otra, un acuerdo negociado entre las dos partes puede lograr una asignación de los recursos eficiente en términos de Pareto. Coase utilizó el caso Sturges v Bridgman (https://tinyco.re/2709868) para ilustrar su argumento. El caso se refiere a Bridgman, un confitero (fabricante de dulces) que durante muchos años había estado utilizando una maquinaria que generaba ruido y vibraciones. La maquinaria no causó externalidades hasta que su vecino, el doctor Sturges, construyó su consultorio en el inmueble colindante, cerca de la cocina del pastelero. Los tribunales otorgaron al médico una orden judicial que impedía a Bridgman operar su maquinaria.

Coase señaló que una vez establecido el derecho del médico a evitar el uso de la maquinaria, las dos partes podían modificar el resultado. El médico estaría dispuesto a renunciar a su derecho a eliminar completamente el ruido a cambio de una compensación. El confitero, por su parte, estaría dispuesto a pagar si el valor de sus molestas actividades superara los costos que le imponían al médico.

Coase también señaló que la decisión del tribunal a favor de Sturges en lugar de Bridgman no supondría ninguna diferencia a la hora de determinar si Bridgman continuaría usando su maquinaria. Si al confitero se le hubiera otorgado el derecho de usarla, el médico le habría pagado para que la detuviera si, y solo si, los costos del ruido para el médico fueran mayores que los beneficios de usar la maquinaria para el confitero.

Es decir, la negociación privada aseguraría que la maquinaria se usaría si, y solo si, su uso, junto con una compensación, mejorara la situación de ambas partes. La negociación privada aseguraría la eficiencia en términos de Pareto. La negociación le da al confitero un incentivo para tener en cuenta no solo sus costos privados de usar la máquina para producir dulces, sino también las externalidades negativas impuestas al médico. En otras palabras, el confitero tiene en cuenta el costo social total. El precio de usar la molesta maquinaria durante las horas de visita del médico ahora enviaría el mensaje correcto al confitero. La negociación privada podría ser un sustituto de la responsabilidad legal. Se asegura que los perjudicados sean compensados y que aquellos que puedan causar daño hagan esfuerzos por evitar comportamientos dañinos.

En resumen:

- La función del tribunal era establecer los derechos de propiedad iniciales de las dos partes: el derecho de Bridgman a hacer ruido y el derecho de Sturges al silencio.
- A continuación, siempre y cuando la negociación privada agotara todas las posibles ganancias mutuas, el resultado sería (por definición) eficiente en términos de Pareto, independientemente de quién poseyera los derechos en un comienzo.
- Podría objetarse que la decisión del tribunal distribuyó las ganancias injustamente. Al margen de esta preocupación (o si, como el propio Coase, uno deja de lado las «cuestiones de equidad»), el resultado es eficiente en términos de Pareto.

costos de transacción Costos que impiden el proceso de negociación o el acuerdo para un contrato. Incluyen los costos de adquisición de información sobre el bien que se intercambiará y los costos derivados de hacer cumplir un contrato.

Pero Coase subrayó que su modelo no puede aplicarse directamente a la mayoría de las situaciones debido a los costos de negociación y otros obstáculos que impiden que las partes exploten todas las posibles ganancias mutuas. Los costos de negociación, a veces llamados **costos de transacción**, pueden evitar que se alcance la eficiencia en términos de Pareto. Si el confitero no puede descubrir cuánto afecta el ruido al médico, este último tiene un incentivo para exagerar los costos y obtener un mejor acuerdo. Para calcular el costo de la transacción, es necesario establecer los costos y beneficios reales para cada parte. La negociación será imposible si el costo de averiguar esta información es demasiado elevado.

El análisis de Coase plantea que la ausencia de derechos de propiedad establecidos y otros impedimentos que conducen a altos costos de transacción pueden obstaculizar el uso de la negociación para resolver las externalidades. Sabemos por los experimentos que vimos en el capítulo 4 que la negociación también puede fracasar si una parte considera que el resultado es injusto. Pero con un marco legal claro en el que una parte sea inicialmente propietaria de los derechos para producir (o impedir la producción de) la externalidad, no habrá necesidad de una intervención externa, siempre que estos derechos sean negociables entre las partes.

Hasta ahora, quizá usted habrá pensado que los derechos de propiedad se refieren a bienes que normalmente se compran y venden en mercados, como alimentos, ropa o casas. El enfoque de Coase muestra que podríamos pensar en otros derechos –en su ejemplo, el derecho a hacer ruido o a tener un ambiente de trabajo tranquilo– como bienes que pueden negociarse a cambio de dinero.

Veamos cómo una negociación privada podría resolver el problema de los pesticidas. En un primer momento, el uso de Weevokil no es ilegal: la asignación de derechos de propiedad es tal que las plantaciones tienen derecho a usarlo y optan por producir 80 000 toneladas de plátanos. Esta asignación (junto a los ingresos y efectos medioambientales asociados) representan la **opción de reserva** de los propietarios de plantaciones y los pescadores. Es lo que obtendrán si no llegan a un acuerdo.

opción de reserva La siguiente mejor alternativa que tiene una persona de entre todas las opciones existentes para una transacción particular. Ver también: *precio de reserva*.

Para que los pescadores y los propietarios de las plantaciones negocien de manera eficaz, cada uno tendrá que organizarse de modo que una sola persona (u organización) llegue a acuerdos en nombre de todo el grupo. Imaginemos, pues, que un representante de una asociación de pescadores se sienta a negociar con un representante de una asociación de productores de plátanos. Para simplificar las cosas, asumiremos que, en este momento, no hay alternativas viables a Weevokil, por lo que solo se negocia la cantidad de plátanos producidos.

Ambas partes deben reconocer que podrían beneficiarse de un acuerdo que reduzca la producción al nivel eficiente en términos de Pareto. En la figura 12.4, la situación antes de que comience la negociación es el punto A y la cantidad eficiente en términos de Pareto es 38 000 toneladas. El área sombreada muestra la ganancia para los pescadores (al disfrutar de agua más limpia) si la producción se reduce de 80 000 a 38 000. Pero reducir la producción de plátanos reducirá los beneficios de las plantaciones. Utilice el análisis en la figura 12.4 para comprobar que la caída en los beneficios de las plantaciones es menor que las ganancias para los pescadores, por lo que hay una ganancia social neta susceptible de ser compartida por las partes.

Dado que la ganancia para los pescadores sería mayor que la pérdida para las plantaciones, los pescadores estarían dispuestos a pagar a los productores de plátanos para reducir la producción a 38 000 toneladas si tuvieran los fondos para ello.

La **oferta mínima aceptable** de los pescadores depende de lo que las plantaciones obtengan en el *statu quo*, que determina su beneficio de reserva (representado por el área azul denominada «pérdida de beneficios»). Si los propietarios de las plantaciones aceptaran este pago mínimo como compensación por la pérdida de sus beneficios, el acuerdo supondría una

oferta mínima aceptable En el juego de ultimátum, la oferta más pequeña por el proponente que no será rechazada por el receptor. Generalmente aplicada en situaciones de negociación para referirse a la oferta menos favorable que sería aceptada.

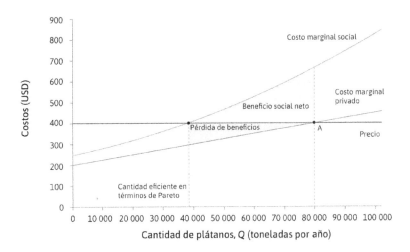

Figura 12.4 Los beneficios de la negociación.

1. El *statu quo*
El punto A representa la situación previa a la negociación. La cantidad de plátanos eficiente en términos de Pareto es 38 000 toneladas. El área sombreada total muestra el beneficio para los pescadores si la producción se reduce de 80 000 a 38 000 (es decir, la reducción en los costos de los pescadores).

2. Beneficio perdido
La reducción de la producción de 80 000 a 38 000 toneladas reduce las ganancias de las plantaciones. La reducción es igual a la pérdida del excedente del productor que se muestra en el área azul.

3. Beneficio social neto
El beneficio social neto es la ganancia para los pescadores menos la pérdida de las plantaciones representado por el área verde.

ganancia neta para la industria pesquera igual a la ganancia social neta. Las plantaciones, por su parte, no estarían ni mejor ni peor.

Al igual que las plantaciones, lo máximo que la industria pesquera estaría dispuesta a pagar viene dado por su **opción de último recurso (de reserva)**. Esta opción es igual a la suma del área azul y el área verde. De pagarse esta cantidad, las plantaciones obtendrían toda la ganancia social neta, mientras que los pescadores no mejorarían su situación. Al igual que en las negociaciones del capítulo 5, la compensación acordada se situará en algún punto entre los niveles máximo y mínimo, y vendrá determinada por el poder de negociación de ambos grupos.

Podría pensarse que es injusto que los pescadores paguen por reducir la contaminación. En el nivel de producción de plátanos eficiente en términos de Pareto, la industria pesquera sigue sufriendo contaminación y además tiene que pagar para evitar que la contaminación empeore. Esto es así porque hemos asumido que inicialmente las plantaciones tienen derecho a utilizar Weevokil.

Un marco legal alternativo podría dar a los pescadores el derecho a disfrutar de un agua limpia. De ser así, los propietarios de las plantaciones que deseasen utilizar Weevokil podrían proponer un acuerdo en virtud del cual pagaran a los pescadores para que estos renunciaran a parte de su derecho a un agua potable limpia, permitiendo así un nivel de producción de plátanos eficiente en términos de Pareto que beneficie a los pescadores. En principio, el proceso de negociación desemboca en una asignación eficiente en términos de Pareto, independientemente de si los derechos iniciales fueron otorgados a las plantaciones (derecho a contaminar) o a los pescadores (derecho a un agua limpia). Pero las dos situaciones difieren significativamente en la distribución de los beneficios resultantes tras resolverse el fallo de mercado.

Como el propio Coase admitió, los obstáculos prácticos para la negociación pueden impedir que se alcance la eficiencia en términos de Pareto:

- *Impedimentos para la acción colectiva*: la negociación privada puede ser imposible si hay demasiadas partes implicadas a ambos lados de la externalidad (por ejemplo, muchos pescadores y muchos propietarios de plantaciones). Cada bando debe encontrar a alguien en quien confíe para negociar y acordar cómo se repartirán los pagos con cada sector. Los individuos que representan a los dos grupos realizan un servicio público que podría ser difícil de obtener.
- *Falta de información*: El diseño del sistema de pagos requiere medir no solo los costos totales de Weevokil, sino también los costos para cada pescador. También debe establecerse el origen exacto de la contaminación, plantación por plantación. Solo tras obtener esta información, se puede calcular el pago de cada pescador y lo que debe recibir cada plantación. Determinar el daño causado por un sector contaminante es mucho más difícil que calcular la responsabilidad por el daño de, digamos, un individuo que conduce temerariamente.
- *Transferibilidad y obligación de cumplimiento*: la negociación implica el intercambio de derechos de propiedad y el contrato que rige la transferencia debe ser ejecutable. Tras acordarse el pago de miles de dólares, los pescadores deben poder confiar en el sistema legal si el propietario de una plantación no reduce la producción según lo acordado. Para esto, puede que sea necesario que los pescadores y los

tribunales accedan a información sobre las plantaciones que no se conoce públicamente o no está disponible.

- *Fondos limitados*: es posible que los pescadores no tengan suficiente dinero (hemos visto en el capítulo 10 algunas de las razones por las que seguramente no podrían pedir prestadas grandes sumas) para pagar a las plantaciones con objeto de que estas reduzcan la producción a 38 000 toneladas.

El ejemplo de los pesticidas muestra que, aunque corregir fallos del mercado a través de la negociación puede no requerir la intervención directa del gobierno, sí requiere un marco legal que permita hacer cumplir los contratos, con el fin de que los derechos de propiedad sean negociables y para que todas las partes cumplan con lo acordado. Ahora bien, incluso disponiendo de este marco, los problemas para la acción colectiva, la falta de información y la aplicación de lo que inevitablemente serán contratos complejos hacen que sea poco probable que la negociación de Coase baste para remediar los fallos del mercado.

Según la Declaración de Río de las Naciones Unidas de 1992: «Las autoridades nacionales deberían procurar fomentar la internalización de los costos ambientales y el uso de instrumentos económicos, teniendo en cuenta el criterio de que el que contamina debe, en principio, cargar con los costos de la contaminación, teniendo debidamente en cuenta el interés público y sin distorsionar el comercio ni las inversiones internacionales». Varios de los enfoques que describimos en esta unidad son consistentes con este principio. Otorgar al pescador el derecho a agua limpia o imponer una compensación significa que las plantaciones deberán pagar al menos tanto como los costos en que incurra la industria pesquera. Un impuesto también implica que el contaminador pague, aunque, en este caso, al gobierno, en lugar de a la industria pesquera.

EJERCICIO 12.2 PODER DE NEGOCIACIÓN

En el ejemplo de los propietarios de plantaciones y los pescadores, ¿se le ocurre algún factor que pueda afectar al poder de negociación de las partes?

EJERCICIO 12.3 UNA EXTERNALIDAD POSITIVA

Imaginemos a un apicultor que produce miel y la vende a un precio constante por kilo.

1. Dibuje un diagrama con la cantidad de miel en el eje horizontal, que muestre el costo marginal de la producción de miel como una línea con pendiente positiva y el precio de la miel como una línea horizontal. Muestre la cantidad de miel que producirá el apicultor para maximizar sus beneficios.
2. Para el apicultor, el **beneficio marginal privado** de producir un kilo de miel es igual al precio. Pero, como las abejas benefician a un agricultor vecino al ayudar a polinizar sus cultivos, la producción de miel tiene una externalidad positiva. Dibuje una línea en su diagrama para representar el **beneficio marginal social** de la producción de miel. Muestre la cantidad de miel que sería eficiente en términos de Pareto. Compárela con la cantidad elegida por el apicultor.
3. Explique cómo podrían beneficiarse el agricultor y el apicultor de una negociación.

beneficio marginal privado (BMP)
Beneficio (en ganancias o utilidad) de producir o consumir una unidad adicional de un bien para la persona que decide producirla o consumirla, sin tener en cuenta ningún beneficio recibido por otros.

beneficio marginal social (BMS)
Beneficio (en términos de utilidad) de producir o consumir una unidad adicional de un bien, teniendo en cuenta tanto el beneficio para la persona que decide producirla o consumirla como el beneficio para cualquier otra persona afectada por la decisión.

PREGUNTA 12.2 ESCOJA LA(S) RESPUESTA(S) CORRECTA(S)
El gráfico muestra el CMP y el CMS de la fábrica robotizada de la Pregunta 12.1.

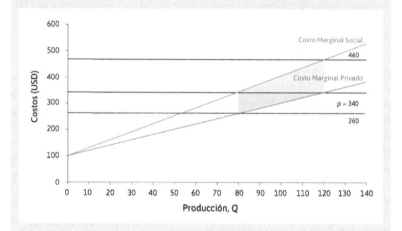

El mercado de robots es competitivo y el precio de mercado es 340 dólares. Actualmente, la fábrica produce 120 unidades, pero 80 sería lo eficiente en términos de Pareto. ¿Cuál de las siguientes afirmaciones es correcta?

☐ Para reducir la producción a 80, el pago mínimo aceptable para la fábrica sería de 1600 dólares.
☐ Lo máximo que las enfermeras están dispuestas a pagar para inducir a la fábrica a reducir la producción a 80 son 2400 dólares.
☐ La fábrica no reducirá su producción a 80 si no recibe al menos 4000 dólares.
☐ La ganancia social neta de la reducción de la producción a 80 depende de la cantidad pagada por las enfermeras a la fábrica.

PREGUNTA 12.3 ESCOJA LA(S) RESPUESTA(S) CORRECTA(S)
Consideremos la situación en la que el ruido de la producción de una fábrica afecta a las enfermeras en un dormitorio contiguo. Si no hay costos de transacción que impidan la negociación coasiana, ¿cuál de las siguientes afirmaciones es correcta?

☐ Que la producción final sea eficiente en términos de Pareto depende de quién tenga los derechos de propiedad inicialmente.
☐ El resultado de la negociación será mejor para las enfermeras si inicialmente tienen derecho a dormir sin interrupciones, que si la fábrica tiene derecho a hacer ruido.
☐ Si la fábrica tiene derecho a hacer ruido, preferirá no negociar con las enfermeras.
☐ Si las enfermeras tienen los derechos inicialmente, obtendrán toda la ganancia social neta de la producción de robots.

12.3 EXTERNALIDADES: POLÍTICAS Y DISTRIBUCIÓN DEL INGRESO

Supongamos que en el ejemplo del Weevokil, la negociación coasiana no es factible, y que los pescadores y los propietarios de las plantaciones no pueden resolver el problema por la vía privada. Supongamos también que no es posible cultivar plátanos sin utilizar Weevokil. ¿Qué puede hacer el gobierno para reducir la producción de plátanos al nivel que tiene en cuenta los costos para los pescadores? Existen tres posibilidades:

- regular la cantidad de plátanos producidos
- cobrar un impuesto a la producción o venta de plátanos
- obligar a compensar a los pescadores por los costos que se les imponen

Cada una de estas medidas tiene distintas consecuencias distributivas para los pescadores y los propietarios de las plantaciones.

Regulación

El gobierno podría limitar la producción total de plátanos a 38 000 toneladas, la cantidad eficiente en términos de Pareto. En principio, parece una solución sencilla. Por otro lado, si las plantaciones difieren en tamaño y producción, puede ser difícil determinar la cuota adecuada para cada una y hacerla cumplir.

Esta política reduciría los costos de contaminación para los pescadores, pero también reduciría las ganancias de las plantaciones, que perderían su excedente para cada una de las toneladas de plátanos entre 38 000 y 80 000.

Impuestos

La figura 12.5 muestra nuevamente las curvas para el CMP y el CMS. Para la cantidad eficiente en términos de Pareto (38 000 toneladas), el CMS es de 400 dólares y el CMP es de 295 dólares. El precio es de 400 dólares. Si el gobierno aplica un impuesto por tonelada a la producción de plátanos igual a 400 − 295 = 105 dólares (o sea, el costo marginal externo), el pago después de impuestos recibido por las plantaciones será de 295 dólares. Si las plantaciones buscan maximizar sus ganancias, deberán elegir el nivel de producción tal que el precio después de impuestos sea igual al costo marginal privado y producirán 38 000 toneladas (la cantidad eficiente en términos de Pareto). Utilice el análisis de la figura 12.5 para ver cómo funciona esta medida.

El impuesto corrige el mensaje del precio, de modo que las plantaciones se enfrentan al costo social total de sus decisiones. Cuando las plantaciones producen 38 000 toneladas de plátanos, el impuesto es exactamente igual al costo impuesto a los pescadores. Este enfoque se conoce como **impuesto pigouviano**, en honor al economista Arthur Pigou. También funciona en el caso de una externalidad positiva: si el beneficio marginal social de una decisión es mayor que el beneficio marginal privado, se convierte en un subsidio pigouviano, que puede garantizar que quien toma la decisión tenga el **beneficio externo** en cuenta.

Los efectos distributivos de los impuestos son diferentes de los de la regulación. Los costos de la contaminación para los pescadores se reducen en la misma cantidad, pero la reducción en las ganancias de los productores de plátanos es mayor, ya que las plantaciones pagan impuestos y también reducen la producción. El gobierno recibe ingresos fiscales.

impuesto pigouviano Impuesto que grava las actividades que generan efectos externos negativos para corregir un resultado de mercado ineficiente. *Véase también: externalidad, subsidio pigouviano.*
beneficio externo Efecto externo positivo. En otras palabras: efecto positivo de la producción, consumo u otra decisión económica sobre otra persona o personas, que no se especifica como beneficio en un contrato. *También conocido como: economía externa. Véase también: externalidad.*

Leibniz: Impuestos pigouvianos (https://tinyco.re/1724330)

Obligar a pagar una compensación

El gobierno podría exigir que los propietarios de las plantaciones paguen una compensación por los costos impuestos a los pescadores. La compensación por cada tonelada de plátanos producida será igual a la diferencia entre el CMS y el CMP (la distancia entre las líneas verde y morada en la figura 12.6). Tras incluir la compensación, el costo marginal por tonelada de plátanos para las plantaciones será la suma del CMP más la compensación (que es igual al CMS). Por lo tanto, ahora las plantaciones maximizarán las ganancias eligiendo el punto P_2 en la figura 12.6 y produciendo 38 000 toneladas. El área sombreada muestra la compensación total pagada. Se compensa totalmente a los pescadores por la contaminación y los beneficios de las plantaciones son iguales al verdadero excedente social de la producción de plátanos.

El efecto de esta política en los beneficios de las plantaciones es similar al efecto del impuesto, pero los pescadores mejoran su situación porque son ellos (y no el gobierno) los que reciben los pagos de las plantaciones.

Diagnóstico y tratamiento en el caso de la clordecona

Cuando en nuestro modelo identificamos 38 000 toneladas como el nivel de producción eficiente en términos de Pareto, asumimos que el cultivo de plátanos implicaba necesariamente la contaminación por Weevokil. Nuestro diagnóstico fue que se estaban produciendo demasiados plátanos y presentamos medidas para reducir la producción. Sin embargo, este no fue el caso en Guadalupe y Martinica, donde existían alternativas a la

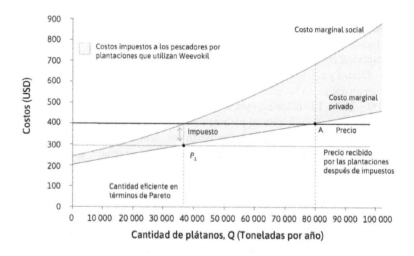

Figura 12.5 Usar un impuesto para alcanzar la eficiencia en términos de Pareto.

1. El costo marginal externo
Para la cantidad eficiente en términos de Pareto, 38 000 toneladas, el CMP es de 295 dólares. El CMS, por su parte, es 400 dólares, con lo cual, el costo marginal externo es CMS – CMP = 105 dólares.

2. Impuesto = CMS – CMP
Si el gobierno establece un impuesto sobre la producción de cada tonelada de plátanos igual a 105 dólares (el costo marginal externo), el precio después de impuestos recibido por las plantaciones será de 295 dólares.

3. El precio después de impuestos es 295 dólares
Para maximizar su beneficio, las plantaciones escogerán su producción de tal modo que el CMP sea igual al precio después de impuestos. Elegirán el punto P_1 en el que se producen 38 000 toneladas.

clordecona. Si hubiera alternativas al Weevokil, sería ineficiente restringir la producción a 38 000 toneladas, dado que las plantaciones podrían mejorar su situación al elegir un método de producción diferente para alcanzar la producción maximizadora del beneficio, y los pescadores no se verían afectados.

Así pues, el problema lo causó el uso de la clordecona y no la producción de plátanos.

El fallo de mercado se produjo porque el precio de la clordecona no incluía los costos que su uso acarreaba para los pescadores, con lo cual enviaba el mensaje equivocado a la empresa. Su bajo precio decía: «Use este producto químico, le ahorrará dinero y aumentará el beneficio». Ahora bien, si ese precio hubiera incluido todas las externalidades negativas de su uso, podría haber sido lo suficientemente alto como para haber enviado el mensaje: «Piense en el daño que se causa corriente abajo y busque una forma alternativa de cultivar plátanos».

En este contexto, una política que exigiera a las plantaciones una compensación a los pescadores habría proporcionado los incentivos para encontrar métodos de producción que causaran menos contaminación y que, en principio, lograran un resultado eficiente.

Las otras dos políticas, en cambio, no lo conseguirían. En lugar de fijar impuestos o regular la producción de plátanos, lo mejor sería regular o gravar la venta o el uso de la clordecona para motivar a las plantaciones a encontrar la mejor alternativa al uso intensivo del pesticida.

En teoría, si el impuesto sobre cada unidad de clordecona es igual a su costo marginal externo, el precio del pesticida para las plantaciones sería igual a su costo marginal social, por lo que enviaría el mensaje correcto. Así pues, las plantaciones podrían elegir el mejor método de producción teniendo en cuenta el alto costo de la clordecona, lo que implicaría reducir su uso o cambiar a un pesticida diferente a la hora de determinar su producción y maximizar sus beneficios. Al igual que con el impuesto a los plátanos, los beneficios de las plantaciones y los costos de la contaminación para los pescadores disminuirían, pero el resultado sería mejor para las plantaciones (y posiblemente también para los pescadores) si se crearan impuestos a la clordecona, en lugar de a los plátanos.

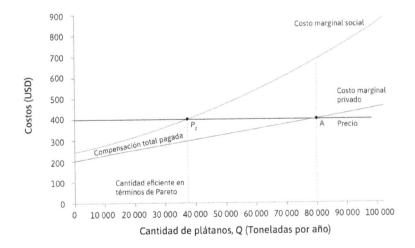

Figura 12.6 Las plantaciones compensan a los pescadores.

Por desgracia, durante 20 años no se utilizó ninguno de estos remedios para el caso de la clordecona, y las personas de Guadalupe y Martinica todavía sufren las consecuencias. En 1993, el gobierno finalmente reconoció que el costo marginal social del uso de la clordecona era tan alto que la sustancia debía prohibirse por completo.

Hay límites a la capacidad de los gobiernos para establecer impuestos, regulaciones y compensaciones pigouvianas correctamente, a menudo por los mismos motivos que para la negociación de Coase:

- *Es posible que el gobierno no sepa el daño que sufre cada pescador*: en consecuencia, no puede crear la mejor política de compensación.
- *Los costos marginales sociales son difíciles de medir*: mientras que los costos marginales privados de las plantaciones son probablemente bien conocidos, resulta más difícil determinar los costos marginales sociales (como los costos de contaminación para los individuos o para la sociedad en general).
- *El gobierno podría favorecer al grupo más poderoso*: en este caso, podría imponer un resultado eficiente en términos de Pareto que también sea injusto.

En Guadalupe y Martinica no se hizo nada para reducir la contaminación por clordecona hasta 1993, por más que la sustancia fuera catalogada por primera vez como carcinógena ya en 1979. Las externalidades negativas (daños tanto a la salud de los isleños como al sustento de los pescadores) eran claramente mucho más altas que en nuestro ejemplo del Weevokil. De hecho, el costo marginal social de cualquier plátano producido con la ayuda de la clordecona era más alto que el precio de mercado de esos plátanos, lo que justifica una prohibición absoluta de su uso. La contaminación resultó ser mucho peor de lo que nadie preveía en ese momento y es probable que persista en el suelo durante 700 años. En 2013, los pescadores de Martinica construyeron barricadas en el puerto de Fort de France que mantuvieron hasta que el gobierno francés acordó destinar 2,6 millones de dólares estadounidenses como ayuda para remediar la situación.

GRANDES ECONOMISTAS

Arthur Pigou

Arthur Pigou (1877–1959) fue uno de los primeros economistas neoclásicos en centrarse en la economía del bienestar, que es el análisis de la asignación de recursos en términos del bienestar de la sociedad en su conjunto. Pigou ganó diversos premios a lo largo de sus años de estudio de historia, idiomas y ciencias morales en la Universidad de Cambridge (por aquel entonces no había título de economía). Se convirtió en alumno de Alfred Marshall. De joven, Pigou era una persona extrovertida y animada, pero sus experiencias como objetor de conciencia y conductor de ambulancias durante la Primera Guerra Mundial, así como la ansiedad sobre su propia salud, lo convirtieron en una persona solitaria que se recluía en su oficina, excepto para dictar conferencias y dar paseos.

La teoría económica de Pigou se centró principalmente en el uso de la economía para el bien de la sociedad, por lo que a veces se le considera el fundador de la economía del bienestar.

Su libro *Wealth and Welfare* [La riqueza y el bienestar], descrito por Schumpeter como «la mayor empresa jamás emprendida en economía laboral por un hombre que era principalmente un teórico», le proporcionó la base para su trabajo posterior, *The Economics of Welfare* (traducido como *La economía del bienestar*). Estas dos obras relacionan la economía de una nación con el bienestar de su gente. Pigou se centró en la felicidad y el bienestar, reconociendo que conceptos como la libertad política y el estatus relativo eran importantes.

Pigou creía que la reasignación de recursos era necesaria cuando los intereses de una empresa privada o un individuo no coincidían con los intereses de la sociedad, causando lo que hoy llamaríamos externalidades. Planteó que los impuestos podrían resolver el problema: los impuestos pigouvianos están destinados a garantizar que los productores se enfrenten a los verdaderos costos sociales de sus decisiones.

A pesar de que ambos eran herederos de la nueva escuela de economía de Marshall, Pigou y Keynes no coincidían en todo. El trabajo de Keynes, *La teoría general del empleo, el interés y el dinero*, contenía una crítica de *The Theory of Unemployment* (la teoría del desempleo) de Pigou. Pigou, por su parte, consideraba que el trabajo de Keynes se estaba volviendo demasiado dogmático y que convertía a los estudiantes en «clones» (*identical sausages*).

Aunque ignorado durante gran parte del siglo xx, el trabajo de Pigou allanó el camino para gran parte de la economía laboral y la política medioambiental. Los impuestos pigouvianos no fueron utilizados hasta la década de 1960, pero se han convertido en una importante herramienta política para reducir la contaminación y el daño medioambiental.

Ahora ya podemos ampliar la tabla que empezamos en la sección 12.1 (figura 12.3 (página 568)). Se ha añadido la quinta columna en la figura 12.7 para presentar las posibles soluciones al problema de las externalidades negativas.

Arthur Pigou. 1912. *Wealth and Welfare* (https://tinyco.re/2519065). Londres: Macmillan & Co.

Arthur Pigou. (1920) 1932. *The Economics of Wellfare*. London: Macmillan & Co. (trad. al castellano: *La economía del bienestar*. Madrid: Aguilar, 1946). El libro en inglés está disponible aquí (https://tinyco.re/2042156).

En esta versión en línea de *La teoría general* de Keynes (https://tinyco.re/2987470) (en inglés) se puede encontrar su crítica de Pigou. Traducción al español: John Maynard Keynes. 1936. Teoría general de la ocupación, el interés y el dinero. Barcelona: Ciro, 2011.

EJERCICIO 12.4 SUBSIDIO PIGOUVIANO

Retomemos el caso del apicultor y el vecino agricultor del Ejercicio 12.3. ¿Por qué, en la práctica, podrían ser incapaces de alcanzar un resultado eficiente en términos de Pareto mediante la negociación? Use el diagrama que dibujó anteriormente para mostrar cómo el gobierno podría mejorar la situación subvencionando la producción de miel. Describa los efectos distributivos de ese subsidio y compárelo con el resultado de la negociación eficiente en términos de Pareto.

EJERCICIO 12.5 COMPARAR POLÍTICAS

Consideremos las tres políticas (regulación, impuestos y compensación) presentadas anteriormente. Evalúe las fortalezas y debilidades de cada política desde el punto de vista de la eficiencia y la equidad en términos de Pareto.

PREGUNTA 12.4 ESCOJA LA(S) RESPUESTA(S) CORRECTA(S)
El gráfico muestra el CMP y el CMS de la producción de robots para la fábrica situada junto a un dormitorio para enfermeras que trabajan en turnos nocturnos.

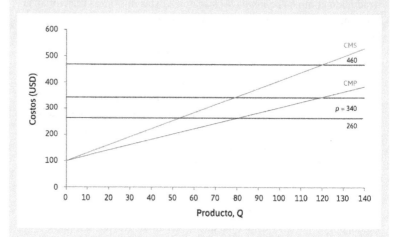

El mercado de robots es competitivo y el precio de mercado es 340 dólares. La producción inicial es de 120 unidades, pero el gobierno utiliza un impuesto pigouviano para reducirla al nivel eficiente (80). ¿Cuál de las siguientes afirmaciones es correcta?

☐ Aplicando el impuesto pigouviano, el excedente de la fábrica será de 6400 dólares.
☐ El impuesto pigouviano debe ser de 120 dólares por robot.
☐ El resultado para las enfermeras es al menos tan bueno como el que resultaría de una negociación coasiana.
☐ Las enfermeras no obtienen ningún beneficio por la imposición del impuesto pigouviano.

Decisión	Cómo afecta a otros	Costo o beneficio	Fallo de mercado (mala asignación de recursos)	Posibles Soluciones	Términos utilizados para este fallo de mercado
Una empresa utiliza un pesticida que se filtra en las vías fluviales	Daño aguas abajo	Beneficio privado, externalidad negativa	Uso excesivo de pesticida y sobreproducción del cultivo para el que se utiliza	Impuestos, cuotas, prohibiciones, negociaciones, concentración de la propiedad de todos los activos afectados	Externalidad negativa, efecto medioambiental indirecto (*environmental spillover*)

Figura 12.7 Fallo de mercado por contaminación del agua (con soluciones).

12.4 DERECHOS DE PROPIEDAD, CONTRATOS Y FALLOS DE MERCADO

Al actuar para maximizar los beneficios (escogiendo el nivel de producción de plátanos o el uso de pesticidas), los propietarios de las plantaciones ignoraron las externalidades negativas que imponían a los pescadores. Y no tenían motivos para tenerlas en cuenta: tenían derecho a contaminar las pesquerías.

La misma lógica es aplicable al uso excesivo de antibióticos. Una persona preocupada solo por sí misma no tiene motivos para usar los antibióticos con moderación porque la superbacteria que puede crearse tal vez acabará infectando a otra persona.

Si los precios de la clordecona y el antibiótico fueran lo suficientemente altos, no se usarían en exceso. Pero los precios de estos bienes se basaban en los costos de producción y excluían los costos que su uso imponía a otros. En consecuencia, el costo privado para el usuario (cuánto pagó para adquirir el bien) era menor que el costo social.

Otro ejemplo: cuando la gasolina es barata, hay más personas que deciden ir conduciendo al trabajo en lugar de ir en tren. La información transmitida por el bajo precio no incluye los costos medioambientales de conducir. Los efectos sobre quienes toman las decisiones se denominan costos y beneficios privados, mientras que los efectos totales, incluidos los sufridos o disfrutados por otros, son costos y beneficios sociales.

Los costos infligidos a otros (como una contaminación y congestión del tráfico que empeoran por ir en auto al trabajo) se denominan **externalidades negativas** o **deseconomías externas**, mientras que los beneficios no compensados que se generan en beneficio de otros son las llamadas **externalidades positivas** o **economías externas**.

Si entendemos cómo evitar estos y otros fallos de mercado, comprenderemos mejor por qué son tan frecuentes.

¿Cómo se podría hacer para que el costo de conducir al trabajo reflejara con precisión todos los costos incurridos por cualquier persona (no solo los costos privados de quien toma las decisiones)? La forma más obvia (aunque inviable) sería exigir que el conductor pagase a todos los afectados por el daño medioambiental que ocasiona (o la congestión del tráfico) una cantidad exactamente igual al daño ocasionado. Por supuesto, esto es imposible, pero establece una referencia de lo que debería hacerse (o, al menos, algo que se aproxime) si se pretende que el «precio de conducir al trabajo» envíe el mensaje correcto.

Algo similar ocurre con la situación en la que alguien conduce de manera imprudente al trabajo, se sale de la carretera y choca contra la casa de alguien. La ley de daños y perjuicios en la mayoría de países requiere que el conductor pague por los daños a la casa. El conductor es responsable de los daños y perjuicios, y debe pagar el costo que ha infligido a otra persona.

Sabiendo esto, uno lo pensará dos veces antes de conducir al trabajo (o al menos reducirá la velocidad un poco cuando vaya retardado). Se cambiará el comportamiento y la asignación de recursos.

No obstante, aunque la ley de responsabilidad civil en la mayoría de los países cubra algunos tipos de daños a terceros (conducción imprudente),

> **externalidad negativa** Efecto negativo de la producción, consumo u otra decisión económica, que no se especifica como una responsabilidad en un contrato. *También conocido como: costo externo, deseconomía externa. Véase también: externalidad.*
>
> **externalidad positiva** Efecto positivo de una producción, consumo u otra decisión económica, que no se especifica como un beneficio en un contrato. *También conocido como: beneficio externo, economía externa. Véase también: externalidad.*

otras externalidades importantes de conducir un automóvil (como el aumento de la contaminación del aire o la congestión del tráfico) no están cubiertos. Dos ejemplos más:

- *Una empresa opera un incinerador que produce gases contaminantes*: los gases reducen la calidad del aire circundante. Los que sufren la contaminación, no tienen derecho a un aire limpio, que sería la base para una reclamación de indemnización a la empresa. Por lo tanto, la empresa no tiene que pagar esos costos.
- *Alguien escucha música a gran volumen por la noche y perturba el sueño de los vecinos*: las personas que duermen no tienen derecho a no ser despertados por la música a altas horas de la noche. No hay forma de que los vecinos puedan hacer que se les pague una compensación por los inconvenientes ocasionados.

Los sistemas legales tampoco brindan compensación por los beneficios que las acciones de algunos le reportan a otros:

- *Una empresa forma a un trabajador que la abandona por un trabajo mejor*: las habilidades del trabajador se van con él al nuevo trabajo. Por lo tanto, aunque otra empresa recibe el beneficio, la empresa que costeó la formación no obtiene una compensación por parte de la nueva empresa.
- *Kim, el agricultor del capítulo 4, contribuye a financiar el costo de un proyecto de irrigación, mientras otros agricultores se aprovechan de la contribución de Kim*: Kim no puede reclamar el pago por este servicio público. Los gorrones o polizones (*free riders*) no compensarán a Kim.
- *Un país invierte en reducir las emisiones de carbono, lo que reduce el riesgo derivado del cambio climático para otros países*: como vimos en el capítulo 4, a menos que un tratado garantice una compensación por el ahorro de los costos de las emisiones reducidas, otros países no deben pagar por ello. La mejora medioambiental para los otros países es un beneficio no compensado.

contrato incompleto Contrato que no especifica, de manera ejecutable, todos los aspectos del intercambio que afecten los intereses de todas las partes involucradas (u otros).

En estos ejemplos, los fallos del mercado ocurren porque las externalidades positivas y negativas de las acciones de una persona no son propiedad de nadie. Piense en los residuos. Si redecora su casa y rompe el piso o derriba una pared, es dueño de los escombros y tiene que deshacerse de ellos (incluso si necesita pagarle a alguien para que se los lleve). Esto no ocurre con los gases del incinerador o con la música alta. No existe un contrato con la compañía de incineradores que especifique a qué precio está usted dispuesto a aceptar gases, ni un contrato con el vecino sobre el precio del derecho a poner música después de las 10 de la noche. En estos casos, los economistas dicen que tenemos «derechos de propiedad incompletos, ausentes o no exigibles» o, simplemente, **contratos incompletos**.

Vimos un importante ejemplo de contrato incompleto en el capítulo 6: en la relación laboral, el empleador puede pagar por el tiempo del trabajador, pero el contrato no puede especificar cuánto esfuerzo va a realizar este. Del mismo modo, las externalidades de las acciones de una persona son efectos que no están recogidos en los contratos. Otra manera de formular el problema es que no hay un mercado en el que se compensen estas externalidades. Por lo tanto, los economistas también usan el término **mercados inexistentes** (en el sentido de que faltan, en inglés *missing markets*) para describir este tipo de problemas.

En el caso de la contaminación por Weevokil:

- *Los derechos de propiedad de los pescadores eran incompletos*: no tienen un derecho al agua limpia para sus pesquerías, que permitiría recibir una compensación por la contaminación, y no pueden adquirir ese derecho.
- *No había un mercado para el agua limpia.*

¿Por qué no reescriben los países sus leyes para recompensar a las personas por los beneficios que proporcionan a los demás, y hacen que quienes toman decisiones paguen por los costos que estas causan a los demás?

En el capítulo 6 revisamos las razones por las que los tipos de contratos completos que lograrían estos objetivos son incompletos o imposibles de hacer cumplir. La información necesaria puede no estar disponible o no ser **verificable**, las externalidades pueden ser demasiado complejas o difíciles de medir para incluirlas en un contrato ejecutable o puede que no exista un sistema legal para hacer cumplir el contrato (como, por ejemplo, para el caso de la contaminación que cruza fronteras). En nuestro ejemplo, no sería posible redactar un conjunto completo de contratos en los que cada pescador recibiera una compensación de cada plantación por los efectos que las decisiones de estas últimas tienen sobre cada pescador individual.

Por estas y otras razones, en la mayoría de los casos, el uso de la ley de daños o de responsabilidad civil para que las personas sean responsables de los costos por perjudicar a otros no es práctico porque no disponemos de la información necesaria. Utilizar el sistema legal para compensar a las personas por los efectos beneficiosos que generan sobre los demás es igualmente inviable (por ejemplo, pagar a aquellos que tienen hermosos jardines una cantidad igual al placer que esto brinda a quienes pasan por su casa). Un tribunal tendría que saber el valor de ese placer para cada transeúnte.

En la lista de cinco ejemplos que hemos visto anteriormente en esta misma sección, los costos y beneficios externos no compensados tienen el mismo origen:

- Parte de la información que incumbe a alguien que no sea el agente que actúa es información no verificable o **asimétrica**.
- Por lo tanto, no puede haber ningún contrato ni derecho de propiedad que garantice la compensación de las externalidades.
- Como resultado, algunos de los costos o beneficios sociales de las acciones se ignorarán (o no serán lo suficientemente importantes) en el proceso de toma de decisiones.

mercado inexistente Mercado en el que existe algún tipo de intercambio potencial que, si se llevara a cabo, sería beneficioso para todas las partes. El intercambio no ocurre debido a que la información es asimétrica o no verificable.

información verificable Información que puede usarse para hacer cumplir un contrato.

información asimétrica Información relevante para las partes en una interacción económica, pero que unos conocen y otros no. *Ver también: selección adversa, riesgo moral.*

> **EJERCICIO 12.6 CONTRATOS INCOMPLETOS.**
> Para cada uno de los cinco casos anteriores (incinerador, música alta, formación del trabajador, riego del agricultor y cambio climático):
>
> 1. Explique por qué las externalidades no están (y posiblemente no pueden estar) cubiertas en virtud de un contrato completo.
> 2. ¿Qué pieza(s) crítica(s) de información para un contrato completo es asimétrica o no verificable?

●●●
12.5 BIENES PÚBLICOS

Los proyectos de riego que estudiamos en el capítulo 4 son otro ejemplo de un bien que un sistema de mercado puede no ofrecer de manera eficiente. Describimos los sistemas de riego como un **bien público**. Cuando un agricultor incurre en un costo para proveer irrigación, todos los agricultores se benefician. Esto crea un dilema social. Si los agricultores actúan de manera independiente, todos tendrán un incentivo para «ir de polizón» y nadie proporcionará riego. Solo se logrará el resultado que beneficia a todos si se encuentran fórmulas para trabajar juntos.

La característica definitoria de un bien público es que, si está disponible para una persona, lo está para todo el mundo sin costo adicional. Un sistema de riego es un bien público para la comunidad donde se ubica. Hay otros ejemplos de bienes públicos para todo un país, como la defensa nacional (si una persona está protegida contra una invasión extranjera, el resto también lo está) y el pronóstico del tiempo (si yo puedo sintonizar la radio o la tele y averiguar si es probable que llueva, todo el mundo puede). Normalmente, estos servicios los proporcionan los gobiernos en lugar del mercado.

El conocimiento también es un bien público. El conocimiento de la receta para preparar un pastel o las reglas de multiplicación no afecta la capacidad de otros para usar ese mismo conocimiento. Esto crea un problema para las empresas que invierten en investigación: si las empresas que compiten entre sí pueden apropiarse libremente del conocimiento que se produce en las demás, hay menos incentivos para innovar. El medioambiente también proporciona bienes públicos. Que alguien disfrute de la vista de una puesta de sol no priva a los demás de hacerlo.

En todos estos casos, una vez que el bien está disponible, el costo marginal de ponerlo a disposición de otras personas es nulo. Los bienes con esta característica también se denominan **bienes no rivales** (es decir, por cuyo uso no se rivaliza).

Un bien se denomina público si, una vez disponible para una persona, puede estar disponible para todos sin costo adicional, y su uso por parte de una persona no reduce su disponibilidad para otros. Esta última característica de un bien público se denomina no rival porque los usuarios potenciales no compiten entre sí por el bien.

Algunos economistas añaden como característica de un bien público que otros consumidores no puedan ser excluidos a la hora de usarlo. Estos bienes se denominan **bienes públicos no excluibles**. Consideraremos que el carácter no rival de un bien público es su característica definitoria, independientemente de que se pueda excluir a otros consumidores o no.

bien público Bien cuyo uso por parte de una persona no reduce su disponibilidad para los demás. *También conocido como: bien no rival. Ver también: bien público no excluible, bien artificialmente escaso.*

bien público no excluible Bien público para el que es imposible excluir a nadie de acceder a él. *Véase también: bien artificialmente escaso.*

Hay algunos bienes públicos en los que es posible excluir a usuarios adicionales, aunque el costo de su uso sea cero. Algunos ejemplos son la televisión por satélite, la información en un libro con **derechos de autor** o una película proyectada en un cine con poca gente: un espectador adicional no aumenta el costo de la proyección, pero el propietario puede exigir que, quien quiera ver la película, pague. Lo mismo ocurre con una carretera poco transitada en la que se han montado peajes. Los conductores pueden ser excluidos (a menos que paguen el peaje), aunque el costo marginal de un viajero adicional sea cero.

Los bienes públicos para los cuales es factible excluir a otros a veces se denominan **bienes artificialmente escasos** o **bienes club** (porque funcionan como apuntarse a un club privado: cuando el campo de golf no está lleno, agregar a un miembro más no le cuesta nada al club de golf, pero el club seguirá cobrando una cuota a los miembros).

Lo opuesto de un bien público no excluible es un **bien privado**. Hemos visto muchos ejemplos de ello: panes, cenas en restaurantes, rupias divididas entre Anil y Bala (capítulo 4) y cajas de cereales para el desayuno. Todos estos bienes son rivales (más para Anil significa menos para Bala) y excluibles (Anil puede evitar que Bala se lleve su dinero).

Hay un cuarto tipo de bienes –rivales pero no excluibles– llamados **recursos comunes**. Un ejemplo es la pesca abierta a todos. Lo que captura un pescador no puede capturarlo nadie más, pero cualquiera que quiera pescar, puede hacerlo. Las carreteras públicas concurridas también pueden considerarse un recurso común. Cualquiera puede usarlas, pero cada usuario hace que la carretera esté más congestionada y hace más lentos los viajes de los demás.

La tabla de la figura 12.8 resume los cuatro tipos de bienes. En realidad, la rivalidad o la exclusión de los bienes no son cuestiones de «blanco o negro», sino una amplia gama con varios matices de grises. Para algunos productos, el costo adicional por usuario no es literalmente cero (que es lo que requeriría la no rivalidad pura), sino muy pequeño. Un ejemplo es un medicamento nuevo: producir la primera píldora puede costar millones de euros en investigación, pero una vez ha sido creado, tratar a un usuario adicional cuesta céntimos.

Los «bienes» en economía son cosas que la gente quiere usar o consumir. Pero también hay «males»: cosas que la gente no quiere y que podría estar dispuesta a pagar por *no* tener, como la basura doméstica o los desagües malolientes. Estos son *males privados*. Análogamente a los bienes públicos, podemos definir los *males públicos*: la contaminación del aire, por ejemplo, es un mal que afecta a muchas personas de manera simultánea. No es rival en el sentido de que una persona que sufre sus efectos, no reduce el sufrimiento de los demás.

derechos de autor (*copyright*) Derechos de propiedad sobre el uso y distribución de una obra original.

bien artificialmente escaso Bien público para el que es posible excluir a algunas personas de disfrutarlo. *También conocido como: bien club.*

bien privado Bien rival al que además puede restringirse el acceso.

recurso común Bien rival que uno no puede evitar que otros disfruten. *También conocido como: recurso de propiedad común.*

Como muestran los ejemplos, el hecho de que un bien sea privado o público, no solo depende de la naturaleza del bien en sí, sino también de las instituciones legales y de otro tipo:

- Los conocimientos que no están sujetos a derechos de autor u otros derechos de propiedad intelectual se clasificarían como un **bien público no excluible** …
- … pero cuando el autor utiliza la ley de propiedad intelectual para crear un monopolio sobre el derecho a reproducir ese conocimiento, pasa a ser un **bien público** que se ha hecho **artificialmente escaso**.
- La tierra de pastoreo común es un **recurso común** …
- … pero si esa misma tierra está cercada para excluir a otros usuarios, se convierte en un **bien privado**.

Los mercados suelen asignar bienes privados. Para los otros tres tipos de bien, sin embargo, los mercados no son posibles o pueden fallar por dos razones:

- *Cuando los productos no son rivales, el costo marginal es cero*: establecer un precio igual al costo marginal (tal y como requiere una transacción de mercado eficiente en términos de Pareto) es imposible, a menos que el proveedor esté subvencionado.
- *Cuando los productos no son excluibles, no hay forma de cobrar un precio por ellos*: el proveedor no puede excluir a las personas que no han pagado.

patente Derecho de propiedad exclusiva de una idea o invención por un determinado tiempo. Durante ese periodo, la patente permite que el propietario sea en la práctica un monopolista o usuario exclusivo.

Así que, cuando los bienes no son privados, es posible que se requiera la acción pública para asignarlos. La defensa nacional es responsabilidad del gobierno en todos los países. La política medioambiental aborda los problemas de los recursos comunes y los males públicos como la contaminación y las emisiones de carbono (véase el capítulo 20). Los gobiernos también adoptan toda una serie de políticas para abordar el problema del conocimiento como bien público, como la emisión de **patentes** para incentivar a las empresas a realizar una labor de investigación y desarrollo (I+D) (véase el capítulo 21).

	Rival	No rival
Excluible	Bienes privados (comida, ropa, casas)	Bien público convertido en escaso artificialmente (suscripción a un canal de TV, peajes no congestionados, conocimiento sujeto a derechos de autor, capítulo 21)
No excluible	Recursos comunes (bancos de peces en un lago, tierra común para el pasto, capítulos 4 y 20)	Bienes y males públicos no excluibles (vista de un eclipse lunar, emisiones públicas, reglas aritméticas o de cálculo, defensa nacional, ruido y contaminación del aire, capítulos 20 y 21)

Figura 12.8 Bienes públicos y privados.

El fallo de mercado en el caso de los bienes públicos está estrechamente ligado a los problemas de las **externalidades**, la ausencia de **derechos de propiedad** y los **contratos incompletos** que hemos tratado en esta unidad. Un sistema de riego comunitario es un bien público. Por lo tanto, si un agricultor decide invertir en un proyecto de riego, genera un **beneficio externo** para los otros agricultores. Dado que su beneficio privado es menor que el beneficio social general, invertirá muy poco desde el punto de vista de la comunidad. Puede que ni tan siquiera invierta. No hay un mercado en el que los beneficiarios del sistema de riego paguen a los proveedores por los beneficios que obtienen y sería difícil redactar contratos completos entre todos los agricultores para lograr un nivel de riego eficiente en términos de Pareto.

Asimismo, analizamos la contaminación de Weevokil como un problema en el que las decisiones de las plantaciones de plátanos imponían una externalidad negativa sobre los pescadores. El costo privado de usar Weevokil era inferior al costo social, por lo que el pesticida se usaba en exceso. Otra manera de ver la situación es decir que las plantaciones contribuyen a un **mal público** que sufren todos los pescadores.

El usuario de un recurso común, por su parte, impone una externalidad negativa a otros usuarios. Al conducir su automóvil en una carretera concurrida, por ejemplo, cada conductor contribuye a la congestión que experimentan otros conductores.

Por lo tanto, cualquiera de los ejemplos de bienes no privados introducidos en esta sección puede describirse utilizando el marco conceptual que configuramos en la sección 12.3 para resumir los casos de fallo de mercado. Lo resumimos en la tabla de la figura 12.9.

externalidad Efecto positivo o negativo de una producción, consumo u otra decisión económica sobre otra persona o personas, que no se especifica como un beneficio o responsabilidad en un contrato. Se llama externalidad o efecto externo porque el efecto en cuestión está fuera del contrato. *También conocido como: efecto externo. Véase también: contrato incompleto, fallo de mercado, beneficio externo, costo externo.*

derecho de propiedad Protección legal de la propiedad, incluyendo el derecho a excluir a otros y a beneficiarse o vender la propiedad que se posee.

mal público Equivalente negativo de un bien público. No es rival en el sentido de que el consumo del mal público por parte una persona no disminuye su consumo por parte de otros.

EJERCICIO 12.7 RIVALIDAD Y EXCLUIBILIDAD

Para cada uno de los siguientes bienes o males, identifique si son rivales y si son excluibles y explique su respuesta. Si cree que la respuesta depende de factores no especificados aquí, explique cuáles.

1. Una conferencia pública gratuita celebrada en un aula universitaria
2. Ruido producido por aviones en los alrededores de un aeropuerto internacional
3. Un parque público
4. Un bosque utilizado por la población local para recoger leña
5. Localidades en un teatro para ver un musical
6. Bicicletas de alquiler a disposición del público para desplazarse por la ciudad

PREGUNTA 12.5 ESCOJA LA(S) RESPUESTA(S) CORRECTA(S)
¿Cuál de las siguientes afirmaciones es correcta?

☐ Algunos bienes públicos son rivales.
☐ Un bien público debe ser no excluible.
☐ Un bien no puede ser a la vez rival y no excluible.
☐ Si un bien no es rival, el costo de que lo consuma una persona adicional es cero.

Decisión	Cómo afecta a otros	Costo o beneficio	Fallo de mercado (mala asignación de recursos)	Posibles soluciones	Términos utilizados para este fallo de mercado
Vuelo internacional	Aumento de las emisiones globales de dióxido de carbono	Beneficio privado, externalidad negativa	Uso excesivo del avión	Impuestos, cuotas	Mal público, externalidad negativa
Viaje en coche	Congestión para otros usuarios de la carretera	Costo privado, externalidad negativa	Uso excesivo del coche	Peajes, cuotas, subsidios al transporte público	Recurso común, externalidad negativa
Una empresa invierte en I+D	Otras empresas pueden utilizar la innovación	Costo privado, beneficio externo	Demasiado poco I+D	Investigación financiada públicamente, subsidios para I+D, patentes	Bien público, externalidad positiva

Figura 12.9 Ejemplos de fallos de mercado y sus soluciones.

12.6 MERCADOS INEXISTENTES: SEGUROS Y «LIMONES»

Una razón habitual para que los contratos sean incompletos es que la información sobre un aspecto importante de la interacción no está disponible o no puede verificarse. Más concretamente: a menudo la información es **asimétrica**, es decir, una parte sabe algo relevante para la transacción que la otra ignora.

Un tipo de información asimétrica es **la acción oculta**. En el capítulo 6 estudiamos el caso del empleado cuya elección de la intensidad con la que va a trabajar no es observable por parte del empleador. Esto causa un problema conocido como **riesgo moral**. Existe un conflicto de intereses porque el empleado preferiría no trabajar tanto como le gustaría al empleador que trabajara, y además el esfuerzo no puede especificarse en el contrato. En el capítulo 9 estudiamos cómo la respuesta del empleador (pagar un salario por encima del nivel de reserva) lleva a un resultado en el mercado laboral que es ineficiente en términos de Pareto.

Acciones ocultas y riesgo moral

El problema de una acción oculta se produce cuando una parte en un intercambio realiza alguna acción que la otra parte desconoce o no puede verificar. Por ejemplo, el empleador no puede saber (o no puede verificar) el esfuerzo que el trabajador contratado realiza realmente en el trabajo.

El término riesgo moral se originó en la industria de los seguros para expresar el problema al que se enfrentan las aseguradoras: la persona que contrata un seguro del hogar puede tener menos cuidado para evitar incendios u otros daños, lo que aumenta el riesgo con respecto al que existiría sin un seguro. En la actualidad, el término se utiliza para cualquier situación en la que una de las partes en una interacción puede afectar a los beneficios o el bienestar de la otra a través de una acción que la parte afectada no puede controlar mediante un contrato (a menudo porque no se tiene información adecuada sobre esa acción). También se conoce como el problema de las «acciones ocultas».

Características ocultas y selección adversa

El problema de las características ocultas se da cuando alguna característica de la persona que participa en un intercambio (o el producto o servicio que se proporciona) no es conocida por las otras partes. Un ejemplo de esto sería lo que ocurre cuando la persona que compra un seguro de salud conoce su propio estado de salud, pero la compañía de seguros no tiene acceso a esta información.

El término selección adversa se refiere al problema en un intercambio en el que los términos ofrecidos por una parte harán que algunos participantes desistan. Los seguros también proporcionan un ejemplo de selección adversa: si el precio de la póliza es muy alto, las únicas personas que adquirirán un seguro médico son las que saben que están enfermas (pero la aseguradora no conoce esta información). Esto llevará a nuevos aumentos de precios de las pólizas para cubrir los costos. Esta situación también se conoce como el problema de las «características ocultas» (en este caso, estar ya enfermo es la característica oculta), para distinguirlo del problema de las «acciones ocultas» del riesgo moral.

En esta sección, presentamos una segunda forma de información asimétrica, la de las **características ocultas**. Cuando uno va a comprar un automóvil usado, por ejemplo, el vendedor conoce la calidad del vehículo. El comprador, no, pues no puede observar esta característica del automóvil. Las características ocultas pueden causar un problema conocido como **selección adversa**.

Características ocultas y selección adversa

Un famoso ejemplo de cómo las características ocultas pueden provocar un fallo de mercado es el llamado mercado de los «limones». En la jerga automovilística, un «limón» es un automóvil usado que resulta defectuoso tras su compra. El modelo describe un mercado de vehículos de segunda mano bajo los siguientes supuestos:

- Todos los días, 10 propietarios de 10 vehículos de segunda mano están dispuestos a venderlos.
- Los vehículos difieren en calidad, que mediremos por el verdadero valor de este para su dueño. La calidad varía entre cero y 9000 dólares en tramos iguales: hay un vehículo sin valor, uno que vale 1000 dólares, otro que vale 2000 dólares, y así sucesivamente. El valor promedio de los vehículos es, por lo tanto, 4500 dólares.
- Hay muchos compradores potenciales. Cada uno estaría dispuesto a adquirir un automóvil por un precio igual a su valor real, pero no por más.
- Los vendedores no esperan recibir el valor total de su vehículo, pero están dispuestos a vender si obtienen más de la mitad del valor real. Por lo tanto, el excedente total de cada automóvil, la ganancia de traspasarlo, será la mitad de su precio.

Si los posibles compradores pudieran ver la calidad de cada automóvil, los compradores se reunirían con cada vendedor, negociarían el precio y, al final, todos los automóviles (excepto el que no tiene ningún valor) se venderían a un precio situado entre la mitad y la totalidad de su verdadero valor. El mercado aseguraría que todas las operaciones beneficiosas para ambas partes se produjesen.

Pero, en realidad, hay un problema: los compradores potenciales no tienen información sobre la calidad de cualquier automóvil que esté a la venta. Lo único que saben es el verdadero valor de los automóviles vendidos el día anterior. Lo máximo que los compradores potenciales están dispuestos a pagar será el valor promedio de los automóviles vendidos el día anterior.

Supongamos que el día anterior se ofrecieron en el mercado 10 automóviles. Utilizaremos una prueba por contradicción para demostrar que, uno tras otro, los vendedores de automóviles de la máxima calidad abandonarán el mercado hasta que el mercado para automóviles usados desaparezca. Empecemos por centrarnos en el mercado hoy:

- Tal y como supusimos al principio, todos los automóviles que salieron al mercado ayer se vendieron.
- El valor promedio de estos automóviles fue 4500 dólares, por lo que lo máximo que un comprador está dispuesto a pagar hoy serán 4500 dólares.

El economista George Akerlof fue el primero en analizar este problema en 1970. Inicialmente, su trabajo fue rechazado por dos revistas de economía al ser considerado trivial. Otra se lo devolvió diciendo que era incorrecto. Treinta y un años más tarde, Akerlof recibió el Premio Nobel por su trabajo sobre la información asimétrica. Akerlof y su coautor Robert Shiller ofrecen una explicación simple del llamado mercado de los «limones» en este libro: George A. Akerlof y Robert J. Shiller. 2015. *Phishing for Phools: The Economics of Manipulation and Deception*. Princeton, NJ: Princeton University Press (trad. al castellano: *La economía de la manipulación: cómo caemos en las trampas del mercado*. 1ª ed. Barcelona: Deusto, 2016).

En inglés, «*lemon*» (literalmente, limón) hace referencia a los vehículos de mala calidad (en el caso de coches de segunda mano, podría traducirse como «chatarra»). A raíz del artículo clásico de Akerlof (ver más abajo), el uso de este anglicismo está muy extendido en los trabajos de economía en español. Por ello, se ha decidido adoptar a lo largo de la sección el término «limón» como sinónimo de vehículo en mal estado.

- Al comienzo del día, cada vendedor sopesa si vender su automóvil sabiendo que, como máximo, puede esperar recibir 4500 dólares. La mayoría de los propietarios están satisfechos con esta perspectiva porque es más de la mitad del valor real de su automóvil.
- Pero hay un dueño que no está contento. El propietario del mejor automóvil no vendería, a menos que el precio exceda la mitad del valor de su automóvil: más de 4500 dólares.
- Los posibles compradores no están dispuestos a pagar este precio. Así que, hoy, el dueño del mejor automóvil no lo saca a la venta. Nadie con un automóvil con un valor de 9000 dólares estará dispuesto a participar en este mercado.
- El resto de los automóviles se venderán hoy: su valor promedio asciende a 4000 dólares.
- Mañana, los compradores sabrán el valor promedio de los automóviles vendidos hoy. Por lo tanto, mañana los compradores decidirán que están dispuestos a pagar un máximo de 4000 dólares por un automóvil.
- En vista de esta información, el propietario del automóvil de mayor calidad mañana (el que vale 8000 dólares) concluirá que no obtendrá su precio mínimo, que es más de 4000 dólares. Por lo tanto, no pondrá su automóvil a la venta.
- Como resultado, el precio medio de venta de los automóviles vendidos en el mercado mañana será 3500 dólares, lo que implica que el propietario del tercer mejor automóvil no lo pondrá a la venta pasado mañana.
- El proceso continúa hasta que, en algún momento de la próxima semana, solo el propietario de un «limón» con un valor de 1000 dólares y un automóvil que carece de valor permanecerán en el mercado.
- Si los automóviles con estos dos valores se vendieron el día anterior, al día siguiente los compradores estarán dispuestos a pagar un máximo de 500 dólares por un automóvil.
- Sabiendo esto, el propietario del automóvil con un valor de 1000 decidirá que prefiere quedarse con él.
- El único automóvil que seguirá en el mercado no valdrá nada. Los que permanecen en este mercado son «limones» porque solo el propietario de un automóvil sin valor estará dispuesto a ponerlo a la venta.

Los economistas llaman a este tipo de procesos **selección adversa** porque el precio predominante determina los automóviles que permanecen en el mercado. Si existe alguna transacción, será con los automóviles de menor calidad. La selección de automóviles es adversa para los compradores. En el ejemplo anterior, ya no quedan automóviles y el mercado desaparece por completo.

selección adversa Problema al que se enfrentan las partes en un intercambio en el que los términos ofrecidos por una parte harán que algunos socios se retiren. Un ejemplo es el problema de la información asimétrica en un seguro: si el precio es suficientemente alto, las únicas personas que contratarán un seguro médico serán aquellas que saben que están enfermas (pero la aseguradora no lo sabe). Esto conducirá a nuevos aumentos de precios para cubrir los costos. *También conocido como: el problema de las «características ocultas» (estar enfermo es la característica oculta) para distinguirlo del problema de las «acciones ocultas» del riesgo moral. Véase también: contrato incompleto, riesgo moral, información asimétrica.*

características ocultas (problema de las) Situación que se da cuando alguna característica de una persona que participa en un intercambio (o el producto o servicio que se proporciona) no es conocido por las otras partes implicadas. Por ejemplo, la persona que adquiere un seguro de salud conoce su propio estado de salud, pero la compañía de seguros no. *También conocido como: selección adversa. Véase también: acción oculta (problema de la).*

Selección adversa en el mercado de seguros

El mercado de los «limones» es un término muy conocido en economía, pero el problema de los «limones», es decir, el **problema de las características ocultas**, no se limita al mercado de automóviles de segunda mano.

Otro ejemplo importante es el de los seguros de salud. Imaginemos que usted sabe que nacerá en una población determinada, pero no sabe si padecerá un problema de salud grave de nacimiento, si lo contraerá más adelante en la vida o si estará completamente sano hasta la vejez. Existe una póliza de seguro de salud disponible que cubre cualquier servicio médico que se pueda necesitar y la prima es la misma para todos, o sea, se establece de acuerdo con el costo médico promedio esperado para las personas que integran la población, de modo que, para la compañía de seguros, las primas cubrirán el pago total esperado, asumiendo que todos se inscriban. ¿Compraría usted la póliza?

En esta situación, la mayoría de las personas estarían encantadas de comprar la póliza, porque una enfermedad grave impone altos costos que a menudo resultan imposibles de costear para una familia media. Los costos de una catástrofe financiera para usted o su familia (o la posibilidad de que no pueda pagar la atención médica cuando la necesite) justifican la prima del seguro.

La suposición de que no se sabe nada acerca de su estado de salud en esta situación hipotética no es realista. Es otro ejemplo del uso del velo de ignorancia de John Rawls, que presentamos en el capítulo 5. Plantearse este problema como un observador imparcial subraya la importancia del supuesto del velo de la ignorancia.

Aunque todos habrían comprado un seguro en caso de no conocer su futuro estado de salud, la situación cambia drásticamente si podemos elegir comprar un seguro de salud o no en caso de que no haya un velo de ignorancia, es decir, si conocemos nuestro estado de salud. En esta situación, la información es asimétrica. Analicemos la situación desde el punto de vista de la compañía de seguros:

- *Es más probable que las personas compren un seguro si saben que están enfermas*: por lo tanto, la salud media de las personas que compran un seguro será peor que la salud media de la población.
- *Esta información es asimétrica*: la persona que compra el seguro, sabe su estado de salud; pero la compañía de seguros, no.
- *Las compañías de seguros solo serán rentables si cobran precios más altos*: estos precios serán más altos de lo que serían si todos los miembros de la población estuvieran obligados a contratar el mismo seguro.
- *Esto lleva a la selección adversa*: el precio será tan alto que solo las personas que saben que están enfermas estarán dispuestas a adquirir un seguro.
- *Esto conlleva precios aún más elevados para los seguros*: para seguir haciendo negocio, las compañías de seguros ahora tendrán que subir los precios nuevamente. Tarde o temprano, la gran mayoría de las personas que contratan seguros serán aquellos que tienen un problema de salud grave.
- *Los elevados precios ahuyentan del mercado a las personas sanas*: aquellos que querrían contratar un seguro por si enferman en el futuro no lo harán.

Este es otro ejemplo de un **mercado inexistente**: muchas personas no estarán aseguradas. Se trata de un mercado que podría existir, pero solo si la información sobre la salud de las personas fuera simétrica y verificable (ignoremos por el momento el problema de si todo el mundo estaría dispuesto a compartir los datos sobre su salud). Este mercado proporcionaría beneficios tanto a los propietarios de las compañías de seguros como a las personas que quisieran asegurarse. No tener este mercado es ineficiente en términos de Pareto.

Para abordar el problema de la selección adversa debido a la información asimétrica y los consiguientes mercados inexistentes para los seguros de salud, muchos países han adoptado políticas de inscripción obligatoria en programas de seguros privados o de cobertura universal financiada con impuestos.

Riesgo moral en el mercado de seguros

Las características ocultas no son el único problema al que se enfrentan las aseguradoras privadas o gubernamentales. También existe un **problema de acciones ocultas**. Contratar una póliza de seguro puede hacer que sea vuelva más probable que el que la contrata asuma precisamente los riesgos para los que está asegurado. Por ejemplo, una persona que ha contratado una cobertura completa a todo riesgo para su automóvil puede ser menos propensa a conducir cuidadosamente o a bloquearlo que alguien sin seguro.

Las aseguradoras suelen imponer límites a sus seguros. Por ejemplo, es posible que la cobertura no sea aplicable (o que sea más costosa) si conduce otra persona que no sea el asegurado, o si el automóvil suele estar aparcado en un lugar donde hay muchos robos. Estas disposiciones pueden reflejarse en el contrato de seguro.

Pero la aseguradora no puede hacer cumplir un contrato sobre la rapidez con la que se conduce o sobre si se conduce habiendo bebido alcohol. Estas son las acciones ocultas para el asegurador debido a la información asimétrica: usted conoce estos hechos; pero la compañía de seguros, no.

Esto entraña un problema de **riesgo moral** similar al del esfuerzo laboral. Ambos son **problemas principal-agente**: el agente (la persona asegurada o el trabajador) elige una acción (lo cuidadoso que es o el esfuerzo que realiza en el trabajo) que es importante para el agente (la compañía de seguros o el empleador), pero que no puede incluirse en el contrato porque no es verificable.

Aunque puedan parecer muy distintos, estos problemas de riesgo moral son muy similares a la contaminación por clordecona, los bienes públicos y los recursos comunes de la sección anterior. En todos estos casos, alguien toma una decisión que tiene costos o beneficios externos para otra persona: en otras palabras, costos o beneficios que no están compensados. Por ejemplo, en el caso de riesgo moral, la persona asegurada (el agente) decide el cuidado con el que actuará. Que sea cuidadoso entraña un beneficio externo para la aseguradora (el principal) pero es costoso para el agente. Por lo tanto, existe un fallo de mercado: el nivel de cuidado elegido es demasiado bajo.

> **acción oculta (problema de la)** Situación que se da cuando una parte no conoce o no puede verificar alguna acción emprendida por otra parte en un intercambio. Por ejemplo, el empleador no puede saber (o no puede verificar) en qué medida el trabajador que ha contratado está trabajando en realidad. *También conocido como: riesgo moral. Véase también: características ocultas (problema de las).*

> **riesgo moral** Término que se originó en la industria de los seguros para expresar el problema al que se enfrentan las aseguradoras: la persona que contrata un seguro para su hogar puede tener menos cuidado a la hora de evitar incendios u otros daños, lo que aumenta el riesgo con respecto a una situación sin seguro. En la actualidad, el término se refiere a cualquier situación en la que una de las partes en una interacción decide sobre una acción que afecta a los beneficios o el bienestar de la otra, pero la parte afectada no puede controlar la decisión mediante un contrato (a menudo porque la parte afectada no tiene información adecuada sobre la acción). *También se conoce como: problema de las «acciones ocultas». Véase también: acción oculta (problema de la), contrato incompleto, demasiado grandes para dejarlos quebrar (too big to fail).*

> **relación principal-agente** Relación que existe cuando una parte (el principal) desea que otra parte (el agente) actúe de determinada manera o tenga algún atributo que sea de interés para el principal, y que no se pueda hacer cumplir o garantizar en un contrato vinculante. *Véase también: contrato incompleto. También se conoce como: problema principal-agente.*

Estos problemas de riesgo moral (y también los problemas de selección adversa que hemos descrito anteriormente en esta sección) pueden ubicarse en el marco de las externalidades y los fallos de mercado que estamos manejando a lo largo de esta unidad. Los problemas derivados de la información asimétrica se resumen en la tabla de la figura 12.10.

EJERCICIO 12.8 CARACTERÍSTICAS OCULTAS

Identifique las características ocultas en los siguientes mercados y cómo pueden impedir que los participantes en el mercado exploten todas las posibles ganancias mutuas del intercambio:

1. Un producto de segunda mano que se vende en eBay (https://tinyco.re/2913411), Craigslist (https://tinyco.re/2392254) o en una plataforma en línea similar.
2. Alquilar apartamentos a través de Airbnb (https://tinyco.re/2409089).
3. Restaurantes de diversa calidad.

Explique cómo los siguientes elementos pueden facilitar intercambios mutuamente beneficiosos, incluso si hay características ocultas:

4. Evaluaciones electrónicas compartidas entre compradores y vendedores pasados y potenciales.
5. Intercambios entre amigos y amigos de amigos.
6. Confianza y preferencias sociales.
7. Intermediarios para la compra y la venta, como concesionarios de automóviles de segunda mano.

Decisión	Cómo afecta a otros	Costo o beneficio	Fallo de mercado (mala asignación de recursos)	Posibles soluciones	Términos utilizados para este fallo de mercado
Un trabajador con un salario fijo decide cuánto trabajar	Trabajar mucho aumenta los beneficios del empleador	Costo privado, beneficio externo	Muy poco esfuerzo, salario por encima del salario de reserva, desempleo	Una vigilancia más efectiva o una paga ligada al rendimiento reducen el conflicto de intereses entre el empleador y el trabajador	Contrato de trabajo incompleto, acción oculta, riesgo moral
Alguien, consciente de su problema de salud serio contrata un seguro	Pérdida para la compañía aseguradora	Beneficio privado, externalidad negativa	Demasiados pocos seguros ofrecidos, pólizas demasiado caras	Regulación pública obligando a la contratación de un seguro de salud, obligación de compartir la información sobre la salud	Mercados inexistentes, selección adversa
Alguien que acaba de contratar un seguro de coche decide el cuidado con el que conducirá	La conducción prudente contribuye al beneficio de las aseguradoras	Costo privado, beneficio externo	Demasiados pocos seguros ofrecidos, pólizas demasiado caras	Instalación de dispositivos de control de la conducción	Mercados inexistentes, riesgo moral

Figura 12.10 Fallo de mercado por información asimétrica y soluciones.

PREGUNTA 12.6 ESCOJA LA(S) RESPUESTA(S) CORRECTA(S)
Suponga que hay 10 automóviles en el mercado. Seis son de buena calidad con un valor de 9000 dólares para los compradores, y los otros son «limones» con valor nulo. Hay varios compradores potenciales que no conocen la calidad de cada automóvil, pero conocen la proporción de automóviles de buena calidad y están dispuestos a pagar su valor promedio. Todos los vendedores están dispuestos a aceptar un precio que sea al menos la mitad del valor de su automóvil. Según esta información, ¿cuál de las siguientes afirmaciones es correcta?

- ☐ Los compradores están dispuestos a pagar 4500 dólares como máximo.
- ☐ Solo se venderán limones en este mercado.
- ☐ Todos los automóviles se venderán por 5400 dólares.
- ☐ Todos los automóviles se venderán por 4500 dólares.

PREGUNTA 12.7 ESCOJA LA(S) RESPUESTA(S) CORRECTA(S)
¿En cuál(es) de los siguientes casos hay un problema de selección adversa?

- ☐ Un mercado de seguro de vehículos en el que los aseguradores ignoran el cuidado con el que conducen los asegurados.
- ☐ Un mercado de seguros de salud, en el que los aseguradores no saben si los solicitantes de seguros son fumadores habituales.
- ☐ Las ventas en línea de suplementos nutricionales, cuando los consumidores no pueden decir si sus contenidos se corresponden con lo anunciado por los vendedores.
- ☐ Una empresa que emplea trabajadores a domicilio, pero no puede observar la intensidad de su trabajo.

12.7 CONTRATOS INCOMPLETOS Y EXTERNALIDADES EN MERCADOS CREDITICIOS

En el capítulo 10 estudiamos los préstamos recibidos y los créditos concedidos. El endeudamiento y la concesión de crédito plantean un **problema principal-agente** en el que el uso prudente de los fondos prestados (esforzarse para que el proyecto para el que se solicitaron los fondos salga adelante y se pueda reembolsar el préstamo) no puede garantizarse por medio de un contrato ejecutable.

Por ello, las decisiones de quien recibe el préstamo (esfuerzo, prudencia) tienen una **externalidad** sobre el prestamista. Las acciones del prestatario afectan al beneficio del prestamista, pero son «externas» al contrato. Estos aspectos no están contemplados en el contrato porque la información necesaria para incluirlos (la prudencia con la que el prestatario ejecutó el proyecto o cuánto trabajó para llevarlo a buen puerto) no está disponible para el prestamista. Incluso si esta información existiese, en la mayoría de los casos no bastaría para hacer cumplir los contratos.

Observe la similitud entre esta situación y la de un trabajador que hace un esfuerzo o una persona cuidadosa que contrata un seguro. Son problemas de **riesgo moral**.

capital propio Inversión de un individuo en un proyecto. Esto se registra en el balance de una empresa o individuo como patrimonio neto. *Véase también: patrimonio neto. Un uso completamente diferente del término en inglés (equity) sería como sinónimo de equidad o justicia.*

garantía Activo que un prestatario promete a un prestamista para asegurar la devolución de un préstamo. Si el prestatario no puede hacer frente a los plazos de devolución del préstamo según lo prometido, el prestamista se convierte en el propietario del activo.

restricción crediticia o estar restringido en el crédito Descripción de las personas que pueden pedir prestado solo en términos desfavorables. *Véase también: excluidos del crédito.*

falta de acceso al crédito o estar excluido del crédito Descripción de las personas que no pueden pedir prestado bajo ningún tipo de condiciones. *Ver también: excluidos del crédito.*

Los *payday loans* son créditos para cantidades pequeñas a muy corto plazo (a menudo –pero no necesariamente– se reembolsan el día en que el prestatario recibe su nómina, de ahí su nombre) que no requieren garantía. Suelen tener tipos de interés muy altos (*Nota del traductor*).

El problema fundamental en el caso del crédito es que, debido a que el prestatario no puede pagar el préstamo si el proyecto falla, asumirá riesgos que evitaría si tuviese que pagar el costo total de un mal resultado. Esto significa que es más probable que el proyecto fracase, lo que impone costos al prestamista.

Como vimos en el capítulo 10, esto hará que el prestamista se muestre reacio a otorgar préstamos, a menos que pueda incentivar al prestatario para que no corra riesgos indebidos, ya sea invirtiendo algunos de sus propios fondos en el proyecto para el que busca financiación (**recursos propios** o *equity*) o proporcionando una **garantía** al prestamista. Esto implica que una persona con poca riqueza podría ser incapaz de obtener un préstamo, incluso para proyectos que utilizarían los recursos de manera muy productiva (como, por ejemplo, un nuevo negocio, el costo de una licencia para llevar a cabo alguna actividad o formarse).

En otras palabras, los prestamistas están dispuestos a sacrificar la calidad del proyecto a cambio de un prestatario que tenga más capital o más garantías. A veces, el prestamista no financia un proyecto de alta calidad de un posible prestatario pobre, mientras que alguien rico con un proyecto mediocre obtiene un préstamo, tal y como se ilustra en la figura 12.11.

Por lo tanto, los prestatarios pobres pueden tener **restricciones crediticias o estar restringidos en el crédito** o pueden sufrir una **falta de acceso al crédito o estar excluidos del crédito**. Este es otro tipo de fallo de mercado que surge cuando la riqueza se distribuye de manera muy desigual. Recuerde que en el capítulo 10 vimos cómo el Grameen Bank abordó este problema haciendo que grupos de prestatarios se responsabilizaran conjuntamente del reembolso de los préstamos, dándoles así un incentivo para trabajar duro y tomar decisiones prudentes sin necesidad de recursos propios o garantías.

Los fallos del mercado crediticio también pueden tener otro origen. Cuando un banco concede un préstamo, tiene en cuenta la posibilidad de que este no se devuelva: si la tasa de interés que puede cobrar es suficientemente alta, incluso los préstamos bastante arriesgados (como los *payday loans* o «préstamos rápidos», literalmente, «préstamos del día de paga») pueden ser atractivos. Pero el banco también se preocupa por lo que sucedería con sus beneficios si la mayoría de sus prestatarios no pudieran pagar, como ocurriría si concediera hipotecas para la compra de viviendas durante una burbuja inmobiliaria que luego estalla. El banco podría quebrar.

	Rico	Pobre
Proyecto de alta calidad	Préstamo concedido	Préstamo rechazado
Proyecto de calidad intermedia	Préstamo concedido	Préstamo rechazado
Proyecto de baja calidad	Préstamo rechazado	Préstamo rechazado

Figura 12.11 Calidad del proyecto y riqueza del prestatario.

Si los propietarios del banco sufrieran todas las consecuencias de una quiebra, se esforzarían mucho por evitarla. Pero hay dos razones por las que es poco probable que los propietarios asuman los costos totales:

- *Por lo general, el banco obtiene préstamos de otros bancos*: al igual que el agricultor que pide préstamos para sembrar su cosecha, los propietarios de los bancos saben que algunos de los costos de la quiebra correrán a cargo de otros bancos a los que no se les devolverán los préstamos.
- *Too big to fail* («demasiado grande para quebrar»): si el banco es suficientemente importante para la economía, es probable que la amenaza de su quiebra lleve a su rescate por parte del gobierno, que lo subvencionará con ingresos fiscales.

De nuevo, los dueños de los bancos saben que otros (ya sean los contribuyentes u otros bancos) sufragarán parte de los costos de los riesgos que corran. Por consiguiente, correrán más riesgos que si tuvieran que asumir todos los costos de sus acciones. Al igual que los efectos secundarios medioambientales, el exceso de riesgo de bancos y prestatarios es una **externalidad negativa** que conduce a un **fallo de mercado**.

Los que podrían sufrir las pérdidas en que incurriera el agente temerario intentarán protegerse. Los gobiernos regulan el sistema bancario limitando el apalancamiento. De este modo, al menos en teoría, los bancos deberían tener suficientes recursos para pagar sus deudas.

La figura 12.12 añade ejemplos del mercado crediticio a nuestra tabla de fallos de mercado.

> **too big too fail (literalmente, «demasiado grande para quebrar»)** Característica de los grandes bancos, cuya importancia central en la economía les asegura que serán rescatados por el gobierno si se encuentran en dificultades financieras. Al no asumir todos los costos de sus actividades, es probable que el banco asuma mayores riesgos. *Véase también: riesgo moral.*

Decisión	Cómo afecta a otros	Costo o beneficio	Fallo de mercado (mala asignación de recursos)	Posibles soluciones	Términos utilizados para este fallo de mercado
Prestatario destina poco esfuerzo o poca prudencia al proyecto en el que ha invertido el crédito	Proyecto más proclive a fracasar, haciendo que no se devuelva el préstamo	Beneficio privado, externalidad negativa	Riesgo excesivo, pocos créditos concedidos	Redistribuir riqueza, responsabilidad común de la devolución de los préstamos (Grameen Bank)	Riesgo moral, exclusión del mercado crediticio
Un banco que es «demasiado grande para quebrar» (too big to fail) concede créditos arriesgados	Los contribuyentes sufren el costo si el banco se declara en quiebra	Beneficio privado, externalidad negativa	Préstamos excesivamente arriesgados	Regulación de la banca	Riesgo moral

Figura 12.12 Fallos de mercado crediticio y sus soluciones.

PREGUNTA 12.8 ESCOJA LA(S) RESPUESTA(S) CORRECTA(S)
¿Cuál de las siguientes afirmaciones es correcta?

☐ El problema con el mercado crediticio es que las personas ricas siempre obtendrán un préstamo, independientemente de la calidad de su proyecto.

☐ Es más fácil para los ricos obtener préstamos porque son capaces de aportar recursos propios o garantías.

☐ Los bancos se describen como «demasiado grandes para quebrar» (*too big to fail*) cuando su tamaño los convierte en instituciones seguras.

☐ Los bancos que son «demasiado grandes para quebrar» (*too big to fail*) son cuidadosos a la hora de evitar préstamos arriesgados.

12.8 LOS LÍMITES DE LOS MERCADOS

Los mercados pueden parecer omnipresentes en la economía, pero no lo son. Recordemos la imagen sugerida por Herbert Simon en el capítulo 6 de un marciano observando la economía. Lo que vería serían principalmente campos verdes (las empresas) conectados por líneas rojas que representan compras y ventas en mercados. Sin embargo, muchas decisiones sobre la asignación de recursos se realizan dentro de las empresas. De igual modo, las familias no asignan recursos entre padres e hijos mediante la compraventa. Los gobiernos, por su parte, utilizan procedimientos políticos en lugar de la competencia de mercado para determinar dónde y quién construirá las escuelas y se encargará del mantenimiento de las carreteras.

¿Por qué algunos bienes y servicios se asignan en los mercados, mientras que para otros bienes las empresas, las familias y los gobiernos utilizan otros métodos? Hay dos respuestas básicas a esta pregunta clásica.

En primer lugar, el tipo de actividad puede determinar si la familia, el gobierno, la empresa o el mercado es el lugar idóneo para llevarla a cabo. Es difícil imaginar cómo, por ejemplo, las empresas o los mercados podrían ser eficaces a la hora de concebir y educar a los niños. En la mayoría de las sociedades, estas tareas se asignan a una combinación de las familias y gobiernos (a través de la escolarización).

¿Qué determina el equilibrio entre empresas y mercados?

Ronald Coase explicó la importancia relativa de las empresas y los mercados. Las empresas existen porque, para algunas cosas, la producción «interna» es más rentable que la adquisición a través de una compra. El alcance del mercado está determinado por la decisión de la empresa sobre qué componentes de un producto producir y cuáles comprar. Coase explicó que los costos relativos de las opciones «fabrícalo» y «cómpralo» establecen los límites de la división entre empresas y mercado.

La explicación de Coase subraya un hecho importante que, a menudo, se obvia en los acalorados debates sobre los méritos de los sistemas descentralizados de un mercado organizado frente a otros más centralizados como los gobiernos. Coase mostró que los sistemas centralizados (como la empresa) son mejores para algunas cosas, mientras que el mercado gestiona mejor otras. El mérito de esta demostración es que no se basa en un juicio de un observador posiblemente sesgado: es el veredicto del mercado en sí. En última instancia, la competencia entre las empresas castiga a las empresas que llevan demasiado lejos la opción de «hacerlo» al ampliar excesivamente los límites del sistema centralizado a través de la expansión interna. De igual manera, la competencia en el mercado también castiga a las empresas que no aprovechan las ventajas de la toma de decisiones centralizada y optan por abusar de la opción «comprarlo».

La segunda respuesta a la pregunta de porqué algunos bienes se asignan en mercados y otros bienes se asignan en otras instituciones difiere bastante de la explicación de Coase sobre los límites de la empresa. La gente no se pone de acuerdo sobre la dimensión adecuada de los mercados. Algunos piensan que algunas de las cosas que actualmente están a la venta deberían asignarse por otros medios, mientras que otros defienden que los mercados deberían tener un papel más importante en la economía.

Quienes desean limitar el alcance del mercado, a menudo esgrimen dos argumentos:

- *Mercados repugnantes*: la comercialización de algunos bienes y servicios (órganos vitales o seres humanos) viola una norma ética o socava la dignidad de los involucrados.
- **Bienes de interés social o bienes preferentes**: la opinión general es que algunos bienes y servicios (llamados bienes de interés social) deben estar disponibles para las personas, independientemente de su capacidad o predisposición a pagar.

> **bienes de interés social o bienes preferentes** Bienes y servicios que deberían estar disponibles para todos, independientemente de la capacidad de pago del consumidor.

Mercados repugnantes

En la mayoría de los países, existen instituciones arraigadas que permiten a los padres dar voluntariamente a un bebé en adopción. Ahora bien, las leyes generalmente evitan que los padres vendan a sus bebés.

¿Por qué prohíben la mayoría de los países la compraventa de bebés? ¿Acaso un mercado de bebés no proporcionaría a los padres que deseen vender y a los que deseen comprar oportunidades para obtener ganancias mutuas mediante el intercambio?

Casi todos los países prohíben la venta de órganos humanos para el trasplante. La gestación subrogada –una mujer que se queda embarazada y da a luz a un bebé para otra pareja a cambio de un pago– no es legal en la mayoría de los países (aunque sí es legal en Tailandia, Rusia y algunos estados de EE.UU.). Sin embargo, podría argumentarse que, desde un punto de vista económico, es incorrecto evitar estas transacciones si ambas partes las llevan a cabo voluntariamente.

Una posible objeción es que la venta puede no ser verdaderamente voluntaria, porque la pobreza podría obligar a las personas a realizar una transacción de la que más tarde podrían arrepentirse. Una segunda razón sería la creencia de que ponerle precio a un bebé (o una parte del cuerpo) viola un principio de dignidad humana: corrompe nuestras actitudes hacia los demás.

Alvin E. Roth. 2007. 'Repugnance as a Constraint on Markets' (https://tinyco.re/2118641). *Journal of Economic Perspectives* 21 (3): págs. 37–58.

Michael Sandel. 2009. *Justicia: ¿hacemos lo que debemos?*. Barcelona: Debolsillo, 2012.

Michael Walzer. 1983. *Spheres of Justice: A Defense of Pluralism and Equality*. Nueva York, NY: Basic Books.

Michael Sandel investiga los límites morales de su público en su charla TED 'Por qué no debemos confiar en los mercados para las cuestiones cívicas'. https://tinyco.re/2385666

Alvin Roth, un economista galardonado con el Premio Nobel de Economía, llama a estas situaciones *mercados repugnantes*.

Los filósofos Michael Walzer y Michael Sandel han estudiado los límites morales de los mercados. Algunas transacciones de mercado chocan con la forma en que valoramos la humanidad (como la compraventa de personas como esclavos); otras transacciones se oponen frontalmente a principios democráticos (como permitir que las personas vendan sus votos). Hemos visto algunas de las ventajas de asignar recursos utilizando los mercados y el sistema de precios. En ese análisis asumimos implícitamente que el intercambio del bien por dinero no afectaba su valor intrínseco para el comprador y el vendedor.

Pero es posible que las actitudes de los padres respecto a sus bebés o la valoración de los votantes de sus derechos democráticos se vean alteradas como resultado de su compra o su venta. Cuando consideramos si es beneficioso introducir un nuevo mercado, o incentivos monetarios, es importante tener en cuenta que puede terminar desplazando a otras normas sociales o preferencias éticas preexistentes.

Bienes de interés social

Algunos bienes y servicios se consideran especiales porque deberían estar disponibles para todos, incluso para aquellos que carecen de la capacidad o la voluntad de pagar por ellos. Son los llamados **bienes de interés social o bienes preferentes** y son proporcionados por los gobiernos en lugar de ser asignados por un mercado regido por la predisposición a pagar.

En la mayoría de los países, la educación primaria es gratuita para todos los niños y se financia con impuestos. La atención médica básica –al menos para urgencias– también suele estar disponible para todos, independientemente de la capacidad de pago. Lo mismo ocurre en muchos países con la defensa legal en un juicio: la persona que no puede pagarse un abogado debe poder contar con representación legal sin cargo alguno. Una parte de la seguridad personal (por ejemplo, la protección contra asaltos criminales o incendios en el hogar) generalmente está garantizada por la protección policial y los servicios de extinción de incendios, que son servicios públicos.

¿Por qué deben ofrecerse los bienes de interés social de forma gratuita? Las personas con ingresos limitados no tienen acceso a muchas cosas. Por lo general, ocupan viviendas de baja calidad (y, a menudo, poco saludables) y tienen oportunidades muy limitadas de disfrutar de viajes de placer. ¿Por qué la atención médica básica y la educación, la representación legal, la policía y la protección contra incendios son diferentes? La respuesta es que, en muchos países, estos bienes y servicios se consideran un derecho de todos los ciudadanos.

EJERCICIO 12.9 CAPITALISMO ENTRE ADULTOS QUE HAN DADO SU CONSENTIMIENTO

¿Se deberían permitir todos los intercambios contractuales voluntarios entre adultos que accedan a ellos?

Indique lo que piensa acerca de los siguientes intercambios hipotéticos. Supongamos que en todos los casos las personas involucradas son adultos sanos y racionales que han sopesado las alternativas y las consecuencias de lo que están haciendo. Para cada caso, decida si aprueba que tenga lugar la transacción y, si la desaprueba, si cree que la transacción debería estar prohibida. Explique por qué cada una de estas transacciones descritas produce beneficios mutuos (es decir, es una mejora en términos de Pareto respecto a no permitir el intercambio).

1. Se ha descubierto un complicado procedimiento médico que cura una forma rara de cáncer en pacientes que, de otro modo, seguramente morirían. La escasez de personal hace que sea imposible tratar a todos los beneficiarios potenciales y el hospital ha establecido una política basada en ofrecer al tratamiento según el orden de llegada de los pacientes. Ben, un paciente adinerado que está al final de la lista, ofrece pagar a Aisha, una persona pobre cuyo nombre está al principio de la lista, 1 millón de euros para intercambiar sus respectivos puestos. Si Aisha muere (lo cual es muy probable), sus hijos heredarán el dinero. Aisha está de acuerdo.

2. Melissa tiene 18 años. Ha sido admitida en una buena universidad, pero no tiene ayuda financiera ni ningún medio para obtenerla, así que ha firmado un contrato de cuatro años para ser *stripper* en Internet y comenzará a trabajar cuando tenga 19 años. La compañía pagará sus matrículas universitarias.

3. Está esperando en la cola para entrar a ver una película cuyas entradas están casi agotadas. Alguien que está al final de la cola se acerca a la mujer que está delante de usted y le ofrece 25 dólares para intercambiar puestos en la cola (él pasa a estar delante de usted y ella pasa al final de la cola).

4. Una persona nada interesada en política y que nunca vota acepta votar en unas elecciones por el candidato que le pague la cantidad más alta.

5. William y Elizabeth son una pareja adinerada que tiene un bebé con un defecto de nacimiento menor. Venden este bebé a sus vecinos (igualmente ricos) y compran un niño sin ningún defecto de nacimiento de una familia que necesita el dinero.

6. Un individuo con buenos ingresos decide que le gustaría venderse como esclavo. Encuentra un comprador dispuesto a pagar el precio que pide para ello. El aspirante a esclavo usará el dinero para la educación de sus hijos.

12.9 FALLO DE MERCADO Y POLÍTICA GUBERNAMENTAL

La figura 12.13 recopila los ejemplos que hemos visto en los que los mercados no asignan los recursos eficientemente. Aunque, a primera vista, podrían parecer diferentes, en todos ellos la persona que toma las decisiones no tiene en cuenta una externalidad negativa o positiva. La tabla de la figura 12.14 muestra que la razón fundamental del fallo de mercado es un problema de información: algún aspecto importante en una interacción no puede ser observado por una de las partes o no puede ser verificado por un tribunal.

La tabla de la figura 12.13 también sugiere algunas soluciones. Los gobiernos desempeñan un papel importante en la economía en sus intentos por disminuir las ineficiencias resultantes de muchos fallos de mercado. Sin embargo, los mismos problemas de información que encontramos en el origen de los fallos pueden dificultar la tarea de los gobiernos a la hora de utilizar impuestos, subsidios o prohibiciones para mejorar el resultado del mercado. Por ejemplo, el gobierno francés finalmente decidió prohibir el uso de la clordecona, en lugar de recopilar la información necesaria para implantar un impuesto sobre la producción de plátanos o proporcionar una compensación a las pesquerías.

A veces, una combinación de remedios es la mejor manera de enfrentarse a estos problemas de información y los resultantes fallos de mercado. Un ejemplo es el seguro de vehículos. En muchos países, el seguro a terceros (que cubre los daños a otros) es obligatorio para evitar el problema de selección adversa que se produciría si solo se aseguraran los conductores propensos a sufrir accidentes. Para abordar el problema de riesgo moral por acciones ocultas, las aseguradoras a veces requieren la instalación de dispositivos de seguimiento para que conducir prudentemente pueda ser algo que se exija en el contrato del seguro.

Una mirada hacia el futuro: un papel más amplio para los gobiernos

La mayoría de los modelos de este curso, hasta ahora, han sido *microeconómicos* (modelos de las interacciones entre empleadores y trabajadores individuales, prestatarios y prestamistas, empresas y sus clientes y empresas que compiten con otras empresas). En este capítulo hemos visto que estas interacciones pueden generar problemas de ineficiencia en términos de Pareto que los gobiernos pueden abordar. Los gobiernos también tratan los problemas de desigualdad y pobreza al redistribuir el ingreso, transfiriéndolo de los hogares más ricos a los más pobres. Ahora bien, las políticas públicas también tienen otros muchos objetivos, como:

- *La moderación de las fluctuaciones en el empleo y la inflación*: en el capítulo 10, aprendimos que, con la excepción de los muy ricos, la mayoría de personas no pueden obtener suficientes préstamos como para homogeneizar su consumo a lo largo del tiempo y contrarrestar los cambios en su situación laboral y otros *shocks*. Los gobiernos pueden ayudar adoptando políticas que moderen las fluctuaciones en los ingresos reales y el empleo (capítulos 13–15).
- *Salarios, beneficios y productividad a largo plazo*: en los capítulos 2, 6 y 9 hemos estudiado cómo se determinan los salarios, los beneficios y la productividad del trabajo. Estos aspectos tampoco son ajenos al sector

Decisión	Cómo afecta a otros	Costo o beneficio	Fallo de mercado (mala asignación de recursos)	Posible solución	Términos utilizados para este fallo de mercado
Una empresa utiliza un pesticida que se filtra en las vías fluviales.	Daño aguas abajo	Beneficio privado, externalidad negativa	Uso excesivo de pesticida y sobreproducción del cultivo para el que se utiliza.	Impuestos, cuotas, prohibiciones, negociación, propiedad en común de todos los activos afectados	Externalidad negativa, efecto medioambiental indirecto (environmental spillover).
Vuelo internacional	Aumento de las emisiones globales de dióxido de carbono	Beneficio privado, externalidad negativa	Uso excesivo del avión	Impuestos, cuotas	Mal público, externalidad negativa
Viaje en coche	Congestión para otros usuarios de la carretera	Costo privado, externalidad negativa	Uso excesivo del coche	Peajes, cuotas, subsidios al transporte público	Recurso común, externalidad negativa
Una empresa invierte en I+D	Otras empresas pueden utilizar la innovación	Costo privado, beneficio externo	Muy poco I+D	Investigación financiada públicamente, subsidios al I+D, patentes	Bien público, externalidad positiva
Un trabajador con un salario fijo decide cuánto trabajar	Trabajar mucho aumenta los beneficios del empleador	Costo privado, beneficio externo	Demasiado poco esfuerzo, salario por encima del salario de reserva, desempleo	Una vigilancia más efectiva o una paga ligada al rendimiento reducen el conflicto de intereses entre el empleador y el trabajador	Contrato de trabajo incompleto, acción oculta, riesgo moral
Alguien consciente de su problema de salud serio contrata un seguro	Pérdida para la compañía aseguradora	Beneficio privado, externalidad negativa	Demasiados pocos seguros ofrecidos, pólizas demasiado caras	Regulación pública obligando a la contratación de un seguro de salud, obligación de compartir la información sobre la salud	Mercados inexistentes, selección adversa
Alguien que acaba de contratar un seguro de coche decide el cuidado con el que conducirá	La conducción prudente contribuye al beneficio de las aseguradoras	Costo privado, beneficio externo	Demasiados pocos seguros ofrecidos, pólizas demasiado caras	Instalación de dispositivos de control de la conducción	Mercados inexistentes, riesgo moral
Prestatario destina poco esfuerzo o poca prudencia al proyecto en el que ha invertido el crédito	Proyecto más proclive a fracasar, haciendo que no se devuelva el préstamo	Beneficio privado, externalidad negativa	Riesgo excesivo, pocos créditos concedidos	Redistribuir riqueza, responsabilidad común de la devolución de los préstamos (Grameen Bank)	Riesgo moral, exclusión del mercado crediticio

público, dado que los gobiernos diseñan políticas tanto para incrementar la productividad del trabajo como para modificar el poder de negociación de empleadores y trabajadores.

Para comprender estos aspectos de las políticas públicas, así como las políticas relacionadas con la economía global, el medioambiente, la desigualdad y la innovación, debemos desarrollar un modelo de la economía en su conjunto (a veces denominado *macroeconomía*). Nuestra comprensión del mercado laboral que hemos tratado en los capítulos 6 y 9, del mercado de crédito abordado en el capítulo 10 y en este capítulo y del proceso de innovación que tocamos en el capítulo 2 proporcionan la base para comprender cómo funciona la economía en su conjunto. Abordaremos este tema en el próximo capítulo.

Decisión	Cómo afecta a otros	Costo o beneficio	Fallo de mercado (mala asignación de recursos)	Posible solución	Términos utilizados para este fallo de mercado
Un banco que es «demasiado grande para quebrar» (*too big to fail*) concede créditos arriesgados	Los contribuyentes sufren el costo si el banco quiebra	Beneficio privado, externalidad negativa	Préstamos excesivamente arriesgados	Regulación de la banca	Riesgo moral
Un monopolio, una empresa que produce un bien diferenciado o una empresa con costos medios decrecientes fija un $P > CM$ (capítulo 7)	Precio demasiado elevado para algunos compradores potenciales	Beneficio privado, externalidad negativa	Cantidad demasiado escasa a la venta	Políticas procompetitivas, propiedad pública de los monopolios naturales	Competición imperfecta, costos medios decrecientes, monopolio natural

Figura 12.13 Fallos de mercado y sus soluciones.

Pregunta	Respuesta
¿Por qué se producen los fallos de mercado?	La gente, guiada solo por los precios de mercado, no considera el efecto total de sus acciones sobre otros
¿Por qué se ignoran los efectos totales de las acciones sobre otros?	Hay externalidades positivas y negativas no compensadas mediante pagos
¿Por qué algunas externalidades positivas o negativas no se compensan?	No existe un mercado para su intercambio
¿Por qué no? ¿Y por qué las negociaciones privadas y los pagos no pueden solucionar el problema?	Los tribunales no pueden obligar al cumplimiento de los derechos de propiedad y los contratos necesarios
¿Qué impide que se pueda obligar al cumplimiento de los derechos de propiedad y los contratos?	Información asimétrica o no verificable

Figura 12.14 Fallos de mercado y problemas de información.

EJERCICIO 12.10 FALLO DE MERCADO

Construya una tabla como la de la figura 12.13 para analizar los posibles fallos de mercado asociados con las siguientes decisiones. ¿Puede usted identificar qué mercados o contratos faltan o están incompletos en cada caso?

1. Suministra usted a su hijo una costosa vacuna contra una enfermedad infecciosa.
2. Utiliza usted dinero que le presta el banco para invertir en un proyecto altamente arriesgado.
3. Una flota pesquera se desplaza de aguas costeras nacionales sobreexplotadas a aguas internacionales.
4. El aeropuerto de una ciudad aumenta su número de vuelos comerciales al permitir despegues nocturnos.
5. Contribuye usted a la edición de una página de Wikipedia.
6. Un gobierno invierte en investigación en fusión nuclear.

12.10 CONCLUSIÓN

Los resultados de mercado ineficientes en términos de Pareto (fallo de mercado) pueden derivarse de una competencia limitada, de unos costos medios que decrecen con la producción o de externalidades. Las externalidades se producen cuando algún aspecto de un intercambio no está cubierto por un derecho o un contrato de propiedad ejecutable, como resultado de la existencia de información asimétrica o no verificable. Los ejemplos que se mencionan incluyen ámbitos diversos como el empleo, el crédito y los seguros (que pueden verse afectados por problemas de riesgo moral y de selección adversa) y bienes y males públicos (como el conocimiento y la contaminación).

Tanto la negociación de Coase como los impuestos y subsidios pigouvianos pueden mejorar los resultados del mercado en todos estos casos, pero ambos se ven igualmente limitados por los mismos problemas de información asimétrica y no verificable que causan el fallo de mercado.

La repugnancia y otras objeciones morales al intercambio de algunos bienes por dinero, y los efectos de expulsión (*crowding-out*) de los incentivos monetarios proporcionan razones que explican por qué algunos bienes y servicios no se asignan a través del mercado.

Conceptos introducidos en el capítulo 12

Antes de pasar a la siguiente unidad, revisemos las siguientes definiciones:

- Fallo de mercado
- Externalidad (efecto externo)
- Costo marginal social
- Impuesto pigouviano (o subsidio)
- Negociación coasiana
- Información asimétrica
- Riesgo moral
- Selección adversa
- Bien público
- Mercados repugnantes
- Bien de interés social

12.11 REFERENCIAS BIBLIOGRÁFICAS

Acemoglu, Daron, Simon Johnson, y James A. Robinson. 2005. 'Institutions as a Fundamental Cause of Long-Run Growth' (https://tinyco.re/2662186). En *Handbook of Economic Growth, Volumen 1A.*, eds. Philippe Aghion y Steven N. Durlauf. North Holland.

Acemoglu, Daron, y James A. Robinson. 2012. *Por qué fracasan los países: los orígenes del poder, la prosperidad y la pobreza*, Ciudad de México: Crítica, 2013.

Akerlof, George A. y Robert J. Shiller. 2015. *La economía de la manipulación: cómo caemos en las trampas del mercado.* 1ª ed. Barcelona: Deusto, 2016.

Fafchamps, Marcel y Bart Minten. 1999. 'Relationships and Traders in Madagascar'. *Journal of Development Studies* 35 (6) (Agosto): págs. 1–35.

Keynes, John Maynard. 1936. *The General Theory of Employment, Interest and Money* (https://tinyco.re/6855346). London: Palgrave Macmillan (trad. al castellano: *Teoría general de la ocupación, el interés y el dinero.* Barcelona: Ciro, 2011).

North, Douglass C. 1990. *Instituciones, cambio institucional y desempeño económico.* Ciudad de México, Fondo de Cultura Económica.

Pigou, Arthur. 1912. *Wealth and Welfare* (https://tinyco.re/2519065). London: Macmillan & Co.

Pigou, Arthur. (1920) 1932. *La economía del bienestar.* Madrid: Aguilar, 1946.

Roth, Alvin E. 2007. 'Chapter 1: Repugnance as a Constraint on Markets' (https://tinyco.re/2118641). *Journal of Economic Perspectives* 21 (3): págs. 37–58.

Sandel, Michael. 2009. *Justicia: ¿hacemos lo que debemos?.* Barcelona: Debolsillo, 2012.

Seabright, Paul. 2010. Capítulo 1: 'Who's in Charge?'. En *The Company of Strangers: A Natural History of Economic Life* (https://tinyco.re/2891054). Princeton, NJ, United States: Princeton University Press.

Walzer, Michael. 1983. *Spheres of Justice: A Defense of Pluralism and Equality.* New York, NY: Basic Books.

CAPÍTULO 13

FLUCTUACIONES ECONÓMICAS Y DESEMPLEO

CÓMO FLUCTÚAN LAS ECONOMÍAS ENTRE AUGES Y RECESIONES A MEDIDA QUE SUFREN PERTURBACIONES CONTINUAS, TANTO BUENAS COMO MALAS

- Las fluctuaciones en la producción total de una nación (PIB) tienen efectos en el desempleo, que es una situación difícil para las personas.
- Los economistas miden el tamaño de la economía utilizando las cuentas nacionales, que cuantifican las fluctuaciones económicas y el crecimiento.
- Los hogares responden a las crisis ahorrando, pidiendo prestado y compartiendo para suavizar las fluctuaciones de su consumo de bienes y servicios.
- Debido a los límites en la capacidad de endeudamiento de las personas (restricciones de crédito) y su falta de voluntad, estas estrategias no son suficientes para eliminar totalmente las perturbaciones en el consumo.
- El gasto en inversión de las empresas (en bienes de capital) y los hogares (en nuevas viviendas) fluctúa más que el consumo.

Perder el trabajo duele. Causa estrés. Después de la crisis financiera mundial de 2008, el desempleo aumentó, al igual que el número de búsquedas de medicamentos antiestrés en Google. Al mostrar en un diagrama de dispersión el aumento en la intensidad de búsqueda frente al aumento en la tasa de desempleo en los diferentes estados de EE.UU. (figura 13.1), vemos que los estados que tuvieron un mayor aumento en la tasa de desempleo entre 2007 y 2010 también registraron un incremento mayor en las búsquedas por internet de medicamentos antiestrés. Esto sugiere que un mayor desempleo está relacionado con un mayor estrés. Decimos que los dos están correlacionados.

línea de regresión lineal Línea que mejor se ajusta a través de un conjunto de datos.

La línea con pendiente ascendente resume los datos al suponer la línea que mejor encaja con la dispersión de puntos. Esto se llama una línea de mejor ajuste o una **línea de regresión lineal**. Cuando una línea de mejor ajuste tiene pendiente ascendente, significa que los valores más altos de la variable en el eje horizontal (en este caso, el aumento del desempleo) están asociados con valores más altos de la variable en el eje vertical (en este caso, el aumento de búsquedas en Google de medicamentos antiestrés).

Hay muchas pruebas de que estar desempleado, o simplemente temer llegar a estarlo, es una fuente importante de infelicidad para las personas, que se sitúa al nivel de las enfermedades graves y el divorcio como acontecimientos estresantes de la vida.

Andrew E. Clark y Andrew J. Oswald. 2002. 'A Simple Statistical Method for Measuring How Life Events Affect Happiness' (http://tinyco.re/7872100). *International Journal of Epidemiology* 31 (6): pp. 1139–1144.

Los economistas han estimado que quedar desempleado produce más infelicidad de la que puede medirse únicamente por la pérdida de ingresos debida a estar sin trabajo. Los economistas Andrew Clark y Andrew Oswald han medido el efecto de los acontecimientos importantes de la vida en lo feliz que la gente dice ser cuando se les pregunta. En 2002, calcularon que el británico medio necesitaría una prestación de 15 000 libras esterlinas (22 500 dólares) por mes después de perder su trabajo para ser tan feliz como cuando trabajaba. Esta cifra es considerablemente superior a la pérdida de ingresos (que, en ese momento, era de 2000 libras esterlinas por mes de media).

La compensación necesaria para restaurar el nivel de bienestar es una cantidad enorme, mucho mayor que la pérdida monetaria asociada con un periodo de desempleo. La razón es que el desempleo reduce drásticamente la autoestima y conduce a una reducción mucho mayor de la felicidad. Como vimos en el capítulo 1, el bienestar no solo depende de los ingresos económicos.

La correlación puede no ser causal

causalidad inversa Relación causal bidireccional en la que A afecta a B y B también afecta a A.

A partir de los datos de la figura 13.1, ¿podemos concluir que un mayor desempleo *causa* un mayor estrés? Tal vez lo estemos mirando al revés y, en realidad, sean las búsquedas de Google las que causan desempleo. Los economistas llaman a esto **causalidad inversa**. En este caso, podemos descartarla porque es poco probable que las búsquedas individuales de

Ver estos datos en OWiD
https://tinyco.re/8246287

Yann Algan, Elizabeth Beasley, Florian Guyot y Fabrice Murtin. 2014. 'Big Data Measures of Human Well-Being: Evidence from a Google Stress Index on US States'. *Sciences Po Working Paper*.

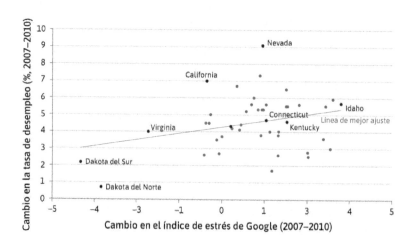

Figura 13.1 Cambios en el desempleo y el bienestar durante la crisis financiera: evidencia de los estados de EE.UU. (2007–2010).

Google sobre los efectos secundarios de los antidepresivos puedan causar un aumento del desempleo a nivel estatal. Sin embargo, hay otras posibles explicaciones para este patrón.

Un desastre natural como el huracán Katrina (https://tinyco.re/7393966), ocurrido en el estado estadounidense de Luisiana en 2005, podría haber provocado un aumento tanto del estrés como del desempleo. Este es un ejemplo en el que un tercer factor, en este caso, el clima, podría explicar la **correlación** positiva entre búsquedas de antidepresivos y desempleo, y nos advierte de que debemos tener cuidado a la hora de concluir que una correlación observada implique una relación causal entre las variables.

Para establecer una relación causal entre las variables, los economistas diseñan experimentos (https://tinyco.re/8046664) (como los del capítulo 4) o aprovechan experimentos naturales (como la comparación de Alemania Oriental y Occidental en el capítulo 1, o la estimación del tamaño de las rentas de empleo en el capítulo 6).

En el ejercicio 13.1, mostramos una herramienta que usted puede usar para examinar sus ideas sobre cómo comparar el bienestar general en un país con el bienestar en otros países. ¿Cuál es su receta para una vida mejor en su país? ¿Cuánta importancia cree que tiene el desempleo? ¿Se les da la misma o mayor importancia a otros aspectos: una buena educación, aire limpio, un alto nivel de confianza entre los ciudadanos, ingresos altos o poca desigualdad?

En este capítulo, vamos a aprender por qué las economías atraviesan periodos alcistas durante los cuales cae el desempleo, y otros de crisis o bajistas, durante los cuales el desempleo aumenta. Nos centramos en el gasto total (por parte de los hogares, las empresas, el sector público y personas ajenas a la economía familiar) en bienes y servicios producidos por personas empleadas en la economía nacional.

El sitio web Spurious Correlations muestra lo peligroso que es sacar una conclusión a partir de una correlación. James Fletcher, 2014. 'Spurious Correlations: Margarine Linked to Divorce?' (http://tinyco.re/6825314). *BBC News.*

correlación Asociación estadística en la que conocer el valor de una variable proporciona información sobre el valor probable de la otra; por ejemplo, si se suelen observar valores altos de una variable junto con valores altos de la otra variable. Puede ser positiva o negativa (es negativa cuando se observan valores altos de una variable con valores bajos de la otra). No significa que haya una relación causal entre las variables. *Véase también: causalidad, coeficiente de correlación.*

EJERCICIO 13.1 EL ÍNDICE PARA UNA VIDA MEJOR DE LA OCDE

El Índice para una Vida Mejor (https://tinyco.re/2887644) fue creado por la Organización para la Cooperación y el Desarrollo Económico (OCDE). Este índice le permite diseñar una medida de la calidad de vida en un país al decidir cuánto peso poner en cada uno de sus componentes.

1. ¿Debería un Índice para una Vida Mejor incluir los siguientes elementos: ingresos, vivienda, trabajo, comunidad, educación, medioambiente, compromiso cívico, salud, satisfacción con la vida, seguridad y equilibrio entre la vida laboral y personal? Para cada uno de estos elementos, explique por qué sí o por qué no.
2. Use el Índice para una Vida Mejor para crear su propio índice para una vida mejor en el país donde vive. ¿Cómo califica este país en los temas que son importantes para usted?
3. Clasifique los países en la base de datos utilizando el índice que acaba de crear y compárelo con una clasificación basada exclusivamente en los ingresos.
4. Para ambos índices, elija dos países con clasificaciones dispares y sugiera brevemente por qué este puede ser el caso.

La OCDE es una organización internacional con sede en París. Sus miembros son 35 países, la mayoría con altos niveles de PIB per cápita. La OCDE se creó en 1948 para facilitar la reconstrucción de posguerra en Europa occidental. Esta organización es una fuente importante de estadísticas sobre el desempeño económico y social, comparables a nivel internacional.

13.1 CRECIMIENTO Y FLUCTUACIONES

Las economías en las que ha tenido lugar la revolución capitalista han crecido a largo plazo, tal y como ilustran los diagramas de palo de hockey para el PIB per cápita del capítulo 1.

escala logarítmica Forma de medir una cantidad con base en la función logarítmica, f(x) = log(x). La función logarítmica convierte una razón en una diferencia: log (a/b) = log a - log b. Esto es muy útil para trabajar con tasas de crecimiento. Por ejemplo, si el ingreso nacional se duplica de 50 a 100 en un país pobre y de 1000 a 2000 en un país rico, la diferencia absoluta en el primer caso es 50 y en el segundo caso es 1000, pero log (100) - log (50) = 0,693 y log (2000) - log (1000) = 0,693. La razón en cada caso es 2 y log (2) = 0,693.

Ahora bien, el crecimiento no ha sido constante. La figura 13.2 muestra el caso de la economía británica, sobre la cual disponemos de buenos datos históricos. El primer gráfico muestra el PIB por persona (per cápita) de la población desde 1875. Esto es parte del gráfico de palo de hockey del capítulo 1. El gráfico de al lado muestra los mismos datos, pero traza el **logaritmo natural** ('log') del PIB per cápita. Esta otra forma de usar un diagrama con escala semilogarítmica, como los que utilizamos en el capítulo 1.

Vea el Einstein al final de esta sección para comprender por qué los diagramas con escala semilogarítmica se llaman así, y cuál es su relación con el logaritmo de una variable.

Al observar el gráfico de niveles de PIB per cápita del panel izquierdo de la figura 13.2, es difícil saber si la economía estaba creciendo a un ritmo

Ryland Thomas y Nicholas Dimsdale. (2017). 'A Millennium of UK Data' (https://tinyco.re/0223548). Banco de Inglaterra. Conjunto de datos OBRA.

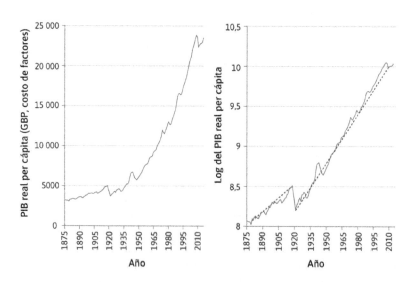

Figura 13.2 PIB per cápita del Reino Unido (1875–2014).

1. Tasa de crecimiento anual después de 1921

En el panel de la derecha, la pendiente de la línea (línea negra discontinua) representa la tasa de crecimiento medio anual de 1921 a 2014. Fue del 2,0% anual. Podemos ver que el crecimiento fue constante.

2. Tasa de crecimiento anual de 1875 a 1914

Una línea trazada a través de la serie logarítmica de 1875 a 1914 es más plana que la línea de 1921. La tasa de crecimiento promedio en ese periodo fue de solo 0,9% anual.

constante, acelerándose o desacelerándose con el tiempo. Los datos transformados en logaritmos naturales del panel de la derecha nos permiten responder a la pregunta sobre el ritmo de crecimiento con mayor facilidad. Por ejemplo, para el periodo posterior a la Primera Guerra Mundial, una línea recta de 1921 a 2014 se ajusta bien a los datos. Para un gráfico en el que el eje vertical representa el logaritmo del PIB per cápita, la pendiente de la línea (la línea negra discontinua) representa la tasa de crecimiento anual promedio de la serie. Inmediatamente notamos que el crecimiento fue constante desde 1921 hasta 2014 (con un pequeño repunte durante la Segunda Guerra Mundial). También puede verse que una línea dibujada a través de la serie de registros de 1875 a 1914 es más plana que la línea de 1921, lo que indica que la tasa de crecimiento fue menor.

Exploraremos más el crecimiento a largo plazo en los capítulos 16 y 17. En este capítulo, en cambio, nos enfocaremos en las fluctuaciones: o sea, las desviaciones de la línea negra punteada que muestra la tasa de crecimiento a largo plazo en la figura 13.2.

El panel superior de la figura 13.3 muestra la tasa de crecimiento anual del producto interno bruto (**PIB**) del Reino Unido entre 1875 y 2014. Dado que queremos centrarnos en el tamaño de la economía y cómo cambia de año en año, examinaremos el PIB total en lugar del PIB per cápita.

Está claro por los altibajos de la serie que muestra la figura 13.3 que el crecimiento económico no es un proceso fluido. A menudo escuchamos que las economías atraviesan un auge o una **recesión**. La National Bureau of Economic Research (NBER) (https://tinyco.re/3195217), una organización estadounidense, lo define así: «Durante una recesión, se extiende por toda la economía una disminución significativa de la actividad económica que puede durar desde unos pocos meses hasta más de un año». Una definición alternativa sería que una economía está en recesión durante el periodo de tiempo en que el nivel de producción está por debajo de su nivel normal. Así pues, tenemos dos definiciones de recesión:

- *Definición de NBER*: la producción está disminuyendo. Una recesión termina una vez que la economía comienza a crecer nuevamente.
- *Definición alternativa*: el nivel de producción está por debajo de su nivel normal, incluso si la economía está creciendo. La recesión no termina hasta que la producción ha crecido lo suficiente como para volver a la normalidad.

Hay un problema práctico con la segunda definición: que es cuestión de juicio —y a veces fuente de controversia—, establecer cuál sería el producto *normal* de una economía (retomaremos este tema en capítulos posteriores, donde veremos que el "producto normal" a menudo se define como el que es consistente con una inflación estable).

El movimiento del auge a la recesión y de regreso al auge se conoce como **ciclo económico**. En la figura 13.3, observando el cambio anual en el PIB, se aprecia que las recesiones, entendidas como crecimiento negativo, ocurren aproximadamente dos veces cada diez años, pero que también hay episodios menos frecuentes de fluctuaciones mucho mayores en la producción. En el siglo XX, los grandes picos descendentes coincidieron con el final de las guerras mundiales y con la crisis económica de la Gran Depresión. En el siglo XXI, la crisis financiera mundial se produjo tras un periodo prolongado de fluctuaciones limitadas.

Producto Interno Bruto (PIB)
Medida del valor de mercado de todo lo que produce la economía en un determinado periodo.

recesión Oficina nacional dedicada a la investigación económica en EE.UU., la US National Bureau of Economic Research, lo define como un periodo en el que la producción está disminuyendo. Se termina una vez que la economía comienza a crecer nuevamente. Una definición alternativa sería que es un periodo en el que el nivel de producción está por debajo de su nivel normal, incluso si la economía está creciendo, y no termina hasta que la producción ha crecido lo suficiente como para volver a la normalidad. La última definición tiene el problema de que el nivel 'normal' es subjetivo.

ciclo económico Periodos alternos de tasas de crecimiento más rápidas y más lentas (o incluso negativas). La economía va del auge a la recesión y de regreso al auge. *Véase también: equilibrio a corto plazo.*

En la parte inferior de la figura 13.3 se observa que la tasa de desempleo varía en todo el ciclo económico. Durante la Gran Depresión, el desempleo en el Reino Unido fue más alto que nunca, mientras que se situó en niveles particularmente bajos en las guerras mundiales.

Ryland Thomas y Nicholas Dimsdale. (2017). 'A Millennium of UK Data' (https://tinyco.re/0223548). Banco de Inglaterra. Conjunto de datos OBRA.

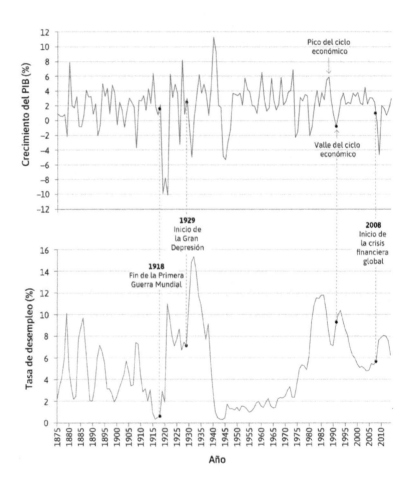

Figura 13.3 Crecimiento del PIB del Reino Unido y tasa de desempleo (1875–2014).

1. Crecimiento del PIB del Reino Unido y desempleo
Los paneles muestran el crecimiento del PIB del Reino Unido y la tasa de desempleo para el periodo 1875–2014.

2. Picos y valles
Las flechas resaltan el pico y el valle de un ciclo económico a finales de la década de 1980 y principios de la década de 1990.

3. La crisis financiera mundial
En el siglo XXI, la crisis financiera de 2008 siguió a un periodo en el que las fluctuaciones habían sido limitadas.

4. Recesiones y desempleo
Podemos ver que los periodos de recesión del ciclo económico están asociados con un aumento del desempleo. En el ciclo económico de principios de la década de 1990, el desempleo continuó aumentando durante un tiempo después de que la tasa de crecimiento comenzara a aumentar de nuevo.

EJERCICIO 13.2 DEFINICIÓN DE RECESIÓN

Una recesión puede definirse como un periodo en el que la producción está disminuyendo o como un periodo en el que el nivel de producción está por debajo de lo normal (a veces denominado «nivel potencial»). Lea este artículo (https://tinyco.re/2305833), especialmente las figuras 5, 6 y 7, para obtener más información.

1. Considere un país que ha estado produciendo una gran cantidad de petróleo y suponga que de un año al siguiente se agotan sus pozos petrolíferos. El país será más pobre que antes. Según las dos definiciones anteriores, ¿está en recesión?
2. ¿Supone alguna diferencia para los responsables de diseñar políticas económicas, cuyo trabajo es administrar la economía, saber si un país está en recesión?

PREGUNTA 13.1 ESCOJA LA(S) RESPUESTA(S) CORRECTA(S)

El siguiente es el gráfico del logaritmo natural del PIB real per cápita del Reino Unido entre 1875 y 2014:

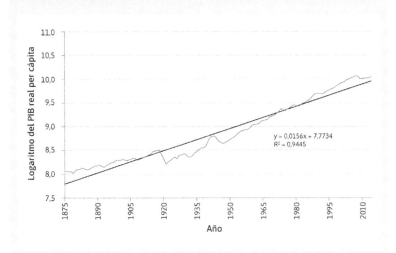

Según esta información, ¿cuál de las siguientes afirmaciones es correcta?

☐ El gráfico muestra que el PIB real per cápita en el Reino Unido en 1955 era de aproximadamente 8000 libras esterlinas.

☐ La pendiente de la línea recta que mejor se ajuste es la tasa de crecimiento anual promedio.

☐ El gráfico muestra que la tasa de crecimiento promedio fue menor en las décadas posteriores a 1921 que en las décadas anteriores a 1918.

☐ El gráfico del PIB real per cápita trazado usando una representación semilogarítmica sería muy diferente al gráfico anterior.

EINSTEIN

Escalas logarítmicas

En el capítulo 1, hicimos uso frecuente de una escala logarítmica en el eje vertical para mostrar datos a largo plazo. Decíamos que se trataba de un diagrama con escala semilogarítmica porque los gráficos tenían una escala logarítmica en uno de sus ejes y una escala lineal en su otro eje.

Podemos definir una escala donde cada marca representa el doble de la anterior (como en la figura 1.1b (página 14)):

$$2^0, 2^1, 2^2, \ldots$$

O una escala donde los valores se multipliquen por 10 (como en la figura 1.2 (página 4)), así:

$$10^0, 10^1, 10^2, \ldots$$

La primera es una escala logarítmica en base 2; la segunda está en base 10.

Como vimos en los gráficos del capítulo 1, si los datos forman una línea recta en un diagrama con escala semilogarítmica, entonces la tasa de crecimiento es constante. Un método diferente de usar esta propiedad de los logaritmos es convertir primero los datos en logaritmos naturales y luego trazarlos en una escala que sea lineal en los log. Los logaritmos naturales usan la base e, siendo e un número (aproximadamente 2,718) que tiene propiedades útiles desde el punto de vista matemático.

Podemos usar una calculadora o un programa de hoja de cálculo para convertir niveles a logaritmos naturales. Como puede ver, cuando se aplica a estos datos, convierte la línea curva en el panel de la izquierda de la figura 13.2 (página 610) en una que es casi una línea recta en la de la derecha.

Usar las funciones de gráficos de Microsoft Excel ayuda a ilustrar la relación entre trazar los datos con una escala logarítmica en el eje vertical (figura 13.4a, que use la escala de duplicación o base 2) y transformar los datos en logaritmos naturales y situar los puntos en un diagrama de dispersión en una escala lineal (en logs) en el eje (figura 13.4b). Tenga en cuenta que las marcas de verificación se duplican, pasando de 4096 a 8192 y luego a 16 384 en la figura 13.4a, mientras que aumentan de 8,5 a 9 y luego a 9,5 en la figura 13.4b.

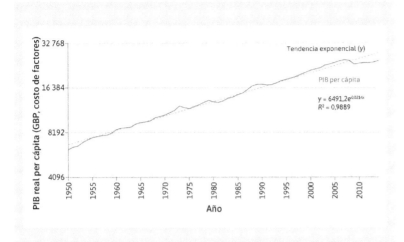

Figura 13.4a La escala logarítmica y una función exponencial.

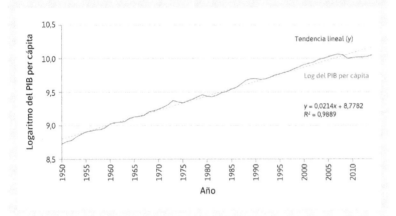

Figura 13.4b La escala lineal en logaritmos naturales y una función lineal.

En cada gráfico aparece una línea junto a la serie de datos. Con Excel, creamos la figura 13.4a seleccionando Análisis/Línea de tendencia y luego seleccionando «Exponencial». Excel encuentra la línea o curva que mejor se ajusta a los puntos de datos: dado que la escala es una escala logarítmica, se muestra una línea recta. Se obtiene la ecuación de la línea. Otra hoja de cálculo u otro software de gráficos ofrecen características similares.

Podemos ver que la función exponencial usa lo que se llama base e, en contraste con la base 2 (duplicación) o la base 10 (multiplicación por diez). El exponente en e nos indica la tasa de crecimiento anual compuesta de la serie: $0{,}0214 \times 100 = 2{,}14\%$ por año.

En la figura 13.4b, si usamos Excel para seleccionar la opción «Ajustar una función lineal», aparece una línea recta. Esta vez, vemos una ecuación para una línea recta con intersección 8,7782 y pendiente 0,0214. Ahora la pendiente de la línea nos dice la tasa exponencial (o, de manera equivalente, compuesta) de crecimiento anual de la serie: $0{,}0214 \times 100 = 2{,}14\%$ por año.

En resumen:

- Cuando se muestra en un gráfico una serie de datos usando un diagrama con escala semilogarítmica o transformando los datos en logaritmos naturales y el resultado es aproximadamente lineal, eso significa que la tasa de crecimiento de la serie es aproximadamente constante. Esta tasa de crecimiento constante se llama tasa de crecimiento exponencial.
- La tasa de crecimiento exponencial, conocida también como tasa de crecimiento anual compuesta (TCAC, CAGR en inglés), es la pendiente de la línea cuando se traza el logaritmo natural de la serie de datos.
- Observe la desviación persistente de la economía británica de la línea de tendencia después de la crisis financiera de 2008.

13.2 CRECIMIENTO DEL PRODUCTO Y CAMBIOS EN EL DESEMPLEO

Vimos en la figura 13.3 (página 612) que el desempleo disminuye en los momentos de auge y aumenta en las recesiones.

La figura 13.5 muestra la relación entre el producto y las fluctuaciones del desempleo, conocida como **ley de Okun**. Arthur Okun, asesor del presidente estadounidense Kennedy, reparó en que, cuando el crecimiento de la producción de un país era alto, el desempleo tendía a disminuir. La ley de Okun ha sido una relación empírica fuerte y estable en la mayoría de las economías desde la Segunda Guerra Mundial.

La figura 13.5 muestra el cambio en la tasa de desempleo (eje vertical) y la tasa de crecimiento del producto (eje horizontal) para seis países: un mayor crecimiento del producto está claramente asociado con una disminución del desempleo. En el gráfico de cada país, vemos que hay una línea descendente, que es la que mejor se ajusta a los puntos. En Estados Unidos, por ejemplo, la pendiente de la línea implica que, de media, un aumento del 1% en la tasa de crecimiento del producto disminuye la tasa de desempleo en aproximadamente 0,38 puntos porcentuales. Decimos que el **coeficiente de Okun** es –0,38 en Estados Unidos. Nuestro Einstein al final de esta sección muestra cómo derivar el coeficiente.

El punto etiquetado como 2009 en cada gráfico de la figura 13.5 muestra los cambios en el PIB real y el desempleo que se produjeron entre 2008 y 2009, durante la recesión que siguió a la crisis financiera mundial. Podemos ver que, en 2009, las cuatro economías avanzadas experimentaron la peor contracción de su producción en 50 años. Tal y como predice la ley de Okun, el desempleo aumentó en España, Japón y Estados Unidos.

Ahora bien, en cada uno de estos tres países, el aumento del desempleo fue mayor de lo que cabía esperar con base en la ley de Okun: el punto rojo está muy por encima de la línea negra de mejor ajuste. Alemania, en cambio, fue un caso muy diferente: la ley de Okun predijo un aumento del desempleo de 1,65 puntos porcentuales en Alemania pero, como muestra el punto rojo, el desempleo alemán apenas cambió en 2009. Sin duda, cualquier responsable de política económica querría saber cómo logró Alemania proteger el empleo ante la mayor disminución del nivel de producción de la economía en 50 años. Más adelante en este capítulo veremos por qué.

ley de Okun Regularidad empírica consistente en que los cambios en la tasa de crecimiento del PIB se correlacionan negativamente con la tasa de desempleo. *Véase también: coeficiente de Okun.*

coeficiente de Okun Cambio en la tasa de desempleo expresado en puntos porcentuales que se prevé que esté asociado con un cambio del 1% en la tasa de crecimiento del PIB. *Véase también: ley de Okun.*

Brasil y Malasia también experimentaron contracciones de la producción y un aumento del desempleo en 2009. Sin embargo, como ocurrió con la mayoría de las economías en desarrollo, la crisis las afectó menos que a las economías avanzadas. Además, Malasia había experimentado recientemente una contracción mucho peor durante la crisis que golpeó Asia Oriental en 1998, cuando registró un crecimiento negativo de −7,4%, tan bajo que ni siquiera aparece en nuestro gráfico.

Podemos resumir la relación entre producción, desempleo y bienestar de esta manera:

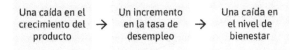

Una caída en el crecimiento del producto → Un incremento en la tasa de desempleo → Una caída en el nivel de bienestar

EJERCICIO 13.3 LEY DE OKUN

1. Mire las líneas de regresión (las líneas de mejor ajuste) en la figura 13.5. ¿Qué predicción muestra la línea de regresión para el desempleo cuando la economía no está creciendo? ¿Son los resultados los mismos para todos los países?

2. Suponga que la población está creciendo. ¿Puede usar esta suposición para proporcionar una explicación de sus resultados en la pregunta 1? ¿Qué más podría explicar las diferencias entre países?

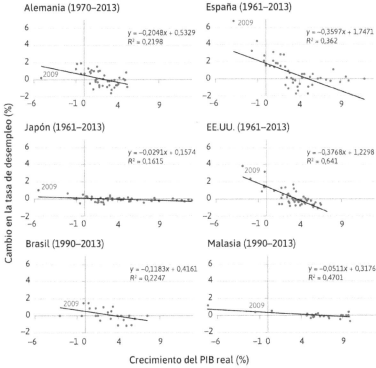

OCDE. 2015. *eEstadísticas de la OCDE* (https://tinyco.re/9377362); Banco Mundial. 2015. *Indicadores del Desarrollo Mundial* (https://tinyco.re/9263826).

Figura 13.5 Ley de Okun para una serie de economías seleccionadas.

PREGUNTA 13.2 ESCOJA LA(S) RESPUESTA(S) CORRECTA(S)

El siguiente gráfico muestra la relación entre el crecimiento del PIB real y los cambios en el nivel de desempleo para Estados Unidos entre 1961 y 2013.

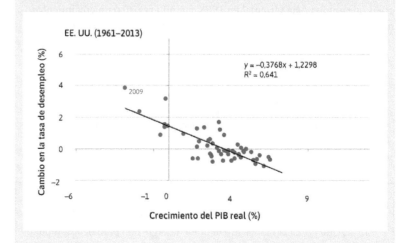

La ecuación que se muestra es el resultado de la regresión para la línea que mejor se ajusta. Según esta información, ¿cuál de las siguientes afirmaciones es correcta?

☐ La tasa de desempleo se mantiene estable cuando hay un crecimiento real del PIB igual a cero.

☐ El coeficiente de Okun para EE.UU. es 1,2298.

☐ Con base en el resultado de la regresión, los responsables de la política económica pueden estar seguros de que un aumento del 1% en el PIB real el próximo año conducirá sin duda a una caída en la tasa de desempleo del 0,38%.

☐ Con el PIB real cayendo un 2,8% en 2009, el aumento previsto de la tasa de desempleo habría sido del 2,3%.

EINSTEIN

Ley de Okun
Se define como:

$$\Delta u_t = \alpha + \beta(\text{crecimiento del PIB}_t)$$

Δu_t es el cambio en la tasa de desempleo a lo largo del tiempo t, (crecimiento del PIB$_t$) es el crecimiento real del PIB a lo largo del tiempo t, α es el valor de la intersección, y β es un coeficiente que determina cómo se prevé que el crecimiento del PIB real se traduzca en un cambio en la tasa de desempleo. La Ley de Okun es una relación lineal empírica que asocia el crecimiento real del PIB con los cambios en el desempleo. El coeficiente β, llamado coeficiente de Okun, suele ser negativo, lo que sugiere que un crecimiento positivo del PIB real se asociará con una caída en la tasa de desempleo.

La relación estimada de la ley de Okun para Alemania, para el periodo 1970–2013, tiene coeficientes $\beta = -0,20$ y $\alpha = 0,53$.

Cuando estimamos una línea de mejor ajuste, también medimos la R al cuadrado (R^2), que es una variable estadística que se encuentra entre 0 y 1, y mide cuánto se ajustan los datos observados a la línea que dibujamos a través de ellos. Un valor de 1 representa un ajuste perfecto, mientras que un valor de 0 implica que no hay una relación observable entre las observaciones y la predicción. En nuestro caso, R^2 mide cuánto se acerca la ley de Okun a los datos para el crecimiento del PIB real y los cambios en el nivel de desempleo. El estadístico R^2 es 0,22 para Alemania para el periodo 1970–2013, que es un valor mucho más bajo que el de la ecuación de la ley de Okun estimada para EE.UU., que es 0,64.

Para calcular el cambio porcentual previsto en el nivel de desempleo de Alemania en 2009 utilizando la ecuación de la ley de Okun, simplemente introducimos el valor del crecimiento del PIB real para Alemania en 2009 y resolvemos la ecuación de la siguiente manera:

$$\Delta u_{2009} = 0,53 + (-0,20) \times (-5,1) = 1,58$$

La ley de Okun predice que la caída del PIB del 5,1% en 2009 en Alemania debería haberse asociado con un aumento del desempleo de 1,58 puntos porcentuales.

13.3 MEDICIÓN DE LA ECONOMÍA AGREGADA

Los economistas usan lo que se llama estadísticas agregadas para describir la economía en su conjunto (lo que se conoce como economía agregada, que significa simplemente la suma de todas sus partes).

En la figura 13.5, el **producto agregado** (PIB) es la producción de todos los productores en un país, no solo los de alguna región, empresa o sector. Recuerde del capítulo 1 que Diane Coyle, una economista que especializada en estudiar cómo medimos el PIB, lo describe como:

> Todo, desde uñas hasta cepillos de dientes, tractores, zapatos, cortes de cabello, consultoría de gestión, limpieza de calles, enseñanza de yoga, platos, vendas, libros y los millones de otros servicios y productos en la economía.

Las **cuentas nacionales** son estadísticas publicadas por las oficinas nacionales de estadística que utilizan información sobre el comportamiento individual para construir una imagen cuantitativa de la economía en su conjunto. Hay tres formas diferentes de estimar el PIB:

- *Gasto*: El total gastado por los hogares, las empresas, el sector público y los residentes de otros países en los productos de la economía nacional.
- *Producción*: El total producido por las industrias que operan en la economía nacional. La producción se mide por el **valor agregado** por cada sector de la economía: esto significa que el costo de los bienes y servicios utilizados como insumos para la producción se resta del valor de la producción. Estos insumos se medirán en el valor agregado de otros sectores, lo que evita el doble conteo al medir la producción en la economía en su conjunto.
- *Ingresos*: la suma de todos los ingresos recibidos, incluidos los salarios, los beneficios empresariales, los ingresos de los trabajadores independientes y los impuestos recibidos por el sector público.

producto agregado Producción total de una economía, en todos los sectores y regiones.

cuentas nacionales Sistema utilizado para medir la producción y el gasto totales en un país.

valor agregado Para un proceso de producción, este es el valor de la producción menos el valor de todos los insumos (llamados bienes intermedios). Los bienes de capital y la mano de obra utilizados en la producción no son bienes intermedios. El valor agregado es igual a los beneficios antes de impuestos más los salarios.

En el siglo xviii en Francia, un grupo de economistas, llamados fisiócratas, estudió la economía y comparó la forma en que funcionaba con el flujo circular de sangre en el cuerpo humano. Su teoría fue la precursora de nuestra noción actual del flujo circular en la economía que nos permite calcular el PIB. El dinero fluye del que gasta al productor, del productor a sus empleados o accionistas, y luego se gasta nuevamente en más productos, continuando así el ciclo.

La relación entre gasto, producción e ingresos en la economía en su conjunto puede representarse como un flujo circular: la medición del PIB a través de las cuentas nacionales se puede realizar en la etapa de gasto, la etapa de producción o la etapa de ingresos. Si fuera posible una medición precisa, el total de gastos, productos e ingresos en un año sería el mismo, por lo que el punto en el que se tomara la medición no importaría.

Esto se debe a que cualquier gasto en un bien o servicio, que a su vez debe haberse producido con anterioridad, representa un ingreso para el vendedor del producto. Si usted compra un taco a un vendedor ambulante por 20 pesos, su gasto es de 20 pesos, el valor agregado del taco cuya producción era necesaria para que tuviera lugar esa venta es de 20 pesos, y el ingreso recibido por el vendedor ambulante también es de 20 pesos. Lo mismo puede decirse en el caso de la compra de un automóvil por 20 000 dólares, un masaje de 50 dólares o un seguro de 20 dólares por mes, por ejemplo.

Los hogares y las empresas reciben ingresos y también gastan. La figura 13.6 muestra el flujo circular entre los hogares y las empresas (ignorando por ahora el papel del gobierno y las compras y ventas desde y al exterior).

En el modelo de la economía en la figura 1.12 (página 44), observamos los flujos físicos entre los hogares, las empresas y la biosfera en lugar del flujo circular de ingresos. En el capítulo 20, observamos cómo se puede medir la interacción de los hogares y las empresas con la biosfera.

El PIB se puede definir de acuerdo con cualquiera de estas tres perspectivas. Pero debemos tener cuidado en la definición porque, si bien siempre se da el caso de que el gasto de una persona es el ingreso de otra, la globalización significa que a menudo esas dos personas están en países diferentes. Es lo que ocurre con las **importaciones** y **exportaciones**: alguien en China puede comprar arroz a alguien en Japón, lo que implica que el gasto es chino, mientras que el ingreso es japonés.

importaciones (M) Bienes y servicios producidos en otros países y comprados por hogares, empresas y el gobierno nacionales.
exportaciones (X) Bienes y servicios producidos en un país en particular, y vendidos a hogares, empresas y gobiernos de otros países.

Figura 13.6 El modelo de flujo circular: tres formas de medir el PIB.

¿Cómo contabilizamos estas transacciones? Dado que el PIB se define como producto interno, cuenta como PIB japonés porque el arroz fue producido (y vendido) por Japón. Por lo tanto, las exportaciones se incluyen en el PIB porque son parte de la producción nacional; pero las importaciones, no, porque se producen en otros lugares. Por esta razón, el PIB se define para incluir exportaciones y excluir importaciones:

- como el valor agregado de la producción nacional, o como gasto en producción nacional
- como ingresos por producción nacional

El modelo de flujo circular de la figura 13.6 consideraba solo a los hogares y las empresas, pero el gobierno y los servicios públicos que proporciona el gobierno pueden incorporarse al diagrama de manera similar. Los hogares reciben algunos bienes y servicios que son suministrados por el gobierno, por los cuales no pagan en el punto de consumo. Un buen ejemplo es la educación primaria.

El consumo y la producción de estos servicios se pueden visualizar utilizando el modelo de flujo circular:

- *Hogares al sector público*: los hogares pagan impuestos.
- *Sector público a hogares*: estos impuestos pagan la producción de servicios públicos utilizados por los hogares.

De esta manera, el sector público puede considerarse como otro productor, como una empresa, con la diferencia de que los impuestos pagados por un hogar en particular sufragan los servicios públicos en general y no corresponden necesariamente a los servicios recibidos por ese hogar. En el capítulo 19 veremos cómo el pago de impuestos y la recepción de servicios públicos o prestaciones varía de un hogar a otro. Dado que los servicios públicos no se venden en el mercado, también tenemos que hacer una suposición adicional: que el valor agregado de la producción pública es igual a los costos en que incurre el sector público al producir.

Así pues, podemos decir que si, por ejemplo, los ciudadanos pagan un promedio de 15 000 dólares por año de impuestos (el gasto), eso equivale a 15 000 dólares de ingresos para el sector público (el ingreso), que lo utiliza para producir bienes y servicios públicos por valor de 15 000 (el valor agregado).

El hecho de que el gasto, la producción y los ingresos sean todos iguales significa que podemos usar cualquiera de estas perspectivas para ayudarnos a comprender las otras dos. Hemos definido las recesiones como periodos de crecimiento negativo de la producción. Pero esto significa que también deben ser periodos de crecimiento negativo del gasto, pues la producción solo disminuirá si las personas compran menos. A menudo, incluso podemos decir que la producción disminuye porque la gente compra menos. Esto es muy útil porque sabemos mucho sobre lo que determina el gasto, lo que a su vez nos ayuda a comprender las recesiones, como veremos en el capítulo 14.

13.4 MEDICIÓN DE LA ECONOMÍA AGREGADA: LOS COMPONENTES DEL PIB

La figura 13.7 muestra los diferentes componentes del PIB desde el lado del gasto, medidos en las cuentas nacionales para economías de tres continentes diferentes: Estados Unidos, la eurozona y China.

Consumo (C)

El **consumo** incluye los bienes y servicios adquiridos por los hogares. Los bienes son normalmente cosas tangibles. Los bienes que duran tres años o más, como automóviles, electrodomésticos y muebles, se denominan bienes duraderos; los que duran periodos más cortos son bienes no duraderos o perecederos. Los servicios son cosas que los hogares compran que suelen caracterizarse por ser intangibles, como transporte, el derecho a vivir en una vivienda (pago del alquiler), la suscripción a un gimnasio o un tratamiento médico. El gasto de los hogares en bienes duraderos como automóviles y equipamientos domésticos se contabiliza en el consumo en las cuentas nacionales, aunque, como veremos, en términos económicos la decisión de comprar estos artículos duraderos es más bien una decisión de inversión.

En la tabla de la figura 13.7 vemos que en los países avanzados el consumo es, con mucho, el mayor componente del PIB, pues contribuye cerca del 56% en la eurozona y el 68% en Estados Unidos. Esto contrasta con China, donde el consumo final de los hogares representa el 37% del PIB.

Inversión (I)

Consiste en el gasto de las empresas en nuevos equipos y nuevos edificios comerciales. Además, también incluye el gasto en estructuras residenciales (la construcción de nuevas viviendas).

Otro elemento adicional de la **inversión** es la producción no vendida por las empresas, que se registra como un elemento separado en las cuentas nacionales y se denomina cambio en los **inventarios** o existencias. Incluir cambios en las existencias es esencial para garantizar que cuando medimos el PIB por el método de producción (lo que se produce) sea igual al PIB medido por el método del gasto (lo que se gasta, incluida la inversión de las empresas en inventarios no vendidos).

La inversión representa una proporción mucho menor del PIB en los países de la OCDE, aproximadamente una quinta parte del PIB en Estados Unidos y la eurozona. En contraste, la inversión representa casi la mitad del PIB en China.

consumo (C) Gasto en bienes de consumo, incluidos bienes y servicios de corta duración y bienes de larga duración, que se denominan bienes de consumo duraderos.

inversión (I) Gasto en bienes de capital de reciente producción (maquinaria y equipos) y edificios, incluidas las viviendas nuevas.
inventarios Bienes de inventario en posesión de una empresa antes de su venta o uso, incluidas tanto las materias primas como los bienes parcialmente terminados o terminados destinados a la venta.

OCDE 2015. *Estadísticas de la OCDE* (https://tinyco.re/9377362); Banco Mundial. 2015. *Indicadores del Desarrollo Mundial* (https://tinyco.re/9263826). La OCDE reporta una discrepancia estadística para China del −3,1% del PIB.

	EE.UU.	Eurozona (19 países)	China
Consumo (C)	68,4%	55,9%	37,3%
Gasto público (G)	15,1%	21,1%	14,1%
Inversión (I)	19,1%	19,5%	47,3%
Cambio en inventarios	0,4%	0,0%	2,0%
Exportaciones (X)	13,6%	43,9%	26,2%
Importaciones (M)	16,6%	40,5%	23,8%

Figura 13.7 Desglose del PIB en 2013 para EE.UU., la eurozona y China.

Gasto público en bienes y servicios (G)

Este gasto representa las compras de consumo e inversión por parte del Estado (tanto administración central como local). Las compras de consumo público son de bienes (como equipos de oficina, software y automóviles) y servicios (como los salarios de funcionarios públicos, fuerzas armadas, policías, maestros y científicos). El gasto público de inversión se destina a la construcción de carreteras, escuelas y equipos de defensa. Gran parte del **gasto público** en bienes y servicios está destinado a salud y educación.

Las **transferencias públicas** en forma de prestaciones y pensiones, como Medicare en EE.UU. o las prestaciones de la seguridad social en Europa, no se incluyen en G porque los hogares las reciben como ingresos: cuando se gastan, se registran como C o I. Si se registrara este gasto en G, supondría contabilizarlo por partida doble.

La proporción del gasto público en bienes y servicios es ligeramente mayor en Europa (21,1%) que en Estados Unidos (15,1%), pero recuerde que quedan excluidas las transferencias (como prestaciones y pensiones), en las que se produce la mayor diferencia en el papel del Estado entre Europa y Estados Unidos. En 2012, el gasto público total, incluidas las transferencias, fue del 57% del PIB en Francia, en comparación con el 40% del PIB en Estados Unidos.

Exportaciones (X)

Bienes y servicios producidos en el país que son adquiridos por hogares, empresas y gobiernos de otros países.

Importaciones (M)

Bienes y servicios comprados por hogares, empresas y gobiernos de la economía nacional que se producen en otros países.

Exportaciones netas (X − M)

Son la diferencia entre el valor de las exportaciones y las importaciones $(X - M)$. También se conoce como **balanza comercial**.

En 2010, Estados Unidos tenía un déficit comercial del 3,4% del PIB y China tenía un superávit comercial del 3,6% del PIB. La balanza comercial presenta un **déficit comercial** si el valor de las exportaciones menos el valor de las importaciones es negativo; en cambio, se llama **superávit comercial** si es positivo.

PIB (Y)

Para calcular el PIB, que es la **demanda agregada** de lo que se produce en el país, sumamos las compras de los de otros países (exportaciones) y restamos las compras de bienes y servicios producidos en el extranjero por los residentes de origen (importaciones). Tomando a China como ejemplo, su PIB es la demanda agregada de la producción de China, que incluye sus exportaciones menos sus importaciones.

Trabajar con datos de cuentas nacionales es una forma de aprender sobre la economía, y una manera fácil de hacerlo es utilizar los datos

gasto público (G) Gasto de las administraciones públicas para comprar bienes y servicios. Cuando se usa como un componente de la demanda agregada, no incluye el gasto en transferencias como pensiones y prestaciones por desempleo. *Véase también: transferencias públicas o del gobierno.*

transferencias públicas o del gobierno Gasto de las administraciones públicas en forma de pagos a hogares o individuos. Incluye, por ejemplo, las prestaciones por desempleo y las pensiones. Las transferencias no están incluidas en el gasto público (G) en las cuentas nacionales. *Véase también: gasto público (G).*

balanza comercial Valor de las exportaciones menos el valor de las importaciones. *También se conoce como exportaciones netas. Véase también: déficit comercial, superávit comercial.*
déficit comercial Balanza comercial negativa de un país (importa más de lo que exporta). *Véase también: superávit comercial, balanza comercial.*
superávit comercial Balanza comercial positiva de un país (exporta más de lo que importa). *Véase también: déficit comercial, balanza comercial.*
demanda agregada Total de los componentes del gasto en la economía; se suman para obtener el PIB: $Y = C + I + G + X - M$. Es la cantidad total de demanda de (o gasto en) bienes y servicios producidos en la economía. *Véase también: consumo (C), inversión, gasto público, exportaciones, importaciones.*

económicos de la Reserva Federal o Federal Reserve Economic Data (FRED) (https://tinyco.re/3965569). Para obtener más información sobre el país donde vive y compararlo con otros países, pruebe a hacer el ejercicio 13.4.

En la mayoría de los países, el gasto en consumo privado constituye la mayor parte del PIB (véase la figura 13.7 para verificar que es así). El gasto en inversión representa una proporción mucho menor (el nivel muy alto de inversión de China, que se muestra en la figura 13.7, es excepcional). Utilizamos los datos de las cuentas nacionales para calcular cuánto contribuye cada componente del gasto a las fluctuaciones del PIB.

La siguiente ecuación muestra cómo el crecimiento del PIB puede desglosarse en las contribuciones realizadas por cada componente del gasto. Podemos ver que la contribución de cada componente al crecimiento del PIB depende tanto de la proporción del PIB que suponga ese componente como de su crecimiento durante el periodo anterior.

$$\text{cambio porcentual en el PIB} = \begin{array}{l} (\text{cambio porcentual en el consumo} \times \\ \text{participación del consumo en el PIB}) \\ + \\ (\text{cambio porcentual en la inversión} \times \\ \text{participación de la inversión en el PIB}) \\ + \\ (\text{cambio porcentual en el gasto público} \times \\ \text{participación del gasto público en el PIB}) \\ + \\ (\text{cambio porcentual en exportaciones netas} \times \\ \text{participación de las exportaciones netas en el PIB}) \end{array}$$

La tabla en la figura 13.8 muestra las contribuciones de los componentes del gasto al crecimiento del PIB de Estados Unidos. Los datos son de 2009, en medio de la recesión causada por la crisis financiera mundial. Podemos ver que:

- Aunque la inversión representa menos de una quinta parte del PIB de EE.UU., contribuyó de manera mucho más importante a la contracción de la economía que la caída del gasto en consumo.
- Aunque el consumo representa aproximadamente el 70% del PIB de EE.UU., el efecto de la inversión en el PIB fue más de tres veces superior al del consumo.
- A diferencia del consumo y la inversión, el gasto público contribuyó positivamente al crecimiento del PIB. El gobierno de Estados Unidos utilizó la herramienta del estímulo fiscal para apuntalar la economía durante un periodo en el que la demanda del sector privado se contrajo.
- Las exportaciones netas también contribuyeron positivamente al PIB, lo que refleja tanto el mejor desempeño de las economías emergentes después de la crisis como el colapso de la demanda de importaciones que acompañó a la recesión.

Banco de la Reserva Federal de San Luis. 2015. FRED (https://tinyco.re/3965569). Fíjese que, en las cuentas nacionales, la inversión gubernamental se cuenta como gasto público y no como inversión.

	PIB	Consumo	Inversión	Gasto público	Exportaciones netas
2009	−2,8	−1,06	−3,52	0,64	1,14

Figura 13.8 Contribuciones al cambio porcentual en el PIB real de Estados Unidos en 2009.

Limitaciones del PIB como medida

Hay que tener en cuenta tres cosas al utilizar el concepto de PIB:

1. *Es una medida convencional del tamaño de una economía*: En el capítulo 1 examinamos qué incluye el PIB. En el capítulo 20 se introduce el concepto de la contabilidad verde del crecimiento, que muestra cómo calcular el tamaño de la economía y su crecimiento teniendo en cuenta la degradación medioambiental.

2. *Distinguir el PIB agregado del PIB per cápita*: esto es especialmente important-ante cuando se habla de crecimiento. En esta sección, la atención se ha centrado en el PIB y las contribuciones de los diferentes componentes de la demanda a su crecimiento. En otros contextos, el concepto relevante es una medida per cápita. Para ver la diferencia, tenga en cuenta que el PIB en el Reino Unido creció un 7% entre 2007 y 2015, pero el PIB per cápita creció solo un 0,8%. La explicación es que hubo un gran aumento en la inmigración.

3. *El PIB per cápita es una medida defectuosa de los niveles de vida*: recuerde que ya vimos en el capítulo 1 que el discurso de Robert Kennedy en 1968 (https://tinyco.re/9533853) en la Universidad de Kansas precisamente mencionaba estos defectos (busque el «Producto Nacional Bruto» en el texto).

PREGUNTA 13.3 ESCOJA LA(S) RESPUESTA(S) CORRECTA(S)

¿Cuál de las siguientes afirmaciones es correcta con respecto a la medición del PIB?

☐ El PIB se puede medir como el gasto total en bienes y servicios producidos en el país, el valor agregado total de la producción nacional o la suma de todos los ingresos recibidos de la producción nacional.

☐ Tanto las exportaciones como las importaciones se incluyen en la medición del PIB.

☐ La producción del sector público no está incluida en el PIB.

☐ El valor agregado de la producción pública se calcula utilizando el precio al que se venden los bienes y servicios públicos en el mercado.

PREGUNTA 13.4 ESCOJA LA(S) RESPUESTA(S) CORRECTA(S)

¿Cuál de los siguientes cambios aumentaría el PIB?

☐ Una disminución de las importaciones, manteniendo constantes todos los demás componentes del PIB.

☐ Un aumento de las remesas enviadas a los residentes nacionales por familiares que viven en el extranjero.

☐ Un aumento en el gasto público.

☐ Una disminución de las exportaciones.

EJERCICIO 13.4 CÓMO USAR FRED

Si desea datos macroeconómicos en tiempo real sobre la tasa de desempleo en Alemania o el crecimiento de la producción de China, no necesita aprender alemán y chino ni luchar para familiarizarse con los archivos nacionales. ¡FRED lo hace por usted! FRED es una completa fuente de datos actualizada que gestiona el Banco de la Reserva Federal de San Luis, en Estados Unidos, que forma parte del sistema del banco central de ese país. FRED contiene las principales estadísticas macroeconómicas de casi todos los países desarrollados desde la década de 1960, y también le permite crear sus propios gráficos y exportar datos a una hoja de cálculo.

Para aprender a usar FRED para encontrar datos macroeconómicos, siga estos pasos:

- Visite el sitio web de FRED (https://tinyco.re/ 8136544).
- En la barra de búsqueda, escriba «Producto Interno Bruto» (PIB) en inglés: *'Gross Domestic Product'* (GDP) y el nombre de una gran economía global. Seleccione la serie anual para el PIB nominal (precios actuales, es decir, *current prices*) y real (precios constantes, es decir, *constant prices*) para este país. Haga clic en el botón *'Add to Graph'* ("Agregar al gráfico") en la parte inferior de la página.

Use el gráfico que creó para responder estas preguntas:

1. ¿Cuál es el nivel de PIB nominal en el país que eligió este año?
2. FRED establece que el PIB real se vincula a un año específico (esto significa que se evalúa en términos de precios constantes para ese año). Tenga en cuenta que el PIB real y la serie del PIB nominal se cruzan en un punto. ¿Por qué pasa esto?

Del gráfico FRED, conserve solo la serie del PIB real. FRED muestra las recesiones en las áreas sombreadas para la economía de Estados Unidos, utilizando la definición de NBER, pero no las muestra para otras economías. Para otras economías, suponga que una recesión se define como dos trimestres consecutivos de crecimiento negativo. En la parte inferior de la página del gráfico, seleccione *'Create your own data transformation'* ('Crear su propia transformación de datos') y haga clic en *'Percent change from one year'* ('Cambio porcentual en un año'). FRED le da una pista sobre cómo calcular una tasa de crecimiento en la parte inferior de la página: *notes on growth rate calculation and recessions* (notas sobre la tasa de crecimiento cálculo y recesiones). La serie ahora muestra el cambio porcentual en el PIB real.

3. ¿Cuántas recesiones ha sufrido la economía que eligió a lo largo de los años marcados en el gráfico?
4. ¿Cuáles son las dos mayores recesiones en términos de longitud y magnitud?

Ahora agregue al gráfico la tasa de desempleo trimestral para la economía elegida (haga clic en el enlace *'Add data series'* («Agregar serie de datos») que hay debajo del gráfico y busque *'Unemployment'* («Desempleo») y el nombre del país elegido).

5. ¿Cómo reacciona la tasa de desempleo durante las dos recesiones principales que ha identificado?
6. ¿Cuál fue el nivel de la tasa de desempleo durante el primer y el último trimestre de crecimiento negativo para esas dos recesiones?
7. ¿Qué concluye con base en todo esto sobre el vínculo entre una recesión y la variación en el nivel de desempleo?

Nota: Para asegurarse de comprender cómo se crean estos gráficos FRED, tal vez desee extraer los datos a una hoja de cálculo y crear un gráfico que muestre la tasa de crecimiento del PIB real y la evolución de la tasa de desempleo desde 1948 para la economía estadounidense.

13.5 CÓMO HACEN FRENTE A LAS FLUCTUACIONES LOS HOGARES

Las economías fluctúan entre buenos y malos tiempos. Aunque hasta ahora hemos estudiado economías industrializadas, esto también es cierto en economías basadas en la agricultura. La figura 13.9a ilustra las fluctuaciones en la producción en la economía británica, en gran parte agraria, entre 1550 y 1700. Del mismo modo que dividimos el PIB en diferentes componentes del lado del gasto, también podemos dividirlo en diferentes sectores por el lado de la producción. La figura 13.9a muestra la tasa de crecimiento del PIB real y de los tres sectores principales: agricultura, industria y servicios. Siga el análisis en la figura 13.9a para ver cómo el sector agrícola impulsó las fluctuaciones en el PIB.

La figura 13.9b muestra las tasas de crecimiento del PIB real y la agricultura en la India desde 1960. En 1960, la agricultura representaba el 43% de la economía, porcentaje que había disminuido al 17% para 2014. Debido en gran parte a los métodos modernos de cultivo, la agricultura en la India moderna no es tan volátil como lo era en Gran Bretaña antes de 1700, pero sigue siendo casi el doble de volátil que el PIB en su conjunto.

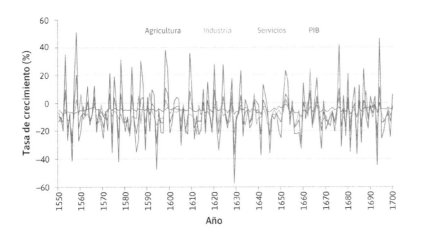

Ver estos datos en OWiD
https://tinyco.re/2907345

Stephen Broadberry, Bruce M. S. Campbell y Alexander Klein. 2015. *British Economic Growth, 1270–1870.* Cambridge: Cambridge University Press.

Figura 13.9a El papel de la agricultura en las fluctuaciones de la economía agregada en Gran Bretaña (1550–1700).

1. Crecimiento del PIB entre 1550 y 1700
La figura muestra la tasa de crecimiento del PIB real y sus tres sectores principales en este momento.

2. Agricultura
Claramente, el sector agrícola es mucho más volátil que otros sectores.

3. Industria
En este periodo, la diferencia media en la producción del sector agrícola entre un año y el siguiente es tres veces mayor que la del sector industrial...

4. Servicios
...y más de 10 veces mayor que la del sector servicios.

5. La agricultura fue responsable de las fluctuaciones en el PIB
Entre 1552 y 1553, el sector agrícola se expandió en un 41% y el PIB aumentó en un 17%. Al año siguiente, el sector agrícola se contrajo un 16% y la economía se contrajo un 8%.

shock Cambio exógeno en algunos de los datos fundamentales utilizados en un modelo.

Para ayudarnos a pensar en los costos y las causas de las fluctuaciones económicas, comenzamos con una economía agraria. En una economía basada en la producción agrícola, el clima, junto con la guerra y las enfermedades, es una causa determinante de que un año sea bueno o malo. El término **perturbación o *shock*** se utiliza en economía para referirse a un evento inesperado, por ejemplo, condiciones climáticas extremas o una guerra. Como sabemos, las personas piensan en el futuro y generalmente anticipan que pueden ocurrir eventos impredecibles. Estas expectativas también condicionan su comportamiento. En una economía moderna, este es el motivo de la existencia del sector de los seguros. En una economía agraria, los hogares también asumen que pueden tener tanto mala suerte como buenas cosechas.

¿Cómo afrontan los hogares estas fluctuaciones, que pueden reducir sus ingresos a la mitad de una temporada a la siguiente?

Podemos distinguir entre dos situaciones:

- *La buena o mala suerte afecta al hogar*: por ejemplo, cuando los animales de una familia enferman o cuando resulta herido un miembro de la familia que juega un papel importante en las labores agrícolas.
- *La buena o mala suerte afecta a la economía en su conjunto*: por ejemplo, cuando la sequía, las enfermedades, las inundaciones, una guerra o un terremoto afectan a toda una zona.

Ver estos datos en OWiD
https://tinyco.re/0436267

El Banco Mundial. 2015. *Indicadores de Desarrollo Mundial* (https://tinyco.re/9263826).

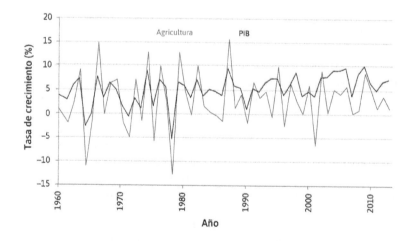

Figura 13.9b El papel de la agricultura en las fluctuaciones de la economía agregada en la India (1961–2014).

Perturbaciones o shocks *domésticos*

Las personas usan dos estrategias para lidiar con los impactos que afectan a su hogar de manera específica:

- **Autoseguro**: Los hogares que obtengan unos ingresos excepcionalmente altos en algún periodo ahorrarán, de modo que cuando su suerte cambie puedan recurrir a sus ahorros. Como vimos en el capítulo 10, también pueden pedir prestado en los malos momentos si les es posible, dependiendo de las limitaciones crediticias a que se enfrenten. Hablamos de autoseguro porque no están involucrados otros hogares.
- **Coaseguro**: Los hogares que han sido afortunados durante un periodo en particular pueden ayudar a un hogar golpeado por la mala suerte. Algunas veces esto se hace entre miembros de familias (en sentido amplio) o entre amigos y vecinos. Desde mediados del siglo xx, particularmente en los países más ricos, el coaseguro ha adoptado la forma de impuestos que pagan los ciudadanos y que luego se utilizan para apoyar a las personas que están temporalmente sin trabajo, en lo que se conoce como prestaciones por desempleo.

El coaseguro informal entre familiares y amigos se basa tanto en la reciprocidad como en la confianza: usted está dispuesto a ayudar a quienes lo han ayudado en el pasado y confía en que las personas a las que ayudó responderán haciendo lo mismo por usted. El **altruismo** hacia aquellos necesitados también suele ser un ingrediente, aunque el coaseguro puede funcionar sin él.

Estas estrategias reflejan dos aspectos importantes de las preferencias del hogar:

- *Las personas prefieren un patrón de consumo estable*: como vimos en el capítulo 10, no les gusta que fluctúe el consumo como resultado de shocks, ya sean malos o buenos, tales como lesiones o buenas cosechas y, en consecuencia, se autoasegurarán.
- *Los hogares no son únicamente egoístas*: están dispuestos a apoyarse mutuamente para ayudar a suavizar el efecto de la buena y la mala suerte. Además, suelen confiar en que otros hagan lo mismo, incluso cuando no tienen forma de garantizar que así sea. Las preferencias altruistas y recíprocas también son importantes para explicar por qué mucha gente apoya políticas públicas como prestaciones de desempleo respaldadas con impuestos, que también son una forma de coaseguro.

Perturbaciones en toda la economía

El coaseguro es menos efectivo si la perturbación o *shock* golpea a todos al mismo tiempo. Cuando hay una sequía, una inundación o un terremoto, es más difícil para una economía agraria proteger el bienestar de las personas afectadas. Por ejemplo, generalmente no es posible almacenar productos de una cosecha abundante el tiempo suficiente como para superar un periodo de malas cosechas, que se puede prolongar durante años.

No obstante, cuando se producen estas graves perturbaciones, el coaseguro puede ser aún más necesario, ya que la supervivencia de la comunidad requiere que los hogares menos afectados ayuden a los hogares más afectados. En las economías agrícolas del pasado, que se enfrentaban a una climatología volátil, las personas practicaban el coaseguro basado en la confianza, la reciprocidad y el altruismo. Estas son normas, como la norma

'New Cradles to Graves' (https://tinyco.re/8856321). *The Economist*. Actualizado el 8 de septiembre de 2012.

autoseguro Ahorro propio por parte de un hogar para poder mantener su consumo cuando haya una caída temporal en los ingresos o una necesidad de mayores gastos.

coaseguro Medio de agrupar los ahorros de varios hogares para que un hogar pueda mantener el consumo cuando experimenta una caída temporal en los ingresos o una necesidad coyuntural de incrementar los gastos.

altruismo Disponibilidad a asumir un costo para beneficiar a otro.

Michael Naef y Jürgen Schupp reportan comparaciones entre encuestas y experimentos utilizando la confianza. Michael Naef y Jürgen Schupp. 2009. "Medición de la confianza: experimentos y encuestas en contraste y combinación" (https://tinyco.re/3956674). Documento de debate de IZA No. 4087.

de equidad que discutimos en el capítulo 4, y probablemente surgieron y persistieron porque ayudaron a las personas a sobrevivir en estas regiones que a menudo se vieron afectadas por las malas condiciones climáticas. Investigaciones recientes plantean que parecen haber persistido incluso después de que el clima se haya vuelto en gran medida irrelevante para la actividad económica.

De hecho, las personas que viven en regiones que han mostrado una alta variabilidad de año a año en las precipitaciones y la temperatura durante los últimos 500 años, ahora muestran altos niveles de confianza y tienen instituciones de coaseguro más modernas, como los pagos de prestaciones por desempleo y otros subsidios públicos para personas con discapacidad o con recursos escasos.

Ruben Durante. 2010. 'Risk, Cooperation and the Economic Origins of Social Trust: An Empirical Investigation' (http://tinyco.re/7674543). *Sciences Po Working Paper.*

EJERCICIO 13.5 SEGURO DE SALUD

1. Piense en el sistema de seguros de salud en su país. ¿Es un ejemplo de coaseguro o autoseguro?
2. ¿Se le ocurren otros ejemplos de coaseguro y autoseguro? En cada caso, considere contra qué tipos de perturbaciones se está asegurando y cómo se financia el sistema.

PREGUNTA 13.5 ESCOJA LA(S) RESPUESTA(S) CORRECTA(S)

La figura 13.9a muestra la tasa de crecimiento del PIB real, así como las tasas de crecimiento de los sectores agrícola, industrial y de servicios entre 1550 y 1700 en Gran Bretaña.

¿Cuáles de las siguientes afirmaciones se pueden deducir del gráfico?

☐ La tasa de crecimiento promedio del sector agrícola fue mayor que la del sector servicios durante el periodo que se muestra.
☐ La tasa de crecimiento del sector industrial fue más volátil que la del sector servicios.
☐ El sector agrícola impulsó en gran medida las fluctuaciones del PIB.
☐ La recesión alrededor de 1560 fue consecuencia de contracciones en los tres sectores.

13.6 ¿POR QUÉ ES ESTABLE EL CONSUMO?

Una fuente básica de estabilización en cualquier economía proviene del deseo de los hogares de mantener constante el nivel de consumo de bienes y servicios. Mantener un nivel constante de consumo significa que los hogares tienen que planificar. Piensan en lo que podría suceder con sus ingresos en el futuro, y ahorran y piden prestado para suavizar los baches en su nivel de ingresos. Este es el autoseguro que analizamos anteriormente.

Hemos visto que este comportamiento se da en sociedades agrarias que se enfrentan a una climatología adversa o crisis de guerra, pero los hogares modernos también intentan homogeneizar su consumo. Una forma de visualizar este comportamiento es enfocarse en eventos predecibles. Una persona joven, pensando en la vida, puede imaginarse consiguiendo un trabajo, luego disfrutando de unas décadas de vida laboral con ingresos superiores al salario de su primer trabajo, y después unos años de jubilación en los que sus ingresos serán más bajos que durante su vida laboral.

Como vimos en el capítulo 10, las personas prefieren estabilizar su consumo porque, en un momento dado, hay retornos marginales decrecientes al consumo. Así pues, consumir mucho después y poco ahora, por ejemplo, es peor que consumir una cantidad intermedia en los dos periodos (figura 10.3a (página 464)).

Una persona que prevea una futura promoción y planifique sus gastos en consonancia estaría en una posición similar a la de Julia en el capítulo 10 (figura 10.2 (página 461)), que tenía fondos limitados en el presente, pero sabía que tendría más después y, en consecuencia, estaba interesada en trasladar parte de su poder de compra futuro al presente mediante préstamos. El modelo de toma de decisiones para el individuo que presentamos en el capítulo 3 y en el 10 sienta las bases sobre cómo podemos concebir que sea el consumo de una persona a lo largo de su vida. Este modelo predice que, aunque el ingreso fluctúa en el transcurso de nuestras vidas, nuestro nivel de consumo deseado es más homogéneo.

Podemos usar la figura 13.10 para visualizar la tendencia de un individuo a estabilizar su gasto en consumo. En este ejemplo simple, antes de comenzar a trabajar, los ingresos y gastos de consumo de la persona son los mismos: suponemos, por ejemplo, que los padres mantienen a sus hijos hasta que estos comienzan a trabajar. Siga el análisis en la figura 13.10 para ver la evolución de sus ingresos y consumo a lo largo del tiempo.

Una característica destacable de la figura 13.10 es que el consumo cambia antes de que cambien los ingresos.

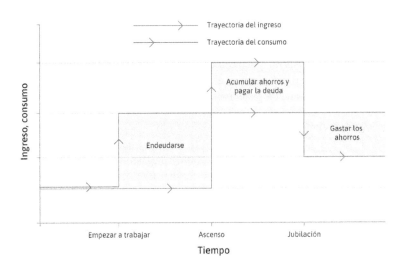

Figura 13.10 Estabilizamos el consumo a lo largo de nuestra vida.

1. Ingresos a lo largo del tiempo
La línea azul muestra la trayectoria del ingreso a lo largo del tiempo: comienza bajo, aumenta a medida que el individuo recibe ascensos laborales y cae al momento de la jubilación.

2. Gasto en consumo
Se muestra en la línea roja. Es homogéneo (plano) desde el punto en que el individuo consigue su primer trabajo.

3. El individuo toma prestado cuando es joven
En este momento, el ingreso es bajo. El individuo ahorra y paga la deuda cuando es mayor y gana más, y finalmente gasta sus ahorros después de la jubilación, cuando los ingresos vuelven a caer.

Al igual que una familia en una economía agraria que comienza a ahorrar para la dote de una hija antes de que esta tenga edad suficiente para casarse, la persona que se muestra en la figura 13.10 prevé que recibirá mayores ingresos después de un ascenso, y ajusta el consumo al alza por adelantado. Como hemos visto en el capítulo 10, esto supone que el individuo puede endeudarse, o sea, pedir prestado. Tal vez sea posible convencer al banco de que el trabajo es seguro y que las perspectivas son buenas. De ser así, el individuo probablemente pueda obtener una hipoteca ahora y vivir en una casa más cómoda con un nivel de vida más alto del que tendría si las ganancias a largo plazo se mantuvieran en el salario inicial. Los rótulos de la figura 13.10 muestran que el individuo pide prestado cuando es joven y el ingreso es bajo, ahorra y paga la deuda cuando es mayor y gana más y, finalmente, se gasta los ahorros después de la jubilación, cuando los ingresos vuelven a caer.

El modelo de toma de decisiones que se muestra resalta el deseo de los hogares de seguir una trayectoria de consumo sin sobresaltos. A continuación, nos preguntamos qué sucede cuando ocurre algo inesperado que perturba el plan de consumo a lo largo de la vida que se pueda haber trazado una persona. ¿Qué sucedería si la persona que se muestra en la figura se enfrenta a una perturbación inesperada en su nivel de ingresos? El modelo de homogenización del consumo sugiere que:

- *El individuo emitirá un juicio*: el juicio será en torno a si el impacto es temporal o permanente.
- *Si el shock es permanente*: deberíamos ajustar la línea roja de la figura 13.10 desplazándola hacia arriba o hacia abajo para reflejar el nuevo nivel de consumo a largo plazo que adopte el individuo, de acuerdo con el nuevo patrón de ingresos previstos.
- *Si el shock es temporal*: poco cambiará. Una fluctuación temporal en el ingreso casi no tiene efecto en el plan de consumo a lo largo de la vida, ya que solo supone un pequeño cambio en el ingreso a lo largo de la vida.

En resumidas cuentas, cuando las personas y los hogares se comportan de la manera que se muestra en la figura 13.10, las perturbaciones en la economía se verán amortiguadas porque las decisiones de gasto se basan en consideraciones a largo plazo. El objetivo es evitar las fluctuaciones en el consumo, incluso cuando los ingresos fluctúen.

¿Qué limita que un hogar estabilice el consumo? Muchas personas y hogares no pueden definir ni poner en práctica planes de consumo a largo plazo. Hacer planes puede ser difícil debido a la falta de información. Incluso si tenemos información, es posible que no podamos usarla para predecir el futuro con confianza. Por ejemplo, a menudo es muy difícil juzgar si un cambio en las circunstancias es temporal o permanente.

Existen otros tres factores que limitan la capacidad de los hogares para suavizar las fluctuaciones de su consumo ante perturbaciones en sus ingresos. Los dos primeros se refieren a las limitaciones del autoseguro y el tercero es una limitación del coaseguro:

- *Restricciones crediticias o exclusión del mercado crediticio*: ya mencionadas en el capítulo 10, estas circunstancias merman la capacidad de endeudamiento de una familia cuando desea pedir prestado para mantener el consumo ante una caída de ingresos.

En *Portfolios of the Poor: How the World's Poor Live with $2 a Day*, Daryl Collins, Jonathan Morduch, Stuart Rutherford y Orlanda Ruthven muestran cómo gestionan sus finanzas los hogares pobres para evitar vivir literalmente al día. 'Smooth Operators' (https://tinyco.re/7009658). *The Economist*. Actualizado el 14 de mayo de 2009. Algunas de las historias se pueden leer en línea (http://tinyco.re/8070650).

- *Falta de voluntad*: una característica del comportamiento humano que lleva a las personas a ser incapaces de cumplir los planes que trazan (por ejemplo, ahorrar anticipando un impacto negativo en sus ingresos), a pesar de que saben que mejorarían su situación.
- *Coaseguro limitado*: de modo que quienes experimenten una caída en sus ingresos, no puedan realmente esperar mucho apoyo de otros más afortunados que ellos a la hora de mantener esos ingresos.

Restricciones crediticias

Como vimos en el capítulo 10, el monto que una familia puede pedir prestado es limitado, en particular si no es rica. Los hogares con poco dinero no pueden endeudarse en absoluto, o solo a tasas de interés extraordinariamente altas. Por lo tanto, las personas que más necesitan el crédito para estabilizar su consumo a menudo no tienen acceso a él. Las restricciones crediticias y la exclusión del mercado crediticio analizadas en los capítulos 10 y 12 ayudan a explicar por qué no siempre es posible pedir prestado.

La figura 13.11 muestra la reacción de dos tipos diferentes de hogares ante un aumento anticipado de los ingresos. Los hogares que pueden pedir prestado tanto como quieran están en el panel superior. Los hogares con limitaciones de crédito que no pueden obtener un préstamo ni una tarjeta de crédito se encuentran en el panel inferior. Siga el análisis en la figura 13.11 para ver cómo reaccionan los dos hogares a dos acontecimientos clave:

1. Se reciben noticias de que los ingresos aumentarán en un momento previsible en el futuro (por ejemplo, un ascenso o una herencia).
2. Los ingresos del hogar aumentan de manera efectiva (se produce el ascenso, la herencia llega).

Podemos pensar en estas decisiones utilizando el modelo de dos periodos, uno en el que se toma prestado y otro en el que se presta dinero, que vimos en el capítulo 10 y que se muestra en la figura 13.12. Primero considere un hogar que recibe el mismo ingreso, y, tanto en este periodo como en el siguiente, lo que se indica con el punto de dotación A en la figura 13.12. La tasa de interés es r, por lo que, si el hogar puede pedir prestado y ahorrar, puede elegir cualquier punto de la restricción presupuestaria, cuya pendiente es $-(1 + r)$. La restricción presupuestaria es otro término que puede usarse para referirnos a la frontera del conjunto factible con pendiente $-(1 + r)$ que utilizamos en el capítulo 10.

Aprendemos de este ejemplo que:

- Sin pedir prestado ni prestar, el punto de dotación y el patrón de consumo coinciden.
- En comparación con el hogar que suaviza el consumo, el hogar con limitaciones crediticias consume menos en este periodo y más en el próximo.

También podemos ver que la curva de indiferencia que pasa a través de A' (no se muestra) es más baja que la que pasa a través de A''. Por lo tanto, el hogar que puede moderar las fluctuaciones en su consumo gracias a recibir un préstamo está en mejor situación que el hogar con limitaciones crediticias.

Un cambio temporal en los ingresos afecta más al consumo actual de los hogares con limitaciones crediticias que al de los que no se enfrentan a restricciones.

falta de voluntad Incapacidad de comprometerse con un curso de acción (hacer dieta o renunciar a algún otro placer presente, por ejemplo) que uno lamentará más adelante. Es diferente de la impaciencia, que también puede llevar a una persona a favorecer los placeres en el presente, pero no necesariamente a actuar de una manera que se lamente más tarde.

Falta de voluntad

En la figura 13.13, un individuo sabe que sus ingresos van a caer en el futuro. Esto podría deberse a la jubilación o la pérdida del empleo. Ahora bien, también podría ser porque el individuo se está volviendo pesimista. O quizás se deba a que los periódicos predicen una crisis económica. En el panel superior de la figura 13.13, nuevamente mostramos un hogar que adopta un comportamiento precavido con el objetivo de estabilizar el consumo. El panel inferior muestra un hogar con **falta de voluntad** que consume todos sus ingresos hoy, a pesar de que eso implica una gran reducción de su consumo futuro.

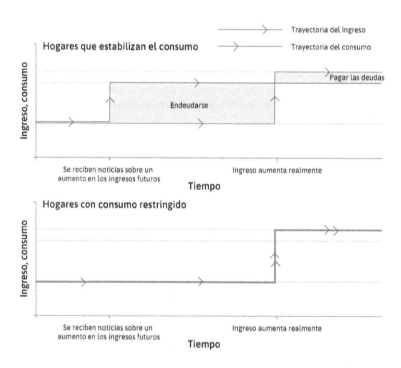

Figura 13.11 Consumo cuando se aplican restricciones crediticias: un aumento anticipado de los ingresos.

1. Ingresos a lo largo del tiempo
Las líneas azules de la figura muestran que la trayectoria del ingreso a lo largo del tiempo es la misma en ambos hogares.

2. Estabilizar el consumo
La línea roja en el panel superior muestra que, en un hogar que estabiliza el consumo, este cambia inmediatamente una vez se reciben las noticias.

3. El efecto de las restricciones crediticias
Por otro lado, un hogar con problemas de acceso al crédito que no pueda pedir prestado tiene que esperar hasta que llegue el ingreso antes de ajustar su nivel de vida.

Esta característica del comportamiento humano nos resulta familiar a muchos de nosotros. A menudo nos falta fuerza de voluntad.

El problema de no poder ahorrar es obviamente distinto al problema de no poder pedir prestado: el ahorro es una forma de autoseguro y no implica a nadie más.

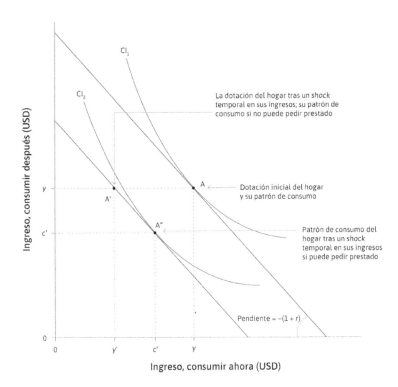

Figura 13.12 Hogares con y sin restricciones de crédito: una caída temporal no anticipada de los ingresos.

1. Mismo ingreso en ambos periodos
Considere un hogar que recibe el mismo ingreso, y, en este periodo y en el siguiente, indicado por el punto de dotación A.

2. Un hogar sin restricciones
La tasa de interés es r, por lo que, si el hogar puede pedir prestado y ahorrar, entonces puede elegir cualquier punto de la restricción presupuestaria, que tiene pendiente $-(1 + r)$.

3. Preferencia por estabilizar
Suponga que el hogar prefiere consumir la misma cantidad en cada periodo, como se muestra en el punto A, donde la curva de indiferencia es tangencial a la restricción presupuestaria.

4. Un impacto negativo
Ahora suponga que el hogar experimenta un *shock* temporal negativo inesperado en sus ingresos este año, por ejemplo una mala cosecha, que reduce los ingresos de este año a y', si bien los ingresos esperados del año próximo no se ven afectados y se mantienen en y.

5. La restricción presupuestaria
Si puede pedir prestado y ahorrar, su restricción presupuestaria tiene una pendiente de $-(1 + r)$ y pasa por el punto A'.

6. La curva de indiferencia más alta
La curva más alta que toca esta restricción presupuestaria lo hace en el punto A'', lo que demuestra que el hogar prefiere estabilizar el consumo, consumiendo c' en ambos periodos. El hogar toma prestado $c' - y'$ ahora y paga $(1 + r)(c' - y')$ en el próximo periodo, después de haberse producido el impacto.

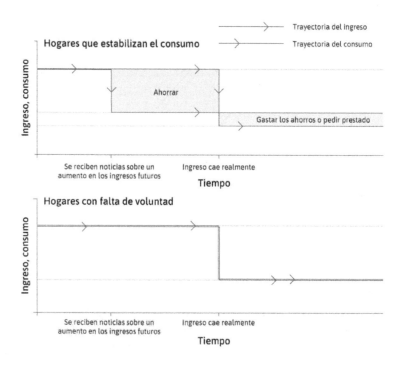

Figura 13.13 Consumo cuando los hogares adolecen de falta de voluntad: una caída anticipada de los ingresos.

1. La trayectoria del ingreso
Las líneas azules en la figura muestran que los ingresos siguen el mismo camino en ambos conjuntos de hogares.

2. Estabilizar el consumo
La línea roja en el panel superior muestra la trayectoria del consumo para un hogar que suaviza las fluctuaciones del consumo. Cuando recibe noticias de la inminente caída de los ingresos, inmediatamente comienza a ahorrar para complementar el consumo con esos ahorros cuando los ingresos caigan.

3. Un hogar con falta de voluntad
En contraste con lo anterior, el hogar que adolece de falta de voluntad no reacciona a las noticias y mantiene el consumo alto hasta que los ingresos caen.

CÓMO APRENDEN LOS ECONOMISTAS DE LOS HECHOS

Mi dieta comienza mañana

Los economistas han realizado experimentos para evaluar el comportamiento que ayudaría a explicar por qué no ahorramos, incluso cuando podemos. Por ejemplo, Daniel Read y Barbara van Leeuwen realizaron un experimento con 200 empleados de empresas de Ámsterdam. Les pidieron que eligieran hoy qué pensaban que comerían la siguiente semana. Se les daba a elegir entre fruta y chocolate.

En respuesta a la pregunta, el 50% de los encuestados respondieron que comerían fruta la próxima semana. Pero, cuando llegó la próxima semana, solo el 17% eligió comer fruta. El experimento muestra que, aunque las personas pueden planear hacer algo que saben que será beneficioso (comer fruta, ahorrar dinero), cuando llega el momento, a menudo no lo hacen.

Cosulte: Daniel y Barbara van Leeuwen. 1998. 'Predicting Hunger: The Effects of Appetite and Delay on Choice'. *Organizational Behavior and Human Decision Processes*, 76(2): pp. 189–205.

Coaseguro limitado

La mayoría de los hogares carecen de una red de familiares y amigos que puedan ayudar de manera sustancial durante un largo periodo en que se produzca un *shock* negativo que afecte sus ingresos. Como hemos visto, las prestaciones por desempleo brindan este tipo de coaseguro: los ciudadanos que resulta que tienen suerte un año, aseguran a los que no la tienen. No obstante, en muchas sociedades la cobertura de estas políticas es muy limitada.

> OCDE. 2010. *Employment Outlook 2010: Moving Beyond the Job Crisis* (https://tinyco.re/5607435).

Una demostración palpable del valor estabilizador del coaseguro es la experiencia de Alemania durante la reducción drástica de los ingresos experimentada por esa economía en 2009 (véase la figura 13.5 (página 617)). Ante una reducción de la demanda de los productos fabricados por las empresas, se redujeron también las horas laborales de los trabajadores, pero como resultado de la política gubernamental y de los acuerdos entre las empresas y sus empleados, muy pocos alemanes perdieron sus empleos y muchos de los trabajaban siguieron recibiendo su salario como si estuvieran trabajando muchas más horas de las que trabajaban en realidad. El resultado fue que, aunque el ingreso agregado cayó, el consumo no lo hizo y el desempleo no aumentó.

Ahora bien, la mayor parte de la evidencia empírica muestra que las limitaciones de crédito, la falta de voluntad y el coaseguro limitado significan que, para muchos hogares, un cambio en el ingreso genera un cambio igual en el consumo. En el caso de un *shock* negativo en los ingresos, como la pérdida del trabajo, la consecuencia es que la perturbación a nivel de ingresos se transmitirá ahora a otras familias que habrían producido y vendido los bienes de consumo que ya no se demandan.

> La evidencia empírica muestra que, incluso cuando el ingreso cambia de manera predecible, el consumo responde. Tullio Jappelli y Luigi Pistaferri. 2010. 'The Consumption Response to Income Changes' (https://tinyco.re/3409802). *VoxEU.org*.

En la próxima unidad veremos cómo la perturbación inicial de los ingresos puede multiplicarse (o amplificarse) debido al hecho de que las familias tienen una capacidad limitada para moderar las fluctuaciones de su consumo. Esto, a su vez, nos ayuda a comprender el ciclo económico y cómo los encargados del diseño de políticas económicas pueden ayudar o no a gestionarlo.

EJERCICIO 13.6 CAMBIOS EN LOS INGRESOS, CAMBIOS EN EL CONSUMO
Considere un hogar sujeto a restricción de crédito y un hogar que estabiliza el consumo.

1. Para cada tipo de hogar, use una figura con el tiempo en el eje horizontal e ingresos y consumo en el eje vertical para explicar la relación entre el cambio en el ingreso y el cambio en el consumo cuando el ingreso vuelve a la normalidad después de una disminución temporal inesperada.
2. Basándose en este análisis, explique la relación que se anticipa que exista entre cambios temporales en el ingreso y cambios en el consumo para una economía con una mezcla de los dos tipos de hogares.

PREGUNTA 13.6 ESCOJA LA(S) RESPUESTA(S) CORRECTA(S)
La figura 13.12 (página 635) muestra la elección de consumo de un consumidor durante dos periodos. Su dotación inicial es (y, y), es decir, un ingreso y en ambos periodos, que se representa en el punto A. Si es posible, el consumidor prefiere consumir la misma cantidad en ambos periodos. La tasa de interés es r.

Ahora suponga que ha habido una perturbación temporal tal que el ingreso en el periodo 1 se reduce a y', mientras que se espera que el ingreso del periodo 2 regrese a y. Suponga que un consumidor con limitaciones crediticias no puede pedir prestado en absoluto. Según esta información, ¿cuál de las siguientes afirmaciones es correcta?

☐ Si el consumidor tiene restricciones de crédito, consumirá menos en el periodo 2 de lo que hubiera consumido de no haberse producido la perturbación temporal.
☐ Si el consumidor no tiene restricciones crediticias, podrá pedir prestado para consumir la misma cantidad que habría consumido en ambos periodos si no se hubiera producido la perturbación temporal.
☐ Si el consumidor no tiene restricciones crediticias, tomará prestado $y - c'$ en el periodo 1 para suavizar su consumo en los dos periodos.
☐ Si el consumidor no tiene restricciones de crédito, consumirá c' en ambos periodos de manera que $c' = y - (c' - y')(1 + r)$ (ingreso menos reembolso en el periodo 2).

PREGUNTA 13.7 ESCOJA LA(S) RESPUESTA(S) CORRECTA(S)

El siguiente diagrama muestra la trayectoria de los ingresos para un hogar que recibe noticias sobre un aumento y una caída esperados en los ingresos futuros en los momentos que se muestran.

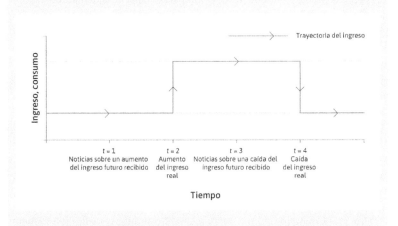

Suponga que el hogar prefiere estabilizar su consumo si puede. Según esta información, ¿cuál de las siguientes afirmaciones es correcta?

☐ Si el hogar no tiene restricciones de crédito, consumirá el mismo nivel después de $t = 1$.
☐ Si el hogar tiene restricciones de crédito y adolece de "falta de voluntad", entonces su consumo coincidirá exactamente con su trayectoria de ingresos.
☐ Si el hogar no tiene restricciones de crédito pero adolece de "falta de voluntad", entonces tomará prestado en $t = 1$ y ahorrará en $t = 3$.
☐ Si el hogar tiene restricciones de crédito pero no adolece de "falta de voluntad", tomará prestado en $t = 1$ y ahorrará en $t = 3$.

●◉◉◉

13.7 ¿POR QUÉ ES VOLÁTIL LA INVERSIÓN?

Cuando pueden, los hogares tienden a estabilizar su gasto en consumo. Sin embargo, no existen motivos similares por los que las empresas quieran estabilizar su gasto en inversión. Las empresas aumentan su reserva de maquinaria y equipo y construyen nuevas instalaciones cada vez que ven una oportunidad de obtener beneficios. Pero, a diferencia de la alimentación y de la mayoría de los gastos en consumo, los gastos en inversión pueden posponerse. Existen varias razones por las que es probable que se termine produciendo una acumulación de proyectos de inversión en ciertos momentos, mientras que en otras épocas habrá pocos proyectos.

En el capítulo 2 vimos cómo las empresas respondieron a las oportunidades de obtener beneficios durante la Revolución Industrial innovando. Esto ayuda a explicar por qué la inversión se produce en oleadas. Cuando se introduce una innovación como la hiladora Jenny, las empresas que utilizan la nueva tecnología pueden generar resultados a un costo menor o fabricar productos de mayor calidad, con lo que expanden su participación en el mercado. Las empresas que no siguen su ejemplo, por su parte, podrían verse obligadas a cerrar por no ser capaces de obtener ganancias utilizando la tecnología antigua. La introducción de una nueva tecnología implica que las empresas deben instalar nueva maquinaria. A medida que lo hacen, se produce un auge de la inversión, que se amplificará si las empresas que producen la maquinaria y el equipo necesitan expandir sus propias instalaciones de producción para satisfacer la demanda adicional esperada.

En este caso, la inversión de una empresa empuja a otras empresas a invertir: si no lo hacen, pueden perder cuota de mercado o incluso ser incapaces de cubrir sus costos y, en última instancia, tener que abandonar el sector. Por otro lado, la inversión por parte de una empresa también puede animar a otras empresas a invertir debido a la expansión del mercado y el crecimiento de las ganancias potenciales.

Un ejemplo de inversión de empuje es el auge de la inversión en alta tecnología en Estados Unidos. Desde mediados de la década de 1990, se ha venido introduciendo a gran escala nueva tecnología de la información y las comunicaciones (TIC) en la economía estadounidense. La figura 13.14 muestra el crecimiento sostenido de la inversión en nuevas tecnologías durante la segunda mitad de la década de 1990.

Como vimos en el capítulo 11, la inversión en nuevas tecnologías puede generar una burbuja en el mercado de valores y una inversión excesiva en maquinaria y equipos. El gráfico muestra en rojo el comportamiento del índice bursátil de EE.UU. en el que cotizan las compañías de alta tecnología: es el índice Nasdaq, que ya presentamos en el capítulo 11.

El índice aumentó sustancialmente desde mediados de la década de 1990 hasta alcanzar un máximo histórico en 1999, a medida que crecía la confianza de los inversores bursátiles en la rentabilidad de las nuevas empresas tecnológicas. La inversión en nuevas tecnologías (línea roja) creció rápidamente como resultado de esta confianza, pero cayó de manera abrupta tras el colapso de la confianza que provocó la caída del índice bursátil. Esto sugiere que se había producido una sobreinversión en maquinaria y equipos: la inversión no comenzó a crecer de nuevo hasta 2003. El economista Robert Shiller ha argumentado que el índice Nasdaq se vio impulsado por lo que él llamó «exuberancia irracional», como vimos en el capítulo 11. Las creencias respecto al futuro de la alta tecnología condujeron no solo a que los precios de las acciones subieran a niveles que

Robert Shiller explica en su podcast de VoxEU (https://tinyco.re/9820978) cómo el 'espíritu animal' (*animal spirits*) contribuye a la volatilidad de la inversión.

US Bureau of Economic Analysis. 2015. Fixed Assets Accounts Tables (https://tinyco.re/7765843). Nota: las series están en dólares estadounidenses actuales. El valor del Nasdaq es el promedio anual del valor de precio de cierre del Nasdaq. La inversión en nuevas tecnologías es la inversión en equipos de procesamiento de información, computadoras y equipos periféricos, equipos de comunicación, estructuras de comunicación e inversiones IPPR en software, semiconductores y otros componentes electrónicos y computadoras.

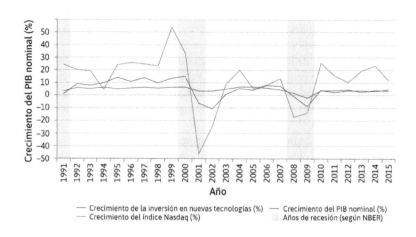

Figura 13.14 Inversión en nuevas tecnologías y la burbuja puntocom (1991–2015).

no eran sostenibles, sino también a una inversión excesiva en maquinaria y equipo en el sector de la alta tecnología.

Las restricciones crediticias son otra razón para la agrupación de proyectos de inversión y la volatilidad de la inversión agregada. En una economía boyante, los beneficios son altos y las empresas pueden usar esos beneficios para financiar proyectos de inversión. El acceso a financiamiento externo de fuentes situadas fuera de la empresa también es más fácil: en medio del auge de alta tecnología de Estados Unidos, por ejemplo, la expansión del mercado Nasdaq reflejó el apetito de los inversores por proporcionar financiamiento comprando acciones (títulos) en empresas de los sectores emergentes de las TIC.

Para comprender cómo la inversión de una empresa puede inducir a otra empresa a invertir, piense en una economía local con tan solo dos empresas. La maquinaria y los equipos de la empresa A no se utilizan a plena capacidad, por lo que la empresa puede producir más si contrata a más empleados. Sin embargo, no hay suficiente demanda para vender los productos que fabricaría. Esta situación se denomina baja **utilización de la capacidad**. Los propietarios de la empresa A no tienen incentivo alguno que los anime a contratar más trabajadores ni a instalar maquinaria adicional (es decir, invertir).

> **tasa de utilización de la capacidad** Medida del grado en que una empresa, un sector o una economía entera está produciendo tanto como lo permitiría su parque de bienes de capital y el conocimiento actual de que dispone.

La empresa B tiene el mismo problema. Debido a la baja utilización de su capacidad, los beneficios son bajos para ambos. Así pues, cuando pensamos en ambas empresas juntas, estamos ante un círculo vicioso:

Si los propietarios de A y B decidiesen invertir y contratar al mismo tiempo, emplearían a más trabajadores, que gastarían más, aumentando la demanda de los productos de ambas empresas. Las ganancias de ambos aumentarían, y tendríamos un círculo virtuoso:

Figura 13.15 Las expectativas negativas sobre la demanda futura crean un círculo vicioso.

Estos dos círculos destacan el papel de las expectativas sobre la demanda futura, que dependen del comportamiento de otros actores. Un juego similar a los estudiados en el capítulo 4 puede ilustrar cómo salir del círculo vicioso y entrar en el círculo virtuoso. Como en todos los juegos, especificamos:

- *Los actores*: las dos empresas.
- *Las medidas que pueden tomar*: invertir o no invertir.
- *La información que tienen*: deciden simultáneamente, por lo que no saben qué ha hecho el otro.
- *El pago*: los beneficios resultantes de cada uno de los cuatro pares de acciones que podrían adoptar.

En la figura 13.17 se muestran los cuatro resultados posibles de la interacción y los pagos correspondientes.

A partir de esta figura, puede ver lo que sucede cuando se producen círculos virtuosos (ambos invierten) o viciosos (ninguno invierte). Tenga en cuenta lo que sucede si una de las empresas invierte, pero la otra no. Si la empresa A invierte y la B no (la celda superior derecha de la figura), A paga la instalación de nuevos equipos y locales pero, debido a que la otra empresa no invirtió, no hay demanda de los productos que la nueva capacidad podría producir: en este caso A pierde. Pero si B hubiera sabido que A invertiría, entonces B habría obtenido mayores ganancias invirtiendo también (obteniendo 100 en lugar de solo 80). Por otro lado, si B hubiera sabido que A no iba a invertir, habría sido mejor no invertir.

En este juego, a las dos empresas les irá mejor si hacen lo mismo, y el mejor resultado se produce cuando ambas empresas invierten. Esta es otra razón por la que la inversión tiende a fluctuar mucho. Si los propietarios de las empresas piensan que otras empresas no van a invertir, entonces no lo harán, lo que confirma el pesimismo de los otros propietarios. Es así como el círculo vicioso se refuerza a sí mismo. El círculo virtuoso se refuerza a sí mismo por la misma razón. El optimismo sobre lo que harán otras empresas conduce a la inversión, lo que a su vez sostiene el optimismo.

Figura 13.16 Las expectativas positivas de la demanda futura crean un círculo virtuoso.

Existen dos **equilibrios de Nash** en este juego (esquina superior izquierda y esquina inferior derecha). Para encontrar los equilibrios de Nash, utilice el método del «punto» y el «círculo» del capítulo 4, comenzando con las mejores respuestas de A a las elecciones de B. Si B invierte, la mejor respuesta de A es invertir también, así que colocamos un punto en la celda superior izquierda. Si B no invierte, A también elige no invertir, por lo que colocamos otro punto en la celda inferior derecha. Tenga en cuenta que A no tiene una estrategia dominante. Ahora, consideramos las mejores respuestas de B. Si A invierte, la mejor respuesta de B es invertir, y si A no invierte, B elige no invertir. Los círculos que muestran las mejores respuestas de B coinciden con los puntos: B tampoco tiene una estrategia dominante. Donde los puntos y los círculos coinciden, hay equilibrios de Nash.

El equilibrio de Nash (abajo a la derecha) en el que ambas empresas presentan una baja utilización de capacidad y baja contratación e inversión no es eficiente en términos de Pareto, porque hay un cambio posible que haría que ambas empresas obtuviesen mayores beneficios: que ambas decidiesen invertir. Esta situación es como el juego de conducir por el lado derecho o izquierdo de la carretera que vimos en el capítulo 4, la interacción descrita en la figura 4.15 (página 189) con respecto a la especialización en diferentes cultivos o el cambio climático global descrito en la figura 4.17b (página 195). Todos estos se conocen como **juegos de coordinación**.

El nombre es muy apropiado aquí porque, para pasar del círculo vicioso al círculo virtuoso, las empresas deben coordinarse de alguna manera (ambas acuerdan invertir) o desarrollar creencias optimistas sobre lo que hará la otra. Este tipo de optimismo a menudo se llama confianza empresarial, y tiene un papel importante en las fluctuaciones de la economía en general. Como veremos en el próximo capítulo, en algunas circunstancias las políticas públicas

equilibrio de Nash Conjunto de estrategias, una para cada jugador del juego, tal que la estrategia de cada jugador sea su mejor respuesta a las estrategias escogidas por todos los demás.

JUEGO DE COORDINACIÓN
Un juego en el que hay dos equilibrios de Nash, y en el que uno puede ser superior al otro en términos de Pareto, se llama juego de coordinación.

- Conducir por la derecha o la izquierda es un juego de coordinación en el que ambos jugadores son indiferentes entre los dos equilibrios.
- En el juego de coordinación de especialización de cultivos del capítulo 4 (figura 4.15), la especialización en los cultivos «correctos» (un cultivo diferente para cada uno de los dos agricultores, para el que su tierra es más particularmente adecuada) es mejor para ambos que la «especialización incorrecta».
- En el juego de coordinación de inversiones (figura 13.17), un resultado en el que ambos invierten es mejor para ambos que el caso en que ninguno invierta.

		Beneficios de B	
		B invierte	B no invierte
Beneficios de A	**A invierte**	100 / 100	80 / −40
	A no invierte	−40 / 80	10 / 10

Figura 13.17 Decisiones de inversión como un juego de coordinación.

también pueden ayudar a desplazar una economía del resultado ineficiente en términos de Pareto al resultado eficiente en términos de Pareto.

Podemos generalizar el argumento sobre el papel de la coordinación en la inversión para decir que el gasto en inversión de las empresas responderá positivamente al crecimiento de la demanda en la economía. Un aumento en el gasto agregado en la producción nacional de bienes y servicios (es decir, en $C + I + G + X - M$) ayuda a coordinar los planes prospectivos de las empresas sobre la capacidad que necesitarán en el futuro, lo que estimula el gasto en inversión.

La figura 13.18 ilustra la relación entre el crecimiento de la demanda agregada (excluida la inversión), la confianza empresarial y la inversión para la eurozona. El indicador de confianza empresarial se mueve en relación estrecha con la inversión y el resto de la demanda agregada.

Por lo tanto, cabría esperar que los datos de las cuentas nacionales confirmen que el gasto en consumo es más estable y que el gasto en inversión es más volátil que el PIB en la economía en su conjunto.

En efecto, las figuras 13.19a y 13.19b muestran que la inversión es mucho más volátil que el consumo en dos países ricos (Reino Unido y Estados Unidos) y dos países de ingresos medios (México y Sudáfrica). Los picos hacia arriba y hacia abajo en la serie en rojo que ilustra la evolución de la inversión son mayores que los de la serie en verde que muestra el consumo.

Si consideramos en detalle los gráficos de los países ricos, también muestra que, como se predijo, el consumo es menos volátil que el PIB. Los picos y valles del PIB (en morado) son más acusados que los que se muestran en verde para el consumo. Esto es menos evidente en los países de ingresos medios, tal vez porque los hogares están más limitados en su acceso al crédito y, por lo tanto, tienen menos capacidad de endeudarse para estabilizar su consumo.

Eurostat. 2015. *Confidence Indicators by Sector* (https://tinyco.re/2983957). Federal Reserve Bank of St. Louis. 2015. FRED (https://tinyco.re/3965569).

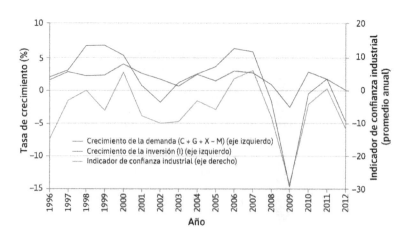

Figura 13.18 Inversión y confianza empresarial en la eurozona (1996–2012).

¿Hasta qué punto es volátil el gasto público? A diferencia de la inversión, el gasto público (la G en las cuentas nacionales) no responde a la innovación ni fluctúa con la confianza empresarial. Cabría, por tanto, anticipar que fuera menos volátil que la inversión. ¿Y las exportaciones netas? La demanda de exportaciones fluctuará con el ciclo económico en otros países y se verá más afectada por los auges y recesiones de los países que son grandes mercados de exportación. Puede conocer más sobre la volatilidad del gasto público y las exportaciones netas consultando FRED.

Vea datos recientes para RU en OWiD
https://tinyco.re/2841924
Vea datos recientes para EE.UU. en
OWiD https://tinyco.re/2684283

Federal Reserve Bank of St. Louis. 2015.
FRED (https://tinyco.re/3965569).

Figura 13.19a Tasas de crecimiento del consumo, la inversión y el PIB en el Reino Unido y Estados Unidos, porcentaje anual (1956–2012).

EJERCICIO 13.7 CONSULTA DE FRED

Para su propio país, use los datos de FRED para construir gráficos para la tasa de crecimiento del PIB real, el consumo, la inversión, las exportaciones netas y el gasto público.

1. ¿Cómo ha evolucionado el gasto público en su país durante el periodo para el cual hay datos disponibles?
2. Comente la relación entre la tasa de crecimiento del producto y el gasto público durante este periodo.
3. Describa la volatilidad del gasto público y las exportaciones netas en relación con el PIB y sugiera una explicación de los patrones que observe.

Vea datos recientes para México en OWiD https://tinyco.re/1934774
Vea datos recientes para Sudáfrica en OWiD https://tinyco.re/9278475

OECD. 2015. OECD Statistics (https://tinyco.re/9377362); The World Bank. 2015. *World Development Indicators* (https://tinyco.re/9263826).

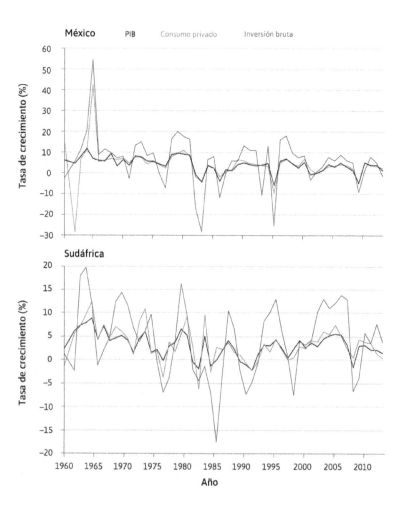

Figura 13.19b Tasas de crecimiento del consumo, la inversión y el PIB en México y Sudáfrica (1961–2012).

PREGUNTA 13.8 ESCOJA LA(S) RESPUESTA(S) CORRECTA(S)
Considere una economía local con solo dos empresas, la Empresa A y la Empresa B. En la actualidad, ambas empresas presentan un nivel bajo de utilización de capacidad. La siguiente tabla muestra los beneficios (o pérdidas, si son negativas) que se producen cuando las empresas invierten o no invierten:

		Beneficios de la empresa B	
		B invierte	B no invierte
Beneficios de la empresa A	A invierte	150 / 100	80 / −20
	A no invierte	−40 / 60	40 / 20

Según esta información, ¿cuál de las siguientes afirmaciones es correcta?

☐ Invertir es una estrategia dominante para ambas empresas.
☐ El único equilibrio de Nash es que ambas empresas inviertan.
☐ La empresa A que invierte y la empresa B que no invierte es un equilibrio de Nash ineficiente en términos de Pareto.
☐ Para lograr el equilibrio de Nash eficiente en términos de Pareto, las empresas tienen que coordinarse de alguna manera o desarrollar la confianza empresarial.

13.8 MEDIR LA ECONOMÍA: LA INFLACIÓN

En las figuras 13.20a y 13.20b repetimos los gráficos de la figura 13.3 (página 612), que muestran la tasa de crecimiento del PIB y la tasa de desempleo en el Reino Unido de 1875 a 2014.

En la figura 13.20c mostramos la tasa de inflación durante este periodo. La **inflación** es un aumento en el nivel general de precios en la economía, que suele medirse a lo largo de un año. Para la economía británica, la inflación va variando desde un nivel bajo, con precios que en realidad caen (lo que se conoce como **deflación**) durante gran parte del periodo de entreguerras (tanto antes como después de la Gran Depresión), hasta un pico de casi el 25% anual en 1975.

Ya vimos que los valles descendentes de las crisis económicas estaban asociados con los picos ascendentes del desempleo; ahora vemos que la inflación fue especialmente baja en la década de 1930 y especialmente alta en la década de 1970. El pico de la inflación siguió a la primera de las dos perturbaciones o *shocks* de los precios del petróleo (1973 y 1979), que fueron perturbaciones importantes para la economía mundial.

La figura 13.21 muestra las tasas promedio de inflación en diferentes regiones del mundo y cómo han ido evolucionando con el tiempo. Los

> **inflación** Aumento en el nivel general de precios en la economía. Suele medirse a lo largo de un año. *Véase también: deflación, desinflación.*
> **deflación** Disminución en el nivel general de precios. *Véase también: inflación.*

picos al alza de la inflación han tendido a producirse en periodos de crisis económica, pero la tendencia general en todo el mundo desde la década de 1970 ha sido una disminución de las tasas de inflación. La figura también muestra que la inflación tiende a ser mayor en los países pobres que en los ricos. Por ejemplo, desde 2000, la inflación se ha situado en una media de 6,0% en el África subsahariana y 6,6% en el sur de Asia, en contraste con tan solo un 2,2% en los países de ingresos altos de la OCDE.

¿Qué es la inflación?

Piense en su chocolatina favorita. Si su precio sube durante el año, de 50 peniques a 55 peniques, ¿cómo sabe que es un síntoma de inflación en la

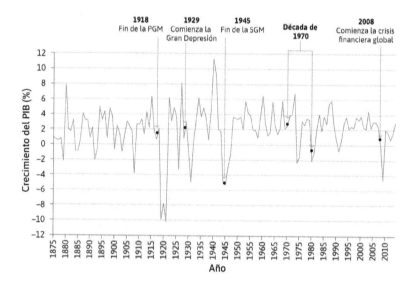

Figura 13.20a Crecimiento del PIB del Reino Unido (1875–2014).

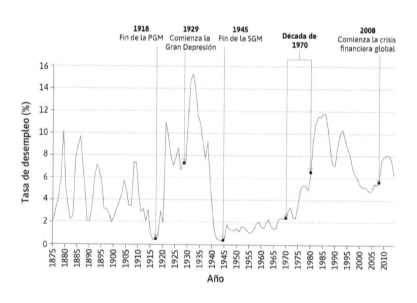

Figura 13.20b Tasa de desempleo en el Reino Unido (1875–2014).

economía? Podría ser que la chocolatina haya subido de precio en relación con todo lo demás, como resultado de un desplazamiento hacia la derecha en la curva de demanda o un desplazamiento hacia la izquierda en la curva de oferta del tipo que estudiamos en el capítulo 8. Para ver qué ha sucedido con los precios de toda la economía, tome una canasta de compras gigante y llénela con cada producto y servicio que compre en enero. Cuando revisa los precios en enero del año siguiente, ¿ha aumentado el precio de esta misma canasta gigante? ¿Y qué hay de las canastas de otras personas?

Para responder a esta pregunta y comprender cómo se mide la inflación, lo mejor es escuchar a las personas que la calculan. En el Reino Unido, la oficina encargada de las estadísticas nacionales, la Office for National Statistics (ONS), hace precisamente esto. Hasta 2016, Richard Campbell era el jefe del equipo encargado de medir la inflación y, mientras estaba en la ONS, hizo una animación (https://tinyco.re/4099871) para explicar cómo se realiza la tarea.

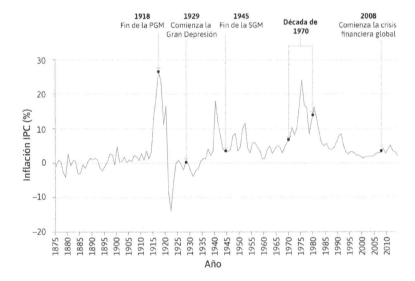

Ryland Thomas y Nicholas Dimsdale. (2017). 'A Millennium of UK Data' (https://tinyco.re/0223548). Banco de Inglaterra. Conjunto de datos OBRA.

Figura 13.20c Tasa de inflación del Reino Unido (1875–2014).

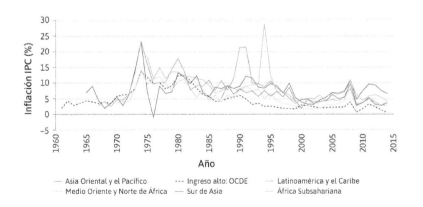

Vea datos recientes para México en OWiD https://tinyco.re/3937469

Banco Mundial. 2015. *Indicadores del Desarrollo Mundial* (https://tinyco.re/9263826).

Figura 13.21 Niveles de inflación y volatilidad en economías de ingresos altos y bajos.

Índice de Precios al Consumidor o Índice de Precios de Consumo (IPC) Medida del nivel general de precios que los consumidores tienen que pagar por bienes y servicios, incluidos los impuestos al consumo.

El **Índice de Precios al Consumidor o Índice de Precios de Consumo (IPC)** mide el nivel general de precios que los consumidores tienen que pagar por los bienes y servicios, incluidos los impuestos al consumo. La canasta de bienes y servicios se elige para reflejar el gasto de un hogar típico en la economía. Por esta razón, el cambio en el IPC, o inflación del IPC, a menudo se considera una medida de los cambios en el «costo de vida».

El IPC se basa en lo que los consumidores compran realmente. Incluye los precios de alimentos y bebidas, vivienda, ropa, transporte, ocio, educación, comunicaciones, atención médica y otros bienes y servicios. Los bienes y servicios de la canasta se ponderan de acuerdo con la fracción del gasto familiar que representen. El IPC excluye las exportaciones, que son consumo por parte de residentes extranjeros, pero incluye las importaciones, que son consumo por parte de los hogares de la economía nacional. La variación del IPC durante el transcurso del año se suele usar como una medida de la inflación.

deflactor del PIB Medida del nivel de precios de la producción nacional. Se trata de la razón entre el PIB nominal (a precios corrientes) y el PIB real (a precios constante).

El **deflactor del PIB** es un índice de precios como el IPC, pero hace un seguimiento del cambio en los precios de todos los bienes y servicios finales producidos en el país. En lugar de una canasta de bienes y servicios, el deflactor del PIB hace un seguimiento de las variaciones de precios de los componentes del PIB nacional, es decir, de $C + I + G + X - M$ (el deflactor del PIB incluye exportaciones, que son producidas por la economía nacional, pero excluye las importaciones, que se producen en el extranjero).

El deflactor del PIB también se puede expresar como la relación entre el PIB nominal (a precios corrientes) y el PIB real (a precios constantes). La serie de deflactor del PIB se usa con mucha frecuencia para transformar una serie del PIB nominal en una serie del PIB real. Como vimos en la sección 1.2 y la sección Einstein del capítulo 1, la serie del PIB real muestra cómo cambia con el tiempo el tamaño de la economía doméstica, teniendo en cuenta los cambios en el precio de los bienes y servicios producidos en el país.

EJERCICIO 13.8 MEDICIÓN DE LA INFLACIÓN

Después de ver la animación de Richard Campbell (https://tinyco.re/4099871), responda estas preguntas:

1. ¿Cómo construimos una canasta de compras gigante que sea representativa para toda la población?
2. Si la inflación este año es del 2,5%, ¿cuál es el precio actual de la canasta de compras representativa que costó 100 libras el año pasado?

La tasa de inflación nacional oficial no refleja necesariamente su propia tasa de inflación personal. Si desea calcular su propia tasa de inflación personal y cuánto se desvía de la tasa nacional, algunas agencias nacionales de estadística ofrecen una calculadora de inflación personal, como por ejemplo Statistics Netherlands (https://tinyco.re/0093731) o Statistics South Africa (https://tinyco.re/7543547). Puede que la oficina de estadísticas nacionales de su país también tenga una calculadora de inflación personal.

3. Usando una calculadora de inflación personal, calcule su tasa de inflación personal y comente cómo y por qué difiere de la tasa de inflación oficial de su país.

EJERCICIO 13.9 EL IPC Y EL DEFLACTOR DEL PIB

1. Use los datos de FRED para construir gráficos para el crecimiento del PIB real, la tasa de desempleo y la tasa de inflación en EE.UU. Seleccione el periodo que va de 1960 hasta el año más reciente disponible. Además, descargue los datos para el deflactor del PIB de Estados Unidos (Busque GDPDEF).

Utilice los datos que descargó para responder las siguientes preguntas (recuerde que el IPC se calcula a partir del precio de los bienes consumidos en el propio país, mientras que el deflactor del PIB se calcula a partir del precio de los bienes producidos en el propio país):

2. La principal diferencia en la evolución de las series para el IPC y el deflactor del PIB tiene lugar en 1974–75 y 1979–1982. ¿Qué podría explicar este patrón? (Sugerencia: piense en el probable impacto de una crisis petrolera en el precio de los bienes importados y, en particular, en sus propios gastos en transporte y combustible).
3. ¿Qué observa sobre la evolución del desempleo y la inflación a principios de los años ochenta?
4. Ahora construya los mismos cuadros para su propio país. Escriba un breve informe sobre la evolución de la inflación, el desempleo y la tasa de crecimiento del PIB real durante el mismo periodo.

13.9 CONCLUSIÓN

En este capítulo hemos introducido dos herramientas esenciales para comprender la economía: las cuentas nacionales, utilizadas para medir la actividad económica agregada, y un conjunto de modelos que nos permiten organizar los datos de manera que expliquen las fluctuaciones económicas. A menudo se pide a los economistas que hagan pronósticos sobre el desarrollo futuro de la economía, y estos utilizan tanto datos como modelos para hacerlo. Además, hemos aprendido que los hogares y las empresas también hacen pronósticos al decidir sobre sus gastos.

En los siguientes dos capítulos nos centraremos en las políticas públicas. Veremos que, para hacer buenos pronósticos y buenas políticas, el gobierno y el banco central deben tener en cuenta lo que piensan los hogares y las empresas sobre el futuro, y evaluar qué puede perturbar sus planes.

Conceptos introducidos en el capítulo 13
Antes de continuar, revise estas definiciones:

- Recesión
- Ley de Okun
- Flujo circular de producción, ingresos y gastos
- Demanda agregada y sus componentes: Y, C, I, G, X, M
- Pagos de transferencias públicas
- Autoseguro y coaseguro
- Tasa de utilización de la capacidad
- La inversión como juego de coordinación
- Inflación, IPC, y deflactor del PIB

13.10 REFERENCIAS BIBLIOGRÁFICAS

Carlin, Wendy y David Soskice. 2015. *Macroeconomics: Institutions, Instability, and the Financial System*. Oxford: Oxford University Press. Capítulos 1 y 10.

Clark, Andrew E. y Andrew J. Oswald. 2002. 'A Simple Statistical Method for Measuring How Life Events Affect Happiness' (https://tinyco.re/7872100). *International Journal of Epidemiology* 31(6): pp. 1139–1144.

Collins, Daryl, Jonathan Morduch, Stuart Rutherford y Orlanda Ruthven. 2009. *Portfolios of the Poor* (https://tinyco.re/8070650). Princeton: Princeton University Press.

Durante, Ruben. 2010. 'Risk, Cooperation and the Economic Origins of Social Trust: An Empirical Investigation' (https://tinyco.re/7674543). *Sciences Po Working Paper*.

Fletcher, James. 2014. 'Spurious Correlations: Margarine Linked to Divorce?' (https://tinyco.re/6825314). *BBC News*.

Jappelli, Tullio y Luigi Pistaferri. 2010. 'The Consumption Response to Income Changes' (https://tinyco.re/3409802). *VoxEU.org*.

Naef, Michael y Jürgen Schupp. 2009. 'Measuring Trust: Experiments and Surveys in Contrast and Combination' (https://tinyco.re/3956674). *IZA discussion Paper* No. 4087.

OCDE. 2010. *Employment Outlook 2010: Moving Beyond the Jobs Crisis* (https://tinyco.re/5607435).

Shiller, Robert. 2009. 'Animal Spirits' (https://tinyco.re/9820978). VoxEU.org podcast. Actualizado el 14 de agosto de 2009.

The Economist. 2009. 'Smooth Operators' (https://tinyco.re/7009658). Actualizado el 14 de mayo de 2009.

The Economist. 2012. 'New Cradles to Graves' (https://tinyco.re/8856321). Actualizado el 8 de septiembre de 2012.

CAPÍTULO 14

DESEMPLEO Y POLÍTICA FISCAL

CÓMO LOS GOBIERNOS PUEDEN MODERAR FLUCTUACIONES COSTOSAS EN EL EMPLEO Y LOS INGRESOS

- Las fluctuaciones en la demanda agregada afectan el crecimiento del PIB a través de un proceso multiplicador porque los hogares se enfrentan a limitaciones en cuanto a su capacidad de ahorrar, pedir prestado y compartir riesgos.
- Un aumento en el tamaño del sector público después de la Segunda Guerra Mundial coincidió con fluctuaciones económicas más pequeñas.
- Los gobiernos pueden cambiar los impuestos o el gasto público para estabilizar la economía, pero las malas políticas pueden desestabilizarla.
- Si un solo hogar ahorra, su riqueza necesariamente aumenta, pero puede que no suceda lo mismo si todos los hogares ahorran al mismo tiempo. Sin un gasto adicional del gobierno o de las empresas que contrarreste la caída de la demanda, el ingreso agregado caerá.
- Toda economía nacional está integrada en la economía mundial, circunstancia que supone una fuente de impactos –tanto buenos como malos– y pone restricciones a los tipos de políticas que pueden ser efectivas.

TEMAS Y CAPÍTULOS INTEGRADORES

- 17: Historia, inestabilidad y crecimiento
- 18: Economía global
- 21: Innovación
- 22: Política y políticas públicas

En agosto de 1960, tres meses antes de ser elegido presidente de Estados Unidos, el senador John F. Kennedy, de 43 años, sacó tiempo para pasar el día navegando en el estuario de Nantucket en su barco, el Marlin. La tripulación incluía a John Kenneth Galbraith y Seymour Harris, ambos economistas de Harvard, y Paul Samuelson, un economista del MIT y posteriormente premio Nobel de Economía. No habían sido reclutados por sus habilidades náuticas. De hecho, a excepción de Harris, el senador ni siquiera los conocía.

El futuro presidente quería aprender «la nueva economía» que John Maynard Keynes, un economista sobre el que aprenderemos más en la sección 14.6, había formulado en respuesta a la Gran Depresión. Cuando Kennedy era un adolescente, en la década anterior a la Segunda Guerra

Mundial, Estados Unidos y muchos otros países experimentaron una caída drástica de la producción (podemos ver el caso de EE.UU. en la figura 14.1) y un desempleo masivo que persistió durante más de 10 años.

Kennedy tenía mucho por aprender: según él mismo admitió, apenas había aprobado el único curso de economía que tomó en Harvard. Más tarde pasaría un día en las regatas de vela de la *America's Cup*, siendo instruido por Harris, que le aconsejó unos cuantos textos para que los leyera. Al cabo de un tiempo, Harris acabaría dándole clases particulares al senador, viajando para ello en avión entre Boston, donde trabajaba, y Washington DC.

En 1948, Samuelson había escrito *Economía*, el primer libro de texto importante que enseñaba estas nuevas ideas. Harris promovió las mismas ideas económicas en un libro que editó en 1948, titulado *Saving American Capitalism* [Salvar el capitalismo estadounidense], una colección de 31 ensayos de 24 colaboradores. En ese momento, parecía que el capitalismo necesitaba que lo salvaran: las economías de planificación centralizada de la Unión Soviética y sus aliados, un modelo promovido como la alternativa al capitalismo, habían evitado por completo la Gran Depresión. Kennedy necesitaba aprender sobre economía para comprender las políticas que pudieran promover el crecimiento económico y reducir el desempleo, y además evitar la inestabilidad económica.

Hemos visto en el capítulo 13 que la inestabilidad en la economía en su conjunto es característica, no solo de las economías dominadas por la agricultura, sino también de las economías capitalistas. La figura 14.1 muestra el crecimiento anual del PIB real en la economía estadounidense desde 1870.

The Maddison Project. 2013. Versión 2013 (https://tinyco.re/7749051); Oficina de Análisis Económico de Estados Unidos (US Bureau of Economic Analysis), 2016. PIB e ingresos personales (https://tinyco.re/9376977); Banco Mundial; Wallis, John Joseph. 2000. "American Government Finance in the Long Run: 1790 to 1990" (https://tinyco.re/5867884). *Journal of Economic Perspectives* 14 (1) (febrero): pp. 61–82.

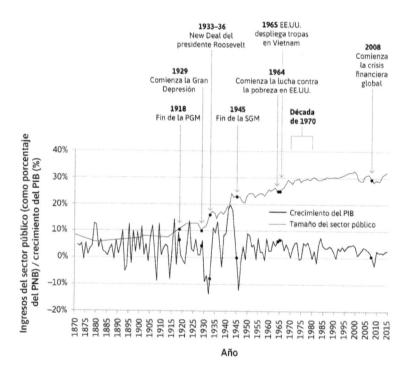

Figura 14.1 Fluctuaciones en la producción y el tamaño del sector público en Estados Unidos (1870–2015).

Tras el final de la Segunda Guerra Mundial se produjo una reducción sustancial en la intensidad de los ciclos económicos. La figura 14.1 muestra otra evolución importante en ese momento: el papel cada vez mayor del sector público en la economía. La línea roja muestra la proporción de los ingresos fiscales federales (nacionales), locales y estatales como parte del PIB: se trata de una buena medida del tamaño del sector público en relación con el de la economía.

La parte proporcional del empleo correspondiente a la agricultura, que según hemos visto es una de las causas de la volatilidad en la economía, cayó del 50% en la década de 1870 al 20% al comienzo de la Segunda Guerra Mundial, pero no hubo señales de que la economía se volviera más estable durante ese periodo. Como hemos visto, los hogares intentan moderar las fluctuaciones en su consumo, pero no siempre lo logran, en parte porque hay límites en cuanto a lo que pueden pedir prestado.

El hecho de que las fluctuaciones en el crecimiento del producto se redujeran drásticamente mientras el sector público se expandió no significa que el aumento del gasto público estabilizara la economía (recuerde: las correlaciones estadísticas no implican causalidad). No obstante, hay buenas razones para pensar que el aumento en la línea roja fue parte de la razón por la que se suavizó la línea negra. En este capítulo, nos preguntamos por qué un mayor papel del gobierno en la economía es parte de la explicación de que la economía fuera más estable en la segunda mitad del siglo xx.

Lo que Harris le enseñó a Kennedy estuvo influenciado por el contraste entre la volatilidad de la economía antes de la Segunda Guerra Mundial y el crecimiento constante y la ausencia de recesiones profundas después. ¿Por qué las economías experimentan desempleo, inflación e inestabilidad en la producción, y qué tipo de políticas podrían abordar estos problemas?

En el capítulo 13 adoptamos el punto de vista de los hogares en relación al ciclo económico, lo que nos permitió establecer por qué las fluctuaciones en el empleo y los ingresos son costosas, y cómo los hogares tratan de limitar las consecuencias para su bienestar. En este capítulo adoptamos el punto de vista del diseñador de políticas. Como vimos en la figura 14.1, el gran aumento en el tamaño del gobierno después de la Segunda Guerra Mundial estuvo acompañado por una reducción en la envergadura de las fluctuaciones del ciclo económico. Después de 1990, el ciclo económico en las economías avanzadas se estabilizó aún más, hasta la crisis financiera mundial de 2008. Esto hizo que al periodo comprendido entre principios de la década de 1990 y fines de la década de 2000 se le llamara la **gran moderación**.

> **gran moderación** Periodo de baja volatilidad en el producto agregado de las economías avanzadas entre la década de 1980 y la crisis financiera de 2008. Los economistas James Stock y Mark Watson fueron los que sugirieron el nombre, que luego popularizó Ben Bernanke, el por aquel entonces presidente de la Reserva Federal.

14.1 LA TRANSMISIÓN DE LOS *SHOCKS*: EL PROCESO MULTIPLICADOR

En una economía capitalista, el gasto en inversión privada se ve impulsado por las expectativas sobre las ganancias futuras después de impuestos. Como vimos en el capítulo 13, el gasto en proyectos de inversión tiende a ocurrir en grupos. Dos son las razones que explican esta observación:

- Varias empresas pueden adoptar una tecnología nueva al mismo tiempo.
- Varias empresas pueden tener creencias similares sobre la demanda futura esperada.

Necesitamos una herramienta que nos ayude a comprender cómo afectarán las decisiones de las empresas (y los hogares) de aumentar o reducir el gasto en inversión a la economía en su conjunto. Recordará que algunos hogares pueden asegurarse por completo contra los baches temporales en sus ingresos pero que, en los hogares con limitaciones de crédito, unos ingresos más altos resultado de conseguir un trabajo o de pasar de trabajar a medio tiempo a trabajar una jornada completa también llevarán a un mayor gasto en consumo.

Como resultado de lo anterior, los cambios en los ingresos actuales influyen en el gasto, afectando así a los ingresos de otros también. De este modo, los efectos indirectos que se propagan por toda la economía terminan por amplificar el efecto directo de una perturbación o *shock* de la **demanda agregada** (a menudo llamada DA) resultante de un auge de la inversión.

Mostraremos cómo los economistas responden a preguntas como «¿qué envergadura tendría el impacto total directo e indirecto de un aumento en el gasto en inversión?» o «¿cuál sería el efecto de un menor gasto público?»

Una noción estadística conocida como multiplicador proporciona una forma de responder a esta pregunta. Suponga que se desarrolla una tecnología nueva. Como resultado, se producen nuevos gastos en la economía; aumenta la producción de nuevos bienes de capital y, por lo tanto, se incrementan los ingresos de las personas que los producen. El flujo circular de gastos, ingresos y productos que mostrábamos en la figura 13.6 (página 620) ilustra este proceso.

- *Si el aumento total del PIB es igual al aumento inicial del gasto*: decimos que el multiplicador es igual a 1.
- *Si el aumento total del PIB es mayor o menor que el aumento inicial del gasto*: decimos que el multiplicador es mayor que 1 o menor que 1.

Para ver por qué el PIB puede aumentar más que el aumento inicial del gasto en inversión, expliquemos lo que los economistas llaman el **proceso multiplicador**. Esto lo hacemos considerando que hay hogares que estabilizan y hogares que no estabilizan el gasto en consumo. Por tanto, en una **función de consumo agregado** que incluya ambos tipos de hogares, el consumo dependerá, entre otras cosas, de los ingresos actuales. Recuerde que, en el modelo del capítulo 13, los hogares que moderan las fluctuaciones del consumo no aumentarán su consumo uno por uno, o incluso ni siquiera lo harán en absoluto, en respuesta a un aumento temporal de 1 euro en sus ingresos. Por otro lado, los hogares con limitaciones crediticias y otros hogares que no pueden estabilizar su consumo aumentarán su consumo actual en 1 euro en respuesta a un aumento temporal de 1 euro en sus ingresos.

demanda agregada Total de los componentes del gasto en la economía; se suman para obtener el PIB: $Y = C + I + G + X - M$. Es la cantidad total de demanda de (o gasto en) bienes y servicios producidos en la economía. *Véase también: consumo (C), inversión, gasto público, exportaciones, importaciones.*

proceso multiplicador Mecanismo a través del cual el efecto directo e indirecto de un cambio en el gasto autónomo afecta al producto agregado. *Véase también: multiplicador fiscal, modelo del multiplicador.*

función de consumo (agregado) Ecuación que muestra cómo el gasto en consumo de la economía en su conjunto depende de otras variables. Por ejemplo, en el modelo del multiplicador, las otras variables son el ingreso disponible actual y el consumo autónomo. *Véase también: ingresos disponibles, consumo autónomo.*

En 2008, cuando los gobiernos consideraron aumentos temporales en el gasto público y recortes de impuestos en respuesta a la recesión que siguió a la crisis financiera mundial, el tamaño del multiplicador se convirtió en tema de debate entre diseñadores de políticas y economistas. Volveremos a este debate más adelante en este capítulo.

Como veremos, el multiplicador es mayor que 1 si el gasto adicional en consumo resultante de un aumento temporal de 1 euro en los ingresos es mayor que cero, pero menor que 1 euro (digamos, por ejemplo, 60 céntimos).

Después de explicar cómo esto es consecuencia del proceso multiplicador, mostraremos que la validez de los supuestos que hacemos en el modelo del multiplicador depende del estado de la economía.

14.2 EL MODELO DEL MULTIPLICADOR
Comenzamos con un modelo simple que excluye al sector público y al comercio exterior. En este modelo, hay dos tipos de gastos:

* **consumo**
* **inversión**

Suponemos que el gasto en consumo agregado tiene dos partes:

* *Una cantidad fija*: cuánto gastará la gente, independientemente de sus ingresos. Este monto fijo, también conocido como **consumo autónomo**, se muestra como c_0 en el eje vertical de la figura 14.2.
* *Una cantidad variable*: depende de los ingresos actuales y es una línea roja con pendiente ascendente en la figura 14.2.

Así pues, podemos expresar el gasto en consumo en forma de ecuación, que denominamos función de consumo agregado:

$$\text{consumo agregado} = \text{consumo autónomo}$$
$$+ \text{consumo que depende de los ingresos}$$

$$C = c_0 + c_1 Y$$

El término c_1 expresa el efecto de una unidad adicional de ingresos sobre el consumo y se conoce como **propensión marginal al consumo (PMC)**. En la figura 14.2, la pendiente de la línea de consumo es igual a la propensión marginal al consumo. Una línea de consumo con pendiente más pronunciada significa una mayor respuesta del consumo a un cambio en los ingresos. Una línea más plana significa que los hogares están estabilizando su consumo para que no varíe mucho cuando cambian sus ingresos. Suponemos que la propensión marginal al consumo es positiva pero menor a uno. Esto significa que solo se consume parte de un aumento en los ingresos: el resto se ahorra.

Trabajaremos con una función de consumo agregado en la que la propensión marginal al consumo, c_1, sea igual a 0,6. Esto significa que una unidad de ingresos adicional (euros, en este caso) aumenta el consumo en €1 × 0,6 = 60 céntimos.

Naturalmente, este número promedio esconde una gran variación entre los hogares, que difieren en su riqueza y en las limitaciones crediticias a que enfrentan. La mayoría de los hogares tienen poca riqueza e incluso en los países ricos, aproximadamente uno de cada cuatro hogares tiene restricciones de crédito. Como vimos en el capítulo 13, la falta de voluntad también juega

consumo (C) Gasto en bienes de consumo, incluidos bienes y servicios de corta duración y bienes de larga duración, que se denominan bienes de consumo duraderos.
inversión (I) Gasto en bienes de capital de reciente producción (maquinaria y equipos) y edificios, incluidas las viviendas nuevas.

consumo autónomo Consumo que es independiente del ingreso actual.

propensión marginal al consumo (PMC) Cambio en el consumo cuando el ingreso disponible cambia en una unidad.

un papel relevante. Por consiguiente, tanto para los hogares con limitaciones crediticias como para aquellos que no ahorran ante disminuciones anticipadas de los ingresos, el consumo sigue de cerca a los ingresos.

Los hogares con poca riqueza consumen muy poco si sus ingresos caen bruscamente. La propensión marginal al consumo para este grupo está cerca de 0,8. Sin embargo, para la pequeña fracción de los hogares que poseen la mayoría de la riqueza, los ingresos actuales juegan un papel muy pequeño en la determinación del consumo, y su propensión marginal al consumo es cercana a cero. Esto significa que, para los hogares ricos, un aumento en los ingresos actuales de 1 euro aumentaría su consumo en solo unos céntimos.

El término c_0 en la función de consumo agregado captura la influencia de todas aquellas variables que afectan al consumo, pero no están relacionadas con los ingresos actuales. En el sentido más literal, es cuánto consumiría una persona sin ingresos, pero esta no es la mejor manera de entender el término. Es solo el consumo que es independiente de los ingresos y, por esta razón, se llama **consumo autónomo**.

Dado que la función de consumo solo incluye explícitamente los ingresos actuales, las expectativas sobre los ingresos *futuros* se incluirán en el consumo autónomo. Para ver lo que significa esto en la práctica, recuerde que en el capítulo 13 vimos que el consumo cambiará cuando cambie el nivel de optimismo de las personas sobre sus perspectivas de empleo y ganancias futuras.

La figura 14.3 ilustra cómo afectaron las expectativas al consumo durante la crisis financiera de 2008 y destaca la naturaleza excepcional de este episodio. La figura muestra cómo cambió la confianza del consumidor en Estados Unidos a lo largo de la crisis. El índice de confianza del consumidor que hemos utilizado son las encuestas entre consumidores o

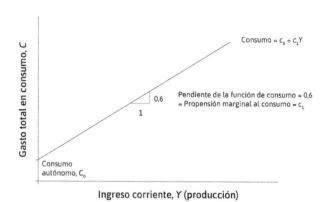

Figura 14.2 La función de consumo agregado.

1. Consumo autónomo
Esta es la cantidad fija que gastarán los hogares, que no depende de su nivel actual de ingresos.

2. Consumo que depende de los ingresos
La línea ascendente denota la parte del consumo que depende de los ingresos actuales (y, por lo tanto, del producto actual).

3. Propensión marginal al consumo
La pendiente de la línea de consumo es igual a la propensión marginal al consumo.

surveys of consumers de la Universidad de Michigan (https://tinyco.re/7469765). Estas encuestas se basan en entrevistas mensuales a 500 hogares a los que se les pregunta cómo ven las perspectivas de su propia situación financiera y de la economía en general a corto y largo plazo. La figura también traza la evolución de una serie de indicadores macroeconómicos clave: ingreso disponible, consumo de bienes duraderos como automóviles y muebles para el hogar y consumo de bienes perecederos como alimentos. Todas las series de la figura 14.3 se muestran como números indexados, tomando el primer trimestre de 2008 como año base.

Observamos que:

- *El consumo de bienes perecederos disminuyó un poco más que los ingresos disponibles*: cayó un 3% durante el periodo. En contra de las predicciones de estabilización del consumo, los hogares estaban lo suficientemente preocupados por sus perspectivas futuras como para hacer ajustes en su gasto en bienes perecederos.
- *El consumo de bienes duraderos disminuyó mucho más dramáticamente que los ingresos disponibles*: en un 10% en el primer año.

¿Por qué esa caída repentina en el consumo de bienes de consumo duraderos? Una razón importante es que los hogares temieron de repente por el futuro de sus trabajos, como lo demuestra la fuerte disminución en el índice de confianza del consumidor en la figura 14.3. El colapso del banco de inversiones Lehman Brothers (https://tinyco.re/3073658) en septiembre de 2008, las preocupaciones sobre la estabilidad del sistema bancario y la mayor carga de la deuda para los hogares debido a la caída de los precios de la vivienda llevaron a los hogares con hipotecas a posponer las compras de artículos caros, como automóviles o refrigeradores. Es importante recordar que el gasto en bienes de consumo duraderos puede posponerse fácilmente. En este sentido, se parece más a una inversión que a una decisión de consumo (aunque los bienes de consumo duraderos se cuentan como parte del consumo en las cuentas nacionales). Como resultado, esperaríamos que la serie temporal de consumo de bienes de consumo duraderos sea más volátil que la de bienes de consumo perecederos.

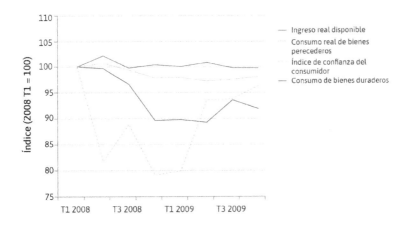

Federal Reserve Bank of St. Louis. 2015. FRED (https://tinyco.re/5104028).

Figura 14.3 Miedo y consumo de los hogares de Estados Unidos durante la crisis financiera mundial (T1 2008–T4 2009).

equilibrio del mercado de bienes
Punto en el que la producción es igual a la demanda agregada de bienes producidos en la economía nacional. La economía continuará produciendo a este nivel a menos que algo cambie el comportamiento de gasto. *Véase también: demanda agregada.*

Ahora vamos a mostrar cómo se propaga un *shock* o perturbación a través de la economía. En la figura 14.4 mostramos la producción de la economía (en el eje horizontal) y la demanda de esa misma producción (en el eje vertical). Todo se mide en términos reales porque estamos interesados en cómo los cambios en la demanda agregada provocan cambios en el producto y el empleo.

La línea con inclinación de 45 grados que parte del origen del diagrama muestra todas las combinaciones en las que la producción es igual a la demanda agregada y se corresponde con el flujo circular analizado en el capítulo 13, donde vimos que el gasto en bienes y servicios en la economía (demanda agregada) es igual a la producción de bienes y servicios en la economía (producto agregado). Por lo tanto, podemos decir que:

producto = demanda agregada de bienes producidos en la economía nacional
$$Y = DA$$

Pero, ¿cómo sabemos dónde está la economía en la línea con inclinación de 45 grados? ¿Está en una posición de producción baja, lo que significaría un

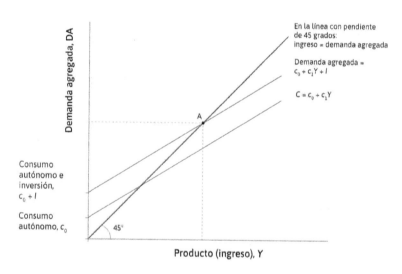

Figura 14.4 Equilibrio del mercado de bienes: diagrama del multiplicador.

1. Equilibrio del mercado de bienes
El punto A se denomina **equilibrio del mercado de bienes**: la economía continuará produciendo a ese nivel a menos que algo cambie el comportamiento de gasto.

2. La línea con inclinación de 45 grados
La línea con inclinación de 45 grados que parte del origen del diagrama muestra todas las combinaciones en las que la producción es igual a la demanda agregada, lo que significa que la economía está en equilibrio del mercado de bienes.

3. Consumo
El primer componente de la demanda agregada es el consumo, que está representado por la línea de consumo que se muestra en la figura 14.2.

4. Inversión
Agregar la inversión a la línea de consumo simplemente conduce a un desplazamiento ascendente en paralelo de la línea de demanda agregada.

desempleo alto, o está en una posición de producción alta, lo que significaría una tasa de desempleo baja?

Determinamos esta posición analizando los componentes individuales de la demanda agregada. Suponemos que las empresas están dispuestas a suministrar cualquier cantidad de bienes que demanden quienes realizan compras en la economía; no están operando a plena **utilización de capacidad**. Debido a que hemos asumido que no hay gasto público ni comercio con otras economías, en este modelo solo hay dos componentes del gasto agregado:

- *Consumo*: Tomamos la línea de consumo presentada en la figura 14.2. Debido a que la propensión marginal al consumo es menor que uno, la línea de consumo es más plana que la línea con inclinación de 45 grados, que tiene una pendiente de uno.
- *Inversión*: asumimos que la inversión no depende del nivel de producción.

La ecuación para la demanda agregada es, por lo tanto:

$$\text{demanda agregada} = \text{consumo} + \text{inversión}$$
$$\text{DA} = C + I$$
$$= c_0 + c_1 Y + I$$

Por consiguiente, agregar la inversión a la línea de consumo simplemente conduce a un desplazamiento ascendente en paralelo. En este sentido, la inversión es similar al consumo autónomo. Podemos ver en la figura 14.4 que, en la línea de demanda agregada, se produce una intersección en $c_0 + I$, la pendiente es de c_1 y es más plana que la línea de 45 grados.

En la figura 14.4 ahora tenemos una imagen que muestra cómo se determina el nivel de producción en la economía. La producción es igual a la demanda agregada (la línea con inclinación de 45 grados), y la demanda agregada es igual a $c_0 + c_1 Y + I$ (la línea más plana), por lo que la economía debe estar en el punto A donde se cruzan las dos líneas.

La misma figura nos indica el efecto de un cambio en el consumo autónomo (c_0) o la inversión. Estudiamos este cambio exactamente igual que analizamos los cambios en la oferta y la demanda en el capítulo 11: vemos cómo el cambio hace que el resultado anterior ya no sea un equilibrio, y luego localizamos el nuevo equilibrio. El cambio esperado es el movimiento del equilibrio antiguo al nuevo.

Los cambios en el consumo autónomo o la inversión desplazan el antiguo equilibrio porque cambian la demanda agregada, lo que a su vez altera el nivel de producción y empleo. En la figura 14.5, tomamos el diagrama del multiplicador y reducimos la inversión. Elegimos una reducción en la inversión de 1500 millones de euros. Siga los pasos en la figura 14.5 para ver qué sucede.

En la figura 14.5 trazamos el efecto de la caída de la inversión en toda la economía. El efecto en una primera ronda es que la caída de la inversión reduce la demanda agregada en 1500 millones de euros. Ahora bien, un menor gasto también significa una menor producción y menos ingresos, que implica que las empresas despedirán a trabajadores, lo que a su vez provocará una mayor disminución del gasto. Piense en los hogares con limitaciones crediticias donde algunos miembros pierdan el trabajo: les gustaría mantener el consumo estable pero, cuando sus ingresos caen, no pueden pedir prestado lo suficiente como para mantener ese nivel de consumo, por lo que reducen

tasa de utilización de la capacidad
Medida del grado en que una empresa, un sector o una economía entera está produciendo tanto como lo permitiría su parque de bienes de capital y el conocimiento actual de que dispone.

su gasto, lo que conduce a más recortes en producción e ingresos. La ecuación de consumo nos dice que este tipo de comportamiento lleva a una caída en el consumo agregado de 0,6 veces la caída en el ingreso. El proceso continuará hasta que la economía alcance el punto Z.

Tras el *shock* de inversión, el punto de intersección en la línea se ha reducido en 1500 millones de euros, causando un cambio paralelo en la línea de demanda agregada. La producción ha caído en 3750 millones de euros, más que la caída en la inversión de 1500 millones de euros: esto es lo que se conoce como proceso del multiplicador.

En este caso, el multiplicador es igual a 2,5, porque el cambio total en la producción es 2,5 veces más que el cambio inicial en la inversión. Un

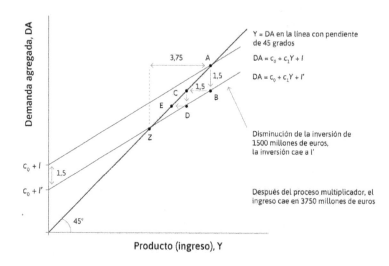

Figura 14.5 El multiplicador en acción: una recesión impulsada por la inversión.

1. Equilibrio del mercado de bienes
La economía comienza en el punto A, en el equilibrio del mercado de bienes.

2. Una caída en la inversión
La caída en la inversión reduce la demanda agregada en 1500 millones de euros, y la economía se desplaza verticalmente hacia abajo, del punto A al punto B.

3. Las empresas introducen recortes
Con una demanda más baja, las empresas reducen la producción y el empleo. Con una producción y empleo más bajos, los ingresos caen en 1500 millones de euros. Este es el movimiento de B a C.

4. Una caída en el consumo
Una vez que los ingresos de los hogares caen, estos reducen su consumo, ya que podrían enfrentarse a restricciones crediticias. La ecuación de consumo nos indica que este tipo de comportamiento inicialmente conduce a una caída en el consumo agregado de 0,6 veces la caída del ingreso. Esta es la distancia desde el punto C al punto D.

5. Las empresas introducen recortes nuevamente
Las empresas responden reduciendo la producción, el producto cae y la economía se mueve del punto D al punto E.

6. ... y así sucesivamente
El proceso continuará hasta que la economía alcance el punto Z.

7. La nueva línea de demanda agregada
Pasa por el punto Z y muestra el nuevo equilibrio de la economía en el mercado de bienes después del *shock* de inversión.

8. La caída de la producción como resultado del *shock*
La caída total de la producción excede el tamaño inicial de la disminución de la inversión: el producto ha caído en 3750 millones de euros.

9. El multiplicador es igual a 2,5
El cambio total en la producción es 2,5 veces superior al cambio inicial en la inversión.

multiplicador de 2,5 es demasiado grande para ser realista. Como veremos en la siguiente sección, una vez que se introducen los impuestos y las importaciones en el modelo, el multiplicador se reduce.

Al modelo de demanda agregada que incluye el proceso multiplicador lo denominamos **modelo del multiplicador**. Este modelo se puede resumir así:

- *Una caída en la demanda conduce a una caída en la producción y una caída equivalente en los ingresos*: esto lleva a una caída adicional (más pequeña) en la demanda, lo que lleva a una caída adicional en la producción, y así sucesivamente.
- *El multiplicador es la suma de todas estas disminuciones sucesivas en la producción*: finalmente, la producción ha caído en una cantidad mayor que el cambio inicial en la demanda. El producto es un múltiplo del cambio inicial.
- *La producción se ajusta a la demanda*: las empresas suministran la cantidad de bienes demandados al precio vigente. Cuando la demanda cae, las empresas reducen la producción. El modelo supone que estas no ajustan sus precios.

modelo del multiplicador Modelo de demanda agregada que incluye el proceso multiplicador. *Véase también: multiplicador fiscal, proceso multiplicador.*

Tenga en cuenta que la economía que estamos estudiando es una en la que suponemos que hay recursos infrautilizados en forma de capacidad disponible en las instalaciones de producción y mano de obra infrautilizada. Además, suponemos que los salarios no se ven afectados por los cambios en el nivel de producción. Asumir una situación de capacidad disponible y salarios fijos significa que los costos no aumentarán cuando la producción aumente, por lo que las empresas estarán dispuestas a suministrar la producción adicional demandada sin ajustar sus precios. De lo contrario, parte del aumento del gasto se traducirá en precios o salarios más altos, en lugar de en un producto real más alto, como analizaremos en el siguiente capítulo.

Si la economía se caracteriza por no tener capacidad adicional disponible o por no tener salarios constantes, el multiplicador será más pequeño de lo que vemos aquí.

También podemos mostrar el efecto sobre el producto combinando las dos ecuaciones que determinan las líneas en el diagrama del multiplicador. La línea con pendiente de 45 grados es simplemente la ecuación $Y = DA$. Combinando esto con la ecuación para DA, obtenemos:

$$Y = DA = C + I$$
$$= c_0 + c_1 Y + I$$

Si pasamos algunas variables al lado izquierdo de la ecuación,

$$Y(1 - c_1) = c_0 + I$$

Luego dividimos entre $(1 - c_1)$:

$$Y = \frac{1}{1 - c_1} \times (c_0 + I)$$

Ahora podemos calcular cuánto aumentará o disminuirá la producción utilizando el valor del multiplicador multiplicado por el cambio en la **demanda autónoma**.

Descubra otra forma de resumir nuestros hallazgos del diagrama en forma algebraica en el Einstein del final de esta sección.

demanda autónoma Componentes de la demanda agregada que son independientes del ingreso actual.

El cambio en el producto de la figura 14.5 es 2,5 veces mayor que el *shock* inicial en la inversión, lo que significa que el impacto se ha amplificado. Usando álgebra, expresamos esto como $\Delta Y = k\Delta I$, y decimos que «delta Y (el cambio en el producto) es igual a k, el multiplicador, multiplicado por delta I (el cambio en la inversión)».

PREGUNTA 14.1 ESCOJA LA(S) RESPUESTA(S) CORRECTA(S)

La figura 14.2 (página 658) muestra una función de consumo de una economía donde C es el gasto de consumo agregado, y Y es el ingreso actual de la economía.

Según esta información, ¿cuál de las siguientes afirmaciones es correcta?

☐ La propensión marginal al consumo (PMC) es la proporción del ingreso actual gastado en consumo, C/Y.

☐ La PMC viene dada por la intersección de la línea con el eje vertical.

☐ La PMC es normalmente inferior a 1, ya que algunos hogares son capaces de estabilizar su consumo.

☐ Si el ingreso actual de un país es $Y = 100$ billones de dólares y la PMC $= 0,6$, entonces el gasto de consumo agregado es $C = 60$ billones de dólares.

PREGUNTA 14.2 ESCOJA LA(S) RESPUESTA(S) CORRECTA(S)

El siguiente diagrama muestra el cambio en el equilibrio del mercado agregado de bienes cuando hay un aumento de 2000 millones de euros en la inversión.

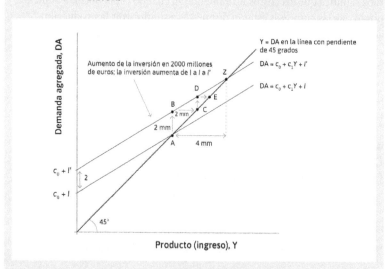

La propensión marginal al consumo de la economía es de 0,5. Según esta información, ¿cuál de las siguientes afirmaciones es correcta?

☐ El nuevo equilibrio del mercado de bienes después del aumento de la inversión es E.

☐ La demanda agregada aumenta en un total de 2000 millones de euros $\times 0,5 = 1000$ millones de euros debido al aumento de la inversión.

☐ El multiplicador es 2.

☐ La distancia entre C y D es tres cuartos de la distancia entre A y B (1500 millones de euros).

EINSTEIN

Cálculo del multiplicador

Consideremos el efecto de un aumento en la inversión de 1500 millones de euros. Podemos resumir nuestros hallazgos del diagrama del multiplicador haciendo algo de álgebra. Para obtener el multiplicador, podemos calcular el aumento total en la producción después de $n + 1$ rondas del proceso, cada una de las cuales coincide con el diagrama de flujo circular. El aumento de la demanda y la producción en la primera ronda es de 1500 millones de euros. El aumento de la demanda y la producción en la segunda ronda es ($c_1 \times 1500$ millones de euros), el aumento de la demanda y la producción en la tercera ronda es $c_1 \times (c_1 \times 1500$ millones de euros) = ($c_1^2 \times 1500$ millones de euros), y así sucesivamente.

Siguiendo esta lógica, el aumento total de la demanda y la producción después de $n + 1$ rondas es la suma total de estos cambios:

$$1,5 + c_1(1,5) + c_1^2(1,5) + \ldots + c_1^n(1,5) = 1,5(1 + c_1 + c_1^2 + \ldots + c_1^n)$$

Debido a que la propensión marginal al consumo es inferior a 1, podemos mostrar que la suma total entre paréntesis alcanza un límite de $1/(1 - c_1)$ a medida que n aumenta. Esto se debe a que el término entre paréntesis es, matemáticamente, una serie geométrica. Mostramos esto de la siguiente manera.

Si k es el multiplicador, tenemos:

$$k = (1 + c_1 + c_1^2 + \ldots + c_1^n)$$

Ahora multiplique ambos lados por $(1 - c_1)$ para obtener:

$$\begin{aligned} k(1 - c_1) &= (1 + c_1 + c_1^2 + \ldots + c_1^n)(1 - c_1) \\ &= (1 + c_1 + c_1^2 + \ldots + c_1^n) - (c_1 + c_1^2 + c_1^3 + \ldots + c_1^{n+1}) \\ &= 1 - c_1^{n+1} \end{aligned}$$

Ahora divida nuevamente por $(1 - c_1)$:

$$k = \frac{(1 - c_1^{n+1})}{(1 - c_1)}$$

A medida que n aumenta, suponiendo que $c_1 < 1$, el numerador tiende a 1. Así pues, en el límite:

$$k = \frac{1}{1 - c_1}$$

En el ejemplo, la propensión marginal al consumo es, de media, 0,6. Esto implica que el multiplicador es igual a:

$$\frac{1}{1 - c_1} = \frac{1}{1 - 0,6} = 2,5$$

Luego podemos aplicar el multiplicador al cambio inicial en la inversión de 1500 millones de euros para encontrar la suma de todos los aumentos sucesivos en la producción provocados por el aumento inicial en la inversión y la demanda agregada: $2,5 \times 1500$ millones de euros = 3750 millones de euros.

14.3 RIQUEZA OBJETIVO DE LOS HOGARES, GARANTÍAS Y GASTO EN CONSUMO

En el capítulo 13 aprendimos que el consumo es el mayor componente del PIB en la mayoría de las economías. Por lo tanto, comprender por qué cambia el consumo es crucial para entender los cambios en la producción y el empleo.

Vimos que una perturbación o *shock* en la inversión desplaza la curva de demanda agregada y se transmite por toda la economía a medida que los hogares ajustan su gasto en respuesta a los cambios en los ingresos. Recordará que nos centramos en la estabilización incompleta del consumo, debida por ejemplo a las restricciones crediticias. Este comportamiento se refleja en el tamaño del multiplicador y la *pendiente* de la curva de demanda agregada. Ahora bien, el comportamiento de consumo y ahorro también puede *desplazar* la curva de demanda agregada.

Un desplazamiento en la demanda agregada puede deberse a un cambio en el consumo autónomo, representado por el término c_0 en la función de consumo agregado, $C = c_0 + c_1 Y$. Un cambio en c_0, a su vez, producirá una respuesta multiplicadora de la producción y el empleo a través del flujo circular de gastos, producción e ingresos, de la misma manera que se multiplicó la caída de la inversión en la sección anterior.

Piense en una familia con una **hipoteca** sobre su vivienda (préstamo hipotecario). Si el precio de las viviendas cae, la familia estará preocupada de que su patrimonio también se haya reducido. Una reacción probable a esa situación sería por tanto que el hogar ahorrara más: es lo que se conoce como **ahorro preventivo**. Una forma de analizar este comportamiento es asumir que los hogares tienen en mente una **riqueza objetivo** que pretenden mantener.

Cuando sucede algo que afecta a la riqueza del hogar en relación con este objetivo, el hogar reacciona aumentando o disminuyendo el ahorro para restaurar la riqueza a su nivel objetivo. En nuestro modelo, capturaremos un incremento del ahorro preventivo como una caída del consumo autónomo.

En 1929, una recesión en el ciclo económico de Estados Unidos, que inicialmente parecía similar a otras fases bajas del ciclo que se habían producido en la década anterior, acabó convirtiéndose en un desastre económico a gran escala: la **Gran Depresión**.

La caída en la producción y el empleo durante la Gran Depresión resalta dos maneras de las que el consumo agregado puede caer: restricciones de crédito en el proceso multiplicador y cambios en la riqueza en relación con la riqueza objetivo.

Para comprender los mecanismos económicos que operaron durante la Gran Depresión, utilizamos el diagrama del multiplicador que se muestra en la figura 14.6. El punto A indica la situación inicial de la economía en el tercer trimestre de 1929. Cuando se produce una caída de la inversión, la curva de demanda agregada se desplaza del nivel de precrisis al nivel de crisis. La línea punteada vertical que sale del punto B muestra el nivel de producción que se habría observado en el punto bajo del ciclo económico si el proceso multiplicador estuviese funcionando de manera habitual. Habría habido una recesión, pero nada parecido a la Gran Depresión. Lo que sucedió es que la recesión empeoró sustancialmente debido a la caída en la demanda de bienes de consumo que se produjo incluso por parte de aquellos que habían conservado su empleo.

hipoteca (o préstamo hipotecario) Préstamo contratado por hogares y empresas para comprar una propiedad sin pagar el valor total de una sola vez. Durante un periodo de muchos años, el prestatario devuelve el préstamo, más los intereses. La deuda está garantizada por la propiedad en sí, que se denomina precisamente garantía. *Véase también: garantía.*

ahorro preventivo Aumento del ahorro para restaurar la riqueza a un determinado nivel objetivo. *Véase también: riqueza objetivo.*

riqueza objetivo Nivel de riqueza que un hogar pretende mantener, en función de sus objetivos (o preferencias) económicos y sus expectativas. Suponemos que, ante los cambios en su situación económica, los hogares intentan mantener este nivel de riqueza siempre que sea posible hacerlo.

Gran Depresión Periodo de fuerte caída de la producción y el empleo en muchos países en la década de 1930.

Christina D. Romer. 1993. 'The Nation in Depression' (https://tinyco.re/4965855). *Journal of Economic Perspectives* 7 (2) (Mayo): pp. 19–39.

El consumo se redujo a través de dos mecanismos:

- *El cambio de A a B*: a medida que el producto y el empleo caían, algunos hogares reducían el gasto en vivienda y bienes de consumo duraderos porque tenían restricciones crediticias y, por lo tanto, no podían obtener préstamos ante unas condiciones que se deterioraban rápidamente. Algunos economistas han estimado que el tamaño del multiplicador en ese momento era de aproximadamente 1,8.
- *El cambio de B a C*: incluso los hogares que conservaron el trabajo redujeron el gasto porque se hizo cada vez más claro que la recesión era la nueva realidad, no un impacto temporal. En consecuencia, la función de consumo se desplazó hacia abajo y llevó a la economía todavía más hacia la depresión, de B a C, como se observa en la figura 14.6.

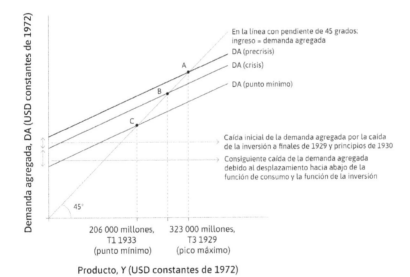

Robert J. Gordon. 1986. *The American Business Cycle: Continuity and Change* (https://tinyco.re/5375612). Chicago, Il: University of Chicago Press.

Figura 14.6 Demanda agregada en la Gran Depresión.

1. El pico máximo de 1929
El punto A muestra la situación inicial de la economía.

2. Una caída en la inversión
Esto desplaza la curva de demanda agregada el nivel de pre-crisis al nivel de crisis.

3. Una recesión normal
La economía normalmente hubiera pasado al punto B.

4. La depresión de 1933
Sin embargo, en lugar de una caída típica (de A a B), la producción cayó mucho más de lo que puede explicarse únicamente en virtud del proceso multiplicador, desplome que se muestra por el movimiento de B a C.

667

Estudios realizados tras la Gran Depresión (que examinamos en mayor profundidad en el capítulo 17) proporcionan toda una serie de explicaciones de la caída del consumo autónomo en Estados Unidos:

- *Incertidumbre*: la incertidumbre sobre el estado de la economía provocada por la dramática caída del mercado de valores de octubre de 1929 hizo que tanto las empresas como los hogares fueran más cautelosos, lo que los llevó a posponer las compras de maquinaria y equipo y bienes de consumo duraderos.
- *Pesimismo y el deseo de ahorrar más*: los hogares también se volvieron más pesimistas sobre su capacidad para mantener los niveles actuales de gasto, ya que temían el desempleo y la disminución de sus ingresos en el futuro. Su valoración de su riqueza material también se vio afectada a medida que caían los precios de las viviendas y los activos financieros. En la década de 1920 se había producido una acumulación de deuda por parte de los hogares, que por primera vez habían podido beneficiarse de acuerdos de pago a plazos para comprar bienes de consumo duraderos.
- *La crisis bancaria y el colapso del crédito*: un tercer factor que desplazó la línea de demanda agregada al nivel etiquetado como «depresión» fue la crisis bancaria de 1930 y 1931, que afectó tanto al consumo como a la inversión. Por todo Estados Unidos, se produjo una ola de quiebras de bancos pequeños, débiles y en gran medida no regulados. El sistema de bancos pequeños era vulnerable al pánico. Los ahorradores comenzaron a temer que no podrían acceder a sus depósitos. Como se explicó en el capítulo 10, a medida que el pánico se extendía de un banco a otro, las retiradas masivas de depósitos afectaron a todo el sistema bancario. Con el colapso del sistema bancario, los hogares perdieron sus depósitos y las pequeñas empresas perdieron su acceso al crédito.

capital humano Existencias de conocimiento, habilidades, atributos de comportamiento y características personales que determinan la productividad laboral o los ingresos laborales de un individuo. La inversión en este capital a través de la educación, la capacitación y la socialización puede aumentar esas existencias, y dicha inversión es una de las fuentes de crecimiento económico. Parte de la dotación con que cuenta un individuo. *Véase también: dotación.*

Para ilustrar por qué los hogares que no se vieron afectados por restricciones crediticias también redujeron el consumo, consideramos la composición de la riqueza o los activos de un hogar. En el capítulo 10 presentamos el concepto de riqueza comparándolo con el volumen de agua en una bañera y nos centramos en la riqueza material. En la figura 14.7 ampliamos el concepto de riqueza a una riqueza en sentido amplio para incluir los ingresos futuros del empleo esperados por el hogar, que es lo que se conoce como el valor de su **capital humano**.

Siga el análisis de la figura 14.7 para ver la composición de la riqueza de un hogar en sentido amplio, que es igual al valor de todos sus activos menos su deuda (que suponemos que es la hipoteca de la vivienda).

Como ya veremos:

- *Si la riqueza objetivo está por encima de la riqueza esperada*: el hogar aumentará el ahorro y disminuirá el consumo.
- *Si la riqueza objetivo está por debajo de la riqueza esperada*: el hogar disminuirá el ahorro y aumentará el consumo.

A principios de 1929, ¿cómo habría interpretado las noticias sobre el cierre de fábricas, el colapso del mercado de valores y las quiebras bancarias una familia con la posición de riqueza que se muestra en la columna A de la figura 14.8? ¿Cómo habría ajustado el gasto en bienes de consumo duraderos, vivienda y bienes perecederos? Las respuestas a estas preguntas nos ayudan a explicar por qué se produjo la Gran Depresión.

- *Antes de la depresión*: visto con la perspectiva de principios de 1929 (columna A en la figura 14.8), los hogares toman decisiones de consumo de acuerdo con sus expectativas: la riqueza total es igual a la riqueza objetivo.
- *La depresión*: a finales de 1929 (columna B), la recesión estaba en marcha y las creencias habían cambiado. A raíz de la pérdida de empleos en toda la economía, los hogares revisaron sus ingresos esperados a la baja. Por otro lado, la caída de los precios de los activos (acciones y viviendas) redujo el valor de la riqueza material del hogar. El resultado fue una brecha entre la riqueza objetivo del hogar y la riqueza esperada. Esto ayuda a explicar la reducción en el consumo de los hogares que podrían ayudar (y en una recesión ordinaria habrían ayudado) a suavizar una

> **valor neto o *equity*** Inversión de un individuo en un proyecto. Se registra en el balance de una empresa o de un individuo como patrimonio neto. *Véase también: patrimonio neto.*

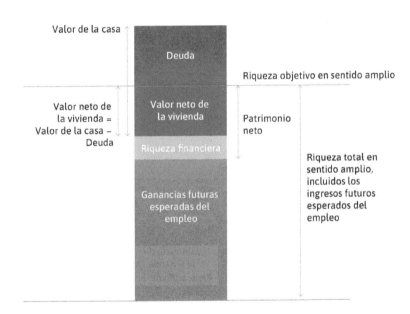

Figura 14.7 Riqueza del hogar: conceptos clave.

1. Ingresos futuros esperados del empleo
Están representados por el rectángulo naranja.

2. Riqueza financiera
El rectángulo verde.

3. La participación de la familia en la propiedad de la casa
Representada por el rectángulo azul.

4. La riqueza total del hogar en sentido amplio
Es la suma de los rectángulos verde, azul y naranja.

5. Los hogares también tienen deudas
Estas se muestran en el rectángulo rojo.

6. El patrimonio neto del hogar
También se conoce como riqueza material. Lo calculamos tomando los activos totales (excluyendo las ganancias futuras esperadas), que es el valor de la casa más la riqueza financiera, y restando la deuda que se debe.

7. El valor de la casa
Es igual al **valor neto o *equity*** de la vivienda, más lo que le debe al banco (la hipoteca).

8. Riqueza objetivo
Para el hogar que se muestra en la figura, la riqueza esperada en el sentido amplio (rectángulos naranja + verde + azul) es igual a la riqueza objetivo.

caída temporal de la demanda agregada, pero que en este caso aumentaron su ahorro. Esta caída en el consumo autónomo es parte de la explicación del desplazamiento descendente de la curva de demanda agregada del nivel de crisis al nivel del punto mínimo en la figura 14.6 (página 667).

- El **acelerador financiero**, *las garantías y las restricciones de crédito*: los cambios en la riqueza de los hogares afectan al consumo a través de otro canal. En el capítulo 10 vimos que tener una garantía puede permitir que un hogar pida prestado. Un ejemplo importante es el caso de los préstamos hipotecarios, donde el banco extiende un préstamo utilizando el valor de la vivienda como garantía. Si el valor de la vivienda cae, el banco estará dispuesto a prestar menos, lo que limitará más al crédito, circunstancia que a su vez puede reducir su consumo.

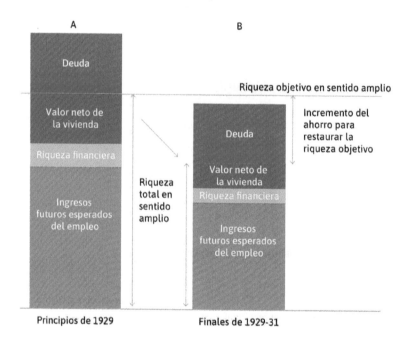

Figura 14.8 La Gran Depresión: los hogares redujeron el consumo para restablecer su riqueza objetivo en sentido amplio.

1. Antes de la depresión
Los hogares están tomando decisiones de consumo en línea con sus expectativas sobre su patrimonio neto y los ingresos futuros del empleo. Esto se demuestra por el hecho de que la riqueza total es igual a la riqueza objetivo.

2. La depresión
A finales de 1929, columna B, la recesión estaba en marcha y las creencias habían cambiado.

3. Ahorro preventivo
El resultado fue una brecha entre la riqueza objetivo del hogar y la riqueza esperada. Los hogares aumentaron su ahorro.

Los mismos mecanismos funcionan en sentido inverso si aumentan los precios de la vivienda, lo que tenderá a aumentar el consumo:

- *Para aquellos que no tienen restricciones de crédito*: si el valor de su casa aumenta, esto mejora su patrimonio neto y aumenta su riqueza en relación con el objetivo. Prediciríamos que, en consecuencia, reducirían su ahorro preventivo y aumentarían el consumo.
- *Para aquellos que tienen limitaciones de crédito*: un aumento en el precio de su vivienda puede llevarles a aumentar su gasto en consumo porque el aumento del valor de la garantía les permite pedir prestado más.

> **acelerador financiero** Mecanismo a través del cual la capacidad de endeudamiento de las empresas y los hogares aumenta cuando el valor de la garantía que han prometido al prestamista (a menudo un banco) aumenta.

EJERCICIO 14.1 BALANCE DE UN HOGAR

Considere una familia conformada por los padres y dos hijos, con una hipoteca para el pago de su vivienda, de la que han pagado la mitad. La familia también posee un automóvil y una cartera de acciones en diversas compañías. Gastan sus ingresos en alimentos, ropa y cuotas de escuelas privadas, y tienen ahorros para la jubilación en un fondo de pensiones.

1. ¿Cuál de estos elementos estaría en un balance del hogar?
2. Utilizando el ejemplo del balance del banco de la figura 10.16 (página 493) como guía, construya un balance anual para este hipotético hogar. Si desea, investigue los valores típicos de estos elementos para una familia como esta.

EJERCICIO 14.2 VIVIENDA EN FRANCIA Y ALEMANIA

En Francia y Alemania, es difícil para un hogar aumentar sus préstamos como resultado de un aumento en el valor de mercado de la vivienda. Además, para comprar una, se requieren grandes pagos iniciales (un alto porcentaje del precio total de la misma).

1. Con base en esta información, ¿cómo esperaría que un aumento en los precios de la vivienda en Francia o Alemania afecte el gasto de los hogares?
2. En Estados Unidos o el Reino Unido, es más fácil obtener préstamos en función de un aumento en el valor neto de la vivienda y solo se requiere un pequeño pago inicial. ¿Cómo esperaría que cambie su respuesta a la pregunta 1 para el caso de Estados Unidos o el Reino Unido?
3. ¿Qué puede concluirse sobre el papel del acelerador financiero en Francia y Alemania, en comparación con el Reino Unido y Estados Unidos?

Nota: Un artículo de VoxEU de diciembre de 2014, "Combating Eurozone deflation: QE for the people" (https://tinyco.re/4854300), le brinda más información sobre la influencia de un cambio en los precios de la vivienda en el gasto, en Europa y Estados Unidos.

14.4 GASTO EN INVERSIÓN

En el capítulo 13, hicimos hincapié en el contraste entre la volatilidad de la inversión y la estabilidad del gasto en consumo, pero ¿cómo toman las empresas las decisiones de inversión? Piense en el gerente o propietario de una empresa que decide qué hacer con sus beneficios acumulados. Hay cuatro opciones:

1. *Dividendos*: asignar los fondos a salarios para gerentes o empleados, o a pagar dividendos a los propietarios.
2. *Ahorro*: comprar un activo financiero que devengue intereses, como un bono, o saldar la deuda existente.
3. *Inversión en el extranjero*: construir nueva capacidad productiva en otro país.
4. *Inversión nacional*: desarrollar nuevas capacidades en el país de origen.

La cuarta opción es a lo que llamamos inversión en nuestro modelo (la tercera opción también es inversión, pero, dado que se gasta en el país extranjero, se mide en las cuentas nacionales del país extranjero como parte de su I y no en las del país de origen).

Si suponemos que no hay razón para cambiar los salarios, entonces también podemos desglosar la decisión del propietario como lo hicimos con la decisión de Marco en el capítulo 10:

- *El propietario tiene la opción de consumir ahora o consumir después*: tomar los ingresos como dividendos significa que el propietario puede, si lo desea, simplemente consumir los ingresos adicionales ahora.
- *Si la decisión es consumir después*: el propietario puede ahorrar (prestar mediante la compra de un activo financiero, como un bono o amortizar deuda) o invertir en un nuevo proyecto.
- *Si la decisión es invertir*: que el propietario lo haga en el país de origen o en el extranjero dependerá de la tasa de beneficio esperada para los posibles proyectos de inversión en las dos ubicaciones.

La conveniencia de consumir más ahora y no después depende de la tasa de descuento del propietario (ρ), tal y como se analizó en el capítulo 10. El propietario comparará esto con el rendimiento que puede obtener si no consume ahora. Si la empresa ahorra, comprando un activo financiero, el rendimiento es la tasa de interés r. Si la empresa invierte en capacidad productiva, el rendimiento será la tasa de beneficio de la inversión, que llamaremos Π como en el capítulo 10:

- *Si ρ es mayor que r y que Π*: el propietario mantendrá los fondos y aumentará el gasto en consumo.
- *Si r es mayor que ρ y que Π*: la decisión será amortizar deuda o comprar un activo financiero.
- *Si Π es mayor que ρ y que r*: el propietario invertirá (ya sea en su propio país o en el extranjero).

Debido a que existen todas estas opciones, la tasa de interés es uno de los factores que determina si se realiza una inversión. Vimos en el capítulo 10 que la tasa de interés puede modificarse a través de la política del banco central (**política monetaria**). La tasa de interés es el costo de oportunidad de las compras de maquinaria, equipo y estructuras que aumentan el capital social; si tiene dinero disponible, puede ahorrarlo con un retorno de r en lugar de invertirlo. Alternativamente, si no tiene dinero disponible, entonces el costo de los préstamos para inversión también es r. Clasificando los proyectos de inversión por su tasa de beneficio esperado después de impuestos, podemos ver que una tasa de interés más baja aumenta el número de proyectos para los cuales la tasa de beneficio esperado es mayor que la tasa de interés. Vimos esto cuando Marco se enfrentó a la decisión de invertir o no (figura 10.10 (página 474)). Por lo tanto, una tasa de interés más alta reduce la inversión, y una tasa de interés más baja la aumenta.

La figura 14.9 ilustra este hecho para una economía que consta de dos empresas, A y B. Para cada empresa en este ejemplo, hay tres proyectos de inversión con diferente escala y tasa de rendimiento: se muestran en orden decreciente de la tasa de beneficio esperada. Siga el análisis de la figura 14.9 para ver cómo la tasa de interés determina qué proyectos de inversión se llevarán a cabo. El panel inferior agrega las dos empresas para mostrar cómo la inversión en la economía en su conjunto responde a un cambio en la tasa de interés.

En las figuras 14.10a–c, observamos cómo un cambio en las expectativas de beneficios afecta a la inversión.

En la economía de dos empresas de la figura 14.10a, la tasa de beneficios esperada para cada proyecto aumenta debido a una mejora en las condiciones de la oferta en la economía. La altura de todas las columnas aumenta y, como resultado, hay más inversión a una tasa de interés dada.

Un cambio al alza puede ser resultado de una caída en los precios esperados de los insumos, como una bajada pronosticada en el precio de la energía o los salarios, o deberse a una bajada de los impuestos durante la vida del proyecto.

Otro ejemplo de un efecto positivo de oferta es una mejora en la protección de los derechos de propiedad para que haya una menor posibilidad de que el gobierno u otro agente económico poderoso (por ejemplo, un terrateniente como Bruno en el capítulo 5, que podía amenazar a un pequeño productor) se apodere del proyecto de inversión. Esto es lo que se denomina una disminución del **riesgo de expropiación** y es un ejemplo de una mejora en el entorno empresarial.

En la figura 14.10b, la altura de las columnas permanece sin cambios, pero su anchura (que representa la cantidad de inversión que es rentable en muchos proyectos) ha aumentado. Este es el resultado de un aumento permanente de la demanda y la falta de capacidad suficiente para cumplir con las ventas previstas.

política monetaria Acciones del banco central (o del gobierno) destinadas a influir en la actividad económica mediante el cambio de las tasas de interés o los precios de los activos financieros. *Véase también: flexibilización cuantitativa (QE, por sus siglas en inglés).*

riesgo de expropiación Probabilidad de que el gobierno o algún otro actor le quite un activo a su propietario.

función de inversión agregada Ecuación que muestra cómo el gasto en inversión en la economía en su conjunto depende de otras variables, a saber: la tasa de interés y las expectativas de beneficios. *Véase también: tasa de interés, margen de beneficio.*

En una economía con muchos miles de empresas, podemos representar los posibles proyectos de inversión con una línea de pendiente descendente (como la que se muestra en la figura 14.10c). Esto se conoce como la **función de inversión agregada**. La respuesta de la inversión a un cambio en la tasa de interés se muestra como un cambio de C a E. La figura 14.10c también muestra el efecto de un cambio en la rentabilidad de la inversión, que surge

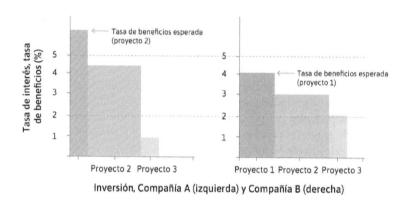

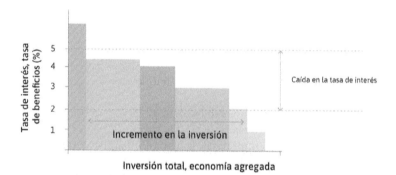

Figura 14.9 Inversión, tasa de beneficio esperada y tasa de interés en una economía con dos empresas.

1. Empresa A
La empresa A tiene tres proyectos de inversión de diferente escala y tasa de beneficio cada uno, que se muestran aquí en orden decreciente de la tasa de beneficio esperada.

2. Empresa B
La empresa B también tiene tres proyectos de inversión diferentes.

3. La decisión de invertir
Si la tasa de interés se mantiene en 5%, la empresa A continúa con el proyecto 1 y la empresa B no invierte en absoluto. Pero si la tasa de interés fuera del 2%, A emprendería los proyectos 1 y 2, y B emprendería los tres proyectos.

4. La decisión de invertir
El panel inferior agrega las posibles inversiones de las dos empresas, organizadas en base a la tasa de beneficio esperada como antes.

5. Incrementos agregados de inversión
La inversión en la economía aumenta después de una caída de la tasa de interés, a raíz de la cual se llevan a cabo cinco proyectos, en lugar de uno solo.

de los efectos de oferta y demanda, y eleva la inversión de C a D para la misma tasa de interés.

La evidencia empírica sugiere que el gasto empresarial en maquinaria y equipo no es muy sensible a la tasa de interés. El efecto limitado de los cambios en la tasa de interés sobre la inversión empresarial (ilustrado por la

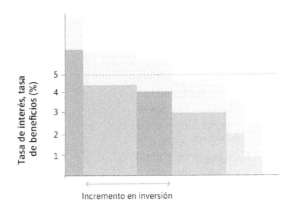

Figura 14.10a La economía agregada cuando la tasa de beneficios esperada aumenta para un conjunto dado de proyectos (efecto de oferta).

1. Tasa de interés al 5%
Con una tasa de interés del 5%, solo un proyecto seguirá adelante.

2. Mejora en las condiciones de oferta
La mejora en las condiciones de oferta aumenta la tasa de beneficios esperada para cada proyecto.

3. Efecto sobre la inversión
Para la misma tasa de interés, la inversión aumenta: dos proyectos más siguen adelante.

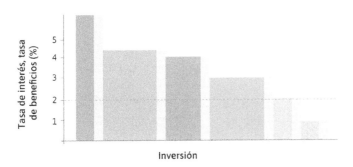

Figura 14.10b La economía agregada cuando la capacidad deseada aumenta para cada proyecto (efecto de demanda).

1. Tasa de interés al 2%
Con una tasa de interés del 2% y la capacidad deseada inicial, la inversión se muestra en los bloques de color más oscuro.

2. Mayor demanda prevista
La presión sobre la capacidad existente debido a una mayor demanda prevista aumenta el tamaño deseado de cada proyecto, por lo que la inversión aumenta para incluir los bloques de colores más claros.

inclinación de las líneas en la figura) resalta la importancia de los factores del lado de la oferta y la demanda que cambian la función de inversión (figuras 14.10a y 14.10b).

La tasa de interés afecta el gasto en inversión fuera del sector empresarial a través de sus efectos en las decisiones de los hogares sobre si comprar casas nuevas o más grandes, que a su vez influyen en la construcción de viviendas nuevas. La tasa de interés también tiene efectos sustanciales en la demanda de bienes de consumo duraderos, como automóviles y electrodomésticos, que a menudo se compran a plazos con financiación.

PREGUNTA 14.4 ESCOJA LA(S) RESPUESTA(S) CORRECTA(S)

La figura 14.9 muestra posibles proyectos de inversión para las empresas A y B.

Según esta información, ¿cuál de las siguientes afirmaciones es correcta?

☐ Ambas empresas solo emprenden su proyecto 1 cuando la tasa de interés es del 5%.
☐ El banco central puede garantizar que todos los proyectos se llevarán a cabo mediante la reducción de la tasa de interés al 1,5%.

☐ Cuando se espera que la demanda aumente permanentemente más allá de la capacidad de las plantas y equipos existentes, el nivel de inversión aumenta debido a un cambio al alza en la tasa de beneficios esperada.
☐ Un aumento esperado en los precios de la energía provoca una caída en las tasas de beneficios esperadas, lo que lleva a que menos proyectos sean rentables a una tasa de interés dada. Esto trae como resultado una menor inversión.

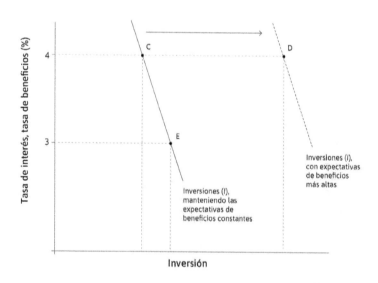

Figura 14.10c Función de inversión agregada: efectos de la tasa de interés y las expectativas de beneficios.

1. Proyectos potenciales de inversión
En una economía con muchos miles de empresas, todos sus potenciales proyectos de inversión están representados por una función de inversión agregada con pendiente negativa.

2. Aumento de la inversión
En respuesta a una caída en la tasa de interés, la inversión aumenta de C a E.

3. Un aumento en las expectativas de beneficios
Esto desplaza la función de inversión hacia la derecha: si la tasa de interés se mantiene constante al 4%, la inversión aumenta de C a D.

PREGUNTA 14.5 ESCOJA LA(S) RESPUESTA(S) CORRECTA(S)
La figura 14.10c representa la función de inversión agregada de una economía.

Según esta información, ¿cuál de las siguientes afirmaciones es correcta?

☐ *Ceteris paribus*, un aumento en la tasa de interés conduciría a una caída en la inversión debido a un desplazamiento hacia adentro de la línea de inversión.

☐ Una subida del impuesto de sociedades desplazaría la línea de inversión hacia afuera.

☐ La previsión de un aumento permanente de la demanda desplaza la línea de inversión hacia afuera.

☐ Una línea con pendiente más pronunciada indica una mayor sensibilidad del nivel de inversión agregada a los cambios en la tasa de interés.

14.5 EL MODELO DEL MULTIPLICADOR, INCLUYENDO EL SECTOR PÚBLICO Y LAS EXPORTACIONES NETAS

A continuación agregaremos el papel de los gobiernos y bancos centrales al modelo, con el objetivo de mostrar cómo su actuación puede estabilizar (o desestabilizar) la economía después de un *shock*. Como antes, asumimos que las empresas están dispuestas a suministrar cualquier cantidad demandada de bienes, así que:

$$\text{producto} = \text{demanda agregada}$$
$$Y = DA$$

Vimos en el capítulo 13 que cuando incluimos el sector público y las interacciones con el resto del mundo a través de exportaciones e importaciones, la demanda agregada se puede dividir en estos componentes:

$$\begin{aligned}\text{demanda agregada} = \ &\text{consumo} \\ &+ \text{inversión} \\ &+ \text{gasto público} \\ &+ \text{exportaciones netas}\end{aligned}$$

Para comprender la función de demanda agregada tal y como se muestra arriba, es útil revisar cada componente, a saber:

Consumo
El gasto en consumo de los hogares depende de los ingresos después de impuestos. El gobierno cobra un impuesto t, que suponemos que es proporcional a los ingresos. El ingreso restante después del pago del impuesto $(1 - t)Y$ se llama ingreso disponible. La propensión marginal al consumo, c_1, es la fracción del ingreso disponible (no el ingreso antes de impuestos) consumido. Esto significa que en la función de consumo agregado:

- El gasto en consumo se escribe como: $C = c_0 + c_1 (1 - t)Y$.
- Todos los demás factores que influyen en el consumo, aparte del ingreso disponible actual, se incluyen en el consumo autónomo, c_0 y, por lo

tanto, provocarán desplazamientos de la función de consumo en el diagrama multiplicador. Estos factores incluyen la riqueza y la riqueza objetivo, efectos derivados de la capacidad de financiación y cambios en la tasa de interés.

Inversión

Acabamos de ver que el gasto en inversión estará influenciado por la tasa de interés y la tasa de beneficios esperada después de impuestos. En la función de inversión agregada:

- El gasto en inversión es una función de la tasa de interés y la tasa de beneficios esperada después de impuestos.
- *Ceteris paribus*, una tasa de interés más alta reduce el gasto en inversión, desplazando hacia abajo la curva de demanda agregada.
- Una mayor tasa de beneficios esperada después de impuestos aumenta el gasto en inversión, desplazando hacia arriba la curva de demanda agregada.

Gasto público

exógeno Procedente del exterior del modelo en lugar de producirse debido al funcionamiento del modelo en sí. *Véase también: endógeno.*

Gran parte del gasto público (excluidas las transferencias) se destina a servicios públicos generales, salud y educación. El gasto público no cambia de manera sistemática con los cambios en los ingresos, por lo que se califica como **exógeno**.

Un aumento en el gasto público desplaza la curva de demanda agregada hacia arriba en el diagrama del multiplicador.

Exportaciones netas

propensión marginal a importar Cambio en las importaciones totales asociado con un cambio en el ingreso total.

La economía nacional vende bienes y servicios en el extranjero, que son sus exportaciones. La cantidad de bienes extranjeros que demanda la economía nacional (sus importaciones) dependerá de los ingresos internos o nacionales. La fracción de cada unidad de ingreso adicional que se gasta en importaciones se denomina **propensión marginal a importar** (m), que debe estar entre 0 y 1. Así pues, tenemos que:

$$\text{exportaciones netas} = X - M$$
$$= X - mY$$

tasa de cambio Número de unidades de moneda nacional que se pueden cambiar por una unidad de moneda extranjera. Por ejemplo, el número de dólares australianos (AUD) necesarios para comprar un dólar estadounidense (USD) se define como el número de AUD por USD. Un incremento de esta tasa equivale a una depreciación del AUD y una disminución implica una apreciación del AUD.

Si los costos de producción de un país caen para poder vender sus productos a un precio más bajo en los mercados mundiales, en comparación con los precios de otros países, la demanda de sus exportaciones aumentará y la demanda interna de importaciones disminuirá. Veremos en el siguiente capítulo que la **tasa de cambio** afecta a los precios de los bienes de un país en los mercados mundiales. El crecimiento en los mercados mundiales también aumenta las exportaciones. Por ahora, sin embargo, ignoraremos estos efectos y asumiremos que las exportaciones también son exógenas.

Reuniendo todos los componentes de la demanda agregada tenemos:

$$DA = c_0 + c_1(1 - t)Y + I + G + X - mY$$

Tanto los impuestos como las importaciones reducen el tamaño del multiplicador. Recuerde que el multiplicador nos dice la cantidad en que un aumento en el gasto (como un aumento en el consumo autónomo, la inversión, el gasto público o las exportaciones) aumenta el PIB de la economía. Cuando incluimos los impuestos y las importaciones en el modelo, el efecto multiplicador indirecto de un determinado aumento en el gasto sobre el PIB es menor. Esto se debe a que algunos ingresos de los hogares van directamente al gobierno como impuestos, y otros se utilizan para comprar bienes y servicios producidos en el extranjero. Debido a que suponemos que el gobierno no aumenta su gasto cuando aumentan los impuestos, y que los compradores extranjeros no importan más de nuestros bienes cuando nosotros importamos más de los suyos, esto significa que parte de un aumento autónomo en el ingreso no conduce a mayores aumentos indirectos adicionales en los ingresos de la economía doméstica. Al igual que el ahorro, los impuestos y las importaciones se conocen como fugas del flujo circular de ingresos. El resultado es reducir los efectos indirectos de un cambio autónomo en el gasto sobre la demanda agregada, la producción y el empleo.

Para resumir:

- *Una mayor propensión marginal a importar reduce el tamaño del multiplicador:* esto hace que la curva de demanda agregada sea más plana.
- *Un aumento en las exportaciones desplaza la curva de demanda agregada hacia arriba en el diagrama del multiplicador.*
- *Un aumento en la tasa impositiva reduce el tamaño del multiplicador:* esto hace que la curva de demanda agregada sea más plana.

El Einstein del final de esta sección muestra cómo calcular el tamaño del multiplicador en el modelo, una vez se incluyen la tasa impositiva y las importaciones. Para ilustrarlo, asumimos una tasa impositiva del 20% (0,2) y una propensión marginal a importar de 0,1. Antes de introducir el efecto del gobierno, establecimos la propensión marginal al consumo, c_1, en 0,6. Si usamos estos números en la fórmula para el multiplicador que calculamos en el Einstein, obtenemos el resultado de que el valor del multiplicador es k = 1,6, en comparación con 2,5 sin incluir impuestos e importaciones. En la siguiente sección veremos cómo los economistas han estimado el tamaño del multiplicador a partir de los datos, por qué difieren las estimaciones de distintos economistas entre sí y por qué se trata de una cuestión relevante.

EJERCICIO 14.3 EL MODELO DEL MULTIPLICADOR
Considere el modelo del multiplicador comentado anteriormente.

1. Compare dos economías que difieren solo en el porcentaje de hogares que tienen restricciones crediticias, pero que por lo demás son idénticas. ¿En qué economía es más grande el multiplicador? Ilustre su respuesta por medio de un diagrama.
2. Con base en su comparación de las dos economías, ¿diría usted que cabe esperar que el multiplicador de una economía varíe durante un ciclo económico?
3. Algunos economistas han estimado que el tamaño del multiplicador en la Gran Depresión fue 1,8. Explique cómo las siguientes características de la economía estadounidense en ese momento podrían haber afectado a ese valor:
   (a) el tamaño del gobierno (ver figura 14.1 (página 654))
   (b) el hecho de que no hubiera prestaciones por desempleo
   (c) el hecho de que la participación de las importaciones en el gasto total fuera pequeña

PREGUNTA 14.6 ESCOJA LA(S) RESPUESTA(S) CORRECTA(S)

La demanda agregada de una economía abierta viene dada por el consumo interno C después de impuestos, la inversión I (que depende de la tasa de interés r), el gasto público G y las exportaciones netas $X - M$:

$$DA = C + I + G + X - M$$
$$= c_0 + c_1(1 - t)Y + I(r) + G + X - mY$$

c_0 es el consumo autónomo, c_1 es la propensión marginal al consumo y m es la propensión marginal a importar. En el equilibrio de la economía, esta suma es igual a la producción: $DA = Y$. Despejando Y, obtenemos que:

$$Y = \left(\frac{1}{1 - c_1(1 - t) + m}\right)(c_0 + I(r) + G + X)$$

Dada esta ecuación, ¿cuál de los siguientes fenómenos aumenta el multiplicador?

☐ Una caída en el gasto público.
☐ Una caída en la tasa de interés.
☐ Una caída en la propensión marginal a importar.
☐ Un aumento en la tasa impositiva.

EINSTEIN

El multiplicador en una economía con gobierno y comercio exterior
Podemos usar nuevamente el hecho de que en el mercado de bienes hay equilibrio cuando la producción es igual a la demanda agregada para encontrar el multiplicador (el equilibrio se produce allí donde la línea de demanda agregada cruza la línea con pendiente de 45 grados en el diagrama del multiplicador). La ecuación de demanda agregada se puede reorganizar para despejar el producto y, en consecuencia, el multiplicador:

$$\text{producto} = \text{demanda agregada}$$
$$\text{producto} = \text{consumo}$$
$$+ \text{ inversión}$$
$$+ \text{ gasto público}$$
$$+ \text{ exportaciones netas}$$

Por lo tanto:

$$Y = c_0 + c_1(1 - t)Y + I(r) + G + X - mY$$
$$Y(1 - c_1(1 - t) + m) = c_0 + I(r) + G + X$$
$$Y = \underbrace{\frac{1}{(1 - c_1(1 - t) + m)}}_{\text{multiplicador}} \times \underbrace{(c_0 + I(r) + G + X)}_{\text{demanda que no depende del ingreso}}$$

Podemos ver que el multiplicador es más pequeño cuando introducimos en el modelo el efecto de la existencia del gobierno y el comercio exterior:

$$\frac{1}{(1 - c_1(1 - t) + m)} < \frac{1}{(1 - c_1)}$$

La razón es que el denominador en el lado izquierdo es más grande que en el derecho:

$$1 - c_1(1-t) + m > 1 - c_1$$

●●
14.6 POLÍTICA FISCAL: CÓMO PUEDEN LOS GOBIERNOS ATEMPERAR O AMPLIFICAR LAS FLUCTUACIONES

Existen tres formas principales en las que el gasto público y los impuestos pueden atemperar las fluctuaciones en la economía:

- *El tamaño del gobierno*: a diferencia de la inversión privada, el gasto público en consumo e inversión suele ser estable. El gasto en salud y educación, que son las dos partidas presupuestarias gubernamentales más grandes en la mayoría de los países, no fluctúa con el nivel de utilización de la capacidad o con la confianza empresarial. Este tipo de gasto público estabiliza la economía. Como también hemos visto, una tasa impositiva más alta atempera las fluctuaciones porque reduce el tamaño del multiplicador.

- *El gobierno paga prestaciones por desempleo*: aunque los hogares ahorran para suavizar las fluctuaciones de los ingresos, pocos hogares ahorran lo suficiente (es decir, se autoaseguran) para hacer frente a un periodo prolongado de desempleo. Así pues, las prestaciones por desempleo ayudan a los hogares a modular el consumo. Otros programas para redistribuir el ingreso a los pobres tienen el mismo efecto modulador.

- *El gobierno puede intervenir*: puede intervenir deliberadamente para estabilizar la demanda agregada utilizando la **política fiscal**.

> **política fiscal** Cambios en los impuestos o en el gasto público para estabilizar la economía. *Véase también: estímulo fiscal, multiplicador fiscal, demanda agregada.*

¿Podrían los trabajadores asegurarse a título privado contra la pérdida del puesto de trabajo? Hay tres razones por las que el mercado privado de este tipo de seguro falla y, por lo tanto, los gobiernos proporcionan un seguro de desempleo en forma de prestaciones por desempleo:

- *Riesgo correlacionado*: en una recesión, la pérdida de empleo será generalizada. Esto significa que habrá un aumento en las reclamaciones de indemnizaciones de los seguros en toda la economía, y puede que un proveedor privado no sea capaz de hacer frente a la totalidad de los pagos que debe realizar en ese momento. Esto también significa que el **coaseguro** entre un grupo de vecinos o miembros de una misma familia puede no ser tan útil, ya que muchos hogares pasan a necesitar ayuda al mismo tiempo.

- *Acciones ocultas*: como vimos en el capítulo 12, para una compañía de seguros la razón de la pérdida del puesto de trabajo no es observable. Por lo tanto, un seguro privado de desempleo tendría que cubrir tanto la eventualidad de que la empresa realizase recortes de plantilla debidos a la falta de demanda como el

> **coaseguro** Medio de agrupar los ahorros de varios hogares para que un hogar pueda mantener el consumo cuando experimenta una caída temporal en los ingresos o una necesidad coyuntural de incrementar los gastos.
>
> **acción oculta (problema de la)** Situación que se da cuando una parte no conoce o no puede verificar alguna acción emprendida por otra parte en un intercambio. Por ejemplo, el empleador no puede saber (o no puede verificar) en qué medida el trabajador que ha contratado está trabajando en realidad. *También conocido como: riesgo moral. Véase también: características ocultas (problema de las).*
>
> **riesgo moral** Término que se originó en la industria de los seguros para expresar el problema al que se enfrentan las aseguradoras: la persona que contrata un seguro para su hogar puede tener menos cuidado a la hora de evitar incendios u otros daños, lo que aumenta el riesgo con respecto a una situación sin seguro. En la actualidad, el término se refiere a

cualquier situación en la que una de las partes en una interacción decide sobre una acción que afecta a los beneficios o el bienestar de la otra, pero la parte afectada no puede controlar la decisión mediante un contrato (a menudo porque la parte afectada no tiene información adecuada sobre la acción). *También se conoce como: problema de las «acciones ocultas». Véase también: acción oculta (problema de la), contrato incompleto, demasiado grandes para dejarlos quebrar (too big to fail).*

atributos ocultos Ocurre cuando algún atributo de la persona que participa en un intercambio (o el producto o servicio que se proporciona) no es conocido por las otras partes. Un ejemplo es que la persona que compra el seguro de salud conoce su propio estado de salud, pero la compañía de seguros no. *También conocido como: selección adversa. Ver también: acciones ocultas (problema de).*

información asimétrica Información relevante para las partes en una interacción económica, pero que unos conocen y otros no. *Ver también: selección adversa, riesgo moral.*

hipotético caso de que se despidiese al trabajador de manera procedente. Esto crea un **riesgo moral** porque cabe esperar que una persona bien asegurada se esfuerce menos en su trabajo.

- *Atributos ocultos*: suponga que usted se entera –pero la compañía de seguros no– de que su empresa está en dificultades. Este es otro ejemplo de **información asimétrica**. Usted decidirá contratar un seguro cuando se entere del probable cierre de la empresa y la aseguradora, que no sabe que es muy probable que usted presente una reclamación en breve, se lo proporcionará a buen precio. Los trabajadores que saben que su empresa está funcionando bien no contratarán un seguro. El problema de los atributos ocultos es aplicable tanto a las personas (trabajadoras o negligentes) como a las empresas (exitosas o fracasadas). Los mejores clientes (aquellos que disfrutan esforzándose en su trabajo) evitarán contratar el seguro y, por tanto, la aseguradora se quedará con los clientes más arriesgados, que tienen una probabilidad elevada de perder su trabajo.

estabilizadores automáticos
Elementos del sistema de impuestos y transferencias de una economía cuya existencia reduce las fluctuaciones del ciclo económico, al compensar tanto expansiones como contracciones de la economía. Un ejemplo es el sistema de prestaciones por desempleo.

El sistema de prestaciones por desempleo forma parte de la **estabilización automática** que caracteriza a las economías modernas. Ya hemos visto otro estabilizador automático: un sistema impositivo proporcional reduce el tamaño del multiplicador y atempera el ciclo económico.

En nuestra lista, el tercer papel del gobierno en la atemperación de las fluctuaciones es el uso de la política fiscal en políticas deliberadas de estabilización: un aumento en el gasto público o unas bajadas de impuestos para apoyar la demanda agregada en una recesión, o recortar gastos y subir los impuestos para frenar un auge. Puede ser engorroso conseguir que un parlamento –que tiene poder sobre las decisiones presupuestarias– apruebe estas medidas de política fiscal, por lo que en muchas ocasiones la política de estabilización se gestiona a través de la política monetaria, en lugar de la política fiscal. No obstante, la política fiscal también puede desempeñar un papel importante en la estabilización –como veremos ahora–, sobre todo en recesiones particularmente profundas.

La paradoja del ahorro y la falacia de la composición

Al comparar un hogar con la economía en su conjunto, comprendemos mejor la naturaleza de un aumento en el déficit del gobierno en una recesión. Ante un déficit presupuestario familiar, una familia preocupada por la caída de su riqueza reduce el gasto y ahorra más. Vimos este preciso comportamiento en la figura 14.8 (página 670), cuando los hogares aumentaron su ahorro en 1929. Keynes demostró que la sabiduría del ahorro preventivo familiar no es aplicable al gobierno cuando la economía está en recesión.

Compare el intento de ahorrar más por parte de un solo hogar con un esfuerzo concertado de todos los hogares de la economía simultáneamente. Piense en un solo hogar reduciendo gastos y poniendo sus ahorros adicionales debajo del colchón. El dinero está guardado para cuando el hogar decida que es prudente gastarlo.

Ahora, suponga que todos los hogares recortan gastos y ponen sus ahorros adicionales bajo sus respectivos colchones. Asumiendo que no cambie nada más en la economía, el ahorro adicional hace que el gasto en consumo agregado baje. ¿Y entonces qué sucede? Con base en lo que vimos en la sección anterior, podemos modelar lo que ha ocurrido como una caída en el consumo autónomo, c_0: la curva de demanda agregada se desplaza hacia abajo. La economía se desplaza, a través del proceso multiplicador, a un nivel más bajo de producción, ingresos y empleo. El intento agregado de aumentar el ahorro ha conducido a una caída del ingreso agregado: es lo que se conoce como la **paradoja del ahorro**. Por su parte, el hecho de que lo que es cierto para una parte de la economía no sea cierto para el conjunto la economía se conoce como **falacia de la composición**.

Un solo hogar puede aumentar sus ahorros si anticipa que le podría venir una racha de mala suerte. Si, por ejemplo, alguien se enferma o pierde el trabajo, el ahorro estará disponible. Sin embargo, si todos los hogares hacen esto mismo cuando la economía está en recesión, es exactamente su comportamiento es el que provoca la mala suerte, en el sentido de que la gente acaba perdiendo sus empleos. La razón es que, en la economía en su conjunto, gastar y ganar van de la mano. Mi gasto es tu ingreso. Tu gasto es mi ingreso.

¿Qué se puede hacer? El gobierno puede permitir que funcionen los estabilizadores automáticos y ayudar a absorber el impacto. Además, puede proporcionar un estímulo económico (como un aumento temporal del gasto público o un recorte temporal de los impuestos) hasta que las empresas y los consumidores recuperen la confianza y el sector privado vuelva a estar dispuesto a gastar. Tal y como Keynes observó, en este caso los déficits presupuestarios aumentan, pero se evita una profunda recesión.

Se denomina **estímulo fiscal** a la decisión del gobierno de bajar los impuestos o subir el gasto público G en una recesión. El objetivo es contrarrestar la caída de la demanda agregada del sector privado. Una bajada de impuestos tiene por objetivo alentar al sector privado a gastar más, mientras que un aumento en G es una adición directa a la demanda agregada. La figura 14.11a muestra cómo un aumento de G puede compensar una disminución del consumo privado como la descrita por la paradoja del ahorro. Al igual que un aumento exógeno de la inversión, el aumento de G opera a través de un multiplicador, por lo que el aumento de producción resultante, por lo general, será mayor que el aumento de G.

paradoja del ahorro Si un solo individuo consume menos, sus ahorros aumentarán; pero si todos consumen menos, el resultado puede ser un menor en lugar de un mayor ahorro general. El intento de aumentar el ahorro se ve frustrado si un aumento en la tasa de ahorro no va de la mano de un aumento en la inversión (u otra fuente de demanda agregada, como el gasto gubernamental en bienes y servicios). El resultado es una reducción en la demanda agregada y una menor producción de modo que los niveles reales de ahorro, de hecho, no aumentan.
falacia de la composición Inferencia errónea de que lo que es cierto para las partes (por ejemplo, un hogar), debe ser cierto para el todo (en este caso, la economía en su conjunto). *Véase también: paradoja del ahorro.*

estímulo fiscal Uso por parte del gobierno de la política fiscal (mediante una combinación de bajadas de impuestos y aumento de gasto) con la intención de incrementar la demanda agregada. *Véase también: multiplicador fiscal, política fiscal, demanda agregada.*

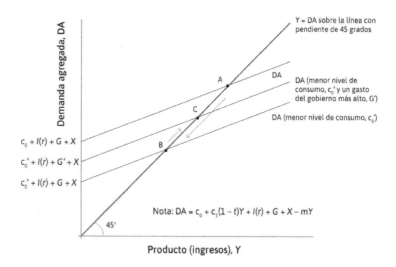

Figura 14.11a Una expansión fiscal puede compensar una disminución del consumo privado.

1. Equilibrio del mercado de bienes
La economía comienza en el punto A, en el equilibrio del mercado de bienes, en el que la demanda agregada es igual a la producción.

2. La economía entra en recesión
Esto ocurre después de una caída en la confianza del consumidor, que provoca una reducción de c_0. La línea de demanda agregada se desplaza hacia abajo y la economía se mueve del punto A al punto B.

3. Estímulo fiscal: un aumento de G
Supongamos que el gobierno aumenta el gasto público, de G a G′, para contrarrestar la disminución de la demanda agregada. La DA vuelve a subir y la economía se mueve al punto C.

GRANDES ECONOMISTAS

John Maynard Keynes

John Maynard Keynes (1883–1946) y la Gran Depresión de la década de 1930 cambiaron el curso del pensamiento económico. Hasta entonces, la mayoría de los economistas consideraban que el desempleo era el resultado de algún tipo de imperfección en el mercado laboral. Si este mercado funcionara de manera óptima, la oferta y la demanda de trabajadores se igualarían en él. El desempleo masivo y persistente en la década anterior a la Segunda Guerra Mundial llevó a Keynes a analizar nuevamente el problema del desempleo.

Keynes nació en el seno de una familia del entorno académico de Cambridge, Reino Unido. Estudió matemáticas en el King's College de Cambridge, y luego se convirtió en economista y seguidor destacado del famoso profesor de Cambridge, Alfred Marshall. Antes de la Primera

Guerra Mundial, Keynes era una autoridad mundial en la teoría cuantitativa del dinero y el patrón oro, y tenía opiniones conservadoras sobre la política económica, defendiendo un papel limitado del gobierno. Pero sus puntos de vista pronto cambiarían.

En 1919, después del final de la Primera Guerra Mundial, Keynes publicó *Las consecuencias económicas de la paz*, obra que se oponía al Tratado de Versalles que puso fin a la guerra. Este libro lo convirtió de inmediato en una celebridad mundial: en él, Keynes argumentaba con razón que Alemania no podría pagar grandes reparaciones por la guerra y que un intento de forzarla a que lo hiciera contribuiría a provocar una crisis económica mundial. En 1925, Keynes se opuso al regreso de Gran Bretaña al patrón oro, argumentando que esta política conduciría a una contracción de la economía. En 1929 hubo un colapso financiero y una crisis global, y posteriormente se produjo la Gran Depresión. En 1931, Gran Bretaña fue expulsada del patrón oro.

John Maynard Keynes. 2005. *Las consecuencias económicas de la paz*. Barcelona: Austral, 2013.

En respuesta a estos acontecimientos dramáticos, Keynes explicó que las políticas monetarias ortodoxas necesarias para poder aplicar el patrón oro empeorarían la depresión y que el mundo necesitaba políticas para aumentar la demanda agregada. En 1936, publicó *La teoría general del empleo, los intereses y el dinero*, en la que estableció un modelo económico para explicar estos puntos de vista. *La teoría general* se hizo mundialmente famosa, en particular por la idea del multiplicador, que se explica en este capítulo. En *La teoría general*, Keynes argumentaba que, si las tasas de interés alcanzaban niveles muy bajos, sería necesaria la expansión fiscal para aliviar la depresión. Tan duradera ha sido la influencia de su trabajo que la respuesta inicial a la crisis económica mundial de 2008 en muchos países fue aplicar políticas keynesianas.

John Maynard Keynes. 1936. *Teoría general de la ocupación, el interés y el dinero*. Barcelona: Ciro, 2011.

Durante la Segunda Guerra Mundial, Keynes se centró en la reconstrucción de la posguerra, decidido a garantizar que los errores que siguieron a la Primera Guerra Mundial no se repitieran. En 1944, dirigió con el estadounidense Harry Dexter White una conferencia internacional en Bretton Woods, New Hampshire, que resultó en la creación de un nuevo sistema monetario internacional, administrado por el Fondo Monetario Internacional, o FMI. El sistema de Bretton Woods fue diseñado para evitar los errores contra los que Keynes había advertido sin éxito después de la Primera Guerra Mundial y para garantizar que un país que estuviera en recesión (y tuviese dificultades en la balanza de pagos) no necesitase seguir las políticas contractivas necesarias para aplicar el patrón oro. Un país en esa situación podría usar la política fiscal para perseguir el pleno empleo, mientras que al mismo tiempo también podría devaluar su tipo de cambio para alentar las exportaciones, reducir las importaciones y lograr una posición satisfactoria de la balanza de pagos.

Keynes llevó una vida de lo más variada: fue académico, funcionario de alto rango, propietario de la revista *New Statesman*, especulador financiero, presidente de una compañía de seguros y miembro de la Cámara de Representantes británica. También fue el fundador del Consejo de las Artes de Gran Bretaña y presidente de la Covent Garden Opera Company. Estaba casado con la bailarina rusa Lydia Lopokova y era un miembro clave del Grupo de Bloomsbury, un notable círculo de amigos artistas y literatos radicados en Londres, que incluía a la novelista Virginia Woolf.

John Maynard Keynes. 2004. *El final del laissez-faire*. Hacienda Pública Española. n° 9, 1971, pp. 125–134).

En 1926, en un informe titulado *El final del laissez-faire*, escribió:

Por mi parte, creo que el capitalismo, si se administra con sabiduría, probablemente puede hacerse más eficiente que cualquier otro sistema alternativo conocido para alcanzar objetivos económicos, pero también soy de la opinión de que, en sí mismo, es en muchos sentidos extremadamente objetable. Nuestro problema es desarrollar una organización social que sea lo más eficiente posible, pero que no atente contra nuestras nociones de lo que es una forma de vida satisfactoria.

Cómo los gobiernos pueden amplificar las fluctuaciones

El argumento de Keynes hace referencia a la celda en la parte inferior derecha de la figura 14.12 al final de esta sección: una formulación de políticas deficiente que amplifica el ciclo económico.

A veces, un gobierno opta por aumentar los impuestos o reducir el gasto durante una recesión porque le preocupa el efecto que esta pueda tener en su **saldo presupuestario**. El saldo presupuestario público es la diferencia entre los ingresos del Estado menos las transferencias, T, y el gasto público, G, es decir, $(T - G)$. Como hemos visto, si la economía está en recesión, las transferencias públicas –como las prestaciones por desempleo– aumentan mientras que los ingresos tributarios disminuyen, por lo que el saldo presupuestario público se deteriora y puede volverse negativo.

La situación en la que el saldo presupuestario público es negativo se denomina **déficit público**: el gasto público en bienes y servicios, incluido el gasto de inversión, más el gasto en transferencias (como pensiones y prestaciones por desempleo), es mayor que los ingresos fiscales. Un **superávit público** se produce, en cambio, cuando los ingresos fiscales son mayores que el gasto público. En resumen:

- *Presupuesto en equilibrio*: $G = T$
- *Déficit presupuestario*: $G > T$
- *Superávit presupuestario*: $G < T$

El empeoramiento de la posición presupuestaria del sector público en una recesión es parte de su papel estabilizador. Por el contrario, si el gobierno decide reducir el papel de los estabilizadores automáticos para limitar el déficit, puede amplificar las fluctuaciones de la economía.

Supongamos que un gobierno trata de mejorar su posición presupuestaria en una recesión recortando gastos. Esto, al igual que un aumento de impuestos, se conoce como política de austeridad. Siga el análisis en la figura 14.11b para ver cómo la política de austeridad puede reforzar una recesión al reducir aún más la demanda agregada.

¿Significa este argumento que los gobiernos nunca deberían imponer medidas de austeridad para reducir un déficit fiscal? No, solo que una recesión no es un buen momento para hacerlo. Mantener el déficit público en las condiciones económicas equivocadas puede ser perjudicial. En un marco de políticas bien diseñado, habrá restricciones a la acción del gobierno, como veremos en la sección 14.8.

saldo presupuestario público Diferencia entre los ingresos fiscales del gobierno y el gasto público (incluidas las compras públicas de bienes y servicios, el gasto público en inversión y el gasto en transferencias como pensiones y prestaciones por desempleo). *Véase también: déficit público, superávit público.*

déficit público Cuando el saldo presupuestario público es negativo. *Véase también: saldo presupuestario público, superávit público.*

superávit público Cuando el saldo presupuestario público es positivo *Véase también: saldo presupuestario público, déficit público.*

La tabla de la figura 14.12 resume las lecciones aprendidas hasta ahora. La primera fila da ejemplos de cómo el comportamiento de los hogares puede estabilizar o perturbar la economía. Los términos **retroalimentación negativa** y **retroalimentación positiva** se utilizan para referirse a mecanismos de atemperación y amplificación del ciclo económico.

EJERCICIO 14.4 RECORTES DE GASTO EN UNA RECESIÓN
Suponga que el gobierno está inicialmente en equilibrio presupuestario.

1. ¿El saldo presupuestario del gobierno mejora, se deteriora o permanece sin cambios si el gobierno reduce su gasto en una recesión, *ceteris paribus*? Para responder a esta pregunta, use el ejemplo de la figura 14.11b. Suponga que el presupuesto estaba en equilibrio en el punto A. Una vez en B, el gobierno recorta G en un intento por mejorar su equilibrio presupuestario. Suponga que no hay prestaciones por desempleo y un impuesto lineal.
2. Evalúe la política del gobierno.

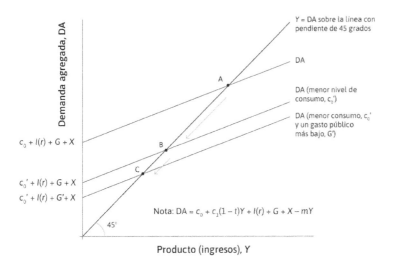

Figura 14.11b La austeridad del gobierno puede empeorar una recesión.

1. Equilibrio del mercado de bienes
La economía comienza en el punto A de equilibrio del mercado de bienes, en el que la demanda agregada es igual a la producción.

2. La economía entra en recesión
Esto ocurre después de una caída en la confianza del consumidor que provoca una reducción de c_0. La línea de demanda agregada se desplaza hacia abajo y la economía se mueve del punto A al punto B.

3. Política de austeridad
Supongamos que, posteriormente, el gobierno reduce el gasto público de G a G', en un intento por compensar el deterioro de su saldo presupuestario. La recesión entonces se retroalimenta, aumentando las transferencias públicas al tiempo que se reducen los ingresos fiscales.

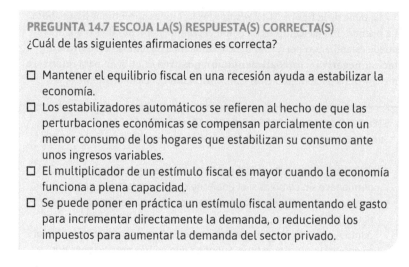

PREGUNTA 14.7 ESCOJA LA(S) RESPUESTA(S) CORRECTA(S)
¿Cuál de las siguientes afirmaciones es correcta?

☐ Mantener el equilibrio fiscal en una recesión ayuda a estabilizar la economía.
☐ Los estabilizadores automáticos se refieren al hecho de que las perturbaciones económicas se compensan parcialmente con un menor consumo de los hogares que estabilizan su consumo ante unos ingresos variables.
☐ El multiplicador de un estímulo fiscal es mayor cuando la economía funciona a plena capacidad.
☐ Se puede poner en práctica un estímulo fiscal aumentando el gasto para incrementar directamente la demanda, o reduciendo los impuestos para aumentar la demanda del sector privado.

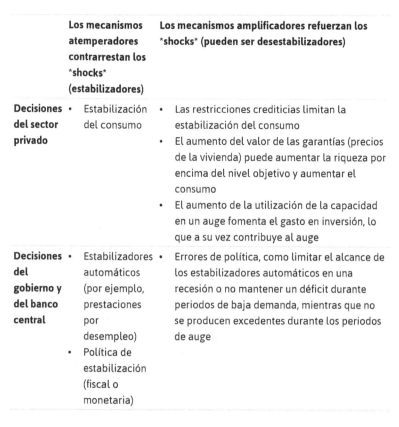

	Los mecanismos atemperadores contrarrestan los *shocks* (estabilizadores)	Los mecanismos amplificadores refuerzan los *shocks* (pueden ser desestabilizadores)
Decisiones del sector privado	• Estabilización del consumo	• Las restricciones crediticias limitan la estabilización del consumo • El aumento del valor de las garantías (precios de la vivienda) puede aumentar la riqueza por encima del nivel objetivo y aumentar el consumo • El aumento de la utilización de la capacidad en un auge fomenta el gasto en inversión, lo que a su vez contribuye al auge
Decisiones del gobierno y del banco central	• Estabilizadores automáticos (por ejemplo, prestaciones por desempleo) • Política de estabilización (fiscal o monetaria)	• Errores de política, como limitar el alcance de los estabilizadores automáticos en una recesión o no mantener un déficit durante periodos de baja demanda, mientras que no se producen excedentes durante los periodos de auge

Figura 14.12 El papel del sector privado y el sector público en el ciclo económico.

14.7 EL MULTIPLICADOR Y LA FORMULACIÓN DE POLÍTICAS ECONÓMICAS

En el modelo del multiplicador, hemos utilizado formas simples de modelar el consumo agregado, la inversión, el comercio y la política fiscal del gobierno. Esto significa que hay un número reducido de variables a partir de las cuales se calcula el tamaño del multiplicador (la propensión marginal a consumir, la propensión marginal a importar y la tasa impositiva). Cuando aplicamos el modelo al mundo real, es importante darse cuenta de que no existe un único multiplicador constante y vigente en todo momento.

El multiplicador tendrá un tamaño diferente si la economía está operando a plena capacidad y con un desempleo bajo que si se encuentra en una recesión. A un nivel de plena utilización de los recursos, un aumento del 1% en el gasto gubernamental expulsaría o **desplazaría** parte del gasto privado de la economía. Para considerar un caso extremo, si todos los trabajadores están empleados, entonces un aumento en el empleo público solo puede producirse sacando a los trabajadores del sector privado. Si el aumento de la producción pública fuera compensado exactamente por la reducción de la producción del sector privado, entonces el multiplicador sería cero.

No es muy habitual que un gobierno emprenda una expansión fiscal cuando hay muy poco desempleo, pero puede suceder en circunstancias excepcionales como una guerra, como fue el caso de Estados Unidos en los últimos años de la Segunda Guerra Mundial y la guerra de Vietnam.

El tamaño del multiplicador también dependerá de las expectativas de las empresas y negocios. La economía no es como un neumático de bicicleta al que se le puede meter o sacar aire tranquilamente para mantener la presión en el nivel correcto. Los hogares y las empresas reaccionan a los cambios de política, pero también los anticipan. Por ejemplo, si las empresas anticipan que el gobierno estabilizará la economía después de una perturbación negativa, las empresas tendrán mayor confianza y el responsable de la política económica podrá utilizar un estímulo menor. Alternativamente, si los hogares piensan que un mayor gasto público terminará implicando mayores impuestos, los que tengan capacidad de ahorro reservarán una proporción mayor de su dinero para pagar los impuestos adicionales. Si esto sucediera, se reduciría el impacto del estímulo.

Cuando la crisis financiera de 2008 provocó la mayor caída del PIB desde la Gran Depresión en muchas economías, los responsables políticos del mundo esperaban una respuesta de los economistas: ¿sería útil la política fiscal para estabilizar la economía? El modelo del multiplicador, inspirado en el análisis de Keynes de la Gran Depresión, sugería que así sería. Pero en 2008 muchos economistas dudaban de que el modelo keynesiano siguiera siendo relevante. La crisis ha reavivado el interés en él y ha llevado a un mayor consenso –aunque no completo– entre los economistas sobre el tamaño del multiplicador (véase más adelante).

En 2012, un estudio publicado por los economistas Alan Auerbach y Yuriy Gorodnichenko mostró cómo varía el tamaño del multiplicador en función de si la economía está en recesión o en expansión. Esta es exactamente la visión que los responsables políticos necesitaban en 2008.

Para Estados Unidos, su estudio sugería que un aumento de 1 dólar en el gasto público en dicho país incrementa la producción en aproximadamente 1,5 a 2 dólares en una recesión, pero solo alrededor de 0,50 dólares en una expansión. Auerbach y Gorodnichenko extendieron su investigación a otros países y encontraron resultados similares. También descubrieron que el

---

DESPLAZAMIENTO
Reducción del gasto privado causada por un aumento del gasto público. Puede suceder, por ejemplo, en una economía que funciona a plena capacidad o cuando una expansión fiscal se asocia con un aumento en la tasa de interés.

---

crowding out **(desplazamiento)**
Existen dos usos del término claramente distintos. Uno hace referencia al efecto negativo observado cuando los incentivos económicos desplazan las motivaciones éticas —o de otro tipo— de las personas. En estudios de comportamiento individual, los incentivos pueden tener un efecto de desplazamiento (crowding out effect) sobre las preferencias sociales. Un segundo uso del término se refiere al efecto de un incremento en el gasto del gobierno en la reducción del gasto privado, tal y como se esperaría, por ejemplo, en una economía funcionando a plena capacidad completa, o cuando una expansión fiscal está asociada a un incremento en la tasa de interés.

Este es un resumen del artículo publicado en 2012: Alan Auerbach y Yuriy Gorodnichenko. 2015. *How Powerful are Fiscal Multipliers in Recessions?* (https://tinyco.re/3018428) ". *NBER Reporter* 2015 Research Summary.

efecto de aumentos autónomos en el gasto de un país tenía efectos indirectos en los países con los que comerciaban. Estos efectos fueron aproximadamente de la misma magnitud que los efectos indirectos de las rondas segunda, tercera y siguientes de gasto en el país de origen.

CÓMO APRENDEN LOS ECONOMISTAS DE LOS HECHOS

La mafia y el multiplicador

Puede resultar sorprendente que los economistas hayan utilizado la lucha del gobierno italiano contra la mafia para descubrir el tamaño del multiplicador, pero es exactamente lo que hicieron Antonio Acconcia, Giancarlo Corsetti y Saverio Simonelli. Adoptando el método del **experimento natural** para abordar el problema de la **causalidad inversa**, utilizaron datos sobre despidos de políticos locales relacionados con la mafia para aislar la variación en el gasto público que no se debe a variaciones en la producción.

Después de los cambios legales de 1991, el gobierno central destituyó a muchos consejos provinciales italianos, debido a que se habían revelado sus vínculos estrechos con la mafia, y nombró a nuevos funcionarios en su lugar. Estos tecnócratas redujeron el gasto local en un 20% en promedio. El cambio en el gasto público, por tanto, se produjo debido a los vínculos con la mafia, que fue la causa que originó la sustitución de los funcionarios provinciales. Debido a que no existe una relación causal directa entre la proximidad a la mafia y la variación en la producción, se puede utilizar la proximidad a la mafia para descubrir el efecto causal de un cambio en el gasto público en la producción. Esta situación se ilustra en la figura 14.13.

Figura 14.13 Uso de la proximidad a la mafia para estimar el multiplicador.

Usando este método, los investigadores calcularon que el valor del multiplicador a nivel local se acerca a 1,5.

Los economistas han usado su ingenio para idear métodos para estimar el tamaño del multiplicador y sus implicaciones para el empleo. Utilizando el programa de estímulo de Estados Unidos que se puso en práctica a raíz de la crisis financiera (la *American Recovery and Reinvestment Act* o Ley de Recuperación y Reinversión de 2009 (https://tinyco.re/7003843), un estímulo fiscal de 787 000 millones de dólares), esperaríamos que los estados de EE.UU. que se vieron más afectados por la crisis financiera hubieran tenido mayor desempleo y hubiesen atraído más gasto de estímulo por parte del gobierno. Así pues, el desempleo causa más gasto en esos estados. Esto hace que sea difícil estimar el efecto del mayor gasto en la producción y el desempleo, que es lo que queremos hacer si queremos saber el tamaño del multiplicador.

---

experimento natural Estudio empírico que explota la ocurrencia natural de controles estadísticos en que los investigadores no tienen la capacidad de asignar participantes a grupos de tratamiento y control, como ocurre en los experimentos convencionales. En cambio, las diferencias en las leyes, la política, el clima u otros eventos pueden ofrecer la oportunidad de analizar determinadas poblaciones como si hubieran sido parte de un experimento. La validez de esos estudios depende de la premisa de que se pueda considerar plausible que la asignación de los sujetos a los grupos de control y tratamiento que se han formado naturalmente haya sido aleatoria.

causalidad inversa Relación causal bidireccional en la que A afecta a B y B también afecta a A.

Antonio Acconcia, Giancarlo Corsetti y Saverio Simonelli. 2014. "Mafia and Public Spending: Evidence of the Fiscal Multiplier from a Quasi-Experiment". *American Economic Review* 104 (7) (Julio): pp. 2185–2209.

Un enfoque para sortear este problema de causalidad inversa es aprovechar el hecho de que parte del gasto del programa de estímulo de EE.UU. se distribuyó a los estados utilizando una fórmula que no estaba relacionada con la gravedad de la recesión experimentada en cada estado. Por ejemplo, algunos gastos de reparación de carreteras financiados por el paquete de estímulo se basaron en la longitud de las carreteras en cada estado.

Dada la fórmula para asignar fondos para la construcción de carreteras y el hecho de que un mayor número de millas de carretera no tiene un efecto directo sobre el cambio en el desempleo, todo esto nos permite responder a la pregunta: ¿se crearon más puestos de trabajo en los estados que recibieron más gasto como parte del paquete de estímulo?

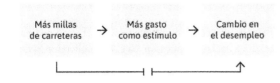

Figura 14.14 Uso del gasto en carreteras como parte del plan de estímulo estadounidense para estimar el multiplicador.

Los resultados de los estudios que utilizan este enfoque estiman un multiplicador de 2 y sugieren que la Ley de Recuperación y Reinversión de Estados Unidos creó entre 1 millón y 3 millones de puestos de trabajo nuevos.

A pesar del escepticismo reinante entre algunos economistas antes de la crisis de 2008 sobre un multiplicador mayor que 1, los responsables de política económica de todo el mundo se embarcaron en programas de estímulo fiscal en 2008–09. De manera generalizada, se consideró que el estímulo fiscal podía ayudar a evitar otra Gran Depresión, como veremos en el capítulo 17.

CUANDO LOS ECONOMISTAS NO ESTÁN DE ACUERDO

¿Hasta qué punto responde la economía al gasto público?
Existen pocas preguntas en la política económica discutidas tan acaloradamente en los años transcurridos desde la crisis financiera en 2008 como el tamaño del multiplicador fiscal: ¿cuál es el efecto sobre el PIB de un aumento del 1% en el gasto público?

Gran parte del acaloramiento en el debate lo provocan las diferencias políticas entre los que participan en él. Los que favorecen un mayor gasto del gobierno tienden a pensar que el multiplicador es grande, mientras que aquellos que desean un gobierno más pequeño tienden a pensar que es pequeño. (No sabemos si esta correlación se debe a que sus creencias sobre el gobierno influyen en sus estimaciones del tamaño del multiplicador o viceversa).

Sylvain Leduc y Daniel Wilson. 2015. 'Are State Governments Roadblocks to Federal Stimulus? Evidence on the Flypaper Effect of Highway Grants in the 2009 Recovery Act' (https://tinyco.re/3885744). Documento de trabajo del Banco de la Reserva Federal de San Francisco 2013–16 (Septiembre).

Miguel Almunia, Agustín Bénétrix, Barry Eichengreen, Kevin H. O'Rourke y Gisela Rua. 2010. 'From Great Depression to Great Credit Crisis: Similarities, Differences and Lessons.' (https://tinyco.re/9513563) *Economic Policy* 25 (62) (Abril): págs. 219–65. Tim Harford 2010. 'Stimulus Spending Might Not Be as Stimulating as We Think' (https://tinyco.re/9500536). *Financial Times*.

Paul Krugman. 2012. 'A Tragic Vindication' (https://tinyco.re/6611089). Paul Krugman - Blog del *New York Times*. Actualizado el 9 de octubre de 2012. Jonathan Portes. 2012. 'What Explains Poor Growth in the UK? The IMF Thinks It's Fiscal Policy' (https://tinyco.re/8763401). Blog del *National Institute of Economic and Social Research*. Actualizado el 9 de octubre de 2012. Noah Smith 2013. 'Why the Multiplier Doesn't Matter' (https://tinyco.re/7260376). Noahpinion Actualizado el 7 de enero de 2013. Simon Wren-Lewis. 2012 'Multiplier Theory: One Is the Magic Number' (https://tinyco.re/7820994). *Mainly Macro*. Actualizado el 24 de agosto de 2012.

Este debate se viene produciendo desde la primera formalización teórica del multiplicador por John Maynard Keynes en la década de 1930. La reciente crisis económica lo ha revitalizado por dos razones:

1. *No se pudo utilizar la política monetaria*: después de la crisis financiera, varias economías importantes permanecieron en recesión, a pesar de que los bancos centrales redujeron las tasas de interés hasta prácticamente cero. Como veremos en el próximo capítulo, las tasas de interés no pueden reducirse por debajo de cero, por lo que los gobiernos querían saber si el estímulo fiscal de un aumento en el gasto público ayudaría a estabilizar la economía.
2. *Debates sobre si la austeridad funciona*: después de la crisis de la eurozona en 2010, muchos países europeos que estaban en recesión adoptaron medidas de austeridad para reducir el gasto público, con el objetivo de restablecer el equilibrio de sus finanzas públicas.

Tanto con los estímulos como con la austeridad, el éxito de una política depende del tamaño del multiplicador. Si el multiplicador es negativo, lo que podría suceder si un déficit fiscal creciente causa una gran reducción de la confianza, un paquete de estímulo conduciría a una reducción del PIB, y una política de austeridad haría que el PIB aumentara. Si el multiplicador es positivo pero menor que 1, un estímulo fiscal aumentaría el PIB, pero por debajo del aumento del gasto público. Si, como en nuestro modelo del multiplicador, el multiplicador es mayor que 1, un estímulo fiscal aumentaría el PIB más que el aumento del gasto público, y una política de austeridad reforzaría las condiciones de recesión.

Con diferentes metodologías y suposiciones, diversos economistas han presentado diferentes estimaciones del multiplicador, que van desde números negativos hasta valores superiores a 2. Por ejemplo, los miembros del Consejo de Asesores Económicos del presidente Obama estimaron que el multiplicador se situaba en 1,6 cuando prepararon la Ley de Recuperación y Reinversión de Estados Unidos de 2009. El Fondo Monetario Internacional presentó estimaciones en 2012 de que los multiplicadores en las economías avanzadas estaban, después de la crisis, entre 0,9 y 1,7.

Para ser efectivo, el gasto público necesita poner recursos que de otro modo estarían inactivos en uso productivo. Estos recursos pueden ser trabajadores desempleados (o subempleados), así como oficinas, tiendas o fábricas que estén funcionando con capacidad disponible. Cuando una economía funciona a plena capacidad (sin recursos inactivos), el gasto gubernamental adicional desplazará al gasto privado.

Los economistas Robert Barro y Paul Krugman discreparon sobre el tamaño del multiplicador en las semanas que siguieron a la promulgación de la Ley de Recuperación y Reinversión de Estados Unidos a principios de 2009. Utilizando datos sobre el gasto en defensa durante la Segunda Guerra Mundial, Barro concluyó que el multiplicador no superaba un 0,8. Es decir, gastar 1 dólar en equipo militar produjo únicamente 80 centavos de producto. Sin embargo, Krugman respondió que en tiempos de guerra no hay recursos productivos inactivos que aprovechar. Las personas en edad laboral estaban trabajando en las fábricas para apoyar el esfuerzo económico

Fondo Monetario Internacional. 2012. *Perspectivas de la economía mundial* (Octubre): "Hacer frente a los altos niveles de deuda y al lento crecimiento" (https://tinyco.re/5970823).

Robert J. Barro. 2009. 'Government Spending Is No Free Lunch.' (https://tinyco.re/3208655). *The Wall Street Journal*.

Paul Krugman. 2009. 'War and Non-Remembrance' (https://tinyco.re/8410113) Paul Krugman - Blog del *New York Times*.

que planteaba la guerra y el gobierno utilizó el racionamiento para disminuir el consumo privado.

En las recesiones que siguieron a la crisis de la eurozona en 2010, justo cuando estudios de investigación económicos estaban encontrando pruebas de que los multiplicadores eran muy superiores a 1, muchos gobiernos europeos aplicaron la austeridad fiscal para equilibrar sus presupuestos. Estos países tuvieron malos resultados en términos de crecimiento, otra señal de que, en recesiones profundas, el multiplicador es mayor que 1. Pero algunos países de la eurozona no tuvieron más remedio que adoptar políticas de austeridad. Como veremos en la siguiente sección, habían perdido la capacidad de pedir prestado.

EJERCICIO 14.5 MÉTODOS PARA ESTIMAR EL MULTIPLICADOR

Considere los tres métodos analizados en este capítulo que se han utilizado para estimar el tamaño del multiplicador: los despidos relacionados con la mafia en Italia, el estímulo en el gasto en carreteras en Estados Unidos y el gasto estadounidense en defensa en tiempos de guerra.

¿Por qué cree que varían las estimaciones del tamaño del multiplicador? Use el material de este capítulo para respaldar su explicación.

EJERCICIO 14.6 CONTRIBUCIONES AL CAMBIO EN EL PRODUCTO INTERNO BRUTO REAL A LO LARGO DEL CICLO ECONÓMICO

En la tabla de la figura 13.8 (página 624) mostramos las contribuciones de los principales componentes del gasto (C, I, G y $X - M$) al crecimiento del PIB de Estados Unidos durante la recesión de 2009. Podemos usar datos de FRED para ver si estas contribuciones cambiaron durante la fase de recuperación de la recesión.

Vaya al sitio web FRED (https://tinyco.re/8136544). Busque «Contribución al PIB» con la barra de búsqueda y seleccione estas cuatro series anuales:

- Contribución al cambio porcentual en el producto interno bruto real: gastos de consumo personal
- Contribución al cambio porcentual en el producto interno bruto real: inversión interna privada bruta
- Contribución al cambio porcentual en el producto interno bruto real: gasto público en consumo e inversión pública bruta
- Contribuciones al cambio porcentual en el producto interior bruto real: exportaciones netas de bienes y servicios

Haga clic en el botón «Agregar al gráfico» para crear un gráfico de las cuatro series. Use la opción «Agregar serie de datos» para agregar una serie para el crecimiento del PIB real.

1. ¿Es igual, aproximadamente, la suma de las contribuciones al PIB que el crecimiento del PIB?

Ahora use los datos que ha descargado para llevar a cabo las siguientes tareas para el periodo de 2007 a 2014:

2. Describa las contribuciones al crecimiento del PIB de Estados Unidos durante la recesión (2008 T1 a 2009 T2) y en la fase de recuperación de 2009 T3 del ciclo económico. Si analiza los datos utilizando el gráfico del FRED, verá la recesión sombreada en el gráfico. Prepare una tabla como la de la figura 13.8 (página 624).
3. ¿Qué podría explicar las diferencias observadas entre el papel del consumo y la inversión durante las fases de recesión y recuperación del ciclo económico?
4. A partir de la contribución al crecimiento del PIB del consumo y la inversión públicos, ¿qué puede inferir sobre la política fiscal del gobierno de Estados Unidos durante la crisis?

Nota: Para asegurarse de comprender cómo se crean estos gráficos FRED, puede extraer los datos a una hoja de cálculo y reproducir la serie.

EJERCICIO 14.7 LA CAÍDA DE FRANCIA

En un artículo de agosto de 2014, 'The Fall of France' (https://tinyco.re/7111032), Paul Krugman critica la política de austeridad aplicada por Francia.

Utilice lo que ha aprendido sobre el multiplicador fiscal para explicar por qué, en opinión de Krugman, la austeridad fiscal en Francia (y en términos más generales en toda Europa) habría de ser un fracaso (explique cuidadosamente lo que cree que Krugman quiere decir con «fracasar»).

EJERCICIO 14.8 ESTÍMULO SIN MÁS DEUDA

Lea el artículo *Stimulus, Without More Debt* (https://tinyco.re/9857908) de Robert Shiller.

Suponga que la economía está en recesión. El gobierno tiene un alto nivel de deuda y quiere establecer un presupuesto equilibrado, es decir, G = T. ¿Cómo puede el gobierno lograr un efecto de estímulo fiscal sobre el PIB manteniendo el presupuesto equilibrado?

Para responder a la pregunta, siga los siguientes pasos:

- Muestre cómo puede ser esto posible en un diagrama del multiplicador, asegurándose de identificar las intersecciones y ángulos relevantes. Haga el diagrama lo suficientemente preciso como para que el tamaño exacto del multiplicador sea visible.
- Explique con palabras cómo puede lograr el gobierno ese efecto de estímulo fiscal manteniendo el presupuesto equilibrado.
- Derive el multiplicador de presupuesto equilibrado algebraicamente. (Sugerencia: necesitará formular expresiones para el cambio en el PIB asociado con un cambio en G y T, y establecerlas como iguales entre sí).
- Comente brevemente cualquier desventaja que vea en el uso de este estímulo fiscal de presupuesto equilibrado.

Puede adoptar los siguientes supuestos:

- Suponga un impuesto de cantidad única. Esto significa que el impuesto no depende del nivel de ingresos, $T = T$, en lugar de nuestra suposición habitual de que $T = tY$.
- También suponga que el país no realiza importaciones ni exportaciones.

PREGUNTA 14.8 ESCOJA LA(S) RESPUESTA(S) CORRECTA(S)
¿Cuál de las siguientes afirmaciones es correcta con respecto al multiplicador?

☐ Los economistas tienden a ponerse de acuerdo sobre sus estimaciones del multiplicador.
☐ La causalidad inversa puede ser un problema a la hora de estimar empíricamente el multiplicador.
☐ Si los hogares anticipan que el aumento del gasto público se financiará con futuros aumentos de impuestos, entonces el multiplicador será mayor.
☐ Si las empresas anticipan que la política fiscal del gobierno será efectiva, entonces el multiplicador será mayor.

14.8 LAS FINANZAS PÚBLICAS

De la paradoja del ahorro aprendimos que, en una recesión, es contraproducente que el gobierno compense la estabilización automática de la economía. También hemos aprendido que puede justificarse el uso de un estímulo fiscal para impulsar la demanda agregada en una recesión profunda, si se dan las condiciones en las que el multiplicador es mayor que 1. Entonces, ¿por qué se suelen implementar políticas de austeridad después de las políticas de estímulo? Se debe a la **deuda pública**. Para entender por qué, estudiemos los ingresos y gastos del sector público.

Ingresos

Los gobiernos generan ingresos a través de impuestos sobre la renta e impuestos sobre el gasto, a menudo conocido como Impuesto sobre el Valor Agregado o sobre el Valor Añadido (IVA), o impuesto sobre las ventas. También recaudan dinero de otras muchas fuentes, incluidos los impuestos sobre la riqueza, entre el que contaríamos el de sucesiones, y los impuestos que gravan productos específicos como las bebidas alcohólicas, el tabaco y la gasolina.

Gasto

El gasto público incluye salud, educación y defensa, así como la inversión pública, por ejemplo en la construcción de carreteras y escuelas.

Los ingresos públicos también se utilizan para financiar las transferencias de seguridad social, que incluyen subsidios de desempleo, pensiones y subsidios por discapacidad. El Estado también tiene que pagar intereses sobre su deuda. Las transferencias y los pagos de intereses se pagan con los ingresos públicos, pero no se cuentan en G porque el gobierno no está gastando dinero en bienes o servicios.

Déficit público primario

El déficit público, cuando excluimos los pagos de intereses de su deuda, se llama **déficit presupuestario primario** y se mide por $G - T$, donde T es el ingreso fiscal menos las transferencias (en el modelo del multiplicador con una tasa impositiva proporcional, t, se asume que es tY). Partiendo de una situación inicial de déficit primario cero, el déficit empeora automáticamente cuando se produce una recesión en el ciclo económico. Cuando se revierta la

> **deuda pública** Suma de todos los bonos que el Estado ha vendido a lo largo de los años para financiar sus déficits, menos los que han vencido.

> **déficit presupuestario primario** Déficit público (ingresos menos gastos del sector público) excluyendo los pagos de intereses de su deuda. *Véase también: deuda pública.*

recesión, el déficit presupuestario primario del sector público disminuirá y así, en el repunte, el sector público tendrá más ingresos que gastos.

Cuando hay un déficit presupuestario, esto significa que el Estado debe pedir prestado para cubrir la diferencia entre sus ingresos y sus gastos. El Estado pide prestado vendiendo bonos, que son comprados por empresas y hogares. Por lo general, los hogares los compran indirectamente, porque los compran los fondos de pensiones en los que invierten los hogares. La venta de bonos se suma a la deuda pública.

Debido a la existencia de mercados financieros globales, los extranjeros también pueden comprar bonos del Estado de un país. Los bonos del Estado son atractivos para los inversores porque pagan una tasa de interés fija y porque generalmente se consideran una inversión segura: el riesgo de impago de los bonos soberanos suele ser bajo. Es probable que los inversores quieran mantener una mezcla de activos seguros y arriesgados, y los bonos del Estado normalmente están en el extremo seguro del espectro.

Una **crisis de deuda soberana** es una situación en la que los bonos del Estado se consideran arriesgados. Tales crisis no son infrecuentes en las economías en desarrollo y emergentes, pero son raras en las economías avanzadas. Sin embargo, en 2010, hubo un aumento en las tasas de interés de los bonos emitidos por los gobiernos irlandés, griego, español y portugués: fue una clara señal de un fuerte aumento en el riesgo de impago, es decir, la probabilidad de que el gobierno no pudiera hacer frente a los pagos requeridos de su deuda. Esto marcó el inicio de la crisis de la eurozona. Cuando un país experimenta una crisis de deuda soberana, puede verse abocado a implementar políticas de austeridad, debido a que si el gobierno no puede pedir prestado, no puede gastar más que los ingresos fiscales que recibe.

Un alto nivel de deuda acumulada con relación al PIB puede ser un problema porque, al igual que los hogares, el gobierno tiene que pagar intereses sobre su deuda y debe aumentar los ingresos para pagar los intereses, lo que puede requerir un aumento de las tasas impositivas. Sin embargo, los gobiernos no son como los hogares, ya que no hay un punto en el que tengan que haber pagado toda su deuda acumulada: a medida que vence una emisión de bonos, los gobiernos generalmente emitirán más

> **crisis de deuda soberana** Situación en la que los bonos del Estado se consideran tan arriesgados que es posible que este ya no consiga continuar recibiendo préstamos. Si es así, el sector público no podrá gastar más de los ingresos fiscales que recibe.

Ver estos datos en OWiD
https://tinyco.re/8971982

Ryland Thomas y Nicholas Dimsdale. (2017). 'A Millennium of UK Data' (https://tinyco.re/0223548). Datos OBRA del Banco de Inglaterra.

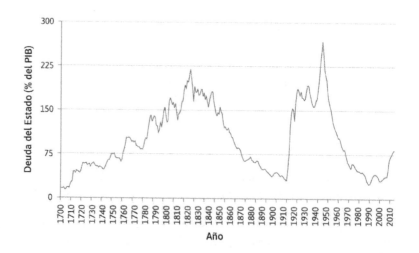

Figura 14.15 Deuda pública del Reino Unido como porcentaje del PIB (1700–2014).

bonos, manteniendo un nivel de deuda acumulada (es lo que se conoce como reinversión de la deuda, que las empresas también suelen hacer para financiar sus operaciones). De hecho, debido a que los bonos del Estado generalmente son vistos como un activo seguro fuera de los periodos de crisis, suele haber demanda de deuda pública por parte de inversores privados. Como dejan claro los datos a largo plazo para el Reino Unido de la figura 14.15, no hay reglas generales sobre cuánta deuda es segura para los gobiernos.

La figura 14.15 muestra la evolución de la deuda pública del Reino Unido desde 1700 hasta 2014. El nivel de endeudamiento de un Estado se mide en relación con el tamaño de la economía, es decir, como porcentaje del PIB. Los dos grandes picos al alza en la razón deuda/PIB del Reino Unido en el siglo xx se debieron a la necesidad de que el gobierno pidiera prestado para financiar el gasto que supusieron las guerras.

Las crisis financieras también hacen crecer la deuda pública. Los gobiernos piden prestado tanto para rescatar bancos en quiebra como para sustentar la economía durante las largas recesiones que siguen a las crisis financieras. La razón deuda/PIB del Reino Unido se duplicó rápidamente a más del 80% después de la crisis financiera mundial de 2008.

Tenga en cuenta también que, aunque el Reino Unido salió de la Segunda Guerra Mundial con un nivel muy alto de deuda pública, la redujo rápidamente en las siguientes décadas: del 260% del PIB al 50% en la década de 1980. ¿Por qué? El gobierno británico tuvo un superávit presupuestario primario todos los años, excepto uno desde 1948 hasta 1973, lo que ayudó a reducir la razón deuda/PIB. No obstante, esa razón o tasa de endeudamiento también puede caer incluso cuando hay un déficit presupuestario primario, siempre que la tasa de crecimiento de la economía sea más alta que la tasa de interés. Durante el periodo de rápida reducción de la tasa de endeudamiento del Reino Unido, además de los superávits primarios, hubo un crecimiento moderado, tasas de interés nominales bajas establecidas por el gobierno e inflación moderada.

¿Por qué ayuda la inflación a un país a reducir su tasa de endeudamiento? Porque el valor de los bonos del Estado (el nivel de deuda) está denominado en términos nominales. Por ejemplo, la emisión de bonos a 10 años en 1950 prometería pagar 1 millón de libras esterlinas en 1960. Así pues, si la inflación fuera moderadamente alta durante la década de 1950, el PIB nominal crecería rápidamente, mientras que ese millón de libras adeudado en 1960 se mantendría constante, lo que significa que la deuda se habría reducido en relación con el PIB. Como analizaremos más adelante en el capítulo 15, la inflación reduce el valor real de la deuda.

En muchas economías avanzadas, ha habido periodos prolongados en los que la tasa de crecimiento ha sido más alta que la tasa de interés. El economista Brad DeLong ha señalado que esto fue así en Estados Unidos durante prácticamente los últimos 125 años.

mejora de Pareto Cambio que beneficia al menos a una persona sin empeorar por ello la situación de nadie más. Ver *también: dominancia de Pareto*.
equidad Forma de evaluar una asignación basándose en la concepción propia de justicia.

Bradford DeLong. 2015. 'Draft for Rethinking Macroeconomics Conference Fiscal Policy Panel' (https://tinyco.re/4631043). *Washington Center for Equitable Growth*. Actualizado el 5 de abril de 2015.

EJERCICIO 14.9 EFICIENCIA Y JUSTICIA

¿Cómo utilizaría los criterios de **mejora de Pareto** y **equidad** para evaluar el uso de políticas de estímulo y rescates bancarios después de la crisis financiera global de 2007–2008?

Sugerencia: consulte las secciones 5.2 y 5.3 del capítulo 5, donde se explican estos conceptos.

'A Load to Bear' (https://tinyco.re/ 9740912). *The Economist*. Actualizado el 26 de noviembre de 2009.

Los países con poblaciones cada vez más envejecidas muestran tendencias demográficas que implican una presión al alza en la relación deuda/PIB: con el tiempo tenderá a aumentar la proporción de los ingresos públicos gastados en pensiones públicas, atención médica y atención social para las personas mayores. Muchos gobiernos y votantes se enfrentan una elección difícil: ¿limitar las transferencias o cobrar más impuestos?

Las lecciones de nuestro debate sobre política fiscal y deuda pública son:

- *Los estabilizadores automáticos desempeñan un papel útil*: contribuyen al bienestar económico a lo largo del ciclo económico.
- *Si se utiliza un estímulo fiscal adicional, debe revertirse más adelante*: esta reversión puede tener lugar cuando la economía vuelva a crecer. Si no se revierte un estímulo, aumentará la razón deuda pública/PIB.
- *Las guerras y las crisis financieras aumentan la deuda pública.*
- *La inflación reduce la carga de la deuda pública*: de modo similar, la deflación la aumenta.
- *Un índice de endeudamiento cada vez mayor es insostenible*: pero no existe una regla que diga exactamente cuánto endeudamiento es problemático.
- *Si la tasa de crecimiento está por debajo de la tasa de interés, es necesario generar superávit público primario para estabilizar y reducir la tasa de endeudamiento*: sin embargo, intentar reducir el índice de deuda rápidamente es contraproducente si deprime el crecimiento.

Para tener una idea de los efectos de las intervenciones de política económica, *The Economist* proporciona una herramienta para crear modelos (https://tinyco.re/3107039) que permite experimentar como un formulador hipotético de políticas. Pruebe diferentes combinaciones de saldo presupuestario primario, tasa de crecimiento, tasa de interés nominal y tasa de inflación como métodos para evitar que el índice de deuda aumente de manera continua en el país que elija.

14.9 POLÍTICA FISCAL Y EL RESTO DEL MUNDO

En el capítulo 13 vimos que las economías agrarias sufrían conmociones por guerras, enfermedades y el propio clima. En el capítulo 11, vimos que la guerra civil estadounidense afectó a economías como Brasil, la India y el Reino Unido. En las economías modernas, lo que sucede en el resto del mundo es una fuente de perturbaciones y también afecta al funcionamiento de la política económica interna. Para evitar cometer errores, los diseñadores de políticas deben conocer estas interacciones.

Los mercados extranjeros importan

Las fluctuaciones del crecimiento en mercados extranjeros importantes pueden explicar por qué la economía se mueve hacia una fase ascendente o descendente del ciclo. Podemos expresarlas como un cambio en el componente de las exportaciones netas de la demanda agregada, es decir, $(X - M)$. China, por ejemplo, es un mercado muy importante para las exportaciones australianas (el 32% de las exportaciones australianas tuvieron China como destino en 2013, lo que representa el 6,5% de la demanda agregada australiana). Cuando la economía china se desaceleró, pasando de una tasa de crecimiento del 10,6% en 2010, al 7,8% en 2013, esto se tradujo directamente en una desaceleración en el crecimiento de Australia a través de una caída en las exportaciones netas.

Del mismo modo, la desaceleración de la eurozona debido a la crisis de 2010 que siguió a la crisis financiera mundial de 2008 fue una razón importante de la lentitud de la salida de la recesión de la economía británica. Esto se debe a que una alta proporción de las exportaciones del Reino Unido van a la UE. Por ejemplo, el 44% de las exportaciones del Reino Unido fueron a la UE en 2013, lo que representa el 13% de la demanda agregada del Reino Unido.

Las importaciones atemperan las fluctuaciones internas

Como hemos visto, el tamaño del multiplicador se reduce con base en la propensión marginal a importar. Cuando aumenta la demanda autónoma, estimula el gasto y algunos de los productos que se compran se producen en el extranjero. Esto contrarresta el repunte en la economía nacional.

El comercio limita el uso del estímulo fiscal

El comercio con otros países limita la capacidad de los diseñadores de políticas fiscales nacionales para utilizar políticas de estímulo en una recesión. Un ejemplo sorprendente proviene de Francia en la década de 1980. A principios de dicha década, la economía francesa se mantuvo débil después de las crisis petroleras de la década de 1970, que perturbaron la economía mundial. En 1981, el candidato socialista François Mitterrand ganó las elecciones presidenciales. Su primer ministro, Pierre Mauroy, implementó un programa para estimular la demanda agregada a través del aumento del gasto público y los recortes de impuestos (en el modelo del multiplicador, este es un aumento de G y una caída de t, la tasa impositiva).

En la figura 14.16, mostramos lo que sucedió en Francia y en su principal socio comercial, Alemania. Las barras moradas muestran los resultados para Francia, y las barras naranjas muestran los resultados para Alemania. La figura presenta los resultados durante tres años. En el primer año no hubo estímulo, en el segundo hubo un estímulo fiscal en Francia y el tercer año fue el año siguiente al estímulo.

Si observa la figura 14.16, verá que el saldo presupuestario en Francia (medido como $(T - G)/Y$) se vuelve negativo. Podemos leer esto diciendo que, de un presupuesto equilibrado en 1980, se pasó a un déficit

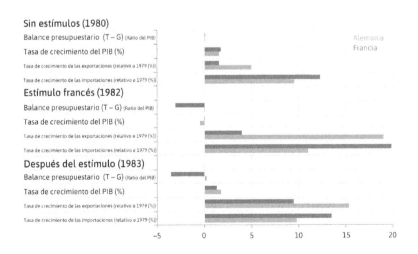

OCDE. 2015. Estadísticas OCDE (https://tinyco.re/9377362).

Figura 14.16 Éxitos y fracasos del estímulo fiscal francés (1980–1983).

presupuestario de casi 3% del PIB en 1982, que aumentó aún más en 1983.

Mientras tanto, en Alemania, el presupuesto se mantuvo cerca del equilibrio durante los tres años. Los excedentes presupuestarios fueron 0%, 0% y 0,2%, respectivamente.

La política de demanda expansiva en Francia fue una excepción en Europa. Hubo un impulso inicial al crecimiento francés en 1982 (del 1,6 al 2,4%), pero desapareció rápidamente y el crecimiento volvió a caer al 1,2% en 1983. ¿Por qué?

La recuperación de la economía francesa llevó a los hogares franceses a aumentar sus gastos, pero gran parte de ese aumento fue en bienes procedentes del extranjero. El estímulo francés se extendió a países que fabricaban productos más competitivos, como Japón (productos electrónicos) y Alemania (automóviles). Hubo un aumento de las importaciones en Francia: medido en relación con el nivel en 1979, las importaciones se incrementaron un 17,9%, como se muestra en la figura 14.16. Las exportaciones de Alemania aumentaron un 17,1% en 1982 y casi un 14% en 1983. Como resultado, el crecimiento del PIB en 1983 fue mayor en Alemania que en Francia. La política de estímulo francesa benefició principalmente a aquellos de sus socios comerciales que tenían bienes más competitivos. Francia acabó a la cola del grupo de países europeos, con un menor crecimiento y un alto déficit público (superior al 3% en 1983).

El fracaso de la política de Mitterrand se reflejó en términos económicos en la presión sobre el franco francés (la moneda francesa en ese momento). Entre 1981 y 1983, el gobierno francés tuvo que devaluar el franco tres veces en un esfuerzo por hacer que los productos franceses fueran más competitivos respecto a los producidos en el extranjero. Mauroy dimitió en 1984 y el nuevo primer ministro introdujo una política de austeridad.

El experimento Mitterrand destaca las limitaciones del uso de un estímulo fiscal para estabilizar con éxito una recesión profunda. En el caso de Francia, la política estuvo mal diseñada y retrasó el ajuste de la economía francesa a los *shocks* que la habían afectado en la década de 1970. Tenga en cuenta que el problema en Francia no era solo el alto desempleo. Inyectar más demanda agregada estimuló el gasto, pero no el gasto en la producción francesa.

El multiplicador fue muy bajo y los efectos indirectos en otras economías hicieron que la mayor parte del estímulo se filtrara fuera de Francia. Si las principales economías europeas hubieran adoptado simultáneamente políticas fiscales expansivas, los resultados habrían sido diferentes, ya que los efectos indirectos de Alemania, por ejemplo, habrían estimulado la economía francesa. Este es un ejemplo de una formulación de políticas inadecuada, causada por no tener en cuenta de manera correcta los vínculos de un país con el resto del mundo. Encajaría en la última fila de la tercera columna en la figura 14.12 (página 688).

Un estímulo fiscal puede no ser la única (o la mejor) opción de política económica en una recesión: el economista Olivier Blanchard, exjefe del FMI, explica cómo la consolidación fiscal funcionó en el caso de Letonia en 2008, a pesar de que él la había desaconsejado inicialmente.

Olivier Blanchard. 2012. 'Lessons from Latvia' (https://tinyco.re/8173211) *IMFdirect* - Blog del FMI. Actualizado el 11 de junio de 2012.

juego de coordinación Juego en el que hay dos equilibrios de Nash, de los cuales uno puede ser superior al otro en términos de Pareto. *También conocido como: juego del seguro.*

EJERCICIO 14.10 COORDINACIÓN DE UN ESTÍMULO

Suponga que en el mundo solo hay dos países o bloques, llamados Norte y Sur. El mundo se encuentra en una profunda recesión. La situación se puede describir usando el **juego de coordinación** utilizado para la inversión en el capítulo 13. Aquí las dos estrategias son Estímulo y No estímulo.

Explique con sus palabras cómo el juego de coordinación refleja los problemas a que se enfrentan los diseñadores de políticas en los dos países debido a su interdependencia.

PREGUNTA 14.9 ESCOJA LA(S) RESPUESTA(S) CORRECTA(S)
La figura 14.16 muestra los efectos del aumento del gasto público y los recortes de impuestos de Francia en 1982 en las economías de Francia y Alemania.

Según esta información, ¿cuál de las siguientes afirmaciones es correcta?

☐ El saldo presupuestario francés empeoró en más del 3% como resultado de la expansión fiscal.

☐ La expansión fiscal dio como resultado un desplazamiento a largo plazo de la tasa de crecimiento del PIB francés por encima del 2%.

☐ La economía alemana se benefició del efecto indirecto de las mayores importaciones francesas de bienes alemanes.

☐ Las economías europeas no deberían adoptar nunca una política fiscal expansiva, ya que tienen altos niveles de comercio entre sí.

14.10 DEMANDA AGREGADA Y DESEMPLEO
Ahora tenemos dos modelos para analizar el producto total, el empleo y la tasa de desempleo en la economía:

- *El **modelo del lado de la oferta** (mercado laboral)*: un modelo que se centra en cómo se emplea el trabajo para producir bienes y servicios, según hemos descrito en el capítulo 9. Este se llama modelo del mercado laboral (o modelo de la curva de fijación de salarios y de la curva de fijación de precios).
- *El **modelo (multiplicador) del lado de la demanda***: el otro modelo es el del lado de la demanda de la economía, que explica cómo las decisiones de gasto generan demanda de bienes y servicios y, como resultado, empleo y producción. Este es el modelo del multiplicador.

Cuando reunamos los dos modelos, podremos explicar cómo fluctúa la economía en torno al equilibrio del mercado laboral a largo plazo durante el ciclo económico.

En la figura 14.17 se muestra el modelo del mercado laboral del capítulo 9: el equilibrio en el mercado laboral se sitúa en el punto donde se cruzan las curvas de fijación de precios y salarios. Veremos que la economía tiende a fluctuar a lo largo del ciclo económico alrededor de la tasa de desempleo que se muestra en el punto A. En el ejemplo de la figura 14.17, la tasa de desempleo en equilibrio es del 5%.

La figura 14.18 muestra el diagrama del multiplicador por debajo del diagrama del mercado laboral. Tenga en cuenta que, en el diagrama del mercado laboral, el eje horizontal mide el número de trabajadores, por lo que podemos medir el empleo y el desempleo a lo largo de este. En el diagrama del multiplicador, lo que se muestra en el eje horizontal es el producto. La **función de producción** conecta el empleo y el producto y, en este modelo, la función de producción es muy simple.

Asumimos que la productividad laboral es constante e igual a λ ('lambda'), por lo que la función de producción es:

$$Y = \lambda N$$

modelo del lado de la oferta Cómo se utiliza el trabajo y el capital para producir bienes y servicios. Utiliza el modelo del mercado laboral (también denominado modelo de la curva de fijación de salarios y de la curva de fijación de precios). *Véase también: modelo del lado de la demanda (economía agregada).*

modelo del multiplicador Modelo de demanda agregada que incluye el proceso multiplicador. *Véase también: multiplicador fiscal, proceso multiplicador.*

función de producción Expresión gráfica o matemática que describe la cantidad de producto que puede generarse con cualquier cantidad o combinación dada de insumo(s). La función describe tecnologías diferenciadas capaces de producir lo mismo.

desempleo cíclico Aumento del desempleo por encima del desempleo de equilibrio causado por una caída en la demanda agregada asociada con el ciclo económico. *También conocido como: desempleo por insuficiencia de demanda. Véase también: desempleo de equilibrio.*

corto plazo (modelo) El término no se refiere a un periodo de tiempo, sino a lo que es exógeno: precios, salarios, capital social, tecnología, instituciones. *Véase también: ingreso, bienes de capital o equipo, tecnología, instituciones, medio plazo (modelo), largo plazo (modelo).*

Para permitirnos dibujar el modelo del lado de la demanda por debajo del modelo del lado de la oferta, asumimos que $\lambda = 1$, y entonces $Y = N$.

Las fluctuaciones a corto plazo en el empleo se deben a cambios en la demanda agregada. Como vimos en el capítulo 9, cuando el empleo está por debajo del equilibrio del mercado laboral debido a una demanda agregada insuficiente, el desempleo adicional se denomina **desempleo cíclico**. En cambio, si hay un exceso de demanda, por encima del equilibrio del mercado laboral, entonces el desempleo está por debajo de su nivel de equilibrio.

En la figura 14.19, la economía está inicialmente en el equilibrio del mercado laboral en el punto A, con un desempleo del 5%. El nivel de producción asociado se denomina nivel normal de producción. Esto significa que el nivel de demanda agregada debe ser el que se muestra en la curva de demanda agregada etiquetada como «normal». Cualquier otro nivel de demanda agregada produciría un nivel diferente de empleo.

En nuestro estudio de las fluctuaciones del ciclo económico utilizando el modelo del multiplicador, hemos realizado toda una serie de asunciones *ceteris paribus*. Asumimos que los precios, los salarios, las reservas de capital, la tecnología y las instituciones son constantes. Usamos el término **corto plazo** para referirnos a estos supuestos. El propósito del modelo es predecir qué sucede con la producción, la demanda agregada y el empleo cuando hay un *shock* o perturbación de demanda (un choque que afecta a la inversión, el consumo o las exportaciones) o cuando los diseñadores de políticas utilizan la política fiscal o monetaria para desplazar la curva de demanda agregada.

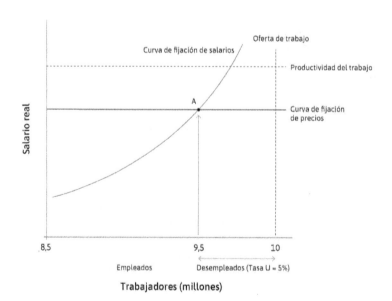

Figura 14.17 El lado de la oferta de la economía agregada: el mercado laboral.

Observe que, en la figura 14.19, el mercado laboral no está en equilibrio cuando la producción es más alta o más baja de lo normal. El modelo del mercado laboral es un modelo de **medio plazo** donde los salarios y los precios pueden cambiar, a diferencia del modelo del multiplicador, que es un modelo de **corto plazo**. Por lo tanto, un equilibrio a corto plazo en el modelo del multiplicador puede no ser un equilibrio a medio plazo en el modelo del mercado laboral.

medio plazo (modelo) El término no se refiere a un periodo de tiempo, sino a lo que es exógeno. En este caso, las reservas de capital, la tecnología y las instituciones son exógenas. La producción, el empleo, los precios y los salarios son endógenos. *Véase también: bienes de capital, tecnología, instituciones, corto plazo (modelo), largo plazo (modelo).*

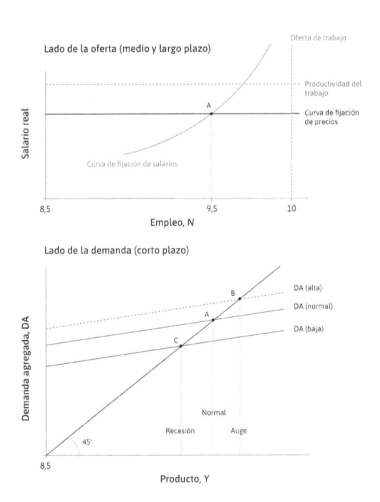

Figura 14.18 El lado de la oferta y el lado de la demanda de la economía agregada.

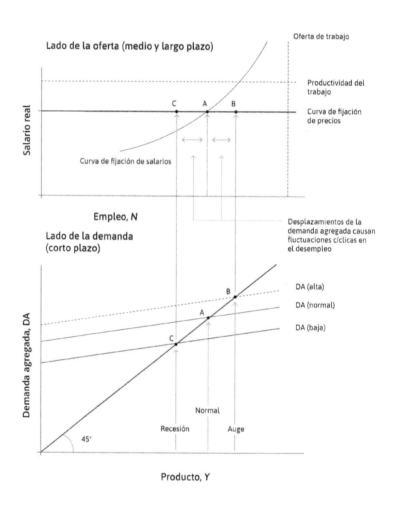

Figura 14.19 Fluctuaciones del ciclo económico en torno al desempleo de equilibrio.

1. Equilibrio del mercado laboral
La economía está inicialmente en el equilibrio del mercado laboral en el punto A con un desempleo del 5%. El nivel de demanda agregada debe ser el que se muestra en la curva de demanda agregada etiquetada como «normal».

2. Un auge
Considere un aumento en la inversión que desplaza la curva de demanda agregada hasta DA (alta), de modo que aumenten la producción y el empleo. La economía pasa a B: con el auge, el desempleo cae por debajo del 5%. El empleo adicional se llama empleo cíclico.

3. Una depresión
Si la curva de demanda agregada se desplaza hacia abajo, entonces, a través del proceso multiplicador, la producción y el empleo caen a C. El desempleo sube por encima del 5%. El desempleo adicional se llama desempleo cíclico.

- *En el capítulo 15, el ciclo económico*: desarrollamos el modelo de la figura 14.19, preguntándonos qué sucede con los salarios y los precios en un auge y en una recesión.
- *En el capítulo 16, el largo plazo*: utilizamos la curva de fijación de salarios y las curvas de fijación de precios para estudiar el **largo plazo**, donde la producción, el empleo, los precios y los salarios pueden cambiar, así como las instituciones y las tecnologías. Preguntamos cómo los cambios en las instituciones y las políticas básicas, como el debilitamiento de los sindicatos, el aumento de la competencia en los mercados de bienes y servicios o las nuevas tecnologías de ahorro de mano de obra afectarán la economía agregada.

largo plazo (modelo) El término no se refiere a un periodo de tiempo, sino a lo que es exógeno. Una curva de costos a largo plazo, por ejemplo, se refiere a los costos cuando la empresa puede ajustar completamente todos los insumos, incluidos sus bienes de capital; ahora bien, la tecnología y las instituciones de la economía son exógenas. *Véase también: tecnología, instituciones, corto plazo (modelo), medio plazo (modelo).*

La tabla en la figura 14.20 resume los diferentes modelos que utilizaremos para estudiar la economía agregada.

Unidad	Plazo	Qué es exógeno	Qué es endógeno	Problema a abordar	Políticas apropiadas	Modelo a utilizar
13, 14	Corto	Precios, salarios, capital social, tecnología, instituciones	Empleo, demanda, producción	Los desplazamientos de la demanda afectan el desempleo	Lado de la demanda	Multiplicador
14, 15	Medio	Capital social, tecnología, instituciones	Empleo, demanda, producción, precios, salarios	Los desplazamientos de la demanda y la oferta afectan el desempleo, la inflación y el desempleo de equilibrio	Lado de la demanda, lado de la oferta	Mercado laboral; Curva de Phillips
16	Largo	Tecnología, instituciones	Empleo, demanda, producción, precios, salarios y reservas de capital	Los desplazamientos de las condiciones de beneficio y los cambios en las instituciones afectan el desempleo de equilibrio y los salarios reales	Lado de la oferta	Modelo de mercado laboral con entrada y salida de empresas

Figura 14.20 Modelos para estudiar la economía agregada.

PREGUNTA 14.10 ESCOJA LA(S) RESPUESTA(S) CORRECTA(S)

A continuación mostramos el diagrama del mercado laboral y el diagrama del multiplicador, que representan el lado de la oferta a medio plazo y el lado de la demanda a corto plazo de la economía agregada, respectivamente:

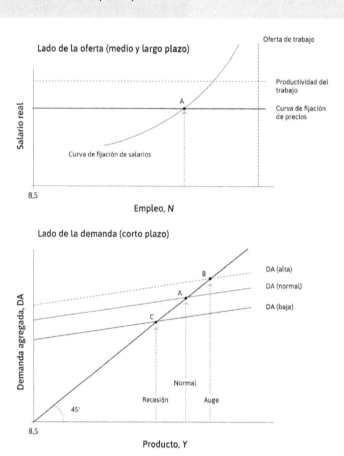

Suponga que la función de producción de la economía viene dada por $Y = N$, donde Y es el producto y N es el empleo. Según esta información, ¿cuál de las siguientes afirmaciones es correcta?

☐ Un aumento en la inversión desplaza la curva de DA hacia arriba, lo que resulta en una mayor producción agregada. Esto hace que la curva de fijación de precios se eleve a corto plazo, lo que lleva a un mayor empleo.

☐ Una caída en el consumo autónomo desplaza la curva de DA hacia abajo, lo que resulta en una producción agregada más baja. Esto hace que la curva de fijación de salarios se desplace a la izquierda a corto plazo, lo que lleva a un mayor desempleo.

☐ La productividad del trabajo cambia con los cambios en la demanda agregada a corto plazo.

☐ Los desplazamientos de la demanda agregada causan fluctuaciones cíclicas a corto plazo en el desempleo en torno al nivel de medio plazo que se muestra en el diagrama del mercado laboral.

14.11 CONCLUSIÓN

Las economías a menudo experimentan perturbaciones o *shocks* de la demanda agregada, como puede ser una disminución en la inversión empresarial o un aumento del ahorro deseado por los hogares. Estas perturbaciones tienden a verse amplificadas por el proceso descrito por el multiplicador. Además de sus efectos en una primera ronda, hay efectos indirectos de segunda ronda y sucesivas, debidos a disminuciones adicionales del gasto.

En la segunda mitad del siglo xx, las economías avanzadas disfrutaron de una gran disminución de la inestabilidad económica, que se debió en parte al mayor tamaño del sector público y a la existencia de estabilizadores automáticos que moderaron los cambios en la demanda agregada.

Si bien la política fiscal activa jugó su papel, el historial de su efecto ha sido variado: Francia descubrió a principios de la década de 1980 que una expansión fiscal mal planificada puede conducir a un déficit fiscal con pocos beneficios para la economía nacional.

2008 supuso un recordatorio para el mundo de que incluso los países ricos pueden sufrir crisis económicas, y reafirmó la importancia de la política fiscal en las recesiones profundas. Por desgracia para la eurozona, los países más afectados no pudieron implementar los estímulos fiscales necesarios debido al temor a las crisis de deuda soberana.

Conceptos introducidos en el capítulo 14
Antes de continuar, revise estas definiciones:

- Proceso multiplicador, modelo del multiplicador
- Propensión marginal a consumir, propensión marginal a importar
- Función de consumo
- Función de inversión
- Equilibrio del mercado de bienes
- Consumo autónomo, demanda autónoma
- Riqueza objetivo
- Acelerador financiero
- Estabilizador automático
- Estímulo fiscal
- Paradoja del ahorro
- Saldo presupuestario público, déficit, superávit
- Déficit primario
- Deuda pública o del Estado
- Crisis de la deuda soberana
- Retroalimentación positiva y negativa
- Economía agregada del lado de la oferta y lado de la demanda de la economía agregada
- Fluctuaciones del ciclo económico
- Largo plazo, medio plazo, corto plazo

14.12 REFERENCIAS BIBLIOGRÁFICAS

Acconcia, Antonio, Giancarlo Corsetti y Saverio Simonelli. 2014. 'Mafia and Public Spending: Evidence on the Fiscal Multiplier from a Quasi-Experiment'. *American Economic Review* 104 (7) (julio): pp. 2185–2209.

Almunia, Miguel, Agustín Bénétrix, Barry Eichengreen, Kevin H. O'Rourkey Gisela Rua. 2010. 'From Great Depression to Great Credit Crisis: Similarities, Differences andLessons' (https://tinyco.re/9513563). *Economic Policy* 25 (62) (abril): pp. 219–265.

Auerbach, Alan y Yuriy Gorodnichenko. 2015. 'How Powerful Are Fiscal Multipliers in Recessions?' (https://tinyco.re/3018428). *NBER Reporter 2015 Research Summary*.

Barro, Robert J. 2009. 'Government Spending Is No Free Lunch' (https://tinyco.re/3208655). *Wall Street Journal*.

Blanchard, Olivier. 2012. 'Lessons from Latvia' (https://tinyco.re/8173211). *IMFdirect – The IMF Blog*. Actualizado el 11 de junio de 2012.

Carlin, Wendy y David Soskice. 2015. *Macroeconomics: Institutions, Instability, and the Financial System*. Oxford: Oxford University Press. Capítulo 14.

DeLong, Bradford. 2015. 'Draft for Rethinking Macroeconomics Conference Fiscal Policy Panel' (https://tinyco.re/4631043). *Washington Center for Equitable Growth*. Actualizado el 5 de abril de 2015.

Fondo Monetario Internacional. 2012. 'World Economic Outlook October: Coping with High Debt and Sluggish Growth' (https://tinyco.re/5970823).

Harford, Tim. 2010. 'Stimulus Spending Might Not Be As Stimulating As We Think' (https://tinyco.re/8583440). Undercover Economist Blog, *The Financial Times*.

Keynes, John Maynard. 1936. *The General Theory of Employment, Interest and Money* (https://tinyco.re/6855346). London: Palgrave Macmillan (trad. al castellano: *Teoría general de la ocupación, el interés y el dinero*. Barcelona: Ciro, 2011).

Keynes, John Maynard. 2004. *El final del laissez-faire. *Hacienda Pública Española* nº 9, 1971, págs. 125-134.

Keynes, John Maynard. 2005. *Las consecuencias económicas de la paz*. Barcelona: Austral, 2013.

Krugman, Paul. 2009. 'War and Non-Remembrance' (https://tinyco.re/8410113). Paul Krugman – *New York Times* Blog.

Krugman, Paul. 2012. 'A Tragic Vindication' (https://tinyco.re/6611089). Paul Krugman – *New York Times* Blog.

Leduc, Sylvain y Daniel Wilson. 2015. 'Are State Governments Roadblocks to Federal Stimulus? Evidence on the Flypaper Effect of Highway Grants in the 2009 Recovery Act' (https://tinyco.re/3885744). Documento de trabajo del Banco de la Reserva Federal de San Francisco 2013–16 (Septiembre).

Portes, Jonathan. 2012. 'What Explains Poor Growth in the UK? The IMF Thinks It's Fiscal Policy' (https://tinyco.re/8763401). *National Institute of Economic and Social Research Blog*. Actualizado el 9 de octubre de 2012.

Romer, Christina D. 1993. 'The Nation in Depression' (https://tinyco.re/4965855) *Journal of Economic Perspectives* 7 (2) (mayo): pp. 19–39.

Shiller, Robert. 2010. 'Stimulus, Without More Debt' (https://tinyco.re/9857908). *The New York Times*. Actualizado el 25 de diciembre de 2010.

Smith, Noah. 2013. 'Why the Multiplier Doesn't Matter' (https://tinyco.re/7260376). *Noahpinion*. Actualizado el 7 de enero de 2013.

The Economist. 2009. 'A Load to Bear' (https://tinyco.re/9740912). Actualizado el 26 de noviembre 2009.

Wren-Lewis, Simon. 2012. 'Multiplier theory: One is the Magic Number' (https://tinyco.re/7820994). *Mainly Macro*. Actualizado el 24 de agosto de 2014.

CAPÍTULO 15
INFLACIÓN, DESEMPLEO Y POLÍTICA MONETARIA

CÓMO LA TASA DE DESEMPLEO Y EL PRODUCTO DE LA ECONOMÍA AFECTAN A LA INFLACIÓN, QUÉ RETOS IMPLICA PARA LAS POLÍTICAS PÚBLICAS Y CÓMO LA COMPRENSIÓN DE ESTOS PROCESOS PUEDE CONTRIBUIR A POLÍTICAS EFICACES PARA ESTABILIZAR EL EMPLEO Y LOS INGRESOS.

- Cuando el desempleo es bajo, la inflación tiende a aumentar. Cuando el desempleo es alto, la inflación baja.
- Los diseñadores de política pública y los votantes prefieren poco desempleo e inflación baja (pero no un nivel de precios en descenso).
- Por lo general, no es posible tener ambos a la vez, por lo que a veces hay que aceptar un empeoramiento en uno para mejorar en el otro.
- Existe una tasa de desempleo de equilibrio con inflación estable. Si el desempleo se mantiene por debajo de esta tasa de equilibrio, se produce una espiral inflacionaria en salarios y precios.
- La política monetaria afecta la demanda agregada y la inflación a través de toda una serie de canales.
- Una perturbación adversa, como un incremento en el precio del petróleo, puede llevar a un escenario de desempleo alto e inflación elevada.
- Muchos gobiernos han delegado las responsabilidades referentes a la política monetaria en los bancos centrales, lo que comúnmente se conoce como definición de objetivos de inflación.

Antes de su exitosa campaña presidencial en 1992, los estrategas políticos de Bill Clinton decidieron que dos de los problemas a tratar durante la campaña electoral serían la política sanitaria y el «cambio». Pero el que atrajo al público votante fue un tercer tema en el que se centró su campaña: la recesión de 1991. Fue así, en gran medida, gracias a la frase insignia utilizada por los responsables de campaña: *'The economy, stupid'* («(Es) la economía, estúpido»).

La recesión de 1991 supuso que muchos estadounidenses perdieran su empleo, un problema que el eslogan de campaña de Clinton trajo a la atención de los votantes. El resultado del recuento de las votaciones de noviembre de 1992 fue que Clinton recibió cerca de 6 millones de votos más que George H. W. Bush, el presidente en ejercicio.

En una democracia, los resultados electorales siempre se ven afectados por el estado de la economía y por cómo juzgue la ciudadanía la competencia del gobierno y la oposición en materia económica. Dos medidas importantes del desempeño de estos en el terreno económico son el desempleo y la inflación. En el capítulo 13 vimos que el desempleo perjudica nuestro bienestar, pero la inflación también nos importa. La figura 15.1 muestra que, en las elecciones presidenciales de Estados Unidos, el margen por el que obtiene la victoria el partido en el poder es mayor cuando la inflación es baja.

Luego, si usted es un político al que le importan las preocupaciones de los ciudadanos y también su propia carrera, lo que debería hacer es minimizar tanto el desempleo como la inflación. ¿Es eso posible?

Quizá entendamos la situación mejor con el ejemplo de un ministro de finanzas alemán –con formación de economista– que actuó como político en un mitin por la tarde y como economista en su oficina durante el día.

A Helmut Schmidt se le conocía como el «superministro» en Alemania Occidental durante el gobierno del canciller Willy Brandt, pues fue ministro de economía y a la vez ministro de finanzas.

En un mitin de la campaña electoral de 1972, Schmidt dijo: «Una inflación del 5% es más fácil de soportar que una tasa de desempleo del 5%». Además, prometió que su partido se encargaría de lograr un nivel de desempleo bajo y mantener la inflación baja y estable.

Ver estos datos en OWiD
https://tinyco.re/3226355

Nota: en el gráfico se omiten dos años en los que hubo deflación. Si se incluyen las dos instancias de deflación (precios en descenso) en la regresión en valores absolutos –mostrando así el hecho de que son los cambios en los precios los que son impopulares–, la relación que se muestra en la figura es todavía más fuerte. R^2 pasa a ser 0,42 en vez de 0,36, y el coeficiente correspondiente al efecto de la inflación sigue siendo negativo y significativo. La inflación antes de 1950: Michael Bordo, Barry Eichengreen, Daniela Klingebiel y María Soledad Martínez-Peria. 2001. 'Is the crisis problem growing more severe?' *Economic Policy* 16 (32) (Abril): pp. 52–82; IPC después de 1950: Federal Reserve Bank of St. Louis. 2015. FRED (https://tinyco.re/3965569); Resultados electorales: US National Archives. 2012. '1789–2012 Presidential Elections' (https://tinyco.re/6521380). Colegio electoral de EE.UU.

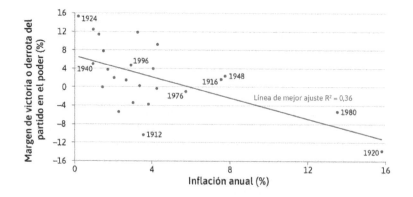

Figura 15.1 Inflación y margen de victoria en elecciones presidenciales de Estados Unidos (1912–2012).

Al día siguiente, el catedrático Otto Schlecht, director del departamento de política económica en el Ministerio Federal de Economía, respondía a Schmidt: «Señor ministro, lo que dijo usted ayer, y que esta mañana publican los periódicos, es falso».

La réplica de Schmidt fue: «Estoy de acuerdo con que, técnicamente, lo que dije es incorrecto. Aun así, usted no es quien para aconsejarme sobre si mis declaraciones ante 10 000 mineros del Ruhr en un mitin en Dortmund, en la región de Westfalia, son convenientes o no».

El compromiso adquirido por Helmut Schmidt durante el mitin electoral y su explicación posterior ilustran muy bien dos aspectos de la relación entre economía y política. El primero es que los políticos tienen que ganar elecciones para llegar al cargo y, por lo tanto, responden a las opiniones de sus votantes. El segundo es que los políticos, en tanto que diseñadores de política económica, se enfrentan a restricciones a la hora de elegir qué políticas poner en práctica. No pueden simplemente prometer los resultados económicos que quieran sus votantes (en el caso de Schmidt, bajo nivel de desempleo e inflación baja y estable). El economista dentro de Schmidt era consciente de las restricciones a las que se enfrentaba pero, durante la campaña electoral, estaba hablando como político.

Por más que el diseñador de política económica quiera alcanzar tanto un bajo nivel de desempleo como una inflación baja, la economía opera de tal manera que, cuando el desempleo baja, la inflación tiende a subir. De manera similar, cuando la inflación cae, el desempleo tiende a subir. Este es un problema que ya hemos visto: los diseñadores de política económica solo pueden hacer lo que es posible, lo cual implica un cierto nivel de disyuntiva entre objetivos. Dicho de otra forma, una mayor inflación es el **costo de oportunidad** de un nivel bajo de desempleo y un mayor desempleo es el costo de oportunidad de una menor inflación. Más aún: la economía está sujeta a perturbaciones que pueden empeorar tanto la inflación como el desempleo, limitando así el conjunto de combinaciones de los mismos que se pueden alcanzar. La experiencia de finales de la década de 1960 mostró que la inflación seguiría subiendo siempre que el desempleo siguiese siendo tan bajo. De ahí las reflexiones de Helmut Schmidt sobre su promesa electoral.

Tras un periodo de inflación creciente en todo el mundo, a finales de la década de los 80 se replanteó el diseño de la política macroeconómica. En la década de 1990, los bancos centrales adoptaron de manera generalizada una política conocida como de fijación de **objetivos de inflación**. Muchos gobiernos delegaron la gestión de las fluctuaciones de la economía al banco central, pasando la política fiscal a desempeñar un papel más pasivo, y se reconoció que las políticas para mejorar el lado de la oferta –por ejemplo, aumentando la competencia y mejorando el funcionamiento de los mercados laborales– eran necesarias si se quería alcanzar una tasa de desempleo más baja compatible con una inflación baja y estable.

Como vimos en el capítulo 11, los precios son mensajes y envían señales sobre la escasez de recursos. Vimos cómo los cambios en la demanda o la oferta de un bien o servicio resultan en un cambio en su precio en términos relativos al de otros bienes o servicios, y cómo esto indica un cambio en la escasez relativa del bien o servicio. En este capítulo no nos enfocamos en los precios relativos, sino en la inflación o deflación: un aumento o caída de los precios en general. Empezamos preguntándonos cómo se ganó la inflación su mala reputación.

Helmut Schmidt (1918–2015) fue canciller de Alemania Occidental desde 1974 hasta 1982. En 1972, la inflación en Alemania Occidental era de 5,5% (un aumento respecto al 5,2% del año anterior) y el desempleo era de 0,7% (por encima del 0,5% del año anterior). Para 1975, la inflación era de 5,9% y el desempleo de 3,1%.

costo de oportunidad Asumir una acción implica dejar de tomar la siguiente mejor alternativa. Este costo es el beneficio neto de la alternativa que se dejó de tomar.

objetivos de inflación Régimen de política monetaria en el que el banco central cambia las tasas de interés para influir en la demanda agregada con el fin de mantener la economía cerca de un objetivo de inflación, que normalmente especifica el gobierno.

15.1 ¿QUÉ TIENE DE MALO LA INFLACIÓN?

Antes de considerar la pregunta, necesitamos aclarar algunos términos.

¿Cuál es la diferencia entre **inflación**, **deflación** y **desinflación**?

Usaremos una analogía para entender las diferencias. Podemos comparar lo que le ocurre al nivel de precios en la economía en su conjunto con la ubicación inicial de un automóvil y la distancia que cubre cuando viaja a distintas velocidades.

inflación Aumento en el nivel general de precios en la economía. Suele medirse a lo largo de un año. *Véase también: deflación, desinflación.*

deflación Disminución en el nivel general de precios. *Véase también: inflación.*

desinflación Disminución en la tasa de inflación. *Véase también: inflación, deflación.*

- *Inflación cero*: un nivel de precios constante de año a año significa que la inflación es cero. Es el equivalente a un auto estacionado: su ubicación es constante y la distancia recorrida por hora es cero.
- *Inflación*: ahora considere una tasa de inflación de, por ejemplo, un 2% al año. Esto significa que el nivel de precios sube un 2% cada año. Equivaldría al caso de un automóvil que viaja a una velocidad constante: que un auto viaje a 20 km por hora implica que la distancia a que se encuentra de la ubicación inicial aumenta en 20 km cada hora. Al cabo de dos horas, la distancia recorrida por el auto es de 40 km desde a la ubicación inicial. Después de otra hora, estará a 60 km de distancia, y así sucesivamente.
- *Deflación*: la deflación se produce cuando el nivel de precios cae. Es el equivalente a un automóvil que se desplaza marcha atrás a 20 km por hora. Al cabo de una hora, el automóvil estará 20 km por detrás de su ubicación inicial, y así sucesivamente.
- *Inflación creciente*: si la tasa de inflación está aumentando, el nivel de precios está aumentando a una tasa creciente. Suponga ahora que la tasa de inflación aumenta, pasando del 2 al 4%, y luego al 6% en años sucesivos, de manera que la economía experimenta una inflación creciente. Este es el caso en que un automóvil está acelerando: la distancia recorrida desde el punto inicial va aumentando a una tasa creciente, por ejemplo, de 20 km por hora en la primera hora, a 40 km por hora en la segunda hora, y así sucesivamente. Transcurridas dos horas, el auto estará a 60 km de la ubicación inicial.
- *Inflación decreciente*: se la conoce como **desinflación** y es equivalente a la situación en que un auto va reduciendo su velocidad, por ejemplo, de 60 km por hora a 40 km por hora y luego a 20 km por hora. Una vez la velocidad alcanza 0, la ubicación del vehículo no cambia. En la economía, la situación equivalente es aquella en que la inflación baja hasta cero y el nivel de precios ya no cambia.

DESCRIBIR UN CAMBIO EN EL NIVEL DE PRECIOS
- **Inflación**: el nivel de precios está subiendo.
- **Deflación**: el nivel de precios está bajando.
- **Desinflación**: *la tasa de inflación está cayendo.*

Hemos visto por qué a los votantes no les gusta el desempleo. Pero, ¿por qué no les gusta la inflación? Para algunas personas participantes en la economía, como los pensionistas, los ingresos son fijos en términos nominales, lo que implica que reciben una cantidad fija de yuanes o dólares o euros. Si los precios suben durante el año, estos hogares pueden comprar menos bienes y servicios al final del año, en comparación con los que podían comprar al principio. En consecuencia, tienen un menor nivel de bienestar y, por tanto, tienden a votar en contra de un partido que creen que permitirá una inflación más alta.

El que uno pierda o gane como consecuencia de la inflación también depende del lado del mercado de crédito en que se encuentre. Julia la prestataria y Marco el prestamista (como en el capítulo 10) tienen un conflicto en relación con la tasa de interés a la que Julia toma dinero prestado. También tienen intereses diferentes en lo que a la inflación respecta porque, si los precios aumentan antes de que Julia devuelva su préstamo, Marco se encontrará con que no puede comprar tanto con la devolución del préstamo de lo que hubiera podido comprar en caso de que hubiera inflación cero.

En términos más generales y aplicando la misma lógica que usamos cuando hablamos de la deuda del gobierno en el capítulo anterior, puede decirse que la inflación significa que:

- *Los prestatarios con deuda nominal se benefician*: aquellos con préstamos fijados a una **tasa de interés nominal**, por ejemplo, se benefician de la inflación, pues la deuda se mantiene en los mismos términos nominales, de manera que se reduce en términos reales.
- *Los prestamistas con activos nominales pierden*: los bancos u otras entidades que presten dinero a una tasa de interés nominal fija perderán, pues, cuando se les devuelva la suma, esta valdrá menos en términos de los bienes y servicios que pueden comprarse con esa cantidad. Una inflación muy alta puede acabar aniquilando el valor de los activos nominales, como pasó en Zimbabue en 2008–2009.

Para tener en cuenta la inflación al analizar los préstamos concedidos y recibidos, se utiliza la llamada **tasa de interés real**, que se define de la siguiente manera y también se conoce como **ecuación de Fisher**:

$$\text{tasa de interés real (\% anual)} = \text{tasa de interés nominal (\% anual)} - \text{tasa de inflación (\% anual)}$$

La tasa de interés real mide el poder adquisitivo de un préstamo a los precios vigentes en el momento en el que este se devuelve. Para ver lo que esto significa, supongamos que Julia le pide prestados 50 dólares a Marco, adquiriendo el compromiso de devolverle 55 dólares al año siguiente. La tasa de interés nominal es del 10%. Aun así, si el próximo año los precios son un 6% más altos que este año (inflación del 6%), entonces lo que Marco podrá comprar con la devolución no es un 10% más de lo que hubiera podido comprar con la suma que le prestó a Julia, sino solamente un 4% más. La tasa de interés real es del 4%.

Además de redistribuir el ingreso de manos de los prestatarios acreedores (quienes tienen activos) y quienes tienen ingresos nominales fijos (como los pensionistas) a manos de los deudores, en algunos casos la inflación también puede hacer que la economía funcione peor. Si bien que no existe evidencia de que la inflación moderada sea mala para la economía, cuando la inflación es alta, también suele ser volátil y, por tanto, difícil de predecir. Cambios muy grandes en el nivel de precios generan incertidumbre, lo que dificulta que los individuos y las firmas tomen decisiones con base en los precios.

En un contexto de inflación alta y volátil, es difícil distinguir las señales de escasez de recursos (enviadas por los **precios relativos**) del ruido generado por unos precios que van creciendo de forma errática. En consecuencia, para las empresas podría resultar más difícil saber en qué sector invertir o qué plantar (quinua o cebada, por ejemplo). Para los individuos, será más difícil saber si la quinua se ha vuelto más cara respecto a otras fuentes de proteína. Más aún: en un ambiente inflacionario, las empresas tienen que actualizar sus precios con más frecuencia de lo que les gustaría. Esto requiere tiempo y recursos: es lo que llamamos **costos de menú**.

tasa de interés nominal Tasa de interés sin corregir para tomar en cuenta la inflación. Es la tasa de interés que cita la banca minorista. *Véase también: tasa de interés real, tasa de interés.*

'In Dollars They Trust'. *The Economist.* Actualizado el 27 de abril de 2013.

tasa de interés real Tasa de interés corregida para tomar en cuenta la inflación (es decir, la tasa de interés nominal menos la tasa de inflación). Representa cuántos bienes se obtienen en el futuro por los bienes que no se consumen ahora. *Véase también: tasa de interés nominal, tasa de interés.*
ecuación de Fisher Relación que expresa la tasa de interés real como la diferencia entre la tasa de interés nominal y la inflación esperada: tasa de interés real = tasa de interés nominal - inflación esperada.

precio relativo Precio de un bien o servicio comparado con otro (por lo general, expresado como una razón). *Ver también: opción de reserva.*
costos de menú Recursos utilizados para establecer y cambiar los precios.

¿Les iría mejor a hogares y empresas con unos precios decrecientes? No. Una caída sostenida de los precios no es algo deseable por muchas de las mismas razones por las que la inflación no es tampoco deseable, y podría tener consecuencias económicas incluso más dramáticas. Cuando los precios están cayendo, los hogares posponen el consumo (en particular de artículos caros como refrigeradores, televisores y automóviles) porque esperan que esos bienes sean más baratos en el futuro. De manera similar, la deflación incrementa la carga de la deuda para los prestatarios, por la misma razón que la inflación la reduce.

Como vimos en el capítulo 14, un incremento de la carga de la deuda deprime el consumo porque algunos de los hogares afectados ahorran para restaurar su riqueza objetivo y otros se enfrentan a restricciones crediticias. La caída del consumo induce una caída de la demanda agregada y de la actividad económica. Un gasto agregado más débil tiende a deprimir más los precios y puede impulsar un círculo vicioso de precios decrecientes y estancamiento económico.

Esto ocurrió en Japón. La economía japonesa fue una de las grandes historias de éxito del periodo posterior a la Segunda Guerra Mundial. La pendiente positiva de su palo de hockey fue increíblemente pronunciada, como vimos en el capítulo 1. El nivel de vida, medido con base en el PIB per cápita, pasó de menos de un quinto del nivel de Estados Unidos en 1950, a más del 70% en 1980. A pesar de todo esto, en los últimos 25 años Japón se ha enfrentado a un bajo crecimiento y un desempleo creciente. Fue la primera vez en el periodo de posguerra que una economía avanzada experimentó deflación de manera persistente: se observó deflación en 12 de los 21 años entre 1995 y 2015.

Muchas economistas creen que un poco de inflación es buena, mientras se mantenga estable. En el próximo capítulo veremos una razón que lo justifica. El proceso de innovación y cambio que caracteriza a una económica dinámica implica que, en un año determinado, habrá más demanda de trabajadores en algunas empresas y algunos sectores que en otros. Si los precios están al alza, una caída del ingreso real entre los perdedores puede verse disimulada por el hecho de que los ingresos nominales estén aumentando, o por lo menos no estén cayendo. Por ejemplo, muchas personas no notarían una pequeña caída en su salario real debido a una inflación modesta, pero a nadie se le escaparía una reducción de su salario nominal. Con una inflación baja, como respuesta a cambios en los salarios relativos, se pueden producir ajustes entre distintas empresas y sectores en términos de número de trabajadores y cantidad recursos sin necesidad de que los perdedores experimenten una caída de sus salarios nominales. La inflación engrasa las tuercas del mercado laboral.

Otra razón para preferir un poco de inflación en vez de ninguna inflación en absoluto es que le da más margen de maniobra a la política monetaria. Como veremos más adelante, con una inflación positiva, la tasa de interés *real* puede disminuir más que cuando la inflación es cero, lo que puede ayudar a compensar una recesión fuerte.

PREGUNTA 15.1 ESCOJA LA(S) RESPUESTA(S) CORRECTA(S)

La siguiente tabla muestra la tasa de inflación anual (el deflactor del PIB) de Japón, el Reino Unido, China y Nauru en el periodo 2010–2013 (Fuente: Banco Mundial):

	2010	2011	2012	2013
Japón	–1,9%	–1,7%	–0,8%	–0,3%
Reino Unido	1,6%	2,0%	1,6%	1,9%
China	6,9%	8,2%	2,4%	2,2%
Nauru	–18,2%	18,1%	24,1%	–21,7%

Con base en esta información, ¿cuál de las siguientes afirmaciones es correcta?

- ☐ Japón experimentó un periodo de desinflación entre 2010 y 2013.
- ☐ En el Reino Unido, el precio de los bienes y servicios se mantuvo estable entre 2010 y 2013.
- ☐ China ha experimentado presiones deflacionarias entre 2011 y 2013.
- ☐ El nivel de precios correspondiente a Nauru a finales del 2013 es menor de lo que era a principios de 2010.

PREGUNTA 15.2 ESCOJA LA(S) RESPUESTA(S) CORRECTA(S)

La siguiente tabla muestra la tasa de interés nominal y la tasa de inflación anual (el deflactor del PIB) de Japón entre 1996 y 2015 (Fuente: Banco Mundial).

	1996–2000	2001–2005	2006–2010	2011–2015
Tasa de interés	1,5%	1,4%	1,3%	1,2%
Tasa de inflación	–1,9%	–0,9%	–0,5%	1,6%

En base a esta información ¿cuál de las siguientes afirmaciones es correcta?

- ☐ La tasa de interés real entre 1996 y 2000 fue de –0,4%.
- ☐ La tasa de interés real de Japón ha venido creciendo de manera consistente durante este periodo.
- ☐ La tasa de interés real de Japón pasó de ser positiva a ser negativa durante este periodo.
- ☐ La tasa de interés real ha venido cayendo más rápido que la tasa de interés nominal.

15.2 LA INFLACIÓN SURGE COMO RESULTADO DE REIVINDICACIONES CONTRARIAS E INCONSISTENTES SOBRE EL PRODUCTO

La inflación surge de conflictos entre actores económicos cuando estos son lo suficientemente poderosos como para sostener reivindicaciones inconsistentes sobre bienes y servicios.

Para ver cómo funciona esto, piense en una economía compuesta por muchas empresas, de las que cada una pertenece a un único individuo, y sus empleados, que también son los consumidores de los bienes producidos por las empresas. Para poder seguir lo que sucede dentro de las empresas, asumimos que los precios los fija el departamento de *marketing* y los salarios los establece el departamento de recursos humanos.

En principio, el departamento de *marketing* de cada empresa fija los precios con base en el margen que maximiza sus beneficios, teniendo en cuenta el grado de competencia de los mercados en los que vende (tal como se vio en los capítulos 7 y 9). Y, luego, por otro lado, el departamento de recursos humanos fija el salario real para los trabajadores –el salario nominal que paga la empresa dividido entre el nivel de precios de la economía– como el menor salario posible que es congruente con los incentivos de los trabajadores para esforzarse en su trabajo, dado el nivel de desempleo de la economía (como vimos en los capítulos 6 y 9).

Una vez todas las empresas hayan fijado sus salarios y precios, si el salario y el nivel de precios son congruentes con la maximización de beneficios por parte de las empresas, entonces no habrá ninguna razón para que cambien ni salarios ni precios. A esta tasa de desempleo, el nivel de precios es constante (la inflación es cero). Este es el nivel de desempleo donde las curvas de fijación de salarios y precios se cruzan. Es decir, este es el equilibrio de Nash en el mercado laboral que vimos en el capítulo 9.

Ahora, suponga que el gobierno adopta **políticas proteccionistas** que dificultan que las empresas extranjeras entren en los mercados locales. En consecuencia, los mercados en los que operan las empresas se vuelven menos competitivos, dándoles espacio a las empresas para cargar un margen de beneficio mayor sobre sus costos. Si esto ocurre en toda la economía, el incremento de los precios resultante reducirá el salario real de los trabajadores. El dueño de una empresa concreta estará contento con que el departamento de *marketing* pueda cobrar un precio más alto, pero los trabajadores no estarán contentos con la caída de su salario real. Como resultado, se reducirá su motivación para trabajar. Esto lleva a que el departamento de recursos humanos de la empresa suba el salario nominal. Como todas las demás empresas harán lo mismo, el resultado final es que tanto los precios como los salarios aumentan, por lo que la economía experimenta inflación.

¿Acabará ahí la cosa? No. El aumento del salario nominal ha incrementado los costos de producción de las empresas, que estas usarán como base para fijar sus precios, lo que lleva a un incremento de los precios y la consiguiente caída en el salario real. El departamento de recursos humanos corregirá la situación incrementando de nuevo el salario nominal. El proceso de incremento de los salarios y los precios continuará siempre que:

política proteccionista Medidas tomadas por un gobierno para limitar el comercio; en particular, para reducir la cantidad de importaciones en la economía. Estas medidas están diseñadas para proteger a la industria local de la competencia externa. Pueden tomar diferentes formas, como impuestos a los bienes importados o cuotas de importación.

- las empresas tengan suficiente poder de mercado como para aplicar un margen de beneficio más alto.
- los trabajadores –dada la tasa de desempleo de la economía– tengan suficiente poder de negociación como para exigir el nivel de salario inicial para estar motivados para trabajar.

En el ejemplo, la inflación aumenta mientras que el desempleo se mantiene sin cambios debido a un cambio en las condiciones de competencia a que se enfrentan las empresas, que les permite incrementar su margen de beneficio y con ello los beneficios del propietario de la empresa. Ahora bien, hay otras formas en las que el proceso podría haber arrancado a partir del mismo punto de partida. Suponga que el grado de competencia en el mercado del producto se mantiene igual, pero el nivel de empleo aumenta. Para el nuevo nivel de desempleo –más bajo que el anterior–, las empresas querrán pagarles un salario real más alto a los trabajadores para asegurarse de que trabajen. Esto lleva a que los departamentos de *marketing* incrementen los precios, de manera que se mantenga el margen de beneficio que permiten las condiciones de competencia existentes. En consecuencia, se desencadena el proceso inflacionario.

En resumidas cuentas, la inflación puede resultar de:

- *Un incremento en el poder de negociación de las empresas ante sus consumidores*: esto se debe a una reducción en la competencia, que permite que las empresas fijen un margen de beneficio más alto. Es un desplazamiento hacia abajo de la curva de fijación de precios.
- *Un incremento en el poder de negociación de los trabajadores ante las empresas*: esto les permite obtener un salario más alto a cambio de esforzarse en el trabajo.

Existen dos maneras a través de las que se puede producir un aumento en el poder de negociación de los trabajadores:

- *Un desplazamiento hacia arriba de la curva de fijación de salarios*: el salario que recibirían es mayor para cualquier nivel de empleo.
- *Un incremento en el nivel de empleo, con lo que se produce un movimiento a lo largo de la curva de fijación de salarios*: en este caso, la curva de fijación de salarios no cambia.

En el capítulo 9, ya hemos estudiado las razones que puede haber detrás del desplazamiento de la curva de fijación de salarios, como unas prestaciones por desempleo más generosas o unos sindicatos más fuertes. El movimiento a lo largo de la curva, en contraste con un desplazamiento de la curva en sí, es lo que estudiaremos a continuación.

La figura 15.2 resume tres posibles causas de la inflación. En la sección 15.3 explicaremos cómo los cambios en el poder de negociación ilustrados en la figura 15.2 se traducen en inflación. La tercera causa –un nivel de empleo más alto podría generar inflación– se hizo patente cuando el economista William (Bill) Phillips publicó una gráfica de dispersión de la **inflación salarial** anual y el desempleo en la economía británica, que se muestra en la figura 15.3.

inflación salarial Aumento en el salario nominal. Por lo general, se mide para un periodo de un año. *Véase también: salario nominal.*

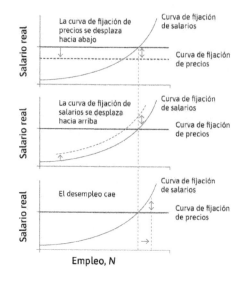

Figura 15.2 Tres causas de la inflación: cambios en el poder de negociación.

1. El poder de los propietarios de las empresas se incrementa respecto al de los consumidores

Por ejemplo, debido a una competencia menor (efecto de medio a largo plazo).

2. El poder de los trabajadores se incrementa respecto al de los propietarios de las empresas

Por ejemplo, debido a unos sindicatos más fuertes (efecto de medio a largo plazo).

3. El poder de los trabajadores se incrementa respecto al de los propietarios de las empresas

Por ejemplo, por un momento de auge en el ciclo económico (efecto de corto a medio plazo).

Ryland Thomas y Nicholas Dimsdale. (2017). 'A Millennium of UK Data' (https://tinyco.re/0223548). Banco de Inglaterra. Conjunto de datos OBRA.

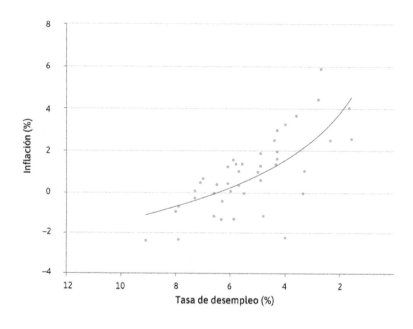

Figura 15.3 La curva de Phillips original: Inflación salarial y desempleo (1861–1913).

GRANDES ECONOMISTAS

Bill Phillips

A. W. ("Bill") Phillips (1914–1975) fue un personaje particularmente pintoresco para ser un economista de fama mundial. Criado en Nueva Zelanda, Phillips trabajó como cazador de cocodrilos y director de cine, y fue prisionero de guerra en Indonesia durante la Segunda Guerra Mundial antes de ocupar finalmente el cargo de catedrático en la London School of Economics.

Phillips tenía conocimientos de ingeniería y, mientras estudiaba sociología en Londres en 1949, construyó una maquina hidráulica para hacer un modelo de la economía británica. La Monetary National Income Analogue Computer (http://tinyco.re/0194162) (o sea, computadora monetaria análoga del ingreso nacional, MONIAC por sus siglas en inglés) usaba conductos transparentes y agua de distintos colores para conseguir que las ecuaciones de los economistas cobraran vida. Se parecía al modelo hidráulico de la economía creado por Irving Fisher medio siglo antes (mencionado en el capítulo 2), pero mucho más elaborado. La MONIAC tenía tanques para cada componente del PIB, como la inversión, el consumo y el gasto del gobierno. Las importaciones y exportaciones se mostraban como agua que entraba o salía del modelo. Esta máquina podía utilizarse para modelar el efecto sobre la economía de perturbaciones de distintas variables, como las tasas de impuestos y el gasto público, que iniciarían el flujo de agua entre tanques. El Museo de Ciencia de Londres y varias universidades de todo el mundo conservan versiones de esta máquina que todavía funcionan.

En un artículo académico de 1958, Phillips realizó otra contribución importante al estudio de la Economía: dibujando un diagrama de dispersión de los datos para las tasas de desempleo e inflación de la economía británica entre 1861 y 1913, descubrió que las tasas de desempleo bajas estaban asociadas con altos niveles de inflación, mientras que el desempleo alto se relacionaba con una inflación baja. Desde entonces, esta relación se conoce como **la curva de Phillips**.

A. W. Phillips. 1958. 'The Relation Between Unemployment and the Rate of Change of Money Wage Rates in the United Kingdom, 1861–1957' (https://tinyco.re/5934214). *Economica* 25 (100): p. 283.

curva de Phillips Relación inversa entre la tasa de inflación y la tasa de desempleo.

PREGUNTA 15.3 ESCOJA LA(S) RESPUESTA(S) CORRECTA(S)

El siguiente diagrama muestra el modelo del mercado laboral:

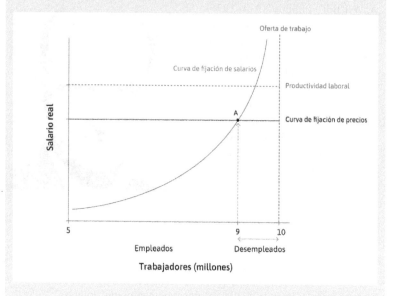

Suponga ahora que el gobierno adopta políticas que hacen más difícil a las empresas extranjeras entrar en los mercados locales. Asuma que el nivel de empleo y la oferta de trabajo se mantienen constantes. ¿Cuál de las siguientes afirmaciones respecto a los mecanismos mediante los que se crea la inflación es correcta?

☐ Con la reducción de la competencia, las empresas ahora pueden fijar un margen de beneficio mayor sobre sus costos, lo que eleva la curva de fijación de precios.

☐ El mercado laboral no está en equilibrio debido a la reducción en el salario real, dado que ahora los trabajadores carecen de incentivos para trabajar al nivel existente de desempleo. Así pues, el salario se incrementará, lo que se plasma en un desplazamiento hacia arriba de la curva de fijación de salarios.

☐ Si las empresas pueden seguir cobrando el nuevo margen de beneficio mayor, ahora aplicado al nuevo salario más alto, los precios vuelven a subir, lo que disminuye el salario real hasta situarlo en la curva de fijación de precios.

☐ Tras el incremento en el precio, si los trabajadores pueden seguir exigiendo el salario real inicial como nivel salarial mínimo que los pueda motivar a trabajar, el salario se incrementa de nuevo, aumentando el salario real al nivel de la curva de fijación de salarios.

PREGUNTA 15.4 ESCOJA LA(S) RESPUESTA(S) CORRECTA(S)
El siguiente diagrama muestra el modelo de mercado laboral:

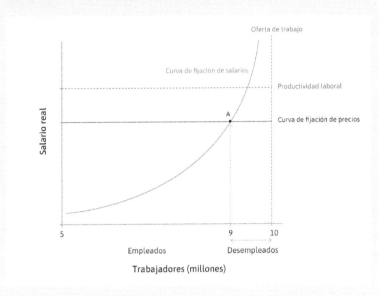

Suponga que hay un incremento en el poder de negociación de los trabajadores que provoca inflación. ¿Cuál de las siguientes afirmaciones es correcta?

☐ El poder de negociación de los trabajadores puede aumentar debido a un incremento en las prestaciones por desempleo, lo que resulta en un ascenso en la curva de fijación de salarios.

☐ El poder de negociación de los trabajadores puede aumentar por un incremento en el nivel de desempleo a lo largo de una curva de fijación de salarios dada.

☐ Tras el aumento inicial en el poder de negociación de los trabajadores, las empresas ajustan los salarios y los precios desplazando la curva de fijación de salarios, lo que crea inflación.

☐ Tras el incremento inicial en el poder de negociación de los trabajadores, las empresas ajustan sus salarios y precios, lo que crea inflación. Ni la curva de fijación de salarios ni la de fijación de precios se desplazan.

15.3 LA INFLACIÓN, EL CICLO ECONÓMICO Y LA CURVA DE PHILLIPS

Cuando los bancos centrales informan al público sobre sus decisiones en relación con las tasas de interés, normalmente justifican las subidas de la tasa de interés con un incremento en las expectativas de inflación. Así pues, están incrementando la tasa de interés para contener la demanda agregada, incrementar el desempleo cíclico y, como resultado, devolver la inflación a su objetivo.

En el sentido contrario, cuando los bancos centrales anuncian una bajada de las tasas de interés, suelen explicar que se debe al riesgo de que la inflación caiga a un nivel demasiado bajo, que puede incluso llegar a la deflación. De igual modo, que una reducción de la demanda agregada y el empleo disminuyen la inflación, un incremento en la demanda agregada y el empleo incrementarán la inflación.

Para modelar la inflación, asumimos que el departamento de recursos humanos de la empresa fija el salario nominal (en dólares, libras, euros o pesos) una vez al año y que el departamento de *marketing* fija los precios inmediatamente después de los salarios. El salario real, que es lo que les importa a los empleados, es el salario nominal en términos relativos al nivel de precios en la economía y se define como:

$$w = \frac{W}{P}$$

Este es el **salario real** en el eje vertical del diagrama del mercado laboral de la pregunta 15.4.

Para ver cómo surge la inflación en una etapa de auge del ciclo económico, partimos de la economía en el punto de equilibrio del mercado laboral con precios constantes y consideraremos un incremento en la demanda agregada, que reduce el desempleo por debajo del equilibrio.

- *Cuando el desempleo es bajo, el departamento de recursos humanos necesita fijar salarios más altos*: el costo de perder el trabajo es bajo y, para trabajar eficazmente, los trabajadores esperan salarios reales más altos.
- *Unos salarios más altos implican mayores costos para las empresas*: el departamento de *marketing* incrementará los precios para cubrir los costos más altos. Mientras las condiciones de competencia no cambien, el margen de beneficio de la empresa se mantendrá sin cambios.
- *El nivel de precios habrá subido*: una vez que todas las empresas de la economía hayan fijado unos precios más altos, la economía habrá experimentado inflación de precios y salarios. Los salarios reales, en cambio, no habrán aumentado: el porcentaje de incremento de W es igual al incremento porcentual de P, por lo que W/P no cambia.

¿Qué pasa después? Asumimos que la demanda agregada permanece lo suficientemente alta como para mantener el desempleo por debajo del equilibrio del mercado laboral. En la siguiente ronda anual de fijación de salarios, el departamento de recursos humanos se encuentra en la misma posición del año pasado: como persiste un nivel bajo de desempleo, los trabajadores se sienten decepcionados con su salario real. Hay que subirles los salarios nominales. Cuando los costos aumentan, el departamento de *marketing* sube los precios una vez más. Esto se llama **espiral inflacionista**. Esta explica por qué, con un nivel de desempleo bajo, el nivel de precios sube, no solo en el año en el que el desempleo cae, sino también año tras año.

salario real Salario nominal ajustado para tener en cuenta los cambios en los precios entre diferentes periodos de tiempo. Mide la cantidad de bienes y servicios que el trabajador puede comprar. *Ver también: salario nominal.*

espiral inflacionista Se produce si a un aumento inicial de los salarios en la economía le sigue un aumento en el nivel de precios, que a su vez va seguido de un aumento en los salarios, etc. También puede comenzar con un aumento inicial en el nivel de precios.

Si hay una recesión en vez de un periodo de auge, la espiral inflacionista opera en sentido inverso (deflacionista) y el nivel de precios cae año tras año.

Ahora, nos preguntamos por qué los precios habrían sido constantes año tras año, antes de que el auge de la demanda agregada redujera el desempleo. Veremos que, cuando el mercado laboral está en equilibrio (la fase normal del ciclo económico), no existen presiones para que cambien ni los salarios ni los precios. Del capítulo 9 sabemos que el equilibrio en el mercado laboral se produce donde se cruzan la curva de fijación de salarios y la curva de fijación de precios. Ahora bien, ¿por qué es esta tasa de desempleo tan especial para la tasa de inflación?

En la figura 15.4a, solo en el punto (A) –donde el salario real de la curva de fijación de salarios coincide con el salario real de la curva de fijación de precios– el mercado laboral está en un equilibrio de Nash. Como vimos en el capítulo 9, en este punto tanto los trabajadores como las empresas están haciéndolo lo mejor que pueden, dadas las acciones del otro. En A, las reivindicaciones de los empresarios sobre los beneficios y las de los trabajadores sobre salarios suman exactamente el tamaño de la torta disponible (la suma de las flechas con doble punta que muestran los beneficios por trabajador y los salarios reales es igual al producto por trabajador, que se muestra con la línea roja punteada). Esto significa que el departamento de recursos humanos no tendrá motivo para subir los salarios y, sin un incremento en los costos, el departamento de *marketing* mantendrá los precios iguales. El salario real se mantendrá constante y nadie se sentirá decepcionado.

En una economía con la tasa de desempleo en el equilibrio del mercado laboral (punto A), el salario y los precios se mantendrán estables y la inflación será cero.

Ahora usaremos el diagrama del mercado laboral para mostrar qué ocurre durante un periodo de auge cuando el desempleo es menor que A. La figura 15.4b muestra cómo las reivindicaciones de los trabajadores sobre los salarios reales y las reivindicaciones de las empresas sobre los beneficios reales suman más que la productividad total cuando el desempleo está por debajo del equilibrio, y suman menos de la productividad total cuando el desempleo está por encima del equilibrio. Cuando el desempleo está debajo

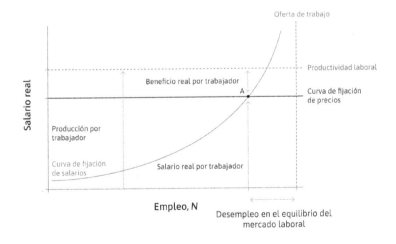

Figura 15.4a Inflación y conflictos sobre la torta: Nivel de precios estable en el equilibrio del mercado laboral.

725

del equilibrio, lleva a presiones al alza sobre salarios y precios: es decir, a una espiral inflacionista. Cuando el desempleo está por encima del equilibrio, lleva a presiones a la baja sobre salarios y precios o, lo que es lo mismo, a una espiral inflacionista descendente, o sea, deflacionista.

Si representáramos la relación entre inflación y desempleo en las tres fases del ciclo económico, obtendríamos algo similar a lo que Phillips descubrió en los datos: cuando el desempleo es bajo, la inflación es alta y viceversa.

El gran mensaje del modelo de inflación y conflictos sobre la torta es que, si el desempleo está por encima o por debajo del equilibrio del mercado laboral, entonces el nivel de precios está o subiendo o bajando. Cuando el salario de la curva de fijación de salarios y el de la curva de fijación de precios no coinciden, se dice que existe una **brecha de negociación** igual a la distancia vertical entre las dos curvas.

> **brecha de negociación** Diferencia entre el salario real que las empresas desean ofrecer para incentivar a los trabajadores a trabajar y el salario real que permite a las empresas el margen de beneficio que maximiza los beneficios, dado el grado de competencia.

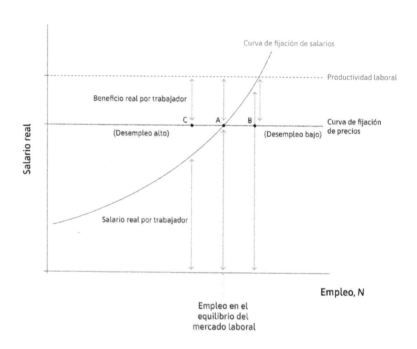

Figura 15.4b Inflación y conflictos en relación con la torta, con desempleo bajo y alto.

1. Mercado laboral en equilibrio en A
En A, la economía está en un punto de equilibrio del mercado laboral. El salario real en la curva de fijación de salarios es igual al de la curva de fijación de precios, por lo que las reivindicaciones de las empresas sobre los beneficios reales por trabajador más las reivindicaciones de los trabajadores sobre los salarios reales suman en total la productividad laboral.

2. Desempleo bajo en B
Con un nivel de desempleo bajo, el salario real necesario para que los trabajadores se esfuercen aumenta, por lo que las reivindicaciones de los trabajadores sobre los salarios y las de los propietarios de las empresas sobre los beneficios son inconsistentes: suman más de la productividad laboral.

3. Desempleo alto en C
Con un nivel de desempleo alto, los trabajadores están en una posición negociadora más débil. Las reivindicaciones de trabajadores y empresarios suman menos de la productividad laboral.

- *Si el desempleo es menor que el del punto de equilibrio*: hay una brecha de negociación positiva y hay inflación.
- *Si el desempleo es mayor que el del punto de equilibrio*: hay una brecha de negociación negativa y hay deflación.
- *Si hay equilibrio en el marcado laboral*: la brecha de negociación es cero y el nivel de precios constante.

Por ejemplo, si el salario en la curva de fijación de precios es 100 y el de la curva de fijación de salarios es 101, la brecha de negociación es del 1%.

La brecha de negociación y la curva de Phillips

Se puede resumir la cadena causal desde la brecha de negociación hasta la inflación de la siguiente forma:

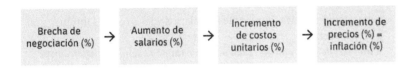

Recuerde que la barra triple indica que la inflación se define como el aumento porcentual de los precios. Así pues, para calcular la tasa de inflación, usamos la siguiente ecuación:

inflación (%) ≡ incremento de precios (%)
                = incremento de los costos unitarios del producto (%)
                = aumento de los salarios (%) (si los salarios son el único costo)
                = brecha de negociación (%)

En la figura 15.4c dibujamos un nuevo diagrama por debajo de las curvas de fijación de salarios y precios. Se trata del diagrama de la curva de Phillips, con la inflación en el eje vertical y el empleo en el eje horizontal. La economía se puede mantener indefinidamente en una situación en la que el nivel de empleo se sitúa en el equilibrio del mercado laboral y la inflación es cero: no hay presiones para que el nivel de precios suba o baje. Así pues, nos encontramos en un punto sobre la curva de Phillips. Ahora considere un nivel de empleo más alto debido a una demanda agregada más fuerte. Se abre una brecha de negociación positiva y los salarios y los precios suben. Las empresas incrementan los salarios en respuesta a la caída del desempleo. El nivel de precios sube en la medida que las empresas incrementen sus precios en respuesta al aumento de sus costos laborales. Si la brecha salarial es del 1%, los precios y los salarios aumentarán un 1%. Esto nos lleva a un segundo punto sobre la curva de Phillips.

      Mientras el empleo se mantenga por encima del equilibrio del mercado laboral, los empleados se sentirán decepcionados al final del año. Su salario

> **BRECHA DE NEGOCIACIÓN**
>
> La diferencia entre el salario real que las empresas desean ofrecer para que los trabajadores tengan un incentivo para trabajar (la curva de fijación de salarios) y el salario real que permite el margen de beneficio sobre los costos que las empresas necesitan para tener motivación para continuar operando (la curva de fijación de precios).
>
> - Cuando la brecha salarial es positiva, el salario real en la curva de fijación de salarios está por encima de la curva de fijación de precios, y las reivindicaciones de empleados y empresarios sobre el producto por trabajador son incongruentes.
> - La brecha de negociación porcentual es igual al salario en la curva de fijación de salarios menos el salario en la curva de fijación de precios, dividido por el salario de la curva de fijación de precios.

real no habrá aumentado un 1% como habían anticipado, por lo que negociarán otro incremento del 1%. El resultado: los salarios y los precios subirán un 1% al año siguiente. Esto ha sucedido porque las empresas subieron los salarios un 1% para alzar el salario real hasta la curva de fijación de salarios e incrementaron los precios un 1% como respuesta al aumento de los costos. Observaremos un desempleo más bajo y una inflación más alta, tal y como muestra el gráfico original de dispersión observada empíricamente por Phillips.

Para completar la imagen de lo que está ocurriendo, incluimos el modelo del multiplicador por debajo de los diagramas del mercado laboral y de la curva de Phillips, para combinar así los modelos de corto y medio plazo. Al hacerlo se hace patente que:

- *A un nivel de demanda agregada más alto (un auge) la inflación es positiva*: el desempleo es menor, lo que implica que existe una brecha de negociación positiva, por lo que los salarios y los precios subirán continuamente.
- *A un nivel de demanda agregada más bajo (una recesión) hay deflación*: el desempleo es más alto, lo que significa que hay una brecha de negociación negativa.

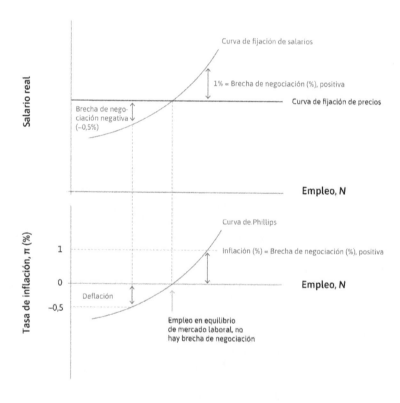

Figura 15.4c Brechas de negociación, inflación y la curva de Phillips.

1. Equilibrio en el mercado laboral
La brecha de negociación es cero y la inflación es cero.

2. Desempleo bajo
La brecha de negociación es positiva y la inflación es positiva.

3. Desempleo alto
La brecha de negociación es negativa y la inflación es negativa.

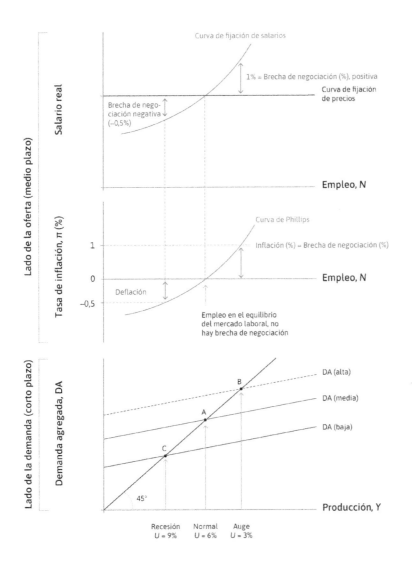

Figura 15.4d Los modelos de corto y medio plazo: Demanda agregada, empleo e inflación.

1. Equilibrio en el mercado laboral
Cuando el nivel de demanda agregada produce un nivel de empleo en el equilibrio del mercado laboral (un nivel de actividad normal), el nivel de precios es estable (la inflación es cero).

2. Un auge
A un nivel de demanda agregada más alto (un auge), hay una brecha de negociación positiva y la inflación es positiva.

3. Una recesión
A un nivel de demanda agregada más bajo (una recesión), hay una brecha de negociación negativa y deflación.

EJERCICIO 15.1 LA BRECHA DE NEGOCIACIÓN EN UNA RECESIÓN

Supongamos que la economía está inicialmente en un equilibrio del mercado laboral con precios estables (la inflación es cero). Al comienzo del año 1, la inversión disminuye y la economía entra en recesión con un alto desempleo.

1. Explique por qué surge una brecha de negociación negativa.
2. Suponga que la brecha de negociación negativa es del 1%. Dibuje un diagrama con años en el eje horizontal y el nivel de precios en el eje vertical. A partir de un índice de precios de 100, dibuje la evolución del nivel de precios para los 5 años siguientes, suponiendo que la brecha de negociación se mantenga en –1%.
3. ¿Quiénes son los ganadores y los perdedores en esta economía?

EJERCICIO 15.2 PERTURBACIONES POSITIVAS Y NEGATIVAS

Dibuje un diagrama del mercado laboral donde la economía esté en un equilibrio del mercado laboral con precios estables. Ahora considere:

- Un *shock* positivo de demanda agregada que reduce la tasa de desempleo en 2 puntos porcentuales.
- Un *shock* negativo que la aumenta en 2 puntos porcentuales.

1. ¿Qué sucede con la brecha de negociación en cada caso?
2. ¿Qué esperaría que le sucediera al nivel de precios en cada caso? Explique sus respuestas.

PREGUNTA 15.5 ESCOJA LA(S) RESPUESTA(S) CORRECTA(S)

Observe la figura 15.4d para consultar los diagramas del modelo del mercado laboral, la curva de Phillips y el modelo multiplicador de la demanda agregada. En la figura se muestran las tasas de desempleo y las brechas de negociación en diferentes estados de la economía.

Con base en esta información, ¿cuál de las siguientes afirmaciones es correcta?

☐ No hay inflación cuando la tasa de desempleo es cero.
☐ En el auge que se muestra, el desplazamiento ascendente de la curva de demanda agregada reduce la tasa de desempleo, lo que a su vez crea una brecha de negociación del 1%.
☐ En la recesión que se muestra, el desplazamiento descendente de la curva de demanda agregada aumenta la tasa de desempleo, lo que a su vez crea una brecha de negociación del 0,5%.
☐ La curva de Phillips resultante muestra una correlación positiva entre la tasa de desempleo y la tasa de inflación.

15.4 INFLACIÓN Y DESEMPLEO: RESTRICCIONES Y PREFERENCIAS

La curva de Phillips original y el modelo de la figura 15.4d muestran que hay una contraposición persistente entre objetivos de inflación y objetivos de desempleo. Por ejemplo, según la curva de Phillips de la figura, si el gobierno está cómodo con una inflación anual del 1%, entonces puede mantener una demanda agregada de auge con una tasa de desempleo del 3% a lo largo de los años.

Si prefiere precios estables (inflación cero), entonces necesita mantener la demanda agregada en un nivel normal, pero esto implica un desempleo del 6%. Esto sugiere que la curva de Phillips es un **conjunto factible** del que el diseñador de políticas económicas puede escoger la combinación deseada de desempleo e inflación. El diseñador de políticas prefiere una inflación baja y un nivel de empleo alto, y esas preferencias se pueden representar, como es habitual, con curvas de indiferencia.

conjunto factible Todas las combinaciones de cosas en consideración entre las que podría escoger quien toma las decisiones, dadas las restricciones económicas, físicas o de cualquier otro tipo a las que se enfrenta. *Ver también: frontera factible.*

Siga los pasos del análisis de la figura 15.5 para ver cómo se describen las preferencias del diseñador de políticas a través de curvas de indiferencia.

Primero, fíjese en algunas características especiales del diagrama. Normalmente, cuando se dibujan curvas de indiferencia, cuanto más se prefiere una elección, más lejos del origen se encuentra, pues se prefiere más de lo que haya en cada uno de los ejes. En este caso, sin embargo, el mejor resultado para el diseñador de políticas se plasma en el punto F, con la inflación en el objetivo y pleno empleo. Como vimos al final de la sección 15.1, es más probable que el diseñador de políticas económicas prefiera una inflación baja y estable que una inflación cero. Esto significa que las curvas de indiferencia se vuelven verticales a una tasa de inflación de –pongamos por caso– 2%. Por encima de la inflación objetivo, las curvas de indiferencia tienen pendiente positiva, pues acercar el empleo al pleno empleo hace que valga la pena aceptar una inflación más alta, por encima de la inflación objetivo. Por debajo del objetivo, las curvas de indiferencia tienen pendiente negativa, pues acercar el empleo al pleno empleo hace que valga la pena aceptar una inflación más baja, por debajo de la inflación objetivo.

Asumimos que hay retornos marginales decrecientes para los dos objetivos de alto nivel de empleo e inflación baja. Esto implica que cuando el resultado está lejos de la inflación objetivo, pero cerca del pleno empleo, la curva de indiferencia es más plana porque el diseñador de políticas le otorga más valor a acercarse a la inflación objetivo. En contraste con lo anterior, cuando el resultado está lejos del pleno empleo, pero cerca del objetivo de inflación, la curva de indiferencia tiene más pendiente porque el diseñador de políticas le otorga más valor a acercarse al pleno empleo.

Las curvas de indiferencia y la curva de Phillips se muestran en el panel derecho de la figura. El diseñador de políticas ve la curva de Phillips como el conjunto factible y tratará de usar la política monetaria o fiscal para escoger el nivel de demanda agregada de manera que el empleo se sitúe en C. Esta es la curva de indiferencia más cercana al mejor resultado indicado por F y que es congruente con la restricción que representa la curva de Phillips.

En este ejemplo, el diseñador de políticas prefiere una combinación de desempleo del 3% e inflación del 5% a otra combinación factible de desempleo del 6% y nivel de precios estable (inflación cero).

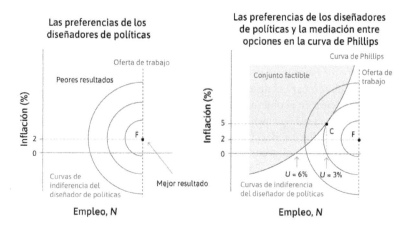

Figura 15.5 La curva de Phillips y las preferencias de los diseñadores de políticas económicas.

1. Las preferencias del diseñador de políticas
La figura muestra las curvas de indiferencia del diseñador de políticas.

2. Alto nivel de empleo e inflación
Cuando el empleo y la inflación son muy altos, la curva de indiferencia es plana.

3. Nivel de empleo más bajo e inflación
Cuando la inflación y el empleo son bajos, la curva de indiferencia tiene más pendiente.

4. Inflación del 2%
La curva de indiferencia es vertical cuando la inflación está en el 2%.

5. Pleno empleo
La curva de indiferencia es horizontal cuando el empleo = oferta laboral.

6. El resultado preferido por el diseñador de políticas
F indica la combinación de inflación y desempleo que prefiere el diseñador de políticas.

7. El conjunto factible
El diseñador de políticas escoge entre las opciones que le ofrece el conjunto factible sobre la curva de Phillips.

8. El resultado preferido y factible
Este se encuentra sobre la curva de Phillips en el punto C.

EJERCICIO 15.3 LA CURVA DE PHILLIPS Y LAS PREFERENCIAS DE LOS DISEÑADORES DE POLÍTICAS

Las siguientes preguntas se refieren a la figura 15.5.

1. ¿Cómo serían las curvas de indiferencia de los diseñadores de políticas si al diseñador de políticas solo le importara que el desempleo se mantuviera bajo?
2. ¿Qué punto de la curva de Phillips elegiría ese diseñador de políticas?
3. ¿Cómo serían las curvas de indiferencia del diseñador de políticas económicas si a este solo le importara mantener baja la inflación?
4. ¿Qué punto de la curva de Phillips elegiría este diseñador de políticas?
5. ¿Cómo serían las curvas de indiferencia si, para ser reelegido, el diseñador de políticas necesitara el apoyo de los pensionistas más que el de las personas en edad de trabajar?

15.5 ¿QUÉ LE PASÓ A LA CURVA DE PHILLIPS?

El modelo de la figura 15.5 plantea que un diseñador de política económica que sea capaz de ajustar el nivel de demanda agregada puede escoger cualquier combinación de inflación y desempleo sobre la curva de Phillips. Aun así, los datos de la figura 15.6 muestran que la disyuntiva entre inflación y desempleo no es estable. Hay una gran masa de puntos de datos, pero no se distingue una curva de Phillips con pendiente positiva.

La figura 15.6 muestra las combinaciones de inflación y desempleo en EE.UU. para cada año entre 1960 y 2014. Fíjese que, en el eje horizontal, la tasa de desempleo disminuye a medida que nos movemos hacia la derecha en la figura. Si dibujamos una curva de Phillips con base en lo observado en la década de 1960, proporciona una imagen razonablemente buena de la relación inflación-desempleo que se vivió durante esa década. No obstante, si tratamos de usar esta misma curva para otros periodos, vemos que no proporciona un buen ajuste. La figura muestra cómo la curva de Phillips ha ido cambiando a lo largo del tiempo.

En 1967, en su discurso presidencial ante la American Economic Association, la asociación estadounidense de economistas, Milton Friedman dio una explicación de por qué la curva de Phillips no es estable a lo largo del tiempo. Se refirió a la experiencia reciente de EE.UU. para exponer su argumento: desde 1966, el desempleo había permanecido estable, situándose en un promedio del 3,7%; en cambio, la inflación había crecido, pasando del 3% al 4,2%. Friedman dijo que la única forma de mantener el desempleo a un nivel tan bajo como el 3% era permitiendo que la inflación siguiera aumentando: «Siempre hay una disyuntiva temporal entre inflación y desempleo. No hay una disyuntiva permanente», explicaba Friedman. Esto era lo que Helmut Schmidt sabía, pero no quería contar a los votantes en 1972.

Si el conflicto entre inflación y desempleo no es permanente, entonces la curva de Phillips no es un conjunto factible en el mismo sentido de la frontera de posibilidades de consumo: la frontera de consumo factible se mantiene en la misma posición cuando se elige un punto diferente sobre ella. En contraste con lo anterior, y apoyándose en evidencia recabada en muchos países a finales de la década de 1960, Friedman mostró que, cuando

Milton Friedman. 1968. 'The Role of Monetary Policy' (https://tinyco.re/8348372). *American Economic Review* 58 (1): pp. 1–17.

un gobierno intenta mantener el desempleo «demasiado bajo», el resultado será no solo una inflación más alta, sino además una inflación creciente.

La inflación significa que los precios suben. La inflación creciente significa que los precios suben a una tasa cada vez más alta. Esto implica que la curva de Phillips seguirá desplazándose hacia arriba.

Federal Reserve Bank of St. Louis. 2015.
FRED (https://tinyco.re/3965569).

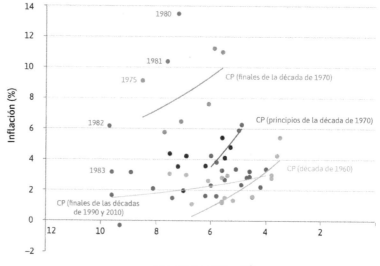

Figura 15.6 Curvas de Phillips en EE.UU. (1960–2014).

1. ¿Dónde está la curva de Phillips?
La figura muestra las combinaciones de inflación y desempleo para EE.UU. para cada año entre 1960 y 2014.

2. La curva va cambiando
Podemos usar la figura para mostrar cómo va cambiando la curva de Phillips a lo largo del tiempo.

3. La década de 1960
La curva de Phillips (CP) para la década de 1960 muestra que la economía estaba en buen estado. En EE.UU. se lograron alcanzar combinaciones de inflación y desempleo relativamente bajos.

4. La década de 1970
Parece ser que a principios de la década de 1970 la curva de Phillips se desplazó hacia arriba.

5. La década de 1970
La curva vuelve a desplazarse hacia arriba a finales de la década de 1970.

6. La década de 1980
Y nuevamente se desplazó hacia arriba a principios de la década de 1980, empeorando aún más el conflicto entre desempleo e inflación.

7. La década de 1990
Desde finales de la década de 1990 hasta el presente, la curva de Phillips es baja y plana.

15.6 EXPECTATIVAS DE INFLACIÓN Y LA CURVA DE PHILLIPS

Ahora vamos a explicar por qué la curva de Phillips se desplaza: ¿por qué sigue subiendo la inflación cuando los gobiernos tratan de mantener el desempleo muy bajo? Mostraremos que solo hay una tasa de desempleo a la cual la inflación es estable: el equilibrio de Nash del mercado laboral.

Necesitamos volver a dos premisas que nos resultarán familiares:

- *Las personas miran hacia adelante*: ya explicamos esto en los capítulos 6, 9, 10 y 13. Las personas actúan ahora en anticipación de lo que esperan que pase. Los economistas hacen hincapié en esto diciendo que «las expectativas importan».
- *Las personas tratan los precios como mensajes*: esto nos lo ha enseñado Friedrich Hayek (vea el capítulo 11). Así pues, las personas tratan los cambios en los precios como mensajes sobre lo que pasará en el futuro, de manera similar a cuando la gente considera un cielo muy nublado como una predicción de lluvia.

Con estos dos pilares de base, podemos ver que Friedman estaba en lo cierto. Además de la batalla por la torta que libran trabajadores y empresarios, y que es la causa fundamental de que los precios suban, Friedman mostró que, a una tasa de desempleo baja, la inflación sigue creciendo. Esto se debe a la manera en la que los fijadores de salarios y precios forman sus opiniones sobre lo que le pasará con la inflación. Es lo que conocemos como **inflación esperada**. El comportamiento de la inflación reflejará ambos elementos.

> **inflación esperada** Opinión que se forman los fijadores de salarios y precios sobre cuál será el nivel de inflación en el siguiente periodo. *Véase también: inflación.*

Introducción de la inflación esperada

Introducimos el rol de las expectativas de inflación retomando la curva de Phillips.

Vea la figura 15.7. Notará que, en el punto de equilibrio del mercado laboral, la tasa de desempleo es del 6% y la tasa de inflación es del 3%, no cero como en la figura 15.4d (página 729).

Si los fijadores de salarios y precios esperan que los precios suban a una tasa del 3% anual, con un nivel de demanda agregada «normal» que mantiene el desempleo en un 6%, entonces la economía puede mantenerse en el equilibrio del mercado laboral con la inflación constante al 3% anual. Cada año, los precios y los salarios subirán un 3% y el salario real se mantendrá en la intersección de la curva de fijación de salarios y la curva de fijación de precios. Este es el punto A.

Ahora, considere un auge que lleva la economía a un nivel de desempleo más bajo, situándola en el punto B. ¿Qué ocurrirá con la inflación? Los trabajadores esperan que los precios aumenten a una tasa del 3% y exigirán un incremento en su salario nominal del 3% para que su salario real no cambie. Ahora bien, necesitan un incremento adicional del 2% para obtener un aumento esperado del salario real sobre la curva de fijación de salarios, de manera que los salarios aumenten un 5%. En el auge, la inflación será del 5%. La curva de Phillips será como la que hemos visto anteriormente. La única diferencia es que la inflación en el equilibrio del mercado laboral es del 3%, en vez de cero.

Cuando la inflación no es cero, podemos resumir la cadena causal que va de las expectativas de inflación y la brecha de negociación a la inflación de la siguiente forma:

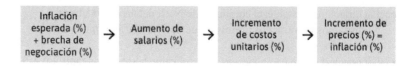

Para calcular la tasa de inflación:

inflación (%) ≡ incremento de precios (%)
= incremento de los costos unitarios del producto (%)
= aumento de los salarios (%) (si los salarios son el único costo)
= inflación esperada (%) + brecha de negociación (%)

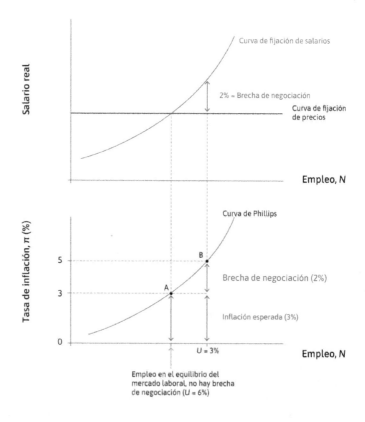

Figura 15.7 Brechas de negociación, expectativas de inflación y la curva de Phillips.

1. Equilibrio en el mercado laboral
En el equilibrio del mercado laboral, la inflación es 3% como se esperaba.

2. Un auge
Para un desempleo más bajo, la brecha de negociación es del 2%.

3. La nueva tasa de inflación es del 5%
En B, la inflación es igual a la inflación esperada más la brecha de negociación.

No obstante, Friedman señaló que, con un bajo nivel de desempleo, la inflación no se mantendría en el 5% en el punto B. Para ver por qué, nos preguntamos qué pasa después.

La curva de Phillips va cambiando

Con un nivel de desempleo bajo que perdure en el tiempo, los trabajadores se sentirán decepcionados con el resultado, pues no lograrán alcanzar su salario real esperado. ¿Por qué no? Los trabajadores esperaban un aumento del 2% del salario real en B respecto al aumento del 5% de su salario nominal (para alcanzar el salario real en la curva de fijación de salarios), pero no recibirán ese aumento porque las empresas aumentarán sus precios un 5%.

Pero la historia no termina aquí. Sabemos que no es posible satisfacer a ambas partes con el resultado cuando el desempleo es bajo, pues las reivindicaciones de ambas suman más que el tamaño de la torta a repartir. Ahora asumimos que los trabajadores esperan que la inflación del próximo año sea igual a la del anterior. En consecuencia, en la próxima ronda de fijación de salarios, el departamento de recursos humanos debe tener en cuenta el hecho de que los empleados esperan que los precios suban un 5%. Otra interpretación es que recursos humanos incluya la inflación del año pasado en la fijación del salario, para compensar por el déficit producido en el salario real que los trabajadores experimentaron porque la inflación terminó siendo más alta de lo esperado. Así pues, para alcanzar otro incremento del 2% del salario real, el departamento de recursos humanos fija un incremento del salario del 7%. El proceso continúa, con la tasa de inflación aumentando a lo largo del tiempo.

La tabla de la figura 15.8 resume la situación. Comparamos la situación durante un periodo de 3 años con el desempleo en dos niveles: 6 y 3%.

La primera columna de la figura 15.8 refleja el comportamiento resultante de mirar hacia adelante. Las expectativas sobre la inflación del año siguiente se basan en la inflación del año anterior. La segunda columna muestra la tasa de desempleo. La tercera columna muestra la brecha de negociación. La cuarta columna es la inflación resultante, que refleja tanto las expectativas como la brecha de negociación.

Podemos resumir la cadena causal que va desde la inflación del último periodo a la inflación de este periodo de la siguiente forma:

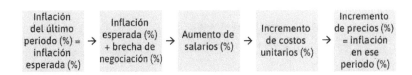

Para calcular la tasa de inflación:

inflación (%) ≡ incremento de precios (%)

           = incremento de los costos unitarios del producto (%)

           = aumento de los salarios (%) (si los salarios son el único costo)

           = inflación esperada (%) + brecha de negociación (%)

           = inflación del periodo anterior + brecha de negociación (%)

	Año	Inflación esperada (inflación del año anterior)	Desempleo	Brecha de negociación	Inflación resultante: expectativas más brecha de negociación
Inflación estable	1	3%	6%	0%	3%
	2	3%	6%	0%	3%
	3	3%	6%	0%	3%
Inflación en aumento	1	3%	3%	2%	5%
	2	5%	3%	2%	7%
	3	7%	3%	2%	9%

Figure 15.8 Curvas de Phillips inestables: Inflación esperada y la brecha de negociación.

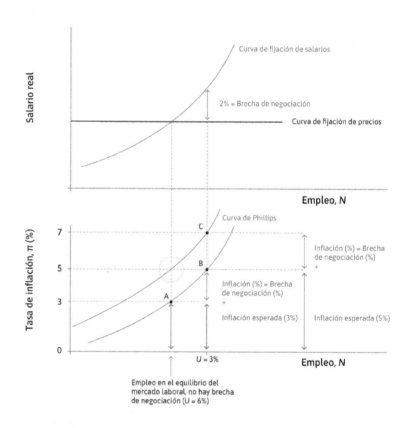

Figura 15.9 Expectativas de inflación y curvas de Phillips.

1. Equilibrio en el mercado laboral en A
La inflación es 3%, tal como se esperaba.

2. Un auge: Primer periodo en B
A un nivel de desempleo más bajo, la brecha de negociación es del 2%. La inflación es igual a las expectativas de inflación más la brecha de negociación.

3. Un auge: Siguiente periodo en C
En el siguiente periodo, con el desempleo todavía bajo al 3%, la inflación es igual a las expectativas de inflación más la brecha de negociación. La curva de Phillips se ha desplazado hacia arriba porque la inflación esperada ha aumentado.

Podemos mostrar los datos de la tabla en la figura 15.8 y en los diagramas de la curva de Phillips y del mercado laboral de la figura 15.9. El caso de la inflación estable se sitúa en A, con un desempleo del 6% e inflación del 3%, año tras año. Con un nivel bajo de desempleo (3%), la curva de Phillips se desplaza hacia arriba, pasando de la que se cruza con el punto B a la que se cruza con el punto C cuando la inflación esperada sube del 3 al 5%.

Al mostrar la evolución de la inflación en el tiempo en la figura 15.10, podemos ver las contribuciones de la brecha de negociación y la inflación esperada a la inflación. En este ejemplo, la brecha de negociación se abre en el año 1 por el movimiento hacia un nivel bajo de desempleo. La suposición de que el desempleo se mantiene por debajo de la **tasa estabilizadora de la inflación** se refleja en la persistencia de la brecha de negociación. La inflación aumenta un periodo tras otro porque la inflación del periodo anterior alimenta las expectativas de inflación y, con ello, la inflación de salarios y precios. Fíjese que el salario real no cambia, sino que se mantiene en la curva de fijación de precios.

tasa de desempleo estabilizadora de la inflación Tasa de desempleo (en el equilibrio del mercado laboral) en la que la inflación es constante. Originalmente conocida como la «tasa natural» de desempleo. *También conocida como: tasa de desempleo no aceleradora de la inflación, tasa de desempleo de de inflación estable. Véase también: desempleo de equilibrio.*

EJERCICIO 15.4 UNA PERTURBACIÓN NEGATIVA DE LA DEMANDA AGREGADA CON DESEMPLEO ALTO

Copie la figura 15.9, asegurándose de dejar suficiente espacio a la izquierda del marcador de desempleo del 6%. Suponga que, desde una posición inicial en A, se produce un *shock* negativo de demanda del sector privado, como, por ejemplo, una caída de la inversión privada, que hace que se eleve el desempleo al 9%.

1. Muestre la inflación, la inflación esperada y la brecha de negociación correspondientes al nuevo nivel de desempleo en su diagrama.
2. ¿Qué anticipa usted que sucederá con la inflación en los próximos dos años, suponiendo que no haya más cambios en el desempleo?
3. Dibuje las curvas de Phillips y redacte una breve explicación de sus hallazgos.

EJERCICIO 15.5 INFLACIÓN, INFLACIÓN ESPERADA Y LA BRECHA DE NEGOCIACIÓN

Use los mismos ejes que en la figura 15.10 para mostrar la inflación, la inflación esperada y la brecha de negociación en un solo diagrama. Suponga que el nivel de precios es constante en el periodo cero. La economía se ve afectada por una recesión al comienzo del período 1 y el desempleo permanece en un nivel alto constante hasta el comienzo del período 6.

1. Trace la evolución de la brecha de negociación.
2. Trace la evolución de la inflación y la inflación esperada.
3. Dé una breve explicación de por qué la brecha de negociación podría haber desaparecido e indique cualquier otra asunción que esté haciendo. Resuma sus hallazgos.

PREGUNTA 15.6 ESCOJA LA(S) RESPUESTA(S) CORRECTA(S)

La figura 15.6 (página 734) es un diagrama de dispersión de la tasa de inflación y la tasa de desempleo para los Estados Unidos, año a año, entre 1960 y 2014.

Según esta información, ¿cuál de las siguientes afirmaciones es correcta?

☐ La curva de Phillips es estable a lo largo de los años.
☐ La curva de Phillips se desplazó hacia arriba durante el periodo.
☐ En la década de 1960, la curva de Phillips sugiere una disyuntiva entre una caída del 2% en la tasa de desempleo y un aumento del 2–3% en la tasa de inflación.
☐ En el periodo más reciente, la economía de Estados Unidos ha podido reducir su tasa de inflación con poco efecto sobre la tasa de desempleo.

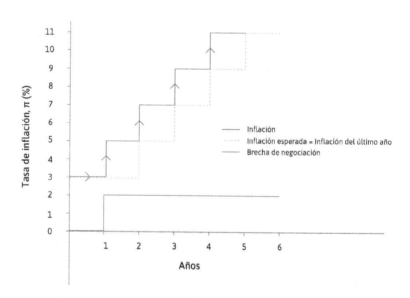

Figura 15.10 Inflación, expectativas de inflación y la brecha de negociación.

1. Una brecha de negociación de cero
La inflación es la esperada: 3%.

2. Año 1
Al principio del año 1, tras haberse abierto una brecha de negociación y después de que los salarios y los precios se hayan ajustado, la inflación es igual a la brecha de negociación (2%) más la inflación esperada (3%).

3. Año 2
Al principio del año 2, sin cambios en la brecha de negociación, la inflación aumenta al 7%, lo que equivale a la brecha de negociación más la inflación esperada.

4. ... y en los años siguientes
Mientras la brecha de negociación se mantenga constante, la inflación aumentará cada año.

PREGUNTA 15.7 ESCOJA LA(S) RESPUESTA(S) CORRECTA(S)
La figura 15.9 muestra los diagramas del modelo del mercado laboral y la curva de Phillips que incorpora las expectativas de inflación.

Según esta información, ¿cuál de las siguientes afirmaciones es correcta?

☐ El equilibrio del mercado laboral ocurre con una inflación cero y una tasa de desempleo del 6%.

☐ Con la caída de la tasa de desempleo al 3%, la curva de Phillips se desplaza de inmediato.

☐ La brecha de negociación vuelve a cero después de la primera ronda de fijación de salarios y precios.

☐ Los desplazamientos ascendentes de la curva de Phillips representan una tasa de inflación creciente para una tasa de desempleo dada.

15.7 *SHOCKS* DE OFERTA E INFLACIÓN

Friedman estaba en lo cierto en dos sentidos:

- La inflación esperada desplaza la curva de Phillips.
- Los diseñadores de política económica se equivocaron al pensar en la curva de Phillips como un conjunto factible del que podían simplemente escoger la combinación entre inflación y desempleo más popular entre los votantes.

Pero existen otras causas de inflación alta y creciente. La curva de Phillips se desplazará hacia arriba si la curva de fijación de precios se desplaza hacia abajo o la curva de fijación de salarios se desplaza hacia arriba. Recuerde la figura 15.2 (página 720): si el poder de los empresarios, en términos relativos al de los consumidores, se incrementa, el departamento de *marketing* aumenta los precios y se desencadena una espiral inflacionista. En ese ejemplo, los propietarios de las empresas que conforman la economía nacional se volvieron más poderosas porque el gobierno adoptó políticas que dificultaban la entrada de empresas extranjeras. De manera similar, también se puede desencadenar una espiral inflacionista si el poder de los empleados aumenta en términos relativos al de los empresarios, como sería el caso si los sindicatos se vuelven más poderosos y ejercen dicho poder para obtener incrementos salariales del departamento de recursos humanos.

Las perturbaciones que mueven la curva de Phillips al cambiar el equilibrio del mercado laboral se describen como **shocks de oferta**, porque el mercado laboral representa la producción o la oferta en la economía. Son distintos a los **shocks de demanda**, como pueda ser un cambio en la inversión o el consumo, que operan a través de su efecto sobre la demanda agregada. Mientras un *shock* de demanda negativo incrementaría el desempleo y disminuiría la inflación, un *shock* de oferta negativo puede llevar a incrementar el desempleo y la inflación al mismo tiempo.

> **shock de oferta** Cambio inesperado en el lado de la oferta de la economía, como pueda ser un aumento o una caída de los precios del petróleo o una mejora en la tecnología. *Véase también: curva de fijación de salarios, curva de fijación de precios, curva de Phillips.*
>
> **shock de demanda** Cambio inesperado en la demanda agregada, como pueda ser un aumento o disminución del consumo autónomo, la inversión o las exportaciones. *Véase también: shock de oferta.*

Los cambios en la economía mundial también pueden provocar *shocks* de oferta que desencadenen inflación. Un cambio particularmente importante para entender los desplazamientos de las curvas de Phillips, como los que mostramos para la economía de EE.UU. en la figura 15.6 (página 734), es el cambio en el precio internacional del petróleo (consideraremos otras posibles causas en los capítulos 16 y 17). El modelo del mercado laboral y la curva de Phillips pueden explicar por qué un incremento puntual del precio internacional del petróleo puede llevar a una combinación de:

- un aumento puntual del nivel de precios (inflación) en el momento del *shock* e
- inflación creciente a lo largo del tiempo.

Para conseguir esto, mostramos que un incremento del precio del petróleo:

- *Desplaza la curva de fijación de precios hacia abajo*: esto lleva a una brecha de negociación positiva e inflación.
- *Desplaza la curva de Phillips hacia arriba*: seguirá desplazándose hacia arriba, mientras la inflación esperada se incremente.

Un incremento en el precio del petróleo empuja hacia abajo la curva de fijación de precios. Una empresa típica utiliza petróleo importado en su proceso de producción. Con el incremento de los costos del petróleo, los beneficios de las empresas solo pueden mantenerse sin cambios si los salarios reales caen. A nivel de la economía en su conjunto, la torta nacional que se debe repartir entre empresarios y empleados se reduce cuando hay que pagar más por las importaciones.

En el Einstein que encontrará al final de esta sección, mostramos cómo modificar la curva de fijación de precios una vez que las empresas de la economía nacional utilizan materiales importados en su producción.

Un incremento del precio del petróleo crea una brecha de negociación y desencadena una espiral inflacionista a través de su efecto en el nivel de precios. Las empresas incrementan sus precios para proteger sus márgenes de beneficio cuando el costo de las importaciones de petróleo aumenta. Las empresas nacionales se comportarán de esta manera en toda la economía, por lo que el nivel de precios aumentará. Esto reduce el salario real de los empleados, por lo que la curva de fijación de precios se desplaza hacia abajo (para ver cómo las firmas fijan los precios tras un incremento del precio del petróleo, vea el Einstein al final de este capítulo). Al nivel de empleo inicial, esto abre una brecha de negociación entre el salario real de la curva de fijación de precios y el salario real de la curva de fijación de salarios. Es decir, las empresas estarán satisfechas con el incremento de los precios, pero la subsiguiente caída del salario real no satisfará a los trabajadores.

En la figura 15.11, la curva de fijación de precios se desplaza hacia abajo después del *shock* de los precios del petróleo. En este ejemplo, se abre una brecha de negociación del 2% entre la curva de fijación de salarios y la curva de fijación de precios posterior al *shock*. Esta situación encaja con el escenario que se muestra en la figura 15.10, donde la brecha de negociación del 2% aparece al principio del año 1; a su vez, eso hace que se incremente la inflación, de su nivel en un primer momento del 3 al 5% y, siempre que la inflación esperada se ajuste, la inflación aumenta cada año de ahí en adelante. La curva de Phillips se desplaza hacia arriba año tras año.

Mientras el empleo se mantenga al nivel previo a la crisis del petróleo, la inflación aumentará todos los periodos, como ilustra la figura 15.10. El nuevo equilibrio del mercado laboral y el nivel de empleo de inflación estable poscrisis del petróleo se muestran en la figura 15.11. El desempleo es más alto en el nuevo equilibrio del mercado laboral, donde la curva de fijación de precios poscrisis del petróleo se cruza con la curva de fijación de salarios.

Los *shocks* del precio internacional del petróleo son una fuente importante de perturbaciones macroeconómicas.

Tras la crisis del petróleo que se vivió a principios de la década de 1970, por ejemplo, la inflación de EE.UU. saltó del 6,2% en 1973 al 9,1% en 1975, y el desempleo pasó del 4,9 al 8,5% en el mismo periodo.

Este patrón fue la tónica general que se repitió en el mundo desarrollado. Por ejemplo, en España, la inflación subió del 11,4 al 17%, y el desempleo aumentó del 2,7 al 4,7% en el mismo periodo.

La figura 15.12 muestra que durante la década de 1970 hubo dos grandes recesiones en el Reino Unido, debidas a las crisis del petróleo de 1973–74 y 1979–80, asociadas con un incremento tanto del desempleo como de la inflación, que llegaron a sus niveles más altos desde la Segunda Guerra Mundial (puede ver los efectos sobre la inflación en la figura 13.19a (página 645) y la figura 13.19b (página 646)).

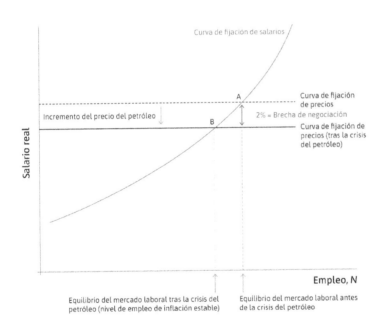

Figura 15.11 Una crisis del petróleo y la curva de fijación de precios.

1. Equilibrio en el mercado laboral
La economía inicialmente está en el punto A.

2. Una crisis del petróleo
El precio del petróleo sube y desplaza la curva de fijación de precios hacia abajo.

3. La brecha de negociación
Si la demanda agregada se mantiene para sostener la economía en A, hay una brecha de negociación positiva. La inflación aumenta año tras año.

4. Un nuevo equilibrio
Hay un nuevo equilibrio en el mercado laboral en B, con mayor desempleo.

La alta inflación de la década de 1970 y principios de la de 1980 estuvo asociada a un alto nivel de desempleo en muchos países. El desempleo en el Reino Unido alcanzó un pico de cerca del 12% a mediados de la década de 1980.

El modelo ayuda a entender por qué el incremento de los precios del petróleo llevó a una inflación creciente con un alto nivel de desempleo, pero también ayuda a explicar el papel que desempeñó esa alta tasa de desempleo a la hora de disminuir la inflación.

En el modelo, solo hay dos formas de disminuir una inflación alta:

- a través de una reducción de la brecha de negociación.
- mediante una caída de la inflación esperada.

Si el desempleo es suficientemente alto, habrá una brecha de negociación negativa y la inflación caerá. Recuerde que para que la brecha de negociación sea negativa, el desempleo tiene que aumentar de tal forma que sobrepase la nueva (mayor) tasa de desempleo de inflación estable. Una vez la inflación empieza a caer, seguirá cayendo mientras que la curva de Phillips se desplace hacia abajo y la economía siga la evolución contraria a la que muestra la figura 15.10 (página 740).

La figura 15.13 muestra la dispersión del desempleo y la inflación para la economía británica desde 1950 hasta 2014. En vez de ajustar las curvas de Phillips a las observaciones, como en la figura 15.6 (página 734), los puntos se unen y se les asigna su fecha. Esto nos ayuda a seguir la evolución de la economía. Fíjese en el gran incremento del desempleo que se produjo en 1980 mientras que la inflación disminuía. En ocasiones, se hace referencia a este tipo de situaciones como el costo de la desinflación.

Ahora bien, en este punto nos encontramos con un rompecabezas: ¿por qué la tercera crisis del petróleo de 2002–08 no provocó una mayor inflación, tal como ocurrió con las anteriores? Esta sección debería haberle proporcionado algunos puntos iniciales de partida para investigarlo y el discurso pronunciado por el economista David Walton en 2006 también

David Walton. 2006. 'Has Oil Lost the Capacity to Shock?' (https://tinyco.re/8182920). *Oxonomics* 1 (1): pp. 9–12.

UK Office for National Statistics (https://tinyco.re/9188818); Ryland Thomas y Nicholas Dimsdale. (2017). 'A Millennium of UK Data' (https://tinyco.re/0223548). Banco de Inglaterra. Conjuntos de datos OBRA.

Figura 15.12 Crecimiento del PIB del Reino Unido y precio real del petróleo (1950–2015).

puede resultar de ayuda. Si lee ambos con cuidado, podría plantearse las siguientes preguntas:

- *¿Fue el incremento del costo unitario menor debido a que la producción era menos intensiva en energía?* Esto hubiera hecho que el incremento en el costo de materiales por unidad de producto final fuera menor y habría reducido la envergadura del desplazamiento inicial de la curva de fijación de precios hacia abajo.
- *¿Se desplazó la curva de fijación de precios hacia abajo coincidiendo con la tercera crisis del petróleo?* Esto también hubiera podido disminuir, o quizá incluso eliminar, la brecha de negociación abierta por el *shock* del precio del petróleo.
- *¿No se desarrolló una espiral inflacionista porque la inflación esperada no se ajustó al alza, como sí ocurrió en las anteriores crisis del petróleo?*

¿Qué podría haber frenado el incremento de la inflación esperada? En la próxima sección analizaremos el papel de la política monetaria.

EJERCICIO 15.6 PERTURBACIONES EN EL PRECIO DEL PETRÓLEO
Piense en las tres preguntas relacionadas con las crisis del petróleo que hemos citado anteriormente. En cada caso:

1. Explique el mecanismo que vincula el *shock* de precios del petróleo con la inflación, utilizando para ello un diagrama.
2. Identifique alguna evidencia (por ejemplo, datos o comentarios en la prensa económica) que sea congruente con la hipótesis propuesta.

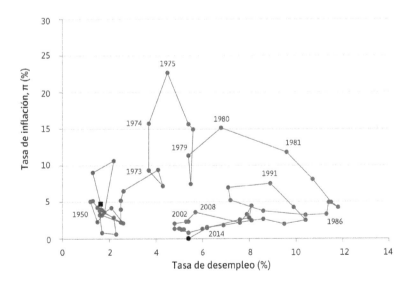

Ver estos datos en OWiD
https://tinyco.re/0273434

UK Office for National Statistics
(https://tinyco.re/9188818); Ryland
Thomas y Nicholas Dimsdale. (2017). 'A
Millennium of UK Data'
(https://tinyco.re/0223548). Banco de
Inglaterra. Conjuntos de datos OBRA.

Figura 15.13 Tasas de desempleo e inflación del Reino Unido (1950–2015).

EINSTEIN

La curva de fijación de precios con materiales importados

En el Einstein del capítulo 9 explicamos cómo la curva de fijación de precios para la economía en su conjunto resulta de las decisiones individuales de cada una de las empresas. Aquí tomamos un atajo y vamos directamente a la economía en su conjunto. Las empresas que conforman la economía utilizan como insumos tanto productos de otras empresas de la economía como productos importados. El costo de estos insumos se verá afectado por los costos salariales y los costos de los materiales importados. Una vez que sumamos todas las empresas de una economía, solo tenemos dos tipos de costos: de mano de obra y de materiales importados. (Aquí estamos dejando a un lado el costo de oportunidad de los bienes de capital utilizados en la producción que pertenecen a los propietarios de la empresa y la base de sus beneficios).

En el capítulo 9 asumíamos que, aparte de los bienes de capital propios de la empresa, no había más insumos que la mano de obra y, por lo tanto, no había otros costos más que los salarios. En este caso, el valor de la producción de una empresa coincidía con el valor agregado de la empresa. Expresado en términos por trabajador, este se dividía en salarios y beneficios:

producción por trabajador = valor agregado por trabajador
= salario + beneficio por trabajador

En el caso que nos ocupa ahora, hay materiales importados como el petróleo que son necesarios para producir. Como resultado, los costos de la empresa incluyen, no solo los salarios, sino también los costos de comprar estos materiales importados.

producción por trabajador = salario
+ beneficio por trabajador
+ costos por trabajador de materiales importados
= valor agregado por trabajador
+ costos por trabajador de materiales importados

Esto deja claro que, a diferencia del capítulo 9, donde solo había dos fuentes de reivindicaciones sobre el valor de la producción (salarios y beneficios), ahora tenemos tres: costos laborales, costos de materiales importados y beneficios. Esto, como veremos, afecta a la curva de fijación de precios.

En el Einstein del capítulo 9, λ representaba el valor agregado por trabajador, o productividad laboral. Ahora, como tenemos insumos distintos de la mano de obra, definimos q como las unidades de producción por trabajador, que no es lo mismo que la productividad laboral porque la producción ahora excede al valor agregado en una cantidad equivalente al valor de los insumos importados.

Como la producción por trabajador es q y el salario nominal es W, el costo laboral unitario (clu) de la empresa es:

$$\text{clu} \equiv \frac{W}{q}$$

Ahora el costo por unidad de la empresa es su costo laboral unitario (clu) más su costo unitario de materiales importados (cum).

Así pues, los costos unitarios (cu) son:

$$cu = cum + clu$$

Definimos el margen de beneficio, μ, como la parte del precio que representa beneficios para la empresa (lo que queda después de restar los costos unitarios):

$$\mu \equiv \frac{(P - cum - clu)}{P}$$

$$\equiv 1 - \frac{cum}{P} - \frac{clu}{P}$$

Tenga en cuenta que cum/P es el costo de los materiales importados expresado como parte del precio de una unidad producida, mientras que clu/P es el costo salarial expresado como parte del precio de una unidad producida. Por ejemplo, suponga que el precio por unidad es de 5 dólares, los materiales importados cuestan 1 dólar por unidad y la mano de obra cuesta 2,50 dólares por unidad. Así pues, los materiales importados suponen el 20% del costo, los salarios el 50%, y la participación de los beneficios, o sea, el margen de beneficio, es:

$$\mu = 1 - \frac{1}{5} - \frac{2,5}{5} = 0,3$$

es decir, el 30%.

Sustituyendo $clu = W/q$, obtenemos que:

$$\mu = 1 - \frac{cum}{P} - \frac{W/q}{P}$$

Multiplicando ambos lados de la ecuación por q y reorganizando, y recordando que P es tanto el precio de la producción de la empresa individual como el nivel general de precios en la economía, obtenemos la curva de fijación de precios:

$$\frac{W}{P} \equiv q(1 - \mu - \frac{cum}{P})$$

Esto muestra que el salario real por trabajador es igual a la producción por trabajador, q, menos una participación de μ que recibe como beneficios el propietario, menos una participación cum/P que reciben los productores extranjeros que suministran los materiales importados. Cualquier aumento en los costos unitarios de materiales, como un aumento en el precio del petróleo, desplazará hacia abajo la curva de fijación de precios.

En ausencia de materiales importados, $q = \lambda$ y $cum = 0$, con lo que obtenemos la expresión para la curva de fijación de precios que ya nos resulta familiar por haberla visto en el capítulo 9:

$$\frac{W}{P} \equiv \lambda(1 - \mu)$$

En la siguiente sección se proporciona una versión equivalente pero alternativa de la ecuación de margen de beneficio.

La ecuación de fijación del margen de beneficio para la empresa
Como vimos en el Einstein del capítulo 9, el precio que establece una empresa que maximiza sus beneficios es el resultado de aplicar un margen de beneficio a sus costos, siendo ese margen de beneficio μ la parte del precio que corresponde a los beneficios de la empresa, que es menor cuanta más competencia haya en el mercado de productos.

Para explicar el proceso de inflación, los economistas a menudo simplifican y dejan al margen los cambios en el nivel de competencia para centrarse en cómo unos costos crecientes contribuyen a aumentos de precios. Para esto, es útil tener una ecuación que describa cómo establecerán las empresas diferentes precios a medida que cambien sus costos, suponiendo que el grado de competencia en los mercados de productos (y, por lo tanto, μ) no cambie.

Para este propósito, los economistas usan la siguiente ecuación:

$$P = (1 + m)(\text{costos unitarios})$$
$$= (1 + m)(\text{cum} + \text{clu})$$

donde el margen porcentual de beneficio sobre los costos es m, cum es el costo unitario de los materiales y clu es el costo unitario de la mano de obra.

La ecuación de fijación de márgenes de beneficio sobre precios dice que si los costos unitarios son de 3,00 dólares y el margen de beneficio m es del 10%, el precio será de 3,30 dólares. Así pues, los 0,30 dólares adicionales cobrados por encima de los costos unitarios equivalen al 10% de esos costos. Si queremos conocer μ en este caso, preguntamos cuánto suponen los 0,30 dólares adicionales expresados como parte (porción) del precio total, en lugar de como parte del costo. En consecuencia: μ = 0,30/3,30 = 0,09 dólares o 9%.

Una ventaja de usar m es que nos hace más fácil ver que, si el margen de beneficio es fijo, entonces un aumento en los costos unitarios debe implicar un aumento de precios proporcional (por ejemplo, un aumento de los costos unitarios del 5% debe implicar un aumento de precios del 5%). Esto se deduce directamente de la ecuación de fijación de márgenes de beneficios sobre precios que acabamos de ver.

También podemos preguntar qué le sucede a P cuando solo aumenta una parte de los costos, como el costo de los materiales importados. Suponiendo que m permanece constante, el cambio porcentual en el precio es igual al cambio porcentual en los costos unitarios totales:

$$\frac{\Delta P}{P} = \frac{(1 + m)\Delta(\text{cum} + \text{clu})}{(1 + m)(\text{cum} + \text{clu})}$$
$$= \frac{\Delta\text{cum}}{(\text{cum} + \text{clu})} + \frac{\Delta\text{clu}}{(\text{cum} + \text{clu})}$$

Ahora dividimos tanto el numerador como el denominador del primer término en el lado derecho por cum, y los del segundo término por clu:

$$\frac{\Delta P}{P} = \frac{\Delta\text{cum}/\text{cum}}{(\text{cum} + \text{clu})/\text{cum}} + \frac{\Delta\text{clu}/\text{clu}}{(\text{cum} + \text{clu})/\text{clu}}$$

Esto es equivalente a:

$$\frac{\Delta P}{P} \equiv \frac{\Delta \text{cum}}{\text{cum}} \times \frac{\text{cum}}{(\text{cum} + \text{clu})} + \frac{\Delta \text{clu}}{\text{clu}} \times \frac{\text{clu}}{(\text{cum} + \text{clu})}$$

Expresado en palabras, sería lo siguiente: el cambio porcentual de P es igual al cambio porcentual de cum, multiplicado por la participación de cum en los costos unitarios, más el cambio porcentual de clu, multiplicado por la participación de clu en los costos unitarios. Por ejemplo, suponga que el margen de beneficio es del 60% y el costo unitario es de 5 dólares, de los cuales 4 dólares corresponden al costo de mano de obra y 1 dólar corresponde al de los materiales importados, así que el precio será $P = 1,6 \times 5$ dólares = 8 dólares. Los salarios son el 80% del costo, por lo que si los salarios suben un 10%, el precio aumentará en un 80% × 10% = 8%. En este ejemplo, los costos unitarios aumentan a 4,4 + 1 = 5,4 dólares y el precio sube a $P = 1,6 \times 5,4$ dólares= 8,64 dólares (un aumento del 8%). Del mismo modo, si el precio de las importaciones, como el petróleo, aumentara en un 10%, el precio aumentaría en un 20% × 10% = 2%.

15.8 POLÍTICA MONETARIA

Utilizaremos la curva de Phillips y las curvas de indiferencia de los diseñadores de política económica para estudiar los *shocks* y las respuestas a nivel de política económica. Pero, antes, vale la pena recordar cómo afecta la política monetaria a la economía.

Como vimos, podemos explicar por qué puede ser que a las personas no les guste la inflación creciente o volátil, pero la mayoría de la gente no presenta grandes objeciones a un nivel de precios (lentamente) creciente. De hecho, bastantes bancos centrales de todo el mundo aplican políticas cuyo objetivo es alcanzar una inflación del 2%. Algunos fijan este objetivo por sí mismos, mientras que para otros viene determinado por el gobierno. La implicación es que, si los precios suben cada año a una tasa cercana al 2%, eso indica que están haciendo las cosas lo mejor posible.

Cuando los bancos centrales tienen la meta de que la inflación sea el 2%, la mejor respuesta a la pregunta «¿por qué crece el nivel de precios al 2%?» es «porque el banco central hace que así sea».

Como vimos en el capítulo 10, cuando se pronostica que la inflación será más alta o más baja que la inflación objetivo, el banco central pasa a la acción para ajustar el nivel de demanda agregada y el empleo de tal forma que la economía se dirija al objetivo de inflación del 2%.

Cuando pueden, los bancos centrales utilizan los cambios en la tasa de interés oficial como instrumento de política monetaria para estabilizar la economía. La política monetaria depende de que el banco central pueda controlar las tasas de interés y que los cambios en las tasas de interés puedan influir a su vez en la demanda agregada. Por ejemplo, que las tasas de interés sean más altas hace que pedir dinero prestado para gastar resulte más costoso. Es importante recordar que son las tasas de interés reales las que afectan el gasto. Aun así, cuando el banco central fija la tasa de interés oficial, la fija en términos nominales. Así pues, cuando fija una tasa nominal en concreto, lo que se propone es alcanzar determinada tasa de interés real, por lo que tiene en cuenta el efecto de la inflación esperada (revise nuestro Einstein del final de esta sección para saber más sobre la ecuación de Fisher).

La transmisión de la política monetaria

La figura 15.14 muestra cómo ve el Banco de Inglaterra los mecanismos de transmisión de la política monetaria, desde su decisión sobre la tasa de interés hasta la demanda agregada y la inflación en una situación «normal». Es decir, cuando la tasa de interés es su instrumento de política económica.

Fíjese en los recuadros de la primera columna de la figura 15.14.

Tasas de interés de mercado

En el capítulo 10 explicamos que, a pesar de que los bancos centrales fijen la **tasa de interés oficial**, son los bancos comerciales los que fijan la **tasa de interés de mercado** (también conocida como la **tasa de interés bancaria**) que pagan hogares y empresas cuando reciben préstamos. Cuando el banco central recorta la tasa oficial para estimular el gasto, por lo general la tasa de interés de mercado cae en aproximadamente la misma medida. Así pues, para fijar la tasa oficial, el banco central realiza el cálculo en sentido inverso, empezando por el nivel deseado de demanda agregada:

1. Estimará un objetivo para la demanda agregada total, Y, con el fin de estabilizar la economía, con base en el equilibrio del mercado laboral y la curva de Phillips.
2. Después estimará la **tasa de interés real**, r, que producirá ese nivel de demanda agregada, basándose en desplazar la línea de la demanda agregada a la posición deseada en el diagrama multiplicador.
3. Finalmente, calculará la tasa de interés oficial, i, que producirá la tasa de interés de mercado apropiada.

Piense en cómo una caída de la tasa de interés de mercado afecta a la decisión de construirse o no una casa nueva. El costo de recibir un préstamo que financie la construcción de la casa bajará, con lo que, mientras que la tasa de interés caiga, los inversionistas considerarán más proyectos de vivienda como financieramente viables. A través de este canal,

---

tasa (de interés) oficial Tasa de interés establecida por el banco central, que se aplica a los bancos que toman prestado dinero base entre sí y del banco central. *También conocida como: tasa de base, tasa de intervención. Véase también: tasa de interés real, tasa de interés nominal.*
tasa de interés bancaria Tasa de interés media cobrada por los bancos comerciales a empresas y hogares. Por lo general, esta tasa estará por encima de la tasa de interés oficial: la diferencia es el margen de beneficio, diferencial o *spread* de los préstamos comerciales. *También se conoce como: tasa de interés del mercado. Véase también: tasa de interés, tasa oficial.*

Banco de Inglaterra

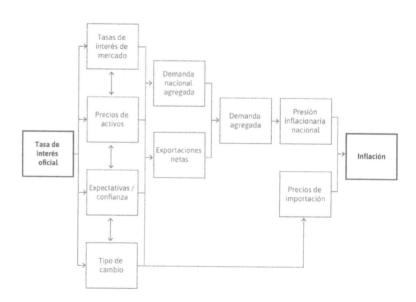

Figura 15.14 Mecanismos de transmisión de política monetaria.

una menor tasa oficial incrementará la inversión del sector privado y los hogares y una tasa más alta la disminuirá (véase la figura 14.9 (página 674)).

Precios de los activos

Se refiere a los activos financieros de la economía, como la deuda pública y las acciones emitidas por las empresas. Cuando el banco central cambia la tasa de interés, se produce un efecto dominó sobre el resto de tasas de interés de la economía, desde las tasas hipotecarias hasta las tasas de interés de los bonos a 20 años de deuda pública. Como vimos en el Einstein del capítulo 10, cuando la tasa de interés baja, el precio de los activos sube. Por ello, se espera que una caída de la tasa de interés impulse el gasto, pues los hogares propietarios de los activos se sentirán más ricos.

Expectativas de beneficio y confianza

En los capítulos 13 y 14 desarrollamos el tema de la importancia de las expectativas de beneficio y la confianza para las decisiones de inversión de las empresas. Cuando se fija la tasa de interés, el banco central trata de dar confianza a través de políticas consistentes y buena comunicación con el público. Si disminuye la tasa oficial y explica el razonamiento que subyace a esa reducción, eso puede llevar a que las empresas esperen una demanda más alta, por lo que aumentarán la inversión. De manera parecida, si incrementa la confianza de los hogares en que no van a perder sus empleos, eso también podría llevarles a aumentar su gasto.

El tipo de cambio

En la próxima sección retomaremos la cuestión de la forma en que la política monetaria puede afectar la demanda agregada a través del canal del tipo de cambio: alterando las exportaciones netas $(X - M)$.

En el modelo del multiplicador de la demanda agregada, los canales de transmisión de la tasa oficial a la demanda agregada nacional se reflejan en la función de inversión (que incluye la vivienda nueva), que se desplaza cuando la tasa de interés real cambia. Esta función se escribe como $I(r)$. Los efectos de las expectativas y el precio de los activos desplazarán la función de inversión, como vimos en la figura 14.5, y también la función de consumo, al cambiar c_0 (figura 14.11a).

En el diagrama del multiplicador, el punto de intersección de la línea de demanda agregada con el eje vertical incluye la inversión, lo que significa que la línea se desplaza siempre que el banco central modifica la tasa de interés o cuando la confianza del sector privado cambia. Si el banco central está tratando de impulsar la economía durante una fase de contracción en el ciclo económico, recortará la tasa de interés. Al dar señales de su disposición a apoyar el crecimiento, el banco central también busca influir en la confianza de los decisores en empresas y hogares, y ayudar a mover a la economía del equilibrio con inversión baja que ilustra el juego de coordinación de la figura 13.17 a un equilibrio con inversión alta.

La figura 15.15 muestra cómo se puede utilizar la política monetaria para estabilizar la economía tras una recesión causada por una caída del consumo (por ejemplo, como resultado de una caída en la confianza del consumidor). Siga los pasos del análisis de la figura 15.15 para ver cómo un recorte en la tasa de interés saca a la economía de la recesión. En este ejemplo, asumimos que la caída de la tasa de interés a r' solo incrementa la inversión y no el consumo autónomo, que se mantiene en c_0'.

Una advertencia

Utilizar diagramas sencillos como el de la figura 15.15 puede dar la impresión de que el banco central es capaz de estabilizar la economía si diagnostica correctamente los *shocks* e interviene de forma precisa con cambios en la tasa de interés. ¡Las cosas no son así! La economía emite todo tipo de señales ruidosas y es difícil decidir si, por ejemplo, una recesión es un revés temporal o verdaderamente se está ante una etapa de debilidad económica a largo plazo. Los modelos que utilizamos nos ayudan a organizar nuestro pensamiento en torno a las conexiones causales que se producen en la economía y sobre qué políticas deberían estar justificadas. Ahora bien, lo que no hacen es darnos una receta completa sobre cómo se consigue la estabilización eficaz de la economía.

La figura 15.15 muestra cómo los bancos centrales podrían intentar contrarrestar los efectos de una recesión. Pero, ¿cómo debería reaccionar un banco central ante un auge del consumo? Necesita la política contraria. Un auge desplazará la línea de demanda agregada hacia arriba, por lo que el banco central debe buscar políticas que moderen la demanda y devuelvan la línea de demanda agregada a su punto de inicio. El banco central puede conseguir esto incrementando la tasa de interés.

Pero, ¿por qué iba a querer atemperar un auge? Gracias a la curva de Phillips, sabemos que un auge lleva a una inflación más alta y, si las

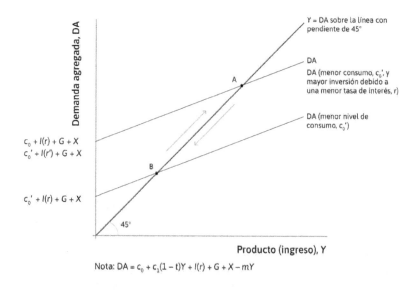

Figura 15.15 El uso de la política monetaria para estabilizar la economía en una recesión.

1. Equilibrio en el mercado de bienes y servicios.

La economía empieza en el equilibrio del mercado de bienes y servicios en el punto A.

2. Una recesión

Luego el consumo cae, lo que desplaza la línea de demanda agregada hacia abajo. La economía entra en recesión, moviéndose del punto A al punto B.

3. Política monetaria

Para estabilizar la economía, el banco central estimula la inversión disminuyendo la tasa de interés de r a r'. Esta política desplaza la línea de demanda agregada hacia arriba, sacando a la economía de la recesión para colocarla de vuelta en el punto inicial.

expectativas se ajustan a la inflación pasada, también a una inflación creciente. Una inflación alta y creciente impone costos a la economía.

Hemos mostrado cómo pueden usar los bancos centrales la política monetaria para estabilizar la economía durante una recesión. El gobierno también hubiera podido desempeñar este papel recortando impuestos o impulsando el gasto.

¿Por qué utilizar la política monetaria y cuáles son sus límites? La política fiscal es difícil de ajustar y es inflexible. En lugar de eso, para mantener la demanda agregada cerca del nivel deseado, el banco central puede ajustar la tasa de interés hacia arriba o hacia abajo en pequeñas cantidades mes a mes.

Aun así, hay dos limitaciones importantes a la utilidad de la política monetaria para estabilizar la economía:

- *La tasa de interés nominal a corto plazo no puede bajar por debajo de cero*: pero es el instrumento de política económica que tiene el banco central.
- *Un país sin moneda propia no tiene política monetaria propia*

El límite inferior cero

Si la tasa de interés oficial fuera negativa, las personas simplemente tendrían efectivo en vez de guardar el dinero en los bancos, ya que tendrían que pagarles a los bancos por guardarles su dinero (pues esto implicaría una tasa de interés negativa); es lo que se conoce como el **límite inferior cero** de la tasa de interés nominal. Esto es relevante porque, cuando la economía está en una fase de contracción, puede suceder que una tasa de interés nominal de cero sea demasiado alta para generar tasas de interés reales lo suficientemente bajas como para impulsar el gasto sensible a las tasas de interés y lograr que la economía eche a andar de nuevo. Recuerde que la tasa de interés real es igual a la tasa de interés nominal menos la inflación. Así pues, el límite inferior cero de la tasa de interés nominal significa que el límite inferior de la tasa de interés real es la tasa nominal *menos* la tasa de inflación. Las tasas oficiales disminuyeron hasta situarse cerca de cero en muchas economías después de la crisis financiera mundial, pero esto no fue suficiente para restaurar la demanda agregada al punto de equilibrio del mercado laboral. Por esta razón, algunos economistas argumentan que los países con objetivos de inflación del 2% deberían subirlos al 4%, de manera que las tasas de interés real puedan ser más negativas durante una depresión.

Esta es también la razón por la que las economías que sufrieron mucho la crisis financiera global introdujeron un nuevo tipo de política monetaria llamada **flexibilización cuantitativa** (*quantitative easing*, QE por sus siglas en inglés). El objetivo de la flexibilización cuantitativa es incrementar la demanda agregada comprando activos, incluso cuando la tasa de interés oficial sea cero.

¿Cómo se supone que funciona la flexibilización cuantitativa o QE?

- *El banco central compra bonos y otros activos financieros*: a tal efecto, crea base monetaria adicional.
- *Esto aumenta la demanda de bonos y otros activos financieros*: así pues, el banco central desplaza la curva de demanda de estos activos hacia la derecha, lo que empuja el precio hacia arriba. Esto también disminuye la

límite inferior cero Se refiere al hecho de que la tasa de interés nominal no puede ser negativa, estableciendo así un piso en la tasa de interés nominal que el banco central puede establecer en cero. *Véase también: flexibilización cuantitativa (QE, por sus siglas en inglés).*

'Controlling Interest' (https://tinyco.re/7889919). *The Economist*. Actualizado el 21 de septiembre de 2013.

flexibilización cuantitativa (QE, por sus siglas en inglés) Compras de activos financieros por parte del banco central, con el objetivo de reducir las tasas de interés asociadas a dichos activos, en las circunstancias en que la política monetaria convencional no resulta eficaz porque la tasa de interés oficial se encuentra en el límite inferior cero. *Véase también: límite inferior cero.*

rentabilidad y la tasa de interés de los bonos, como se explicó en el Einstein del capítulo 10.

- *Esto impulsa el gasto*: particularmente en vivienda y bienes duraderos, porque tanto el costo del endeudamiento como el rendimiento resultante de tener activos financieros se han reducido.

En consecuencia, incluso cuando la tasa de interés que controla el banco central esté estancada en cero, la entidad puede utilizar la flexibilización cuantitativa para intentar reducir la tasa de interés de toda una serie de otros activos financieros. La evidencia empírica sugiere que los efectos de la flexibilización cuantitativa a la hora de impulsar la demanda agregada son positivos, pero pequeños.

Sin política monetaria nacional

zona de unión monetaria Grupo de países que usan la misma moneda. Esto significa que hay una única política monetaria para todo el grupo. *También conocida como: unión monetaria.*

Puede darse el caso de que la política monetaria no sea una opción disponible en un determinado país. Los miembros de la eurozona renunciaron a su política monetaria propia cuando se unieron para formar la unión monetaria. A la eurozona se le conoce como una **zona de unión monetaria** (o unión monetaria, o área de moneda común) porque todos los miembros usan el euro. El Banco Central Europeo (BCE), con sede en Frankfurt, fija la tasa de interés oficial porque controla la base monetaria utilizada por todos los bancos de la zona euro. Esta tasa de interés podría ser más apropiada para algunos estados miembros que para otros. Más concretamente, tras la crisis financiera global, el desempleo en Alemania era bajo y se estaba reduciendo, mientras que en los países del sur de la eurozona, como España y Grecia, era alto y crecía rápidamente. Hubo muchas quejas de que la política monetaria del BCE fue demasiado restrictiva durante demasiado tiempo para las necesidades de estos países.

EJERCICIO 15.7 ¿POLÍTICA MONETARIA O POLÍTICA FISCAL?
Piense nuevamente en el debate del capítulo 14 sobre las finanzas públicas.

1. En caso de una crisis financiera, ¿sería preferible que el gobierno estabilizara la economía utilizando la política fiscal o la política monetaria?
2. ¿Cuáles son los peligros de usar la política fiscal?
3. ¿Cuándo podría el gobierno no tener más remedio que usar la política fiscal?

PREGUNTA 15.8 ESCOJA LA(S) RESPUESTA(S) CORRECTA(S)
¿Cuál de las siguientes afirmaciones es correcta, en relación con la política monetaria?

☐ Cuando las tasas de interés bajan, los precios de los activos suben.
☐ El límite inferior cero se refiere a la incapacidad del banco central de fijar la tasa de interés real por debajo de cero.
☐ La flexibilización cuantitativa implica que el banco central baje la tasa de interés oficial.
☐ En una unión monetaria no se pueden establecer las tasas de interés.

EINSTEIN

La tasa de interés real y la ecuación de Fisher

Como vimos en el capítulo 10, la tasa de interés indica cuántos dólares (o euros, libras o la moneda que sea que use usted) tendrá que pagar en el futuro a cambio de recibir 1 dólar prestado hoy. Por otra parte, en caso de ser usted prestamista, la tasa de interés le informa de cuántos dólares recibirá en el futuro, a cambio de renunciar al uso de 1 dólar hoy.

Las tasas de interés que ve usted anunciadas en las ventanillas o las páginas web de los bancos son tasas de interés nominales. Es decir, no tienen en cuenta la inflación. Si usted es prestamista, lo que realmente quiere saber es cuántos bienes obtendrá en el futuro a cambio de los bienes que no consume ahora. Si es prestatario, lo que le importa es a cuántos bienes tendrá que renunciar en el futuro para pagar los intereses, más que el interés total medido en dólares. El costo de oportunidad del préstamo son los bienes a los que tiene que renunciar, no el dinero al que tiene que renunciar. Para hacer esta distinción, debe tener en cuenta la inflación.

Los hogares y las empresas toman decisiones basadas en las tasas de interés reales. Las empresas utilizarán las tasas de interés reales para determinar qué proyectos de inversión vale la pena emprender y los prestamistas cobrarán un interés mayor por sus préstamos si se espera que la inflación erosione sus márgenes de préstamo en el futuro.

La ecuación para la tasa de interés real se conoce como **ecuación de Fisher**, bautizada así en honor de Irving Fisher, cuyo modelo físico de la economía vimos en el capítulo 2. La ecuación de Fisher establece que la tasa de interés real (porcentaje por año) es igual a la tasa de interés nominal (porcentaje por año) menos la inflación esperada para el siguiente año:

$$r = i - \pi^e$$

Al evaluar un proyecto de inversión, se debe tener en cuenta la tasa de inflación esperada. Para una tasa de interés nominal dada, una inflación más alta reduce la tasa de interés real, reduciendo el costo real de endeudarse. También podemos ver que, cuando se espera que los precios caigan durante el siguiente año, es decir, que la inflación esperada sea negativa o se anticipe que habrá deflación, la tasa de interés real se sitúa por encima de la tasa de interés nominal. Con una tasa de interés real más alta, se descartan algunos proyectos de inversión que se habrían llevado a cabo si no se anticipara una deflación.

15.9 EL CANAL DEL TIPO DE CAMBIO DE LA POLÍTICA MONETARIA

La política monetaria de EE.UU. funciona principalmente a través de los efectos de cambios de la tasa de interés sobre la inversión, en particular la inversión en vivienda nueva y bienes duraderos. Sin embargo, en muchas otras economías, sobre todo las pequeñas, un canal importante de la política monetaria es el efecto de los cambios de la tasa de interés sobre el **tipo de cambio** y la competitividad de la economía en los mercados internacionales y, por tanto, en las exportaciones netas.

¿Por qué afecta la tasa de interés al tipo de cambio? Mucha de la demanda de la moneda de distintos países viene de inversionistas internacionales que quieren poseer e intercambiar activos financieros por todo el mundo. Estos inversionistas prefieren obtener un rendimiento más alto, por lo que prefieren activos con una rentabilidad o tasa de interés alta. Por esta razón, si el banco central de un país disminuye la tasa de interés, la demanda de los bonos de esos países disminuye: sus activos financieros atraen menos a los inversionistas internacionales. Con una demanda de bonos baja, la demanda de la moneda necesaria para comprar esos bonos disminuye. La caída de la demanda de la moneda llevará a una depreciación, es decir, una caída de su precio en términos relativos a otras monedas.

Consideremos el caso de una depresión en la economía australiana causada por una reducción de la demanda por inversión. El Banco de la Reserva de Australia responde recortando las tasas de interés. Esto disminuye el rendimiento de los activos financieros australianos, haciéndolos menos atractivos para los inversionistas extranjeros. Por ejemplo, si el Banco de la Reserva de Australia reduce la tasa de interés, habrá menos demanda de deuda pública australiana a tres meses o diez años. Si la demanda de los activos financieros de Australia como los bonos soberanos cae, entonces la demanda de los dólares australianos necesarios para comprarlos también cae.

Por este motivo, el recorte de la tasa de interés lleva a una depreciación del dólar australiano, con el que se podrá comprar una menor cantidad de dólares estadounidenses, yuanes chinos, euros o cualquier otra moneda. La depreciación hace que las exportaciones australianas y los bienes producidos en el país sean más competitivos, impulsando la demanda agregada y estabilizando la economía. Ambas, tanto una mayor demanda de exportaciones de bienes nacionales (X) como una menor demanda de los australianos de bienes y servicios producidos en otros países (M), incrementan la demanda agregada de la economía nacional.

El mercado de divisas es un mercado en el que las monedas se intercambian entre sí, por ejemplo el dólar australiano (AUD) y el dólar estadounidense (USD). La tasa de cambio se define como el número de unidades de moneda local necesarias para obtener una unidad de moneda extranjera, en otras palabras:

$$\text{tipo cambio del dólar australiano} = \frac{\text{número de AUD}}{1\,\text{USD}}$$

Cuando un USD pasa a comprar más AUD, se dice que el AUD se depreció. Cuando un AUD pasa a comprar más USD, se dice que el AUD se apreció.

Una depreciación del tipo de cambio de la moneda nacional hace que las exportaciones sean más baratas, mientras que las importaciones provenientes de otros países se vuelven más caras. Por ejemplo, si una camiseta cuesta 20

tipo de cambio Número de unidades de moneda nacional que se pueden cambiar por una unidad de moneda extranjera. Por ejemplo, el número de dólares australianos (AUD) necesarios para comprar un dólar estadounidense (USD) se define como el número de AUD por USD. Un incremento de esta tasa equivale a una depreciación del AUD y una disminución es una apreciación del AUD.

AUD en Australia y el tipo de cambio con el USD es 1,07 (recuerde que este es el número de AUD por cada USD), entonces la camiseta cuesta 20/1,07 = 18,69 USD en EE.UU. Del mismo modo, una camiseta vendida por 18,69 USD en EE.UU. costaría 20 AUD en Australia. Si luego la tasa de cambio del dólar australiano se deprecia hasta situarse en 1,25, ¿qué ocurre con el precio de las exportaciones y las importaciones de camisetas en Australia? Las exportaciones de camisetas australianas se vuelven más baratas, por lo que una camiseta de 20 AUD ahora cuesta solo 16 USD en EE.UU., en vez de 18,69 USD. En contraste con lo anterior, las importaciones de camisetas de EE.UU. por parte de Australia se vuelven más caras, es decir, una camiseta de 18,69 USD ahora cuesta 23,36 AUD, en vez de 20 AUD.

La figura 15.16 es un resumen a grandes rasgos de la cadena de acontecimientos que hemos descrito para Australia.

Figura 15.16 Un recorte en la tasa de interés australiana.

EJERCICIO 15.8 ¿POR QUÉ LOS BONOS?
Explique por qué un cambio en la tasa de interés oficial del banco central afecta al tipo de cambio a través del mercado de activos financieros (como los bonos del Estado).

PREGUNTA 15.9 ESCOJA LA(S) RESPUESTA(S) CORRECTA(S)
La siguiente es una tabla del tipo de cambio de la libra esterlina (GBP) frente al dólar (USD) y el euro (Fuente: Banco de Inglaterra):

	24 Nov 2014	23 Nov 2015
USD/GBP	1,5698	1,5131
Euro/GBP	1,2622	1,4256

En esta tabla, los tipos de cambio se definen como el número de USD o euros por GBP. Según esta información, ¿cuál de las siguientes afirmaciones es correcta?

☐ El USD se apreció frente a la GBP durante el año.
☐ La GBP se depreció frente al euro durante el año.
☐ Las exportaciones de productos británicos eran más baratas en EE.UU. en noviembre de 2015 que un año antes.
☐ Las importaciones procedentes de Europa eran más caras en el Reino Unido en noviembre de 2015 que un año antes.

15.10 *SHOCKS* DE DEMANDA Y POLÍTICAS DEL LADO DE LA DEMANDA

Para ver cómo responden los diseñadores de política económica en la práctica a los **shocks de demanda**, piense en la recesión que se produjo en EE.UU. tras el estallido de la burbuja tecnológica. La tabla de la figura 15.17 ilustra la mezcla de política fiscal y monetaria utilizada durante la recesión del 2001 en EE.UU. cuando, después de una década de expansión, el crecimiento de la economía de EE.UU. se desaceleró.

Las filas superiores muestran que la tasa de crecimiento anual del PIB real se contrajo, pasando de 4,1% a 0,9%. Las dos filas inferiores en la figura 15.17 muestran que la desaceleración llevó a un desempleo creciente así como una inflación decreciente, exactamente como cabría esperar tras un *shock* de demanda negativo. El final del auge de finales de la década de 1990, durante el cual las empresas habían sido excesivamente optimistas a la hora de estimar los beneficios potenciales de invertir en nuevas tecnologías y habían sobrestimado la necesidad de capacidad adicional en el sector productor de TIC (tecnologías de la información), disparó la desaceleración (vea el capítulo 11 para leer más sobre la burbuja tecnológica y consulte en la figura 14.5 (página 662) el modelo de inversión con efectos de oferta y demanda desplazando la función de inversión).

La recesión y la respuesta a nivel de política económica

La figura 15.17 muestra que la contribución de la inversión no residencial al cambio porcentual del PIB fue mucho mayor que la de la inversión residencial o el gasto público en 2000. Sin embargo, la inversión no residencial cayó en 2001, arrastrando con ella a la economía hacia una recesión.

La recesión pudo haber sido mucho peor si no hubiera habido una respuesta fuerte a nivel de política monetaria y fiscal.

En 2001, la Reserva Federal empezó a disminuir rápidamente la tasa de interés nominal, que pasó de un máximo histórico del 6,2% de media durante 2000 a un 3,9% en 2001, y posteriormente a un mínimo del 1,1% en 2003.

		2000	2001	2002	2003
Producto interno bruto real (% de cambio anual)		4,1	0,9	1,8	2,8
Contribución al % de cambio del PIB	Cambio en inversión no residencial	1,15	−1,2	−0,66	0,69
	Cambio en inversión residencial	−0,07	0,09	0,39	0,66
	Cambio en el gasto público	0,10	0,88	0,74	0,36
	Cambio en otras contribuciones	2,92	1,13	1,33	1,09
Tasa de interés nominal de la Reserva Federal (% promedio anual)		6,24	3,89	1,67	1,13
Tasa de desempleo (%)		4	4,47	5,8	6
Tasa de inflación (%)		3,4	2,8	1,6	2,3

Figura 15.17 Combinación de políticas: Política fiscal y monetaria en EE.UU. tras el estallido de la burbuja tecnológica.

Combinación de políticas: Política fiscal y monetaria en EE.UU. tras el estallido de la burbuja tecnológica.

- *Política monetaria*: en la figura 15.17 podemos ver que la fuerte caída de la tasa de interés nominal ayudó a impulsar la inversión residencial en 2001 y 2002. Su contribución al crecimiento se volvió mucho mayor que antes. Esta circunstancia también ayudó a que la inversión no residencial se recuperara, pero con un ajuste mucho menor: la contribución de la inversión no residencial al crecimiento no fue positiva hasta 2003.
- *Política fiscal*: para compensar el estancamiento de la inversión privada de las empresas, el gobierno aplicó una política fiscal expansiva: introdujo grandes recortes fiscales e incrementó el gasto en 2001 y 2002. El modelo multiplicador ayuda a explicar la lógica de la política del gobierno y la gran contribución del gasto público al crecimiento durante 2001 y 2002.

'Bush's Push' (https://tinyco.re/1194788). *The Economist*. Actualizado el 6 de enero de 2003.

En la figura 15.17 podemos ver que la rápida respuesta del gobierno y el banco central ayudó a estabilizar la economía. La inflación y el crecimiento del PIB volvieron rápidamente a sus niveles anteriores a la recesión. El desempleo, en cambio, reaccionó más lentamente y continuó aumentando en 2003. De hecho, la tasa de desempleo de EE.UU. no volvió a bajar del todo hasta su nivel de 2000, lo que sugiere que quizá la economía estadounidense estaba operando por encima de su capacidad durante el periodo inmediatamente anterior a la burbuja tecnológica.

La recesión y el modelo

Podemos aplicar el modelo que hemos venido desarrollando al caso de la caída de la inversión en la economía de EE.UU., tal y como se muestra en la figura 15.18. Gracias al diagrama multiplicador del panel inferior, sabemos que una caída del gasto en inversión desplaza la línea de la demanda agregada hacia abajo, lo que lleva a un nuevo equilibrio en el mercado de bienes y servicios con menos producto y más desempleo. La figura 15.17 muestra que esto fue lo que pasó en EE.UU. tras el estallido de la burbuja tecnológica. El desempleo aumentó del 4% en 2000 al 6% en 2003, mientras que la inflación cayó del 3,4% en 2000 al 1,6% en 2002.

Según la lógica de la curva de Phillips, la inflación caerá como respuesta a un incremento del desempleo. Analice los pasos del análisis de la figura 15.18 para ver las consecuencias del *shock*, la respuesta del gobierno a través de un estímulo fiscal y la respuesta de la Reserva Federal de flexibilizar la política monetaria.

Fíjese que ahora el pleno empleo no es el mejor resultado para el diseñador de políticas económicas sino que, por el contrario, lo que busca es el nivel de empleo (y desempleo) que mantenga al mercado laboral en equilibrio, evitando que la inflación aumente o disminuya de manera continuada. En la figura 15.18, el punto X representa el mejor resultado desde el punto de vista del diseñador de políticas económicas. La inflación se sitúa en su objetivo y el nivel de empleo es congruente con una inflación constante. Las curvas de indiferencia muestran claramente que la recesión reduce el nivel de bienestar de la economía.

EJERCICIO 15.9 EL BOOM DE LA CONSTRUCCIÓN

1. ¿Qué sucede cuando hay un *shock* positivo en la demanda agregada debido a un auge en la construcción de vivienda nueva? Explíquelo usando el diagrama multiplicador y el diagrama de la curva de Phillips.
2. ¿Qué esperaría que hiciera el banco central?

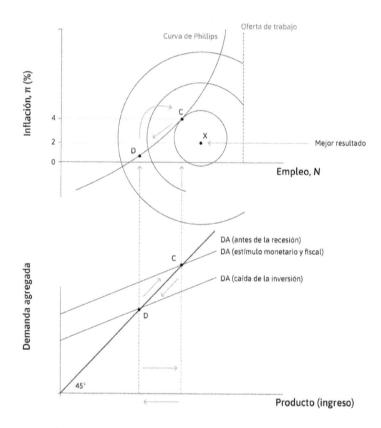

Figura 15.18 Una intervención a través de políticas económicas para restaurar el empleo y el producto tras una caída de la inversión.

1. Antes de la caída
La economía está en el punto C.

2. La caída de la inversión
El resultado es un desplazamiento de la demanda agregada hacia abajo. La economía se mueve a una situación con más desempleo y menor inflación (del punto C al punto D).

3. Tanto el banco central como el gobierno responden
El recorte en la tasa de interés y el estímulo fiscal a través de una bajada de impuestos, junto con un mayor gasto público, desplazan la línea de la demanda agregada de vuelta a su posición inicial.

4. El efecto de la intervención
El incremento en el producto debido al mayor gasto agregado reduce el desempleo y aumenta la inflación. La economía se mueve a lo largo de la curva de Phillips de vuelta al punto C.

15.11 POLÍTICA MACROECONÓMICA ANTES DE LA CRISIS FINANCIERA GLOBAL: UNA POLÍTICA DE OBJETIVOS DE INFLACIÓN

Los 25 años anteriores a la crisis financiera global de 2008 llegaron a conocerse como **la gran moderación**. Con un vistazo rápido a la figura 15.12 (página 744) vemos por qué, a pesar de la gran crisis del petróleo de la década de 2000, la economía británica y muchas otras economías siguieron experimentando un crecimiento sostenido, baja inflación y bajo desempleo. Esto contrasta bastante con el escenario de inflación alta y alto desempleo de la década de 1970.

Cabe resaltar dos características importantes de las décadas de 1990 y 2000 antes de la crisis:

- *Los bancos centrales se independizaron del control del gobierno*: la política monetaria se puso en manos de bancos centrales independientes en la mayoría de las economías avanzadas y en varios países en desarrollo.
- *Objetivos de inflación*: estos bancos centrales usaron sus instrumentos de política económica para mantener la economía cerca de un objetivo concreto para la tasa de inflación. Tal y como se muestra en la figura 15.19, para cuando llegó 2012, 28 países habían adoptado una política de objetivos de inflación, por lo general estableciendo una franja (rango) de lo que se consideraba un nivel aceptable de inflación.

¿Por qué hacer que los bancos centrales sean independientes y darles objetivos de inflación? Las lecciones de la figura 15.6 (página 734) sobre la inestabilidad de las curvas de Phillips y los altos costos del desempleo a los que se enfrentaron los países en la década de 1980 al tratar de reducir la inflación fueron el impulso de este desarrollo. Por todo el mundo, los diseñadores de política económica se convencieron de que había una tasa de desempleo que mantendría la inflación estable.

A principios de la década de 1990, los gobiernos empezaron a adoptar la visión de que los bancos centrales deberían tener la responsabilidad de mantener la economía próxima a un objetivo de inflación. Típicamente, esta meta es el 2% en las economías desarrolladas, pero mayor en algunas economías en desarrollo, como muestra la tabla de la figura 15.19. Dado que, como vimos en la sección 15.1, muchos votantes preferirán menor desempleo incluso si viene de la mano de una inflación mayor, ¿cómo pueden los bancos centrales comprometerse de manera creíble a no desviarse de su objetivo de inflación anunciado?

Para abordar esta preocupación, muchos países incrementaron la independencia de sus bancos centrales. A los políticos, como al superministro de Alemania Occidental, Helmut Schmidt, les gustaría prometer menos desempleo hoy –incluso si esto lleva a inflación creciente más tarde– para ser reelegidos. Hacer al banco central independiente y fijarle un objetivo de inflación explícito facilita que los bancos centrales resistan las presiones políticas. Así se evita una espiral inflacionista. El banco central se compromete a actuar para mantener la inflación cerca del objetivo, lo que a su vez se espera que ayude a mantener las expectativas de inflación de trabajadores y empresas cercanas al objetivo.

La figura 15.20 ilustra la relación entre el grado de independencia del banco central a mediados de la década de 1980 y la inflación media entre 1962 y 1990 para los países de la OCDE. Hay una fuerte correlación negativa

gran moderación Periodo de baja volatilidad en el producto agregado de las economías avanzadas entre la década de 1980 y la crisis financiera de 2008. Los economistas James Stock y Mark Watson fueron los que sugirieron el nombre, que luego popularizó Ben Bernanke, el por aquel entonces presidente de la Reserva Federal.

objetivos de inflación Régimen de política monetaria en el que el banco central cambia las tasas de interés para influir en la demanda agregada con el fin de mantener la economía cerca de un objetivo de inflación, que normalmente especifica el gobierno.

entre estas dos variables. Los países con bancos centrales poco independientes a mitades de la década de 1980 fueron aquellos donde la inflación fue –en promedio– más alta a lo largo del periodo de 30 años analizado.

Con base en esta correlación, no podemos concluir hasta qué medida la independencia de la banca central limitó la inflación, ni siquiera si esto fue así. Sin embargo, muchos sospechan que la independencia de la banca

País	Fecha de adopción de objetivos de inflación	Tasa de inflación en fecha de adopción (%)	Inflación a fin de año en 2010 (%)	Tasa de inflación objetivo (%)
Nueva Zelanda	1990	3,30	4,03	1–3
Canadá	1991	6,90	2,23	2 ± 1
Reino Unido	1992	4,00	3,39	2
Australia	1993	2,00	2,65	2–3
Suecia	1993	1,80	2,10	2
República Checa	1997	6,80	2,00	3 ± 1
Israel	1997	8,10	2,62	2 ± 1
Polonia	1998	10,60	3,10	2,5 ± 1
Brasil	1999	3,30	5,91	4,5 ± 1
Chile	1999	3,20	2,97	3 ± 1
Colombia	1999	9,30	3,17	2–4
Sudáfrica	2000	2,60	3,50	3–6
Tailandia	2000	0,80	3,05	0,5–3
Hungría	2001	10,80	4,20	3 ± 1
México	2001	9,00	4,40	3 ± 1
Islandia	2001	4,10	2,37	2,5 ± 1,5
Corea del Sur	2001	2,90	3,51	3 ± 1
Noruega	2001	3,60	2,76	2,5 ± 1
Perú	2002	–0,10	2,08	2 ± 1
Filipinas	2002	4,50	3,00	4 ± 1
Guatemala	2005	9,20	5,39	5 ± 1
Indonesia	2005	7,40	6,96	5 ± 1
Rumanía	2005	9,30	8,00	3 ± 1
Serbia	2006	10,80	10,29	4–8
Turquía	2006	7,70	6,40	5,5 ± 2
Armenia	2006	5,20	9,35	4,5 ± 1,5
Ghana	2007	10,50	8,58	8,5 ± 2
Albania	2009	3,70	3,40	3 ± 1

Figura 15.19 Países con bancos centrales con objetivos de inflación en 2012.

Arwat Jahan. 2012. 'Inflation Targeting: Holding the Line' (https://tinyco.re/5875915). *International Monetary Fund Finance & Development*.

central debería facilitar el control de la inflación. Como resultado, los países con alta inflación otorgaron mucha más independencia a sus bancos centrales, incluyendo el registro en sus estatutos oficiales de una baja inflación objetivo.

Nueva Zelanda, que tenía una inflación alta en 1989, fue el país pionero en la aplicación de una política de objetivos de inflación. La inflación cayó y se mantuvo baja. Otros países con inflación alta no tardaron en seguir sus pasos. En particular, los países mediterráneos como Portugal, Grecia, España, Italia y Francia.

Estos datos evidencian que la independencia de la banca central, en efecto, ayuda a reducir la inflación.

Aplicando una política de objetivos de inflación, siempre que la economía registrara un desempleo menor que la tasa de desempleo de inflación estable (moviéndose hacia el noreste sobre una curva de Phillips y a una curva de indiferencia menos favorable), el banco central subiría las tasas de interés para atemperar la demanda agregada. De manera similar, después de la caída de la demanda agregada (como resultado de una caída en la confianza de las empresas, por ejemplo) y ante la amenaza de una recesión, el banco central recortaría las tasas de interés y llevaría la economía de vuelta hacia su inflación objetivo. Describimos las acciones de la Reserva Federal en estos términos en la figura 15.17 (página 758).

La figura 15.21 muestra la curva de Phillips y las curvas de indiferencia para una economía cuyo banco central aplica una política de objetivos de inflación. La economía tiene una inflación estable en el punto X, donde la inflación se sitúa en el objetivo del 2% establecido por el diseñador de políticas económicas, y el desempleo en el equilibrio del mercado laboral es del 6%. El equilibrio del mercado laboral y, por tanto, la tasa de desempleo de inflación estable, variará de unos países a otros. Por ejemplo, durante la década de 2000, se estimaba que era del 5,9% para el Reino Unido y del 7,7% en Alemania.

Si un *shock* de demanda agregada hace que el desempleo caiga por debajo del 6%, la inflación sube a lo largo de la curva de Phillips. En respuesta a esto, el banco central aumentaría las tasas de interés para reducir la demanda agregada y aumentar el desempleo. A menos que el banco central reaccione a tiempo, puede iniciarse una espiral inflacionista, con la curva de

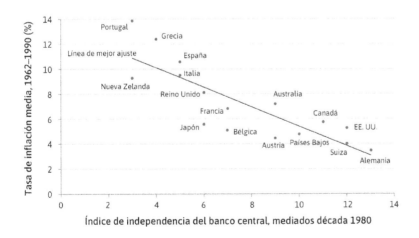

Ver estos datos en OWiD
https://tinyco.re/3742287

CPI inflation: OECD. 2015. *Estadísticas de la OCDE* (https://tinyco.re/9377362). Independencia del banco central: Vittorio Grilli, Donato Masciandaro, Guido Tabellini, Edmond Malinvaud y Marco Pagano. 1991. 'Political and Monetary Institutions and Public Financial Policies in the Industrial Countries' (https://tinyco.re/7432619). *Economic Policy* 6 (13): pp. 341–392.

Figura 15.20 Inflación e independencia del banco central: países de la OCDE.

Phillips desplazándose hacia arriba. Asimismo, si la inflación cayera por debajo de su objetivo, el banco central reduciría las tasas de interés para ejercer una presión alcista sobre la inflación.

El compromiso de los bancos centrales con un objetivo de inflación ayuda a entender por qué la tercera crisis del petróleo de la década de 2000 no provocó una vuelta al escenario de inflación alta de la década de 1970. Este compromiso significaba que, incluso si la inflación aumentaba temporalmente, nadie esperaba que esa subida durara porque el banco central se había comprometido a evitar que perdurase. Con expectativas de inflación estables, no había razón para que se iniciara un espiral inflacionista.

PREGUNTA 15.10 ESCOJA LA(S) RESPUESTA(S) CORRECTA(S)
La figura 15.21 muestra la curva de Phillips y las curvas de indiferencia de una economía. Esta economía tiene un banco central independiente con un objetivo de inflación del 2%.

Según esta información, ¿cuál de las siguientes afirmaciones es correcta?

☐ El banco central intentará lograr un nivel cero de desempleo al tiempo que mantiene la inflación en 2%.
☐ La forma de las curvas de indiferencia indica que el banco central está dispuesto en todo momento a aceptar una inflación más alta a cambio de un menor desempleo.
☐ Considere un *shock* de demanda agregada que aumente el desempleo. Sin una política monetaria o fiscal para contrarrestar la brecha de negociación negativa, la curva de Phillips se desplazará hacia abajo.
☐ Considere un *shock* de demanda agregada que hace que aumente el desempleo. El banco central elevaría la tasa de interés para presionar a la baja la inflación, a fin de devolverla a la tasa objetivo.

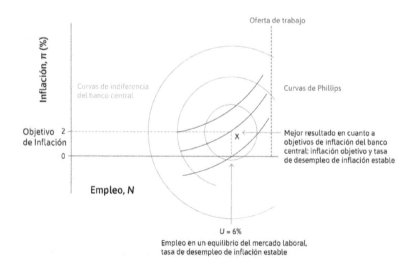

Figura 15.21 La tasa de desempleo de inflación estable de la economía.

15.12 OTRA RAZÓN DE LA INFLACIÓN CRECIENTE CON BAJO NIVEL DE DESEMPLEO

¿Por qué existe una disyuntiva entre desempleo e inflación en la economía? Por ahora, la respuesta es que cuando el desempleo es alto, los empleados se enfrentan a un costo muy alto de la pérdida del puesto de trabajo, mientras que los empleadores podrán conseguir que los empleados se esfuercen mucho en el trabajo a cambio de un salario menor al que tendrían que pagarles si el desempleo fuera menor.

Pero hay una segunda razón que explica que la relación entre un nivel bajo de desempleo y una inflación alta. En la figura 15.22, el eje horizontal muestra el grado de utilización de la capacidad de la economía. Cuando la utilización de capacidad aumenta, a medida que nos movemos hacia la derecha sobre el eje horizontal, hay menos maquinaria ociosa, hay menos mesas vacías en los restaurantes y otros indicadores (por ejemplo, más personas haciendo horas extra) muestran una reducción del exceso de capacidad en fábricas y tiendas. En el capítulo 14 explicamos la respuesta habitual de las empresas ante un incremento de la utilización de capacidad: incrementan la inversión para expandir su capacidad de suplir los pedidos.

Aun así, construir nuevas plantas e instalar equipamiento nuevo lleva tiempo. Mientras tanto, a los precios actuales, las empresas tienen más pedidos de los que pueden atender. Los economistas se refieren a esta situación diciendo que las empresas sufren una **restricción de capacidad**. No pierden nada subiendo los precios en estas condiciones. Más aún: sus competidores –empresas que produzcan productos similares– también se enfrentan a restricciones de capacidad, por lo que estas empresas se enfrentan a una competencia menor, lo que implica que sus curvas de demanda ahora tienen más pendiente (presentan una

> **restricción de capacidad** Situación en la que una empresa tiene más pedidos para su producción de los que puede servir. *Véase también: baja utilización de capacidad.*

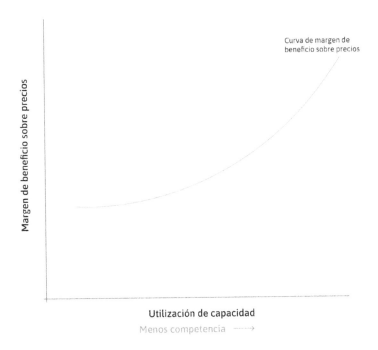

Figura 15.22 Respuestas de los precios a unos niveles de empleo y utilización de capacidad crecientes.

elasticidad ante los precios más baja). En consecuencia, todas las empresas responderán a una mayor utilización de capacidad, aumentando el margen de beneficio de los precios por encima de los costos, lo que desencadenará una espiral inflacionista.

15.13 CONCLUSIÓN

Los votantes quieren que la economía opere con un nivel bajo de desempleo e inflación baja pero positiva, aunque llegar a este resultado no es sencillo. A corto plazo, es necesaria una disyuntiva entre inflación y desempleo, lo que implica que los diseñadores de políticas económicas podrían escoger reducir el desempleo a costa de una inflación más alta. No obstante, esto puede llevar a expectativas de inflación más altas y, en consecuencia, a una espiral inflacionista, que significa que la inflación no solo es alta de manera temporal, sino que continuará aumentando a lo largo del tiempo.

Se cree que los bancos centrales son más propensos a considerar los impactos futuros de sus acciones que los políticos, que responden a presiones democráticas a corto plazo. Por esta razón, muchos países han adoptado una política de objetivos de inflación con bancos centrales independientes, que confían en la tasa de interés nominal como su herramienta de política económica para responder a *shocks* tanto de oferta como de demanda.

El nuevo marco de política macroeconómica de fijación de objetivos de inflación parecía estar funcionando bien a juzgar por el papel que desempeñó en la crisis del petróleo de la década de 2000. Luego llegó la crisis financiera global, que hizo zozobrar el consenso hasta entonces generalizado. Muchos bancos centrales alcanzaron el límite inferior cero de las tasas de interés nominal, lo que llevó a que se renovara el interés por la política fiscal como herramienta de estabilización.

> *Conceptos introducidos en el capítulo 15*
> Antes de seguir al próximo capítulo, revise las siguientes definiciones:
>
> - Desinflación, inflación esperada
> - Tasa de interés real
> - Reivindicaciones en conflicto sobre el producto
> - Curva de Phillips, curva de Phillips cambiante
> - Brecha de negociación
> - Preferencias de los diseñadores de política económica
> - Transmisión de la política monetaria, canal del tipo de cambio
> - Tipo de cambio
> - Flexibilización cuantitativa (QE por sus siglas en inglés)
> - *Shocks* de oferta, choques de demanda
> - Independencia del banco central
> - Objetivos de inflación
> - Empresas con restricciones de capacidad

15.14 REFERENCIAS BIBLIOGRÁFICAS

Carlin, Wendy y David Soskice. 2015. *Macroeconomics: Institutions, Instability, and the Financial System*. Oxford: Oxford University Press. Capítulos 3, 4, 9–13.

Friedman, Milton. 1968. 'The Role of Monetary Policy' (https://tinyco.re/8348372). *The American Economic Review* 58 (1): pp. 1–17.

Phillips, A W. 1958. 'The Relation Between Unemployment and the Rate of Change of Money Wage Rates in the United Kingdom, 1861–1957' (https://tinyco.re/5934214). *Economica* 25 (100): p. 283.

The Economist. 2003. 'Bush's Push' (https://tinyco.re/1194788). Actualizado el 6 de enero de 2003.

The Economist. 2013. 'Controlling Interest' (https://tinyco.re/7889919). Actualizado el 21 de septiembre de 2013.

The Economist. 2013. 'In Dollars They Trust' (https://tinyco.re/3392021). Actualizado el 27 de abril de 2013.

Walton, David. 2006. 'Has Oil Lost the Capacity to Shock?' (https://tinyco.re/8182920). *Oxonomics* 1 (1): pp. 9–12.

CAPÍTULO 16

PROGRESO TECNOLÓGICO, EMPLEO Y NIVELES DE VIDA A LARGO PLAZO

SOBRE CÓMO LAS TENDENCIAS A LARGO PLAZO Y LAS DIFERENCIAS ENTRE PAÍSES EN NIVELES DE VIDA Y DESEMPLEO SON EL RESULTADO DEL PROGRESO TECNOLÓGICO, LAS INSTITUCIONES Y LAS POLÍTICAS

- El uso creciente de maquinaria y otros bienes de capital en la producción, junto con el progreso tecnológico que ha posibilitado el aumento del conocimiento, han sido la base de la mejora del nivel de vida a largo plazo.
- La «destrucción creativa» de las formas antiguas de producir bienes y organizar la producción ha llevado tanto a la pérdida continua de puestos de trabajo como a la creación de empleo, sin incrementar el desempleo en el largo plazo.
- Las instituciones y las políticas económicas de un país pueden evaluarse en función de su capacidad para mantener bajo el desempleo involuntario y generar un aumento sostenido de los salarios reales.
- Muchas economías de éxito han proporcionado formas de coaseguro de amplia cobertura contra la pérdida de puestos de trabajo, derivada tanto de la destrucción creativa como de la competencia de otras economías, de modo que la mayoría de los ciudadanos de estas naciones acogen con los brazos abiertos tanto el cambio tecnológico como el intercambio global de bienes y servicios.
- La principal diferencia entre las economías con un alto desempeño y las rezagadas es que las instituciones y políticas en los países de alto desempeño incentivan a sus principales actores a aumentar el tamaño de la torta, en lugar de pelear por el tamaño de su porción.

TEMAS Y CAPÍTULOS INTEGRADORES

- 17: Historia, inestabilidad y crecimiento
- 18: Economía global
- 19: Desigualdad
- 21: Innovación
- 22: Política y políticas públicas

En 1412, el Ayuntamiento de Colonia prohibió a un artesano local que produjera una rueca porque se temía que podía dejar sin trabajo a los fabricantes textiles que utilizaban el huso manual. En el siglo XVI, se prohibieron unas máquinas nuevas para tejer cintas. En 1811, en la primera

Eric Hobsbawm y George Rudé. 1969. *Captain Swing*. Londres: Lawrence and Wishart.

etapa de la Revolución Industrial en Inglaterra, el movimiento ludita protestó enérgicamente contra la nueva maquinaria ahorradora de mano de obra, como las máquinas de hilar que permitían a un trabajador producir una cantidad de lana para la que previamente hacían falta 200 trabajadores. El líder del movimiento era un joven artesano sin especialización llamado Ned Ludd, a quien se le atribuye haber destruido las máquinas de hilar.

El economista suizo Jean-Charles-Léonard de Sismondi (1773–1842) imaginó un nuevo mundo «donde el Rey se sienta solo en su isla, moviendo constantemente un sinfín de manivelas para producir, con autómatas, todo lo que Inglaterra manufactura». El creciente uso de las tecnologías de la información ha provocado que los economistas contemporáneos, incluido Jeremy Rifkin, expresen los mismos temores.

Sismondi y Rifkin plantearon argumentos plausibles. No obstante, y como vimos en el capítulo 1, como resultado de innovaciones que ahorraron trabajo, muchos países lograron moverse hacia la parte ascendente del palo de hockey y experimentaron un crecimiento sostenido de los niveles de vida. A los trabajadores se les empezó a pagar más: recuerde el palo de hockey del salario real del capítulo 2 (figura 2.1 (página 50)). El «fin del trabajo» tampoco se ha producido de momento, aunque en 1932 el filósofo Bertrand Russell previera –con anticipación más que temor– el fin del trabajo (https://tinyco.re/2000918), argumentando que: «[S]e trabaja mucho más de lo que se debería en el mundo. La creencia de que el trabajo es virtuoso provoca un inmenso daño, y lo que se debería predicar en los países industriales modernos es bien diferente de lo que siempre se ha predicado».

El progreso tecnológico no ha redundado en tasas de desempleo crecientes. En su lugar, ha aumentado el salario más bajo que las empresas pueden pagar cubriendo sus costos. Como resultado, el progreso tecnológico incrementa los recursos que la empresa tiene disponibles para invertir en aumentar la producción, y también incentiva la inversión continua. Al centrarse únicamente en la destrucción de puestos de trabajo, quienes se preocupan por el fin del trabajo han ignorado el hecho de que el progreso tecnológico que ahorra mano de obra también estimula la inversión que ayuda a crear nuevos puestos de trabajo.

En la mayoría de las economías para las cuales hay datos disponibles, cada año se destruyen al menos un 10% de los puestos de trabajo, al tiempo que se crea aproximadamente el mismo número de puestos nuevos. En Francia o el Reino Unido, cada 14 segundos se destruye un trabajo y se crea otro: es parte del proceso de destrucción creativa consustancial a las economías capitalistas, que describimos en los capítulos 1 y 2.

Quienes pierden sus trabajos se enfrentan a costos sustanciales en el corto plazo, y ese corto plazo puede no parecerles muy breve: podría durar años o incluso décadas. Los que se beneficien pueden acabar siendo los hijos del tejedor del telar manual desplazado por el telar mecánico, o los hijos del mecanógrafo que perdió el trabajo desplazado por la computadora. Estos se benefician al encontrar un trabajo en una ocupación que es más productiva que el trabajo que hicieron sus padres y pueden compartir los beneficios que reportan los nuevos bienes y servicios ahora disponibles gracias a la existencia del telar mecánico o la computadora.

La parte destructiva de esta «destrucción creativa» afecta a ocupaciones que a menudo suelen concentrarse en regiones concretas, con las consiguientes grandes pérdidas de salarios y empleos. Las familias y las comunidades perdedoras a menudo tardan generaciones en recuperarse.

Jeremy Rifkin. *El fin del trabajo: nuevas tecnologías contra puestos de trabajo: el nacimiento de una nueva era.* Barcelona: Paidós, 2008.

Al igual que «corto plazo», el término «promedio» a menudo oculta los costos para los trabajadores desplazados y las comunidades destruidas por la introducción de nuevas tecnologías.

Hoy en día, por ejemplo, las tecnologías de la información y la comunicación (TIC) están remodelando nuestras sociedades. Las TIC están reemplazando a gran parte del trabajo rutinario, en muchos casos empobreciendo aún más a los que ya son pobres. Personas que anteriormente habrían esperado que su nivel de vida siguiese aumentando se encuentran ahora con menos oportunidades de empleo.

Sin embargo, la mayoría de las personas se benefician de la caída en los precios asociada a la disponibilidad de nuevas tecnologías. Para bien o para mal, la destrucción creativa como resultado del progreso tecnológico es parte de la dinámica del sistema económico capitalista. Por más que haya vidas que se han visto afectadas y el medioambiente esté cada vez más amenazado como consecuencia, la introducción de tecnologías mejoradas también es la clave para elevar los niveles de vida a largo plazo. Veremos que:

- el cambio tecnológico deja a personas sin trabajo constantemente
- pero los países que han evitado altos niveles de desempleo se encuentran entre aquellos en los que la productividad del trabajo ha aumentado más

La figura 16.1 muestra las tasas de desempleo para 16 países de la OCDE de 1960 a 2014.

Las tasas de desempleo fueron bajas y bastante similares en la década de 1960. Luego divergieron en la década de 1970, reflejando en parte las diferentes respuestas a las crisis del petróleo descritas en el capítulo 14. De estos países, solo Japón (JPN), Austria (AUT) y Noruega (NOR) registraron tasas de desempleo que permanecieron por debajo del 6% durante todo el periodo. En España (ESP), el desempleo fue de alrededor del 20% desde

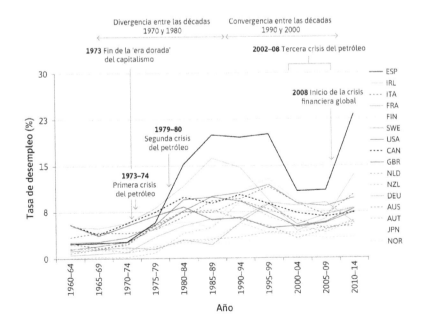

Datos de 1960–2004: David R Howell, Dean Baker, Andrew Glyn y John Schmitt. 2007.'Are Protective Labor Market Institutions at the Root of Unemployment? A Critical Review of the Evidence' (https://tinyco.re/2000761). *Capitalism and Society* 2 (1) (Enero). Datos de 2005 a 2012: OCDE. 2015. Estadísticas de la OCDE (https://tinyco.re/9377362).

Figura 16.1 Tasas de desempleo en un grupo selecto de países de la OCDE (1960–2014).

mediados de la década de 1980 hasta finales de la de 1990. Luego se redujo a la mitad en la década de 2000, antes de escalar de nuevo a más del 20% tras la crisis financiera y la crisis de la eurozona de 2009. En este sentido, el caso de Alemania (DEU) es poco habitual: el desempleo cayó en los años posteriores a la crisis financiera mundial.

Si bien no ha habido una tendencia al alza en las tasas de desempleo a largo plazo, se han dado dos fenómenos importantes en el mercado laboral que han acompañado al crecimiento en los niveles de vida. Como vimos en el capítulo 3 (figura 3.1 (página 99)), la media de horas anuales trabajadas por persona ocupada ha disminuido. Además, hay una fracción mayor de adultos que trabajan a cambio de un salario, lo cual se debe principalmente al aumento en la proporción de mujeres que realizan trabajos remunerados.

Los patrones de desempleo que muestra la figura 16.1 no se explican por diferencias entre países en la tasa de innovación ni por las oleadas de innovación a lo largo del tiempo, sino que reflejan diferencias en las instituciones y las políticas vigentes en los países.

A medida que la producción se ha vuelto más intensiva en capital, ¿cómo han mejorado los niveles de vida a largo plazo sin producir un desempleo masivo? Comenzamos por estudiar la acumulación de capital (las existencias crecientes de maquinaria y equipo) y las infraestructuras (como carreteras y puertos), que siempre han sido fundamentales para el dinamismo del capitalismo.

EJERCICIO 16.1 RIQUEZA Y SATISFACCIÓN CON LA VIDA

Como vimos en el capítulo 3, el progreso tecnológico incrementa la productividad por hora. Esto significa que, trabajando la misma cantidad de horas, una misma persona podría producir y consumir más, o podría producir y consumir la misma cantidad de bienes, pero trabajando menos horas y disfrutando de más tiempo libre.

El economista Olivier Blanchard argumenta que la diferencia en producción per cápita entre Estados Unidos y Francia se debe en parte al hecho de que, comparados con los estadounidenses, los franceses han usado algo de sus aumentos en productividad para disfrutar más tiempo libre en vez de consumir más (https://tinyco.re/2128090).

1. Piense en dos países, uno con un menor PIB per cápita debido a menos horas trabajadas, y otro con un mayor PIB per cápita debido a más horas trabajadas (como Francia o Estados Unidos). Asumiendo que la satisfacción que nos produce la vida depende solo del tiempo libre y el consumo, ¿en qué país esperaría que la satisfacción promedio con la vida fuera mayor, y por qué? Explique claramente las suposiciones que haga sobre las preferencias de los residentes en cada país.
2. Considerando solo las horas de trabajo y el PIB per cápita, ¿en qué país (Francia o Estados Unidos) preferiría vivir, y por qué? ¿Cómo cambiaría su respuesta si considerara también otros factores?

PREGUNTA 16.1 ESCOJA LA(S) RESPUESTA(S) CORRECTA(S)
La figura 16.1 es un gráfico de las tasas de desempleo para 16 países de la OCDE entre 1960 y 2014.

Con base en esta información, ¿cuál de las siguientes afirmaciones es correcta?

☐ No hay ninguna correlación entre las tasas en los distintos países.
☐ Ha habido una clara tendencia al aumento en el desempleo en todos los países en los últimos 30 años.
☐ Las tasas de desempleo de distintos países se vieron afectadas de manera muy diferente por las crisis del petróleo de la década de 1970.
☐ Las tasas de desempleo subieron en todos los países tras la crisis financiera global de 2008.

16.1 PROGRESO TECNOLÓGICO Y NIVEL DE VIDA

En el capítulo 2 vimos cómo las empresas podían obtener **rentas de innovación** schumpeterianas mediante la introducción de nueva tecnología. Las empresas que no innovan (o copian a otros innovadores) no pueden vender sus productos a un precio superior al costo de producción y, al final, fracasan. Este proceso de **destrucción creativa** condujo a aumentos sostenidos en los niveles de vida medios, debido a que el progreso tecnológico y la acumulación de **bienes de capital** son complementarios: cada uno de ellos proporciona las condiciones necesarias para que el otro se desarrolle.

- *Las nuevas tecnologías requieren máquinas nuevas*: la acumulación de bienes de capital es una condición necesaria para el avance de la tecnología, como vimos en el caso de la hiladora Jenny.
- *Se requieren avances tecnológicos para sostener el proceso de acumulación de bienes de capital*: son necesarios para que la introducción de métodos de producción con un uso cada vez más intensivo de capital continúe siendo rentable.

El segundo punto necesita una explicación. Comience con la función de producción que usamos en los capítulos 2 y 3. Descubrimos que la producción depende del insumo trabajo y que la función que describe esta relación se desplaza hacia arriba con el progreso tecnológico, de modo que la misma cantidad de trabajo genera ahora más producto. En el capítulo 3, el agricultor tenía una cantidad fija de tierra: suponíamos que la cantidad de bienes de capital era fija. Pero, como hemos visto, la cantidad de bienes de capital que utiliza el trabajador moderno es mucho mayor que la utilizada por los agricultores en el pasado.

rentas de innovación Ganancias por sobre el costo de oportunidad del capital que un innovador recibe por introducir una nueva tecnología, forma organizacional o estrategia de marketing. *También conocidas como: rentas schumpeterianas.*

destrucción creativa Nombre que asigna Joseph Schumpeter al proceso por el cual las tecnologías antiguas y las empresas que no se adaptan se ven relegadas por las nuevas por no poder competir en el mercado. Desde su punto de vista, el fracaso de una empresa improductiva es creativo porque libera trabajo y bienes de capital para su uso en nuevas combinaciones.

bienes de capital Equipos, edificios y otros insumos utilizados en la producción de bienes y servicios, incluyendo, cuando corresponda, cualquier patente u otra propiedad intelectual que se utilice. Las materias primas también utilizadas en la producción se conocen como *inputs* o insumos intermedios.

intensivo en capital Que emplea más bienes de capital (por ejemplo maquinaria y equipos) en comparación con el número de horas de trabajo u otros insumos. *Véase también: intensivo en trabajo.*

productividad laboral Producción total dividida por el número de horas o alguna otra medida del insumo de trabajo.

Leibniz: Economía maltusiana (https://tinyco.re/L020701)
Leibniz: Trabajo y producción (https://tinyco.re/L030101)

función cóncava Función de dos variables para la cual el segmento de línea entre dos puntos cualesquiera de la función se sitúa completamente bajo la curva que representa a la función (la función es convexa cuando el segmento de línea se sitúa por encima de la función).

Taylorismo Innovación en la gestión que busca reducir los costos laborales, por ejemplo, dividiendo los trabajos cualificados en varias tareas separadas menos especializadas, para reducir así los salarios.

Ahora incluiremos los bienes de capital (maquinaria, equipos y estructuras) explícitamente en la función de producción. Si observa el eje horizontal en la figura 16.2, verá que registra la cantidad de bienes de capital por trabajador. Esta es una medida de lo que se denomina **intensidad de capital** de la producción. En el eje vertical, tenemos la cantidad de producción por trabajador, también conocida como **productividad laboral**.

Como ya fue el caso en el capítulo 3, la función de producción describe rendimientos marginales decrecientes: a medida que el trabajador trabaja con más bienes de capital, la producción aumenta, pero a un ritmo decreciente (Charlie Chaplin mostró en la película de 1936 *Tiempos modernos* (https://tinyco.re/2139871) que existe un límite para el número de máquinas que un trabajador es capaz de usar). Esto significa que, con cantidades crecientes de bienes de capital, tenemos una productividad marginal decreciente de los bienes de capital. La pendiente de la función de producción en cada nivel de capital por trabajador muestra la productividad marginal del capital; es decir, indica cuánto aumenta el producto si los bienes de capital por trabajador aumentan en una unidad.

La sección amplificada en el punto A de la figura 16.2 muestra cómo se calcula la productividad marginal del capital: nótese que Y/trabajador se usa como abreviación para producto por trabajador, y la productividad marginal de capital (PMK) es $\Delta Y / \Delta K$. La productividad marginal del capital para cada nivel de capital por trabajador es la pendiente de la tangente a la función de producción en ese punto.

Anteriores Leibniz han mostrado cómo usar el cálculo matemático para calcular la PMK en cualquier punto de una función de producción determinada. Tómese un momento para echarles otro vistazo.

Podemos ver en la figura 16.2 que la productividad marginal del capital va cayendo a medida que nos movemos hacia la derecha sobre la función de producción. Una función de producción que presenta rendimientos decrecientes del capital es una función **cóncava**. La concavidad capta el hecho de que la producción por trabajador aumenta con el capital por trabajador, pero menos que proporcionalmente.

La concavidad significa que una economía no podrá mantener el crecimiento del producto por trabajador simplemente agregando más del mismo tipo de capital. Llega un momento en que la productividad marginal del capital se vuelve tan baja que no vale la pena invertir más. Como vimos en el capítulo 14, los dueños de las empresas solo realizarán inversiones en la economía nacional si el rendimiento que obtienen es mayor que el que les proporcionaría de compra de bonos o la inversión en el extranjero y, al mismo tiempo, lo suficientemente alto como para que no deseen gastar sus beneficios en bienes de consumo.

El crecimiento económico sostenido requiere un cambio tecnológico que aumente la productividad marginal del capital. Esto hace rotar la función de producción hacia arriba y consigue que resulte rentable invertir en el país, lo que lleva a una mayor intensidad de uso del capital. Siga los pasos del análisis de la figura 16.2 para ver cómo la combinación de cambio tecnológico e inversión en capital aumenta la producción por trabajador.

Una tecnología nueva también puede referirse a nuevas formas de organizar el trabajo. Recuerde que una tecnología es un conjunto de instrucciones para combinar insumos con el objetivo de obtener un producto. La revolución de la gestión de principios del siglo xx, llamada **Taylorismo**, es un buen ejemplo: se racionalizó la organización de equipos de trabajo y capital y se introdujeron nuevos sistemas de supervisión para que los trabajadores se esforzaran más. En tiempos más recientes, la revolución de las tecnologías de la información permite que un ingeniero se conecte con miles de otros ingenieros y equipos informáticos de todo el mundo. Por lo tanto, la revolución de las TIC también provoca una rotación

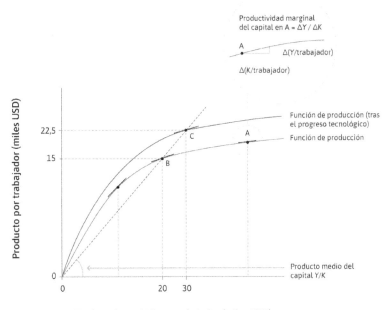

Figura 16.2 La función de producción de la economía y el progreso tecnológico.

1. Rendimientos decrecientes del capital
La función de producción se caracteriza por unos rendimientos decrecientes del capital.

2. Productividad marginal del capital
La sección ampliada del punto A muestra cómo se calcula la productividad marginal del capital: es la pendiente de la tangente a la función de producción en A.

3. Mayor intensidad en el uso del capital
La productividad marginal del capital va disminuyendo a medida que avanzamos a lo largo de la función de producción hacia una mayor intensidad en el uso del capital.

4. Progreso tecnológico
Hace que la función de producción rote hacia arriba.

5. La función de producción original
En el punto B sobre la función de producción original, el capital por trabajador es de 20 000 dólares y la producción por trabajador es de 15 000 dólares.

6. Tras el progreso tecnológico
Considere el punto C en la nueva función de producción (tras el progreso tecnológico), en el que el capital por trabajador ha subido a 30 000 dólares y la producción por trabajador ha subido a 22 500 dólares.

7. La pendiente de la función de producción
Hemos escogido el punto C para que la pendiente de la función de producción y, por lo tanto, la productividad marginal del capital, sea igual que en el punto B.

8. El producto medio del capital
La línea punteada de color azul sale del origen y atraviesa las funciones de producción para las tecnologías vieja y nueva. Su pendiente es el producto medio del capital.

de la función de producción hacia arriba, aumentando su pendiente en cada nivel de capital por trabajador.

En la figura 16.2 se puede ver una línea azul punteada que sale del origen, atravesando las funciones de producción para las tecnologías antigua y nueva. La pendiente de esta recta nos indica la cantidad de producto por unidad de bienes de capital en el punto donde se cruza con la función de producción: es la cantidad de producto por trabajador dividida por los bienes de capital por trabajador. En el diagrama observamos que los puntos B y C de las dos funciones de producción tienen el mismo producto por unidad de bienes de capital.

Para ver cómo el progreso tecnológico y la acumulación de capital dieron forma al mundo, nos enfocamos en los países que han sido líderes en tecnología. El Reino Unido fue el líder tecnológico desde la Revolución Industrial hasta la Primera Guerra Mundial, cuando EE.UU. asumió el liderazgo. La figura 16.3 muestra el capital por trabajador en el eje horizontal y la producción por trabajador en el eje vertical.

Consideremos la evolución en el tiempo del Reino Unido y Estados Unidos. Si analizamos primero al Reino Unido, los datos comienzan en 1760 (borde inferior del gráfico) y finalizan en 1990 con una intensidad de uso del capital y una productividad mucho más altas. En el extremo inferior derecho del diagrama se muestran los mismos puntos en el familiar gráfico de palo de hockey para el PIB por trabajador. A medida que el Reino Unido se iba desplazando por el palo de hockey a lo largo del tiempo, tanto la intensidad de capital como la productividad aumentaron. En Estados Unidos, la productividad superó a la del Reino Unido en 1910 y se ha mantenido más alta desde entonces. En 1990, EE.UU. registraba una mayor productividad e intensidad de uso de capital que el Reino Unido.

La figura 16.3 muestra que los países que son ricos hoy han visto aumentar la productividad laboral a medida que se han ido volviendo más intensivos en capital. Por ejemplo, si miramos en EE.UU., el capital por trabajador (medido en dólares estadounidenses de 1985) aumentó de 4325 dólares en 1880 a 14 407 en 1953 y 34 705 dólares en 1990. Junto a este aumento en la intensidad de uso del capital, la productividad laboral de EE.UU. aumentó de 7400 dólares en 1880 a 21 610 dólares en 1953, y luego a 36 771 dólares en 1990. El historiador económico John Habakkuk ha argumentado que, a fines del siglo XIX, los salarios eran altos para los trabajadores de las fábricas en EE.UU. porque estos siempre tenían la opción de mudarse al oeste del país: por lo tanto, los propietarios de las fábricas tenían incentivos a desarrollar una tecnología que ahorrara mano de obra.

El crecimiento de la productividad ha reducido el insumo de mano de obra por unidad de producto: el temor de los luditas y de las predicciones de los autores de la teoría del «fin del trabajo» es que esto causaría la pérdida permanente de puestos de trabajo.

En la figura 16.3, está claro que las trayectorias históricas trazadas por estas economías no son curvas como la función de producción única de la figura 16.2. Esto se debe a que experimentaron una combinación de acumulación de capital y progreso tecnológico. Las economías que logran crecer con éxito siguen trayectorias similares a la línea punteada azul entre B y C en la figura 16.2.

John Habakkuk. *Tecnología americana y británica en el siglo XIX: en busca de inventos ahorradores de Trabajo*. Madrid: Tecnos, 1977.

Sabemos por el capítulo 1 que otros países ascendieron por el palo de hockey en momentos muy diferentes. Considere Japón, Taiwán e India en la figura 16.3. Tenga en cuenta que, en 1990, el capital por trabajador en Japón no solo era más alto que en Estados Unidos, sino también casi el doble que en el Reino Unido. Japón había alcanzado este nivel en menos de la mitad del tiempo que le llevó al Reino Unido. Taiwán también hizo un uso más intensivo del capital que el Reino Unido en 1990. El liderazgo en la producción masiva y las industrias basadas en la ciencia que EE.UU. había alcanzado se fue erosionando a medida que otros países invertían en educación e investigación y adoptaban técnicas de gestión estadounidenses.

Interpretando la figura 16.3 usando el modelo de la función de producción de la figura 16.2, vemos que los países fueron adoptando más métodos de producción intensivos en capital a medida que se enriquecían. Sin embargo, a pesar de que Japón y Taiwán experimentaron un progreso tecnológico sustancial, el hecho de que la producción por trabajador permaneciera por debajo de la de Estados Unidos y Gran Bretaña, significa que se mantuvieron en una función de producción inferior.

Richard R Nelson y Gavin Wright. 1992. 'The Rise and Fall of American Technological Leadership: The Postwar Era in Historical Perspective' (https://tinyco.re/2811203). *Journal of Economic Literature* 30 (4) (Diciembre): pp. 1931–1964.

Robert C. Allen. 2012. "La tecnología y la gran divergencia: desarrollo económico global desde 1820". *Explorations in Economic History* 49 (1) (enero): pp. 1–16.

Figura 16.3 Trayectorias de crecimiento a largo plazo de un grupo selecto de economías.

1. El Reino Unido
Los datos empiezan en 1760 en la esquina inferior del gráfico y terminan en 1990 con una intensidad mucho mayor de uso del capital y una mayor productividad.

2. PIB por trabajador
En el extremo inferior derecho del diagrama se muestran los mismos puntos en el familiar gráfico de palo de hockey para el PIB por trabajador, usando una escala semilogarítmica.

3. Estados Unidos
En Estados Unidos, la productividad había superado a la del Reino Unido para 1910, y se ha mantenido por encima desde entonces.

4. Japón, Taiwán e India
Las trayectorias de Japón, Taiwán e India muestran que moverse por el gráfico de palo de hockey de los niveles de vida requiere acumulación de capital y la adopción de nuevas tecnologías.

Para resumir:

- *El progreso tecnológico desplazó hacia arriba la función de producción*: se vio estimulada por la perspectiva de las rentas de innovación.
- *Esto compensa los rendimientos marginales decrecientes del capital*: la productividad del capital, medida por la pendiente de un recta que sale desde el origen, se mantuvo más o menos constante a lo largo del tiempo en los países líderes en tecnología.

El progreso tecnológico desempeñó un papel crucial para evitar que los rendimientos decrecientes pusieran fin a la mejora a largo plazo del nivel de vida resultante de la acumulación de bienes de capital.

PREGUNTA 16.2 ESCOJA LA(S) RESPUESTA(S) CORRECTA(S)
El siguiente diagrama muestra la función de producción de una economía antes y después del progreso tecnológico:

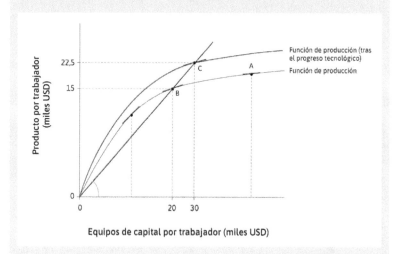

Con base en esta información, ¿cuál de los siguientes enunciados es correcto?

☐ El producto medio del capital en B es 20 000/15 000 = 1,33.
☐ La productividad marginal del capital en C es (22 500 – 15 000)/(30 000 – 20 000) = 0,75.
☐ La concavidad de la función de producción indica un rendimiento marginal decreciente del capital.
☐ Como resultado de algún tipo de progreso tecnológico, la productividad marginal del capital aumenta, pero el producto medio del capital permanece constante para un nivel dado de capital por trabajador.

●●●

16.2 EL PROCESO DE CREACIÓN Y DESTRUCCIÓN DE PUESTOS DE TRABAJO

El progreso tecnológico que ahorra mano de obra del tipo ilustrado en las figuras 16.2 y 16.3 permite que se produzcan más productos con una cantidad dada de mano de obra, y también contribuye a la expansión de la producción. Al incentivar la inversión, compensa la destrucción de algunos de los trabajos que se pierden e incluso puede crear más empleo del que existía anteriormente. Cuando se crean más puestos de trabajo de los que se destruyen en un determinado año, el empleo aumenta. Cuando se destruyen más puestos de trabajo de los que se crean, el empleo disminuye.

Sabemos que, en cualquier momento dado, hay personas que están desempleadas involuntariamente: preferirían estar trabajando pero no tienen trabajo. El número de personas desempleadas es una variable de tipo **stock o existencias**: cambia de un día a otro o de un año a otro, ya que se contrata a algunos de los desempleados (o dejan de buscar trabajo), otras personas pierden el trabajo y otros deciden buscar trabajo por primera vez (los jóvenes que salen de la escuela o de la universidad, por ejemplo). A los que no tienen trabajo, a veces se les denomina la «reserva» de desempleados: las personas que consiguen un trabajo o dejan de buscarlo dejan de formar parte de este grupo, mientras que los que pierden sus trabajos ingresan en este grupo. El número de personas que consiguen y pierden puestos de trabajo es un variable de tipo **flujo**.

El proceso de reasignación total de empleos es la suma de la creación y la destrucción de empleo. En comparación con eso, el crecimiento neto del empleo suele ser pequeño y positivo.

La figura 16.4 muestra la destrucción de empleo, la creación de empleo y el crecimiento neto del empleo en algunos países. Tenga en cuenta que, en el Reino Unido, de 1980 a 1998 se destruyeron más puestos de trabajo de los que se crearon: el crecimiento del empleo neto fue negativo. A pesar de que observamos un conjunto de países en diferentes etapas de desarrollo y con diferente nivel de apertura al comercio internacional, vemos una tasa bastante similar de reasignación de puestos de trabajo. En la mayoría de los países, aproximadamente una quinta parte de los trabajos se crean o destruyen cada año, a pesar de las tasas muy variables de crecimiento del empleo neto.

Ahora suponga un sistema económico en el que se creen nuevos empleos a una tasa del 2% anual, pero la destrucción del empleo esté prohibida (es decir, la tasa de destrucción del empleo es cero). Esta economía también vería un crecimiento neto del empleo del 2%. Quizá un planificador podría intentar llevar esto a cabo. La figura 16.4 muestra que no es así como funciona una economía capitalista en la práctica: no hay un planificador. La competencia y la posibilidad de obtener rentas económicas significan que crear algunos puestos de trabajo a menudo implica destruir otros.

Para comprender cómo se produce la creación y destrucción de empleo en un sector, observemos el impacto de la revolución de las tecnologías de la información en el sector de la venta minorista de EE.UU. desde la década de 1990. La adopción de sistemas que vinculan electrónicamente las cajas registradoras con los escáneres, las máquinas de procesamiento de tarjetas de crédito y los sistemas de gestión tanto para inventarios como para las relaciones con los clientes permitieron un enorme aumento de la producción por trabajador. Piense en el volumen de transacciones que gestiona cada caja en una nueva tienda de venta minorista.

stock o existencias Cantidad medida en un momento determinado. Sus unidades no dependen del tiempo. *Véase también: flujo.*
flujo Cantidad medida por unidad de tiempo, como la renta anual o el salario por hora.

La investigación muestra que el crecimiento de la productividad laboral en el sector de la venta minorista se debió en su totalidad a establecimientos nuevos más productivos (tales como unidades de venta minorista o plantas) que desplazaron a establecimientos existentes mucho menos productivos (incluidos los establecimientos más antiguos de las mismas empresas, así como tiendas y plantas propiedad de otros, donde se perdieron puestos de trabajo).

Ya mostramos la expansión masiva del empleo en la empresa estadounidense Walmart en la figura 7.1 (página 296) del capítulo 7. El crecimiento de Walmart se basó en parte en la apertura de tiendas más eficientes fuera de la ciudad, gracias a las nuevas tecnologías minoristas y mayoristas.

Para el sector manufacturero, podemos usar datos detallados, recopilados a partir de todas las empresas de la economía, para mostrar cómo se produce el crecimiento de la productividad a través de la creación y destrucción de puestos de trabajo dentro de las empresas, y por su entrada y salida. Los datos para Finlandia en los años que van de 1989 a 1994, por ejemplo, muestran que el 58% del crecimiento de la productividad tuvo lugar dentro de las empresas (caso similar al ejemplo de Walmart). La salida de empresas de productividad baja supuso una cuarta parte del aumento, y un 17% fue resultado de la reasignación de puestos de trabajo y producto de las empresas de productividad baja a las de productividad alta.

El sector de la construcción de Francia ofrece otro ejemplo de la reasignación del trabajo que pasa de empresas más débiles a otras más fuertes. Según el Instituto Nacional de Estadística de Francia, en las empresas con una productividad muy baja (en el tramo del 25% con menor productividad) se destruyeron más puestos de trabajo de los que se crearon. Entre 1994 y 1997, estas empresas crearon el 7,1% de los nuevos puestos de trabajo y destruyeron el 16,1%, lo que implica que su empleo se redujo en un 9,0%. En claro contraste con lo anterior, en cambio, la creación de puestos de trabajo superó a la destrucción (17,1% frente a 11,8%) en las empresas de la construcción que formaban parte del 25% con mayor productividad.

John Haltiwanger, Stefano Scarpetta y Helena Schweiger. 2014. 'Cross Country Differences in Job Reallocation: The Role of Industry, Firm Size and Regulations' (https://tinyco.re/2719834). *Labour Economics* (26): págs. 11–25.

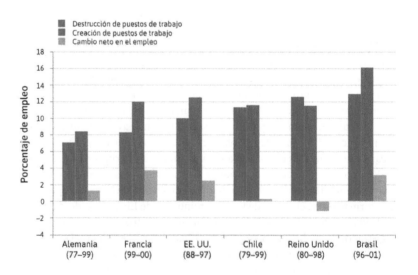

Figura 16.4 Destrucción de empleo, creación de empleo y empleo neto en distintos países.

EJERCICIO 16.2 UN REPASO A SCHUMPETER

1. En el capítulo 2 hablamos sobre cómo Joseph Schumpeter caracterizó a las economías capitalistas con base en el proceso de «destrucción creativa». En sus propias palabras, explique el significado de este término.
2. Según esta definición, formule ejemplos de destrucción y creación, e identifique a los ganadores y perdedores a corto y largo plazo.

16.3 FLUJOS DE TRABAJOS, FLUJOS DE TRABAJADORES Y CURVA DE BEVERIDGE

Los empresarios crean y destruyen trabajos como consecuencia de su búsqueda de rentas de innovación schumpeterianas y en respuesta a la presión de la competencia en los mercados de bienes y servicios. Para la mayoría de los trabajadores, esto significa que nada es permanente: en el curso de una vida, las personas entran y salen de muchos trabajos (a menudo no por propia elección). A veces las personas cambian directamente de trabajo a trabajo, pero a veces también entran y salen del desempleo.

En el capítulo 5, analizamos las decisiones de un empleador (Bruno) y una empleada (Ángela) sobre las horas de trabajo y los ingresos. Una vez que se sustituyó el arma de Bruno por un sistema legal y contratos, vimos que aceptar un trabajo era un acuerdo voluntario celebrado para obtener ganancias mutuas. El **poder de negociación** podía haber estado distribuido desigualmente pero, en cualquier caso, el intercambio era voluntario.

Puede que un trabajador deje un trabajo voluntariamente, pero también puede darse el caso de un despido temporal involuntario (dictado por las condiciones de demanda del producto a que se enfrenta la empresa) o un despido permanente (si el puesto de trabajo se elimina).

Por otra parte, también se crean otros puestos de trabajo, como puede verse en el movimiento de destrucción y creación de empleo en EE.UU. que muestra la figura 16.5. La creación de empleo es fuertemente **procíclica**: esto significa que sube en los auges y cae durante las recesiones. Por el contrario, la destrucción del empleo es **contracíclica**: aumenta durante las recesiones. Si el cambio en una variable no está correlacionado con el ciclo económico, se llamaría **acíclico**. La siguiente sección mostrará cómo las políticas agregadas interactúan con esos movimientos en los flujos de trabajos y trabajadores.

Este intenso proceso de reasignación de puestos de trabajo y la capacidad del gobierno para proporcionar **coaseguro** llevó al economista y político inglés Lord William Beveridge (1879–1963) a convertirse en el fundador del sistema de seguridad social del Reino Unido. Los economistas también lo recuerdan porque, como a Bill Phillips, a Beveridge le otorgaron uno de los honores más altos que conceden como colectivo: bautizar la **curva de Beveridge** en su honor.

poder de negociación Ventaja que tiene una persona para asegurar una mayor parte de las rentas económicas posibles como resultado de una interacción.

procíclico Tendencia a moverse en la misma dirección que la producción agregada y el empleo a lo largo del ciclo económico. *Véase también: contracíclico.*

contracíclico Tendencia a moverse en dirección opuesta a la producción agregada y el empleo a lo largo del ciclo económico.

acíclico Sin tendencia a moverse ni en la misma dirección ni en dirección opuesta a la producción agregada y el empleo a lo largo del ciclo económico.

coaseguro Medio de agrupar los ahorros de varios hogares para que un hogar pueda mantener el consumo cuando experimenta una caída temporal en los ingresos o una necesidad coyuntural de incrementar los gastos.

curva de Beveridge Relación inversa entre la tasa de desempleo y la tasa de puestos de trabajo sin cubrir (cada una expresada como una fracción de la fuerza laboral). Lleva el nombre del economista británico homónimo.

Ya vimos el concepto de coaseguro en el capítulo 13, cuando explicamos cómo los hogares que han sido afortunados durante un periodo determinado utilizan sus ahorros para ayudar a un hogar afectado por la mala suerte y, en el capítulo 14, cuando explicamos cómo el riesgo correlacionado limita la utilidad del coaseguro, circunstancia que ayuda a explicar el papel del gobierno en la provisión de coaseguro a través de un sistema de prestaciones por desempleo.

La curva de Beveridge

Beveridge sugirió una relación simple entre las tasas de puestos de trabajo vacantes (la cantidad de puestos de trabajo disponibles para los trabajadores) y el nivel de desempleo (la cantidad de trabajadores que buscan trabajo) expresado como una fracción de la fuerza laboral.

Beveridge reparó en que cuando el desempleo era alto, la tasa de puestos de trabajo vacantes era baja, y cuando el desempleo era bajo, la tasa de vacantes era alta:

- *Durante las recesiones, habrá un alto nivel de desempleo*: cuando la demanda del producto de una empresa está disminuyendo o creciendo lentamente, las empresas pueden continuar operando con su personal actual, incluso si algunos de ellos renuncian o se jubilan. Como resultado, se publican menos ofertas de trabajo. En las mismas condiciones de baja demanda de los productos de las empresas, habrá despidos o puestos de trabajo que se eliminen.
- *Durante los auges, el nivel de desempleo disminuirá*: la cantidad de puestos vacantes que anuncian las empresas aumenta y se empleará a más trabajadores para hacer frente a la demanda creciente de productos.

La relación negativa expresada por una función de pendiente decreciente entre la tasa de puestos de trabajo vacantes y la tasa de desempleo durante el ciclo económico se ilustra en la figura 16.6, que muestra dos ejemplos de lo que luego daría en conocerse como la curva de Beveridge, utilizando datos de Alemania y EE.UU. Cada punto representa un trimestre, desde 2001 T1 hasta 2015 T2.

¿Por qué hay vacantes laborales que no se cubren y, al mismo tiempo, personas desempleadas que buscan un trabajo? Cabe pensar que vincular o emparejar es complicado en muchos aspectos de la vida. Por ejemplo, piense

Steven J. Davis, R. Jason Faberman y John C Haltiwanger. 2012. 'Recruiting Intensity During and After the Great Recession: National and Industry Evidence' (https://tinyco.re/2991501). *American Economic Review* 102 (3): págs. 584–588.

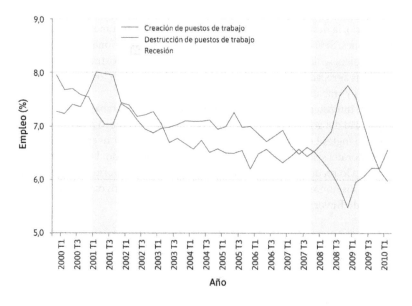

Figura 16.5 Creación y destrucción de empleo durante los ciclos económicos en EE.UU. (T1 2000–T2 2010).

en nuestras vidas amorosas: ¿con qué frecuencia buscamos la pareja perfecta, pero no somos capaces de encontrar a nadie que nos parezca adecuado?

Hay algunos factores que impiden emparejar a personas que se acaban de quedar sin empleo con las ofertas de trabajo recién publicadas (llamamos a este proceso **emparejamiento en el mercado laboral**):

- *Una discrepancia entre la ubicación y naturaleza de los trabajadores que buscan trabajo y los empleos disponibles para los trabajadores*: a veces es cuestión de las habilidades requeridas por las empresas y las habilidades de los solicitantes de empleo. Por ejemplo, algunos estudios explican que una de las razones de la ineficacia del mercado laboral de Estados Unidos en los últimos años (https://tinyco.re/2991501) ha sido que los puestos vacantes se concentran en unos pocos sectores. El ingeniero especializado en comunicaciones telefónicas cuyo puesto de trabajo se eliminó recientemente puede no tener las habilidades informáticas necesarias para cubrir las vacantes en el departamento de facturación de la empresa. O los trabajadores despedidos y las vacantes que hayan surgido pueden estar ubicados en diferentes partes del país. Desplazarse a otra zona del país para encontrar un trabajo puede significar cortar los lazos con vecinos, escuelas y familiares.

- *Puede que a los demandantes de empleo o aquellos que quieren contratar les falte información relevante*: como hemos visto en el capítulo 6, los agentes económicos con diferentes habilidades y necesidades –trabajadores en busca de empleo y empresas en este ejemplo– buscan oportunidades para obtener beneficios mutuos del intercambio. Ahora bien, es posible que la empresa y el solicitante de empleo no se conozcan entre sí (aunque hay evidencia de que la tecnología está mejorando este proceso de emparejamiento o adecuación).

La coincidencia debería ser más fácil cuando hay un grupo más grande de desempleados entre los que escoger. Una combinación de alto desempleo y un gran número de vacantes es un indicador de ineficiencia en el proceso de emparejamiento en el mercado laboral.

emparejamiento en el mercado laboral Forma en la que los empleadores que buscan empleados adicionales (es decir, con puestos de trabajo vacantes) encuentran a gente que busca trabajo. También se conoce como adecuación entre oferta y demanda en el mercado laboral.

Natasha Singer. 2014. 'In the Sharing Economy, Workers Find Both Freedom and Uncertainty' (https://tinyco.re/2844216). *The New York Times*. Actualizado el 16 de agosto de 2014.

Perspectivas de empleo de la OCDE y *Estadísticas de empleo de la OCDE*. 2015. *Estadísticas de la OCDE* (https://tinyco.re/9377362).

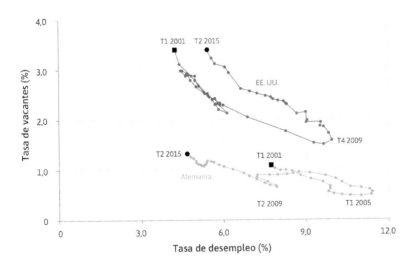

Figura 16.6 Curvas de Beveridge para EE.UU. y Alemania (T1 2001–T2 2015).

Observe tres aspectos de las curvas Beveridge de Alemania y Estados Unidos que se muestran en la figura 16.6:

- *Tal como cabía esperar, ambas curvas tienen pendientes descendentes*: los datos de EE.UU. oscilan entre tasas de puestos vacantes de aproximadamente 3% con tasas de desempleo entre el 3 y el 4% (en la parte alta del ciclo económico), y tasas de puestos vacantes de poco más del 2% con el nivel de desempleo alrededor del 6% (en el valle del ciclo económico).
- *La posición de la curva de Beveridge de cada país es diferente*: el mercado laboral alemán parece saber hacerlo mejor a la hora de emparejar a trabajadores que buscan trabajo con empresas que buscan trabajadores. Para ver esto, observe que, todos los años, la tasa de puestos vacantes de Alemania es más baja que la de EE.UU., aunque los dos países hayan registrado un rango similar de tasas de desempleo. En consecuencia, podemos concluir que se desperdiciaron menos puestos vacantes en Alemania.
- *Ambas curvas se desplazaron en el transcurso de la década*: la curva alemana, habiéndose establecido durante el periodo T1 de 2001 a T1 de 2005, se volvió hacia el origen y estableció una nueva curva de Beveridge en el periodo de T2 de 2009 a T1 de 2012. La última curva de Beveridge se situaba así más cerca del origen, con una tasa de puestos vacantes y una tasa de desempleo menores que antes.

Michael Burda y Jennifer Hunt. 2011. 'The German Labour-Market Miracle' (https://tinyco.re/ 2090811). *VoxEU.org*. Actualizado el 2 de noviembre de 2011.

¿Cómo se produjo esta mejora en el mercado laboral alemán? Parece que un conjunto de nuevas políticas, llamadas las «reformas Hartz», funcionaron. Promulgadas entre 2003 y 2005, las reformas Hartz proporcionaron una orientación más adecuada a los trabajadores desempleados para encontrar trabajo y redujeron el nivel de prestaciones por desempleo antes, a fin de proporcionar a los desempleados un acicate mayor para su búsqueda.

La curva de EE.UU. también cambió pero, a diferencia de lo que ocurrió en Alemania, las condiciones se deterioraron. Para el periodo de T1 2001 a T2 2009, EE.UU. parece moverse a lo largo de una curva. Después de eso, la curva se separa del origen y luego parece establecerse una curva nueva, por encima y a la derecha de la anterior, lo que sugiere que el mercado laboral estadounidense se volvió menos eficiente a la hora de emparejar a los trabajadores con los puestos de trabajo. Entre 2001 y 2008, los movimientos del ciclo económico desplazaron a los trabajadores de todos los sectores por todo el país de la forma habitual, por lo que no se produjeron grandes discrepancias ni geográficas ni de habilidades entre los trabajadores que buscaban trabajo y los puestos vacantes. Entonces, ¿por qué se movió la curva de Beveridge?

- *Muchos despidos en un sector*: la crisis financiera mundial de 2008 y 2009, y la recesión que siguió, afectaron particularmente al sector de la construcción de viviendas. Se produjo un desajuste a nivel de habilidades entre los desempleados y los puestos vacantes disponibles.
- *El derrumbe de los precios de la vivienda en los Estados Unidos*: cuando los precios de la vivienda cayeron, muchos propietarios quedaron atrapados en una casa que valía menos de lo que habían pagado por ella. No podían vender su casa y trasladarse a un área con más vacantes laborales, lo que restringía su capacidad de elección de puestos de trabajo.

Vincent Sterk. 2015. 'Home Equity, Mobily, and Macroeconomic Fluctuations' (https://tinyco.re/ 2186300). *Journal of Monetary Economics* (74): pp. 16–32.

El resultado fue que la economía pasó a encontrarse en una situación en la que, para un determinado nivel de puestos vacantes, había una tasa más alta de desempleo.

EJERCICIO 16.3 CURVAS DE BEVERIDGE Y EL MERCADO LABORAL ALEMÁN

Según las curvas de Beveridge, el mercado laboral alemán tiene más éxito a la hora de emparejar trabajadores y puestos de trabajo pero, en algunos intervalos (por ejemplo, entre el primer trimestre de 2001 y el primero de 2005), el desempleo medio en Alemania que se muestra en la figura 16.6 era más alto que el de Estados Unidos.

Considere el papel que haya podido desempeñar la demanda agregada (sección 13.2 sobre la Ley de Okun y sección 14.10 sobre la demanda agregada y el desempleo). ¿Qué tipo de datos podrían usarse para respaldar su hipótesis?

PREGUNTA 16.3 ESCOJA LA(S) RESPUESTA(S) CORRECTA(S)

Este gráfico muestra el diagrama de curvas de Beveridge para Estados Unidos y Alemania para el periodo que va del primer trimestre de 2001 al segundo trimestre de 2015. Con base en esta información, ¿cuál de las siguientes afirmaciones es correcta?

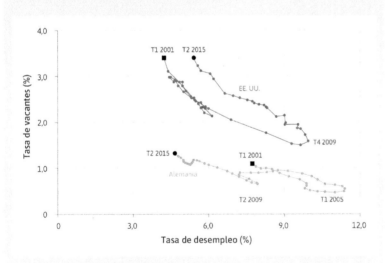

- ☐ Las curvas de Beveridge ilustran la relación negativa entre la tasa de puestos de trabajo vacantes y la tasa de empleo.
- ☐ Al mercado laboral de Estados Unidos se le dio mejor emparejar trabajadores y puestos de trabajo vacantes durante la crisis financiera de 2008–9.
- ☐ La curva de Beveridge de Estados Unidos se desplazó después de la crisis financiera, mejorándose así el emparejamiento en el mercado laboral.
- ☐ El ritmo de emparejamiento en Alemania mejoró después de que su curva de Beveridge se desplazara hacia 2007.

16.4 INVERSIÓN, ENTRADA DE EMPRESAS Y LA CURVA DE FIJACIÓN DE PRECIOS A LARGO PLAZO

En la figura 16.1 (página 771) vimos la notable divergencia en las tasas de desempleo de las distintas economías avanzadas que comenzó en la década de 1970. En el periodo más reciente que se muestra en el gráfico, países europeos como España, Grecia o Francia experimentaron tasas de desempleo muy altas, que oscilaron entre el 10% en Francia y más del 20% en España, mientras que en otros países, especialmente en el este de Asia (Corea del Sur, Japón) y en el norte de Europa (Austria, Noruega, Países Bajos, Suiza y Alemania), el desempleo se situó entre el 5 y el 6%.

Para explicar las principales tendencias a lo largo del tiempo y las diferencias en la tasa de desempleo entre los países, ampliamos los conceptos que hemos manejado en capítulos anteriores para pasar a modelar el largo plazo. En este modelo a largo plazo, las cosas que se supone que son constantes en los modelos de medio o corto plazo –como el tamaño de las reservas de capital y el número de empresas que operan en la economía– puedan cambiar lentamente, ajustándose por completo a un cambio en las condiciones económicas.

Factores determinantes del rendimiento económico a largo plazo

A largo plazo, la tasa de desempleo dependerá de lo bien que aborden las políticas e instituciones de un país los dos grandes problemas de incentivos de una economía capitalista:

riesgo de expropiación
Probabilidad de que el gobierno o algún otro actor le quite un activo a su propietario.

- *Incentivos laborales*: los trabajadores asalariados deben trabajar mucho y bien, incluso a pesar de lo difícil que es diseñar y hacer cumplir contratos que logren ese objetivo (como vimos en el capítulo 6).
- *Incentivos a la inversión*: los propietarios de las empresas deben invertir en la creación de empleos en lugar de invertir en el extranjero o simplemente usar sus beneficios para comprar bienes de consumo y no invertir en absoluto. Como vimos en el capítulo 14, al considerar sus decisiones de inversión, las empresas tomarán en cuenta no solo la tasa de beneficio después de impuestos, sino también el riesgo de cambios adversos como una legislación hostil o incluso la confiscación de sus propiedades, que se conoce como **riesgo de expropiación**. Del mismo modo que no se puede obligar a los trabajadores a trabajar mucho, sino que tienen que estar motivados para hacerlo, tampoco se puede obligar a las empresas a crear nuevos puestos de trabajo o a mantener los existentes.

David G Blanchflower y Andrew J. Oswald. 1995. 'An Introduction to the Wage Curve' (https://tinyco.re/ 2712192). *Journal of Economic Perspectives* 9 (3): pp. 153–167.

Resolver ambos problemas simultáneamente implicaría un nivel bajo de desempleo al mismo tiempo que un aumento rápido de los salarios. Ahora bien, ciertas formas de abordar uno de estos problemas pueden hacer que sea difícil abordar el otro. Por ejemplo, las políticas que conducen a salarios muy altos pueden inducir a los empleados a trabajar mucho, pero dejan a los propietarios de las empresas con pocos incentivos a invertir en la creación de nueva capacidad productiva y puestos de trabajo.

En la próxima sección veremos que los países difieren en la forma en que abordan estos dos problemas de incentivos simultáneamente.

La **curva de fijación de salarios** que hemos utilizado en los capítulos 6, 9, 14 y 15 muestra que los salarios han de ser más altos cuando los trabajadores desempleados esperan encontrar un trabajo nuevo fácilmente o cuando reciben un generosa prestación por desempleo, pues tanto una como otra circunstancia reducen el costo esperado de la pérdida del empleo. Esta es la razón por la que la curva de fijación de salarios está relacionada positivamente con el nivel de empleo, y por la que un aumento en la prestación por desempleo desplazará la curva hacia arriba, como muestra esta investigación.

Los incentivos necesarios para que los propietarios de las empresas inviertan están representados por la **curva de fijación de precios** en el modelo del mercado laboral (véase el capítulo 9).

Ampliaremos el modelo del mercado laboral al largo plazo permitiendo que las empresas entren y salgan del mercado y que los propietarios amplíen las reservas de capital o dejen que se reduzcan. Para simplificar, supongamos que las empresas tienen un tamaño determinado y que las reservas de capital aumentan o se reducen sencillamente aumentando o disminuyendo el número de empresas. Suponemos que hay rendimientos a escala constantes, de modo que, a largo plazo, los incrementos porcentuales en el empleo se igualarán con el mismo aumento porcentual en el capital.

Definimos el equilibrio a largo plazo en el mercado laboral como una situación en la que no solo los salarios reales y el nivel de empleo, sino también el número de empresas es constante (recuerde que el equilibrio siempre se define por lo que no cambia, a menos que exista una fuerza que genere un cambio que surja de elementos no considerados en el modelo).

Hay dos condiciones que determinan cómo puede cambiar el número de empresas:

- *Salida de empresas debido a un margen de beneficio bajo*: los propietarios pueden retirar sus fondos o incluso cerrar empresas si el margen de beneficio existente es demasiado bajo, lo que significa que la tasa esperada de beneficios después de impuestos no es atractiva en relación con los usos alternativos que los propietarios podrían dar a sus activos. Estos usos alternativos podrían ser invertir en filiales extranjeras, subcontratar parte del proceso de producción, comprar bonos del Estado o distribuir sus beneficios como dividendos a los propietarios. En este caso, el número de empresas disminuye.
- *Entrada de empresas debido a un margen de beneficio alto*: si el margen de beneficio es suficientemente alto, la alta tasa de beneficio resultante atraerá a nuevas empresas a entrar a la economía.

¿Cuándo es probable que se produzca una salida de empresas debido a un margen demasiado bajo? Esto ocurrirá cuando la economía sea altamente competitiva, con un gran número de empresas competidoras, lo que resulta en una alta elasticidad de la demanda de los productos de la empresa y, por lo tanto, un margen de beneficio pequeño. Cuando hay «demasiadas» empresas para mantener un margen de beneficio lo suficientemente alto, entonces las empresas saldrán, lo que a su vez tenderá a elevar el margen de beneficio.

De forma similar, cuando hay pocas empresas en la economía, el grado de competencia es limitado y el margen de beneficio elevado, por lo que la tasa de beneficio resultante será suficiente para atraer nuevas empresas. Como resultado, la economía se volverá más competitiva y el margen de beneficio caerá.

curva de fijación de salarios Curva que indica el salario real necesario en cada nivel de empleo en toda la economía para ofrecer a los trabajadores incentivos a que trabajen mucho y bien.

curva de fijación de precios Curva que indica el salario real pagado cuando las empresas eligen el precio al que maximizan beneficios.

Esto significa que el margen de beneficio tiende a la autocorrección. Si es demasiado bajo, las empresas saldrán y aumentará el margen de beneficio y, si es demasiado alto, las empresas entrarán y bajará.

La figura 16.7a ilustra este proceso, mostrando cómo se relacionan el número de empresas y el margen de beneficio que maximiza el beneficio. Para cada número de empresas, la línea de pendiente descendente indica el margen de beneficio que maximiza los beneficios de la empresa. La pendiente es descendente porque:

- Cuantas más empresas hay, más competitiva es la economía.
- Esto implica que las empresas se enfrentan a una mayor elasticidad de la demanda cuando venden sus productos (curvas de demanda con pendientes menos pronunciadas).
- El margen que maximiza los beneficios de la empresa disminuirá porque, como vimos en el capítulo 7, el margen de beneficio μ es 1/(elasticidad de la demanda).

La otra línea que vemos en la figura es horizontal y muestra el margen de beneficio que es justo el suficiente para mantener el número existente de empresas, que llamamos μ*. Siga los pasos del análisis de la figura 16.7a para ver por qué el número de empresas se mantendrá estable en 210.

Ahora, usando la figura 16.7a, piense qué ocurriría si, como resultado de un cambio de gobierno, el riesgo de expropiación de la propiedad privada

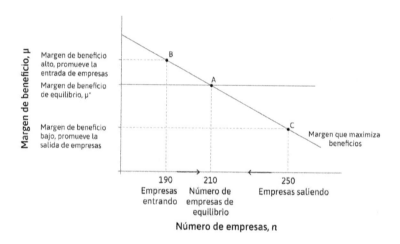

Figura 16.7a Entrada y salida de empresas y el margen de beneficio de equilibrio.

1. El margen que maximiza los beneficios
La línea con pendiente negativa indica el margen que maximiza los beneficios de la empresa para un número de empresas determinado. El número de empresas es constante e igual a 210 en el margen de beneficio de equilibrio, μ*.

2. Competencia y número de empresas
Cuantas más empresas haya, más competitiva será la economía, resultando en una mayor elasticidad de la demanda y un menor margen.

3. Salida de empresas
Con 250 empresas, el margen está debajo de μ* y algunas empresas tendrán que salir de la economía.

4. Entrada de empresas
Con 190 empresas, la economía está en B y el margen está por encima de μ*, así que accederán nuevas empresas al mercado.

por parte del gobierno disminuye. Se trata de una mejora en las condiciones de funcionamiento de los negocios y podría incluir cambios en la legislación que reduzcan la probabilidad de que el gobierno tome el control de las empresas o aplique cambios impredecibles a nivel de impuestos. Con mejores condiciones comerciales, se requiere un margen inferior para que las empresas puedan operar en esta economía. Siga los pasos de la figura 16.7b para ver cómo esto lleva a un aumento en el número de empresas en el punto de equilibrio.

Del margen de beneficio de equilibrio a la curva de fijación de precios a largo plazo

Como antes, una vez que conocemos el margen de beneficio μ^* y el producto medio del trabajo λ, también conocemos el salario real w resultante: es la proporción del producto medio del trabajo (o, lo que es lo mismo, del producto por trabajador) que no reclama el empleador a través del un margen de beneficio. Con rendimientos a escala constantes, si el capital por trabajador permanece constante, un mayor nivel de empleo es congruente con un rendimiento constante por trabajador: la curva de fijación de precios a largo plazo es plana. También observamos que, en el modelo, los trabajadores desempleados y empleados son idénticos debido a la existencia de desempleo involuntario en el equilibrio del mercado de trabajo.

La curva de fijación de precios a largo plazo viene dada por:

$$w = \lambda(1 - \mu^*)$$

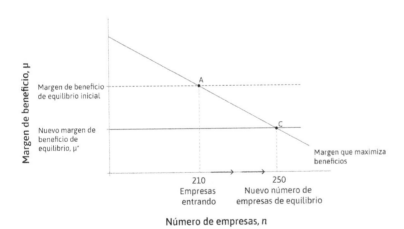

Figura 16.7b Una mejora en las condiciones para hacer negocios: Entrada y salida de empresas y el margen de beneficio de equilibrio.

1. Una mejora en las condiciones para hacer negocios
Esto reduce el margen de beneficio de equilibrio. Ahora el margen en A es «demasiado alto».

2. Entran nuevas empresas en el mercado
La economía crece hasta alcanzar las 250 empresas.

Como se muestra en la figura 16.8, este hecho nos permite traducir el margen de beneficio de equilibrio al salario real pagado, que establece la altura de la curva de fijación de precios. En el panel de la izquierda, la ecuación de la curva de fijación de precios a largo plazo se dibuja como una línea horizontal, con el margen de beneficio de equilibrio en el eje horizontal y el salario en el eje vertical: con un margen cero, el salario es igual al producto por trabajador y, cuando el margen es igual a 1 (o equivalentemente al 100%), el salario es igual a cero.

El panel derecho de la figura 16.8 muestra la curva de fijación de precios a largo plazo para diferentes niveles del margen de beneficio de equilibrio a largo plazo. En el eje horizontal del modelo a largo plazo, el empleo se refiere al empleo con capital constante por trabajador. Podemos resumir los factores que provocarán un desplazamiento de la curva de fijación de precios a largo plazo a través de sus efectos sobre el producto por trabajador o sobre el margen.

La curva de fijación de precios a largo plazo es más alta:

- cuanto mayor es el producto por trabajador,
- cuanto menor es el margen de beneficio en el que las entradas y salidas de empresas son cero.

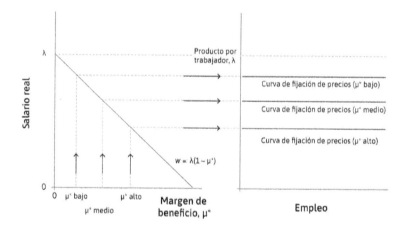

Figura 16.8 Los cambios en el margen de beneficio a largo plazo cambian la curva de fijación de precios.

1. La curva de fijación de precios a largo plazo
En el panel izquierdo, se muestra la ecuación de fijación de precios a largo plazo como una línea con pendiente negativa en un diagrama en el que se representa el margen de beneficio de equilibrio en el eje horizontal y el salario en el eje vertical.

2. Un margen de beneficio bajo
Un margen de beneficio de equilibrio a largo plazo bajo se asocia con una curva de fijación de precios a largo plazo más alta.

3. Un margen de beneficio alto
Las curvas de fijación de precios a largo plazo son más bajas para márgenes de beneficio más altos.

¿Qué reduce el margen al que las entradas y salidas de empresas son cero?

- mayor competencia
- propietarios en la economía nacional se enfrentan a un menor riesgo de expropiación
- ambiente de más calidad para hacer negocios: por ejemplo, mejor capital humano o mejores infraestructuras
- se espera una menor tasa impositiva a largo plazo
- menor costo de oportunidad del capital: por ejemplo, una tasa de interés más baja para los bonos
- se esperan menores beneficios de las inversiones extranjeras
- se espera un menor costo a largo plazo de los materiales importados

> **LA CURVA DE FIJACIÓN DE PRECIOS A LARGO PLAZO**
>
> Una vez que conocemos el margen de beneficio de equilibrio µ* y la productividad del trabajo λ, sabemos que el salario real w viene dado por:
>
> $$w = \lambda(1 - \mu^*)$$
>
> w es el producto por trabajador que no reclama el empleador a través del margen de beneficio.

EJERCICIO 16.4 MEDICIÓN DE LAS CONDICIONES DE INVERSIÓN

Acceda a la base de datos *Doing Business* (https://tinyco.re/2588313) del Banco Mundial.

1. En la sección «Topics», recopile (descargue) datos sobre tres características del contexto empresarial que afectarán al margen de beneficio a largo plazo, para 20 países que usted escoja. Justifique su elección de características.

Ahora acceda a la base de datos *DataBank* del Banco Mundial (https://tinyco.re/2009817).

2. Descargue el PIB per cápita de los 20 países que escogió. Para cada característica, cree un diagrama de dispersión con la característica del contexto empresarial en el eje horizontal y el PIB per cápita en el eje vertical. Describa brevemente la relación entre las dos variables (si la hay).

3. Explique por qué un buen contexto empresarial podría incrementar el PIB per cápita.

4. ¿Por qué podría un alto PIB per cápita mejorar el contexto empresarial?

5. Con base en su respuesta a las preguntas 3 y 4, explique los retos que podrían plantearse al interpretar la relación entre las dos variables usando un diagrama de dispersión.

PREGUNTA 16.4 ESCOJA LA(S) RESPUESTA(S) CORRECTA(S)

La figura 16.8 muestra los gráficos de la curva de fijación de precios a largo plazo y el margen de beneficio al cual la entrada y salida de empresas es, en ambos casos, cero.

Con base en esta información, ¿cuál(es) de las siguientes afirmaciones es(son) correcta(s)?

☐ Un aumento en el grado de competencia en la economía bajará la curva de fijación de precios.

☐ Una tasa de interés más baja lleva a una curva de fijación de precios más baja.

☐ Una menor productividad del trabajo lleva a una curva de fijación de precios más alta para un nivel dado de margen de beneficio µ*.

☐ Un mayor riesgo de expropiación de los negocios en el extranjero resulta en una curva de fijación de precios más alta.

PREGUNTA 16.5 ESCOJA LA(S) RESPUESTA(S) CORRECTA(S)

¿Cuál de las siguientes afirmaciones es correcta con respecto al modelo del mercado laboral?

☐ En los modelos de corto y medio plazo, la cantidad de capital permanece fija, mientras que en el modelo de largo plazo la cantidad de capital puede variar.
☐ El progreso tecnológico que economiza trabajo aumenta el desempleo, tanto a corto como a largo plazo.
☐ En el modelo del largo plazo, las empresas entran al mercado cuando el margen de beneficio es bajo.
☐ En el modelo del largo plazo, el margen de beneficio es independiente del número de empresas.

16.5 NUEVAS TECNOLOGÍAS, SALARIOS Y DESEMPLEO A LARGO PLAZO

Hemos visto que, contrariamente a los temores de los luditas, el aumento constante de la cantidad producida en una hora de trabajo no ha resultado en un desempleo cada vez mayor. Son los salarios los que han aumentado de media, no el desempleo.

En muchos países, la combinación de progreso tecnológico y de inversión que aumenta las reservas de capital ha tenido como consecuencia una duplicación de la productividad del trabajo de una generación a la siguiente. Nuestro modelo mostraba el resultado: un aumento en el salario real consistente con unos beneficios lo suficientemente altos como para motivar a los propietarios de las empresas a seguir invirtiendo en lugar de usar su riqueza de otras maneras.

Los luditas estaban en lo cierto al preocuparse por las dificultades que experimentan los que se quedan sin trabajo. Ahora bien, lo que no percibieron es que los beneficios adicionales que hicieron posible la introducción de las nuevas tecnologías proporcionaron una especie de autocorrección: inversiones adicionales que tarde o temprano llevarían a la creación de nuevos puestos de trabajo.

El desplazamiento hacia arriba de la curva de fijación de precios se ilustra en la figura 16.9a, que muestra el *statu quo* («tecnología antigua») con el equilibrio a largo plazo en A y un avance tecnológico que desplaza el equilibrio a largo plazo a B. En el punto B, el salario real es más alto y también lo es la tasa de empleo; en otras palabras, el desempleo es más bajo. El modelo muestra que el progreso tecnológico no necesariamente aumenta el desempleo en la economía en su conjunto.

Antes de examinar las experiencias de desempleo en diferentes países, debemos entender:

- *¿Qué determina la tasa de aumento de la productividad del trabajo?* Esto explica el desplazamiento hacia arriba de la curva de fijación de precios.
- *¿Cómo se desplaza la economía de A a B?* Ambos son equilibrios a largo plazo en el mercado laboral.

Nuevos conocimientos y nuevas tecnologías: la brecha de difusión de la innovación

A menudo lleva años –si no décadas– que una tecnología mejorada se introduzca de manera generalizada en una economía. Esta **brecha de difusión** causa diferencias entre la productividad del trabajo de las empresas más avanzadas y las empresas que sufren un retraso tecnológico.

En el Reino Unido, un estudio mostró que las empresas más productivas son más de cinco veces más productivas que las empresas menos productivas. Se han encontrado diferencias similares en la productividad de las empresas de la India y China. En el sector de la electrónica de Indonesia –parte de un mercado global altamente competitivo–, los datos de finales de la década de 1990 muestran que las empresas en el percentil 75° eran ocho veces más productivas que las del percentil 25°.

Las empresas de baja productividad logran mantenerse a flote porque pagan salarios más bajos a sus empleados y, en muchos casos, porque el capital de los propietarios también obtiene una tasa de beneficio menor. Cerrar las brechas de difusión puede incrementar significativamente la velocidad a la que se generaliza el uso de nuevos conocimientos y nuevas prácticas de gestión.

Esto puede ocurrir cuando un sindicato negocia salarios de tal forma que trabajadores equivalentes reciban el mismo salario en toda la economía. Una consecuencia de esto es que las empresas menos productivas (que son las que pagan salarios bajos) experimentarán aumentos salariales, lo que hará que algunas de estas empresas no sean rentables y tengan que cerrar. Los sindicatos también podrían respaldar políticas gubernamentales que ayuden a acelerar la salida de las empresas que no son productivas, aumentar la

> **brecha de difusión** Lapso entre la primera introducción de una innovación y su uso generalizado. *Véase también: difusión.*

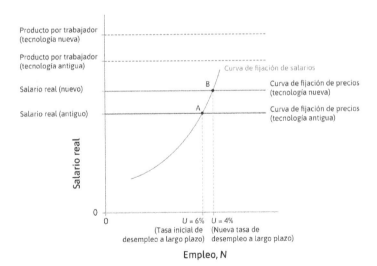

Figura 16.9a La tasa de desempleo a largo plazo y la tecnología nueva.

1. El equilibrio a largo plazo antes de la introducción de la tecnología nueva.
Se sitúa en el punto A.

2. Un avance tecnológico
Desplaza la producción por trabajador y la curva de fijación de precios hacia arriba.

3. El efecto del equilibrio a largo plazo sobre el empleo
En el punto B, el salario real es más alto y el desempleo es más bajo.

productividad media en la economía y desplazar hacia arriba la curva de fijación de precios. En este caso, las asociaciones de trabajadores pueden ayudar a provocar la destrucción creativa en lugar de resistirse a ella.

Las asociaciones empresariales también pueden formar parte del proceso de destrucción creativa evitando tratar de prolongar la vida de empresas que no son productivas, a sabiendas de que su desaparición es parte del proceso que hace que crezca la torta. No obstante, en muchos casos, empleados y empresarios de las empresas rezagadas no actúan de esta manera, sino que obtienen protección a través de subsidios, protección arancelaria y rescates que garantizan, al menos por un tiempo, la supervivencia de la empresa improductiva y sus empleos.

La velocidad a la que la curva de fijación de precios de la economía se desplace hacia arriba depende de cuál de estas dos actitudes hacia el proceso de destrucción creativa predomine. Las economías difieren mucho a este respecto.

Ajuste al cambio tecnológico: la brecha de ajuste del empleo y los salarios

Las economías también difieren en cómo transitan desde el equilibrio del *statu quo* en A a un nuevo equilibrio como el punto B de la figura 16.9b.

Recuerde que la curva de fijación de precios en el modelo a largo plazo es un nivel de salario real tal que las empresas no entrarán ni saldrán de la economía. Así pues, el paso del punto A (con un 6% de desempleo) al punto B (con un 4% de desempleo) se produjo porque hubo empresas que entraron en la economía, un proceso que lleva algún tiempo. ¿Qué pasó por el camino? Siga los pasos del análisis de la figura 16.9b para ver una ruta de evolución posible.

¿Han ganado todos a lo largo de este viaje? Solo si se comparan los puntos inicial y final o si contempla un horizonte temporal lo suficientemente largo. El tiempo entre la introducción de la nueva tecnología y el nuevo equilibrio a largo plazo por lo general se mide en años o incluso en décadas, no en semanas ni en meses. Los trabajadores más jóvenes podrían tener más que ganar con los salarios y el empleo finales más altos, pero los trabajadores de más edad tal vez nunca experimenten el resultado de B.

Además, tenga en cuenta que en la figura 16.9b asumimos que el salario real no disminuyó a corto plazo pero, si la economía se desplazara al punto D, las empresas podrían reducir el salario real de modo que se situara sobre la curva de fijación de salarios en el nuevo nivel de desempleo. Esta situación es particularmente probable si la nueva inversión que llevaría a la economía al punto E tarda en llegar. En ese caso, los salarios pueden caer bajo la presión de un mayor desempleo antes de que el empleo se ajuste.

Ya hemos visto que, en Gran Bretaña, el ajuste al progreso tecnológico en los siglos XVIII y XIX (la Revolución Industrial) no fue rápido. Hubo un retraso prolongado antes de que los salarios reales comenzaran a aumentar de manera sostenida, a partir de alrededor de 1830.

Al igual que en el caso de la brecha de difusión, las políticas públicas, los sindicatos y las prácticas asociativas de los empleadores pueden alterar el tamaño de esta **brecha de ajuste** del empleo y los salarios. La política económica del gobierno puede ayudar a reasignar trabajadores a empresas y sectores nuevos ofreciendo servicios de búsqueda de empleo y reciclaje profesional, y proporcionando prestaciones por desempleo durante un horizonte temporal acotado. Esto ayuda a los trabajadores que salen de las empresas en quiebra a pasar rápidamente a trabajar para otras mejores.

brecha de ajuste Lapso entre algún cambio externo en las condiciones del mercado laboral y el movimiento de la economía hacia las inmediaciones del nuevo equilibrio.

El tamaño de estas brechas de ajuste también depende de las instituciones y las políticas que podrían facilitar o dificultar la creación de empleos en sectores nuevos. Si el salario está por debajo de la curva de fijación de precios, los beneficios son suficientes para crear inversiones nuevas y formar empresas nuevas. Esto forma parte del proceso de adaptación a la destrucción creativa. Algunos países tienen políticas de regulación de la competencia y del mercado de productos bien diseñadas que hacen que resulte fácil montar un negocio nuevo. En otros, los negocios ya establecidos han logrado dificultar la entrada de nuevas empresas al mercado, lo que ralentiza o incluso impide que la economía pase al punto B.

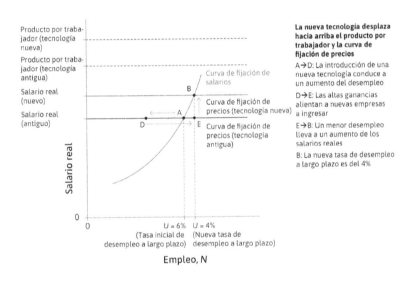

Figura 16.9b Tasa de desempleo a largo plazo y tecnología nueva.

1. La respuesta a una tecnología nueva
Una tecnología nueva significa que con menos trabajadores se puede producir lo mismo. ¿Cómo se ajusta la economía?

2. La aplicación de la tecnología nueva.
En un primer momento, la tecnología nueva deja a un número significativo de trabajadores sin trabajo. En el punto D, el salario es el mismo pero hay menos puestos de trabajo.

3. Los beneficios económicos son altos en D
Habrá empresas nuevas que se sentirán atraídas hacia la economía y la inversión aumentará. El desempleo finalmente caerá a medida que la economía se mueva de D a E.

4. Los salarios suben
Con un desempleo menor, las empresas tienen que establecer salarios más altos para asegurarse de que los trabajadores realicen un esfuerzo adecuado, por lo que los salarios suben.

5. Un equilibrio nuevo
El ajuste se detiene cuando la economía se sitúa en el punto B, con salarios reales más altos y menor desempleo a largo plazo.

Si considera de nuevo la figura 16.1 (página 771), tal vez se pregunte por qué la tasa de desempleo no disminuye continuamente en un mundo con progreso tecnológico continuo. La razón es que hay otras fuerzas operando en la economía que hacen que la curva de fijación de salarios se desplace hacia arriba. Los sindicatos podrían ser responsables de este desplazamiento (como vimos en el capítulo 9), pero hay otras explicaciones:

- *Prestaciones por desempleo*: los cargos electos del gobierno podrían aplicar políticas de prestación por desempleo más generosas a medida que la economía se adapta a la tecnología nueva. Quieren ayudar a los que no tienen trabajo. Esto mejora la opción de reserva de los trabajadores y desplaza hacia arriba la curva de fijación de salarios.
- *Salarios del medio rural*: las mejoras tecnológicas en el medio rural y la migración de las zonas rurales a las ciudades ligada a la aplicación de nuevas tecnologías en el sector de las manufacturas puede aumentar los ingresos del medio rural y, por lo tanto, aumentar la opción de reserva de los trabajadores, lo que reduce el costo de perder un trabajo en el sector manufacturero. Como resultado, los empleadores del medio urbano deben pagar más para inducir a los empleados a trabajar. Esta situación podría darse en países en desarrollo con grandes sectores rurales.

Exploraremos en mayor detalle estas fuerzas en el capítulo 17 cuando estudiemos la edad de oro del capitalismo después de la Segunda Guerra Mundial.

Lecciones sobre la destrucción creativa y la estabilización del consumo

A estas alturas, es posible que haya notado que hay dos temas recurrentes en este curso:

- *La destrucción creativa*: las mejoras en los estándares de vida a menudo ocurren por un proceso de progreso tecnológico en el que los trabajos, las habilidades, sectores enteros y muchas comunidades se vuelven obsoletos y se abandonan. Estudiamos este proceso en las unidades 1, 2, 16 y 21.
- *La estabilización del consumo*: los hogares que se enfrentan a perturbaciones en sus ingresos buscan reducir los altibajos para homogeneizar su nivel de vida mediante préstamos, prestaciones por desempleo, asistencia mutua entre familiares y amigos y otras formas de coaseguro. Hemos estudiado este proceso en los capítulos 10, 13 y 14.

Estos dos temas están relacionados. Las personas que sufren la destrucción de sus puestos de trabajo sufrirán menos si pueden suavizar su consumo. Las economías difieren mucho en la medida en que sus políticas, cultura e instituciones permiten la estabilización del consumo. En las que lo hacen bien, es probable que la resistencia a las fuerzas creadoras y destructivas del progreso tecnológico sea baja. En las que no, tanto los empresarios como los empleados tratarán de encontrar formas de resistir (o detener) el proceso de destrucción creativa, prefiriendo defender los activos de sus empresas y los trabajos existentes.

Un ejemplo es la actitud de los sindicatos ante el proceso de destrucción y creación de empleo. En países con oportunidades adecuadas para estabilizar el consumo, los sindicatos tienden a no insistir en el derecho del trabajador a mantener un puesto de trabajo en particular. En cambio, demandan nuevas oportunidades laborales adecuadas y apoyo en la búsqueda y capacitación para un nuevo trabajo.

En otros países, los sindicatos y las políticas gubernamentales buscan mantener el *statu quo* actual de emparejamiento de trabajadores y puestos, por ejemplo, haciendo que sea más difícil rescindir un contrato laboral, incluso cuando el trabajador no haya tenido un rendimiento adecuado en el puesto. Esta **legislación de protección del empleo** puede ser perjudicial para el desempeño del mercado laboral al ampliar las brechas de difusión y ajuste y desacelerar la tasa de progreso técnico, al tiempo que empuja hacia arriba la curva de fijación de salarios.

Estas respuestas dispares ante las oportunidades y desafíos que presenta la destrucción creativa nos ayudarán a entender por qué algunas economías han tenido un mejor desempeño que otras en la historia reciente.

legislación de protección del empleo Leyes que hacen que el despido sea más costoso (o imposible) para los empleadores.

Samuel Bentolila, Tito Boeri y Pierre Cahuc. 2010. 'Ending the Scourge of Dual Markets in Europe' (https://tinyco.re/2724010) *VoxEU.org*. Actualizado el 12 de julio de 2010.

En nuestro video «Economistas en acción», John Van Reenen usa el juego del *cricket* para explicar cómo la productividad media de la economía se ve afectada por la supervivencia de las empresas de baja productividad.
https://tinyco.re/4455896

PREGUNTA 16.6 ESCOJA LA(S) RESPUESTA(S) CORRECTA(S)
Vea nuestro video «Economistas en acción» con John van Reenen sobre los factores determinantes de la productividad de las empresas. Según el video, ¿cuál de las siguientes afirmaciones es correcta?

- ☐ La gran variación en la productividad entre países y empresas se debe a diferencias en las prácticas de gestión.
- ☐ La apertura de un país a la inversión extranjera directa (IED) es más importante que la destrucción creativa para mejorar la productividad.
- ☐ La parte «creativa» de la destrucción creativa es eficaz para mejorar la productividad a corto y largo plazo.
- ☐ La apertura de un país a las importaciones puede afectar su productividad.

PREGUNTA 16.7 ESCOJA LA(S) RESPUESTA(S) CORRECTA(S)
La figura 16.9b muestra el proceso de ajuste a largo plazo en el mercado laboral después de producirse una situación de progreso tecnológico.

Según esta información, ¿cuál de las siguientes afirmaciones es correcta?

- ☐ La nueva tecnología no causa ningún aumento en el desempleo, ni a corto ni a largo plazo.
- ☐ En D, las empresas aumentan la inversión y, por lo tanto, el empleo, debido a la gran brecha entre el salario real pagado y la curva de fijación de salarios de los trabajadores.
- ☐ Un desempleo más bajo en E implica que hace falta un salario más alto para inducir a los trabajadores a realizar un gran esfuerzo, lo que resulta en un salario real más alto en B.
- ☐ El ajuste del equilibrio A al nuevo equilibrio en B es inmediato.

16.6 CAMBIO TECNOLÓGICO Y DESIGUALDAD DE INGRESOS

corto plazo (modelo) El término no se refiere a un periodo de tiempo, sino a lo que es exógeno: precios, salarios, capital social, tecnología, instituciones. *Véase también: ingreso, bienes de capital o equipo, tecnología, instituciones, medio plazo (modelo), largo plazo (modelo).*

largo plazo (modelo) El término no se refiere a un periodo de tiempo, sino a lo que es exógeno. Una curva de costos a largo plazo, por ejemplo, se refiere a los costos cuando la empresa puede ajustar completamente todos los insumos, incluidos sus bienes de capital; ahora bien, la tecnología y las instituciones de la economía son exógenas. *Véase también: tecnología, instituciones, corto plazo (modelo), medio plazo (modelo).*

¿Qué sucede con la distribución del ingreso en una economía cuando se introduce una nueva tecnología que aumenta la productividad del trabajo? Piense en el caso que acabamos de estudiar en las figuras 16.9a (página 793) y 16.9b (página 795), donde destacamos el contraste entre el impacto inmediato a **corto plazo** y el resultado a **largo plazo** que se genera una vez que los mayores beneficios, posibles gracias a la innovación, han motivado inversiones adicionales por parte de los empresarios.

En el corto plazo, la economía se mueve del punto A al punto D en la figura 16.9b. La nueva tecnología aumenta el producto por trabajador y reduce la cantidad de personas empleadas. Para aquellos empleados en D, suponemos que a corto plazo el salario real no se ve afectado.

¿Cuál es el efecto sobre la desigualdad en el corto plazo, en el punto D? La desigualdad aumenta por dos motivos: primero, debido al aumento del número de trabajadores desempleados con ingresos bajos o nulos y, en segundo lugar, porque a corto plazo solo los empleadores obtienen beneficios de la nueva tecnología. La participación de los empleadores en el producto aumenta. Todo esto se resume en la primera fila de la figura 16.10. Por supuesto, una caída de los salarios en D hasta situarse en la curva de fijación de salarios habría exacerbado el aumento de la desigualdad.

Pero el proceso no termina aquí. El punto D de la figura 16.9b (página 795) no es un equilibrio de Nash porque, con el nuevo nivel de productividad y el antiguo salario real, las empresas están obteniendo suficientes beneficios como para atraer a nuevas empresas al mercado o incentivar a las empresas existentes a expandir su producción. Volviendo a la figura 16.9b, vemos que la economía se expande y hay más personas empleadas. Esto también empuja los salarios a lo largo de la curva de fijación de salarios. Este proceso continuará hasta que el salario sea lo suficientemente alto como para que las empresas dejen de expandirse o entrar en la economía, es decir, hasta que la economía alcance el punto B, el nuevo equilibrio de Nash.

Al comparar el nuevo equilibrio de Nash en el punto B con el inicial en el punto A, tanto los trabajadores como los empleadores se benefician de la nueva tecnología. La participación salarial ha vuelto a su nivel inicial y la desigualdad es menor en B porque la tasa de desempleo es más baja. Tenga en cuenta que aunque la participación de los salarios en B no es más alta que en A, los salarios reales son más altos.

	En la Figura 16.9b	Empleo	Desempleo	Participación salarial	Desigualdad
Corto plazo (el número de empresas y sus reservas de capital no cambian)	De A a D	Baja	Sube	Baja	Sube
Largo plazo (el resultado se ajusta completamente al nuevo equilibrio de Nash del modelo, sin cambios en la curva de fijación de salarios)	De A a B	Sube	Baja	No cambia	Baja ligeramente

Figura 16.10 Efectos de las mejoras tecnológicas en el modelo del mercado laboral: a corto y a largo plazo.

El efecto a largo plazo del cambio en la tecnología fue reducir levemente la desigualdad porque:

- a largo plazo, la participación de los empleados en el producto total volvió a su nivel preexistente debido a un aumento en los salarios reales
- el salario real más alto permitió a los empleadores mantener la motivación para que los trabajadores trabajaran mucho con un nivel de desempleo más bajo

Para ver el efecto sobre la desigualdad, representaremos la situación inicial mediante una curva de Lorenz (introdujimos este concepto en el capítulo 5 y también lo utilizamos en los capítulos 9 y 10) y luego veremos cómo cambia su forma. En la figura 16.11, los desempleados, los trabajadores y los empleadores se muestran en el eje horizontal.

La línea continua de la figura 16.11 es la curva de Lorenz correspondiente a la situación en el punto A de la figura 16.9b (página 795). Cuando el desempleo aumenta a D (en el eje horizontal), la curva de Lorenz se desplaza a la línea discontinua. La esquina de la curva se produce en un punto más bajo, lo que refleja la menor participación de los salarios en el punto D. A la larga, el desempleo cae a B y la participación salarial vuelve a su nivel inicial. La curva de Lorenz se desplaza hacia adentro.

Siga los pasos del análisis de la figura 16.11 para ver cómo cambia la curva de Lorenz de camino al nuevo equilibrio.

EJERCICIO 16.5 PROGRESO TECNOLÓGICO Y DESIGUALDAD

El Einstein del capítulo 9 mostraba que el coeficiente de Gini g puede calcularse a partir de los tres grupos de personas que conformaban el mercado laboral de la economía de la siguiente manera:

$$g = u + n - (1 - u)\frac{w}{\lambda}$$

Aquí, u representa la fracción desempleada, n la fracción de la fuerza de trabajo con empleo, la cantidad $(1 - n - u)$ la fracción de la fuerza de trabajo que son empleadores, w el salario real, y λ el producto por trabajador. La expresión w/λ es la fracción del producto total que los salarios de los trabajadores pueden comprar, o sea, la participación de la masa salarial en el producto de la economía. Esto tambien se ve en que wn es el total de salarios pagado, y λn es el producto total de la economía.

En la curva de Lorenz inicial (antes del cambio tecnológico), supongamos que hay 6 desempleados, 84 empleados y 10 empleadores, con salarios suficientes para comprar el 60% del producto.

1. Confirme que el coeficiente de Gini en este caso sería 0,336.
2. Ahora supongamos que el progreso tecnológico lleva a 4 trabajadores a perder sus empleos mientras que el producto se mantiene constante, y el nivel salarial de los trabajadores restantes también se mantiene constante, por lo que los beneficios aumentan en la misma cantidad que la reducción en la masa salarial. ¿Cuál es la nueva participación de la masa salarial? ¿Cuál es el nuevo coeficiente de Gini?
3. A la larga, suponga que hay 4 desempleados, 86 empleados y 10 empleadores, y la participación salarial en el producto total vuelve al 60%. ¿Cuál es el coeficiente de Gini ahora? Con sus propias palabras, explique por qué aumentó la desigualdad a corto plazo mientras que cayó a largo plazo.

PREGUNTA 16.8 ESCOJA LA(S) RESPUESTA(S) CORRECTA(S)

¿La introducción de una nueva tecnología que ahorre trabajo resulta en...?

☐ Mayor participación salarial en el producto y mayor coeficiente de Gini a corto plazo.

☐ Menor participación salarial en el producto y mayor coeficiente de Gini a corto plazo.

☐ Menor participación salarial en el producto y menor coeficiente de Gini a corto plazo.

☐ Mayor desempleo, menor participación salarial en el producto y mayor coeficiente de Gini a largo plazo.

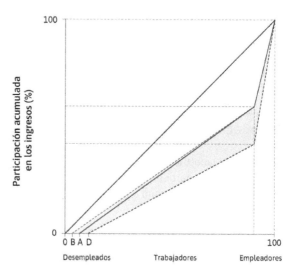

Figura 16.11 Efectos de una nueva tecnología en la desigualdad: corto y largo plazo.

1. Desempleo antes de que se introduzca una tecnología nueva

La economía comienza en un equilibrio a largo plazo antes de la nueva tecnología, con una porción A de la población desempleada (correspondiente al punto A en la figura 16.9b).

2. La aplicación de la tecnología nueva

Esto separa a algunos trabajadores de sus trabajos, de modo que el desempleo aumenta ahora a D (correspondiente al punto D en la figura 16.9b). Suponemos que los salarios siguen siendo los mismos para el resto de los trabajadores; por lo tanto, dado que el producto por trabajador ha aumentado, la participación salarial en el producto total disminuye.

3. Los beneficios económicos son altos

Nuevas empresas se sentirán atraídas hacia la economía y la inversión aumentará, por lo que las empresas existentes se expandirán. El desempleo finalmente caerá al nivel mostrado en el punto B, el nuevo equilibrio a largo plazo.

16.7 ¿CUÁNTO TIEMPO TARDAN LOS MERCADOS LABORALES EN AJUSTARSE A LOS *SHOCKS*?

¿Qué tan largo es el largo plazo? En 1923, John Maynard Keynes escribió:

> «El largo plazo es una guía engañosa para asuntos de actualidad. *A largo plazo, estaremos todos muertos*. Los economistas se encomiendan a sí mismos una tarea demasiado fácil y demasiado inútil si, en épocas tempestuosas, lo único que son capaces de decirnos es que, cuando la tormenta haya pasado, el mar volverá a estar como un plato.» (*Breve tratado sobre la reforma monetaria*).

John Maynard Keynes. *Breve tratado sobre la reforma monetaria*. Madrid: Fundación ICO: Síntesis. 2009.

Lo que usted piense acerca de la cita de Keynes, especialmente la parte en cursiva, puede depender de su edad (él tenía 40 años y viviría otros 23 años más). En la metáfora de Keynes, el mar está como un plato en el equilibrio, pero, para quien está interesado en una navegación segura, quizás sea más importante lo que sucede en el tránsito de un equilibrio a otro o, en otras palabras, cuando se atraviesa la tormenta. Keynes abogó por lo que antes hemos denominado una visión dinámica de la economía, es decir, una que se centra en los cambios.

En la sección 16.5 estudiamos cómo, si el mercado laboral se desequilibra por una innovación que ahorra trabajo y deja a un número de empleados sin trabajo, puede haber un nuevo equilibrio a largo plazo en el que los trabajadores separados de sus puestos por la innovación vuelvan a trabajar a salarios más altos. A lo que iba Keynes era a que las buenas políticas económicas deben basarse en una comprensión de cómo la economía pasa de un equilibrio a otro y cuánto tiempo tarda en hacerlo.

No obstante, muchos economistas han adoptado lo que Keynes llamó el enfoque «fácil» y se han centrado en estudiar uno o más equilibrios. Cuando algo cambia (como una nueva tecnología), los economistas comparan el equilibrio antes y después del cambio. Esto se denomina enfoque estático comparativo (estático significa inmutable, por lo que la idea es comparar dos cosas que son diferentes –el antes y el después– pero que son en sí mismas estáticas).

Hal Varian (1947–), un importante teórico económico estadounidense, señala las dificultades de saber qué sucede fuera del equilibrio. Así les dice a los lectores de su popular texto sobre microeconomía (https://tinyco.re/2912410): «en general, ignoraremos la cuestión de cómo se alcanza el equilibrio y nos centraremos solo en la cuestión de cómo las empresas se comportan en el equilibrio».

Varian tiene razón: es importante saber qué sucede en el equilibrio y cómo el nivel de empleo, los salarios y los beneficios que se producen en equilibrio diferirán dependiendo de las condiciones y las políticas adoptadas. Tampoco es cierto que a la larga «todos» vayamos a estar muertos, a menos que las únicas personas que cuenten como «nosotros» sean los que viven ahora, no las generaciones futuras que vendrán después y experimentarán los efectos a largo plazo de las políticas adoptadas ahora. Además, sabemos por el capítulo 4 que a la gente le importa el bienestar de los demás, por lo que el largo plazo importa, incluso si es muy largo.

Si, cuando las cosas cambian, la economía se mueve rápidamente de un equilibrio a otro, el enfoque estático comparativo defendido por Varian tiene sentido. Si el proceso de alcanzar el equilibrio nuevo lleva mucho tiempo o no podemos estar seguros de que la economía se moverá a otro equilibrio (véase «¿Existen las burbujas?» en el capítulo 11), entonces el énfasis de Keynes en la dinámica del proceso de ajuste parece apropiado.

En el capítulo 11 explicamos que, cuando un mercado no está en equilibrio, hay oportunidades para que los actores económicos se beneficien cambiando el precio o la cantidad que están vendiendo o comprando. Estas actividades conocidas como de búsqueda de rentas son parte del proceso por el que se establece un nuevo equilibrio. En un mercado de pescado, por ejemplo, la búsqueda de rentas sencillamente significa ofrecer o cobrar un precio diferente, y el proceso por el que se llega a un nuevo equilibrio es relativamente rápido.

Sin embargo, en el mercado laboral, cuando la competencia de otras empresas ha reducido la demanda de un bien que un trabajador producía y causado que pierda su trabajo, el proceso de ajuste será más lento. La razón es que la búsqueda de rentas que puede generar un nuevo equilibrio tal vez implique que el trabajador tenga que reciclarse profesionalmente para desarrollar un conjunto nuevo de habilidades, o puede que el trabajador tenga que mudarse con toda su familia, con el consiguiente desarraigo, para buscar trabajo en una nueva ubicación.

Kathryn Graddy: Pescar una competencia perfecta
https://tinyco.re/7406838

El debate sobre la velocidad del ajuste del mercado laboral de EE.UU. al «shock» de la competencia de las importaciones de productos manufacturados de China es un ejemplo típico. Aproximadamente a principios del presente siglo, después de más de una década de importaciones de China en rápido aumento, el consenso generalizado entre los economistas estadounidenses era que las importaciones no tenían ningún efecto negativo importante sobre los salarios o el empleo, en parte porque los trabajadores que producían bienes que compiten con las importaciones podrían mudarse fácilmente a otras regiones. En otro de nuestros videos anteriores de «Economistas en acción» sobre producción global y externalización, Richard Freeman preguntaba si los salarios de EE.UU. no se estarían «fijando en Pekín» y respondía con un rotundo «no».

Richard Freeman: No se puede externalizar la responsabilidad
https://tinyco.re/0004374

Sin embargo, incluso entonces se iban acumulando pruebas de que el ajuste de la economía de EE.UU. al shock de China no iba a ser un simple salto de estática comparativa de libro de texto que pasase de un equilibrio a otro. La mayoría de los economistas no anticiparon hasta qué punto China dominaría rápidamente la producción mundial de productos manufacturados: en 1990, China produjo la vigésima parte de los productos manufacturados del mundo; un cuarto de siglo después producía ya un cuarto del total mundial.

Pero no fue solo el tamaño inesperado del shock de China lo que anuló el optimismo de muchos economistas; además, el ajuste del mercado laboral no se produjo tan rápido como se había supuesto que sucedería.

Econ Talk. 2016. 'David Autor on Trade, China, and U.S. Labor Markets' (https://tinyco.re/2829759). The Library of Economics and Liberty . Actualizado el 26 de diciembre de 2016.

David Autor y Gordon Hanson. NBER Reporter 2014 Number 2: Research Summary. Labor Market Adjustment to International Trade (https://tinyco.re/2846538).

El impacto en los mercados laborales de EE.UU. se concentró geográficamente: partes del estado de Tennessee especializadas en la producción de muebles y expuestas a la competencia de China recibieron un duro golpe, mientras que el cercano estado de Alabama, especializado en industria pesada, apenas se vio afectado, ya que la industria pesada china no exportaba a Estados Unidos. La concentración geográfica de los efectos del shock de China ha permitido a los economistas estudiar cómo se ajustaron los mercados laborales.

Descubrieron que en los mercados laborales de EE.UU. el largo plazo es un tiempo muy largo. Las regiones "expuestas a China" sufrieron pérdidas importantes a nivel de empleo manufacturero; a muchos de los que quedaron desempleados les resultó imposible encontrar trabajo en su localidad y se dieron por vencidos, abandonando así la fuerza de trabajo.

Muy pocos salieron de la región. Las localidades afectadas por la competencia de las importaciones en la década de 1990 continuaban siendo zonas de economía deprimida en la segunda década de este siglo. Entre 1999 y 2011, el *shock* de China provocó una pérdida de 2,4 millones de empleos.

La conclusión a la que llegó un importante estudio del *shock* de China sonó más a Keynes que a Varian. Si se tuviera que proyectar el impacto en el mercado laboral de EE.UU., sin contar para ello con otra cosa que un libro de texto estándar de economía básica, se podrían predecir grandes movimientos de trabajadores entre los sectores industriales estadounidenses de bienes exportables (es decir, que se exportan o compiten con las importaciones) como, por ejemplo, de ropa o muebles a productos farmacéuticos o aviones a reacción. También cabría esperar una reasignación limitada de empleos de los sectores de bienes exportables a los de bienes no exportables, pero ningún impacto neto en el empleo agregado de los Estados Unidos. La realidad del ajuste al *shock* comercial provocado por China ha sido muy diferente.

Es probable que el ajuste a la introducción de maquinaria ahorradora de mano de obra, que hemos estudiado en este capítulo, sea igual de lento. En el capítulo 18 volveremos al papel de China en la economía mundial y mostraremos que la respuesta al *shock* de China en Alemania fue bastante diferente.

● ● ● ● ● ●

16.8 INSTITUCIONES Y POLÍTICAS: ¿POR QUÉ ALGUNOS PAÍSES LO HACEN MEJOR QUE OTROS?

¿Qué queremos decir cuando hablamos de un «buen» rendimiento o un «buen» resultado? La respuesta es importante porque los ciudadanos que votan a partidos con programas económicos distintos y los que diseñan políticas que intentan mejorar esos programas necesitarán manejar algún concepto de lo que es deseable, ya sea para el individuo, el diseñador de políticas o la nación.

Como vimos en el capítulo 3, las personas valoran su tiempo libre, así como su acceso a bienes. Por lo tanto, su compensación por hora de trabajo será un elemento importante para evaluar el desempeño de un país. En cualquier año dado, un «buen» desempeño es aquel en que el desempleo es bajo y los salarios reales por hora son altos. Poniendo esto en un entorno dinámico y evaluando una economía a lo largo de muchos años, juzgamos el desempeño como «bueno» si un país combina un rápido crecimiento de los salarios reales por hora de trabajo con una tasa de desempleo baja.

Por supuesto, hay otras dimensiones del rendimiento económico a largo plazo que preocupan a la mayoría de las personas. Nos puede importar si la distribución de las recompensas económicas es justa, si la relación de la economía con el entorno natural es sostenible o no, o la medida en que los hogares están expuestos a la inseguridad económica derivada de las fluctuaciones del ciclo económico. No obstante, aquí nos enfocaremos únicamente en el crecimiento de los salarios reales por hora y la tasa de desempleo.

Usamos el modelo del mercado laboral y la curva de Beveridge para ver que para lograr un buen desempeño, una economía debe contar con dos capacidades:

- *Elevar la curva de fijación de precios y sujetar el desplazamiento ascendente de la curva de fijación de salarios*: de modo que tanto el crecimiento del salario por hora como la tasa de empleo a largo plazo sean altos.
- *Ajustarse rápida y completamente*: para que toda la economía pueda aprovechar las oportunidades del cambio tecnológico.

El cambio tecnológico significa la desaparición de puestos de trabajo en empresas en las que la nueva tecnología sustituye a los trabajadores. Los puestos de trabajo también desaparecen a medida que entran empresas nuevas en la economía, y los que no pueden adaptarse a las nuevas condiciones, cierran. La curva de Beveridge resalta la importancia de emparejar trabajadores y vacantes en el mercado laboral. En la figura 16.9b (página 795) vimos que el impacto inicial de las nuevas tecnologías es separar a los trabajadores de sus trabajos: la curva de Beveridge resume la capacidad de la economía para reubicar rápidamente a los trabajadores que han perdido su trabajo en otros puestos, acortando así el periodo que la economía pasa en la situación de corto plazo (punto D, figura 16.9b).

La figura 16.12 muestra el rendimiento a largo plazo (durante un periodo de 40 años) para un grupo de economías avanzadas, utilizando los criterios del crecimiento salarial real y la tasa de desempleo. Estudiamos un periodo prolongado porque no queremos que nuestra evaluación del desempeño a largo plazo se vea afectada por la fase particular del ciclo económico en la que se encuentre un país (la situación será mucho mejor en un pico de auge que en el valle del mínimo). Usamos los salarios del sector manufacturero porque se miden de maneras que son más comparables exactamente entre naciones, aunque esto tampoco es ideal, porque la proporción del empleo en el sector manufacturero se reduce con el tiempo y varía según los países.

Un buen desempeño coloca a un país en el extremo superior izquierdo de la figura 16.12, con un alto crecimiento de los salarios y un desempleo bajo; un mal desempeño ubica a un país en el extremo inferior derecho. Dado que valoramos positivamente tanto el alto crecimiento de los salarios como el desempleo bajo, podemos estar dispuestos a tolerar un crecimiento escaso de los salarios si se asocia con un menor nivel de desempleo. Esto significa que podemos representar la curva de indiferencia de un ciudadano como una recta desde el origen. Las rectas con pendiente más pronunciada son mejores, y el rendimiento de un país se mide por la pendiente de la recta que va desde el origen hasta el punto observado para ese país. Si nos fijamos en la figura 16.12, y tomamos Bélgica (BEL) como ejemplo: un ciudadano belga preferiría estar en un radio con una pendiente más pronunciada, como el de Alemania (ALE), con menor desempleo y mayor crecimiento salarial.

Las dos rectas de la figura 16.12 dividen a los países en tres grupos. Los que obtienen los mejores resultados durante el periodo de 40 años que va de 1970 a 2011 son Noruega y Japón. Los de un desempeño más bajo son Bélgica, Italia, EE.UU., Canadá y España. El bajo desempeño de EE.UU. se debe en parte al hecho de que comenzaba con salarios más altos en 1970, ya que fue el líder tecnológico mundial durante ese periodo (como vimos en la figura 16.3 (página 777)). La implicación fue que otras naciones pudieron aprender de la experiencia estadounidense, aumentando rápidamente su productividad. Se pueden aplicar argumentos similares al caso de Canadá. Por este motivo, no consideramos estos dos países como representativos del grupo de los de desempeño bajo, aunque los salarios reales hayan crecido mucho más lentamente que la productividad en EE.UU., por lo que la mayoría de los ciudadanos estadounidenses no se beneficiaron demasiado del crecimiento económico de este periodo.

Tenga en cuenta que los países que cosecharon mayores éxitos usaron diferentes combinaciones de políticas e instituciones. Algunos de los que mejores resultados obtuvieron (con rectas desde el origen con mayor pendiente), como Noruega, Finlandia, Suecia y Alemania, tienen sindicatos poderosos, mientras que los países nórdicos (incluida Dinamarca) ofrecen algunas de las prestaciones por desempleo más generosas del mundo.

La figura 16.13 reproduce el dato del desempleo de la figura 16.1 (página 771), pero resaltando dos de los países con un desempeño alto y dos de los países con un desempeño bajo de la figura 16.12. Las diferencias entre Japón y Noruega, por un lado, e Italia y España, por otro, se centran en el desempleo más que en el crecimiento de los salarios reales. En la figura 16.13 se puede ver cómo el desempleo se comportó de manera diferente después de la crisis del petróleo de la década de 1980 y después de la crisis financiera.

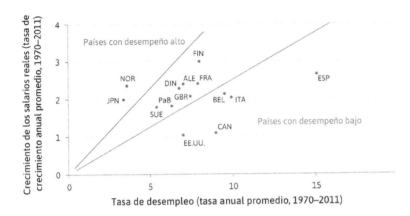

Ver estos datos en OWiD
https://tinyco.re/9247646

OCDE. 2015. Estadísticas de la OCDE (https://tinyco.re/9377362); Estadísticas laborales de salarios reales en España disponibles desde 1979. El crecimiento del salario real en España para el periodo 1970–1979, por tanto, se ha estimado utilizando las Tablas 16.25 y 16.5 de Barciela López, Carlos; Albert Carreras y Xavier Tafunell. 2005. *Estadísticas históricas de España: Siglos XIX–XX*. Bilbao: Fundación BBVA.

Figura 16.12 Desempleo a largo plazo y crecimiento del salario real en la OCDE (1970–2011).

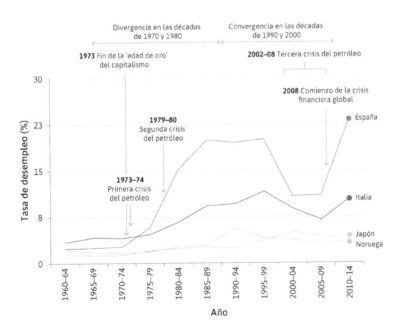

Datos de 1960–2004: David R. Howell, Dean Baker, Andrew Glyn y John Schmitt. 2007. 'Are Protective Labor Market Institutions at the Root of Unemployment? A Critical Review of the Evidence' (https://tinyco.re/2000761). *Capitalism and Society* 2 (1) (Enero). Datos de 2005 a 2012: tasas de desempleo armonizadas de la OCDE, OCDE. 2015. Estadísticas de la OCDE (https://tinyco.re/9377362).

Figura 16.13 Tasas de desempleo de dos países con un desempeño alto y otros dos con desempeño bajo en el mercado laboral (1960–2014).

Veremos que el modelo de este capítulo proporciona un marco conceptual útil para comprender a los participantes con un desempeño tanto alto como bajo del mercado laboral. Ahora mostraremos cómo usar el modelo para explicar la forma en que las instituciones y las políticas afectan al crecimiento real de los salarios y al desempleo a largo plazo.

EJERCICIO 16.6 USTED ES EL RESPONSABLE DE FORMULAR POLÍTICAS

Consulte la figura 16.12 para responder a las siguientes preguntas:

1. Usando los mismos ejes, dibuje las curvas de indiferencia de un ciudadano o diseñador de políticas que solo se preocupa por el crecimiento salarial.
2. Según los datos de la figura, ¿qué países serían los de desempeño alto y cuáles serían los de desempeño bajo?
3. Usando los mismos ejes, dibuje sus curvas de indiferencia si solo le preocupa la tasa de desempleo. ¿Qué países serían los de alto y bajo desempeño en este caso?
4. Usando los mismos ejes, dibuje una curva de indiferencia basada en sus propias preferencias personales sobre el crecimiento salarial y el desempleo, y justifique su elección.
5. Ahora, considerando sus preferencias sobre otros factores económicos, ¿en qué país de la figura elegiría vivir y por qué? Explique qué factores económicos incluyó en su decisión.

PREGUNTA 16.9 ESCOJA LA(S) RESPUESTA(S) CORRECTA(S)

El siguiente gráfico muestra el crecimiento de los salarios reales de diferentes países frente a la correspondiente tasa de desempleo media durante el periodo 1970–2011.

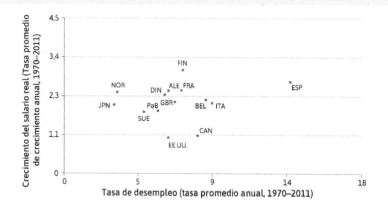

Según esta información, ¿cuál de las siguientes afirmaciones es correcta?

☐ Si solo importaba el desempleo, entonces Finlandia es el país con el mejor desempeño.
☐ Si solo importaba el crecimiento salarial, entonces los países europeos han superado a los países de América del Norte.

☐ Si preocupan tanto el desempleo como el crecimiento salarial, España es uno de los países con mejores resultados.
☐ Si preocupaban tanto el desempleo como el crecimiento salarial, entonces Finlandia ha superado claramente a Noruega.

●●●●●
16.9 CAMBIO TECNOLÓGICO, MERCADOS DE TRABAJO Y SINDICATOS

Las políticas y las instituciones marcan la diferencia. Los modelos arrojan luz sobre la experiencia de algunos de los países con los mejores y peores desempeños. Tomemos tres países como ejemplos: Noruega y Japón como países con buen desempeño, y España como un ejemplo de mal desempeño.

En Noruega y España, los sindicatos son importantes, pero no en Japón. En Noruega, más de la mitad de todos los trabajadores asalariados están afiliados a un sindicato y los acuerdos salariales sindicales afectan a la mayoría de los trabajadores de la economía. En España, aunque los acuerdos salariales sindicales son importantes para toda la economía, menos de una quinta parte de los trabajadores pertenece a algún sindicato.

La figura 16.14 proporciona información sobre la importancia de las negociaciones salariales por parte de los sindicatos y el desempleo. En el eje horizontal, mostramos el porcentaje de empleados cuyos salarios se fijan con base en acuerdos salariales negociados por los sindicatos. Como puede ver, en algunos países europeos, los acuerdos salariales negociados por los sindicatos cubren a casi todos los empleados. Y, en el conjunto de países con una cobertura de más del 80%, las tasas de desempleo van desde menos del 4% (Países Bajos) hasta casi el 14% (España). La figura 16.14 sugiere que no hay una tendencia a que el desempleo sea más alto en países en los que los sindicatos tienen más influencia en la fijación de salarios. Un nivel bajo de desempleo puede darse en distintos países representativos de toda la gama de posibles niveles de poder sindical. Compare Corea del Sur y los Países Bajos, Japón y Austria o EE.UU. y Suecia.

Del mismo modo que el empleador no ofrece el salario más bajo posible, la mayoría de sindicatos tampoco busca el salario más alto que podrían obtener en una negociación. Los empleadores ofrecen salarios superiores al mínimo porque no pueden controlar cuánto se esfuerza el trabajador. Los sindicatos no negocian el salario máximo posible (el salario que no dejaría ningún beneficio a los propietarios) porque los sindicatos no pueden controlar las decisiones de la empresa sobre contratación, despidos e

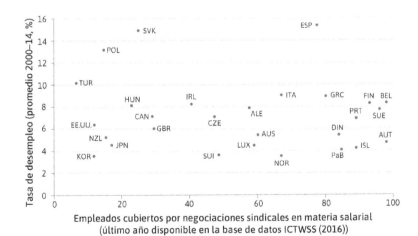

Ver estos datos en OWiD
https://tinyco.re/2462743

OCDE 2015. Estadísticas de la OCDE (https://tinyco.re/9377362). Estadísticas sobre la fuerza laboral. Visser, Jelle. 2016. 'ICTWSS: Database on Institutional Characteristics of Trade Unions, Wage Setting, State Intervention and Social Pacts in 51 countries between 1960 and 2014' (https://tinyco.re/2809024) Amsterdam Institute for Advanced Labour Studies (AIAS).

Figura 16.14 Cobertura de la negociación salarial sindical y desempleo en la OCDE (2000–2014).

807

inversión, y los salarios más altos pueden reducir el empleo al reducir los beneficios de la empresa.

Un sindicato organizado con presencia en muchas empresas y sectores no explotará todo el poder de negociación que posee, pues sabe que grandes ganancias salariales llevarán a:

- *En el **medio plazo***: políticas restrictivas de la demanda agregada, ya que el gobierno y el banco central procuran mantener la inflación cerca del objetivo (como vimos en el capítulo 15).
- *En el **largo plazo***: la salida de empresas de la economía y menores reservas de bienes de capital, lo que ralentizará la tasa de crecimiento de la productividad.

Los sindicatos que actúan de esta manera se denominan **sindicatos inclusivos**. Los sindicatos no inclusivos, en cambio, pueden entrar a negociar salarios altos en su propio rincón de la economía, sin tener en cuenta los efectos sobre otras empresas o trabajadores, tanto empleados como desempleados. Las asociaciones empresariales (de empleadores) que tienen en cuenta los intereses de todas las empresas, incluidas las que podrían entrar en un sector y competir con las empresas ya establecidas, se denominan empresas o asociaciones de empleadores inclusivas. Cuando los sindicatos y las empresas actúan de manera inclusiva, también es más probable que haya un efecto de voz sindical positivo. Como ya se comentó en el capítulo 9, esto reduce la desutilidad del trabajo, contribuyendo a empujar hacia abajo la curva de fijación de salarios.

El caso nórdico: sindicatos inclusivos y asociaciones de empleadores

Este comportamiento inclusivo es exactamente el que mostraron los sindicatos y las asociaciones de empleadores de Noruega (así como de los otros países nórdicos) durante este periodo: su negociación salarial centralizada insistió en fijar un salario común para un tipo determinado de trabajo, privando a las empresas de productividad baja del acceso a mano de obra barata y empujando a muchas de ellas al cierre. A medida que los trabajadores se fueron reubicando rápidamente en puestos de trabajo en otras empresas más productivas, el principal impacto fue un aumento de la productividad laboral media, con lo que se elevó la curva de fijación de precios, lo que a su vez permitió que se alcanzaran salarios más altos.

Los sindicatos inclusivos también respaldan unos generosos niveles mínimos de ingreso y atención médica de alta calidad, capacitación profesional y servicios educativos, todo lo cual reduce los riesgos a los que la mayoría de las personas está expuesta. Como consecuencia, la destrucción creativa generada por el cambio tecnológico es menos destructiva para la vida personal de los individuos y les permite estar, por lo general, más abiertos al cambio y a correr riesgos, ambos atributos esenciales de una sociedad tecnológicamente dinámica.

Estas políticas, llamadas «políticas activas del mercado de trabajo», mejoran el proceso de emparejamiento entre los trabajadores que buscan empleo y las vacantes disponibles. El resultado es que los trabajadores cuyos empleos se eliminan (por ejemplo, por el fracaso de las empresas de productividad baja ante la presión de los salarios uniformes negociados centralmente) pueden encontrar un trabajo alternativo mucho más rápido. El resultado es una curva de Beveridge más cercana al origen, superior a las

medio plazo (modelo) El término no se refiere a un periodo de tiempo, sino a lo que es exógeno. En este caso, las reservas de capital, la tecnología y las instituciones son exógenas. La producción, el empleo, los precios y los salarios son endógenos. *Véase también: bienes de capital, tecnología, instituciones, corto plazo (modelo), largo plazo (modelo).*

sindicato inclusivo Sindicato, con representación en muchas empresas y sectores, que tiene en cuenta las consecuencias de los aumentos salariales para la creación de empleo en toda la economía a largo plazo.

Adrian Wooldridge. 2013. 'Northern Lights' (https://tinyco.re/2892712). *The Economist*. Actualizado el 2 de febrero de 2013.

Torben M Andersen, Bengt Holmström, Seppo Honkapohja, Sixten Korkman, Hans Tson Söderström y Juhana Vartiainen. 2007. *The Nordic Model: Embracing Globalization and Sharing Risks* (https://tinyco.re/2490148). Helsinki: Taloustierto Oy.

curvas de Beveridge tanto de Alemania como de EE.UU. (que se muestran en la figura 16.6 (página 783)) y situada mucho más adentro que la de España, como se ve en la figura 16.15.

Los sindicatos inclusivos saben que la economía debe respetar los dos principales problemas de incentivos que se plantean en una economía capitalista: proporcionar incentivos para que los trabajadores trabajen y para que los empleadores inviertan. En algunos casos, por ejemplo el de Suecia, con una confederación sindical altamente centralizada, los líderes sindicales lo sabían y persuadieron a sus miembros de que, a la larga, empujar hacia abajo la curva de fijación de salarios aumentaría el empleo y no reduciría los salarios.

Como resultado, los sindicatos inclusivos de los países nórdicos (Noruega, Suecia, Finlandia y Dinamarca) establecen sus demandas salariales de acuerdo con la productividad del trabajo. En los momentos en los que esta ha subido, han exigido la participación que les correspondía de esa subida. Tenían el poder de negociación que da una tasa de desempleo baja, una afiliación sindical alta y su capacidad para poner en práctica acuerdos salariales en toda la economía, pero no usaron este poder para desplazar hacia arriba la curva de fijación de salarios a menos que la subida estuviera justificada por un crecimiento de la productividad. Estos sindicatos también han respaldado legislación y políticas que hacen que trabajar sea menos oneroso, desplazando hacia abajo la curva de fijación de salarios y expandiendo aún más el empleo a largo plazo.

El caso japonés: asociaciones de empleadores inclusivas

A diferencia de los países nórdicos, los sindicatos japoneses son débiles, pero los trabajadores están bien organizados en las grandes compañías. Las asociaciones de empleadores son fuertes y trabajan para coordinar entre las grandes empresas la fijación de salarios. Por lo tanto, estas asociaciones operan de manera similar a los sindicatos en Noruega: se tiene en cuenta el impacto de las decisiones salariales en la economía en su conjunto cuando se establecen los salarios. Más concretamente, las grandes empresas escogen de manera deliberada no competir entre sí en la contratación de trabajadores para evitar que suban los salarios.

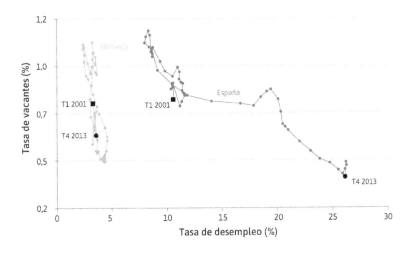

OCDE Perspectivas de empleo de la OCDE. 2015. Estadísticas de la OCDE (https://tinyco.re/9377362).

Figura 16.15 Curvas de Beveridge para España y Noruega (T1 de 2001–T4 de 2013).

El caso español: sindicatos no inclusivos

Los sindicatos protegen los puestos de trabajo en España, respaldados por la política del gobierno. Son lo suficientemente fuertes como para ejercer poder, pero no son inclusivos. La combinación de sindicatos no inclusivos y legislación que protege los puestos de trabajo puede ayudar a explicar el mal desempeño del mercado laboral español. Según el modelo, anticiparíamos un alto nivel de desempleo en España y un bajo desempleo en Noruega y Japón. Y eso es lo que vemos en los datos.

Prestaciones por desempleo y desempleo

Los efectos de aumento del empleo derivados de sindicatos inclusivos y políticas de coaseguro por parte del gobierno pueden ayudar a explicar una aparente anomalía: los países con prestaciones por desempleo generosas no tienen tasas más altas de desempleo (véase figura 16.16).

Esto no deja de ser una anomalía porque, en nuestro modelo, un aumento de la prestación por desempleo, *ceteris paribus*, reduciría el costo de pérdida del puesto de trabajo de los trabajadores y desplazaría la curva de fijación de salarios.

El contraste entre las tasas de desempleo y las prestaciones en Noruega e Italia ilustra muy elocuentemente este punto. Una persona desempleada recibe una prestación de casi el 50% de sus ingresos brutos anteriores en Noruega, y el desempleo es bajo; por el contrario, las prestaciones en Italia ofrecen una **tasa bruta de reemplazo** del 10% y el desempleo es mucho más alto que en Noruega. Esto implica que los países que puedan aplicar sistemas de seguro de desempleo generosos y bien diseñados, coordinados con los servicios de colocación laboral y otras políticas activas del mercado de trabajo, pueden lograr tasas de desempleo bajas. Proporcionar a las personas oportunidades para estabilizar el consumo puede hacer que estén más dispuestos a adoptar nuevas tecnologías, lo que desplazará la curva de fijación de precios hacia arriba.

> **tasa bruta de reemplazo de las prestaciones por desempleo**
> Proporción del salario bruto (antes de impuestos) anterior del trabajador que se recibe (antes de impuestos) cuando se está desempleado.

Ver estos datos en OWiD
https://tinyco.re/2762873

OCDE. 2015. Estadísticas de la OCDE
(https://tinyco.re/9377362).

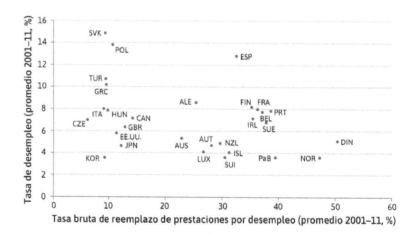

Figura 16.16 Generosidad en las prestaciones por desempleo y tasas de desempleo en la OCDE (2001–2011).

EJERCICIO 16.7 TASAS DE DESEMPLEO E INSTITUCIONES DEL MERCADO LABORAL

Hay quien ha argumentado que el alto nivel de desempleo en algunos países europeos en comparación con EE.UU. durante las décadas de 1990 y 2000 se debió a la existencia de instituciones rígidas en el mercado laboral (por ejemplo, sindicatos poderosos, generosas prestaciones por desempleo y una fuerte legislación de protección laboral).

- Utilizando la figura 16.1 (página 771), compruebe si la tasa de desempleo siempre ha sido más alta en la mayoría de los países europeos, en comparación con EE.UU.
- Con base en lo que ha aprendido de esta sección y consultando las figuras 16.1, 16.14 (página 807) y 16.16 (página 810), evalúe la afirmación de que el desempleo alto de Europa se debió a la existencia de instituciones rígidas en el mercado de trabajo.

Puede leer más sobre el papel de las instituciones en relación al desempleo en Europa en estos documentos:

Olivier Blanchard y Justin Wolfers. 2000. 'The Role of Shocks and Institutions in the Rise of European Unemployment: The Aggregate Evidence' *The Economic Journal* 110 (462) (Marzo): pp. 1–33.

David R Howell, Dean Baker, Andrew Glyn y John Schmitt. 2007. 'Are Protective Labor Market Institutions at the Root of Unemployment? A Critical Review of the Evidence' (https://tinyco.re/2000761). *Capitalism and Society* 2 (1) (Enero).

PREGUNTA 16.10 ESCOJA LA(S) RESPUESTA(S) CORRECTA(S)
La siguiente es una gráfica de la tasa de desempleo y la densidad sindical para el periodo 2000–2012. La densidad sindical se define como la fracción de empleados que son miembros de un sindicato.

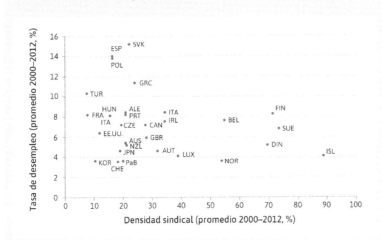

Según esta información, ¿cuál de las siguientes afirmaciones es correcta?

☐ La densidad sindical alta es una condición necesaria para una tasa de desempleo baja.
☐ La densidad sindical baja resulta en un desempleo alto.
☐ Considerando solo los países nórdicos (Noruega, Dinamarca, Suecia y Finlandia), se puede concluir que la alta densidad sindical conduce a una baja tasa de desempleo.
☐ Dada la densidad sindical, los resultados relativos de desempleo indican que los sindicatos son más inclusivos en Noruega que en Bélgica.

16.10 CAMBIOS EN LAS INSTITUCIONES Y POLÍTICAS

Hemos visto que las diferencias en las instituciones y las políticas marcan una gran diferencia para el crecimiento del empleo y los salarios, y que los ciudadanos de España quizá deseen tener instituciones como las de Japón o un país nórdico. Ahora bien, cambiar las instituciones es difícil porque, inevitablemente, cualquier cambio resulta en que haya quienes salgan ganando y quienes salgan perdiendo.

Los países que cambiaron sus políticas cambiaron su suerte. Tanto el Reino Unido como los Países Bajos sufrieron tasas de desempleo marcadamente elevadas en la década de 1970 y principios de 1980 debido a la primera y segunda crisis del petróleo (que desplazaron la curva de fijación de precios hacia abajo) y al mayor poder de negociación de los trabajadores (que desplazó la curva de fijación de salarios hacia arriba). Estos efectos se ilustran en la figura 16.17. No obstante, un cambio de política económica terminó por darles la vuelta a las malas noticias. En el Reino Unido, la tasa de desempleo cayó del 11,6% en 1985 al 5,1% en 2002. En los Países Bajos, disminuyó del 9,2 al 2,8% en el mismo periodo.

Ambos países cambiaron el rumbo de sus economías y desplazaron las curvas de fijación de salarios hacia abajo, pero utilizaron diferentes instituciones y políticas:

David R. Howell, Dean Baker, Andrew Glyn y John Schmitt. 2007. 'Are Protective Labor Market Institutions at the Root of Unemployment? A Critical Review of the Evidence' (https://tinyco.re/2000761). *Capitalism and Society* 2 (1) (Enero). Datos de 2005 a 2012: tasas de desempleo armonizadas de la OCDE, OCDE. 2015. Estadísticas de la OCDE (https://tinyco.re/9377362).

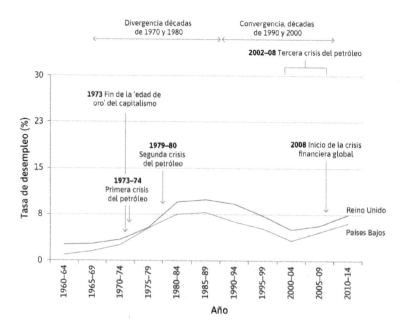

Figura 16.17 Diferentes formas de desplazar hacia abajo la curva de fijación de salarios: Países Bajos y el Reino Unido.

- *En el caso de los Países Bajos*, las instituciones se volvieron más inclusivas, moviéndose de común acuerdo en dirección al modelo nórdico.
- *En el caso británico*, la política económica redujo el poder de los sindicatos no inclusivos y aumentó la competencia en los mercados laborales.

En los Países Bajos, un componente clave fue un acuerdo de 1982 entre empleadores y sindicatos, conocido como el «Acuerdo de Wassenaar», en virtud del cual los sindicatos ofrecieron moderación salarial (un desplazamiento hacia abajo de la curva de fijación de salarios) y, a cambio, los empleadores accedieron a una reducción de las horas de trabajo. El sindicato accedió a que la reducción en las horas de trabajo no aumentase los costos de mano de obra (y, por lo tanto, no cambiase la curva de fijación de precios).

En el caso de los Países Bajos, los sindicatos y las asociaciones de empleadores fueron capaces de coordinar el proceso de fijación de salarios para lograr un mejor resultado macroeconómico, y además eran lo suficientemente poderosos como para asegurar que sus miembros respetaran el acuerdo. Los sindicatos practicaron la contención en la negociación en aras de un mejor desempeño del mercado laboral y, por tanto, de la economía en general.

En el Reino Unido, la curva de fijación de salarios también se desplazó hacia abajo, pero en este caso se debió a una caída del poder sindical provocada por la modificación de la legislación de relaciones laborales, que debilitó la capacidad de los sindicatos no inclusivos para organizar huelgas.

Stephen Nickell y Jan van Ours. 2000. 'The Netherlands and the United Kingdom: A European Unemployment Miracle?' Economic Policy 15 (30): pp. 136–180.

> **EJERCICIO 16.8 EL MODELO DEL MERCADO LABORAL**
> Explique cómo utilizar el modelo del mercado laboral (curva de fijación de salarios y curva de fijación de precios) para mostrar los cambios en el desempeño del mercado laboral del Reino Unido y los Países Bajos desde principios de la década de 1970 hasta principios de la década de 2000, tal y como se ha analizado en esta sección. El artículo de Nickell y van Ours (2000) mencionado anteriormente es un buen recurso de investigación para esta pregunta.

16.11 EL CRECIMIENTO MÁS LENTO DE LA PRODUCTIVIDAD DE LOS SERVICIOS Y LA NATURALEZA CAMBIANTE DEL TRABAJO

Aumento y caída del empleo manufacturero
Como se analizó en el capítulo 1, antes de la Revolución Industrial la mayor parte del producto de la economía se confeccionaba en núcleos familiares por parte de sus miembros. No había empleados, sino productores independientes de bienes y servicios, tanto para su propio consumo (lo que se conoce como producción doméstica) como para la venta a otros. La Revolución Industrial y el surgimiento del sistema económico capitalista desplazaron el trabajo de la familia y la granja a las empresas: los productores independientes se convirtieron en empleados.

industria Actividad empresarial de producción de bienes: agricultura, minería, fabricación y construcción. La fabricación es el componente más importante.

Debido al progreso tecnológico en la producción basada en máquinas, los productos manufacturados se volvieron más baratos. Como resultado, los textiles y las prendas de vestir que se producían en el hogar pasaron a comprarse y pagarse con los salarios obtenidos en el empleo industrial o de otro tipo. El resultado fue un aumento sostenido del empleo en el sector industrial de la economía. Las manufacturas generan la mayor parte del empleo en la **industria** y, de hecho, los términos manufactura e industria a menudo se usan indistintamente.

Las innovaciones que ahorraron trabajo también hicieron que la agricultura se volviera más productiva y, a medida que la gente se hizo más rica, fue gastando una porción menor de su presupuesto en comida. Por lo tanto, la fracción de la fuerza de trabajo dedicada a la agricultura se redujo.

Para muchos, el desplazamiento de la actividad fuera de la agricultura y el aumento del empleo en la industria manufacturera significaron una mejora en las oportunidades económicas, especialmente cuando los sindicatos y los partidos políticos enfocados en los trabajadores obligaron a los empleadores a mejorar las condiciones de trabajo industrial.

Ahora bien, esto no duró para siempre. La figura 16.18 muestra que, para la mayoría de las grandes economías del mundo, la era del empleo manufacturero en expansión terminó en algún momento del tercer cuarto del siglo XX. Del mismo modo que la industria manufacturera había desplazado inicialmente a la agricultura como principal tipo de empleo, la producción de servicios en lugar de bienes ha reemplazado a la industria manufacturera. Siga los pasos del análisis de la figura 16.18 para ver cómo las principales economías industriales han pasado por etapas de aumento y disminución del empleo en manufacturas a lo largo de diferentes épocas.

Explicación económica del crecimiento más lento de la productividad en los servicios

La cantidad de trabajo dedicado a la agricultura ha disminuido en todos los países que se muestran en la figura 16.18. Menos de uno de cada 20 trabajadores de los países ricos trabaja en la agricultura. El gran cambio reciente en el trabajo ha sido el paso de la producción de bienes (manufacturas y agricultura) a la producción de servicios. Sabemos que el producto por hora de trabajo (productividad) está creciendo más lentamente en la producción de servicios que en las manufacturas. Esto tiene dos efectos:

- *Un cambio en el empleo*: para producir la misma combinación de bienes y servicios ahora se requiere relativamente menos trabajo dedicado a los bienes y más dedicado a los servicios.
- *Un cambio en el consumo*: los costos de producir bienes han disminuido en relación con los costos de producir servicios, por lo que los precios de los bienes han caído en relación con los precios de los servicios. Esto lleva a las personas a comprar más bienes y menos servicios de lo que hubieran hecho de otro modo.

El primero de estos efectos ha sido más fuerte que el segundo.

Para ver cómo funciona este proceso, simplifiquemos usando un modelo en el que solo se produce el primer efecto. Así pues, supongamos que las personas consumen una proporción determinada de productos (camisas, por ejemplo) y servicios (cortes de pelo). Este ejemplo ilustra la razón del crecimiento más lento de la productividad en los servicios: hoy en día se tarda tanto en cortarle el pelo a alguien como hace 100 o incluso 200 años, pero se tarda mucho menos en producir una camisa que hace 200 años (probablemente menos de una quinta parte del tiempo).

La figura 16.19 muestra el modelo. Se supone que la cantidad total de mano de obra empleada en la economía es 1 (podría ser de 1 millón de horas, por ejemplo). Si todo este trabajo se dedica a la producción de bienes, se produce 1 unidad de bienes. Y lo mismo ocurre con los servicios: si toda la mano de obra produce servicios, entonces se produce 1 unidad de servicios.

La línea roja continua es la frontera factible, que muestra las cantidades de bienes y servicios que es posible producir, dada la tecnología existente y la cantidad de mano de obra disponible. Suponemos que se consume el mismo número de unidades de bienes y servicios, por lo que, en la figura, las cantidades de servicios y bienes consumidos son ambas iguales a media unidad en el primer periodo. En el segundo periodo, la productividad aumenta en las manufacturas mientras que se mantiene constante en los servicios, lo que significa que el costo –y, por tanto, el precio– de los bienes disminuye en relación con los servicios. Siga los pasos del análisis para ver el efecto sobre el empleo.

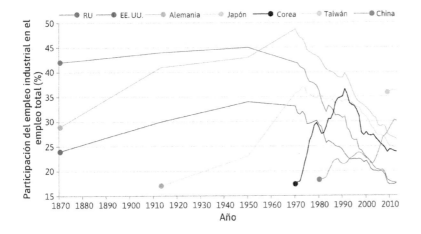

Figura 16.18 Aumento y disminución de la participación del empleo industrial (1870–2013).

1. El desplazamiento del empleo de la industria a otros sectores
Fue liderado por el Reino Unido y Estados Unidos alrededor de 1950, seguidos de Japón y Alemania unos 20 años después.

2. El ascenso de Corea del Sur a la prominencia industrial
Este ascenso solo comenzó hasta el último cuarto del siglo XX, pero la participación del empleo en manufacturas en el total del empleo en Corea del Sur ya estaba disminuyendo a fines de siglo.

3. Fabricación en Taiwán y Alemania
En la actualidad, la participación de las manufacturas en el total de la fuerza laboral en Taiwán es mayor que en Alemania.

4. Fabricación en China
A diferencia de los otros países de la figura, en China el sector manufacturero siguió atrayendo mano de obra en la primera década del siglo XXI.

El trabajo se ha desplazado de la producción de bienes a la producción de servicios. Este modelo está diseñado para ilustrar por qué tuvo lugar el cambio. Hay dos elementos que han quedado fuera del modelo y han mitigado el cambio, y un tercer elemento que lo ha reforzado:

- *El aumento de la productividad en algunos servicios reduce el desplazamiento del trabajo*: hemos asumido que no hubo un aumento de la productividad en los servicios. Ahora bien, piense en los tipos de servicios que hemos mencionado en este capítulo donde los avances de productividad han sido significativos, como compartir música u otras formas de información digital. Si la productividad de los servicios aumentara en nuestro modelo, entonces se compensaría, al menos parcialmente, el cambio en el empleo. Sin embargo, veremos justo a continuación que gran parte del

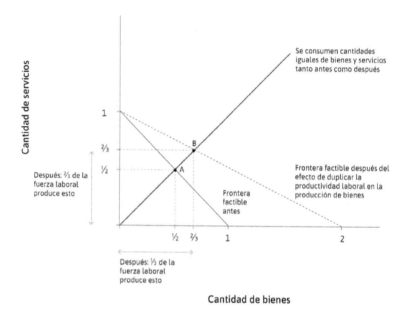

Figura 16.19 El aumento de la productividad en la producción de bienes aumenta la fracción de trabajadores dedicados a los servicios.

1. La frontera factible
La línea roja continua es la frontera factible y muestra la cantidad de bienes y servicios que se pueden producir dadas las tecnologías existentes y la mano de obra disponible.

2. División equitativa de bienes y servicios
Suponemos que se consumen cantidades iguales de bienes y servicios: en A, la cantidad consumida de cada uno es igual a 1/2.

3. Aumenta la productividad de las manufacturas
La productividad del trabajo en la fabricación de bienes se duplica, pero la productividad se mantiene sin cambios en los servicios. La nueva frontera factible se muestra como la línea discontinua.

4. Más bienes, más servicios
Si la gente continúa consumiendo cantidades iguales de bienes y servicios, la economía se situará en el punto B con una producción y consumo de 2/3 unidades de cada uno.

5. Un cambio en el empleo
En B, la mano de obra ha pasado de la producción de bienes a la producción de servicios: 1/3 de la mano de obra produce bienes y 2/3 produce servicios.

sector de los servicios en la economía se compone de actividades como el cuidado personal, que se parece más a los cortes de pelo que a la reproducción de música.

- *La sustitución de bienes por servicios reduce el desplazamiento del trabajo*: aumentamos la proporción de bienes que consumimos si disminuye su precio relativo. Al asumir que la razón bienes (camisas) a servicios (cortes de pelo) no cambió, estamos pasando por alto este proceso, que compensaría en parte la disminución del empleo dedicado la producción de bienes.
- *Un aumento en la demanda relativa de servicios incrementa el desplazamiento del trabajo*: también hemos pasado por alto la posibilidad de que, a medida que aumenten sus ingresos, las personas opten por gastar una porción mayor de su presupuesto en servicios. Recuerde que los servicios incluyen turismo y otras formas de ocio, así como salud, educación y cuidado personal, que podrían no pagarse directamente con el ingreso disponible del hogar. Esto reforzaría el desplazamiento del trabajo hacia el sector de los servicios. Acabamos de ver un fenómeno similar: equivale al anterior desplazamiento del trabajo de la agricultura a las manufacturas que se produjo cuando la participación de los alimentos en los presupuestos familiares se redujo.

En cualquier caso, en los países que muestran una disminución en el trabajo dedicado a la producción de bienes en relación con los servicios, el efecto neto de los elementos que hemos excluido del modelo no compensó por completo la desindustrialización de la fuerza de trabajo.

Otro factor que complica la situación es que algunos países son importadores netos de bienes, mientras que otros son exportadores netos, lo que significa que muchos bienes se compran en un país diferente a aquel en el que se produjeron. Esto explica en parte por qué diferentes países tienen diferentes patrones para la relación en forma de joroba que muestra la figura 16.18. El comercio internacional y las oportunidades de especialización que han acompañado a esta circunstancia han acelerado la disminución de la participación del empleo en la producción de bienes en algunos países (EE.UU. y el Reino Unido, por ejemplo), pero en otros (Alemania, Corea del Sur) la han ralentizado.

La creciente participación de China en el empleo dedicado a la producción de bienes refleja las fuerzas que ya hemos observado en los países ahora ricos y su especialización en la exportación de productos manufacturados. El *Einstein* que encontrará al final de esta sección ilustra la lógica que hay detrás de la figura 16.19 y analiza el resultado de un aumento de la productividad en la producción de bienes.

EINSTEIN

Cómo un crecimiento más rápido de la productividad en la fabricación de bienes puede desplazar el empleo de los bienes a los servicios

Este Einstein explica la lógica que hay detrás de la figura 16.19 y también por qué un aumento de la productividad en la fabricación de bienes desplaza el empleo hacia las empresas que producen servicios.

Definimos λ_s como la productividad del trabajo en los servicios. Entonces $\lambda_s = Q_s/L_s$, la cantidad de servicios dividida por la cantidad de mano de obra empleada para producirla. En nuestro modelo, se cumple la siguiente ecuación:

$$\lambda_s L_s = Q_s = Q_g = \lambda_g L_g$$

- $\lambda_s L_s = Q_s$: la productividad del trabajo en servicios multiplicada por la cantidad de trabajo en servicios es igual a la cantidad de servicios producidos.
- $Q_s = Q_g$: la producción de bienes debe ser la misma que la producción de servicios. Esto no siempre es cierto, pero lo definimos de esa manera en nuestro modelo.
- $Q_g = \lambda_g L_g$: la producción de bienes es igual a la productividad del trabajo en la producción de bienes multiplicada por la cantidad de trabajo empleada en la producción de bienes.

Ahora podemos igualar el primer y último término de la ecuación anterior para llegar a una expresión para la cantidad de trabajo que debe emplearse en los dos sectores, dados los niveles de productividad en cada sector, si ambos producen un número igual de unidades de producto:

$$\lambda_s L_s = \lambda_g L_g$$

A continuación reescribimos esta expresión, utilizando el hecho de que la cantidad total de trabajo en los dos sectores suma uno:

$$\lambda_s L_s = \lambda_g L_g = \lambda_g (1 - L_s)$$

Luego reorganizamos la ecuación usando el primer y último término para obtener una expresión de la cantidad de trabajo dedicada a la producción de servicios:

$$L_s = \frac{\lambda_g}{\lambda_g + \lambda_s}$$

En la figura, la productividad en ambos sectores era 1, por lo que la cantidad de trabajo dedicada a la producción de bienes era 1/2. Cuando la productividad del trabajo en la producción de bienes se duplica:

$$L_s = \frac{2}{2 + 1} = \frac{2}{3}$$

Esta es la proporción de la mano de obra dedicada a la producción de servicios después del aumento en la productividad del trabajo dedicado a la producción de bienes.

16.12 SALARIOS Y DESEMPLEO A LARGO PLAZO

Hemos aprendido que las economías nacionales difieren no solo en la velocidad a la que se adaptan a las oportunidades que ofrecen los cambios tecnológicos y otros cambios de circunstancias, sino también en los salarios y el empleo que pueden sostener a largo plazo.

Ambos factores dependen de muchas de las características de las economías que hemos analizado en capítulos anteriores. La figura 16.20 resume los factores determinantes de la tasa de desempleo y la tasa de crecimiento de los salarios reales, y señala los capítulos donde se analizan estos conceptos.

La figura 16.21 se basa en la figura 16.20 para mostrar las instituciones y políticas que pueden afectar al crecimiento de los salarios reales y la tasa de desempleo.

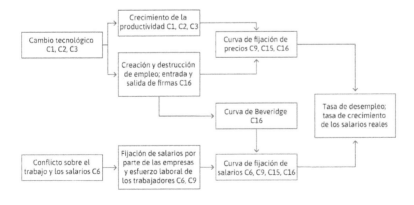

Figura 16.20 Factores determinantes de la tasa de desempleo y la tasa de crecimiento de los salarios reales a largo plazo.

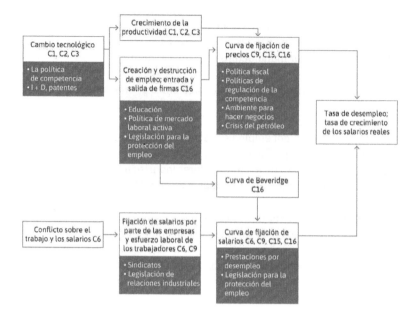

Figura 16.21 Las instituciones, políticas y *shocks* que pueden influir en el desempleo y los salarios reales.

16.13 CONCLUSIÓN

El desempleo es un fallo de mercado: significa que hay personas dispuestas a trabajar al salario vigente en el mercado, pero que no encuentran un empleador dispuesto a contratarlos. La destrucción de puestos de trabajo es una característica constante de las economías capitalistas, en las que los cambios tecnológicos tienden a elevar la productividad y a dejar a algunos trabajadores sin empleo. Ahora bien, una economía que funcione correctamente también contará con altos niveles de inversión que garantizarán que se creen puestos de trabajo al menos tan rápido como se destruyen.

Garantizar que las empresas inviertan tanto en el progreso tecnológico como en la creación de empleo es uno de los problemas de incentivos fundamentales a que se enfrenta una economía capitalista. El otro gran problema es asegurar que los trabajadores tengan el incentivo de esforzarse lo suficiente como para cumplir con su trabajo. Hemos analizado estos incentivos usando la curva de fijación de precios y la curva de fijación de salarios, que muestran respectivamente el salario máximo que las empresas pueden pagar manteniéndose operativas en su sector y el salario mínimo que se puede pagar para obtener suficiente esfuerzo de los trabajadores.

La principal diferencia entre las economías con un desempeño alto y las más rezagadas es que, en las economías con un desempeño alto, las instituciones y las políticas funcionan de modo que los actores principales tienen incentivos para aumentar el tamaño de la torta, en lugar de desperdiciar recursos peleando por el tamaño de la porción que les pueda corresponder.

Conceptos introducidos en el capítulo 16
Antes de continuar, revise estas definiciones:

- Destrucción creativa
- Producto marginal del capital
- Creación de empleo, destrucción de empleo.
- Producto marginal decreciente del capital
- Curva de Beveridge
- Emparejamiento en el mercado laboral
- Curva de fijación de precios a largo plazo
- Margen de beneficio de equilibrio
- Brecha de difusión, brecha de ajuste

16.14 REFERENCIAS BIBLIOGRÁFICAS

Andersen, Torben M., Bengt Holmström, Seppo Honkapohja, Sixten Korkman, Hans Tson Söderström y Juhana Vartiainen. 2007. *The Nordic Model: Embracing Globalization and Sharing Risks* (https://tinyco.re/2490148). Helsinki: Taloustierto Oy.

Autor, David y Gordon Hanson. *NBER Reporter 2014 Number 2: Research Summary. Labor Market Adjustment to International Trade* (https://tinyco.re/2846538).

Bentolila, Samuel, Tito Boeri y Pierre Cahuc. 2010. 'Ending the Scourge of Dual Markets in Europe' (https://tinyco.re/2724010). *VoxEU.org*. Actualizado el 12 de julio de 2010.

Blanchard, Olivier y Justin Wolfers. 2000. 'The Role of Shocks and Institutions in the Rise of European Unemployment: The Aggregate Evidence'. *The Economic Journal* 110 (462): pp. 1–33.

Blanchflower, David G. y Andrew J. Oswald. 1995. 'An Introduction to the Wage Curve' (https://tinyco.re/2712192). *Journal of Economic Perspectives* 9 (3): pp. 153–167.

Burda, Michael y Jennifer Hunt. 2011. 'The German Labour-Market Miracle' (https://tinyco.re/2090811). *VoxEU.org*. Actualizado el 2 de noviembre de 2011.

Carlin, Wendy y David Soskice. 2015. Macroeconomics: Institutions, Instability, and the Financial System. Oxford: Oxford University Press. Capítulos 8, 15.

EconTalk. 2016. 'David Autor on Trade, China, and U.S. Labor Markets' (https://tinyco.re/2829759). Library of Economics and Liberty. Actualizado el 26 de diciembre de 2016.

Habakkuk, John. *Tecnología americana y británica en el siglo XIX: en busca de inventos ahorradores de Trabajo.* Madrid: Tecnos, 1977.

Hobsbawm, Eric y George Rudé. 1969. *Captain Swing.* London: Lawrence and Wishart.

Howell, David R., Dean Baker, Andrew Glyn y John Schmitt. 2007. 'Are Protective Labor Market Institutions at the Root of Unemployment? A Critical Review of the Evidence' (https://tinyco.re/2000761). *Capitalism and Society* 2 (1).

Keynes, John Maynard. *Breve tratado sobre la reforma monetaria.* Madrid: Fundación ICO: Síntesis. 2009.

Nelson, Richard R. y Gavin Wright. 1992. 'The Rise and Fall of American Technological Leadership: The Postwar Era in Historical Perspective' (https://tinyco.re/2811203). *Journal of Economic Literature* 30 (4) (diciembre): pp. 1931–1964.

Nickell, Stephen y Jan van Ours. 2000. 'The Netherlands and the United Kingdom: A European Unemployment Miracle?'. *Economic Policy* 15 (30) (abril): pp. 136–180.

Rifkin, Jeremy. *El fin del trabajo: nuevas tecnologías contra puestos de trabajo: el nacimiento de una nueva era*. Barcelona: Paidós, 2008.

Singer, Natasha. 2014. 'In the Sharing Economy, Workers Find Both Freedom and Uncertainty' (https://tinyco.re/2844216). *The New York Times*. Actualizado el 16 de agosto de 2014.

Sterk, Vincent. 2015. 'Home Equity, Mobility, and Macroeconomic Fluctuations' (https://tinyco.re/2186300). *Journal of Monetary Economics* 74 (septiembre): pp. 16–32.

Wooldridge, Adrian. 2013. 'Northern Lights' (https://tinyco.re/2892712). *The Economist*. Actualizado el 2 de febrero de 2013.

CAPÍTULO 17

LA GRAN DEPRESIÓN, LA EDAD DE ORO Y LA CRISIS FINANCIERA MUNDIAL

LA MEJORA GENERALIZADA DE LOS ESTÁNDARES DE VIDA QUE SE VIENE PRODUCIENDO EN LAS ECONOMÍAS DE INGRESOS ELEVADOS DESDE EL FINAL DE LA PRIMERA GUERRA MUNDIAL SE HA VISTO INTERRUMPIDA POR TRES GRANDES PERIODOS DE RECESIÓN E INESTABILIDAD DE LOS QUE LOS ECONOMISTAS HAN APRENDIDO TODA UNA SERIE DE LECCIONES

- En los cien años que han transcurrido desde la Primera Guerra Mundial ha habido tres grandes épocas económicas: los locos años veinte y la Gran Depresión; la edad de oro del capitalismo y la estanflación, y la gran moderación y posterior crisis financiera de 2008.
- El final de cada una de estas épocas –el colapso del mercado de valores de 1929, la caída de los beneficios y la inversión a finales de los 60 y principios de los 70 que culminó en la crisis del petróleo de 1973 y la crisis financiera de 2008, respectivamente– fue una señal de que habían fallado las instituciones que habían gobernado la economía hasta ese momento.
- Las nuevas instituciones que caracterizaron la edad de oro del capitalismo –mayor poder de los sindicatos y gasto público en seguridad social– abordaron los problemas de demanda agregada que la Gran Depresión había hecho patentes, y vinieron asociadas con un rápido crecimiento de la productividad y de la inversión, y una reducción de las desigualdades.
- Sin embargo, la edad de oro terminó con una crisis de rentabilidad, inversión y productividad, que vino seguida de la estanflación.
- Las políticas adoptadas como respuesta al final de la edad de oro contribuyeron a restablecer los beneficios elevados y la baja inflación a cambio de un incremento en las desigualdades, pero no recuperaron la inversión y el crecimiento de la productividad de la época anterior e hicieron las economías de muchos países vulnerables a *booms* financieros alimentados por el endeudamiento. Uno de estos *booms* financieros terminó precipitando la crisis financiera mundial en 2008.

Antes del amanecer del sábado 7 de febrero de 2009, 3582 bomberos empezaron a desplegarse a lo largo del estado australiano de Victoria. Los australianos recordarían después ese día como el Sábado Negro: el día en que los incendios forestales devastaron 400 000 hectáreas, destruyeron 2056 viviendas y se cobraron 173 vidas.

Pero cuando las brigadas antiincendios se estaban poniendo el uniforme esa mañana, todavía no había habido ningún aviso de incendio. Lo que había movilizado a todos los bomberos de Victoria era el Índice de Riesgo de Incendio Forestal McArthur (https://tinyco.re/7616952) (FFDI por sus siglas en inglés), que el día anterior había superado el que (hasta entonces) había sido su máximo calibrado de 100, un nivel que solo se había alcanzado durante los incendios forestales de enero de 1939. Cuando el FFDI supera el 50, ya indica peligro «extremo». Un valor por encima de 100 es peligro «catastrófico». El 6 de febrero de 2009 alcanzó un nivel de 160.

Posteriormente se producirían acusaciones, juicios e incluso una Comisión Real con el objetivo de determinar quién o qué había causado el peor desastre natural de la historia de Australia. Eran muchas las causas posibles: rayos, chispas que hubieran saltado de maquinaria agrícola, fallos en las líneas eléctricas o incluso que hubiesen sido provocados.

No fue una sola chispa o un solo rayo lo que causó el Sábado Negro. Todos los días hay chispas que generan pequeños incendios pero, solamente aquel día, la Comisión Real determinó que se habían producido 316 incendios en prados, matorrales o bosques. La catástrofe no se había producido por ninguno de esos fuegos locales, sino por las condiciones que transformaron lo que habrían sido pequeños incendios fácilmente controlables en un desastre sin precedentes.

A veces, pequeñas causas se magnifican y generan grandes efectos. Otro buen ejemplo de la naturaleza son las avalanchas. En las redes eléctricas, un fallo en una conexión de la red incrementa la carga de otras redes y, en ocasiones, termina por generar una cascada de fallos y apagones.

En economía también encontramos pequeñas causas con grandes consecuencias. Un ejemplo es la **Gran Depresión** de los años 30 y otro la **crisis financiera mundial** de 2008.

Aunque las recesiones son una característica de las economías capitalistas, como hemos visto, rara vez se transforman en episodios de contracción permanente. El motivo es una combinación de las propiedades autocorrectoras de la economía y la intervención exitosa de los responsables de política económica. Más concretamente:

- *Los hogares toman medidas de prevención que reducen en lugar de amplificar los* shocks (capítulo 13).
- *Los gobiernos crean estabilizadores automáticos* (capítulo 14).
- *Los gobiernos y los bancos centrales actúan para generar mecanismos de retroalimentación negativa en lugar de positiva cuando tienen lugar* shocks *inesperados* (capítulos 14 y 15).

Philip Ball. 2002. 'Blackouts Inherent in Power Grid.' (https://tinyco.re/9262695). *Nature News.* Actualizado 8 de noviembre de 2002.

Philip Ball. 2004. 'Power Blackouts Likely.' (https://tinyco.re/7102799) *Nature News.* Actualizado 20 de enero de 2004.

Gran Depresión Periodo de fuerte caída de la producción y el empleo en muchos países en la década de 1930.
crisis financiera mundial Comenzó en 2007 con el desplome de los precios de la vivienda en los EE. UU., lo que condujo a la caída de los precios de los activos basados en hipotecas de alto riesgo y a una incertidumbre generalizada sobre la solvencia de los bancos en los EE. UU. y Europa, que se habían endeudado para comprar ese tipo de activo. Las ramificaciones se sintieron en todo el mundo, ya que el comercio mundial se redujo drásticamente. Los gobiernos y los bancos centrales respondieron agresivamente con políticas de estabilización.

Ahora bien, igual a como ocurrió en el Sábado Negro, en ocasiones tiene lugar una gran catástrofe económica. En este capítulo, analizaremos tres crisis que han salpicado el último siglo de crecimiento sin precedentes de los estándares de vida en los países ricos: la Gran Depresión de la década de 1930, el final de la **edad de oro del capitalismo** en la década de 1970 y la crisis financiera mundial de 2008.

La crisis financiera mundial de 2008 tomó a los hogares, empresas y gobiernos de todo el mundo por sorpresa. Un problema aparentemente pequeño en una parte ignota del mercado inmobiliario de Estados Unidos provocó el desplome de los precios de la vivienda, generando una cascada de impagos de deuda por todo el mundo y un derrumbe de la producción industrial y el comercio mundiales.

Para economistas e historiadores, los eventos de 2008 mostraban un parecido aterrador con lo que había sucedido al principio de la Gran Depresión de 1929. Por primera vez empezaron a preocuparse del poco conocido Baltic Dry Index (https://tinyco.re/4186755), una medida de los precios del transporte de productos como el hierro, el acero y el grano. Cuando el comercio mundial está en auge, la demanda de estos productos básicos fundamentales es elevada. La oferta de capacidad de carga es inelástica, así que los precios del transporte y, por tanto, el Baltic Dry Index, suben. En mayo de 2008, el índice alcanzó su mayor nivel desde que se empezó a publicar en 1985. Pero el proceso también funciona al revés: en diciembre, todavía mucha más gente estaba pendiente del índice, que había caído un 94%. Esta caída indicaba que, a miles de kilómetros de las casas de puertas y ventanas tapiadas con tablas –antiguos hogares de propietarios en bancarrota de Arizona y California, donde la crisis había comenzado–, barcos de carga gigantes que habían costado más de cien millones de dólares permanecían fondeados en puerto porque no había carga que transportar.

En 2008, los economistas recordaron las lecciones que habían aprendido en la Gran Depresión. Así pues, instaron a los responsables de la política económica de todo el mundo a emprender un conjunto coordinado de acciones para detener el desplome de la demanda agregada y mantener el sistema bancario en funcionamiento.

No obstante, los economistas son también en parte responsables de las políticas que hicieron la crisis más probable. Durante treinta años, se había mantenido la estabilidad en numerosos mercados, incluido el financiero, a pesar de la desregulación. Esto llevó a algunos economistas a asumir, incorrectamente, que estos mercados se habían vuelto inmunes a la inestabilidad. Así que los acontecimientos de 2008 también enseñan que olvidar la historia a veces ayuda a generar la siguiente crisis.

¿Cómo es posible que un pequeño problema en el mercado inmobiliario estadounidense haya puesto a la economía mundial al borde del abismo?

- *El matorral seco*: En el capítulo 18 estudiaremos que hubo un rápido crecimiento en la globalización de los mercados internacionales de capitales, medida por el porcentaje de activos extranjeros en manos de residentes nacionales. Al mismo tiempo, la banca se globalizó. Una parte de la expansión no regulada del crédito generado por los grandes bancos globales terminó financiando contratos de hipoteca a los conocidos como **prestatarios *subprime*** o de alto riesgo en Estados Unidos.
- *La chispa*: La caída de los precios inmobiliarios implicó que bancos muy apalancados, y, por lo tanto, con exiguos colchones de recursos propios,

---

edad de oro (del capitalismo) Periodo de alto crecimiento de la productividad, alto empleo e inflación baja y estable que se extiende desde el final de la Segunda Guerra Mundial hasta principios de la década de 1970.

Para obtener una lista de booms, descalabros bancarios y crisis, consulte la Tabla 8, capítulo 10 de: Carmen M Reinhart y Kenneth S Rogoff. 2009. *Esta vez es distinto: ocho siglos de necedad financiera*. Madrid: Fondo de Cultura Económica: 2011.

prestatario de alto riesgo o *subprime* Individuo con una baja calificación crediticia y un alto riesgo de impago. *Véase también: hipoteca de alto riesgo o subprime.*

se volvieran insolventes rápidamente en Estados Unidos, Francia, Alemania, el Reino Unido y otros países.

- *El mecanismo de **retroalimentación positiva***: Empezó a cundir el pánico por todo el mundo y muchos clientes decidieron cancelar sus pedidos. La demanda agregada cayó bruscamente. El alto grado de interconexión entre bancos globales y la posibilidad de realizar grandes transacciones en cuestión de segundos hizo que el excesivo apalancamiento fuese una fuente cada vez más peligrosa de inestabilidad.

- *La complacencia de los responsables de política económica*: Con pocas excepciones, la mayoría de los responsables económicos y los economistas que los asesoraban creían que el sector financiero era capaz de regularse solo. Aunque había requisitos regulatorios internacionales respecto al apalancamiento máximo que un banco podía alcanzar, el banco central internacional de bancos centrales –el Banco de Pagos Internacionales de Basilea (https://tinyco.re/5383598)– permitía que los bancos diseñasen sus propios modelos para determinar el nivel de riesgo de los activos. Esto les dejaba mucho margen para definir su nivel de apalancamiento: era posible cumplir con los requisitos regulatorios internacionales de apalancamiento solo con subestimar el riesgo de los activos y desplazar aquellos más arriesgados a los denominados «bancos en la sombra», que eran propiedad de los bancos, pero escapaban a la regulación. Todo era completamente legal. Muchos economistas seguían creyendo que la inestabilidad económica era algo del pasado, y lo siguieron pensando hasta el principio mismo de la crisis. Es como si los bomberos australianos observasen que el Índice de Riesgo de Incendio Forestal alcanzaba 160, pero hubieran decidido no actuar porque no creyesen que se pudiera producir un incendio.

retroalimentación positiva (proceso) Proceso en el que un cambio inicial pone en marcha un proceso que magnifica el cambio inicial. *Véase también: retroalimentación negativa (proceso).*

Baumslag Webb y Rupert Read. 2017. 'How Should Regulators deal with Uncertainty? Insights from the Precautionary Principle'. *Bank Underground.*

En 1666 se convocó al alcalde de Londres para que fuera a inspeccionar un incendio que acababa de declararse en la ciudad. Podría haberse detenido el incendio si el alcalde hubiese autorizado la demolición de las viviendas circundantes, pero valoró que el riesgo generado por el incendio no era muy alto y prefirió evitar tener que compensar a los propietarios de las viviendas que hubieran tenido que destruir. El fuego se extendió y el Gran Incendio de Londres terminó por arrasar la mayor parte de la ciudad. Como el alcalde, muchos responsables de política económica en el siglo XXI eran reacios a imponer regulaciones más estrictas al sector financiero porque habrían reducido la rentabilidad del sector. No tuvieron en cuenta que su negativa a regular acabaría teniendo costos mucho mayores para el conjunto de la economía.

Algunos de los implicados terminaron por admitir que su creencia en la estabilidad de la economía había sido un error. Por ejemplo, Alan Greenspan, que estuvo a cargo del Banco Central de EE.UU. (la Reserva Federal) entre 1987 y 2006, admitió este error ante un comité del gobierno estadounidense.

CÓMO APRENDEN LOS ECONOMISTAS DE LOS HECHOS

«Me equivoqué»

El 23 de octubre de 2008, algunas semanas después de la caída del banco de inversión estadounidense Lehman Brothers, el antiguo gobernador de la Reserva Federal Alan Greenspan admitió que la crisis financiera que se estaba desencadenando le había enseñado un «fallo» en su creencia de que los mercados libres y competitivos garantizarían la estabilidad financiera. En una audiencia del Comité del Congreso de Supervisión y Reforma Gubernamental de Estados Unidos (https://tinyco.re/7018961), Greenspan fue interrogado por el responsable del comité, el congresista Henry Waxman:

WAXMAN: Bueno, entonces, ¿qué error cometió?

GREENSPAN: Me equivoqué al creer que el propio interés de las organizaciones, en particular los bancos, era la mejor manera de proteger a los accionistas [de los bancos] y el valor de su participación en las empresas... Así que el problema es que algo que parecía ser un fundamento muy sólido y, de hecho, un pilar crítico de la competencia y de los mercados libres, se rompió. Y creo que, como he dicho, me sorprendió profundamente. Todavía no comprendo plenamente lo sucedido y, obviamente, a medida que vaya descubriendo dónde sucedió y por qué, cambiaré de opinión. Si los hechos cambian, yo también cambiaré.

WAXMAN: Usted opinaba que [citando a Greenspan] «los mercados libres y competitivos son, de lejos, la mejor manera de organizar una economía. Hemos probado muchas regulaciones, pero ninguna ha funcionado de manera significativa». Usted tenía la autoridad para evitar la concesión irresponsable de créditos que llevaron a la crisis de las hipotecas basura. Muchos le aconsejaron que lo hiciera. ¿Tomó decisiones que desearía no haber tomado?

GREENSPAN: Sí, encontré un fallo ...

WAXMAN: ¿Encontró un fallo?

GREENSPAN: Encontré un fallo en el modelo... que define cómo funciona el mundo, por decirlo de algún modo.

WAXMAN: En otras palabras, usted descubrió que su manera de ver el mundo no era correcta, no funcionaba.

GREENSPAN: Exactamente. Ese es el motivo por el que estaba tan profundamente sorprendido, porque durante más de 40 años había acumulado pruebas significativas de que estaba funcionando excepcionalmente bien.

Mientras la crisis financiera seguía su curso en el verano y otoño de 2008, los economistas en gobiernos, bancos centrales y universidades diagnosticaron que se estaba produciendo una crisis de demanda agregada y una quiebra bancaria. Muchos de los que lideraron la respuesta a la crisis en términos de política económica fueron economistas que habían estudiado la Gran Depresión.

Así pues, decidieron aplicar las lecciones que habían aprendido de la Gran Depresión en EE.UU.: reducir los tipos de interés, proporcionar liquidez a la banca y entrar en déficit fiscal. En noviembre de 2008, antes de la reunión del G20 en Washington, el primer ministro británico Gordon

Brown declaraba a los periodistas: «Tenemos que ponernos de acuerdo en la importancia de la coordinación de la política monetaria y fiscal. Necesitamos adoptar un sentido de urgencia. Actuando ahora, podemos estimular el crecimiento en todas nuestras economías. El costo de la inacción será mucho mayor que el costo de cualquier acción».

Una comparación directa entre los diez primeros meses de la Gran Depresión y la crisis financiera de 2008 muestra cómo el derrumbe de la producción industrial en la economía mundial fue similar (compare enero de 1930 y enero de 2009 en la figura 17.1a). Ahora bien, se habían aprendido muchas lecciones: en 2008, las respuestas de política monetaria y fiscal fueron mucho más amplias y más decisivas que en 1930, según muestran las figuras 17.1b y 17.1c.

Miguel Almunia, Agustín Bénétrix, Barry Eichengreen, Kevin H. O'Rourke y Gisela Rua. 2010. 'From Great Depression to Great Credit Crisis: Similarities, Differences and Lessons.' (https://tinyco.re/9513563) *Economic Policy* 25 (62): pp. 219–65. Actualizado utilizando CPB Netherlands Bureau for Economic Policy Analysis. 2015. 'World Trade Monitor.'

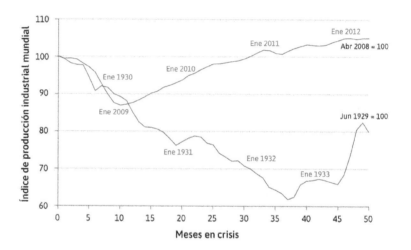

Figura 17.1a La Gran Depresión y la crisis financiera global: producción industrial.

Como en la figura 17.1a, actualizado utilizando datos de los bancos centrales nacionales.

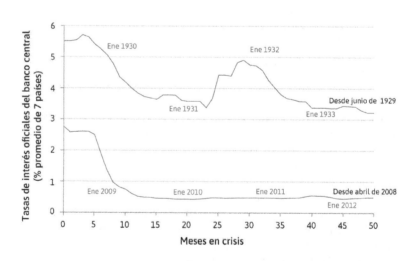

Figura 17.1b La Gran Depresión y la crisis financiera global: política monetaria.

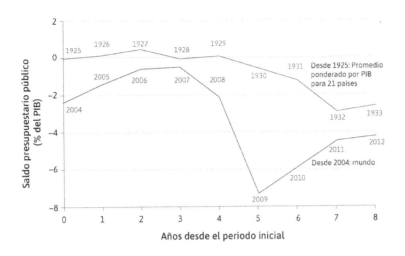

Como en la figura 17.1a, actualizado utilizando Fondo Monetario Internacional. 2009. *Perspectivas de Economía Mundial: enero 2009*; Fondo Monetario Internacional. 2013. *Monitor Fiscal*. 'IMF Fiscal Monitor April 2013: Fiscal Adjustment in an Uncertain World, Abril 2013.' (https://tinyco.re/6024099) Abril 16.

Figura 17.1c La Gran Depresión y la crisis financiera global: política fiscal.

17.1 TRES ÉPOCAS ECONÓMICAS

En los últimos cien años, las economías que habitualmente denominamos «avanzadas» (lo que básicamente significa «ricas»), entre las que se encuentran EE.UU., Europa occidental, Australia, Canadá y Nueva Zelanda, han sextuplicado sus estándares de vida si los medimos en términos de producto per cápita. Al mismo tiempo, se ha reducido el número de horas de trabajo. Todo ello supone un éxito económico significativo, pero no ha sido un viaje sin incidentes.

En los capítulos 1 y 2 hemos explicado cómo empezó el crecimiento rápido. En las figuras 13.2 (página 610) y 13.3 (página 612) contrastábamos el crecimiento estable a largo plazo entre 1921 y 2011 con las fluctuaciones del ciclo económico, que va de pico a pico cada tres a cinco años.

En este capítulo estudiaremos tres épocas claramente diferenciadas. Cada una de ellas comienza con un periodo próspero (los años con sombreado claro en la figura 17.2), seguido de unos años más complicados (el sombreado oscuro):

- *1921 a 1941*: la crisis de la Gran Depresión es el elemento que define esta primera época. Inspiró a Keynes para proponer el concepto de **demanda agregada**, que ahora es estándar tanto en la enseñanza de la economía como en el diseño de la política económica.
- *1948 a 1979*: la edad de oro se extendió desde el final de la Segunda Guerra Mundial hasta 1979, y debe su nombre al éxito económico de los años 50 y 60. La edad de oro terminó en los años 70 con una crisis de rentabilidad y productividad, y el énfasis en el estudio de la economía y del diseño de políticas económicas cambió de foco, pasando de centrarse en el papel de la demanda agregada a enfocarse en los **problemas del lado de la oferta**, como la productividad y las decisiones de entrada y salida de los mercados por parte de las empresas.

> **demanda agregada** Total de los componentes del gasto en la economía; se suman para obtener el PIB: $Y = C + I + G + X - M$. Es la cantidad total de demanda de (o gasto en) bienes y servicios producidos en la economía. *Véase también: consumo (C), inversión, gasto público, exportaciones, importaciones.*
> **lado de la oferta (economía agregada)** Cómo se utilizan el trabajo y el capital para producir bienes y servicios. Utiliza el modelo del mercado laboral (también denominado curva de fijación de salarios y modelo de curva de fijación de precios). *Véase también: lado de la demanda (economía agregada).*

- *1979 a 2015*: en la época más reciente, la crisis financiera mundial tomó al mundo por sorpresa. El potencial desestabilizador que tenía financiar una expansión con deuda no se tuvo en cuenta durante los años precedentes de crecimiento estable y gestión macroeconómica aparentemente exitosa, que se habían denominado la **gran moderación**.

gran moderación Periodo de baja volatilidad en el producto agregado de las economías avanzadas entre la década de 1980 y la crisis financiera de 2008. Los economistas James Stock y Mark Watson fueron los que sugirieron el nombre, que luego popularizó Ben Bernanke, el por aquel entonces presidente de la Reserva Federal.

El término «crisis» se aplica habitualmente al primero y al tercero de estos episodios porque ambos representaron una divergencia catastrófica, inusual pero recurrente, de las subidas y bajadas normales de la economía. En el segundo periodo, el final de la edad de oro también marcó una brusca desviación de lo que se había convertido en normal. Las tres sorpresas negativas que terminaron con cada una de estas tres épocas son diferentes en muchos sentidos, pero comparten una característica común: las retroalimentaciones positivas que magnificaron los efectos de perturbaciones rutinarias que, en otras circunstancias, habrían sido amortiguadas.

United States Bureau of the Census. 2003. Historical Statistics of the United States: Colonial Times to 1970, Parte 1 (https://tinyco.re/9147417). United States: United States Govt Printing Office; Facundo Alvaredo, Anthony B Atkinson, Thomas Piketty, Emmanuel Saez y Gabriel Zucman. 2016. 'The World Wealth and Income Database (WID).' (https://tinyco.re/7249073); US Bureau of Labor Statistics; US Bureau of Economic Analysis (https://tinyco.re/9376977).

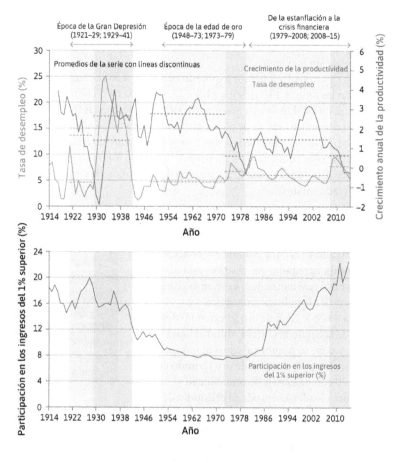

Figura 17.2 Desempleo, crecimiento de la productividad y desigualdad en los Estados Unidos (1914–2015).

¿Qué muestra la figura 17.2?

- *Crecimiento de la productividad*: una medida amplia del rendimiento económico es el crecimiento de la productividad por hora en el sector empresarial. El crecimiento de la productividad alcanzó mínimos en la Gran Depresión, al final de la edad de oro en 1979 y en los inicios de la crisis financiera. La edad de oro del capitalismo recibió su nombre debido al crecimiento extraordinario de la productividad que se produjo durante buena parte de esta. Las líneas discontinuas azules indican el crecimiento promedio de la productividad para cada subperiodo.
- *Desempleo*: el desempleo, indicado en verde, fue particularmente elevado durante la primera época. El éxito de la edad de oro estuvo marcado por el bajo desempleo y el elevado crecimiento de la productividad. El final de la edad de oro generó picos de desempleo a mediados de la década de 1970 y principios de la de 1980. En la tercera época, la tasa de desempleo en la parte baja del ciclo económico fue cada vez menor hasta que llegó la crisis financiera, en la que reapareció el desempleo elevado.
- *Desigualdad*: la figura 17.2 también muestra información sobre desigualdades en los Estados Unidos a través del porcentaje de ingresos del 1% con más ingresos. El 1% más rico concentraba prácticamente un quinto de los ingresos en los años 20, justo antes de la Gran Depresión. Esta proporción se redujo de manera estable hasta que un giro al final de la edad de oro la restableció a sus niveles de los años 20.

Hemos visto en capítulos anteriores cómo el progreso tecnológico continuo ha sido una característica básica de las economías capitalistas como resultado de los incentivos a la introducción de nueva tecnología. Basándose en sus expectativas sobre el beneficio después de impuestos, los emprendedores toman decisiones de inversión para ir un paso por delante de sus competidores y el crecimiento de la productividad refleja cómo deciden, en conjunto, invertir en nueva maquinaria y equipamientos que impliquen mejoras tecnológicas. La figura 17.3 muestra la tasa de crecimiento del capital social y la tasa de beneficio de las empresas del sector no financiero de la economía estadounidense (antes y después del pago del impuesto sobre beneficios).

Los datos mostrados en la figura 17.3 ilustran que el capital social y la rentabilidad de las empresas tienden a subir y bajar juntos. Como vimos en el capítulo 14, la inversión es una función de la expectativa de beneficio después de impuestos, y esta expectativa depende de lo que haya sucedido recientemente con la rentabilidad. Una vez que las empresas toman la decisión de invertir, hay una demora hasta que el nuevo capital se encarga e instala.

A medida que la rentabilidad se restablecía tras el desplome del mercado bursátil en 1929 y las crisis bancarias de 1929–1931, la inversión se recuperó y el capital social volvió a crecer. Durante la edad de oro, la rentabilidad y la inversión se mantuvieron altas. Resulta muy revelador considerar la figura 17.3 con detenimiento. La inversión depende de la rentabilidad después de impuestos y podemos ver que la diferencia entre la tasa de beneficio antes (rojo) y después (verde) de impuestos se redujo durante la edad de oro. El panel inferior muestra la **tasa impositiva efectiva** sobre los beneficios empresariales.

Es necesario pagar las guerras: los impuestos soportados por las empresas crecieron durante la Segunda Guerra Mundial y la Guerra de Corea y también, aunque más lentamente, durante la Guerra de Vietnam. El

tasa impositiva efectiva sobre beneficios Se calcula tomando la tasa de beneficio antes de impuestos, restando la tasa de beneficio después de impuestos y dividiendo el resultado por la tasa de beneficio antes de impuestos. Esta fracción generalmente se multiplica por 100 y se expresa como porcentaje.

831

tipo impositivo efectivo sobre los beneficios cayó desde el 8% hasta el 2% durante los 30 años siguientes al principio de la década de 1950, lo que ayudó a estabilizar la tasa de beneficio después de impuestos. A finales de la década de 1970 y principios de la de 1980, se redujeron de manera radical los impuestos sobre beneficios. Desde entonces, la tasa de beneficio antes de impuestos fluctuó sin una tendencia clara. Pero, a pesar de la estabilidad de la rentabilidad en esta tercera época, el crecimiento del capital social cayó.

Justo antes de la crisis financiera, según muestran las figuras 17.2 y 17.3, a los estadounidenses más ricos no les iba nada mal. Pero eso no fue suficiente para estimular la inversión y el capital social siguió creciendo al ritmo más lento que se había visto desde la Segunda Guerra Mundial. El principio de la crisis financiera también coincidió con un máximo de la

US Bureau of Economic Analysis (https://tinyco.re/9376977).

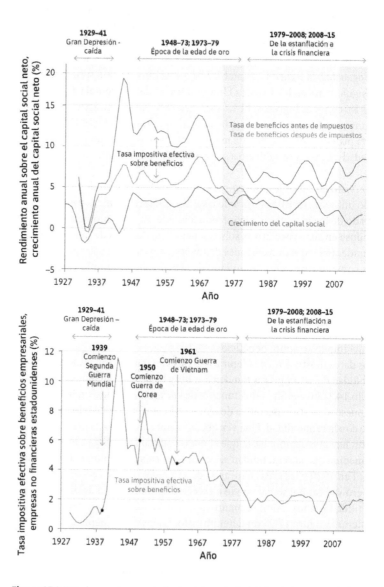

Figura 17.3 Panel superior: crecimiento del capital social y de las tasas de beneficio para las empresas no financieras estadounidenses (1927–2015). Panel inferior: Tasa impositiva efectiva sobre beneficios para empresas no financieras estadounidenses (1929–2015).

deuda del sector privado (figura 17.4). La deuda de las empresas financieras y de los hogares alcanzó su máximo de posguerra (como porcentaje del PIB). El incremento de la deuda fue especialmente patente para las empresas financieras, pero los hogares también incrementaron su ratio deuda-PIB progresivamente a lo largo de la primera década del siglo XXI.

La figura 17.5a resume los elementos clave de cada periodo de la economía estadounidense durante el último siglo.

Las tres épocas del capitalismo moderno fueron fenómenos globales, pero en algunos países tuvieron características propias y distintas a las de EE.UU. En 1921, EE.UU. llevaba diez años siendo el líder mundial de la productividad y cincuenta años siendo la mayor economía del mundo. Su liderazgo mundial en tecnología y sus empresas globales ayudan a explicar por qué, durante la edad de oro, Europa y Japón también crecieron rápidamente hasta equipararse. A ambos lados de la edad de oro, las crisis que empezaron en EE.UU. en 1929 y 2008 se convirtieron en crisis mundiales. La figura 17.5b resume diferencias importantes entre EE.UU. y otros países ricos.

Las tres épocas del capitalismo moderno fueron muy distintas, como muestran las figuras 17.5a y 17.5b. Necesitaremos usar todo el abanico de herramientas de análisis que hemos desarrollado en capítulos anteriores para entender sus dinámicas y cómo se relaciona una época con otra.

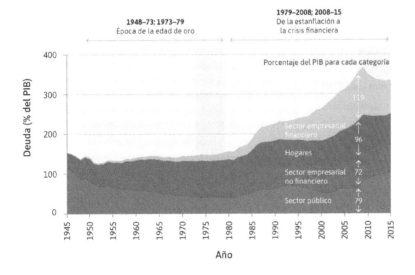

Reserva Federal EE.UU. 2016. 'Financial Accounts of the United States, Historical.' (https://tinyco.re/ 9285808) Diciembre 10; US Bureau of Economic Analysis (https://tinyco.re/ 9376977).

Figura 17.4 Deuda como porcentaje del PIB en EE.UU.: hogares, sector empresarial no financiero, sector empresarial financiero y sector público (1945–2015).

Nombre del periodo	Fechas	Características importantes de la economía estadounidense
Década de 1920	1921–1929	Desempleo bajo Alto crecimiento de la productividad Crecimiento de las desigualdades
Gran Depresión	1929–1941	Desempleo elevado Caída de precios Crecimiento inusualmente bajo del capital social de las empresas Menos desigualdades
Edad de oro	1948–1973	Desempleo bajo Crecimiento inusualmente alto de la productividad Crecimiento inusualmente alto del capital social Caída del tipo impositivo efectivo sobre los beneficios de las empresas Menos desigualdades
Estanflación	1973–1979	Desempleo e inflación elevados Bajo crecimiento de la productividad Menores beneficios
Década de 1980 y gran moderación	1979–2008	Desempleo e inflación bajos Caída en el crecimiento del capital social empresarial Rápido incremento de la desigualdad Crecimiento del endeudamiento de hogares y bancos
Crisis financiera	2008–2015	Alto desempleo Baja inflación Incremento de la desigualdad

Figura 17.5a El desempeño de la economía estadounidense a lo largo de un siglo.

Nombre del periodo	Diferencias entre los EE.UU. y otros países ricos
Gran Depresión	EE.UU.: gran y sostenida reducción del PIB desde 1929 Reino Unido: evitó una crisis bancaria, experimentó una caída modesta del PIB
Edad de oro	EE.UU.: líder tecnológico Fuera de EE.UU.: la difusión de la tecnología genera crecimiento para equipararse a EE.UU., incrementando la productividad
Crisis financiera	EE.UU.: la burbuja inmobiliaria crea una crisis bancaria Alemania, países nórdicos, Japón, Canadá, Australia: no experimentaron una burbuja y evitaron en general la crisis financiera
Apertura internacional (los tres periodos)	Más importante para la mayoría de los países que para EE.UU.

Figura 17.5b Una comparación entre países de la Gran Depresión, la edad de oro y la crisis financiera: características particulares de EE.UU.

PREGUNTA 17.1 ESCOJA LA(S) RESPUESTA(S) CORRECTA(S)
La siguiente figura muestra la tasa de desempleo (eje de la izquierda) y el crecimiento de la productividad (eje de la derecha) en EE.UU. entre 1914 y 2015.

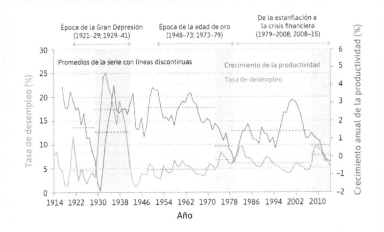

Con base en esta información, ¿cuál de las siguientes afirmaciones es correcta?

☐ Estados Unidos ha sido capaz de alcanzar tasas de desempleo cada vez más bajas durante las expansiones a lo largo de este periodo.

☐ Hubo una caída consistente y significativa del crecimiento de la productividad durante la época de la Gran Depresión.

☐ El desempeño de la economía estadounidense en el periodo 1979–2008 fue menor que durante los otros dos grandes periodos de expansión, con una tasa media de desempleo más elevada y un crecimiento medio de la productividad menor.

☐ La tasa de desempleo alcanzada en la reciente crisis financiera fue la mayor que se ha alcanzado desde los años de la estanflación del periodo 1973–1979.

PREGUNTA 17.2 ESCOJA LA(S) RESPUESTA(S) CORRECTA(S)

La siguiente figura representa el porcentaje de ingresos correspondiente al 1% más rico de los hogares estadounidenses entre 1914 y 2013.

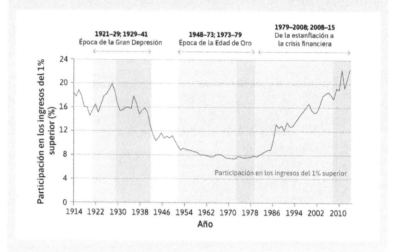

Con base en esta información, ¿cuáles de las siguientes afirmaciones son correctas?

☐ La desigualdad siempre crece durante las expansiones.

☐ La desigualdad puede subir o bajar durante las recesiones.

☐ La época de la gran moderación fue distinta de los otros dos grandes periodos de expansión porque las desigualdades se incrementaron.

☐ El 1% más rico de los hogares estadounidenses acaparó casi un quinto de los ingresos totales en 2010.

17.2 LA GRAN DEPRESIÓN, RETROALIMENTACIÓN POSITIVA Y DEMANDA AGREGADA

El capitalismo es un sistema económico dinámico y, como hemos visto en el capítulo 13, las expansiones y las recesiones se suceden de forma recurrente incluso cuando las fluctuaciones agrícolas debidas a causas meteorológicas son poco importantes para la economía. Ahora bien, no todas las recesiones son iguales. En el capítulo 14 hemos visto que en 1929 un empeoramiento del ciclo económico en EE.UU., en principio parecido a otros de la década anterior, terminó transformándose en un desastre económico a gran escala: la Gran Depresión.

La historia de cómo se produjo la Gran Depresión nos parece dramática hoy en día, y tuvo que ser terrible para aquellos que la vivieron en primera persona. Unas causas pequeñas acabaron generando grandes efectos en espiral descendente, como los fallos en cascada de una red eléctrica durante un apagón. Hubo tres procesos simultáneos de retroalimentación positiva que contribuyeron a tumbar la economía estadounidense durante los años 30:

• *Pesimismo sobre el futuro*: el impacto de la caída de la inversión en el desempleo y de la crisis bursátil de 1929 sobre las expectativas de futuro terminó por contagiar el miedo a los hogares, que procedieron a prepararse para lo peor ahorrando más, provocando caídas adicionales de la demanda de consumo.

- *Quiebra del sector bancario*: la caída de los ingresos supuso que muchos préstamos no pudieron devolverse. En 1933, casi la mitad de los bancos estadounidenses habían quebrado y el acceso al crédito cada vez era más limitado. Los bancos que no quebraron subieron los tipos de interés como una manera de protegerse contra el riesgo, lo cual desalentó la inversión de las empresas y el gasto de los hogares en automóviles, neveras y otros bienes duraderos.
- *Deflación*: los precios cayeron y empezaron a acumularse muchos productos sin vender en las estanterías de las tiendas.

La **deflación** tiene efectos en la demanda agregada a través de diversas rutas. El canal más importante de repercusión operó a través del efecto de la deflación sobre aquellos que tenían grandes deudas. Como las deudas estaban denominadas en términos nominales, la deflación incrementó su valor real. Este mecanismo de retroalimentación positiva era nuevo porque, en episodios anteriores de deflación, los niveles de deuda habían sido mucho menores. Los hogares dejaron de comprar viviendas y coches, y muchos deudores acabaron siendo insolventes, lo que creó problemas tanto para los prestatarios como para los bancos. Un quinto de los propietarios de hogares y de los que vivían de alquiler acabaron en bancarrota. Los agricultores también estaban entre los grupos con altos niveles de deuda: los precios de su producción estaban cayendo, lo que afectaba de manera directa a sus ingresos e incrementaba la carga de su deuda. Los agricultores decidieron responder a través de un incremento de la producción, lo que empeoró la situación porque los precios se redujeron todavía más. Cuando los precios caen, la gente pospone las compras de bienes duraderos, lo que termina por reducir aún más la demanda agregada.

Fueron pocos los que entendieron estos mecanismos de retroalimentación positiva en aquel momento; los intentos iniciales del gobierno para revertir la espiral descendente fueron un fracaso. La causa fue, en parte, que las decisiones políticas se basaron en ideas económicas equivocadas. Otra razón fue que, aunque las decisiones hubiesen sido las óptimas, la participación del sector público en el total de la economía era demasiado pequeña como para compensar la fuerza de las tendencias desestabilizantes en el sector privado.

La figura 17.6 muestra la caída de producción industrial que empezó en 1929. En 1932, la producción era menos del 60% de su nivel de 1929. Luego se recuperó ligeramente, pero en 1937 volvió a caer un 20%. Entretanto, el desempleo se mantuvo por encima del 10% hasta 1941, el año en el que EE.UU. entró en la Segunda Guerra Mundial. Los precios cayeron con el PIB desde 1929 hasta 1933 y después se mantuvieron estables hasta inicios de los años 40.

> **deflación** Disminución en el nivel general de precios. *Véase también: inflación.*

EJERCICIO 17.1 LOS AGRICULTORES DURANTE LA GRAN DEPRESIÓN

Durante la Gran Depresión hubo una caída en la demanda de productos agrícolas. Enfrentados a una caída de los precios agrícolas al tiempo que mantenían altos niveles de deuda, los agricultores decidieron incrementar la producción. La reacción de los agricultores probablemente tenía sentido desde una perspectiva individual pero, a efectos colectivos, terminó por empeorar la situación. Usando el ejemplo de los agricultores que plantaban trigo, y asumiendo que todas las explotaciones de trigo son idénticas, dibuje el diagrama de los costos de una empresa concreta que asuma los precios de mercado y el diagrama de oferta y demanda del conjunto del sector para ilustrar la situación. Explique su razonamiento.

United States Bureau of the Census. 2003. Historical Statistics of the United States: Colonial Times to 1970, Part 1 (https://tinyco.re/9147417). United States: United States Govt Printing Office; Federal Reserve Bank of St Louis (FRED).

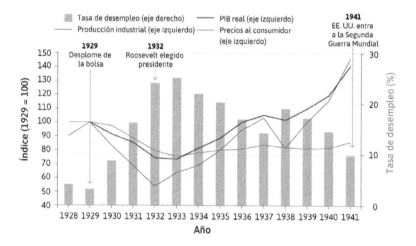

Figura 17.6 El efecto de la Gran Depresión en la economía estadounidense (1928–1941).

17.3 POLÍTICA ECONÓMICA DURANTE LA GRAN DEPRESIÓN

Igual que el día del gran incendio forestal de Australia se bautizó como el Sábado Negro, el día que empezó la Gran Depresión se conoce como el Jueves Negro. El jueves 24 de octubre de 1929, el índice Dow Jones Industrial Average cayó un 11% en su apertura, lo que inició tres años de caídas en el mercado bursátil estadounidense. La figura 17.7 muestra las subidas y bajadas asociadas al ciclo económico entre 1924 y 1941.

La dilatada caída que se prolongó desde el tercer trimestre de 1929 hasta el primer trimestre de 1933 vino causada por grandes contracciones de la inversión de hogares y empresas (la línea roja) y del consumo no duradero (la línea verde). Recuerde que en la figura 14.6 (página 667) usamos el modelo del multiplicador para explicar cómo este *shock* provocó una caída de la demanda agregada, y en la figura 14.8 (página 670) describimos un modelo de cómo los hogares habían recortado su consumo para restaurar su nivel de riqueza objetivo. Ambos modelos nos ayudan a entender el comportamiento de hogares y empresas que observamos durante la Gran Depresión.

En el capítulo 14 mostramos cómo la política económica puede amplificar o mitigar las fluctuaciones. Durante los primeros años de la Gran Depresión, la política económica amplificó y prolongó el impacto negativo inicial. En un principio, el gasto público y las exportaciones netas prácticamente no cambiaron. En abril de 1932, el presidente Herbert Hoover todavía seguía diciendo en el Congreso que era necesaria «una amplia reducción del gasto público» e insistía en mantener las cuentas públicas en equilibrio. En 1932, Franklin Delano Roosevelt sustituyó a Hooover y en ese momento la política económica cambió.

Política fiscal durante la Gran Depresión
La política fiscal apenas contribuyó a la recuperación hasta el inicio de la década de 1940. Diversas estimaciones sugieren que, en 1931, la producción estaba un 20% por debajo de su nivel de pleno empleo, por ejemplo, lo que implica que el pequeño superávit presupuestario de ese año se habría

traducido en un gran superávit ajustado con base en el ciclo económico, habida cuenta de la reducción de los ingresos fiscales que se produce en una economía deprimida.

Durante la presidencia de Roosevelt, el gobierno mantuvo déficits presupuestarios entre 1932 y 1936. Cuando la economía entró en recesión en 1938–39, el déficit se redujo de su máximo del 5,3% en 1936, a un 3% en 1938. Este fue otro error que terminó por reforzar la crisis. En cambio, el gran incremento del gasto militar desde principios de 1940 (mucho antes de la entrada de EE.UU. en la Segunda Guerra Mundial a finales de 1941) contribuyó a la recuperación.

La política monetaria durante la Gran Depresión

La política monetaria contribuyó a prolongar la Gran Depresión. Los datos sobre las tasas de interés reales que mostramos en la figura 17.8 sugieren que, desde 1925, la política monetaria estadounidense fue contractiva: las tasas de interés reales se incrementaron y alcanzaron un máximo del 13% en 1932. Cuando la recesión empezó en 1929, esta decisión política reforzó, en lugar de contrarrestar, el declive de la demanda agregada. Pero tenga en cuenta que la tasa de interés nominal estaba bajando ya desde 1929; las tasas de interés reales aumentaban porque los precios estaban cayendo. De manera alterna, el gasto en inmuebles y bienes de consumo duradero, que es sensible a las tasas de interés, disminuyó bruscamente.

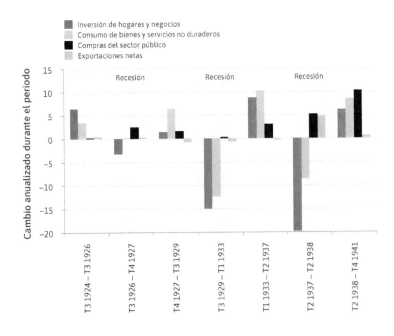

Figura 17.7 Cambios en los componentes de la demanda agregada durante expansiones y recesiones (T3 1924–T4 1941).

El patrón oro

Estados Unidos todavía formaba parte de lo que se conocía como el **patrón oro**, lo que significaba que las autoridades estadounidenses se comprometían a intercambiar dólares por una cantidad específica de oro (la promesa, en concreto, era pagar una onza de oro por 20,67 dólares). Con el patrón oro, las autoridades estaban obligadas a continuar pagando oro a ese precio fijo y, si había una caída en la demanda de dólares, habría un flujo de salida de oro del país. Esta dinámica solo se podía evitar a través de un incremento de la competitividad de los bienes comerciables del país (incrementando las entradas de oro con una subida en las exportaciones netas) o a través de un incremento de las entradas de capital. Para conseguir esto último, era necesario subir las tasas de interés nominales o mantenerlas altas respecto a otros países. Este es el motivo por el que, para evitar contribuir a las salidas de oro, los responsables de política económica se mostraban reticentes a bajar las tasas de interés hasta su **límite inferior cero** o *zero lower bound*. En consecuencia, no existía la posibilidad de hacer uso de la política monetaria para contrarrestar la recesión.

A menos que los salarios disminuyan rápidamente para incrementar la competitividad internacional, impulsando así las entradas de oro a través de mayores exportaciones y menores importaciones, mantenerse en el patrón oro durante una recesión tiene efectos desestabilizadores e intensifica el declive de la economía. Cuando el Reino Unido abandonó el patrón oro en septiembre de 1931, hubo una gran salida de oro procedente de EE.UU. Un posible motivo de la especulación contra el dólar estadounidense (es decir, inversores que venden dólares a cambio de oro) fue que se esperaba que EE.UU. abandonase el patrón oro y devaluase el dólar. Si estas predicciones se cumplían, los inversores que tenían dólares en sus carteras acabarían perdiendo.

patrón oro Sistema de tipos de cambio fijos, abandonado en la Gran Depresión, en virtud del cual el valor de una moneda se definía en términos de oro, siendo posible intercambiar la moneda en cuestión por ese metal. *Véase también: Gran Depresión.*

límite inferior cero Se refiere al hecho de que la tasa de interés nominal no puede ser negativa, estableciendo así un piso en la tasa de interés nominal que el banco central puede establecer en cero. *Véase también: flexibilización cuantitativa (QE, por sus siglas en inglés).*

Milton Friedman y Anna Jacobson J. Schwartz. 1982. *Monetary Trends in the United States and the United Kingdom, Their Relation to Income, Prices, and Interest Rates, 1867–1975.* Chicago, Il: University of Chicago Press; United States Bureau of the Census. 2003. Historical Statistics of the United States: Colonial Times to 1970, Parte 1 (https://tinyco.re/9147417). United States: United States Govt Printing Office; Federal Reserve Bank of St Louis (FRED).

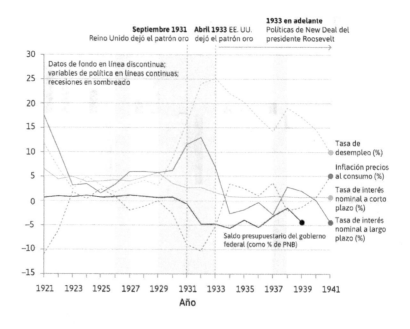

Figura 17.8 Decisiones políticas durante la Gran Depresión: EE.UU. (1921–1941).

Un cambio en las expectativas

En 1933, Roosevelt inició un programa de cambios de la política económica:

- *El* **New Deal**: supuso destinar gasto público federal a toda una serie de programas con el objetivo de impulsar la demanda agregada.
- *EE.UU. abandonó el patrón oro*: en abril de 1933, el dólar estadounidense se devaluó hasta 35 dólares por onza de oro, y el tipo de interés nominal cayó prácticamente hasta su límite inferior cero (véase figura 17.8).
- *Roosevelt también introdujo reformas en el sector bancario*: se pusieron en práctica tras varios episodios de pánico bancario durante 1932 y principios de 1933.

El cambio en las expectativas de futuro de la población fue prácticamente tan importante como los cambios de política económica en sí mismos. El 4 de marzo de 1933, en su discurso inaugural como presidente, Roosevelt les había dicho a los ciudadanos que «lo único que tenemos que temer es al propio miedo, un miedo sin nombre, sin reflexión, sin justificación».

Hemos visto que, en 1929, el terror de consumidores e inversores estaba justificado. Ahora bien, gracias a una combinación de políticas del *New Deal* de Roosevelt y pequeñas señales de recuperación (que ya estaban empezando a manifestarse antes de que fuese elegido presidente), hogares y empresas comenzaron a pensar que la caída de los precios se detendría y que empezaría a crearse empleo.

La figura 17.9 añade una columna más al modelo de riqueza de los hogares que ya vimos en la figura 14.8 (página 670). La columna C muestra la perspectiva de los hogares desde finales de 1933. Para entonces, la producción y el empleo estaban creciendo y, a medida que la incertidumbre sobre el futuro se iba disipando, los hogares empezaron a reevaluar su riqueza esperada (incluyendo sus expectativas sobre ingresos laborales futuros), y también comenzaron a revertir los recortes en consumo, pues dejaron de sentir la necesidad de seguir ahorrando. En la medida en la que esperasen que sus ingresos y que los precios de los activos volviesen a niveles anteriores a la crisis, el consumo se recuperaría. Cualquier

> **LA GRAN DEPRESIÓN**
> Periodo durante la década de 1930 en el que, en muchos países, se produjo una fuerte caída en la producción y el empleo.
> - Los países que abandonaron el patrón oro a principios de la década de 1930, se recuperaron antes.
> - En Estados Unidos, las políticas del *New Deal* de Roosevelt aceleraron la recuperación de la Gran Depresión, en parte porque provocaron un cambio en las expectativas.

> **New Deal** Programa del presidente de los Estados Unidos, Franklin Roosevelt, iniciado en 1933, consistente en obras públicas de emergencia y programas de ayuda para emplear a millones de personas. Estableció las estructuras básicas para los programas estatales modernos de bienestar social, las políticas laborales y la regulación.

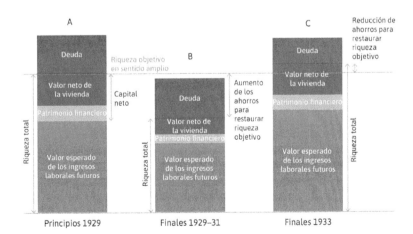

Figura 17.9 La Gran Depresión y la recuperación: los hogares redujeron su consumo para mantener su riqueza objetivo durante la depresión e incrementaron el consumo desde 1933.

incremento en la riqueza por encima de su objetivo debido a los ahorros adicionales durante los años de la Gran Depresión (que se muestra como riqueza por encima del objetivo en la columna C) serviría para generar un impulso adicional al consumo.

El lento camino hacia la recuperación había dado comienzo. No obstante, la economía estadounidense no volvería a los niveles de empleo anteriores a la Gran Depresión hasta el tercer mandato de Roosevelt y el inicio de la Segunda Guerra Mundial.

Barry Eichengreen: tipos de cambio fijos https://tinyco.re/6433456

EJERCICIO 17.2 VENTAJAS E INCONVENIENTES DE LOS TIPOS DE CAMBIO FIJOS.

En un video de «Economistas en acción» (https://tinyco.re/6433456), Barry Eichengreen, economista e historiador económico, habla de los sistemas de tipos de cambio fijos como el patrón oro durante la Gran Depresión, y del sistema del euro tras la crisis financiera mundial.

1. De acuerdo con el video, ¿qué ventajas e inconvenientes tienen los sistemas de tipos de cambio fijos?
2. ¿Qué posibilidades tienen los países que forman parte de estos sistemas de tipos de cambio de poder reaccionar ante las fluctuaciones y los *shocks* económicos? ¿Qué características del sistema del euro suponen una dificultad especial para una respuesta efectiva?

PREGUNTA 17.3 ESCOJA LA(S) RESPUESTA(S) CORRECTA(S)

Franklin Roosevelt se convirtió en presidente de Estados Unidos en 1933. En el periodo posterior a su ascenso a la presidencia:

- El déficit del gobierno federal se incrementó hasta el 5,6% del PNB en 1934.
- La tasa de interés nominal a corto plazo bajó del 1,7% en 1933 al 0,75% en 1935.
- El IPC bajó un 5,2% en 1933, pero subió un 3,5% en 1934.
- Estados Unidos abandonó el patrón oro en abril de 1933.
- El *New Deal* se inició en 1933 e incluyó propuestas de incremento del gasto público federal en un amplio abanico de programas y reformas del sistema bancario.

¿Cuál de las siguientes afirmaciones es correcta respecto de los años que siguieron a la proclamación de Roosevelt como presidente de Estados Unidos?

- ☐ El cambio en las expectativas de los consumidores sobre los ingresos futuros que tuvo lugar como resultado del *New Deal* contribuyó a la expansión de la demanda agregada en la economía.
- ☐ El valor del dólar estadounidense se incrementó como resultado del abandono del patrón oro y permitió que la tasa de interés nominal se recortase hasta prácticamente cero.
- ☐ La tasa de interés real subió después de 1933.
- ☐ La contracción fiscal derivada del incremento del déficit público habría contribuido a que la economía saliese de la Depresión.

17.4 LA EDAD DE ORO DEL CRECIMIENTO ELEVADO Y EL DESEMPLEO BAJO

Los años entre 1948 y 1973 fueron destacables en la historia del capitalismo. En EE.UU., ya hemos visto en la figura 17.2 (página 830) que el crecimiento de la productividad fue más rápido y el desempleo más bajo que en los demás periodos. Ahora bien, esta edad de oro del capitalismo de 25 años de duración no estuvo limitada a EE.UU. Japón, Australia, Canadá, Nueva Zelanda y muchos países de Europa occidental también experimentaron una edad de oro. Las tasas de desempleo se mantuvieron bajas desde una perspectiva histórica (véase la figura 16.1 (página 771)). La figura 17.10 muestra datos para trece países desde 1820 hasta 1913, y para dieciséis países desde 1950 hasta 1973.

La tasa de crecimiento del PIB per cápita durante la edad de oro, de media, multiplicó en más de dos veces y media la de cualquier otro periodo. En lugar de cada 50 años, el nivel de vida se estaba duplicando cada 20 años. La importancia que el ahorro y la inversión tuvieron se hace patente en el panel de la derecha, donde podemos ver que el capital social creció casi dos veces más rápido durante la edad de oro que entre 1870 y 1913.

La figura 17.11 muestra la historia de cómo los países de Europa occidental y Japón (casi) alcanzaron a EE.UU. En esta figura, el nivel del PIB por hora trabajada en EE.UU. se mantiene fijo en 100, por lo que la figura no nos dice nada sobre el rendimiento de la economía estadounidense (para eso necesitaríamos la figura 17.2). Sin embargo, es un modo llamativo de representar el punto de partida de las diversas economías con respecto a EE.UU. después de la Segunda Guerra Mundial y sus trayectorias en los años sucesivos. Este fenómeno se denominó **crecimiento convergente**.

Los tres países perdedores más grandes (Alemania, Italia y Japón) fueron los que empezaron más rezagados en 1950. El PIB por hora de Japón era menos de un quinto del de EE.UU. Ahora bien, claramente, el crecimiento de todas estas economías fue superior al de Estados Unidos durante la edad de oro: todos apretaron el acelerador hasta quedar mucho más cerca del nivel de productividad estadounidense.

¿Cuál fue el secreto del rendimiento económico del líder en productividad (EE.UU.) y sus seguidores durante la edad de oro?

- *Cambios en política económica y regulación*: con los que se resolvieron los problemas de inestabilidad que caracterizaron la Gran Depresión.
- *Nuevos acuerdos institucionales entre empleadores y trabajadores*: crearon las condiciones para que a las empresas les resultara rentable innovar. En EE.UU., el líder tecnológico, esto implicó la creación de nuevas tecnologías, mientras que los países seguidores con frecuencia adoptaron mejoras en tecnología y gestión que ya estaban en uso en EE.UU. Como los sindicatos y los partidos políticos de los trabajadores estaban en una posición más fuerte para negociar y conseguir una parte importante de las ganancias generadas por los incrementos de productividad, fueron firmes defensores de la innovación, aunque implicase una destrucción temporal de empleo.

Después de la Segunda Guerra Mundial, los gobiernos habían aprendido las lecciones de la Gran Depresión, lo que afectó al diseño de política económica nacional e internacional. De modo parecido a como el *New Deal* de Roosevelt marcó un nuevo régimen a nivel de políticas y mejoró

LA EDAD DE ORO DEL CAPITALISMO

El periodo de alto crecimiento de la producción, alto nivel de empleo e inflación estable que se extendió desde el final de la Segunda Guerra Mundial hasta el principio de la década de 1970.

- El patrón oro fue sustituido por el **sistema de Bretton Woods**, más flexible.
- Empleados y empleadores compartieron los beneficios del progreso tecnológico gracias al **acuerdo de posguerra**.
- La edad de oro terminó con un periodo de **estanflación** en la década de 1970.

crecimiento convergente Proceso por el cual muchas economías del mundo (pero en modo alguno todas) redujeron la brecha entre el líder mundial y su propia economía.

las expectativas en el sector privado, los gobiernos de posguerra proporcionaron garantías de que se utilizaría la política económica para mantener el nivel de demanda agregada si fuera necesario.

El tamaño del sector público era mayor que en la Gran Depresión en todos estos países, y siguió incrementándose durante las décadas de 1950 y 1960. La figura 14.1 (página 654) mostraba la reducción en las fluctuaciones de la producción desde los años 50 y el tamaño mucho mayor del sector público en EE.UU. En el capítulo 14 vimos cómo un sector público mayor proporciona más estabilización automática a la economía. El estado de bienestar moderno se construyó en la década de 1950, que es también cuando se introdujeron los subsidios por desempleo, que pasaron asimismo a formar parte de la estabilización automática.

Tabla 2.1 en Andrew Glyn, Alan Hughes, Alain Lipietz y Ajit Singh. 1989. 'The Rise and Fall of the Golden Age' (https://tinyco.re/6624845). En *The Golden Age of Capitalism: Reinterpreting the Postwar Experience*, editado por Stephen A. Marglin y Juliet Schor. Nueva York, NY: Oxford University Press. Datos de 1820 a 1913 para 13 economías avanzadas, y para 16 países desde 1950.

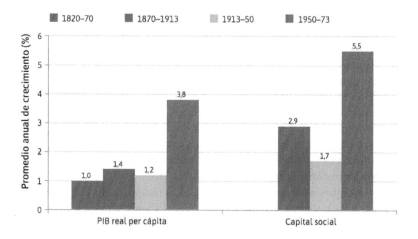

Figura 17.10 La edad de oro del capitalismo en perspectiva histórica.

Ver estos datos en OWiD
https://tinyco.re/2861327

The Conference Board. 2016. 'Total Economy Database.' (https://tinyco.re/3116623)

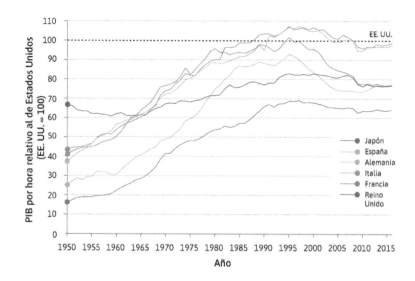

Figura 17.11 Crecimiento convergente respecto a EE.UU. durante la edad de oro y después (1950–2016).

Visto el costo que había supuesto seguir el patrón oro durante la Gran Depresión, resultaba evidente que hacía falta introducir un nuevo régimen cambiario internacional. El nuevo régimen se denominó **sistema de Bretton Woods**. Fue bautizado con ese nombre en alusión a la estación de esquí de New Hampshire donde los representantes de las principales economías del mundo, incluido Keynes, diseñaron un sistema de reglas más flexible que el patrón oro. Los tipos de cambio pasaron a fijarse respecto al dólar estadounidense en lugar del oro y, si los países sufrían una gran pérdida de competitividad –si se enfrentaban a un «desequilibrio fundamental» en sus cuentas externas, según rezaba el acuerdo–, se permitiría una devaluación. Cuando una moneda como la libra esterlina se devaluaba (como ocurrió en noviembre de 1967), era más barato comprar libras, lo que incrementaba la demanda de las exportaciones británicas y reducía la demanda por parte de los residentes británicos de bienes producidos en el extranjero. El sistema de Bretton Woods funcionó bastante bien durante la mayor parte de la edad de oro.

> **sistema de Bretton Woods** Sistema monetario internacional de tipos de cambio fijos pero ajustables, establecido al final de la Segunda Guerra Mundial. Reemplazó al patrón oro, que se abandonó durante la Gran Depresión.

17.5 EMPLEADOS Y EMPLEADORES EN LA EDAD DE ORO

La elevada inversión, el rápido crecimiento de la productividad, el crecimiento de los salarios y el bajo desempleo definieron la edad de oro. ¿Cómo funcionó este círculo virtuoso?

- *Los beneficios después de impuestos se mantuvieron elevados en la economía estadounidense*: esta situación persistió desde el final de la Segunda Guerra Mundial hasta finales de la década de 1960 (ver figura 17.3 (página 832)), tanto allí como en otras economías avanzadas.
- *Los beneficios llevaron a la inversión*: la expectativa generalizada de que los beneficios elevados continuarían en el futuro generó condiciones propicias para unos altos niveles de inversión que se mantuvieron en el tiempo (observe el modelo de gasto de inversión en la sección 14.4).
- *La alta inversión y el progreso tecnológico continuado crearon más puestos de trabajo*: el desempleo se mantuvo bajo.
- *El poder de los trabajadores*: los sindicatos y los movimientos políticos aliados con los empleados fueron lo suficientemente fuertes como para lograr aumentos salariales sostenidos. No obstante, los acuerdos entre sindicatos y empleadores significaron que los sindicatos tendieron a actuar de una manera inclusiva (capítulo 16) y mantuvieron el efecto de voz sindical (capítulo 9), impulsando la cooperación entre trabajadores y empresas ante la adopción de nuevas tecnologías.

Siga los pasos del análisis que proporcionamos en la figura 17.12 para entender cómo estos cuatro puntos fundamentales de la edad de oro se pueden traducir en desplazamientos en la curva de fijación de precios y la curva de fijación de salarios. Recuerde que en el capítulo 16 ya explicamos que la curva de fijación de precios muestra el salario real consistente con que los empleadores mantengan la inversión a un nivel tal que mantenga el empleo constante. Un nivel de salario real por debajo de la curva de fijación de precios incentivará a las empresas a entrar en el mercado o incrementar sus inversiones, lo que tiende a generar empleo.

En EE.UU., el progreso tecnológico se aceleró durante la edad de oro debido a que las innovaciones desarrolladas durante la Gran Depresión y la Segunda Guerra Mundial se tradujeron en un incremento del equipamiento de capital. Las nuevas tecnologías y los nuevos sistemas de gestión que ya estaban en uso en EE.UU. se generalizaron también en las economías que estaban en proceso de convergencia. En muchos de estos países, el crecimiento durante la edad de oro fue aún más rápido que en la frontera tecnológica definida por EE.UU. en la figura 17.11.

El poder de los sindicatos en la fijación de salarios y la mejora generalizada de los seguros de desempleo durante las décadas de 1950 y 1960 se pueden representar como un desplazamiento hacia arriba de la curva de fijación de salarios, tal como se muestra en la figura 17.12. El resultado que podemos observar, con los salarios creciendo al tiempo que la productividad y el desempleo se mantenían en niveles bajos, se ilustra en el punto B.

Tanto los sindicatos como el gobierno fueron importantes durante este proceso. Entre 1920 y 1933, los sindicatos estadounidenses perdieron dos quintos de sus afiliados. A lo largo de los años 30, esta tendencia se revertió

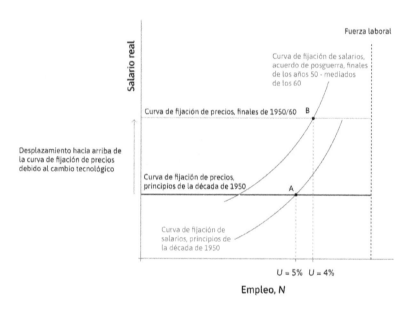

Figura 17.12 La edad de oro a través de las curvas de fijación de precios y salarios.

1. El comienzo de la edad de oro
Suponga que la economía estadounidense estaba en el punto A a principios de la edad de oro, y que el desempleo era de un 5%.

2. Progreso tecnológico
Como resultado, se eleva la curva de fijación de precios (hasta la que viene indicada como «finales de 1950/60»), lo que estimula la inversión. Este proceso es consistente con los datos de crecimiento del capital social en EE.UU. que hemos mostrado en la figura 17.3.

3. La curva de fijación de salarios se desplaza hacia arriba, pero menos que la curva de fijación de precios
El poder de los sindicatos y las políticas públicas favorables dieron más poder negociador a los trabajadores. Sin embargo, y gracias a los acuerdos con los empleadores, el desplazamiento hacia arriba de la curva de fijación de salarios fue modesto.

4. Los participantes en el mercado se ponen de acuerdo
En el punto B, sindicatos y empleadores están de acuerdo en cuanto al margen de maniobra existente para subidas de salarios.

debido a cambios legales y a las dificultades económicas provocadas por la Gran Depresión. El incremento en la demanda de trabajo durante la Segunda Guerra Mundial contribuyó a la recuperación del poder negociador de los trabajadores, pero la afiliación a los sindicatos expresada como porcentaje del total de empleados alcanzó su máximo a principios de los 50. A partir de entonces, y durante los siguientes 50 años, la afiliación fue cayendo lenta pero progresivamente.

En la figura 17.13 se muestra el crecimiento del sector público y la alta afiliación histórica a los sindicatos en EE.UU. Como hemos visto, el hecho de que el sector público sea más grande refleja en parte los nuevos derechos a subsidios de desempleo. En el modelo de las curvas de fijación de precios y salarios, mayores subsidios de desempleo y el mayor poder de los sindicatos desplazan la curva de fijación de salarios hacia arriba, pero, cuando los sindicatos son inclusivos y cuando hay un efecto de voz sindical fuerte, la subida es más moderada.

Durante esta época, los sindicatos actuaron de manera inclusiva, lo que implica que evitaban hacer uso de todo su poder negociador (por ejemplo, en plantas o empresas donde tenían una posición muy fuerte) a cambio de cooperar en una negociación más amplia, para todo el conjunto de la economía, con el objetivo de mantener el crecimiento de salarios a un nivel consistente con la restricción impuesta por la curva de fijación de precios. A cambio, los empleadores mantendrían la inversión a un ritmo suficiente como para mantener el desempleo bajo. Este acuerdo, no escrito pero ampliamente observado, que llevó a compartir las ganancias del progreso tecnológico entre empleadores y empleados, se denominó el **acuerdo de posguerra**.

> **acuerdo de posguerra** Acuerdo informal (que adoptó diferentes formas en diferentes países) entre empleadores, gobiernos y sindicatos, que creó las condiciones para un rápido crecimiento económico en las economías avanzadas desde fines de la década de 1940 hasta principios de la década de 1970. Los sindicatos aceptaron las instituciones básicas de la economía capitalista y no resistieron el cambio tecnológico a cambio de un nivel bajo de desempleo, que se aceptaran los sindicatos y otros derechos y un aumento de los ingresos reales en línea con el aumento de la productividad.

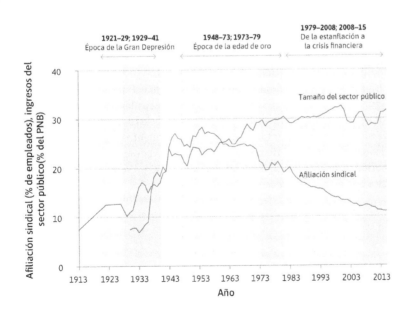

John Joseph Wallis. 2000. 'American Government Finance in the Long Run: 1790 to 1990' (https://tinyco.re/7271094). *Journal of Economic Perspectives* 14 (1): pp. 61–82; Gerald Mayer. 2004. Union Membership Trends in the United States. Washington, DC: Congressional Research Service (https://tinyco.re/3142616); US Bureau of Economic Analysis (https://tinyco.re/9376977).

Figura 17.13 Afiliación sindical y tamaño del sector público en EE.UU. (1913–2015).

El acuerdo de posguerra entre empleadores, sindicatos y gobiernos –que sustentó la productividad elevada, el crecimiento de los salarios elevado y el desempleo bajo– fue diferente según los países. En los países de Escandinavia, Austria, Bélgica, Países Bajos, Suiza y Alemania Occidental, la fijación de salarios estaba, o bien centralizada en un solo sindicato, o bien coordinada entre sindicatos y asociaciones de empleados, lo que resultó en una moderación salarial. En sectores avanzados tecnológicamente en Francia e Italia, los gobiernos intervinieron y fijaron los salarios en grandes empresas controladas por el sector público, lo cual proporcionó una referencia para el resto de sectores de la economía. El resultado fue bastante similar al de los países con fijación de salarios centralizada.

En aquellos lugares donde hubo poca cooperación entre empleadores y sindicatos, el desempeño del país fue peor durante la edad de oro. Un ejemplo es el Reino Unido, cuyo desempeño relativamente malo se puede ver claramente en la figura 17.11 (página 844): empezó con mayor productividad que los otros países grandes representados en el diagrama (es decir, su nivel de productividad en 1950 era el más cercano al de EE.UU.), pero Francia, Italia y Alemania Occidental lo adelantaron en la década de 1960.

El sistema de relaciones industriales en el Reino Unido dificultó los acuerdos, pues se combinaban un gran poder de los sindicatos a nivel de fábrica con la naturaleza altamente fragmentada de los sindicatos, que no tenían las dimensiones suficientes como para cooperar en la economía en su conjunto. La fuerza de los representantes locales de los sindicatos en un sistema de múltiples sindicatos por planta llevó a que los sindicatos se centrasen en competir entre sí a la hora de negociar acuerdos salariales, y dificultó la introducción de tecnología nueva y nuevos sistemas de organización del trabajo.

Los problemas de la economía británica se exacerbaron además porque los mercados de las empresas británicas en las antiguas colonias estaban protegidos de la competencia externa, lo que redujo la presión para innovar. En el proceso de destrucción creativa, la competencia incentiva a las empresas a mantenerse un paso por delante de sus rivales, y reduce el número de empresas de baja productividad. Cuando hay poca competencia, hay mayor protección para los trabajos y las empresas existentes. Empleados y trabajadores en las empresas establecidas comparten las rentas de monopolio, pero el tamaño total del pastel se reduce porque el progreso tecnológico va más despacio.

En EE.UU. y las economías convergentes de más éxito, el acuerdo de posguerra tuvo éxito al crear las condiciones adecuadas para alcanzar puntos de equilibrio caracterizados por altos niveles de beneficios e inversión. Se generó, por tanto, un rápido crecimiento de la productividad y de los salarios reales, al tiempo que se mantenía el desempleo bajo, pero la experiencia británica durante las décadas de 1950 y 1960 (figura 17.11) nos indica que no fue un proceso automático.

PREGUNTA 17.4 ESCOJA LA(S) RESPUESTA(S) CORRECTA(S)
La figura 17.12 describe las variaciones de empleo, beneficios y salarios en las décadas de 1950 y 1960 a través del modelo del mercado laboral.

¿Cuál de las siguientes afirmaciones es correcta respecto a este periodo?

☐ La subida en la curva de fijación de salarios debido a la fuerza de los sindicatos y a subsidios de desempleo más generosos resultó en más innovación durante la posguerra, lo que desplazó la curva de fijación de precios hacia arriba.

☐ Cuando la curva de fijación de salarios se desplaza hacia arriba, hay menores beneficios y menor inversión. El conflicto de interés entre trabajadores y empleadores implica que un desempleo reducido, beneficios elevados e inversión elevada no son sostenibles simultáneamente.

☐ El incremento sustancial en el poder negociador de los sindicatos y los movimientos políticos aliados con los trabajadores implicó que fueron capaces de exigir el salario más elevado posible, lo que desplazó la curva de fijación de salarios hacia su nivel más alto posible.

☐ El progreso tecnológico continuado, junto con las expectativas generalizadas de altos beneficios y los salarios altos resultantes de un elevado poder negociador de los sindicatos, crearon un círculo virtuoso de inversión elevada, rápido crecimiento de la productividad, salarios al alza y desempleo bajo.

17.6 EL FINAL DE LA EDAD DE ORO

El círculo virtuoso de la edad de oro empezó a fallar hacia finales de la década de 1960, en parte debido a su propio éxito. Tras muchos años con desempleo muy bajo, los trabajadores terminaron por convencerse de que corrían poco riesgo de perder el trabajo. Sus progresivas demandas de mejora de las condiciones laborales y salariales redujeron la tasa de rentabilidad. El acuerdo de posguerra y su idea fundamental —hacer crecer el tamaño del pastel— dieron paso a una competición en la que todos los grupos trataban de hacerse con el trozo de pastel más grande posible. Este cambio de dinámica preparó el terreno para el periodo siguiente de inflación y desempleo simultáneos, que se denominó **estanflación**.

El incremento en los conflictos industriales hacia finales de la década de 1960 marcó la ruptura del acuerdo de posguerra de la edad de oro. La figura 17.14 representa el número de días en huelga por cada mil trabajadores del sector industrial entre 1950 y 2002 en las economías avanzadas. A medida que conflictos laborales se extendían, los salarios medidos en relación con la cotización de las acciones se incrementaron rápidamente. Los acuerdos de posguerra que habían ayudado a crear la edad de oro se derrumbaron.

Los trabajadores también empezaron a solicitar políticas de redistribución de ingresos hacia los menos favorecidos y la provisión de servicios sociales más adecuados, lo que hizo más difícil que los gobiernos mantuviesen un superávit presupuestario. En EE.UU., el gasto militar adicional necesario para financiar la Guerra de Vietnam impulsó la demanda agregada y mantuvo los niveles de empleo insosteniblemente elevados.

En la figura 17.15 se representa este proceso con un desplazamiento ascendente de la curva de fijación de salarios (hacia la indicada como

> **estanflación** Alta inflación persistente combinada con alto desempleo en la economía de un país.

«finales de la década de 1960/principios de la de 1970»). Al mismo tiempo, el crecimiento de la productividad en el conjunto de la economía empezó a ralentizarse (véase figura 17.2 (página 830) para el caso de EE.UU.). A medida que la brecha entre la frontera tecnológica en EE.UU. y en los países convergentes de Europa occidental se fue estrechando, se fue haciendo cada vez más difícil obtener ganancias fáciles de las transferencias tecnológicas (véase figura 17.11 (página 844)).

En 1973 tuvo lugar el primer cambio brusco –el primer *shock*– en los precios del petróleo. En la figura 17.15 vemos cómo esto contribuyó al desplazamiento hacia abajo de la curva de fijación de precios (véase la curva denominada «1973–1979» y recordemos la figura 15.11 (página 743)). Una subida en los precios del petróleo importado limita el salario real máximo que los trabajadores pueden recibir si las empresas quieren mantener sus márgenes de beneficio.

¿Qué sucedió?

Los salarios no subieron hasta el nivel indicado por el punto C. Como consecuencia del impacto de las presiones salariales al alza y el *shock* en los precios del petróleo, la economía se contrajo y el desempleo empezó a subir. Pero ni siquiera una gran reducción del empleo (el desempleo alcanzó casi el 7%) logró disminuir la brecha de negociación que se muestra en la figura. Como resultado, hubo un incremento en la tasa de inflación, como se puede ver en la figura 17.16.

Debido a la fortaleza de la posición negociadora de los trabajadores a principios de la década de 1970 en la mayor parte de las economías de ingresos elevados, la subida de los precios del petróleo afectó principalmente a los empleadores y redistribuyó los ingresos de los beneficios empresariales a los salarios (figura 17.15). La era de la negociación justa que había primado con los acuerdos de posguerra estaba llegando a su fin.

En EE.UU. y la mayoría de las economías de ingresos elevados, los sindicatos tenían suficiente fuerza como para seguir defendiendo su trozo de la tarta incluso después de la subida de los precios del petróleo, y no dudaron en hacerlo. En términos del modelo, esto implica que los salarios estaban por encima de la nueva curva de fijación de precios, lo que redujo

Andrew Glyn. 2006. *Capitalism Unleashed: Finance, Globalization, and Welfare* (https://tinyco.re/5418332). Oxford: Oxford University Press.

Figura 17.14 El final de la edad de oro. Huelgas y salarios respecto a la cotización de las acciones en economías avanzadas (1950–2002).

los beneficios, algo que a su vez hizo caer la inversión y el ritmo de crecimiento de la productividad. Según predice el modelo representado en la figura 17.15, el resultado fue una inflación creciente (figura 17.16), una caída en los beneficios (figura 17.3 (página 832)), poca inversión (figura 17.3) y alto desempleo (figura 17.16).

En un puñado de países con sindicatos inclusivos y poderosos (según hemos descrito en el capítulo 16), el acuerdo sobrevivió. En Suecia, por ejemplo, su poderoso movimiento sindical centralizado limitó las peticiones de subidas salariales para mantener la rentabilidad, la inversión y los niveles elevados de empleo (figura 16.1 (página 771)).

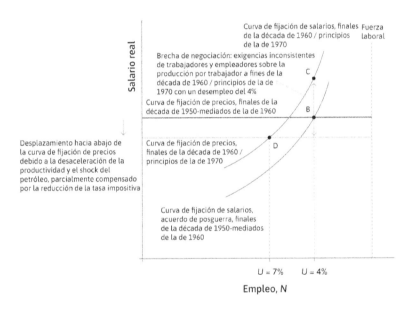

Figura 17.15 El final de la edad de oro a través de las curvas de fijación de precios y salarios (tenga en cuenta que los salarios reales en el eje vertical se miden después de impuestos y en términos de precios al consumo).

1. El acuerdo de posguerra se derrumba

El desplazamiento ascendente de la curva de fijación de salarios representa el derrumbe de los acuerdos de posguerra a fines de la década de 1960 y principios de la de 1970.

2. La primera crisis del petróleo (1973)

En 1973, se produjo el primer *shock* del precio del petróleo, lo que empujó la curva de fijación de precios hacia abajo.

3. El desempleo estabilizador de la inflación aumenta

La combinación de un desplazamiento hacia abajo de la curva de fijación de precios y un desplazamiento ascendente de la curva de fijación de salarios significó que la tasa de desempleo sostenible a largo plazo aumentara hasta el 7%, como se muestra en el punto D.

4. Se desarrolla una brecha de negociación

La flecha de doble punta para un nivel de desempleo bajo muestra la situación a principios de la década de 1970.

lado de la demanda (economía agregada) Cómo las decisiones de gasto generan demanda de bienes y servicios y, en consecuencia, empleo y producción. Utiliza el modelo multiplicador. *Véase también: lado de la oferta (economía agregada).*

lado de la oferta (economía agregada) Cómo se utilizan el trabajo y el capital para producir bienes y servicios. Utiliza el modelo del mercado laboral (también denominado curva de fijación de salarios y modelo de curva de fijación de precios). *Véase también: lado de la demanda (economía agregada).*

El final de la edad de oro dio paso a una crisis económica nueva, una muy distinta a la Gran Depresión. La recesión de los años 30 había venido determinada por problemas de demanda agregada, y por ello se le denominó crisis del **lado de la demanda**. En cambio, el final de la edad de oro se llamó crisis del **lado de la oferta** porque fueron los problemas generados en el lado de la oferta de la economía los que redujeron la tasa de rentabilidad, el ritmo de la inversión y la tasa de crecimiento de la productividad.

El periodo subsiguiente se bautizó como **estanflación** porque combinó un desempleo elevado con una inflación también elevada. Si la edad de oro fue un periodo inusual porque todo iba bien a la vez, la estanflación fue un periodo inusual en el que todo fue mal a la vez.

De acuerdo con el modelo de la curva de Phillips que hemos estudiado en el capítulo 15, la inflación sube cuando el desempleo baja: se trata de un movimiento a lo largo de la curva de Phillips. La figura 17.16 proporciona un resumen de los datos de inflación y desempleo para las economías avanzadas desde 1960 a 2013.

OCDE. 2016. 'OECD Statistics' (https://tinyco.re/6894118).

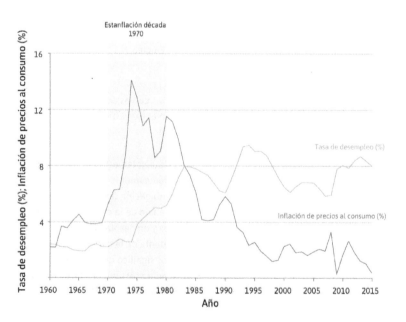

Figura 17.16 Tras la edad de oro: desempleo e inflación en economías avanzadas (1960–2015).

Según predice la curva de Phillips, durante la mayor parte de este periodo la inflación y el desempleo tuvieron una correlación negativa: cuando el desempleo sube, la inflación baja y viceversa. Pero, como hemos visto en la figura 15.6, el conjunto de la curva de Phillips se desplazó hacia arriba durante este periodo, al abrirse una brecha de negociación e incrementarse las expectativas de inflación. Observe la parte sombreada de la figura 17.16: inflación y desempleo crecían a la vez, de ahí el nombre de este periodo.

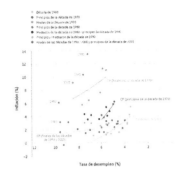

La figura 15.6 (página 734) representa las combinaciones de inflación y desempleo de la economía estadounidense para todos los años entre 1960 y 2014.

PREGUNTA 17.5 ESCOJA LA(S) RESPUESTA(S) CORRECTA(S)

La figura 17.14 representa el número de días de huelga por cada mil trabajadores del sector industrial (eje de la izquierda) y los salarios medios en relación con la cotización de las acciones (eje de la derecha) entre 1950 y 2002 en las economías avanzadas.

Con base en esta información, ¿cuál de estas afirmaciones es correcta?

☐ Las huelgas benefician a todos los trabajadores.
☐ Casi la mitad de los trabajadores se declararon en huelga durante el punto álgido de la actividad huelguística entre 1975 y 1980.
☐ El acuerdo de posguerra de cooperación entre empleados y empleadores se derrumbó a finales de la década de 1960.
☐ El primer *shock* del precio del petróleo en 1973 generó una subida brusca del salario medio.

PREGUNTA 17.6 ESCOJA LA(S) RESPUESTA(S) CORRECTA(S)

La figura 17.15 describe las variaciones de empleo, beneficios y salarios entre la década de 1950 y la de 1970 mediante el modelo del mercado de trabajo.

¿Cuál de las siguientes afirmaciones es correcta respecto a este periodo?

☐ El derrumbe de los acuerdos de posguerra a finales de la década de 1960 y principios de la de 1970 llevó a que los trabajadores pidiesen mayores salarios, lo que desplazó la curva de fijación de salarios hacia arriba.
☐ La reducción en los tipos impositivos que se introdujo para contrarrestar el efecto de la subida del precio del petróleo llevó a una bajada de la curva de fijación de precios.
☐ El ascenso de la curva de fijación de salarios llevó a que los salarios subiesen hasta el punto C.
☐ La economía se desplazó rápidamente hacia un nuevo equilibrio del mercado de trabajo en D, con estabilidad en la inflación, el desempleo, los beneficios y los salarios.

PREGUNTA 17.7 ESCOJA LA(S) RESPUESTA(S) CORRECTA(S)

La figura 17.16 representa la tasa de desempleo y la inflación de precios al consumidor en economías avanzadas entre 1960 y 2013.

Con base en esta información, ¿cuál de las siguientes afirmaciones es correcta?

☐ Según predice la curva de Phillips, a lo largo del periodo representado, la tasa de desempleo se eleva cuando la inflación disminuye y viceversa.

☐ Durante el periodo de estanflación de la década de 1970, las tasas de desempleo y de inflación presentaron una correlación positiva de manera consistente.

☐ La estanflación vino causada por el desplazamiento hacia arriba de la curva de Phillips, impulsada por unas mayores expectativas inflacionistas.

☐ El final de la estanflación se caracterizó por bajadas tanto de la tasa de desempleo como de la inflación.

17.7 TRAS LA ESTANFLACIÓN: LOS FRUTOS DE UN NUEVO RÉGIMEN DE POLÍTICA ECONÓMICA

La tercera época principal de los últimos 100 años del capitalismo empezó en 1979. En las economías avanzadas, los responsables de las políticas económicas se centraron en restaurar las condiciones necesarias para la inversión y la creación de empleo. Expandir la demanda agregada no ayudaría: lo que había sido parte de la solución durante la Gran Depresión, se convirtió en parte del problema.

Los arreglos basados en acuerdos entre empleadores y trabajadores sobrevivieron en algunos países del norte de Europa y Escandinavia. En el resto de los países, los empleadores abandonaron el acuerdo y los gobiernos buscaron nuevos arreglos institucionales con el objetivo de reinstaurar los incentivos a la inversión de las empresas.

Estas nuevas políticas se bautizaron como **reformas del lado de la oferta** y tenían como objetivo resolver las causas de la crisis de oferta de la década de 1970. Estaban centradas en la necesidad de modificar el equilibrio de poder entre trabajadores y empleadores en el mercado de trabajo y en la empresa. Las políticas públicas consiguieron este objetivo de dos maneras:

- *Políticas monetaria y fiscal restrictivas*: los gobiernos demostraron que estaban dispuestos a dejar que el desempleo creciese hasta niveles sin precedentes, lo que empeoró la posición negociadora de los trabajadores y restauró la consistencia de las exigencias sobre el producto por trabajador como la base de una inflación modesta y estable.
- *Desplazamiento de la curva de fijación de precios hacia abajo*: como hemos visto en el capítulo 15, estas políticas incluyeron recortes en los subsidios de desempleo y la aprobación de leyes que redujeron el poder de los sindicatos.

La figura 17.16 ilustra el nuevo entorno de política económica. El desempleo se elevó rápidamente del 5 al 8% a principios de la década de 1980. Este fue el precio que hubo que pagar a cambio de restaurar las

políticas del lado de la oferta
Conjunto de políticas económicas diseñadas para mejorar el funcionamiento de la economía, aumentando la productividad y la competitividad internacional y reduciendo los beneficios después de impuestos y los costos de producción. Estas políticas incluyen recortar los impuestos sobre los beneficios, endurecer las condiciones para recibir el subsidio por desempleo, cambiar la legislación para facilitar el despido de los trabajadores y la reforma de la política de competencia para reducir el poder monopolístico. *También conocidas como: reformas del lado de la oferta.*

condiciones favorables a la inversión y los beneficios, y de reducir la inflación desde niveles superiores al 10% hasta el 4%. Los responsables de las políticas económicas estaban dispuestos a deprimir la demanda agregada y tolerar un nivel de desempleo elevado hasta que la inflación cayese.

Este incremento del desempleo, que comenzó con la primera crisis del petróleo en 1973, tuvo dos efectos:

- *Redujo la brecha de negociación en la figura 17.15 (página 851)*: redujo la inflación (véase la figura 17.16).
- *Puso a sindicatos y trabajadores a la defensiva*: el costo de perder el trabajo se incrementó y los empleados pasaron a tener menor poder negociador.

La figura 17.17 muestra la evolución de la productividad (producto por hora) y los salarios reales en el sector de la fabricación de Estados Unidos desde el principio de la edad de oro. Para destacar el crecimiento de los salarios reales respecto al del producto por hora trabajada usamos números índices en ambas series. El crecimiento de los salarios reales al ritmo del producto por hora no es inevitable: en el capítulo 2, en la figura 2.1 (página 50), cuando analizábamos el crecimiento de los salarios reales en Inglaterra desde el siglo XIII, vimos que las instituciones (movimientos sociales, cambios en los derechos de voto y en las leyes) jugaban un papel clave a la hora de trasladar crecimientos de la productividad a crecimientos de los salarios reales.

Esta figura muestra dos periodos cuyas diferencias son muy patentes:

- *Antes de 1973*: la negociación se basaba en proporcionarle a cada uno lo que le correspondía, con lo que salarios y productividad crecieron simultáneamente.
- *Después de 1973*: el crecimiento de la productividad dejó de compartirse con los trabajadores. Para los trabajadores de producción en el sector manufacturero, los salarios reales apenas cambiaron en los cuarenta años posteriores a 1973.

Para mediados de la década de 1990, los efectos del nuevo régimen de política económica empezaban a hacerse evidentes. El periodo que va desde este momento hasta la crisis financiera mundial de 2008 se denominó la **gran moderación** porque la inflación era baja y estable, y el desempleo tendía a descender. Aunque el crecimiento de los salarios era inferior al de la productividad, los gobiernos consideraban que era una característica, más que un defecto, del nuevo régimen. La tercera subida de los precios del petróleo que ocurrió a principios de la década de 2000 puso el régimen a prueba. Como vimos en el capítulo 15, sus efectos desestabilizadores en la economía fueron mucho menores que las dos subidas de precios de los años 70.

Aunque este nuevo régimen parecía caracterizarse por la estabilidad macroeconómica, en aquellos países donde los trabajadores habían perdido mayor poder negociador, como EE.UU. y el Reino Unido, el régimen generó un gran costo en términos de un marcado crecimiento de la desigualdad (como vimos en la figura 17.2 (página 830)).

En prácticamente todas las economías avanzadas, las nuevas políticas del lado de la oferta redistribuyeron los ingresos de los salarios a los beneficios empresariales. En EE.UU. (figura 17.3 (página 832)), la tasa de beneficio después de impuestos se incrementó de manera progresiva entre la décadas de 1970 y 2008. Y, sin embargo, la inversión respondió muy poco a los incentivos generados por los elevados beneficios, con lo que la tasa de crecimiento del capital social disminuyó.

Los asesores de política económica basada en el lado de la oferta no fueron capaces de replicar la difícil combinación de alto empleo, alta inversión y salarios elevados de la edad de oro. El hecho de que el crecimiento de los beneficios no fuera acompañado de la inversión en nuevos equipamientos, contribuyó a causar la siguiente crisis.

EJERCICIO 17.3 EL PODER NEGOCIADOR DE LOS TRABAJADORES

Después de la Segunda Guerra Mundial –y tras las lecciones de la Gran Depresión–, la mayoría de las economías avanzadas adoptaron políticas que favorecieron el poder negociador de trabajadores y sindicatos. En cambio, después de la edad de oro, las políticas elegidas redujeron el poder negociador de los trabajadores.

1. Explique los motivos de estos enfoques de actuación opuestos.
2. Comente cuál pudo haber sido el papel del menor poder negociador de los trabajadores en la gestación de la crisis financiera mundial.

US Bureau of Labor Statistics (https://tinyco.re/2780183). Nota: la categoría 'trabajadores de producción' no incluye a los empleados encargados de tareas de supervisión como capataces y directivos.

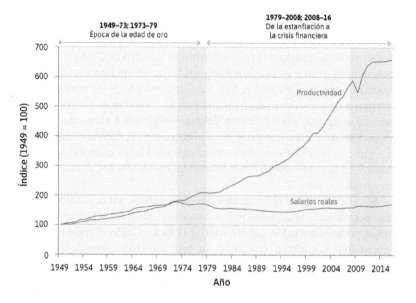

Figura 17.17 La edad de oro y sus consecuencias: salarios reales y producto por trabajador de producción en el sector manufacturero en EE.UU. (1949–2016).

17.8 ANTES DE LA CRISIS FINANCIERA: HOGARES, BANCOS Y LA EXPLOSIÓN DEL CRÉDITO

La gran moderación enmascaró tres cambios que generarían las condiciones bajo las que se desarrolló la crisis financiera global. Aunque, hasta cierto punto, estos cambios tuvieron lugar en la mayoría de las economías avanzadas, Estados Unidos tuvo un papel crucial en la crisis financiera mundial, al igual que había sucedido durante la Gran Depresión.

- *Aumento de la deuda*: entre 1995 y 2008, la suma de la deuda pública y el endeudamiento de las empresas no financieras apenas cambió en términos de porcentaje del PIB. La montaña de deuda total en la economía estadounidense que muestra la figura 17.4 (página 833) fue resultado del crecimiento de la deuda de los hogares y del sector financiero.
- *Aumento de los precios de la vivienda*: el aumento de los precios de la vivienda fue más pronunciado a partir de 1995.
- *Aumento de la desigualdad*: la prolongada disminución de la desigualdad que se venía produciendo desde la Gran Depresión se detuvo y cambió de signo a partir de 1979 (figura 17.2 (página 830)). Los trabajadores dejaron de compartir los beneficios de los aumentos de productividad (figura 17.17).

¿Cómo podemos construir un argumento que nos ayude a conectar la crisis financiera con la gran moderación, y a su vez con el crecimiento de la deuda a largo plazo, los precios de la vivienda y la desigualdad? Usaremos lo que hemos aprendido en los capítulos 9, 10 y 13, y la sección 17.4. Sabemos que, durante la gran moderación, desde mediados de la década de 1990 hasta los inicios de la crisis financiera, apenas crecieron los salarios reales de los trabajadores que se situaban en el 50% que ganaba menos. Así pues, en términos relativos a los ingresos del 50% que ganaba más, estaban perdiendo poder adquisitivo. En estas circunstancias, una manera de mejorar sus posibilidades de consumo era pedir un préstamo hipotecario. Antes de la década de 1980, las instituciones financieras tenían restricciones en cuanto al tipo de préstamos que podían conceder y las tasas de interés que podían cobrar. La **desregulación financiera** generó una competencia muy agresiva para captar clientes, y resultó en un acceso al crédito mucho más fácil para esos clientes.

desregulación financiera Políticas que permiten a los bancos y otras instituciones financieras una mayor libertad en cuanto a los tipos de activos financieros que pueden vender, así como otras prácticas.

rescate bancario El gobierno compra una participación accionarial en un banco o alguna otra intervención para evitar que la entidad quiebre.
gran recesión Prolongada recesión que siguió a la crisis financiera mundial de 2008.

LA GRAN MODERACIÓN Y LA CRISIS FINANCIERA MUNDIAL

La gran moderación fue un periodo de baja volatilidad en la producción registrado entre mediados de la década de 1980 y 2008. Terminó con la crisis financiera mundial, provocada por la caída de precios del sector inmobiliario en Estados Unidos a partir de 2007.

- Al principio de la crisis, las políticas de estabilización aplicadas por gobiernos y bancos centrales, incluidos en particular los **rescates bancarios**, evitaron una repetición de la Gran Depresión.
- Sin embargo, a continuación se produjo una caída sostenida de la producción mundial, que recibió el nombre de **gran recesión**.

Explosiones del precio de la vivienda y el acelerador financiero
Cuando un hogar pide dinero prestado para comprar una vivienda, habitualmente solicita un préstamo con garantía hipotecaria. El contrato de hipoteca incluye una disposición según la cual el banco puede tomar posesión de la casa si el prestatario no realiza los pagos acordados. Las garantías juegan un papel crucial a la hora de mantener un auge del precio de la vivienda. Cuando los precios de las casas suben –por ejemplo, como resultado de la creencia de que subirán en el futuro–, eso provoca que aumente el valor de las garantías de que disponen los hogares (véase el diagrama de la izquierda en la figura 17.18). Con estas garantías de mayor valor, los hogares pueden incrementar el dinero que piden prestado y comprarse una casa mejor. A su vez, esto genera presiones alcistas en los precios de la vivienda y, por tanto, mantiene la burbuja, ya que los bancos conceden más crédito basándose en el mayor valor de las garantías (las viviendas). El incremento del endeudamiento, que se hizo posible debido al incremento en el valor de las garantías, se puede dedicar a la compra de vivienda o también a la compra de bienes y servicios.

Cuando se espera una subida en los precios de la vivienda, los hogares se sienten atraídos por la idea de pedir más dinero prestado. Suponga que una casa cuesta 200 000 dólares y que el hogar (quien compre la casa) tiene que pagar una entrada del 10% (20 000 dólares): por tanto, pide 180 000 dólares prestados. Esto significa que su **coeficiente de apalancamiento** inicial, en este caso el valor de los activos dividido por su participación directa en la casa, es 200/20 = 10. Imagine que el precio de esta casa sube un 10% hasta 220 000 dólares. La rentabilidad del dinero que el hogar ha invertido en la vivienda es del 100% (porque la parte del valor de la casa no correspondiente a la hipoteca ha subido de 20 000 dólares a 40 000 dólares: se ha duplicado). Los hogares que estén convencidos de que los precios de la vivienda seguirán subiendo querrán incrementar su apalancamiento porque les permite obtener una rentabilidad elevada. El incremento del valor de la garantía, debido a la subida de precio de su casa, implica que pueden satisfacer su deseo de pedir más prestado.

coeficiente de apalancamiento financiero (para bancos u hogares) Valor de los activos dividido por la participación accionarial en esos activos.

Adaptación de una gráfico en: Hyun Song Shin. 2009. 'Discussion of 'The Leverage Cycle' by John Geanakoplos' (https://tinyco.re/7184580).

Figura 17.18 El mercado inmobiliario al alza y a la baja.

El mecanismo por el cual una subida en el valor de la garantía lleva a un incremento de la demanda de crédito y del gasto de los hogares y las empresas se llama **acelerador financiero** (véase sección 14.3 para más detalles). La parte izquierda de la figura 17.18 muestra el resultado de la interacción entre la burbuja de precios de la vivienda y su transmisión por la economía a través del acelerador financiero cuando hay una expansión. En la parte derecha se ve lo que sucede cuando caen los precios de la vivienda. El valor de la garantía cae y el gasto de los hogares se reduce, lo que genera presiones negativas en los precios de la vivienda.

Los activos y pasivos de un hogar se pueden representar en su balance de situación, y luego podemos usarlo para explicar la interacción de una burbuja inmobiliaria con el acelerador financiero. La casa es un activo en el balance del hogar, mientras que la hipoteca es un pasivo. Si no hay ningún otro componente en el balance del hogar, cuando el valor de mercado de la casa cae por debajo de lo que se debe de hipoteca, el hogar pasa a tener patrimonio neto negativo. Siguiendo el ejemplo mencionado arriba, si el ratio de apalancamiento es 10, una caída del precio de la vivienda del 10% elimina la totalidad de la participación del hogar en el valor de la vivienda. Una caída de más del 10% implicaría que el hogar tendría patrimonio neto negativo.

Como hemos visto que ocurrió con los hogares durante la Gran Depresión, si una caída de la riqueza de un hogar significa que está por debajo de su riqueza objetivo, el hogar tiende a responder reduciendo sus gastos. Cuando se está formando una burbuja inmobiliaria, la subida en el valor de las garantías refuerza el crecimiento de los precios al estimular tanto el endeudamiento como el gasto; cuando los precios bajan, la caída en el valor de la vivienda incrementa lo que el hogar debe y este reduce el gasto. La subida de precios justo antes de 2008 estaba enviando el mensaje «equivocado». Sabemos que los recursos no se estaban asignando apropiadamente porque tanto EE.UU. como algunos países de Europa terminaron con miles de viviendas abandonadas.

Desregulación financiera y deudores subprime o de alto riesgo

En el periodo de la burbuja, cuando se esperaba que los precios de la vivienda continuaran subiendo, el riesgo que los bancos asumían al conceder hipotecas era menor; en consecuencia, los bancos concedieron más préstamos. Los hogares con menos recursos cada vez lo tenían más fácil para pedir una hipoteca: los prestamistas pedían anticipos o entradas menores e incluso en algunos casos llegaron a conceder préstamos sin anticipo. Esto se muestra en la figura 17.19. El mecanismo del acelerador financiero es un ejemplo de retroalimentación positiva: de más garantía a pedir más dinero prestado, y de ahí a mayores incrementos en los precios de la vivienda.

La figura 17.20 muestra el contraste entre la riqueza material de un hogar en el quintil de mayor riqueza y un hogar en el quintil de menor riqueza en 2007. Haciendo uso de las definiciones que hemos introducido en la sección 13.3 y usado en la sección 17.4, la riqueza material del hogar es igual al valor de su vivienda (que, por definición, es la suma de la deuda viva más la participación del hogar en el valor de la vivienda) menos la deuda hipotecaria, más la riqueza financiera (neta de deudas no hipotecarias).

La barra de la izquierda es el 20% más pobre de los hogares, mientras que la barra de la derecha es el 20% más rico. Los datos están presentados de manera que podemos comparar los activos y pasivos (deuda) de los dos grupos. En ambos casos, el total de activos o, de manera equivalente, el total

acelerador financiero Mecanismo a través del cual la capacidad de endeudamiento de las empresas y los hogares aumenta cuando el valor de la garantía que han prometido al prestamista (a menudo un banco) aumenta.

de deuda más patrimonio neto se iguala a 100%, lo que significa que no podemos comparar la cantidad absoluta de riqueza o deuda que corresponde a cada grupo. Sin embargo, esta presentación de los datos nos permite ver claramente cuál es el tipo de activo (vivienda o activos financieros) que cada grupo posee, y la relación entre la deuda y los activos que posee. Esta comparación nos proporciona mucha información sobre cómo una caída de los precios de la vivienda puede afectar al gasto y al consumo de cada uno de los dos tipos.

La barra de la izquierda representa a los hogares deudores. Son por lo general hogares pobres, que solo pueden pedir prestado cuando tienen alguna garantía que usar como contraprestación al préstamo, y que no

Ver estos datos en OWiD
https://tinyco.re/1237627

Reserva Federal de EE.UU. 2016. 'Financial Accounts of the United States, Historical' (https://tinyco.re/9285808). Diciembre 10; US Bureau of Economic Analysis (https://tinyco.re/9376977); Federal Reserve Bank of St Louis (FRED).

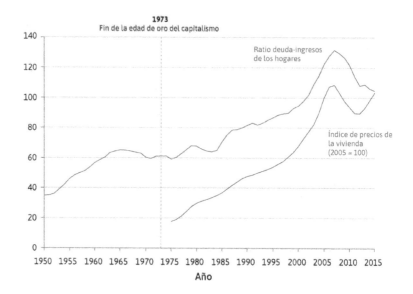

Figura 17.19 El ratio deuda-ingresos de los hogares y precios de la vivienda en EE.UU. (1950–2015).

Adaptación de la figura 2.1 en Atif Mian y Amir Sufi. 2014. *House of Debt: How They (and You) Caused the Great Recession, and How We Can Prevent It from Happening Again* (https://tinyco.re/9186174). Chicago, Il: The University of Chicago Press (trad. al castellano: *La casa de la deuda: las causas y las soluciones de la gran recesión*. Barcelona: RBA, 2015).

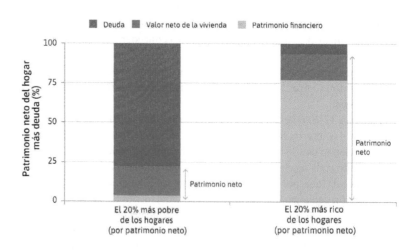

Figura 17.20 Riqueza y deuda de los hogares estadounidenses: Quintil más rico y más pobre (2007).

tienen mucha riqueza financiera, lo que viene indicado por el tamaño del rectángulo verde. Estos hogares tienen mucha más deuda que participación en el valor de su vivienda (valor neto de la vivienda) y, por tanto, son muy vulnerables a una caída en el precio de la vivienda.

Los hogares ricos poseen muchos activos, principalmente en forma de riqueza financiera: cuentas bancarias y depósitos del mercado monetario, bonos de deuda pública, bonos de empresas y acciones. En general, poseen poca deuda: son los hogares ahorradores de los que habíamos hablado en el capítulo 10.

La desregulación financiera y el apalancamiento bancario

En el contexto de un sector financiero desregulado, los bancos pidieron prestado cada vez más:

- Para conceder más préstamos para la compra de vivienda.
- Para conceder más préstamos para la compra de bienes de consumo duradero como coches o mobiliario.
- Para comprar más activos financieros basados en paquetes de préstamos hipotecarios.

La combinación de la gran moderación, la subida del precio de la vivienda y el desarrollo de nuevos activos financieros aparentemente menos arriesgados como los **derivados** denominados **obligaciones de deuda garantizada** (*collateralized debt obligations* o CDO), basadas en paquetes de préstamos hipotecarios denominados **títulos con garantía hipotecaria** (*mortgage-backed securities* o MBSs) hicieron que a los bancos les resultara rentable incrementar su apalancamiento.

La figura 17.21 muestra el apalancamiento de los bancos de inversión estadounidenses y de todos los bancos británicos.

En Estados Unidos, el ratio de apalancamiento de los bancos de inversión estaba entre 12 y 14 hacia finales de la década de 1970 y subió hasta situarse por encima de 30 a principios de la década de 1990. En 1996 llegó a 40 y alcanzó su máximo histórico en torno a 43 justo antes de la crisis financiera. Por otro lado, el apalancamiento de un banco mediano típico en el Reino Unido se mantuvo en torno a 20 hasta el año 2000. Luego el apalancamiento se disparó hasta un máximo de 48 en 2007. En los años 2000, los bancos globales británicos y europeos, incluidas las entidades conocidas como «banca en la sombra» (*shadow banks*), aumentaron su endeudamiento para comprar CDO y otros activos financieros que provenían del mercado inmobiliario estadounidense.

El apalancamiento se incrementó gracias a la desregulación financiera y el modelo de negocio de los bancos. Pero, ¿cómo es posible que los ahorradores siguiesen dispuestos a prestar más dinero a un sistema financiero cada vez más apalancado e, indirectamente, al sector de los hogares, también altamente apalancado?

derivado Instrumento financiero en forma de contrato que puede intercambiarse, cuyo valor se basa en el rendimiento de los activos subyacentes, tales como acciones, bonos o bienes inmuebles. *Véase también: obligación de deuda garantizada.*
obligación de deuda garantizada (CDO) Instrumento financiero estructurado (un derivado) que consiste en un bono o pagaré respaldado por un conjunto de activos de renta fija. El colapso del valor de los instrumentos de este tipo respaldados por préstamos hipotecarios de alto riesgo o hipotecas *subprime* fue un factor importante en la crisis financiera de 2007-2008.
títulos con garantía hipotecaria (MBS) Activo financiero que utiliza hipotecas como garantía. Los inversores reciben pagos derivados de los intereses y el principal de las hipotecas subyacentes. *Véase también: garantía.*

agencia de calificación crediticia
Empresa que recopila información para calcular la solvencia crediticia de individuos o empresas, y vende la calificación resultante por una tarifa a las partes interesadas.

hipoteca de alto riesgo o *subprime*
 Hipoteca residencial concedida a un prestatario de alto riesgo, por ejemplo, un prestatario con un historial de bancarrota y pagos retrasados. *Véase también: prestatario de alto riesgo o subprime.*

Unas empresas denominadas **agencias de calificación crediticia** (*credit ratings agencies*), de las cuales las tres más grandes son Fitch Ratings (https://tinyco.re/8035840), Moody's (https://tinyco.re/3999238) y Standard & Poor's (https://tinyco.re/6586613), valoran el riesgo de los productos financieros. Parte de su cometido es proporcionar datos y pruebas que garanticen a los prestamistas que sus inversiones son seguras. Después de veinte años de gran moderación, las crisis económicas parecían una noción del pasado, así que estas empresas concedieron la máxima calificación (lo que indicaba el mínimo riesgo) a muchos de los activos creados a partir de las **hipotecas *subprime* o hipotecas basura**

La crisis inmobiliaria de las subprime de 2007

El crecimiento interrelacionado del endeudamiento de los hogares pobres en EE.UU. y de los bancos globales implicó que, cuando los propietarios de las viviendas hipotecadas empezaron a dejar de pagar los plazos de sus hipotecas en 2006, no fue posible contener las repercusiones de esos impagos dentro del contexto de la economía local o siquiera nacional. La crisis causada por los problemas de los titulares de hipotecas *subprime* de EE.UU. se extendió a otros países. Los mercados financieros se asustaron el 9 de agosto de 2007 cuando el banco francés BNP Paribas interrumpió las retiradas de tres fondos de inversión porque no podía valorar de manera «justa» los productos financieros (https://tinyco.re/5697732) basados en valores respaldados por hipotecas estadounidenses: simplemente, no sabían cuánto valían.

La recesión que se extendió por todo el mundo en 2008–09 fue la peor contracción de la economía mundial desde la Gran Depresión. A diferencia de los incendios forestales del sudeste de Australia en 2009, la crisis financiera cogió al mundo por sorpresa. Los responsables de política económica no estaban preparados. Para cuando descubrieron que un largo periodo de calma en los mercados financieros podía hacer más probable una crisis, ya era demasiado tarde.

Ver estos datos en OWiD
https://tinyco.re/8394378

Reserva Federal de EE.UU 2016. 'Financial Accounts of the United States, Historical.' (https://tinyco.re/9285808) Diciembre 10; Banco de Inglaterra. 2012. Financial Stability Report, Número 31.

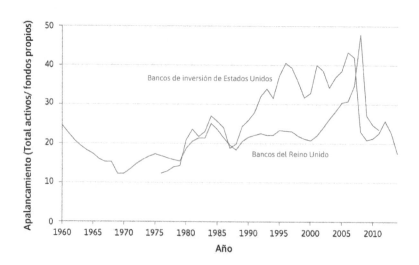

Figura 17.21 Ratio de apalancamiento de los bancos de EE.UU. y el Reino Unido (1960–2014)

Este es un argumento que el economista Hyman Minsky ya había planteado mucho antes de la gran moderación. Minsky desarrolló sus ideas durante su labor como profesor de economía en la Universidad de California en su sede de Berkeley, así que no es descabellado que estuviese pensando en incendios. En el norte de México, las autoridades de control de incendios dejan sin apagar los incendios menores para que se acumule menos matorral seco. Los grandes incendios son más frecuentes al otro lado de la frontera estadounidense, en California, donde los incendios menores se extinguen con rapidez.

En 1982, Minsky escribió *Can 'It' Happen Again?* [¿Puede suceder otra vez?], donde avanzó la idea de que las condiciones de calma llevan a que las empresas elijan métodos más arriesgados para financiar sus inversiones. Su advertencia fue ignorada. En lugar de suscitar mayor vigilancia, las condiciones tranquilas de la gran moderación causaron complacencia entre reguladores y economistas. Fue el comportamiento cada vez más arriesgado de los bancos, como Minsky había predicho, lo que creó las condiciones para la crisis.

Hyman P. Minsky. 1982. *Can 'It' Happen Again? Essays on Instability and Finance*. Armonk, NY: M. E. Sharpe.

GRANDES ECONOMISTAS

Hyman Minsky

Hyman Minsky (1919–1996) fue un economista estadounidense que desarrolló una teoría financiera del ciclo económico. Sus ideas han atraído una atención renovada entre académicos y profesionales del sector bancario y financiero desde la crisis económica mundial de 2008.

Minsky afirmaba que las fluctuaciones macroeconómicas no se podían entender sin tener en cuenta el modo en el que se financian las inversiones de las empresas. En una época en la que la mayoría de los economistas veían a las empresas como el lugar donde tenía lugar la función de producción, Minsky se centró en los activos y pasivos del balance de situación de la empresa. Los activos incluyen plantas y equipamiento, pero también elementos menos tangibles como patentes, derechos de propiedad intelectual o marcas comerciales, y se caracterizan porque se espera que generen un flujo de ingresos a lo largo del tiempo. Los pasivos incluyen las obligaciones de las empresas frente a sus acreedores e implican un flujo de pagos a lo largo del tiempo.

Cuando una empresa realiza nuevas inversiones, incrementa su capacidad de producir bienes y servicios y, por tanto, altera el flujo de ingresos que espera en el futuro. Si las inversiones se financian con deudas, también cambian las obligaciones financieras en el futuro. A la hora de financiar sus inversiones, la empresa tiene que decidir entre:

- *Emitir deuda a largo plazo*: la empresa espera que, cuando haya que responder a las obligaciones en el futuro, los ingresos generados por la propia inversión sean suficientes para hacerlo.

- *Emitir deuda a corto plazo*: tiene que pagarse antes de que se generen los ingresos esperados y, por lo tanto, la empresa sabe que va a necesitar pedir prestado otra vez en el momento en el que haya que devolver el préstamo a corto.

En general, la deuda a largo plazo es más cara porque los prestamistas piden una tasa de interés más elevada, pero la deuda a corto plazo es arriesgada porque existe la posibilidad de que la empresa no pueda refinanciar la deuda cuando venza el plazo. Además, incluso en caso de poder refinanciar, puede que se vea forzada a pedir prestado a tipos más altos si hay menor disponibilidad de crédito.

Según Minsky, las empresas que eligen la opción más segura y más cara y asocian ingresos y obligaciones a lo largo del tiempo, realizan **financiación de cobertura**. Aquellas que, en cambio, escogen la opción más barata y más arriesgada y piden prestado a corto plazo para pagar inversiones a largo plazo, realizan **financiación especulativa**.

Un elemento clave de la teoría de Minsky es el que se refiere a cómo estas prácticas financieras cambian a lo largo del tiempo. Cuando las condiciones de los mercados financieros son relativamente tranquilas, refinanciar deuda a corto plazo es más fácil, con lo que las empresas con prácticas financieras más agresivas se ven beneficiadas frente a aquellas más prudentes. No es solo que las empresas agresivas crezcan más, sino que también atraen a imitadores, y la distribución de prácticas financieras en la economía se vuelve cada vez más especulativa. En estas circunstancias, se produce un aumento de la demanda de refinanciación de deuda a corto plazo y, por lo tanto, un incremento en la fragilidad financiera: cada vez es más probable que se produzca una perturbación grave en los mercados financieros, con una contracción del crédito o una subida abrupta de las tasas de interés a corto plazo.

En opinión de Minsky, este proceso lleva de manera inevitable a una crisis porque, mientras la crisis se evite, las prácticas financieras agresivas seguirán extendiéndose y la fragilidad financiera continuará incrementándose. Cuando la crisis finalmente tenga lugar, las empresas más agresivas sufrirán de manera desproporcionada y a las empresas prudentes les irá bien. Este cambio brusco en la distribución agregada de las prácticas financieras reduce la fragilidad y prepara el terreno para que el proceso vuelva a empezar. En palabras de Minsky:

> La estabilidad, incluso en una expansión, es desestabilizadora porque financiar las inversiones de manera más arriesgada beneficia a los líderes, y el resto los siguen. (*John Maynard Keynes*, 1975 (https://tinyco.re/9354915))

En otras palabras, un periodo como la gran moderación planta las semillas de la próxima crisis financiera.

En 2007, Charles Prince, director ejecutivo de Citigroup, le explicaba al *Financial Times* las dificultades de resistirse a la «financiación arriesgada» durante las expansiones. «Mientras la música suene, tienes que levantarte y bailar», dijo en julio, justo en el momento en el que la economía global se precipitaba hacia su crisis más profunda desde la Gran Depresión. «Seguimos bailando».

---

financiación de cobertura
Financiación utilizada por las empresas para cumplir con las obligaciones contractuales de pago mediante el flujo de caja. Término acuñado por Hyman Minsky en su Hipótesis de la inestabilidad financiera. *Véase también: financiación especulativa.*

financiación especulativa
Estrategia utilizada por las empresas para cumplir con los compromisos de pago de los pasivos que utiliza el flujo de caja, aunque la empresa no puede pagar el principal de esta manera. Las empresas en esta posición necesitan 'renovar' sus pasivos, generalmente emitiendo nueva deuda, para cumplir con los compromisos de vencimiento de la deuda. Término acuñado por Hyman Minsky en su Hipótesis de la inestabilidad financiera. *Véase también: financiación de cobertura.*

EJERCICIO 17.4 LA RIQUEZA DE LOS HOGARES COMO UN BALANCE DE SITUACIÓN

1. Muestre la información de la figura 17.20 (página 860) en la forma de un balance de situación para un hogar del quintil de menor riqueza y otro del quintil de mayor riqueza (use los balances de situación en las figuras 10.16 y 10.17 como guía). Suponga que la suma de activos y pasivos es 200 000 dólares para el hogar más pobre y de 600 000 dólares para el hogar más rico, que ambos hogares tienen algunos ahorros y que no hay depreciación de activos.

Piense en qué proporción de la deuda de estos hogares es deuda hipotecaria. Ahora considere los efectos relativos en estos hogares de una caída en los precios de la vivienda.

2. Definamos «patrimonio inmobiliario negativo» como la situación en la que el valor de mercado de una vivienda es inferior a la deuda asociada a la misma. En su ejemplo de balance de situación para la familia pobre, calcule la caída del precio de la vivienda que llevaría a este hogar a tener patrimonio inmobiliario negativo.
3. Si los precios de la vivienda caen lo suficiente para que el hogar tenga patrimonio inmobiliario negativo, ¿significa eso que el hogar es insolvente? Explique la respuesta.

PREGUNTA 17.8 ESCOJA LA(S) RESPUESTA(S) CORRECTA(S)

La figura 17.19 (página 860) muestra el ratio deuda-ingresos de los hogares y los precios de la vivienda en EE.UU. entre 1950 y 2014. Con base en esta información, ¿cuál de las siguientes afirmaciones es correcta?

☐ El valor real de la deuda de los hogares se multiplicó por más de 2 desde el final de la edad de oro hasta el máximo de antes de la crisis financiera.
☐ La causalidad va desde el precio de la vivienda al endeudamiento de los hogares, esto es, los precios de la vivienda generan mayores deudas, pero no al revés.
☐ Un ratio deuda-ingresos de un hogar por encima de 100 indica que el hogar está en bancarrota.
☐ Las hipotecas *subprime* contribuyen a explicar el crecimiento de la deuda en EE.UU. antes de la crisis financiera.

PREGUNTA 17.9 ESCOJA LA(S) RESPUESTA(S) CORRECTA(S)
La figura 17.21 (página 862) muestra el apalancamiento de los bancos en EE.UU. y el Reino Unido entre 1960 y 2014.

El ratio de apalancamiento se define como el ratio entre el total de activos de los bancos y su patrimonio neto. ¿Cuáles de las siguientes afirmaciones son correctas?

☐ Un ratio de apalancamiento de 40 significa que solo un 2,5% de los activos están respaldados por patrimonio neto.

☐ El valor total de los activos de los bancos estadounidenses se duplicó entre 1980 y finales de la década de 1990.

☐ Una ratio de apalancamiento de 25 implica que una caída del 4% en el valor de los activos haría al banco insolvente.

☐ Los bancos británicos incrementaron su apalancamiento rápidamente durante los años 2000 para conceder más préstamos hipotecarios a los hogares británicos.

17.9 UN MODELO DE LA BURBUJA INMOBILIARIA

En el capítulo 11 (sección 11.8) introdujimos los conceptos de equilibrio estable e inestable. Ahora los desarrollaremos más y mostraremos que en un mercado como el inmobiliario puede haber un equilibrio estable con precios bajos y otro equilibrio estable con precios altos. En el medio hay un equilibrio inestable. Podemos representar todo esto con una curva de dinámica de precios (CDP) con forma de S.

La figura 17.22 reproduce los diagramas que ya vimos en las figuras 11.18 (página 544) y 11.19 (página 545). A la izquierda muestra lo que sucede en un equilibrio inestable. A partir de un precio P_0, un incremento en el precio nos aleja del equilibrio porque se interpreta como una señal de que el precio seguirá creciendo, lo que incrementa la demanda de casas porque la gente demanda más cantidad del activo cuyo precio esperan que suba. Si, al precio P_0, sucede algo que empuje el precio hacia abajo, un proceso similar llevaría a que el precio disminuyese aún más, porque la gente lo tomaría como una señal de que las casas están bajando de valor, con lo que tenderían a comprar menos.

El panel de la derecha muestra cómo un equilibrio estable es aquel en el que, cuando se produce un cambio en el precio, este tiende a amortiguarse en lugar de exagerarse, a través de lo que conocemos como retroalimentación negativa. Aquí, una subida del precio lleva a una caída de la demanda de casas, lo que tiende a reducir el precio. Con el tiempo, el precio vuelve a su nivel inicial. Se trata, por tanto, de un equilibrio estable.

El proceso que lleva a que un mercado reaccione a una pequeña perturbación retornando a su equilibrio preexistente se denomina **proceso de retroalimentación negativa** porque el cambio de precio inicial causa cambios posteriores de precio (retroalimentación) que suceden en la dirección contraria (negativa) del cambio inicial. Un **proceso de retroalimentación positiva** es uno en el que el cambio inicial lleva a más cambios en la misma dirección (positiva).

Para ver cómo puede ser que un mercado tenga dos equilibrios y cómo un movimiento de uno al otro puede representar una burbuja o un desplome de precios, podemos combinar los equilibrios estables e inestables de los dos paneles de la figura 17.22 en la figura con forma de S que

retroalimentación negativa (proceso) Proceso mediante el cual un cambio inicial pone en marcha un proceso que atempera el cambio inicial. *Véase también: retroalimentación positiva (proceso).*

retroalimentación positiva (proceso) Proceso en el que un cambio inicial pone en marcha un proceso que magnifica el cambio inicial. *Véase también: retroalimentación negativa (proceso).*

mostramos en la figura 17.23. En el punto A, la CDP tiene una pendiente mayor de 45 grados (como el panel de la izquierda en la figura 17.22). Por lo tanto, el punto A es un equilibrio inestable y el precio no tenderá a permanecer en este nivel si hay cualquier tipo de perturbación que empuje al precio a moverse hacia arriba o hacia abajo, aunque sea tan solo muy ligeramente: en esa situación, la retroalimentación positiva llevará a que el precio se aleje del equilibrio. Habrá una burbuja inmobiliaria si el precio sube desde A, y un desplome de precios si el precio baja.

Observe que, en los puntos C y B, la CDP tiene una pendiente menor de 45 grados, así que para ambos puntos es el panel derecho de la figura 17.22 el que explica lo que sucederá si la economía se encuentra en ese punto y algo mueve el precio ligeramente hacia arriba o hacia abajo. Debido a la retroalimentación negativa, el *shock* inicial se ve amortiguado y el precio tiende a retornar a su valor de equilibrio.

El punto A se denomina **punto de inflexión**. Para precios por encima de A, el precio tiende a crecer de manera continuada hasta llegar a B; para precios por debajo de A, el precio tiende a disminuir de manera continuada hasta llegar a C. La dirección del cambio de precio cambia de subida a bajada en el punto de inflexión A.

Recuerde que, en el punto B, los precios de la vivienda son elevados, pero estables. Se mantienen sin cambios a ese nivel elevado de año a año. Incluso aunque haya pequeñas fluctuaciones arriba o abajo, sabemos que el precio tenderá a volver a su nivel de B.

Pero ahora suponga que a ese precio elevado (punto B) a alguna gente «le entra miedo». Creen que los precios son demasiado elevados, dados los principios fundamentales de la asequibilidad de la vivienda (la demanda de casas) y oferta de casas. «Unos precios tan altos no pueden durar para siempre», se dicen a sí mismos. Empiezan a pensar que los precios de la vivienda bajarán: «Es el momento de vender para que, cuando los precios caigan, me pueda comprar una casa mejor por el mismo dinero». Los propietarios con

> **PUNTO DE INFLEXIÓN**
>
> Un equilibrio inestable en la frontera entre dos regiones caracterizadas por movimientos diferenciados en determinada variable. Si la variable se sitúa a un lado del punto de inflexión, la variable se mueve en una dirección; si se sitúa en el otro, se mueve en la dirección contraria. La cima de una montaña que divide dos valles es un punto de inflexión, por ejemplo: el agua que caiga de un lado se va en una dirección hacia un lago, mientras que el agua que caiga del otro lado (aunque sea muy cerca de la cima) se va en la dirección contraria hacia el mar. En el caso de la burbuja inmobiliaria, a partir de un determinado precio (el precio de inflexión) los precios se incrementan y se crea una burbuja, mientras que por debajo de ese nivel los precios caen (un desplome).

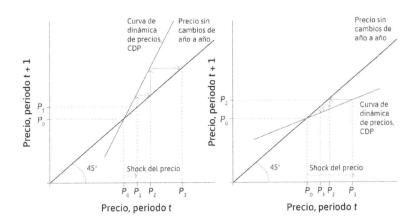

Figura 17.22 Equilibrios estables e inestables en el mercado inmobiliario.

hipotecas empiezan a preocuparse de que la bajada en el precio de la vivienda los deje con patrimonio inmobiliario negativo, es decir, una situación en la que el valor de mercado de la vivienda sea inferior a la hipoteca que le deban al banco.

Esta gente cree que el precio de la vivienda va a ser más bajo de lo que indica B en el siguiente periodo. Esto viene representado en la figura 17.24 por un desplazamiento hacia abajo de la curva de dinámica de precios con forma de S, hasta la azul oscuro. A medida que cada vez más y más gente se ponga de acuerdo en que los precios van a caer y venda sus casas, la curva con forma de S seguirá desplazándose hacia abajo y los precios bajarán en la dirección que indica la flecha punteada, desde B hasta Z.

Una vez que la opinión generalizada sobre el mercado de la vivienda ha cambiado tanto que la curva con forma de S (ahora azul oscura) está por debajo de la línea de 45 grados, el punto de inflexión desaparece. El mercado se desploma hasta K. Este modelo ayuda a entender por qué el miedo a que haya una burbuja en el mercado inmobiliario puede venir seguido de un desplome catastrófico del mercado. Tenga en cuenta que el acelerador financiero es en parte la razón por la que estos desplomes pueden alcanzar tales magnitudes y por la que el nuevo equilibrio puede hallarse tan por debajo del antiguo equilibrio.

> **EJERCICIO 17.5 DIFERENCIAS ENTRE EQUILIBRIO Y ESTABILIDAD**
> Explique, en sus propias palabras y con ejemplos, la diferencia entre los conceptos de equilibrio y estabilidad.

Figura 17.23 Equilibrios estables e inestables en el mercado inmobiliario: La CDP con forma de S.

PREGUNTA 17.10 ESCOJA LA(S) RESPUESTA(S) CORRECTA(S)
La figura 17.24 muestra varias curvas de dinámicas de precios con forma de S para el mercado inmobiliario.

Con base en la figura, ¿cuál de las siguientes afirmaciones es correcta?

☐ Las partes de la CDP en las que la pendiente es menor de 45 grados representan un proceso de retroalimentación negativa.
☐ Los puntos Z y K representan equilibrios inestables.
☐ Un proceso de retroalimentación positiva implica que los precios de la vivienda siempre siguen subiendo.
☐ Un mayor optimismo sobre los precios de la vivienda desplaza la CDP hacia arriba.

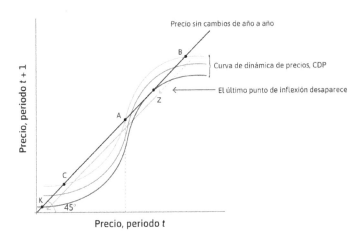

Figura 17.24 Un punto de inflexión en el mercado inmobiliario.

1. Un equilibrio en B
En el punto B, los precios de la vivienda son altos, pero estables.

2. A algunos propietarios 'les entra miedo'
Supongamos que algunas personas comienzan a creer que los precios son demasiado altos y venden sus casas. Esto se muestra mediante un desplazamiento hacia abajo de la curva de dinámica de precios en forma de S hacia la azul más oscura.

3. Un cambio de actitud
A medida que más personas adoptan la opinión de que los precios caerán y también venden, la curva en forma de S se desplaza hacia abajo y los precios caen en la dirección que indica la flecha punteada, de B a Z.

4. Colapso de precios
La actitud en el mercado inmobiliario ha cambiado tanto que no queda ningún punto de inflexión. El mercado se derrumba hasta situarse en K.

17.10 LA CRISIS FINANCIERA Y LA GRAN RECESIÓN

La subida de precios de la vivienda en EE.UU. durante los años 2000 estuvo intrínsecamente ligada al comportamiento de los prestamistas –a su vez animado por la política económica del gobierno– de conceder préstamos a hogares más pobres. Los prestamistas lograron financiar estos préstamos *subprime*, empaquetándolos en derivados financieros, que bancos e instituciones financieras de todo el mundo estaban deseando comprar. La subida del precio de la vivienda generó la creencia de que los precios seguirían subiendo, lo que desplazó la curva de demanda de vivienda hacia la derecha al proporcionar más acceso al crédito a los hogares como resultado de la subida del valor de la garantía.

Siga los pasos en el análisis de la figura 17.25 para ver el ciclo del precio de la vivienda en el descenso desde sus máximos a mediados de 2006. La figura ilustra cómo una pequeña caída inicial de los precios llevó a una caída ulterior de la demanda a medida que la gente empezó a creer que los precios seguirían bajando. Este cambio de creencias llevó a un desplazamiento hacia abajo de la CDP de la figura 17.24, lo que llevó a que el nuevo valor de equilibrio de los precios de la vivienda fuese más bajo.

En la figura 17.26 puede ver la contribución de los diversos componentes del PIB al crecimiento de la economía estadounidense en los 18 meses anteriores a la crisis, en los cinco trimestres de recesión desde inicios de 2008 y, finalmente, en la fase de recuperación hacia finales de 2010. La caída en la inversión en vivienda residencial (la barra roja) fue la característica más importante de la fase inicial. En aquel momento, suponía

Banco de Pagos Internacionales. 2015. 'Residential Property Price Statistics' (https://tinyco.re/5383598). Actualización de 20 de noviembre, y otros recursos nacionales.

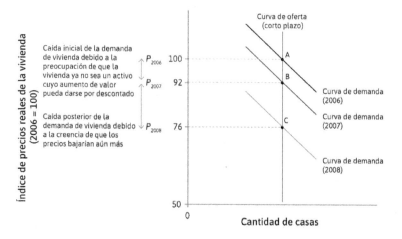

Figura 17.25 La crisis financiera: Los precios de la vivienda en EE.UU. se desploman.

1. La economía estadounidense (2006)
El mercado de la vivienda en la economía estadounidense en 2006 se muestra en el punto A.

2. Los precios de la vivienda caen (2007)
Los precios de la vivienda comenzaron a bajar en 2007, a medida que la demanda se desplazaba hacia abajo de A a B, empujando el índice de precios de la vivienda a 92 desde su máximo de 100.

3. Un proceso de retroalimentación positiva
Una vez que los precios cayeron, la creencia de que los precios caerían aún más se generalizó. Esto condujo a una mayor disminución de la demanda, hasta C. El índice de precios de la vivienda cayó a un nivel de 76 en 2008.

el único freno al crecimiento. Fue la consecuencia de la caída de los precios de la vivienda que empezó a finales de 2006. Durante la recesión, la inversión en vivienda residencial siguió cayendo, esta vez acompañada por una caída en la inversión no residencial y en el consumo.

Igual que en la Gran Depresión, la reducción del consumo no se debió únicamente al proceso del multiplicador. Los hogares dejaron de comprar casas nuevas y recortaron su gasto en bienes de consumo duradero. El mecanismo del acelerador financiero ayuda a explicar cómo, a través de la bajada del valor de las garantías inmobiliarias, la caída de los precios de la vivienda se traslada a la demanda agregada. Los recortes al gasto en nuevas viviendas y nuevos bienes de consumo duradero se concentraron, sobre todo, en aquellos hogares más pobres que habían solicitado hipotecas *subprime*. El momento en el que la demanda se desplomó es coherente con el papel central que la vivienda y la deuda jugaron en la crisis financiera. También hubo una caída de la inversión: se cancelaron pedidos de nuevo equipamiento y se cerraron fábricas. Muchos trabajadores fueron despedidos y la creación de empleo se desplomó.

Podemos asociar la evolución de la demanda agregada que muestra la figura 17.26 con las decisiones de los hogares mediante un diagrama similar al que usamos en la Gran Depresión. El resultado es la figura 17.27. Las dos figuras son distintas maneras de analizar los mismos sucesos: la figura 17.27 es la perspectiva que tenía un hogar individual de la crisis que estaba desarrollándose, mientras que la figura 17.26 muestra el mismo proceso desde la perspectiva de la economía en su conjunto.

La columna A de la figura 17.27 muestra la situación en la década de 1980. Desde la década de 1990 a mediados de la de 2000, como hemos visto, los precios de la vivienda crecieron rápidamente. La columna B muestra el resultado hacia 2006. En la figura, el precio de la vivienda es la suma del recuadro azul (la participación del hogar en el valor de la vivienda) y el recuadro rojo de la deuda (hipoteca). El incremento en el precio de las casas aumentó la participación de los hogares en el valor de la

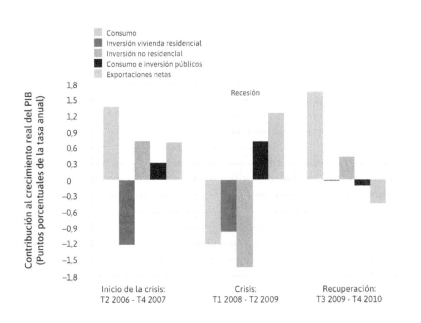

Figura 17.26 Demanda agregada y crisis financiera en EE.UU. (T2 2006–T4 2010).

vivienda, al igual que la valoración por parte de estos de su propia riqueza, que estaba exagerada por la expectativa de que el precio de la vivienda seguiría subiendo. Por un lado, esto incrementó la riqueza objetivo de los hogares, pero esta no creció tanto como la riqueza percibida, así que los hogares siguieron pidiendo prestado para consumir más. Por tanto, su participación en el valor de la vivienda creció, pero la deuda también. El incremento en el nivel de deuda de los hogares se muestra por el mayor rectángulo rojo en la columna B.

Desde 2006, los precios de la vivienda en Estados Unidos empezaron a caer. La perspectiva del hogar en 2008 y 2009 se muestra en la columna C. La subida del desempleo llevó a una reevaluación negativa de las expectativas de futuros ingresos del empleo. La riqueza de los hogares se contrajo, como podemos ver en la columna C. Fíjese en que el tamaño del rectángulo de la deuda no cambia entre las columnas B y C. El efecto combinado de la caída de los precios de viviendas y activos, el incremento de la deuda adquirida en los años de expansión y las menores expectativas

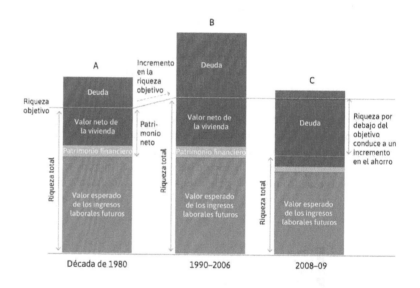

Figura 17.27 La crisis financiera: Burbuja inmobiliaria, deuda de los hogares y desplome del precio de la vivienda.

1. La gran moderación (década de 1980)

La columna A muestra la situación en la década de 1980.

2. Aumento de los precios de la vivienda (década de 1990–2006)

Durante la década de 1990 y especialmente a principios de la década de 2000, la subida de los precios de la vivienda aumentó la riqueza total, por lo que los hogares aumentaron el consumo al aumentar la deuda.

3. Caída de los precios de la vivienda (2006–2009)

El aumento del desempleo llevó a una reevaluación a la baja de los ingresos futuros esperados del empleo. El patrimonio neto de los hogares se redujo.

4. La riqueza está por debajo del objetivo

La caída en los precios de la vivienda y de los activos, combinada con menores ganancias esperadas, redujo la riqueza por debajo del objetivo. Los hogares redujeron el consumo y aumentaron el ahorro.

de ingresos llevaron a que la riqueza cayese por debajo de su objetivo. Como resultado, los hogares recortaron su consumo e incrementaron su ahorro, según se muestra en la columna C con la flecha doble, denominada «Riqueza por debajo del objetivo conduce a un incremento en el ahorro».

El hogar que mostramos en la figura 17.27 todavía tiene riqueza positiva después de la caída del precio de hogares y activos durante la crisis: lo muestra la suma de los rectángulos rojo, azul y verde en la columna C. Pero el comportamiento de los hogares cuya riqueza se convirtió en negativa después de la caída de los precios de la vivienda fue un elemento importante de la recesión que siguió a la crisis financiera en EE.UU. Para mostrar esto en un diagrama como la figura 17.27, el rectángulo de la deuda acabaría desplazándose hacia abajo para introducirse en la parte denominada «ingresos esperados del empleo» y eliminaría los rectángulos azul, verde y naranja, reduciéndose así el total de la riqueza e incrementándose la brecha entre riqueza esperada y riqueza objetivo. Es fácil ver cómo los hogares del quintil inferior que muestra la figura 17.20 (página 860) acabaron teniendo un patrimonio neto negativo en 2008 y 2009. En 2011, el 23% de las propiedades con hipoteca de Estados Unidos valían menos que la deuda que pesaba sobre ellas. Los hogares en esta situación habrían recortado su consumo al tiempo que iban devolviendo la deuda para recuperar su posición financiera.

EJERCICIO 17.6 LA CRISIS Y EL MULTIPLICADOR

1. Muestre las características de la crisis de 2008 en un diagrama del multiplicador, haciendo uso de la figura 14.6 (página 667) de la Gran Depresión como modelo. Utilice los conceptos de función de consumo, burbuja inmobiliaria, acelerador financiero y retroalimentación positiva en su respuesta.
2. ¿Cómo puede representar el papel que juega la mayor propensión marginal al consumo de los hogares en el quintil inferior en su análisis? Haga referencia a la figura 17.20 (página 860) y asuma que se trata de una economía cerrada.

PREGUNTA 17.11 ESCOJA LA(S) RESPUESTA(S) CORRECTA(S)
La figura 17.26 muestra la demanda agregada en Estados Unidos entre el T2 de 2006 y el T2 de 2010.

Con base en esta información, ¿cuál de las siguientes afirmaciones es correcta?

☐ La caída en la inversión residencial fue la única causa de la crisis financiera.
☐ Durante la recesión, no solo los hogares dejaron de comprar nuevas viviendas y bienes de consumo, sino que las empresas dejaron de invertir.
☐ El consumo e inversión públicos contribuyeron al crecimiento económico a lo largo del periodo considerado.
☐ El consumo de los hogares en vivienda y otros bienes se recuperó rápidamente desde el final de la crisis.

17.11 EL PAPEL DE LOS BANCOS EN LA CRISIS

El precio de la vivienda y la solvencia bancaria

La crisis financiera fue una crisis bancaria, y además alcanzó dimensiones globales, tal y como demostró BNP Paribas en agosto de 2007, cuando se negó a pagar a los partícipes de uno de sus fondos de inversión. Los bancos se metieron en problemas debido a su elevado apalancamiento, que los había hecho vulnerables a una bajada en el valor de los activos financieros que habían acumulado en sus balances (mostrábamos el apalancamiento de los bancos estadounidenses y británicos en la figura 17.21 (página 862)). Los valores de muchos de estos activos financieros, a su vez, se basaban en el precio de la vivienda.

Cuando un banco, como el de la figura 11.14 (página 536), tiene una ratio de patrimonio neto a activos del 4%, basta una caída en el valor de los activos por encima del 4% para que el banco se vuelva insolvente. El hecho es que los precios de la vivienda bajaron mucho más del 4% en numerosos países durante la crisis financiera mundial. De hecho, la caída del máximo al mínimo del precio de la vivienda en Irlanda, España y EE.UU. fue del 50,3, 31,6 y 34,6%, respectivamente, lo que generó un problema de solvencia para los bancos. Al igual que los hogares con problemas, los bancos corrían peligro de ver desaparecer su patrimonio neto; para un hogar es fácil de calcular si ha sucedido, pero no tanto para un banco.

A diferencia de una casa, los activos financieros opacos presentes en el balance de un banco (o aquellos diseñados para mantenerlos al margen), con acrónimos en inglés como CDO, CDS, CLO o incluso CDO^2, eran difíciles de valorar. Este era el motivo por el que resultaba complicado juzgar cuáles eran los bancos que estaban en peligro.

La liquidez bancaria y la contracción del crédito

Las dudas sobre la solvencia bancaria crearon otro problema en el sistema financiero: el problema del **riesgo de liquidez**, del que ya hablamos en el capítulo 10. Una característica básica de los bancos es la desconexión entre pasivos a corto plazo, que el banco les debe a sus depositantes, y activos a largo plazo, préstamos que se le deben al banco. Como consecuencia, los bancos dependen del mercado monetario, donde pueden prestarse dinero entre ellos a corto plazo para satisfacer sus necesidades de liquidez a corto plazo. Las operaciones del mercado monetario dependen de que prestamista y prestatario confíen en la solvencia de aquellos con los que realizan transacciones. El beneficio esperado de un determinado préstamo está compuesto por la tasa de interés multiplicado por la probabilidad de que el prestatario devuelva el dinero:

Beneficio esperado de un préstamo = $(1 + r)(1 - $ probabilidad de impago$)$

Por lo tanto, a medida que se extendía el miedo al impago, los bancos solo se mostraban dispuestos a prestar si era a una tasa de interés superior. En muchos casos, bancos y otros agentes del mercado monetario se negaban rotundamente a prestar dinero. Los periódicos denominaron a este fenómeno contracción del crédito o «*credit crunch*».

En el capítulo 10, aprendimos que la tasa de interés del mercado monetario está estrechamente ligada a la tasa de interés oficial establecida por el banco central. Esta relación se rompió durante la contracción del crédito. Pedir prestado en el mercado interbancario era mucho más caro y

riesgo de liquidez Riesgo de que un activo no se pueda intercambiar por efectivo lo suficientemente rápido como para evitar una pérdida financiera.

eso limitó la capacidad del banco central de estabilizar la economía; incluso cuando los bancos centrales redujeron la tasa de interés hasta cerca de su límite inferior de cero, el miedo de que los bancos quebrasen mantuvo las tasas de interés del mercado monetario altas. En consecuencia, las tasas de interés de las hipotecas se mantuvieron elevadas: como comentamos en el capítulo 10, las tasas de interés elevadas en el mercado monetario incrementan el costo de financiación de los bancos.

Ventas forzosas: un proceso de retroalimentación positiva.

La venta forzosa de activos, conocida en inglés como *fire sale*, es un proceso de retroalimentación positiva, que también se conoce como venta de liquidación. En la crisis financiera, la venta forzosa fue una externalidad que se produjo tanto en el mercado inmobiliario como en los mercados de activos financieros, y ambos afectaron la solvencia bancaria.

Es fácil visualizarlo en el caso de la vivienda: pensemos en un hogar que tiene patrimonio neto negativo y no puede pagar su hipoteca. La deuda excede el valor de mercado de la casa. En ese momento, el hogar está bajo presión para vender rápidamente la casa y pagar la mayor cantidad posible de su hipoteca, para así evitar futuros pagos de intereses. Si el mercado inmobiliario está desplomándose, es posible que tengan que aceptar un precio drásticamente reducido por la vivienda (que puede seguir siendo mejor para ellos que seguir pagando los intereses de la totalidad de toda la hipoteca). Se trata de un fallo de mercado porque la venta forzosa tiene una externalidad al generar un costo (caída de precio) en otros propietarios del mismo tipo de activo.

En la crisis financiera, tanto bancos como hogares se enfrentaron a pérdidas cuantiosas en el valor de sus activos financieros y se encontraron bajo presión para venderlos a precios reducidos con la finalidad de pagar deudas (por ejemplo, a depositantes que querían recuperar sus ahorros). Como muchos bancos estaban tratando de vender al mismo tiempo, los precios de esos activos se hundieron. Esto generó un proceso de retroalimentación positiva y contribuyó a amenazar aún más la solvencia de los bancos y otras instituciones financieras como parte del ciclo de retroalimentación positiva.

Los gobiernos rescatan a los bancos

En muchas economías avanzadas, hubo bancos que quebraron y fueron rescatados por los gobiernos. Para saber más sobre cómo lo hicieron, y para tener más información sobre cómo el sistema financiero falló durante la crisis, sugerimos la lectura de *The Baseline Scenario* (https://tinyco.re/4748992).

En el capítulo 10 ya señalamos que los bancos no corren con todos los costos de la quiebra. Los dueños de los bancos saben que hay otros agentes (el contribuyente u otros bancos) que van a cargar con parte de los costos de los riesgos que corra el banco. Por lo tanto, los bancos corren más riesgos de los que correrían si fuesen ellos los que soportasen todos los costos de sus acciones. El que los bancos corran riesgos excesivos es una externalidad negativa que lleva a un fallo de mercado y surge debido al problema principal-agente entre el gobierno (el principal) y el agente (el banco). El gobierno es el principal porque tiene un interés directo en (y es responsable de) mantener la economía en buen estado y, por lo tanto, termina cargando con el costo del rescate bancario como consecuencia de la toma excesiva de riesgos por parte de los bancos. Los gobiernos no pueden escribir una lista completa de reglas que logre alinear los intereses de los bancos con los del gobierno y del contribuyente.

> ***fire sale* o venta forzosa** Venta de algo a un precio muy bajo debido a la necesidad urgente de dinero del vendedor.

Los bancos se rescatan porque la quiebra de un banco es distinta de la quiebra de una empresa o de un hogar típicos de una economía capitalista. Los bancos desempeñan un papel central en el sistema de pagos de la economía y en la concesión de préstamos a hogares y familias. Hay cadenas de activos y pasivos que conectan a todos los bancos entre sí y, en los años anteriores a la crisis, dichas cadenas se habían extendido por todo el mundo.

La interconexión de los bancos se ilustró de manera vívida en la contracción del crédito, cuando la liquidez en los mercados monetarios se agotó porque los bancos empezaron a tener dudas sobre la solvencia de los demás bancos. El evento asociado más estrechamente con la crisis financiera, la quiebra del banco de inversión estadounidense Lehman Brothers (https://tinyco.re/8750749) el 15 de septiembre de 2008, muestra el nivel de interconexión de los bancos. No fue el inicio de la crisis –hemos visto que la contracción de la demanda agregada en EE.UU. empezó con los problemas en el mercado inmobiliario– pero fue la señal de su escalada al nivel nacional y global.

Así pues, el sistema bancario es una red como la eléctrica. El fallo de uno de los elementos en una red conectada (ya sea un hogar u otro banco) incrementa la presión en todos los demás componentes. Al igual que pasa en la red eléctrica, un fallo en el sistema bancario puede crear una cascada de fallos subsecuentes, así fue entre 2006 y 2008.

En nuestro video de «Economistas en acción» (https://tinyco.re/3866047), Joseph Stiglitz, uno de los pocos economistas que estaban advirtiendo sobre los riesgos del sistema financiero en los años que precedieron a la crisis, explica la combinación de incentivos, externalidades y procesos de retroalimentación positiva que llevó a esta cascada de quiebras.

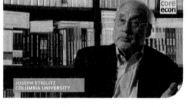

Joseph Stiglitz describe por qué la crisis financiera fue un fallo de mercado. https://tinyco.re/7394572

EJERCICIO 17.7 CÓMO LA SABIDURÍA CONVENCIONAL RESPECTO A LOS MERCADOS FINANCIEROS CONTRIBUYÓ A LA CRISIS FINANCIERA GLOBAL

En el video «Economistas en acción» de Joseph Stiglitz, este explica que la crisis financiera fue un fallo de mercado. Después de ver el video, responda las siguientes preguntas:

1. ¿Qué se asumía sobre los mercados financieros antes de la crisis, y cuál de estas presunciones era particularmente problemática?
2. ¿Qué papel han tenido los incentivos que se daban a los bancos en la reciente crisis financiera?

EJERCICIO 17.8 EL COMPORTAMIENTO EN LA CRISIS FINANCIERA

"La crisis del crédito visualizada" es un relato de animación que explica el comportamiento de hogares y bancos durante la crisis financiera; está disponible en YouTube.

1. Use los modelos que hemos estudiado en este capítulo para explicar la historia que cuentan en el video.
2. ¿Hay alguna parte del video que no pueda explicar usando los modelos y conceptos que hemos estudiado en esta unidad?

La crisis del crédito visualizada. https://tinyco.re/3866047

PREGUNTA 17.12 ESCOJA LA(S) RESPUESTA(S) CORRECTA(S)
¿Cuáles de las siguientes afirmaciones son correctas respecto de las ventas forzosas en el mercado inmobiliario?

☐ Un hogar tiene patrimonio inmobiliario negativo cuando el valor de su casa es menor que el valor de la hipoteca sobre la casa.

☐ Una venta forzosa sucede cuando un hogar no puede pagar su hipoteca y vende su casa.

☐ Las ventas forzosas generan una externalidad positiva para posibles compradores que pueden comprar las casas con hipotecas ejecutadas a bajo precio.

☐ Las ventas forzosas generan una externalidad negativa en los propietarios de otros activos al bajar el valor de dichos activos.

17.12 LA ECONOMÍA COMO PROFESOR

Ya en la Gran Depresión, los economistas aprendieron que la demanda agregada era importante, pero acabaron confiando demasiado en que una combinación adecuada de política fiscal y monetaria podría eliminar el desempleo a largo plazo. En la sección 17.6, vimos los límites que tenía esta política cuando la edad de oro terminó con intensos conflictos entre trabajadores y empleadores que acabaron por reflejarse en un crecimiento de la inflación.

La preeminencia de la visión keynesiana, centrada en la demanda agregada, ayuda a explicar por qué la mayoría de los economistas no lograron diagnosticar la naturaleza del lado de la oferta del primer *shock* del petróleo en 1973. La figura 17.28 ilustra este error de política económica para el caso de EE.UU. La duplicación del precio del petróleo (en términos reales) se muestra con el crecimiento del índice de 5 a 10 en la figura en el año 1973. Por el capítulo 15 y este capítulo sabemos que, cuando la tarta económica nacional se reduce debido a la subida de precios de una materia prima importada, el conflicto de intereses sobre el reparto de esa tarta se incrementa: la inflación subió a más del 10% en 1974. Sin embargo, los responsables de política económica se centraron en el efecto de la subida del precio del petróleo en la demanda agregada y en la subida del desempleo, y respondieron relajando la política monetaria (obsérvense las tasas de interés nominales y reales en descenso). La política fiscal tampoco fue contractiva.

La respuesta al segundo *shock* del petróleo de 1979 fue distinta. El objetivo primordial, en este caso, fue reducir la inflación y restaurar los beneficios esperados. En lugar de centrarse en apoyar el nivel de demanda agregada, los responsables de política económica se centraron en controlar las presiones inflacionistas generadas por la subida del precio del petróleo. La política fiscal y monetarias se dirigieron al control de la inflación como había pedido Milton Friedman una década antes: las políticas fueron más restrictivas y los gobiernos estaban dispuestos a permitir que el desempleo subiese para controlar la inflación.

Expresándonos en términos del modelo del mercado de trabajo, los responsables de política económica empezaron a reconocer que la subida del precio del petróleo incrementó el nivel de desempleo que mantenía la inflación estable, lo que los llevó a implementar políticas del lado de la oferta para debilitar a los sindicatos (y así desplazar la curva de fijación de salarios hacia abajo) y para incrementar la competición en industrias monopolísticas como las telecomunicaciones (y así desplazar la curva de fijación de precios hacia arriba). Estas políticas se asociaron estrechamente con la primera ministra Margaret Thatcher en el Reino Unido y el presidente Ronald Reagan en Estados Unidos.

Al extender la desregulación de los mercados de trabajo y productos al sistema financiero, los responsables de la época posterior a 1979 crearon las condiciones en las que proliferaron las prácticas financieras que llevarían a la crisis financiera mundial. Ya en 1982, Hyman Minsky había advertido de que algo así podía suceder en circunstancias de tranquilidad a nivel macroeconómico.

Hubo unas cuantas voces que se hicieron eco del pensamiento de Minsky mucho antes de la llegada de la crisis. Por ejemplo, en septiembre de 2000, sir Andrew Crockett, director general del Banco de Pagos Internacionales, les dijo a los supervisores bancarios:

Andrew Crockett. 2000. 'Marrying the Micro- and Macro-Prudential Dimensions of Financial Stability'. Discurso en la Conferencia Internacional de supervisores bancarios, Basilea, 20–21 de septiembre.

La sabiduría tradicional más extendida es que el riesgo es más elevado en las recesiones y menor en las expansiones, pero quizá sea más útil pensar que el riesgo se incrementa durante las expansiones, a medida que los desequilibrios financieros se acumulan, y se termina por materializar en las recesiones.

En la tabla de la figura 17.29 resumimos las lecciones que los economistas aprendieron en cada época.

Podemos sacar tres conclusiones:

1. *Los economistas hemos aprendido de los éxitos y fracasos de las tres épocas*: aunque el proceso ha sido lento, nuestra visión de la economía al día de hoy es resultado de este aprendizaje.
2. *Las políticas que triunfaron en cada época no lograron prevenir procesos de retroalimentación positiva que contribuyeron a la formación de crisis posteriores*: inicialmente, cada época fue un éxito porque las políticas e

Federal Reserve Bank of St Louis (FRED); Congressional Budget Office; US Bureau of Labor Statistics.

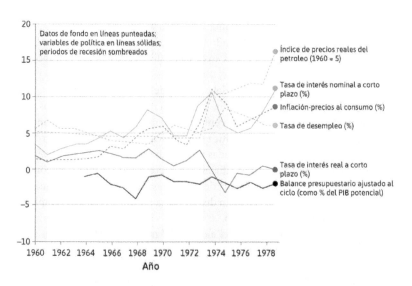

Figura 17.28 Elecciones de política económica durante el final de la edad de oro: EE.UU. (1960–79).

instituciones que se adoptaron en cada una de ellas lograron resolver los problemas de la época anterior. No obstante, después, los círculos virtuosos se transformaron en círculos viciosos, tomando a responsables de política económica y economistas por sorpresa.

3. *Ninguna escuela de pensamiento económico proporciona recomendaciones de política económica que hubiesen triunfado en todas las épocas*: el valor de las diferentes visiones depende de la situación. Las ideas de tanto Friedman como de Keynes han sido esenciales para lo que los economistas hemos aprendido.

Cuando Alemania invadió Francia en 1914, al principio de la Segunda Guerra Mundial, el soldado francés André Maginot fue herido en el ataque. Cuando más adelante se convirtió en ministro de guerra estaba decidido a construir una línea de defensa inexpugnable, que conocemos como la Línea Maginot, por si los soldados alemanes decidían volver a atacar suelo francés.

Sin embargo, a principios de la Segunda Guerra Mundial, la *blitzkrieg* (guerra relámpago) alemana supuso la utilización de tanques y transportes de tropas motorizados. Los alemanes no rompieron la línea Maginot: la bordearon conduciendo.

Los economistas de hoy tratan de evitar el error de Maginot. Un estudio concienzudo de la historia económica del último siglo no solo nos ayudará a luchar en la «última guerra», sino a prepararnos para las nuevas dificultades que surjan, sean las que sean.

Época	Fecha	Concepción económica previa	Resultados económicos	Lo que aprendimos los economistas	Autor principal
Década de 1920 y Gran Depresión	1921–1941	Los mercados se corrigen solos, son eficientes y garantizan el uso pleno de los recursos.	Desplome de la demanda agregada, desempleo alto y persistente.	La inestabilidad es una característica intrínseca de la economía agregada y se puede estabilizar la demanda agregada con política económica.	Keynes
Edad de oro del capitalismo y su caída	1945–1979	La política económica puede poner en práctica un objetivo de empleo al elegir un punto en la curva de Phillips.	Caídas a finales de la década de 1960 de beneficios, inversión y crecimiento de la productividad. La relación estable de la curva de Phillips se desvanece.	Dadas las instituciones, la necesidad de mantener beneficios, inversión y crecimiento de la productividad pueden limitar la capacidad de un gobierno para implantar un nivel de desempleo bajo y sostenible usando políticas de demanda agregada.	Friedman
De la estanflación a la crisis financiera	1979–2016	Se ha eliminado la inestabilidad de la dinámica capitalista, los mercados financieros funcionan bien, aunque solo estén mínimamente regulados.	Crisis financiera y del mercado inmobiliario de 2008.	Las burbujas financieras e inmobiliarias pueden coexistir con una inflación baja y estable, y desestabilizar la economía si no hay regulación adecuada.	Minsky

Figura 17.29 La economía como profesor: lo que los economistas hemos aprendido en las tres épocas.

Anat Admati: cuál es el problema con la banca, y qué podemos hacer al respecto. https://tinyco.re/8573554

EJERCICIO 17.9 LA REGULACIÓN BANCARIA PUEDE AYUDAR A GENERAR CRISIS FINANCIERAS

Este video de «Economistas en acción» muestra a la economista Anat Admati, explicando los problemas asociados a la regulación del sistema bancario.

1. Usando como ejemplo los precios de la vivienda, explique los aspectos positivos y negativos del apalancamiento.
2. De acuerdo con el video, ¿cuál es la diferencia central entre los bancos y otras empresas, y por qué puede ser peligroso para el sistema bancario?
3. ¿Qué factores contribuyen a la fragilidad y el riesgo del sistema bancario? ¿Cómo podemos prevenir que ocurran nuevas crisis?

EJERCICIO 17.10 EL PRESUPUESTO EQUILIBRADO DE HOOVER

El 4 de abril de 1932, con la economía estadounidense en una espiral descendente, el presidente Hoover escribió al Congreso de Estados Unidos, argumentando en defensa del equilibrio presupuestario y los recortes en el gasto público.

Lea la carta de Hoover (https://tinyco.re/5833681) y analícela críticamente, usando los conceptos económicos de los capítulos 13 a 17.

---

paradoja del ahorro Si un solo individuo consume menos, sus ahorros aumentarán; pero si todos consumen menos, el resultado puede ser un menor en lugar de un mayor ahorro general. El intento de aumentar el ahorro se ve frustrado si un aumento en la tasa de ahorro no va de la mano de un aumento en la inversión (u otra fuente de demanda agregada, como el gasto gubernamental en bienes y servicios). El resultado es una reducción en la demanda agregada y una menor producción de modo que los niveles reales de ahorro, de hecho, no aumentan.

austeridad Política en la que un gobierno intenta mejorar su posición presupuestaria en una recesión aumentando su ahorro. *Véase también: paradoja del ahorro.*

EJERCICIO 17.11 POLÍTICAS DE AUSTERIDAD

En el capítulo 14 hemos introducido el concepto de la **paradoja del ahorro** y examinamos el uso de las **políticas de austeridad** en muchos países antes de que sus economías se hubiesen recuperado de la recesión que siguió a la crisis de 2008.

¿Se olvidaron las lecciones de la Gran Depresión al introducir políticas de austeridad? Un análisis escrito por Barry Eichengreen y Kevin O'Rourke (https://tinyco.re/9442518) le ayudará a responder a esta pregunta.

17.13 CONCLUSIÓN

Hace cien años, los economistas creían que se podía confiar en que la economía privada se corregía a sí misma constantemente. Ahora entienden que los gobiernos pueden incrementar de manera notable su capacidad de autocorrección a través de mecanismos estabilizadores automáticos como el subsidio de desempleo. También entienden que las políticas públicas, como la regulación financiera, son fundamentales para reducir la probabilidad de las crisis financieras y que, cuando estas suceden, le toca al sector público rescatar al sector financiero y a la economía.

Los economistas aprendieron la importancia de la demanda agregada y de los mecanismos de refuerzo positivo en la Gran Depresión. Como respuesta, después de la Segunda Guerra Mundial, se desarrollaron nuevos regímenes de política económica y nuevas instituciones a nivel tanto nacional como internacional. Basándose en acuerdos entre trabajadores y empresas en un entorno de rápido crecimiento de la productividad, todo ello condujo a una edad de oro de prosperidad compartida en muchos países.

Este régimen se derrumbó ante un menor crecimiento de la productividad y el primer *shock* del precio del petróleo. Durante la gran moderación, se logró recuperar la estabilidad macroeconómica a cambio del crecimiento de las desigualdades en numerosos países. Tanto la estabilidad como la creciente desigualdad plantaron las semillas de la siguiente crisis al llevar a un crecimiento de la deuda del sector privado que terminó por generar la crisis financiera mundial. El apoyo de los gobiernos al sector financiero y a la demanda agregada evitó otra Gran Depresión, pero no una larga recesión.

La rápida adopción de estas políticas en muchos países fue una medida importante para establecer lo que los economistas habían aprendido desde la Gran Depresión sobre la importancia de la demanda agregada. Los economistas siguen aprendiendo sobre el funcionamiento de la economía agregada, centrándose en puntos críticos como las causas de la inestabilidad en los mercados financieros e inmobiliarios y los determinantes de la inversión agregada. Una mayor comprensión de esta y otras áreas de la economía contribuirá a un debate público mejor informado que permita desarrollar políticas que garanticen mejoras sostenibles y seguras de los estándares de vida para todos.

Conceptos introducidos en el capítulo 17
Antes de continuar, repase las siguientes definiciones:

- Proceso de retroalimentación positiva
- Crisis financiera mundial
- Edad de oro del capitalismo
- Gran Depresión
- Patrón oro
- Crecimiento convergente
- Hipoteca *subprime*
- Estanflación
- Tipo impositivo efectivo sobre los beneficios
- Acuerdo de posguerra
- Desregulación financiera
- Gran moderación
- Gran recesión
- Rescates bancarios

17.14 REFERENCIAS BIBLIOGRÁFICAS

Ball, Philip. 2002. 'Blackouts Inherent in Power Grid'. *Nature News*. Actualizado 8 de noviembre de 2002.

Ball, Philip. 2004. 'Power Blackouts Likely'. *Nature News*. 20 de enero de 2004.

Carlin, Wendy y David Soskice. 2015. *Macroeconomics: Institutions, Instability, and the Financial System*. Oxford: Oxford University Press. Capítulos 6 y 7.

Crockett, Andrew. 2000. 'Marrying the Micro- and Macro-Prudential Dimensions of Financial Stability'. Discurso en la Conferencia Internacional de supervisores bancarios, Basilea, 20–21 de septiembre.

Eichengreen, Barry y Kevin O'Rourke. 2010. 'What Do the New Data Tell Us?'. VoxEU.org. Actualizado 8 de marzo de 2010.

Mian, Atif, Amir Sufi y Francesco Trebbi. 2013. 'The Political Economy of the Subprime Mortgage Credit Expansion'. *Quarterly Journal of Political Science* 8: pp. 373–408.

Minsky, Hyman P. 1975. *John Maynard Keynes*. Nueva York, NY: McGraw-Hill.

Minsky, Hyman P. 1982. *Can 'It' Happen Again? Essays on Instability and Finance. Armonk*, NY: M. E. Sharpe.

Reinhart, Carmen M. y Kenneth S. Rogoff. 2009. *Esta vez es distinto: ocho siglos de necedad financiera*. Madrid: Fondo de Cultura Económica: 2011.

Shin, Hyun Song. 2009. 'Discussion of "The Leverage Cycle" by John Geanakoplos'. Debate preparado para 2009 NBER Macro Annual.

Webb, Baumslagy Robert Read. 2017. *How Should Regulators deal with Uncertainty? Insights from the Precautionary Principle*. Bank Underground.

Wiggins, Rosalind, Thomas Piontek y Andrew Metrick. 2014. 'The Lehman Brothers Bankruptcy A: Overview'. Programa de Yale sobre estabilidad financiera. Caso de estudio2014-3A-V1.

CAPÍTULO 18

LA NACIÓN Y LA ECONOMÍA MUNDIAL

CÓMO LA INTEGRACIÓN DE LAS ECONOMÍAS
NACIONALES EN UN SISTEMA GLOBAL DE COMERCIO
E INVERSIÓN GENERA OPORTUNIDADES DE OBTENER
GANANCIAS MUTUAS Y CONFLICTOS SOBRE LA
DISTRIBUCIÓN DE LAS GANANCIAS

- La globalización es un término que se refiere a la integración de los mercados mundiales de bienes y servicios, así como a los flujos de inversión y personas a través de las fronteras nacionales.
- La globalización ha llevado a que los precios de los bienes converjan entre los países, pero los salarios lo han hecho mucho menos.
- Las naciones tienden a especializarse en la producción de aquellos bienes y servicios que pueden producir a costos relativamente bajos, debido, por ejemplo, a las economías de escala, la abundancia de recursos, habilidades relevantes o determinadas políticas públicas.
- Esta especialización permite ganancias mutuas para las personas de los países que comercian entre sí.
- El crecimiento del comercio y la especialización pueden beneficiar a algunos grupos dentro de un país al tiempo que perjudican a otros, por ejemplo, aquellos que producen bienes que compiten con las importaciones.
- Al evaluar las políticas públicas y los acuerdos internacionales, podemos ver si aprovechan al máximo las ganancias mutuas que se hacen posibles gracias al comercio internacional, si esas ganancias se distribuyen de manera justa y si se reducen las incertidumbres económicas que implica el proceso de globalización.

En diciembre de 1899, el barco de vapor *Manila* atracó en Génova, Italia, y descargó su cargamento de cereales cultivados en la India. El Canal de Suez se había abierto 30 años antes, reduciendo el costo de transportar los productos agrícolas del sur de Asia a los mercados europeos. Los panaderos y consumidores italianos estaban encantados con los precios bajos; los agricultores italianos, no. Después de un par de meses en Génova, el *Manila* puso rumbo al oeste, llevando a bordo a 69 pasajeros en tercera clase (el pasaje más barato posible), personas que abandonaban su tierra natal en busca de una forma de ganarse la vida en Estados Unidos.

Los precios bajos fueron posibles gracias a una revolución en el transporte y la tecnología agrícola. Al igual que con la apertura del Canal de Suez, la expansión del sistema ferroviario por los campos de América del Norte, la estepa rusa y el norte de la India y el desarrollo de barcos de vapor como el *Manila* había reducido el costo del transporte de cereales a mercados lejanos. En las vastas llanuras del medio oeste de Estados Unidos, nuevas variedades de trigo, cosechadoras y sembradoras recientemente desarrolladas y tecnologías mejoradas de drenaje crearon una forma de agricultura altamente tecnológica e intensiva en capital que ninguna otra parte del mundo superaba en productividad.

En toda Europa, los parlamentos y organismos estatales lucharon para adaptarse a la perturbación del precio de los cereales. En Francia y Alemania, los agricultores y sus defensores prevalecieron. A pesar de los beneficios de los precios más bajos de los cereales para las familias y de las protestas de los trabajadores que consumían cereales, los gobiernos impusieron **aranceles** para proteger los ingresos de los agricultores.

Dinamarca, entre otros países, respondió de manera diferente. En lugar de proteger a los agricultores que producían cereal de las importaciones baratas, el gobierno optó por ayudarlos a comenzar a producir lácteos. Usando el trigo barato importado como insumo, los agricultores respondieron a los incentivos para producir leche, queso y otros productos que no podían transportarse a larga distancia a bajo costo. A su vez, un trigo más barato significaba que las familias podrían aumentar el gasto en estos productos lácteos.

En Italia, los hijos de algunos agricultores empezaron a trabajar en la floreciente industria textil, que estaba exportando al resto del mundo. Muchos agricultores en bancarrota hicieron el viaje a Estados Unidos. Dormían en las cubiertas de cargueros vacíos que regresaban a Estados Unidos, donde cargarían cereales para Europa. Alrededor de 750 000 europeos hicieron este viaje cada año durante la década posterior a la visita del *Manila* a Génova. Algunos de sus nietos terminarían siendo granjeros estadounidenses y cultivarían cereales en Kansas.

Hubo grandes ganadores y grandes perdedores a raíz de la perturbación en el precio de los cereales. Muchos de los cambios tuvieron sentido económico. Por ejemplo, el trigo del mundo pasó a cultivarse en lugares donde podía producirse de manera más eficiente. Ahora bien, los aranceles diseñados para proteger a los agricultores de Alemania y Francia frenaron esta reasignación, impidiendo que los propietarios y trabajadores de otros sectores de la economía disfrutaran de unos precios de los cereales más bajos. Esta situación continúa ocurriendo: sigue siendo frecuente que los países ricos protejan su sector agrícola a través de subsidios.

El frente en esta batalla no se definía con ricos a un lado y pobres al otro, o terratenientes contra inquilinos o empleadores contra empleados. El conflicto fue entre los fabricantes de diferentes productos básicos. Los que se dedicaban a las manufacturas dieron la bienvenida a la expansión del comercio con Estados Unidos, mientras que aquellos que cultivaban cereales no lo hicieron.

arancel Impuesto sobre un bien importado por un país.

En la Unión Europea, la Política Agrícola Común (https://tinyco.re/7034755) busca proteger el sector agrícola de los países miembros. En Estados Unidos, la legislación más reciente que apoya al sector es la legislación agrícola de 2014 (https://tinyco.re/3706476), conocida como «The Farm Bill».

Globalización es la palabra comúnmente utilizada para describir nuestro mundo cada vez más interconectado. Este término se refiere no solo al comercio de cereales y la migración más allá de las fronteras nacionales que ilustra el *Manila*, sino también a los aspectos no económicos de la integración internacional, como la Corte Penal Internacional (https://tinyco.re/2116436), el flujo de ideas a través de las fronteras o nuestro gusto musical cada vez más similar.

En el capítulo 6 hablamos de empresas como Apple, que eligen fabricar sus productos en otras partes del mundo donde los costos son más bajos. Esta **deslocalización** es una dimensión importante de la globalización y puede implicar la subcontratación de la producción a otras compañías o tener lugar dentro de los límites de una empresa multinacional. Por ejemplo, la figura 18.1 muestra que Ford Motor Company cuenta con oficinas o plantas en 22 países fuera de Estados Unidos. La compañía comenzó con su deslocalización un año después de su fundación: primero, en Canadá en 1904, y poco después empezó a fabricar en muchos otros países, por ejemplo, en Australia (1925) e incluso la Unión Soviética (1930). En 2016, esta compañía «estadounidense» tenía 201 000 empleados, 144 000 de ellos ubicados fuera de Estados Unidos.

En el caso de una empresa multinacional, propietarios, directivos y empleados repartidos por muchos países se han convertido en parte de la misma estructura unificada y transnacional. Esto se debe a que los costos de hacer negocios dentro de la empresa son más bajos que los costos de hacer negocios con otras empresas. No obstante, como vimos en los capítulos 8 y 11 que ocurría con el mercado del algodón, la globalización no solo implica la integración de empresas en diferentes países, sino también la integración de los propios mercados, pues acerca a vendedores y compradores de diferentes países.

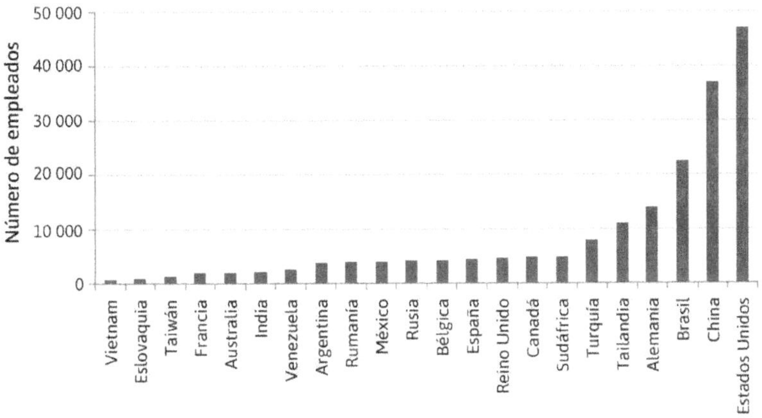

globalización Proceso mediante el cual las economías del mundo se integran cada vez más entre sí gracias a la circulación más libre de bienes, inversiones, finanzas y, en menor medida, mano de obra, a través de las fronteras nacionales. A veces, el término se aplica de forma más amplia para incluir ideas, cultura e incluso la propagación de epidemias.

deslocalización Reubicación de parte de las actividades de una empresa fuera de los límites nacionales en los que opera. Puede tener lugar dentro de una empresa multinacional o implicar externalizar la producción a otras empresas subcontratadas.

Ver estos datos en OWiD

Ford Motor Company.

Figura 18.1 Empleados de Ford en todo el mundo en 2014.

Ya hemos aprendido los conceptos básicos que necesitamos para comprender la economía global:

- El intercambio implica la posibilidad de ganancias mutuas y también de conflictos sobre cómo se distribuirán esas ganancias.
- Los resultados pueden no ser eficientes en términos de Pareto (puede haber ganancias mutuas técnicamente factibles que no se materializan).
- La distribución resultante puede parecer injusta a ojos de muchos.
- Las políticas gubernamentales bien diseñadas pueden mejorar la eficiencia o la imparcialidad de los resultados.

Si bien esto es cierto para cualquier conjunto de intercambios de mercado, cuando los bienes, servicios, personas y activos financieros cruzan las fronteras nacionales, los gobiernos cuentan con poderes y políticas adicionales que incluyen:

- *Imposición de aranceles*: son impuestos a las importaciones que discriminan efectivamente en contra de los bienes producidos en otros países.
- *Políticas de inmigración*: los gobiernos regulan el movimiento de personas entre naciones de una manera que no sería posible (o aceptable) dentro de la mayoría de las naciones.
- *Controles de capital*: límites a la capacidad de individuos o empresas para transferir activos financieros entre países.
- *Políticas monetarias*: afectan el tipo de cambio y, por lo tanto, alteran los precios relativos de los bienes importados y exportados.

Si bien las fronteras nacionales dan a los gobiernos herramientas políticas adicionales, también limitan el alcance del poder de los gobiernos. Dentro de una nación, los gobiernos suelen ser efectivos a la hora de proteger los derechos de propiedad privada allá donde existen y de hacer cumplir los contratos. Debido a que no existe un gobierno mundial (y las instituciones internacionales a menudo son débiles), a veces es imposible hacer cumplir los contratos y proteger los derechos de propiedad a nivel global.

Surgen, por tanto, preguntas controvertidas sobre la equidad de la distribución de las ganancias mutuas del intercambio. Los intereses en conflicto a veces coinciden con las diferencias nacionales entre las economías más pobres y las más ricas. Es tentador, aunque a menudo sea inexacto –como veremos–, considerar estos conflictos como una cuestión de «nosotros» en casa frente a «ellos» en el extranjero.

En este capítulo consideraremos tres mercados que aumentaron su nivel de integración con la globalización: mercados internacionales de bienes y servicios (comercio), mercados laborales internacionales (migración) y mercados internacionales de capitales (flujos internacionales de capital, que son flujos de ahorro e inversión).

18.1 GLOBALIZACIÓN Y DESGLOBALIZACIÓN A LARGO PLAZO

El comercio de bienes, a veces llamado **comercio de mercancías**, se refiere a productos tangibles que se envían físicamente a través de las fronteras utilizando transporte por carretera, por ferrocarril, marítimo, fluvial o aéreo. Este tipo de comercio lleva milenios realizándose, aunque la naturaleza de los bienes intercambiados y las distancias a las que se envían han cambiado de manera ostensible. El comercio de servicios es un fenómeno más reciente, aunque también tiene siglos de historia. Ejemplos de servicios que comúnmente se intercambian a través de las fronteras son el turismo, los servicios financieros y el asesoramiento legal. Muchos de los servicios que se intercambian hacen que el comercio de mercancías sea más fácil o más económico: por ejemplo, servicios de envío o servicios de seguros y financieros.

El Reino Unido se convirtió en el proveedor líder de estos servicios durante el siglo XIX, cuando era la economía industrial más avanzada, la mayor potencia naval, el imperio más grande y la nación más importante en términos comerciales. Hoy en día, los países también exportan servicios educativos (por ejemplo, personas de todo el mundo viajan para estudiar en universidades estadounidenses o europeas), servicios de consultoría y servicios médicos. India se ha convertido en un importante exportador de servicios relacionados con el software. Por ejemplo, el libro electrónico para el proyecto CORE se desarrolló inicialmente en Bangalore. Estudiaremos estas exportaciones de servicios junto con el comercio de mercancías, ya que los mismos principios que explican este pueden ayudarnos a entender aquellas.

¿Cómo podemos medir el alcance de la globalización de bienes y servicios? Un posible enfoque sería simplemente medir el volumen de operaciones comerciales en un país o región, o el mundo en general, a lo largo del tiempo. Si aumentara, concluiríamos que el país, la región o el mundo entero se estaban volviendo más globalizados. Con frecuencia, se usa la participación de importaciones, exportaciones o el comercio total (importaciones más exportaciones) en el PIB como un indicador de la globalización, de manera que se tenga en cuenta tanto el crecimiento del PIB como el del comercio.

La figura 18.2 muestra las exportaciones mundiales de mercancías (por tanto, excluyendo los servicios), expresadas como proporción del PIB mundial, entre 1820 y 2011. La proporción que representaban las exportaciones aumentó en un factor de 8 entre 1820 y 1913, del 1 al 8%. En 1950, la participación era menor (5,5%), pero se recuperó rápidamente durante el próspero periodo de posguerra, para luego alcanzar el 10,5% en 1973, el 17% en 1998 y el 26% en 2011. A largo plazo, la tendencia ha sido claramente ascendente, con una fuerte aceleración a partir de los años noventa. Sin embargo, esta tendencia se interrumpió entre 1914 y 1945, periodo que incluye las dos guerras mundiales y la Gran Depresión.

Un segundo método es medir los costos adicionales asociados con la exportación de bienes en relación con su venta en el país. Cuando los costos del comercio entre países caen, puede decirse que, en términos económicos, el mundo se ha hecho más pequeño. Es como si los países estuvieran más cerca. En el capítulo 8 ya hablamos sobre Alfred Marshall y su modelo de oferta y demanda. Vimos que la **ley del precio único** se da en mercados con muchos compradores y vendedores potenciales, donde todos los productos son idénticos y compradores y vendedores conocen todas las

comercio de mercancías Comercio de productos tangibles que se envían físicamente a través de las fronteras.

ley del precio único Entra en funcionamiento cuando un bien se comercializa al mismo precio por todos los compradores y vendedores. Si un bien se vendiera a diferentes precios en diferentes lugares, un comerciante podría comprarlo a bajo precio en un lugar y venderlo a un precio más alto en otro. *Véase también: arbitraje.*

oportunidades comerciales. Ahora bien, para que esto se cumpla, es necesario que aprovechar esas oportunidades comerciales no tenga ningún costo asociado. Si, en cambio, el comercio entre mercados de dos países supone costos de transporte y costos derivados, las barreras comerciales u otros factores, entonces no hay razón para suponer que los precios serán los mismos en ambos mercados.

Considere el mercado de un bien que se produce en (y se exporta desde) un país y se consume en (y se importa desde) otro. Usemos el ejemplo de Japón, que exporta autos a Estados Unidos. Para no complicar el análisis, imagine que son los dos únicos países del mundo, que los japoneses no consumen automóviles y que EE.UU. no produce automóviles. Esto implica que todo lo que se produce se comercializa. La línea azul de la figura 18.3 representa la curva de oferta en Japón: es una función del precio en Japón con pendiente ascendente. La línea roja representa la curva de demanda en Estados Unidos. Es una función del precio en ese país con pendiente descendente.

Sea t el costo de envío de un automóvil de Japón a Estados Unidos, incluidos todos los costos de transporte, impuestos comerciales, etc. Si el mercado es competitivo, entonces el costo total de conseguir un automóvil en Estados Unidos será el costo de comprarlo en Japón más el costo comercial t. t es una medida de la **brecha de precio** de los automóviles entre Japón y Estados Unidos. Siga el análisis en la figura 18.3 para ver cómo se reflejan los cambios en los costos comerciales en las brechas de precio.

- En las circunstancias adecuadas, la globalización puede beneficiar tanto a los productores exportadores como a los consumidores importadores.
- Lo hace acercándolos y conduce a un aumento tanto de la oferta de exportaciones como de la demanda de importaciones.

brecha de precio Diferencia entre el precio de un bien en el país exportador y el precio del mismo bien en el país importador. Incluye gastos de transporte e impuestos comerciales. Cuando los mercados globales están en equilibrio competitivo, estas diferencias se deben en su totalidad a costos comerciales. *Véase también: arbitraje.*

(1) Apéndice I en Angus Maddison. 1995. *Monitoring the World Economy, 1820–1992.* Washington, DC: Centro de Desarrollo de la Organización para la Cooperación y el Desarrollo Económico; (2) Tabla F–5 en Angus Maddison. *La economía mundial: una perspectiva milenaria (Estudios del Centro de Desarrollo de la Organización para la Cooperación y el Desarrollo Económico).* Madrid: Mundi-prensa, 2002; (3) Organización Mundial del Comercio. 2013. *Informe sobre el Comercio Mundial* (https://tinyco.re/2912108). Ginebra: OMC; (4) Fondo Monetario Internacional. 2014. *Base de datos de Perspectivas de la Economía Mundial (informe WEO) de octubre de 2014* (https://tinyco.re/2218637).

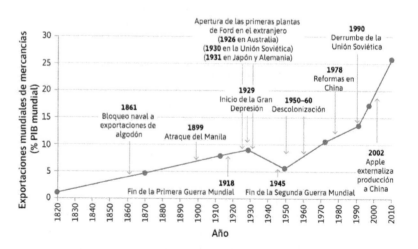

Figura 18.2 Exportaciones mundiales de mercancías como porcentaje del PIB mundial (1820–2011).

El concepto de **arbitraje** explica por qué la brecha de precio debería tender a ser igual a la suma de todos los costos comerciales. Al comprar a un precio bajo en los mercados de exportación y vender a un precio más alto en los mercados de importación, los comerciantes pueden obtener ganancias siempre que la diferencia de precio sea mayor que los costos comerciales totales. Cuando los comerciantes realizan arbitraje de esta manera, disminuyen la oferta del bien en el mercado de exportación, lo que eleva su precio, al tiempo que se aumenta la oferta del bien en el mercado de importación, con lo que su precio baja. Ambos efectos hacen que la brecha de precio disminuya. Esta tendencia debería continuar hasta que las brechas de precio se hayan reducido al costo comercial y el arbitraje deje de ser rentable. Una brecha de precio elevada refleja un mundo en el que el comercio es costoso y la globalización limitada. Una brecha de precio baja, por otro lado, refleja un mundo mucho más globalizado en el que el comercio es barato.

arbitraje Práctica de comprar un bien a un precio bajo en un mercado para venderlo a un precio más alto en otro. Los comerciantes que participan en el arbitraje aprovechan la diferencia de precio para el mismo bien entre dos países o regiones. Mientras los costos comerciales sean más bajos que la diferencia de precios, obtendrán ganancias. Véase también: *brecha de precio*.

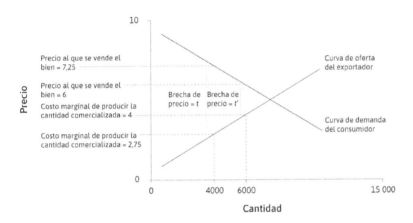

Figura 18.3 El mercado de automóviles: las brechas de precio reflejan los costos comerciales.

1. La curva de oferta del exportador
La línea azul representa la curva de oferta en el país productor (exportador), que es Japón. Es una función de pendiente ascendente del precio en ese país.

2. La curva de demanda del consumidor
La línea roja representa la curva de demanda en el país consumidor (importador), que es Estados Unidos. Es una función de pendiente descendente del precio en ese país.

3. Un mercado competitivo
Si el mercado es competitivo, entonces el precio del automóvil en EE.UU. será el costo de comprarlo en Japón más el costo comercial t. Supongamos que el costo de envío de una unidad del bien es 4,5. Mostraremos que se producirán 4000 automóviles.

4. ¿Por qué 4000?
Porque, para esa cantidad, la diferencia entre la curva de oferta y la curva de demanda es igual al costo comercial, o sea, 4,5. El costo marginal en Japón será de 2,75, mientras que los clientes en EE.UU. están dispuestos a pagar 7,25 por unidad.

5. El efecto de la globalización
Si pensamos en la globalización como un proceso, entonces un mundo cada vez más globalizado es uno en el que los costos comerciales están disminuyendo. En la figura, esto está representado por una disminución en los costos comerciales de t a t'.

6. La brecha de precio disminuye
Como se puede observar, la caída de los costos comerciales implica una disminución en la brecha de precio entre el precio de importación y el precio de exportación, y un aumento en el número de autos comercializados, de 4000 a 6000.

Esto significa que los datos de precios nos pueden enseñar mucho sobre la globalización:

- *La globalización debería llevar a una caída de los precios de importación*: no obstante, aun si observamos una caída de los precios de importación, esto no significa necesariamente que se esté produciendo un proceso de globalización. La demanda del bien en cuestión puede simplemente haber disminuido (o la oferta puede haber aumentado).
- *La globalización también debería llevar a un aumento de los precios de exportación*: ahora bien, el aumento de los precios de exportación no implica que haya mayor globalización. La demanda del bien en cuestión puede simplemente estar aumentando (o la oferta puede haber disminuido).
- *La disminución de las brechas de precio entre los países importadores y exportadores es un signo mucho más seguro de la globalización*: esto es particularmente cierto si también podemos observar un aumento en los volúmenes de comercio.

Por ejemplo, la figura 18.4 muestra evidencia inequívoca de la disminución de los costos del comercio transatlántico durante el siglo xix. La brecha del precio del trigo entre el Reino Unido y EE.UU. (expresada como porcentaje) fluctuó de modo muy significativo hasta aproximadamente 1840, si bien se mantuvo en torno a una tendencia por lo general constante. Luego comenzó a disminuir aproximadamente al mismo tiempo que lo hicieron los costos de envío como resultado de la introducción del uso de barcos de vapor en las rutas de larga distancia. Para 1914, la brecha de precio casi había desaparecido. Al mismo tiempo, el volumen de trigo transportado a través del Atlántico aumentó en forma considerable.

El comercio transatlántico de trigo no es un ejemplo aislado. Las brechas internacionales de precio cayeron abruptamente en muchas rutas comerciales y para muchos productos básicos entre 1815 y 1914, la primera época de la globalización moderna.

Figura 3 en Kevin H. O'Rourke y Jeffrey G. Williamson. 2005. 'From Malthus to Ohlin: Trade, Industrialization and Distribution since 1500'. *Journal of Economic Growth*. 10 (1) (Marzo): pp. 5–34.

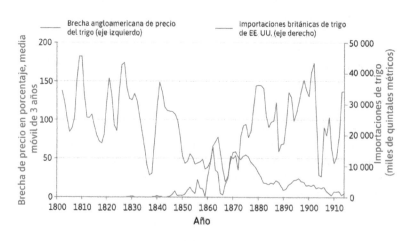

Figura 18.4 El comercio angloamericano de trigo (1800–1914).

La figura 18.5 muestra las brechas angloamericanas de precio (en sentido inverso al de las brechas ilustradas en la figura 18.4) para toda una serie de productos entre 1870 y 1913. Para productos agrícolas como el trigo y los productos de origen animal, los precios británicos fueron más altos que los estadounidenses, por lo que las brechas de precio son el porcentaje en el que los precios británicos superaron a los precios estadounidenses. En el caso de productos industriales como los textiles de algodón o las barras de hierro, los precios estadounidenses eran más altos que los británicos, por lo que las brechas de precio citadas son el porcentaje en el que los precios en Boston o Filadelfia superaron a los precios en Manchester o Londres. En casi todos los casos, las brechas de precio cayeron (el azúcar es la excepción más notable), lo que indica que los mercados transatlánticos de productos básicos se estaban integrando cada vez mejor. Al igual que ocurrió al hilo de la drástica reducción en los precios de los cereales en Génova después de la apertura del Canal de Suez, que analizamos en la introducción de este capítulo, las brechas de precio entre Estados Unidos y el Reino Unido se fueron reduciendo con el tiempo debido a la revolución en el transporte y constantes mejoras en la tecnología aplicada a la agricultura y la fabricación. No es un ejemplo aislado. Existe evidencia de una convergencia similar para el algodón Liverpool-Bombay, el yute Londres-Calcuta y los precios del arroz Londres-Rangún.

Probablemente, los ferrocarriles fueron incluso más importantes que los barcos de vapor en la integración de los mercados mundiales de productos básicos. Sin ellos, el costo de transportar cereales y otros bienes del interior de los continentes a los puertos costeros y viceversa hubiera sido prohibitivo. Allí donde las brechas de precio cayeron menos bruscamente a fines del siglo XIX, fue a menudo debido a los aranceles (impuestos a las importaciones), que subieron en varios países por razones que comentaremos más adelante y que contrarrestaron los efectos de la disminución de los costos de transporte.

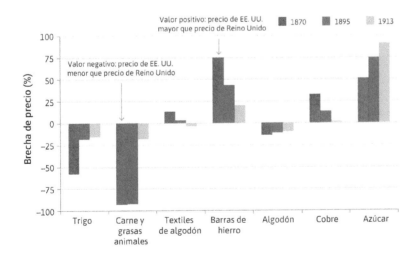

Tabla 2 en Kevin O'Rourke y Jeffrey G. Williamson. 1994. 'Late Nineteenth-Century Anglo-American Factor-Price Convergence: Were Heckscher and Ohlin Right?' (https://tinyco.re/2967012) *The Journal of Economic History* 54 (04) (Diciembre): pp. 892–916.

Figura 18.5 Brechas de precio de productos básicos entre EE.UU. y el Reino Unido (1870–1913).

política proteccionista Medidas tomadas por un gobierno para limitar el comercio; en particular, para reducir la cantidad de importaciones en la economía. Estas medidas están diseñadas para proteger a la industria local de la competencia externa. Pueden tomar diferentes formas, como impuestos a los bienes importados o cuotas de importación.

cuota Límite impuesto por el gobierno sobre el volumen de importaciones que se permite que entren en la economía durante un periodo específico de tiempo.

Los envíos transatlánticos de trigo cayeron después de 1914, y las brechas de precio aumentaron, lo que sugiere un aumento en los costos comerciales y, por lo tanto, una desglobalización. Las brechas internacionales de precio aumentaron durante el periodo de entreguerras para muchos productos agrícolas porque los gobiernos subieron los aranceles en respuesta al desempleo y la incertidumbre económica. Cuando un país adopta **políticas proteccionistas**, su gobierno está tomando medidas para limitar el comercio, en particular al reducir la cantidad de importaciones que entran en la economía. A menudo, se hace para proteger a las industrias nacionales de la competencia extranjera (de ahí la alusión al proteccionismo), pero también significa que los consumidores deben pagar más por las importaciones. Las medidas proteccionistas incluyen impuestos para elevar el precio interno de las importaciones (un **arancel**) y restricciones cuantitativas a las importaciones (una **cuota**).

El periodo posterior a 1945 fue uno de «reglobalización», que comenzó lentamente pero luego se aceleró, sobre todo después de 1990. Los mercados agrícolas estuvieron bastante protegidos durante gran parte del periodo, y no hay razón para suponer que las brechas internacionales de precio de los productos básicos agrícolas se redujeran drásticamente. Por otro lado, los mercados de bienes y componentes industriales se liberalizaron, y hay varios estudios que han encontrado evidencia de una disminución de las brechas internacionales de precios a fines del siglo xx.

Los economistas han medido los costos comerciales de manera indirecta, observando el comercio entre pares de países. Esto nos muestra los cambios a largo plazo en los impedimentos al comercio y permite separar los efectos de la distancia entre los países de las consecuencias de las políticas nacionales de esos países. Por ejemplo, si observamos que de un año a otro aumenta el comercio entre Alemania y Francia, pero no el de estos dos países con sus otros socios comerciales, podríamos interpretarlo como una medida indirecta de una disminución de costos comerciales para este par de países.

Si cada año sumamos los costos comerciales totales para las principales economías, tenemos un indicador del proceso de globalización. Las figuras 18.6 y 18.7 muestran precisamente este cálculo para el periodo de 1870 a 2000.

David S. Jacks, Christopher M. Meissner y Dennis Novy. 2011. 'Trade Booms, Trade Busts, and Trade Costs'. *Journal of International Economics* 83 (2) (Marzo): pp. 185–201. Nota: Presentado como un índice, con 1870 = 1.

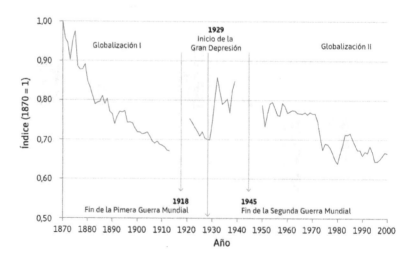

Figura 18.6 Impedimentos al comercio (1870–2000).

Los costos comerciales disminuyeron sustancialmente entre 1870 y 1913 debido a la disminución de los costos de transporte y las reducciones en las aranceles. Luego, en el periodo de entreguerras, los costos comerciales aumentaron debido al aumento de los aranceles. Esto sucedió de manera destacada después del inicio de la Gran Depresión en 1929: los países intentaron resolver los problemas de desempleo desalentando las importaciones.

A partir de 1970, los costos comerciales volvieron a caer en todo el mundo a medida que los países comenzaron a liberalizar el comercio y las tecnologías de transporte fueron mejorando. Los aranceles tienden a ser más altos en los países de ingresos bajos que en los países ricos, en parte porque los métodos alternativos para incrementar los ingresos públicos, como el impuesto sobre la renta, son difíciles de administrar en los países en desarrollo. Sin embargo, como muestra la figura 18.7, la mayoría de los países han reducido sus aranceles en las últimas décadas.

Por lo tanto, la evidencia en términos de precios sugiere que se ha estado dando una integración con interrupciones en el mercado de productos básicos en los últimos 150 años. La integración que se produjo durante el siglo XIX se redujo posteriormente durante un breve periodo, para luego reanudarse después de la Segunda Guerra Mundial. A estos dos periodos de integración los llamamos **Globalización I y Globalización II**.

globalización I y II Dos periodos separados de creciente integración económica mundial: el primero se extendió desde antes de 1870 hasta el estallido de la Primera Guerra Mundial en 1914, y el segundo se extendió desde el final de la Segunda Guerra Mundial hasta el siglo XXI. *Véase también: globalización.*

> **EJERCICIO 18.1 BRECHAS DE PRECIO QUE SE REDUJERON Y NO SE REDUJERON**
>
> La figura 18.5 muestra la brecha de precio de diferentes productos básicos entre EE.UU. y el Reino Unido a lo largo del tiempo. ¿Se le ocurre alguna razón por la que la diferencia de precios de la carne y las grasas animales, como la mantequilla, no empezó a caer hasta 1895? Proponga una explicación de las brechas de precio más pequeñas y la caída más rápida del cobre en comparación con el hierro. ¿Qué podría explicar el aumento de la brecha de precio para el azúcar?

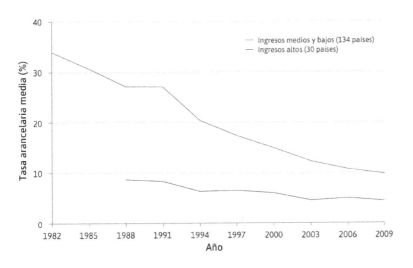

Ver estos datos en OWiD https://tinyco.re/2008565

Banco Mundial. 2011. 'Data on Trade and Import Barriers' (https://tinyco.re/2008507). Nota: media móvil de 3 años.

Figura 18.7 Tasas arancelarias medias, porcentaje (1981–2010).

EJERCICIO 18.2 MÁS SOBRE ARANCELES

Descargue el conjunto de datos sobre tendencias en el arancel NMF promedio aplicado, 'Trends in average MFN applied tariff rates in developing and industrial countries, 1988–2016', yendo al sitio web del Banco Mundial (https://tinyco.re/8458386) y haciendo clic en el enlace 'EXCEL' (en la sección de Descargar datos que hay a la derecha). Estos datos se utilizaron para confeccionar la figura 18.7.

1. Elija un país de cada categoría de ingreso (alto, bajo, mediano bajo, mediano alto) y muestre en un gráfico la evolución de los aranceles en estos cuatro países. Use sus gráficas para describir cómo han ido cambiando a lo largo del tiempo los aranceles en los países que ha elegido.

2. La evidencia recogida con otros estudios sugiere que, en promedio, los aranceles tienden a ser más altos en los países de ingresos bajos que en los países de ingresos altos, pero que la mayoría de los países han reducido los aranceles sustancialmente en las últimas décadas. ¿Apoyan sus gráficas esta afirmación? Sugiera una explicación de algunas de las diferencias observadas entre los países elegidos (si las hay). (Como punto de partida, tal vez desee considerar si los países elegidos participan en acuerdos comerciales globales, como GATT/OMC (https://tinyco.re/2336439) o la UE (https://tinyco.re/2809410), y también si el país ha seguido los programas de ajuste estructural del FMI (https://tinyco.re/2776457)).

PREGUNTA 18.1 ESCOJA LA(S) RESPUESTA(S) CORRECTA(S)

La figura 18.3 (página 889) representa la curva de oferta en el país exportador y la curva de demanda en el país importador en el mercado para un bien comercializado. Supongamos que el producto se fabrica exclusivamente en el país exportador y se consume exclusivamente en el país importador.

Con base en esta información, ¿cuál de las siguientes afirmaciones es correcta?

☐ Para la cantidad de 4000, el precio recibido por los productores es de 7,25.

☐ Para la cantidad de 6000, el precio pagado por el consumidor es 4.

☐ La brecha de precio representa los costos comerciales, como los costos de transporte y los impuestos comerciales.

☐ Aumentar la cantidad vendida a 6000 causa que la brecha de precio caiga a 2.

La figura 18.6 es un gráfico de un índice que representa los costos comerciales. Un índice más alto representa mayores costos comerciales y menos globalización. Con base en esta información, ¿cuáles de las siguientes afirmaciones son correctas?

☐ El gráfico sugiere una disminución constante en los costos comerciales desde 1870.

☐ Los intentos de los países por abordar sus problemas de desempleo después de la Gran Depresión de 1929 parecen haber llevado a una disminución de la globalización.

☐ No parece haber evidencia de una mayor globalización después de la Segunda Guerra Mundial.

☐ El gráfico sugiere que la integración del mercado de productos básicos en los últimos 150 años ha sido una integración interrumpida.

18.2 GLOBALIZACIÓN E INVERSIÓN

Al igual que en los mercados de productos básicos, en los mercados internacionales de capital existe un patrón similar de globalización en el siglo XIX, seguida de un breve episodio de desglobalización en el periodo de entreguerras y una posterior reglobalización a finales del siglo XX.

Si los países existieran de manera aislada, tendrían que financiar sus necesidades de inversión utilizando sus propios ahorros. De ser así, no podrían gastar más de lo que ganan en un año y todos sus ingresos tendrían que gastarse en el país. El gasto interno tendría que ser igual al ingreso nacional. En realidad, vemos que se dan y conceden préstamos a través de las fronteras, ya sea entre individuos, instituciones financieras, empresas o gobiernos. Para simplificar el lenguaje, hablaremos de países que otorgan préstamos a otros países y de países que piden préstamos a otros países, teniendo en cuenta el hecho de que estos países no son agentes económicos en sí mismos sino que están compuestos por muchas personas, empresas e instituciones. Un país puede gastar más de lo que gana pidiendo prestado en el extranjero. De manera similar, un país puede decidir no usar sus ahorros para financiar la inversión nacional y, en su lugar, prestar esos ahorros en el extranjero y obtener un rendimiento de esos préstamos. En este caso, sus ahorros excederán la inversión interna o (lo que es lo mismo) sus ingresos serán mayores que sus gastos.

Utilizamos las cuentas de la balanza de pagos para rastrear los préstamos tanto recibidos del exterior como concedidos al exterior. Primero debemos explicar la estrecha relación que existe entre los préstamos al y del exterior y el comercio internacional de bienes y servicios. Esto se debe a que las importaciones representan pagos de la economía nacional al resto del mundo, mientras que las exportaciones representan pagos del resto del mundo a la economía nacional. La **balanza de pagos** registra las fuentes y usos de divisas. Si los registros de transacciones estuvieran completos, el saldo sumaría cero porque la fuente y el uso de hasta el último dólar que

> CUENTA DE LA BALANZA DE PAGOS (BP)
> Registra todas las transacciones de pago entre el país de origen y el resto del mundo y se divide en dos partes: la cuenta corriente y la cuenta de capital y financiera.
>
> $$BP = CC + \text{cuenta de capital y financiera}$$
>
> Si hay un superávit en la cuenta corriente, supone una fuente de divisas para el país, que o bien se usan para comprar activos en el extranjero como fábricas (IED) o activos financieros (registrados como una salida neta de capital privado) o bien se agregan a las reservas oficiales de divisas del país de origen. Como consecuencia, la riqueza del país de origen aumenta. Lo contrario tendría lugar en el caso de un déficit por cuenta corriente.

cruza una frontera internacional estaría contabilizado (en realidad, se añade a las cuentas de la balanza de pagos una partida denominada «errores y omisiones» para hacer que la suma sea cero).

Para ver cómo funcionan las cuentas de la balanza de pagos, piense primero en una economía donde los únicos pagos internacionales se deben al comercio. Si el país de origen importa más de lo que exporta, entonces sus residentes están haciendo más pagos internacionales de los que están recibiendo. Por ejemplo, un país para el que el valor de sus importaciones de EE.UU. es mayor que el valor de sus exportaciones a EE.UU. necesita conseguir dólares estadounidenses, ya sea mediante préstamos de EE.UU. o del resto del mundo, para cubrir la diferencia.

Por el contrario, si el país de origen está exportando más de lo que está importando, entonces sus ciudadanos deben otorgar préstamos a sus socios comerciales para que estos puedan pagarle las exportaciones. Estos préstamos son un uso de divisas para el país de origen y una fuente de divisas para sus socios comerciales.

Por lo tanto, un déficit comercial implicará que el país se está endeudando, mientras que un superávit comercial implica que está prestando (que es equivalente a ahorrar, como vimos en el capítulo 10).

inversión en cartera extranjera Adquisición de bonos o acciones en un país extranjero en la que la tenencia de activos extranjeros no alcanza un nivel lo suficientemente alto como para dar al propietario de esos títulos un control sustancial de la entidad participada. La inversión extranjera directa (IED), por el contrario, implica la propiedad y un control sustancial sobre los activos que se poseen. *Véase también: inversión extranjera directa (IED).*

inversión extranjera directa (IED) Propiedad y control sustancial sobre activos en un país extranjero. *Véase también: inversión en cartera extranjera.*

Hay otras razones por las que las personas de un país realizan pagos a las personas de otro. La más importante es la compra de activos en otro país. Si una empresa estadounidense compra acciones de una empresa en China, está realizando un pago por un activo chino. Esto implica un pago de los Estados Unidos a China. Se trata de un uso de moneda extranjera que se conoce como **inversión en cartera extranjera**. De manera similar, si una empresa de EE.UU. compra una fábrica en China, se trata de un uso de moneda extranjera denominado **inversión extranjera directa (IED)**.

Ahora bien, en años posteriores, la compañía estadounidense recibirá dividendos de su cartera de inversiones o ganancias de su inversión directa, que se le devolverán a la compañía estadounidense («se repatriarán»). Estas ganancias repatriadas son pagos de China a Estados Unidos. Se registran en la balanza de pagos de EE.UU. como fuente de divisas.

remesas Dinero que los trabajadores migrantes internacionales envían a sus familias u otras personas de su país de origen. En los países que proveen o reciben una gran cantidad de trabajadores migrantes, estas remesas suponen un importante flujo internacional de capital.

Otros pagos internacionales importantes incluyen el dinero que los trabajadores migrantes envían a sus hogares (llamadas **remesas**) y flujos de ayuda oficial, principalmente de los gobiernos de los países ricos a los pobres.

En las cuentas de la balanza de pagos se realiza un seguimiento de todos estos pagos internacionales, cuyo valor neto se denomina **cuenta corriente (CC)**. Por tanto, la CC es la suma de todos los pagos realizados a un país menos todos los pagos realizados por el país. Un país puede tener un déficit comercial, es decir, importar más de lo que está exportando, pero aun así tener un superávit por cuenta corriente si recibe ingresos más que suficientes de sus inversiones extranjeras, remesas o ayuda exterior como para pagar la diferencia. En este caso, no será necesario pedir prestado. Para simplificar, ignoramos las remesas y la ayuda internacional y asumimos que la cuenta corriente es igual a las exportaciones (X) menos las importaciones (M) más las ganancias netas de los activos que se poseen en el extranjero.

Los préstamos recibidos y concedidos de los que se hace un seguimiento a través de la cuenta corriente se conocen como **flujos netos de capital**. En este contexto, el capital se refiere al dinero que se presta y se toma prestado, en lugar de los bienes de capital. Un país que está tomando préstamos (tiene un déficit por CC) está recibiendo flujos netos de capital: está tomando prestado efectivo para cubrir su déficit por CC. Este efectivo tendrá que devolverse en el futuro, por lo que las entradas de capital también representan un aumento de la deuda externa para el país. Sin embargo, si el dinero que se recibe prestado se usa para inversiones productivas, la inversión puede ayudar a generar los ingresos necesarios para pagar la deuda. Por lo tanto, cuando un país quiere invertir más de lo que puede pagar con sus propios ahorros, los préstamos del exterior pueden utilizarse para financiar la inversión adicional.

Históricamente, el aumento del comercio tiende a conducir a mayores desequilibrios por CC. Es decir, cuando los países comercian más, también tienden a pedir prestado y prestar más. La medida que se muestra en la figura 18.8 es la suma de los valores absolutos de los saldos por cuenta corriente de 15 países desde 1870 hasta 2014. Sumamos el valor absoluto de los saldos de sus cuentas corrientes para incluir tanto los préstamos concedidos como los recibidos entre países.

Al igual que ocurre con el comercio de productos básicos (figura 18.6 (página 892)), el volumen de flujos de capital en la figura 18.8 refleja un patrón de globalización interrumpida. A fines del siglo XIX se produjeron enormes flujos de capital procedentes del noroeste de Europa (donde hubo **superávit por cuenta corriente**), especialmente desde el Reino Unido pero también Francia y Alemania, que financiaron inversiones en ferrocarriles e infraestructura en países como Argentina, Australia, Canadá y Estados Unidos. Todos estos eran países con recursos naturales abundantes y escasamente explotados, en especial la tierra, pero que, para explotarlos, necesitaban la expansión de su sistema ferroviario y colonizar la tierra con inmigrantes. En Europa, los países que tuvieron éxito a la hora de atraer inversión extranjera durante este periodo, como Rusia y Suecia, también tenían recursos relativamente abundantes. Las inversiones generaron un buen rendimiento, ya que aumentaron la capacidad productiva de los países

CUENTA CORRIENTE (CC)
La suma de todos los pagos realizados a un país menos todos los pagos realizados por el país

cuenta corriente = exportaciones − importaciones + ganancias netas (pagos netos de factores productivos) de activos en el exterior
$$CC = X - M + PNI$$

Como la cuenta corriente incluye todos los pagos internacionales, también nos dice directamente si un país está prestando o pidiendo prestado:

- **Déficit por cuenta corriente**: significa que el país está tomando préstamos; tiene que hacerlo para cubrir los pagos netos que está realizando al resto del mundo.
- **Superávit por cuenta corriente**: significa que el país está prestando (ahorrando) para permitir que otros países puedan realizar pagos por encima de sus ingresos.

déficit por cuenta corriente Cantidad en que el valor de las importaciones de un país excede el valor combinado de sus exportaciones más sus ganancias netas de activos en el exterior. Véase también: cuenta corriente, superávit por cuenta corriente.

superávit por cuenta corriente Cantidad en que el valor combinado de exportaciones y ganancias netas de activos en el exterior de un país excede el valor de sus importaciones. Véase también: cuenta corriente, déficit por cuenta corriente.

flujos netos de capital Préstamos recibidos y concedidos de los que se hace un seguimiento a través de la cuenta corriente. Véase también: cuenta corriente, déficit por cuenta corriente, superávit por cuenta corriente.

prestatarios, que pudieron pagar los préstamos con intereses, gracias al aumento de los ingresos que obtuvieron como resultado.

En el periodo de entreguerras, estos flujos de capital cayeron de forma abrupta, especialmente después del inicio de la Gran Depresión en 1929, que había llevado a muchos países a imponer límites estrictos al movimiento de capitales a través de las fronteras. Estos límites en los flujos de capital significaron que los países debían mantener sus **déficits por cuenta corriente** y sus superávits relativamente bajos, pues impedían las grandes entradas de capital que habrían sido necesarias para financiar grandes déficits por cuenta corriente. A diferencia del comercio internacional, que reanudó su crecimiento poco después del final de la Segunda Guerra Mundial, los controles de capital persistieron durante más tiempo y solo comenzaron a relajarse en las décadas de 1970 y 1980. Desde entonces, los flujos de capital han aumentado considerablemente, si bien no han escalado a las alturas de vértigo registradas a principios del siglo xx.

La figura 18.9 muestra cómo evolucionaron las tenencias de activos internacionales durante el siglo xx. El patrón de evolución tiene forma de U. Para los países ricos que dominaban la concesión de préstamos internacionales, la proporción resultante de dividir los activos extranjeros por el PIB fue alta en la primera parte del siglo, pero se derrumbó en la década de 1930. Después de 1945, Nueva York sustituyó a Londres como el centro financiero global y EE.UU. eclipsó a Gran Bretaña como principal titular mundial de activos internacionales.

Para medir las brechas de precio en los mercados internacionales de capital, necesitamos conocer los precios de activos financieros idénticos en diferentes países. Allí donde los investigadores han podido identificar esos precios, se han encontrado con que, a fines del siglo xix, se observó una importante globalización en los flujos de capitales.

Durante la mayor parte del siglo xix, si un aspirante a arbitrajista de Nueva York (o Londres) deseara actuar sobre una brecha de precio entre Nueva York y Londres, la velocidad a la que viajaba la información limitaba sus oportunidades (en el capítulo 1 hicimos un seguimiento de la velocidad a la que ha viajado la información durante los últimos 1000 años). La información sobre las brechas de precio viajaba en los barcos que cruzaban el Atlántico. Para

(1) Figura 2.2 de Maurice Obstfeld y Alan M. Taylor. 2005. *Global Capital Markets: Integration, Crisis, and Growth (Japan–US Center UFJ Bank Monographs on International Financial Markets).* Cambridge: Cambridge University Press; (2) Fondo Monetario Internacional. 2014. *Base de datos de Perspectivas de la economía mundial (informe WEO): octubre de 2014* (https://tinyco.re/2218637). Nota: Los datos que se muestran en la figura son los saldos medios absolutos por cuenta corriente (como porcentaje del PIB) para 15 países en bloques de cinco años (desde 1870–74 hasta 2010–14). Los países de la muestra son Argentina, Australia, Canadá, Dinamarca, Finlandia, Francia, Alemania, Italia, Japón, Países Bajos, Noruega, España, Suecia, Reino Unido, EE.UU. Los datos para 2014 son estimaciones del FMI.

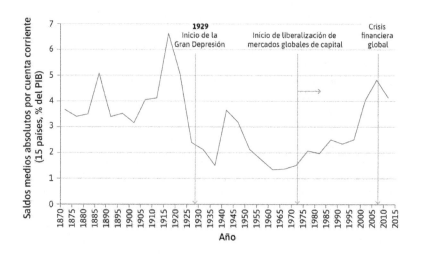

Figura 18.8 Flujos internacionales de capital (1870–2014).

cuando el arbitrajista tenía conocimiento de una brecha de precio, la información ya llevaba varios días desactualizada. Para actuar con base en esa información, el corredor de arbitrajes tenía que enviar instrucciones por escrito a su agente en la otra ciudad para que comprara o vendiera. Estas instrucciones viajaban en barco también. Por lo tanto, hacía falta una gran diferencia de precios para generar especulación, ya que los precios podían haber cambiado para cuando las órdenes hubieran cruzado el Atlántico.

En 1866, los inversionistas de Londres y Nueva York (y sus agentes) pudieron, por primera vez comunicarse entre sí en el mismo día gracias al primer cable telegráfico transatlántico, que iba desde Irlanda hasta Terranova en Canadá. Una vez que se instaló el cable, los inversionistas pasaron a poder actuar de inmediato cuando se enteraban de una posible oportunidad de arbitraje y las brechas de precio se derrumbaron de inmediato.

En la mayoría de los países, los residentes y las empresas nacionales son quienes realizan la mayoría de las inversiones. Una dimensión de la globalización es la inversión extranjera directa (IED), mencionada anteriormente, que llevan a cabo las empresas en el extranjero, incluyendo las subsidiarias. A diferencia del uso de ahorros para comprar bonos o acciones extranjeras en una empresa extranjera (inversión en cartera), la intención de la IED es ejercer el control sobre el uso de los recursos en la compañía extranjera.

La figura 18.10 muestra el destino de las inversiones de las empresas estadounidenses cuando invirtieron directamente en otras empresas en el extranjero entre 2001 y 2012. Tal vez sorprendentemente, el hecho es que cuando las empresas estadounidenses decidieron producir en el extranjero, se dirigieron principalmente a países de Europa; y, dentro de Europa, en gran medida a países en los que los salarios eran más altos que en Estados Unidos. Solo los Países Bajos, Alemania y el Reino Unido juntos recibieron más inversiones de Estados Unidos que el total correspondiente a Asia y África. En este sentido, la ubicación de las plantas de Ford por todo el mundo que se muestra en la figura 18.1 (página 885) no es típica, ya que Ford tiene muchos más empleados en China, Brasil, Tailandia y Sudáfrica juntos que en Alemania, Reino Unido, Canadá, Bélgica y Francia juntos.

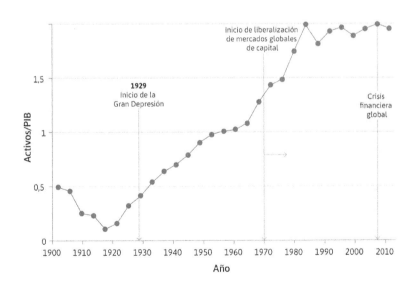

(1) Figura 2.2 de Maurice Obstfeld y Alan M. Taylor. 2005. *Global Capital Markets: Integration, Crisis, and Growth* (*Japan–US Center UFJ Bank Monographs on International Financial Markets*). Cambridge: Cambridge University Press; (2) Lane, Philip R., y Gian-Maria Milesi -Ferretti. 2007. 'Europe and Global Imbalances' (https://tinyco.re/2740164). *IMF Working Papers* 07 (144). La serie muestra la relación entre los activos internacionales y el PIB de la muestra de países, año a año.

Figura 18.9 Tenencias de activos internacionales (1900–2014).

EJERCICIO 18.3 FLUJOS INTERNACIONALES DE CAPITAL: ¿FLUYE EL CAPITAL DE LOS PAÍSES MÁS RICOS A LOS PAÍSES MÁS POBRES?

1. China ha disfrutado de un periodo de rápido desarrollo en las últimas décadas. Utilizando datos de FRED (https://tinyco.re/3965569), represente en un gráfico el saldo de la cuenta corriente de China durante el periodo 1998–2012 y describa cómo ha evolucionado desde finales de la década de los noventa (en inglés, «total current account balance for China»). Asegúrese de resaltar si se trata de un superávit o déficit por CC.

2. En el mismo gráfico, represente el saldo de la cuenta corriente de EE.UU. durante el mismo periodo, y compárelo con el saldo de la cuenta corriente de China (también puede encontrar los datos de los EE.UU. en FRED, buscando el saldo total de la cuenta corriente de Estados Unidos).

3. ¿Qué sugiere su gráfica sobre los flujos de capital entre los países más ricos y los más pobres? Lea el artículo de 2007 'The paradox of capital' (https://tinyco.re/9576333) de Eswar Prasad, Raghuram Rajan y Arvind Subramanian, que son economistas del FMI. Explique qué se entiende por «capital que fluye hacia arriba» y si es o no una paradoja.

4. Considere la figura 18.8 y observe que los flujos internacionales de capital (medidos por los saldos medios absolutos de la cuenta corriente como proporción del PIB) en las primeras décadas del siglo XXI son similares a los de fines del siglo XIX. Utilizando el contenido sobre los flujos de capital que hemos visto en esta sección y en el artículo de la pregunta 3, ¿«fluyó hacia arriba» el capital durante la Globalización I y la Globalización II? ¿Por qué sí o por qué no?

Conferencia de las Naciones Unidas sobre Comercio y Desarrollo. 2014. *Bilateral FDI Statistics* (https://tinyco.re/2945855). Nota: Los datos corresponden a flujos de IED de Estados Unidos en el exterior. Los países que muestran tener salarios de fabricación más altos que EE.UU. son aquellos que, según las estadísticas bilaterales de la comparativa internacional en el ámbito laboral que realiza EE.UU. (*International Labor Comparisons* (https://tinyco.re/2780183)), presentan una remuneración media por hora en el sector de las manufacturas mayor que la de EE.UU. durante el periodo 2005–2009.

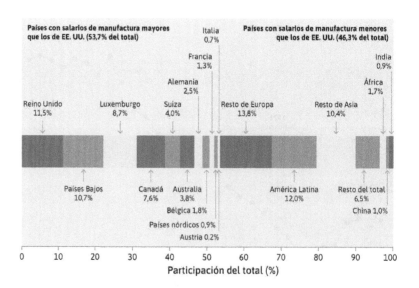

Figura 18.10 Inversión extranjera directa: inversión de empresas estadounidenses en otros países, según si los salarios son más bajos o más altos que en Estados Unidos (2001–2012).

PREGUNTA 18.3 ESCOJA LA(S) RESPUESTA(S) CORRECTA(S)
¿Cuál de las siguientes afirmaciones con respecto a las cuentas corrientes es correcta, *ceteris paribus*?

☐ Un aumento en el superávit comercial llevaría a una disminución del saldo de la cuenta corriente de un país.

☐ Un país con una balanza comercial cero, pero con una inversión extranjera directa históricamente alta, siempre tendría un déficit en cuenta corriente.

☐ Un aumento en las remesas enviadas por los nacionales de un país desde el extranjero llevaría a un saldo más bajo de la cuenta corriente.

☐ Un aumento en los fondos de ayuda oficial enviados a otros países significa un saldo más bajo de la cuenta corriente.

18.3 GLOBALIZACIÓN Y MIGRACIÓN

A fines del siglo xix, la disminución de los costos de transporte y el aumento de los salarios hizo que el pasaje a Estados Unidos fuera asequible para millones de personas. Desde entonces, la migración por motivos laborales es probablemente la dimensión de la globalización a lo largo de la cual la integración económica internacional ha avanzado menos. De hecho, en muchos países la mano de obra tiene hoy más dificultades para entrar y salir que en 1913. La figura 18.11 muestra la inmigración en EE.UU. como porcentaje del aumento de la población de dicho país. En el periodo de finales del siglo xix y principios del xx, los inmigrantes representaron más de la mitad del aumento de la población de Estados Unidos, superando el número de nacimientos menos el número de muertes. Luego la legislación restrictiva entre las guerras mundiales frenó la inmigración y, aunque la contribución de los inmigrantes al crecimiento de la población ha vuelto a aumentar a partir de la Segunda Guerra Mundial, no ha igualado el crecimiento anterior a 1914. Las bajas cifras desde mediados de la década de 1940 hasta la década de 1970 también pueden explicarse en parte por la tasa de natalidad relativamente alta en Estados Unidos durante este periodo.

A finales del siglo xix, había relativamente pocas barreras institucionales que impidieran la inmigración. Hoy en día, los migrantes sin documentación adecuada pueden ser deportados o encarcelados. Esto significó que, cuando Europa experimentó un gran auge poblacional debido a que las tasas de mortalidad bajaron abruptamente y las tasas de natalidad solo se redujeron un tiempo más tarde, pudo enviar su excedente de población a lo que el explorador del siglo xv Américo Vespucio había dado en llamar el «Nuevo Mundo»: América. En la actualidad, los países de ingresos más bajos no son tan afortunados: las barreras a la inmigración ya existían a fines del siglo xix, pero se hicieron mucho más estrictas durante y después de la Primera Guerra Mundial, y los países ricos mantienen barreras estrictas de inmigración en la actualidad.

Por lo tanto, el movimiento de bienes y finanzas entre países es más fácil y de mayor magnitud que el movimiento de personas. Enviar su dinero o sus bienes a una economía lejana es mucho más fácil que enviarse usted mismo, algo que seguramente implicaría tener que aprender un idioma o cultura completamente nuevos, por no mencionar el dejar atrás su hogar, su familia y su comunidad. Esta es una de las razones por las que, para el trabajo, no hay nada equivalente a la reducción de las brechas de precio de los bienes que hemos analizado anteriormente. No existe una tendencia a que los salarios en diferentes países del mundo se vuelvan más similares.

La figura 18.12 muestra las tendencias en los salarios pagados a los trabajadores del sector manufacturero, expresados como proporción de los salarios de los trabajadores del sector manufacturero de Estados Unidos. Este gráfico indica que, por ejemplo, a fines de la década de 1970, los trabajadores de Francia recibían el 80% del salario de los trabajadores estadounidenses pero, en cambio, en 2012 recibían sobre un 15% más.

Susan B. Carter, Michael R. Haines, Richard Sutch y Scott Sigmund Gartner (editores). 2006. Historical Statistics of the United States: Earliest Times to the Present. Nueva York: Cambridge University Press.

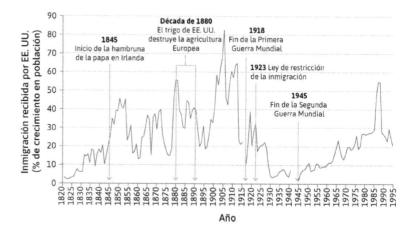

Figura 18.11 Inmigración en EE.UU. como porcentaje del cambio en la población de dicho país. (1820–1998).

Ver estos datos en OWiD
https://tinyco.re/8242745

US Bureau of Labor Statistics. 2015. *International Labor Comparisons* (https://tinyco.re/2780183). Nota: (1) Los datos corresponden a los costos de remuneración por hora en las manufacturas, e incluyen el pago directo por hora (antes de impuestos), los gastos de seguro social a cargo del empleador y los impuestos relacionados con el trabajo. Los datos en la moneda nacional se han convertido a dólares estadounidenses al tipo de cambio promedio diario para el año de referencia; (2) El gráfico de Sri Lanka muestra los datos más recientes disponibles, que corresponden al año 2008.

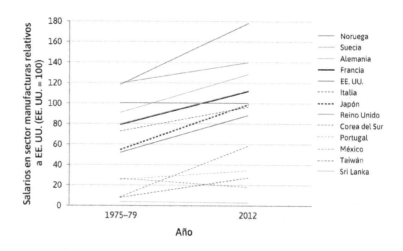

Figura 18.12 Salarios en el sector de las manufacturas en relación con EE.UU. (1975–79 y 2012).

En la figura 18.12 constatamos tres hechos:

- Al igual que Francia, muchos otros países europeos también alcanzaron el nivel salarial del sector de la fabricación de EE.UU., en algunos casos superándolo en más del 40% (Noruega y Suecia).
- Los salarios de Corea del Sur y Japón convergieron rápidamente hacia el nivel salarial de Estados Unidos.
- Varios países de salarios bajos (por ejemplo, Sri Lanka) se quedaron muy atrás, y algunos se retrasaron aún más (México).

En conclusión, hubo un aumento sustancial en la integración de la economía mundial durante el siglo XIX, que se caracterizó por unos volúmenes crecientes de comercio y la correspondiente reducción en las brechas de precio, así como un mayor movimiento de capitales. A esto le siguió un breve periodo de desglobalización durante la Gran Depresión y la Segunda Guerra Mundial, y luego una globalización renovada, especialmente desde la década de 1990. Estas tres olas de globalización, desglobalización y reglobalización son equivalentes a las de la figura 18.4 (página 890).

Los costos comerciales y las barreras a la movilidad del capital y la mano de obra cayeron en el siglo XIX, en gran parte como resultado de las tecnologías de transporte impulsadas por vapor. Después subieron nuevamente en el periodo de entreguerras, en gran parte debido a la intervención del gobierno (impuestos y otras barreras al comercio, controles de capital y restricciones a la inmigración) y cayeron nuevamente a fines del siglo XX, como resultado de unas políticas más liberales y cambios tecnológicos. Sin embargo, las fronteras nacionales han seguido constituyendo barreras importantes a la integración global de los mercados de trabajo.

PREGUNTA 18.4 ESCOJA LA(S) RESPUESTA(S) CORRECTA(S)

La figura 18.11 muestra el nivel de inmigración a Estados Unidos como porcentaje del cambio en la población de dicho país.

Con base en esta información, ¿cuál de las siguientes afirmaciones es correcta?

- ☐ En la década anterior a la Primera Guerra Mundial, el número de inmigrantes fue mayor que el número de nacimientos menos el número de muertes.
- ☐ Las guerras causan caídas permanentes en el nivel de migración.
- ☐ Al igual que con el comercio de bienes y los flujos de capital, existe evidencia de una tendencia continuada de «reglobalización» en la migración desde el final de la Segunda Guerra Mundial.
- ☐ La tendencia que se muestra en el gráfico sugiere que, habida cuenta de la alta migración de los últimos 150 años, los salarios en diferentes países del mundo ahora deberían ser similares.

18.4 LA ESPECIALIZACIÓN Y LOS BENEFICIOS DEL COMERCIO ENTRE NACIONES

El resultado de este proceso de integración económica global es que hoy en día prácticamente todas las naciones son parte de una economía global caracterizada por:

- *La especialización*: lugares concretos se especializan en la producción de determinados bienes en particular.
- *Comercio internacional*: estos productos se intercambian con los de otros lugares que se especializan en otros productos.

La especialización implica comercio porque, al producir una variedad más limitada de bienes y servicios que la que se usa, se hace necesario comerciar para adquirir los que no se producen. El comercio internacional es el resultado de la especialización de los países.

Las máquinas-herramienta (como, por ejemplo, las herramientas de corte de precisión) producidas en el sur de Alemania se utilizan en la producción de computadoras en el sur de China, que ejecutan software producido en Bangalore y California. Esas computadoras luego se envían en aviones producidos cerca de Seattle, en Estados Unidos, para venderse a usuarios de todo el mundo. Los fabricantes de estos productos comen alimentos cultivados en Canadá o en Ucrania y usan camisas hechas en Mauricio.

Como muestran estos ejemplos, el comercio y la especialización son dos caras de un mismo proceso. Cada uno proporciona las condiciones necesarias para que se dé el otro. En ausencia de comercio, los trabajadores de las fábricas de máquinas-herramienta en Stuttgart no podrían comer pan hecho con trigo cultivado en Ucrania o Canadá y usar ropa hecha en Mauricio. Si tuvieran que ser autosuficientes, muchos de ellos serían agricultores o trabajadores de la confección. En ausencia de especialización, habría poco con lo que comerciar.

En la sección 1.8, conocimos a Greta y a Carlos, que querían consumir manzanas y trigo. Con su propia tierra y su trabajo, cada uno podría haber producido ambos cultivos y ser completamente autosuficiente, pero descubrieron que les podría ir mejor si se especializaban: Carlos produciendo solo manzanas y Greta produciendo solo trigo.

Los dos estaban en mejor situación tras especializarse porque sus tierras diferían en lo que producían mejor. Mientras que Carlos podría producir 50 veces más manzanas que toneladas de trigo en su tierra si la dedicara a solo un cultivo, Greta solo podría producir 25 veces más manzanas que toneladas de trigo si se concentrara en un único cultivo. Aunque Greta podría producir más que Carlos de cualquiera de los cultivos, Carlos tenía una **ventaja comparativa** en la producción de manzanas (en términos de productividad, él quedaba menos por detrás de ella para ese cultivo en comparación con el otro). Asegúrese de entender el término ventaja comparativa y las figuras 1.9a y b antes de continuar.

Vamos a utilizar el mismo razonamiento para explicar por qué hay países que se especializan en determinados bienes y servicios, y otros países que se especializan en otros.

Para Greta y Carlos, la razón de la especialización era que tenían tierras con características diferentes. De la misma manera, los recursos naturales y el clima de los países difieren. Sería muy costoso producir bananas en Alemania, dado el clima, y esta es una de las razones por las que los alemanes se ganan la vida haciendo otras cosas. Pero hay muchas otras razones para la especialización.

especialización Se produce cuando un país o alguna otra entidad produce una gama de bienes y servicios más limitada que la que consume, adquiriendo los bienes y servicios que no produce a través del comercio.

ventaja comparativa Una persona o país la tiene en la producción de un bien en concreto si el costo de producir una unidad adicional de ese bien, comparado con el costo de producir otro bien, es menor que para otra persona o país. *Véase también: ventaja absoluta.*

Supongamos, en cambio, que Greta y Carlos tenían parcelas de tierra idénticas y el mismo conjunto de habilidades. Ambos son igual de expertos en el cultivo de trigo o de manzanas, pero la producción tanto de manzanas como de trigo está sujeta a **economías de escala**. Esto significaría, por ejemplo, que duplicando la cantidad de tierra y tiempo dedicado a la producción de –digamos– manzanas se lograría producir más del doble de manzanas. Si esto es, o no, un supuesto razonable depende de la tecnología de producción de cada bien.

Así pues, reemplazaremos la figura 1.9a (página 34), que mostraba el caso de la especialización basada en la dotación de factores, con la figura 18.13. En la tabla de esta figura se ve que si se dedican 25 hectáreas a la producción de manzanas (y una cantidad proporcional de la mano de obra de Greta o de Carlos), se producirán 625 manzanas. Si la tierra dedicada a la producción de manzanas se duplica a 50 hectáreas (y se sigue dedicando la mitad del tiempo de trabajo a su producción), la producción de manzanas aumenta en un factor de cuatro, hasta situarse en 2500.

Imagínese a los dos trabajando como agricultores autosuficientes, cada uno con 100 hectáreas y dividiendo su tierra y su trabajo a partes iguales entre los dos cultivos. Cada uno tendría 250 toneladas de trigo y 2500 manzanas para consumir.

Pero si cualquiera de ellos se especializara en trigo y el otro en manzanas, y luego compartieran los cultivos resultantes por igual, podrían obtener cuatro veces más trigo y manzanas de lo que obtendrían sin especialización. El mensaje importante aquí es que no importa quién se especializa en qué. La ventaja de la especialización no proviene de ninguna diferencia entre las dotaciones (habilidades, tierras) de Greta y Carlos, sino que se debe al hecho de que las personas que producen mucho de una cosa pueden ser más eficientes que las que producen cantidades menores de muchas cosas.

Volveremos con Carlos y Greta en la siguiente sección, pero, de momento, ¿qué nos dicen estos ejemplos sobre la integración global y el comercio entre naciones? Por ejemplo, ¿por qué los alemanes del sur se especializan en la producción de máquinas-herramienta, automóviles de alta gama y otros productos manufacturados, mientras que la costa sur de China es el centro mundial de fabricación de computadoras que funcionan con software producido en Estados Unidos y, por otro lado, los mauricianos producen camisas y los residentes en Alberta (Canadá) cultivan trigo? Hay dos tipos de respuestas:

- *Economías de escala, aglomeración y otros efectos de retroalimentación positivos*: la producción de aeronaves está sujeta a extraordinarias economías de escala. La planta de Boeing en Everett, Washington, es el edificio más grande del mundo (más de 13 millones de metros cúbicos en volumen). Escribir código de programación, en cambio, no está sujeto a economías de escala, pero se produce mejor software en áreas en las que una gran cantidad de personas están trabajando en tareas similares, compartiendo información e innovando.
- *Diferencias entre regiones*: Alberta tiene un clima y un suelo apropiados para el cultivo de cereales. La producción textil requiere una gran cantidad de mano de obra, pero no una gran cantidad de bienes de capital, lo cual se ajusta a la disponibilidad de esos dos factores de producción en Mauricio. Los programas de capacitación de aprendices en Alemania apoyan el alto nivel de habilidades necesario para la industria de la máquina-herramienta.

economías de escala: Se producen cuando, por ejemplo, duplicamos los insumos introducidos en un proceso productivo y la producción resultante crece más del doble. La forma de la curva de costo medio a largo plazo de una empresa depende tanto de los rendimientos de escala en la producción como del efecto de esa escala sobre los precios que la empresa paga por sus insumos. También se usa el término: *rendimientos crecientes a escala*. Ver también: *deseconomías de escala*.

El aspecto distintivo de la primera fuente de especialización es su naturaleza accidental. ¿Por qué Everett, Washington en lugar de Osaka, Japón? ¿Por qué es Bangalore un centro mundial de producción de software y no Singapur o Sídney?

Para explicar la especialización, a menudo necesitamos trabajar con ambos tipos de explicaciones. La producción alemana de máquinas-herramienta, por ejemplo, se beneficia no solo del alto nivel de capacitación de la fuerza laboral alemana, sino también de las economías de coubicación, llamadas **economías de aglomeración**. Las empresas también comparten información y desarrollan en común estándares sectoriales para los componentes, además de estimular la investigación en la región, circunstancia de la cual a su vez se benefician.

La figura 18.14 resume nuestra explicación de la especialización y el comercio.

> **ECONOMÍAS DE AGLOMERACIÓN**
>
> Las reducciones de costos que las empresas pueden disfrutar cuando están ubicadas cerca de otras empresas del mismo sector o sectores relacionados.
>
> No las confunda con *economías de escala* o *economías de alcance*, que se dan en una sola empresa a medida que esta crece.

Superficie de tierra utilizada en producción (hectáreas)	1	25	50	75	100
Trigo (toneladas)	0,1	62,5	250	562,5	1000
Manzanas	1	625	2500	5625	10 000

Figura 18.13 Economías de escala en la producción de trigo y manzanas. Tenga en cuenta que los registros en la fila «Manzanas» son solo la cantidad al cuadrado de tierra dedicada a la producción de manzanas, y la fila «Trigo» es solo una décima parte del número de manzanas producidas en cada columna.

Figura 18.14 Diferencias de costos entre países, especialización y comercio.

EJERCICIO 18.4 EVALÚE ALGUNOS PATRONES DE ESPECIALIZACIÓN DE PRODUCCIÓN ENTRE PAÍSES

Elija algunos bienes y servicios que no se analizan en esta unidad (por ejemplo, vinos, automóviles, servicios profesionales como la contabilidad y la auditoría, electrónica de consumo, bicicletas o artículos de moda). Utilice la figura 18.14, junto con lo que sepa o pueda investigar sobre los productos elegidos, para dar una explicación de los patrones de especialización de cada país.

18.5 ESPECIALIZACIÓN, DOTACIÓN DE FACTORES Y COMERCIO ENTRE PAÍSES

En esta sección analizamos con más detalle la especialización comercial basada en la dotación de factores, ampliando así el análisis realizado en la sección 1.8. Ahora mostramos cómo el comercio entre personas de diferentes naciones, especializadas en la producción de diferentes bienes, puede generar ganancias mutuas y también conflictos sobre cómo se distribuyen esas ganancias.

Suponga que Greta vive en la Isla del Trigo y Carlos vive en la Isla de la Manzana. La tierra de las dos islas puede usarse para cultivar tanto trigo como manzanas y en ambas se consumen trigo y también manzanas para sobrevivir. Para el ejemplo de esta sección, usaremos los números que se muestran en la figura 18.15 y asumiremos que Greta y Carlos poseen cada uno 100 hectáreas de tierra. Ya hemos visto que Greta tiene suerte: la Isla del Trigo ofrece mejor suelo para ambos cultivos, con lo cual ella tiene una **ventaja absoluta** en ambos cultivos. Aunque la tierra de Carlos es peor en general para producir ambos cultivos, su desventaja es menor, en comparación con Greta, en manzanas que en trigo.

Recuerde que incluso quienes no tienen una ventaja absoluta en nada, se especializarán en aquello para lo que son menos malos y obtendrán los otros bienes que consumen por intercambio. Del mismo modo, las personas que son mejores en la producción de todo se especializarán en los productos en los que son comparativamente mejores e importarán los otros productos. Tanto Greta como Carlos pueden beneficiarse de la especialización y el comercio.

Para ver cómo funciona esto, siga el análisis en la figura 18.16a.

Diversificación cuando no hay comercio

Cuando no hay comercio, lo mejor que pueden hacer Carlos y Greta es seleccionar un punto en la curva de indiferencia más alta posible, dada la restricción que supone su frontera factible de producción. En nuestro sencillo ejemplo, la frontera factible de producción es también la frontera factible de consumo porque cada persona dedica tiempo a producir únicamente trigo y manzanas, y puede consumir solo la cantidad que produce. Siga el análisis en la figura 18.16b para ver cómo toman sus decisiones de producción y consumo Carlos y Greta.

ventaja absoluta Una persona o país la tiene en la producción de un bien si los insumos que usa para producirlo son menores a los de otra persona o país. Véase también: ventaja comparativa.

Producción si el 100% del tiempo se destina a un bien, por hectárea de tierra

Greta	1250 manzanas o 100 toneladas de trigo
Carlos	1000 manzanas o 40 toneladas de trigo

Figura 18.15 Ventaja absoluta y comparativa en la producción de manzanas y trigo.

Comercio y especialización

¿Qué pasará cuando Greta y Carlos puedan comerciar? La decisión de comerciar podría tomarse por varias razones, como puede ser el desarrollo de una nueva tecnología (tal vez un barco) o la eliminación de barreras al comercio (tal vez el fin de una disputa entre las dos islas). Como aprendimos en el capítulo 1, lo que importa de cara a que haya un comercio de beneficio mutuo es el costo relativo, no el costo absoluto de producir los dos bienes.

Mostraremos que tanto Carlos como Greta ganan cuando una isla se especializa en la producción de trigo y la otra se especializa en la producción de manzanas. Carlos puede producir 4000 toneladas de trigo al año o 10 000 manzanas. Para producir una tonelada más de trigo, Carlos tiene que producir 2,5 manzanas menos, por lo que la tasa marginal de transformación entre toneladas de trigo y manzanas es 2,5. Dado que se necesita la misma cantidad de insumos (tierra y mano de obra) para producir una tonelada de trigo que para producir 25 manzanas, una tonelada de trigo costará lo

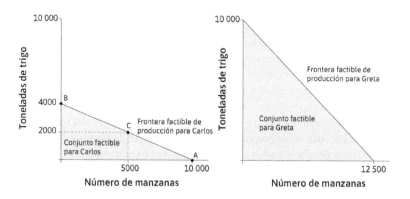

Figura 18.16a Fronteras factibles de producción para Carlos (Isla de la Manzana) y Greta (Isla del Trigo).

1. La producción de Carlos

El panel de la izquierda de la figura muestra las combinaciones de trigo y manzanas que Carlos puede producir en un año. Si solo produce manzanas y tiene 100 hectáreas de tierra, puede producir 10 000 unidades, tal como ilustra el punto A en el eje horizontal.

2. Especialización en trigo

De manera similar, si Carlos produce solo trigo, entonces puede producir 4000 toneladas, como muestra el punto B en el eje vertical.

3. La frontera factible de producción

La línea roja que une los puntos A y B es la frontera factible de producción para Carlos y muestra todas las combinaciones de trigo y manzanas que puede producir Carlos en un año.

4. La elección de Carlos

Carlos puede elegir producir cualquier combinación en (o dentro) de la frontera. Por ejemplo, podría producir 2000 toneladas de trigo y 5000 manzanas, como muestra el punto C.

5. Conjunto factible de Carlos

Carlos puede producir en cualquier lugar entre el origen y la frontera factible de producción. El área sombreada roja muestra su conjunto factible.

6. La frontera factible de producción para Greta

Se muestra en el panel de la derecha. Greta puede producir más que Carlos de ambos bienes. Si cultiva un solo producto, puede producir 12 500 manzanas o 10 000 toneladas de trigo con 100 hectáreas de tierra.

7. La Isla del Trigo tiene una ventaja absoluta

Tiene esta ventaja para la producción de ambos bienes porque Greta puede producir más de los dos. Gráficamente, el conjunto factible de Greta incluye el de Carlos.

mismo que 2,5 manzanas. Así pues, el precio relativo del trigo en relación con las manzanas será 2,5. El precio relativo es otra forma de referirse a la tasa marginal de transformación o al costo de oportunidad.

Greta es más productiva en la producción de ambos bienes: en un año, puede producir 10 000 toneladas de trigo o 12 500 manzanas. El precio relativo del trigo en relación a las manzanas en la Isla del Trigo es, por lo tanto, de 1,25. Es decir, la Isla del Trigo tiene una ventaja comparativa en la producción de trigo.

El precio relativo de las manzanas es simplemente el inverso del precio relativo del trigo, por lo que si la Isla del Trigo tiene una ventaja comparativa en la producción de trigo, entonces la Isla de la Manzana tendrá una ventaja comparativa en la producción de manzanas. La figura 18.17 resume los números clave del ejemplo. Los precios relativos del bien para el que cada isla tiene una ventaja comparativa se muestran en negrita.

Beneficios del comercio

Cuando no hay comercio (autarquía, economías cerradas), la frontera factible de producción es también la frontera factible de consumo. En la figura 18.16b podemos ver que, cuando las economías están cerradas, la producción total que se logra entre los dos países es de 2500 + 6000 = 8500 toneladas de trigo y 3750 + 5000 = 8750 manzanas. Sin embargo, cuando los países se especializan completamente, Greta puede producir 10 000 toneladas de trigo y Carlos puede producir 10 000 manzanas, por lo que hay más de ambos

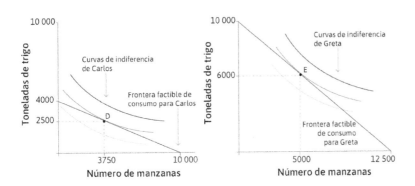

Figura 18.16b Elecciones de consumo que maximizan la utilidad de Carlos (Isla de la Manzana) y Greta (Isla del Trigo).

1. La frontera factible de consumo de Carlos
Se muestra en el panel de la izquierda y coincide con su frontera factible de producción.

2. Curvas de indiferencia de Carlos
La forma de las curvas de indiferencia representa las preferencias de Carlos en cuanto al trigo y las manzanas.

3. La curva de indiferencia más alta que Carlos puede alcanzar
Será la que sea tangente a su frontera factible de consumo. Carlos elegirá consumir 2500 toneladas de trigo al año y 3750 manzanas, como muestra el punto D.

4. La productividad superior de Greta
Implica que ella puede consumir más que Carlos de ambos bienes. Asumimos que sus preferencias son las mismas que las de Carlos (las curvas de indiferencia tienen la misma forma). Greta consume 6000 toneladas de trigo al año y 5000 manzanas, como muestra el punto E.

productos en general. Mientras puedan comerciar, ambos pueden consumir más de cada bien e, idealmente, estar en mejor situación.

Si asumimos que no hay costos comerciales, es obvio que el precio relativo del trigo y las manzanas es el mismo en ambos países cuando se comercializan. ¿Cuál será el nuevo precio? Desde el punto de vista de Carlos, la oferta de trigo ha aumentado más que la oferta de manzanas, por lo que el precio del trigo en relación con las manzanas bajará a algo menos de 2,5. Del mismo modo, desde el punto de vista de Greta, la oferta de trigo ha aumentado menos que la oferta de manzanas, por lo que el precio relativo del trigo subirá para ella a algo más alto que 1,25. Cuando comercian, los precios acaban situándose entre los precios experimentados por las dos economías cuando están cerradas.

Para ver qué sucede cuando comercian, siga las fases del análisis de la figura 18.18.

Debido a que ambos países se están especializando ahora en el bien para el que tienen una ventaja comparativa, las nuevas fronteras de consumo están por encima de sus fronteras de producción. Para cada país, las dos fronteras coinciden en el punto en el que no comercian, lo que, dada la especialización completa, corresponde a cada eje. Podemos ver que la especialización y el comercio internacional han llevado a un aumento en el tamaño del conjunto factible de consumo para ambos países. Tenga en cuenta que, a través del comercio, Greta no puede consumir más de la cantidad máxima de manzanas que Carlos puede producir (10 000), por lo que su frontera factible de consumo no va más allá de 10 000 manzanas.

Si miramos de nuevo la figura 18.16b, podemos ver que cualquier expansión de sus conjuntos factibles hace posible que tanto Carlos como Greta alcancen un nivel más alto de utilidad (una curva de indiferencia más alta), por lo que el comercio ha sido mutuamente beneficioso.

La especialización ha ampliado el conjunto factible de consumo de ambos, de la misma manera que los préstamos e inversiones aumentaron el conjunto factible de consumo de Marco en el capítulo 10. Al invertir, Marco se especializó en tener ingresos en el futuro, lo que aumentó el ingreso total que obtuvo para el total de periodos. Luego, al pedir prestado, importó parte de sus ingresos futuros al momento presente para poder consumir en ambos periodos.

	Isla de la Manzana (Carlos)	Isla del Trigo (Greta)
Toneladas de trigo producidas al año	4000	10 000
Número de manzanas producidas al año	10 000	12 500
Precio relativo del trigo	10 000/4000 = 2,5	12 500/10 000 = 1,25
Precio relativo de las manzanas	4000/10 000 = 0,4	10 000/12 500 = 0,8

Figura 18.17 Una isla tiene una ventaja comparativa para producir un bien cuando este es relativamente más barato en su economía (si no hay comercio).

El precio relativo determina la medida en que el comercio aumenta el conjunto factible de cada isla. Esto, a su vez, depende de cómo se determina el precio. Supongamos que Greta puede determinar unilateralmente el precio. Para aumentar sus ganancias comerciales, Greta elegirá un precio que aumente la cantidad de manzanas que recibe por cada tonelada de trigo que le vende a Carlos. Intuitivamente, Greta quiere que el bien que produce alcance un precio más alto. Si asumimos que ha elegido un precio de trigo de 2,25, ¿cómo afecta esto a la expansión de los conjuntos factibles? Siga el análisis en la figura 18.19 para descubrirlo.

Por supuesto, si Greta pudiera establecer cualquier precio que quisiera, podría haber establecido un precio aún más alto. Si fijara el precio en 2,5 manzanas por tonelada, eliminaría por completo las ganancias comerciales de Carlos. A este precio, Carlos estaría en una situación igual de buena si produjera su propio trigo y, por tanto, no tuviera ningún motivo para comerciar con Greta. Cuando la gente de un país es más capaz de influir en el precio a su favor, decimos que tienen **poder de negociación**.

poder de negociación Ventaja que tiene una persona para asegurar una mayor parte de las rentas económicas posibles como resultado de una interacción

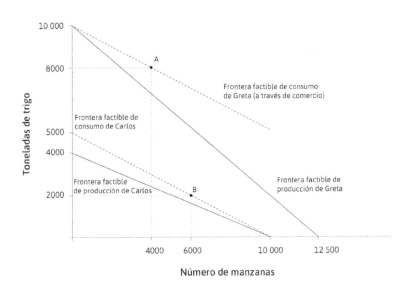

Figura 18.18 El efecto del comercio y la especialización en las fronteras factibles de consumo de Carlos y Greta.

1. Antes de la especialización y el comercio

La figura muestra las fronteras factibles de producción de Carlos y Greta.

2. El efecto de la especialización y el comercio

Las líneas rojas punteadas muestran el desplazamiento hacia fuera de las fronteras factibles de consumo debido a la especialización y el comercio. Suponemos que el precio relativo del trigo después de la especialización y el comercio es 2 (un precio arbitrario entre 1,25 y 2,5).

3. Consumo después de la especialización y el comercio

Carlos se especializa en las manzanas: produce 10 000 y exporta (10 000 – 6000 = 4000) manzanas a Greta, quien se especializa en el trigo: produce 10 000 toneladas y exporta (10 000 – 8000 = 2000) toneladas de trigo a Carlos.

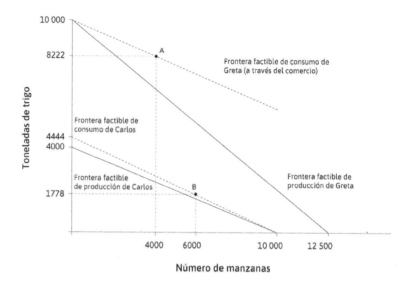

Figura 18.19 El efecto del comercio y la especialización en las fronteras factibles de consumo para Carlos y Greta, cuando Greta puede dictar el precio.

1. Fronteras factibles de producción

La figura comienza con las mismas fronteras factibles de producción de la figura 18.18.

2. Después de comerciar

Greta ahora dicta que el precio relativo del trigo sea de 2,25. El comercio aún desplaza hacia afuera ambos conjuntos factibles, pero desplaza más los de Greta. Esto significa que el comercio y la especialización aumentarán la utilidad tanto de Carlos como de Greta, pero aumentarán más la utilidad de Greta.

3. Al nuevo precio

Greta tiene que entregar menos toneladas de trigo para obtener 4000 manzanas. Está en una situación mejor a la que tenía a un precio de 2 en la figura 18.18. En cambio, Carlos está peor si se compara con su situación cuando el precio era 2: obtiene menos toneladas de trigo a cambio de la misma cantidad de manzanas.

GRANDES ECONOMISTAS

David Ricardo

David Ricardo (1772–1823) desarrolló la teoría de la ventaja comparativa. También fue el primer economista en advertir que una economía capitalista en rápido crecimiento se acabaría enfrentando a los límites de su entorno natural.

Hijo de un exitoso corredor de bolsa y el tercero de 17 hijos, Ricardo creció en Londres y se escapó de casa a la edad de 21 años, lo que llevó a un largo periodo de distanciamiento de sus padres. Tras abandonar el hogar familiar, logró amasar una enorme fortuna con la compraventa de acciones, antes de interesarse en la economía política. Se hizo parlamentario (comprando el

David Ricardo. 1815. *An Essay on Profits*. Londres: John Murray.

escaño, algo que entonces era posible) y fue en el parlamento donde, además de sus contribuciones en cuestiones económicas, favoreció asimismo causas sociales liberales como la tolerancia religiosa, la libertad de expresión y la oposición a la esclavitud.

La contribución fundamental de Ricardo a la teoría económica fue un análisis de los principios de producción y distribución en una economía capitalista en crecimiento con un gran sector agrario. En *An Essay on Profits*, publicado en 1815, desarrolló el modelo ricardiano que acabaría dominando el pensamiento económico británico durante gran parte de los siguientes 50 años. En este modelo, la producción agrícola dependía de tres insumos: mano de obra, capital y tierra. A medida que la producción y la población se expandían, la tierra existente tenía que cultivarse más intensivamente con mayores dosis de capital y mano de obra, o las parcelas menos fértiles debían ponerse a producir.

Basándose en el concepto de los rendimientos decrecientes, Ricardo explicó cómo esto llevaría a una contracción de beneficios y conduciría al eventual estancamiento de la economía. Al igual que Thomas Malthus, cuyas ideas estudiamos en el capítulo 2, razonó que los salarios no podían estar por debajo del nivel de subsistencia. A medida que la agricultura se expandiera a tierras menos buenas, el precio de los alimentos y, por lo tanto, los salarios, tendrían que subir. Un resultado sería que los beneficios (que Ricardo presumía que se invertirían) caerían. Las rentas generadas por los terratenientes (que presumiblemente se gastarían en lujos) aumentarían debido a la creciente escasez de tierras. El resultado sería la eventual desaceleración y posterior estancamiento de la economía.

Por lo tanto, Ricardo abogó por una derogación de los aranceles que gravaban las importaciones de cereales (en virtud de lo que se dio en llamar las Leyes del Maíz), que su amigo Malthus en cambio defendía. El razonamiento de Ricardo era que, si Gran Bretaña podía adquirir una porción mayor de sus alimentos en EE.UU. y otros lugares, entonces pagarles a los trabajadores un salario de subsistencia costaría menos a los empleadores, lo que elevaría la tasa de beneficio e inversión. Importar cereal en lugar de cultivarlo en Gran Bretaña haría que la tierra escaseara menos y, por lo tanto, limitaría la participación de los terratenientes en la producción total. El resultado, según Ricardo, sería un crecimiento continuo en lugar de un estancamiento.

Su obra más conocida, *Principios de economía política y tributación* (publicada en 1817), introdujo la teoría del valor-trabajo, más tarde utilizada por Karl Marx. Esta teoría sostiene que el valor de los bienes es proporcional a la cantidad de trabajo requerido, directa o indirectamente, para su producción. Wassily Leontief (1906–1999) ideó una forma de calcular estos valores (véase «Cuando los economistas no están de acuerdo: Heckscher-Ohlin y la paradoja de Leontief» más adelante en este mismo capítulo).

En los *Principios*, Ricardo estableció el principio de la ventaja comparativa, reconociendo que dos países podían comerciar con beneficio mutuo, incluso si uno de ellos era mejor en la producción de todos los bienes en términos absolutos.

Ricardo no es un economista tan famoso como Smith, Malthus, Mill o Marx, pero es muy respetado por la teoría de la ventaja comparativa. Además, su método para estructurar el pensamiento utilizando un modelo abstracto como guía para la comprensión económica lo convierte en un gran economista muy moderno.

David Ricardo. (1817). *Principios de economía política y tributación*. Madrid: Seminarios y Ediciones, 1973.

EJERCICIO 18.5 VENTAJA COMPARATIVA

Supongamos que solo hay dos países en el mundo, Alemania y Turquía, cada uno con cuatro trabajadores. En un periodo determinado, cada trabajador de Alemania puede producir tres autos o dos televisores, y cada trabajador de Turquía puede producir dos autos o tres televisores.

1. Dibuje la frontera factible de producción para cada país, con los televisores en el eje horizontal y automóviles en el eje vertical. Si no hay comercio, ¿cuál es el precio relativo de los automóviles en cada país?
2. Supongamos que, si no hay comercio, Alemania consume nueve automóviles y dos televisores, mientras que Turquía consume dos automóviles y nueve televisores. Marque estos puntos de consumo como G y T, respectivamente. Dibuje la frontera factible de consumo para cada país si no hay comercio. Comente la relación entre las fronteras de producción y consumo que ha trazado para cada país.
3. Ahora supongamos que Alemania y Turquía comienzan a comerciar. ¿Cuál es el rango de valores posibles para el precio relativo mundial de los automóviles? Si el precio relativo mundial de los automóviles es $P_C/P_{TV} = 1$, ¿en qué bien se especializará cada país?
4. Ahora use el precio relativo mundial dado anteriormente para dibujar la frontera factible de consumo de cada país en las figuras que ha dibujado. Utilice estas figuras para explicar si cada país se beneficia o no del comercio.
5. ¿Cuál es la tasa marginal de transformación entre automóviles y televisores en cada país? Explique la relación entre la ventaja comparativa y la tasa marginal de transformación entre bienes.

EJERCICIO 18.6 PODER Y NEGOCIACIÓN

Volviendo a nuestro ejemplo de Carlos y Greta, supongamos que Greta tiene el poder de establecer el precio relativo. De acuerdo con lo que aprendió en el capítulo 4 sobre cómo juega la gente al juego del ultimátum, ¿cómo cree que reaccionaría Carlos ante una oferta de precio de 2,4 manzanas por tonelada de trigo?

El siguiente diagrama muestra las fronteras factibles de producción de Carlos y Greta, y sus opciones de consumo de trigo y manzanas que maximizan su utilidad en condiciones de autarquía (sin comercio).

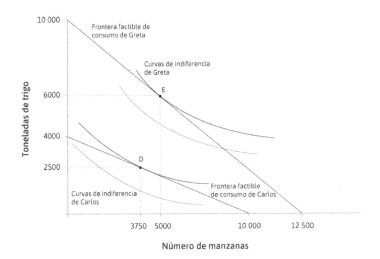

Con base en esta información, ¿cuál de las siguientes afirmaciones es correcta?

☐ Carlos elegirá consumir 10 000 manzanas.
☐ Greta puede consumir 3750 manzanas y 2500 toneladas de trigo, pero decidirá no hacerlo.
☐ Greta tiene una ventaja absoluta en la producción de trigo, mientras que Carlos tiene una ventaja absoluta en la producción de manzanas.
☐ Independientemente de la forma de las curvas de indiferencia (que podrían ser diferentes de las que se muestran en el diagrama), Greta siempre elegirá consumir más de ambos bienes que Carlos.

La figura 18.18 (página 911) muestra la frontera de producción y la frontera de consumo de Carlos y Greta si se especializan y comercian. El precio relativo resultante del trigo se supone que es 2. El consumo resultante está en A y B, respectivamente, para Greta y Carlos. En este caso, ¿cuál de las siguientes afirmaciones es correcta?

☐ Como Greta tiene ventaja absoluta en la producción de ambos bienes, producirá manzanas y trigo.
☐ Carlos produce 6000 manzanas y 2000 toneladas de trigo, mientras que Greta produce 4000 manzanas y 8000 toneladas de trigo.
☐ Carlos intercambia 4000 de sus manzanas por 2000 toneladas de trigo de Greta.
☐ Greta está en mejor situación, mientras que Carlos está en peor situación como resultado del intercambio.

PREGUNTA 18.7 ESCOJA LA(S) RESPUESTA(S) CORRECTA(S)

El siguiente diagrama muestra las fronteras factibles de producción de Álex y José para naranjas y melones.

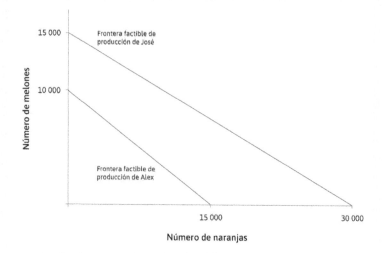

En base a esta información, ¿cuáles de las siguientes afirmaciones son correctas?

☐ José tiene una ventaja absoluta en la producción de melones y naranjas.

☐ José tiene una ventaja comparativa en la producción de melones.

☐ Con el comercio y la especialización, José se especializará en la producción de naranjas, mientras que Álex se especializará en la producción de melones.

☐ El precio relativo de los melones después de instaurarse el comercio será de 1,75.

18.6 GANADORES Y PERDEDORES DEL COMERCIO Y LA ESPECIALIZACIÓN

Si tanto Carlos como Greta se benefician del comercio, ¿por qué son a menudo controvertidas las importaciones y exportaciones? A diferencia de nuestra historia, en el mundo real casi siempre hay ganadores y perdedores. Los procesos de especialización e intercambio afectan a regiones, sectores económicos y tipos de hogares de manera diferente. Si los panaderos y los compradores de pan de Génova hubieran sabido que el *Manila* iba cargado de trigo barato, lo habrían recibido con vítores a su llegada al puerto, mientras que los agricultores locales habrían rezado en secreto para que naufragara.

Las naciones las integran personas con diferentes intereses económicos. No son como nuestras islas donde solo viven Greta y Carlos, uno en cada una. Por lo tanto, para comprender todas estas cuestiones, debemos ir más allá de suponer que un solo individuo o un conjunto de individuos idénticos habitan en cada nación.

Para analizar la cuestión de los ganadores y perdedores del comercio, comenzamos con un modelo de dos países imaginarios que vamos a llamar Estados Unidos y China, donde la especialización se basa en las dotaciones de factores. Estados Unidos es una economía avanzada con una larga tradición de fabricación. China está menos desarrollada, pero se ha convertido en la segunda economía más grande del mundo con las exportaciones de productos manufacturados. Imaginemos, de manera poco realista, que EE.UU. y China producen solo dos bienes que se fabrican con rendimientos a escala constantes: aviones de pasajeros y productos electrónicos de consumo (como consolas de videojuegos, computadoras personales y televisores). Además, asumimos (de manera más realista esta vez) que EE.UU. tiene una ventaja absoluta en la producción de ambos bienes y una ventaja comparativa en la producción de aviones.

Suponemos que la producción de aviones es intensiva en capital y que el capital es relativamente abundante en Estados Unidos. En contraste con lo anterior, China tiene una ventaja comparativa en la fabricación de productos electrónicos de consumo, que es más intensiva en mano de obra, pues China cuenta con gran cantidad de mano de obra en términos relativos al capital. Dados estos supuestos, cuando estas dos economías empiecen a comerciar entre sí, EE.UU. se especializará en la producción de aviones, mientras que China se especializará en la fabricación de productos electrónicos de consumo.

La apertura del comercio entre Estados Unidos y China, tanto de aeronaves como de productos electrónicos de consumo tiene los siguientes efectos:

- Aumenta las posibilidades de consumo existentes para ambos países.
- Surgen conflictos de intereses entre los países.
- Surgen conflictos de interés dentro de cada país.

Como hemos visto, el precio relativo de los dos bienes afecta a la forma en que se reparten los beneficios del comercio entre los países. Las fuerzas habituales de la demanda y la oferta afectan al precio relativo, como también lo hace el equilibrio de poder de negociación que se alcance entre los dos. Para Estados Unidos, China y todos los demás países del mundo real, los precios relativos están sujetos al impacto de estas mismas fuerzas. En el capítulo 15, por ejemplo, investigamos las consecuencias macroeconómicas de las perturbaciones en los precios del petróleo. Pero ¿qué causó el aumento en el precio relativo del petróleo?

cártel Grupo de empresas que actúan en connivencia para aumentar sus ganancias conjuntas.

- *La primera y segunda crisis del petróleo (década de 1970):* el aumento de los precios relativos fue debido a los acontecimientos políticos en Oriente Medio y la capacidad de los productores de petróleo para ejercer el poder de monopolio a través de un **cártel**. El ejercicio del poder de monopolio por parte de los productores desplazó la curva de oferta hacia arriba.
- *La tercera crisis del petróleo (década de 2000):* el crecimiento de China y otras economías emergentes causó un gran aumento en la demanda global. La curva de demanda global del petróleo se desplazó hacia la derecha.

Los beneficiarios de un aumento en el precio relativo son los habitantes del país que se especializa en producir ese producto. ¿Pero se benefician todos los ciudadanos? No todo el mundo es igual dentro de un país. Por ejemplo, algunas personas solo tienen su trabajo para vender, mientras que otros han acumulado riqueza que pueden utilizar para invertir en empresas.

En el ejemplo de EE.UU. y China, después de instaurarse el comercio, EE.UU. se especializa en producir aviones y China en productos electrónicos de consumo. El comercio y la especialización significan que los recursos cambian de un sector a otro. Los trabajadores que anteriormente trabajaban en el sector de la electrónica en EE.UU. deben tratar de encontrar trabajo en empresas dedicadas a la fabricación de aviones, que serán las que entren en expansión. Del mismo modo, en China, el empleo se expandirá en la producción de electrónica de consumo. Al menos a corto plazo, los trabajadores empleados en una industria en la que su país no se especializa saldrán perjudicados. Por ahora, ignoremos cualquier efecto que el comercio tenga sobre el tamaño total de la economía. Volveremos a ello en breve.

El aumento en la producción de aeronaves en Estados Unidos hace crecer la demanda del factor de producción utilizado intensivamente en ese sector: el capital. En China, en cambio, se incrementa la demanda de mano de obra.

- *Los ganadores en EE.UU.*: los propietarios de capital se benefician más del comercio que de los trabajadores, porque el capital se vuelve relativamente escaso a medida que aumenta la producción de aviones. Como los ricos tienden a mantener una porción mayor de su riqueza en capital que los pobres, anticiparíamos un aumento de la desigualdad.
- *Los ganadores en China*: los trabajadores están cada vez en mayor demanda a medida que se expande la producción de productos electrónicos de consumo. Los salarios aumentan a medida que las empresas compiten por los trabajadores. Como hemos visto en el capítulo 6, un desempleo menor reduce el costo de la pérdida del empleo y las empresas suben los salarios. Los trabajadores se benefician más del comercio que los dueños del capital, por lo que anticiparíamos que la desigualdad disminuyera.

El comercio y la especialización en EE.UU. implican transferir mano de obra y capital de la producción del sector de la electrónica a la producción de aviones. Piense en lo que sucede cuando una unidad de capital, como una fábrica, pasa de la electrónica a la producción de aviones. Se cierra una fábrica de productos electrónicos, despidiendo a X trabajadores, y se abre una fábrica de aviones, contratando a Y trabajadores. Cuál es más grande, ¿X o Y?

La respuesta es que X es mayor que Y, ya que una unidad de capital proporciona las herramientas y el equipo necesarios para emplear a más trabajadores en el sector de la electrónica que en la producción de aeronaves (puesto que los productos electrónicos son relativamente intensivos en trabajo). Por lo tanto, cuando el capital pasa de la producción de electrónica a la producción de aeronaves, hay una pérdida neta de empleos. Estamos además asumiendo también que los trabajadores no necesitan volver a capacitarse y, más en general, que no hay otras fricciones en el mercado laboral. Estos factores llevarían a una mayor pérdida de trabajos a corto plazo.

En este caso, los trabajadores estadounidenses pierden y los empleadores estadounidenses ganan. Los trabajadores pasan a trabajar a cambio de salarios más bajos y los beneficios aumentan. El efecto de las importaciones de productos electrónicos intensivos en mano de obra y el cambio de la producción de Estados Unidos hacia bienes que exigen menos mano de obra (aviones) es que los empleadores son quienes captan la mayor parte de los beneficios del comercio. Como consumidores de electrónica, tanto empleadores como trabajadores se benefician. Este es un ejemplo de un principio general sobre quién se beneficia del comercio internacional: los propietarios de factores de producción relativamente escasos en su propio país antes de que se instaure el comercio (la mano de obra estadounidense en nuestro ejemplo) pierden por causa de la especialización y el comercio, y los propietarios de factores relativamente abundantes (los dueños del capital en Estados Unidos) ganan.

El razonamiento que hay detrás de este principio es el siguiente:

- Los factores que son relativamente escasos en sus propios países, en comparación con en el resto del mundo, son relativamente caros en comparación con los precios en otros lugares cuando no hay comercio. Cuando sus economías comienzan a comerciar con el resto del mundo, su precio se reduce a la media mundial porque pasan a competir a todos los efectos con sus homólogos abundantes del resto del mundo.
- El mismo razonamiento se aplica a la inversa para los factores que son relativamente abundantes en sus propios países en relación con el resto del mundo.

Así pues, en EE.UU. en este ejemplo, los trabajadores al comienzo son relativamente escasos y pierden debido al comercio, mientras que los empleadores ganan; en China, al comienzo los trabajadores son relativamente abundantes y se benefician del comercio, mientras que los empleadores pierden. La clave para entender esto es centrarse en el cambio en la escasez relativa, una vez que el trabajo y el capital incorporados en los bienes y servicios comercializados puedan fluir a través de las fronteras.

Esto, sin embargo, ignora el aumento general en el tamaño de la economía resultante del comercio. Si el aumento del tamaño de la economía es lo suficientemente grande, quizá compense las pérdidas experimentadas por el grupo desfavorecido (en este caso, los trabajadores estadounidenses) y genere que la situación sea beneficiosa para todos.

La figura 18.20 ilustra las dos dimensiones de conflicto que surgen a raíz del comercio internacional.

A la izquierda tenemos las economías de Estados Unidos y China con especialización y comercio limitados. Para facilitar la comparación, las economías se normalizan a un tamaño de uno y los números en las tortas muestran tanto la proporción como el tamaño (entre paréntesis) de la porción de la torta económica que corresponde a los trabajadores (rojo) y los propietarios de capital (azul). A la derecha mostramos las economías de Estados Unidos y China con mayor especialización y comercio.

Los beneficios de la especialización y el comercio se desprenden del hecho de que el tamaño total de cada economía de la derecha es mayor. El tamaño de la economía de Estados Unidos ha aumentado un 30% y el tamaño de la economía china ha aumentado un 40%. Los precios a los que han comerciado (según lo determinado por la negociación) han resultado, en este caso, en que China obtenga más ganancias del comercio.

Ahora bien, tenga en cuenta también que el cambio de China al sector intensivo en mano de obra de la electrónica ha aumentado la participación de la mano de obra en la torta, ahora más grande, de China y ha reducido la participación de los beneficios. Sin embargo, tanto el capital como la mano de obra de China están en una situación mejor gracias a la mayor especialización y al mayor comercio, ya que el tamaño absoluto de las porciones tanto para los trabajadores como para los propietarios del capital ha aumentado (0,5 < 0,84 y 0,5 < 0,56).

La historia es diferente en Estados Unidos. Los propietarios de bienes de capital (empleadores) ahora tienen una porción de la torta mayor, pero la porción que corresponde a los trabajadores de EE.UU. no solo es proporcionalmente más pequeña (75% > 55%), sino también más pequeña en tamaño absoluto (0,75 > 0,715). Por tanto, incluso después de haber tenido en cuenta el crecimiento de la economía, los trabajadores estadounidenses son los perdedores. Los empleadores estadounidenses, los empleadores chinos y los trabajadores chinos son todos ganadores.

La misma lógica continuaría aplicándose si consideramos otros factores de producción. Por ejemplo, considere dos industrias que requieren empleados con diferentes niveles de cualificación y educación: una industria de alta cualificación (tecnología de la información) y una industria que no requiere una alta cualificación a los trabajadores (ensamblaje de electrónica de consumo). Si una economía rica, relativamente abundante en mano de obra cualificada, comienza a comerciar con un país pobre, con una fuerza de trabajo no cualificada y mucha mano de obra, los trabajadores no cualificados

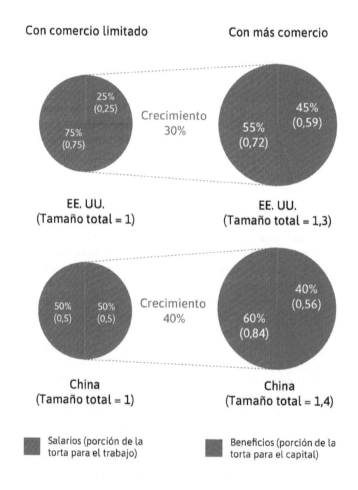

Figura 18.20 Los ganadores y perdedores del comercio entre Estados Unidos y China.

de los países ricos (y los trabajadores cualificados de los países pobres) saldrán perdiendo en comparación con los trabajadores cualificados de los países ricos (y trabajadores no cualificados de los países pobres), que ganarán.

Podríamos pensar que esto afectaría a la forma en que los diferentes grupos ven el comercio. De hecho, hay pruebas considerables de que los trabajadores no cualificados en los países ricos son más proteccionistas que los trabajadores cualificados, pero los trabajadores no cualificados en los países pobres están más a favor del comercio que los trabajadores cualificados. Por supuesto, como se ilustra en la figura 18.20, si las ganancias resultantes del comercio son lo suficientemente grandes, todavía podría darse el caso de que los miembros del grupo que se encuentran en una situación relativamente desfavorable dentro de un país estén mejor, en términos absolutos, debido a la especialización y el comercio.

El ejemplo de EE.UU. y China que se muestra en esta sección no tiene relevancia solamente para la ola de globalización posterior a 1945. Hace cien años, los economistas suecos Eli Heckscher y Bertil Ohlin trabajaban para comprender mejor los patrones de especialización y comercio, y lo hacían motivados por la globalización de finales del siglo XIX. Una diferencia entre entonces y ahora son los factores de producción participantes. Si bien nuestro ejemplo de EE.UU. y China se ha centrado en bienes manufacturados que requieren un uso intensivo de capital y mano de obra, la globalización de finales del siglo XIX implicó el intercambio de bienes agrícolas intensivos en el uso de la tierra (alimentos y materias primas como el algodón) por manufacturas que requieren un uso intensivo de mano de obra.

Países con abundante tierra (y escasa mano de obra), como Estados Unidos, Canadá, Australia, Argentina y Rusia, exportaron productos agrícolas; por otra parte, países con mano de obra abundante (y escasez de tierra) del noroeste de Europa, como Gran Bretaña, Francia y Alemania, exportaron productos manufacturados. En este contexto, los grandes perdedores fueron los terratenientes europeos y los trabajadores de regiones con abundancia de tierra; los grandes ganadores fueron los trabajadores europeos y los dueños de tierras en el Nuevo Mundo y otras economías con abundancia de tierras. En el capítulo 2 vimos que los trabajadores de Inglaterra ganaron en lo económico, en comparación con los terratenientes, desde mediados del siglo XIX en adelante.

Lo mismo sucedió en otras sociedades con escasez de tierra y abundante mano de obra en Europa y en otros lugares (por ejemplo, Japón). Mientras tanto, la razón entre las rentas de la tierra y los salarios aumentó fuertemente en las regiones con tierra abundante y escasa mano de obra: no solo las economías del Nuevo Mundo mencionadas anteriormente, sino también en áreas como el Punjab, que era un importante exportador de productos agrícolas.

No es sorprendente que los terratenientes europeos se opusieran a esto y, en países como Francia y Alemania, lograran que los gobiernos impusieran aranceles a las importaciones agrícolas. Hubo, por tanto, una reacción política contra la globalización. Los gobiernos aumentaron los costos comerciales en forma de aranceles para contrarrestar el impacto de la caída en otros costos comerciales, en particular el transporte.

EJERCICIO 18.7 GANADORES Y PERDEDORES DE LA ESPECIALIZACIÓN POR ECONOMÍAS DE ESCALA

Supongamos que hay dos países que son idénticos en sus dotaciones de factores. A ambos les gustaría consumir tanto automóviles de pasajeros como vehículos comerciales; en el caso de ambos bienes, en los sectores que los fabrican existen economías de escala. Si no hay comercio, cada país tendría ambas industrias. Si pudieran comerciar, los dos países podrían beneficiarse de la especialización y aprovechar las economías de escala para reducir sus costos de producción.

Supongamos que, una vez que el comercio se hace posible, el país A se especializa en la producción de vehículos de pasajeros y el país B se especializa en la producción de vehículos comerciales. Debido a las economías de escala, el costo de los automóviles de pasajeros en relación con los vehículos comerciales es menor en el país A que en el país B.

1. Explique por qué esperaríamos observar el comercio de productos similares, conocido como comercio intraindustrial, cuando la tecnología de producción se caracteriza por las economías de escala.
2. ¿Quiénes son los ganadores y los perdedores en este ejemplo? ¿Cómo se compara su resultado con el de los ganadores y los perdedores en el ejemplo de EE.UU. y China, donde la especialización se basa en la dotación relativa de factores?

PREGUNTA 18.8 ESCOJA LA(S) RESPUESTA(S) CORRECTA(S)

La figura 18.20 es un diagrama que describe los efectos del comercio sobre los empleadores y los trabajadores en los Estados Unidos y China. El tamaño inicial de cada economía se normaliza a uno. Los Estados Unidos tienen ventaja comparativa en los bienes intensivos en capital, mientras que China tiene ventaja comparativa en los bienes intensivos en mano de obra. Como resultado del comercio, se supone que la economía de Estados Unidos crecerá en un 30% y la de China en un 40%.

Con base en esta información, ¿cuál de las siguientes afirmaciones es correcta?

☐ La especialización significa que China producirá todos los bienes intensivos en capital.

☐ Estados Unidos tiene más poder de negociación en la determinación del precio relativo, una vez se instaura el comercio.

☐ En Estados Unidos, los empleadores están en mejores condiciones, mientras que los trabajadores están en peor situación como resultado del comercio.

☐ En China, los trabajadores están en mejores condiciones, mientras que los empleadores están en peor situación como resultado del comercio.

A fines de la década de 1980 y principios de la de 1990, la Unión Soviética se derrumbó. Por aquel entonces, la Unión Soviética comprendía Rusia y algunos de los países que ahora conforman Europa oriental y Asia central; era una economía planificada, dirigida desde Moscú por el Partido Comunista. Tras este derrumbe, los países de la antigua Unión Soviética y otros lugares del antiguo bloque soviético, con un total de cerca de 300 millones de trabajadores, abrieron sus fronteras al comercio internacional.

1. Supongamos que Alemania era un país intensivo en capital, mientras que los estados del antiguo bloque soviético eran intensivos en mano de obra. Utilice el análisis en esta sección para identificar los posibles ganadores y perdedores de esta perturbación del comercio global en:
   (a) Alemania
   (b) Los países del antiguo bloque soviético.
2. ¿Qué otra información necesitaría saber sobre estos países para identificar a los ganadores y perdedores reales?

18.7 GANADORES Y PERDEDORES A LARGO PLAZO Y POR EL CAMINO

En nuestro ejemplo de EE.UU. y China, el efecto a corto plazo del comercio fue aumentar las ganancias de los empleadores de EE.UU. mientras bajaban los salarios de los trabajadores de EE.UU. Esto incentivaría a los empleadores estadounidenses a invertir más en la creación de capacidad adicional para producir aviones. Nuestro análisis de salarios y empleo a largo plazo (en el capítulo 16) nos da una visión para estudiar lo que sucederá a continuación.

La especialización en la producción del bien para el que tiene una ventaja comparativa aumenta la productividad de la mano de obra estadounidense (los trabajadores han pasado de fabricar productos electrónicos a fabricar aviones, actividad para la que son más productivos). Esto eleva la curva de fijación de precios y el producto por trabajador. Así pues, a este respecto, la especialización de acuerdo con la ventaja comparativa es similar al progreso tecnológico, tal como se analiza en el capítulo 16. Vale la pena revisar los conceptos clave analizados en ese capítulo antes de continuar aquí.

Utilice el análisis en la figura 18.21 para seguir el efecto del impacto y el proceso de ajuste. Comenzamos con la curva de fijación de salarios de EE.UU. y la curva de fijación de precios antes de la especialización y el comercio con China. La economía comienza en el punto A con la tasa de desempleo a largo plazo en el 6%.

Cuando la economía de Estados Unidos haya llegado a la nueva intersección de las curvas de fijación de precios y salarios, ¿empleará a más o menos trabajadores que antes?

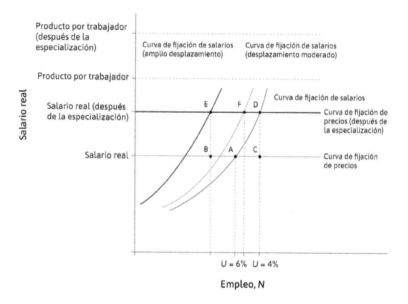

Figura 18.21 El efecto a largo plazo de la especialización en el desempleo en Estados Unidos.

1. Desempleo a largo plazo

La economía comienza en el punto A (U = 6%).

2. Estados Unidos se especializa en la producción de aviones

Estados Unidos tiene una ventaja comparativa. Al especializarse en el bien para el que es relativamente mejor, aumenta la productividad media de su mano de obra, elevándose así la producción por trabajador y, por tanto, la curva de fijación de precios.

3. Los trabajadores que fabrican productos electrónicos de consumo pierden el empleo

Los consumidores estadounidenses están ahora comprando sus reproductores de DVD de China. A algunos los contratan para fabricar aviones, pero no a todos porque la capacidad productiva en ese sector es limitada. La economía se mueve del punto A al punto B y el desempleo aumenta.

4. Las empresas estadounidenses de fabricación de aviones están obteniendo grandes beneficios

Esperan que esto continúe en el futuro, así que construyen nueva capacidad de producción, expandiendo la demanda de mano de obra y volviendo a emplear a los extrabajadores del sector de la electrónica. La economía se mueve del punto B al punto C y el desempleo cae a 4% (por debajo de su nivel inicial).

5. Mayor demanda de mano de obra

La demanda aumenta el poder de negociación de los trabajadores. Suben los salarios. Este proceso se detiene cuando la economía ha llegado a la nueva intersección de las curvas de fijación de precios y salarios en el punto D.

6. La curva de fijación de salarios

También puede desplazarse si los trabajadores exigen prestaciones por desempleo más generosas debido a la mayor rotación de personal resultante de los efectos del comercio. Si se desplaza mucho, la especialización podría implicar una reducción en el empleo total. Por ejemplo, en el punto E de la figura, el desempleo es más alto que la tasa a largo plazo inicial del 6%.

7. Especialización y paro

Sin embargo, si solo hubiera un desplazamiento moderado en la curva de fijación de salarios, el empleo habría aumentado como resultado de la especialización, tal y como muestra el punto F.

Como se muestra en el análisis de la figura 18.21, la respuesta depende del desplazamiento que se produzca en la curva de fijación de salarios. Históricamente, en muchos países, la integración en la economía mundial estuvo acompañada por la aparición de desempleo en algunos sectores de la economía. Además, las fluctuaciones económicas debidas a cambios en los precios internacionales produjeron variaciones en el desempleo cíclico. El resultado fue un aumento en las exigencias de los votantes de unas pólizas de seguro de desempleo más adecuadas, y un fortalecimiento de la protección del empleo y otras políticas para proteger a los hogares de las perturbaciones que pudieran afectar a los ingresos y el empleo. Los votantes apoyaron estas políticas por la misma razón por la que los hogares buscan estabilizar su consumo. Estos efectos desplazaron la curva de fijación de salarios hacia arriba.

Como vimos en el capítulo 17, tras la Segunda Guerra Mundial, muchos países integraron sus economías a la economía mundial y, al mismo tiempo, desarrollaron políticas para estabilizar los ingresos, comúnmente conocidas en su conjunto como **estado del bienestar**. En los países nórdicos, por ejemplo, los sindicatos accedieron a las importaciones sin obstáculos y, a cambio, obtuvieron apoyo para los trabajadores desempleados y un aumento de las políticas destinadas a capacitar a los trabajadores desplazados por las importaciones.

El rápido crecimiento del comercio mundial entre los países de ingresos altos después de la Segunda Guerra Mundial llegó de la mano del desarrollo del estado de bienestar y la disminución de la desigualdad. El desempleo permaneció bajo durante este periodo, como vimos en los capítulos 16 y 17. La especialización en este periodo se basó en el comercio entre países bastante similares (por ejemplo, las economías de Estados Unidos y Europa occidental) y se apoyó en gran medida en economías de escala y economías de aglomeración. Gran parte de ello consistió en el llamado comercio intraindustrial, en el que los países comercializaban con productos similares (exportando e importando diferentes tipos de automóviles y vehículos comerciales, por ejemplo, como en el ejercicio 18.7).

El proceso de especialización generó ganadores y perdedores, incluidas compañías ganadoras como BMW y Ford, y sectores enteros ganadores como el de máquinas-herramienta de Alemania y el de la fabricación de aviones en EE.UU., lo que beneficia a propietarios y empleados por igual. Además, a diferencia de la especialización basada en dotaciones de factores, el comercio basado en economías de escala no separa a ganadores y perdedores en función del factor de producción que represente la dotación principal de la que dependen los ingresos de una persona (por ejemplo, el trabajo o el capital).

El crecimiento renovado de la integración global tras el colapso de la Unión Soviética y la apertura de China al comercio desde principios de la década de 1990 ha estado acompañado por un aumento de la desigualdad en muchos países de ingresos altos, junto con la pérdida de empleos concentrada geográficamente en los mercados laborales afectados por las importaciones de China. A estos trabajadores desplazados en particular no les tranquilizó mucho saber que al final se acabaría alcanzando en algún momento futuro un nuevo equilibrio en el que los trabajadores, de media, estarían en mejor situación que antes.

Con ayuda del modelo del mercado laboral de la figura 18.21, podemos ver las características comunes de un *shock* comercial y un *shock* tecnológico. En la sección 16.7, contrastamos los beneficios de estas perturbaciones a

estado del bienestar Conjunto de políticas públicas destinadas a proporcionar mejoras en el bienestar de los ciudadanos al ayudar a estabilizar los ingresos (por ejemplo, prestaciones por desempleo y pensiones).

largo plazo con el costoso ajuste de los empleos que se pierden antes de que se creen otros nuevos en diferentes sectores (y ubicaciones). La evidencia mencionada en esa sección con relación al 'shock de China' que comenzó a principios de la década de 1990 destacó que las pérdidas de empleos se concentraron geográficamente y persistieron durante décadas. Tennessee, que en su día se había especializado en muebles, sufrió pérdidas masivas y duraderas de empleos, cosa que no ocurrió en la cercana Alabama, que producía bienes que China no exportaba.

No todos los países se vieron afectados de la misma manera por el *shock* comercial de China. Existen estudios recientes que muestran que, en Alemania, las nuevas oportunidades para comerciar con países de salarios bajos de Europa oriental, surgidas después de la caída del Muro de Berlín, y la posibilidad de comerciar con China disminuyeron la pérdida de puestos de trabajo en la industria manufacturera. Aunque el empleo se redujera en industrias que compiten con las importaciones, se mantuvo a un nivel casi igual (en 2014 en comparación con 1997) para las industrias exportadoras. Una explicación de la diferencia entre los efectos en China y Estados Unidos es que, entre los países con uso intensivo del capital, Alemania tuvo más éxito que Estados Unidos en la expansión de sus mercados en China. Al comparar a Alemania y EE.UU., la especialización de Alemania en las exportaciones de máquinas-herramienta, otros bienes de capital (para uso en fábricas chinas) y equipamientos de transporte respondió perfectamente a la demanda de una China inmersa en un rápido proceso de industrialización.

Wolfgang Dauth, Sebastian Findeisen y Jens Südekum. 2017. 'Sectoral Employment Trends in Germany: The Effect of Globalization on their Micro Anatomy' (https://tinyco.re/ 2554801). *VoxEU.org*. Actualizado el 26 de enero de 2017.

PREGUNTA 18.9 ESCOJA LA(S) RESPUESTA(S) CORRECTA(S)

La figura 18.21 muestra el modelo de mercado laboral a largo plazo para Estados Unidos como resultado de la especialización en función de su ventaja comparativa.

Estados Unidos tiene una ventaja comparativa en la producción de aeronaves con uso intensivo de capital, mientras que China, su socio comercial, tiene una ventaja comparativa en la fabricación de productos electrónicos de consumo que requieren mucha mano de obra. Antes de instaurarse el comercio entre ambos países, el equilibrio del mercado laboral estadounidense está en A. ¿Cuál de las siguientes afirmaciones es correcta?

☐ Como resultado de la especialización, al principio la productividad de los trabajadores y el nivel total de empleo aumentaron.
☐ Con el aumento de la productividad, las empresas amplían el empleo, dando como resultado una tasa de desempleo más baja.
☐ Con un menor desempleo, los trabajadores demandan salarios más altos a cambio de un alto esfuerzo, lo que resulta en una curva de fijación de precios más alta.
☐ La curva de fijación de salarios aumenta si los trabajadores exigen un seguro de desempleo como resultado de la globalización. Entonces, el nivel de empleo a largo plazo es inequívocamente más bajo que en A.

18.8 MIGRACIÓN: GLOBALIZACIÓN DEL TRABAJO

Al igual que los agricultores italianos no se pusieron nada contentos al ver cómo se descargaba el cereal indio barato del *Manila* en Génova, los trabajadores de América del Norte no siempre dieron la bienvenida a los europeos que llegaban en busca de una vida más acomodada, como los 69 pasajeros que emprendieron viaje hacia el oeste a bordo del *Manila* que zarpó de Génova camino a Nueva York. La inmigración perjudicó a los trabajadores no cualificados del Nuevo Mundo. Allí donde los salarios del trabajo no cualificado se quedaron más por detrás de los ingresos medios, se erigieron las mayores barreras a la inmigración.

Esto dio lugar a otro tipo de reacción negativa ante la globalización durante el primer periodo de la globalización en el siglo xix y principios del xx: el aumento gradual de las barreras a la inmigración.

En el capítulo 9 analizamos el efecto de la inmigración sobre el desempleo (véase figura 9.18 (página 437)). El modelo nos ayuda a ver por qué la oposición a la inmigración era común entre los trabajadores de economías con abundancia de tierras como Estados Unidos o Canadá en ese momento y en muchos países desde entonces. Cuando llegan personas nuevas a una nación, están desempleadas, por lo que podemos esperar que el primer impacto de la inmigración sea un aumento del desempleo. Esto significa que la inmigración también aumenta el costo de la pérdida del empleo para los residentes, porque el trabajador que pierde un empleo ahora pasa a formar parte de un grupo más numeroso de trabajadores desempleados. Los trabajadores tienen más qué temer de la pérdida de sus empleos, y las empresas podrán hacer que los empleados trabajen eficazmente a cambio de un salario más bajo.

Este no es el final de la historia. Las empresas ahora obtienen mano de obra a salarios más bajos y, por lo tanto, son más rentables. Como resultado buscarán expandir la producción y para ello invertirán en maquinaria nueva. Esto aumentará la demanda laboral en el resto de la economía, y cuando la nueva capacidad esté instalada y lista, las empresas contratarán a más trabajadores. Vuelva al análisis de la figura 9.18 (página 437) para seguir los pasos, desde el efecto del impacto hasta el resultado a largo plazo.

En esta historia, el impacto a corto plazo de la inmigración es malo para los trabajadores existentes en ese país: los salarios caen y la duración esperada del desempleo aumenta. El corto plazo puede durar años o incluso décadas.

A más largo plazo, el aumento de la rentabilidad de las empresas lleva a una expansión del empleo que, con el tiempo, restablecerá el salario real y devolverá a la economía su tasa inicial de desempleo (si no se producen más cambios en la situación, como otra ola de inmigración). Como resultado, la situación de los trabajadores empleados existentes no empeora. Es probable que los inmigrantes también estén mejor económicamente, sobre todo si abandonaron su país de origen porque era difícil ganarse la vida.

Los efectos económicos de la inmigración son ampliamente debatidos entre el público. Esta entrevista de 2006 a Christian Dustmann, economista especializado en los efectos de la migración, resume muy bien este debate, en particular el impacto de los trabajadores migrantes en la ciudad británica de Swindon.
https://tinyco.re/2964221

Dani Rodrik. 2012. *La paradoja de la globalización: la democracia y el futuro de la economía mundial*. Barcelona: Antoni Bosch.

trilema de la economía mundial Probable imposibilidad de que cualquier país, en un mundo globalizado, pueda mantener simultáneamente una profunda integración de mercados (cruzando fronteras), su soberanía nacional y la gobernabilidad democrática. Sugerido por primera vez por el economista Dani Rodrik.

EJERCICIO 18.9 LOS EFECTOS ECONÓMICOS DE LA INMIGRACIÓN

1. Describa qué datos sobre las habilidades de los migrantes nos presenta el video.
2. Utilice el modelo del mercado laboral para mostrar lo que puede suceder con los salarios y el empleo después de la llegada de un flujo de trabajadores migrantes.
3. ¿Cuál es el efecto de la inmigración en los salarios en Gran Bretaña, según los datos y estudios de los que se informa en el video? Compare esto con su predicción de la pregunta 2. Intente modificar el modelo de fijación de precios y salarios para obtener una explicación de estas observaciones empíricas.

18.9 GLOBALIZACIÓN Y ANTIGLOBALIZACIÓN

Tal y como muestran los ejemplos del siglo xix de la protección agrícola europea y las restricciones a la inmigración en el Nuevo Mundo, la globalización puede ponerse trabas a sí misma. La globalización produce ganadores y perdedores. Hemos visto que, al permitir que los países se especialicen, la globalización del comercio de bienes y servicios puede ampliar las posibilidades de consumo de todas las naciones. No obstante, un movimiento más libre del capital por todo el mundo en busca de oportunidades de lucro también permite a las empresas buscar países con regulaciones ambientales poco estrictas e impuestos bajos o donde los trabajadores no tienen derecho a sindicarse.

En consecuencia, los gobiernos que desean atraer inversión extranjera a menudo se ven presionados para oponerse a las políticas que abordarían los problemas de sostenibilidad medioambiental y justicia económica. Un movimiento más libre de bienes y capital, como vimos en los capítulos 13 a 15, también limita la eficacia de las políticas tendientes a estabilizar la demanda agregada y el empleo. El movimiento de mano de obra de un país a otro genera ganancias para algunos, pero supone una amenaza de pérdidas para otros.

Si se ignora a quienes salen perdiendo, ya sea debido a la movilidad de bienes, inversión o personas, la globalización puede acabar resultando políticamente insostenible en una democracia.

El economista Dani Rodrik analizó estas preocupaciones y desarrolló lo que él llama el **trilema político fundamental de la economía mundial**. Su trilema se centra en tres elementos, todos ellos altamente valorados, pero que (según Rodrik) no pueden hacerse realidad al mismo tiempo. El trilema de Rodrik no es más que otra disyuntiva o *trade-off* como el que existe entre una inflación baja y un nivel bajo de desempleo (es difícil tener ambas cosas), con la diferencia de que el *trade-off* de Rodrik es en tres dimensiones.

Él define las tres dimensiones como:

1. *Hiperglobalización*: un mundo en el que prácticamente no existen barreras políticas o culturales para la ubicación de los bienes y la inversión.
2. *Democracia dentro de los estados nacionales*: esto significa (como dijimos en el capítulo 1) que el gobierno respeta tanto la libertad individual como la igualdad política.
3. *Soberanía nacional*: cada gobierno nacional puede aplicar las políticas que elija sin ningún límite significativo impuesto por otras naciones o por instituciones globales.

Como ejemplo de una de las tensiones que se producen entre estos objetivos, según Rodrik, la **hiperglobalización** significa que los países tienen que competir entre sí por la inversión, con el resultado de que los propietarios de la riqueza buscarán ubicaciones para sus inversiones en las que la mano de obra tenga menos derechos y el medioambiente esté menos protegido. Esto dificulta que los gobiernos nacionales adopten normas regulatorias u otras políticas, o aumenten los impuestos sobre el capital móvil o las rentas de los trabajadores altamente remunerados, incluso cuando los ciudadanos piensen que el sentido de justicia lo hace necesario. Aplicar la hiperglobalización puede ser imposible en una sociedad democrática. Por lo tanto, el resultado puede ser la desaparición de la hiperglobalización (fila superior de la figura 18.22) o la desaparición de la democracia (fila intermedia).

La figura 18.22 ilustra los tres resultados posibles del trilema político de Rodrik.

hiperglobalización Tipo extremo (y hasta ahora hipotético) de globalización en el que prácticamente no hay barreras a la libre circulación de bienes, servicios y capital. *Véase también: globalización.*

Adaptado de Dani Rodrik. *La paradoja de la globalización: la democracia y el futuro de la economía mundial.* Barcelona: Antoni Bosch, 2012.

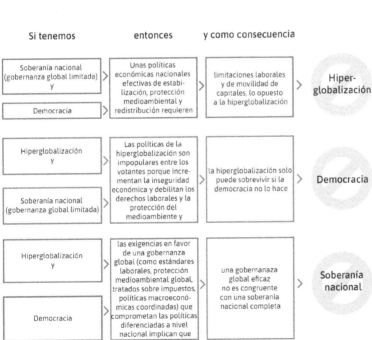

Figura 18.22 Trilema político de Rodrik.

Vayamos analizando una por una cada una de las filas de la tabla para aclarar las mediaciones o *trade-offs* que se plantean.

- *Se descarta la hiperglobalización (fila superior)*: esto sucede si persisten la soberanía nacional y la democracia a nivel nacional. La razón es que tiene que haber límites en la movilidad laboral y de capitales para poder aplicar las políticas nacionales efectivas de estabilización, sostenibilidad medioambiental y redistribución que exigirá un electorado democrático.
- *Se descarta la democracia (fila intermedia)*: el gobierno nacional solo puede poner en práctica las políticas de hiperglobalización si la oposición de los ciudadanos a estas se ve debilitada por una dilución de los procesos democráticos.
- *Se descarta la soberanía nacional (fila inferior)*: si las políticas de hiperglobalización van acompañadas de instituciones supranacionales que puedan prevenir una **carrera hacia el precipicio** en cuestiones como las normas ambientales y laborales, por ejemplo, y por lo tanto logran apoyo democrático, esto restringe la capacidad de los países para elegir sus políticas nacionales de forma independiente.

Una manera de entender la fila inferior es pensar en la organización existente en una federación como EE.UU. o Alemania. Hay libre circulación de bienes, inversiones y personas entre los estados de la federación. La carrera hacia el precipicio se evita mediante la legislación federal y las elecciones democráticas a nivel federal. Esto restringe la capacidad de los estados para aplicar políticas que podrían interferir con los beneficios de la "hiperglobalización" en todo el país, con la protección de los estándares o con la dinámica operativa de la política de estabilización.

Un segundo ejemplo es la integración política de Europa en las últimas décadas, que se orquestó, en parte, para que los gobiernos pudieran beneficiarse del libre comercio, más la libre circulación de capitales y trabajadores, al tiempo que conservaban cierta capacidad a nivel supranacional de la UE en su conjunto para regular la obtención de beneficios en aras de la equidad y la estabilidad económica.

El problema obvio es cómo asegurarse de que esta gobernanza a nivel de la UE o global sea democrática y tecnocrática, y cómo permitir que los votantes cambien el sistema si no les gusta.

Otras iniciativas de gobierno supranacional incluyen acuerdos mundiales sobre el cambio climático y esfuerzos por parte de la Organización Internacional del Trabajo para exigir que todas las naciones cumplan con unos estándares mínimos en el trato a la fuerza de trabajo (eliminando el trabajo infantil o la coacción física de los empleados, por ejemplo).

DANI RODRIK
INSTITUTE FOR ADVANCED STUDY

EJERCICIO 18.10 TRILEMA DE RODRIK

Vea el video 'Economistas en acción' con Dani Rodrik.

1. Según el video, ¿cuáles son algunos de los beneficios y *trade-offs* de la globalización?
2. Enuncie algunos ejemplos históricos del trilema a nivel de políticas que se citan en el video.

Use el trilema de Rodrik y otra información que pueda encontrar para describir:

3. El apoyo popular que llevó a la elección de Donald Trump como presidente de Estados Unidos en 2016.
4. El apoyo popular que llevó a la votación de 2016 a favor del «Brexit», es decir, para que el Reino Unido abandone la Unión Europea.

Dani Rodrik explica en nuestro video 'Economistas en acción' que la economía es una ciencia de mediaciones o *trade-offs*, y que podemos tener demasiada globalización. Su «trilema de la globalización» muestra que, a medida que las economías se van globalizando cada vez más, inevitablemente deben «renunciar a alguna soberanía o a cierto aspecto de la democracia».
https://tinyco.re/8475334

EJERCICIO 18.11 EXAMINE LAS RESPONSABILIDADES Y COSTOS RESPECTIVOS DE LA INDEPENDENCIA ECONÓMICA Y LA INTERDEPENDENCIA

En un ensayo titulado «Autosuficiencia nacional», publicado en 1933, John Maynard Keynes advirtió sobre las consecuencias de la globalización incluso antes de que existiera la palabra:

> Cada uno de nosotros tiene sus propias fantasías. Como no creemos que estemos ya salvados, a cada cual nos gustaría probar a construir nuestra propia salvación. No deseamos, por lo tanto, estar a merced de unas fuerzas mundiales que están averiguando cómo alcanzar, o tratando de averiguar cómo alcanzar, un equilibrio uniforme de acuerdo con los principios ideales –si se pueden llamar así– del capitalismo del *laissez-faire* … Deseamos –al menos por el momento– … ser nuestros propios amos y ser lo más libres posible … hacer nuestros propios experimentos favoritos de cara a alcanzar la república social ideal del futuro.

Acabó por adoptarse como un concepto ampliamente conocido y aceptado que la integración global, en última instancia, convertiría la idea de soberanía económica nacional en algo que no resultaba práctico. Un tercio de siglo después de que Keynes deseara que

el tiempo «fuera nuestro propio maestro», Charles Kindleberger, un economista especializado en comercio internacional, escribió que:

> El estado-nación está prácticamente acabado en tanto que unidad económica … Es demasiado fácil moverse por ahí.
>
> Tanques de doscientas mil toneladas … airbuses y otros productos similares no permitirán la independencia soberana del estado-nación en asuntos económicos. (*American Business Abroad*, 1969)

1. Explique con sus propias palabras el argumento de Keynes a favor de la «autosuficiencia nacional» y la afirmación de Kindleberger de que «el estado nacional está … acabado».
2. Enmarque los puntos de vista de Keynes y Kindleberger en términos del trilema de Rodrik, y use los datos de este capítulo y otros capítulos para evaluar sus afirmaciones. (Si lo desea, repase el papel de las políticas económicas a la hora de ayudar a las naciones a adaptarse al cambio tecnológico y al comercio que vimos en las secciones 16.8–16.10, y adelántese a consultar los datos sobre el tamaño del gobierno y cómo ha ido cambiando con el tiempo que aparecen en el capítulo 22).

18.10 COMERCIO Y CRECIMIENTO

¿Cuáles son las mejores políticas a adoptar por los gobiernos si buscan promover el crecimiento a largo plazo del nivel de vida? Algunos argumentan que es una elección entre dos posturas extremas a efectos de política económica:

- ¡Selle las fronteras nacionales y retírese de la economía mundial!
- ¡Permita que el comercio, la inmigración y la inversión transfronterizos tengan lugar sin regulación gubernamental de ningún tipo!

Pocos (si los hay) economistas abogan por una de estas dos opciones. La cuestión es cómo aprovechar las contribuciones de la economía global al bienestar de una nación, al tiempo que se minimizan las formas en que la integración en la economía global pueda, por otro lado, retrasar el crecimiento de esta. Entre los aspectos de una mayor integración económica mundial que favorecen el crecimiento, cabe destacar:

- *La competencia*: limitar los impedimentos al comercio de bienes y servicios entre naciones aumenta el grado de competencia a que se enfrentan las empresas en la economía local. Esto significa que las empresas que no adopten nuevas tecnologías y otros métodos de reducción de costos tendrán más probabilidades de fracasar y verse sustituidas por empresas más dinámicas. El resultado será un aumento de la tasa de progreso tecnológico.
- *El tamaño del mercado*: una empresa que puede exportar al mercado mundial tiene la oportunidad (si es capaz de enfrentarse con éxito a la competencia) de vender mucho más de lo que vendería si estuviera restringida a operar en el mercado interno únicamente. Esto permite producir a menor costo, lo que a su vez beneficia a compradores, empleados y propietarios nacionales de estas empresas de éxito, así como a los compradores externos.

Las formas en que una mayor integración en la economía global podría retrasar el crecimiento incluyen:

aprender haciendo Fenómeno que ocurre cuando la producción por unidad de insumos aumenta a medida que se adquiere mayor experiencia en la producción de un bien o servicio.
industria naciente Sector industrial relativamente nuevo en un país, que tiene costos relativamente altos porque su establecimiento reciente significa que todavía se ha beneficiado poco de aprender haciendo, su pequeño tamaño lo priva de las economías de escala o la falta de empresas similares significa que no se beneficia de las economías de aglomeración. La protección arancelaria temporal de este sector, u otro tipo de apoyo, puede aumentar la productividad en una economía a largo plazo.

- *Aprender haciendo en sectores económicos nacientes*: además de las economías de escala, otro factor que contribuye a las reducciones de costos es lo que se conoce como **aprender haciendo**. Incluso si la empresa nunca alcanza una producción a gran escala, los costos de producción generalmente disminuyen con el tiempo. Los aranceles que protegen a los sectores en sus primeros tiempos pueden brindar a las empresas el tiempo y posiblemente la escala de operaciones que les hacen falta para ser competitivas.
- *Especialización desventajosa*: por razones históricas, algunos países pueden especializarse en sectores donde existe un gran potencial para la innovación, mientras que otros se especializan en sectores con poco potencial de este tipo. Muchos países latinoamericanos, por ejemplo, desaceleraron su crecimiento al especializarse en sectores de baja innovación, como la extracción de recursos naturales. El desarrollo de nuevas

especializaciones puede requerir la intervención directa del gobierno, incluida la protección de las **industrias o sectores nacientes**.

De la figura 18.23 se desprende claramente que, durante el segundo periodo de la globalización, los trabajadores de algunos países –como China y Corea del Sur, por ejemplo– han experimentado aumentos rápidos de sus niveles de ingresos. Ahora bien, la misma figura también deja claro que, en otros países como México y Sri Lanka, los trabajadores se han beneficiado poco de una economía mundial cada vez más integrada.

Ha habido diferentes rutas hacia el éxito económico durante los últimos 150 años. Por ejemplo:

- *El proteccionismo de los primeros tiempos en Alemania y Estados Unidos*: estos países desarrollaron modernos sectores manufactureros tras unas elevadas barreras arancelarias que los protegieron de la competencia británica. A finales del siglo XIX, la correlación entre los aranceles y el crecimiento económico en los países relativamente ricos era positiva. En particular, unos aranceles más altos a los productos industriales se asociaban con un mayor crecimiento. Durante el periodo de entreguerras, los aranceles también mostraron una correlación positiva con el crecimiento.
- *La prosperidad escandinava a través de la apertura*: los países escandinavos han estado muy abiertos al comercio durante más de 100 años y han prosperado. Con el fin de mitigar las fluctuaciones en el ingreso de los hogares asociadas con los cambios en los precios internacionales, tienen tasas impositivas altas para respaldar un generoso sistema de seguridad social y abundantes subvenciones para la capacitación profesional.
- *Elegir a los ganadores nacionales*: muchos gobiernos de Asia oriental han promovido el comercio, pero controlando sus características al favorecer a ciertos sectores o incluso a ciertas empresas, e impulsando a las empresas a competir en los mercados de exportación, al tiempo que se les brindaba una cierta protección frente a la competencia de las importaciones.
- *Dos direcciones después de 1945*: por un lado, los países del este de Asia que animaron a sus empresas a competir en los mercados internacionales crecieron más rápido que los países latinoamericanos, que se cerraron más al comercio internacional. Ahora bien, después de que esos países latinoamericanos redujeran sus aranceles a principios de la década de 1990, las tasas de crecimiento económico que siguieron fueron más bajas que durante el periodo más cerrado de 1945 a 1980.

Si hay una lección que aprender de todo esto ha de ser que el éxito no depende de si un país está más o menos integrado en el sistema económico mundial –por ejemplo, más o menos exportaciones e importaciones, o mayor o menor cantidad de inversión internacional por parte de sus empresas–, sino más bien con qué acierto se maneja la integración económica mediante políticas que promuevan el crecimiento.

Ver estos datos en OWiD
https://tinyco.re/2652653

(1) Andrew Glyn. *Capitalismo desatado: finanzas, globalización y bienestar.* Madrid: Centro de Investigaciones para la Paz: Los Libros de la Catarata, 2010; (2) Oficina Nacional de Estadísticas de China. *Datos anuales* (https://tinyco.re/2297128); (3) Banco de Inglaterra; (4) Bureau of Labor Statistics de Estados Unidos. 2015. *International Labor Comparisons* (https://tinyco.re/2780183). Nota: los datos anuales de BLS de EE.UU. para México, Filipinas y Sri Lanka se han suavizado utilizando la media móvil retrospectiva a cinco años.

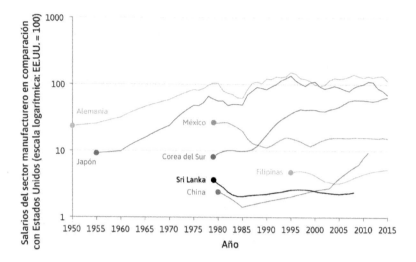

Figura 18.23 Alcanzar a los primeros y estancarse: salarios del sector manufacturero en comparación con EE.UU. (1950–2015).

paradoja de Leontief El descubrimiento inesperado de Wassily Leontief de que las exportaciones de EE. UU. eran intensivas en mano de obra y sus importaciones intensivas en capital, hecho que contradice las predicciones de las teorías económicas: que un país con abundante capital (como EE. UU.) exportaría bienes que utilizaran una gran cantidad de capital en su producción.

CUANDO LOS ECONOMISTAS NO ESTÁN DE ACUERDO

Heckscher-Ohlin, la paradoja de Leontief y la nueva teoría del comercio

Hubo un tiempo en que se pensó que si los países fueran idénticos, ninguno tendría una ventaja comparativa en la producción de ningún bien, y no habría ninguna razón para que se especializaran e intercambiaran bienes. Por ejemplo, Eli Heckscher (1879–1952) y Bertil Ohlin (1899–1979) argumentaron que, a la hora de explicar la ventaja comparativa y el comercio, las diferencias clave entre los países eran la escasez relativa de tierra, mano de obra o capital. Canadá y Estados Unidos tenían abundantes tierras en relación con la cantidad de mano de obra con que contaban y, por tanto, se especializarían y exportarían productos agrícolas. Alemania, en cambio, con más capital y menos mano de obra que China, exportaría bienes intensivos en capital a China.

Wassily Leontief (1906–1999) cuestionó la ampliamente aceptada teoría de Heckscher-Ohlin en 1953. Utilizando un método de análisis input-output, es decir, de entradas y salidas, que él mismo había inventado, midió la cantidad de trabajo y capital utilizados en la producción de las mercancías exportadas desde EE.UU. e importadas a EE.UU., y así estableció, por ejemplo, la cantidad de trabajo necesario:

- para producir un coche
- para producir el acero que se utilizó para fabricar el coche
- para producir el carbón que alimentó la fundición que produjo el acero que se utilizó para fabricar el automóvil.

… y así sucesivamente.

Basándose en la teoría de Heckscher-Ohlin, Leontief esperaba que, debido a que EE.UU. era el país con mayor capital del mundo –medido en términos del stock de maquinaria, edificios y otros bienes de capital por trabajador–, sus exportaciones serían intensivas en capital y sus importaciones intensivas en mano de obra, pero descubrió justo lo contrario.

Durante más de 50 años, los economistas han intentado resolver este enigma, que se conoce como la **paradoja de Leontief**. Leontief especuló con la explicación de que Estados Unidos podría, de hecho, ser un país abundante en mano de obra si, en lugar de simplemente medir la cantidad de empleados, incluimos factores culturales y organizativos que respaldan un alto nivel de trabajo efectivo por empleado. Si bien su hipótesis aún no se ha probado adecuadamente de manera empírica, nos recuerda que la cultura y las instituciones pueden ser una parte esencial de la explicación de cómo funciona una economía y también pueden ser una fuente de ventaja comparativa.

Durante la década de 1980, los economistas Avinash Dixit, Elhanan Helpman y Paul Krugman, entre otros, desarrollaron modelos de comercio en los que el comercio no se debía a diferencias entre países, sino a rendimientos a escala crecientes. Como hemos visto en este capítulo, si, a través de la especialización, el comercio permite que los países obtengan mayores economías de escala, esto hace que el comercio sea una buena idea, incluso si los países no difieren en sus dotaciones, incluida la cultura y las instituciones. Esta «nueva teoría del comercio» apoya los argumentos en favor de la protección arancelaria. Por ejemplo: los rendimientos crecientes significan beneficios monopolísticos, con lo que quizá le interese a un país quedarse con estas ganancias, en lugar de dárselas a otro. Si desea más información, lea el discurso de Paul Krugman al recibir el Nobel de Economía y un artículo suyo anterior sobre el libre comercio.

Paul Krugman. 2009. 'The Increasing Returns Revolution in Trade and Geography'. En *The Nobel Prizes 2008*, edición de Karl Grandin. Estocolmo: The Nobel Foundation.

Paul Krugman. 1987. 'Is Free Trade Passé?' *Journal of Economic Perspectives* 1 (2): pp. 131–44.

EJERCICIO 18.12 EL EFECTO DEL COMERCIO SOBRE EL CRECIMIENTO

La evidencia empírica sobre cómo el comercio afecta el crecimiento es variada.

1. Supongamos que usted es un consultor de la Organización Mundial de Comercio (https://tinyco.re/2008074) y se le pide que diseñe un estudio empírico para identificar el efecto de la apertura de un país al comercio en el crecimiento. ¿Cómo abordaría este ejercicio? (Sugerencia: consulte la sección 1.9, la introducción al capítulo 13 y la sección 14.7 para conocer algunas de las formas en las que los economistas aprenden de los datos).

2. ¿Cómo mediría la apertura al comercio (aranceles, tasa de exportación u otros índices de apertura)? Analice las ventajas y limitaciones del método que haya elegido.

3. Explique los problemas a que se enfrentaría a la hora de diseñar un estudio convincente. Sugerencia: recuerde los ejemplos de la sección 1.9, la introducción al capítulo 13 y la sección 14.7 sobre las formas en que en ocasiones es posible establecer que una cosa (el comercio en este ejemplo) causa otra cosa (el crecimiento o la falta de crecimiento).

18.11 CONCLUSIÓN

Las economías del mundo son ahora parte de un sistema global integrado. Las empresas más importantes consideran el mundo entero a la hora de decidir dónde producir y dónde vender sus bienes y servicios. Asimismo, los inversores eligen dónde detentar activos, ya sean financieros o reales, con base en cálculos de rendimientos esperados después de impuestos en todas las regiones del mundo. No obstante, también hemos visto que, en su mayor parte, la mano de obra no se ha globalizado y, por razones políticas, culturales y lingüísticas, sigue siendo en gran medida nacional. Las fronteras nacionales siguen siendo un hecho esencial de la economía global. Los gobiernos nacionales siguen siendo agentes fundamentales a la hora de influir en el curso de sus propias economías y el resto del mundo.

La globalización ha traído consigo cambios importantes. En el siglo XVIII, en el del nacimiento de la Economía como disciplina, ya había intercambio de bienes a través de las fronteras nacionales y ya se realizaban inversiones en lugares remotos al otro lado del mundo pero, en general, la nación y su economía tenían las mismas fronteras.

El mundo actual es muy diferente. El comercio de bienes y servicios y la inversión están ahora integrados en un sistema financiero mundial en el que las transacciones se realizan electrónicamente en milisegundos.

Los economistas pueden ayudar a diseñar y evaluar políticas que garanticen los mayores beneficios mutuos posibles para las personas que, por todo el mundo, participan en esta nueva economía dinámica y cosmopolita. También pueden identificar grupos cuyos medios de subsistencia estén amenazados por el proceso de globalización y proponer políticas para garantizar que se compartan de manera justa los beneficios que la inversión y el intercambio mundiales hagan posibles.

Conceptos introducidos en el capítulo 18

Antes de continuar, revise estas definiciones:

- Globalización e hiperglobalización
- Especialización
- Ventaja comparativa
- Brecha de precio, costos comerciales, arbitraje
- Globalización I y Globalización II
- Arancel
- Cuenta corriente (CC), déficit comercial o déficit por cuenta corriente, superávit comercial o superávit por cuenta corriente, flujos netos de capital
- Balanza de pagos
- Flujos internacionales de capital
- Ganancias del comercio
- Inversión extranjera directa (IED)
- Inversión en cartera extranjera
- Economías de aglomeración
- Aprender haciendo
- Industrias nacientes

18.12 REFERENCIAS BIBLIOGRÁFICAS

Dauth, Wolfgang, Sebastian Findeisen, y Jens Südekum. 2017. 'Sectoral employment trends in Germany: The effect of globalisation on their micro anatomy' (https://tinyco.re/2554801). *VoxEU.org*. Actualizado el 26 de enero de 2017.

Krugman, Paul. 1987. 'Is Free Trade Passé?' *Journal of Economic Perspectives* 1 (2): pp. 131–44.

Krugman, Paul. 2009. 'The Increasing Returns Revolution in Trade y Geography'. In *The Nobel Prizes 2008*, ed. Karl Grandin. Estocolmo: The Nobel Foundation.

Ricardo, David. 1815. *An Essay on Profits*. Londres: John Murray.

Ricardo, David. *Principios de economía política y tributación*. Madrid: Seminarios y Ediciones, 1973.

Rodrik, Dani. 2012. *La paradoja de la globalización: la democracia y el futuro de la economía mundial*. Barcelona: Antoni Bosch.

CAPÍTULO 19

DESIGUALDAD ECONÓMICA

LAS DISPARIDADES ECONÓMICAS ESTÁN ESTRECHAMENTE RELACIONADAS CON DÓNDE NACE UNA PERSONA, QUIÉNES SON SUS PADRES Y, EN ALGUNOS PAÍSES, SU SEXO. MEDIANTE POLÍTICAS E INSTITUCIONES BIEN DISEÑADAS ES POSIBLE REDUCIR LAS DESIGUALDADES, SIN POR QUE POR ELLO DISMINUYA EL NIVEL DE VIDA PROMEDIO

- Tras haber descendido durante la mayor parte del siglo XX, la desigualdad en los ingresos aumentó en Estados Unidos, Reino Unido, la India y otros muchos países.
- Sin embargo, debido al rápido crecimiento económico de China e India, dos países con poblaciones muy elevadas, la desigualdad en los ingresos, considerando a todas las personas del mundo, ha disminuido desde fines del siglo XX.
- La discriminación racial, de género o por motivos religiosos, y otras formas de disparidad de oportunidades, significan que personas que de otro modo serían idénticas tendrán diferentes ingresos y oportunidades económicas, lo que contribuye a la desigualdad.
- Las disparidades económicas entre personas se deben a lo que poseen (por ejemplo, un pedazo de tierra), a lo que son (varones o mujeres) o a lo que tienen (habilidades particulares) que les permite obtener ingresos.
- Las instituciones y las políticas vigentes en una sociedad y las tecnologías utilizadas en la producción influyen en estos factores determinantes del ingreso.
- Algunas desigualdades proporcionan un incentivo para estudiar o trabajar mucho, y para asumir los riesgos asociados con la innovación y la inversión.
- No obstante, las desigualdades también restringen las oportunidades económicas de los menos favorecidos, y pueden, asimismo, resultar en

una sociedad más impulsada por el conflicto e imponer costos, perjudicando así al desempeño económico.

- Unas políticas gubernamentales bien diseñadas y adecuadamente aplicadas pueden limitar las desigualdades económicas injustas y, al mismo tiempo, elevar el nivel medio de vida, como se ha hecho en muchos países.

Corre el año 1975. Renfu es hijo de un líder local del Partido Comunista. En 10 años, irá a la facultad de ingeniería de la Universidad de Tsinghua, donde estudia la élite de Pekín; también se unirá al Partido Comunista. En 20 años, dirigirá una empresa de propiedad estatal. En 30 años, será el Director General Ejecutivo de la empresa tras su privatización, y ocupará un alto cargo en el Partido.

Yichen, en cambio, es hija de unos padres sin vinculación alguna con el Partido. No irá a la universidad, sino que trabajará la tierra junto a sus padres hasta que cumpla 16 años, y luego trabajará en una empresa estatal que produce piezas de automóviles para la exportación a EE.UU. y Europa. Cuando cumpla 30 años, conseguirá un trabajo en la nueva fábrica de Motorola en la cercana ciudad de Tianjin, por el que pagan el doble de su salario actual. El problema es que no podrá emigrar legalmente a Tianjin, por lo que tendrá que dejar a su hija al cuidado de sus padres.

Yichen y Renfu son personajes ficticios. Podríamos haber incluido la típica advertencia de que «todos los personajes que aparecen en esta historia son ficticios y cualquier parecido con la realidad es pura coincidencia…», pero eso no sería del todo cierto, pues estos personajes son ilustrativos de las historias divergentes de personas reales que viven en la actualidad.

Consideremos ahora otros dos personajes ficticios que viven en EE.UU., también en 1975. Mark y Stephanie, ambos de 17 años, viven en Gary, Indiana. Mark está a punto de terminar sus estudios de secundaria y empezará a trabajar con su padre en una fábrica siderúrgica local donde hay sindicatos y la paga es buena, así que no tiene que dedicar cuatro años más a los estudios antes de poder ganarse un sueldo.

En la recesión de 1981 Mark perderá su trabajo y tratará de utilizar sus conocimientos de mecánica para abrir un negocio de repuestos de automóvil. Con la poca riqueza propia que podrá aportar como garantía, no logrará obtener un préstamo bancario, de manera que emigrará al sur a trabajar en otra fábrica. En esta nueva fábrica no habrá sindicato y ganará menos de lo que ganaba en Gary. En 2008, durante la recesión, la fábrica lo reemplazará por un robot industrial Titan de Kuka Robotics Corporation (https://tinyco.re/3558328).

Stephanie, cuyos padres son ambos doctores, decide estudiar psicología en la Universidad de Indiana Bloomington. Después trabajará para una gran corporación financiera en Chicago y, tras una serie de promociones, llegará a vicepresidenta de recursos humanos. Ahorrará e invertirá sus ahorros en la bolsa, lo que le generará un rendimiento medio superior al 10% durante muchos años, además de beneficiarse de las rebajas de impuestos que favorecerán a las personas de mayores ingresos.

Estas cuatro personas han tenido vidas muy diferentes. ¿Hay algo malo en que así sea? Cada uno de ellos tomó buenas decisiones, considerando lo que podían haber sabido cuando las tomaron, todos ellos trabajaron mucho y, sin embargo, han tenido vidas muy diferentes. Podríamos simplemente decir que la mano de cartas que les ha tocado en la vida ha sido muy diferente.

Sus padres han supuesto una diferencia importante en cuanto a qué cartas les han tocado. Todo empieza por el hecho de que Yichen y Renfu nacieron en China, y Mark y Stephanie en EE.UU. Probablemente los padres de las dos personas chinas también eran pobres, pero los miembros del Partido Comunista disfrutaban de un mayor prestigio social y mejor educación. La diferencia en riqueza de las dos parejas de padres estadounidenses probablemente habrá sido mucho mayor. Si Mark fuera negro, la brecha sería aún mayor que si fuera blanco pero, incluso así, su familia habrá tenido mejores condiciones materiales de vida que las dos familias chinas.

En 2017, los hijos de Stephanie y Renfu, que han logrado bastante éxito en sus respectivos países, tendrán acceso a toda una serie de oportunidades que no estarán disponibles para los hijos de Yichen y Mark. En China, los hijos de Renfu asistirán a mejores escuelas y tendrán mejores oportunidades laborales debido a los contactos de su padre. Con algo de suerte, hasta podrían estudiar en alguna universidad de EE.UU., ganar una valiosa experiencia en el mercado laboral global de licenciados universitarios angloparlantes, y regresar a China ganando sueldos varias veces superiores al que recibe el ciudadano chino medio.

La hija de Yichen no tendrá una educación primaria ni secundaria de calidad debido a las restricciones del *hukou* o pasaporte interno chino, que implican que tendrá que estudiar en el colegio local del distrito rural de Yichen, y no en Tianjin, donde trabaja su madre. No obstante, es muy probablemente que le vaya mejor en la vida que a su madre, y ciertamente estará mejor que sus abuelos.

En Estados Unidos, los hijos de Stephanie estudiarán en un colegio público de un barrio acomodado, bien financiado con los impuestos locales a la propiedad, o en un colegio privado caro. Además, tendrán acceso desde muy pronto a un vocabulario mucho más amplio, harán amistades para toda la vida con otros niños de su entorno (igualmente privilegiados) y vivirán toda una serie de experiencias extracurriculares interesantes, que contribuirán a su desempeño educativo y los ayudarán a conseguir que los admitan en universidades de élite. Esto se traducirá en unos ingresos vitales medios de aproximadamente 800 000 dólares más que (https://tinyco.re/5624488) los de aquellos cuya educación no va más allá de la secundaria.

Los hijos de Mark tendrán que asistir a colegios públicos mal financiados, lidiar con la ausencia de sindicatos en sus puestos de trabajo, sobrevivir con un salario mínimo real menor que el de la generación de sus padres, y con cambios en la tecnología y el comercio que amplificarán el alcance de estos problemas. Las trayectorias de vida de estas cuatro personas ilustran solo algunos de los cambios globales en la distribución del ingreso que han tenido lugar en los últimos 40 años.

La desigualdad se produce a través de muchas dimensiones que incluyen ingreso, riqueza, educación, salud y otras oportunidades. En este capítulo nos concentraremos sobre todo en las desigualdades en ingresos y riqueza, debido a que han sido estudiadas extensamente por los economistas, y también porque están estrechamente relacionadas con otras formas de desigualdad. Empezamos con tres conjuntos de hechos:

- *La desigualdad en los ingresos*: en la próxima sección revisamos la evidencia disponible sobre las desigualdades en el ingreso a nivel global, y cómo han cambiado en el último siglo.
- *Los accidentes del nacimiento*: luego vamos a considerar la desigualdad a través de un prisma alternativo. Las circunstancias de nuestro

Mary C. Daly y Leila Bengali. 2014. 'Is It Still Worth Going to College?' (https://tinyco.re/5624488). Federal Reserve Bank of San Francisco. Actualizado el 5 de mayo de 2014.

Branko Milanovic. *La era de las desigualdades: dimensiones de la desigualdad internacional y global*. Madrid: Sistema, 2006.

Branko Milanovic. *Los que tienen y los que no tienen: una historia breve y singular historia de la desigualdad global*. Madrid: Alianza Editorial, 2012.

nacimiento afectan nuestros ingresos, sea por la nación en la que nacemos, la raza, el sexo, la riqueza de nuestra familia o incluso la calidad y alcance de la formación escolar que nos toque en suerte.

- *El futuro de la desigualdad*: este último conjunto de hechos ofrece una visión panorámica del futuro de las economías ricas, proyectando una mirada especialmente atenta al tipo de empleos disponible a medida que la automatización y la relocalización global de la producción industrial aceleran la transición de una economía manufacturera a una economía productora de servicios.

Luego nos preguntaremos por qué la desigualdad se percibe generalmente como un problema y plantearemos una manera de aproximarnos a la pregunta de si existe demasiada (o muy poca) desigualdad. Presentaremos para ello un modelo sobre las causas de la desigualdad económica, a fin de entender cómo las políticas públicas y otros cambios pueden alterar el grado de esa desigualdad. Y luego utilizaremos este modelo para explicar los cambios recientes en la desigualdad económica en varios países, así como los efectos de las políticas públicas en el grado de desigualdad.

Puede encontrar una versión interactiva de esta figura en https://tinyco.re/7434364.

EJERCICIO 19.1 VARIACIÓN EN LOS INGRESOS ENTRE PAÍSES Y DENTRO DE ESTOS

En el capítulo 1, la figura 1.2 (página 4) mostraba la comparativa de la distribución del ingreso entre distintos países, así como en el interior de esas naciones, para 2014. La altura de cada columna de la figura varía a lo largo de dos ejes. El primer eje de variación, que va de izquierda a derecha, es una clasificación de los países según su ingreso interno bruto per cápita, desde el más pobre (Liberia) a la izquierda, hasta el más rico (Singapur) a la derecha. El segundo eje, que va desde el frente hacia atrás, muestra la distribución del ingreso entre pobres y ricos dentro de cada país.

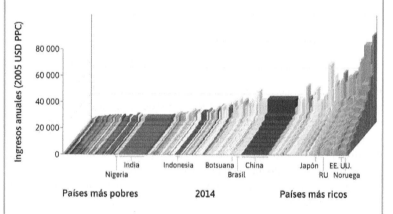

Regrese a la historia de Mark, Renfu, Stefanie y Yichen, y trate de adivinar qué decil corresponde a cada uno de estos personajes ficticios. Justifique brevemente su respuesta.

19.1 DESIGUALDAD POR TODO EL MUNDO Y A LO LARGO DEL TIEMPO

Como hemos aprendido en el capítulo 5, podemos utilizar las curvas de Lorenz para estimar los coeficientes de Gini, que miden el grado de desigualdad en la riqueza, los ingresos, los sueldos y salarios, los años de educación u otros indicadores de logro social y económico.

Riqueza, ingresos laborales, ingreso de mercado e ingreso disponible

La figura 19.1 presenta datos sobre tres dimensiones de la desigualdad (la riqueza, los ingresos laborales y los ingresos disponibles) en tres economías. Recordemos que la riqueza es el valor de los activos que posee un hogar (netos de sus deudas). Los ingresos laborales incluyen salarios, sueldos e ingresos del trabajo por cuenta propia. El ingreso de mercado es la suma de:

- todos los ingresos recibidos como ganancias por el trabajo
- todos los ingresos recibidos de los negocios que sean propiedad del hogar o de las inversiones del hogar

Y, finalmente, el ingreso disponible es el ingreso que la familia puede gastar

- después de pagar impuestos
- después de recibir transferencias monetarias públicas, como prestaciones por desempleo y pensiones

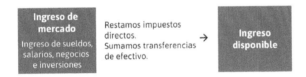

Hay dos cuestiones a destacar en la figura 19.1:

- *La riqueza está distribuida de manera mucho más desigual que los ingresos laborales, y los ingresos laborales están distribuidos mucho más desigualmente que los ingresos disponibles*: aunque las diferencias entre las tres medidas de la desigualdad son mucho menores en Japón que en Suecia y EE.UU.
- *Suecia tiene mucha menor desigualdad en la distribución del ingreso disponible que los otros dos países*: esto se debe a su desigualdad relativamente baja en los ingresos laborales y, sobre todo, a su sistema de impuestos y transferencias, que beneficia a los menos favorecidos. No se debe a una mayor igualdad en la distribución de la riqueza en Suecia: como se puede observar en la figura, la riqueza está distribuida más desigualmente en Suecia que en EE.UU.

Facundo Alvaredo, Anthony B. Atkinson, Thomas Piketty, Emmanuel Saez y Gabriel Zucman. 2016. 'The World Wealth and Income Database (WID)' (https://tinyco.re/5262390).

Anthony B. Atkinson y Thomas Piketty, ed. 2007. *Top Incomes Over the Twentieth Century: A Contrast between Continental European and English-Speaking Countries*. Oxford: Oxford University Press.

Explore los ingresos más altos en los países que le interesen consultando la base de datos World Wealth and Income Database (https://tinyco.re/5262390).

Desigualdades en los ingresos a lo largo del tiempo y entre países

Otra manera de medir la desigualdad es concentrarse en los muy ricos y ofrecer una respuesta a la pregunta: ¿qué fracción del ingreso total o la riqueza total pertenece al 1 o al 10% más rico de la población? Este indicador tiene la ventaja de que puede medirse a lo largo de cientos de años, ya que siempre se ha exigido a los muy ricos el pago de impuestos, por lo que contamos con información razonablemente buena sobre sus ingresos y su riqueza. La figura 19.2 muestra la fracción de la riqueza total en manos del 1% más rico, para todos los países con datos disponibles de largo plazo.

Según se puede observar, hay tres periodos distintos: los siglos XVIII y XIX, incluyendo hasta alrededor de 1910, muestran una desigualdad creciente en la riqueza (con excepción de Noruega y Dinamarca); el siglo XX hasta 1980 muestra una disminución de la desigualdad en la riqueza, y el periodo transcurrido desde entonces muestra un discreto aumento de la desigualdad en la riqueza.

La figura 19.3 presenta datos similares para la participación en el ingreso antes de impuestos y transferencias que recibe el 1% que más ingresos obtiene. Al igual que en la figura 19.2, también se observan diferencias entre países. Por ejemplo, durante los últimos años, hay mucha más desigualdad en EE.UU. que en China, India o el Reino Unido. Pero también hay tendencias comunes, similares a las observadas en el segundo y tercer periodo de la distribución de la riqueza: una tendencia hacia una menor desigualdad durante buena parte de las 8 primeras décadas del siglo XX, seguida de un aumento en la desigualdad desde 1980, aproximadamente.

Ahora bien, este acusado cambio en forma de U hacia una mayor desigualdad no ha tenido lugar en todos los países, incluyendo la mayoría de las grandes economías de Europa continental. Esto se muestra en la figura 19.4.

Observando las figuras 19.2 a 19.4, podemos ver que:

- *Existen tendencias comunes en la mayoría de países para los que disponemos de información*: por ejemplo, una reducción en la desigualdad entre 1920 y 1980.

Ver estos datos en OWiD
https://tinyco.re/2375265

Mattia Fochesato y Samuel Bowles. 2015. 'Nordic exceptionalism? Social democratic egalitarianism in world-historic perspective' (https://tinyco.re/6424636). Journal of Public Economics 127: pp. 30–44. Santa Fe Institute; Mattia Fochesato y Samuel Bowles. 2017. 'Technology, Institutions and Wealth Inequality in the Very Long Run' (https://tinyco.re/7608790). Santa Fe Institute; Chen Wang y Koen Caminada. 2011. 'Leiden Budget Incidence Fiscal Redistribution Dataset' (https://tinyco.re/9338721). Versión 1. Leiden Department of Economics Research.

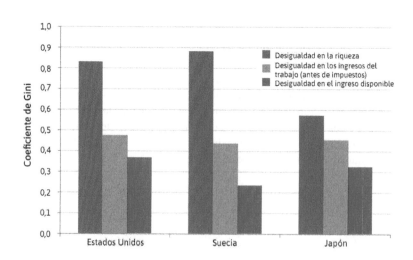

Figura 19.1 Desigualdad en la riqueza, los ingresos laborales y el ingreso disponible: EE.UU., Suecia y Japón (década 2000).

- *Los países muestran grandes diferencias en lo que ha ocurrido a partir de 1980:* en algunas de las economías más grandes –China, India y EE.UU.– la desigualdad se ha incrementado de manera muy acusada, mientras que en otras –Dinamarca, Francia y los Países Bajos– la desigualdad se ha mantenido cercana a sus niveles históricamente modestos.

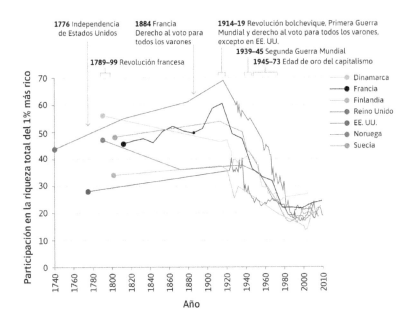

Adaptación de la figura 19 de Daniel Waldenström y Jesper Roine. 2014. 'Long Run Trends in the Distribution of Income and Wealth' (https://tinyco.re/8651400). En *Handbook of Income Distribution*. Volumen 2a, editado por Anthony Atkinson y Francois Bourguignon. Amsterdam: North-Holland. Data.

Figura 19.2 Porcentaje de la riqueza total en manos del 1% más rico (1740–2011).

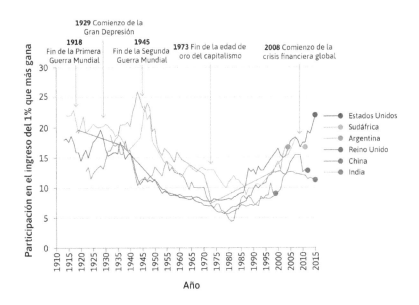

Facundo Alvaredo, Anthony B. Atkinson, Thomas Piketty, Emmanuel Saez y Gabriel Zucman. 2016. 'The World Wealth and Income Database (WID)' (https://tinyco.re/5262390).

Figura 19.3 Porcentaje del ingreso total recibido por el 1% que más gana (1913–2015).

Thomas Piketty. *El capital en el siglo xxi*. Madrid: Fondo de Cultura Económica, 2014.

Thomas Piketty, Profesor de Economía en la Paris School of Economics, explica cómo «trata de ser útil» recopilando datos a largo plazo sobre la distribución de la riqueza. https://tinyco.re/8537633

Hemos usado los datos creados por Thomas Piketty y sus colaboradores para construir los figuras 19.3 y 19.4. Piketty es economista y autor del fenómeno de ventas *El capital en el siglo xxi*. En nuestro video «Economistas en acción», Piketty examina la desigualdad económica desde la Revolución Francesa hasta nuestros días y explica por qué un estudio cuidadoso de los hechos resulta esencial.

Desigualdades entre países y dentro de estos

Al principio del capítulo 1 vimos cómo, antes de la emergencia del capitalismo, el ingreso de una hija o hijo dependía de donde estuvieran situados sus padres en la escala económica. Importaba mucho menos en qué parte del mundo nacía el hijo o la hija.

El despegue económico de las primeras economías capitalistas cambió esta situación.

La «gran divergencia» descrita en el capítulo 1 se explica porque el despegue del palo de hockey para el ingreso per cápita se produjo antes en algunos países (Gran Bretaña, Italia y Japón en la figura 1.1a (página 2)), después en otros (China e India) y aún está pendiente de ocurrir en otros países más (Nigeria y Argentina) (véase también la figura 1.11 (página 40)). El resultado de estas diferencias temporales en el desarrollo de la revolución capitalista a escala global fue un aumento de las desigualdades entre los pueblos del mundo, que tuvo lugar durante los siglos xix y xx y hasta muy recientemente. Incluso los pobres de América del Norte y Europa se volvieron más ricos que los ricos de otros lugares.

¿Cómo medimos la desigualdad global? Pensemos en una curva de Lorenz construida poniendo en fila a todos los individuos del mundo, desde el que tiene el ingreso más bajo hasta el que tiene el más alto, independientemente del país donde vivan. Sabemos por la figura 1.2 (página 4) que el 20% más pobre –la parte de la curva de Lorenz que va del cero a 0,20 sobre el eje horizontal– corresponde a un segmento muy plano: esto representaría

Facundo Alvaredo, Anthony B. Atkinson, Thomas Piketty, Emmanuel Saez y Gabriel Zucman. 2016. 'The World Wealth and Income Database (WID)' (https://tinyco.re/5262390).

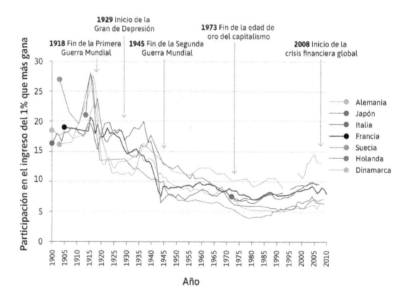

Figura 19.4 Participación decreciente del 1% que más gana en algunas economías europeas y en Japón (1900–2013).

a la mayor parte de las poblaciones de Liberia y Nigeria, así como a las personas de ingresos medios y bajos de Indonesia y la India, por ejemplo. Si construimos toda la curva de Lorenz podemos calcular el coeficiente de Gini para el mundo entero. La figura 19.5 muestra el resultado para el ingreso de mercado. Por ejemplo, en 2003 el coeficiente de Gini global fue de 0,69. Podemos ver que la desigualdad entre los individuos del mundo es alta, pero ha disminuido recientemente.

La otra serie de la figura 19.5 (línea roja) presenta la desigualdad global de una manera diferente: se concentra en las diferencias de ingresos *entre* países. Imaginemos que todas las personas en todos los países obtienen un ingreso igual al ingreso medio de su país. En este experimento mental, cada persona del Reino Unido ganaría exactamente el ingreso medio del Reino Unido, mientras que todas las personas de China ganarían un ingreso exactamente igual al ingreso medio de China. ¿Cómo se manifestaría la desigualdad de ingresos en este ejemplo hipotético?

La línea roja muestra los resultados de esta estimación. En nuestro experimento mental, la única fuente de desigualdad en el mundo sería la desigualdad entre países. Como consecuencia, la desigualdad se reduce, pero aun así, persisten unas desigualdades significativas debido a las grandes diferencias de ingresos entre países.

Puede observarse que el coeficiente de Gini para todos los habitantes del mundo en 1988 (el comienzo de la línea azul) era de 0,69. De haber existido una igualdad perfecta dentro de cada país (la línea roja), este número habría

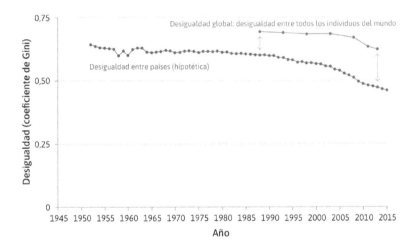

Ver estos datos en OWiD
https://tinyco.re/2728470

Branko Milanovic. 2012. 'Global Income Inequality by the Numbers: In History and Now—an Overview' (https://tinyco.re/6283642). *Policy Research Working Paper* 6259. El Banco Mundial. La desigualdad entre países (hipotética) se refiere al experimento mental en el que todos los habitants de un mismo país tienen los mismos ingresos.

Figura 19.5 Desigualdad de ingresos a nivel global y entre países (1952–2015).

1. Cae la desigualdad entre individuos a nivel mundial (1986–2013)
La línea azul muestra la desigualdad de ingresos entre todos los individuos del mundo: muestra, en definitiva, el coeficiente de Gini del mundo.

2. La hipotética desigualdad entre países cae...
La curva roja muestra la desigualdad de ingresos entre países entre 1952 y 2015. Para calcularla, suponemos que todos en un determinado país obtenían el mismo ingreso. A partir de la década de 1980, esta desigualdad comenzó a disminuir rápidamente.

3. ...y aumenta la desigualdad dentro del país
La disminución de la desigualdad entre países se aceleró a medida que despegaba el crecimiento de los países pobres más grandes del mundo, China e India, pero la desigualdad dentro de los países, incluidos China e India, aumentó.

sido 0,60. Como resultado, observamos que el 87% de la desigualdad global en ingresos se explica con base en nuestra medida de la desigualdad entre países (es decir, porque 0,60/0,69 = 0,87, o el 87%).

La figura también muestra que la desigualdad entre países ha estado cayendo rápidamente: en el año 2013, el 76% de la desigualdad global era desigualdad entre países (0,47/0,62 = 0,76).

El coeficiente de Gini más reciente para todo el mundo es 0,62. Evidentemente, esa cifra está más cerca de 1 (una persona tiene todo el ingreso del mundo) que de 0 (no existen diferencias de ingresos en el mundo). Ahora bien, ¿cuánta desigualdad indica este coeficiente realmente? Para ver cómo interpretar el coeficiente de Gini, lea el texto del Einstein titulado «El coeficiente Gini y las diferencias de ingresos a escala global», que se encuentra al final de esta sección.

La figura 19.5 nos envía tres mensajes fundamentales:

- *La mayor parte de la desigualdad en el mundo se produce entre individuos de diferentes países (la serie de color rojo)*: no se trata de desigualdad entre individuos del mismo país (la diferencia entre las series azul y roja).
- *Pero esto está cambiando*: las dos economías más grandes, y en su día también las más pobres –India y China–, han logrado que sus ingresos medios crezcan más rápidamente que en los países más ricos, reduciendo la desigualdad entre países; además, debido a que han aumentado las desigualdades entre individuos en estos países y en muchas otras naciones grandes, se ha elevado la desigualdad dentro de los países.
- *La desigualdad entre individuos está disminuyendo*: el resultado neto de estas tendencias opuestas es que la desigualdad entre los individuos del mundo ha empezado a disminuir.

Una mirada al futuro de las economías ricas: ¿el vacío intermedio?

La mayor desigualdad que se ha producido en muchos países desarrollados se ha asociado a una distribución cambiante de los puestos de trabajo: ha aumentado el número de empleos de salarios bajos y el número de empleos de salarios altos, mientras que los empleos con salarios medios se han vuelto más escasos. El resultado –más puestos de trabajo en la cima y la base de la escala económica y menos en la parte intermedia– se ha bautizado como el «vacío intermedio».

Los datos de la figura 19.6 ilustran ambas tendencias para la economía de EE.UU. Hemos tomado esta economía como referencia ilustrativa debido a la calidad de la información disponible, pero también se han constatado tendencias similares en otros países de ingresos altos.

En la figura 19.6 se ordenan los empleos desde el mejor pagado (en términos de salario a la hora), en el extremo superior del eje vertical, hasta el peor pagado, situado en el extremo inferior; también se muestra el crecimiento o contracción del empleo sobre el eje horizontal.

Nótese lo siguiente en relación a los datos:

- *El vacío intermedio*: tanto las ocupaciones con salarios altos (especialmente) como aquellas con salarios bajos están sumando muchos puestos de trabajo, pero el crecimiento del empleo en las ocupaciones con salarios intermedios es más limitado
- *Nuevos empleos sustituyen al trabajo anteriormente realizado por miembros de la familia*: los mayores incrementos se encuentran en servicios

«humanos» (asistenciales), la mayoría de ellos en profesiones relacionadas con la salud.

- *Las máquinas hacen el trabajo rutinario*: la digitalización reduce la demanda de empleos que implican tareas rutinarias, como los clasificadores de correspondencia en el servicio postal y los operadores de maquinaria. Las tareas en las que las máquinas aún no han empezado a sustituir a los humanos tienden a ser aquellas que están bien remuneradas (asesores financieros personales, personal de enfermería) o mal remuneradas (como los encargados del cuidado de los ancianos en sus hogares).
- *Los empleados con sueldos altos trabajan con tecnologías de la información*: las ocupaciones que van en aumento y que se remuneran con salarios altos (más allá de los servicios asistenciales), tales como los profesionales de la investigación de operaciones, los estadísticos o los desarrolladores de webs, son aquellas en las que el procesamiento de la información digital

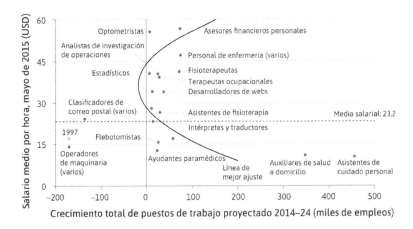

Figura 19.6 El vacío intermedio en EE.UU. (2014–24): pronóstico de ocupaciones que sufrirán cambios de 10 000 o más puestos de trabajo.

US Bureau of Labor Statistics. 2014. 'Employment Projections' (https://tinyco.re/6239208). US Bureau of Labor Statistics. 2015. 'Occupational Employment Statistics' (https://tinyco.re/8448694).

Nota: la figura 19.6 solo muestra las ocupaciones para las que se anticipa un cambio de 10 000 empleados o más. El término «varios» se refiere a ocupaciones similares. Los puntos azules indican las ocupaciones relacionadas con operadores de maquinaria (operadores de máquinas de coser, de maquinaria textil, de circuitos, maquinistas y operarios de moldes). La línea punteada horizontal representa el salario medio a la hora para todas las ocupaciones en EE.UU., a fecha de junio de 2015. La línea en forma de C es un polinomio de segundo orden que se ajusta a los datos mostrados en el figura.

El punto etiquetado como '1997' muestra el salario medio por hora que los maquinistas habrían ganado en 2015 si su salario hubiera mantenido la misma proporción respecto del salario medio que presentaba en 1997.

1. Crecimiento estimado de empleos en Estados Unidos

La figura 19.6 organiza los trabajos desde los trabajos mejor pagados (en salario a la hora) en el extremo superior, a los trabajos peor pagados, en el extremo inferior, y estima el crecimiento o la contracción del empleo en el eje horizontal.

2. Los salarios de los trabajadores estadounidenses cualificados han caído

Debido al efecto combinado de la automatización y el «efecto China», los salarios de las ocupaciones incluidas en la categoría de operadores de maquinaria cayeron del 73% del salario medio en 1997 al 61% en 2014.

ha elevado mucho la productividad de los trabajadores que cuentan con el tipo adecuado de habilidades.

- *Los trabajadores con salarios medios son los perdedores*: las ocupaciones entre las que se están produciendo pérdidas de empleo tienden a tener salarios cercanos a la media o por debajo de esta.

La figura 19.6 solo mostraba ocupaciones para las que las ganancias o pérdidas proyectadas son de al menos un 20% de su nivel en 2014, y que registran un cambio de al menos 10 000 empleados. No obstante, y como muestra la figura 19.7, este patrón se mantiene cuando consideramos todos los empleos en la economía de EE.UU. Las tendencias proyectadas que muestran las figuras 19.6 y 19.7 se vienen observando al menos desde la década de 1970.

EJERCICIO 19.2 DESIGUALDADES ENTRE SUS COMPAÑEROS DE CLASE

1. Utilizando esta calculadora del coeficiente de Gini (https://tinyco.re/8392848), estime el grado de desigualdad en la altura entre sus compañeros de clase.
2. ¿Por qué este coeficiente es mucho menor que el coeficiente estimado para la distribución de la riqueza en la figura 19.1 (página 944)?
3. Utilice ahora la calculadora para estimar el coeficiente de Gini de otra medida (por ejemplo, la edad, el peso, la duración del trayecto que realizan para llegar a la universidad, el número de hermanos y hermanas o la nota del último examen).
4. Explique cualquier diferencia entre este coeficiente de Gini y el coeficiente de Gini de la distribución de la riqueza

---

US Bureau of Labor Statistics. 2014. 'Employment Projections' (https://tinyco.re/6239208). US Bureau of Labor Statistics. 2015. 'Occupational Employment Statistics' (https://tinyco.re/8448694).

Figura 19.7 El vacío intermedio en EE.UU. (2014–24): el crecimiento en el empleo es más alto en el quintil superior e inferior de las categorías de ocupación en EE.UU., ordenadas en base a los ingresos laborales medios anuales.

PREGUNTA 19.1 ESCOJA LA(S) RESPUESTAS(S) CORRECTA(S)
La figura 19.1 (página 944) muestra la desigualdad en la riqueza, los ingresos laborales y los ingresos disponibles en EE.UU., Suecia y Japón, usando el coeficiente de Gini.

Con base en esa información, ¿cuáles de las siguientes afirmaciones son correctas?

☐ La riqueza está mucho más desigualmente distribuida que los ingresos laborales en los tres países.
☐ Suecia es, sin lugar a dudas, una sociedad donde hay más desigualdad que en Japón.
☐ De los tres países, EE.UU. es la sociedad donde hay más desigualdad.
☐ Suecia logra una distribución del ingreso disponible relativamente más igualitaria a través de su sistema de impuestos y transferencias.

PREGUNTA 19.2 ESCOJA LA(S) RESPUESTA(S) CORRECTA(S)
En el video de Thomas Piketty «Economistas en Acción», ¿cuál de los siguientes hechos NO se encuentra entre las razones que da Piketty para explicar la caída en los ingresos de los muy ricos durante el siglo xx?

☐ La Primera Guerra Mundial
☐ La Gran Depresión
☐ La Revolución Rusa
☐ La Segunda Guerra Mundial

PREGUNTA 19.3 ESCOJA LA(S) RESPUESTA(S) CORRECTA(S)
La figura 19.6 muestra el diagrama de dispersión de las ocupaciones para la economía de EE.UU., con los salarios medios a la hora de 2015 en el eje vertical y la proyección del crecimiento del empleo para el período 2014–24 en el eje horizontal.

Con base en esta información, ¿cuál de las siguientes afirmaciones es correcta?

☐ Las ocupaciones con el mayor crecimiento proyectado son aquellas que se benefician de innovaciones que aumentan la automatización.
☐ Las ocupaciones con sustanciales pérdidas de empleo proyectadas son aquellas con los salarios más altos, lo que podría estimular a los empleadores a invertir en automatización.
☐ Las ocupaciones con salarios altos y proyección de crecimiento en el empleo pertenecen a la categoría de los servicios asistenciales, o son del tipo en que el procesamiento de información digital ha aumentado en forma considerable la productividad de trabajadores altamente cualificados.
☐ No se observa un patrón particular en la relación entre la media salarial y el crecimiento proyectado del empleo.

EINSTEIN

El coeficiente de Gini y las diferencias de ingresos en el mundo

En el capítulo 5 aprendimos que el coeficiente de Gini es una medida de la desigualdad, definida como la mitad de la diferencia media relativa de ingresos entre todos los pares de personas de la población.

Recordemos que la diferencia media de ingresos entre todos los pares de la población, que denotamos como Δ, puede expresarse como el ingreso del más rico del par (y^r) menos el ingreso del más pobre del par (y^p), sumando estas diferencias para todos los pares de la población, y luego dividiendo esta suma entre el número de pares de la población (n). La diferencia media relativa es esta cantidad dividida entre el ingreso medio, y.

De manera que la mitad de la diferencia media relativa se expresa como:

$$g = \left(\frac{1}{2}\right)\left(\frac{\Delta}{y}\right)$$

Reordenando esta ecuación, podemos ver que la diferencia media entre todos los pares (Δ) será igual al ingreso medio (y) multiplicado por 2 veces el coeficiente de Gini.

$$\Delta = 2yg$$

Pero existe una interpretación más interesante del coeficiente de Gini. Si obtuviéramos todos los pares posibles de la población mundial, el ingreso medio en el mundo ($\bar{y}$) sería igual a:

$$\bar{y} = \frac{1}{2}\left(\frac{1}{n}\sum_{i=1}^{n} y_i^r + \frac{1}{n}\sum_{i=1}^{n} y_i^p\right)$$
$$= \frac{1}{2}(\bar{y}^r + \bar{y}^p)$$

Donde definimos $\bar{y}^r$ e $\bar{y}^p$ como los ingresos medios de los ricos y los pobres respectivamente, considerando todos los pares posibles. De este modo, ahora podemos reescribir la expresión del coeficiente de Gini en términos de $\bar{y}^r$ e $\bar{y}^p$

$$g = \left(\frac{1}{2}\right)2\left(\frac{\bar{y}^r - \bar{y}^p}{\bar{y}^r + \bar{y}^p}\right)$$

Reordenando y dividiendo entre $\bar{y}^p$, obtenemos:

$$g(\bar{y}^r + \bar{y}^p) = \bar{y}^r - \bar{y}^p$$
$$g\left(\frac{\bar{y}^r}{\bar{y}^p} + 1\right) = \frac{\bar{y}^r}{\bar{y}^p} - 1$$
$$g\frac{\bar{y}^r}{\bar{y}^p} + g = \frac{\bar{y}^r}{\bar{y}^p} - 1$$
$$g + 1 = \frac{\bar{y}^r}{\bar{y}^p}(1 - g)$$
$$\frac{g + 1}{1 - g} = \frac{\bar{y}^r}{\bar{y}^p}$$

Utilizando esta última expresión, si el coeficiente de Gini para el mundo es de 0,62, entonces:

$$\frac{\bar{y}^r}{\bar{y}^p} = \frac{g+1}{1-g} = \frac{0.62+1}{1-0.62} = 4.26$$

Esto nos dice que si el coeficiente de Gini es 0,62, entonces, considerando todos los pares de la población o una muestra aleatoria grande de la población, los que están mejor de ingresos en cada par, son –de media– 4,26 veces más ricos que los que están peor.

EJERCICIO 19.3 OTRA MANERA DE INTERPRETAR LOS COEFICIENTES DE GINI

Utilice la figura 5.16 (página 240) para estimar el coeficiente de Gini de la distribución del ingreso disponible en Dinamarca y Sudáfrica. Al explicar las diferencias en la desigualdad de ingresos entre estos dos países, puede usar la información del Gini de la siguiente manera: si se seleccionan dos personas de la población del país aleatoriamente, ¿cuál es la razón media entre el ingreso de la persona más rica y el ingreso de la persona más pobre? Para facilitar la conversión de los datos del coeficiente de Gini en términos de esta razón, utilice la fórmula del Einstein para construir un cuadro con las razones rico/pobre correspondientes a los coeficientes de Gini en el rango de 0,0 a 0,9 (con aumentos progresivos de 0,1). Represente sus resultados en un gráfico. Explique las diferencias en la desigualdad observadas entre Dinamarca y Sudáfrica utilizando sus resultados. ¿Qué implica la fórmula cuando el coeficiente de Gini es igual a 1?

19.2 ACCIDENTES DE NACIMIENTO: OTRA MIRADA PARA ESTUDIAR LA DESIGUALDAD

Buena parte de la desigualdad en el mundo actual puede atribuirse a diferencias entre las personas en factores sobre los cuales prácticamente no tienen control alguno, como su raza, sexo, país de nacimiento o quiénes son o fueron sus progenitores. Denominamos a estos factores «accidentes de nacimiento».

Para entender lo importantes que pueden llegar a ser los accidentes de nacimiento, hagamos el siguiente experimento mental. Regresemos a la figura 1.2 (página 4). Suponga que lo único que le interesa es el ingreso y que puede escoger una de estas opciones:

- El decil de ingresos en el que usted se encuentra, pero el país en el que ha nacido lo decide la suerte
- El país en el que ha nacido, pero el decil de ingresos en el que se encuentra, en dicho país, lo decide la suerte

¿Ha escogido la primera opción (el decil de ingresos) o la segunda (el país)?

Si escogió la primera, obviamente habrá escogido estar en el decil superior de ingresos, de manera que estará en algún lugar de la parte posterior de la figura 1.2, pero, ¿dónde exactamente? Tendría usted la misma probabilidad de haber nacido en Nigeria (en el lado izquierdo de la figura) que en el Reino Unido (a la derecha).

Si escoge la segunda opción, podría elegir uno de los países del lado derecho de la figura, que son los que tienen el mayor ingreso promedio. Por otro lado, tendría la misma probabilidad de estar en el decil inferior de ingresos de dicho país (hacia la parte anterior de la figura) que en el decil superior (en la parte posterior).

Varios académicos han planteado últimamente las «grandes preguntas» sobre la desigualdad:

Daron Acemoglu y James A. Robinson. 2012. *Por qué fracasan los países: los orígenes del poder, la prosperidad y la pobreza.* Barcelona: Deusto, 2012.

Angus Deaton. 2013. *El gran escape: salud, riqueza y los orígenes de la desigualdad.* Madrid; México D.F.: Fondo de Cultura Económica, 2015.

Jared Diamond. 1999. *Armas, gérmenes y acero: breve historia de la humanidad en los últimos trece mil años.* Barcelona: Debate, 2012.

Kent Flannery y Joyce Marcus. 2014. *The Creation of Inequality: How Our Prehistoric Ancestors Set the Stage for Monarchy, Slavery, and Empire.* Cambridge, MA: Harvard University Press.

La nacionalidad de una persona es uno de los grandes accidentes de nacimiento que afectan al ingreso. Los pasaportes y las fronteras limitan las oportunidades económicas al alcance de la gente de diferentes países. Personas con la misma educación, capacidades y ambiciones, pero nacidas en lados distintos de una frontera nacional, se enfrentan a una fortuna muy distinta en la vida, ya se trate de la frontera entre México y EE.UU., entre la República Popular Democrática de Corea (Corea del Norte) y Corea del Sur o el Mar Mediterráneo que separa el Norte de África de Europa. Aun cuando la migración se permite, a los migrantes con frecuencia no se les reconocen sus derechos políticos y laborales, como ocurre en los estados del Golfo Pérsico y en algunos países del este de Asia.

Género y otras formas de desigualdad con base en categorías

Las desigualdades basadas en accidentes de nacimiento también existen dentro de los países.

- *Casta*: las grandes diferencias en las oportunidades vitales en la India, por ejemplo, son el resultado de fronteras «de casta» hereditarias y jerárquicas, establecidas hace mucho tiempo. La casta es un estatus social en un rango que va desde la posición elevada de los *Brahmins*, hasta los *Dalits* (también en otro tiempo conocidos como «intocables»).
- *Discriminación formalizada*: hasta 1994, el *apartheid* de Sudáfrica formalizó la desigualdad con un complejo sistema de barreras raciales.
- *Colonizadores y pueblos indígenas*: en Australia, EE.UU. y buena parte de América Latina, existe una extraordinaria desigualdad económica y social entre los descendientes de los colonizadores y aquellos que llegaron decenas de miles de años antes, los llamados pueblos indígenas.

desigualdad con base en categorías Desigualdad entre grupos sociales concretos (identificados, por ejemplo, por una categoría como raza, nación, casta, sexo o religión). *También conocida como: desigualdad por grupo.*

Las desigualdades basadas en la identidad étnica de las personas o en la casta, son un ejemplo de **desigualdad con base en categorías** (también conocida como **desigualdad por grupos**), que hace referencia a las diferencias económicas entre las personas a las que se trata como integrantes de categorías sociales diferentes, definidas por las clases sociales más poderosas. Las castas de la India son categorías, como lo son las de «africanos», «blancos», «gentes de color» y «asiáticos» en Sudáfrica. Las desigualdades con base en categorías están en su mayor parte basadas en accidentes de nacimiento, pues uno nace como miembro de una de las categorías y cambiar de categoría es por lo general difícil, si no imposible.

Para entender lo fácil que es que surja la segregación por raza o por alguna otra característica con base en categorías, tómese un par de minutos para jugar en línea a la *Parábola de los polígonos* (https://tinyco.re/4763470).

La forma más común de desigualdad con base en categorías es la que se produce entre hombres y mujeres. En promedio, existen muchas diferencias económicas entre hombres y mujeres, algo que es un poco desconcertante debido a que, más allá de sus distintos roles biológicos en la reproducción, los hombres y las mujeres son muy similares: entre otras cosas, tienen progenitores similares y han ido a escuelas similares (en la mayoría de los países) y su herencia genética es similar en cuestiones que afectan las habilidades intelectuales. Y, sin embargo, es evidente que la economía trata a hombres y mujeres de manera diferente. Esto es mucho más cierto en algunos países que en otros, pero es verdad para todos los países.

Una medida de esta desigualdad es la disparidad de ingresos entre hombres y mujeres, entre personas similares en todo lo demás. La figura 19.8

muestra las ganancias vitales esperadas (ingresos laborales) para hombres y mujeres que trabajan a tiempo completo en EE.UU., desde que finalizan sus estudios hasta que se jubilan. En consecuencia, cualquier diferencia en la figura no puede atribuirse a que las mujeres pasan (en promedio) más tiempo fuera de la fuerza laboral debido a la crianza de los hijos.

Dado que, en promedio, la calidad de la educación no difiere entre hombres y mujeres (y a las niñas tiende a irles tan bien como a los niños en la mayoría de las pruebas académicas), las diferencias de género en las remuneraciones no se deben a diferencias en las habilidades cognitivas o en la calidad de la educación. Sin embargo, para todos los niveles de educación, las mujeres pueden esperar un ingreso laboral mucho menor que el de los hombres.

Sin embargo, la figura también muestra que una mayor educación contribuye a lograr mayores ingresos vitales, y que las mujeres que terminan los estudios universitarios (licenciatura) pueden esperar ganar mucho más que los hombres que no hayan continuado sus estudios más allá de la educación secundaria.

En muchos lugares del mundo, las niñas reciben mucha menos educación que los niños pero, tal y como muestra la figura 19.9, en EE.UU. y Francia las niñas asisten a la escuela, en promedio, el mismo número de años que los niños, y un mayor número de años en Brasil. Países en los que las mujeres han sufrido, históricamente, extraordinarias desventajas económicas y sociales, como China e Indonesia, casi que han eliminado la brecha de género con respecto al número de años de educación, y la India, aunque va por detrás en este sentido, está cerrando la brecha rápidamente.

Desigualdad intergeneracional

Además de las diferencias con base en categorías como nación, sexo, raza o grupo étnico, una segunda fuente de desigualdad económica dentro de las naciones es heredada. Uno puede ser rico o pobre simplemente porque sus padres fueron ricos o pobres.

Hace doscientos años, en la mayoría de los países, se daba por descontado que una persona podía esperar una vida de pobreza simplemente porque sus padres habían sido pobres, o que otra persona heredaría la empresa y el estatus social de su padre, sin tener que probar que era la persona mejor preparada para remplazarlo. La herencia de las desigualdades que pasaban de una generación a otra parecía ser parte del orden natural de las cosas.

Pero esto ha cambiado con la ampliación del alcance de la educación pública y, en muchos países, con la reducción de la discriminación contra la gente pobre por razones de raza, religión o simplemente debido a sus orígenes humildes. En algunos países, el estatus económico de los padres juega un papel determinante en el éxito económico de sus hijos; en otros países, las diferencias de nivel de ingresos de los padres solo se transmiten débilmente a sus descendientes.

La **transmisión intergeneracional de las diferencias económicas** se refiere a los procesos mediante los que el estatus económico de hijos e hijas adultos acaba pareciéndose al estatus económico de sus padres. El proceso de transmisión adopta distintas formas:

- Los hijos heredan la riqueza de sus padres.
- La composición genética de los hijos es similar a la de sus padres.
- Mediante la influencia de los padres en la crianza de los hijos, padres, madres, hijos e hijas tienden a compartir preferencias, normas sociales,

transmisión intergeneracional de las diferencias económicas Procesos mediante los cuales el estatus económico de hijos e hijas adultos se parece al estatus económico de sus padres. *Véase también: elasticidad intergeneracional, movilidad intergeneracional.*

conocimientos, destrezas y conexiones sociales similares, adquiridas fuera de la educación formal.

Samuel Bowles y Herbert Gintis. 2002. 'The Inheritance of Inequality' (https://tinyco.re/8562867). *Journal of Economic Perspectives* 16 (3): págs. 3–30.

La **desigualdad intergeneracional** se produce cuando estos procesos resultan en estatus económicos similares de padres e hijos (https://tinyco.re/8562867): los hijos de las personas adineradas también se hacen ricos, mientras que los hijos de los menos favorecidos siguen siendo pobres.

Adaptación de la figura 5, del libro de Anthony P. Carnevale, Stephen J. Rose y Ban Cheah. 2011. *The College Payoff* (https://tinyco.re/4024625). Georgetown University Center on Education and the Workforce. (Nota: el promedio para los hombres es de 2 520 286 dólares, mientras que para las mujeres es de 1 909 714 dólares.)

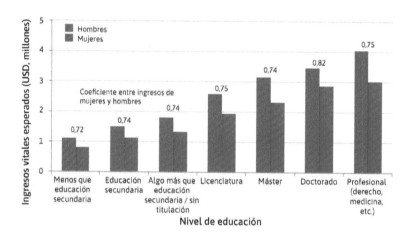

Figura 19.8 Desigualdad con base en categorías: educación e ingresos laborales vitales para hombres y mujeres en EE.UU.

Ver estos datos en OWiD
https://tinyco.re/2234467

Banco Mundial. 2016. IIASA/VID Educational Attainment Model. Conjunto de datos producidos por el International Institute for Applied Systems Analysis (IIASA) de Luxemburgo, Austria y el Instituto Demográfico de Viena, Academia de las Ciencias de Austria (https://tinyco.re/6449044). Estadísticas de nivel de educación.

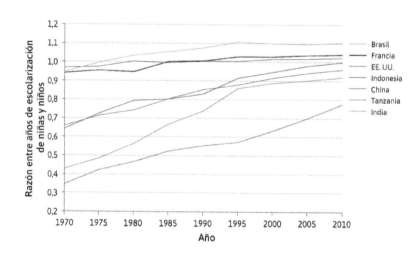

Figura 19.9 Desigualdad con base en categorías: número promedio de años de escolarización de las niñas en términos relativos a los niños (1970–2010).

Economistas y sociólogos miden la desigualdad intergeneracional construyendo clasificaciones de los ingresos o la riqueza de los padres, que luego se comparan con los ingresos o la riqueza que acaban teniendo sus hijos cuando se convierten en adultos. Se confirma así que existe una desigualdad intergeneracional significativa. Es probable que los hijos cuyos padres tuvieron ingresos elevados también lleguen a tener ingresos elevados cuando se conviertan en adultos; de igual modo, los hijos de familias con ingresos bajos tienden a tener ingresos también bajos cuando son adultos.

Esto es lo que se aprecia en la figura 19.10, que presenta una medición de la desigualdad intergeneracional para los hombres en EE.UU. (panel de la izquierda) y Dinamarca (panel de la derecha) con base en sus ingresos laborales (sueldos o salarios). La columna más alta de la izquierda en el panel para EE.UU. significa que, de todos aquellos cuyos padres estaban en el quintil más bajo de la distribución de ingresos, el 40% se encontraba también en el quintil más bajo, mientras que un 7% había acabado situándose en el quintil más alto de esa distribución. En contraste con lo anterior, el 36% de los nacidos en el quintil más rico se habían acabado ellos también en el quintil más rico (la columna de color fucsia de la derecha).

Una de las razones por las que los hijos de los ricos tienden a ser más ricos que los hijos de los pobres es el apoyo financiero que los padres ricos dan a sus hijos, tanto durante sus vidas como también cuando mueren, con las herencias. Sin embargo, los datos de la figura 19.10 se basan en ingresos laborales, no en riqueza heredada. Los ingresos de los padres y de sus hijos parecen ser similares en EE.UU., en parte debido a que los hijos de padres adinerados reciben más educación y de mayor calidad y, además, también se benefician de las redes de contactos y conexiones de sus padres, lo que mejora su acceso a los mercados de trabajo.

Los datos para Dinamarca, que se muestran en el panel de la derecha, muestran una situación de partida más equitativa. Solo el 25% de aquellos nacidos de padres en el quintil más pobre de la población terminan –ellos también– en el quintil más pobre, en comparación con el 40% para EE.UU. Esto sugiere que quienes nacen de padres relativamente pobres tienen menos desventajas en Dinamarca. Por otro lado, el 33% de los daneses

desigualdad intergeneracional
Medida en la que las diferencias en las generaciones de los padres se transmiten a la siguiente generación, medida usando indicadores tales como la elasticidad intergeneracional o la correlación intergeneracional. *Véase también: elasticidad intergeneracional, movilidad intergeneracional, transmisión intergeneracional de las diferencias económicas.*

Gregory Clark. 2015. *The Son Also Rises: Surnames and the History of Social Mobility.* Princeton, NJ: Princeton University Press.

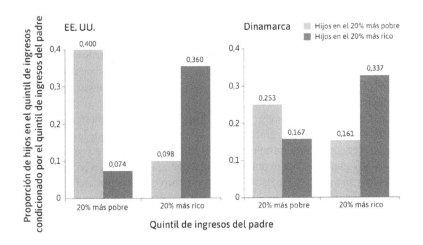

Figura 19.10 Desigualdad intergeneracional en los ingresos laborales: EE.UU. y Dinamarca.

Tabla 14 en Markus Jäntti, Bernt Bratsberg, Knut Røed, Oddbjørn Raaum, Robin Naylor, Eva Österbacka, Anders Björklund y Tor Eriksson. 2006. 'American Exceptionalism in a New Light: A Comparison of Intergenerational Earnings Mobility in the Nordic Countries, the United Kingdom and the United States' (https://tinyco.re/ 8340550) *Discussion Paper Series* 1938. Institute for the Study of Labor.

nacidos en el quintil más alto terminan en el quintil más bajo, comparado con el 36% en EE.UU. Con base en estos datos podemos concluir que la desigualdad intergeneracional es menor en Dinamarca que en EE.UU., aun cuando en Dinamarca tampoco parece haber una situación de igualdad total de condiciones en el punto de partida.

La **elasticidad intergeneracional** en ingresos o riqueza es una medida que puede resumir el grado o tasa global de desigualdad intergeneracional en una sociedad. Para entender el significado de esta medida, considere dos parejas de padres con sus respectivos hijos. El padre de la primera pareja es más rico que el padre de la segunda. La elasticidad intergeneracional mide cuánto más rico es el hijo del padre adinerado con relación al hijo del padre más pobre. Por ejemplo, una elasticidad de 0,5 significa que si un padre es 10% más rico, entonces su hijo, cuando adulto será, en promedio, un 5% más rico que el otro hijo. A mayor elasticidad intergeneracional, mayor es el grado de transmisión intergeneracional del estatus económico y mayor es el nivel de desigualdad intergeneracional. En una sociedad con una elasticidad intergeneracional elevada, la **movilidad intergeneracional** es reducida.

¿Cuál es la relación entre una medida de la desigualdad intergeneracional como la elasticidad intergeneracional y el alcance de la desigualdad entre los miembros de una población, en un momento determinado en el tiempo? Sin duda, se le estarán ocurriendo varias razones por las que ambas podrían estar correlacionadas.

La figura 19.11 presenta evidencia de la relación entre la elasticidad intergeneracional de los ingresos laborales y la desigualdad en esas ingresos en un momento en particular. Nos referimos a la desigualdad en los ingresos laborales en un momento dado, medida utilizando el coeficiente de Gini para los ingresos, como desigualdad transversal. Nótese que en la figura 19.11 no incluimos los efectos de los impuestos y transferencias del gobierno cuando medimos tanto la desigualdad de ingresos como su transmisión intergeneracional, ya que estamos interesados en los movimientos de estas dos dimensiones de la desigualdad que son independientes de las políticas públicas.

La figura muestra que, para los países considerados, la desigualdad en ingresos laborales en cualquier momento concreto en el tiempo tiende a ser mayor cuando la desigualdad intergeneracional es elevada. Estados Unidos, el Reino Unido e Italia son ejemplos de países que tienen tanto una desigualdad transversal elevada como una alta desigualdad intergene-racional. En otros países (Noruega, Dinamarca y Finlandia), las dos desigualdades –transversal e intergeneracional– son bastante limitadas. Existen otros países en los que hay una significativa diferencia entre los dos tipos de desigualdad y cuál de ellos es más pronunciado. Compare, por ejemplo, Canadá y Suiza.

¿Es la desigualdad transversal la que causa la desigualdad intergene-racional, o al contrario, o ambas cosas, o ninguna? Sabemos que las sociedades con una fuerte cultura de la equidad y el tratamiento igualitario, como Dinamarca, adoptan políticas para reducir la desigualdad entre las personas en un momento dado, que incluyen ofrecer unas prestaciones generosas a desempleados y jubilados a través del estado de bienestar. Al mismo tiempo, también intentan limitar la desigualdad intergeneracional ofreciendo igualdad de oportunidades de acceso a una educación de alta calidad, y mediante otras políticas que reducirían la transmisión intergeneracional del estatus económico. Esto explica, al menos en parte, el contraste entre Dinamarca y EE.UU. que se observa en la figura 19.10.

---

elasticidad intergeneracional
Diferencia porcentual en el estatus de la segunda generación que se asocia con un 1% de diferencia en el estatus de la primera generación, cuando comparamos a los padres y a sus descendientes adultos. *Véase también: desigualdad intergeneracional, movilidad intergeneracional, transmisión intergeneracional de las diferencias económicas.*

movilidad intergeneracional
Cambios en el estatus social o económico relativo entre los progenitores y sus hijos. La movilidad ascendente se produce cuando el estatus del hijo supera al de sus progenitores. La movilidad descendente es lo contrario. Una medida ampliamente utilizada de la movilidad intergeneracional es la correlación entre las posiciones de los progenitores y sus hijos (por ejemplo, en sus años de educación o nivel de ingreso). Otra medida es la elasticidad intergeneracional. *Véase también: elasticidad intergeneracional, transmisión intergeneracional de las diferencias económicas.*

El término elasticidad intergeneracional nada tiene que ver con el significado habitual de la palabra elasticidad sino que, al igual que la elasticidad en el precio de la demanda de un bien, se refiere a un cambio porcentual en algo, que se asocia a un cambio porcentual en otra cosa.

Otra fuente probable de la correlación que se muestra en la figura 19.10 es que en cualquier periodo (una generación, pongamos por caso) algunos individuos tienen buena suerte –por ejemplo, por vivir en una región que ha tenido una gran expansión económica–, mientras que otros tienen mala suerte, que se presenta en la forma de una grave enfermedad (propia o de alguno de sus familiares), embarazos no planeados, fracasos empresariales o cambios tecnológicos o de la demanda que reducen el valor de sus habilidades. Estas «perturbaciones» crean más desigualdad en cualquier generación.

Ahora bien, si contar con padres adinerados otorga a sus hijos e hijas una ventaja cuando alcanzan la edad adulta, el hecho es que además estas perturbaciones perduran aún después de que los padres fallecen. El padre podría haber sido rico solo gracias a su buena suerte, pero su hijo e hija también serán ricos (o al menos más ricos de lo que hubieran sido de otro modo) por una cuestión de herencia.

Por este motivo, en países donde la desigualdad intergeneracional es sustancial, como por ejemplo EE.UU., Italia y el Reino Unido, los ingresos altos o bajos asociados a la buena o la mala suerte se transmiten a la siguiente generación y se suman a cualquier perturbación debida a la buena o la mala fortuna que experimente esa generación. Como resultado, la desigualdad intergeneracional contribuye a la desigualdad transversal.

Ahora ya conoce algunos hechos básicos sobre las desigualdades alrededor del mundo. Conociendo estos hechos, la pregunta que cabe plantearse es: ¿qué tiene de malo –de tenerlo– la desigualdad económica?

EJERCICIO 19.4 CÓMO LAS DESIGUALDADES DE NACIMIENTO PERSISTEN ENTRE GENERACIONES

1. Regrese a las historias de Yichen, Renfu, Stephanie y Mark e identifique todos los accidentes de nacimiento que influyeron en sus éxitos o fracasos económicos.
2. Exponga algunas de las razones que explican por qué la desigualdad intergeneracional y la desigualdad entre miembros de una población en un momento determinado en el tiempo, están correlacionadas positivamente.

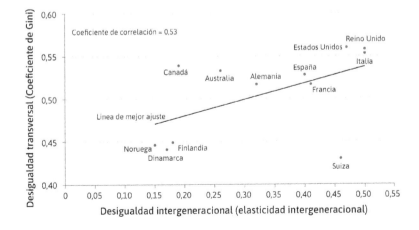

Ver estos datos en OWiD
https://tinyco.re/2834798

Miles Corak. 2013. "Inequality from Generation to Generation: The United States in Comparison" (https://tinyco.re/5492874) en *The Economics of Inequality, Poverty, and Discrimination in the 21st Century*, editado por Robert S. Rycroft. Santa Barbara, CA: Greenwood Pub Group; Wen-Hao Chen, Michael Förster y Ana Llena-Nozal. 2013. "Globalisation, Technological Progress and Changes in Regulations and Institutions: Which Impact on the Rise of Earnings Inequality in OECD Countries?" (https://tinyco.re/3994595). *Working Paper Series 597*. LIS.

Figura 19.11 Desigualdad intergeneracional y transversal.

La figura 19.10 (página 957) muestra la proporción de hijos por percentil de ingresos, condicionada por los percentiles de ingresos de sus padres, en EE.UU. y Dinamarca, respectivamente.

Con base en esta información, ¿cuál de las siguientes afirmaciones es correcta?

☐ Los datos respaldan el llamado «sueño americano», una expresión acuñada en 1931 por James Truslow Adams, que se refiere al «sueño de un orden social en el que cualquier hombre o mujer será capaz de llegar tan lejos en la vida como le permitan sus capacidades innatas... con independencia de circunstancias fortuitas de nacimiento o posición» (en *The Epic of America*, 1931).

☐ En EE.UU., el 7,4% de aquellos en el 20% de las familias más pobres lograron ascender hasta alcanzar el 20% más rico.

☐ En Dinamarca es mucho más difícil para las familias más ricas mantener el estatus en las siguientes generaciones de lo que lo es en EE.UU.

☐ La figura sugiere que es muy poco lo que los gobiernos pueden hacer para reducir la transmisión intergeneracional de estatus económico.

19.3 ¿QUÉ TIENE DE MALO –DE TENERLO– LA DESIGUALDAD?

En noviembre de 2016, preguntamos a los alumnos que empezaban a estudiar Economía en la Universidad Humboldt, en Berlín: «¿Cuál es la cuestión más apremiante que los economistas deberían abordar en la actualidad?» Sus respuestas se muestran en la nube de palabras de la figura 19.12, en la que el tamaño de cada frase o palabra indica la frecuencia con la cual se mencionó en las respuestas. Los alumnos de otras universidades del mundo respondieron de manera parecida a preguntas similares.

Desigualdades percibidas, ideales y reales

Una de las razones por las que la desigualdad se percibe como un problema es que muchas personas creen que existe demasiada desigualdad.

Michael I. Norton and Dan Ariely. 2011. 'Building a Better America—One Wealth Quintile at a Time' (https://tinyco.re/3629531). *Perspectives on Psychological Science* 6 (1): pp. 9–12.

Michael Norton, profesor de Administración de Empresas, y Daniel Ariely, psicólogo y economista conductual, realizaron una encuesta entre una muestra muy grande de estadounidenses, preguntándoles cómo pensaban que debería distribuirse la riqueza en EE.UU. (https://tinyco.re/3629531): ¿qué fracción de dicha riqueza, por ejemplo, debería acabar en manos del 20% más rico? También les pidieron estimar cómo creían que estaba realmente distribuida la riqueza.

La figura 19.13 muestra los resultados. Las tres barras horizontales de la parte superior muestran la distribución que diferentes grupos de encuestados consideraron como ideal y la cuarta barra representa la distribución que pensaban que existe en la realidad. La barra superior muestra que los estadounidenses creían que, idealmente, el 20% más rico debería poseer un poco más del 30% de la riqueza total: algo de desigualdad era deseable, pero no demasiada. Contrastemos ahora este resultado con la cuarta barra (distribución «estimada»), que muestra que creían que el 20% más rico poseía alrededor del 60% de la riqueza. La barra inferior muestra la distribución real. En realidad, el 20% más rico posee el 85% de la riqueza. La distribución es mucho más desigual de lo que el público estima, y contrasta flagrantemente con la menor desigualdad que la gente quisiera ver.

Los distintos grupos incluidos en la muestra están básicamente de acuerdo sobre la distribución ideal de la riqueza. Los estadounidenses con un ingreso anual de más de 100 000 dólares creían que el porcentaje de la riqueza en poder del 20% más rico debía ser ligeramente superior que el porcentaje indicado por quienes ganaban menos de 50 000 dólares. La figura no muestra otros hallazgos de la encuesta, como que los votantes del Partido Demócrata deseaban una distribución más igualitaria que los votantes del Partido Republicano, y que las mujeres preferían una mayor igualdad que los hombres. Ahora bien, en cualquier caso, las diferencias entre estos grupos fueron pequeñas.

¿Cuándo es injusta la desigualdad?

Aunque parece haber un consenso sobre el resultado ideal en EE.UU., las políticas de redistribución del ingreso y la riqueza son controvertidas y se debaten apasionadamente, tanto allí como en la mayoría de países. Las diferencias en el interés individual contribuyen a los argumentos en uno u otro sentido. Los estadounidenses más ricos, por ejemplo, tienden a

Figura 19.12 La desigualdad es uno de los principales problemas que los alumnos creen que debería abordar la Economía.

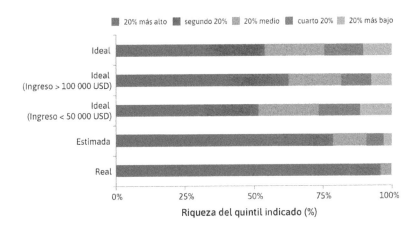

Adaptación de las figuras 2 y 3 en Michael I. Norton y Daniel Ariely. 2011. 'Building a Better America—One Wealth Quintile at a Time' (https://tinyco.re/3629531). *Perspectives on Psychological Science* 6 (1): pp. 9–12.

Figura 19.13 Distribución de la riqueza ideal, estimada y real para los estadounidenses.

oponerse a redistribuciones que favorezcan a los pobres, mientras que los más pobres las apoyan.

Sin embargo, y tal y como podríamos esperar dados los experimentos del capítulo 4, el interés individual es solo una parte de la explicación. Las personas también tienen opiniones diferentes con relación a esta cuestión, debido a que tienen creencias diferentes sobre por qué los pobres son pobres y sobre cómo los ricos se hicieron ricos. En entornos de laboratorio, las personas con frecuencia expresan fuertes sentimientos de equidad y renuncian a sumas considerables de dinero para garantizar que los resultados sean consistentes con determinadas ideas sobre justicia económica.

Por ejemplo, los receptores en el juego del ultimátum rechazan lo que consideran una oferta que no es equitativa, en cuyo caso prefieren no recibir nada e imponer igual suerte a los proponentes, antes que aceptar un trato injusto. Tanto ricos como pobres podrían pensar que los altos niveles de desigualdad son injustos, y que el gobierno debería reducir las disparidades económicas, aun cuando eso implicara votar a favor de políticas que reducirían el ingreso disponible del votante.

En el capítulo 5, hablamos de las distintas ideas sobre la equidad que existen, no con base en cómo actúan las personas en el transcurso de juegos experimentales, sino con base en principios morales: las teorías de procedimiento, que son ideas sobre la justicia basadas en cómo se produjo la desigualdad, no se concentran en *hasta qué punto* son pobres o ricas las personas, sino más bien en *por qué* son pobres o ricas.

La economista Christina Fong quiso averiguar si los estadounidenses piensan de esta manera cuando se trata de apoyar u oponerse a políticas financiadas con impuestos generales cuyo objetivo sea aumentar los ingresos de los pobres. Fong se encontró con que es mucho menos probable que una persona que piensa que trabajar mucho y asumir riesgos son elementos esenciales para lograr el éxito económico apoye la redistribución en favor de los pobres que otra persona que piensa que la clave del éxito son las herencias, ser blanco, tener buenos contactos o quiénes son los padres de uno.

Los resultados de su estudio se muestran en la figura 19.14. Nótese que las personas blancas que creen que ser blanco es importante para salir adelante apoyan fuertemente la redistribución en favor de los pobres: esto se debe a que piensan que el proceso que determina el éxito económico es injusto.

Esto sugiere que, para muchas personas, la pregunta de «cuánta desigualdad es demasiada» no puede responderse a menos que sepamos por qué una familia o una persona es rica o pobre. Muchas personas piensan que es injusto que el ingreso dependa en gran medida de lo que hemos llamado «accidentes de nacimiento» (desigualdad categórica): raza, sexo o país de origen. Es menos probable que las desigualdades basadas en trabajar mucho y en asumir riesgos se vean como un problema.

EJERCICIO 19.5 DISTRIBUCIONES DE LA RIQUEZA IDEALES, ESTIMADAS Y EFECTIVAS

Utilice esta calculadora del coeficiente de Gini (https://tinyco.re/8392848) para determinar los coeficientes de Gini de la propiedad de la riqueza resultantes de las distribuciones ideal, estimada y real de la figura 19.13. Nota: se deben estimar los datos visualmente a partir de la figura.

EJERCICIO 19.6 IGUALDAD DE CONDICIONES EN EL PUNTO DE PARTIDA

Cuando las personas piensan en el concepto de «demasiada desigualdad», algunos tienen en mente el coeficiente de Gini que mide la desigualdad en un momento en el tiempo, mientras que otros están más interesados en la desigualdad intergeneracional.

1. Utilice un ejemplo de dos familias ficticias de cada país para explicar la combinación de desigualdad transversal y desigualdad intergeneracional en los ingresos para Canadá y Suiza que muestra la figura 19.11 (página 959).

Piense ahora en las curvas de indiferencia que podría dibujar en esta figura, a fin de indicar las combinaciones de desigualdad transversal y desigualdad intergeneracional que, a su juicio, podrían ser igualmente equitativas.

2. Si a usted solo le importara el coeficiente de Gini y le disgustara la desigualdad, ¿qué forma tendrían esas curvas?
3. Si a usted solo le importara la elasticidad intergeneracional y le disgustara la desigualdad, ¿qué forma tendrían ahora las curvas de indiferencia?
4. En la figura 19.11, dibuje curvas de indiferencia según sus preferencias personales sobre la desigualdad transversal e intergeneracional. Utilice sus curvas de indiferencia para confeccionar una clasificación de países, del más al menos equitativo.

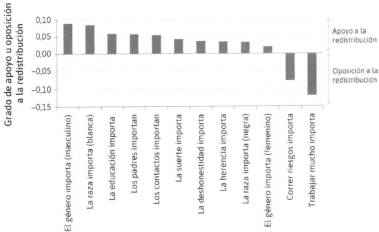

Ver estos datos en OWiD
https://tinyco.re/9273827

Figura 5.3 en Samuel Bowles. 2012. *The New Economics of Inequality and Redistribution.* Cambridge: Cambridge University Press; Christina Fong, Samuel Bowles y Herbert Gintis. 2005. 'Strong Reciprocity and the Welfare State'. En *Handbook of Giving, Reciprocity and Altruism.* Editado por Serge-Christophe Kolm y Jean Mercier Ythier. Amsterdam: Elsevier.

Figura 19.14 En Estados Unidos, cómo las creencias acerca de lo que se necesita para salir adelante en la vida sirven para predecir quién apoya o se opone a los programas gubernamentales que redistribuyen el ingreso en beneficio de los pobres.

19.4 ¿CUÁNTO DESIGUALDAD ES DEMASIADA (O DEMASIADO POCA)?

Sabemos que los accidentes de nacimiento importan. Pero, incluso si hubiera igualdad de condiciones para todos en el punto de partida (es decir, si no importaran), seguiríamos teniendo que enfrentarnos a una pregunta crucial: ¿cuánto más ricos deberían ser los ganadores que los perdedores?

Una mirada a la desigualdad: el velo de la ignorancia

Para considerar esta cuestión, transportémonos a un mundo hipotético, en el que a usted (quizá junto con otros conciudadanos) le piden diseñar su modelo de sociedad. Habrá dos grupos o clases de igual tamaño: una llamada «más rica» y otra «más pobre». Usted podrá vivir en la sociedad que diseñe después de haber respondido la pregunta «¿qué tan rica debería ser la clase más rica, y qué tan pobre debería ser la clase más pobre?».

Pero hay una complicación: para determinar a cuál de las clases irá usted, se lanzará una moneda al aire *después de que usted haya decidido qué tan desigual será la sociedad.*

Este experimento mental es lo que el filósofo estadounidense John Rawls, con quien ya nos encontramos en el capítulo 5, denominó elegir un contrato social desde detrás del velo de la ignorancia. El «velo de la ignorancia» garantiza que no conozcamos antes de la decisión qué posición ocuparíamos en la sociedad que estamos diseñando.

Tras el curioso mecanismo del velo se encuentra un concepto importante. La idea fundamental de Rawls es que la justicia debe ser imparcial. No debe favorecer a un grupo sobre otro, y el velo de la ignorancia invita a pensar de esta manera (porque, antes de decidir, uno aún no sabe en qué grupo va a estar). Rawls nos pide pensar en la justicia como si:

> Nadie conoce su lugar en la sociedad, su posición de clase o estatus social; tampoco su fortuna en la distribución de activos físicos y habilidades, su inteligencia y su fuerza y otras cuestiones similares. (*Teoría de la justicia*, 1971)

Esto no nos responde la pregunta acerca de cuánta desigualdad debería haber, pero nos sugiere una manera de abordarla.

Desigualdad factible

La economía nos da herramientas para estudiar qué combinaciones de ingresos de los ricos y los pobres son factibles, y cómo podríamos razonar acerca de cuáles son preferibles a otras.

Hagamos una prueba con una manera de responder a la pregunta de «qué tan rica debería ser la clase más rica, y qué tan pobre debería ser la clase más pobre». Digamos que no debería haber diferencias entre los ingresos de ricos y pobres. Supongamos que, en este caso, ambas clases recibirían 100 000 dólares cada año (por adulto). Esto se muestra en el punto E de la figura 19.15, donde la línea con pendiente de 45 grados nos da todos los puntos con ingresos iguales para ambas clases sociales (por lo que expresiones como «ricos» y «pobres» realmente dejarían de tener sentido). La figura muestra los ingresos anuales por adulto para ricos y pobres en ejes separados.

¿Sería su elección el punto E? En esta versión de una sociedad ideal, usted no correría el riesgo de terminar más pobre que otros después de lanzar la moneda al aire. Ahora bien, como economista, podría pensar que una igualdad completa en la sociedad implicaría la ausencia de incentivos suficientes para que la gente trabaje, estudie y asuma riesgos innovando e invirtiendo, de manera que al menos algo de desigualdad sería, de manera efectiva, mejor para todos.

Los puntos de la figura situados entre E y R muestran posibles combinaciones en las que los ricos son más ricos que los pobres, pero los pobres también son más ricos de lo que lo serían con igualdad completa. Dicho de otra manera: a partir de cualquiera de estos puntos, incluyendo el punto E, existe la posibilidad de que tanto ricos como pobres ganen: dar más ingresos a los ricos también permite a los pobres tener mayores ingresos.

Si comparamos ambos puntos, podemos observar que E es ineficiente en términos de Pareto debido a que tanto ricos como pobres están mejor en R que en E. La distribución del ingreso en R es aquella en la cual los pobres son todo lo ricos que pueden llegar a ser en esta economía, como indica la frontera factible. Este es el punto preferido por Rawls (por lo cual lo denominamos punto R).

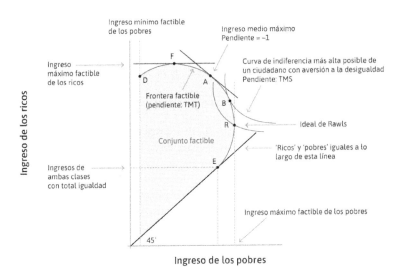

Figura 19.15 Escoger entre distribuciones factibles del ingreso.

1. Igualdad entre ricos y pobres
El Punto E muestra el caso en el que ricos y pobres reciben el mismo ingreso.

2. El ideal de Rawls
El punto preferido de Rawls es R, donde los pobres son tan ricos como sea posible.

3. El conjunto factible
La línea roja en curva que pasa por los puntos R y E (y otros puntos por encima de R) es la frontera de las distribuciones factibles de ingreso en la economía. Su pendiente es la TMT.

4. Máximo ingreso esperado
Si a usted le interesara maximizar su ingreso esperado, entonces escogería el punto A, donde las ganancias de ingreso de los ricos se corresponden exactamente con las pérdidas de ingreso de los pobres, de manera que la tasa marginal de transformación es igual a uno.

5. Si usted supiera que sería rico
Si usted pudiera manipular el lanzamiento de la moneda al aire de manera que supiera que acabaría en el grupo de los ricos (y no le preocupara la desigualdad) escogería el punto F.

6. La peor solución para los pobres
El punto D indica el ingreso mínimo de los pobres y, al igual que el punto E, no es eficiente en términos de Pareto.

7. Aversión a la desigualdad
Un ciudadano que tuviera aversión a la desigualdad, con curvas de indiferencia como las que se muestran en azul, escogería el punto B.

¿Elegiría usted R? Debe tenerse en cuenta que, por encima de R, la frontera tiene mucha pendiente. Esto significa que es posible hacer a los ricos mucho más ricos mediante pequeñas reducciones en los ingresos de los pobres.

La curva roja que pasa por R y E (y los otros puntos por encima de R) es la frontera del conjunto factible de distribuciones de ingreso para esta economía. Asumimos que el gobierno puede adoptar políticas para alcanzar cualquiera de estos puntos económicamente factibles, aunque en el capítulo 22 veremos qué límites puede tener su habilidad para conseguirlo, lo que tendrá el efecto de contraer y reducir el conjunto factible. Al igual que con todas las fronteras factibles, la pendiente es una tasa marginal de transformación. En este caso, se trata de la transformación de las pérdidas de ingresos de los pobres en ganancias de ingresos para los ricos.

$$\text{pendiente de la frontera factible} = \text{TMT}$$
$$= \frac{\text{ganancias de ingresos para los ricos}}{\text{pérdidas de ingresos para los pobres}}$$

Si se hubiera propuesto el punto R, ¿querría considerar otros puntos situados más arriba sobre la frontera factible? Recuerde que, después de tirar la moneda al aire, tiene usted igual probabilidad (la mitad) de recibir el ingreso de los ricos o el de los pobres, de manera que sabemos que:

$$\text{ingreso esperado} = 0.5 \times (\text{ingreso de los ricos}) + 0.5 \times (\text{ingreso de los pobres})$$

Siempre que las ganancias de ingresos de los ricos vayan ligadas a un costo pequeño en términos de pérdidas de ingresos de los pobres, sin duda usted estaría mejor moviéndose a un punto por encima de R. Si estuviera interesado en maximizar su propio ingreso esperado y no le importara el grado de desigualdad, entonces escogería el punto A, donde la ganancia de ingresos de los ricos se compensa exactamente con la pérdida de ingresos de los pobres, de manera que la tasa marginal de transformación es igual a uno.

Ahora bien, más allá del punto A, las desigualdades serían tan agudas que el ingreso promedio caería, y los ricos estarían consiguiendo una fracción más grande de una torta más pequeña. Esto podría ocurrir si los pobres no estuvieran suficientemente alimentados como para trabajar duro, o si estuvieran tan enojados por causa de su situación como para motivar a los ricos a desviar recursos de la producción de bienes y servicios a la protección de su riqueza, lo cual reduciría la producción total. Si nos adelantamos a observar la figura 19.30c (página 999), nos encontraremos con datos que muestran que sociedades más desiguales (como EE.UU., Reino Unido e Italia) dedican más recursos a emplear trabajadores en actividades públicas y privadas de seguridad que otros países con mayor igualdad y niveles similares de PIB per cápita.

Al igual que en el conjunto factible cuando Ángela y Bruno regateaban en el capítulo 5, existe un nivel de ingresos mínimo que pueden recibir los pobres. Este mínimo puede fijarse según sus necesidades biológicas de supervivencia, o quizá establecerse con base en el hecho de que, si el ingreso cae por debajo de ese nivel, los pobres se sublevan. Nótese que, si los pobres pasaran a ser aún más pobres que en el punto F, los ricos también sufrirían. Por ello, y como el punto E (máxima igualdad), el punto D (ingreso mínimo de los pobres) no es eficiente en términos de Pareto.

En la figura hemos considerado las siguientes distribuciones del ingreso:

- E: igualdad completa
- R: la distribución con el máximo ingreso para los pobres
- A: el mayor ingreso medio de ricos y pobres
- F: el ingreso máximo de los ricos
- D: la distribución de ingresos en la que los pobres se encuentran en el mínimo nivel de vida factible

Preferencia por la equidad

¿Qué punto escogería usted? Los puntos entre D y F son fáciles de descartar desde el principio, pues son todos inferiores al punto F para ambas clases. Lo mismo puede afirmarse para los puntos entre E y R. La eliminación de todas las posibles distribuciones de ingresos que son ineficientes en términos de Pareto implica que no se consideraría ningún punto del interior (dentro) del conjunto factible.

Esto nos deja con los puntos entre F y R. ¿Cómo escogería entre ellos? Para responder a esta pregunta, necesitará consultar sus curvas de indiferencia. En este caso, una curva de indiferencia representa combinaciones de ingresos de las dos clases que usted valora por igual.

Se prefieren las curvas más alejadas del origen (siempre es mejor una situación de más ingresos para ambos grupos). La pendiente de estas curvas de indiferencia es la tasa marginal de sustitución entre ingresos para los ricos e ingresos para los pobres.

pendiente de las curvas de indiferencia = TMS

$$= \frac{\text{valor marginal del ingreso de los pobres}}{\text{valor marginal del ingreso de los ricos}}$$

Por tanto, usted maximizaría su utilidad encontrando el punto sobre la frontera factible en el que la tasa marginal de transformación es igual a la tasa marginal de sustitución. Si usted deseara maximizar su propio ingreso esperado, atribuiría el mismo valor al ingreso de los ricos y al de los pobres, ya que tendría la misma posibilidad de ser lo uno o lo otro.

Claro que también cabría la posibilidad de que a usted le importara la situación de la clase más pobre, aun si hubiera tenido la suerte de que, al lanzar la moneda al aire, le tocara pertenecer a la clase más rica (recuerde que tiene que elegir en qué punto situarse antes de conocer a qué grupo le va a tocar pertenecer). Es decir, usted podría tener **aversión a la desigualdad**, es decir, importarle sus propios ingresos, pero al mismo tiempo desagradarle la desigualdad entre grupos. En este caso, usted tendría una curva de indiferencia como la curva de color azul que muestra la figura. Escogería el punto B, situado en algún lugar entre el ideal de Rawls (el máximo ingreso factible para los pobres) y el punto A, el ingreso medio más alto.

La ya conocida figura que muestra el conjunto factible y una familia de curvas de indiferencia nos ayuda a clarificar las elecciones sobre desigualdad y equidad que un ciudadano, o un grupo de ciudadanos, podría querer realizar. No obstante, lo que no nos dice es cómo podría implementarse cualquiera de los puntos situados sobre la frontera factible en la realidad. Cambiar los niveles de desigualdad en una sociedad requiere alterar una o más de las causas del estado actual de desigualdad. Para entender la desigualdad de ingresos, primero debemos entender los factores que determinan el ingreso de una persona.

aversión a la desigualdad Rechazo a resultados en los que algunos individuos reciben más que otros.

19.5 DOTACIONES, TECNOLOGÍA E INSTITUCIONES

Ingreso y dotaciones

En esta sección presentamos un marco conceptual que nos ayuda a explicar por qué distintas personas perciben ingresos diferentes.

El ingreso de un individuo depende de aquello que es, tiene o posee y que le permite recibir ingresos. Estos elementos que afectan los ingresos de una persona se denominan **dotaciones**, e incluyen:

dotación Hechos acerca de un individuo que pueden afectar sus ingresos, como la riqueza material que tiene, ya sea en forma de tierras, inmuebles o una cartera de acciones de diversas empresas. También incluye el nivel y calidad de su educación, cualquier capacitación especial que posea, los lenguajes informáticos con los cuales puede trabajar, su experiencia laboral y las pasantías o prácticas que haya podido realizar, si cuenta o no con un visado (o permiso de residencia) que le permita trabajar en un mercado de trabajo en particular, la nacionalidad, el sexo e incluso sus antecedentes raciales y de clase social. *Véase también: capital humano.*

capital humano Existencias de conocimiento, habilidades, atributos de comportamiento y características personales que determinan la productividad laboral o los ingresos laborales de un individuo. La inversión en este capital a través de la educación, la capacitación y la socialización puede aumentar esas existencias, y dicha inversión es una de las fuentes de crecimiento económico. Parte de la dotación con que cuenta un individuo. *Véase también: dotación.*

- *Su riqueza financiera*: los ahorros, acciones o bonos que posea y sobre los cuales reciba intereses o dividendos.
- *Los activos físicos que posee*: por ejemplo terrenos, o los edificios y maquinaria de una empresa, que le generan rentas o beneficios y que puede utilizar como garantía.
- *Su educación y experiencia laboral*, que afectan a su valor a ojos de los empleadores y, por lo tanto, a sus ingresos en el mercado laboral (a veces esto también se denomina **capital humano**)
- *Su raza, sexo, edad y otros aspectos* que pueden afectar a su remuneración, su acceso al crédito u otros intercambios.
- *Su nacionalidad* y si cuenta con un visado, lo que determina si puede trabajar legalmente en un país en particular y, por lo tanto, sus ingresos en el mercado laboral.
- *Cualquier otro atributo*, posesión o capacidad que afecte a los ingresos que recibe un individuo.

En consecuencia, podemos pensar que los ingresos de un individuo dependen de:

- sus dotaciones
- el ingreso resultante de cada elemento que forma el conjunto de sus dotaciones

Consideremos por ejemplo a una persona, Ella, cuya dotación consiste en su aptitud para trabajar a tiempo completo (1750 horas) a cambio de un salario basado en sus habilidades como técnica sanitaria (30 euros por hora). También recibe del gobierno una prestación de 2000 euros, una ayuda a la que tiene derecho por tener un hijo. Sus dotaciones serían las siguientes:

- su capacidad para trabajar 1750 horas por año como técnica sanitaria
- el derecho a una prestación que la ayuda a criar a su hijo

Ella solo ha conseguido trabajo a tiempo parcial (875 horas), por lo que el ingreso anual que obtiene de todas sus fuentes es (875 horas × 30) + (1 hija × 2000) = 26 250 euros.

Consideremos ahora a Kamal, que recientemente ha heredado de su padre una cantidad suficiente para montar un pequeño negocio. Ya ha trabajado anteriormente como administrador de una empresa pequeña parecida, obteniendo 120 000 euros por año. La dotación de Kamal comprende:

- aptitud para trabajar a tiempo completo, utilizando sus habilidades y experiencia como administrador de empresas
- propiedad de los edificios, equipos y otros activos de su empresa, valorados en 8 millones de euros

Si el propio Kamal no gestionara su empresa, tendría que contratar a un administrador a tiempo completo con habilidades y experiencia similares a las suyas, y le costaría 120 000 euros. El año pasado, el beneficio (contable) de su empresa fue de 600 000 euros, sin contar con los esfuerzos del propio Kamal como administrador, valorados en 120 000 euros al año. Por lo tanto, sus ingresos son el beneficio de 600 000 euros, que podemos dividir entre lo que le reporta su actividad como administrador (120 000 euros) y los rendimientos percibidos como propietario de sus activos (480 000 euros).

Al estudiar por qué la gente tiene diferentes dotaciones y qué es lo que determina el ingreso asociado a cada una de ellas, podemos entender la desigualdad de ingresos.

Los factores que afectan los ingresos individuales pueden comprenderse utilizando el modelo de relaciones causa-efecto de la figura 19.16. Las flechas apuntan en la dirección de causa a efecto.

Tanto las instituciones como las tecnologías son parte de la explicación de las diferencias de dotaciones entre individuos. La riqueza heredada le dio a Kamal un activo valioso, mientras que la educación superior subvencionada ayudó a Ella a formarse como técnica sanitaria. Ambos son ejemplos de los efectos de las instituciones en las dotaciones.

Hemos visto que la desigualdad intergeneracional será mayor donde no se paguen impuestos elevados por las herencias o donde las políticas educativas permitan a los ricos adquirir más y mejor educación para sus hijos. Si las costumbres sobre el matrimonio son tales que las personas que se casan tienen niveles similares de riqueza –es lo que se conoce como homogamia o «emparejamiento selectivo»–, habrá mayores desigualdades en las dotaciones. Las universidades privadas de élite, por ejemplo, facilitan la homogamia debido a que, al igual que los clubes sociales exclusivos, ofrecen oportunidades de encuentro y emparejamiento para los hijos y las hijas de los ricos. Por tanto, también son un ejemplo de instituciones con un impacto en las diferencias en las dotaciones.

La tecnología también importa. Allí donde existen fuertes economías de escala, como en la tecnología de plataformas digitales, surgen formas de competencia del tipo «el ganador se queda con todo» que explicamos en el capítulo 21. En este contexto, un puñado de gente –los ganadores– termina con dotaciones substanciales en forma de activos valiosos, financieros o reales, mientras que el resto se queda con muy poco.

El valor de una dotación particular, como una habilidad de programación o la propiedad de una impresora 3D, depende tanto de la tecnología como de las instituciones, además de otros factores, incluyendo oferta y demanda. La demanda de las habilidades de Ella era limitada, quizá debido a recortes en el gasto en sanidad, por lo que no pudo trabajar a tiempo completo. El próximo año, la empresa de Kamal podría enfrentarse a un nuevo competidor, por lo que la tasa de rendimiento del 7,5% que alcanzó este año (600 000/8 000 000) sería imposible. Ambos son ejemplos de cómo afectan las instituciones a los ingresos que proporciona un activo.

La tecnología también importa. Tener fortaleza física era una dotación valiosa para quien se dedicaba a la agricultura, al menos hasta que la mecanización le quitó importancia en la determinación de los ingresos. En este caso, un cambio en la tecnología (mecanización) redujo la demanda de un tipo particular de habilidades, por lo que su valor (relativo a otras habilidades) se redujo. El valor de la tierra, por ejemplo, dependerá de lo productiva que sea en el cultivo de bienes agrícolas comercializables (tecnología) y de su calificación como terrenos para usos comerciales o residenciales (instituciones).

Utilización del modelo para revisar la desigualdad en capítulos anteriores

En capítulos anteriores hemos estudiado cómo las diferencias en las dotaciones determinaban los resultados económicos, incluyendo la desigualdad. La figura 19.17 resume estas situaciones, empezando con la interacción tratada en el capítulo 5 entre Bruno, el propietario de la tierra, y Ángela, la agricultora empleada por este.

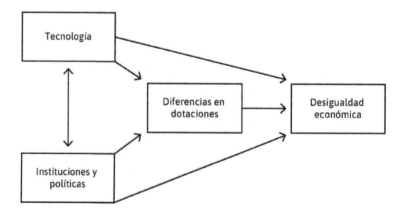

Figura 19.16 Relaciones causales entre tecnología, instituciones y políticas, dotaciones y desigualdad.

Recordemos que lo que Bruno obtenía y la desigualdad entre ellos dependía de:

- *Sus dotaciones*: el hecho de que Bruno poseyera la tierra significaba que podía excluir a Ángela de trabajar en ella.
- *La productividad de Ángela como trabajadora*: determinada por las dotaciones de Ángela en cuanto a habilidades y capacidades, además de la tecnología disponible.
- *La opción de reserva de Ángela*: lo que Ángela obtendría si rehusara trabajar para Bruno o si él rehusara contratarla. Este concepto ejerce una influencia importante en su poder de negociación frente a Bruno. Su opción de reserva viene determinada por sus dotaciones y por las instituciones y políticas vigentes.

Las dotaciones de los pares de individuos en la figura 19.17 aparecen en la segunda columna. En el primer ejemplo, Bruno es propietario de la tierra y Ángela solo posee su tiempo y capacidad de trabajar. Esta desigualdad en la propiedad de la tierra importa, pues determina quién tiene que trabajar para quién y quién puede obtener ingresos, permitiendo a otros que trabajen con sus bienes de capital o sus tierras.

Las dotaciones importan de otra manera, debido a que cambian la opción de reserva de Ángela. Si Ángela poseyera tierras que pudiera trabajar por sí misma, entonces Bruno tendría que pagarle al menos lo suficiente como para asegurarse de que trabaje para él en lugar de trabajar sus propias tierras.

Recordemos que un cambio en instituciones y políticas puede cambiar la opción de reserva de Ángela. Antes de que existiera el estado de derecho, las instituciones eran tales que Bruno podía simplemente obligarla a trabajar, y lo único que restringía el tamaño del excedente que podía obtener era la necesidad de mantener a Ángela con salud suficiente para que trabajase al día siguiente.

El cambio institucional que dio a Ángela el derecho a decir no mejoró su opción de reserva. Bruno tenía que ofrecerle un trato que le permitiera a ella colocarse en una situación en la que estuviera mejor trabajando para él que no trabajando. El nuevo derecho de Ángela a decir no aumentó el valor de su dotación laboral.

En la última columna de la figura 19.17 consideramos las maneras en que los cambios en la tecnología afectan el grado de desigualdad. En la fila correspondiente a los propietarios y empleados de una empresa, una tecnología que ahorra trabajo, como vimos en el capítulo 16, puede –al menos inicialmente– reducir el número de trabajadores que necesita una empresa, haciendo a estos más vulnerables al riesgo de perder el empleo, y reduciendo la posibilidad de que todos los que hayan sido despedidos consigan otro empleo con el mismo salario.

Al igual que la tecnología, las instituciones y las políticas afectan al valor de las dotaciones. En el ejemplo de Ella, técnica sanitaria, sus habilidades especializadas son parte de sus dotaciones, pero el valor que se pague por ellas (30 euros por hora en el ejemplo) dependerá de las instituciones. Si la discriminación de género es una práctica común entre los empleadores, entonces sus habilidades valdrán menos. Si se requiere una licencia para realizar este trabajo, entonces el valor de sus habilidades será mayor si tiene la licencia en cuestión. Estos son ejemplos de políticas e instituciones que afectan al valor de las dotaciones.

Situación, participantes y capítulo	Dotaciones	Opción de reserva	¿Conflicto sobre?	Instituciones y políticas (ejemplos)	Tecnología (ejemplos)
Propietario/ Terrateniente y agricultor: Bruno y Ángela (Capítulo 5)	Bruno es dueño de la tierra; Ángela tiene 24 horas de trabajo potencial.	Bruno: alquila tierra a otro agricultor; Ángela: apoyo del gobierno.	Alquiler pagado por Ángela a Bruno y las horas que trabaja Ángela.	La opción de reserva de Ángela (que depende de si la esclavitud es legal) y la legislación que limita las horas de trabajo.	La mayor productividad de Ángela debido a una mejora en las semillas le permite a Bruno un excedente mayor cuando tiene todo el poder de negociación.
Préstamos concedidos y recibidos e inversiones: Julia y Marco (Capítulo 10)	Julia: 100 dólares el año que viene; Marco: 100 dólares ahora.	Julia: no consumir nada ahora, 100 dólares después; Marco: consumir un poco ahora, almacenar y consumir un poco más tarde.	Julia se beneficia de una tasa de interés baja y Marco se beneficia de una tasa de interés alta.	Competencia entre prestamistas y regulación de tasas de interés.	Una mejora en la tecnología de almacenamiento (por ejemplo, menos pérdida de grano debido a los ratones) facilita que Marco venda los productos hasta más tarde y también aumenta la tasa de rendimiento de sus inversiones.
Especialización y comercio: Greta y Carlos (Capítulo 18)	Las habilidades y recursos de cada uno que determinan su consumo factible si no hay especialización ni comercio.	Ambos: la utilidad que disfrutarían si lo hicieran lo mejor posible sin comerciar.	Precio al que intercambian el bien en el que se especializan cuando comercian.	Poder de fijación de precios por parte de Greta o Carlos.	Una mejora en la tecnología del bien en el que uno se especializa beneficiará a ambos, siendo las mayores ganancias para la persona con poder de fijar los precios.
Empresa: propietarios y empleados (Capítulo 6)	Propietario: propiedad de la empresa; Empleado: capacidad para trabajar dadas sus habilidades.	Propietario: contratar a otro empleado; Empleado: seguro de desempleo y búsqueda de empleo.	Salarios, condiciones de trabajo, esfuerzo en el trabajo.	Nivel de seguro de desempleo, nivel de empleo y legislación que regula las condiciones de trabajo.	Una nueva tecnología puede aumentar la productividad del esfuerzo del empleado, aumentando las ganancias del empleador (corto plazo) y aumentando el empleo y el salario real (largo plazo). También puede afectar a la facilidad con la que el empleador puede monitorear el esfuerzo del empleado.

El mercado crediticio del capítulo 10 es otro ejemplo: recordemos que la dotación de Julia es de 100 dólares el próximo año. Lo que Julia puede consumir ahora depende de su riqueza (el agua acumulada en la bañera), que a su vez depende de las instituciones y políticas que determinan si puede pedir préstamos y a qué tasa de interés puede obtenerlos.

Si su única opción es el prestamista local en Chambar o un prestamista del día de paga en Nueva York, Julia se enfrenta una elevada tasa de interés y su riqueza (ahora) es mucho menor de 100 dólares. En cambio, si puede obtener un préstamo con una tasa de interés baja, su riqueza es muy cercana a los 100 dólares. Si no puede obtener préstamo alguno, entonces no hay nada de agua en la bañera y ahora su riqueza es cero.

Cómo interactúan las dotaciones, la tecnología, las instituciones y la desigualdad a lo largo del tiempo

Las dotaciones y el ingreso que proporcionan están cambiando constantemente a medida que las personas adquieren más habilidades o el valor de alguna dotación –como un terreno o un departamento de alquiler– disminuye. La figura 19.16 ilustraba las causas de la desigualdad económica. En la figura 19.18 presentamos la desigualdad como causa de cambios en las instituciones, la tecnología y las diferencias en las dotaciones.

La flecha desde la desigualdad económica hasta las diferencias en dotaciones del período siguiente capta el hecho de que las hijas e hijos de padres ricos puedan acabar teniendo más educación y de mejor calidad, o más riqueza heredada.

La desigualdad económica también puede influenciar instituciones y políticas. Un ejemplo que veremos en el capítulo 22 es que, en la mayoría de los países –incluso en democracias–, lo típico es que una persona rica tenga mayor influencia sobre lo que hace el gobierno que una persona pobre. Una brecha mayor entre ricos y pobres podría aumentar las ventajas políticas de los ricos, lo que resultaría en políticas que favorecieran a aquellos con mayores ingresos.

Situación, participantes y capítulo	Dotaciones	Opción de reserva	¿Conflicto sobre?	Instituciones y políticas (ejemplos)	Tecnología (ejemplos)
Plantación de banano: propietarios y comunidades pesqueras río abajo (Capítulo 12)	Propietarios: la tierra y otros bienes de capital de la plantación; Comunidades pesqueras: sus barcos y su capacidad para pescar, acceso a la pesca.	Propietarios: cultivar plátanos sin usar pesticidas Weevokil; Comunidades pesqueras: pasarse a la agricultura.	Uso de productos químicos contaminantes, posible indemnización por la destrucción de las pesquerías o compromiso de no usar Weevokil.	Regulaciones que rigen el uso de contaminantes y la aplicación de acuerdos privados entre las partes.	Una nueva tecnología de pesticidas podría reducir o aumentar el conflicto entre los dos grupos, dependiendo de sus externalidades.

Figura 19.17 Desigualdad: Dotaciones, opciones de reserva, conflictos, instituciones y tecnologías.

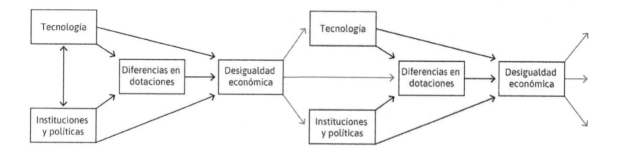

Figura 19.18 Desigualdad económica a lo largo del tiempo. Las flechas rojas muestran que la desigualdad económica en un periodo tiene efectos sobre tecnologías, instituciones y políticas, y sobre las diferencias en dotaciones en el futuro.

EJERCICIO 19.7 YICHEN, RENFU, MARK Y STEPHANIE

Considere la situación económica de Yichen, Renfu, Mark y Stephanie, de los que hablamos al principio de este capítulo. Sugiera ejemplos de cómo la tecnología, las instituciones y las diferencias en las dotaciones explican la desigualdad económica entre estos personajes, y cómo la desigualdad entre ellos podría cambiar a lo largo del tiempo.

19.6 DESIGUALDAD, DOTACIONES Y RELACIÓN PRINCIPAL-AGENTE

Recordemos que los modelos del mercado laboral y crediticio que vimos en los capítulos 9 y 10 nos proporcionaron el marco general para nuestros modelos macroeconómicos del funcionamiento de toda la economía y para estudiar cómo las perturbaciones y la política económica afectan al empleo, a los ingresos y a la inflación a nivel de toda la economía. Utilizamos la curva de Lorenz para resumir los efectos sobre la desigualdad. Además, al explicar el modelo sobre desigualdad de la figura 19.16 (página 970), utilizamos ejemplos de los mercados laboral y de crédito.

Los **modelos principal-agente** también nos ofrecen una nueva manera de estudiar una dimensión importante de la desigualdad: las diferencias en el poder afectan al tipo de opciones entre las que se puede elegir de manera factible. Los principales se encuentran en posición de ejercer poder sobre los agentes, pero los agentes raramente pueden ejercer poder sobre los principales. Aquí explicamos por qué.

El empleador (el propietario o gerente, que es el principal en el mercado de trabajo) tiene el poder de determinar qué producirá la empresa, qué tecnología usar y en qué país ubicar la producción. También tiene el poder de fijar los salarios y determinar las tareas que se ordena realizar a los trabajadores, y puede asimismo despedirlos. Estos escogen cómo realizar su trabajo dentro de los límites establecidos por el empleador.

Recuerde que, a fin de motivar a los empleados a trabajar bien y esforzarse, el empleador fija un salario de manera que el empleado esté mejor teniendo ese puesto de trabajo que sin él: el empleado recibe una renta económica. El empleador puede despedir al trabajador y privarle de la renta del empleo que de otro modo recibiría. El temor a perder esta renta es

relación principal-agente Relación que existe cuando una parte (el principal) desea que otra parte (el agente) actúe de determinada manera o tenga algún atributo que sea de interés para el principal, y que no se pueda hacer cumplir o garantizar en un contrato vinculante. *Véase también: contrato incompleto. También se conoce como: problema principal-agente.*

una razón importante para que el trabajador lleve a cabo las tareas que el empleador desea que realice. También es la razón por la que el empleador tiene poder sobre los empleados.

Por supuesto, la trabajadora podría abandonar su trabajo, pero esto no hace que la relación sea equitativa en lo que al poder se refiere. Si la trabajadora está recibiendo una renta económica se perjudicaría a sí misma renunciando a su puesto de trabajo, y su empleador simplemente la remplazaría por alguien que se encuentre desempleado.

Podemos contrastar esto con las relaciones entre vendedores y compradores aceptadores de precios en el equilibrio de un mercado competitivo. Ninguno de estos agentes está en posición de exigir que cualquier otro agente actúe de una u otra manera. Pensemos por ejemplo en el comprador que exige al vendedor que ponga el bien a disposición a un precio menor, amenazándolo con no comprarlo si no lo hace. ¿Qué haría el vendedor? Nada. El vendedor puede vender todo lo que desee al precio vigente (recordemos que la curva de demanda a la que se enfrenta una empresa individual es horizontal o plana).

Un segundo contraste es el que se da con las interacciones que estudiamos en el capítulo 4, donde las acciones disponibles para todas las partes eran idénticas: por ejemplo, usar una gestión integral de plagas o fertilizantes químicos, o aprender C++ o Java.

Al igual que las relaciones entre el empleador y el empleado, los otros modelos principal-agente que hemos visto reflejan las relaciones desiguales entre grupos de personas con diferentes dotaciones, como terratenientes y agricultores aparceros, o prestatarios y prestamistas.

La figura 19.19 ilustra cómo los mercados crediticio y laboral influencian las relaciones entre los grupos de prestatarios, prestamistas, empleadores y empleados.

Empezando en el extremo superior izquierdo de la figura, vemos que los individuos ricos pueden utilizar su riqueza para comprar bienes de capital y convertirse en empleadores, y también pueden prestar a otros. Entre los menos ricos habrá quienes se conviertan en prestatarios y logren cosechar más éxitos y, como resultado, se conviertan en empleadores también. Aquellos que tengan todavía menos riqueza no podrán conseguir préstamos (son los excluidos del mercado de crédito que estudiamos en el capítulo 10), o solo podrán obtener un préstamo cuando su casa sirva como garantía para la hipoteca, y deben buscar trabajo como empleados. Así pues, los empleadores contratan empleados entre los menos ricos, y algunos de ellos se quedan desempleados (debido al funcionamiento del mercado laboral que estudiamos en los capítulos 6, 9 y 15).

Las flechas horizontales indican una relación de principal-agente. Los principales de la figura son los prestamistas y los empleadores; el color rojo que comparten indica esta similitud. Los agentes –prestatarios exitosos y empleados– están coloreados en verde, para distinguirlos de los aspirantes a agentes (excluidos de los mercados de crédito y desempleados), a quienes asignamos el color púrpura. Sin lugar a dudas, nadie quisiera estar en los recuadros púrpura pero, aun si se es lo suficientemente afortunado como para ser un agente ubicado en uno de los recuadros verdes, el principal puede mandarlo al recuadro púrpura si se niega a negociar con usted. Esta es la razón por la que prestamistas y empleadores tienen poder sobre prestatarios y empleados.

La figura 19.19 nos ayuda a entender por qué algunas personas terminan como principales (por ejemplo, empleadores), mientras que otras terminan como agentes (empleados). Si uno es rico, puede ser tanto prestamista como empleador. Existe algo de verdad en el dicho de que «las personas nacen con su posición asignada en el orden económico». Esto era cierto de manera literal en algunas economías del pasado: por ejemplo, la posición de esclavo se perpetuaba en los hijos como si fuera el curso legal natural de las cosas.

Algo similar puede ocurrir en lugares donde la riqueza se hereda de padres a hijos: los hijos e hijas de los empleados (que heredan muy poca riqueza) también tienen mayor probabilidad de convertirse en los trabajadores de la siguiente generación que los hijos de los empleadores. Ya hemos visto que los hijos de los padres más pudientes en EE.UU. también tienden a tener ingresos altos cuando llegan a adultos (figura 19.10 (página 957)).

Pero observemos nuevamente esa figura: existe un cierto grado de movilidad entre los distintos grupos de ingreso, incluso en EE.UU., y hay muy poca desigualdad intergeneracional en Dinamarca. Llegar a empleador exige que uno tenga suficiente riqueza. Ahora bien, la herencia de la riqueza de los padres no es el único camino y en algunos países tampoco es la vía más importante para adquirir riqueza. La riqueza necesaria para ser empleador puede conseguirse ahorrando. También puede adquirirse desarrollando un gran proyecto y persuadiendo a inversionistas llamados «capitalistas de riesgo» para que lo financien.

Asimismo, y como hemos visto en los capítulos 13 y 16, existe la posibilidad de que los individuos hagan transiciones entre los recuadros a lo largo de su vida. Una persona joven puede ser inicialmente un prestatario, y luego más adelante pasar a ser prestamista; a un episodio de desempleo puede seguir otro de empleo.

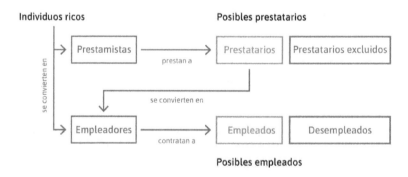

Figura 19.19 Los mercados crediticio y laboral dan forma a las relaciones entre grupos con diferentes dotaciones.

1. Una economía modelo
Considere una economía con individuos ricos y empleados.

2. Excluidos del mercado crediticio
Aquellos sin riqueza (garantías) o con riqueza insuficiente están excluidos del mercado crediticio.

3. Individuos ricos y prestatarios exitosos
Estas personas pueden comprar bienes de capital para convertirse en empleadores.

4. Aquellos que no son ricos
Son empleados o desempleados.

5. Los empleadores contratan a los empleados en el mercado de trabajo
Esto excluye a los desempleados.

PREGUNTA 19.6 ESCOJA LA(S) RESPUESTA(S) CORRECTA(S)
¿Cuál de las siguientes afirmaciones es correcta?

☐ Las dotaciones son hechos acerca de una persona que pueden afectar sus ingresos.
☐ Tener o no tener una licenciatura no constituye una diferencia en las dotaciones y es una cuestión de elección individual.
☐ Todas las personas tienen la misma opción de reserva, independientemente de sus dotaciones.
☐ Un visado de trabajo (permiso de trabajo para los no nacionales) no es un elemento de las dotaciones de un individuo, pues no puede venderse.

19.7 APLICACIÓN DEL MODELO: EXPLICACIÓN DE LOS CAMBIOS EN LA DESIGUALDAD

El modelo presentado en la sección anterior nos ayuda a entender por qué los individuos tienen diferentes ingresos. Sin embargo, para entender la desigualdad necesitamos considerar los cambios en toda la distribución del ingreso. En esta sección, aplicaremos el modelo del mercado laboral del capítulo 9, en combinación con nuestra interpretación de los factores determinantes de los ingresos de los individuos, a fin de observar el efecto que tiene sobre la desigualdad:

- un aumento en el nivel educativo de la fuerza laboral
- una reducción de la discriminación contra un segmento de la fuerza laboral
- una automatización de la producción que reduce la demanda de algunas habilidades y eleva la demanda de otras

Antes de continuar, tal vez quiera revisar el funcionamiento del modelo de mercado laboral descrito en el capítulo 9.

Una fuerza de trabajo más educada y más productiva
¿Cuáles serán las consecuencias si los trabajadores adquieren más formación? Esperamos que la educación adicional eleve la productividad, lo que significa que una unidad de esfuerzo de un trabajador más educado produce más bienes por hora usando la misma tecnología. Por este motivo, el efecto directo sobre un individuo de la educación adicional es una mejora de su dotación de trabajo. Si mantenemos todo lo demás constante, la mayor productividad implica que cualquier individuo puede recibir una mayor remuneración por su trabajo.

Sin embargo, ¿qué ocurriría si toda la fuerza laboral pasa a estar más formada? Este podría ser el resultado, por ejemplo, de un aumento en los años de escolarización obligatoria. Al nivel de salario real preexistente, el resultado de una mayor productividad será un mayor beneficio para las empresas. Esto desplaza hacia arriba la curva de fijación de precios, como se muestra en el panel izquierdo de la figura 19.20. Con ganancias más elevadas, entran empresas nuevas en el mercado y las empresas existentes contratan a más trabajadores, lo que reduce la tasa de desempleo. A su vez, un menor desempleo facilita a los trabajadores despedidos encontrar un nuevo empleo; por lo tanto, también eleva la posición de reserva de los trabajadores, elevándose así su remuneración. Los trabajadores tienen ahora una mejor dotación de tiempo de trabajo, con mayor productividad, y también disfrutan de mejores precios para su dotación.

Los efectos sobre la desigualdad se muestran en el panel derecho de la figura 19.20. Ahora hay menos trabajadores desempleados. El segmento de la curva de Lorenz que representa a los trabajadores empleados es ahora más plano debido a que, aun cuando el salario real se ha elevado, una mayor fracción de la fuerza laboral (85% en lugar de 80%) recibe la misma porción del 60% del (ahora mayor) producto total.

El segmento lineal correspondiente a los propietarios no se ve afectado debido a que el mismo 10% de la población continúa recibiendo el 40% de producto; al igual que los salarios de los trabajadores, sus beneficios son más altos debido a que se produce más. En este ejemplo, el efecto sobre la desigualdad de una mayor educación y productividad de la fuerza laboral es reducir el coeficiente de Gini de 0,36 a 0,33.

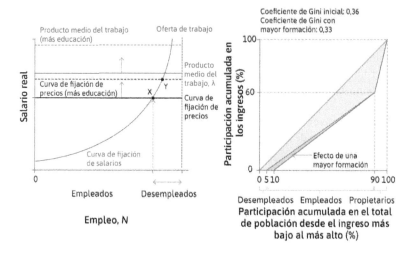

Figura 19.20 El efecto de una fuerza de trabajo más formada sobre la desigualdad entre empleadores, empleados y desempleados: el mercado de trabajo para toda la economía y la curva de Lorenz.

1. Nuestra economía modelo
Consideremos cómo la economía descrita en el panel izquierdo de la figura, con su equilibrio inicial en el punto X, cambia cuando los trabajadores (tanto empleados como desempleados) adquieren más educación.

2. La productividad de los trabajadores se eleva, desplazando hacia arriba la curva de fijación de precios
El salario congruente con el margen que maximiza los beneficios de la empresa fijadora de precios es ahora mayor.

3. Entrada de empresas
En respuesta a unos beneficios mayores, la producción se expande, lo que reduce la tasa de desempleo. Teniendo en cuenta que esto eleva la posición de reserva de los empleados, induce a las empresas a fijar un salario más alto. El nuevo equilibrio del mercado de trabajo se encuentra en Y.

4. La desigualdad se reduce
La curva de Lorenz se desplaza hacia arriba a medida que va habiendo menos trabajadores desempleados. La división porcentual del producto entre trabajadores y propietarios se mantiene.

Reducción en la segmentación de los mercados laborales

Hasta ahora hemos asumido que todos los trabajadores reciben el mismo salario en un mercado laboral único, pero en realidad existen muchos mercados laborales distintos. En el denominado **mercado laboral primario**, los trabajadores pueden estar representados por sindicatos y disfrutan de salarios altos y estabilidad laboral. Las «escalas laborales» hacen posible el ascenso a puestos mejor remunerados y más seguros. Los empleos en el mercado laboral primario suelen calificarse de «buenos empleos».

Los trabajadores del mercado laboral secundario, en cambio, tienen contratos a corto plazo, con salarios y seguridad laboral limitados, y tienden a ser jóvenes o miembros de grupos de población discriminados por su raza o grupo étnico. En muchos países europeos, se denominan «contratos de cero horas» porque el empleador no se compromete a dar trabajo por un número de horas en particular. El **mercado laboral secundario** también se conoce en inglés como la *gig economy* (literalmente, la «economía de bolos»), en la que la fuerza de trabajo *freelance* o los contratos a muy corto plazo, en lugar de los empleos permanentes, son la norma. Para cualquier dotación dada de habilidades, por lo general estos trabajadores recibirán un menor ingreso que los trabajadores del mercado laboral primario. En definitiva, las instituciones benefician a los trabajadores del mercado laboral primario y, en cambio, perjudican a los trabajadores del mercado secundario, aumentando así la desigualdad en los ingresos.

La figura 19.21 muestra una curva de Lorenz para una economía con **segmentación en el mercado laboral**, con un segmento de salarios bajos y un número igual de trabajadores en el mercado primario con salarios altos. Los propietarios no están segmentados, pues pueden invertir fácilmente su riqueza en empresas de uno o ambos sectores. En consecuencia, la tasa de rendimiento será la misma en ambos sectores. La eliminación de la segmentación en el mercado laboral significa que todos los trabajadores reciben el mismo salario pero, a menos que esto afecte al poder relativo de negociación de trabajadores y propietarios, con eso no se altera la fracción del producto que va a los trabajadores en su conjunto. Esto demuestra cómo el cambio institucional puede reducir la desigualdad, al alinear los salarios que los individuos reciben por sus dotaciones.

La figura ilustra el hecho de que, en las economías modernas, buena parte de la desigualdad es entre empleados (desde trabajadores en el mercado de trabajo secundario hasta profesionales altamente remunerados), y que reducir estas desigualdades puede bajar significativamente el coeficiente de Gini. Allí donde los sindicatos han reducido la segmentación del mercado laboral y acortado las diferencias salariales entre trabajadores, la desigualdad es menor. Un ejemplo es la llamada política de solidaridad salarial introducida en Suecia, que comentaremos en el capítulo 22.

Automatización

La **automatización** es un término utilizado para describir nuevas tecnologías que permiten a las máquinas hacer el trabajo que antes hacían personas. Las innovaciones tecnológicas que sustituyen a la fuerza de trabajo han sido una parte esencial de la economía capitalista desde la introducción de la hiladora de usos múltiples en el siglo XVIII, que ya describimos en el capítulo 2. Como vimos en el capítulo 16, las nuevas tecnologías suelen dejar sin empleo a algunas personas, mientras que aumentan la demanda de las habilidades de otros trabajadores. Podemos

mercado laboral primario Mercado en el que los trabajadores están típicamente representados por sindicatos, y disfrutan de salarios altos y estabilidad laboral. *Véase también: mercado laboral secundario, mercado laboral segmentado.*

mercado laboral secundario Típicamente integrado por trabajadores con contratos a corto plazo, y salarios y seguridad laboral limitados. Esta situación puede deberse a la edad de los trabajadores o a que sufren discriminación por su raza o grupo étnico. *Véase también: mercado laboral primario, mercado laboral segmentado.*

mercado laboral segmentado Mercado laboral cuyos distintos segmentos funcionan como mercados laborales separados, con movilidad limitada de trabajadores de un segmento a otro (también debido a discriminación por raza, idioma, u otra forma de discriminación). *Véase también: mercado laboral primario, mercado laboral secundario.*

automatización Uso de máquinas en sustitución de la fuerza de trabajo.

estudiar estos efectos usando la curva de Lorenz y el coeficiente de Gini derivado de ella.

Para ver cómo, consideremos una economía hipotética en la figura 19.22, antes y después de la introducción de máquinas que llevan a cabo operaciones rutinarias que siempre habían sido realizadas por humanos. Llamaremos a estas máquinas «robots». La curva de Lorenz, representada

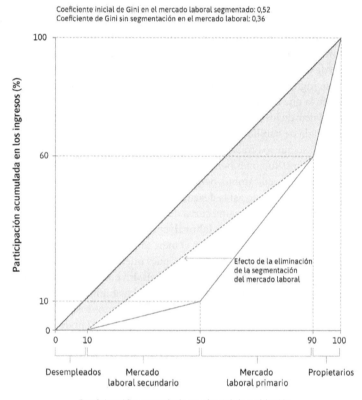

Figura 19.21 El efecto de la segmentación del mercado laboral.

1. Una economía modelo con segmentación del mercado laboral
Los 40 trabajadores del segmento secundario del mercado laboral reciben solo el 10% del producto de la economía y los 40 trabajadores en el mercado laboral primario reciben la mitad del producto (a ellos se les paga cinco veces más que a los trabajadores del mercado secundario). Los 10 propietarios reciben el 40% del producto (16 veces más que los trabajadores secundarios).

2. Eliminación de la segmentación del mercado laboral
Los 80 trabajadores reciben ahora el mismo sueldo y, en conjunto, reciben el 60% del producto de la economía. Los salarios de los trabajadores secundarios se han elevado, mientras que los salarios en el mercado laboral primario han caído.

3. Efecto en la desigualdad
El coeficiente de Gini, que era 0,52 con segmentación del mercado laboral, ha caído a 0,36.

con una línea continua azul, describe la distribución del ingreso entre 5 empleadores y 95 trabajadores antes de la introducción de los robots. Cinco de los trabajadores están desempleados, y cada uno de los 90 que están empleados recibe el mismo salario, independientemente de que realicen trabajo rutinario o no rutinario.

La pendiente de la más plana de las dos rectas con pendiente positiva es una indicación de cuánto se les paga a los trabajadores en relación con su productividad. Vemos que los 90 trabajadores empleados reciben el 60% del ingreso de la economía: cada uno recibe 0,60/90 o dos tercios de un punto porcentual de lo que produce la economía. La pendiente de la línea continua más inclinada muestra que cinco propietarios reciben el 40% del ingreso, por lo que cada uno recibe un 8% (=0,40/5) del producto de toda la economía.

Para entender el impacto a corto plazo del plan de introducción de robots, pensemos en las dotaciones de habilidades de los trabajadores. Sesenta de ellos están realizando trabajos rutinarios que, en algún momento, estuvieron bien remunerados –como operar maquinas o clasificar correspondencia– y que ahora pueden realizar los robots. Otros, en cambio, tienen formación no solo para operar maquinaria, sino también para diseñar, reparar y calibrar las máquinas, y para gestionar su despliegue.

Los efectos a corto plazo dependen de los tipos de trabajo que realice un trabajador:

- *Los robots remplazan a la fuerza de trabajo*: para trabajos rutinarios en los que las máquinas y las habilidades son sustitutos, el valor de la dotación de un trabajador se reduce al llegar la nueva tecnología debido a que el robot puede remplazar al trabajador.
- *Los robots potencian la labor de la fuerza de trabajo*: para aquellos trabajos en los que máquinas y habilidades se complementan, el valor de la dotación de un trabajador se ve incrementado por la nueva tecnología.

Estos dos efectos se representan en la nueva curva (línea discontinua) de Lorenz, que muestra el impacto a corto plazo de la nueva tecnología sobre los trabajadores que previamente ganaban dos tercios de un punto porcentual del producto cada uno. Al menos algunos de los 60 trabajadores en puestos para los que los robots remplazan a la fuerza de trabajo pierden sus empleos. Cinco de ellos se han sumado ahora a los desempleados; las máquinas han remplazado su trabajo. Quienes siguen empleados han sufrido una caída en su poder de negociación (debido a que ellos también pueden ser remplazados). Estos 55 trabajadores reciben ahora el 25% del producto de la economía, y sus ingresos caen al 0,5% del producto total cada uno.

Por otro lado, los 30 trabajadores con habilidades que son complementarias a los robots salen ganando: ahora reciben el 35% del producto de la economía, poco más del 1% cada uno.

Por todo esto, el efecto de la automatización puede ser similar al efecto de la segmentación del mercado laboral, pero en el caso de los robots la segregación de los trabajadores depende de si sus habilidades son fácilmente sustituidas por las máquinas (los perdedores) o si son más bien complementarias a las máquinas (los ganadores).

El resultado es que el coeficiente de Gini aumenta de 0,38 a 0,53, como se muestra con la nueva curva de Lorenz, que cae aún más por debajo de la línea de igualdad perfecta.

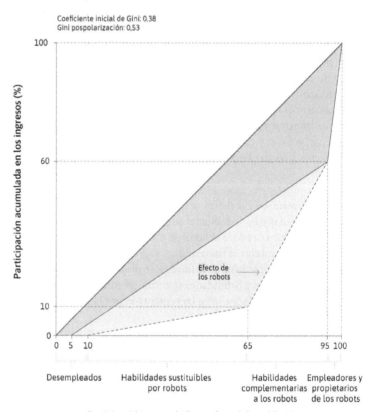

Figura 19.22 El efecto de los robots en la desigualdad: polarización del mercado de trabajo.

1. La curva de Lorenz antes de la introducción de los robots
La curva de Lorenz, representada por la línea continua de color azul, muestra la distribución del ingreso entre desempleados, empleados y propietarios. Todos los trabajadores, estén realizando trabajo rutinario o no rutinario, ganan el mismo salario.

2. La introducción de los robots remplaza y abarata el trabajo rutinario
Después de la introducción de los robots, 5 trabajadores más –aquellos que realizaban trabajo rutinario que los robots ahora pueden realizar– pasan a estar desempleados. Los 55 trabajadores rutinarios restantes ahora solo reciben el 10% del producto de la economía.

3. Los robots hacen más valioso el trabajo de algunos trabajadores
Treinta de los empleados tienen destrezas complementarias a las máquinas. Estos ganan salarios más altos.

4. El efecto de los robots en la desigualdad
La introducción de robots polariza el mercado laboral e incrementa el coeficiente de Gini.

Un ejemplo del efecto de la automatización es la introducción de cajeros automáticos por parte de los bancos. Seguramente esto habrá hecho que aumente el desempleo entre los cajeros bancarios humanos, ¿verdad?

El economista James Bessen estudió los niveles de desempleo en EE.UU. y encontró que el número de cajeros (humanos) en los bancos continuó aumentando aún después de que se instalaran los cajeros automáticos. En lugar de realizar tareas mecánicas, ahora los cajeros humanos proporcionaban a los clientes otros servicios tales como asesoría.

Bessen también observó un aumento del empleo en contabilidad y en ventas al detalle, a pesar de la automatización de algunas de sus tareas, pero por otro lado la tecnología desplazó los trabajos de las agencias de viaje. La automatización fue complementaria de las habilidades de algunos contables y cajeros de banco, pero fue un sustituto de las habilidades de los agentes de viajes.

¿Qué determina si la automatización aumenta o disminuye los salarios y el empleo? Podemos realizar un análisis similar al que usamos en el capítulo 16. Hay dos efectos opuestos:

Por un lado:

- *La automatización que remplaza puestos de trabajo reduce la demanda de algunos tipos de trabajo*: esto convierte en desempleados a algunos trabajadores.
- *Esto reduce la opción de reserva para todos los trabajadores*: reduce el salario que las empresas deben fijar para mantener el nivel deseado de esfuerzo laboral.

Por otro lado:

- *El aumento en la productividad del trabajo aumenta los beneficios.*
- *Esto motiva y financia una expansión del stock de capital de la economía.*
- *El aumento en el stock de capital crea oportunidades de empleo adicionales*: reduce el desempleo y aumenta el salario necesario para motivar a los trabajadores a lo largo de la curva de fijación de salarios.

Como vimos en el capítulo 16, el ajuste de los mercados laborales locales a una tecnología que ahorra fuerza de trabajo y a la competencia de las importaciones puede llevar mucho tiempo.

El modelo no puede determinar si el nuevo equilibrio de Nash en el mercado laboral resultará en una distribución del ingreso más o menos igualitaria. La desigualdad entre los trabajadores será mayor debido al hecho de que los robots habrán ganadores y perdedores entre los empleados, pues se habrá producido un aumento en el valor de algunas dotaciones laborales (las de los ingenieros) y una reducción en el valor de las dotaciones de otros (trabajadores rutinarios). Si el desempleo baja para volver a situarse al nivel previo a la automatización y el margen de beneficio sobre los costos de las empresas no se ve afectado, entonces el único efecto duradero será una mayor desigualdad entre los trabajadores, lo que resultará en un aumento del coeficiente de Gini.

James Bessen 2015. *Learning by Doing: The Real Connection between Innovation, Wages, and Wealth.* New Haven, CT: Yale University Press.

Diane Coyle. 2015. 'Thinking, Learning and Doing' (https://tinyco.re/6552078). *Enlightenment Economics Blog.*. Actualizado el 23 de octubre de 2015.

Escuche a James Bessen hablar de su libro en un episodio del podcast EconTalk, de mayo de 2016 (https://tinyco.re/6669867).

Un gobierno que observe que se está produciendo un proceso de automatización podría responder gravando con impuestos los beneficios adicionales de los propietarios y los ingresos de los trabajadores con salarios elevados. Al establecer los impuestos, necesitaría tener en cuenta los efectos de estos en el comportamiento de trabajadores y empleadores. Los ingresos obtenidos con esos impuestos podrían utilizarse para financiar:

- *Empleo adicional y oportunidades de ascenso profesional y subidas salariales*: estas oportunidades podrían surgir en servicios humanos como la atención sanitaria y la asistencia social, donde los empleos son no rutinarios, pero a menudo están mal pagados.
- *Oportunidades para los trabajadores con habilidades rutinarias para mejorar sus dotaciones*: su trabajo acaba siendo susceptible de ser mejorado –que no remplazado– por la máquina; por ejemplo, un antiguo operador de taladradora radial aprende a programar.

EJERCICIO 19.8 CÓMO LA AUTOMATIZACIÓN AFECTA EL EMPLEO
Regrese a las figuras 19.6 (página 949) y 19.7 (página 950). Utilice lo que ha aprendido en esta sección acerca de los robots como sustitutos o complementos de las dotaciones de los empleados, para explicar algunos de los patrones de crecimiento del empleo que muestran estas figuras.

PREGUNTA 19.7 ESCOJA LA(S) RESPUESTA(S) CORRECTA(S)
¿Cuál de las siguientes afirmaciones sobre los mercados laborales segmentados es correcta?

- ☐ La *gig economy* o economía de bolos no es parte del mercado laboral primario.
- ☐ Los trabajadores del mercado laboral secundario están mejor pagados que los del mercado laboral primario.
- ☐ Los sindicatos han intentado reducir las horas de trabajo introduciendo contratos de cero horas.
- ☐ Los empleos del mercado laboral primario se concentran en la agricultura.

19.8 PREDISTRIBUCIÓN

Los gobiernos influyen en el grado de desigualdad en la economía. Lo hacen de dos maneras:

- **Redistribución**: mediante impuestos y transferencias que resultan en una distribución del ingreso disponible que difiere de la distribución del ingreso de mercado (como vimos en la figura 19.1 (página 944)) y mediante gastos que proporcionan servicios públicos a los hogares.
- **Predistribución**: incidiendo en las dotaciones de las personas y el valor de esas dotaciones, lo que conduce a un cambio en la desigualdad en los ingresos de mercado (volviendo a la figura 19.1 una vez más, aquí los gobiernos influyen en la distribución de los ingresos antes de impuestos y transferencias o en la distribución de la riqueza en manos privadas).

Los ejemplos de predistribución que ya hemos visto incluyen:

- *Más formación de la fuerza laboral*: esto cambia las dotaciones de los empleados, añadiendo habilidades y otras capacidades relevantes para el trabajo que afectarán los ingresos de mercado.
- *Eliminación o reducción de la segmentación del mercado laboral*: esto –y otras políticas contra la discriminación– alterará los precios (salarios) con que se remunerará la dotación de una persona en el mercado laboral. En particular, eleva el valor de las dotaciones de personas que de otro modo sufrirían discriminación.

Existen otros aspectos predistributivos que afectan la estructura institucional básica de la economía. Al definir y aplicar el marco legal en el que interactúan empleadores, bancos, empleados, sindicatos, prestatarios y otros actores económicos clave, los gobiernos inciden en la distribución del ingreso de mercado. Utilizando el sistema legal, los gobiernos también pueden decidir qué derechos de propiedad están protegidos, por ejemplo, prohibiendo la esclavitud, legalizando los sindicatos (capítulos 9 y 16), estableciendo derechos comerciales para las emisiones (capítulo 18) o fijando la duración de los derechos de propiedad intelectual y de las patentes (capítulo 21). Todas estas medidas pueden cambiar el poder de negociación relativo entre grupos, así como sus opciones de reserva, lo que a su vez cambiará la distribución del ingreso.

Finalmente, los gobiernos pueden cambiar el conjunto de contratos que están permitidos, lo que altera la distribución del ingreso. Ya comentamos un ejemplo de esto en el capítulo 5, cuando vimos el efecto de la legislación que limitaba el número máximo de horas que los empleados pueden trabajar.

Otro ejemplo importante de predistribución mediante la limitación de los contratos permitidos es el **salario mínimo legal**, que prohíbe contratos que fijen los salarios por debajo de cierto nivel. Esto afecta al valor de la dotación de trabajo de un trabajador, pero también puede afectar la probabilidad de que el trabajador encuentre un empleo. El costo de la existencia de un salario mínimo puede ser un menor número de puestos de trabajo.

política redistributiva Impuestos y transferencias monetarias y en especie de carácter público, que resultan en una distribución del ingreso final que difiere de la distribución del ingreso de mercado. *Véase también: política predistributiva.*

política predistributiva Acciones del gobierno que afectan a las dotaciones de la gente y el valor de estas, incluyendo la distribución del ingreso de mercado y la distribución de riqueza en manos privadas. Algunos ejemplos de estas políticas incluyen la educación, el salario mínimo y las políticas contra la discriminación. *Véase también: política redistributiva.*

Arin Dube describe su estudio, que ha develado que, en promedio, el aumento en el salario mínimo elevó el ingreso de los trabajadores pobres. https://tinyco.re/3737648

salario mínimo legal Nivel mínimo de paga establecido por ley para los trabajadores en general o para algún tipo concreto de trabajador. La intención del salario mínimo es garantizar un nivel de vida aceptable a personas con ingresos bajos. Muchos países, como el Reino Unido y EE.UU., se aseguran el cumplimiento de este mínimo con legislación sobre la materia. *También conocido como: salario mínimo.*

Arindrajit Dube, T. William Lester y Michael Reich. 2010. 'Minimum Wage Effects across State Borders: Estimates Using Contiguous Counties' (https://tinyco.re/5393066). *Review of Economics and Statistics* 92 (4): págs. 945–64.

James Heckman describe por qué la inversión en los primeros años de vida de niños de clases desfavorecidas es, a la vez, justa y eficiente. https://tinyco.re/3964341

James J. Heckman. 2013. *Giving Kids a Fair Chance: A Strategy That Works*. Cambridge, MA: MIT Press.

contrato de no competencia
Contrato laboral que contiene una disposición o acuerdo explícito en virtud del cual el trabajador no puede dejar su empleo para irse a trabajar para un competidor. Esto puede reducir la opción de reserva del trabajador, reduciéndose así el salario que el empleador tiene que pagarle.

El economista Arin Dube estudió cambios diferenciales en los salarios mínimos de áreas locales colindantes de EE.UU. En nuestro video «Economistas en acción», Dube explica los resultados de ese estudio: descubrió que los aumentos en el salario mínimo tuvieron un impacto negativo pequeño en el empleo pero, en promedio, elevaron el ingreso de los trabajadores pobres.

Garantizar la alta calidad de la educación durante la primera infancia es otra política predistributiva. En nuestro video «Economistas en acción», el economista de la Universidad de Chicago James Heckman, ganador del premio Nobel, explica cómo los economistas pueden aprender de experimentos y de otros datos sobre cómo igualar las condiciones en el punto de partida para los niños que crecen en la pobreza.

La figura 19.23 presenta un conjunto de políticas que pueden reducir la desigualdad en los ingresos de mercado, con base en lo presentado en este y otros capítulos.

EJERCICIO 19.9 CONTRATOS DE NO COMPETENCIA EN EL MODELO DE MERCADO LABORAL

La legislación puede anular algunos tipos particulares de contratos, como aquellos que prohíben a los empleados que dejan una empresa trabajar para un competidor. La justificación ofrecida para estos **contratos de no competencia** es que los trabajadores que dejan la empresa pueden llevarse con ellos secretos industriales o comerciales que beneficiarían a la competencia. Ahora bien, en EE.UU., las cláusulas de no competencia se incluyen hasta en los contratos de los trabajadores de restaurantes de comida rápida. Utilice el modelo de mercado laboral para explicar por qué los empleadores introducen contratos de no competencia en sectores donde los secretos industriales no son un problema.

PREGUNTA 19.8 ESCOJA LA(S) RESPUESTA(S) CORRECTA(S)

Según nuestro video «Economistas en acción» de Arin Dube, ¿cuál de los siguientes fue resultado de su estudio sobre el aumento del salario mínimo?

- ☐ Los aumentos en el salario mínimo incrementaron la rotación laboral.
- ☐ Un 10% de aumento en el salario mínimo resultó en un 4% de aumento en los ingresos.
- ☐ Un 10% de aumento en el salario mínimo resultó en una reducción del 4% en el empleo.
- ☐ Hubo un efecto negativo mínimo en el empleo.

PREGUNTA 19.9 ESCOJA LA(S) RESPUESTA(S) CORRECTA(S)
Vea nuestro video «Economistas en Acción» de James Heckman. De acuerdo con Heckman, ¿cuál de los siguientes atributos individuales NO se encuentra entre las razones de la persistencia de la pobreza de una familia, generación tras generación?

- ☐ Cociente intelectual heredado
- ☐ Formación limitada
- ☐ Raza
- ☐ Conducta social

Dotación	Política	Efecto directo	Efecto indirecto	Capítulo
Trabajo	Educación primaria gratis y de alta calidad para todos los niños	Aumenta las oportunidades de los niños más pobres de alcanzar niveles más avanzados de escolarización, lo que aumenta el valor de mercado de su dotación de mano de obra.	Aumenta la productividad media de la mano de obra, desplazando así hacia arriba la curva de fijación de precios, lo que aumenta los salarios y el empleo (*ceteris paribus*)	C19
Trabajo	Aumentar la parte de la cosecha que va al agricultor	Aumenta el valor de la dotación de mano de obra del agricultor	Aumenta los ingresos de los agricultores	C5
Trabajo	Eliminar la discriminación étnica, racial o de género	Aumenta el valor de la dotación de mano de obra de los afectados por la discriminación	Aumenta los ingresos de los grupos objetivo	C19
Trabajo	Salario mínimo	Aumenta el valor de la dotación de mano de obra entre aquellos que anteriormente no podían trabajar por más del salario mínimo	Aumenta los ingresos de los pobres y reduce los ingresos de los empleadores (a menos que dominen los efectos en el empleo)	C19
Trabajo	Leyes y políticas para aumentar el poder de negociación de los trabajadores (por ejemplo, sindicatos)	Aumenta el valor de las dotaciones laborales de los miembros de los sindicatos y mejora las condiciones de trabajo	Aumenta los ingresos de los miembros del sindicato (a menos que dominen los efectos negativos en el empleo o la productividad) y reduce los ingresos de los empleadores	C9, C16, C19
Propiedad de las empresas	Políticas para asegurar la competencia	Reduce el margen de precio	Aumentan los salarios reales, reducen los beneficios	C7, C9, C16
Propiedad intelectual	Restringir los DPI (por ejemplo, patentes o derechos de autor con vigencias más cortas)	Reduce el valor de la dotación de propiedad intelectual entre los titulares de DPI	Puede desalentar la innovación pero permite una difusión más rápida de las innovaciones	C21
Licencia profesional	Permitir un acceso más fácil a licencias (por ejemplo para los taxis)	Aumenta la oferta y reduce los ingresos de los titulares de licencias	Mayor igualdad (si los titulares de licencias son más ricos que la media)	C19

Figura 19.23 Políticas predistributivas que pueden reducir la desigualdad en los ingresos de mercado.

19.9 EXPLICACIÓN DE LAS TENDENCIAS RECIENTES EN LA DESIGUALDAD DE INGRESOS DE MERCADO

¿Pueden estas políticas u otros cambios explicar las tendencias en la desigualdad de ingresos de mercado? La figura 19.24 indica tres de estas tendencias y sugiere posibles explicaciones con base en los modelos que hemos aprendido.

Para explicar el descenso de la desigualdad entre países (y la reducción asociada de la desigualdad entre hogares) en el mundo, pensemos en el mundo como una economía capitalista única con un mercado de trabajo que está segmentado con arreglo a las fronteras nacionales. Para hacerlo, proponemos una economía «mundial» muy simple con solo dos «países»: China y Europa-América del Norte. Así pues, en lugar de dos segmentos del mercado laboral en el mismo país, ahora lo que tenemos son dos países, uno con salarios bajos y otro con salarios altos, un poco como el ejemplo con China y EE.UU. en el capítulo 18.

De igual manera que no es fácil para los trabajadores ascender del mercado laboral secundario al primario dentro de un país, la economía mundial tiene mercados laborales segmentados por naciones debido a las barreras a que se enfrentan los trabajadores que querrían mudarse de un país a otro. Y, al igual que en la economía nacional, los propietarios no están sujetos a la segmentación, sino que invierten su riqueza donde quiera que puedan obtener el rendimiento más alto. Como vimos en el capítulo 18, la globalización es solo parcial: el mercado laboral mundial está lejos de la plena integración, mientras que la movilidad del capital es alta debido a que el dinero no necesita un visado para que le permitan «trabajar» en un país.

El proceso de globalización ha estado asociado con una reducción en la desigualdad en el mercado laboral global, a medida que los anteriormente reducidos salarios de los países exportadores como China empezaron a acortar distancias con los niveles salariales de economías con mayores salarios

Tendencias	Datos	Causas que contribuyen	Modelos
Descenso de la desigualdad dentro del país (1920–1980)	Figuras 19.2, 19.3, 19.4	Aumentar la formación y la productividad redujo el desempleo. Reducción de la segmentación del mercado laboral y otras fuentes de desigualdad entre los trabajadores. Mejoras tecnológicas que fueron complementarias con las habilidades de los trabajadores de ingresos bajos y medios.	Figura 19.20, figura 19.21
Estabilidad o aumento de la desigualdad dentro del país (1980–2017)	Figuras 19.2, 19.3, 19.4, 19.6, 17.3 (panel superior)	Mayor desigualdad entre trabajadores debida a nuevas tecnologías que eran complementarias con las habilidades de los trabajadores con salarios altos y sustitutivas de los trabajadores que realizaban tareas rutinarias. Unos sindicatos más débiles y partidos políticos conservadores en el poder hicieron posible que el balance de poder de negociación se desplazara en favor de los empleadores, mientras que los mayores beneficios después de impuestos resultantes no se tradujeron en un aumento del empleo (en algunos países).	Figura 19.22
Estabilidad o descenso de la desigualdad entre países (1995–2017)	Figura 19.5	Menor segmentación del mercado laboral debido a un rápido crecimiento de la productividad laboral y la demanda en China y otros países más pobres.	Figura 19.24

Figura 19.24 Utilización de modelos económicos para explicar las tendencias en la desigualdad de los ingresos de mercado.

como Francia. El segundo efecto ha sido un amplio aumento de la cantidad de trabajo que está disponible en la actualidad en la economía capitalista global, y esto se ha asociado con un aumento en la proporción de los ingresos que va a los propietarios de las empresas, en lugar de a los empleados.

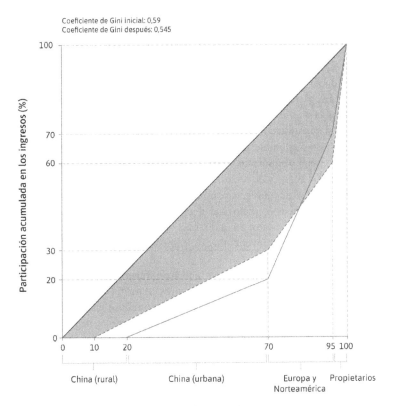

Figura 19.25 El «mundo» como economía capitalista unificada, con un mercado laboral segmentado.

1. El mundo antes de que China despegara

Gran parte de la hipotética economía china es en un primer momento rural y no participa directamente en la economía capitalista. La fuerza laboral urbana china –la mitad de la hipotética fuerza laboral total del mundo– recibe solo el 20% de los ingresos mundiales. La fuerza laboral europea y norteamericana –es la mitad de la de China en tamaño– recibe el doble. El coeficiente mundial de Gini es 0,59.

2. China despega

El sector rural de China se ha reducido al 10%, aumentando la participación de China en la fuerza laboral dedicada a la economía capitalista global, que ahora tiene la misma participación en el ingreso mundial que los trabajadores europeos y norteamericanos (30% cada uno).

3. Un nuevo mundo con abundancia de mano de obra y más igualitario, con ganadores y perdedores

La zona sombreada en rojo muestra que la participación de los propietarios en la producción mundial aumenta del 30 al 40%, mientras que los trabajadores occidentales pierden ingresos. No obstante, la curva discontinua de Lorenz y la desaparición de las porciones sombreadas en verde muestran una mayor participación de los trabajadores más pobres en los ingresos. El Gini mundial cae de 0,59 a 0,545.

El segmento en rojo muestra el impacto de la globalización en el aumento de la desigualdad al reducirse los salarios en los países ricos en relación con lo que perciben los empleadores, mientras que la parte verde muestra el efecto de unos ingresos mayores entre los empleados pobres de «China».

19.10 REDISTRIBUCIÓN: IMPUESTOS Y TRANSFERENCIAS

Diferencias entre economías en el alcance y la naturaleza de la redistribución

Nuestros modelos de salarios y beneficios intentan explicar el ingreso de mercado, pero dicho ingreso no es el monto de ingreso que las personas tienen para gastar, ni tampoco incluye cosas esenciales para la subsistencia que no se compran, sino que se adquieren por la mera condición de ciudadano.

El ingreso disponible, como sabemos, es el ingreso que tiene una persona después de pagar impuestos sobre sus ingresos, realizar sus contribuciones a la seguridad social y de recibir cualquier transferencia pública que esté percibiendo. En cualquier caso, no es una medida adecuada del nivel de vida de los hogares, pues no incluye el efecto de los impuestos indirectos, como el impuesto sobre el valor añadido, ni la medida en la que los servicios públicos gratuitos o subvencionados, como educación y salud pública, están disponibles para los hogares.

transferencias en especie Gasto público en forma de servicios gratuitos o subvencionados puestos a disposición de los hogares, y no en forma de transferencias de efectivo.

Estos gastos públicos se denominan **transferencias en especie**, ya que constituyen una transferencia a los hogares en forma de servicios gratuitos o subvencionados, y no en efectivo. Cuando tomamos en cuenta tanto los impuestos indirectos como las transferencias en especie, llegamos a un tercer concepto de ingreso, denominado ingreso final. El ingreso final es la medida más completa del nivel de vida de un hogar: nos da el valor de todos los bienes y servicios que el hogar puede consumir. La figura 19.26 resume la relación entre estos tres conceptos de ingresos.

La figura 19.27 muestra los coeficientes de Gini para el ingreso de mercado, el ingreso disponible y el ingreso final para tres países grandes de ingresos medios. En Sudáfrica los impuestos directos y las transferencias reducen el Gini en 0,08, de 0,77 a 0,69. Los impuestos indirectos y los servicios públicos reducen el Gini en un 0,09 adicional, hasta situarse en 0,60 para el ingreso final, que sigue siendo una situación excepcionalmente desigual. Brasil tenía una desigualdad mucho más alta que México, tanto en el ingreso de mercado como en el ingreso disponible, pero el coeficiente de Gini para el ingreso final disminuye a casi el mismo nivel de México, a 0,44 comparado con 0,43.

Figura 19.26 Diferentes conceptos de ingreso.

El estado del bienestar

El conjunto de políticas que convierten el ingreso de mercado en ingreso final a menudo reciben el nombre de **estado del bienestar**. Se puede hacer un desglose de estas políticas distinguiendo las que se aplican del lado de los impuestos y las que corresponden al lado de los gastos. En el lado de los impuestos se sitúa cualquier política que genere ingresos públicos, mientras que en el lado del gasto está cualquier política que dé dinero a los hogares o gaste dinero en su nombre. En el capítulo 22 veremos más detenidamente la composición de los gastos públicos.

En países donde la redistribución reduce la desigualdad de modo significativo, la mayor parte de este esfuerzo recae en el lado de los gastos, más que en el de los impuestos.

En los 28 países de la Unión Europea, el Gini promedio para el ingreso de mercado del año 2015 es 0,46, que con impuestos y transferencias se reduce a 0,27 para el ingreso disponible. Ahora bien, los impuestos solo logran 0,04 de esa redistribución: el 0,15 restante resulta de transferencias a los hogares. Esto no significa que esos países tengan tasas impositivas bajas, sino que ricos y pobres pagan proporciones similares de sus ingresos en impuestos. En cambio, los hogares pobres se benefician proporcionalmente mucho más con los gastos.

Las transferencias, tanto en dinero como en especie, tienen un gran impacto en la desigualdad, pero en la mayoría de los casos no es ese su objetivo. La mayoría de transferencias se justifican con otras razones y la reducción en la desigualdad es solo un efecto colateral favorable. La educación pública, por ejemplo, tiene muchas justificaciones, incluyendo la inversión en capital humano que hace al país más productivo. Los subsidios a la salud pública con frecuencia se justifican con base en el derecho fundamental de las personas a la vida y la buena salud.

El estado del bienestar se suele representar y debatir como un sistema de redistribución de ingresos de los ricos a los pobres, pero también se percibe, y con frecuencia se define, como una redistribución de ingresos de las personas con suerte hacia las que no han tenido suerte. Ciertos aspectos del estado del bienestar también redistribuyen los ingresos de los jóvenes a los ancianos.

> **estado del bienestar** Conjunto de políticas públicas destinadas a proporcionar mejoras en el bienestar de los ciudadanos al ayudar a estabilizar los ingresos (por ejemplo, prestaciones por desempleo y pensiones).

> Los datos sobre los coeficientes de Gini para la Unión Europea se han obtenido del informe 'Effects of tax-benefit components on inequality (Gini index), 2011–2015 policies', al que se puede acceder a través del portal de estadísticas Euromod (https://tinyco.re/7634364).

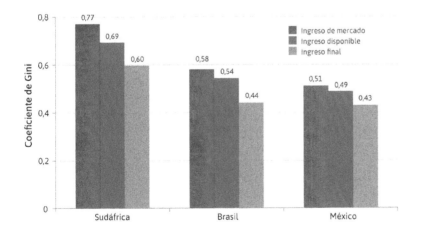

Nora Lustig, Carola Pessino y John Scott (2014), 'The Impact of Taxes and Social Spending on Inequality and Poverty in Argentina, Bolivia, Brazil, Mexico, Peru, and Uruguay: Introduction to the Special Issue' (https://tinyco.re/7128629). *Public Finance Review* Vol. 42 (3): pp. 287–303; Gabriela Inchauste, Nora Lustig, Mashekwa Maboshe, Catriona Purfield e Ingrid Woolard. (2015). 'The Distributional Impact of Fiscal Policy in South Africa' (https://tinyco.re/2381815). *Commitment to Equity Working Paper* No. 29, febrero de 2015.

Figura 19.27 Coeficientes de Gini para el ingreso de mercado, el ingreso disponible y el ingreso final.

seguridad social Gasto público financiado con impuestos que ofrece protección frente a varios riesgos económicos (por ejemplo, pérdida de ingresos por enfermedad o desempleo) y permite a las personas suavizar las fluctuaciones en sus ingresos a lo largo de su vida. *Véase también: coaseguro.*

En países con estados del bienestar grandes, una buena parte del gasto adopta la forma de la **seguridad social**, que incluye asistencia a los hogares pobres, pero también pensiones públicas, prestaciones para los desempleados, vivienda social, prestaciones por menores a cargo y otros gastos dirigidos a grupos no definidos por sus ingresos bajos. Las pensiones públicas transfieren ingresos a las personas de mayor edad. Las prestaciones por menores a cargo, como los gastos en educación pública, transfieren ingresos a los más jóvenes (o a quienes cuidan de ellos). Dado que estos gastos se financian con impuestos pagados por los empleados adultos, se trata en definitiva de una manera a través de la que la sociedad facilita a las personas suavizar las fluctuaciones en sus ingresos a lo largo de sus vidas. Recibimos ingresos del gobierno cuando somos muy jóvenes y muy ancianos, y nuestros ingresos son bajos o nulos, y devolvemos una parte al gobierno cuando nos encontramos en edad de trabajar y recibimos una remuneración.

Asimismo, el seguro público de desempleo es otra manera de estabilizar las fluctuaciones en los ingresos de las personas en edad de trabajar que se enfrentan a riesgo del desempleo: lo pagamos mientras estamos empleados y recibimos una prestación cuando estamos sin trabajo.

Estas formas de seguridad social no están específicamente dirigidas a los pobres, pero tienen un alto impacto en la desigualdad debido a que la *mayoría* de las personas jubiladas y desempleadas serían muy pobres si no recibieran estos pagos de la seguridad social. De hecho, en la Unión Europea las pensiones públicas son la política con mayor impacto en la desigualdad, pues reducen el coeficiente de Gini promedio en 0,11, más que todas las demás transferencias combinadas.

La figura 19.28 muestra el ingreso de mercado y el ingreso disponible promedios por familia para el Reino Unido, en un solo año, considerando la edad del asalariado principal. Las familias cuyo asalariado principal tiene menos de 25 años obtienen, en promedio, un ingreso de mercado de 24 108 libras y un ingreso disponible de 24 735 libras. El grupo más rico de hogares es aquel cuyo asalariado principal tiene entre 40 y 44 años, y luego los ingresos caen rápidamente a partir de los 60 años, a medida que los asalariados principales tienden a jubilarse. El ingreso disponible es mayor que el ingreso de mercado para los menores de 25 y los mayores de 65, cuando el ingreso de mercado se encuentra en su nivel más bajo; en cambio, para aquellos entre 25 y 64 años de edad, cuyo ingreso familiar está en los niveles más altos, ocurre lo contrario y el ingreso de mercado es mayor que el disponible.

Si nos imaginamos que hay un solo hogar en cada grupo de edad, el coeficiente de Gini del ingreso de mercado sería 0.249, mientras que para el ingreso disponible sería 0.139; el sistema de impuestos y transferencias, en su conjunto, reduce la desigualdad porque redistribuye de los hogares más ricos a los más pobres. Sin embargo, la figura demuestra que gran parte de este resultado se debe a la redistribución de los hogares en edad de trabajar a los hogares jubilados.

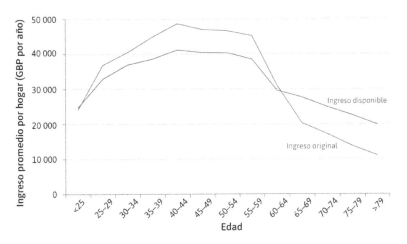

'Effects of taxes and benefits on household income' (https://tinyco.re/9228525). 2014/15. Office for National Statistics (UK).

Figura 19.28 Ingreso de mercado e ingreso disponible medios por familia, para hogares con asalariados principales en diferentes grupos de edad.

CÓMO APRENDEN LOS ECONOMISTAS DE LOS HECHOS

¿Cuál es la mejor manera de dar dinero a los pobres? Aleatorice y averigüe

La mayoría de países adoptan algún tipo de políticas para elevar los niveles de vida de los pobres, pero ¿cuál es la mejor manera de hacerlo? Si los gobiernos quisieran transferir fondos a individuos o familias, ¿deberían transferirlos a los muy pobres?, ¿solo a quienes están trabajando? ¿o solo a quienes están buscando trabajo? ¿Deberían transferirse solo a los pobres o a todos?

Se trata de cuestiones controvertidas y las respuestas dependerán de varios factores, no solo económicos. En cualquier caso, los economistas han estado realizando experimentos para arrojar algo de luz al menos sobre los costos y beneficios de diferentes mecanismos.

Han explorado los efectos de simplemente regalar efectivo a los pobres, sin pedir a cambio que trabajen o lo devuelvan de algún modo. En teoría, los pagos en efectivo que se reciban, se esté o no trabajando, deberían tener un impacto reducido en la oferta laboral. Varios experimentos han descubierto que las subvenciones en efectivo son una manera notablemente efectiva en términos de costo de reducir la pobreza en muchas dimensiones, desde permitir un aumento en el consumo hasta hacer posible una reducción en los niveles de estrés. Estos resultados han llevado a los responsables de política económica a repensar sus programas, por ejemplo comparando el efecto en la pobreza de un dólar gastado en programas de capacitación para el empleo –pongamos por caso– con el efecto de simplemente donar ese mismo dólar.

Hay quienes han propuesto hacer extensivos los pagos en efectivo a todos, no solo a los pobres, en lo que se ha dado en denominar asignaciones de renta básica incondicional (RBI) o renta básica universal (RBU). Algunos grupos de Silicon Valley están financiando experimentos iniciales con estas donaciones de efectivo, de carácter más universal, en Oakland, California, *aleatorizando* el acceso al afectivo. Hay quienes creen que la tecnología está acelerándose a un ritmo tal, y reduciendo tanto la demanda de trabajo, que los subsidios universales al ingreso van a ser necesarios para salvar a la mayor parte de la humanidad de la indigencia provocada por el desempleo.

Otra propuesta es la que se da en Finlandia, donde se selecciona aleatoriamente entre 2000 y 3000 personas que reciben pagos mensuales de 600 dólares, a fin de evaluar si los subsidios que garanticen unos ingresos básicos pueden reducir la pobreza y también simplificar la administración de los programas de ayuda a los pobres. La experimentación con una política antes de adoptarla de forma generalizada está ayudando a los economistas a estudiar algunos efectos de ciertas medidas políticas en particular, permitiendo también a las autoridades basarse en datos reales para decidir si adoptar o no una política determinada.

Redistribución progresiva y regresiva

Cuando el efecto directo de una política tributaria o de transferencias es una reducción en la desigualdad (en relación con lo que hubiera ocurrido en ausencia de dicha política), se denomina **progresiva**. Acabamos de ver que los gastos son más progresivos que los impuestos. Si el efecto directo de una política es un aumento en la desigualdad, se denomina **regresiva**. Las políticas que no son progresivas ni regresivas se denominan **neutras en términos distributivos**.

Para que un gasto o transferencia sea progresivo deben elevarse los ingresos de los hogares más pobres en una proporción mayor que la correspondiente a los ingresos de los hogares más ricos, en términos porcentuales. Esto garantiza que el coeficiente de Gini se reduzca y desplaza hacia arriba la Curva de Lorenz. Note, sin embargo, que esta política podría significar que, en términos absolutos (en unidades monetarias), los hogares ricos estén recibiendo más.

Consideremos el caso de Bruno, el propietario de la tierra, y Ángela, la agricultora. Supongamos que, como resultado de la negociación entre ellos, el ingreso de Bruno es tres veces mayor que el de Ángela: Bruno recibe 3000 pesos al año y Ángela recibe 1000. Supongamos también que Ángela tiene dos hijos y Bruno tiene tres, que todos ellos asisten a escuelas financiadas con recursos públicos y que el gobierno gasta 200 pesos anuales por cada niño. Esto significa que Ángela recibe transferencias en especie por un valor de 400 pesos al año, mientras que Bruno recibe 600. Para Ángela, esto implica un aumento en su ingreso final del 40%. Para Bruno, el aumento es de solo 20%. Así pues, la transferencia es progresiva, y el coeficiente de Gini para el ingreso final se reducirá.

Parece extraño que el coeficiente de Gini disminuya, aun cuando Bruno recibe más que Ángela. La explicación es que el coeficiente de Gini depende de los ingresos relativos, o de la razón entre los ingresos los hogares. El ingreso de mercado de Bruno es tres veces mayor al de Ángela. Una política que reduzca esa razón reducirá el coeficiente de Gini. En el segundo caso indicado anteriormente, el ingreso final de Bruno era de 3600 pesos y el de Ángela de 1400, lo que nos da una razón de 2,57, comparado con la razón de 3 para el ingreso de mercado. Aunque Bruno haya recibido más en términos absolutos, la desigualdad relativa entre ellos se ha reducido, de manera que el coeficiente de Gini ha disminuido.

progresiva (política) Gasto o transferencia que, en términos porcentuales, aumenta los ingresos de los hogares más pobres en un monto mayor que el de los hogares más ricos. *Véase también: regresiva (política).*

regresiva (política) Gasto o transferencia que, en términos porcentuales, aumenta los ingresos de los hogares más ricos en un monto mayor que el de los hogares más pobres. *Véase también: progresiva (política).*

neutra en términos distributivos Política que no es progresiva ni regresiva, de manera que no altera la distribución del ingreso. *Véase también: progresiva (política), regresiva (política).*

La educación primaria es, por lo general, muy progresiva. Un caso de gasto en educación que puede ser regresivo es la educación universitaria financiada con recursos públicos, debido a que los hijos de las familias ricas tienen muchas más probabilidades de ir a la universidad. Si todos los hijos de Bruno y Ángela estuvieran en edad universitaria y solo los hijos de Bruno estudiaran en la universidad, mientras que los hijos de Ángela se dedicaran a trabajar, el gasto público en universidades sería regresivo: la familia de Ángela no recibiría nada, mientras que la de Bruno recibiría algo.

En lo que se refiere a los impuestos también se aplican principios análogos. Un impuesto es progresivo si las familias más ricas pagan un porcentaje mayor de sus ingresos que las familias más pobres, y regresivo si las familias más pobres pagan un porcentaje mayor que las familias más ricas. Así pues, si Bruno hubiera pagado 300 pesos en impuestos y Ángela hubiera pagado 150, entonces el impuesto sería regresivo, aun cuando Bruno estuviera pagando más en términos absolutos: el impuesto de Bruno sería el 10% de su ingreso, mientras que el de Ángela sería el 15%. Nuevamente, esto se explica por el efecto en la razón entre sus ingresos. Sus ingresos después de impuestos de 2700 y 850 presentarían una razón entre sí de 3,18, que es mayor (más desigual) que la razón entre sus ingresos de mercado.

Los impuestos y los gastos pueden analizarse de manera separada, pero es importante recordar que los gastos solo son posibles porque se pagan con impuestos. Cuando un gobierno gasta dinero en escuelas públicas que benefician a algunos hogares, estas se financian con los impuestos que pagan todos los hogares. Esto explica por qué la política fiscal es redistributiva: todos los hogares dan y reciben, pero algunos dan más de lo que reciben, mientras que para otros ocurre lo contrario. El efecto neto es transferir ingresos de unos hogares a otros.

Las figuras 19.29a y 19.29b muestran la distribución de impuestos y gasto público en México. La figura 19.29a presenta las cifras en términos absolutos, mientras que la figura 19.29b presenta las mismas cifras como porcentaje del ingreso de mercado. Cada una de las personas en el decil inferior recibe transferencias por un total de 6682 pesos mexicanos como promedio anual, en comparación con los 5557 que reciben aquellos que se encuentran en el decil superior. Como se muestra en la figura 19.29b, cuando estas cifras se expresan como fracción del ingreso de mercado, las transferencias aumentan a medida que bajamos de decil. Así pues, el decil inferior recibe transferencias por valor del 135% de su ingreso de mercado, mientras que los que se encuentran en el decil superior reciben solo el 13% de su ingreso de mercado en transferencias. En consecuencia, podemos decir que estas transferencias son progresivas y reducen la desigualdad.

Cada hogar en el decil inferior paga de media 594 pesos mexicanos, comparados con los 25 902 que pagan los que se encuentran en el decil superior. Ahora bien, dado que los ingresos de mercado del decil superior son 40 veces superiores a los del decil inferior, para ambos grupos estos impuestos representan el 12% del ingreso, por lo que los impuestos no son ni regresivos ni progresivos.

La figura 19.29a muestra que el efecto neto de los impuestos y las transferencias es tal que, cuanto menor es el decil, mayor es el monto recibido; los deciles 9 y 10 como contribuyentes netos en lugar de beneficiarios. Esto implica que el sistema fiscal en su conjunto es progresivo y reduce el coeficiente de Gini. También implica que la política fiscal, de manera efectiva, redistribuye ingresos desde los dos deciles superiores (especialmente del más alto) hacia los otros 8 deciles inferiores. Sin embargo, el beneficio para los deciles 1 al 8 es mayor que los costos para los deciles 9 y 10. Esto se debe, en parte, a que el gobierno mexicano también recibe ingresos de la producción de petróleo. Estos ingresos del petróleo se distribuyen pero no se *re*distribuyen, pues representan un ingreso que el gobierno recibe sin gravar para ello con impuestos a las familias ni a las empresas.

La figura 19.29b muestra claramente que los gastos son más progresivos que los impuestos: mientras que los hogares más ricos tienden a pagar en impuestos una fracción ligeramente mayor de sus ingresos que los hogares más pobres, el gasto público es una fracción mucho mayor de los ingresos para los hogares pobres que para los hogares ricos.

Estimaciones de John Scott utilizando la Encuesta Permanente de Hogares, México.

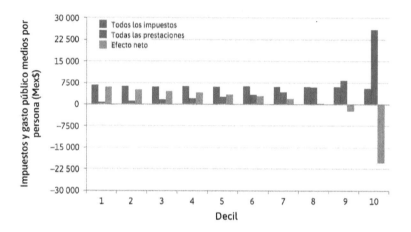

Figura 19.29a Distribución de impuestos y gasto público (media de pesos por persona). Deciles de hogares ordenados por ingreso neto de mercado per cápita, México, 2014.

Estimaciones de John Scott utilizando la Encuesta Permanente de Hogares, México.

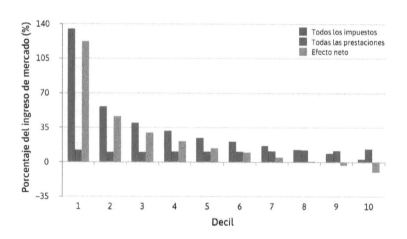

Figura 19.29b Distribución de impuestos y gasto público como porcentaje del ingreso de mercado. Deciles de hogares ordenados por ingreso neto de mercado per cápita, México, 2014.

> **EJERCICIO 19.10 IMPUESTOS PROGRESIVOS Y REGRESIVOS**
>
> 1. Un impuesto per cápita es un impuesto tal que cada persona paga al gobierno la misma cantidad en términos absolutos. ¿Es progresivo, regresivo o neutro en términos distributivos?
> 2. Una renta básica es un beneficio tal que cada persona recibe la misma cantidad del gobierno en términos absolutos. ¿Es progresivo, regresivo o neutro en términos distributivos?
> 3. Supongamos que usted se entera de que el 10% de las personas más ricas pagan el 30% de impuesto sobre los ingresos. ¿Significa eso que el sistema fiscal es progresivo?
> 4. Algunos gobiernos de países en desarrollo otorgan becas a algunos de sus mejores estudiantes para que puedan cursar estudios de posgrado en el extranjero. Si no existen restricciones para seleccionar a los beneficiarios de esas becas, ¿es probable que esta política sea progresiva o regresiva? ¿Qué es lo que podría justificar esta política?

19.11 IGUALDAD Y DESEMPEÑO ECONÓMICO

El éxito de la Operación Barga a la hora de elevar la productividad agrícola (capítulo 5), de Oportunidades en México y de las pensiones en Sudáfrica para elevar el rendimiento escolar y mejorar la salud infantil podrían contribuir a explicar el hecho de que a países más igualitarios les vaya tan bien (o mejor) como a países con mayor desigualdad, en términos de desempeño económico estándar.

En la figura 17.15 (página 851) vimos que unos niveles bajos de desigualdad, una mayor capacidad de negociación de los sindicatos y la ampliación de las políticas fiscales y de las transferencias en favor de los pobres durante la era dorada del capitalismo fueron factores asociados al crecimiento más rápido del ingreso per cápita registrado en la historia moderna. La inversión también registró niveles nunca antes observados, elevando a una tasa de crecimiento sin precedentes el stock de capital.

Previamente en este mismo capítulo (figura 19.3 (página 945)), mostrábamos la evolución en forma de U de los ingresos más altos a lo largo del siglo en muchos países, incluidos EE.UU y el Reino Unido. Según esta medición, la desigualdad hacia fines del siglo xx se ha elevado a niveles no experimentados desde antes de la Gran Depresión. No obstante, este patrón en forma de U dista mucho de ser un patrón universal, como mostramos en la figura 19.4 (página 946).

La mayoría de los países de la figura 19.4 –donde el ascenso en U hacia una mayor desigualdad no ocurrió o fue mucho menos pronunciado– son países con un alto desempeño económico. Estas naciones lograron tanto un rápido crecimiento del ingreso per cápita como niveles moderados de desigualdad en el ingreso disponible, como puede apreciarse en la figura 19.30a. En este caso, medimos la desigualdad en los ingresos después de impuestos y transferencias (ingreso disponible) debido a que es la mejor medida de desigualdad disponible para todos estos países. La conclusión de la figura 19.30a es que los países difieren mucho en lo desiguales que son sus niveles de vida, y que el crecimiento en la productividad (PIB per cápita) parece no estar relacionado con el nivel de igualdad.

Entre los países en desarrollo, también los ha habido de desempeño alto y bajo. La figura 19.30b muestra que Corea del Sur y Taiwán han sido capaces de lograr un alto crecimiento con una desigualdad relativamente baja durante

los últimos 30 años, mientras que el desempeño de las economías latinoamericanas, en estas dos dimensiones, ha sido por lo general mucho peor.

Las figuras 19.30a y 19.30b pueden resultar sorprendentes porque los
economistas han sostenido con frecuencia que unos impuestos y unas
transferencias elevados merman los incentivos que animan a las personas a
esforzarse en el trabajo y asumir el tipo de riesgos necesarios para que la
innovación tenga lugar. Las explicaciones acerca de por qué les ha ido tan
bien económicamente a países asiáticos como Japón, Corea del Sur y Taiwán,
así como a países nórdicos y de Europa del Norte, incluyen, entre otras:

- *Altos niveles de cooperación y de confianza*: una economía basada en servicios
  como la producción de conocimientos y el cuidado de otras personas no
  puede tener un buen desempeño si las personas buscan únicamente su
  propio interés individual. La cooperación y la confianza son esenciales
  para gran parte de la economía moderna, pero son difíciles de mantener

Chen Wang y Koen Caminada. 2011.
'Leiden Budget Incidence Fiscal
Redistribution Dataset' (https://tinyco.re/
9338721). Version 1. Leiden Department
of Economics Research.

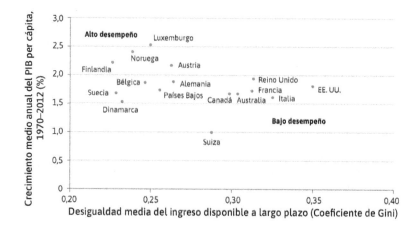

Figura 19.30a El costo de la desigualdad: desigualdad y crecimiento en los niveles
de vida en países ricos.

Chen Wang y Koen Caminada. 2011.
'Leiden Budget Incidence Fiscal
Redistribution Dataset' (https://tinyco.re/
9338721). Version 1. Leiden Department
of Economics Research; OCDE; Fondo
Monetario Internacional. 2014. Base de
datos de *Perspectivas de la Economía
mundial (informe WEO) de octubre de
2014* (https://tinyco.re/8219227).

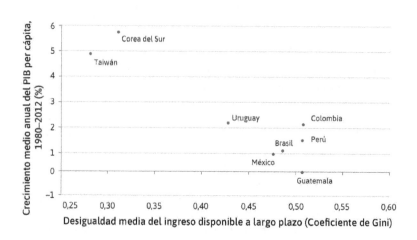

Figura 19.30b El costo de la desigualdad: desigualdad y crecimiento en los niveles
de vida en países en desarrollo.

entre personas a las que se les paguen sueldos enormemente diferentes. Las sociedades más igualitarias crean mayor confianza entre sus ciudadanos y, en consecuencia, disfrutan de un mejor desempeño económico.

• *Políticas que mejoran las dotaciones de los pobres*: unos servicios de salud y educación de alta calidad contribuyen a una utilización más productiva de los recursos de una economía. Lo mismo puede decirse de políticas que eleven el valor de las dotaciones de los pobres, como ilustra la reforma agraria en Bengala Occidental (Operación Barga).

• *Menor uso de personal de seguridad*: la construcción de entornos seguros para los ricos (https://tinyco.re/6662441), como comunidades protegidas por rejas y altos muros, así como otras actividades de vigilancia para proteger los activos de los ricos y brindarles seguridad a nivel personal, desvían recursos que podrían utilizarse en inversiones productivas.

Samuel Bowles y Arjun Jayadev. 2014. 'One Nation under Guard' (https://tinyco.re/6662441). *The New York Times*. Actualizado el 15 de febrero de 2014.

La figura 19.30c ilustra esta última idea: EE.UU., Italia y el Reino Unido son países con una distribución del ingreso disponible altamente desigual y que contratan tres veces más personal de seguridad (público y privado, excluyendo fuerzas armadas) que otros países más igualitarios como Finlandia, Dinamarca y Suecia. Una sociedad desigual puede llegar a gastar una gran cantidad de recursos en proteger derechos de propiedad y en garantizar la aplicación de las leyes.

Arjun Jayadev y Samuel Bowles. 2006. 'Guard Labor' (https://tinyco.re/4636800). *Journal of Development Economics* 79 (2): págs. 328–48.

EJERCICIO 19.11 LOS PAÍSES DE LA CURVA EN U

Observe nuevamente la diferencia entre los países con curva en U de la figura 19.3 (página 945), que mostraba una tendencia hacia una mayor igualdad en los tres primeros cuartos del siglo XX, seguida de un aumento de la desigualdad desde alrededor de 1980 y, por otro lado, los países de la figura 19.4 (página 946), en la que la desigualdad no se elevó en forma significativa, o simplemente no se elevó en absoluto.

Elabore una lista de explicaciones posibles de por qué los países de ambos grupos siguieron distintas trayectorias desde 1980, asegurándose de verificar (usando internet u otras fuentes) que cualquier referencia a cambios tecnológicos e institucionales cuenta con sustento histórico preciso.

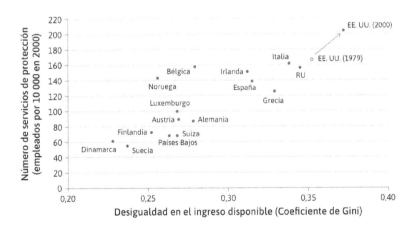

Arjun Jayadev y Samuel Bowles. 2006. 'Guard Labor' (https://tinyco.re/4636800). *Journal of Development Economics* 79 (2): pp. 328–48.

Figura 19.30c El costo de la desigualdad: disparidad económica y fracción de los trabajadores empleada como personal de seguridad.

EJERCICIO 19.12 PAÍSES CON DESEMPEÑO ALTO Y BAJO

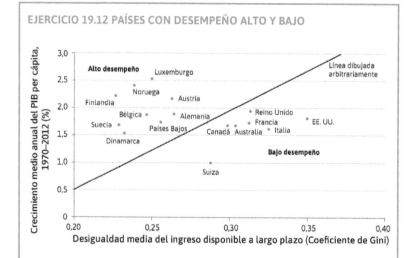

Desigualdad y desempeño económico: países desempeño con alto y bajo.

Aquí arriba, hemos dibujado arbitrariamente una línea sobre la figura 19.30.a para distinguir a países con desempeño alto de aquellos con un desempeño bajo. Ahora bien, lo que cuenta como desempeño «alto» depende de las preferencias.

1. Presente un dibujo de sus curvas de indiferencia en el espacio que proporciona la figura 19.30a, de acuerdo con sus preferencias según desigualdad y crecimiento (Pista: ¿es la pendiente de la curva de indiferencia positiva o negativa?)
2. Utilice sus curvas de indiferencia para confeccionar una clasificación de los países de la figura 19.30a, del más al menos preferible.

PREGUNTA 19.10 ESCOJA LA(S) RESPUESTA(S) CORRECTA(S)
¿Cuál de las siguientes afirmaciones es correcta en relación con las políticas frente a la desigualdad?

☐ Japón tiene una sociedad más igualitaria en comparación con EE.UU. debido al gran efecto igualador de sus impuestos y transferencias.
☐ Proporcionar educación de alta calidad a los ciudadanos es una manera de elevar las dotaciones de las personas menos favorecidas.
☐ Un aumento en el salario mínimo aumenta el desempleo, lo que a su vez, sin duda, trae consigo una mayor desigualdad.
☐ Los contratos de no competencia significan que los trabajadores pueden exigir mayores salarios, lo que trae consigo una menor desigualdad.

19.12 CONCLUSIÓN

Como hemos visto en esta unidad, la desigualdad de ingresos entre los hogares del mundo está disminuyendo cada vez más, en gran medida debido a los rápidos aumentos en el ingreso medio de dos países grandes e históricamente pobres: China e India.

El coeficiente de Gini mundial más reciente para el ingreso de los hogares es 0,62. ¿Qué significa este número en términos de lo desiguales que son realmente las personas? Sabemos, por ejemplo, que el ingreso medio del 1% más rico del mundo es 27 veces mayor que el ingreso de la mitad más pobre del mundo.

Ahora bien, otra manera de ver estas diferencias, representadas por un coeficiente de Gini de 0,62, es con el siguiente experimento mental. Si eligiésemos pares de hogares por todo el mundo de manera aleatoria y comparásemos sus ingresos –podríamos, por ejemplo, elegir una familia de Indonesia, una de Noruega, una de Brasil, una de la India y dos de China (lo cual no sería improbable en una elección de hogares al azar)–, encontraríamos que la familia más rica de cada par percibiría, en promedio, 4,2 veces el ingreso de la más pobre. Los muy ricos son muy pocos, así que incluirlos no cambiaría mucho el resultado de este cálculo sobre la desigualdad promedio entre hogares.

¿Pero somos en realidad tan diferentes? ¿Cree usted que el o los generadores de ingresos en la familia más rica de las dos serían, en promedio, 4,2 veces más fuertes, más inteligentes, más trabajadores y más creativos? Esto nos muestra que la economía produce desigualdades incluso entre personas que quizá no sean tan diferentes: premia a algunos con unos ingresos altos y deja a otros con apenas lo justo para sobrevivir.

Muchas de estas diferencias en el ingreso –por ejemplo, vistas como recompensas al esfuerzo en el trabajo, al riesgo asumido o a la creatividad– son consideradas por la mayoría de las personas como enteramente justas, o al menos como necesarias a fin de ofrecer los incentivos necesarios para el buen funcionamiento de la economía. Otras diferencias en los ingresos –los efectos de la discriminación, la coacción o accidentes de nacimiento, por ejemplo– son consideradas por muchas personas como injustas.

La Economía nos puede ayudar a abordar el problema de la desigualdad injusta, clarificando las causas de la desigualdad económica y diseñando políticas que puedan garantizar resultados más justos, como se ha llevado a cabo en muchos países.

Conceptos introducidos en el capítulo 19

Antes de avanzar, revise estas definiciones

- Coeficiente de Gini
- Ingreso de mercado, ingreso disponible, ingreso final
- Curva de Lorenz
- Dotación
- Tecnología
- Institución
- Segmentación del mercado de trabajo
- Políticas predistributivas y redistributivas
- Políticas progresivas y regresivas
- Desigualdad con base en categorías
- Elasticidad intergeneracional
- Aversión a la desigualdad
- Salario mínimo

19.13 REFERENCIAS BIBLIOGRÁFICAS

Acemoglu, Daron, y James A. Robinson. 2012. *Por qué fracasan los países: los orígenes del poder, la prosperidad y la pobreza*, Ciudad de México: Crítica, 2013.

Alvaredo, Facundo, Anthony B. Atkinson, Thomas Piketty, Emmanuel Saez, y Gabriel Zucman. 2016. 'The World Wealth and Income Database (WID)' (https://tinyco.re/5262390).

Atkinson, Anthony B. y Thomas Piketty, eds. 2007. *Top Incomes over the Twentieth Century: A Contrast between Continental European and English-Speaking Countries*. Oxford: Oxford University Press.

Bessen, James. 2015. *Learning by Doing: The Real Connection between Innovation, Wages, and Wealth*. New Haven, CT: Yale University Press.

Bowles, Samuel y Arjun Jayadev. 2014. 'One Nation under Guard' (https://tinyco.re/6662441). *The New York Times*. Actualizado el 15 de febrero de 2014.

Bowles, Samuel y Herbert Gintis. 2002.'The Inheritance of Inequality' (https://tinyco.re/8562867). *Journal of Economic Perspectives* 16 (3): pp. 3–30.

Clark, Gregory. 2015. *The Son Also Rises: Surnames and the History of Social Mobility*. Princeton, NJ: Princeton University Press.

Daly, Mary C. y Leila Bengali. 2014. 'Is It Still Worth Going to College?' (https://tinyco.re/5624488). Federal Reserve Bank of San Francisco. Actualizado el 5 de mayo de 2014.

Deaton, Angus. *El gran escape: salud, riqueza y los orígenes de la desigualdad*. Madrid; México D.F.: Fondo de Cultura Económica, 2015.

Diamond, Jared. *Armas, gérmens y acero: breve historia de la humanidad en los últimos trece mil años*. Barcelona: Debate, 2012.

Dube, Arindrajit, T. William Lester y Michael Reich. 2010. 'Minimum Wage Effects across State Borders: Estimates Using Contiguous Counties' (https://tinyco.re/5393066). *Review of Economics and Statistics* 92 (4): pp. 945–64.

Flannery, Kent y Joyce Marcus. 2014. *The Creation of Inequality: How Our Prehistoric Ancestors Set the Stage for Monarchy, Slavery, and Empire*. Cambridge, MA: Harvard University Press.

Heckman, James. 2013. *Giving Kids a Fair Chance: A Strategy That Works*. Cambridge, MA: MIT Press.

Jayadev, Arjun y Samuel Bowles. 2006. 'Guard Labor' (https://tinyco.re/4636800). *Journal of Development Economics* 79 (2): pp. 328–48.

Milanovic, Branko. 2006. *La era de las desigualdades: dimensiones de la desigualdad internacional y global*. Madrid: Sistema.

Milanovic, Branko. 2012. *Los que tienen y los que no tienen: una historia breve y singular historia de la desigualdad global*. Madrid: Alianza Editorial.

Norton, Michael I. y Daniel Ariely. 2011. 'Building a Better America–One Wealth Quintile at a Time' (https://tinyco.re/3629531). *Perspectives on Psychological Science* 6 (1): pp. 9–12.

Piketty, Thomas. 2014. *El capital en el siglo XXI*. Madrid: Fondo de Cultura Económica.

Rawls, John. (1971) *Teoría de la justicia*. México: Fondo de Cultura Económica, 1979.

CÓMO LA ACTIVIDAD ECONÓMICA AFECTA A LA
FRÁGIL BIOSFERA DE NUESTRO PLANETA Y CÓMO SE
PUEDEN ABORDAR LOS PROBLEMAS AMBIENTALES
RESULTANTES

- La producción y distribución de bienes y servicios afecta a la biosfera de manera inevitable.
- El cambio climático causado por la actividad económica es la mayor amenaza para el bienestar futuro del ser humano, y nos muestra los desafíos a la hora de diseñar y aplicar políticas medioambientales apropiadas.
- Las políticas medioambientales bien diseñadas aplican las formas menos costosas de reducir los daños ambientales y equilibran los costos y beneficios de reducir el daño medioambiental.
- Algunas políticas utilizan impuestos o subvenciones para alterar los precios, de modo que la gente internalice los efectos medioambientales externos de sus decisiones de producción y consumo; otras políticas prohíben o limitan directamente el uso de materiales o practicas dañinas para el medioambiente.
- Algunos sistemas medioambientales han sufrido procesos abruptos de degradación con daños de tal magnitud y gravedad que son difíciles de revertir. Políticas prudentes de prevención permiten no llegar a ese extremo.
- Evaluar las políticas medioambientales supone un desafío: ¿cómo valorar la naturaleza que nos rodea y el bienestar de las futuras generaciones?

En 1980, tuvo lugar una de las apuestas más famosas de la historia de la ciencia. El biólogo Paul Ehrlich predijo que el rápido incremento poblacional haría que los recursos minerales escasearan. El economista Julian Simon, por su parte, pensaba que la humanidad nunca acabaría con los recursos minerales porque el incremento de los precios llevaría a buscar nuevos yacimientos y otras vías para economizar estos recursos. Ehrlich apostó a

Simon que los precios de una canasta de 5 productos básicos o *commodities* –cobre, cromo, níquel, estaño y tungsteno– se incrementarían en términos reales a lo largo de la siguiente década, reflejando así su mayor escasez.

El 29 de septiembre de 1980, cada uno compró 200 dólares de estos cinco productos, siendo el monto total de la apuesta 1000 dólares. Si los precios de estos recursos crecían por encima de la inflación en los siguientes 10 años, Simon le pagaría a Ehrlich la diferencia entre el **precio ajustado con base en la inflación** y 1000 dólares. Si los precios reales caían, Ehrlich pagaría a Simon la diferencia. Durante el periodo, la población mundial se incrementó en 846 millones (19%), el ingreso per cápita se incrementó en 753 dólares (15%, ajustado con base en la inflación y en dólares de 2015). En ese mismo periodo, los precios de los *commodities* ajustados con base en la inflación cayeron de 1000 dólares a 423,93 dólares, por lo que Ehrlich perdió la apuesta y tuvo que pagar 575,07 dólares.

La apuesta Ehrlich-Simon surgió a propósito de la pregunta sobre si los recursos naturales en el mundo se acabarían, pero es poco probable que un intervalo de 10 años nos dé mucha información acerca de la escasez de materias primas a largo plazo. El marco de análisis básico de oferta y demanda (véanse los capítulos 10 y 11) nos indica por qué. Los *commodities* como el cobre o el cromo tienen curvas de oferta y demanda a corto plazo generalmente inelásticas, porque existen pocos sustitutos para esos recursos. Esto significa que un *shock* de oferta o demanda relativamente pequeño genera cambios repentinos y relevantes en los precios, al igual que ocurre en el mercado de petróleo que analizamos en el capítulo 11.

Pero, ¿qué debería suceder con los precios y la disponibilidad del cobre y el cromo a *largo* plazo?

Cuando el precio del cobre sube, los productores tienen incentivos para invertir en nuevas tecnologías que hagan la extracción más barata. Los consumidores sustituyen el cobre por otros materiales. Ambas fuerzas hacen que los precios bajen.

Cuando los precios del cobre empiecen a caer, las empresas cortarán las inversiones en extracción y los consumidores demandarán más cobre. Esto

precio ajustado con base en la inflación Precio que toma en cuenta el cambio en el nivel general de precios

Banco Mundial. 2015. Datos de precios de los productos básicos (https://tinyco.re/9946436).

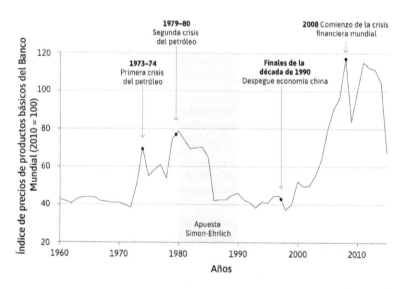

Figura 20.1 Precios globales de los *commodities* (1960–2015).

empujará los precios nuevamente al alza. Así pues, la existencia de precios de mercado para las materias primas va a garantizar que, a pesar del incremento de la población y la prosperidad, no nos «quedemos sin esos recursos». Por tanto, la relación entre reservas (conocidas) y producción no cae demasiado.

En los últimos 200 años, los precios de los recursos no han cambiado, a pesar de que la extracción se ha incrementado. Aunque los precios fluctúan año a año, la tendencia general es a que la curva de precios se mantenga plana. Esto indica que la oferta de materias primas –**recursos naturales**– que proporciona la corteza terrestre es grande.

La mejora en los niveles de vida desde la Revolución Industrial ha sido posible gracias a la combinación del ingenio de ser humano con la disponibilidad de recursos como el aire, el agua, el suelo, los metales, los hidrocarburos como el carbón o el petróleo y los bancos de peces, entre otros. Estos eran, en su momento, recursos abundantes y gratuitos (si no tenemos en cuenta los costos de extracción). Algunos de ellos, como los hidrocarburos y los recursos minerales, siguen siendo abundantes. Otros, como el aire limpio, la biodiversidad (barreras de coral y muchas de las especies marinas y terrestres), las selvas (debido a deforestación y la desertización) y el agua limpia, se están volviendo escasos.

Pero la no existencia de precios no es la única razón de porqué el manejo de los recursos naturales renovables es tan difícil. En ciertos casos, la fragilidad del medioambiente bajo la presión del crecimiento de la actividad económica puede llevar no solo a una degradación progresiva, sino también a un colapso acelerado y que se autorreafirma. Un ejemplo de ello es la pesca de bacalao en los Grandes Bancos del Atlántico Norte. En los siglos XVIII y XIX, goletas legendarias como la *Bluenose* (véase figura 20.2) competían por ser las más rápidas en regresar a puerto para ser las primeras en ofrecer el pescado fresco en las lonjas. Para fines del siglo XX, los Grandes Bancos habían sido el modo de subsistencia de numerosas comunidades pesqueras de Estados Unidos y Canadá durante 300 años.

reservas (recursos naturales) Cantidad de recursos naturales que es económicamente factible extraer con la tecnología existente.

Figura 20.2 La goleta pesquera *Bluenose*.

Y entonces, de repente, la industria de la pesca de los Grandes Bancos desapareció y, junto con ella, muchos de los antiguos pueblos de pescadores. La figura 20.3 muestra la cantidad de bacalao capturado en los últimos 163 años, mostrando una tendencia gradual al alza y un pico pronunciado que coincide con la introducción de la industrialización en la pesca, alrededor de 50 años antes que el bacalao desapareciera de los Grandes Bancos. En los capítulos 4 y 12 aprendimos las razones que explican por qué un recurso de acceso libre es susceptible a sobreexplotación. En este caso, puede verse claramente que hubo un exceso en la captura de bacalao. La pesca en el Atlántico Norte se está recuperando después de que los gobiernos impusieran restricciones, pero todavía no sabemos si los bancos de bacalao recuperarán los niveles que tenían anteriormente.

Los cambios rápidos, como la desaparición del bacalao de los Grandes Bancos, se conocen como un colapso del ecosistema y son el resultado de círculos viciosos medioambientales. En el Amazonas (https://tinyco.re/ 9649785), por ejemplo, el cambio puede autorreafirmarse a través de **procesos de retroalimentación positiva**, como se observa en la figura 20.4. Al traspasar un umbral de deforestación, el proceso se sustenta a sí mismo, incluso sin que se dé una mayor expansión de la agricultura.

De igual manera, el proceso de calentamiento global también puede autorreafirmarse, por ejemplo, por el impacto que tiene sobre la capa de hielo del Ártico, tal como veremos en la sección 20.8.

El agotamiento de los productos básicos o *commodities* y el calentamiento global son dos aspectos de la degradación del medioambiente. Ahora bien, entre ellos hay una diferencia muy relevante: los *commodities* tienen precios y se comercializan, por lo que su consumo puede corregirse a través del aumento de precios. Los efectos medioambientales negativos solo pueden corregirse a través de la acción política o de un conjunto de políticas públicas coordinadas, que es algo mucho más complejo de alcanzar. Como veremos, por lo general, estas acciones suelen ser limitadas o llegar muy tarde.

proceso de retroalimentación positiva Proceso mediante el cual unos cambios iniciales ponen en marcha un proceso que magnifica el cambio inicial. *Véase también: retroalimentación negativa (proceso).*

Millennium Ecosystem Assessment. 2005. *Ecosystems and Human Well-Being: Synthesis* (https://tinyco.re/ 7464004). Washington, DC: Island Press.

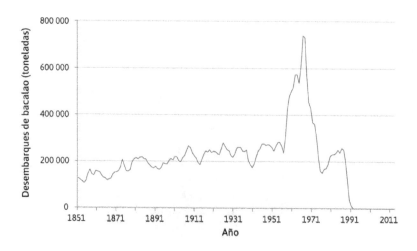

Figura 20.3 Cantidad de bacalao capturado por las pesqueras de los Grandes Bancos (Atlántico Norte) entre 1851 y 2014.

En este capítulo, veremos que la naturaleza de los problemas medioambientales es muy variada y que entender la economía medioambiental va a requerir no solo el uso de las herramientas que hemos adquirido, sino también el estudio de la interacción de los procesos físicos y biológicos con la actividad humana.

PREGUNTA 20.1 ESCOJA LA(S) RESPUESTA(S) CORRECTA(S)

La figura 11.7 (página 523) muestra el precio mundial del petróleo (en precios de 2014) y su consumo mundial.

También tiene la información adicional de que las reservas mundiales de petróleo aumentaron más del doble a 1,7 billones de barriles entre 1981 y 2014. Más de 1 billón de barriles se extrajeron y consumieron en el mismo periodo. Según esta información, ¿cuál de las siguientes afirmaciones es correcta?

Revise la figura 11.7, que muestra los precios mundiales del petróleo y su consumo mundial, para responder la pregunta 20.1.

☐ Tanto los aumentos de los precios del petróleo de la década de 1970 como los de la década de 2000 se debieron a que la curva de demanda se desplazó hacia la derecha.

☐ La fuerte caída del precio del petróleo después de la crisis financiera mundial de 2008 se debió a que la curva de oferta se desplazó hacia la derecha.

☐ El pronóstico de Paul Ehrlich de que el aumento de la demanda debido al crecimiento de la población y la afluencia creciente superaría la oferta fue correcto en el periodo 1981–2014.

☐ El pronóstico de Julian Simon de que el descubrimiento de tecnologías para encontrar nuevos recursos y extraerlos de manera más eficiente superaría los aumentos en la demanda fue correcto en el periodo 1981–2014.

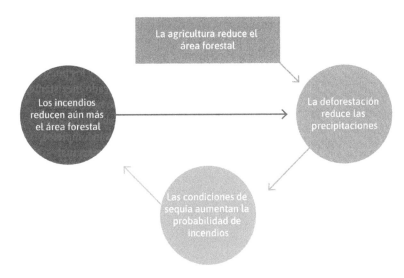

Figura 20.4 Proceso de retroalimentación positiva y la deforestación en el Amazonas.

20.1 RECAPITULEMOS: EXTERNALIDADES, CONTRATOS INCOMPLETOS Y MERCADOS INEXISTENTES

Nuestro estudio de la economía medioambiental comenzó en el capítulo 1, donde vimos que la actividad económica (la producción y la distribución de bienes y servicios) tiene lugar en un sistema físico y biológico. Como vimos en las figuras 1.5 (página 22) y 1.12 (página 44), la economía se ubica dentro de una sociedad, pero también dentro de un ecosistema. Los recursos fluyen desde la naturaleza hacia la actividad humana. Las empresas y las familias producen residuos como emisiones de dióxido de carbono (CO_2) o aguas residuales, que a su vez se envían de vuelta a la atmósfera y los océanos. La evidencia científica sostiene que el planeta tiene una capacidad limitada para absorber la contaminación generada por la actividad económica. En este capítulo vamos a abordar la naturaleza del ecosistema global, que proporciona los recursos que alimentan los procesos económicos, así como los vertederos donde se depositan nuestros desechos.

En el capítulo 4 introdujimos problemas ambientales a nivel local entre personas que eran parecidas en muchos aspectos. Anil y Bala eran propietarios de tierras vecinas que tenían un problema con el manejo de plagas. Podían elegir entre un pesticida dañino para el medioambiente o un sistema benigno de manejo de plagas. El resultado era ineficiente, ya que acababan eligiendo el pesticida dañino para el medioambiente porque no eran capaces de llegar a un acuerdo previo y vinculante (un contrato completo) sobre cómo debían actuar. En el capítulo 4, también descubrimos que contribuir a mantener la calidad del medioambiente es, hasta cierto punto, un bien público, y que existen poderosos motivos centrados en el propio interés que nos mueven a aprovecharnos de lo que hagan los demás. Por tanto, aunque todos nos beneficiaríamos si contribuyéramos a proteger el medioambiente, con frecuencia no hacemos la parte que nos toca.

Sin embargo, cuando un número pequeño de individuos interactúa, podemos observar acuerdos informales y normas sociales (por ejemplo, la preocupación por el bienestar de los otros) que podría bastar para solucionar los problemas medioambientales. Hay numerosos ejemplos de esto en la vida real que incluyen, por ejemplo, los sistemas de riego o la gestión de las tierras comunales.

En el capítulo 12 expandimos el alcance de los problemas medioambientales, incluyendo dos grupos de personas que tenían distintas formas de vida. Consideramos un pesticida hipotético llamado Weevokil (basándonos nuevamente en casos del mundo real) y sus efectos en la pesca y los puestos de trabajo de la industria bananera. En este caso, había un mercado inexistente, ya que los dueños de la plantación que producía bananas no necesitaban pagar por el derecho a contaminar las aguas donde se pescaba y lo podían hacer gratuitamente. Estábamos ante otro caso de contratos incompletos.

En estos casos, los impuestos pueden aumentar el costo marginal privado de quien contamina, igualándolo al costo marginal social, lo que resulta en el nivel socialmente óptimo de producción (y contaminación). En nuestro ejemplo, planteamos una amplia variedad de soluciones al problema medioambiental (las externalidades de los plaguicidas en la pesca aguas abajo), incluyendo la negociación entre las asociaciones de pescadores y los dueños de las plantaciones y la legislación (en el caso real en el que está inspirado el modelo Weevokil, el gobierno acabó prohibiendo el producto químico en cuestión).

La figura 20.5 reproduce parte de la figura 12.8 (página 586), que resume la naturaleza de los fallos de mercado en las interacciones entre los agentes económicos y el medioambiente, y sugiere una lista de posibles soluciones.

En este capítulo vamos a considerar también el problema del cambio climático. Al igual que los fallos de mercado comentados anteriormente, el cambio climático aparece debido a que hay mercados inexistentes. A diferencia de las controversias ambientales locales, el cambio climático es un problema global que involucra a personas con distintos intereses, desde los pobladores de países que pueden acabar sumergidos por debajo del nivel del mar, hasta aquellos que obtienen beneficios de la producción y el uso de energías generadas por la quema de carbón y que, por tanto, contribuyen al cambio climático a nivel mundial. Veremos que muchos de los conceptos que hemos desarrollado, como el de conjuntos factibles o curvas de indiferencia, pueden utilizarse también en estos casos.

El problema del cambio climático combina los mercados inexistentes, la incertidumbre acerca de sus efectos en la economía, la posibilidad de procesos de retroalimentación positiva y puntos de inflexión medioambientales, la necesidad de cooperación internacional y las cuestiones intergeneracionales. El cambio climático es el gran desafío de nuestro tiempo; por consiguiente, necesitamos todo el conocimiento disponible (y más) para poder resolverlo.

PREGUNTA 20.2 ESCOJA LA(S) RESPUESTA(S) CORRECTA(S)
Consulte la figura 20.5.

Según esta información, ¿cuál de las siguientes afirmaciones es correcta?

☐ La negociación entre las partes afectadas siempre es eficaz a la hora de reducir las ineficiencias causadas por las externalidades.
☐ Es poco probable que el precio de mercado de los pesticidas refleje el costo social total de su uso.
☐ Todas las externalidades dan como resultado una utilización excesiva del bien que produce la externalidad.
☐ Reducir los viajes en avión es un subproducto desafortunado e ineficiente de gravar los vuelos.

Decisión	Cómo afecta a los demás	Costo o beneficio	Fallo de mercado (mala asignación de recursos)	Posibles soluciones	Términos aplicados a este tipo de fallo de mercado
Una empresa usa un pesticida que se filtra a las vías fluviales	Daño aguas abajo	Beneficio privado, externalidad negativa	Uso excesivo de pesticidas y sobreproducción del cultivo para el que se usa	Impuestos, cuotas, prohibiciones, negociación, propiedad común de todos los activos afectados	Externalidad negativa, externalidad medioambiental
Usted toma un vuelo internacional	Aumento de las emisiones globales de carbono	Beneficio privado, externalidad negativa	Uso excesivo de viajes en avión	Impuestos, cuotas	Mal público, externalidad negativo

Figura 20.5 Externalidades en el medioambiente.

20.2 CAMBIO CLIMÁTICO

En la actualidad, muchos científicos afirman que el cambio climático es la mayor amenaza para el bienestar futuro del ser humano. Nos enfocamos en el cambio climático por su importancia como problema medioambiental y porque además nos muestra las dificultades en el diseño y la aplicación de políticas medioambientales adecuadas. Este problema pone a prueba el marco conceptual de eficiencia y justicia, llevándolo hasta el límite debido a cinco características que el cambio climático comparte con otros problemas medioambientales:

gases de efecto invernadero Gases —principalmente vapor de agua, dióxido de carbono, metano y ozono—, liberados en la atmósfera de la Tierra que hacen subir la temperatura atmosférica y cambian el clima.

- *La estabilización de las emisiones anuales no es suficiente*: el clima se ve afectado por la cantidad total de **gases de efecto invernadero** que haya en la atmósfera. Esta cantidad se está incrementando debido al flujo anual de emisiones. Aunque se estabilizaran las emisiones en los niveles actuales, no sería suficiente para resolver el problema, ya que los niveles acumulados de gases de efecto invernadero continuarían creciendo.
- *La irreversibilidad del cambio climático*: el incremento de la cantidad de CO_2 en la atmósfera es en parte irreversible, lo que significa que nuestras acciones presentes tienen efectos a largo plazo en las generaciones futuras.
- *El peor de los casos*: los expertos no tienen certeza acerca de la escala, el calendario ni el patrón de los efectos del cambio climático, pero la mayoría concuerda en que puede ser catastrófico. Por tanto, el escenario *más* probable no debería ser la única guía a la hora de diseñar políticas. Es necesario tener en cuenta toda una serie de escenarios diferentes, incluso aquellos que son muy improbables pero desastrosos.
- *Un problema global que requiere cooperación internacional*: las contribuciones al cambio climático vienen de todas partes del mundo y sus efectos se percibirán en todos los países soberanos (casi 200) que existen. Este problema solo podrá solucionarse con un alto nivel de cooperación entre —por lo menos— las naciones más grandes y poderosas a una escala sin precedentes.
- *Conflicto de intereses*: Los impactos del cambio climático son distintos para diferentes personas en función de su situación económica, tanto entre países como dentro de un mismo país. Las generaciones futuras van a experimentar los efectos de las emisiones de hoy, y también los de las acciones que se emprendan para reducirlas. No está claro cómo equilibrar los intereses de los individuos en distintas circunstancias económicas con los intereses de las generaciones actuales y futuras.

Cambio climático y actividad económica

La figura 20.6 muestra el *stock* de CO_2 (en partes por millón) en el eje vertical de la derecha y la temperatura global (como desviación de la media del periodo 1961–1990) en el eje vertical de la izquierda, desde 1750.

El uso de combustibles fósiles para la generación de energía y en la industria en general provoca emisiones de CO_2 a la atmósfera. Estas actividades, junto con las emisiones de CO_2 debidas a cambios en el uso de tierra, generan gases de efecto invernadero equivalentes a alrededor de 36 000 millones de toneladas de CO_2 cada año. Las concentraciones de CO_2 en la atmósfera se han incrementado, pasando de 280 partes por millón en 1800 a 400 partes por millón en la actualidad, y continúan aumentando a razón de 2–3 partes por millón cada año. El CO_2 permite que la luz solar pase a través de él, pero atrapa el calor que se refleja en la Tierra, provocando un incremento de las temperaturas atmosféricas y cambios en el clima. Parte del CO_2 es absorbido por los océanos, lo que incrementa su acidez y mata vida marina.

La figura 20.6 muestra un hecho fundamental de la ciencia medioambiental: el calentamiento global es un efecto de la cantidad de CO_2 y otros gases de efecto invernadero en la atmósfera. Utilizando la misma terminología que en el capítulo 10, donde hablamos del ingreso (una variable de flujo) y la riqueza (una variable de *stock*), el cambio climático es consecuencia del *stock* de gases de efecto invernadero en la atmósfera, no del flujo anual de emisiones. Lo que importa es lo que está en la bañera. La figura 20.7 presenta nuevamente el modelo de la bañera con el que ya ilustramos este ejemplo.

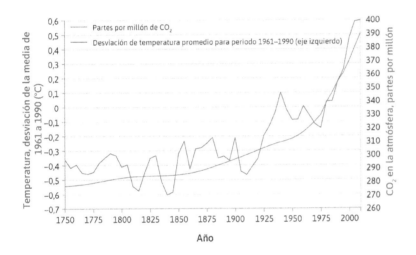

Años 1010–1975. David M. Etheridge, L. Paul Steele, Roger J. Francey y Ray L. Langenfelds. 2012. 'Historical Record from the Law Dome DE08, DE08–2 and DSS Ice Cores' (https://tinyco.re/6992061). División de Investigación Atmosférica, CSIRO, Aspendale, Victoria, Australia. Años 1976–2010: Datos del observatorio Mauna Loa (https://tinyco.re/5262121); Tom A. Boden, Gregg Marland y Robert J. Andres. 2010. 'Global, Regional and National Fossil-Fuel CO2 Emissions' (https://tinyco.re/5803380). Carbon Dioxide Information Analysis Center (CDIAC). Nota: Estos datos son los mismos que en las figuras 1.6a y 1.6b. La temperatura es la media del hemisferio norte.

Figura 20.6 Concentración global de dióxido de carbono en la atmósfera y temperaturas globales (1750–2010).

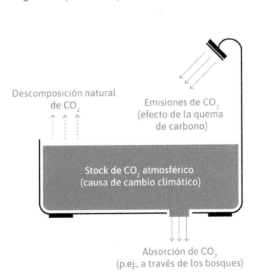

Figura 20.7 Modelo de la bañera: el *stock* de CO_2 en la atmósfera.

El aumento de CO_2 en la atmósfera se debe a que el proceso de reducción del *stock* (a través de la descomposición natural de CO_2 y la absorción de CO_2 por parte de los bosques) es bastante menor que las emisiones nuevas. La deforestación en el Amazonas, Indonesia y otros lugares está reduciendo las «salidas» de CO_2, al tiempo que se incrementan las emisiones. Estas selvas están siendo remplazadas por actividades agrícolas que producen aún más gases de efecto invernadero en forma de metano debido a la ganadería y del óxido nitroso resultante del uso excesivo de fertilizantes.

La descomposición natural del CO_2 es extraordinariamente lenta. De todo el dióxido de carbono que los seres humanos han puesto en la atmósfera desde la quema masiva de carbón que comenzó con la Revolución Industrial, dos terceras partes continuarán en el ambiente dentro de cien años y más de una tercera parte seguirá en la *bañera* dentro de 1000 años más. El proceso natural de estabilización de los gases de efecto invernadero en la atmósfera característico de la época preindustrial se ha visto completamente sobrepasado por la actividad económica, y ese desequilibrio se está acelerando.

Se estima que, para que se dé una probabilidad razonable de limitar el incremento de temperatura a 2°C por encima de los niveles preindustriales, solo se pueden emitir a la atmósfera entre 1 y 1,5 billones de toneladas adicionales de CO_2. Incluso si logramos limitar las emisiones de ese modo, aun así existe una probabilidad cercana al 1% de que las temperaturas suban más de 6°C, causando una catástrofe económica global. Si excedemos los límites y la temperatura sube hasta situarse 3,4°C por encima de los niveles preindustriales, la probabilidad de una catástrofe económica provocada por el clima se sitúa en el 10% (https://tinyco.re/6928664).

La figura 20.8 muestra la relación entre la temperatura estimada y el CO_2 emitido. Se muestra además la cantidad de CO_2 que se emitiría si:

- se quemaran los combustibles fósiles que pueden extraerse desde un punto de vista económico con los precios y la tecnología actual (**reservas**).
- se quemaran todos los combustibles fósiles disponibles en la corteza terrestre (**recursos**)

La figura 20.8 muestra que mantener el calentamiento por debajo de los 2°C implica que la mayoría de las reservas y recursos de combustibles fósiles deben permanecer en el subsuelo y no extraerse.

Martin Weitzman argumenta que existe un riesgo nada desdeñable de que se produzca una catástrofe por causa del cambio climático en un podcast de EconTalk (https://tinyco.re/7088528).

Gernot Wagner y Martin L. Weitzman. *Shock climático: consecuencias económicas del calentamiento global* (https://tinyco.re/6928664). Barcelona: Antoni Bosch, 2015.

reservas (recursos naturales) Cantidad de recursos naturales que es económicamente factible extraer con la tecnología existente.

EJERCICIO 20.1 EVALUACIÓN DE LOS IMPACTOS ECONÓMICOS DEL CALENTAMIENTO GLOBAL

En 1896, el científico sueco Svante Arrhenius estimó el impacto de duplicar las concentraciones de CO_2 en la atmósfera y luego sugirió que «las regiones más frías de la tierra» podrían querer quemar más carbón para disfrutar de un «mejor clima».

En el próximo siglo, hay países enteros que podrían desaparecer a medida que aumenta el nivel de los océanos como consecuencia del derretimiento de las capas de hielo de la Antártida Occidental y Groenlandia.

1. Averigüe lo que pueda sobre qué regiones, sectores, ocupaciones, empresas o ciudades tienen más posibilidades de experimentar:
   (a) el impacto más positivo debido al cambio climático
   (b) el impacto más negativo debido al cambio climático
2. ¿Cuáles son las principales razones por las que los efectos del cambio climático son diferentes para estos grupos?

Utilice información de la página web de la NASA sobre el cambio climático (https://tinyco.re/5897476) y el último informe del Grupo Intergubernamental de Expertos sobre el Cambio Climático (https://tinyco.re/9013146) para responder a las siguientes preguntas:

1. Explique las que los científicos del clima creen que son las principales causas del cambio climático.
2. ¿Qué pruebas hay que indiquen que el cambio climático ya está ocurriendo?
3. Nombre y explique tres posibles consecuencias del cambio climático en el futuro.
4. Discuta por qué las tres consecuencias que ha enumerado pueden conducir a desacuerdos y conflictos de intereses sobre la política climática. (Sugerencia: puede resultarle útil recurrir a sus respuestas al ejercicio 20.1 sobre los ganadores y perdedores del cambio climático).

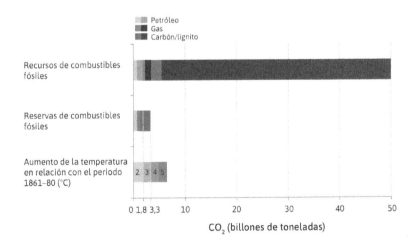

Cálculos de Alexander Otto del Environmental Change Institute, de la Universidad de Oxford, basados en: Aurora Energy Research. 2014. 'Carbon Content of Global Reserves and Resources'; Bundesanstalt für Geowissenschaften und Rohstoffe (Instituto Federal de Geociencias y Recursos Naturales). 2012. *Energy Study 2012* (https://tinyco.re/6027940); IPCC 2013 *Climate Change 2013: The Physical Science Basis. Contribution of Working Group I to the Fifth Assessment Report of the Intergovernmental Panel on Climate Change* (https://tinyco.re/9013146). Cambridge: Cambridge University Press; Cameron Hepburn, Eric Beinhocker, J. Doyne Farmer y Alexander Teytelboym. 2014. 'Resilient and Inclusive Prosperity within Planetary Boundaries'. *China & World Economy* 22 (5): págs. 76–92.

Figura 20.8 Dióxido de carbono que contienen las reservas y los recursos de combustibles fósiles, en términos relativos a la capacidad atmosférica de la Tierra.

La figura 20.8 muestra el aumento de temperatura que resulta del CO_2 emitido, generado a diferentes niveles de uso de las reservas de combustible fósil (que se puedan extraer técnica y económicamente) y los recursos (cantidades totales estimadas) en la corteza terrestre. Por ejemplo, el gráfico establece que entre 1 y 1,5 billones de toneladas de emisiones de CO_2 podrían generar un aumento de temperatura de 2°C, en comparación con el promedio preindustrial.

También parte de la base de que, actualmente, se generan 36 000 millones de toneladas de CO_2 al año. Según esta información, ¿cuál de las siguientes afirmaciones es correcta?

☐ La figura sugiere que el mundo debería dejar de usar carbón inmediatamente.
☐ Usar todas las reservas, pero ninguno de los recursos debería evitar que la temperatura subiera más de 2°C.
☐ Limitar las emisiones adicionales de CO_2 entre 1 y 1,5 billones de toneladas asegurará que la temperatura no aumente más de 2°C.
☐ Estabilizar la tasa de emisión al nivel actual no será suficiente para evitar la posibilidad de una catástrofe económica inducida por el clima.

20.3 LA REDUCCIÓN DE LOS DAÑOS MEDIO-AMBIENTALES: ANÁLISIS COSTO-BENEFICIO

Al igual que otros problemas ambientales, se puede afrontar el cambio climático a través de **políticas de mitigación**, como pueden ser:

política de mitigación Política diseñada para la reducción de daños medioambientales. *Ver también: mitigación.*

- el descubrimiento y la adopción de tecnologías que sean menos contaminantes
- elegir consumir pocos o menos bienes que sean medioambientalmente dañinos
- la prohibición o la limitación de actividades o substancias dañinas para el medioambiente

Sin embargo, es seguro que los costos de eliminar inmediatamente *todas* las emisiones de CO_2 excederían los beneficios ambientales. Surge, por tanto, una pregunta: ¿cuál es el grado de reducción de emisiones que se debería adoptar?

En parte, se trata de una pregunta sobre los hechos: ¿cuál es la disyuntiva o *trade-off* entre los beneficios de producir y consumir más, y el disfrute de un medioambiente menos degradado? Pero también es una pregunta ética: ¿cómo debemos valorar la calidad medioambiental? ¿Cuánto deberíamos sacrificar del consumo presente a cambio de la calidad medioambiental que disfruten tanto las generaciones actuales como las futuras?

Si preguntamos a la gente sus opiniones sobre las diferentes propuestas de políticas medioambientales, esperamos que sus respuestas varíen, en parte porque el deterioro del medioambiente afecta a las personas de forma distinta. El punto de vista dependerá, por ejemplo, de si uno es trabajador al aire libre (quienes lo sean se van a ver más beneficiados por niveles de contaminación menores) o si uno trabaja en una empresa petrolera (podría perder el empleo si los costos de mitigación hacen que la empresa cierre), y podrá depender también de si no se tiene más opción que vivir en aéreas muy contaminadas o si se es lo suficientemente rico para tener distintas propiedades.

Sin duda, nuestra opinión sobre cuánto gastar hoy para proteger el medioambiente futuro no coincidiría con cuánto lo valorarían las generaciones de un futuro distante si pudiéramos preguntarles. Las opiniones de las personas están muy influenciadas por el interés propio pero, como vimos en el capítulo 4, no completamente. También nos preocupamos por los efectos que las cosas puedan tener sobre los demás, incluso si son completos extraños.

Para simplificar, vamos a dejar de lado estas diferencias por el momento y considerar una población de individuos idénticos. Vamos a ignorar a las generaciones futuras y en un arranque de optimismo suponer que todos viviremos eternamente. Además, también empezaremos suponiendo que todos disfrutamos (o sufrimos) la misma calidad medioambiental. Más adelante, en este capítulo, consideraremos qué cambia cuando no planteamos estas suposiciones.

Comenzaremos con un «responsable de política pública ideal», cuya intención es considerar los intereses de los ciudadanos.

¿Cómo puede la economía ayudar al responsable de las políticas públicas a determinar el nivel de calidad medioambiental que nos gustaría disfrutar, sabiendo que las personas deben consumir menos para disfrutar un medioambiente mejor? Lo primero en lo que se debe pensar es en las acciones que puede tomar y sus consecuencias, o sea, el conjunto factible de resultados posibles.

Para esto, necesitamos considerar las distintas vías por las que los recursos utilizados en la sociedad pueden pasar de su uso actual a otras actividades que degraden menos el medioambiente. Un país puede llevar adelante políticas que limiten el daño medioambiental: nos referimos a ellas como **políticas de mitigación**, puesto que mitigan (reducen) el daño medioambiental. La envergadura de la reducción de las emisiones resultante de estas políticas se conoce como nivel de mitigación. Las políticas de reducción de daños o mitigación incluyen, por ejemplo, impuestos a las emisiones contaminantes o incentivos al uso de automóviles eficientes en el consumo de gasolina.

En lo que queda de esta sección vamos a usar un ejemplo concreto para ilustrar el enfoque general del análisis costo-beneficio medioambiental. El caso específico es la elección de políticas globales para reducir las emisiones de gases de efecto invernadero. Hay que tener en cuenta que, en este ejemplo, suponemos que el responsable de las políticas públicas va a poder llevar adelante cualquier política que se proponga.

Los costos de reducción de las emisiones y el conjunto factible

Para hacerse una idea de cómo analizamos los economistas las opciones de política de reducción de emisiones, consideramos la figura 20.9, que muestra la relación entre la reducción potencial de emisiones y el costo por tonelada de reducción de emisiones. Esta es la curva de costo marginal para el bien, o sea, la **curva de costos de reducción global de los gases de efecto invernadero**. La fuente de las estimaciones es la consultora McKinsey (https://tinyco.re/6905614).

curva de costo de reducción global de los gases de efecto invernadero Muestra el costo de reducir las emisiones de gases de efecto invernadero usando políticas de mitigación, que se ordenan de más a menos eficaces. Véase también: política de mitigación.

La medida de reducción potencial de emisiones, la gigatonelada (10^9 toneladas) de dióxido de carbono equivalente ($GtCO_2e$) es la unidad utilizada por el Grupo Intergubernamental de Expertos sobre el Cambio Climático (IPCC, por sus siglas en inglés) de las Naciones Unidas para medir el efecto de una tecnología o proceso sobre el calentamiento global. Esta unidad expresa cuánto calentamiento se debería a un determinado gas de efecto invernadero, utilizando la cantidad equivalente de emisiones de CO_2 que provocaría el mismo efecto.

Las barras representan un cambio que podría reducir las emisiones de carbono. La altura muestra el costo de usar cada tecnología para reducir las emisiones de carbono, en términos de euros por tonelada de reducción de emisiones de CO_2. El ancho muestra la reducción de emisiones de CO_2, comparada con el nivel sin intervención de ninguna política pública. Así pues, para cada método, una barra más corta muestra una gran reducción de emisiones por euro gastado, y las barras más anchas son los métodos que tienen mayor potencial para reducir emisiones.

Fíjese que en la figura solo hemos incluido políticas que *tienen* un costo. Existen otras muchas políticas que son opciones en las que todos ganan (*win-win*) porque reducen las emisiones de carbono y ahorran dinero, como la instalación de aislamiento en las casas más antiguas. Se puede consultar la lista completa de políticas en la figura 20.26 (página 1066); las que implican un costo se incluyen en la figura 20.9. En la sección 20.10 analizamos las implicaciones de las políticas con las que todos ganan, así que tal vez quiera leer ese apartado ahora, antes de continuar con el resto del capítulo.

La figura 20.9 ordena las políticas de las de menor costo por tonelada a la izquierda hasta las de mayor costo por tonelada a la derecha. Según esta medida, la reducción de emisiones de carbono a través de cambios en la agricultura es el método más eficiente (sin contar las políticas en las que todos ganan). Las energías nuclear, eólica y solar son moderadamente eficientes. En el momento en que se realizaron estas estimaciones, la modernización de las centrales eléctricas de gas para la captura y el almacenamiento de dióxido de carbono era la política de mayor costo por tonelada de CO_2 reducida. Todas las barras juntas forman la curva de costo marginal, que muestra el costo de la reducción de una tonelada adicional

McKinsey & Company. 2013. *Pathways to a Low-Carbon Economy: Version 2 of the Global Greenhouse Gas Abatement Cost Curve* (https://tinyco.re/6905614). McKinsey & Company.

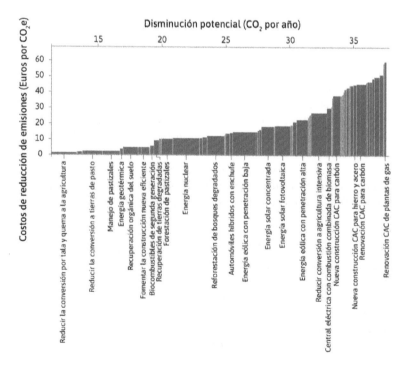

Figura 20.9 Costo potencial de la reducción del efecto invernadero global en 2030 (comparado con seguir como si nada), usando distintas políticas.

para un nivel dado de reducción de emisiones, suponiendo que se utiliza primero la tecnología más eficiente.

El conocimiento científico en este ámbito aún está dando sus primeros pasos y se están desarrollando nuevas tecnologías constantemente. La curva de costos también está cambiando; de hecho, es muy probable que haya cambiado respecto a la que aquí se muestra con datos de 2013. Por ejemplo, la rápida reducción en los costos de la energía solar es probable que haya aumentado su eficiencia, reduciendo la altura de las barras asociadas a ella (véase figura 20.19a (página 1044)).

Pero, incluso centrándonos únicamente en las barras más eficientes, la implementación de estas políticas implica el traslado de recursos de la producción de otros bienes y servicios: el costo de oportunidad de mejorar el medioambiente es la reducción del consumo.

Podemos utilizar la información de la curva del costo marginal de reducir las emisiones (tal como se muestra en la figura 20.9) para estimar cuánta mitigación podemos obtener para cada nivel de gasto, suponiendo que se utilizan primero los métodos más eficientes. Estos cálculos se muestran en la figura 20.10. Empezaríamos primero aplicando las medidas más baratas y efectivas, como la gestión del suelo y las políticas de conversión. Habiendo agotado estas políticas, la curva se vuelve más plana a niveles de gasto más altos, por lo que estaríamos dedicando más recursos a métodos menos eficientes como adaptaciones de las centrales eléctricas para realizar captura y almacenamiento de carbono (CAC). Para más detalles sobre los cálculos de los costos marginales de reducción de emisiones, véase el *Einstein* del final de esta sección.

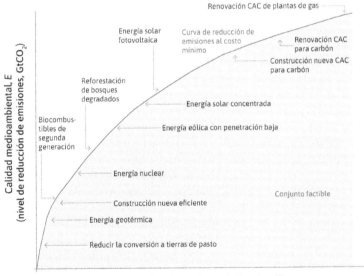

McKinsey & Company. 2013. *Pathways to a Low-Carbon Economy: Version 2 of the Global Greenhouse Gas Abatement Cost Curve* (https://tinyco.re/6905614). McKinsey & Company.

Figura 20.10 Curva de reducción de emisiones al costo mínimo al costo mínimo: cuánto de la reducción total (al costo mínimo) de las emisiones es función del gasto total en mitigación.

La curva de la figura, que denominamos curva de reducción de emisiones al costo mínimo, nos muestra las combinaciones de gasto y reducción de emisiones cuando los cambios menos costosos se introducen primero y los más costosos se introducen más tarde.

Utilizando figuras como la 20.10 podemos establecer todas las combinaciones posibles entre consumo y reducción de emisiones que son factibles. La tecnología de reducción de emisiones disponible se representa en el conjunto de puntos sombreados de la figura 20.11. En esta figura, en el eje horizontal se mide el gasto en la reducción de emisiones, mientras que en el eje vertical se mide la calidad medioambiental en términos del nivel de reducción de emisiones conseguido. El cero es la situación donde no hay ninguna reducción de emisiones.

El área sombreada es el conjunto factible de gastos de reducción de emisiones y resultados medioambientales. Puntos como el A, en el interior del conjunto, representan políticas de mitigación ineficientes. Existen alternativas al punto A en las que se pueden obtener los mismos niveles de reducción de emisiones (25 gigatonaledas) a un costo menor (400 000 millones, en lugar de 600 000 millones de euros). Asimismo, para un gasto de 600 000 millones, la opción de mitigación más efectiva en términos de costo ofrecería una reducción de emisiones de 30 gigatoneladas de CO_2 y, por tanto, una mayor calidad ambiental de la que brinda el punto A. Los economistas decimos que el punto A está **dominado** por los puntos A' y A'', y por todos los puntos que hay entre ellos. Esto significa que en cualquiera de esos otros puntos se va a incurrir en menores costos de reducción de emisiones para lograr el mismo nivel de reducción de emisiones (A') o incluso mayores reducciones de emisiones (A'') con igual costo.

¿Cómo puede ocurrir un punto de ineficiencia como el punto A en la figura 20.11? En la figura 20.10, las políticas estaban ordenadas de modo que se gastara primero en las medidas más eficientes. A medida que se iba agotando el potencial de cada una de estas políticas, se pasaba a la siguiente en nivel de eficiencia.

Para resaltar la diferencia entre una política de reducción de emisiones eficiente y otra ineficiente, en la figura 20.12 se muestran las opciones de reducción de emisiones basadas en los datos de la figura 20.9, pero cuando las políticas más costosas se aplican primero. Si una sociedad se ha comprometido a gastar 8 370 millones de euros en la reducción de las emisiones y lo gasta todo en métodos de captura de carbono, energía nuclear y otras opciones menos eficientes, la curva de reducción de emisiones al costo mínimo sería como la de la figura 20.12.

Vemos que, si se gastaran 8 370 millones de euros en reducción de emisiones, el nivel de reducción sería de 4,94 gigatoneladas de CO_2, en lugar de la reducción de 11,2 gigatoneladas que se hubiera producido si la sociedad hubiera aplicado las políticas menos costosas como vimos en la figura 20.10.

Las figuras 20.10 y 20.12 comunican un mensaje claro sobre las prioridades. Si se tiene una cantidad limitada para gastar en la reducción de emisiones y la tecnología no cambia, hay que enfocarse primero en reducir la conversión a tierras de pasto. De acuerdo con la figura 20.10, deberíamos adoptar la energía nuclear (suponiendo que las cuestiones del almacenamiento de residuos y otros temas de seguridad puedan abordarse correctamente), la energía solar y la energía eólica antes de construir nuevas centrales eléctricas de carbón con sistemas de captura y almacenamiento de dióxido de carbono o de reformar viejas centrales eléctricas de carbón con esta tecnología.

dominado/a Describimos un resultado de esta manera si se puede conseguir más de algo que se valora positivamente sin tener que contentarse con menos de algo más que también se valora positivamente. En resumen: un resultado recibe el calificativo de dominado si hay una alternativa en la que todos ganarían.

Para estudiar las disyuntivas o *trade-off* entre el medioambiente y el consumo, tenemos que invertir la curva de reducción de emisiones al costo mínimo, tal como hicimos con la función de producción de grano en el capítulo 3. Suponemos que, tras alcanzarse determinado nivel de gasto público en otras políticas y también determinado nivel de inversión, el consumo máximo en bienes y servicios que podría darse en una economía sin políticas de reducción de emisiones es de 500 000 millones de euros.

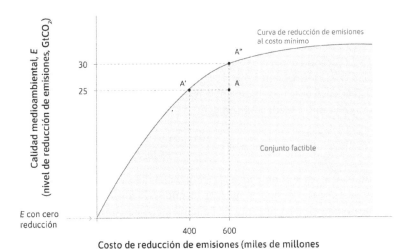

Figura 20.11 Curva de reducción de emisiones al costo mínimo: *trade-off* entre el costo de reducción de emisiones y la cantidad reducida.

Figura 20.12 Curva de costos de reducción cuando las tecnologías más costosas se aplican primero.

En consecuencia, las opciones factibles son las situadas en el área sombreada de la figura 20.13.

En la figura 20.13, el eje vertical sigue midiendo la calidad del medioambiente, pero ahora el eje horizontal muestra los bienes disponibles para el consumo tras incurrirse en los costos de reducir emisiones (de izquierda a derecha). Así pues, los costos de reducción de emisiones se miden de derecha a izquierda.

El problema de la elección del nivel de reducción de las emisiones ya nos resulta familiar. El responsable de política pública quiere elegir un punto entre las alternativas sobre la frontera factible. Recuerde que ya hemos visto en capítulos anteriores que la pendiente de la frontera factible, que también se conoce como tasa marginal de transformación (TMT), es en definitiva cuánto de la cantidad del eje vertical se obtendría al ceder una unidad de la cantidad en el eje horizontal. En el esquema de frontera factible consumo-medioambiente, es la tasa marginal de transformación de consumo al que se renuncia en calidad medioambiental.

$$\text{Tasa marginal de transformación} = \frac{\text{incremento de calidad medioambiental}}{\text{reducción de consumo}}$$

Cuanto mayor sea la pendiente de la frontera factible (mayor inclinación), menor será el costo de oportunidad en términos de consumo al que se ha de renunciar para obtener mejoras medioambientales adicionales.

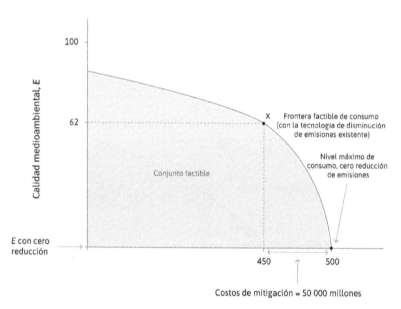

Figura 20.13 Consumo factible y calidad ambiental.

1. Si no se adoptan políticas de reducción de emisiones
Si los costos de reducción de emisiones son cero, la nación puede tener un consumo de 500 000 millones de euros.

2. 50 000 millones de euros en costos de reducción de emisiones
La nación está en el punto X después de gastar esta cantidad.

Curvas de indiferencias medioambiente-consumo

¿Qué punto del conjunto factible elegirá el responsable de política pública? La respuesta puede encontrarse estudiando las curvas de indiferencia medioambiente-consumo de la figura 20.14, que muestran cuánto consumo están dispuestas a sacrificar las personas a cambio de una mejor calidad del medioambiente.

La pendiente de la curva de indiferencia, la tasa marginal de sustitución (TMS), se puede expresar como:

$$\text{Tasa marginal de sustitución} = \frac{\text{utilidad marginal del consumo}}{\text{utilidad marginal de la calidad medioambiental}}$$

La TMS del responsable de política pública será alta (curva de indiferencia con mucha pendiente) si el consumo es muy valorado por los ciudadanos (utilidad marginal del consumo alta) y si estos no le dan mucho valor a una reducción adicional de emisiones para mejorar la calidad medioambiental (la utilidad marginal de la reducción de las emisiones es baja). En sentido contrario, si las personas valoran mucho la calidad del medioambiente en términos relativos al consumo, la TMS será más baja (tendrá menos pendiente).

En la figura 20.14, las curvas de indiferencia son líneas rectas porque, para simplificar, asumimos que la utilidad marginal del consumo y la utilidad marginal de la calidad medioambiental son constantes. Esto implica que no dependen de la cantidad consumida ni del nivel de reducción de emisiones.

Para considerar cómo las preferencias de los ciudadanos afectan a la política óptima elegida, vamos a suponer que el responsable de política pública va a tener en cuenta las preferencias de todos los ciudadanos por igual. Esto implica que, si las personas deciden valorar más la calidad medioambiental, entonces las curvas de indiferencia del responsable de política pública reflejarán esa circunstancia haciéndose más planas.

Análisis costo-beneficio: el responsable de política pública ideal elige un nivel de reducción de emisiones

Nuestro responsable de política pública considera dos principios para tomar una decisión acerca del nivel de reducción de emisiones:

- *Considerar solo políticas de reducción de emisiones situadas sobre la frontera del conjunto factible*: eliminando las políticas de alto costo que están dentro del área sombreada.
- *Elegir la combinación de calidad medioambiental y consumo que le ubique en la curva de indiferencia más alta.*

Para satisfacer ambas condiciones, encuentra el punto en la frontera factible donde se iguale la TMT (la pendiente de la frontera) con la TMS (la pendiente de la curva de indiferencia más alta posible).

Tal como se puede observar en la figura 20.14, el punto X es el nivel de protección del medioambiente que el responsable de política pública quiere implementar. El *beneficio* medido a través del índice de calidad medioambiental, estimado en 62, se alcanza al costo de reducir el consumo en 50 000 millones de euros y dedicar esa cantidad a la reducción de emisiones.

¿Qué haría que se escogiera otro nivel de reducción de emisiones?

- *Diferentes valoraciones*: si a las personas les importara menos el medioambiente, entonces las curvas de indiferencia tendrían más pendiente que las de la figura 20.14 y el responsable de política pública elegiría un punto como el B, con mayor consumo y menor reducción de emisiones.
- *Diferentes costos de reducción de emisiones*: si la reducción de emisiones se volviera más barata que la de la figura 20.14, entonces el conjunto factible tendría más pendiente en cada nivel de reducción de emisiones, provocando la expansión de la frontera factible hacia arriba, con la consiguiente implicación de que el responsable de las políticas públicas elija mayores niveles de reducción de emisiones y menor consumo.

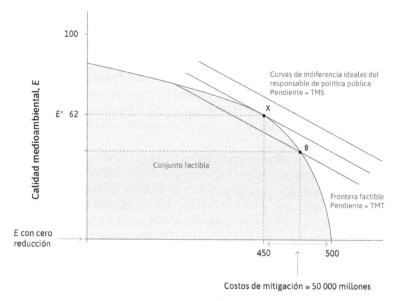

Figura 20.14 La elección ideal del nivel de reducción de emisiones por parte del responsable de política pública.

1. Asignación de 50 000 millones de euros a la reducción de emisiones

El punto X es el nivel de protección medioambiental que el responsable de políticas públicas desearía aplicar, con la calidad medioambiental en E^*.

2. Asignación de menos de 50 000 millones de euros a la reducción de emisiones

En B, la TMS es menor que la TMT (la pendiente del conjunto factible en B), por lo que al responsable de políticas públicas le iría mejor si redirigiera más recursos del consumo a la mejora de la calidad medioambiental. Gastar más en la reducción de emisiones desplaza al responsable de políticas públicas hacia curvas de indiferencia más altas hasta que se alcanza el punto X.

Considere las costosas estrategias de reducción de emisiones que utilizamos para ilustrar una política de reducción de emisiones ineficiente en la figura 20.12 (página 1021). ¿Se le ocurren posibles razones por las que podrían introducirse estas políticas en lugar de las más eficientes en términos de costo?

En la figura 20.14, describimos cómo un responsable de políticas públicas que representa a un grupo uniforme de ciudadanos idénticos elige la cantidad óptima de reducción de emisiones.

1. Dibuje las curvas de indiferencia de la persona encargada de formular las políticas públicas si representara a dos grupos diferentes de ciudadanos (de nuevo, suponemos que todos los ciudadanos de cada grupo son idénticos y que la utilidad marginal del consumo y la calidad medioambiental son constantes). En el primer grupo, los ciudadanos se preocupan más por la calidad medioambiental que por el consumo y, en el otro grupo, los ciudadanos se preocupan más por el consumo de bienes y servicios. Explique por qué el nivel óptimo de costos de reducción de emisiones diferirá entre los grupos.
2. Ahora considere el ejemplo del texto sobre la reducción de los gases de efecto invernadero globales. ¿Cuáles son las principales simplificaciones introducidas en el modelo que podrían llevar al responsable de políticas públicas que lo use a ignorar aspectos importantes del problema de la reducción global de gases de efecto invernadero?

En realidad, existe incertidumbre en torno a la eficacia del gasto en reducción de emisiones y, por lo tanto, sobre lo cara que puede salir la reducción del daño medioambiental.

3. En un diagrama nuevo, dibuje la frontera de consumo factible basada en una evaluación optimista de los costos de reducción de emisiones.
4. Ahora dibuje en el mismo diagrama la frontera de consumo factible basada en una evaluación pesimista de los costos de reducción de las emisiones.
5. Al agregar las curvas de indiferencia del responsable de políticas a su diagrama en cada caso (suponiendo que todos los ciudadanos sean idénticos), muestre cómo la calidad medioambiental real elegida por el responsable de formular las políticas públicas será diferente, incluso si las preferencias son las mismas, dependiendo de si los costos de reducción se evalúan de manera optimista o pesimista.

La figura 20.9 (página 1018) muestra una curva global de reducción de gases de efecto invernadero, definida como la reducción en 2030 en comparación con «seguir como si nada», producida por McKinsey en 2015. El ancho de cada barra indica la reducción potencial de emisiones medida en gigatoneladas de CO_2, mientras que la altura indica el costo de reducción por tonelada.

Según esta información, ¿cuál de las siguientes afirmaciones es correcta?

☐ La energía solar produce más reducción de emisiones por euro gastado que la energía nuclear.

☐ La energía nuclear tiene mayor potencial para reducir las emisiones que la reforestación de bosques degradados.

☐ La tecnología geotérmica tiene un potencial de reducción muy bajo y, por lo tanto, nunca debe adoptarse.

☐ Debería preferirse la energía solar a la energía nuclear a la hora de reducir las emisiones de gases de efecto invernadero.

La figura 20.11 (página 1021) muestra el gráfico del nivel de reducción de emisiones en relación con su costo total, con base en la aplicación de diferentes políticas de reducción de emisiones.

Según esta información, ¿cuál de las siguientes afirmaciones es correcta?

☐ El punto A no es una opción factible.

☐ El punto A′ está dominado por el punto A″.

☐ El hecho de que la pendiente de la curva vaya disminuyendo de manera consistente, implica que las tecnologías se adoptan de menor a mayor costo.

☐ Es posible lograr una curva más alta modificando el orden en que se adoptan las tecnologías.

EINSTEIN

Costos marginales de reducción de emisiones y productividad total de los gastos de reducción de emisiones

¿Cómo construimos los segmentos lineales que definen el límite del conjunto factible de la figura 20.10 a partir de los datos de la figura 20.9?

Supongamos que la altura de la primera barra (el gasto en reducción de emisiones más eficaz en términos de costo) de la figura 20.8 (página 1015) es y y el ancho de esa barra es x. Así pues, en la figura 20.10 (página 1019):

- la pendiente inicial de la curva es $1/y$
- el valor del primer punto en el eje horizontal es xy
- el valor de este punto en el eje vertical es x

Los otros segmentos lineales que forman la curva de la figura 20.9 se construyen de la misma manera.

20.4 CONFLICTOS DE INTERESES: NEGOCIACIÓN
SOBRE SALARIOS, CONTAMINACIÓN Y PUESTOS DE
TRABAJO

Los conflictos de intereses surgen porque la calidad del medioambiente no es la misma para todos. Algunas personas se benefician o sufren más que otras, dependiendo de dónde estén o de su ingreso, como vimos en el capítulo 12 en el caso de los pesticidas en las plantaciones de bananas.

Ahora presentamos dos ejemplos donde los costos y los beneficios no los comparten todos por igual. En 2008 y 2009, dos vertidos de petróleo en el delta del río Níger destruyeron la pesca. Estos vertidos accidentales fueron consecuencia de las actividades de extracción de la empresa anglo-holandesa Royal Dutch Shell. Los abogados del pueblo Ogoni, que sufrió las externalidades negativas, interpusieron una demanda contra la filial nigeriana de Shell ante la justicia británica. En 2015, Shell llegó a un acuerdo extrajudicial y accedió a pagar 3525 libras esterlinas a cada persona afectada (https://tinyco.re/7083523); de esa cantidad total, 2200 libras se le pagaban a cada individuo y el resto consistía en aportaciones para apoyar los bienes públicos comunitarios. Esa cantidad era más de lo que la mayoría de miembros del pueblo Ogoni ganaba en un año. Los abogados que representaban a la comunidad ayudaron a abrir las cuentas bancarias de los 15 600 beneficiarios.

Las transferencias pueden haber compensado a los Ogoni de manera parcial por el daño que supuso la pérdida de un medioambiente saludable, cuya recuperación, según estimaciones del Programa de de las Naciones Unidas para el Medioambiente, costará 1000 millones de dólares y tardará 30 años en completarse. En cuanto a la Royal Dutch Shell, el acuerdo extrajudicial obligó a la empresa a internalizar, al menos parcialmente, los efectos negativos de sus actividades y podría llevar a sus dueños (y a otras compañías extractoras que operan en el delta) a considerar un cambio en su comportamiento.

En 1974, una gigantesca fundición de plomo, plata y zinc propiedad de la empresa Bunker Hill era la principal fuente de empleo en el pueblo de Kellogg, en el estado de Idaho, Estado Unidos, donde daba trabajo a 2300 empleados. Muchos niños del pueblo comenzaron a desarrollar síntomas similares a los de la gripe y los médicos descubrieron que se debía a que presentaban altos niveles de plomo en sangre, lo suficientemente altos como para perjudicar a su desarrollo cognitivo y social.

A tres de los hijos de Bill Yoss, soldador de la fundición, se les habían detectado niveles peligrosamente altos de envenenamiento por plomo. «No sé dónde terminaremos —declaraba el padre a un periodista de *People*—. Igual tenemos que irnos a otro estado».

La compañía se negó a hacer públicos los resultados de sus propias pruebas sobre los niveles de emisiones de plomo de la fundición. A menos que se flexibilizara la regulación sobre emisiones del estado —declaró—, la fundición cerraría, lo que terminó ocurriendo en 1981. Los antiguos empleados tuvieron que buscar trabajo en otro lugar. El valor de las casas y los negocios de la ciudad quedó reducido a un tercio; las escuelas locales, que se costeaban en gran medida gracias a los impuestos a la propiedad inmobiliaria, se quedaron sin fondos para seguir ofreciendo sus servicios a los que se quedaron.

Vamos a hacer un modelo de este problema, considerando para ello un pueblo hipotético llamado Brownsville, en el que una única empresa emplea a toda la fuerza de trabajo, pero produce emisiones tóxicas que son una amenaza para la salud de sus habitantes. La empresa puede cambiar los niveles de emisiones que impone al pueblo, pero los costos de poner en marcha sistemas de captura y almacenamiento de CO_2 implican una pérdida de beneficios. El único propietario de la compañía (sobre quien recaería el costo de reducir el nivel de emisiones) vive lo suficientemente lejos como para que el nivel de emisiones que elija no afecte en absoluto la calidad del medioambiente que disfrute. Así pues, los ciudadanos y la compañía tienen un conflicto de intereses en cuanto al nivel de emisiones en el pueblo, y también sobre los salarios que se pagan. Podemos considerar que los habitantes del pueblo valoran la «calidad medioambiental», que disminuye cuando las emisiones aumentan y se puede medir con un índice de calidad del aire.

Los habitantes del pueblo tienen cierto poder de negociación porque son libres de dejar Brownsville y buscar empleo en otro lugar. Por tanto, la empresa debería ofrecerles un paquete combinado de calidad medioambiental y salarios que al menos cubra su opción de reserva, que es lo que esperarían recibir si se marcharan de Brownsville. Vamos a llamar a este límite que supone el mínimo que las empresas deben ofrecer a los habitantes del pueblo la «condición de traslado a otro lugar».

El dueño de la empresa también tiene poder de negociación porque el paquete salario-medioambiente tiene que brindarle beneficios lo suficientemente altos para no cerrar y buscar otro lugar donde establecerse (lo que conocemos como la «condición de cierre de la empresa»). Los habitantes del pueblo no pueden pedir por encima de este salario si no quieren quedarse sin trabajo (no hay otras empresas en Brownsville). En consecuencia, la opción de reserva de la empresa establece límites al poder de negociación de los habitantes del pueblo frente a la empresa.

En la figura 20.15 se representa la relación entre la empresa y los habitantes del pueblo. El salario que se le paga a los empleados de la empresa están en el eje horizontal. El nivel de calidad del medioambiente que disfrutan los habitantes del pueblo se encuentra en el eje vertical. Hacemos los siguientes supuestos:

- *Los habitantes del pueblo son todos idénticos y disfrutan del mismo nivel de calidad del medioambiente.*
- *El dueño de la empresa no se ve afectado por el nivel de contaminación*: en su caso, las externalidades sobre el medioambiente de sus decisiones los sufren otros. Para él, la contaminación es un «bien» privado que no consume.

Estudie el análisis de la figura 20.15 para ver cómo se hace un modelo de las decisiones de los habitantes del pueblo y de las empresas.

Tal vez haya notado que esta figura se parece mucho a la figura 5.8 (página 228), en la que Ángela, *la granjera*, y Bruno, *el propietario de la tierra*, negocian la cantidad de grano que Ángela le va a transferir a Bruno. La figura 20.15 es muy similar. Tal como ocurría con aquel problema, el estudio de la negociación es más fácil si la pendiente de las curvas de indiferencia permanece constante a un cierto nivel de salarios a medida que la utilidad crece.

En este caso, el conflicto gira en torno al nivel de emisiones que los habitantes del pueblo van a sufrir. Los beneficios de la empresa dependen de las emisiones, y serán mayores si puede desechar materiales tóxicos libremente.

La posición de la curva de indiferencia de reserva de los habitantes del pueblo dependerá de lo que esperen ganar en otro lugar. Si pudieran encontrar un empleo con un salario alto en una comunidad con una contaminación baja, la curva se situaría más arriba y a la derecha de la que se muestra. Su pendiente, o sea, la tasa marginal de sustitución, es la utilidad marginal que obtienen los ciudadanos de unos salarios más altos, dividida por la utilidad marginal de la calidad medioambiental.

$$\text{TMS de los ciudadanos} = \frac{\text{utilidad marginal de los salarios}}{\text{utilidad marginal de la calidad medioambiental}}$$

Figura 20.15 Conflictos de intereses sobre salarios y reducción de las emisiones.

1. La curva de indiferencia de reserva del ciudadano representativo es la «condición de traslado a otro lugar»
Esta curva nos proporciona todas las combinaciones de salarios y calidad medioambiental que representan el mínimo necesario para inducir a un ciudadano representativo a quedarse en el pueblo.

2. La condición de cierre de la empresa
Muestra las combinaciones de salarios y calidad medioambiental ofrecidas por la empresa que suponen el límite para que permanezca en Brownsville.

3. Opciones inviables
Las partes de la figura que se encuentran por encima de la condición de cierre de la empresa y por debajo de la condición de traslado a otro lugar del ciudadano no son factibles.

4. Los ciudadanos tienen poder, punto B
Supongamos que los ciudadanos pudieran imponer un nivel legalmente exigible de calidad medioambiental en la ciudad y establecer sus propios salarios. De manera congruente con el hecho de que la empresa se quede en el pueblo, los ciudadanos fijan los salarios en w y la calidad del medioambiente en $E^{máx}$.

5. Un ultimátum de tómalo o déjalo, punto A
Por otro lado, si la empresa pudiera anunciar un ultimátum del tipo tómalo o déjalo, minimizaría los costos y al mismo tiempo garantizaría que los ciudadanos no elijan abandonar la ciudad en $E^{mín}$.

6. La diferencia entre $E^{máx}$ y $E^{mín}$
Esta es una medida del alcance de las ganancias mutuas que los ciudadanos y las empresas pueden disfrutar. Ambas partes prefieren cualquier resultado en el área sombreada a su opción situada en el exterior, pero solo los puntos entre A y B, como C, son eficientes en términos de Pareto.

Suponemos que la valoración marginal que hacen los ciudadanos de las mejoras en el medioambiente es constante, pero (a diferencia del modelo de la sección 20.3), la utilidad marginal de recibir salarios cada vez más altos es decreciente a un nivel salarial alto (y una calidad medioambiental muy baja): en el extremo derecho de la curva de indiferencia de reserva, la TMS es baja (la curva es casi plana) porque a los habitantes del pueblo no les preocupan demasiado los salarios (porque todos están muy bien pagados) pero, en cambio, están muy preocupados por la pobre calidad del medioambiente. Con salarios bajos la curva tiene mucha pendiente, porque se valoran mucho los incrementos del salario.

La condición de cierre de la empresa muestra las combinaciones de salarios y calidad medioambiental que, de ser ofrecidas por la empresa, harían que esta se mantuviese en Brownsville a duras penas. Todos los puntos en esa línea tienen los mismos costos de producir una unidad de producto y, como resultado, la misma tasa de beneficio. Los beneficios de la empresa van aumentando a medida que nos movemos hacia el origen. Esta curva se parece a la curva de isocosto del capítulo 2 y las líneas de isocosto del esfuerzo del capítulo 6.

$$\text{TMS del dueño de la empresa} = \frac{\text{costo marginal de salarios más altos}}{\text{costo marginal de la calidad medioambiental}}$$

El costo de aumentar 1 dólar el salario es 1 dólar. Suponiendo que si reduce las emisiones, el dueño va a incurrir en un costo p por unidad de reducción, la TMS del dueño es $1/p$. Una línea con mucha pendiente indica que p es pequeño, por lo que evitar las emisiones y conseguir un medioambiente más sano resulta barato.

La empresa se enfrenta a una disyuntiva o *trade-off*. Si se encuentra en el punto B de la figura, paga salarios y produce emisiones a un nivel en el que a duras penas le resulta rentable seguir en el negocio. Por lo tanto, solo puede ofrecer mayor calidad medioambiental a los habitantes del pueblo pagando salarios más bajos. El costo de oportunidad de una unidad de un medioambiente mejor es p en términos de reducción del salario.

Cualquier combinación de salarios y calidad de medioambiente en el área sombreada de la figura es un resultado factible del conflicto. Cualquier combinación en la línea vertical entre A y B es un resultado eficiente en términos de Pareto. Sin embargo, no podemos identificar qué resultado factible se producirá, a menos que sepamos más sobre el poder de negociación de los ciudadanos y la empresa.

La empresa tiene todo el poder de negociación

Si la empresa puede simplemente anunciar un ultimátum del tipo tómalo o déjalo, el punto que va a elegir de la figura 20.15 es el A. Los costos de la empresa estarán muy por debajo del nivel de cierre porque tendrá libertad para generar sustancias tóxicas, que reducen la calidad del medioambiente que disfrutan los ciudadanos de $E^{\text{máx}}$ –emisiones mínimas (máxima calidad medioambiental) congruentes con que la empresa continúe con su negocio–, a $E^{\text{mín}}$. Esta diferencia ($E^{\text{máx}} - E^{\text{mín}}$) implica menores costos y, por tanto, mayores beneficios para las empresas. También implica una mayor exposición a riesgos para la salud de los habitantes del pueblo.

El punto A, en el que la empresa decidiría situarse, se sitúa sobre la curva de indiferencia de reserva de los ciudadanos, donde la distancia vertical entre la condición de cierre de la empresa y la condición de traslado a otro lugar de los habitantes del pueblo es máxima. Esto ocurrirá cuando:

$$\text{TMS de la empresa} = \frac{1}{p}$$

$$= \frac{\text{utilidad marginal de los salarios}}{\text{utilidad marginal de la calidad medioambiental}}$$

$$= \text{TMS de los ciudadanos}$$

Los ciudadanos tienen todo el poder de negociación

Si el poder en la negociación está del otro lado, los ciudadanos elegirán imponer $E^{\text{máx}}$ con salarios w^*. Esto les asegura que estarán en su curva de indiferencia máxima, al tiempo que también se cumple la condición de cierre de la empresa. En este punto, la TMS de la empresa también será igual a la TMS de los ciudadanos.

Se reparten la ganancia mutua

La diferencia entre $E^{\text{máx}}$ y $E^{\text{mín}}$ mide las ganancias que los ciudadanos y la empresa pueden obtener. Cualquier punto entre A y B en la figura es preferible a la siguiente mejor alternativa para la empresa (el cierre) y para los ciudadanos (mudarse de pueblo). Se puede pensar en las ganancias comunes como una torta que los habitantes del pueblo y el dueño de la empresa tienen que repartirse. La forma como se repartan la torta estas dos partes depende, como vimos en los capítulos 4 y 5, del poder relativo en la negociación.

Un punto como el C de la figura 20.15 puede ser posible si los ciudadanos, actuando junto con el gobierno local, imponen a las empresas niveles mínimos de calidad del medioambiente y también salarios mínimos. Actuando en conjunto, los ciudadanos pueden tener un mayor poder de negociación del que les confiere la amenaza individual de mudarse de pueblo, pudiendo exigir que las empresas reconozcan al menos la condición de cierre de los habitantes del pueblo que se muestra en la figura 20.15.

En este caso, el poder de negociación se verá afectado, no solo por las opciones de reserva de las dos partes, sino también por:

- *La capacidad de obligar al cumplimiento*: el gobierno puede no tener las capacidades necesarias para obligar al cumplimiento de los límites impuestos a las emisiones por parte de la empresa.
- *La información verificable*: los ciudadanos pueden no tener suficiente información acerca de los niveles y los peligros de las emisiones como para ganar casos por la vía legal. Si no la tienen, podría darse el caso de que la empresa no cumpliera los acuerdos sobre niveles de emisiones, como por ejemplo el punto C de la figura 20.15.
- *El consenso entre los ciudadanos*: si los ciudadanos no están de acuerdo acerca de los peligros de las emisiones, los legisladores que decidan imponer determinados límites a las emisiones corren el riesgo de no ser reelegidos.
- *El cabildeo o* lobbying: la empresa podría tener capacidad de convencer a los ciudadanos de que las preocupaciones sobre su salud no son tan importantes o que tienen poco que ver con las emisiones.
- *Las posibles acciones legales*: la empresa podría tener derecho legal a generar cualquier nivel de emisiones al que obtenga beneficios (tal vez a través de la compra de derechos de emisión que le permitan hacerlo).

Hasta aquí nos hemos enfocado en la pregunta: ¿cuánta reducción de emisiones debería haber? Ahora vamos a considerar una segunda pregunta: ¿cómo se puede lograr ese nivel de reducción de emisiones?

PREGUNTA 20.6 ESCOJA LA(S) RESPUESTA(S) CORRECTA(S)

Considere una ciudad con un solo negocio que emplea a toda la fuerza laboral y cuyas emisiones tóxicas son una amenaza para la salud de los ciudadanos. La figura 20.15 (página 1029) muestra la curva de «cierre» de la empresa (la combinación de salarios y calidad medioambiental ofrecida por la empresa que apenas la mantendría en funcionamiento) y las curvas de indiferencia de los ciudadanos respecto a la calidad del medioambiente y sus ingresos salariales. También se muestra la curva de indiferencia de reserva de los ciudadanos.

Según esta información, ¿cuál de las siguientes afirmaciones es correcta?

- ☐ Todos los puntos por debajo de la curva de indiferencia de reserva de los ciudadanos y por encima de la curva de «cierre» de la empresa no son factibles.
- ☐ Si la empresa tiene todo el poder de negociación, entonces se elige el punto B.
- ☐ Si los ciudadanos tienen todo el poder de negociación, entonces elegirán el punto con el salario más alto posible.
- ☐ El punto C es la única opción eficiente en términos de Pareto.

20.5 POLÍTICAS MEDIOAMBIENTALES DE LÍMITES MÁXIMOS Y COMERCIO DE DERECHOS DE EMISIÓN

política medioambiental basada en precios Política que usa los impuestos o los subsidios para incidir en los precios con el objetivo de internalizar los efectos externos sobre el medioambiente de las decisiones individuales.

política medioambiental basada en cantidades Política que persigue objetivos medioambientales a través de prohibiciones, límites máximos y regulaciones.

límites máximos y comercio de las emisiones Política a través de la cual se concede un número limitado de permisos para contaminar que se pueden intercambiar en un mercado. Aquí se combina un límite cuantitativo a las emisiones y un enfoque de precios que impone un costo a las acciones que dañan el medioambiente.

En el capítulo 12 vimos la posibilidad de solucionar los fallos de mercado generados por las externalidades negativos del uso de pesticidas. Las distintas soluciones incluían la negociación privada entre los usuarios de los pesticidas y la comunidad pesquera cuyo modo de vida se veía amenazado por estos; los impuestos a los pesticidas (o la producción de bananas resultante de su uso) para encarecerlos; que todos los activos afectados pertenezcan pertenezcan a un propietario único (una empresa u otra entidad), y las cuotas o directamente la prohibición absoluta del uso de pesticidas. Alguna de estas políticas habrían hecho que resultara más costoso dañar el medioambiente, brindando así incentivos a la toma de decisiones económicas más ecológicas (**políticas basadas en precios**). Otras políticas lo habrían hecho directamente ilegal (**políticas basadas en cantidades**).

La política llamada medioambiental de **límites máximos y comercio de emisiones** es una política que combina un límite legal a la cantidad de emisiones con un enfoque basado en incentivos que reparte entre empresas y otros actores las reducciones de emisiones necesarias para alcanzar ese límite legal.

Esta es la idea:

- *El gobierno establece el nivel total de reducción de emisiones necesario*: es el llamado «límite máximo» de las emisiones y constituye, en definitiva, el lado «cuantitativo» de la política.
- *El gobierno concede permisos*: El número de permisos concedidos restringe el total de emisiones al límite máximo.

- *El gobierno distribuye los permisos*: se pueden conceder a las empresas que operen en industrias contaminantes o se pueden subastar entre empresas contaminantes.
- *Los permisos se intercambian en un mercado*: para algunas empresas, contaminar es muy rentable y reducir emisiones muy costoso. Estas empresas comprarán permisos a otras. Las empresas que producen poca contaminación o que tienen bajos costos de reducción de emisiones tienen un exceso de permisos, que van a querer vender. El comercio tiene lugar hasta que desaparecen las ganancias resultantes del comercio.
- *Las empresas presentan permisos al gobierno para cubrir sus emisiones*: por cada tonelada de emisiones que se genere, las empresas deben entregar un permiso al gobierno. En un mundo ideal, el gobierno hace un seguimiento para asegurarse de que las empresas no puedan hacer trampa y aquellas a las que se descubra infringiendo la ley, son penalizadas con grandes multas.

Las políticas de límites máximos y comercio de emisiones son una forma de aplicar un nivel deseado de emisiones (o, de forma equivalente, un determinado nivel deseado de reducción de emisiones, E^*), tal y como hacía el responsable de política pública en la figura 20.13 (página 1022).

El nivel deseado, como sea que se haya decidido, se muestra a lo largo del eje horizontal de la figura 20.16. La cuestión que se aborda con los límites máximos y el comercio de emisiones es: dado que las empresas son distintas en lo que se refiere a su tecnología de producción, ¿cómo dividir entre ellas la cantidad de reducción de emisiones requerida? El objetivo de un sistema de comercio de permisos es que la reducción de emisiones corra a cargo de las empresas a las que les es menos costoso, ahorrándose así recursos escasos que pueden de este modo dedicarse a otros usos.

Para ver cómo funciona todo esto, vamos a analizar la figura 20.16, que muestra el caso donde inicialmente el número de permisos se divide a partes iguales entre dos empresas con distintos costos de reducción de emisiones.

Existen diversas formas de realizar intercambios comerciales de permisos una vez se emiten. Una de esas formas es a través de mercados de tipo subasta como en el que estudiamos en el capítulo 11, en el que vimos (en un experimento) que los participantes rápidamente convergían a comerciar a un precio P^*, que es el precio al que el mercado se sitúa en un equilibrio. El comercio de permisos alcanza el nivel deseado de reducción de emisiones con el costo más bajo para la economía en términos de recursos. P^* es el precio de los permisos y es igual al costo marginal de reducir emisiones en la economía.

Límites máximos y comercio de emisiones: ejemplos

Uno de los primeros casos exitosos de comercio de emisiones fue el esquema de límites máximos y comercio de emisiones de dióxido de azufre (SO_2) en Estados Unidos. El sistema se puso en marcha en 1990 y buscaba reducir la lluvia ácida. En 2007, las emisiones anuales de SO_2 se habían reducido un 43% respecto a los niveles de 1990, a pesar de que el número de centrales eléctricas por combustión de carbón aumentara más de un 26% durante el mismo periodo.

El régimen de comercio de derechos de emisión de la Unión Europea (RCDE EU), lanzado en 2005, es el mayor régimen de comercio de CO_2 del mundo y cubre 11 000 instalaciones contaminantes a lo largo y ancho de la UE. Los gobiernos nacionales subastan el 57% de los permisos de RCDE

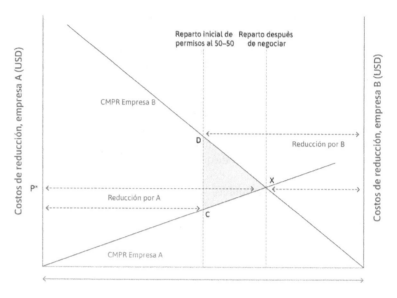

Reparto inicial de permisos al 50–50   Reparto después de negociar

CMPR Empresa B

Costos de reducción, empresa A (USD)

Costos de reducción, empresa B (USD)

Reducción por B

D

Reducción por A

X

P*

C

CMPR Empresa A

Reducción total requerida, E^*
(por ejemplo, unidades de CO_2 disminuidas)

Figura 20.16 Límites máximos y comercio de emisiones: comprar y vender permisos para contaminar.

1. El costo marginal privado de reducción de emisiones (CMPR) de la empresa A
Se muestra en rojo y se mide de la manera habitual desde el eje izquierdo. Aumenta a medida que aumenta su costo de reducción. La empresa A utiliza una tecnología de emisiones relativamente bajas para fabricar su producto.

2. El costo marginal privado de reducción (CMPR) de la empresa B
Se muestra en azul y se mide desde el eje de la derecha, por lo que asciende desde el origen de la derecha a medida que B participa en una mayor reducción de las emisiones. La empresa B utiliza una tecnología más intensiva en emisiones para fabricar su producto y, por lo tanto, su costo marginal de reducción es más alto que para la empresa A.

3. Permisos repartidos al 50–50
Veamos qué sucede si los permisos para contaminar se reparten al 50% entre las dos empresas.

4. Permisos repartidos al 50%: posibilidad de obtener ganancias de comercio con los permisos
La empresa B tiene un CMPR más alto. Si puede comprar un permiso para contaminar más de la Empresa A por un precio menor que su costo marginal, comprará el permiso en lugar de reducir las emisiones. Esto crea la posibilidad de obtener ganancias del comercio de permisos.

5. La empresa B comprará permisos de A: ¿cuántos?
¿Cuántos permisos intercambiarán? Mientras el CMPR de la empresa B exceda el CMPR de la empresa A, ambos se beneficiarán con la venta de permisos de A a B. Si el mercado es competitivo, cabe esperar que haya intercambio comercial hasta que el CMPR se iguale en todas las empresas.

6. Las ganancias generadas por el comercio
El triángulo sombreado muestra las ganancias resultantes del comercio creado por el mercado de permisos. P^* es el precio del permiso y es igual al costo marginal de reducción de emisiones en la economía. El área verde por encima de la línea roja discontinua es la parte de las ganancias del comercio que recibe la Empresa B, mientras que el área por debajo es la parte de las ganancias del comercio correspondiente a la Empresa A.

EU, y el límite máximo de emisiones totales (que llamamos E^* en la figura 20.16) se hace más exigente cada año. Parte de los ingresos resultantes de estas subastas se dedican a financiar la innovación en formas de energía con bajas emisiones de carbono. Existen sistemas similares de comercio de carbono en otros países y regiones.

El RCDE EU ha tenido mucho menos éxito que el sistema estadounidense para el SO_2. Algunos analistas piensan que esto se debe a que el nivel de emisiones permitido era demasiado alto (límites máximos muy altos). Después de la crisis financiera en Europa, una menor demanda agregada resultó en la caída de la demanda de energía eléctrica y los niveles de emisiones que maximizan el beneficio de las empresas. Con una oferta que excedía la demanda, el precio de los permisos cayó de forma dramática, brindando pocos incentivos a las empresas para que asumieran costos de reducción de emisiones. Estos efectos se observan en la figura 20.17.

Este es uno de los problemas del sistema de límites máximos y comercio de derechos de emisión. La señal de los precios puede no ser necesariamente una guía fiable para futuras decisiones de inversión en reducción de emisiones. En Alemania, por ejemplo, la caída de los precios de los permisos llevó a que plantas de producción de energía con altos niveles de emisión reabrieran, ya que las tecnologías más sucias volvían a ser de nuevo rentables.

No obstante, los regímenes de comercio de derechos de emisión no tienen por qué dejar necesariamente que el mercado opere en libertad completa y absoluta. En el Reino Unido, por ejemplo, hay un precio mínimo del dióxido de carbono, que establece el precio mínimo de los participantes británicos en el régimen de comercio de derechos de emisión. El objetivo es evitar la «contaminación prácticamente gratuita» que se produce como resultado de este sistema cuando el precio de los permisos se derrumba.

La externalidad negativa total de una tonelada de emisiones de dióxido de carbono varía dependiendo de cuánto se valoren las generaciones futuras, tal como veremos en la sección 20.9. Una estimación muy prudente del costo de emitir CO_2 es de aproximadamente 40 dólares de 2017 por tonelada de emisiones de CO_2; este valor está aumentando rápidamente

Datos proporcionados por SendeCO2 (https://tinyco.re/2076064) basados en precios de Bloomberg Business.

Figura 20.17 Precio de los permisos en el Régimen de comercio de derechos de emisión de la Unión Europea (RCDE EU).

porque cuanto mayor sea la cantidad de CO_2 en la atmósfera, mayor será el efecto marginal sobre el clima de agregar una unidad más. El precio de un permiso en el régimen de comercio de derechos de emisión de la Unión Europea (que se muestra en la figura 20.17) es menos de un quinto de este costo, con lo cual el plan de permisos está induciendo a los responsables de la toma de decisiones a internalizar solo una pequeña fracción de las externalidades negativas.

En un mundo ideal, un impuesto a los combustibles fósiles podría compensar por completo estas externalidades, con la ventaja adicional de que las empresas y otros agentes económicos se enfrentarían así a menos incertidumbre en torno al costo de quemar carbono. Un impuesto al dióxido de carbono aumentaría el costo de las emisiones de las misma manera que lo harían los permisos de emisión; de hecho, el efecto en los costos sería idéntico si el costo de los permisos establecido por el mercado fuera el mismo que la tasa impositiva por tonelada de emisiones fijada por el gobierno. El efecto del incremento de costos sería incrementar los precios de los bienes intensivos en emisiones y, por tanto, *ceteris paribus*, la demanda de dichos bienes caería. Tanto un sistema de límites máximos y comercio de derechos de emisión como un impuesto al dióxido de carbono son formas de poner un precio a las externalidades resultantes de la emisiones de dióxido de carbono.

¿Cuál debería ser el precio de las emisiones de dióxido de carbono?

Dado que los productores y usuarios de combustibles fósiles suelen estar muy subsidiados (si bien a tasas muy diferentes dependiendo del país), el impuesto o el costo de un permiso debería exceder los 40 dólares. A nivel mundial, los combustibles fósiles gozan de un subsidio medio de 15 dólares por tonelada, por lo que el impuesto optimo debería ser de 55 dólares por tonelada (para internalizar las externalidades negativas y compensar el subsidio). Una política más sencilla podría ser la eliminación de los subsidios y establecer un impuesto al carbono equivalente a nuestra mejor estimación de la externalidad negativa de quemarlo.

Hay pros y contras asociados a las dos políticas que hemos analizado:

- un sistema basado en límites máximos y comercio de derechos de emisión basado en permisos con un tope lo suficientemente bajo
- una tasa de impuestos al dióxido de carbono lo suficientemente alta como para compensar las externalidades negativas (incluidos los subsidios)

Estas políticas han sido muy debatidas entre los economistas especializados en temas medioambientales, sin que se haya llegado a un consenso claro más allá de que cualquiera de las dos opciones es preferible a las políticas que se llevan adelante en la mayoría de los países en la actualidad. El esquema de límites máximos y comercio de derechos de emisión, sin embargo, ha gozado de mucha popularidad, tal vez porque tiene la ventaja de la flexibilidad. La capacidad de establecer el precio del carbono, pero luego poder controlar también la manera en la que los permisos se reparten e intercambian brinda a los responsables de política pública dos «palancas». En cambio, un único impuesto podría ser una medida altamente impopular a nivel político.

EJERCICIO 20.5 EVALUACIÓN DE LAS POLÍTICAS DE LÍMITES MÁXIMOS Y
COMERCIO DE DERECHOS DE EMISIÓN

1. Explique por qué el área verde en la figura 20.16 representa las ganancias totales resultantes del comercio. Sugerencia: piense en el primer permiso que la Empresa B compra de la Empresa A. ¿Cuánto es lo máximo que la Empresa B hubiera estado dispuesta a pagar? ¿Cuánto es lo mínimo que la Firma A hubiera estado dispuesta a aceptar a cambio de desprenderse del permiso?

2. ¿Cómo explicaría el funcionamiento de una política de límites máximos y comercio de derechos de emisión a alguien que no haya estudiado Economía? ¿Cómo respondería a sus inquietudes de que es probable que la política sea ineficaz o injusta? Muchos periódicos y blogs publican «artículos de opinión», es decir, editoriales de opinión del público. Un límite de longitud común para este tipo de artículos son las 600 palabras. Encuentre unos cuantos artículos de opinión sobre política climática y, después de ver cómo están escritos, redacte su respuesta a esta pregunta en forma de artículo de opinión.

EJERCICIO 20.6 UN PROGRAMA EXITOSO DE INTERCAMBIO DE
PERMISOS DE EMISIÓN

El programa de límites máximos y comercio de permisos de emisión de dióxido de azufre en Estados Unidos redujo con éxito las emisiones. Los costos del programa fueron aproximadamente una quincuagésima parte de los beneficios estimados.

Lea las opiniones de Robert Stavins y sus colegas sobre el programa de límites máximos e intercambio de derechos de emisión de dióxido de azufre de EE.UU. en VOXeu.org (https://tinyco.re/7237191).

1. En opinión de los autores, ¿por qué son los sistemas de límites máximos y comercio de derechos de emisión unas herramientas tan poderosas de cara a lograr reducciones de las emisiones?

Lea también 'The SO_2 Allowance Trading System' (https://tinyco.re/ 6011888) de Richard Schmalensee y Robert Stavins del Center for Energy and Environmental Policy Research del MIT.

2. Resuma la evolución de los precios de los permisos utilizando la figura 2 del artículo.

3. ¿Hasta qué punto pueden explicarse los movimientos de los precios de los permisos con el análisis de la figura 20.16 (página 1034)?

Considere nuevamente la explicación de Hayek de los precios como mensajes (capítulo 11) y los análisis de las burbujas de precios de los activos (capítulo 11) y las burbujas del mercado de la vivienda (capítulo 17).

4. ¿Podríamos usar un razonamiento similar para explicar los movimientos de precios en la figura 2 del documento de Schmalensee y Stavins?

En 2017, los economistas Martin Feldstein y Greg Mankiw (asesores económicos de los presidentes estadounidenses Ronald Reagan y George W. Bush), junto con el activista sobre temas climáticos Ted Halstead, sugirieron en el artículo de opinión 'A Conservative Case for Climate Action' (https://tinyco.re/8116600) que la política climática ideal en Estados Unidos debería constar de tres partes:

- Un impuesto único al dióxido de carbono debería reemplazar todas las regulaciones que tienen por objetivo reducir las emisiones de dióxido de carbono.
- Los ingresos recaudados del impuesto deben reembolsarse a los contribuyentes estadounidenses en cheques de pago trimestrales («dividendo del carbono»).
- Las empresas estadounidenses que exportan a países sin impuestos al carbono no deberían pagar un impuesto al carbono, mientras que los importadores deberían pagar un impuesto a la importación sobre el contenido de carbono de sus productos (un «ajuste de la frontera del carbono»).

1. Explique el razonamiento económico que hay tras cada una de las partes de la propuesta.
2. ¿Por qué los economistas piensan que reemplazar las regulaciones con un solo impuesto al carbono sería más eficiente?
3. Algunos grupos ecologistas se oponen al dividendo del carbono. Argumentan que sería mejor gastar el dinero de otra manera (https://tinyco.re/8646263). ¿Está de acuerdo? ¿En qué deberían gastarse los ingresos del carbono? ¿Cree que es más probable que los ciudadanos apoyen un impuesto al carbono si hay un dividendo del carbono?
4. ¿Por qué piensan los economistas que es necesario un ajuste de la frontera del carbono? ¿Cuál sería el efecto de un impuesto nacional al carbono sin un ajuste fronterizo del carbono? ¿Qué incentivos crea para las empresas estadounidenses y las extranjeras? ¿Es justo para las empresas de los países en desarrollo (que a menudo generan mucha electricidad a partir del carbón, con el consiguiente nivel alto de emisiones) que exporten sus productos a Estados Unidos?
5. ¿Apoya la propuesta de Feldstein, Mankiw y Halstead? Explica por qué sí o por qué no. ¿Qué cambios introduciría?

20.6 LOS DESAFÍOS DE LA MEDICIÓN EN LA POLÍTICA MEDIOAMBIENTAL

Para aplicar las políticas medioambientales utilizando el marco que hemos estado analizando, es necesario medir el valor de la reducción de emisiones.

Establecer un valor para los beneficios de la reducción de emisiones es un desafío porque se debe lidiar con mercados inexistentes de calidad ambiental y la incertidumbre de los impactos a largo plazo. ¿Cuál es el valor de preservar la selva tropical, salvar especies en peligro, tener mejor calidad del aire o menos ruido? Se han utilizado diferentes métodos para contestar a estas preguntas, dependiendo de si el problema ambiental que se considera afecta al bienestar, la salud, el consumo o los activos futuros.

Examinaremos dos métodos para medir los beneficios de la reducción de emisiones: el **precio hedónico** y **la valoración contingente**.

Valoración contingente

El método más fácil y más usado para valorar los beneficios de la reducción de emisiones es simplemente preguntarle a la gente. Por ejemplo, después de producirse los vertidos de petróleo del Exxon Valdez en Alaska en 1989, cuando 11 millones de galones (42 millones de litros) de crudo acabaron en las aguas del estrecho Prince William, la justicia usó el método de valoración

precio hedónico Método que se usa para inferir el valor económico de calidades medioambientales o percibidas de un bien para las que no hay un precio pero que afectan al precio de mercado del bien en cuestión. Permite al investigador poner un precio a características difícilmente cuantificables. Las estimaciones se basan en las preferencias declaradas de las personas, o sea, el precio que pagarían por un bien en comparación con otro.
valoración contingente Técnica basada en encuestas para determinar el valor de recursos que no tienen mercado. También conocida como: modelo de preferencia declarada.

contingente para determinar el valor de las pérdidas (por ejemplo, en términos del valor de la belleza natural) causadas por el derrame. Se hizo una encuesta, preguntando cuánto estarían dispuestos a pagar para prevenir un nuevo derrame. El estudio de 1990 estimó el valor de las pérdidas en al menos 2800 millones de dólares. Finalmente, Exxon pago 1000 millones de dólares en daños y perjuicios tras llegar a un acuerdo con los gobiernos de Alaska y Estados Unidos.

Los investigadores también utilizaron técnicas de valoración contingente (https://tinyco.re/9038928) para obtener una estimación cuantitativa del valor de la conservación de los elefantes en Sri Lanka, donde los agricultores estaban matando a los elefantes para proteger sus cultivos y sus hogares. Los investigadores querían saber cuánto estaban dispuestos a pagar los habitantes de Sri Lanka a los agricultores para compensarles por las pérdidas causadas por los elefantes para que dejaran de cazarlos.

La valoración contingente también se conoce como método de las preferencias *declaradas* porque se basa en encuestas y se acepta que las respuestas sobre el valor que se atribuye al objeto de estudio son indicativas de las verdaderas preferencias. Este no es el caso de los precios hedónicos.

Stephen Smith. 2011. *Environmental Economics: A Very Short Introduction* (https://tinyco.re/9038928). Oxford: Oxford University Press.

Precios hedónicos

Los precios hedónicos se conocen como el método de las preferencias *reveladas* porque se utiliza el comportamiento económico de las personas (y no sus declaraciones) para informarnos sobre cuáles son sus preferencias. Los experimentos de laboratorio son un método común para estudiar las preferencias reveladas, como vimos en el capítulo 4. Ahora bien, los experimentos de laboratorio no son demasiado útiles para estudiar la valoración del medioambiente.

Por ejemplo, ¿cuánto valora que su casa esté libre del ruido de los aviones volando cerca? Los economistas han observado que las casas situadas justo debajo de rutas aéreas se venden por menos dinero que otras similares que estén en zonas más tranquilas. Comparando los datos de los precios de las casas, se puede calcular la cantidad que las personas están dispuestas a pagar para evitar la contaminación sonora.

Esta técnica fue la que se utilizó en el Reino Unido para establecer los impuestos a los vertederos de basura. Se analizó el beneficio marginal de una reducción de emisiones en un estudio que utilizó datos de más de medio millón de transacciones inmobiliarias en el periodo 1991–2000. Estableciendo controles para una gran variedad de factores que influyen en la variación de los precios de las casas, los investigadores calcularon si la proximidad a un vertedero de basura podría asociarse con parte de las variaciones no explicadas. El estudio reveló que estar a menos de 400 metros de un vertedero activo reducía el precio de la vivienda un 7%. Además, calcularon que el beneficio marginal de reducir la proximidad al vertedero era de 2,86 libras por tonelada de basura (a precios de 2003).

Los precios hedónicos y la valoración contingente nos proporcionan formas de medir la manera en que las personas valoran un cambio concreto en el medioambiente, dada su experiencia de ese cambio. La contabilidad del crecimiento verde nos permite estimar el valor de la conservación de los recursos medioambientales para la sociedad en su conjunto, hoy y en el futuro. A continuación, aprenderemos cómo algunos economistas están otorgando un valor monetario al uso que hace la sociedad de los activos naturales.

¿CÓMO APRENDEN LOS ECONOMISTAS DE LOS HECHOS?

Capital natural y crecimiento verde

depreciación Pérdida de valor de una forma de riqueza que se produce con el uso (desgaste) o con el paso del tiempo (obsolescencia).

Recordemos que la **depreciación** es un concepto que hace referencia al desgaste o el agotamiento de los bienes físicos utilizados en la producción. En el contexto de la contabilidad del crecimiento verde, el medioambiente se considera igualmente un activo que puede agotarse. El medioambiente es parte de lo que la sociedad necesita para producir bienes y servicios y, por tanto, la degradación del medioambiente reduce los activos de la sociedad de forma similar a como ocurre con el desgaste o la obsolescencia de las máquinas usadas en la producción.

Como hemos visto, el ingreso es lo máximo que una persona –o un país– podría consumir sin reducir su capacidad de producción en el futuro. Este era el mensaje de la bañera en el capítulo 10. El ingreso es el flujo de agua que entra en la bañera menos la cantidad que se evapora y, por tanto, reduce la cantidad total de agua. Según esta definición, el ingreso es el ingreso bruto menos la depreciación.

A pesar de que la degradación del medioambiente no se mide en las cuentas nacionales convencionales, es algo que debería hacerse, porque agotar nuestro capital natural no es diferente al desgaste de las máquinas o de otro tipo de equipamiento.

El Banco Mundial estima que, en los países de ingreso bajo, el capital natural comprende el 36% de la riqueza (https://tinyco.re/6629327), por lo que agotar parte de ese capital sin contabilizar la pérdida asociada implicará exagerar la rapidez a la que los ingresos crecen en realidad. ¿En cuánto? Para tomar en cuenta la pérdida de capital natural tenemos que saber cuánto costará (al año) reemplazar la pérdida de capital natural y luego deducirla de la cifra de PIB anual (recuerde que la medida más común del ingreso, el PIB, no tiene ni siquiera en cuenta la depreciación de los bienes de capital debido a dificultades de medición).

ajuste verde Ajuste contable a la medida convencional del ingreso nacional para incluir el valor del capital natural.

Si hacemos este ajuste contable (también conocido como **ajuste verde**), muchas historias de «exitoso crecimiento económico» ya no lo son tanto. Cuando la política del gobierno de Indonesia generó un boom en el sector maderero de país entre 1979 y 1982, Robert Repetto y sus colegas del *World Resources Institute* estimaron que el país había consumido recursos equivalentes a más de 2000 millones de dólares en potenciales ingresos forestales (https://tinyco.re/5015542), mostrando que, tras considerar la deforestación, el agotamiento de las reservas petroleras y la erosión del suelo, la verdadera tasa de crecimiento del ingreso en Indonesia (neta del uso del capital natural) era solo del 4%, cuando originalmente se había declarado un crecimiento del 7,1% entre 1971 y 1984. En Suecia se realizó un ejercicio similar entre 1993 y 1997 (https://tinyco.re/8235975) y las pérdidas de capital natural se estimaron en alrededor del 1% del PIB anual.

Disposición a pagar frente al derecho a un medioambiente habitable

La Constitución de la República de Sudáfrica (https://tinyco.re/3854972) establece el «derecho de los ciudadanos a un medioambiente que no perjudique su salud ni bienestar». El Tribunal Supremo de la India, por su parte, ha dictaminado que el derecho a la vida garantizado en la Constitución de la India, incluye «el derecho a disfrutar de un aire y un agua sin contaminación». Al menos otras 13 constituciones, como las de Portugal, Turquía, Chile y Corea del Sur, garantizan derechos similares. Consulte la web del Constitute Project (https://tinyco.re/9458720) para saber si la constitución de su país o cualquier otra nación que le interese garantiza estos derechos.

Los movimientos políticos que se oponen a la privatización del suministro de agua usan un lenguaje similar. El acceso al agua limpia es un derecho humano. Cuando una circunstancia medioambiental, como puede ser vivir cerca de un vertedero de basura, la contaminación auditiva o las emisiones tóxicas de una empresa siderúrgica se valoran utilizando los métodos monetarios descritos anteriormente, estamos pasando por alto el principio propugnado por muchos de que las personas tienen el derecho a disfrutar un medioambiente libre de estas amenazas.

Ahora bien, en respuesta a esos argumentos, otros preguntan: ¿por qué ha de ser la calidad del medioambiente que usted disfrute diferente a la calidad del automóvil que maneja o la comida que come? Se tiene aquello por lo que se paga y, si no se está dispuesto a pagar, ¿por qué debería el responsable de las políticas públicas preocuparse por sus valores? Si se cree esto, los beneficios de la reducción de emisiones pueden medirse con base en lo que las personas están dispuestas a pagar (DAP) por la mejora del medioambiente propiciada por dicha reducción.

La DAP es una medida criticada por algunos economistas y ciudadanos porque implica que personas que apenas tienen dinero le atribuyan un valor limitado al medioambiente, del mismo modo que tienen una disposición limitada a pagar por otros bienes. No les falta voluntad, pero sí les faltan los recursos. Por lo tanto, usar la DAP como método para estimar los beneficios de la reducción de emisiones –por ejemplo, cuando se aplica la valoración contingente o la fijación de precios hedónicos– significa que las políticas que mejoren la situación en términos de riesgos medioambientales que afectan principalmente a los pobres (como pueda ser garantizar el acceso al agua potable en áreas urbanas), se valorarán menos que las políticas que aumenten la calidad medioambiental que experimenten los ricos, como ríos, lagos y océanos vírgenes para disfrutar mientras navegan.

Asimismo, este valor depende de cómo se planteen las preguntas con base en las que se establecen las preferencias declaradas. Si en lugar de la DAP para preservar el medioambiente se pregunta cuál sería la compensación que se está dispuesto a aceptar (DAA) por esa misma reducción de la calidad del medioambiente, la evidencia empírica muestra que la respuesta es un número más alto.

Si un medioambiente seguro es un derecho, los economistas lo llamarían un **bien de interés social o preferente**, que recordamos del capítulo 12, como pueden ser también el derecho a votar, la

bien preferente Bienes y servicios que deben estar disponibles para todos, independientemente de su capacidad de pago.

representación legal ante la justicia o una educación adecuada: se trata de un bien que debe estar disponible para todos los ciudadanos independiente de su capacidad de pago.

La ventaja del enfoque basado en la disposición a pagar es que utiliza información sobre cómo valoran las personas el medioambiente. Esto debería ser relevante para determinar cuánto invertir en la calidad del medioambiente. Definir el medioambiente como un derecho tiene la ventaja de que no les da prioridad a las preferencias de quienes cuentan con unos ingresos altos a la hora de diseñar las políticas medioambientales.

EJERCICIO 20.8 RIQUEZA Y CAPITAL NATURAL

Descargue los datos que ofrece el Banco Mundial en el conjunto de datos de su informe titulado 'The Changing Wealth of Nations' (https://tinyco.re/8096132).

1. Utilizando los datos de riqueza total, calcule el cambio en el capital natural entre 1995 y 2000 y entre 2000 y 2005, en términos absolutos, para tres países de ingreso alto, medio y bajo. Resuma e interprete sus resultados.

Vaya al sitio web de datos de libre acceso del Banco Mundial (https://tinyco.re/8085370). Encuentre y descargue el PIB (a precios constantes) de los países que eligió para 1995, 2000 y 2005.

2. Calcule el cambio en el PIB entre estos periodos en términos absolutos. Dibuje un diagrama de dispersión con el cambio porcentual en el PIB en el eje vertical y el cambio porcentual en el capital natural en el eje horizontal. ¿Da la impresión de que hay una relación entre estas dos variables? Sugiera explicaciones para cualquier relación que encuentre.

PREGUNTA 20.7 ESCOJA LA(S) RESPUESTA(S) CORRECTA(S)

¿Cuál de las siguientes afirmaciones es correcta con respecto a la valoración de los beneficios de la mitigación?

☐ En la actualidad, una estimación del PIB de una nación incluye el agotamiento de los recursos naturales de la nación como un ajuste negativo.

☐ En el método de fijación de precios hedónicos, el costo de la contaminación auditiva cerca de un aeropuerto se estima mediante una encuesta sobre cuánto están dispuestos a pagar los residentes a cambio de que se reduzca el ruido.

☐ En el método de valoración contingente, la contaminación debida a los residuos de un vertedero se estima utilizando las diferencias en los precios de la vivienda según la proximidad a este.

☐ Preguntarles a los ciudadanos cuál sería su disposición a pagar por un medioambiente «más verde» puede dar lugar a que las políticas que afectan principalmente a los pobres se valoren menos que las que aumentan la calidad medioambiental que experimentan los ricos.

20.7 POLÍTICAS MEDIOAMBIENTALES DINÁMICAS: TECNOLOGÍAS Y ESTILOS DE VIDA FUTUROS

Los *trade-off* establecidos por los conjuntos factibles y las curvas de indiferencia que utilizamos en nuestro análisis van cambiando según las personas adoptan nuevos valores y estilos de vida y se desarrollan nuevas tecnologías, y a medida que nuestro impacto en el medioambiente se intensifica.

Precios, cantidades e innovación verde

Las mejoras en tecnología pueden ampliar el conjunto factible. Algunas mejoras tecnológicas podrían hacer que la mitigación de emisiones fuese más eficiente, bajando el costo de oportunidad de mejorar el medioambiente. Otras pueden mejorar los métodos de producción de bienes, resultando en una reducción de los costos ambientales del consumo. La figura 20.18 ilustra los efectos de una mejora tecnológica que aumente la tasa marginal de transformación de sacrificar consumo a cambio de una reducción de las emisiones (también conocida como **productividad marginal de los gastos en reducción de emisiones**) y, por tanto, mejora la calidad medioambiental. Incrementar la productividad marginal del gasto en reducción de emisiones hace que aumente la pendiente de la frontera factible.

En el capítulo 2 aprendimos cómo las rentas de la innovación conducen al progreso y la mejora de la productividad. Si existen los incentivos adecuados para crear rentas de innovación, esperaríamos avances tecnológicos que puedan ofrecer sustitutos para algunos recursos que, de otro modo, se agotarían, o que deberían mantenerse sin utilizar para limitar el cambio climático de forma segura. Uno de estos casos es el progreso tecnológico alcanzado por la energía solar (https://tinyco.re/9888498).

productividad marginal de los gastos en reducción de emisiones Tasa marginal de transformación (TMT) de los costos de reducción de emisiones en mejora del medioambiente. Es la pendiente de la frontera factible. Véase también tasa marginal de transformación, frontera factible.

Michael E. Porter y Claas van der Linde. 1995. Toward a New Conception of the Environment-Competitiveness Relationship (https://tinyco.re/9888498). *Journal of Economic Perspectives* 9 (4): pp. 97–118

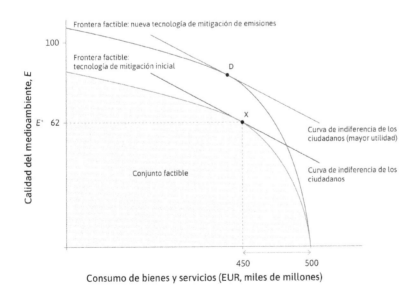

Figura 20.18 Cambios en la tecnología de mitigación de emisiones.

Los subsidios a las empresas productoras de paneles solares y otros equipamientos han ayudado a financiar la investigación y el desarrollo de nuevas fuentes de energía eléctrica. Los subsidios a la instalación de paneles solares han incrementado la demanda. El aumento de la demanda ha llevado a que bajen los precios gracias al **aprender haciendo** en el proceso productivo, algo que abarata cada vez más la producción.

La idea de que la regulación medioambiental puede generar mayor eficiencia y ser un incentivo a la innovación se conoce como la «Hipótesis de Porter», en alusión al economista Michael Porter, que la planteó por primera vez en 1995. Esta hipótesis afirma que los costos de regulación llevan a las empresas a buscar tecnologías limpias más eficientes. Los beneficios de estas tecnologías compensan los costos de la regulación y los costos de la innovación.

Las figuras 20.19a y b muestran el gran aumento de la eficiencia de las células fotovoltaicas en las últimas décadas, que ha resultado en una reducción de los costos de producir energía solar.

En Estados Unidos, muchas de las tecnologías asociadas a las energías renovables pueden competir con la generación a partir de combustibles fósiles sin necesidad de subsidios, tal y como vemos en la figura 20.19b. Ahora bien, dado que solo se puede generar energía eólica solo cuando sopla el viento o energía solar cuando brilla el sol, las energías renovables pueden ser menos fiables que la energía obtenida de combustibles fósiles. Sin subsidios, habrá una preferencia por las energías a base de combustibles fósiles, incluso cuando el costo unitario de la energía solar sea menor.

Para ilustrar cómo con los impuestos, a través del cambio en los precios relativos, se pueden crear rentas de la innovación y promover la innovación del sector privado, vamos a utilizar el modelo que introdujimos en el capítulo 2. Imagine un hipotético productor textil, Industrias Olympiad, ubicado en un país donde la oferta de electricidad es intermitente y, por tanto, la mayoría de las empresas cuentan con un generador de combustión de carbón. Quemar combustibles fósiles genera gases de efecto invernadero pero la alternativa (la energía solar) es más costosa. Si bien la empresa ha instalado algunos paneles solares, depende principalmente del carbón para la generación de electricidad.

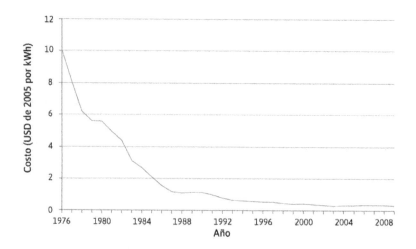

Figura 20.19a Costos de generar electricidad (nueva capacidad) usando células fotovoltaicas en EE.UU. (1976–2009).

La figura 20.20 muestra la comparación de costos. Este es el mismo modelo del capítulo 2 en el que explicamos cómo, en la Inglaterra del XVIII–XIX, unos salarios relativamente altos hicieron rentable la introducción de una innovación que ahorrara mano de obra (la hiladora Jenny). La diferencia es que ahora no estamos considerando una innovación que ahorre trabajo sino recursos medioambientales, muchos de los cuales (a diferencia del trabajo en Inglaterra en el siglo XVIII) no tienen precio.

En esta figura estudiamos los efectos de un impuesto a las empresas que utilicen energías basadas en la combustión de carbono. Antes del impuesto, la tecnología intensiva en carbono es la que minimiza el costo de producción. Por tanto, no hay incentivos que alienten a las empresas a desarrollar y usar energías de fuentes renovables y, por tanto, no se obtienen ganancias por el desarrollo de alternativas al carbón. Después de establecer los impuestos, la empresa ahorrará el equivalente a una tonelada de carbón por unidad de producto por desarrollar y usar tecnología solar.

La comparación de costos da a los dueños de Olympiad razones para adoptar la tecnología solar. En este caso, el impuesto cambia el mensaje que envían los precios. Ahora se pueden obtener beneficios con la utilización de fuentes de energía renovables. La comparación también nos dice que, si se siguen utilizando el carbón, los competidores que se pasen a otras tecnologías de costo más bajo acortarán distancias.

Políticas medioambientales y cambios de estilo de vida a largo plazo

A largo plazo, además del rol de las políticas en la innovación verde, puede haber cambios en la valoración de los bienes que contribuyen a nuestro bienestar. Volvamos al análisis acerca de las preferencias sociales del capítulo 4: veíamos que el comportamiento individual puede estar motivado por el deseo de contribuir al bien común. A continuación vamos a ver cómo aplican los economistas esta idea general de las preferencias prosociales para evaluar las contribuciones potenciales de estas preferencias a la conservación de medioambiente.

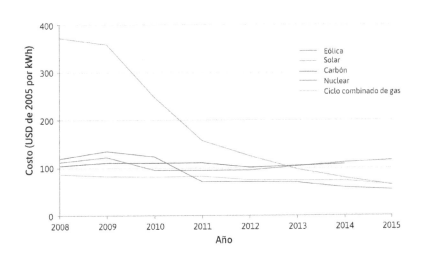

Figura 20.19b Costo de generar electricidad (capacidad nueva) a partir de distintas fuentes de energía, Estados Unidos (2008–2015).

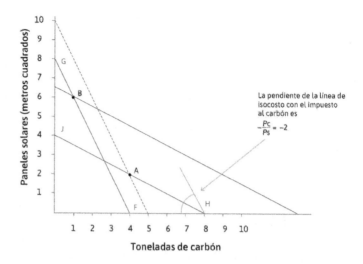

Figura 20.20 Elección de tecnología de las Industrias Olympiad: efecto de un impuesto medioambiental en el comportamiento de la empresa.

1. Tecnologías A y B

Ambas tecnologías producen 100 metros de tela: A es intensiva en carbón y B es intensiva en energía solar. La nueva tecnología, B, utiliza casi exclusivamente energía solar, con un pequeño uso de carbón durante los periodos del año en que la energía solar no resulta fiable.

2. La línea isocosto de la empresa

La línea isocosto muestra todas las combinaciones posibles de energía solar y carbón suficientes para producir 100 metros de tela que tienen el mismo costo. Si la línea del isocosto es HJ, las empresas usan la tecnología A porque B cuesta más (se encuentra fuera de la línea HJ). La pendiente plana de la línea de isocosto indica que el carbón es una ganga.

3. Gravar los combustibles fósiles

Se introduce un impuesto por kilovatio-hora que grava el uso del carbón para la generación de energía. Esto significa que la empresa ahora podría estar utilizando 8 paneles solares por el mismo costo de 4 toneladas de carbón.

4. La nueva línea de isocosto

La tecnología B intensiva en energía solar se sitúa en la línea azul de iso-costo y ahora es más barata que la tecnología A, que es el *statu quo*.

CÓMO APRENDEN LOS ECONOMISTAS DE LOS HECHOS

Preferencias sociales y sostenibilidad ambiental

¿Pueden las **preferencias sociales** recíprocas o altruistas, que hemos estudiando en el capítulo 4, motivar a las personas para actuar de forma sostenible en relación al medioambiente? No se trata de una pregunta fácil de responder porque, de manera natural, a las personas les gusta atribuir sus acciones respetuosas con el medioambiente a sus valores verdes o ecologistas, incluso cuando no sean lo que verdaderamente motive su comportamiento.

Sin embargo, hay dos estudios experimentales que sugieren que las preferencias sociales sí están detrás de las acciones verdes.

En la región nordeste de Brasil, se pesca camarón utilizando trampas consistentes en grandes cubos de plástico; los pescadores hacen agujeros en el fondo de las trampas para permitir que escapen los que todavía son demasiado pequeños, preservando así las existencias para futuras capturas. Los pescadores se enfrentan a un problema social del mundo

preferencias sociales Preferencias que asignan un valor a lo que les ocurre a otras personas, aun si esto implica menores pagos para el individuo.

real como los que estudiamos en el capítulo 4: el ingreso esperado de cada uno de ellos sería mayor si hicieran agujeros más pequeños en sus trampas (aumentando así su propia captura), siempre y cuando otros hicieran agujeros más grandes en las suyas (preservando así las existencias futuras).

En términos del dilema del prisionero, los agujeros pequeños en la trampa son una forma de «acusar» que maximiza la recompensa material individual independientemente de lo que hagan los demás (es la estrategia dominante). No obstante, un camaronero podría resistir la tentación de desertar si tuviera una actitud de defensa de lo público en relación con los demás pescadores, y fuera lo suficientemente paciente como para valorar las oportunidades futuras que todos perderían si usara trampas con agujeros más pequeños.

Los expertos en Economía experimental Ernest Fehr y Andreas Leibbrandt realizaron dos experimentos con sendos juegos, uno sobre bienes públicos y otro para medir la impaciencia entre los camaroneros. Al igual que en los juegos del capítulo 4, ambos juegan de forma anónima y las recompensas son reales. Así pues, los que no contribuyeran a la financiación de los bienes públicos se irían a casa con más dinero que las personas de perfil cooperativo que sí lo hicieran.

Los investigadores descubrieron que los camaroneros que tenían más paciencia y mayor espíritu de cooperación en los juegos experimentales hacían unos agujeros significativamente mayores en sus trampas, prote-giendo con ello las existencias futuras de camarón de la comunidad. Los efectos, introduciendo en el estudio controles para gran número de otras posibles influencias en el tamaño del agujero, resultaron ser importantes.

Otras evidencias adicionales de que las preferencias sociales pueden estar detrás de las acciones ecologistas vienen de un conjunto de experimentos y trabajos de campo realizados con 49 grupos de pastores Bale Oromo en Etiopía, que están encargados de la gestión comunitaria de los bosques. Davesh Rustagi y sus coautores realizaron experimentos con bienes públicos en los que incluyeron a un total de 649 pastores participantes, con el objetivo de estudiar el éxito de los proyectos forestales cooperativos de los pastores.

Algo más de un tercio de los participantes (por tanto, el tipo de comportamiento más común en los experimentos) era del tipo «cooperador condicional»: unas contribuciones más altas al bien público de los demás implican mayores contribuciones por parte del individuo. ˙ Estableciendo controles en el estudio para un gran grupo de otros factores que pueden influir en el éxito de los proyectos forestales, los autores descubrieron que los grupos con un número mayor de cooperadores condicionales tenían más éxito (plantaban más arboles nuevos).

Esto se debe en parte a que los miembros de los grupos con más coope-radores condicionales pasaban una cantidad significativamente mayor de tiempo realizando un seguimiento del uso que hacían los otros de los bosques. Al igual que sucedía en el ejemplo de los camaroneros brasileños, las diferencias en el número relativo de cooperadores condicionales en el grupo se asociaban con incrementos significativos del número de árboles plantados o el tiempo invertido en el seguimiento de otros.

Esto no significa que las preferencias generosas, cooperadoras y tendentes a la reciprocidad basten para dar solución a los problemas de sustentabilidad medioambiental, pero sí muestra que las preferencias sociales pueden ayudar.

Ernst Fehr y Andreas Leibbrandt. 2011. 'A Field Study on Cooperativeness and Impatience in the Tragedy of the Commons'. *Journal of Public Economics* 95 (9–10): pp. 1144–55

Devesh Rustagi, Stefanie Engel y Michael Kosfeld. 2010. 'Conditional Cooperation and Costly Monitoring Explain Success in Forest Commons Management'. *Science* 330: pp. 961–65.

Hemos visto un poco más arriba que los comportamientos respetuosos con el medioambiente pueden aparecer debido a la existencia de unas preferencias prosociales, pero también por cambios en los estilos de vida. El siguiente ejemplo de los Países Bajos contribuye a ilustrar este punto:

En la figura 3.1 (página 99) vimos que los trabajadores del sector productivo de los Países Bajos trabajaban en 2000 menos de la mitad de horas que en 1900. En 2000 disfrutaban de mucho más tiempo libre y consumían menos de la mitad de los bienes y servicios que habrían consumido si hubieran seguido trabajando más de 3000 horas anuales, como hacían en 1900. Si continuaran trabajando tantas horas y usado los ingresos resultantes para el consumo, el impacto adverso sobre el ambiente sería mucho mayor.

Vayamos ahora a la figura 20.25a, que muestra las emisiones de CO_2 y el PIB per cápita para un amplio grupo de países. Haciendo un ejercicio de imaginación, supongamos que los Países Bajos fuesen el doble de ricos de lo que muestra el gráfico. ¿Cuál hubiese sido el impacto medioambiental en términos de emisiones de CO_2? En la figura, los Países Bajos están levemente por debajo de la línea de mejor ajuste, así que, si asumimos que nuestros hipotéticos Países Bajos adictos al trabajo también lo estuvieran, podemos estimar el nivel de emisiones de CO_2 que tendrían; en lugar de emitir 11 toneladas de CO_2 per cápita, las emisiones habrían ascendido a más de 20 toneladas, lo que ubicaría a los Países Bajos entre los países más contaminantes del mundo.

Los Países Bajos experimentaron una caída excepcional en las horas trabajadas (la figura 3.1 muestra que las horas trabajadas en Francia y Estados Unidos disminuyeron, pero no en la misma medida). Ahora bien, incluso en estos y otros países, si las actividades de tiempo libre no se hubieran expandido en detrimento del consumo, el impacto en el cambio climático global hubiese sido aún peor.

Un estilo de vida que es rico en tiempo libre y menos rico de lo que pudiera serlo en bienes y servicios producidos en la economía es un estilo de vida «más verde». Las políticas medioambientales pueden contribuir a que las personas adopten este estilo de vida.

Para ver cómo, suponga que Omar está considerando la distancia que recorrería en avión para sus próximas vacaciones. Omar tiene ingresos suficientes como para volar adonde quiera, pero sabe que la quema de combustible de los aviones es una de las principales fuentes de gases de efecto invernadero. Además, Omar también quiere tener más tiempo libre, pero es consciente de que si trabaja menos horas, tendrá menos dinero para sus vacaciones.

Esta disyuntiva o *trade-off* a que se enfrenta Omar a la hora de tomar una decisión se presenta en la figura 20.21. En el eje horizontal, medimos las horas de tiempo libre por año. En el eje vertical, indicamos los kilómetros de viaje en avión que puede permitirse para cada decisión de tiempo libre. La línea roja es, por tanto, la frontera posible de viajes en avión – tiempo libre.

La frontera factible se construye de la siguiente forma: supongamos que Omar gana 50 dólares por hora después de impuestos y que tiene libertad de elegir la cantidad de horas que trabaja; gasta 90 000 dólares en bienes y servicios distintos de los viajes en avión, y para ganar esa cantidad, tiene que trabajar 1800 horas al año. Por tanto, de las 8760 horas que tiene un año para trabajar (como en el capítulo 3), elige trabajar 1800 horas. En consecuencia, Omar tiene 6960 horas de tiempo libre si no hace ningún viaje: esta es la intersección de la frontera en el eje horizontal. ¿Cuántos kilómetros va a elegir viajar en avión, si con 1 dólar compra 4 km de viaje aéreo?

Las preferencias de Omar entre tiempo libre y viajes en avión vienen dadas por las curvas de indiferencia que muestra la figura. La pendiente de la curva de indiferencia muestra el valor del tiempo libre respecto a los viajes en avión, es decir, la TMS del tiempo libre por viajes en avión.

Trabajemos con la figura 20.21 para analizar la toma de decisiones de Omar.

Omar vuela menos. Existen dos razones para este cambio:

- **El efecto ingreso**: las posibilidades de elección de Omar son ahora más limitadas que antes porque ha aumentado el precio de algo que consume. Su ingreso real ha caído.
- **El efecto sustitución**: el impuesto aumenta el precio relativo de los viajes aéreos, llevando a Omar a sustituirlo por otras formas de llevar una buena vida, como consumir otros bienes, trabajar menos o ambas.

efecto ingreso Efecto que los ingresos adicionales tendrían si no hubiera cambio en el precio o en el costo de oportunidad.
efecto sustitución Efecto que se da únicamente por cambios en el precio o el costo de oportunidad, dado el nuevo nivel de utilidad.

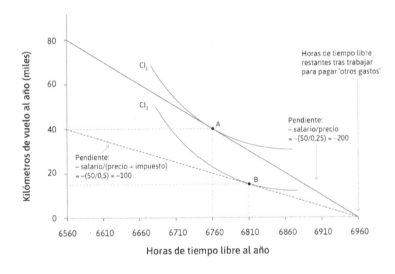

Figura 20.21 Las elecciones de Omar: efecto de un impuesto medioambiental en la elección de distancia viajada en avión y tiempo libre.

1. La frontera factible

La tasa marginal de transformación del tiempo libre perdido en viajes en avión es la pendiente de la frontera factible. Al renunciar a una hora de tiempo libre, Omar puede trabajar durante una hora adicional y ganar 50 dólares. Cada dólar le proporciona 4 km de viaje en avión, por lo que la TMT es de 200. Al dedicar una hora de tiempo libre, obtiene 200 km de viaje aéreo factible.

2. La curva de indiferencia más alta que Omar puede alcanzar

Este es el punto A. Resulta de su elección de trabajar 200 horas adicionales, con lo que se sitúa en 6760 horas de tiempo libre y 40 000 km de viaje aéreo.

3. El costo privado de viajar

Para Omar, el costo privado de 1 km de viaje aéreo es de 0,25 dólares.

4. Un impuesto sobre el combustible

Consideremos un impuesto al combustible utilizado por el sector de la aviación, que se aplique con intención de que suba el precio de los viajes en avión. Como resultado, un dólar gastado en un boleto ahora compra solo 2 km de viaje aéreo. Este impuesto podría obligar a las aerolíneas y los consumidores a tener en cuenta los efectos medioambientales negativos de los viajes aéreos.

5. La elección de Omar

Omar elige el punto en la nueva frontera factible discontinua que está en la curva de indiferencia más alta posible, que ahora es el punto B.

1. Redibuje la figura 20.18 (página 1043) para mostrar una mejora en la tecnología de producción de bienes de consumo, en lugar de una mejora en la tecnología de reducción de emisiones.
2. Con base en su diagrama, explique qué sucede con la frontera factible y la elección óptima de calidad medioambiental y consumo, suponiendo que nada más cambie.

Un estudio sobre el uso de vehículos y los precios de la gasolina en California (https://tinyco.re/8928260) estimó que la elasticidad de la demanda a corto plazo de la cantidad de kilómetros que se conduce un automóvil es de –0,22. Suponga que, en estos momentos, el precio de la gasolina es de 1 dólar por galón y se plantea aplicar un impuesto que elevaría el precio a 1,5 dólares por galón.

1. Para alguien que realiza desplazamientos por un total de 200 kilómetros cada semana, ¿cuál es la reducción prevista en la distancia recorrida si se aplica el impuesto?

El mismo estudio determinó que las personas con ingresos más altos respondían más a los cambios en el precio del petróleo que las personas con ingresos más bajos.

2. ¿Se le ocurre alguna razón por la que esto sea así?
3. Dibuje dos curvas de demanda que reflejen las diferencias en la capacidad de respuesta a los precios entre diferentes grupos de ingreso: uno para personas de ingresos altos y otro para personas de ingresos bajos. Muestre por qué el impuesto impondrá un costo mayor al grupo de ingresos bajos.

En la figura 20.20 (página 1046), los puntos A y B son las dos tecnologías que tiene disponibles una empresa para su producción. Más concretamente, la tecnología A usa 4 toneladas de carbón y 2 m^2 de panel solar para producir 100 metros de tela, mientras que la tecnología B usa 1 tonelada de carbón y 6 m^2 de panel solar para la misma producción.

Inicialmente, el precio de 1 tonelada de carbón es la mitad del precio de uso de 1 m^2 de panel solar. En sus últimos presupuestos, el gobierno propone un impuesto al uso del carbón de tal manera que la razón entre precios aumente de 1/2 a 2. Con base en esta información, ¿cuál de las siguientes afirmaciones es correcta?

☐ A los precios originales, la línea de isocosto de la empresa viene dada por FG.
☐ A los precios originales, la empresa elige la tecnología B, ya que está en una línea de isocosto más alta que A.
☐ Después de la aplicación del impuesto, la pendiente de la línea de isocosto de la empresa aumenta de –1/2 a –2.
☐ Después de la aplicación del impuesto, la empresa elige la tecnología A, ya que está en una línea de isocosto más baja que B.

El siguiente diagrama muestra la elección de un consumidor de la cantidad de viajes en avión que realizará al año, utilizando para ellos curvas de indiferencia entre horas de tiempo libre anuales y kilómetros de viajes aéreos. El consumidor no puede permitirse viajar en avión cuando elige 6960 horas de tiempo libre. El salario por hora después de impuestos del consumidor es de 50 dólares.

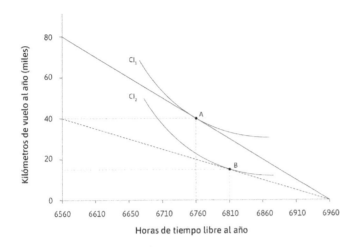

Inicialmente, el costo de un viaje aéreo de 1 km es de 0,25 dólares. En sus últimos presupuestos, el gobierno propone un impuesto al combustible, de tal manera que el costo de 1 km de viaje en avión se duplicaría para pasar a 0,50 dólares. Según esta información, ¿cuál de las siguientes afirmaciones es correcta?

☐ La tasa marginal de transformación entre kilómetros de viajes aéreos y tiempo libre aumenta de 100 a 200 como resultado del impuesto al combustible.

☐ El efecto de sustitución del impuesto significa que el consumidor trabaja más para sustituir el viaje aéreo por consumo de otros bienes.

☐ El efecto que tendrá el impuesto sobre la renta será, sin duda, que el consumidor goce de más horas libres.

☐ Si el impuesto al combustible refleja el costo social de los viajes aéreos del consumidor, entonces el nivel socialmente óptimo de viaje es de 15 000 km al año.

20.8 DINÁMICA MEDIOAMBIENTAL

El equilibrio es un concepto fundamental en Economía. Es la forma en la que se predice el precio de los bienes a través del modelo de oferta y demanda o el nivel de desempleo a través del modelo del mercado de trabajo. Pero, a nivel práctico, muchas veces necesitamos algo más que el equilibrio de un modelo. En los capítulos 16 y 18, por ejemplo, vimos que podría hacer falta un periodo de tiempo muy largo para que el mercado de trabajo pase de un equilibrio a otro, y que todo lo que sucede durante ese tiempo importa.

Como en los ejemplos descritos al inicio de este capítulo sobre el colapso de las pesqueras de los Grandes Bancos del Atlántico o la amenaza que se cierne sobre la selva amazónica, puede existir más de un equilibrio. Un medioambiente sano y sustentable puede ser un equilibrio (pensemos en la pesca de bacalao en los Grandes Bancos durante los 100 años anteriores a 1950). Otro podría ser el mismo lugar, pero desprovisto totalmente de bacalao (un ejemplo de colapso ambiental). A veces nos referimos al proceso por el que se llega al segundo equilibrio como un círculo vicioso, y a la sostenibilidad ambiental como un círculo virtuoso.

El paso de un equilibrio a otro se conoce como **proceso de desequilibrio** y puede ser rápido, porque lo impulsan unos procesos de retroalimentación positiva como los que estudiamos en el capítulo 17 para el mercado de la vivienda. Como en el caso de la burbuja de precios de la vivienda, la caída en las existencias de peces en los Grandes Bancos se fue reforzando a sí misma a lo largo del tiempo.

Ahora vamos estudiar estos procesos de desequilibrio. Vamos a explicar por qué, cuando se producen y cuando carecemos de información importante sobre qué tipo de acciones humanas desencadenarán un colapso, necesitamos un enfoque diferente para la formulación de políticas públicas, que enfatice la necesidad de evitar un colapso medioambiental catastrófico.

La dinámica de la biosfera

Mucho tiempo antes de que la actividad humana comenzara a tener un efecto sustancial, el medioambiente estaba en constante cambio de forma natural como resultado de procesos físicos y químicos en lo que se conoce como la biosfera.

Durante decenas de miles de años, una era de hielo daba paso a un periodo de calentamiento en el que los glaciares y las capas de hielo marino retrocedían hacia los polos, a lo que seguía un nuevo periodo de temperaturas frías con el avance de las capas de hielo por lo que ahora son zonas de clima templado. A una escala temporal más reducida, nubes de polvo provocadas por erupciones volcánicas masivas bloqueaban el sol, como ocurrió durante la «pequeña era glaciar» de hace 500 años (en la figura 1.6b (página 23) se puede observar la caída promedio de la temperatura hacia mediados del siglo xv).

En la actualidad, el clima está muy influenciado por la actividad económica del ser humano, pero sigue siendo un proceso con su propia dinámica de cambio. Un desafío para los responsables de las políticas medioambientales es precisamente el hecho de que algunos procesos naturales pueden, por sí mismos, llevar a cadenas de retroalimentación positiva, por lo que unos pequeños cambios iniciales pueden acabar provocando grandes efectos, ocasionando un deterioro más rápido y mayor de lo esperado.

proceso de desequilibrio Una variable económica puede cambiar, ya sea porque las circunstancias que determinan el valor de equilibrio de esa variable cambien (un proceso de equilibrio) o porque el sistema no está en equilibrio y, por tanto, existan fuerzas internas de cambio en el modelo en cuestión (un proceso de desequilibrio). Este último proceso es el que se da cuando la economía se mueve hacia un equilibrio estable o se aleja de un punto de inflexión (un equilibrio inestable).

Como en los casos de las pesquerías de los Grandes Bancos o la selva del Amazonas, muchos sistemas de agua dulce como lagos y ríos también están sujetos a círculos viciosos de deterioro y colapso parecidos.

Cuando la retroalimentación positiva es importante, hay un nivel de deterioro del medioambiente, conocido como **punto de inflexión** que, si se sobrepasa, pone en marcha un proceso difícilmente reversible de destrucción del recurso natural. Cuando esto es así, la política medioambiental tiene que ir más allá del equilibrio de los costos y beneficios de la reducción del daño medioambiental, pues se hace necesario que los responsables de las políticas ideen medidas para garantizar que no se supere un punto de inflexión –especialmente si es incierto– para un recurso crítico. En este contexto, una **política prudencial** busca evitar el riesgo de encontrarse en una situación de degradación radical e irreversible.

Equilibrio medioambiental

Para entender los conceptos de límites planetarios y colapso ambiental, vamos a usar como ejemplo la superficie helada del océano Ártico: un ejemplo de un sistema medioambiental que podría haber sobrepasado ya el punto de inflexión debido al cambio climático a nivel global. La figura 20.22 muestra que, en los últimos 50 años, la extensión helada del océano Ártico al final de verano ha ido disminuyendo a una tasa creciente. Las imágenes bajo la gráfica muestran la reducción de manera visual.

Primero, consideremos el círculo vicioso. La superficie de mar abierto es más oscura que el hielo; por tanto, una mayor superficie de mar abierto implica que la superficie de la Tierra reflejará menos la radiación solar. Esto conlleva que absorba más la radiación y se caliente y, por tanto, los

punto de inflexión Equilibrio inestable en la frontera entre dos regiones caracterizado por el movimiento claro de alguna variable. Si la variable toma un valor de un lado, la variable se mueve en una dirección y, del otro lado, se mueve en dirección opuesta. *Véase también: burbuja del precio de los activos.*

política prudencial Política que atribuye un valor muy alto a la reducción de la probabilidad de un resultado desastroso, incluso si es costoso en términos de renuncia a otros objetivos. Este enfoque es el que suele promoverse cuando existe una gran incertidumbre sobre las condiciones en las que puede producirse un resultado desastroso.

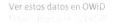

Ver estos datos en OWiD
https://tinyco.re/5402735

Miguel Ángel Cea Pirón y Juan Antonio Cano Pasalodos. 2016. «Nueva serie de extensión del hielo marino ártico en septiembre entre 1935 y 2014» (https://tinyco.re/8619796). *Revista de Climatología*, Vol. 16 (2016): pp. 1–19.

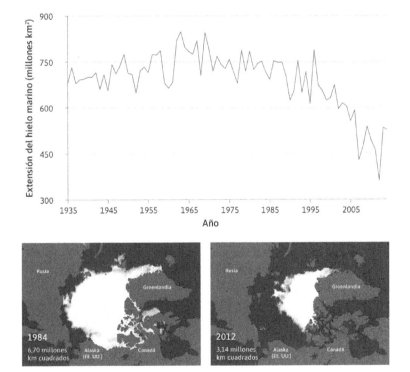

Figura 20.22 Cobertura del hielo marino ártico (1935–2014).

inviernos y las primaveras registrarán temperaturas de superficie más altas, provocando a su vez que haya menos hielo en verano. El círculo virtuoso es justo el opuesto: cuando la superficie de hielo es extensa en verano, la radiación que se refleja es mayor que la absorbida, manteniendo las temperaturas bajas, lo que conserva la extensión del hielo que refleja la radiación, lo que mantiene las temperaturas bajas, y así sucesivamente.

«Unas superficies de hielo extensas» y «veranos sin mares helados» son dos ejemplos de equilibrios estables para la ecología del mar Ártico. Cada uno de esos estados se retroalimenta en un bucle positivo, tal y como se muestra en la figura 20.23. Se puede comparar esto con el proceso de retroalimentación positiva que provoca las burbujas inmobiliarias y su eventual explosión, que vimos en el capítulo 17.

¿Qué sucede «entre» estos dos equilibrios estables? Vamos a analizar esta situación usando el modelo que se introdujo en el capítulo 17 para el mercado inmobiliario. Existen similitudes entre la figura 20.23 y la figura 17.18 (página 858) (del auge y caída del mercado inmobiliario). Ahora bien, en esta ocasión, en lugar de representar en los ejes el precio de la casas presente y del próximo año, el eje horizontal es la extensión del hielo actual (que denominamos E_t para referirnos al medioambiente ahora). En el eje vertical medimos la superficie helada al año siguiente. La figura muestra gráficamente la extensión del mar helado en la actualidad, con relación a cuál será esa superficie mañana.

La línea con pendiente de 45 grados muestra un medioambiente que no cambia ya que, a lo largo de esa línea, cada valor de la superficie de hielo en este periodo en el eje horizontal se corresponde con el mismo valor para el periodo siguiente (medido en el eje vertical). La curva con forma de S es la «curva de dinámica medioambiental» o CDM. Como en el capítulo 17, los puntos donde la CDM cruza la línea de 45 grados son equilibrios. Esto es así porque la superficie de hielo este año es la misma que el año próximo (recordemos que un equilibrio es algo estacionario, o sea, que no cambia de un año a otro). Dos de estos equilibrios son estables; cada uno de ellos se estabiliza como resultado de un proceso de retroalimentación de autorrefuerzo, tal y como se muestra en el panel superior. Podemos volver a las figuras 11.18 (página 544) y 11.19 (página 545) para recordar los procesos de ajuste en torno a equilibrios estables e inestables. El punto A es un equilibrio inestable o punto de inflexión. Cada pequeño cambio en la superficie helada del equilibrio inestable provoca un movimiento en dirección a B o C.

En cada punto entre los dos equilibrios estables (B y C), la superficie de hielo puede aumentar hacia un equilibrio virtuoso en B o ir desapareciendo hacia un equilibrio sin hielo en C. Por ejemplo, si comenzamos con una extensión de hielo de E_0, la CDM muestra el nivel (más alto) para el próximo año y la flecha muestra el ajuste hacia el equilibrio en el punto B.

Esto sucede así: partiendo del nivel inicial E_0, con un clima frío y hielo en el Ártico en verano, el próximo año habría más hielo en el Ártico, tal y como se muestra, dado que la CDM está por encima de la línea con pendiente de 45 grados. Cuando hay mucho hielo, la retroalimentación que va en dirección de que se mantenga la cantidad de hielo es potente y se tiende a permanecer en esta situación, incluso cuando se dan variaciones de temperatura (debido a las estaciones o variaciones en las corrientes oceánicas) que causan temporalmente un calentamiento y, por ende, una reducción del hielo marino. La extensión del hielo implica que el sistema «rebota» hacia el equilibrio superior.

Límites planetarios

Como hemos visto, los dos equilibrios estables están separados por un equilibrio inestable en el punto A. Una disminución en la extensión de la superficie de hielo por debajo del punto de inflexión se verá amplificada, no frenada. En ese punto, la retroalimentación se vuelve más fuerte en la dirección de una disminución de la superficie de hielo y lleva al sistema a un estado de veranos árticos sin hielo. Sería un caso en el que se habría llevado la capacidad de recuperación del sistema más allá de sus límites.

¿Cuál es el rol del cambio climático en todo esto? Para verlo, necesitamos explicar por qué puede desplazarse hacia abajo la curva en forma de S de dinámica medioambiental. Si se desplaza, el sistema no se estabilizará en torno al equilibrio con mucho hielo en verano en B.

Un clima en proceso de calentamiento se traduce en dos acciones: una es gradual y la otra catastrófica. Primero, empezando por el equilibrio superior, un clima en proceso de calentamiento lleva al sistema más cerca de un punto de inflexión, lo que se ilustra en el desplazamiento de la curva en forma de S hacia abajo. En segundo lugar, podría cambiar el sistema de modo que llegara un punto en que desapareciera el equilibrio con veranos con mucho hielo.

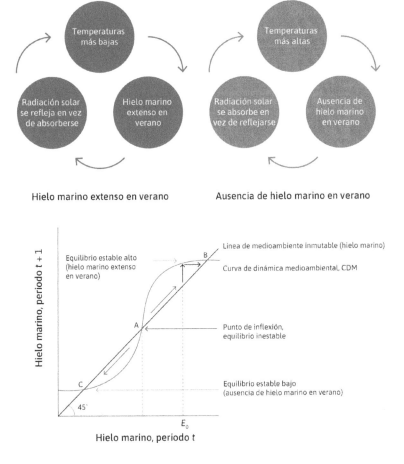

Figura 20.23 La curva de dinámica medioambiental y el punto de inflexión medioambiental.

Centremos ahora nuestra atención en la figura 20.24 para entender estos efectos. Un clima más cálido significa que, en comparación con la cantidad de hielo existente en el año actual, la cantidad que habrá el año siguiente será menor. No estamos ante un desplazamiento a lo largo de la curva CDM, sino que se trata de un desplazamiento de toda la curva hacia abajo. Como resultado, se forma menos hielo en invierno y todo el sistema es más vulnerable a un aumento de las temperaturas y de la superficie abierta de agua en verano.

En la figura 20.24, el desplazamiento hacia abajo de la CDM mueve el equilibrio «alto» hacia abajo, por lo que cada año disminuirá la cantidad de hielo. Hay que considerar que un clima más cálido también desplaza el punto de inflexión hacia arriba, al punto Z desde su posición inicial en A, lo que amplía la zona de peligro de colapso medioambiental.

¿Es esto lo que ha estado sucediendo a lo largo de este último siglo? En la figura 20.22 (página 1053), se muestra cómo, hasta finales de la década de 1960, la superficie helada del mar Ártico se estuvo aproximando a un equilibrio superior (como B). Luego, a partir de ese momento, la extensión helada empezó a disminuir, primero de forma gradual, como se ve en la figura 20.24 con el movimiento descendente de B hacia Z, y luego, desde mediados de la década de 1980, de forma mucho más rápida, como muestra la figura 20.22, y como cabría esperar si se hubiera sobrepasado el último punto de inflexión y el sistema se encontrara en caída libre hacia un verano sin hielo (punto K).

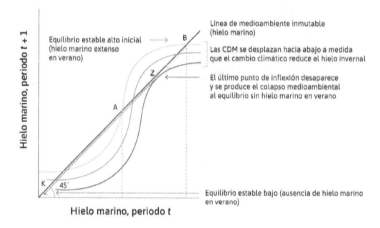

Figura 20.24 Cambio climático y pérdida irreversible de hielo marino ártico en verano.

1. Equilibrio superior inicial estable

El medioambiente comienza en el punto de equilibrio B.

2. El calentamiento global reduce la curva CDM

Un clima más cálido significa que, para cualquier cantidad de hielo marino este año, la cantidad que habrá el próximo año será menor. La curva entera se desplaza hacia abajo.

3. Colapso del sistema a una situación de veranos sin hielo

Más allá de una cierta cantidad de calentamiento invernal, la CDM cambia tanto que ya no hay un equilibrio alto estable. El último punto de inflexión, Z, desaparece, y el sistema se bloquea permanentemente en el estado estable sin hielo marino en K.

Si combinamos el modelo con la evidencia disponible, el cambio de una situación con gran cantidad de hielo en el Ártico en verano hacia un equilibrio con veranos sin hielo parece haber comenzado ya. Los científicos no están seguros de hasta qué punto puedan ser reversibles las pérdidas de hielo ártico en verano, incluso si el calentamiento global se revierte, ya que se podría haber sobrepasado el punto de no retorno. La falta de hielo en el Ártico, que es lo que parece que nos depara el futuro, se sumará a las otras fuerzas poderosas que ya están provocando un clima cada vez más cálido.

El hielo podría acabar volviendo si comenzara una era glaciar pero, habida cuenta del patrón de cambio del clima de los últimos 800 000 años, esto sucederá dentro de unos 50 000 años.

Políticas prudenciales para enfrentarse a los puntos de inflexión

El objetivo de las políticas para ralentizar el calentamiento global debe ser mantener la CDM dentro del conjunto factible de equilibrios medioambientales que se ilustran en la línea verde punteada entre los puntos B y Z. Si hay puntos de inflexión, las políticas prudenciales deberían reducir el riesgo de sobrepasar los puntos de inflexión.

La necesidad de ser prudentes no solo aparece por la presencia de un punto de inflexión, sino que también se debe a la incertidumbre en cuanto a lo cerca que podamos estar del próximo. Las políticas prudenciales buscan evitar los riesgos de catástrofe, incluso cuando su probabilidad sea extremadamente baja. Cuanto más cerca estemos del punto de inflexión, mayor será la probabilidad de sobrepasarlo sin darnos cuenta y encontrarnos en un nivel de degradación imposible de revertir.

Los límites planetarios se definen para variables medioambientales relevantes (como la temperatura y la **pérdida de biodiversidad**), y sus niveles nos dicen los niveles que los científicos creen que nos mantendrán lo suficientemente lejos de los puntos de inflexión problemáticos como para estar dentro de un «espacio operativo seguro». Respetar los límites planetarios es una política prudencial.

El valor de la prudencia tiene implicaciones para la cuestión de qué tipos de políticas son las más apropiadas. Para verlo, supongamos que no hay incertidumbre sobre ninguno de estos dos aspectos:

- *El estado del medioambiente*: por ejemplo, sobre lo cerca que está el ecosistema del punto de inflexión.
- *El efecto de los incentivos fiscales*: ¿cuáles serán los efectos en las emisiones de carbono?

Con este nivel de certidumbre, los impuestos sobre las emisiones de carbono o una política de límites máximos y comercio de derechos de emisión pueden obtener el mismo resultado. La política de límites máximos y comercio de derechos de emisión impondría un nivel deseado de reducción de emisiones y el impuesto al carbono establecería el precio adecuado para las emisiones de carbono y, por tanto, también conllevaría un nivel deseado de reducción de emisiones. En ambos casos, el responsable de políticas públicas debe decidir el nivel deseado de reducción de emisiones antes de seleccionar la política más apropiada.

pérdida de biodiversidad
Proporción de especies que se extinguen cada año.

Y, sin embargo, suele ocurrir que no se tiene certeza sobre cuál es el estado del medioambiente ni sobre la eficacia de las políticas fiscales o de subsidios. En estos casos, la política de límites máximos y comercio es más prudente porque garantiza un nivel de emisiones (el límite máximo), que puede fijarse lo suficientemente alejado de los posibles umbrales.

EJERCICIO 20.11 REPRESENTANDO CAMBIOS DE RÉGIMEN

La Base de datos de cambios de régimen (https://tinyco.re/3834638) documenta diferentes tipos de cambios de régimen (otra palabra para el punto de inflexión) de los que tenemos evidencia en los sistemas ecológicos dominados por humanos. Elija uno de la base de datos y describa la situación con sus propias palabras, incluidos los tipos de equilibrios y sus características, y cómo el sistema pasa de un equilibrio a otro. Dibuje un diagrama similar a la figura 20.23 (página 1055) para representarlo y explique los circuitos de retroalimentación que están involucrados.

EJERCICIO 20.12 PROCESOS DE AUTORREFUERZO

Los procesos de autorrefuerzo, como los descritos anteriormente, no ocurren solo en la naturaleza. En el capítulo 17, por ejemplo, discutimos cómo los aumentos en los precios de la vivienda pueden reforzar un auge y convertirse en autosuficientes, lo que lleva a una burbuja del precio de la vivienda.

Explique las formas en que los procesos de autorrefuerzo acumulativos descritos por los científicos medioambientales son similares (o diferentes) a los procesos que tienen lugar en una burbuja del mercado de la vivienda o de la cotización de las acciones.

20.9 ¿POR QUÉ ES TAN DIFÍCIL ENFRENTARSE AL CAMBIO CLIMÁTICO?

Si bien existe consenso entre los científicos de que el cambio climático se está produciendo y de que la actividad económica contribuye a que así sea, hay grandes lagunas en el conocimiento científico del proceso a través del cual se produce y de los costos de su contención.

Además, y tal como vimos en las secciones 20.3 y 20.4, los conflictos de interés en torno al alcance y los métodos de reducción de emisiones dificultan a los gobiernos nacionales el poder adoptar estrategias ampliamente consensuadas para mitigar la degradación medioambiental. Los conflictos incluyen desacuerdos acerca de qué puede considerarse que la ciencia ha demostrado. En 2015, en Estados Unidos, el 64% de los seguidores del Partido Demócrata eran de la opinión de que el calentamiento global se estaba produciendo y era consecuencia de la actividad humana, pero esta opinión era compartida solo por el 23% de los Republicanos (https://tinyco.re/5233906).

Además, los propietarios y empleados de empresas que producen o usan combustibles fósiles anticipan que se producirán pérdidas de ingresos como resultado de las políticas de reducción de emisiones, y gastan grandes cantidades de dinero en influenciar a la opinión pública en relación con los asuntos medioambientales. Puede usted obtener más información sobre el impacto de este gasto en este artículo del *New York Times* sobre el envenenamiento por plomo, y estudiar esta lista de gastos en el cabildeo o *lobbying* de la industria química en 2015 en OpenSecrets.org (https://tinyco.re/8516286).

La falta de información adecuada y los conflictos de intereses son impedimentos habituales al desarrollo de buenas políticas públicas, pero el cambio climático plantea además dos desafíos adicionales: los gobiernos nacionales no pueden resolver el problema actuando solos y nuestras decisiones de hoy afectan a las generaciones futuras.

Cooperación internacional

Usando las herramientas de la teoría de juegos del capítulo 4, vimos cómo evitar la **tragedia de los comunes**, que afecta la oferta de bienes públicos, depende de las reglas del juego (las instituciones). Cuando se dan interacciones repetidas de los jugadores y existen oportunidades para castigar a quienes no contribuyan al bien público, puede mantenerse el resultado socialmente óptimo. La presencia de sistemas sostenibles de uso del agua o poblaciones de peces en varios continentes muestra que la tragedia de los (bienes) comunes es evitable.

En el caso del cambio climático, la teoría de juegos nos ayuda a entender los obstáculos de esta solución. Recuerde cómo modelamos el juego del cambio climático como un dilema del prisionero con dos países (Estados Unidos y China) que pueden restringir la emisión de carbono o continuar como siempre (véase la figura 4.17 (página 195)). El interés propio absoluto hace que el escenario de seguir como siempre sea un **equilibrio de estrategia dominante**.

Para comprender cómo se podría negociar un acuerdo internacional para evitar el resultado de seguir como siempre, introdujimos los conceptos de la aversión a la desigualdad y la reciprocidad. Si los ciudadanos de EE.UU. y China le atribuyen algún peso al bienestar de los pobladores del otro país o experimentan menos bienestar cuando aumenta la desigualdad, y si están dispuestos a aplicar medidas costosas siempre y cuando esto también se haga en el otro país, entonces es posible el resultado en el que ambos países restrinjan las emisiones.

Nuestro modelo hipotético de negociaciones sobre cambio climático entre China y Estados Unidos da lugar a dos equilibrios de Nash si los ciudadanos de esos países tienen aversión a la desigualdad y también una cierta inclinación a la reciprocidad. No se trata de una hipótesis completamente irreal: después de intensas negociaciones tras una serie de encuentros fallidos y un acuerdo no vinculante en Copenhague en 2009, todos los países se comprometieron a realizar recortes futuros de las emisiones en la Conferencia de Naciones Unidas sobre Cambio Climático (https://tinyco.re/1087415) celebrada en París en diciembre de 2015, con el objetivo de estabilizar las temperaturas globales en 2°C por encima de los niveles preindustriales. Prácticamente todos los países presentaron sus planes individuales para reducir las emisiones, pero estos planes aún no son congruentes con este objetivo de estabilización de la temperatura del planeta.

Generaciones no representadas

La actividad económica de hoy va a afectar al cambio climático de un futuro distante, por lo que puede decirse que se están provocando consecuencias que otros van a tener que soportar. Esto es un caso extremo del concepto de externalidades que hemos estudiado en este curso. Es un caso extremo no solo en términos de las consecuencias potenciales, sino también porque quienes sufrirán esas consecuencias son las generaciones futuras.

En muchos países se han puesto en marcha políticas públicas para abordar otro tipo de externalidades medioambientales, como la contaminación local, debido a la presión ejercida por los votantes que soportan los costos de esos efectos. Si se consulta la figura 20.25b (página 1064), se podrá observar que muchos de los países «estrella» que están muy por encima de la línea en el Índice de Desempeño Medioambiental (https://tinyco.re/3593821) son, y han sido durante mucho tiempo, democracias electorales. Esto no es así para la mayoría de los países que presentan un rendimiento bajo.

Y, sin embargo, las generaciones futuras que van a soportar las consecuencias de nuestras decisiones no están suficientemente representadas en el proceso de elaboración de políticas actual. La única forma de que el bienestar de las generaciones insuficientemente representadas sea tomado en cuenta en las mesas de negociación sobre medioambiente a nivel mundial, es que se tenga presente el hecho de que a la mayoría de las personas le importan los demás y quieren comportarse de forma ética con los otros, tal y como vimos en el capítulo 4.

Estas preferencias sociales subyacen al debate entre economistas sobre cómo valorar los costos y beneficios futuros de las decisiones que tomemos hoy acerca del cambio climático.

Al considerar políticas ambientales alternativas, hasta qué punto valoremos el bienestar de las generaciones futuras es algo que suele medirse en función de una tasa de interés que, literalmente, es la tasa a la que se **descuentan los costos y beneficios para las generaciones futuras**. No obstante, existe un debate en torno a cómo realizar este proceso de **descuento**.

descuento de los costos y beneficios para las generaciones futuras Medida de cómo valoramos actualmente los costos y beneficios que experimentarán las personas que vivirán en el futuro. Tenga en cuenta que no se trata de una medida de la impaciencia individual sobre los propios beneficios y costos futuros.

tasa de descuento Medida de la impaciencia de una persona: cuánto valora una unidad adicional de consumo ahora respecto a una unidad adicional de consumo en el futuro. Es la pendiente de la curva de indiferencia entre consumo ahora y consumo en el futuro, menos uno. También se conoce como tasa de descuento subjetiva.

CUANDO LOS ECONOMISTAS NO ESTÁN DE ACUERDO

El dilema del descuento futuro: ¿Cómo estimar y contabilizar los costos y beneficios futuros?

Al considerar distintas políticas, los economistas buscan comparar los costos y beneficios de las distintas alternativas. Hacer esto plantea retos especialmente grandes cuando la política en cuestión es medioambiental. La razón es que los costos de una política de reducción de emisiones recaen sobre las generaciones presentes y, en cambio, los beneficios los disfrutarán las generaciones futuras que aún no han nacido.

Póngase en el lugar del responsable de políticas públicas imparcial que hemos estudiado previamente y pregúntese: ¿hay alguna razón por la que, al resumir los beneficios y costos de una política de reducción de emisiones, se deberían valorar los beneficios que se espera que reciban las generaciones futuras menos que los costos y beneficios que recaerán sobre las personas hoy en día? Son dos las razones que vienen a la mente:

- *Progreso tecnológico*: puede que en el futuro las personas tengan necesidades mayores o menores de las que tenemos hoy. Por ejemplo, como resultado de mejoras continuas en la tecnología, puede que las personas sean más ricas (ya sea en bienes o en tiempo libre) que en la actualidad, por lo que podría parecer justo que el valor de los beneficios que recibirán debido a las políticas actuales no sea tan alto como el valor de los costos a los que tendremos que enfrentarnos en el presente.

- *Extinción de la especie humana*: existe una pequeña posibilidad de que las generaciones futuras no existan porque la humanidad se extinga.

Estas son buenas razones que se podrían esgrimir para descontar los beneficios recibidos por las generaciones futuras. Tenga en cuenta que ninguna de estas razones para el descuento está relacionada con la **impaciencia pura**.

Este es el enfoque que se utiliza en el informe titulado *Stern Review on the Economics of Climate Change* de 2006 (se puede leer el resumen ejecutivo en el sitio web de WWF (https://tinyco.re/8438738)). El economista Nicholas Stern escogió una tasa de descuento que tuviera en cuenta la probabilidad de que las personas sean más ricas en el futuro. Con base en estimaciones del incremento de la productividad futura, Stern descontó los beneficios de las generaciones futuras a una tasa del 1,3% anual. A esto le añadió un 0,1% anual de tasa de descuento para tener en cuenta el riesgo de que en cualquier año venidero deje de haber una generación que sobreviva. Según esta evaluación, Stern plantea que se deben aplicar políticas de inversión para reducir las emisiones sustancialmente, con el fin de proteger el medioambiente en el futuro.

Muchos economistas, entre los que se incluye a William Nordhaus, han criticado el Informe Stern por su baja tasa de descuento (https://tinyco.re/9892599). Nordhaus plantea que la elección de la tasa de descuento por parte de Stern «amplifica los impactos en el futuro distante» y concluye que con una mayor tasa de descuento «los resultados dramáticos del Informe desaparecerían».

Nordhaus planteaba el uso de una tasa de descuento del 4,3%, con la que las implicaciones eran completamente distintas. Descontar a esta tasa implica que un beneficio de 100 dólares dentro de 100 años se valora actualmente a 1,48 dólares, mientras que con la tasa de descuento de Stern del 1,4%, el valor actual sería de 24,9 dólares. Esto conlleva a que un responsable de políticas públicas que aplique la tasa de descuento de Nordhaus aprobaría un proyecto que cueste 1,48 dólares para ahorrar a las futuras generaciones 100 dólares en daños medioambientales. En cambio, si se utilizara la tasa de descuento de Stern, se aprobarían todos los proyectos que costaran menos de 24,9 dólares.

No es, por tanto, ninguna sorpresa que las recomendaciones de Nordhaus para la reducción de emisiones sean mucho menos extensas y menos costosas que las propuestas por Stern. Cuando comparamos el uso de la política de límites máximos y comercio de derechos de emisión con el impuesto al carbono en la sección 20.5, planteábamos una estimación mínima de las externalidades negativas de las emisiones de carbono de 40 dólares por tonelada. Esto es comparable con el precio del carbono de 35 dólares por tonelada que proponía Nordhaus en 2015 para disuadir del uso de combustibles fósiles. Stern, en cambio, recomienda un precio de 360 dólares.

¿Por qué difieren tanto estos dos economistas? Ambos están de acuerdo en la necesidad de descontar debido a que existe la probabilidad de que las futuras generaciones estén en mejor situación económica, pero Nordhaus agrega una razón adicional para descontar los beneficios futuros: la impaciencia.

impaciencia pura Característica de una persona que valora una unidad de consumo adicional ahora por encima de una unidad adicional más adelante, cuando la cantidad de consumo es la misma ahora y más adelante. Surge cuando una persona está impaciente por consumir más ahora porque le da menos valor al consumo en el futuro por razones de miopía, falta de voluntad u otras razones.

William D. Nordhaus. 2007. A Review of the Stern Review on the Economics of Climate Change (https://tinyco.re/9892599). *Journal of Economic Literature* 45 (3): pp. 686–702.

Razonando igual que lo hicimos en el capítulo 10 para el consumo presente y futuro de Julia y Marco, Nordhaus utilizó estimaciones basadas en las tasas de interés de mercado que miden cuánto valoran las personas el consumo futuro en comparación con el consumo presente. Utilizando este método llegamos a una tasa de descuento del 3%, que mide a qué tasa descuentan las personas los costos y beneficios que podrían experimentar en el futuro. Nordhaus incluye esto en su tasa de descuento, y a eso se debe que la tasa de descuento de Nordhaus (4,3%) sea mucho mayor que la de Stern (1,4%).

Los críticos de Nordhaus han señalado que, a la hora de valorar la consideración que debiera darse a las consecuencias para las generaciones futuras, un hecho psicológico como la impaciencia no es una razón válida para descontar las necesidades y aspiraciones de otras personas de generaciones futuras.

El enfoque de Stern considera que todas las generaciones son merecedoras de la misma consideración por nuestra parte en lo que a su bienestar respecta. Nordhaus, en cambio, adopta el punto de vista de las generaciones presentes y considera que las generaciones futuras son menos merecedoras de que consideremos su bienestar, algo muy parecido al caso de que, por razones de impaciencia, típicamente valoremos más el consumo presente que nuestro propio consumo futuro.

¿Está este debate resuelto? La cuestión del descuento, en última instancia, requiere que se arbitre en relación con las exigencias antagónicas de diferentes individuos en diferentes momentos en el tiempo. Esto implica cuestiones de ética sobre las cuales los economistas continuarán en desacuerdo.

Frank Ackerman. 2007. *Debating climate economics: the Stern Review vs. its critics* (https://tinyco.re/6591851). Informe presentado a Amigos de la Tierra, julio de 2007.

EJERCICIO 20.13 SIMULACIÓN DE DISTINTAS TASAS DE DESCUENTO

Descargue la hoja de cálculo de simulación de tasas simples de descuento de nuestro sitio web CORE (https://tinyco.re/2652456). El simulador le permite calcular el valor actual de recibir 1 dólar dentro de 1, 10, 50 y 100 años con base en cuatro tasas de descuento diferentes.

En la hoja de cálculo, las tres primeras tasas de descuento son fijas: cero, la sugerencia de Stern y la alternativa sugerida por Nordhaus.

1. Explique el efecto de diferentes tasas de descuento en el valor presente de recibir 1 dólar en el futuro.

La cuarta tasa la elige usted: use el control deslizante de la tabla para elegir una tasa de descuento que considere apropiada para la evaluación de los beneficios y costos de la política de cambio climático en un futuro lejano.

2. Justifique su elección. ¿Está más cerca de la propuesta de Nordhaus o de la de Stern? ¿O se ha quedado por encima o por debajo de ambos?
3. Intente averiguar qué tasa de descuento utiliza su gobierno (u otro gobierno de su elección) para evaluar los proyectos de inversión pública. ¿Cree que es apropiada?

La siguiente tabla muestra los valores actuales de un pago de 1 dólar en el futuro, descontados a diferentes tasas. Por ejemplo, 1 dólar pagado dentro de 10 años vale 0,82 dólares ahora si se descuenta al 2% anual.

Tasa de descuento (%)	Años a futuro				
	0	1	10	50	100
0,0%	1,00	1,00	1,00	1,00	1,00
1,0%	1,00	0,99	0,90	0,61	0,37
2,0%	1,00	0,98	0,82	0,37	0,14
5,0%	1,00	0,95	0,61	0,09	0,01

Según esta información, ¿cuál de las siguientes afirmaciones es correcta?

- ☐ Las divergencias en el efecto de descuento entre los casos en que se aplique diferentes tasas de descuento es mayor cuanto mayor sea el tiempo hasta el momento de pago.
- ☐ Duplicar el tiempo hasta el pago implica reducir a la mitad el valor presente.
- ☐ Duplicar la tasa de descuento lleva a reducir a la mitad el valor presente.
- ☐ Una tasa de descuento del 0% significa que los pagos valen lo mismo ahora que en cualquier momento futuro.

20.10 LAS ELECCIONES EN MATERIA DE POLÍTICA PÚBLICA IMPORTAN

Diferencias entre países

Las políticas medioambientales marcan la diferencia. Se pueden observar grandes diferencias entre países en el daño que sufre el medioambiente en cada uno de ellos y en el éxito que logran en el manejo de la calidad del mismo. La figura 20.25a muestra las emisiones de CO_2 per cápita en cada país en 2010 respecto al ingreso per cápita. Los países ricos producen mucho más CO_2 per cápita que los pobres. Esto es algo que cabía esperar, ya que un mayor ingreso per cápita es el resultado de un mayor nivel de producción de bienes y servicios, que a su vez está asociado a toda una serie de impactos en la biosfera. Esto se observa en la línea con pendiente positiva que muestra la relación entre estas dos variables.

Hay que tener en cuenta que, entre países con aproximadamente el mismo nivel de ingreso per cápita, algunos emiten muchos más gases de efecto invernadero que otros. Comparando países con niveles similares de ingreso per cápita, existen algunos con altos niveles de emisiones, como Estados Unidos, Canadá y Australia, y otros con niveles bajos, como Francia, Suecia y Alemania. Otra forma de leer esta gráfica es de forma horizontal: Noruega tiene el mismo nivel de emisiones que cabría esperar para un país 20 000 dólares más pobre en términos de ingreso per cápita. En cambio, Rusia contamina al nivel que se esperaría para un país 20 000 dólares más rico.

Medido por sus emisiones directas, Singapur es un caso atípico de buen desempeño. Se trata de una ciudad-estado con una red de transporte público eficaz y una base económica comercial más que industrial, motivo por el que los niveles de contaminación son bajos. Además del transporte público, el gobierno ha adoptado otras medidas efectivas respecto al medioambiente. Por ejemplo, si se quiere usar el automóvil en Singapur, primero se debe adquirir un permiso en una subasta y luego pagar una cuota por embotellamientos (un impuesto) cada vez que se conduce en la ciudad.

Aunque sean los países más ricos los que emiten más CO_2 per cápita, también son los que han adoptado políticas más eficaces para administrar sus propios recursos medioambientales como los bosques, el suelo, la biodiversidad y el agua. En la figura 20.25b se muestra gráficamente el Índice EPI (Environmental Performance Index, Indice de desempeño medio-ambiental) con relación al PIB per cápita. El EPI es un índice agregado que indica la salud medioambiental y la vitalidad del ecosistema de un país, que incluye el estado de tratamiento de aguas residuales, los bancos de pesca y los bosques. El índice incluye 20 indicadores diferentes en todo el país, entre

Banco Mundial. 2015. Indicadores del desarrollo mundial (https://tinyco.re/8871968). Nota: No se muestran tres países pequeños de ingresos muy altos (Kuwait, Luxemburgo y Qatar).

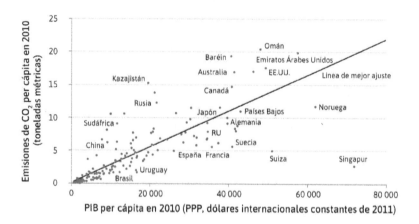

Figura 20.25a Las emisiones de dióxido de carbono son mayores en los países ricos ...

Indicadores de desarrollo; EPI. 2014. Environmental Protection Index 2014 (https://tinyco.re/3593821). Yale Center for Environmental Law & Policy (YCELP) y el Center for International Earth Science Information Network.

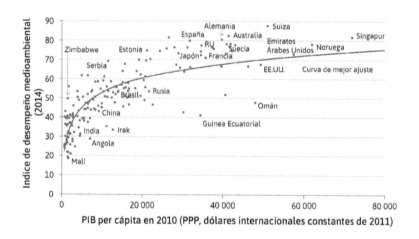

Figura 20.25b ... pero también lo es la calidad de su medioambiente local.

los que se encuentran la tendencia en las emisiones de carbono, las reservas de peces, los cambios en las áreas forestales, la calidad de tratamiento de las aguas residuales, el acceso a servicios de saneamiento, la contaminación del aire y la mortalidad infantil. En este caso es una curva y no una línea lo que mejor se ajusta a los datos, indicando que las diferencias en el nivel de ingreso per cápita están asociadas a grandes diferencias en el EPI en el caso de los países muy pobres mientras que, para los países ricos, las disparidades en el EPI en función de las diferencias de ingreso no son tan grandes.

Al igual que en la figura 20.25a, Rusia muestra un resultado por debajo de lo que cabría esperar, pues su EPI se sitúa al nivel que corresponde a un país con la mitad de su riqueza. Alemania, Suecia y Suiza, en cambio, presentan un desempeño alto. Australia, cuyas emisiones de CO_2 se sitúan a un nivel sorprendentemente alto (figura 20.25a), se encuentra muy arriba en el ranking de servicios medioambientales medidos por el EPI. Así pues, una buena parte del daño al medioambiente que resulta de la actividad económica de Australia es un costo para los habitantes de otros países.

El mensaje de la figura 20.25b es similar al de la figura anterior. Incluso países con niveles similares de ingreso per cápita difieren mucho en su desempeño medioambiental, como podemos observar claramente si comparamos, por ejemplo, Suiza con Estados Unidos o España con Rusia. Tanto China como la India están muy por debajo de la línea. Estas diferencias entre países muestran la importancia de las políticas que se adoptan y cuyo cumplimiento se fiscaliza.

Lecciones aprendidas de la existencia de políticas en las que todos ganan

Hemos ido hablando de las dificultades de los *trade-off* o disyuntivas que enfrentan las políticas medioambientales; por ejemplo, la elección entre el consumo y la calidad del medioambiente actuales. Ahora bien, también hemos mostrado ciertas pruebas de que existen oportunidades de que todos ganen.

La figura 20.26 muestra nuevamente las estimaciones de los costos de reducción de emisiones que ya vimos en la figura 20.9 (página 1018). La curva del costo global de reducción de emisiones se muestra de forma vertical en la figura 20.26. En la figura 20.9 solo incluimos medidas costosas y que tendrían que promoverse como objetivo de política pública. En la figura 20.26, cuando los beneficios monetarios son mayores que los costos, la barra se extiende a la izquierda del eje vertical. Cuando los costos son mayores, lo hace a la derecha.

Todas las acciones a la izquierda del eje vertical en la figura 20.26 no solo implican una reducción de emisiones significativa, sino que son beneficiosas para los individuos, ya que sus beneficios son mayores que sus costos. Estas son acciones con las que todos ganan (*win-win*) porque mejoran el medioambiente y además ahorran costos, lo que a su vez se traduce en mayor consumo.

Reemplazar las bombillas de filamento incandescente tradicionales por bombillas LED en los hogares es una de estas oportunidades en las que todos ganan. Es la política que más costos ahorra, pero es una barra estrecha, lo que significa que la reducción potencial de emisiones que implica es baja. Los vehículos eficientes en términos energéticos, el aislamiento de viviendas y oficinas y otras tecnologías con barras a la izquierda del eje vertical también ahorran recursos. Hay que tener en cuenta que si solo se adoptaran políticas que impliquen un ahorro de recursos desde ahora hasta 2030, aun así alcanzaríamos más de un cuarto de la reducción potencial de emisiones que muestra la figura.

Podemos representar el potencial no realizado de reducción de emisiones derivado de estos cambios en la figura del conjunto factible. La línea punteada en la figura 20.27 es la frontera de posibilidades que hemos utilizado hasta ahora, que ignora las oportunidades en las que todos ganan o *win-win* que se muestran en el lado izquierdo de la figura 20.26. La frontera de posibilidades que representa la línea continua tiene en cuenta el uso de estas opciones con las que todos ganan.

McKinsey & Company. 2013. 'Pathways to a Low-Carbon Economy: Version 2 of the Global Greenhouse Gas Abatement Cost Curve.' (https://tinyco.re/6905614). McKinsey & Company.

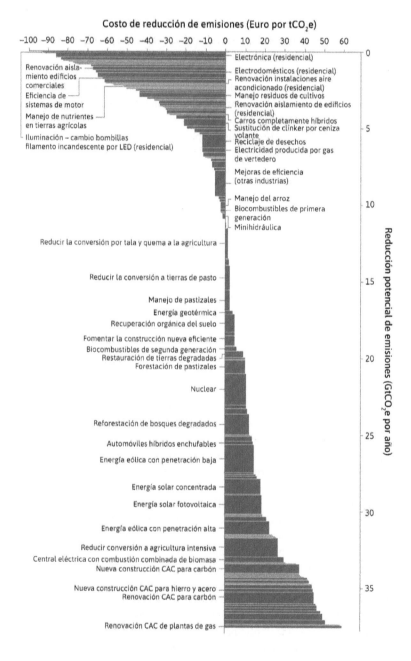

Figura 20.26 Curva de reducción de emisiones de gases de efecto invernadero: reducción de emisiones en 2030 en comparación con seguir con la actividad normal.

Comience en el punto C del eje horizontal de la figura 20.27. La evidencia que nos proporciona la figura 20.26 es que aplicar estas medidas (comenzando desde arriba de la figura 20.26, con el reemplazo de las bombillas de filamento incandescente por bombillas LED) va a generar beneficios por la reducción de emisiones y, al mismo tiempo, permitirá mayores niveles de consumo de otros bienes y servicios.

Esto produce la zona con pendiente positiva de la frontera de posibilidades, en la que se produce un aumento tanto de la calidad ambiental como del consumo, pasando de C a D. Una vez que se han introducido todas las medidas beneficiosas, en D, comienza a resultar costoso lograr una mayor reducción de las emisiones y la frontera de posibilidades pasa a tener pendiente negativa, como vimos cuando analizamos las implicaciones de la figura 20.9.

El potencial no realizado de reducción de emisiones de los cambios, que ahorraría dinero a los individuos o las empresas que los pusieran en práctica, sugiere que la aplicación en función de los incentivos de mercado puede ser lenta e incompleta. El hecho de que los beneficios medioambientales pudieran ser el resultado de decisiones económicas que proporcionarían beneficios monetarios (no costos) al responsable de la toma de decisiones significa que las ganancias mutuas son factibles pero no se están realizando. Por lo tanto, la figura 20.27 proporciona otra prueba adicional de que las economías contemporáneas a menudo ni siquiera están cerca de ser eficientes en términos de Pareto.

Estos factores apuntan a una gran ventaja de las políticas que declaran ilegales algunas prácticas dañinas para el medioambiente respecto a aquellas que las encarecen. En aquellos casos en los que el gobierno tiene la información necesaria y las capacidades para su aplicación, esta puede ser rápida y completa. Un ejemplo es la acusada reducción en el uso de plomo en la gasolina que ha tenido lugar en muchos países de todo el mundo tras la prohibición del plomo. Ahora bien, como veremos en el capítulo 22, los gobiernos a menudo carecen de la información y las capacidades administrativas necesarias para diseñar e implementar políticas eficaces de este tipo.

¿Es justo el principio de «quien contamina, paga»?

Pensemos en el principio de que **quien contamina, paga**. Este principio puede interpretarse como una aplicación de unas nociones básicas de economía a las políticas medioambientales. Los efectos medioambientales externos suelen imponen costos a los demás, así que hacer que pague quien contamina es una forma de internalizar (y, por tanto, eliminar) las externalidades.

Esto podría lograrse gravando con impuestos la actividad contaminante para equiparar el costo marginal privado con el costo marginal social, lo que puede ser una forma eficiente de reducir la contaminación. No obstante, como vimos en el capítulo 12, la misma reducción podría lograrse proporcionando a la empresa un subsidio para el uso de una tecnología alternativa que llevara a un menor nivel de contaminación.

La visión que tenga la empresa de estas dos políticas podría ser que el impuesto es el palo y el subsidio la zanahoria. El impuesto –que refleja el principio de que quien contamina, paga– reduce el beneficio de la empresa, mientras que un subsidio lo aumenta. Que la zanahoria o el palo sea la política correcta es algo que depende de lo factible y costoso que resulte aplicar el subsidio en comparación con el impuesto, y de si aumentar o reducir el ingreso de aquel a quien se dirige la política es deseable aplicando un criterio de justicia.

quien contamina, paga Guía de política medioambiental según la cual quien imponga un efecto medioambiental negativo a los demás debería pagar por los daños causados a través de impuestos u otros medios.

Según esta óptica, el principio de que quien contamina, paga, no es siempre una buena guía para identificar la mejor política. Pensemos, por ejemplo, en una gran ciudad en un país de ingresos bajos, en el que, en gran medida, todavía se cocina con leña, algo que genera altos niveles de concentración de partículas en el aire y provoca asma y otras enfermedades respiratorias:

- *Justicia*: son en su mayoría las familias pobres quienes no tienen los ingresos suficientes o el acceso a la electricidad que les permita cocinar y calentar sus hogares utilizando métodos que generen menos externalidades en el ambiente. En este caso, y en aras de la justicia, muchos podrían no estar de acuerdo con hacer que quien contamina pague y, en lugar de eso, estar a favor de subvencionar el queroseno o proporcionar un suministro eléctrico mejor.
- *Eficacia*: es probable que, en comparación con rastrear y cobrar una cuota a los cientos de miles de personas que contaminan el aire de la ciudad con la combustión a leña, el subsidio al queroseno sea rentable a la hora de reducir el *smog*.

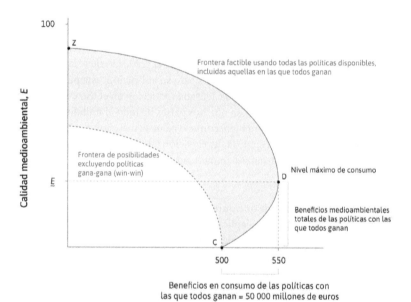

Figura 20.27 ¿Existe siempre una disyuntiva o *trade-off* entre consumo y calidad medioambiental?

1. Potencial no realizado
Utilizamos la figura del conjunto factible para representar el potencial no realizado de reducción de emisiones.

2. Acciones con las que todos ganan
Pasar de C a D lleva la calidad medioambiental a E. El consumo aumenta porque los costos (por ejemplo, los de la iluminación) disminuyen.

3. Aplicación de la reducción de las emisiones a lo largo de la frontera factible
Pasar de D a Z lleva la calidad medioambiental por encima de E, pero a costa de un menor consumo.

Este ejemplo es útil porque no solo nos muestra lo valioso que es tener en cuenta la justicia además de la eficiencia, sino que también nos enseña lo importante que es tener claro cuáles son los objetivos que se están persiguiendo cuando se diseñan las políticas.

EJERCICIO 20.14 DESEMPEÑO ALTO Y BAJO

Considere los países etiquetados que se encuentran por encima de la curva de mejor ajuste en la figura 20.25b (página 1064) y los que están por debajo de ella.

1. ¿Qué características de los países y la forma en que se gobiernan cree que podrían explicar su estatus como país con rendimiento alto y bajo?
2. Investigue las políticas ambientales y los sistemas políticos de uno o más de estos países utilizando los Indicadores de Desarrollo del Banco Mundial (https://tinyco.re/8871968), los datos de Freedom in The World 2016 (https://tinyco.re/6239533) y sus propias investigaciones. ¿Qué información de estas fuentes le sirve para explicar las diferencias entre los de alto y bajo rendimiento, y cómo le ayuda?

PREGUNTA 20.11 ESCOJA LA(S) RESPUESTA(S) CORRECTA(S)

La figura 20.27 representa la cantidad total de reducción de emisiones en función del costo total de la reducción, según las distintas políticas de mitigación utilizadas.

Según esta información, ¿cuál de las siguientes afirmaciones es correcta?

☐ Los puntos entre C y D representan las políticas más costosas que se adoptan primero.
☐ D siempre debería ser la opción de políticas óptima.
☐ La política óptima puede ser un punto en el segmento CD.
☐ La elección óptima de política tendrá una calidad medioambiental superior a E.

20.11 CONCLUSIONES

Durante más de 100 000 años, los humanos –al igual que otros animales– vivieron de maneras que modificaron la biosfera, pero no provocaron una degradación sustancial ni irreversible de su capacidad de sostener la vida en el planeta. Hace 200 años, los humanos aprendimos a usar la energía disponible en la naturaleza (quemando el carbón) para transformar la forma en que se producen bienes y servicios, incrementando de manera radical la productividad del trabajo.

La economía capitalista ha proporcionado tanto palos como zanahorias que han hecho que la revolución tecnológica resultara rentable para las empresas privadas y, por tanto, una característica permanente de nuestras vidas. El resultado ha sido un aumento sostenido de la producción per cápita de bienes y servicios.

En muchos países, la ampliación de derecho al voto a los trabajadores, y que estos se organizaran en sindicatos y partidos políticos, aumentó su poder de negociación y con ello su salario (figura 20.19 (página 1044)). Los costos crecientes de la contratación de la fuerza de trabajo ofrecieron a los dueños de las empresas incentivos a la búsqueda de innovaciones que les permitieran un uso menos intensivo del trabajo, al poder reemplazar la mano de obra con maquinaria y fuentes de energía no humana, como el carbón y otros combustibles fósiles.

En muchos países, este proceso de aumento de la productividad y el poder de negociación de los trabajadores llevó que su nivel de vida mejorara. Ahora bien, la sustitución del trabajo humano por energía no humana para accionar las maquinas generó un empobrecimiento de la naturaleza.

Un medioambiente degradado y amenazado, sin embargo, no es una situación que no puede revertirse aplicando el mismo mecanismo que la provocó. Mientras se trató de desarrollar una sociedad económicamente equitativa, los trabajadores fueron sus propios defensores y su éxito a la hora de perseguir sus propios intereses privados −como la búsqueda de un mejor nivel de vida− produjo aumentos salariales y un patrón de cambio tecnológico tendiente al uso de menos mano de obra en la producción.

Es perfectamente imaginable que un proceso comparable para el caso de la naturaleza aumentara el precio de usar los recursos naturales, generando cambios tecnológicos tendientes al ahorro en el uso de los recursos naturales, de manera similar a cómo unos salarios más altos llevaron a toda una serie de innovaciones que ahorraban mano de obra. Sin embargo, la biosfera no vota. No se van a crear organizaciones políticas de animales en peligro de extinción. Las generaciones futuras de nuestra especie y los elementos no humanos de la biosfera actual y futura no pueden hacer campaña por la protección de la naturaleza, de la misma manera en la que los trabajadores lo hicieron indirectamente para mantener el trabajo, elevando su precio.

Las políticas públicas para fijar precios al uso de la naturaleza, con el fin de disuadir las actuales externalidades degradantes derivadas de la producción de bienes y servicios, no las impulsarán las voces silenciosas de la biosfera y las generaciones venideras, sino personas contemporáneas preocupadas, no solo por su intereses privados, sino también por la preservación de una biosfera floreciente en el futuro.

Los economistas, junto con otros académicos, pueden aclarar los costos y beneficios de políticas y prácticas ambientales alternativas, y ayudar aportando la información necesaria al debate público sobre estas políticas.

Conceptos introducidos en la Unidad 20
Antes de continuar, revise estas definiciones:

- Mitigación
- Políticas de mitigación
- Recursos y reservas naturales
- Curva de costos de reducción global de gases de efecto invernadero
- Productividad marginal de los gastos de reducción de emisiones
- Políticas medioambientales basadas en precios y cantidades
- Límites máximos y comercio de derechos de emisión
- Valoración contingente
- Precios hedónicos
- Descontar los costos y beneficios de las generaciones futuras
- Principio de que quien contamina, paga
- Punto de inflexión, proceso de desequilibrio
- Política prudencial

Ackerman, Frank. 2007. *Debating climate economics: the Stern Review vs. its critics* (https://tinyco.re/6591851). Informe presentado a Amigos de la Tierra, julio de 2007.

Banco Mundial. 2011. *The Changing Wealth of Nations* (https://tinyco.re/8096132).

Banco Mundial. 2015. Datos sobre precios de productos básicos (https://tinyco.re/9946436).

Banco Mundial. 2015. Indicadores del desarrollo mundial (https://tinyco.re/8871968).

EconTalk. 2015. Martin Weitzman on Climate Change (https://tinyco.re/7088528). Library of Economics and Liberty. Actualizado el 1 de junio de 2015.

Fehr, Ernest y Andreas Leibbrandt. 2011. 'A Field Study on Cooperativeness and Impatience in the Tragedy of the Commons'. *Journal of Public Economics* 95 (9–10): pp. 1144–55.

Freedom House. 2016. Freedom in the World 2015 (https://tinyco.re/6239533).

Nordhaus, William D. 2007. A Review of the Stern Review on the Economics of Climate Change (https://tinyco.re/9892599). *Journal of Economic Literature* 45 (3): pp. 686–702.

OpenSecrets.org. 2015. Lobbying Spending Database Chemical & Related Manufacturing (https://tinyco.re/8516286).

Porter, Michael E. y Claas van der Linde. 1995. Toward a New Conception of the Environment-Competitiveness Relationship (https://tinyco.re/9888498). *Journal of Economic Perspectives* 9 (4): pp. 97–118.

Rustagi, Devesh, Stefanie Engel y Michael Kosfeld. 2010. Conditional Cooperation and Costly Monitoring Explain Success in Forest Commons Management (https://tinyco.re/3733299). *Science* 330: pp. 961–65.

Schmalensee, Richard y Robert N. Stavins. 2013. The SO2 Allowance Trading System: The Ironic History of a Grand Policy Experiment (https://tinyco.re/6011888). *Journal of Economic Perspectives* 27 (1): pp. 103–22.

Smith, Stephen. 2011. *Environmental Economics: A Very Short Introduction* (https://tinyco.re/9038928). Oxford: Oxford University Press.

Stavins, Robert N., Gabriel Chan, Robert Stowe y Richard Sweeney. 2012. The US Sulphur Dioxide Cap and Trade Programme and Lessons for Climate Policy (https://tinyco.re/7237191). *VoxEU.org*. Actualizado el 12 de agosto de 2012.

Stern, Nicholas. 2007. *The Economics of Climate Change: The Stern Review*. Cambridge: Cambridge University Press. Resumen ejecutivo (https://tinyco.re/5785938)

Wagner, Gernot y Martin L. Weitzman. *Shock climático: consecuencias económicas del calentamiento global* (https://tinyco.re/6928664). Barcelona: Antoni Bosch, 2015.

Wilkins, Barbara. 1974. Lead Poisoning Threatens the Children of an Idaho Town (https://tinyco.re/5420273). *People.com*.

CAPÍTULO 21

INNOVACIÓN, INFORMACIÓN Y ECONOMÍA EN RED

LAS INNOVACIONES QUE MEJORAN NUESTRO
BIENESTAR SON UN SELLO DISTINTIVO DEL
CAPITALISMO. APROVECHAR AL MÁXIMO LA
CREATIVIDAD Y LA INVENTIVA HUMANAS SUPONE UN
DESAFÍO PARA LAS POLÍTICAS PÚBLICAS

- La innovación depende de muchos factores: el estado del conocimiento, la creatividad individual, las políticas públicas, las instituciones económicas y las normas sociales.
- Las personas o empresas que introducen innovaciones beneficiosas para la sociedad se ven recompensadas con unas ganancias superiores al costo de oportunidad del capital; a estas ganancias se les denomina rentas de innovación.
- Los imitadores, al usar y difundir los nuevos conocimientos, terminan por reducir las rentas de innovación.
- Tanto la producción como el uso de nuevos conocimientos presentan tres rasgos poco habituales: el conocimiento es un bien no rival o bien público; producir nuevos conocimientos es inicialmente costoso pero, una vez producidos, pueden distribuirse y usarse de forma gratuita y, además, las innovaciones generalmente se vuelven más útiles a medida que las utilizan más personas.
- Dado que las empresas innovadoras habitualmente se enfrentan a una competencia reducida en el periodo inmediatamente posterior al desarrollo de su innovación, pueden establecer precios muy por encima de los costos marginales de producción, lo que beneficia a estas empresas y perjudica a los consumidores.
- No obstante, las empresas innovadoras no pueden apropiarse de todos los beneficios que generan sus innovaciones, por lo que podrían invertir demasiado poco en innovación.
- Por este motivo, las políticas públicas buscan difundir innovaciones socialmente beneficiosas, al tiempo que proporcionan recompensas adecuadas para quienes innovan.

- Dado este *trade-off* o disyuntiva, los derechos de propiedad intelectual pueden ser «demasiado restrictivos», impidiendo que se propaguen nuevas innovaciones, o «demasiado laxos» y, por tanto, ofrecer unas rentas de innovación demasiado pequeñas para recompensar suficientemente a los innovadores.
- Las tecnologías digitales son compatibles con los «mercados bilaterales», como Facebook, eBay y Airbnb, que emparejan a individuos que pueden obtener un beneficio mutuo de un intercambio.
- Estas tecnologías han llegado a alterar la naturaleza de la competencia, pero presentan muchos de los fallos de mercado observados en la producción de conocimiento.

A principios del presente siglo, Sudáfrica tenía una de las tasas más altas del mundo de personas que vivían con VIH: alrededor de cinco millones de sudafricanos, uno de cada diez habitantes, eran seropositivos. Y, sin embargo, en 1998, Bristol-Myers Squibb, Merck y otras 37 compañías farmacéuticas multinacionales demandaron al gobierno de Sudáfrica, tratando de evitar que importara medicamentos genéricos (sin marca), otros medicamentos antirretrovirales de bajo costo y otros tipos de tratamientos médicos contra el SIDA de todo el mundo.

Estallaron protestas callejeras en el país y tanto la Unión Europea como la Organización Mundial de la Salud anunciaron su apoyo a la posición del gobierno sudafricano. Al Gore, entonces vicepresidente de Estados Unidos, que representaba los intereses de las compañías farmacéuticas en las negociaciones con Sudáfrica, se enfrentó a activistas que gritaban: «¡La avaricia de Gore mata!». En septiembre de 1999, el gobierno estadounidense declaró que no impondría sanciones a los países pobres afectados por la epidemia del VIH, aunque esto implicara romper las leyes de patentes de Estados Unidos, siempre y cuando los países acataran los tratados internacionales sobre propiedad intelectual. Los gigantes farmacéuticos rechazaron esta propuesta y contrataron a un ejército de abogados expertos en propiedad intelectual, cerraron sus fábricas en Sudáfrica y cancelaron las inversiones que tenían previstas para este país.

Sin embargo, tres años después, tras gastar millones de dólares en litigios y después de haber incurrido en un costo aún mayor en términos de su imagen pública, las compañías se echaron para atrás (e incluso llegaron a pagar los costos en asesoramiento legal del gobierno sudafricano). Jean-Pierre Garnier, director ejecutivo de GlaxoSmithKline, telefoneó a Kofi Annan, entonces secretario general de las Naciones Unidas, para pedirle su ayuda con el objetivo de alcanzar un acuerdo con el presidente Thabo Mbeki, de Sudáfrica. «No somos insensibles a la opinión pública; es un factor en nuestra toma de decisiones», explicaría más tarde Garnier.

Ya era demasiado tarde: el daño estaba hecho. «Ha sido un desastre de relaciones públicas para las empresas –comentó Hemant Shah, un analista del sector–. Gracias a lo que estas multinacionales han aprendido en Sudáfrica, la probabilidad de que una compañía farmacéutica demande a un país en desarrollo a causa de un medicamento que salva vidas es ahora extremadamente baja».

Lógicamente, los propietarios de las compañías farmacéuticas no pueden vender un tratamiento contra el SIDA a un precio inferior a lo que les costó fabricarlo y seguir en el negocio. Además, solo una pequeña parte de los proyectos de investigación que se desarrollan en el sector obtienen finalmente como resultado un producto comercializable (un estudio de 2016

Swarns Rachel L. 2001. 'Drug Makers Drop South Africa Suit over AIDS Medicine' (https://tinyco.re/4752443). *New York Times*. Actualizado el 20 de abril de 2001.

Sarah Boseley. 2016. 'Big Pharma's Worst Nightmare' (https://tinyco.re/5692579). *The Guardian*. Actualizado el 5 de febrero de 2016.

estimó que la tasa de éxito del sector se situaba ligeramente por encima del 4%). Por lo tanto, las ventas de estos (pocos) productos exitosos deben cubrir los costos asociados a los (muchos) proyectos fallidos porque resulta imposible predecir qué proyectos de investigación tendrán éxito finalmente.

En este caso, las compañías farmacéuticas acudieron a los tribunales en Sudáfrica para proteger sus patentes. En la industria farmacéutica, el sistema de patentes le otorga a la empresa innovadora un monopolio durante un tiempo limitado, que le permite cobrar un precio muy superior al costo de producción del medicamento (a veces diez veces superior) durante los años de vigencia de la patente. Esta posibilidad de obtener grandes ganancias durante un tiempo proporciona un incentivo para que las compañías inviertan en investigación y desarrollo.

Al crear un monopolio impuesto por el gobierno, la protección de las patentes a menudo entra en conflicto con el objetivo igualmente importante de lograr que los bienes y servicios estén disponibles a su costo marginal (como se vio en el capítulo 7, un monopolista establecerá un precio por encima del costo marginal). Un precio alto, suficiente para cubrir el costo de investigación y desarrollo, incluidas las inversiones en proyectos fallidos, significa que muchos de los que podrían beneficiarse del acceso al medicamento no lo obtendrán. Este es un ejemplo de las pérdidas irrecuperables de eficiencia resultantes de los precios de monopolio estudiados en el capítulo 7.

Los conflictos entre objetivos opuestos –en este caso, la producción de nuevos conocimientos, por un lado, y su rápida difusión, por otro– son inevitables en la economía y, como veremos, resultan particularmente difíciles de resolver cuando se trata de objetivos relacionados con la innovación.

Y sin embargo, a veces, las nuevas tecnologías permiten resolver estos conflictos y llegar a resultados de beneficio mutuo.

Recordemos el problema de los pescadores y los compradores de pescado de Kerala que describimos al comienzo del capítulo 11. Los pescadores, al regresar al puerto para vender su captura diaria de sardinas a los pescaderos, a menudo descubren que hay exceso de oferta en el mercado. Como resultado, los precios son, en promedio, más altos para el consumidor y hay menores ingresos para los pescadores.

Ahora bien, cuando los pescadores tienen teléfonos móviles, pueden comunicarse con los diferentes mercados pesqueros de la costa y así elegir los precios más altos de ese día. El teléfono móvil posibilita implementar la **ley del precio único** en los mercados de pescado de Kerala, beneficiando tanto a pescadores como a consumidores. Sin embargo, no todos se beneficiaron de esta nueva tecnología. Los teléfonos móviles aumentaron enormemente la competencia entre los vendedores, que eran los intermediarios entre pescadores y consumidores, porque un pescador podía negociar precios más altos antes de elegir en qué mercado entrar. Los distribuidores resultaron ser los perdedores debido a esta innovación.

El teléfono no tuvo los mismos efectos beneficiosos en otras partes del mundo. Por ejemplo, en Uttar Pradesh y Rajasthan (India), la falta de carreteras e instalaciones de almacenamiento impidió que los agricultores se beneficiaran de la información que podía brindar el teléfono sobre las diferencias de precios. Un pequeño agricultor en Allahabad, por ejemplo, lo explicaba diciendo que la información de precios

'To do with the price of fish' (https://tinyco.re/6300967). *The Economist*. Actualizado el 10 de mayo de 2007.

Robert Jensen. 2007. 'The Digital Provide: información (tecnología), rendimiento del mercado y bienestar en el sector pesquero del sur de la India'. *The Quarterly Journal of Economics* 122 (3): pp. 879–924.

ley del precio único Entra en funcionamiento cuando un bien se comercializa al mismo precio por todos los compradores y vendedores. Si un bien se vendiera a diferentes precios en diferentes lugares, un comerciante podría comprarlo a bajo precio en un lugar y venderlo a un precio más alto en otro. *Véase también: arbitraje.*

que podía obtener en su teléfono no le valía para mucho porque «no había carreteras para ir hasta allí». En este caso, la innovación fue de poca utilidad debido a la falta de inversión pública en la infraestructura necesaria.

Del mismo modo, cuando los teléfonos móviles llegaron a Níger, en África Occidental, los agricultores carecían de los medios necesarios para el transporte de su caupí y otros cultivos hasta mercados alternativos, por lo que los comerciantes que transportaban la mercancía se acabaron quedando con gran parte del beneficio. Los pescadores no tuvieron este problema porque las embarcaciones utilizadas para capturar los peces también eran un medio de transporte, lo que les permitía elegir entre mercados.

En este capítulo mostraremos cómo los conceptos económicos pueden dar sentido a las políticas del gobierno sudafricano dirigidas a ampliar la disponibilidad de los tratamientos del SIDA, el conflicto que causaron y el diferente impacto que tuvo el teléfono móvil en los pescadores de Kerala y los agricultores en otros estados indios.

Para entender la innovación, hay que olvidarse de la imagen de un inventor excéntrico, que trabaja solo, creando mejores «inventos» con los que enriquecerse como recompensa al beneficio público que pueda proporcionar su inspiración. La innovación no es un evento aislado desencadenado por una chispa de genialidad. Al contrario:

- *La innovación es un proceso*: es una fuente fundamental de transformación en nuestra vida que está en constante cambio.
- *La innovación también es sistémica*: surge y se desarrolla en el seno de redes de usuarios, empresas privadas, individuos y organismos gubernamentales.

Hablaremos de la innovación como un proceso y como un sistema en las próximas dos secciones.

F. M. Scherer, historiador económico, especializado en los efectos del cambio tecnológico, explica cómo respaldan las patentes la innovación en productos farmacéuticos.
https://tinyco.re/8674643

EJERCICIO 21.1 PATENTES E INNOVACIÓN EN LA INDUSTRIA FARMACÉUTICA

1. Según afirma Scherer en el video «Economistas en acción», ¿cuáles son las características clave del mercado farmacéutico que lo diferencian de otros mercados?
2. Según el video, ¿qué evitó que el mismo medicamento estuviera disponible tanto en países de ingresos altos como bajos, y cómo se resolvió ese problema?

21.1 EL PROCESO DE INNOVACIÓN: INVENCIÓN Y DIFUSIÓN

Comencemos con algunos conceptos nuevos. Usamos el término **innovación** para referirnos tanto al desarrollo de nuevos métodos de producción y nuevos productos (**invención**) como a la difusión de la invención por toda la economía (**difusión**). Una empresa innovadora puede producir un bien o servicio existente a un costo más bajo que sus competidores, o confeccionar un bien nuevo a un costo que atraerá a los compradores. El primer caso es lo que se conoce como **innovación de proceso** y el segundo como **innovación de producto**.

Invención e innovación

A veces el término descriptivo *invención* se reserva para avances trascendentales, pero aquí lo usamos para referirnos a:

Innovación radical

La **innovación radical** consiste en la introducción de una nueva tecnología o idea que no estaba disponible anteriormente. La invención de la iluminación incandescente (que produce luz mediante corriente eléctrica a través de un filamento) fue un avance importante respecto de la tecnología anterior (la luz producida por la combustión de petróleo o queroseno). El formato MP3 permitió que la música se comprimiera de forma que facilitara su almacenamiento y su transmisión a través de Internet, lo que supuso una mejora respecto al almacenamiento de música en CD o en discos de vinilo.

Innovación incremental

Es la mejora de un producto o proceso existente. Después de que Edison y Swan patentaran sus diseños de la bombilla incandescente en 1880 y comenzaran a trabajar juntos en 1883, todas las mejoras posteriores del filamento que genera la luz fueron **innovaciones incrementales** en el campo de la iluminación. Ya hemos visto la mejora gradual de la hiladora Jenny (hiladora con husos múltiples), uno de los principales inventos de la Revolución Industrial, que comenzó con solo ocho husos y llegó a operar con cientos de ellos.

Muchos de los conceptos que resultan útiles para el estudio de la innovación ya se han introducido en capítulos anteriores: puede consultar la lista en la figura 21.1 y los encontrará nuevamente en este capítulo. Antes de continuar, asegúrese de comprender estos conceptos.

Recuerde que, como vimos en el capítulo 2, al precio vigente, una empresa que introduce una invención exitosa en el mercado obtiene unas ganancias superiores a las ganancias que consiguen otras empresas que se conocen como **rentas de innovación**. En la figura 21.2, los costos de investigación, desarrollo e implementación asociados al desarrollo de una innovación se muestran junto con las rentas temporales de innovación de una invención exitosa (ganancias superiores al costo de oportunidad del capital).

Difusión

La perspectiva de obtener estas rentas de innovación induce a otros a tratar de copiar la invención. Si tienen éxito, al final consiguen que las rentas temporales del innovador desaparezcan como resultado de la competencia. El resultado de este proceso de copia es que, al final, el innovador inicial volverá a obtener beneficios que tan solo cubran el costo de oportunidad del capital, por lo que el beneficio económico volverá a cero.

innovación Proceso de invención y difusión considerado como un todo.
invención Desarrollo de nuevos métodos de producción y nuevos productos.
difusión Propagación de la invención por toda la economía. Véase también: brecha de difusión.
innovación de proceso Innovación que permite que un bien o servicio se produzca a un costo menor que el de sus competidores.
innovación de producto Innovación que produce un nuevo bien o servicio a un costo que atraerá a los compradores.
innovación radical Innovaciones basadas en un amplio rango de conocimientos procedente de distintos sectores, que los recombinan para crear nuevos productos de características muy diferentes
innovación incremental Innovación que mejora un producto o proceso ya existente de manera escalonada.

Peter A. Hall y David Soskice. 2001. *Varieties of Capitalism: The Institutional Foundations of Comparative Advantage*. Nueva York, NY: Oxford University Press.

Stephen Witt. *Cómo dejamos de pagar por la música*. Barcelona: Contra, 2016.

rentas de innovación Ganancias por sobre el costo de oportunidad del capital que un innovador recibe por introducir una nueva tecnología, forma organizacional o estrategia de marketing. También conocidas como: rentas schumpeterianas.

Quienes no innovan ni copian, también tienen un incentivo para adoptar las innovaciones, porque la bajada de precios resultante de la adopción generalizada de nuevos métodos implica que quedarse con la tecnología anterior llevará inevitablemente a la bancarrota. Una empresa que no innova tendrá beneficios económicos negativos, lo que significa que sus ingresos no cubren el costo de oportunidad del capital. Esta combinación de zanahoria y palo, es decir, de incentivos positivos (rentas de la innovación) y negativos (amenaza de quiebra si no se adoptan las innovaciones) ha resultado ser una fuerza poderosa a la hora de reducir la cantidad de trabajo necesario para producir bienes y servicios, lo que ha elevado nuestro nivel de vida.

Aunque a lo largo de la historia de la humanidad haya habido infinidad de inventos, la aceleración del proceso de innovación comenzó en Inglaterra alrededor de 1750 (como vimos en el capítulo 2), cuando se introdujeron unas cuantas tecnologías nuevas fundamentales en los sectores textil, de la energía y del transporte. Este proceso continuó tras la Revolución Industrial. Las tecnologías nuevas importantes con aplicaciones en muchas industrias, como pueden ser la máquina de vapor, la electricidad y el transporte (canales, ferrocarriles, automóviles, aviones) se conocen como **tecnologías de uso general**.

tecnologías de uso general
Avances tecnológicos que pueden aplicarse a muchos sectores e impulsar innovaciones posteriores. Las tecnologías de la información y las comunicaciones (TIC) y la electricidad son dos ejemplos típicos.

Conceptos	Visto previamente en los capítulos
Rentas de innovación	1, 2
Externalidades y bienes públicos	4, 12
Interacciones estratégicas	4, 5, 6
Derechos de propiedad, incluyendo DPI	1, 2, 5, 12
Economías de escala	7
Complementos y sustitutos	7, 16
Ganancias mutuas y conflictos sobre su distribución	5
Destrucción creativa	2, 16
Instituciones y normas sociales	4, 5, 16

Figura 21.1 Conceptos relevantes para la innovación que ya se han estudiado.

Figura 21.2 Costos y rentas asociados a la innovación.

El economista William Nordhaus, cuyo análisis de la tasa de descuento aplicado a los problemas medioambientales vimos en el capítulo 20, ha estimado la velocidad de cálculo computacional usando un índice que tiene un valor de 1 para la velocidad de un cálculo hecho a mano (como dividir un número entre otro). Por ejemplo, en 1920, un maestro de ábaco japonés podía realizar cálculos 4,5 veces más rápido que una persona matemáticamente competente que realizara el mismo cálculo a mano. Esta diferencia probablemente haya sido constante durante muchos siglos, porque el ábaco es un antiguo dispositivo computacional.

Ahora bien, en algún momento alrededor de 1940, la velocidad computacional despegó. El IBM 1130 presentado en 1965 era 4520 veces más rápido que el cálculo manual (y, como se puede ver, estaba por debajo de la línea de ajuste óptimo para los datos desde 1920).

La entrada más reciente en la figura 21.3, el superordenador SiCortex, realiza más de mil millones de cálculos por segundo. Es más de mil billones de veces (cuente los ceros) más rápido que usted, y está muy por encima de la línea de ajuste óptimo para los datos desde 1920, por lo que no hay indicios de que el proceso se esté desacelerando.

Pero, como muestra el recuadro «Cuando los economistas no están de acuerdo», los ingenieros y los economistas no están de acuerdo sobre si las mejoras en computación o cualquier otra tecnología continuarán al ritmo que muestra la tabla de Nordhaus o regresarán al ritmo de mejora más pausado que ha prevalecido durante la mayor parte de la historia de la humanidad.

La línea escalonada en la figura 21.2 ilustra una teoría simple de la innovación y la difusión del progreso técnico. Este gráfico aclara la interrelación de las rentas, los costos y el proceso de copia de la innovación desde el punto de vista de una empresa o individuo que desea desarrollar un nuevo producto o proceso.

David C. Mowery y Timothy Simcoe. 2002. 'Is the Internet a US Invention? An Economic and Technological History of Computer Networking'. *Research Policy* 31 (8–9): pp. 1369–87.

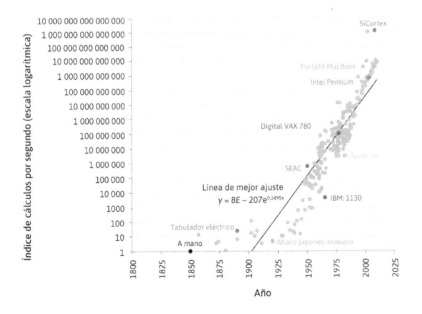

Ver estos datos en OWiD
https://tinyco.re/9274128

William D. Nordhaus. 2007. 'Two Centuries of Productivity Growth in Computing' (https://tinyco.re/9637593). *The Journal of Economic History* 67 (01), Índice actualizado a 2010.

Figura 21.3 Innovación en potencia de cálculo: índice de velocidad de computación. Los ejemplos concretos se muestran en color y etiquetados.

sistema de innovación Relaciones entre empresas privadas, gobiernos, instituciones educativas, científicos individuales y otros actores involucrados en la invención, modificación y difusión de nuevas tecnologías, y la forma en que estas interacciones sociales se rigen por una combinación de leyes, políticas, conocimiento y normas sociales vigentes.

Para comprender este proceso, necesitamos saber cómo se inventa en realidad, cómo se deciden los costos y las rentas y cuándo tiene lugar el proceso de copia. Para hacer esto, tenemos que ir más allá del punto de vista de la empresa individual y pensar en la innovación como el resultado de las interacciones entre empresas, gobierno, instituciones educativas y muchos otros actores que forman el llamado **sistema de innovación**.

CUANDO LOS ECONOMISTAS NO ESTÁN DE ACUERDO

¿El final de la revolución tecnológica permanente?

Comenzamos el capítulo 1 con la Revolución Industrial, la revolución capitalista y los palos de hockey de la historia del rápido progreso tecnológico. En el capítulo 2, explicamos cómo estos avances se tradujeron en mejoras en el bienestar. Y acabamos de ver la elevada (y posiblemente incluso acelerada) tasa de avance técnico en computación.

En el capítulo 16, estudiamos la tendencia a largo plazo de que la economía produzca más servicios que bienes. Si la productividad de los servicios crece más lentamente que la productividad manufacturera, el desplazamiento general de la economía de la producción de bienes a la de servicios reduce el crecimiento de la productividad general de la economía.

¿Limitará esto la capacidad del progreso tecnológico de aumentar la productividad laboral al ritmo que se ha venido produciendo desde la Revolución Industrial y especialmente durante la edad de oro del capitalismo? Parece apropiado comenzar este capítulo estudiando el desacuerdo actual entre los economistas en torno a si la revolución tecnológica «permanente» está llegando a su fin.

Ver estos datos en OWiD
https://tinyco.re/9739846

Jutta Bolt y Jan Juiten van Zanden. 2013. 'The First Update of the Maddison Project Re-Estimating Growth Before 1820' (https://tinyco.re/1721450). Documento de trabajo del Proyecto Maddison WP–4, enero; Stephen Broadberry. 2013. 'Accounting for the Great Divergence' (https://tinyco.re/6113480). London School of Economics and Political Science. The Conference Board. 2015. Total Economy Database (https://tinyco.re/2286442)

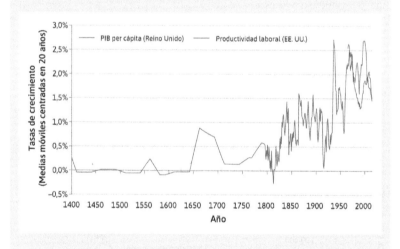

Figura 21.4 Tasa de crecimiento de la productividad a largo plazo (1400–2013).

La figura 21.4 muestra los mejores datos disponibles sobre el avance de la productividad del trabajo en el Reino Unido desde 1400, y también para Estados Unidos en el periodo en el que este país ha sido el líder tecnológico mundial. Robert Gordon, un economista especializado en productividad y crecimiento, ha escrito extensamente sobre el crecimiento de la productividad y sus efectos, particularmente en el primer capítulo de su libro, *The Rise and Fall of American Growth* (https://tinyco.re/5970404). Gordon también señala la desaceleración en las tasas de crecimiento de la productividad al final del periodo que se muestra en el gráfico.

Gordon cree que la época de crecimiento rápido de la primera mitad del siglo xx terminó hace mucho tiempo y, en adelante, nos espera un crecimiento más lento. Por el contrario, Erik Brynjolfsson y Andrew McAfee, ambos también economistas, opinan que la tecnología digital está abriendo una «segunda era de la máquina». En un video emitido por Swiss National Television (https://tinyco.re/4612085) y en su segunda parte (https://tinyco.re/3087136), estos autores explican sus puntos de vista.

EJERCICIO 21.2 LA REVOLUCIÓN TECNOLÓGICA PERMANENTE

Utilice todas las fuentes anteriores, así como el artículo de Thomas Edsall en el *New York Times* titulado 'Boom or Gloom' (https://tinyco.re/5275846) y el artículo de Lee Koromvokis publicado en la web del programa *Newshour* de PBS titulado 'Are the best days of the U.S. economy over?' (https://tinyco.re/1182018) para responder las siguientes preguntas:

1. Según Gordon, Brynjolfsson y McAfee, ¿qué otros factores, además de la innovación tecnológica, afectan la tasa de crecimiento del PIB per cápita? ¿Por qué podrían las innovaciones actuales tardar tanto tiempo en incidir en la tasa de crecimiento de la economía?
2. ¿Qué tan bien cree que el crecimiento del PIB per cápita mide el efecto de la innovación? Sugiera formas alternativas de medir los efectos de la innovación.
3. Según Brynjolfsson y McAfee, ¿cómo afectará el progreso tecnológico la desigualdad? Use los datos y modelos de los capítulos 16 y 19 para analizar si está de acuerdo con el análisis de Brynjolfsson y McAfee sobre la relación entre el progreso tecnológico y la desigualdad.
4. En este capítulo analizamos cómo las políticas y las instituciones pueden contribuir al proceso de innovación. ¿De qué manera pueden las políticas e instituciones ayudar a la economía a adaptarse a los efectos de la innovación?

PREGUNTA 21.1 ESCOJA LA(S) RESPUESTA(S) CORRECTA(S)

¿Cuál de las siguientes afirmaciones sobre innovación es correcta?

☐ Una innovación es el desarrollo de nuevos métodos de producción y nuevos productos. La difusión de estos no es innovación.
☐ Un caso en el que una empresa produce un bien o servicio a un costo menor que sus competidores se considera como innovación de producto.
☐ Se produce una innovación de proceso cuando una empresa produce un bien nuevo a un costo que atraerá a los compradores.
☐ La innovación comprende tanto la invención como la difusión.

Jerome S. Engel. 2015 'Global Clusters of Innovation: Lessons from Silicon Valley'. *California Management Review* 57 (2). pp. 36–65. University of California Press.

21.2 SISTEMAS DE INNOVACIÓN

Las actividades innovadoras no se distribuyen uniformemente ni en el mundo ni en el territorio de cada país. Piense en la zona del norte de California conocida como Silicon Valley, que antaño era una región agrícola y tranquila, centrada en el Valle de Santa Clara. Silicon Valley se ganó su apodo cuando se trasladaron allí empresas especializadas en el diseño de computadoras y semiconductores, a las que se unieron más tarde compañías innovadoras del sector de la biotecnología. En 2010, en el área correspondiente a un único código postal de EE.UU. (el 95054), situada en el centro de Silicon Valley, se registraron 20 000 patentes. Si esta pequeña área de 16,2 km² fuera un país, ocuparía el puesto número 17 de la clasificación mundial por número de patentes.

El flujo de patentes de Silicon Valley es una medida de su producción del denominado **conocimiento codificado**, es decir, del conocimiento que se puede registrar por escrito. Pero la realidad es que gran parte del conocimiento que se produce no se puede anotar o codificar. Al menos, no con exactitud. Este conocimiento no codificable se denomina **conocimiento tácito**.

La diferencia entre el conocimiento codificado y el tácito se puede ilustrar con el siguiente ejemplo: una receta para un pastel se puede escribir, ya que se trata de un conocimiento codificado. Ahora bien, el hecho de poder leer y seguir correctamente esta receta no basta para convertirse en un gran cocinero. Por otro lado, el conocimiento tácito que tienen los grandes chefs no es algo que se pueda poner por escrito fácilmente.

La importancia del conocimiento tácito se observa también en la destrucción y el resurgimiento de la industria química alemana. Después de la Primera Guerra Mundial y nuevamente después de la Segunda Guerra Mundial, las empresas químicas alemanas se vieron obligadas a desmontar sus fábricas en el país y se les expropiaron sus plantas de Estados Unidos y el Reino Unido. Todo lo que quedó de ellas en Alemania fueron sus trabajadores.

Si se pudieran codificar todos los conocimientos necesarios para construir una industria química moderna, no habría ninguna razón particular por la que Alemania hubiera reanudado su liderazgo en este campo. Cualquier país con una fuerza laboral significativa con conocimientos científicos y de ingeniería podría haber creado el sector químico utilizando el conocimiento codificado disponible, igual que cualquier cocinero siguiendo una receta. Pero las empresas alemanas, utilizando su conocimiento tácito y su experiencia, lograron recuperar su posición dominante en los mercados.

El caso de Silicon Valley es también famoso, tanto por su conocimiento tácito como por su conocimiento codificado patentado. La extraordinaria concentración territorial de negocios innovadores en Silicon Valley refleja la importancia de las externalidades y los bienes públicos en la producción y aplicación de nuevas tecnologías. Las dos palabras «Silicon Valley» ya no se asocian únicamente con un lugar. Ahora representan también una forma particular de generar innovaciones. Silicon Valley se asocia a un sistema de innovación particular.

Además de las instituciones legales que protegen el conocimiento codificable y regulan la facilidad con que pueden moverse de una empresa a otra las personas con grandes conocimientos tácitos, un sistema de innovación incluye instituciones financieras tales como fondos de capital riesgo, bancos o empresas con una orientación tecnológica que financian proyectos cuyo objetivo es comercializar innovaciones.

conocimiento codificado
Conocimiento que puede escribirse en una forma que permita que otros lo entiendan y lo reproduzcan, como la fórmula química de un medicamento. *Véase también: conocimiento tácito.*
conocimiento tácito Conocimiento formado por juicios, saber hacer y otras habilidades de quienes participan en el proceso de innovación. Tipo de conocimiento que no se puede escribir con precisión. *Véase también: conocimiento codificado.*

Los países cuentan con sistemas de innovación propios distintos entre sí, que por lo general evolucionan junto con las industrias en las que se especializan. Por ejemplo, la innovación radical es más prevalente en Estados Unidos, donde la mano de obra puede moverse fácilmente entre empresas y los fondos de capital riesgo están bien desarrollados, mientras que la innovación incremental es más frecuente en Alemania, donde los vínculos entre los trabajadores y las empresas son más fuertes y la financiación proviene principalmente de fondos propios y bancos, y no tanto del capital riesgo.

Incluso dentro de Estados Unidos, Silicon Valley es un caso poco habitual. Durante la década de 1960, la región de Silicon Valley era una ubicación de importancia menor, en lo que a desarrollo tecnológico se refiere, frente al liderazgo de la Ruta 128, una aglomeración urbana cerca de Boston, Massachusetts, que se benefició de la proximidad a Harvard y el MIT. No obstante, la Ruta 128 diferiría de Silicon Valley en aspectos importantes, como el uso de **contratos de no competencia** (que prohibían a cualquier persona que abandonara una empresa, trabajar posteriormente para la competencia) como una forma de proteger la información que producían las empresas:

<aside>
contrato de no competencia
Contrato laboral que contiene una disposición o acuerdo explícito en virtud del cual el trabajador no puede dejar su empleo para irse a trabajar para un competidor. Esto puede reducir la opción de reserva del trabajador, reduciéndose así el salario que el empleador tiene que pagarle.
</aside>

- *El estado de Massachusetts hizo cumplir los contratos de no competencia*: esto limitó la movilidad entre empresas y el intercambio de información que podría resultar de ello.
- *El estado de California adoptó la posición contraria: prohibió los contratos de no competencia, argumentando que*: «Todo contrato por el cual se restringe a una persona la posibilidad de dedicarse a una profesión legal, al comercio o a los negocios de cualquier tipo es (…) nulo». Esta prohibición incentivó el movimiento de ingenieros de unas empresas a otras en Silicon Valley, lo que promovió la rápida circulación y difusión de conocimientos nuevos entre las empresas de la región.

El sistema de innovación de Silicon Valley

¿Por qué se concentran tantas innovaciones en Silicon Valley? En esta región, las instituciones y el sistema de incentivos se refuerzan mutuamente hasta generar lo que se conoce como un clúster de innovación radical. El modelo de Silicon Valley se basa en la interacción entre empresarios, inversores y trabajadores con gran movilidad entre empresas, todos ellos dentro de un área geográfica pequeña, y que cuentan con el apoyo del gobierno y las instituciones educativas.

Los principales elementos y características del sistema de innovación de Silicon Valley son:

Anna Lee Saxenian. 1996. *Regional Advantage: Culture and Competition in Silicon Valley and Route 128*. Cambridge, MA: Harvard University Press.

Michele Boldrin y David K. Levine. 2008. *Against Intellectual Monopoly*. Nueva York, NY: Cambridge University Press.

1. *Empresas innovadoras*: la mayor parte de la innovación tiene lugar en el seno de las empresas especializadas en la producción de nuevos métodos o productos (*startups* o empresas emergentes) en vez de en las empresas existentes dedicadas a la producción de bienes y servicios.
2. *Otras instituciones innovadoras*: desde principios del siglo xx, dos universidades, una pública (Universidad de California en Berkeley) y la otra privada (Universidad de Stanford), colaboran estrechamente con las empresas de Silicon Valley para comercializar las innovaciones. En 1951 se estableció un parque industrial en Stanford, con la participación de grandes corporaciones como General Electric, IBM y Hewlett Packard. La universidad y los laboratorios de I+D, tanto públicos como privados (entre ellos el centro de I+D de Walmart, el gigante minorista), tienen fuerte presencia en Valley.

3. *Sector público*: durante los años previos a la Segunda Guerra Mundial, el gobierno financió investigaciones con fines militares en temas de electrónica y física de alta energía en universidades y empresas privadas de la región. Posteriormente, durante la Guerra Fría (desde el final de la Segunda Guerra Mundial hasta la década de 1990), esta pauta continuó con la presencia de Lockheed Missiles and Space, el mayor empleador de Valley. Un cambio en la legislación en 1980 (la llamada Ley Bayh-Dole) permitió a las universidades obtener la propiedad de los frutos de su trabajo y comercializar sus innovaciones, incluso en aquellos casos en los que el gobierno federal hubiera ayudado a financiarlas. Esta nueva ley incentivó la inclusión de inversores privados en las redes de innovación.

4. *Normas sociales*: en Silicon Valley existe una fuerte cultura de emprendimiento en serie, basada en unas normas sociales generalmente aceptadas que fomentan la incursión en actividades arriesgadas, pero también generadoras de un elevado rendimiento. Hay quienes creen que esta cultura tiene su origen en los buscadores de oro que inundaron California durante el siglo XIX. Según estas normas, está socialmente aceptado que los innovadores que fracasen en sus empresas puedan volver a intentarlo con una nueva idea de negocio. Las altas tasas de fracaso de las empresas, junto con otras razones que fomentan la movilidad de los empleados entre compañías, inciden en la difusión de conocimientos tácitos de unas empresas a otras. Algunos estudios han llegado a la conclusión de que este intercambio involuntario de información entre las empresas fue clave para el éxito de Silicon Valley.

5. *Finanzas*: en las etapas iniciales del negocio, los emprendedores suelen buscar financiación presentando su proyecto a empresas de capital riesgo. Cuando estos inversores deciden invertir, generalmente adquieren una participación sustancial en el negocio durante un periodo de 12 a 18 meses, lo que genera fuertes incentivos para que las *startups* crezcan rápidamente. Si tienen éxito, el inversor de capital riesgo puede salir habiendo obtenido una alta tasa de beneficio. En definitiva, el modelo de financiación para *startups* consiste en un ciclo acelerado que comienza con el lanzamiento de una nueva idea comercial y su presentación a inversores, continúa con la contratación de empleados clave (a menudo con esquemas de remuneración vinculados al valor que tendrá la empresa cuando se venda), crecimiento de mercado y búsqueda de más financiación. Tanto los fundadores como los inversores y los empleados entienden que es altamente probable que el negocio fracase. Aun así, las firmas de capital riesgo terminan obteniendo beneficios, dado que las (pocas) empresas exitosas producen unos rendimientos tan elevados que compensan las pérdidas provocadas por las (muchas) inversiones fallidas.

El sistema de innovación alemán

En Estados Unidos predomina la innovación de carácter radical, ya que se concentra en industrias cuyas patentes citan un gran número de artículos científicos. Frente a este modelo, en Alemania las exitosas industrias exportadoras se centran en la innovación incremental, donde las patentes son mucho menos profusas en citas científicas y el conocimiento tácito es más importante. Al igual que sucede en Silicon Valley, la innovación alemana también se concentra geográficamente, con centros alrededor de Munich y Stuttgart, en el suroeste del país. Si bien las redes también son cruciales para el sistema de innovación alemán, funcionan de manera diferente a las de Silicon Valley.

Las principales características del sistema de innovación alemán son:

1. *Empresas innovadoras*: en Alemania, la innovación incremental tiene lugar en empresas medianas y grandes con larga trayectoria. Además, se basa en vínculos duraderos que conectan a empleadores y trabajadores, a empresas y bancos, y a unas empresas con otras, vinculadas por relaciones productivas, así como relaciones de propiedad y control. En este sistema de innovación, las empresas deben hacer frente a muchos problemas de coordinación y, para tener éxito en la introducción de nuevas tecnologías, resuelven esos problemas mediante relaciones cooperativas y competitivas con empleados, con otras empresas y con los bancos.

2. *Sector público*: el gobierno apoya la formación de trabajadores altamente cualificados a través de un sistema de aprendizaje subvencionado por el Estado y supervisado por las asociaciones industriales. Este sistema reduce los costos de capacitación para las empresas y garantiza una formación de gran calidad. Los aprendices contribuyen aceptando bajos salarios durante su formación. Además, las grandes empresas están obligadas a contar con órganos electos de representación de los trabajadores en las negociaciones con los gerentes, que contribuyen a idear formas de maximizar todos los posibles beneficios y distribuirlos de un modo que resulte aceptable para todos.

3. *Innovadores*: el desarrollo de innovaciones de proceso y de producto requiere la participación de trabajadores altamente cualificados. En el sistema alemán, cuando los aprendices comienzan su proceso de formación y pasantías, ya cuentan con la seguridad de que al final de este proceso accederán a un empleo estable y muy bien remunerado. Asimismo, los trabajadores que participen en el desarrollo de innovaciones que podrían generar recortes de empleo necesitan garantías de que no perderán sus puestos de trabajo. Para lograr estas condiciones, el sistema de formación profesional alemán ofrece diferentes soluciones. Como se vio anteriormente, el gobierno subvenciona y certifica el aprendizaje de alta calidad. Esto asegura a los aprendices que su formación será reconocida fuera de la empresa, mejorando su posición de reserva en caso de que su puesto de trabajo desaparezca y ayudando a garantizar salarios altos mientras se mantenga el puesto.

4. *Normas sociales*: la innovación incremental (por ejemplo, en la industria automotriz) requiere que los estándares de la industria faciliten la transferencia de tecnología. Además, el modelo de transferencia de tecnología de Silicon Valley, motivado principalmente por el traslado de trabajadores de una empresa a otra, es mucho menos común en el sistema alemán, en el que los contratos laborales son a largo plazo. En este sentido, la propiedad cruzada entre empresas y las relaciones a largo plazo son esenciales para facilitar la transferencia de tecnología en este sistema de innovación. De modo similar, existen normas de competencia leal, muy respetadas por empresas altamente competitivas, que garantizan que no se sonsaquen entre sí a los trabajadores.

5. *Finanzas*: el sistema de propiedad de las grandes empresas alemanas difiere notablemente del estadounidense o el británico. Las adquisiciones de empresas son más fáciles en Estados Unidos o en el Reino Unido, y permiten cambios rápidos en el uso de los activos de las empresas. En Alemania, la propiedad del capital está mucho más concentrada y, por tanto, es casi imposible que se produzcan adquisiciones hostiles, es decir, compras de empresas sin la aprobación de sus administradores. Esto

Lea la introducción a: Peter A Hall y David Soskice. 2001. *Varieties of Capitalism: The Institutional Foundations of Comparative Advantage*. Nueva York, NY: Oxford University Press.

posibilita la colaboración estable entre empresas para el desarrollo de tecnologías, y el mantenimiento de estándares sectoriales. La financiación de la innovación en Alemania proviene principalmente de fuentes a largo plazo: beneficios no distribuidos a los accionistas y préstamos bancarios. Este tipo de financiación da tranquilidad a quienes invierten en la adquisición de habilidades específicas para la empresa, así como a las personas que invierten en desarrollos tecnológicos relacionados.

La figura 21.5 compara los dos sistemas. Ambos cosechan muchos éxitos, pero de maneras diferentes. Las empresas de Silicon Valley dominan las tecnologías digitales importantes (TIC) asociadas con las últimas tecnologías de uso general, mientras que las empresas alemanas que componen su característico sistema de innovación se las han ingeniado para mantener un nivel mucho más alto de puestos de trabajo industriales bien pagados –pese a la feroz competencia mundial en este ámbito–, comparados con Estados Unidos o cualquier otro país fuera del este de Asia.

La economía de los sistemas de innovación

Una innovación exitosa puede contribuir al aumento del nivel de vida de la población al ampliar el conjunto de productos disponibles para los consumidores y/o reducir los precios de los productos existentes. Sin embargo, muchas sociedades no logran generar suficientes innovaciones.

Comparemos la cantidad de innovaciones generadas en las economías capitalistas con la de las economías de planificación centralizada de la Unión Soviética y sus aliados durante el siglo xx. En una lista de 111 grandes innovaciones no militares de productos y procesos para el periodo entre 1917 y 1998, solo una (el caucho sintético) provenía de países del bloque soviético. Diferentes estudios muestran que un factor importante que contribuyó al colapso de las economías planificadas soviéticas fue la incapacidad del Partido Comunista de generar innovación suficiente en bienes de consumo, lo que erosionó su legitimidad.

János Kornai. 2013. *Dynamism, Rivalry, and the Surplus Economy: Two Essays on the Nature of Capitalism*. Oxford: Oxford University Press.

	Silicon Valley	**Sistema de innovación alemán**
Innovación	Radical codificada, especialmente en TIC	Tácita incremental, especialmente en bienes de capital y equipos de transporte
Empresas innovadoras	Especialistas en innovación emprendedora	Empresas establecidas, industriales o de otros sectores
Sector público	Contratos militares, educación superior	Subsidios para la formación de empleados
Innovadores	Ingenieros, científicos, universidades	Trabajadores cualificados e ingenieros
Normas sociales	Competitivas, que conllevan riesgos	Colaborativas, distribución de riesgos
Finanzas	Capital riesgo	Préstamos bancarios, ganancias retenidas
Derechos de propiedad	Patentes tienen más importancia	Formas de protección sin patentes tienen más importancia

Figura 21.5 Dos sistemas de innovación: Silicon Valley y Alemania.

Los sistemas de innovación capitalista en Silicon Valley y Alemania presentan dos características comunes que han sido fundamentales para su éxito:

- *El sistema de innovación no se basa en la creatividad individual*: los resultados de cada empresa e inventor dependen de las relaciones que se tejan entre todos los participantes del sistema (propietarios, empleados, gobiernos y fuentes de financiación). Los territorios sin estas redes de apoyo tienen menos éxito en innovación.
- *Cuentan con una «mano amiga» y una «mano invisible»*: los sistemas de innovación exitosos implican competencia entre individuos y entre empresas (mano invisible), pero el gobierno también juega un papel esencial (mano amiga), por ejemplo, a través de contratos militares en Silicon Valley o con el sistema de capacitación de trabajadores en Alemania.

No obstante, el proceso de innovación es un desafío importante para las políticas públicas. De hecho, otros territorios no han logrado replicar con éxito los modelos de sistemas de innovación característicos de Silicon Valley o de Alemania. En las siguientes tres secciones, exploraremos tres aspectos característicos de la invención y la difusión que explican estos desafíos.

Estos aspectos son:

- *Externalidades* y problemas de coordinación entre innovadores: las invenciones exitosas de una empresa casi siempre tienen efectos positivos o negativos sobre el valor de las inversiones de otras empresas en el proceso de innovación. Aquellos propietarios de empresas que consideren únicamente sus ganancias no lograrán tener en cuenta estas externalidades.
- *Bienes públicos*: la innovación puede verse como la producción de nuevos conocimientos a partir de una combinación de creatividad y conocimientos anteriores. El hecho de que la mayoría de las formas de conocimiento no sean rivales −es decir, que su disponibilidad para un usuario adicional no provoque que otro usuario se vea privado de su uso− implica que el proceso de innovación utiliza unos bienes públicos para producir otros bienes públicos diferentes.
- *Economías de escala* y *competencia en la que el ganador se queda con todo*: el tamaño de las organizaciones es importante en lo que respecta a la economía basada en el conocimiento. Los costos medios disminuyen a medida que se producen más unidades de un bien o servicio, y esto significa que las empresas que ingresan primero en un mercado a menudo pueden acapararlo entero, al menos temporalmente.

Recuerde que ya vimos en el capítulo 12 que estas tres características son fuentes de fallos de mercado. Si se deja que sea solo el mercado quien regule el proceso de innovación, se tenderá a llegar a un resultado ineficiente. Además, estos tres aspectos del proceso de innovación plantean desafíos para los gobiernos que buscan abordar estos fallos de mercado. Esto se debe a que los gobiernos podrían carecer de la información (o la motivación) necesaria para desarrollar políticas apropiadas.

Comenzaremos abordando el problema de las externalidades y el problema de la coordinación entre innovadores. Para ello, plantearemos un modelo simplificado de dos empresas que consideran invertir en innovación y un gobierno que puede ayudar en este proceso.

externalidad Efecto positivo o negativo de una producción, consumo u otra decisión económica sobre otra persona o personas, que no se especifica como un beneficio o responsabilidad en un contrato. Se llama externalidad o efecto externo porque el efecto en cuestión está fuera del contrato. *También conocido como: efecto externo. Véase también: contrato incompleto, fallo de mercado, beneficio externo, costo externo.*

bien público Bien cuyo uso por parte de una persona no reduce su disponibilidad para los demás. *También conocido como: bien no rival. Ver también: bien público no excluible, bien artificialmente escaso.*

economías de escala Se producen cuando, por ejemplo, duplicamos los insumos introducidos en un proceso productivo y la producción resultante crece más del doble. La forma de la curva de costo medio a largo plazo de una empresa depende tanto de los rendimientos de escala en la producción como del efecto de esa escala sobre los precios que la empresa paga por sus insumos. *También se usa el término: rendimientos crecientes a escala. Ver también: deseconomías de escala.*

21.3 EXTERNALIDADES: COMPLEMENTOS, SUSTITUTOS Y COORDINACIÓN

Las innovaciones desarrolladas por una empresa a menudo influyen en las decisiones y los resultados de innovación de otras empresas. Piense en un modelo con dos empresas, en el que cada una considera llevar a cabo determinadas innovaciones que, a su vez, pueden ser:

innovaciones complementarias
Dos bienes para los cuales un aumento en el precio de uno lleva a una disminución en la cantidad demandada del otro. *Véase también: innovaciones sustitutivas.*
innovaciones sustitutivas Dos bienes para los cuales un aumento en el precio de uno lleva a un aumento en la cantidad demandada del otro. *Véase también: innovaciones complementarias.*

- *Complementarias*: el valor de una innovación es mayor en presencia de otra. Por ejemplo, en 1810, el comerciante británico Peter Durand inventó las latas para almacenar alimentos. Aunque la primera fábrica de conservas comenzó su producción en 1813, la dificultad para abrirlas hizo que esta innovación apenas se usase hasta la aparición del abrelatas, inventado en 1858 por Ezra Warner.
- *Sustitutivas*: las dos innovaciones son valiosas por sí solas, pero cada una de ellas es menos valiosa cuando se ya se ha producido alguna otra innovación. Un buen ejemplo de este tipo de innovaciones se encuentra en la guerra de formatos de video que tuvo lugar durante la década de 1980 entre dos competidores: VHS (diseñado por JVC) y Betamax (desarrollado por Sony). Los vídeos de un formato no se podían reproducir en aparatos diseñados para el otro. Si bien cualquiera de los dos formatos hubiera sido una opción perfectamente válida para la grabación y reproducción de video doméstico, la introducción de ambos en el mercado llevó a una rivalidad demasiado costosa para ambas compañías.

En ausencia de políticas gubernamentales explícitas o medios privados de coordinación entre empresas, los desafíos que plantean las innovaciones complementarias y las innovaciones sustitutivas son diferentes:

- *Cuando las innovaciones potenciales son complementarias*: a veces las innovaciones no se producen, incluso aunque hubieran sido socialmente beneficiosas y rentables para las empresas productoras si ambas hubiesen tenido lugar.
- *Cuando las innovaciones potenciales son sustitutivas*: a veces se producen varias innovaciones de este tipo, a pesar de que hubiera sido socialmente más beneficioso, y más rentable para las empresas involucradas, que se produjera solo una. La competencia entre los productores de estas innovaciones puede suponer un alto costo para ambos.

Podemos utilizar la teoría de juegos para comprender cómo interactúan desde lo estratégico dos empresas potencialmente innovadoras y mostrar por qué surgen estos problemas y por qué pueden ser difíciles de resolver. (Véase la introducción a la teoría de juegos en el capítulo 4).

Innovaciones complementarias

Consideremos dos empresas hipotéticas, Plugcar, que está evaluando la posibilidad de desarrollar un nuevo automóvil eléctrico, y Netflex, que está sopesando las probables ganancias y costos de invertir en una red móvil de intercambio de baterías. Como se mencionó anteriormente, la presencia de Netflex hace que la actividad de Plugcar sea más valiosa y viceversa, por lo que ambas son complementarias. Tomarán sus decisiones (Innovar o No innovar) de forma independiente, pero las ganancias y pérdidas que resultarán en cada uno de los cuatro resultados posibles son interdependientes. Estos resultados se representan en la siguiente matriz de recompensas. Las decisiones de Plugcar se representan en las filas, y sus pagos son los primeros números que aparecen en cada celda; en las columnas se presentan las opciones de Netflex y sus pagos son los segundos números de cada celda. Los números positivos son ganancias para la compañía, mientras que los números negativos son pérdidas.

Suponga que usted es Plugcar. Si no innova, obtendrá cero, independientemente de lo que haga Netflex. Si supiera que Netflex no iba a presentar su producto, seguramente no desarrollaría el Plugcar. ¿Pero qué pasa si Netflex presenta su producto? Si usted innova, obtendrá ganancias de 1. Aunque también puede incurrir en pérdidas de 0,5 si Netflex no innova.

A menos que esté seguro de que Netflex va a innovar, es muy probable que acabe decidiendo invertir sus fondos de otra manera. Si Netflex razonara de la misma manera, entonces podría ser que ninguna de las dos empresas llegara a innovar, aunque ambas se hubieran beneficiado de hacerlo.

Innovaciones sustitutivas

Cuando dos innovaciones son sustitutivas, tenemos el problema opuesto. Un buen ejemplo es la guerra de formatos de video durante la década de 1980 entre dos estándares competidores, VHS («video home system» desarrollado por Victor Company of Japan (JVC)) y el formato Betamax de Sony. Como se dijo anteriormente, los videos que usan un formato no se podían reproducir en máquinas diseñadas para reproducir el otro, por lo que ambas compañías buscaban que su formato fuera el más aceptado por los consumidores.

Consideremos dos empresas hipotéticas basándonos en el caso de Sony-JVC. De forma similar al caso anterior, aquí se representa la matriz de recompensas a la que se enfrentan. Las opciones de JVC se presentan en las filas y las de Sony en las columnas. Como antes, la primera cifra de las celdas es la recompensa del jugador de fila.

Si Sony está segura de que JVC innovará, se estará enfrentando a una costosa batalla con cuantiosas pérdidas si al final gana JVC. Los pagos en la celda superior izquierda son negativos para ambas empresas porque los costos de desarrollar el nuevo producto y competir por la participación en el mercado no compensan la perspectiva incierta de ganancias en caso de que ganen. Por supuesto, si Sony supiera que JVC no iba a invertir, o que ganaría una batalla no muy costosa con su producto, entonces invertiría y obtendría los beneficios del ganador que se lo lleva todo, al tiempo que generaría pérdidas a JVC.

En definitiva, a veces sucede que hay menos innovación de la que sería socialmente deseable cuando las ideas son complementarias, y demasiada innovación cuando las innovaciones son sustitutivas.

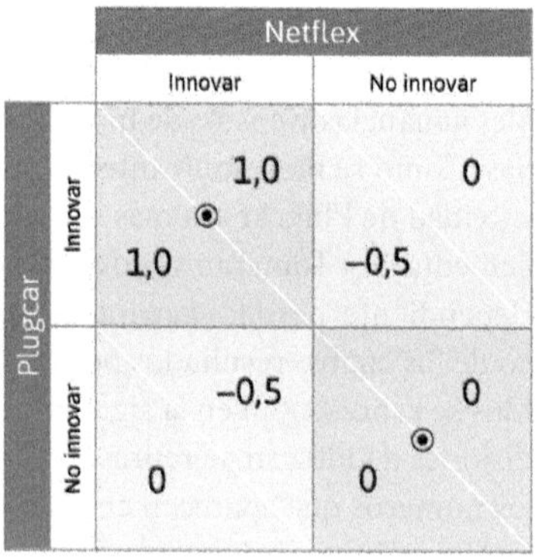

Figura 21.6 La decisión de innovar cuando los productos son complementarios.

1. Comience con el jugador de fila

Comience con el jugador de fila y pregunte: «¿Cuál sería la mejor respuesta a la decisión del jugador de columna de innovar?»

2. La mejor respuesta

La mejor respuesta sería Innovar, ya que la recompensa es 1 en lugar de 0. Coloque un punto en la celda superior izquierda.

3. La respuesta del jugador de fila

Luego, pregunte cuál sería la mejor respuesta del jugador de fila ante la elección del jugador de columna de No innovar: la respuesta es No innovar. Coloque un punto en la celda inferior derecha.

4. El razonamiento del jugador de columna

Ahora pase al jugador de columna. ¿Cuál sería la mejor respuesta a la estrategia de Innovar del jugador de fila? La respuesta es Innovar. Coloque un círculo abierto en la celda superior izquierda; ahora habrá un punto dentro de un círculo en esa celda.

5. La respuesta del jugador de columna

Haga lo mismo para la respuesta del jugador de columna a la estrategia del jugador de fila de No innovar. Ahora hay un punto dentro de un círculo en la celda inferior derecha también.

6. Encontrar los equilibrios de Nash

Dondequiera que haya un punto dentro de un círculo en una celda, estamos ante un equilibrio de Nash, porque cada jugador está optando por su mejor respuesta a lo que hace el otro.

El papel de las políticas públicas

Innovaciones complementarias

Si las recompensas de la matriz fueran conocidas por todos, entonces el gobierno sabría que la celda superior izquierda (Innovar, Innovar) de la figura 21.6 es el mejor resultado para la sociedad. Se podría, en el caso de las innovaciones complementarias, proporcionar a ambas empresas suficientes subsidios como para que consideren rentable realizar la inversión, independientemente de lo que haga la otra empresa. Otra opción más razonable sería ayudar a las dos empresas a cooperar en el proceso de innovación, garantizándoles que no se las acusará de prácticas en contra de la libre competencia en caso de que las decisiones consensuadas estén prohibidas por la legislación antitrust o alguna otra ley.

Pero el uso de políticas públicas para evitar un resultado desfavorable es un desafío mayor de lo que puede llegar a ilustrar este sencillo modelo. Es probable que haya más de dos innovadores potenciales y, por lo tanto, se estén proponiendo muchos diseños distintos de automóviles eléctricos y de

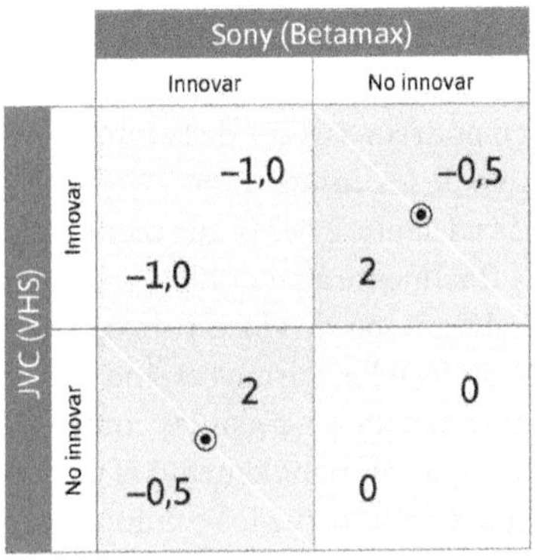

Figura 21.7 La decisión de innovar cuando los productos son sustitutivos.

1. Comience con el jugador de fila
Comience con el jugador de fila y pregunte: «¿Cuál sería la mejor respuesta a la decisión del jugador de columna de innovar?»

2. La mejor respuesta
La mejor respuesta sería No innovar, ya que la recompensa es –0,5 en lugar de –1,0. Coloque un punto en la celda inferior izquierda.

3. La respuesta del jugador de fila
Luego, pregunte cuál sería la mejor respuesta del jugador de fila a la elección del jugador de columna de No innovar: la respuesta es Innovar. Coloque un punto en la celda superior derecha.

4. El razonamiento del jugador de columna
Ahora consideremos al jugador de columna. ¿Cuál sería la mejor respuesta a la estrategia de Innovar del jugador de fila? La respuesta es No innovar. Coloque un círculo abierto en la celda inferior izquierda; ahora habrá un punto dentro de un círculo.

5. La respuesta del jugador de columna
Haga lo mismo para la respuesta del jugador de columna a la estrategia del jugador de fila de No innovar. Ahora hay un punto dentro de un círculo también en la celda inferior izquierda.

6. Encontrar los equilibrios de Nash
Dondequiera que haya un punto dentro de un círculo en una celda, estamos ante un equilibrio de Nash, porque cada jugador está optando por su mejor respuesta a lo que hace el otro.

sistemas de recarga. El gobierno tendría que elegir las empresas que cooperan y los términos en los que se produciría la cooperación. En este caso, las empresas tienen incentivos para destinar recursos a influir en las decisiones del gobierno (por medio de grupos de presión o *lobbies*). Como se verá en el capítulo 22, hay muchas razones por las que los gobiernos pueden no lograr el resultado socialmente beneficioso en casos como este.

Los intercambios privados también pueden desempeñar un papel importante. Si las propias empresas tienen mejor información que el gobierno, podrían participar en acuerdos privados. Esto es equivalente a la negociación entre entidades económicas privadas que se analizó en el capítulo 12 como una alternativa a la regulación gubernamental del uso de herbicidas químicos.

Finalmente, las empresas que desarrollen innovaciones complementarias prometedoras podrían acordar fusionarse para que, actuando como una sola empresa, el problema de coordinar las decisiones de innovación se convierta en una cuestión interna.

Innovaciones sustitutivas y estándares

Las innovaciones sustitutivas de la figura 21.7 presentan desafíos similares para la política gubernamental. Puede haber muchas innovaciones sustitutivas compitiendo. El Betamax de Sony y el VHS de JVC no fueron los únicos participantes en las primeras fases de las guerras de los formatos. Los gobiernos también podrían carecer de la información pertinente o estar bajo la influencia de uno de los competidores.

Como veremos más adelante, a veces una tecnología se impone a la otra. Por ejemplo, Betamax finalmente abandonó el mercado y VHS se convirtió en el estándar universal de cintas de video para uso doméstico. A veces, las empresas de un sector aplican los mismos estándares, porque así aumenta el tamaño del mercado y se beneficia a todas las compañías. Un ejemplo es la forma en que la industria naviera implementó el estándar para el tamaño de sus contenedores, lo que permitió que los camiones y los puertos fueran más eficientes y, por lo tanto, lograran economías de escala.

En este sentido, las agencias y entes públicos a menudo desempeñan un papel importante de cara a fomentar acuerdos entre las empresas de un sector sobre estándares técnicos. Estas agencias suelen ser organismos internacionales, como la Unión Internacional de Telecomunicaciones o la Comisión Europea. La UE, por ejemplo, ayudó a las empresas de telefonía móvil a ponerse de acuerdo sobre el estándar GSM para teléfonos y redes, lo que permitió a todos los fabricantes y operadores beneficiarse de un creciente mercado de telefonía móvil a escala europea, y a los consumidores beneficiarse de la facilidad de llamar a otras redes, pagando precios cada vez menores.

EJERCICIO 21.4 COMPLEMENTOS

1. Enumere algunos pares de innovaciones que son complementarias y algunos pares más de innovaciones sustitutivas.
2. En el juego de la figura 21.6, ¿qué probabilidad de que una empresa elija «Innovar» haría rentable que la otra empresa elija «Innovar»? Explique su respuesta. (Sugerencia: compare los beneficios esperados de elegir cualquiera de las opciones, habida cuenta de que la probabilidad de que la otra empresa elija «Innovar» es x. ¿Qué rango de probabilidades daría un mayor beneficio esperado de elegir «Innovar»?)

EJERCICIO 21.5 SUSTITUTOS Y COMPLEMENTOS

1. Regrese a la figura 4.16a (página 192) y considere el juego entre Bettina y Astrid, en el que eligen si usar dos lenguajes de programación diferentes, C++ y Java. Describa las similitudes y diferencias en las estrategias, los resultados y el resultado óptimo de la figura 4.16 y el juego Sony-JVC que se muestra aquí.

2. En la figura 21.7, para que innovar sea rentable, ¿con qué probabilidad debería elegir la otra empresa «No innovar»?

Ahora suponga que las decisiones en las figuras 21.6 y 21.7 se toman secuencialmente en lugar de simultáneamente. En el caso de los productos sustitutivos (Sony y JVC), suponga que JVC desarrolló su producto y lo puso en el mercado (o al menos convenció a Sony de que sin duda lo haría). En el caso de los productos complementarios (Plugcar y Netflex), suponga que Plugcar podría convencer a Netflex de que seguro que lanzará un nuevo automóvil eléctrico al mercado.

3. Explique cuál sería el resultado en esos casos si las dos empresas tomaran sus decisiones secuencialmente en lugar de simultáneamente.

PREGUNTA 21.3 ESCOJA LA(S) RESPUESTA(S) CORRECTA(S)

La siguiente matriz muestra los beneficios de dos empresas según si innovan o no. El primer número es el pago para la empresa A, mientras que el segundo número es el pago que obtiene la empresa B.

		Empresa B	
		Innovar	No innovar
Empresa A	Innovar	−1,0 / −2,0	1,5 / −1,0
	No innovar	−0,5 / 2,5	0 / 0

Según esta información, ¿cuál de las siguientes afirmaciones es correcta?

☐ En este juego, las dos innovaciones son complementarias.
☐ Hay dos equilibrios de Nash en este juego: (Innovar, Innovar) y (No innovar, No innovar).
☐ La empresa B sin duda decidirá innovar debido a las ganancias potencialmente altas de la innovación.
☐ La empresa A elegirá innovar si la probabilidad de inversión de la empresa B es del 75% o menos.

21.4 ECONOMÍAS DE ESCALA Y COMPETENCIA EN LA QUE EL GANADOR SE QUEDA CON TODO

La innovación implica desarrollar nuevos conocimientos y ponerlos en práctica. Recuerde que el conocimiento tiene dos particularidades. Es un bien público (el conocimiento que uno consume no resta de lo que está disponible para otros) y su producción y uso se caracterizan por rendimientos de escala extraordinariamente elevados y crecientes. Ya hablamos del conocimiento como un bien público en el capítulo 12. En esta sección, analizaremos las dos formas en que la innovación intensiva en conocimiento crea economías de escala.

El lado de la oferta: los costos de la primera copia y las economías de escala en la producción

El costo de producción de la primera copia de un conocimiento nuevo es elevado, pero, una vez producida esta copia, su distribución a otros usuarios prácticamente no tiene costo. Debido a que los **costos de la primera copia** son muy altos en relación con los costos (variables o marginales) de la disponibilidad de productos adicionales, el conocimiento difiere de cualquier otro bien o servicio en cuanto a su producción y distribución. Veamos algunos ejemplos.

> **costos de la primera copia** Costos fijos de la producción de un bien o servicio intensivo en conocimiento.

- *Thriller, de Michael Jackson*: es el álbum de música más vendido de la historia. Su producción costó 750 000 dólares en 1982 (aproximadamente el doble de esa cantidad en dólares de 2015). El costo marginal de producir copias adicionales es menos de 1 dólar por CD, y casi nada si es una descarga. Un CD se vende por 10 dólares aproximadamente; y una descarga, por el mismo precio. El costo de la primera copia, incluso para una producción modesta de un grupo nuevo, será de al menos 10 000 dólares, con costos marginales de alrededor de 1 dólar por cada CD y cero por una descarga.
- *Libros de texto*: editar un nuevo libro de texto de alta calidad en EE.UU. cuesta entre uno y dos millones de dólares, incluyendo el pago a los escritores, diseñadores, editores y otros trabajadores. Este es el costo de la primera copia. El costo de producir y distribuir los libros físicos (impresión, almacenamiento y entrega incluidos) para un libro de texto de éxito es, aproximadamente, de 12 dólares por libro. Este es su costo marginal. Pero los estudiantes de todo el mundo saben que los libros de texto introductorios suelen venderse por diez veces esta cantidad.
- *Star Wars: The Force Awakens*: el presupuesto de producción para esta película, estrenada en 2015, fue de 200 millones de dólares. El costo de desarrollo para el videojuego *Star Wars: The Old Republic* (2011) fue de entre 150 y 200 millones de dólares. Estas cifras no incluyen los costos de comercialización y promoción, como los de publicidad, que deben incluirse en el costo de la primera copia, y que pueden ser mayores que los costos de producción. Ahora que las películas se distribuyen a los cines de manera digital, hacer que una película esté disponible no cuesta prácticamente nada. Los costos marginales para películas o juegos vendidos en DVD son casi los mismos que para un CD y, cuando se venden como descargas digitales, son cero.

- *Nuevos medicamentos*: el costo promedio de la primera copia de un nuevo medicamento, según un estudio realizado en Estados Unidos en 2003, era de 403 millones de dólares. Este hecho explica la diferencia en el precio de los medicamentos cuando aún están protegidos por una patente (lo que otorga al productor un monopolio temporal) y los precios que se pagan una vez que la patente ha expirado y otros productores compiten con el laboratorio que originó el medicamento. Por ejemplo, el omeprazol, un fármaco para la dispepsia, ampliamente recetado, se patentó y lanzó al mercado bajo la marca Prilosec en 1989. En Estados Unidos, la patente expiró en 2001 y, en 2003, 28 pastillas de la marca Prilosec se vendían por 124 dólares, mientras que el paquete equivalente de omeprazol genérico costaba solo 24 dólares.

Marc Rysman. 2009. 'The Economics of Two-Sided Markets' (https://tinyco.re/4978467). *Journal of Economic Perspectives* 23 (3): pp. 125–43.

En el capítulo 7 estudiamos cómo establece una empresa sus precios y cómo decide cuánto producir. En la figura 21.8 mostramos un conjunto de curvas de costos para una empresa que produce un bien intensivo en conocimiento. Los números son hipotéticos y subestiman el nivel real de costos de primera copia en relación con el costo marginal. El eje vertical no está dibujado a escala para facilitar la visualización de la figura.

- *Costo total*: la curva comienza con el costo de primera copia y luego aumenta muy poco con el aumento de la producción.
- *Costo marginal (CMg)*: la curva es baja y constante.
- *Costo medio (CM)*: la curva (incluidas las ganancias económicas y los costos de primera copia) disminuye a medida que aumenta la cantidad producida, ya que el costo de la primera copia se distribuye entre más unidades producidas.
- *CMg < CM*: no importa cuántas unidades se produzcan, el costo marginal siempre será menor que el costo medio.

Una empresa que produce un bien intensivo en conocimiento y que quiere obtener beneficios, deberá cubrir su costo de primera copia. Para hacerlo, el precio deberá ser al menos tan alto como la curva de costo promedio y, por lo tanto, mayor que el costo marginal.

Esto significa que la producción de bienes intensivos en conocimiento no puede describirse según el modelo de mercados competitivos del capítulo 8, donde el precio es igual al costo marginal (P = CMg), sino siguiendo el modelo de empresas que fijan los precios presentado en el capítulo 7, donde se suponía que P > CMg debido a la competencia limitada. En el presente capítulo, esto es una consecuencia inevitable de los costos de primera copia e, independientemente de cuántos competidores haya, el precio no bajará hasta el costo marginal como consecuencia de la competencia.

En apartados anteriores de este capítulo (y en los capítulos 1 y 2), explicamos que, en ausencia de derechos de propiedad intelectual, la competencia de las empresas seguidoras y de los imitadores terminaría por eliminar las rentas de innovación obtenidas por los primeros adoptantes de una nueva tecnología o un nuevo producto. Así es como se produce la difusión de una nueva tecnología y, como resultado, los precios son más bajos. El mismo proceso se dará cuando los costos de la primera copia sean elevados. Otras empresas se pondrán a copiar al innovador hasta que se eliminen los beneficios económicos (rentas), de modo que el precio que se cobre compense el costo medio de producción, incluido el costo del primer ejemplar y el costo de oportunidad de los bienes de capital utilizados. Pero, en esta situación, el precio que se cobra debe ser mayor que el costo medio (debido a los costos de primera copia, como se muestra en la figura 21.8). La figura 21.9, que presentamos a continuación, ilustra estos casos.

El lado de la demanda: economías de escala a través de efectos de red

El valor de muchas formas de conocimiento aumenta a medida que lo usan más personas. Debido a que los beneficios para los usuarios aumentan si crece la red de usuarios, los rendimientos crecientes del lado de la demanda se denominan también **externalidades de red**. La externalidad consiste en que todos se benefician al sumarse un usuario adicional a la red.

Los idiomas son un buen ejemplo de este tipo de externalidades. Hoy en día, más de mil millones de personas están aprendiendo inglés, lo que representa más del triple de las personas que hablan inglés como primer idioma. La demanda del inglés no se debe a su superioridad intrínseca como idioma ni a su facilidad de aprendizaje (como muchos lectores ya sabrán), sino más bien al hecho de que este idioma lo habla un gran número de personas en muchas partes del mundo. Aunque hay muchos más hablantes de chino mandarín y de español como primer idioma, y casi la misma cantidad de hablantes de hindi y árabe, ninguno de estos cuatro idiomas es tan útil para comunicarse globalmente como lo es el inglés.

Tener un modelo concreto de consola de videojuegos es mejor si mucha gente tiene el mismo modelo, porque se producirán más juegos para ella. Una tarjeta de crédito es más útil cuantas más personas tengan la misma tarjeta, porque será aceptada en más tiendas como forma de pago.

¿Pero alguna vez se ha preguntado quién compró el primer teléfono y qué se proponía hacer con él? ¿O qué se podía hacer con la primera máquina de fax?

> **externalidades de red** Externalidad de la acción de una persona sobre otra, que se produce porque los dos están conectados en red. *Véase también: externalidad.*

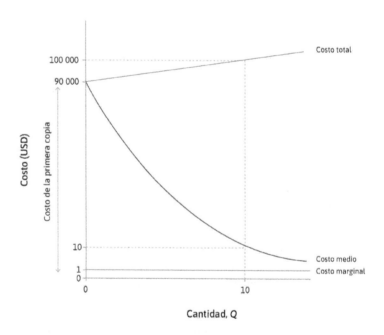

Figura 21.8 Un bien intensivo en conocimiento: costos marginal, medio y de primera copia.

La patente de la tecnología que hay detrás del fax, un dispositivo para enviar imágenes de documentos vía línea telefónica, la presentó por primera vez Alexander Bain en 1843, aunque su innovación tuvo que usar el telégrafo, porque el teléfono no se había inventado todavía. Un servicio comercial que podía transmitir firmas manuscritas usando el telégrafo ya estaba disponible en la década de 1860. Y, sin embargo, el fax siguió siendo un producto muy minoritario hasta 120 años después, cuando se popularizó tanto que, en solo una década, casi todas las empresas instalaron su propia máquina de fax.

Estos ejemplos ilustran un aspecto importante de las economías de escala del lado de la demanda: hay pocos incentivos para ser los primeros en adoptar una tecnología con esta característica.

Otro aspecto que debemos conocer es que, si compiten dos versiones de este tipo de tecnología, la que obtenga mayor número de usuarios al principio tendrá ventaja, aunque la otra tecnología sea más barata o mejor. Para constatar esto, recordemos la guerra de formatos de video entre Sony y JVC.

El formato Betamax de Sony era superior –en términos de calidad de imagen y sonido– al formato VHS de JVC pero, a principios de la década de 1980, Sony cometió un error estratégico al limitar el tiempo de grabación a 60 minutos. Si los clientes querían utilizar la nueva Sony Betamax para grabar una película, tenían que cambiar la cinta en mitad de la grabación. Para cuando Sony extendió por fin la duración de grabación ininterrumpida de las cintas a 120 minutos, ya había más usuarios de VHS que de Betamax y este último formato prácticamente desapareció.

La guerra entre formatos de video y sus consecuencias constituye un ejemplo de un caso de **competencia en la que el ganador se queda con todo**, donde las economías de escala en producción o distribución otorgan una ventaja competitiva dominante a la empresa con mayor cuota de mercado. Este tipo de competencia en la que el ganador se queda con todo no selecciona necesariamente a los mejores.

competencia en la que el ganador se queda con todo Las empresas que entran primero en un mercado, a menudo logran dominarlo todo, al menos temporalmente.

Para comprender su funcionamiento, la figura 21.10 muestra un modelo de competencia basado en el caso de Sony y JVC. La longitud del eje horizontal es la cantidad de personas que compran el Betamax de Sony o el VHS de JVC. Suponemos que el precio de los dos productos es idéntico.

Para simplificar nuestro ejemplo, supongamos que el valor de usar el producto para un nuevo usuario es aproximadamente el número de personas que en la actualidad utilizan el producto, n, multiplicado por un índice de calidad del producto, q. El beneficio neto de comprar un bien es, por tanto, igual al beneficio de usar el bien, qn, menos el precio que el consumidor paga, p. Bajo estos supuestos, el valor neto de comprar el

	Entrada restringida (DPI u otros)	Entrada no restringida
Costos medios decrecientes	Beneficios económicos $P > CM > CMg$	Sin beneficios económicos $P = CM > CMg$
Costos medios no decrecientes	Beneficios económicos $P > CMg \gtreqless CM$	Sin beneficios económicos $P = CMg = CM$

Figura 21.9 La curva de costo medio, los beneficios económicos y la competencia.

producto se puede expresar como $\Pi = qn - p$. Los productos de mayor calidad tienen un valor más alto del índice q, de modo que los consumidores que deciden entre dos productos con la misma cantidad de usuarios y el mismo precio, preferirán productos de mayor calidad.

La cantidad de personas que compra Betamax se mide de izquierda a derecha, comenzando desde cero y extendiéndose potencialmente hasta llegar al mercado completo. La línea azul muestra los beneficios netos del uso de Betamax para los consumidores. Su ecuación es $\Pi^B = q^B n^B - p$, donde el superíndice «B» indica Betamax. Si todos los consumidores compran Betamax, el valor para cada comprador se presenta en la figura, Π^{Bmax}, que es igual a $q^B n^{total} - p$. Si nadie más compra Betamax, el valor para ese primer comprador es negativo e igual al precio pagado, que se indica en la intersección del eje vertical de la izquierda por debajo del eje horizontal.

En la misma figura, el valor neto del producto VHS de JVC viene dado por la línea roja cuya ecuación es $\Pi^V = q^V n^V - p$ (donde el superíndice «V» representa VHS). Debido a que solo hay dos empresas compitiendo, el número de compras de VHS es el tamaño total del mercado, menos el número de consumidores que compra Betamax.

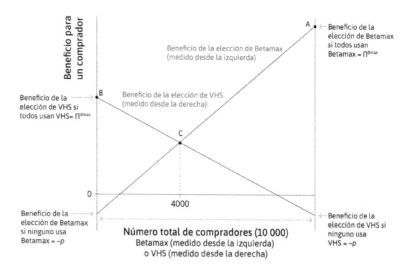

Figura 21.10 El valor neto de formar parte de una red.

1. El beneficio neto de Betamax

El beneficio neto para un consumidor de Betamax viene dado por la línea azul, que se lee de izquierda a derecha.

2. Si todos compran Betamax

El beneficio neto para cada comprador se muestra en la figura con Π^{Bmax}, que es igual a $q^B n^{total} - p$. Este es el caso donde Betamax es el formato ganador y acapara todo el mercado, como se muestra en el punto A.

3. Si nadie compra Betamax

El beneficio neto para un comprador sería negativo e igual al precio pagado.

4. El beneficio neto de VHS

La línea roja proporciona el beneficio neto para un consumidor del formato VHS. El formato VHS es el ganador y acapara todo el mercado en el punto B.

5. Para que Betamax rompa un monopolio de VHS

Para que el beneficio neto de Betamax sea mayor que el beneficio neto de VHS, haría falta que al menos 4000 compradores adquirieran una grabadora Betamax, lo que se muestra en el diagrama como todos los resultados a la derecha del punto C.

Supongamos que el formato Betamax es de mayor calidad. Dentro de nuestro modelo, esto significa que $q^B > q^V$. Esto implica que, si todos compraran Betamax, el valor neto sería mayor que si todos compraran el formato VHS, es decir, $\Pi^{Bmax} > \Pi^{Vmax}$. En la figura 21.10, esto se ilustra por el hecho de que la intersección de la línea de Betamax con el eje derecho (todos los consumidores usan Betamax) está por encima de la intersección de la línea roja VHS con el eje izquierdo (todos usan VHS).

Lo primero que se desprende de esta figura es que muestra que, si todo el mundo compra VHS (punto B), un comprador nuevo seguramente preferirá VHS a Betamax. Para ver esto en el diagrama, mire el lado izquierdo del gráfico y considere un nuevo comprador. Para esta persona, el valor de VHS es alto (la intersección con el eje de la izquierda), mientras que el valor de Betamax es negativo. Esto se debe a que el nuevo usuario tendría que pagar el precio de la grabadora Betamax, pero no obtendría ningún beneficio porque no hay otros usuarios de este formato y, por lo tanto, no se proporciona ningún contenido de video. Esto es cierto, a pesar de que hemos asumido que Betamax cuesta lo mismo que VHS, y que la calidad de Betamax es mejor.

La segunda lección de la figura es que incluso si muchos consumidores (muchos, aunque menos de 4000) compraran Betamax, el nuevo consumidor preferiría VHS (la línea roja aún está por encima de la línea azul en ese punto). Para romper el monopolio de VHS, Betamax debería llegar al menos a 4000 compradores. Entonces pasaría a ser Betamax –y no VHS– quien ofrecería un mayor valor, y podría finalmente hacerse con todo el mercado (en el punto A).

Por lo tanto, el ganador no es necesariamente la mejor alternativa en calidad. Esta situación se denomina también *lock-in* o mercado cautivo, dado que las externalidades de red provocan que el ganador se quede con todo el mercado. El proceso competitivo lleva a un resultado difícil de cambiar, incluso si los usuarios de la tecnología consideran que una innovación alternativa es superior.

Sin embargo, la realidad es más compleja de lo que muestra este modelo. Hay muchos ejemplos sobre innovación en la economía del conocimiento en los que este proceso se revierte.

Por ejemplo:

- *Guerras de navegadores*: cuando Internet se hizo popular, el mercado de navegadores de Internet estaba dominado por un producto llamado Netscape Navigator, que fue desplazado por Microsoft Internet Explorer en las llamadas «guerras de los navegadores», a principios de la década de 2000. Internet Explorer, a su vez, fue posteriormente desplazado por Mozilla Firefox y Google Chrome.
- *Teléfonos inteligentes (smartphones)*: a principios de 2009, los teléfonos inteligentes Android tenían una cuota de mercado del 1,6%, los iPhones de Apple tenían un 10,5% y el mercado estaba dominado por una tecnología llamada Symbian, con un 48,8% de participación. En menos de una década esta situación cambió radicalmente y, a principios de 2016, el 84,1% de los teléfonos vendidos se basaban en Android, los de Apple tenían una participación del 14,8% y los teléfonos Symbian ya no se fabricaban.
- *Redes sociales*: en junio de 2006, el 80% de los usuarios de una red social usaban MySpace. En mayo de 2009, Facebook contaba ya con más usuarios que MySpace.

lock-in Consecuencia de los efectos externos de la red que crean una competencia del tipo en el que el ganador se queda con todo. El proceso competitivo culmina en un resultado que es difícil de cambiar, incluso si los usuarios de la tecnología consideran que una innovación alternativa es superior.

La figura 21.8 (página 1096) muestra las curvas de costos para una empresa que produce un bien intensivo en conocimiento.

El costo marginal es constante y asciende a 1 dólar para toda la producción Q. Con base en esta información, ¿cuál de las siguientes afirmaciones es correcta?

☐ Con un costo positivo de primera copia y un costo marginal constante, el costo medio de la empresa siempre estará por encima de su costo marginal.

☐ Al final, los costos medios de la empresa comenzarán a aumentar, en cuyo punto la producción de la empresa ya no se beneficia de las economías de escala.

☐ El gobierno debería fomentar la competencia para bajar el precio a $p = 1$ dólar.

☐ Un negocio de limpieza de automóviles a pequeña escala es un buen ejemplo de una empresa con la estructura de costos que se muestra en el gráfico.

21.5 MERCADOS DE EMPAREJAMIENTO O BILATERALES

Un mercado es una forma de encuentro entre personas que podrían beneficiarse del intercambio de un bien o servicio. Habitualmente se trata de potenciales compradores y vendedores de un producto, por ejemplo la leche, donde en un lado del mercado se encuentran los ganaderos que suministran el producto y en el otro están los consumidores que lo demandan. En el lenguaje cotidiano, un mercado también puede referirse a un espacio físico, como el mercado de pescado de Fulton que se describe en el capítulo 8, o un lugar donde se congregan vendedores de frutas, verduras o queso, esperando que acudan clientes potenciales. En estos mercados, a los compradores no les preocupa quién produjo el pescado o la leche que compran, y a los vendedores tampoco les importa quién está comprando, siempre y cuando alguien adquiera sus productos.

Mercados de emparejamiento o bilaterales

mercado de emparejamiento Mercado que empareja a miembros de dos grupos distintos de personas. Cada persona presente en el mercado se beneficiaría de estar conectada con el miembro correcto del otro grupo. *También conocido como mercado bilateral.*

El término mercado también se emplea para describir otro tipo de conexión entre personas en la que a los participantes sí les importa quién hay del otro lado. Esto es lo que la gente tiene en mente, por ejemplo, cuando hablamos del «mercado matrimonial». Muy pocas personas se casan de la misma manera que compran un cartón de leche en el supermercado. Al contrario, en el mercado matrimonial se trata de encontrar a una persona con la combinación de características que se consideran más deseables en un cónyuge. Los mercados de este tipo se conocen como **mercados de emparejamiento** o mercados bilaterales.

En nuestro video «Economistas en acción», Alvin Roth, un economista especializado en el diseño de mercados (y ganador del Premio Nobel en 2012 por sus investigaciones sobre este tema), explica cómo funcionan los mercados de emparejamiento.

Desde el lanzamiento del sitio de subastas eBay (https://tinyco.re/3792521), en 1995, hemos visto una proliferación de plataformas de Internet que conectan a personas con intereses distintos. Estas plataformas proporcionan una tecnología que permite a los participantes beneficiarse del hecho de estar conectados en red; por tanto, son ejemplos de mercados bilaterales.

Otro ejemplo es Airbnb (https://tinyco.re/3697066), una plataforma que pone en contacto a viajeros que buscan alquilar casas (o habitaciones) durante un periodo de tiempo corto, con propietarios que buscan obtener un ingreso alquilando su casa. Tinder (https://tinyco.re/7871937) hace lo mismo para quienes buscan una cita. Un servicio llamado JOE Network (https://tinyco.re/1421808) pone en contacto a empleadores con personas que acaban de doctorarse en Economía.

El Proyecto CORE en sí mismo consiste en un mercado de emparejamiento, ya que proporciona una plataforma digital para que investigadores, docentes y estudiantes de Economía se conecten de forma mutuamente beneficiosa, aunque no es realmente un mercado porque los servicios que se ofrecen –tanto los contenidos que elaboran los investigadores como el libro electrónico que se ofrece a los lectores– no se pagan.

Estas plataformas de emparejamiento han ido ganando importancia en vista de la magnitud de las conexiones de red que se pueden realizar en la actualidad. Ahora bien, por más que las conexiones a esta grandísima escala sean ahora técnicamente factibles, no hay ningún mecanismo que garantice el emparejamiento en estos mercados, incluso a pesar de generar grandes beneficios para sus participantes.

En una etapa inicial, estos mercados se enfrentan a un problema parecido al del huevo y la gallina. Piense en Airbnb: esta plataforma gana dinero al cobrar una comisión por cada transacción que se realiza. Sin embargo, a menos que haya un gran número de solicitantes de apartamentos que consulten su web, ningún propietario querrá anunciar su apartamento en Airbnb. Y viceversa: sin apartamentos para alquilar, Airbnb no podrá ganar dinero, por lo que no habría ningún incentivo para crear la plataforma.

Un modelo de mercado de emparejamiento bilateral

Desde una perspectiva económica, estas dos actividades –buscar y publicar un apartamento en la web de Airbnb– se consideran **complementos estratégicos**. Este término significa que cuanto más se realice la primera actividad (búsqueda), más beneficios obtendrán quienes lleven a cabo la segunda actividad (publicación) y viceversa. El carácter complementario de estas actividades está estrechamente relacionado con las externalidades de red típicas de la innovación que analizamos en la sección anterior –el beneficio de usar un formato de video determinado aumenta con el número de personas que usan dicho formato–; sin embargo, en este caso, el beneficio externo no depende del número total de personas que utilizan la plataforma, sino del número de miembros del grupo opuesto que se encuentren en la plataforma (quienes buscan apartamento frente a quienes lo ofrecen).

La figura 21.11a ilustra un problema similar al del huevo y la gallina. Comenzamos con la cantidad de apartamentos publicados en Airbnb (https://tinyco.re/3697066). Las personas anuncian su apartamento porque creen que quienes busquen apartamento verán la publicación y al final

Alvin Roth explica cómo funcionan los mercados de emparejamiento.
https://tinyco.re/8435358

Marc Rysman. 2009. 'The Economics of Two-Sided Markets' (https://tinyco.re/4978467). *Journal of Economic Perspectives* 23 (3): pp. 125–43.

Alvin Roth. 1996. 'Matching (Two-Sided Matching)' (https://tinyco.re/9329190). Universidad Stanford.

alguien acabará alquilándolo. Si hay pocas personas buscando en Airbnb, serán pocos los propietarios de apartamentos que piensen que vale la pena publicar su apartamento en esta web.

La curva de «oferentes» muestra cuántos apartamentos se publicarán hipotéticamente en respuesta a cada posible número de solicitantes de apartamentos que consultan el sitio. Como se ilustra en la figura, a menos que más de 500 personas busquen un apartamento en esta web, ningún propietario de apartamento publicará una oferta de alquiler de su casa a través de Airbnb. Esto se observa en la intersección entre la curva de los oferentes y el eje horizontal. A partir del momento en que el número de solicitantes de apartamentos que visitan el sitio web supera los 500, un número cada vez mayor de propietarios publicará su propiedad. Pero hay un límite para la cantidad de personas que querrán alquilar su casa temporalmente, por lo que la curva de oferentes se vuelve horizontal a medida que avanzamos hacia la derecha.

La situación es similar para quienes buscan alquilar un apartamento. El número de personas que visitan la web de Airbnb depende de la cantidad de apartamentos que se publiquen en esta. Siempre que se publique más de un número mínimo de apartamentos (en el gráfico son más de 200), habrá personas que busquen apartamento en esta web. Esto se observa en la intersección de la curva de buscadores con el eje vertical. La curva de «buscadores» muestra que, cuantos más apartamentos se publiquen, más personas buscarán.

Para ver cómo funciona el mercado de Airbnb, piense en el punto Z del gráfico. Z es un resultado mutuamente congruente en el sentido de que:

- Hay 700 apartamentos publicados, por lo que habrá 1800 solicitantes de apartamentos.
- Dado que hay 1800 solicitantes de apartamentos, habrá 700 apartamentos publicados.

Esto significa que los comportamientos de los oferentes y los buscadores de apartamentos son mutuamente congruentes en el punto Z, por lo que el punto Z es un equilibrio de Nash. Si el mercado está en el punto Z, con 700 apartamentos anunciados y 1800 solicitantes de apartamentos, ni los oferentes ni los demandantes querrán cambiar su comportamiento.

Pero observe que hay otros dos puntos en el gráfico con esta propiedad de coherencia mutua:

- *Hay un equilibrio de Nash en el que no hay ninguna actividad en Airbnb*: en el punto O, nadie está publicando ningún apartamento en Airbnb, por lo que no hay ningún incentivo para entrar en la web. Dado que nadie visita el sitio web, no hay ningún incentivo para publicar un apartamento allí. Este es un problema como el del huevo y la gallina.
- *El punto A también es un resultado mutuamente congruente, con 250 apartamentos anunciados y 600 personas que buscan apartamento*: sin embargo, es poco probable que este equilibrio dure en el tiempo por las razones que se analizan a continuación.

Para ver qué sucede en este último caso, supongamos que el número de solicitantes de apartamentos cae inesperadamente de 600 a 450. La mejor respuesta para los 250 propietarios de apartamentos que habían anunciado sus casas en Airbnb sería retirarse del mercado. Si todos los oferentes de apartamentos abandonan el mercado, los 450 solicitantes restantes también abandonarán el mercado. Por lo tanto, en la zona azul, se producirá un «círculo vicioso» de oferentes y buscadores abandonando el mercado cuyo resultado será que acabe no existiendo ningún mercado, lo que se representa en el punto O del diagrama.

Este proceso de ajuste es similar al ejemplo que se estudió en el capítulo 11 sobre los precios de la vivienda y el valor de los activos duraderos. Un pequeño movimiento desde el punto A conduce a un proceso acumulativo que lleva a alejarse cada vez más de A, por lo que decimos que el punto A es **inestable**. Este tipo de situaciones se denominan a veces **puntos de inflexión**.

Dado el problema del huevo y la gallina, ¿cómo ha podido surgir Airbnb? El punto Z es un equilibrio de Nash, pero, ¿cómo puede llegar el mercado hasta este punto?

> **equilibrio inestable** Equilibrio tal que, si un shock perturba el equilibrio, existe una tendencia posterior a alejarse aún más del equilibrio.
> **punto de inflexión** Equilibrio inestable en la frontera entre dos regiones caracterizado por el movimiento claro de alguna variable. Si la variable toma un valor de un lado, la variable se mueve en una dirección y, del otro lado, se mueve en dirección opuesta. *Véase también: burbuja del precio de los activos.*

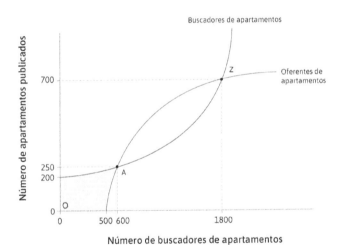

Figura 21.11a Un mercado de emparejamiento o bilateral: el caso de Airbnb.

1. Número de buscadores de apartamentos que visitan el sitio web de Airbnb
Depende del número de personas que publican un anuncio de alquiler de un apartamento.

2. Número de ofertas de alquiler de apartamentos publicadas por los propietarios
Depende de la cantidad de buscadores de apartamentos que consulten el sitio web de Airbnb.

3. Punto Z
En Z, las dos curvas se cruzan. Este punto es un equilibrio de Nash.

4. Si los buscadores de apartamentos no consultan el sitio web
Ningún propietario publicará el anuncio de alquiler de su apartamento. Por lo tanto, nadie hace nada, que es otro equilibrio de Nash que se muestra en O.

5. Punto A
En A, las curvas también se cruzan, pero ese punto no es un equilibrio de Nash.

Si un número suficiente de buscadores de apartamento (más de 600) aparece de alguna manera en el sitio web, entonces más de 250 propietarios publicarán sus apartamentos en la plataforma. O si, por alguna razón, 300 propietarios publican sus apartamentos, entonces más de 600 buscadores tendrán incentivos para visitar Airbnb.

La figura 21.11b muestra que, en estos casos, tendrá lugar un círculo virtuoso de buscadores y oferentes entrando en el mercado, y el tamaño de ambos grupos crecerá hasta los 700 oferentes y 1800 demandantes o buscadores.

Esta figura muestra por qué se puede terminar en una situación sin mercado o en un mercado con 1800 buscadores y 700 oferentes. Para entender que la segunda situación es preferible a la primera, piense en una transacción en particular: todos los que ofrecen y buscan casa lo hacen voluntariamente, por lo que todos deben ver un beneficio personal en hacerlo. Cuando uno de los que buscan se pone de acuerdo con un oferente, ambos se benefician (de lo contrario, no llegarían a un acuerdo). Esto es así para todos los participantes del mercado, luego la existencia del mercado debe ser mejor que su no existencia.

La gráfica también muestra que el mercado puede existir y persistir *si*, de alguna manera, comenzáramos con más de 600 buscadores y/o 250 oferentes. Pero se trata de un *si* complicado.

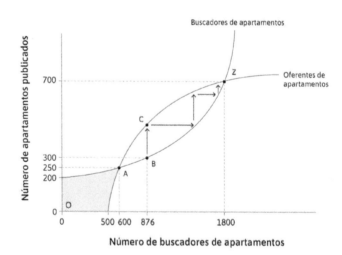

Figura 21.11b Un mercado de emparejamiento o bilateral: el caso de Airbnb.

1. Mucha gente busca apartamentos
Considere el caso donde hay 876 buscadores pero solo 300 oferentes, en el punto B.

2. Se unen al mercado nuevos oferentes
Esto anima a los nuevos oferentes a publicar el anuncio de alquiler de su apartamento en su sitio (punto C) ...

3. Nuevos buscadores que responden
Esto a su vez atrae a nuevos buscadores de apartamentos.

4. Un equilibrio estable
La espiral ascendente conduce al punto Z, que es un equilibrio estable de Nash.

5. Un resultado mejor
Comparando los tres equilibrios, el punto Z es el preferido, mejor que el caso de que no haya mercado, y mejor que el equilibrio inestable del punto A.

Fallos de mercado en mercados de emparejamiento

El desafío de la política económica en este aspecto consiste en encontrar la forma de garantizar que alguien cree plataformas que generen suficientes beneficios para sus participantes como para justificar el costo. A veces el sector público desempeña este papel en la creación de la plataforma, como en el caso de Internet o en los mercados físicos de ciudades y pueblos. Pero en muchos otros casos (como en Airbnb, Tinder y muchas otras plataformas privadas), la existencia de un mercado de emparejamiento bilateral no es más que el resultado fortuito de que alguien tenga una idea y los recursos necesarios para lanzar un proyecto arriesgado y a gran escala.

Por ejemplo, para resolver el problema de arranque en el mercado de Airbnb, el creador de la plataforma podría haber pagado a los primeros 250 oferentes para que anunciaran sus apartamentos, lo que podría haber iniciado un ciclo virtuoso de buscadores y oferentes adicionales que se van uniendo progresivamente al mercado.

Una estrategia para enfrentarse al problema del huevo y la gallina consiste en cobrar precios bajos o nulos a un grupo de usuarios, lo que a su vez atraerá al otro grupo. Por ejemplo, Adobe permite descargar su lector de PDF (https://tinyco.re/8772896) sin costo alguno. Si muchas personas leen documentos en archivos PDF, esto incentiva a los creadores de documentos a pagar por Adobe Acrobat, el software utilizado para crear archivos PDF.

Si bien algunos mercados de emparejamiento, como Wikipedia (https://tinyco.re/7335586), no están diseñados para ser generadores de ingresos, la mayoría sí lo están. De hecho, algunos de los creadores de plataformas que han acabado siendo de uso generalizado han amasado una fortuna extraordinaria. En 2017, Facebook se valoraba en 245 000 millones de dólares y Mark Zuckerberg, fundador de la compañía, era el propietario del 28,4% de la empresa.

Estas rentas de innovación, a diferencia de las asociadas con las innovaciones técnicas como la hiladora Jenny que estudiamos en el capítulo 2, no necesariamente se acaban perdiendo con un aumento de la competencia porque los potenciales competidores se enfrentan al mismo problema del huevo y la gallina que tuvieron que resolver los innovadores para tener éxito.

El problema es similar al ejemplo de la interacción estratégica entre Plugcar y Netflex que hemos comentado anteriormente en este mismo capítulo. Es probable que muchos mercados de emparejamiento potencialmente beneficiosos para ambas partes no existan (o no existan todavía) debido a este problema del huevo y la gallina. Por ejemplo, en los últimos tiempos ha habido poca competencia nueva en el sector de las tarjetas de crédito. Es difícil persuadir a los comerciantes para que acepten un nuevo tipo de tarjeta si solo unos pocos compradores la usan. De igual modo, es complicado alentar a los compradores a tener una tarjeta que no muchos comerciantes aceptan.

Un catálogo de políticas

Las últimas tres secciones han analizado tres razones por las que la competencia en el mercado no puede, por sí misma, generar un proceso de innovación eficiente: las externalidades (efectos de red), los bienes públicos y las economías de escala. Las políticas públicas pueden fomentar innovaciones útiles y acelerar su difusión a todos los usuarios que puedan beneficiarse de ellas. Ya hemos mencionado la posible función coordinadora de las normas establecidas por el gobierno.

En las siguientes tres secciones estudiaremos otros dos tipos de políticas públicas:

- *Derechos de propiedad intelectual*: políticas que respaldan las rentas de innovación para los innovadores exitosos.
- *Subvenciones a la innovación*: políticas que generan, directa o indirectamente, investigación básica y difusión de información a bajo costo.

EJERCICIO 21.6 COMPRENDER LOS MERCADOS BILATERALES

Vea el video de «Economistas en acción» (página 1101) de Alvin Roth. Según la información del video, responda las siguientes preguntas:

1. ¿En qué se diferencian los mercados bilaterales de los mercados de productos básicos?
2. Incluso si un mercado pudiera suponer una mejora en términos de Pareto, ¿por qué podría no existir? Describa cómo el programa New England ayudó a resolver un problema de «mercados repugnantes».
3. ¿Cuáles son algunos aspectos de la relación entre compradores y vendedores que podrían ser una fuente de fallos de mercado en mercados bilaterales?

EJERCICIO 21.7 ¿POR QUÉ LAS CURVAS EN EL MODELO DE MERCADOS BILATERALES TIENEN PENDIENTE ASCENDENTE?

Explique por qué ambas curvas en el modelo de mercados bilaterales o de emparejamiento, según se muestran en la figura 21.11a (página 1103), tienen pendiente ascendente. (Sugerencia: recuerde que publicar ofertas de alquiler de apartamentos (oferta) y buscar apartamentos (demanda) son complementos estratégicos).

EJERCICIO 21.8 OFERENTES Y BUSCADORES NO EMPAREJADOS EN UN MODELO DE MERCADO BILATERAL

Suponga que, por alguna razón, hay 1850 buscadores y 750 oferentes en el modelo de mercados bilaterales de la figura 21.11a (página 1103). Localice este punto en la figura. ¿Cómo responderían los oferentes al número de buscadores? ¿Cómo responderían los buscadores al número de oferentes? ¿A qué punto se movería el mercado y por qué?

EJERCICIO 21.9 EL HUEVO Y LA GALLINA

Plataformas como Airbnb (https://tinyco.re/3697066), Uber (https://tinyco.re/8675948), YouTube (https://tinyco.re/7753745) y eBay (https://tinyco.re/2286442) han superado con éxito el problema del huevo y la gallina mencionado anteriormente.

1. Elija una de las plataformas mencionadas con anterioridad. ¿Cuáles son las ganancias que ofrece esta plataforma y qué otros mercados han perturbado?
2. ¿Qué factores hicieron posible que esta plataforma perturbara los mercados existentes?

La figura 21.11a (página 1103) muestra un mercado hipotético para Airbnb, un servicio que conecta a los viajeros que buscan alquileres de apartamentos a corto plazo con propietarios que desean alquilar su casa mientras están fuera.

Según esta información, ¿cuál de las siguientes afirmaciones es correcta?

☐ No habrá publicación de ofertas de alquiler de apartamentos cuando el número de personas que buscan sea inferior a 200 y, por otro lado, no habrá búsqueda cuando el número de apartamentos publicados sea inferior a 500.
☐ Hay tres equilibrios de Nash estables.
☐ Mientras haya más de 200 buscadores y 500 apartamentos publicados, siempre habrá un número positivo de coincidencias.
☐ Un número inicial de 2000 buscadores y 800 oferentes generaría un equilibrio de 1800 buscadores y 700 apartamentos publicados.

21.6 DERECHOS DE PROPIEDAD INTELECTUAL

La protección que ofrecen las patentes para quienes innovan resulta innecesaria cuando se puede impedir la copia por medio del secreto o las normas sociales. Por ejemplo, la fórmula de Coca-Cola ha permanecido en secreto (https://tinyco.re/6795366) durante 100 años. La compañía afirma que solo conocen esta fórmula dos ejecutivos que jamás viajan en el mismo avión. Un plato de autor de un chef no es un secreto, pero las normas sociales, generalmente aceptadas entre chefs, hacen que los costos de copiar una receta sin permiso del autor sean extraordinariamente altos. Por la misma razón, los humoristas rara vez copian las bromas de sus colegas sin su consentimiento.

En otros casos, aunque se conozca una innovación, el mismo producto puede incorporar barreras que dificultan la copia. Por ejemplo, la tecnología de marca de agua digital permitió distribuir música grabada que no se podía copiar (aunque fue por poco tiempo). Las compañías productoras de semillas lograron lo mismo al introducir maíz híbrido y otras variedades vegetales que no se reproducen bien.

Las empresas también pueden apoyarse en capacidades superiores y complementarias a un producto tecnológico para proteger sus rentas de innovación. Esas capacidades podrían consistir en una fuerza de ventas superior, la habilidad para llevar productos al mercado con mayor rapidez o contratos exclusivos con los proveedores de insumos.

El secretismo, las barreras que dificultan las copias o las capacidades empresariales complementarias pueden no ser efectivas contra rivales que logran inventar el mismo producto de forma independiente o contra aquellos que realizan ingeniería inversa comenzando con el producto terminado y averiguando cómo se fabricó.

Para las nuevas ideas codificables (que pueden escribirse) y no excluibles (cuya imitación no se puede evitar), los gobiernos han creado leyes que protegen los derechos de propiedad intelectual. Hay muchos tipos de derechos de propiedad intelectual, pero los más utilizados son las **patentes**, las **marcas registradas** y los **derechos de autor**. Los tres otorgan al titular el uso exclusivo de aquello que cubre el derecho durante un periodo de tiempo designado. En términos económicos, el titular del derecho de propiedad intelectual se convierte en un monopolista temporal.

patente Derecho de propiedad exclusiva de una idea o invención por un determinado tiempo. Durante ese periodo, la patente permite que el propietario sea en la práctica un monopolista o usuario exclusivo.

marcas Un logotipo, un nombre o un diseño registrado, generalmente asociados con el derecho a excluir a otros de su uso para identificar sus productos.

derechos de autor (copyright) Derechos de propiedad sobre el uso y distribución de una obra original.

Derechos de propiedad intelectual

Las ideas codificables y no excluibles pueden protegerse mediante las siguientes modalidades de derechos de propiedad intelectual:

Patentes

Las **patentes** requieren que el innovador revele su idea en un documento de solicitud de patente, examinado por una oficina de patentes y posteriormente publicado. Si los examinadores consideran que la idea es lo suficientemente nueva e ingeniosa, entonces otorgarán una patente al innovador. En la mayoría de los casos, una **patente** concede al innovador el derecho a llevar ante la justicia a cualquier imitador. Este derecho se otorga generalmente por 20 años y se puede extender a 25 años en el caso de las patentes farmacéuticas. Algunos países tienen duraciones distintas de la protección a través de patentes.

Marcas registradas

Una **marca** otorga al propietario de un logotipo, un nombre o un diseño registrado el derecho a excluir a otros de su uso para identificar sus productos. Las marcas registradas pueden tener vigencia indefinida. Las patentes y las marcas registradas generalmente se registran en una oficina de patentes y marcas.

Derechos de autor

Los **derechos de autor** otorgan al autor de un trabajo intelectual, como un libro, una ópera o un código de software, el derecho de privar a otros del derecho a reproducirlo, adaptarlo o venderlo. Los derechos de autor no suelen estar registrados. El autor debe plantear una reclamación si cree que se han violado sus derechos. La vigencia de los derechos de autor es superior a la de las patentes y se ha ampliado progresivamente: se aplican por un periodo mínimo de 25 años y, en EE.UU., su vigencia actual es de 70 años después de la muerte del creador. Los largos plazos de vigencia de los derechos de autor son objeto de controversia porque a menudo los beneficios van a manos de personas que no crearon el trabajo.

Cómo afectan los derechos de propiedad intelectual a la innovación

Hasta hace poco se pensaba que las patentes fomentaban el desarrollo y el uso de innovaciones, pero ahora los economistas e historiadores se están empezando a plantear si los derechos de propiedad intelectual promueven o más bien frenan la innovación. La respuesta a esta cuestión depende de dos efectos opuestos y de cuál de ellos sea más importante:

- *Creación de un monopolio*: esto tiene un efecto beneficioso para el titular de los derechos de propiedad intelectual y genera beneficios económicos (**rentas de innovación**) que estimulan la investigación y el desarrollo.
- *Impedir la innovación y la difusión de nuevas ideas*: estos derechos limitan la capacidad de los demás para copiar la innovación.

Un caso histórico es la máquina de vapor, una innovación clave para la Revolución Industrial. Durante el siglo XVIII se inventaron varios tipos de motores de vapor, pero el tipo que tuvo más éxito fue el que patentó James Watt en 1769. Watt era ingeniero y no hizo nada para comercializar su innovación; de hecho, la producción industrial de su motor no comenzó hasta seis años después de haberlo inventado.

En un principio, Watt no tuvo en cuenta el valor comercial de la patente, pero el empresario Matthew Boulton compró una parte de la patente y persuadió a Watt para que se mudara a Birmingham (uno de los centros principales de la Revolución Industrial) para desarrollar su nuevo motor. Boulton también hizo campaña –con éxito– para que se extendiese el periodo legal de la patente de 14 a 31 años.

Más adelante, Watt y Boulton recurrieron intensamente a la justicia para evitar que se vendieran otras máquinas de vapor, aunque fuesen diferentes al diseño de Watt. Entre ellas estaba la invención de Jonathan Hornblower, más eficiente que el motor de Watt. Watt y Boulton llevaron el caso de la patente de Hornblower a los tribunales y acabaron ganando el juicio en 1799.

Otro invento superior al original de Watt, obra de un empleado, se bloqueó cuando Watt y Boulton lograron ampliar su patente para cubrir el nuevo diseño, a pesar de que ninguno de los dos había participado en su desarrollo. Irónicamente, por otro lado, James Watt sabía cómo lograr que su máquina fuese más eficiente, pero no podía aplicar la mejora, que había sido patentada por otra persona.

Con la patente de Watt-Boulton, el Reino Unido añadió alrededor de 750 caballos de potencia por año a las máquinas de vapor. Ahora bien, en los 30 años posteriores a la expiración de la patente, se instalaron en Inglaterra más de 4000 caballos de potencia al año. La eficiencia del combustible, que apenas mejoró mientras la patente estaba en vigor, se multiplicó por cinco entre 1810 y 1835.

No hay duda de que la protección que ofrecen las patentes es esencial para el proceso de creación de nuevos conocimientos en algunos sectores. Cuando expira la patente de un fármaco exitoso (con ventas anuales de más de mil millones de dólares en EE.UU.), las empresas especializadas en copiar compuestos y vender versiones genéricas de los medicamentos pueden entrar en el mercado, por lo que el precio disminuye a medida que la empresa innovadora se enfrenta a una mayor competencia en precios. Las ganancias del propietario de la patente disminuyen significativamente. Las rápidas caídas en los beneficios demuestran que los monopolios creados por las patentes pueden ser inmensamente valiosos para el propietario de la patente, pero costosos para los usuarios de la innovación patentada.

Cuando se presentó el DVD, parecía evidente que la tecnología permitiría a los consumidores no solo poseer, sino también copiar música y películas en discos de alta calidad. Esto planteó un dilema importante para las industrias de la música y el cine. Este dilema se abordó con nuevas leyes que prohíbían alterar la gestión de derechos digitales (DRM por sus siglas en inglés), leyes que las compañías cinematográficas utilizaron para evitar que se copiara el contenido sin permiso. Estas mismas leyes se usan a menudo en la actualidad cuando los usuarios comparten contenido protegido por derechos de autor en Internet. En la actualidad, la tecnología DRM ayuda a proteger a las empresas que conocemos como proveedores de contenido, que utilizan Internet como plataforma de distribución: piense, por ejemplo, en una compañía de televisión que retransmite eventos deportivos en directo a computadoras y teléfonos móviles.

La figura 21.12 es una representación esquemática del proceso de innovación. Las flechas representan insumos y apuntan hacia el aspecto de la innovación al que afectan. La figura destaca cómo la creación de nuevos conocimientos siempre se basa en el conocimiento existente. Por ejemplo, Hornblower se basó en el diseño existente de Watt-Boulton para mejorar la eficiencia. Como en los primeros días de la Revolución Industrial, las

patentes restringen la capacidad de aprovechar el conocimiento existente y, por lo tanto, pueden tener un efecto negativo en la innovación. No obstante, por otro lado, al garantizar unas rentas de innovación para los creadores, las patentes incentivan la innovación.

La historiadora económica Petra Moser estudió el número y la calidad de las invenciones técnicas que se mostraban en las exposiciones de tecnología de mediados del siglo XIX y descubrió que los países que contaban con sistemas de patentes no eran más creativos que aquellos que no tenían patentes. En cambio, constató que las patentes sí que afectaban a los tipos de actividades innovadoras en las que los países destacaban.

CUANDO LOS ECONOMISTAS NO ESTÁN DE ACUERDO

Derechos de propiedad intelectual: ¿Dínamo o freno?
Recordemos que, en uno de nuestros videos de «Economistas en acción» (página 1076), F. M. Scherer argumenta que las patentes incentivan el I+D en las compañías farmacéuticas –a diferencia de muchos otros sectores, dice–, de tal manera que sigan desarrollando nuevos fármacos de gran éxito.

Petra Moser explica que la protección de los derechos de autor de las óperas italianas del siglo XIX llevó a la creación de más y mejores óperas. Pero también presenta evidencia que sugiere que los derechos de propiedad intelectual pueden hacer más daño que bien al proceso de innovación si son demasiado amplios o demasiado a largo plazo (https://tinyco.re/3167124).

Petra Moser. 2013. 'Patents and Innovation: Evidence from Economic History' (https://tinyco.re/7074474). *Journal of Economic Perspectives* 27 (1): pp. 23–44.

Petra Moser. 2015. 'Intellectual Property Rights and Artistic Creativity' (https://tinyco.re/2212476). *VoxEU.org*. Actualizado el 4 de noviembre de 2015.

EJERCICIO 21.10 THOMAS JEFFERSON

Thomas Jefferson (1743–1826), el tercer presidente de Estados Unidos, señaló la naturaleza peculiar y maravillosa de una idea:

> Su carácter peculiar ... es que nadie posee menos porque los demás la posean por completo. El que recibe una idea de mí, recibe instrucción sin disminuir la mía; como el que enciende su candela [vela] con la mía, que recibe luz sin por ello oscurecerme. ("Thomas Jefferson a Isaac McPherson", *Escritos políticos*, 1813)

Jefferson continuaba diciendo algo que incluso entonces era controvertido:

> Sería curioso, entonces, si una idea, la fermentación fugitiva de un cerebro individual pudiera ... reclamarse como propiedad exclusiva y estable.

Para él, otorgarle a un individuo el derecho exclusivo de poseer y excluir a otros del uso de una idea no tenía sentido, de la misma manera que no lo tenía que una persona se negase a decirle a otra qué hora del día era.

1. Vuelva a escribir la primera parte de la cita de Jefferson utilizando los términos económicos que ha aprendido en este curso.
2. ¿Está de acuerdo con la declaración de Jefferson de que las ideas no deben «reclamarse en propiedad exclusiva y estable»? ¿Por qué sí o por qué no?

Petra Moser analiza la protección de los derechos de autor en las óperas italianas del siglo XIX.
https://tinyco.re/3460846

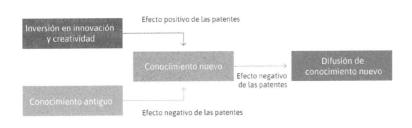

Figura 21.12 Patentes y producción de nuevos conocimientos.

1. El conocimiento antiguo ayuda a crear conocimiento nuevo

Las patentes ralentizan este proceso. Como descubrieron Watt y Boulton, las patentes pueden impedir el uso de algunos aspectos del conocimiento antiguo que están patentados.

2. Las patentes fomentan la innovación

La creación de nuevos conocimientos otorga a los inventores exitosos reconocimiento y rentas de innovación. Watt no inventó la máquina de vapor para beneficiarse de la patente que recibiría, pero otros innovadores están muy motivados por la posibilidad de comercializar sus inventos.

3. Lenta difusión de las patentes

Las patentes evitan que otros innovadores obtengan todos los beneficios del nuevo conocimiento una vez que ha sido creado. Watt y Boulton lograron usar patentes para evitar que inventores rivales crearan sus propias –quizás mejores– máquinas de vapor.

¿Cuál de las siguientes afirmaciones es correcta con respecto a las leyes que protegen los derechos de propiedad intelectual?

☐ Una patente es un derecho no registrado que otorga al productor de un trabajo intelectual (como un libro o código de software) el derecho de excluir a otros de reproducirlo, adaptarlo y venderlo.
☐ Los derechos de autor se otorgan si se determina que una obra es suficientemente nueva e ingeniosa después de un examen por parte de la oficina de derechos de autor.
☐ Las marcas registradas otorgan a los propietarios de un diseño registrado el derecho de excluir a otros de su uso.
☐ Los economistas están de acuerdo en que las patentes, los derechos de autor y las marcas registradas promueven la innovación de manera inequívoca.

21.7 PATENTES ÓPTIMAS: EQUILIBRAR LOS OBJETIVOS DE INVENCIÓN Y DIFUSIÓN

Las patentes nos enfrentan a un problema económico: encontrar un equilibrio entre los objetivos contrapuestos de emplear adecuadamente el conocimiento existente, dedicar suficientes recursos económicos y creatividad a producir nuevos conocimientos y difundir los nuevos conocimientos que se creen. Una «patente óptima» es aquella que promueve mejor el uso del conocimiento en la economía. Actualmente, los acuerdos gestionados por la Organización Mundial del Comercio, organismo que regula el comercio internacional, pueden limitar la capacidad de los países de elegir la duración de las patentes pero, si los gobiernos tuviesen total libertad de elección en este ámbito, ¿cómo decidirían la duración óptima de las patentes?

En la figura 21.13, primero consideramos la decisión de un innovador en el panel superior. Analice la figura 21.13 para comprender los costos y beneficios de la innovación y quién los recibe en cada momento.

En el panel inferior de la figura 21.13, se observan los beneficios que surgen de la innovación obtenidos por otros agentes distintos a los innovadores. Desde el punto de vista del innovador, el término *patent cliff* (literalmente, «acantilado de patentes») se refiere a la pronunciada disminución de las ganancias que acontece cuando expira la patente. Ahora bien, en el panel inferior vemos, desde la perspectiva de los otros agentes, el efecto opuesto: los beneficios de la innovación se disparan cuando expira la patente, porque la innovación ahora se puede difundir libremente por toda la economía.

Esto supone un dilema importante. Sin innovación, no hay beneficios para los demás y la probabilidad de la innovación aumenta con la duración de las patentes. Sin embargo, para cualquier innovación dada, los beneficios se reducen a medida que aumenta la duración de la patente. Las imitaciones tempranas de la innovación aportan beneficios a la economía, que se muestran en el rectángulo discontinuo del panel inferior.

Con base en lo anterior, podemos establecer que una patente de larga duración enfatiza los beneficios de la innovación rápida, y una de duración corta enfatiza los beneficios de la imitación rápida. Sin embargo, solo con los datos de la figura 21.13 no se puede determinar la duración óptima de las patentes.

El trade-off entre los beneficios de la difusión y de la invención

La figura 21.14 muestra los beneficios de la innovación para la sociedad en general. En el eje horizontal se muestran los beneficios totales para otros si la empresa innova. Denominaremos a estos beneficios B. En el eje vertical estimamos la probabilidad de innovación, llamada p^I. Las curvas de pendiente descendente son curvas de indiferencia llamadas **curvas isobeneficios totales**. Los beneficios totales de la innovación para los demás son:

$$\text{beneficios totales para otros} = \text{probabilidad de innovación}$$
$$\times \text{beneficios para otros si la empresa innova}$$
$$= p^I B$$

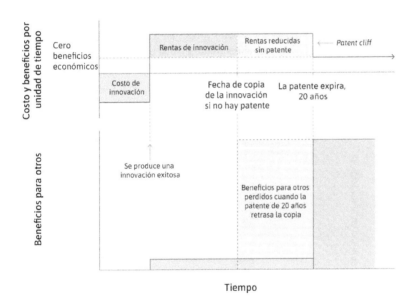

Figura 21.13 Costos y rentas asociados con la innovación, para el inventor y para otros.

1. El innovador incurre en unos costos
Los costos de la innovación se representan con el rectángulo rojo.

2. La innovación tiene éxito
La empresa obtiene rentas de innovación más allá de las ganancias económicas. Estas se representan con el rectángulo sobre la línea punteada de ganancias económicas cero.

3. Una patente
La empresa se beneficia de las rentas de innovación durante el periodo de vigencia de la patente.

4. Los beneficios para otros en la economía
El panel inferior muestra los beneficios que surgen de la innovación. Si la innovación no existiera, no habría beneficios para otros.

5. Una patente
La patente reduce los beneficios para otros, porque retrasa la copia y la difusión.

Invención y difusión factibles

¿Cuáles son las restricciones? ¿Qué limita los beneficios que se producirán si ocurre la innovación? Esto dependerá de la duración de la patente, porque se considera que un periodo más largo de protección a través de una patente aumenta, al menos inicialmente, la probabilidad de innovación (p^I), pero también reduce los beneficios totales para otros (B) debido al retraso en la copia.

La innovación puede ocurrir también incluso sin patentes, como se muestra en el eje vertical de la figura 21.15. En estos casos, el innovador podría obtener rentas de innovación por ser el primero en el mercado, ya que los competidores tardarán un tiempo en alcanzarlo.

La figura 21.15 muestra que, a medida que aumenta la duración de las patentes (hacia la derecha a lo largo del eje horizontal), también lo hace la probabilidad de generar innovación, porque las rentas de innovación están aseguradas por un periodo de tiempo más largo. Sin embargo, después de un periodo concreto de protección por medio de patentes, la probabilidad de innovación comienza a disminuir debido a que las patentes a largo plazo evitarán que otros innovadores potenciales usen los conocimientos o procesos protegidos para desarrollar una idea.

La figura 21.16 presenta el *trade-off* o disyuntiva entre una mayor probabilidad de innovación y los beneficios totales para otros si la empresa innova.

Cada punto de la curva es el resultado de una determinada vigencia de patente, comenzando en el lado izquierdo con una patente que nunca caduca. A medida que avanzamos hacia la derecha, la duración de la patente

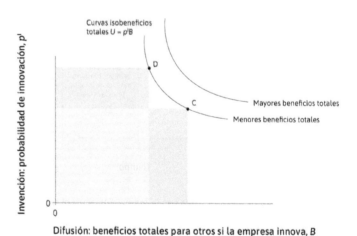

Figura 21.14 Curvas isobeneficios totales: *trade-off* entre los beneficios de la invención y su difusión.

1. La curva isobeneficios totales
La curva de pendiente descendente es una curva de indiferencia, llamada curva isobeneficios totales. A lo largo de la curva, los beneficios totales derivados de una innovación son iguales a $p^I B$ y permanecen constantes.

2. Rectángulos que tocan la curva
Todos los rectángulos que tocan la curva tienen la misma área, como ilustran los puntos C y D.

3. Una curva preferible
La curva isobeneficios totales más alta es preferible a la curva que pasa por C y D.

disminuye. En principio, esto aumenta los beneficios para los demás si se produce la innovación y (como vimos en la figura 21.15) también aumenta la probabilidad de innovación. Esto se observa en la sección de pendiente positiva de la curva. Sin embargo, como también hemos visto, en algún momento habrá un *trade-off*: una reducción adicional en la duración de la patente disminuirá la probabilidad de innovación, a pesar de que aumentará los beneficios totales para otros. Esto se muestra en la sección de pendiente descendente de la frontera del conjunto factible.

Duración óptima de la patente

Si representamos el conjunto factible junto con las curvas isobeneficios totales, podemos determinar la duración de la patente que maximiza los beneficios esperados, de acuerdo con las restricciones impuestas por la disyuntiva o *trade-off* entre el incentivo a la innovación y la difusión. El nivel más alto alcanzable de beneficios totales se obtiene en el punto de tangencia de la curva isobeneficios totales con el conjunto factible (punto A en la figura 21.17).

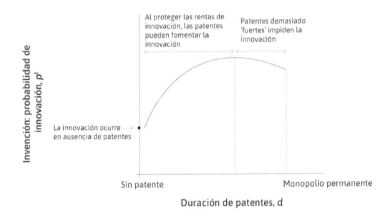

Figura 21.15 Duración de la patente y probabilidad de innovación.

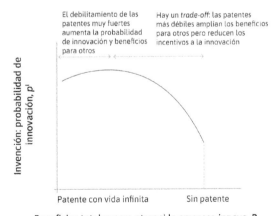

Figura 21.16 Conjunto factible: probabilidad de innovación y beneficios para otros.

Este resultado en sí mismo no es una política de innovación, pero sí nos permite determinarla. Ahora podemos volver a la figura 21.15 y preguntarnos qué duración de la patente debería establecer un legislador para que las empresas innovadoras elijan la probabilidad óptima de innovación de la sociedad, p^*. La figura 21.18 muestra la respuesta.

EJERCICIO 21.13 PATENTES ÓPTIMAS

1. Considere dos tecnologías opuestas. Para una de ellas, la elección óptima del gobierno sería una patente de duración corta. Para la otra, en cambio, elegiría una patente de mayor duración. En cada caso, dibuje el conjunto factible y etiquete el punto óptimo, como en la figura 21.17. Suponga las mismas curvas isobeneficios totales.

2. La duración de las patentes y los derechos de autor ha estado aumentando constantemente desde la Revolución Industrial. Explique por qué puede haber sucedido esto y argumente si podría ser algo bueno o malo.

3. ¿Cómo deberían reaccionar las oficinas de patentes si las empresas buscan consolidar los monopolios de patentes patentando versiones mejoradas de la tecnología original en una fecha posterior? (Este es un proceso conocido como «perennizar», que describen C. Scott Hemphill y Bhaven N. Sampat en el *Journal of Health Economics* (https://tinyco.re/4728486).)

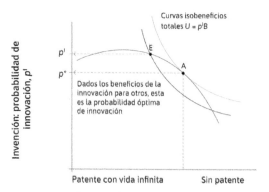

Figura 21.17 Probabilidad óptima de innovación para la sociedad.

1. Maximización de los beneficios esperados para la sociedad
Combinando el conjunto factible con las curvas de isobeneficios totales, podemos determinar la duración de la patente que maximiza los beneficios esperados para la sociedad en su conjunto.

3. La probabilidad óptima de innovación.
Desde la perspectiva de la sociedad en su conjunto, la probabilidad óptima de innovación es p^*.

2. El nivel más alto posible de beneficios totales
Se muestra en el punto A de tangencia de la curva isobeneficios totales con el conjunto factible.

4. Mayor probabilidad de innovación pero menores beneficios para la sociedad.
En E, con una patente más larga que la óptima de A, la innovación es más probable, pero, debido a una menor difusión, sus beneficios para la sociedad en su conjunto son menores, como muestra la curva isobeneficios totales más baja.

PREGUNTA 21.7 ESCOJA LA(S) RESPUESTA(S) CORRECTA(S)
La figura 21.13 (página 1113) muestra los costos y rentas asociados con la innovación para el inventor y otros.

Según este diagrama, ¿cuál de las siguientes afirmaciones es correcta?

☐ Cuando no hay patente, la innovación se copia de inmediato.
☐ En el momento en que expira la patente, el propietario de la patente «se cae por un precipicio de patente», es decir, pierde todas las rentas de innovación.
☐ No hay ningún beneficio para otros por la innovación durante el periodo de la patente.
☐ El beneficio que obtiene el innovador de la patente supera los beneficios perdidos por los demás.

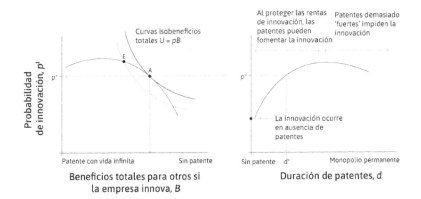

Figura 21.18 La duración óptima de la patente.

1. La probabilidad óptima de innovación
Dados los beneficios de la innovación para otros, establecimos en la figura 21.17 que p^* es la probabilidad óptima de innovación. Esto puede indicarnos cuál debería ser la duración de las patentes.

2. La duración óptima de las patentes
Si conocemos p^*, podemos usar la figura 21.15 (la figura de la derecha aquí) para determinar la duración óptima de las patentes, d^*.

3. ¿Y si no hubiera patentes?
Podemos ver que la innovación seguirá ocurriendo, pero por debajo del nivel óptimo para la sociedad.

PREGUNTA 21.8 ESCOJA LA(S) RESPUESTA(S) CORRECTA(S)

El siguiente diagrama muestra la probabilidad de innovación a medida que aumenta la duración de las patentes.

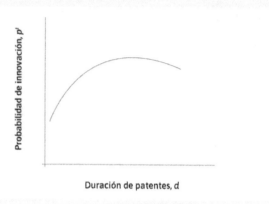

Según esta información, ¿cuál de las siguientes afirmaciones es correcta?

☐ No hay innovación en ausencia de patentes.
☐ Una mayor duración de la patente siempre conducirá a un aumento en la probabilidad de innovación.
☐ La parte del gráfico con pendiente descendente demuestra el *trade-off* o disyuntiva entre un mayor incentivo a innovar con base en unas mayores rentas de innovación y el desincentivo a los innovadores potenciales de usar conocimiento patentado.
☐ La duración óptima de las patentes la determina el punto donde se maximiza la probabilidad de innovación.

21.8 FINANCIAMIENTO PÚBLICO DE INFRAESTRUC-TURAS BÁSICAS DE INVESTIGACIÓN, EDUCACIÓN E INFORMACIÓN

Los pros y contras de varios tipos de derechos de propiedad intelectual son solo una parte del problema que supone diseñar un sistema de innovación eficaz. Otro elemento importante es el papel del sector público. Recordemos, por ejemplo, la introducción de este capítulo, donde se presentaban casos en los que los efectos beneficiosos esperados en los mercados como consecuencia del uso generalizado de los teléfonos móviles terminaron por no materializarse porque faltaba la infraestructura pública necesaria, en su mayoría carreteras y medios de transporte. La provisión gubernamental de algunos bienes y servicios, como las carreteras que habrían permitido a los agricultores indios beneficiarse de su nuevo acceso a la información de precios, resulta esencial para la difusión de los beneficios de la innovación. Como veremos, los orígenes de la computadora y, por extensión, toda la revolución informática evidencian más claramente el papel esencial del gobierno en el proceso mismo de innovación.

Unas políticas públicas de innovación adecuadas pueden ayudar, principalmente, de dos maneras:

- *Acelerando el ritmo de la innovación*: a través de intervenciones como el apoyo a unas infraestructuras básicas de investigación y comunicaciones, el establecimiento de estándares y el diseño de patentes, derechos de autor y marcas registradas.

- *Influyendo en la dirección de la innovación*: orientando el proceso hacia la producción de nuevas ideas con aplicaciones medioambientales, educativas, médicas o de otra naturaleza a la que se atribuya un valor social.

Investigación financiada por el sector público

La revolución de las tecnologías de la información y la comunicación (TIC) se remonta a la construcción de las primeras computadoras electrónicas programables después de la Segunda Guerra Mundial, aunque, como con cualquier tecnología, algunos elementos son más antiguos. En particular, podemos remontarnos a principios del siglo XIX, cuando Charles Babbage diseñó una máquina calculadora llamada Difference Engine (https://tinyco.re/8867028) en un erudito documento publicado en 1822 (cuyo desarrollo fue financiado por el gobierno británico). Sus ideas ayudaron a Ada Lovelace a desarrollar el primer programa informático.

Durante (y tras) la Segunda Guerra Mundial, los gobiernos británico y estadounidense fueron pioneros en la práctica de la informática electrónica programable. En Estados Unidos, se buscaba inicialmente apoyar el desarrollo de sistemas de misiles y el Proyecto Manhattan para desarrollar la bomba atómica. Estos proyectos exigían un gran número de cálculos rápidos de balística y predicción de reacciones atómicas. Los fondos públicos estadounidenses se destinaron a entidades privadas, como Bell Labs (https://tinyco.re/6499799) en Nueva Jersey, así como a centros de investigación públicos, como Los Alamos (https://tinyco.re/4571911).

Hubo una estrecha cooperación entre el sector privado, las agencias gubernamentales, el ejército y las universidades. En 1946, esta interacción llevó a la construcción de la máquina ENIAC (https://tinyco.re/7016480) con el patrocinio del ejército: aunque no podía almacenar programas, se considera la primera computadora electrónica de la historia. Inmediatamente después, surgieron otras innovaciones, como el transistor o semiconductor, desarrollado por William Shockley en Bell Labs en 1948, o la creación de nuevas compañías, como Fairchild Semiconductor. En Estados Unidos, las ayudas gubernamentales a esta industria continuaron durante los años siguientes, con ejemplos tan significativos como el apoyo financiero a la creación de Internet (en 1969) en un proyecto financiado por la Agencia de Proyectos de Investigación Avanzada de Defensa (DARPA, según sus siglas en inglés).

En el Reino Unido, los primeros avances importantes en informática surgieron en Bletchley Park, donde el matemático Alan Turing trabajó para descifrar el código *Enigma* empleado por el ejército alemán. Allí se desarrolló también la máquina Colossus (https://tinyco.re/5048412), cuya existencia se mantuvo en secreto hasta la década de 1970. Más aún: en 1948, los científicos e ingenieros de Bletchley Park construyeron en la Universidad de Manchester (otra institución financiada con fondos públicos) la primera computadora del mundo de posguerra que almacenaba programas en su memoria, denominada «Baby» (https://tinyco.re/6509787). La explotación comercial de las computadoras fue desarrollada rápidamente por compañías como Ferranti.

William H. Janeway. 2012. *Doing Capitalism in the Innovation Economy: Markets, Speculation and the State.* Cambridge: Cambridge University Press.

Este patrón de financiación gubernamental en las primeras etapas de investigación –ya sea a través de agencias gubernamentales, incluidas las militares, o a través de universidades–, seguido de una fase de aplicaciones comerciales, es común en otros sectores de actividad económica. Además de las industrias informática y electrónica, Internet y la World Wide Web (creada por Tim Berners-Lee en el laboratorio de investigación CERN, financiado por un consorcio de gobiernos), los sectores farmacéuticos y biotecnológicos modernos y las aplicaciones comerciales de nuevos materiales, como el grafeno, tienen sus orígenes en la investigación básica financiada con fondos públicos y desarrollos de fases tempranas. Las pantallas táctiles y el ratón de la computadora también han sido el resultado de investigación financiada por el gobierno de Estados Unidos.

Otro ejemplo que va en esta línea es el formato MP3, creado por un pequeño grupo de investigadores en un laboratorio público perteneciente a la Fraunhofer Gesellschaft, de Alemania. Esta innovación permitió reducir por un factor de 12 el tamaño de los archivos de audio, pero manteniendo la calidad del sonido (https://tinyco.re/8013113). El MP3 hizo posible el intercambio de música a través de Internet y contribuyó a generar grandes cambios en la industria musical mundial. En un primer momento, las firmas comerciales no lo adoptaron como estándar, pero se difundió ampliamente porque sus creadores respondieron distribuyendo software de codificación entre los usuarios por un precio bajo y no persiguiendo a los hackers que, posteriormente, lo pusieron a disposición de forma gratuita.

Mariana Mazzucato, una economista especializada en las causas y los efectos de la innovación, utiliza el ejemplo de algunas de las innovaciones digitales básicas como Internet, el GPS o las pantallas táctiles, para demostrar (https://tinyco.re/2203568) que el gobierno tiene un papel esencial en la financiación de la investigación y la puesta en marcha de empresas tecnológicas. Mazzucato considera que el papel del gobierno no consiste solamente en llevar a cabo actividades que el mercado nunca emprenderá (probablemente porque sus rendimientos son demasiado inciertos y lejanos en el futuro), sino que también cumple un papel indispensable en la configuración de las actividades que desarrollará el sector privado. En su opinión, la inversión estratégica del gobierno estadounidense ayuda a explicar por qué las empresas de este país dominan las industrias de alta tecnología, incluidas la digital y la biotecnológica.

Concursos y premios

Otra política diferente para el apoyo a la innovación consiste en premiar el desarrollo exitoso de una solución a un problema que cumpla con algunas especificaciones. El ganador del premio será recompensado con el costo del desarrollo, en lugar de tener el monopolio de la idea o método desarrollado, y la innovación pasará inmediatamente al dominio público.

Por ejemplo, después del desastre de la plataforma petrolífera Deepwater Horizon, la XPrize Foundation (https://tinyco.re/3626245) ofreció un millón de dólares a quien pudiera mejorar significativamente la tecnología actual para la limpieza de vertidos de petróleo (https://tinyco.re/6706000). En un año, un equipo de investigación ideó un método que cuadruplicó la tasa de recuperación estándar de la industria.

Un ejemplo más famoso de este tipo de políticas es la invención del cronómetro marino por el relojero John Harrison. Su dispositivo permitió realizar por primera vez una medición (razonablemente) precisa de la longitud geográfica de un buque en el mar. Harrison comenzó a trabajar en su cronómetro en 1730, en respuesta a una oferta hecha en 1714 por el gobierno británico que prometía un premio en efectivo (aproximadamente de 2,5 millones de libras en precios de 2014) por la invención de un dispositivo para medir la longitud geográfica. El enfoque que adoptó Harrison ante este desafío fue construir un reloj preciso y, al mismo tiempo, lo suficientemente pequeño como para transportarse por mar, que permitiera determinar con exactitud la hora de Greenwich en la que el sol alcanzara su cenit. Eso permitiría a su vez calcular la posición del barco al oeste de Greenwich, es decir, la longitud geográfica del punto en que se encontrara. El problema había captado la atención de algunas de las mentes más brillantes de la época, incluida la de Isaac Newton. Harrison produjo muchas versiones de su cronómetro, cada una mejor que la anterior, pero tuvo que litigar con el gobierno para que le pagaran el dinero del premio. La discusión surgió porque la solución propuesta por Harrison al problema era muy diferente a la esperada por el gobierno. No obstante, fue galardonado con una serie de pequeñas sumas de dinero a lo largo de los años.

Otro ejemplo de que estos concursos funcionan bien es la creación de premios para el desarrollo exitoso de medicamentos para enfermedades que tienden a ser ignoradas. Estos medicamentos tratan enfermedades que son comunes en partes del mundo en las que hay poca innovación farmacéutica porque el mercado privado para estas medicinas está limitado por los bajos ingresos de quienes padecen las enfermedades.

Michael Kremer y Rachel Glennerster. 2004. *Strong Medicine: Creating Incentives for Pharmaceutical Research on Neglected Diseases* (https://tinyco.re/7475598). Princeton, Nueva Jersey: Princeton University Press.

MARIANA**MAZZUCATO**

En este video, Mazzucato plantea que los gobiernos deberían comenzar a correr riesgos de inversión en compañías de tecnología, para que puedan obtener un rendimiento de los fondos que invierten en investigación.
https://tinyco.re/2203568

EJERCICIO 21.14 INVESTIGACIÓN FINANCIADA POR EL GOBIERNO

1. ¿Cuáles son los argumentos a favor y en contra de la inversión gubernamental directa en la aplicación comercial de nuevas tecnologías?
2. Describa las formas en que los gobiernos podrían elegir tecnologías para invertir, y así el proceso sea más transparente para los contribuyentes.
3. ¿Cree que sería sensato involucrar a los contribuyentes en las decisiones sobre en qué tecnologías invertir? Explique su respuesta.
4. ¿En qué tipo de tecnologías cree que deberían gastar más los gobiernos y qué tecnologías deberían dejar los gobiernos al sector privado? Explique su respuesta.

Hoy en día, el Longitude Prize (https://tinyco.re/2341984) es un galardón financiado por el gobierno del Reino Unido. De manera poco habitual, el Longitude Committee, que otorgará el premio, pidió al público en general que escogiera entre seis desafíos a los cuales podrían dirigir el dinero del premio.

El público seleccionó el problema de la resistencia a los antibióticos que ya mencionamos en el capítulo 12, una elección que muchos expertos apoyarían. En cualquier caso, resulta interesante porque muchas personas son escépticas en cuanto a si las agencias gubernamentales son entidades aptas para elegir dónde se deben dirigir las inversiones en I+D, a pesar del historial de buenas decisiones de inversión en tecnologías durante y después de la Segunda Guerra Mundial.

Si usted cree que el público en general es mejor que los gobiernos para identificar los problemas más acuciantes a los que se enfrenta el mundo, entonces el Longitude Committee ha resuelto este problema estupendamente al permitirnos elegir.

¿Cuál de las siguientes políticas promueve procesos eficientes de innovación?

☐ premios a la innovación exitosa para resolver el problema de coordinación en la innovación de bienes sustitutivos entre sí
☐ subvencionar el suministro de insumos para la innovación, como las infraestructuras públicas, investigación y educación, para mitigar el problema de la coordinación de las innovaciones complementarias
☐ establecer un sistema de patentes para abordar la cuestión de los altos costos de la primera copia de innovaciones intensivas en conocimiento
☐ promover la difusión de información a bajo costo

¿Cuál de las siguientes afirmaciones son correctas con respecto a las políticas públicas para la innovación?

☐ El sector público no debe invertir en innovaciones cuyos rendimientos futuros estén demasiado lejanos e sean inciertos.
☐ Si adquiriera participaciones de capital en empresas de innovación, el sector público mejoraría su capacidad de hacer cumplir la política de competencia.
☐ El gobierno podría apoyar la innovación estableciendo un programa o sistema que otorgue un premio al desarrollo exitoso de una solución a un problema específico.
☐ El sector público puede financiar investigaciones en etapas tempranas a través de entidades gubernamentales como el ejército o las universidades, cuyos resultados pueden luego usarse para aplicaciones comerciales.

21.9 CONCLUSIÓN

El Reino Unido y los Países Bajos, cunas del capitalismo y la Revolución Industrial, no son los únicos países donde destaca la inteligencia y la creatividad de sus pueblos. China, donde se inventó el papel, la imprenta, la pólvora, la brújula y cientos de otras innovaciones importantes, ha demostrado que su sociedad es tan ingeniosa o incluso más que la de estas naciones. Otros países, especialmente Japón, han sido expertos en la adaptación y difusión de nuevos métodos e ideas. Ahora bien, el impulso combinado de las rentas de innovación y la competencia en los mercados, característico de la innovación y el proceso de difusión en el contexto del capitalismo, han hecho de este sistema económico un caso único por su gran dinamismo. Tanto es así que este sistema llegó a transformar radicalmente las economías británica y holandesa.

La política pública también juega un papel importante en este proceso. Para que surjan innovadores que se arriesguen a introducir un nuevo producto o proceso de producción, es crucial que las rentas que se generan con la innovación no vayan a manos de otros actores. Esto exige que los derechos de propiedad estén protegidos por un sistema legal que funcione bien, como sucedió en el Reino Unido, los Países Bajos y otras naciones que experimentaron pronto el despegue en el palo de hockey del ingreso per cápita.

Más recientemente, Silicon Valley, el sistema de innovación alemán y otros ejemplos exitosos de sistemas de innovación han recibido apoyo de sus respectivos gobiernos, que les proporcionan insumos complementarios, como infraestructuras físicas, investigación básica y educación pública, mercados garantizados (como los de bienes militares) y solo conceden al innovador un monopolio temporal para que la competencia acabe finalmente empujando los precios a la baja.

En definitiva, esta combinación de incentivos privados y políticas públicas de apoyo explica por qué el capitalismo puede ser un sistema económico tan dinámico. Entre las consecuencias de ello se encuentran el aumento del nivel de vida en muchos países, medido por el ingreso per cápita (documentado en el capítulo 1) y la reducción en las horas de trabajo que vimos en el capítulo 3.

Pero recuerde que Joseph Schumpeter, el economista que más ha contribuido a nuestra comprensión actual de la innovación (estudiado en el capítulo 16), bautizó al proceso de cambio tecnológico como proceso de «destrucción creativa».

En este capítulo, hemos hecho hincapié en la parte creativa de la innovación: el desarrollo de nuevos procesos y productos que nos permiten ganarnos la vida trabajando cada vez menos. No obstante, en el capítulo 16, estudiamos las formas en que el proceso de cambio tecnológico también puede dejar a muchas personas sin trabajo y devaluar algunas habilidades que en otro tiempo eran respetadas y bien remuneradas. Y en el capítulo 20 vimos que el cambio tecnológico que produjo la expansión de la producción y la sustitución de la energía humana y animal por la energía basada en combustibles fósiles ha planteado importantes desafíos para nuestro medioambiente, incluso aunque las nuevas tecnologías permitan mantener la esperanza de que, con las políticas correctas, estos desafíos puedan abordarse.

Los economistas pueden ayudar a diseñar estas políticas y a evaluar los beneficios y costos de distintas formas de promover innovaciones beneficiosas y de abordar el aspecto «destructivo» de las nuevas tecnologías.

David S. Landes. *Revolución en el tiempo*. Barcelona: Crítica, 2007.

Conceptos introducidos en la capítulo 21

Antes de continuar, revise estas definiciones:

- Innovación de proceso e innovación de producto
- Innovación radical e innovación incremental
- Innovaciones sustitutivas o complementarias
- Conocimiento codificado y conocimiento tácito
- Invención y difusión
- Sistemas de innovación (Silicon Valley y Alemania)
- Costos de la primera copia
- Competencia en la que el ganador se queda con todo
- Patentes, derechos de autor, marcas registradas
- Economías de escala del lado de la demanda y externalidades de red
- Mercados de emparejamiento
- Duración óptima de la patente

21.10 REFERENCIAS BIBLIOGRÁFICAS

Boldrin, Michele y David K. Levine. 2008. *Against Intellectual Monopoly*. New York, NY: Cambridge University Press.

Boseley, Sarah. 2016. 'Big Pharma's Worst Nightmare' (https://tinyco.re/5692579). *The Guardian*. Actualizado el 5 de febrero de 2016.

DiMasi, Joseph A., Ronald W. Hansen y Henry G. Grabowski. 2003. 'The Price of Innovation: New Estimates of Drug Development Costs' (https://tinyco.re/9588454). *Journal of Health Economics* 22 (2): pp. 151–85.

Edsall, Thomas B. 2016. 'Boom or Gloom?' (https://tinyco.re/5275846). *New York Times*. Actualizado el 27 de enero de 2016.

Engel, Jerome S. 2015. 'Global Clusters of Innovation: Lessons from Silicon Valley.' *California Management Review* 57 (2): pp. 36–65. University of California Press.

Gordon, Robert J. 2016. *The Rise and Fall of American Growth: The US Standard of Living since the Civil War*. Princeton, NJ: Princeton University Press.

Hall, Peter A. y David Soskice. 2001. *Varieties of Capitalism: The Institutional Foundations of Comparative Advantage*. New York, NY: Oxford University Press.

Hemphill, C. Scott y Bhaven N. Sampat. 2012. Evergreening, Patent Challenges, and Effective Market Life in Pharmaceuticals (https://tinyco.re/4728486). *Journal of Health Economics* 31 (2): pp. 327–39.

Janeway, William H. 2012. *Doing Capitalism in the Innovation Economy: Markets, Speculation and the State*. Cambridge: Cambridge University Press.

Jensen, Robert. 2007. 'The Digital Provide: Information (Technology), Market Performance, and Welfare in the South Indian Fisheries Sector.' *The Quarterly Journal of Economics* 122 (3): pp. 879–924.

Kornai, János. 2013. *Dynamism, Rivalry, and the Surplus Economy: Two Essays on the Nature of Capitalism*. Oxford: Oxford University Press.

Koromvokis, Lee. 2016. 'Are the Best Days of the US Economy Over?' (https://tinyco.re/1182018). *PBS NewsHour*. 28 de enero de 2016.

Kremer, Michael y Rachel Glennerster. 2004. *Strong Medicine: Creating Incentives for Pharmaceutical Research on Neglected Diseases* (https://tinyco.re/7475598). Princeton, NJ: Princeton University Press.

Landes, David S. *Revolución en el tiempo*. Barcelona: Crítica, 2007.

Mazzucato, Mariana. 2013. 'Government – investor, risk-taker, innovator' (https://tinyco.re/2203568).

Moser, Petra. 2013. 'Patents and Innovation: Evidence from Economic History' (https://tinyco.re/7074474). *Journal of Economic Perspectives* 27 (1): pp. 23–44.

Moser, Petra. 2015. 'Intellectual Property Rights and Artistic Creativity' (https://tinyco.re/2212476). *Voxeu.org*. Actualizado 4 de noviembre de 2015.

Mowery, David C. y Timothy Simcoe. 2002. 'Is the Internet a US Invention?—an Economic and Technological History of Computer Networking'. *Research Policy* 31 (8–9): pp. 1369–87.

Roth, Alvin. 1996. 'Matching (Two-Sided Matching)' (https://tinyco.re/9329190). Universidad Stanford.

Rysman, Marc. 2009. 'The Economics of Two-Sided Markets' (https://tinyco.re/4978467). *Journal of Economic Perspectives* 23 (3): pp. 125–43.

Saxenian, AnnaLee. 1996. *Regional Advantage: Culture and Competition in Silicon Valley and Route 128.* Cambridge, MA: Harvard University Press.

Swarns, Rachel L. 2001. 'Drug Makers Drop South Africa Suit over AIDS Medicine' (https://tinyco.re/4752443). *New York Times.* Actualizado el 20 de abril de 2001.

The Economist. 2007. To Do with the Price of Fish (https://tinyco.re/6300967). Actualizado el 10 de mayo de 2007.

Witt, Stephen. 2016. *Cómo dejamos de pagar por la música.* Barcelona: Contra.

CAPÍTULO 22

ECONOMÍA, POLÍTICA Y POLÍTICAS PÚBLICAS

COMO ACTOR ECONÓMICO, UN GOBIERNO DEMOCRÁTICO EN UNA ECONOMÍA CAPITALISTA PUEDE PROMOVER MEJORES NIVELES DE VIDA HACIENDO QUE LAS GANANCIAS SE REPARTAN DE MANERA JUSTA. SIN EMBARGO, CON MUCHA FRECUENCIA, ESTO NO SE CONSIGUE

- En este capítulo, vamos a ver cómo se eligen las instituciones y las políticas. ¿Por qué se adoptan algunas instituciones y políticas, y no otras?
- Al igual que las empresas y las familias, el Estado es un actor económico importante, cuyas acciones se pueden entender mediante el estudio de las preferencias de sus dirigentes y las limitaciones bajo las cuales operan.
- El Estado se diferencia de otros actores sociales en que puede exigir que los ciudadanos acaten sus decisiones utilizando la fuerza, si es necesario (por ejemplo, mediante las fuerzas policiales).
- Los Estados también tienen obligaciones que cumplir para con sus ciudadanos por imperativo legal. Por tanto, los Estados utilizan los impuestos recaudados para proporcionar gratuitamente bienes y servicios (como protección policial o educación básica).
- En un mundo ideal, la democracia empodera a los ciudadanos al conceder a todos el derecho al voto en elecciones competitivas y limitar el poder de los gobiernos, garantizando los derechos individuales de expresión y asociación.
- En un mundo ideal, los gobiernos deben adoptar políticas que garanticen que las posibilidades de ganancias mutuas (por ejemplo, a través del intercambio) se materialicen y que los resultados económicos sean justos.
- Pero, incluso en una democracia, se producen resultados económicos ineficientes o injustos porque hay un límite a lo que pueden lograr las decisiones políticas. Aun cuando las políticas públicas sean económicamente viables, quizá no puedan implementarse porque haya grupos poderosos que se opongan a ellas o porque los gobiernos no tengan la capacidad de gestionarlas.

El año en que se convirtió en vicepresidente de Sudáfrica, Cyril Ramaphosa era la vigésimo novena persona más rica de África. En sus veintes y sus treintas, Ramaphosa había sido un sindicalista militante que llegó a ser secretario general del Sindicato Nacional de Trabajadores Mineros y participó activamente en el movimiento contra el *apartheid*. Por aquel entonces, probablemente no habría podido imaginar que, para 2012, su riqueza ascendería a más de 700 millones de dólares.

Nacido en 1952 en Soweto, por entonces una barriada negra pobre a las afueras de Johannesburgo, Ramaphosa creció durante el sistema de segregación racial sudafricano, el *apartheid*. Como era negro, no tenía acceso a buenos colegios o servicios de salud, ni siquiera a los baños públicos. Como el resto de la mayoritaria población negra, no tenía derecho a votar. El ingreso per cápita de las familias negras africanas a finales de la década de 1980 estaba en torno al 11% del de las familias blancas. Esa desigualdad se había mantenido a ese mismo nivel desde hacía al menos 50 años.

La resistencia al régimen del *apartheid*, junto con el apoyo internacional que generó, fue uno de los principales movimientos sociales de finales del siglo XX. Los gobiernos de Sudáfrica lo reprimieron brutalmente desde el principio. En 1960, la policía disparó contra manifestantes contra el *apartheid* en Sharpeville. Murieron 69 personas desarmadas. El partido político Congreso Nacional Africano (ANC, por sus siglas en inglés) fue declarado ilegal y, cuatro años después, se condenó a Nelson Mandela, uno de los líderes del ANC, a cadena perpetua.

Ramaphosa pertenece a la siguiente generación de activistas contra el *apartheid*. Como secretario general del Sindicato Nacional de Trabajadores Mineros, participó activamente en una oleada de huelgas y protestas comunitarias a mediados y finales de la década de 1980 que convenció a muchos blancos propietarios de negocios de que el *apartheid* se tenía que acabar. Finalmente, el gobierno reconoció la derrota y liberó a Mandela.

La figura 22.1 muestra cómo ha evolucionado el importe de las pensiones públicas de jubilación recibidas por diferentes grupos en Sudáfrica en los últimos 50 años. El gráfico cuenta la historia dramática del *apartheid* y su desaparición. Bajo el régimen del *apartheid*, el Estado asignó diferentes

Murray Leibbrandt, Ingrid Woolard, Arden Finn, y Jonathan Argent. 2010. Trends in South African Income Distribution and Poverty since the Fall of Apartheid (https://tinyco.re/8617393), *OECD Social, Employment and Migration Working Papers*, n° 101, OECD Publishing, París. Nota: Los nombres de los grupos de población son los términos oficiales del censo sudafricano. «Coloured» (personas de color) es el término sudafricano para referirse a personas de origen mixto europeo, asiático y africano.

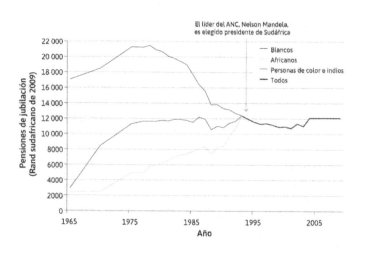

Figura 22.1 El *apartheid* y su desaparición: el importe de la pensión de jubilación en Sudáfrica.

pensiones a cada uno de los grupos «raciales» que conformaban la población. En 1975, por ejemplo, la pensión recibida por una persona blanca era más de siete veces superior a la que recibía una persona africana negra. La igualación gradual de las pensiones fue un logro espectacular alcanzado a principios de 1993, incluso antes de que se celebraran las primeras elecciones democráticas, gracias a la abolición de todas las diferencias basadas en la raza que hasta entonces había aplicado la política de pensiones.

En 1994, las primeras elecciones democráticas de Sudáfrica hicieron presidente a Mandela. Ramaphosa fue elegido diputado parlamentario.

La transición a un sistema político democrático generó ganancias económicas para la población negra. Por primera vez, los trabajadores negros pudieron trabajar en empleos cualificados, lo que hizo aumentar sus salarios. La escolarización y la asistencia sanitaria dejaron de estar segregadas. Muchas más familias tuvieron acceso a agua potable y electricidad.

No obstante, la transición a un gobierno democrático no redujo la brecha entre ricos y pobres. El coeficiente de Gini para los ingresos era de 0,66 en el año anterior a las primeras elecciones democráticas, el más alto de todos los países importantes del mundo en ese momento. Quince años después (en 2008), se había elevado a 0,70.

Aunque en la mayoría de los casos las disparidades económicas entre los principales grupos de población habían disminuido, las desigualdades dentro de los grupos aumentaron de forma notable. Esto resultó más evidente en el caso de los africanos negros, entre los que apareció una nueva clase social de muy ricos que se alejaba del resto.

La historia de la vida de Cyril Ramaphosa y la historia reciente de Sudáfrica muestran algunas de las muchas formas en que el poder político afecta a la economía y cómo la economía da forma al poder político. La desigualdad económica entre negros y blancos era una consecuencia de las instituciones políticas que impedían votar a los sudafricanos negros y coartaban sus actividades políticas. Estas medidas antidemocráticas unieron en torno a la oposición al *apartheid* a sindicatos, organizaciones de estudiantes y asociaciones vecinales, así como al ANC y otros partidos de la oposición, y finalmente trajeron la **democracia** a Sudáfrica. Sin embargo, después de más de 20 años de democracia, ningún otro partido que no sea el ANC ha gobernado el país y Sudáfrica sigue siendo uno de los países más desiguales del mundo. La llegada de la democracia, la abolición del *apartheid* y el cambio en la distribución del poder político no produjeron la reducción de la desigualdad que se podría haber esperado.

El Estado y las políticas públicas que adopta han tenido un papel destacado en todos los capítulos de *La Economía*, pero hasta ahora no nos hemos preguntado por qué se adoptan algunas políticas y no otras, ni cómo cambian estas políticas a medida que cambia la distribución del poder, como ha sucedido en Sudáfrica de forma espectacular durante la vida de Cyril Ramaphosa.

En este capítulo estudiaremos primero la naturaleza del Estado como un actor económico: qué quiere el Estado, cómo logra sus objetivos y cómo se restringen sus acciones. Luego consideraremos las instituciones democráticas en mayor profundidad. Desarrollaremos un modelo sobre cómo deciden los partidos sus políticas en una democracia y analizaremos cómo pueden afectar las diferencias entre instituciones democráticas a los resultados políticos. Finalmente, explicaremos cómo las barreras económicas, administrativas y políticas pueden impedir la adopción de políticas eficientes y justas, incluso en países muy democráticos.

Murray Leibbrandt, Ingrid Woolard, Arden Finn, y Jonathan Argent. 2010. Trends in South African Income Distribution and Poverty since the Fall of Apartheid (https://tinyco.re/8617393). *OECD Social, Employment and Migration Working Papers*, n° 101. París: OECD Publishing.

democracia Sistema político que, en términos ideales, otorga a todos los ciudadanos el mismo poder político. Este poder viene definido por un conjunto de derechos individuales como la libertad de expresión, la libertad de reunión y la libertad de prensa. Además, para que haya democracia, se requiere la existencia de un sistema de elecciones justo en el que prácticamente todos los adultos puedan votar, y en el que el gobierno abandone el poder si pierde.

Angus Deaton. *El gran escape. salud, riqueza y orígenes de la desigualdad.* Madrid, México: Fondo de Cultura Económica, 2015.

22.1 EL ESTADO COMO ACTOR ECONÓMICO

Los Estados facilitan que las personas puedan unirse para hacer cosas que no podrían hacer individualmente –como, por ejemplo, ir a la guerra–, pero también se ocupan de actividades que pueden mejorar de manera notoria el nivel y calidad de vida de sus ciudadanos. Veamos algunos ejemplos:

- *Pobreza*: hace cincuenta años, incluso en los países más ricos, muchas personas jubiladas o ancianas vivían en la pobreza. Por ejemplo, en 1966 el 28,5% de los ciudadanos estadounidenses de 65 años o más estaban clasificados como «pobres». En muchos países, las transferencias públicas prácticamente han eliminado las privaciones económicas graves entre los ancianos. En 2012, solo el 9,1% de las personas mayores en Estados Unidos eran pobres.
- *Seguridad económica*: el aumento del gasto público, así como las lecciones de la Gran Depresión y la edad de oro del capitalismo, han reducido la inseguridad económica al hacer que el ciclo económico sea menos volátil.
- *Mayor esperanza de vida y drástica reducción de la mortalidad infantil en muchos países*: cuando se produjeron estos dos logros a fines del siglo XIX y principios del siglo XX, la causa principal no fueron los avances de la medicina –la mayoría de los cuales se produjeron más tarde–, sino las políticas públicas que mejoraron el saneamiento y el suministro de agua.

Al igual que las empresas y las familias, el Estado es un actor económico. Sus impuestos, gastos, leyes, guerras y otras actividades son tan parte de la vida económica como las actividades de inversión, ahorro, compra y venta de familias y empresas.

Coacción y provisión de servicios públicos

Jon Bakija, Lane Kenworthy, Peter Lindert, y Jeff Madrick. 2016. *How Big Should Our Government Be?* Berkeley: University of California Press.

Peter Lindert. 2004. *Growing Public: Social Spending and Economic Growth since the Eighteenth Century.* Cambridge: Cambridge University Press.

El Estado es un actor mucho más poderoso que las familias y la mayoría de las empresas. Las administración pública de Estados Unidos, federal y local, emplea a casi 10 veces más personas que la empresa más grande del país, Walmart. Sin embargo, los Estados no siempre fueron actores económicos a una escala tan grande. En la figura 22.2 mostramos los ingresos fiscales totales recaudados por el sector público del Reino Unido expresados como fracción del producto interno bruto (una forma de medir el tamaño del Estado en relación con el tamaño de la economía) durante más de 500 años. La cifra aumenta de aproximadamente el 3% en el periodo anterior a 1650, a 10 veces esa cantidad después de la Segunda Guerra Mundial.

El Estado no solo es un actor económico mucho más grande que cualquier familia o empresa, sino que también es único en comparación con el resto de actores de cualquier sociedad: en el espacio de un determinado territorio, puede dictar lo que las personas deben hacer o no hacer, y puede usar la fuerza y coartar la libertad de un individuo para lograr ese fin. Los ciudadanos suelen considerar legítimo el uso de los poderes coercitivos del Estado para mantener el orden, regular la economía y prestar servicios, lo que significa que aceptan la autoridad del Estado; la mayoría de los ciudadanos cumplen con las leyes creadas por los gobiernos. Un uso del poder coercitivo del Estado es la recaudación de impuestos, que puede utilizarse para financiar el funcionamiento del sector público.

Estado Dentro de un territorio dado, es el único actor que puede dictar lo que las personas deben o no deben hacer, y que puede usar legítimamente la fuerza y coartar la libertad de un individuo para lograr ese fin.

Para distinguir a los Estados de los actores económicos privados como empresas, familias, individuos, sindicatos y organizaciones profesionales, definimos al **Estado** como el único organismo en un territorio geográfico (la nación) que puede usar legítimamente la fuerza y la amenaza de la fuerza con los ciudadanos de esa nación. Los Estados llevan a cabo determinadas actividades rutinarias (encerrar a las personas, por ejemplo) que no se considerarían correctas si las hiciese un individuo privado.

Para ver por qué es importante que el monopolio del uso de la fuerza esté en manos del Estado, volvamos con Bruno y Ángela, a quienes conocimos en el capítulo 5.

Al comienzo, Bruno estaba fuertemente armado y Ángela se sentía a su merced. Bruno no era un funcionario del Estado; actuaba únicamente como ciudadano a título particular y utilizaba la amenaza de la fuerza para controlar el trabajo de otros y para disfrutar de los frutos del trabajo de estos. Como actor económico, la única limitación a la que se enfrentaba Bruno era biológica: no podía obligar a Ángela a trabajar en condiciones que la llevarían a la muerte; no porque hubiera sido un asesinato, sino porque eso habría privado a Bruno de «su» trabajadora.

Después introdujimos un gobierno que imponía leyes tanto a Ángela como a Bruno, quedando este desarmado. A partir de ese momento, si Bruno quería que Ángela trabajara para él, tenía que hacerle una oferta que ella aceptase sin recurrir a amenazarla con infligirle algún tipo de daño. El Estado, en otras palabras, se había hecho con el monopolio del uso de la fuerza y la utilizó para proteger la propiedad privada de la tierra a favor de Bruno, de forma que Ángela no pudiera simplemente cultivar la tierra por sí misma y quedarse con las cosechas.

En la siguiente etapa de la historia, el Estado se volvió democrático y, como había muchas más «Ángelas» que «Brunos» en la población, Ángela mejoró su posición económica.

Más allá de su uso legítimo de los poderes coercitivos, una segunda característica del Estado, que también lo distingue de las empresas y otras entidades económicas privadas, es que tiene obligaciones para con sus ciudadanos basadas en los derechos civiles y humanos. Con el objetivo de promover y proteger estos derechos, los gobiernos utilizan sus ingresos

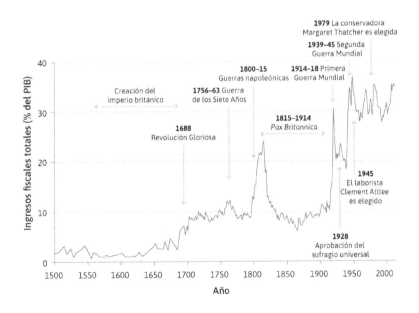

Figura 22.2 El crecimiento del sector público en el Reino Unido (1500–2015).

fiscales para ofrecer servicios como la defensa nacional, la protección policial y la educación. Estos servicios a menudo se ofrecen sin restricciones a quienes los usan y sin cobrar por ellos.

Las personas difieren enormemente en sus ingresos y riqueza y, por lo tanto, en los impuestos que pagan. Sin embargo, todos los ciudadanos tienen el mismo derecho a los servicios del Estado, independientemente de los impuestos que hayan pagado. Esta es la causa de muchos debates sobre el «tamaño» apropiado del Estado: las personas con menos ingresos y menos riqueza se benefician de muchos servicios públicos pero, como vimos en el capítulo 19, las personas con más riqueza e ingresos son las que contribuyen más a la financiación de esos servicios.

Típicamente, los sistemas de impuestos, transferencias y gastos de los Estados democráticos redistribuyen parte de los ingresos de los que ganan más hacia aquellos que ganan menos, como evidencian la figura 5.16 (página 240) para una amplia muestra de países y, más concretamente para el caso de México, la figura 19.29a (página 996). Al mismo tiempo, muchas de las actividades que causan más daño ecológico y social suelen ser las que utilizan las personas con más capital para aumentar aún más su riqueza, en ocasiones a expensas de los pobres.

Parte de la solución

Jean Tirole, un economista especializado en el papel de la intervención y la regulación por parte del Estado, describe la forma en que los gobiernos pueden intervenir en su conferencia de aceptación del premio Nobel (https://tinyco.re/2393310).

En las figuras 12.8 (página 586) y 12.9 (página 588), vimos toda una variedad de decisiones tomadas por actores privados de la economía que afectan a otros al imponer un costo o beneficio externo no compensado. También examinamos posibles soluciones a estos fallos del mercado, a menudo a través de la intervención del Estado. Asimismo, vimos que los gobiernos adoptan políticas para corregir las injusticias que resultan a veces de las interacciones económicas privadas. Los gobiernos pueden adoptar el par de objetivos «gemelos» que hemos utilizado en este curso:

- garantizar que el beneficio mutuo que se pueda obtener a través de nuestras interacciones económicas sea el máximo posible y se realice plenamente.
- garantizar que ese beneficio se comparta de una manera justa.

Ejemplos de políticas para corregir fallos del mercado e injusticias:

- *Políticas de competencia*: reducir el poder de fijación de precios de los monopolios.
- *Políticas medioambientales*: reducir las emisiones contaminantes.
- *Subvenciones*: para I+D.
- *Políticas que generen expectativas de que la demanda agregada será relativamente estable*: para que las empresas inviertan.
- *Prestación pública de asistencia sanitaria o seguro obligatorio.*
- *Proporcionar información*: para permitir que las personas tomen mejores decisiones, por ejemplo informando sobre los riesgos asociados con los productos financieros, los juguetes para niños o los alimentos.
- *Políticas de los bancos centrales*: que exijan a los bancos comerciales que minimicen su exposición al riesgo al restringir el apalancamiento en sus balances.
- *Leyes de salario mínimo*: prohibiendo los contratos que paguen por debajo de un mínimo establecido.

Los gobiernos pueden conseguir estos objetivos utilizando una combinación de cuatro medios a su disposición:

- *Incentivos*: los impuestos, los subsidios y otros gastos alteran los costos y beneficios de las actividades que tienen externalidades; no tenerlos en cuenta llevaría a fallos del mercado o resultados injustos.
- *Regulación*: regulación directa de actividades económicas como el grado de competencia, incluida la participación universal obligatoria en el seguro social y médico, y la regulación de la demanda agregada.
- *Persuasión o información*: alterar la información disponible y las expectativas de la gente sobre lo que harán los demás (por ejemplo, su creencia de que su propiedad está segura o que otras empresas invertirán) para permitir que las personas coordinen convenientemente sus acciones.
- *Provisión pública*: provisión en especie o mediante transferencias monetarias, que incluyen tanto bienes y servicios sociales preferentes, por ejemplo, la educación básica o la representación legal en procedimientos judiciales, como las transferencias de ingresos para alterar la distribución de los niveles de vida.

La figura 22.3 reúne muchos de los ejemplos de políticas estudiados en capítulos anteriores. En cada caso, la política apunta a un fallo de mercado particular o una injusticia percibida. Identificamos el objetivo de la política y el instrumento utilizado. Las lecturas y videos adicionales que se incluyen en esos capítulos arrojan luz sobre la medida en que se lograron los objetivos.

Si bien estas políticas han sido efectivas para abordar las preocupaciones en torno a problemas de ineficiencia e injusticia en algunos países, en la sección 22.9 analizamos por qué pueden persistir en las democracias tanto fallos de mercado como resultados económicos que muchos ciudadanos perciben como injustos.

Parte del problema

Para aplicar estas importantes políticas, los gobiernos deben poder contar con poderes extraordinarios para obtener la información necesaria y garantizar el cumplimiento de las normas. Esto crea un dilema. Para que el Estado consiga solucionar con éxito los problemas, debe ser lo suficientemente poderoso como para suponer un problema en sí mismo. Muchos ejemplos de la historia y de las noticias de cada día nos muestran a gobiernos que utilizan su monopolio del uso de la fuerza para silenciar a la oposición y para que sus líderes y altos funcionarios adquieran una enorme riqueza personal.

A Luis xiv de Francia, también conocido por sus súbditos como el «Rey Sol», se le atribuye haber afirmado (antes de la Revolución Francesa) «*L'état, c'est moi*» (El Estado soy yo). En la vecina Gran Bretaña, casi al mismo tiempo, William Pitt tenía una visión diferente de su Rey, y declaraba que «desde su cabaña, el hombre más pobre puede desafiar a todas las fuerzas de la Corona», como vimos en el ejercicio 1.6 (página 27).

Política	Capítulo	Fallo de mercado o injusticia	Objetivo de política pública	Tipo de instrumento a nivel de políticas	Ejemplo al que se refiere el texto
Impuesto a las bebidas azucaradas	7	Excesivo consumo de azúcar; consecuencias para salud con efectos externos negativos	Reducir el consumo de azúcar	Incentivos; información	Dinamarca; Francia
Progresividad de los impuestos; transferencias monetarias y en especie	19	Desigualdad injusta en los ingresos de mercado	Reduce la desigualdad injusta en los ingresos finales	Incentivos; provisión pública	México; Sudáfrica; Brasil; UE
Reducir aranceles	18	Se importa poco ($P >$ CMg)	Aprovechar todas las posibles ganancias del comercio	Incentivos	Globalizaciones I y II (Vídeo de Dani Rodrik (https://tinyco.re/8475334))
Subvenciones al I+D	12, 21	Insuficiente I+D	Aumentar I+D	Incentivos	Alemania
Comercio de derechos de emisión o impuesto al carbono	20	Demasiadas emisiones de CO_2 (recurso compartido)	Reducir emisiones de CO_2	Regulación; incentivos	UE y EE.UU. (derechos de emisión)
Prohibición de CFC	4	Emisiones perjudiciales para la capa de ozono (recurso compartido)	Eliminar el uso	Regulación	Protocolo de Montreal de 1989
Protección de patentes con límite temporal	21	Insuficiente I+D	Estimular I+D y garantizar difusión a tiempo	Regulación (monopolio para innovación); incentivos (para I+D)	Copyright en óperas del siglo XIX; Patentes farmacéuticas en EE.UU.; (video de Petra Moser (https://tinyco.re/3460846); video de F. M. Scherer (https://tinyco.re/8674643))
Fomento de la competencia para limitar los monopolios	7	Cantidades vendidas demasiado bajas ($P >$ CMg); los monopolios favorecen a los propietarios en detrimento de los consumidores	Acercar los precios al coste marginal	Regulación	Comisión Europea (Volvo/Scania), Departamento de Justicia de EE.UU. (Microsoft)
Reforma agraria	5	Pobreza de los aparceros; distribución injusta de las cosechas	Aumentar los ingresos de los aparceros asignándoles una parte mayor de las cosechas	Regulación	Operación Barga, Bengala Occidental
Salario mínimo	19	Los ingresos en la parte inferior de la escala de distribución de la renta son demasiado bajos	Reducir la pobreza	Regulación	Legislación de EE.UU. a nivel estatal (video de Arin Dube (https://tinyco.re/3737648))

Política	Capítulo	Fallo de mercado o injusticia	Objetivo de política pública	Tipo de instrumento a nivel de políticas	Ejemplo al que se refiere el texto
Eliminar la discriminación racial, étnica o de género en los mercados laborales	19	Desigualdades injustas en los salarios	Aumentar los ingresos de los grupos objetivo	Regulación; información	Sudáfrica
Provisión pública o compra obligatoria de seguros de salud	12, 19	Selección adversa: baja cobertura ofrecida; primas elevadas para personas de alto riesgo	Mejorar acceso a la atención sanitaria	Regulación; provisión pública	Reino Unido, EE.UU., Finlandia
Requisitos de capital exigidos a los bancos	17	Préstamos de riesgo demasiado alto que implican costes externos para terceros (por ejemplo, los contribuyentes)	Reducir los riesgos para el sistema financiero y las finanzas públicas	Incentivos; regulación	Comparación de la regulación previa y posterior a la crisis financiera (videos de Joseph Stiglitz (https://tinyco.re/3866047) y Anat Admati (https://tinyco.re/8573554))
Política monetaria orientada a la inflación	15, 17	Tasa de desempleo mayor que la tasa de estabilización de la inflación	Mantener el desempleo cerca del equilibrio de Nash del mercado laboral	Incentivos; persuasión	Banco de Inglaterra, Reserva Federal y otros bancos centrales durante la gran moderación
Reformas del mercado laboral (políticas activas para el mercado laboral, prestación por desempleo de corta duración)	16	Desempleo excesivamente alto	Mejorar la correspondencia entre puestos vacantes y desempleados	Incentivos; regulación; información	Reformas Hartz en Alemania
Políticas de gestión de la demanda agregada	14, 17	Fallo de coordinación entre empresas en relación a la demanda esperada	Estabilizar la demanda agregada	Persuasión; provisión pública	Comparación de las políticas en la Gran Depresión y las posteriores a la Segunda Guerra Mundial (video de Barry Eichengreen (https://tinyco.re/6433456))
Cooperación internacional	14	Fallos de coordinación entre países en relación con los estímulos fiscales	Impedir el desplome de la demanda agregada	Persuasión	Cumbre del G20 en Londres 2009
Cooperación internacional	20	Fallos de coordinación entre países en relación con la lucha contra el cambio climático	Reducción de las emisiones de CO_2	Persuasión	Acuerdo de París de 2015 sobre cambio climático

Política	Capítulo	Fallo de mercado o injusticia	Objetivo de política pública	Tipo de instrumento a nivel de políticas	Ejemplo al que se refiere el texto
Financiación pública de I+D	21	Insuficiente I+D	Aumentar la inversión en I+D financiada con fondos públicos (universidad y otros)	Provisión pública	Ejército e instituciones de educación superior en Estados Unidos; Gobierno del Reino Unido; Consorcio CERN
Intervención temprana en la educación infantil.	19	Desigualdad de oportunidades entre los niños	Aumentar las oportunidades para que los niños más pobres alcancen un nivel más alto de educación	Provisión pública	Intervenciones en EE.UU. (video de James Heckman (https://tinyco.re/3964341))

Figura 22.3 Políticas económicas destinadas a mitigar los fallos de mercado o a abordar las injusticias analizadas en capítulos anteriores.

Las sociedades bien gobernadas han ideado formas de limitar el daño que el abuso de los poderes del Estado puede infligir sin socavar por ello su capacidad para resolver los problemas de la sociedad. Generalmente esto ha supuesto una combinación de:

- *Elecciones democráticas*: para permitir que los ciudadanos destituyan a un gobierno que esté abusando de sus poderes en beneficio propio o en favor de los intereses de algún otro grupo minoritario.
- *Controles y equilibrios institucionales*: restricciones constitucionales adicionales sobre lo que el Estado puede hacer.

El segundo punto explica por qué William Pitt señalaba que, aunque un agricultor pobre podía tener problemas para que no le lloviera dentro de casa, aun así sería capaz de impedirle tranquilamente la entrada al Rey de Inglaterra.

En una economía capitalista, salvo circunstancias excepcionales, el Estado no puede apoderarse de nuestras propiedades privadas, lo que limita su capacidad de enriquecerse a nuestras expensas. Este es un límite esencial a los poderes arbitrarios del gobierno. Un caso especial sería, por ejemplo, un terreno que fuera la única ubicación posible para un puente necesario para resolver un problema de tráfico. La mayoría de los gobiernos tienen el derecho de adquirir ese terreno a un precio justo según una evaluación independiente, incluso si el propietario no estuviera dispuesto a vender. Este derecho se conoce como «derecho de expropiación» (o «derecho de dominio eminente» en Estados Unidos).

Ahora bien, aunque existan límites bien diseñados a los poderes del Estado y disposiciones que contemplen excepciones que permitan que los gobiernos sirvan mejor al interés público en general, veremos que los Estados, como los mercados, a veces fallan.

Para ver por qué ni los mercados ni los Estados pueden brindar siempre soluciones ideales a los problemas económicos (https://tinyco.re/8993136), recuerde el caso del **monopolio natural** que estudiamos en los capítulos 7 y 12. Un ejemplo sería la provisión de agua potable en una ciudad o la transmisión de electricidad a través de una red eléctrica nacional. En estos casos, las economías de escala implican que la solución más eficiente sea que una sola entidad –una empresa privada o el Estado– proporcione el servicio.

Si fuera un monopolio de propiedad privada, sabemos que la empresa contemplaría una curva de demanda con pendiente descendente, lo cual limitaría el precio de venta de sus productos. La empresa monopolista buscaría reducir los costos y restringir la producción para poder cobrar un precio más alto. El resultado sería un precio por encima del costo marginal de producción, lo que significaría que algunos consumidores que valoran el servicio por encima de su costo marginal no lo consumirían.

¿Sería el sector público capaz de hacerlo mejor?

En un mundo ideal, un monopolio natural de propiedad estatal establecería un precio igual al costo marginal y financiaría los costos fijos mediante impuestos bien diseñados. No obstante, el Estado puede tener pocos incentivos para reducir los costos: por ejemplo, la empresa de suministro de agua o electricidad de propiedad pública puede estar bajo presión para mantener un exceso de personal con empleos bien remunerados para personas con conexiones políticas; como resultado, los costos pueden ser más altos de lo que serían de otra manera. Las empresas o personas ricas pueden presionar al monopolio de propiedad estatal para que preste sus servicios a determinados grupos de interés en condiciones particularmente favorables.

Este caso ilustra tanto las similitudes como las diferencias entre la **responsabilidad económica** del mercado y la **responsabilidad política** de un gobierno democrático. Tanto la empresa monopolista como el gobierno pueden actuar para promover sus propios intereses a expensas del consumidor o contribuyente, pero ambos operarán bajo restricciones. La empresa monopolista no será libre de cobrar el precio que quiera, ya que sus beneficios estarán limitados por la curva de demanda. El gobierno no tendrá la libertad de inflar los costos del servicio contratando o de atender únicamente a los «amigos del gobierno», ya que le podría costar una derrota electoral.

Estos dos casos, la propiedad privada o gubernamental de un monopolio natural, ilustran el problema del **fallo de mercado** (el monopolio que cobra más que el costo marginal), y lo que a veces se llama **fallo del Estado** (no minimizar el costo de proporcionar el servicio), y el problema de adoptar políticas en un mundo real en el que ninguno de estos fallos puede evitarse por completo.

monopolio natural Proceso de producción en el que la curva de costo medio a largo plazo tiene una pendiente suficientemente descendente como para que sea imposible mantener la competencia entre las empresas en este mercado.

responsabilidad económica Rendición de cuentas establecida en virtud de procesos económicos, especialmente la competencia entre empresas u otras entidades, de modo que no tener en cuenta a los afectados por las decisiones económicas resultaría en una disminución de los beneficios o incluso una quiebra empresarial. *Véase también: responsabilidad, responsabilidad política.*

responsabilidad política Obligación de rendir cuentas a la ciudadanía establecida debido a procesos políticos como las elecciones, la supervisión de un gobierno electo o la consulta con los ciudadanos afectados. *Véase también: responsabilidad, responsabilidad económica.*

fallo de mercado Cuando los mercados asignan productos de modo ineficiente en términos de Pareto

fallo del Estado Fracaso en términos de responsabilidad política. Este término se usa en varios sentidos, ninguno de ellos estrictamente análogo al de fallo de mercado, para el cual el criterio es simplemente la ineficiencia en términos de de Pareto.

¿Qué funciona mejor? No hay una respuesta general a esta pregunta. Y hay muchas opciones, además de la propiedad privada o la propiedad del Estado, que incluyen:

- Propiedad privada bajo regulación pública.
- Propiedad pública con competencia entre empresas privadas para hacerse por un tiempo limitado con el derecho de producir y poner precio al servicio.

Andrei Shleifer. 1998. 'State versus private ownership' (https://tinyco.re/4317440). *Journal of Economic Perspectives* 12 (4): pp. 133–150.

Considerar al Estado como un actor económico que persigue sus propios objetivos, pero que está limitado por lo que es y no es viable, nos permite comprender mejor qué factores pueden influir en el Estado para que sea más un solucionador de problemas y menos un problema en sí mismo.

Alexander Hamilton, James Madison y John Jay . *El federalista*. Tres Cantos: Akal, 2015.

EJERCICIO 22.1 IMPULSAR EL AUTOCONTROL DE LOS ESTADOS

James Madison, una figura destacada en los debates sobre la Constitución de Estados Unidos después de que las antiguas colonias británicas ganaran su guerra de independencia y se convirtieran en los Estados Unidos de América, escribió en 1788:

> A la hora de diseñar un Estado que deba ser administrado por hombres con autoridad sobre otros hombres, la gran dificultad radica en esto: primero se debe permitir que el gobierno controle a los gobernados; a continuación obligarlo a autocontrolarse.

¿Cómo aborda la democracia (incluido el estado de derecho) las preocupaciones de Madison para lograr obligar a los gobiernos a «autocontrolarse»?

EJERCICIO 22.2 LA RELACIÓN ENTRE EL DESARROLLO ECONÓMICO Y EL TAMAÑO DEL SECTOR PÚBLICO

Use la figura 22.2 (página 1131) como ayuda para responder las siguientes preguntas:

1. ¿Por qué la *Pax Britannica* fue un periodo caracterizado por un tamaño reducido del sector público?
2. Compare la figura 22.2 con la figura 1.1a (página 2). ¿Por qué cree que el crecimiento del sector público coincide con el surgimiento del capitalismo como sistema económico en los siglos XVII y XVIII y el aumento de la producción per cápita?
3. Compare dos periodos de «paz», la *Pax Britannica* y el periodo posterior al final de la Segunda Guerra Mundial. ¿Por qué cree que el sector público fue mayor en el segundo periodo?

22.2 ACTUACIÓN DEL ESTADO COMO MONOPOLISTA

Como se mencionó en la sección anterior, los gobiernos tienen el poder de resolver problemas, pero también de causarlos. Los gobernantes que ocupan puestos de poder en el Estado a menudo abusan de su poder para obtener ganancias personales:

- *Francia*: el «Rey Sol», Luis xiv, gobernó Francia desde 1643 hasta 1715. Entre 1661 y 1710 se construyó un lujoso palacio con terrenos en el Palacio de Versalles, que ahora es una de las principales atracciones turísticas del mundo.
- *Costa de Marfil*: durante su presidencia, que duró desde 1960 hasta 1993, Felix Houphouet Boigny acumuló una fortuna que se estima entre 7000 y 11 000 millones de dólares, gran parte de la cual se mantiene en cuentas bancarias en Suiza. De hecho, él mismo dijo en una ocasión: «¿Hay algún hombre serio en la tierra que no esté guardando parte de su fortuna en Suiza?»
- *Rumania*: Nicolae Ceausescu, jefe del Estado rumano bajo el gobierno del Partido Comunista durante más de dos décadas, acumuló una riqueza extraordinaria cuya parte más visible eran más de una docena de palacios que tenían baños con azulejos dorados y soportes en oro macizo para papel higiénico.
- *Rusia*: las conexiones personales con el presidente Vladimir Putin han permitido a un reducido grupo dentro de la clase empresarial, conocido como los *oligarcas*, hacerse con activos valorados en cientos de millones de rublos.

En cambio, otros gobiernos, incluso algunos no democráticos como los que acabamos de mencionar, son capaces de proporcionar servicios públicos de gran valor y gobernar sin una acumulación desmesurada de fortunas personales por parte de sus dirigentes.

Preferencias y conjuntos viables

Para comprender por qué los gobiernos hacen lo que hacen, primero vamos a considerar al Estado como un solo individuo y utilizaremos los conceptos habituales:

- Sus preferencias
- Las restricciones que determinan las acciones y resultados que le son factibles.

Consideramos al Estado como un solo actor, aunque en realidad está compuesto por un gran número de actores. Y, así como los gerentes y propietarios de las empresas tienen motivaciones muy diversas, también las tienen los gobernantes. Las siguientes motivaciones son habituales entre quienes ocupan cargos públicos de liderazgo:

- *Benevolencia*: mejorar el bienestar de los ciudadanos.
- *Nepotismo*: dar especial importancia a un grupo en particular, como la región de donde proviene el presidente del gobierno o una religión en particular.
- *Interés propio*: usar el poder gubernamental para su enriquecimiento personal.

Para comenzar, haremos un modelo del Estado como un «monopolista político», lo que significa que no está expuesto a la competencia de unas elecciones que pudieran apartarlo del poder si las perdiera. Este modelo se conoce como el del «Estado como monopolista», y un gobierno así se conoce como una dictadura. Ahora bien, incluso en ausencia de elecciones, el dictador se enfrenta a restricciones en cuanto a lo que puede hacer: sus poderes no son ilimitados porque, si le quita demasiado a la población, puede ser derrocado por una sublevación popular.

Dependiendo de sus preferencias y las restricciones a que se enfrenta, el Estado puede usar los ingresos fiscales que recauda para una amplia variedad de objetivos, que pueden incluir:

- *La prestación de servicios a prácticamente todos los ciudadanos*: servicios como la educación y la salud.
- *La prestación de servicios públicos u otras transferencias a un grupo específico*: pueden ser trabajos bien remunerados o exenciones en las obligaciones tributarias.
- *Concederse ingresos sustanciales a sí mismos*: u otros beneficios económicos para los gobernantes o sus familias.

Un dictador que busca obtener rentas

Al igual que con todos los demás modelos, simplificamos mucho para destacar los aspectos más importantes del problema:

- El «dictador» es completamente egoísta.
- Decide que les va a cobrar un impuesto a los ciudadanos …
- … y simplemente se embolsa los ingresos fiscales menos lo que gasta en servicios públicos (como servicios básicos de salud o educación) para los ciudadanos …
- … servicios que presta porque, si aprieta demasiado, un levantamiento popular podría derrocarlo.

Aunque es simple, este modelo refleja algunas realidades clave:

- El pueblo rumano se sublevó contra Nicolae Ceausescu en 1989 después de que este llevara en el cargo 29 años. Las fuerzas armadas se unieron a la revuelta y tanto él como su esposa fueron ejecutados.
- Luis XVI de Francia fue depuesto en una revolución en 1789, durante la cual miles de hombres y mujeres armados asediaron el Palacio de Versalles. Murió en la guillotina en 1793.

Los costos del servicio público incluyen lo que el dictador habría ganado si fuera un ciudadano normal. La cantidad que recibe el dictador (ingresos fiscales menos los costos del servicio público) se denomina **renta política**:

- *Es una renta*: es el importe suplementario que el dictador obtiene por encima de su siguiente mejor alternativa (es decir, trabajar como un ciudadano normal).
- *Las rentas son políticas*: existen como consecuencia de las instituciones políticas vigentes. El dictador recibe un ingreso por encima de su ingreso de reserva porque ocupa una posición de poder en el Estado.

renta política Pago u otro beneficio adicional que obtiene el individuo por encima de su siguiente mejor alternativa (posición de reserva) y que existe como resultado del cargo político que ocupa ese individuo. La posición de reserva, en este caso, se refiere a la situación del individuo si no estuviera en una posición política privilegiada. *Véase también: renta económica.*

Estas rentas son un ejemplo de rentas persistentes (o estacionarias) (como en la figura 11.23 (página 555)). A diferencia de las rentas fijas que animan a los trabajadores a laborar mucho y bien, o las rentas dinámicas recibidas por los innovadores de éxito, estas rentas no desempeñan un papel útil en la economía. Son simplemente una recompensa por tener poder.

La búsqueda de rentas por parte de un dictador (que incluye todas las actividades destinadas a expandir o perpetuar sus altos ingresos) a menudo implica el uso de recursos económicos para controlar a la población y permitir así al dictador permanecer en el poder, en lugar de destinarlos a producir bienes y servicios. Es similar a algunas de las actividades de búsqueda de rentas de una empresa que trata de maximizar los beneficios, como hacer publicidad o ejercer presión sobre el gobierno para obtener beneficios fiscales. Sin embargo, es diferente de otras actividades de búsqueda de rentas, como puede ser la innovación, que suelen generar grandes beneficios económicos.

Para simplificar el problema de la toma de decisiones del dictador, suponemos que este no elige el servicio público que ofrecerá, es decir, consideramos que el servicio público viene dado. El dictador solo elige cuánto recaudará a través de impuestos.

Incluso un dictador no es libre de hacer todo lo que quiera

Al igual que en el capítulo 5, donde Bruno usaba su poder coercitivo para explotar a Ángela, el dictador no querrá establecer un nivel de impuestos tal que los ciudadanos dejen de tener la fuerza o la capacidad de producir. Sin embargo, el dictador se enfrenta a una restricción adicional: si el impuesto es demasiado alto, los ciudadanos tratarán de arrebatarle el poder rebelándose o mediante cualquier otra forma de protesta.

Suponemos que hay dos razones para derrocar a un dictador:

- *Razones relacionadas con el rendimiento*: recauda demasiados impuestos, por ejemplo.
- *Razones no relacionadas con el rendimiento*: causas que el dictador no controla.

El dictador quiere maximizar la renta política total que puede obtener durante su periodo en el cargo, no la renta que puede obtener en un año en particular. Por tanto, tiene que pensar cuánto tiempo es probable que dure en el cargo. Por supuesto, se trata de algo imposible de predecir, pero es razonable que espere que, si está proporcionando un determinado nivel de servicio público, cuanto más bajos sean los impuestos que establezca, mayor será su permanencia en el cargo.

La figura 22.4 ilustra cómo un dictador con visión de futuro evaluaría dos niveles posibles de impuestos. Con el impuesto más alto, el dictador obtiene una renta más alta por año, pero durante un tiempo más corto en el cargo, ya que la probabilidad de ser derrocado es mayor.

Suponiendo que el sector privado no brinde también este servicio al público, se puede pensar en el Estado como un monopolista que brinda el servicio público a un «precio» (el impuesto), que los ciudadanos están legalmente obligados a pagar. El dictador se enfrenta a una restricción similar a una curva de demanda. De la misma forma que la cantidad que una empresa monopolista puede vender está inversamente relacionada con el precio que establece, la duración de tiempo en el cargo del gobernante está inversamente relacionada con la tasa impositiva que establezca.

La figura 22.5 muestra cómo la tasa impositiva impuesta por el dictador afecta a la duración esperada del gobierno, definida como la cantidad de años que puede esperar permanecer en el cargo tras el año presente.

¿Cuál es la máxima permanencia en el cargo ($D^{máx}$) que el dictador puede esperar? Para calcular la respuesta, imaginemos que, de repente, nuestro dictador pierde interés en el dinero y simplemente quiere permanecer en el cargo el mayor tiempo posible. ¿Qué haría?

No puede reducir la probabilidad de ser depuesto por razones no relacionadas con su rendimiento, pero puede reducir la probabilidad de ser depuesto «relacionada con su rendimiento», recaudando únicamente los impuestos suficientes para cubrir los costos de producción del servicio público. En la figura 22.5, $D^{máx}$ se sitúa, por lo tanto, en el punto en el que la curva de duración se cruza con la línea de costo. Es la duración esperada cuando solo se consideran factores no relacionados con el desempeño del dictador. Cualquier impuesto por encima del costo de producción reducirá la duración esperada por debajo de $D^{máx}$, como muestra la pendiente descendente de la curva de duración.

Leibniz: Duración esperada del gobierno de un dictador o élite gobernante (https://tinyco.re/ 7810176)

La curva de duración atraviesa los puntos X y Y en la figura 22.4, y no llega a pasar por debajo de la línea de costo porque, si lo hiciera, el dictador estaría pagando de su propio bolsillo el costo del servicio público. Un dictador en un país con un imperio de la ley más fuerte (y, por tanto, con una menor probabilidad de un golpe no relacionado con el rendimiento de la administración) estaría ante una curva de duración que se cruzaría con la línea de costo en un punto más a la derecha del que se muestra.

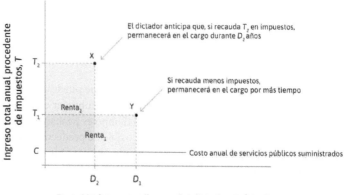

Figura 22.4 El dictador con visión de futuro prevé la renta política total que obtendrá con dos niveles diferentes de impuestos anuales.

1. Impuestos más altos

El dictador anticipa que, si recauda T_2 en impuestos, permanecerá en el cargo durante D_2 años. Su renta política total será por tanto $(T_2 - C) D_2$, donde C es el costo de suministrar el bien público.

2. Impuestos más bajos

Si recauda menos impuestos, esperará permanecer en el cargo por más tiempo. Su renta política total será $(T_1 - C) D_1$.

La curva de duración es la frontera factible para el dictador. Los puntos en el conjunto factible por encima de la curva de costos resultan en rentas positivas para él. La curva representa una disyuntiva o *trade-off* muy conocido:

- *Impuestos más altos*: rentas más altas a corto plazo a costa de una mayor probabilidad de ser depuesto anticipadamente de su cargo. Una duración más corta en el cargo es el costo de oportunidad de unas rentas anuales más altas.
- *Impuestos más bajos*: el dictador gana rentas durante más tiempo, pero más bajas. Las rentas anuales más bajas son el costo de oportunidad de una mayor permanencia en el cargo.

El dictador elige un impuesto que maximice el total de sus rentas

¿Cómo decide un dictador que contempla una curva de duración la tasa impositiva que le conviene imponer a los ciudadanos? La respuesta es que lo hace de modo similar a como una empresa monopolista decide el precio a cobrar por su producto. Se puede ver en la figura 22.6.

El dictador elegirá el impuesto que maximice su renta política total esperada que, como se muestra en la figura 22.6, será

$$\text{Renta esperada} = \text{renta por año} \times \text{duración esperada (en años)}$$
$$= (T - C)D$$

Es una situación análoga a la de la empresa que, para maximizar sus beneficios, elige el precio que le permite obtener los máximos beneficios esperados, que serían $(P - C)Q$, donde P es el precio cobrado por la empresa y Q es la cantidad vendida.

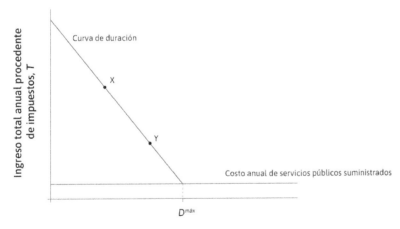

Figura 22.5 La curva de duración: el dictador establece el impuesto para un costo dado del servicio público.

Convexidad significa que, para un valor dado de D, el desplazamiento hacia arriba en la figura (un incremento de T) hace que las curvas tengan más pendiente, mientras que para una T dada, el desplazamiento hacia la derecha (un incremento de D) hace que las curvas sean más planas.

De igual manera que utilizamos las curvas de isobeneficio de la empresa para determinar el precio que cobraría para maximizar sus beneficios, ahora podemos usar las curvas de isorrenta del dictador que se muestran en la figura para determinar la tasa impositiva que impondrá a los ciudadanos. La forma de las curvas de isorrenta es similar a la de las curvas de isobeneficio:

- Las curvas de isorrenta más altas están más alejadas del origen.
- El valor absoluto de su pendiente es $(T - C)/D$.
- Son curvas «combadas hacia adentro» (convexas) si se observan desde el origen, como se muestra en la figura.
- La curva de isorrenta «sin renta» es la línea de costo horizontal (su pendiente es cero).

Ahora supongamos que el dictador está considerando establecer un impuesto modesto y espera una larga permanencia en el cargo, situación indicada por el punto A. Como la curva de isorrenta es más plana que la curva de duración en este punto, podemos ver que haría mejor en aumentar el impuesto y asumir el costo de oportunidad asociado (una permanencia esperada en el cargo más corta).

Leibniz: Cómo el monopolista establece el nivel de impuestos que maximiza su renta (https://tinyco.re/9698735)

Continuando con este razonamiento, podemos ver que la tasa impositiva indicada por el punto F en la curva de duración le otorga al dictador un gran superávit anual, pero no lo suficiente como para compensar la corta duración de su gobierno. Una tasa de impuestos más baja aumentaría su renta esperada.

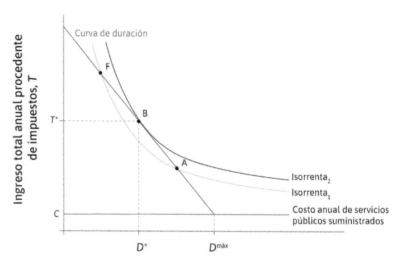

Figura 22.6 El dictador elige un nivel de impuestos que maximice el total de sus rentas políticas.

Para maximizar su renta política, el dictador seleccionará el punto B, lo que implica que establecerá el impuesto T^* y esperará permanecer en el cargo durante D^* años, consiguiendo así una renta total de $(T^* - C)D^*$. En este punto, la pendiente de la curva de isorrenta más alta es igual a la pendiente de la frontera factible (la curva de duración):

$$\text{Pendiente de la curva de duración} = \text{TMT}$$
$$= \text{TMS}$$
$$= \text{pendiente de la curva de isorrenta más alta posible}$$

PREGUNTA 22.1 ESCOJA LA(S) RESPUESTA(S) CORRECTA(S)
Considere la figura 22.6. ¿Cuál de las siguientes afirmaciones es verdadera?

☐ Un dictador egoísta maximizará los ingresos fiscales recaudados anualmente.
☐ Pasar de A a B en el diagrama supone una mejora en términos de Pareto, ya que mejora los resultados tanto para los ciudadanos como para el dictador.
☐ En T^*, un aumento en la tasa impositiva aumentará la renta total esperada.
☐ Los dictadores utilizan algunos ingresos fiscales para proporcionar servicios públicos esenciales

22.3 LA COMPETENCIA POLÍTICA INFLUYE EN LA FORMA EN QUE ACTUARÁ EL ESTADO

Del mismo modo que la competencia disciplina a las empresas en una economía al limitar los beneficios que pueden obtener si establecen un precio demasiado alto, la competencia para ganar las elecciones es la forma en que una democracia disciplina a sus políticos para que proporcionen los servicios deseados por el público a un costo razonable (en términos de impuestos). A continuación, encontrará algunos ejemplos ilustrativos de Estados Unidos.

También disponemos de evidencia procedente de otros países sobre cómo la posibilidad de ser destituidos del cargo puede afectar lo que hacen los políticos. En China, la introducción de elecciones en las aldeas llevó a un aumento de los servicios públicos locales, como servicios de salud y educación, y posiblemente una reducción de la corrupción.

Incluso en entornos no democráticos, la amenaza de perder el cargo puede disciplinar a los políticos. En China, los gobernadores provinciales y los secretarios del Partido Comunista no están sujetos al examen de los votantes, sino al de funcionarios de rango superior en el gobierno central. Los gobernadores y secretarios del partido suelen ser ascendidos y despedidos casi con la misma frecuencia. Los registros de todas las finalizaciones de mandato durante el periodo 1975–1998 muestran que se promocionó a aquellos cuyas provincias experimentaron un rápido crecimiento económico y, en cambio, se despidió a aquellos cuyas provincias se retrasaron en el crecimiento (https://tinyco.re/2714104).

Monica Martinez-Bravo, Gerard P. i Miquel, Nancy Qian, y Yang Yao. 2014. 'Political reform in China: the effect of local elections' (https://tinyco.re/6544486). *NBER working paper*, 18101.

CÓMO APRENDEN LOS ECONOMISTAS DE LOS HECHOS

¿Afecta la competencia electoral las políticas públicas?

Piense en una gobernante que quiere permanecer en el cargo y sabe que debe satisfacer a la mayoría de sus votantes para conseguir la reelección. Pero también tiene sus propios objetivos: promover un proyecto particular de su preferencia, o mantener buenas relaciones con personas adineradas que apoyarán sus campañas políticas o la emplearán cuando termine su carrera política. ¿La empujará la amenaza de «dar a los votantes lo que quieren o ser derrotada», a priorizar los intereses públicos en lugar de los suyos propios?

Para responder a esta pregunta no sirve comparar las políticas adoptadas por los gobernantes en distritos donde no hay competencia (por ejemplo, si no había otro candidato para el escaño) con aquellos que se enfrentan a la competencia electoral. La razón es que los distritos políticos competitivos y no competitivos, y los políticos que los representan, son diferentes a tantos niveles que la comparación mezclaría los efectos de la competencia política con los efectos de estas otras diferencias.

Los economistas Tim Besley y Anne Case idearon una forma ingeniosa de responder a la pregunta (https://tinyco.re/2599264). En algunos estados de Estados Unidos, los gobernadores solo pueden permanecer en el cargo dos mandatos de cuatro años cada uno. Esto significa que al final de su primer mandato se enfrentarán a la competencia electoral pidiendo a los votantes que los reelijan. En cambio, durante su segundo mandato, la perspectiva de la competencia política no les afecta porque no pueden presentarse a la reelección.

Estudiando la situación como un experimento, el «tratamiento» sería la perspectiva de la competencia electoral, los gobernadores en su primer mandato serían el «grupo de tratamiento» y los mismos gobernadores en su segundo mandato serían el «grupo de control». Como en cualquier buen experimento, otras influencias importantes se mantienen constantes. Estamos midiendo a los mismos individuos, en los mismos distritos, bien bajo un tratamiento o bien en el grupo de control.

Lo que descubrieron fue que, durante sus primeros mandatos (el periodo de tratamiento), los gobernadores republicanos y demócratas aplicaron niveles casi idénticos de impuestos per cápita totales. En cambio, durante sus segundos mandatos (el periodo de control), los gobernadores del Partido Demócrata, que tienden a favorecer más el gasto público y los impuestos, fijaron niveles de impuestos mucho más altos que los republicanos. Por su parte, los gobernadores republicanos, cuando no se enfrentaban a la competencia política de la reelección, establecieron el salario mínimo estatal en niveles mucho más bajos.

Ya fuesen demócratas o republicanos, los gobernadores que se enfrentaron a la competencia electoral en su primer mandato aplicaron políticas muy similares a las que favorecían los votantes «indecisos» que tienden a cambiar por quién votan, y que por ello acaban siendo decisivos en muchas elecciones: impuestos más bajos y salarios mínimos más altos. Ahora bien, cuando se eliminó la competencia electoral, aparecieron las diferencias entre unos y otros, según sus propias preferencias políticas o intereses económicos.

La competencia política como restricción

A continuación, introducimos la competencia política en el modelo para ver cómo afecta a la elección del nivel de impuestos por parte del Estado. El liderazgo del Estado ya no está representado por un dictador, sino por lo que llamamos una **élite gobernante**, que son los principales funcionarios del Estado y los líderes encargados de legislar, unidos por un interés común, como puede ser la pertenencia a un partido en particular. A diferencia de un dictador, la élite solo puede ser destituida del cargo al perder unas elecciones, y no por una sublevación de los ciudadanos o por cualquier otro medio no electoral.

Cuando hablemos de su destitución, o sea, de ser apartado del poder, o de la duración del mandato, no nos referiremos a la destitución de un individuo (como podría haber sido el caso de un dictador), sino a todo el grupo y su partido político. En Estados Unidos, por ejemplo, la élite gobernante del Partido Republicano fue destituida de su cargo en 2008, cuando se eligió al presidente Obama. La élite gobernante del Partido Demócrata, asociada con el presidente Obama, fue destituida de su cargo cuando el presidente Trump fue elegido ocho años después.

En el modelo, ahora hay dos tipos de razones por las que una élite gobernante puede ser destituida de su cargo mediante elecciones (aunque, por supuesto, la realidad es más compleja):

- *Razones relacionadas con el rendimiento*: recaudar demasiados impuestos, por ejemplo.
- *Razones no relacionadas con el rendimiento*: incluso las élites gobernantes que sirven a los intereses de sus ciudadanos a menudo pierden elecciones.

La figura 22.7 ilustra algunos ejemplos de tiempo en el poder de distintas élites gobernantes y las razones por las que finalmente dejaron el cargo. El gobierno más largo y continuo de una élite gobernante ha sido el gobierno del Partido Revolucionario Institucional mexicano (PRI), que gobernó México desde la época de la Revolución Mexicana a principios del siglo XX hasta el siglo XXI. El caso más largo de un individuo al frente de una élite gobernante fue el de Fidel Castro (49 años) en Cuba, al que luego sucedió su hermano Raúl. El periodo más corto en el cargo de los que se muestran en esta tabla es el gobierno electo de Gough Whitlam en Australia, que fue depuesto por el Gobernador General (que no era un funcionario electo) después de un bloqueo parlamentario en relación con los presupuestos nacionales.

La idea clave en nuestro modelo es que la competencia política hace que la probabilidad de perder unas elecciones sea más dependiente del rendimiento del gobierno. La competencia política hace que la curva de duración sea más plana. En otras palabras, un aumento en los impuestos por parte del gobierno tendrá un efecto mayor en la duración esperada de la élite en el poder que si no hubiera competencia política.

La respuesta de la duración esperada a un cambio en el nivel de impuestos es:

$$\Delta D / \Delta T = -\text{cambio en la duración asociado a un cambio en los impuestos}$$

Esto es la inversa de la pendiente de la curva de duración. Si la competencia política es débil, la curva de duración tiene mucha pendiente, al igual que una curva de demanda (inelástica) con mucha pendiente indica una competencia débil en un mercado de bienes o servicios.

élite gobernante Altas autoridades del Estado, como el presidente, los miembros del gobierno y los líderes encargados de legislar, unidos por un interés común como la pertenencia a un partido en particular.

La curva de duración más plana y competitiva que se ve en la figura 22.8 muestra una situación en la que aumentar los impuestos más allá del costo de proporcionar los servicios públicos está asociado con una reducción en la permanencia en el poder de la élite gobernante.

El modelo sirve para mostrar por qué las élites gobernantes y los miembros ricos y poderosos de la sociedad que están aliados con ellas se han resistido a menudo a la democracia y han intentado limitar los derechos políticos de los menos favorecidos. En la figura 22.9, al principio el derecho a voto queda reservado exclusivamente a los ricos y, como resultado, la élite se enfrenta a poca competencia política (la curva de duración tiene una pendiente muy pronunciada) y maximiza sus rentas en el punto B. Pero supongamos ahora que todos tienen derecho a votar y que los partidos políticos de la oposición tienen permitido desafiar a la élite. Este aumento en la competencia política estará representado por una curva de duración más plana, lo que indica que el conjunto factible de la élite se ha reducido. Ahora esta elegirá el punto G y la recaudación anual de impuestos será más baja.

Puede observarse que, en la figura, la élite gobernante en un sistema político más competitivo establece impuestos más bajos, pero tiene la misma duración esperada que la élite en el sistema menos competitivo (con impuestos más altos). Ahora bien, esto no tiene por qué ser necesariamente así. En general, la duración podría ser más larga o más corta si las condiciones se vuelven más competitivas.

Ya estamos familiarizados con la razón por la que la duración esperada podría no cambiar después del aumento de la competencia política. Hay dos efectos de signo contrario:

- *El aumento de los impuestos conlleva un mayor riesgo de que la élite gobernante sea destituida*: podemos ver que la curva de duración es más plana. Este es el **efecto sustitución** que lleva a la élite gobernante a elegir una mayor duración esperada y una menor renta por año.

> **efecto sustitución** Efecto que se da únicamente por cambios en el precio o el costo de oportunidad, dado el nuevo nivel de utilidad.
>
> **efecto renta** Efecto que tendrían los ingresos adicionales si no hubiera cambios en el precio o en el costo de oportunidad

Élite gobernante	País	Mandato	Llega al poder mediante	Deja el poder por
Partido del Congreso	India	1947–1977	Elecciones (tras independencia)	Elecciones
Partido Comunista	Cuba	1959–	Revolución	Sigue en el poder (en 2018)
Partido Social Demócrata	Suecia	1932–1976	Elecciones	Elecciones
Segunda República	España	1931–1939	Elecciones	Golpe militar, guerra civil
Francisco Franco	España	1939–1975	Golpe militar, guerra civil	Muerte natural, vuelta a democracia
Partido Revolucionario Institucional	México	1929–2000	Elecciones	Elecciones
Partido Demócrata	EE.UU.	1933–1953	Elecciones	Elecciones
Partido Sandinista	Nicaragua	1979–1990	Revolución	Elecciones
Congreso Nacional Africano	Sudáfrica	1994–	Revolución incruenta y Elecciones	Sigue en el poder (en 2018)
Partido Laborista Australiano	Australia	1972–1975	Elecciones	Depuesto por poder ejecutivo (no elegido)

Figura 22.7 Ejemplos de élites gobernantes, tiempo que han permanecido en el poder y razones de su finalización.

- *La élite gobernante ha perdido algo de su poder*: el cambio hacia el interior de la curva de duración significa que ahora recibirá menos rentas, independientemente de lo que haga. Este es el **efecto renta**, que hace que la élite gobernante elija una duración esperada más baja y una tasa impositiva más baja.

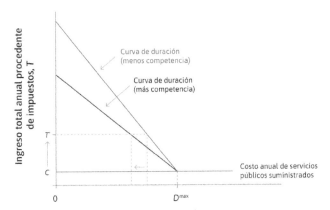

Figura 22.8 El conjunto factible de impuestos y duración del gobierno en un sistema político relativamente poco competitivo y un sistema competitivo.

1. Una dictadura
En una dictadura, la curva de duración tiene mucha pendiente.

2. Una curva más plana
La curva de duración más competitiva (más oscura) es más plana.

3. Un aumento de impuestos
Aumentar los impuestos a T' –por encima del costo de proporcionar los servicios públicos– se asocia con una reducción más sustancial de la vida esperada del gobierno actual cuando la competencia política es más fuerte.

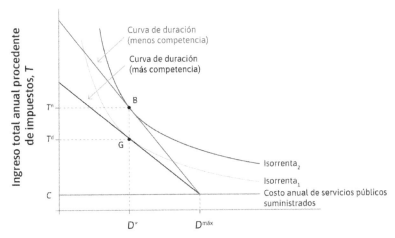

Figura 22.9 Elección del nivel de impuestos en condiciones cada vez menos competitivas.

Leibniz: Los efectos renta y sustitución de un aumento de la competencia política (https://tinyco.re/3101061)

En el caso que hemos mostrado, el efecto sustitución compensa exactamente el efecto renta.

> **EJERCICIO 22.3 COMPARACIÓN DE CURVAS DE DURACIÓN PARA GOBIERNOS Y EMPRESAS MONOPOLÍSTICAS**
> ¿En qué se parecen y en qué se diferencian la curva de duración mostrada en la figura 22.8 y la curva de demanda a la que se enfrenta una empresa monopolística que se estudió en el capítulo 7?

> **EJERCICIO 22.4 EFECTOS RENTA Y SUSTITUCIÓN**
> Aplicando lo que aprendió sobre los efectos renta y sustitución y cómo se pueden analizar en un diagrama con curvas de indiferencia y fronteras factibles (según lo visto en el capítulo 3), vuelva a dibujar la figura 22.9 para mostrar la descomposición de la elección final –después de que haya aumentado la competencia– entre el efecto renta (reducción en la duración, D) y el efecto sustitución (aumento de D).

22.4 QUÉ PODRÍA LLEVAR A UN ANTIGUO DICTADOR A SOMETERSE A LA COMPETENCIA POLÍTICA

Hemos visto ya dos versiones del modelo del «Estado como monopolista»: una en la que el «Estado» es un dictador que puede ser derrocado, como lo fueron Luis XVI y Nicolae Ceausescu, y otra en la que la élite gobernante está sujeta a competencia electoral, con la posibilidad de que otro partido político pueda derrotarla en unas elecciones y convertirse en la nueva élite gobernante.

A lo largo de los últimos 200 años, muchos países han visto un aumento en el grado de competencia política, por lo que la versión de «competencia política» del modelo del «gobierno como monopolio» se aplica con mayor frecuencia que la versión de «dictador».

Esto ha sucedido en muchos casos porque las élites gobernantes han descubierto que les interesaba aceptar un sistema político más competitivo, o incluso introducir uno por iniciativa propia:

Puede leer más sobre las transiciones a la democracia de Sudáfrica y El Salvador en este libro: Elisabeth Jean Wood. 2000. *Forging Democracy from Below: Insurgent Transitions in South Africa and El Salvador*. Cambridge: Cambridge University Press.

- *Sudáfrica*: Ya hemos visto que la población de origen europeo (los que eran empresarios y conformaban las élites gobernantes) respondió a las oleadas de huelgas industriales, protestas comunitarias y manifestaciones estudiantiles extendiendo el derecho a voto a todos los adultos del país, independientemente de la raza.
- *El Salvador*: Después de 10 años de guerra civil, y ante una insurrección armada que no pudieron atajar, las élites económicas, políticas y militares de El Salvador aceptaron las exigencias de sus adversarios de que el país adoptase un sistema político democrático.
- *Estados Unidos*: en el momento de la adopción de la Constitución de Estados Unidos a fines del siglo XVIII, James Madison, autor de *The Tenth Federalist Paper*, pensó que la única forma de garantizar la estabilidad era aumentar la democracia. Con este argumento convenció a sus compañeros terratenientes ricos (y dueños de esclavos) de que aceptaran los riesgos de la democracia. El resultado fue la ratificación de la Constitución de Estados Unidos en 1788, que, a pesar de su reconocimiento de la esclavitud como una institución legal, se considera un hito en el largo camino hacia una democracia plena.

Frente a la subversión, una forma en que la élite gobernante en un sistema político antidemocrático podría aumentar la estabilidad del sistema sería utilizar los poderes coactivos del Estado para encarcelar e intimidar a los opositores que pusieran en peligro sus rentas políticas. Sin embargo, hay un límite a la efectividad de estas estrategias de «estado policial», como muestra el caso de la élite gobernante blanca durante el *apartheid* en Sudáfrica, que intentó hacerlo y fracasó. La élite del Partido Comunista de la República Democrática Alemana (Alemania Oriental) también descubrió los límites de su capacidad para imponer la estabilidad por la fuerza. Las manifestaciones populares y los desafíos al Estado tuvieron éxito, en parte, porque la policía y las fuerzas armadas terminaron por no querer defender al gobierno.

Una forma alternativa de asegurar la estabilidad es introducir cambios en el sistema político que lo hagan más democrático, proporcionando a los insatisfechos medios legales para promover un cambio en el gobierno.

Un mayor grado de democracia «aplanará» la curva de duración, reduciendo así el tamaño del conjunto factible de la élite, como mostramos en la figura 22.9. Sin embargo, si una mayor democracia aumentase la estabilidad del sistema político, tal como se muestra en la figura 22.10, también podría permitirle a la élite una renta esperada aún mayor en el punto A'. Esto sería posible porque la mayor duración esperada del gobierno, gracias al aumento de la estabilidad, compensaría con creces la reducción de los impuestos recaudados debido al aumento del poder de los ciudadanos para deponer al gobierno por sus excesivas rentas. En la figura 22.10, la mayor renta esperada en A' se muestra con el área $(T^{**} - C)D^{**}$, que es mayor que $(T^* - C)D^*$.

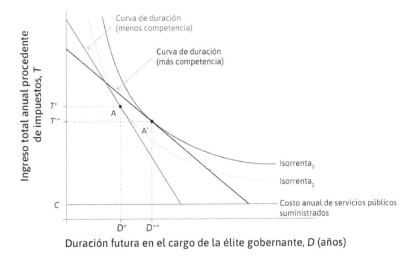

Figura 22.10 Efecto de mayor estabilidad y competencia: un caso donde la élite gana.

EJERCICIO 22.5 EFECTOS DE LAS MEJORAS EN LOS SERVICIOS PÚBLICOS QUE AHORRAN COSTOS

Supongamos que la élite puede introducir una política que proporcione el mismo nivel de servicios públicos a un costo menor. Esto se consideraría una mejora de la eficacia del Estado. Un ejemplo podría ser que el gobierno adoptase métodos de enseñanza más eficaces o encontrara formas de motivar a los maestros para que mejoren la calidad de sus enseñanzas. Por otro lado, el gobierno podría exigir que las empresas que construyen las infraestructuras públicas, como por ejemplo las carreteras, compitan entre sí en lugar de conspirar para establecer precios altos.

1. ¿A qué curvas en el diagrama afectaría este cambio? Dibuje una figura que represente la nueva situación. Sugerencia: El valor absoluto de la pendiente de las curvas de isorrenta es $(T - C)/D$.
2. Explique por qué querría la élite gobernante introducir estas políticas.
3. ¿Puede decir si la élite impondrá el mismo nivel de impuestos, impuestos más altos o impuestos más bajos?
4. ¿Se le ocurren razones por las que estas políticas podrían no introducirse?

PREGUNTA 22.2 ESCOJA LA(S) RESPUESTA(S) CORRECTA(S)

Considere la figura 22.10. ¿Cuál de las siguientes afirmaciones es verdadera?

☐ Pasar de A a A′ en el diagrama es una mejora en términos de Pareto, que mejora los resultados tanto para los ciudadanos como para la élite gobernante.

☐ El aumento de la competencia siempre mejorará los resultados para la élite gobernante.

☐ El aumento de la competencia empeoraría la situación de la élite si no reaccionaran reduciendo las tasas impositivas.

☐ El «efecto sustitución» hará que la élite que se enfrenta a una mayor competencia fije unos impuestos más altos.

22.5 LA DEMOCRACIA COMO INSTITUCIÓN POLÍTICA

Hemos visto que, al igual que las empresas, el Estado (tratado en este modelo como un solo individuo) es un actor económico importante. Como tal, impone leyes, hace la guerra, recauda impuestos y ofrece servicios públicos como el imperio de la ley, una moneda estable, carreteras, atención médica y escuelas. Sin embargo, al igual que las empresas, el Estado también es un escenario. En el teatro estatal, políticos, partidos, militares, ciudadanos y burócratas interactúan de acuerdo con las reglas formales e informales de las instituciones políticas.

Las **instituciones políticas** de un país son las reglas del juego que determinan quién tiene el poder y cómo se ejerce este en una sociedad. La democracia es una institución política, lo que significa que es un conjunto de reglas que determinan:

instituciones políticas Reglas del juego que determinan quién tiene el poder y cómo se ejerce este en una sociedad

- Quién forma parte del Estado,
- Qué tipos de poderes pueden usarse para gobernar.

Las instituciones políticas difieren de un país a otro y van cambiando con el tiempo. La democracia y la dictadura serían grandes categorías de instituciones políticas.

El valor esencial que subyace a la democracia es la igualdad política. Todos los ciudadanos deben tener las mismas oportunidades para expresar su opinión a fin de guiar las políticas y otras actividades del Estado.

La democracia a veces se interpreta como un medio para que «el pueblo gobierne» o, en palabras de Abraham Lincoln, como «un gobierno del pueblo, por el pueblo y para el pueblo». Sin embargo, es difícil determinar quién es «el pueblo» y qué quiere «el pueblo». Kenneth Arrow es el economista que más ha contribuido a nuestra comprensión de los problemas con que se encuentran a veces los votantes a la hora de elegir entre diferentes opciones.

GRANDES ECONOMISTAS

Kenneth Arrow

Kenneth Arrow (1921–2017) nació en la ciudad de Nueva York, de padres rumano-americanos. En su ensayo 'A cautious case for socialism' explica cómo la Gran Depresión y la Segunda Guerra Mundial influyeron en sus ideas, especialmente en los conceptos de «libertad y evitación de la guerra».

Un buen resumen de la explicación que propone Arrow para los problemas que suscita usar el voto para determinar qué acción se prefiere, y sus contribuciones más amplias a la Economía y otras ciencias sociales, es el que ofrece el ensayo de Steven Durlauf 'Kenneth Arrow and the golden age of economic theory' (https://tinyco.re/9029504).

Además de su trabajo sobre sistemas electorales, Arrow fue uno de los primeros en demostrar que había determinadas condiciones en las que funcionaría algo parecido a la «mano invisible» de Adam Smith. Como buen investigador académico que era y evitando la retórica ideológica, más tarde escribiría:

Hay ya un largo e (…) imponente linaje de economistas, desde Adam Smith hasta los economistas contemporáneos, que han tratado de demostrar que una economía descentralizada basada en el interés propio y guiada por señales de precios sería compatible con una asignación coherente de recursos económicos que podría ser considerada (…) como superior a una amplia gama de posibles asignaciones alternativas. (…) Es importante saber no solo si esto *es* verdad, sino también si *podría* ser verdad. (cursivas como en el original) (*Análisis general competitivo*, 1971)

Arrow fue pionero en el estudio de muchos temas que hemos tratado en *La Economía*, incluyendo las asimetrías en la información y la economía del conocimiento, y además ayudó a expandir el campo de la Economía para incluir las aportaciones de otras disciplinas. Un año antes de su muerte, Arrow fue uno de los docentes en un curso sobre desigualdad impartido en la Universidad de Stanford, que utilizó un primer borrador del capítulo 19 de este libro, revisado con base en sus comentarios.

Kenneth J. Arrow .1978. 'A cautious case for socialism' (https://tinyco.re/3618241). *Dissent* 25 (4): pp. 472–480

Steven Durlauf. 2017. 'Kenneth Arrow and the golden age of economic theory' (https://tinyco.re/9029504). *VoxEU.org*. Actualizado el 8 de abril de 2017.

democracia Sistema político que, en términos ideales, otorga a todos los ciudadanos el mismo poder político. Este poder viene definido por un conjunto de derechos individuales como la libertad de expresión, la libertad de reunión y la libertad de prensa. Además, para que haya democracia, se requiere la existencia de un sistema de elecciones justo en el que prácticamente todos los adultos puedan votar, y en el que el gobierno abandone el poder si pierde.

En el capítulo 1 ya explicamos que usamos la palabra **democracia** para referirnos a un tipo de Estado en el que existen tres instituciones políticas:

- *Estado de derecho*: todos los individuos están sujetos a las mismas leyes y nadie está «por encima de la ley», ni siquiera el más poderoso de los gobernantes.
- *Libertades civiles*: los miembros de una sociedad tienen derecho a la libertad de expresión, de asociación y de prensa.
- *Elecciones inclusivas, justas y decisivas*: elecciones justas en las que ningún grupo importante de la población queda excluido de la votación y después de las cuales el perdedor deje el poder.

En una situación ideal en democracia, los que ejercen el poder son elegidos a través de un proceso competitivo, inclusivo y abierto, y el Estado de derecho y las libertades civiles limitan lo que los gobernantes electos pueden hacer con ese poder.

La democracia ha sido defendida durante mucho tiempo como un buen sistema político por dos razones muy diferentes:

- *Por su valor intrínseco*: como sistema político compatible con la dignidad individual y la libertad.
- *Por su utilidad a la hora de solucionar los problemas nacionales*: como un sistema que funciona mejor que otros métodos.

Aquí nos vamos a centrar en las consecuencias de la democracia a la hora de abordar problemas (segundo punto), no en sus cualidades intrínsecas (primer punto).

No existe ningún Estado que se corresponda exactamente al ideal democrático de igualdad política, donde todos los ciudadanos tienen la misma influencia sobre las decisiones. Del mismo modo, tampoco podemos decir de ningún Estado actual que en él se materialicen a la perfección las tres instituciones políticas que definen la democracia.

Pensemos, por ejemplo, en elecciones inclusivas. Algunos grupos de población (como los individuos culpables de delitos graves) están excluidos del derecho al voto en muchos países, pero a pesar de ello, consideramos que su sistema político es democrático. Sin embargo, la exclusión de un grupo significativo de la población (como las mujeres hasta hace poco) es una violación lo bastante grave del criterio de «elecciones inclusivas» como para excluir a un país del club de naciones democráticas. Aquí van algunos ejemplos:

- *Bengala Occidental*: para comprender la importancia de las restricciones al derecho de voto, recuerde el capítulo 5, donde analizamos la reforma agraria conocida como Operación Barga, en Bengala Occidental. Utilizamos la curva de Lorenz para ilustrar los efectos de la reforma en la figura 5.18 (página 244). Ahora podemos entender cómo las elecciones inclusivas podrían afectar a la probabilidad de que se den reformas similares. En el hipotético caso de que solo los propietarios de tierras tuvieran derecho a votar, si votaran pensando en sus propios intereses económicos, no darían su voto a un partido que propusiera una reforma de este tipo (recuerde que, en el ejemplo de la figura 5.18, la proporción de la cosecha que se entrega a los propietarios disminuye entre un 25% y un 50% después de la reforma). Como los terratenientes representan solo el 10% de la población, en caso de sufragio universal el resultado sería diferente. Los agricultores, que constituyen la mayoría del electorado, elegirían al partido que propusiera la reforma agraria. En la vida real, el partido político que inició la reforma en Bengala Occidental ganó las elecciones y luego permaneció en el poder durante tres décadas.
- *Estados Unidos*: en Estados Unidos, la *Voting Rights Act* de 1965 otorgó el derecho al voto a un gran número de ciudadanos afroamericanos que hasta entonces se habían visto privados de sus derechos electorales. Esto dio lugar a un cambio significativo en el gasto en educación en los distritos con un gran número de votantes negros previamente excluidos del derecho al voto.
- *Brasil*: en Brasil, antes de mediados de la década de 1990, solo los votantes con capacidad para leer y escribir más o menos bien (casi tres cuartos de la población) eran capaces de completar correctamente una papeleta de voto válida. Alrededor del 11% de las papeletas de voto, en su mayoría de votantes pobres, se consideraban inválidas debido a las barreras comunicativas. En 1996, se introdujo un sistema de votación electrónica que utilizaba fotos de los candidatos y una interfaz similar a los teclados de los teléfonos móviles o las pantallas de los cajeros automáticos. El sistema guiaba al votante paso a paso durante todo el proceso. Como resultado, aumentó el número de votos válidos emitidos por los individuos más pobres. Este cambio en la composición del electorado llevó a los líderes políticos electos a priorizar los gastos que beneficiaban principalmente a los más pobres. El gasto en salud pública aumentó, por ejemplo, en más de un tercio.

Thomas Fujiwara. 2015. 'Voting technology, political responsiveness and infant health: Evidence from Brazil' (https://tinyco.re/3783631). *Econometrica* 83 (2): pp. 423–464.

Sin embargo, como veremos en las siguientes secciones, el funcionamiento de un Estado no viene determinado únicamente por la presencia o ausencia de libertades civiles, el estado de derecho y la celebración de elecciones inclusivas y justas.

22.6 PREFERENCIAS POLÍTICAS Y COMPETENCIA ELECTORAL: EL MODELO DEL VOTANTE MEDIANO

Uno de los enigmas más desconcertantes de la política es que, en los sistemas electorales bipartidistas, ambos partidos a menudo ofrecen programas que son sorprendentemente similares. Este problema conduce a la crítica de que, en realidad, la democracia no ofrece alternativas reales. Veamos unos ejemplos:

- *¿Qué tamaño debería tener el gobierno?* Las diferencias sustanciales en objetivos y valores políticos –sobre cuál es el tamaño apropiado del gobierno, por ejemplo– han sido motivo de división en el seno de los partidos tanto laborista como conservador de Gran Bretaña desde el final de la Segunda Guerra Mundial. Y, sin embargo, si vuelve a mirar la figura 22.2 (página 1131), que muestra el tamaño del Estado en el Reino Unido, verá que el gran cambio fue un aumento de su peso durante la Segunda Guerra Mundial. Desde entonces, uno puede detectar pequeños altibajos del gasto según se trate de periodos de gobiernos laboristas o conservadores, pero el peso relativo del sector público no ha cambiado mucho.
- *¿Qué debería hacer el gobierno?* En el estado indio de Kerala, durante el último medio siglo, el gobierno estatal electo ha estado alternativamente en manos del centrista Partido del Congreso (y sus aliados) y el Partido Comunista (y sus aliados). Desde el primer gobierno electo dirigido por los comunistas, el poder ha cambiado de manos siete veces. En este tiempo, las prioridades fundamentales del gobierno han cambiado poco, mostrando siempre un fuerte énfasis en la educación, la salud y otros servicios públicos.

Para entender por qué a veces partidos políticos diferentes y opuestos entre sí adoptan políticas muy similares, utilizaremos un modelo económico. Al igual que las empresas compiten en el mercado por las compras de los consumidores, los partidos políticos compiten en las democracias por los votos de los ciudadanos, ofreciendo programas políticos que consisten en toda una serie de promesas sobre las políticas que implementarán si son elegidos. Nos centraremos en un sistema de mayoría simple de votos en el que el ganador será el partido o el candidato que obtenga más votos.

El votante mediano y los programas de los partidos en una democracia ideal

Imagine una situación en la que hay solo dos partidos, uno de los cuales representa a la «izquierda» política (favoreciendo impuestos y gastos públicos más altos, por ejemplo) y el otro a la «derecha» (favoreciendo impuestos y gasto público más bajos). Si a los partidos solo les interesa ganar unas elecciones, ¿en qué condiciones ofrecerán programas diferenciados adaptados al núcleo de sus respectivos partidarios? Y, si ofrecen programas similares, ¿en qué punto del espectro político estarán?

Harold Hotelling. 1929. 'Stability in Competition'. *Economic Journal* 39, pp. 41–57

Podemos proporcionar algunas respuestas a estas preguntas utilizando un modelo desarrollado por el economista Harold Hotelling. Hotelling imaginó en su modelo las tiendas ubicadas a lo largo de una línea de ferrocarril. En el artículo en que explicaba el modelo, también lo aplicaba a la competencia entre los programas políticos de los partidos Demócrata y Republicano en Estados Unidos.

Apliquemos el modelo de Hotelling a los helados. Imaginemos una playa a lo largo de cuya orilla los bañistas se reparten de manera uniforme, y en la que pueden comprar helado en uno o más puestos de helados móviles. Inicialmente suponemos que todos los bañistas comprarán un helado y que todos los helados cuestan lo mismo. Si hay más de un proveedor, comprarán el helado al vendedor más cercano.

Comprender dónde escogen situarse los vendedores de helados en una playa (a la derecha, a la izquierda, en el medio) nos ayudará a entender dónde se ubicarían los partidos políticos a lo largo del continuo que va de impuestos altos (izquierda) a impuestos bajos (derecha). Esto es lo que se conoce como el **modelo del votante mediano**.

Al principio, solo hay una vendedora en la playa, llamada Abril. Tiene el mercado para ella sola y puede establecerse en cualquier parte. Suponemos que se ha trasladado a la ubicación indicada por A_0 en la figura 22.11 en el extremo izquierdo de la playa.

Luego aparece Bob, un segundo vendedor que es idéntico a Abril en términos económicos. ¿Dónde se ubicará para maximizar sus ventas y, por lo tanto, sus beneficios? Se dará cuenta de que el mercado a la derecha de Abril es más grande que el de su izquierda y se instalará en medio de la playa a la derecha de Abril, en el punto B_0. Así conseguirá atraer a todos los bañistas a su derecha y a todos los de su izquierda que estén más cerca de él que de Abril.

Ahora bien, Bob reparará de inmediato en que puede vender más moviéndose hacia la izquierda, hacia Abril. Aunque los consumidores a su derecha tienen que caminar más para comprar su helado, es probable que no vayan hasta Abril, que está aún más lejos. Por lo tanto, gana unos cuantos consumidores a su izquierda, que antes estaban más cerca de Abril pero ahora están más cerca de él, y no pierde ningún consumidor a su derecha.

¿Hasta dónde llegará?

Acabará justo a la derecha de Abril, donde obtendrá todas las ventas del tramo más largo de playa a la derecha. ¿Podrían Bob o Abril obtener más beneficios cambiando su ubicación? En otras palabras, ¿están en un **equilibrio de Nash**?

No.

Abril, al comprender la lógica de maximización de ganancias con la que Bob acaba de actuar, cambiará inmediatamente su ubicación al lado derecho de Bob, a A_1. Así conseguirá un mercado más grande. Pero entonces Bob hará lo mismo, y seguirán saltando uno por encima del otro hasta que se estén dando la espalda en el centro de la playa.

En este punto, ninguno tiene un incentivo para moverse, ya que se han repartido a los clientes exactamente a la mitad. Ubicarse ambos a medio camino a lo largo de la playa es un equilibrio de Nash de conformidad con las reglas del juego. Los bañistas situados cerca del centro de la playa se benefician de ello. Su viaje al puesto de helados es más corto que el que tienen que hacer los que se encuentran en el extremo izquierdo o derecho de la playa.

Volviendo a la política, podemos considerar que los votantes están dispuestos a lo largo de un espectro de izquierda a derecha, de la misma manera que los bañistas están ubicados a lo largo de la playa. Si hay dos partidos que compiten por los votos y los votantes siempre votarán por el partido que ofrezca políticas más cercanas a sus puntos de vista, el modelo nos dice que el único equilibrio de Nash posible sería que ambos partidos propusieran políticas que se sitúen en el centro del espectro izquierda-derecha.

modelo del votante mediano
Modelo económico sobre la ubicación de las empresas aplicado a las posiciones que se adoptan en los programas electorales cuando dos partidos compiten, que proporciona las condiciones bajo las que, para maximizar el número de votos que recibirán, los partidos adoptarán posiciones que atraigan al votante mediano. *Véase también: votante mediano.*

equilibrio de Nash Conjunto de estrategias, una para cada jugador del juego, tal que la estrategia de cada jugador sea su mejor respuesta a las estrategias escogidas por todos los demás.

Sobre esta base, esperaríamos ver que a los votantes situados en el centro del espectro político de izquierda-derecha se les ofrecieran dos programas de partido, ambos muy de su agrado. Los más alejados del centro tendrían que elegir entre dos programas. Uno sería un poco mejor que el otro, pero no les gustaría mucho ninguno de los dos.

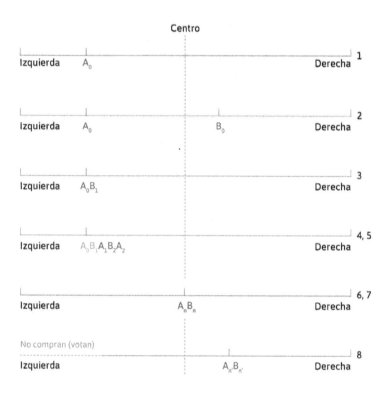

Figura 22.11 Vendedores de helados en la playa: el modelo del votante mediano aplicado a la competencia electoral y los programas de los partidos políticos.

1. Una sola vendedora
Una sola vendedora, Abril, llega a la playa y sitúa su puesto de helados en A_0.

2. Un segundo vendedor
Un segundo vendedor, Bob, llega y se instala en B_0, a medio camino entre Abril y el extremo derecho de la playa.

3. Bob se desplaza a la izquierda
Bob se da cuenta de que podría aumentar sus ventas moviéndose hacia la izquierda, hacia donde está Abril, hasta situarse en el punto B_1.

4. Abril responde ...
Debido a que su base de clientes se ha reducido, se desplaza de inmediato al lado derecho de Bob, a A_1.

5. ... y Bob responde de nuevo ...
Pero entonces Bob hará lo mismo.

6. Los dos vendedores siguen saltando de posición
Los dos seguirán saltándose el uno al otro hasta que estén «espalda con espalda» en el medio de la playa.

7. El punto medio de la playa
En este punto, ninguno tiene ningún incentivo para moverse, ya que han dividido a los clientes exactamente por la mitad. Se trata de un equilibrio de Nash conforme las reglas del juego que hemos establecido.

8. Un paralelismo con la política
Imagine que los bañistas del extremo izquierdo de la playa no comprarán helado bajo ninguna circunstancia (son como los ciudadanos que no votan). En este caso, Abril y Bob se ubicarán en el centro de los que sí votan, en los puntos $A_{n'}$ y $B_{n'}$.

El ciudadano en el centro, llamado el **votante mediano**, tiene dos ventajas. Primero, puede elegir entre dos programas muy cercanos a sus preferencias.

En segundo lugar, este «votante indeciso» es decisivo. Para entender por qué esto es así, considere una familia en el extremo derecho de la playa. Si la familia elige moverse ligeramente hacia la izquierda, ¿afectará esto la posición de equilibrio de Nash de los puestos de helado? No. Siempre que la mitad de los clientes estén a la derecha de Bob y la otra mitad a su izquierda, Bob no cambiará nada debido a la reubicación de esa familia, ya que la mitad de los clientes aún seguirán más cerca de él que de Abril, y la otra mitad aún estaría más cerca de Abril. Por el contrario, si una familia que antes estaba un poco a la derecha de Bob se moviera a su izquierda, probablemente terminaría más cerca de Abril que de Bob. Abril tendría entonces más clientes que Bob y Bob querría moverse a la izquierda.

En política, cuando los votantes indecisos, los que están en el centro, cambian ligeramente sus preferencias políticas y se mueven al otro lado de los partidos situados en el centro, los partidos situados en el centro también se mueven. Los cambios en las preferencias políticas de otros votantes también influyen, pero alguien muy distante del centro no tiene mucha influencia en los programas políticos, a no ser que cambie tanto sus preferencias que cruce el centro y se pase al «otro lado».

> **votante mediano** Si los votantes pueden clasificarse en una única dimensión de mayor a menor (como, por ejemplo, con base en la preferencia por impuestos más altos o más bajos, o una protección medioambiental más o menos importante), el votante mediano es el del medio: es decir, si hubiera un número impar de votantes en total, habría un número igual de electores que prefieren más y de electores que prefieren menos que el votante mediano. *Véase también: modelo del votante mediano.*

EJERCICIO 22.6 POLÍTICA DE PIEDRA-PAPEL-TIJERAS

Supongamos que Abril y Bob están vendiendo helados felizmente en la playa, uno junto al otro. Abril atiende a todos los clientes a la izquierda y Bob vende a los de la derecha. Permanecerán ahí porque están un equilibrio de Nash. Pero ahora supongamos que aparece Caty, otra vendedora de helados.

1. ¿Dónde se situará?
2. ¿Qué pasará luego? ¿Y después?
3. ¿Terminará este proceso alguna vez?
4. ¿Se alcanzará finalmente un equilibrio de Nash?
5. En el juego de «piedra-papel-tijeras», la mejor respuesta a piedra es el papel, la mejor respuesta al papel son las tijeras y la mejor respuesta a las tijeras es la piedra. ¿En qué se parece el juego de «Abril-Bob-Caty en la playa» al de «piedra-papel-tijeras»?

22.7 UN MODELO MÁS REALISTA DE COMPETICIÓN ELECTORAL

El modelo del votante mediano aplicado al caso de los vendedores de helados en la playa como ilustración de la competencia política predice programas políticos similares que reflejen las preferencias del ciudadano promedio. Naturalmente, esto constituye una visión muy limitada del proceso competitivo. Lo que observamos en la realidad es que los partidos no se mueven todos hacia el centro ni ofrecen programas idénticos. Por ejemplo, tanto las elecciones de Estados Unidos en 2016 como las de Francia en 2017 fueron una pugna entre dos candidatos: uno nacionalista y antiinmigrantes (Donald Trump y Marine Le Pen, respectivamente) y otro que estaba a favor del comercio mundial y apoyaba la tolerancia hacia «los de afuera» (Hillary Clinton y Emmanuel Macron).

Recuerde que el modelo de competencia perfecta entre empresas que se estudió en el capítulo 8 ignora muchas de las formas en que las empresas compiten en la realidad (por ejemplo: publicidad, innovación o cabildeo con el gobierno para conseguir una legislación favorable). Del mismo modo, el modelo de votante promedio deja mucho sin explicar. Cuatro hechos nos llevarán a conclusiones bastante diferentes de las que ofrece el modelo del votante promedio:

- *No todos votan*: si ningún programa político es atractivo para un votante, este puede abstenerse; en muchos países los menos favorecidos, quienes se beneficiarían más de un mayor gasto público, son aquellos entre los que se produce un mayor porcentaje de abstenciones.
- *Ganar votos no es la única razón por la que un partido o candidato elabora un programa*: puede diseñarlo para obtener contribuciones financieras de los ciudadanos o para persuadir a voluntarios para que trabajen en la campaña.
- *A los líderes de los partidos políticos les importan otras cosas*: ser elegido no es la única razón por la que están en política.
- *Los votantes no están distribuidos de forma equidistante*: el espectro político no es como la playa.

En nuestro ejemplo de la figura 22.11, analizamos lo que sucedería si los bañistas en el extremo izquierdo de la playa nunca compraran helados (como si fueran ciudadanos que no votan). Abril y luego Bob se asentarían en el centro de los que *sí* van a votar, es decir, en los puntos $A_{n'}$ y $B_{n'}$, a la derecha del centro del gráfico. Si la política funcionara de manera parecida, los programas serían similares, pero ya no serían los preferidos por el votante mediano, sino por un votante a la derecha del centro.

Supongamos, además, que no todas las familias compran solo un helado. Algunas familias compran mucho helado y otras compran menos. ¿Dónde se instalarán Abril y Bob si los compradores de una parte de la playa quieren comprar más helado que los de la otra parte?

Abril y Bob se desplazarán hasta terminar nuevamente situados codo con codo, pero más cerca de estas familias más amantes del helado. En política, esto significa que los partidos van a cambiar sus programas atendiendo a los intereses de los votantes que pueden contribuir más a sus campañas, ya sea aportando contribuciones financieras o dedicando su tiempo para la campaña. Esto los llevaría aún más a la derecha, si esos votantes estuvieran dispuestos a hacer más contribuciones al financiamiento de la campaña.

Lo mismo ocurriría si los ciudadanos insatisfechos de un extremo del espectro político fueran más propensos a participar en otras actividades políticas, como criticar o manifestarse contra los programas de los partidos. El deseo de atraer, o al menos silenciar, a estos votantes «alienados» sería otro imán que ejercería un fuerte poder de atracción sobre los programas de ambos partidos.

No obstante, cuando suceden estas cosas, ambas partes todavía siguen teniendo programas similares. Ahora supongamos que hay una condición más. En lugar de bañistas distribuidos uniformemente a lo largo de nuestra playa, supongamos que hay unos pocos en el centro y la gran mayoría están se encuentran en dos grupos: uno a la izquierda y el otro a la derecha. En ese caso, para asegurarse de que la mayoría de los bañistas no tengan que ir demasiado lejos y, por lo tanto, sea más probable que compren un helado, Abril y Bob elegirán alejarse del centro para estar más cerca de los compradores potenciales lejanos situados a la izquierda o la derecha.

Hay otra razón por la que la política es muy diferente a vender helados. Además de querer ganar elecciones, los líderes de los partidos, por lo general, tienen un interés personal en el programa y, en consecuencia, estarán dispuestos a arriesgarse a perder votantes en un extremo del continuo político con tal de adoptar una posición más acorde con sus valores personales.

El modelo de «bañistas en la playa», cuando se modifica para tener en cuenta …

- el problema de los votantes que se abstienen,
- la importancia del dinero y el voluntariado político en los procesos electorales,
- el hecho de que los votantes pueden no estar distribuidos uniformemente a lo largo del continuo político,
- y el hecho de que los líderes del partido estén involucrados en el contenido de sus programas,

… nos ayuda a entender qué programas políticos conducirán a equilibrios de Nash en el proceso de competencia política mediante elecciones.

Además, existe otra diferencia importante entre las elecciones y los helados. Abril y Bob se repartieron el mercado y ambos sobrevivieron, si bien quizás uno de los dos consiguió una parte algo mayor del mercado. En un sistema político mayoritario, si ambos partidos presentan programas similares, el partido que obtenga tan solo un voto más que el otro será el que forme gobierno. El ganador nombrará a todos los ministros del gobierno, no solo al 51% de ellos.

GRANDES ECONOMISTAS

Albert O. Hirschman

Albert Hirschman (1915–2012) vivió una vida extraordinaria. Nacido en Berlín en 1915, huyó a París en 1933 después de que Adolf Hitler llegara al poder en Alemania. Se unió a la Resistencia francesa en 1939 y ayudó a muchos artistas e intelectuales a escapar de los nazis. Emigró a Estados Unidos en 1941.

Con esta historia a sus espaldas, no es sorprendente que la carrera de Hirschman como economista no siguiera un camino convencional. Hirschman fue alguien que cruzaba con facilidad las fronteras entre disciplinas, se planteó preguntas diferentes a las que centraban la atención de la corriente principal de la profesión y desarrolló ideas originales, profundas y duraderas.

Entre sus muchas contribuciones influyentes, Hirschman es conocido sobre todo por la tesis desarrollada en su libro de 1970 *Salida, voz y lealtad*. Buscaba analizar cómo puede mejorarse el rendimiento de entidades como empresas y gobiernos.

Hirschman identificó dos fuerzas, la salida y la voz, que podrían servir para alertar a una organización de que estaba enfrentándose a un declive, y proporcionar incentivos para su recuperación. El concepto de «salida» hace referencia a la salida de los clientes de una empresa que empiezan a comprar a un competidor. Y «voz» se refiere a la protesta, la tendencia de los clientes decepcionados a «armar un alboroto». Cuando una empresa tiene un rendimiento deficiente o poco ético, los accionistas pueden vender sus acciones (salida) o hacer campaña para un cambio de administración (voz).

Hirschman observó que los economistas tradicionalmente habían exaltado las virtudes de la salida (competencia), sin prestar atención a la voz; es decir, favorecían políticas basadas en la salida, como por ejemplo aquellas que hacen más fácil para los padres elegir a qué escuela asistirán sus hijos, de modo que las escuelas tengan que competir para captar alumnos.

Él consideraba que esto era una omisión, porque la voz podría ayudar a corregir un defecto a un costo menor (en este ejemplo, los padres podrían buscar cambios en las políticas escolares), mientras que la salida podría implicar una pérdida considerable de capital y recursos humanos. Además, la salida no es una opción en algunos casos, como en el caso de la administración tributaria, por lo que el libre ejercicio de la voz es fundamental para un buen rendimiento.

Después de hacer esta distinción, Hirschman exploró cómo interactúan salida y voz. Si la salida era una opción de acceso demasiado fácil, la voz tendría poco tiempo para actuar. Un fallo reparable podría terminar siendo fatal para una organización. Este efecto sería aún más fuerte si las personas más afectadas por la disminución del rendimiento fueran también las más rápidas en salir. Él lo expresaba así: «la salida rápida de los clientes más sensibles al nivel de calidad … paraliza la voz al privarla de sus agentes principales».

Albert O. Hirschman. *Salida, voz y lealtad*. México: Fondo de Cultura Económica, 1977.

El hecho de que la salida fácil socave la voz, tiene consecuencias paradójicas. Una empresa monopolista podría agradecer a una competencia moderada que le permitera deshacerse de sus clientes más «problemáticos». Un sistema ferroviario nacional funcionará mejor si el sistema de carreteras es deficiente, ya que en ese caso los clientes enojados no podrán dejar de usar el ferrocarril fácilmente y tratarán de conseguir que mejore. Por su parte, la disponibilidad de opciones de escuelas privadas provocará un peor rendimiento de las escuelas públicas si los padres más exigentes con la calidad de la enseñanza sacan a sus hijos del sistema público.

La interacción entre la salida y la voz funciona a través de un tercer factor, que Hirschman denominó *lealtad*. El apego a una organización es una barrera psicológica para la deserción. Al reducir la velocidad de salida, la lealtad puede crear el espacio necesario para que la voz haga su trabajo. Pero, si la lealtad se convierte en lealtad ciega, también puede obstaculizar el rendimiento, porque ahogará tanto la salida como la voz. Las organizaciones pueden tener interés en promover la lealtad precisamente por esta razón. Pero, si son demasiado eficaces a la hora de reprimir la salida y la voz, se «privarán de ambos mecanismos de corrección».

Hirschman fue profundamente crítico con la afirmación de que, en un sistema bipartidista, ambas partes adoptarían programas similares que reflejaran las preferencias del votante promedio. Esta afirmación se basa en un razonamiento que tiene en cuenta la salida y descuida la voz. Hirschman estaba de acuerdo en que los votantes situados en los extremos ideológicos de un partido político no tenían una opción de salida viable, pero rechazaba la idea de que, en consecuencia, ese votante fuera impotente ante los acontecimientos:

> Es cierto que no puede salir … pero, solo por eso, … estará motivado al máximo para poner en juego todo tipo de influencias potenciales con objeto de evitar … que el partido haga cosas que le son muy desagradables … «Los que no tienen otro lugar adonde ir» no son impotentes sino influyentes.

A Albert Hirschman le encantaba jugar con el lenguaje. El inglés fue el cuarto idioma que logró hablar con fluidez (después del alemán, el francés y el italiano), pero aun así, logró acuñar las expresiones más maravillosas. Entre sus pasatiempos estaba el de inventar palíndromos (palabras como «*Ana*», que se leen igual en un sentido y en otro) y hasta llegó a regalarle una colección de ellos titulada *Senile Lines by Dr. Awkward* [Líneas seniles del Dr. Awkward] a su hija Katya por su cumpleaños. El derecho a la «vida, la libertad y la búsqueda de la felicidad» mencionado en la Declaración de Independencia de Estados Unidos le sirvió de inspiración para su memorable concepto de «la felicidad de la búsqueda», que utilizaba para referirse a la alegría de participar en la acción colectiva. El ejercicio lúdico de la voz por parte del propio Hirschman fue, en sí mismo, una demostración de que las personas a menudo actúan no solo para *obtener* algo, sino también para *ser* alguien.

Si desea leer más sobre Albert Hirschman, puede consultar estas entradas del blog de Rajiv Sethi:

- Rajiv Sethi. 2010. 'The Astonishing Voice of Albert Hirschman'. Actualizado el 7 de abril de 2010.
- Rajiv Sethi. 2011. 'The Self-Subversion of Albert Hirschman'. Actualizado el 7 de abril de 2011.
- Rajiv Sethi. 2013. 'Albert Hirschman and the Happiness of Pursuit'. Actualizado el 24 de marzo de 2013.

La rendición de cuentas a través de la competencia política y económica: resumen

Al comienzo de este capítulo estudiamos cómo se podría gestionar un monopolio natural, en manos privadas o del gobierno, contrastando dos formas mediante las que puede hacerse que el monopolista o el funcionario del gobierno rinda cuentas. La idea clave es que los clientes que se enfrentan a un monopolio no son impotentes: tienen la opción de comprar menos, o incluso de no comprar nada. De manera similar, los ciudadanos pueden defenderse ante unos servicios insatisfactorios de una empresa estatal buscando reemplazar al gobierno en unas elecciones.

Los modelos que hemos estudiado han aclarado las similitudes y diferencias entre el comportamiento de maximización de beneficios de una empresa monopolista y el comportamiento de maximización de rentas políticas de una élite gobernante. Estos modelos se resumen en la figura 22.12, junto con las formas de hacer que el poder rinda cuentas ante los afectados mediante una combinación de lo que Albert Hirschman denominó «salida» y «voz».

En la tabla, la «democracia ideal» está representada en el modelo del «gobierno como monopolista» en una situación en la que la curva de duración es plana (similar a la empresa en un mercado perfectamente competitivo que se enfrenta a una curva de demanda plana). Esto significa que cualquier élite gobernante que pretenda hacerse con algún tipo de renta será destituida de su cargo al final del año, al igual que cualquier empresa que cobrase un precio más alto que la competencia perdería de inmediato a todos sus clientes y quebraría.

Tipos de competencia política y económica	Curva de demanda / duración	Responsabilidad (salida/voz)	Precio / impuesto y costo	Beneficios / rentas	Comentario
Competencia política limitada (dictador)	Inclinada	Ninguna	$T > C$	Rentas políticas > 0	«Estado como monopolista»
Competencia económica limitada (monopolio)	Inclinada	Salida limitada	$P > CMg$	Beneficios económicos > 0	Capítulo 7
Democracia ideal (competencia entre partidos)	Plana	Voz y salida	$T = C$	Rentas políticas = 0	Sección 22.3
'Competencia perfecta' entre empresas	Plana	Salida	$P = CMg$	Beneficios económicos = 0	Capítulos 8 y 11

Figura 22.12 Comparación entre modelos monopolísticos y competitivos para empresas y gobiernos. Notación: T = impuestos totales recaudados en un año; C = costo de suministrar el bien público durante un año; P = precio del bien; CMg = costo marginal del bien.

EJERCICIO 22.7 EQUILIBRIOS DE NASH EN EL MODELO DE VOTANTE MEDIANO

En los siguientes casos ¿seguirá siendo la ubicación en el medio de la playa un equilibrio de Nash? En cada caso, explique la analogía política con el ejemplo del vendedor de helados.

1. Supongamos que la gente no se desplaza muy lejos para conseguir su helado.

2. Supongamos que, en lugar de extenderse uniformemente a lo largo de la playa, hubiese una concentración de bañistas en cada extremo.

3. Supongamos que los bañistas se distribuyen uniformemente a lo largo de la playa, pero los que están en el extremo izquierdo de la playa no irán muy lejos para comprar un helado, mientras que los que están en el extremo derecho de la playa comprarán uno con seguridad, sin importarles la distancia que haya que recorrer.

PREGUNTA 22.3 ESCOJA LA(S) RESPUESTA(S) CORRECTA(S).
Considere la figura 22.11 (página 1158). ¿Cuáles de las siguientes afirmaciones son verdaderas?

☐ Cuando Abril se posiciona en A_0 y Bob está en B_0, Abril atraerá más clientes que Bob.

☐ Cuando Abril se posiciona en A_1 y Bob está en B_1, Abril atraerá más clientes que Bob.

☐ El equilibrio de Nash cambiaría si todos los clientes en el extremo derecho de la playa se movieran a mitad de camino hasta B_n.

☐ Los bañistas que nunca compran helado no tienen ningún efecto en la posición de los puestos.

22.8 EL AVANCE DE LA DEMOCRACIA

Agitación social y sufragio universal

Al ampliar el modelo del Estado como monopolista para incluir la competencia política, tenemos un marco que nos permite entender la aparición de instituciones representativas y, al final, el sufragio universal, tal como se describe al inicio de este capítulo. Los gobiernos sobrevivirán si proporcionan a los ciudadanos servicios públicos esenciales a una tasa impositiva razonable, en vez de recurrir a las intrigas palaciegas o a la amenaza de la fuerza.

En los Estados Unidos, por ejemplo, el consejo escolar de la ciudad de Lowell, Massachusetts, un centro de producción textil, abogaba por una extensión de la educación gratuita en su informe anual de 1846 con estas palabras: «Dejemos que la influencia de las escuelas públicas se haga universal porque son (…) nuestro baluarte más seguro contra las agitaciones internas».

El temor a la inestabilidad que impulsó a algunos potentados en Estados Unidos y en otros lugares a defender la necesidad de más democracia también ayudó a difundirla (en la figura 22.13). Como vimos en la figura 19.2 (página 945), la desigualdad creció en los años posteriores a la revolución capitalista en los países sobre los que tenemos datos. Durante este período, los agricultores, los trabajadores industriales y los pobres exigieron mayor igualdad política y especialmente el derecho al voto, como medio para obtener una mayor proporción de la producción y la riqueza de las economías en rápido crecimiento. En 1848 hubo amagos de revoluciones contra la monarquía en Sicilia, Francia, Alemania, Italia y el Imperio austríaco. Al mismo tiempo, Karl Marx estaba escribiendo *El*

Manifiesto Comunista. Uno de los líderes revolucionarios, James Bronterre O'Brien, se dirigía al pueblo con estas palabras:

Alfred Plummer. 1971. *Bronterre: A Political Biography of Bronterre O'Brien, 1804–1864*. Toronto: University of Toronto Press.

> Knaves les dirá que no están representados porque no tienen propiedades, pero yo les digo que es al revés, que ustedes no tienen propiedades porque no están representados.

Según O'Brien, ganar el poder político era el camino para ganar una porción más grande de la tarta económica, y no al revés.

A finales del siglo xix y comienzos del siglo xx, los ricos de muchos países llegaron a la conclusión de que extender la democracia podía ser una medida prudente; era la misma conclusión a la que llegarían los líderes del gobierno sudafricano un siglo después.

La figura 22.13 muestra que la democracia, definida por las tres características ya mencionadas (estado de derecho, libertades civiles y elecciones justas inclusivas), es una recién llegada a la historia de la Humanidad.

La primera nación democrática fue Nueva Zelanda, que llegó a ser totalmente democrática justo antes del cambio de siglo del xix al xx, aunque siguió siendo una colonia británica hasta 1907. En ese momento se celebraban elecciones en muchos países, pero se negaba el derecho a voto a las mujeres, a los que no tenían propiedades y a otros grupos desfavorecidos.

Sudáfrica, México y algunos de los países previamente gobernados por un Partido Comunista (Polonia, por ejemplo) son adiciones relativamente recientes al club de las naciones democráticas. Suiza también es una adición reciente. Para cuando las mujeres suizas obtuvieron el derecho a voto, en 1971, las primeras ministras de Sri Lanka, India e Israel eran todas mujeres. El sufragio universal masculino se había concedido 90 años antes en Suiza. Si el sufragio universal masculino se considerara suficiente para considerar «inclusivo» al sistema electoral, entonces Suiza y Francia (1848) habrían

Center for Systemic Peace. 2016. Series temporales anuales de Polity IV (https://tinyco.re/3970843); Inter-parliamentary union. 2016. 'Women's Suffrage' (https://tinyco.re/8725984). Los períodos iniciales de democracia de menos de cinco años no se muestran en el cuadro.

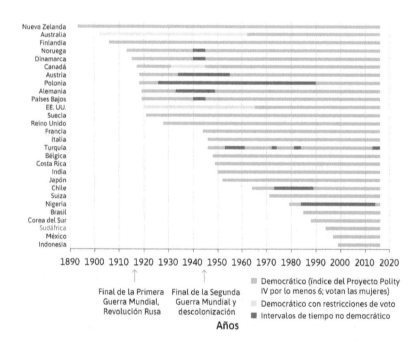

Figura 22.13 El avance de la democracia en el mundo.

sido las primeras democracias, pero la exclusión de amplios grupos de población significa que las elecciones no son inclusivas, y por eso no pasan nuestro examen.

Excluir a las mujeres del derecho al voto influye en las políticas que adoptan los gobiernos electores. El siguiente recuadro, titulado «El sufragio femenino y la reducción de la mortalidad infantil en Estados Unidos», muestra que excluir a las mujeres del sufragio tiene un impacto significativo en las políticas públicas y el bienestar de los ciudadanos.

Los Estados Unidos otorgaron a las mujeres el derecho a voto en 1920, pero se lo negaron a los afroamericanos en muchos estados hasta 1965. Indicamos la compleja situación de Estados Unidos con una barra en verde claro. Hemos hecho lo mismo para Australia, donde a los aborígenes australianos se les negó el derecho al voto hasta 1962, y para Canadá, que restringió los derechos de voto de los nativos americanos durante un breve período.

La democracia más poblada del mundo (con diferencia) es la India, desde que se independizó del Reino Unido en 1947. El país más poblado que no es una democracia es (también con mucha diferencia) China.

Preste atención en la figura a las dos oleadas democratizadoras. La primera oleada se produjo tras la Primera Guerra Mundial y la Revolución Rusa, y triplicó el número de democracias en el mundo en menos de 10 años. La Primera Guerra Mundial proporcionó gran parte del impulso para la expansión de la democracia durante esta primera ola.

En el gráfico se puede ver que Estados Unidos no era un país democrático en ese momento, porque el derecho al voto estaba reservado a los hombres. Los otros ganadores de la Primera Guerra Mundial (Francia y el Reino Unido) tampoco eran democracias por aquel entonces. En ambos países, las mujeres y las personas sin propiedades no tenían derecho al voto.

Más adelante, se produjo una segunda oleada de democracias después de la Segunda Guerra Mundial. Muchas antiguas colonias, incluyendo las superpobladas India e Indonesia, se hicieron democráticas en ese momento.

La ampliación del sufragio en los primeros años del siglo xx convirtió en democracias a Nueva Zelanda y otros muchos países del norte de Europa. En esos países, el estado de derecho y las libertades civiles –los otros dos criterios aplicados para establecer si un sistema político es democrático– habían estado vigentes mucho antes de la introducción del sufragio universal.

Tras la Segunda Guerra Mundial, la mayoría de los países ya habían concedido el derecho al voto a prácticamente todos los adultos (aunque en Arabia Saudita, por ejemplo, las mujeres obtuvieron el derecho a voto única-mente en 2015). Hoy en día consideramos que algunos países (como Rusia) no son democráticos, no porque existan limitaciones al sufragio, sino porque las garantías al estado de derecho y las libertades civiles son insuficientes.

Las zonas azules en las barras muestran que ha habido algunas interrupciones en la democracia, incluido el período de dictadura en Chile tras el derrocamiento militar del gobierno democrático y el período de gobierno fascista en Alemania entre 1933 y 1945, pero la mayoría de los países que se hicieron democráticos han seguido siendo democracias.

Todos los países que aparecen en la figura pueden describirse como democráticos porque están lo suficientemente cerca de los criterios que hemos establecido. Ahora bien, en algunos casos, hay una gran diferencia entre el cumplimiento de nuestros tres criterios –imperio de la ley, libertades civiles y elecciones justas e inclusivas– y cómo funciona luego el sistema en la práctica. En Estados Unidos, por ejemplo:

- En 2000 y 2016, el ganador de las elecciones presidenciales recibió menos votos que su oponente.
- Las contribuciones privadas de individuos y grupos adinerados desempeñan un papel importante en la financiación de las campañas políticas (consulte el epígrafe titulado «¿Habla el dinero?» de la sección 22.14 para ver cómo esto puede socavar el valor democrático de la igualdad política).

Como hemos visto, una actividad importante de los gobiernos antes del siglo XX era la defensa (en algunos casos, la invasión de otros países) y la recaudación de impuestos para financiarla. Pero, incluso antes del siglo XX, algunas instituciones públicas entendieron que sería beneficioso favorecer las condiciones para el crecimiento de la economía. Un ejemplo es la construcción de canales, carreteras y escuelas en el siglo XIX. El desarrollo económico podía ser un activo, ya fuera porque ampliara la base impositiva, porque impulsase una élite cultivada de ciudadanos más centrados en las cuestiones científicas o porque creara instituciones financieras que pudieran prestar dinero al Estado.

Durante el siglo XX, al gobierno le resultaba fácil identificar la producción empresarial a gran escala, ya que estaba localizada en un único lugar, lo que facilitó la fijación de impuestos y la regulación de las empresas. Los gobiernos también podían usar los libros contables y las nóminas de las empresas para averiguar cuánto le pagaban a cada cual, lo que significa que también se hizo más fácil cobrar impuestos a las personas. Los gobiernos de muchos países descontaban impuestos directamente de los sueldos de sus ciudadanos, y a muchos trabajadores se les descontaban directamente en origen las cargas de la «seguridad social», es decir, los impuestos destinados a financiar las pensiones y, en ocasiones, los sistemas públicos de salud.

Los cambios estructurales de la economía también facilitaron a los gobiernos el cobro de impuestos, no gravando un bien específico como la sal o las importaciones, sino imponiendo impuestos al consumo en general y, en última instancia, al valor agregado de la producción. Estos impuestos de base amplia desempeñan un papel importante en las finanzas públicas de las economías avanzadas. Con la extensión a prácticamente todos los adultos del derecho al voto, los gobiernos se hicieron responsables ante sus ciudadanos de la prestación de toda una serie de servicios.

Estos procesos históricos de transición del monopolio político a la competencia política han sentado las bases de los Estados modernos que hoy conocemos en el mundo, con sus perfiles específicos en términos de gasto público.

La figura 22.14 muestra cómo gastan su dinero los gobiernos democráticos de Estados Unidos, Corea del Sur y Finlandia.

El gasto público de Finlandia representa el 57,5% de su PIB, el mayor porcentaje de los tres países. Para Estados Unidos, ese porcentaje asciende al 38,8%. Nota: esto no significa que Estados Unidos gaste menos que Finlandia en términos absolutos, solo que el gasto público es una fracción menor del PIB del país. El gasto público de Corea del Sur representa el 31,8% de su PIB.

PRIORIDADES DE GASTO EN UNA DEMOCRACIA

Joseph Schumpeter (véase sección 2.5) escribió en una ocasión que el presupuesto público es el «esqueleto del Estado despojado de cualquier ideología engañosa». Según él, la forma en que un Estado gasta su dinero revela sus verdaderas prioridades, al igual que los hábitos de gasto de un individuo hacen posible estudiar sus preferencias.

Joseph Schumpeter. 1918. 'The crisis of the tax state' en Joseph A. Schumpeter. Swedberg R. (ed.) 1991. *The Economics and Sociology of Capitalism*. Princeton University Press.

La Mirrlees Review de 2010 (https://tinyco.re/6726989) ofrecía toda una serie de propuestas para una reforma integral del sistema británico de impuestos y transferencias que abordase mejor los fallos e injusticias del mercado.

Esto es lo que significan las categorías:

- *Servicios públicos generales*: cualquier gasto relacionado con el funcionamiento de los parlamentos, senados y administraciones locales, así como la ayuda al desarrollo y las transacciones de deuda pública.
- *Gasto militar*: como se dijo anteriormente, uno de los objetivos del Estado es la defensa de la nación o la guerra.
- *Asuntos económicos*: esto incluye gastos en infraestructuras como carreteras, puentes e Internet.
- *Orden público y seguridad*: esto incluye a la policía, bomberos, servicios penitenciarios y tribunales de justicia.
- *Protección social*: en el capítulo 19, analizamos los gastos en **seguridad social** que podía realizar un gobierno.
- *Enseñanza*: todos los gobiernos son responsables de proporcionar un nivel mínimo de educación.
- *Salud*: esto incluye equipos médicos, servicios hospitalarios y ambulatorios y salud pública.

Hay varias razones por las que no todos los Estados tienen los mismos patrones de gasto. Una de ellas es el hecho de que las instituciones políticas difieren de un país a otro, incluso entre democracias.

seguridad social Gasto público financiado con impuestos que ofrece protección frente a varios riesgos económicos (por ejemplo, pérdida de ingresos por enfermedad o desempleo) y permite a las personas suavizar las fluctuaciones en sus ingresos a lo largo de su vida. *Véase también: coaseguro.*

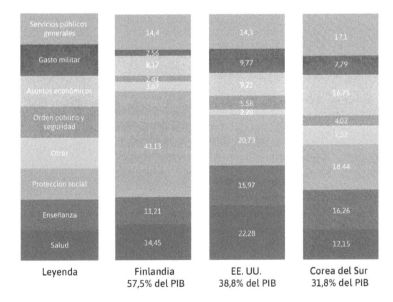

Leyenda / Finlandia 57,5% del PIB / EE. UU. 38,8% del PIB / Corea del Sur 31,8% del PIB

OCDE. 2015. 'Government at a Glance' (https://tinyco.re/2331814). Este conjunto de datos recoge las estadísticas de las cuentas nacionales que registra la OCDE (https://tinyco.re/9200122) y las estadísticas sobre finanzas públicas de Eurostat (https://tinyco.re/4616738).

Figura 22.14 Perfiles de gasto público en Finlandia, Estados Unidos y Corea del Sur (2013).

EJERCICIO 22.8 INFLUENCIAS DEL PASADO EN LOS PATRONES DE GASTO PÚBLICO ACTUALES

1. ¿Cómo caracterizaría las dos principales diferencias en los perfiles de gasto de los tres pares de países (Estados Unidos frente a Corea del Sur, Estados Unidos frente a Finlandia y Finlandia frente a Corea del Sur)?
2. ¿Puede identificar las diferencias entre los países y sus respectivas historias que podrían explicar estas diferencias en sus perfiles de gasto? Tendrá que investigar un poco para respaldar sus respuestas

---

EJERCICIO 22.9 COMPARACIÓN DE GASTOS PÚBLICOS

Consulte la fuente de la figura 22.14, estadísticas de la OCDE (https://tinyco.re/2331814), e intente encontrar países que cumplan los siguientes criterios (para el año 2015, o el año más reciente disponible).

1. El gasto público general (como porcentaje del PIB) es más alto que el de Corea del Sur, pero menor que el de Finlandia.
2. El gasto público en salud (como porcentaje del PIB) es mayor que el de Estados Unidos.
3. El gasto público en protección social (como porcentaje del PIB) es mayor que el de Finlandia.
4. El gasto público en defensa (como porcentaje del PIB) es mayor que el de Corea del Sur.

22.9 FORMAS DISTINTAS DE DEMOCRACIA

En el capítulo 1, definimos el capitalismo como un sistema económico y pusimos de relieve las importantes diferencias entre distintas economías capitalistas, según el papel del Estado y el grado de desigualdad económica. La democracia, como conjunto de instituciones políticas (sistema político), también adopta varias formas.

Responsabilidad y transferencia de poder

Las condiciones en las que un gobierno abandona el poder y es reemplazado por otro ilustran las diferentes formas de democracia. Hay dos principios esenciales en un régimen democrático:

responsabilidad democrática
Responsabilidad política a través de elecciones y otros procesos democráticos *Véase también: responsabilidad, responsabilidad política.*

- *Responsabilidad democrática*: un partido al frente del gobierno que no sirve a los intereses de la mayoría de los ciudadanos perderá las elecciones y tendrá que abandonar el poder. La **responsabilidad democrática** garantiza que los ciudadanos, ejerciendo su derecho al voto, puedan cambiar un gobierno que consideren de bajo rendimiento y reemplazarlo por otro que prefieran.
- *No hay transferencia de poder sin elecciones*: un cambio de gobierno es el resultado (salvo raras excepciones) de una derrota electoral en lugar de un golpe militar, un asesinato, un colapso del orden social o un punto muerto en el proceso ejecutivo.

Ya hemos visto estos dos principios en el modelo de Estado presentado anteriormente en este capítulo. En el modelo, la responsabilidad democrática estaba representada por una curva de duración más plana, ya que había una mayor probabilidad de que el gobierno fuese destituido si recaudaba grandes rentas políticas.

Los países difieren de manera considerable en estas dos dimensiones (figura 22.15). Muchos cumplen los dos criterios, pero otros escasamente cumplen con alguno de ellos y, por lo tanto, cabe incluso cuestionar su estatus de democracia.

- *Singapur*: un ejemplo de extraordinaria estabilidad política, donde la probabilidad de transferencia de poder por cualquier medio que no sea unas elecciones parece muy pequeña. Sin embargo, en más de 50 años, los resultados electorales no han generado ni una sola transferencia de poder. El mismo partido político lleva gobernando la ciudad-Estado desde 1959. Esta notable estabilidad política se debe, sin duda, en parte al hecho de que los niveles de vida en Singapur han aumentado rápidamente. Ahora bien, si los ciudadanos quisieran una transferencia de poder a un partido diferente, encontrarían dificultades para lograrlo, debido a las limitaciones a la libertad de prensa y otras prácticas antidemocráticas del partido gobernante.
- *Italia*: sin lugar a dudas, este es un país democrático, pero cumple a duras penas el segundo principio. Los votantes reemplazan regularmente a los gobiernos que los decepcionan, pero también se cambian los gobiernos como resultado de maniobras parlamentarias o por la intervención del presidente, que tiene poder para disolver el parlamento.
- *Pakistán*: un ejemplo de un país en el que la democracia no es fuerte en ninguna de las dos dimensiones. Los gobiernos de Pakistán han sido notoriamente insensibles a las preocupaciones del electorado, y las transferencias de poder por medios no electorales han incluido tres golpes militares exitosos.

EJERCICIO 22.10 CÓMO AYUDA LA DEMOCRACIA A PROTEGER A LOS GOBERNADOS

En 1943 hubo una hambruna en Bengala Occidental, India, mientras el país estaba bajo el dominio colonial del Reino Unido. Como resultado, al menos 2 millones de personas murieron. El economista galardonado con el premio Nobel, Amartya Sen, ha dicho al respecto: «A lo largo de la historia mundial, nunca ha habido una hambruna en una democracia que funciona».

1. ¿Qué características definitorias de una democracia podrían explicar esta afirmación?
2. ¿En qué se diferenciaría la dominación colonial de una potencia extranjera de la democracia?
3. ¿Cómo podrían estas diferencias ayudar a explicar por qué se produjo la hambruna de 1943 y por qué no se ha producido ninguna hambruna desde la transición del gobierno colonial al democrático?
4. Lea este artículo (https://tinyco.re/2624341) y vuelva a leer la introducción al capítulo 2 en la que se hablaba sobre la hambruna irlandesa. Explique cómo pudo haber contribuido el pensamiento económico del momento a la limitada respuesta por parte del gobierno colonial británico a la hambruna durante ese periodo.

		Responsabilidad democrática	
		Fuerte	Débil
Transferencias de poder	Únicamente mediante elecciones	Alemania	Singapur
	También por medios no electorales	Italia	Pakistán

Figura 22.15 Responsabilidad democrática y transferencias de poder.

22.10 LA DEMOCRACIA MARCA LA DIFERENCIA

Nuestro modelo de Estado también nos permite comprender el impacto de uno de los avances más importantes en la política y la economía del siglo xx: la extensión del derecho de voto a casi todos los adultos. Como resultado, los Estados han asignado una parte cada vez mayor de sus ingresos fiscales a servicios públicos y otros gastos que ayudan principalmente a los pobres. Como vimos en el capítulo 19, el resultado ha sido que una mayor parte proporcional del bienestar de los ciudadanos se les ha brindado gratuitamente en atención a sus derechos sociales, con lo que no han tenido que adquirir ese bienestar en los mercados de bienes y servicios.

El crecimiento de diversas formas de seguro social es, en gran parte, responsable de las dos etapas del crecimiento del tamaño del sector público en el Reino Unido que observamos en la figura 22.2 (página 1131): la primera se produjo después de la ampliación del derecho al voto en 1928 y la segunda después de la Segunda Guerra Mundial.

Friedrich Hayek (página 509) advertía en su libro *Camino de servidumbre* de que el creciente tamaño del gobierno socavaría la democracia y el imperio de la ley, señalando como ejemplos ilustrativos la experiencia de Alemania bajo el fascismo y Rusia bajo el comunismo. Esto no parece ser así por lo general: los países mejor clasificados en términos de estado de derecho (Noruega, Finlandia, Suecia, Dinamarca y los Países Bajos) destacan por su alto nivel de ingresos fiscales expresados como porcentaje del PIB. Estados Unidos y el Reino Unido, con un gobierno más pequeño, ocupan una posición más baja en la clasificación.

Sin embargo, esta correlación no prueba que un sector público de mayor tamaño favorezca el estado de derecho y la democracia. Como mucho, se puede decir que es posible la coexistencia de una democracia duradera, el estado de derecho y un sector público de una envergadura considerable (en relación con el tamaño de la economía).

CÓMO APRENDEN LOS ECONOMISTAS DE LOS HECHOS

El sufragio femenino y la reducción de la mortalidad infantil en Estados Unidos

Recuerde a James Bronterre O'Brien quien, cuando hacía campaña contra el requisito de ser propietario de tierras para poder votar en la Gran Bretaña del siglo XIX, escribió: «es por no estar representados por lo que ustedes no tienen propiedades».

¿Pero acaso el hecho de obtener el derecho al voto aumenta la riqueza y el bienestar de los grupos previamente excluidos del derecho al voto?

No es una pregunta fácil de responder. Considere el caso de Sudáfrica. A lo largo de su historia anterior a 1994, a las personas de origen no europeo se les negó el derecho a votar, además de sufrir la discriminación de empleadores, propietarios, escuelas e instituciones médicas. ¿Fueron las disparidades raciales en la riqueza, la salud y otras dimensiones del bienestar en ese país un resultado de las restricciones raciales impuestas a los derechos políticos democráticos?

Gracias a experimentos sobre el comportamiento, además de otras pruebas empíricas, se ha comprobado que las mujeres, por lo general, valoran más el bienestar de los niños y los servicios públicos. Si esto es así, cabría esperar que las políticas públicas hubieran cambiado cuando las mujeres lograron el derecho al voto.

La ampliación del derecho al voto a las mujeres en Estados Unidos constituye un buen experimento natural para evaluar la importancia del sufragio femenino, dado que las leyes electorales difieren de un estado a otro. A las mujeres se les concedió el derecho al voto en diferentes momentos, empezando a partir de 1869, cuando lo recibieron en Wyoming. En 1920, una enmienda a la Constitución de Estados Unidos concedió el derecho al voto a las mujeres en todos los estados. Grant Miller comparó las decisiones adoptadas por los funcionarios electos, el gasto público destinado a la salud infantil y el estado de salud de los niños antes y después de que las mujeres obtuvieran el derecho al voto.

Miller optó por centrarse en las políticas de salud infantil porque las mujeres habían hecho campañas para ampliar los servicios de salud para niños; es, por tanto, razonable pensar que las preferencias de las mujeres diferían de las de los hombres en estos temas. No obstante, durante el siglo XIX e incluso antes, los que justificaban las restricciones al voto afirmaban

Friedrich A. Hayek. *Camino de servidumbre*. Madrid: Alianza, 2011. Versión resumida en inglés disponible aquí (https://tinyco.re/6168556).

Daniel Kaufmann, Aart Kraay, Massimo Mastruzzi. 2011. 'The worldwide governance indicators: methodology and analytical issues' (https://tinyco.re/7305592). *Hague Journal on the Rule of Law* 3 (2): pp. 220–246.

Freedom House. 2016. 'Freedom in the World 2016. Anxious Dictators, Wavering Democracies: Global Freedom under Pressure' (https://tinyco.re/9817968). Washington, DC.

Grant Miller. 2008. 'Women's suffrage, political responsiveness, and child survival in American history' (https://tinyco.re/5731666). *The Quarterly Journal of Economics* 123 (3): pp. 1287–1327.

que las mujeres gozaban de una especie de «representación» a través de sus esposos o padres. Incluso se decía que los empleados domésticos de los ricos estaban también representados por sus empleadores.

La lógica del experimento natural se muestra en el siguiente gráfico, en el que cada una de las flechas representa las posibles causas que Miller exploró:

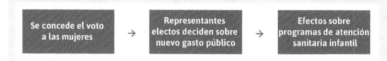

Esto es lo que Miller descubrió:

- Al observar estado a estado la fecha en la que las mujeres habían obtenido el derecho al voto, no se detectaban cambios notables en el gasto público estatal en otras áreas, pero el gasto en servicios sociales había aumentado en un 24%. A nivel del gobierno federal, antes de que pasara un año desde la aprobación de la Decimonovena Enmienda, el Congreso de Estados Unidos aprobó un aumento sustancial del gasto en salud pública, especialmente dirigido a los niños. Un historiador llegó a la conclusión de que «la motivación principal de los congresistas fue el temor a ser castigados en las urnas (…) por las mujeres votantes».
- El número de muertes de niños menores de 9 años disminuyó entre un 8 y un 15%, principalmente debido a la reducción en la incidencia de las enfermedades cubiertas por los nuevos programas públicos puestos en marcha, en particular por la campaña puerta a puerta a gran escala para la promoción de la higiene. Para poner las cosas en perspectiva, en 1900 uno de cada cinco niños moría antes de los cinco años. Se estima que la adopción del programa de salud evitó 20 000 muertes infantiles por año.

Estos efectos fueron posibles gracias a la revolución en el conocimiento científico de las bacterias y las enfermedades que se había conseguido en el siglo xix, unos avances que aún no se habían traducido en políticas públicas para mejorar la salud. El sufragio de las mujeres contribuyó positivamente en este sentido.

La investigación de Miller muestra que, cuando las mujeres obtuvieron representación directa en Estados Unidos, se produjo un gran cambio en las políticas públicas. Esta es la razón por la que consideramos que Suiza, donde los hombres obtuvieron el derecho a votar antes que cualquier otra nación, solo es una nación democrática desde 1971, momento en que se concedió el derecho al voto a las mujeres (figura 22.10 (página 1151)): quién puede y no puede votar importa.

Adam Przeworski and Fernando Limongi. 1993. Political regimes and economic growth (https://tinyco.re/ 6669217). *The Journal of Economic Perspectives* 7 (3) pp. 51–69.

Además del aumento del tamaño del Estado, ¿existen otros efectos del avance de la democracia en el funcionamiento de la economía? La experiencia de muchos países sugiere una respuesta positiva. Por ejemplo, la edad de oro del capitalismo (las tres décadas posteriores a la Segunda Guerra Mundial) fue el primer periodo de la Historia en el que todas las principales economías estaban gobernadas como democracias.

Si bien parece razonable que la democracia estuviera –al menos en parte– tras estas historias de éxito, por ejemplo a través de una mayor estabilidad política, es imposible establecer que la democracia sea la única o principal causa. Hay demasiadas cosas adicionales que cambiaron al mismo tiempo y que podrían explicar esos cambios económicos.

La figura 22.16 muestra cómo se ha reducido la duración de la jornada laboral después de que los países tomaran la iniciativa de promover la igualdad política. No es sorprendente, pues la reducción de las horas de trabajo en los últimos 100 años no se ha conseguido solo porque los trabajadores querían tener jornadas laborales más cortas. Como vimos en el capítulo 3, también fue consecuencia de que los partidos políticos (especialmente después de la extensión del derecho al voto a los trabajadores) modificaran la legislación para limitar el número de horas que se le puede pedir a una persona que trabaje sin ofrecerle un complemento salarial.

No obstante, los países con menos horas de trabajo en 2014 y mayor número de años de democracia (Dinamarca, Suecia y los Países Bajos) tenían *más* horas de trabajo en el momento en que se convirtieron en democracias que el promedio de otros países para los que tenemos datos. Esta constatación refuerza el argumento de que la democracia tuvo un efecto en la duración de la jornada laboral.

La figura 22.17 muestra que los primeros países en conceder el sufragio universal (Finlandia, Noruega, Suecia, Dinamarca y los Países Bajos) tienen hoy en día una mayor igualdad de ingresos disponibles si se comparan con los países con una experiencia más corta en este tipo de igualdad política. En muchos casos, la reducción de la desigualdad en el ingreso disponible fue el resultado de programas públicos que beneficiaron a los votantes más pobres (mujeres y trabajadores, por ejemplo) que anteriormente habían estado privados del derecho al voto (como hemos visto en las figuras 19.1 (página 944) y 5.16 (página 240)).

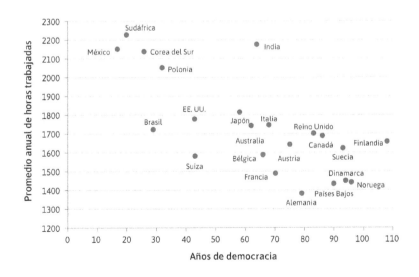

Ver estos datos en OWiD
https://tinyco.re/2748360

Penn World Tables (https://tinyco.re/2276913)

Figura 22.16 Duración de la democracia y horas de trabajo (2014).

Ver estos datos en OWiD
https://tinyco.re/2384637

Cross National Data Center. LIS Database (https://tinyco.re/0525655). El ingreso del mercado doméstico (trabajo y capital) y el ingreso disponible se equiparan y codifican de arriba a abajo.

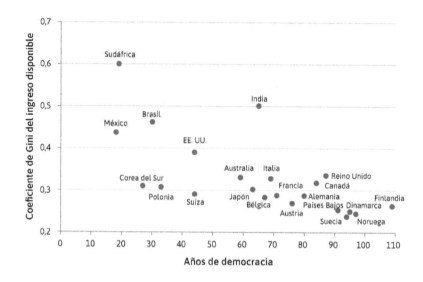

Figura 22.17 Duración de la democracia y desigualdad en el ingreso disponible (2015).

EJERCICIO 22.11 JORNADA LABORAL Y DESIGUALDAD EN LAS DEMOCRACIAS MENOS DEMOCRÁTICAS

1. Vuelva a dibujar las figuras 22.16 y 22.17 utilizando una definición diferente de democracia y considerando el mismo periodo de la figura 22.13 (página 1166) (1890–2015). Por ejemplo, asuma que un país es «democrático», incluso si las mujeres y algunas minorías étnicas quedan excluidas del derecho al voto (ya sabe que esto afectará a la duración de la democracia en Australia, Estados Unidos, Canadá, Suiza y Francia). Puede descargar el paquete de datos Polity IV (https://tinyco.re/3970843) que se utilizó para crear la figura 22.13 y considerar democráticos aquellos países que obtengan una puntuación de 6 o más. Los datos sobre horas trabajadas y desigualdad se muestran a continuación.

País	Media de horas trabajadas (2014)	Coeficiente de Gini del ingreso disponible
Australia	1803	0,330
Dinamarca	1438	0,247
Alemania	1371	0,287
Holanda	1420	0,254
EE.UU.	1765	0,390
Suiza	1609	0,236
Reino Unido	1675	0,335

País	Media de horas trabajadas (2014)	Coeficiente de Gini del ingreso disponible
Francia	1474	0,288
Italia	1734	0,327
Bélgica	1575	0,282
Canadá	1688	0,317
Suiza	1568	0,291
Finlandia	1643	0,262
Noruega	1427	0,244
Austria	1629	0,268
Brasil	1711	0,462
Corea del Sur	2124	0,310
India	2162	0,502
Japón	1729	0,302
Polonia	2039	0,307
Sudáfrica	2215	0,605
México	2137	0,437

2. ¿Cree que su conclusión sería diferente respecto a cómo la democracia, en esta definición menos estricta, está relacionada estadísticamente con los siguientes conceptos?
   (a) el tiempo trabajado
   (b) la desigualdad

22.11 UN ENIGMA: LA PERSISTENCIA DE LA INJUSTICIA Y LOS FALLOS DE MERCADO EN LAS DEMOCRACIAS

La Sudáfrica contemporánea es tan solo un ejemplo de tantas sociedades en las que no se aprovechan todas las oportunidades de beneficio mutuo. Por ejemplo, más de una cuarta parte de la fuerza laboral está desempleada, y está ampliamente reconocido, incluso por muchos sudafricanos acomodados, que el reparto de cargas y beneficios de la economía sigue siendo sumamente injusto.

Los capítulos anteriores han mostrado casos similares en los que los resultados económicos no son eficientes en términos de Pareto, es decir, en los que no se realizan todas las ganancias posibles, tal como se muestra en la tabla resumen de la figura 12.8 (página 586). La figura 22.3 (página 1134) proporciona una lista de políticas orientadas a abordar la ineficiencia y la percepción de injusticia. Además, sabemos que los ciudadanos de muchos países piensan que la distribución existente de la riqueza o el ingreso es injusta.

Todo esto supone un enigma sorprendente. Si la acción del gobierno pudiera realizar las ganancias potenciales y los ciudadanos en una democracia prefirieran que el gobierno actuara en este sentido, ¿por qué persisten estas ineficiencias en una sociedad democrática con una economía capitalista? La respuesta corta es que, así como los mercados fallan, también lo hacen los Estados.

Los fallos del Estado

Se podrá solucionar un problema de ineficiencia en términos de Pareto o de percepción de injusticia solo si:

- *Es económicamente posible*: la política para solucionar el problema, si se aplica, debe funcionar.
- *Es administrativamente posible*: el gobierno debe tener la capacidad de poner en práctica la política.
- *Ciertos intereses especiales lo permiten*: los que controlan la política del gobierno deben querer que se aplique la política.

Imposibilidad económica

Puede suceder que, dadas las preferencias individuales y la información de que disponen los actores económicos privados, no haya un conjunto factible de políticas que permitan un resultado eficaz y justo. Para que una política tenga **viabilidad económica** debe ser un equilibrio de Nash, es decir, ningún actor debe poder mejorar su situación cambiando su comportamiento.

Por ejemplo, un Estado que quisiera imponer una competencia perfecta en todos los sectores no tendría éxito. Dado que las empresas son libres de hacer publicidad y procurar la diferenciación de sus productos, el regulador no puede dictar que las curvas de demanda sean horizontales. También hemos visto que ninguna política macroeconómica puede eliminar completamente el desempleo, ya que la amenaza del desempleo alienta a las personas a trabajar mucho y bien.

viabilidad económica Políticas para las que los resultados pretendidos son un equilibrio de Nash, de modo que, una vez introducidas, los actores económicos privados no actuarán para contrarrestar los efectos perseguidos con la política.

viabilidad administrativa Políticas para las que el gobierno cuenta con suficiente información y personal como para ponerlas en práctica.

Imposibilidad administrativa

Incluso si existe una política económicamente viable que solucionaría un problema si fuera adoptada e implementada, esta podría carecer de **viabilidad administrativa** para su aplicación práctica si los funcionarios del gobierno carecen de la información y capacidades requeridas. Si no se tienen en cuenta los incentivos de los actores económicos relevantes y otros aspectos del problema, las políticas adoptadas por el gobierno pueden resultar inadecuadas para los objetivos de todos los actores. Por lo tanto, es posible que los gobiernos carezcan de la capacidad necesaria para recaudar impuestos de manera eficiente y honesta, que el poder judicial no pueda hacer cumplir las políticas (por ejemplo, la política antimonopolio) y que no se puedan prestar servicios públicos como la educación y la salud.

Intereses especiales

Incluso si una política es económicamente viable (un equilibrio de Nash) y puede implementarse a nivel administrativo, el gobierno puede decidir no adoptarla debido a la oposición de determinados grupos (incluidos los miembros del propio gobierno) que se verían perjudicados por el cambio que acarrearía el ponerla en práctica. Esto es lo que ocurre cuando ciertos grupos se benefician de la injusticia o la ineficiencia.

En las siguientes tres secciones, consideraremos cómo la imposibilidad económica, la imposibilidad administrativa y determinados intereses especiales pueden evitar que se adopten políticas justas y eficientes.

22.12 IMPOSIBILIDAD ECONÓMICA

Hay muchas acciones económicas importantes que el gobierno simplemente no puede llevar a cabo. Por ejemplo: el gobierno puede usar sus facultades de recaudación de impuestos para crear escuelas y ordenar la escolarización de todos los niños hasta los 16 años, pero no puede imponer que los estudiantes sean aplicados y estudien mucho, o que las enseñanzas de los maestros sean asimiladas eficazmente.

Como vimos en la sección 22.1, el Estado utiliza la regulación y el suministro de servicios públicos, pero también puede proporcionar incentivos e informaciones que estimulen a las personas a actuar de manera coherente con sus objetivos. Por ejemplo, el banco central puede reducir la tasa de interés de sus préstamos a los bancos comerciales, con intención de inducirlos a que estos, a su vez, otorguen préstamos a familias y empresas a una tasa más baja y, de esta manera, estimular el consumo y la inversión. O el gobierno puede imponer un impuesto al combustible para aumentar el costo de oportunidad de conducir el vehículo propio, proporcionando a las personas razones para utilizar el transporte público.

Dos ejemplos de actividades económicas importantes, pero «difíciles de manejar», son la inversión y el esfuerzo en el trabajo. Los gobiernos no tienen la información o la autoridad legal necesarias para ordenar a los individuos ricos que inviertan sus recursos financieros en obras de infraestructura (excepto en circunstancias excepcionales como una guerra) o que los trabajadores se esfuercen en trabajar mucho y bien.

Cómo funcionan las políticas al modificar el equilibrio de Nash

Para abordar los problemas sociales y económicos es esencial comprender cómo reaccionan los actores privados a las políticas públicas. Por ejemplo, el regulador que establece un impuesto a las bebidas azucaradas para reducir la obesidad no controla las reacciones de los consumidores. Un resultado del impuesto, para ser económicamente viable, debe basarse en cómo reacciona la gente al aumento del precio del refresco. La política debe tener en cuenta, por ejemplo, la posibilidad de que los consumidores decidan aumentar su consumo de otros alimentos dulces no gravados, en sustitución de las bebidas azucaradas. El estudio económico que revisamos en la sección 7.9 (página 337) ofrece indicaciones al regulador para que elija una política eficaz de prevención de la diabetes, a través de su efecto en los precios relativos.

Para que sea económicamente viable, el resultado previsto de la política debe ser un equilibrio de Nash, es decir, debe implicar que todas las personas afectadas estén obteniendo el mejor resultado posible, habida cuenta del modo en que las demás estén actuando en respuesta a la política. Muchos de los modelos que usan los economistas incluyen la condición **ceteris paribus**, lo que significa que el análisis supone que «las otras cosas se mantienen constantes». Pero, tal y como les gusta señalar a los economistas, en muchas aplicaciones importantes de la teoría económica «*ceteris*» no es «*paribus*». Todas «las demás cosas» no siempre son iguales antes y después de la implementación de la política. Comprobar si una política es económicamente factible significa relajar la condición *ceteris paribus* para considerar el conjunto completo de estrategias disponibles para los actores en las nuevas circunstancias.

Para comprender cómo la viabilidad económica limita a los responsables del diseño de políticas públicas, imaginemos el caso de una propuesta de introducir una prestación por desempleo financiada mediante un impuesto sobre los beneficios. El objetivo de la política es mejorar el nivel de vida de los desempleados sin que aumente la tasa de desempleo.

> **ceteris paribus** Los economistas suelen simplificar el análisis dejando de lado aspectos que se consideran de menor importancia para la pregunta de interés. El significado literal de esta expresión en latín es «(permaneciendo) todo lo demás constante». En un modelo económico, esto significa que un análisis «mantiene otras cosas constantes».

Consecuencias no deseadas

Comenzamos por identificar el equilibrio de Nash en la situación inicial antes de que se introduzca la política. En la figura 22.18a, la economía está en el punto marcado con N, donde se cruzan las curvas de fijación de precios y salarios. Como confirmamos en el capítulo 9 (sección 9.6), este es un equilibrio de Nash porque ningún trabajador (empleado o desempleado) y tampoco ninguna empresa podrían estar mejor si fijaran un salario o precio diferente, se ofreciesen a trabajar por un salario diferente o contrataran un número diferente de trabajadores.

En primer lugar, observamos el impacto de la política a corto plazo en la figura 22.18a.

- *Situación inicial*: el equilibrio de Nash está en el punto N.
- *Los votantes exigen una política nueva*: los trabajadores (empleados y desempleados) votan para elegir un gobierno que se comprometa a establecer una prestación para trabajadores desempleados, financiada con un impuesto sobre los beneficios empresariales.
- *Efecto a corto plazo*: aumenta la opción de reserva de los trabajadores empleados, con lo que la curva de fijación de salarios se desplaza hacia arriba, por lo que los empleadores ahora tienen que pagar más para alentar a los trabajadores a trabajar mucho y bien. Esto se indica con el punto C.

La política tiene el efecto deseado: los desempleados reciben un ingreso más alto y los salarios de los trabajadores empleados también han aumentado, una consecuencia aparentemente inesperada de la política. Sin embargo, este efecto inesperado, el aumento de los salarios, aleja a la economía del equilibrio inicial de Nash. Veremos cómo los efectos a largo plazo pueden ser diferentes de los efectos a corto plazo.

Usando el análisis en la figura 22.18a, seguimos la lógica del modelo a medida que los actores van reaccionando a los efectos de la política.

¿Cuál es el impacto a largo plazo de la política? En el diagrama del mercado laboral, vemos que hay:

- *Un nuevo equilibrio de Nash*: la prestación por desempleo ha desplazado la curva de fijación de salarios hacia arriba. A corto plazo, el mercado laboral se desplaza hacia el punto C. Pero el impuesto sobre los beneficios ha hecho que la curva de fijación de precios se desplace hacia abajo, de forma que para garantizar el margen de beneficio que buscan las empresas, el salario real debe ser menor.
- *Las empresas reducen el empleo o cierran*: algunas empresas que pagan el nuevo salario más alto obtendrán ganancias insuficientes como para motivar una inversión adicional y, por lo tanto, reducirán el empleo. Otras empresas entrarán en quiebra o moverán la producción a otros países.
- *Impacto a largo plazo*: estos cambios empujarán a la economía hacia el punto N', donde (tal y como se pretendía) los desempleados ahora obtendrán unos ingresos más altos cuando están sin trabajo, pero habrá

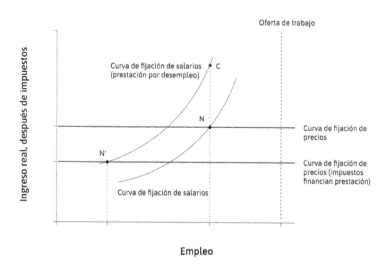

Figura 22.18a Introducción de una prestación por desempleo: efectos a corto y largo plazo.

1. El *statu quo*

El equilibrio de Nash se encuentra en el punto N. El nuevo gobierno introduce una prestación por desempleo que los trabajadores recibirán cuando estén sin trabajo, financiada por un impuesto sobre los beneficios.

2. La consecuencia no buscada

Esto aumenta la opción de reserva de los trabajadores empleados, de modo que los empleadores ahora tienen que pagar más para inducir a los trabajadores a trabajar mucho y bien. Esto se muestra en el punto C.

3. El resultado

El impuesto sobre los beneficios desplaza la curva de fijación de precios hacia abajo. El nuevo equilibrio de Nash está en N', con un mayor desempleo y un salario real más bajo.

menos trabajadores empleados y los trabajadores empleados estarán recibiendo un salario más bajo.

El objetivo de la política, elevar el nivel de vida de los desempleados sin aumentar el desempleo, era económicamente inviable.

Sin embargo, hemos visto en el capítulo 16, en la figura 16.16 (página 810), que los países con prestaciones por desempleo más generosas no necesariamente tienen tasas de desempleo más altas. Esto muestra que estos países han logrado situarse en un equilibrio de Nash diferente de N o N'. La figura 22.18b muestra cómo pudo haber ocurrido esto: hay un tercer equilibrio de Nash en N″ donde una nueva curva de fijación de precios más alta se cruza con la curva de fijación de salarios posterior a la reforma.

El enfoque sueco tuvo sus orígenes en la «política salarial de solidaridad», ideada en 1951 por Gösta Rehn y Rudolph Meidner, dos economistas que trabajaban en el instituto de investigación de la Confederación Sindical de Suecia.

Rehn y Meidner argumentaron que los trabajadores y los empleadores comparten un interés común en que se dé un rápido crecimiento de la productividad, y que los trabajadores podrían disfrutar de salarios más altos sin que se redujeran los beneficios de las empresas si una proporción mayor del producto nacional procediera de empresas de alta productividad, en lugar de empresas de baja productividad.

En nuestro video «Economistas en acción», John van Reenen usa el juego del cricket para explicar cómo se ve afectada la productividad media de la economía por la supervivencia de las empresas de baja productividad.
https://tinyco.re/4455896

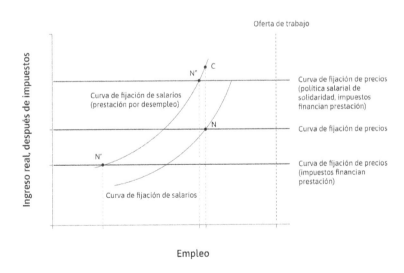

Figura 22.18b Combinación de la introducción de una prestación por desempleo con una política salarial de solidaridad.

La política salarial de solidaridad de Suecia estaba formada en realidad por tres políticas vinculadas:

- *A igual trabajo, igual salario*: esto significa que el salario para cada trabajo se establecía a nivel nacional mediante negociaciones entre la patronal y los sindicatos, algo que tuvo el efecto de reducir las diferencias salariales entre trabajadores que realizaban trabajos similares. Las empresas de menor productividad solo habrían sobrevivido pagando salarios más bajos que otras empresas y, con la nueva política, no lograron pagar el salario negociado y seguir siendo rentables, por lo que tuvieron que abandonar. Las empresas de mayor productividad sobrevivieron y se beneficiaron de una cuota de mercado adicional como resultado de la salida de las empresas fallidas.
- *Prestaciones por desempleo*: eran generosas pero limitadas en el tiempo. Consulte el capítulo 16 para obtener más detalles sobre cómo funciona esta política.
- *Política activa del mercado laboral*: los subsidios para la formación y las ayudas a la movilidad para los trabajadores desplazados, por ejemplo, tenían como objetivo mejorar la adecuación de estos a los puestos vacantes. Con esto se protegía más a los trabajadores que a los puestos de trabajo en sí. Nuevamente, se pueden consultar más detalles sobre este tipo de política en el capítulo 16.

Por sí solo, el aumento de las prestaciones por desempleo financiadas con impuestos probablemente habría empujado la curva de fijación de precios hacia abajo, como en el ejemplo anterior, pero la política salarial de solidaridad también expulsó del mercado a las empresas de baja productividad. Las empresas restantes tenían una mayor productividad y, por lo tanto, podían mantener sus márgenes de beneficios a precios más bajos, lo que desplazó la curva de fijación de precios hacia arriba. Los subsidios para la formación y la movilidad sirvieron para garantizar que estas empresas de alta productividad tuvieran acceso a una fuerza laboral bien capacitada, lo que les permitió reducir costos y precios aún más. La figura 22.18b muestra cómo esta combinación de políticas dio como resultado un nuevo equilibrio con salarios reales más altos en N″ y, en este caso, sin un aumento del desempleo como en N′.

El ejemplo sueco ilustra cómo, en un entorno político democrático caracterizado por grandes sindicatos con una perspectiva nacional y un Estado receptivo, se pueden mantener bajos los niveles de desigualdad (como se muestra en la figura 22.17 (página 1176)) al tiempo que aumenta el nivel de vida promedio.

Viabilidad económica: un ejemplo de Chile

El análisis previo realizado utilizando el modelo del mercado laboral es una simplificación. Pero nos ayuda a entender las fuerzas económicas reales que operan en el mundo. Chile es un ejemplo.

En 1970, el socialista Salvador Allende fue elegido presidente de Chile tras una victoria inesperada con un programa que prometía mayores servicios públicos y la nacionalización de muchas de las empresas privadas del país.

La figura 22.19 muestra la reacción de los ricos reflejada en las cotizaciones del mercado de valores. Una acción (o título valor) es una participación en la propiedad de una empresa. Su precio (como se explica en el capítulo 11) mide cuánto vale poseer una parte de esa empresa y, como resultado, tener derecho a recibir una parte de sus ganancias y obtener un beneficio en el futuro en caso de vender la participación a otra persona.

El precio de las acciones aumenta cuando, teniendo en cuenta todos los factores importantes, los propietarios o compradores potenciales de acciones piensan que una empresa obtendrá más beneficios en el futuro. Cuando se eligió a un presidente socialista como Allende en Chile, las personas más ricas temieron que les subieran los impuestos, que se introdujeran políticas que favorecieran a sus empleados, que exigirían salarios más altos, y también la posibilidad de que el Estado, o incluso los trabajadores, pudieran expropiar los activos de las empresas.

Estas preocupaciones, en definitiva, supusieron un límite a las políticas que resultarían económicamente factibles para el gobierno de Allende: si los ricos piensan que las empresas que poseen serán menos rentables en el futuro, no tendrán ningún incentivo para invertir y aumentar los activos de la empresa. En lugar de invertir en sus empresas, los chilenos ricos decidieron invertir en otro país (lo que se conoce como fuga de capitales), en viviendas o en otros activos chilenos con más probabilidades de ser valiosos en el futuro.

Como puede ver en la figura 22.19, los precios de las acciones cayeron en picada al día siguiente de la victoria de Allende. Retomaremos la historia de Chile más adelante, para ver cómo los intereses políticos y la inviabilidad económica pueden limitar lo que puede hacer un gobierno elegido democráticamente.

Información confidencial del mercado de valores de Santiago. El momento cero en el eje del tiempo (horizontal) es el primer día hábil en el mercado de valores de Santiago después de las elecciones. Daniele Girardi y Samuel Bowles. 2018. 'Institution shocks and economic outcomes: Allende's election, Pinochet's coup, and the Santiago stock market' (https://tinyco.re/8364283). *Journal of Development Economics* 134: págs. 16–27.

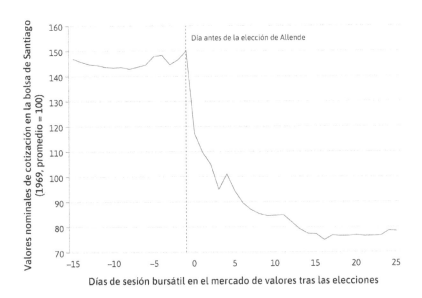

Figura 22.19 Cotizaciones del mercado de valores de Chile: elección de un presidente socialista, 1970.

EJERCICIO 22.12 LAS ECONOMÍAS TIENEN ÉXITO CUANDO LAS POLÍTICAS NACIONALES CONCUERDAN CON LOS IMPULSOS INDIVIDUALES

En 1759, Adam Smith escribió en *La teoría de los sentimientos morales* (https://tinyco.re/9855522):

> El hombre, (...) enamorado de su propio plan ideal de gobierno, (...) parece creer que puede acomodar a los diferentes miembros de una gran sociedad con la misma facilidad con la que la mano dispone las diferentes piezas en un tablero de ajedrez. (...) Pero en el gran tablero de ajedrez de la sociedad humana, cada pieza se mueve por sí misma, y podría hacerlo de una forma que sea totalmente diferente a la que al legislador elegiría para ella. Si esas dos decisiones de movimiento coinciden y actúan en la misma dirección, el juego de la sociedad humana continuará con facilidad y armonía, y es muy probable que resulte feliz y exitoso. Ahora bien, si esos dos movimientos son opuestos o diferentes, el juego continuará de mala manera y la sociedad estará permanentemente en un grado máximo de discordia.

1. Explique con sus propias palabras cómo ve Smith la viabilidad económica de las políticas públicas.
2. Usando lo que ha aprendido sobre las restricciones a que se enfrenta el banco central como regulador, dé un ejemplo que ilustre las palabras de Smith.

PREGUNTA 22.4 ESCOJA LA(S) RESPUESTA(S) CORRECTA(S)

Vuelva a analizar la figura 22.18a. ¿Cuáles de las siguientes afirmaciones son verdaderas?

☐ El desplazamiento hacia arriba de la curva de fijación de salarios habría provocado que los salarios reales aumentaran si los impuestos a las empresas no se hubieran incrementado.

☐ Las políticas que desplazan la curva de fijación de salarios sin desplazar también la curva de fijación de precios no pueden aumentar los salarios reales en equilibrio.

☐ El impacto a largo plazo de financiar un aumento en la prestación por desempleo mediante un impuesto a los beneficios empresariales es el opuesto del impacto a corto plazo.

☐ El aumento de las prestaciones por desempleo hizo que empeorara la situación de todos los trabajadores.

22.13 IMPOSIBILIDAD ADMINISTRATIVA

Información limitada

Recuerde que muchos fallos del mercado se deben a la **información asimétrica** –el prestamista no sabe cómo usará los fondos el prestatario, el empleador no sabe cuánto se esforzará el empleado, la compañía de seguros no sabe si la persona que está contratando un seguro de vida tiene una enfermedad terminal, y así sucesivamente. La información limitada disponible para el principal en estos tres casos (el prestamista, el empleador, el asegurador) hace que le resulte imposible redactar un contrato completo con el agente (el prestatario, el empleado, el asegurado). Un contrato completo habría «internalizado» las externalidades que son la causa del fallo del mercado, garantizando así que el agente asumiera todos los costos y disfrutara de todos los beneficios de su actividad.

Lo mismo ocurre con los fallos del mercado medioambiental. Si el ciudadano que padece una enfermedad respiratoria pudiera presentar una demanda contra la empresa contaminante que la causó y obtener una compensación por los costos que le ha supuesto su enfermedad, se podrían «internalizar» los costos externos de la actividad del contaminador, lo que le conduciría a esfuerzos más efectivos para reducir la contaminación. Pero, en la mayoría de los casos, esto no se puede hacer porque el ciudadano no tiene la información necesaria sobre quién está contaminando, y tampoco podría pagar los gastos legales y de otro tipo asociados a llevar el caso adelante.

Frecuentemente, esta información tampoco está disponible para el Estado, lo que limita su capacidad a la hora de diseñar políticas que aborden los fallos del mercado medioambiental. Como vimos en el capítulo 20, los gobiernos a menudo desconocen cuánto valoran los ciudadanos la calidad medioambiental o qué tan eficaces serán las políticas medioambientales para garantizar un medioambiente sostenible. Como también vimos, al gobierno le resulta difícil encontrar esta información.

La información limitada no es el único factor que dificulta la viabilidad administrativa de las políticas.

Capacidades limitadas

Los impuestos, como hemos visto, pueden cambiar la forma en que se comportan los actores privados. Por ejemplo, establecer un impuesto que aumente el precio del combustible reducirá los viajes en automóvil y los daños medioambientales asociados. Ahora bien, para recaudar impuestos de manera eficaz, los gobiernos necesitan funcionarios de Hacienda que sean competentes, no corruptos, con recursos suficientes como para encontrar y castigar a los evasores de impuestos y con la suficiente legitimidad como para que la mayoría de las personas paguen sus impuestos. Cuando esto no sea así, los vendedores deshonestos podrían vender combustible a un precio más bajo, haciendo que sus competidores que sí respetan la ley tengan que abandonar el negocio.

> **información asimétrica**
> Información relevante para las partes en una interacción económica, pero que unos conocen y otros no. *Ver también: selección adversa, riesgo moral.*

capacidad fiscal Capacidad del Estado para establecer y cobrar impuestos sustanciales a una población generando al hacerlo un impacto reducido a nivel de costes administrativos y de otro tipo. Una medida de esta capacidad es la cantidad recaudada dividida por el coste de la administración tributaria

Timothy Besley y Torsten Persson. 2014. 'Why do developing countries tax so little?' (https://tinyco.re/3513621). 28 (4): pp. 99–120.

Imran Rasul y Daniel Rogger. 2016. 'Management of bureaucrats and public service delivery: Evidence from the Nigerian civil service' (https://tinyco.re/9848716). *The Economic Journal.*

Se requiere capacidad administrativa para gestionar muchos tipos diferentes de impuestos, desde los aranceles aduaneros que se cobran en las fronteras hasta los impuestos a los salarios que se aplican directamente en la nómina, pasando por el impuesto a los beneficios que pagan las empresas legalmente constituidas. El uso de libros de contabilidad en las grandes empresas facilita su auditoría y la evaluación precisa de sus impuestos, pero esto también depende de la tecnología e instituciones disponibles. Los flujos internacionales de obligaciones financieras difíciles de rastrear hacen que la evasión fiscal ilegal y la elusión fiscal legal (por ejemplo, trasladar las ganancias a los paraísos fiscales internacionales) sean un problema para los gobiernos que quieren recaudar impuestos. Esto reduce su **capacidad fiscal**.

La falta de capacidad administrativa afecta todos los aspectos del gobierno, no solo a los impuestos. Una reforma educativa, por ejemplo, que obligue a los maestros a abandonar los métodos de aprendizaje memorísticos y a implicarse en una forma de aprendizaje más activa y centrada en el estudiante, puede ser simplemente imposible de implementar, dadas las habilidades del cuerpo docente actual.

Imposibilidad administrativa: aplicación práctica en Nigeria

La falta de información sobre el progreso de los proyectos de infraestructuras financiados por el Estado, junto con una administración corrupta que funciona mal, ha generado unos resultados muy deficientes en Nigeria.

En 2006–2007, el sector público recibió financiación y se responsabilizó de la implementación de 4700 proyectos de infraestructuras a pequeña escala, como la instalación de pozos de agua y la construcción de represas y centros de salud. Solo el 31% de los proyectos se completaron y el 38% ni siquiera se iniciaron. Por ejemplo: se realizaron los pagos correspondientes a la financiación de 1348 pozos de agua, pero 846 nunca se completaron, dejando a cientos de miles de personas sin un acceso mejorado al suministro de agua.

Los economistas Imran Rasul y Daniel Rogger querían averiguar por qué algunas organizaciones lograron completar los proyectos a tiempo y dentro del presupuesto y otras no. Pudieron hacer su investigación porque el gobierno de Nigeria había recopilado información de equipos de ingenieros independientes en torno a la cantidad y la calidad de los proyectos terminados. Disponer de información precisa de este tipo sobre la cantidad y calidad de los servicios públicos, proporcionada por observadores independientes, es algo muy poco frecuente en países de ingresos bajos.

Rasul y Rogger descubrieron que la forma en que se administran las organizaciones del sector público influye mucho a la hora de «conseguir que las cosas se hagan». De hecho, se sorprendieron al descubrir que el uso de incentivos basados en el rendimiento, según los cuales se premiaba a los gerentes por un buen rendimiento medido por la organización (no por evaluadores independientes), presentaba una correlación positiva con unas tasas de finalización más bajas. En las organizaciones donde los funcionarios públicos tenían mayor autonomía para tomar decisiones (no en respuesta a incentivos basados en el rendimiento), los resultados eran mejores.

Si bien los incentivos financieros pueden desempeñar un papel positivo en la motivación de los funcionarios públicos, el caso de Nigeria muestra que, si es difícil recopilar y verificar la información, intentar introducir incentivos simples y basados en el rendimiento para tareas complejas puede ser contraproducente. Cuando la información es insuficiente, puede ser más adecuado empoderar y dar mayor autonomía a las organizaciones. En este caso, los funcionarios públicos a los que se les daba autonomía respetaron las normas sociales de responsabilidad y las tasas de finalización fueron más altas.

22.14 INTERESES ESPECIALES

En las democracias, a menudo se dice que lo ideal es que el Estado esté al servicio del pueblo. En términos económicos, la implicación sería que los funcionarios del gobierno son los agentes y los ciudadanos son los principales.

Pero esto plantea inmediatamente dos preguntas:

- *¿Por qué hace el agente (el representante electo) lo que desean los principales (los ciudadanos)?* Como en cualquier **relación principal-agente**, el agente tiene sus propios objetivos, que pueden diferir de los objetivos del principal. Nuestro modelo del Estado como monopolista ilustraba cómo el Estado no necesita servir a los intereses del pueblo en una sociedad antidemocrática. Vimos también que el problema no desaparece en una democracia.
- *¿Quién es «el pueblo»?* En términos económicos, ¿quién es (o quiénes son) el (los) principal(es)? Hasta ahora, el principal ha sido el prestamista o el empleador, y lo podíamos simplificar representándolo como un solo individuo. Pero hay muchos ciudadanos-principales, que además tienen diferentes opiniones sobre lo que debería hacer el gobierno, ya estemos hablando de la reducción de la contaminación, la mejora de las escuelas, las políticas para impulsar la innovación, las transferencias a los pobres financiadas con impuestos, etc.

> **relación principal-agente** Relación que existe cuando una parte (el principal) desea que otra parte (el agente) actúe de determinada manera o tenga algún atributo que sea de interés para el principal, y que no se pueda hacer cumplir o garantizar en un contrato vinculante. *Véase también: contrato incompleto. También se conoce como: problema principal-agente.*

Responsabilidad democrática de los representantes electos

Piense en el primer problema, motivar al representante electo para que haga lo que los ciudadanos prefieren, como un problema principal-agente, como el empleador que trata de motivar a un trabajador para que contribuya a los beneficios de la empresa. ¿Cuáles son las posibles soluciones cuando el gerente intenta motivar a los trabajadores? El gerente podría:

- *Pagar al agente un incentivo económico*: el agente temerá perderlo si hace un trabajo insatisfactorio.
- *Supervisar la actividad laboral del empleado*: detectar señales de que el trabajo es inadecuado.
- *Reemplazar al trabajador por otro trabajador*: si el trabajo no es satisfactorio.

En una democracia, los representantes rinden cuentas ante el electorado con base en un conjunto similar de estrategias:

- *Ofrecer al representante un buen salario, prestigio y otros privilegios*: al representante le interesará conservar el puesto.
- *Supervisar las actividades del gobierno*: para determinar la calidad del rendimiento del gobierno utilizando las normas legales de transparencia y responsabilidad ante la justicia, junto con la libertad de prensa y la libertad de expresión.
- *Celebrar elecciones periódicas*: un gobierno que no ha tenido un buen rendimiento a ojos de los ciudadanos será reemplazado por un conjunto diferente de líderes políticos.

cortoplacismo Este término subjetivo se refiere al caso en el que la persona que emite un juicio otorga una importancia excesiva —más de lo que se consideraría apropiado— a los costes, beneficios y otras cuestiones que sucederán en el futuro próximo.

Así es como resuelven las democracias el problema principal-agente para hacer que los representantes electos rindan cuentas al pueblo. No obstante, esto tiene un inconveniente: el hecho de que los representantes –al igual que los empleados– estén sujetos a revisiones periódicas, los incentiva emprender únicamente aquellos proyectos cuyos objetivos vayan a ser visibles antes de las próximas elecciones: es lo que se denomina **cortoplacismo**.

Los gobiernos, por ejemplo, a veces introducen políticas fiscales expansivas (reduciendo los impuestos o expandiendo el gasto) en el periodo previo a las elecciones, de modo que la renta disponible haya aumentado y el desempleo haya disminuido cuando la gente vote. Los intentos de impulsar el empleo por encima del nivel sostenible a largo plazo (recuerde el modelo del mercado laboral) conducirán, pasado un tiempo, a presiones inflacionarias insostenibles, pero estas consecuencias no deseadas ocurrirán solo después de las elecciones.

Debido a que las elecciones futuras incentivan a los líderes políticos a pensar a corto plazo, una solución parcial es retirar algunas políticas públicas del área de responsabilidad de los representantes electos. Este es el argumento a favor de un sistema judicial independiente (no elegido) y de la autonomía política del banco central.

Por ejemplo, los gobernadores del sistema de la Reserva Federal de Estados Unidos son nombrados por el presidente para periodos de 14 años escalonados, por lo que es poco probable que un presidente designe a muchos de ellos mientras ocupe el cargo. La figura 15.18 (página 760) muestra el momento en el que los bancos centrales de distintos países del mundo comenzaron a fijar objetivos de inflación, que es señal de un mayor grado de autonomía del banco central en la toma de decisiones. También en Estados Unidos, cabe citar los nombramientos presidenciales de miembros de la Corte Suprema, que son de por vida.

La formulación de políticas públicas en una democracia también está a veces sesgada a favor de grupos más pequeños. Esta es la razón: considere una política, como una reducción de los aranceles sobre las importaciones de ropa, que hará que esta resulte más barata para la población, pero que reducirá también el empleo y los ingresos de los trabajadores del sector textil nacional. Supongamos que la política impone unos costos de 1 millón de euros a los 500 trabajadores del sector de la confección y, al mismo tiempo, genera 2 millones de euros de beneficios a los 2 millones de consumidores de ropa.

Ahora considere los dilemas a los que se enfrentan los que quieren organizar campañas a favor o en contra de la política en cuestión:

- Cada trabajador en la industria nacional perdería 2000 euros al año si se aprobara la legislación, por lo que la mayoría de ellos apoyaría la causa «antiimportación» y se manifestaría en contra de la reducción arancelaria.
- Cada consumidor se beneficiaría en tan solo 1 euro si se aprobara la legislación, por lo que pocas personas estarían dispuestas a molestarse en enviar un correo electrónico a su legislador respecto a esta cuestión.

«Todos los animales son iguales. Pero algunos son más iguales que otros»

Esta cita es del libro de 1945 *Rebelión en la granja*, de George Orwell, que es una crítica satírica de la dictadura de Joseph Stalin en la Unión Soviética, pero también se puede aplicar a cómo funcionan las democracias en la práctica. Todos los ciudadanos son legalmente iguales en lo que respecta a sus derechos, pero algunos tienen mucho más poder para influir en las políticas públicas que otros.

Todo esto tiene que ver con la segunda pregunta que se planteaba al principio de esta sección: a la hora de persuadir a los representantes para que favorezcan una política por encima de otra, los ciudadanos están lejos de ser iguales. Los ciudadanos ricos, en particular, pueden tener una influencia desproporcionada en una democracia porque:

- *Los ciudadanos ricos invierten*: sus decisiones sobre inversión (el caso de Chile, por ejemplo) pueden determinar el destino de un gobierno.
- *Los ciudadanos ricos hacen donaciones a los políticos*: sus contribuciones a las campañas electorales (en países donde está permitido), o incluso los pagos personales directos, pueden influir en quién es elegido o en lo que los representantes electos hacen una vez se hallan en el cargo.
- *Los ciudadanos ricos controlan las comunicaciones*: algunos son propietarios y dirigen periódicos y cadenas de televisión.
- *Los ciudadanos ricos emplean a cabilderos*: ellos, o sus empresas, emplean a profesionales, a menudo antiguos políticos, para influir en los representantes electos.

El resultado es que la desigualdad económica alimenta la desigualdad política, que a su vez alimenta la desigualdad económica.

Por ejemplo, la relación entre la desigualdad económica y la desigualdad política afecta los resultados de las políticas de igualdad de género. En muchos países, las mujeres participan en la vida política y en la toma de decisiones públicas mucho menos que los hombres. En la India, se ha demostrado que la introducción de cuotas para garantizar determinado número mínimo de puestos para mujeres en la dirección de los consejos de las aldeas ha hecho que aumente el gasto en los servicios públicos que prefieren las mujeres, como pozos, para que no tengan que recorrer grandes distancias para ir a buscar el agua y traerla hasta sus hogares. La política de cuotas también ha tenido el efecto de reducir la corrupción de los que están en el poder y de transformar los estereotipos sexistas. En toda una serie de aldeas seleccionadas al azar se estableció que una mujer encabezara el consejo local y pudo comprobarse posteriormente que, como resultado, los hombres habían adoptado inconscientemente una percepción más positiva de la capacidad de las mujeres para liderar, en comparación con la percepción tradicional en la que solo las veían en las tareas domésticas.

Kenneth Scheve y Daniel Stasavage. 2010. 'The conscription of wealth: mass warfare and the demand for progressive taxation'. *International Organization* 64 (04): pp. 529–561.

Kenneth Scheve y Daniel Stasavage. 2012. 'Democracy, war, and wealth: lessons from two centuries of inheritance taxation' (https://tinyco.re/9000452). *American Political Science Review* 106 (01): pp. 81–102.

Kenneth Scheve y Daniel Stasavage. 2016. *Taxing the rich: A history of fiscal fairness in the United States and Europe.* Princeton University Press.

Jacob S. Hacker y Paul Pierson. 2010. 'Winner-take-all politics: Public policy, political organization, and the precipitous rise of top incomes in the United States' (https://tinyco.re/7619977). *Politics & Society* 38 (2): pp. 152–204.

Para obtener pruebas sobre cómo las contribuciones políticas (así como los intereses especiales) influyeron en la política del mercado de la vivienda de Estados Unidos antes de la crisis, lea: Atif Mian, Amir Sufi, y Francesco Trebbi. 2013. 'The Political Economy of the Subprime Mortgage Credit Expansion' (https://tinyco.re/4522161). *Quarterly Journal of Political Science* 8: pp. 373–408.

En nuestro video «Economistas en acción», Esther Duflo explica lo que sucedió cuando se ordenó que toda una serie de aldeas seleccionadas al azar eligieran a una mujer para dirigir su consejo local.
https://tinyco.re/94993365

Joshua L. Kalla y David E. Broockman. (2015). 'Campaign contributions facilitate access to congressional officials: A randomized field experiment'. *American Journal of Political Science* 60 (3): pp. 1–14.

Adam Bonica, Nolan McCarty, Keith T. Poole y Howard Rosenthal. 2013. 'Why hasn't democracy slowed rising inequality?' (https://tinyco.re/5838764) *The Journal of Economic Perspectives* 27 (3): pp. 103–123.

CÓMO APRENDEN LOS ECONOMISTAS (Y LOS POLITÓLOGOS) DE LOS HECHOS

¿Habla el dinero?

En Estados Unidos existe la frase hecha «el dinero habla». A muchos les preocupa que hable demasiado alto cuando se trata de política.

Para algunos es obvio que, cuando un candidato para un cargo político recibe una gran contribución para su campaña electoral de una empresa o un sindicato con un interés económico en juego, es muy probable que el candidato se ponga del lado de ese contribuyente a la hora de usar su poder político para influir en las políticas públicas a adoptar.

Sabemos que en las campañas electorales de 2012 para elegir a los representantes en el Congreso de Estados Unidos se gastaron una media de 8,5 millones de dólares por escaño, según un documento sobre la facilidad de acceso a los congresistas (https://tinyco.re/5765353). En definitiva, la pregunta que surge es: ¿hicieron los ganadores de las elecciones favores a los donantes que no les habrían hecho si no hubieran estado sus contribuciones a la campaña del cargo electo de por medio?

Podríamos preguntarnos si los miembros del Congreso que recibieron donaciones de personas con inversiones en la industria petrolera mostraron posteriormente una tendencia a favorecer los intereses de esas empresas. O si los que recibieron fondos de dirigentes sindicales apoyaron luego una agenda política que favorecía los intereses del sindicato. La respuesta en ambos casos sería, sin duda, afirmativa.

Pero esto no demuestra que las contribuciones de los donantes hayan servido para adquirir influencia sobre el legislador. Recuerde que la causalidad puede funcionar en ambos sentidos: aquellos que han obtenido una riqueza considerable en el sector del petróleo probablemente donen a candidatos que ya están a favor de los intereses de esa industria. Los sindicalistas donarán dinero a quienes ya apoyan los intereses de los sindicatos. El simple hecho de mostrar una correlación entre la fuente de financiamiento y las políticas apoyadas por el legislador, no demuestra que las contribuciones hayan hecho que el legislador actúe de manera diferente.

Los politólogos Joshua Kalla y David Brockman diseñaron un experimento bastante ingenioso para ver si la donación hacía que el miembro del Congreso actuara en interés del donante. Partieron del razonamiento de que los ciudadanos podían influir en los legisladores reuniéndose con ellos y expresando sus opiniones. Los congresistas son personas ocupadas, motivo por el que los distintos grupos ciudadanos tienen que competir por el acceso a ellos para una reunión.

Kalla y Brockman querían saber si era más probable que se concediera una reunión a los que donaban dinero a un miembro del Congreso. Con la cooperación de un grupo de interés (real) Credo Action (https://tinyco.re/3459944), contactaron con 191 congresistas para solicitar una reunión. Todos los votantes que solicitaron una reunión habían contribuido con fondos a la campaña del miembro. El grupo de control, elegido al azar, y que constituía la mitad de la muestra total, dijo únicamente que eran residentes del distrito del congresista. El grupo de estudio se identificó además como donante. Todas las personas de ambos grupos que llamaron a las oficinas de los congresistas lo hicieron leyendo un guion, por lo que las solicitudes de reunión fueron todas idénticas.

Entre los que no se identificaban como donantes, el 2,4% consiguió cita para una reunión con el miembro del Congreso o su jefe de gabinete. Para aquellos identificados como donantes, el porcentaje de los que consiguieron una reunión ascendió a 12,5%.

La conclusión de los autores del estudio fue, por tanto, que:

La gran mayoría de los estadounidenses, que no pueden permitirse contribuir a las campañas en cantidades significativas, están en desventaja cuando intentan hacer llegar sus preocupaciones a los responsables políticos.

Martin Gilens y Benjamin I. Page. 2014. 'Testing theories of American politics: Élites, interest groups, and average citizens' (https://tinyco.re/ 7911085). *Perspectives on politics* 12 (03): pp. 564–581.

Intereses especiales: La historia de Chile, continuación

Lo que ocurrió después de la elección de Allende en Chile en 1970 es una historia que habla, no solo de los límites económicos de las políticas posibles, sino también de los límites políticos.

En medio de un periodo de rendimiento económico incierto debido en parte a que los posibles inversionistas frenaron la inversión en Chile, la oposición a Allende se endureció, respaldada en parte por el gobierno de Estados Unidos de manera secreta. En 1973, las fuerzas armadas chilenas atacaron el palacio presidencial, derrotando a las tropas leales a Allende y haciéndose con el gobierno para poner fin a la democracia y reemplazar a Allende con el general –no electo– Augusto Pinochet.

Una vez más, un cambio brusco en el comportamiento de los ricos queda registrado en los precios del mercado de valores al día siguiente del referéndum.

El programa económico de Allende era inviable por dos razones:

- *Era económicamente inviable*: no podía obligar a las empresas privadas a invertir en Chile y, sin esa inversión, la economía se estancaría o incluso se contraería.
- *Era políticamente inviable*: aunque hubiera sido elegido democráticamente, no controlaba las fuerzas armadas chilenas que, con el apoyo de las empresas y la Agencia Central de Inteligencia de Estados Unidos, se volvieron contra él.

El momento cero en el eje del tiempo (horizontal) es el primer día hábil en el mercado de valores de Santiago después del golpe militar. Los ricos previeron que Pinochet introduciría políticas favorables a las empresas, por lo que los precios de las acciones subieron nuevamente (figura 22.20a). La dictadura de Pinochet se prolongó hasta que en 1988 un referéndum constitucional exigió la vuelta a la democracia, decisión que fue acatada por las fuerzas armadas.

Figura 22.20a Cotizaciones del mercado de valores de Chile: derrocamiento militar del gobierno socialista, 1973.

El momento cero en el eje del tiempo (horizontal) es el primer día hábil en el mercado de valores de Santiago después del referéndum.

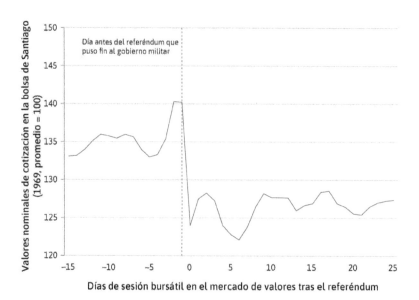

Figura 22.20b Cotizaciones del mercado de valores de Chile: el referéndum de 1988 que termina con el gobierno militar.

22.15 LAS POLÍTICAS PÚBLICAS IMPORTAN Y LA ECONOMÍA FUNCIONA

En este capítulo, hemos aprendido que el razonamiento de Adam Smith sobre mover a los hombres como en un tablero de ajedrez ahora se puede expresar en términos económicos diciendo que, para que una política pública obtenga un resultado positivo, esta debe cambiar el equilibrio de Nash actual a uno diferente y preferible (viabilidad económica). Y, además, también debe contar con el favor de una élite gobernante con la autoridad y la capacidad para implementarla (viabilidad política y administrativa).

Los límites planteados por intereses especiales, así como la viabilidad económica y administrativa, explican por qué los Estados a menudo no resuelven con éxito los fallos del mercado y las injusticias que hemos ido estudiando a lo largo de este curso. Sin embargo, observando las diferentes economías del mundo, podemos ver diferencias sustanciales en la medida en que estos problemas se abordan de manera eficaz. Como resultado, los límites impuestos por la viabilidad económica, política y administrativa difieren sustancialmente de un país a otro.

Para ver esto con más detalle, volvamos al problema del cambio climático y la figura 20.25a (página 1064). Suecia, Australia y Estados Unidos tienen aproximadamente el mismo ingreso per cápita. Si, a la hora de adoptar decisiones que limiten el impacto de los gases de efecto invernadero en el clima, todos se enfrentaran a restricciones similares, en términos de viabilidad económica, política y administrativa, entonces cabría esperar que la similitud en sus ingresos coincidiera con una similitud en las emisiones de CO_2 per cápita.

Y, sin embargo, esto no es en absoluto lo que vemos en la figura. Estados Unidos y Australia emiten aproximadamente tres veces más que Suecia en términos per cápita. Parece probable que lo que es económicamente viable no difiera mucho en estos tres países, ya que todos comparten el mismo conocimiento sobre las tecnologías, y es probable que sus ciudadanos respondan de manera similar a los incentivos para adoptar fuentes de energía más limpias. La información y las capacidades del gobierno en los tres países también son similares: todos tienen gobiernos bien informados y capaces.

Aunque las emisiones de dióxido de carbono dependen hasta un cierto grado de la estructura industrial y la especialización comercial, también se ven afectadas por lo que deseen las élites, que tienen influencia política. Es más probable que las políticas para abordar el cambio climático tengan apoyo político en Suecia que en Australia y Estados Unidos. Una razón que explica esta diferencia es la importancia en la política estadounidense y australiana de los grupos de presión que representan a las industrias de explotación de los recursos naturales, incluidos los productores de gas, petróleo y carbón.

Un contraste similar aparece cuando observamos la desigualdad, tal como se muestra en la figura 19.30 (página 998). Tanto Alemania como Estados Unidos han experimentado aproximadamente la misma tasa de crecimiento del PIB per cápita en las últimas cuatro décadas, pero difieren notablemente en la desigualdad de los niveles de vida, como puede verse en el coeficiente de Gini sobre renta disponible, que es mucho más alto en Estados Unidos. La comparación arroja un resultado similar para la medida de la desigualdad intergeneracional. Dinamarca, Suecia y Finlandia son países incluso más igualitarios –en términos de esta medida– que Alemania.

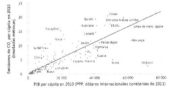

Como vimos en la figura 20.25a (página 1064), los países con ingresos per cápita similares no necesariamente tienen niveles similares de emisiones de CO_2 per cápita.

Hay infinidad de factores que podrían explicar estas diferencias, pero desde luego se deben, al menos en parte, a la mayor influencia política en Alemania –en comparación con Estados Unidos– de los que consideran importante que los menos acomodados mantengan un nivel de vida digno.

¿Qué podemos aprender de estas comparaciones?

Si queremos abordar problemas como el cambio climático y las desigualdades injustas en los niveles de vida, una lección a extraer de todo esto es que, para la mayoría de los países, es posible hacer mucho más de lo que se está haciendo actualmente. Las principales fuerzas que contribuyen a la desigualdad en los países de ingresos altos –nuevas tecnologías e importaciones crecientes (por ejemplo, de China) que hacen que las habilidades de los trabajadores de salarios bajos acaben siendo redundantes– no difieren mucho entre los países de ingresos altos de la figura 19.30. Las diferencias parecen más bien girar en torno a las opciones escogidas entre un conjunto similar de políticas que son económica y administrativamente viables. Algunos países optan por políticas que mantienen altos niveles de desigualdad, mientras que otros persiguen el objetivo de lograr una mayor igualdad.

Además, tenemos mucho que aprender de los países que logran un rendimiento mejor, estudiando las políticas e instituciones que parecen explicar su éxito en el tratamiento de los fallos e injusticias del mercado.

No todas las políticas e instituciones que son eficaces en un país pueden ser transferidas a otro. La comparación entre los sistemas de innovación de Silicon Valley y Alemania que vimos en la sección 21.2 (página 1082) muestra cómo las diferentes combinaciones de empresas innovadoras, políticas públicas, instituciones financieras y normas sociales en estas dos regiones producen soluciones igualmente eficaces a la hora de paliar los fallos del mercado asociados con la generación de conocimiento. Ninguna de estas dos opciones podría adoptarse fácilmente en el otro país o en países como Brasil o Portugal.

Algunos países tienen sistemas escolares más eficaces que otros. En vista de lo mucho que difieren las políticas educativas entre países, podemos hacernos una idea de la importancia de una buena política al observar las diferencias entre países en los resultados obtenidos por sus escolares en una prueba de matemáticas propuesta a estudiantes de 15 años de todo el mundo.

Comparemos dos países que son étnicamente diversos y tienen aproximadamente el mismo ingreso per cápita: Estados Unidos y Singapur. La puntuación media en matemáticas en Singapur fue un 20% más alta que en Estados Unidos. De manera aún más sorprendente, el estudiante cuya puntuación lo colocaba justo en el punto medio de todos los estudiantes de Estados Unidos (el estudiante en la mediana) habría estado en el tercio más bajo de los estudiantes de Singapur. Una comparación similar colocaría la mediana de los estudiantes estadounidenses en el cuarto inferior de los estudiantes japoneses, y justo por encima del tercio más bajo de los estudiantes de Finlandia.

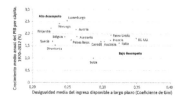

Como vimos en la figura 19.30a (página 998), los países de ingresos altos con un crecimiento similar en el PIB per cápita no necesariamente tienen niveles de desigualdad similares.

Se puede acceder a los datos de este estudio en el programa PISA de la OCDE Programme for International Student Assessment (https://tinyco.re/1018246).

Ha habido investigaciones económicas que han explorado cómo el tipo de escolarización y las experiencias preescolares afectan la desigualdad. Uno de los líderes en este campo de investigación es James Heckman, que es el protagonista de uno de nuestros videos «Economistas en acción». Tal vez también le interese leer su libro *Giving kids a fair chance*.

Su libro comienza señalando que:

> El azar de dónde se nace es una de las principales causas de desigualdad en Estados Unidos hoy en día. La sociedad estadounidense está dividida entre los cualificados y los no cualificados (…); el nacimiento se está convirtiendo en destino.

James Heckman explica cómo la educación y las experiencias preescolares afectan la desigualdad. https://tinyco.re/3964341

James Heckman. 2013. *Giving Kids a Fair Chance: A Strategy That Works*. Cambridge, MA: MIT Press

La «estrategia que funciona» de Heckman se basa en la siguiente lógica. «Tanto las habilidades cognitivas como las socioemocionales se desarrollan en la primera infancia, y su desarrollo depende del entorno familiar». Crecer en un entorno pobre priva a los niños de oportunidades de desarrollar estas habilidades y los «entornos familiares en Estados Unidos se han deteriorado».

En respuesta a esta situación, Heckman aboga por «intervenciones tempranas», como subvenciones a la educación preescolar y visitas domiciliarias de profesionales para ayudar a los padres, lo que, según su investigación, puede «producir efectos positivos y duraderos en los niños de familias desfavorecidas».

Las políticas del tipo que defiende Heckman se están aplicando en países como Colombia, Jamaica, Chile y en el estado de Orissa, en la India. Equipos de economistas y expertos en desarrollo infantil las están evaluando rigurosamente para conocer sus efectos a largo plazo y establecer la viabilidad de generalizarlas a partir de pequeñas intervenciones piloto (https://tinyco.re/2744426).

Sabemos que los hijos de padres pobres tienen muchas probabilidades de ser pobres cuando lleguen a la edad adulta. Ahora también sabemos que esto tiene poco que ver con la genética y más que ver con el comportamiento socioemocional que va asociado a crecer en un entorno pobre. Además, ahora conocemos remedios políticos eficaces ante estas situaciones que los gobiernos pueden poner en práctica con el fin de romper este círculo vicioso de pobreza.

22.16 CONCLUSIÓN

Harold Lasswell, un destacado politólogo norteamericano de mediados del siglo xx, es famoso por su libro *La política como reparto de influencias* (https://tinyco.re/2227728). El título en inglés –Who gets what, when and how [Quién consigue qué, cuándo y cómo]– resume perfectamente un mensaje básico de este capítulo, aunque iremos más allá del título de Lasswell. La política tiene que ver con:

- quién obtiene qué
- quién llega a ser qué
- quién consigue hacer qué

Daron Acemoglu y James A. Robinson. 2013. 'Economics versus politics: Pitfalls of policy advice' (https://tinyco.re/5915146). *The Journal of Economic Perspectives* 27 (2): pp. 173–192.

La razón es que los procesos políticos determinan las reglas del juego, las instituciones básicas que rigen la forma en que interactuamos en la economía y otros ámbitos de nuestra sociedad.

Ahora bien, en política no se trata simplemente de dividir una torta, con los poderosos llevándose, por lo general, la porción más grande y la lucha por el poder, resultando a veces en una torta más pequeña al final. Las políticas públicas bien diseñadas también pueden aumentar el tamaño de la torta, mejorando los niveles de vida de la gran mayoría de las personas. Los ejemplos que ya hemos visto incluyen las políticas económicas del gobierno de China, que desde la década de 1980 han llevado a una erradicación rápida de la pobreza a una escala jamás vista en la historia de la Humanidad. Otro ejemplo son las políticas de agua potable y saneamiento que están detrás de la reducción mundial de la mortalidad infantil.

La economía es una herramienta esencial para comprender cómo las políticas públicas pueden aumentar el tamaño de la torta y garantizar un reparto justo. *La Economía* nos ha proporcionado una forma de entender la manera en que interactuamos entre nosotros y con nuestros entornos naturales para ganarnos la vida. Nuestra economía tiene que ver con las personas y con lo que hacemos como compradores y vendedores, presta-tarios y prestamistas, empleados y empleadores, votantes y representantes gubernamentales. Aprendemos mucho sobre esta economía al ver que los actores participantes lo hacen lo mejor que pueden, dado un conjunto de circunstancias, al tiempo que también buscan cambiar sus circunstancias, a menudo a través de movimientos políticos y de los gobiernos.

La economía puede ayudar a entender adecuadamente los problemas de ineficiencia e injusticia en nuestras economías, diseñando políticas que sean económica y administrativamente viables. La economía también puede desempeñar un papel a la hora de hacer que las políticas buenas sean posibles a nivel político: el razonamiento económico puede tener un efecto poderoso en la comprensión pública de lo que se puede hacer en la economía, e incluso de lo que se debe hacer.

La revolución capitalista con la que comenzamos en el capítulo 1 y las revoluciones democráticas –que ampliaron el derecho al voto a todos los adultos– con las que hemos concluido en este capítulo, han producido conjuntamente el sistema económico y político en el que la mayoría de los lectores de *La Economía* viven. Capitalismo y democracia continúan evolucionando y haciendo evolucionar al mundo.

La economía le ayudará a comprender cómo el capitalismo y la democracia combinados están cambiando sus circunstancias y cómo usted, junto con los demás, puede participar en este proceso de cambio.

> *Conceptos introducidos en la capítulo 22*
> Antes de continuar, revise estas definiciones:
>
> - Estado, élite gobernante
> - Responsabilidad económica, responsabilidad política, responsabilidad democrática
> - Rentas políticas
> - Instituciones políticas
> - Modelo del votante mediano
> - Cortoplacismo
> - Viabilidad económica, viabilidad administrativa

22.17 REFERENCIAS BIBLIOGRÁFICAS

Acemoglu, Daron y James A. Robinson. 2013. 'Economics versus politics: Pitfalls of policy advice' (https://tinyco.re/5915146). *The Journal of Economic Perspectives* 27 (2): pp. 173–192.

Arrow, Kenneth. J. 1978. 'A cautious case for socialism' (https://tinyco.re/3618241). *Dissent* 25 (4): pp. 472–480.

Arrow, Kenneth J. y F. H. Hahn. *Análisis general competitivo*. México: Fondo de Cultura Económica, 1977.

Bakija, Jon, Lane Kenworthy, Peter Lindert y Jeff Madrick. 2016. *How Big Should Our Government Be?* Berkeley: University of California Press.

Besley, Timothy y Anne Case. 1995. 'Does electoral accountability affect economic policy choices? Evidence from gubernatorial term limits' (https://tinyco.re/2599264). *The Quarterly Journal of Economics* 110 (3): pp. 769–798.

Besley, Timothy y Torsten Persson. 2014. 'Why do developing countries tax so little? (https://tinyco.re/3513621). *The Journal of Economic Perspectives* 28 (4): pp. 99–120.

Bonica, Adam, Nolan McCarty, Keith T. Poole y Howard Rosenthal. 2013. 'Why hasn't democracy slowed rising inequality?' (https://tinyco.re/5838764). *The Journal of Economic Perspectives* 27 (3): pp. 103–123.

Deaton, Angus. *El gran escape: salud, riqueza y los orígenes de la desigualdad*. Madrid; México D.F.: Fondo de Cultura Económica, 2015.

Durlauf, Steven. 2017. 'Kenneth Arrow and the golden age of economic theory' (https://tinyco.re/9029504). *VoxEU.org*. Actualizado el 8 de abril de 2017.

Freedom House. 2016. 'Freedom in the World 2016. Anxious Dictators, Wavering Democracies: Global Freedom under Pressure' (https://tinyco.re/9817968). Washington, DC.

Fujiwara, Thomas. 2015. 'Voting technology, political responsiveness and infant health: Evidence from Brazil' (https://tinyco.re/3783631). *Econometrica* 83 (2): pp. 423–464.

Gilens, Martin, Benjamin I. Page. 2014. 'Testing theories of American politics: Elites, interest groups, and average citizens' (https://tinyco.re/7911085). *Perspectives on politics* 12 (03): pp. 564–581.

Girardi, Daniele and Samuel Bowles. 2018. 'Institution shocks and economic outcomes: Allende's election, Pinochet's coup, and the Santiago stock market' (https://tinyco.re/8364283). *Journal of Development Economics* 134: pp. 16-27.

Hamilton, Alexander, James Madison y John Jay. *El federalista*. Tres Cantos: Akal, 2015.

Hayek, Friedrich A. 1994. *Camino de servidumbre*. Madrid: Alianza, 2011.

Heckman, James. 2013. *Giving Kids a Fair Chance: A Strategy That Works*. Cambridge, MA: MIT Press.

Hirschman, Albert O. *Salida, voz y lealtad*. México: Fondo de Cultura Económica, 1977.

Hotelling, Harold. 1929. 'Stability in Competition'. *The Economic Journal* 39: pp. 41–57.

Kalla, Joshua L. y David E. Broockman. 2015. 'Campaign contributions facilitate access to congressional officials: A randomized field experiment' (https://tinyco.re/6564191). *American Journal of Political Science* 60 (3): pp. 1–14.

Kaufmann, Daniel, Aart Kraay y Massimo Mastruzzi. 2011. 'The worldwide governance indicators: methodology and analytical issues' (https://tinyco.re/7305592). *Hague Journal on the Rule of Law* 3 (2): pp. 220–246.

Lasswell, Harold D. *La política como reparto de influencias* (https://tinyco.re/2227728). Madrid: Aguilar, 1974.

Leibbrandt, Murray, Ingrid Woolard, Arden Finn, Jonathan Argent. 2010. 'Trends in South African Income Distribution and Poverty since the Fall of Apartheid' (https://tinyco.re/8617393). *OECD Social, Employment and Migration Working Papers*, n°. 101. Paris: OECD Publishing.

Lindert, Peter. 2004. *Growing Public: Social Spending and Economic Growth since the 18th Century*. Cambridge: Cambridge University Press.

Martinez-Bravo, Monica, Gerard Padró i Miquel, Nancy Qian y Yang Yao. 2014. 'Political reform in China: the effect of local elections' (https://tinyco.re/6544486). *NBER working paper*, 18101.

Mian, Atif, Amir Sufi y Francesco Trebbi. 2013. 'The Political Economy of the Subprime Mortgage Credit Expansion'. *Quarterly Journal of Political Science* 8: pp. 373–408.

Miller, Grant. 2008. 'Women's suffrage, political responsiveness, and child survival in American history' (https://tinyco.re/5731666). *The Quarterly Journal of Economics* 123 (3): pp. 1287–1327.

Nuffield Foundation, The. 2010. 'Mirrlees Review of tax system recommends radical changes' (https://tinyco.re/6726989). Actualizado el 10 de noviembre de 2010.

O'Brien, Patrick K., and Philip A. Hunt. 1993. 'The rise of a fiscal state in England, 1485–1815'. *Historical Research* 66 (160): pp.129–76.

OCDE. 2015. Programme for International Student Assessment (https://tinyco.re/1018246).

Plummer, Alfred. 1971. *Bronterre: A Political Biography of Bronterre O'Brien, 1804–1864*. Toronto: University of Toronto Press.

Przeworski, Adam, Fernando Limongi. 1993. 'Political regimes and economic growth' (https://tinyco.re/6669217). *The Journal of Economic Perspectives* 7 (3): pp. 51–69.

Rasul, Imran, Daniel Rogger. 2016. 'Management of bureaucrats and public service delivery: Evidence from the Nigerian civil service' (https://tinyco.re/9848716). *The Economic Journal*.

Scheve, Kenneth y David Stasavage. 2010. 'The conscription of wealth: mass warfare and the demand for progressive taxation'. *International Organization* 64 (04): pp. 529–561.

Scheve, Kenneth y David Stasavage. 2012. 'Democracy, war, and wealth: lessons from two centuries of inheritance taxation' (https://tinyco.re/9000452). *American Political Science Review* 106 (01): pp. 81–102.

Scheve, Kenneth y David Stasavage. 2016. *Taxing the rich: A history of fiscal fairness in the United States and Europe.* Princeton University Press.

Sethi, Rajiv. 2010. 'The Astonishing Voice of Albert Hirschman' (https://tinyco.re/2899363). *Rajiv Sethi Blog.* Actualizado el 7 de abril de 2010.

Sethi, Rajiv. 2011. 'The Self-Subversion of Albert Hirschman' (https://tinyco.re/2163474). *Rajiv Sethi Blog.* Actualizado el 7 de abril de 2010.

Sethi, Rajiv. 2013. 'Albert Hirschman and the Happiness of Pursuit' (https://tinyco.re/5203731). *Rajiv Sethi Blog.* Actualizado el 24 de marzo de 2013.

Shleifer, Andrei. 1998. 'State versus private ownership' (https://tinyco.re/4317440). *Journal of Economic Perspectives* 12 (4): pp. 133–150.

Smith, Adam. 2013. *La teoría de los sentimientos morales* (https://tinyco.re/6582039). Versión española y estudio preliminar de Carlos Rodríguez Braun. Madrid: Alianza Editorial.

Swedberg, Richard. 1991. *Joseph A. Schumpeter, The Economics and Sociology of Capitalism.* Princeton, NJ: Princeton University Press.

The Economist. 1999. 'The grabbing hand' (https://tinyco.re/8993136). Actualizado el 11 de Febrero de 1999.

Tirole, Jean. 2017. Jean Tirole – Discurso de aceptación del premio Nobel: 'Market Failures and Public Policy' (https://tinyco.re/2393310). *Nobel Media AB* 2014, 11 de mayo de 2014.

Wood, Elisabeth Jean. 2000. *Forging Democracy from Below: Insurgent Transitions in South Africa and El Salvador.* Cambridge: Cambridge University Press.

MIRANDO HACIA LA ECONOMÍA DESPUÉS DE CORE

Si acaba de completar su primer curso en Economía puede que se esté preguntando: ¿qué sigue? Si es un estudiante, le explicaremos como *La Economía* se relaciona con los otros enfoques que encontrará. Si usted es un profesor, y desea ubicar el enfoque de CORE sobre la Economía en contexto, esta sección también será útil.

La Economía ha sido una introducción a lo que consideramos es lo mejor que los economistas saben en el momento. O, quizás, deberíamos decir lo que *creemos saber*. Como siempre ha sido el caso, la Economía está constantemente cambiando.

En 1848, John Stuart Mill publicó los *Principios de la política económica*, el primer gran libro en Economía. Fue el texto central en el mundo de habla inglesa hasta que fue desplazado por los *Principios de Economía* de Alfred Marshall, 42 años después. Los lectores de Mill pueden haberse tranquilizado cuando leyeron:

> Afortunadamente, no hay nada en las leyes de valor [microeconomía] que le quede al escritor actual o cualquier escritor futuro para aclarar; la teoría del tema es completa.

Ningún escritor de libros de texto de Economía hoy podría hacer la misma afirmación de manera realista. Nuestra comprensión de la economía está en constante cambio. Habrá visto un ejemplo en el capítulo 17, en las lecciones sobre la macroeconomía que nos enseñó la Gran Depresión, el fin de la edad de oro del capitalismo y la crisis financiera de 2008.

Tres grandes pensadores, cuyas ideas principales se formaron a principios del periodo cubierto por el capítulo 17, transformaron la manera como

entendemos en la actualidad la Economía. (Usted aprendió sobre los tres en las secciones de «Grandes economistas»). En 1936, durante la Gran Depresión, John Maynard Keynes introdujo la idea de la demanda agregada y sus determinantes para explicar por qué una economía capitalista podría experimentar altos niveles persistentes de desempleo. Solo 12 años después, la demanda agregada se convirtió en un concepto central en una introducción a la economía escrita por Paul Samuelson que, a su vez, desplazaría las certezas de los *Principios* de Marshall y se convertiría en el estándar de lo que todo economista aspirante debería saber.

Un segundo gran economista, Friedrich Hayek, introdujo la idea del mercado como un sistema de procesamiento de información. Su artículo más famoso, publicado en 1945, argumentaba que los sistemas y las organizaciones económicas deberían ser evaluados sobre qué tan bien hicieron uso de la información económicamente relevante que estaba disponible para algunos, pero no para otros. Hayek enfatizó que los gobiernos no podían acceder a toda la información necesaria para planificar centralmente una economía. Sus ideas principales, que la información es incompleta y asimétrica, se convirtieron en la base de las teorías de contratos incompletos en los mercados laborales y crediticios que usted ha estudiado.

Un tercer gran contribuyente a la Economía de mediados del siglo xx fue John Nash, un matemático. Basándose en las ideas de John von Neumann y Oskar Morgenstern, Nash fue pionero en el desarrollo de la teoría de juegos para hacer modelos de interacciones estratégicas entre actores económicos o políticos. Su trabajo proporcionó una nueva lente para el estudio de situaciones económicas. Nash argumentó que, en muchas situaciones, las personas tendrán en cuenta las respuestas probables de los demás a las acciones que toman, en lugar de interactuar con un conjunto fijo de precios (como tomador de precios). El equilibrio de Nash proporciona una forma de estudiar los resultados que encontramos en las economías reales, porque representan el resultado conjunto de un gran número de personas haciendo lo mejor que pueden, dado lo que otros están haciendo.

Hemos sido inspirados por estos tres grandes pensadores y hemos aprendido de ellos. Pero, como ha leído, no hemos considerado todo el pensamiento de ninguno de ellos. Ha visto modelos y evidencia que cuestionan el optimismo de Keynes de que las políticas de gestión de la demanda de un gobierno eliminarían sustancialmente el desempleo involuntario a largo plazo. Problemas de fallas de mercado e inestabilidad económica son razones para rechazar los argumentos de Hayek de que los gobiernos deberían limitar sus actividades de reforzar los derechos de propiedad y las otras reglas fundamentales que permiten a los mercados funcionar. Finalmente, la comprensión del comportamiento moderno inspirado en Nash de las interacciones entre individuos que aparentemente pueden calcular las consecuencias altamente complejas de sus propias acciones, pero que también son incapaces de cooperar entre sí para llegar a soluciones a sus problemas, ha sido cuestionada por experimentos comportamentales modernos e investigaciones sobre capacidades cognitivas humanas.

No obstante, las contribuciones de Keynes, Hayek y Nash –demanda agregada, la economía de la información y las interacciones estratégicas modeladas por la teoría de juegos– se han convertido en los cimientos del pensamiento económico moderno. Antes de finales del siglo xx, las tres innovaciones se habían convertido en el contenido estándar de los cursos de posgrado en economía. Verá la influencia dominante de todos ellos en libros avanzados como *Teoría microeconómica*, de Andreu Mas-Colell, Michael Whinston y Jerry Green, o *Macroeconomía avanzada*, de David Romer.

Pero, si bien la demanda agregada era casi inmediatamente presentada como un tema central de la economía introductoria, la información asimétrica y la teoría de juegos se introducen casi siempre al final del curso introductorio, si lo hay. Resulta comprensible que los estudiantes vean estos enfoques simplemente como extensiones de los modelos estándar de Alfred Marshall o Leon Walras (dos más de los «Grandes economistas» de CORE). Este no es el caso. Estas teorías desafían dos de los conceptos fundamentales del modelo estándar: el comportamiento de toma de precios es la norma en una

economía competitiva y los contratos completos, que han sido posibles gracias a la información completa.

Sorprendentemente, la mayoría de sus compañeros que han utilizado los textos y cursos estándar introductorios no conocen esta parte importante y fundamental de información, dado que nadie se los ha dicho.

Así como Samuelson popularizó el concepto de demanda agregada en un texto introductorio, CORE ha tomado la economía de la información y las interacciones sociales estratégicas y ha hecho estos conceptos parte de la base de un paradigma económico que los estudiantes introductorios pueden aprender. (Un paradigma científico es un conjunto de conceptos que son básicos para la forma en que un grupo de académicos entiende el mundo, tal como está incorporado en los libros introductorios que son ampliamente aceptados en el campo. Los paradigmas anteriores se ejemplifican en las contribuciones sucesivas de Mill, Marshall y Samuelson).

Asimismo, hemos integrado desarrollos más recientes en la disciplina de los campos de la Economía comportamental, las dinámicas económicas y la Economía institucional. En la figura A, contrastamos el paradigma samuelsoniano (que sigue siendo la base de la mayoría de los textos introductorios) con lo que usted acaba de estudiar en este libro. Consideramos que el modelo de referencia walrasiano codificado por Samuelson como en la columna izquierda es el caso estándar que se enseña a la mayoría de los estudiantes, a partir del cual se estudian las «desviaciones». El ejemplo más obvio de esto es la idea de que los mercados de toma de precios son el caso estándar, con la competencia monopolística como una extensión.

La columna del lado derecho muestra una versión muy diferente de la economía. Por ejemplo, habiendo estudiando CORE usted probablemente tiene una visión diferente de la competencia. Hayek señaló que asumir un estado de equilibrio entre los comerciantes que toman precios efectivamente cierra cualquier análisis serio de la competencia, que define, siguiendo a Samuel Johnson, como «la acción de tratar de ganar lo que otros intentan ganar al mismo tiempo».

Continuó de la siguiente manera:

Ahora, ¿cuántos de los dispositivos adoptados en la vida cotidiana para ese fin todavía estarían abiertos a un vendedor en un mercado en el que prevalece la llamada «competencia perfecta»? Creo que la respuesta es exactamente ninguna. La publicidad, la subvaloración y la mejora («diferenciación») de los bienes o servicios producidos están excluidos por definición: la

Temas	Punto de referencia samuelsoniano como se enseña en Economía introductoria	Economía contemporánea y referencia de CORE (números de unidad en *La Economía*)
Personas	Son visionarios y egoístas	También son cognitivamente limitados (por ejemplo, les falta voluntad) y tienen motivos distintos al interés propio, como las normas sociales de equidad y reciprocidad (4, 13)
Interacciones	Están entre los tomadores de precios en mercados competitivos	Incluyen creadores de precios y fijadores de tasas de interés y salarios, interacciones estratégicas e interacciones no relacionadas con el mercado (6, 7, 9, 10, 11)
Información	Está completa	Generalmente es incompleta, asimétrica y no verificable (6, 9, 10–12, 21)
Contratos	Son completos y ejecutables a costo cero	Están incompletos por esfuerzo y diligencia en los mercados laborales y crediticios, y por otros efectos externos como la congestión del tráfico o el conocimiento (6, 9, 10, 12)
Instituciones	Incluir mercados, propiedad privada y gobiernos	También incluyen reglas informales (normas), empresas, sindicatos y bancos (5–7, 9–11, 22)
Historia	Se ignora en gran medida	Proporciona datos sobre reglas alternativas del juego y el proceso de cambio (la mayoría de las unidades)
Diferencias entre las personas	Se limitan a las diferencias de preferencia y restricción presupuestaria entre compradores y vendedores	También incluyen puestos asimétricos, por ejemplo, como empleadores o empleados, y como prestamistas o prestatarios (6, 9, 10, 12)
Poder	Es el poder de mercado y el poder político	Incluye también el poder de un director sobre un agente en el mercado laboral, crediticio y otros (5, 6, 9, 10, 12)
Rentas económicas	Crear ineficiencias a través de la «búsqueda de rentas»	También son endémicos en una economía privada que funciona bien, creando el incentivo para innovar o trabajar duro (2, 6–12, 21)
Estabilidad e inestabilidad	La economía se estabiliza a sí misma.	La estabilidad y la inestabilidad son características de la economía (11, 13–15, 17, 20)
Evaluación	Se limita a la presencia de ganancias mutuas no explotadas (Pareto-ineficiencia)	También incluye equidad (4, 5, 19, 22)

Figura A Contrastando el paradigma de Samuelson con *La Economía* de CORE.

competencia «perfecta» significa, de hecho, la ausencia de todas las actividades competitivas.

Para estudiar el proceso de competencia, CORE reemplazó el tomador de precios pasivo de la competencia perfectamente en equilibrio con el «competidor perfecto». Este competidor activo explota la información disponible (pero incompleta) para apropiarse de las posibles rentas que puedan existir cuando una economía no está en equilibrio. En algunas condiciones, esto lleva el proceso dinámico a un equilibrio eficiente de Pareto, incluso cuando existen impedimentos para la competencia.

Esto no es simplemente una cuestión de gustos. Estos conceptos son esenciales si queremos tratar de responder las preguntas que los estudiantes de todo el mundo nos han dicho que deberían ser el foco de la economía.

La columna de la izquierda de la tabla en la figura C muestra algunos de los problemas más importantes que los estudiantes y otros nos han dicho sobre lo que debería ser o tratarse la disciplina económica; la columna de la derecha muestra algunos de los conceptos fundamentales para entender estos problemas.

Este es trabajo en proceso. El paradigma emergente que usted ha estudiado no está completamente desarrollado, y no tan simple como el punto de referencia walrasiano. Pero para crear el paradigma de Samuelson, la enseñanza de la Economía ha realizado simplificaciones que todos sabemos que a menudo son tan diferentes del mundo real que el modelo resultante es inapropiado.

Por ejemplo, supongamos que la información completa y su corolario de contratos completos son habituales. Otro economista de mediados del siglo XX, Abba Lerner, explicó el éxito del punto de referencia walrasiano:

Una transacción económica es un problema político resuelto ... La economía se ha ganado el título de la pequeña reina de las ciencias sociales eligiendo problemas políticos resueltos como su dominio.

El conflicto de intereses que existe en cada transacción, él argumentó, se resuelve en un contrato que sería ejecutado por los tribunales, no por las partes en la transacción. «La solución es esencialmente la transformación del conflicto de un problema político a una transacción económica», escribió.

En un mundo que funcionaba de acuerdo con el modelo competitivo walrasiano, basado en contratos completos, la política no tendría ningún papel: si el contrato fuera realmente completo, no habría nada para el ejercicio del poder. Si la empleada no trabajara tan duro como acordó hacerlo, entonces simplemente no se le pagaría. El empleador no tendría necesidad de ejercer poder sobre la empleada, por ejemplo amenazando con despedirla. El contrato sería suficiente en sí mismo para garantizar el resultado necesario para que la empresa obtenga ganancias. Este aspecto del modelo walrasiano fue lo que motivó el comentario de Samuelson de que «en un mercado perfectamente competitivo, realmente no importa quién contrate a quién, así que tenga capital de contratación de mano de obra».

El supuesto de un contrato de empleo completo también significa que el empleador no tiene ninguna necesidad de preocuparse sobre las preferencias prospectivas del empleado, por ejemplo, su ética laboral o su deseo de enviar mensajes instantáneos a sus amigos mientras está trabajando. Un resultado de estos y otros supuestos del modelo walrasiano de referencia incorporado en el paradigma de Samuelson fue que la «reina de las ciencias sociales» de Lerner podía reinar sola. La Economía podría ignorar con éxito una serie de otras ideas importantes:

- académicos juristas que han estudiado contratos en el mundo real, y los desafíos de hacerlos cumplir
- psicólogos y sociólogos que buscan comprender las motivaciones y los procesos de pensamiento de personas reales
- filósofos y ciudadanos comunes animados por la justicia económica, la libertad individual y la dignidad.
- científicos políticos que consideran la estructura de arriba hacia abajo de una empresa como en parte un sistema de poder
- historiadores, antropólogos y arqueólogos que estudian la variedad de instituciones que rigen nuestra vida económica, que han dado forma a nuestro desarrollo desde la prehistoria
- biólogos y ecologistas y otros que ven la economía como parte de la biosfera con efectos «externos» inevitables en la forma en que funciona y su sostenibilidad

Figura B La nube de palabras en el prefacio hecha a partir de las respuestas de los estudiantes de la Universidad de Humboldt, que está dominada por la desigualdad, es típica. Los estudiantes de todo el mundo también nos han dicho que están interesados en la innovación, los problemas ambientales, el desempleo y la inestabilidad.

CORE ha suscitado (y continuará suscitando) estas y otras ideas de otras disciplinas para comprender cómo se determinan los precios, los salarios y las tasas de interés, cómo funciona la economía agregada y otras

Problemas en el mundo	Conceptos esenciales
Creación de la riqueza, innovación y crecimiento	Rentas schumpeterianas (innovación), desequilibrio
Sostenibilidad ambiental	Interacciones sociales no relacionadas con el mercado, preferencias relacionadas con otros
Desigualdad	Rentas, poder de negociación, instituciones, equidad
Desempleo y fluctuaciones	Contratos incompletos en los mercados laborales y crediticios
Inestabilidad	Los precios como información y la dinámica de fijación de precios

Figura C Problemas importantes que los estudiantes y otras personas nos dicen que la economía debería tratar.

cuestiones centrales de la economía. En lugar de ver toda la actividad económica a través de la lente de un modelo único de mercados competitivos con contratos completos, CORE lo ha invitado a ver la economía como lo ven los economistas investigadores, como una combinación diversa de instituciones y comportamientos que se estudia mejor eligiendo en forma sensata entre los modelos probados en la práctica.

Si continúa estudiando Economía, descubrirá este paradigma y seguirá viendo cómo difiere del paradigma de Samuelson y de otros. Es afortunado, porque podrá aplicar los conceptos, hechos y capacidades que ya ha aprendido. A la postre, descubrirá cómo la diciplina continúa cambiando en respuesta a un mundo en transformación, y cómo esta comprensión de la economía crea las políticas que pueden cambiar al mundo.

GLOSARIO

acciones Parte de los activos de una empresa que puede comprarse y venderse. Una acción da a su titular derecho a recibir una proporción de las ganancias de la empresa y a beneficiarse cuando los activos de esta aumenten de valor. *También se conocen como: acciones comunes.*

acción oculta (problema de la) Situación que se da cuando una parte no conoce o no puede verificar alguna acción emprendida por otra parte en un intercambio. Por ejemplo, el empleador no puede saber (o no puede verificar) en qué medida el trabajador que ha contratado está trabajando en realidad. *También conocido como: riesgo moral. Véase también: características ocultas (problema de las).*

acelerador financiero Mecanismo a través del cual la capacidad de endeudamiento de las empresas y los hogares aumenta cuando el valor de la garantía que han prometido al prestamista (a menudo un banco) aumenta.

acíclico Sin tendencia a moverse ni en la misma dirección ni en dirección opuesta a la producción agregada y el empleo a lo largo del ciclo económico.

activo Cualquier cosa de valor que se posea. *Véase también: balance general, pasivo.*

activos específicos de firma Algo que una persona posee o puede hacer que tiene más valor en la empresa en la que trabaja actualmente que en su siguiente mejor alternativa.

acuerdo de posguerra Acuerdo informal (que adoptó diferentes formas en diferentes países) entre empleadores, gobiernos y sindicatos, que creó las condiciones para un rápido crecimiento económico en las economías avanzadas desde fines de la década de 1940 hasta principios de la década de 1970. Los sindicatos aceptaron las instituciones básicas de la economía capitalista y no resistieron el cambio tecnológico a cambio de un nivel bajo de desempleo, que se aceptaran los sindicatos y otros derechos y un aumento de los ingresos reales en línea con el aumento de la productividad.

agencia de calificación crediticia Empresa que recopila información para calcular la solvencia crediticia de individuos o empresas, y vende la calificación resultante por una tarifa a las partes interesadas.

ahorro preventivo Aumento del ahorro para restaurar la riqueza a un determinado nivel objetivo. *Véase también: riqueza objetivo.*

ahorro Cuando el gasto en consumo es menor que el ingreso neto, se produce un ahorro y aumenta la riqueza. *Véase también: riqueza.*

ajuste verde Ajuste contable a la medida convencional del ingreso nacional para incluir el valor del capital natural.

altruismo Disponibilidad a asumir un costo para beneficiar a otro.

aprender haciendo Fenómeno que ocurre cuando la producción por unidad de insumos aumenta a medida que se adquiere mayor experiencia en la producción de un bien o servicio.

arancel Impuesto sobre un bien importado por un país.

arbitraje Práctica de comprar un bien a un precio bajo en un mercado para venderlo a un precio más alto en otro. Los comerciantes que participan en el arbitraje aprovechan la diferencia de precio para el mismo bien entre dos países o regiones. Mientras los costos comerciales sean más bajos que la diferencia de precios, obtendrán ganancias. *Véase también: brecha de precio.*

asignación Descripción de quién hace qué, las consecuencias de sus acciones y quién obtiene qué como resultado.

atributos ocultos Ocurre cuando algún atributo de la persona que participa en un intercambio (o el producto o servicio que se proporciona) no es conocido por las otras partes. Un ejemplo es que la persona que compra el seguro de salud conoce su propio estado de salud, pero la compañía de seguros no. *También conocido como: selección adversa. Ver también: acciones ocultas (problema de).*

austeridad Política en la que un gobierno intenta mejorar su posición presupuestaria en una recesión aumentando su ahorro. *Véase también: paradoja del ahorro.*

automatización Uso de máquinas en sustitución de la fuerza de trabajo.

autoseguro Ahorro propio por parte de un hogar para poder mantener su consumo cuando haya una caída temporal en los ingresos o una necesidad de mayores gastos.

aversión a la desigualdad Rechazo a resultados en los que algunos individuos reciben más que otros.

baja utilización de capacidad Situación en la que una empresa o economía podría incrementar su producto al incrementar el empleo utilizando bienes de capital existentes.

balance general Registro de los activos, pasivos y patrimonio neto de un actor económico, como puede ser un hogar, banco, empresa o gobierno.

balanza comercial Valor de las exportaciones menos el valor de las importaciones. *También se conoce como exportaciones netas. Véase también: déficit comercial, superávit comercial.*

balanza de pagos Registra las fuentes y usos de divisas en un país. Esta cuenta registra la totalidad de las transacciones entre un país de origen y el resto del mundo, y se divide en dos partes: la cuenta corriente (CC) y la cuenta de capital y financiera.

banco central Único banco que puede crear dinero base. Por lo general, parte del sector público. Los bancos comerciales tienen cuentas en este banco, donde se encuentra depositado el dinero base o base monetaria.

banco Empresa que crea dinero en forma de depósitos bancarios en el proceso de suministrar crédito.

beneficiario residual Persona que recibe los ingresos restantes de una empresa u otro proyecto después del pago de todos los costos contractuales (por ejemplo, el costo de contratar trabajadores y pagar impuestos).

beneficio externo Efecto externo positivo. En otras palabras: efecto positivo de la producción, consumo u otra decisión económica sobre otra persona o personas, que no se especifica como beneficio en un contrato. *También conocido como: economía externa. Véase también: externalidad.*

beneficio marginal privado (BMP) Beneficio (en ganancias o utilidad) de producir o consumir una unidad adicional de un bien para la persona que decide producirla o consumirla, sin tener en cuenta ningún beneficio recibido por otros.

beneficio marginal social (BMS) Beneficio (en términos de utilidad) de producir o consumir una unidad adicional de un bien, teniendo en cuenta tanto el beneficio para la persona que decide producirla o consumirla como el beneficio para cualquier otra persona afectada por la decisión.

beneficios económicos o ganancias económicas Ingresos de una empresa menos sus costos totales (incluido el costo de oportunidad del capital).

beneficios o ganancias normales Se corresponden con un beneficio económico de cero, lo que significa que la tasa de beneficio es igual al costo de oportunidad del capital. *Véase también: beneficios económicos o ganancias económicas, costo de oportunidad del capital.*

bien artificialmente escaso Bien público para el que es posible excluir a algunas personas de disfrutarlo. *También conocido como: bien club.*

bien de consumo Bien o servicio que satisface las necesidades de los consumidores a lo largo de un periodo corto de tiempo.

bien no rival Bien cuyo uso por parte de una persona no reduce su disponibilidad para los demás. *También conocido como: bien público. Ver también: bien público no excluible, bien artificialmente escaso.*

bien preferente Bienes y servicios que deben estar disponibles para todos, independientemente de su capacidad de pago.

bien privado Bien rival al que además puede restringirse el acceso.

bien público no excluible Bien público para el que es imposible excluir a nadie de acceder a él. *Véase también: bien artificialmente escaso.*

bien público Bien cuyo uso por parte de una persona no reduce su disponibilidad para los demás. *También conocido como: bien no rival. Ver también: bien público no excluible, bien artificialmente escaso.*

bienes de capital o equipo Equipos, instalaciones y otros insumos duraderos usados para producir bienes y servicios, incluyendo (cuando sea aplicable al caso) patentes u otras formas de propiedad intelectual que se utilicen.

bienes de capital Equipos, edificios y otros insumos utilizados en la producción de bienes y servicios, incluyendo, cuando corresponda, cualquier patente u otra propiedad intelectual que se utilice. Las materias primas también utilizadas en la producción se conocen como *inputs* o insumos intermedios.

bienes de interés social o bienes preferentes Bienes y servicios que deberían estar disponibles para todos, independientemente de la capacidad de pago del consumidor.

bienes racionados Bienes que se asignan a los compradores mediante un proceso que no sea el del precio (como haciendo cola o por sorteo).

biológicamente factible Una asignación que sea capaz de mantener la supervivencia de los implicados es biológicamente factible.

bolsa de valores Mercado financiero donde se intercambian acciones (o títulos) y otros activos financieros. Cuenta con una lista de compañías cuyas acciones se intercambian allí.

bono del Estado Instrumento financiero emitido por gobiernos que promete pagar flujos de dinero a intervalos específicos.

bono Tipo de activo financiero por el cual el emisor se compromete a pagar un monto determinado a lo largo del tiempo al tenedor. *También conocido como: bonos de empresa.*

brecha de ajuste Lapso entre algún cambio externo en las condiciones del mercado laboral y el movimiento de la economía hacia las inmediaciones del nuevo equilibrio.

brecha de difusión Lapso entre la primera introducción de una innovación y su uso generalizado. *Véase también: difusión.*

brecha de negociación Diferencia entre el salario real que las empresas desean ofrecer para incentivar a los trabajadores a trabajar y el salario real que permite a las empresas el margen de beneficio que maximiza los beneficios, dado el grado de competencia.

brecha de precio Diferencia entre el precio de un bien en el país exportador y el precio del mismo bien en el país importador. Incluye gastos de transporte e impuestos comerciales. Cuando los mercados globales están en equilibrio competitivo, estas diferencias se deben en su totalidad a costos comerciales. *Véase también: arbitraje.*

burbuja del precio de los activos Aumento sostenido y significativo del precio de un activo alimentado por las expectativas de futuros aumentos de precios.

capacidad fiscal Capacidad del Estado para establecer y cobrar impuestos sustanciales a una población generando al hacerlo un impacto reducido a nivel de costes administrativos y de otro tipo. Una medida de esta capacidad es la cantidad recaudada dividida por el coste de la administración tributaria

capital humano Existencias de conocimiento, habilidades, atributos de comportamiento y características personales que determinan la productividad laboral o los ingresos laborales de un individuo. La inversión en este capital a través de la educación, la capacitación y la socialización puede aumentar esas existencias, y dicha inversión es una de las fuentes de crecimiento económico. Parte de la dotación con que cuenta un individuo. *Véase también: dotación.*

capital propio Inversión de un individuo en un proyecto. Esto se registra en el balance de una empresa o individuo como patrimonio neto. *Véase también: patrimonio neto. Un uso completamente diferente del término en inglés (equity) sería como sinónimo de equidad o justicia.*

capitalismo Sistema económico en que la propiedad privada, los mercados y las empresas desempeñan un papel preponderante.

características ocultas (problema de las) Situación que se da cuando alguna característica de una persona que participa en un intercambio (o el producto o servicio que se proporciona) no es conocido por las otras partes implicadas. Por ejemplo, la persona que adquiere un seguro de salud conoce su propio estado de salud, pero la compañía de seguros no. *También conocido como: selección adversa. Véase también: acción oculta (problema de la).*

carrera hacia el precipicio Competencia autodestructiva entre los gobiernos nacionales o regionales que resulta en salarios más bajos y menos regulación, todo ello con el fin de atraer inversión extranjera en una economía globalizada.

causalidad inversa Relación causal bidireccional en la que A afecta a B y B también afecta a A.

causalidad Dirección entre causa y efecto que establece que un cambio en una variable produce un cambio en otra. Una correlación en cambio es simplemente la constatación de que dos cosas se han movido de forma conjunta. La causalidad implica un mecanismo que dé cuenta de la asociación y, por ende, es un concepto más restrictivo. *Ver también: experimento natural, correlación.*

ceteris paribus Los economistas suelen simplificar el análisis dejando de lado aspectos que se consideran de menor importancia para la pregunta de interés. El significado literal de esta expresión en latín es «(permaneciendo) todo lo demás constante». En un modelo económico, esto significa que un análisis «mantiene otras cosas constantes».

ciclo económico Periodos alternos de tasas de crecimiento más rápidas y más lentas (o incluso negativas). La economía va del auge a la recesión y de regreso al auge. *Véase también: equilibrio a corto plazo.*

ciencias económicas Estudio de cómo interactúan las personas entre sí y con su entorno para ganarse la vida y cómo esto va cambiando a lo largo del tiempo.

coaseguro Medio de agrupar los ahorros de varios hogares para que un hogar pueda mantener el consumo cuando experimenta una caída temporal en los ingresos o una necesidad coyuntural de incrementar los gastos.

coeficiente de apalancamiento financiero (para bancos u hogares) Valor de los activos dividido por la participación accionarial en esos activos.

coeficiente de correlación Medida de la fuerza de la relación entre dos variables y de si tienden a presentar valores similares o contrarios. Oscila entre 1, que indica que las variables toman valores similares (están positivamente correlacionadas), y -1, que indica que las variables toman valores contrarios (tienen correlación inversa o negativa). Una correlación de 1 o -1 indica que conocer el valor de una de las variables permite predecir perfectamente el valor de la otra. Una correlación de 0 indica que conocer el valor de una variable, no provee información sobre la otra.

coeficiente de Okun Cambio en la tasa de desempleo expresado en puntos porcentuales que se prevé que esté asociado con un cambio del 1% en la tasa de crecimiento del PIB. *Véase también: ley de Okun.*

coeficiente Gini Medida de desigualdad de cualquier cantidad, como el ingreso o la riqueza, que va de cero (si no hay desigualdad) a uno (si un individuo lo recibe todo).

comercio de mercancías Comercio de productos tangibles que se envían físicamente a través de las fronteras.

commodities Bienes físicos comercializados de manera similar a los títulos valor, por ejemplo, metales como el oro y la plata, productos agrícolas como el café y el azúcar o combustibles como el petróleo y el gas. En ocasiones, el término se utiliza de manera más genérica para designar cualquier mercancía producida para la venta.

competencia en la que el ganador se queda con todo Las empresas que entran primero en un mercado, a menudo logran dominarlo todo, al menos temporalmente.

complementos estratégicos Para dos actividades A y B: cuanto más se realiza A, mayores son los beneficios de realizar B, y cuanto más se realiza B, mayores son los beneficios de realizar A.

complementos Dos bienes para los cuales un incremento en el precio de uno conduce a una reducción en la cantidad demandada del otro bien. *Véase también: sustitutos.*

conjunto factible Todas las combinaciones de cosas en consideración entre las que podría escoger quien toma las decisiones, dadas las restricciones económicas, físicas o de cualquier otro tipo a las que se enfrenta. *Ver también: frontera factible.*

conocimiento codificado Conocimiento que puede escribirse en una forma que permita que otros lo entiendan y lo reproduzcan, como la fórmula química de un medicamento. *Véase también: conocimiento tácito.*

conocimiento tácito Conocimiento formado por juicios, saber hacer y otras habilidades de quienes participan en el proceso de innovación. Tipo de conocimiento que no se puede escribir con precisión. *Véase también: conocimiento codificado.*

consumo autónomo Consumo que es independiente del ingreso actual.

consumo (C) Gasto en bienes de consumo, incluidos bienes y servicios de corta duración y bienes de larga duración, que se denominan bienes de consumo duraderos.

consumo conspicuo Compra de bienes o servicios para mostrar públicamente el propio estatus social y económico.

contracíclico Tendencia a moverse en dirección opuesta a la producción agregada y el empleo a lo largo del ciclo económico.

contrato de no competencia Contrato laboral que contiene una disposición o acuerdo explícito en virtud del cual el trabajador no puede dejar su empleo para irse a trabajar para un competidor. Esto puede reducir la opción de reserva del trabajador, reduciéndose así el salario que el empleador tiene que pagarle.

contrato incompleto Contrato que no especifica, de manera ejecutable, todos los aspectos del intercambio que afecten los intereses de todas las partes involucradas (u otros).

contrato Documento legal o entendimiento que especifica un conjunto de acciones que las partes del contrato deben emprender.

cooperar Participar en un proyecto común que está pensado para generar beneficios mutuos.

correlación Asociación estadística en la que conocer el valor de una variable proporciona información sobre el valor probable de la otra; por ejemplo, si se suelen observar valores altos de una variable junto con valores altos de la otra variable. Puede ser positiva o negativa (es negativa cuando se observan valores altos de una variable con valores bajos de la otra). No significa que haya una relación causal entre las variables. *Véase también: causalidad, coeficiente de correlación.*

corto plazo (modelo) El término no se refiere a un periodo de tiempo, sino a lo que es exógeno: precios, salarios, capital social, tecnología, instituciones. *Véase también: ingreso, bienes de capital o equipo, tecnología, instituciones, medio plazo (modelo), largo plazo (modelo).*

cortoplacismo Este término subjetivo se refiere al caso en el que la persona que emite un juicio otorga una importancia excesiva —más de lo que se consideraría apropiado— a los costes, beneficios y otras cuestiones que sucederán en el futuro próximo.

costo de oportunidad del capital Cantidad de ingresos que un inversor podría haber recibido invirtiendo la unidad de capital en otro lugar.

costo de oportunidad Asumir una acción implica dejar de tomar la siguiente mejor alternativa. Este costo es el beneficio neto de la alternativa que se dejó de tomar.

costo económico Costo de bolsillo de una acción, más el costo de oportunidad.

costo externo Efecto negativo de la producción, consumo u otra decisión económica, que no se especifica como una responsabilidad en un contrato. *También conocido como: externalidad negativa, deseconomía externa. Véase también: externalidad.*

costo marginal externo (CME) Costo de producir una unidad adicional de un bien en el que incurra cualquier persona que no sea el productor del bien. *Véase también: costo marginal privado (CMP), costo marginal social (CMS).*

costo marginal privado (CMP) Costo para el productor de producir una unidad adicional de un bien, sin tener en cuenta los costos que su producción impone a otros. *Véase también: costo marginal externo (CME), costo marginal social (CMS).*

costo marginal social (CMS) Costo de producir una unidad adicional de un bien, teniendo en cuenta tanto el costo para el productor como los costos incurridos por otros afectados por la producción del bien. El costo marginal social es la suma del costo marginal privado y el costo marginal externo.

costo marginal Efecto sobre el costo total de producir una unidad adicional de producto. Corresponde a la pendiente de la función de costo total en cada punto.

costos comerciales Costos de transporte, aranceles u otros factores en los que se incurre cuando se comercia entre mercados de dos países. Implican que, para los bienes a los que afectan, no se mantendrá la ley del precio único. *Véase también: ley del precio único.*

costos de entrada Costos iniciales en que incurriría un vendedor al entrar en un mercado o sector industrial. Por lo general, incluirían el costo de adquirir y equipar nuevas instalaciones, los costos de investigación y desarrollo, las patentes necesarias y el costo de encontrar y contratar personal.

costos de la primera copia Costos fijos de la producción de un bien o servicio intensivo en conocimiento.

costos de menú Recursos utilizados para establecer y cambiar los precios.

costos de transacción Costos que impiden el proceso de negociación o el acuerdo para un contrato. Incluyen los costos de adquisición de información sobre el bien que se intercambiará y los costos derivados de hacer cumplir un contrato.

costos fijos Costos de producción que no varían con el número de unidades producidas.

crecimiento convergente Proceso por el cual muchas economías del mundo (pero en modo alguno todas) redujeron la brecha entre el líder mundial y su propia economía.

crédito hipotecario Préstamo contratado por hogares y empresas para comprar una propiedad inmobiliaria sin pagar el valor total de una sola vez. Durante un periodo de muchos años, el prestatario va devolviendo el préstamo, más los intereses. La deuda está garantizada por la propiedad inmobiliaria en sí, que se denomina garantía o activo subyacente. *Véase también: garantía.*

crisis de deuda soberana Situación en la que los bonos del Estado se consideran tan arriesgados que es posible que este ya no consiga continuar recibiendo préstamos. Si es así, el sector público no podrá gastar más de los ingresos fiscales que recibe.

crisis financiera mundial Comenzó en 2007 con el desplome de los precios de la vivienda en los EE. UU., lo que condujo a la caída de los precios de los activos basados en hipotecas de alto riesgo y a una incertidumbre generalizada sobre la solvencia de los bancos en los EE. UU. y Europa, que se habían endeudado para comprar ese tipo de activo. Las ramificaciones se sintieron en todo el mundo, ya que el comercio mundial se redujo drásticamente. Los gobiernos y los bancos centrales respondieron agresivamente con políticas de estabilización.

criterio de Pareto De acuerdo con el criterio de Pareto, un atributo deseable de una asignación es que sea eficiente en términos de Pareto. *Ver también: dominancia de Pareto.*

crowding out (desplazamiento) Existen dos usos del término claramente distintos. Uno hace referencia al efecto negativo observado cuando los incentivos económicos desplazan las motivaciones éticas —o de otro tipo— de las personas. En estudios de comportamiento individual, los incentivos pueden tener un efecto de desplazamiento (crowding out effect) sobre las preferencias sociales. Un segundo uso del término se refiere al efecto de un incremento en el gasto del gobierno en la reducción del gasto privado, tal y como se esperaría, por ejemplo, en una economía funcionando a plena capacidad completa, o cuando una expansión fiscal está asociada a un incremento en la tasa de interés.

cuenta corriente (CC) Suma de todos los pagos recibidos por un país menos todos los pagos realizados por ese país. *Véase también: déficit por cuenta corriente, superávit por cuenta corriente.*

cuenta corriente El total de pagos hechos a un país menos todos los pagos hechos por ese país.

cuentas nacionales Sistema utilizado para medir la producción y el gasto totales en un país.

cuota Límite impuesto por el gobierno sobre el volumen de importaciones que se permite que entren en la economía durante un periodo específico de tiempo.

curva de Beveridge Relación inversa entre la tasa de desempleo y la tasa de puestos de trabajo sin cubrir (cada una expresada como una fracción de la fuerza laboral). Lleva el nombre del economista británico homónimo.

curva de costo de reducción global de los gases de efecto invernadero Muestra el costo de reducir las emisiones de gases de efecto invernadero usando políticas de

mitigación, que se ordenan de más a menos eficaces. *Véase también: política de mitigación.*

curva de demanda Curva que muestra la cantidad que los consumidores comprarán para cada precio posible.

curva de eficiencia de Pareto Conjunto de todas las asignaciones que son eficientes en términos de Pareto. A menudo se denomina curva de contrato, incluso en interacciones sociales en las que no hay contrato, por lo que evitamos el término. *Ver también: eficiencia de Pareto.*

curva de fijación de precios Curva que indica el salario real pagado cuando las empresas eligen el precio al que maximizan beneficios.

curva de fijación de salarios Curva que indica el salario real necesario en cada nivel de empleo en toda la economía para ofrecer a los trabajadores incentivos a que trabajen mucho y bien.

curva de indiferencia de reserva Curva que indica asignaciones (combinaciones) que un individuo valora tanto como su opción de reserva.

curva de indiferencia Curva de puntos que indica las combinaciones de bienes que brindan un nivel dado de utilidad al individuo.

curva de Lorenz Representación gráfica de la desigualdad en la cantidad que se tenga de alguna variable, como la riqueza o los ingresos. Los individuos se organizan en orden ascendente según cuánta cantidad tengan, y luego la participación acumulada sobre el total se representa gráficamente junto con la participación acumulada en el total de la población. Por ejemplo, una igualdad total de ingresos estaría representada por una línea recta con una pendiente de uno. La medida en que la curva cae por debajo de esta línea de igualdad perfecta es una medida de la desigualdad. *Ver también: coeficiente Gini.*

curva de oferta Curva que muestra el número de unidades que se producirían a cualquier precio dado. Para un mercado, muestra la cantidad total que todas las empresas producirían en conjunto a un determinado precio.

curva de Phillips Relación inversa entre la tasa de inflación y la tasa de desempleo.

curvas isobeneficios totales Combinaciones de la probabilidad de innovación y los beneficios totales para la sociedad resultantes de la innovación de una empresa que producen los mismos beneficios totales.

cártel Grupo de empresas que actúan en connivencia para aumentar sus ganancias conjuntas.

déficit comercial Balanza comercial negativa de un país (importa más de lo que exporta). *Véase también: superávit comercial, balanza comercial.*

déficit por cuenta corriente Cantidad en que el valor de las importaciones de un país excede el valor combinado de sus exportaciones más sus ganancias netas de activos en el exterior. *Véase también: cuenta corriente, superávit por cuenta corriente.*

déficit presupuestario primario Déficit público (ingresos menos gastos del sector público) excluyendo los pagos de intereses de su deuda. *Véase también: deuda pública.*

déficit público Cuando el saldo presupuestario público es negativo. *Véase también: saldo presupuestario público, superávit público.*

deflación Disminución en el nivel general de precios. *Véase también: inflación.*

deflactor del PIB Medida del nivel de precios de la producción nacional. Se trata de la razón entre el PIB nominal (a precios corrientes) y el PIB real (a precios constante).

demanda agregada Total de los componentes del gasto en la economía; se suman para obtener el PIB: $Y = C + I + G + X - M$. Es la cantidad total de demanda de (o gasto en) bienes y servicios producidos en la economía. *Véase también: consumo (C), inversión, gasto público, exportaciones, importaciones.*

demanda autónoma Componentes de la demanda agregada que son independientes del ingreso actual.

demasiado grandes para dejarlos quebrar (too big to fail) Característica de los bancos de gran tamaño, cuya importancia fundamental en la economía les asegura que serán rescatados por el gobierno si llegan a tener dificultades financieras. El banco, por tanto, no asume todas las consecuencias de sus actividades y probablemente terminará corriendo mayores riesgos. *Ver también: riesgo moral.*

democracia Sistema político que, en términos ideales, otorga a todos los ciudadanos el mismo poder político. Este poder viene definido por un conjunto de derechos individuales como la libertad de expresión, la libertad de reunión y la libertad de prensa. Además, para que haya democracia, se requiere la existencia de un sistema de elecciones justo en el que prácticamente todos los adultos puedan votar, y en el que el gobierno abandone el poder si pierde.

depreciación Pérdida de valor de una forma de riqueza que se produce con el uso (desgaste) o con el paso del tiempo (obsolescencia).

derecho de propiedad Protección legal de la propiedad, incluyendo el derecho a excluir a otros y a beneficiarse o vender la propiedad que se posee.

derechos de autor (*copyright*) Derechos de propiedad sobre el uso y distribución de una obra original.

derivado Instrumento financiero en forma de contrato que puede intercambiarse, cuyo valor se basa en el rendimiento de los activos subyacentes, tales como acciones, bonos o bienes inmuebles. *Véase también: obligación de deuda garantizada.*

descuento de los costos y beneficios para las generaciones futuras Medida de cómo valoramos actualmente los costos y beneficios que experimentarán las personas que vivirán en el futuro. Tenga en cuenta que no se trata de una medida de la impaciencia individual sobre los propios beneficios y costos futuros.

deseconomías de escala Se producen cuando, al duplicar los insumos de un proceso de producción, se obtiene menos del doble de producto. *También conocidas como: rendimientos a escala decrecientes. Véase también: economías de escala.*

desempleo cíclico Aumento del desempleo por encima del desempleo de equilibrio causado por una caída en la demanda agregada asociada con el ciclo económico. *También conocido como: desempleo por insuficiencia de demanda. Véase también: desempleo de equilibrio.*

desempleo de equilibrio Corresponde al número de personas que buscan trabajo pero no tienen trabajo, que viene determinado por la intersección de las curvas de fijación de salarios y fijación de precios. Es el equilibrio de Nash del mercado laboral donde ni los empleadores ni los trabajadores podrían mejorar su situación cambiando su comportamiento. *Véase también: desempleo involuntario, desempleo cíclico, curva de fijación de salarios, curva de fijación de precios, tasa de desempleo estabilizadora de la inflación.*

desempleo involuntario Estar sin trabajo, pero preferir tener un trabajo con los salarios y las condiciones laborales que tienen otros empleados idénticos que sí trabajan. *Ver también: desempleo.*

desempleo Situación en la que una persona que puede y está dispuesta a trabajar no está empleada.

desigualdad con base en categorías Desigualdad entre grupos sociales concretos (identificados, por ejemplo, por una categoría como raza, nación, casta, sexo o religión). *También conocida como: desigualdad por grupo.*

desigualdad intergeneracional Medida en la que las diferencias en las generaciones de los padres se transmiten a la siguiente generación, medida usando indicadores tales como la elasticidad intergeneracional o la correlación intergeneracional. *Véase también: elasticidad intergeneracional, movilidad intergeneracional, transmisión intergeneracional de las diferencias económicas.*

desinflación Disminución en la tasa de inflación. *Véase también: inflación, deflación.*

deslocalización Reubicación de parte de las actividades de una empresa fuera de los límites nacionales en los que opera. Puede tener lugar dentro de una empresa multinacional o implicar externalizar la producción a otras empresas subcontratadas.

desregulación financiera Políticas que permiten a los bancos y otras instituciones financieras una mayor libertad en cuanto a los tipos de activos financieros que pueden vender, así como otras prácticas.

destrucción creativa Nombre que asigna Joseph Schumpeter al proceso por el cual las tecnologías antiguas y las empresas que no se adaptan se ven relegadas por las nuevas por no poder competir en el mercado. Desde su punto de vista, el fracaso de una empresa improductiva es creativo porque libera trabajo y bienes de capital para su uso en nuevas combinaciones.

deuda pública Suma de todos los bonos que el Estado ha vendido a lo largo de los años para financiar sus déficits, menos los que han vencido.

difusión Propagación de la invención por toda la economía. *Véase también: brecha de difusión.*

dilema del prisionero Juego en el que los pagos en el equilibrio de estrategias dominantes son inferiores para cada jugador y también inferiores en total, en comparación con el caso de que ninguno de los dos jugadores hubiera adoptado la estrategia dominante.

dilema social Situación en la que las acciones realizadas de manera independiente por individuos en busca de sus propios objetivos personales conducen a un resultado que es inferior a otro resultado factible que podría haberse dado si las personas hubieran actuado de manera conjunta en lugar de como individuos.

dinero bancario Dinero en forma de depósitos bancarios creados por bancos comerciales cuando proporcionan crédito a empresas y hogares.

dinero base o base monetaria Efectivo en manos de los hogares, empresas y bancos, más los balances de los bancos comerciales en sus cuentas en el banco central, conocidos como reservas. También se denomina dinero de alta potencia o high-powered money.

dinero en sentido amplio o circulante Cantidad total de dinero en circulación, definida como la suma del dinero bancario y la base monetaria que está en manos del público (excluyendo bancos). *Véase también: dinero bancario.*

dinero Es algo que facilita el intercambio (conocido por tanto como medio de intercambio) que consiste en billetes de banco y depósitos bancarios, o cualquier otra cosa que se pueda usar para comprar bienes y servicios y sea generalmente aceptado por los demás como pago porque pueden a su vez usarlo para ese mismo fin. Este último «porque» es importante y distingue el intercambio facilitado por el dinero del intercambio a través del trueque en el que los bienes se intercambian directamente sin que el dinero cambie de manos.

discriminación de precios Estrategia de venta en la que se establecen diferentes precios para diferentes compradores o grupos de compradores, o los precios varían según la cantidad de unidades compradas.

disposición a aceptar (DAA) Precio de reserva de un vendedor potencial, que estará dispuesto a vender una unidad sólo por un precio por lo menos así de alto. *Véase también: disposición a pagar.*

disposición a pagar (DAP) Indicador de cuánto valora una persona un bien, medido por la cantidad máxima que pagaría para adquirir una unidad de ese bien. *Véase también: disposición a aceptar.*

división del trabajo Especialización de los productores para desarrollar diferentes tareas en el proceso productivo. *También conocida como: especialización.*

dominado/a Describimos un resultado de esta manera si se puede conseguir más de algo que se valora positivamente sin tener que contentarse con menos de algo más que también se valora positivamente. En resumen: un resultado recibe el calificativo de dominado si hay una alternativa en la que todos ganarían.

dominancia de Pareto La asignación A domina a la asignación B en términos de Pareto, si al menos una de las partes estaría mejor con A que B y nadie estaría peor. *Ver también: eficiencia de Pareto.*

dotación Hechos acerca de un individuo que pueden afectar sus ingresos, como la riqueza material que tiene, ya sea en forma de tierras, inmuebles o una cartera de acciones de diversas empresas. También incluye el nivel y calidad de su educación, cualquier capacitación especial que posea, los lenguajes informáticos con los cuales puede trabajar, su experiencia laboral y las pasantías o prácticas que haya podido realizar, si cuenta o no con un visado (o permiso de residencia) que le permita trabajar en un mercado de trabajo en particular, la nacionalidad, el sexo e incluso sus antecedentes raciales y de clase social. *Véase también: capital humano.*

economía evolutiva Enfoque que estudia el proceso del cambio económico, incluyendo la innovación tecnológica, la difusión de nuevas normas sociales y el surgimiento de instituciones.

economía Estudio de cómo las personas interactúan entre sí y con su entorno natural para obtener sus medios de subsistencia, y cómo esto cambia con el tiempo.

economías de aglomeración Ventajas de las que pueden disfrutar aquellas empresas que están situadas cerca de otras empresas del mismo sector o sectores relacionados. *Véase también: economías de escala.*

economías de alcance Ahorro de costos que tiene lugar cuando dos o más productos se producen conjuntamente en una sola empresa, en lugar de producirse en empresas separadas.

economías de escala de red Existen cuando un aumento en el número de usuarios de un producto de una empresa implica un aumento en el valor del producto para cada uno de ellos, porque están conectados entre sí.

economías de escala Se producen cuando, por ejemplo, duplicamos los insumos introducidos en un proceso productivo y la producción resultante crece más del doble. La forma de la curva de costo medio a largo plazo de una empresa depende tanto de los rendimientos de escala en la producción como del efecto de esa escala sobre los precios que la empresa paga por sus insumos. *También se usa el término: rendimientos crecientes a escala. Ver también: deseconomías de escala.*

ecuación de Fisher Relación que expresa la tasa de interés real como la diferencia entre la tasa de interés nominal y la inflación esperada: tasa de interés real = tasa de interés nominal - inflación esperada.

edad de oro (del capitalismo) Periodo de alto crecimiento de la productividad, alto empleo e inflación baja y estable que se extiende desde el final de la Segunda Guerra Mundial hasta principios de la década de 1970.

efecto externo Efecto positivo o negativo de la producción, consumo u otra decisión económica sobre otra persona o personas que no se recoge específicamente como beneficio o responsabilidad en un contrato. Se denomina efecto externo porque el efecto en cuestión está fuera del contrato. *También conocido como: externalidad. Véase también: contrato incompleto, fallo de mercado, beneficio externo, costo externo.*

efecto ingreso Efecto que los ingresos adicionales tendrían si no hubiera cambio en el precio o en el costo de oportunidad.

efecto renta Efecto que tendrían los ingresos adicionales si no hubiera cambios en el precio o en el costo de oportunidad

efecto sustitución Efecto que se da únicamente por cambios en el precio o el costo de oportunidad, dado el nuevo nivel de utilidad.

eficiencia de Pareto Asignación con la propiedad de que no existe una asignación alternativa técnicamente factible en la que, al menos una persona estaría mejor y nadie peor.

elasticidad de la demanda ante los precios Cambio porcentual en la demanda que ocurriría en respuesta a un aumento del precio del 1%. Lo expresamos como un número positivo. La demanda es elástica si esta cifra es mayor que 1 e inelástica si la cifra es menor que 1.

elasticidad del ingreso de la demanda Cambio porcentual en la demanda que ocurriría en respuesta a un aumento del 1% en el ingreso del individuo.

elasticidad intergeneracional Diferencia porcentual en el estatus de la segunda generación que se asocia con un 1% de diferencia en el estatus de la primera generación, cuando comparamos a los padres y a sus descendientes adultos. *Véase también: desigualdad intergeneracional, movilidad intergeneracional, transmisión intergeneracional de las diferencias económicas.*

élite gobernante Altas autoridades del Estado, como el presidente, los miembros del gobierno y los líderes encargados de legislar, unidos por un interés común como la pertenencia a un partido en particular.

emparejamiento en el mercado laboral Forma en la que los empleadores que buscan empleados adicionales (es decir, con puestos de trabajo vacantes) encuentran a gente que busca trabajo. También se conoce como adecuación entre oferta y demanda en el mercado laboral.

emprendedor Persona que crea o es un adoptador temprano de tecnologías, formas organizativas y otras oportunidades nuevas.

empresa o firma Organización comercial que paga salarios para emplear personas y compra insumos para producir bienes de mercado y servicios con la intención de obtener ganancias.

endógeno Producido por el funcionamiento de un modelo en lugar de proceder del exterior del modelo. *Véase también: exógeno.*

equidad Forma de evaluar una asignación basándose en la concepción propia de justicia.

equilibrio a corto plazo Equilibrio que prevalecerá mientras ciertas variables (por ejemplo, el número de empresas en un mercado) permanezcan constantes, pero donde esperamos que estas variables cambien cuando las personas tengan tiempo de responder a la situación.

equilibrio a largo plazo Equilibrio que se alcanza cuando las variables que se mantenían constantes en el corto plazo (por ejemplo, el número de empresas en un mercado) se ajustan, a medida que la gente tiene tiempo para responder a la situación.

equilibrio competitivo Resultado de mercado en el que todos los compradores y vendedores son tomadores de precios y, al precio de mercado vigente, la cantidad ofrecida es igual a la cantidad demandada.

equilibrio de estrategias dominantes Resultado de un juego en el cual todo jugador toma su estrategia dominante.

equilibrio de Nash Conjunto de estrategias, una para cada jugador del juego, tal que la estrategia de cada jugador sea su mejor respuesta a las estrategias escogidas por todos los demás.

equilibrio (de un mercado) Estado de un mercado en el que ni las cantidades vendidas o compradas ni el precio de mercado tienden a cambiar, a menos que haya un cambio en los costos subyacentes, las preferencias u otros determinantes del comportamiento de los participantes en el mercado.

equilibrio del mercado de bienes Punto en el que la producción es igual a la demanda agregada de bienes producidos en la economía nacional. La economía continuará produciendo a este nivel a menos que algo cambie el comportamiento de gasto. *Véase también: demanda agregada.*

equilibrio del mercado laboral Combinación del salario real y el nivel de empleo determinado por la intersección de las curvas de fijación de salarios y fijación de precios. Este es el equilibrio de Nash del mercado laboral porque ni los empleadores ni los trabajadores podrían mejorar su situación cambiando su comportamiento. *Véase también: desempleo de equilibrio, tasa de desempleo estabilizadora de la inflación.*

equilibrio estable Equilibrio en el que existe una tendencia a que el equilibrio se restablezca después de verse perturbado por un pequeño shock.

equilibrio inestable Equilibrio tal que, si un shock perturba el equilibrio, existe una tendencia posterior a alejarse aún más del equilibrio.

equilibrio perfectamente competitivo Equilibrio que ocurre en un modelo en el que todos los compradores y vendedores son tomadores de precios. En este equilibrio, todas las transacciones tienen lugar a un precio único. Esto se conoce como la ley del precio único. A ese precio, la cantidad ofrecida es igual a la cantidad demandada: el mercado se agota. Ningún comprador o vendedor puede beneficiarse alterando el precio que están exigiendo u ofreciendo. Ambos son tomadores de precios. Todas las ganancias potenciales del comercio se realizan. *Véase también: ley del precio único.*

equilibrio Resultado autosostenible de un modelo. En este caso, algo de interés no cambia, a menos que se introduzca una fuerza externa que altere la descripción de la situación que proporciona el modelo.

escala logarítmica Forma de medir una cantidad con base en la función logarítmica, $f(x) = \log(x)$. La función logarítmica convierte una razón en una diferencia: $\log (a/b) = \log a - \log b$. Esto es muy útil para trabajar con tasas de crecimiento. Por ejemplo, si el ingreso nacional se duplica de 50 a 100 en un país pobre y de 1000 a 2000 en un país rico, la diferencia absoluta en el primer caso es 50 y en el segundo caso es 1000, pero $\log (100) - \log (50) = 0{,}693$ y $\log (2000) - \log (1000) = 0{,}693$. La razón en cada caso es 2 y $\log (2) = 0{,}693$.

escasez Bien que es valorado, y por el cual hay un costo de oportunidad de adquirir más.

especialización Se produce cuando un país o alguna otra entidad produce una gama de bienes y servicios más limitada que la que consume, adquiriendo los bienes y servicios que no produce a través del comercio.

especulación Comprar y vender activos para beneficiarse de un cambio esperado en su cotización.

espiral inflacionista Se produce si a un aumento inicial de los salarios en la economía le sigue un aumento en el nivel de precios, que a su vez va seguido de un aumento en los salarios, etc. También puede comenzar con un aumento inicial en el nivel de precios.

estabilizadores automáticos Elementos del sistema de impuestos y transferencias de una economía cuya existencia reduce las fluctuaciones del ciclo económico, al compensar tanto expansiones como contracciones de la economía. Un ejemplo es el sistema de prestaciones por desempleo.

estado del bienestar Conjunto de políticas públicas destinadas a proporcionar mejoras en el bienestar de los ciudadanos al ayudar a estabilizar los ingresos (por ejemplo, prestaciones por desempleo y pensiones).

estado desarrollista Gobierno que adopta un papel de liderazgo en la promoción del proceso de desarrollo económico a través de sus inversiones públicas, subvenciones a industrias concretas, educación y otras políticas públicas.

Estado Dentro de un territorio dado, es el único actor que puede dictar lo que las personas deben o no deben hacer, y que puede usar legítimamente la fuerza y coartar la libertad de un individuo para lograr ese fin.

estanflación Alta inflación persistente combinada con alto desempleo en la economía de un país.

estímulo fiscal Uso por parte del gobierno de la política fiscal (mediante una combinación de bajadas de impuestos y aumento de gasto) con la intención de incrementar la demanda agregada. *Véase también: multiplicador fiscal, política fiscal, demanda agregada.*

estrategia dominante Acción que resulta en los mayores pagos para un jugador, sin importar lo que los otros jugadores hagan.

estrategia Acción (o curso de acción) que una persona podría tomar cuando es consciente de la dependencia mutua de resultados para los demás y para sí misma. Los resultados dependen no solo de las acciones de esa persona, sino de las acciones de los demás.

excedente conjunto Suma de las rentas económicas de todos los involucrados en una interacción. *También se conoce como: ganancias totales del intercambio o del comercio.*

excedente del consumidor Disposición del consumidor a pagar por un bien, menos el precio al que lo compró, sumado a todas las unidades vendidas.

excedente del productor Precio al que una empresa vende un bien, menos el precio mínimo al que hubiera estado dispuesta a venderlo, sumado a todas las unidades vendidas.

excedente total Ganancias totales del intercambio recibidas por todas las partes involucradas en este. Se mide como la suma de los excedentes del consumidor y del productor.

exceso de demanda Situación en la que la cantidad demandada de un bien es mayor que la cantidad ofertada a al precio actual. *Véase también: exceso de oferta.*

exceso de oferta Situación en la que la cantidad ofertada de un bien es mayor que la cantidad demandada al nivel de precios actual. *Véase también: exceso de demanda.*

excluidos del crédito Descripción de las personas que no pueden pedir prestado en ningún término. *Ver también: restringidos en el crédito.*

experimento natural Estudio empírico que explota la ocurrencia natural de controles estadísticos en que los investigadores no tienen la capacidad de asignar participantes a grupos de tratamiento y control, como ocurre en los experimentos convencionales. En cambio, las diferencias en las leyes, la política, el clima u otros eventos pueden

ofrecer la oportunidad de analizar determinadas poblaciones como si hubieran sido parte de un experimento. La validez de esos estudios depende de la premisa de que se pueda considerar plausible que la asignación de los sujetos a los grupos de control y tratamiento que se han formado naturalmente haya sido aleatoria.

exportaciones (X) Bienes y servicios producidos en un país en particular, y vendidos a hogares, empresas y gobiernos de otros países.

externalidad negativa Efecto negativo de la producción, consumo u otra decisión económica, que no se especifica como una responsabilidad en un contrato. *También conocido como: costo externo, deseconomía externa. Véase también: externalidad.*

externalidad positiva Efecto positivo de una producción, consumo u otra decisión económica, que no se especifica como un beneficio en un contrato. *También conocido como: beneficio externo, economía externa. Véase también: externalidad.*

externalidad Efecto positivo o negativo de una producción, consumo u otra decisión económica sobre otra persona o personas, que no se especifica como un beneficio o responsabilidad en un contrato. Se llama externalidad o efecto externo porque el efecto en cuestión está fuera del contrato. *También conocido como: efecto externo. Véase también: contrato incompleto, fallo de mercado, beneficio externo, costo externo.*

externalidades de red Externalidad de la acción de una persona sobre otra, que se produce porque los dos están conectados en red. *Véase también: externalidad.*

exuberancia irracional Proceso en virtud del cual los activos se sobrevaloran. La expresión fue utilizada por primera vez por Alan Greenspan, entonces presidente de la Reserva Federal de Estados Unidos, en 1996. El economista Robert Shiller la popularizó como un concepto económico.

exógeno Procedente del exterior del modelo en lugar de producirse debido al funcionamiento del modelo en sí. *Véase también: endógeno.*

factores de producción El trabajo, la maquinaria y el equipo (generalmente

conocidos como capital), la tierra y otros insumos del proceso productivo.

falacia de la composición Inferencia errónea de que lo que es cierto para las partes (por ejemplo, un hogar), debe ser cierto para el todo (en este caso, la economía en su conjunto). *Véase también: paradoja del ahorro.*

fallo de mercado Cuando los mercados asignan productos de modo ineficiente en términos de Pareto

fallo del Estado Fracaso en términos de responsabilidad política. Este término se usa en varios sentidos, ninguno de ellos estrictamente análogo al de fallo de mercado, para el cual el criterio es simplemente la ineficiencia en términos de de Pareto.

falta de acceso al crédito o estar excluido del crédito Descripción de las personas que no pueden pedir prestado bajo ningún tipo de condiciones. *Ver también: excluidos del crédito.*

falta de voluntad Incapacidad de comprometerse con un curso de acción (hacer dieta o renunciar a algún otro placer presente, por ejemplo) que uno lamentará más adelante. Es diferente de la impaciencia, que también puede llevar a una persona a favorecer los placeres en el presente, pero no necesariamente a actuar de una manera que se lamente más tarde.

financiación de cobertura Financiación utilizada por las empresas para cumplir con las obligaciones contractuales de pago mediante el flujo de caja. Término acuñado por Hyman Minsky en su Hipótesis de la inestabilidad financiera. *Véase también: financiación especulativa.*

financiación especulativa Estrategia utilizada por las empresas para cumplir con los compromisos de pago de los pasivos que utiliza el flujo de caja, aunque la empresa no puede pagar el principal de esta manera. Las empresas en esta posición necesitan 'renovar' sus pasivos, generalmente emitiendo nueva deuda, para cumplir con los compromisos de vencimiento de la deuda. Término acuñado por Hyman Minsky en su Hipótesis de la inestabilidad financiera. *Véase también: financiación de cobertura.*

fire sale o venta forzosa Venta de algo a un precio muy bajo debido a la necesidad urgente de dinero del vendedor.

flexibilización cuantitativa (QE, por sus siglas en inglés) Compras de activos financieros por parte del banco central, con el objetivo de reducir las tasas de interés asociadas a dichos activos, en las circunstancias en que la política monetaria convencional no resulta eficaz porque la tasa de interés oficial se encuentra en el límite inferior cero. *Véase también: límite inferior cero.*

flujo Cantidad medida por unidad de tiempo, como la renta anual o el salario por hora.

flujos netos de capital Préstamos recibidos y concedidos de los que se hace un seguimiento a través de la cuenta corriente. *Véase también: cuenta corriente, déficit por cuenta corriente, superávit por cuenta corriente.*

frontera factible Curva de puntos que define la máxima cantidad factible de un bien para una cantidad dada de otro. *Ver también: conjunto factible.*

fuerza laboral Número de personas de la población en edad de trabajar que están, o desean estar, trabajando fuera de su hogar. Pueden estar empleados (incluidos los autónomos) o desempleados. *Véase también: tasa de desempleo, tasa de empleo, tasa de participación.*

función cóncava Función de dos variables para la cual el segmento de línea entre dos puntos cualesquiera de la función se sitúa completamente bajo la curva que representa a la función (la función es convexa cuando el segmento de línea se sitúa por encima de la función).

función de consumo (agregado) Ecuación que muestra cómo el gasto en consumo de la economía en su conjunto depende de otras variables. Por ejemplo, en el modelo del multiplicador, las otras variables son el ingreso disponible actual y el consumo autónomo. *Véase también: ingresos disponibles, consumo autónomo.*

función de costo total Curva que describe la relación entre cada posible cantidad producida y su correspondiente costo total.

función de inversión agregada Ecuación que muestra cómo el gasto en inversión en la economía en su conjunto depende de otras variables, a saber: la tasa de interés y las expectativas de beneficios. *Véase también: tasa de interés, margen de beneficio.*

función de mejor respuesta del trabajador (al salario) Cantidad óptima de trabajo que un trabajador decide realizar para cada nivel de salario que el empleador le ofrezca.

función de producción Expresión gráfica o matemática que describe la cantidad de producto que puede generarse con cualquier cantidad o combinación dada de insumo(s). La función describe tecnologías diferenciadas capaces de producir lo mismo.

ganancias del comercio Beneficios que cada parte obtiene de una transacción, en comparación con la situación en que hubiera estado sin el intercambio. *Véase también: renta económica.*

ganancias del intercambio Beneficios que cada parte obtiene de una transacción en comparación con cómo les hubiera ido sin el intercambio. *También se conoce como ganancias del comercio. Ver también: renta económica.*

ganancias Salarios, sueldos y otros ingresos del trabajo.

garantía Activo que un prestatario promete a un prestamista para asegurar la devolución de un préstamo. Si el prestatario no puede hacer frente a los plazos de devolución del préstamo según lo prometido, el prestamista se convierte en el propietario del activo.

gases de efecto invernadero Gases –principalmente vapor de agua, dióxido de carbono, metano y ozono–, liberados en la atmósfera de la Tierra que hacen subir la temperatura atmosférica y cambian el clima.

gasto público (G) Gasto de las administraciones públicas para comprar bienes y servicios. Cuando se usa como un componente de la demanda agregada, no incluye el gasto en transferencias como pensiones y prestaciones por desempleo. *Véase también: transferencias públicas o del gobierno.*

globalización I y II Dos periodos separados de creciente integración económica mundial: el primero se extendió desde antes de 1870 hasta el estallido de la Primera Guerra Mundial en 1914, y el segundo se extendió desde el final de la Segunda Guerra Mundial hasta el siglo XXI. *Véase también: globalización.*

globalización Proceso mediante el cual las economías del mundo se integran cada vez más entre sí gracias a la circulación más libre de bienes, inversiones, finanzas y, en menor medida, mano de obra, través de las fronteras nacionales. A veces, el término se aplica de forma más amplia para incluir ideas, cultura e incluso la propagación de epidemias.

Gran Depresión Periodo de fuerte caída de la producción y el empleo en muchos países en la década de 1930.

gran moderación Periodo de baja volatilidad en el producto agregado de las economías avanzadas entre la década de 1980 y la crisis financiera de 2008. Los economistas James Stock y Mark Watson fueron los que sugirieron el nombre, que luego popularizó Ben Bernanke, el por aquel entonces presidente de la Reserva Federal.

gran recesión Prolongada recesión que siguió a la crisis financiera mundial de 2008.

hiperglobalización Tipo extremo (y hasta ahora hipotético) de globalización en el que prácticamente no hay barreras a la libre circulación de bienes, servicios y capital. *Véase también: globalización.*

hipoteca de alto riesgo o *subprime* Hipoteca residencial concedida a un prestatario de alto riesgo, por ejemplo, un prestatario con un historial de bancarrota y pagos retrasados. *Véase también: prestatario de alto riesgo o subprime.*

hipoteca (o préstamo hipotecario) Préstamo contratado por hogares y empresas para comprar una propiedad sin pagar el valor total de una sola vez. Durante un periodo de muchos años, el prestatario devuelve el préstamo, más los intereses. La deuda está garantizada por la propiedad en sí, que se denomina precisamente garantía. *Véase también: garantía.*

impaciencia pura Característica de una persona que valora una unidad de consumo adicional ahora por encima de una unidad adicional más adelante, cuando la cantidad de consumo es la misma ahora y más adelante. Surge cuando una persona está impaciente por consumir más ahora porque le da menos valor al consumo en el futuro por razones de miopía, falta de voluntad u otras razones.

impacto Cambio exógeno en algunos de los datos fundamentales utilizados en un modelo.

importaciones (M) Bienes y servicios producidos en otros países y comprados por hogares, empresas y el gobierno nacionales.

impuesto pigouviano Impuesto que grava las actividades que generan efectos externos negativos para corregir un resultado de mercado ineficiente. *Véase también: externalidad, subsidio pigouviano.*

incentivo Recompensa o castigo económico que influye en los beneficios y costos de cursos de acción alternativos.

incidencia del impuesto Efecto de un impuesto sobre el bienestar de compradores, vendedores o ambos.

Índice de Precios al Consumidor o Índice de Precios de Consumo (IPC) Medida del nivel general de precios que los consumidores tienen que pagar por bienes y servicios, incluidos los impuestos al consumo.

índice Medida de la cantidad de algo en un periodo de tiempo, comparado a la cantidad de la misma cosa en un periodo diferente de tiempo, llamado periodo de referencia, o periodo base. Es común fijar su valor a 100 en el periodo de referencia.

industria naciente Sector industrial relativamente nuevo en un país, que tiene costos relativamente altos porque su establecimiento reciente significa que todavía se ha beneficiado poco de aprender haciendo, su pequeño tamaño lo priva de las economías de escala o la falta de empresas similares significa que no se beneficia de las economías de aglomeración. La protección arancelaria temporal de este sector, u otro tipo de apoyo, puede aumentar la productividad en una economía a largo plazo.

industria Actividad empresarial de producción de bienes: agricultura, minería, fabricación y construcción. La fabricación es el componente más importante.

inflación esperada Opinión que se forman los fijadores de salarios y precios sobre cuál será el nivel de inflación en el siguiente periodo. *Véase también: inflación.*

inflación salarial Aumento en el salario nominal. Por lo general, se mide para un periodo de un año. *Véase también: salario nominal.*

inflación Aumento en el nivel general de precios en la economía. Suele medirse a lo largo de un año. *Véase también: deflación, desinflación.*

información asimétrica Información relevante para las partes en una interacción económica, pero que unos conocen y otros no. *Ver también: selección adversa, riesgo moral.*

información verificable Información que puede usarse para hacer cumplir un contrato.

ingreso bruto Ingresos sin descontar impuestos a pagar. Incluye la depreciación. *Véase también: ingreso, ingreso-neto.*

ingreso final Medida del valor de los bienes y servicios que un hogar puede consumir con su ingreso disponible. Es igual al ingreso disponible, menos el IVA pagado, más el valor de los servicios públicos recibidos.

ingreso marginal Aumento en los ingresos que se obtiene al aumentar la cantidad de Q a $Q + 1$.

ingreso neto Ingreso bruto menos depreciación. *Ver también: ingreso, ingreso bruto, depreciación.*

ingreso Cantidad de beneficio, intereses, alquileres, rentas del trabajo y otros pagos (incluidas las transferencias del gobierno) recibida, neta de impuestos pagados, medida durante un periodo de tiempo como por ejemplo un año. La cantidad máxima que podría consumir sin que su riqueza experimentara cambios. *También conocido como: ingresos disponibles. Véase también: ingreso bruto.*

ingresos disponibles Ingresos que se pueden disponer luego de pagar impuestos o recibir transferencias o subsidios del gobierno. *También conocidos como: rentas disponibles.*

innovaciones complementarias Dos bienes para los cuales un aumento en el precio de uno lleva a una disminución en la cantidad demandada del otro. *Véase también: innovaciones sustitutivas.*

innovaciones sustitutivas Dos bienes para los cuales un aumento en el precio de uno lleva a un aumento en la cantidad demandada del otro. *Véase también: innovaciones complementarias.*

innovación de proceso Innovación que permite que un bien o servicio se produzca a un costo menor que el de sus competidores.

innovación de producto Innovación que produce un nuevo bien o servicio a un costo que atraerá a los compradores.

innovación incremental Innovación que mejora un producto o proceso ya existente de manera escalonada.

innovación radical Innovaciones basadas en un amplio rango de conocimientos procedente de distintos sectores, que los recombinan para crear nuevos productos de características muy diferentes

innovación Proceso de invención y difusión considerado como un todo.

insolvencia Una entidad se encuentra en esta situación si el valor de sus activos es menor que el valor de sus pasivos. *Véase también: solvencia.*

instituciones políticas Reglas del juego que determinan quién tiene el poder y cómo se ejerce este en una sociedad

instituciones Leyes y costumbres sociales que gobiernan la forma en que interactúan las personas de una sociedad.

intensivo en capital Que emplea más bienes de capital (por ejemplo maquinaria y equipos) en comparación con el número de horas de trabajo u otros insumos. *Véase también: intensivo en trabajo.*

intensivo en trabajo Tecnología que hace mayor uso del trabajo como insumo productivo, en comparación con las máquinas u otros posibles insumos. *Véase también: intensivo en capital.*

interacciones sociales Situaciones en las cuales las acciones de cada persona afectan los resultados de otras, así como a los propios.

interacción estratégica Interacción social en la cual los participantes son conscientes de las formas en las que sus acciones afectan a los demás (y de las formas en que las acciones de los demás les afectan).

intercambio por *momentum* o impulso Estrategia de intercambio de acciones basada en la idea de que la información nueva no se incorpora en los precios al instante, por lo que los precios presentan una correlación positiva en periodos cortos.

invención Desarrollo de nuevos métodos de producción y nuevos productos.

inventarios Bienes de inventario en posesión de una empresa antes de su venta o uso, incluidas tanto las materias primas como los bienes parcialmente terminados o terminados destinados a la venta.

inversión en cartera extranjera Adquisición de bonos o acciones en un país extranjero en la que la tenencia de activos extranjeros no alcanza un nivel lo suficientemente alto como para dar al propietario de esos títulos un control sustancial de la entidad participada. La inversión extranjera directa (IED), por el contrario, implica la propiedad y un control sustancial sobre los activos que se poseen. *Véase también: inversión extranjera directa (IED).*

inversión extranjera directa (IED) Propiedad y control sustancial sobre activos en un país extranjero. *Véase también: inversión en cartera extranjera.*

inversión (I) Gasto en bienes de capital de reciente producción (maquinaria y equipos) y edificios, incluidas las viviendas nuevas.

investigación y desarrollo Lo que gasta una entidad pública o privada para crear nuevos métodos de producción, productos u otro nuevo conocimiento económicamente relevante.

isocosto Línea que representa todas las combinaciones que cuestan una cantidad total determinada.

juego de coordinación Juego en el que hay dos equilibrios de Nash, de los cuales uno puede ser superior al otro en términos de Pareto. *También conocido como: juego del seguro.*

juego de suma cero Juego en el cual las ganancias y pérdidas de todos los individuos suman cero, para todas las combinaciones de estrategias que podrían asumir.

juego secuencial Juego en el que no todos los jugadores escogen sus estrategias al mismo tiempo, y los jugadores que escogen más tarde pueden ver las estrategias que han escogido los otros jugadores; por ejemplo, el juego de ultimátum. *Ver también: juego simultáneo.*

juego simultáneo Juego en el que los jugadores escogen sus estrategias simultáneamente, por ejemplo, el dilema del prisionero. *Ver también: juego secuencial.*

juego Modelo de interacción estratégica que describe a los jugadores, las estrategias factibles, la información que tienen los jugadores y los pagos que obtienen. *Ver también: teoría de juegos.*

juicios procedimentales de la justicia Evaluación de un resultado basada en cómo se produjo la asignación y no en las características del resultado en sí mismo (por ejemplo, hasta qué punto es desigual). *Ver también: juicios sustantivos de la justicia.*

juicios sustantivos de la justicia Juicios basados en las características de la asignación en sí, no en cómo se llegó a ella. *Ver también: juicios procedimentales de la justicia.*

lado corto (de un mercado) Lado (oferta o demanda) en el que el número de transacciones deseadas es menor (por ejemplo, los empleadores están en el lado corto del mercado laboral porque generalmente hay más trabajadores que buscan trabajo que puestos de trabajo vacantes). Lo opuesto al lado corto es el lado largo. *Véase también: lado de la oferta, lado de la demanda.*

lado de la demanda (economía agregada) Cómo las decisiones de gasto generan demanda de bienes y servicios y, en consecuencia, empleo y producción. Utiliza el modelo multiplicador. *Véase también: lado de la oferta (economía agregada).*

lado de la demanda Lado de un mercado en el que los participantes están ofreciendo dinero a cambio de algún bien o servicio (por ejemplo, quienes compran pan).

lado de la oferta (economía agregada) Cómo se utilizan el trabajo y el capital para producir bienes y servicios. Utiliza el modelo del mercado laboral (también denominado curva de fijación de salarios y modelo de curva de fijación de precios). *Véase también: lado de la demanda (economía agregada).*

lado de la oferta Lado de un mercado en el que los que participan están ofreciendo algo a cambio de dinero (por ejemplo, quienes venden pan).

largo plazo (modelo) El término no se refiere a un periodo de tiempo, sino a lo que es exógeno. Una curva de costos a largo plazo, por ejemplo, se refiere a los costos

cuando la empresa puede ajustar completamente todos los insumos, incluidos sus bienes de capital; ahora bien, la tecnología y las instituciones de la economía son exógenas. *Véase también: tecnología, instituciones, corto plazo (modelo), medio plazo (modelo).*

legislación de protección del empleo Leyes que hacen que el despido sea más costoso (o imposible) para los empleadores.

ley de Okun Regularidad empírica consistente en que los cambios en la tasa de crecimiento del PIB se correlacionan negativamente con la tasa de desempleo. *Véase también: coeficiente de Okun.*

ley del precio único Entra en funcionamiento cuando un bien se comercializa al mismo precio por todos los compradores y vendedores. Si un bien se vendiera a diferentes precios en diferentes lugares, un comerciante podría comprarlo a bajo precio en un lugar y venderlo a un precio más alto en otro. *Véase también: arbitraje.*

libro de órdenes Registro de órdenes limitadas por parte de compradores y vendedores a las que aún no se ha respondido.

límite inferior cero Se refiere al hecho de que la tasa de interés nominal no puede ser negativa, estableciendo así un piso en la tasa de interés nominal que el banco central puede establecer en cero. *Véase también: flexibilización cuantitativa (QE, por sus siglas en inglés).*

límites máximos y comercio de las emisiones Política a través de la cual se concede un número limitado de permisos para contaminar que se pueden intercambiar en un mercado. Aquí se combina un límite cuantitativo a las emisiones y un enfoque de precios que impone un costo a las acciones que dañan el medioambiente.

línea de regresión lineal Línea que mejor se ajusta a través de un conjunto de datos.

liquidez Facilidad para comprar o vender un activo financiero a un precio predecible.

lock-in Consecuencia de los efectos externos de la red que crean una competencia del tipo en el que el ganador se queda con todo. El proceso competitivo culmina en un resultado que es difícil de cambiar, incluso si los usuarios de la tecnología consideran que una innovación alternativa es superior.

mal público Equivalente negativo de un bien público. No es rival en el sentido de que el consumo del mal público por parte una persona no disminuye su consumo por parte de otros.

marcas Un logotipo, un nombre o un diseño registrado, generalmente asociados con el derecho a excluir a otros de su uso para identificar sus productos.

margen de beneficio Diferencia entre el precio y el costo marginal.

medio plazo (modelo) El término no se refiere a un periodo de tiempo, sino a lo que es exógeno. En este caso, las reservas de capital, la tecnología y las instituciones son exógenas. La producción, el empleo, los precios y los salarios son endógenos. *Véase también: bienes de capital, tecnología, instituciones, corto plazo (modelo), largo plazo (modelo).*

mejor respuesta En la Teoría de juegos, estrategia que ofrecerá el pago más alto a un jugador, dadas las estrategias que los demás jugadores adopten.

mejora de Pareto Cambio que beneficia al menos a una persona sin empeorar por ello la situación de nadie más. *Ver también: dominancia de Pareto.*

mercado de emparejamiento Mercado que empareja a miembros de dos grupos distintos de personas. Cada persona presente en el mercado se beneficiaría de estar conectada con el miembro correcto del otro grupo. *También conocido como: mercado bilateral.*

mercado del trabajo O mercado laboral, en este mercado, los empleadores ofrecen salarios a individuos que acceden a trabajar para ellos. Los economistas hablan de que los empleadores están en el lado de la demanda de este mercado, mientras que los empleados están en el lado de la oferta. *Ver también: fuerza laboral.*

mercado inexistente Mercado en el que existe algún tipo de intercambio potencial que, si se llevara a cabo, sería beneficioso para todas las partes. El intercambio no ocurre debido a que la información es asimétrica o no verificable.

mercado laboral primario Mercado en el que los trabajadores están típicamente representados por sindicatos, y disfrutan de salarios altos y estabilidad laboral. *Véase también: mercado laboral secundario, mercado laboral segmentado.*

mercado laboral secundario Típicamente integrado por trabajadores con contratos a corto plazo, y salarios y seguridad laboral limitados. Esta situación puede deberse a la edad de los trabajadores o a que sufren discriminación por su raza o grupo étnico. *Véase también: mercado laboral primario, mercado laboral segmentado.*

mercado laboral segmentado Mercado laboral cuyos distintos segmentos funcionan como mercados laborales separados, con movilidad limitada de trabajadores de un segmento a otro (también debido a discriminación por raza, idioma, u otra forma de discriminación). *Véase también: mercado laboral primario, mercado laboral secundario.*

mercado secundario Mercado de intercambio de activos que fueron emitidos previamente en otro mercado, conocido como mercado primario.

mercado Forma de conectar a las personas que pueden beneficiarse mutuamente mediante el intercambio de bienes o servicios a través de un proceso de compra y venta.

mitigación Prácticas que reducen o limitan el daño medioambiental *Véase también: política de mitigación.*

modelo de disciplina laboral Modelo que explica cómo fijan los salarios los empleadores de manera que los empleados reciban una renta económica (llamada renta del empleo) que ofrezca a los trabajadores un incentivo para esforzarse en el trabajo y evitar así el despido. *Véase también: renta del empleo, salario de eficiencia.*

modelo del lado de la demanda (economía agregada) Explicación sobre cómo las decisiones generan demanda por bienes y servicios, y como resultado, el empleo y el producto. Hace uso del modelo multiplicador. *Véase también: modelo del lado de la oferta.*

modelo del lado de la oferta Cómo se utiliza el trabajo y el capital para producir bienes y servicios. Utiliza el modelo del mercado laboral (también denominado modelo de la curva de fijación de salarios y de la curva de fijación de precios). *Véase también: modelo del lado de la demanda (economía agregada).*

modelo del multiplicador Modelo de demanda agregada que incluye el proceso multiplicador. *Véase también: multiplicador fiscal, proceso multiplicador.*

modelo del votante mediano Modelo económico sobre la ubicación de las empresas aplicado a las posiciones que se adoptan en los programas electorales cuando dos partidos compiten, que proporciona las condiciones bajo las que, para maximizar el número de votos que recibirán, los partidos adoptarán posiciones que atraigan al votante mediano. *Véase también: votante mediano.*

monopolio natural Proceso de producción en el que la curva de costo medio a largo plazo tiene una pendiente suficientemente descendente como para que sea imposible mantener la competencia entre las empresas en este mercado.

monopolio Empresa que es la única proveedora de un producto que no tiene sustitutos cercanos. También se refiere a un mercado con un solo vendedor. *Ver también: poder monopolístico, monopolio natural.*

movilidad intergeneracional Cambios en el estatus social o económico relativo entre los progenitores y sus hijos. La movilidad ascendente se produce cuando el estatus del hijo supera al de sus progenitores. La movilidad descendente es lo contrario. Una medida ampliamente utilizada de la movilidad intergeneracional es la correlación entre las posiciones de los progenitores y sus hijos (por ejemplo, en sus años de educación o nivel de ingreso). Otra medida es la elasticidad intergeneracional. *Véase también: elasticidad intergeneracional, transmisión intergeneracional de las diferencias económicas.*

multiplicador fiscal El cambio total (directo o indirecto) en el producto causado por un cambio inicial en el gasto del gobierno.

neutra en términos distributivos Política que no es progresiva ni regresiva, de manera que no altera la distribución del ingreso. *Véase* *también: progresiva (política), regresiva (política).*

New Deal Programa del presidente de los Estados Unidos, Franklin Roosevelt, iniciado en 1933, consistente en obras públicas de emergencia y programas de ayuda para emplear a millones de personas. Estableció las estructuras básicas para los programas estatales modernos de bienestar social, las políticas laborales y la regulación.

nivel de subsistencia Nivel de vida (medido en términos del consumo o el ingreso) al que la población no crece ni decrece.

norma social Entendimiento que es común a la mayoría de miembros de una sociedad sobre lo que las personas deberían hacer en una situación dada, cuando sus acciones afectan a los demás.

objetivos de inflación Régimen de política monetaria en el que el banco central cambia las tasas de interés para influir en la demanda agregada con el fin de mantener la economía cerca de un objetivo de inflación, que normalmente especifica el gobierno.

obligación de deuda garantizada (CDO) Instrumento financiero estructurado (un derivado) que consiste en un bono o pagaré respaldado por un conjunto de activos de renta fija. El colapso del valor de los instrumentos de este tipo respaldados por préstamos hipotecarios de alto riesgo o hipotecas *subprime* fue un factor importante en la crisis financiera de 2007-2008.

oferta mínima aceptable En el juego de ultimátum, la oferta más pequeña por el proponente que no será rechazada por el receptor. Generalmente aplicada en situaciones de negociación para referirse a la oferta menos favorable que sería aceptada.

oligopolio Mercado con un número pequeño de vendedores, lo que concede a cada vendedor un cierto poder de mercado.

opción de reserva La siguiente mejor alternativa que tiene una persona de entre todas las opciones existentes para una transacción particular. *Ver también: precio de reserva.*

orden limitada u orden a precio límite Combinación anunciada de precio y cantidad para un activo, ya sea para venderlo o comprarlo.

pago Beneficio para cada jugador asociado a las acciones conjuntas de todos los jugadores.

paradoja de Leontief El descubrimiento inesperado de Wassily Leontief de que las exportaciones de EE. UU. eran intensivas en mano de obra y sus importaciones intensivas en capital, hecho que contradice las predicciones de las teorías económicas: que un país con abundante capital (como EE. UU.) exportaría bienes que utilizaran una gran cantidad de capital en su producción.

paradoja del ahorro Si un solo individuo consume menos, sus ahorros aumentarán; pero si todos consumen menos, el resultado puede ser un menor en lugar de un mayor ahorro general. El intento de aumentar el ahorro se ve frustrado si un aumento en la tasa de ahorro no va de la mano de un aumento en la inversión (u otra fuente de demanda agregada, como el gasto gubernamental en bienes y servicios). El resultado es una reducción en la demanda agregada y una menor producción de modo que los niveles reales de ahorro, de hecho, no aumentan.

paridad de poder de compra (PPC o PPP, por su sigla en inglés) Corrección estadística que permite comparar el poder adquisitivo, es decir, lo que las personas pueden comprar en países que tienen diferentes monedas. *Ver también: precios constantes.*

pasivo Cualquier cosa de valor que se deba. *Véase también: balance general, activo.*

patente Derecho de propiedad exclusiva de una idea o invención por un determinado tiempo. Durante ese periodo, la patente permite que el propietario sea en la práctica un monopolista o usuario exclusivo.

patrimonio neto Activos menos pasivos. También conocido como valor patrimonial neto. *Véase también: balance general, capital propio.*

patrón oro Sistema de tipos de cambio fijos, abandonado en la Gran Depresión, en virtud del cual el valor de una moneda se definía en términos de oro, siendo posible intercambiar la moneda en cuestión por ese metal. *Véase también: Gran Depresión.*

pérdida de biodiversidad Proporción de especies que se extinguen cada año.

pérdida de eficiencia (o pérdida irrecuperable de eficiencia) Pérdida de excedente total en relación a una asignación eficiente en términos de Pareto.

población en edad de trabajar Convención estadística. En muchos países, son todas las personas con edades comprendidas entre 15 y 64 años.

población inactiva Personas de la población en edad de trabajar que no están empleadas ni buscan trabajo remunerado activamente. Aquellos que trabajan en el hogar criando niños, por ejemplo, no se consideran parte de la fuerza laboral y, por lo tanto, se clasifican de esta manera.

poder de mercado Atributo de una firma que puede vender su producto a toda una gama de precios factibles, de modo que pueda beneficiarse de actuar como un agente que establece precios (en lugar de uno que adopta los precios que fijan otros).

poder de negociación Ventaja que tiene una persona para asegurar una mayor parte de las rentas económicas posibles como resultado de una interacción.

poder monopolístico Poder que tiene una empresa para controlar su propio precio. Mientras menos sustitutos cercanos haya para el producto, mayor es el poder de la empresa para fijar el precio. *Véase también: monopolio.*

poder Capacidad de hacer (y obtener) las cosas que uno quiere, en oposición a las intenciones de los demás, normalmente por imposición o amenazando con sanciones.

política de mitigación Política diseñada para la reducción de daños medioambientales. *Ver también: mitigación.*

política fiscal Cambios en los impuestos o en el gasto público para estabilizar la economía. *Véase también: estímulo fiscal, multiplicador fiscal, demanda agregada.*

política medioambiental basada en cantidades Política que persigue objetivos medioambientales a través de prohibiciones, límites máximos y regulaciones

política medioambiental basada en precios Política que usa los impuestos o los subsidios para incidir en los precios con el objetivo de internalizar los efectos externos sobre el medioambiente de las decisiones individuales.

política monetaria Acciones del banco central (o del gobierno) destinadas a influir en la actividad económica mediante el cambio de las tasas de interés o los precios de los activos financieros. *Véase también: flexibilización cuantitativa (QE, por sus siglas en inglés).*

política predistributiva Acciones del gobierno que afectan a las dotaciones de la gente y el valor de estas, incluyendo la distribución del ingreso de mercado y la distribución de riqueza en manos privadas. Algunos ejemplos de estas políticas incluyen la educación, el salario mínimo y las políticas contra la discriminación. *Véase también: política redistributiva.*

política proteccionista Medidas tomadas por un gobierno para limitar el comercio; en particular, para reducir la cantidad de importaciones en la economía. Estas medidas están diseñadas para proteger a la industria local de la competencia externa. Pueden tomar diferentes formas, como impuestos a los bienes importados o cuotas de importación.

política prudencial Política que atribuye un valor muy alto a la reducción de la probabilidad de un resultado desastroso, incluso si es costoso en términos de renuncia a otros objetivos. Este enfoque es el que suele promoverse cuando existe una gran incertidumbre sobre las condiciones en las que puede producirse un resultado desastroso.

política redistributiva Impuestos y transferencias monetarias y en especie de carácter público, que resultan en una distribución del ingreso final que difiere de la distribución del ingreso de mercado. *Véase también: política predistributiva.*

políticas antitrust Políticas y leyes gubernamentales tendentes a limitar el poder de monopolio y evitar los cárteles. *También conocidas como: políticas de competencia.*

políticas de competencia Políticas y leyes gubernamentales tendentes a limitar el poder de monopolio y evitar los cárteles. *También conocidas como: políticas antitrust.*

políticas del lado de la oferta Conjunto de políticas económicas diseñadas para mejorar el funcionamiento de la economía, aumentando la productividad y la competitividad internacional y reduciendo los beneficios después de impuestos y los costos de producción. Estas políticas incluyen recortar los impuestos sobre los beneficios, endurecer las condiciones para recibir el subsidio por desempleo, cambiar la legislación para facilitar el despido de los trabajadores y la reforma de la política de competencia para reducir el poder monopolístico. *También conocidas como: reformas del lado de la oferta.*

polizón o viajar gratis (free ride) Beneficiarse de las contribuciones de otros a un proyecto cooperativo sin aportar nada.

precio ajustado con base en la inflación Precio que toma en cuenta el cambio en el nivel general de precios

precio al que se agota el mercado A este precio, no hay exceso de oferta ni exceso de demanda. *Véase también: equilibrio.*

precio de reserva Precio mínimo al que alguien está dispuesto a vender un bien (conservar el bien es la opción de reserva del vendedor potencial). *Véase también: opción de reserva.*

precio hedónico Método que se usa para inferir el valor económico de calidades medioambientales o percibidas de un bien para las que no hay un precio pero que afectan al precio de mercado del bien en cuestión. Permite al investigador poner un precio a características difícilmente cuantificables. Las estimaciones se basan en las preferencias declaradas de las personas, o sea, el precio que pagarían por un bien en comparación con otro.

precio relativo Precio de un bien o servicio comparado con otro (por lo general, expresado como una razón). *Ver también: opción de reserva.*

precios constantes Precios corregidos para incorporar sus aumentos (inflación) o caídas (deflación), de modo que una unidad de dinero represente el mismo poder de compra en diferentes periodos históricos. *Ver también: paridad de poder de compra.*

preferencias reveladas Forma de estudiar las preferencias aplicando ingeniería inversa a los motivos de un individuo (sus preferencias) a partir de observaciones sobre sus acciones.

preferencias sociales Preferencias que asignan un valor a lo que les ocurre a otras personas, aun si esto implica menores pagos para el individuo.

preferencias Descripción del beneficio o costo que asociamos a cada producto posible.

prestatario de alto riesgo o subprime Individuo con una baja calificación crediticia y un alto riesgo de impago. *Véase también: hipoteca de alto riesgo o subprime.*

problema de elección restringida Este problema gira en torno a cómo podemos hacer lo mejor para nosotros, dadas nuestras preferencias y restricciones, y cuando las cosas que valoramos son escasas. *Véase también: problema de optimización restringida.*

problema de optimización restringida Problemas en los que un decisor elige los valores de una o más variables para lograr un objetivo (como, por ejemplo, maximizar la ganancia) sujeto a una restricción que determina el conjunto factible (como la curva de demanda).

proceso de desequilibrio Una variable económica puede cambiar, ya sea porque las circunstancias que determinan el valor de equilibrio de esa variable cambien (un proceso de equilibrio) o porque el sistema no está en equilibrio y, por tanto, existan fuerzas internas de cambio en el modelo en cuestión (un proceso de desequilibrio). Este último proceso es el que se da cuando la economía se mueve hacia un equilibrio estable o se aleja de un punto de inflexión (un equilibrio inestable).

proceso de retroalimentación positiva Proceso mediante el cual unos cambios iniciales ponen en marcha un proceso que magnifica el cambio inicial. *Véase también: retroalimentación negativa (proceso).*

proceso multiplicador Mecanismo a través del cual el efecto directo e indirecto de un cambio en el gasto autónomo afecta al producto agregado. *Véase también: multiplicador fiscal, modelo del multiplicador.*

procíclico Tendencia a moverse en la misma dirección que la producción agregada y el empleo a lo largo del ciclo económico. *Véase también: contracíclico.*

productividad laboral Producción total dividida por el número de horas o alguna otra medida del insumo de trabajo.

productividad marginal de los gastos en reducción de emisiones Tasa marginal de transformación (TMT) de los costos de reducción de emisiones en mejora del medioambiente. Es la pendiente de la frontera factible. *Véase también: tasa marginal de transformación, frontera factible.*

productividad marginal decreciente del trabajo Situación en la cual, a medida que se emplea más trabajo en un determinado proceso productivo, la productividad media del trabajo por lo general cae.

productividad media Producto total dividido por un insumo particular, por ejemplo, por trabajador (dividido por el número de trabajadores) o por trabajador por hora (producto total dividido por el número total de horas de trabajo empleadas).

producto agregado Producción total de una economía, en todos los sectores y regiones.

Producto Interno Bruto (PIB) Medida del valor de mercado de todo lo que produce la economía en un determinado periodo.

producto marginal decreciente Propiedad de determinadas funciones de producción, según la cual cada unidad adicional de insumo resulta en un incremento menor del producto del generado por la unidad anterior.

producto marginal Cantidad adicional de producto que se genera si un insumo particular se incrementa en una unidad, mientras se mantienen constantes las cantidades de todos los demás insumos.

producto promedio Producto total dividido entre un insumo particular, por ejemplo, por trabajador (dividido entre el número de trabajadores) o por trabajador por hora (producto total dividido entre el número total de horas de trabajo dedicadas).

productos diferenciados Producto confeccionado por una sola empresa y que posee ciertas características únicas en comparación con productos similares de otras empresas.

progresiva (política) Gasto o transferencia que, en términos porcentuales, aumenta los ingresos de los hogares más pobres en un monto mayor que el de los hogares más ricos. *Véase también: regresiva (política).*

progreso tecnológico Cambio en la tecnología que reduce la cantidad de recursos (trabajo, máquinas, tierra, energía, tiempo) necesarios para producir una cantidad determinada de producto final.

propensión marginal a importar Cambio en las importaciones totales asociado con un cambio en el ingreso total.

propensión marginal al consumo (PMC) Cambio en el consumo cuando el ingreso disponible cambia en una unidad.

propiedad privada Derecho y expectativa de poder disfrutar de las posesiones propias en las formas que se elija poder excluir a otros de su uso y disponer de ellas por obsequio o venta a otros que luego se convierten en sus propietarios.

punto de inflexión Equilibrio inestable en la frontera entre dos regiones caracterizado por el movimiento claro de alguna variable. Si la variable toma un valor de un lado, la variable se mueve en una dirección y, del otro lado, se mueve en dirección opuesta. *Véase también: burbuja del precio de los activos.*

pánico bancario Situación en la que los depositantes retiran fondos de un banco porque temen que pueda declararse en quiebra y no cumplir con sus obligaciones (es decir, no reembolsar los fondos adeudados a los depositantes).

quien contamina, paga Guía de política medioambiental según la cual quien imponga un efecto medioambiental negativo a los demás debería pagar por los daños causados a través de impuestos u otros medios.

racionamiento de crédito Proceso por el cual aquellos con menos riqueza se endeudan en términos desfavorables, en comparación con aquellos con más riqueza.

recesión Oficina nacional dedicada a la investigación económica en EE.UU., la US National Bureau of Economic Research, lo define como un periodo en el que la producción está disminuyendo. Se termina una vez que la economía comienza a crecer nuevamente. Una definición alternativa sería que es un periodo en el que el nivel de producción está por debajo de su nivel normal, incluso si la economía está creciendo, y no termina hasta que la producción ha crecido lo suficiente como para volver a la normalidad. La última definición tiene el problema de que el nivel 'normal' es subjetivo.

reciprocidad Preferencia por ser amable o ayudar a otros que son amables o brindan apoyo, y por evitar ayudar y ser amables con quienes no son amables o no dan su apoyo.

recurso común Bien rival que uno no puede evitar que otros disfruten. *También conocido como: recurso de propiedad común.*

regresiva (política) Gasto o transferencia que, en términos porcentuales, aumenta los ingresos de los hogares más ricos en un monto mayor que el de los hogares más pobres. *Véase también: progresiva (política).*

relación principal-agente Relación que existe cuando una parte (el principal) desea que otra parte (el agente) actúe de determinada manera o tenga algún atributo que sea de interés para el principal, y que no se pueda hacer cumplir o garantizar en un contrato vinculante. *Véase también: contrato incompleto. También se conoce como: problema principal-agente.*

remesas Dinero que los trabajadores migrantes internacionales envían a sus familias u otras personas de su país de origen. En los países que proveen o reciben una gran cantidad de trabajadores migrantes, estas remesas suponen un importante flujo internacional de capital.

rendimiento Tasa de rendimiento implícita que el comprador obtiene de su dinero cuando compra un bono a su precio de mercado.

rendimientos a escala constantes Se producen cuando, al duplicar los insumos de un proceso de producción, se duplica la cantidad de producto. La forma de la curva de costo promedio a largo plazo de una empresa depende tanto de los rendimientos a escala en la producción como del efecto de la escala en los precios que se pagan por los insumos. *Véase también: rendimientos crecientes a escala, rendimientos a escala decrecientes.*

rendimientos a escala crecientes Ocurre cuando al duplicar todos los insumos, la producción incrementa en más del doble. La forma del costo promedio de largo plazo de una empresa depende de tanto los rendimientos a escala como de los precios que paga por sus insumos. *También conocido como: economías de escala. Véase también: rendimientos a escala decrecientes, rendimientos a escala constantes.*

rendimientos a escala decrecientes Se producen cuando, al duplicar los insumos de un proceso de producción, se obtiene menos del doble de producto. *También conocidas como: deseconomías de escala. Véase también: rendimientos crecientes a escala.*

rendimientos crecientes a escala Se producen cuando, por ejemplo, duplicamos los insumos introducidos en un proceso productivo y la producción resultante crece más del doble. La forma de la curva de costo medio a largo plazo de una empresa depende tanto de los rendimientos de escala en la producción como del efecto de esa escala sobre los precios que la empresa paga por sus insumos. *También se usa el término: economías de escala. Ver también: rendimientos a escala decrecientes.*

rendimientos decrecientes Situación en la cual el uso de una unidad adicional de un insumo de producción resulta en un menor incremento en el producto, respecto al incremento anterior. *También se conoce como: rendimientos marginales decrecientes de la producción.*

renta de desequilibrio Renta económica que surge cuando un mercado no está en equilibrio, por ejemplo, cuando hay exceso de demanda o exceso de oferta en un mercado de algún bien o servicio. En cambio, las rentas que surgen en equilibrio se llaman rentas de equilibrio.

renta de equilibrio Renta en un mercado que está en equilibrio. *También conocida como: renta estacionaria o persistente.*

renta del empleo Renta económica que recibe un trabajador cuando el valor neto de su trabajo excede el valor neto de su siguiente mejor alternativa (es decir, estar desempleado). *También conocida como: costo de la pérdida del empleo.*

renta económica Pago u otro beneficio recibido por encima y más allá de lo que el individuo hubiera recibido en su siguiente

mejor alternativa (u opción de reserva). *Ver también: opción de reserva.*

renta política Pago u otro beneficio adicional que obtiene el individuo por encima de su siguiente mejor alternativa (posición de reserva) y que existe como resultado del cargo político que ocupa ese individuo. La posición de reserva, en este caso, se refiere a la situación del individuo si no estuviera en una posición política privilegiada. *Véase también: renta económica.*

rentas de innovación Ganancias por sobre el costo de oportunidad del capital que un innovador recibe por introducir una nueva tecnología, forma organizacional o estrategia de marketing. *También conocidas como: rentas schumpeterianas.*

rentas disponibles Rentas que se pueden disponer luego de pagar impuestos o recibir transferencias o subsidios del gobierno. *También conocidas como: ingresos disponibles.*

rentas monopólicas Forma de beneficio económico que surge debido a la competencia restringida en la venta del producto de una empresa. *Véase también: beneficios económicos o ganancias económicas.*

rentas schumpeterianas Ganancias por sobre el costo de oportunidad del capital que un innovador recibe por introducir una nueva tecnología, forma organizacional o estrategia de marketing. *También conocidas como: rentas de innovación.*

rescate bancario El gobierno compra una participación accionarial en un banco o alguna otra intervención para evitar que la entidad quiebre.

reservas (recursos naturales) Cantidad de recursos naturales que es económicamente factible extraer con la tecnología existente.

responsabilidad democrática Responsabilidad política a través de elecciones y otros procesos democráticos *Véase también: responsabilidad, responsabilidad política.*

responsabilidad económica Rendición de cuentas establecida en virtud de procesos económicos, especialmente la competencia entre empresas u otras entidades, de modo que no tener en cuenta a los afectados por las decisiones económicas resultaría en una disminución de los beneficios o incluso una

quiebra empresarial. *Véase también: responsabilidad, responsabilidad política.*

responsabilidad política Obligación de rendir cuentas a la ciudadanía establecida debido a procesos políticos como las elecciones, la supervisión de un gobierno electo o la consulta con los ciudadanos afectados. *Véase también: responsabilidad, responsabilidad económica.*

responsabilidad La obligación de un agente tomador de decisiones de responder frente a las necesidades y deseos de las personas afectadas por sus decisiones.

restricción crediticia o estar restringido en el crédito Descripción de las personas que pueden pedir prestado solo en términos desfavorables. *Véase también: excluidos del crédito.*

restricción de capacidad Situación en la que una empresa tiene más pedidos para su producción de los que puede servir. *Véase también: baja utilización de capacidad.*

restricción presupuestal Ecuación que representa todas las combinaciones de bienes y servicios que se podrían adquirir, que agoten exactamente los recursos propios presupuestados.

restringidos en el crédito Descripción de las personas que pueden pedir prestado solo en términos desfavorables. *Ver también: excluidos del crédito.*

retornos marginales decrecientes del consumo El valor que tiene para un individuo una unidad adicional de consumo disminuye cuanto más consume. *Conocidos también como: utilidad marginal decreciente.*

retroalimentación negativa (proceso) Proceso mediante el cual un cambio inicial pone en marcha un proceso que atempera el cambio inicial. *Véase también: retroalimentación positiva (proceso).*

retroalimentación positiva (proceso) Proceso en el que un cambio inicial pone en marcha un proceso que magnifica el cambio inicial. *Véase también: retroalimentación negativa (proceso).*

revolución capitalista Mejoras aceleradas en la tecnología combinadas con el surgimiento de un nuevo sistema económico.

Revolución Industrial Ola de avances tecnológicos y cambios organizacionales que comenzó en Gran Bretaña en el siglo XVII y transformó su economía basada en la agricultura y la artesanía, a una economía industrial y comercial.

riesgo de expropiación Probabilidad de que el gobierno o algún otro actor le quite un activo a su propietario.

riesgo de impago Riesgo de que el crédito otorgado como préstamos no se reembolse.

riesgo de liquidez Riesgo de que un activo no se pueda intercambiar por efectivo lo suficientemente rápido como para evitar una pérdida financiera.

riesgo idiosincrático Riesgo que solo afecta a un pequeño número de activos a la vez. Los inversores pueden prácticamente eliminar su exposición a este tipo de riesgo manteniendo una cartera diversificada de activos afectados por diferentes niveles de riesgo. *También conocido como: riesgo diversificable.*

riesgo moral Término que se originó en la industria de los seguros para expresar el problema al que se enfrentan las aseguradoras: la persona que contrata un seguro para su hogar puede tener menos cuidado a la hora de evitar incendios u otros daños, lo que aumenta el riesgo con respecto a una situación sin seguro. En la actualidad, el término se refiere a cualquier situación en la que una de las partes en una interacción decide sobre una acción que afecta a los beneficios o el bienestar de la otra, pero la parte afectada no puede controlar la decisión mediante un contrato (a menudo porque la parte afectada no tiene información adecuada sobre la acción). *También se conoce como: problema de las «acciones ocultas». Véase también: acción oculta (problema de la), contrato incompleto, demasiado grandes para dejarlos quebrar (too big to fail).*

riesgo sistémico Un riesgo que amenaza el sistema financiero en sí.

riesgo sistemático Riesgo que afecta a todos los activos en el mercado, por lo que no es posible que los inversores reduzcan su exposición al riesgo detentando una combinación de diferentes activos. *También conocido como: riesgo no diversificable.*

riqueza objetivo Nivel de riqueza que un hogar pretende mantener, en función de sus objetivos (o preferencias) económicos y sus expectativas. Suponemos que, ante los cambios en su situación económica, los hogares intentan mantener este nivel de riqueza siempre que sea posible hacerlo.

riqueza Existencias de bienes en propiedad o valor de esas existencias. Incluye el valor en el mercado de casas, automóviles, cualquier terreno, edificio, maquinaria u otros bienes de capital que una persona pueda poseer y cualquier activo financiero como acciones o bonos. Las deudas se restan: por ejemplo, la hipoteca que se debe al banco. Las deudas que otros han contraído con la persona se suman.

salario de eficiencia Pago que realiza un empleador, que es más alto que el salario de reserva de un empleado, con el fin de motivar al empleado a esforzarse más en el trabajo de lo que de otro modo elegiría hacer. *Véase también: modelo de disciplina laboral, renta del empleo.*

salario de reserva Lo que un empleado obtendría en un empleo alternativo, como prestación por desempleo o en calidad de cualquier otro tipo de apoyo, si no tuviera su trabajo actual.

salario mínimo legal Nivel mínimo de paga establecido por ley para los trabajadores en general o para algún tipo concreto de trabajador. La intención del salario mínimo es garantizar un nivel de vida aceptable a personas con ingresos bajos. Muchos países, como el Reino Unido y EE.UU., se aseguran el cumplimiento de este mínimo con legislación sobre la materia. *También conocido como: salario mínimo.*

salario nominal Cantidad que realmente se recibe en pago al trabajo realizado en una moneda en particular. *También conocido como: salario monetario. Véase también: salario real.*

salario por pieza Tipo de empleo en el que se paga al trabajador una cantidad fija por cada unidad de producto fabricada.

salario real Salario nominal ajustado para tener en cuenta los cambios en los precios entre diferentes periodos de tiempo. Mide la cantidad de bienes y servicios que el trabajador puede comprar. *Ver también: salario nominal.*

saldo presupuestario público Diferencia entre los ingresos fiscales del gobierno y el gasto público (incluidas las compras públicas de bienes y servicios, el gasto público en inversión y el gasto en transferencias como pensiones y prestaciones por desempleo). *Véase también: déficit público, superávit público.*

seguridad social Gasto público financiado con impuestos que ofrece protección frente a varios riesgos económicos (por ejemplo, pérdida de ingresos por enfermedad o desempleo) y permite a las personas suavizar las fluctuaciones en sus ingresos a lo largo de su vida. *Véase también: coaseguro.*

selección adversa Problema al que se enfrentan las partes en un intercambio en el que los términos ofrecidos por una parte harán que algunos socios se retiren. Un ejemplo es el problema de la información asimétrica en un seguro: si el precio es suficientemente alto, las únicas personas que contratarán un seguro médico serán aquellas que saben que están enfermas (pero la aseguradora no lo sabe). Esto conducirá a nuevos aumentos de precios para cubrir los costos. *También conocido como: el problema de las «características ocultas» (estar enfermo es la característica oculta) para distinguirlo del problema de las «acciones ocultas» del riesgo moral. Véase también: contrato incompleto, riesgo moral, información asimétrica.*

separación entre propiedad y control Característica de algunas empresas en la que los gerentes son un grupo separado de los propietarios.

shock de demanda Cambio inesperado en la demanda agregada, como pueda ser un aumento o disminución del consumo autónomo, la inversión o las exportaciones. *Véase también: shock de oferta.*

shock de oferta Cambio inesperado en el lado de la oferta de la economía, como pueda ser un aumento o una caída de los precios del petróleo o una mejora en la tecnología. *Véase también: curva de fijación de salarios, curva de fijación de precios, curva de Phillips.*

shock Cambio exógeno en algunos de los datos fundamentales utilizados en un modelo.

sindicato inclusivo Sindicato, con representación en muchas empresas y sectores, que tiene en cuenta las consecuencias de los aumentos salariales para la creación de empleo en toda la economía a largo plazo.

sindicato Organización compuesta principalmente por empleados, cuyas actividades principales incluyen la negociación de niveles de paga y condiciones laborales para sus miembros.

sistema de Bretton Woods Sistema monetario internacional de tipos de cambio fijos pero ajustables, establecido al final de la Segunda Guerra Mundial. Reemplazó al patrón oro, que se abandonó durante la Gran Depresión.

sistema de innovación Relaciones entre empresas privadas, gobiernos, instituciones educativas, científicos individuales y otros actores involucrados en la invención, modificación y difusión de nuevas tecnologías, y la forma en que estas interacciones sociales se rigen por una combinación de leyes, políticas, conocimiento y normas sociales vigentes.

sistema económico Instituciones que organizan la producción y distribución de bienes y servicios para una economía completa.

sistema político Un sistema político determina cómo son escogidos los gobiernos y cómo estos toman decisiones que afectan a la población y las aplican a través de políticas públicas.

sobreprecio El precio menos el costo marginal dividido por el precio. Es inversamente proporcional a la elasticidad de la demanda de este bien.

sociedad cooperativa Empresa que, en su mayor parte o en su totalidad, es propiedad de sus trabajadores, que son quienes contratan y despiden a los administradores.

solvencia *Véase también: insolvencia.*

stock o existencias Cantidad medida en un momento determinado. Sus unidades no dependen del tiempo. *Véase también: flujo.*

subsidio o prestación de desempleo Transferencia del gobierno recibida por una persona desempleada.

subsidio pigouviano Un subsidio del gobierno pensado para promover la actividad económica que tiene externalidades positivas. (Por ejemplo, subsidios a la investigación básica).

superávit comercial Balanza comercial positiva de un país (exporta más de lo que importa). *Véase también: déficit comercial, balanza comercial.*

superávit por cuenta corriente Cantidad en que el valor combinado de exportaciones y ganancias netas de activos en el exterior de un país excede el valor de sus importaciones. *Véase también: cuenta corriente, déficit por cuenta corriente.*

superávit público Cuando el saldo presupuestario público es positivo *Véase también: saldo presupuestario público, déficit público.*

sustitutos Dos bienes para los cuales un aumento en el precio de uno lleva a un aumento en la cantidad demandada del otro. *Ver también: complementos.*

tangencia Cuando dos curvas comparten un punto, pero no se cruzan. La tangente a una curva en un punto determinado es una línea recta que toca la curva en ese punto, pero no la cruza.

tasa bruta de reemplazo de las prestaciones por desempleo Proporción del salario bruto (antes de impuestos) anterior del trabajador que se recibe (antes de impuestos) cuando se está desempleado.

tasa de apalancamiento (para bancos u hogares) Valor de los activos dividido por la participación accionarial en esos activos.

tasa de cambio Número de unidades de moneda nacional que se pueden cambiar por una unidad de moneda extranjera. Por ejemplo, el número de dólares australianos (AUD) necesarios para comprar un dólar estadounidense (USD) se define como el número de AUD por USD. Un incremento de esta tasa equivale a una depreciación del AUD y una disminución implica una apreciación del AUD.

tasa de capitalización de mercado Tasa de rendimiento que es lo suficientemente alta como para inducir a los inversores a poseer acciones de una empresa en particular. Será alta si la empresa está sujeta a un nivel alto de riesgo sistemático.

tasa de descuento Medida de la impaciencia de una persona: cuánto valora una unidad adicional de consumo ahora respecto a una unidad adicional de consumo en el futuro. Es la pendiente de la curva de indiferencia entre consumo ahora y consumo en el futuro, menos uno. También se conoce como tasa de descuento subjetiva.

tasa de desempleo estabilizadora de la inflación Tasa de desempleo (en el equilibrio del mercado laboral) en la que la inflación es constante. Originalmente conocida como la «tasa natural» de desempleo. *También conocida como: tasa de desempleo no aceleradora de la inflación, tasa de desempleo de de inflación estable. Véase también: desempleo de equilibrio.*

tasa de desempleo Razón entre el número de desempleados y la fuerza laboral total. (Tenga en cuenta que la tasa de empleo y la tasa de desempleo no suman 100%, ya que tienen diferentes denominadores). *Véase también: fuerza laboral, tasa de empleo.*

tasa de empleo Razón entre el número de empleados y la población en edad de trabajar. *Véase también: población en edad de trabajar.*

tasa de interés bancaria Tasa de interés media cobrada por los bancos comerciales a empresas y hogares. Por lo general, esta tasa estará por encima de la tasa de interés oficial: la diferencia es el margen de beneficio, diferencial o *spread* de los préstamos comerciales. *También se conoce como: tasa de interés del mercado. Véase también: tasa de interés, tasa oficial.*

tasa de interés de corto plazo Precio de tomar prestado dinero base.

tasa de interés nominal Tasa de interés sin corregir para tomar en cuenta la inflación. Es la tasa de interés que cita la banca minorista. *Véase también: tasa de interés real, tasa de interés.*

tasa (de interés) oficial Tasa de interés establecida por el banco central, que se aplica a los bancos que toman prestado dinero base entre sí y del banco central. *También conocida como: tasa de base, tasa de intervención. Véase también: tasa de interés real, tasa de interés nominal.*

tasa de interés real Tasa de interés corregida para tomar en cuenta la inflación (es decir, la tasa de interés nominal menos la tasa de inflación). Representa cuántos bienes se obtienen en el futuro por los bienes que no se consumen ahora. *Véase también: tasa de interés nominal, tasa de interés.*

tasa de interés Precio de adelantar parte de nuestro poder de compra en el tiempo. *Véase también: tasa de interés nominal, tasa de interés real.*

tasa de participación Razón o ratio entre el número de personas en la fuerza laboral y la población en edad de trabajar. *Véase también: fuerza laboral, población en edad de trabajar.*

tasa de utilización de la capacidad Medida del grado en que una empresa, un sector o una economía entera está produciendo tanto como lo permitiría su parque de bienes de capital y el conocimiento actual de que dispone.

tasa impositiva efectiva sobre beneficios Se calcula tomando la tasa de beneficio antes de impuestos, restando la tasa de beneficio después de impuestos y dividiendo el resultado por la tasa de beneficio antes de impuestos. Esta fracción generalmente se multiplica por 100 y se expresa como porcentaje.

tasa marginal de sustitución (TMS) Disyuntiva que una persona está dispuesta a enfrentar a la hora de elegir entre dos bienes. En cualquier punto dado, esa trata de la pendiente de la curva de indiferencia. *Ver también: tasa marginal de transformación.*

tasa marginal de transformación (TMT) Cantidad de algún bien que debe sacrificarse para adquirir una unidad adicional de otro bien. En cualquier punto, es la pendiente de la frontera factible. *Ver también: tasa marginal de sustitución.*

Taylorismo Innovación en la gestión que busca reducir los costos laborales, por ejemplo, dividiendo los trabajos cualificados en varias tareas separadas menos especializadas, para reducir así los salarios.

techo al alquiler Precio legal máximo que un arrendador puede cobrar por un alquiler.

técnicamente factible Asignación dentro de los límites establecidos por la tecnología y la biología.

tecnología Proceso que toma un conjunto de materiales y otros insumos, incluyendo el trabajo de personas y máquinas para generar productos.

tecnologías de uso general Avances tecnológicos que pueden aplicarse a muchos sectores e impulsar innovaciones posteriores. Las tecnologías de la información y las comunicaciones (TIC) y la electricidad son dos ejemplos típicos.

Teoría de Juegos Rama de las matemáticas que estudia las interacciones estratégicas, es decir, situaciones en las que cada actor sabe que los beneficios que recibe dependen de las acciones tomadas por todos. *Ver también: juego.*

tipo de cambio Número de unidades de moneda nacional que se pueden cambiar por una unidad de moneda extranjera. Por ejemplo, el número de dólares australianos (AUD) necesarios para comprar un dólar estadounidense (USD) se define como el número de AUD por USD. Un incremento de esta tasa equivale a una depreciación del AUD y una disminución es una apreciación del AUD.

títulos con garantía hipotecaria (MBS) Activo financiero que utiliza hipotecas como garantía. Los inversores reciben pagos derivados de los intereses y el principal de las hipotecas subyacentes. *Véase también: garantía.*

tomador de precios Característica de productores y consumidores que no pueden beneficiarse de ofrecer o pedir cualquier precio que no sea el precio de mercado en el punto de equilibrio de un mercado competitivo. No tienen poder para influir en el precio de mercado.

too big too fail (literalmente, «demasiado grande para quebrar») Característica de los grandes bancos, cuya importancia central en la economía les asegura que serán rescatados por el gobierno si se encuentran en dificultades financieras. Al no asumir todos los costos de sus actividades, es probable que el banco asuma mayores riesgos. *Véase también: riesgo moral.*

trabajo asalariado Sistema en el que a los productores se les paga por el tiempo que trabajan para sus empleadores.

tragedia de los comunes Dilema social en el que individuos que actúan independientemente con base en su propio interés agotan un recurso común, provocando así una reducción de las recompensas para todos. *Véase también: dilema social.*

transferencias en especie Gasto público en forma de servicios gratuitos o subvencionados puestos a disposición de los hogares, y no en forma de transferencias de efectivo.

transferencias públicas o del gobierno Gasto de las administraciones públicas en forma de pagos a hogares o individuos. Incluye, por ejemplo, las prestaciones por desempleo y las pensiones. Las transferencias no están incluidas en el gasto público (G) en las cuentas nacionales. *Véase también: gasto público (G).*

transformación de los vencimientos Práctica de pedir prestado dinero a corto plazo y prestarlo a largo plazo. Por ejemplo, un banco acepta depósitos, que promete devolver a corto plazo o sin previo aviso, y otorga préstamos a largo plazo (que pueden devolverse durante muchos años). *También conocida como: transformación de liquidez.*

transmisión intergeneracional de las diferencias económicas Procesos mediante los cuales el estatus económico de hijos e hijas adultos se parece al estatus económico de sus padres. *Véase también: elasticidad intergeneracional, movilidad intergeneracional.*

trilema de la economía mundial Probable imposibilidad de que cualquier país, en un mundo globalizado, pueda mantener simultáneamente una profunda integración de mercados (cruzando fronteras), su soberanía nacional y la gobernabilidad democrática. Sugerido por primera vez por el economista Dani Rodrik.

utilidad marginal decreciente Propiedad de algunas funciones de utilidad tal que cada unidad adicional de una variable de consumo resulta en un incremento menor en la utilidad total que el dado por la unidad anterior. *También conocido como: retornos marginales decrecientes del consumo.*

utilidad marginal Utilidad adicional que resulta de un aumento en una unidad de una determinada variable.

utilidad Indicador numérico de valor que uno asigna a un resultado, de modo que se escojan resultados más valorados por encima de otros menos valorados cuando ambos sean factibles.

valor agregado Para un proceso de producción, este es el valor de la producción menos el valor de todos los insumos (llamados bienes intermedios). Los bienes de capital y la mano de obra utilizados en la producción no son bienes intermedios. El valor agregado es igual a los beneficios antes de impuestos más los salarios.

valor fundamental de una acción Cotización de la acción con base en las ganancias futuras anticipadas y el nivel de riesgo.

valor neto o *equity* Inversión de un individuo en un proyecto. Se registra en el balance de una empresa o de un individuo como patrimonio neto. *Véase también: patrimonio neto.*

valor presente neto Valor actual de un flujo de ingresos futuros menos los costes asociados (que pueden tener lugar tanto en el presente como en el futuro). *Véase también: valor presente o actual.*

valor presente o actual Valor actual de un flujo de ingresos futuros u otros beneficios, cuando estos se descuentan utilizando una tasa de interés o la tasa de descuento propia de la persona. *Véase también: valor presente neto.*

valoración contingente Técnica basada en encuestas para determinar el valor de recursos que no tienen mercado. *También conocida como: modelo de preferencia declarada.*

variable de flujo Cantidad medida por unidad de tiempo, como el ingreso anual o el salario por hora.

variable de stock Cantidad medida en un punto en el tiempo. Sus unidades no dependen del tiempo. *Véase también: flujo.*

venta en corto Venta de un activo que el vendedor ha tomado prestado, con la intención de volver a comprarlo a un precio más bajo. Esta estrategia es la que adoptan los inversores que esperan que disminuya el valor de un activo. *También conocida como: venta al descubierto.*

ventaja absoluta Una persona o país la tiene en la producción de un bien si los insumos que usa para producirlo son menores a los de otra persona o país. *Véase también: ventaja comparativa.*

ventaja comparativa Una persona o país la tiene en la producción de un bien en concreto si el costo de producir una unidad adicional de ese bien, comparado con el costo de producir otro bien, es menor que para otra persona o país. *Véase también: ventaja absoluta.*

viabilidad administrativa Políticas para las que el gobierno cuenta con suficiente información y personal como para ponerlas en práctica.

viabilidad económica Políticas para las que los resultados pretendidos son un equilibrio de Nash, de modo que, una vez introducidas, los actores económicos privados no actuarán para contrarrestar los efectos perseguidos con la política.

votante mediano Si los votantes pueden clasificarse en una única dimensión de mayor a menor (como, por ejemplo, con base en la preferencia por impuestos más altos o más bajos, o una protección medioambiental más o menos importante), el votante mediano es el del medio: es decir, si hubiera un número impar de votantes en total, habría un número igual de electores que prefieren más y de electores que prefieren menos que el votante mediano. *Véase también: modelo del votante mediano.*

zona de unión monetaria Grupo de países que usan la misma moneda. Esto significa que hay una única política monetaria para todo el grupo. *También conocida como: unión monetaria.*

BIBLIOGRAFÍA

Acconcia, Antonio, Giancarlo Corsetti y Saverio Simonelli. 2014. 'Mafia and Public Spending: Evidence on the Fiscal Multiplier from a Quasi-Experiment'. *American Economic Review* 104 (7) (julio): pp. 2185–2209.

Acemoglu, Daron, Simon Johnson, y James A. Robinson. 2005. 'Institutions as a Fundamental Cause of Long-Run Growth' (https://tinyco.re/2662186). En *Handbook of Economic Growth, Volumen 1A.,* eds. Philippe Aghion y Steven N. Durlauf. North Holland.

Acemoglu, Daron, y James A. Robinson. 2012. *Por qué fracasan los países: los orígenes del poder, la prosperidad y la pobreza,* Ciudad de México: Crítica, 2013.

Acemoglu, Daron y James A. Robinson. 2013. 'Economics versus politics: Pitfalls of policy advice' (https://tinyco.re/5915146). *The Journal of Economic Perspectives* 27 (2): pp. 173–192.

Ackerman, Frank. 2007. *Debating climate economics: the Stern Review vs. its critics* (https://tinyco.re/6591851). Informe presentado a Amigos de la Tierra, julio de 2007.

Akerlof, George A. y Robert J. Shiller. 2015. *La economía de la manipulación: cómo caemos en las trampas del mercado.* 1ª ed. Barcelona: Deusto, 2016.

Aleem, Irfan. 1990. 'Imperfect information, screening, and the costs of informal lending: A study of a rural credit market in Pakistan'. *The World Bank Economic Review* 4 (3): pp. 329–349.

Allen, Robert C. 2009. 'The Industrial Revolution in Miniature: The Spinning Jenny in Britain, France, and India'. En *The Journal of Economic History* 69 (04) (Noviembre): p. 901.

Allen, Robert C. 2013. *Historia económica mundial: una breve introducción.* Madrid: Alianza Editorial.

Almunia, Miguel, Agustín Bénétrix, Barry Eichengreen, Kevin H. O'Rourkey Gisela Rua. 2010. 'From Great Depression to Great Credit Crisis: Similarities, Differences andLessons' (https://tinyco.re/9513563). *Economic Policy* 25 (62) (abril): pp. 219–265.

Alvaredo, Facundo, Anthony B. Atkinson, Thomas Piketty, Emmanuel Saez, y Gabriel Zucman. 2016. 'The World Wealth and Income Database (WID)' (https://tinyco.re/5262390).

Andersen, Torben M., Bengt Holmström, Seppo Honkapohja, Sixten Korkman, Hans Tson Söderström y Juhana Vartiainen. 2007. *The Nordic Model: Embracing Globalization and Sharing Risks* (https://tinyco.re/2490148). Helsinki: Taloustierto Oy.

Arnott, Richard. 1995. 'Time for Revisionism on Rent Control?' (https://tinyco.re/7410213). *Journal of Economic Perspectives* 9 (1) (febrero): pp. 99–120.

Arrow, Kenneth. J. 1978. 'A cautious case for socialism' (https://tinyco.re/3618241). *Dissent* 25 (4): pp. 472–480.

Arrow, Kenneth J. y F. H. Hahn. *Análisis general competitivo.* México: Fondo de Cultura Económica, 1977.

Atkinson, Anthony B. y Thomas Piketty, eds. 2007. *Top Incomes over the Twentieth Century: A Contrast between Continental European and English-Speaking Countries.* Oxford: Oxford University Press.

Auerbach, Alan y Yuriy Gorodnichenko. 2015. 'How Powerful Are Fiscal Multipliers in Recessions?' (https://tinyco.re/3018428). *NBER Reporter 2015 Research Summary.*

Augustine, Dolores. 2013. 'Innovation and Ideology: Werner Hartmann and the Failure of the East German Electronics Industry.' En *The East German Economy, 1945–2010: Falling behind or Catching Up?,* publicado por German Historical Institute, editado por Hartmut Berghoff y Uta Andrea Balbier. Cambridge: Cambridge University Press.

Ausubel, Lawrence M. 1991. 'The Failure of Competition in the Credit Card Market'. *American Economic Review* 81 (1): pp. 50–81.

Autor, David y Gordon Hanson. *NBER Reporter 2014 Number 2: Research Summary. Labor Market Adjustment to International Trade* (https://tinyco.re/2846538).

Bakija, Jon, Lane Kenworthy, Peter Lindert y Jeff Madrick. 2016. *How Big Should Our Government Be?* Berkeley: University of California Press.

Ball, Philip. 2002. 'Blackouts Inherent in Power Grid'. *Nature News*. Actualizado 8 de noviembre de 2002.

Ball, Philip. 2004. 'Power Blackouts Likely'. *Nature News*. 20 de enero de 2004.

Banco Mundial. 1993. *El milagro de Asia Oriental: el crecimiento económico y las políticas oficiales*. Washington D.C.: Banco Mundial.

Banco Mundial. 2011. *The Changing Wealth of Nations* (https://tinyco.re/8096132).

Banco Mundial. 2015. Datos sobre precios de productos básicos (https://tinyco.re/9946436).

Banco Mundial. 2015. Indicadores del desarrollo mundial (https://tinyco.re/8871968).

Banerjee, Abhijit V., Paul J. Gertler y Maitreesh Ghatak. 2002. 'Empowerment and Efficiency: Tenancy Reform in West Bengal'. *Journal of Political Economy* 110 (2): pp. 239–280.

Barro, Robert J. 2009. 'Government Spending Is No Free Lunch' (https://tinyco.re/3208655). *Wall Street Journal*.

Basker, Emek. 2007. 'The Causes and Consequences of Wal-Mart's Growth'. *Journal of Economic Perspectives* 21 (3): pp. 177–198.

Bentolila, Samuel, Tito Boeri y Pierre Cahuc. 2010. 'Ending the Scourge of Dual Markets in Europe' (https://tinyco.re/2724010). *VoxEU.org*. Actualizado el 12 de julio de 2010.

Berger, Helge y Mark Spoerer. 2001. 'Economic Crises and the European Revolutions of 1848'. *The Journal of Economic History* 61 (2): pp. 293–326.

Berghoff, Hartmut y Uta Andrea Balbier. 2013. 'From Centrally Planned Economy to Capitalist Avant-Garde? The Creation, Collapse, and Transformation of a Socialist Economy'. En *The East German Economy, 1945–2010 Falling behind or Catching Up?*, publicado por German Historical Institute, editado por Hartmut Berghoff y Uta Andrea Balbier. Cambridge: Cambridge University Press.

Besley, Timothy y Anne Case. 1995. 'Does electoral accountability affect economic policy choices? Evidence from gubernatorial term limits' (https://tinyco.re/2599264). *The Quarterly Journal of Economics* 110 (3): pp. 769–798.

Besley, Timothy y Torsten Persson. 2014. 'Why do developing countries tax so little?' (https://tinyco.re/3513621). *The Journal of Economic Perspectives* 28 (4): pp. 99–120.

Bessen, James. 2015. *Learning by Doing: The Real Connection between Innovation, Wages, and Wealth*. New Haven, CT: Yale University Press.

Bewley, T. 2007. 'Fairness, Reciprocity and Wage Rigidity'. *Behavioral Economics and its Applications*, edición a cargo de Peter Diamond y Hannu Vartiainen, pp. 157–188. Princeton, NJ: Princeton University Press.

Bewley, T. F. 1999. *Why Wages Don't Fall during a Recession*. Cambridge, MA: Harvard University Press.

Blanchard, Olivier. 2012. 'Lessons from Latvia' (https://tinyco.re/8173211). *IMFdirect – The IMF Blog*. Actualizado el 11 de junio de 2012.

Blanchard, Olivier y Justin Wolfers. 2000. 'The Role of Shocks and Institutions in the Rise of European Unemployment: The Aggregate Evidence'. *The Economic Journal* 110 (462): pp. 1–33.

Blanchflower, David G. y Andrew J. Oswald. 1995. 'An Introduction to the Wage Curve' (https://tinyco.re/2712192). *Journal of Economic Perspectives* 9 (3): pp. 153–167.

Boldrin, Michele y David K. Levine. 2008. *Against Intellectual Monopoly*. New York, NY: Cambridge University Press.

Bonica, Adam, Nolan McCarty, Keith T. Poole y Howard Rosenthal. 2013. 'Why hasn't democracy slowed rising inequality?' (https://tinyco.re/5838764). *The Journal of Economic Perspectives* 27 (3): pp. 103–123.

Boseley, Sarah. 2016. 'Big Pharma's Worst Nightmare' (https://tinyco.re/5692579). *The Guardian*. Actualizado el 5 de febrero de 2016.

Bosvieux, Jean y Oliver Waine. 2012. 'Rent Control: A Miracle Solution to the Housing Crisis?' (https://tinyco.re/0599316). *Metropolitics*. Actualizado el 21 de noviembre de 2012.

Bowles, Samuel. 2006. *Microeconomics: Behavior, institutions, and evolution (the roundtable series in behavioral economics)*. Princeton, NJ: Princeton University Press.

Bowles, Samuel. 2016. *The Moral Economy: Why Good Incentives Are No Substitute for Good Citizens*. New Haven, CT: Yale University Press.

Bowles, Samuel y Arjun Jayadev. 2014. 'One Nation under Guard' (https://tinyco.re/6662441). *The New York Times*. Actualizado el 15 de febrero de 2014.

Bowles, Samuel y Herbert Gintis. 2002. 'The Inheritance of Inequality' (https://tinyco.re/8562867). *Journal of Economic Perspectives* 16 (3): pp. 3–30.

Braverman, Harry y Paul M. Sweezy. 1975. *Labor and Monopoly Capital: The Degradation of Work in the Twentieth Century*, 2ª ed. Nueva York, NY: Monthly Review Press.

Brunnermeier, Markus. 2009. 'Lucas Roundtable: Mind the frictions' (https://tinyco.re/0136751). *The Economist*. Actualizado el 6 de agosto de 2009.

Burda, Michael y Jennifer Hunt. 2011. 'The German Labour-Market Miracle' (https://tinyco.re/2090811). *VoxEU.org*. Actualizado el 2 de noviembre de 2011.

Camerer, Colin y Ernst Fehr. 2004. 'Measuring Social Norms and Preferences Using Experimental Games: A Guide for Social Scientists'. En *Foundations of Human Sociality: Economic Experiments and Ethnographic Evidence from Fifteen Small-Scale Societies*, eds. Joseph Henrich, Robert Boyd, Samuel Bowles, Colin Camerer y Herbert Gintis. Oxford: Oxford University Press.

Campbell, C. M. y K. S. Kamlani. 1997. 'The Reasons For Wage Rigidity: Evidence From a Survey of Firms'. *The Quarterly Journal of Economics* 112 (3) (Agosto): pp. 759–789.

Carlin, Wendy y David Soskice. 2015. *Macroeconomics: Institutions, Instability, and the Financial System*. Oxford: Oxford University Press. Capítulo 14.

Carlin, Wendy y David Soskice. 2015. *Macroeconomics: Institutions, Instability, and the Financial System*. Oxford: Oxford University Press. Capítulos 1 y 10.

Carlin, Wendy y David Soskice. 2015. *Macroeconomics: Institutions, Instability, and the Financial System*. Oxford: Oxford University Press. Capítulos 2 y 15.

Carlin, Wendy y David Soskice. 2015. *Macroeconomics: Institutions, Instability, and the Financial System*. Oxford: Oxford University Press. Capítulos 3, 4, 9–13.

Carlin, Wendy y David Soskice. 2015. *Macroeconomics: Institutions, Instability, and the Financial System*. Oxford: Oxford University Press. Capítulos 6 y 7.

Carlin, Wendy y David Soskice. 2015. Macroeconomics: Institutions, Instability, and the Financial System. Oxford: Oxford University Press. Capítulos 8, 15.

Carlin, Wendy y David Soskice. *Macroeconomics: Institutions, Instability, and the Financial System*. Oxford: Oxford University Press, 2015. Capítulos 5 y 6.

Cassidy, John. 2010. 'Interview with Eugene Fama' (https://tinyco.re/4647447). *The New Yorker*. Actualizado el 13 de enero de 2010.

Clark, Andrew E. y Andrew J. Oswald. 2002. 'A Simple Statistical Method for Measuring How Life Events Affect Happiness' (https://tinyco.re/7872100). *International Journal of Epidemiology* 31(6): pp. 1139–1144.

Clark, Gregory. 2007. *Adiós a la sopa de pan, hola al sushi: breve historia económica mundial*. Valencia: Publicación de la Universitat de València, 2014.

Clark, Gregory. 2015. *The Son Also Rises: Surnames and the History of Social Mobility*. Princeton, NJ: Princeton University Press.

Coase, Ronald H. 1937. 'The Nature of the Firm' (https://tinyco.re/4250905). *Economica* 4 (16): pp. 386–405.

Coase, Ronald H. 1992. 'The Institutional Structure of Production' (https://tinyco.re/1636715). *American Economic Review* 82 (4): pp. 713–19.

Collins, Daryl, Jonathan Morduch, Stuart Rutherford y Orlanda Ruthven. 2009. *Portfolios of the Poor* (https://tinyco.re/8070650). Princeton: Princeton University Press.

Couch, Kenneth A. y Dana W. Placzek. 2010. 'Earnings Losses of Displaced Workers Revisited'. *American Economic Review* 100 (1): pp. 572–589.

Council of Economic Advisers Issue Brief. 2016. *Labor Market Monopsony: Trends, Consequences, and Policy Responses*.

Cournot, Augustin, y Irving Fischer. 1971. *Investigaciones acerca de los principios matemáticos de la Teoría de las riquezas*. Madrid: Alianza Editorial, 1969.

Coyle, Diane. 2014. *GDP: A Brief but Affectionate History*. Princeton, NJ: Princeton University Press.

Crockett, Andrew. 2000. 'Marrying the Micro- and Macro-Prudential Dimensions of Financial Stability'. Discurso en la Conferencia Internacional de supervisores bancarios, Basilea, 20–21 de septiembre.

Daly, Mary C. y Leila Bengali. 2014. 'Is It Still Worth Going to College?' (https://tinyco.re/5624488). Federal Reserve Bank of San Francisco. Actualizado el 5 de mayo de 2014.

Dauth, Wolfgang, Sebastian Findeisen, y Jens Südekum. 2017. 'Sectoral employment trends in Germany: The effect of globalisation on their micro anatomy' (https://tinyco.re/2554801). *VoxEU.org*. Actualizado el 26 de enero de 2017.

Davis, Mike. 2000. *Los holocaustos de la era victoriana tardía: el Niño, las hambrunas y la formación del tercer mundo*. Valencia: Publicación de la Universitat de València, 2006.

Deaton, Angus. *El gran escape: salud, riqueza y los orígenes de la desigualdad*. Madrid; México D.F.: Fondo de Cultura Económica, 2015.

DeLong, Bradford. 2015. 'Draft for Rethinking Macroeconomics Conference Fiscal Policy Panel' (https://tinyco.re/4631043). *Washington Center for Equitable Growth*. Actualizado el 5 de abril de 2015.

Diamond, Jared. *Armas, gérmens y acero: breve historia de la humanidad en los últimos trece mil años*. Barcelona: Debate, 2012.

Diamond, Jared y James Robinson. 2014. *Natural Experiments of History*. Cambridge, MA: Belknap Press of Harvard University Press.

DiMasi, Joseph A., Ronald W. Hansen y Henry G. Grabowski. 2003. 'The Price of Innovation: New Estimates of Drug Development Costs' (https://tinyco.re/9588454). *Journal of Health Economics* 22 (2): pp. 151–85.

Dube, Arindrajit, T. William Lester y Michael Reich. 2010. 'Minimum Wage Effects across State Borders: Estimates Using Contiguous Counties' (https://tinyco.re/5393066). *Review of Economics and Statistics* 92 (4): pp. 945–64.

Durante, Ruben. 2010. 'Risk, Cooperation and the Economic Origins of Social Trust: An Empirical Investigation' (https://tinyco.re/7674543). *Sciences Po Working Paper*.

Durlauf, Steven. 2017. 'Kenneth Arrow and the golden age of economic theory' (https://tinyco.re/9029504). *VoxEU.org*. Actualizado el 8 de abril de 2017.

EconTalk. 2015. Martin Weitzman on Climate Change (https://tinyco.re/7088528). Library of Economics and Liberty. Actualizado el 1 de junio de 2015.

EconTalk. 2016. 'David Autor on Trade, China, and U.S. Labor Markets' (https://tinyco.re/2829759). Library of Economics and Liberty. Actualizado el 26 de diciembre de 2016.

Edgeworth, Francis Ysidro. 2003. *Psicología matemática*. Madrid: Pirámide, 1999.

Edsall, Thomas B. 2016. 'Boom or Gloom?' (https://tinyco.re/5275846). *New York Times*. Actualizado el 27 de enero de 2016.

Ehrenreich, Barbara. 2014. *Por cuatro duro$: cómo (no) apañárselas en Estados Unidos*. Madrid: Capitán Swing.

Eichengreen, Barry y Kevin O'Rourke. 2010. 'What Do the New Data Tell Us?'. VoxEU.org. Actualizado 8 de marzo de 2010.

Eisen, Michael. 2011. 'Amazon's $23,698,655.93 book about flies'. *It is NOT junk*. Actualizado el 12 de enero de 2020.

Ellison, Glenn y Sara Fisher Ellison. 2005. 'Lessons About Markets from the Internet'. *Journal of Economic Perspectives* 19 (2) (Junio): p. 139.

Engel, Jerome S. 2015. 'Global Clusters of Innovation: Lessons from Silicon Valley.' *California Management Review* 57 (2): pp. 36–65. University of California Press.

Esopo. 'Belling the Cat'. En *Fables*, rescatado por Joseph Jacobs. XVII, (1). The Harvard Classics. New York: P. F. Collier & Son, 1909–14; Bartleby.com (https://tinyco.re/6827567), 2001.

Eurostat. 2015. 'Quality of Life Indicators - Measuring Quality of Life.' (https://tinyco.re/8771109). Actualizado 5 de noviembre del 2015.

Fafchamps, Marcel y Bart Minten. 1999. 'Relationships and Traders in Madagascar'. *Journal of Development Studies* 35 (6) (Agosto): págs. 1–35.

Falk, Armin y James J. Heckman. 2009. 'Lab Experiments Are a Major Source of Knowledge in the Social Sciences'. *Science* 326 (5952): pp. 535–538.

Fehr, Ernest y Andreas Leibbrandt. 2011. 'A Field Study on Cooperativeness and Impatience in the Tragedy of the Commons'. *Journal of Public Economics* 95 (9–10): pp. 1144–55.

Flannery, Kent y Joyce Marcus. 2014. *The Creation of Inequality: How Our Prehistoric Ancestors Set the Stage for Monarchy, Slavery, and Empire*. Cambridge, MA: Harvard University Press.

Fletcher, James. 2014. 'Spurious Correlations: Margarine Linked to Divorce?' (https://tinyco.re/6825314). *BBC News*.

Fogel, Robert William. 2000. *The Fourth Great Awakening and the Future of Egalitarianism*. Chicago: University of Chicago Press.

Fondo Monetario Internacional. 2012. 'World Economic Outlook October: Coping with High Debt and Sluggish Growth' (https://tinyco.re/5970823).

Freedom House. 2016. Freedom in the World 2015 (https://tinyco.re/6239533).

Freedom House. 2016. 'Freedom in the World 2016. Anxious Dictators, Wavering Democracies: Global Freedom under Pressure' (https://tinyco.re/9817968). Washington, DC.

Freeman, Sunny. 2015. 'What Canada can learn from Sweden's unionized retail workers'. *Huffington Post Canada Business*. Actualizado el 16 de enero de 2020.

Friedman, Milton. 1953. *Ensayos sobre economía positiva*. Chicago: Madrid: Gredos, 1967.

Friedman, Milton. 1968. 'The Role of Monetary Policy' (https://tinyco.re/8348372). *The American Economic Review* 58 (1): pp. 1–17.

Fujiwara, Thomas. 2015. 'Voting technology, political responsiveness and infant health: Evidence from Brazil' (https://tinyco.re/3783631). *Econometrica* 83 (2): pp. 423–464.

Gilbert, Richard J. y Michael L. Katz. 2001. 'An Economist's Guide to US v. Microsoft'. *Journal of Economic Perspectives* 15 (2): pp. 25–44.

Gilens, Martin, Benjamin I. Page. 2014. 'Testing theories of American politics: Elites, interest groups, and average citizens' (https://tinyco.re/7911085). *Perspectives on politics* 12 (03): pp. 564–581.

Girardi, Daniele and Samuel Bowles. 2018. 'Institution shocks and economic outcomes: Allende's election, Pinochet's coup, and the Santiago stock market' (https://tinyco.re/8364283). *Journal of Development Economics* 134: pp. 16-27.

Gordon, Robert J. 2016. *The Rise and Fall of American Growth: The US Standard of Living since the Civil War*. Princeton, NJ: Princeton University Press.

Graddy, Kathryn. 1995. 'Testing for Imperfect Competition at the Fulton Fish Market'. *The RAND Journal of Economics* 26 (1): pp. 75–92.

Graddy, Kathryn. 2006. 'Markets: The Fulton Fish Market'. *Journal of Economic Perspectives* 20 (2): pp. 207–220.

Graeber, David. 'The Myth of Barter'. In *Debt: The First 5,000 years*. Brooklyn, NY: Melville House Publishing, 2012 (trad. al castellano: *Deuda: una historia alternativa de la economía*. Barcelona: Ariel, 2014).

Gross, David y Nicholas Souleles. 2002. 'Do Liquidity Constraints and Interest Rates Matter for Consumer Behavior? Evidence from Credit Card Data'. *The Quarterly Journal of Economics* 117 (1) (Febrero): pp. 149–185.

Habakkuk, John. *Tecnología americana y británica en el siglo XIX: en busca de inventos ahorradores de Trabajo*. Madrid: Tecnos, 1977.

Hall, Peter A. y David Soskice. 2001. *Varieties of Capitalism: The Institutional Foundations of Comparative Advantage*. New York, NY: Oxford University Press.

Hamilton, Alexander, James Madison y John Jay. *El federalista*. Tres Cantos: Akal, 2015.

Hansmann, Henry. 2000. *The Ownership of Enterprise*. Cambridge, MA: Belknap Press.

Hardin, Garrett. 1968. 'The Tragedy of the Commons (https://tinyco.re/4834967)'. *Science* 162 (3859): pp. 1243–1248.

Harding, Matthew y Michael Lovenheim. 2013. 'The Effect of Prices on Nutrition: Comparing the Impact of Product- and Nutrient-Specific Taxes'. SIEPR Discussion Paper No. 13–023.

Harford, Tim. 2010. 'Stimulus Spending Might Not Be As Stimulating As We Think' (https://tinyco.re/8583440). Undercover Economist Blog, *The Financial Times*.

Harford, Tim. 2012. 'Still Think You Can Beat the Market?' (https://tinyco.re/7063932). *The Undercover Economist*. Actualizado el 24 de noviembre de 2012.

Harford, Tim. 2015. 'The rewards for working hard are too big for Keynes's vision' (https://tinyco.re/5829245). The Undercover Economist. Publicado por primera vez en *The Financial Times*. Actualizado 3 agosto 2015.

Hayek, Friedrich A. 1994. *Camino de servidumbre*. Madrid: Alianza, 2011.

Heckman, James. 2013. *Giving Kids a Fair Chance: A Strategy That Works*. Cambridge, MA: MIT Press.

Helper, Susan, Morris Kleiner, and Yingchun Wang. 2010. 'Analyzing Compensation Methods in Manufacturing: Piece Rates, Time Rates, or Gain-Sharing?' (https://tinyco.re/4437027). NBER Working Papers No. 16540, National Bureau of Economic Research, Inc.

Hemphill, C. Scott y Bhaven N. Sampat. 2012. Evergreening, Patent Challenges, and Effective Market Life in Pharmaceuticals (https://tinyco.re/4728486). *Journal of Health Economics* 31 (2): pp. 327–39.

Henrich, Joseph, Richard McElreath, Abigail Barr, Jean Ensminger, Clark Barrett, Alexander Bolyanatz, Juan Camilo Cardenas, Michael Gurven, Edwins Gwako, Natalie Henrich, Carolyn Lesorogol, Frank Marlowe, David Tracer y John Ziker. 2006. 'Costly Punishment Across Human Societies'. *Science* 312 (5781): pp. 1767–1770.

Henrich, Joseph, Robert Boyd, Samuel Bowles, Colin Camerer y Herbert Gintis (editores). 2004. *Foundations of Human Sociality: Economic Experiments and Ethnographic Evidence from Fifteen Small-Scale Societies*. Oxford: Oxford University Press.

Hirsch, Barry T. 2008. 'Sluggish institutions in a dynamic world: Can unions and industrial competition coexist?'. *Journal of Economic Perspectives* 22 (1) (Febrero): pp. 153–176.

Hirschman, Albert O. *Salida, voz y lealtad*. México: Fondo de Cultura Económica, 1977.

Hobsbawm, Eric y George Rudé. 1969. *Captain Swing*. London: Lawrence and Wishart.

Hotelling, Harold. 1929. 'Stability in Competition'. *The Economic Journal* 39: pp. 41–57.

Howell, David R., Dean Baker, Andrew Glyn y John Schmitt. 2007. 'Are Protective Labor Market Institutions at the Root of Unemployment? A Critical Review of the Evidence' (https://tinyco.re/2000761). *Capitalism and Society* 2 (1).

IPCC. 2014. 'Cambio Climático 2014: Informe de síntesis'. Ginebra, Suiza: IPCC, 2015.

Jacobson, Louis, Robert J. Lalonde y Daniel G. Sullivan. 1993. 'Earnings Losses of Displaced Workers'. *The American Economic Review* 83 (4): pp. 685–709.

Janeway, William H. 2012. *Doing Capitalism in the Innovation Economy: Markets, Speculation and the State*. Cambridge: Cambridge University Press.

Jappelli, Tullio y Luigi Pistaferri. 2010. 'The Consumption Response to Income Changes' (https://tinyco.re/3409802). *VoxEU.org*.

Jayadev, Arjun y Samuel Bowles. 2006. 'Guard Labor' (https://tinyco.re/4636800). *Journal of Development Economics* 79 (2): pp. 328–48.

Jensen, Jørgen Dejgård y Sinne Smed. 2013. 'The Danish tax on saturated fat: Short run effects on consumption, substitution patterns and consumer prices of fats'. *Food Policy* 42: pp. 18–31.

Jensen, Robert. 2007. 'The Digital Provide: Information (Technology), Market Performance, and Welfare in the South Indian Fisheries Sector.' *The Quarterly Journal of Economics* 122 (3): pp. 879–924.

Kalla, Joshua L. y David E. Broockman. 2015. 'Campaign contributions facilitate access to congressional officials: A randomized field experiment' (https://tinyco.re/6564191). *American Journal of Political Science* 60 (3): pp. 1–14.

Kaufmann, Daniel, Aart Kraay y Massimo Mastruzzi. 2011. 'The worldwide governance indicators: methodology and analytical issues' (https://tinyco.re/7305592). *Hague Journal on the Rule of Law* 3 (2): pp. 220–246.

Kay, John. 'The Structure of Strategy' (reimpreso de *Business Strategy Review* 1993).

Keynes, John Maynard. 1936. *The General Theory of Employment, Interest and Money* (https://tinyco.re/6855346). London: Palgrave Macmillan (trad. al castellano: *Teoría general de la ocupación, el interés y el dinero*. Barcelona: Ciro, 2011).

Keynes, John Maynard. 1963. 'Economic Possibilities for our Grandchildren' (https://tinyco.re/8213530). En *Essays in Persuasion*, New York, NY: W. W. Norton & Co.

Keynes, John Maynard. 2004. *El final del laissez-faire*. *Hacienda Pública Española* nº 9, 1971, págs. 125-134.

Keynes, John Maynard. 2005. *Las consecuencias económicas de la paz*. Barcelona: Austral, 2013.

Keynes, John Maynard. *Breve tratado sobre la reforma monetaria*. Madrid: Fundación ICO: Síntesis. 2009.

Kindleberger, Charles P. 2005. Manias, Panics, and Crashes: A History of Financial Crises (Wiley Investment Classics) (https://tinyco.re/9848004). Hoboken, NJ: Wiley, John & Sons (trad. al castellano: *Manias, pánicos y cracs: historia de las crisis financieras*. Barcelona: Editorial Ariel, 2012).

Kletzer, Lori G. 1998. 'Job Displacement' (https://tinyco.re/8577746). *Journal of Economic Perspectives* 12 (1): pp. 115–136.

Kornai, János. 2013. *Dynamism, Rivalry, and the Surplus Economy: Two Essays on the Nature of Capitalism*. Oxford: Oxford University Press.

Koromvokis, Lee. 2016. 'Are the Best Days of the US Economy Over?' (https://tinyco.re/1182018). *PBS NewsHour*. 28 de enero de 2016.

Koshal, Rajindar K. y Manjulika Koshal. 1999. 'Economies of Scale and Scope in Higher Education: A Case of Comprehensive Universities'. *Economics of Education Review* 18 (2): pp. 269–277.

Krajewski, Markus. 2014. 'The Great Lightbulb Conspiracy'. *IEEE Spectrum*. Actualizado 25 de septiembre.

Kremer, Michael y Rachel Glennerster. 2004. *Strong Medicine: Creating Incentives for Pharmaceutical Research on Neglected Diseases* (https://tinyco.re/7475598). Princeton, NJ: Princeton University Press.

Kroszner, Randall S. y Louis Putterman (editors). 2009. *The Economic Nature of the Firm: A Reader*, 3rd ed. Cambridge: Cambridge University Press. (trad. al castellano: *La naturaleza económica de la empresa*. Madrid: Alianza Editorial, 1994)

Krueger, Alan B. y Alexandre Mas. 2004. 'Strikes, Scabs, and Tread Separations: Labor Strife and the Production of Defective

Bridgestone/Firestone Tires'. *Journal of Political Economy* 112 (2): pp. 253–289.

Krugman, Paul. 1987. 'Is Free Trade Passé?' *Journal of Economic Perspectives* 1 (2): pp. 131–44.

Krugman, Paul. 2009. 'The Increasing Returns Revolution in Trade y Geography'. In *The Nobel Prizes 2008*, ed. Karl Grandin. Estocolmo: The Nobel Foundation.

Krugman, Paul. 2009. 'War and Non-Remembrance' (https://tinyco.re/8410113). Paul Krugman – *New York Times* Blog.

Krugman, Paul. 2012. 'A Tragic Vindication' (https://tinyco.re/6611089). Paul Krugman – *New York Times* Blog.

Landes, David S. 1990. 'Why are We So Rich and They So Poor?' (https://tinyco.re/5958995). *American Economic Review* 80 (Mayo): pp. 1–13.

Landes, David S. 2003. *The Unbound Prometheus: Technological Change and Industrial Development in Western Europe from 1750 to the Present*. Cambridge: Cambridge University Press.

Landes, David S. 2006. 'Why Europe and the West? Why not China?'. En *Journal of Economic Perspectives* 20 (2) (Junio): pp. 3–22.

Landes, David S. *Revolución en el tiempo*. Barcelona: Crítica, 2007.

Lasswell, Harold D. *La política como reparto de influencias* (https://tinyco.re/2227728). Madrid: Aguilar, 1974.

Lazear, Edward P., Kathryn L. Shaw, and Christopher Stanton. 2016. 'Making Do with Less: Working Harder during Recessions'. *Journal of Labor Economics* 34 (S1 Parte 2): pp. 333–360.

Leduc, Sylvain y Daniel Wilson. 2015. 'Are State Governments Roadblocks to Federal Stimulus? Evidence on the Flypaper Effect of Highway Grants in the 2009 Recovery Act' (https://tinyco.re/3885744). Documento de trabajo del Banco de la Reserva Federal de San Francisco 2013–16 (Septiembre).

Lee, James, y Wang Feng. 1999. 'Malthusian models and Chinese realities: The Chinese demographic system 1700–2000'. *Population and Development Review* 25 (1) (Marzo): pp. 33–65.

Leeson, Peter T. 2007. 'An–arrgh–chy: The Law and Economics of Pirate Organization'. *Journal of Political Economy* 115 (6): pp. 1049–94.

Leibbrandt, Murray, Ingrid Woolard, Arden Finn, Jonathan Argent. 2010. 'Trends in South African Income Distribution and Poverty since the Fall of Apartheid' (https://tinyco.re/8617393). *OECD Social, Employment and Migration Working Papers*, n°. 101. Paris: OECD Publishing.

Levitt, Steven D. y John A. List. 2007. 'What Do Laboratory Experiments Measuring Social Preferences Reveal About the Real World?' (https://tinyco.re/9601240) *Journal of Economic Perspectives* 21 (2): pp. 153–174.

Lindert, Peter. 2004. *Growing Public: Social Spending and Economic Growth since the 18th Century*. Cambridge: Cambridge University Press.

Lorenz, Max O. 1905. 'Methods of Measuring the Concentration of Wealth'. *Publications of the American Statistical Association* 9 (70).

Lucas, Robert. 2009. 'In defence of the dismal science' (https://tinyco.re/6052194). *The Economist*. Actualizado el 6 de agosto de 2009.

Malkiel, Burton G. 2003. 'The Efficient Market Hypothesis and Its Critics' (https://tinyco.re/4628706). *Journal of Economic Perspectives* 17 (1) (marzo): pp. 59–82.

Malthus, Thomas R. 1798. *Un ensayo sobre el crecimiento de la población*. Madrid: Akal, D.L. 1990.

Malthus, Thomas R. 1830. *A Summary View on the Principle of Population*. London: J. Murray.

Marshall, Alfred. *Principios de economía*. 1ª ed. Madrid: Síntesis, 2005.

Martin, Felix. 2013. *Money: The Unauthorised Biography*. London: The Bodley Head.

Martinez-Bravo, Monica, Gerard Padró i Miquel, Nancy Qian y Yang Yao. 2014. 'Political reform in China: the effect of local elections' (https://tinyco.re/6544486). *NBER working paper*, 18101.

Marx, Karl. 1906. *El capital*. Llinars del Vallès, Barcelona: Iberlibro, 2008.

Marx, Karl. 2010. *El manifiesto comunista*. Barcelona: Ediciones Península, 2019.

Mazzucato, Mariana. 2013. 'Government – investor, risk-taker, innovator' (https://tinyco.re/2203568).

McNeill, William Hardy H. 1976. *Plagas y pueblos*. Tres Cantos, Madrid: Siglo xx de España, 2016.

Mencken, H. L. 2006. *A Little Book in C Major*. Nueva York, NY: Kessinger Publishing.

Mian, Atif, Amir Sufi y Francesco Trebbi. 2013. 'The Political Economy of the Subprime Mortgage Credit Expansion'. *Quarterly Journal of Political Science* 8: pp. 373–408.

Micklethwait, John y Adrian Wooldridge. 2003. *La empresa: historia de una idea revolucionaria*. Barcelona: Mondadori, 2003.

Milanovic, Branko. 2006. *La era de las desigualdades: dimensiones de la desigualdad internacional y global*. Madrid: Sistema.

Milanovic, Branko. 2012. *Los que tienen y los que no tienen: una historia breve y singular historia de la desigualdad global*. Madrid: Alianza Editorial.

Mill, John Stuart. 1994. *Principios de Economía Política*. Madrid: Síntesis, 2008.

Mill, John Stuart. 2002. *De la libertad*. Barcelona: Acantilado, 2013.

Miller, Grant. 2008. 'Women's suffrage, political responsiveness, and child survival in American history' (https://tinyco.re/5731666). *The Quarterly Journal of Economics* 123 (3): pp. 1287–1327.

Miller, R. G. y S. R. Sorrell. 2013. 'The Future of Oil Supply' (https://tinyco.re/6167443). *Philosophical Transactions of the Royal Society A: Mathematical, Physical and Engineering Sciences* 372 (2006) (diciembre).

Minsky, Hyman P. 1975. *John Maynard Keynes*. Nueva York, NY: McGraw-Hill.

Minsky, Hyman P. 1982. *Can 'It' Happen Again? Essays on Instability and Finance*. Armonk, NY: M. E. Sharpe.

Mokyr, Joel. 2004. *Los dones de Atenea: los orígenes históricos de la economía del conocimiento*. Madrid: Marcial Pons, Historia, 2008.

Morduch, Jonathan. 1999. 'The Microfinance Promise'. *Journal of Economic Literature* 37 (4) (Diciembre): pp. 1569–1614.

Moser, Petra. 2013. 'Patents and Innovation: Evidence from Economic History' (https://tinyco.re/7074474). *Journal of Economic Perspectives* 27 (1): pp. 23–44.

Moser, Petra. 2015. 'Intellectual Property Rights and Artistic Creativity' (https://tinyco.re/2212476). *Voxeu.org*. Actualizado 4 de noviembre de 2015.

Mowery, David C. y Timothy Simcoe. 2002. 'Is the Internet a US Invention?—an Economic and Technological History of Computer Networking'. *Research Policy* 31 (8–9): pp. 1369–87.

Murphy, Antoin E. 1978. 'Money in an Economy Without Banks: The Case of Ireland'. *The Manchester School* 46 (1) (Marzo): pp. 41–50.

Naef, Michael y Jürgen Schupp. 2009. 'Measuring Trust: Experiments and Surveys in Contrast and Combination' (https://tinyco.re/3956674). *IZA discussion Paper* No. 4087.

Nasar, Sylvia. 2012. *Una mente prodigiosa*. Barcelona: Debolsillo.

Nelson, Richard R. y Gavin Wright. 1992. 'The Rise and Fall of American Technological Leadership: The Postwar Era in Historical Perspective' (https://tinyco.re/2811203). *Journal of Economic Literature* 30 (4) (diciembre): pp. 1931–1964.

Nickell, Stephen y Jan van Ours. 2000. 'The Netherlands and the United Kingdom: A European Unemployment Miracle?'. *Economic Policy* 15 (30) (abril): pp. 136–180.

Nordhaus, William D. 2007. A Review of the Stern Review on the Economics of Climate Change (https://tinyco.re/9892599). *Journal of Economic Literature* 45 (3): pp. 686–702.

North, Douglass C. 1990. *Instituciones, cambio institucional y desempeño económico*. Ciudad de México, Fondo de Cultura Económica.

Norton, Michael I. y Daniel Ariely. 2011. 'Building a Better America–One Wealth Quintile at a Time' (https://tinyco.re/3629531). *Perspectives on Psychological Science* 6 (1): pp. 9–12.

Nuffield Foundation, The. 2010. 'Mirrlees Review of tax system recommends radical changes' (https://tinyco.re/6726989). Actualizado el 10 de noviembre de 2010.

O'Brien, Patrick K., and Philip A. Hunt. 1993. 'The rise of a fiscal state in England, 1485–1815'. *Historical Research* 66 (160): pp.129–76.

O'Reilly, Tim y Eric S. Raymond. 2001. *The Cathedral & the Bazaar: Musings on Linux and Open Source by an Accidental Revolutionary*. Sebastopol, CA: O'Reilly.

OCDE. 2010. *Employment Outlook 2010: Moving Beyond the Jobs Crisis* (https://tinyco.re/5607435).

OCDE. 2015. Programme for International Student Assessment (https://tinyco.re/1018246).

OpenSecrets.org. 2015. Lobbying Spending Database Chemical & Related Manufacturing (https://tinyco.re/8516286).

Ostrom, Elinor. 2000. 'Collective Action and the Evolution of Social Norms'. En *Journal of Economic Perspectives* 14 (3): pp. 137–58.

Ostrom, Elinor. 2008. 'The Challenge of Common-Pool Resources (https://tinyco.re/0296632)'. *Environment: Science and Policy for Sustainable Development* 50 (4): pp. 8–21.

Ostrom, Elinor, James Walker y Roy Gardner. 1992. 'Covenants With and Without a Sword: Self-Governance is Possible'. *The American Political Science Review* 86 (2).

Owen, Nick A., Oliver R. Inderwildi y David A. King. 2010. 'The Status of Conventional World Oil Reserves—Hype or Cause for Concern?' (https://tinyco.re/9394545). *Energy Policy* 38 (8) (Agosto): pp. 4743–4749.

Pareto, Vilfredo. 1946. *Manual de Economía Política*. Buenos Aires: Atalaya.

Pencavel, John. 2002. *Worker Participation: Lessons from the Worker Co-ops of the Pacific Northwest*. Nueva York, NY: Russell Sage Foundation Publications.

Phillips, A W. 1958. 'The Relation Between Unemployment and the Rate of Change of Money Wage Rates in the United Kingdom, 1861–1957' (https://tinyco.re/5934214). *Economica* 25 (100): p. 283.

Pigou, Arthur. 1912. *Wealth and Welfare* (https://tinyco.re/2519065). London: Macmillan & Co.

Pigou, Arthur. (1920) 1932. *La economía del bienestar*. Madrid: Aguilar, 1946.

Piketty, Thomas. 2014. *El capital en el siglo XXI*. Madrid: Fondo de Cultura Económica.

Plant, E. Ashby, K. Anders Ericsson, Len Hill y Kia Asberg. 2005. 'Why study time does not predict grade point average across college students: Implications of deliberate practice for academic performance'. *Contemporary Educational Psychology* 30 (1): pp. 96–116.

Plummer, Alfred. 1971. *Bronterre: A Political Biography of Bronterre O'Brien, 1804–1864*. Toronto: University of Toronto Press.

Pomeranz, Kenneth L. 2000. *The Great Divergence: Europe, China, and the Making of the Modern World Economy*. Princeton, NJ: Princeton University Press.

Porter, Michael E. y Claas van der Linde. 1995. Toward a New Conception of the Environment-Competitiveness Relationship (https://tinyco.re/9888498). *Journal of Economic Perspectives* 9 (4): pp. 97–118.

Portes, Jonathan. 2012. 'What Explains Poor Growth in the UK? The IMF Thinks It's Fiscal Policy' (https://tinyco.re/8763401). *National Institute of Economic and Social Research Blog*. Actualizado el 9 de octubre de 2012.

Przeworski, Adam, Fernando Limongi. 1993. 'Political regimes and economic growth' (https://tinyco.re/6669217). *The Journal of Economic Perspectives* 7 (3): pp. 51–69.

Rasul, Imran, Daniel Rogger. 2016. 'Management of bureaucrats and public service delivery: Evidence from the Nigerian civil service' (https://tinyco.re/9848716). *The Economic Journal*.

Rawls, John. (1971) *Teoría de la justicia*. México: Fondo de Cultura Económica, 1979.

Raychaudhuri, Ajitava. 2004. *Lessons from the Land Reform Movement in West Bengal, India*. Washington, DC: Banco Mundial.

Reinhart, Carmen M. y Kenneth S. Rogoff. 2009. *Esta vez es distinto: ocho siglos de necedad financiera*. Madrid: Fondo de Cultura Económica: 2011.

Reyes, Jose Daniel y Julia Oliver. 2013. 'Quinoa: The Little Cereal That Could'. *The Trade Post*. 22 de noviembre de 2013.

Ricardo, David. 1815. *An Essay on Profits*. Londres: John Murray.

Ricardo, David. *Principios de economía política y tributación*. Madrid: Seminarios y Ediciones, 1973.

Rifkin, Jeremy. *El fin del trabajo: nuevas tecnologías contra puestos de trabajo: el nacimiento de una nueva era*. Barcelona: Paidós, 2008.

Robbins, Lionel. *Ensayo sobre la naturaleza y significación de la Ciencia Económica*. Fondo de Cultura Económica, 1944.

Robison, Jennifer. 2011. 'Happiness Is Love - and $75,000' (https://tinyco.re/6313076). Gallup Business Journal. Actualizado 17 de noviembre de 2011.

Rodrik, Dani. 2012. *La paradoja de la globalización: la democracia y el futuro de la economía mundial*. Barcelona: Antoni Bosch.

Romer, Christina D. 1993. 'The Nation in Depression' (https://tinyco.re/4965855) *Journal of Economic Perspectives* 7 (2) (mayo): pp. 19–39.

Roth, Alvin. 1996. 'Matching (Two-Sided Matching)' (https://tinyco.re/9329190). Universidad Stanford.

Roth, Alvin E. 2007. 'Chapter 1: Repugnance as a Constraint on Markets' (https://tinyco.re/2118641). *Journal of Economic Perspectives* 21 (3): págs. 37–58.

Rustagi, Devesh, Stefanie Engel y Michael Kosfeld. 2010. Conditional Cooperation and Costly Monitoring Explain Success in Forest Commons Management (https://tinyco.re/3733299). *Science* 330: pp. 961–65.

Rysman, Marc. 2009. 'The Economics of Two-Sided Markets' (https://tinyco.re/4978467). *Journal of Economic Perspectives* 23 (3): pp. 125–43.

Sandel, Michael. 2009. *Justicia: ¿hacemos lo que debemos?*. Barcelona: Debolsillo, 2012.

Saxenian, AnnaLee. 1996. *Regional Advantage: Culture and Competition in Silicon Valley and Route 128*. Cambridge, MA: Harvard University Press.

Scheve, Kenneth y David Stasavage. 2010. 'The conscription of wealth: mass warfare and the demand for progressive taxation'. *International Organization* 64 (04): pp. 529–561.

Scheve, Kenneth y David Stasavage. 2012. 'Democracy, war, and wealth: lessons from two centuries of inheritance taxation' (https://tinyco.re/9000452). *American Political Science Review* 106 (01): pp. 81–102.

Scheve, Kenneth y David Stasavage. 2016. *Taxing the rich: A history of fiscal fairness in the United States and Europe*. Princeton University Press.

Schmalensee, Richard y Robert N. Stavins. 2013. The SO2 Allowance Trading System: The Ironic History of a Grand Policy Experiment (https://tinyco.re/6011888). *Journal of Economic Perspectives* 27 (1): pp. 103–22.

Schor, Juliet B. *La excesiva jornada laboral en Estados Unidos; la inesperada disminución del tiempo de ocio*. Madrid: Centro de Publicaciones, Ministerio de Trabajo y Seguridad Social, 1994.

Schumacher, Ernst F. 1973. *Lo pequeño es hermoso*. Madrid: Tursen/Hermann Blume, 1994.

Schumpeter, Joseph A. 1949. 'Science and Ideology'. *The American Economic Review* 39 (Marzo): pp. 345–59.

Schumpeter, Joseph A. 1962. *Capitalismo, socialismo y democracia*. Barcelona: Página Indómita, 2015.

Schumpeter, Joseph A. 1994. *Diez grandes economistas*. Madrid: Alianza, Ediciones del Prado.

Seabright, Paul. 2010. Capítulo 1: 'Who's in Charge?'. En *The Company of Strangers: A Natural History of Economic Life* (https://tinyco.re/2891054). Princeton, NJ, United States: Princeton University Press.

Seabright, Paul. 2010. *The Company of Strangers: A Natural History of Economic Life* (Edición revisada). Princeton, NJ: Princeton University Press.

Sethi, Rajiv. 2010. 'The Astonishing Voice of Albert Hirschman' (https://tinyco.re/2899363). *Rajiv Sethi Blog*. Actualizado el 7 de abril de 2010.

Sethi, Rajiv. 2011. 'The Self-Subversion of Albert Hirschman' (https://tinyco.re/2163474). *Rajiv Sethi Blog*. Actualizado el 7 de abril de 2010.

Sethi, Rajiv. 2013. 'Albert Hirschman and the Happiness of Pursuit' (https://tinyco.re/5203731). *Rajiv Sethi Blog*. Actualizado el 24 de marzo de 2013.

Shiller, Robert. 2009. 'Animal Spirits' (https://tinyco.re/9820978). VoxEU.org podcast. Actualizado el 14 de agosto de 2009.

Shiller, Robert. 2010. 'Stimulus, Without More Debt' (https://tinyco.re/9857908). *The New York Times*. Actualizado el 25 de diciembre de 2010.

Shiller, Robert J. 2003. 'From Efficient Markets Theory to Behavioral Finance' (https://tinyco.re/3989503). *Journal of Economic Perspectives* 17 (1) (marzo): pp. 83–104.

Shiller, Robert J. 2015. 'The Stock Market in Historical Perspective' (https://tinyco.re/4263463). En *Irrational Exuberance*. Princeton, NJ: Princeton University Press.

Shin, Hyun Song. 2009. 'Discussion of "The Leverage Cycle" by John Geanakoplos'. Debate preparado para 2009 NBER Macro Annual.

Shleifer, Andrei. 1998. 'State versus private ownership' (https://tinyco.re/4317440). *Journal of Economic Perspectives* 12 (4): pp. 133–150.

Shum, Matthew. 2004. 'Does Advertising Overcome Brand Loyalty? Evidence from the Breakfast-Cereals Market'. *Journal of Economics & Management Strategy* 13 (2): pp. 241–272.

Silver-Greenberg, Jessica. 2014. 'New York Prosecutors Charge Payday Loan Firms with Usury'. DealBook.

Simon, Herbert A. 1951. 'A Formal Theory of the Employment Relationship' (https://tinyco.re/0460792). *Econometrica* 19 (3).

Simon, Herbert A. 1991. 'Organizations and Markets' (https://tinyco.re/2460377). *Journal of Economic Perspectives* 5 (2): pp. 25–44.

Singer, Natasha. 2014. 'In the Sharing Economy, Workers Find Both Freedom and Uncertainty' (https://tinyco.re/2844216). *The New York Times*. Actualizado el 16 de agosto de 2014.

Skidelsky, Robert. 2012. 'Robert Skidelsky—portrait: Joseph Schumpeter'. Actualizdo 1 de diciembre de 2007.

Smith, Adam. 1961. *Indagación sobre la naturaleza y las causas de la riqueza de las naciones*. Madrid: Aguilar.

Smith, Adam. 2013. *La teoría de los sentimientos morales* (https://tinyco.re/6582039). Versión española y estudio preliminar de Carlos Rodríguez Braun. Madrid: Alianza Editorial.

Smith, Noah. 2013. 'Why the Multiplier Doesn't Matter' (https://tinyco.re/7260376). *Noahpinion*. Actualizado el 7 de enero de 2013.

Smith, Stephen. 2011. *Environmental Economics: A Very Short Introduction* (https://tinyco.re/9038928). Oxford: Oxford University Press.

Spaliara, Marina-Eliza. 2009. 'Do Financial Factors Affect the Capital–labour Ratio? Evidence from UK Firm-level Data'. *Journal of Banking & Finance* 33 (10) (Octubre): pp. 1932–1947.

Statista. 2011. 'Willingness to pay for a flight in space'. Actualizado el 20 de diciembre de 2019.

Stavins, Robert N., Gabriel Chan, Robert Stowe y Richard Sweeney. 2012. The US Sulphur Dioxide Cap and Trade Programme and Lessons for Climate Policy (https://tinyco.re/7237191). *VoxEU.org*. Actualizado el 12 de agosto de 2012.

Sterk, Vincent. 2015. 'Home Equity, Mobility, and Macroeconomic Fluctuations' (https://tinyco.re/2186300). *Journal of Monetary Economics* 74 (septiembre): pp. 16–32.

Stern, Nicholas. 2007. *The Economics of Climate Change: The Stern Review*. Cambridge: Cambridge University Press. Resumen ejecutivo (https://tinyco.re/5785938)

Stigler, George J. 1987. *La teoría de los precios*. Madrid: Revista de Derecho Privado, 1968.

Stucke, Maurice. 2013. 'Is Competition Always Good?'. *OUPblog*. Actualizado el 12 de enero de 2020.

Sutcliffe, Robert B. 2001. *100 Ways of Seeing an Unequal World*. London: Zed Books.

Swarns, Rachel L. 2001. 'Drug Makers Drop South Africa Suit over AIDS Medicine' (https://tinyco.re/4752443). *New York Times*. Actualizado el 20 de abril de 2001.

Swedberg, Richard. 1991. *Joseph A. Schumpeter, The Economics and Sociology of Capitalism*. Princeton, NJ: Princeton University Press.

The Economist. 1999. 'The grabbing hand' (https://tinyco.re/8993136). Actualizado el 11 de Febrero de 1999.

The Economist. 2001. 'Is Santa a Deadweight Loss?'. Actualizado el 12 de enero de 2020.

The Economist. 2003. 'Bush's Push' (https://tinyco.re/1194788). Actualizado el 6 de enero de 2003.

The Economist. 2007. To Do with the Price of Fish (https://tinyco.re/6300967). Actualizado el 10 de mayo de 2007.

The Economist. 2008. 'Economies of Scale and Scope'. Actualizado el 20 de diciembre de 2019.

The Economist. 2009. 'A Load to Bear' (https://tinyco.re/9740912). Actualizado el 26 de noviembre 2009.

The Economist. 2009. 'Smooth Operators' (https://tinyco.re/7009658). Actualizado el 14 de mayo de 2009.

The Economist. 2012. 'New Cradles to Graves' (https://tinyco.re/8856321). Actualizado el 8 de septiembre de 2012.

The Economist. 2012. 'The Fear Factor'. Actualizado 29 de enero de 2020.

The Economist. 2013. 'Controlling Interest' (https://tinyco.re/7889919). Actualizado el 21 de septiembre de 2013.

The Economist. 2013. 'In Dollars They Trust' (https://tinyco.re/3392021). Actualizado el 27 de abril de 2013.

The Economist. 2014. 'Keynes and Hayek: Prophets for Today' (https://tinyco.re/0417474). Actualizado el 14 de marzo de 2014.

Tirole, Jean. 2017. Jean Tirole – Discurso de aceptación del premio Nobel: 'Market Failures and Public Policy' (https://tinyco.re/2393310). *Nobel Media AB* 2014, 11 de mayo de 2014.

Toynbee, Polly. 2003. *Hard Work: Life in Low-pay Britain*. Londres: Bloomsbury Publishing.

Veblen, Thorstein. 2007. *Teoría de la clase ociosa*. Madrid: Alianza Editorial, 2014.

Wagner, Gernot y Martin L. Weitzman. *Shock climático: consecuencias económicas del calentamiento global* (https://tinyco.re/6928664). Barcelona: Antoni Bosch, 2015.

Waldfogel, Joel. 1993. 'The Deadweight Loss of Christmas'. *American Economic Review* 83 (5).

Walras, Léon. 1874. *Elementos de economía política pura o Teoría de la riqueza social*. Madrid: Alianza Editorial, 1987.

Walton, David. 2006. 'Has Oil Lost the Capacity to Shock?' (https://tinyco.re/8182920). *Oxonomics* 1 (1): pp. 9–12.

Walzer, Michael. 1983. *Spheres of Justice: A Defense of Pluralism and Equality*. New York, NY: Basic Books.

Webb, Baumslagy Robert Read. 2017. *How Should Regulators deal with Uncertainty? Insights from the Precautionary Principle*. Bank Underground.

Whaples, Robert. 2001. 'Hours of work in U.S. History' (https://tinyco.re/1660378). EH.Net Encyclopedia.

Wiggins, Rosalind, Thomas Piontek y Andrew Metrick. 2014. 'The Lehman Brothers Bankruptcy A: Overview'. Programa de Yale sobre estabilidad financiera. Caso de estudio 2014-3A-V1.

Wilkins, Barbara. 1974. Lead Poisoning Threatens the Children of an Idaho Town (https://tinyco.re/5420273). *People.com*.

Williamson, Oliver E. 1985. *The Economic Institutions of Capitalism*. Nueva York, NY: Collier Macmillan.

Witt, Stephen. 2016. *Cómo dejamos de pagar por la música*. Barcelona: Contra.

Wood, Elisabeth Jean. 2000. *Forging Democracy from Below: Insurgent Transitions in South Africa and El Salvador*. Cambridge: Cambridge University Press.

Wren-Lewis, Simon. 2012. 'Multiplier theory: One is the Magic Number' (https://tinyco.re/7820994). *Mainly Macro*. Actualizado el 24 de agosto de 2014.

RECONOCIMIENTOS DE DERECHOS DE AUTOR

Portada: Favela brasileña: © Tuca Vieira. **Capítulo 1:** Shinjuku, vida nocturna en Tokio: Kevin Poh, https://goo.gl/kgS4Zi, bajo licencia de CC BY 2.0. Adam Smith: Grabado creado por Cadell y Davies (1811), John Horsburgh (1828) o R.C. Bell (1872). **Capítulo 2:** Proceso de montaje automatizado: Moreno Soppelsa/Shutterstock.com. Boceto de Irving Fisher de su modelo hidráulico de equilibrio económico: Irving Fisher. Joseph Schumpeter: Volkswirtschaftliches Institut, Universität Freiburg, Freiburg im Breisgau, Germany, https://goo.gl/ZlRjmG, bajo licencia de CC BY-SA 3.0. **Capítulo 3:** Mecanismos de reloj antiguo: Jose Ignacio Soto/Shutterstock.com. **Capítulo 4:** Les Joueurs de Cartes (Jugadores de cartas): Paul Cézanne, Courtauld Institute of Art. Elinor Ostrom: Holger Motzkau 2010, Wikipedia/Wikimedia Commons (CC BY-SA 3.0). John Nash: Peter Badge/Typos1, https://goo.gl/vkcH9s, bajo licencia de CC BY-SA 3.0. **Capítulo 5:** Fundadores de Nashville dándose la mano: iStock.com/anthonysp. Vilfredo Pareto: Paul Fearn/Alamy Stock Photo. **Capítulo 6:** Industria de Detroit, North Wall: Art Directors & TRIP/Alamy Stock Photo. Herbert Simon: AP/Shutterstock. Karl Marx: John Jabez Edwin Mayall, International Institute of Social History, Amsterdam, Netherlands. John Stuart Mill: Autor desconocido, Popular Science Monthly Volume 3. **Capítulo 7:** Anuncio de Ford en 1955: cortesía Ford Motor Company; fotografía Don O'Brien, https://goo.gl/0qfEU7. Augustin Cournot: Autor desconocido, Wikipedia/Wikimedia Commons. **Capítulo 8:** Mercado de vegetales, Da Lat, Vietnam: Hoxuanhuong/Dreamstime.com, https://goo.gl/mjvVuc. Alfred Marshall: Autor desconocido, The Economic Journal Vol. 34, No. 135 (Sep., 1924), pp. 311-372. Léon Walras: Autor desconocido, Wikipedia/Wikimedia Commons. **Capítulo 9:** Trabajadores de la construcción: Estados Unidos MCSN Rob Aylward/U.S. Navy. **Capítulo 10:** Código QR en un puesto en el mercado: Reuters/Shailesh Andrad . **Capítulo 11:** Friedrich Hayek: Biblioteca LSE. **Capítulo 12:** Plataforma petrolera en llamas: Cortesía de la Guardia Costera de EE.UU. Ronald Coase: Coase-Sandor Institute for Law and Economics, University of Chicago Law School. Arthur Pigou: Mary Evans Picture Library. **Capítulo 13:** Una tormenta inminente: 80 trading 24, https://goo.gl/je7HmL, bajo licencia de CC BY-SA 3.0. **Capítulo 14:** Tubería térmica en tunel en Copenhage: Bill Ebbesen, https://goo.gl/dYuIr7, bajo licencia de CC BY 3.0. John Maynard Keynes: IMF. **Capítulo 15:** 25º. Festival anual de globos aerostáticos en el condado de Sonoma: Sean Freese, https://goo.gl/ET1nEi, bajo licencia de CC BY 2.0. Bill Phillips: Biblioteca LSE. **Capítulo 16:** Meseros robot: Reuters/CSN. **Capítulo 17:** Montaje de titulares de crisis financiera: pingnews.com, https://goo.gl/yAQq7m, bajo licencia de CC BY-SA 2.0. Hyman Minsky: Pontificador, https://goo.gl/iZ9oni, bajo licencia de CC BY-SA 4.0. **Capítulo 18:** Contenedores CSCL Venus del China Shipping Line: Buonasera, https://goo.gl/mCTZNb, bajo licencia de CC BY-SA 3.0. David Ricardo: Autor desconocido, Wikipedia/Wikimedia Commons. **Capítulo 19:** Favela brasileña: © Tuca Vieira. **Capítulo 20:** Vista de la Tierra desde la superficie lunar: NASA. The Grand Banks fishing schooner: W.R. MacAskill, Wallace MacAskill Photographic Collection, Nova Scotia Archives and Records Management, Reference no. 20040026, The Evening Echo: 25 October 1921. **Capítulo 21:** World Wide Web: LyonLabs, LLC and Barrett Lyon, bajo licencia de CC BY-NC 4.0. **Capítulo 22:** Elecciones en Sudáfrica: FARRELL/AP/REX/Shutterstock. Kenneth Arrow: RED/AP/REX/Shutterstock. Albert Hirschman: Pablo Hojas, https://goo.gl/00mXkf, bajo licencia de CC BY-SA 4.0.

Agradecemos a todos los que nos dieron permiso para reproducir imágenes, figuras y citas a lo largo de este texto. Se hizo todo lo posible por localizar a los titulares de derechos de autor, pero haremos los arreglos para autorizar el material reproducido en este libro con cualquier titular de derechos de autor con el que no haya sido posible contactar.

ÍNDICE